古文字詁林編纂委員會編纂

古文字詁林

修訂本

第九册

上海教育出版社

第一版出版工作人員

責任編輯　韓煥昌
封面設計　郭偉星
版式設計　侯雪康　俞　弘
特約審校　俞　良
資　　料　劉　君
校　　對　王　瑩　劉順菊　蔡鑫龍
出版統籌　王爲松　談德生
出版指導　陳　和
印刷監製　周鎔鋼
總 監 製　包南麟

修訂本出版工作人員

責任編輯　徐川山　毛　浩
封面設計　陸　弦
責任校對　馬　蕾　魯　妤　陳　萍　何懿璐
　　　　　丁志洋　方文琳　任換迎　宋海云
印刷監製　葉　剛
技術支持　楊鉷應

封面題簽　王元化

上海市古籍整理出版規劃重點項目

古文字詁林學術顧問

以姓氏筆劃爲序

朱德熙　李學勤　胡厚宣　馬承源

張政烺　裘錫圭　戴家祥　顧廷龍

古文字詁林編纂委員會

主編　李圃

副主編　汪壽明

編委　以姓氏筆劃爲序，有*號者爲常務編委

*王元鹿　王文耀　*王世偉　王鐵　史舒薇　吳平

吳振武　*李圃　李露蕾　何崝　*汪壽明　徐時儀

*徐莉莉　*傅傑　華學誠　董琨　*詹鄞鑫　*臧克和

*劉志基　*鄭明

資料工作人員

張春華

張友榮

袁根娣

凌玉泰

目録

第九册檢字表

部首表

部首檢字表

【水部】

湡	滮	渚	洨	濟	泜	濡	灅	沽	沛	浿	瀤	瀑	瀘	泒
六〇	六一	六一	六二	六二	六三	六三	六四	六四	六五	六五	六六	六六	六六	六六
滱	淶	泥	湳	漹	涶	瀕	洵	涻	汈	淔	淒	涺	溴	沈
六七	六七	六七	六八	六九	六九	六九	六九	七〇	七〇	七一	七二	七二	七二	七三
洇	淉	湞	浝	氵乳	氵冬	洦	汘	洍	澥	漠	海	溥	瀾	洪
七三	七三	七三	七三	七三	七四	七四	七四	七四	七四	七五	七五	七六	七六	七六
洚	衍	淖	濥	滔	涓	混	潒	漀	汭	潚	演	渙	泌	活
七七	七七	七八	七九	七九	八〇	八〇	八一	八一	八一	八二	八三	八三	八三	八四

湝	泫	淲	淢	瀏	濊	滂	汪	漻	泚	況	沖	汎	沄	浩
八四	八四	八四	八五	八五	八六	八六	八六	八七	八七	八七	八八	八九	九一	九一

沆	泬	濞	瀳	滃	滕	潏	洸	波	澐	瀾	淪	漂	浮	濫
九一	九二	九二	九三	九三	九三	九五	九五	九六	九六	九七	九七	九八	九八	九九

氾	泓	湋	測	湍	淙	激	洞	瀋	洶	涌	湁	涳	汋	瀱
九九	九九	一〇〇	一〇〇	一〇一	一〇一	一〇一	一〇二	一〇二	一〇二	一〇三	一〇三	一〇三	一〇四	一〇四

渾	洌	淑	溶	澂	清	湜	潣	滲	潿	溷	淈	淀	漼	淵
一〇四	一〇五	一〇五	一〇六	一〇六	一〇六	一〇七	一〇七	一〇八	一〇八	一〇八	一〇八	一〇九	一〇九	一〇九

瀰	澹	潯	泙	泏	瀳	潪	滿	滑	濇	澤	淫	瀸	泆	潰
一二一	一二二	一二二	一二二	一二三	一二三	一二三	一二三	一二四	一二五	一二五	一二六	一二七	一二七	一二八

沴	淺	洔	消	淖	濢	溽	涅	滋	溜	浥	沙	瀨	瀆	涘
一二九	一二九	一二九	一三〇	一三〇	一三一	一三一	一三一	一三三	一三五	一三五	一三五	一三八	一三九	一三九

汻	氿	湑	浦	沚	沸	潀	派	汜	湀	濘	滎	洼	漥	潢
一三〇	一三〇	一三〇	一三〇	一三〇	一三三	一三三	一三三	一三三	一三五	一三五	一三六	一三六	一三六	一三七

沼	湖	汥	洫	溝	瀆	渠	瀶	湄	洐	澗	澳	澩	灉	汕
一三八	一三八	一三九	一三九	一四〇	一四〇	一四〇	一四一	一四一	一四七	一四七	一四七	一四八	一四八	一四八

決	一四九
灓	一五〇
滴	一五〇
注	一五〇
沃	一五三
[illegible]	一五三
澨	一五四
津	一五四
淜	一五五
潢	一五六
泭	一五七
渡	一五七
沿	一五九
泝	一五九
洄	一六〇

泳	一六〇
潛	一六一
淦	一六一
泛	一六三
汓	一六三
砅	一六三
湊	一六八
湛	一六九
湮	一六九
休	一七〇
没	一七〇
渨	一七〇
滃	一七〇
泱	一七一
淒	一七一

渰	一七一
溟	一七一
涑	一七一
瀑	一七二
澍	一七二
湒	一七三
澬	一七三
潦	一七三
濩	一七四
涿	一七六
瀧	一七八
渿	一七九
滈	一七九
漊	一七九
溦	一七九

濛	一八〇
沈	一八〇
洅	一八五
淊	一八五
涵	一八六
[illegible]	一八六
瀀	一八六
洿	一八六
漬	一八七
漚	一八七
浞	一八七
渥	一八七
潅	一八八
洽	一八八
濃	一八八

字	頁
瀌	一八八
溓	一八八
泐	一九〇
滯	一九〇
汦	一九〇
淲	一九〇
澌	一九一
汽	一九一
涸	一九一
消	一九二
潐	一九二
渴	一九二
漮	一九三
溼	一九三
湆	一九五

字	頁
洿	一九六
浼	一九六
汙	一九六
湫	一九六
潤	一九八
準	一九八
汀	一九八
沑	一九九
瀵	二〇〇
滜	二〇〇
瀞	二〇〇
瀎	二〇一
泧	二〇一
洎	二〇二
湯	二〇三

字	頁
湨	二〇四
洝	二〇四
洏	二〇五
涚	二〇五
涫	二〇五
涾	二〇五
汏	二〇五
澗	二〇六
淅	二〇六
滰	二〇六
溲	二〇七
浚	二〇八
瀝	二〇八
漉	二〇八
潘	二〇九

字	頁
灡	二〇九
泔	二〇九
滫	二一〇
澱	二一〇
淤	二一〇
滓	二一〇
淰	二一一
瀹	二一一
[illegible]	二一一
漀	二一三
湑	二一三
湎	二一三
漿	二一四
涼	二一五
淡	二一五

涒	澆	液	汁	滈	灝	溢	洒	滌	濈	潘	⿰氵𦣞	⿰氵算	漱	洞
二一五	二一六	二一六	二一六	二一七	二一七	二一七	二一七	二一八	二一八	二一八	二一九	二一九	二一九	二一九

滄	瀙	淬	沐	沬	浴	澡	洗	汲	淳	淋	渫	澣	濯	涑
二一九	二二〇	二二〇	二二〇	二二〇	二二八	二二九	二二九	二三一	二三二	二三二	二三三	二三三	二三四	二三四

潎	⿱⿰氵㐱土	灑	汛	染	泰	⿰氵閻	灒	⿰氵愁	湩	洟	潸	汗	泣	涕
二三五	二三五	二三五	二三五	二三五	二三六	二四三	二四四	二四四	二四四	二四四	二四五	二四五	二四五	二四五

湅	⿰氵獻	渝	減	滅	漕	泮	漏	澒	萍	濊	汩	瀼	溥	汎
二四六	二四六	二四七	二四八	二四八	二四九	二四九	二五〇	二五一	二五一	二五一	二五一	二五二	二五二	二五二

霋 霋 霋 三五三
霩 霩 霩 三五四
露 露 露 三五四
霜 霜 霜 三五五
霰 霰 霰 三五六
霾 霾 霾 三五七
⿱雨稽 ⿱雨稽 ⿱雨稽 三五九
霓 霓 霓 三五九
⿱雨執 ⿱雨執 ⿱雨執 三六〇
雩 雩 雩 三六〇
需 需 需 三六五
⿱雨羽 ⿱雨羽 ⿱雨羽 三六七
霞 霞 霞 三六八
霏 霏 霏 三六八
霎 霎 霎 三六八

⿱雨對 ⿱雨對 ⿱雨對 三六八
靄 靄 靄 三六八

【雲部】

雲 雲 雲 三六八
霒 霒 霒 三七三

【魚部】

魚 魚 魚 三七三
鰖 鰖 鰖 三七七
鰤 鰤 鰤 三七七
魼 魼 魼 三七七
魶 魶 魶 三七七
鰨 鰨 鰨 三七七
鱒 鱒 鱒 三七七
鰲 鰲 鰲 三七八
鰫 鰫 鰫 三七八

⿰魚胥 ⿰魚胥 ⿰魚胥 三七八
鮪 鮪 鮪 三七八
⿰魚亘 ⿰魚亘 ⿰魚亘 三八〇
魧 魧 魧 三八〇
鮥 鮥 鮥 三八〇
鯀 鯀 鯀 三八一
鰥 鰥 鰥 三八二
鯉 鯉 鯉 三八四
鱣 鱣 鱣 三八四
鱄 鱄 鱄 三八五
鮦 鮦 鮦 三八五
⿰魚蠡 ⿰魚蠡 ⿰魚蠡 三八五
⿰魚婁 ⿰魚婁 ⿰魚婁 三八五
鰜 鰜 鰜 三八六
鯈 鯈 鯈 三八六

⿰魚豆 ⿰魚豆 ⿰魚豆 三八六
鰋 鰋 鰋 三八六
魴 魴 魴 三八七
鱮 鱮 鱮 三八七
鰱 鰱 鰱 三八七
鮍 鮍 鮍 三八八
⿰魚幼 ⿰魚幼 ⿰魚幼 三八八
鮒 鮒 鮒 三八八
⿰魚巠 ⿰魚巠 ⿰魚巠 三八八
⿰魚脊 ⿰魚脊 ⿰魚脊 三八八
鱺 鱺 鱺 三八九
鰻 鰻 鰻 三八九
鱯 鱯 鱯 三八九
魾 魾 魾 三八九
鱧 鱧 鱧 三九〇

⿰魚果 三九〇
鱛 三九〇
鱏 三九〇
鯢 三九〇
鰼 三九一
鰌 三九一
鯇 三九一
魠 三九一
鮆 三九一
鮀 三九一
鮎 三九一
鰋 三九二
鮷 三九二
⿰魚賴 三九二
⿰魚朁 三九二

⿰魚翁 三九二
⿰魚臽 三九三
鱖 三九三
鯫 三九三
鱓 三九三
鮸 三九三
魵 三九四
⿰魚虜 三九四
鰸 三九四
鯜 三九四
⿰魚巿 三九四
⿰魚匊 三九五
魦 三九五
鱳 三九五
鮮 三九五

鰅 三九七
鱅 三九七
鰂 三九八
鮐 三九八
鮊 三九八
鰒 三九九
鮫 三九九
⿰魚畺 三九九
鯁 三九九
鱗 四〇〇
鮭 四〇〇
鱢 四〇〇
鮨 四〇〇
鮺 四〇〇
⿰魚今 四〇一

鮑 四〇一
魿 四〇一
鰕 四〇二
鰝 四〇二
鮥 四〇二
魧 四〇三
鮩 四〇三
鮚 四〇三
鮅 四〇四
⿰魚瞿 四〇四
鯸 四〇四
鯛 四〇四
⿰魚卓 四〇四
鮍 四〇四
⿰魚夫 四〇五

闋 五六一
闞 五六二
闊 五六二
閔 五六三
闖 五六四
闤 五六四
闥 五六四
閌 五六四
閬 五六四
闃 五六五

【耳部】

耳 五六五
耴 五六六
⿰耳占 五六七
耽 五六七

聃 五六八
聸 五六八
耿 五六八
聯 五六九
聊 五七一
聖 五七一
聰 五七五
聽 五七六
聆 五七八
職 五七八
聒 五八〇
聥 五八一
聲 五八一
聞 五八二
聘 五八七

聾 五八七
聳 五八八
⿰耳辛 五八八
聵 五八九
聉 五九〇
⿰耳關 五九一
聅 五九一
聝 五九二
⿰耳丙 五九五
⿸麻耳 五九六
⿰耳今 五九六
聑 五九六
聶 五九七
聱 五九八

【𦣝部】

𦣝 五九八
巸 六〇〇

【手部】

手 六〇一
掌 六〇二
拇 六〇三
指 六〇四
拳 六〇四
擥 六〇五
攕 六〇五
掔 六〇五
摳 六〇五
攘 六〇五
撎 六〇六

揖 六〇六
攘 六〇九
拱 六〇九
撿 六〇九
捧 六〇九
指 六一六
搯 六一六
拏 六一七
推 六一七
捘 六一九
排 六一九
擠 六一九
抵 六一九
摧 六一九
拉 六二〇

挫 六二〇
扶 六二一
抍 六二四
持 六二五
挈 六二六
拑 六二七
揲 六二七
摯 六二七
操 六二八
攫 六二九
捦 六二九
搏 六三〇
據 六三五
攝 六三五
抩 六三六

抪 六三六
挾 六三六
捫 六三六
擥 六三七
擸 六三七
握 六三七
撣 六三八
把 六三八
搹 六三九
拏 六三九
攜 六三九
提 六四〇
𢭏 六四〇
拈 六四一
摛 六四一

捨 六四一
擪 六四一
按 六四一
控 六四二
揗 六四二
掾 六四二
拍 六四三
拊 六四四
掊 六四四
捋 六四四
撩 六四四
措 六四五
插 六四五
掄 六四五
擇 六四六

捉	搤	挻	揃	搣	批	揤	捽	撮	掬	拂	捊	揜	授	承
六四六	六四七	六四七	六四七	六四七	六四七	六四七	六四八	六四八	六四八	六四八	六四九	六五〇	六五〇	六五一

拒	㨝	攩	接	抪	挏	招	撫	捪	揣	抧	摜	投	擿	搔
六五二	六五二	六五三	六五三	六五三	六五四	六五四	六五五	六五六	六五七	六五七	六五七	六五七	六五八	六五九

抍	摽	挑	抉	撓	擾	挏	据	擖	摘	搳	摲	拹	摺	挚
六五九	六五九	六五九	六六〇	六六〇	六六〇	六六一	六六一	六六一	六六二	六六二	六六三	六六三	六六三	六六三

摟	抎	披	摩	𢫨	掉	摇	搈	摃	揂	掔	捀	𢸀	揚	舉
六六四	六六四	六六五	六六五	六六五	六六六	六六六	六六六	六六六	六六七	六六七	六六八	六六八	六六八	六七二

掀 六七六
揭 六七六
拼 六七六
振 六七七
扛 六七九
扮 六七九
撟 六七九
捎 六七九
攤 六八〇
擩 六八〇
揄 六八〇
搫 六八〇
擭 六八〇
拚 六八一
擅 六八一

揆 六八二
擬 六八二
損 六八二
失 六八三
挩 六八四
撥 六八四
挹 六八五
抒 六八五
抯 六八五
攫 六八六
扤 六八六
拓 六八七
攈 六八七
拾 六八七
掇 六八八

擐 六八八
揯 六八八
摍 六八八
攄 六八九
援 六八九
搯 六八九
擢 六九〇
拔 六九〇
揠 六九一
擣 六九一
攣 六九二
挺 六九二
摤 六九三
探 六九三
撢 六九三

捼 六九三
擊 六九四
揻 六九四
搦 六九四
掎 六九四
揮 六九五
摩 六九五
[illegible] 六九五
攪 六九五
揖 六九六
撞 六九六
捆 六九六
扔 六九七
括 六九七
抲 六九七

擘 六九七	撝 六九八	捇 六九八	扐 六九八	技 六九八	摹 六九九	拙 六九九	揞 六九九	摶 七〇〇	摑 七〇〇	捄 七〇〇	拮 七〇〇	搰 七〇〇	掘 七〇一	掩 七〇一
摡 七〇一	揟 七〇二	播 七〇三	挃 七〇五	㨖 七〇五	扤 七〇五	抈 七〇五	摎 七〇六	撻 七〇六	捘 七〇九	抨 七〇九	捲 七〇九	扱 七一〇	摷 七一〇	挨 七一一
撲 七一一	摯 七一一	扚 七一一	抶 七一一	抵 七一二	抉 七一二	㨐 七一二	捭 七一二	捶 七一二	摧 七一三	摬 七一三	拂 七一三	摼 七一四	抌 七一四	擊 七一四
擊 七一四	扜 七一五	抗 七一六	捕 七一七	簎 七一七	撚 七一七	挂 七一八	拕 七一八	捈 七一八	抴 七一九	揙 七一九	撅 七一九	攎 七一九	拏 七一九	搵 七二〇

【𠦬部】

【女部】

婗 七七一
母 七七一
嫗 七七九
媼 七七九
姁 七八〇
姐 七八〇
姑 七八一
威 七八三
妣 七八四
姊 七八八
妹 七八九
娣 七九三
媦 七九三
嫂 七九四
姪 七九四

姨 七九五
妿 七九六
姆 七九六
媾 七九六
姼 七九七
妭 七九九
㜎 七九九
婢 七九九
奴 八〇一
㚭 八〇八
媊 八〇九
媧 八〇九
娀 八一〇
娥 八一〇
嫄 八一三

嬿 八一三
妸 八一三
嬃 八一三
婕 八一三
嬩 八一三
㜏 八一三
嫽 八一四
㛰 八一四
婤 八一四
姶 八一五
改 八一五
娃 八一六
姕 八一六
姷 八一六
姡 八一六

媢 八一九
嫵 八二〇
媄 八二〇
𡟊 八二一
嫷 八二一
姝 八二一
好 八二一
嬹 八二九
嬮 八二九
㚹 八二九
姣 八二九
嬛 八三〇
娧 八三〇
媌 八三〇
嫿 八三〇

字頭	楷定	頁碼
婠	婠	八三一
娙	娙	八三一
嬻	嬻	八三一
嬌	嬌	八三一
婜	婜	八三二
窶	窶	八三三
敞	敞	八三三
嫣	嫣	八三三
姍	姍	八三三
嫋	嫋	八三五
孅	孅	八三五
嫇	嫇	八三五
媱	媱	八三六
嬛	嬛	八三六
姽	姽	八三七

字頭	楷定	頁碼
委	委	八三七
婐	婐	八三九
妮	妮	八四〇
姑	姑	八四〇
婆	婆	八四一
妗	妗	八四一
⿰女盧	⿰女盧	八四二
婧	婧	八四二
姘	姘	八四二
妒	妒	八四五
嫙	嫙	八四五
齌	齌	八四五
姡	姡	八四五
嬥	嬥	八四六
嫢	嫢	八四六

字頭	楷定	頁碼
媞	媞	八四六
婺	婺	八四七
嫺	嫺	八四七
嬰	嬰	八四七
婜	婜	八四八
娛	娛	八四八
娭	娭	八四八
媅	媅	八四九
娓	娓	八四九
嫡	嫡	八四九
孎	孎	八五〇
媿	媿	八五〇
婨	婨	八五〇
媟	媟	八五一
嫥	嫥	八五一

字頭	楷定	頁碼
如	如	八五一
嫧	嫧	八五四
娕	娕	八五四
嬐	嬐	八五五
嬪	嬪	八五六
⿱埶女	⿱埶女	八五七
媨	媨	八五七
妟	妟	八五七
嬗	嬗	八五九
媁	媁	八五九
媻	媻	八六〇
娑	娑	八六〇
姷	姷	八六〇
姁	姁	八六二
⿱此女	⿱此女	八六二

妓 妓 八六三
嬰 嬰 八六三
敁 敁 八六五
媛 媛 八六六
娉 娉 八六六
娽 娽 八六六
妝 妝 八六六
孌 孌 八六八
媟 媟 八六九
嬻 嬻 八七〇
寠 寠 八七〇
嬖 嬖 八七〇
嫛 嫛 八七一
妎 妎 八七一
妒 妒 八七一

媢 媢 八七二
娭 娭 八七二
佞 佞 八七三
嫈 嫈 八七四
嫪 嫪 八七四
婳 婳 八七四
姿 姿 八七五
嫭 嫭 八七五
妨 妨 八七五
妄 妄 八七六
媮 媮 八七六
𡝨 𡝨 八七七
娋 娋 八七七
㛊 㛊 八七七
妯 妯 八七七

嫌 嫌 八七八
媘 媘 八七八
婼 婼 八七八
婞 婞 八七九
嫳 嫳 八七九
嫸 嫸 八七九
娺 娺 八八〇
嬒 嬒 八八〇
嫛 嫛 八八〇
妍 妍 八八〇
娃 娃 八八一
𡣍 𡣍 八八一
妓 妜 八八二
孈 孈 八八二
媴 媴 八八二

嬛 嬛 八八二
娍 娍 八八三
嬺 嫖 八八三
娙 娙 八八三
妜 妜 八八三
媁 媁 八八四
婎 婎 八八四
嫙 嫙 八八五
媥 媥 八八五
嫚 嫚 八八五
媔 媔 八八六
嬬 嬬 八八六
姡 姡 八八六
嬯 嬯 八八七
嬗 嬗 八八七

嫪 嫪 八八八
婪 婪 八八八
嬾 嬾 八八八
婁 婁 八八九
娎 娎 八九一
⿰女夾 ⿰女夾 八九一
嬈 嬈 八九一
嫛 嫛 八九二
姍 姍 八九二
敵 敵 八九二
⿱莫女 ⿱莫女 八九二
婓 婓 八九三
⿰女褱 ⿰女褱 八九三
嬒 嬒 八九三
⿰女⿱穴大 ⿰女⿱穴大 八九三

媕 媕 八九三
⿰女監 ⿰女監 八九四
⿱埶女 ⿱埶女 八九四
婬 婬 八九四
姘 姘 八九四
奸 奸 八九五
姅 姅 八九五
娗 娗 八九五
婥 婥 八九六
娷 娷 八九六
⿰女𡿺 ⿰女𡿺 八九六
媿 媿 八九七
⿰女攵 ⿰女攵 八九九
姦 姦 九〇〇
嬙 嬙 九〇一

姐 姐 九〇一
嬌 嬌 九〇一
嬋 嬋 九〇一
娟 娟 九〇一
嫠 嫠 九〇二
姤 姤 九〇二

【毋部】

毋 毋 九〇二
毐 毐 九〇五

【民部】

民 民 九〇六
氓 氓 九〇八

【丿部】

丿 丿 九〇八
乂 乂 九〇九

弗 弗 九一二
乀 乀 九一五

【𠂆部】

𠂆 𠂆 九一六
弋 弋 九一六

【乁部】

乁 乁 九二一
也 也 九二一

【氏部】

氏 氏 九二三
氒 氒 九三一

【氐部】

氐 氐 九三四
⿰氐垔 ⿰氐垔 九三五
䟡 䟡 九三六

綜 綜 一一四四
綹 綹 一一四五
緯 緯 一一四五
緷 緷 一一四六
繢 繢 一一四六
統 統 一一四六
紀 紀 一一四七
繈 繦 一一四八
纇 纇 一一四八
紿 紿 一一四八
納 納 一一四九
紡 紡 一一四九
絕 絶 一一五〇
繼 繼 一一五二
續 續 一一五三

纘 纘 一一五五
紹 紹 一一五五
䌟 䌟 一一五七
⿰糸盈 ⿰糸盈 一一五七
縱 縱 一一五八
紓 紓 一一五九
繎 繎 一一六〇
紆 紆 一一六〇
緈 緈 一一六一
纖 纖 一一六一
細 細 一一六一
緢 緢 一一六二
縒 縒 一一六二
繙 繙 一一六二
縮 縮 一一六三

紊 紊 一一六三
級 級 一一六三
總 總 一一六四
⿱日⿱共糸 ⿱日⿱共糸 一一六四
約 約 一一六五
繚 繚 一一六六
纏 纏 一一六六
繞 繞 一一六六
紾 紾 一一六七
繯 繯 一一六七
辮 辮 一一六七
結 結 一一六八
縎 縎 一一六八
締 締 一一六九
縛 縛 一一六九

繃 繃 一一六九
絿 絿 一一六九
絅 絅 一一六九
⿰糸斤 ⿰糸斤 一一七〇
纗 纗 一一七〇
給 給 一一七〇
綝 綝 一一七一
縪 縪 一一七一
紈 紈 一一七一
終 終 一一七三
⿰糸集 ⿰糸集 一一七四
繒 繒 一一七四
緭 緭 一一七六
絩 絩 一一七六
綺 綺 一一七六

縠	縠	二七七
縛	縛	二七七
縑	縑	二七八
綈	綈	二七八
練	練	二七八
縞	縞	二七九
纏	纏	二七九
紬	紬	二八〇
綮	綮	二八〇
綾	綾	二八二
縵	縵	二八二
繡	繡	二八三
絢	絢	二八四
繪	繪	二八四
緀	緀	二八五
[illegible]	[illegible]	二八五
絹	絹	二八五
綠	緑	二八六
縹	縹	二八六
𦃃	𦃃	二八六
絑	絑	二八六
纁	纁	二八七
絀	絀	二八八
絳	絳	二八九
綰	綰	二八九
縉	縉	二九一
綪	綪	二九一
緹	緹	二九一
縓	縓	二九二
紫	紫	二九二
紅	紅	二九四
繱	繱	二九四
紺	紺	二九四
綥	綥	二九五
繰	繰	二九六
緇	緇	二九六
纔	纔	二九六
[illegible]	[illegible]	二九八
綟	綟	二九八
紑	紑	二九八
緂	緂	二九八
繻	繻	二九九
縟	縟	二九九
纚	纚	二九九
紭	紘	三〇〇
紞	紞	三〇一
纓	纓	三〇一
紻	紻	三〇一
緌	緌	三〇二
緄	緄	三〇二
紳	紳	三〇三
繟	繟	三〇三
綬	綬	三〇四
組	組	三〇四
緺	緺	三〇五
縌	縌	三〇五
纂	纂	三〇六
紐	紐	三〇六
綸	綸	三〇六
綎	綎	三〇六

縼 二三三五
縻 二三三五
紲 二三三五
纆 二三三六
絙 二三三六
繘 二三三六
綆 二三三六
絠 二三三七
縏 二三三八
繴 二三三八
緍 二三三九
絮 二三三九
絡 二三四〇
纊 二三四〇
紙 二三四一

䋬 二三四三
綮 二三四三
繫 二三四三
[illegible] 二三四四
緝 二三四四
絘 二三四四
績 二三四五
纑 二三四七
紨 二三四八
[illegible] 二三四八
絺 二三四八
綌 二三四九
縐 二三四九
絟 二三四九
紵 二三四九

緦 二三五〇
緆 二三五〇
緰 二三五一
縗 二三五一
絰 二三五一
緶 二三五一
[illegible] 二三五一
[illegible] 二三五二
緉 二三五三
絜 二三五三
繆 二三五四
綢 二三五四
縕 二三五五
紼 二三五五
絣 二三五五

紕 二三五五
[illegible] 二三五六
縊 二三五六
綏 二三五六
彝 二三六二
緻 二三七四
緗 二三七四
緋 二三七四
緅 二三七五
繖 二三七五
綀 二三七五
綷 二三七五
繾 二三七六
綣 二三七六

筆劃檢字表

汁	永	冬	𡰥	𠂿	失	扔	扐	打	母	奴	民	弗	氐	戉
二一六	二九二	三〇八	五一五	六〇一	六八三	六九七	六九八	七一八	七七一	八〇一	九〇六	九一一	九二四	九八四

乍	匃	匜	弘	【六劃】	江	汝	汈	汗	汎	汋	汜	汕	汓	休
一〇〇六	一〇一三	一〇二五	一〇七〇		九	二七	七〇	七四	八九	一〇四	一三三	一四八	一六二	一七〇

汙	汏	汲	汛	汗	汍	巟	㕣	州	斥	冰	丞	西	耳	𦣝
一九六	二〇五	二三一	二三五	二四五	二五二	二六九	二七〇	二八〇	二九九	三〇六	四七三	四九〇	五六五	五九八

扛	失	扟	扤	扱	扚	扞	扜	扣	奼	妁	妃	妋	改	攸
六七九	六八三	六八六	七〇五	七一〇	七一一	七一五	七二三	七二四	七五三	七五四	七六五	八〇八	八一五	八一六

好	好	八二一
如	如	八五一
妟	妟	八七六
奸	奸	八九五
妏	妏	八九九
乒	乒	九二一
戎	戜	九四二
戍	戍	九五二
匠	匠	一〇二一
匡	匡	一〇二三
曲	四	一〇三〇
由	甾	一〇三三
瓨	瓨	一〇四三
弙	弙	一〇七〇
弛	弛	一〇七八
弱	弱	一〇八八
系	系	一一三四

【七劃】

汃	汃	三
沅	沅	一七
沔	沔	二二
汧	汧	二三
汾	汾	二八
沁	沁	三〇
沇	沇	三三
沸	沸	三四
汨	汨	三八
汳	汳	四七
沂	沂	五五
汶	汶	五九
沛	沛	六五
沋	沋	七三
泈	泈	七四
汭	汭	八一
汪	汪	八六
沖	沖	八八
沄	沄	九一
沆	沆	九一
汜	汜	九九
汋	汋	一〇四
沙	沙	一二五
汻	汻	一三〇
氿	氿	一三〇
沚	沚	一三〇
汥	汥	一三九
決	決	一四九
沃	芺	一五三
泛	泛	一六二
㳅	休	一七〇
没	没	一七〇
沈	沈	一八〇
泜	泜	一九〇
汽	汽	一九一
沑	沑	一九九
汁	汁	二一六
沐	沐	二二〇
泊	泊	二五一
巠	巠	二六八
泉	泉	二七〇
谷	谷	三〇一

治 三二
冷 三〇
沷 三〇
否 四七三
戾 五一五
耴 五六六
匠 五九八
扶 六二一
拼 六三六
把 六三八
抪 六五三
投 六五七
扴 六五九
抉 六六〇
抎 六六四

拼 六七六
扮 六七九
抒 六八五
扔 六九七
扐 六九八
技 六九八
捐 七〇五
抵 七一二
扰 七一四
抗 七一六
拋 七二七
妘 七五一
政 七五三
妊 七六七
妣 七八四

姊 七八八
娟 八一六
殺 八二九
姍 八三三
委 八三七
妗 八四一
姘 八四三
妙 八四五
妟 八五七
妓 八六三
妝 八六六
妎 八七一
妒 八七一
佞 八七三
妨 八七五

妍 八八〇
妜 八八二
毒 九〇五
戋 九六六
我 九八九
匜 一〇一六
医 一〇一八
匣 一〇二九
瓨 一〇四三
弭 一〇五四
弦 一一一〇
系 一一一五

【八劃】

河 三
泑 七

江　江　九
沱　沱　九
沫　沬　一四
沮　沮　一五
汝　汝　二七
沾　沾　三〇
泠　泠　三七
油　油　三九
泄　泄　四六
泡　泡　五三
泗　泗　五三
沭　沭　五五
治　治　五九
泜　泜　六三
沽　沽　六四

泥　泥　六七
汈　汈　七〇
沋　沋　七三
汘　汘　七四
泌　泌　八三
泫　泫　八四
況　況　八七
汎　汎　八九
汭　汭　九二
波　波　九六
泓　泓　九九
泙　泙　一一二
泏　泏　一一三
泆　泆　一一七
沴　沴　一一九

沸　沸　一三三
汜　汜　一三三
沼　沼　一三八
汕　汕　一四八
注　注　一五〇
泭　泭　一五七
沿　沿　一五九
泝　泝　一五九
泳　泳　一六〇
汓　汓　一六三
泱　泱　一七一
泑　泑　一九〇
汽　汽　一九一
汙　汙　一九六
汀　汀　一九八

減　減　二〇一
汱　汱　二〇五
泔　泔　二〇九
洞　洞　二一九
沬　沬　二三〇
汎　汎　二三五
汗　汗　二四五
泣　泣　二四五
泮　泮　二四九
汍　汍　二五二
泯　泯　二五二
沝　沝　二五六
侃　侃　二七五
冬　冬　三〇八
雨　雨　三二一

非	非	四三九
乳	乳	四五三
㓁	到	四八六
房	房	五二二
門	門	五一九
耽	耽	五六七
耿	耿	五六八
聆	聆	五九六
聑	聑	五九六
拇	拇	六〇三
抵	抵	六一九
拉	拉	六二〇
⿰爿于	⿰爿于	六二四
拑	拑	六二七
㩗	㩗	六二六
拈	拈	六四一
拊	拊	六四四
承	承	六五一
招	招	六五四
抧	抧	六五七
披	披	六六五
扛	扛	六七九
拚	拚	六八一
抯	抯	六八五
扟	扟	六八六
拓	拓	六八七
拔	拔	六九〇
抲	抲	六九七
拙	拙	六九九
抗	抗	七〇五
抨	抨	七〇九
扚	扚	七一一
抶	抶	七一一
抉	抉	七一二
拂	拂	七一三
扞	扞	七一五
拕	拕	七一八
抴	抴	七一九
扜	扜	七二三
扣	扣	七二四
拗	拗	七二七
扴	扴	七二八
娃	娃	七三八
妻	妻	七六〇
姁	姁	七八〇
姐	姐	七八〇
姑	姑	七八一
姊	姊	七八八
妹	妹	七八九
妿	妿	七九六
妭	妭	七九九
妸	妸	八一三
妵	妵	八一六
始	娼	八一六
娶	娶	八二三
委	委	八三七
⿰女占	⿰女占	八四〇
姘	姘	八四二
妓	妓	八六三
⿰女攴	⿰女攴	八六五

妯	妯	八七七
婕	妜	八八二
娍	娍	八八三
姎	姎	八八三
姗	姗	八九二
姅	姅	八九五
姐	姐	九〇一
岷	岷	九〇八
或	或	九五七
戋	戋	九六三
戕	戕	九六三
㦸	㦸	九七一
武	武	九七二
戔	戔	九八三
直	直	一〇〇一
甾	由	一〇三三
瓬	瓬	一〇三八
瓮	瓮	一〇四三
瓴	瓴	一〇四九
瓪	瓪	一〇四九
弧	弧	一〇五七
弨	弨	一〇五七
弢	弢	一〇七八
弩	弩	一〇七八
弦	弦	一一一〇
紗	紗	一一一四

【九劃】

沅	沅	一七
洮	洮	一八
洒	洒	二三
洛	洛	二五
汾	汾	二八
沾	沾	三〇
洈	洈	三四
涯	涯	三五
汩	汩	三八
洶	洶	四五
洧	洧	四六
汳	汳	四七
洹	洹	五三
洙	洙	五五
沂	沂	五五
洋	洋	五六
汶	汶	五九
洨	洨	六三
泒	泒	六六
洵	洵	六九
洇	洇	七三
洦	洦	七四
洍	洍	七四
洪	洪	七六
洚	洚	七七
衍	衍	七七
汭	汭	八一
活	活	八四
泚	泚	八七
沖	沖	八八
沄	沄	九一
沆	沆	九一
洸	洸	九五

字	頁
洞	一〇二
洶	一〇二
洌	一〇五
泆	一一七
洔	一一九
沙	一二五
汻	一三〇
沚	一三〇
派	一三三
洼	一三六
洫	一三九
洐	一四七
津	一五四
洄	一六〇
泳	一六〇

字	頁
泛	一六二
砅	一六三
涑	一七一
沈	一八〇
洅	一八五
洽	一八八
泜	一九〇
洿	一九六
沑	一九九
洎	二〇二
洝	二〇四
洏	二〇五
洒	二一七
沐	二三〇
洗	二三九

字	頁
汲	二三一
染	二三五
洟	二四四
洦	二五一
洛	二五四
泉	二八三
冰	三〇六
沷	三二〇
飛	四三三
西	四九〇
居	五一八
扃	五一九
[耳占]	五六七
[耳夭]	五九一
巸	六〇〇

字	頁
指	六〇四
拱	六〇九
扶	六二一
[扌幵]	六二四
持	六二五
拏	六三九
抓	六四〇
按	六四一
拍	六四三
挻	六四七
批	六四七
拒	六五三
挏	六五四
投	六五七
扴	六五九

字頭	楷定	頁
挑	[車兆]	六五九
搚	[車劦]	六六三
転	抎	六六四
[車分]	扮	六七九
拾	[車合]	六八七
挺	[車廷]	六九二
[扌因]	[車因]	六九六
括	[車昏]	六九七
拮	[車吉]	七〇〇
挃	輊	七〇五
[車肙]	捐	七〇五
[車及]	扱	七一〇
軝	抵	七一三
[車冘]	抌	七一四
[車亢]	抗	七一六

字頭	楷定	頁
挂	[車圭]	七一八
挌	輅	七二〇
[車也]	扡	七二七
姜	姜	七四一
姬	姬	七四三
姞	姞	七四六
姚	姚	七四九
姺	姺	七五二
娶	娶	七五五
姻	姻	七五九
威	威	七八三
姨	娣	七九三
姪	姪	七九四
姨	姨	七九五
姼	姼	七九七

字頭	楷定	頁
娍	嫌	八一〇
[女衣]	[女衣]	八一四
姶	姶	八一五
姓	姓	八一六
[女耳]	[女百]	八一六
姝	姝	八二一
姣	姣	八二九
[冂口攴]	[冂口攴]	八三三
姽	姽	八三七
[女厄]	[女厄]	八四〇
姡	婚	八四五
娛	娛	八四八
娟	嫡	八六〇
姰	姰	八六二
[此女]	[此女]	八六二

字頭	楷定	頁
姿	姿	八七五
娑	娑	八七七
婐	婐	八七七
妍	妍	八八〇
娃	娃	八八一
姘	[女屛]	八九四
姅	姅	八九五
娗	娗	八九五
姦	姦	九〇〇
姤	姤	九〇二
戒	戎	九四二
匽	匽	一〇一七
匧	匧	一〇二三
[匚攸]	[匚攸]	一〇二七
匫	[匚亘]	一〇二八

柩	柩	一〇二九
曲	曲	一〇三〇
甌	甌	一〇四二
甕	甕	一〇四三
瓬	瓬	一〇四三
弭	弭	一〇五四
弩	弩	一〇八七
紗	紗	一一一四
紇	紇	一二四〇
紀	紀	一二四七
紆	紆	一二六〇
級	級	一二六三
約	約	一二六五
紈	紈	一二七一
紅	紅	一二九四

紃	紃	一三二一
紉	紉	一三三三
紂	紂	一三三四

【十劃】

河	河	三
泑	泑	七
沱	沱	九
浙	浙	一二
淢	淢	一二
沫	沫	一四
沮	沮	一五
涂	涂	一六
涇	涇	一八
浪	浪	二一
沁	沁	三〇

沸	沸	三四
油	油	三九
泡	泡	五二
泗	泗	五二
沭	沭	五五
涽	涽	五八
泜	泜	六三
沽	沽	六四
沛	沛	六五
涢	涢	六五
泒	泒	六六
泥	泥	六七
滮	滮	七三
海	海	七五
涓	涓	八〇

渙	渙	八三
泌	泌	八三
泫	泫	八四
況	況	八七
浩	浩	九一
沇	沇	九二
浮	浮	九八
泓	泓	九九
涌	涌	一〇三
淀	淀	一〇九
泙	泙	一一三
沴	沴	一一九
涅	涅	一二一
浥	浥	一二五
涘	涘	一二九

浦	浦	一三〇
沸	沸	一三三
沼	沼	一三八
汥	汥	一三九
汥	決	一四九
泭	泭	一五七
沿	沿	一五九
砅	砅	一六三
決	決	一七一
洿	洿	一八六
浞	浞	一八七
消	消	一九二
減	減	二〇一
涚	涚	二〇五
浚	浚	二〇八

泔	泔	二〇九
涒	涒	二一五
洞	洞	二一九
沫	沫	二二〇
浴	浴	二二八
湅	湅	二三四
泰	泰	二三六
泣	泣	二四五
涕	涕	二四五
泯	泯	二五二
浹	浹	二五五
沝	沝	二五六
流	流	二五七
涉	涉	二五八
邕	邕	二七一

原	厵	二八九
浴	浴	三〇四
清	清	三〇七
凍	凍	三〇七
凋	凋	三〇八
涵	涵	三一〇
飛	飛	四三三
扇	扇	五一一
扉	扉	五一七
扆	扆	五一八
兩	兩	五五九
閃	閃	五六〇
耽	耽	五六七
聃	聃	五六八
耿	耿	五六八

聉	聉	五九〇
朙	眀	五九五
聆	聆	五九六
巸	巸	六〇〇
拇	拇	六〇三
拳	拳	六〇四
挐	挐	六一七
捘	捘	六一九
抵	抵	六一九
拉	拉	六二〇
挫	挫	六二〇
挈	挈	六二六
拑	拑	六二七
挾	挾	六三六
把	把	六三八

拏	抓	拈	拊	捋	捉	[illegible]	捊	抪	招	抧	抉	挶	[illegible]	捀
六三九	六四〇	六四一	六四四	六四四	六四六	六四七	六四九	六五三	六五四	六五七	六六〇	六六一	六六五	六六八

抍	振	捎	挩	把	抒	担	拓	拔	抲	挍	技	捄	扝	挨
六七六	六七七	六七九	六八四	六八五	六八五	六八五	六八七	六九〇	六九七	六九八	六九八	七〇〇	七〇九	七一一

抰	拂	捕	拕	捈	挐	拲	捐	換	拗	捌	坙	脊	姜	姬
七一二	七一三	七一七	七一八	七一八	七一九	七二〇	七二三	七二五	七二七	七二七	七二八	七二八	七四一	七四三

姺	妻	娠	娣	娒	娥	娧	娙	[illegible]	姡	娛	娭	娓	娕	[illegible]
七五二	七六〇	七六八	七九三	七九六	八一〇	八三〇	八三一	八三三	八四五	八四八	八四八	八四九	八五四	八六〇

娉 娉 八六六
媄 媄 八七二
姿 姿 八七五
娋 娋 八七七
嫛 嫛 八八〇
娷 娷 八八三
妶 妶 八八五
姡 姡 八八六
婕 婕 八九一
婡 婡 八九一
姍 姍 八九二
娟 娟 九〇一
趺 趺 九三六
匿 匿 一〇一五
匩 匩 一〇二三

匪 匪 一〇二七
匫 匫 一〇二八
畚 畚 一〇三七
瓷 瓷 一〇四九
弱 弱 一〇五六
孫 孫 一一一九
純 純 一一三八
紝 紝 一一四三
納 納 一一四九
紡 紡 一一四九
紓 紓 一一五九
索 索 一一六三
級 級 一一六三
紒 紒 一一九八
紭 紘 一二〇〇

紞 紞 一二〇一
紐 紐 一二〇六
紟 紟 一二〇八
紛 紛 一二三三
紉 紉 一二三五
紙 紙 一二四一
扆 扆 一二五一
紕 紕 一二五五

【十一劃】

涑 涑 七
涪 涪 八
淹 淹 一七
洮 洮 一八
汧 汧 二三
洛 洛 二五

淯 淯 二六
淇 淇 三一
深 深 三八
淮 淮 四二
渒 渒 四四
洶 洶 四五
淩 淩 四八
淨 淨 五〇
菏 菏 五二
洹 洹 五三
洙 洙 五五
渚 渚 六一
洨 洨 六三
淶 淶 六七
洵 洵 六九

涻	七〇
淔	七一
淁	七二
涺	七二
洇	七三
淉	七三
⿰氵乳	七三
洦	七四
⿰氵亞	七四
洚	七七
衍	七七
涥	七八
混	八〇
淲	八四
減	八五
沘	八七
洸	九五
淪	九七
淙	一〇一
洞	一〇二
洶	一〇二
涳	一〇三
淑	一〇五
清	一〇六
淈	一〇八
淀	一〇九
泏	一一三
涇	一一六
淺	一一九
淖	一二〇
溜	一二五
派	一三三
洼	一三六
洫	一三九
洐	一四七
注	一五〇
潽	一五三
淜	一五五
洄	一六〇
淦	一六一
沒	一七〇
淒	一七一
涑	一七一
涿	一七六
洅	一八五
淊	一八五
涵	一八六
洽	一八八
涸	一九一
洿	一九六
浼	一九六
洎	二〇二
洝	二〇四
洏	二〇五
涫	二〇五
涾	二〇五
淅	二〇六
淤	二一〇
淰	二一一
涼	二一五

字	頁
淡	二一五
液	二一六
淬	二二〇
淳	二二三
淋	二二三
染	二三五
洟	二四四
涕	二四五
泮	二四九
萍	二五一
洛	二五四
涯	二五六
惑	二七〇
羕	二九八
浴	三〇四

字	頁
冷	三二〇
扇	三五一
零	三六〇
魚	三七三
韭	四四四
壘	四九八
鹵	四九九
開	五二六
閉	五五一
聑	五六七
聊	五七一
聖	五七一
聆	五七八
聒	五八〇
聥	五八一

字	頁
聘	五八七
聳	五八八
聉	五九〇
聅	五九一
捾	六一六
推	六一七
排	六一九
挈	六二六
捡	六二九
[illegible]	六三六
捫	六三六
拾	六四一
按	六四一
控	六四二
[illegible]	六四三

字	頁
掊	六四四
措	六四五
掄	六四五
批	六四七
捽	六四八
授	六五〇
拒	六五二
接	六五三
挏	六五四
捪	六五六
挑	六五九
据	六六一
拹	六六三
[illegible]	六六五
掉	六六六

掀	拚	拾	掇	挺	探	捼	掎	捆	拙	揩	捄	拮	掘	掩
六七六	六八一	六八七	六八八	六九二	六九三	六九三	六九四	六九六	六九九	六九九	七〇〇	七〇〇	七〇一	七〇一

挃	捘	捲	抶	捭	捶	挂	挐	挌	掫	掤	捷	掍	掖	掠
七〇五	七〇九	七〇九	七一一	七一二	七一二	七一八	七一九	七二〇	七二一	七二二	七二三	七二四	七二五	七二六

掐	捦	乖	娸	娶	婚	婦	娠	娩	娒	婢	媧	婕	婟	娼
七二七	七二七	七二八	七五三	七五五	七五六	七六三	七六八	七七一	七九六	七九九	八〇九	八一三	八一四	八一六

媌	婠	婁	姽	婐	娑	婧	婜	娓	媨	嫡	娽	婟	姿	婼
八二〇	八二一	八二三	八二七	八三九	八四一	八四二	八四八	八四九	八五七	八六〇	八六六	八七四	八七七	八七八

字頭	隸定	頁碼
婞	婞	八七九
娺	娺	八八〇
婎	婎	八八四
⿰女兹	⿰女兹	八八五
婪	婪	八八八
婁	婁	八八九
婓	婓	八九三
媕	媕	八九三
娙	娙	八九四
婥	婥	八九六
娷	娷	八九六
趹	趹	九三六
戰	戰	九四五
夏	夏	九四九
戢	戢	九五六
⿰耴戈	⿰耴戈	九七六
戚	戚	九八六
望	望	一〇〇九
區	區	一〇一四
匬	匬	一〇二八
豊	豊	一〇三三
⿱卯瓦	⿱卯瓦	一〇四三
瓴	瓴	一〇四三
瓶	瓶	一〇四九
弴	弴	一〇五三
張	張	一〇五八
弸	弸	一〇六〇
紙	紙	一一四〇
給	給	一一四八
紹	紹	一一五五
緈	緈	一一五九
細	細	一一六一
紾	紾	一一六七
絅	絅	一一六九
終	終	一一七二
紬	紬	一一八〇
絀	絀	一一八八
紺	紺	一一九四
紻	紻	一二〇一
紳	紳	一二〇三
組	組	一二〇四
紴	紴	一二一〇
絨	絨	一二一一
⿰糸穴	⿰糸穴	一二一八
紩	紩	一二一八
⿰糸旦	⿰糸旦	一二一九
絇	絇	一二二四
⿰糸正	⿰糸正	一二二九
絆	絆	一二三四
紲	紲	一二三五
絜	絜	一二四三
絘	絘	一二四四
紨	紨	一二四八
紵	紵	一二四九
紼	紼	一二五五

【十二劃】

字頭	隸定	頁碼
涐	涐	三
湔	湔	三
温	温	四
涂	涂	六

涇	一八
渭	一八
湟	二三
沇	三三
溠	三五
泠	三七
湘	三七
湞	四一
泄	四六
洋	五六
漑	五八
涪	五八
渪	六〇
涀	六五
湳	六八

涶	六九
浝	七三
活	八四
湝	八四
浩	九一
波	九六
浮	九八
湋	一〇〇
測	一〇〇
湍	一〇一
涌	一〇三
洽	一〇三
渾	一〇四
湜	一〇七
淵	一〇九

滑	一一四
涓	一二〇
涅	一二一
滋	一二三
浥	一二五
浦	一三〇
湀	一三五
湖	一三八
渠	一四〇
湄	一四一
渡	一五七
湊	一六八
湛	一六九
湮	一六九
渨	一七〇

淪	一七一
湒	一七三
涿	一七六
渿	一七九
洿	一八六
浞	一八七
渥	一八七
渴	一九二
湆	一九五
湫	一九六
湯	二〇三
渜	二〇四
涚	二〇五
溲	二〇七
湑	二一三

湎	湎	二一二
涒	涒	二一五
洱	洱	二一九
浴	浴	二二八
洗	洗	二二九
渫	渫	二三三
涑	涑	二三四
泰	泰	二三六
湩	湩	二四四
涷	涷	二四六
渝	渝	二四七
減	減	二四八
湲	湲	二五四
淑	淑	二五四
港	港	二五五

淼	淼	二五五
浹	浹	二五五
洫	洫	三〇一
容	容	三〇四
涷	涷	三〇七
滕	滕	三〇七
淍	淍	三〇八
治	治	三一二
滄	滄	三二〇
漂	漂	三二一
雲	雲	三六八
[illegible]	[illegible]	四八八
扉	扉	五二一
扇	扇	五二一
閦	閦	五二五

閉	閉	五三一
開	開	五三五
閒	閒	五四二
閑	閑	五五〇
閔	閔	五六三
閲	閲	五六四
聊	聊	五七一
聒	聒	五八〇
聞	聞	五八二
聝	聝	五九二
聑	聑	五九六
聶	聶	五九七
掌	掌	六〇二
指	指	六〇四
揖	揖	六〇六

持	持	六二五
揲	揲	六二七
挾	挾	六三六
握	握	六三七
提	提	六四〇
揗	揗	六四二
掾	掾	六四二
捋	捋	六四四
插	插	六四五
捉	捉	六四六
挻	挻	六四七
揄	揄	六四七
捊	捊	六四九
捦	捦	六五〇
揣	揣	六五七

字	頁碼
搔	六五九
挏	六六一
披	六六五
揂	六六七
掔	六六七
揚	六六八
揭	六七六
振	六七七
揄	六八〇
揆	六八二
挩	六八四
挹	六八五
⿰扌亟	六八八
援	六八九
揠	六九一
捼	六九三
⿰扌咸	六九四
揮	六九五
揖	六九六
括	六九七
撝	六九八
⿰扌赤	六九八
揟	七〇〇
摡	七〇一
揟	七〇二
⿰扌乑	七一三
捕	七一七
捈	七一八
抴	七一九
揙	七一九
搵	七二〇
搜	七二五
掖	七二五
媯	七五〇
娸	七五三
媒	七五三
嫁	七五四
媼	七七九
媢	七九三
嫂	七九四
媊	八〇九
媧	八〇九
娍	八一〇
媚	八一九
媄	八二〇
嫣	八三三
媞	八四六
婺	八四七
嬰	八四七
媅	八四九
嬐	八五〇
⿰女桀	八五一
嫍	八五七
娑	八六〇
媛	八六六
娽	八六六
媟	八六九
娼	八七二
媄	八七二
嫪	八七四

媮 媮 八七六
娋 娋 八七七
媎 媎 八七八
婞 婞 八七九
嫢 嫢 八八一
媁 媁 八八四
媥 媥 八八五
婳 婳 八八六
嬈 嬈 八九一
⿰酓女 ⿰酓女 八九二
嫇 嫇 八九三
⿰女𡿺 ⿰女𡿺 八九六
媿 媿 八九七
娟 娟 九〇一
戢 戢 九七六

戠 戠 九七七
琴 琴 九九七
琵 琵 一〇〇〇
琶 琶 一〇〇〇
無 無 一〇一〇
匽 匽 一〇二七
畚 畚 一〇三七
⿸虍甾 ⿸虍甾 一〇三七
瓵 瓵 一〇四二
瓽 瓽 一〇四二
甀 甀 一〇四四
瓿 瓿 一〇四五
甃 甃 一〇四八
瓬 瓬 一〇四九
弲 弲 一〇五六

發 發 一〇八三
弻 弼 一一〇六
綄 綄 一一四〇
絓 絓 一一四〇
⿰糸式 ⿰糸式 一一四三
統 統 一一四六
絶 絶 一一五〇
⿰糸囟 細 一一六一
結 結 一一六八
緑 綠 一一六九
⿰糸斤 紙 一一七〇
給 給 一一七〇
絩 絩 一一七六
綫 綈 一一七八
絢 絢 一一八四

絑 絑 一一八五
絑 絑 一一八六
絀 絀 一一八八
絳 絳 一一八九
紫 紫 一一九二
綎 綎 一二〇六
絙 絙 一二〇七
絝 絝 一二〇八
絛 絛 一二一〇
紩 紩 一二一八
絬 絬 一二一九
⿰糸爭 ⿰糸爭 一二二三
絭 絭 一二二五
⿰糸犬 ⿰糸犬 一二二九
絆 絆 一二三四

絠	絠	二三七
絮	絮	二三九
絡	絡	二四〇
絘	絘	二四四
絟	絟	二四九
経	經	二五一
絜	絜	二五三
絣	絣	二五五
紕	紕	二五五
緅	緅	二七五

【十三劃】

涷	涷	七
涪	涪	八
滇	滇	一五
溺	溺	一七
滄	滄	三四
漂	漂	三七
漆	漆	三八
溜	溜	四一
潵	潵	四三
淮	淮	四三
滍	滍	四四
溳	溳	四四
淠	淠	四四
洧	洧	四六
淨	淨	五〇
治	治	五九
寖	寖	六〇
湡	湡	六〇
滮	滮	六一
淶	淶	六七
洽	洽	七〇
渣	渣	七一
淩	淩	七二
涺	涺	七二
淉	淉	七三
漬	漬	七三
⿰氵乳	⿰氵乳	七三
洨	洨	七四
漠	漠	七五
海	海	七五
溥	溥	七六
洪	洪	七六
滔	滔	七九
混	混	八〇
⿰氵虒	⿰氵虒	八四
減	減	八五
滂	滂	八六
汪	汪	八六
淙	淙	一〇一
涳	涳	一〇三
洌	洌	一〇五
淑	淑	一〇五
溶	溶	一〇六
溷	溷	一〇八
淫	淫	一一六
淺	淺	一一九
洔	洔	一一九
溽	溽	一二一
淊	淊	一二五

溝	一四〇
淦	一六一
滃	一七〇
溟	一七一
滈	一七九
溦	一七九
淊	一八五
洯	一八六
淮	一八八
溓	一八八
洄	一九一
溼	一九三
浼	一九六
湫	一九六
準	一九八

涫	二〇五
涾	二〇五
淅	二〇六
滫	二一〇
滓	二一〇
漿	二一四
涼	二一五
淡	二一五
渴	二一七
溢	二一七
滌	二一八
滄	二一九
淬	二二〇
淋	二二二
濾	二二五

減	二四八
涂	二五三
溘	二五六
涯	二五六
涀	三〇一
清	三〇七
潬	三一〇
雷	三一七
電	三二三
雹	三二七
零	三四六
魚	三七三
魠	四〇五
陸	四四五
熒	四四六

開	五三一
間	五三七
闡	五三七
閔	五三八
聖	五七一
聘	五八七
掌	六〇二
擊	六〇五
擘	六〇五
拱	六〇九
捧	六〇九
指	六一六
搯	六一六
推	六一七
排	六一九

字	頁
捡	六二九
搏	六三〇
捫	六三六
揊	六三九
摛	六四一
捨	六四一
控	六四二
揞	六四四
搤	六四七
摵	六四七
捽	六四八
授	六五〇
承	六五一
接	六五三
捪	六五六

字	頁
据	六六一
搳	六六二
挈	六六三
搖	六六六
搈	六六六
掔	六六七
捀	六六八
損	六八二
掇	六八八
搋	六八九
擂	六八九
搦	六九四
掎	六九四
捤	六九五
摑	七〇〇

字	頁
撽	七〇五
探	七一二
捭	七一二
搉	七一三
搒	七二〇
拲	七二〇
掍	七二四
撍	七二六
掠	七二六
搯	七二七
捌	七二七
嫁	七五四
媲	七六七
婸	七六九
媼	七七九

字	頁
媾	七九六
嫨	七九九
嫄	八二二
婕	八二三
娭	八二〇
嬙	八二一
窶	八三三
姘	八三三
嬆	八三五
娸	八三五
媱	八三六
娑	八四一
婧	八四二
嬰	八四七
娩	八五〇

嬐 嬐 八五〇
媻 媻 八六〇
嫈 嫈 八七四
嫌 嫌 八七八
[illegible] [illegible] 八八二
娙 [illegible] 八八三
娎 娎 八九一
[illegible] [illegible] 八九二
嫯 嫯 八九四
[illegible] [illegible] 八九四
[illegible] [illegible] 八九六
媿 媿 八九七
戣 [illegible] 九四四
賊 賊 九五一
[illegible] [illegible] 九六五

義 義 九九四
瑟 瑟 九九八
匿 匿 一〇一五
匽 匽 一〇二八
匬 匬 一〇二八
匯 匯 一〇二九
甄 甄 一〇三九
甂 甂 一〇四四
甃 甃 一〇四八
甈 甈 一〇四八
瑴 瑴 一〇七九
彈 彈 一〇七九
[illegible] [illegible] 一一一四
綃 綃 一一三九
經 經 一一四一

[illegible] [illegible] 一一六四
綠 綠 一一六九
綈 綈 一一七八
絹 絹 一一八五
緌 緌 一二〇二
[illegible] [illegible] 一二一〇
絛 絛 一二一〇
綅 綅 一二一六
[illegible] [illegible] 一二二一
綊 綊 一二二九
緐 緐 一二三〇
紲 紲 一二三五
綆 綆 一二三六
緝 緝 一二四四
絺 絺 一二四八

給 給 一二四九
綏 綏 一二五六
練 練 一二七五

【十四劃】

漾 [illegible] 一九
漢 [illegible] 二〇
漆 [illegible] 二四
漼 [illegible] 二五
潠 [illegible] 二七
漳 [illegible] 三一
[illegible] 淇 三一
漸 [illegible] 三六
湘 湘 三七
滇 滇 四一
[illegible] [illegible] 四六

灓 五〇
瀘 六六
淲 六七
漹 六九
淳 七八
涓 八〇
演 八三
湝 八四
漻 八七
瀴 九八
湋 一〇〇
測 一〇〇
湍 一〇一
渾 一〇四
清 一〇六

湜 一〇七
滲 一〇八
溷 一〇八
濯 一〇九
淵 一〇九
滿 一一三
滑 一三〇
澴 一三三
滎 一三六
漥 一三六
潢 一三七
渠 一四〇
湆 一五〇
沃 一五三
津 一五四

渡 一五七
泝 一五九
湛 一六九
淒 一七一
漆 一七九
漊 一七九
瀆 一八七
漚 一八七
渥 一八七
滯 一九〇
消 一九二
渴 一九二
溓 一九三
湯 二〇三
湨 二〇四

滰 二〇六
溲 二〇七
漉 二〇八
淤 二一〇
淰 二一一
洒 二一七
漱 二一九
溦 二三五
涑 二四六
減 二四八
漕 二四九
漏 二五〇
溥 二五二
湲 二五四
溘 二五六

鄰	澌	滄	涵	霆	霩	霥	需	霸	甈	臺	闓	閣	閭	闕
二六五	三〇七	三一〇	三一〇	三三三	三四五	三四九	三六五	三六七	三九一	四八八	五二五	五二五	五二七	五三一

開	閣	闋	閥	聑	聯	閻	聹	聝	擘	摳	挐	擢	握	提
五三五	五三八	五五三	五六四	五六八	五六九	五八二	五八八	五九二	六〇五	六〇五	六一七	六一九	六三七	六四〇

揗	掾	插	搊	摕	擭	揣	攢	搔	攖	擿	擲	摺	摟	揹
六四二	六四二	六四五	六四八	六四八	六五二	六五七	六五七	六五九	六五九	六六二	六六三	六六三	六六四	六六七

揚	掀	揭	捎	搫	摍	援	揠	摵	揮	摹	揩	摶	摑	撳
六六八	六七六	六七六	六七九	六八〇	六八八	六八九	六九一	六九四	六九五	六九九	六九九	七〇〇	七〇〇	七〇五

字頭	隸定	頁碼
摎	轇	七〇六
擽	轢	七一〇
摬	⿰車竟	七一三
摼	⿰車堅	七一四
⿰車肙	捐	七一三
較	搜	七一五
⿰扌瓜	⿰車瓜	七一六
⿰車念	捻	七一七
揻	⿰車咸	七一七
⿰扌咢	⿰車咢	七一八
嫛	嫛	七七〇
嫗	嫗	七七九
嫄	嫄	八一二
⿰女齊	⿰女齊	八二一
媌	媌	八三〇

字頭	隸定	頁碼
嫣	⿰女号	八三三
⿰女㝠	嫇	八三五
嫙	嫙	八四五
規	嫢	八四六
嫡	⿰女啻	八四九
⿰女冤	⿰女冤	八五〇
⿰女桀	⿰女桀	八五一
嫥	嫥	八五一
嫧	嫧	八五四
⿱埶女	⿱埶女	八五七
娕	媟	八六九
⿰女虘	⿰女虘	八七五
媮	媮	八七六
媘	媘	八七八
婼	婼	八七八

字頭	隸定	頁碼
媻	媻	八七九
嬒	嬒	八八〇
婊	婊	八八二
嫖	⿰女䙴	八八三
媥	媥	八八五
嫚	嫚	八八五
⿰女參	⿰女參	八八八
婩	婩	八九三
婥	婥	八九六
嬌	嬌	九〇一
嫠	嫠	九〇二
[illegible]	[illegible]	九三五
肈	肇	九四一
戟	⿰𠦝殳	九四七
戩	戩	九七〇

字頭	隸定	頁碼
戠	戠	九七七
義	義	九九四
琵	琵	一〇〇〇
⿷匚晏	匽	一〇二八
匱	匱	一〇二八
匰	匰	一〇三〇
⿴囗甾	甾	一〇三三
⿲𢆶井	⿲𢆶井	一〇三七
⿸虍甾	⿸虍甾	一〇三七
甍	甍	一〇三九
⿰客瓦	⿰客瓦	一〇四五
甈	甈	一〇四八
彄	彄	一〇五七
殻	殻	一〇七九
彉	彉	一〇七九

彈 彈 一〇七九
發 發 一〇八三
⿰弓曷 ⿰弓曷 一一一四
緒 緒 一一三八
綜 綜 一一四四
絡 絡 一一四五
絹 絽 一一四八
綷 綷 一一六一
緢 緢 一一六二
㬎 㬎 一一六四
綝 綝 一一七一
緂 終 一一七三
綺 綺 一一七六
緊 緊 一一八〇
綾 綾 一一八二

縷 縷 一一八五
緑 綠 一一八六
縞 縞 一一八六
綰 綰 一一八九
綪 綪 一一九一
綼 綼 一一九五
緇 緇 一一九六
綟 綟 一一九八
緂 緂 一一九八
緌 緌 一二〇二
緄 緄 一二〇二
紳 紳 一二〇三
綬 綬 一二〇四
緺 緺 一二〇五
綸 綸 一二〇六

緥 緥 一二〇九
縱 縦 一二一一
網 網 一二一五
綫 綫 一二一七
緁 緁 一二一八
⿰糸爭 ⿰糸争 一二二三
維 維 一二二八
緐 緐 一二三〇
絠 絠 一二三七
緍 緍 一二三九
⿰糸咅 ⿰糸咅 一二四三
緆 緆 一二五〇
緉 緉 一二五三
綢 綢 一二五四
緋 緋 一二七四

緅 緅 一二七五
綣 綣 一二七六

【十五劃】

潼 獞 八
澌 浙 一二
溫 温 一四
滇 滇 一五
浪 浪 二三
湟 湟 二三
澇 澇 二四
淯 淯 二六
蕩 蕩 三三
洭 洭 三五
潓 潓 三六
潭 潭 三九

字	頁
潩	四一
潕	四二
溠	四四
湞	四四
潁	四五
潧	四八
淩	四八
滮	六一
湳	六八
湶	七二
溳	七三
溥	七六
滔	七九
潒	八一
漦	八一
潚	八二
渙	八三
滂	八六
潝	九三
滕	九三
潏	九五
澐	九六
淪	九七
溶	一〇六
澂	一〇六
潣	一〇七
潿	一〇八
潯	一一三
潪	一一三
潰	一一八
溽	一二一
滋	一二三
瀆	一二九
涘	一二九
滎	一三六
溝	一四〇
澗	一四七
澳	一四七
潛	一六一
渰	一七一
溟	一七一
澍	一七二
潦	一七三
滈	一七九
溦	一七九
涵	一八六
漼	一八八
泑	一九〇
澌	一九一
潐	一九二
湆	一九五
潤	一九八
準	一九八
浚	二〇八
潘	二〇九
滓	二一〇
漀	二一二
漿	二一四
澆	二一六
渮	二一七

字頭	隸定	頁碼
溢	溢	二一七
瀸	瀸	二一八
滄	滄	二一九
漨	漨	二三五
潸	潸	二四五
滅	滅	二四八
湏	頮	二五一
漏	漏	二五四
淼	淼	二五五
潔	潔	二五五
潠	潠	二五六
霅	霅	三三三
震	震	三三四
霄	霄	三三六
零	零	三四六

字頭	隸定	頁碼
霖	霖	三四七
霃	霃	三四八
䨞	䨞	三四九
魴	魴	三八七
魵	魵	三九四
魳	魳	三九四
魦	魦	三九五
魿	魿	四〇一
魧	魧	四〇三
鮇	鮇	四〇五
魤	魤	四〇五
魮	魮	四〇六
靠	靠	四四五
壘	罣	四九八
閭	閭	五二七

字頭	隸定	頁碼
閻	閻	五三三
闁	闁	五四七
閱	閱	五六〇
聥	聥	五八一
曆	磿	五九六
拳	拳	六〇四
㨳	㨳	六〇六
搯	搯	六一六
挼	挼	六一九
挃	挃	六二〇
摯	摯	六二七
搏	搏	六三〇
拼	拼	六三六
撣	撣	六三八
搞	搞	六三九

字頭	隸定	頁碼
撩	撩	六四四
掄	掄	六四五
搤	搤	六四七
搣	搣	六四七
撮	撮	六四八
掏	掏	六四八
撿	撿	六五〇
撫	撫	六五五
撓	撓	六六〇
擖	擖	六六一
搳	搳	六六二
擪	擪	六六五
搖	搖	六六六
搈	搈	六六六
拭	拭	六六六

甄　甄　一〇四八
彈　彈　一〇八〇
緜　緜　一一二六
緬　緬　一一三八
綃　綃　一一三九
緍　緍　一一四〇
緯　緯　一一四五
緷　緷　一一四六
縕　縕　一一五七
綷　綷　一一六一
縒　縒　一一六二
緝　緝　一一六八
締　締　一一六九
緭　緭　一一七六
練　練　一一七八

縷　縷　一一八五
絹　絹　一一八五
綠　緑　一一八六
緹　緹　一一九一
綼　綼　一一九五
緇　緇　一一九六
緺　緺　一二〇五
縌　縌　一二〇五
緣　緣　一二〇八
緥　緥　一二〇九
緟　緟　一二一二
網　網　一二一五
⿰糸要　⿰糸要　一二一九
緱　緱　一二三〇
縋　縋　一二三五

緘　緘　一二二六
編　編　一二二七
緧　緧　一二三四
縆　縆　一二三六
緶　緶　一二三六
緝　緝　一二四四
總　總　一二五〇
緰　緰　一二五一
縵　縵　一二五一
⿰糸封　⿰糸封　一二五三
縕　縕　一二五五
緗　緗　一二七四

【十六劃】

淹　淹　一七
漾　漾　一九

滻　滻　二五
澮　澮　二八
潞　潞　三〇
漸　漸　三六
深　深　三八
澧　澧　四四
澺　澺　四五
潁　潁　四五
菏　菏　五三
澶　澶　五四
濁　濁　五七
溉　溉　五八
瀘　瀘　六六
滱　滱　六七
澥　澥　七四

漦	八一
激	一〇一
湁	一〇三
滲	一〇八
漼	一〇九
澮	一一二
滿	一一三
濤	一一五
澤	一一五
消	一二〇
淖	一二〇
潀	一三三
漥	一三六
潢	一三七
湖	一三八
溢	一五四
混	一七〇
瀕	一七三
濩	一七四
漊	一七九
濛	一八〇
洯	一八六
漚	一八七
濃	一八八
滯	一九〇
滜	二〇〇
潘	二〇九
澱	二一〇
湑	二一三
滌	二一八
瀸	二二八
澡	二二九
渫	二三三
潵	二三五
湫	二四四
渝	二四七
漏	二五〇
萍	二五一
濊	二五一
淑	二五四
潠	二五六
粼	二六五
滭	三二〇
電	三三三
震	三四七
霤	三四八
霖	三四八
霑	三五〇
霋	三五三
霓	三五九
䨒	三六七
霏	三六八
䨵	三六八
霒	三七三
魼	三七七
鮍	三八八
𩵖	三八八
鮒	三八八
魾	三八九
魠	三九一

字	隸定	頁
鮀	鮀	三九一
鮎	鮎	三九一
鮐	鮐	三九八
鮊	鮊	三九八
鮭	鮭	四〇〇
鮑	鮑	四〇一
魿	魿	四〇一
鮩	鮩	四〇三
鮅	鮅	四〇四
鮁	鮁	四〇四
燕	燕	四一三
⿰金秦	⿰金秦	四八七
⿱癸金	⿱癸金	四八七
閭	閭	五二四
閻	閻	五二九
闍	闍	五三〇
閾	閾	五三三
⿵門函	⿵門函	五四七
閹	閹	五五七
閽	閽	五五七
聰	聰	五七五
⿰耳辛	⿰耳辛	五八八
聱	聱	五九八
掔	掔	六〇五
摳	摳	六〇五
撿	撿	六〇九
摧	摧	六一九
揲	揲	六二七
操	操	六二八
據	據	六三五
摛	摛	六四一
擇	擇	六四六
抑	抑	六四七
摕	摕	六四八
摜	摜	六五七
摲	摲	六六三
摟	摟	六六四
⿸屖手	⿸屖手	六六五
掉	掉	六六六
擧	擧	六七二
撟	撟	六七九
揄	揄	六八〇
擭	擭	六八〇
擅	擅	六八一
擐	擐	六八八
揂	揂	六八八
擊	擊	六九四
摩	摩	六九五
掩	掩	七〇一
摡	摡	七〇一
揟	揟	七〇二
播	播	七〇三
摼	摼	七一四
揙	揙	七一九
⿰扌瓜	⿰扌瓜	七二六
揻	揻	七二七
⿰扌雩	⿰扌雩	七二八
脊	脊	七二八
嬴	嬴	七四七
⿺鬼婁	⿺鬼婁	七六九

字頭	楷定	頁碼
嬹	嬹	八一三
嬛	嬛	八三六
嫧	嫧	八五四
嬐	嬐	八五五
嬗	嬗	八五九
窶	窶	八七〇
嬖	嬖	八七〇
⿱毄女	⿱毄女	八七一
嫪	嫪	八七四
⿱阿女	⿱阿女	八八〇
嫛	嫛	八九二
嬒	嬒	八九三
嬙	嬙	九〇一
⿰⿱丬矢戈	⿰⿱丬矢戈	九四四
戰	戰	九五三

字頭	楷定	頁碼
匽	匽	一〇二六
⿰缶由	⿰缶由	一〇三三
蜨	蜨	一〇三六
觪	觪	一〇三七
甄	甄	一〇三九
甑	甑	一〇三九
彊	彊	一〇六〇
繼	繼	一一四八
縛	縛	一一六九
緷	緷	一一七一
縠	縠	一一七七
縑	縑	一一七八
縞	縞	一一七九
綾	綾	一一八二
綺	綺	一一八六

字頭	楷定	頁碼
縉	縉	一一九一
綪	綪	一一九一
縓	縓	一一九二
⿰糸刅	⿰糸刅	一一九八
縟	縟	一一九九
綸	綸	一二〇六
纍	纍	一二〇七
縜	縜	一二一六
綅	綅	一二一六
縫	縫	一二一八
緁	緁	一二一八
縭	縭	一二三〇
縈	縈	一二三三
綦	綦	一二三五
縢	縢	一二三七

字頭	楷定	頁碼
⿰糸虒	⿰糸虒	一二四四
緆	緆	一二四九
縗	縗	一二五一
⿰糸尌	⿰糸尌	一二五二
縕	縕	一二五五
絣	絣	一二五五
縊	縊	一二五六
緻	緻	一二七四
綷	綷	一二七五

【十七劃】

字頭	楷定	頁碼
湔	湔	三
溺	溺	一七
澇	澇	二四
漆	漆	二四
潩	潩	二七

字	頁
霅	三三三
霄	三三六
靁	三四二
霂	三四七
霃	三四八
⿱雨禺	三四九
⿱雨染	三五〇
⿱雨革	三五二
⿱雨婁	三五三
霜	三五五
⿱雨殺	三五六
霞	三六八
鮞	三七七
鮪	三七八
鮥	三八〇
鮦	三八五
鯈	三八六
魴	三八七
鮆	三九一
魵	三九四
魦	三九五
鮮	三九五
鮫	三九九
鮨	四〇〇
鮺	四〇〇
魿	四〇一
魧	四〇三
鮚	四〇三
⿰魚夫	四〇五
鮡	四〇五
魮	四〇六
龍	四一七
⿱𦍌鹵	五〇六
闈	五二四
闉	五三〇
闔	五三三
⿵門為	五三五
⿵門曷	五四七
闌	五四八
闇	五五三
闋	五六一
闊	五六二
閴	五六五
聯	五六九
聰	五七五
職	五七八
聲	五八一
聳	五八八
⿸麻耳	五九六
擠	六一九
據	六三五
攝	六三五
擥	六三七
撣	六三八
措	六四五
揃	六四七
擿	六五八
撓	六六〇
摘	六六二
⿰扌貣	六六六

字	楷	頁
鯀	鯀	三八一
鯉	鯉	三八四
鮔	鮔	三八六
⿰魚幼	⿰魚幼	三八八
鮒	鮒	三八八
⿰魚巠	⿰魚巠	三八八
⿰魚丕	⿰魚丕	三八九
鯇	鯇	三九一
鮀	鮀	三九一
鮎	鮎	三九一
鰋	鰋	三九二
鮷	鮷	三九二
鮸	鮸	三九三
⿰魚朮	⿰魚市	三九四
鮊	鮊	三九八

字	楷	頁
鯁	⿰魚叜	三九九
鮭	鮭	四〇〇
鮑	鮑	四〇一
鮩	鮩	四〇三
鮅	鮅	四〇四
鮍	鮍	四〇四
龍	龍	四一七
⿰金秦	臻	四八七
⿱臨皿	⿱臨皿	五〇八
闟	闟	五二五
闕	闕	五三〇
⿵門盧	⿵門盧	五三三
闌	闌	五三三
閬	閬	五三三
闓	闓	五三七

字	楷	頁
闇	闇	五五三
關	關	五五三
闐	闐	五五六
⿵門昜	⿵門昜	五六四
職	職	五七八
聵	聵	五八九
聶	聶	五九七
聱	聱	五九八
撿	撿	六〇九
操	操	六二八
攕	攕	六三七
擪	擪	六四一
擇	擇	六四六
摺	摺	六六三
擅	擅	六八一

字	楷	頁
摎	摎	七〇六
摮	摮	七一一
擊	擊	七一四
攊	攊	七一九
⿰女罥	⿰女罥	七九三
嫽	嫽	八一四
嬛	嬛	八三〇
⿰女矞	⿰女矞	八三一
嬻	嬻	八七〇
⿱陵女	⿱陵女	八八一
⿱民𦥑	⿱民𦥑	九三六
匱	匱	一〇二八
繇	繇	一一二六
繭	繭	一一三六
緒	緒	一一三八

緬 一一三八
織 一一四二
繢 一一四六
繦 一一四八
繎 一一六〇
繙 一一六二
總 一一六四
繚 一一六六
繞 一一六六
緭 一一六八
䌖 一一七四
繒 一一七四
縛 一一七七
縑 一一七八
繟 一二〇三

繐 一二〇七
繑 一二〇九
繜 一二〇九
緟 一二一二
繕 一二一九
繫 一二二一
繩 一二二二
顈 一二二四
縹 一二二六
繘 一二二六
彝 一二六二
繖 一二七五

【十九劃】

漢 二〇
溠 三五

濾 三六
濢 三七
激 四二
瀙 四二
濰 五八
濟 六二
濡 六三
瀤 六六
澥 七四
濊 八六
濞 九二
澮 九三
滕 九三
濫 九九
渥 一〇八

濔 一一一
澫 一一三
瀨 一一八
濱 一七三
濩 一七四
瀞 二〇〇
瀝 二〇八
瀋 二一八
瀾 二四三
潸 二四五
濯 二五三
瀘 二五三
瀟 二五三
瀛 二五三
瀕 二六一

字	頁
瀤	三〇六
䨮	三三五
霵	三四七
𩆜	三五〇
䨽	三六〇
鰤	三七七
魧	三八〇
鮥	三八〇
鮦	三八五
鯉	三九〇
鯢	三九〇
鮆	三九一
鮷	三九二
鮨	三九三
鰕	三九三

字	頁
鯜	三九四
鮈	三九五
鮫	三九九
鯦	四〇二
鮎	四〇三
鯛	四〇四
鯶	四〇四
鯕	四〇五
鮡	四〇五
靡	四四五
陛	四四五
盬	五〇八
闞	五三〇
闟	五四八
闢	五五三

字	頁
闉	五五六
閹	五五七
闚	五五七
闋	五六一
闞	五六二
聸	五六八
攘	六〇五
捧	六〇九
擠	六一九
摯	六二七
擥	六三七
擓	六五三
舉	六七三
擩	六八〇
擭	六八〇

字	頁
撥	六八四
攈	六八七
揠	六八八
擘	六九七
掘	七〇一
捲	七〇九
擽	七一〇
擈	七一一
擊	七一四
攎	七一九
嬿	八二一
嫺	八二九
嬛	八三〇
嬛	八三六
嬥	八四六

字頭	隸定	頁碼
靁	靁	三五〇
⿰魚胥	⿰魚胥	三七八
鮔	⿰魚⿸巨臣	三八〇
鯀	鯀	三八一
⿱魚里	鯉	三八四
儵	儵	三八六
⿰魚豆	⿰魚豆	三八六
鯁	⿰魚叜	三八六
鮍	鮍	三八八
⿰魚巠	⿰魚巠	三八八
鯇	鯇	三九一
鰌	鰌	三九一
鰋	鰋	三九二
鮮	鮮	三九五
鰅	鰅	三九七

字頭	隸定	頁碼
⿰魚卿	⿰魚卿	三九八
鰒	鰒	三九九
鮨	鮨	四〇〇
⿰魚今	魿	四〇一
鰕	鰕	四〇二
鯸	鯸	四〇四
鰈	鰈	四〇六
龏	龏	四三四
鹹	鹹	五〇七
闟	闟	五二五
闠	闠	五二九
闉	闉	五三〇
闍	闍	五三〇
⿵門爲	⿵門爲	五三五
闡	闡	五三五

字頭	隸定	頁碼
⿵門殸	⿵門殸	五六二
闊	闊	五六二
闢	闢	五六四
⿰目賣	⿰目賣	五八九
攕	攕	六〇五
攘	攘	六〇九
擸	擸	六三七
⿰扌賣	撩	六四四
擖	擖	六六一
擬	擬	六八二
撞	撞	六九六
攙	攙	七二六
⿱雨要	⿱雨要	八一三
嫺	嫺	八二九
⿸厭女	⿸厭女	八二九

字頭	隸定	頁碼
孅	孅	八三五
⿰女盧	⿰女盧	八四二
孃	孃	八九三
戠	戠	九七〇
甗	甗	一〇四〇
⿰弓雚	⿰弓雚	一〇五七
䌛	䌛	一一二六
繅	繅	一一三七
繼	繼	一一五二
縒	縒	一一六二
辮	辮	一一六七
纁	纁	一一八七
繐	繐	一一九四
繻	繻	一一九九
纂	纂	一二〇六

繐 二〇七
纍 二〇七
纀 二〇八
縢 二二七
纆 二三六
絙 二三六
繴 二三八
纊 二四〇
繫 二四三
彝 二六二
綣 二七六

【二十一劃】

灊 一五
灈 四五
濄 四六
濮 四九
濕 五〇
灉 五四
灅 六四
瀤 六六
漠 七五
潁 七九
潘 一〇二
漸 一一三
濇 一一五
潰 一一八
澤 一二一
瀨 一二八
濆 一二九
濅 一八六
涇 一九三
灘 二〇〇
瀞 二〇六
灝 二二〇
淳 二二三
濯 二三四
潤 二四三
澄 二五三
瀘 二五三
濤 二五四
瀕 二六一
雪 三三五
霰 三五〇
露 三五四
霜 三五九
魶 三七七
鰨 三七七
鰫 三七八
鮪 三七八
鰥 三八二
鰜 三八六
鰱 三八七
鰖 三八八
⿰魚果 三九〇
鯢 三九〇
⿰魚翁 三九二
⿰魚臽 三九三
鮸 三九三
鮾 三九四
⿰魚冏 三九五

鰼 鰼 三九一
鰌 鰌 三九一
鰸 鰸 三九四
鱅 鱅 三九七
鰂 鰂 三九八
鯁 鯁 三九九
鰕 鰕 四〇二
鯸 鯸 四〇四
鯕 鯕 四〇五
鱟 鱟 四〇七
龔 龔 四三四
鬵 鬵 五〇六
闢 闢 五三三
聽 聽 五七六
聾 聾 五八七

攕 攕 六〇五
壓 壓 六四一
擾 擾 六六〇
擽 擽 六八七
攎 攎 七一九
攤 攤 七二七
嫵 嫵 八二〇
嬪 嬪 八二二
嬻 嬻 八三二
嫹 嫹 八五〇
孌 孌 八六八
無 無 一〇一〇
彏 彏 一〇五七
彎 彎 一〇六二
彌 彌 一〇七五

鎰 鎰 二一一
續 續 二四六
繯 繯 二六七
縉 縉 二九一
纖 纖 三〇八
繕 繕 三一九
纑 纑 三四七
縩 縩 三五一

【二十三劃】

灊 灊 一五
瀙 瀙 四二
灈 灈 四五
灘 灘 五四
灅 灅 六四
灟 灟 七六

漂 漂 九八
濁 濁 一〇四
灓 灓 一五〇
淜 淜 一五五
灛 灛 二〇六
灡 灡 二〇九
羅 羅 二一一
瀨 瀨 二三三
瀱 瀱 二四六
瀦 瀦 二五五
鬻 鬻 二八八
靁 雷 三三七
霌 霌 三六八
鱋 鱋 三七七
鱒 鱒 三七七

鰲	鰲	三七八
鰫	鰫	三七八
鰥	鰥	三八二
鱏	鱏	三九〇
鰭	鰭	三九二
鱖	鱖	三九三
鱓	鱓	三九三
鱗	鱗	四〇〇
鰝	鰝	四〇二
鰩	鰩	四〇七
龕	龕	四二九
[illegible]	[illegible]	四三〇
闟	闟	五二四
聾	聾	五八七
䎝	䎝	五九一
擢	擢	六二九
攜	攜	六三九
攩	攩	六五三
摽	摽	六五九
擧	擧	六六八
攤	攤	六八〇
攫	攫	六八六
攣	攣	六九二
攬	攬	六九五
籍	籍	七一七
掤	掤	七三三
靡	靡	七三三
攙	攙	七二六
匵	匵	一〇二九
繇	繇	一〇五七
彏	彏	一〇六〇
纕	纕	一二五七
纖	纖	一二六一
纅	纅	一二八七
纔	纔	一二九六
纓	纓	一三〇一
纕	纕	一三一四
纑	纑	一三四七
纚	纚	一三五六

【二十四劃】

灌	灌	三六
潕	潕	四二
瀑	瀑	六六
瀸	瀸	八六
淪	淪	二一一
灝	灝	二一七
瀟	瀟	二五三
瀰	瀰	二五五
蘡	蘡	二六二
瀧	瀧	三〇三
靄	靄	三六八
鰨	鰨	三七八
鱣	鱣	三八四
鱮	鱮	三八五
鰋	鰋	三八六
鱮	鱮	三八七
鰻	鰻	三八九
鱯	鱯	三八九
鱧	鱧	三九〇
鰟	鰟	三九四

【二十五劃】

甲九〇三 洹水泉　甲二四九一　甲三八二四　乙一五七七 夰于虫水叀犬　乙三三四四反 水于妣庚
鐵一四・三　鐵九九・四　前二・四・三　前四・一二・七　前四・一三・五　前五・五・四　後
二・三・四　戩四〇・一二　佚九二一 水寧　粹一四八 其告水于上甲　京津四〇六二　河六六五　續
五・一五・一　存下一五〇　寧滬一・四八三　輔仁九〇　乙八六九七【甲骨文編】

甲903　2491　乙1577　珠835　藏14・4　佚921　續3・34・5　徵10・69　録665　誠226　六
中36　續存2042　粹148　641　新2339　4062【續甲骨文編】

水 沈子它簋　啟尊　同簋　魚顛匕【金文編】

3・411 塙閲豆里人匋者曰水　5・225 宮水　5・384 瓦書「四年周天子使卿大夫……」共一百十八字　5・243 左
水　5・244 同上　5・245 同上　5・246 同上　5・247 左水　秦729 同上　秦769 同上
秦778 同上　秦837 大水　秦870 寺水　秦885 同上　秦843 獨字　秦802 大水　秦901 宮水
【古陶文字徵】

215　237　248【包山楚簡文字編】

水 日乙八〇 二例　法一二二 十八例　秦四 十二例【睡虎地秦簡文字編】

☒妥—☒風雨(乙1—29)、—帀不怨(丙6:1—7)【長沙子彈庫帛書文字編】

4061　1598【古璽文編】

温水都監 白水弋丞 浙江都水 長水校尉丞 天水太守章 漢盧水仟長 張水 【漢印文字徵】

禪國山碑 水清穀壁 石碣 霝雨 □于水一方 避水 避水既瀞 【石刻篆文編】

水 【汗簡】

古老子 汗簡 古老子 雲臺碑 【古文四聲韻】

◉許 慎 準也。北方之行。象衆水並流。中有微陽之气也。凡水之屬皆从水。式軌切。【説文解字卷十一】

◉吳大澂 古鉢文。。【説文古籀補卷十一】

◉林義光 水 微韻 説文云。象衆水並流。中有微陽之气也。按古作静敦池字偏旁。∴象水滴。～象水流。皆凡水之稱。非指衆川並流也。亦作寰盤沙字偏旁。【文源卷一】

◉高田忠周 説文。準也。北方之行。象衆水並流。中有微陽之气也。凡水之屬皆从水。即知字形出於气字。先哲云。元作。其文即易坎卦。實未詳篆文者也。但其義。易説卦傳坎為水。書洪範。五行一曰水。管子水地。水者。地之血氣如筋脈之流者也。又左桓元年傳。凡平原出水為大水之類是也。釋名。水。準也。準平物也。亦與許氏相合矣。【古籀篇二】

◉强運開 説文。準也。北方之行。象衆水並流。中有微陽之氣也。段注云。火外陽内陰。水外陰内陽。中畫象其陽。云微陽者。陽在内也。微猶隱也。水之文與卦同。運開按。伏羲畫卦。而蒼頡即因之以造水字也。【石鼓釋文】

◉馬叙倫 鈕樹玉曰。釋水釋文引作象衆泉竝流著微陽之氣也。繫傳韻會气作氣。嚴可均曰。五行大義一亦引作泉。王筠曰。衆水竝流謂也。中有微陽之气謂也。顧以説卦則可。以説水字則隔膜矣。水字象形。全非會意。倫按王説是也。同敦作。魚匕作。甲文有諸形。而金甲文偏傍所從之水。形又致多。水又復同字。則知象其波流。則波有回折也。則作字之使。説解本作準也象形。今為校者或吕忱所易。字見急就篇。【説文解字六書疏證卷二十一】

◉饒宗頤 辛亥卜，出貞：今日(王)其水寑(寢)，五月。(佚存九二一，簠室天九三，又游田三〇・六九，續編三・三四・五俱重。同版有出卜子吕辭，又有卜人大。)

他辭言「宅帚」「作帚」「寇帚」(前編六・一六・一，後下三・一三)，而此辭言「水帚」，以水字為動詞。考周禮「匠人建國，水地以縣」，即以水平之法，懸繩度地。釋名：「水，準也。準，平物也。」所云「水寢」，疑指建造寢宮，以水平度地。又夏官：「隸僕，掌五寢掃除糞洒之事。祭祀，修寢；王行，洗乘石，掌蹕宮中之事。」如以水寢解為灑滌寢廟，于義亦通。【殷代貞卜人物通考卷十三】

汃 汃

◉許　慎　汃西極之水也。从水。八聲。爾雅曰。西至汃國。謂四極。府巾切。【說文解字卷十一】

◉馬叙倫　鈕樹玉曰。繫傳汃次在河下。玉篇引作爾雅西至於汃國。王筠曰。原本引爾雅。蓋連引東至於大遠西至於汃國南至於濮沿北至於祝栗。謂之四極。而後人删之耳。漢人箸書。簡古而從容。說文獨多局促不成語。本注直不通矣。倫按凡若此者。皆吕忱或校者所加。又為後人删節耳。然爾雅釋地言西至於邠國。釋文。邠。或作豳。說文作汃。蓋彼時本書已有此字。然爾雅字止作邠豳。且釋地乃言地而非言水。邠自謂國名。故曰。西至於邠國。而注言皆四方極遠之國。其下文曰。觚竹北户西王母日下謂之四荒。蓋皆謂九州以外之地。且許若以為水名而録之。當實指其所在。不得混而言之曰西極之水。埤蒼有汃字。此字蓋吕忱所加。【說文解字六書疏證卷二十一】

河 河

鐵六〇・二　卜辭河从丂用法有三　一為商代高祖之名二為大河之河三為貞人名　鐵一二七・二　鐵一九六・三　前一・四八・五　前四・四六・四　河東　前六・二七・四　前七・四三・二　後一・六・三　後一・一七・三　後二・三〇・二　菁四・一　戩七・一一　林一・二一・一四　甲二八〇　甲一〇八六　京津五二三　京津五九〇　京津六〇二　明藏六四　明藏四二三　無想一〇九　乙三二二二　乙三三三八反　燕二九二　燕四〇八　佚九七二　林二・二〇・一二　明藏四二四　明藏四五四　明藏四五五　前二・四・八　甲二四九一　甲七四三　甲一八八五　甲二五八五　甲二六〇四　甲二六二二

甲二六八九　戩三三・一二　後一・二〇・一〇　燕一九六　鄴三下・四一・七　前二・二六・二
前四・二八・二　後一・一五・四　後一・二三・四　後一・二二・三　後一・二三・六　甲四三六
甲六五一　甲六九〇　粹九　粹一九　粹三六　粹三九　粹四一　寧滬一・一二〇　寧
滬一・一三二　寧滬一・一三五　燕七　佚八八八　鄴三下・四五・二　佚三七六　【甲骨文編】

甲690　717　1152　2949　2998　3338　3518　3660　乙910　920　2120
2587　5227　6409　6859　7162　7284　7645　7690　8075　8689　珠2
25　177　396　840　880　1045　1423　乚460　零25　44　佚9
107　108　145　146　375　376　510　525　699　868　886　888
971　989　續1・5・4　1・15・1　1・35・3　1・35・4　1・35・6　1・35・7　1・
35・8　1・35・9　1・36・1　1・36・2　1・36・4　1・36・6　1・36・7　1・37・1　1・
37・2　1・38・1　1・38・2　1・38・3　1・50・1　3・7・8　4・20・2　6・18・8　掇180
462　550　徵2・38　2・42　3・221　3・222　4・73　京2・25・3　3・10・4
4・25・1　凡7・4　26・1　録362　365　366　367　天35　誠349　摭26　東方
107　六束51　六清50　續存202　外189　書1・8・G　1・9・A　摭續2　101　110
粹4　9　11　19　23　30　33　36　37　38　39　40　41

42 43 45 46 47 48 49 50 51 53 54 56 57

59 60 61 62 63 66 131 524 856 【續甲骨文編】

河 从水𣶒聲 同簋 自淲東至于河 【金文編】

3·855 獨字 3·856 同上 3·806 河⊞ 【古陶文字徵】

河 秦七 通呵 —禁所殺犬 【睡虎地秦簡文字編】

0124 【古璽文編】

河間王璽 河間和長朱宕 河池侯相 河南郭驥 【漢印文字徵】

少室石闕 長西河圜陽馮寶 袁安碑 徵拜河南尹 開母廟石闕 疏河寫玄 袁敞碑 以河南尹子 石經僖公 天王狩于河陽 【石刻篆文編】

雲臺碑 【古文四聲韻】

◉許　慎　河水。出焞煌塞外昆侖山。發原注海。从水。可聲。乎哥切。【説文解字卷十一】

◉郭沫若　𣶒即河字，何𣪘之河作𣶒，與此所从者同。【同𣪘　兩周金文辭大系圖録考釋】

◉孫海波　鐵六〇·二。卜辭河从丂。用法有三。一為商代高祖之名，二為大河之河，三為貞人名。【甲骨文編】

◉强運開　同𣪘。自淲東至于河。乃逆至于玄水。河字从水。从可。从丂。丂即古欠字。蓋从古文歌。即以歌為聲。定為古河字可以無疑。【説文古籀三補卷十一】

◉陳夢家　卜辭中習見一字作等形者，舊均誤釋為妣乙，至郭沫若始識為從水丂聲，疑為河之初文。卜通259。然語焉未詳，且誤以河為𣪘之先世。今考定為大河之河，分音形義三節證之。

卜辭河之水旁作，即水之初文，但亦有作者，如曰「勿于河」上9·8，「王其囗舟于河」前2·26·2作，又有作者

林2・20・12，卜辭中從水之水皆如此。丆丅即丂字，卜辭乎兮從此，金文考字從此，象枝柯形。

說文河從水可聲，而可從口從丂丂亦聲，金文考從丂，或從可，叔角父毁考字从可。故河字實從丂聲。上古音系凡舌根破裂聲之見溪，至中古(切韻時代)分化為二：一系仍讀見溪如考可巧等字；一系變其發聲方法為摩擦聲(地位不變)，如乎兮号河呵等字，讀為曉匣母。河屬後系，然在上古與丂本一音也。

卜辭稱「于河」「往于河」「涉河」「在河」「飲于河」之例甚多，可知河決為大河之河。【古文字中之商周祭祀　燕京學報第十九期】

◉郭沫若　第四片　汅即河字，从水丂聲。丂古柯字。象形，金文每叚為考。

第八三四片　浇即河字。舊或釋沈，非是。它辭言「□鼎浇酒。王受又二」，通七七七，後上・二〇・一〇。□河連文，正其確證。「桒于浇年」者，桒年于河也。文例之偶變。【殷契粹編考釋】

◉馬叙倫　段玉裁曰。唐始作燉煌。前此皆作敦煌。此作焞。非。鈕樹玉曰。韻會焞作燉。原作源。竝俗。王筠曰。水字句絶。水經注引涐水也。由此知之。水也者。謂水名也。說文不言某名。倫按王說是。唐人删也字。出焞煌以下十三字蓋吕忱或校者據倉頡舊注加之。下文類此者同。舊注本於漢制。故與漢書地理志合也。此作焞者。蓋燉之省。唐人據時制作燉。傳寫又省為焞也。爾雅釋水。江河淮濟為四瀆。四瀆者。發原注海者也。今此以發原注海四字承水出焞煌塞外昆侖山。詞亦不合。且江下止言入海。疑此昆侖山下亦本有入海二字。次復引爾雅文。唐人删并之耳。甲文有□□□。郭沫若釋河。然江淮河漢凡為水名者。均不可以象形指事會意之法造字也。□字於六書何屬邪。知其非矣。字見急就篇。古鉩作□。【說文解字六書疏證卷二十一】

◉楊樹達　書契前編卷柒伍葉貳版云：

戊午，卜，㝉貞，酒桒年于羔汅燹。

書契後編卷上廿貳之叁云：

尞于羔，亡从才雨？壬申，貞，桒年于汅。

殷契萃編貳叁版云：

己亥，卜，田率，尞土，犬，□，犬，汅，犬，羔，犬。

于思泊引契骨景本一辭云：

泑

辛未，貞，奉禾高且汅，于辛巳酒寮？按此片見新出版胡厚宣戰後寧滬新獲甲骨集壹壹玖片。

按汅字从水从丂，郭沫若釋為河字，是也。甲文往往以河與殷先人之羔夒土連貞，有高祖汅之稱，其為殷之先公無疑。然其人為誰，治契諸家無質言之者。余按郭璞注山海經大荒東經引竹書云：「殷王子亥賓于有易而淫焉，有易之君緜臣殺而放之，是故殷主甲微假師于河伯以伐有易，遂殺其君緜臣也。」余疑汅為殷之先人，則實為河伯之嫡祖。上甲與河伯族屬雖或疏遠，要有同族之誼，故上甲從之乞師，而河伯亦遂假之以師，使得殺緜臣報父仇也。姑設一說于此，俟他日確證焉。【釋汅　積微居甲文說】

◉姚孝遂　肖　丁　「河」在卜辭中與「高祖夒」、「高祖亥」經常同時致祭，而且尚有「河其即宗」（《甲》717）以及「上甲即宗于河」（《屯南》2272）的記載。凡此種種，均可以證明「河」已由自然神轉化為人格神。在殷人心目中，「河」已成為先祖，與自然界的山川風雨諸神在卜辭中是有着明顯區分的。

至于以「河」為「實沈」、為「帝嚳」，均屬猜測之辭，缺乏必要的依據。

祭「河」多用「朿（燎）」，而以「沈」為用牲之法，似乎是對於「河」的一種特殊待遇。於「河」之外，是極少以「沈」致祭的。【小屯南地甲骨考釋】

◉許　慎　泑澤。在昆侖下。从水。幼聲。讀與妣同。於糾切。【說文解字卷十一】

◉馬叙倫　沈濤曰。御覽七十二引昆侖下有虛字。昆侖虛見爾雅。倫按澤下當有也字。然此字蓋出字林。水經。河水又東逕於泑澤。酈注。即所謂蒲昌也。漢書地理志。敦煌郡正西關外有白龍堆沙。有蒲昌海。然則使許錄此字。不得混言在昆侖虛下也。【說文解字六書疏證卷二十一】

涷

涷　任涷即印利身宜官富　【漢印文字徵】

涷　崔希裕纂古　【古文四聲韻】

◉許　慎　涷水。出發鳩山。入於河。从水。東聲。德紅切。【說文解字卷十一】

◉馬叙倫　鈕樹玉曰。韻會引於作于。沈濤曰。水經濁漳水注云。漳水又東。陳水注之。水出西發鳩山。東逕余吾故城南。

又東逕屯留縣故城北。又東流注於漳。故許慎曰。水出發鳩山入關。從水章聲也。此注舛譌殊甚。陳水當作涑水。戴震校定入關作入漳。章聲當作東聲。蓋古本如此。桂馥曰。入關當為入壺關。漳水經壺關縣故城西也。本書今作入於河。後人亂之。錢坫曰。山海經只有漳水出發鳩山。無涑水。此字玉篇不收。為宋人所廣。廣韻引本書亦宋人所加。當非許君原文也。【說文解字六書疏證卷二十一】

涪 涪

涪 涪丞之印　涪 涪長之印　涪 涪長之印【漢印文字徵】

◉許　慎　涪水。出廣漢剛邑道徼外。南入漢。从水。音聲。縛牟切。【說文解字卷十一】

◉馬叙倫　鈕樹玉曰。郡道志廣漢無剛邑。韻會引作水出廣漢巴徼外。南至墊江入漢。蓋襍徐鍇說。王筠曰。邑當作氐。漢書百官表列矦所食縣曰國。皇太后皇后公主所食曰邑。有蠻夷曰道。然則地理志偁甸氐道湔氐道剛氐道。皆以其有氐而道之。徐灝曰。水經云。涪入墊江。漢書地理志。涪水至墊江入漢。入漢當為入江。此入漢蓋後人依漢志改之。倫按水經注三十三引字林。涪水一曰湔。此字疑出字林。【說文解字六書疏證卷二十一】

潼 潼

潼 梓潼之印　潼 梓潼令印【漢印文字徵】

◉許　慎　潼水。出廣漢梓潼北界。南入墊江。从水。童聲。徒紅切。【說文解字卷十一】

◉馬叙倫　桂馥曰。墊當作褺。倫按界字後人依水經注加之。此字疑出字林。【說文解字六書疏證卷二十一】

◉譚戒甫　𨘥𠭯鼎。王才𨘥应。𨘥字繁縟難識。阮元釋遷，劉心源釋還，皆相差舛。郭沫若照字體寫出作𨘥，也頗有出入。其實此字左从辵，右上从東，即是疃字省壬，用作聲符。右下不是召字，當是卩口二字。說文：「衝，通道也。从行童聲。」二字聲義皆同。不過此為地名，只因形勢衝要，特著其義為卩口，猶云關口。頗疑此𨘥或後世潼關地帶的本字。大約當西周時，渭水下游由驪山至黃河曲處，總名為潼。故東漢在河曲以南置潼關，至宋在驪山以北置臨潼縣，可以意識到這塊地方的廣長與險阨，也就是說這個𨘥字的本義所由來了。【西周𠭯器銘文綜合研究　中華文史論叢第三輯】

江　鄂君啟舟節　江小仲鼎【金文編】

3·1347　獨字　古文四聲韻引王存乂切韻工作𢀜此从水从彐即江字【古陶文字徵】

江　語八【睡虎地秦簡文字編】

0101　2590【古璽文編】

盧江豫守　浙江都水　九江太守章　江師成印　江敞　下江將軍印　江恭　江充私印

江子聖印　江元私印　江憙【漢印文字徵】

范式碑額　天璽紀功碑　九江朱□【石刻篆文編】

江【汗簡】

道德經　道德經　朱育集字【古文四聲韻】

◉許　慎　江水。出蜀湔氐徼外崏山。入海。从水。工聲。古雙切。【説文解字卷十一】

◉丁佛言　古鉥。江去疾。江字易横豎。【説文古籀補補卷十一】

◉高田忠周　説文。江水也。出蜀湔氐徼外崏山。入海。从水工聲。釋名。江。公也。諸水流入其中。所公共也。水經注。江。共也。蓋江字从工聲。工疑亦有大義。唯為鳥肥大唯唯也。仜為大腹。可證矣。【古籀篇二】

沱　今別作池　遹簋　靜簋　射于大沱　趙孟壺　遇邗王于黃沱左傳作黃池　楚屈弔沱戈　曹公子沱戈

鐘伯侵鼎　鐘伯侵自作石沱　石沱褢鼎作[石鼎][鼎它]乃鼎之別名【金文編】

6·119　稟匋沱【古陶文字徵】

 170【包山楚簡文字編】

 沱　今別作池　為三四　二例　 日甲一五背　三例【睡虎地秦簡文字編】

 1086　 2583　 1774【古璽文編】

 左池　 河池侯相　 河池家丞　 池印　 池上里印　 李池　 許子池印　 孫池私印　 下池登

 賈池　 楊池人　 閻池　 趙池人　 趙池　 柕池私印　 下池始昌【漢印文字徵】

 沱又何切出張揖集古文【汗簡】

 張揖集【古文四聲韻】

◉許　慎　江別流也。出嶓山東。別為沱。从水。它聲。臣鉉等曰。沱沼之沱通用此字。今別作池。非是。徒何切。【說文解字卷十一】

◉張燕昌　殹。郭氏讀如繄。嘉定錢竹汀曰。秦斤以殹當也字。按汧殹字兩見。尋繹上下文。當是水名。不應作虛字訓。疑即古池字。春秋曲池亦作毆蛇。池蛇古通用。蛇亦有移音。【石鼓文釋存】

◉劉心源　沱字舊釋作沍。非。案說文有沱無池。沱下云。江別流也。大徐云。池沼通用此字。今俗別作池。非是。今考說文。虒下引詩虒沱北流。陂下云。一曰沱也。皆以沱為池。古音支歌不分。故沱即池。又篆書形近。隸變多掍。易出涕沱若。荀本作池。詩俾滂沱矣。仲尼弟子傳作池。左傳何敢差池。釋文。池本作沱。春秋盟于曲池。公羊作毆蛇。穆天子傳北循虖沱陽。字亦作沲。廣雅蹉跎亦作跎。竝可證也。段氏不督。據初學記及左傳隱三季正義引風俗通。池。从水。也聲。補于水部。今檢各家所刊初學記皆是它聲。無一本作也字。段乃云也聲誤為它聲。改書就已。亦不直矣。風俗通既非篆本。亦不過應劭說隸體耳。如果許書有池。則虒陂二字說解不應作沱矣。此云射于大沱。謂射于辟廱池水之上。韓詩說。辟廱者。天子所以春射秌饗。與此銘合。【古文審卷七】

◉吳大澂　古沱字。許氏說。江別流也。徐鉉曰。沱沼之沱。今別作池。非。静敨曰。射于大沱。【說文古籀補卷十一】

◉孫詒讓　□當為沱字。曩公匜作□者。沱之省也。宗周鐘倉=它=。它作□見阮款識。與曩公匜它字略同。金刻匜字多作□。與此□字形同。然匜從也聲。小篆作□。與它迥別。疑也它二字形聲竝近。古文多互易也。沱=當讀為詩委委佗佗之佗。爾雅釋訓。委委佗佗。美也。釋文。佗本或作它字。曩匜周鐘云它=。與爾雅或本正合。【古籀拾遺卷上】

◉高田忠周　劉[心源]説精詳。碻乎不可易者也。但古有它無也。金刻文匜作□□□□□諸形。其从皿从金者為會意。佗皆古也字。即它字也。古音它匜同部。叚借用它為匜也。此亦池字元當作沱之證也。後世周之末秦之始它字變作□。或用為語詞字。又變作□。漸與它字相為分別。至漢器匜字。有作□者。時人泥字形。遂為女侌之説。説文。□。女陰也。象形。秦刻石作□。即謂末筆為乁流之乁。妄亦甚哉。然則説文地酏弛炧貤池岥杝施馳阤諸文。亦皆當改从它也。【古籀篇二】

◉馬叙倫　徐鉉曰。沱沼之沱通用此字。今別作池。非。徐鍇曰。今又為池字。鈕樹玉曰。繫傳無出字。宋本嶓作嶓。韻會引江上有沼也二字。初學記引作沱者陂也。華嚴經音義引作穿地通水曰池。蓋竝誤引他書。孫星衍曰。初學記引。池。陂也。即陂下一曰沱也。段玉裁曰。召南。江有沱。毛傳。沱。江之別者。釋水曰。水自江出為沱。按今説文衍流字。禹貢某氏注。沱。江別名。江別名。謂江之別出者之名也。倫按江別流為沱者。沱亦江也。以其別出名為沱。書禹貢。嶓山導江。東別為沱。朱駿聲謂在今四川成都府郫縣北。一名郫江。至瀘州復入江。然則沱者。江別出而復入江者也。沱為江別名。與陂池澮池之義自異。本書有沱無池。段玉裁據左隱三年正義引應劭風俗通云。池者。陂也。從水。也聲。謂當補池篆及説解。是也。應書説文字固本許書。且經傳池字甚多。必非皆為沱譌。倫謂左傳正義引風俗通而不引本書。是唐初本書已捝池字。然華嚴經音義引穿地通水曰池。明是校語。初學記引作沱者陂也。孫星衍據本沱作池。又與應書合。以之互證。知本書自有池字。一本或捝。一本尚存。至今本無池字者。或即已捝之本。或沱池聲同歌類。篆形又近。後人妄為併合。而刪去池篆。急就篇有褚回池。依其聲義。當作回沱。此説解非許原文。出嶓山東別為沱明是校語。王廷鼎謂説文有岷無嶓。適敨作□。静敦作□。【説文解字六書疏證卷二十一】

◉陳夢家　江之別流為沱。而一切水之別出者亦皆可曰沱。而江淮河之別流稱名不同者。方音之故也。詩江有沱次章曰。江有渚。傳曰。水岐成渚。三章曰。江有氾。漢書叙傳師古注。氾。江水之別也。音祀。召南之詩曰。江有氾。是江之別流曰沱。亦曰渚。亦曰氾。【禺邗王壺考釋　金文論文選】

浙

浙 浙江都水 【漢印文字徵】

◉許 慎 浙江水東至會稽山陰為浙江。从水。折聲。旨熱切。【説文解字卷十一】

◉馬叙倫 鈕樹玉曰。晉書音義引無山陰二字。沈濤曰。初學記六御覽六十五引皆同今本。惟御覽六十引江至會稽郡為浙江。水經漸水注。許慎晉灼竝言江水至山陰為浙江。倫按此字疑出字林。【説文解字六書疏證卷二十一】

涐

◉許 慎 涐水。出蜀汶江徼外。東南入江。从水。我聲。五何切。【説文解字卷十一】

◉馬叙倫 段玉裁據漢書作渽。謂本作浅。譌為涐。王念孫以為水經注江水下引吕忱曰。渽水出蜀。許叔重以為涐水也。謂字林皆本説文。則渽字為正。蓋酈道元所見説文已譌渽為涐。朱駿聲亦同段説。錢大昕則據此以證地理志渽字之譌。李賡芸復引水經注證明此當作涐。桂馥據書洛誥。公無困哉。漢書元后傳杜欽傳竝引作困我。為哉我相譌之證。而引胡渭説。涐即禹貢和夷底績之和。任大椿引吴白華説。涐水出蜀汶江徼外。即今魚通水。發原章谷。逕孔玉。又逕魚通。合打箭鑪水。至瀘定橋。曰瀘河。至青谿化林營。曰大渡河。至洪雅縣。曰銅河。涐水即沬水。説文涐沬竝見。未為得實。涐水以其逕峨眉山西南。故曰涐水。王紹蘭從之。謂水經注引吕忱曰。渽水出蜀。知漢志晉時已譌。續志。蜀郡汶江道。劉昭引華陽國志曰。濊水駹水出焉。濊水即涐水。涐誤為渽。渽又誤為濊也。顔師古不知。乃作哉音。徐鍇繫傳於涐字下明引漢書涐水出汶江縣徼外過郡七行三千三十里。七當為三。又三十與四十互異。此又志文正作涐不作渽之確證。王宗涑謂酈注引吕忱曰。渽水出蜀。許慎以為涐水者。許慎云云亦字林文。吕據漢志收渽字。復存許説。疑渽未必是也。鈕樹玉王筠亦並主涐是渽譌。倫謂渽為涐之譌字。或涐為渽之譌字。雖各有據。要之為一水則無疑。倫謂劉昭引華陽國作濊水。蓋渽字之譌。渽則涐之異文。漢書地理志蜀郡青衣汶江下兩見渽字。蓋後人以字林改之。本是涐字。與水經説文合也。酈引吕忱作渽許舂作涐者。所據題為字林之本字譌為渽。非吕書本作渽也。酈疑吕書之非。故據題為説文之本正之。倫疑此字本出字林。廣韻渽下曰。水名。出蜀。字林每言名也。【説文解字六書疏證卷二十一】

湔

4·60  掇382  續存1377  粹427 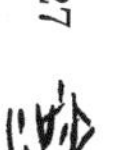 774  1123  1249  新566  624  2218 【續甲骨文編】

湔 崔希裕纂古 【古文四聲韻】

◉許　慎　湔水。出蜀郡緜虒玉壘山。東南入江。从水。前聲。一曰手瀚之。子仙切。【說文解字卷十一】

◉葉玉森　上揭諸字。在殷為國名。孫籀高釋市。羅雪堂釋洗。按其字形固象洒足於槃。契文槃作諸形。竝其變體。予疑从止从舟。即歬。乃湔之本字。篆文从。即由譌變。廣雅釋詁。湔。洒也。契文或从∴象水點。乃湔所由來。或省水。象置足於槃。湔意仍顯。許書謂湔水出蜀緜虒玉壘山。東南入江。又左昭二十二年傳取歬城。殷之歬國。其在湔水之濱歟。抑歬城之址歟。【說契　學衡第三十一期】

◉馬叙倫　鈕樹玉曰。集韻引之作也。當不誤。韻會六書故引亦作也。王筠曰。郡字衍。說文於郡縣同名者。乃言郡縣以別之。且上下文皆言蜀。不言郡也。翟云升曰。韻會引無玉壘二字。脱。倫按一曰手瀚也字林文。水經注三十三引字林。湔水。一曰。半浣水也。下注江。然則手半草書形近而譌。之亦水譌。湔瀚聲同元類。古或借湔為瀚。又水名蓋無本字。湔或為瀚之轉注字。玄應一切經音義引三蒼。湔。子見反。洗濯也。【說文解字六書疏證卷二十一】

◉饒宗頤　壬辰卜，㱿貞：戉戋湔(湔)方(綴合編一二九——續編五·四·二，簠文二八，續編五·七·七)。

戊戌卜，㱿貞：戉戋湔方。貞：戉弗其戋湔方(續編四·二九·一，簠室地望六〇重)。

己未卜，㱿貞：克湔(續存下四七〇)。

按戉伐湔方，亦見綴合編一二九、續編四·二九·一，已見上引。他言「戉受湔方又」者，有粹一一二三、鐵一六二·四、前七·四二·一。湔字从沚从，亦作，乃槃字。契文般庚之「般」字，並从「」，則肯為前字無疑。湔方乃春秋之泉戎，見左僖十一年傳。又昭二十二年：「司徒醜以王師敗績于前城。」服虔曰：「前讀為泉，即泉戎也。」杜注「今伊闕北有泉亭」，在河南洛陽縣西南。【殷代貞卜人物通考卷四】

沫　沫

◉許　慎　沫水。出蜀西徼外。東南入江。从水。末聲。莫割切。【説文解字卷十一】

◉馬叙倫　鈕樹玉曰。韻會西下有南字。沈濤曰。史記河渠書索隱引。沫水出蜀西南徼外。與青衣合。東南入江。今奪南字及與青衣合四字。文選江賦注引沫水出蜀西塞外東南入江。則隱栝非完文矣。倫按段玉裁及任大椿引吴白華説皆以沫水為即涐水。王紹蘭訂之詳矣。【説文解字六書疏證卷二十一】

溫　温

温水都監　繆虞温印　温息　京温部印　袁温卿　劉温印　馬温舒印【漢印文字徵】

石經僖公　公會晉侯齊侯宋公蔡侯鄭伯陳子莒子邾人秦人于温　汗簡引王庶子碑作與此同。【石刻篆文編】

温王庶子碑【汗簡】

王庶子碑【古文四聲韻】

◉許　慎　水。出犍為涪。南入黔水。从水。𥁕聲。烏魂切。【説文解字卷十一】

◉陳邦懷　後編卷下弟三十葉　此古文温字。解説見文字篇。春秋左氏隱三年傳。祭足帥師取温之麥。杜注。今河内温縣。此條新補。【殷虚書契考釋小箋】

◉强運開　古匋。𣍘温二字。【説文古籀三補卷十一】

◉馬叙倫　沈濤曰。水經延江水注引許慎曰。温水南入𪐚。是古本作𪐚不作黔。漢書地理志亦作𪐚。嚴可均曰。涪當作符。符縣屬犍為。涪縣屬廣漢。地理志。犍為符縣温水南至鄨。入𪐚水。水經注同。倫按甲文有字。陳邦懷據漢魯峻碑温字作。證為温字。羅振玉則釋浴。餘詳𥁕下。字見急就篇。古匋作。【説文解字六書疏證卷二十一】

◉李孝定　段注云「今以為温煗字。許意當用𥁕為温煗」。説文「𥁕。仁也。从皿。以食囚也。官溥説」。竊謂温𥁕初當本是一字。其形衹作。作𥁕者譌為口。作温者又增之水耳。字象人浴于般中之形。羅説字意是也。浴則身煖。故引申得有温煖之意。温字古訓多有温煖温和之誼。水經注「温水。一名煖水」。猶是此意。中央研究院藏鼎有單文。與此當係一字。特所从人形立卧有別耳。【甲骨文字集釋第十一】

〓 灊衛長印　【漢印文字徵】

◉許　慎　灊水。出巴郡宕渠。西南入江。从水。朁聲。昨鹽切。　【説文解字卷十一】

◉郭沫若　〓字屢見，或作〓見下第五八七片。舊未識。余謂此乃从水从〓之字。〓與金文〓脈，郘王糧鼎〓烝，陳公子甗〓烹，叔夜鼎等字同例，乃从鬵〓聲。鬵者鬵之異。〓乃心字。以聲類求之，則鬵乃古鬵字也。从水，則為灊矣。灊當即春秋時楚之潛邑。見左昭廿七年。今安徽霍山縣東北三十里有灊城，即其地。　【卜辭通纂】

〓 拾一·一四　沮用为祖　祖丁　〓 庫一六七二　地名　【甲骨文編】

〓 拾1·14　【續甲骨文編】

〓 沮　不从水　㠯卣　弗敢沮　且字重見　【金文編】

〓 任彭沮印　〓 邦沮　〓 高沮　〓 王沮　【漢印文字徵】

◉許　慎　沮水。出漢中房陵。東入江。从水。且聲。子余切。　【説文解字卷十一】

◉馬叙倫　鈕樹玉曰。韻會引作水名。在楚。非。倫按凡言名者。字林文。然則凡言在某者。塙非許文矣。在楚上疑捝一曰二字。漢書地理志。房陵。東山沮水所出。東至郢。入江。玄應一切經音義引蒼頡。沮。漸也。亦引作三蒼。　【説文解字六書疏證卷二十一】

◉李孝定　〓拾·一·十四　孫海波文編十一卷一葉上收此作沮。其説曰。「卜辭以為祖字。『甲戌□沮丁二牛』。」按説文「沮水出漢中房陵。東入江。从水。且聲」。卜辭以此為祖。當係偶誤。然足證殷時已有沮字。孫氏收之是也。　【甲骨文字集釋第十一】

〓 監滇私印　【漢印文字徵】

◉許慎 滇益州池名。从水。眞聲。都年切。【説文解字卷十一】

◉馬叙倫 鈕樹玉曰。池當作沱。下放此。桂馥曰。徐鍇韻譜池作沱。王筠曰。池當作沱。馬注禹貢。沱。湖也。子虚賦。文成顛歌。注。益州滇池縣。其人能西南夷歌。顛與滇同。案司馬相如在漢初。尚用顛字。則知滇乃後起之字。與木部槙字一類。倫按下文。浄。魯北城門池也。海。天池也。皆非許文。此言池名。明是字林訓矣。滇實江之别流。非池沼也。則漢志之池。恐係傳寫之譌。此字或出字林。【説文解字六書疏證卷二十一】

涂

續二·一·五　續五·四·三　【甲骨文編】

涂　張之綱云从水俆聲即涂之異文聲母未有異也　俆鼎　【金文編】

香録11·1　獨字　【古陶文字徵】

涂　為三三　通塗　扇屋—壍　【睡虎地秦簡文字編】

鮑涂　涂渚之印　華涂之印　偶涂人印　原涂子印　徐涂之印　弁涂之印　劉涂　韓涂　【漢印文字徵】

◉許慎 涂水。出益州牧靡南山。西北入澠。从水。余聲。同都切。【説文解字卷十一】

◉顧廷龍 涂周。【古匋文香録卷十一】

◉馬叙倫 鈕樹玉曰。韻會引水下有名字。嚴可均曰。説文無澠字。當作繩。地理志水經若水篇注皆作繩。王筠曰。衆經音義引。塗。污也。説文無塗字。蓋當在此。倫按水名者。字林文。水出以下亦吕記也。急就篇有泥塗。玉海引紹聖摹勒皇象本作淦。淦或涂譌。則王説是。或字林有塗字。玄應所引乃字林而題為説文者也。甲文作。【説文解字六書疏證卷二十一】

沅 鄂君啟舟節 入湇沅澧澮 【金文編】

◉許慎 沅水。出牂牁故且蘭。東北入江。从水。元聲。愚袁切。【説文解字卷十一】

◉馬叙倫 沈濤曰。史記屈原傳正義引。沅水出牂牁東北流入江。以他字例之。不應有流字。鈕樹玉曰。韻會引牁作柯。是。説文無牁。翟云升曰。韻會引作水出蜀郡。由牂牁東北過臨沅縣。至長沙。入洞庭湖。倫按韻會引者。疑誤引他書。或校語也。【説文解字六書疏證卷二十一】

籀韻 【古文四聲韻】

◉許慎 淹水。出越嶲徼外。東入若水。从水。奄聲。英廉切。【説文解字卷十一】

◉馬叙倫 鈕樹玉曰。繫傳韻會嶲作巂。非。倫按水經注三十七引字林。淹水。一曰。復水也。【説文解字六書疏證卷二十一】

蘇溺翁 【漢印文字徵】

◉許慎 溺水。自張掖刪丹。西至酒泉合黎。餘波入于流沙。从水。弱聲。桑欽所説。而灼切。【説文解字卷十一】

◉馬叙倫 鈕樹玉曰。韻會引于作於。玉篇無溺字。禹貢漢書及水經注引禹貢竝省作弱。又地理志張掖郡刪丹本注云。桑欽以為道弱水自此西至酒泉合黎。亦無水旁。段玉裁曰。漢書儒林傳。孔氏古文尚書。安國授都尉朝。朝授膠東庸生。庸生授清河胡常少子。常授號徐敖。敖授王璜及平陵塗惲子真。子真授河南桑欽君長。地理志偁桑欽説者凡五。王紹蘭曰。五當作七。臧禮堂曰。此引桑説及濕下汶下所引桑説。即欽釋禹貢文。欽受古文尚書者也。毛際盛曰。山部。屼山。或曰。弱水之所出。淮南子。弱水出窮石山。皆作弱字。倫按疑此字出字林。或校者據書禹貢釋文弱本或作溺及禹貢漢書地理志補也。古書多言弱水。山海經大荒西經郭注謂弱水其水不勝鴻毛。是讀弱為强弱字也。蓋晉時書作溺。故吕忱據補説解以為弱水字。弱水既西。導弱水至於合黎。餘波入于流沙。禹貢皆有明文。則此稱桑欽所説者。以説解言水自張掖刪丹西至酒泉合黎。而地理志刪丹下載桑欽以為道弱水自此西至酒泉合黎也。吕忱蓋治古文尚書者。故引其説。然桑欽所説當在從水弱聲

上。今乃在下。下文濕下引桑欽云。出平原高唐。汶下引桑欽説。汶水出泰山萊蕪西南入泲。所引桑説皆與説解中本説不同。或得徵引以備異聞。此説解中既無異議。而末言桑欽所説。似後人著書自注其所出者然。玄應一切經音義引三倉。盛尿曰溺。或溺字本在部末。實休之轉注字。其説解自有本訓。水自張掖以下十八字乃一曰以下之文。校者因注桑欽所説四字。唐人又移於洮上而刪其本訓。【説文解字六書疏證卷二十一】

◉徐中舒　一期　菁五　二期　前一・三六・三　從人從，象人遺溺形，為尿之初文，所從之在小篆中譌為，譌為，遂為，復由相重更增從而為溺。【甲骨文字典卷十一】

洮

◉許　慎　水。出隴西臨洮。東北入河。从水。兆聲。土刀切。【説文解字卷十一】

涇

涇　不从水　克鐘　王親令克遹涇東至于京𠂤　亦克鐘文【金文編】

5・10　咸亭涇里忿器　5・14　咸亭涇里僓器【古陶文字徵】

臨涇令印【漢印文字徵】

◉許　慎　水。出安定涇陽幵頭山。東南入渭。雝州之川也。从水。巠聲。古靈切。【説文解字卷十一】

◉強運開　克鐘。遹涇東至于京師。不从水。又一器作。【説文古籀三補卷十一】

渭

9・3　獨字【古陶文字徵】

渭　封六六　四例　通喟　其口鼻氣出一然　封六六【睡虎地秦簡文字編】

渭陽鄉　渭成右尉　渭成令印　渭閣陽督邸印【漢印文字徵】

◉許　慎　渭水。出隴西首陽渭首亭南谷。東入河。从水。胃聲。杜林説。夏書以為出鳥鼠山。雝州浸也。云貴切。【説文解字卷十一】

◉馬叙倫　桂馥曰。鍇本作謂省聲。王筠曰。朱筠本作渭省聲。倫按鍇本作杜林所説。是以水出隴西首陽渭首亭南谷東入河者為杜林所説矣。則夏書以下為校語。然杜林治古文尚書者也。禹貢曰。道渭自鳥鼠同穴入于河。則此説自出杜林。承培元據水經注謂水出隴西首陽縣首陽山渭首亭南谷山。在鳥鼠山西北。又有別原出鳥鼠山渭水谷。禹貢所謂渭出鳥鼠者也。證舊説渭水出南谷山。至杜林得漆書古文尚書。乃知有別原出鳥鼠山。則當依鉉本無所字。然中間以夏書二字。亦未安。故段玉裁以杜林説夏書為句。然杜林説自是其所説書義。而鳥鼠同穴明見禹貢。漢時經有博士。學者所習。何用特箸。然則終以前説為是。蓋禹貢言道渭自鳥鼠同穴入于河。杜林以漢地理詳之。猶溺水之用桑欽説矣。夏書以下或吕忱所加。忱蓋治偽古文尚書者。故復舉夏書。字見急就篇。【説文解字六書疏證卷二十一】

◉吴振扶　䣙公湯鼎、䣙公伯益毁銘文中的「䣙」,當是封邑名,「公」是其爵號,「湯」、「伯益」則是其名、字。但是,「䣙」為何字?地在哪裏?我們認為,從「䣙」字的構形看,當是从邑胃聲的形聲字,疑即渭字的異體。因渭為水名,在用作地名時,可將其水旁改寫為邑旁。例澧水之「澧」、沛水之「沛」、湞水之「湞」、澮水之「澮」。

渭水發源于甘肅省渭源縣,流經陝西會涇水入于黄河。《漢書·地理志》右扶風有渭城縣,原注:「故咸陽,高帝元年更名新城,七年罷,屬長安。武帝元鼎三年更名渭城。」渭城因南臨渭水而得名,治所在今陝西省咸陽市東北二十里。可見「䣙」地當在渭水流域,很可能在今咸陽一帶。【湖北隨縣劉家崖、尚店東周銅器銘文補釋　考古一九八二年第六期】

漾 瀁

漾 漾 漾 曾姬無卹壺【金文編】

漾 12 漾 12 漾 13 漾 13【包山楚簡文字編】

瀁 瀁【汗簡】

瀁 古尚書 羕 瀁 義雲章【古文四聲韻】

◉許　慎　漾水。出隴西相道。東至武都為漢。从水。羕聲。余亮切。瀁古文从養。【説文解字卷十一】

◉馬叙倫　鍇本相作柏。嚴可均曰。柏道未見。地理志水經作氐道。酈注云。許慎呂忱竝言。漾水出隴西獂道。東至武都為漢水。不言氐道。然獂道在冀之西北。又隔諸水。無水南入。疑出獂道之為誤。據此。則六朝舊本作獂道。與漢志水經未妨互異。説文無獂字。疑當作豲。鈕樹玉曰。柏當作桓。宋本作相。亦譌。水經注引作獂道。獂當作豲。音與桓同。漢書翼奉傳。地震隴西郡。敗豲道縣。師古曰。豲音桓。沈濤曰。漢書地理志天水有獂道。今本柏字宋本相字皆傳寫之譌。王筠曰。蓋獂之聲譌為桓再譌為相與柏也。集韻引作氐。與漢志水經合。倫按漢書地理志豲道屬天水郡。而隴西郡氐道下注。禹貢養水所出。至武都為漢。鄭注書禹貢曰。瀁水出隴西氐道。至武都為漢。則此説解與前志及鄭合也。前書翼奉傳所載乃元帝詔書。理不應譌。豈彼時豲道屬隴西邪。然本部説解率據前書。不至於此忽別有據。且前志隴西。莽曰厭戎。則東漢已復其舊。後書郡國志。隴西郡氐道。養水出此。而豲道則屬漢陽郡。漢陽郡即前書之天水。其屬上邽西兩縣。前書皆屬隴西。則豲道兩漢均無變更。而翼奉傳言。地大震於隴西郡。毀太上廟殿壁。木飾壞。敗豲道縣。城郭官寺及民室屋。厭殺人衆。山崩地裂。水泉湧出。依文蓋一舉毀太上廟。漢制所重。一舉敗豲道縣。明災重。太上廟在郡治。故特舉隴西郡。而豲道縣亦以地震敗。故言敗豲道縣。不復箸地震者。以上文地大震於文領之也。蓋非彼時豲道屬隴西也。然則此言相道或柏道者。傳寫之譌。而作豲道者背於地理。酈疑其譌。是也。原其致然。蓋由本部此字説解中氐字傳寫譌為亘字。古書豲桓聲通。後漢書郡國志。隴州有大坂。名隴坻。豲坻聚有秦亭。水經桓水注引書鄭注。桓是隴坂名。其道盤桓旋曲而上。故名曰桓。後漢書注引三秦記。隴坂九迴。不知高幾許。是鄭謂桓是隴坂名者。即謂豲坻也。後人以亘道無徵。據翼奉傳改為豲耳。一本亘字又譌為百為目。後人妄增木旁。酈引許呂竝作隴西獂道。尋晉書地理志。秦州南安郡獂道。則今説解出隴以下十一字為呂忱所加之明證。許止訓水也。

　鈕樹玉曰。繫傳作古文漾從養聲。倫按羕養竝從羊得聲。故漾之異文可作瀁。書禹貢鄭本及史記夏本紀竝作瀁。古文下當有瀁字。從養或從水養聲皆校語。【説文解字六書疏證卷二十一】

漌 

  漢　説文从水難省聲　鄂君啟舟節　让灘　【金文編】

 3·1106　獨字　【古陶文字徵】

漢 廣漢長印　漢 廣漢大將軍章　漢 廣漢都尉章　漢 漢保塞近羣邑長　漢 漢氏成園丞印　漢 漢安邑長　漢 安漢丞印
漢 漢保塞烏桓率衆長　漢 漢匈奴呼律居訾成羣　漢 漢歸義夷仟長　漢 漢盧水仟長　漢 趙廣漢　漢 冷廣漢　漢 莊廣漢
漢 朱廣漢印　漢 蘇廣漢印　漢 田安漢　漢 曹安漢　漢 任充漢印　漢 尹廣漢印　漢 徐安漢印　漢 王安漢　【漢印文字徵】

漢 韓仁銘額　漢 樊敏碑額　漢 開母廟石闕　丞漢陽冀祕俊　漢 馮緄碑額　漢 張遷碑額　漢 景君銘額　漢 鄭固碑額
漢 魏元丕碑額　漢 夏承碑額陽識　漢 孔彪碑額　漢 少室石闕　丞漢陽冀祕俊　漢 譙敏碑額　漢 東安漢里禺石　漢 朱龜碑額　漢 孔宙碑額　漢 楊馥碑額　【石刻篆文編】

漢 漢　【汗簡】

㵄 古尚書　㵄 古文　【古文四聲韻】

◉許　慎　漢 漾也。東為滄浪水。从水。難省聲。臣鉉等曰。从難省當作𦰩。而前作相承去土从大。疑兼从古文省。呼旰切。㵄 古文。【說文解字卷十一】

◉柯昌濟　⿰氵害 ⿰氵害。疑漢之異文。害漢疊韻。此字當从害聲也。【散氏盤　韡華閣集古録跋尾】

◉馬叙倫　徐鉉曰。從難省當作𦰩。嚴可均曰。難亦𦰩聲。此校者改耳。倫按漢訓漾也者。以漾至武都為漢也。其實漾出隴西氐道。漢出天水西縣也。此蓋非許原文。漢字出倉頡篇。見顔氏家訓引。亦見急就篇。

㵄 蕭道管曰。從水從㬎省。倫按㬎省聲也。𦰩聲真類。㬎聲脂類。脂真對轉。故漢轉注為㵄。今鍇鉉二本篆竝譌。古文下當有漢字。【說文解字六書疏證卷二十一】

◉商承祚　㵄 說文。「漢。漾也。……从水。難省聲。㵄。古文。」案減。疾流也。漢水大而流疾。故从減大會意。【說文中之古文考】

浪 浪

浪 樂浪太守章 【漢印文字徵】

◉許　慎　浪滄浪水也。南入江。从水。良聲。來宕切。【說文解字卷十一】

◉馬叙倫　使上文漢字說解中不言東為滄浪水。則此滄浪水也南入江為無原之水。且不知所在矣。或曰。許據漢志以漾漢浪三字合其原委也。然許止訓水也。逐字為說。此明非許文。【說文解字六書疏證卷二十一】

沔 沔

沔 沔見尚書 【汗簡】

沔 石碣汧殹　汧殹沔沔 【石刻篆文編】

沔 古尚書 【古文四聲韻】

◉許　慎　沔水。出武都沮縣東狼谷。東南入江。或曰。入夏水。从水。丏聲。彌兗切。【說文解字卷十一】

◉張燕昌　沔 章云。籀文作泛音。鄭云。讀作綿。蓋用沔平聲以叶韻。朱云。潘氏音訓沔。有重文。驗鼓文無之。疑丞字屬上句。昌按。說文泛从水乏聲。孚梵切。沔从水丏聲。彌兗切。今石本是沔。與說文泛沔俱不合。又諸模本作沔。作沔。皆非。謹从石本訂正沔。【石鼓文釋存】

◉羅振玉　沔：音訓。鄭氏云。沔讀作綿。箋云。沔沔義與沔彼流水之沔同。沔水傳。沔。水流滿也。與瀰瀰聲義近。匏有苦葉傳。瀰。深水也。說文。瀰。水滿也。前人誤釋沔為泛。【石鼓文考釋】

◉强運開　沔 薛尚功趙古則均釋作沔。鄭云讀作棉。用平聲叶韻。潘云有重文。郭云籀作泛。楊升庵亦釋作泛。張德容云。鄭說非也。說文泛作泛。从反正。鼓文正是如此。鄭蓋誤以為沔耳。又按此字潘迪以為有重文。吳東發則謂有重文者非。容細案石花。似潘說亦未可非。諸家各以意為句讀。殊難臆定。運開按。張氏此說甚誤。此說自以从薛趙所釋作沔為是。石花破損處雖似重文。其實非也。下文丞字則有重文。蓋沔亦水名。說文。沔水出武都沮縣東狼谷。東南入江。从水。丏聲。或曰入夏水。段注云。武都沮縣二志同。今陝西漢中府略陽縣是其地。汧沔二水俱發源於陝西。一在隴州西北。而東南其流。一在漢中。東南入江。二水即不合流。而一據上游。一屬下游。可推而知。故曰。汧殹沔丞。丞彼淖淵也。【石鼓釋文】

◉馬叙倫　鈕樹玉曰。韻會引無東南二字。蓋挩。王筠曰。鍇本作或以為入夏水。案水經謂夏水入沔。不應沔乃入夏。此句或後人加之。倫按王説是也。校者所加。故言或以為。而在丏聲下。此與渭水下夏書以為出鳥鼠山同例。然出武以下十八字皆非許文。石鼓文作。【説文解字六書疏證卷二十一】

◉黄錫全　沔見尚書　内本作汅、沔，薛本作湎。石鼓作，《説文》正篆作。此丏形同部首，水在下作。類似鄂君啟節漢作、湘作，三體石經滅字古文作等。郭見本當作沔或汖，以隸作古。【汗簡注釋卷四】

◉許　慎　水。出金城臨羌塞外。東入河。从水。皇聲。乎光切。【説文解字卷十一】

 5·329　汧☐　 秦1251　汧南　【古陶文字徵】

 汧左尉印　【漢印文字徵】

 石碣汧殹　汧殹沔沔　 霝雨　汧殹洎洎　【石刻篆文編】

 汧輕先切出張揖集古文　【汗簡】

◉許　慎　水。出扶風汧縣。西北入渭。从水。幵聲。苦堅切。【説文解字卷十一】

◉強運開　説文。汧水出右扶風汧縣。西北入渭。段注引括地志曰。故汧城在隴州南三里。汧山在今隴州西北。禹貢之岍。周禮之嶽山也。汧陽河即古汧水出焉。東南流經汧陽縣。至寶鷄縣東三十里。合於渭。班許皆於西北句絶。此水自西北而東南也。【石鼓釋文】

◉馬叙倫　鈕樹玉曰。玉篇注韻會引同。繫傳扶風上有右字。廣韻引無。又無汧縣二字。蓋略。王筠曰。縣字衍。倫按爾雅釋地釋文引字林。汧水出隴右扶風也。王念孫謂隴右二字當為後人所加。倫謂右字當有。然則釋文所引及此均非金文。而水出云云為字林文益明矣。石鼓作。【説文解字六書疏證卷二十一】

澇　澇

◉許　慎　澇水。出扶風鄠。北入渭。从水。勞聲。魯刀切。【說文解字卷十一】

◉馬叙倫　沈濤曰。御覽六十二引鄠下有縣字。文選上林賦注亦有縣字。無扶風二字。則李善節引也。倫按鍇本扶風上有右字。是。【說文解字六書疏證卷二十一】

漆　漆

漆 漆園司馬　漆 虞漆之印　漆 趙漆之印【漢印文字徵】

漆 漆【汗簡】

漆 古尚書　漆 漆 漆 竝汗簡【古文四聲韻】

◉許　慎　漆水。出右扶風杜陵岐山。東入渭。一曰入洛。从水。桼聲。親吉切。【說文解字卷十一】

◉馬叙倫　鈕樹玉曰。玉篇引同。韻會引岐作歧。非。玉篇韻會引無一曰入洛四字。繫傳入洛下有一曰漆城池五字。水經注引池下更有也字。沈濤曰。水經漆水篇注引杜陵作杜陽縣。漢志杜陵屬京兆。杜陽屬右扶風。則今本誤。一曰入洛。水經注引作一曰漆城池也。小徐本同。漆水無緣入洛。然城池名漆。書傳無徵。酈注下又引開山圖。麗山西北有温池。温池西南八十里岐山。在杜陽北。長安西。有渠謂之漆渠。則城池當是温池之譌。桂馥曰。一曰入洛者。會洛入渭也。十三州志。漆沮即洛水。水經渭水又東過華陰縣北。酈注。洛水入焉。闞駰以為漆沮之水也。地理志。漆沮既從。顔注。漆沮。即馮翊之洛水也。五行志引史記周幽王三年。三川皆震。顔注。涇渭洛也。洛即漆沮也。雍録。漆在沮東。洛在漆沮東。承培元曰。一曰入洛者。按水經注。此指涇東漆沮也。非此杜陽之漆。不應横梗於此。當移置一曰漆城池下。以存别說。一曰漆城池者。即水經云一名漆渠也。此正指杜陽之漆。翟云升曰。漆城池者。謂漆縣城之池漆池也。王筠曰。漆城池蓋謂漆城下之池隍也。然漆縣仍以漆水得名。此語似贅。玉篇引并一曰入洛句無之。倫按兩一曰皆校語。鉉所據本已删其一也。字見急就篇以為桼字。疑急就故書作桼。傳寫以通用字易之。漆蓋桼之後起字。借以為漆水字。【說文解字六書疏證卷二十一】

◉張筱衡　漆，或釋作滈，作渟，作源，作湄，作池，作泦，作湶。今釋作漆，即詩漆沮之漆也。

漆之右旁從桼。桼，許氏說解云「木汁」，則非木。曰「如水」，則非水，故又曰「象形」。此字不從水，亦不從木也。又考：

桼，「牧敦」作。古匋作。更可證桼之不惟不從水，亦不從木。段、王二氏均增補從木二字，謬矣。⊘盤文字右旁之。其上體八下無點，或有點而漫滅。其下體與「説文」桼字之八，雨字之冂，同意。謂桼汁滴其間也。中兩點與「説文」上體作兩點下體作四點同。許氏不解雨字從丨之意。古文雨亦不從丨，故盤文亦不從丨。然則即桼也。即桼，則即漆沮之矣。【散盤考釋下　人文雜志一九五八年第四期】

滻

◉許　慎　水。出京兆藍田谷。入霸。从水。産聲。所簡切。【説文解字卷十一】

◉馬叙倫　鈕樹玉曰。鍇本作灞。説文無灞。桂馥曰。説解當作水出京兆尹南陵藍田谷。本書以水所出之縣屬於郡下。此獨無縣。非例也。【説文解字六書疏證卷二十一】

洛

甲三四六　存下九七四　【甲骨文編】

甲346　新108　【續甲骨文編】

洛　永盂　陰陽洛疆　虢季子白盤　假借為格　睘尊　洛于官　大師虘豆　用卲洛朕文且考　【金文編】

5·115　咸陽成洛　【古陶文字徵】

石洛侯印　馮洛之印　【漢印文字徵】

洛【汗簡】

古尚書　古文　【古文四聲韻】

◉許　慎　水。出左馮翊歸德北夷界中。東南入渭。从水。各聲。盧各切。【説文解字卷十一】

◉吳大澂　古文或以為格字。太師虘豆。用卲洛朕文且考。卲洛即昭格。【説文古籀補卷十一】

◉劉心源　畧字予釋洛者。玁狁侵周在涇洛之閒。漢書武王放逐戎夷涇洛之北。此洛即漆沮水。非伊洛之洛。漆水出俞山。

淯

當即西俞。故知𦋀為洛之借也。【奇觚室吉金文述卷四】

◉丁佛言　不嬰𣪘。余令女御追于洛。借𦋀為洛。【說文古籀補補卷十一】

◉王國維　余命女御追于𦋀

𦋀从罒从各。翁氏祖庚釋為洛字。證以虢季子白盤之博伐厰𤞤于洛之陽。及漢書匈奴傳。武王放逐戎夷涇洛之北。史記匈奴傳。晉文公攘戎翟。居於河內圁洛之間。則洛水以北亦為玁狁地。翁釋殆是也。虢季盤作洛。此作𦋀者。古文假借無定字也。【不嬰敦蓋銘考釋　王國維遺書第六册】

◉强運開　石鼓大□出各。字彙補引沈括筆談云。又借作洛。石鼓文。大車出各。【說文古籀三補卷十一】

◉馬叙倫　徐鍇曰。按漢書歸德為褱德。嚴可均曰。地理志。北地歸德縣洛水出北蠻夷中。又左馮翊褱德縣洛水東南入渭。雍州浸。歸德非馮翊所領。相距亦遠。當云水出北地歸德北蠻夷中。東南入渭。段玉裁曰。依地理志當云水出北地歸德北夷界中。至左馮翊褱德。東南入渭。雝州浸也。桂馥曰。既舉馮夷又兼北夷。為淺學者所亂。歸德六字乃潞下訓闌入。漢志。直路縣沮水入洛。淮南子。洛出獵山。高注。獵山在北地西北夷中。二洛字均當為潞。王紹蘭曰。漢志。左馮翊褱德之洛水入渭。北地郡歸德之洛水入河。周禮職方氏。雍州。其浸渭洛。鄭注。洛出褱德。許書此條文雖譌缺。然洛水出左馮翊六字固完好可讀。明許與鄭同。則入渭之洛。許鄭皆謂出自褱德也。職方謂洛為雍州浸。故漢志本之以左馮翊褱德之洛為雍浸。若北地歸德之洛。鄭康成謂之為潞。則當為冀浸。不得為雍浸。故職方。其浸汾潞。注云。潞出歸德。明不以歸德之洛為褱德之洛。許於潞字解云。冀州浸也。亦其一證。許以洛次汧澇漆滻之下。淯汝之上。汧澇漆三水皆出右扶風。滻出京兆。淯汝二水皆出宏農。洛側其閒。明是左馮翊褱德之洛。若北地歸德之洛。則當與瀘泥相比次矣。且合淮南高注水經酈注考之。歸德之洛。正流入渭。支流入河，並非如段玉裁説入渭以入河也。王筠曰。説解當作水出左馮翊褱德東南入渭。從水。各聲。雝州浸。一曰。洛出北地歸德北夷中入河。倫按今説解吕忱文也。本作水出左馮翊褱德入渭。校者復以出北地歸德之洛附注之。傳寫譌奪。或為唐人所删改如今文矣。虢季子白盤作　。【說文解字六書疏證卷二十一】

◉許　慎　淯水。出弘農盧氏山。東南入海。从水。育聲。或曰。出酈山西。余六切。【說文解字卷十一】

◉馬叙倫　鈕樹玉曰。繫傳五音韻譜及集韻類篇引皆作入沔。宋本作海。譌。桂馥曰。當依地理志作水出弘農盧氏熊耳山。或曰出酈山西者。文有脱譌。晉書音義引字林。淯水出酈縣西北山中。南入漢。地理志。南陽郡酈縣。育水出西北。南入

漢。中山經。支離之山。淯水出焉。南流注於漢。注云。今淯水出酈縣西北山中南入漢。王筠曰。此與盧氏之淯。原委並異。蓋二水同名也。倫按觀此可知洛下説解之所由譌矣。然此水出以下十一字皆字林文。而出酈山西上箸或曰者。據晉書音義引出字林。則本書説解中或曰之文。蓋皆吕忱存異説也。而此出酈山西猶非吕氏全文。為唐人所删矣。亦疑此字出字林。【説文解字六書疏證卷二十一】

汝

拾九・二　乙七四三〇　京津二〇〇七　婦汝　河六〇七　林二・二〇・一三　佚三七九　㠯婦汝　福三五　乙八八一六【甲骨文編】

福35　佚379　録607　743　新2007【續甲骨文編】

汝南尉印　汝由私印　汝平【漢印文字徵】

袁安碑　汝南女陽　汝女同字　石經無逸　小人怨女詈女　今本作汝　文公　及蘇子盟于汝栗　今本作女【石刻篆文編】

◉許　慎　水。出弘農盧氏還歸山。東入淮。从水。女聲。人渚切。【説文解字卷十一】

◉馬叙倫　嚴可均曰。地理志。汝南定陵縣高陵山汝水出東南。小徐謂淮南子博物志皆同。説文轉寫譌。今考地理志汝南女陽縣。應劭曰。汝水出弘農。入淮。與許説符。翟云升曰。韻會引挩還歸山東四字。【説文解字六書疏證卷二十一】

潩

◉許　慎　水。出河南密縣大隗山。南入潁。从水。異聲。與職切。【説文解字卷十一】

◉馬叙倫　鈕樹玉曰。廣韻去聲注水名。出河南密縣。出文字音義。入聲注。水名。出密縣大隗山。嚴可均曰。下有瀷篆。説解同。疑潩瀷當為重文。韻會十三職引。潩。或作瀷。桂馥曰。瀷潩蓋一字也。徐鍇韻譜。潩。水名。瀷同。六書故曰。潩。説文作瀷。王筠曰。當删潩而存瀷也。瀷字之下皆入汝潁及淮之水。地理所同。此一證也。淮南本經訓覽冥訓字皆作瀷。此前漢時書。二證也。廣韻曰。潩出文字音義。三證也。六書故云。潩。説文作瀷。四證也。惟地理志水經皆作潩。

徐鍇韻譜漢瀷同字。或本是重文而漢跳出於前邪。倫按文字音義蓋本字林。廣韻入聲注。水名。出河南密縣大隗山者即此文。乃字林文。故作水名也。此字吕忱所加。為瀷之重文。傳寫誤跳於上。【說文解字六書疏證卷二十一】

汾

汾陰令印　汾陰馬丞印　【漢印文字徵】

◉許　慎　汾水。出太原晉陽山。西南入河。从水。分聲。或曰。出汾陽北山。冀州浸。符分切。【說文解字卷十一】

◉馬叙倫　段玉裁曰。或曰出汾陽北山者。漢書地理志及水經說。鄭注周禮亦曰汾出汾陽。許云出晉陽山者。志經舉其遠源。許舉其近也。王筠曰。汾出晉陽山無考。地理志。太原郡晉陽。晉水所出。入汾。豈以互受得通稱邪。翟云升曰。韻會引無晉陽山西南五字。脱。國語晉語注。今汾水出太原晉陽故汾陽縣東南。經晉陽西南至汾陰入河。倫按汾出晉陽山。晉陽山無考。亦與漢志水經殊。山海經海内東經。汾水出上窳北而西南注河。注曰。今汾水出太原晉陽故汾陽縣東南。經晉陽西南。經西河平陽至河東汾陰。入河。與國語注同。檢晉書地理志。并州太原國有晉陽而無汾陽。司州河東郡有汾陽。蓋晉時併故汾陽城入晉陽。故韋昭郭璞皆謂汾出太原晉陽故汾陽縣東南也。然韋昭見誅於孫皓。未及晉代。則汾陽故城併入晉陽。蓋在漢末矣。此亦字林文之明證也。【說文解字六書疏證卷二十一】

◉高田忠周　此篆从水从釁。字形明晳。然字書無𤅶字。釁从頒聲。頒从分聲。即知𤅶亦汾字緐文。分眉古音通用。故媚字亦作𡤛。一例也。【古籀篇二】

澮

澮見尚書【汗簡】

汗簡　古尚書　籀韻　【古文四聲韻】

◉許　慎　澮水。出霍山。西南入汾。从水。會聲。古外切。【說文解字卷十一】

◉李家浩　信陽長臺關一號楚墓竹簡208號、209號、214號三簡有以下兩個從「水」旁的字：

a 

b 

這兩個字在簡文裏都出現在指物的名詞前面，下面我們分别對這兩個字進行討論。

首先討論a。a右旁所從的字，常見于戰國古印，多用作姓氏，其字作：

c 《古璽文編》404.3505

戰國銅器銘文裏還有一個以此為偏旁的字，從「艸」從「骨」作：

d 蝕匕 《金文編》33頁

此字下半部與下録古印文字顯然是一個字：

e 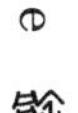「䯤臣」印 《昔則盧古璽印存》三集

不同之處只是兩者偏旁左右位置互易，並且e所從的c旁于豎畫上部左側加有一斜筆。由此可知下録一字也應該是從c的字：

f 《古璽文編》496.3258

在戰國文字裏，「宀」有時寫作「∧」，因此c有可能是「宋」字。但是在字書裏不見有「宋」與「水」旁、「骨」旁、「衣」旁等組成的字，而且根據「宋」的字音也找不出可以把有關的簡文和銘文讀通的詞。很顯然c不是「宋」字，而應當是另一個字。《汗簡》卷中之一引石經「旝」字作。此字右旁與上録c相同。此字右旁的上部可以看作是與「㫃」旁公用的部分。「旝」字從「㫃」從「會」聲，似c即古文「會」。我們把c釋為「會」，則上録a、d、e、f等字應分别釋為「澮」「⿱艹䯤」「䯤」「襘」。

在討論簡文「澮」「泆」二字的意義之前，我們要先研究一下「鎜」是一個什麼字。這個字原文作，跟下列諸字所從的「舟」旁比較：

受 《金文編》217頁

俞 《古璽文編》221.2108

滕 隨縣曾侯乙墓竹簡

可知「鎜」字上部左半從「舟」。在文獻和銅器銘文裏，「盤」字的異體很多，《說文》篆文作「槃」，古文作「鎜」，籀文作「盤」，《管子·小問》作「洀」，蔡侯紳盤銘文作「盤」。轉盤銘文中的器名「艦」字，很可能也是「盤」字的異體。盡管「盤」字有這麼多不同的寫法，但是它們有一個共同之處，就是都從「舟」。簡文「鎜」也從「舟」，有可能也是「鎜」字。上引銅器銘文「⿱泆皿」「⿰舟失」「⿱⿰舟失皿」等字之後都綴以「盤」字。簡文「泆鎜」之「鎜」綴于「泆」字之後，與銅器銘文同，可證「鎜」應當是「鎜」。古代洗手時以盤承水，以匜注水，二者同用，所以在文獻或銅器銘文裏常見「盤匜」連言。簡文(1)以「鎜」與「匜」並列，也可以作為「鎜」應該是「鎜」的一個

佐證。

因此,簡文(1)的「泆盤」應該讀為「浣盤」。「浣盤」與「盥盤」同意,是洗手用的盤。

簡文(1)的「澮盤」與「浣盤」並列,我們認為應當讀為「沬盤」,即洗臉用的盤。【信陽楚簡「澮」字及從「关」之字　中國語言學報第一期】

沁　沁

[沁]　籀韻　【古文四聲韻】

◉許　慎　[沁]水。出上黨羊頭山。東南入河。从水。心聲。七鴆切。【説文解字卷十一】

◉馬叙倫　鍇本作水出上黨穀遠羊頭山。是也。鉉本傳寫捝穀遠二字耳。韻會引同鉉本。左隱十一年傳釋文引三倉郭璞解詁。沁音狗沁之沁。又引字林。先衽反。【説文解字六書疏證卷二十一】

◉于省吾　甲骨文沁字作[沁](甲二七五),也作[沁](京都三一六六),文殘,甲骨文編誤釋為涓。説文:「沁水出上黨穀遠羊頭山,東南入河。從水心聲。」漢書地理志上黨郡:「穀遠,羊頭山世靡谷,沁水所出,東南至滎陽入河,過郡三,行九百七十里。」顏注:「今沁水至懷州武涉縣界入河。」甲骨文的「□未☐魚☐沁☐」(甲二七五),當係網魚于沁水之貞。甲骨文沁字也省作心。「貞,涉心,獸」(乙六三七七),是説涉沁水以從事狩獵。如果依照舊説釋沁為涓,不僅背于字形,而且漢書地理志和説文均謂涓水出樂浪郡,于地望也顯然不符。【釋心　甲骨文字釋林】

沾　沾

◉許　慎　[沾]水。出壺關。東入淇。一曰。沾。益也。从水。占聲。臣鉉等曰。今别作添。非是。他兼切。【説文解字卷十一】

◉丁佛言　[沾]　古匋。丘齊沾里王□。古添字。亦通霑。【説文古籀補補卷十一】

◉馬叙倫　鍇本壺關上有上黨二字。是也。一曰沾益也者。朱駿聲謂借為霑也。然此或是校語。左昭十二年傳釋文引字林。他兼反。古鉨有[沾]。丁佛言釋。【説文解字六書疏證卷二十一】

潞　潞

[潞]　潞堅之印　【漢印文字徵】

古文石經并古春秋【古文四聲韻】

◉許　慎　潞冀州浸也。上黨有潞縣。从水。路聲。洛故切。【説文解字卷十一】

◉吳大澂　潞　古潞字。从雨。借露為潞。露字幣。□□皆露字幣異文。【説文古籀補卷十一】

◉馬叙倫　徐鍇曰。周禮潞出歸德縣。按歸德縣屬北地。桂馥曰。冀州上當有水出北地歸德北夷界中入河十二字。今溷入洛字下。諸言潞者。並作洛字。倫按桂説是也。然此字林文。冀州以下九字亦字林文也。【説文解字六書疏證卷二十一】

漳 漳

◉許　慎　漳濁漳。出上黨長子鹿谷山。東入清漳。清漳出沾山大要谷。北入河。南漳出南郡臨沮。从水。章聲。諸良切。

【説文解字卷十一】

◉馬叙倫　鈕樹玉曰。韻會引要作𦥔。與漢志合。又從水章聲在濁漳上。上更有水名二字。長子下有縣字。嚴可均曰。舊活板御覽六十四韻會七陽引作大黽谷。地理志上黨沾縣大黽谷。清漳水所出。周禮職方氏疏同。按要字篆體作𦥔。與黽形近。地理志。北地大𦥔縣。師古曰。古要字。疑此黽即𦥔之譌。桂馥曰。沾下山上有闕文。蓋言沾縣之某山也。王筠曰。水經注清漳出上黨沾縣西北少山大要谷。是此沾下山上挩少字。南漳止言所出不言所入。闕文也。當依漢志補入沔。翟云升曰。水經注引許慎曰。水出發鳩山。入漳。倫按説文非地志。而三漳竝舉。明是疏釋之體。韻會引濁上有水名二字。則此字林文也。水經注引出發鳩山。則鹿谷二字或後人改之。或本是一曰出發鳩山。【説文解字六書疏證卷二十一】

淇 淇

◉許　慎　淇水。出河内共北山。東入河。或曰。出隆慮西山。从水。其聲。渠之切。【説文解字卷十一】

◉馬叙倫　鈕樹玉曰。廣韻引同。韻會引入河上有至黎陽三字。段玉裁曰。此三字用漢書增也。説文之例。舉所出之郡縣。不舉入河入江之郡縣。王筠曰。廣韻引本訓而不引或説。玉篇用此説而不引説文。恐或曰句後人增。然此固別一水也。水經。淇水出河内隆慮縣西大發山。東過内黄縣南。為白溝。屈從縣東北。與洹水合。又東北過廣宗縣為清河。又東北過漂榆入於海。倫按玉篇淇水出林慮山。晉書地理志。汲郡林慮。則吕文當作林慮。此作隆慮者。段玉裁謂漢諱殤帝。改隆慮為林慮。此不改者。書成於和帝永元十二年已前也。則此似為許文。然倫謂此吕忱據水經文耳。水經。漳水淇水出河内隆慮西大號山東北入於海。郭璞山海經注作隆慮蓋亦本之。可證也。出隆慮西山者。當本作隆慮西大號山。今為傳寫者所删。

【説文解字六書疏證卷二十一】

◉楊樹達　前・六・三・一。云「□酉□貞渫獲羊」。渫字作渫。余謂其字从枼，枼即説文畀字。三篇上𠬞部云：「畀舉也。从𠬞由聲。春秋傳曰『晉人或以廣墜。楚人畀之』。黄顥説『廣車陷。楚人為舉之』。杜林以為騏麟字。」尋甲文與篆文異者，篆文从𠬞，甲文止从又，从又與从𠬞一也。杜林以為騏麟之騏。許君引春秋傳見宣公十二年左傳。今字作惎，不作畀。説文十三篇上糸部綦或作綦。據此三證渫殆即淇字也。説文云：「淇水出河内共北山，東入河。或曰出隆慮西山。从水，其聲。」甲文所見水大抵皆在今河南省境，淇水亦河南省境之水也。【渫　卜辭求義】

蕩

張遷碑額【石刻篆文編】

◉許　慎　蕩水。出河内蕩陰。東入黄澤。从水。𦸈聲。徒朗切。【説文解字卷十一】

◉楊樹達　蕩亦平也。《詩》云：「王道蕩蕩。」又云：「王道平平。」《詩齊風南山》云：「魯道有蕩。」《毛傳》云：「蕩，平易也。」【字義同緣於語源同例證　增訂積微居小學金石論叢】

沇

沇　沇兒鐘【金文編】

禪國山碑　丞相沇【石刻篆文編】

兖【汗簡】

説文【古文四聲韻】

◉許　慎　沇水。出河東東垣王屋山。東為泲。从水。允聲。以轉切。㕣古文沇。臣鉉等曰。口部已有。此重出。【説文解字卷十一】

◉葉玉森　㕣。他辭云。「☐卜王其征㕣事。」諸家釋㕣為公。予疑與㕣同為㕣。本辭苦㕣乃二國名。説文。㕣。山間陷泥也。从八。象水敗貌。讀如沇州之沇。沇九州之渥地也。故以沇名焉。又沇下出古文㕣。蓋㕣為本字。篆變作沇。隸變作兖。卜辭之㕣㕣乃古兖國。路史國名紀引輿地廣記。兖國。少昊之裔。【殷墟書契前編集釋卷六】

◉商承祚　[seal]玉篇未收。沇注云。「亦作𣳚。」段氏改為[seal]。省水。謂。「臣鉉等曰。『口部已有。此重出。』口部小篆有㕣。然則宋時不从水旁也。口部㕣下曰『山間䧟泥地。从口。从水敗皃。』蓋㕣在古文則為沇水沇州。在小篆則訓山間䧟泥地。」案段説可商也。竊以㕣之譌沿。在大徐未校之前。又在大徐既校之後。何也。小徐書成於南唐。私書也。復年少早殁。大徐位高才華。從學者衆。其書又奉敕校訂。風行一時。而習小徐者尠矣。張次立于此字下引徐鉉注云。「口部已有。此重出。」又本部下文所出沿字注云。「緣水而下。」知小徐本作沿。竝小徐所據之原本亦作沿也。大徐蓋於集書正副本中。見有作㕣者而从之説曰。「口部已有。」不作本部下文亦有。而摹刻者仍照舊本。故今宋本無作㕣也。見商務四部叢刊初編景印宋刻二徐本。沇之古文當作㕣固無可疑。然即㕣亦後人所增。口部㕣訓「山間䧟泥地。从八。从水敗皃。讀若沇州之沇。九州之渥地也。故以沇名焉」此非區別語。乃合并語。凡讀若某。即為其重文。所在多有。固不得據之以定為兩字。且九州之渥地。故以沇名。豈非沇州為䧟泥地。故以㕣名乎。于彼已出。則水部不當再見。段氏以變字再見為例。不知亦重出也。如㫃下云「古文旅。古文以為魯衛之魯」為例。亦當於口部㕣下説之曰。古文以為沇水之沇得矣。今因説沇州得名之由。故不尔也。金文沇兒鐘作[seal]。與篆文同。【説文中之古文考】

◉馬叙倫　錢大昕曰。漢志垣縣屬河東郡。此衍東字。嚴可均曰。周禮職方氏注。左襄元年杜解皆云東垣。段玉裁曰。東垣當作垣東。謂垣縣東之王屋山。水經云。垣縣王屋山。是也。周禮職方氏注山海經注皆云東垣衍字耳。漢志真定縣故東垣。非此地。倫按後漢書郡國志。河東郡。垣有王屋山。兖水出。注引博物記曰。山在東。狀如垣。則段説是。沇兒鐘作[seal]。

[seal]　徐鉉曰。口部已有。此重出。張次立曰。本部下文沿注云。緣水而下。鈕樹玉曰。張説是也。口部但有㕣。與此不同。此正與本部重出耳。玉篇廣韻沇下竝無古文。嚴可均曰。大徐本原作㕣。故云口部已有。此重出。故儿部兖下云。㕣古文沇字。後人嫌其重出。改㕣為沿。則水部重出矣。口部。㕣。讀若沇州之沇。則㕣非即沇。王筠曰。大徐本作㕣。據大徐説可知也。小徐本作沿。據張次立説可知也。然小徐書成在前。則小徐所據之本原作沿也。【説文解字六書疏證卷二十一】

◉于省吾　甲骨文兊字作[甲骨文]，也偶爾作[甲骨文](京津四四六九)，隸定作兊或兖。此字舊不識，甲骨文編入于附録。按其字中从允，上部兩側从水作八或八，在甲骨文偏旁中是常見的。兊或兖即沇字的初文。沇字始見于東周器的沇兒鐘，移水于左側，為説文所本。説文：「沇水出河東垣東王屋山，東為泲，从水允聲。[seal]，古文沇如此。」按自來説文學家對于沇字作㕣或兖的解釋，聚訟紛紜，莫衷一是。錢大昕潛研堂金石文跋尾(夏承碑)：「古文从水者，或用立水，如江河之類；或用横水，如益頮之類。沇本

立水，或从横水作兗，而隸變為兖爾。」王筠説文釋例：「沇之所以譌為兖者，曹全碑作兖，葢迻水於允上而又易其部位，再省即成兖矣。然是碑吮膿之吮亦作兖。」按錢氏和王氏之説均出于主觀臆測。段玉裁古文尚書撰異(禹貢)：「葢古文尚書作㕣州……而㕣字轉寫既久，漢碑皆作兖，作兖則參合㕣沇二體，成此一字。」這一説法也是主觀臆測。説文：「衮，从衣㕣聲。」段注：「㕣見口部及水部，古文沇州字也，衮以為聲，故禮記作卷，荀卿作裷。」按段説謂衮从㕣聲是對的，但古文沇作㕣，並非本字，乃借㕣(以轉切)以為衮。周代金文吴方彝衮字从㕣聲，曶壺衮字从谷聲，㕣與谷古同字，説文㕣之古文作㕣，从谷聲，是其證。至于亘侯鼎衮字中从公作八〇，乃形之訛，因為此鼎多變體字。這就可以證明或謂説文衮从公聲之誤。兖或兗既然為沇字之古文，那末，為什麽古籍或作兖漢碑又作兖呢？我認為，兖與兖下从㕣或兊，與商周古文合，漢隸之與商周古文合者時有所見，不僅此字為然。至于漢碑兖字或作兖，是由于隸書从口與厶往往互作的緣故。六朝齊李希宗造象記的兖字作兊，猶存古文。漢王純碑以衮為兖，這不僅由于音近相假，同時也由于二字形近易混。衮字上部从亠，則又是兖字上部譌變為亠的由來。釋名釋州國：「兖州取兖水以為名也。」甲骨文屢言王田獵于兊或兊，均以為地名。説文：「泲，沇也，東入于海，从水𠂔聲。」按籍典泲多作濟。書禹貢：「濟河惟兖(史記夏本紀作沇)州。」又：「導沇水，東流為濟，入于河，溢為滎，東出于陶邱北，又東至于菏，又東北會于汶，又北東入于海。」【釋兊 甲骨文字釋林】

泲　洈

泲 高泲 【漢印文字徵】

◉許　慎　泲沇也。東入于海。从水。𠂔聲。子礼切。【説文解字卷十一】

◉馬叙倫　沇也蓋非許原文也。沇泲非轉注字。【説文解字六書疏證卷二十一】

◉許　慎　洈水。出南郡高城洈山。東入繇。从水。危聲。過委切。【説文解字卷十一】

◉馬叙倫　嚴可均曰。高城地理志作高成。繇即下油水。鈕樹玉曰。繫傳城作成。與漢志合。繇。説文作繇。倫按倫疑許書大例。本止於篆及隸書複舉字下作某也象形。某也從某象形。某也從某從某。某也從某某聲。即山部水部亦止曰。山也。水也。今各具所在地者。吕忱加之。此説解中城字繇字即可疑之點。若嚴章福謂説解不拘者。此不可通之説。且以本書凡用本書所無之字者。其詞率非許文。固皆顯然有證矣。則此亦吕忱所加也。【説文解字六書疏證卷二十一】

溠

◉許　慎　溠水。在漢南。从水。差聲。荊州浸也。春秋傳曰。脩涂梁溠。側駕切。【說文解字卷十一】

◉馬叙倫　鈕樹玉曰。周禮職方氏。豫州。其浸波溠。注。溠。宜屬荊州。席世昌曰。左莊四年傳。溠水屬楚。為荊州浸無疑。今周禮誤屬豫州。倫按在漢南者。毛際盛據水經注。溠水出隨縣西北黄山。東南流。合㵐水以入溳。溳又東南合夏水以入沔。謂隨即春秋之隨。隨。漢東國也。此當作漢東。王宗涑以為在漢北。詳下。倫謂此說解捝失後校者所加耳。荊州浸也者。王宗涑以為當作豫州。周禮鄭注誤。說文後人所改。何以明之。溠潁湛皆在漢北。禹貢。荊河惟豫州。荊南條荊山在漢南。是虞夏豫州南跨漢水也。爾雅。漢南曰荊州。則自殷以前。溠潁湛竝屬豫州矣。至周始割漢北東偏之地以屬荊。職方正南曰荊州。其川江漢。其浸潁湛。此三代畫野分州之不同也。說文某州川某州浸皆依職方立說。滱曰并州川。以當職方之嘔夷。則據漢志。無一字出於胷臆者。溠豫浸。潁湛荊浸。漢志既引職方。潁川郡陽城下又曰。陽乾山潁水所出。東至下蔡。入淮。荊州浸。水經汝水注。湛水出犨縣魚齒山。東南流於汝水九曲北。東入汝。善長曰。周禮。荊州。其浸潁湛。鄭玄云。未聞。蓋偶有不照也。今考地則不乖其土。言水則有符經文矣。而不言許慎曰豫州浸。說文同於職方可知。今本說文必鄭學盛行後或病許說未審而易之。不然。湛水不詳於地志。不録於水經。漢人未有能言其所在者。是以康成亦從蓋闕。曾謂許君敢信可信之職方而逞肊斷乎。師古注漢志引許慎云。湛水豫州浸。則所見許文已經改竄矣。丁杰亦謂溠實豫州浸。疑後人改說文以合職方注。朱駿聲則疑職方之溠。別為一水。倫檢晉書地理志。荊州義陽郡隨。厥。豫州潁川郡。然則此蓋吕忱據時制言邪。周禮職方釋文引字林。莊加反。餘詳湛下。【說文解字六書疏證卷二十一】

洭

含洭宰之印【漢印文字徵】

◉許　慎　洭水。出桂陽縣盧聚。山洭浦關為桂水。从水。匡聲。去王切。【說文解字卷十一】

◉馬叙倫　嚴可均曰。山當作出。水經。洭水出桂陽縣西北上驛山盧聚。又云。南出洭浦關為桂水。此作山。爛文也。王筠曰。說文於郡縣皆直舉其名而已。此或以桂陽縣與郡同名。特異之邪。倫按說解蓋為唐人所删矣。【說文解字六書疏證卷二十一】

潓

◉許 慎 潓水。出廬江。入淮。从水。惠聲。胡計切。【說文解字卷十一】

◉馬叙倫 鈕樹玉曰。繫傳廬作盧。洪亮吉曰。漢志。廬江之決水。疑即潓水也。以音近而淆。桂馥曰。徐邈讀決為古惠反。則與潓聲近矣。入淮者。當作入灌。此沿漢志之誤也。志云。決水北至蓼入淮。淮乃灌之誤。倫按廬江下當有雩婁北三字。前志廬江郡雩婁下本注。決水北至蓼入淮。又有灌水亦北至蓼入決。此字蓋出字林。【說文解字六書疏證卷二十一】

灌

灌 日甲五一背 【睡虎地秦簡文字編】

灌氏印 【漢印文字徵】

◉許 慎 灌水出廬江雩婁。北入淮。从水。雚聲。古玩切。【說文解字卷十一】

◉馬叙倫 鈕樹玉曰。韻會引廬作盧。沈濤曰。水經決水篇注。決水又西北。灌水注之。許慎曰。出雩婁縣。疑古本縣名下皆有縣字。為後人所刪。一切經音義十二廿二引。灌。注也。蓋一曰以下之文。倫按字見急就篇。顏師古本作觀。顏注。字一作灌。【說文解字六書疏證卷二十一】

漸

3·287 中蔓圖里匋漸 【古陶文字徵】

84 140 【包山楚簡文字編】

◉許 慎 漸水出丹陽黟南蠻中。東入海。从水。斬聲。慈冉切。【說文解字卷十一】

◉吳大澂 古漸字。古陶器。【說文古籀補卷十一】

◉馬叙倫 桂馥曰。李燾本無南蠻中三字。翟云升曰。六書故引無南蠻二字。韻會引無蠻中東三字。倫按據漢書地理志南下當有夷字。此捝。而上文潞下捝蠻字。倫疑潞下本亦止言出北地歸德。此亦本無南蠻中三字。凡此類又後之校者加之也。【說文解字六書疏證卷二十一】

泠　滭　溧　湘

泠平　泠達　泠反私印　泠子翹　泠安世印　泠比駕　泠循　泠中公【漢印文字徵】

◉許　慎　泠水。出丹陽宛陵。西北入江。从水。令聲。郎丁切。【説文解字卷十一】

◉馬叙倫　錢坫曰。泠即地理志之清也。倫按急就篇有泠幼功。【説文解字六書疏證卷二十一】

⿱竹渒　从水卑聲　克鼎　錫女田于渒【金文編】

渒利之印【漢印文字徵】

◉許　慎　水。在丹陽。从水。箄聲。匹卦切。【説文解字卷十一】

◉馬叙倫　在丹陽蓋説解挩失後校者所加也。【説文解字六書疏證卷二十一】

◉許　慎　水。出丹陽溧陽縣。从水。栗聲。力質切。【説文解字卷十一】

◉馬叙倫　段玉裁曰。縣字俗所沾。王筠曰。言所出而不言所入。蓋有闕文。【説文解字六書疏證卷二十一】

湘　鄂君啟舟節　入湘【金文編】

83【包山楚簡文字編】

湘西令印【漢印文字徵】

◉許　慎　水。出零陵陽海山。北入江。从水。相聲。息良切。【説文解字卷十一】

◉丁佛言　古鉢。郵湘。即之省。【説文古籀補補卷十一】

◉馬叙倫　段玉裁曰。零陵下當補縣字。凡郡縣同名。則言縣以該之也。沈濤曰。史記屈原傳正義引有縣字。北下有至酃二字。鈕樹玉曰。陽海。郡國志作陽朔。古鉨作。【説文解字六書疏證卷二十一】

汨 

◉許　慎　長沙汨羅淵。屈原所沈之水。从水。冥省聲。莫狄切。【説文解字卷十一】

◉馬叙倫　鈕樹玉曰。韻會引淵下有也字。原作平。無之字。此五字在冥省聲下。玉篇引作長沙汨羅淵也。屈平所沈之水。王筠曰。屈原所沈之水句蓋庾注。許無此語例。鍇本在冥省聲下。是也。徐灝曰。從水。日聲。倫按蓋長沙上下有捝文。汨羅以下九字明非許文。冥省聲或本作日聲。校者不達日聲之理妄改也。日音古在泥紐。明泥同為邊音。故汨音入明紐。段玉裁徐灝謂汨潰一字。文選洞簫賦注引三倉。汨。深水也。【説文解字六書疏證卷二十一】

溱 

◉許　慎　水。出桂陽臨武。入匯。从水。秦聲。側詵切。【説文解字卷十一】

◉馬叙倫　嚴可均曰。匯當作涯。水經。溱水出桂陽臨武縣。過湞陽縣。出涯浦關。是入涯也。地理志涯皆作匯。轉寫譌。鈕樹玉曰。詩溱洧釋文引玉篇注竝作水出桂陽。【説文解字六書疏證卷二十一】

湥 

 深　中山王譽壺　𠩁忎深則賢人簕　【金文編】

 深　秦一一　二例　 雜一五　 法八八　 封三五　【睡虎地秦簡文字編】

 南深澤尉　【漢印文字徵】

 石碣霝雨　極湥呂□　 天璽紀功碑　湥甄歷□　【石刻篆文編】

 湥竝出演説文　 湥竝碧落文　　【汗簡】

 古孝經　 古老子　 碧落文　 王存乂切韻　 演説文　 碧落文　【古文四聲韻】

◉許　慎　水。出桂陽南平。西入營道。从水。罙聲。式針切。【説文解字卷十一】

◉强運開　説文。深。水出桂陽南平。西入營道。从水。罙聲。又罙篆下云。湥也。一曰竈突。从穴火求省。讀若禮三年導服之導。段注云。導服即禫服也。按罙即湥淺字。不當有異音。蓋竈突可讀禫。與罙為雙聲。據此則湥本水名。作湥淺訓者。乃罙之叚字也。自湥行而罙廢矣。【石鼓釋文】

◉馬叙倫　鈕樹玉曰。韻會引無西字。翟云升曰。水經深水注引無由入營道四字。案水經作西北過營道入湘。倫按水經注三十九引字林。深水一名邃水。石鼓作[glyph]。【説文解字六書疏證卷二十一】

◉黄錫全　[glyph]深　今存碑文作[glyph]，夏韻同，此稍異。石鼓文深作[glyph]，中山王壺作[glyph]，漢印作[glyph]（漢印徵11・4）。《説文》：「蓡，蒲蒻之類也，从艸，深聲。」《周禮・醢人》：「深蒲。」鄭司農云：「蒲蒻入水深，故曰深蒲。」此深即蓡，鄭解與《説文》並沒有多大矛盾。《碧落文》以蓡為深，猶如雲夢秦簡以菽為叔、以菜為采，馬王堆漢墓帛書以薪為新等。鄭珍認為：「以蓡為湥，誤；又依隸夾作木，更非。」【汗簡注釋卷一】

潭

[glyph] 乙二八二　从林从𣅳　説文所無疑古潭字　【甲骨文編】

[glyph] 潭　高景成釋云毛公鼎簟笰字作簟弼疑潭即潭之古文作潭右戈　【金文編】

[glyph] 潭鄉　【漢印文字徵】

◉許　慎　[glyph]水。出武陵鐔成玉山。東入鬱林。从水。覃聲。徒含切。【説文解字卷十一】

◉馬叙倫　段玉裁曰。林字衍。倫按古鉨作[glyph]。然或是瀶。為滷之異文。【説文解字六書疏證卷二十一】

油

[glyph] 前四・一三・五　从林　[glyph]　後二・二〇・九【甲骨文編】

◉許　慎　[glyph]水。出武陵孱陵西。東南入江。从水。由聲。以周切。【説文解字卷十一】

◉余永梁　[glyph]書契卷四十三葉　王先生曰：「疑油。廣雅釋訓，油，流也。」【殷虚文字續考　國學論叢一卷四期】

◉馬叙倫　許槤曰。南當作北。水經。油水出武陵孱陵縣西界。東過其縣北。又東北入于江。倫按字見急就篇顏師古本。皇象本作猶。倫謂漢時有髤桼。無今所謂油漆。以桐油髤器。疑始六朝。故顏注謂以油油之。皆所以為光色。而御塵泥。然急就詞義自不謂油。蓋傳寫譌後顏望文為解耳。【説文解字六書疏證卷二十一】

◉譚其驤　入資、沅、澧、油（瀰）　瀰，羅先生寫作䐑或䐑，釋曰：「從脜，音柔，是油脂的油；此指油水，今湖北公安縣有油河。」郭先生寫作𣹢，釋曰：「䐑聲，䐑蓋即膗之異文」；「𣹢水當是《水經》所謂涌水」。商先生寫作瀶，認為是從水膽聲的澹字，即《水

經·澧水注》中的澮水。三説中殆以羅説為長。

銘文四水並舉，故此水應為資、沅、澧三水以外另一條江南地區較大的水道。據《水經·澧水注》，澮水上承澧水於作唐縣(故治在今安鄉縣北)北，東流至安南縣(故治在今華容縣西)，南注於澧，它只是澧水下游的一條支派，估計首尾不過百餘里，看來也很難够資格和資、沅、澧三水並舉。

油水《漢書·地理志》南郡高成下作繇水，《水經·江水篇、油水篇》作油水：其水源出漢孱陵縣(故治在今公安縣西南)，西界白石山，東過縣北，至漢華容縣界公安城(今公安縣西北古油口)西北入江，全長五百里。公安境内油水水東有景口、淪口，南通澧水及諸陂湖。由此可見，此水：一、位于澧北；二、同資、沅、澧一樣，也是一條自西向東注入長江而與洞庭湖相通的水道；三、在郢南澧北諸水中，比較的最為源遠流長，差足與資、沅、澧並舉。所以我認為羅説銘文資下一字字作㵐，指油水，應該是對的。惟謂「今湖北公安縣有油河」則非。油河一名實際已不復存在，其上游在湖南石門縣境内今名穿山河，澧縣境内今名邊山河，湖北松滋縣境内今名界溪河；至於公安縣境内的油河故道，則久已湮塞，只剩下了一個以古油口為名的集市(即明以前的公安縣治)，倒確是古油水的入江之處。【鄂君啟節銘文釋地　中華文史論叢第二輯】

◉劉釗　吴王光鐘銘的最後兩句，以往的釋文都釋作「敬夙而光，沽沽羕羕。往已叔姬，虘(虔)敬命不忘」。

銘文中「⿰氵古」字舊釋為「沽」，以為乃湖之本字，這從字形上看似乎没有問題，其實卻是錯誤的，「沽沽羕羕」從義訓上也不好講。⊘通過形體比較可知，「由」字上部既可寫作圓點狀，也可寫成一横，下部所從之「口」既有空心的，也有加一點的，所以吴王光鐘銘的「⿰氵古」字也就可以釋為「油」。

古文字中的「由」與「古」兩字時有相混的情況，典籍中亦有例證。睡虎地秦簡中「車軲」「複結衣」之「軲」和「結」舊隸作「軲」和「結」，解釋起來甚感牽强。後改釋為「軸」和「紬」，則涣然冰釋。

「油油羕羕」即「油油洋洋」。

「油油」與「洋洋」，乃一聲之轉，詞義相近。《詩·衛風·碩人》「河水洋洋」，劉向《楚辭·九歎·惜賢》王注引作「河水油油」。「油油」典籍又作「悠悠」「攸攸」「遥遥」「搖搖」「愮愮」「懮懮」「怞怞」。「洋洋」又作「養養」，本字作「恙」，《説文》「恙，憂也。」

「油油洋洋」即「悠悠洋洋」，《爾雅·釋訓》「悠悠、洋洋，思也」。

吴王光鐘銘：「敬夙(肅)而(爾)光，油油羕羕。往已叔姬，虘(虔)敬命勿忘。」兩句大意是説吴王光囑咐女兒要愛惜榮譽，深思熟慮，永遠恭敬。【金文考釋零拾　第三届國際中國古文字學研討會論文集】

瀆

◉許慎　瀆水。出豫章艾縣。西入湘。从水。買聲。莫蟹切。【説文解字卷十一】

◉馬叙倫　段玉裁曰。凡縣字皆後人增。水經湘水篇。又北過羅縣西。瀆水從東來流注之。瀆水又別為篇曰。瀆水出豫章艾縣。西過長沙羅縣西。又西至磊石山。入於湘水。按水經言瀆不言汨。諸書多言汨不言瀆。依廣韻廿三錫。汨瀆漞三形同。許書蓋本水經有瀆無汨。而後人妄增汨字。故其文不類許書。屈原所沈。例所不載。翟云升曰。繫傳西下有北字。非。徐灝曰。瀆者。汨之異文。日字古有密音。漢金日磾之日讀如密。是其證。許書蓋本以瀆附汨下為或體。今本為後人羼亂。段謂許書有瀆無汨。非也。倫按王紹蘭據水經及其注以證汨瀆是二水。其實經言瀆。注作汨。仍是一字。特注詳其經過與古少異。故若二水。王謂嗣後就湮。則湮於何時。瀆湮而汨存。復何其巧。當以徐説為長。況汨字見三倉邪。瀆為汨之音同明紐轉注字。【説文解字六書疏證卷二十一】

湞

◉許慎　湞水。出南海龍川。西入溱。从水。貞聲。陟盈切。【説文解字卷十一】

溜

◉許慎　溜水。出鬱林郡。从水。畱聲。力救切。【説文解字卷十一】

◉馬叙倫　吴穎芳曰。出應作在。凡引説文者皆然。定譌也。鈕樹玉曰。韻會引及玉篇注竝無郡字。王筠曰。一本鍇本作水在鬱林郡。案上文言出者必言所入。若是水之原委在一郡一縣内而不入他水則言在。溜既不言所入。則在者是也。倫按水經温水注。鬱水。右則留水注之。水南出布山縣下。逕中留入鬱。漢書地理志。鬱林郡中留縣。後漢書郡國志作溜。王以為水之原委在一郡一縣内而不入他水則言在。倫謂蓋説解捝失後校者所加也。玄應一切經音義引倉頡。溜。謂水垂下也。【説文解字六書疏證卷二十一】

瀷

◉許慎　瀷水。出河南密縣。東入潁。从水。翼聲。与職切。【説文解字卷十一】

◉馬叙倫　錢大昕曰。漢志有潩無瀷。鈕樹玉曰。説文潩瀷音訓竝同。疑有後人增益。六書故曰。潩。説文作瀷。或後人因漢志補入潩字。倫按見潩字下矣。【説文解字六書疏證卷二十一】

潕　滶　瀙　淮

◉許　慎　水。出南陽舞陽。東入潁。从水。無聲。文甫切。【説文解字卷十一】

◉馬叙倫　鈕樹玉曰。宋本作舞陽。繫傳作舞陰。據地理志舞陰屬潁川。則陽字誤。翟云升曰。小徐潁作汝。入汝見水經潕水注。倫按水經。潕水出潕陰縣西北扶予山。東過其縣南。又東過西平縣北。又東過郾縣南。又東過定潁縣北。東入於汝。酈注。山海經曰。朝歌之山。潕水出焉。東南流。注於滎。經書扶予者。其山之異名乎。滎水於潕陰縣北。左會潕水。其道稍西。不出其縣南。且邑號潕陰。故無出南之理。出南則為陽也。漢書地理志舞陽縣下應劭曰。舞水出南。寰宇記。舞陰縣。舞水在縣北六十里。字或作潕。倫謂潕水出舞陰縣北。水經寰宇記皆可證。山海經言東南流。水經亦謂東過其縣南。則言南者。流所經。非水所出也。【説文解字六書疏證卷二十一】

◉許　慎　水。出南陽魯陽。入城父。从水。敖聲。五勞切。【説文解字卷十一】

◉馬叙倫　嚴可均曰。水經汝水篇注引作父城。此作城父。譌。地理志父城屬潁川。城父屬沛郡。鈕樹玉曰。繫傳捝城父二字。倫按水經注廿一引字林。滶水在魯陽。蓋節引。又誤出為在。此字疑出字林。酈注言許慎云。水出南陽魯陽入父城。吕忱字林亦言在魯陽者。一題説文一題字林故也。【説文解字六書疏證卷二十一】

◉許　慎　水。出南陽舞陽中陽山。入潁。从水。親聲。七吝切。【説文解字卷十一】

◉馬叙倫　鈕樹玉曰。玉篇注。水出南陽舞陰。蓋出説文。則陽當作陰。地理志。南陽郡舞陰。本注。中陰山瀙水所出。東至蔡。入汝。則中陽亦當是中陰。水經注。瀙水出舞陰。亦云入汝。段玉裁曰。水經注云。山海經謂之視水。郭注。視當為瀙。出葴山。許慎云。出中陽山。蓋山之殊目也。按志云中陰。中陰正葴之反語。則作陰是也。倫按廣韻引字林。瀙。水名。在豫州。蓋括引之。此字或出字林。【説文解字六書疏證卷二十一】

前二・一六・二　續三・三〇・六　鄴二下・三七・一三　金五七四　京津五三〇〇【甲骨文編】

京2・18・2　六曾23　前2・16・3【續甲骨文編】

淮 彔卣 師寰簋 虢仲盨 散盤 兮甲盤 翏生盨 翏生盨二 禹鼎 駒父盨 从水从唯 𢦏鼎 淮戎 曾伯霥匿 克狄淮夷 【金文編】

3·40 陳□□邦淮□正區□ 3·1156 獨字 【古陶文字徵】

淮陽王璽 淮陽相印章 淮遂 【漢印文字徵】

第十七闕古文 【古文四聲韻】

◉許　慎　水。出南陽平氏桐柏大復山。東南入海。从水。隹聲。戶乖切。【說文解字卷十一】

◉劉心源　淮从水从唯。曾伯霥簠淮尸作。即此。或釋雖。詳盂鼎。【奇觚室吉金文述卷三】

◉羅振玉　卷二第七葉 第十六葉 第二十一葉 第二十四葉 第三十六葉　从巜即水省。卜辭从水之字多省作巜。說文解字。攸。行水也。从亻。从水省。从攴。是許君時巜為水省之誼尚未失矣。【雪堂金石文字跋尾】

◉馬叙倫　顧炎武曰。淮字當從佳人之佳乃得聲。今誤為隹鳥之隹。桂馥曰。此說非也。昭十二年左傳。有酒如淮。有肉如坻。寡君中此。為諸侯師。顏延之詩。惜無壽雉化。何用充江淮。去國還故里。迷門樹蓬萊。古不讀戶乖切。故釋名云。淮。圍也。王筠曰。漢書地理志借淮為濰。是淮從隹聲之證。翟云升曰。韻會平氏下有昭當作胎簪山東北過六字。倫按水經。淮水出南湯平氏縣胎簪山。東北過相柏山。東過江夏廬江九江下邳諸郡。至廣陵淮浦縣入於海。疑此傳寫捝縣胎簪山東北過七字。甲文作。散盤作。曾伯簠作。字見急就篇。【說文解字六書疏證卷二十一】

◉曹錦炎　甲骨文有地名「淮」：

(62)辛巳卜貞，王……于淮，往來亡灾。（合36591）

(63)乙酉卜，在洓，立貞，王步于淮，亡灾。

丙戌卜，在淮貞，王步于□，亡灾。（金574、前2·16·3）

「淮」字或增山傍作「𡶜」：

(64)乙未王卜，在𡶜師貞，翌其□其敏來伐，受祐。王□既伐□。（合36765）

淮地位于商王征人方往來經過之地，又曾駐有軍隊。所以，「⿰氵⿱隹山」應該是「淮」字增加山傍後出現的繁構，仍應釋為「淮」。【甲骨之地名構形試析　殷都學刊一九九〇年第三期】

滍

◉許　慎　滍水。出南陽魯陽堯山。東北入汝。从水。蚩聲。直几切。【説文解字卷十一】

◉楊樹達　甲文有沚字，亦不見於説文、玉篇、廣韻，以地望及字音求之，蓋即滍水也。説文十一篇上水部云：「滍水出南陽魯陽堯山，東北入汝。」按今河南魯山縣有魯陽故城，今沙河出魯山縣之堯山，流至舞陽縣，與汝水相合，即古之滍水也。甲文字从㞢者，説文十三篇上虫部蚩从㞢聲，㞢蚩古音同故也。洧甲文作漢，以有从又聲也，滍之作沚，與洧之作漢為例正同矣。

合觀卜辭所記諸水之名，除在今河南省境者外，如濼，如洋，如澠，皆在今山東省境。此可以推知殷代版圖之大略矣。【釋沚　積微居甲文説】

澧

澧　鄂君啟舟節　入濬沅澧澮【金文編】

◉許　慎　澧水。出南陽雉衡山。東入汝。从水。豊聲。盧啓切。【説文解字卷十一】

◉馬叙倫　鈕樹玉曰。韻會引無南陽雉三字。沈濤曰。御覽六十三引雉作經。蓋傳寫之譌。【説文解字六書疏證卷二十一】

◉戴家祥　前漢書地理志「武陵郡充縣歷山澧水所出」。金文用同。【金文大字典中】

溳

◉許　慎　溳水。出南陽蔡陽。東入夏水。从水。員聲。王分切。【説文解字卷十一】

淠

淠　孟淠父鼎　遲盨【金文編】

85【包山楚簡文字編】

◉許　慎　淠水。出汝南弋陽垂山。東入淮。从水。畀聲。匹備切。又匹制切。【説文解字卷十一】

澺　𣳚　灈　潁

◉劉心源　姜姓淠名。積古齋釋淠為浬。引薛書南宮中鼎里字為證。不知彼云命昌畀女裏土作乃采。言命人名昌者。畀女昌裏地為女采邑也。薛承博古圖之譌。阮不糾正。而反引之。過矣。毛伯彝。天俾丕畀純陟。說文丌部。畀。相付與之約在閣上也。从丌甶聲。正鼎文彝文所用義。知彼為畀。則知此為淠。說文作淠即此。【奇觚室吉金文述卷五】

◉丁佛言　淠。大克鼎。疑是淠。《說文》。淠出汝南弋陽垂山。東入淮。亦作渒。《水經》淮水又南北。渒水注之。【說文古籀補補附録】

◉强運開　淠。克鼎。錫女田于淠。按說文。淠水出汝南弋陽垂山。東入淮。吳愙齋釋作淠。云亦作渒。散氏盤俾作畀。此亦从卑也。【說文古籀三補卷十一】

◉許　慎　澺水。出汝南上蔡黑閭澗。入汝。从水。意聲。於力切。【說文解字卷十一】

◉馬叙倫　段玉裁曰。篆當作𣽈。意聲當作啻聲。集韻類篇皆云說文作𣽈。隸作澺。倫按閭鍇本作澗。然漢書地理志水經注皆不言黑閭澗。王筠據大射禮閭中。鄭注。閭。獸名。如驢一角。或曰。如驢岐蹄。謂黑閭澗當是黑驢澗。疑此上蔡人所加。【說文解字六書疏證卷二十一】

◉許　慎　𣳚水。出汝南新郪。入潁。从水。囟聲。穌計切。【說文解字卷十一】

◉許　慎　灈水。出汝南吳房。入瀙。从水。瞿聲。其俱切。【說文解字卷十一】

◉許　慎　潁水。出潁川陽城乾山。東入淮。从水。頃聲。豫州浸。余頃切。【說文解字卷十一】

◉馬叙倫　鈕樹玉曰。韻會引乾作耿。非。嚴可均曰。乾上當有陽字。地理志作陽城山。水經注續漢郡國志注引晉地道記同。倫按爾雅釋水釋文引字林。潁水出陽城山。字見急就篇。【說文解字六書疏證卷二十一】

洧

餘一五・四　佚二四二　庫六四一　【甲骨文編】

佚242　續6・13・9　【續甲骨文編】

◉許　慎　洧水。出潁川陽城山。東南入潁。从水。有聲。榮美切。【説文解字卷十一】

◉孫海波　卜辭又有手□偏旁不分，故此三部形聲之字，每易掍殽。前編卷六弟十六葉二版「□卜□龓□受□」，龓字，羅振玉先生曰：「象人手牽龍。」陳邦懷先生以為讟字古文，其説甚辨。臧龜之餘十五四版「丁卯□□其口」，類編以為汉字，竊疑字當釋洧，地名。説文：「洧水出潁川陽城山東南入潁。」漢書地理志：「陽城山洧水所出，東南至長平入潁，過郡三，行五百里。」水經：「洧水出河南密縣西南馬領山，東南至習城，西折入潁。」酈注：「習城西折入潁，即地理志『至長平入潁』者也。」然則卜辭之洧，殆即地志之洧水與。【卜辭文字小記　考古學社社刊第四期】

◉馬叙倫　漢書地理志。潁川郡陽城縣陽城山。洧水所出。東南至長平。入潁。疑此潁川下捝陽城二字。觀潁下説解可知。【説文解字六書疏證卷二十一】

濦

◉許　慎　濦水。出潁川陽城少室山。東入潁。从水。㥯聲。於謹切。【説文解字卷十一】

◉馬叙倫　鈕樹玉曰。晉書音義二引作⿰氵隱。地理志水經注玉篇廣韻竝作⿰氵隱。【説文解字六書疏證卷二十一】

渦

◉許　慎　渦水。受淮陽扶溝浪湯渠。東入淮。从水。過聲。古禾切。【説文解字卷十一】

◉馬叙倫　沈濤曰。水經廿三陰溝水篇注引受上有首字。與漢志同。溝下有縣字。亦古本皆有縣字之證。晉書音義上引受字作出。乃後人改。鈕樹玉曰。地理志浪作狼。韻會湯作蕩。晉書音義三引作出淮陽浮溝浪蕩渠。東入淮。【説文解字六書疏證卷二十一】

泄

肥泄之印　【漢印文字徵】

洩　【汗簡】

[glyph] 汳

◉許　慎　泄水。受九江博安洵波。北入氐。从水。世聲。余制切。【說文解字卷十一】

◉馬叙倫　趙一清曰。九江不聞有氐水。蓋泄水合沘水以入淮。而或以為入沘。因沘而譌為氐。鈕樹玉曰。地理志九江有博鄉。注。有陂官湖也。則陂當即波。王紹蘭曰。當作水受九江博安沟陂北入淮。沟陂洵波字形相近而譌。淮誤為氐。亦由形似。又奪去水傍也。桂馥曰。博安當作博鄉。水經泄水注。博安縣。地理志之博鄉縣也。洵波當為芍陂。地理志。廬江郡。灊縣。沘水北至壽春。入芍陂。水經。泄水出博安縣。北過芍陂。西與沘水合。西北入於淮。倫按字見急就篇。【說文解字六書疏證卷二十一】

◉許　慎　[glyph]水。受陳留浚儀陰溝。至蒙為雝水。東入于泗。从水。反聲。臣鉉等曰。今作汴非是。皮變切。【說文解字卷十一】

◉馬叙倫　吳穎芳曰。雝乃睢之譌。謂東至梁國蒙縣為睢水也。鈕樹玉曰。繫傳蒙作濛。譌。韻會引受作出。非。雝當是獲。嚴可均曰。小徐作灉。即下河灉水。嚴章福曰。水經。汳水出陰溝於浚儀縣北。又東至梁郡蒙縣為獲水。據此當言獲水。下文灉即爾雅河出為灉。灉自河出。非自汳出。倫按至蒙句或為校語。毛公鼎雝字作[glyph]。盂鼎作[glyph]。此作雝。兩漢志及水經並作獲者。疑獲為濩敳之譌。水經。獲水出汳水。於梁郡蒙縣北。又東過蕭縣南。睢水北流注之。又東至彭城縣北。東入於泗。又泗水又東南過彭城縣北。注云。泗水又南。淮水入焉。桂馥謂淮當為獲。倫謂淮亦[glyph]之譌也。【說文解字六書疏證卷二十一】

◉楊樹達　[glyph]前・二・十八・三　字从水从覍省。《說文》八下皃部云：「覍，冕也。周曰覍。殷曰冔。夏曰收。」或作弁，今隸字作卞。[glyph]殆即《說文》之汳字也。《說文》水部云：「汳水受陳留浚儀陰溝。至蒙為雝水。東入於泗。从水。反聲。」汳水。《漢書・地理志》河南郡滎陽下作卞。今則加水作汴。按覍或作弁。弁今字作卞。則漢書之卞與甲文之淙為同字。弟少水旁耳。然則字之右偏下截作小者何也？曰：此蓋象水形。洛字甲文作[glyph]，湄字或作[glyph]，字作水旁外，於各字眉字下皆作[glyph]，象水形。與[glyph]字形正同，是其比也。【淙　卜辭求義】

潧

◉許　慎　潧水。出鄭國。从水。曾聲。詩曰。潧與洧。方涣涣兮。側詵切。【說文解字卷十一】

◉馬叙倫　說文疑曰。詩溱與洧不作潧。潧歸蒸韻。與真臻古今不相通。許以為鄭水。且引詩證之。或一時之誤耳。潧當音作滕切。沈濤曰詩溱洧釋文。涣涣。韓作洹洹。音丸。說文作汎汎。音父弓反。段先生曰。汎。父弓反。音義俱非。蓋汍汍之譌。汍汍與洹洹同。漢志又作灌灌。嚴可均曰。汎從凡聲。凡涣聲之轉。玉篇汍洹為重文。說文無汍。汎非汍之誤也。翟云升曰。孟子離婁疏引水出鄭國下有南入于洧。廣韻引水名。在鄭國。王筠曰。本部言出者必言所入。此鄭國下當依水經補入洧二字。若謂潧水原委不出鄭國。則出當作在。廣韻引水在鄭。桂馥謂國字後人加。本謂山陽郡之鄭縣也。詩釋文引本書亦無國字。倫按廣韻引者字林文。曾秦音同從紐。禮記禮運橧巢。淮南原道作榛巢。此潧溱可通假之證也。此引疑出三家詩。或傳寫本書者。誤以其鄉音讀詩而引之也。【說文解字六書疏證卷二十一】

◉丁　山　⿱八田，于省吾先生釋曾云：「絜文作⿱八田，金文作□。卜辭：田于□，續·3·24·5，金文䰝鼎作□，右疊體之甾，與從曾，一也。辭又云：令門□，此亦䰝字，地名也，未詳所在。簠、游、六、八：王㞢于甾，迺乎敢冉，甾亦當為地名。中甗：王命中先省南國，貫行埶王居，在甾。與絜文之甾，自係同地。」（詳殷絜駢枝三編釋甾）山謂：「甾讀為潧。」水經：「潧水出鄭縣西北平地，東過其縣北，又東南過其縣東，又南，入于洧。」酈注云：「史伯荅桓公曰，君若克虢鄶，主芣騩而食潧洧，修典刑以守之，可以少固。按，此本鄭語。詩所謂潧與洧者也。」潧洧，今毛詩本作「溱與洧」。溱水介于現今的河南省新鄭與密縣之間，正是周初經營南國必經之路，中甗所謂「在甾」，應該在此；卜辭所謂「王㞢于甾」，也該在此；即春秋所謂「鄫子」，與夫曾伯霥簠之曾，都可能為甲翼骨面諸種刻辭所見的甾氏之後。春秋僖公十四年：「鄫子來朝。」杜注：「鄫國，今琅邪鄫縣。」高士奇春秋地名考略辯之曰：「鄫初封，似不在琅邪。哀四年，楚致方城之外于繒關，豈其故虛乎？」我認為，繒關不如潧水名字較古，與其說鄫之初封在繒關，不如說在潧水流域，更為合理。【曾畐䰝　殷商氏族方國志】

淩

淩 公孫淩印　淩 石淩友印　淩 公孫淩　淩 橋淩期【漢印文字徵】

◉許　慎　淩水。在臨淮。从水。夌聲。力膺切。【說文解字卷十一】

◉馬叙倫　鈕樹玉曰。玉篇。水出臨淮。疑本說文。地理志。泗水國淩。段玉裁曰。應劭曰。泗水國淩水所出。入淮南。前志。臨淮郡。後志為下邳國。後志。淩屬廣陵郡。王筠曰。此文似有譌。凡言在者。其水不出其郡也。淩水所出之淩縣。

於前漢屬泗水國。後志屬廣陵郡。若臨淮郡則後志之下邳國。水經。淮水左逕泗水國南。淩水出淩縣東南。逕其縣故城東而東南流。注于淮。是曰淩口。倫按水下之文捝矣。在臨淮者。校者所加。玄應一切經音義引倉頡。淩。侵犯也。【説文解字六書疏證卷二十一】

濮

3982 【古璽文編】

濮陽丞印 【漢印文字徵】

石經僖公 及楚人戰於城濮 古文不从水 【石刻篆文編】

濮 【汗簡】

古樂章 【古文四聲韻】

◉許 慎 水。出東郡濮陽。南入鉅野。从水。僕聲。博木切。【説文解字卷十一】

◉馬叙倫 沈濤曰。類聚九引。濮。小津也。蓋一曰以下之文。倫按或校語也。【説文解字六書疏證卷二十一】

濼

前四・一三・七 从林 【甲骨文編】

前4・13・7 【續甲骨文編】

濼 假借為樂 盧鐘 用濼好賓 　簷平鐘 以濼其大酉 【金文編】

1286 與盧鐘濼字同。【古璽文編】

◉許 慎 齊魯閒水也。从水。樂聲。春秋傳曰。公會齊侯于濼。盧谷切。【説文解字卷十一】

◉吴大澂 古文以為樂字。盧鐘。用樂好賓。【説文古籀補卷十一】

◉羅振玉 濼 此即許書从水樂聲之濼。盧鐘作濼。與此畧同。而借用為喜樂字。【增訂殷虚書契考釋卷中】

◉郭沫若 「不濼不彫」：第二字僅己器一見，揆其字形當是濼字，摹録未省，誤將鏞紋羼入。此與彫字對文乃假為鑠。彫字據戊丙二器甚明白，己丁二器詭變，不成字。【者減鐘韻讀 殷周青銅器銘文研究】

◉馬叙倫 翟云升曰。韻會引作水名在濟南。按此誤引左桓十八年傳注。倫按此明是挩本訓也。水經濟水。濼水出歷城縣故城西南。酈注引字林。濼在泚陽。盧鐘作濼。甲文作濼。【説文解字六書疏證卷二十一】

漷

◉許慎 漷水。在魯。从水。郭聲。苦郭切。【説文解字卷十一】

◉馬叙倫 倫按水下有挩文。在魯以水經注引字林濼在泚陽例之。則亦字林文。左傳襄十九年釋文引字林。漷。口郭口獲二反。尤可證也。然倫謂水經泗水。漷水出東海合鄉縣。西南流入邾。又逕魯國鄒山東南而西南流。吕忱於上文諸水率本水經。此亦有明文。何不具其出入。蓋字林傳寫挩失後校者注之如此耳。【説文解字六書疏證卷二十一】

淨

泰山刻石 靡不清淨【石刻篆文編】

竝古老子

古尚書

裴光遠集綴

竝義雲章

竝籀韻【古文四聲韻】

◉許慎 淨魯北城門池也。从水。爭聲。士耕切。又才性切。【説文解字卷十一】

◉馬叙倫 沈濤曰。廣韻。十三耕。埩魯城北門池也。説文作淨。蓋古本作城北。今本誤倒。倫按淨必非僅為池名。蓋瀞之異文。魯池以為名耳。此字或出字林。或説解挩失後校者加魯城北門池也。公羊閔二年傳止作爭。且為城門名。【説文解字六書疏證卷二十一】

濕

濕陰丞印

濕延年印

濕楚

濕蓋信印【漢印文字徵】

◉許慎 濕水。出東郡東武陽。入海。从水。㬎聲。桑欽云。出平原高唐。他合切。【説文解字卷十一】

◉葉玉森 濕 商承祚氏曰。説文解字。溼。幽溼也。从㬎省聲。此省土从止。象足履溼。與从土之誼同。散氏盤作濕。

亦省土。類編。森桉。後編卷下第二十七葉之濕。从水。从𢆶。即㬎。表水絶流處。从止。足所止也。足止水絶流處。溼隰之誼竝顯。故古文溼隰為一字。史懋壺作濕。从水。从㬎。从土。其誼為水絶流處之土。亦溼隰墝詁。散盤作濕。从水。从㬎。尤為曒然。卜辭之溼乃地名。殷契鉤沈。【殷虛書契前編集釋卷三】

◉馬叙倫　鈕樹玉曰。玉篇作漯。注。説文亦作濕。瞿云。地理志作漯。蓋隸書㬎字多省去一系。又變曰為田耳。段玉裁曰。前志唐高下曰。桑欽言漯水所出。酈注河水篇曰。按竹書穆天子傳兩言濕水。尋其沿歷逕趣。不得近高唐也。桑氏所言。蓋津流所出。次於是間也。玉裁按桑舉其原之近者耳。桂馥曰。魏書地形志。平原郡博平縣有濕水。宗具碑陰。平原濕陰。郭巨石室畫象。平原濕陰。韓勑後碑。平原濕陰。王宣蘊衡等題名。平原濕陰。後漢書襄楷傳。平原濕陰人。注。濕陰縣在隰水之南。漢書王子矦表。濕成矦忠。史記作隰。此西河之隰城縣。哀十二年左傳。戰於犁丘。杜云。犁丘。隰也。釋文作濕。云。本又作隰。隰隸變從累。北魏鄭羲碑。原隰生光。又變作㬰。建城鄉矦劉靖碑隰作隰。釋地。下溼曰隰。陸德明本作隰。云。隰。本作隰。倫按前志引桑欽説漯水所出於高唐下。則與濕水無涉。然據水經注。似酈所據漢志漯作濕。今前志顔師古注。漯音他合反。可證也。又前志平原郡漯陰下應劭曰。漯水出東武陽。東北入海。與此説解合。然前志東郡東武陽本注曰。禹治漯水。東北至千乘入海。至千乘入海者。應是孟子與濟竝偁之漯。而漯即下文㶟水出鴈門陰館累頭山東入海之㶟。前志鴈門郡陰館下本注。累頭山治水所出。東至泉州入海。泉州前志屬漁陽郡。㶟濕二水原委皆異。高唐前志屬平原郡。安得漯水出於是。尋下文㶟字下。一曰。治水也。治水即㶟水。本書作㶟。前志作治。治漯之支旁轉聲近也。然治水水經作溼水。則桑欽所謂漯水應即濕水。桑本作濕。故酈注謂明書穆天子傳兩言濕水。尋其逕趣不得近出高唐也。以此明前志平原郡之漯陰亦濕陰之譌。後書襄楷傳及宗俱韓勑諸碑可證。應劭謂漯水出東武陽東北入海者。漯亦濕之譌矣。前志東郡東武陽下本注。禹治漯水之漯亦當為濕。故顔師古於三漯字皆音他合反也。前志既於東郡東武陽下注禹治濕水。東北至千乘入海。過郡三。行千二十里。而於平原郡高唐下引桑欽説。濕水所出。蓋一言其經過。一言其所出耳。前志東郡屬兖州。平原郡屬青州。則濕水迂回二州。經郡凡三。跡甚明顯。特此及應劭皆言出東郡東武陽。則似班不應引桑説而桑説為異矣。明水經之濕水當作㶟水。則酈疑濕水不應出高唐者亦解矣。此皆濕字隸變作漯漯而譌也。此引桑欽云云字依大例當作説。然此吕忱或校者所加。彼見漢書字猶作濕也。【説文解字六書疏證卷二十一】

泡

◉許　慎　泡水。出山陽平樂。東北入泗。从水。包聲。匹交切。【説文解字卷十一】

菏

◉許　慎　菏菏澤水。在山陽胡陵。禹貢。浮于淮泗。達于菏。从水。苛聲。古俄切。【説文解字卷十一】

◉馬叙倫　本作水出山陽湖陵南。入泲。一曰菏澤。傳寫有捝譌耳。後漢書郡國志。山陽郡湖陸。故湖陵。章帝更名。注。前漢志。王莽改曰湖陸。章帝復其號。或謂許作本書。正章帝時。合作湖陸。此作胡陵者。明是吕忱或校者依倉頡舊注加此文。倫檢晉書地理志。高平國。注。晉初分山陽置。統縣七。其五曰湖陸。然則吕忱以其時名湖陸也。疑御覽引者為故書。陸德明引者。校者據漢志改也。【説文解字六書疏證卷二十一】

泗

泗 泗水相印章【漢印文字徵】

◉許　慎　泗受泲水。東入淮。从水。四聲。息利切。【説文解字卷十一】

◉馬叙倫　鈕樹玉曰。宋本泲作涑。廣韻引作沛。譌。嚴可均曰。御覽六十三引受上有水字。倫按上文過下曰。水受淮陽扶溝浪蕩渠。泄下曰。水受九江博安溝陂。汳下曰。水受陳留浚儀陰溝。皆不復言水。此蓋本作水受泲。傳寫譌乙水字於下。鍇本及御覽引受上有水字者。校者補也。【説文解字六書疏證卷二十一】

◉劉　桓　屯南722片云：

……卜，今日王其田才(在)[glyph]北，湄日亡𢦏。吉。

王其田至于[glyph]，湄日，亡𢦏。大吉。

今日王其田[glyph]西，其焚，亡𢦏。吉。

以上三辭皆言殷王田獵事。辭中[glyph]字兩見，應即从水、四聲之泗，有人釋為淵，但淵字，其四框構成豎長方形，內三豎道象水，顯然與此有別。四字金文亦見，春秋時期郘王子鐘作[glyph]，猶與[glyph]所從[glyph]甚近，只不過字形已整齊化作方形。學者曾經發現四、自二字音近的現象，如楊樹達先生謂：「《爾雅·釋詁》云：『呬，息也。』《方言》二云：『呬，息也，東齊曰呬。』《説文》二篇上口部云『東齊謂息為呬(齊字從段説改)，从口、四聲。』《詩》曰：犬夷呬矣。』(虛器切)按呬訓息而字从四者，四之為言自也(四與自古

音同在汲部)。《説文》四篇上自部云:『自,鼻也,象鼻形。』按人喘息以鼻,故鼾齂訓卧息,字皆从鼻。其不从鼻者,則皆从自,如息从心、从自,眉訓卧息,字从尸从自,是也。呬訓息而从四,从四猶从自也。《詩·陳風·澤陂》云:『涕泗滂沱。』毛傳云:『自目曰涕,自鼻曰泗。』按泗為鼻涕字,从水、四,亦假四為自,謂液之从鼻出者也。」甚是,四、自音義原甚近,皆按鼻言,卜辭蓋正象人鼻有兩孔形,故四有鼻義,與「自」之象全鼻之形,二者象形角度不同。因此,從四字恒與鼻孔之功能相關,上舉泗為鼻涕字即為明證。

然觀卜辭,泗則作為地名,為殷王田獵之地。泗水即今泗河,源出山東省泗水縣之東,秦代秦始皇曾使人撈鼎於此水。

【卜辭雜釋五則 殷都學刊一九九六年第一期】

洹 

  前六·三二·五  前六·六〇·三 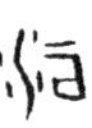 後二·三·一一  林二·二三·七  粹一〇六一 東洹 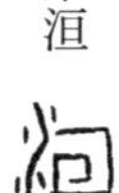 簠地四七 貞洹弗其作兹邑囚  簠地四八  京津四四一〇  寧滬三·四〇  存下一五二  存下一五三  庫一〇一九 西洹  掇二·四七六 或从林 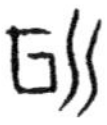 珠三九三 【甲骨文編】

 甲903  珠393  續4·28·4 徵2·47  續5·30·9 徵2·48  粹1061  新4410 【續甲骨文編】

  洹 伯喜父簋 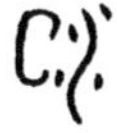 洹秦簋  洹子孟姜壺 左傳齊有晏桓子及陳桓子 【金文編】

◉許　慎　水。在齊魯間。从水。亘聲。羽元切。【説文解字卷十一】

◉吴大澂　 古洹字。齊侯壺。洹子孟姜。今左傳作桓子。亦齊侯壺文。【説文古籀補卷十一】

◉羅振玉　齊侯壺洹字作。此从。與許書同。但省下一耳。殷代水名。存於卜辭中。今可確知其地者。僅此而已。

【增訂殷虚書契考釋卷中】

◉馬叙倫　鈕樹玉曰。六書故引魯下有之字。翁方綱曰。水經注及河朔訪古記云。吕忱字林許慎説文皆云。洹水出晉魯之閒。足證今本齊字之譌。嚴可均曰。晉字是也。魯字尚譌。左傳成十七年。濟洹之水。杜解。洹水出汲郡林慮縣東。至魏郡長樂縣入清水。漢書項籍傳。羽乃與盟洹水南。殷墟上。應劭曰。洹水在湯陰界。水經。洹水出上黨泫氏縣。則在晉衛之閒

也。倫按凡言在某某者。皆說解挩失後校者所補也。亦有說解未挩。而字林言在某某者。如潋灦二字。是也。此蓋括引其文。非呂書本然也。【說文解字六書疏證卷二十一】

◉黄盛璋 利簋銘文記載，甲子後第八日「辛未，王在𠅗𠂤，錫利」。短短八天，只能處理完畢紂都問題，因此，𠅗必為離紂都不遠的一個重地。

我以為「𠅗」即「洹」，即安陽殷墟，其地為洹水所經，當即依水名地，其地為殷都所在，都城雖遷，但宗廟尚存，又距朝歌不太遠，所以帝辛等還常來此。武王克商第八天就來到這裏，說明其地位僅次於紂都朝歌，如此非安陽殷墟莫屬。【關於利簋銘文考釋的討論 文物一九七八年第六期】

灉 灉

◉許 慎 灉河灉水。在宋。从水。雝聲。於容切。【說文解字卷十一】

◉馬叙倫 沈濤曰。水經注瓠子河下引作灉者。河灉水也。是古本有也字。此以河灉水解灉字。故酈加者字以足之。若如他水之例。則當作灉水在宋。說解中河灉二字為贅詞矣。段玉裁曰。爾雅。水自河出為灉。河之別為灉。如江之別為沱。翟云升曰。韻會引。水名。出曹州。一曰宋。後人所改。鈕樹玉曰。廣韻平聲引爾雅。水自河出為灉。去聲注。河水決出還入為灉。王紹蘭曰。古音讀灉如翁。聲轉為獲。水經之獲水。即說文之灉水。漢志。梁國蒙下有獲水。睢陽下云。故宋國。水經之蒙即說文之蒙。水經之梁即說文此文之宋。王筠曰。釋水。水自河出為灉。又云。灉。反入。郭注。即河水決出而復入者。河之有灉。猶江之有汜。筠案釋水。漢為潛。江為沱。過為洵。許君之說潛沱洵也用之。惟說灉以河灉二字為水之名。又以在宋指實其地。然則酈氏之於瓠子河也。注引說文此文。是河灉水即瓠子之古名矣。朱駿聲曰。據許書汳水至蒙為灉水。汳水水經作濉水。又水經瓠子河。注。即禹貢爾雅說文之灉。駿按爾雅云。灉。反入。是瓠子故瀆古名灉。東流。還入河。至商丘復出。仍曰灉。而汳水合之也。倫按灉與瓠子河所出既殊。逕趣亦異。其非一水。王紹蘭辨之矣。此說解有挩譌。蓋本言水出某某入於某。一曰水自河出為灉。一曰在宋。【說文解字六書疏證卷二十一】

澶 澶

◉許 慎 澶澶淵水。在宋。从水。亶聲。市連切。【說文解字卷十一】

◉馬叙倫 桂馥曰。郡國志。沛國杼秋有澶淵聚。水經河水云。大河之北即東武陽縣也。左會浮水。故瀆。故瀆上承大河于頓丘縣而北出。東逕緐陽縣故城南。應劭曰。縣在緐水之陽。張晏曰。縣有緐淵。春秋襄公二十年經書。公與晉侯齊侯盟

洙 沭 沂

于澶淵。杜預曰。在頓丘縣南。今名繁淵。澶淵即繁淵也。亦謂之浮水焉。馥案今本杜注繁淵作繁汙。云。此衛地。又近戚田。范甯亦云。衛地。段玉裁曰。實衛地而云在宋者。蓋以春秋書宋災故而云然。未為宋也。倫按左襄二十年傳釋文引字林。澶。丈仙反。澶水在宋。然則此蓋本作水也出某某入于某。校者加澶淵也。在宋二字或涉上文灉字說解而誤演。或本作澶淵在宋乃一曰以下文。校者所加。【說文解字六書疏證卷二十一】

◉許　慎　洙水。出泰山。蓋臨樂山北入泗。从水。朱聲。市朱切。【說文解字卷十一】

◉許　慎　沭水。出青州浸。从水。术聲。食聿切。【說文解字卷十一】

◉馬叙倫　吴穎芳曰。出字下捝琅邪東莞南入泗七字。鈕樹玉曰。青州上有捝文。嚴可均曰。地理志琅邪東莞縣。術水。南至下邳入泗。青州浸。水經。沭水出琅邪東莞縣西北山。此當云水出琅邪東莞南入泗。青州浸。倫按泄字以下説解蓋皆有捝譌。此字或出字林。【說文解字六書疏證卷二十一】

◉許　慎　沂水。出東海費東。西入泗。从水。斤聲。一曰。沂水出泰山。蓋青州浸。魚衣切。【說文解字卷十一】

◉馬叙倫　沈濤曰。御覽六十三引無西字。蓋奪。鈕樹玉曰。水經注引許慎說文云。沂水出東海費縣東。西入泗。從水。斤聲。吕忱字林亦言是矣。斯水東南所注者。沂水在西。不得言東趣也。皆為謬矣。桂馥曰。水經。作水出泰山蓋縣艾山。南過琅邪臨沂縣東。又南過開陽縣東。又東過襄賁縣東。屈從縣南。西流。又屈南過郯縣西。又南過良成縣西。又南過下邳縣西南入於泗。地理志。泰山郡蓋縣。沂水南至下邳入泗。過郡五。行六百里。青州浸。段玉裁曰。西當作南。然酈所據已作西矣。作曰。沂水出泰山蓋者。職方氏。青州。其山鎮曰沂山。其浸沂沭。鄭玄云。沂山。沂水所出也。在蓋。王筠曰。水經注引至斤聲而止。則一曰以下八字。乃校者以其水道不合。用漢志水道改之也。倫按疑水出下有捝文。費或賁之形似而譌。賁即襄賁之賁。應劭音肥。音亦相近。若然。則與漢志水經當無異也。一曰水出泰山蓋者。校者記一本也。惜金文不可得證矣。【說文解字六書疏證卷二十一】

洋

佚五二一　説文洋水名此象沈羊于水之形應與沈為一字非篆文之洋　洋三牢　後二・四一・五　鐵八六・三　甲一一四三或从羊　存一四八三　貞人名　存一五五一　前六・二三・六　貞人名从羊　後二・三二・一三　林二・一四・一　地名　林二・一四・二　簠文六一　續一・二〇・一　安二・一五　庫一三七二　拾九・一　乙四六九三　鐵一九二・一　明一九七　河五三三　河六二九　京津二〇八六　通別二・一一・二　庫一二一五　从巛亦貞人名　安四・八　【甲骨文編】

甲1143　徵12・61　續1・20・1　録533　629　續存1070　1483　1551　【續甲骨文編】

3・784　王洋　【古陶文字徵】

開母廟石闕　悳洋溢而溥優　【石刻篆文編】

洋竝見尚書　【汗簡】

古尚書　【古文四聲韻】

◉許　慎　洋水。出齊臨朐高山。東北入鉅定。从水。羊聲。似羊切。【説文解字卷十一】

◉商承祚　書契卷六第二十三葉。後編下第四十一葉。第三十二葉。龜甲獸骨文字卷二第十四葉。

此字以形定疑即洋字。而其誼不可知。水之作形者。濩澡洗諸字从之。【殷虚文字考　國學叢刊二卷四期】

◉馬叙倫　鈕樹玉曰。地理志。齊郡臨朐有石膏山。洋水所出。郡國志引地道記作石高山。王筠曰。段玉裁謂巨洋水今曰瀰河。按此水今名瀰河。水上有邨曰巨瀰。愚民口耳相傳。不應與古大異。後漢書耿弇傳注鉅昧水。一名巨洋水。則桂馥謂此洋字當作洋。是也。洋昧音轉。故有兩名。洋洋則形體易譌。恐説文本有洋洋二文。此從亡婢切之芈。非從羊也。以疑似挩其一也。玉篇之洋亦上沂下濁。與説文次序同。而洋下云。水出崐崘山北。用山海經文。顧氏不引説文。亦可疑也。倫按甲文有。蓋即洋字。玄應一切經音義引三倉。洋洋。大水貌也。字從牛羊之羊。倫謂洋洋一字。芊羊一字也。借洋

為水名。而音讀猶為亡婢切之芊。故巨洋水或作鉅昧水。巨洋或偁巨瀰也。甲文作。【說文解字六書疏證卷二十二】

◉饒宗頤　洋於卜辭所見，異體頗繁，有作「羊」者，如：

戊子卜，：令羊。（屯乙四〇九）

殷器有羊爵，（録遺三九九）即此人之器。其字又从三羊。

……卜，羊其……（南北明一七三）

其變形或作（遺寶四、七），及（庫方一三七二），以兕羊亦作兕洋證之，蓋即洋字。屯乙八四七七僅見一字，从水从羊，即洋所署名。【殷代貞卜人物通考卷十】

濁 

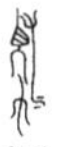 濁　曾侯乙鐘　【金文編】

 濁義　【漢印文字徵】

 濁　【汗簡】

 朱育集字　 古老子　 王惟恭黄庭經　【古文四聲韻】

◉許　慎　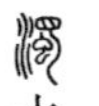水。出齊郡厲嬀山。東北入鉅定。从水。蜀聲。直角切。【說文解字卷十一】

◉馬叙倫　鈕樹玉曰。玉篇。水出齊郡廣縣。地理志郡國志亦竝作廣。此作厲。譌。嬀。地理志作為。段玉裁曰。郡字蓋後人加之。倫按漢書地理志。齊郡廣縣為山。濁水所出。東北至廣饒。入鉅定。水經淄水注。呂忱曰。濁水一名溷水。出廣縣為山。然則本部凡郡縣名下本皆箸郡縣字。唐人删之。此捝一名溷水四字。字見急就篇。【說文解字六書疏證卷二十二】

◉戴家祥　濁，金文惟見於曾侯乙鐘，冠于「坪皇」、「文王」、「新鐘」等樂律銘文之上，表示比該律低一律的名稱，為戰國時代曾楚等國的習慣用法。【金文大字典中】

溉 濰 浯

溉 郐王耑 【金文編】

溉 為六 【睡虎地秦簡文字編】

◉許 慎 溉水。出東海桑瀆覆甑山。東北入海。一曰。灌注也。从水。既聲。古代切。【説文解字卷十一】

◉馬叙倫 嚴可均曰。地理志水經作北海桑犢。此譌。沈濤曰。一切經音義二及十及十八廿二廿三文選南都賦注養生論注皆引。溉。灌也。洞簫賦注引。溉猶灌也。蓋古本無注字。華嚴經音義引。溉。灌澍水也。澍為時雨。與溉灌之義不同。疑傳寫有譌。倫按一曰五字當在既聲下。灌注也當作灌也注也。此校語。慧苑引者。校語之譌文。澍為注之譌。水蓋涉從水而演。郐王耑作溉。【説文解字六書疏證卷二十一】

◉許 慎 濰水。出琅邪箕屋山。東入海。徐州浸。夏書曰。濰淄其道。从水。維聲。以追切。【説文解字卷十一】

◉馬叙倫 鈕樹玉曰。徐當是沇。或此句為後人所加。水經濰水注引無琅邪二字。非。段玉裁曰。許無淄字。蓋俗加水旁。周禮作菑。漢志作甾。桂馥曰。齊椉。濰水。水經云。出琅邪箕縣濰山。許慎呂忱云箕屋山。郡國縣道記引漢志云。濰水北至都昌。入海。又許慎説文呂忱字林竝云。濰水出琅邪箕屋山入海。王筠曰。周禮職方氏無徐州。其兖州云。其浸盧維。鄭注破為雷雝。鄭安丘人。鄭公鄉即在濰水之上。而濰水所經不出今沂州青州萊州三府。鄭目見濰與沂沭同原東泰山。經諸城北境。安丘東境。至昌邑入海。無由西為沇州濅也。故破之。倫按徐州以下索鍇本在維聲下。是也。徐蓋沇之譌。【説文解字六書疏證卷二十一】

◉許 慎 浯水。出琅邪靈門壺山。東北入濰。从水。吾聲。五乎切。【説文解字卷十一】

◉馬叙倫 翟云升曰。水經浯水注引無琅邪二字及壺字。非。沈濤曰。靈門。縣名。壺。山名。不得無壺字。【説文解字六書疏證卷二十一】

汶 汶

汶山公下將軍司馬 汶江令印 【漢印文字徵】

◉許　慎　水。出琅邪朱虛東泰山。東入濰。从水。文聲。桑欽說。汶水出泰山萊蕪。西南入泲。亡運切。【說文解字卷十二】

◉馬叙倫　段玉裁曰。桑欽說汶水出泰山萊蕪西南入泲者。此渭禹貢汶水也。上文渭水濕水沂水下皆舉別說。皆謂一水而說原有不同也。此則畫然二水。原流皆異。前志泰山郡萊蕪下曰。原山。禹貢汶水出。西南入泲。桑欽所言。王筠曰。此徐州之汶也。述征記曰。泰山郡水皆名汶。有北汶。嬴汶。柴汶。牟汶。皆原別流同。是以許舉桑欽說以槩之也。水經注濟水云。李欽云。汶水出泰山萊蕪縣。西南入泲。李欽者。桑欽之譌也。倫按桑欽說者。呂忱記異文。亦或校者據水經注增也。【說文解字六書疏證卷二十一】

治 治

治　雜六　三十例　通答　—主者寸十　秦一四 法七四　十三例 【睡虎地秦簡文字編】

4888 4885 4887 【古璽文編】

建明德子千億保萬年治無極 治中從事 治夘之印 治徒光 治成闟多 【漢印文字徵】

天璽紀功碑　治復有□未解 開母廟石闕　九域㣺其脩治  石經禹貢　壺口治梁及岐 少室石闕　興治神道闕

祀三公山碑　治東就衡山 【石刻篆文編】

治 治 治 【汗簡】

 竝義雲章  竝古孝經 【古文四聲韻】

◉許　慎　水。出東萊曲城陽丘山。南入海。从水。台聲。直之切。【說文解字卷十一】

◉馬叙倫　段玉裁曰。城當作成。東萊郡曲成。二志同。地理志曲成下曰。陽丘山治水所出。南至沂。入海。沂字疑為計斤二字之譌。倫按字見急就篇。【說文解字六書疏證卷二十一】

寖

佚四四六 佚八四五 【甲骨文編】

齊悼惠寖 齊悼惠寖 齊哀寖印 泰𦈢寖上 【漢印文字徵】

浸見史書 【汗簡】

古史記 竝籀韻 【古文四聲韻】

◉許　慎　寖水。出魏郡武安。東北入呼沱水。从水。𡨦聲。𡨦。籀文寑字。子鴆切。【説文解字卷十一】

◉馬叙倫　鈕樹玉曰。繫傳呼作虖。與地理志合。嚴可均曰。𡨦籀文寑字校語也。桂馥曰。廣韻浸下云。寖上同。出字林。案漢書作寖。倫按字林蓋有重文。【説文解字六書疏證卷二十一】

湡

湡　缶鼎 【金文編】

◉許　慎　湡水。出趙國襄國之西山。東北入寖。从水。禺聲。噳俱切。【説文解字卷十一】

◉馬叙倫　嚴可均曰。按艸部蕅從艸從水禺聲。不云湡聲。地理志湡作渠。疑許書舊無湡篆。而滱下渚下皆云入湡。當考。桂馥曰。之字衍。倫按蕅自從艸湡聲也。【説文解字六書疏證卷二十一】

◉周法高　王筠説文句讀。「地理志。趙國襄國。西山渠水所出。東北至在入寖。案渠水即湡水。寰宇記。邢州龍岡縣。秦以為信都縣。項羽更名襄國。漢因不改。湡水一名澧水。俗謂之百泉河。源出縣東南平地。以其導源總納衆泉合成一川故也。又沙河縣。本漢襄國縣地。沙河即湡水也。郡國志。牛缺遇盜於沙湡之間。玉篇湡。今作虞。」赤塚忠以為卜辭之湡。其流域在某地點。其詳不明。稿本殷金文考釋六一頁。白川静隸定作「湡」。金文通釋一四康侯殷。白鶴美術館誌第四輯一四六頁。非也。【金文詁林卷十二】

◉李學勤　關于湡,《説文》云:「湡水出趙國襄國之西山,東北入寖。」段玉裁注云:「今直隸順德府邢台縣西南襄國故城。商祖乙遷于邢,周時邢國,皆在此。《前志》(《漢書·地理志》)襄國下曰:『西山,渠水所出,東北至廣平國任縣入寖。』按『渠水』當是『湡水』之訛。《一統志》曰:『澧河源出邢台縣東南,東流逕南和縣西南,又東北逕任縣東,至隆平縣入胡盧河,即百泉水也。』

《方輿紀要》曰：『百泉水，蓋即灃河之上源。』引志云：『百泉水，一名湡水，又名鴛鴦水，《隋志》以為㴲水也。』」這條河即今河北沙河縣南的沙河。

沙河近于邢台。河北省商代遺址「以邢台市遺址最為集中，僅市郊就發現了賈村、尹郭、曹演莊等十餘處。最大遺址邢台西關外，面積達九十萬平方米，出土遺物相當豐富。」文物編輯委員會：《文物考古工作三十年》第37頁。作為地名的湡或許是湡水北岸的一個地區，或者是一處都邑，可能是今天邢台一帶的商代遺址之一。

《中日歐美澳紐所見所拓所摹金文彙編》320卣，銘三行：「□肈家于湡，用乍(作)□隮彝。亞□。」我們曾指出「家」訓為居，器主新遷居于湡地。《〈中日歐美澳紐所見所拓所摹金文彙編〉選釋》，見①。推求文義，湡也是指地區或都邑之名。

《史記·殷本紀》正義引《括地志》：「沙丘台在邢州平鄉東北二十里。《竹書紀年》自盤庚徙殷至紂之滅，二百五(或云『七』)十三(或作『五』)年，更不徙都。紂時稍大其邑，南距朝歌，北據邯鄲及沙丘，皆為離宮別館。」《括地志輯校》第92頁。商末王都附屬的沙丘台如此之北，湡水一帶似應在王畿以內。【小臣缶方鼎與箕子　殷都學刊一九八五年第二期】

㴲

◉許　慎　㴲水。出趙國襄國。東入湡。从水。虒聲。息移切。【説文解字卷十一】

◉馬叙倫　鈕樹玉曰。韻會引作水出趙國襄中。無下文。桂馥曰。地理志。趙國襄國馮水東至朝平。入湡。馮即㴲之譌字。倫按徐鍇謂漢書廣平國南和縣有刊葭水東入㴲未知㴲所出。據其詞義。疑鍇本此文説解不如今文。尋前志固不言所出。本書説解如果無譌。鍇當曰不言所出。不得言未知所出也。疑襄國下有捝文。或趙國襄國乃上文湡字説解。傳寫誤入。或湡㴲之間捝去一篆。此出趙國襄國者乃其説解。而㴲水所出。今無考矣。鍇本襄國下中字涉下文渚字説解而譌衍。【説文解字六書疏證卷二十一】

渚

渚　涂渚之印【漢印文字徵】

◉許　慎　渚水。在常山中丘逢山。東入湡。从水。者聲。爾雅曰。小洲曰渚。章与切。【説文解字卷十一】

◉馬叙倫　鈕樹玉曰。韻會引在作出。玉篇注。水出中丘縣逢山。倫按在當依韻會引作出。爾雅當從鍇本作一曰。吕忱記異義也。【説文解字六書疏證卷二十一】

洨

◉許　慎　洨水。出常山石邑井陘。東南入于泜。从水。交聲。沛國有洨縣。下交切。【説文解字卷十一】

◉馬叙倫　嚴可均曰。井陘下脱山字。小徐作井陵山。引地理志。石邑縣西有井陵山。洨水所出。井陵今或作井陘。誤也。今地理志仍作陘。小徐作入泜。無于字。地理志同。承培元曰。疑鍇説當作井陘或作井陵誤也。倫按沛國五字字林文。漢書地理志。沛郡洨縣。注。洨水所出。南入淮。桂馥謂別是一水。是也。然則以之證水。則原委不同。以之證字。則不勝證也。豈以許除洨長而特記之。七篇惉下鍇本有惉縣在東萊五字。然則此皆呂後校者所記與。呂曾為惉令也。【説文解字六書疏證卷二十一】

濟

濟　中山王嚳壺　穆=濟=【金文編】

〔五〇〕　〔一二三〕　〔四〕　〔四〕　〔一二三〕　〔一二六〕　〔一九〕【先秦貨幣文編】

濟北守印　濟陰太守章　濟南尉丞【漢印文字徵】

開母廟石闕　同心濟㴀　石經僖公　取濟西田　漢書地理志濟作泲此古文之□為𠂔譌　石碣霝雨　盈渫濟=【石刻篆文編】

濟　泲【汗簡】

古老子　古尚書　同上　古老子　古尚書　同上【古文四聲韻】

◉許　慎　濟水。出常山房子贊皇山。東入泜。从水。齊聲。子礼切。【説文解字卷十一】

◉吳大澂　古濟字。濟陰圜幣。晚周文字。【説文古籀補卷十一】

◉强運開　此篆自薛尚功橅寫作　。釋滋。遂致陳氏甲秀堂及阮橅天乙閣顧研本均沿其誤。今得安氏十鼓齋所藏北宋拓弟一本作濟。甚為明顯。足以正千餘年之譌謬矣。舊拓之可寶貴如此。濟本水名。引申之義為濟渡。孟子曰。子産以其乘輿濟人於溱洧。可以為證。鼓文言流迄湧湧。盈渫□濟。君子即涉。涉馬□流。此濟字亦應作濟渡解。上下文義自一貫

矣。【石鼓釋文】

◉朱芳圃 珠八四〇 說文水部：「濟水出常山房子贊皇山，東入泜。从水，齊聲。」一統志一四六云：「舊志，槐水出黄沙嶺，流經贊皇縣西北十里，入元氏縣界，合泜水，又東南，歷高邑柏鄉，達甯晉縣，入胡盧河。」段玉裁曰：「槐水即古濟水也。贊皇山在今贊皇縣西南。」【殷周文字釋叢卷上】

泜

泜直知切見古爾雅 【汗簡】

王存乂切韻 【古文四聲韻】

◉許　慎　水。在常山。从水。氐聲。直尼切。【說文解字卷十一】

◉馬叙倫　段玉裁曰。前志常山郡元氏下曰。沮水首受中丘西山窮泉谷。至堂陽入黄河。沮為泜之譌。王筠曰。水在常山蓋有闕文。翟云升曰。六書故引作水出常山。入河。是。漢書地理志。常山郡元氏。水受中丘西山窮泉谷。至堂陽。入黄河。徐灝曰。在為出譌。常山下捝中丘窮泉谷入漳七字。【說文解字六書疏證卷二十一】

◉黄錫全　泜直知切見古爾雅　《爾雅·釋水》「小渚曰坻」，釋文「坻，本或作墀同。本又作泜，音同」。《文選》謝玄暉八公山詩注引作「泜」。此形从氏，當是氐氏形音俱近而混，如同《左傳》「物乃坻伏」。徐楚金引《左傳》作「物乃泜伏」。水在氐下，與三體石經滅作，澤作類同。【汗簡注釋卷五】

濡

濡　日甲二 【睡虎地秦簡文字編】

◉許　慎　水。出涿郡故安。東入漆涑。从水。需聲。人朱切。【說文解字卷十一】

◉馬叙倫　段玉裁曰。漆涑二字當作淶。戴先生曰。易水篇曰。許慎曰。濡水入淶。沈濤曰。一切經音義六引水出涿郡東入淶。是古本作淶無疑。丁福保曰。慧琳音義五十一引。溼也。韻會引亦有之。倫按溼也者。需字義。亦疑濡為需之後起字。借為水名耳。此吕忱記異義也。玄應一切經音義引倉頡。濡。人于反。水名也。出涿郡。東入漆。又引三倉。濡。入于反。水名也。出涿郡。東入淶。此蓋出張揖三倉訓故。或郭璞三倉解詁。如出郭璞。郭用字林文耳。涑字為校者所記淶字之譌。

灅 灅

今入正文。【説文解字六書疏證卷二十一】

◉許　慎　灅水。出右北平浚靡。東南入庚。从水。壘聲。力軌切。【説文解字卷十一】

◉馬叙倫　段玉裁曰。浚當依二志作俊。庚即洭也。桂馥曰。東南入庚者。當云東入庚。以南字屬浚靡下。地理志右北平郡浚靡縣灅水南至無終。東入庚。倫按鍇本與志合。但衍水字。【説文解字六書疏證卷二十一】

沽 沽

沽　孳乳為湖　散盤　至于大沽　鄂君啟舟節　逾湖让漢【金文編】

5·173　虎沽　3·785　王沽　3·1041　獨字　考古　1965:12【古陶文字徵】

九二：一九　三例　宗盟類參盟人名【侯馬盟書字表】

3070　3014　3041　1776　1008　5417　2354　2978　2964　1981　0817

2355【古璽文編】

王之沽印【漢印文字徵】

◉許　慎　沽水。出漁陽塞外。東入海。从水。古聲。古胡切。【説文解字卷十一】

◉丁佛言　古鉨。吴沽。吴愙齋釋為湖字。【説文古籀補補卷十一】

◉王國維　至于大沽。

沽。吴清卿中丞讀為湖。余疑即水經沔水注之故道水。注云。兩當水出陳倉之大散嶺。西南流入故道川。謂之故道水。西南逕故道城東。余疑後世之故道水由縣得名。漢之故道縣當因沽水得名。既有故道縣。因稱此水為故道水矣。但地望稍西。未敢遽以為定。【毛公鼎銘考釋　王國維遺書第六册】

◉强運開　。散氏盤。至于大沽。吴愙齋釋為湖之省。非是。按説文本有沽字。當从本讀為是。不必更為曲説也。。古匋。从横水。與益字同。。古鉨。慶沽。【説文古籀三補卷十一】

沛

◉馬叙倫　王筠曰。漁陽郡縣同名。當有縣字。倫按蓋本重漁陽二字也。字見急就篇。顔師古本作沾。散盤作。古鉨作。【説文解字六書疏證卷二十一】

沛郡太守　沛郡太守章　沛祠祀長【漢印文字徵】

楊統碑額【石刻篆文編】

沛【汗簡】

義雲章【古文四聲韻】

◉許慎　沛水。出遼東番汗塞外。西南入海。从水。巿聲。普蓋切。【説文解字卷十一】

◉馬叙倫　莊子釋文引字林。沛。流也。玄應一切經音義引三蒼。沛。水波流也。字見急就篇。【説文解字六書疏證卷二十一】

浿

甲二七五　京都三一六六【甲骨文編】

◉許慎　浿水。出樂浪鏤方。東入海。从水。貝聲。一曰。出浿水縣。普拜切。【説文解字卷十一】

◉馬叙倫　段玉裁曰。水出樂浪鏤方者。水經説。一曰出浿水縣者。前志説也。桂馥曰。地理志。樂浪郡浿水縣。水西至增池入海。水經注。許慎云。浿水出鏤方。一曰。出浿水縣。倫按一曰出浿水縣者。與沂下一曰沂水出泰山蓋同。【説文解字六書疏證卷二十一】

◉屈萬里　从水貝聲。當是浿字。説文。「浿水出樂浪鏤方。東入海……。一曰出浿水縣。」本辭浿字當亦為水名。然料非樂浪之浿。其詳待考。【殷墟文字甲編考釋】

瀤 瀤

◉許　慎　瀤北方水也。从水。褱聲。户乖切。【説文解字卷十一】

◉馬叙倫　山海經北山經。獄法之山瀤水出焉。東北流。注於泰澤。此曰北方水也者。説解挩失後校者加也。然此字蓋出字林。【説文解字六書疏證卷二十一】

灅 灅

◉許　慎　灅水。出鴈門陰館累頭山。東入海。或曰。治水也。从水。畾聲。力追切。【説文解字卷十一】

◉馬叙倫　鈕樹玉曰。繫傳館作舘。集韻引作管。竝非。累即纍之省。段玉裁曰。或曰當依集韻類篇作一曰。謂灅水一名治水。見漢志。水經注亦云一曰治水。倫按或曰五字呂忱記異説。或校語也。水經作㶟水。乃漯之譌。【説文解字六書疏證卷二十一】

⿰氵虘 ⿰氵虘

◉許　慎　⿰氵虘水。出北地直路西。東入洛。从水。虘聲。側加切。【説文解字卷十一】

◉馬叙倫　吴穎芳曰。漢志作沮。洛水出北地歸德縣北蠻中入河。非伊洛之洛。倫按唐寫本切韻殘卷引説文。沮出漢。此⿰氵虘出北地。【説文解字六書疏證卷二十一】

◉徐中舒　⿰氵虘一期乙一五二　從水從虘，與《説文》⿰氵虘字篆文形同。《説文》：「⿰氵虘，水，出北地直路西，東入洛。从水，虘聲。」疑為地名。乙子卜巫𠂤中⿰氵虘……乙巳卜巫𠂤在瀘……　乙一五二【甲骨文字典卷十一】

泒 泒

◉許　慎　泒水。起鴈門葰人戍夫山。東北入海。从水。瓜聲。古胡切。【説文解字卷十一】

◉馬叙倫　吴穎芳曰。葰人縣屬太原郡。恐鴈門二字鈔者筆誤。又或撰説之人。其時尚屬太原。許記其説。故異於漢志。鈕樹玉曰。葰人地理志屬太原。郡國志無。嚴可均曰。泒即呼沱合聲也。説文舊本疑當云水出代郡鹵城。地理志。代郡鹵城。虖池河東至參合。入虖池别。今此作鴈門葰人。考葰人西漢屬太原。東漢省入鹵城。晉復置葰人。屬鴈門。則鴈門葰人乃晉人語。或校者以字林改説文。因涉晉事矣。倫按泒滱淶三字下出字皆作起有本部大例。鴈門葰人係晉制。與汾下言出太原晉陽者。皆呂忱加此之證。此字或出字林。【説文解字六書疏證卷二十一】

◉許　慎　㶉水。起北地靈丘。東入河。从水。寇聲。㶉水即漚夷水。并州川也。苦候切。【説文解字卷十一】

◉馬叙倫　鈕樹玉曰。地理志靈丘屬代郡。郡國志無。韻會引無也字。嚴可均曰。起北地疑當作出代郡。地理志。代郡靈丘縣。㶉河。東至文安。入大河。并州川。水經。㶉水出代郡靈丘縣高是山。酈注。即嘔夷之水也。皆不言北地。惟山海經北山經高是山注。今在北地靈丘縣。今者。晉也。考靈丘東莫省入平舒。東魏天平二年復置。則晉無靈丘縣。而北地又遠在雍涼。郭璞謬不至此。蓋與校改説文者同出一手矣。王筠曰。㶉水兩句蓋庾注也。若是許語。則當曰一曰漚夷水也。并川句則取之班志。職方主州言之。故言其川。説文主水言之。川必緜歷諸郡。故不係主一州。惟浸必在一州。故言浸不言川。惟涇下及此言之。故知為庾注也。倫按此北地靈丘與山海經郭注同。而晉書地理無靈丘。若謂東魏以後人所改。而并改山海經郭注邪。或據此誤本以改郭注邪。或據郭注以改此耶。今不可遽證。疑此北地及淶下北地二字均傳寫涉瀘下説解而譌。或晉人言北地非謂北地郡。若今地在北方邪。然亦何以此與山海經郭注巧合也。或晉初北地有靈丘邪。要之非傳寫之譌。即為校者改竄矣。㶉水以下亦校語。説文水部雖所次亦略有條貫。但終是各解其字。蓋與周禮職方諸史地志不同。故無須總言某州之川或浸。凡此皆校者據職方及前志加之。【説文解字六書疏證卷二十一】

◉許　慎　淶水。起北地廣昌。東入河。从水。來聲。并州浸。洛哀切。【説文解字卷十一】

◉馬叙倫　嚴可均曰。起北地疑當作出代郡。地理志。代郡廣昌縣。淶水東南至容成。入河。并州浸。水經。巨馬河出代郡廣昌淶山。巨馬河即淶水也。翟云升曰。韻會引廣昌下有軍字。後人加也。倫按并州浸校語。故在來聲下也。【説文解字六書疏證卷二十一】

㞋 泥【汗簡】

古尚書　埿　埿　埿　竝籀韻　古尚書【古文四聲韻】

◉許　慎　泥水。出北地郁郅北蠻中。从水。尼聲。奴低切。【説文解字卷十一】

◉馬叙倫　鈕樹玉曰。繫傳蠻下有夷字。與地理志合。晉書音義引作蠻夷中。翟云升曰。廣韻引無北地二字。非。嚴章福曰。影宋書鈔百五十九引作黑土在水中者也。今見涅下。倫按蠻夷中下有挩文。字見急就篇。書鈔引者蓋一曰下文。或誤引涅

字訓。【説文解字六書疏證卷二十一】

◉黄錫全　㞾泥　鄭珍云：「泥俗作𡎊，見《篇韻》。此又省𡎊，非古字。薛本同。」按水與土義近，坭蓋泥字別體。《六書統》坭同泥。《集韻》泥或作𡋯。《説文》坻字或作汶、渚，與此類似。【汗簡注釋卷六】

◉何琳儀　《集成》11460著録戈銘二字「△陽」，其中「△」原篆作：

《集成》編者隸定「泝」。按，「△」右下非「斤」旁，疑反向「人」旁（豎筆上短横可能是劃痕）。故「△」可釋「泥」，戰國文字「尼」字參見：

慶尼節　陶彙5·48

「泥陽」，見《史記·樊酈滕灌列傳》「蘇駔軍於泥陽」，《正義》「故城在寧州羅川縣北三十一里。泥谷水源出羅川縣東北泥陽。」《讀史方輿紀要》陝西慶陽府寧州「泥陽城在州東南五十里，本秦邑」，在今甘肅寧縣東，戈銘呈秦國晚期風格。【古兵地名雜識　考古與文物一九九六年第六期】

 湳

 □湳私印【漢印文字徵】

◉許　慎　湳西河美稷保東北水。从水。南聲。乃感切。【説文解字卷十一】

◉馬叙倫　鈕樹玉曰。宋本殘闕。段玉裁云。葉本作西河美稷保東水也。與繫傳同。文選潘安仁關中詩注引作湳水出西河美稷縣。沈濤曰。蓋古本如此。保即縣之譌字。東北水亦不可通。王筠曰。本部例皆直書郡國縣邑之名。惟縣與郡同名。始言某縣。美稷縣也。例不言縣。選注縣字皆自加之。然縣不可言保。豈謂美稷縣有美稷保邪。柳保字上有挩文邪。翟云升曰。韻會引作郡名。別義。見後漢書西羌傳。倫按水經河水。河水又左。得湳水口。水出西河郡美稷縣。東南流。羌人因水以氏之。漢冲帝時。羌湳狐奴歸化。蓋其渠帥也。其水。俗亦謂之為遄波水。東流入于河。疑此本作水出西河郡美稷縣東入河。北字蓋涉上文沂下説解而衍。今有挩譌。保字沈説是。韻會引者校語。或本作水名出西河郡美稷縣東入河。此字林文。或此字亦出字林也。【説文解字六書疏證卷二十一】

漹

漹 3·995　獨字　【古陶文字徵】

◉許　慎　漹水。出西河中陽北沙。南入河。从水。焉聲。乙乾切。【説文解字卷十一】

◉馬叙倫　沈濤曰。水經注汾水篇引漹水出西河中陽縣之西。南入河。蓋古本如是。今本北沙二字譌。桂馥曰。篆當作漹。焉聲當為烏聲。酈注所謂鄔澤也。乙乾切當安古切。王筠曰。玉篇漹在滴下涶上。正同説文。廣韻。漹。水出西河。與玉篇同。集韻亦引説文于漹下。似當闕疑。朱駿聲曰。當在今山西汾州府寧鄉縣境。入河。今不可考。水經汾水注。漹水俗亦曰慮水。蓋以鄔澤當之。殆非也。倫按戴震亦以酈注就漹字與鄔字牽合。謂漹水即鄔澤為謬。然酈明引本書。文與此同。故桂謂漹是潙譌。潙與慮聲亦相近也。疑沙為河字之譌。乃傳寫涉上文滴字説解而譌衍。此字亦或然。或沙為縣譌。又誤乙北下也。【説文解字六書疏證卷二十一】

涶

◉許　慎　涶河津也。在西河西。从水。埀聲。土禾切。【説文解字卷十一】

◉馬叙倫　王筠曰。口部涶為唾重文。當删口部之涶。倫按鈕樹玉朱駿聲均謂未詳其地。字或出字林也。【説文解字六書疏證卷二十一】

⿰氵旟

◉許　慎　⿰氵旟水也。从水。旟聲。以諸切。【説文解字卷十一】

◉馬叙倫　鈕樹玉曰。繫傳作水名也。下汈渣浚浯注中竝有名字。廣韻訓水名。倫按水名者。字林文。謂此水名。非水之别義也。水名之字當次洽下。此或傳寫亂其次。【説文解字六書疏證卷二十一】

洵

◉許　慎　洵過水中也。从水。旬聲。相倫切。【説文解字卷十一】

◉丁佛言　洵。古鉢。案勻旬義同。勹是旬之省。原書謂説文所無。或云湖之省。【説文古籀補補卷十一】

◉馬叙倫　鈕樹玉曰。集韻韻會引過作渦。説文無渦。釋水。過為洵。釋文。過。又作渦。或作過。嚴可均曰。釋水。過為洵。水經注引字林。洵。過水也。説文當言過水别也。與稗。禾别也。沱。江流别也。澥。郣澥。海之别也。語例同。段玉裁曰。當作過水出也。中字譌耳。釋水。水自過出為洵。大水溢出别為小水之名也。倫按九域志。金州洵陽縣有洵水。

倫謂洵為過之轉注字。洵聲真類。過從過得聲。過從咼得聲。咼從冎得聲。冎為骨之初文。聲在脂類。脂真對轉也。今北平言骨如過。過水中也者。本作水名。過也。中為水或也之譌字。此字或出字林。【說文解字六書疏證卷二十一】

涻

◉許　慎　涻水。出北囂山。入邙澤。从水。舍聲。始夜切。【說文解字卷十一】

◉吳大澂　。散氏盤。自涉以南至于大沽。阮相國釋作濾。非是。當即涻字。許氏說。涻水出北囂山。入邙澤。。散氏盤。復涉。當亦涻字異文。【說文古籀補卷十一】

◉馬叙倫　段玉裁曰。邙舊鈔繫傳作卬。北山經。鉤吾之山。又北三百里曰北嚻之山。涔水出焉。而東流注於卬澤。許所據涔作涻。王筠曰。桂馥所據小徐本邙作邛。廣韻引文字音義曰。涻水出北嚻山也。而山海經。北囂之山涔水出焉。而東流注于邛澤。倫按錢坫據廣韻謂出文字音義。以此字為後人所加。倫謂此字蓋出字林。廣韻引書。不盡溯其原流。文字音義蓋因字林也。散氏盤作。亦作。集韻音猷。水名。蓋從舍而從害。害為瞎之初文。亦從舍得聲也。【說文解字六書疏證卷二十一】

汈

沙　說文作汈桂馥謂當从刅轉寫譌从刃庚案梁字當从此說文以為从木从水刅聲非　沙其簋　沙其鼎　伯沙其盨

伯沙父簋　沙其鐘　孶乳為梁國名嬴姓伯爵見傳者有梁伯為秦所滅　梁伯戈　孶乳為梁　陳公子甗　用鬻稻粱　【金文編】

◉許　慎　汈水也。从水。刃聲。乃見切。【說文解字卷十一】

◉馬叙倫　集韻引作出上黨者。上黨二志皆為郡。前志沾下注。大黽谷清漳所出。涅氏注。涅水也。泫氏注。楊谷。絶水所出。高都注。莞谷。丹水所出。穀遠注。羊頭山世靡谷沁水所出。而獨無汈水所出。唯涅氏顔師古音乃結反。與此音雙聲。此下文。涅。從水。從土。日聲。日刃古音同在泥紐。豈汈即涅水之涅本字邪。然本部言出者必兼言入。或今說解有捝邪。不然。則是校者以汈為涅水字。故注之而不具詳也。水也鍇本作水名也。此字林文。或字出字林也。【說文解字六書疏證卷二十一】

◉許　慎　淔水也。从水。直聲。恥力切。【説文解字卷十一】

◉馬叙倫　桂馥曰。集韻引同。又云。一曰出潁川。朱駿聲曰。出潁川者。蓋謂即灌水也。倫按上文潁洧濦三水皆出潁川。此一曰出潁川者。蓋即後漢書郡國志潁川郡昆陽有湛水之湛也。下文。湛。一曰。湛水。豫章浸。章當作州。後志潁川屬豫州也。周禮職方氏。荆州。其浸潁湛。注。潁出陽城。宜屬豫州。湛未聞。蓋鄭玄以荆州無湛故云未聞邪。疑出潁川下尚有捝文。言一曰者。校者記異本。然可以證湛水為借字。淔從直得聲。直湛音同澄紐也。由此可知下文凡曰水也或水名者。其下本具原委。今捝。或本不具者。皆為借字所專。許或呂有所未知耳。【説文解字六書疏證卷二十一】

◉黄錫全　甲骨文有字作、，《甲骨文編》列入附録上四四與上二，是一個疑難文字。島邦男《綜類》據李孝定《集釋》引陳邦懷先生之説，將此字釋為「視」，然上揭之字所從之、與卜辭示字作、、等判然有别。釋「視」絶不可從。

卜辭中雨字作、等，也省形作、等。如霝字作、，也省作；霸字作，也作；霖字作、，也作、；雹作，也作等，均其例證。因此，我們認為、所從之、即雨省。甲骨文的雨及雨旁的、，表示雨點的三豎長短一般較一致，大多近似相等。可是上揭之字所從的，中間一豎貫下與目()形相接，顯得較長，這是最使人迷惑之處。檢卜辭中直字作、等形，上一豎均較長。由此，我們才聯想到、應該就是雨和直的合書之形，即直上一筆與雨中一筆相互借用。這種現象于卜辭中常見。如娥字作、娍字作、五宰作、七十作等。、與，自然可以寫作、。

字書未見从雨之⿱雨直。古雨、水義近，⿱雨直與淔當是一字，如同《玉篇》⿱雨賓字或作濱、⿱雨合與洽同、⿱雨蒙字亦作濛等。《公羊昭五年傳》：「濆泉者何，直泉也。直泉者何，涌泉也。」《廣雅・釋水》：「直泉，涌泉也。」⿱雨直字从雨从直，其義當是形容雨水之大。《説文》淔，「淔水也。从水，直聲」。《集韻》、《類篇》曰出潁川。朱駿聲以為即「灌水」。

卜辭⿱雨直字除用作地名或方國名外，還用作祭名和征伐等。

《前》3・23・3

貞，⿱雨直牛百。

《存》2・332

丙午卜，貞，⿱雨直羊于。

《佚》982

庚寅卜，殻貞，雹三千人伐……。

《南南》1·63

庚寅卜，殻貞，弓雹人三千乎望吕。

《京》1354

貞，雹人三百歸。

用作祭名的雹當假為直。《禮記·郊特牲》「直祭祝于主」，與上列「雹羊于𣎆」句子類似。鄭氏注云：「直，正也。祭以孰為正，則血腥之屬盡敬心耳。」當作動詞用為征伐的雹，當假為揰或持。《集韻》揰，持也。《老子》九章「持而盈之」之持，漢帛書甲本、乙本作揰。《廣韻》持，執也。《說文》持，握也。《吕氏春秋·至忠》「而持千歲之壽」之持猶「得也」。卜辭「雹三千人伐」，當是指率領三千人出征。「雹人三百歸」，則可能是獲得三百人而還。【甲骨文字釋叢　考古與文物一九九二年第六期】

淁

淁 淁長孫【漢印文字徵】

◉許　慎　淁水也。从水。妾聲。七接切。【說文解字卷十一】

◉馬叙倫　周雲青曰。唐寫本唐韻廿六葉引作水名。與小徐本合。倫按水名字林文。字或出字林。【說文解字六書疏證卷二十一】

涺

◉許　慎　涺水也。从水。居聲。九魚切。【說文解字卷十一】

◉馬叙倫　鍇本作水名也。水名字林文。此字或出字林。【說文解字六書疏證卷二十一】

⿰氵臮

◉許　慎　⿰氵臮水也。从水。臮聲。其冀切。【說文解字卷十一】

◉馬叙倫　自此至浭下疑水也下皆有水名二字。字林文也。或本皆作水名也。【說文解字六書疏證卷二十一】

沋

◉許　慎　沋水也。从水。尤聲。羽求切。【說文解字卷十一】

◉馬叙倫　段玉裁曰。廣韻曰。在高密。蓋即左傳尤水。上文之治水也。朱駿聲曰。即治水。今山東萊州府掖縣之小沽河。左昭廿四年傳。姑尤。以尤為之。姑即登州府黄縣之大沽河也。倫按前後二志皆不具。廣韻言在高密。在疑當為出。高密下當有捝文。廣韻蓋本字林也。下文當有類此者也。【說文解字六書疏證卷二十一】

洇

◉許　慎　洇水也。从水。因聲。於真切。【說文解字卷十一】

◉馬叙倫　鈕樹玉曰。宋本五音韻譜竝作洇。從水。因聲。於真切。集韻類篇引亦作洇。繫傳作湮。音苦悶反。唯玉篇湮適當説文之次。音苦頓切。或後人因之改與。玉篇亦有洇字在後收俗字中。廣韻洇湮兩收。桂馥曰。集韻。洇。伊真切。説文。水名。倫按水名字林文。字或出字林也。【說文解字六書疏證卷二十一】

淉

◉許　慎　淉水也。从水。果聲。古火切。【說文解字卷十一】

◉馬叙倫　鈕樹玉曰。玉篇廣韻並闕。【說文解字六書疏證卷二十一】

⿰氵𧴪

◉許　慎　⿰氵𧴪水也。从水。𧴪聲。讀若瑣。穌果切。【說文解字卷十一】

◉馬叙倫　錢坫曰。左傳瑣澤。【說文解字六書疏證卷二十一】

浝

◉許　慎　浝水也。从水。尨聲。莫江切。【說文解字卷十一】

◉馬叙倫　桂馥曰。字或作瀧。水在梁鄒縣。水經注謂即古之袁水。【說文解字六書疏證卷二十一】

⿰氵乳

◉許　慎　⿰氵乳水也。从水。乳聲。乃后切。【說文解字卷十一】

泈

◉許　慎　泈水也。从水。夂聲。夂。古文終。職戎切。【説文解字卷十一】

◉馬叙倫　嚴可均曰。夂古文終校語。鈕樹玉曰。廣韻。終。水名。在襄陽。倫按此字蓋出字林。廣韻本字林也。【説文解字六書疏證卷二十一】

泈　泈弔鼎【金文編】

洦

◉許　慎　洦淺水也。从水。百聲。匹白切。【説文解字卷十一】

◉馬叙倫　嚴可均曰。也當依顔氏家訓作皃。倫按上下文皆為水名。此言淺水。疑是一曰以下之文。或淺字乃下文汘字下校者所注以釋汘字之音者。傳寫譌入洦下耳。犬部。狛。嚴甯讀之若淺洦。謂讀若汘洦之洦也。汘洦連文猶阡陌耳。不然。當讀若淺水之洦矣。淺水為洦。義無他徵。唯顔氏家訓勉學篇曰。栢人城北有一小水。土人亦不知名。後讀城西徐整碑。洦流東指。衆皆不識。吾按説文。洦。淺水皃。此水漢來無名矣。直以淺皃目之。或當即以洦名乎。倫謂洦是水名。水在栢人城北。故以洦名。未必以其水淺而名之也。此言淺水。或即俗名耳。【説文解字六書疏證卷二十一】

汘

◉許　慎　汘水也。从水。千聲。倉先切。【説文解字卷十一】

洍

◉許　慎　洍水也。从水。臣聲。詩曰。江有洍。詳里切。【説文解字卷十一】

◉馬叙倫　惠棟曰。兩引詩江有洍。一作汜。後人增入。嚴可均曰。小徐廣韻五旨引一曰詩江有洍。蓋許欲廣一義。故引詩以證此洍為水别復入也。大徐視一曰為羨文。故删之。王筠曰。大徐引詩在臣聲下。是也。而作詩曰非也。當依小徐。倫按蓋三家詩作江有洍。【説文解字六書疏證卷二十一】

澥

◉許　慎　澥郣澥。海之别也。从水。解聲。一説澥即澥谷也。胡買切。【説文解字卷十一】

◉馬叙倫　鈕樹玉曰。五音韻譜與此同。集韻類篇引作勃澥海之别也。韻會引作勃澥海别名。按邑部。郣訓郣海。則郣字是。

段玉裁曰。集韻類篇皆作一曰澥谷也五字。沈濤曰。初學記六引。東海之別有渤澥。桂馥曰。別者。猶江別為沱。倫按澥音匣紐。海音曉紐。同為舌根摩擦音。以江沱洵過證之。亦轉注字也。莊子逍遥遊。南溟者。天池也。溟以支耕對轉借為澥。此下文。海。天池也。亦可證。郭澥即戰國策蘇秦所謂勃海也。是當以有名字為是。但依大例當曰海也。蓋此字出字林。一説乃澥字義。此校語。【説文解字六書疏證卷二十一】

漠

◉許　慎　北方流沙也。一曰。清也。从水。莫聲。慕各切。【説文解字卷十一】

◉馬叙倫　沈濤曰。文選曹子建白馬篇注引方作土。翟云升曰。文選勵志詩注引作無為也。丁福保曰。慧琳音義八十九引作北方幽冥沙漠也。倫按文選嘯賦注引作北方流沙。漠音明紐。海從每得聲。每從母得聲。母音亦明紐。是漠亦海之轉注字。史言沙漠即沙海。故今名沙漠曰瀚海。北方流沙也非本訓。或字出字林也。一曰清也者。蓋嘆字義。此校語。選注引無為也者。怕字下校語也。【説文解字六書疏證卷二十一】

海

海　小臣遽簋　【金文編】

海右鹽丞　北海太守章　東海廟長　海鹽丞印　橫海候印　杜海私印　錡海之印　張東海　孟海　梁海私印　【漢印文字徵】

景君銘領　夏承碑領陽識　袁安碑　遷東海陰平長　天璽紀功碑　東海夏侯□　【石刻篆文編】

海　海　【汗簡】

古孝經　古老子　古尚書　汗簡　【古文四聲韻】

◉許　慎　天池也。以納百川者。从水。每聲。呼改切。【説文解字卷十一】

◉馬叙倫　鈕樹玉曰。韻會引天池以納百川者也。倫按韻會引是。然蓋字林文。許當以聲訓。海字見顔氏家訓引倉頡篇。古鉨作　。【説文解字六書疏證卷二十一】

溥

吳公溥印 【漢印文字徵】

開母廟石闕 悳洋溢而溥優 【石刻篆文編】

◉許 慎 溥大也。从水。尃聲。滂古切。【說文解字卷十一】

◉馬叙倫 朱駿聲曰。本義為水之大。倫按大也者。爾雅釋詁文。蓋字林訓。或此字出字林也。【說文解字六書疏證卷二十一】

◉戴家祥 大克鼎 賜汝田于⿰阝尃原 ⿰阝尃字从𨸏从尃，說文所無，周名煇釋傅古籀考卷下，日本高田忠周釋尃古籀篇第十四，皆臆說不可據。曩見靜安先生手題克鼎拓本云「案此鼎出于寶鷄縣之渭水南岸，而克鐘有遹涇東至於京師之語。是克之封地跨涇渭二水，與公劉所居之豳地略同，則⿰阝尃泉殆即詩之「溥原」歟。考古字以水表義亦或更旁从𨸏，說文十一篇：「渚水在常山，中丘逢山，東入湡。从水者聲。」爾雅曰：「小洲曰渚。」今本爾雅釋水作「小洲曰陼」。玉篇一一八五渨或作隈，溥原之作⿰阝尃原，其例亦猶是也。鼎銘「易女田于康，易女田于匽，易女田于⿰阝尃原，易女田于寒山」，康、匽、⿰阝尃原、寒山皆地名。然則大雅公劉「瞻彼溥原」，亦當實有其地。毛傳訓溥為大，鄭箋訓溥為廣，皆非是。唐韻溥讀「滂古切」，音普。【金文大字典下】

⿰氵闇

◉許 慎 ⿰氵闇水大至也。从水。闇聲。乙感切。【說文解字卷十一】

◉馬叙倫 桂馥曰。徐鍇韻譜玉篇廣韻並作大水至。錢坫曰。此水淹至之淹。倫按字蓋出字林。【說文解字六書疏證卷二十一】

洪

開母廟石闕 洪泉浩浩 祀三公山碑 廷掾郭洪 【石刻篆文編】

洪王存乂切韻 【汗簡】

道德經 貝丘長碑 王存乂切韻 竝同上 【古文四聲韻】

◉許 慎 洪洚水也。从水。共聲。户工切。【說文解字卷十一】

◉馬叙倫　鈕樹玉曰。玉篇引作洚也。繫傳作洚水也。又洪下洚上有。大水也。从水。夅聲。胡翁反。玉篇廣韻並無其字。蓋後人妄增。倫按玉篇引是。洚洪音同匣紐轉注字也。【説文解字六書疏證卷二十一】

佚六七八【甲骨文編】

考古1963:9　新洚市久【古陶文字徵】

◉許　慎　水不遵道。一曰。下也。从水。夅聲。户工切。又下江切。【説文解字卷十一】

◉馬叙倫　吳穎芳曰。洪洚語之轉。鈕樹玉曰。繫傳下也作洚下。桂馥曰。一曰下也者。本書。降。下也。翟云升曰。集韻引一曰上有一曰大水四字。王筠曰。一曰下也者。此後人以偽孔傳羼入。玉篇。水不遵其道。一曰洚潰。蓋許原訓潰也。倫按唐寫本切韻殘卷引與此同。水不遵其道也似校語。本訓挩矣。集韻引一曰大水。校者記異本耳。甲文作。【説文解字六書疏證卷二十一】

◉李孝定　説文。「洚水不遵道。一曰。下也。从水。夅聲。」栔文同辭云「□巳卜。王洚祖丁㞢南庚□」。洚當為祭名。讀為降。謂降其神也。非洚水之義。而與許君一曰之解合。經籍降字多訓下也。【甲骨文字集釋第十一】

甲3049　乙3350　4504　4856　4911　5236　5985　珠114　佚507　佚907

續1・38・7　京4・21・4　粹1242　1566　録578　新3012【續甲骨文編】

衍　衍□簋　姞衍簋【金文編】

1979【古璽文編】

周衍　公衍敬印　崔衍之印【漢印文字徵】

◉許　慎　水朝宗于海也。从水。从行。以淺切。【説文解字卷十一】

◉羅振玉　說文。衍。水朝宗于海也。从行。从水。此从川。示百川之歸海義彌顯矣。或省行作。或又省作。或變作。古金文朝字从此。㕚衍敔蓋有字。與卜辭略同。【增訂殷虛書契考釋卷中】

◉丁佛言　衍敔。从古潮字省。許氏說水朝宗于海也。貞卜文字衍作。與此同。【說文古籀補補卷十一】

◉柯昌濟　衍字說文从水行。卜詞衍字作。與說文同。惟別有字。案。亦衍字也。卜詞文字所从偏旁。時有變異。衍字文曰。甲申卜衍。又。乙酉卜衍貞。此二衍字从水行。又文曰。癸亥卜衍貞之衍。則作。从彳。从人。从水。文曰卜衍二貞衍二，文同曰卜衍貞。知二文實係一字也。究衍貞之誼。洪範曰。衍忒。鄭康成曰。卦象多變。故言衍忒。繫辭云。大衍之數五十。鄭注。衍。演也。卜衍貞。猶卜大貞也。卜大貞亦卜詞語。

太保敦。王太保錫休宋土。字與卜詞衍字同。王衍太保錫休者。即廣錫太保之休也。【殷虛書契補釋】

◉馬叙倫　吴穎芳曰。首句是淖字說。誤鈔於此。鈕樹玉曰。玉篇闕。廣韻訓達也。引字统云。水朝宗於海。故從水行。韻會引行上無從字。朱文藻曰。繫傳作從水行聲。嚴可均曰。行衍聲之轉。王筠曰。疑本字說解捝失。校者移淖字說解於此。加皃字以與淖訓別也。于鬯曰。此字可疑。當經後人竄亂。據小徐本上文有洚洚二篆。大徐本上有洚篆。疑後人以洚洚同字為衍其一。因著衍字於下。而衍字遂譌為篆文也。既譌為篆文。則必得繫以說解。乃即以淖之說解繫之。玉篇無衍字。則說文無衍字可知。下文有演字。即衍之本字。或曰。心部愆衍聲。車部衛衍省聲。則當有衍字。然愆字或體作㥶。則衍非古字。安知非後人竄入者邪。衛可從車行會意。一曰之文。亦未必許氏之舊文也。倫按小爾雅廣言。衍。散也。又遠也。廣韻訓達也。似此字說解本不作水朝宗於海。鍇本海下有皃字。疑本作水大皃。文選注引倉頡。衍。溢也。衍次洚下。而從行得聲。行洚音同匣紐。或其轉注字也。然水大皃亦非本訓。廣韻引字統云。水朝宗於海。字統多本字林。則楊據字林說解已譌矣。易需需于沙衍。虞注。衍。流也。蓋借為演。甲文作。姑衍敔作。古鉨作。【說文解字六書疏證卷二十一】

淖　說文从水朝省徐鉉曰隸書不省與朝為一字太平御覽引說文淖朝也三字石經朝古文作汗簡釋潮　鄘伯馭簋　徣伐淖黑　十年陳侯午錞　陳侯午淖羣邦諸侯于齊　陳侯因資錞　【金文編】

[glyph] 3·418 塙闉椇里曰淖　説文淖从水朝省三體石經以淖　為朝之古文汗簡以淖為潮 [glyph] 3·513 鹹陽櫨里淖豆 【古陶文字徵】

[glyph] 石經僖公　金文陳矦因資鐘作[glyph]汗簡作[glyph]与此大同小異淖朝音義同朝字重文 【石刻篆文編】

[glyph] 潮 【汗簡】

◉許　慎 [glyph]水朝宗于海。从水。朝省。臣鉉等曰。隸書不省。直遥切。【説文解字卷十一】

◉吳大澂 [glyph] 古文潮朝為一字。陳侯因資敦。朝下重文。【説文古籀補卷十一】

◉馬叙倫 鈕樹玉曰。玉篇引海下有也字。韻會省下有聲字。嚴可均曰。御覽六十八引作朝也。當是古本。此作水朝宗于海。蓋涉上衍篆説解而譌。王筠曰。今説解水朝宗于海乃庾注也。朝省當作朝省聲。倫按朝也以聲訓。水朝宗于海蓋吕忱或庾儼默説也。淖為[glyph]之轉注字。詳州字下。陳矦因資敢作[glyph]。古匋作[glyph][glyph][glyph]。古鉩作[glyph]。【説文解字六書疏證卷二十一】

◉楊樹達 卷十一淖下云。與朝為一字。按説文朝訓旦。淖訓水朝宗于海。非一字也。金文以淖為朝者。淖字从朝省聲。同聲通假耳。【金文編書後　積微居小學述林】

◉段紹嘉 商潮甗，通高46.8釐米，口徑30.5釐米。腹圍夔紋，足獸面紋。銘文為「[glyph]」，在口内。[glyph]，潮字。原存涇陽文化館，1959年歸博物館。【介紹陝西省博物館的幾件青銅器　文物一九六三年第三期】

◉許　慎 [glyph]水脈行地中濥濥也。从水。夤聲。弋刃切。【説文解字卷十一】

◉馬叙倫 沈濤曰。玉篇廣韻廿一震引也字作然。文選江賦注引作水脈行地中。乃節取。倫按此蓋演之異文。此本作演。訓引也。文選注引倉頡。演。引也。以聲訓。許蓋亦然。水脈行地中演演然也。蓋字林説或校語。及傳寫篆譌為濥。吕忱或校者補演字於潚下。餘詳演下。【説文解字六書疏證卷二十一】

[glyph] [glyph]滔　强運開釋金文稻粱之稻或作𢋈此字當為从水𢋈聲　鵤姬作𤃮嫖簋 [glyph]𤃮嫖簋 【金文編】

[glyph] 1009 [glyph] 1775 【古璽文編】

滔 石碣而師 滔= 是戜 【石刻篆文編】

◉許 慎 滔水漫漫大皃。从水。舀聲。土刀切。【説文解字卷十一】

◉强運開 [古文字形] 薛趙楊俱釋作滔。説文。水漫漫大皃。从水。舀聲。【石鼓釋文】

◉馬叙倫 鍇本作水漫天皃。鈕樹玉謂鍇本蓋後人改。王筠則謂此似後人改。倫謂本作水皃。今存者校語。本書無漫字。石鼓作滔。【説文解字六書疏證卷二十一】

涓

涓 5·304 左司涓瓦 【古陶文字徵】

涓 涓楚勝印 【漢印文字徵】

◉許 慎 涓小流也。从水。肙聲。爾雅曰。汝為涓。古玄切。【説文解字卷十一】

◉馬叙倫 錢坫曰。今爾雅云。汝為濆。此引疑後人所加。王筠曰。也字朱筠本無而空白兩格。玄應引字林。涓。水小流也。又引作水小流涓涓然也。倫按許當止訓水皃。水小流涓涓然也。與上文瀶下水脈行地中瀶瀶然也。詞例相同。此為字林文。則彼亦然。爾雅釋水汝為濆。釋文。字林作涓。然則瀶涓皆出字林矣。【説文解字六書疏證卷二十一】

混

[古文字形] [古文字形] [古文字形] 竝古老子 [古文字形] 同上 【古文四聲韻】

◉許 慎 混豐流也。从水。昆聲。胡本切。【説文解字卷十一】

◉馬叙倫 鈕樹玉曰。華嚴經音義引作混沌陰陽未分共同一氣之皃。蓋誤以他書為説文。此書所引多類此。沈濤曰。蓋一曰以下之奪文。王筠曰。不似許君語例。倫按蓋本訓水皃。豐流也混沌陰陽未分共同一氣之皃字林文或校語。【説文解字六書疏證卷二十一】

◉許　慎　潒水潒瀁也。从水。象聲。讀若蕩。徒朗切。【説文解字卷十一】

◉馬叙倫　段玉裁曰。潒瀁疊韻字。搖動之皃也。劉秀生曰。象聲如讀若像。則在定紐唐部。蕩從𦽧聲亦在定紐唐部。故潒從象聲得讀若蕩。莊子達生。水有罔象。釋文。罔象司馬本作無傷。心部。像。放也。從心。象聲。愓。放也。從心。易聲。朱駿聲謂像即愓之或體。食部。餯。從食象聲。或從傷省聲作鐊。傷從𥏻省聲。𥏻𦽧均從昜聲。竝其證。倫按文選西京賦注引字林。潒。水潒瀁也。則此字林訓。或此字出字林。【説文解字六書疏證卷二十一】

漦　漦成之切竝王存乂切韻【汗簡】

漦　王存乂切韻【古文四聲韻】

◉許　慎　漦順流也。一曰。水名。从水。𠩺聲。俟甾切。【説文解字卷十一】

◉馬叙倫　朱駿聲曰。一曰水名者。左昭九年傳。駘注。在始平武功縣所治漦城。今陝西乾州武功縣南有古漦城。疑其地有漦女故國名邰。邰漦聲近。倫按漦或為流之轉注字。流音來紐。漦從𠩺得聲。𠩺從來得聲也。此字蓋出字林。一曰水名。呂忱記異義也。【説文解字六書疏證卷二十一】

◉許　慎　汭水相入也。从水。从内。内亦聲。而鋭切。【説文解字卷十一】

◉羅振玉　汭汭从水北。北亦聲。其从〉者。水省也。此當是水北曰汭之汭。今从内聲者。殆後起字也。【增訂殷虚書契考釋卷中】

◉商承祚　汭藏龜之餘第十二葉。汭同上。汭後編上第二十四葉。

王徵君説水北曰汭。僅見尚書偽孔傳。毛傳云。芮。水涯也。鄭云。芮之言内也。許云。汭水相入也。無水北之説。此字从水北。未可遽以為汭字。坿此待考。【殷虚文字類編卷十一】

◉馬叙倫　沈濤曰。史記夏本紀索隱引。水相入曰汭。五帝本紀正義引作水涯曰汭。則古無此訓。涯當為相入二字傳寫之譌。玉篇廣韻竝引作水相入皃。此解似當作也。皃乃傳寫之譌。段玉裁曰。上下文皆水皃。則皃字是。水相入皃為本義。周禮職方之汭。即漢志右扶風汧縣之芮水也。水名也。大雅之汭亦作芮。毛云。水厓也。桂馥曰。水相入也者。水經注引字林

同。五音集韻。汭。小水入大水也。郭注方言淮汭云。汭。水口也。水經河水注云。歷山有舜井。嬀汭二水出焉。南曰嬀水。北曰汭水。尚書所謂釐降二女于嬀汭也。孔安國曰。居嬀水之内。皇甫謐曰。納二女于嬀水之汭。馬季長曰。水所出曰汭。然則汭似非水名。而今見有二水異源同歸。渾流西注。入於河。馥謂異源同歸。即水相入也。引馬注水所出當作水所入。禹貢雍州涇屬渭汭。馬注。屬。入也。水所入曰汭。閻若璩曰。禹貢渭汭與洛汭之汭同一解。蓋河之南洛之北其兩間為汭也。在今鞏縣。河自北來。渭自東注。實交會於今華陰縣。故曰渭汭。左氏一書。莊四年曰。漢汭。閔二年曰。渭汭。宣八年曰。滑汭。昭元年曰。雒汭。四年曰。夏汭。五年曰。羅汭。二十四年曰。豫章之汭。二十七年曰。沙汭。定四年曰。淮汭。哀十五年曰。相汭。水名以下繫以汭者衆矣。又何疑於禹貢哉。詩谷風。涇以渭濁。傳云。涇渭相入而清濁異。昭四年左傳。楚沈尹射奔命於夏汭。杜云。夏汭。漢水曲入江。今夏口也。昭廿七年傳。令尹子常以舟師及沙汭而還。水經注。沙水東流注於淮謂之沙汭。馥案。水經注。左傳閔公二年。虢公敗犬戎於渭隊。服虔曰。隊謂汭也。王肅云。汭。入也。倫按五音集韻作小水入大水也者。此冞字義。此訓水相入也者。蓋謂某水入於某水之處。故郭璞方言注謂汭為水口。杜預左傳注謂夏汭漢水曲入江今夏口也。馬融謂水所入曰汭。義不異矣。内聲者。語原然也。不得以為會意。此字蓋出字林。者汈鐘[glyph]字為涇汭合文。而借為隊。【説文解字六書疏證卷二十一】

◉朱歧祥 [glyph]从水从内，隸作汭。《説文》：「水相入皃。」《漢書・地理志》：「右扶風汧縣有芮水。」卜辭用為地名，見晚期甲骨。

《前7・3・9》壬申卜貞：亞夕雀叶，[glyph]亡禍。【殷墟甲骨文字通釋稿】

潚

[glyph] 潚宮印 【漢印文字徵】

[glyph] 潚並出裴光遠集綴 【汗簡】

◉許慎 潚深清也。从水。肅聲。子叔切。【説文解字卷十一】

◉馬叙倫 深清也字林文。見文選思玄賦注引。許當訓水皃。或此字為呂忱增也。潚淑為聲同幽類轉注字。今言肅清者當用此字。潚清同為舌尖前破裂摩擦音連語。【説文解字六書疏證卷二十一】

◉黃錫全 [glyph] 潚並出裴光遠集綴 楚簡繡作[glyph]，王孫鐘肅作[glyph]，王孫弄鐘作[glyph]，《説文》古文譌變作[glyph]，此肅形同。夏韻嘯韻録作[glyph]。夏又録朱育《集字》嘯作[glyph]。【汗簡注釋卷四】

珠127　前2·32·4　獸2·26·8【續甲骨文編】

王演【漢印文字徵】

演見石經【汗簡】

石經【古文四聲韻】

◉許　慎　演長流也。一曰水名。从水。寅聲。以淺切。【説文解字卷十一】

◉商承祚　龜甲獸骨卷二第二十六葉　卷二第三十二葉　以寅字之作　推之。故知此為演字。【殷虛文字類編卷十一】

◉馬叙倫　鈕樹玉曰。玉篇。長流也。又。水門也。蓋本説文。文選海賦注引作長流也。江賦注引作水脈行地中。是混濥為演。王筠曰。一曰水門者。玉篇。又水門也。門名雙聲。名似門之譌。而廣韻亦無水門之義。湝下一曰水門。玉篇同。廣韻則曰水名。此名門互譌之比也。倫按許蓋作引也。以聲訓。或作水皃。長流也蓋字林文。水脈行地中義與濥同。然夤是譌字。則濥亦非許書原有。而水行地中亦即演字本義。長流為引申義。蓋羕為地面水之分脈。演則地中水脈。故語原同也。一曰水名者。王説可從。然疑乃上文汭字義。故方言注作水口。然則傳寫譌入此下。校者據誤本記之也。甲文有　。【説文解字六書疏證卷二十一】

◉許　慎　渙流散也。从水。奐聲。呼貫切。【説文解字卷十一】

◉許　慎　泌俠流也。从水。必聲。兵媚切。【説文解字卷十一】

◉馬叙倫　沈濤曰。文選魏都賦注引。泌。水駛流也。蓋古本如是。今本俠字義不可通。玉篇作狹流。亦譌。翟云升曰。韻會引作狹流也。當如廣韻作浹流也。王筠曰。廣韻五質。泌。水浹流也。釋言。浹。徹也。然則俠狹均浹之譌。張文虎曰。俠狹皆陜之譌。阜部。陜。隘也。陜謂泉出石間甚偪側也。上林賦。偪側泌瀄。詩。毖彼泉水。傳。泉水始出毖然流也。毖即泌之借字。詩衡門。衡門之下。可以棲遲。泌之洋洋。可以樂飢。言衡門人見為陋。已覺為安。泌水人見其隘。已覺

其廣大足飲也。倫按許當訓水皃。此蓋字林文。或字出字林也。選注引作駃流。駃為馬父贏母子。則亦借字或譌字。疑當為趹。趹即快慢之快本字。本書無之耳。然本書多用疾字。則非趹也。疑泌是𣶒之轉注字。同為清破裂音。泌音封紐。𣶒音見紐。聲亦同脂類也。上林賦。偪側泌瀄。泌瀄亦狀流聲。【說文解字六書疏證卷二十一】

𣶒

古老子　王惟恭黃庭經【古文四聲韻】

◉許　慎　水流聲。从水。𠯑聲。古活切。𣶒或从聒。【說文解字卷十一】

◉馬叙倫　鈕樹玉曰。韻會作流聲也。倫按許或以聲訓。或作水聲。水流而後有聲。固不必有流字也。此或字林文。【說文解字六書疏證卷二十一】

湝

◉許　慎　水流湝湝也。从水。皆聲。一曰。湝湝。寒也。詩曰。風雨湝湝。古諧切。【說文解字卷十一】

◉馬叙倫　鈕樹玉曰。韻會引作一曰寒也。今詩鄭風作風雨淒淒。疑即淒之異文。下與雞鳴喈喈聲正諧。倫按湝𣶒音同見紐轉注字。水流湝湝也蓋字林文。或字出字林也。一曰湝寒也者。乃淒字義。妻皆聲同脂類。此引詩風雨湝湝。蓋三家文。今毛詩作淒淒。其例證也。本書無淒字。故呂忱記於此下。【說文解字六書疏證卷二十一】

泫

◉許　慎　湝流也。从水。玄聲。上黨有泫氏縣。胡畎切。【說文解字卷十一】

◉馬叙倫　徐鍇曰。漢書。泫氏縣泫水所出。鈕樹玉曰。繫傳韻會作泫湝流水。蓋重文連上讀。王筠曰。小徐作泫湝流水。皆不可解。衹當云流也。後漢書張衡傳。水泫沄而湧濤。注。泫沄。竝水流皃。倫按玉篇止作流也。湝乃隸書複舉字。當在湝下。傳寫誤入者也。鍇本作泫湝流水者。泫亦隸書複舉字。流水蓋水流之乙譌。又挩也字。此涓之同舌根音轉注字。く部。く。小流也。即泫字義。此蓋出字林。故有上黨六字。【說文解字六書疏證卷二十一】

淲

淲　喬君鉦【金文編】

◉許 慎 淲水流皃。从水。彪省聲。詩曰。淲沱北流。皮彪切。【說文解字卷十一】

◉馬叙倫 鈕樹玉曰。繫傳作滮池北流。承培元曰。此説解疑經後人所改。字今作滮。故音皮變反。然集韻滮有呼音。必有所本。水經注。郭水又西北流與滮池合。此滮池字疑是滮沱之譌。滮沱即滹沱也。許書無滹。滹當即淲之俗體。則淲下許必當云水名。而詩之淲沱北流。即言滹沱之水北流也。若池為蓄瀦之水。豈能北流乎。疑許書本有淲滮二字。滮下曰。水流皃。淲下曰。水名。而引此詩。後人因今詩作滮。遂删滮篆。而改虎聲為彪省聲。以合今詩。小徐錢鈔本尚作虎聲。而音則為皮彪切。與鉉本同。鉉鍇兩本反切之字不同。而此相合。亦疑竄也。倫按水流皃當作水皃。或此字出字林也。同敢。自淲東至於河。强運開據詩白華箋。豐鎬之間水北流。謂淲為水名。倫按白華之淲得為水名。然非滹沱水也。後漢書光武紀。至滹沱河。李賢注。呼沱河舊在饒陽南。又至饒陽。注。縣名。屬安平國。在饒河之陽。尋光武時饒陽當屬涿郡。是地望相遠。豐鎬間水或亦名淲。【說文解字六書疏證卷二十一】

◉戴家祥 器 瘐壺 嗣土淲宮 一 二 同殷 自淲東至于洌 蒿君鐸 蒿君淲虘與朕以甏 字从⺄从虎，⺄象水紋，疑即巛之省。説文。「淲，水流皃，詩淲沱北流。」金文用作宮室之名。如瘐壺用作水名。如同殷或借作人名。如蒿君鐸。【金文大字典中】

淢

減 長甶盉 王在下減应 元年師旋簋 在減应 【金文編】

3·947 獨字 3·1359 同上 3·1360 同上 【古陶文字徵】

◉許 慎 淢疾流也。从水。或聲。于逼切。【說文解字卷十一】

◉馬叙倫 王筠曰。與巜部𩏂同。倫按蓋有一字出字林。疾流也非本訓。【說文解字六書疏證卷二十一】

瀏

◉許 慎 瀏流清皃。从水。劉聲。詩曰。瀏其清矣。力久切。【說文解字卷十一】

◉馬叙倫 鈕樹玉曰。詩溱洧釋文引皃作也。玉篇作深皃也。説文不收劉字。此或從俗。朱駿聲曰。詩溱洧毛傳。瀏。深皃。韓詩作漻。後漢書馮衍傳。以瀏為之。瀏與漻略同。倫按瀏蓋漻之音同來紐轉注字。此字或出字林。【說文解字六書疏證卷二十一】

⿰氵薉

◉許慎 礙流也。从水。薉聲。詩云。施罟⿰氵薉⿰氵薉。呼括切。【說文解字卷十一】

◉馬叙倫 鈕樹玉曰。此字疑本作濊。後人加艸也。詩碩人作濊。釋文引說文云。礙流也。竝不云說文作⿰氵薉。又說文罛下引詩施罟濊濊。眓讀若詩施罟濊濊。亦竝作濊。玉篇。濊。呼括切。水聲。又於衛於外二切。多水皃。適當說文之次。別無⿰氵薉字。然則說文部末之⿰氵薉當為後人增。翟云升曰。釋文說文下當有作⿰氵薉二字。桂馥曰。此引詩後人加之。本書。薉。讀若詩施罟濊濊。本書無濊字。當作詩曰施罟薉薉。後人加讀若二字。釋文引馬融說。濊。大魚網目大豁豁也。與本書薉空大也義合。是詩作薉薉不作⿰氵薉⿰氵薉矣。倫按此字疑出字林。礙流也恐有捝譌。⿰氵薉或涽之同舌根音聲同脂類轉注字。【說文解字六書疏證卷二十一】

滂

趙滂白箋 【漢印文字徵】

石碣霝雨 流迄滂滂 【石刻篆文編】

◉許慎 沛也。从水。旁聲。臣鉉等曰。今俗別作雱霈。非是。普郎切。【說文解字卷十一】

◉郭沫若 字亦非湧字，此字右旁與汧沔石「又又鯿」字相同。即說文魴之重文鰟字，乃滂字也。妣戊母殷有旁字作，與此形近。說文旁之重文有古文，又有籀文。旁之異作頗多。其諸文蓋即之譌變耳。【石鼓文研究】

◉馬叙倫 此滂溥之本字。與溥同雙脣音轉注。沛也以聲訓。或沛之本義亦滂溥也。則亦同雙脣音轉注字。玄應一切經音義引三倉。滂。沱也。水多流皃也。【說文解字六書疏證卷二十一】

汪

汪 汪伯卣 从邑 鄂君啟舟節 【金文編】

秦1093 獨字 【古陶文字徵】

0091 【古璽文編】

汪賢印　汪口成得　汪闕【漢印文字徵】

◉許　慎　汪深廣也。从水。㞷聲。一曰。汪。池也。烏光切。【説文解字卷十一】

◉徐同柏（汪伯卣）汪字。从水㞷聲。此㞷即㞷省。【從古齋款識學卷三】

◉馬叙倫　沈濤曰。一切經音義十三十四十八引後漢書荀淑傳注引皆同。惟文選江賦注引無深字。倫按深廣也當作深也廣也。一訓蓋字林文。或深廣也為吕訓。許訓捝矣。川部。巟。水廣也。此汪汪若千頃之陂字。巟之轉注字。巟音曉紐。古讀歸影。汪音影紐也。聲又同陽類。一曰汪池也者。潢字義。此校語。字見急就篇。汪伯卣作汪。【説文解字六書疏證卷二十一】

漻

◉許　慎　漻清深也。从水。翏聲。洛蕭切。【説文解字卷十一】

◉馬叙倫　劉秀生曰。小徐有讀若牢。翏聲牢聲竝在來紐。故漻從翏聲得讀若牢。詩溱洧。瀏其清矣。陳奂曰。文選南都賦注引韓詩作漻。瀏漻聲同。瀏從劉聲。説文無劉。金部。鐂。殺也。徐鍇謂劉字。淮南本經訓。牢籠天地。注。牢讀屋霤。楚人謂牢為霤。是其證。又史記劉敬。漢書作婁敬。网部。罶。從网。畱聲。或從婁聲作䍡。亦其證。倫按清深也當作清也深也。玉篇。漻。水清。廣雅。漻。清也。深也疑涉上文汪字説解而譌羨。然許止訓水皃。清也蓋字林文。漻為淑之聲同幽類轉注字。【説文解字六書疏證卷二十一】

泚

◉許　慎　泚清也。从水。此聲。千禮切。【説文解字卷十一】

◉馬叙倫　清之音同清紐亦聲為支耕對轉轉注字也。【説文解字六書疏證卷二十一】

況

佚九五六【甲骨文編】

唐況私印　臣況　周況　管況【漢印文字徵】

古孝經【古文四聲韻】

◉許　慎　況寒水也。从水。兄聲。許訪切。【說文解字卷十一】

◉馬叙倫　王紹蘭曰。詩。桑柔倉況填兮。說文。滄。寒也。況。寒水也。倉兄即滄況之省。倫按況次泚下沖上。不得訓寒水。寒水當作寒也水皃。寒也即滄字義。滄況聲同陽類。故詩以滄況連文。水皃者。或為水之廣大。則為汪沆之轉注字。或為水之動搖。則為潒漾之轉注字。今杭縣謂水動搖曰況。【說文解字六書疏證卷二十一】

沖

明藏五二〇　後二・三六・六　【甲骨文編】

後下36・6　【續甲骨文編】

沖　沖子鼎　【金文編】

2592　2591　【古璽文編】

宗沖　【漢印文字徵】

沖見古老子　【汗簡】

◉許　慎　沖涌搖也。从水中。讀若動。直弓切。【說文解字卷十一】

◉王　襄　古沖字，从林，許書流涉之古文籀文作，亦从林，與此同例。【簠室殷契類纂正編卷十一】

◉馬叙倫　鈕樹玉曰。繫傳搖作䍃。恐譌。嚴章福曰。當依繫傳補聲字。翟云升曰。六書故引作水涌搖也。倫按涌搖也當作涌也水搖也。一訓蓋字林文。涌也者。下文。涌。滕也。滕。水超涌也。沖音澄紐。滕音定紐。皆濁破裂音也。是沖為滕之轉注字。今俗謂水涌出曰沖。沖涌亦轉注字。古讀澄歸定。讀喻紐四等亦歸定。涌音喻四也。讀若動者。劉秀生曰。中聲古在端紐。動從重聲。在定紐。端定皆舌音。故沖從中聲得讀若動。詩草蟲。憂心忡忡。傳。猶衝衝也。是其證。甲文有。王襄釋沖。文選褚淵碑文竝引字林。沖猶虛也。然則本書說解中言猶者皆出字林。或字林中校語也。古鉨作。【說文解字六書疏證卷二十一】

◉孫海波　後編卷下第三十六葉六版「令宗」，王國維先生疑沖是也。說文：「沖，涌搖也，从水中聲。」卜辭从中在水中央，涌

搖之義。引申之為衝：呂覽重言「飛將沖天」，史記滑稽傳「一飛沖天」，猶升也，至也。金文沖子𦎫鼎作，與此略同。此云「令沖宗」，沖或中之假借字與。【卜辭文字小記　考古學社社刊第四期】

◉蕭　璋　沖本為泉水上涌，而詩豳風以沖沖連文表鑿冰之意者，蓋方向雖有上下之分，其刺冒則一，故可用同一字表之。至小雅蓼蕭一章，更以沖沖形容垂飾之皃，則又義之相關故也。沖涌之相轉，猶忡忡之與衝衝(見上忡字)，沖之讀若動(童从重省聲，童甬音極近，多互用。如說文鐘或體作銿，是其證)。通之聲義可通中也(說文「中，上下通」)。【釋至　浙江大學文學院集刊第三集】

汎

張汎【漢印文字徵】

籀韻【古文四聲韻】

◉許　慎　汎，浮皃。从水。凡聲。孚梵切。【說文解字卷十一】

◉馬叙倫　沈濤曰。一切經音義二引。汎。浮也。段玉裁曰。皃當作也。倫按浮也者泛字義。同音孚梵切也。汎次沖下沄上。當訓水皃。詩柏舟。汎彼柏舟。毛傳。汎。流皃。蓋沖之轉注字。沖音澄紐。汎從凡得聲。凡音奉紐。古讀歸竝。竝澄同為濁破裂音。沖汎又聲同侵類也。【說文解字六書疏證卷二十一】

◉郭沫若　第七四六片後上・一五・八。「□丑卜，行，貞王其。舟于滴，亡巛」。此下辭上辭殘泐不明。

右二片自係一字，羅振玉釋謝，於義難通。案此與舟連文，當是浮泛之意。疑即是汎之古文，象人以𠀠若竿浮於水，詩邶風「汎彼柏舟」。【卜辭通纂】

◉岑仲勉　這個器銘[天亡𣪘——編者]的考釋，近年作者無慮十餘家，各抒己見，極一時之盛，本校則尚未之有鳴。相傳此器銘乃西周開基後第一個，孫詒讓復有「文字古樸，義難通曉」之論，吸引着人們的興趣；以周之輝煌盛業，而傳于今的歷史，還比較單調，大家想從此銘得些新消息，替西周初期史開一新頁，這也人情之常。前幾年我曾摘後段余義較多的那幾句，試行解荅，兩周文史論叢213—215頁。然而斷章立說，是非難明，必要聯貫起來，看文義是否串通，事理有無合拍，閱者才易于判定。六〇年暑假前偕二三友生同讀這銘，似乎往日未明的也得一綫光亮，因足成全篇，故名曰全釋。惟舊稿所詳的不再贅及，別家見解，非要緊的，或只解中間一句而漏開前後二句者都不加辨論，總求敷陳一得以待公評。最近文匯報李平心的文雖未完全發表，但重點無非從丕顯王二句出發，此句之立論既破，其餘推論自不能立足，故亦摘出評之。

乙亥，王又大丰，王凡三方。王又讀如王有，與下文「又王」讀如「佑王」者字同而音義均異。大丰，孫詒讓讀如大禮，按漢隸、唐楷，丰、豐之旁雖常無别，要當從前後文審之。大丰一詞，周金只兩見，本銘及麥尊之「在璧雝・王乘于舟為大丰」是也。郭沫若云：「大丰、……余意當即大封，周禮大封之禮合衆也。」聞一多大丰𣪘考釋(全集乙六〇三—八頁，下同)更引周禮大卜、周頌賚序、左昭三十年傳楚子大封及杜注以廣之。就我觀之，「大封」之一義或為封建諸侯，亦未可定，但兩銘均非封建諸侯，聞氏亦覺說之不完，故又改從孫氏大禮之釋。其次，丰與封切韻音誠小異，而北音、粵音則相同。鄭玄注說大封所以「正封疆溝洫之固」，封作封界立解，亦與周金之大丰不類。研究器銘時最須注意大丰系在有水之辟雍舉行，故要乘舟。又管子誇說「古者封泰山禪梁父者七十二家」(《史記封禪書》)，而發現之金文裏面卻没有迹象；考古人祭天往往登上高地，東方雜志41卷3號37頁或突厥集史1096頁。故後世之封必擇泰山、嵩山(大約上古意識認為越高則去「天闇」越近)，論語記季氏旅泰山，當即「封」之一事。丰、封以音近而通用，禪則别指祭地(漢書霍去病傳)，上古不重視地神，故五經無「封禪」連文，大丰實後世封禪之一體，登高地所以言「降」，如此解說，降字便有着落，不必肊說「降」為命令了。

大系考釋言凡𣪘為風，告也。聞一多讀「風」為汎，謂王在辟雍中汎舟，最得其的，惜仍被「方向」之通義所囿，矯說為遍游辟雍之水，遂致一間未達。我向來亦專從方向作想，然無論如何傅合，義究難安。繼思「凡」得為汎之初文，加水會意乃後來之字。詩「汎汎楊舟」，晉語「是故汎舟于河」，又詩「二子乘舟，汎汎其景」，正切合麥尊大丰之乘舟，從此點出發，才恍然「三方」字斷非指方向。詩谷風「就其深矣，方之舟之」，又漢廣「江之永矣，不可方思」，毛、鄭皆云：方，泭也。泭即桴，桴即䈥。王念孫曾言古典上下平列之文，常為同義，以此例之，則三方即三泭，凡三方即汎了三張䈥，恰與麥尊王乘于舟為大丰，互相作證。「方」字這一意義，傳至後世，如仍讀雙脣音則為「榜」，轉單脣音則為「舫」《爾雅釋言》，舫、泭，只加上木旁、舟旁會意。爾雅釋水「天子造舟，諸侯維舟，大夫方舟，士特舟，庶人乘泭」，邢疏云：「天子造舟者，詩大雅大明云造舟為梁，是也。言造舟者比船於水，加版於上，即今之浮橋，故杜預云，造舟為梁則河橋之謂也。」按造舟為梁的造是動詞，言并合多舟而成橋梁，「造舟」並不是舟的一種名稱。又孔子云，道不行，乘桴(泭)浮於海，孔子固大夫，豈必庶人所乘才為泭？爾雅是秦漢間作品，大抵羌族意識，戰國時一部份已漸滲透於漢族文獻，羌族分布直至印度西北，那一帶階級最分明，故戰國時某派學者有器物因階級而異名之傳説。今由當年實物所見，天子亦稱「方舟」，足破其謬。此處不厭喋喋者，正以見民族源流，亟應判别，據徐松石說，太子下漁舟是僮族故事，粵地舊有此劇，或看作黃色作品，這也是民族史不分明因生誤會之例。吾人研讀古史，必須批判地接受，若不分皂白，全盤吸收，視如奇貨，作為社會制度的資料以表達周代社會之真面目，斯不徒自誤而且累人不淺了。【天亡𣪘全釋 中山大學學報一九六一年第

一期】

◉許　慎　沄轉流也。从水。云聲。讀若混。王分切。【説文解字卷十一】

◉馬叙倫　鈕樹玉曰。繫傳混下有曰字。韻會引無。沈濤曰。爾雅釋言釋文引轉流也下有一曰沉三字。周雲青曰。五音集韻引作水流轉皃。倫按沄為回之轉注字。回音匣紐。沄音喻紐三等。同為次濁摩擦音也。轉流也非本訓。或字出字林也。釋文引一曰沉也者。沉疑汎之譌。汎從凡得聲。凡音奉紐。奉紐。亦次濁摩擦音。或古借沄為汎也。讀若混者。劉秀生曰。云聲昆聲竝在痕部。故沄從云聲得讀若混。員部。䞬。從員。云聲。讀若春秋傳曰。宋皇鄖。雨部。霣。從雨。員聲。讀若昆。是其證。【説文解字六書疏證卷二十一】

 67【包山楚簡文字編】

 1537  1559【古璽文編】

 浩生廣印  浩記【漢印文字徵】

 開母廟石闕　洪泉浩浩【石刻篆文編】

◉許　慎　浩澆也。从水。告聲。虞書曰。洪水浩浩。胡老切。【説文解字卷十一】

◉馬叙倫　嚴可均曰。小徐作書曰無虞字。按偁尚書或但稱詩者。皆舊本也。此約堯典文。段玉裁曰。澆也當作沆也。字之譌。故次沆上。翟云升曰。類篇引作饒也。倫按玄應一切經音義引字林。澆也亦水大也。澆澆蓋皆饒之譌。浩饒以聲訓。浩為滔之聲同幽類轉注字。亦沆之音同匣紐轉注字。古鉩作。【説文解字六書疏證卷二十一】

◉許　慎　沆莽沆。大水也。从水。亢聲。一曰。大澤皃。胡郎切。【説文解字卷十一】

◉馬叙倫　莽沆以聲同陽類連緜為詞。玄應一切經音義引通俗文。水廣大謂之漭沆。龍龕手鑑引作水廣大皃。疑本作廣也水大皃。廣也以聲訓。水大也字林文。或水廣大皃。吕忱本通俗文加也。亦或此字出字林。大澤皃者。當從鍇本無皃字。澤

當為潪。下文。潪。土得水沮也。錢坫以為此陂澤字。潪即書禹貢大野既瀦之瀦本字。亦即水澤字也。潪音知紐。瀦當從豬得聲。音亦知紐。澤則澄紐。知澄同為舌面前破裂音也。故古書多借澤為潪。而字或作瀦。沆為大澤。以魚陽對轉借為瀦也。書禹貢馬注。水所停止。深者曰瀦。史記夏本紀作都。水經淶水注。水澤所聚謂之都。亦曰瀦。博物志。停水東方曰都。一名沆。是其證。玄應一切經音義引通俗文。亭水曰汪。借汪為之。今杭縣紹興謂停水曰蕩。街中停水偁汪蕩。蕩亦聲在陽類也。然停水為蕩為汪皆潢字義。蓋語原同也。【説文解字六書疏證卷二十一】

泬 泬

◉許　慎　泬水从孔穴疾出也。从水。从穴。穴亦聲。呼穴切。【説文解字卷十一】

◉馬叙倫　鈕樹玉曰。繫傳作從水穴。蓋挩聲字。王引之曰。爾雅釋水。氿泉穴出。穴出。側出也。案水皆自穴出。而氿泉獨言穴出者。穴非孔穴之穴。乃回穴之穴也。文選幽通賦注引曹大家曰。回。邪也。穴。僻也。氿泉從旁出。故曰穴出。又曰側出。穴與側皆不正之名。與上文濫泉正出相對。非謂其從穴孔中出也。翟云升曰。六書故引作水從孔中出。倫按錢坫亦謂此即氿泉穴出之穴。然則此説解非許文。蓋校者以字從穴而附會之。或字林文。字亦或出字林。【説文解字六書疏證卷二十一】

濞 濞

濞 臣濞　濞 張濞【漢印文字徵】

◉許　慎　濞水暴至聲。从水。鼻聲。匹備切。【説文解字卷十一】

◉馬叙倫　許當作水聲。史記司馬相如傳索隱引司馬彪曰。水聲。此字林文。見文選高唐賦注引。或此字出字林。【説文解字六書疏證卷二十一】

◉阜陽漢簡整理組　濞，應是鼻洟之「洟」的會意字，从水从鼻。《説文》：「洟，鼻液也。」陸德明《釋文》曰：「鄭云：『自目曰涕，自鼻曰洟。』」《周易》萃卦「上六，賫咨涕洟」，馬王堆帛書《六十四卦》作「⿱次木⿰禾欠涕洎」。于豪亮説：「因為自的本意為鼻……洎字也應該从水从自會意，从水从自正是鼻涕之意。」此「濞」字正作从水从鼻。朱駿聲《説文通訓定聲》云，洟字亦作「𪖙」。乃从鼻、弟聲之形聲字。【文物一九八八年第四期】

粹一四五六【甲骨文編】

◉許　慎　灂水小聲。从水。爵聲。士角切。【說文解字卷十一】

◉馬叙倫　鈕樹玉曰。韻會引作瀺灂水小聲也。說文無瀺。沈濤曰。史記司馬相如傳索隱引作水之小聲。倫按許蓋作水聲。校者加小字。或此字林文。文選上林賦注引字林。瀺灂。小水聲也。【說文解字六書疏證卷二十一】

◉許　慎　潝水疾聲。从水。翕聲。許及切。【說文解字卷十一】

◉馬叙倫　王筠曰。韻會引作水流疾聲也。倫按許當作水聲。此蓋字林文。【說文解字六書疏證卷二十一】

滕　从火國名姬姓侯爵文王子叔繡所封至戰國為齊或宋所滅　滕侯盨　滕虎簋　滕侯昊戟　吾鬲　郳伯御戎鼎　滕姬　滕侯耆戈　滕之不劍【金文編】

5・362　□陰居貲北游公士滕【古陶文字徵】

滕宮印　滕權印　滕少光　滕遂　滕毋害印　閔滕之印　張滕　滕賀【漢印文字徵】

滕竝見石經【汗簡】

石經　同上　石楟文【古文四聲韻】

◉許　慎　滕水超涌也。从水。朕聲。徒登切。【說文解字卷十一】

◉孫詒讓　(郳伯御戎)字吴釋為朕。今攷朕字說文从灷。然金文灷字作　見毛公鼎。灷字上皆从丨从丨。無从火者。唯後滕侯簋蓋兩滕字並作　。从朕从火。蓋滕之異文。此滕字下亦从火。與彼正同。滕與周同姓國。故其女曰滕姬矣。【古籀餘論卷二】

◉王國維　經典滕薛皆作滕。从水朕聲。上虞羅氏藏滕虎敦。其銘曰。滕虎敢肇作厥皇考公命中寶尊彝。滕字舊釋為然。余

謂此字从火。𦨈聲。即滕薛字滕字也。禮記檀弓上。滕伯文為孟虎齊衰。其叔父也。為孟皮齊衰。其叔父也。然則虎為滕伯文叔父。其父本是滕君。此敦云𣂼虎敢肈作厥考公命中寶尊彝。是此敦之𣂼虎即檀弓之滕孟虎之證。亦𣂼即滕字之證也。鄭注檀弓以伯文為殷時滕君。今觀此敦文字。乃周中葉以後物。然則此敦不獨存滕薛之本字。亦有裨於經訓矣。【釋𣂼　觀堂集林卷六】

◉强運開　□。𣂼侯盨。𣂼。説文所無。容庚云。滕侯。文王子叔繡之後。疑滕乃𣂼之譌。不為無見。□。𣂼虎敨。□。邾伯御戎鼎。𣂼姬𣂼為姬姓之國。亦可為容説𠃊證。【説文古籀三補卷十】

◉馬叙倫　沈濤曰。文選江賦注引無超字。本部涌訓滕。此訓涌。正許書互訓之例。言涌不必再言超也。段玉裁曰。韻會引作踊。倫按疑本作涌也水超出也。今出字傳寫譌入涌下。此字林文。【説文解字六書疏證卷二十一】

◉柯昌濟　□滕。舊釋然。案滕侯簋滕字與此正同。滕騰古殆一字。从火从尖。象騰起之狀也。从舟或是𦩍文。【滕虎彝韡華閣集古録跋尾】

◉楊樹達　殷虚書契續編卷壹壹陸之陸云：

甲寅，且乙𠰓□宗。

按此辭與且丁𠰓𣃔宗見佚存壹叁。文例恰同。余往者考釋彼辭，謂且丁𠰓者，行𢼄日之祭於且丁，猶尚書言高祖肜日，為行肜日之祭於高宗也。𣃔宗者，𣃔與新同，新為且丁之名，𣃔宗即且丁之廟也，且丁𠰓𣃔宗，即於且丁之廟行𢼄日之祭也。以彼例此，知此辭之□宗，□亦當為且乙之名。然古本竹書紀年御覽卷捌拾叁引云：「祖乙滕即位，是為中宗，居庇。」則殷先王之祖乙名滕，不名□。攷説文十一篇上水部滕字从水朕聲，而八篇下舟部朕字下不説其形，説文亦無□字。甲文朕字屢見，字作□，見甲骨文編捌之拾叁。左从舟，與小篆同，右从□與説文朕字右旁从火作𠔉者異，而其字與□宗之□同，然則□殆即祖乙之名，與紀年記名滕者文異而實同也。

鐵雲藏龜壹柒肆葉貳版，又見續編陸卷廿伍葉貳版。云：「貞，祖乙朕弗衜」，朕與□同，亦即紀年之滕也。【釋□宗　積微居甲文説】

◉黄錫全　□滕並見石經　庚壺滕作□，曾侯乙墓竹簡作□，《隸續》録石經滕字古文作□，此形同。石經是假滕為滕。【汗簡注釋卷三】

5・384 瓦書「四年周天子使卿大夫……」共一百十八字【古陶文字徵】

◉許　慎　潏涌出也。一曰水中坻。人所為為潏。一曰潏。水名。在京兆杜陵。从水。矞聲。古穴切。【説文解字卷十一】

◉蕭　璋　潏廣韻一載於六術，作餘律切，一載於十六屑，作古穴切，是古有喉舌二音，與泏同也。且潏水與泬水，聲轉為名(本段氏説見潏字注)。益證潏之有舌音也。廣韻：「潏，泉出皃」(十六屑)、「泏，水出皃」(六術)，皆與説文之義相成。蓋二字皆指泉水自穴眼涌突而出之狀，是以説文泏讀若窋(説文「窋，物在穴中皃」)，意謂泏窟二字聲義之相關也。泉眼深而小，故水出之狀，亦若草芽之出地，而泉水涌出之潏泏，正如草初生地之為茁，王氏所謂「凡物之鋭出謂之矞者」(廣雅疏證釋詁「矞，出也」)是也。潏、泏，聲義極相近，或為同字。潏與矞亦聲近義同(本王氏説，見廣雅疏證「矞，出也」)。潏矞之與泏，猶窬之與窋(説文「窬，空皃」。章氏文始二□字條小注曰「窋訓為物在穴中，與窬同韻，反言相應」)，説文以出之聲義通矞潏也(參見本篇後蔛芮茁屮條)。又按説文：「淈，一曰水出皃」。上林賦：「潏潏淈淈。」以潏淈連文以狀水出之皃，知二字古聲義竝近，惟淈無舌音之明文(唐韻及廣韻十一没並作古忽切皆喉音也)，故不著録。【釋至　浙江大學文學院集刊第三集】

◉馬叙倫　徐鍇曰。漢書。潏在鄠縣。北過上林。入渭。鈕樹玉曰。韻會從水矞聲在涌出也下。沈濤曰。文選上林賦海賦注引皆作水涌出也。上林賦注又引潏水出杜陵。是古本作出不作在。漢書相如傳注亦引作在者。乃後人據今本改也。王筠曰。顔注漢書及寰宇記引潏水下皆無名字。倫按水涌出也蓋本作涌也。水出二字乃上文滕下説解中字傳寫譌入。涌也者。疑泬字義。潏泬同為舌根音又聲同脂類也。顔師古漢書司馬相如傳注。許慎云。潏水在京兆杜陵。此即今所謂沈水。從皇子陂北流經昆明池入渭者也。蓋為字或從水旁穴。與沈字相似。俗人因名沈水乎。是潏穴相通之證。潏當為鄠縣北遇上林苑入渭之水名。唯漢書地理志鄠屬右扶風。後漢書郡國志同。此言在京兆杜陵者。三輔黄圖。潏水在杜陵。從皇子陂西北流經昆明池入渭水。吕忱亦言潏水出杜陵縣。見水經注十九太平御覽六十二引。則此一曰以下為字林文。一曰水中坻人所為為潏。亦吕忱或校者依爾雅注加之。此字或出字林。或曰。潏泬同舌根音聲同脂類轉注字。【説文解字六書疏證卷二十一】

◉許　慎　洸水涌光也。从水。从光。光亦聲。詩曰。有洸有潰。古黄切。【説文解字卷十一】

◉馬叙倫　嚴可均曰。韻會七陽引作水涌皃也。此作光。乃皃之譌。倫按本作水皃。水涌皃蓋字林文。從水。光聲。為況之

同舌根音聲同陽類轉注字。水經注廿五引字林。洸水出東平。上承汶水於岡縣西闡亭東。則此字或出字林。【說文解字六書疏證卷二十一】

波 波

波 季木 14·3【古陶文字徵】

波 110【包山楚簡文字編】

波 波 日甲一四二背 通破 勿以筑室及—地【睡虎地秦簡文字編】

波 2485 波 1431【古璽文編】

波 波左尉印【漢印文字徵】

波 波玄德觀碑【汗簡】

波 玄德觀碑【古文四聲韻】

◉許慎 波水涌流也。从水。皮聲。博禾切。【說文解字卷十一】

◉馬敘倫 鈕樹玉曰。韻會引涌作通。譌。沈濤曰。文選月賦注引無流字。流為涌之譌而重者也。水涌也字林文。見文選洞簫賦注引。許當止訓水皃。或以聲訓也。古鉨作波波。【說文解字六書疏證卷二十一】

◉黃錫全 波波玄德觀碑 天星觀楚簡波作波，古璽作波(璽彙2485)，古陶作波(香録11·1)，此形類同。水旁橫書，類似鄂君啟節湘作湘，古陶沽作沽(香録11·1)等。【汗簡注釋卷一】

澐 澐

◉許慎 澐江水大波謂之澐。从水。雲聲。王分切。【說文解字卷十一】

◉楊樹達 云雲同字，云為雲之古文。說文十一篇下雲部云：「雲，山川气也。从雨，云象回轉之形。」按云文象回轉，故云聲之字皆有轉義。水部云：「沄，轉流也。从水，云聲。」說文六篇下口部云：「囩，回也。从口，云聲。」按回轉義同。又一篇下艸部

瀾

云：「芸，艸也，似目宿。从艸，云聲。淮南王說：芸艸可以死復生。」章太炎先生云「芸取回轉義」，是也。【字義同緣於語源同例證　增訂積微居小學金石論叢】

◉馬叙倫　朱駿聲曰。與沄同字。倫按江為沄之譌字。此校者注以釋澐字之音者也。大波為瀾即在下文。而大波固不獨於江然。豈獨以江而造澐字乎。故知江為沄譌也。或曰。江為澐譌。澐省為沄。又譌為江。此隸書複舉字也。亦通。水之大波謂之澐者校語。或字林文。澐實波之轉注字。波從皮得聲。皮音竝紐。轉脣齒音入奉紐。澐音喻紐三等。同為次濁摩擦音也。此字或出字林。【說文解字六書疏證卷二十一】

◉許　慎　大波為瀾。从水。闌聲。洛干切。瀾或从連。臣鉉等曰。今俗音力延切。【說文解字卷十一】

◉馬叙倫　瀾為波之轉注字。瀾聲元類。波聲歌類。歌元對轉也。大波為瀾蓋校語。初無分別也。此蓋字林文。

鈕樹玉曰。繫傳作小波從連。韻會引作小波。蓋竝譌。錢坫曰。詩伐檀。清且漣漪。釋文引。漣。泣下也。今本無之。宋保曰。連瀾古同音。漣漪。爾雅作瀾漪。隸釋引武梁祠堂畫象云。老萊子事親至孝。衣服斑連。斑連即斑斕也。淮南天文訓。至於連石。是謂下春。高誘注。連音爛。是其證也。翟云升曰。繫傳小波二字以與下淪字注小波為淪而誤也。倫按連闌雙聲。故瀾或從連得聲轉注為漣。釋文引泣下也者。蓋校語。古或借漣為泣。泣從立得聲。立音亦來紐。今字作淚。此字或出字林。【說文解字六書疏證卷二十一】

淪

淪　伯騆父盤　【金文編】

隨□淪印　【漢印文字徵】

◉許　慎　小波為淪。从水。侖聲。詩曰。河水清且淪漪。一曰。没也。力迍切。【說文解字卷十一】

◉楊樹達　詩魏風伐檀篇云：「河水清且淪猗！」毛傳云：「淪，小風水成文轉如輪也。」是淪受義於轉輪也。【字義同緣於語源同例證　增訂積微居小學金石論叢】

◉馬叙倫　小波為淪。後人分別之。此蓋字林文。淪為瀾之音同來紐轉注字。一曰没也者。没聲脂聲真類。脂真對轉。借淪為没也。亦校語。【說文解字六書疏證卷二十一】

◉戴家祥 金文用作人名。【金文大字典中】

漂 

 籀韻  俾堯切 崔希裕纂古  亢倉子 【古文四聲韻】

◉許　慎 浮也。从水。票聲。匹消切。又匹妙切。【說文解字卷十一】

◉馬叙倫 翟云升曰。御覽引作水中繫絮也。集韻引作浮也。一曰。繫絮水中也。倫按一曰七字校語。此漱字義。【說文解字六書疏證卷二十一】

浮 

 浮 公父宅匜 【金文編】

 浮 日甲八一背 【睡虎地秦簡文字編】

 1006 【古璽文編】

 浮陽丞印  臣浮 【漢印文字徵】

 祀三公山碑 長史魯國顏浮  禪國山碑 浮海慕化 【石刻篆文編】

◉許　慎 氾也。从水。孚聲。縛牟切。【說文解字卷十一】

◉馬叙倫 沈濤曰。文選海賦注引作汎也。蓋古本如是。上文。汎。浮也。浮汎互訓。今本作氾。音近而譌。段玉裁曰。氾當作汎。汎浮互訓。與氾濫互訓義别。二篆當類廁。今本多非許之舊。沈乾一曰。浮古音脬。詩江漢。浮諧滔韻。倫按汎訓流也。此當作泛也。今泛字失次耳。古書氾泛汎三字互通。以皆脣音而形又相近也。漂浮泛以同脣音轉注。今杭縣謂浮或如脬。古鉨作。【說文解字六書疏證卷二十一】

濫

◉許　慎　氾也。从水。監聲。一曰。濡上及下也。詩曰。觱沸濫泉。一曰。清也。盧瞰切。【說文解字卷十一】

◉馬叙倫　鈕樹玉曰。繫傳觱作滭。說文無滭。桂馥曰。一曰濡上及下也者。集韻引作濡土。濡。漬也。段玉裁曰。宋本葉本五音韻譜集韻類篇竝作觱。趙鈔本空此字。一曰濡上及下者。此因濫與淋聲近。淋訓以水沃。則濫訓略同。錢坫曰。清當作漬。國語。濫於泗淵。注。濫。漬也。翟云升曰。後漢書班彪傳注引作泛也。文選西都賦注引作汎也。王筠曰。濡上及下者。濫泉之義。此先釋之而後引詩以證也。倫按二一曰皆呂忱列異訓。宋祁漢書序傳校本引字林。濫。氾濫也。【說文解字六書疏證卷二十一】

氾

氾寄　氾丁　氾壬　氾建私印　氾嘉私印　竇氾私印　賴氾印信【漢印文字徵】

◉許　慎　濫也。从水。巳聲。孚梵切。【說文解字卷十一】

◉馬叙倫　嚴可均曰。小徐巳聲下有一曰淹。沈濤曰。一切經音義引有謂普搏也。乃庾注語。倫按鍇本巳聲下有一曰淹。蓋氾之引申義。淹謂水至也。或借氾為瀶。聲同侵類。瀶淹則侵談聲近。古書淹没字亦借為瀶也。然此是校語。氾濫聲同侵類轉注字。【說文解字六書疏證卷二十一】

泓

孫泓白事　張泓印信【漢印文字徵】

◉許　慎　下深皃。从水。弘聲。烏宏切。【說文解字卷十一】

◉吳大澂　泻。說文所無。疑即泓之省者。泻鐘。晚周之器。【說文古籀補卷十一】

◉郭沫若　泻即泓字之異。从水弓聲。【者泻鐘　兩周金文辭大系圖録考釋】

◉馬叙倫　沈濤曰。一切經音義廿引作下深大皃。音義十七文選吴都賦注引作下深大也。義得兩通。笙賦注引作下深也。倫按廣雅釋訓。泓泓。深也。玉篇。水深也。此說解本作大也深也。下即大之譌字。此當訓水皃。七篇。宏。屋深也。蓋語原同。疑泓為深之轉注字。泓從弘得聲。弘從厶得聲。厶九實一字。故音同見紐。九寸皆肘之初文。肘聲幽類。深聲侵類。幽侵對轉也。大也蓋校語。中子曩匜。丁佛言釋。【說文解字六書疏證卷二十一】

湋

湋 湋伯簋 【金文編】

◉許 慎 湋回也。从水。韋聲。羽非切。【説文解字卷十一】

◉馬叙倫 鈕樹玉曰。韻會引回也下有又水名。玉篇廣韻竝訓水名。王筠曰。名當作也。漢書溝洫志。關中靈軹成國湋渠。注。水出韋谷。倫按如漢志注。則湋為水名專字。以水出韋谷。故名湋也。不然。則為回之轉注字。亦沄之轉注字。回也之回。疑回之譌。或其借也。一曰水名蓋字林文。或此字出字林也。【説文解字六書疏證卷二十一】

測

測 般殷鼎 既龢無測 【金文編】

◉許 慎 測深所至也。从水。則聲。初側切。【説文解字卷十一】

◉馬叙倫 深上蓋有挩字。此字林文。或當作深也度所至也。爾雅釋言。潛。深。測也。深音審紐三等。測音穿紐二等。古讀皆歸於透。或轉注字。或方言謂深為測。借測度字為之。或許本以聲訓。吕忱增度深所至曰測。今有挩譌。【説文解字六書疏證卷二十一】

◉楊樹達 説文十一篇上水部云：「測，深所至也。从水，則聲。」按測有二義：一為動字，一為名字。許訓深所至，亦兼二義言之。淮南子原道篇注云：「度深曰測。」此動字義也。動字義而説解云深所至者，爾雅釋言云：「潛，深，測也。」商子禁使篇云：「深淵者知千仞之深，縣繩之數也。」深淵謂測淵也。列子黄帝篇云：「彼將處乎不深之度而藏乎無端之紀。」不深謂不測也。蓋深从罙聲，罙字从穴，从火，从求省。人執火於穴中有所求，即今言探求之探之初文。深从罙得聲，宜有動字義；然則深所至猶言探水之所至，故為動字訓矣。測又得為名字義者，測从則聲，則有準則法則之義。淮南子説林篇云：「以篙測江，篙終而以水為測，惑矣。」測江之測，動字也。以水為測，謂以篙上之水為水深之則度，然則測為名字，謂水深所至之度。故郭璞注爾雅云：「測，亦水深之别名。」是也。今長沙俗言測度所得之準則為則寸，即此義也。而深所至為名字之訓釋，又不煩言矣。今人於測第用為動字而不知其為名，於深第用為静字而不知其為動，古人名動相因，動静亦相因，語本同源，初無二義，特其為用異耳。段氏知測之有二訓而舉證未諦，故特言之。【説測 增訂積微居小學金石論叢】

◉銀雀山漢墓竹簡整理小組 濺水深淺邑之小大城……入相錯者 《地圖》作「道里之遠近，城郭之大小，名邑廢邑困殖之地，必盡知之；地形之出入相錯者盡藏之」。簡文「濺」為「測」字異體，「賊」本為從「戈」「則」聲之字。【銀雀山漢墓竹簡（壹）】

湍

◉許慎　湍疾瀨也。从水。耑聲。他耑切。【説文解字卷十一】

◉馬叙倫　沈濤曰。華嚴經十三音義引作淺水流沙上曰湍。又曰。湍。疾。瀨也。廿五音義引作湍者疾瀨也。淺水流沙上曰湍也。一切經音義廿二同。音義下引。湍。疾瀨也。淺水流沙上曰湍也。一切經音義廿三引湍。疾瀨也。淺水流沙上也。蓋古本當作淺水流沙上曰湍。一曰。湍。疾瀨也。又一切經音義四及十三及十六及廿引。湍。疾瀨也。水流沙上曰瀨。瀨。淺水也。與慧苑所據不同。而華嚴音義引瀨字訓。亦作淺水流沙上。是湍瀨同訓。與淮南原道訓注。湍瀨。水淺。流急。少魚之處也。合。又文選陸士衡日出東南隅。行注引。湍。水疾也。蓋古本亦有如是作者。翟云升曰。孟子告子疏引作急瀨水。王筠曰。許注淮南曰。湍。水疾也。倫按下文。瀨。水流沙上也。是音義所引皆校者釋説解中瀨字義也。湍乃瀨之譌耳。玄應音義四及十三及十六及廿引可證也。其廿二引作淺水流沙上曰湍。湍亦瀨之譌。廿三引淺水流沙上也。蓋上捝瀨字。然此説解當作疾流也。流瀨音同來紐。故譌作瀨。文選陸士衡詩注引作水疾也。與許注淮南同。或許注淮南語。又疑許訓本作水皃。疾流也字林文。孟子猶湍水也。楚詞九章。長瀨湍流。湍皆謂疾流。【説文解字六書疏證卷二十一】

淙

◉許慎　淙水聲也。从水。宗聲。藏宗切。【説文解字卷十一】

激

◉許慎　激水礙衺疾波也。从水。敫聲。一曰。半遮也。吉歷切。【説文解字卷十一】

◉馬叙倫　鈕樹玉曰。玉篇引同。韻會作水礙也。疾波也。是兩義。沈濤曰。一切經音義十一引。水文礙邪疾急曰激。四引作水疾急曰激也。廿一引。激。邪流急者也。廿二引。激。水流礙邪急激也。華嚴音義兩引。水文回邪疾急曰激也。則與玄應據本微異。又引。激。疾波也。疑古本作激。疾波也。水文礙邪急疾曰激也。倫按鍇本水礙下也字為邪字之譌。古書邪也二字通用。以音近也。然以諸引證之。蓋本作疾波也。水波礙邪疾流也。或本作疾波也。水流礙邪急疾曰激也。水流句蓋字林文。許訓急也。吕增水流礙邪疾波也。一曰半遮也者。史記司馬相如傳索隱引司馬彪曰。徼。遮也。蓋迾字義。激借為迾。猶今激烈連語矣。激從敫得聲。敫從敖得聲。敖音疑紐。迾音來紐。古讀歸泥。泥疑同為邊音也。此蓋校語。【説文解字六書疏證卷二十一】

洞 洞

洞 洞沐伯康【漢印文字徵】

洞【汗簡】

義雲章 竝同上【古文四聲韻】

◉許 慎 洞疾流也。从水。同聲。徒弄切。【説文解字卷十一】

◉馬叙倫 翟云升曰。類篇引作疾也流也。倫按文選西都賦注引作急流也。蓋本作急流也疾也。皆字林文。許當訓水皃。洞音定紐。湍音透紐。蓋轉注字。同為舌尖前破裂音也。字見急就篇。【説文解字六書疏證卷二十一】

◉黄錫全 洞 夏韻送韻又録《義雲章》洞作、。水在下作，與三體石經澤作、滅作同。唐陽華巖銘古文作、。【汗簡注釋卷五】

瀶 瀶

◉許 慎 瀶大波也。从水。旛聲。孚袁切。【説文解字卷十一】

◉馬叙倫 錢坫曰。許君淮南注曰。楚人名水暴溢曰瀿。即此字。倫按大波也蓋瀾字義。聲同元類也。以字次求之。此當訓水暴溢也。今杭縣謂水大溢曰盤出來。當作此字。此大波非本訓。玄應一切經音義引倉頡。潘作瀶。同敷緣反。注也。【説文解字六書疏證卷二十一】

洶 洶

洶 張洶【漢印文字徵】

◉許 慎 洶涌也。从水。匈聲。許拱切。【説文解字卷十一】

◉郭沫若 第二十一行灒字原作，右旁下半肉字稍有泐損，舊或釋湎，或釋淠，均非也。案此字右旁確是胷字，从肉象形，象胸壁之上有二乳也。攷工記梓人「以胷鳴者」，釋文「本一作骨，又作胷，賈馬作胃」，作胷者猶存古意，作胃作骨者均因形近而譌。今觀此胷字，於誤胃之由，尤可以恍悟矣。从水，乃洶字。在此叚為酗，書微子「酖酗于酒」，又無逸「酗于酒德」。【毛公鼎之年代 金文叢考】

◉馬叙倫 王筠曰。文選高唐賦注引作涌也。謂水波滕皃也。謂字以下蓋庾注也。丁福保曰。慧琳音義八十三引與選注同。

倫按涌洶聲同東類轉注字。【說文解字六書疏證卷二十一】

湧出庚儼演說文　【汗簡】

庚儼演說文　【古文四聲韻】

◉許　慎　滕也。从水。甬聲。一曰。涌水在楚國。余隴切。【說文解字卷十一】

◉强運開　湧。說文作涌。滕也。从水。甬聲。滕篆下云。水超踊也。涌為小篆。是湧為古文籀文可知。【石鼓釋文】

◉馬叙倫　滕從𦨉得聲。𦨉從灷得聲。灷聲亦東類。則洶涌與滕亦轉注字也。一曰涌水在楚國者。漢書地理志。楚國。高帝置。宣帝地節元年。更名彭城郡。黃龍元年復。後漢書郡國志。彭城郡。章帝改。均不言有涌水。左莊十八年傳杜注。涌水在南郡華容縣。二志華容均屬南郡。然則鍇本無國字是。在楚者。泛言之也。此蓋字林文。石鼓有字。【說文解字六書疏證卷二十一】

◉黃錫全　湧。出庚儼演說文　《說文》涌字正篆作。此形水旁在下，蓋為「涌」之古文，類似古陶沽字作（香録11・1），鄂君啟節漢作、灅作、湘作、三體石經減作等。涌即湧本字。【汗簡注釋卷三】

◉許　慎　湁湒。鬻也。从水。拾聲。丑入切。【說文解字卷十一】

◉馬叙倫　段玉裁曰。上林賦。湁潗鼎沸。鬻沸古今字。此蓋引上林賦成語。如人部引儆御受屈。今本脱鼎字。王筠曰。周成雜字云。湁潗。水沸皃也。倫按此蓋肸蠁布也之例。疑湁為湒之聲同談類轉注字。湁湒鬻也者。自本上林賦。彼文以湁湒疊韻連語狀鬻耳。此字蓋出字林。【說文解字六書疏證卷二十一】

◉許　慎　直流也。从水。空聲。苦江切。又哭工切。【說文解字卷十一】

◉馬叙倫　直流也蓋字林文。或此字出字林也。【說文解字六書疏證卷二十一】

汋

◉許　慎　汋激水聲也。从水。勺聲。井一有水一無水謂之瀱汋。市若切。【說文解字卷十一】

◉馬叙倫　鈕樹玉曰。廣韻引作一曰井一有水一無水為瀱汋。韻會引亦同。唯為作曰。玉篇同。段玉裁曰。一曰義見釋水。釋名曰。罽。竭也。汋有水聲。汋汋然也。然則瀱謂一無水。汋謂一有水。田吳炤曰。井上應有一曰二字。此別一義。唯瀱汋連文。是井一有水一無水者之名。恐許書汋下舊無井以下十一字。淺人因瀱下說解校注於此。後掍入正文耳。倫按田謂井字下十一字為校語是也。汋為激之聲同宵類轉注字。蓋本作激也。一曰。水聲。井一有水一無水謂之瀱汋。一有水一無水者。謂一時有水一時無水。瀱汋者。狀其聲也。【說文解字六書疏證卷二十一】

◉戴家祥　中山王嚳鼎　鼎銘「蒦其汋於人也，寧汋於淵。」李學勤認為此二句出自大戴禮記武王踐阼，原文是盥盤之銘，曰與其溺於人也，寧溺於淵。溺於淵猶可游也，溺於人不可救也。汋字从水勺聲，溺字從水弱，勺弱古音同屬宵部，故汋溺通假。【金文大字典中】

瀱

◉許　慎　瀱井一有水一無水謂之瀱汋。从水。罽聲。居例切。【說文解字卷十一】

◉馬叙倫　吳穎芳曰。已見上文。不當複舉。此但云瀱汋也。段玉裁曰。攷釋名作罽。不從水。此篆乃浅人增耳。爾雅作瀱。亦非古本。罽訓竭。於音得之。鈕樹玉曰。汋。激水聲也。有釋水文乃其別義。故加一曰於上。瀱下釋水文乃其本義。非複舉。釋名傳刻未必無譌。王筠曰。段說良是。但又有說焉。小徐本瀱字在汽涸消潐渴漮之下。如或此字為許所收。當曰。瀱。竭也。一曰井一有水云云。汋雖在前。亦但當云。一曰瀱汋也。說文兩字為名。出其義於上字之下。乃通例也。倫按瀱蓋汽涸渴漮之同舌根音轉注字。此字蓋校者以上文汋下有井一有水一無水謂之瀱汋。故移於此。而重引釋水文。唐人删其本訓。然字或出字林也。【說文解字六書疏證卷二十一】

渾

陸渾左尉　渾盛印信　李渾【漢印文字徵】

渾【汗簡】

汗簡【古文四聲韻】

◉許　慎　[古文字形]混流聲也。从水。軍聲。一曰。洿下皃。户昆切。【説文解字卷十一】

◉馬叙倫　沈濤曰。一切經音義一引。渾。水流聲也。一曰汙。九引。渾。洿也。亦水流聲也。混流聲作水流聲。文選七命注引渾流聲也。奪去水字而亦無渾字。御覽引。渾者。製儀器也。是古本尚有此一解。翟云升曰。一切經音義廿三引作亂也。此溷字注。誤引。王筠曰。混字句。御覽引渾者測儀器也。蓋謂渾天也。然文義似不順。倫按以上數字説解皆有捝譌。此亦然。混字乃校者注以釋渾字之音者也。或以聲訓。今捝也字。流聲也蓋字林文。一曰洿或一曰汙者。謂渾為濁也。此溷字義。校語。御覽引渾者測儀器也。當作測天儀器也。捝天字耳。亦校語。字見急就篇皇象本。顔師古本作溷。【説文解字六書疏證卷二十一】

◉許　慎　[古文字形]水清也。从水。列聲。易曰。井洌寒泉食。良辥切。【説文解字卷十一】

◉商承祚　[古文字形]後編下第三十二葉　[古文字形]書契菁華第十一葉

从水从歺。疑即洌字之媘。許書列字作𠛱。从[古文字形]。今隸中或作列刿𠛱意。古歺𣦵為一字。至後世因[古文字形]後滋衍為[古文字形]。遂別為二誼矣。【殷虚文字考　國學叢刊二卷四期】

◉馬叙倫　沈濤曰。文選長笛賦注引無水字。鈕樹玉曰。韻會引無食字。玉篇注亦無。易本井洌寒泉為句。故王注云。井洌寒泉。然後乃食。嚴可均曰。御覽百八十九引亦無食字。周雲青曰。唐寫本文選盧湛時興詩注引水清皃也。商承祚曰。卜辭作[古文字形][古文字形]。陳邦懷曰。[古文字形]即𡿪字。倫按本訓水皃。清也字林文或校語。文選嘯賦注引字林。寒皃。高唐賦注引字林。寒風也。此凓字義。【説文解字六書疏證卷二十一】

淑　不从水　寡子卣　弔字重見　【金文編】

淑見古孝經　【汗簡】

古孝經　
同上　【古文四聲韻】

◉許　慎　[古文字形]清湛也。从水。叔聲。殊六切。【説文解字卷十一】

◉馬叙倫　下文。湛。没也。則清湛不得連文。當是清也湛也二訓。淑音禪紐。湛音澄紐。古讀竝歸於定。淑聲幽類。湛聲

溶 溶　瀓 瀓　清 清

侵類。幽侵對轉。古多借湛為淑耳。然許當止訓水皃。此皆字林文。字或出字林也。淑蓋洌之轉注字。洌從列得聲。列從歺得聲。歺從卢得聲。卢為死之初文。死音心紐。淑從叔得聲。叔從尗得聲。尗音審紐。心審同為次清摩擦音也。【說文解字六書疏證卷二十一】

◉許　慎　溶水盛也。从水。容聲。余隴切。又音容。【說文解字卷十一】

◉馬叙倫　玉篇作水皃。許亦當然。文選思玄賦注引字林。溶。水盛皃。此作也。譌。此字或出字林。玉篇亦本字林。挩盛字耳。【說文解字六書疏證卷二十一】

 趙澄　【漢印文字徵】

 瀓　【汗簡】

 雲臺碑　 王庶子碑　【古文四聲韻】

◉許　慎　瀓清也。从水。徵省聲。臣鉉等曰。今俗作澄。非是。直陵切。【說文解字卷十一】

◉馬叙倫　鈕樹玉曰。繫傳韻會作從水𢿱聲。說文無𢿱。嚴可均曰。𢿱即徵之古文。沈乾一曰。五音集韻引作水清不流皃。倫按瀓為淑之轉注字。淑音禪紐。古讀歸定。瀓音澄紐。禪澄皆舌面前音。定澄同為濁破裂音也。本訓水皃。清也蓋字林文。五音集韻引作水清不流皃者。本作水皃。清也。不流也。傳寫并之。不流也校者所加。以此為澄瀓字也。【說文解字六書疏證卷二十一】

◉黄錫全　瀓　曾侯乙編鐘銘文徵字作、、等形，《說文》古文作，碧落碑作，此形乃譌。《說文》瀓字正篆變作瀓。【汗簡注釋卷五】

 清　日甲三五背　四例　通青　其生—　日甲九八　【睡虎地秦簡文字編】

湜　潣

0215 長沙楚帛書青作，與此所从偏旁同，是知此為清字。【古璽文編】

清河太守章　清陽丞印【漢印文字徵】

泰山刻石　靡不清浄　開母廟石闕　陰陽穆清　禪國山碑　清絜光朖【石刻篆文編】

清【汗簡】

雲臺碑　古老子　竝義雲章　雲臺碑【古文四聲韻】

◉許　慎　朖也。澂水之皃。从水。青聲。七情切。【説文解字卷十一】

◉馬叙倫　鈕樹玉曰。繫傳韻會朖作朗。倫按澂從徵得聲。徵為乑之轉注字。見徵字下。乑青聲同耕類。是澂清為轉注字也。淑從叔得聲。叔從尗得聲。而從尗得聲之茮音入精紐。搗入清紐。戚亦清紐。敊入從紐。清音清紐。精清從同為舌尖前破裂摩擦音。然則古讀淑不在禪紐。實為清之轉注字。本訓水皃。呂忱增澂水之皃。朖也者。呂忱列異訓。或校語。文選思玄賦注引字林。清。瀏流也。字見急就篇。齊侯甗字。吳大澂釋清。謂許分清瀞為二字。非。【説文解字六書疏證卷二十一】

◉黄錫全　清　古璽清作（璽彙0215），碧落碑作。水旁重形，與洛字作（存下974）、（甲346），樂作（前4·13·7），洹作（粹1061）類似。右同古青，説見青部。陽華巖銘作。【汗簡注釋卷五】

◉許　慎　水清底見也。从水。是聲。詩曰。湜湜其止。常職切。【説文解字卷十一】

◉馬叙倫　鈕樹玉曰。詩谷風釋文引作水清見底。玉篇注水清也。韻會引詩止作沚。蓋本今谷風改。倫按湜音禪紐。為淑之轉注字。聲在支類。則與清為支耕對轉轉注也。此字蓋出字林。【説文解字六書疏證卷二十一】

◉許　慎　水流浼浼皃。从水。閔聲。眉殞切。【説文解字卷十一】

◉馬叙倫　鄧廷楨曰。潣浼雙聲。倫按下文。浼。汙也。詩曰。河水浼浼。詩傳曰。浼浼。平地也。段玉裁王筠謂詩借浼為

潤也。則此浼浼以聲訓。然水流浼浼以毛傳釋之為水流平地之皃。則失其次。此上文皆言水清。下文皆言水濁。疑潤即楚辭受物之汶汶乎之汶。史記屈原傳索隱。汶汶音門門。猶昏暗不明。蓋是水濁義。為淈之脂真對轉轉注字。字蓋出字林。【説文解字六書疏證卷二十一】

滲 滲

◉許　慎　滲下漉也。从水。參聲。所禁切。【説文解字卷十一】

◉馬叙倫　沈濤曰。史記相如傳索隱引滲漉。水下流之皃也。乃括引二字之解。倫按下文。漉。滲也。則此當訓漉也。不得言下漉也。檢徐鍇本漉下有一曰水下也。蓋此本作漉也。滲漉水下流之皃也。傳寫本之而有捝譌耳。然滲字次潤瀾之閒。米部。糂。以米和羹也。字或作糝。黑部。黲。淺青黑色。以語原求之。滲當為襍汙之義。疑漉濁聲同矦類。此當作濁也。水下流之皃當作水不流之皃也。皆字林文。校者以漉下訓滲也。因改耳。【説文解字六書疏證卷二十一】

潿 潿

◉許　慎　潿不流濁也。从水。圍聲。羽非切。【説文解字卷十一】

◉馬叙倫　王筠曰。小徐本作下流濁也。倫按不流或下流皆上文滲字説解中字傳寫誤入。濁蓋溷之譌字。或涉下文溷下一曰水濁皃而譌衍。此捝溷字耳。【説文解字六書疏證卷二十一】

溷 溷

◉許　慎　溷亂也。一曰水濁皃。从水。圂聲。胡困切。【説文解字卷十一】

◉馬叙倫　一曰水濁皃是本義。然非本訓。亂也字林文。見文選風賦注引。溷潿音同匣紐轉注字。字見急就篇。【説文解字六書疏證卷二十一】

淈 淈

◉許　慎　淈濁也。从水。屈聲。一曰。滒泥。一曰。水出皃。古忽切。【説文解字卷十一】

◉馬叙倫　本訓水皃。濁也蓋字林文。一曰以下校語。或亦字林文也。一曰滒泥者。蓋以音見紐借為滒也。一曰水出皃者。下文泏字義。或𡿺字義。淈𡿺聲同脂類也。川部。𡿺。水流也。莊子天地。忽然出。忽即𡿺之借字。𡿺。從川。曰聲。本部。汩。治水也。從水。曰聲。爾雅釋詁。淈。治也。以淈為汩。是其證。淈為溷瀾之同舌根音轉注字。淈溷又脂真對轉轉注也。文選江賦注引倉頡。淈。水通貌。【説文解字六書疏證卷二十一】

籀韻籀韻【古文四聲韻】

◉許　慎　漩回泉也。从水。旋省聲。似沿切。【説文解字卷十一】

◉馬叙倫　嚴可均曰。一切經音義十八引作回淵也。此作泉。沿唐避諱。倫按本訓水皃。回泉也。當作回也。淵也。華嚴經音義引切韻。漩。洄也。漩洄即淀回。洄即@之後起字。下文。淵。回水也。此自不得作回淵也。泉亦不得言回也。漩音邪紐。沄音匣紐。為同次濁摩擦音轉注字。此字或出字林。【説文解字六書疏證卷二十一】

◉許　慎　漼深也。从水。崔聲。詩曰。有漼者淵。七罪切。【説文解字卷十一】

◉馬王堆漢墓帛書整理小組　濰當是漼(音催)字別體。侯濰,人名,齊國使臣。【馬王堆漢墓帛書】

後一・一五・二　从口水與説文古文同　【甲骨文編】

後上15・2　【續甲骨文編】

淵　不从水　牆盤　淵藯康王　中山王嚳鼎　蔓其没於人施寧没於淵　沈子它簋　【金文編】

86　119反　143　【包山楚簡文字編】

《説文》淵字古文作囦,與此略同。吕涉山陵瀧汩——濿(乙3—30)　【長沙子彈庫帛書文字編】

劉淵印信　韓淵　【漢印文字徵】

石碣汧殹　丞皮淖淵　禪國山碑　日惟重光大淵獻　【石刻篆文編】

淵　【汗簡】

古孝經　古老子　同上　古尚書　雲臺碑　崔希裕纂古　【古文四聲韻】

◉許　慎　□回水也。从水。象形。左右岸也。中象水皃。烏玄切。□淵或省水。□古文从口水。【説文解字卷十一】

◉潘祖蔭（齊鎛）□即淵。説文。淵。回水也。从水。象形。左右岸也。中象水。古文作□。此字从水在𣶒中。與説文義合。淵淵即秉心塞淵之意。【攀古樓彝器款識二册】

◉吴大澂（齊侯鎛）□即淵。説文。淵。回水也。从水。象形。左右岸也。中象水。古文作□。此字从水在𣶒中。與説文義合。⿱竹𣶒與簡亦相似。詩。降福簡簡。疑即⿱竹𣶒⿱竹𣶒之誤。水經穀水注云淵澗字相似。時有字錯為淵也。【愙齋集古録二册】

◉商承祚　□後編上第十五葉　説文解字。淵。回水也。或省水作𣶒。古文作□。此與許書之古文同。【殷虚文字類編卷十一】

◉高田忠周　説文。□。回水也。从水。𣶒象形。左右岸也。中象水形。或省水作□。古文作□。蓋許氏有誤。𣶒是古文正形。□為左右岸。□即横水之變。以象回水形也。【古籀篇三】

◉葉玉森　□此字从巛。象大水。从□。象兩岸山阜形。疑即古文淵字。齊侯鎛籀字从□。亦象大水在兩岸中形。初文淵本从□。後始譌變為□。許書省水之□。以□為□。从一為巛。古意已晦。更增水旁。則益剌謬矣。殷契鉤沈。

【殷虚書契前編集釋卷四】

◉强運開　□張德容云。此籀文也。説文婣籀文作嫺可證。張燕昌云。水經注云。汧水篇。其水東流歷澗注以成淵。正合丞彼淖淵之文。【石鼓釋文】

◉馬叙倫　鈕樹玉曰。鍇本作𣶒象形。集韻引無𣶒字。沈濤曰。華嚴經音義引水洄曰淵。蓋古本亦有如是作者。洄當作回。文選魏都賦注御覽七十引皆同今本。倫按本訓當作水皃。回水也蓋字林文。回當作□。此淵之初文。□以音同匣紐轉注為沄為淖。又以同次濁摩擦音轉注為漩。沄以聲同真類轉注為淵。漩從旋得聲。旋從㫃得聲。㫃淵音同影紐。是漩淵亦轉注字也。淵為𣶒之後起字。當為從水𣶒聲。象形以下吕忱或校者改之。字見急就篇。石鼓文作□。

□　鈕樹玉曰。玉篇廣韻並無。九經字樣云。𣶒。古文淵。集韻亦云。淵古作𣶒。倫按石鼓文淵字作□。□蓋從水或林象其漩形。□變為□耳。實□之異文。政齊之為□。非左右象兩岸中象水也。指事。

□　桂馥曰。舊刻李燾本作□。王筠曰。朱筠本作□。汪本小徐同此。倫按甲文有□字。商承祚釋淵。倫謂從水口聲。口聲脂類。脂真對轉。故□從口得聲。為淵之轉注字。聲入真類也。【説文解字六書疏證卷二十一】

◉嚴一萍　□淵　商氏釋泉。案繒書別有泉字作□，沈子簋有淵字作□。此□字，即説文所謂「𣶒或省水」也。𣶒字中間之

濔

「」本由橫巛所變，今繒書所寫川尚不橫。朱駿聲說文通訓定聲謂「𣶒亦古文」，是也。管子度地篇：「出地而不流者，命曰淵水。」正是此處淵字之義。【楚繒書新考　中國文字第二十六冊】

◉唐　蘭　是𣶒字，王孫鐘肅字从，叔弓鎛簫字从，子仲姜鎛簫字从，並可證，《說文》𣶒字是淵的或體。《小爾雅·廣言》「淵，深也。」德字从彳悊聲，悊即哲字，見克鼎。《詩·長發》：「濬哲惟商」，傳。「濬，深。」淵哲與濬哲義同。【略論西周微史家族窖藏銅器羣　文物一九七八年第三期】

◉湯餘惠　長沙帛書甲篇有下面兩句話：

又　（二行）

黃土身，亡□出内　（七行）

每句的第二個字寫法略同，以往有人釋「泉」，還有人釋「淵」，其說不一。今按齊侯鎛銘文簫字從𣶒作，戰國文字省變，中山王鼎「寧汋於𣶒」字作，與帛書寫法極近，當以釋「𣶒（淵）」為是。《說文》訓「𣶒」為「回水」，又「回，轉也。」《釋名·釋兵》：「簫弣之間曰淵。淵，宛也，言宛曲也。」看淵字古文，正像水流回漩宛轉的樣子，形、義相合，首句末字商承祚先生釋「洄」，可從；「有淵厥洄」文義曉暢。次句「黃淵」似為名詞。【略論戰國文字形體研究中的幾個問題　古文字研究第十五輯】

◉黃錫全　淵　神、雲、武、豐、内本淵並作囦，薛本同。甲骨文淵作（後上15·2），中山王鼎作，《說文》古文變作。【汗簡注釋卷五】

◉戴家祥　中山王譽鼎　寧汋於淵　蓋　沈子𣪘　𢽾吾考克淵克　淵象兩岸，中為回水之形，本當作𣶒，如中山王譽鼎銘之作，後加水旁，乃是為了進一步指明回水而已。【金文大字典中】

◉許　慎　滿也。从水。爾聲。奴礼切。【說文解字卷十一】

◉馬叙倫　鈕樹玉曰。詩新臺釋文引作瀰。水滿也。不云作瀰。五經文字濔注云。見詩風。則張所見當是瀰。倫按瀰音泥紐。滿音明紐。同為邊音。轉注字也。如釋文引。則本作水皃。傳寫挩皃字。滿也字林文。或此字出字林。【說文解字六書疏證卷二十一】

澹

澹　从水从膽　鄂君啟舟節　入澹沅澧澹　今作澹澹水在澧水北　【金文編】

澹出史書　【汗簡】

古史記　雲臺碑　【古文四聲韻】

◉許　慎　澹水搖也。从水。詹聲。徒濫切。【說文解字卷十一】

◉馬叙倫　鈕樹玉曰。文選東京賦注引。澹澹。水搖皃也。高唐賦注引作澹澹。水搖也。倫按澹訓水搖。音在定紐。是潒之轉注字也。本訓水皃。水搖也字林文或校語。【說文解字六書疏證卷二十一】

◉黄錫全　澹澹出史書　《史記·馮唐傳》「破東胡，滅澹林」，集解引徐廣曰：「澹，一作『襜』。」索隱：「澹，丁甘反。一本作『檐襤』。」《漢書·食貨志》「竭天下之資財以奉其政，猶未足以澹其欲也」，師古曰：「澹，古贍字也。」鄭珍認為注文「澹乃贍之誤」。【汗簡注釋卷五】

潯

◉許　慎　潯旁深也。从水。尋聲。徐林切。【說文解字卷十一】

◉馬叙倫　沈濤曰。文選江文通襍體詩注引。潯。水旁潯也。古本當作水旁深也。今本奪水字。選注誤潯為深。桂馥曰。文選江賦注引許慎淮南注云。潯。水涯也。又七發注引字林。潯。水涯也。倫按淮南原道訓。故游于江潯海裔。潯自以訓水旁為長。旁深不可通。水旁深謂水之兩邊深。則於事理不合。且字亦不當廁此也。然許必不訓水旁耳。倫謂潯實潭之轉注字。潭為水深。楚詞抽思注。潭。淵也。楚人名淵曰潭。潭為水名所專。乃作潯字。尋覃聲同侵類。爾雅釋言釋文。覃。本又作㝷。是其例證也。淮南江潯字蓋借為漘。漘音禪紐。潯音邪紐。同為次濁摩擦音。下文。漘。水厓也。然則旁上捝水字。下捝也字。乃後校者之詞。深也蓋亦字林文。選注引字林水涯也者。吕忱據淮南許注加之。篆當依王筠說作潯。【說文解字六書疏證卷二十一】

泙

◉許　慎　泙谷也。从水。平聲。符兵切。【說文解字卷十一】

泏 泏　瀳 瀳　潪 潪　滿 滿

◉許　慎　泏水皃。从水。出聲。讀若窋。竹律切。又口兀切。【説文解字卷十一】

◉馬叙倫　玉篇廣韻竝訓水出皃。下文淈下一曰水出皃。即此字義。集韻引字林。泏。水定也。定也蓋出皃之譌。字或出字林也。【説文解字六書疏證卷二十一】

◉許　慎　瀳水至也。从水。薦聲。讀若尊。又在甸切。【説文解字卷十一】

◉馬叙倫　吴穎芳曰。此切出字林。舊并刻。故有又字。王筠曰。朱文藻本繫傳篆作瀳。劉秀生曰。薦聲在精紐痕部。尊為蕁之或體。亦在精紐痕部。故瀳從薦聲得讀若尊。禮記郊特牲。故既奠然後焫蕭合羶薌。注。奠謂薦孰時也。奠或為薦。儀禮士喪禮。冪奠用功布。注。古文奠為尊。是其證。尹桐陽曰。管子侈靡。辟之若尊譚。未勝其本。亡流而下。尊譚即瀳潭。未。末也。亾。妄也。謂水大至之潭末其本妄流而下也。此瀳讀若尊之證。倫按字蓋出字林。【説文解字六書疏證卷二十一】

◉許　慎　潪土得水沮也。从水。𥏾聲。讀若䵹。竹隻切。【説文解字卷十一】

◉馬叙倫　鈕樹玉曰。玉篇作潪。土得水也。重文作𣿅。引説文。則注亦本説文。廣韻收陌昔。並注。土得水也。則沮字乃後人加。王筠曰。沮字似衍文。又似即沮洳之謂。謂水土相和而成泥也。劉秀生曰。智聲在端紐齊部。䵹從帝聲。帝聲亦在端紐齊部。故潪從智聲得讀若䵹。口部。啻。從口。帝聲。讀若鞮。禮記王制。西方曰狄鞮。注。鞮之言智也。廣雅釋詁。鞮。𥏾也。是其證。倫按錢坫謂此陂澤字。爾雅澤當同此。釋名。下有水曰澤。倫謂潪亦即泥土之泥本字。書益稷。澤行乘輴。史記夏本紀澤作泥。漢書溝洫志引夏書亦作泥。吕氏春秋慎勢淮南脩務作塗。泥塗皆土得水之謂。潪音知紐。其本音在審紐。古讀審歸透。泥音泥紐。透泥同為舌尖前音也。澤音澄紐。知澄同為舌面前音。故古多借澤為潪。沮借為滍。土得水沮也。當作土得水也滍也。此字或出字林。【説文解字六書疏證卷二十一】

滿 9·79　滿據　2·5　匋乍𦉜埴　古文四聲韻引古孝經滿作𦖞與此同　脊録 9·2　匋乍埴卩九成【古陶文字徵】

棘滿丞印　高堂滿之　萬滿之　王滿　司馬滿印　錡滿之印　王滿意印【漢印文字徵】

滿 【汗簡】

古孝經　竝古老子　義雲章 【古文四聲韻】

◉許　慎　滿盈溢也。从水。㒼聲。莫旱切。【説文解字卷十一】

◉馬叙倫　盈溢也當作盈也溢也。玉篇正如此。然許止當訓水皃。或盈也。溢字非許書本有。則字林文也。滿字見急就篇。滿音明紐。盈從夃得聲。夃從乃得聲。乃音泥紐。明泥同為邊音。語原同也。【説文解字六書疏證卷二十一】

◉于省吾　璽埴有字。亦作。陶文香録九·二引吴大澂釋豹。按古文四聲韻上聲二十四緩滿字下引古孝經作。古老子作。義雲章作。然則陶文之。即古文滿字也。【釋㒼　雙劍誃古文雜釋】

◉馬王堆漢墓帛書整理小組　滿疑是滿字。【馬王堆漢墓帛書】

◉黃錫全　古璽有字，《文編》列入口部，隸作圂，《彙編》列入姓名私璽類。璽文（《彙編》三二二三），《彙編》釋為「圂憙」。

按郾矦𣪘馬作，古璽作（《彙編》〇〇二四）、（《彙編》三八九三）等，《文編》隸此字為圂，不誤。《説文》無圂字。《玉篇》圂，音縶。實際上，《玉篇》以為圂同《説文》馽（）（正篆作，「絆馬也，从馬口其足」，或體作䍙）。然圂與馽構形有别。圂是否「音縶」，值得懷疑。古書中未見圂姓，也不見馽或縶姓。圂字究竟讀什麽音，是什麽姓，没有真正解決。

除《玉篇》外，字書、典籍中不見圂字。唯獨《汗簡》口部録義雲章滿字作，内形與《説文》古文馬同，當與上舉古璽同字，即圂。根據義雲章以圂為滿字分析，圂應是从口馬聲的形聲字。馬屬明母魚部，滿屬明母元部，二字雙聲。如《説文》袢，讀若普。如依《汗簡》，圂當是古滿字。

古有滿姓，如漢潁川人滿昌（見《漢書》88），三國時魏人滿偉（見《三國志》26）。古璽「圂愷」，當讀為「滿愷」。【利用《漢簡》考釋古文字　古文字研究第十五輯】

滑

李滑　李滑來　滑咸　鮮于滑 【漢印文字徵】

◉許　慎　滑利也。从水。骨聲。户八切。【説文解字卷十一】

◉馬叙倫　利也上捝水字。下文。澀。水不利也。詞例正同。然非本訓。或字出字林。古鉩作。【説文解字六書疏證卷二十一】

濇　濇

◉許　慎　濇不滑也。从水。嗇聲。色立切。【説文解字卷十一】

◉馬叙倫　不滑也非本訓。疑滑字乃上文滑下隸書複舉字之誤入。此當作水不利也。今止部下亦訓不滑也者。歰字蓋非本有。而其訓乃後人據此譌文為詞也。濇蓋滲之轉注字。濇從嗇得聲。嗇者。從來。從㐭。然嚴章福據詩閟宫來與穡韻。疑麥省聲。又謂或來聲。宋保謂來古音讀若力。來亦聲。倫謂麥從來得聲。則嗇亦來聲。蓋從㐭以臧來。聲即得於來。來音來紐。滲從參得聲。參從人得聲。人音日紐。古讀來日竝歸於泥也。此字或出字林。【説文解字六書疏證卷二十一】

澤　澤

2370　0362　2090　1064　1619【古璽文編】

彭澤令印　南深澤尉　孫澤信印　梁母澤　紀澤　橋澤　徐澤之印　王澤之　孟澤之

澤壽王　孫澤【漢印文字徵】

石經多士　罔不配天其澤汗簡引碧落文同　君奭　汗簡引義雲章同此叚為釋釋字重文【石刻篆文編】

澤　澤【汗簡】

義雲章　王庶子碑　義雲章【古文四聲韻】

◉許　慎　澤光潤也。从水。睪聲。丈伯切。【説文解字卷十一】

◉馬叙倫　光潤也當作光也潤也。光也乃臭字義。澤潤蓋轉注字。澤音澄紐。古讀歸定。潤音日紐。古讀歸泥。定泥同為舌尖前音也。字見急就篇。古鉩作。【説文解字六書疏證卷二十一】

◉周名煇　吴大澂曰。熊部古熊字號叔鐘數數熊熊。戰狄鐘宗周鐘吴氏定為熊字。今考定為澤字古文。讀如郝同。

此文從趙宋諸家至丁强二氏。皆定為熊字。無有異言。惟近人徐中舒始疑之。謂⿱皀泉⿱皀泉舊釋熊熊。形聲俱誤。⿱皀泉。象皀在泉上形。金文作圖繪形者。見金文編附録上十四葉爵文子觶兩器。猶可見其朔義。又謂。據士父鐘石鼓文數字推⿱皀泉。當讀胥。篆文胥與金文⿱皀泉形近。⊘師酉𣪘之⿱皀泉夷京夷並言。⿱皀泉京即詩篤公劉之胥京。云云。其説雖似言之成理。然實毫無根據。余將于石鼓文餘論中辨正之。

徐氏从皀从泉。于形可謂得之。然穿鑿以為胥字。則非矣。余友饒固庵謂乃澤字古文。是也。尋魏三體石經書無逸篇天弗庸釋于文王受命。釋字古篆作二體。王國維謂此澤字。假為釋。而與字形正合。从泉从水。意無二致。爾雅釋言云。郝郝。耕也。陸德明釋文引舍人注。釋釋猶霍霍。解散之義。是今本郝郝。舍人本作釋釋之明證。詩載芟篇云。其耕澤澤。鄭箋云。土氣烝達。而和耕之。則澤澤然解散。是澤釋二字義通之明證。澤釋郝古音同在魚部。故古金銘文澤澤。詩經皆作赫赫。而赫赫、猶郝郝也。戰國策楚三馮郝。漢書古今人表作馮赫。說文云。赫。火赤皃。从二赤。字林云。郝。赤皃也。據小學蒐佚本。廣雅釋訓云。赫赫明也。數字从豐。有盛大之意。是金文凡云數數澤澤者。即大明之義也。凡云澤澤數數者。即赫赫業業之義也。爾雅釋詁云。業。大也。據此以定。可以無疑滯矣。又熊部羆字。吳氏所定二文。皆贏字。近人已辨之矣。故不說。凡吳書所誤定。經前人發正者。皆同此例。非吳氏全書誤定者。僅此十餘耳。其誤定今不能猝解者。亦不說。考文大事。不敢不謹。【新定説文古籀考卷上】

◉黄錫全　澤　三體石經《君奭》「天弗庸釋于文王受命」之「釋」字古文作(借澤為釋)，此形同，是《義雲章》本石經。古璽澤作、(璽彙0362 2090)，此水旁移下作，與鄂君舟節漢作、湘作類同。【汗簡注釋卷二】

◉黄錫全　澤　此形上為皀，下為泉，借皀之足部與泉字形合書，即㠯字。甲骨文㠯作(後上9·4)，金文作(𢇍鐘)、(戥狄鐘)。季㠯毁㠯作，季㠯卣作，季㠯毁㠯作，遣小子毁㠯作，並从皀。此皀形兩足外張，與㠯字或作(燕602)、史㠯盨之類同。三體石經《君奭》釋字古文一體作，王國維認為「此澤字，假為釋」(《魏石經殘石考》)。周名煇引饒固庵説，認為㠯乃澤字古文，从泉从水意無二致(古籀考卷上16—17)。㠯从皀聲，與《説文》「讀若薄同」之臮从皀聲同，澤从睪聲，皀睪古韻同屬鐸部。金文習見之「㠯㠯數數」，唐蘭先生讀若「薄薄數數」，猶「勃勃蓬蓬」、「礴礴磅磅」(參見大系考釋53頁)。今存碑文作，同石經，此少一點，小異。夏韻陌韻録澤作，注「義雲章」。【汗簡注釋卷五】

淫

淫　語三　二例　【睡虎地秦簡文字編】

沙淫之印　唐淫私印　李淫　淫蓿　孫淫私印　【漢印文字徵】

石經多士　誕淫厥逸　古文从炏乃水字譌誤　詛楚文　淫泆甚亂　説文以婬為婬逸字當是後起　【石刻篆文編】

[glyph] 淫【汗簡】

[glyph]古老子 [glyph]古尚書 [glyph]崔希裕纂古 [glyph]籀韻【古文四聲韻】

◉許　慎　[glyph]侵淫隨理也。从水。㸒聲。一曰。久雨為淫。余箴切。【説文解字卷十一】

◉馬叙倫　侵當依鍇本作浸。浸淫疊韻連語。本訓浸也。浸淫隨理也蓋字林文或校語。淫為潤之轉注字。潤音日紐。淫從㸒得聲。㸒從𡈼得聲。𡈼從人得聲。人音亦日紐也。又從𡈼得聲之字多入澄紐。則淫亦澤之轉注字。論語浸潤之譖。本書浸為水名。浸潤即淫潤也。借浸為淫耳。周禮考工記匠人。善防者水淫之。注。鄭司農曰。謂水淤泥土留著助之為厚。亦謂浸潤也。一曰久雨為淫者。此霖字義。淫霖聲同侵類。故古書多借淫為霖。蓋校語。秦詛楚文作[glyph]。【説文解字六書疏證卷二十一】

◉許　慎　[glyph]漬也。从水。韱聲。爾雅曰。泉一見一否為瀸。子廉切。【説文解字卷十一】

[glyph] 詛楚文　淫失甚亂　古泆不从水失字重文【石刻篆文編】

◉許　慎　[glyph]水所蕩泆也。从水。失聲。夷質切。【説文解字卷十一】

◉郭沫若　[illegible]乃泆字之異，泆逸通，三字石經書無逸逸之古文作[glyph]，乃从沝漿屑聲。與泆之从水失聲同意，失与屑古同至部也。今[illegible]从水从皿屑省聲，从皿乃緐文。説文「泆，水所蕩泆也」，故泆有突出過分之意，于本銘正適。【子禾子釜　兩周金文辭大系圖録考釋】

◉馬叙倫　桂馥曰。蕩當為潒。釋名。水泆出所為澤曰掌。水停處如手掌中也。今兖州人謂澤為掌也。倫按迭從失得聲。徒結切。音在定紐。疑古讀泆亦然。今音在喻紐四等。古正歸定也。則泆潒為雙聲轉注字。然説解乃曰水所蕩泆也。蓋捝本訓耳。釋名之義。字當為潢。【説文解字六書疏證卷二十一】

◉郭沫若　第五行首字作[glyph]，舊未識。余謂此乃泆字之異。泆與逸古字通用。曩歲所出正始石經尚書無逸篇逸字古文作[glyph]，王國維魏石經攷第廿四葉説此字云：

「集韻逸古作𨒅，即此字，攵者夂之譌，力者刀之譌，王者六之譌也。尚書中逸泆諸字古本多作屑或作佾。多士『大淫泆有辭』，釋文云：『泆音逸，又作佾，注同。馬本作屑，云過也。』多方『大淫圖天之命屑有辭』與多士『大淫泆有辭』句例相同，是僞孔本亦開作屑。又如盤庚『予亦拙謀作乃逸』、『其發有逸口』，日本所存未改字尚書逸皆作佾。案原本均作脩稍誤。薛季宣書古文訓本亦然。考屑佾本一字，說文無佾字，蓋以為屑之俗字，从人从八，在古文竝無區別。然則馬本作屑，與作佾之本固無異。此㵽字蓋本从水从屑，轉譌而為㵽，猶㵽字之又轉譌而為𨒅也。」

今案㵽亦泆之異，乃从沝說文「古文𣲖」屑聲，與泆之从水失聲同意，失聲與屑聲古同在至部也。今㵽之上半乃㳑字，从水，屑省聲，僅屑上尸字反作為異。㳑即泆矣，从皿乃其緐文。說文「泆，水所蕩泆也」，段注云：

「蕩泆者動盪奔突而出。禹貢『道沇水入于河，泆為熒』本作泆。周禮疏，師古漢書注所引不誤，且史記、水經注皆作泆，惟漢書地理志作軼，軼，車相出也，正與泆義同。左傳『彼徒我車，懼其侵軼我』，又曰『迭我殽地』，迭即泆軼之假借也。凡言淫泆者皆謂太過，其引伸之義也。」

泆有過出之義，今通宋本器銘正相適。銘言「關人築桿威釜閉□，又□外𣶃釜」，意謂守關之吏舞弊，或於釜內塞木以減其量，糴時用之。或於釜口著物以益其量。糴時用之。𣶃為泆若㵽之異，無疑。【丘關之釜考釋　金文叢考】

潰

潰　封五四【睡虎地秦簡文字編】

◉許　慎　潰漏也。从水。貴聲。胡對切。【說文解字卷十一】

◉余永梁　潰（書契卷六三葉）　此字从水臾，殆是潰字。說文：「臾，古文蕢。」蕢為盛物之器，孟子：「不足而為屨，我知其不為蕢也。」篆文蕢字从艸，篆文从艸之字，殷周古文多不从艸。臾即臾之變；猶巢字篆文作巢，金文巢字初文作巢，象鳥在巢下，則篆文當為从巛，从西，从木。巛鳥之變形由則由之變也。又勒字古金文从革作勒，古文譌作勒矣。毛公鼎「母潰于酒」亦即母潰于酒，潰，亂也。與湛湎誼同。免盉「錫免鹵百𠙹」，𠙹即說文𧶠字。謂錫免鹵百𠙹也。由即由字。从又持由，所以盛物，𠙹上口，即所盛之物也。【殷虛文字考　國學論叢一卷一期】

◉許　慎　沴水不利也。从水。㐱聲。五行傳曰。若其沴作。郎計切。【説文解字卷十一】

◉强運開　沴　王孫鐘。龢沴人民。運開按。此篆从水从㐱並从彡。又按。説文。殄。盡也。古文殄作𠬛。與彡相近。是沴即古沴字也。沴訓殄亦訓害。龢沴人民者。蓋謂調龢其人民使之毋相沴害也。【説文古籀三補卷十一】

◉馬叙倫　姚文田曰。五行傳若六沴見作。此説解殘脱。倫按水不利也非本訓。五行傳當言洪範五行傳。若其沴作。六當作六沴見作若不共禦。此字或出字林。【説文解字六書疏證卷二十一】

淺　不从水　越王之子句踐劍　越王句踐劍　𣢏淺史籍作句踐　【金文編】

讀為踐　㠯☐四—之尚(甲5—33)　【長沙子彈庫帛書文字編】

門淺　賈淺之印　【漢印文字徵】

◉許　慎　淺不深也。从水。戔聲。七衍切。【説文解字卷十一】

◉陳邦懷　「四淺」，商釋「四踐」，甚確。「尚」，商釋「常」，亦是。《史記·五帝本紀》「載時以象天」，索隱：「載，行也，言行四時以象天。《大戴記》作『履時以象天』，履，亦踐而行也。」帛書「以□□四踐之常」，謂「以□□」踐四時之常。【戰國楚帛書考證　古文字研究第五輯】

◉戴家祥　越王劍。邚王鳩淺自作用鐱。　字从水从戔(戔)，乃增飾符號。本銘鳩鐱等字下皆有此符號。「邚王鳩淺」即「越王勾踐」。經典淺作踐。【金文大字典中】

◉許　慎　洔水暫益且止未減也。从水。寺聲。直里切。【説文解字卷十一】

◉馬叙倫　錢坫曰。今滞字當作此。倫按水暫八字校語。本訓捝矣。或字出字林。洔庤宁同語原。【説文解字六書疏證卷二十一】

◉許　慎　少減也。一曰。水門。又水出丘前謂之渻丘。从水。省聲。息井切。【説文解字卷十一】

◉馬叙倫　沈濤曰。廣韻四十静引無又水二字。乃傳寫偶奪。嚴可均曰。韻會廿三梗引作一曰水出。段玉裁曰。一曰水門。此義未見。玉篇云。一曰。水門名。廣韻集韻則云。一曰水名。王筠曰。門字為名之譌。承培元曰。水門即水出丘前之義。以丘為水門也。倫按渻為減之轉注字。減從咸得聲。咸從戌得聲。戌渻音同心紐也。少減也疑本作水減也。或水少也減也兩訓。水門者。王説長。此吕忱列異義。或校語。又水句亦校者加之。又字當依鍇本作一曰。【説文解字六書疏證卷二十二】

淖弘私印　淖廣　【漢印文字徵】

石碣汧殹　丞皮淖淵　【石刻篆文編】

汗簡　【古文四聲韻】

◉許　慎　泥也。从水。卓聲。奴教切。【説文解字卷十一】

◉强運開　　趙古則吴玉搢均釋作淖。楊升庵釋作潮。張德容云。説文。水朝宗于海也。从水。朝省。此古文也。隸變作潮不省。運開按。此篆作。當是淖字。説文。淖。泥也。从水。卓聲。篆作。與此篆之右首作同。惟下从甲異。攷金文古甲字作十。是仍从甲也。潮。小篆作。右首作。與此篆絶不相類。釋作潮者誤也。【石鼓釋文】

◉馬叙倫　淖音泥紐。然從卓得聲。卓潪音同知紐轉注字也。玄應一切經音義引倉頡。淖。深泥也。爾雅釋言釋文引字林。淖。濡甚也。石鼓文作。【説文解字六書疏證卷二十一】

◉劉　雨　1—05：「君子之道，亦若五浴之淖。」

此字或釋為「専」、「溥」，與字形不類；當釋「淖」為是。《説文》：「淖，泥也。」此簡内容似為論説君子修身養性的道理。大意是：作為君子之道，應該是時時檢查自己身上的污點，就好象人「五浴」之後，猶恐身上有泥淖一樣。也就是孔子所謂的「吾日三省吾身」，《荀子・修身》「行而供(恭)冀(翼)，非漬淖也」，也是講的這個意思。【信陽楚簡釋文與考釋　信陽楚墓】

濢

◉許　慎　小溼也。从水。翠聲。遵誄切。【説文解字卷十一】

◉馬叙倫　段玉裁曰。小蓋下之譌。篇韻皆云下溼。倫按濢止當訓溼也。蓋溽之聲同脂類轉注字。溽從辱得聲。辱辰一字。辰聲脂類也。或小溼也字林文。此字出字林。【説文解字六書疏證卷二十一】

溽

◉許　慎　溼暑也。从水。辱聲。而蜀切。【説文解字卷十一】

◉馬叙倫　段玉裁曰。溼暑。上當依文選悼亡詩注引補溽暑二字。倫按溽止當訓溼也。禮記月令釋文。溽。溼也。廣雅釋詁。溽。溼也。溽蓋溼之轉注字。溼音審紐三等。溽得聲於辰。辰音禪紐。同為舌面前音。據選注引則溼暑也非本訓。或字出字林也。【説文解字六書疏證卷二十一】

涅

〔四〕　〔三七〕　〔一九〕　〔二〕　〔二〇〕　〔七〕　〔四〕　〔三六〕　〔三六〕　〔四七〕　〔四二〕　〔一九〕　〔三六〕　〔二五〕　〔四二〕　〔二五〕　〔四二〕　〔二二〕　〔二〕　〔四二〕　〔二三〕　〔四〕　〔二二〕　〔七九〕　〔一九〕　〔四七〕　〔二二〕　〔二〕　〔二六〕　〔二二〕　〔七〕　〔三七〕【先秦貨幣文編】

布方　晉襄　布方　冀靈　布方　晉洪　布方　晉高　仝上　布方　反書　晉祁　布方　反書　晉祁　仝上　晉高　布方　晉高　布方　晉祁　仝上　布方　晉祁　布方　反書　晉祁　布方　晉祁　仝上　布方　晉高　布方　反書　晉祁　仝上　布方　晉祁　仝上　仝上　布方　京朝　布方　晉祁　仝上　布方　典二三八　布方　典二三九　布方　反書　典二四〇　布方　反書　典二四一　布方　反書　典二四二　布異　仝涅　典二四三　布異　仝涅　典二四四　仝上　典二四五　布異　仝涅　亞

四・五五　全上　亞四・五五　布異　全涅　亞四・五五　全上　布異　全涅　亞四・五五　布方　亞四・三六

全上　布方　亞四・三六　布方　反書　亞四・三六　全上　布異　夕全涅　典一九七　布異大　盧氏全

涅　典八二四　布異　盧氏全涅　亞四・五五　全上　亞四・五六　布異　盧氏全涅　亞四・五六　全上　典補一二二〇

【古幣文編】

涅陽邑空丞　涅陽右尉　涅倫印　【漢印文字徵】

◉許　慎　黑土在水中也。从水。从土。日聲。奴結切。【説文解字卷十一】

◉馬叙倫　嚴可均曰。論語釋文御覽七十四引中下有者字。嚴章福曰。影宋書鈔百五十九引中下有者字。與論語釋文御覽七十四引同。書鈔引屬泥下。恐譌。論語陽貨。涅而不緇。楚詞史記屈原傳作泥而不滓。説文泥土字作涅。泥水名。義别。沈濤曰。論語釋文引作謂黑土在水中者也。蓋古本有者字。五經文字云。從日從土。則古本不作日聲。此乃淤泥正字。經典皆假泥水字為之。桂馥曰。日聲不相近。本書陧從毁省。五結切。疑涅亦從呈。王筠曰。染布帛為深藍色。再以池中兹泥塗之。暴諸日而成緇。五經文字云。從日。蓋謂此也。倫按説解中有者也字者。率是校語。此據論語釋文引。明是校語也。疑本訓黑也。廣雅。涅。黑也。土在水中也。蓋字林文。傳寫捝黑下也字。或本訓黑土也。校者以字從水。故加謂黑土在水中者也。倫謂黑土者。字當為呈。從土。日聲。黑土也乃呈字義。今本書無呈字。漢書古今人表幽王宫涅。吕氏春秋當染注作宫皇。皇即呈之譌也。是本有呈字之證也。涅。從水。呈聲。陧亦從呈得聲也。詳陧字下。涅為淤泥本字。論語。涅而不緇。與磨而不磷對文。涅借為染。古音皆在泥紐。故曰。不曰堅乎。磨而不磷。不曰白乎。涅而不淄。文義甚明白也。涅為淖之轉注字。涅淖音同泥紐。古幣文作。【説文解字六書疏證卷二十一】

◉嚴一萍　商氏釋洄，與上「淵」字似相應。惟此字結體从日从，與古文之回不同。涅陽幣之涅作，與此形近，疑當釋涅。説文：「黑土在水中也，从水从土日聲。」沈濤古本考引五經文字曰：「从日从土。」不作日聲。並謂此乃「淤泥正字」。案儀禮既夕：「隸人涅廁」，注：「塞也」。水出地而不流，即塞也，是為地災。亦即上文「天根見而水涸」之意也。【楚繒新書考中國文字第二十六册】

滋 滋

◉于省吾　甲骨文稱：「乙酉卜，争貞，𡉚复从臬，牵呂方。□月。」(前五·一三·五)又：「貞，涉滜。」(續三·二七·四)以上兩條均屬第一期。前一條以臬為地名，後一條以滜為水名。甲骨文第五期言「才滜貞」者屢見，臬當為滜之省文，甲骨文的水名有的省去水旁。滜字不見于早期典籍，集韻十六屑：「滜，水名。」滜水當即後世的涅水，二字音近通用。古化文「涅金」常見，以涅為地名。集韻又謂「臬或作㙞」，臬與㙞古通用。周禮考工記匠人鄭注「㙞古文臬」，又輪人鄭注「㙞讀如涅」。漢書地理志上黨郡涅氏注：「涅，水也。」師古注：「涅水出焉，故以名縣也。」一統志：「故城今武鄉縣西五十五里。」水經注濁漳水：「有涅水，西出覆甑山而東流。」又：「涅水又東南流注于漳水。」按武鄉縣在今山西省東南部，在安陽西北方。這和前引甲骨文的牵呂方，地望相符。總之，甲骨文滜作臬者只一見，臬為滜之省文，因為甲骨文水名之省水旁者常見。滜與涅不僅音通，地望亦符。水經注謂「沁水即少水」，或改少為涅，楊守敬已辨其誤(詳水經注疏)。按甲骨文別有沁水(詳釋心)，與涅水無涉。【釋滜　甲骨文字釋林】

 後二·四〇·一六【甲骨文編】

 後下40·16【續甲骨文編】

 滋　日甲三四【睡虎地秦簡文字編】

 李滋【漢印文字徵】

 道德經  古尚書   竝籀韻  孫彊集【古文四聲韻】

◉許　慎　滋益也。从水。茲聲。一曰。滋水。出牛飲山白陘谷。東入呼沱。子之切。【說文解字卷十一】

◉馬叙倫　鈕樹玉曰。地理志常山郡作白陸谷。趙一清曰。陸字譌。桂馥曰。北山經。高是之山。滋水出焉。而南流注於虖沱。寰宇記引水經。滋水又東至新市縣。入滹沱河。倫按此篆二徐本同。諸家以説解言益也。故欲改篆從艸部之茲。由不悟𢆶。絲一字。本書唯茲從丝省聲。餘皆從𢆶得聲。茲不從𢆶者。實以從艸故省耳。益也乃茲之引申義。滋當為水名。一曰滋水出牛飲山白陘谷東入呼沱者。牛飲山上捝常山郡南行唐六字。見漢書地理志。此言出入甚明。疑字本不次此。蓋

捝説解後。校者見止存益也之訓。移於後。後之校者據一本未捝者注之。故在茲聲下也。左哀八年傳釋文引字林。黑也。或此字出字林。字雖見急就篇。然皇象本但作茲。【説文解字六書疏證卷二十一】

◉孫海波　後編卷下弟四十七葉十七版「友于[illegible]」，商先生疑溼，竊疑當是滋字。説文「滋，益也，从水茲聲」，此从二水者，古文緐簡之例也。説文「㳅，水行也，从沝㐬，篆文作流」「𣻫，徒行濿水也，从沝步，篆文作涉」，皆其證。卜辭文云「友于滋」，滋乃地名。按地理志「常山郡南行唐牛飲山白陸谷滋水所出，東至新市入虖池水」，一統志曰：「滋河源出山西五台縣界東南，流逕正定府靈壽縣北，行唐縣南，又東歷正定藁城二縣北，無極縣南，又東北入定州深澤縣界，古與嘑沱合流，今折而東北與滹沙二水合，不入虖沱矣。」卜辭之滋，未知是其地否。【卜辭文字小記　考古學社社刊第四期】

◉李景林　1983年8月，永壽縣渠子鄉永壽坊村村民孫永社，在距長孫無忌墓100多米處修地種麥時，挖出一件帶流銅鼎，後送交縣文化館收藏。

該鼎口微斂，沿外折，立耳，鼓腹，圜底近平，蹄足，口沿一側有寬流。口下飾竊曲紋和環帶紋各一道，耳外側飾重環紋，外底部有烟炱。

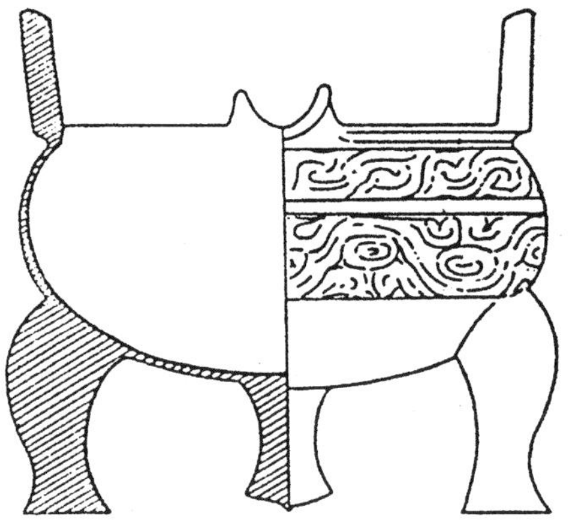

圖一　中滋鼎（1/3）

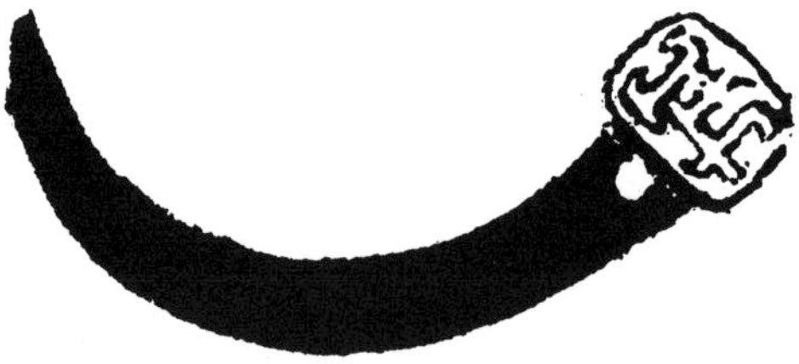

圖二　銅觿（1/2）

鼎通高17.5，口徑18，腹深9釐米。重2.7公斤。鼎內光滑，有使用過的痕迹。後足內有鑄補痕。內壁有銘文，係刻款，五行，

共十三字。銘文是：「中潪逐衍嚣良鈇黄雁旨不雁(?)」其中首行第三字和末行一字部分殘缺，不能辨識。「潪」字从水从丝从四草，金文中首次出現，當為滋字；「衍」即行字，甲骨文已出現，西周金文未見，而秦石鼓文又在使用，文為「惟舟以行，以陰以陽」。中滋似係作器人名，故暫稱中滋鼎。

同該鼎伴出的還有銅鑐三件。一件長6.3釐米，另二件長5.5釐米，均飾蟠虺紋。

從鼎、鑐的形制，紋飾和銘文字體看，當係春秋早期秦國之物。【陝西永壽縣出土春秋中滋鼎　考古與文物一九九〇年第四期】

潪

◉許　慎　□青黑色。从水。曶聲。呼骨切。【説文解字卷十一】

◉馬叙倫　嚴可均曰。篆當作□。廣韻十八隊引作□。青黑皃。云。今作潪。則舊本不從曶。翟云升曰。六書故引作水青黑色。是。見玉篇。倫按此篆及説解均非原文。篆固當作□。説解亦非許文。蓋字從水。無青黑義也。疑此為漼之同舌根音又聲同脂類轉注字。又疑即治水中之汩字。字蓋出字林也。【説文解字六書疏證卷二十一】

浥

浥之解印【漢印文字徵】

◉許　慎　□溼也。从水。邑聲。於及切。【説文解字卷十一】

◉馬叙倫　浥為溼之聲同談類轉注字。【説文解字六書疏證卷二十一】

沙

沙　五年師旋簋　寰盤　輔師嫠簋　訇簋　無叀鼎　弭伯簋　休盤【金文編】

5·12　咸亭沙壽□器　5·18　咸亭沙里棨器　5·121　□沙□壯　秦1390　咸沙里疢【古陶文字徵】

沙　日甲四五背　日甲四一背　二例【睡虎地秦簡文字編】

長沙相印章　沙淫之印　長沙都水　沙陽鄉　沙闔【漢印文字徵】

□沙【汗簡】

□義雲章　□□竝崔希裕纂古【古文四聲韻】

◉許　慎　□水散石也。从水。从少。水少沙見。楚東有沙水。所加切。□譚長說。沙或从尐。尐。子結切。【說文解字卷十一】

◉劉心源　沙。舊釋矢。案。寰盤作□。明是沙字。寰鼎形□。稍食。亦是沙。害𣪘三器。彤下一字作□□□。攷古圖作□。𣪘𣪘彤下作□。說文。□水散石也。从水从少。水少沙見。□譚長說。沙或从尐。古文不分正反。寅簋。天降喪不少之少作□。可證。集韻沙或作砂。史記作砂。案害𣪘沙从厂者。从石省也。說文厎厥厲厱廙居厗应屘厔厞厝厖十三篆。義皆訓石。可證。□□□□竝从石省矣。□則合□□二字為之耳。此作□。正象水散石形。是沙字也。沙即紗。古無紗字。止吕沙為之。釋名釋綵。帛縠又謂之沙。亦取踧踧如沙也。周禮內司服。素沙。鄭康成云。素沙者。今之白縳也。吕白縳為裏使之張顯。今世有沙縠者。名出于此。是已。余向亦吕沙為矢字。今審訂之。【奇觚室吉金文述卷二】

◉吳大澂　寰盤□□□□與焦山無專鼎□□□□四字同。舊釋縞韠彤矢。⊘阮文達釋□為矢。謂矢在房。攢聚之形。徐籀莊釋□从四矢。水聲。與寰盤矢作□同象。竊疑其非是。此盤□顯係沙字。無專鼎□字亦象水中聚沙石形。按周禮內司服。素沙司農。注。素沙。赤衣也。禮記雜記。內子以鞠衣褎衣素沙。注。素沙若今紗縠之帛也。縞必即素韠。彤沙即赤衣。二者亦相類。其為沙字無疑。紗。古文或本作沙。非假沙為紗也。【字說】

◉林義光　古作□無叀鼎。象散沙及水形。亦作□寰盤。【文源卷二】

◉高田忠周　愚亦嘗釋矢。謂□為矢集形又从尾。古音尾矢同部。故从尾聲。說文。□篆下曰。□古文矢亦□之變也。然今依劉說知其非。但作□者。與作□自異。□為□變。而□疑从㒸省為聲。□元當作□。省左也。□下作□。即□之省。□者合沙㒸為形。而省其兩形。以為結冓也。□亦沙異文耳。【古籀篇三】

◉馬叙倫　鈕樹玉曰。詩鳧鷖正義引作水中散石也。水少則沙見。故字從水少。韻會引作從水少。水少沙見也。沈濤曰。水經灣水篇注引水少沙見作水沙見矣。蓋捝一少字。北堂書鈔地部引奪散字。段玉裁曰。楚東有沙水者。水經渠水又東南流。逕開封縣。睢溪二水出焉。右則新溝注之。即沙水也。音蔡。許慎正作沙音。言楚東有沙水。謂此水也。倫按水下當依詩正義引補中字。許蓋訓散也。水中散石也字林文。沙為小之後起字。少之異文。寰盤作□。休盤作□。無叀鼎作□。皆

從水小聲。少篆作。從。小聲。一字也。則自當從鍇本作從水少聲。小誤為少耳。若如今篆。則為少之後起字。今無聲字者。或後人以為會意字而删之。故增水少沙見以解之。或傳寫挩失也。楚東有沙水。蓋字林文。二志皆不載。左成十二年。公會晉侯于瑣澤。公羊作沙澤。定七年。乃監于瑣。注。瑣即沙也。左昭廿七年傳。令尹子常以舟師及沙汭而還。注。沙水名。土地名沙汭。楚東地。則此謂沙汭之沙。吕忱據杜注增。故不能言其原委焉。

沚。譚長説。沙或從。子結切。倫按少小一字。易需。九二。需于沙。鄭本作沚。沚即沚之譌也。然則譚長説易之沚字也。【説文解字六書疏證卷二十一】

◉郭沫若　第三六六片　「……方出从北赤、弗戈北赤……

□□貞又來告〔方出〕从北赤，其賁告〔于祖〕乙父丁……」赤當是沙字之異，北赤殆即流沙也。【殷契粹編考釋】

◉郭沫若　戈之紅綏，古彝銘中稱「彤沙」。

沙字無惠鼎作，寰盤作，休盤，均確是从水从少之字。其見於宋人箸彔中如伯姬鼎、宰辟父毀、師毀毀諸器者，文多詭異，宋人大抵釋矢。余初斥其妄。今觀宋刊嘯堂集古彔本師毀毀原作「周毀敦」見下册五三。文，彤下一字作，其文絶無任意增損之痕跡。細案，蓋即沙綏字之本字也。其字从尾，沙省聲。戈綏以旄牛尾為之，故从尾。宋人釋矢者，乃臆為矢溺字也。得此字，益證余説沙為綏之不可易。【釋㞒　金文叢考】

◉戴家祥　古彝器銘中稱彤沙，郭沫若謂即紅綏也。沙綏古本同音。古人之戈兵，其内端有綏，而綏則紅色。旗綏多以旄牛，其形則婆娑然故名曰沙。更轉而為綏、為蕤，徵諸彝銘，徵諸古字，參以民俗，此説，殊可置信。殷周青銅器銘文研究一八。三葉戈琱戓䩞必彤沙説。按古書稱沙為丹砂之簡稱亦即紅色之同義語。天官·内司服「緣衣素沙」，鄭玄訓素沙為赤衣。楚辭招魂「紅壁丹沙」，王逸注「沙，丹沙也」。諸彝器稱「䩞必彤沙」者，蓋言戈戟之把柄以丹沙為鬃飾之色澤也。文義明顯不難訓釋，郭説甚辯，存以備考。【金文大字典中】

◉何琳儀　《湖南考古輯刊》第一集圖版拾參及圖二箸録兩件内容相同的戈銘二字：長△　10914、10915。其中「△」原篆作：。或釋「陵」、「邦」，或釋「郵」。文字點畫與「△」均不能盡合，且以之讀「長△」亦頗勉强。故其釋讀應重新考慮。

按，「△」右上方應是「尾」的省寫。類似「尾」參見下列戰國文字：

尾　　二十八宿漆書

䞘　　隨縣1

鬐　璽彙1927
遲　璽彙5592
菎　璽彙1267
犀　璽彙3438

其中「尾」旁演變如次：

「尸」旁省簡的軌跡十分明晰。至於下面的二撇可以理解為「小」的二撇。具體而言，「尾」與「小」借用中間豎筆，顯然就成為。故「△」右上方可隸定「㞑」。「小」與「少」本一字分化，故「㞑」即「屡」。西周金文之「彤㞑」（師㲄𣪘）、「彤㞑」（逆鐘），均讀「彤沙（紗）」（寰盤、休盤、無叀鼎）。其「㞑」、「屡」分別作：師㲄𣪘　逆鐘。戰國文字「屡」及从「屡」之字習見，但也有从「㞑」者：

遲　包山250
蘺　包山木籤

綜上所述，「㞑」、「屡」實乃一字，其結構从「尾」，「少」聲，例可讀「沙」。包山簡「長沙」寫作「長鄹」78，其「鄹」原篆作：。將其與「△」比較，不過少二「土」旁而已。衆所周知，晚周文字「土」旁或為疊加之形符，可有可無。故戈銘「長郾」也即包山簡「長鄹」，均應讀「長沙」。長沙戈出土湖南長沙識字嶺M1，這也是上文釋讀的有力佐證。【古兵器地名雜識　考古與文物一九九六年第六期】

瀨

◉許　慎　瀨水流沙上也。从水。賴聲。洛帶切。【説文解字卷十一】

◉馬叙倫　沈濤曰。華嚴經音義上引作淺水流沙上也。是所據本多一淺字。倫按玄應一切經音義四引作水流沙上曰瀨。瀨。淺水也。字林。瀨。水流沙上也。水淺流曰瀨也。倫謂此字蓋出字林。玄應所引皆字林文。但一本題為説文耳。吕忱本作淺水也。水流沙上曰瀨。傳寫有譌耳。文選吴都賦注引李彤字説。瀨。急湍也。蓋以同舌尖前借為湍。【説文解字六書疏證卷二十一】

濆 濆 日甲六二背 濆 日甲五〇背 二例 【睡虎地秦簡文字編】

◉許　慎　濆水厓也。从水。賁聲。詩曰。敦彼淮濆。符分切。【説文解字卷十一】

◉劉　釗　睡虎地秦墓竹簡中的《詰咎》篇，記載了許多「鬼」與驅鬼的方術。其中在幾條談到以「灰」驅鬼的方術中用到「濆」字（簡文中的通用字和假借字直接釋出）：

1. 殺蟲豸，斷而能屬者，濆以灰，則不屬矣。2. 鬼恒裸入人宮，是幼殤死不葬，以灰濆之，則不來矣。3. 人生子未能行而死，恒然，是不幸鬼處之。以庚日日始出時濆門以灰，卒，有祭，十日收祭，裹以白茅，埋野，則無殃矣。4. 鬼嬰兒恒為人號曰：「予我食。」是哀乳之鬼。其骨在外者，以黃土濆之，則已矣。

《藝文類聚·果部》引《莊子》有「插桃枝于戶，連灰其下，童子入不畏，而鬼畏之」的記載，秦簡中另有「揚灰擊箕」以驅鬼的方術，結合上列有「濆」字的材料，可知鬼懼怕「灰」，以灰驅鬼是早期的一種宗教巫術。在上引四條材料中「濆以灰」「以灰濆之」「濆門以灰」「以黃土濆之」的「濆」字頗費解，需要進行一些考證。

《説文·水部》：「濆，水厓也。」以此義按之上引四條材料顯然不通。《集韻》平聲魂韻：「濆，潠水也，通作噴。」《説文·水部》：「潠，含水噴也。」用嘴噴水是一種宗教巫術，似可同秦簡的「濆」字相聯繫，可是細想亦不妥。因為「潠」字只指噴水，可秦簡「濆以灰」「以黃土濆之」的「濆」，其所「濆」之對象却是「灰」和「黃土」，而「灰」和「黃土」是無法用口「含以噴」的。

《睡虎地秦墓竹簡》（文物出版社1990年）一書《詰咎》篇部分注釋〔二六〕謂：「濆，疑為『漬』字之誤。」按此説失于武斷，濆字在秦簡中多次出現，豈能皆以誤字視之？劉樂賢先生《睡虎地秦簡日書〈詰咎篇〉研究》（載《考古學報》1993年4期）一文，引中山大學鄭剛先生碩士論文中的觀點認為「濆」字應讀作「班」或「布」，訓為「施」「布」「敷」一類意思。按讀「濆」為「班」「布」雖然不妥，但指出「濆」字用為「施」「布」「敷」一類意思則較接近事實。【談睡虎地秦簡中的文字　古漢語研究一九九五年第三期】

◉許　慎　涘水厓也。从水。矣聲。周書曰。王出涘。牀史切。【説文解字卷十一】

汻

◉許　慎　汻水厓也。从水。午聲。臣鉉等曰。今作滸。非是。呼古切。【說文解字卷十一】

◉馬叙倫　汻音曉紐。亦濆涘之轉注字也。今字作滸。午音疑紐。厓音亦疑紐。是語原同也。【說文解字六書疏證卷二十二】

氿

◉許　慎　氿水厓枯土也。从水。九聲。爾雅曰。水醮曰氿。居洧切。【說文解字卷十一】

◉馬叙倫　此字蓋出字林。呂引爾雅以明別義。水厓枯土也者。蓋水厓也。枯土也二訓。唐人并之。本書氿厬二篆說說當互易。見厬字下。【說文解字六書疏證卷二十一】

漘

◉許　慎　漘水厓也。从水。脣聲。詩曰。寘河之漘。常倫切。【說文解字卷十一】

◉馬叙倫　鈕樹玉曰。韻會引作寘之河之漘兮。蓋本今詩改。說文無寘。倫按漘音禪紐。濆音奉紐。同為次濁摩擦音。聲同真類。是轉注字。字蓋出字林。【說文解字六書疏證卷二十一】

浦

敦浦【漢印文字徵】

◉許　慎　浦瀕也。从水。甫聲。滂古切。【說文解字卷十一】

◉馬叙倫　鈕樹玉曰。韻會作水濱也。廣韻引作濱也。沈濤曰。詩常武釋文正義引此作水濱也。蓺文類聚九百帖七御覽七十四引亦同。倫按瀕也當依廣韻引作濱也。浦濱皆雙脣音字。轉注也。今本書無濱字。浦音滂紐。濆從賁得聲。賁音封紐。同為雙脣破裂音。亦轉注字。浦汻聲同魚類。亦轉注字。字或出字林。【說文解字六書疏證卷二十一】

沚

甲六九五　人名　甲九四八　甲一七三七　甲二四〇六　乙六九六　乙七二七　乙九九六一　鐵四二・三　鐵一〇二・二　餘三・一　前六・二五・六　前五・二三・二　前七・二八・三　前七・二九・一　後二・三八・六　菁一・一　天六四　林一・三〇・九　林二・五・一　戩三三・一三

戩四五・一三　佚二三　佚三七五　佚八三八　京津一二六六　京津一三八一　京津一三八七　明藏一七七　明藏四九八　寧滬一・五一九　寧滬二・五二　師友二・一〇二　坊間二・一九二　粹一〇九七　粹一一〇〇　粹一一六四　存四二一　存六四一　掇一・二五六　燕八五　【甲骨文編】

甲948　1737　2406　3004　3008　3095　乙696　961　1923　3417　6700　6743　6877　6897　7575　7774　7818　7826　珠177　182　279　478　779　1187　1194　佚22　375　537　544　838　續1・17・1　1・47・3　3・55　3・10・2　4・31・6　5・12・2　5・15・10　5・23・1　6・19・3　6・22・7　掇256　452　徵2・52　2・53　2・54　4・46　9・21　9・36　9・42　古2・6　凡21・4　録55・7　642　685　72・4　鄴41・7　天64　65　龜卜4　六中94　續存1　3　668　673　679　粹1097　1164　新1266　1573　2004　【續甲骨文編】

◉許　慎　小渚曰沚。从水。止聲。詩曰。于沼于沚。諸市切。【説文解字卷十一】

◉王　襄　从水从止，疑古沚字，舊釋洗。【簠室殷契類纂卷十一】

◉唐　蘭　習見於武丁時卜辭。金文作奇觚三・二十鈡𣪘。象止在水中之形，羅釋洗，葉玉森疑諸疑列，鉤沈疑泥，前編考釋一下五九。均非，林義光以為熒惑，國學叢編一期四冊。尤謬，近人多釋為沚者是，沚戩人名。卜辭或僅言沚，如「沚其或𦎫」，鍥十八・一。是沚為國名，戩蓋其國君之名也。卜辭尚有沚，前人俱以為與沚戩有關，故或謂一字，或以為省。今按沚為別一時期之卜辭，其人自名，與此非一人，固不必强求其通也。菁華云：「三至五日丁酉，允㞢來媗自西，沚戩告曰：『土方𢦏于東啚，𢦔二邑，𢀛方亦帰我西啚田……』」一葉。由此可知沚為殷畿以西之諸侯，與土方𢀛方接壤，故殷人伐土方或𢀛方時，沚戩每从行也。【天壤閣甲骨文存考釋】

◉馬叙倫　小渚曰沚。爾雅釋水文。本部渚為水名。小洲曰渚。字當作𠁁。𠁁音端紐。渚音照紐三等。古讀照歸端也。蓋渚借為𠁁。亦或水名者借字。渚為𠁁之轉注字。沚音亦照之。則渚𠁁之轉注字也。字或出字林。【說文解字六書疏證卷二十一】

◉明義士　从，與水同意。沚在卜辭為國名，為商之友國，在商邑之西。【柏根氏舊藏甲骨文字考釋】

◉朱歧祥　、——

，从止，上附水點，隸作沚。《說文》：「小渚曰沚。」卜辭用為殷西附庸大族，自武丁始即歸附於殷。晚期卜辭用為地名，又作，或移偏旁於上作。

〈前7·19·1〉　☐方其來于?

〈掇2·106〉　己☐貞：☐亡☐?

〈簠地34〉　☐貞：使人于?【甲骨學論叢】

沸

沸況之印【漢印文字徵】

◉許　慎　畢沸。濫泉。从水。弗聲。分勿切。又方未切。【說文解字卷十一】

◉馬叙倫　鈕樹玉曰。繫傳作滭沸檻泉也。非。韻會引作滭沸也。詩。滭沸檻泉。蓋妄改。玉篇。泉湧出也。廣韻引詩觱沸濫泉。嚴可均曰。說文無滭。王筠曰。單言沸。豈遂無義乎。詩曰。百川沸騰。傳。沸。出。然則說解爛捝。後人自加滭沸檻泉以為之注。初不記濫下已引詩畢固作觱也。倫按字蓋出字林。【說文解字六書疏證卷二十一】

潨

申潨私印【漢印文字徵】

◉許　慎　小水入大水曰潨。从水。从眾。詩曰。鳧鷖在潨。徂紅切。【說文解字卷十一】

◉馬叙倫　沈濤曰。玉篇詩鳧鷖釋文正義一切經音義七文選江賦注皆引作小水入大水也。蓋古本如此。許書凡曰某者。皆他書隱括節引。後人以之竄入本書。許書訓解之例不然也。詩正義引入下有於字。倫按字林每作曰某。則此是字林文。此字或出字林。從眾當依鍇本作眾聲。【說文解字六書疏證卷二十一】

◉邵笠農　潨音叢。又音終。音崈。音從。詩鳧鷖在潨。傳水會也。說文小水入大水曰潨。二說虛實兩用。後變借淙。俗作漎。淙本義水聲也。亦水流貌。又訓水所衝也。則借作潨用。郭璞江賦。淙大壑與沃焦。是言水入水。盧鴻終南十志有雲錦淙。是言水會處。後又變用涌字。埇字。音義皆乖。涌原音勇。本訓水滕也。廣俗名一地曰柳波涌。音與潨同。即指水會處。世俗又謂大長谷之瀧為潨。瀧潨叠韻。大長谷乃水所會處。音既略近。而義亦相成。乃不用瀧潨而濫借涌字。怪甚。然沿譌習久。通人亦不加糾正。釋名山旁隴間曰涌。涌猶桶。桶狹而長也。審其義。當為瀧。乃變其聲為潨。已屬濫借。又變其形為涌。則遞衍益謬矣。更可哂者。又由涌變埇。埇亦音勇。舊說謂道上加土。與甬道之甬同。廣韻埇地名。在淮泗間。世俗亦謂瀧田為埇田。有東埇埇下埇子諸名目。皆展轉譌舛。無從得其形聲。須知水入水則其水衆多。水會亦謂衆水所會。故从水衆聲。實為正塙之詁也。【說潨　文風學報創刊號】

◉許　慎　別水也。从水。从𠂢。𠂢亦聲。匹賣切。【說文解字卷十一】

◉商承祚　卷一第十九葉　卷二第九葉　卷四第十葉　第十一葉　同上　第十三葉　卷五第十九葉　藏龜第九十九葉　藏龜之餘第十六葉　龜甲獸骨卷二第一葉　第二十三葉

此當是水之流別。𠂢字从　。象川之中流有旁歧。　象幹流出旁枝。　則水之象也。或省　。知𠂢派本一字。許君分為二。非也。又此字之形狀為𠂢字。殆無可疑。而文頗難解。疑叚用為他字矣。　字亦見大保𣪕。【殷虛文字類編卷十一】

◉馬叙倫　嚴可均曰。文選頭陀寺碑注引作水別流也。吳都賦舊注引字說同。按此疑當為𠂢重文。沈濤曰。一切經音義七廿二廿四引。派。水之邪別流也。此乃𠂢字之訓。經典皆用派字。別水與邪流別之義無分。此字疑後人妄增。蓋𠂢之別體也。桂馥曰。別水也當作水別也。本書。𠂢。水之衺流別也。倫按此𠂢之後起字。當為從水𠂢聲。字或出字林。【說文解字六書疏證卷二十一】

前四・一三・六【甲骨文編】

前4・13・6【續甲骨文編】

◉許　慎　汜水別復入水也。一曰。汜。窮瀆也。从水。巳聲。詩曰。江有汜。詳里切。臣鉉等案。前洍字音義同。蓋或體也。【說文解字六】

◉馬叙倫　徐鉉曰。前有洍字。義音竝同。蓋或體也。鈕樹玉曰。廣韻引同。韻會無下水字。當非脱。倫按洍汜聲同之類轉注字。汜從巳得聲。己巳一字。巳音喻紐四等。古讀歸定。沱音定紐。然則汜沱為轉注字也。水經注七引字林。汜。水決復入為汜。疑此水別復入水也即字林文。傳寫別決二字異耳。其例證固多也。一曰。汜窮瀆也者。爾雅釋丘文。此呂或校者記以明別義也。故鍇本在引詩下。亦疑此字出字林。錢坫本篆作汜。甲文作汜。古鉨之汜。强運開釋。【說文解字卷十一】【說文解字六書疏證卷二十一】

◉彭邦炯　甲骨文中有汜(《前》4·13·6,《明》1671),右邊所從與甲骨文中多見的祭祀之祀右邊所從完全一致,因此這個字必為從水從巳得聲的汜字無疑。惜辭過殘難知作何用,很有可能指汜水。甲骨文中又有省水的,依卜辭多見祭祀之祀也多有省示旁的看,也必為巳;甲骨文中有用作地名或國族名的,蓋即汜水地方的國族或城邑。如言「巳受年」(《佚》679),「帚巳示十屯,十一月」(《佚》418),「帚巳示十。争」(《乙》4127)等等。以卜辭多見的「商受年」、「敦受年」(《乙》4631、《粹》863等)「犬受年」(《粹》883)「畢受年」(《乙》5670)來看,商、敦、犬、畢都是地名,也是國族或人名,「巳受年」之巳定是相類。而甲骨文中多見的「帚×」,如「帚良示十,品」(《續》5·20·5),他辭又有「王田在良」「王步于良」等地名,可知「帚良」乃良地或良這個方國的婦女名。由此可見前舉的「帚巳」示若干屯的巳也必是與良同類的巳地或巳那個國族的婦女名。所以,我們説省去左邊水旁的巳也當是地名或國邑之稱。帝乙甲骨卜辭更有明白記載其商王伐人方回到大邑商時路過巳地的刻辭。其辭為:

「癸酉卜,在巳奠河邑,泳貞,王旬無畎,惟來征人方。」(《合集》41754,《金璋》725)

過去有人誤把「在巳」看作「在云」了。細審之實為「巳」字(寫作「巳」形,而不是寫作「云」形)。巳當為前舉「帚巳」「巳受年」的巳,為國族名,「來征人方」就是征人方回來的意思,奠即郊甸,河邑是巳的郊甸之邑。這條辭的大意是,癸酉這天,商王征人方回來的途中,在巳這個國家的郊奠(甸)地方的河邑。由貞人泳占卜問商王旬内有無災禍。值得注意的是與此辭相聯繫的有二十日後的癸巳日到訊、雍、商鄙等地。雍在今河南修武縣西,可算是商的鄙野。商王要回到大邑商(約當後世的王畿)一定是從汜水渡黄河到沁陽田獵區。甲骨文中講的巳地,必是文獻上講的汜水。【武王伐紂探路　中原文物一九九〇年第二期】

湀

京津一五五六 【甲骨文編】

◉許　慎　湀 湀辟。深水處也。从水。癸聲。求癸切。【説文解字卷十一】

◉高田忠周　端氏釋沃。非。此明从水从矢。説文無之。古字逸文也。愚竊謂𣲵為湀古文。癸籀文。實揆古文。从癶矢聲也。湀字當省作𣲵也。不敢肊定。存疑云。文義即水名。以為地名為邑名也。【古籀篇四】

◉馬叙倫　鈕樹玉曰。廣韻引同。繫傳深作流當不誤。釋水。湀闢流川。倫按本部用雅義者甚少。上文汜不用窮瀆。疑湀亦別有本義。此或本訓挩失。但存校語也。深字似不譌。蓋川本流水。不得言流川。疑爾雅誤。爾雅釋水釋文引字林。湀。音圭。或此字出字林。【説文解字六書疏證卷二十一】

濘

後一・一一・一　後二・二四・一　从水从甹説文所無疑為濘之或體　菁九・五　粹一五四五A　甲六〇七
京都二二四二　京都二三〇七　【甲骨文編】

後上11・1　【續甲骨文編】

◉許　慎　濘 榮濘也。从水。寧聲。乃定切。【説文解字卷十一】

◉陳邦懷　後編卷上弟十一葉　卜辭寧字皆省心作凡四見。此從水從寧。知是濘字。説文解字。濘。榮濘也。從水。寧聲。段注榮字曰。李善注七命引説文。濘絶小水也。此字在卜辭中為地名。今末由考實矣。【殷虚書契考釋小箋】

◉孫海波　从水从甹，説文所無，疑為濘之或體。【甲骨文編卷十一】

◉馬叙倫　鈕樹玉曰。文選七命注引作絶小水也。蓋譌以榮為濘。玉篇注。泥也。沈濤曰。蓋古本與榮字解同。今本榮濘二字義不可通。倫按濘字譌羨。或隸書複舉字之未删者。而又譌乙於下也。濘榮聲同耕類轉注字。今訓泥濘者。借濘為涅。或榮也者即榮字義。古或借濘為榮。濘為涅泥之轉注字。甲文作。【説文解字六書疏證卷二十一】

◉屈萬里　从甹从水，隸定之當作⿰氵甹，即濘字，菁華九葉五片有⿰氵甹字，為地名。後編下二四葉一片，又有⿰氵甹皀之辭，知彼⿰氵甹字亦為地名。【殷虚文字甲編考釋】

滎

□ 5·17 咸亭沙里滎器　□ 5·18 同上　□ 6·108 滎陽廩匋　□ 6·107 滎陽廩【古陶文字徵】

□ 陰滎【漢印文字徵】

◉許　慎　滎絶小水也。从水。熒省聲。户扃切。【説文解字卷十一】

◉馬叙倫　絶小水也非本訓。從熒得聲之字多小義。則語原同也。字見急就篇。【説文解字六書疏證卷二十一】

◉牛濟普　此印「滎陽禀陶——編者」陶為圓形，與今滎陽縣所出的「格氏」印陶相類。此地圓形印陶數量較少，印文的安排頗具匠心，滎字與廩字均根據印的形制作了一些變化，使印面顯得穩中有動，繁而不亂，是難得的一件古代篆刻藝術品。「滎陽禀陶」四字，除「陽」字外，其餘三字均為初見。廩字已如上述。滎字篆作「□」，據段氏《説文解字注》説：「……然則熒澤，熒陽古無作滎者。《尚書》《禹貢》釋文，經宋開寶中妄改熒為滎，而經典《史記》、《漢書》、《水經注》皆為淺人任意竄易，以為水名當作滎，不知泲水名熒自有本意，于絶小水之義無涉也。」古滎「滎陽禀陶」的發現，證明段注《説文》是錯誤的。早在東周時期，滎陽之滎字上從火，下從水。從小篆來看，滎字是寫作從火的「熒」。陶字篆作「□」，同出的其它印陶。還有寫作「□」。這兩種寫法皆為陶字的異體，匋(古陶工之陶)字已知的古文字中有作「□」、「□」等形的，象人持工具製陶器之狀，又有演變成：「□」、□、□等形的。

「「滎陽禀」印陶——編者」為三字小型長方形印陶，朱文豎行。這種形制的印陶在中州地域還是第一次發現，因而為中州的古鉩印製增添了新的樣式。【滎陽印陶考　中原文物一九八四年第二期】

洼

◉許　慎　洼深池也。从水。圭聲。一隹切。又於瓜切。【説文解字卷十一】

◉馬叙倫　深池也或非本義。亦非本訓。或字出字林也。或曰。洼漥一字。【説文解字六書疏證卷二十一】

漥

◉許　慎　漥清水也。一曰。窊也。从水。窐聲。一穎切。又屋瓜切。【説文解字卷十一】

◉馬叙倫　沈濤曰。一切經音義七引作小水也。蓋古本如此。今人猶以小水為漥。廣韻九麻引同今本。乃後人據今本改。桂馥曰。清當作積。玉篇。窪。牛蹄。積水也。徐灝曰。洼漥相承增穴。一穎切之音蓋由烓而誤耳。倫按積水與深池義相似。或洼窪為一字異文。然疑積水乃下文潢字説解中字傳寫誤入而本訓轉捝耳。漥本如玄應引作小水。唯水為池之爛文。下文

潢

汙下一曰小池為汙。即此字義。今北平謂地下而有積水者為窪。一曰窊也者。桂馥曰。一切經音義引字林音隱云。漥。或作窊。一瓜反。廣雅。窪。下也。老子。窪則盈。范應元注。當作窊。凹也。汙下也。王筠曰。謂窪窊通也。吾鄉謂下地為窪。不識窊字矣。朱駿聲曰。借為室也。倫謂窊室字從穴。地之凹下者也。漥字從水。地下而有積水者也。語原同耳。

【說文解字六書疏證卷二十一】

前二·五·七　前二·六·一　【甲骨文編】

前2·5·7　【續甲骨文編】

◉許　慎　潢積水池。从水。黃聲。乎光切。【說文解字卷十一】

◉羅振玉　曰潢。从乁。即水省。卜辭从水之字多省作乁。說文解字。攸。行也。从亻。从水省。从攴。是許君時乁為水省之義尚未失矣。【增訂殷虛書契考釋卷中】

◉馬叙倫　鈕樹玉曰。韻會引作積水也。一切經音義十五引作久積水。大曰潢。小曰池。十七引作久積水池。恐非。嚴可均曰。音義十七引下又有大曰潢小曰洿。桂馥曰。一切經音義十一引。潢。池也。積水曰潢也。小曰洿。大曰潢。倫按積水池蓋本作積水也池也兩訓。傳寫並省。積水也非本訓。今杭縣謂積水無原停而不流者曰蕩。即此字。左隱三年傳。潢汙行潦之水。服虔曰。畜小水謂之潢。水不流謂之汙。本書。洿。濁水不流。汙。薉也。一曰小池為汙。小池為汙即漥字義。濁水不流亦窪字義。左傳之汙及玄應引小曰洿者。竝借為窪也。潢窪行潦之水。皆謂積水而非江河之水。故漢書敘傳曰。應龍潛於潢汙。潢窪轉注字。潢音匣紐。窪從窐得聲。窐從圭得聲。圭音見紐。皆舌根音也。甲文作　。【說文解字六書疏證卷二十一】

◉陳邦懷　前編卷二弟五葉　說文解字涿下出𠃉。許君曰。奇字涿從日乙。段注。乙蓋象滴下之形。非甲乙字。段氏雖不知乁為從水省。謂象滴下之形。則至精也。許君說攸從水省。說奇字涿從乙。未免於彼得之於此失之矣。【殷虛書契考釋小箋】

沼

◉許　慎　沼池水。从水。召聲。之少切。【說文解字卷十一】

◉馬叙倫　鈕樹玉曰。韻會及華嚴經音義十四引皆作池也。一切經音義廿三引作小池也。恐非。沈濤曰。今本小池二字譌倒。淺人又改小為水。竝奪也字耳。戚學標曰。衆經音義引說文。沼。小也。也當為池。倫按玄應一切經音義引倉頡。沼。池也。蓋許本作小也。以聲訓。吕忱加池也。沼音照音三等。池音澄紐。同為舌面前音。轉注字也。【說文解字六書疏證卷二十一】

湖

◉許　慎　湖大陂也。从水。胡聲。揚州浸有五湖。浸。川澤所仰以灌漑也。户吴切。【說文解字卷十一】

湖　从水从古　散盤　沽字重見【金文編】

◉楊樹達　說文十一篇上水部云。湖。大陂也。从水。胡聲。揚州濅有五湖。濅。川澤所卬以漑灌者也。十四篇下𨸏部云。陂。一曰池也。湖訓大陂。謂大池也。按說文三篇上古部云。嘏。大遠也。从古。叚聲。嘏訓大遠。遠義得之於叚。詩周南汝墳云。不我遐棄。毛傳。遐。遠也。是也。遠受義於叚。知大遠之大受義於古矣。古有大義。故古聲孳乳之字亦多含大義。賈子容經篇云。祜。大福也。此一事也。一切經音義卷十三引埤倉云。𤮊瓳。大甎也。又卷四引通俗文云。甎方大謂之𤮊瓳(按番亦有大義)。此二事也。周書謚法解廣雅釋詁並云。胡。大也。左傳僖二十二年云。雖及胡耇。杜注云。胡耇。元老之稱。按元老即孟子所謂大老也。此三事也。本艸卷二十九菜部云。大蒜名葫。小蒜名蒜。此四事也。集韻引埤蒼云。𦢊膊。大脯也。此五事也。漢書禮樂志云。特以簿書不報期會為故。注云。故。大事也。此六事也。一切經音義卷十六引埤蒼云。鶘鶘鳥似服鳥而大。此七事也。說文十二篇上鹽部云。盬。河東盬池也。袤五十一里。廣七里。周百十六里。从鹽省。古聲。按盬从古聲。謂其大也。此八事也。此皆古聲聲類孳乳之字也。其非古聲而與古聲音近者。爾雅釋詁云。夏。大也。此一事也。爾雅釋木云。棗。壺棗。郭注云。今江東呼棗大而鋭上者為壺。方言云。蠭大而蜜者謂之壺蠭。此二事也。淮南説山篇云。好魚者先具罟與罛。注。罛。大网。此三事也。爾雅釋魚云。鯢大者謂之鰕。此四事也。周禮考工記磬氏云。磬氏為磬。其博為一。股為二。鼓為三。鄭司農注云。股。磬之上大者。此五事也。説文八篇上丘部云。虛。大丘也。从丘。虍聲。此六事也。又三篇上言部云。詡。大言也。从言。羽聲。此七事也。説文十四篇下矢部云。吴。大言也。从矢口。此八事也。又八篇上人部云。俁。大也。从人。吴聲。此九事也。或問曰,子前者撰釋胡篇。謂胡有下義。下

者水之所歸。湖从胡聲。安知不得義於下乎。曰。文字受義之源。固有二説皆可通。今不能定其何屬者。湖字其一也。緣許君以大陂為訓。故就大義疏證之。不謂胡必無下義也。【語源學論文十篇　師大月刊第十四期】

◉馬叙倫　鈕樹玉曰。繫傳韻會揚作楊。非。沈濤曰。埶文類聚九引川澤作水澤。一切經音義四引揚州下無浸字。皆傳寫奪譌。唯類聚五湖下無浸字。乃古文如是。倫按陂借為池。聲同歌類。十四篇陂下一曰沱也。沱當為池。池也即池字義。然大陂也非本訓。揚州以下亦校語。校者本周禮職方氏及釋名加也。或字林。古鉩作□。【説文解字六書疏證卷二十一】

汥 汥

◉許　慎　汥水都也。从水。支聲。章移切。【説文解字卷十一】

◉馬叙倫　鈕樹玉曰。詩江有汜毛傳。水岐成渚。岐當同汥。渚當同都。段玉裁曰。水都者。水所聚也。民所聚曰都。汥之證未聞。倫按風俗通。水澤所聚謂之都。亦曰瀦。或作豬。禮記檀弓。洿其宮而豬焉。鄭注。南方謂都為豬。倫謂此都即瀦也。汥為瀦之轉注字。汥音照紐三等。瀦音審紐三等。同為舌面前音也。今本書無瀦字。水都也非本訓。或字出字林也。【説文解字六書疏證卷二十一】

洫 洫

◉許　慎　洫十里為成。成間廣八尺。深八尺。謂之洫。从水。血聲。論語曰。盡力于溝洫。況逼切。【説文解字卷十一】

◉馬叙倫　鈕樹玉曰。韻會二尺字皆作赤。古文苑宋玉鉤賦。鉤如細鍼。以出三尺之魚于數仞之水中。然説文恐不作赤。集韻韻會引于作乎。翟云升曰。集韻引無深八尺三字。倫按詩文王有聲。築城伊淢。毛傳。淢。成溝也。韓詩作洫。左襄十年傳。子駟為田洫。注。洫。田畔溝也。卅年傳。田有封洫。注。洫。溝也。是溝洫雖有四尺八尺之異。而其制一也。下文。溝。水瀆。廣四尺。深四尺。水瀆所以釋溝。則此下亦當有本訓。今挩。洫為溝之同舌根音轉注字。洫音曉紐。溝音見紐也。十里至謂之洫。此吕忱或校者引考工記文也。【説文解字六書疏證卷二十一】

◉銀雀山漢墓竹簡整理小組　勝兵如以洫稱朱　十一家本作「故勝兵若以鎰稱銖」。漢代文字多以「洫」為「溢」(馬王堆帛書、武威簡本《儀禮》皆如此)。疑此字本從「皿」從「水」,乃「益」字之異體,因與溝洫之「洫」字形近,遂至混而不分。《莊子·齊物論》「以言其老洫也」,《釋文》:「老洫本亦作溢,同。音逸。」簡文「洫」(溢)借為「鎰」。《唐太宗李衛公問對》卷中引此,「勝兵」上無「故」字,與簡本合。敗兵如以朱稱洫　十一家本作「敗兵若以銖稱鎰」。【銀雀山漢墓竹簡(壹)】

溝

溝 為一六 【睡虎地秦簡文字編】

義溝道宰印 【漢印文字徵】

◉許 慎 水瀆。廣四尺。深四尺。从水。冓聲。古矦切。 【説文解字卷十一】

瀆

瀆弘之印 【漢印文字徵】

瀆 【汗簡】

王庶子碑 古爾雅 義雲章 【古文四聲韻】

◉許 慎 溝也。从水。賣聲。一曰。邑中溝。徒谷切。 【説文解字卷十一】

◉黄錫全 瀆 鄭珍云：「省貝。《尚書》不言瀆，薛本亦無，不知采何書之誤。」夏韻屋韻録《王庶子碑》瀆作，形與此同，侯馬盟書犢作，古璽作（璽彙2072），牘作（璽彙4034），瀆作（璽彙2594，參見朱德熙、曹錦炎文）。此形應有所本。

《説文》「隫，通溝也。讀若瀆」。古文作，同此形。夏韻屋韻注出《古爾雅》瀆。今本《爾雅》作瀆，郭見本作隫。瀆隫音義同。參見前瀆。鄭珍云：「此及下雨部今多失注，夏所見本具存，皆可按《古文韻》校補。」【汗簡注釋卷五】

渠

秦1208 新城義渠 秦1214 同上 【古陶文字徵】

渠 為一六 【睡虎地秦簡文字編】

漢匈奴惡適姑夕且渠 公乘渠 孫渠私印 熊渠將印 【漢印文字徵】

◉許 慎 水所居。从水。榘省聲。彊魚切。 【説文解字卷十一】

◉銀雀山漢墓竹簡整理小組 毋衡龍而功毋渠詹而守 宋本作「無衡機而攻，無溝壍而守」。《治要》「溝壍」作「渠塹」。簡文以「衡龍」與「渠詹」對舉。《淮南子·氾論》「晚世之兵，隆衡以攻，渠幨以守」，以隆衡與渠幨對舉。隆衡為攻城之械，《淮南子·兵

略》稱為「衝隆」(「故攻不待衝隆云梯而城拔」)，即簡文之「衝龍」(「龍」、「隆」音近)。渠幨為張於城上以防矢石之設備(參看《孫臏兵法·威王問》注二六)，亦即簡文之「渠詹」(「詹」讀為「幨」)。宋本之「溝壍」當是譌文，疑「渠詹」(幨)先誤作《治要》之「渠塹」(「詹」、「塹」古音相近)，又由「渠塹」誤作「溝壍」。《尉繚子·武議》：「古人曰：『無蒙衝而攻，無渠答而守。』」《尉繚子》有時襲用《六韜》之文(如《武議》「殺一人而三軍震者」一段，與《龍韜·將威》之文基本相同)，此所謂古人語疑即引自《六韜》。渠答即渠幨別名(參看《孫臏兵法·威王問》注二六)，亦可證作「渠塹」、「溝壍」者為誤文。《淮南子·兵略》：「晚世之兵，君雖無道，莫不設渠壍傅堞而守。」同書《泰族》：「故守不待渠壍而固，攻不待衝降(隆)而拔。」二「渠壍」皆當為「渠幨」之誤。【銀雀山漢墓竹簡(壹)】

瀶 瀶

◉許　慎　瀶谷也。从水。臨聲。讀若林。一曰寒也。力尋切。【説文解字卷十一】

◉馬叙倫　吴穎芳曰。瀶之轉語。沈濤曰。一切經音義廿引。瀶。谷名。許書之例當作也。凡器物艸木諸引作名者。皆引書者以意改之。段玉裁曰。一曰寒也者。與凜音義略同。劉秀生曰。品聲林聲竝在來紐覃部。故瀶從臨聲得讀若林。左定八年傳。林楚御桓子。公羊作臨南。一切經音義十六。淋。古文瀶同。竝其證。倫按谷也當依玄應引作谷名。此字蓋出字林。如吴説則瀶之轉注字也。一曰寒也者。吕忱著別義。或寒也為本義瀶凜聲同侵類轉注字。【説文解字六書疏證卷二十一】

漁 漁

京津三八三五　淄日　寧滬一·三六一　鄴初下四一·一〇　鄴初下四七·三　甲五七三　甲六一五

甲七一五　甲一五五九　甲一五六五　甲一六〇四　甲一六五六　拾六·五　前八·七·二

後一·一四·六　後一·一四·七　後一·一四·八　後一·一四·九　後二·四一·一三　林一·八·一〇

粹九二七　【甲骨文編】

甲573　615　715　793　1273　1497　1536　1538　1541　1551　1559

1565　1604　1650　1656　1828　1922　2017　珠115　116　佚247　249

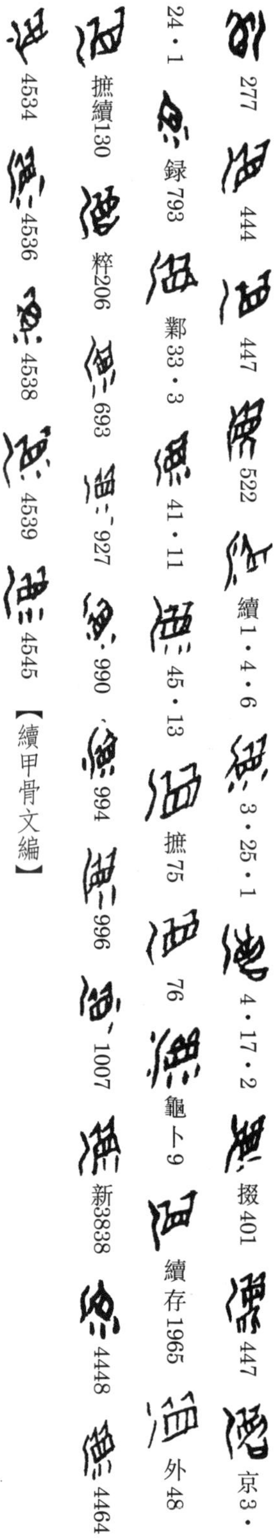

【續甲骨文編】

◉許　慎　㵟水艸交為湄。从水。眉聲。武悲切。【説文解字卷十一】

◉馬叙倫　鈕樹玉曰。玉篇引爾雅水草交曰湄。倫按此爾雅釋水文也。吕忱或校者所加。轉捝本訓矣。詩蒹葭。在水之湄。傳。湄。水溓也。然則湄是水邊。故廣雅釋丘。堳。厓也。堳為湄之異文。湄音微紐。滸從午得聲。午音疑紐。微疑同為邊音。轉注字也。湄瀕脂真對轉轉注字。甲文作𣸈𣸈。【説文解字六書疏證卷二十一】

◉楊樹達　書契前編卷叁廿貳之肆。云：「貞御王自上甲𣸈，大示，十二月。」按𣸈字右从水，左从眉。乃湄字。余謂上甲湄即上甲微也。微與眉古音同，二字古多通作。儀禮少牢饋食禮云：「眉壽萬年。」鄭注云：「古文眉為微。」莊公二十八年左氏春秋經云：「築郿」，公穀二家經皆作「築微」。是其證也。

書契前編卷叁廿貳之叁。云：「甲申，卜，穷貞，王湄大示。」按此辭文特簡略，細審之，湄大示與前辭文同，湄亦上甲微也。特省上甲不言耳。其卜日以甲申，亦可證也。

書契前編卷貳廿伍之伍。云：「辛巳卜，貞，王賓上甲𠬝至于多毓，衣，亡尤？」上甲𠬝亦即上甲微也。𠬝字蓋从不聲，與微同為唇音字。今讀不聲之字如坏，如杯，皆讀如微部音，觀甲文以𠬝為湄微，知殷代已然矣。甲文既作湄，又作𠬝者，古人於聲近之字往往任作，雖人之名字亦然。金文有旅虎簠，又有奢虎簠，二器文同，為一人之器，而一作旅虎，一作奢虎，以旅與奢古音同也。湄與𠬝字異而所指同，正其比類矣。

書契前編卷貳廿伍葉肆版云：「△亥，卜，貞，王賓𠬝，自上甲至于多毓衣，亡尤？」按文義𠬝字當在上甲二字下，誤倒在上耳。【釋𣸈　積微居甲文説】

◉楊樹達　殷契粹編捌肆〇片云：「王叀△田，湄△。」按同書玖貳柒片云：「叀莇田，湄日亡𢦏？」此文當與彼同，原書以「王叀田湄」四字連文為一句，殆非也。湄日者，湄當讀為彌，彌日謂終日也。【王叀田湄　卜辭瑣記】

◉楊樹達　後編上卷十四葉之八云：「王狂田，湄日，不遘大鳳，亡𢦏？」粹編六九三片云：「湄日不雨？其雨？」七〇六片云：「戊午，卜貞，翌日戊，湄日不雨？其雨？」樹達按：湄蓋假為彌，彌日謂終日。

前編三卷廿二葉之四云：「貞御王自上甲湄大示。十二月。」樹達按：上甲湄即國語之上甲微也。古無輕唇音，微字讀與湄同，故國語作微，甲文作湄，字雖異而音則一也。【湄　卜辭求義】

◉張秉權　「湄」字在卜辭中是個不常見的文字，在朱芳圃的甲骨學文字編裏，湄字二見，在孫海波的甲骨文編裏，湄字八見，但其中二文，已見於朱氏著録。最近，我曾對於這一類的卜辭，略加搜集，計得四十餘條，與朱孫二氏所著録的，合計起來，亦不過五十餘條，但較從前的資料，已經增加了五、六倍了，可是我們對於這個字的意義的認識，卻仍滯留在朱芳圃氏所引的説文解字的解説中，然而説文的説法，在卜辭中是解説不通的，因此，我想利用這一批資料，作一比較研究，看一看這個字在卜辭中的用法，形變和時代性，那是從這批資料中，可以很清楚地認識得出來的，它們的時代沒有早過第三期的廩辛，或晚於第四期的武乙之世的，這一階段，正好屬於新派。湄字的形變，也很簡單，只有「[glyph]」及「[glyph]」或「[glyph]」三類，而且這三類形體，無論在第三期或第四期的卜辭中，均有出現，因此，我們在目前還無法斷定，這三種形體的時代，孰先孰後，湄字的用法，尤其簡單，似乎衹有在貞卜遊田的卜辭中，才用得着它（因目前所有的資料，全部都與遊田有關，詳下文），而且總是和「日」字連文，構結成一語詞，因而有人誤以為它們是一個字，其實在殷契佚存第二九四片中，湄日二字分行而列，是它們為二字而非一字的最好例證，雖則該片湄字有一半已經殘缺，卻仍可以看得出來，商承祚氏因為誤將湄日二字認為一個不認識的「漕」字，所以在考釋中沒有將這半個字釋出來。又殷契粹編706片中，湄日二字亦是分行而列的。湄日一語常用在卜問災、吉、風、雨等事項中，如稱「湄日亾災」：

(1) ☐卜，狄☐壬，王其☐[glyph]湄日亾巛？③　③表示此版為第三期的卜辭，①②④⑤並仿此。（甲編1273）

(2) 甲（辰）☐，（王）其湄日亾巛？③（鄴初下　41反面2）⊘

或稱「湄日不吉」：

(31) 王其田埶，湄日不吉？④（甲編2073）

或稱「湄日不雨」：

(32) 貞：王☐迺☐，（湄）日不雨？

☐（湄）日☐（雨）？③（録793）

(33) 王于壬迺田，湄日不（雨）？③（佚522）⊘

或稱「湄日其啓」：

(41) 湄(日)其啓？④(後上30・5)

或稱「又湄日雨」：

(42) ☐其省宰，又湄日雨？④(甲編867)

或稱「湄日不遘大風」：

(43) 王耤田，湄日不遘大風？④(後上14・8)

(44) 王耤田，湄日不遘大風？④(甲編615)⊘

或稱「湄日亾災，不遘大雨。」：

(47) 乙丑卜，犾貞：今日乙，王其田，湄日亾巛？不遘大雨？③(甲編1604)

(48) 丁亥卜，犾貞：其田𢀛貝，叀辛，湄日亾巛？不雨？③(甲編1650)⊘

此外，尚有數條卜辭有「湄日」連文，而辭義過於殘缺，無法確定其下文為何，但從它們的同版卜辭中，仍可以知道與遊田之事有關，譬如：

(51) ☐麋☐異☐湄日☐？
其田，(遘)麋，王其射，亾𢦏？③(甲編1551)

(52) 辛☐貞：☐麋☐，湄日☐災☐？③(甲編1559)

(53) ☐(田)，湄日☐？(佚246)

湄日之湄，孫氏甲骨文編水部湄字之下僅列字形，而無解說，朱氏文字編則引說文：「湄，水草交為湄，从水眉聲。」(文十一，頁三)之說，而無別解。但是遵照說文的解說，去看卜辭中湄日二字的意義，是十分費解的，在上面所舉的許多辭例中，沒有一條是可以講得通的。我想：卜辭中的湄日之湄，似應假借為彌字，湄彌二字，古音同在段氏第十五部(即脂部。)，可以通假，爾雅釋言：「彌，終也。」詩大雅生民之什生民「誕彌厥月」，毛傳：「彌，終。」又卷阿「俾爾彌爾性」，毛傳：「彌，終。」又魯頌閟宫「彌月不遲」，鄭箋：「彌，終也。」是「彌」有「終」義，彌日的意思就是終日了，然則卜辭湄日當假為彌日，意即終日，而彌日與彌月語法相同(此語為周法高教授所說)，彌月是詩經中的成語，直到現在還沿用着，而湄日一語，因後世罕用，其義遂晦。其實，「湄日亾災」就是在問：「終日無災？」，「湄日不吉」就是在問：「終日不吉？」，「湄日不雨」就是在問：「終日不下雨嗎？」，「湄日其啓」就是在問：

「終日其啓?」,「又湄日雨」就是在問:「有終日雨?」,「湄日不遘大風」就是在問:「終日不遇大風?」,「湄日亾災,不遘大雨」就是在問:「終日無災?不遇大雨?」湄日一語在卜辭中的用法,大致如上所述,而用終日之義去解釋它,無不文從字順,可以貫通。但是在比卜辭時代稍晚的一些經典中,却再也找不到湄日這樣的語詞,甚至連彌日連文也看不到,我想:這大概是因為它已經被另一意義相同的語詞「終日」所取代了的緣故,譬如:

不克終日勸于帝之廸。(書,多方)

君子終日乾乾。(易,上經,乾)

終日乾乾。(易,上經,乾)

不終日貞吉。(易,上經,豫;繫辭下)

終日戒。(易,下經,既濟)

寧用終日。(易,繫辭下)

終日射侯。(詩,齊風,猗嗟)

終日七襄。(詩,小雅,谷風之什,大東)

終日而畢。(僖公,二十七年,左傳)

多方是滅奄(或說周公反政)以後之作,易經相傳為文王周公之辭,猗嗟,大東是周代的作品,左傳在春秋之後,時代更晚。總之,這些都是周以後的作品,而在卜辭中,却沒有用過「終日」一語,由此看來,終日與湄日這兩個意義完全相同的語詞的興替,似乎是在殷周之際了,也許我們可以這樣地說:湄日是殷人所用的習語,終日則是周人所用的習語。【殷虛文字劄記　歷史語言研究所集刊第二十五本】

◉于省吾　甲骨文溗字從水皿聲,皿乃眉字的初文,溗與妹昧音近通用,甲骨文晚期以妹為昧,周器免簋昧作沓。説文:「曶,尚冥也,從日勿聲。」段注:「漢人曶昧通用不分,故幽通賦曶昕寤而仰思,曹大家曰,曶昕,晨旦明也。」甲骨文稱:「王其田宊,杋,溗(昧,下同)日亡戋〇莫(暮)田亡戋。」(後上一四·六)又:「今日庚,溗日至昏〼。」(京津三八三五)前一條以昧日與暮對貞,後一條以昧日至昏連言,無疑都是指時間早晚言之。又:「□(翌)日戊,旦溗至昏不雨。」(鄴初三三·三)既以旦昧二字連稱,又以至昏不雨為言,則旦昧為早昧之時,更為明顯。又:「〼旦至昏不雨。」(京津四四五〇)旦下省溗字。旦昧典籍也作昧旦,詩女曰雞鳴的「士曰昧旦」,左傳昭三年的「昧旦不顯」,是其證。昧旦猶言昧爽。書牧誓的「時甲子昧爽」,偽傳:「昧冥,夷明。早旦。」按未明

謂之昧，已明謂之旦或爽，指天將明時言之。第四期甲骨文溫日也作⿰氵毘日(掇四四七)。⿰氵毘乃溫之繁構。又第五期在祭祀時以妹代溫，例如「妹其鰍(餗)」(前二・三九・二)，「妹工(貢)㲽(典)」(前二・四〇・七)，是其證。吴大澂説文古籀補：「釋名，妹昧也，猶日始出歷時少尚昧也。盂鼎妹辰即妹晨，叚借字。」由此可見，周初猶沿用商代末期的以妹為昧。

總之，甲骨文的溫日舊不得其解。其實，以溫為昧，無論在聲音之通假或詞義之訓釋方面，都是符恰的。至于中、晚期甲骨文稱商王田獵和溫日連言者，習見繁出。莊子齊物論：「夢哭泣者，旦而田獵。」甲骨文稱：「于旦王迺田，亡𢦏。」(粹九八四)由此可見，旦昧田獵，乃古代統治階級的常見作風。【釋溫日　甲骨文字釋林】

◉徐中舒　楊樹達謂湄蓋假為彌，「湄日」謂終日《卜辭求義》。而卜辭中多見「冬日」之辭，「冬日」即終日，未見以「湄日」代終日之例。故于省吾謂湄當讀為昧，湄日或旦昧皆謂天將明之時也《甲骨文字釋林・釋溫日》。按于説可從。讀為昧，湄日即昧日，旦湄即旦昧，皆謂天將明之時也。旦昧典籍作昧旦。《左傳》昭公三年：「昧旦不顯。」又卜辭湄日亦作眉日，見卷四眉部眉字釋義。

辛亥卜貞今日王田□湄日不遘雨　前二・四三・五

……日戊……旦湄至于昏不雨　京三八三八【甲骨文字典卷十一】

◉饒宗頤　□字上半為□，即眉字，下半如□帶尾形；此應為麋的異構。□是湄日之「湄」的異形，他辭如「☒日戊，旦□至昏不雨」(京3838)。「旦」、「□」連言，「旦□」，猶言昧旦，《詩・鷄鳴》：「士曰昧旦。」「□日」亦作「⿰氵毘日」(掇447)，「之麋」即「之昧」，指是日上午時間的昧爽。此借麋為□、⿰氵毘，説詳于省吾先生《釋□日》一文。【釋紀時之奇字：□、㬥與𡴃(埶)　第二屆國際中國文字學研討會論文集】

◉朱歧祥　□，从水眉聲，隸作湄。《説文》：「水草交為湄。」楊樹達《卜辭求義》44頁謂湄「或假為彌，終也。」卜辭習言「湄日」，即彌日；意謂一整天的意思。字多用於第三期以後的田狩卜辭。有增口作□，復有省水作□。由辭例互較可證均屬同字。

(a)〈鄴3・41・2〉　王其田，湄日不冓雨？

〈林2・26・12〉　戊辰卜貞：今日王田□，□日不遘雨？

(b)〈存1・1737〉　今日王其田，□日不雨？

〈戩17・7〉　今日□☒不雨？【甲骨學論叢】

衍

◉許　慎　衍溝水行也。从水。从行。户庚切。【説文解字卷十一】

◉柯昌濟　衍。衍。並為衍字。洪範曰。「衍忒。」鄭康成曰。「卦象多變。故言衍忒。」繫辭云。「大衍之數五十。」鄭注。「衍。演也。」「卜。衍貞。」猶言卜。大貞也。【殷虚書契補釋】

◉葉玉森　卜辭衍之異體作等形。孫詒讓釋之一體為永。予疑增水象者乃繁文。仍當讀永。至作等形。羅氏釋衍。可信。【殷墟書契前編集釋卷一】

◉馬叙倫　鈕樹玉曰。玉篇注。溝水也。王筠曰。似因字從行而衍行字。倫按此左隱三年傳潢汙行潦之水之行本字。當從鍇本作從水行聲。傳作行。即用行聲也。本作行也。以聲訓。今捝也字。而行字傳寫轉乙於下。溝水也蓋字林文。或許訓行也。吕增溝水行也。亦或字出字林也。古鉨作衍。【説文解字六書疏證卷二十一】

◉戴家祥　衍衍父乙彝　衍口作父乙彝　此字行分兩旁，(水)流其中，當亦為衍字。金文作人名，無義可説。【金文大字典下】

澗

◉許　慎　澗山夾水也。从水。閒聲。一曰。澗水出弘農新安。東南入洛。古莧切。【説文解字卷十一】

◉馬叙倫　段玉裁曰。洛當作雒。地理志。弘農郡新安。禹貢澗水在東南。入雒。倫按山夾水也者。爾雅釋山文。詩采蘩。于澗之中。考槃。考槃在澗。毛傳竝曰。山夾水曰澗。此蓋吕忱所加。本訓捝矣。或字出字林也。一曰澗水十五字亦吕忱文。故字作洛也。【説文解字六書疏證卷二十一】

◉楊樹達　澗　殷虚書契前編肆卷拾伍之陸有澗字，葉玉森釋淵。按象水，象水兩旁山阜，余謂是澗字。説文水部云：「澗，山夾水也。从水，閒聲。」【澗　卜辭瑣記】

◉湯餘惠　澗　䤿。此字又見于青川木牘及陶文，我們曾釋為《説文》訓為「山夾水」之澗字（參看《古文字學概要》255頁注12）。高明《古陶文字徵》疑為「陎」，從字形上説不無道理，但《字彙》謂即「俗陰字」，在青川木牘「利津~」一語中難以講通，釋陎恐欠妥。【包山楚簡讀後記　考古與文物一九九三年第二期】

澳

◉許　慎　澳隈厓也。其内曰澳。其外曰隈。从水。奥聲。於六切。【説文解字卷十一】

◉馬叙倫　鈕樹玉曰。韻會厓作崖。嚴可均曰。自部。隩。水隈崖也。疑此得為隩之重文。自部。隈。水曲隩也。許未分隩隈為内外。其内二語疑校者所加。倫按隈厓也當作隈也厓也。一訓及其内校者八字校者加之。或字出字林。此隩之異文。

澩　灘　汕

【說文解字六書疏證卷二十一】

疑是學字　山川—浴(甲11—17)、𠰊涉山陵瀧汩凼—(乙3—31)　【長沙子彈庫帛書文字編】

◉許　慎　澩夏有水冬無水曰澩。从水。學省聲。讀若學。胡角切。𤁬澩或不省。【說文解字卷十一】

◉馬叙倫　嚴可均曰。讀若學疑校者所加。倫按夏有水冬無水曰澩。爾雅釋山文。疑吕忱所加。本訓捝矣。爾雅釋山釋文引字林。澩。火篤反。或此字出字林也。【說文解字六書疏證卷二十一】

◉許　慎　𤅩水濡而乾也。从水。鷬聲。詩曰。𤅩其乾矣。呼旰切。又他干切。灘俗𤅩从隹。【說文解字卷十一】

◉戴家祥　鄂君啓節　让灘　鄂君啓節　逾灘　灘當讀為漢，集韻「太歲在申曰涒漢，亦作涒灘」，是漢灘通讀之證。漢為水名。書禹貢「嶓冢導漾東流為漢」。【金文大字典中】

◉許　慎　汕魚游水皃。从水。山聲。詩曰。烝然汕汕。所晏切。【說文解字卷十一】

◉强運開　　趙古則釋⿱山徹。楊升庵釋徹。周秦石刻釋音⿱山徹。薛氏作敞。即𢿍。或音汕。叶平聲。相于反。運開按。說文。汕。魚游水皃。从水。山聲。詩。烝然汕汕。此云其斿⿱山徹⿱山徹。亦係魚游水之皃。疑⿱山徹即籀文汕字。【石鼓釋文】

◉馬叙倫　鈕樹玉曰。韻會蒸作烝。倫按魚游水皃疑非本訓。亦非本義。或字出字林也。詩南有嘉魚。烝然汕汕。毛傳。汕。樔也。箋。樔者。今之撩罟也。蓋樔即罺也。爾雅釋器。罺謂之汕。莊子大宗師。臧山於澤。亦以山為罺罟。然亦非汕字本義。【說文解字六書疏證卷二十一】

◉何琳儀　《璽彙》〇三六三著録燕長條璽，印文六字：

山金貞鍴

首字可隸定「洀」，其「舟」旁可參照戰國文字「朝」作（朝歌戈）、（《璽文》七·三）所从「舟」。商周文字「洀」，从「水」，从「舟」，會意（拙文《釋洀》一九九〇年上海古文字研討會論文）。戰國文字「洀」，从「水」，「舟聲」。《集韻》：「洀，水父也。之由切。」

第二字从「水」，从「山」，且借用中間豎筆，釋「汕」應無疑義。其中「水」作形，燕璽「洶」作（《璽彙》〇三五九）可以類比。

「洀」與「汕」均从「水」筆勢小有差異，不足為奇。

「洀汕」，應讀「朝鮮」。

「洀」从「舟」得聲，據《說文》「朝」亦从「舟」得聲。故「洀」可讀「朝」。

「汕」可讀「鮮」。《史記・朝鮮列傳》集解：「張晏曰，朝鮮有濕水、洌水、汕水，三水合為洌水。疑樂浪、朝鮮取名於此。」

又：「鮮音仙，以有汕水故名也。」

「洀汕」即「朝鮮」，均从「水」，應是水名。「汕」為汕水，「洀」俟後考。戰國文字可證舊注並非子虛。朝鮮見《山海經》、《管子》等先秦典籍。該璽印面為長條形，其文字、形製呈典型燕國風格。凡此與《朝鮮列傳》所載燕國東拓朝鮮史實若合符節。

「山金」，山銅，見《管子・國準》：「益利搏流，出山金立幣。」

「貞」，信。「貞鍴」讀「貞瑞」，猶「信璽」。【古璽雜釋再續　中國文字新十七期】

決

□ 決　雜六　四例【睡虎地秦簡文字編】

□ 決敵【漢印文字徵】

□ 決　□ 決出李彤字略【汗簡】

□ 李彤集【古文四聲韻】

◉許　慎　□行流也。从水。从夬。廬江有決水。出於大別山。古穴切。【說文解字卷十一】

◉馬叙倫　段玉裁曰。衆經音義三引作下流也。正合決水之義。鈕樹玉曰。下字恐非。廣韻注。流行也。韻會作從水夬聲。無於字。嚴章福曰。攴部。攸。行水也。此言行流當不誤。倫按行流下流皆不足以明義。蓋非本訓而又捝譌矣。從夬當作夬聲。廬江以下呂忱所增。字見急就篇。【說文解字六書疏證卷二十一】

◉劉　釗　《漢徵》十一、十四第9欄有字作「□」、「□」、「□」，《漢徵》釋作「波」，以不識字列水部後。按字从水从夬，應釋作決。決字見于《說文》水部。【璽印文字釋叢（一）　考古與文物一九九〇年第二期】

◉黃錫全　□決。出李彤字略。《說文》正篆作□：「缺也。古者城闕其南方謂之𩫏，从𩫖，缺省。讀若拔物為決引也。」鄭珍認

灓 灓　滴 滴　注 注

為「此因『讀若』謂即決字，非」。按此應是假𣧑為決，猶如雲夢秦簡假㹶為決。形同正篆。【汗簡注釋卷二】

◉許　慎　灓漏流也。从水。䜌聲。洛官切。【説文解字卷十一】

◉馬叙倫　吴穎芳曰。漏之轉語。桂馥曰。集韻引有一曰漬也四字。倫按漏流也當作漏也流也。漏䜌音同來紐。灓或為漏之轉注字。或為流之轉注字。而古書或借為漏。或漏也乃孌字義。集韻引一曰漬也者。廣雅釋詁。灓。漬也。吕忱或校者據廣雅加之。倫疑漬為滴譌。篆文形近也。此下即滴篆。滴為水注。與漏義近。故或以灓為滴。廣雅已誤滴為漬也。【説文解字六書疏證卷二十一】

◉許　慎　滴水注也。从水。啻聲。都歷切。【説文解字卷十一】

◉馬叙倫　丁福保曰。慧琳音義三及廿九及卅引皆作水灓注也。倫按灓蓋灓下隸書復舉字。譌入於此。水注也衍水字。或此字林文。【説文解字六書疏證卷二十一】

注　注　日甲三一背【睡虎地秦簡文字編】

注　鄭鄉注【漢印文字徵】

◉許　慎　注灌也。从水。主聲。之戍切。【説文解字卷十一】

◉馬叙倫　沈濤曰。一切經音義一引。注。灌也。瀉也。是古本尚有一訓。倫按本部灌為水名。然水名類有本義。灌音見紐。注音照紐三等。古讀歸端。端見同為清破裂音。蓋轉注字也。不然。則灌也亦校語。本訓挩矣。注為滴之轉注字。滴音端紐也。玄應引瀉也校語。本書無瀉。字見急就篇。【説文解字六書疏證卷二十一】

◉裘錫圭　殷墟甲骨文裏有一個字，象用手將一個器皿裏的液體注入另一器皿。其簡體有省去手形的，也有省去受注器形的。按其在卜辭裏的用法，基本上可以分成三類。

第一類用作跟牲畜有關的一個動詞，如：

(1)貞：□豭百。九月。《合》15827正

(2) 癸丑【卜】，賓貞：（下部殘去）豭卅。九月。《合》11241

(3) 貞：勿二牛。《合》15826

第二類用作跟軍事有關的一個動詞，如：

(4A) 弜（勿）人，方不出于之。

(4B) 弜涂人，方不出于之。《合》28012

(5) 其御羌方，人，羌方異……《合》27973

(6) 弜戌受人。《合》28030

(7) 弜，其每。《小屯南地甲骨》3015

第三類作人、地名，如：

(8A) 庚寅卜，賓貞：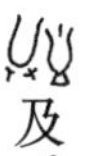及。

(8B) 貞：及。《合》940正

(9) 甲戌卜，賓貞：、啟，出王事。《合》5458

(10) ……古貞：、旨……《合》8440

(11) ……貞：……于……《合》8253

個別辭條中此字用法不明，如：

(12) ……唯茲……嬉……《合》7695反

此外，此字尚見于《合》7325（同辭尚有「人三千」等字，當屬上舉第二類）、《合》8254（似與上舉第9辭同文）、《合》15824、《合》18525、《合》18526（同辭尚有「五十」二字，疑是牲畜數，當屬上舉第一類）、《合》18544、《合》20604、《英》477等片的殘辭，不具引。為了行文的方便，下文以「△」代表此字。

西周金文中，1976年扶風雲塘村10號墓出土的事喪尊銘文有「△」字，全銘如下：

事喪作丁公寶彝，孔子其永。《陝西出土商周青銅器（三）》八三

此外，散氏盤有字，二見（《金文編》收入附録1187頁），似為人名。其字上從「網」下從「△」。

上引(1)和(11)的「△」，聞一多釋為「盉」（《釋爲釋豕》、《古典新義》543頁）。(6)即《殷契粹編》1198，郭沫若《粹編考釋》釋「△」為

「登」。(7)的「△」,《小屯南地甲骨・釋文》隸定為「㚖」(1059頁),姚孝遂、蕭丁《小屯南地甲骨考釋》釋為「斝」(327頁),「斝」即「登」。新近出版的《類纂》釋和《甲骨文字典》則分別把「△」字釋為「益」(《類纂》1027頁)和「易」(《字典》1063頁)。釋「△」為「盉」和「登」都顯然不可信,釋為「益」或「易」頗有道理,但是我們結合字形和辭例反覆考慮,覺得還是把「△」釋為「注」比較妥當。

第五期卜辭中有「黃呂」之文(《英》2567),燕耘《商代卜辭中的冶鑄史料》釋「黃呂」上一字為「鑄」(《考古》1973年5期299頁)。第三期卜辭中有「黃呂」之文(《合》29687),「黃呂」上一字《類纂》也釋為「鑄」(1035頁)。後一個「鑄」字下部的,我以為就是「△」字(其上部的應與《合》6057正的為一字,《類纂》1042頁釋為「飲」,恐非)。前一個「鑄」字的寫法跟金文「鑄」字基本相同。它所從的應該就是由「△」變來的。這跟金文(沬)字由甲骨文字變來的情況相似(關于甲骨文「沬」字,參看《甲骨文字集釋》3363—3367頁)。

「注」、「鑄」二字古通用。《史記・魏世家》「(文侯)三十二年……敗秦于注」,《正義》:「注或作鑄也。」「注」音與「祝」相近。《周禮・天官・瘍醫》鄭玄注:「祝當為注,讀如注病之注,聲之誤也。」「祝」、「鑄」古迹通用。《禮記・樂記》「封帝堯之後於祝」,鄭玄注:「祝或為鑄。」《淮南子・俶真》「冶工之鑄器」,高誘注:「鑄讀如唾祝之祝。」這也是「注」、「鑄」古音相近之證。鑄器時的主要工作就是把熔化的金屬注入器範,「鑄」應該就是由「注」孳生的一個詞。從「△」跟「鑄」在字形上的密切關係來看,把「△」釋為在音、義上跟「鑄」有密切關係的「注」的表意初文,似乎比把它釋為「益」更合理些。

上引第一類「注」字,我曾懷疑它們應該讀為「祝」,訓為「斷」(《廣雅・釋詁・一》、《公羊傳》哀公十四年注等都訓「祝」為「斷」),指一種用牲之法。但是(1)(2)(3)三辭都不像是跟祭祀有關的卜辭,可見那樣解釋並不妥當。現在我認為應該把第一類「注」字讀為《說文》訓「去陰之刑」的「斀」字(古書多作「椓」)。上古音「注」屬侯部,「斀」屬侯部入聲。「注」是章母字,「斀」是知母字,這兩個聲母的上古音也很接近。(1)(2)兩辭「注」下一字或釋為「豖」,非是。「豖」的字形中象生殖器的短畫跟豕身部分明顯相離。在(1)(2)兩辭中的那個字裏,象生殖器的短畫卻跟象豕的後腿的那道筆畫相接,可見它們沒有問題是「豭」字。把「注豭」讀為「斀豭」顯然是很合理的,這就是我們現在所說的「劁豬」。豭被斀後就成為卜辭中屢見的「豖」了(參看上引《釋爲釋豖》文)。公牛也可以斀,讀「注」為「斀」,對(3)也是合適的。

上引第二類「注」字也許應該讀為「駐」。也有可能這種「注」字是用來表示一種引申義的,即以注液體入某器來比喻派人到某地。這種引申義後來就演變成了「駐」這個詞。(4A)的意思大概是說,不必派人到地,敵人不會來到那裏。(4B)的意思可以類推。但是,跟(4A)(4B)同版的一條卜辭說:「王其呼衛于㗊,方出于之,又𢦏。」如果(4A)(4B)兩辭中「方不出于之」的「之」也

指哭地的話，「弜注□人」「弜注涂人」就應該解釋為不必把□人、涂人派到哭地去，或不必駐□人、涂人於哭地了。究竟怎樣解釋為妥，還有待進一步研究。(5)已殘，所說的當是跟派人抵御羌方有關之事。

卜辭中，人名、族名、地名往往是三位一體的。見於卜辭的人、地名「注」，可能應該讀為見於古籍和金文的鑄國的「鑄」。《禮記·樂記》：「武王克殷……封黃帝之後於薊，封帝堯之後於祝。」鄭注：「祝或為鑄。」但是《呂氏春秋·慎大》則說「武王勝殷……封黃帝之後於鑄，封帝堯之後於黎」。王國維據鑄公簠定鑄為任姓國。黃帝之後正有任姓，所以王氏認為《呂氏春秋》的說法是正確的(《鑄公簠跋》，《觀堂集林》卷十八)。見於卜辭的注族大概是武王封鑄之前居於鑄地之族。不過所謂封古帝王之後，實際上往往是承認既成事實，而不是真的給予新的封地。卜辭之注也有可能就是武王所封的鑄的先人。關於鑄國的地望，郭沫若在《兩周金文辭大系考釋》裏有考證(見鑄公簠和鑄子簠的考釋)，可以參閱。又前面提到過的或作「鑄」的地名「注」，其所指之地在今河南省中部。《史記·魏世家》「(文侯)三十二年……敗秦於注」，《集解》「司馬彪曰：河南梁縣有注城也」，《正義》「《括地志》云：注城在汝州梁縣西十五里(據《括地志輯校》，「十」上脱「四」字)。『注』或作『鑄』也」。其地當在今臨汝縣西北。卜辭的注地也有可能就在這裏。

尊是盛酒器。把上引事喪尊銘的「△」釋作「注」，文義也是通順的。「孫子其永注」就是後人永遠注酒於此尊的意思，與常見於銅器銘文的「子子孫孫永寶用」同意。散氏盤的從「网」從「△」之字，大概是以「△」為聲旁的，疑即見於《說文·网部》的「罜」字。【殷墟甲骨文字考釋 湖北大學學報一九九〇年第一期】

𣵀

◉許慎 𣵀溉灌也。从水。芺聲。烏鵠切。【說文解字卷十一】

◉馬叙倫 本書灌溉皆為水名。今作沃注義者。即借為沃注字也。沃音影紐。灌溉音同見紐。古讀注為端。端見影同為清破裂音。故得通借。或灌𣵀注溉為轉注字。借灌溉為水名耳。溉灌也當為溉也灌也。一訓校者加之。字亦或出字林也。【說文解字六書疏證卷二十一】

𣶏

◉許慎 𣶏所以攤水也。从水。昔聲。漢律曰。及其門首洒𣶏。所責切。【說文解字卷十一】

◉馬叙倫 鈕樹玉曰。繫傳所作新。疑薪之譌。又攤作癱。非。倫按所以攤水也蓋字林文。此廣雅𣶏隁也之義。如漢律則是汛灑之轉注字也。𣶏灑音同審紐二等。汛音心紐。同為次清摩擦音也。疑洒𣶏是本義。隁也者。碏字義。集韻。碏。礙也。

本書無硞。字或出字林。【說文解字六書疏證卷二十一】

澨

◉許　慎　澨埤增水邊土。人所止者。从水。筮聲。夏書曰。過三澨。時制切。【說文解字卷十一】

◉馬叙倫　沈濤曰。初學記六引水邊土人所止曰澨。是古本無埤增二字。左成十五年傳楚詞湘夫人注皆云。澨。水涯。王筠曰。者字一引作也。倫按玉篇。水名。又水邊地也。涯也。今此埤增二字不可解。不知何以誤也。水邊土當依玉篇作水邊地。水邊地人所止者校語。澨蓋涘滣之轉注字。澨滣音同禪紐。古讀歸定。涘音牀紐。古亦歸定也。字出字林也。【說文解字六書疏證卷二十一】

津

津　說文古文𣴎从舟从淮　翏生盨　角津地名　【金文編】

5·330　保□津　【古陶文字徵】

津　為一四　【睡虎地秦簡文字編】

津陽門候　宜津陽印　趙津印信　【漢印文字徵】

津竝見說文　津　【汗簡】

說文　古尚書　竝王存乂切韻　竝崔希裕纂古　【古文四聲韻】

◉許　慎　𣴎水渡也。从水。𦘔聲。將鄰切。𦨈古文𣴎。从舟。从淮。【說文解字卷十一】

◉馬叙倫　桂馥曰。古文苑漢津賦注引無水字。翟云升曰。集韻引無水字。王筠曰。渡本動字。此借為静字。故加水以明之。倫按此蓋字林文。許當以聲訓。玄應一切經音義引倉頡。津。汁也。又引三倉。津。液汁也。乃盡字義。蓋盡字出字林也。

古鉨作□□。

𦨈　段玉裁曰。當是從舟從水進省聲。鈕樹玉曰。淮當是準之譌。倫按詳進字下矣。從舟從淮校者加之。【說文解字六書疏證卷二十一】

●董楚平　1982年，紹興坡塘306號墓出土的徐器湯鼎，蓋内與肩部各有相同銘文44字，浙江省文物管理委員會等：《紹興306號戰國墓發掘簡報》，《文物》1984年第1期。曹錦炎、劉廣和二同志已先後著文，作了很好的考釋研究。曹錦炎：《紹興坡塘出土徐器銘文及其相關問題》，《文物》1984年第1期；劉廣和：《徐國湯鼎銘文試釋》，《考古與文物》1985年第1期。本文擬對其中一些較重要的字句提出不成熟的看法。

「ㄐ」下一字，肩銘寫作，蓋銘未見底部一横。曹文「疑為律字或體」，劉文「疑為晝字變體」。既稱「疑」，又稱「或體」、「變體」，可知尚未研究定奪。無論讀為「律」，還是讀為「晝」，不但水字偏旁完全落空，「聿」下的那部分也難以解釋。其實，此字與「津」字的篆體、古或體都極為相似。津字篆書作；《説文》：「津，水渡也。從水，聲。」《集韻》：「津，古作。」津是「水渡」，即把被水隔開的兩地聯繫起來，有引渡、連續之意。【徐器湯鼎銘文考釋中的一些問題　杭州大學學報一九八七年第一期】

●黄錫全　津。並見説文。　翏生盨津作，今本《説文》古文作。夏韻真韻録《説文》作，與今本同，此形所从之巛蓋巛寫譌。【汗簡注釋卷三】

●黄錫全　津。《説文》津字正篆作，古文作。薛本作⿰舟隹，同古文，此與正篆小異。曾侯乙編鐘樂名「割肄」之肄作、等，字當即津字所从得聲的𦘔的省體（參見《音樂研究》1981·1）。古璽有、二字（璽文附録27），應釋津。【汗簡注釋卷五】

●戴家祥　般父丙觶𢍏父丙　字从舟聲，字當釋津，説文十一篇水部「津，水渡也，从水𦘔省聲。⿰舟隹，古文津，从舟从淮」。段玉裁云當是从舟，从水，進省聲。按玉篇二八三⿰舟聿，同⿰舟隹。國語楚語若津水，用女汝作舟。是⿰舟聿為津之形義更旁字也。劉心源釋服奇觚室吉金文述卷七第三十二葉兄癸斝。馬叙倫釋般讀金器刻詞五十四葉父丁鼎。均非是。【金文大字典下】

●許　慎　無舟渡河也。从水。朋聲。皮冰切。【説文解字卷十一】

●馬叙倫　嚴可均曰。一切經音義十八引作淜涉渡水也。説文無淜字。倫按本訓涉也。此涉之轉注字。涉音禪紐。淜音奉紐。同為次濁摩擦音也。渡水也及無舟渡河也皆校語。或字林文。甲文作。【説文解字六書疏證卷二十一】

潢

◉許 慎 潢水津也。从水。横聲。一曰。以船渡也。户孟切。【說文解字卷十一】

◉詹鄞鑫 甲骨文有一個象横舟渡水的字□，辭例如下：

(1) 癸酉卜，王步，甲戌易(暘)日？丁酉卜，己亥王□，□(《屯南》2765)

(2) 庚寅卜，王□，辛卯易日？(《人》3097)

(3) 辛未卜，今日王□，不風？(《粹》843)

郭沫若先生釋云：「王下一字象舟楫之形，疑是般之古字。《說文》：『般，辟也。象舟之旋。從舟從殳。殳，令舟旋者也』。此所從之〜，亦正殳之象形。」見郭沫若《殷契粹編》843片考釋。楊樹達也舉《管子·小問篇》「盤」寫作「洀」證郭氏說。見《積微居甲文說》28頁。但楊氏没證明《管子》的「洀」與甲骨文的□是一個字；辭例也不合。故不可信。按郭氏以為〜象殳形無據。〜顯然象川流形，甲骨文中從水的「河」、「洹」、「湡」等字皆從之。然則□字象舟横於水上。此實即横渡之「横」字，《說文》從水作「潢」。

《說文》：「潢，小津也。一曰，以船渡也。」按「以船渡」是本義，「小津」義是渡的引申義。查典籍中凡訓為「以船渡」的字只寫作「横」，從水乃後來所加。《楚辭·九嘆·離世》「棹舟杭以横濿兮」，《漢書·揚雄傳》「横江湘以南淮兮」，又「上乃帥羣臣横大河」，顔師古注「横，横渡之也」，都寫作「横」。蓋古人以經為縱，以緯為横(《楚辭·招隱》注)；以南北為縱，東西為横(《戰國縱横家說》)；以順水流為縱，絶流渡為横(《後漢書·杜篤傳》注)。縱之言從，從而順之也；横之言横，横而穿之也。故凡横聲字多有横穿横欄義。如：横，闌木也；衡，轅前横木；廣，横也；行，甲骨文字形象十字路相交横。甲骨文中有一個□字象順水行舟，而□則象横舟渡水，因知□字讀音當如横。文獻中寫作「横」者，「横」字本義雖為「闌木」，但實際上已作凡縱横之泛稱，是通用字；《說文》作「潢」者，則是區別字，專以指横渡義。

典籍中又有杭字，與横渡之横音近而義通。《衛風·河廣》「誰謂河廣，一葦杭之」，毛《傳》云「杭，渡也」，謂横渡也。字又作航，《三國志·吴志·賀邵傳》：「長江之限，不可久持，苟我不守，一葦可航也。」航從亢聲，在商周時代亢與横音近。《禮記·玉藻》的「赤韍幽衡」，西周《麥鼎》作「赤市(韍)幽黄」，而《趞簋》則作「赤市幽亢」，因知衡(先秦同横)、黄、亢三字通用。據此可知「横」(横渡義)與「航」是由同一個詞分化出來的。

回頭再看卜辭，□釋為横渡之横(或航)無不通順暢達。前引例(1)「王航」與「王步」對貞，例(2)「王航」與例(1)「王步」辭例全同。此外卜辭屢云「王涉」，辭例亦相似。陸行曰「步」，徒行濿水曰「涉」，以舟横渡曰「航」。□讀為「横」或「航」，雖然在字形演變方面暫時没有材料，但揆諸辭例卻是最合適不過的。【甲骨文字考釋二則 語言研究一九八六年第

泭

二期】

◉許　慎　編木以渡也。从水。付聲。芳無切。【說文解字卷十一】

◉馬叙倫　今作筏。編本以渡也蓋字林文。字或出字林也。泭音非紐。溯音奉紐。同為脣齒摩擦音。蓋語原同矣。【說文解字六書疏證卷二十一】

◉温少峰　袁庭棟　殷代水上運輸工具除上文所論之舟船外，卜辭還有以木筏為水運工具之記録。卜辭云：

(65) 辛未卜，賓貞：王往(綍)不，……亡災？(《通》别一・五)

(66) ……囚(綍)不？(《乙》七九六四)

(67) 癸巳……囚(綍)不……(《佚》八三一)

郭老在《卜辭通纂》中謂：「不，假為泭，《楚辭・惜往日》『乘氾泭以下流』，王注云：『編木竹曰泭，楚人曰柎，秦人曰撥也。泭一作柎。』《小雅・常棣》『鄂不韡韡』，鄭箋云：『不當作柎，古聲柎、不同。』蓋古不泭、柎音同，故相通用也。此與字聯文，與舟同例，假為泭字無疑。」郭説可從。《説文》：「泭，編木以渡也，一曰小木栰也。」《方言》「泭，謂之簰」，注：「小筏曰泭。」編木為筏，「並木以渡」(《爾雅・釋水》泭下郭注)，應是極古老的發明，故有「伏羲始乘桴」(《物原》)的傳説。因其是最簡易而方便之水運工具，我國至今尚有用者，古代先民當用之更廣。《國語・齊語》有「方舟設泭，乘桴濟河」之載。韋注：「編木曰泭，小泭曰桴。」《論語・公冶長》：「道不行，乘桴浮于海。」孔老夫子尚欲乘桴即泭，可知此物在殷周是廣為使用的。卜辭之「不」即「綍泭」，當即以繩索挽木筏以為水上交通之記載。【殷墟卜辭研究——科學技術篇】

渡

渡　日甲八三背　【睡虎地秦簡文字編】

黄渡私印　　孫渡私印　【漢印文字徵】

渡　【汗簡】

古尚書　【古文四聲韻】

◉許　慎　渡濟也。从水。度聲。徒故切。【説文解字卷十一】

◉温少峰　袁庭棟　甲文又有洀字，其辭云：

(61) 庚寅卜：王洀，辛卯易日？（《人》三〇九七）

(62) 辛未卜：今日王洀，不鳳（風）？（《粹》八四三）

辭中之「洀」，郭老在《殷契粹編》中謂「象舟楫之形，疑是般字」。楊樹達先生非之，謂「洀字从水从舟，∫是水字，非象殳形，當釋洀」（《卜辭求義》）。按此字之∫是水流之形，又从舟以横絶之，疑是後世渡河之「渡」字初文，乃會意字，渡為後起之形聲字。此二辭乃卜問殷王渡河之時是否「暘日」（即陰間晴），或是否有風？【殷墟卜辭研究——科學技術篇】

◉夏　渌　劉以剛同志釋甲骨文「航」，象人撐船擺渡的形象，「航」本義是《詩·河廣》「一葦杭之」的「杭」，所見極是。今以甲骨文「渡」字為證。

〈1〉

〈3〉

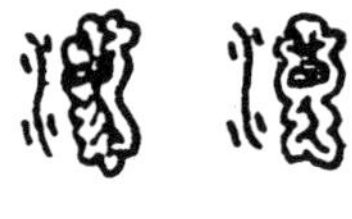

〈2〉

甲骨文另有一個从航从度的形聲字，如圖1左側从人在舟上（即「航」的簡字），右側从又持斗具量米，當是「度量」的「度」初文，作聲符，是渡口的「渡」古字。卜辭用為地名，當與渡口之所在有關。

卜辭文例是：

丙辰王卜在渡……？（續3·30·9）

沿 泝

丁未卜在渡[貞]：王令……？(前2·3·6)

丁丑卜……于渡……往[來]……[亡]災？(2·20·3)

甲骨文「渡」字聲符的「度」，从又持斗具量穀物，足以訂正《說文》釋「度」的不足，《說文》：「度，法制也，从又，庶省聲。」(篆文見圖2)顯然是將引申義作本義，將象形表意字，誤認為形聲字的省聲。度的本義是量度，首先是容量，擴大到長度、刻度、程度，以至制度、法度。體積的量度，與距離的長度，是有密切聯係的，長度的平方是面積，立方即體積。體積的測量，由長、闊、高的量組成，所以「度、量、衡」的「度」，後來轉變為以量長度的丈尺為主的含義，是可以理解的。度，在古漢語中不乏表示容量的文例，如《漢書·高帝紀》：「常有大度。」指心胸很開闊，有容人之量。現代漢語也有「器量」、「度量」。

《說文》釋「度」為「法制也」，其實法律、制度也是从生產和生活中具體的經驗產生的，由具體到抽象，从個別到一般。「法」的全文形體(圖3)是鑄造一只「廌」形的模範，加水，表示用水測量它的容量和體積。首先是工藝的程式叫「法」，以後才擴大到「方法」、「法制」和「法律」，詳另文《釋法》。「制」，《說文》釋為「裁也」，也是从制造具體手工藝品產生的，我們也擬在另文中探討。【釋「渡」與「度」 語言研究一九八六年第一期】

◉黃錫全 渡 古寫本度多作庀，與中山王鼎度作同。夏韻暮韻録《古尚書》渡作，杜从古録作，薛本作[氵庀](僅《書序》一見)。郭見本蓋作[氵庀]，以隸作古。【汗簡注釋卷五】

沿【汗簡】

◉許 慎 緣水而下也。从水。㕣聲。春秋傳曰。王沿夏。与專切。【說文解字卷十一】

◉馬叙倫 鈕樹玉曰。繫傳王作三。倫按玄應一切經音義廿二引字林。從水而下曰沿。順流也。沿亦緣也。然則許本作緣也。以聲訓。從水而下曰沿順流也字林文。唐人删并之耳。【說文解字六書疏證卷二十一】

◉許 慎 逆流而上曰泝洄。泝。向也。水欲下。違之而上也。从水。㡿聲。桑故切。泝或从朔。【說文解字卷十一】

◉馬叙倫 桂馥曰。向當作回。倫按泝為沿之轉注字。泝音心紐。沿音喻紐四等。同為次清摩擦音也。初無順逆之異也。玄

應一切經音義引三倉。逆流之水曰㴉。㴉。回也。亦行也。五經文字云。㴉。洄。上字林。下經典相承。蓋説文而題為字林者也。此捝本訓。所存者字林文。

王筠曰。朔聲也。倫按㴉朔竝從屰聲也。【説文解字六書疏證卷二十一】

◉許　慎　㴉洄也。从水。从回。户灰切。【説文解字卷十一】

◉馬叙倫　鈕樹玉曰。韻會作從水回聲。倫按王筠據詩毛傳爾雅皆言㴉洄㴉遊以疑此及上文㴉字説解。不悟詩傳爾雅既言㴉洄㴉游。明洄游義類。而㴉洄非同義也。玄應一切經音義引三倉。洄。水轉也。是洄為之後起字。亦非從口部從二口之回也。㴉洄也非本訓。從回當作回聲。【説文解字六書疏證卷二十一】

甲1267　1294　2906　3430　3508　3510　佚644　746　續3·19·7　3·25·2　6·14·9　徵11·15　11·16　珠466　京1·35·2　3·8·1　龜卜63　續存1886　1965　2463　2534　2554　新1224【續甲骨文編】

泳竝義雲章【汗簡】

◉許　慎　潛行水中也。从水。永聲。為命切。【説文解字卷十一】

◉馬叙倫　説文疑曰。永本從水。永部永下曰。象水巠理之長。則加水作泳非古。倫按詩毛傳鄭箋爾雅釋水竝曰。潛行為泳。爾雅郭注曰。水底行也。然爾雅釋言。泳。游也。游當作汓。此下文。汓。浮行水上也。又潛。涉水也。然則潛行水中為涉水行水中不可通矣。爾雅止曰。潛行為泳。猶曰涉水行為泳耳。疑此本作潛也行水中也。傳寫捝一也字。玉篇。潛。水中行也。泳音喻紐三等。汓音邪紐。同為次濁摩擦音。蓋轉注字。然倫又疑潛為潛下隸書複舉字之誤入者也。甲文作。【説文解字六書疏證卷二十一】

□2584 □2585 【古璽文編】

□ 時潛私印 【漢印文字徵】

□ 潛 【汗簡】

□ □ 竝義雲章 □ 同上 □ 雲臺碑 【古文四聲韻】

◉許　慎　□涉水也。一曰。藏也。一曰。漢水為潛。从水。朁聲。昨鹽切。【説文解字卷十一】

◉馬叙倫　錢大昕曰。篆當作□。鈕樹玉曰。舊鈔繫傳及韻會引作□。倫按潛音從紐。涉音禪紐。古讀禪從皆歸於定。潛聲侵類。涉聲談類。侵談近轉。然則潛涉為轉注字。涉水也疑本作涉也水中行也。玉篇。潛。水中行也。蓋本此。今為唐人删併如此耳。一曰臧也者。古書借潛為湛。方言十。潛。沈也。沈或為湛之轉注字。或方言借沈為湛也。下文。湛。没也。廣雅釋詁。潛。没也。臧其引申義也。此校語。一曰漢水為潛者。亦校者據爾雅釋水加之。或並是字林文。【説文解字六書疏證卷二十一】

◉黄錫全　□潛　此當是由古璽□(璽彙2584)形譌。夏韻鹽韻録作□，杜从古録作□，均誤。鄭珍認為右旁「當作□」，亦非。【汗簡注釋卷五】

□ 新淦丞印 □ 新淦令印 【漢印文字徵】

◉許　慎　□水入船中也。一曰。泥也。从水。金聲。古暗切。□淦或从今。【説文解字卷十一】

◉馬叙倫　鈕樹玉曰。玉篇引作水入船中。又泥也。淺也。錢坫曰。繫傳泥作汎。恐非。此豫章新淦縣字。淦水今曰泥江。故淦有泥義。桂馥曰。一曰泥也者。本書。沈。濁黕也。諸書借沈字。莊子達生。沈有履。注。沈。水汙泥也。倫按水入船中也非本訓。蓋字林文。水入船中即船湛水中也。是淦為湛之聲同侵類轉注字。泥汎疑皆沈字之譌。淦水今曰泥江者。蓋本作沈。字譌音從也。沈淦聲同侵類。故得通也。或沈為湛淦之轉注字。此一曰沈也實本義本訓也。字或出字林。

泠 段玉裁曰。今聲。倫按金部。金亦從今得聲也。【説文解字六書疏證卷二十一】

泛

泛 雜二五 【睡虎地秦簡文字編】

泛 泛 竝籀韻 【古文四聲韻】

◉許 慎 泛浮也。从水。乏聲。孚梵切。【説文解字卷十一】

◉趙烈文 汧殹汸丞皮淖淵 王厚之石鼓文釋音云。汧。音牽。水名。出扶風汧縣西北入渭。殹。王云。即也字。見詛楚文及秦斤。汸。孫有重文。潘云。籀作泛。有重文。顧汝和硯石本同。朱彝尊云。驗鼓文無之。烈按。阮撫本亦無之。丞。潘云。見秦權。有重文。與烝通。詩。烝然罩罩。皮。王作被。潘云。籀文皮字或音彼。淖淵。張燕昌云。水經注。汧水東流。歷澗。注以成淵。又云。潭漲不測。出五色魚。正合此文。【石鼓文纂釋】

◉馬叙倫 浮也當作汓也。蓋傳寫之譌。泛從乏得聲。乏音奉紐。汓音邪紐。同為次濁摩擦音。泛音敷紐。汓從㐬得聲。㐬為育之初文。育音喻紐四等。同為次清摩擦音。是汓泛為轉注字。浮汓義異。又疑汓為流之異文。行水上者。泳字義。古率借汓為泳。泳音喻紐三等。汓音邪紐。同為次濁摩擦音也。泛從乏得聲。乏音奉紐。奉與喻三同為次濁摩擦音。則泛泳轉注。【説文解字六書疏證卷二十一】

汓

甲一五九 乙七八七 【甲骨文編】

汓 崔希裕纂古 【古文四聲韻】

◉許 慎 汓浮行水上也。从水。从子。古或以汓為没。似由切。泅汓或从囚聲。【説文解字卷十一】

◉馬叙倫 鈕樹玉曰。繫傳子下有聲字。沈濤曰。一切經音義十一引作浮水上行也。十五引作水上浮行也。十八引作謂水上浮也。十七引同今本。諸引不同。謂字乃玄應所足。華嚴經音義又引作浮於水上也。晉書音義一百十三引奪浮行二字。倫按玉篇引作游於水上也。古文以為没字。據玄應諸引。則浮行水上也當作浮也行水上也。然皆校語或字林文。本訓挩矣。又疑浮為汓字之譌。汓乃隸書複舉字也。繫傳子下有聲字。宋保謂子聲在止韻。故重文作泅。

囚聲在尤韻。止尤兩部古通也。倫謂子自不得與水會浮行水上之意。子己一字。己音邪紐。故汓音入邪紐。然則鍇本是也。今鍇本亦作從水從子者。蓋鉉以鍇説會意。改子聲為從子。校者後以鉉本改鍇本矣。古或以汓為没字校語。古鉩作。

翟云升曰。囚聲。倫按囚音亦邪紐。故汓轉注為泅。甲文有卌。葉玉森釋囚。倫謂此從水聲。即泅字也。

【説文解字六書疏證卷二十一】

◉孫海波　前編卷四弟三十八葉七版「十二月，」又卷八第八葉一版上「庚戌卜貞隕·八月」，上諸字，並疑為泅。説文「汓行水上也，古文或以汓為没字」，重文作。列子説符篇「黄帝習于水，勇水泅」，是亦假泅為之(今吾鄉言人能劃水者曰泅字，殆古字之僅存者矣)。此字從囚從水，與説文重文合。或言八月泅水，時屬可能，若弟一辭云「泅十二月」，十二月時方嚴冬，安能泅水，是與辭意不合。曰：古制之不存於今者多矣，卜辭年之文，往往有在十月者，豈十月收成之後，再為年者乎。泅字含意初不必止於泅水，顧歷時久而古義湮，難以攷見耳。金甲文中識其字而不能詳其義者為數實緐，即此亦其一例。【卜辭文字小記　考古學社社刊第四期】

前二・一一・五　説文砅字或體从厲作濿石鼓文作澫此與之同　前五・三一・三　前五・三一・四　乙二一九　京都二〇九九　前五・三一・五　或从林　乙八〇七五　【甲骨文編】

乙29　8075　【續甲骨文編】

3・1076　獨字　説文砅履石渡水也从水石或从厲作濿砅與礪石之礪為一字汗簡礪寫作與此匋文同　【古陶文字徵】

饒宗頤(1954)釋砅　一☐望(?)(甲4—15)　【長沙子彈庫帛書文字編】

石碣汧殹　澫又小魚　説文砅或作濿此作澫亦猶勵糲之作勱糲　【石刻篆文編】

礪　【汗簡】

◉許　慎　履石渡水也。从水。从石。詩曰。深則砅。力制切。砅或从厲。【説文解字卷十一】

◉趙烈文　㞢又奐𢍰吇巀。孫有重文。鄭云。通漫。疑有重文。烈按無重文。孫鄭譌也。吴東發云。同濿。説文糲蠣作糲蠇。濿。瀨也。又。潘云。有籀文。省。下同。奐。潘云。今作鯊魚名。錢大昕云。當是小魚二字。其弟大昭云。句法同潛有多魚。巀。潘云。即蹴字。有重文。【石鼓文纂釋】

◉羅振玉　濿。吴氏東發釋濿。即説文砅之或體。殷氏彭壽曰。説文。粗糲蚌蠣。字皆从萬。今隸从厲。是其證也。

【石鼓文考釋】

◉羅振玉　从水。从萬。石鼓文。澫有小魚。殆即許書之砅字。砅或作濿。考勉勵之勵。粗糲之糲。蚌蠣之蠣。許書皆从萬作勱。糲。蠇。以此例之。知澫即濿矣。説文勱注讀與厲同。段先生曰。厲亦萬聲。漢時如此讀亦其證也。澫為淺水。故有小魚。許訓履石渡水。亦謂淺水矣。【增訂殷虚書契考釋卷中】

◉强運開　薛尚功趙古則均釋作澫。鄭漁仲楊升庵以為即漫字。張德容云。砅或作濿。此當即濿字。説文。粗糲蚌厲之蠣皆从萬。可證。鄭云。即漫者非。趙烈文亦以為即砅字。【石鼓釋文】

◉馬叙倫　泳潛汓湊為形聲字。故但從水無礙也。砅為履石渡水。而從水從石為會意字。則砅似為人渡水所履之石之名矣。而非履石以渡之義。于鬯以為砅是渡水所履之石之名。引申以為人履之而渡水之義。其説曲成無據。詩匏有苦葉。深則厲。淺則揭。深淺厲揭相對為文。而此字次汓湊之閒。固是動詞。非名詞也。倫謂砅從水從磏或磨或礫得聲。故重文作濿。從水厲聲也。履石渡水非本義。亦非本訓。深則厲。明非履石矣。

磏或磨或礫音皆來紐。故砅轉注為濿。甲文作。羅振玉據石鼓文。澫有小魚。釋為濿。謂濿是淺水。不悟石鼓借澫為瀨耳。石鼓作。【説文解字六書疏證卷二十一】

◉唐健垣　甲篇四行　嚴先生曰：「石經春秋僖二十九年泉作，與繒書同。商氏釋『晨』，誤。」

我疑心是説文之砅字，説文：「砅，履石渡水也。」或文作濿，經傳用厲。詩風匏「深則厲」，傳：「以衣涉水為厲，謂帶以上也。」亡砅疑即易經需卦之「不利涉大川」，言渡河則不吉也。繒書云：「四月五月，是胃（謂）亂紀，亡砅……。」亂紀不吉，故不涉河。繒書下文云：「西域有吝悔，日月既亂，乃有荒災。」整段皆談凶咎，與亡砅正可比較。甲篇第十一行云「山川澫浴」，嚴先生讀澫為濿，以當説文之砅。我則讀作山川萬谷，加水旁乃繁文，猶羣山萬壑之意，説見另條。

補：淮南時則訓「毋行水」，猶易經言「不利涉大川」及繒書言「亡砅」，此益可證⿸厂巛乃砅（濿）字，非泉字。饒師新釋亦讀作「亡砅」。

甲篇十一行山川澫浴　嚴先生云澫即説文砅字或文之濿，引楚辭九歎注「濿，渡也」為説。浴字則引夏小正「黑鳥浴」，傳「浴也者，飛乍高乍下也」為説。並云：「山川澫浴，是説百神之飛渡山川也。」

余疑山川澫浴當讀作山川萬谷，猶今言羣山萬壑，千山萬水。萬字乃形容詞，言其多也。古文字加水旁常見，如虘鐘用濼好賓，濼即樂字，若謂借用从水之同音字亦可。此處當如此斷句：「百神山川萬谷，不欽囗行，民祀不莊，帝牆（將）繇以亂日月之行」（日月二字新補，合文佔一格），是言「百神及山神川神谷神不欽囗行，故而人民對其祭祀亦不莊重，上帝有鑑于此，將繇以亂日月之行，以降禍于世人」，故下文云「是則荒至」，言饑荒來臨也。亂日月之行即日月亂紀，必有災禍。繒書甲篇云：「日月星辰，亂達其行……卉木亡常……天地作羕，天根將作蕩，……山陵其發（地震也），有淵其涅（塞也）……日月既亂，乃有荒災。」可見日月亂主災，上帝亂日月之行，乃所以懲罰世人之手段。宗周鐘：「唯皇上帝百神，保余小子。」上帝與百神分明不同，故繒書之百神亦與上帝有異。山川萬谷之神，猶卜辭中之岳神、河神，乃地祇。

甲篇四行已有「四月五月，是謂亂紀，亡⿸厂巛」之語，即亡砅。猶易經「不利涉大川」。説文云砅又作濿，如以此處澫同濿，則亡⿸厂巛之⿸厂巛乃不可解矣。故余謂澫浴即萬谷，非濿浴。

補：饒師新釋亦讀澫浴為萬谷，此實不易之説也。玆補新證如後：

一、淮南時則仲夏「命有司為民祈祀山川百源，大雩帝，用盛樂」（莊逵吉本）。宋本作「百原」，呂覽仲夏紀亦作「百原」。禮記月令作「百源」。其从水旁或不从，猶繒書以澫浴為萬谷也。百、萬皆極言其多。時則訓又云「天子乃命有司祀四海大川名澤」，百源、萬谷、名澤，皆能興雲致雨，故祀之。

二、古代多以山、川、谷連文為單位，如淮南本經訓「山川谿谷」，老子三十二章「猶川谷之與江海」，墨子明鬼下「山林深谷鬼神之明」，是也。然則繒書「山川澫浴」，亦當讀山川萬谷，可無疑。

三、古語皆百神、山神、川神連文，如淮南時則訓季夏：「以供皇天上帝，名山大川，四方之神，宗廟社稷，為民祈福。」史記封禪書「行禮祠名山大川及八神」。故知繒書「百神山川澫浴」乃百神、山神、川神、谷神並列，嚴先生以澫浴讀濿浴為動詞，並云：「山川澫浴者，是説百神之飛渡山川也。」則山川作名詞，指天然之山川，非山神川神，不合于古訓也。

有此三證，㵄浴讀作萬谷，不容否認。【楚繒書文字拾遺　中國文字第三十册】

◉于省吾　甲骨文㵄字屢見，羅振玉謂「殆即許書之砅字」（增考中十）。按㵄與砅構形迥别。甲骨文有□字，中从水，兩側从石。甲骨文石字作□或□者常見，如祏字从石作□或□，是其例。□字隸定應作𥗼，即砅字的初文，為舊所不識。砅之作𥗼，和甲骨文涉之作□，石鼓文流之作𣶃，構形相同。甲骨文稱：「貞，宊人于𥗼奠○弓于𥗼奠○于𥗼○弓于𥗼。」（金五〇七）這是貞問是否在𥗼地舉行祭奠。其言于𥗼、弓于𥗼，是蒙上文而作省語。説文：「砅，履石渡水也，从水从石。詩曰，深則砅。濿，砅或从厲。」爾雅釋宮：「石杠謂之徛。」郭注：「聚石水中以為步渡彴也。孟子曰，歲十月徒杠成，或曰今之石橋。」杠也作矼，廣韻平江：「石矼，石橋也。」郝懿行爾雅義疏引馬瑞辰説：「石矼，今江南謂之石步。」按由履石渡水發展為履石橋渡水，都是步于石上。後世借厲與濿為砅，以為橋梁之名，是由履石渡水之義引申而來。戴震毛鄭詩考正（匏有苦葉首章）：「酈道元水經注河水篇云，段國沙州記，吐谷渾於河上作橋謂之河厲，此可證橋有厲之名。……衛詩淇梁淇厲並稱，厲固梁之屬也。」説文砅字段注：「謂若今水汪，垰（按廣韻去㮇：「垰，徒念切，支也。」）甎石而過，水之至小至淺者也。」按墊磚石以渡淺水，至今還是常見的。段注又謂：「戴先生乃以橋梁説砅，如其説，許當徑云石梁，不當云履石渡水矣。」按戴説信而有徵，段注未免拘泥。邵晉涵爾雅正義釋水和王引之經義述聞詩匏有苦葉篇，均引戴氏之説，而用後世訓厲或濿為渡水的引伸義以駁之，不足為據。本諸上述，則戴氏之説和段邵王的分歧，不是什麼連環不可解的問題。𥗼為砅之古文，𥗼字中間从水，兩側从石，則履石渡水之形尤為鮮明。後世稱橋梁為厲，乃𥗼或砅的借字，其起源于履石渡水，是顯而易見的。而説文砅字段注，謂「古假砅為厲」，由于不知砅與𥗼之造字本義，故本末倒置。【釋𥗼　甲骨文字釋林】

◉葛英會　本文圖五'1所揭之字，原見於《鐵雲藏陶》12'15、《古陶文孴録》釋原，《陶文編》从之。按此釋原不確。《説文》原正篆作圖五'7所出之形，从厂从泉。《説文》又有从厂从三泉之原（圖五'8）或為籀文，或為古文。解云：「水本也。」即今源之本字。金文原如圖五'9'10所揭，均从厂从泉，無異構，與《説文》正篆同。

此陶文从石从水，即《説文》水部之砅字。解云：「履石渡水也，从水石。砅或从厲。」段玉裁謂：「厲者石也，从水厲猶从水石。」《汗簡》砅入石部，篆作圖五'3所揭之形。《古文四聲韻》引《説文》砅字（圖五'2），皆石在水上，與今本《説文》水石並列者異，而與陶文砅同。唯《汗簡》、《古文四聲韻》所録砅字所从石字中部多出二横筆。《汗簡》云：「砅，古文礪。」礪，《説文》新附，與厂部厲為一字。經典以砅為厲（即礪），段玉裁以為出於假借，砅厲並非一字。

圖五

1、11.《鐵雲藏陶》12、25　2.《古文四聲韻》引《説文》　3、6.《汗簡》石部　4、5.《説文》水部　7、8.《説文》𣶃部　9.克鼎　10.雍伯原鼎

【古陶文研習札記　考古學研究(一)】

◉温少峰　袁庭棟　甲文有「」字，中从水，兩側从石，于省吾先生釋為「砅字之初文」，其本義為「履石渡水」(《甲骨文字釋林・釋砅》)。其説是。《説文》：「砅，履石渡水也，从水从石。」古人最初渡水的橋，應是在淺水中置放大石塊或條石，履石而過。今日農村仍可見到這種已使用數千年的渡河設施，稱之為「汀步橋」、「過水梁」、「跳蹬子」、「石步子」。古時又叫作「徛」，《爾雅・釋宮》「石杠謂之徛」，郭注：「聚石水中以為步渡彴也。孟子曰：『歲十月徒杠成』，或曰今之石橋。」《竹書紀年》：「周穆王三十七年，東至于九江，比黿鼉以為梁。」也就是指的「砅」，因為一個個「石步」露出水面，有似黿鼉，故有此稱。而郝懿行《爾雅義疏》引馬瑞辰説：「石矼，今江南謂之石步。」乃是確解。卜辭云：

(76) 貞：㞢人于砅奠？

㠯(勿)于砅奠？《金》五〇七

此辭之「砅」乃是地名，所以以「砅」為地名者，當是因該地有渡河之「砅」。正如成都市東郊有地名曰「跳磴河」，即是因該地有履石渡水的「跳蹬子」而得名。此辭乃卜問是否在「砅」地舉行奠祭之辭。

甲文又有、、字，从水萬聲，羅振玉謂「即許書之砅字」(《增訂殷虛書契考釋中》)，即濿字，其說是。《說文》：「砅，履石渡水也。……砅或从厲。」濿又通作厲。《詩・邶風・匏有苦葉》「深則厲」，即借厲為濿，並由「履石渡水」義引申為履石橋渡水亦即厲。戴震《毛鄭詩考正》解《匏有苦葉》謂：「酈道元《水經注・河水篇》云：『段國沙洲記：吐谷渾于河上作橋，謂之河厲。』此可證橋有厲之名。……衛詩『淇梁』、『淇厲』並稱(按見《詩・衛風・伯兮》)，厲固梁之屬也。」卜辭云：

(77) 乎(呼)子䵼从濿，㞢(有)鹿？《乙》八〇七五

(78) 叀(惟)濿田，亡𢦏(災)？弜(弗)田濿？《人》二〇九九

(79) 戊戌卜：才(在)濿：今日不征(延)雨？《前》二・一一・五

以上各辭之「濿」均用作地名，當與「砅」用作地名同例，因其地有「石步」橋而名之也。【殷墟卜辭研究——科學技術篇】

◉戴家祥  魯大司徒匜 作其庶女⿰石邁孟姬賸也 字从后，即古文石字，石為偏旁常作厂，故⿰石邁即⿸厂邁。⿸厂邁字說文所無，疑即濿字。說文十一篇：「砅，履石渡水也。从水从石。詩曰深則砅，濿砅或从厲。」古文表示事物和場所的偏旁常可更換，如十一篇「澗，山夾水也」，廣韻諫部澗亦作㵎，澗从水表示物類，㵎从山表示水所處的場所。濿从水，⿸厂邁从止，可能亦屬這種類型的偏旁更換字。金文⿰石邁借為地名。可能即隨州。漢書地理志南陽隨下云「故國厲鄉，故厲國也」。【金文大字典中】

◉許慎 水上人所會也。从水。奏聲。倉奏切。【說文解字卷十一】

◉馬叙倫 丁福保曰。慧琳音義九十引。聚也。蓋古本之奪文。倫按玄應一切經音義十一。字林。湊。水上人所會也。湊亦聚也。賈逵國語注。湊。聚也。然則聚也蓋本義。水上人所會也因聚從从而附會。倫謂古書以湊為聚者。皆借湊為聚。淮南精神。衰世湊學。注。趨也。即借湊為趨。趨趣則轉注字。湊學即趣學矣。聚從取得聲。取湊音同清紐也。湊與汙潛皆舌尖前音。或轉注字。【說文解字六書疏證卷二十一】

[?]湛　𩐁匜　[?]毛公𢉅鼎　【金文編】

[?]169【包山楚簡文字編】

[?]李湛私印　[?]粱湛私印　[?]湛斜之印　[?]耿湛　[?]窒孫湛　[?]莊湛　[?]移湛　【漢印文字徵】

[?]湛出説文【汗簡】

[?]古老子　[?]崔希裕纂古　【古文四聲韻】

◉許　慎　[?]没也。从水。甚聲。一曰。湛水。豫章浸。宅減切。[?]古文。【説文解字卷十一】

◉王國維　𩰪酒無敢醰　醰。从酉。㚔聲。㚔即𡗝字。説文。𡗝。小爇也。詩曰。憂心如𡗝。今本誤作𡗝。𡗝。詩大雅正義所引不誤。以聲類求之。疑即醓。經傳通作湛。𡗝聲在談部。甚聲在侵部。二部最相近。【盂鼎銘考釋　王國維遺書第六册】

◉馬叙倫　鈕樹玉曰。韻會引章作州。是也。倫按一曰以下吕忱或校者以周禮職方增也。玉篇及文選謝叔原遊西池詩注引倉頡。湛。水不流也。此涔字義。蓋倉頡無涔也。毛公鼎作[?]。

[?]未詳。疑湮之譌。𠥰即𤉣字所從者也。𠥰蓋從匸炎聲。或畬省聲。畬讀若甚。故湛得轉注為湮也。【説文解字六書疏證卷二十一】

◉商承祚　[?]説文湛。没也。从水。甚聲。[?]。古文。案甚之古文作𠯑。則此不應从[?]。或當有誤。金文毛公鼎作[?]。與篆文同。【説文中之古文考】

◉劉彬徽等　湛，簡文作[?]，《説文》甚字古文作𠯑，與簡文右部相似。【包山楚簡】

◉許　慎　[?]没也。从水。垔聲。於真切。【説文解字卷十一】

休

6·81 □休 説文水没也从水人讀與溺同 【古陶文字徵】

◉許 慎 休没也。从水。从人。奴歷切。【説文解字卷十一】

◉馬叙倫 鈕樹玉曰。韻會引作没也。從人。從水。吴熠曰。鍇本讀若與溺同。顯係校語。沈乾一曰。唐寫本玉篇引作没水中也。倫按從水從人不定為沈没之義。且人没水中。亦不復見人矣。故知此從水人聲。故音奴歷切。音同溺也。休為湮之聲同真類轉注字。人音日紐。古讀歸泥。没音明紐。明泥同為邊音亦轉注字。湛音澄紐。古讀歸定。定泥同為舌尖前音。休湛亦轉注字。玉篇引者。蓋字林文。鍇本作没水也。此作没也。皆唐人删省也。此字或出字林。【説文解字六書疏證卷二十一】

沒

没 从水从㬈省 中山王譽鼎 蒦其没於人施寧没於淵 【金文編】

林罕集 古老子 道德經 【古文四聲韻】

◉許 慎 沒沈也。从水。从㬈。莫勃切。【説文解字卷十一】

◉馬叙倫 鈕樹玉曰。韻會作㬈聲。席世昌曰。上湛字注訓没。則此沈當作湛。後人所改也。周雲青曰。唐寫本玉篇引作湛也。倫按鍇本作㬈聲。是也。没與湮休亦為脂真對轉轉注字。字見急就篇。【説文解字六書疏證卷二十一】

渨

◉許 慎 渨没也。从水。畏聲。烏恢切。【説文解字卷十一】

◉馬叙倫 王筠曰。篆當作渨。各本譌。倫按湮渨音同影紐轉注字。【説文解字六書疏證卷二十一】

滃

◉許 慎 滃雲气起也。从水。翁聲。烏孔切。【説文解字卷十一】

◉馬叙倫 沈乾一曰。唐寫本玉篇引雲气起皃也。今奪皃字。倫按玉篇引聲類。滃泱雲起皃也。則此為字林訓。吕忱每據聲類也。或滃泱二字竝出字林。滃泱音同影紐轉注字。【説文解字六書疏證卷二十一】

泱

◉許　慎　滃也。从水。央聲。於良切。【説文解字卷十一】

淒

◉許　慎　雲雨起也。从水。妻聲。詩曰。有渰淒淒。七稽切。【説文解字卷十一】

◉馬叙倫　嚴可均曰。初學記一御覽八引作雨雲起也。此誤。鈕樹玉曰。繫傳及玉篇引詩在渰下。倫按玉篇引作雨雲起皃。漢書食貨志引詩。有渰淒淒。興雲祁祁。顔氏家訓書證引同。顔謂渰已是陰雲。何勞後云興雲祁祁邪。雲當為雨。俗寫誤耳。班固靈臺詩。祁祁甘雨。此其證也。今詩大田作興雨祁祁。席世昌謂雨不當言興。韓詩亦云祁祁如雲。顔師古漢書注。淒淒。雲起貌。而不及雨。疑此雨字衍。倫謂此當作雨皃。雲起二字涉滃下説解而譌衍。也為皃誤。石鼓文之[seal]。强運開釋淒。【説文解字六書疏證卷二十一】

渰

◉許　慎　雲雨皃。从水。弇聲。衣檢切。【説文解字卷十一】

◉馬叙倫　嚴可均曰。初學記一御覽八引作雨雲皃也。此誤。倫按雲字衍。淒聲脂類。疌聲亦脂類而當入談。疌亦從妻得聲也。見疌字下。然則妻之入聲為疌。其入談者。夏敬觀以為談類皆各類之短聲也。渰聲談類。是淒渰為轉注字。【説文解字六書疏證卷二十一】

溟

◉許　慎　小雨溟溟也。从水。冥聲。莫經切。【説文解字卷十一】

◉馬叙倫　沈濤曰。御覽八引無溟溟二字。倫按雨皃。小雨溟溟也校語或字林文。溟之語原與冥同。【説文解字六書疏證卷二十一】

涑

◉許　慎　小雨零皃。从水。束聲。所責切。【説文解字卷十一】

◉馬叙倫　鈕樹玉曰。韻會皃作也。桂馥曰。零當為霝。沈乾一曰。唐寫本玉篇引小雨落也。倫按玉篇作湅。引本書。小雨落也。疑本作雨皃。小雨零落也。小雨零落也校語或字林文。涑聲支類。溟聲耕類。支耕對轉轉注字也。此字或出字林。【説文解字六書疏證卷二十一】

瀑

籀韻　【古文四聲韻】

◉許　慎　疾雨也。一曰沫也。一曰。瀑。資也。从水。暴聲。詩曰。終風且瀑。平到切。【說文解字卷十一】

◉馬叙倫　鈕樹玉曰。繫傳一曰瀑作且曰瀑。韻會引同繫傳。惟無且字。且當作一。沫當作沫。資當作賨。惠棟曰。一曰瀑賨也者。齊人謂雷為賨。瀑者。雷也。桂馥曰。文選江賦李注引。瀑。賨也。王筠曰。釋之以疾。則聲兼義。不當從暴曬字。當從暴疾字作。倫按本訓雨皃。疾雨也蓋字林文。疾雨為瀑。語原與暴同也。王說是。二一曰皆吕忱或校者所加。資當依鍇本作賨。沫也者。一切經音義十引倉頡解詁。水濆起曰瀑。蓋即今言水泡是也。瀑音奉紐。古讀歸並。沫音明紐。同為雙脣音。蓋古借瀑為沫。今本書沫為水名。賨也者。雨部。賨。雨也。然倫疑資當為濆。此下文。濆。久雨涔濆也。濆音才私切。又即夷切。皆舌尖前破裂摩擦音。瀑從暴得聲。暴從昔得聲。昔從巛得聲。巛音亦從紐。蓋古或借瀑為濆。玉篇引。一曰。賨也。賨亦賨字。傳寫譌耳。【說文解字六書疏證卷二十一】

澍

澍　日甲一二四　二例　通樹　一木　【睡虎地秦簡文字編】

◉許　慎　時雨。澍生萬物。从水。尌聲。常句切。【說文解字卷十一】

◉馬叙倫　沈濤曰。後漢書明帝紀注引作時雨所以澍生萬物。鍾離意傳注引。澍雨所以澍生萬物。故曰澍。文選魏都賦注引。時雨所以澍生萬物者也。一切經音義一及六引。澍。上古時雨所以澍生萬物者。雖小有異同而皆有所以二字。御覽十引。澍。時雨也。乃節取。鈕樹玉曰。韻會引無澍字。沈乾一曰。唐寫本玉篇引作時雨所以樹生萬物者也。段玉裁謂樹舊譌澍。正與顧引合。倫按玄應一切經音義引三倉。澍。時雨也。百卉霑霑也。則此蓋吕忱說。後漢書鍾離意傳。因謝公卿百寮。遂應時澍雨焉。明帝紀曰。長吏各絜齋禱請。冀蒙嘉澍。注引淮南曰。春雨之灌萬物。無地不澍。無物不生。然則澍非時雨。字承瀑而澍音如注。蓋其本義如今言大雨如注耳。或為注之轉注字。本訓樹也。吕忱加時雨樹生萬物者也。【說文解字六書疏證卷二十一】

◉孫海波　從水從壴，字書所無，以聲類求之，疑即澍字之省寫。蓋尌字從壴得聲，則澍字自可省寸作⿰氵壴矣。自⿰氵壴。地名。不可考。【甲骨文録考釋】

湒　澬　潦

◉許　慎　湒雨下也。从水。咠聲。一曰。沸涌皃。姊入切。【説文解字卷十一】

◉馬叙倫　鈕樹玉曰。韻會引皃作也。沈乾一曰。唐寫本玉篇引作雨下皃也。今奪皃字。倫按玄應一切經音義十二。字林。湒。濤。亦雨聲。曰湒湒也。倫疑當訓雨皃。雨下也字林文。湒為湆之聲同談類轉注字。一曰五字亦字林文。【説文解字六書疏證卷二十一】

澬　从水从資　鄂君啟舟節　入澬沅澧灘　澬水典籍又作資【金文編】

◉許　慎　澬久雨涔資也。一曰。水名。从水。資聲。才私切。又即夷切。【説文解字卷十一】

◉馬叙倫　鈕樹玉曰。韻會引雨下有也字。鍇本資作澬。是。嚴可均曰。一曰水名者。地理志。零陵郡都梁路山資水所出。即此。倫按玉篇引作久雨曰涔澬。蓋本作雨皃。久雨曰涔澬也字林文。一曰水名校語或亦字林文。【説文解字六書疏證卷二十一】

河六八〇【甲骨文編】

秦下表 86【古陶文字徵】

潦　秦二【睡虎地秦簡文字編】

潦東守印【漢印文字徵】

籀韻【古文四聲韻】

◉許　慎　潦雨水大皃。从水。尞聲。盧皓切。【説文解字卷十一】

◉馬叙倫　沈濤曰。詩采蘋正義一切經音義一文選長笛賦注陵士衡贈顧彥先詩曹彥遠思友詩注皆作雨水也。南都賦注司馬紹統贈顧榮詩注引作雨水。是古本無大皃二字。華嚴經音義引作潦。天雨也。疑奪一水字。鈕樹玉曰。慧苑所引天字蓋大字之譌。丁福保曰。慧琳音義十九引作雨水也。倫按玉篇引作雨水也。玄應音義一引雨水也下有謂聚雨水為洿潦也。倫按雨

濩

字涉上濱字説解而譌衍。吕忱或校者加聚水為涔潦也。潦本訓水皃。【説文解字六書疏證卷二十一】

前一・三・五 祭名 林二・一六・二一 佚九一二 佚九一八 前五・三六・二 前五・三六・三

【甲骨文編】

佚912 前1・3・5 【續甲骨文編】

◉許　慎　濩雨流霤下。从水。蒦聲。胡郭切。【説文解字卷十一】

◉羅振玉　卜辭中為樂名。即大濩也。或从水。从隻聲。或省又。隻省聲。【增訂殷虛書契考釋卷中】

◉葉玉森　竹書紀年。殷商成湯二十五年作大濩之樂。羅氏謂濩即大濩。乃樂名。宜可信。惟本辭無一祭名。與辭例不合。或濩仍祭名。祭時作大濩樂。乃謂之濩耳。【殷墟書契前編集釋卷一】

◉吴其昌　解詁曰「濩」者，此片作，从水，从隹，卜辭中「濩」字多如此，乃本字也。亦間有繁而作狀者，鐵・四・一六九・一。从水，从隻，即獲之本字。乃繁文也。至後世「濩」字，悉從此繁體，以別以「淮」字，而在卜辭則「淮」「濩」當為一字也。羅振玉曰：「説文解字『濩雨流霤下皃，从水，蒦聲。』卜辭中為樂名，即大濩也。」按羅説是也。所以知者：此片云：「王宔大乙，濩。」以卜辭通用之文律覈之，則此「濩」字之地位，正當他辭祭名之地位，絶無例外，故決知此「濩」亦必為祭名之一。祭而名「濩」，則必為獻濩舞之濩祭矣。與此片卜辭例類絶同者，如云「乙亥卜貞，王宔大乙，濩。亡尤。」續一・八・三。如云「乙卯卜貞，王宔且乙，濩，亡尤。」商・九一八。如云「丁卯卜貞，王宔大丁，濩。亡尤。」林・一・一六・二一。諸「濩」字，皆非以獻濩之祭名解之，則決不可通。又如云「庚寅卜，旅貞。翌辛卯，其濩于丁。」商・九一二此文更必當以「其獻濩于丁」解之，始合。以是可以推證「濩」字之義，必為一種樂舞之名，施之於祭，因即以為祭名者。既如其為樂舞，則樂舞之在殷代而名「濩」者，斯必為「大濩」矣。按周禮春官大司樂曰：「以樂舞教國子，舞雲門——大濩，大武。」又曰：「……乃奏夷則，歌小吕，舞大濩，以享先妣。」鄭玄注曰：「大濩，湯樂也。」又漢書禮樂志記先王之樂云：「湯作濩。……」「……濩者救民也。」白虎通及風俗通義聲音篇並畧同。又春秋元命苞亦云：「湯之時，民大樂其救之于患害，故樂名大濩。」其在經典，「濩」又通假作「護」。墨子三辯篇云：「湯放桀，因先王之樂，又自作樂，命曰護。」又吕氏春秋古樂篇云：「湯命伊尹，作為大護。」公羊隱五年何休注云：「殷曰大護，殷時民大樂其護己也。」白虎

通義禮樂篇云：「湯曰大護者，言湯承衰能護民之急也。」更後羣藉，則「濩」又从「音」作「頀」。春秋繁露楚莊王篇云：「湯之時，民樂其救之於患害也故頀。頀者，救也。」又廣雅釋詁四：「頀護也。」綜其實「濩」「護」「頀」皆「濩」之一字之嬗衍而已。故書羣藉，並以謂「濩」樂為殷湯所作，別無異說。湯即大乙，而此片卜辭及續編一・八三一卜辭，並以「濩」樂施于「王室大乙」之祭，知故說之亦有所本，非盡誣妄矣。其他「濩」祭所及，大丁，祖乙，及丁，並在大乙之後，「濩」始于湯，似屬可任，故說卜辭，相得益章已。但「濩」之本義，以卜辭書契所詔示於我儕者推之，从水从隹，隹者，鳥形，「濩」字亦有作狀者，商・九一二正象鳥入水之形，殆原始此樂，模擬飛禽浴水之鳴音歟？此雖不敢碻述其故，而字形之昭然顯示者甚明，有以知往說以為「民大樂其救護而名為護」者，可以決定其後人望文生義之肊說，而無當於殷代之史實矣。【殷虚書契解詁】

◉馬叙倫　鈕樹玉曰。繫傳霤作雷。譌。沈濤曰。文選七命注引無雨流二字。周雲青曰。唐寫本玉篇引作霤下皃也。倫按蓋本作水皃。呂忱或校者加霤下皃。雨流二字傳寫涉上下兩篆說解而譌衍。甲文。羅振玉釋濩。濩渋轉注字。濩從蒦得聲。蒦渋音同影紐。【說文解字六書疏證卷二十一】

◉饒宗頤　「庚寅卜，旅貞：羽辛卯，其濩于丁。」（佚存九一二）

他辭云：「乙亥卜，貞：王室大乙。濩。亡尤。」（續編一・八・三）「乙卯卜，貞：王室且乙，濩。」（佚存九一八）契文濩字但作「淮」。墨子三辯篇：「湯放桀，因先王之樂，又自作樂，命曰護。」呂氏春秋古樂、白虎通禮樂篇、風俗通聲音篇濩俱作護，謂以護民為義。春秋繁露作頀，謂「頀者，救也。」濩、護、頀實皆借字。周代大濩為六樂之一，周禮大司樂云：「乃奏夷則，歌小呂。舞大濩，以享先妣。」然殷之濩舞，亦以祭大乙、祖乙諸先王。不限於先妣也。舞大濩時蓋兼用于羽。觀武官村殷大墓西側所出女骸二十四具，伴葬品有三小銅戈（上有絹繒，其一有鳥羽殘痕），郭寶鈞謂「此即舞于羽之戈」是為祭時羽舞及用軀殉媵以舞樂之證（參通考弟八三七葉）。

契文濩字但作「淮」。墨子三辯篇：「湯放桀，因先王之樂，又自作樂，命曰護。」呂氏春秋古樂、白虎通禮樂篇、風俗通聲音篇，濩俱作護，謂以護民為義。春秋繁露作頀，謂「頀者，救也。」濩、護、頀實皆借字。周代大濩為六樂之一。周禮大司樂云：「乃奏夷則，歌小呂、舞大濩。以享先妣。」然殷之濩舞，亦以祭大乙、祖乙諸先王，不限於先妣也。【殷代貞卜人物通考卷十四】

◉李孝定　絜文作淮。從隻省聲。羅氏謂有從隻作者。乃指藏一六九一片一文。惟諦察影本其左旁從。似與字相連作。故或收此作「掠」。非右屬於作也。茲下録辭云。「乙亥卜貞王賓大乙濩亡尤」前一・三・五。「貞翌乙□彳□濩□

唐」前・五・三六・三。「丁卯卜貞賓大丁濩亡□」甲・二・十六・二一。羅氏謂是樂名。即大濩之樂。當是。【甲骨文字集釋第十二】

◉徐中舒 從□隹從□，或以甲骨文之水旁亦作水滴形，故釋此字為淮。然甲骨文別有淮字作，乃從水隹聲之形聲字，而此字乃象沈隹於水之形，乃會意字。卜辭用為祭名，蓋為沈隹於水之祭，與甲骨文沈字作、會沈牛羊於水而祭之意略同。羅振玉釋濩，字形近似，可從。然羅又謂：「卜辭中為樂名，即大濩也。」《增訂殷虛書契考釋中》，則不確。《說文》：「濩，雨流霤下。從水，蒦聲。」亦非本義。【甲骨文字典卷十一】

涿

後二・一九・九　後二・二九・五　戩二八・四　京津三三一二　京津三三五九〇　粹二〇九　粹一四四七　京津二八三九　或从二豖　【甲骨文編】

後下19・9　【續甲骨文編】

〔一三〕　〔一九〕　〔三六〕　〔三六〕　〔三八〕　〔三九〕　〔二〕　〔二五〕　〔七〕　〔三九〕　〔一九〕　〔二三〕　〔一九〕　〔五八〕　〔三五〕　〔五〇〕　〔二五〕　〔二八〕　〔七八〕　〔五二〕　〔二三〕　〔四〕　〔五五〕　【先秦貨幣文編】

涿郡太守章　【漢印文字徵】

涿並說文　【汗簡】

說文　【古文四聲韻】

◉許　慎　涿流下滴也。从水。豖聲。上谷有涿縣。竹角切。奇字。涿从日乙。【說文解字卷十一】

◉吳大澂　古涿字。許氏說上谷有涿縣。涿字幣。亦涿字。幣文。古鉢文。【說文古籀補卷十一】

◉蕭　璋　涿，流下滴也，从水豖聲（竹角切）。渧，水注也，从水啻聲（都歷切）。注，灌也，入水主聲（之戍切）。按涿訓下滴，亦刺擊之義，故鄭注周禮秋官壺涿氏云：「壺謂瓦鼓涿擊之也。」段氏以為擊瓦鼓人，墨布其中之聲如滴然，故曰「壺涿」（涿字注）。而王氏以椓豛豛涿並與椎㧙之㧙同（見廣雅疏證釋詁：「椓，椎也」），是也。今按从豖聲之字，多有椎擊義。其直訓椎擊者，有豛豛椓三字。他如啄之訓鳥食，琢之訓治玉，涿之訓流下滴，義皆與椎擊相應。水注為滴，下滴為涿，聲音相通，意義相貫，當為一語之轉。注涿同部，僅別平入，二字之轉，正如咮之與啄（見本篇前啄蠋咮條。又主朱音極近如爾雅釋天：「咮謂之柳。」史記天官書：「柳為鳥注。」考工記輈人：「輈注則利準。」鄭注云：「謂輈之揉者，形如注星。」公羊莊七年傳注：「狼注之宿。」釋文：「注與咮同」），屬之讀如注（考工記函人：「犀甲七屬。」鄭注：「屬讀如灌注之注。」蜀豖古同音，見啄蠋咮條）。涿注之與滴猶住足之訓蹢，蹢與躅之因聲轉而成連語（說文：「蹢，住足也。或曰蹢躅。」又「躅，蹢躅也」）。是以原本玉篇殘卷引說文涿字云：「流下適涿也。」（按適當作滴）又按涿字段氏以為亦作沰音，並引廣雅「沰，磓也」、崔寔書「上火不落，下火滴沰」為證（涿字注）。說文無沰，當與涿同字。涿字與沰，猶欘斸之與斫也（見本篇前斫欘斸字）。滴字亦作𥕐，𥕐說文不載，而見於廣雅與沰同義（見釋詁：「𥕐沰，磓也」）。王氏疏證曰：「廣韻：『磓落也。』玉篇：『沰，落也。』𥕐沰磓一聲之轉，廣韻太平御覽引廣雅：『磓作碓。』」按王說是也。如字作碓則𥕐沰之為剌擊義更明（說文：「碓舂也」）。推證涿滴之轉，蓋信而有徵矣。【釋至　浙江大學文學院集刊第三集】

◉余永梁　□書契後編下十九葉　□同上　□書契後編下二十九葉

此殆是涿字。說文「豖。豕絆也。形豕豕也。」此豖字从〇。與馬部「馽。絆馬足也。从馬。〇其足」正同。□。水之省。說文「涿。流下滴也。从水豖聲。」第二字从豖。殆省文。卜辭文曰「丁卯卜涿。貞王賓叔亡文。」周禮秋官壺涿氏注「涿。擊之也。」是其義。說文「□。奇字涿。从日乙。」蓋□字省豖耳。古文从〇之字。往往作□。如魏石經公字古文作□。而邾公華鐘鳧公殘劍皆作□。鉨文亦同。知古文自有此作法。亦非日字。許云。从日乙非也。【殷虛文字續考　國學論叢一卷四期】

◉馬叙倫　嚴可均曰。地理志涿鹿縣屬上谷。涿縣原涿郡。小徐□下有涿鹿縣四字。明此脱鹿字。朱駿聲曰。今字作沰。崔實四民月令。上火不落。下火滴沰。今蘇俗語如篤。謂雨聲滴沰也。沈乾一曰。唐寫本玉篇引作流下適涿也。與今本異。倫按說解有捝譌。唐寫玉篇引亦非本訓。蓋本作水皃。吕忱加流下滴涿也。或本訓滴也。吕忱作流下滴涿也。涿為滴之轉注字。涿音知紐。古讀歸端。滴音端紐也。亦注之轉注字。注音照紐。古亦歸端也。涿濩亦轉注字。濩從蒦得聲。蒦音影紐。知影端同為清破裂音。上谷有涿鹿縣字林文。或此字出字林。

㠯 朱文藻曰。繫傳從日乙下有有涿鹿縣四字。當有脱文。王筠曰。蓋即涿篆下之上谷有涿縣。彼文脱鹿字。此則重出耳。陳邦懷曰。從巜即水省。卜辭從水之字多作巜也。倫按從巜者。巜水一字。昭省聲。昭音照紐三等。涿音知紐。同為舌面前音。古讀同在端紐也。故涿可從昭得聲轉注為㠯。餘見𠬝下。【説文解字六書疏證卷二十一】

◉孫海波 㓞文作[glyph]，即豕字或省[glyph]从豕。【甲骨文編卷十一】

◉徐中舒 從水從[glyph]豕，[glyph]或作[glyph]豭、[glyph]，並同。當為涿字，而《説文》涿字篆文從水從豕，豕之初文為[glyph]，象豕之去勢者，亦即豥字。造字之時[glyph]、[glyph]、[glyph]等皆區分明確，而使用之時每有混用，故[glyph]、[glyph]皆為涿字。【甲骨文字典卷十一】

[glyph] 瀧

[glyph]前2·6·5 [glyph]徵2·4 [glyph]10·19 【續甲骨文編】

[glyph] 㠯涉山陵—汨凼澫(乙3—28)【長沙子彈庫帛書文字編】

[glyph] 瀧【汗簡】

[glyph] 朱育集字【古文四聲韻】

◉許 慎 [glyph]雨瀧瀧皃。从水。龍聲。力公切。【説文解字卷十一】

◉葉玉森 甲午卜𡆥貞在[glyph]𠢐亍☐

[glyph] 森桉。卷六第四十三葉三版之[glyph]。藏龜第百六十三葉四版之[glyph]。竝龍之最簡象形文。與[glyph]形相似。疑[glyph]字从水。从瀧。即古文瀧。[glyph]乃古文國或域字。本辭言在瀧國或在瀧之域也。殷契鉤沈。【殷虛書契前編集釋卷二】

◉孫海波 [glyph]乙四五二四。疑瀧字。【甲骨文編卷十一】

◉馬叙倫 鈕樹玉曰。廣韻引皃作也。王筠曰。小徐皃作也。段氏從之。非也。許蓋言瀧瀧雨皃耳。吾鄉謂細雨之皃曰瀧瀧。謂淚皃亦曰瀧瀧。其音則雙。王篇亦有此音。蓋六朝轉音也。錢坫曰。論衡。華瀧溓而雨集。瀧溓即瀧涿。方言。瀧涿謂之霑漬。倫按本訓雨皃。或此字出字林也。甲文有[glyph]。葉玉森釋瀧。【説文解字六書疏證卷二十一】

◉陳邦懷 「瀧」、「汩」，皆楚國之水名。《水經注》：「武溪水又南入重山，山名藍豪，廣五百里，悉曲江縣界，巖嶺千天，交柯雲蔚，

渿　滈　漊　溦

霾天晦景，謂之瀧中。懸湍迴注，崩浪震山，名之瀧水。」《水經注》：「湘水又北，汨水注之。水東去豫章艾縣桓山西南，逕吳昌縣北與純水合。……汨水又西逕羅縣北，本羅子國也，故在襄陽宜城縣西，楚文王移之於此，秦立長沙郡，因以為縣，水亦謂之羅水。」以是知瀧在南楚之南，汨在南楚之北，二水遙相對應。【戰國楚帛書文字考證　古文字研究第五輯】

◉李孝定　契文从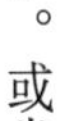。或省作。與虍形不類。葉説可从。字在卜辭為地名。【甲骨文字集釋第十一】

◉曾憲通　　瀧汨凼滿　《説文》瀧指雨聲。《廣雅·釋詁》：「瀧，甲三·二八漬也。」《方言》：「瀧涿謂之霑漬。」選堂先生讀為「瀧汨淊漫」。謂指未有日月之前，雨水泛濫漫没之象。陳邦懷先生則以為瀧、汨皆楚國水名，此句謂二水蕩洪遠漫。【長沙楚帛書文字編】

渿

◉許　慎　沛之也。从水。柰聲。奴帶切。【説文解字卷十一】

◉馬叙倫　廣韻引同此。鍇本作渿沛也。玉篇同。倫謂沛之也本是沛沛也。重一沛字而又作二。因譌為之也。鍇本渿字則隸書複舉字。以上諸文多挩譌。此亦然。渿沛蓋聲同脂類轉注字。今沛為水名所專矣。【説文解字六書疏證卷二十一】

滈

◉許　慎　久雨也。从水。高聲。乎老切。【説文解字卷十一】

漊

◉許　慎　雨漊漊也。从水。婁聲。一曰。汝南謂飲酒習之不醉為漊。力主切。【説文解字卷十一】

◉馬叙倫　鈕樹玉曰。廣韻引飲作歙。南下有人字。韻會引為作曰。倫按雨漊漊也非本訓。或字出字林也。漊瀧音同來紐。同為雨皃。蓋轉注字。一曰以下校語。蓋汝南人以其方言加之。【説文解字六書疏證卷二十一】

溦

◉許　慎　小雨也。从水。微省聲。無非切。【説文解字卷十一】

◉馬叙倫　翟云升曰。當作𢼸聲。微亦𢼸聲也。倫按此字疑出字林。亦漊之轉注字。微泥同為邊音。古讀來歸泥。漊音來紐也。鍇本本作𢼸聲。故鍇曰。𢼸音微。【説文解字六書疏證卷二十一】

濛

◉許　慎　濛微雨也。从水。蒙聲。莫紅切。【説文解字卷十一】

◉馬叙倫　鈕樹玉曰。韻會引無也字。沈濤曰。初學記二引微雨曰濛濛。蓋古本作濛濛微雨也。倫按本訓雨皃。呂忱加微雨曰濛濛。鍇本微作溦。或本作溦也。微雨曰濛濛。此字或出字林。濛瀧為同邊音轉注字。溦濛則古音同在明紐。轉注字也。溟濛亦音同明紐轉注字。【説文解字六書疏證卷二十一】

◉屈萬里　从雨从夢。疑是濛字之古文。雨謂細雨也。【殷虛文字甲編考釋】

◉李孝定　甲釋附録圖版一九四　許書溦溟濛均訓細雨。蓋以聲近而然。夢與此三字亦一聲之轉。而與濛聲尤近。屈説至塙。亦猶眉壽古或作微壽，微壽麋壽釁壽也。見下沬字條。濛字廣雅釋訓作霿。段注濛字條引此以為俗字。證之卜辭。殆不然也。【甲骨文字集釋第十一】

沈

存一八八九　羅振玉説此象沈牛于水中殆即貍沈之沈字，此為本字周禮作沈乃借字也　甲一〇八九　甲二〇九一　乙五三一三　鐵四二・二　前一・二四・三　尞于土三小宰卯二牛沈十牛　前二・九・三　後一・二三・一　後一・二三・四　後一・二三・六　後一・二五・二　後二・四・三　林二・一六・一七　粹九　沈牛　粹四五　沈三牢　粹五八七　明藏四一八　明藏四四九　明藏四八九　京津一一〇一　京津一一〇二　掇一・四六二　沈三牛　京都二二六〇　京都二三六一【甲骨文編】

甲2091　2501　3660　乙1061　1901　5225　5313　7122　佚521　掇462　新3916　掇550　書1・8・G　摭續2　95　101　粹9　36　45　587　1541　新1102　3941【續甲骨文編】

沈　國名嬴姓子爵見經傳者有沈子為蔡所滅　沈子它簋【金文編】

5·326 泰沈　簠瓦9·48 狄沈　3·1263 獨字　汗簡引義雲章沈作與此同　【古陶文字徵】

沈䢵長印　沈犂太守章　沈鄉　沈幼之印　沈宜之印　沈少卿　【漢印文字徵】

【石刻篆文編】

沈竝義雲章　沈華岳碑　【汗簡】

義雲章　華嶽碑　同上　義雲章　雲臺碑　【古文四聲韻】

◉許　慎　陵上滈水也。从水。冘聲。一曰濁黕也。尸甚切。【説文解字卷十一】

◉羅振玉

此象沈牛於水中。殆即貍沈之沈字。此為本字。周禮作沈。乃借字也。又據禮經。柴燎所以事天。貍沈以禮山川。而徵之卜辭。一則曰。尞于妣乙一牢。貍二牢。二則曰。貞尞于三小牢。卯二牛。沈十牛。三則曰。乙巳卜。貞。尞于妣乙五牛。沈十牛。十月。是尞與貍沈在商代通用於人鬼。既有宗廟之事。又索之于陰陽。商之祀禮可謂繁重矣。【增訂殷虚書契考釋卷中】

◉孫海波　象沈羊於水之形，應與沈為一字，非篆文之洋。【甲骨文編卷十一】

◉徐同柏　都公簋　邥古文沈。【從古堂款識學卷十一】

◉馬叙倫　洪頤煊曰。後漢書公孫瓚傳。滀水陵高。滈疑為滀譌。鈕樹玉曰。韻會滈作滴。倫按陵上滈水不可通。鍇本作滴較長。然豈為陵上滴水專選此字邪。蓋亦有捝譌矣。一曰濁黕一也蓋本作一曰濁也黕也。即黕字義。此校者加之。甲文有。王襄釋沈。蓋古沈埋字。秦詛楚文作。【説文解字六書疏證卷二十一】

◉葛英會　唐蘭先生藏古陶文拓片有圖一〇'1所揭之字，高明《古陶文匯編》3·1263著録此字，無釋。這個陶文的構形，與《汗簡》所録《義雲章》沈字(圖一〇'9)完全相同，當為一字。沈甲骨文作圖一〇'2所出之形，羅振玉謂象沈牛於水中，為沈之本字。西周沈子它簋的沈字(圖一〇'3)與《説文》沈字正篆(圖一〇'4)近似，而與甲骨文有別。《説文》水部沈：「从水冘聲。冘，淫淫行貌，从人出冂。」由圖一〇'5—9所引古沈字，冘旁居於上，水旁居於下。水旁有横豎不同，冘旁亦小有省變，可以看出這種省變

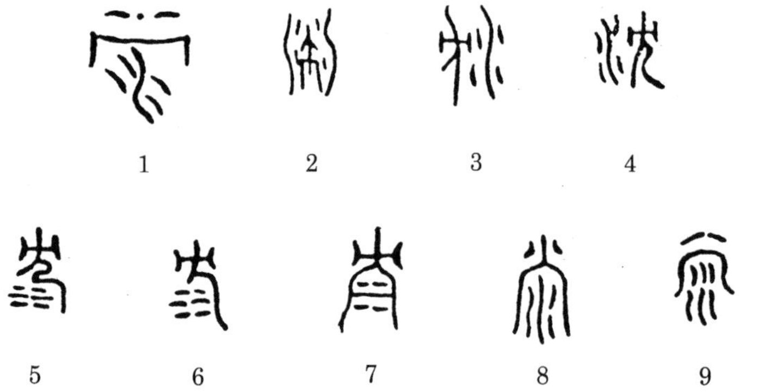

圖 一〇

1.《立庵唐蘭先生藏古陶文拓片》 2.《殷契粹編》9 3.沈子它簋 4.《説文》水部 5、7.《古文四聲韻》引《華岳碑》 6.《汗簡》引《華岳碑》 8.《古文四聲韻》引《義雲章》 9.《汗簡》引《義雲章》

的一般軌迹。圖一〇·8上部酷似从尚的部分，極可能是圖一〇·7所出沈字上部省去横筆所致，而圖一〇·9所出沈字上部則是圖一〇·8的進一步省變，而陶文沈字(圖一〇·1)則與之完全相同。【古陶文研習札記 考古學研究(一)】

◉邨 笛 □ 此字新見於：《屯南》二一三二(圖四·3)，其内容是：

弜巳？

王其雚日出，其□于日，□？

弜□？

其□□，王其焚？

其□？

□其五牢？

其十牢？吉。

字從水從王，王與丰、丰當為一字，即玉。□之結構與□、□相似。後者是沈牛、羊于水；前者是沈玉于水，二者都應釋為沈。□在此片卜辭中為動詞，是祭名，即沈玉之祭。

沈玉之祭，也見于文獻，如：

《左傳·昭公》廿四年：「冬十月癸酉，王子朝用成周之寶珪于河。」注：「禱，河求福。」

《左傳·文公》十二年：「秦伯以璧祈戰于河。」注：「禱，求勝。」

《左傳·襄公》十八年：「晉侯伐齊，將濟河，獻子以朱絲系玉二瑴而禱曰：『齊環怙恃其險，負其衆庶，棄好背盟，陵虐神主。曾臣彪將率諸侯以討焉。其官臣偃實先後之，苟捷有功，無作神羞。官臣偃無敢複濟，唯爾有神裁之。』沈玉而濟。」

《左傳·僖公》廿四年：「及河，子犯以璧授公子，曰：『臣負羈紲以君巡于天下，臣之罪甚多矣，臣猶知之，而況君乎，請由此亡。』公子曰：『所不與舅氏同心者，有如白水。』投其璧于河。」

《左傳·襄公》三十年：「八月甲子，奔晉，駟帶追之，及酸棗，與子上盟，用兩珪質于河。」注：「沈珪于河，為信也。」

《左傳·定公》三年：「蔡侯歸，及漢，執玉而沈曰：『余所有濟漢而南者，有如大川。』」注：自誓，言若複度漢當受禍，明如大川。」

從所引文獻看，沈玉有兩個目的，一是祈禱，一是盟誓。《屯南》二二三二從全片卜辭内容看，當屬祈禱一類。【卜辭考釋數則　古文字研究第六輯】

◉彭裕商　□、□，此二字前人釋為沈與薶，于省吾先生釋為陷。我們認為釋為沈，薶也可通，反正是祭祀時的用牲法。□象沈牛于水之形，□象薶牛于坑之形。卜辭中此二字多用于河，偶爾也用於土及四方，此外則絶無所及。而古文獻中所載「埋」的對象是：地，后土，山林及秦時，秦時實為五方之神，相當於卜辭的「四方」，也屬地祇一類。「沈」所及的對象是川澤，與卜辭所見的情況大體相合：

《爾雅·釋天》：祭地曰瘞埋，祭川曰浮沈。

《周禮·大宗伯》以貍沈祭山林川澤。

《禮記·祭法》瘞埋於泰折，祭地也。

《史記·封禪書》后土宜於澤中圜丘為五壇，壇一黃犢太牢具，已祠盡瘞。

《史記·封禪書》時，駒四匹，木禺龍欒車一駟，木禺車馬一駟，各如其帝色。黃犢羔各四，珪幣各有數，皆生瘞埋。

《周禮·小子》凡沈辜侯禳，飾其牲。注鄭司農云，沈謂祭川。

這就看出了殷周風俗禮制的因襲關係。而秦漢人的風俗禮制也多有自殷代而來者。但卜辭中川也用埋（前一·三二·五），而土又用沈（前一·二四·三），這種現象我們似乎可有兩種解釋：①殷周禮例之差異；②卜辭中沈、埋二字實有相通之處。

【卜辭中的「土」、「河」、「岳」　古文字研究第十輯】

◉周國正　壬子貞：其求來于河，奠三宰，沈三，俎牢。　掇二·四〇四

如果我們要向河祈求麥子的話，我們就應該奠祭三宰。沈祭三牛和俎祭一牢。[glyph]字的用例字義有廣狹兩種：就廣義而言，泛指沈牲，無論所沈的祭牲是牛是羊，都可以使用從倒牛的[glyph]字，例如前一·三二·五「[glyph]二[glyph]」。就狹義而言，則是專指沈牛，同時因為形體本身已經包含牛字，所以往往不用寫作「[glyph]牛」，單用「[glyph]」。已經可以表示沈牛的意思。例如：

壬子貞：其求來于河，奠三宰，[glyph]三，俎牢。　掇二·四〇四

「奠三宰」、「[glyph]三」、「俎牢」三組顯然是平行的並列句，「奠」和「俎」之後都標明OV，但「[glyph]三」之後卻不見OV，最自然的解釋就是因為「[glyph]」之中已包含牛形，具有「沈牛」的意思，所以不用再標出。同樣的情況亦見於下例：

壬子貞，其求禾于河，奠三宰，[glyph]五。　掇二·四〇四

「裘錫圭先生漢字形成問題的初步探索一文中對此問題亦有討論，可參看。」【卜辭兩種祭祀動詞的語法特徵及有關句子的語法分析　古文字學論集初編】

◉黃錫全　[glyph]沈並義雲章　沈子𣪘沈作[glyph]，詛楚文作[glyph]。夏韻侵韻録《義雲章》作[glyph]（羅本），又録《華嶽碑》作[glyph]、[glyph]。此形寫誤。水移下作，與波字作[glyph]（香録11·1）、深作[glyph]（中山王壺）類同。　【汗簡注釋卷五】

◉柯昌濟　□□卜沈罰。（存一一七七三）

沈當為實沈。左傳昭公元年：「高辛氏有二子，伯曰閼伯，季曰實沈，居於曠林，不相能也，日尋干戈以相征討。後帝不臧，

遷閼伯於商丘，主辰，商人是因，故辰為商星。遷實沈於大夏，主參，唐人是因。」閼伯，實沈同出於高辛，與殷人為同一血統，故商人祭之。【殷墟卜辭綜類例證考釋　古文字研究第十六輯】

◉于省吾　卜辭沈多指沈牛，又有[illegible]或[illegible]，專指羊而言：

「[illegible]三宰」　佚五二一

「貞𡧊于河，宰[illegible]，卯二牛」　合四五三

字亦當釋沈，商承祚佚五二一隸作「沈」是也。猶牢、宰；豭、猳之有別，而後世則不復區分。然卜辭「羊」、「宰」亦可用[illegible]，從牛。其例雖罕見，足徵漸趨混同。[illegible]、[illegible]未見用「牛」或「牢」者，故仍區別分列。【甲骨文字詁林第二册】

◉許　慎　洒雷震洒洒也。从水。再聲。作代切。【説文解字卷十一】

◉馬叙倫　雷震義字不得從水。蓋説解有捝譌。字亦或出字林。【説文解字六書疏證卷二十一】

淊　淊𠔸□罍【金文編】

汗簡【古文四聲韻】

◉許　慎　淊泥水淊淊也。一曰繅絲湯也。从水。臽聲。胡感切。【説文解字卷十一】

◉方濬益　段若膺大令曰。「繅絲必用鬻湯。名曰淊」。濬益按。淊从臽聲。臼部[illegible]。小阱也。从人在臼上。宗周鐘作[illegible]。伐戎劍作[illegible]。為籀文象人在重險之形。此从[illegible]。與篆文同。又臽與圅形聲並近。義亦相通。不嬰敢汝休弗以我車圅于囏。字作[illegible]。圅即臽也。圅臽雙聲。艸部菡蕳二字從之。許君於淊下系以涵。云水澤多也。二字正以聲義相從。【綴遺齋彝器款識考釋卷二十六】

◉高田忠周　説文潤海岱之閒謂水汙曰潤。從水。閻聲。朱駿聲云。此字實即淊之別體。方言。氾浼潤窪洿也。按説文。洿濁水不流也。污薉也。一曰。小池曰汙。淊。泥水淊淊也。是洿污聲固通。轉義亦引伸。即知潤淊同字矣。此説極佳。説文讇諂同字。又説文蕳。爾雅作萏。此亦淊潤同字之證。【古籀篇四】

◉馬叙倫　鈕樹玉曰。繫傳淊淊作滔滔。倫按説解有捝譌。沈淊聲同侵類。或轉注字也。一曰六字校語。淊口口罍作[illegible]。

【説文解字六書疏證卷二十一】

涵

甲一四一四　京津四四六六　京都二〇一二【甲骨文編】

◉許　慎　涵水澤多也。从水。圅聲。詩曰。潛始既涵。胡男切。【説文解字卷十一】

◉馬叙倫　錢坫曰。廣韻淊涵同字。倫按上文。淊。泥水淊淊也。泥澤皆潪之假借字。泥水淊淊蓋即水澤多也。澤中多水為涵淊。以菡萏例之。則涵淊亦音同匣紐聲同侵類轉注字。水澤多也非本訓。【説文解字六書疏證卷二十一】

◉屈萬里　甲編・一四一四　新・四四六六　當是涵字。【甲釋　殷虛文字甲編考釋】

𣽉

◉許　慎　𣽉漸溼也。从水。挐聲。人庶切。【説文解字卷十一】

◉馬叙倫　鈕樹玉曰。廣韻引溼為作濕。非。倫按玉篇引亦作濕。𣽉蓋淖溽涅諸文之轉注字。𣽉溽音同日紐。古讀歸泥。淖涅音同娘紐。泥娘同為舌尖前邊音也。漸溼也蓋當作漸也溼也。【説文解字六書疏證卷二十一】

瀀

◉許　慎　瀀澤多也。从水。憂聲。詩曰。既瀀既渥。於求切。【説文解字卷十一】

◉馬叙倫　瀀聲幽類。淊涵聲同侵類。幽侵對轉轉注字也。説解澤多也非本訓。字或出字林也。【説文解字六書疏證卷二十一】

◉黄錫全　優　好蚉壺憂作。中山王鼎作，天星觀楚簡優作、，憂作。此形類同，乃省。這與道字作(好蚉壺)、(中山王鼎)，省作(侯盟)類似。形似息而實非「息」字。《説文》瀀下引《詩》曰「既瀀既渥」之瀀，今《詩・信南山》作優。【汗簡注釋卷五】

涔

◉許　慎　涔漬也。一曰涔陽渚。在郢中。从水。岑聲。鉏箴切。【説文解字卷十一】

◉馬叙倫　鈕樹玉曰。韻會引同鍇本。惟涔陽上有一曰二字。此潰字誤。當依鍇本作漬。田吴炤曰。涔漬漚三篆相次。漚訓久漬。涔自應訓漬也。倫按玉篇引作漬也。上文涻訓久雨。涔涻也。涔涻即涔漬。彼借字耳。禾部稽積為轉注字。是其例

證。則此自當訓漬也。一曰八字蓋字林文。涔音牀紐二等。漬從責得聲。責音照紐二等。同為舌尖後破裂摩擦音。轉注字也。【説文解字六書疏證卷二十一】

漬

漬 日甲一一三【睡虎地秦簡文字編】

王漬【漢印文字徵】

◉許 慎 漬漚也。从水。責聲。前智切。【説文解字卷十一】

漚

巨漚千万【漢印文字徵】

◉許 慎 漚久漬也。从水。區聲。烏候切。【説文解字卷十一】

◉馬叙倫 漚從區得聲。區從品聲。品今聲同侵類。是涔漚為轉注字。久漬也非本訓。【説文解字六書疏證卷二十一】

浞

◉許 慎 浞濡也。从水。足聲。士角切。【説文解字卷十一】

◉馬叙倫 桂馥曰。鍇本作小濡皃也。小當作水。沈乾一曰。唐寫本玉篇引作水濡皃也。倫按本部濡為水名。蓋非其本義。濡浞漚渥聲同矦類。相為轉注字也。水濡皃也蓋字林文。【説文解字六書疏證卷二十一】

渥

渥符子夫人【漢印文字徵】

◉許 慎 渥霑也。从水。屋聲。於角切。【説文解字卷十一】

◉馬叙倫 玉篇引作沾也。本部沾為水名。蓋非其本義。沾或霑之異文也。漚渥音同影紐轉注字。【説文解字六書疏證卷二十一】

潅 洽 濃 瀌 溓

◉許　慎　潅灌也。从水。雈聲。口角切。又公沃切。【說文解字卷十一】

◉馬叙倫　段玉裁曰。灌乃浸潤之謂。與沃灌不同。玉篇。潅。霑也。漬也。倫按玉篇引作沾也。潅音溪紐。漚從區得聲。區音亦溪紐。是潅漚為轉注字也。灌也蓋字林文。字或出字林也。【說文解字六書疏證卷二十一】

洽平馬丞印　【漢印文字徵】

夏以為義雲章洽玉篇霅同洽蓋俗別　【汗簡】

義雲章　【古文四聲韻】

◉許　慎　洽霑也。从水。合聲。矦夾切。【說文解字卷十一】

◉馬叙倫　沈濤曰。華嚴經音義引作霑及也。倫按洽音匣紐。潅從雈得聲。雈音亦匣紐。是潅洽為轉注字也。玉篇及玄應一切經音義引倉頡。洽。徧徹也。蓋洽借為匌。倉頡無匌字也。【說文解字六書疏證卷二十一】

◉許　慎　濃露多也。从水。農聲。詩曰。零露濃濃。女容切。【說文解字卷十一】

◉馬叙倫　露多也附會詩意為之。非本義亦非許文也。詩蓼蕭毛傳。濃濃。厚皃。農聲侵類。潅聲幽類。洽聲談類。侵幽對轉。侵談近轉。疑洽潅濃相為轉注字也。字或出字林。【說文解字六書疏證卷二十一】

◉許　慎　瀌雨雪瀌瀌。从水。麃聲。甫嬌切。【說文解字卷十一】

◉馬叙倫　鈕樹玉曰。韻會引作瀌瀌雨雪皃。王筠曰。此篆當刪。直以角弓全句為訓。與仌部一之日滭冹魚部烝然鯙鯙鱣鮪鮁鮁同一乖剌。倫按此本訓捝失也。字或出字林。【說文解字六書疏證卷二十一】

溓　㝱鼎　从止　趞鼎　令鼎　司父鼎　【金文編】

溓闊 溓交印 溓遂 溓文【漢印文字徵】

◉許　慎　薄水也。一曰中絶小水。从水。兼聲。力鹽切。【説文解字卷十一】

◉吴式芬　趠鼎　徐籀莊説溓玉篇廣韻並云。大水中絶。小水出也。説文溓或從廉。此溓字更從止。釋名。沚。止息也。可以止息其上。【攈古録金文卷二之三】

◉劉心源　溓。説文云。薄冰也。一曰中絶小水。案山海經海内東經。濟水絶鉅鹿澤。注。絶。猶截渡也。中小水而截渡之曰溓。此从兼。从涉省。即中絶之意。本銘當是地名。令鼎。王馭中是也。或釋雪。非。溓。姬敿作。稍蝕亦是从涉省。或釋慧。非。【奇觚室吉金文述卷二】

◉孫詒讓　吴釋為慧。筠清館釋為豐。並不塙。此字上从兼。中从水横形。下从止。實當為溓字。水形横箸上下之閒。微有摩滅耳。説文。溓為濂重文。或从兼。後趠鼎溓作。〔攈古〕二之三。徐同柏釋不誤。後藉田鼎。王馭溓中。溓字作。水形亦横箸兼下。諸器文並可互證。下並从止者。古文緐縟多增益筆畫也。【古籀餘論卷二】

◉强運開　。諆田鼎。王馭中。又王至于宫。吴書摹作。脱去止字。釋為雪。未塙。容庚云。説文。溓。薄仌也。或曰中絶小水。从水。兼聲。此从止。疑是一字。運開按。止。足也。从横水居中。正象中絶形。中絶小水。故足可涉。定為溓字可以無疑也。【説文古籀三補卷十一】

◉馬叙倫　沈濤曰。文選寡婦賦注引。溓溓。薄冰也。樓攻媿集六十六答趙崇憲書載晁以道所得唐本説文。溓。薄冰也。或曰。中絶小水。又曰。淹也。或從廉。是古本尚有淹也一訓。又有重文濂字。嚴可均曰。韻會十四鹽亦引或作濂。唐本蓋李陽冰本。段玉裁曰。玉篇廣韻並作大水中絶小水出也。當是。今奪四字。周雲青曰。唐寫本玉篇引説文。薄水也。或曰。中絶小水也。蒼頡篇。溓。淹也。又引字書。濂亦溓字也。是晁據唐本未可信。倫按薄冰未詳。薄水似不可通。疑溓隒一字。薄冰為淩字義。溓淩音同來紐。古或借溓為淩。非本訓。一曰鍇本及唐本均作或曰。蓋校語。其説蓋瀾字義。詩采繁。秩秩斯干。毛傳。干。澗也。借干為澗。易漸。鴻漸于干。釋文。詩傳曰。涯也。又澗也。尋涯也是隒字義。澗隒竝借干字為之。厈從干得聲。古讀干如岸。音在疑。溓音來紐。古讀歸泥。泥疑同為邊音也。唐本又曰淹也亦校語。校者據倉頡訓詁或倉頡解詁加之也。溓淹聲同談類。或借溓為淹也。觀上文濃瀌二字及下泐字説解之譌挩。知此亦然。【説文解字六書疏證卷二十一】

◉唐　蘭　溓公　又見下二器。溓字從兼聲而兼作，與《説文》所説從又持二禾不同。實則從又持兩禾和從又持兩矢都是兼

字。《儀禮・鄉射禮》「兼諸弣」，注：「並矢於弣。」在漁獵社會裡，弋射是生産方式之一，挾兩矢以備射是常事，宋《薛氏鐘鼎款識》二有父丙卣，第一字作[glyph]，正像張弓旁用右手兼挾兩矢之形，可證。由於從兩禾的兼和從兩矢的兼，聲義全同，字形也差不多，後世又不大明瞭兼挾兩矢的意義，所以從兩矢的兼字就被廢止而專用從兩禾的[glyph]字了。溓字見《説文》，溓公不知何人。

【論周昭王時代的青銅器銘刻　唐蘭先生金文論集】

泐

◉許　慎　[seal]水石之理也。从水。从阞。周禮曰。石有時而泐。徐鍇曰。言石因其脈理而解裂也。盧則切。【説文解字卷十一】

◉馬叙倫　鈕樹玉曰。韻會作從水阞聲。理下無也字。沈乾一曰。唐寫本玉篇引作水凝合之理也。與今本異。倫按水石之理不可通。諸家强為之詞。仍不可通。如唐本玉篇引或為冰理也。以考石記文推之。或是水漬石。石毁而見其理之義。説解蓋有捝譌。字或出字林。【説文解字六書疏證卷二十一】

滯

◉許　慎　[seal]凝也。从水。帶聲。直例切。【説文解字卷十一】

汦

◉許　慎　[seal]著止也。从水。氏聲。直尼切。【説文解字卷十一】

◉馬叙倫　滯汦音同澄紐。轉注字也。著止箸原作著今正也當作箸也止也。土部。坻。箸也。此字蓋出字林。故列異訓而皆非本義。【説文解字六書疏證卷二十一】

㶁

◉許　慎　[seal]水裂去也。从水。虢聲。古伯切。【説文解字卷十一】

◉馬叙倫　王筠曰。方言。㶁。激水也。案甘泉賦。肅水性剛。其激水灌田者。但纍石以截其流。則水逆行入高田中。其不為石礙者。依舊順行也。是裂去之義。倫按玉篇水裂也。疑此有二訓。唐人删併如今文。今杭縣謂器有罅漏曰豁裂。疑當作㶁裂。其語原蓋與八剥劈同。字或出字林。【説文解字六書疏證卷二十一】

澌

◉許　慎　澌水索也。从水。斯聲。息移切。【説文解字卷十一】

◉馬叙倫　玄應一切經音義十二引字林。水索也。亦盡也。晉書音義引字林。流水也。然則此水索也乃字林文。本訓挩矣。玉篇引倉頡。盡也。玄應引亦盡也者。吕忱或校者列異訓。澌之語原與此同。【説文解字六書疏證卷二十一】

汔

◉許　慎　汔水涸也。或曰。泣下。从水。气聲。詩曰。汔可小康。許訖切。【説文解字卷十一】

◉馬叙倫　澌音心紐。汔音曉紐。同為次清摩擦音。轉注字也。或曰泣下者。玉篇引作或曰。汔。泣也。蓋借汔為泣。聲同脂類也。古書皆無此義。水涸也衍水字。或此字出字林。【説文解字六書疏證卷二十一】

◉强運開　迄　薛趙俱釋作迄。楊升庵作逆。非是。運開按。迄字許書未見。徐鉉本新坿云。迄。至也。从辵。乞聲。許訖切。又按。説文。汔。水涸也。或曰泣下。詩曰。汔可小康。大雅民勞傳。汔。危也。箋云。幾也。是汔本訓水涸。引伸之義為危。為幾。又大雅以迄于今。周頌迄用有成。禹貢聲教訖于四海。蓋汔迄訖三字古皆通用。迄字許氏原書未收。竊疑即汔之或體。鼓文上言霝雨。下言湧湧盈渫。正言水之由涸而盈。與汔訓水涸之義相合。是迄殆即籀文汔字也。【石鼓釋文】

涸

涸【汗簡】

義雲章【古文四聲韻】

◉許　慎　涸渴也。从水。固聲。讀若狐貈之貈。下各切。𣹢涸亦从水鹵舟。【説文解字卷十一】

◉林義光　𣹢　模韻音怙　説文云。涸亦从水鹵舟。按从水鹵者。水涸則鹽見也。舟。舟聲。涸説文云讀若狐貈之貈。【文源卷八】

◉馬叙倫　鈕樹玉曰。韻會貈作貉。劉秀生曰。鍇本作讀若狐貉之貉。豸部。貈。似狐。善睡獸也。从豸。舟聲。論語曰。狐貈之厚以居。貉。北方豸種。从豸。各聲。是狐貉字正當作貈。今論語鄉黨作狐貉者。借字也。固从古聲在模部。舟聲本在蕭部。模蕭旁轉。故涸从固聲得讀若貈。倫按涸音匣紐。與汔為同舌根音轉注字。史記封禪書索隱引字林。竭也。下各反。竭蓋渴之譌。渴為竭盡之竭本字。

⿰氵⿰鹵舟 宋保曰。說解有捝誤。當云從水從舟鹵聲。貈涸固鹵竝同部聲相近。林義光曰。從水鹵者。水涸見鹽也。舟聲。倫按如林說。則此或滷之轉注字。從滷。舟聲。舟非舟車之舟。履之初文。𦨶字所從者也。履鹵音同來紐。故滷得轉注為⿰氵⿰鹵舟。⿰氵⿰鹵舟為滷之轉注字。滷聲魚類。古讀⿰氵⿰鹵舟如滷。聲亦魚類。故古或借⿰氵⿰鹵舟為涸。涸聲魚類也。玉篇引倉頡。⿰氵⿰鹵舟。渴也。聲類。此亦涸字也。倫謂此蓋呂忱據聲類增。而傳寫倉頡者以字林字易之。或校者據聲類增。故後記重文二十三。今實廿四。【說文解字六書疏證卷二十一】

消

開母廟石闕 則文燿以消摇 【石刻篆文編】

◉許 慎 盡也。从水。肖聲。相么切。【說文解字卷十一】

◉馬叙倫 澌消音同心紐轉注字。消汽同次清摩擦音轉注字。許或以聲訓。盡也蓋字林文。玉篇引倉頡。消。滅也。字亦見急就篇。【說文解字六書疏證卷二十一】

◉商承祚 漢開母廟石闕：「則文燿以消摇。」消摇即逍遥，《禮・擅弓》「消摇於門」，釋文：「本又作逍遥。」《上林賦》「消摇乎襄羊」，注引司馬彪：「消摇，逍遥也。」《詩・清人》「河上乎逍遥」，釋文：「本又作消摇。」又《周禮・小師》注「持其柄摇之」，釋文：「本亦作遥。」《考工記・矢人》「夾而摇之」，釋文：「本又作摇。」《漢書・郊祀志下》集注：遥，古遥字。其形與此或同或否，或用本字或用借字也。【石刻篆文編字說 中山大學學報一九八〇年第一期】

潐

◉許 慎 盡也。从水。焦聲。子肖切。【說文解字卷十一】

◉馬叙倫 潐音精紐。與澌為同舌尖前音轉注字。與消為同舌尖前音同又聲同幽類轉注字。【說文解字六書疏證卷二十二】

渴

渴 汗簡渴作 碣作 偏旁形近說文盡也 中山王譽壺 渴志盡忠 【金文編】

1303 0816 汗簡渴作 與璽文形近。【古璽文編】

漮

溼

渴出華嶽碑【汗簡】

朱育集字【古文四聲韻】

◉許　慎　盡也。从水。曷聲。苦葛切。【說文解字卷十一】

◉馬叙倫　盡也非本訓。涸汽渴竝舌根音。相為轉注。渴汽又聲同脂類轉注字也。玉篇引倉頡。渴。涸也。字亦見急就篇。佩觿引說文字林。渴。音其刊翻。【說文解字六書疏證卷二十一】

◉戴家祥　中山王譽方壺賙渴志盡忠　說文十一篇:「渴,盡也。从水曷聲。」古書多以竭之,如左傳昭公二十年「竭情無私」,又文公十六年「竭其粟而貸之」等等。此銘亦通作竭。【金文大字典中】

◉許　慎　水虛也。从水。康聲。苦岡切。【說文解字卷十一】

◉馬叙倫　鈕樹玉曰。釋詁釋文引作水之容也。倫按水虛也疑本作水口也虛也。唐人并之。如釋文引。則本作空也。校者加水之空也。水上當有謂字。渴漮音同溪紐轉注字。漮涸魚陽對轉轉注字。室虛為㝩。水虛為漮。語原然也。【說文解字六書疏證卷二十一】

甲1516　珠584　新1567　3364【續甲骨文編】

溼　史懋壺　溼宮【金文編】

布方　垩城　晉高　按此字為溼之省體　石鼓文作,通于隰　布方　垩城　晉高　仝上　仝上　布方　垩城　晉祁　布方　垩城　晉高　仝上　晉祁　布方　垩城　晉浮　布方　垩城　晉高　布尖　垩城　典四七六　布方　垩城　典三〇八　仝上　典三〇九　布方　垩城　典三一〇　仝上　亞四·四一【古幣文編】

石碣鑾車　㴉溼陰陽【石刻篆文編】

◉許　慎　幽溼也。从水。一。所以覆也。覆而有土。故溼也。㬎省聲。失入切。【說文解字卷十一】

◉吳大澂　古溼字。散氏盤溼田。當讀作隰田。古文溼隰為一字。小篆別作。石鼓。邍溼陰陽。史懋壺溼宮。【說文古籀補卷十一】

◉徐同柏　溼　史懋壺溼宮〈2831〉「王才(在)葊京濕宮」　溼宮寢謂澤之宮寢。溼澤聲近義同。【從古堂款識學卷一】

◉林義光　溼　緝韻　古作散氏器。从水轉注。者省。古疇字,从玄。田疇之深黑處為溼也。从二玄猶从玄,與幽同意。變作史楙壺。从水从土,並轉注。即之變。隰㬎皆從溼得聲,濕當與溼同字。假借為水名。字譌从㬎,與顯偏旁相亂,㬎說文以為古文顯,與溼聲隔。【文源卷十】

◉王　襄　3174　古溼字。史懋壺溼作,與此相似。【簠室殷契類纂正編卷十一】

◉高田忠周　金石聚云。說文水部。溼幽溼也。自部隰阪下溼也。容按。爾雅高平曰邍。下溼曰隰。隰訓下溼。溼本从㬎省聲。二字為轉注。此蓋以溼為隰。按此說明瞭可信據者。說文。幽溼也。从水。一所以覆也。覆土而有水。故溼也。㬎省聲。蓋㬎下曰。衆微眇也。从日中視絲。轉為乾暴意。廣雅釋詁。㬎暴也。㬎俗曝字。而詩中谷有蓷。暵其溼矣。此溼即㬎字意也。然則溼字謂為㬎省聲者。非無理也。然㬎字元从絲為幽省。非糸絲之絲。說文。日中視絲之說。非是。日出焉。幽暗變為㬎明也。故从日幽會意。由是觀之。溼當从水从幽。幽亦聲。幽㬎溼古音皆同部也。溼从水幽。㬎从日幽。造字之意無異。幽字所从幺為省。古玄字。玄出于糸。故古玄糸茲絲。象形叚借。溼㬎字所从幺形。亦當作絲也必矣。且幽字有作者。此明溼之至也。詳見幽下。然則。說文作者。出于古文。此篆作者為籀文也。又說文土部。㙣。下入也。从土。㬎聲。下入幽溼。實一義之轉耳。字亦作墊。廣雅釋詁。墊下也。已从土又从土。為複矣。㙣亦垤即幽字異文。而叚借與溼通用也。又溼,叚借為埶。方言。溼憂也。字亦作㥏。荀子不苟。窮則弃而儑是也。【古籀篇四】

◉葉玉森　後編卷下第二十七葉之,从水从,即,表水絕流處,从止,足所止也。足止水絕流處,溼隰之誼並顯,故古文溼隰為一字。史懋壺作,从水,从,从土。其誼為水絕流處之土亦溼。隰墑詁。散盤作,从水从,尤為皦然。卜辭之溼乃地名(鈎沈)。【殷虛書契前編集釋卷二】

◉商承祚　書契卷二第三葉　後編上第十三葉　下第二十七葉

說文解字。溼。幽溼也。从㬎婿聲。此或婿土。从止。象足履溼。與从土之誼同。散氏盤作。亦婿土。【殷虛文字類編卷十一】

湆

◉商承祚 □□□ 金文散盤作□。史懋壺作□。說文溼。「幽溼也。从一。覆也。覆土而有水。故溼也。从㬎省聲。」絲畏水。故以之會意。甲骨文或增止。金文或增土。【甲骨文字研究下編】

◉强運開 □ 薛尚功趙古則均作溼。楊升庵作隰。說文。溼。幽溼也。从一。覆也。覆土而有水。故溼也。从㬎省聲。又按𨸏部。隰。阪下溼也。从𨸏。㬎聲。張德容云。爾雅。高平曰邍。下溼曰隰。隰訓下溼。溼本从㬎省聲。二字為轉注。此蓋以溼為隰。運開按。散氏盤□田。吴愙齋云當讀作隰田。古文溼隰為一字。史懋壺隰宫作□宫皆可證。【石鼓釋文】

◉馬叙倫 鈕樹玉曰。繫傳作從水從一覆也覆土而有水故溼也。韻會作從一覆土而有水故溼也。倫按玉篇引溼作濕。鉉鍇二本說解各有譌捝。然皆校語。幽溼也當作溼幽也。溼為隸書複舉字。幽也以聲訓。石鼓文作□。史懋壺作□。散盤作□。甲文作□□。倫謂□□為初文。從水。□聲。□又□之初文。從己。絲聲。己即〈〈之異文也。絲音心紐。故溼音入審紐。同為次清摩擦音也。此從土。□聲。甲文有□字。或作□。蓋從〈□聲。□蓋從𠙵□聲。即翌字。或從止□聲。為翌字。溼濕疑一字。濕字今為水名所專耳。【說文解字六書疏證卷二十一】

◉高鴻縉 徐鍇曰。今人不知有此字。以濕為此字。濕。水名。非此也。傷執反。按籀文系作□。溼从水。从土。□聲。小篆變□為□。又省作𢆶耳。【中國字例五篇】

◉許　慎 湆幽溼也。从水。音聲。去急切。【說文解字卷十一】

◉强運開 □ 博雅。臇謂之湆。或作湇。从日與从月别。佩觿集湇湇並邱及反。湆幽溼湇大羹。說文亦云。湆。幽溼也。从水音聲。段注云。五經文字云。湇从泣下月。大羹也。湆从泣下日。幽深也。今禮經大羹相承多作下字。或傳寫久譌不敢改正等語。竊謂既云从泣下月或日。應篆作□□。說文作从水音聲。殊誤。且不當讀邱及反。此篆从立从月。蓋从泣省。與肞同。亦即湇字。【石鼓釋文】

◉馬叙倫 吴穎芳曰。溼之轉語。鈕樹玉曰。韻會引溼作濕。非。倫按玉篇引無幽字。蓋此為傳寫涉溼下說解而誤衍。溼聲談類。湆聲侵類。侵談近轉轉注字也。【說文解字六書疏證卷二十一】

洿

◉許　慎　洿濁水不流也。一曰。窳下也。从水。夸聲。哀都切。【說文解字卷十一】

◉馬叙倫　沈濤曰。一切經音義八及十八引流下有池字。十五十七引無不流二字。乃譌奪。鈕樹玉曰。廣引也作者。韻會引作水不流也。一切經音義十八引流下有池字。竝非。韻會引一曰窊下。桂馥曰。窳當作窊。倫按此與汙一字。不當有池字。古書洿池連文。借為洼也。然據廣韻引。知本作濁水不流者也。玄應一切經音義引字林。洿。濁水不流曰洿。然則此字林文。音義又曰。謂行潦之水也。洿。池也。蓋本作濁水不流者曰洿。謂行潦之水也。洿。池也。一曰。窊下也。池也窊下也。或吕忱列異訓。或校語。窊下也者。謂借洿為窊也。玄應引三倉。停水曰洿。【說文解字六書疏證卷二十一】

浼

◉許　慎　浼汙也。从水。免聲。詩曰。河水浼浼。孟子曰。汝安能浼我。武辠切。【說文解字卷十一】

◉馬叙倫　鈕樹玉曰。篆當從免作。桂馥曰。字鑑引本書。浼又水流平皃。詩。河水浼浼。案廣韻。浼。水流平皃。王筠曰。引詩乃別一義。當在引孟子下。倫按從水。免聲。免夸聲同魚類。則浼洿為轉注字。孟子曰八字尤為吕忱或校者所加之證。孟子於漢尤未甚顯。且未列於經也。【說文解字六書疏證卷二十一】

汙

◉許　慎　汙薉也。一曰。小池為汙。一曰。涂也。从水。于聲。烏故切。【說文解字卷十一】

◉馬叙倫　鈕樹玉曰。廣韻引薉作穢。俗。玉篇為洿之重文。沈濤曰。史記張耳傳索隱一切經音義十四皆引作穢也。段玉裁曰。一曰涂也與杇義略同。木部。杇。所以涂也。倫按汙為洿之異體。玄應一切經音義引字林。塗也。穢也。則薉也塗也皆字林文。一曰小池為汙者。借汙為漥洼也。蓋亦字林文。字見急就篇。【說文解字六書疏證卷二十一】

◉張政烺　大敨邦河(宇)，河，从水，吁聲，蓋汙之異體，在此讀為宇。《毛詩·魯頌·閟宫》：建爾元子，俾侯于魯，大啓爾宇，為周室輔。【中山國胤嗣好蚉壺釋文　古文字研究第一輯】

湫

詛楚文　大沈氒湫　【石刻篆文編】

崔希裕纂古　【古文四聲韻】

◉許　慎　湫隘下也。一曰有湫水。在周地。春秋傳曰。晏子之宅湫隘。安定朝那有湫泉。从水。秋聲。子了切。又即由切。

【説文解字卷十一】

◉馬叙倫　鈕樹玉曰。地理郡國志泉並作淵。唐人避諱改也。王筠曰。隘字句。集韻引作隘下也。春秋傳。晏子之宅湫隘。一曰水名。在周地。安定朝那有湫泉。其次弟似校順序。惟水名與湫泉皆不似許君文法。又引隘下也。一曰地名。在楚。一曰水名在安定。上下二句皆如説文。惟中句不合。然周之湫水於經傳無徵。而左莊十九年傳。楚子伐黄。還及湫。杜注。南郡鄀縣東南有湫城。恐當年有湫水。因以為地名也。周或楚之譌。周雲青曰。唐寫本玉篇引作隘下也。湫水在周地。安定朝那有湫淵。左傳曰。湫溢囂塵。倫按隘下也當作隘也下也。湫隘義異。左傳。晏子之宅湫隘。湫言卑溼。隘言狹小。此言隘下似譌。彼傳杜注。湫。下也。然湫亦非下義也。湫音精紐。溼從絲得聲。丝音心紐。同為舌尖前音。蓋轉注字。今説解挩本訓。存者皆字林文。泉玉篇引作淵。蓋淵之譌。玉篇又引倉頡。沸聲也。【説文解字六書疏證卷二十一】

◉郭沫若　「厥湫」即湫淵，下又稱「大沈厥湫」，大沈猶言大浸。封禪書所序「秦祠官所常奉天地名山大川鬼神」中有「湫淵祠朝那」。集解引蘇林曰：「湫淵在安定朝那縣，方四十里，停不流，冬夏不增減，不生草木。」又正義引括地志云：「朝那湫祠在原州平高縣東南二十里。」案今在甘肅平涼縣境。告厥湫父出朝那湫旁，地望正合。【詛楚文　郭沫若全集考古編卷九】

◉劉乃叔　精有湫盡而行無窮極。《淮南子·俶真》。

高誘無注。《説文》云：「湫，隘下也。」與此文義不合。《廣雅》云：「湫，盡也。」文中「湫」、「盡」連屬，又與「窮極」對文，知「湫」當有「盡」義。然「湫」何有「盡」義？王氏云：「湫讀為遒。《玉篇》《廣韻》並云：『遒，盡也。』《廣韻》湫，遒並即由切。《爾雅》：『酋，終也。』《大雅·卷阿篇》『似先公酋矣』《毛傳》云：『酋，終也』，《正義》作遒。《楚辭·九辯》云：『歲忽忽而遒盡兮。』《淮南子·俶真訓》云：『精有湫盡而行無窮極。』竝字異而義同。」

按，王氏以「遒」釋「湫」是成立的，特别以「遒盡」、「湫盡」相比較，頗覺有力，但不必以為「湫」乃「遒」之借字。《説文》「韋」部「𩏶」字，重文作「揫」。「𩏶」从「韋」、「𥼶」聲，知「秋」、「𥼶」音通；「𥼶」又从「米」、「焦」聲，故知「秋」、「焦」音亦通。从「𥼶」得聲之字：《説文》「欠」部有「𣤱」，訓「盡酒也」，从「焦」得聲之字，《説文》「水」部有「潐」，訓「盡」。至此，「湫」與「潐」義符相同，音符相通，故皆有「盡」義，本出一轍。而文獻之中多不出此義，故後人鮮知，多輾轉為訓，失之本然。【説文重文與識義校勘　吉林師范學院學報一九八六年第四期】

潤　潤

◉許　慎　潤水曰潤下。从水。閏聲。如順切。【説文解字卷十一】

◉馬叙倫　鈕樹玉曰。繫傳無曰字。下下闕一字。當是也字。王筠曰。此説義之詞挩失。弟存引書一句耳。倫按玉篇不引本書而入許淮南注。潤。入之處也。廣雅釋詁。潤。益也。潤。溼也。潤。漬也。潤為溽之音同日紐轉注字。字見急就篇。【説文解字六書疏證卷二十一】

◉徐中舒　伍仕謙　潤，同撋。《説文》「捼，搵持也，謂持革煩撋之。」煩撋，漢人常用語，謂兩手相摩娑也。【中山三器釋文及宫圖説明　中國史研究一九七九年第四期】

準　準

準　胡修準印【漢印文字徵】

準　崔希裕纂古【古文四聲韻】

◉許　慎　準平也。从水。隼聲。之允切。【説文解字卷十一】

◉馬叙倫　段玉裁曰。隼即雕字。雕從隹得聲。準古音在十五部。讀之壘切。考工記故書準作水。五經文字云。字林作准。按古書多作准。蓋魏晉時恐與淮亂而别之耳。桂馥曰。宋順帝名準。沈約宋書省作准。倫按雕隼非一字。見雕字隼字下矣。隼從十得聲。十音禪紐。故準音入照紐三等。同為舌面前音也。字林作准。則為此重文。然疑字林為字書。雖收俗字。未必收此變小為欠省隼為隹之字。如段説必已有準為淮。而後嫌其同淮水之淮。復省為准。固如是其委曲乎。倫疑字林之作淮准者。傳寫隨當時通用字為之。非吕忱原書作准也。或宋以後所書之字林也。宋以避帝諱。則當時寫書自皆避之也。故古書多作准矣。復乃有改有未改者。此例固多。準或為水之同舌面前音轉注字。平也引申之義。或非本訓。字見急就篇。顔師古本作頔。【説文解字六書疏證卷二十一】

汀　汀

汀　趙汀之印　汀　荷汀【漢印文字徵】

◉許　慎　汀平也。从水。丁聲。他丁切。𣲡汀或从平。【説文解字卷十一】

◉馬叙倫　汀從丁得聲。丁音端紐。準音照紐。古讀歸端。準汀蓋轉注字。字蓋出字林。不然。平也非本訓。

 此俗字。汀訓平而易水為平。然不能得義也。【說文解字六書疏證卷二十一】

前4·25·8 5·31·2 【續甲骨文編】

◉許 慎 水吏也。又温也。从水。丑聲。人九切。【說文解字卷十一】

◉陳邦懷  此字从水从丑,當即沑字。說文解字:「沑,水吏也,又昷也,从水丑聲。」原本玉篇沑注引蒼頡篇:「主水者也。」中之⺌,亦象水。又字所从之。亦為丑字(非又字)。聃敦丑字作,可證也。羅參事釋為澡,謂許書澡字為後起之字,非是。【殷墟書契考釋小箋】

◉馬叙倫 段玉裁曰。水吏謂水駛也。駛。疾也。其字在說文作⿰吏支。不解者誤為吏耳。趙鈔本近刊五音韻譜類篇作利。義同。錢大昕曰。吏當作文。廣韻。沑。水文。鈕樹玉曰。曹刊類篇引作水和也。一曰温也。嚴可均曰。利即和之爛文。此作吏譌。桂馥曰。吏當為文。玉篇。泥也。泥當為泥。泥。水文也。廣韻。沑水文聚。温當為溼。集韻。沑。溼也。溼俗作濕。故譌為温。沑別作⿰氵宿。玉篇。⿰氵宿。溼也。周雲青曰。唐寫玉篇引作吏也。一曰濕也。蒼頡篇。主水者也。是水吏不譌。温當為濕。倫按以音求之。沑為溽之轉注字。音同日紐。五篇。衄。從血。丑聲。釋名。辱。衄也。莊子人間世。剥則辱。章炳麟謂辱借為衄。是其例證。說解以溼也為本義。亦與溼潤為轉注。溼音審三。沑從丑得聲。丑音徹紐。同為舌面前音。沑潤則音同日紐也。水吏也蓋別義。然未詳本字。【說文解字六書疏證卷二十一】

◉李孝定 契文象澡手之形。羅氏說字意是也。然謂即是澡字。則未安。就偏旁分析證之。陳說是也。沑下說解「水吏也」之「吏」。各本及他家所引各殊。或作利。或作文。或作和。或以為駛字駛說文作⿰吏支爛文。竊謂當以和字為是。和昷義近。澡手則昷。亦猶昷字本象人浴形。而引申得有昷義也。【甲骨文字集釋第十一】

◉温少峰 袁庭棟 甲文有「」字,陳邦懷先生釋「沑」,謂「此字从水,丑聲,當即沑字」(《殷虚書契考釋小箋》)。可从。此字从水丑聲,由丑得聲受義。丑乃扭字之初文。將水扭住不放,有「蓄水」義,故《說文》訓「昷也」。「昷」即今「蘊」字初文,有「蘊藏」義。故又訓「水文聚」(《廣韻》)和「濕也」(《集韻》)義。再引申而司蓄水之人亦稱「沑」,故出「水吏也」(《說文》)和「主水者也」(《蒼頡篇》)之義。卜辭云:

(135) 貞:乍(作)沑……(《前》五·三一·二)

「作沺」，即築堤堰蓄水之事。此辭當為殷人已知蓄水以資農田灌溉之一證。【殷墟卜辭研究——科學技術篇】

瀵

◉許慎 瀵水浸也。从水。糞聲。爾雅曰。瀵大出尾下。方問切。【說文解字卷十一】

◉馬叙倫 鈕樹玉曰。集韻浸作漫。繫傳爾雅上有臣鍇按則非許引也。段玉裁曰。浸當依集韻作漫。說文無漫。當作曼。曼者。引也。瀵者。水引之而愈出也。瀵漫聲類相近。張文虎曰。宋本集韻作浸。劉秀生曰。小徐有讀若瀵。糞粉古並邦紐痕部。故瀵從糞聲得讀若粉。禮記王制。百畝之分。孟子作百畝之糞。是其證。倫按段說無徵。然爾雅釋水郭注。今河東汾陰縣有小口如車輪濆沸湧出。其深無限。名之曰瀵。郃陽縣復有瀵亦如之。是瀵之為名。有歕出旋回之義。莊子應帝王。止水之審為淵。審或作潘。漢書地理志。上谷潘縣。全祖望據水經注正為瀵縣。是莊子之潘當為瀵。詳其義正與郭說合也。然則水漫固譌。水浸亦譌。蓋漩如水向下盤旋而入。瀵為水向上盤旋而出。瀵或為瀠之轉注字。水經注四引字林。瀵。水。爾雅異出同流為瀵。爾雅釋文曰，水本同而出異，與呂說殊，雅文大出或異出之譌。則呂說是然陸說與郭注合，字或出字林。【說文解字六書疏證卷二十一】

⿰氵辠

◉許慎 ⿰氵辠新也。从水。辠聲。七辠切。【說文解字卷十一】

瀞

瀞 經典皆以清為之 國差𦉜 俾旨俾瀞【金文編】

◉許慎 瀞無垢薉也。从水。靜聲。疾正切。【說文解字卷十一】

◉吴式芬 許印林說。⊘孫釋瀞。說文。無垢薉也。从水靜聲。阮釋清。說文。腺也。澂水之皃。从水青聲。清以青為聲。瀞由爭得聲。爭青同部。瀞清義又相若。得通用。周禮酒正。辨三酒之物。三曰清酒。辨四飲之物。一曰清酒。酒以清為貴。字作瀞而讀為清。是也。【攈古録金文卷三之一】

◉强運開 此篆薛本已泐。楊升庵作淨。運開按。說文。瀞。無垢薉也。从水。靜聲。段注云。此今之淨字也。古瀞今淨。是之謂古今字。古籍少見。韻會。楚辭收潦而水清。注作瀞。按今文選本作百川靜。洪興祖本作百川清。皆與黃氏所

瀎　泧

見異。古書多叚清為瀞。又按齊矦甗。俾旨俾清。作[glyph]。吳愙齋曰。古清字从水。从靜。許氏分清瀞為二字。非。此瀞字與下文遹衡既平為韻。吳說固甚塙也。【石鼓釋文】

◉馬叙倫　徐鍇曰。詩新臺有漼本皆如此字。倫按本訓當作水皃。或瀞也。新也蓋字林文。或新也以聲訓。

鈕樹玉曰。韻會引同。繫傳及玉篇注作無垢也。周雲青曰。唐寫本玉篇注引作無垢也。倫按滜音清紐。瀞音從紐。同為舌尖前破裂摩擦音轉注字。字蓋出字林。實清之異文。今省作淨。石鼓作[glyph]。【說文解字六書疏證卷二十一】

◉李孝定　瀞清二字，許君音訓雖别而相近，故金銘通用，許印林氏之説是也；吳大澂氏以為一字，似未安；清主謂水之澄澈，瀞主謂無垢穢，瀞字今作淨。【金文詁林讀後記卷十一】

◉許　慎　[glyph]拭滅皃。从水。蔑聲。莫達切。【說文解字卷十一】

◉馬叙倫　鈕樹玉曰。繫傳作滅瀎拭滅皃。滅疑當作泧。拭當作式。說文無拭。嚴可均曰。疑當曰。瀎。泧也。瀎泧即漢書谷永傳之末殺。注。末殺。埽滅也。段玉裁曰。當作瀎泧飾滅也。周雲青曰。唐寫本玉篇引作泧滅拭滅也。下文。泧。泧滅也。許書通例如此。倫按拭蓋泧之譌。當作泧滅也。【說文解字六書疏證卷二十一】

◉許　慎　[glyph]瀎泧也。从水。戉聲。讀若椒椴之椴。又火活切。【說文解字卷十一】

◉馬叙倫　鈕樹玉曰。椒當作茮。說文無椒。劉秀生曰。椒椴見爾雅釋木。戉聲殺聲並在曷部。故泧從戉聲得讀若椴。金部。鉞。從金。戉聲。釋名釋兵。鉞。豁也。所向莫敢當前豁然破散也。鉞豁以聲訓。谷部。豁。從谷。害聲。宀部。害。從宀。從口。丰聲。丰部。丰。艸蔡也。丰即蔡之初文。書禹貢。貢百里蔡。鄭注。蔡之言殺。減殺其賦。左昭元年傳。周公殺管叔而蔡蔡叔。釋文。上蔡字音素葛反。放也。説文作䊮。音同。字從殺下米。云。䊮䊮。散之也。是其證。倫按瀎泧二字蓋出字林。瀎泧為滅之緩言。甲文有[glyph]字。從水。戉聲。戉戉則一字也。泧音曉紐。椴音審紐二等。同為次清摩擦音也。故泧得讀若椴。【說文解字六書疏證卷二十一】

洎

存下二八　婦洎　乙二五九二　中大三六　【甲骨文編】

洎嚴私印　郭洎　【漢印文字徵】

石碣霝雨　汧殹洎=　品式石經咎繇謨　臮益奏庶鮮食　今本作暨臮亦即説文从部臮字引虞書曰臮咎繇古文作王國維謂臮即甲骨文金文之眔之寫譌　【石刻篆文編】

洎出王庶子碑　洎出義雲切韻　【汗簡】

王庶子碑　義雲章　唐韻　【古文四聲韻】

◉許　慎　灌釜也。从水。自聲。其冀切。　【説文解字卷十一】

◉强運開　周禮。士師。洎鑊水注云。謂增其沃汁。呂覽。多洎之。少洎之。左傳。去其肉而以洎饋。正義云。洎。添釜之名。添釜為肉汁。遂名肉汁為洎。鼓言汧殹洎=者。蓋謂汧水湧盈如水。在釜中沸滕之狀也。　【石鼓釋文】

◉馬叙倫　灌釜也疑非本義。字亦不當次此。疑洎滜一字。石鼓文。汧殹洎洎。洎洎謂水瀞也。即滜字義。滜從臯得聲。臯從自得聲也。左襄廿八年釋文引字林。洎。己莅反。字或出字林。石鼓作。　【説文解字六書疏證卷二十一】

◉黄錫全　洎出王庶子碑　鄭珍云："臮古之譌，夏作，猶近之。碑借臮作洎字。"臮、眔、洎三字，《説文》分列三部。殷周古文多用「眔」而無「臮」，《尚書》又無「眔」，王國維因此疑「臮」即「眔」之譌（魏石經殘石考）。眔字古本作（甲853）、（甲1629）、（井侯毁）、（矢方彝），變作（師晨鼎）、（楊毁）、（𠭯鐘）、（三體石經）。譌作朩，猶如三體石經《多士》淫字古文譌作。此與均古「眔」形譌誤。又因眔譌作，遂與「洎」字相混。　【汗簡注釋卷三】

◉徐中舒　一期　存下二八　從水從自，與《説文》洎字篆文形同。婦洎，人名。婦洎　【甲骨文字典卷十一】

湯

湯 師湯父鼎 仲枏父鬲 師湯父 仲枏父簋 湯弔盤 長湯匜 鄁公湯鼎 曾伯霥匿 印

嫛𨜔湯 緐湯劍 緐湯之金 湯或从木 孳乳為𤅊 多友鼎 湯鐘一𦁐 【金文編】

4·1 左匋倕湯攺區 4·2 右匋攻湯 4·14 左匋倕湯攺區 4·114 左匋攻湯 4·130 湯都司徒鉢

4·17 左匋倕湯攺□ 簠瓦4·18 獨字 【古陶文字徵】

3 265 【包山楚簡文字編】

湯 日甲三一背 【睡虎地秦簡文字編】

4077 1565 1566 1160 1564 1084 3339 2658 【古璽文編】

涫于湯印 趙湯 金湯私印 變湯 李湯之印 張湯 趙湯之印 白湯之印 【漢印文字徵】

石經君奭 成湯既受命 石碣霝雨 辻𩣡湯〃 【石刻篆文編】

◉許 慎 湯熱水也。从水。昜聲。土郎切。【說文解字卷十一】

◉吳大澂 古湯字省。師湯父鼎。曾伯霥簠。湯字不省。古鉢文。【說文古籀補卷十一】

◉強運開 此篆各本均已磨滅。即薛尚功橅本亦無之。今據安氏十鼓齋所藏北宋拓弟一本橅拓如上。真可寶也。說文。湯。熱水也。是其正義。集韻正韻。並音商。湯〃。流皃。一曰波動之狀。此言徒𩣡湯〃。蓋言徒駿衆多之皃。與下文行陽韻亦叶也。【石鼓釋文】

◉馬叙倫 熱水也非本訓。字見急就篇。湯叔尊作。曾伯簠作。師湯父鼎作。【說文解字六書疏證卷二十一】

◉林潔明 湯 師湯父鼎〈0654〉「師湯父拜䭫首」曾伯簠〈1446〉「印燮緐邑湯」湯弔盤〈2915〉「林匋湯叔𣅀䈞鑄其尊」長湯匜〈2942〉「長湯白𡍮作匜」

渜 洝

說文。「湯。熱水也。从水昜聲。」金文字同。用為人名及地名。〈大47〉「徵緐湯𪕟」【金文詁林卷十一】

◉高　明　「天棤將作𤅊，降于其□方」；⊘𤅊乃湯字之繁，《漢書·天文志》云：「四星若合，是謂大湯，其國兵喪四起，君子憂，小人流。」《尚書·堯典》疏引《謚法》云：「雲行雨施曰湯。」繒書似謂天棤將作暴雨，降于四方。【楚繒書研究】

◉戴家祥　多友鼎湯鐘一　一　二　曾伯霥簠　印燮繁湯　繁湯劍　繁湯之劍　長湯匜　長湯伯□作匜　𧸘湯叔盤　𧸘湯叔氏伯𦉢鑄其尊　師湯父鼎　師湯父拜韻首　仲枏父鬲　師湯父有嗣中枏父作寶鬲　蓋　器　仲枏父毁　師湯父有嗣中枏父作寶毁

緐湯當讀繁陽。古音舌端透紐，每與喉音喻紐混諧。鄭風羔裘「舍命不渝」，韓詩外傳引作「舍命不偷」。渝讀羊朱切，喻母，偷讀託侯切，透母。渝偷皆俞聲字。秋官敘官「薙氏」鄭玄謂「薙，讀如鬀小兒頭之鬀。書或為夷」。夷本喻母，鬀从弟聲，弟，透母。禮記内則「不敢噞洟」，釋文「洟本又作涕」。洟从夷聲，涕从弟聲。堯典「分命羲仲宅嵎夷，曰暘谷」，史記·五帝本紀索隱云「暘谷，本作湯谷。」山海經海内東經「下有湯谷」，郭璞注「湯谷，谷中水熱也。」莊子應帝王「天根遊于殷陽」，釋文「或作殷湯。」湯陽不但韻同，聲亦互諧。

緐湯即繁陽。左傳襄公四年「楚師為陳叛故，猶在繁陽」，杜預注「繁陽，楚地，在汝南鮦陽縣。」即今河南省沈丘縣西南四十里，西近項城縣。又定公六年「吴大子終纍敗楚舟師，獲潘子臣小帷子及大夫七人。楚國大惕，懼亡子期，又以陵師敗于繁陽。」曾國姬姓，自東周中葉以還，與江淮間諸小國皆通婚姻，而與楚之王族，關係尤切，故曾伯霥，得在「抑燮繁陽」之例云。【金文大字典中】

◉許　慎　渜湯也。从水。耎聲。乃管切。【說文解字卷十一】

◉馬叙倫　湯音透紐。渜音泥紐。皆舌尖前音。轉注字也。【說文解字六書疏證卷二十一】

◉許　慎　洝渜水也。从水。安聲。烏旰切。【說文解字卷十一】

◉馬叙倫　洝從安得聲。安從女得聲。女音娘紐。娘泥同為邊音。是洝渜亦轉注字。日部。㬮。安㬮。温也。㬮音亦泥紐。語原同也。渜水也衍水字。或字出字林也。【說文解字六書疏證卷二十一】

洏　涚　涫　涾　汏

◉許　慎　洏洝也。一曰。煮孰也。从水。而聲。如之切。【説文解字卷十一】

◉馬叙倫　玉篇引。煮也。一曰。按也。倫謂洏為渜之異文。一曰煮孰也者。當作煮也孰也。孰也者。飪字義。煮也者。𦎫下云。一曰。鬻也。今本鬻譌作鬻。此校語。字疑出字林。【説文解字六書疏證卷二十一】

◉許　慎　涚財溫水也。从水。兑聲。周禮曰。以涚漚其絲。輸芮切。【説文解字卷十一】

◉馬叙倫　鈕樹玉曰。玉篇無財字。倫按當無財字。涚為涾之聲同脂類轉注字。此水沸聲也。【説文解字六書疏證卷二十一】

涫 中涫之印【漢印文字徵】

◉許　慎　涫灊也。从水。官聲。酒泉有樂涫縣。古丸切。【説文解字卷十一】

◉馬叙倫　倫按涫音見紐。灊得聲於弗。弗音非紐。古讀歸封。封見同為清破裂音。涫得聲於官。官從𠂤得聲。𠂤自一字。自音奉紐。非奉同為脣齒摩擦音。是轉注字也。酒泉六字字林文。或字出字林也。【説文解字六書疏證卷二十一】

◉許　慎　涾涫溢也。今河朔方言謂沸溢為涾。从水。沓聲。徒合切。【説文解字卷十一】

◉馬叙倫　王筠曰。今河朔十字蓋庾注。倫按今杭縣謂灊甚曰涾涾涫。涫音如流。涫溢也當作涫聲。【説文解字六書疏證卷二十一】

乙二〇三五　乙二三六六　京津一四二八　京津二〇六九　鐵一〇六・三　前五・四一・八　前六・一九・五　後二・一九・一四　戩一五七　佚七〇四　存二八五九　京都二八九四【甲骨文編】

乙531　2035　2366　7751　8816　珠854　佚704　743　天58　續5・6・6　徵

𣿉　淅　滰

4·9  續存1859  新2072  2209 【續甲骨文編】

◉許　慎　汏淅𣿉也。从水。大聲。代何切。又徒蓋切。【說文解字卷十一】

◉孫海波　鐵雲藏龜弟百十六葉三版「汏」，前編卷五弟四十一葉八版「取射子汏」，汏字从水从大，即汏字。說文：「汏淅𣿉也，从水大聲。」古通作泰：左傳泰侈一作汏侈，西京賦「必奓體泰」，一作體汏。後世或寫作汰，多點者誤也。【卜辭文字小記　考古學社社刊第四期】

◉馬叙倫　鈕樹玉曰。韻會引淅作浙。譌。沈濤曰。文選王元長永明十一年策文注引。汏。𣿉也。蓋古本無淅字。一切經音義十五引。汏。洗也。蓋一曰以下文。王筠曰。汏。汏之譌。洗。淅之譌。後漢書陳元傳。洮汏學者之累惑。注。洮汏猶洗濯也。倫按洗也校語。淅𣿉也當作淅也𣿉也。一訓亦校語。或字出字林也。【說文解字六書疏證卷二十一】

◉中國社會科學院考古研究所　汏字从大从八，大為人之正視形，八為血點。本片第⑻段辭中汏為動辭，㠯為俘虜，方㠯是方夷之俘，汏方㠯可能是對方㠯施以汏刑。關于此種刑法的具體內容，从此片卜辭中難以推斷。【小屯南地甲骨】

◉許　慎　𣿉淅也。从水。簡聲。古限切。【說文解字卷十一】

◉馬叙倫　𣿉從簡得聲。簡從間得聲。間從月得聲。月大聲同脂類。則𣿉汏為轉注字。【說文解字六書疏證卷二十一】

◉許　慎　淅汏米也。从水。析聲。先擊切。【說文解字卷十一】

◉馬叙倫　沈濤曰。詩生民釋文引作汏也。倫按儀禮士喪禮。視淅米于堂。注。淅。汏也。此訓汏米傳寫誤加米字。淅從析得聲。析從斤得聲。斤聲真類。汏聲脂類。脂真對轉。轉注字也。從斤得聲之沂狺音入疑紐。𣿉得聲於月。月音亦疑紐。則𣿉淅亦轉注字。【說文解字六書疏證卷二十一】

滰　从巛　啟卣　至于上侯滰川上　【金文編】

◉許　慎　滰浚乾漬米也。从水。竟聲。孟子曰。夫子去齊。滰淅而行。其兩切。【說文解字卷十一】

◉馬叙倫　周雲青曰。唐寫本玉篇引浚下有也字。倫按玉篇浚下有也字。則浚也為一義。乾漬米也為一義。浚也是本義。乾

漬米蓋校語。然義屬於米矣。孟子以下亦校者所增。或字出字林也。【說文解字六書疏證卷二十一】

◉戴家祥　蓋　器　啟卣　澆川上　啓卣「澆川上」，澆作臨近、沿水的意思。孟子「孔子之去齊，澆淅而行」，辭例正與此同。【金文大字典中】

◉王　輝　「澆屯(純)」之「澆」，見于啟卣，黄錫全説即京水。蓋銘「澆屯」與「玄衣」、「幽黄」對舉，宜看作一種色彩，讀為黥，是一種黑色。【虎簋蓋銘座談紀要　考古與文物一九九七年第三期】

叟

崔希裕纂古【古文四聲韻】

◉許　慎　溲浸渋也。从水。叜聲。疏有切。【說文解字卷十一】

◉陳邦懷　前編卷六弟三葉　此字從水。從手。持由。當是説文解字溲字古文。知由為由者。據王徵君國維説也。徵君之言曰。余讀敦煌所出漢人書急就殘簡而知説文由字即由字也。漢簡由作由。其三直皆上出。與説文由字正同。説文由字注曰。東楚名缶曰甾。象形。原本玉篇引説文舊音側字反。大徐音側詞切。皆甾之音。則以甾甾為一字。自六朝已來然矣。然甾甾決非一字。甾為艸部葘字重文。從田。巛聲。故讀側字反。或側詞反。若甾之與甾。於今隸形雖相似。其音義又何涉乎。考此字古文本作甶。篆文亦或如之。其變而為隸書也。乃屈曲其三直。遂成甾字。後人不知其為古文甶字之變。以其形似甾。遂以甾之音讀之。實則此音毫無根據也。見觀堂集林卷六釋由上下篇。取證極博。文繁不備引。邦懷又按。嚴氏可均跋説文偏旁字原云。夢英書説文部首五百四十字用李陽冰刊定本。與今所行徐鉉本不同。畢氏詆甾音方九反。謂誤以由為缶字。繫傳引陽冰言。説文無由字。缶即由字。邦懷按之繫傳當作由即缶字。而陽冰篆碑偏旁由缶由為一字。見鐵橋金石跋卷四。嚴説足左證王説。而夢英本陽冰説甾音方九反尤足為王説左證。然則溲字所從之由為由字可無疑矣。詩大雅。釋之叟叟。毛傳。釋。淅米也。叟叟。聲也。釋文云。字又作溲。濤米聲也。段氏訂本從釋文作溲溲。極是。卜辭溲字象由盛米。又持以就水。當即溲之古文。説文從叜。恐小篆譌變耳。【殷虛書契考釋小箋】

◉馬叙倫　桂馥曰。沃當為汏。段玉裁曰。浸渋也當依國語補音引作渋汏也。王筠曰。當作渋汏也。説文通例。凡一義數字類聚者。大抵于首字下詳説之。以下皆轉注字。本文汏灡淅皆轉注。溲字結尾。乃詳説之。猶手部揃搣批抑皆轉注。至捽乃指實之。皆偶然變例也。謂之沃者。凡洮米皆自上溜下。其狀如沃也。知浸字誤者。洮汏浸時甚少也。倫按玉篇引作漬

汏也。浸或漬譌。或浚之譌。或挩一也字。浸也為別義。渼鍇本作沃。皆汏之譌。浸音審紐。浚音心紐。同為次清摩擦音。轉注字也。浚譌為浸。校者因加汏也。【説文解字六書疏證卷二十一】

浚

浚 浚國　左尉　【漢印文字徵】

◉許　慎　浚杼也。从水。夋聲。私閏切。【説文解字卷十一】

◉馬叙倫　鈕樹玉曰。韻會作抒也。是也。倫按抒也者。揟字義。揟浚音同心紐。故得借浚為揟。下文揟。一曰。浚也。則借揟為浚。可互證也。浚淅音同心紐轉注字。【説文解字六書疏證卷二十一】

瀝

◉許　慎　瀝浚也。从水。歷聲。一曰。水下滴瀝。郎擊切。【説文解字卷十一】

◉馬叙倫　鈕樹玉曰。韻會無一曰以下六字。沈濤曰。文選海賦注引。瀝。滴。水下滴瀝也。江文通襍體詩注引。滴瀝。水下滴瀝也。魯靈光殿賦注引。滴瀝。水下滴瀝之也。三引不同。而皆與今本異。倫按玉篇。⿰氵曆。倉頡篇。瀝。瀝盝也。説文。瀝。浚也。一曰。水下滴瀝也。瀝。聲類。今歷字也。其不以瀝為正。而引倉頡又在⿰氵曆下。似倉頡作⿰氵曆。而瀝字出聲類。呂忱據聲類增為重文。然其引倉頡又明作瀝不作⿰氵曆也。且引本書亦作瀝。則⿰氵曆字為傳寫之譌。然浚也似非本義。瀝漉音同來紐。蓋轉注字。或雙聲連語。下文。漉。浚也。韻會引作滲也。滲浚形聲竝近。然亦似非本義。今杭縣謂洮米汏其磨秕後使水下盡曰瀝。一曰水下滴瀝蓋即此義。滴瀝聲同支類連語。【説文解字六書疏證卷二十一】

漉

◉許　慎　漉浚也。从水。鹿聲。盧谷切。淥漉或从录。【説文解字卷十一】

◉馬叙倫　鈕樹玉曰。廣韻引同。韻會引作滲也。廣韻韻會引鹿聲下竝有一曰水下皃五字。沈濤曰。文選封禪書注引漉水下皃。倫按瀝漉音同來紐轉注字。或雙聲連語。其義為水下皃。玄應一切經音義引三倉。淋漉。水下也。淋漉即瀝漉也。一曰水下皃也鉉本無之。王筠謂即鉉本瀝下一曰水下滴瀝之挩譌在此。然校者所加也。

淥　宋保曰。录聲。猶簏重文作箓麓重文作𣘦矣。倫按鍇本無此篆及説解。鹿录音同來紐。故漉轉注為淥。【説文解字六書疏證卷二十一】

◉徐中舒　一期乙七四六一　從麋從水。甲骨文麋鹿字形各別，然作偏旁時每有混用，故從麋亦即從鹿，故甲骨文此字可釋漉。【甲骨文字典卷十一】

潘

潘　不从水説文淅米汁也一曰水名在河南滎陽　魯侯鬲　魯侯作姬番鬲　番字重見【金文編】

1470【古璽文編】

任潘㐫印　潘弘　潘宗私印　潘成　潘武之印【漢印文字徵】

◉許　慎　淅米汁也。一曰。水名。在河南滎陽。从水。番聲。普官切。【説文解字卷十一】

◉馬叙倫　鈕樹玉曰。繫傳水名上有潘字。韻會從水番聲在一曰上。滎作熒。倫按玉篇引作淅米之汁也。一云。潘水在河南滎陽。蓋皆字林文。淅米汁也見玄應一切經音義引。可證。本訓捝矣。玉篇引倉頡。大也。姓也。玄應引倉頡。潘。泔汁也。字又見急就篇。潘為灡之聲同元類轉注字。古鉩作。【説文解字六書疏證卷二十一】

灡

◉許　慎　潘也。从水。蘭聲。洛干切。【説文解字卷十一】

泔

吕涉瀧——凶濭(乙3—29)【長沙子彈庫帛書文字編】

王泔【漢印文字徵】

◉許　慎　周謂潘曰。泔。从水。甘聲。古三切。【説文解字卷十一】

◉馬叙倫　沈濤曰。一切經音義十四引。泔。潘也。倫按泔音見紐。灡從蘭得聲。蘭從闌得聲。闌從柬得聲。柬音亦見紐。是泔灡亦轉注字也。説解本作潘也。周謂潘曰泔。校語或字林文。【説文解字六書疏證卷二十一】

◉李　零　山川瀧泔凶濭，泔，商承祚、陳邦懷釋洦，嚴一萍釋涿，饒宗頤(1968)、巴納德釋汩，均不確。今按此字右半上出兩筆甚

長，應是甘字。【長沙子彈庫戰國楚帛書研究】

滫

滫 日甲二六背【睡虎地秦簡文字編】

◉許　慎　滫久泔也。从水。脩聲。息流切。又思酒切。【說文解字卷十一】

◉馬叙倫　久泔也蓋字林文。本書。敵。滫米器也。然則滫是動詞。當為浚淅之音同心紐轉注字。禮記内則。滫瀡以滑之。注。秦人溲曰滫。玉篇引蒼頡。老潃也。潃當為滫。上文。潃。淅也。亦其證也。然玉篇。滫。米汁也。史記三王世家。漸之滫中。徐廣曰。滫者。淅米汁也。則與此訓久泔同為淅米之汁為名詞。或曰。久泔當作久潃。猶老潃矣。然則字失次。【說文解字六書疏證卷二十一】

澱

◉許　慎　澱滓滋也。从水。殿聲。堂練切。【說文解字卷十一】

◉馬叙倫　王筠曰。一物而三名也。倫按鍇本滋作垽。本書。䵤謂之垽。是垽字是。然當是滓也垽也。今捝一也字。一訓校者加之。爾雅釋器。澱謂之垽。廣雅釋器。澱謂之滓。此下文。滓。澱也。【說文解字六書疏證卷二十一】

淤

◉許　慎　淤澱滓。濁泥。从水。於聲。依據切。【說文解字卷十一】

◉馬叙倫　嚴可均曰。後漢書杜篤傳注。韻會六魚竝引作澱滓也。沈乾一曰。唐寫本玉篇引作澱滓也。古本當為澱滓也濁泥也。倫按本訓澱也滓也。滓音照紐二等。古讀歸端。淤音影紐。端影同為清破裂音。轉注字也。澱音定紐。端定同為舌尖前破裂音。則澱滓亦轉注字。一訓蓋校者加之。濁泥亦校語。玄應一切經音義引字林。淤。澱滓也。則澱滓也為字林文。蓋以澱為動詞。淤滓為名詞。【說文解字六書疏證卷二十一】

滓

◉許　慎　滓澱也。从水。宰聲。阻史切。【說文解字卷十一】

◉楊樹達　說文十一篇上水部云：「滓，澱也。从水，宰聲。」按文从宰聲者，宰之為言兹也。說文四篇下玄部云：「兹，黑也。从二玄。引春秋傳曰：何故使吾水兹？」此其義也。有證乎？曰：有。說文十篇上黑部云：「黕，滓垢也。从黑，冘聲。」黕訓滓

而文从黑，則滓之為黑可知，證一也。水部云：「澱，滓垽也。从水。殿聲。」又十篇上黑部云：「黖，黖謂之垽，垽，滓也。从黑，殿省聲。」按澱黖聲義並同，實一字也。滓澱黖互相訓，黖與澱同而文从黑，則滓之為黑又可知，證二也。釋名釋采帛云：「泥之黑者曰滓，」證三也。大抵玆聲音近之字，義訓多為黑。文選南都賦注引蒼頡篇云「鸕鷀似鶂而黑」，知鸕鷀以黑名也。盧亦有黑義。小爾雅廣鳥云：「純黑而反哺者謂之慈烏。」知慈烏以黑名也。說文十三篇糸部云：「緇，帛黑色也。」余二年前讀說文，偶悟此義，今熟思之，尚無以易，故表而出之。【釋滓 增訂積微居小學金石論叢】

淰

◉許　慎　淰濁也。从水。念聲。乃忝切。【說文解字卷十一】

◉馬叙倫　濁也者。蓋謂澱滓之濁泥也。此非本訓。或字林文也。澱音定紐。淰音泥紐。同為舌尖前音。蓋轉注字。若是濁泥，當為泥之轉注字。玄應一切經音義引三倉。淰。水無波也。【說文解字六書疏證卷二十一】

瀹

瀹義雲章【汗簡】

◉許　慎　瀹漬也。从水。龠聲。以灼切。【說文解字卷十一】

◉馬叙倫　丁福保曰。慧琳音義九十五引作清也。今本作漬。乃形近而譌。倫按朱駿聲以孟子言瀹濟漯。疑漬當為濆。倫檢莊子知北遊。疏瀹而心。疏借為揟。則瀹義當同。或相近。蓋浚之同次清摩擦音轉注字。瀹音喻紐四等。浚音心紐也。或曰。莊子瀹字借為濯。爾雅釋草釋文引字林。瀹。煑也。則今挩一訓。煑也者。蓋鬻字義。【說文解字六書疏證卷二十一】

𤄶

◉許　慎　𤄶釃酒也。一曰。浚也。从网。从水。焦聲。讀若夏書天用勦絕。臣鉉等曰。以縑帛漉酒。故从网。子小切。【說文解字卷十一】

◉馬叙倫　鈕樹玉曰。剿下引書天用剿絕。不應又引作勦。疑後人本今書增。王筠曰。引經似有挩文。否則後人增也。刀部剿下已引作天用剿絕其命矣。小徐作剿。從刀尚合。大徐從力尤譌。倫按玉篇引從水在從网上。𤄶訓釃酒。從网不可通。徐鍇謂以縑帛漉酒故從网。王筠謂猶云以葛巾漉酒。皆强為之詞。疑從水𦋺聲。今失𦋺字。或從网潐聲。為罩之轉注字。

釃酒字亡矣。古書借灑為之。一曰浚也者。灑音精紐。浚音心紐。同為舌尖前音。古或借灑為浚也。然是校語。倫又疑浚也乃上文瀹字之訓。傳寫譌入灑下。而一本則譌浚為清。又譌為漬矣。此字疑出字林。讀若勦者。劉秀生曰。焦巢聲同精紐。故灑從焦聲得讀若勦。淮南主術訓。禽之焦門。注。焦或作巢。是其證。【説文解字六書疏證卷二十一】

𤃩

◉許　慎　側出泉也。从水。殸聲。殸。籀文磬字。去挺切。【説文解字卷十一】

◉馬叙倫　嚴可均曰。玉篇作出酒也。此五側出泉則非字次。恐誤。殸籀文磬字校語也。小徐無。鈕樹玉曰。玉篇。出酒也。疑本説文。故字次灑下。湑上。桂馥曰。釋名。㲈猶傾也。側器傾水漿也。馥謂上下文皆言酒。疑此當作側出酒。後人以爾雅有側出泉改之。周雲青曰。唐寫本玉篇引作側酒出也。倫按傾。側也。傾㲈音同溪紐。㲈有側義。蓋同語原。然疑側出泉側出酒皆非本訓。字或出字林也。【説文解字六書疏證卷二十一】

湑

◉許　慎　莤酒也。一曰浚也。一曰露皃。从水。胥聲。詩曰。有酒湑我。又曰。零露湑兮。私呂切。【説文解字卷十一】

◉馬叙倫　沈濤曰。初學記廿六引。䤿。旨酒也。御覽八百四十三引作䤿。即湑之別體。旨乃莤之譌。湑灑同為舌尖前音或轉注字。莤酒也非本義。或此字出字林。一曰浚也者。揟字義。一曰露皃者。詩蓼蕭。毛傳。湑湑然蕭上露皃。形容詞不必有本字也。【説文解字六書疏證卷二十一】

湎

◉許　慎　沈於酒也。从水。面聲。周書曰。罔敢湎于酒。彌兖切。【説文解字卷十一】

◉徐同柏　□右旁作□。象頭角豐滿形。【從古堂款識學卷十六】

◉孫詒讓　金文毛公鼎云「母毋敢□于酉酒」，文與酒誥同。□，亦當即湎字。徐同柏説。但从□頗奇詭難識，徐云「象頭角豐滿形」，肊説不可馮。攷説文面部「面，顔前也。从𦣻，象人面形。」金文無面字，而「頁」説文頭也。从𦣻，从儿。「𩠐」説文「古文𦣻也，巛象髮，髮謂之鬊，鬊即巛也。」偏旁則恒見。兩文皆从「𦣻」，此□形與彼殊遠，豈古人「面」字與小篆本絶異乎。金文偏旁从頁字，如無叀鼎「顯」字从□，毛公鼎「憂」字从□，右並从↑形，與此ひ形略相似，而全形亦不同。

面訓「顔前」，小篆从𦣻。説文部首自「頁」「𦣻」「𩠐」外，其與面形體相涉者，唯囟形與□頗近。説文囟部「囟，頭會匘蓋也。」

古文作。又「𩰪，毛𩰪也。象髮在囟上，及毛髮𩰪𩰪之形也。」古文作石鼓遷字偏旁，金文別作師寰敦二形，子部「𡥈，籀文子，囟有髮，臂脛在几上也。」金文作師田父敦召伯虎敦二形，又「孳」籀文作，金文作宗周鐘殳辛盉兄孳卣三形，此與囟古文極相似，古文凡從衡午毌形，或衺或正，可以互變。其上兩，疑即𡿺上之髫，亦即𡿺上髮形之省，猶𩰪上从，亦省作也。下作，即囟之變，猶「孳」上从亦變為也。若然，古文𩈌从，疑即从「𡿺」。至小篆乃改从百作面，於字例亦無牾也。

說文匕部𡿺，从匕，巛以象髮，囟象𡿺形。𩰪及籀文「子」「孳」所从𡿺形，並與彼同。墨子𧝒守篇「𡿺」字作「𦝢」，即隸古譌變之體，以匕為刀，以𡿺為𦭞，皆形近貿亂。蓋囟古文作，與山相近。而巛之為廾，則疑本作，故三寫成廾。墨子書多古文，𦝢字雖沿譌，而與此形實絶相似，亦足葡一左證也。

金文从𡿺之字，又有別體，如毛公鼎云：「金金雁。」从口从𩰪省，說文所無。以義推之，當為「𩰪」之變體。鼎紀錫車馬飾，金𩰪即以金飾馬當顱，猶金雁亦以金為馬當膺之飾，即詩大雅之鈎膺也。又盂鼎別器有字，从立从𩰪，說文亦無其字，音義並未詳。字𩰪上从，字𩰪上从，並𡿺之省變，上無髮形。蓋古文變易無方，面之从，或為𡿺之別體亦如是矣。

古字象面形者又有皃字，說文皃部「皃，頌儀也。从儿，白象面形。」或作貌，籀文作貌。是皃上从，亦象面形，與白自同並別。此與𩰪作，上囟變為略相類，則面上从百，或變从囟，而下从或即从儿，與皃同。亦足相比例與？

金文亞鼎亞形内為、酉有斝似尊形、田又似「其」省三形，此文別器甚多，或作，上與卤古文尤相似。上似从𡿺，下則从儿，斆釋家咸不能定其為何字。或釋曳，又或謂格上三矢形，並非。以字校之，疑同字，而形小變。彼亦从𡿺从儿。𩈌之省也。𩈌酒示戒，故省水而箸酉於旁，其復箸田字者，或戒𩈌酒兼戒禽荒，皆示儆之意。但彼文義簡奥，肊說無徵，未敢質定，姑附識以竢斆。【名原卷下】

◉林義光 𩈌 寒韻 鄭注酒誥云。飲酒齊色曰𩈌。詩天不𩈌爾以酒。蕩箋云。天不同女顏色以酒。則𩈌為飲酒形於顏色之義。字亦作䤄。淮南子脩務訓沈䤄酖荒。古作毛公鼎。作盂鼎。从水或从酉。皆轉注。皆象顏色湛𩈌之形。墨子引武觀云。湛濁于酒。渝食于野。非樂。濁蓋𩈌之誤字。形皆與蜀字近。若作則無由譌為濁也。【文源卷四】

◉高田忠周 吴大澂云。古𩈌字。小篆作。說文。沈於酒也。从水面聲。書酒誥。罔敢𩈌于酒。此斆證是。又詩蕩。天不

湎爾以酒。韓詩章句。飲酒閉門不出客曰湎。字亦作䤄同。此篆右作□，面象形。兩角以象丱也。其下从人。此與百見古通用同例也。【古籀篇四】

◉林泰輔　□右之□與亞形中之（按原文之字下缺一字）相似。故當為𦣻。下之□未詳。說文面部言。面。顔前也。从百象人面形。此與之相合。故疑當為湎字。【毛公鼎銘攷　中山大學語言歷史研究所周刊第六册】

◉張之綱　徐同柏釋湎。云右旁作□。象頭角豐滿形。攈古釋湎。愙齋依徐釋。孫詒讓同云。說文湎沈于酒也。書酒誥罔敢湎于酒。徐說合。但象頭角豐滿形則為肊說不足據。吳釋□尤非。考說文皃部。皃从儿。白象面形。覍冕也。从皃象形。重文或作弁。籀文作□。注从収上。象形。此疑即从皃从水。與从面聲意竝相近。又疑从水从㬎與綦同。荀子王霸楊注。綦極也。□于酒猶云極于酒也。義亦通。綱案。孫氏名原詳釋此字形聲。謂右从□即从囟之變。至小篆乃改从百作面。下从夕者。即皃下从儿之意。定為湎之古文。【毛公鼎斠釋】

◉李孝定　毛公鼎「無敢□于酒」，與酒誥「無敢湎于酒」文合，舊釋遂定為湎字，其意雖是，而字形無徵。孫詒讓氏謂字之右旁，从囟，無論字形不合，即如其言，湎字亦不得以囟為聲。湎字以面為聲。林泰輔氏謂右上為首，金文首字多見，作□、□諸形，與□形絶遠。郭沫若氏定右旁為㬎，因謂字假為酗；張之綱氏謂右旁从皃，皃、面聲近。二氏之言，雖較他說為長，而其說字形，同是牽傅，未可遽信。綜上所舉，惟足以證□意同湎，其音讀實未易言也。【金文詁林讀後記卷十一】

雲臺碑　說文【古文四聲韻】

◉許　慎　□酢漿也。从水。將省聲。即良切。□古文漿省。【說文解字卷十一】

◉馬叙倫　鈕樹玉曰。韻會引作漿。酢也。從水。將聲。倫按酉部。𢧵。酢漿也。漿音精紐。𢧵從𢦏得聲。𢦏音亦精紐也。轉注字。酢漿也疑當漿酢也。漿乃隸書復舉字之誤乙者。字見急就篇。

□　吳穎芳曰。爿聲。嚴可均曰。小徐無省字。是。倫按從水爿聲。爿為牀之初文。【說文解字六書疏證卷二十一】

嗛涼私印　涼儉印信　【漢印文字徵】

魏元丕碑額　【石刻篆文編】

涼見古爾雅　【汗簡】

【古文四聲韻】

◉許　慎　薄也。从水。京聲。呂張切。　【説文解字卷十一】

◉馬叙倫　段玉裁曰。涼側於此者。謂六飲之涼。與漿為類也。鄭司農云。涼。以水和酒也。許云薄也。蓋薄下奪一酒字。姚鼐曰。涼當以漿人水漿醴涼為正義。訓薄為借義。王筠曰。姚説極精。但恐係後人改易。非許本文也。倫按涼漿聲同陽類。蓋轉注字。或語原同也。今以涼對熱言者。借為冷。音同來紐也。薄也非本訓。或此字出字林。餘詳䣼下。　【説文解字六書疏證卷二十一】

後一・一〇・八　【甲骨文編】

後上10・8　【續甲骨文編】

古老子　王存乂切韻　同上　【古文四聲韻】

◉許　慎　薄味也。从水。炎聲。徒敢切。　【説文解字卷十一】

◉許　慎　食已而復吐之。从水。君聲。爾雅曰。太歲在申曰涒灘。他昆切。　【説文解字卷十一】

澆 澆

◉許　慎　澆沃也。从水。堯聲。古堯切。【說文解字卷十一】

◉馬叙倫　沈濤曰。一切經音義三引。澆。灌漬也。蓋一曰以下之奪文。倫按澆為沃之聲同宵類轉注字。灌漬也校語。【說文解字六書疏證卷二十一】

液 液

◉許　慎　液𧖴也。从水。夜聲。羊益切。【說文解字卷十一】

◉馬叙倫　鈕樹玉曰。韻會及李注文選洞簫賦引玉篇注竝作津也。一切經音義二及廿五引作津潤也。倫按文選思玄賦注引字林。汁也。倫疑汁也者。字林中許訓。𧖴也者呂訓。玄應引津潤也者。蓋尚有潤也一訓耳。字見急就篇顔師古本。皇象本作掖。【說文解字六書疏證卷二十一】

汁 汁

汁　汁邡長印【漢印文字徵】

◉許　慎　汁液也。从水。十聲。之入切。【說文解字卷十一】

◉馬叙倫　液從夜得聲。夜從亦得聲。亦夾一字。夾十聲同談類。是液汁為轉注字。字見急就篇。【說文解字六書疏證卷二十一】

◉羅福頤　汁邡長印(《封泥考略》卷五，頁一一)又丞(《封》卷六，頁三一)又右尉(《封》卷七，頁三)

汁邡縣不見于《漢書·地理志》，僅卷二八上益州廣漢郡有什方縣。注：莽曰美信，應劭曰什音十。《後漢書》卷三三《郡國志》廣漢郡下又作什邡。考《說文解字》邡字下注：什邡，廣漢縣。《晉書》卷一四《地理志》梁州屬新都郡有什方。《宋書》卷三八《州郡志》益州廣漢郡又作什邡。注：漢舊縣。《南齊書》卷一五《州郡志》廣漢郡屬有什方縣。今由漢封泥汁邡長、丞、右尉三印得知，史書中《晉書》、《南齊書》、《宋書》皆作什方者，殆後人據漢志改。許氏《說文解字》著于漢季，似不應有誤，可能後人據漢志妄改，抑未可知。今由封泥得正史書什方、什邡之誤，微此封泥，後人直無從正之矣。更閲《隸辨》載王君平鄉道碑及武都丞呂國題名，均有汁邡字様，可為封泥佐證。于此益知《說文解字》之什邡為後人所妄改無疑矣。

又《史記》卷一八《高祖功臣侯表》有汁邡侯雍齒。注：汁音什，邡音方，屬廣漢。汁邡二字正與封泥合。至《漢書》卷一六《高惠高后文功臣表》又誤作汁防，是什方、什邡之誤外，又一誤而再誤矣。【封泥證史録舉隅　文物一九八二年第三期】

渮

灝

溢

洒

◉許　慎　渮多汁也。从水。哥聲。讀若哥。古俄切。【説文解字卷十一】

南嶽碑【古文四聲韻】

◉許　慎　灝豆汁也。从水。顥聲。乎老切。【説文解字卷十一】

◉馬叙倫　玉篇引作煮豆汁也。非本義。字或出字林。渮灝同舌根音。或轉注字。【説文解字六書疏證卷二十一】

開母廟石闕　悳洋溢而溥優【石刻篆文編】

◉許　慎　溢器滿也。从水。益聲。夷質切。【説文解字卷十一】

◉馬叙倫　嚴可均曰。華嚴經音義十二引作器滿餘也。倫按玉篇作洫。引本書。器滿也。從水從皿。溢。聲類亦洫字也。則洫即益也。此字吕忱校聲類增。玄應一切經音義引字林。滿也。蓋器滿也餘也二訓皆字林文。此益之後起字。【説文解字六書疏證卷二十一】

前二・一〇・三　前六・六・七　後一・一一・八　存下九八三　燕一〇九【甲骨文編】

後上11・8【續甲骨文編】

洒　日甲五八背【睡虎地秦簡文字編】

◉許　慎　洒滌也。从水。西聲。古文為灑埽字。先禮切。【説文解字卷十一】

◉馬叙倫　王筠曰。字林。洒。濯也。倫按古文以下校語。古文經傳中借字多矣。豈勝記乎。況有别出古文之例邪。甲文有洒。朱芳圃釋洒。【説文解字六書疏證卷二十一】

◉李孝定　羅振玉釋洒無説。見增考中六十八葉上。栔文从水从甾。卜辭叚甾為西。羅氏釋洒可从。字在卜辭為地名。【甲

骨文字集釋第十一】

◉李學勤 《墨子・備穴》末句：「即熏，以目臨醓(醯)上，及以沺目。」孫詒讓讀「沺」為「洒」字。查秦簡《日書》甲種及帛書《五十二病方》等醫書，「洒」字均作「沺」形，可證孫說的正確。【秦簡與《墨子》城守各篇 李學勤集】

滌 滌

滌 古老子【古文四聲韻】

◉許 慎 滌洒也。从水。條聲。徒歷切。【說文解字卷十一】

◉馬叙倫 沈濤曰。詩泂酌正義華嚴經音義引。滌。洗也。一切經音義引滌洒也亦除也。是古本尚有除也一訓。倫按滌從條得聲。條從攸得聲。攸音喻紐四等。洒音心紐。同為次清摩擦音。故滌洒為轉注字也。玄應引亦除也。慧苑引洗也。蓋呂忱列異訓。或校者加也。【說文解字六書疏證卷二十一】

◉黃錫全 滌條 鄭珍云：「滌字也。从條省，右當作条。《周禮》『條狼氏』，注：『杜子春云條當為滌器之滌。』是古文以條為滌，不當以滌為條，此殊顛倒。」按條滌二字古音相同，此假滌為條。張平子碑「對封樹之蕭蓧」，《隸釋》云「以『蕭蓧』為『蕭條』」。蔡湛頌「蕭滌而雲消」，顧南原按：「以『蕭滌』為『蕭條』」。【汗簡注釋卷五】

濈 濈

濈【汗簡】

◉許 慎 濈和也。从水。戢聲。阻立切。【說文解字卷十一】

◉馬叙倫 和也疑非本義。濈蓋汁之轉注字。汁音照紐三等。濈音照紐二等。古讀並歸於端。十戢聲同談類也。十之轉注字為卙。見卙字下。是其例也。此字蓋出字林。【說文解字六書疏證卷二十一】

瀋 瀋

◉許 慎 瀋汁也。从水。審聲。春秋傳曰。猶拾瀋。昌枕切。【說文解字卷十一】

◉馬叙倫 桂馥曰。釋名。宋魯人皆謂汁為瀋。倫按瀋音穿紐三等。與汁為同舌面前破裂摩擦音轉注字。【說文解字六書疏證卷二十一】

渳

◉許　慎　渳飲也。从水。弭聲。緜婢切。【說文解字卷十一】

◉馬叙倫　鈕樹玉曰。廣韻引作歃也。韻會作飲歃也。惠棟曰。周官小宗伯。王崩。大肆以秬鬯渳。則非飲也。此注似譌。倫按下文。⿰氵算。飲歃也。音在心紐。渳從弭得聲。弭音亦心紐。是渳為⿰氵算之轉注字也。然飲歃字似不當僅從水。且以周禮證之。則渳為俗尸。疑渳為洒之轉注字。渳音同⿰忄弭。漢時音轉如泯。故杜子春讀渳為泯。泯從民得聲。民音心紐也。飲也或飲歃也均涉⿰氵算字説解而譌。玉篇引聲類。通去汁也。【説文解字六書疏證卷二十一】

⿰氵算

◉許　慎　⿰氵算飲歃也。一曰吮也。从水。算聲。衫洽切。又先活切。【説文解字卷十一】

◉馬叙倫　鈕樹玉曰。玉篇作濅。飲也。歃也。廣韻。飲也。嚴可均曰。一曰沇也疑當在漱篆之欶聲下。欠部。欶。吮也。足以明之。倫按玉篇引作飲也。一曰。吮也。吮也者。欶字義。飲歃也當作飲也歃也。然均非本義。飲也當作歃也。乃欶字義。⿰氵算為漱之音同審紐二等轉注字。⿰氵算又音先活切。在心紐。心審同為次清摩擦音也。古書算數通借。數速通借。是其例證。漱從欶得聲。故亦或借⿰氵算為欶。今俗謂盪口亦有作⿰氵算音者也。歃也者。⿰氵算一音衫洽切。與歃同音。即借為歃耳。【説文解字六書疏證卷二十一】

漱

◉許　慎　漱盪口也。从水。欶聲。所右切。【説文解字卷十一】

◉馬叙倫　沈濤曰。華嚴經音義文選思玄賦注引作蕩口也。桂馥曰。通鑑注引音隱云。漱。飯畢盪口也。翟云升曰。一切經音義十四引作漱口也。倫按文選嘯賦注引作蕩口也。盪口也蓋字林文。【説文解字六書疏證卷二十一】

泂

◉許　慎　泂滄也。从水。冋聲。户褧切。【説文解字卷十一】

◉馬叙倫　泂蓋瀧之聲同耕類轉注字。滄瀧音同心紐轉注字。故泂訓滄也。【説文解字六書疏證卷二十一】

滄

滄【汗簡】

◉許　慎　滄寒也。从水。倉聲。七岡切。【説文解字卷十一】

⿰氵靚

◉許　慎　⿰氵靚冷寒也。从水。靚聲。七定切。【說文解字卷十一】

◉馬叙倫　徐灝曰。此與仌部清音義略同。倫按當作冷也寒也。與清同字。【說文解字六書疏證卷二十一】

淬

◉許　慎　淬滅火器也。从水。卒聲。七内切。【說文解字卷十一】

◉馬叙倫　器當為气。聲近而譌。然非本訓。方言十二。淬。寒也。則為滄⿰氵靚之音同清紐轉注字。【說文解字六書疏證卷二十一】

沐

粹一一七四　貞人名　河六三九　【甲骨文編】

沐　日甲一〇四　【睡虎地秦簡文字編】

沐新聽　沐生翁伯　沐胡　洞沐伯康　沐新充根　沐憙私印　渝沐可印　【漢印文字徵】

◉許　慎　沐濯髮也。从水。木聲。莫卜切。【說文解字卷十一】

◉饒宗頤　沐字，契文作（粹編一一七四）及（佚存五二，簠室天六六，及續編四・五・一重）。从水从木，郭氏釋沐（陳夢家釋柰，非）。又有从屮者，以貞貞為一字例之，从屮从木同意，仍是一字。或省水旁，但作木者，見于爭方之卜辭。【殷代貞卜人物通考卷九】

沬

寧滬二・五二　【甲骨文編】

後下12・5　【續甲骨文編】

頮　說文沬洒面也古文从頁作與此為一字書顧命作頮　魯伯匜　魯伯愈父作鼄姬朕頮匜　魯伯盤　殷穀盤　毳盤　毳匜　楚季盤　歸父盤　【金文編】

頮 李頮 頮 王頮之印 【漢印文字徵】

沬呼妹切竝尚書 【汗簡】

古尚書 古尚書 【古文四聲韻】

◉許　慎　沬洒面也。从水。未聲。荒内切。古文沬从頁。【說文解字卷十一】

◉吴大澂　古沬字。从頁。从㒰。从皿注水。許氏説。沬。洒面也。古文沬从頁。作。又頁部。昧前也。讀若昧。疑亦沬之古文。許云。沬。擢髮也。疑古沬沬為一字。魯伯愈父匜。【說文古籀補卷十一】

◉羅振玉　此象人散髮就皿洒面之狀。魯伯愈父匜作。亦象人就皿水擢髮形。許書作沬。乃後起之字。今隸作頮。从廾。與卜辭从同意。尚存古文遺意矣。吴中丞曰。許書頁部有字。注昧前也。讀若昧。疑亦沬之古文。許云。沬。擢髮也。疑古沬沬為一字。【增訂殷虚書契考釋卷中】

◉劉心源　歸父盤　盥。荷屋釋鑄。非此字。从水。从臼。从皿。中从。乃頮字。觀魯伯俞父盤殷穀盤二頮字。即知此盥所取義矣。【奇觚室吉金文述卷八】

◉林義光　説文云。古文沬。从水从頁。按洒面也。古作魯伯俞父盤。作殷穀盤。象皿中有水。人面及鼻鬚臨其上之形。或作歸父盤。即之變。从持水。説文云。昧前也。从頁㒸聲。讀若昧。按形近。即頮之省文。昧音亦與頮同。【文源卷六】

◉高田忠周　吴[大澂]謂此篆為沬字是。然沬沬兩字元同斷非矣。説文从水未聲。形聲也。从水从頁會意也。字亦變作頮。書顧命王乃洮頮水。漢書律歷志作沬。此沬頮同字之證。然原本玉篇。頮呼潰反。引書云。野王按説文。頮。洒面也。禮記。面垢燂湯請頮。是也。沬此説文篆文頮字也。由是觀之。舊本説文。古文當作。今本轉寫有誤矣。沬字亦或作頮。原本玉篇又云。頮説文亦古文頮字也。頮在頁部。依此。説文當有頮字。而今二徐本皆無。又檢宋本玉篇。頁部頮下云。面肥皃。聲類同頮。洗面也。即知此説文二字。必當作聲類之誤。又宋本玉篇。面部有靧字云，同頮。不揭出所。今按。靧亦頮字譌文。今本禮記玉藻。沐稷而靧粱。疑亦後人轉寫之誤。陳彭年輩不識而補入者也。今審此篆形。即面字異文。作。象須髯形。與須字作同。即自字鼻形也。然則此上形即作頮。下从皿从水。盤盂盛水之意。其會意之恉。與盥字同意也。【古籀篇四】

◉商承祚　玉篇沬同頮。湏。古文頮。廣韻頮靧一字。書顧命。「王乃洮頮水」。釋文。「頮說文作沬古文作頮」與玉篇以頮為正文者不同。漢書司馬遷傳。「沬血飲泣。」孟康曰「沬音頮。」不以沬頮為一字。顏注。「沬。古頮字。」又以沬為頮古文。各異其辭。據甲骨文作。則頮亦是古文。諸家所見不同而互注也。又頁部。「。昧前也。从頁。𣎆聲。讀若昧。」吳大澂疑亦沬之古文。見說文古籀補䪼注。是也。其形即金文魯伯愈父匜之殷敦盤之省改而譌者。【說文中之古文考】

◉馬叙倫　吳大澂曰。疑沬沬為一字。今燕趙間謂洗面為抹面。倫按木未末一字。沐沬沫亦一字。今沬字為水名所專矣。

沈濤曰。書顧命。王乃洮頮。釋文云。說文作沬。云。古文作頮。是古本作頮。今本傳寫譌捝耳。文選七發司馬子長報任安書楊子雲解嘲注引皆作頮。洗面也。鈕樹玉曰。頮。重文作沬。下有古文湏。蓋本說文。廣韻頮為靧之重文。其非古文可知。陸氏說未必是。倫按玉篇。說文。頮。洒面也。此亦古文𩕳字也。書顧命作頮。衆本無異。是古文經傳中洒面字作頮也。頮從頁収。從水。然非竦手字。蓋頮實由甲文之金文歸父盤之而省其皿。頁為人之異文。兩手以水澆於頭上。是沬也。魯伯匜作。魯伯盤作。𣪘敦盤作。蓋從頁從𥄉從水從皿。從𥄉者。明沐髮則倒其首也。然實譌體。甲文及歸父盤字會意。【說文解字六書疏證卷二十一】

◉郭沫若　盨乃古沬字，字本作釁，象奉匜沃盥之形，省之則為釁、為釁、為盨、為𥁕、為頮。見「說文」。或从収作頮。見「尚書」「顧命」。彝銘「眉壽」字均假此字為之。【無叀鼎　兩周金文辭大系圖録考釋】

◉郭沫若　古文沬字，䵼伯盤器伯賸賸嬴尹母沬盤貞十、廿九。沬字作，象傾盆浴洒之形，下承以皿古文皿血字頗相混字形，最為詳備。其它或省𦥑、或省皿、或省水，多叚為眉壽之眉字，因之此鼎舊多稱為眉脒，然為眉為沬未可知也。又說文古文沬，顧命沬作頮，均釁之省文。【釋㝵　兩周金文辭大系圖録考釋】

◉楊樹達　貞松堂集古遺文拾卷廿陸葉下。載𢍰乍王母媿氏盤。銘文云「𢍰乍王母媿氏般，媿氏其眉壽，萬年用。」字羅氏無釋。余按魯白俞父盤云「魯白俞父乍鼄姬仁朕賸釁般」，𣪘𣪘盤云「儕孫𣪘𣪘作釁」，其字並从㚸，从頁，从水，从皿，即說文沬字或體頮之別構也。此銘左旁作，與二器之㚸字同，右旁即頁之壞形也。與二器異者，省不从水从皿耳。頮盤之稱與魯白俞父般同，其為頮字無疑也。小校經閣金文釋作簋般，玖卷柒弍葉下。誤也。

集古遺文續編中卷廿陸葉下。載𢍰作王母媿氏盉，銘文云：「𢍰乍王母媿氏盉，媿氏其眉壽，萬年用！」其文與般銘同，但易般為盉耳。此為同一人之器，字右从頁，不壞，羅氏亦無釋。然有此器，前器䫉字頁旁壞形之說得一確證矣。盤可言沬，盉說文訓調味，不可言沬，此疑古人制器作銘依樣畫胡盧致誤耳。【𢍰盤跋　積微居金文說】

◉李孝定　金文又有𤅴字。字作[古文字形]。吴大澂古籀補云。古沬字。从頁从𣅀。从皿注水。許氏説沬。洒面也。古文沬从頁作[古文字形]。又頁部[古文字形]。昧前也。讀若昧。疑亦沬之古文。許云。沬。濯髮也。疑古沬沬為一字。吴氏釋此二文為沬。其説可從。按此與金文習見釁壽字當為一字。此特省去臼與倒皿之形。更另增一𣅀形偏旁耳。字在金文均與盤盉等類器名連文。如魯伯愈父盤云。魯伯愈父作鼄姬二千朕(媵)𤅴盤。其永寶用。見貞松堂集古遺文卷十第二十五頁。伯𢦏盤云。邛仲之孫伯戔自作[古文字形]盤。用祈釁壽。萬年無疆。見兩周金文辭大系二〇二頁。殷穀盤云。惟正月初吉。儕孫殷穀作[古文字形]盤。子子孫孫永壽之。見奇觚室吉金文述八卷十一頁。毳盤云。毳作王母媿氏[古文字形]盉。媿氏其釁壽邁年用。見善齋吉金録禮器八第四十頁。毳作王母媿氏[古文字形]般。媿氏其釁壽萬年用。見貞松堂集古遺文十卷廿六至廿七頁。毳匜云。毳作王母媿氏[古文字形]盉。媿氏其釁壽萬年用。見善齋吉金録禮器八第四十頁。此與囂伯盤銘之稱𩰪盤者全同。猶今言洗臉盆也。金文釁字習與壽字連文為嘏辭。於用其本義時。反取其別體作[古文字形]。賴有囂伯盤一器。使千古之下猶可知𤅴𩰪確為一字。且𩰪之確為許書沬之古文也。【釋釁與沬　歷史語言研究所集刊外編第四種下册】

◉饒宗頤　𤅴　寧滬二・五二。古文沬作頮，或即此字。【殷代貞卜人物通考卷四】

◉孫稚雛　《三代》卷十七，三三頁著録一件銅匜銘文(圖三)，第二行「自作」以下，字不好認，斷句亦難。吴闓生《吉金文録》卷四，二一頁釋作「𣪘鬲」，明明是和盤配合使用的匜，為什麽要叫「鬲」呢？《善齋彝器圖録》比較審慎，寫其釋文作「自作□□其匜」(考釋二七頁)，仍然把它當作兩個字。其他著録此器各書，附有釋文的，如《貞松堂》(卷十，二六頁)、《小校經閣金文拓本》(卷九，六二頁)等，也都缺而不釋。

只要我們仔細地觀察銘拓就會發現在「其匜」二字的右邊，有一彎形符號，這就是郭老所説的「鈎倒」符號。根據這一符號的提示，將「其匜」二字顛倒來讀，釋其文為「自作□匜，其萬年無疆」，整篇銘文就豁然開朗了。

句讀確定以後，根據文例，匜上一字，往往是説明這件器的用途的修飾語，如盥、沬等字，本銘匜上之字，與「盥」形體相去甚遠，不可能是盥字，應該釋作沬。魯伯愈父匜的沬字(圖四)从皿，與本銘之字下部所从，其義相同，所以這個字應當是沬字的一種異體。金文中某些字由於結體狹長，因而占據了兩字的位置，這種情況，並不少見，甚至將一字分書為二的，也不是没有先例(圖五)。

綜上所述，本銘當釋作「唯□肇自作沬匜，其萬年無疆，孫：(子孫)享。」由於注意了附加的鈎倒符號，不但使全銘朗朗可讀，也辨認出了結體不同的一個新的沬字。

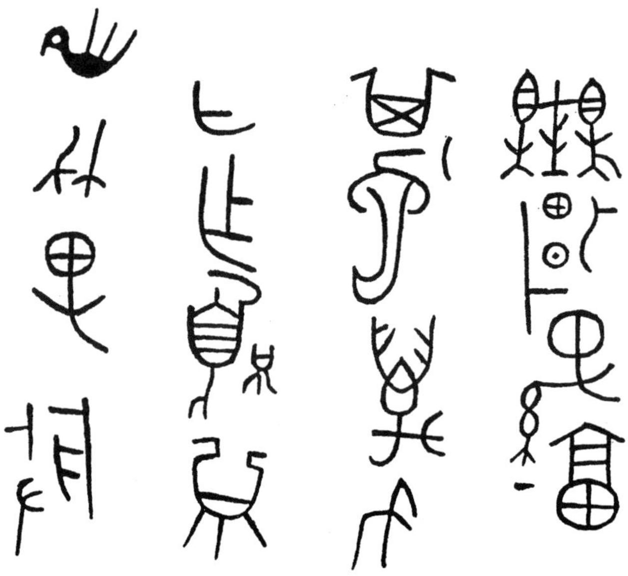

萈匜　　《善齋彝器圖録》97.

圖三

《三代》17·32·1.

圖四

【金文釋讀中一些問題的探討　中山大學學報一九七九年第三期】

◉李孝定　本書眉釁並列，一仍容氏金文編之舊，似有可商，蓋釁實為沬之本字，其後孳衍，本字形變為釁，其音義猶與沬字相關；本誼則為後起形聲之「沬」所取代，余曩撰釋釁與沬一文，言之頗詳，本書已有節引，兹不贅論。眉則為象形字，其音讀偶與沬近，在假借義中還多通用，非本為一字也。

高田氏謂此所从頮，即玉篇頮字，亦即靧字，説殊可商，頮字从頁从面，其義為面肥貌；靧字則从貴為聲，與頮之訓面肥者無涉，與沬之从未為聲相同，靧、沬均為洒面一義之後起形聲字，禮内則「燂湯請靧」即其義，其字之較早者為頮，書「王乃洮頮水」即其義，又早者則為「釁」，金文以為「釁壽」字，假為「美」，亦有「釁盤」連文用其本義者，許書沬之古文作「湏」者，即釁字之簡體也。高田氏以臱即面字異文，按从自下毛冄冄之形，謂是須之異文尚差近，不得為面字也。按此下諸文當釋沬，即釁之異體，

說文之頮，即此諸篆之譌變，許訓昧前，猶沬面也，張文虎舒藝室隨筆已疑頮即湏字，其說是也。【金文詁林讀後記卷十】

◉丁　山　魯伯愈父盤銘曰：「作邾姬千媵[glyph]般。」吳大澂釋沬，云：「許氏說，沬，洒面也。古文沬从頁作[glyph]。又，頁部，[glyph]，昧前也。讀若昧，疑亦沬之古文。許云，沬，濯髮也。疑古沬沐為一字。」卜辭：

辛……其兄……[glyph]……我……後・下・12・5。

[glyph]象人散髮就皿形，是沬之初文也。甲尾刻辭：

[glyph]王入。殷墟卜辭・733。

[glyph]象人沟水盥面形，正顒字所從蛻變者也。顒，果如吳大澂說與沬為一字，則[glyph]亦沬字別體。

沬王，殷之小王也。卜辭曾有「小王」紀載云：

癸卯卜，囟小王。鐵・90・2。

戊子……小王見，不允出[glyph]囚。燕大・202。

戊辰……小王……。粹・116。

己未卜，□貞，小王歲□宰。文録・204。

「小王」，蓋對大王之名，王子之通稱。漢魏而還，天子稱帝，帝子封王，王與帝顯有君臣意味。在匈奴，則單于之子或稱「兒單于」，在突厥，則可汗之子，或稱「小可汗」；在蒙古，則成吉思汗之子孫，或曰「欽察汗」，或曰「察合台汗」，或曰「馬加汗」；汗之言小可汗也。小可汗，兒單于稱謂，與殷王之子稱為「小王」，同其風俗；是知卜辭所見：

乙未卜，叟貞，暖王[glyph]曰。妄。前4・28・7。

貞，來……王[glyph]于父□。粹・1272。

貞，子[glyph]……。後・下・27・9。

王宎勹人。佚・636。

庚午卜，出貞，王宎曰，勹麦宁□齊勹……金・78。

貞，宎古王事。前・7・4・4。

王[glyph]，即王子[glyph]，王宎，即王子宎；凡云「王某」者，如，王顛，鐵・6・3。王芮，鐵・146・4。王敚，佚・751。亦皆王子某省稱。

辭又曰：

叀生王，危王。粹・432。

貞，甶雍王盥。後・下・20・11。

雍王，即應侯，説在雍氏篇，則生王，宜即王子封于生者，危王，宜即王子封于危者，殷王之子，食土例亦稱王，積習相沿，宗周未改，另詳商周金文彙編召卣跋尾。是知，沬王者，必殷之王子矣。

詩鄘風桑中：「爰采唐矣，沬之鄉矣。」毛傳：「沬，衛邑。」不言所在。鄭箋始謂：「云何采唐必沬之鄉，猶言欲為淫亂者必之衛之都，惡衛為淫亂之主。」孔氏正義伸之曰：「酒誥註云，沬邦，紂之都所處也。于詩國屬鄘，故其風有沬之鄉。則沬之北，沬之東，朝歌也。然則，沬為紂都，故言沬邦。」沬邦，今本尚書作妹邦，説經者，率以牧野當之。愚按，卜辭金文，則妹自為妹，牧自為牧，決不可併為一談，混為一地。骨臼刻辭有云：

乙未，婦妹氏，一夕。叓。戩・35・8。

妹氏，為武丁夫人，在卜辭或省稱為妹云：

貞，勿多妹女。前・4・25・5。

其竝妹。前・4・25・6。

貞，妹其至，在二月。續・4・37・4。○戩・35・10。

乙未卜，之四月，妹㞢事。新寫・320。

勿多妹女，猶言勿嘉妹氏之女，「妹㞢事」與「妹其至」，當為婦妹氏省稱。銅器有妹戈觶，應即婦妹氏母國遺物。妹氏，既見卜辭金文，自不得指「妹邦」即「沬鄉」，尤不得指即甲尾所謂「沬王」。至于牧野之牧，見于卜辭者，有：

觶、續存下・61.

戊戌卜，穷貞，牧勹人令冓□曼。前・5・27・1。

庚子卜貞，牧勹芍征于丁曾用。後・下・12・13。

丁亥卜□貞，牧□爯册……𠭰。燕大・589。

□亥，卜，穷貞，衔爯𠭰◯……敄攺奉自……。後・下・12・14。

牧，既可作衔、敄；知亞敄觶必牧氏遺物，是亞牧氏亦不得擬于酒誥之妹邦，惟殷虛南牧野足以當之。

觶、續存下・51.

國語晉語一：「昔夏桀伐有施，有施人以妹喜女焉。妹喜有寵，于是乎與伊尹比而亡夏。」有施，當即康叔受封殷民七族中施氏，則「妹邦」宜在康叔受封之殷虛附近，或即衛國語譌。詩地理考引黃氏曰：「沬水，在衛之北。」此沬殆即「妹邦」故地。

沬王遺物，世無傳者。沬氏地望，疑在渠水流域。水經渠水注：「役水又東與沬水合。山海經云，沬山，沬水所出，北流注于役。今是水出中牟城西南，疑即沬水也。東北流逕中牟縣故城西，又東北注于役水。」

總之：沬水為[illegible]王故地，牧野為亞牧故地，惟婦妹氏所在，今尚不能碻指。以卜辭金文證之：沬自為沬，妹自為妹，牧自為牧，可斷言也。【顯王　附論王子稱王　婦妹氏　亞牧　殷商氏族方國志】

◉黃錫全　[illegible]沬呼妹切並尚書　鄭珍云：「頮字《尚書》止《顧命》一見，薛本作靧，蓋采《禮・內則》《玉藻》所用『沬』之別體，《說文》無之，其古沬作湏，从水从頁。郭氏此體，仍依今《尚書》頮作之。但據《尚書》釋文云《說文》沬古文作頮，是唐本《說文》頮元有收旁，偽孔經正合古字。此體蓋依《說文》，所見猶是未誤唐本，當據以訂今二徐書。」段玉裁據陸氏注文改[illegible]為[illegible]。古文字中顯與沬同字，作[illegible]寧滬2・52)、[illegible]後下12・5)，象以手弄水洗面形，變作[illegible](𩰫伯盤)、[illegible](殷穀盤)、省作[illegible](追簋)、[illegible]楚季盤)、[illegible](陳逆簋)等，假為「眉壽」之「眉」。因此，湏、頮均當是古文「沬」字，段氏不必更改，今本《說文》當增補「[illegible]，古文沬字」。郭採《尚書》頮，仿《說文》以隸作古。【汗簡注釋卷四】

浴

浴 日甲一〇四 二例 通俗 習一 為四〇 浴 為四〇 【睡虎地秦簡文字編】

浴 讀為谷 山川澫—(甲11—18)【長沙子彈庫帛書文字編】

浴 尚浴 浴 尚宮南浴 【漢印文字徵】

◉許 慎 浴洒身也。从水。谷聲。余蜀切。【說文解字卷十一】

◉羅振玉 注水於般而人在其中浴之象也。許書作浴。从水。谷聲。變象形為形聲矣。【增訂殷虛書契考釋卷中】

◉陳邦懷 前編卷一第五十一葉 此字從水。從。當即温字。從昷。作盈。亦見于漢魯峻碑。碑云。内懷温潤。王先生懷祖曰。温字作盈。說文。温。從水。昷聲。昷從皿。從囚。此碑温字右邊作盈。其上半即人字也。有人無口者。隸省耳。見漢隸拾遺。考卜辭温字不從昷。知魯峻碑温字從盈必有所本。非隸省也。羅參事釋卜辭温為浴。謂注水于般而人在其中浴之象也。恐未塙。【殷虛書契考釋小箋】

◉馬叙倫 沈濤曰。一切經音義廿四引。洗身曰浴。倫按字見急就篇。甲文有。羅振玉釋浴。陳邦懷據漢碑温潤字作盈。釋温。浴音喻紐四等。古讀歸定。濯音澄紐。古亦歸定。是轉注字也。【說文解字六書疏證卷二十一】

◉商承祚 說文浴。「洒身也。」此象人立于盤而水霝其間。浴之象也。此乃象形。許以為形聲。非是。其从宀者象人浴于室中之形。【甲骨文字研究下編】

◉許學仁 浴 繒書甲11・29 繒書甲篇第十一行：「民勿用迎迎，百神山川澫浴，不欽□行，民祀不[爿旨]。帝[爿酉]將繇以亂□之行。」浴，新考釋「澫浴」，云：「澫即說文之砅，或作濿。」引楚辭九歎「擢舟杭以橫濿兮」注「濿，渡也」為說。並云：「山川澫浴，是說百神之渡山川也。」

按：「山川澫浴」當讀為「山川萬谷」。浴蓋谷也。老子：「谷神不死。」(六章)河上公本及後漢邊韶老子銘，馬王堆帛書老子(甲102上)俱作「浴神」。又馬王堆漢墓帛書本老子假浴為谷之例，屢見不鮮，如：「為〓天〓下〓浴」(甲148上)，「江海之所以能為百浴王者」(乙203上)，皆其例也。【楚文字考釋 中國文字第七期】

◉白玉峥 ：續編釋蘊一・一四。校編入附録上，定為不識之字五十四頁。集釋云：「疑其義為葬，釋蘊亦可通。」二二三頁。審構形及辭義，釋蘊釋葬，均屬似是而非。其字从人从水从凵；像人以水浴身之形。凵，非坎非阱，乃盛水供人沐浴，為浴桶、浴

澡

盆之類之器之形。疑即今字浴之初文。説文「浴，洒身也。从水谷聲」，此正像人在器中以水「洒身」之形，為浴字之原始初形。至説文「从水谷聲」之説，乃據後起之形聲字為説也。【殷虚第十五次發掘所得甲骨校釋　中國文字新十三期】

◉商承祚　浴，浴德也。《禮記・儒行》「儒有澡身而浴德」，疏：「浴德，謂沐浴於德，以德自清也。」《三國志・魏書・管寧傳》：「澡身浴德，將以曷為？」浴有潔治之意。五浴，殆指五種美德，即《書・洪範》：「一曰貌，二曰言，三曰視，四曰聽，五曰思。貌曰恭，言曰從，視曰明，聽曰聰，思曰睿。恭作肅，從作乂，明作晰，聰作謀，睿作聖。」溥，《説文》：「大也。」【信陽長臺關一號楚墓竹簡第一組文章考釋　戰國楚竹簡匯編】

澡出義雲章　【汗簡】

義雲章　【古文四聲韻】

◉許　慎　洒手也。从水。喿聲。子皓切。【説文解字卷十一】

◉羅振玉　此从⁝⁝象水。从叉象手。叉在水中是澡也。許書所載亦後起之字。卜辭或增从。【增訂殷虚書契考釋卷中】

◉馬叙倫　甲文作。初文。會意。或曰。甲文從水叉聲。華嚴經音義引倉頡。澡。盥也。【説文解字六書疏證卷二十一】

◉黃錫全　澡出義雲章　鄭珍認為《説文》藻或作藻，从澡，俗因變澡為漅。甲骨文有字(鄴3・36・9)，思泊師釋澡(釋林)，是古本有漅字，《説文》失收，鄭説當誤。【汗簡注釋卷三】

洗

張洗　櫕洗　【漢印文字徵】

◉許　慎　洒足也。从水。先聲。穌典切。【説文解字卷十一】

◉羅振玉　説文解字洗。洒足也。从水先聲。此从即足形从⁝⁝即水形置足於水中。是洗也。或增。象盤形。是洒足之盤也。

中有水置足於中。由字形觀之。古者沐盥以皿。洗足以盤。【增訂殷虛書契考釋卷中】

◉馬叙倫　羅振玉曰。卜辭作□□□□□□□□。從止。從水。或增舟象般形。倫按葉玉森釋□為湔。倫謂□□□或為沚字。□可如葉釋。從水。歬聲。然羅説可從。唯盤字作舟。則有柄而止一。洗足之器徒一柄。似不可舉。若謂□舟固有二耳。然有足矣。又未可從也。或□是洗之初文。從止在水中會意。□為從舟□聲。舟是何物。不可遽證也。沐沬浴洗澡盥。雖異事而皆為滌身。沐浴聲同矦類。洗音心紐。浴音喻紐四等。沬音曉紐。同為次清摩擦音。澡音精紐。與洗為同舌尖前音。盥沬同為舌根音。沐沬則一字。然則此諸文或本轉注字。其初文則類□□□□雖不同形。要如或戒兵尖之實一字而亦各為形矣。後人因其異形而分别為訓。今沐字以次諸文説解蓋皆字林文。玄應引。洗身曰浴。蓋字林訓。可證也。【説文解字六書疏證卷二十一】

◉楊樹達　歬字葉玉森釋湔，羅振玉釋洗。羅説之云：「説文，洗，洒足也，从水，先聲。字从止，為足形，从∴，象水形，置足于水中，是洗也。或增舟，象般形，是洒足之般也。中有水，置足于中。由字形觀之，古者沬盥以皿，洗足以般。」余按：止字或釋沚，羅云，字象置足于水中，釋為洗，是也。至加舟形之歬，葉釋為湔，其説非是。羅謂與止為同字，又謂古人洗足以般，則謬説也。余謂歬字从舟，从止聲，乃古禮經洗之本字。儀禮士冠禮云：「設洗。」鄭注云：「洗，承盥洗者，棄水器也。」士昏禮云：「設洗于阼階東南。」鄭注云：「洗，所以承盥洗之器，棄水者。」是其説也。甲文字从舟，象槃形者，洗古又謂之槃。禮記内則云：「進盥，少者奉槃，長者奉水，請沃盥。」鄭注云：「槃，承盥水者。」儀禮士虞禮記云：「淳尸盥，執槃西面，執匜東面，執巾在其北，東面，宗人授巾，南面。」鄭注云：「槃以盛棄水。」國語吴語云：「一個嫡男奉槃匜以隨諸御。」韋注云：「槃，承盥器。」説文槃訓承槃，亦此義也。蓋舉其器則謂之槃，明其用則謂之洗，其實一也。經文作洗者，省形存聲耳。向非甲文、此字終古不可見矣。余去秋三治甲文，即明此字，以語亡友曾君星笠，曾君亟稱其美，未及記也。頃來多暇，因記之云。【釋歬　積微居甲文説】

◉楊樹達　歬方究當為何國乎？以聲類求之，蓋即有莘氏之莘也。孟子萬章上篇曰：「伊尹耕於有莘之野。」説苑尊賢篇曰：「伊尹，故有莘氏之媵臣也。」莘字或作侁。吕氏春秋本味篇曰：「有侁氏女子採桑，得嬰兒於空桑之中，長而賢。……」據此知湯王天下以前有侁氏已主國也。字又作姺……甲文歬从□聲，□為初文，洗其後起之形聲字，洗與莘為雙聲，與侁姺則聲類相同之字也。【釋歬方　積微居甲文説】

◉李孝定　歬字從止在盤中，乃洗足之會意字也。衛若徛乃從行(或從彳)，歬聲，其但作歬者，乃假洗足字為歬進字，非歬進字本

作此形也，下逮小篆，歬字反為借義所專，乃別出从水歬聲之湔字，以為洗足之專字……【讀契識小録　歷史語言研究所集刊第三十五本】

◉温少峰　袁庭棟　卜辭有「□田」之辭，如：

(129) 癸未卜，賓貞：皁□田，不來歸？十二月。（《續》一·二九·一）

(130) 甲戌卜：令皁□田，皁乎（呼）不……（《甲》三四五九）

(131) 貞：弜（勿）令……□田？十一月。（《陳》九一）

□字，王貴民同志釋為「浞」，他說：「上从沚，下从土，則可認為从浞从土會意。浞在古書裏有濡濕潤澤義，此處應為引水灌田。兩辭記時均在冬季，農村常在冬閑田裏灌水以保護地力，並利于春耕，俗稱『臘水田』，大概商代也知道這種辦法。」（《就甲骨文所見試說商代的王室田莊》，載《中國史研究》一九八〇年三期）我們認為，王貴民同志把「□」字與「□」字（即㞷、往）區別開來，並提出「□田」應是農田水利之事，這是很重要的創見。但他釋「□」為「浞」，則尚有可商。此字不是从沚从土，而是从土从洗，□字象以水洒足之形，羅振玉在《殷虛書契考釋》中早已釋「洗」，是正確的。陸宗達先生分析說：「從音讀和字義上來看，洒就是今天所謂用水洗去泥垢的洗」，「洒、灑、汎都訓潑水。」（《說文解字通論》第一一五—一一六頁）洗字通洒，有潑水之意。□字應是「洗」之異文，其義為「潑水于地」，即「洒水」，今之「澆灌」是也。所以，卜辭中之「□田」即是「洗田」、「洒田」，即「負水澆稼」之意。古代的越冬作物只有小麥。(129)與(131)辭所記在冬季的十一月與十二月，應是殷人在冬季對越冬小麥進行澆灌的記錄。【殷墟卜辭研究——科學技術篇】

□ 汲

□ 新汲左尉　□ 汲得　□ 汲慶私印【漢印文字徵】

◉許　慎　□引水於井也。从水。从及。及亦聲。居立切。【說文解字卷十一】

◉高田忠周　□ 吳大澂云汚疑泓省。非。說文。及古文有作□者。與此右旁正合。明此為汲字。「者汲」人名。說文。□引水于井也。从水从及。及亦聲。蓋及逮不盡之意也。易井。可用汲。此為本義。考工匠人。大汲其版。注引也。此為轉義。叚借為彶。禮記問喪。望望然汲汲然。莊子盜跖。狂狂汲汲。漢書楊雄傳。不汲汲于富貴。注。欲速之義。皆是也。【古籀篇四】

◉馬叙倫 鈕樹玉曰。一切經音義十四引及玉篇注並作引水也。沈濤曰。文選江賦注引作引水也。嚴可均曰。小徐直作及聲。倫按從水及聲。及聲者。語原然也。引水於井也蓋字林文。【説文解字六書疏證卷二十一】

淳

淳 日甲三九背 二例 【睡虎地秦簡文字編】

涫于蒲蘇 涫于未彊 左右涫般 涫于安世 涫于嬰 涫于閑 涫十涂印 涫于得 涫于子紺 涫于疵 涫于叔 【漢印文字徵】

夏承碑領 陽識 【石刻篆文編】

竝古老子 同上 王庶子碑 【古文四聲韻】

◉許 慎 淳渌也。从水。臺聲。常倫切。【説文解字卷十一】

◉吴大澂 古淳字。古鉢文。晚周文字之異體也。【説文古籀補卷十一】

◉丁佛言 古鉢。涫宋之鉢。从水。从享省。為互借。古文有此例。古鉢从淳。【説文古籀補補卷十一】

◉馬叙倫 吴穎芳曰。經典無用淳為浚渌義者。案其次第亦與渌不類。考之周禮國語皆用淳為澆沃。渌是沃之誤字。嚴可均曰。渌當為漉。韻會十一十六引作涞也。即漉字。倫按渌為漉之重文。則此字林文也。倫疑渌或录之後起字。录即引水也。淳為汲之轉注字。淳音禪紐。古讀歸定。汲從及得聲。及音羣紐。定羣同為濁破裂音也。录音來紐。古讀歸泥。定泥同為舌尖前音。蓋亦轉注字。玄應一切經音義引三倉。淳。濃也。此醇字義也。字亦見急就篇。古鉨作。【説文解字六書疏證卷二十一】

淋

◉許 慎 淋以水洪也。从水。林聲。一曰淋淋。山下水皃。力尋切。【説文解字卷十一】

◉馬叙倫 嚴可均曰。韻會十二侵引作山下水也。文選七發注引作山下水也。王筠曰。七發注引不重淋字。今本衍。翟云升

曰。一切經音義二引。水沃也。倫按爾雅釋草釋文引字林。淋。以水沃也。則此字林訓。玄應音義引三倉。淋。瀝也。又引。淋漉。水下也。淋為渼之幽侵對轉轉注字。淋聲侵類。渼聲宵類。古讀歸幽也。一曰淋淋山下水皃者。當依鍇本作山水下也。然義止如三倉訓水下。實與以水沃一義。今言淋者。謂以水自上沃之。【説文解字六書疏證卷二十一】

◉朱歧祥　从水林聲，隸作淋；或即林地之水名。《説文》：「以水渼也。」晚期卜辭用為地名。《續3・29・3》癸卯卜，在☐旬亡𡆥。【殷墟甲骨文字通釋稿】

渫　日甲一二二　通世　三一【睡虎地秦簡文字編】

田渫【漢印文字徵】

義雲章【古文四聲韻】

◉許　慎　除去也。从水。枼聲。私列切。【説文解字卷十一】

◉吴大澂　古渫字。石鼓。【説文古籀補卷十一】

◉趙烈文　𣛮。薛作渫。惟陶滋與之同。諸家皆無音義。烈按。作渫是也。易。井。九三。井渫不食注。不停汙之謂也。説文。渫。除去也。渫與洩同。鼓文亦作宣洩義。言湧盈以渫去其滓也。渫右之枼。許書木部从木。世聲。徐鉉曰。當从卅。卅部。三十并也。又十部。廿。二十并也。此後人借作算數字。實皆木之萌蘖象形字也。故从世亦可从廿。而世廿與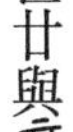篆。篆所从之𢆉。篆所从之𦍌同類。漢人尚知之。故部首連及也。【石鼓文纂釋】

◉馬叙倫　此今言排洩字。文選琴賦李善注引。洩。除去也。蓋以賦文作洩耳。然五臣本實作渫。除去也非本訓。或此字出字林也。石鼓文作。從廿者。廿卅皆得聲於十也。【説文解字六書疏證卷二十一】

◉睡虎地秦墓竹簡整理小組　渫，讀為世，金文常用枼為世。【睡虎地秦墓竹簡】

◉許　慎　濯衣垢也。从水。榦聲。胡玩切。榦或从完。【説文解字卷十一】

◉馬叙倫　桂馥曰。三倉。澣。洗也。倫按濯衣垢也非本訓。澣從倝得聲。倝音見紐。浴從谷得聲。谷音亦在見紐。轉注字也。

嚴章福曰。小徐作今澣從完。按注下云。今文省。則此亦今文也。倫按澣得聲於倝。倝完聲同元類。故澣得轉注為浣。玄應一切經音義引三倉解詁。浣。洗也。則傳寫者以字林易之也。【説文解字六書疏證卷二十一】

濯

 濯　右濯戈【金文編】

 賈濯　 濯容君印【漢印文字徵】

◉許　慎　濯澣也。从水。翟聲。直角切。【説文解字卷十一】

◉吴大澂　戈文曰。右濯戈。濯。所以刺船也。短曰楫。長曰濯。是戈當係水師所用。今俗作櫂。又作棹。【説文古籀補卷十一】

◉羅振玉　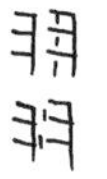　説文解字。濯。澣也。从水。翟聲。此从⋮象水。羽象帚。所用以澣者。置羽水中是濯也。許書作濯。亦後起字。【增訂殷虚書契考釋卷中】

◉高田忠周　濯　右濯戈〈3080〉「右濯戈」　吴「大澂」説或是。但朱氏駿聲云。楫濯字為棹叚借。亦通。説文濯澣也。从水翟聲。詩泂酌。可以濯罍。傳滌也。周語王乃淯濯饗醴。注洗也。叚借為燿。詩文王有聲。王公伊濯。傳訓大。韓詩訓美。並昭明轉義也。【古籀篇四】

◉馬叙倫　沈濤曰。一切經音義廿五引。濯。滌也。蓋古本一曰以下之奪文。倫按濯澡聲同宵類轉注字。字見急就篇。古濯戈作。【説文解字六書疏證卷二十一】

涑

 涑忠【漢印文字徵】

◉許　慎　涑澣也。从水。束聲。河東有涑水。速矦切。【説文解字卷十一】

◉馬叙倫　鈕樹玉曰。繫傳及韻會引河東上有一曰二字。倫按沐浴涑聲同矦類轉注字。洗涑渫音同心紐轉注字。涑澡同舌尖前音轉注字。河東有涑水字林文。左成十三年傳釋文引字林。涑音速。則此字出字林也。【説文解字六書疏證卷二十一】

潎

◉許　慎　潎於水中擊絮也。从水。敝聲。匹蔽切。【說文解字卷十一】

◉馬叙倫　沈濤曰。御覽八百廿六引無於字。韻會亦無於字。倫按玉篇。潎。漂潎也。疑許本作漂也。以聲訓。或如段玉裁說擊當作擎。然倫謂或本作擎也。亦以聲訓。於水中擊絮乃校語。或此字出字林。【說文解字六書疏證卷二十一】

𡏖

◉許　慎　𡏖涂也。从水。从土。尨聲。讀若隴。又亡江切。【說文解字卷十一】

◉馬叙倫　吴穎芳曰。此切字林所加。鈕樹玉曰。玉篇無此字。按土部有𡏖。訓涂。從土。浝聲。徐鉉謂水部已有。此重出。樹玉謂水部者疑後人增。土部當有。蓋說文有浝。不應作從土尨聲也。王筠曰。𡏖字又見土部。然無讀若隴。大徐浸以小部在前。謂土部重出。非也。土部說曰。從土。浝聲。水部則曰。從水。從土。尨聲。即足徵其為改竄矣。玉篇止收於土部。亦為明證。且引說文多貢切。不引讀若隴。則其為後增可知。且凡讀若某。其為後增必多。不可盡求其故也。倫按此篆及說解皆後人增。讀若隴者。劉秀生曰。尨聲龍聲竝在東部。故𡏖從尨聲得讀若隴。周禮春官巾車。駹車。注。故書駹作龍。是其證。倫謂尨從彡得聲。彡毛一字。毛音明紐。龍音來紐。古讀歸泥。明泥同為邊音。故𡏖得讀若隴。【說文解字六書疏證卷二十一】

灑

灑【漢印文字徵】

◉許　慎　灑汛也。从水。麗聲。山豉切。【說文解字卷十一】

汛

◉許　慎　汛灑也。从水。卂聲。息晉切。【說文解字卷十一】

◉馬叙倫　灑音審紐。汛音心紐。同為次清摩擦次清音。轉注字也。【說文解字六書疏證卷二十一】

染

染 染 竝籀韻【古文四聲韻】

◉許　慎　染以繒染為色。从水。杂聲。而琰切。【說文解字卷十一】

◉林義光　杂字無考。染从木在水中。木所以染。即梔茜之屬。从九轉注。繒布置染中皆揉曲之。九揉。曲也。【文源卷六】

◉馬叙倫 鈕樹玉曰。杂疑為朵之譌。桂馥曰。漢銅印文作〼。從朵。王筠曰。朱筠本色上空一格。或是采字。沈乾一曰。染讀若荏。倫按從水朵聲也。朵從乃得聲。乃音泥紐。染音日紐。古讀歸泥也。繒染為色。明是校語。或字林文。本訓捝矣。字見急就篇顏師古本。皇象本作擾。【說文解字六書疏證卷二十一】

〼 〼

〼 秦1197 泰右東十 〼 5·326 泰沈 〼 2·4 令嗣樂乍太室埍 〼 雲水2·10 太亯 【古陶文字徵】

〼 泰倉 〼 泰廸寢上 〼 泰山太守章 〼 馮泰 【漢印文字徵】

〼 泰室石闕額陽識 〼 孔宙碑額 〼 楊震碑額 【石刻篆文編】

〼 道德經 〼 汗簡 〼 古老子 〼 說文 〼 華嶽碑 〼 古老子 〼 雲臺碑 〼 汗簡 〼 王惟恭黄庭經

〼 崔希裕纂古 【古文四聲韻】

◉許　慎 〼滑也。从廾。从水。大聲。他蓋切。〼古文泰。【說文解字卷十一】

◉吳大澂 〼 古埍文。命嗣樂作太室埍。太字如此。晚周變體也。古文通作大。大下重文。【說文古籀補卷十一】

◉劉心源 太或釋疾。非。案說文泰古文作〼。从大从二。古文凡重出字連書者下一字往往省作二。謂二即上一字也。古文泰蓋本是夳二大字為之。大而又大故曰太。今寫太字大下加一點。即〼省也。叔弓鎛毋〼毋己。从夳大。不省。王薛不能識而釋為央。非也。古老子太作〼。此銘作〼。正如夳㞕孖孠姉妄。有省有不省。考古者何可鹵莽。【奇觚室吉金文述卷二】

◉林義光 泰。脱也。泰脱古同音。即洮汰之汰本字。凡洮汰者。以物置水中。因其滑而脱去之。〼 〼手捧水形。【文源卷六】

◉林義光 〼太 說文云。〼古文泰如此。段氏玉裁云。當作〼。从夳。取滑之意也。說文泰滑也。从大聲。按古作〼太室埍。从夳省。【文源卷十】

◉馬叙倫 古文經傳中泰字作〼。從大在夳上。則泰當從大在夳上。從〼〼扶之。猶可得滑義也。今篆從収大在水上。不

必為滑義也。若謂從収水大聲。尤非。此蓋後起字。出字林。餘詳太下。

段玉裁曰。篆當作[?]。從亣。取滑之義也。倫按鍇本作古文泰如此。今經傳多作大。明此從亣大聲。為滑澀之滑本字。當入亣部。【說文解字六書疏證卷二十一】

◉嚴一萍　說文泰之古文作[?]。周明公敨作[?](又名令彝)形與[?]近，古籀三補強氏釋太。金文編於[?]僕父己簋疑大字。甲骨文有[?]。商器圖象文字中有[?]形者，當為[?]若[?]之初文。亦象人正面立形，即太字。說文泰訓滑。段氏曰：「此以疊韻為訓，字从[?]水，水在手中下滑甚利也。」證之初文，手滑當非初誼。王筠曰：「左傳汰輈，唐石經作汏，借汏為泰也。」廣韻：『太，過也。』宣四年傳曰『伯棼射王汰輈』，杜注：『汰過也。箭過車轅上。』昭二十七年傳曰『齊子淵捷射洩聲子，中楯瓦，繇朐汰輈』，注云：『汰，矢激，字與達通。』廣韻：『達，足滑。』」吳夌雲曰：「案古止一夳字耳。夳上象人，下象水，人之兩足，箸泥水上，不能自主，此滑之誼也。」(小學說)案以「足滑」訓[?]，最合本意。蓋[?]字象人陷泥水之地，高及股膝，以水形之左傾右斜，示足下之滑，使人不能自主也。朱駿聲曰：「字林：達，滑也。字亦作澾，今作太，亦作汰。疑泰太汏汰四形實同字。」案达亦同字也。

甲骨卜辭中太字凡三見。一為武丁時，辭曰：

貞：命[?]象臣，若。

貞：生月象至。

不其至。　屯乙六八一九

[?]為國族地名，象則人名。一為文武丁時卜辭：

丙申卜，王貞：余□[?](从)[?]。　佚九五四

另一為京都大學人文科學研究所藏甲骨文字第三〇九九片，貝塚氏列為王族卜辭，蓋亦文武丁時代卜辭，全版為貞旬記雨事。余嘗攷定為文武丁五六兩年事(見拙著，甲骨文斷代研究新例)有[?]字者為殘辭云：

癸□(卜)王(貞：旬)九☒[?]☒六月。

羌十

此[?]皆人名。甲骨別有[?]字，每稱子[?]，屢見不鮮，亦象人在水中。與[?]之取象相同，當為一字。蓋殷商時代之古今字，猶[?]與[?]之異形也。後人加[?]作[?]，象以兩手扶持之尤見滑義。段氏曰：「汏即泰之隸省隸變，而與淅米之汏同形，作汰者誤字。」倘據甲骨為說，則泰為汏之增繁，非省變。而訓淅米之汏，決非同形二字，乃汏之借字也。此點段氏失之。

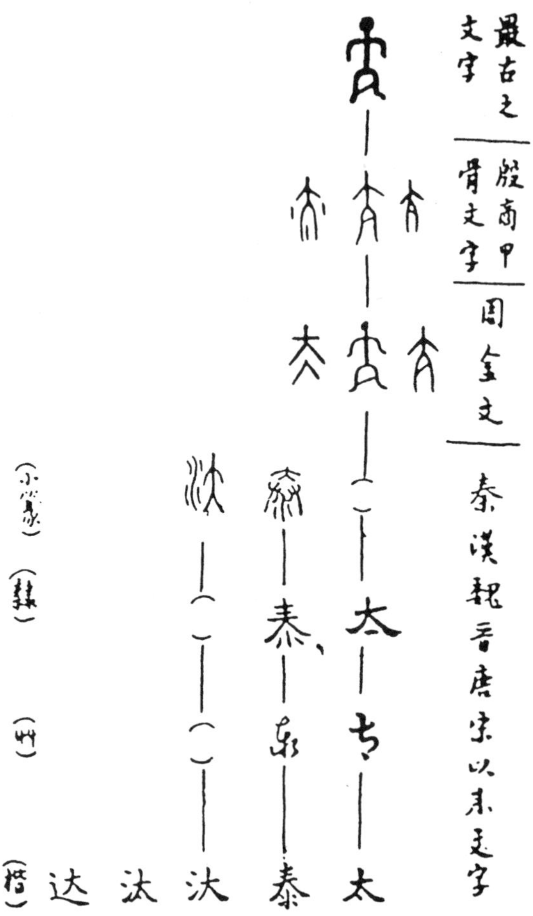

周明公敵(令彝)□字兩見。一曰「錫□師鬯金小牛。」即「太師」官名。一曰：「令女二人□眔矢。」則為人名。兩周金文大系隸作「亢」，無説。案作亢非。至晚周則變體作□，説文古籀補録古埴文：「命翻樂作太室埴。」太字如此。段氏謂古文□「當作□，从仌取滑之意。」可謂肊説。馬氏疏證反據之以為當入仌部，謬矣。

小篆泰作□，加兩手，隸變作夫，失其原意。與太形分化為二。隸作汏形則為借義淅米所專。又譌作汰，朱駿聲「疑泰太汏汰四形實同字。」(通訓定聲)其實訓「足滑」之达亦同字。考其源皆出於太。太則象人正面而立，淊足泥水之中，具有滑義。故大宰亦作太宰，大子亦作太子，周大王亦作周太王。又如太廟作大廟，太牢作大牢，泰山作太山。北魏元丕碑載魏君之母作泰夫人，並以泰為太。衡方碑太作夳。段氏謂：「太即説文夳字，夳即泰，則又用泰為太，輾轉貤繆，莫能諟正。」不知造字之原，本於一體，殷世已歧為□□二形，至小篆加廾作□，後世隸變遂有太泰汏汰諸形，又加止而成达。唐宋以來，行楷所見，形各有定已無變異。【釋太　中國文字第四期】

◉伍仕謙　□字，當釋為太。《孫叔師父壺》「立宰孫叔」即太宰孫叔。與此相同。太師小子聯文，金文屢見。如《太師小子師望鼎》、《太師小子師望作旅簋》郭沫若解釋為太師、小子、師望，一人兼三職。不確。按甲骨文中，大與子相對而言。大像人正立

之形，應為大人。子，甲文作早、□。甲文毓（即育）作□（前二・二五・三）□（甲二九〇五）□（前二・二四・七）□（乙七八四五）象婦女生子之形。還有乳字作□（乙八八九六），抱作□（續六・二四・一六），孕作□（佚五八四）。子均作早，即幼子之意。本來早的原義就是小子，與大人之大，相對而言。而大、夫、太等字在甲文中本為一字。例

……用于□甲（太甲）　（龜二九）

……午卜貞尊自上甲□（大）示□隹牛小示叀……（前五・二・四）

甲文大、夫等字互用之例屢見不鮮。到了西周夫字成為一個大人的代號？

《盂鼎》「人鬲千又五十夫」。

《昌鼎》「我既賣女五夫」。

《散盤》「凡十有五夫」。

《白克尊》「白太師錫白克僕三十夫」。

以後夫的意義繼續發展，稱為丈夫，大丈夫。《説文》丈，十尺也。所謂丈夫，應即身長十尺之成年人。段注「周制八寸為尺，十尺為丈，人長八尺，故曰丈夫」。是也。《左傳僖公十五年傳》「一夫不可狃，況國乎」。《宣公十二年傳》「成師以出，聞敵强而退，非夫也。命為軍帥，而卒以非夫，唯羣子能，我弗為也」。孟子「公孫衍張儀豈不為大丈夫哉」。這都可以證明夫就是大人。至於子，本來就是小子，西周銅器，在子上加一小字，變成了小子。就金文銘辭研究，小子有兩種解釋。一是自謙之辭。如《㝬鐘》「保余小子」。《㝬簋》「隹小子余」。《秦公簋》「余雖小子」。《晉公蒕》「余锥今小子」。這都是自稱小子，表示謙遜。另一種涵義，應為未成年的青少年的稱謂。如：《不𡢁簋》「女小子」。《三年衛盉》「衛小子□逆諸其鄉」。《五祀衛鼎》「衛小子其饗朕」。《九年衛鼎》「顏小子具叀夆；衛小子□逆諸其朕」。《叔趯父卣》「叔趯父曰：余考不克御事，唯女倏其敬辥（乂）乃身，毋尚為小子」。到了東周。夫子和小子對稱。弟子稱老師為夫子，《論語》、《孟子》所載孔孟之門弟子俱稱孔孟為夫子。而孔子稱門人則稱小子。如「吾黨之小子狂簡」、「小子鳴鼓而攻之」、「小子何莫學夫詩」可證。這裏的「白太師小子白公父」，白是伯，是尊稱，太師是官名。《詩・小雅》「尹氏太師，維周之氐，秉國之鈞」。《毛傳》「太師，周之三公也」。白公父是人名。白公父器近年在扶風黄堆公社雲塘大隊出土甚多，如白公父壺、白公父𣪕、白公父勺等（見《文物》一九七八年十一期）。白太師小子白公父與「太師小子師望」句例相同，即伯太師的兒子白公父。【白公父簠銘文考釋　古文字研究論文集】

◉劉漢生　閻鴻　我們認為：「泰」字，从大，从廾，从水，大亦聲。它的篆文的本義與婦女分娩有關，意謂「生子滑利」。

附圖(3)甲骨文和古陶文「泰」，从二大，象一人胯下有一人，表分娩之意。也有將下二「大」省去上肢，演變為「人」的現象，或从二，作省寫古文字形的重文符號。見《古老子》：「去驕去泰」的「泰」，和《太室墳》的「太」，《說文·水部》之「泰」篆下所收古文(附圖(2))。段注云：「當作夳(附圖(4))，从篆文冰，取滑之意也。」商承祚《說文中之古文考》同此說。

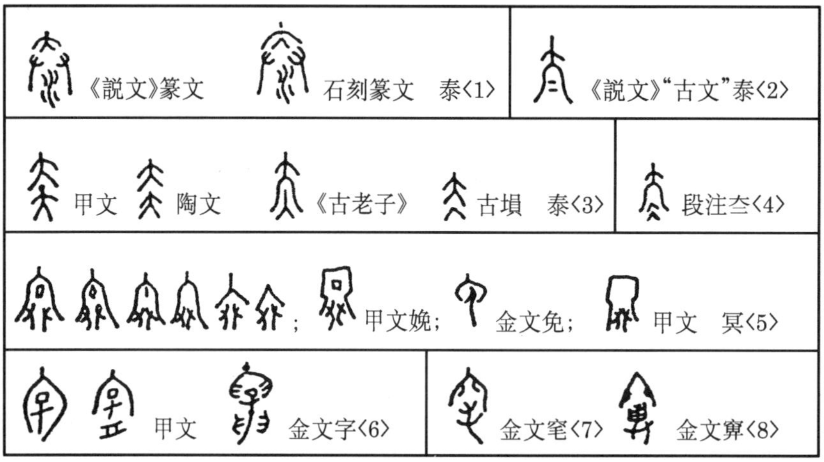

附圖(1)篆文「泰」。上从「大」，「大」代表「人」，《說文》：「大，天大地大人亦大，故『大』象人形，古文大也。」劉賾云：「大，象人形者，以人性最貴與天地齊(《淮南·地形訓》：天一地二人三)。故即象其正面而立兩臂與脛伸張之形，以見恢偉尊大之意焉。」在

構成「泰」篆文的部件結構中，「大」很顯然象婦女的上臂與下肢伸張之形。

「大」下部件，則象助産者雙手竦起接生之形。

下从「水」，疑為羊水「下溜甚利也」。羊水即人包裹胎兒的膜中的液體，它能使胎兒不受外界的震蕩，並能減少胎兒在子宫内活動時對孕婦的刺激，分娩時，羊膜破裂，羊水流出。許慎把類似水流之物皆歸水部，如漠是北方流沙，涕是眼淚，洟是鼻液，汗是體液。「泰」下从水，為羊水，歸入水部也是合于情理的。當然釋「水」為洗淨産兒之水，亦無不可。「泰」篆文的分娩義，由字形看顯而易見。

再看與分娩有關的幾個字。

附圖(5)甲骨文，是産子分娩的「娩」初文。上部从人，代表母體下肢，當為「大」省。方形的「丁」代表順産小兒的頭頂，下面兩手表助産接生之意。中間的頭頂方形，有作小孔形或短畫直線形的，它們代表臨産以前的狀態，是另一個代表女陰的「陰」字。象形的「娩」字，也可以簡化从人下有兩手的。郭沫若先生把它們釋作「冥」的初文，同音通假作生育的「娩」。

附圖(6)：甲文「字」金文「字」。字，《説文・子部》訛「从子在宀下。」

甲骨文「字」上部顯然是人體下肢的「人」(腿)，和《説文》提供的「字，乳也」的本義相合，它是母體産子的象形表意字。我們還可以从上釋的甲骨文「娩」初文上部从「人」找到旁證。金文「字」的上部顯然代表母體，足趾形狀很明顯，下面接生的雙手與甲骨文「娩」相似。

「字」有「生」義。附圖的甲文異體上从「人」，下娩子承以盆(盤與凡為一字)，表臨盆之意，舊不識，也是「字」字。俗謂母親産子為「坐褥」、「臨盆」。

金文有附圖(7)，學者釋為「竅」，皆與人體的竅穴有關，《金文編》置于穴部。金文「竅」从穴从毛，早期金文家認為是「竈」的省文，毳、竅音近，當為「竅」的會意兼形聲字，表人體主要竅穴多有保護性的體毛。附圖(8)金文「鼻」从穴，畀聲，「穴」代表鼻孔，是人體的竅穴。古人認為「陽竅七，陰竅二。」「七者在頭露見故為陽，二者在下不見故為陰。」我們以為：上述二金文當與人體竅穴有關。

「泰」與「字」、「冥」、「娩」等字形體上有類似之處，其有「分娩」義當無可疑。

從字義上看，「泰」有「利」義，《説文・水部》：「泰，滑也。」同部「滑，利也。」根據遞訓的原則，「泰，利也。」這個「利」既有「滑利」之義，又有「吉利」之義。

《周易》「泰」為卦名，其象為☷☰，乾下坤上，乾為天為陽為男，坤為地為陰為女。「象曰：天地交泰。」「坤氣上升以成天道，乾氣下降以成地道，天地二氣，若時不交，則為閉塞，今既相交，乃通泰」。在古人看來，陰陽相交，萬物（包括作為萬物靈長的人類）則生，則通泰，陰陽不交，則閉塞，對于草木蟲魚鳥獸畜，就有滅絶種類的危險；對于人類，就不能傳宗接代，當然就是「否」和「凶」，就是不吉利的事了。我們从《周易》的一些爻辭中也可以看到，在那個時代，婦女生育不生育，是令人十分關心的事情。婦女不育，不是一件小事情，不僅要受到社會的歧視，而且還會被丈夫作為「休妻」的理由之一。《漸·九三》爻辭：「鴻漸于陸，夫征不復，婦孕不育，凶。」《漸·九五》爻辭：「婦三歲不孕，終莫之勝，吉。」「女子貞不字，十年乃字。」（《屯·六二》爻辭）「得妾，以其子，無咎。」（《鼎·初六》爻辭）以後代民俗證之，則更能説明這一點。《阿Q正傳》中，主人公的「不孝有三，無後為大」之語，當是先民這種意識在封建時代的積澱。「泰」既然是陰陽交合，則孕育着滋生後代，當然是大吉大利之事了。

再從字音上看，「泰」，《説文》大徐據唐代孫愐《唐韻》加反切云：「他蓋切，本音他達切。」《廣韻》：「泰，大也，通也，古作太，他蓋切。」劉賾先生在釋「大」這一初文時説：「羊部『羍』（小羊也，讀若達）；辵部『達』、『达』；水部『泰』古文（附圖(2)）、『汏』；木部『杕』；金部『鈦』；户部『戾』；車部『軑』，並从大聲得義。」（按：「大」《説文》大徐本「他達、徒蓋」二切）可知「羍」、「達」、「达」、「泰」和它的古文（附圖(2)）皆音同義通。劉先生還進一步指出：「泰與達音義通……與行不相遇同義，亦訓大，訓通，訓甚，字或作太，即古文『泰』也」。段玉裁也認為「泰」與辵部「達」字義近（見上引）。

證之以古文獻，「泰」有分娩義則更為顯豁，《詩·大雅·生民》「誕彌厥月，先生如達」，毛傳云：「達，生也。」鄭箋：「達，羊子也……生如達之生，言易也。」

羍，《説文》：小羊也。从羊，大聲，讀若達，羍，羍或省。《廣韻》：他達切，入曷透。

幸，《廣韻》亦音「他達切。」入曷透，同羍。《廣韻·曷部》：「幸同羍，小羊也。」《正字通·羊部》：「幸，俗羍字。」幸的另一義是「生」，《玉篇·羊部》：「幸，生也」。

羍之俗字作幸，當是篆文構字部件「大」與「土」形似而訛，或是由篆至隸至楷，筆勢不同所致。

幸，生也；達，生也，那麼與幸、達二字音同義近的「泰」必有「生」義無疑。前賢時修釋為「洗滌」、「淘汰」，筆者以為不如釋為「分娩滑利，吉利如意」為妥。

「泰」的本義既然是分娩，則有「脱」義，林義光：「泰，脱也。」「泰」、「脱」雙聲。羊膜破裂，羊水流出，胎兒脱離母體，降臨人世，滑的東西易脱、易離，故可引申為「利」義，如前所述。既有通暢流利之義，也有順利、吉利之義。《廣雅·釋詁》：「泰，通

也。」亦可引申為康寧、安適、安定。《潛夫論·慎微》「政教積德，必致安泰之福；舉錯數失，必致危亡之禍。」順利生子添丁當然是喜事，故有「佳」、「好」之義。《孔雀東南飛》：「否泰如天地。」《聊齋志異·邢子儀》：「泰運已交，百金何足言？」成語有「否極泰來」。滑則寬裕自如，故引申為縱泰，如《論語》：「泰而不驕是也。」《字匯·水部》：「泰，寬也。」又引申為「泰侈」。《玉篇·水部》：「泰，侈也。」《管子·重令》：「國雖富，不侈泰，不縱欲。」又引申為驕縱、傲慢，《玉篇·水部》：「泰，驕也。」

寬有大義，大與美好、寬裕義通。且「泰」篆从「大」，《說文·大部》之字，多有大義，亦多與人體尤其是下肢有關。「泰」之本義為分娩。生老病死是人生之大事，從這個意義上說，「泰」有大義，亦可講通。段玉裁以為：凡言大而以為形容未盡則作太，如大宰俗作太宰；大子俗作太子；周大王俗作周太王是也。《書·泰誓上》唐孔穎達疏：「顧氏以為，泰者大之極也，猶如天子諸侯之子曰太子；天子之卿曰太宰；此會中之大，故稱『泰誓』也。」《漢書·禮樂志·郊祀歌》：「揚金光，橫泰河。」顏師古注：「泰河，大河也。」泰山，古人認為是五岳中之最尊大者，歷代皇帝多在此舉行封禪大典，故又名岱宗。又證之方言，今河南上蔡，正陽一帶呼父親曰大。父親之祖父曰太，是太為大中之大。

我們認為「分娩滑利」為「泰」篆文之本義，于字形、字義、字音皆可通，證之于古文獻，方言俗語，亦無不妥之處，且于遠近引申義皆可勾聯為一體，相反，若釋「泰」為「洗滌」、「淘汰」則與其諸多引申義不相吻合。【釋「泰」　武漢大學學報一九九五年第五期】

◉朱歧祥　[甲骨文]从人，跨下一横，其義未詳，或即泰之本字。今俗作太。《說文》古文泰作[古文]。字用為第四、五期卜辭中殷王部屬名。

《乙3334》☐令[甲骨文]往于畫。【殷墟甲骨文字通釋稿】

⿰氵閻 [seal]

◉許　慎　[seal]海岱之間謂相汙曰⿰氵閻。从水。閻聲。余廉切。【說文解字卷十一】

◉馬叙倫　方言。⿰氵閻。汙也。東齊海岱之閒或曰浼。或曰⿰氵閻。廣雅。⿰氵閻。汙也。則此⿰扌兑本訓。朱駿聲謂此淊之別體。字蓋出字林也。【說文解字六書疏證卷二十一】

◉高田忠周　朱駿聲云。「此字實即淊之別體。方言『氾浼⿰氵閻洼洿也。』按說文。『洿。濁水不流也。』『汙。薉也。一曰小池曰汙。』淊。泥水淊淊也，是洿汙聲固通。義亦引伸。即知⿰氵閻淊同字矣。」此說極佳。說文⿰氵閻諂同字。又說文閻。爾雅作菡。此亦淊⿰氵閻同字之證。【古籀篇四】

瀳

◉許　慎　瀳汗灑也。一曰水中人。从水。贊聲。則旰切。【說文解字卷十一】

◉馬叙倫　鈕樹玉曰。韻會人下有也字。一切經音義十四及十五引同。三引作相汙灑也。玉篇同。蓋本說文。沈濤曰。一切經音義十五及十七引作水汙灑也。七引作水汙灑曰瀳。十四及十六及廿引同。王筠曰。一曰水中人也。此校異文。丁福保曰。慧琳音義五十一引作水濺人也。倫按玄應音義引三倉。瀳。汙灑也。江南言瀳。山東言湔。則汙灑也蓋字林文。玄應引作相汙灑也。又作水汙灑也。蓋本作水相汙灑也。一曰水中人也者。亦校語。謂此即今之濺字。今杭縣謂濺音正如瀳。【說文解字六書疏證卷二十一】

⿰氵愁

◉許　慎　⿰氵愁腹中有水气也。从水。从愁。愁亦聲。士尤切。【說文解字卷十一】

◉馬叙倫　翟云升曰。繫傳作從水愁聲。是。倫按腹中水气也非本義。蓋呂忱或校者以當時方言加之。以音求之。⿰氵愁蓋瀳之轉注字。⿰氵愁從愁得聲。愁從秋得聲。秋音清紐。瀳音精紐。同為舌尖前破裂摩擦音也。【說文解字六書疏證卷二十一】

湩

0287 0054【古璽文編】

◉許　慎　湩乳汁也。从水。重聲。多貢切。【說文解字卷十一】

◉吳大澂　古鈢文。。杫湩。地名。疑即古梓潼字。杫梓音相近。从童从重古文通用也。【說文古籀補卷十一】

◉丁佛言　古鈢。枝湩都東鈢。陳簠齋曰。湩即潼。說文。潼水出廣漢梓潼北界。南入墊江。枝湩即梓潼。吳愙齋曰。从童从重古文通用。案說文[illegible]古文作[illegible]。此枝或即[illegible]之省文。【說文古籀補補卷十一】

◉馬叙倫　此正今所謂乳汁之本字也。乳聲矦類。湩聲東類。東矦對轉。故今借乳為湩。乳汁也蓋字林文。史記匈奴傳索隱引字林。湩音竹用反。【說文解字六書疏證卷二十一】

洟

◉許　慎　洟鼻液也。从水。夷聲。他計切。【說文解字卷十一】

◉周法高　沪　說文所無，疑即洟字。者沪鐘。〈0058〉「者沪」(A・B)【金文詁林卷十一】

潸 汗 泣 涕

潸　从雨从林。説文。涕流皃。从水。散省聲。蚉壺　霖〓流涕。詩大東。潸焉出涕。【金文編】

◉許　慎　潸涕流皃。从水。散省聲。詩曰。潸焉出涕。所姦切。【説文解字卷十一】

◉馬叙倫　鈕樹玉曰。篆當作潸。韻會引焉作然。倫按涕流皃蓋依詩為説。玄應一切經音義引字林。潸。涕淚下貌也。則此字蓋出字林。以音求之。潸蓋⿰氵⿱林心之轉注字。⿰氵⿱林心音牀紐二等。潸音審紐二等。同為舌尖後音也。【説文解字六書疏證卷二十一】

驃湧汗　衛汗　【漢印文字徵】

◉許　慎　汗人液也。从水。干聲。矦旰切。【説文解字卷十一】

◉强運開　汗　薛尚功釋作汗。趙古則音汗。鄭漁仲作澣。郭云籀文洋字。楊升庵亦釋作洋。均不塙。運開按。正字通云。石鼓文汪〓⿺走專〓。釋作瀚。古借汗字。似為近之。【石鼓釋文】

1417【古璽文編】

古孝經　古老子　【古文四聲韻】

◉許　慎　泣無聲出涕曰泣。从水。立聲。去急切。【説文解字卷十一】

◉馬叙倫　沈濤曰。藝文類聚卅五引御覽四百八十八引作無聲出涕也。蓋古本如是。今本曰泣云云。非許書之例。詩雨無正正義引涕作淚。乃傳寫之誤。鈕樹玉曰。韻會曰作者。倫按本書無淚。泣即淚也。今説解捝本訓。存者字林文耳。泫當訓目液也。眔之轉注字。泣從立得聲。立為位之初文。位眔聲同脂類也。【説文解字六書疏證卷二十一】

涕　从雨。从米。从弟。蚉壺　霖〓流涕。【金文編】

涕【汗簡】

涑　讞

涕 朱育集字【古文四聲韻】

◉許　慎　涕泣也。从水。弟聲。他禮切。【說文解字卷十一】

◉馬叙倫　沈濤曰。御覽三百八十八引。涕。鼻液也。鼻乃目字之譌。蓋洟為鼻液。汗為身液。涕為目液。古本詮解甚明。今本乃二徐妄改。段玉裁曰。泣也二字當作目液也三字。毛傳云。自目出曰涕。篇韻皆云目汁。倫按目汁即泣字義。然涕泣聲同脂類。蓋語原同。故字得相通假。又疑古謂鼻眼所出液皆曰涕。或曰泣。後乃分別之。以鵜鶘證之。則洟涕一字也。涕為四之聲同脂類轉注字。玄應一切經音義引字林。涕。泣也。無聲而淚曰泣。此字蓋出字林。【說文解字六書疏證卷二十一】

◉黄錫全　好蚉壺涕作[seal]，下部涕形作粥，與涇字作[seal](詛楚文)，又作[seal](三體石經)，會字作[seal](𫐓亥鼎)，[seal](會娟鼎)，又作[seal](屬羌鐘)類同。沈子它毁弟作[seal]，殳季良父壺作[seal]，三體石經作[seal]，《說文》古文作[seal]，此弟形同。【汗簡注釋卷五】

◉許　慎　涑瀾也。从水。柬聲。郎甸切。【說文解字卷十一】

◉馬叙倫　王筠曰。此字當與汏淅相次。倫按涑從柬得聲。柬簡音同見紐。則涑瀾為轉注字。涑瀝音同來紐。亦轉注字。【說文解字六書疏證卷二十一】

讞　讞　法一九〇　六例　通獻　—公　法一九〇【睡虎地秦簡文字編】

◉許　慎　讞議辠也。从水獻。與法同意。魚列切。【說文解字卷十一】

◉馬叙倫　鈕樹玉曰。韻會獻下有聲字。辠作罪。翟云升曰。鍇本作獻聲。是。倫按此字本義亡矣。議辠也者。今字作讞。本書無讞。而𣡌之重文作櫱。從木。辥聲。十四篇。辥。辠也。今言定讞即定辠也。是辥是議辠之本字。而議辠非本義本訓也。此字蓋出字林。與法同意者。又一本捝聲字後校者加之。校鍇本者又誤加也。【說文解字六書疏證卷二十一】

◉睡虎地秦墓竹簡整理小組　讞(音硯)，《說文》：「議罪也。」古書也寫作讞或獻。【睡虎地秦墓竹簡】

◉戴家祥　[seal]曾侯乙鐘　新鐘之滓讞羿　此字以釋讞較妥。說文十一篇「讞，議罪也」。从水獻，與法同意。玉篇二八五訓「議也」，與讞同。說文十篇「灋，刑也。平之如水，從水廌，所以觸不直者去之，从去」。讞字從水，是體現議罪量刑，在統一水平的原則

上，力求公正的裁決。廣雅釋詁三「蘖，罪也」。説文六篇「櫱，伐木餘也」。或體作櫱，从木辥聲。罪蘖之大者，可受到砍頭的處分。親屬受到株連，淪為罪犯奴隸，奴産子的地位也就低人一等。公羊傳襄公廿七年「執鈇鑕从君東西南北，則是臣僕庶孽之事也」，何休注：「庶孽，衆賤子，猶樹之孽生。」這是由于人們看見被砍伐後的樹椿個個裸露着像砍掉頭的罪犯一樣，因而聯想再生小枝的低矮形態，仿佛就是奴産子的化身。這在文字學上即所謂引伸義。曾侯乙鐘「瀟羿」「瀟宮」「瀟商」等，即表示此「羿」、「宮」、「商」低八度的音。作為樂律的音名用。【金文大字典中】

□ 渝

□ 布方　晉洪　按此字所从之□為□(俞)之省體　□ 布方　晉高　□ 布方　晉芮　□ 仝上　反書　□ 布方　晉洪　□ 布方　晉高　□ 仝上　□ 仝上　晉祁　□ 布方　晉高　□ 布方　晉高　□ 仝上　晉浮　□ 布方　亞四・三七　□ 仝上　□ 仝上　【古幣文編】

□ 2136　貨幣文俞作□，與此所从偏旁形近，是知此為渝字。【古璽文編】

□ 渝沐可印　【漢印文字徵】

◉許　慎　□變汙也。从水。俞聲。一曰渝水。在遼西臨俞。東出塞。羊朱切。【説文解字卷十一】

◉馬叙倫　鈕樹玉曰。臨俞韻會作臨渝。王筠曰。渝變汙也者。乃變字逗。玉篇渝變也汙也。倫按爾雅。渝。變也。蓋渝之引申義。渝為汙之轉注字。汙從于得聲。于音喻紐三等。渝音喻紐四等。古讀並歸於定也。一曰九字呂忱或校者據漢書地理志加之。或此字出字林也。【説文解字六書疏證卷二十一】

◉張　頷　關于朔縣秦漢墓出土銅印的第二個「□」字，《簡報》釋為「海」字也是錯誤的。此字在戰國貨幣文字中常見；其字有「□」、「□」、「□」、「□」諸形。過去譜録家皆釋作「涿」或「洮」字，但大部分人偏向于「涿」字，近年出版的《先秦貨幣文編》中隸定並列作「涿」字條。但此字實非「涿」字而是「渝」字。拙著《古幣文編》中把此字和貨幣文字中的「□」、「□」、「□」、「□」、「□」、「□」、「□」諸字形及其演變關係作了比較，从而認定此字確為「榆」字，其詳細論説見拙作《貝丘布文字辨正》(中國古文字研究會第六届年會論文)。「□」、「□」二字只是從水從木不同而已。在《古幣文編》中把「□」、「□」諸形列為「渝」字，《古璽文

㵟減

編》中也認定「」字即「渝」字，並注説「貨幣文『俞』作『』」，與此所以從偏旁形近，是知此為『渝』字」云云。

結論是：山西朔縣秦漢墓出土銅印「」二字不是「貴海」而是「貫渝」即「周渝」印章的主人姓周名渝。【「貴海」銅印釋文正誤　張頷學術文集】

◉戴家祥　龢鎛　勿或渝改　該字左旁殘缺，右旁从（俞），依稀可辨為渝字。説文十一篇「渝，變污也。从水俞聲」。引申為改變的意思。詩羔裘「舍命不渝」，左桓公元年傳「渝盟無享國」等，均為此義，金文龢鎛「勿或渝改」，即勿予更改的意思。【金文大字典中】

減

減　者減鐘　【金文編】

減　秦四四　二例　通咸　巫—　日甲二七　秦七八　五例　日甲一三九背　秦八二　二例　效六〇　【睡虎地秦簡文字編】

減充印　減安　【漢印文字徵】

説文　【古文四聲韻】

◉許　慎　損也。从水。咸聲。古斬切。【説文解字卷十一】

◉馬叙倫　損也非本義。亦非本訓。字見急就篇。者減編鐘作。【説文解字六書疏證卷二十一】

◉戴家祥　丕二　丕三　丕四　者減鐘西清續鑑甲編録　工𠭯王皮難之子者𣸣　𣸣。乃減之繁飾。因用於器銘刻辭故加皿旁。如朕之作賸，無之作𣞤等等。參見水部「減」字。【金文大字典中】

石經君奭　有殷嗣天減畏　汗簡引石經作　署誤　引義雲章作　敦煌未改字　尚書作戚　【石刻篆文編】

減見石經　減　減竝出義雲章　【汗簡】

滅

古老子 竝義雲章 竝崔希裕纂古 【古文四聲韻】

◉許　慎　滅盡也。从水。威聲。亡列切。【說文解字卷十一】

◉馬叙倫　滅滅蓋一字也。滅從咸得聲。滅從威得聲。咸威竝從戌得聲也。盡也非本訓。字出倉頡篇。見顏氏家訓引。亦見急就篇顏師古本。甲文有　。疑即滅字。【說文解字六書疏證卷二十一】

漕

0501 【古璽文編】

古老子 【古文四聲韻】

◉許　慎　漕水轉轂也。一曰人之所乘及船也。从水。曹聲。在到切。【說文解字卷十一】

◉馬叙倫　吳穎芳曰。玉篇作水轉運。轂。乃運之譌。及字可疑。或衍文。鈕樹玉曰。韻會轂作穀。沈濤曰。文選蕪城賦注史記平準書索隱引轂皆作穀。蓋古本如是。漢書百官志。太倉令主受郡國漕穀。注引如淳曰。水轉曰漕。轂乃傳寫之譌。又史記索隱引一云車運曰轉水運曰漕。此亦古本如是。今本一曰下義不可通。倫按水轉穀也疑非本訓。亦非本義。然疑史記索隱引者為字林訓。亦非完文。周書文傳解。是故土多發政以漕四方。四方流之。管子輕重戊。齊即令隰朋漕粟於趙。戰國策魏策。粟糧漕庾。不下十萬。本書。庾。水漕倉。史記蕭相國世家。轉漕給軍。司馬相如傳。郡又多為發轉漕萬餘人。漢書武帝紀。穿漕渠通渭。張良傳。河渭漕輓天下。西給京師。枚乘傳。轉粟西鄉。陸行不絕。水行滿河。史記秦本記。卒與之粟。以船漕車轉。自雍相望。桂馥據吳都賦。唱櫂轉轂。謂唱櫂水運。轉轂陸運。水陸竝進也。倫謂漕字未必因以水運粟而造。其本義蓋亡矣。後世由水道運粟舫舟相續謂之漕。蓋借字。一曰人之所乘及船也者。詞不可通。吳及段玉裁皆疑及字為譌。段謂乘下疑奪車字。然人之所乘車及船謂之漕亦無據。木部。梭。船總名。玉篇。艚。小船也。疑船也者。梭字或艚字義。此校語。今有捝譌耳。字或出字林。【說文解字六書疏證卷二十一】

泮

◉許　慎　泮諸侯鄉射之宮。西南為水。東北為牆。从水。从半。半亦聲。普半切。【說文解字卷十一】

◉馬叙倫　鈕樹玉曰。韻會引宮下有也字。鄉作饗。半上無從字。倫按諸侯鄉射之宮安得從水。明非本義。詩泮水毛傳。泮水。泮宮之水也。禮記王制作頖宮。然頖宮泮宮皆即辟雍。則泮即辟雍之水。詩匏有苦葉。迨冰未泮。毛傳。散也。倫謂

泮為渙之聲同元類轉注字。從水。半聲。此字蓋出字林。【説文解字六書疏證卷二十一】

◉唐蘭 □亦卜辭習見之字，或作□□等形，羅振玉釋沈，謂：「象沈牛于水中，殆即貍沈之沈字，此為本字，周禮作沈，乃借字也。據禮經祡燎所以事天，貍沈以禮山川。而徵之卜辭，一則曰：『尞于妣乙一牢，貍二牢』，前一・三二。二則曰：『貞，尞于土三小牢，卯二牛，沈十牛』，前七・二五。三則曰：『乙巳卜，平貞尞于妣乙五牛，沈十牛，十月』，前二・九。是尞與貍沈在商代通用於人鬼。既有宗廟之事，又索之于陰陽，商之祀禮，可謂繁重矣。」書契考釋二六。

按羅説之行，二十餘年矣，學者多襲其説，不悟其非。□固象牛在水中，其義近於沈，然字形與沈迥異，且古文自有作□殷契類纂存疑五八，原作□誤，尚有他例惜余忘其出處□□它殷等形之沈字也。羅所舉妣乙二例，皆汅之誤。汅為河，土為社，本片所祭不知為□抑為岳，要之非人鬼，其他例亦無祭人鬼者。蓋貍沈之祭與地示有關，故就可達地之深處而祭之，羅謂通用於人鬼，是不知禮意也。余謂□從水從牛，為汼，當為泮之古文，猶伴件為一字也。依朱駿聲説。牛之即半猶豕之即豢，此汼即泮之證。禮器云：「故魯人將有事於上帝，必先有事於頖宮。晉人將有事於河，必先有事於惡池。齊人將有事於泰山，必先有事於配林。」鄭注謂「頖郊之學也」。詩泮水，傳：「泮宮之水也。」舊以半天子之學及半有水半無水為訓，均非。泮水當是沈牛以祭之水，於其上築宮謂之泮宮。故魯人先有事于此，若僅是學宮，則與齊之配林晉之滹沱不倫矣。明堂位云：「米廩，有虞氏之庠也；序，夏后氏之序也；瞽宗，殷學也；頖宮，周學也。」由此可知二義，古人之學，本無正地，米廩為藏粢盛之所，序當為廟，習射之所，瞽宗祭樂祖之所，則頖宮自為沈牛之所無疑。又頖宮既是周學，則璧雝之異名，王制謂「天子曰辟廱，諸侯曰頖宮」，實彊生分別，後人讀泮為半，其誤亦自易明也。明堂位注「頖之言頒也」，與詩箋「泮之言半也」，自為矛盾。蓋泮為沈牛之義久湮，漢人已不得其解矣。【天壤閣甲骨文存考釋】

漏 □

◉許慎 漏以銅受水。刻節。晝夜百刻。从水。屚聲。盧后切。【説文解字卷十一】

◉馬叙倫 嚴可均曰。藝文類聚六十八白帖九御覽二引作以銅盛水。北堂書鈔儀飾部及古唐類範百卅引作筩盛水。筩乃筒之譌。文選劉越石荅盧諶詩注引作以銅盆受水。盆或壺之譌。沈濤曰。文選注引作以銅盆受水分時晝夜百刻也。鈕樹玉曰。廣韻引同。韻會引下刻字作節。非。莊有可曰。本止作屚。加水非也。倫按漏為屚之後起字。字見急就篇。疑急就本作漏。傳寫易之。此字出字林。故在部末。【説文解字六書疏證卷二十一】

澒　澒

萍　萍

濊　濊

汩　汩

◉許　慎　澒丹沙所化為水銀也。从水。項聲。呼孔切。【説文解字卷十一】

◉許　慎　萍苹也。水艸也。从水苹。苹亦聲。薄經切。【説文解字卷十一】

◉馬叙倫　鈕樹玉曰。韻會引無苹也二字。玉篇收艸部。有重文蓱。按説文艸部。苹。蓱也。無根浮水而生。又蓱。苹也。是萍當是蓱苹之或體。故玉篇同萍。不應列入水部。疑後人增。釋艸。萍。蓱。釋文。本作苹萍。注云。萍本或作蓱。五經文字蓱注。釋文作萍。周禮萍氏注引爾雅萍蓱。釋文云。上音平。本亦作苹。注又云。萍氏主水禁。萍之艸無根而浮。又與説文苹訓合。倫按從水苹聲。其義亡矣。鍇本苹下無也字。韻會引無苹也二字。疑苹乃萍之爛文。乃隸書複舉字。或校者所注以釋音者也。餘見蕢下蓱下。字蓋出字林。【説文解字六書疏證卷二十一】

◉許　慎　濊水多皃。从水。歲聲。呼會切。【説文解字卷十一】

◉馬叙倫　鈕樹玉曰。前有瀸字。本當是濊。此訓水多者。疑後人增。李注文選長笛賦濊引説文。水多。疑後人因之增入。倫按字蓋出字林或新字林。故在部末。【説文解字六書疏證卷二十一】

應即汩字从水从㕣　又泉𠂤—（甲2—26）【長沙子彈庫帛書文字編】

◉許　慎　汩治水也。从水。曰聲。于筆切。【説文解字卷十一】

◉馬叙倫　吴穎芳曰。玉篇云。汩。没也。治乃没字之譌。嚴可均曰。此與川部㕣得為重文。鈕樹玉曰。玉篇。水流也。廣韻為㕣之重文。又收没韻訓汩没。方言博雅汩訓疾。釋水釋文汩。引字林云。水聲急也。竝無治水義。疑汩字亦後人增。大約説為後增之字多在部末。如萍濊汩竝可疑。汩疑為㕣之或體。倫按上文漕泮二字。或許原有而傳寫捝失。校者補綴於部末。或部末諸文。竝出字林。文選補亡詩注引字林。汩。深水也。【説文解字六書疏證卷二十一】

◉李　零　汩，從水從㕣，㕣疑即《説文》㕣字，很多研究《説文》的學者都指出古書中用來形容水流急的汩字就是這個字，《莊子·達生》「與汩偕出」，郭象注：「回伏而涌出者，汩也。」與此正合。汩字，《説文》從曰聲，但其字與淈字通假，《楚辭·懷沙》並與

瀼 漙 汍 泯

忽、慨、謂等叶韻，可見實際上是物部字。此字饒宗頤(1958)、李學勤(1960)釋㴸，安志敏、陳公柔、商承祚、林巳奈夫(1965)釋洄。《說文》㴸是青色的意思，與此文義不合，洄係摹寫錯誤。這裏山崩泉涌都是凶咎之象。【長沙子彈庫戰國楚帛書研究】

◉曾憲通 瀧汩凼澫 甲三·二九 此字或釋洎、或釋汩、或釋涿、或釋泔，選堂先生釋作汩，謂汩字從水曰聲，訓急流。(《方言》郭注)陳邦懷以為與瀧同為楚國水名。【長沙楚帛書文字編】

◉徐 鉉 瀼露濃皃。从水。襄聲。汝羊切。【說文解字卷十一新附】

◉徐 鉉 漙露皃。从水。專聲。度官切。【說文解字卷十一新附】

◉徐 鉉 汍泣淚皃。从水。丸聲。胡官切。【說文解字卷十一新附】

147 【包山楚簡文字編】

泯 泯出莊子 【汗簡】

古莊子 王庶子碑 【古文四聲韻】

◉徐 鉉 泯滅也。从水。民聲。武盡切。【說文解字卷十一新附】

◉黃錫全 㚸蚉壺民作，《說文》古文作，三體石經《無逸》作。夏韻軫韻録王庶子碑作。是。此寫脱一畫。《說文》新附「泯，滅也」。【汗簡注釋卷五】

瀣　瀘　潚　瀛　滁

◉徐　鉉　瀣沆瀣。气也。从水。韰省聲。胡介切。【説文解字卷十一新附】

◉徐　鉉　瀘水名。从水。盧聲。洛乎切。【説文解字卷十一新附】

瀘　説文新附。鬲比盨。　鄂君啟舟節。【金文編】

◉王　襄　从水，从虍，古瀘字，許書所無，地名。【簠室殷契徵文考釋二編】

◉高田忠周　瀘　説文新附　鬲比盨　〈1497〉「廾瀘二邑」　此篆从水从膚。膚之虜即石鼓文虜字之虜。因者貝也，毌之省變。而虛下从口。此膚當合虜噱為形。虜噱並虍聲故也。然澽字書所無。唯廣雅。廣韻。有濾稍近。然其義與銘意隔絶。因謂濾亦瀘字。水經注。禁水北注。瀘津水。廣輿記。本巴國地。梁曰瀘州。廣韻。瀘水名。亦州名，在蜀。即此字也。蓋為晚出古文。許書無之。古地名字。唯當作盧耳。廣韻。姜姓之後。封於盧。以國為氏。【古籀篇四】

◉于省吾　瀘字舊釋為澮。商承祚謂新發現的舟節。瀘字清楚。並非澮字。瀘借作廬。从膚从盧古字通。瀘江當即水經注的廬江水。在今江西省北部。【鄂君啟節考釋　考古一九六三年第八期】

◉徐　鉉　潚水名。从水。蕭聲。相邀切。【説文解字卷十一新附】

◉徐　鉉　瀛水名。从水。嬴聲。以成切。【説文解字卷十一新附】

◉徐　鉉　滁水名。从水。除聲。直魚切。【説文解字卷十一新附】

洺

◉徐　鉉　水名。从水。名聲。武并切。【説文解字卷十一新附】

潺

◉徐　鉉　水聲。从水。孱聲。昨閑切。【説文解字卷十一新附】

湲

◉徐　鉉　潺湲。水聲。从水。爰聲。王權切。【説文解字卷十一新附】

濤

前二·二八·四【甲骨文編】

前2·28·4【續甲骨文編】

◉徐　鉉　大波也。从水。壽聲。徒刀切。【説文解字卷十一新附】

◉吳大澂　。汈疑波濤之濤。説文無濤字。。二字小異。皆古陶器文。【説文古籀補卷十一】

◉商承祚　卷二第二十八葉　許書無濤字。新坿有之。此从水聲。今字从壽者。猶𠷎今字作疇也。【殷虚文字類編卷十二】

◉張與仁　濤，殷墟文字作。即申，與電蛇之同（卷二第二十八頁）。蒼頡篇「大波為濤」，象龍在水中致起波濤之象。從濤得聲之字甚多，如壽、檮、譸、檮、隯、禱。篆體壽皆作、、、，皆由濤省得聲者。【巳己文字與彝器畫紋考釋　中國文字第十九册】

潊

◉徐　鉉　水浦也。从水。叙聲。徐吕切。【説文解字卷十一新附】

灇 瀦 瀰 淼 潔 浹

◉徐鉉 灇水派也。从水。叢聲。古項切。【説文解字卷十一新附】

◉徐鉉 瀦水所亭也。从水。豬聲。陟魚切。【説文解字卷十一新附】

◉徐鉉 瀰大水也。从水。鬫聲。武移切。【説文解字卷十一新附】

淼 崔希裕纂古【古文四聲韻】

◉徐鉉 淼大水也。从三水。或作渺。亡沼切。【説文解字卷十一新附】

潔 潔【汗簡】

◉徐鉉 潔瀞也。从水。絜聲。古屑切。【説文解字卷十一新附】

◉黄錫全 潔 夏韻屑韻列入楔字條。以契為潔，猶如馬王堆漢墓帛書《老子》甲本契作介、挈作揳等，乃音近假借。【汗簡注釋卷三】

◉黄錫全 潔出義雲章 魏寇憑墓誌作潔（當是潔誤），唐河陽軍節度押衙張亮墓誌作潔（當是潔誤），與此形類同。此形出《義雲章》，來源應有根據。鄭珍認為「此形依俗作仌，謬」。【汗簡注釋卷五】

◉徐鉉 浹洽也。徹也。从水。夾聲。子協切。【説文解字卷十一新附】

溘 潠 涯 沝

◉徐 鉉 溘奄忽也。从水。盍聲。口荅切。【説文解字卷十一新附】

◉徐 鉉 潠含水噴也。从水。巽聲。穌困切。【説文解字卷十一新附】

涯【汗簡】

◉徐 鉉 涯水邊也。从水。从厓。厓亦聲。魚羈切。【説文解字卷十一新附】

庫二六七【甲骨文編】

沝之水切【汗簡】

汗簡【古文四聲韻】

◉許 慎 沝二水也。闕。凡沝之屬皆从沝。之壘切。【説文解字卷十一】

◉林義光 沝沝 經傳未見。【文源卷六】

◉馬叙倫 吴穎芳曰。二水猶一水。而異其呼。火燬之例。嚴可均曰。此何所闕。蓋校者疑脱從二水耳。然珏叒从棘弜鱻諸文下均不言從。明此不闕。段玉裁曰。此謂闕其聲也。其讀若不傳。今之壘切以意為之。王筠曰。沝即水之異文。與白亦自字𣏟與林字同例。集韻。閩人謂水曰沝。王玉樹曰。鄺氏易。坎為水。水作沝。倫按汏之重文作𣴘。盜字石鼓文作𥂕。明水沝一字。此以有從之者故為部首。二水也蓋本作水也。或此字林文。本書屾下鱻下皆同也。【説文解字六書疏證卷二十二】

◉朱歧祥 从二水，隸作沝。征戰卜辭用為地名。

《庫267》甲戌☐貞：執自沝☐。

𣻉

《人2327》于𣻉伐。【殷墟甲骨文字通釋稿】

流　盗壺　霖=流霖【金文編】

3·1334　獨字【古陶文字徵】

流　封二九【睡虎地秦簡文字編】

宛流【漢印文字徵】

祀三公山碑　民流道荒説文𣻉篆文从水作流

石碣霝雨　𣻉訖滂=【石刻篆文編】

流　流見華嶽碑【汗簡】

古老子　古尚書又王惟恭黄庭經　華嶽碑　古文【古文四聲韻】

◉許　慎　𣻉水行也。从林㐬。㐬。突忽也。力求切。流篆文从水。【説文解字卷十一】

◉趙烈文　□𣻉訖湧=　盈渫　首一字全闕。當有重文方合句讀。阮橅本𣻉右水下有二點。烈按。偏旁水字之重文。讀作流水。金石文此例時有之。【石鼓文纂釋】

◉柯昌濟　卜詞中有𣻉字。又有𣻉等字。愚釋流字。案説文流从林㐬。㐬忽突也。案古流字象虫流于水中形。後訛虫形為古石鼓流从林古。失古誼矣。卜詞文曰。流人又流羌百。殆即禹貢所云二百里流也。【殷虛書契補釋】

◉强運開　段注云。流為小篆。則𣻉為古文籀文可知。

説見前。此流字甚為明顯。自阮橅天乙閣本誤作𣻉。趙烈文氏乃以為从𣻉中作方即方字。説文方之或體作汸。方為併船。象兩舟省總頭形。謂此篆即方之籀文。説雖有理。然其滋誤殊甚。使未得見安氏十鼓齋所藏弟一本以證明之。又孰從是正之乎。舊拓真可貴也。【石鼓釋文】

◉馬叙倫　吳穎芳曰。從艸之字可以從茻。流涉之從林一例。鈕樹玉曰。韻會作從林從㐬。桂馥曰。水行也。字林曰。沈乾

一曰。流古音僚。詩如川之流諧苞。倫按從林㐬聲也。㐬一字。為育之初文。音從月得聲。肉音日紐。流音來紐。同為邊音。古讀並歸於泥也。㐬突忽也校語。古鼓作。水行也字林文。許當以聲訓。

王筠曰。小徐篆文下有流字。按流當作𣴬。倫按王説是。此挩。從水二字校者加之。文選長笛賦注引字林。流。水行也。字見急就篇。蓋急就故書作𣴬。傳寫以字林字易之。此蓋出石經。

【説文解字六書疏證卷二十二】

𣶏

佚八三〇　京津四四〇九　或从水　京津四四七〇　誠三七三　佚八六八　乙七七九　佚三八

佚六四七　佚六九九　甲二九六　甲四一一　甲三九一六　乙六三七七　乙七六九三　鐵六二・一　前一五三・三　前六・一三・一　前七・三九・二　戩三八・一〇　明藏二一九　寧滬一・一七

粹一一七八　燕五九二　乙五三一七　師友一・九八　乙三八〇四　从人从涉説文所無疑即涉之異文　【甲骨文編】

甲411　3135　3916　乙79　184　452　1165　1447　5317　5605　6377

7693　8837　零1　佚77　藏62・1　佚89　佚107　藏60・2　佚647　699　830

868　誠373　續3・27・4　徵10・35　續337・6　續3・44・3　徵10・34　粹934　1178　粹1549

新4578　新4409　4470　4886　乙8713　【續甲骨文編】

涉　从兩止中隔一水　格伯簋　散盤　【金文編】

128反　【包山楚簡文字編】

𠯑—山陵瀧汌凶瀵(乙3—25)　【長沙子彈庫帛書文字編】

2758 【古璽文編】

涉脩之印　司馬涉 【漢印文字徵】

石碣霝雨　君子即涉説文𣻢篆文水作涉 【石刻篆文編】

涉孫强集字　涉 【汗簡】

古老子　孫彊集　義雲章　説文　崔希裕纂古 【古文四聲韻】

◉許　慎　徒行厲水也。从林。从步。時攝切。篆文从水。【説文解字卷十一】

◉王　襄　藏・六二・一　藏・一八八・二　拾・十二・八　前・一・五三・三　前・六・六三・六　前・七・三九・二　後・下・三五・九　甲・一・二九・十七　戩・三八・十　古涉字。象兩足跡在水旁。有徒行厲水之誼。或从水省。【簠室殷契類纂正編卷十一】

◉吴大澂　涉从兩止中隔一水。止。足跡也。亦止之變體。小篆𣥠字从此。格伯敦。亦格伯敦文。散氏盤涉字如此。舊釋洮非。亦散氏盤文。【説文古籀補卷十一】

◉高田忠周　阮釋洮从樊氏也。萃編釋涉云。樊釋洮汪釋沖恐誤。今審為涉者是。古籀補亦釋涉不誤。此篆自顯然者也。説文。徒行濿水也。从林从步。篆文从水作。爾雅釋訓。馮河徒涉也李注。無舟而渡水曰徒涉。釋水。繇膝以上為涉。詩匏有苦葉。濟有深涉。傳同釋水。又載馳。大夫跋涉。傳水行曰涉。今見此篆。兩足夾一水。者之省。又前有一水。將再渡之意。此與略同。然已作。形義顯然具足矣。从二水者實為異文。蓋當出籀文增緐之例。又依下文卜辭文作涉。步水相並以會意者。亦出古文。小篆从之。要元象形。後變為會意也。【古籀篇四】

◉林義光　古作格伯敦。作散氏器。象水中兩足跡形。【文源卷六】

◉商承祚　説文𣻢「徒行厲水也(段氏改作濿。案當作砅。説文謂「履石渡水」曰砅)。从步林。涉篆文从水」。金文格伯殷作。效卣作。此从。即水之省。與同。羅振玉先生曰「卷五第二十九頁有曰『甲午王涉歸』。王無徒涉之理。殆借涉為步字也」。予意所謂涉者。或徒杠。或乘輿馬渡淺水。皆可謂涉。非王自行徒涉也。【甲骨文字研究下編】

◉商承祚　第二部步字。羅師曰。卜辭卷五第二十九葉有日甲午王涉歸。王無徒涉之理。殆借涉為步字也。然既有步字。固無庸借涉為步。其為涉字無疑。所謂王步于某。王涉于某者。非王步行徒涉也。以車曰步。以舟曰涉耳。又卷二第二十六及後編上第十五葉曰王舟于某者。凡二見。則此涉字抑指以車涉淺水耶。誼不能明。許書篆文从水步。與此正同。古金文亦然。無从二水者。【殷虚文字類編卷十一】

◉强運開　[古文]是㳅為古文可知。運開按。瀕水厓。人所賓坿也。顰戚不前而止。从頁从步。當係从籀文涉字。步字从止㞢相背。止為足。水橫其中。正象涉水没足之形。又按格伯敦作[古文]。與鼓文相似。散氏盤作[古文]。效卣作[古文]。从川均與小篆相近。是小篆蓋亦从古文也。【石鼓釋文】

◉葉玉森　商說是也。古人陸行曰跋。水行曰涉。涉字固不必訓徒涉。卜辭曰。王涉歸。猶言王水行歸也。他辭云。虎方其[古文]沘前・六・六三・六。沘水名。則[古文]元當釋涉。【殷墟書契前編集釋卷一】

◉馬叙倫　鈕樹玉曰。韻會作從步㳅。倫按會意。然疑從㳅步聲。猶步陟一字而陟音轉入知紐矣。或從步水。而聲即得於㳅。與陟同語原也。徒行厲水也非本訓。厲當作濿。散盤作[古文]。

[古文]　王筠曰。小徐篆文下有涉字。按當作㳅。倫按從水二字校者加之。字見急就篇。疑急就故書作㳅。傳寫者以字林字易之。此蓋出石經。格伯敦作[古文]。效卣作[古文]。從川。甲文作[古文]。從𡿨。【說文解字六書疏證卷二十二】

◉金祥恆　象兩人並涉之足跡，廣韻下半銜韻「⿱並足，步渡水也」。清戚學標說文補考云疑此字涉即步之訛。恐非，並本从二立，象二人。元應一切經音義卷十八引說文「湴，涉渡水也」。⿱並足省水湴省足，各有所偏，其義不顯，湴⿱並足均从並聲，說文从朋之淜「無舟渡河也」，桂馥說文義證「無舟渡河也者玉篇徒涉曰淜」，从水朋聲，與从水並聲，或體之形聲乎，並與朋為並聲，經典借馮字，釋訓馮河徒涉。論語述而：

子曰：暴虎馮河，死而無悔者，吾不與也。

詩小雅小旻：

不敢暴虎，不敢馮河。

馮為淜之借，說文瀕，許訓「水厓也，人所賓附，从頁从涉」，恐非其厥義，以字形言之，「从頁从涉」，當象人涉水，其義猶詩邶風匏有苦葉：

濟有深涉，深則厲，淺則揭。

顰

涉，毛傳「由厀以上為涉」。即説文「徒行厲水也」。以聲言之，顰帮聲，淜並聲，聲音相近，今説文訓「水厓也，人所賓附」，與後起濱義同矣。【釋涉 中國文字第三十五册】

◉楊樹達 前編五卷廿九葉之一云：「辛卯，卜，𡧊貞，翊甲午，王涉歸。」羅振玉云：説文解字：「步，行也。从止㐅相背。」案步象前進時左右足一前一後形，或增〈，从水省，乃涉字。辭云王涉歸，王無徒涉之理，殆借涉為步。考釋中六五。商承祚云：字為涉字無疑。所謂王步王涉者，非王步行徒涉也，以車曰步，以舟曰涉耳。【涉𣥂 卜辭求義】

◉李孝定 説文：「𣶒徒行厲水也。从林，从步。涉篆文从水。」契文即象徒行厲水之形，非足跡，王説誤。許訓乃其初誼，引申之凡渡水皆曰涉，不必徒行也。金文作 格伯簋 效卣，與許書篆文同。散盤作，从林，當即詩書古文所本。【甲骨文字集釋第十一】

瀕 井侯簋　㚸簋　㝬簋 其瀕在帝廷陟降　省頁 效卣　效尊【金文編】

秦1245 頻陽狀 説文所無玉篇急也　秦1254 頻陽工處　秦1257 同上　秦1269 頻陽工處【古陶文字徵】

瀕陽丞印　瀕陽望印【漢印文字徵】

瀕他人切　濱【汗簡】

汗簡　古尚書【古文四聲韻】

◉許 慎 顰水厓。人所賓附。頻蹙不前而止。从頁。从涉。凡頻之屬皆从頻。臣鉉等曰。今俗別作水濱。非是。符真切。【説文解字卷十一】

◉林義光 頻 臻韻 頻本義當為頻蹙。象當涉見水頻蹙之形。止少象涉時二足在水中。因音轉如卑。始復制顰字耳。【文源卷八】

◉馬叙倫 鈕樹玉曰。廣韻引同。玉篇引厓下止下並有也字。蹙當作戚。説文無蹙字。沈濤曰。華嚴經音義下云。按説文渡水向岸水文叢皺亦謂之頻蹙。然憂愁之頻。頻下著卑。據慧苑所引。則與今本大異。竊意瀕顰本二字。訓解當不同。今本

一云水厓頻蹙不前。一云涉水頻蹙。又何所區別邪。詩召旻。不云自頻。毛傳。頻。厓也。頻即瀕之省。釋文云。案張揖字詁云。瀕。今濱。濱乃瀕之別體字。傳注或訓為涯。或訓為水涯。正與許君水厓之訓相合。則瀕本水厓字。渡水向岸二語。當是古本有之。二徐改為頻蹙不前。則與顰字解無別矣。又按瀕經典皆用濱字。詩召旻箋云。頻當作濱。則濱非別字。許君既云人所賓附。則偏傍必有賓。竊意瀕為正字。訓詁當如慧苑所引。濱為重文。則云水厓人所賓附。乃釋從賓之意。二徐本奪去濱字。遂將人所賓附語竄入正解耳。徐灝曰。頻蹙者。顰之本義。蓋從頁建首。象蹙額之形。人有憂思。峙躕往來故從步。巛與水篆橫體相似。因譌為水。而生涉水頻蹙之義。至水厓當以濱為正。許用舊說。合二字為一。故水部不復載濱瀕二字耳。倫按水厓者。濱字義。今本書失其字。古書亦借瀕為之。而瀕之本義為蹙額。從頁。涉聲。涉音禪紐。故瀕音符真切入奉紐。同為次濁摩擦音也。今本書無濱字。而以其義及校者所注人所賓附四字與瀕字之義相混。慧苑所引亦校語。然亦混濱瀕為一字。頻蹙不前而止亦校語。字當入頁部。周公彝作□。【說文解字六書疏證卷二十二】

◉張亞初　《說文》「瀕」字訓水厓（涯）。《漢書地理志》「瀕南山」，師古云「瀕猶邊，瀕音頻，又音賓。」頻、瀕、濱古字通，均有近和邊意。「其瀕才（在）帝廷（庭）」，是指其先祖有文德之人，能够上接于帝庭，靠近在上帝身邊。甲骨文常見某祖先「穷（賓）于帝」之卜。「賓于帝」，就是「其瀕在帝庭」，意思相同。【周厲王所作祭器㝬簋考——兼論與之相關的幾個問題　古文字研究第五輯】

◉戴家祥　□㝬段　其瀕在帝廷陟降　□㝬休段，㝬休易𠬝瀕事貝　□字从川頻聲。或从巛不从川，字當釋瀕，古文从水、从川、从巛偏旁往往混淆。效卣涉作□，趞段潮作□，克鼎廟作□是其證，頻讀「毗真切」並母真部，比讀「卑履切」，幫母脂部。幫並聲近，真脂陰陽對轉。大雅桑柔「國步斯頻」，又召旻「不云自頻」，鄭箋「頻，猶比也」。周公段「宥厥瀕福」，當讀「受厥膍福」。小雅采菽「樂只君子，福禄膍之」，毛傳「膍厚也」。釋文膍音「頻尸反」，韓詩作肶。說文膍，或體作肶。肶从比聲，故義亦同瀕。「膍福」，猶言厚福也。郭沫若釋順則段為竣，訓大也長也。兩周金文辭大系考釋第三十九葉金文叢考第三零七葉。殊誤。【金文大字典中】

顰

□ 顰出古爾雅【汗簡】

□ 古爾雅　□　□ 王存乂切韻【古文四聲韻】

◉許　慎　顰涉水顰蹙。从頻。卑聲。符真切。【說文解字卷十一】

◉馬叙倫　鈕樹玉曰。韻會蹙下有也字。徐灝曰。頻顰古今字。聲轉讀若顰。故從卑聲。倫按顰為頻之轉注字。頻音奉紐。古讀歸並。卑音邦紐。同為雙脣破裂音也。今說解涉水顰蹙非許文。涉水與蹙額既不相關。莊子主樂。髑髏深矉蹙額。深矉蹙額相對為詞。矉借為眂。同為次濁摩擦音。或借為晚。同為次濁脣齒音。是顰為蹙額。蹙字本書所無。若借為歛。欠部。欲。縮鼻也。是顰欲不得連文。故廣韻曰。顰。眉蹙也。莊子天運。西子奉心而矉。成玄英本及輔行記御覽引矉作嚬。嚬即頻之後起字。矉則借為頻也。莊不言頻蹙孟子滕文公已顰顣曰。疑後人改之。其梁惠王舉疾首蹙頞而相告。亦言蹙頞。不言顰蹙也。方言。顮。懣也。顮為瀕之轉注字。可相證也。【說文解字六書疏證卷二十二】

〈 く　甽 畎出說文【汗簡】

甽 說文　甽 唐韻　〈 〈 汗簡【古文四聲韻】

◉許　慎　〈水小流也。周禮匠人為溝洫。相廣五寸。二相為耦。一耦之伐。廣尺深尺謂之く。倍く謂之遂。倍遂曰溝。倍溝曰洫。倍洫曰巜。凡く之屬皆从く。姑泫切。甽古文く。从田从川。畎篆文く。从田。犬聲。六畎為一畝。【說文解字卷十一】

◉商承祚　甽書契卷四第十二葉　說文解字。く。水小流也。古文从田川作甽。篆文从田犬聲作畎。周禮考工記。匠人。廣尺深尺謂之甽。前漢書溝洫志。一畮之甽。後漢章帝紀。或起甽畝。其字皆从川。其从川者。亦川字。卜辭𢀚作𢀚从川。故知之。巜又巛之省。卜辭作甽。與許書之古文及周禮漢書合。故知甽乃く之初字。而畎益後起字矣。【殷虛文字考　國學叢刊二卷四期】

◉馬叙倫　鈕樹玉曰。繫傳相作耜。俗。詩節南山正義引無水字。玉篇。水小流皃。沈濤曰。詩節南山正義引。甽。小流也。御覽七十五引。甽。水流也。後漢書章帝紀注引。甽。田中之溝。溝乃倍遂之名。遂又倍く之名。則不得訓甽為溝。此必傳寫有誤。段玉裁曰。く巜巛三篆下皆宜曰象形。而不言者。省文。倫按捝耳。水小流也者。當作水也小流也。小流乃涓字義。く巜水一字。後漢書引田中之溝者。翟云升謂書益稷鄭注。誤引。倫謂吕忱或校者依鄭注加之。本在小流下也。周禮以下至曰巜皆釋此也。然實甽字義。

甽 李杲曰。書契作甽。與此全同。倫按此古文經傳中畎畮字。故考工記作甽不作く。蓋く甽本二字也。甲文從水之字或從く。如涉作𣲜。洒作𣲜。涇作𣲜皆其證。其砅字作𣲜。演字作𣲜。𣲜即此下文之巜。其𣲜即衍字。其淵字作𣲜。而本書作𣲜。則巛水亦一字。由此證知く巜巛水為一字。後人以其形之最簡作く者。訓為小流。其實小流字當為涓也。甽為畎畞字。故從田。川其聲也。今許以く為小流而復以甽為く之重文。於是小流之義。又變為一耦之伐廣尺深尺謂之く矣。鍇本作從田川下有甽之川也四字。不可通。蓋即後漢書注所引甽田中之溝也。此校語而又有挩譌耳。當入田部。甲文作甽。

畎 川音穿紐。古讀歸透。犬音溪紐。同為次清破裂音。故甽轉注為畎。從田以下校語。此字蓋出石經。【說文解字六書疏證卷二十二】

◉楊樹達 甽，謂川在田間者也。今長沙讀此字如郡字之音。【文字形義學】

◉戴家祥 汱字从水从犬字當釋汱。小篆水作水，金文作水，大盂鼎潮作潮，虢季子白盤廟作廟，偏旁水作水，是其證。說文十一篇水部無汱字。集韻上聲二十七銑汱，訓水落貌。按汱之初文為く，說文十一篇「く，水小流也，周禮匠人為溝洫，相廣五寸，二相為耦，一耦之伐，廣尺深尺謂之く。」「甽，古文く，从田从川。畎，篆文く，从田，犬聲。」畎汱形義更旁字也。く本象形，變為形聲為甽為畎為汱，此亦六書隸屬再分之一例也。【金文大字典中】

巜

巜 巜【汗簡】

◉許　慎　巜水流澮澮也。方百里為巜。廣二尋。深二仞。凡巜之屬皆从巜。古外切。【說文解字卷十一】

◉林義光　巜巜　泰韻音儈　說文云。巜水流澮澮也。按象形。經傳以澮為之。【文源卷一】

◉馬叙倫　鈕樹玉曰。廣韻引為作有。繫傳讀若儈同。儈當是澮。段玉裁曰。澮澮當作涽涽。毛傳。涽涽。流也。水部。涽。水流聲也。倫按水流澮澮也者。涽字義。巜讀若澮。澮涽聲同脂類音同見紐也。下文粼字從巜。訓水生厓石間粼粼也。明巜水一字。く巜音同見紐。く音如涓。故今以涓字義為訓。涓涽又聲同脂類。亦明く巜一字。水巜聲同脂類。亦一字也。今許以涽字義訓之。而校者復以溝澮之義糁入之。其本義獨賴粼字而猶可證耳。倫以為溝澮之澮。即溝字之音轉。無本字。古書借澮水之澮為之。或澮本溝之轉注字。而澮水借以為名。至溝澮之義。許所未及。吕忱或校者加此訓。而以考工記之

説證之。許當止訓水也。【説文解字六書疏證卷二十二】

◉饒宗頤　……出于〢（前編一・五三・二）

癸亥卜。行貞：今夕亡𡆥。在十一月。在〢（文録三五）。〢疑古澮字，與巜同。

卜辭「王在〢卜」（誠齋一五二）。〢即巜，古澮字，左傳成六年：「汾澮。」澮水出平陽絳縣，則地太遠；疑讀為鄶，即鄭語之邪鄶，在河南新鄭。【殷代貞卜人物通考卷十一】

□ 粼　雜一〇　二例　□ 秦六一　□ 秦六一　【睡虎地秦簡文字編】

□ 粼出説文　【汗簡】

□ 説文　【古文四聲韻】

◉許　慎　粼水生厓石間粼粼也。从巜。粦聲。力珍切。【説文解字卷十一】

◉馬叙倫　徐鍇曰。水流石間不駛也。沈濤曰。文選江賦注引。粼。水厓間粼粼然也。蓋古本多一然字。選注傳寫奪生石二字。倫按詩揚之水。白石粼粼。傳。粼粼。清澈也。今此説解水生厓石間粼粼也。明是校語。或字林文。亦或字出字林也。不然。本訓捝矣。【説文解字六書疏證卷二十二】

◉睡虎地秦墓竹簡整理小組　粼，應讀為遴，選擇。此句意思是在從軍者中選取騎士。【睡虎地秦墓竹簡】

◉黄錫全　□ 粼出説文　此形同《説文》正篆。夏韻真韻録《説文》作□，與甲骨文□（後上10・8）形類同。牆盤粦作□，師翻鼎隣作□，其「□明」和「□明」之義與尹姞鼎「□明」同，即「靈明」。夏氏所録當是今本奪佚之古文。【汗簡注釋卷五】

□ 前四・一三・二　象畔岸而水在中流之形　□ 前四・一三・三　□ 前八・六・三　□ 前八・一二・四　□ 後二・二四・一一　□ 後二・二四・一六　□ 甲一六四七　□ 乙五八二五　□ 乙一九四八　□ 佚七二七　【甲骨文編】

□ 乙5825　□ 8697　□ 録639　□ 續存66　□ 新3096　□ 佚727　□ 乙4524　【續甲骨文編】

川 矢簋　啟卣　五祀衛鼎　【金文編】

〔六八〕　〔三六〕　〔一九〕　〔三六〕　〔二二〕　〔五二〕　〔三六〕　〔二二〕　〔六八〕

〔一三〕　〔二二〕　〔三六〕　〔一九〕　【先秦貨幣文編】

布空大川釿　豫洛　全上　全上　布空大川釿　典八一四　全上　典八一五　全上　典八一六

全上　典八一七　全上　亞二・一二四　全上　全上　【古幣文編】

葘川王璽　史川私印　【漢印文字徵】

開母廟石闕　鄣防百川　天璽紀功碑　示于山川　【石刻篆文編】

川【汗簡】

汗簡　古老子　【古文四聲韻】

◉許　慎　貫穿通流水也。虞書曰。濬く巜距川。言深く巜之水會為川也。凡川之屬皆从川。昌緣切。【説文解字卷十一】

◉羅振玉　前・四十三・二　前・八・六・三　前・八・十二・四　後・下・二四・十一　後・下・二四・十六　乙・八六九七　佚・七二七　象有畔岸而水在中。疑是川字。【增訂殷虚書契考釋卷中】

◉王　襄　古川字。【簠室殷契類纂正編卷十一】

◉商承祚　此象有畔岸而水中流。是川也。金文作（效卣涉字偏旁从川）。與篆文同。【甲骨文字研究下編】

◉孫海波　前四・十三・二　四・十三・三　八・十二・四　⊘甲骨文从巜者，象有畔岸而水中流之形。【甲骨金文研究】

◉林義光　說文云。巛毌貫穿通流水也。按象形。古作巛毛公敦訓字偏旁。同。【文源卷一】

◉楊樹達　許似謂川从ㄑ巜。今按〜，象水形，巛从二〜，川从三〜也。【文字形義學】

◉馬叙倫　陳瑑曰。睿。深通川也。虞書曰。睿畎澮距川。案ㄑ之重文為畎。云。古文ㄑ。又為畎。云。篆文ㄑ。睿之重文為濬。又為濬。云。古文睿。許於川下作濬ㄑ巜。濬為古文。則ㄑ巜亦古文也。於睿下作睿畎澮。畎為篆文。則睿澮亦篆文也。ㄑ巜皆部首。以古文分部。又許書之一例也。疑濬ㄑ巜為孔傳原本。錢大昕謂許偁書孔氏。其不偁書者。必歐陽夏侯本矣。則睿畎澮必是歐陽夏侯本矣。睿下虞書曰。恐後人竄入。江聲謂偽孔及隸古定本俱作ㄑ巜。開元詔改正義本作畎澮。如江說。則許氏兩引皆作ㄑ巜。唯睿濬互異。其作畎澮者。或後人因今本而改說文也。倫按說解貫穿通流水也及言深ㄑ巜之水會為川也皆不可通。後漢書李尋傳注引作川者水貫穿而通流也。與今本異。然為校語甚明。即此言深ㄑ巜之水會為川也亦明是校語也。倫疑今之說解全非許文。其引虞書曰濬ㄑ巜距川。與睿下引又不同。陳以為此乃孔傳原本。段玉裁亦以為此古文。然司馬遷從孔安國問尚書故。而史記五帝紀曰。浚畎澮。亦不作ㄑ巜。今經傳如毛詩左傳周禮皆古文。無一作ㄑ巜者。豈盡開元改之耶。抑史記作畎澮者。以詁訓代本文邪。倫謂此吕忱或校者以為ㄑ巜是畎澮之本字。意謂書古文當作此。因而妄增耳。釋名。川。穿也。穿地而出也。此說解本作穿也。是許文。貫也貫通流水也字林文。或穿字乃校者所注音。貫也許文。以聲訓。貫通流水也吕忱或校者所加以釋之也。今有譌脱耳。川水一字。川音穿紐三等。水音審紐三等。同為舌面前音。水聲脂類。川聲真類。脂真對轉也。字見急就篇。【說文解字六書疏證卷二十二】

◉邵笠農　山海經倫山有獸如麋。其川在尾上注。川竅也。川字不譌。釋名。川穿也。穿地而流也。引伸為竅。取洞穿之義。或謂州譌。川州音近豚。豚即竅。其說未諦。廣雅。尻州豚也。臀也。臀以底為義。考工記㮚氏為量其臀一寸注。底深一寸也。州在尾上。謂其底在上。不詞。爾雅馬白州驠。謂白臀耳。豈僅白一竅且水中可居曰州。引伸當如脽字。指高起處而語意相反。電俗指言高起處為尻。脽臀言如特堆也。指低陷處為骹川。孔言低陷如孔穴也。語意雖畧同而語音則有別。不合。如穴字指低陷處也。廣韻豚尾下竅也。居俗。然依俗居字之尸下口取義仍誤。以高起處為低陷處矣。雖同為下體。與視他處混臀部而一之者。其稱名特為辨晳。電俗所稱骹川。即世俗所稱髀窟。髀即骹。窟即川也。窟或从肉从窟作𦡆。亦指竅言。不指脽言。顧世俗常語相沾。脽之一義替廢已久。惟偏舉竅之一義雖通。人亦謂山經之獸竅在尾上為豚在尾上矣。電俗言豚底平豚尖豚烏豚粟。皆指臀言。不作竅解。小孩言放朧拗川。不言拗臀。凸凹顯判。土語可證古義。【說川一圜闇字說卷二】

巠

【金文編】

巠 巠 孳乳為經 盂鼎 敬雝德經　巠 克鼎　巠 㝬簋　巠 師克盨　巠 毛公𢉅鼎　巠 孳乳為涇 克鐘 遹涇東至于京𠂤

巠 巠音經【汗簡】

◉許　慎　巠水脈也。从川在一下。一。地也。壬省聲。一曰水冥巠也。古靈切。巠古文巠不省。【說文解字卷十一】

◉高田忠周　說文。巠水脈也。从川在一下。一地也。壬省聲。古文不省作巠。朱氏駿聲云。段借疊韻連語。說文一曰水冥巠也。莊子在宥。大同乎涬溟。司馬注。自然氣也。字亦作涬。又按。依鐘鼎古文。上作巛。从二。非从一者。蓋二者即一侌一昜之象。水脈流通于侌昜之間。而不相亂也。⊥，即土字。所謂壬之省形。壬有直長之義。巠从壬聲。兼會意耳。【古籀篇五】

◉林義光　巠 青韻　古作巠虢季子白盤經字偏旁。作巠毛公鼎。皆从壬。工亦壬字，見壬字條。壬古作𡈼。亦無由省為工。巠即經之古文。織縱絲也。巛象縷。壬持之。壬即滕字。機中持經者也。見壬字條。上从一一。亦滕之略形。【文源卷二】

◉郭沫若　大盂鼎「敬雝德巠」，毛公鼎「肇巠先王命」，均用巠為經。余意巠蓋經之初字也。觀其字形。前鼎作巠，後鼎作巠，均象織機之縱線形。从糸作之經，字之稍後起者也。說文分巠經為二字，以巠屬於川部，云「巠水𠃊也，从川在一下，一地也，壬省聲。一曰水冥巠也」。說殊迂潤。【釋巠　金文叢考】

◉商承祚　說文巠。水脈也。从川在一下。一。地也。壬省聲。一曰水冥巠也。巠。古文巠。不省。案金文从巠之字皆省同篆文。【說文中之古文考】

◉馬叙倫　吴穎芳曰。從壬省應作土。今文作工。若非文譌。或別有說。頗疑從工者。工作也。巛聲。乃古經字。段玉裁曰。一曰水冥巠也者。水大皃。今字作溟涬。錢坫曰。此經脈字。林義光曰。虢季子白盤偏傍作巠。毛公鼎作巠。工工皆壬癸之壬字。壬即滕字。機中持經者也。巠即經之古文。上一亦滕之略形。倫按盂鼎巠字作巠。毛公鼎作巠。下皆從土。甚明。倫謂水脈為巠。疑初文作巛。從水在二中會意。二即十三篇部首之二。地之初文也。後乃復加土字。今說解曰壬省聲者。後人不明所從。以音求之。以為壬省耳。其實壬省無由為工。林義光已言之矣。然齊曼簠經字作經。則亦或從巛壬省聲。為巛之轉注字。宋育仁謂或作巛。後加壬聲。則古文巠是也。一地也及一曰水冥巠也皆校語。如今篆書為從土巛

聲。義非水脈矣。

巠　鈕樹玉曰。玉篇廣韻竝無。壬部有巠。訓與此同。則古文疑後人增。李杲曰。虢季子盤經字從巠。下從壬癸之壬。此譌為𡈼。與齊曼簠經字作經相似。倫按見巠下矣。【説文解字六書疏證卷二十二】

◉高鴻縉　巠倚壬(滕之初文。持縱絲之器)。畫縱絲形。由物形巛生意。故為縱絲之意。名詞。壬字原可作工或工形。見前。巠字周人或有加糸為意符作經者。經字行而巠字廢。説文説巠字全誤。【中國字例二篇】

◉劉　雨　2—010:「一小鐶巠」;「一青□□之琗巠」

「巠」可隸定作「至」,實即《説文》之「巠」字。《説文》「巠」之古文作「巠」,即簡文「巠」之譌變。而「巠」在簡文中又為「桯」之省。《説文》:「桯,桯也」又「桯,牀前几」;《廣雅·釋器》:「桯,几也」。這説明「巠」、「桯」、「桯」都是「几」一類的東西。「小鐶巠」即裝有小鐶的「几」。「琗巠」即鑲有琗飾的「几」。出土物中有各種各樣的「几」,可證。【信陽楚簡釋文與考釋】

◉戴家祥　巠 㝬毁　巠雝先王　巠 盂鼎　敬雝德巠敏　巠 毛公鼎　今余唯肇巠先王命　巠 大克鼎　巠念氒聖保祖師華父　巠 五　克鐘　王親令克遹巠東至于京𠂤　古文壬聲孳乳字多含直長義,如頲、庭、侹、脡、挺等,故廣韻訓「直波為巠」。林義光、郭沫若等人認為巠即經之古文,織縱絲也,巛象縷。壬持之,壬即滕字,機中持經者也。上从一,一亦滕略形。文源。按金文巠用作經之本字。周禮天官大宰「以經邦國」,注「經,法也。」毛公鼎「今余唯肇巠先王命」,巠亦法義。克鐘巠用作地名。【金文大字典上】

◉黄錫全　巠巠音經　巠字古本作巠(盂鼎)、巠(克鼎)、巠(毛公鼎),變作巠(虢季子白盤經旁)、巠(天星觀楚簡輕旁)、巠(説文古文)。郭沫若説:「大盂鼎『敬雝德巠』、毛公鼎『肇巠先王命』,均用巠為經。余意巠蓋經之初字也(《金文叢考》)。」【汗簡注釋卷三】

巟　巟

巟 巟　巟伯簋　【金文編】

巟 174　【包山楚簡文字編】

◉許　慎　巟水廣也。从川。亡聲。易曰。包巟用馮河。呼光切。【説文解字卷十一】

◉馬叙倫　沈濤曰。易泰卦釋文引有又大也三字。蓋古本有一曰大也四字。倫按本作廣也。以聲訓。校者注水大也。傳寫如

此。或本訓水皃。廣也大也皆字林文。或校語。唐人删併之。巟為汪之轉注字。巟音曉紐。古讀歸影。注音影紐。又汪巟聲同陽類也。【說文解字六書疏證卷二十二】

◉戴家祥　許慎訓釋可从。易泰「包巟用馮河」，虞注：「大川也。」朱駿聲謂「字亦作汒，作茫，作漭」。淮南子俶真「茫茫沈沈」，注：「盛貌。」高唐賦「涉漭漭」，注：「水廣遠皃。」均為此證。金文作人名。【金文大字典上】

彧　彧

◉許　慎　彧水流也。从川。或聲。于逼切。【說文解字卷十一】

◉馬叙倫　王筠曰。水流也。當依六書故引補作水流疾彧彧也。字與水部淢同。朱駿聲曰。疑與淢同字。倫按水流也當作水皃。流也蓋字林文。或本作水皃。吕忱加水流疾彧彧也。或此字出字林。【說文解字六書疏證卷二十二】

𡿧　𡿧

◉許　慎　𡿧水流也。从川。曰聲。于筆切。【說文解字卷十一】

◉馬叙倫　徐鍇曰。相如賦曰。汩乎順流。汩即此字。吴穎芳曰。𡿧為彧之轉語。王筠曰。字與水部汩同。補正詩注引字林。汩。深水也。釋水釋文引字林。汩。水聲急也。皆𡿧字義。惟廣雅。𡿧𡿧。流也。如此文耳。翟云升曰。集韻引無流字。倫按彧𡿧音同喻紐三等。轉注字也。𡿧彧與湝亦轉注字。𡿧湝聲同脂類。彧湝支脂近轉也。據鍇說。可證鍇本水部無汩字。本訓水皃。吕忱依廣雅加流也。或吕忱更加水聲急也。或校語。此字亦或出字林。【說文解字六書疏證卷二十二】

𡿪　𡿪

前四・三三・七　陳邦懷釋𡿪从水从歺大徐本誤作从列省聲　後二・三二・一　菁一一・六　河七八五【甲骨文編】

前4・33・7【續甲骨文編】

◉許　慎　𡿪水流𡿪𡿪也。从川。列省聲。臣鉉等曰。列字从𡿪。此疑誤。當从歺省。良辥切。【說文解字卷十一】

◉陳邦懷　後編卷下弟三十二葉　此即說文解字𡿪之古文。許君說𡿪字曰。水流𡿪𡿪也。從巛。歺省聲。小徐本如此。大徐所見本已誤作列省聲。大徐知其誤。故辨曰列字從𡿪。此疑誤。當從歺省。辨之是也。卜辭𣴲從水不從巛者。猶卜辭從水之字或從巜也。其從水在歺下。不比𡿪字從巛在歺上者。猶卜辭從水之字或左或右也。此字從歺。足證小徐本歺省聲之善。大徐訂列省聲當從歺省之精。𣴲從歺不省。其為𡿪之古文審已。以上四條皆新補。當附考釋洹字條後。【殷虚書契考釋小箋】

◉葉玉森　商承祚氏曰。此字从水从歺。疑即洌字之省。許書列字作𠛱。从𣦼。今隸中或作列𠛱𠜲。意古者歺𣦼為一字。至後世因歺而滋衍為𣦼。遂別為二誼矣。類編第十一第五葉。陳邦懷氏曰。此即說文解字𣦼之古文。許君說𣦼字曰。水流𣦼𣦼也。从巛歺省聲。小徐本如此。大徐所見本已誤作列省聲。大徐知其誤。故曰列字从𣦼。此疑誤。當从歺省。辨之是也。卜辭⿱歺水从水不从巛者。猶卜辭从水之字或从巜也。其从水在歺下。不比𣦼字从巛在歺上者。猶卜辭从水之字或左或右也。此字从歺。足證小徐本歺省聲之善。大徐訂列省聲當从歺省之精。⿱歺水从歺不省。其為𣦼之古文審已。小篆七十八【殷虛書契前編集釋卷四】

◉馬叙倫　翟云升曰。當依鍇本作歺省聲。六書故引亦作歺省聲。倫按歺聲。歺為死之初文。聲在脂類。故𣦼聲亦入脂類。𣦼亦𡿪之轉注字也。本訓水皃。吕忱加水流𣦼𣦼也。或字出字林。甲文作。【說文解字六書疏證卷二十二】

◉李孝定　契文从水从歺。陳氏引大小徐。說此字當从歺省。證以契文从歺。其說殊信。商氏疑古歺𣦼為一字。桉契文死葬諸字从歺。歺乃象殘骨之形。𣦼則从歺為聲。二者不得為一字也。歺象殘骨形。說詳四卷歺字條下。【甲骨文字集釋第十一】

 邕

 鐵二一〇・三　此古文邕卜辭雝宮等字並从此得聲　 前五・九・五　 前六・四四・六　 後二・三四・二　 後二・四一・三　 林二・二・一三　 林二・七・九　 甲三〇七三　 甲三四四七　【甲骨文編】

 邕　邕子甗　【金文編】

 邕裴光遠集綴　【汗簡】

 裴光遠集綴　【古文四聲韻】

◉許　慎　四方有水自邕城池者。从川。从邑。於容切。籀文邕。【說文解字卷十一】

◉劉心源　吕字吕文義求之。當是邕省。而涉于吕者。說文邕。四方有水自邕成池者。从川。从邑。籀文邕。此即雍之正字。籀文从川。象邕水成池形。吕此知宮躳皆从吕聲。必不如許說也。此用為廱。謂辟廱也。辟廱正是邕水成池。【古文審卷八】

◉王國維　盂鼎雝字作从。毛公鼎雝字作从。與籀文𨝎字皆象自邕城池之形。篆文作邕从邑。蓋吕之變。始為會意字矣。【史籀篇疏證】

◉陳邦懷　前編卷二第二十四葉　前編卷二第三十五葉

從巛即水字從口從隹。古辟雝字如此。辟雍有環流故從巛。或從〳。乃巛省也。口象圜土形。外為環流。中斯為圜土。或從囗與口誼同。盤卣臤尊亦均從囗。古辟雍有囿。鳥之所止。故從隹。說文訓為雍渠。非初誼矣。伯雝父鼎作。與此同。他金文或增口作吕。後又譌吕為邑。初形益不復可見矣。

說文解字邕下曰。邑四方有水自邕成池者。是也。從巛邑。讀若雝出籀文。竊疑𨝎從宮省。羅參事釋宮字。謂𨝎從宮省。甚諦。詳考釋文字篇。宮字條。巛象宮外有水。從宮省聲。故讀若雝。乃辟之本字。羅參事謂雝為古辟雝字。又謂許訓雍渠。非初誼。胥失之矣。【殷虛書契考釋小箋】

◉高田忠周　邕子甗　說文。四方有水。自邕成池者。从川从邑。籀文作。此邑在右川在左。亦同意也。此銘全文皆為左文。故如此耳。又籀文从吕。金文皆同。或省作□。其意未詳。愚竊謂邕字經傳皆以雝為之。書禹貢雍州。爾雅釋地。河西曰雍州。釋名釋州國。雍州。在四山之内雍翳也。此為邕字本義。故从川从邑。以為會意。邑於邑鬱抑之意又水邕成池。其池中州處處有之。故吕以象之。省作□亦同意。蓋謂邕亦壁廱本字。詩泮水箋。築土邕水之外圓如璧。即邕字轉義。後作廱以分別。所以字乳益多之理也。又邕字轉義為障也塞也。字亦作壅俗出也。蓋初借雝為邕。雝專行而邕字不用。於是雝字有二義。故塞義之雝。別加土作壅。以為一字耳。【古籀篇五】

◉林義光　東韻　說文云。邑四方有水自邕壅成池者是也。从川邑。讀若雍。按川邑無自壅成池之義。古作彔尊彝雍字偏旁。作毛公鼎雍字偏旁。皆象池形。邑字古或作格伯敦字偏旁。形與近。故篆譌从邑。【文源卷二】

◉馬叙倫　鈕樹玉曰。廣韻引者下有是也二字。而城作成。韻會引作四方有水自邕城池。嚴可均曰。城當依廣韻引作成。丁福保曰。五音集韻引四方有水自邕成池者是也。倫按邕篆當依籀文作為是。今篆從邑者。邑字或作。因此而譌也。從巛。吕聲。吕為宮之初文。故宰辟父敢。王在辟宮。即在辟雝也。𨝎為壅塞之壅初文。辟雍字當作宮或吕。故邕字次𨝎下巛上。今說解挩失。但存校語。廣韻引及鍇本四方句下有是也二字。其明證也。鍇本讀若雝亦校者加。

　陳邦懷曰。疑從宮省。巛象宮外有水。從宮省聲。故讀若雝。乃辟雍之本字。葉玉森曰。卜辭雝字作。吕即宮字所從之偏傍。聲與宮近。故宮雝竝由吕得聲。倫按毛公鼎雝字作。從與此同。籀篇晉時當有存者。故本書匋

下姚下皆引史篇。蓋倉頡之篆。本與籀同。傳寫𡿺為成邕。吕忱乃據史篇加此文。餘見邕下。【説文解字六書疏證卷二十二】

◉李孝定　邕字金文多从⚬⚬，⚬⚬乃宫之古文，邕从之為聲。【金文詁林讀後記卷十一】

◉戴家祥　邕从邑為會意，⚬⚬从⚬⚬為象形，皆表示城邑之義，邕作為地名，經傳皆以雝為之，如書禹貢之「雍州」，爾雅釋地「河西曰雍州」等。邕从巛从邑示環繞之形，引申出障義塞義，為了从字形上區別引申義，又加土旁寫作壅。【金文大字典下】

𡿧　𡿧

鐵五三·一　象洪水横流成災之形　鐵二七一·二　前一·五一·一　前二·三·四　前三·二六·三　前三·二六·四　前四·六·七　前四·一四·一　前四·一四·二　前六·四五·三　後二·三五·一　林一·八·九　林一·八·八　戩九·四　續五·一九·一〇　佚六一七　燕七一〇　甲一〇〇五　京津一六五八　京津一九二六　粹九三〇　京津一九三〇　鄴二下·三九·一二　陳九七　前二·二六·二　前四·五·六　前四·一二·二　前四·一四·五　後一·一一·一　後一·一三·二　後一·一四·一　佚一一三　佚二九四　燕三九二　甲一二七三　甲二六四二　京津一四一七　明藏三八八　粹二五二　粹九三二　存下五八五　用㣡為巛重見㣡下　前二·八·七　晚期卜辭巛从才為形聲字説文誤以為从一壅川　前二·一五·二　前二·一七·三　前二·一九·六　前二·二四·六　前二·三二·七　前二·三三·三　後一·一三·一一　菁九·一一　佚一九七　或从水　佚二九一　福九　燕四八　燕五一　甲一八三七　甲二一八九　京津四五一八　京津五三〇二　京津五三三三　京津五三三六　明藏七四五　明藏七八七　粹九二八　鄴三下·四九·一三　【甲骨文編】

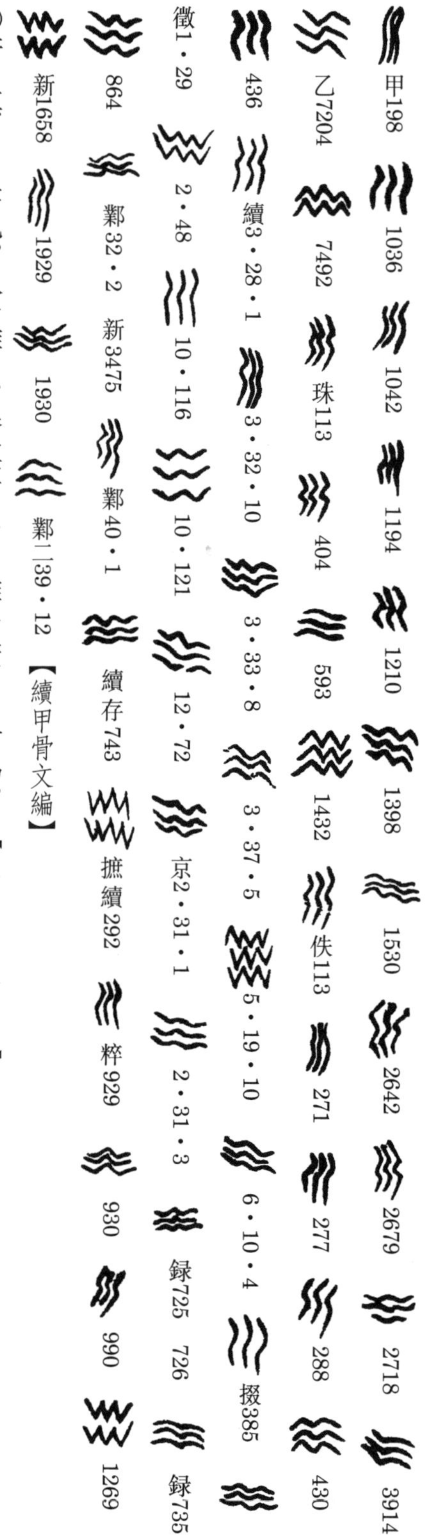

【續甲骨文編】

◉許　慎　巛害也。从一雝川。春秋傳曰。川雝為澤凶。祖才切。【説文解字卷十一】

◉羅振玉　巛象水壅之形。川壅則為巛也。其作巛巛等狀者。象横流氾濫也。【增訂殷虚書契考釋卷中】

◉葉玉森　巛巛巛巛巛𢦏𢦏巛説文巛。害也。从一雝川。森按古代洪水為巛。故契文巛象洪水。巛巛巛三形。尤顯浩浩滔天之勢。變作𢦏𢦏。从才才乃才省。𢆉古文才。與在通。‖仍象洪水。在洪水中。受巛之誼益著。篆文與巛合。所从之十。即才之省變。許君謂一雝川非也。【説契　學衡第三十一期】

◉王　襄　殷契巛字異文甚夥，略如右方所録。巛巛巛為水之横流，巛𢦏𢦏形巛之雍塞，更由巛害之誼，假借而用𢦏字。有从才从屮之下同。才為才之古文，與許書訓傷之𢦏形誼同。屮為才之變體，亦由𢦏衍出。由是見流變之趨勢。詳考武丁之世多用巛巛或𢦏與𢦏，祖庚、祖甲之世多用巛，廩辛、康丁之世多用巛巛，武乙、文丁之世多用巛𢦏𢦏，帝乙、帝辛之世多用𢦏，其大凡如此。𢦏與𢦏同，故卜辭於國名用𢦏或𢦏，如「允𢦏𢦏方」、「允既𢦏𢦏方」、「貞射矢𢦏方」諸文是。又「□戊王其射閔狼湄亾𢦏」、「畢亾𢦏」，又用𢦏，可證𢦏、𢦏與巛相通或相同也。【古文流變肊説】

◉商承祚　巛巛𢦏𢦏　説文巛。「害也。从一雝川。」于甲骨文中水巛曰巛。兵𢦏曰𢦏。火灾曰𡿧。後復孳乳為烖。灾。災。菑。甾。烖。金文有从戈之𢦏作𢦏(戎叔鼎)。𢦏(魚匕)。𢦏(鬲比盨)。【甲骨文字研究下編】

◉金祖同　我以為這字直竪看作𡿧。象有獸類的東西俯着土穴窺伺的形狀。……表示獸正鬬穴。就有巛的意思。【卜辭講話】

◉商承祚　巛巛巛巛巛巛巛　洪水為巛。其勢浩浩泛濫之形。【甲骨文字研究下編】

侃

◉孫海波 前二・五・五 二・二二・一 二・二三・二 甲骨文作，象川流形，一以雝之，川雝則為災也。【甲骨金文研究】

◉馬叙倫 徐鍇曰。指事。葉玉森曰。卜辭作。按古代洪水為巛。故此諸文象洪水。倫按甲文亦或作。從水横之。象水横流之形。指事。蓋水不順行為巛也。或作。則從川才聲。亦有省作。此即之省也。為形聲字。説解或皆非許文。【説文解字六書疏證卷二十二】

◉商承祚 甲骨文有如昔字所从同，又或作，《説文》，「害也，从一雍川。」川壅而潰，故泛濫成災。甲骨文又作，整齊之而為，象川道被土石壅塞之形，為其初義，至用為聲符，乃後世事。【石刻篆文編字説 古文字研究第五輯】

◉李孝定 契文此字異體頗多。作者。象洪水横流之形。當是初文。繼慮其與「水」無別。乃作从一雝川為會意。許君説不誤。繼復衍為。从乃之變。从水才聲為形聲。當屬晚出。契文作者。多屬弟一期卜辭。而五期多作。可證也。葉謂作之為之變。為在洪水中會意。其説並誤。卜辭恒言「亡巛」與「亡禍」。意同。按从。乃从才為聲。非象形也。哉𢦏亦从才聲。【甲骨文字集釋第十一】

◉徐中舒 象洪水横流之形。一期作，二、三期則、並作，自四期後增從才為聲符。初當為水害之專字，引伸而為災禍之意。【甲骨文字典卷十一】

侃 兮仲鐘 𣪘狄鐘 井人妄鐘 𤼈鐘 士父鐘 弔妣簋 或从水 昊生鐘 保侃母簋 萬尊 【金文編】

二〇〇：一八 宗盟類參盟人名【侯馬盟書字表】

1174 與士父鐘侃字同。【古璽文編】

崔希裕纂古【古文四聲韻】

◉許慎 剛直也。从㐰。㐰。古文信。从川。取其不舍晝夜。論語曰。子路侃侃如也。空旱切。【説文解字卷十一】

◉阮元 侃義同衎。玉篇云。侃。樂也。又强直也。是侃本訓為樂也。【積古齋鐘鼎彝器款識卷三】

◉高田忠周　侃叚借為衎。論語。冉有子貢侃侃如也。皇疏。和樂也。與下大夫言。侃侃如也皆是也。要重言形況耳。此銘意亦用為衎字也。【古籀篇五】

◉林義光　□（侃　寒韻）說文云。□剛直也。从㐰。㐰古文信也。从川。取其不舍晝夜。按㐰為古文信。無考。侃古作□（𢾔狄鐘）。作□（兮仲鐘）。从彡。（彡亦彡字見攸字穆字條。）不从川。侃者衎之古文。和樂也。（兮仲鐘用衎喜前文人。太保彝王衎太保。衎皆作侃。）和樂之言有文飾故从人口彡。論語冉有子貢侃侃如也。與下大夫言侃侃如也。皇孔並云和樂貌。冉有子貢之於孔子。孔子之於下大夫。皆無所用其剛直。剛直者謇謇之訓。（侃謇古同音。）漢以後相承以侃侃為剛直者誤也。太保彝王衎太保。衎作□。□即□省。从彳與篆衎字从行同意。石鼓維舟以衎。笴車載衎。則又變□為□。舊釋□為道。文義未合。道字諸彝器亦不作衜。【文源卷十】

◉馬叙倫　鈕樹玉曰。繫傳路作貢。依論語當作貢。然鍇本雖作貢。而省鍇曰。子路有問云云。恐本亦作子路。為後人轉改耳。孔廣居曰。從信省。川聲。翟云升曰。當作㐰聲。倫按剛直也非本義。亦非本訓。侃從川㐰聲。㐰從人得聲。人聲真類。真元近轉。故侃聲入元類。猶人元一字而𢍱亦入元類矣。疑侃為沇之轉注字。同舌根音也。沇下曰。㳄沇。大水也。故次𡿧下。剛直也者。當為剛也直也。剛也者。借侃為剛。直也者。信之引申義。㐰古文信及取其以下皆校語。各本繫傳竝無㐰古文信也五字。【說文解字六書疏證卷二十二】

◉裘錫圭　在殷墟甲骨文中一般認為屬於三、四期的無名組卜辭裏，屢見「□王」之語，「王」上一字也可以寫作□、□、□、□等形（參看《殷墟甲骨刻辭類纂》872—873頁。以下簡稱此書為「類纂」）。為了行文方便，下文以「△」作為它們共同的代表。

「△」究竟應該釋為什麼字呢？這需要從金文裏的有關資料談起。

在時代較早的銅器銘文裏，可以看到寫法跟殷墟卜辭□字相合的字。其用作族氏或人名者，《金文編》當作未識字收入附録，即竹□父戊方彝的□和父辛爵的□（《金文編》1250頁）。其用作一般詞語者，見於兩件西周前期銅器，《金文編》收入「逬」字條（107頁）。現在把這兩件銅器的銘文引録於下：

王伐彔子耶。𢽍氒反，王降征令于大保，大保克芍（敬）亡𢧡（譴）。王□大保，易（錫）休余土。用茲彝對令。

太保簋，《金文總集》2675

中爯乍（作）又寶彝，用卿（饗）王逆□。

仲爯簋，《金文總集》2348

前人多把這個字釋為「永」或「𠂢」。這跟釋甲骨卜辭的△為「永」或「𠂢」一樣，在字形和文義上都有問題。《金文編》由於仲爯簋

「用卿王逆〔字形〕」的文例跟矢作丁公簋和伯者父簋的「用卿王逆遊」相類，就把這個字收入「遊」字條，根據也嫌不足。還有學者把這個字釋為「徒」、「旅」、「道」或「从」（參看周法高《金文詁林附録》1311—1316頁），都顯然不可信。

林義光《文源》10·5下「侃」字條釋太保簋〔字形〕字為「衎」，他說：

侃古作〔字形〕（戱狄鐘），作〔字形〕（兮仲鐘），从彡（彡亦彡字，見攸字、穆字條），不从川。侃者衎之古文，和樂也（兮仲鐘「用衎喜前文人」、太保彝「王衎大保」，衎皆作侃），和樂之言有文飾故从人口彡……太保彝（引者按：即太保簋）「王衎太保」，衎作〔字形〕，〔字形〕即〔字形〕省，从彳與篆衎字从行同意。石鼓「維舟以衎」、「筍車載衎」，則又變〔字形〕為〔字形〕。

林氏以為「侃」字从「人」、「口」、「彡」，又以為石鼓文之「衎」與「〔字形〕」為一字，恐不確（卜辭的△的確既可作〔字形〕又可作〔字形〕，但石鼓文二「衎」字皆與陽部字為韻，恐仍當從一般說法釋為「衍」）。不過，他把跟「侃」聯繫起來，則極富啓發性。

西周金文「侃」字一般作〔字形〕一類字形，但是時代較早的保侃母簋（《金文總集》2353）和萬尊（同上4874）則作〔字形〕和〔字形〕（參看《金文編》743頁）。萬尊說「用□〔字形〕多友」，〔字形〕字用法跟西周金文絕大多數「侃」字相類，其為「侃」字絕無可疑。西周前期金文中還有〔字形〕字，見於保〔字形〕母壺（《金文總集》5730）。這顯然是卜辭〔字形〕字的一種晚起的寫法，「口」形下的「十」當是不應有的羡畫，斜豎就是表示删去的記號（《金文總集》4779日戊尊器主之名作〔字形〕，字形與卜辭更為接近，此尊時代當不晚於殷末周初）。上引壺銘之字如果省去「彳」旁，就成為保侃母簋的「侃」字了。不少學者認為保𠈇母壺和保侃母簋為一人所作，很可能是正確的。壺銘字體較簋銘為古，可能壺是保侃母較年輕時鑄造的。卜辭的△既可寫作〔字形〕也可寫作〔字形〕，後者應該是前者孳生的一個字。既已明白「侃」字即由〔字形〕字省變而成，就可以知道林義光把「〔字形〕」和「侃」聯繫起來是非常有道理的。不過根據我們的分析，「侃」字比〔字形〕字出現得晚，林氏說「〔字形〕」从「侃」省，把這兩個字出現的次序弄顛倒了。

柯昌濟《殷墟書契補釋》認為甲骨文「〔字形〕、〔字形〕並為衍字」（《集釋》3325頁），同人《韡華閣集古録跋尾》疑太保簋的〔字形〕也是「衍」字（《金文詁林附録》1312頁）。這也是十分值得注意的意見。

從前面的討論可以知道，〔字形〕的字音應該跟「侃」相同或相近。「衍」、「侃」二字的古音正好很接近，《說文》「愆」字籀文作𠍮，蔡侯鐘「愆」字从「心」从「侃」（《金文編》721頁），可證。所以從字音上看，釋為「衍」是合理的。從字的形義看，「永」和「〔字形〕」既由一形分化，後者的本義就應該具有與「永」的本義使用同一表意字形的條件。「永」的本義是水長（《說文·十一下·永部》：「永，長也，象水巠理之長。詩曰：江之永矣。」），「衍」本指水的流布漫衍，正合乎上述條件。甲骨、金文的「永」字，有不少像是從「人」的。早在賓組卜辭裏就可以看到一些很像是从「人」的「永」字，如見於《合》656正、1076正、3898正等片的「永」。但是賓組卜辭的大多數

「永」字都作□一類字形，「卜」顯然與「人」無關。從「卜」的兩側可以加小點來看（實例已見上文），它應該是象水流的。《説文》説「永」字「象水巠理之長」，可信。殷墟卜辭中屢見一個从「永」从「克」的人名（參看《類纂》874頁）。這個字所从的「永」有寫作□（《屯南》2150）的，更可證「永」所从的「⺊」或「⼁」本象水流。好像是从「人」的□□一類字形，應是由□□一類字形訛變而成的。古文字从「彳」从「行」多不别。把从「彳」从水流形的字看作从「水」从「行」的「衍」字的初文或異體，是很合理的。林義光釋□為「衍」，合於字音的條件，但在形義上有問題。所以我們認為應該從柯昌濟之説，把這個字釋為「衍」。

無名組卜辭時常把「△王」、「王△」的「△」寫作□。它的「□」旁如果也是水流的訛形的話，這個字當然就更應該釋作「衍」了。但是也有可能它的「□」旁確是「人」，那麽這個字就有可能並非「衍」字，而是一個可以跟「衍」通用的字。這個字還見於跟「△王」、「王△」無關的一些卜辭，如《合》4910、《英》2262、《合》33189、33190等，有待進一步研究。

至於殷墟甲骨文中被很多學者釋為「衍」的、寫作□□等形的字，雖然有可能是「衍」字的另一種寫法，但是也有可能是另一個字，而且可能是跟「衍」連通用關係也没有的一個字。郭沫若釋此字為「巡」（《集釋》3305—3306頁），《甲骨文編》將此字隸定為「□」（84—85頁），《類纂》將此字隸定為「□」（878頁）或「□」、「□」（1475頁），都不從釋「衍」之説。

古文字中，「口」、「言」、「心」用作表意偏旁時，往往可以通用。據此，「△」的各種加「口」的寫法，似乎可以釋為籀文作「諐」的「愆」字。但是上述現象一般出現在時代較晚的古文字中，考慮到殷墟甲骨文的時代比較早，似乎還是把「△」的各種加「口」的寫法看作為了表示「衍」的某個或某些假借義或引申義而造的分化字妥當。由於「侃」字是由「衍」字加「口」的寫法省變而成的，為方便起見，似可把「△」的各種加「口」的寫法直接釋作「侃」。

下面再來討論「△王」、「王△」的意義。這也需要先從金文「侃」字的用法談起。

西周銅器銘文中「侃」字屢見。鐘銘一般説「侃」先人：

用喜侃皇考　　士父鐘，《金文總集》7088等

用喜□（可能是「衍」字的形聲異體，借為「侃」）前文人　　昊生鐘，同上7060

用侃喜前文人　　兮仲鐘，同上7009等

用追考侃前文人　　井人鐘三、四，同上7049、7050

用卲各喜侃樂前文人　　𤼈鐘一，同上7158

飲食器銘則説「侃」朋友等人：

用□侃多友　　萬尊，同上4874

用侃喜百生(姓)、倗友　　弔姒簋，同上2674

《積古齋鐘鼎彝器款識》解釋叔丁寶林鐘(即士父鐘)「侃」字說：

侃義同衎。《玉篇》云：侃，樂也，又强直也。是侃本訓為樂也。3·7上

其言甚是。訓樂的「侃」和「衎」，其實本是同一詞的異寫(參看前引林義光關於「侃」字的意見)。

《詩經》用「衎」字：

君子有酒，嘉賓式燕以衎。　　《小雅·南有嘉魚》

烝衎烈祖，以洽百禮。　　《小雅·賓之初筵》

奏鼓簡簡，衎我烈祖。　　《商頌·那》

上引第一、三兩詩毛傳和第二詩鄭箋，都訓「衎」為「樂」。

殷墟卜辭的「△王」、「王△」，應該讀為「侃王」、「王侃」，也就是「衎王」、「王衎」。「△」或寫作「衍」，「衍」字古與「衎」通。《易·漸·六二》「飲食衎衎」，馬王堆帛書本「衎衎」即作「衍衍」(參看高亨、董治安《古字通假會典》184頁)。「△」的各種加「口」的寫法，大概就是為「衍」的假借義「侃」(衎)而造的分化字，所以後來就省變成了「侃」字。把意義跟「悔」相反的「△王」、「王△」讀為「侃王」、「王侃」，顯然是合適的。「王侃」就是王喜樂。「侃王」就是使王喜樂，文例與「侃前文人」、「侃多友」相類。卜辭說「侃王」，一般是卜問所準備進行之事能否使王喜樂，或能否得到使王喜樂的後果。如前面引過的田獵卜辭(2)(3)(4)(5)，都將「無災」、「擒」與「侃王」或「王侃」放在一起說。田獵如無意外，並有擒獲，王當然就會喜樂了。

賓組卜辭或言「不□」(《合》4913)，究竟應該釋為「不永」，還是釋為「不衍」，並應如何解釋，都有待研究。無名組卜辭或言「不□」(《合》26883、27100)，「□」可釋為「侃」，但是在這裏究竟應該當喜樂講，還是應該讀作別的字，也還有待研究。

太保簋「王衍太保，錫休余土」的「衍」，應從林義光讀為「衎」。對簋銘的這句話可以有兩種理解：或理解為王因太保有功而喜樂，故賜以土地；或理解為王為了使太保喜樂，賜他以土地。按照後一種理解，「侃太保」的文例與卜辭的「侃王」和銅器銘文的「侃多友」等一致。所以我們傾向於這一種理解。

對仲冉簋的「用饗王逆衍」，由於矢作丁公簋等器的「用饗王逆遄」等相類語句尚未得到確解，目前也難以作出確解。這裏姑且提出一個不成熟的意見。「衍」「延」古通(參看《古字通假會典》177頁)，「逆衍」也許應該讀為「逆延」。「延」字古訓「引」(《呂氏春

州

秋・重言》「延之而上」高注：「延，引也」），訓「進」（《儀禮・覲禮》「擯者延之曰升」鄭注：「延，進也」），「逆延」也許指王派來迎逆延請臣下的使者。伯父鼎說「用饗王逆事人」（《金文總集》1022），叔趞父卣說「用饗乃辟軝侯逆出内事人」（同上5508），這是我們把仲再簋的「逆衍」理解為王的一種使者的根據。

最後，簡單概括一下本文的主要意見。我們認為在殷墟甲骨文裏，「永」和「衍」這兩個詞本來是用相同的字形來表示的，後來出現了分化傾向，一般以、等表示「永」，、等表示「衍」，這一分化在殷末應已完成。「王」、「王」的當釋為「衍」，讀為「侃」（衎）。可能是「衍」的異體，但也不能排除是另一個可以跟「衍」通用的字的可能性。（包括、等形）是表示「衍」的假借義的分化字，到西周時代省變成為「侃」字。【釋「衍」「侃」 魯實先先生學術討論會論文集】

前四・一三・四 與說文古文同 乙五三二七 輔仁二四 州臣 官名 粹一六二 州臣 【甲骨文編】

粹262 前4・13・4 【續甲骨文編】

州 說文古文州 戈文 井侯簋 鬲比盨 散盤 越王州句矛 越王州句劍 【金文編】

〔三六〕〔三六〕〔一九〕〔三六〕〔七三〕〔三六〕〔二〕〔五八〕〔四六〕〔五〇〕〔一九〕〔二〕〔三六〕〔三六〕〔三六〕〔四七〕〔四六〕〔三九〕〔一九〕〔一九〕〔一九〕〔四六〕〔五〇〕〔二〕〔七三〕〔三六〕〔一八〕〔三八〕〔一九〕〔三二〕〔七四〕〔三九〕〔三九〕〔三五〕〔一八〕〔七〕〔一八〕【先秦貨幣文編】

布尖 平州 晉太 仝上 布尖 平州 晉交 布尖 平州 晉交 仝上 晉盂 仝上 布尖 平州 晉原 仝上 仝上 布尖 平州 晉高 仝上 仝上 布尖 平州 曾高 仝上 仝上

布尖　平州　晉高　仝上　布尖　平州　冀靈　布尖　平州　亞三・四三　仝上　仝上　亞三・四二

布尖　平州　亞三・四二　仝上　亞三・四三　仝上　典三七九　布尖　平州　典三八四　【古幣文編】

42　126　142　【包山楚簡文字編】

州　法一〇〇　二例　【睡虎地秦簡文字編】

九—不坪(乙5—4)　【長沙子彈庫帛書文字編】

1722　0046　1307　1325　0184　【古璽文編】

靈州丞印　冀州刺史　州長遂印　州徵史印　京州韓聶　州解事印　【漢印文字徵】

張表碑領　陽識　景君銘領　朱龜碑領　魏元丕碑領　【石刻篆文編】

州見尚書　州　【汗簡】

古尚書　竝崔希裕纂古　【古文四聲韻】

◉許　慎　水中可居曰州。周遶其旁。从重川。昔堯遭洪水。民居水中高土。或曰九州。詩曰。在河之州。一曰。州。疇也。各疇其土而生之。臣鉉等曰。今別作洲。非是。職流切。古文州。【說文解字卷十一】

◉吴大澂　古文州。象水中可居之地。散氏盤。【說文古籀補卷十一】

◉羅振玉　散氏盤亦作。今許書作者。傳寫譌也。州為水中可居者。故此字旁象川流。中央象土地。【殷虚書契考釋卷中】

◉林義光　州　幽韻　說文云。水中可凥居者曰州。水匊周繞其旁。从重川。按重川非義。古作散氏器。象川中有地可居形。【文源卷二】

◉高田忠周　卜辭濵字作。金文潮字右旁作作。象水朝宗于海之形。然此篆之。亦與彼文同意。以象川之

兩際。又州。以象州土與遶水。亦是一種象形文字。不必屬於川系也。【古籀篇五】

◉商承祚　金文散盤周公毀作州。皆象中央有高原而水繞流之。小篆作州。乃傳寫之譌誤也。【甲骨文字研究卷下】

◉孫海波　州前四・十三・四　州周公毀　州散氏盤

甲骨金文俱作州。兩旁象川流之形。中象高土可居也。【甲骨金文研究】

◉馬叙倫　鈕樹玉曰。韻會引居下有者字。無曰字。遶作繞。是也。遶俗。生之作生也。宋本或字非。翟云升曰。類聚引故曰作故名。御覽引無如字。徐灝曰。或曰九州者。以九州為字之本義也。倫按本作周也。以聲訓。今捝。水中以下十字及昔堯以下皆校語。一曰疇也者。風俗通。周禮五堂為州。州。疇也。蓋一本有疇也一訓。吕忱或校者加也。水中可居者曰州。此爾雅釋水文。爾雅多借字。州從二水。未見水中可居之義。倫謂州實象水相糾起伏成潮。其語原蓋與糾同。為淖之初文。倫目論浙江潮形如此。會意之文。本屬於形系。故州字象潮形。或曰。本書。㴱。小水入大水也。管子度地。水之出於他水溝流于大水及海者命曰川。川字蓋州之譌。山海經北山經。倫山有獸焉。其川在尾上。郭注。川。竅也。爾雅釋畜。白州。驠。郭注。州。竅也。廣雅釋親。州。臀也。是竅謂臀。州訓臀者。借為尻字。聲同幽類。則川為州譌之例證矣。州聲幽類。㴱聲侵類。幽侵對轉。是州從水。會小水入大水之義。為㴱之初文。倫謂小水入大水不可以象形會意造字。故㴱字為形聲。管子蓋州為㴱。或曰。甲文有巛。從水從三。三即水也。三在川中。川為大水。以三表小水。此指事。為㴱之初文。本書輈字從舟得聲。而金文莊伯敢作輈。盂鼎作輈。甲文巛亦作舟。是舟聲乃舟聲之譌。而舟聲如舟。舟州音同照紐三等。聲同幽類。故轉注字作㴱。管子川字亦為巛或舟之譌。由巛州形聲並近。故今存州而失巛矣。倫謂州巛實一字。潮音澄紐。澄與照三同為舌面前音也。由古謂水中可居者曰州之字本作州。從水。丩聲。州即洲也。以形與州近。故誤以州為州耳。巛字亦會水相起伏意。卜辭。貞巛。蓋即卜潮。若是㴱則無用卜也。至於甲文衍字作衍。汝字作汝。溝字作溝。濼字作濼。皆從巛者。金甲文偏旁每多通用。以巛從二水。故即以為水。水中可居之字。若以象形會意造字。則當如圖畫中於水中畫一陸地。州固非其形也。且本書。小洲曰渚。小渚曰沚。字皆從水。是正與州字同例。而小沚曰坻則從土。明土是可居者也。今本書捝洲字。而其義誤在州下。州之本義因之不明。或曰九州者。或當依鍇本作故。九州皆以大水為彊理。故吕忱或校者以此為本義。然實不能以九州為州之本義也。段王諸家皆以詩關雎在河之洲洲字為俗。循徐鉉之説。而亦未悟於從二川因無可居之義也。金甲文有州無州。

州　李杲曰。書契作州。高比鼎作州。古鉨作州。竝與此同。證以此等文字。則五國經謂鉨匋及説文古文皆六國文

字。殆不然矣。倫按散盤作。周公敢作。于㽙以之中間三虛處象可居之地。商承祚謂此字中央象土地。皆由未明州洲本非一字也。倫謂此從巛丩聲。乃水中可居者。今所謂島也。沚渚泜皆其轉注字。【說文解字六書疏證卷二十二】

◉商承祚　說文州。水中可居曰州。周繞其旁。从重川。。古文州。案甲骨文作。金文周公毁作。古鉩作。與此同。皆象中央土地。兩旁川流。【說文中之古文考】

◉高鴻縉　字倚川字。畫其中有高地之形。而其意為州。州。川中高地也。實取所畫之◊。而非直接原於川。故為由物生意。名詞。後借用為地域區劃之名。如荊州揚州等稱。久而成習。乃又加水為意符作洲。以還水州之原。今兩字分行矣。【中國字例二篇】

◉楊樹達　甲文與古文同。中畫中心象州，為本形，餘象四周水形。如但作○形，則州義不顯，故必以四周水形旁襯出之。水為他形，示州之所在也。【文字形義學】

◉李孝定　契文象水中高土之形。羅釋州可从。許書古文變巛為八。形體略誤矣。金文作散盤。周公簋。鬲比盨。齊侯鎛。形體並同。小篆从三～形。已譌矣。【甲骨文字集釋第十一】

鐵二〇三・一　鄴初下三三・二　前四・一七・一　後二・三・六　後二・三・七　後二・三九・一五　菁一一・一六　林二・二一・一〇　甲五七〇　甲九〇三　拾一二・八　甲二七八八　甲三九一九　簠文四　簠文五　京津一九二九　存下一五四　明二二四二　明二二五七　佚九四四　前二・一五・一六　泉　見合文一六【甲骨文編】

甲903　乙3404　3865　4066　佚944　續5・29・3　徵12・5　徵12・4　鄴33・2　外93　新1929【續甲骨文編】

關中上 1・46【古陶文字徵】

泉 泉 日甲三七背 【睡虎地秦簡文字編】

商承祚釋泉 又—𠂤洹(甲2—24)，出自黃—(甲7—10) 【長沙子彈庫帛書文字編】

右泉苑監 斡官泉丞 赤泉邑丞 泉府 【漢印文字徵】

少室石闕 開母廟石闕 丞零陵泉陵薛政 石經僖公 盟于狄泉 【石刻篆文編】

泉 泉出石經說文 【汗簡】

石經 汗簡 雲臺碑 並崔希裕纂古 說文 【古文四聲韻】

◉許 慎 水原也。象水流出成川形。凡泉之屬皆从泉。疾緣切。【說文解字卷十一】

◉劉心源 鐘鼎文中屢見泉。王釋為乳。阮云乳字象形。吕吴侃叔解王母為適母。乳母為生母。其說甚碻。不知篆形一譌。所解亟不必論也。案此實泉字。說文作云。水原也。象水流出成川形。敔敲伐浪昴參。即此字。王氏又釋為怡。何不能自主也。王莽錢文曰。大五十。與此同。又散氏盤表于，原道之原作。竝可證此鼎之必非乳字也。路史國名紀。黃帝後泉下云。故伊闕縣北有泉亭姓源云。黃帝子任姓之裔封泉。是則此泉母氏泉。猶穌邵妊鼎之號。妃魚母鑄公簠之孟。妊車母伯元匜之孟。媯娟母皆系母姓為偁耳。【古文審卷二】

◉孫詒讓 □象㝵。二百三之一。〔八一〕《說文·泉部》。泉。水原也。象水流出成川形。此形略緐中有四點或象水形。或是甲㙯痕。未能決定也。〔八二〕「□泉」當是地名。惜只存半字。不可辨。【契文舉例卷下】

◉羅振玉 說文。泉。水原也。象水流出成川形。此从象从石罅涓涓流出之狀。古金文原字从散盤。與此略同。新莽錢文曰。大泉五十。泉字作。尚略存古文遺意。【增訂殷虛書契考釋卷中】

◉林義光 泉 寒韻 說文云。水原源也。象水流出成川形。按古作散氏器原字偏旁。象水出穴之形。【文源卷二】

◉商承祚

說文泉。「水源也象水流出成川形。」此从。象从石罅涓涓流出之狀。金文作（克鼎散盤原字偏旁。）與此同。【甲

骨文字研究卷下】

◉馬叙倫　鈕樹玉曰。韻會形下有也字。倫按説解蓋本作原也象形。今為校者所改。故錯本形下有也字。【説文解字六書疏證卷二十二】

◉徐協貞　古泉字。亦方名。古為貨泉。為錢之本文。錢為後起字。周禮地官泉府注。泉或作錢。史記天官書下有積錢注。錢古作泉。山海經西山經。華山之首曰錢來之山。畢沅曰。古者錢泉通字。錢來之山以泉來得名。山在今河南閿鄉縣泉方領域。或即在此。晉有歷陽太守錢鳳。唐末吴越王錢鏐。又南史有泉企泉錢兩姓並存。如吴虞董重等是。兩姓均泉方後也。【殷契通釋卷一】

◉孫海波　藏二百三・一　拾十二・八　後下・三・六　後下三九・十五　説文云。水源也。象水流出成川形。甲骨作者。象泉从石罅涓涓流出之狀。金文原字偏旁作。與此同。【甲骨金文研究】

◉商承祚　為泉，其字亦見七行「黄泉」。甲骨文泉作，金文「原」字偏旁作，《説文》淵之古文作，我據以釋甲骨文之為淵。此形與上二者相接近。泉、淵，音近義屬，故相通用。【戰國楚帛書述略　文物一九六四年第九期】

◉嚴一萍　泉　石經春秋僖二十九年泉作，與繒書同。商氏釋「晨」，誤。【楚繒書新考　中國文字第二十六册】

◉戴家祥　矢人盤　彝于厂湶　字从水从。泉字篆文作，與形同，湶字説文所無。説文淵或作淵，金文作或作，水旁是重複形符，為進一步明確表示水的含義而添加的。由此，知湶亦為泉之加旁字也。説文，十一篇「泉，水原也，象水流出成川形」。盤銘「厂湶」為地名。【金文大字典中】

◉吴振武　在晚周燕國銘刻資料中，有一個寫作形的字（為便於印刷，以下用△號代替此字），見於下揭各條：

(1) △坣都皽　燕王職戈背文　《文物》1982年8期圖版捌・2（附圖1）

(2) △峾山金貞（鼎）鍴　燕官璽　《璽彙》63・0363（附圖2）

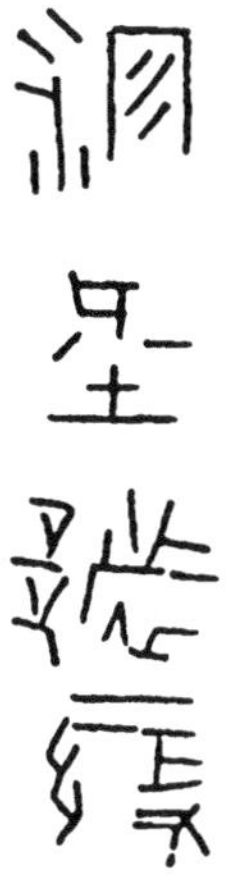

1

2

3

(3) 鑾△　燕私璽　同上243・2508（附圖3）

資料(1)1973年出土於河北易縣燕下都23號遺址。資料(2)舊見陳漢第《伏盧藏印》等譜録，今藏北京故宫博物院；全璽照片見羅福頤先生主編的《故宫博物院藏古璽印選》18頁（編號92，文物出版社，1982年）。資料(3)據《璽彙》，今亦藏北京故宫博物院。(1)、(2)兩條中的△字，和其他字組成地名；(3)中的△字，則用作人名。對釋讀來説，(1)、(2)是關鍵性資料。

關於△字，舊有「源」、「湞」、「潮」等不同釋法。釋「源」的有：强運開《説文古籀三補》，11・4上，1934年，僅指(3)。釋「湞」的有：裘錫圭《戰國璽印文字考釋三篇》，《古文字研究》第10輯，86頁，中華書局，1983年，僅指(3)。朱德熙《戰國文字中所見有關廄的資料》，國際中國古文字學研討會論文集編輯委員會《古文字學論集》初編，416頁，香港中文大學中國文化研究所吴多泰中國語文研究中心，1983年，僅指(2)，釋為「湞谷山金鼎鍴」。何琳儀《戰國文字通論》，98、103頁，中華書局，1989年；又《釋湞》，4—5頁，中國古文字研究會第8屆年會論文，油印本，江蘇太倉，1990年；又《古璽雜釋再續》，《中國文字》新17期，292—293頁，中國文字社，1993年；何氏釋(1)為「湞□𨛫（都）緐（長）」，釋(2)為「湞（朝）汕（鮮）山金貞鍴」。釋「潮」的有：陳漢平《屠龍絶緒》，338—339頁，黑龍江教育出版社，1989年，僅指(2)、(3)。又，《璽文》列於附録，420頁第3欄。其中比較流行的是隸釋為「湞」，多年前，筆者也曾一度相信過。

其實，這些釋法都是有問題的。拿影響最大的釋「湞」來説，我們可以用燕及相鄰地區已知的「舟」或「舟」旁作比較：

燕：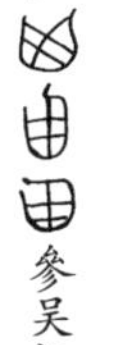參吴振武《釋「受」並論盱眙南窑銅壺和重金方壺的國别》，《古文字研究》第14輯，51—59頁，中華書局，1986年；又《璽彙》300・3196「重朱(稠)」、234・2407「梋（椆）□」、234・2408「梋椆津」、376・4094「喬生逿(履)」。

中山：參張守中《中山王礜器文字編》48頁「朕」、39頁「受」，中華書局，1981年。

三晉：參裘錫圭《戰國貨幣考（十二篇）》，《北京大學學報》哲學社會科學版1978年2期，69—71頁；又《古文字釋讀三則》，

四川大學歷史系《徐中舒先生九十壽辰紀念文集》，10—13頁，巴蜀書社，1990年。

齊魯：參吴振武《釋戰國文字中的从「𪓐」和从「朕」之字》，《古文字研究》第19輯，495—497頁，中華書局，1992年；又《三代》10·19下—10·20上齊陳曼瑚「𦨶」，8·35上齊侯敦「朕」。

很明顯，「舟」字無論怎麼變，都不出現點狀筆畫。所以，把△字看成从「舟」，是有困難的。特別值得注意的是，在燕國私璽中，同時存在下揭二字：

《璽彙》243·2516

劉仲山《擷華齋印譜》(1895年)原璽陽文，《璽彙》漏收。羅福頤《古璽文字徵》(1930年)附録21曾收。

前者从「舟」从「頁」，了無疑義，林澐先生謂當釋「履」1990年林先生面告。參看裘錫圭《西周銅器銘文中的「履」》，《甲骨文與殷商史》第3輯，427—435頁，上海古籍出版社，1991年。後者雖不易釋丁佛言《説文古籀補補》(1925年)釋為「頣」(12·2下)，殊不可信。但跟前者比較，可以肯定其左邊所从絶非「舟」旁。由此亦可推斷，△字也絶不會是从「舟」的。

過去之所以把△字看成从「舟」，主要是因為小篆「朝」字或从「舟」作(《説文》謂从「舟」聲)，而六國古文中的「朝」字則作：

朝歌右庫戈《金》461頁

三晉私璽《璽文》169頁

等形，遂使人以為這些「朝」字右邊所从都是「舟」旁，並由此推導出△字也是从「舟」的。實際上，這些「朝」字右邊所从均非「舟」旁。西周金文中的「朝」及「朝」旁或作：

《金》460、659頁

右邊所从均象河川形，乃用以表水，與「舟」無關。這種从河川形偏旁的「朝」字，實即「潮」之本字。上揭六國古文「朝」字前一形即由這種「朝」字演變而來，其右邊所从仍表水，亦與「舟」無關。後一形所从和△字右旁同，我們可以推測它跟前一形所从存在某種關係(詳下)，但絶非「舟」旁是可以肯定的。從今天我們已知的戰國各地「朝」字看，小篆「朝」字从「舟」的寫法顯然是從秦文字那繼承來的，先秦古文字中所見的「朝」字，只有石鼓文明顯从「舟」，寫法和《説文》最為接近。看郭沫若《石鼓文研究、詛楚文考釋》25及222頁，科學出版社，1982年。它不能證明六國古文中的「朝」字也一定是从「舟」的。

總之，△字釋「㴇」是不能成立的。至於釋「源」或釋「潮」，雖然字形上似乎都有點根據，但在地名解讀方面卻無能為力，因此也同樣難以使人信服。

我們認為，△字實際上應該釋為「湶」，即「泉」字異體。下面先說字形。

兩周金文中「泉」旁習見，較常見的寫法有：

《金》411、682、744頁，又《三代》9·21下—9·24上師酉簋「𩛥」。

△字右邊所从，即由此演變而來。其演變方式，跟上揭「朝」字右邊所从十分相似：

拿它跟戰國文字資料中所見的其他「泉」或「泉」旁相比較：

燕：

三晉：《三代》12·8上盛季壺「𣾰」（在銘中借為「㾓」）。此「泉」旁係李家浩先生釋出，1984年承裘錫圭先生函告；參李家浩《戰國官印考釋（六篇）》，7頁注釋㉗，中國古文字研究會第9屆年會論文，油印本（僅選印「壹、叁、伍」三篇），南京，1992年。又，與此寫法相近的「𣾰」字亦見於河南登封陽城遺址所出陶文，《古文字研究》第7輯228頁圖貳柒，中華書局，1982年。

楚：《包簡》圖版六五·143、三八·86，又三七·85「謜」。

秦：陳漢第《伏廬藏印》37頁「慎愿敬言」，上海書店1987年影印本。

字形上也說得過去。泉跟水有關，所以「泉」字可以再增「水」旁作「湶」。這就好比「㴇」亦作「淵」參《金》735頁；又商承祚《石刻篆文編》11·12下，科學出版社，1957年。漢代金石文字中的「泉」字作「湶」者習見，參漢語大字典字形組《秦漢魏晉篆隸字形表》820頁，四川辭書出版社，1985年。這也是大家所熟知的。【燕國銘刻中的「泉」字　華學第二輯】

⿱緐泉

緐　牆盤　緐髮多孷　【金文編】

⿱緐泉侯相印　【漢印文字徵】

◉許　慎　⿱緐泉泉水也。从泉。緐聲。讀若飯。符萬切。【說文解字卷十一】

◉馬叙倫　錢大昕曰。⿱緐泉字不見於他書。予謂讀若飯之飯蓋阪之誤。黃帝戰於阪泉。阪即⿱緐泉也。列音來紐。古讀歸泥。鯢音疑紐。泥疑同為邊音。或轉注字。或俗謂鯢如鬻。【說文解字六書疏證卷二十二】

灥

◉于豪亮　㝬明亞且(祖)且(祖)辛，㪉(甄)屖(毓)子孫䋣娋多孷(釐)，齊角龔光，義其𧝁(禋)祀。「䋣娋」䋣讀為蕃，《詩·椒聊》「蕃衍盈升」，《白氏六帖》卷十八引作「繁衍」。《左傳·定公四年》「封父之繁弱」，《文選·上林賦》「彎蕃弱」作蕃弱。凡此皆繁讀為蕃之證。因此䋣亦得讀為蕃。娋為古髮字，見《漢簡·中之二第四》引裴光遠《集綴》。在銘文中以音近讀為奔(娋與奔同為幫母字，又同為月部字)。《說文·大部》：「奔，大也。」因此䋣娋讀為蕃奔，蕃奔與《國語·周語》「故能保世以滋大」的滋大涵義相同。【牆盤銘文考釋】

◉銀雀山漢墓竹簡整理小組　聲樂蘩充而世茲衰　簡文「蘩」字當即《說文》「䋣」字異體，借為「繁」。明本「茲」作「滋」，「世」下有「德」字。【銀雀山漢墓竹簡〔壹〕】

◉戴家祥　史牆盤䋣假作緐，為多的意思。銘文「䋣猶多孷」，猶云福壽繁多。叔向𣪘「降余多福繁釐」，繁字作緐是其證也。【金文大字典中】

灥似均切 【汗簡】

汗簡 【古文四聲韻】

◉許　慎　灥三泉也。闕。凡灥之屬皆从灥。詳遵切。【說文解字卷十一】

◉馬叙倫　吴穎曰。三泉猶二水之例。鈕樹玉曰。玉篇注同。無闕字。嚴可均曰。此亦無所闕。見𣏟字下。段玉裁曰。闕其音也。今音詳遵切。依附泉之雙聲為之。饒炯曰。以厵從灥而重文作原。則灥亦泉之重文。猶猋從三犬𠃧從三乃耳。倫按泉之茂文也。以厵字從之。故為部首。三泉也蓋字林文。【說文解字六書疏證卷二十二】

厵

原　雍伯原鼎

克鼎

散盤 【金文編】

5·117　咸少原龍

5·122　咸原少角

5·125　咸原少嬰

香錄 11·2　獨字 【古陶文字徵】

原　法一九六　二例 【睡虎地秦簡文字編】

江原右尉　五原太守章　五原太守章　原利里附城　大原太守章　原都馬丞印　原涂子印　原鹿長印　原鄉左尉　原既　原國私印　原陵友印　原賀印　楊源私印　【漢印文字徵】

泰山刻石　本原事業　與說文之篆文同　開母廟石闕　□□其原　祀三公山碑　本祖其原　禪國山碑　彌被原野　【石刻篆文編】

源　原　【汗簡】

古老子　同上　碧落文　雲臺碑　古尚書　王存乂切韻　【古文四聲韻】

◉許　慎　水泉本也。从灥出厂下。愚袁切。篆文从泉。臣鉉等曰。今別作源。非是。【說文解字卷十一】

◉張燕昌　章云古原字。下同　【石鼓文釋存】

◉高田忠周　徐鉉云。今別作源。非。今審此篆形从厂从。皆泉字。然則古文固从泉。从三泉蓋籀文乎。又按原字轉義為本也。再也。又叚借為廣平曰邍之邍。書禹貢所謂。大原原隰。是也。【古籀篇五】

◉林義光　原　寒韻　說文下云。篆文。按古作散氏器。从泉出厂下。【文源卷六】

◉顧廷龍　原周　【古匋文孴録卷十一】

◉馬叙倫　惠棟曰。周伯琦云。灥。水泉本也。從三泉會意。出吴彩鸞韻。舊音馴。誤。後人作原。通別作厵源。竝非。段玉裁曰。泉字衍。鈕樹玉曰。玉篇作水原本也。蓋本說文而誤泉為原。桂馥曰。徐鍇韻譜復古編洪武正韻並作水原本也。一切經音義三。原。水之本也。翟云升曰。當作從厂厂亦聲。倫按蓋本作泉也水本也。泉即水本。而原又為泉之轉注字也。從灥。厂聲。厂聲元類。故原聲亦元類。厂岸轉注字。岸音疑紐。故原音亦疑紐。原泉則聲同元類。

嚴可均曰。廣韻廿二元韻會十三元皆引篆文省作原。倫按金文散盤作。克鼎作。䣛伯原鼎作。蓋自從泉非省也。說解當作篆文厵。從泉二字校者加之。字見急就篇。疑本作厵。傳寫省之。此字蓋出石經。

原可入泉部。厵可為原之重文。而灥可為泉之重文。則灥部可刪也。又疑許書止有灥部。泉部蓋呂忱所加。【說文解字六書疏證卷二十二】

◉高鴻縉　象水從石穴出向下墜流之形。【中國字例二篇】

◉徐寶貴　《古璽彙編·姓名私璽》第二二頁：〇八六二釋文作「長弟備」。

字見於古貨幣文，作形與「平」字構詞。丁佛言釋為「平原」。徐文鏡《古籀彙編》二下一六。張頷先生説：「案金文原字有、諸形，此字應為省體。」張頷《古幣文編》一二三頁。愚案釋「备」為「原」是十分正確的。「备」是「邍」字的簡化，這是可以肯定的。戰國時期的六國對文字的偏旁、筆畫進行增減的現象是普遍存在的。在此就以古璽文、貨幣文和侯馬盟書為例，從中可以看到六國文字在簡化方面的簡化程度：

古璽文	貨幣文	侯馬盟書
悊	榆	奐
敬	⿱雨各	從
畫	陰	復
鄰	屈	敢
官	即	腹
宜	瓶	盡

以上字例對筆畫簡化的幅度較大，有的甚至把構字的主要部件—偏旁，給省去了。如果不是根據同樣的例句，從上下文來分析，是很難辨識出是個什麼字，或是什麼字的簡化。再舉一個古璽文中的這樣例子：《古璽彙編》有方璽文摹録於下：

釋文作「敬中」。

此古璽文的「敬」字作，把主要部分全省掉了，只用「攴」來代替整個「敬」字。如果不是從整個璽文構詞角度來分析，決不能認識出這是個「敬」字。貨幣文、古璽文的這個「备(原)」字，是邍字省去辵、彖用剩下來的「备」來代替「邍」字。它的簡化情況與上舉諸例是相同的。這是「截除性簡化」，林澐《古文字研究簡論》七五頁。就是用構成文字的某一個主要部件來代替整個字，是以局部代整體。丁佛言、張頷先生之所以能將古貨幣文的「备」字釋為「原」，主要是從兩個方面着眼的：一方面是從詞義上進行分析；一方面是從「备」與「邍」字的字形聯係上進行分析，才把「备」字釋為「原」字的(邍字經典多以原字為之)。他們的考釋是正確的。通過字形比較，古璽文的字與古幣文的字字形相同，只是上部古璽文作，古貨幣文作稍有不同，這一點是很容易解釋的。「各」字秦公𣪘作，古璽文作，秦公𣪘「各」字上部作，古璽文上部作，這只是晚周文字的譌變現象。二字事實上確屬一字。

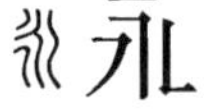

，見於《古璽彙編·姓名私璽》第七五頁：

二一三九釋文作「郚壬」。

「郚」字在璽文中是姓氏用字。「郚」所從的「备」，前面已釋為「原」，「郚」同樣可釋為「鄎」。「原」字作為姓氏用字後，則加邑旁。古金文、古璽文等文字凡地名、國名、姓氏用字多加邑旁，在此不煩舉例。「鄎」是姓氏「原」的專用字。周文王子封於原，為原伯，晉滅之，封先軫，號原軫，其后並姓原。宋王應麟《姓氏急就篇》注。《禮記·檀弓下》：「孔子之故人曰『原壤』。」《論語·憲問》：「原壤夷俟。」可見「原」姓是個較古的姓氏。【戰國璽印文字考釋　中國文字新十五期】

◉戴家祥　矢人盤　𤔲于原衢　矢人盤　原人虞芿　大克鼎　賜汝田于陣原　雍伯原鼎　雒伯原鼎　雒伯原作寶鼎　金文結體从厂从泉與篆文同。泉疾緣切，從母元韻；原疑母元韻。二字聲近韻同，泉亦聲。高鴻縉謂「象水從石穴出向下墜流之形」，中國字例二篇三四葉。至確。古泉字象泉水流出之形，説文謂「泉水原也，象水流出成川形」。泉加厂，指明它處在山石之厓巖。故知原的本意當是水源。原字後由水源引申為一切事物的本源。並且，凡水發源之地，都比較濕潤低平，如詩小雅常棣「原濕裒矣」，鄭箋云「原也隰也」，詩小雅常棣「原隰既平，泉流既清」，因此又引申為地形名。金文原用作人名，如雍伯原鼎，或用作地形名，如大克鼎「易女田于陣原」。

中山王譽方壺　屢愛深則孯人𡪞　張政烺曰：从厂𠧪聲。説文遠之古文作𨗥，魏三體石經尚書君奭遠之古文作𢔫，則此或原之異體，讀為願。爾雅釋詁「願，思也」。方言「願，欲思也」。中山王譽壺及鼎銘考釋古文字研究第一輯。按篆文原字从厂从泉，泉亦聲。此處借作願，已無泉義，而古音泉袁皆屬元韻，故以𠧪代泉，此形聲字聲符更换例也。【金文大字典上】

甲三四一四　卜辭永𠂢同字　甲三三三三　乙七四九　鐵九〇·四　鐵一九八·三　前四·一一·三

佚三七　佚四六〇　佚五一二　燕二　京津一四三　明藏二二一　鐵九九·一　餘一六·四

前四·一三·一　佚六四四　佚七四六　京津二三三六　粹一五一四B　續一·二二·四　甲六一七

甲六四一　前四·一〇·三　前五·一九·四　前六·三〇·四　林二·一·一　前二·三七·六

甲三三二三 前一・一九・五 前二・九・七 前二・一六・六 前二・三八・五 前四・一一・四 林一・五・一六 林一・八・一二 林二・二三・五 林二・二七・九 燕四二九 燕四三二 師友二・二三四 存二四六三 存二五五四 【甲骨文編】

甲2414 3333 3342 3425 乙5083 5470 5990 6581 6719 6947 7040 7126 7130 7134 珠160 186 342 739 924 佚37 460 512 續1・22・3 4・11・3 5・2・3 6・9・4 6・15・1 6・22・1 京3・12・2 4・27・2 凡4・3 徵7・12 續存395 917 粹511 新143 佚980 續3・40・2 續6・24・13 徵12・76 掇97 續存66 甲3913 掇429 【續甲骨文編】

永 與辰為一字 沓父乙簋 衜且丁鼎 召卣 召尊 史獸鼎 豚卣 鄃尊 宅簋 命簋 剌鼎 彔簋 㽙尊 師旂鼎 伯梡簋 師遽方彝 散弔簋 量侯簋 庚贏卣 史孔盉 免簋二 朿尊 牆盤 舀鼎 伯晨鼎 君夫簋 伯疑父簋 季悆鼎 㫃伯簋 師嫠簋 訇伯簋 穸鼎 弔宝簋 曐肇家鬲 永盂 無㠱簋 曼龔父盨 虘鐘 柞鐘 史宜父鼎 善夫克鼎 畢鮮簋 南姬鬲 史宜父鼎 格伯簋 散伯簋 己侯簋 中伯壺 王人甗 井人妄鐘 頌鼎 史頌簋 史頌匜 麓伯簋 函皇父簋 兮吉父簋 伯吉父鼎 伯孝𡙇盨 弔皮父簋 追簋 交君匿

仲師父鼎　毛弔盤　毛公厝鼎　司寇良父簋　不嬰簋　又从止　召樂父匜　魯士浮父匜

魯遼父簋　魯伯愈父鬲　魯伯匜　鑄公匜　寠侯匜　邾友父鬲　鄀嬰鼎　㐭壺　都公鼎

鄭伯筍父鬲　弔上匜　殳季良父壺　國差䲚　拍敦蓋　邾公華鐘　𡩜桐盂　干氏弔子盤

褱鼎　沇兒鐘　子璋鐘　楚子匜　王子申盞盂　王子午鼎　齊陳曼匜　畬章作曾侯乙鎛

陳侯午錞　姞□句鑃　夆弔匜　中山王嚳鼎　中山王嚳壺　周窐匜　子仲匜　虢文公鼎

伯家父鬲　劃弔盨　殷穀盤　⿰龠令鎛　厚氏豆　䄄伯匜　鄦侯簋　郳子宿車鼎

白者君盤　伯簋　邾討鼎　篙平鐘　且甲罍　番君鬲　吳方彝　揚簋　楚公鐘

叨孳簋　大簋　𡚱𨸏母簋　格伯作晉姬簋　芮大子伯匜　芮公鼎　芮大子伯壺

匽公匜　仲殷父簋　曾伯文簋　鑄弔匜　攻敔臧孫鐘　鄀嬰壺　般中束盤　子𣄰盆　䄄伯𦎫盤

从止孟簋　㚤作北子簋　不嬰簋　弔向父簋　姞氏簋　仲鑠盨　伯匕鼎　杞伯鼎

杞伯簋　【金文編】

三：二一　十例　委質類則永亟覗之　一五六：二二　五例　一八五：四　一五六：二五　一九四：一二

一九五：八　【侯馬盟書字表】

楚永巷丞　永武男家丞　伍永之印信　張永　楊永私印　寒永之印　田永私印　張永私印

王永私印　張永私印　宋永私印　馮永印　成永　趙永私印　【漢印文字徵】

袁安碑永平永元　開母廟石闕　永歷載而保之　祀三公山碑　永保其年　石經君奭　弗永遠念天畏　厥基永孚於休　天璽紀功碑　永歸大吴　永叹磬　石碣避水　天子永寍　【石刻篆文編】

永　【汗簡】

汗簡　【古文四聲韻】

◉許　慎　長也。象水巠理之長。詩曰。江之永矣。凡永之屬皆从永。于憬切。　【説文解字卷十一】

◉孫詒讓　有云「永貞」者，如云：「庚辰卜永貝㞢」、九十之四(四九)。「□亥卜永貝□昌」，百六十四之三。「永」並作「」。《説文》永、𠂢各為部首，云：「永，水長也，象水巠理之長永也。」「𠂢，水之衺流别也，从反永。」此疑當為「永」之反書，金文亦多如此作。「永貞」亦見《周禮・大祝》，然不涉貞卜，非此義也。　【栔文舉例卷上】

◉林義光　永羕陽韻　説文云。水長也。象水巠經理之長永也。按古作封仲敦。象水長流相會形。亦作曶鼎。説文云。水長也。从永羊聲。按古作郳子妝匜。以為永字。永古音如羕。羕實永之或體。羊聲。　【文源卷四】

◉瞿潤緡　王襄釋𠂢。或釋行。均不確。字與金文王人甗華季簋正反文相同。當為永字。　【殷栔卜辭釋文】

◉葉玉森　卜辭之異體作等形。孫詒讓氏釋之一體為永。予疑增水象者乃繁文。仍當讀永。至作等形。羅氏釋衍可信。　【殷虛書契前編考釋卷一】

◉强運開　説文。永。水長也。象水巠理之長永也。詩曰。江之永矣。段注云。引伸之。凡長皆曰永。　【石鼓釋文】

◉孫海波　甲二四一四・卜辭永、𠂢同字。　【甲骨文編卷十一】

◉徐中舒　金文祈匄永命之辭甚多。兹不備舉。僅就其足供解説者言之如。

它它受兹永命。無疆屯右。——伯康𣪕。

皇祖考其數數㲋㲋。降克多福。眉壽永命。畯臣天子。——克盨。

皇考其嚴在上。數數㲋㲋。降余魯多福亡疆。唯康右屯魯。用廣啓士父身。勵于永命。——士父鐘。

作朕皇祖幽大叔尊𣪕。其□□(嚴在)上。降余多福繁釐。廣啓禹身。勵于永命。——叔向父𣪕。

此永命曰受。曰降。明為天神或祖先之命(令)而非生命性命之命。書盤庚上云。天其永我命于兹新邑。召誥云。王其德之

用。祈天永命。受天永命。惟恭奉幣用供王。能祈天永命。詩文王下武云。永言配命。凡此皆指天命而言。古人以為國之興滅。人之生死。皆由天命。故大命摯(書西伯戡黎云。大命不摯。摯至也)。大命近(詩雲漢。大命近止)。遐終命(書召誥。天既遐終大邦殷之命)。中絶命(書高宗肜日。非天夭民。中絶命)。皆滅亡之徵。惟永命乃長受天祐(詩維天之命於穆不已不已即永命之意)。【金文嘏辭釋例　歷史語言研究所集刊六本一分】

◉馬叙倫　鈕樹玉曰。韻會作水長也。象水之水作永。孔廣居曰。𠂢。水分支也。反𠂢為永。重支疊𠂢也。水多支𠂢。其長可知。許以永為母。𠂢為子。永但象水之屈曲。殊無長義。徐灝曰。許云。反永為𠂢。然永字象形。近於泛設。當是反𠂢為永。𠂢象水分流。反之則為合流。故訓長矣。倫按篆當依㳅兒鐘作[字形]。實與𠂢一字。金甲文反正每無別也。[字形]象水多流𠂢之形。引申為長也。今說解以引申義為本義。而象水巠理之長亦不可通。蓋巠是地中水𠂢也。長也或非本訓。象水巠理之長本作從水象形。今為校者所改。唐人又刪易耳。【說文解字六書疏證卷二十二】

◉裘錫圭　永不𦍒　毛公鼎有「趯余小子圂湛于艱,永𦍒先王」之語。「永𦍒」和「永不𦍒」正反相對。「永」字之義不詳(或疑當釋為「𠂢」,讀為「俾」)。【史牆盤銘解釋　文物一九七八年第三期】

◉嚴一萍　[字形]㨾　商氏謂「㨾即永異體」,是也。惠棟九經古義曰:「齊侯鎛鐘云:『士女考壽萬年,羕保其身。又子子孫孫羕保用享。』是羕乃古永字。」案說文永下引詩「江之永矣」,羕下引作「江之羕矣」。蓋一從毛詩;一從三家也。文選登樓賦「川既漾而濟深」,李善注引「韓詩曰:江之漾矣。薛君曰:漾,長也。」繒書指人事,故加人旁。【楚繒書新考　中國文字第二十六册】

◉李孝定　[字形]　不嬰簋:「易女弓一矢束,臣五家,田十田,用𨑨乃事。」𨑨作[字形],增止,乃文字類化現象,蓋从[字形]之字,往往增止,永字从[字形],本象水之畔岸,不當增止,涉辵字而致捉也。用𨑨乃事,楊樹達氏讀𨑨為用,是當為「用用乃事」,殊覺不辭,似當如字讀之,永乃事者,長久乃事之意也。永字作[字形],从[字形]蓋象水之巠理,非「人」字,高鴻縉氏謂永即泳字,象人潛行水中之意,是人形與水流同長,殊覺不倫矣。【金文詁林讀後記卷十一】

◉高鴻縉　[字形]　此永字。即潛行水中之泳字之初文。原从人在水中行。由文人彳生意。故託以寄游泳之意。動詞。金文或加止以足行意。作[字形]。益證从彳之確。後人借用為長永。久而為借意所專。乃加水旁作泳以還其原。借為長永字者後周人或加羊為聲符作[字形]。是[字形][字形]非二。而說文誤分之。【中國字例二篇】

◉連劭名　扶風齊家村《H三(二)、一》:「由[字形]于永終。由[字形]于休令。」「永終」,《尚書·金縢》:「惟永終是圖。」《周易·婦妹》象曰:「君子以永終知敝。」永終是指人的吉運可以永遠保持下去,世代不衰,至於天極。這種福祐,當然也是由上天賜予的。《尚書·盤

庚》：「天其永我命於茲新邑。」《尚書·召誥》：「王其德之用祈天永命。」「欲王以小民受天永命。」「惟恭奉幣用供王能祈天永命。」

永與終，含義相近。《文選·吴都賦》「藏埋於終古」，劉注：「終古猶永古也。」因此，若遇禍亂，不得善終其命，則為「不永」或「不終」，《周易·萃》初六：「有孚，不終，乃亂乃萃。」

殷墟卜辭有：

「丙辰卜，𣪘貞：帝隹其冬丝邑？

貞：帝弗冬丝邑？

貞：帝隹其冬丝邑？

貞：帝弗冬丝邑？」(丙)六六

「冬」即「終」，當訓為永。《尚書·高宗肜日》：「降年有永有不永。」《尚書·洛誥》：「乃時惟不永哉。」【讀周原出土的甲骨刻辭　古文字研究第十三輯】

◉崔永東　永，銘文作□□□。「永」之或體為「逑」，銘文作□。

一、副詞　猶「長」也，「久」也(訓見《詞詮》卷九)。

(一)賁屯用魯，永冬(終)于吉。(《井人妄鐘》)言渾厚而嘉美，長久止于祥瑞之境也。

(二)王子剌公之宗婦鄁嬰為宗彝鬻彝，永寶用。(《宗婦鼎》)「永寶用」者永久寶藏享用也。

(三)永不巩狄虘。(《牆盤》)

孫詒讓讀「不巩」為「丕鞏」，讀「狄」為「逖」。于豪亮讀「虘」為「阼」，阼指王位。言永遠鞏固其世代王阼也。

(四)𢦚曰：「烏(嗚)虖(呼)！朕文考甲公，文母日庚尗休，鼎(則)尚安永宕乃子𢦚心，安永襲𢦚身。」(《𢦚方鼎》)

卡，唐蘭先生隸為「尗」，「尗」通「淑」，「美好」義(《𢦚方鼎二》)。案「則」猶「猶」也(訓見《古書虛字集釋》卷八)，「尚」亦「猶」也(《古書虛字集釋》卷九)，「則尚」乃複詞，義同今「還」字。安，猶「以」也(《古書虛字集釋》卷二)，作介詞。其後省略賓語「淑休」。句意謂𢦚之父母猶以其美好福蔭長久開拓其子𢦚之心，長久沿及𢦚身也。唐先生訓「尚」為「常」，於義似猶未安。

二、連詞　猶「以」也，「而」也。

戎大同逑追女，女及戎大臺戟。(《不嬰簋》)楊樹達先生曰：「逑蓋假為用，用，以也。謂戎大合以追汝也。」(《積微居金文說》第五六頁)【兩周金文虛詞集釋】

羕 羕

◉徐中舒 一期 前四・一〇三 一期 前四・一三・一 一期 前二・三七・六 一期 前五・一九・一 一期 京二三六 一期 乙七〇四〇 二期 庫一五四二 五期 南明七八六 從從人，人之旁有水點，會人潛行水中之意，為泳之原字。《說文》：「永，長也。象水巠理之長。《詩》曰：『江之永矣』。」按訓長乃借義，謂象水巠理之長亦不確。永字既為長義所專，遂更加水旁而作泳以表永之本義。又自永之原字字形觀之，其中有偏旁及水點，故以象水流之別出支派，如道路之歧出也，後世為與永字區別，遂反永而為𠂢。《說文》：「𠂢，水之衺流別也。从反永。」甲骨文正反每無別，故永、𠂢初為一字。

三期 戩一一・四 從永從口，或釋咏，似不確，疑為永之異體。【甲骨文字典卷十一】

◉戴家祥 杞伯每口段 子子孫孫逑寶用亯器 效卣效觶 亦其子子孫孫逑寶 蓋 器 姞氏段 其邁年子子孫孫逑寶用 逑即永之繁構。加辵為形符重覆。雪姬段「其萬年逑寶」，不嬰段「用逑乃事」，逑均用作永。金文舞作𨘢，德作𨗴，旅作遊等等，即與此同例，參見釋永。【金文大字典中】

羕 羕史尊 永或从羊詩漢廣江之羕矣毛詩作永又說文永與羕同訓水長 鄦子匠 其子子孫孫永保用之 匹君壺 陳逆簠 【金文編】

75 223 【包山楚簡文字編】

讀為殃 天墜乍—(甲2—8) 殘 易☐—(丙10:目2) 【長沙子彈庫帛書文字編】

羕余尚切 【汗簡】

◉許慎 水長也。从永。羊聲。詩曰。江之羕矣。余亮切。【說文解字卷十一】

◉劉心源 羕通永。說文永部。羕。水長也。从永羊聲。詩曰。江之羕矣。今毛詩作永。古刻永保羕保互用。婁見之。【奇觚室吉金文述卷五】

◉方濬益 羕者與永同意。說文羕。水長也。引詩江之羕矣。永下引詩江之永矣。不同者。文選登樓賦注引韓詩曰江之漾矣。薛君曰。漾長也。漾即羕。說文本韓詩也。【綴遺齋彝器款識考釋卷八】

◉馬叙倫　鈕樹玉曰。李注文選登樓賦引韓詩。江之漾矣。薛云。漾。長也。則韓詩自作漾矣。然蓋後人加水旁。倫按此永之聲同陽類轉注字。夏小正借養為永。是其例證也。無子妝簠作。陳逆敢作。【說文解字六書疏證卷二十二】

◉楊樹達　永羕同字。羕於象形之外加聲旁羊耳。古音羊永同在陽部。【文字形義學】

◉李孝定　羕為永之轉注字，永或作羕者，古今音殊、方言音殊用轉注字耳。【金文詁林讀後記卷十一】

◉嚴一萍　8.羕　無子妝簠作，陳逆簠作。曾姬無卹壺之漾作，其羕字結體完全相同。說文：羕，水長也。商氏釋「義」。【楚繒書新考　中國文字第二十六册】

◉戴家祥　說文十一篇「永，長也。象水巠理之長。詩曰：江之永矣。」又云「羕水長也。从永，羊聲，詩曰江之羕矣。」唐韻永讀「于憬切」，喻母陽部。羊讀「與章切」，不但同部，而且同母，同聲必然同義。故周南漢廣「江之永矣」毛詩作永，韓詩作羕。齊侯鎛云「萬年羕保其身」，「子孫羕保用亯」。薛尚功鐘鼎彝器款識法帖卷七。齊侯鐘七器作「萬年永保其身」，「子孫永保用亯」，同書卷八。知羕為永之注音加旁字也。加旁从水，聲義不變，說文，漾，漾水。出隴西獂道，東至武都為漢。从水，羕聲。瀁，古文从養」。按文選王粲登樓賦「川既漾而濟深」，李善注引韓詩「江之漾矣」，薛君曰：「漾，長也。」爾雅釋詁一「羕，長也」。永本象形，羕漾為形聲孳乳字，許君分而為三，誤矣。【金文大字典中】

𠂢　與永為一字　吳方彝　永字重見　【金文編】

𠂢匹賣切　【汗簡】

汗簡　竝王存乂切韻　汗簡　【古文四聲韻】

◉許　慎　𠂢水之衺流別也。从反永。凡𠂢之屬皆从𠂢。讀若稗縣。徐鍇曰。永。長流也。反即分𠂢也。匹卦切。【說文解字卷十一】

◉羅振玉　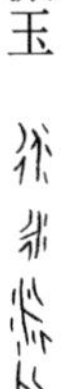　此當是水之流別之𠂢字。从丿亻象川之中流有旁歧。⺊象幹流出旁枝。⋮則水之象也。或省⋮。知𠂢派本一字。許君分為二。非也。又此字之形狀為𠂢字殆無可疑。而文頗難解。疑假用為他字矣。字亦見大保敢。【增訂殷虛書契考釋卷中】

◉林義光　辰　蟹韻　匹蟹切説文云。水之衺流別也。从反永。按象衆派合流形。與永形近義別。古作。若公敦以為永字。【文源卷四】

◉王　襄　古𠂢字。或釋行。【簠室殷契類纂正編卷十一】

◉葉玉森　羅振玉氏曰。此當是水之流別之𠂢字。从彳象川之中流有旁歧。亍象幹流出旁枝。⺀則水之象也。或省⺀。知𠂢派本一字。許君分為二。非也，又此字之形狀為𠂢字殆無可疑。而文頗難解。疑叚用為他字。字亦見大保敦。增訂考釋中第九葉。柯昌濟氏釋為衍。洪範曰。衍忒。鄭康成曰。卦象多變。故言衍忒。繫辭云。大衍之數五十。鄭注。衍。演也。卜衍貞猶言卜大貞也。補釋。森桉。卜辭之異體作等形。孫詒讓氏釋之一體為永。予疑增水象者乃繁文。仍當讀永。至作等形，羅氏釋衍。增訂考釋中第九葉。可信。【殷虛書契前編集釋卷一】

◉馬叙倫　沈濤曰。文選王簡棲頭陀寺碑文注引。派。水別流也。派即𠂢之俗字。流別二字又傳寫誤倒。段玉裁曰禾部。琅邪有稗縣。今地理志作椑縣。誤也。小徐本作蜀稗縣。非。蜀祇有郫縣。音疲。龔橙曰。𠂢即永。誤説從反永。倫按𠂢為派之初文。水部。派。水別也。此作水之衺流別也。蓋為校者所改之詞。讀若稗縣者。後人所加。稗蓋為郫之譌。郫音疲。音在奉紐。永音喻紐三等。奉與喻三同為次濁摩擦音也。此亦永𠂢一字之證。唯今永𠂢各自為部。而永部末無文二之記。豈傳寫偶捝邪。倫疑許書原本永𠂢本為一部。𠂢為永之重文。今為吕忱或校者分為二部。而以永下説解屬之𠂢下。永下別以水長訓之。蓋不知永𠂢一字。而詩之江之永矣。或作江之羕矣。而羕訓水長。古書永字亦多訓長也。其分𠂢字別為一部者。欲以衇覛二字屬之也。不悟衇覛皆從𠂢得聲也。甲文作。金文鄀公敄永字作。仲殷父敄永字作。明永𠂢一字也。【説文解字六書疏證卷二十二】

◉楊樹達　水之衺流別也。从反永。匹卦切，十一下𠂢部。別水也。从水𠂢，𠂢亦聲。匹賣切。十一上水部。𠂢派為一字，許誤分之。【文字形義學】

◉高鴻縉　商周文字反正不拘。則所謂反永為𠂢殆始於秦也。且永為泳字初文。所謂長流。乃借用其意。借意亦可用為偏旁。故反永為𠂢與通例合。【中國字例四篇】

◉李孝定　永、𠂢古一字，許君永訓長流，𠂢訓水之衺流別，水長與枝流多，二者實為一事，金文仍用為永字，分為二字，蓋自小篆始，高鴻縉氏之言是也。【金文詁林讀後記卷十一】

脉　上同【汗簡】

王存乂切韻　同上【古文四聲韻】

◉許　慎　血理分衺行體者。从𠂢。从血。莫獲切。衇或从肉。籀文。【說文解字卷十一】

◉馬叙倫　鈕樹玉曰。韻會作血理之分衺行體中者。廣韻引作血理之分衷行體者。衷即衺之譌。倫按字當從血𠂢聲。當入血部。

本書霢字從此得聲。從肉。𠂢聲。益明衇不從𠂢會意矣。

田吳炤曰。李滋然曰。此篆止偏旁迻易。並無異形。據此以分篆籀。恐非許氏原本。倫按鍇本作籀文衇是。然倫疑籀為篆誤。字蓋出石經。【說文解字六書疏證卷二十二】

◉楊樹達　人之血脈分衺行於身體之中，有如水之分流，故衇字从血从𠂢。血為本名，𠂢為喻名。【文字形義學】

◉許　慎　衺視也。从𠂢。从見。莫狄切。籀文。【說文解字卷十一】

◉馬叙倫　翟云升曰。當入見部。倫按從見𠂢聲。與脈一字。疑此篆出字林。或校者由見部移此。

當依鍇本作籀文䚐。然疑籀當作篆。字蓋出石經。【說文解字六書疏證卷二十二】

前二・五・四　前四・一二・五　後二・三・三　佚一一三【甲骨文編】

佚113　續3・28・1　徵10・116　前2・5・4【續甲骨文編】

谷　啟卣　啟尊　格伯簋　孳乳為裕　何尊　叀王龏德裕天【金文編】

3・773　□谷【古陶文字徵】

谷　日甲二三背　日乙一八九【睡虎地秦簡文字編】

3316　3141　3434【古璽文編】

谷上谷太守章　谷谷護軍印　谷谷園私印　谷谷荅　谷王谷　谷谷望私印　【漢印文字徵】

谷上谷府卿墳壇題字　谷石經堯典　曰暘谷　【石刻篆文編】

谷谷　【汗簡】

谷汗簡　谷　谷竝古老子　【古文四聲韻】

●許　慎　谷泉出通川為谷。从水半見。出於口。凡谷之屬皆从谷。古祿切。【說文解字卷十一】

●吳榮光　谷　谷谷　格伯簋〈1362〉「殷人紉雹谷杜木還谷旅桑涉東門」　許翰說谷釋作谷。諸本口皆作凵。初疑是兆字。細審不然。說文泉出通川為谷。从水半見出于口。據此銘口當作凵。凵。張口也。檢九千字形聲均無从凵者，惟谷从之。而又變作口。幾不知此凵字究何用矣。【筠清館金文卷三】

●高田忠周　周禮匠人。兩山之間。必有川焉。爾雅。水注川曰谿。注谿曰谷。此字从口。借其義也。凵為張口。谷口開張而水可流出。故或代口以凵。【古籀篇五】

●林義光　谷谷　遇韻音欲　古作谷格伯敦。凵象窪處。八八象川所通形。或作谷伯俗父鼎俗字偏旁。變从口。【文源卷一】

●商承祚　谷谷　說文谷。「泉出通川為谷，从水半見於口。」金文格伯毀作谷。此字當到看。作今體者疑非其朔也。【甲骨文字研究下編】

●馬叙倫　鈕樹玉曰。一切經音義六引作泉之通川曰谷。九引川下有者字。嚴可均曰。御覽五十四引作泉通川曰谷。王筠曰。八者水之省也。倫按甲文作谷谷谷。八八八皆巛之異文。口聲。泉出通川者為谷從水半見出於口蓋皆字林文。本訓及解字之詞竝挩矣。字見急就篇。格伯敢作谷谷。【說文解字六書疏證卷二十二】

●李孝定　谷谷前二·五四谷前四·十二·五谷後·下·三·三·谷佚·一一三　羅振玉釋谷無説，見增考中九葉上。按說文。「谷泉出通川為谷。从水半見出於口」。絜文从八八與金文及今隸同。許云从水半見。於形不類。疑字本从八八口。會意。兩山分處是為谷矣。口則象谷口也。字在卜辭為地名。金文作谷谷格伯簋。谷散盤。【甲骨文字集釋第十一】

●朱歧祥　谷——谷

谷，从八八口，隸作谷。《說文》：「泉出通川為谷。从水半見出于口。」字又作谷，从八八从八通用。《說文》訟字或作訟，容字或作容，頌字或作頌，松字或作松是。卜辭用為田狩、祭祀地名，與谷、天邑商、宮、衣、寅林等地同辭。由辭例互較亦見

八口、八ㄩ同字。

(a)〈前2·5·4〉 ☐申卜，賓☐在谷☐？

〈寧1·140〉 ☐于八ㄩ㕣？

(b)〈後下3·3〉 ☐申卜貞：☐賓谷☐歲亡尤？

〈存2·791〉 ☐八ㄩ歲，叀兆☐受又？【甲骨學論叢】

谿陵【漢印文字徵】

道德經 王存乂切韻【古文四聲韻】

◉許　慎　谿山瀆无所通者。从谷。奚聲。苦兮切。【說文解字卷十一】

◉馬敘倫　鈕樹玉曰。韻會无作無。倫按山瀆無所通者校語。或字林文。本訓捝矣。字見急就篇。【說文解字六書疏證卷二十二】

◉許　慎　豁通谷也。从谷。害聲。呼括切。【說文解字卷十一】

◉馬敘倫　谷義為泉出通川者。豁不得言通谷也。蓋是通也谷也。通也者校語。豁為谷之同舌根音轉注字。害聲固通。然依呼括切。則害聲更近也。【說文解字六書疏證卷二十二】

◉許　慎　𧮫空谷也。从谷。翏聲。洛蕭切。【說文解字卷十一】

【汗簡】

王存乂切韻【古文四聲韻】

◉許　慎　豅大長谷也。从谷。龍聲。讀若聾。盧紅切。【說文解字卷十一】

谹 睿 谸

◉馬叙倫 谷聲矦類。豅聲東類。東矦對轉。轉注字也。豂豅音同來紐轉注字也。大長谷也。蓋當作大也長也谷也。大也者。蓋㝗字義。長也者未詳。【説文解字六書疏證卷二十二】

◉許 慎 谹谷中響也。从谷。厷聲。户萌切。【説文解字卷十一】

◉馬叙倫 豂豅谹三字蓋出字林。谷中響或非本義。【説文解字六書疏證卷二十二】

◉許 慎 睿深通川也。从谷。从歺。歺。殘。地阬坎意也。虞書曰。睿畎澮距川。私閏切。濬睿或从水。濬古文睿。【説文解字卷十一】

◉馬叙倫 鈕樹玉曰。韻會引無從谷二字。作從歺谷。歺。殘也。谷坑坎意也。胡秉虔曰。深通川也乃深也通川也二義。王筠曰。地即也之譌。小徐又衍一地字。深通川也當以深字為句。濬深也釋言文。倫按睿音心紐。豁音曉紐。同為次清摩擦音。或轉注字。深通川也者。胡説是。通川疑涉谷字説解而譌衍。或涉豁字説解而譌羨通字。又涉下文引書而誤衍川字。從谷。歺聲。歺為死之初文。死音心紐。故睿音亦入心紐。吕忱或校者不明歺聲之理。改為從歺。因加歺殘地阬坎意也七字。又疑此字出字林。

濬 此睿之後起字。玉篇引古文睿字也。玄應一切經音義引古文官書。濬濬二形同。今作浚。雖同反。則此及下濬字皆吕忱依官書加之。而濬濬二字乃浚之轉注字也。

濬 沈濤曰。玉篇。睿。古文濬。蓋古本當作濬篆文睿。倫按從水睿聲。睿音喻紐四等。心與喻四同為次清摩擦音也。【説文解字六書疏證卷二十二】

◉商承祚 睿濬濬 篆文與口部台之古文同為一字。此睿亦古文。或作睿。濬。濬。許引尚書古文也。洪範作睿。古文之異也。口部用為台。則古文之借也。川部川字下引虞書容作濬可為古文之證。【説文中之古文考】

◉許 慎 谸望山谷谸谸青也。从谷。千聲。倉絢切。【説文解字卷十一】

◉馬叙倫 沈濤曰。文選高唐賦注引作芊芊。賦曰。肅何千千。注引説文此語而申之曰。千與芊通。是李所據本不作谸谸也。然説文無芊字。疑賦本作芊芊。注引説文作千千。後人傳習互易耳。廣韻一先引作望山谷之谸青也。龍龕手鑑引作望山谷

如回青也。倫按谷為泉出通川。而谸訓望山谷谸谸青也必非本義。手鑑引聲類。谸音千。三里。則此字蓋吕忱據聲類加之。選注引谸谸作千千。【說文解字六書疏證卷二十二】

仌徵10·15【續甲骨文編】

仌 仌 卣文【金文編】

仌 汗簡【汗簡】

◉許　慎　仌凍也。象水凝之形。凡仌之屬皆从仌。筆陵切。【說文解字卷十一】

◉林義光　仌 仌 蒸韻音崩　說文云仌凍也。象水冰凝之形。按古作仌 樊君器冶字偏旁。作仌 姑馮句鑃馮字偏旁。亦作二 穌冶妊器冶字偏旁。【文源卷一】

◉高田忠周　仌 仌 卣文〈2477〉　朱駿聲云。水始凝。文理似之。按此攷為是。即字系屬於水也。冰凝為正俗字。而經傳皆借冰為仌。仌字殆廢矣。【古籀篇五】

◉郭沫若　仌字原作二知為仌者，陳逆殷「冰月」字作冫正从此作。古金字亦多从此作，如過伯毁作金，吕鼎作金，即其確例，蓋古人以金生于水。此觀念乃由沙金之所在而生。故从仌也。此錫仌而三者，左傳昭十三年「奉壺飲冰」，杜注：「冰，箭筩蓋，可以取飲。」又二十五年「公徒釋甲執冰而踞」，注云：「冰櫝丸蓋或云櫝丸是箭筩，其蓋可以取飲。」正義引賈逵說，亦以冰為櫝丸蓋。鄭風大叔于田「抑釋掤忌，抑鬯弓忌」，傳云：「掤所以覆矢；鬯弓，弢弓。」釋文：「掤音冰，所以覆矢也。馬云櫝丸蓋也。杜預云櫝丸箭筩也。」正義引左昭二十五年服虔注亦謂「冰，櫝丸蓋。」然方言九云「弓藏謂之鞬，或謂之櫝丸」，據左昭廿五年疏所引，景宋本已奪「藏」「丸」二字，櫝，作韇。則櫝丸實藏弓之器，竝非箭筩。詩之掤鬯對言，鬯者韔之叚借字，掤即是冰，鬯與韔同在陽部，掤與冰同在蒸部也。更有進者，掤與冰實即葡之音變，葡字典籍多作箙，又多省作箙，紐屬輕脣，音在之部，然古音輕重脣無別，而之蒸乃陰陽對轉之聲也，故冰若掤實即是葡。葡字象形，乃盛矢箭器，自來無異說。則冰實箭筒，其蓋可以取飲，杜預以冰為箭筩蓋，已不免稍失，更从服賈以為櫝丸蓋，則失之愈遠矣。本銘言「錫仌三」者，即是錫以箭筩三事，斷不至錫物而僅錫其蓋，有此尤足證諸家之誤之為絶對矣。【麥姬鬲　兩周金文辭大系圖録考釋】

◉顧廷龍　仌仌。陶仌亦[illegible]。按有鉌文同。【古匋文孴録十一卷】

冰 冰

◉馬叙倫 吴善述曰。篆本作仌。徐灝曰。象水凝坼裂之形。倫按本作象形。吕忱或校者加象水凝之形也。仌之初文。本如作冰文圖畫然。今減省如此耳。古鉨作仌。【説文解字六書疏證卷二十二】

◉楊樹達 仌凍也。象水凝之形。筆陵切，十一下仌部。按：象層冰也。【文字形義學】

◉戴家祥 仌為冰的本字，加水旁是為了表示它的類屬。經傳皆作冰，冰行而仌廢。【金文大字典中】

冰 冰 陳逆簠 冰月丁亥 冰月見晏子春秋内篇諫下第四第十三吴式芬謂十一月也 【金文編】

冰 趙冰 冰 蘇冰私印 冰 劉冰印信 【漢印文字徵】

仌 古孝經 冰 汗簡 冰 古老子 冰 籀韻 冰 崔希裕纂古 【古文四聲韻】

◉許 慎 冰 水堅也。从仌。从水。魚陵切。臣鉉等曰。今作筆陵切。以為冰凍之冰。凝 俗冰从疑。【説文解字卷十一】

◉高田忠周 冰 冰 陳逆簠 冰目丁亥 冰月見晏子春秋諫下第四〈1296〉「冰目丁亥」 寒字所从仌亦作二。知二為古文仌也。説文。冰 水堅也。从仌从水。俗作凝。又仌訓凍也。象水凝之形。然則寒烈結水。謂之仌。其所以為仌謂之冰。仌冰音義皆近。故經傳多借冰為仌。易坤。履霜堅冰至。詩匏有苦葉。迨冰未泮。皆是也。古又借疑為冰。禮記中庸。至道不凝焉。注猶成也。釋文本作疑可證。俗人亦加仌作凝。今用為凝結專字。非矣。【古籀篇五】

◉馬叙倫 鈕樹玉曰。繫傳水堅作冰堅。譌。韻會作從水仌。王筠曰。朱筠本作冰堅也。冰當作仌。丁福保曰。慧琳音義引作水堅結也。倫按此仌之後起字。從水。仌聲。後人分別其音耳。如鍇本作冰堅也。則冰是隸書複舉字也。此字蓋出字林。

凝 凝為仌之轉注字。仌音轉為魚陵切。故從疑得聲轉注為凝。冰聲蒸類。疑聲之類。之蒸對轉。文選懷舊賦注引字林。凝。冰也。【説文解字六書疏證卷二十二】

凜 凜

◉許 慎 凜 寒也。从仌。廩聲。力稔切。【説文解字卷十一】

◉馬叙倫 翟云升曰。御覽引作清寒也。倫按此冷之音同來紐轉注字。御覽引作清寒也者。當作清也寒也。或清字涉清篆下隸書複舉字而誤衍。此字蓋出字林。【説文解字六書疏證卷二十二】

◉徐錫台 癛，此字左从疒，右从啚(稟)，當即癛字，非牆字。「癛」字，廣韻「力稔切」；集韻「力錦切並音癛」，「寒病」，「筆錦切，百

禀疾也」,「渠金切音琴義同本作凜」。其字,見殷墟卜辭云:「亩小臣癟(瘵)今呼比受祐」(粹一一五一)。【殷墟出土疾病卜辭的考釋　中國語文研究第七期】

凊 凍 𠗲 凘

◉許　慎　凊寒也。从仌。青聲。七正切。【說文解字卷十一】

◉許　慎　凍仌也。从仌。東聲。多貢切。【說文解字卷十一】

𠗲 孫凌之印　𠗲 凌雲私印　𠗲 凌仲私印　【漢印文字徵】

◉許　慎　𠗲仌出也。从仌。朕聲。詩曰。納于𠗲陰。力膺切。凌𠗲或从夌。【說文解字卷十一】

◉馬叙倫　仌𠗲聲同蒸類轉注字。𠗲音來紐。古讀歸泥。凝音疑紐。同為邊音。轉注字也。𠗲聲轉入東類。凍聲亦東類。轉注字也。仌出也出字蓋仌之譌羨。引詩呂忱或校者加之。

凌　王筠曰。詩七月。納於凌陰。釋文。說文作𠗲。似說文無凌。倫按𠗲凌音同來紐聲同蒸類轉注字。玄應一切經音義引倉頡。凌。侵犯也。又引三倉。凌。侵也。疑倉頡本作陵。傳寫譌為凌耳。玄應音義九引蒼頡。陵。侵也。可證。則是一本傳寫譌也。其引三倉者。顯為三倉。實引倉頡也。陸據本蓋不附字林者也。故無凌字。【說文解字六書疏證卷二十二】

◉許　慎　凘流仌也。从仌。斯聲。息移切。【說文解字卷十一】

凋 

◉許 慎 凋半傷也。从仌。周聲。都僚切。【說文解字卷十一】

◉蕭 璋 凋半傷也。从仌周聲(都僚切)。按此字前人解說,多未中肯。章氏以凋為冬之對轉孳乳(文始七酉字條下),雖言之成理,究於許訓,亦未能宣達。考說文:「傷,創也。」(刅之或體)「創,傷也。」皆為刺擊之意。是以𥏼字从矢而訓傷(說文)。山海經謂刺為傷。(方言:「凡草木刺人,北燕朝鮮之間謂之茦或謂之壯。」郭注「山海經謂刺為傷也。」又見山海經西山經枳葉而無傷及中山經反傷赤實二句下郭注。)壯為草木刺人(同上),又訓傷(郭注方言:「壯,傷也」),又訓箴(廣雅釋詁:「壯箴也」)。而王氏復以創之音義通之(見廣雅疏証釋詁:「壯,箴也。」條下),皆其證也。故說文訓凋為半傷,而廣雅又以之居於戔痢,㓨、爽、痍、壯、創、痒之中,統以傷字訓之。諸字又大半為刺傷之義(可參考王氏疏證),是以凋之有刺傷義可無疑議。若以聲義通之,則可曰凋之為言彫琢也。蓋仌可代表寒冷,所謂凋傷者,乃如寒風砭人肌骨之意。如字从風雨气水諸旁,皆不足以明凋傷之因於寒冷,而段氏解以仌霜者,傷物之具,故从仌,殊失於鑿矣。其訓半傷者蓋刺傷多傷其外,少傷其內(江沅說文音均表凋字,注曰:「仌霜傷其外者多,傷其內者少,故曰半傷。」此言解釋半字特妙,唯於傷字之意未能宣達),正如鋭傷之又訓小割(廣雅釋詁:「㓨(籀文鋭字)傷也。」廣韻十三祭此芮切下有㓨字注云:「小割也」),戡刺之訓小斫(見第三篇扶撻條),文法語意皆同也。【釋至 浙江大學文學院集刊第三集】

冬 

乙4534

7156

7171

7966

福32

續5·33·1 徵2·35

京3·11·2

鄴三41·3

續存157

1183

粹914

915

古2·9 【續甲骨文編】

冬 說文古文从日作𡦹 陳章壺 孟冬戊辰 【金文編】

5·384 瓦書「四年周天子使卿大夫……」共一百十八字 【古陶文字徵】

2

205 【包山楚簡文字編】

冬 秦九四 二十九例 通終 辛丑生子有心— 日甲一四七

日乙二二七 六例 【睡虎地秦簡文字編】

《說文》冬字古文作𡦹、亦从夂从日,林巳奈夫(1964)釋冬 春頣昧—(甲1—16)、荎司—(丙12:目3) 【長沙子彈庫帛書文字編】

董冬古　賤子冬古　冬譚私印　冬道得　呂冬得　司馬冬可　王冬可印　牟冬古　冬通

冬利澤　狐冬古　張冬古　張冬古　冬干直印　王冬存　冬彤印信　【漢印文字徵】

石經僖公　冬公會晉侯齊侯宋公蔡侯鄭伯陳子莒子邾人秦人于温　說文古文作　【石刻篆文編】

冬竝石經　冬　【汗簡】

石經　道德經　碧落文　竝王存乂切韻　【古文四聲韻】

◉許　慎　四時盡也。从仌。从夂。夂。古文終字。都宗切。古文冬从日。【說文解字卷十一】

◉葉玉森　不左行　余釋冬。象枝折下𠂹。墜=碩果。卜辭亦作。即金文所由譌。不冬之冬。疑叚作終。

【鐵雲藏龜拾遺考釋】

◉郭沫若　冬字多見，但均用為終，其字形作頌鼎文，若不娶𣪘文。案此字當是爾雅釋木「終牛棘」之終之本字。郭璞注牛棘：「即馬棘也，其刺粗而長。」又山海經中山經云：「大𦍩之山有草焉，其狀葉如榆，方莖而蒼傷，其名曰牛傷。」郭注云：「即牛棘也。」郝懿行云：「棘一名榛，左思招隱詩注引高誘淮南注云『小栗、小刺，曰榛』，是榛即棘也，榛與終聲相轉。」攷郝意似以郭說為未諦。故解終為榛。則牛棘即小棘矣。郭云馬棘，及山海經之牛傷，究未宷為何物，然以終為榛，則於之字形優，有可說，蓋象二榛實相聯而下垂之形。故之用為始終及冬夏字者均假借也。【金文所無考　金文叢考】

◉葉玉森　　羅振玉氏釋自，增訂書契考釋中廿四。林泰輔氏釋終，甲骨文字一抄釋。王襄氏釋六。徵文地望第六葉。森按。予舊釋冬象枝垂葉落上有二碩果形，望而知為冬象。甲骨文字卷一第三葉十二版有「小吉文」，林氏釋為終，乃引申誼，仍當釋冬，亦象枝垂葉落形，與春之作正相反也。殷契鉤沈。卜辭果作，正象枝折下垂墜二碩果，填實之則成。又卜辭亦變作殷虚卜辭第千三百七十三版千七百八十九版，竝為金文所由譌變。如卜辭云「隹」，甲骨文字一第十四葉之十三。與他辭言隹甲隹丙隹丁隹癸例同，與詩小雅四月維夏辭例亦合。又云「☐月亞禋☐壬寅王亦冬月酋」，精華第二葉之一。亞與酉竝祭名，藏龜之餘第九葉之二有「己亥酋」文，酋為祭名可證。蓋言王于冬月亦舉行酋祭也。予既悟為冬，因思春从从日，夏从𣏟从日，秋从禾从日，冬亦必有从某从日之字。旋悟即之繁變，从象木枝摧折，墜二碩果。从日，與春夏秋字例竝同。如卜辭云

「貞□酢翼」，卷六第五十一葉之二。酢翼竝祭名。曰「冬酢翼」，猶他辭云春酢夏酢也。又省作□，如云「乙未卜貞泰在龍囿□受之季二月」。卷四第五十三葉之四。曰「冬受之季」，即言于冬受季也。再省作□，如云「貞甫今□甲子窔」，藏龜第十三葉。今□即今冬。如釋今來甲子，則既曰來，即不當更云今矣。殷契枝譚。胡光煒氏謂新出魏石經尚書，其終出于不祥。終之古文作□，从宀从桒，藏桒于宀下，示冬意。古冬終多互叚，終誼本冬之引申，而壁書乃作□。門下納葉，實古冬字，可與予說相證。說文古文考。董作賓氏謂予援林氏釋□，小吉文之□為終，□乃卜兆之數字六也，其說甚塙，予與林氏竝誤矣。董氏又謂說文□，四時盡也，从仌从舟。□古文从日，新出土三體石經古文冬亦作□，知□乃□之譌變，而□又□之譌變，□為□之省文，是从□从⊙之□，實自□省變而來。卜辭又有「□卜戌□□十月」，卷八第十一葉文。可以證明□之為冬至塙。卜辭中所見之殷曆。按董氏復引冬十月一辭作予佐證，更為得力。惟卜戌之戌影本作□，似當釋戎。【殷虛書契前編集釋卷四】

◉馬叙倫　翟云升曰。御覽引作終也盡也。嚴可均曰。夂古文終字校語。倫按四時盡也非本義。冬音端紐。為涷之轉注字。以四時盡而水凝。故借以為四時盡之名。許蓋本訓終也。從仌。□聲。□當依金文作□。字見急就篇。

□　董作賓曰。魏石經古文作□。知□係□之譌。李杲曰。石經從□。與頌敦作□同。古鉩作□。倒文。倫按此從日□聲。乃冬夏之冬本字。唐寫本經典釋文尚書冬字如此。從日二字校語。【說文解字六書疏證卷二十二】

◉董作賓　說文：「□，四時盡也。从仌，从□。□古文冬从日。」新出土三體石經古文冬亦作□，知□係□的譌變，而□又是□的譌變了。□即□，為□之省文，是从□从日之□實自□省變而來了。【卜辭中所見殷曆　安陽發掘報告】

◉孫海波　∩，乙三六八。此終字。不从糸，與說文古文同。【甲骨文編卷十三】

◉商承祚　□　冬終一字。甲骨文金文皆作□□。此从日者。言冬日可愛。而時易終也。石經古文作□。與此筆畫微有出入。【說文中之古文考卷十】

◉陳夢家　冬即終，西周金文井侯𣪕「帝無冬命於右周」，多士「殷命終於帝」，召誥「天既終大邦殷之命」。【殷墟卜辭綜述】

◉李孝定　說文：「冬，四時盡也。从仌。从夂。夂。古文終字。□古文冬从日。」許云夂古文終字，是以□為終之古文，董先生謂□為□所譌變是也，然則∩即終之古文。卜辭云「∩夕雨」正當讀為終字，金文□字亦皆當讀為終，郭商兩氏之說是也。殷時尚無四時之觀念，葉氏以四時之冬說之非是。□□□與此非一字。此字就其字形从許書之次當收作冬，而其義則為終。【甲骨文字集釋第十一】

◉饒宗頤　戊午〔卜〕，㱿貞：〔帝〕隹冬（終）〔丝邑〕……（屯乙七九六六）

書多士「殷命終于帝」，冬讀為終。終，成也。左昭十三年傳「求終事也」，杜注：「終，畢也。」詩文王有聲：「考卜維王，宅是鎬京。維龜正之，武王成之。」燕大一九二：「貞：隹龜令。其乍丝邑。」此作邑卜龜之證。「終丝邑」，猶言成兹邑，求帝之祐也。

【殷代貞卜人物通考卷三】

◉嚴一萍　說文古文冬从日作□，案陳騂壺孟冬之冬作□，正始石經春秋僖公二十八年冬之冬作□，皆與繒書同。說文之□蓋□之譌。頌鼎作□與甲骨同，均假為終字。【楚繒書新考　中國文字第二十六册】

◉夏　渌　甲骨文、金文及篆文「冬」，它的本義是「踵」，指示人體的下肢足跟部位。繁體从大，省去上肢，簡化為從□(即腿初文)，下端打兩圈或點，指「踵」。卜辭文例「踵」引申為「踪」：「亡麑踪？」(前4·32·7)、「亡踪趾？」(南南2·83)。人體從頭(元、首)開始，到足跟(踵)終了。所以引申為「末了」「盡頭」的「終」，一年四季終了的一季叫「冬」。踵、終、冬原是一字，以後分化為三字，在卜辭中完全根據上下文來判斷詞義。作為「終」的文例有：「王亦終夕疒。」(菁6)、「乙，其雨終夕？」(庫1807)、「耳鳴終大(天)」(前8·5·3)、「帝唯其終兹邑？」(丙66)與金文「上下帝無終命於有周」(井侯簋)用法一致。作「冬」用的文例有：

「王觀曰：唯冬。」(庫1805)

「唯冬」(燕493)又見於(林1·14·13)

「唯王冬八月。」(前5·28·2)

「冬十月三」(前8·11·3)

「亦取冬月幟(標識)？」(前8·5·7)

「……曰若，在行墾五百四旬七日至丁亥，在冬月。」(乙15)

末一例為董作賓先生引用為商人已掌握歲率和二至的重要例證。五百四十七日洽是整數一年半的日數，可以推算出殷代365日為一年，丁亥這一天為冬至的可能性很大(董因以末尾為六月，故定為夏至)，奴隸社會為了保護勞動力過冬，將在行地墾田的奴隸從冬至大祭天地後，從野外為主的農業勞動轉入室內為主的雜務勞動，以適應霜凍和大地冰封的時令。從某年夏至到翌年冬至，剛剛一年半(547日)，是符合中國古代冬至大祭為一年終始之節的歷史傳統背景的。

董作賓論定殷人已掌握冬至、夏至二至，並說他們用圭表測日影求二至定歲率，是極有見地的，不但符合史籍「土圭以致四時日月」的說法，也有卜辭有關「至日」的記載為證。「今日至日？」(甲3530)殷人觀日影測得的至日尚不精確，故卜以決疑。「比至日」(京4890)、「壬辰卜：比至日？壬辰卜：至日？」(乙5399)、「其至日戊裸？」(甲2008，又見於鄴3·38·6)、「至日」(甲2008)。董氏

引以為憾的是甲骨文未能發現圭表之文，今試補充其說。

圭，《說文》：「瑞玉也，上圜下方，以封諸侯，故重土。」今實物上銳下方，重土乃堆土以測日影，堆土記事（卦之所從）之孑遺，而非以「重土」為封建，而以圭玉表信物。古代文明發展以後，堆土的測日影標志，改以玉、石為之，甲骨文象形的「圭」如附圖〈13〉，亦「吉」字所從，「吉日」「初吉」有「開張大吉」含義，與古代以圭測影定日期有關。商人既有象形玉圭的文字，遺址又有玉石圭的實物出土，聯系文獻以圭測影，商人用圭測日影當非憑空臆說，實屬持之有故。

「臬」也是甲骨文有的，字書也作從木執聲。《說文》以為「射準的」的本字，圭臬的「臬」為兼代、假借義，測日圭臬的本字應為「垦」（從日從土），《說文》已佚，於涅、隉、埕等字結構中見之。隉，《書·泰誓》：「邦之杌隉。」賈侍中說：「隉，法度也。」「垦」為堆土測日影的圭臬本字，臬行而垦廢。金文《師兌簋》「晷伯」的「晷」是「圭」的孳乳字，附圖〈14〉從垦，從止向下，表以步測距，歸省聲，當為「晷」見於金文者，已為姓氏，來源一定很早。晷，《說文》釋「日影也。」《玉篇》釋「以表度日也。」

「表」字，也是甲骨文固有的，從衣外表有毛形，舊釋「裘」，是否作「表臬」的「表」用，尚難確定。甲骨文可能還有象形表意的桓表、標竿之類的文字，有待於發掘和認識。我們對「晉」字的甲骨文提出與二至有關的新意。附圖〈15〉甲骨文和篆文「晉」，《說文》：「進也，從臸從日。」「至」誤解為「鳥飛從高下至地也」，實際是箭矢射至目的「至」，有「到達」「終極」的含義。「至」也象插在地上的標志，代表圭臬測日影的終極點，「晉」古文字從二至從日，即表示太陽（時間）在冬至、夏至二至之間，循序進行。沒有測日影定二至的生活經驗，就不可能締造這樣的形義的文字，後人連它的形義來源都說不清了，當然也沒有偽造的可能。

卜辭有「至日」的記載，甲骨文有冬、夏的文字，還有圭臬測日的「圭」「垦」字，也有從二至而來的「晉」字，足以說明商人不僅掌握了冬夏二季，而且從冬日短、夏日長的籠統感受，进步到儀表實測「至日」。【釋甲骨文春夏秋冬——商代必知四季說 武漢大學學報一九八五年第五期】

◉戴家祥　陳騂壺　孟冬戊辰　乃四季冬之本字。从日。从終，亦聲。為終之本字象束絲終端有結。冬季為四時之盡，故加日旁以區別本義，冬天寒冷，冰天雪地，故後人又加仌形。【金文大字典中】

布空大　豫孟　戰國八年戟作　布方×明冶　冀易　布空大　典六七三　仝上　典六七四　【古幣文編】

冶府　新興冶庫督印　公冶赤　肙冶成　肙冶中孫　冶林　公冶定印　【漢印文字徵】

◉許　慎　冶　銷也。从仌。台聲。羊者切。【説文解字卷十一】

◉馬叙倫　鈕樹玉曰。韻會引銷作消。沈濤曰。一切經音義二引。冶。燒也。乃一曰下之奪文。倫按冶音喻紐四等。澌音心紐。同為次清摩擦音。轉注字也。玄應一切經音義引三倉。冶。銷也。鑠也。則銷也非本訓。蓋呂忱加之。今杭縣謂冰銷曰陽。當作此字。猶飴之作餳矣。字見急就篇。古鉨作[字形]。【説文解字六書疏證卷二十二】

◉王人聰　安徽壽縣李三孤堆出土的楚器，經各家考釋後，銘文大體得以通讀。但其中仍有些字尚未得到很好的解釋，如「[字形]」字即是一例。

為了便於分析，現在把「但」字的幾種寫法摹録如下。

Ⅰ1.[字形]　2.[字形]　3.[字形]　4.[字形]　Ⅱ1.[字形]　2.[字形]　3.[字形]

Ⅲ[字形]　Ⅳ1.[字形]　2.[字形]　3.[字形]　4.[字形]　Ⅴ[字形]

注：Ⅰ1.三代吉金文存卷20・47・3劍。Ⅰ2.三代卷20・47・4。劍。Ⅰ3.三代卷20・40・6矛。Ⅰ4.三代卷20・41・1矛。Ⅱ1.三代卷20・35・1矛。Ⅱ2.三代卷20・27・2戟。Ⅱ3.三代卷20・26・1戟。Ⅲ兩周金文辭大系(五)280頁，Ⅳ1.三代卷20・5・2戟。Ⅳ2.金文編4・23但勺。Ⅳ3.金文編4・23酓忎盤。Ⅳ4.金文編4・23酓忎鼎。Ⅴ齊魯封泥集存62・3。

以上Ⅰ式字金文編未收，Ⅱ式字金文編收入附録。从Ⅰ式看，這字的較繁結構是从二、火、口、刀。其中刀字反寫，成了[字形]形。這在銅器銘文中有同樣的例子，如金文編4・22所收之初字，其所从的刀旁或作[字形]，或作[字形]。其次，在古文字中人字與刀字是常相混淆的，這一點唐蘭同志已曾指出過。唐蘭古文字學導論下編第四(卯)字形的混淆與錯誤。Ⅰ1.的銘文是「□相王波邦右□徏[字形]徏執齊」，Ⅰ2.的銘文是「十五年守相杢波邦右庫工幣岸不[字形]坔執齊」，由這兩段銘詞來看，[字形]是屬于守相右庫工師之下的職名是很明顯的。[字形]下一字當是任此職的人名。執齊是在冶鑄銅器中掌握銅錫之間配合的比例，孫詒讓周禮正義卷七十八「詩周頌鄭箋云：執，持也。謂執持此金朴，依齊量鑄以為器。」周禮考工記：「攻金之工，築氏執下齊，冶氏執上齊。」因此，从[字形]的字形及銘詞的內容來看，應即是冶字，在這裏是作為一種職務的名稱。

Ⅱ式字的結構與Ⅰ式相較，是省去了口字。刀與二左右易置，刀字正寫並類似人字，火字則簡化成了[字形]，這在金文中也是有同例的。如金文編10・7所收之[字形](滕)字，所从之火省作[字形]。Ⅱ1.的銘文是「格氏[字形]執」。从銘例來看，格氏為人名，執當亦是執齊的意思。因此[字形]亦應為冶字。

Ⅲ式字金文編也收入附録。金文編九二七頁。此式與Ⅰ式相比，除省去了从火的部分外，其他部分的結構是完全相同的，應

是Ⅰ式的簡化。此字見穌冶妊鼎，銘文是「穌冶妊乍虢弢魚母賸子子孫孫永寶用。」大系(五)二八〇頁。這裏冶是妊氏女的名字，改即己，為蘇國的姓氏。妊氏女名冶嫁為蘇婦稱為蘇冶妊。她的女兒名魚，母為古代女子的美稱。魚母隨其父姓改，嫁與虢國，稱虢改魚母。這是蘇國君婦為其女兒所作的媵器。王獻唐黄縣㠱器三〇頁。

Ⅳ式字只不過是Ⅲ式的變形，把二移到了右口下，而ヒ則移到左邊，並寫成了㇀或㇊。但兩式字結構的組成部分則是完全相同的。

从以上四式的比較中。我們可以看到此字變化的特點：(1)从最繁的結構中可以省去从火或从口的任一部分；(2)刀字可正寫或反寫，其位置可置于左邊、左上角或右上角；(3)二字可置于左上角或右下角。這些變化的特點，反映出當時此字的寫法還不固定，正處于簡化的過程。其簡化的趨向，即是

由此，我們可知冶字本作烖，从火从訾。烖與訾是烖的簡化，而𠂤二則訾的變形。但是到了小篆則譌變為㣺，成了从仌(冰)台聲的冶字。台即㠯，可讀如貽，古屬之部，冶古讀如與，屬魚部。但之魚二部是可以通轉的。如荀子非相：「鄉曲之儇子，莫不美麗妖冶，奇衣婦飾，血氣態度，擬于女子。婦人莫不願得以為夫，處女莫不願得以為士，棄其親家而欲奔之者，比肩而起。然而中君羞以為臣，中父羞以為子，中兄羞以為弟，中人羞以為友。俄則束乎有司，而戮乎大市，莫不呼天啼哭，苦傷其今而後悔其始。」其中冶與子、士、起、友、市、始為韻，冶是魚部，其餘各字都屬之部。又如說文：「楳，憮也。」楳憮同訓，楳之部，而憮則屬魚部。

可是清代一些說文注家却根據小篆譌變的冶字加以說解。如段玉裁說：「仌之融如鑠金然，故鑪鑄亦曰冶。」說文解字注，第十一篇仌部。朱駿聲也說：「从仌台聲。按凝則為仌，釋則為水，銷金遭熱即流，遇冷即合，似之故从仌。」說文通訓定聲頤部第五。从我們以上對冶字形體演變的分析，可知這些說法都是不可信的。另外，我們从漢印封泥的文字裏也可得到很好的旁證。例如Ⅴ式字，其全銘是「冶府」，這是漢代郡國所置的冶鐵官署。此式字的寫法與今隸已是十分相近了，一望而知即是冶字。但其結構並不从仌从台，把它與Ⅲ式相較，只是把ヒ變成乚而已。這說明它也是从Ⅰ式演變而來的簡體字，但還保存着較早形體的基本特徵。【關於壽縣楚器銘文中但字的解釋 考古一九七二年第六期】

◉黄盛璋 平安君為冶客所造，冶字作𠭯，郭沫若同志舊釋斪客，或釋句客。冶客又見於金村方壺，「冶」字作「𠭯」，唐蘭同志舊

釋冶客而無說明。最近朱德熙、裘錫圭同志重考此字，認為「□母□關」古印之「□」同字，是「司」字而不是「冶」字，「司客」相當於《周禮·秋官》之掌客。我認為是「冶」而不是「司」字，說詳《戰國銘刻的冶字結構演變與分國應用之研究》，這裏僅撮其要：

「□」左旁「□」即三晉趙器「冶」(鉰)之右旁，戰國最完整之「冶」字為「二」(吕，即銅餅料塊)、「火」、「刀」(或「刃」)、「□」(表鑄范)四要素組合，但常省其中一要素或二要素。四要素常見組合形式為□或□，□表刀與口(范)的配合，而□則為「刀」之刃部下延，表刃與口(范)之配合，「□」亦可在左，部位可以移動，如此「□」之左旁與戰國「冶」字相合。

戰國「冶」字右旁常從刀或刃，甚至從雙刀，如高都戈(劍)之「□」、「□」字右旁「比」就是雙刀，兩長劃皆直筆而各帶短劃，所以表兩刀相並，而不是「斤」字，「斤」兩筆皆屈曲相包，並無表刃之兩短劃，所以不是「斤」，而表兩刀形，與高都戈「冶」字右旁比相同，如此「□」右旁與戰國冶字右旁亦相符合，合起來必為冶字無疑。

金村方壺之「□」字右旁亦為「□」簡作，□下延為□，上卷則為「□」，理正相同，王仁聰同志已指出漢篆之「□」之右旁不過是「□」把「□」變成「□」而已，這分析是正確的。至於右旁「□」亦非從「□」，而仍應為從「斤」，與甲骨文「斤」字作□或□相似，或為倒立之刀形，總之合起來為「冶」字而非「司」字。

不論□、□都不是從台，因而決定不是「司」字，《說文》謂「冶從仌，台聲，實際上漢篆之冶，「二」是表銅塊之「吕」，而不是從仌(冰)，□為□之變作，表刀與口(范)配合，也不是「台」，「冶」是依會意造字，而不是形聲字，《說文》說解全誤，自許慎開始對冶字淵源流變迷眯不明，只能出以誤解。

平安君鼎與金村方壺皆為冶客所造，平安君鼎開頭就說：「平安邦客財四分齋」和二年寧鼎「二年寧冢子得、冶諎為財四分齋」格式全同，「冶客財」是「為財」之略，可見鼎為冶客所造，與「冶諎為財」同，所以後加「客」字，當表來自他國有冶鑄技術的冶師，予以優待，身份雖是冶，而地位比本國冶為高，故加「客」字以為區別。金村方壺冶客之後還有冶人之名，也說明冶客地位在冶之上，他直接領導指揮冶一同參加實際冶鑄工作，從平安君鼎與金村壺銘看，冶客既是直接制造者，同時也兼主造者，但他身份仍離不開冶的工技，和《周禮·掌客》「掌四方賓客之牢禮、餼獻、飲食之等數與政治」任務不同，職掌有別。從鑄造制度、銘刻格式與相關器銘推考，亦必為冶客，主管冶鑄用器，而不能是司客一類職官。【新出信安君鼎、平安君鼎的圖別年代與有關制度問題　考古與文物一九八二年第二期】

◉李學勤　1972年，在甘肅武威旱灘坡一座東漢墓中，發現了一批醫方木簡。經過考古學、古文字學、中醫等方面的學者共同整理研究，在1975年編為《武威漢代醫簡》一書出版了。這些醫方裏常見「冶合」這個詞，例如第一個方子是這樣的：

治久欬(咳)上氣，喉中如百蟲鳴狀，卅歲以上方：茈(柴)胡、桔梗、蜀椒各二分，桂、烏喙、姜各一分，凡六物，冶合，和丸以白密(蜜)，大如嬰(櫻)桃，晝夜含三丸，消咽其汁，甚良。

這個方子大意易懂，沒有多少需要特別解釋的地方。問題就是「冶合」一語不大明白。從文義看，這是指對方子所列舉的六種藥的處理，所以注釋說：「『冶合』，即將藥物加工砲制。」究竟怎樣加工砲制，沒有能够說明。因此這種治多年咳喘的丸藥的制法，還是有不清楚的環節。

古代訓詁，「冶」字作為動詞是指金屬的冶鑄。《說文》：「冶，銷也。」今天我們說「冶金」，仍然是用這個意思。醫方中的柴胡、桔梗等都是草藥，不能像金屬那樣銷熔，可見這個字用在醫藥方面一定有另外的意義。

也曾有人想，醫方中的「冶」或許應該是「治」字。由於武威醫簡不但有好多「冶」字，也有不少「治」字，一個兩點，一個三點，截然不同，這種想法很快便被否定了。

後來，我們在整理1973年底湖南長沙馬王堆漢初墓出土的帛書時，又一次碰到同樣的問題。帛書裏也有一種醫方書，我們定名為《五十二病方》，它的方子多次出現「冶」字。例如：

令金傷毋痛方：取鼢鼠，干而冶；取彘魚，燔而冶；××、薪(辛)夷、甘草各與鼢鼠等，皆合撓。取三指最(撮)一，入温酒一音(盃)中而飲之。……

這裏的攔路虎仍然是「冶」字。不懂「冶」字的意義，也就不能明白這種內服金創藥的確切制法。

怎麽辦呢？我們先是翻檢一般古書和《經籍籑詁》之類工具書，毫無所獲，隨後又檢查各種古醫書。中醫專家指出，在傳世古醫書中，也有這樣用「冶」字的例子。當時找到的，是《醫心方》卷二十二所引的《集驗方》「已冶艾葉一筥」。「冶」是動詞，用法顯然和上面談的簡帛是一致的。

《醫心方》是一部日本的醫方書，系日本圓融天皇天元五年(相當中國北宋太宗太平興國七年，公元982年)丹波康賴所撰。書中引録了大量中國古代醫藥書籍。這部書在一些詞的旁邊用日文作了訓釋。在卷二十二《集驗方》那句的「冶」字右邊，注有「クタケル」，這個日文詞寫出漢字是「碎」。這樣，我們才明白「冶」的意義，用來讀簡帛各個有「冶」字的醫方，都很順適。於是在1979年出版的《馬王堆漢墓帛書·五十二病方》書中，寫下這麽一條注：

冶，《醫心方》卷二十二引《集驗方》「已冶艾葉一筥」，冶字日文訓釋為碎。帛書醫方中冶字都是碎的意思。同樣意義的冶字，也見於《流沙墜簡》(這是當時查出的)和《武威漢代醫簡》。

其實，在中醫經典《黃帝内經》中「冶」字的這種用法本來也是有的，如《素問・繆刺論》：

邪客於手足少陰、太陰、足陽明之絡，此五絡皆會於耳中，上絡左角，……以竹管吹其耳，鬄（剃）其左角之發方一寸，燔治，飲以美酒一盃；不能飲者，灌之，立已。

馬王堆帛書醫方常見「燔冶」或者「燔而冶」「燔冶之」，所以《素問》的「治」實際是「冶」的誤字。

後來，我們在馬王堆帛書《養生方》所收的一個旅行時增加足力的藥方中，還找到把「冶」寫成「蠱」的例子。《後漢書・馬融傳》注説，「蠱」字「與冶通」，是音近通假。這又多繞了個彎子，更不容易釋讀了。

到1985年，在日本出版了《新發現中國科學史資料的研究・譯注篇》，其中赤堀昭、山田慶兒二氏所作《五十二病方》的注釋，對「冶」字的解釋又有新的發展。他們在《醫心方》卷十四所引《僧深方》又找到這個字的日文注記「ツク」，用漢字寫即「搗」或「舂」。所以，「冶」字的準確意義應該是搗碎，這個疑難問題可以説終於解決了。

有些漢字的古音古義早已被人們遺忘，但經過細心探尋，還是可能重新發現出來的。像我們這裏談的「冶」字訓為搗碎的古義，竟保存在日本古醫書的訓釋中，是一個很有意思的例子。【「冶」字的一種古義　語文建設一九九一年第十一期】

◉何琳儀　李學勤對三晉銘刻「冶」字的釋讀，李學勤《戰國題銘概述》，《文物》一九五九年八期。王仁聰對「冶」字从「刀」的辨釋，王仁聰《關於壽縣楚器銘文中佋字的新釋》，《考古》一九七二年六期。都被新出的材料所證實是十分正確的。但「冶」字从「刀」的原因尚未得到解決。

據黃盛璋研究「冶」分四式：黃盛璋《戰國冶字結構類型與分國研究》，《古文字學論集》初編四二九——四三一頁。

（一）[古文字形]　[古文字形]

（二）[古文字形]　[古文字形]

（三）[古文字形]　[古文字形]

（四）[古文字形]

按，「冶」从「火」，顯然是聲符，無須詳述。「口」和「二」均為戰國文字中習見的增飾部件，無義。這兩個部件既可以分別在某些文字中出現，也可以同時在一個文字中出現。例如：

命、[古文字形]𪇴羌鐘　[古文字形]蔡侯鎛　[古文字形]《中山》三六　[古文字形]楚簡

戰國文字通論

倉、《古幣》一六二　《璽彙》一三二三　《璽彙》〇九六七「蒼」　《璽彙》三九九六「蒼」

戒、《璽彙》〇一六三　齊侯鎛　《璽彙》一二三八

治、《三代》二〇・二五・二　《三代》二〇・二〇・一　《録遺》五八一

賢、《中山》一〇〇

敢、《匋文》附二四

辪、《三代》一九・二七・二戈

閔、《貨幣》四・四六・一九

這些平行的演變軌跡，是「口」和「二」均為裝飾部件的確證。「二」在文字下方者居多，但也有在上方者，例如：

在組成「治」的四個部件中，「口」和「二」無義，只有「火」和「刀」是有實際意義的偏旁。一般來説，形聲字的形符可省，聲符則不可省。上揭四式「治」的偏旁「火」、「口」、「二」均可省，唯獨「刀」不可省。然則「刀」應是「治」字的音符。

「治」，羊者切，喻紐四等，古讀定紐。「刀」，都勞切，端紐。定、端均屬舌音端系。然則「治」、「刀」雙聲。

「刀」，宵部；「治」，魚部。宵、魚每可旁轉，例不備舉。值得注意的是，从「刀」得聲的「叨」，典籍亦作「饕」。《左傳》文公十八年「謂之饕餮」，《書・多方》正義引作「叨餮」。《説文》「饕」或作「叨」。均其佐證。「饕」从「號」得聲，而「號」(宵部)可讀「胡」(魚部)。《荀子・哀公》「君號然也」，注：「號讀若胡，聲相近字遂誤耳。《家語》作君胡然也。」此从「刀」得聲之字可讀魚部字的佳證。

總之，(一)式「治」从「火」、「刀」聲，「口」和「二」均為裝飾部件，無義。其餘三式或有省簡，唯音符「刀」不省。【戰國文字通論】

◉湯餘惠　80　原隸定為「信」，注125：「信，治字。楚國銅器銘文的治字多作此形。」戰國文字中的治字均从刀作，此篆左旁亦應是「刀」而非從「人」。楚器銘文之「治」多作，二在口下，簡文在上，應系異構。《説文》古文剛字作，左旁乃弓之訛寫，隸定為「弜」，乃弘字繁構，韻同而假借為剛字。其形與簡文「治」訛混，實非一字。附帶説一句，戰國文字裏的「治」和《説文》古文「剛」，音、義不同，字形亦各有來源。早期的古文字學者，多據《説文》而把戰國文字裏的「治」釋成「剛」，不能不説是一個錯誤。【包山楚簡讀後記　考古與文物一九九三年第二期】

◉蔡運章　「治午」：此戈的直接鑄造者。治，其下從土，上部左旁從 ；右旁所從之，當是匕字繁體。因為在古文字的偏旁

中，反正、單雙本無別，其例甚多，不贅舉。此字從丫、從匕，從土，與三晉兵器冶字構形相近，當是冶字異體。

「□」，當是午字。楚嬴匜午字與此構形相同，是其例證。午是鑄造此戈的工匠之名。當時「冶」的地位較低，多由刑徒或戍卒充任，故「午」也當是一般的刑徒或戍卒。【甲骨金文與古史研究】

◉劉彬徽等　信，冶字。楚國銅器銘文的冶字多作此形。【包山楚簡】

◉尤仁德　□是冶字。考三晉兵器銘文冶字多作□，而戈銘省「火」，是冶字異體，與楚酓忎鼎冶字作□的結構相同。楚國兵器銘文鑄匠一般稱「冶師」，戈銘省稱冶，與冶□戈（《三代吉金文存》20·5）省稱冶相同。己女（或讀為如，鄂君啟節「女（如）載馬牛」可證），系冶師之名。女字寫法與湖北望山2號戰國墓出土竹簡女字作□（婁字女旁）極似。【楚伺睘戈考釋　考古與文物一九九六年第四期】

◉林清源　自1959年李學勤先生考釋出戰國「冶」字之後，又經王人聰、唐蘭、黃盛璋等幾位先生反覆考證，知道「冶」字是由「二、火、刀（刃、斤）、口」四要素組成，表達冶鍊的過程，其本義為銷金製器，是一個會意字。

「冶」是個會意字的説法，已廣為學者所採信，直到1989年，才有何琳儀先生提出反對意見。何先生説：

「冶」从「火」，顯然是聲符，無須詳述。「口」和「=」均為戰國文字中習見的增飾部件，無義……一般説來，形聲字的形符可省，聲符則不可省。上揭四式「冶」的偏旁，「火」、「口」、「=」均可省，唯獨「刀」不可省。然則「刀」應是「冶」字的音符。「冶」，羊者切，喻紐四等，古音定紐。「刀」，都勞切，端紐。定、端均屬舌音端系。然則「冶」、「刀」雙聲。「刀」，宵部；「冶」，魚部。宵、魚每可通轉。……總之，（一）式「冶」从「火」、「刀」聲，「口」和「=」均為裝飾部件，無義。其餘三式或有省簡，唯音符「刀」不省。

上述引文中，至少存在四個問題：⑴「冶从火顯然聲符」一句，「聲符」應該是「形符」或「義符」的筆誤，因為後文曾明確指出「冶从火，刀聲」。⑵「火」、「口」、「=」三要素，假設真的只是無意義的裝飾符號可以任意簡省，如此一來，「冶」字必將與「刀」、「口」、「斤」三字相混，至少可能會出現假借此三字為「冶」的現象，不過事實上這兩種假設狀況皆未發生，「□」不能簡省為「□」，「□」不能簡省為「□」，「□」也不能簡省為「□」。若説「火」、「口」、「=」三要素，並非毫無意義，除了裝飾功能之外，還兼有別嫌功能，則一個「□」字卻要同時加上三個別嫌符號，以致主體「□」只能僻居一隅，如此詮釋似乎很難令人信服，並且也找不到平行的例證。何先生再三強調，「火」、「口」、「=」均可以省，唯獨「刀」旁絕不可以省，然後又根據「形聲字形符可省聲符不可省」的一般性原則，判定「刀」旁必是聲符。其實「刀」旁未必不可省，1986年山西省芮城縣出土魏國銅戈「十八年莆反令籥戈」（下文第130器），「冶」字作「□」形，即不从「刀」，可為反證。在「冶」字諸多異形中，偏旁「刀」常與「刃」、「斤」互通代換，而作

「釖」、「釰」、「釿」諸形，此一現象顯示，「刀」、「刃」、「斤」三者應是事類相近的義符，因為它們在聲韻上並未具備足以互通代換的密切關係。

基於上述考慮，筆者認為「冶」應該是個會意字，从=、火、口、刀（或刃、斤）會意，其本義為銷金製器。【戰國「冶」字異形的衍生與制約及其區域性特徵　第二屆國際中國文字學研討會論文集】

凔　冷　⿰冫函　⿰冫畢　冹

◉許　慎　凔寒也。从仌。倉聲。初亮切。【說文解字卷十一】

◉許　慎　冷寒也。从仌。令聲。魯打切。【說文解字卷十一】

◉許　慎　⿰冫函寒也。从仌。函聲。胡男切。【說文解字卷十一】

◉許　慎　⿰冫畢風寒也。从仌。畢聲。卑吉切。【說文解字卷十一】

◉馬叙倫　風寒也者。吕忱或校者依詩豳風毛傳為訓。玉篇止作寒也。甲文有𣴑。葉玉森釋滭。從水。以下諸文。蓋竝出字林。【說文解字六書疏證卷二十二】

◉許　慎　冹一之日滭沷。从仌。犮聲。分勿切。【說文解字卷十一】

◉馬叙倫　沈乾一曰。唐寫本唐韻十目沷注引說文。寒水。本書水部無沷。蓋泼之譌。則今本奪寒水一訓。倫按一之日滭沷詩七月文。然彼作觱發。毛傳。風寒也。釋文。觱音必。說文作畢。發音如字。據釋文說文作畢。似捝仌旁。然發音如字。不言說文作沷。似本書並無滭沷二字也。且詩二之日栗烈。釋文。栗烈並如字。說文作颲颲。不言說文作凓瀨。則似陸以毛訓觱發為風寒。故以為栗烈當作颲颲。然風寒之義。字當從風。不當從仌。依詩義承七月流火九月授衣。止以氣候暑退

凓　瀨

寒來為言。不必定涉於風也。則栗烈當即此下之凓瀨。而觱發自即滭冹矣。特凓瀨為寒。即凛冷之轉注字。本部諸訓寒者。字皆轉注。音理顯然。獨滭冹自為雙聲。與他諸訓寒之字音皆不屬。而滭訓風寒。既本毛傳。冹下復無本義。唐韻所引則訓寒水。則此二字蓋非本書原有。惟陸言說文作畢。為無從索解耳。況發字又不言說文作某也。【說文解字六書疏證卷二十二】

◉許　慎　凓寒也。从仌。栗聲。力質切。【說文解字卷十一】

◉許　慎　瀨寒也。从仌。賴聲。洛帶切。【說文解字卷十一】

◉馬叙倫　鈕樹玉曰。玉篇廣韻並無。亦不見經典。姚文田曰。詩大東正義引。冽。寒皃。今本皆無。其從賴之字。玉篇廣韻亦皆無之。恐是一字。列賴音同。或作重文。臧琳曰。據孔氏引知唐初說文本有洌字。說文蓋以洌為正字。瀨為重文。今本脱落。李善文選嘯賦注引字林。洌。寒皃。本說文也。徐灝曰。篇韻無瀨字。蓋偶失之。集韻類篇瀨下竝引說文。寒也。則宋時諸本皆有此字可知。倫按王筠於滭冹凓瀨四字許書本無。倫謂詩七月釋文引畢字。而不及冹凓瀨三字。正義亦不之及。大東正義引七月之栗烈作栗洌。孔曰。是洌為寒氣也。說文。洌。寒皃。故字從冰。蓋詩用洌字。乃水清之義。故孔以為字當作從冰之洌。而引本書也。然所引蓋與七月釋文引滭字同。或以字林為說文。蓋字林附於說文。而題為說文者也。陸孔所據說文。又不必為一本也。陸見本有滭字。故止引滭字。孔校本詩字作洌。而所據本書有洌字。故引洌字。其實皆字林文。今本無洌。洌蓋凓之或文。傳寫失之。洌凓瀨音皆來紐。轉注字也。【說文解字六書疏證卷二十二】

雨

鐵三二・三

鐵二三八・三

後二・一・一二

林二・二三・一四

前三・二〇・三

佚

四八

佚五五

燕五一四

乙七七八　朱書

乙七二八五　朱書

存一七三〇

京津三二七

京津

三五六 京津三三〇九 明藏二二 戩一八・四 佚二三六 佚四六七

戩一六・一六 戩一六・一 存一七四七 粹六六六 拾八・二 佚二

四七 燕五二〇 明藏三六 乙九〇六七 乙九一〇三 乙九一〇四 存一四五一 前三・一

六・二 前三・一八・六 前四・九・六 後一・三二一〇 燕一三九 燕一四三 存一七

三一 明藏四二七 文管九二 鄴初下・四〇・三 師友二・二二・五 續四・二四・一三

前二・二九・六 前二・三五・三 前二・四二・六 後一・二〇・一 後二・二八・七

戩十六・六 佚七七六 燕一四〇 粹七〇四 乙雨 見合文二五 粹七〇四 不雨 見合文二五 粹六

八〇 亡雨 見合文二六 【甲骨文編】

甲9 63 201 206 242 257 267 429 445 506 753 1130

1179 1220 1266 1415 1497 2314 3595 乙16 4925 6299 6404

6405 6406 6408 6419 6740 6750 6751 6752 6772 6962 7152

7153 7233 7312 7425 7431 7448 7577 7634 7801 7889 7998

8038 8499 8503 8510 8669 8675 8689 9067 9103 9104 珠16

19 115 141 439 441 454 686 687 689 690 692 766

1139 1140 1144 1167 福10 佚72 247 276 292 327 402

406 435 519 565 650 651 796 857 864 870 897 901
986 1000 續4·5·1 4·5·2 4·6·1 4·6·2 4·6·3 4·8·2 4·8·4
4·9·2 4·11·2 4·11·5 4·13·3 4·14·3 4·15·3 4·16·5 4·19·8
4·20·1 4·20·9 4·21·1 4·24·8 6·10·4 掇385 395 426 徵1·11
1·12 1·15 1·17 1·24 1·25 1·26 1·29 1·30 1·31 1·32
1·34 1·36 1·37 1·38 1·39 1·41 1·43 1·44 1·46 1·57
1·65 1·66 1·68 1·69 1·73 1·74 1·75 1·80 1·81 1·82
1·84 1·85 1·90 京1·17·1 1·25·2 3·19·2 3·19·5 3·21·2 3·
23·1 3·26·2 4·3·3 録10 13 96 97 99 100 103 105
107 112 113 114 116 117 122 132 178 367 527 703
鄴29·1 新3180 鄴33·4 33·7 37·3 40·3 41·18 鄴三48·3 天17 19
20 21 22 24 25 30 誠77 78 127 龜卜94 96 東方107
5·11 六中17 20 22 245 246 六清43 外374 六清160 162 六束32
34 六曾2 續存135 1451 1458 1468 1489 1756 2272 凡23·1
23·3 24·4 25·4 書1·5·H 1·9·A 外56 75 202 摭續1 3 22

198 205 211 216 217 粹10 13 26 57 216 229 456

655 657 658 665 666 670 673 680 682 708 715 719

720 738 795 805 813 850 929 990 995 997 1043

1550 新418 3173 3209 4988 【續甲骨文編】

雨 子雨己鼎 亞止雨鼎 子雨卣 雨觥 盗壺 雨祠先王 張政烺讀為雩説文雩夏祭樂于赤帝以祈甘雨也禮記月令仲夏之月乃命百縣雩祀百辟卿士有益于民者以祈穀實 【金文編】

3·1264 獨字 3·1263 同上 瘦雲 31·2 【古陶文字徵】

〔六八〕 〔三六〕 〔五四〕 〔六九〕 【先秦貨幣文編】

布空大 豫孟 布空大 典六九六 布空大 歷博 【古幣文編】

雨 秦一一五 十四例 日甲三九 十四例 【睡虎地秦簡文字編】

—土(甲3—7)、天—☐☐"(甲3—15)、寺—進退(甲8—4)、☐妥水☐風—(乙1—32)、風—晝禕(乙7—25) 【長沙子彈庫帛書文字編】

開母廟石闕 興雲降雨 石碣霝雨 石經文公 自十有二月不雨 祀三公山碑 偏雨四維甘雨屢降 【石刻篆文編】

雨 【汗簡】

古老子 雲臺碑 古老子 雲臺碑 竝崔希裕纂古 説文 【古文四聲韻】

◉許　慎　〔字形〕水从雲下也。一象天。冂象雲。水霝其間也。凡雨之屬皆从雨。王矩切。〔字形〕古文。【説文解字卷十一】

◉孫詒讓　八命七曰雨，龜文云「雨」者亦多，其字皆作「〔字形〕」，最為奇古。詳劉《敘》。今略舉數事以見其概，如云：「卜亘貝雨」、六之四。「□□其雨庚止」、十六之四。「今己子月不雨」、廿三之二。「庚戌戋貝雨帝不我□」、卅五之三。「□□□㱿貝今十二月不其雨」、卅九之二。〔五四〕「貝夾盇雨」、「夾盇」讀為夜隸，詳《釋禮篇》六十六之一。「今月其雨」、四十九之一。「今丁卯其雨」、五十二之三。「今日雨」、五十三之二。「七月其雨」、六十六之三。〔五五〕「□卯卜出貝今日不雨」、六十九之二。「□□□雨克止□」、七十四之三。「貝今月不雨」、百九之四。「乙卯不其雨」、百十九之三。「今二月帝不令雨」、百廿三之一。「今日不夾盇雨」、百九十三之四。「貝今日不其雨」、二百之二。「辛丑雨壬寅雨」、二百二之三。「甲申卜己丑雨乙」、三百五之一。「丙辰卜丁己雨」、二百廿八之四。「㞢曰雨隹多止」、二百卅八之三。「丙戌卜戋貝今三月雨」、二百四十九之二。或與「獵」同卜，云：「貝獵不雨」、百五十六之三。「乙未卜㱿鼠丙申不雨」、百五十八之二。「貝獵辛亥不雨」、百六十四之四。「壬申卜亘貝獵丁未雨」、百九十五之四。「貝鼠庚辰其雨貝鼠庚辰不雨」、二百四十二之一。或與「征」同卜，云：「貝今月不征雨」、卅一之一。「貝不其征雨」又云「貝今月征雨」、九十八之二。「丁子卜㞢貝今□征雨」。二百四十六之一。此類文殊錁，不可悉數。其與「征」、「獵」同卜，蓋雨則不宜征行及田獵也。【栔文舉例卷上】

◉林義光　古作〔字形〕楚公鎛。作〔字形〕不䫒敦霝字偏旁。【文源卷二】

◉葉玉森　〔字形〕〔字形〕〔字形〕〔字形〕〔字形〕〔字形〕〔字形〕　契文雨字。别構孔繁。疑〔字形〕明義士殷虛卜辭第四百七十六版為初文。象雨霝形。〔字形〕為準初文。增从一。象天。—狀之小直綫。或平列。或參差。上下兩層或三層。當同狀一物。厥後上半漸變為〔字形〕。又變為〔字形〕〔字形〕。復譌變為〔字形〕。與篆文近。許君乃認上一畫為天。而以〔字形〕為雲。孫籀高則謂〔字形〕象穹窿下覆。天象已晐於其中。不必更从一。仍誤會。【説契　學衡第三十一期】

◉商承祚　〔字形〕〔字形〕〔字形〕〔字形〕〔字形〕〔字形〕　説文雨。「水从雲下也。一象天。冂象雲。水霝其間也。〔字形〕古文。」〔字形〕為初文。其後乃衍變。楚公鐘作〔字形〕。【甲骨文字研究下編】

◉孫海波　〔字形〕藏三二・三〔字形〕前三・十六・二〔字形〕〔字形〕後上・三二・三〔字形〕子雨己鼎　卜辭諸雨字，皆象从雲下形，从一殆後起。【甲骨金文研究】

◉明義士　〔字形〕　正象雨水下墜形。【柏根氏舊藏甲骨文字考釋】

◉强運開　〔字形〕　張德容云。蓋亦古文。運開按。古文雨。説文作〔字形〕。小篆作〔字形〕。蓋从籀文也。楚公鐘夜雨雷作〔字形〕。與鼓文微異。按此下闕一字。且當有重文。【石鼓釋文】

◉楊樹達　吴承仕云：「□乃初文，□象天宇之覆。」樹達按：□字之□，雨字之□，皆象雨，本形。□字之□，雨字之一，皆象天，示雨之所從來，為他形。【文字形義學】

◉馬叙倫　葉玉森曰。卜辭作□□□□□□□□。疑□為初文。象雨霝形。□為準初文。增從一象天。厥後變為□□。又變為□。倫按説解疑為校者所改矣。□安得象雲邪。水霝其閒也亦校語。雨字楚公鐘作□。石鼓文作□。古鉨作□。□□皆象形。□□則以别於水字亦作□□者。加天地之天本字作一者。此後起字。於六書為會意矣。□又為□□之後起。又增一天字矣。字見急就篇。

□　王筠曰。鍇篆作□從宀。非。玉篇。□。古文。□亦古文。出説文。案出説文者。其總目上兩字邪。抑□字不出説文邪。本部大徐從□者四字。小徐概從雨。龔橙曰。□□□竝見李登集古文。李杲曰。本部從雨古文皆作□或雨。此與小篆同，或譌。無作此者。蓋後人肊造之字。非許舊也。倫按古文下當依鍇本有雨字。【説文解字六書疏證卷二十二】

◉商承祚　□。初體衹是畫雨點與雨綫。多寡任意。後加整齊。再由□□□甲骨文進而成今體矣。【説文中之古文考】

◉白玉峥　□：籀廎先生釋雨，見卜事篇。後之學者皆从之，其或發為議論者，亦申其誼也。如葉玉森氏曰：「契文雨字别構繁多，疑□為初文，象雨霝形。□、□為準初文。增从一象天；—狀之小直綫，或平列、或參差，上下兩層或三層，當同狀一物。厥後，上半漸變為□、□，又變為□、□、□，復譌變為□，與篆文近矣。」説契。葉氏之説解，其失在依筆畫之多寡，憑其主觀而為之，故而得失參半。彦堂先生曰：「雨字，在武丁、祖甲之世皆作□，上象雲，下象雨滴。武乙前後，參差其雨滴作□，重雲作□。帝乙以後則作□，與小篆之雨，及金文之□皆相近了。」見斷代例四一二頁。夫子申之曰：「以現在的看法，雨滴參差作□的，是三期的一般書體，重雲作□的，也是三期居多；而最早出現，當在二期，作□形。武乙與文武丁時代的雨字，也有明顯的差異。」如武丁時作□。祖庚、祖甲時作□，或□。廩辛、康丁時作□，或□。武乙時作□。文武丁時作□。帝乙、帝辛時作□，或□。斷代新例五三〇至五三六頁。【中國文字第三十四册】

◉陳全方　□，疑是雨字，刻在陶盆的腹部(圖一：8；四：7)。【周原出土陶文研究　文物一九八五年第三期】

粹一五七〇 地名 明藏三九五 在丘雷 乙五二九或變田形為口 貞及今二月雷 前七・二六・二 乙五六三反 乙七二七或變ㅂ形為。 乙五六四 前四・一一・七 後二・四二・七 後二・一・一二 佚三六七 佚八三八 存下八七 存下五八九 乙三八六四 珠八四〇 前三・一九・三 前三・二二・一 前四・一〇・一 前七・二四・四 乙二二或變◦形為點 【甲骨文編】

乙12 478 529 563 727 3282 3434 3864 5600 6877 7030 7313 7321 7808 珠840 佚367 838 京4・18・3 續存1 3 5 【續甲骨文編】

雷 師旂鼎 雷甗 洹子孟姜壺 盠駒尊 孳乳為櫑 父乙罍 洛罍 陵方罍 對罍

【金文編】

175 【包山楚簡文字編】

雷 日甲四二背 二例 【睡虎地秦簡文字編】

靁比干 實合靁印 【漢印文字徵】

雷 雷 雷 雷出史書 雷 【汗簡】

並古尚書 古史記 說文 玉篇 並籀韻 並說文

並王存乂切韻 【古文四聲韻】

◉許　慎　靁陰陽薄動靁雨生物者也。从雨。畾象回轉形。魯回切。𩃬古文靁。𩄡古文靁。𩆂籀文靁。間有回。回。靁聲也。【說文解字卷十一】

◉陳邦懷　前編卷四第二十四葉同上　說文解字雷字古文作𩃬。大徐本段注本皆如此。小徐本作𩃬。卜辭諸文皆古文雷字。羅參事釋為靁。誤已。【殷虛書契考釋小箋】

◉葉玉森　貞妃于龍左行。羅參事釋為靁。陳君邦懷釋雷。引許書古文雷作為證。較塙。雷妃卜辭數見。殆殷代以雷為女神。故曰妃歟。【鐵雲藏龜拾遺考釋】

◉高田忠周　王廷鼎說文佚字輯說曰。說文从畾聲者九。而正篆無畾。段以畾為靁之省。實即靁之古文。古雲電雷皆不从雨。雲止作。電止作。雷止作。論衡言圖雷之形。纍纍如連鼓。則畾即雷矣。从雨者皆後出字。許於靁下曰。畾象回轉形。亦明明以畾指靁矣。又出古文作𩄡。曰閒有回。回靁聲也。若不取其聲則止作畾。可知省即畾矣。則畾為雷之古文無疑。畾取纍鼓狀。雷引伸有纍疊誼。諸字之从畾聲者。皆从其引伸義為義。而其本義小篆已變从雨而作靁。許故於藟櫑儡等字下。但曰畾聲。不能曰从古靁。猶雲古作云。芸沄等字下不能曰从古雲也。況从雷諸字。皆不取雷義而取畾疊之義。後畾疊字。又借从系之纍綴字為之。於是畾不知為雷之古。此說為確論也。說文靁霒昜薄動生物者也。从雨。畾象回轉形。籀文作𩆂。靁閒有回。回靁聲也。古文作𩃬作𩄡。蓋从四田者。亦非真古也。造字之制。多略而不過三數。紀數之文。最古唯有一二三而無亖。其有亖者。出於籀文。而是非从四一。合二二為四者。亦不背不過三之恉也。即知雷亦元當作。王氏說是。此篆四田之間。右行右回以相綴者。象回旋形。與从回者。亦同意耳。然又按之从實之省文。【古籀篇一】

◉于省吾　契文字亦作等形。羅振玉云。說文解字電古文作。此从象電形。象雨點雨與電相將也。增考中五。葉玉森云說文。雹雨冰也。古文从雨。象形。又云。古人制雹字。从。即申。象電燿屈折形。乃初文電字。許書虹字下出籀文蚺。謂申電也。可證。象冰點。象冰塊。釋雹似無可疑。鉤沈一。郭沫若云。案乃虹字。說文籀文虹。从申。申電也。此字正从申。於申旁附以小圓或細點者。示虹之周遭有雨滴。申乃紳之初文。象形。通攷八六。按羅葉郭三氏說並非。乃靁之初文。一變而為。从實點與从虛廓一也。如虎作亦作。黍作亦作。是其證。再變而為。从○與从口一也。如咸作亦作。靁作亦作。是其證。三變而為。粹一五七零。才。為地名。郭沫若誤釋為疇。余所藏明義士殷虛卜辭墨本有才丘之辭。丘靁亦為

地名。綜之。从◇與从田一也。田形中間之横竪畫乃文飾。無意義之可言。說文靁之古文作𩂣。戴侗謂說文即畾之省。按戴說是也。如絫之作纍。壘之作壘。是其證。金文彊字。番君鬲作。曆字屯鼎作。封毀作。章字毛公鼎作。章鼎作。是均从口與从田在偏旁中無別之證。又按金文靁字。靁甗作。中从申。與栔文符。父乙罍作。師旂鼎作。洦罍作。古文四聲韻十六灰引王存乂切韻。古文雷作。中从。即形之譌變。說文靁之古文作。又由金文而譌變者也。說文櫑之籀文作。亟皇父毀作。或从缶或从金。中从。即形之譌變。說文。靁陰陽薄動。靁雨生物者也。从雨。畾象回轉形。按韻會引作从雨畾聲。王氏句讀云。靁從畾聲。亦裘從求聲之比。畾者畾之省也。象回轉形。當在下。按前三·十九·三。七日壬申。辛子雨。壬午亦雨。三·二三·一。□□卜貞。今己亥。不□。四·十一·七。□其□。七·二六·三。☐采格云。自北西單。後下一·一二·癸子卜。古貞。雨。十月。佚三六七。不隹囚。八三八。汢于。珠八四零。告于汅。或單言靁。或雨靁並稱。要之。栔文靁字从申者。申即電之初文。電者靁之形。其从點者。象雨滴形。靁之聲無可象。加點所以別於申。本為會意字。其从◇者與从點義同。其从口者乃變體。其从畕者金文孳乳為畾。因而譌為从申畾聲之形聲字。蓋靁字之演變。由而而而而而至小篆又增雨為形符。而省畾為畾。遂作靁矣。考其始終遞嬗之迹。至為明塙。於以知研契諸家之釋電釋雹釋虹。均無當矣。【雙劍誃殷栔駢枝三編】

◉林義光　雷微韻古作洹子器。作雷尊彝。作父乙罍。皆象雲氣。田象鼓。鼓在雲中以狀其聲。或作。楚公鐘文。唯八月甲巳。楚公逆自乍大雷鐘。舊誤釋夜雨雷鐘。从雨轉注。藟等字說文皆云畾聲。說文無畾字。畾即也。

【文源卷八】

◉馬叙倫　鈕樹玉曰。韻會引無靁雨二字。下作從雨畾聲。嚴可均曰。韻會引作從雨畾聲。無象回轉形四字。蓋小徐真本如此。段玉裁曰。靁雨二字不詞。當依韻會刪。王筠曰。畾聲。畾者。畾之省也。象回轉形當在下。于鬯曰。象回轉形四字。當在籀文靁閒有回回之下。若畾則何回轉之有。靁聲也之聲字。當在從雨畾之下。衍靁字也。韻會引從雨畾聲。可證也。倫按楚公鐘作。雷甗作。父乙罍作。竝從初文電。畾聲。畾即十四篇之厽字。詳厽字下。靁則從雨畾聲。今本捝聲字。象回轉形校語。陰陽薄動靁雨生物者也。當作陰陽薄動為雷。雷生物者也。今有校語羼入或皆是校語。本訓捝矣。字見急就篇作雷。蓋傳寫省之。

𩂣　鈕樹玉曰。繫傳作。在籀文下。嚴可均曰。此當是說文續添。校者移亦字於下耳。倫按鍇本下作亦古文靁。

王筠曰。玉篇。𩁹。古文雨。𩂣。亦古文雨。出說文。本部大徐從𩁹者四字。小徐概作雨。李杲曰。書契靁字作〓。此疑是靁之古文。

〓 此〓之譌耳。

〓 金文多〓〓〓。則籀篇亦然。但傳寫譌為〓耳。此篆當與上文〓篆互易。此說解中閒有回回當作畾閒有回回。正釋畾字也。然係校語。靁聲也于𨚗謂當在正文靁字說解中。是也。〓從電之初文。此後起字。復增雨耳。【說文解字六書疏證卷二十二】

◉馬叙倫 靁甗。〓 吳式芬曰。徐籀莊以為古𩐀字。許印林謂徐據書仲𩐀史記作畾。倫按舊釋靁是也。字從〓畾聲。〓即說文之申字。金文宰椃角作〓。王子〓蓋作〓。不𡢁敢作〓。石鼓作〓。中文作〓〓〓〓。皆象電形。申本電之初文也。畾字不見說文。而從畾得聲之字頗多。畾即說文之厽字。畾其多一田者耳。畾為〓之初文。從田即從用也。非井田字。壘為以土纍增為垣壁。故從三田或四田無殊也。舊說據論衡有雷鼓之說而以畾為象連鼓。俗說不可從。𩐀雷聲類相近可通。故仲𩐀或作仲畾。非畾即𩐀字。【讀金器刻詞卷中】

◉商承祚 考金文楚公鐘作〓，滔钦□罍作〓，父乙罍作〓，雷甗作〓，作連鼓而無回形，與說文古籀文異。其所从之〓〓〓〓象雷，雷之先兆始見電，電可見而雷僅能聞其聲，其聲隆隆如鼓，故造字者，圖鼓形而附以電也。因此可以悟知許說古籀所从之回，乃電形之寫譌。電之誤回，亦有至理，奚以明其然邪？雷之發聲也，或急或徐，或遠或近，其音殷殷，迂回旋轉，此古籀文鼓中間回之所由生，人以其近乎聲理，遂始終宥于許說而不疑。論衡曰：「圖雷之象，纍纍如連鼓。」殆王充所見之雷字，其篆法與楚公鐘近似，不明〓而為電形，而以為系也。鼓中間電，為雷之初字，从雨，乃籀文之緐體，小篆趣約易，省而為靁，而與「象回轉形」之訓又不協。古今隸又省作雷，其初形初誼益不可見，世人以為从田畝之田，遂有雷出地奮之訓之非也。又疑回亦雷字。說文回：「轉也。从口，中象回轉之形。回，古文。」回即象雷聲之旋轉，後將其形其聲合而為一作〓。說文古文之〓，疑〓之譌誤。靁既專行，回亦變而作回，為回轉之誼所專有矣。【釋靁 國學叢刊一卷二期】

◉商承祚 〓 金文雷甗作〓。楚公鐘作〓。父乙罍作〓。钦□罍作〓。雨雷有閃電。故作〓〓〓〓以象電。此整齊其筆畫而成回形。又案〓為籀文𩆵。〓文籀文櫑。〓為籀文䨻。〓為籀文靁。則此弟二文當亦籀文靁也。汗簡卷下之二引作〓。韻會作畾。又據籀文〓云。閒有回。回。靁聲也。則古文靁不从回。當如汗簡韻會作。【說文中之古文考】

◉楊樹達　靁[glyph]疑當有初文畾〇〇，許書未見。或畾乃古文靁之省。【文字形義學】

◉丁　驌　讀新中國文字三期白玉峥先生文，甚是欣佩。[glyph]字之釋「媢」即女字「嫿」也。驌前之釋，誤以為帚多之異文，皆因此名與「㚇」字見于一版，未加審慎思索，而有此失。當正之。原文所附之契字又誤寫為[glyph]（原文四頁67婦字下已有之）。當併更正之。

白氏之釋引起思索。楚繒書黃能[glyph]上一字金兄釋「雹」，以古文[glyph]為其源。豈〇〇亦是雷字耶？包羲出于雷澤。螺祖又為女媧化身（見拙作民族所集刊二十九期），白氏所引金文如[glyph]、[glyph]等皆是「嫿且」合文，即「雷祖」也。

女媧又名希、樞。希即羲，胥聲變。庖犧女媧同是風姓，母曰華胥，故一稱包胥，一稱女胥。惟繒書言「乃取䖒□□子之子曰女皇，是生子四」，則女媧又是女皇，亦即後之「娥皇」，成黃帝之配矣。可見黃帝螺祖之稱即黃能女媧之假借而成者也。

古文「雹」與說文之「雷」字近。一从[glyph]，一从畾。而古文雷則从四田中夾二[glyph]，殆庖音之源。另一古文雷則从二〇，故繒書中之庖字，實出之古文雷字，而有包聲也。【讀契記　中國文字新第十期】

◉于省吾　甲骨文[glyph]字亦作[glyph]、[glyph]、[glyph]、[glyph]、[glyph]、[glyph]等形。羅振玉云：「說文解字，電古文作[glyph]，此从[glyph]，象電形，[glyph]象雨點，雨與電相將也。」（增考中五）葉玉森云：「說文，雹，雨冰也。古文从雨，[glyph]象形。」又云：「古人制雹字从[glyph]，即申，象電燿屈折形，乃初文電字。許書虹字下出籀文蚺，謂申電也可證。丨象冰點，口[glyph]象冰塊，釋雹似可無疑。」（鈎沈一）郭沫若同志云：「案乃虹字。說文：[glyph]籀文虹，从申，申電也。此字正从申，於申旁附以小圓或細點者，示虹之周遭有雨滴。」（通考四二一）按羅、葉、郭三說並誤。[glyph]或[glyph]乃靁之初文。或省作[glyph]，从實點與从虛廓一也。靁字亦作[glyph]或[glyph]。甲骨文之「才[glyph]」（粹一五七〇），以[glyph]為地名，郭沫若同志誤釋為疇。甲骨文之「才丘[glyph]」，丘靁亦為地名。綜之，从〇與从田一也，田形中間之橫豎畫乃文飾，無義可言。靁字，周器盠駒尊作[glyph]，說文古文作[glyph]。戴侗六書故謂「說文[glyph]即畾之省」，是也。商器靁甗靁字作[glyph]，父乙罍作[glyph]，周器師旂鼎作[glyph]，洦罍作[glyph]，中从[glyph]、[glyph]、[glyph]，即[glyph]形之譌變。說文靁之古文作[glyph]，又由金文而譌變者也。說文：「靁，陰陽薄動，靁雨生物者也。从雨，畾，象回轉形。」按韻會引作「从雨畾聲」，是也。甲骨文稱：「七日壬申[glyph]，辛子雨，壬午亦雨。」（前三·一九·三）「茲[glyph]其雨。」（乙三四三四）「[glyph]不雨。」（乙七三一三）「帝其令[glyph]。」（南北輔一五）「帝其弘令[glyph]。」（乙六八〇九）按弘訓大，此言帝其大令雷也。要之，甲骨文靁字从申，申即電之初文。電者靁之形，靁者電之聲。靁字之演變，其作[glyph]，乃[glyph]或[glyph]形之省變，再變而作[glyph]、[glyph]，三變而作[glyph]、[glyph]、[glyph]，四變而作[glyph]，其增雨作形符，為說文作靁所本。揆其源流遞嬗之迹，灼然明矣。然則研契諸家之釋電釋雹釋虹，均無當矣。【釋靁　甲骨文字釋林】

霣 霣

霣說文【古文四聲韻】

◉許　慎　霣雨也。齊人謂靁為霣。从雨。員聲。一曰雲轉起也。于敏切。霣古文霣。【說文解字卷十一】

◉馬叙倫　鈕樹玉曰。韻會無雨也二字。玉篇注。雷起出雨也。齊人謂雷曰霣。蓋本說文。桂馥曰。雨也當為雷也。本書。瀑。疾雨也。一曰。霣也。一曰者。別為一義。非疾雨矣。蓋謂雷也。廣雅。霣。雷也。鍇本員聲下有讀若混三字。劉秀生曰。小徐有讀若昆。員聲昆聲竝在痕部。故霣從員聲得讀若昆。員部。䞫。從員。云聲。讀若宋皇鄖。水部。沄。從水。云聲。讀若混。員聲如云。云聲如昆。是其證。倫按于鬯謂雨也之雨為動詞。倫謂霣雨音同喻紐三等。則霣為雨之轉注字。公羊莊七年傳。星霣如雨。猶言星雨如雨也。隕霣雨蓋同語原矣。齊人謂雷為霣。雷疑當作雨。此校語。然以字次雷下而廣雅有雷也之訓。則桂說亦通。雷從畾得聲。霣從員得聲。員從口得聲。口畾聲同脂類。故方言謂雷音或如霣。蓋假借耳。一曰雲轉起也者。校語。借霣為雲。猶妘之作⿰女鼎矣。玉篇作雷起出雨也者。蓋雨也雷也雲起也之訓之譌併。此本亦有譌脫。字蓋出字林。

霣　段玉裁曰。古當作籀。員下云。籀文作鼎。⿰女鼎下云。籀文妘。鼑者。籀文則。翟云升曰。類篇引古文作籀文。倫按類篇引作籀文。蓋校者因從鼎而改。本部從雨者皆古文也。餘見靁下。【說文解字六書疏證卷二十二】

◉商承祚　霣　則字籀文作鼑。員字籀文作鼎。⿰女員字籀文作⿰女鼎。則霣乃籀文。非古文也。玉篇作籀文。【說文中之古文考】

霆 霆

◉許　慎　霆雷餘聲也。鈴鈴所以挺出萬物。从雨。廷聲。特丁切。【說文解字卷十一】

◉馬叙倫　鈕樹玉曰。韻會及初學記御覽引竝無也字。釋天釋文引亦無。而物下有也字。六書故引並無出字。嚴可均曰。也字當刪。釋天釋文釋天疏藝文類聚二初學記一御覽十三引皆無。鈴鈴屬上句。沈濤曰。易繫詞釋文。京云。霆者。雷之餘氣挺生萬物也。說文同。說文同者。大意相同。非必字句之相同。一切經音義四引亦無鈴鈴二字。倫按許蓋以聲訓。吕忱加所以挺出萬物也。一曰鈴也雷餘聲鈴鈴然也。今有捝譌。周易繫詞釋文引字林音庭。玄應一切經音義引三倉。霆。霹靂也。【說文解字六書疏證卷二十二】

◉嚴一萍　霆　諸家釋震。陳槃庵先生釋霆,可信。爾雅釋天:「疾雷為霆。」倉頡篇曰:「霆,霹靂也。」説文謂之震。段玉裁曰:「古義霆電不別。許意則統言之謂之雷,自其振物言之謂之震,自其餘聲言之謂之霆,自其光耀言之謂之電。」【楚繒書新

考 中國文字第二十六册】

◉許 慎 霅霅霅。震電皃。一曰衆言也。从雨。𧦝省聲。丈甲切。【説文解字卷十一】

◉馬叙倫 霅霅二字。其一為隸書複舉字。校者又重之也。震電皃者。蕭該漢書音義引字林。霅。震電也。一曰。衆言也。于甲反。則此是字林文。皃為也譌。此字蓋出字林。霅音澄紐。霆音定紐。古讀澄歸定。蓋轉注字。衆言也者。讋字義。【説文解字六書疏證卷二十二】

電 番生簋 【金文編】

吉☐☐又一雹(甲3—5) 【長沙子彈庫帛書文字編】

虎騎電擊司馬 【漢印文字徵】

古尚書 竝籒韻 【古文四聲韻】

◉許 慎 電陰陽激燿也。从雨。从申。堂練切。䨓古文電。【説文解字卷十一】

◉羅振玉 説文解字電古文作䨓。此从。象電形。∵象雨點。雨與電相將也。卜辭中又有作者。疑亦電字。【增訂殷虚書契考釋卷中】

◉馬叙倫 孔廣森曰。十月之交電與令字通協。今本無聲字。蓋徐鉉等不達古音妄改。沈濤曰。穀梁隱九年疏引。陰擊陽為電。又曰。電者。即雷之光。倫按從雨。申聲。本作申也以聲訓。亦以初文釋後起字也。今捝。陰陽激燿也者。蓋字林文。餘詳申下。

䨓 嚴可均曰。此後人加。【説文解字六書疏證卷二十二】

◉商承祚 䨓 申部申曰。𦥔籒文申。又部㬪曰。𦥔古文申。虫部虹曰。。籒文申。阜部陳曰。。古文申。甲骨文作。整齊之而為。寫譌之而為𦥔矣。緣于一體。説歧而一字。【説文中之古文考】

◉商承祚 此電之初字也。象電流申縮之形。後叚為十二辰之申。然説文固以申訓電。如虹之籒文

作□。申訓「電也。」又電之古文(古文乃籀文之寫譌)作□。雨為後加。其嬗變與雲之義同。説文申之古文作□。籀文作□。金文則與甲骨文同。電生于無形。且可殺人。故神字从之。【甲骨文字研究下編】

◉田倩君　説文雨部。電。陰陽激燿也。从雨从申。□古文電。王筠謂□所從之□乃古文也。電光曲屈。惟□乃象其形。至籀文取其整齊。始改為□繫傳校録。此説乃以虹字所從之邊旁。為古電之象形字。如申卣□與籀文□相似。籀文□。與小篆□極為接近。自小篆以下至隸楷均沿小篆。惟略加修整而已。古電字衹作申王説。至周朝始加雨旁。變作□番生敦。小篆電作□。直至隸楷無大變化。【釋申電神　中國文字叢釋】

震 震

□ 震　日甲七背　【睡虎地秦簡文字編】

□ 晉震之印　□ 張震　【漢印文字徵】

□ 開母廟石闕　下民震驚　□ 禪國山碑　帝出虖震　□ □ 石經文公九月癸酉地震　【石刻篆文編】

◉許　慎　震劈歷振物者。从雨。辰聲。春秋傳曰。震夷伯之廟。臣鉉等曰。今俗別作霹靂。非是。章刃切。□籀文震。【説文解字卷十一】

◉柯昌濟　卜詞□字。疑震字。文曰不辟者三。从辰聲从止。有震動誼。【殷虚書契補釋】

◉唐　蘭　貞方來入邑今月弗屒王𠂤右　蘭按。屒讀若震。【殷栔卜辭釋文】

◉馬叙倫　沈濤曰。御覽十三天部開元占經皆引作霹靂振物也。蓋本作劈歷振物者也。穀梁隱九年疏引。震。霹歷也。法苑珠林引作霹歷動也。倫按本作振也。以聲訓。吕忱加辟歷振動物者也。今捝本訓。引經亦吕忱或校者加之。

□　王筠曰。玉篇亦作籀文。是也。凡文繇不殺者。概當為籀文。倫按籀古之異。非繇簡也。此文從雲從二火尚可强解。從鬲從㸚。不可解也。此當從鍇本作古文。然魏石經古文似作□。亦不如此文之詭異。蓋非古文經傳中字。疑不徒非許書本有。亦恐非字林所有。校者加之。【説文解字六書疏證卷二十二】

◉陳邦懷　「震」字，巴氏摹本作雷，釋雲，非是。當以商氏摹本為是。

案：「有」上闕文據文意及下句「天雨」，似可補「天」字。「電震」，《詩・小雅・十月》「爗爗震電」，毛傳：「震，雷也。」《左

傳·僖十五年》「震夷伯之廟」，疏：「雷之甚者為震。」「土」，《廣雅·釋地》：「地，土也。」「曑」，即參。《説文解字》：「曑，商星也，从晶，㐱聲。參，或省。」段注：「今用參兩、參差字也。」參字用法與《禮記·中庸》「可以贊天地之化育，則可與天地參矣」，《荀子·王政》「天地之參」相同。《王政》注云：「參謂與之相參共成化育也。」帛書此二句意為，天有電雷雨，地失其與天相參共成化育之職。【戰國楚帛書文字考證　古文字研究第五輯】

䨮 䨮

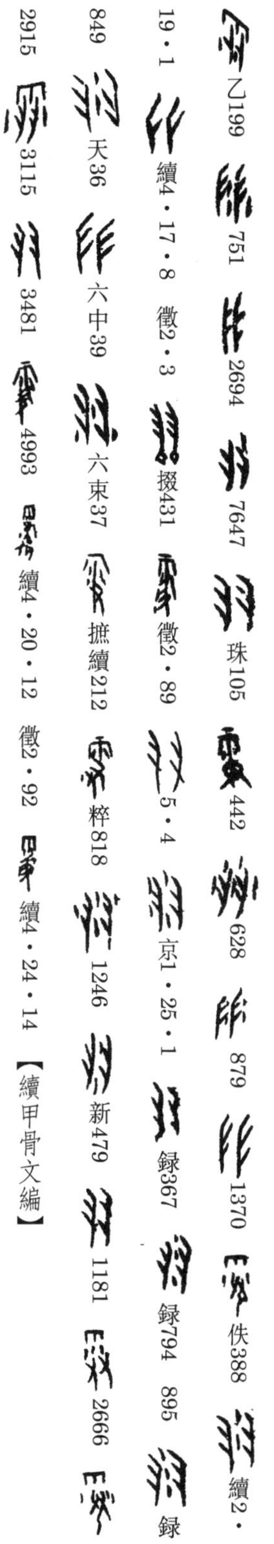

【續甲骨文編】

◉許　慎　䨮凝雨。説物者。从雨。彗聲。相絶切。【説文解字卷十一】

◉王　襄　⿱雨羽。古雪字。【簠室殷契類纂正編卷十一】

◉羅振玉　前·七·二三·二　説文解字。濯。澣也。从水。翟聲。此从⁝象水。象帚。所用以澣者。置水中是濯也。許書作濯亦後起字。【增訂殷虛書契考釋卷中】

◉林義光　䨮雪　泰韻　思害切　説文云。䨮从雨彗聲。按从雨从彗。彗者可以埽也。【文源卷八】

◉葉玉森　契文羅雪堂釋濯。謂从⁝象水。象帚。所用以滌者。置水中。是濯也。許書作濯。為後起字。森按古雪字。象水雪雜下。乃古文霰。爾雅釋天雨霓為宵雪。注水雪雜下。是也。霰霓竝後起字。【説契　學衡第三十一期】

◉商承祚　説文䨮。「凝雨。説物者也。从雨彗聲。」此从二又。雪為凝雨。故得以手取之。【甲骨文字研究下編】

◉馬叙倫　鈕樹玉曰。韻會者下有也字。沈濤曰。文選雪賦注引。雪。凝雨也。倫按許蓋作説也。以聲訓。吕忱加凝雨説物者也。今捝本訓。甲文雪字作。其二字中之粹。豈雪之初文。象所謂雪花六出形邪。則

[古文字形]為後起字。其從[古文字形]為何字。未詳。作[古文字形]者。羅振玉以為從二又。雪為凝雨。得以手取之。此與周伯琦謂以彗埽除之者。皆由不明彗為雪之所從得聲也。尋彗音邪紐。雪從之得聲。音入心紐。由次濁摩擦音轉為次清摩擦音耳。同為舌尖前音也。若從雨從彗。則為埽雨矣。安得為雪乎。甲文作[古文字形]者。彗省丰。作[古文字形]者彗省王。甲文有僅作[古文字形]者。此埽竹之本字。其音與彗同。乃借為雪耳。又作[古文字形]者。葉玉森釋霰。倫謂仍是雪字。【說文解字六書疏證卷二十二】

霄

[古文字形] 霄【汗簡】

◉許　慎　霄雨霓為霄。从雨。肖聲。齊語也。相邀切。【說文解字卷十一】

◉馬叙倫　王筠曰。霄霓一物二名。倫按雨霓為霄者。爾雅釋天文。此字蓋出字林。霄雪音同心紐。直是轉注字耳。蓋齊謂雪為霄也。或曰。霄為霰之轉注字。【說文解字六書疏證卷二十二】

霰

[古文字形] 王存乂切韻【古文四聲韻】

◉許　慎　霰稷雪也。从雨。散聲。穌甸切。霓霰或从見。【說文解字卷十一】

◉馬叙倫　沈濤曰。御覽天部廣韻卅二霰開元占經一百二引皆作積雪。大唐類要一百五十二引作稷雪。積稷二字皆不可曉。類要天引陰之專氣為霰。桂馥曰。埤雅。霰。閩俗謂之米雪。言其霰粒如米。所謂稷雪義蓋如此。段玉裁曰。毛詩傳曰。霰。暴雪也。暴當是黍之譌。俗謂米雪。或謂粒雪。是也。倫按杭縣謂之雪珠。此蓋字林文。字或出字林也。霰雪音同心紐。蓋轉注字。後人別之。或曰。霰。小雪。雪霄霰音心紐者語原然耳。類要又引陰之專氣為霰校語。見魏書靈徵志引洪範論。

霓　散見聲同元類。故霰轉注為霓。【說文解字六書疏證卷二十二】

□説文 □崔希裕纂古【古文四聲韻】

◉許 慎 □雨冰也。从雨。包聲。蒲角切。□古文雹。【説文解字卷十一】

◉王 襄 □古雹字。《説文解字》。雹。雨冰也。古文作□。按。象冰點之形。此作□。亦象冰點之形。省雨。殷契雹作□。亦媘雨。同例。或釋少。沙作□。从少作□。亦可通。然終疑小為象散石之形。非少字也。【簠室殷契徵文考釋 一編】

◉商承祚 晶□□□□□□□□□ 説文雹。「雨冰也。从雨包聲。□古文雹如此。」甲骨文有以上諸文。其辭曰:「七日壬申雨。辛巳雨□。壬午亦雨。」(書契前編卷三第十九頁)「缺卜貞今己亥□不獲。」(第二十二頁)又曰。「癸巳卜吉。貞雨□。十月。」(後編下第一頁)又曰:「缺大晶缺。」(余所藏甲骨文)以文義繹之,乃雹字也。作晶者為初字。説文之古文从雨為後增。丨象冰點。○則示巨大之意。葉玉森先生曰:「近世天文家謂雹衝激雲氣入高空冰綫界。凝為冰點。復旋轉團結為魄乃成雹。是雹緣電氣發生。説文電。『会昜激燿也。』古人制雹字。从□。即申。象電燿屈折形。乃初文電字。許書虹字下出籀文蚺。謂『申電也。』可證。—象冰點 ロ 日 象冰塊。古人字不妄作。天文學復精碻乃爾。可異也。」殷契鉤沈。【甲骨文字研究下編】

◉葉玉森 □ 羅振玉氏釋雹。書契考釋。森桉。□之異體作□□□□□等形。稽之本辭如曰「壬申雹」。則雹何用卜。已不可解。又後編卷下第一葉云。「癸巳卜㞢貞雨□十月在。」雨雹二字聯綴成文。尤所未安。予曩定為雹。説文雹。雨冰也。古文从雨□。象形。近世天文學謂雹衝激。雲氣入高空冰雪綫界凝為冰點。復旋轉團結為塊。乃成雹。是雹緣電氣發生。説文電。会昜激燿也。古人制雹字从□。即申。象電燿屈折形。乃初文電字。許書虹下出籀文蚺。謂申電也。可證丨象冰點。ロ象冰塊。釋雹似可無疑。靁䨻靁作□。卜辭亦作□。容庚氏藏拓有「癸未卜行貞今月亡囚在正月在工□」「壬午卜行貞今月亡囚在正ロ在工□」雨辭工靁為地名。所从之□□。亦古電字。雷亦緣電生也。孫詒讓氏謂象雲氣。吳大澂氏謂象虺形。竝不塙。殷契鉤沈。【殷虚書前編集釋卷三】

◉孫海波 □前三・十九・三□前四・十一・七 甲骨文有以上諸形,其辭曰:「七日壬申雨,辛巳雨□壬午亦雨。」則雨□即雨雹無疑,此乃雹之初文,象雨雹雜下。作丨象冰點,其作○者,示巨大之形,《説文》,从雨包聲之雹,乃後起字。葉玉森先生曰:「近世天文家謂雹衝激雲氣入高空冰綫界,凝為冰點,復旋轉團結為魄乃成雹,是雹緣電氣發生。説文電『陰昜激燿也』,古人制

雹字，从𠃉，𠃉即申，象激燿屈折形，乃初文電字，許書虹字下出籀文蚺，謂『申電也』，可證。丨象冰點，○象冰塊，古人不妄作，天文學，復精塙乃爾，可異也。」般契鉤沈。【甲骨金文研究】

◉商承祚　說文雹。雨冰也。从雨包聲。靁。古文。案雨當作𠕻。甲骨文雹作[glyph][glyph]。象電雹相將。又或省雨作晶。【說文中之古文考】

◉馬叙倫　雨冰也蓋字林文。甲文有[glyph]羅振玉釋電。謂從𠃉象電形。∵象雨點。葉玉森校卜辭癸巳卜𡆥貞雨電十月在。謂電何用卜。況雨電連文尤為不安。疑為雹字。並校天文家謂電氣衝擊雲氣入高空冰雪綫界。凝為冰點。後旋轉團結為塊。乃成雹。故從初文電字。倫謂近世天文學理。上古民智不得與知。況論之雹時。每不與電俱。而雹亦非按時必有。何可卜也。若[glyph]或是雷字。即非也。亦與[glyph]字仍同是電。夏季之雹。每多星點狀者與俱。丨 ㅁ ㅂ 蓋皆以狀星點者也。電與農事有關。卜電或古未明驚蟄之倏有此俗也。

𩂣　此蓋靁下重文也。從雨。晶聲。晶靁聲同耕類。為靁之轉注字。【說文解字六書疏證卷二十二】

◉胡厚宣　依照文字發展的規律來說，應該是先形後聲。古文靁，从雨晶象雹形，自當為雹之本字。後來靁字發展為形聲，才別作一从雨包聲的雹字。

所以知靁字是从雨晶象雹形者，段玉裁說：「靁，古文雹如此，象其磊磊之形。」段玉裁：《說文解字注》，雹字下。桂馥說：「雨當作𠕻，晶象形。」桂馥：《說文解字義證》，雹字下。朱駿聲說：「古文从雨晶象形。」朱駿聲：《說文通訓定聲》覺部，雹字下。王筠說：「晶象星形，亦象雹形。」王筠：《說文句讀》，雹字下。

楊樹達說：「曐初文本作雲，後注中則為晶，雹之古文從晶，晶即雹之象形初文。若是則星雹二字古文同形，後人欲加識別，乃加形旁之雨于晶而為靁，加聲旁之生于晶而為曐耳。」楊樹達：《晶釋》，收入所著《積微居小學述林》二卷38頁，1954年。

由于古文靁是雹之本字，靁字所从之晶，即雹的象形初文，知甲骨文有字作品者，應當就是雹字。品象雹形，三者表示多數。加雨指事則為靁。品字三口平行作品，積纍則為靁，注中以表示光亮則為晶，加雨指事則為靁，後世以包為聲，變作形聲字，則成為今日之雹。

1. 雨氏品。

甲骨文品字，據我所知，僅武丁時甲骨卜辭中一見。卜辭說：

此骨原為天津孟廣慧(1868—1939)舊藏。孟氏逝世後，先歸楊富村，後歸李鶴年。文化大革命以後，先歸天津市文物管理

處，現歸天津市歷史博物館，其編號為J.G.1600。拓片現已收入《甲骨文合集》中。

氏之義為致，看于省吾：《釋氏》，收入所著《雙劍誃殷契駢枝》，1940年。意思是送來或帶來。卜辭「雨氏㗊」，猶如說這場雨帶來了㗊，雨帶來了㗊，則其必為冰雹的雹字無疑。

此骨在以前未見著録，王襄氏因與孟廣慧氏為戚友，王氏常稱孟氏為世叔，看王襄：《題所録貞卜文册》，刊《河北第一博物院半月刊》32期，1933年。又《題易穭園殷契拓册》，刊《河北第一博物院畫刊》85期，1935年。所以得見後最先引用于其所著《簠室殷契類纂》一書。王襄：《簠室殷契類纂》，第十二，頁55，氏字下，1922年，1929年。王氏釋㗊為靁，謂「靁省雨作㗊」，同上，第十一，頁51，靁字下。其說甚是。

甲骨文㗊字既為雹字的象形初字，㗊字加雨為靁，則靁字亦必為雹字，猶如《說文》□為雹之象形初文，加形旁之雨于□，則為古文雹之靁字，是一樣的道理。【殷代的冰雹　史學月刊一九八〇年第三期】

◉沈建軍　甲骨文□字或作□、□等形，王襄最早釋為古霽字，謂此字「從雨從□，□古齊字，殷契作□，齊乃化作□，均可證」。陳夢家先生復引卜辭「生十月雨其隹□」（京津一），「丁亥易日丙戌□」（續四·四·五），「壬子夕□」（庫四一〇）為證，進一步說明□乃霽字，為動詞，義乃雨止。（《殷虛卜辭綜述》二四五頁）李孝定指出甲骨文齊字作□、□，均「象禾麥吐穗形」，與□所從之□不類，□「非從齊也」（《甲骨文字集釋》十一卷靁字下按語）。這是對的。但他卻把□和□、□混在一起釋為靁字，殊誤。□從□，從□從□，形體遠隔，絶非同字，其字□乃雹字古文，從□從□象下雹子之形。甲骨文作□或□象星星點點的形狀，雷字或從□作□。□象閃電，□象閃電時點點滴滴的物體狀態，又星字或作□，□為聲，□即象天上星星之形。□字從□乃象所下雹子之形。下雹子總伴隨着雨，所以從□。卜辭雹字用本義，最能說明問題的是《殷虛文字丙編》六十一即兩條對貞的卜辭：「癸未卜亐貞，丝□（雹）隹降囚？癸未卜亐貞，丝□（雹）不隹降囚？」與災咎聯係的，當然絶不會是雨止的霽。

甲骨文雹字作□，從雨從□，乃會意字。《說文》雹字古文作□，形體雖略有改易，但尚基本保留構形原意。上古形意字增加聲符逐步演化為形聲字，是古文字發展的一條通例，□字也不例外。到了後來，如長沙子彈庫帛書摹本伏犧之伏作□（《文物》六四年第九期）即演化中的過渡形態。□字所以從之□即由□到□進一步發展的變易形體。所加的□，即聲符包之所從。上古輕重唇不分，包與伏同聲。由□再進一步演變成了《說文》從雨包聲之雹。從□至雹的發展綫索十分清楚，卜辭□即《說文》之雹自無問題。【甲骨文釋文二則　古文字研究第六輯】

◉高應勤　夏　淥　1975年夏末，在湖北當陽縣趙家湖以北五里旮家崗墓區範圍内，M5東1米處，出土一批春秋中期的

青銅禮器，計有鼎四，缶一，簠二。其中兩簠形制相同，底蓋扣合，整體呈矩形(圖版壹：2、3)器腹、底蓋、口沿、脣部均飾蟠虺紋(圖一)，兩端中部各有獸頭裝飾的環耳。通高23、長28.8、寬22.6釐米。蓋内和器底内鑄對銘，共八字，分兩行(圖二)：

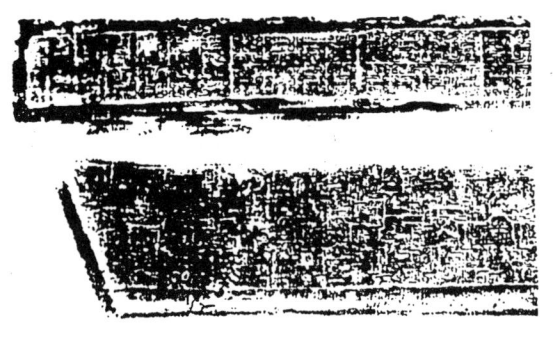

圖一　王孫霝簠紋飾拓片（約1/2）

王孫霝乍(作)
鄬(蔡)姬飤簠

霝，作器者的名字，為金文字書所未著録，字形比較奇特。如拓片所示，上部為「雨」字頭，中間為兩父(斧)相對形。金文有這個字，舊釋「共」不確。叔向簋銘：「□明德，秉威儀。」諫簋、師晨鼎銘中的「司馬□」為人名。□字从兩父(斧)相搏擊形，當為「搏鬥」之「搏」的初文。古漢語搏與暴相通假，《詩·鄭風》「袒裼暴虎」，傳：「空手以搏之。」叔向簋銘讀「暴明德，秉威儀」，用如《孟子》：「暴之于民而民受之。」朱注：「暴，顯也。」《荀子》：「聲名足以暴炙之。」再下邊从三犬的猋字，以形義並聲類求之，當為冰雹的「雹」字。

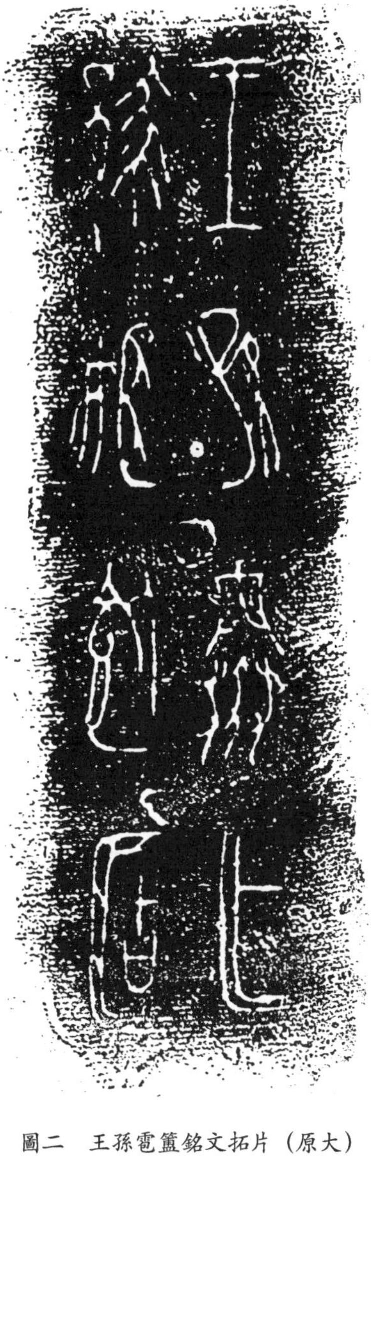

圖二　王孫雹簋銘文拓片（原大）

甲骨文有字。《殷契粹編》第1992片：「貞：……不……雹？」字从雨，从二父(斧)相對，从人，是天降冰雹擊人的象形表意字，金文將「人」省去，加上聲符「猋」字，變成了形聲字；進一步簡化，演變成从雨包聲的「雹」字。《說文》：「雹，雨冰也，从雨包聲。」《素問・至真要大論》：「雨暴迺雹。」猋和颮也是相通的。《玉篇》：「颮，暴風也。」《爾雅・釋天》：「扶搖謂之猋。」注：「暴風从下上。」雹、搏、暴、颮，都是同一語源的詞，金文「雹」从猋得聲，也兼有「暴」的音義，因自然界「大雨雹」，往往擊毀房屋，殺傷人畜，摧折莊稼，故有凶暴的含義。王孫名雹，疑適生于降雹的年月。

金文「蔡」作霝虘等形，金文家从《魏三體石經》古文形體相近，得以論定。字形原从人形，一足帶有刑具器械之形，為「械」初文，通假為草蔡及國名的「蔡」。史稱蔡始封君叔度為周文王子，故為姬姓。一曰有姞姓、姬姓二蔡。此銘文「蔡姬」連文，當為姬姓之蔡。

蔡是周天子分封的諸侯國之一，大約在公元前十一世紀左右建國。開國君主叔度因隨同武庚反叛，被周公放逐，後改封其子蔡仲(名胡)建都上蔡(今河南上蔡西南)。春秋時，常為楚所侵迫，多次遷移。平侯遷新蔡(今屬河南)，昭侯遷州來(今安徽鳳台)，稱下蔡。公元前447年為楚惠王所滅。

春秋前期，楚、蔡之間曾結為盟好。《穀梁》有「冬，會陳人、蔡人、楚人、鄭人盟于齊」的記載。春秋中葉以降，蔡常受楚的逼迫，兩國曾多次發生戰爭。如《史記・管蔡世家》：「(蔡靈侯)十二年(前531年)，楚靈王以靈侯弒其父，誘蔡靈侯于申，伏甲飲之，醉而殺之。……令公子棄疾圍蔡。」公元前506年，蔡侯、吳子、唐侯伐楚，戰于柏舉。楚敗，吳入郢，楚昭王「涉睢濟江，入于雲

霝

中」，倉皇出奔。

銅器銘文是歷史的見證。作器者王孫雹，其名雖為金文前所未録，但為楚國的貴族王孫則無可疑。蔡姬是蔡侯之女，與王孫雹結為夫妻。由此也可以看出，楚蔡雖然多次發生軍事對抗，但同時又存在兩國貴族互相通婚的姻戚關係，時戰時和，直至楚滅蔡國。【王孫雹簠及其銘文　文物一九八六年第四期】

◉李　零　霝虘，嚴一萍、金祥恒、唐健垣並釋伏羲，其中嚴説最先出，但沒有提供證明，金祥恒做專文考釋，才把問題解決。其上字，金祥恒釋為雹，謂上半即《説文》雹字的古文，下從勹聲，勹即古包字；下字讀為戲，雹戲也就是包戲、伏羲（古書異寫其多，作伏戲、包犧、庖犧等），確為卓識。【長沙子彈庫戰國楚帛書研究】

甲八〇六　令霝　人名　拾三・七　前四・二四・一　前四・二四・二　前四・二四・三　前四・二四・四　後一・一六・一一　戩一五・七　續五・三四・四　霝妃　庫五七二　福一一　【甲骨文編】

甲806　乙971　992　2438　福11　佚950　續4・4・5　徵1・91　續5・34・4　徵11・53　【續甲骨文編】

霝　鼎文　霝簋　沈子它簋　季嬴霝德盉　嬴霝德鼎　嬴霝德簋　嬴霝德壺　牆盤　𤼈鐘　此簋　此鼎　蔡姞簋　追簋　弔姬匜　善夫克鼎　頌鼎　頌壺　頌簋　善夫山鼎　殳季良父壺　不㝬簋　嘉賓鐘　邾公釛鐘　蔡侯[illegible]盤　歸父盤　孳乳為鐳　伯夏父鐳　克鼎　靁鼓鐘　方濬益以為霝之緐文　周禮大司樂靈鼓靈鼗注曰靈鼓四面　鄭井弔鐘　【金文編】

3·751 酷霝　録香 11·2 霝得 【古陶文字徵】

230　234　247　270　272　276　276　277 【包山楚簡文字編】

讀為靈　則毋敢斂天—(乙6—32)【長沙子彈庫帛書文字編】

2638　2637　2636　2639 【古璽文編】

石碣霝雨 【石刻篆文編】

【汗簡】

◉許　慎　雨零也。从雨。象雺形。詩曰。霝雨其濛。郎丁切。【説文解字卷十一】

◉趙烈文　霝。薛作令。鄭作零。引詩東山零雨其濛。章作靈。引詩靈雨既零。毛傳。靈。善也。烈按。霝靈零令本一字。彝器文令終多作霝矣。【石鼓文纂釋】

◉王　襄　古霝字。【簠室殷契類纂正編卷十一】

◉方濬益　筠清釋為受。按此明是霝字。薛氏欵識齊侯鎛鐘亦有霝命難老語。惟書體屈曲。又似零。古霝令二聲字多通。説文䡼為軨之或體。是也。文選顔延年五君詠劉伶善閉關注。臧榮緒晉書靈潛默少言。亦伶靈互見。又説文無齡字。古但作零。漢斥彰長田君碑。身没名主。永載萬零。隸續曰。以零為齡。是釋零亦自通。【綴遺齋彝器款識考釋卷七】

◉林義光　説文云。雨零也。从雨。象雺形。詩曰霝雨其濛。按古作尨姞彝。作邾公釛鐘。【文源卷四】

◉郭沫若　《曾大保盆》「曾大保麢叔霝用其吉金，自作旅盆。下畧」

麢，麢之異，从鹿畕聲。段玉裁讀畕如陳，此足證其非。霝假為麢，《爾雅》「麢大羊」，説文「麢，大羊而細角。」《山海經》《西山經》「翠山其陰多麢麝。」廣雅作泠，曰「泠角」。《續漢書》《西南夷傳》作靈，曰「靈羊能療毒」。《本草》作羚羊，今通用之。【彝銘名字解詁　金文叢考】

◉强運開　薛尚功作令。趙古則作靈。張德容云。此古文也。説文霝。雨零也。詩云霝雨其濛。按許自叙云。其偁易孟氏書孔氏詩毛氏禮周官春秋左氏論語孝經。皆古文也。則凡説文中引經之字。無一為秦篆。今詩霝作零。許訓餘雨。與霝

字異義。運開按。靁訓雨零。是其本義。靁字見於金文者。頌鼎天子靁終作〔霝〕。與鼓文同。據廣雅釋言。靁令也。叚借字也。此靁字應從本訓為是。又按邾公釛鐘作〔霝〕。追敢作〔霝〕。則皆筆迹小異耳。【石鼓釋文】

◉馬叙倫　沈濤曰。廣韻十五青引。靁。雨零也。从雨。㗊象雨零形。或作零。又引。零。餘雨也。是古本雨零作雨零。象下尚有雨字。御覽十引亦作零。徐雨也。玉篇同。是餘乃徐字之誤。據廣韻則零乃靁之重文。今分為二字。許引東山靁雨。今詩作零雨。鄭風。零露漙兮。正義本作靈。靈即靁之借。靁訓雨零。正許書互訓之例。可見靁零本是一字。王筠曰。靁零同訓。而今字則借零為靁。故許曰雨零者。明零本訓餘雨。而今則用為靁也。雨零也當依廣韻引作雨零也。倫按雨零也蓋本作零也。雨字蓋隸書複舉靁字之譌捝㗊字者也。邾公釛鐘。及我正卿〔卿〕君〔霝〕君以萬年。靁君即令尹。字從雨品聲。追敢作〔霝〕。正與品或作㗊同。見品字下。臨從品得聲。音入來紐。靁亦同也。古書多靈令通用。零或為靁之轉注字。頌鼎作〔霝〕。甲文作〔霝〕。【説文解字六書疏證卷二十二】

◉李孝定　説文「靁雨零各本作零玆从段注本也。从雨。㗊象零形。詩曰「靁雨其濛」。契文當以〔霝〕為初形。从〔〇〇〇〕者正象零形。象雨滴形。从〔吅〕〔吅〕者。其譌變。亦猶雷从〔〇〕亦或从〔㗊〕〔畾〕也。或釋霽謂乃从雨从齊。按齊甲文作〔齊〕。金文作〔齊〕〔齊〕。並同。詳前七卷齊下。無作〔〇〇〇〕者。金氏續文編七卷十一葉上齊字條下收珠。一一八二。一文作〔齊〕。與前・七・十四・一重出。按乃星字。辭云「□未有〔酘〕新〔星〕」可證。齊象禾麥吐穗形。古文字形與此所从〔〇〇〇〕〔〇〇〇〕〔〇〇〇〕迥別。知此非从齊也。且作〔霝〕諸辭如云「生十月不其隹〔霝〕雨」。京津一。如釋為霽。則下雨字當為衍文。「癸未卜賓貞玆〔霝〕不隹降禍　癸未卜賓貞玆〔霝〕隹降禍」。乙・九七一・九九二綴合。如釋為齊。則與下文降禍之辭不相應。「丁丑卜争貞不〔霝〕帝隹其☐　丁丑卜争貞不〔霝〕帝不☐」。乙・二四三八。此與前辭辭意相類。其下缺文當為「降禍」。或相近之辭意字當釋靁。讀為霖。霖許訓「兩三日以往」。卜辭云云者蓋恐久雨為災也。其从〔吅〕若〔口〕作者。均與妃字連文。為人名無用為天象字者。疑别是一字。以其形近。且从〔〇〕从〔口〕从口固有通用之例。故仍收為一字。金文作〔霝〕鼎文〔霝〕沈子簋〔霝〕追蓋〔霝〕〔霝〕靁德鼎。均从口。與契文一體同。【甲骨文字集釋第十一】

◉戴家祥　徐仲舒曰靁冬即令終。詩既醉云：「昭明有融，高朗令終。令終有俶，公尸嘉告。」此「公尸嘉告」即尸嘏主人之辭，令終為嘏辭，非金文之靁冬而何。周語下靈王二十二年：「穀洛鬥，將毁王宫，王將壅之。太子晉諫曰，夫亾者豈繄無寵，皆黄炎之後也。惟不帥天地之度，不順四時之序，不度民神之義，不儀生物之財，以殄滅無胤，至於今不祀。及其得之也，必有忠信之心閒之，度於天地而順於時動，和於民神而儀於物則，故高朗令終，顯融昭明，命姓受氏，而附之以令名。」周語以此詩之「高朗令

終」，對「殄滅無胤至於今不祀」而言，則令終正是善終之意。曰高朗，曰昭明，言在位之顯赫，猶金文言「晄臣天子」也。晄同畯，詩作駿，駿，長也。中央研究院歷史語言研究所集刊第六本一分二二至二三葉金文嘏辭釋例。按徐仲舒所釋可从，說文十一篇：「霝，雨零也。从雨ㄖㄖㄖ象零形。詩曰霝雨其濛。」許慎訓其初義，與霝字結構相符。金文多用作「霝冬」之霝。亦有用作人名，如霝𣪘，叔姬簠等。大克鐘「易女史小臣霝龠鼓鐘。」聞一多謂「霝龠」為官名，與「伶倫」相同。伯𡟊父鐳霝字作器名，即鐳之本字。說文五篇「鐳，瓦器也」。【金文大字典中】

䨶

河六七七　地名　在自䨶卜　【甲骨文編】

布方　晉高　按說文云䨶雨零也，幣文中通于潞　仝上　晉祁　布方　反書　晉洪　仝上　晉祁　仝上　布方　反書　晉高　仝上　晉祁　仝上　晉高　布方　晉祁　仝上　晉高　布方　晉高　仝上　晉祁　仝上　布方　晉高　仝上　仝上　晉祁　布方　晉祁　仝上　反書　晉高　仝上　晉高　布方　晉祁　仝上　仝上　布方　反書　晉祁　布方　典三三九　仝上　典三四〇　仝上　典三四二　布方　反書　典三四三　布方　亞四・四　仝上　布方　反書　亞四・四　布方　省體　亞四・五　仝上　典三四一　布方　反書　亞四・四　仝上　典三四四　布方　典三四五　【古幣文編】

2643　2640　2642　【古璽文編】

◉許　慎　䨶雨零也。从雨。各聲。盧各切。【說文解字卷十一】

◉劉心源　或借為洛。不必定是露省。【奇觚室吉金文述卷十九】

◉馬叙倫　鈕樹玉曰。廣韻引及玉篇注作雨䨶也。韻會引作雨下零也。倫按蓋本作雨下也零也。一訓為校者所增。霝零傳寫譌易也。䨶則隸書複舉而譌乙於下也。霝䨶音同來紐轉注字。【說文解字六書疏證卷二十二】

◉李孝定　録・六七七　此亦从雨各聲。與小篆同。辭云「在自䨶卜」。其義不詳。或當為地名。【甲骨文字集釋第

十二】

零　零

 漢丁零仟長　【漢印文字徵】

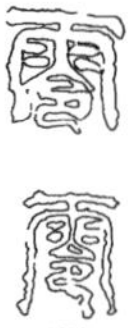 開母廟石闕　少室石闕　丞零陵泉陵薛政　【石刻篆文編】

◉許　慎　零餘雨也。从雨。令聲。郎丁切。【說文解字卷十一】

◉吳大澂　格伯簋　古零字。从雨从卩。格伯敦零谷。地名。【說文古籀補卷十一】

◉高田忠周　銘意以為地名。即叚借也。說文。零餘雨也。从雨令聲。古字省文叚借之例。唯當以令為之。故此器第三第四文為令異體可知矣。詩定之方中。靈雨既零。傳落也。野有蔓艸。零露漙兮。謂雨露者皆本義也。轉為廣雅釋詁。零墮也。禮記王制。草木零落。夏小正。栗零。傳。降也之類。亦人謂零落同。【古籀篇五】

◉馬叙倫　嚴可均曰。御覽十廣韻十五青引作徐雨也。玉篇亦作徐雨。倫按徐雨也蓋字林文。餘詳䨲下。【說文解字六書疏證卷二十二】

䨲　䨲

◉許　慎　䨲小雨財零也。从雨。鮮聲。讀若斯。息移切。【說文解字卷十一】

◉馬叙倫　鈕樹玉曰。韻會財作裁。而零作䨲。初學記引作小雨纔落曰䨲。沈濤曰。御覽十引財零作裁落。葉德輝曰。鮮斯古音同。詩小雅。瓠葉。有兔斯首。箋。斯。白也。今俗語斯白之字作鮮。齊魯之閒聲近斯。爾雅釋詁。鮮。善也。釋文。鮮。本作尟。沈云。古斯字。劉秀生曰。鮮斯聲同心紐。故䨲從鮮聲得讀若斯。書禹貢。析支。大戴禮記作鮮支。詩七月。五月斯螽動股。傳。斯螽。蚣蝑也。爾雅釋蟲。蜤螽。蚣蝑。鮮聲如析。析聲如斯。亦其證。倫按財疑徐字之譌。音相近也。徐零為上文零字義。蓋零下本作徐雨也零也。傳寫譌耳。䨲為小雨。猶霰為小雪。語原同也。下文皆言小雨。此字或出字林。【說文解字六書疏證卷二十二】

霢

【汗簡】

石經【古文四聲韻】

◉許　慎　霢霢霂。小雨也。从雨。脈聲。莫獲切。【說文解字卷十一】

◉馬叙倫　段玉裁曰。霢霂者。溟濛之轉語。水部。溟。小雨溟溟也。濛。微雨也。倫按⿱雨辥霢聲同支類。轉注字。亦溟之音同明紐轉注字。爾雅釋天釋文。霡。字林作霢。蓋霢霂二字並出字林。【說文解字六書疏證卷二十二】

霂

◉許　慎　霂霢霂也。从雨。沐聲。莫卜切。【說文解字卷十一】

䨘

◉許　慎　䨘小雨也。从雨。酸聲。素官切。【說文解字卷十一】

⿱雨𢦔

◉許　慎　⿱雨𢦔微雨也。从雨。𢦔聲。又讀若芟。子廉切。【說文解字卷十一】

◉馬叙倫　劉秀生曰。戈部。𢦔。讀若咸。一曰。讀若詩攕攕女手。在精紐。芟從殳得聲。古在心紐。精心同齒音。故⿱雨𢦔從𢦔聲得讀若芟。公羊定八年傳。鋟其版。釋文。鋟。本又作鐵。本或作鈠。是其證。倫按⿱雨𢦔音精紐。䨘⿱雨辥音同心紐。精心同為舌尖前音。是轉注字也。此字蓋出字林。【說文解字六書疏證卷二十二】

⿱雨眾

◉許　慎　⿱雨眾小雨也。从雨。眾聲。明堂月令曰。⿱雨眾雨。職戎切。【說文解字卷十一】

霃

◉許　慎　霃久陰也。从雨。沈聲。直深切。【説文解字卷十一】

◉馬叙倫　嚴可均曰。初學記一御覽八引作雲久陰也。倫按如初學記引。則字當從雲省。然雲久陰也不可通。疑有捝譌。霃蓋霒之聲同侵類轉注字。下文䨴𩃎並訓久雨。疑雲久陰也當作久雨也陰也。久雨則為䨴𩃎之轉注字。霃𩃎聲同侵類。䨴聲談類。侵談近轉也。此三字蓋竝出字林。【説文解字六書疏證卷二十二】

䨴

◉許　慎　䨴久雨也。从雨。兼聲。力鹽切。【説文解字卷十一】

𩃎

◉許　慎　𩃎久雨也。从雨。圅聲。胡男切。【説文解字卷十一】

霖

霖 前四·九·八　霖 前四·四七·二【甲骨文編】

霖 前4·47·2【續甲骨文編】

霖 174　霖 185【包山楚簡文字編】

◉許　慎　霖雨三日已往。从雨。林聲。力尋切。【説文解字卷十一】

◉馬叙倫　鈕樹玉曰。韻會引作凡雨三日已往為霖。倫按此捝二字耳。然非本訓。或字出字林。甲文作霖。【説文解字六書疏證卷二十二】

◉李孝定　霖前·四·九·八　霖前·四·四七·二　羅振玉釋霖無説。見增考中五葉上。

按説文。「霖雨三日已往。从雨。林聲」。契文同。羅説可从。辭云「王逐霖豕」。前·四·四七·一。地名霖雨字。卜辭作霝。説見前。霝象雨零形。久雨之義當以霝為初字。後世作霖者。借字也。【甲骨文字集釋第十一】

◉戴家祥　[glyph] 好蚉壺　霖流霥　許慎所釋可從。爾雅釋天「淫謂之霖」。左傳隱公九年傳「凡雨自三日以往為霖」。均與説文意

同。金文𡚁盉「霖霖流𩄝」。霖用作形容詞，修飾説明涕流之多，如成語「涕淋」。張政烺釋為「霰」之異體。見古文字研究第一輯第二四四葉。似迂曲難从，不如直釋為霖。【金文大字典下】

䨙

◉許　慎　䨙霖雨也。南陽謂霖䨙。从雨。㐺聲。銀箴切。【説文解字卷十一】

◉馬叙倫　沈濤曰。御覽十引作南陽名霖雨曰䨙。是也。此脱。上文。𩆜。小雨也。從雨。眾聲。明堂月令曰。𩆜雨。禮月令。春行秋令。則淫雨蚤降。注。今月令作眾雨。蓋即此之𩆜雨。唯康成以霖雨釋淫雨。而説云小雨。其説岐異。竊意許書本無𩆜字。禮注眾雨即䨙雨之譌。䨙為正字。淫乃借字。爾雅釋天。久雨謂之淫。淫謂之霖。當同此字也。許所引明堂月令當在从聲之下。二徐所見本譌分䨙𩆜為二字。又誤分為二音。玉篇有䨙無𩆜。則知六朝已前。説文本無此字。倫按王煦以从眾為一字。故謂𩆜䨙亦一字。沈則以為許本無𩆜字。然二字蓋竝出字林。呂忱所據聲類等書。已分二字耳。𩅰霤霖䨙四字皆轉注也。𩅰霖音同來紐。霤䨙則同舌根音。亦聲同侵類。霖霤䨙則亦聲同侵類也。霖雨也當作霖也久雨也。南陽句有捝譌。此校語。【説文解字六書疏證卷二十二】

霣

◉許　慎　霣雨聲。从雨。真聲。讀若資。即夷切。【説文解字卷十一】

◉馬叙倫　鈕樹玉曰。玉篇正作䨜或作𩅦。重文作霣。沈濤曰。御覽十引曰。𩅦。雨聲也。𩅦乃霣之别體。劉秀生曰。真聲在精紐。資從次聲。亦在精紐。故霣從真聲得讀若資。倫按如玉篇及御覽引則本書亦𩅦正霣重也。故讀若資。霣聲真類。資聲脂類。脂真對轉。故𩅦轉注為霣。字蓋出字林。【説文解字六書疏證卷二十二】

𩂣

◉許　慎　𩂣雨皃。方語也。从雨。禹聲。讀若禹。王矩切。【説文解字卷十一】

◉楊樹達　雨與禹古音同在模部，二字音同。𩂣與雨音義並同，實一字也。𩂣加聲旁禹耳。許誤分之。【文字形義學】

◉馬叙倫　鈕樹玉曰。繫傳作雨皃也方語。段玉裁謂方上當有此字。集韻。北方謂雨曰𩂣。呂静説。倫按皃當作也。字之譌也。𩂣蓋雨之轉注字。蓋北方謂雨如禹。南方謂雨如御。今此及雨竝音王矩切。遂無分矣。此字呂忱據聲類加之。呂静説疑亦字林文。忱舉其弟説也。倫謂本書引某説皆後人加之。其中如嚴甯王述不必為漢人。【説文解字六書疏證卷二十二】

䨘

◉許　慎　䨘小雨也。从雨。僉聲。子廉切。【說文解字卷十一】

◉馬叙倫　䨘音精紐。與霰同紐。與霹靂為同舌尖前音。與䨒為同破裂摩擦音。是轉注字也。此字蓋出字林。【說文解字六書疏證卷二十二】

霑

◉許　慎　霑雨䨒也。从雨。沾聲。張廉切。【說文解字卷十一】

◉馬叙倫　丁福保曰。慧琳音義七及八引作䨒也。今本衍雨字。倫按玄應一切經音義引三倉。霑。漬也。疑許以聲訓。䨒也蓋字林文。【說文解字六書疏證卷二十二】

䨒

◉許　慎　䨒濡也。从雨。染聲。而琰切。【說文解字卷十一】

◉馬叙倫　鄧廷楨曰。䨒濡雙聲。倫按霑聲侵類。䨒聲談類。侵談近轉轉注字也。【說文解字六書疏證卷二十二】

霤

◉許　慎　霤屋水流也。从雨。留聲。力救切。【說文解字卷十一】

◉馬叙倫　沈濤曰。一切經音義十五及十六引。霤。屋水流下也。文選潘安仁悼亡賦注引。霤。屋承水也。魏都賦注寡婦賦注引。屋水流也。古本當作屋承水流下也。倫按蓋本作流也。吕忱或校者加屋承水流下也。或吕作屋承流也。水下二字乃傳寫涉下文屚字説解譌入。【說文解字六書疏證卷二十二】

◉徐中舒　甲骨金文又有𩫏，从亯从京，複合兩形以示一義，當為霤之本字。説文就字的偏旁京，籀文作𩫏，即𩫏形之省。就霤古音同在幽部，𩫏當讀如霤，而復从尤者，乃後起的複聲字。説文：「就，高也。」从京故有高義，就又有成就之義，霤成即穴居之事一切成就。

穴居自穴、複兩種營建逐漸演進而有京、亳的棟梁，有穴內的白塗，有穴上的中霤、垣墉和巖廊，實已具有地上建築的規模。但地上建築，仍有待於南方民族的啓發。

南方卑濕，不宜穴居，從來就居在地面上。周去非嶺外代答説：

深廣之民，結柵以居，上設茅屋，下豢牛豕，柵上編竹為棧，不施椅桌牀榻，寢食於斯，牛豕之穢升聞於棧罅之間，不可嚮邇，彼皆習慣，莫之聞也，無乃上古巢居之意歟？

屚

田汝成行邊紀聞載獞猺風俗說：

居室茅緝而不塗，衡板為閣，上以棲止，下畜牛羊豬犬，謂之麻欄。

南方民族所居大概都分兩層，如今車里的擺夷仍多如此，有似於樓居。從穴居的人來看樓居，或與巢居無異。此說如不誤，則史稱湯放桀於南巢，其地當即以樓居得名，因其在南，故謂南巢。秦漢之時又稱其地為居巢縣，居巢即人所居。古今地名由建築得名的，其例甚多。金史世紀一稱金代之先居黑水尚為穴居，及徙居海古水始築室為棟宇之制，人呼其地為「納葛里」，「納葛里」即漢語居室之義。顧炎武天下郡國利病書也說畲民所以得名之故云：

粵人以山林中結竹木障覆居息為畲，故稱所居為畲蠻。

據此言之，春秋時代居於淮水南北的徐及羣舒，以及居於商邱(今歸德)的亳與宋，也當是因其所居而得名的。【黃河流域穴居遺俗考　中國文化研究匯刊卷九】

屚 效二二　五例　通漏　倉—殄禾粟　秦一六四　秦一六四【睡虎地秦簡文字編】

屚調【漢印文字徵】

◉許　慎　屚屋穿水下也。从雨在尸下。尸者。屋也。盧后切。【說文解字卷十一】

◉孫詒讓　从雨从卩。舊並釋為零。葢謂省令為卩。然金文罕見。竊疑當為从雨从尸。即屚字。迻尸箸雨下。與小篆不同。金文迻易傎到。固無定例也。【古籀餘論卷三】

◉馬叙倫　鈕樹玉曰。玉篇韻會引下作入。韻會無者字。翟云升曰。六書故引作屋穿雨水下也。當入尸部。苗夔曰。從屚得聲之漏。易井與鮒韻。詩抑與覯格射韻。當補雨亦聲。必後人覺屚與雨聲遠而删去之也。沈乾一曰。屚。古音路。易與鮒韻。倫按霤為今所謂閣漏。錢坫謂中霤字應作屚。是也。屚為霤之音同來紐轉注字。洩漏乃其引申義。屋穿水下也非本訓。字從广或宀。譌寫為尸也。霤所以行屋上之積水。故從雨。以屬於屋。故屚從广或宀。從雨得聲。非會意也。從雨在尸下。葢吕忱或校者改之。尸者屋也明是校語也。【說文解字六書疏證卷二十二】

䨣 䨣

䨣　義如霸　鄭號仲簋　霸字重見　【金文編】

◉許　慎　䨣雨濡革也。从雨。从革。讀若膊。匹各切。　【説文解字卷十一】

◉林義光　䨣䨣　模韻音溥即白之或體。見白字條。因白假借為色。復制此字。古作䨣䨣敦以為霸字。作䨣守敦霸字偏旁。　【文源卷八】

◉馬叙倫　翟云升曰。六書故引無濡上雨字。劉秀生曰。革聲咍部。專聲模部。咍模旁轉。故䨣從革聲得讀若膊。列子仲尼。是若欺䰰焉。釋文。欺䰰。字書作欺頓。人面醜也。月部。霸。從月。革聲。引周書曰。哉生霸。今書康誥作哉生䰰。古五霸或作五伯。周禮醢人。豚拍魚醢。注。鄭大夫杜子春皆以拍為膊。革聲如白。白聲如專。是其證。倫按雨濡革也當作濡也。雨革二字乃隸書複寫䨣字之誤分為二。又誤革於濡下也。從革當依鍇本作革聲。䨣蓋霑之轉注字。䨣得聲於革。革音見紐。霑音知紐。同為清破裂音也。音轉入封紐。封亦清破裂音也。古書借霸為伯。膊音滂紐。封滂同為雙脣破裂音也。又革從革得聲。見革字下。革音喻紐四等。膊從專得聲。專音敷紐。敷與喻四同為次清摩擦音。故䨣得讀若膊。癸敢作䨣。　【説文解字六書疏證卷二十二】

霽 霽

乙九七一　乙二四三八　籃天九一　掇二·一　庫四一〇　寧滬三·二二　【甲骨文編】

◉許　慎　霽雨止也。从雨。齊聲。子計切。　【説文解字卷十一】

◉周慶雲　鄒適廬曰霽从雨从𠅤。𠅤。古齊字。應名曰伯霽。此敦傳世已久。未見著録。耳兩龍首。足三虎面。文飾至彪炳。朱碧亦湛然。望而知為二千年以上器。丙寅見于杭州。索厚直。力不能得。旋以風雲俶擾。藏家遷滬。貨入夢坡室。金石各有天緣。信哉。丁卯四月。　【周伯霽敦器　夢坡室獲古叢編】

◉商承祚　　王國維先生曰。「説文啓。『雨而晝姓也。』此云『不啓。其雨。』與説文之訓正合」(戩壽堂考釋六十頁)。董作賓先生曰。「啓霽疊韻之轉。霽晴又雙聲之轉」(商代卜辭之推測九十二頁。見安陽發掘報告第一期)。此又或从夕。乃夕字。非口也。　【甲骨文字研究下編】

◉馬叙倫　沈濤曰。一切經音義八引雨止曰霽。霽。晴也。下三字乃玄應所是。開元占經一百一引。霽者。雨止也。雲罷皃。此乃霩字義。倫按爾雅釋天釋文引字林。雨止也。此字蓋出字林。　【説文解字六書疏證卷二十二】

霋

續四·二〇·一二【甲骨文編】

◉許　慎　霽謂之霋。从雨。妻聲。七稽切。【説文解字卷十一】

◉馬叙倫　吴穎芳曰。霽之轉語。沈濤曰。初學記二御覽十一引皆作雨霽也。今本乃淺人妄改。倫按當作霽也。雨字蓋涉霽字説解而譌衍。此字或出字林。霋為霽之轉注字。猶齊之轉注為亝矣。【説文解字六書疏證卷二十二】

◉于省吾　第一期甲骨文霋字作（鄴初二四·五）。所从之即妻字。至于第五期甲骨文霋字作（續四·二〇·一二），這是人所易識的。但其它晚期霋字作、、、等形，刻劃草率（以下簡稱為「變劃」）。自從羅振玉把變劃的霋字釋為雪，謂「从二又，雪為凝雨，得以手取之」，又把霸字也釋為雪（增考中五），學者靡然從之。如葉玉森（集釋二·三九。又釋羽為雪，謂霸為雪之變文）、王襄（簠類一一·五二）、郭沫若同志（粹考八一八）、商承祚同志（佚考三八八）、唐蘭同志（文字記一五。釋霸為雪）、陳夢家（綜述五七六。釋霸為雪），均沿襲羅説而不知其非。陳夢家又釋霋為霰，以為「和説文的霰和霧相當」（綜述二四七）。李亞農則把霋的變劃者釋為傘（摭續八二）。這都是乖舛的。甲骨文編將霋之變劃者入于附録，續甲骨文編將霋之變劃者和霸、翖、羽等字混在一起。

雪字係隸省，説文作䨮，「从雨彗聲」。古文字無䨮字，周器姜林母簠有䨮字，从䨮作，與説文相仿。前文所引變劃的霋字，與䨮和霸、翖、羽等字截然不同。

甲骨文早期霽字作。説文「霽，雨止也，从雨齊聲。」又：「霋，霽謂之霋，从雨妻聲。」朱駿聲説文通訓定聲謂霋「當為霽之或體」，這是對的。今將有關霋字的甲骨文分條擇録于下：

一、甲申〼雨大〼霋〼寅大攺□卯大雚自北（鄴初·二四·五）。第一期

二、□子卜，貞，今日霋（前六·一·三）。

三、妹其霋（粹八一八）。

四、辛丑卜，貞，今夕霋（續四·二〇·一二）。

五、辛卯卜，貞，今日征霋〇妹征霋〇壬辰卜，貞，今日不雨（前三·一九·五）。

六、其雨〇戊凫卜，貞，今日霋〇〼霋（庫一六六五）。

以上第五期

以上所引第一條已殘缺。其中霋謂雨止，大攺謂天氣大晴。第五條上半已殘，妹應讀作昧，指昧爽時言之。征即古延字。

這一條第一段是説，辛卯日繼續晴朗，第二段是説，天將明時繼續晴朗，第三段是説，壬辰日不雨。這一條雖然上半已殘，但它是以霎和雨互貞，與雪無涉。至于第一條和第六條也都是以霎和雨為言，可以互證。

本諸上述，甲骨文的霎字雖然少數較為清楚，其餘的由于鍥刻潦草，變劃滋多。可是，尋其構形正變之迹和上下語意，它是霎字而非雪字是可以判定的。由于自來霎和雪字糾纏不清，而且有的還和霸、溯、羽等字參雜在一起，容易令人迷惘，故為之辨正如上。【釋霎　甲骨文字釋林】

◉温少峰　袁庭棟　甲文之霎作，或作，（甲骨文字集釋誤釋為雪）。説文：「霽謂之霎」，又「霽，雨止也」。説文通訓定聲謂：「霎當為霽之或體。」

(183)……甲申……乙雨，大……霎……寅大攺（啟）……卯大鳳（風）……自北……（佚三八八）

(184)乙丑卜，貞：今日霎？——妹霎？（金六六七）

(185)妹，其霎？（粹八一八）

(186)辛丑卜，貞：今月（夕）霎？（續四・二〇・一二）

(187)戊子卜，貞：今日霎？其雨？☐霎。（庫一六六五）

(188)辛卯卜，貞：今日祉霎？——妹祉霎？

壬辰卜，今日不雨？（前三・一九・五）

由以上各辭可知，「霎」與「雨」與「啟」即晴，與「風」有關。「妹霎」者，謂昧爽之時雨止也。「夕霎」者，問晚上是否止雨也。「祉霎」者，雨止天晴的天氣繼續延長之謂也。【殷墟卜辭研究——科學技術篇】

◉許　慎　霩雨止雲罷皃。从雨。郭聲。臣鉉等曰。今别作廓。非是。苦郭切。【説文解字卷十一】

◉馬叙倫　疑許本作郭也。以聲訓。或此字出字林也。【説文解字六書疏證卷二十二】

露

〔五八〕 〔二二〕 〔二二〕 〔二〕 〔一九〕 〔五三〕 〔一八〕 〔三六〕【先秦貨幣文編】

露子賓 王露 【漢印文字徵】

露 【汗簡】

古孝經 竝石經 【古文四聲韻】

◉許　慎　露潤澤也。从雨。路聲。洛故切。【說文解字卷十一】

◉柯昌濟　雯當為國族名。疑露之古文。字从雨从夂。夂象人足形。會意也。史記正義補三皇本紀。神農後甘怡戲露。案張守節是說當取裁世本。其說甚古。疑即此雯國也。【雯人守鬲　韡華閣集古録跋尾】

◉馬叙倫　王筠謂潤澤也語意不完。據雷下霆下震下雪下霜下之例。則此當曰所以潤澤萬物者也。詩蓼蕭箋云。露。天所以潤萬物。倫謂如王說。則所以上亦仍有挩。是字林文也。許當止以聲訓。字見急就篇。【說文解字六書疏證卷二十二】

霜

甲2 【續甲骨文編】

霜紛私印 衛霜 【漢印文字徵】

石經僖公　隕霜不殺草 【石刻篆文編】

竝義雲章 【古文四聲韻】

◉許　慎　霜喪也。成物者。从雨，相聲。所莊切。【說文解字卷十一】

◉葉玉森　卜辭有字。从雨从。象木受霜剥落形。或即古霜字。【說契】

◉馬叙倫　吳穎芳曰。成乃戕之譌。倫按喪也以聲訓。戕物者也蓋字林文。亦有挩字。字見急就篇。甲文有。葉玉森謂霜之古文。從雨。象木受霜剥落形。倫謂蓋霜之轉注字。從雨。桑聲。即字所從之。亦即本書之叒也。【說文解字六書疏證卷二十二】

霰 𩅸

◉許　慎　𩅸地气發。天不應。从雨。敄聲。臣鉉等曰。今俗从務。亡遇切。𩅸籀文省。【說文解字卷十一】

◉王國維　𩅸　今書洪範曰蒙。史記宋微子世家作曰霧。周禮大卜注引作曰蟊。上虞羅氏藏古寫本隸古定尚書作曰𧖅。又由蟊轉譌𧖅。則雺之譌也。文選三國名臣序贊注引孔傳作雺。正義亦曰雺。音近蒙。是尚書本作曰雺。今本作蒙。衛包所改也。此字當本壁中書。實亦古文。而許書云雺籀文。不云古文者。古與籀同。凡古籀同字者。許書出籀文。則不出古文。如雺字。出古文則不出籀文。見前㗊字下說。【史籀篇疏證】

◉于省吾　甲骨文第一期的雈字習見，作[字形]或[字形]。王國維謂：「[字形]从隹从凡即鳳字，卜辭假鳳為風」（戩考三六·四）。陳夢家釋雈為奞（綜述二四五）。按王和陳説並誤。郭沫若謂：「雈當是冡之古文，讀為霧」（粹考六一一）。又謂：「卜辭雈字殆兩用，其言雨雈、風雈者，如詩之零雨其蒙。其單見者，葢用為霧」（通考四一六）。又：「丁明雈大食者言丁酉之天明霧大消散也」（殷契餘論易日解）。又：「易乃暘之借字。説文暘日覆雲暫見也，从日易聲。是則易日猶言陰日矣」（同上。按易日每與雈連稱，故引此條）。按郭謂雈當是冡之古文，讀為霧，頗具卓識。但既謂雨雈和風雈連言，又謂雈字殆兩用則非是。今將甲骨文有關雈字的貞卜擇要録之于下，然後再加以闡述。

一、辛丑卜，㠯，自今至于乙子雨，乙雈不雨（綴合三七七）。

二、☐日其雨，至于丙辰雈，不雨（粹八一九）。

三、辛丑卜，㱿，翌壬寅𡧊，壬寅雈（珠一六六）。

四、癸子卜，翌甲□𡧊。甲雈。六月（戩三六·四）。

五、辛未卜，内，翌壬申𡧊，壬冬（終）日雈（續存下七六）。

六、貞，翌庚申我伐，易日，庚申明，雈，王來途首，雨小（乙六四一九）。

七、〔癸〕未卜，争貞，翌甲申易日，之夕月㞢食，甲雈，不雨（丙五九）。

八、辛丑卜，争，翌壬寅易日，壬寅雈（續五·一〇·三）。

九、乙未卜，王翌丁酉酢伐，易日，丁明，雈，大食☐（續六·一一·三）。

十、丙申卜，翌丁酉酢伐，𡧊，丁明，雈，大食日𡧊。一月（庫二〇九）。

甲骨文雈字从隹冃聲（冃字詳釋冐），冃霧雙聲。雈為霧之本字，霧為後起字，霧行而雈廢。諺語的「十霧九晴」，是説有霧則天氣晴朗，有霧而雨則是少見的。前文所引第一條，先言自今至于乙子雨，後言乙雈不雨，則乙子之不雨，是因為有霧。第二條也以

霾 霾

雺和不雨連言。以上兩條都是有霧則不雨之證。第三、四兩條均以攺(啓，訓晴)和雺連言，這是説有霧則晴。第五條以攺與終日霧連言，雖然不是晴朗，但也未降雨。第六條以易日與雺連言，而又言雨小，則是九晴一雨之驗。因為雨小並不影響外出，故以王來途首為言。第七、八、九三條也均以易日為言。吴其昌釋易日為「錫日」，為「賜霽」，為「祈錫日光」(解詁三續二三〇)。按吴説可從。甲骨文以易日與霧連言，又他辭對易日多舉行祭祀，則以易日為「賜霽」，于文義無有不符。第九條是説，乙未卜，翌日丁酉舉行酌、伐之祭，因而受到錫日。丁(丁酉的省語)日天明有霧，表明即將晴朗。甲骨文大食屢見，又有小食(綴合七八)，它是商人劃分每日時刻的名詞。在天明之後言大食，當指朝食言之。據第十條則大食下應補曰攺二字。這是説在大食時已由霧轉晴。郭説既以易日為「陰日」，又以「雺大食」連讀，釋為「霧大消散」，均不可據。

總之，雺與霧是古今字。甲骨文的雺字讀作霧，于文義咸符。雺是以隹為形符、以冂為聲符的形聲字。可是為什麽以隹為形符呢？這乃是形聲字形符含義的緣故。古文字的隹與鳥多無別。由于某種鳥鳴預知將霧，故从隹。這和甲骨文陰晴之陰从隹作雂(詳釋雂)，也是由于某種鳥鳴預知陰雨，其例正同。【釋雺 甲骨文字釋林】

◉馬叙倫 鈕樹玉曰。韻會應下有也字。段玉裁曰。不應下當補曰霚二字。倫按釋名釋天。霧。冒也。疑許本以同聲之字為訓。今脱。但存字林文。亦有捝耳。

 省當作霚。【説文解字六書疏證卷二十二】

前六·四九 从貍省聲 隹霾 前七·一一·三 甲二八四〇 二辭茲雨隹霾 茲雨不隹霾 甲三七五四反 明七五八  寧滬三·二四 【甲骨文編】

甲2840 3754 【續甲骨文編】

◉許 慎 霾風雨土也。从雨。貍聲。詩曰。終風且霾。莫皆切。【説文解字卷十一】

◉葉玉森  余永梁氏曰。此霓字。从雨。兒聲。殷虚文字考。森桉。此疑从雨从貍。象形。或古文霾字。【殷虚書契前編集釋卷六】

◉郭沫若 第四一七片前七·一一·三「癸卯卜……王固乩曰其霾，甲辰……

□字於雨下从一獸形如貓，決為霾字無疑。詩邶風「終風且霾」，爾雅釋天「風而雨土為霾」。【卜辭通纂】

◉孫海波　前編卷六第四十九葉二版：「口之乍口隹□。」又卷七第十一葉三版：「癸卯卜口王固曰其□甲辰。」□羅振玉先生收入待問編，今審此當為霾。說文「霾風雨土也，从雨貍聲，詩曰終風且霾」。疏引孫炎曰：「大風揚塵，从上下也。」又書疏引鄭注云：「風土氣也，凡氣非風不行，猶金木水火非土不處，故土氣為風，風本屬土氣，其烈風捲土而卜則為霾。」釋名釋天：「霾晦也，言如物塵晦之色也。」繹卜辭文義，云「隹霾」者，猶言大風雨晦也。云「癸卯卜王固曰其霾甲辰」，猶言癸卯卜王占甲辰其當大風雨晦也。以卜辭其風其雨，其風其敓之文例之，其為霾字無疑。說文霾从貍，此作□者，象貓形，蓋貍之省。卜辭蘊作□諸形，是知霾亦可省貍為□矣（郭沫若先生亦有此說，見卜辭通纂攷釋）。【卜辭文字小記　考古學社社刊第三期】

◉馬叙倫　甲文有□。唐蘭郭沫若竝釋霾。蓋從雨。□聲。□即初文貍字也。爾雅釋天釋文引字林。亡戒反。蓋此字出字林。【說文解字六書疏證卷二十二】

◉饒宗頤　卯屮……貍（霾）。庚申，亦屮𡆥屮鳴雎雎。疫圉（圉）羌戎。（屯甲二四一五，又殷綴三六。其骨面為永貞旬之辭。）

貍即陰霾字。屮𡆥指蒙氣（說見下）。鳴雎指災變（契文雎字从目在隹上甚顯。說文訓雎為仰目，無鳥名義）。史記天官書：「歲星與翼軫晨出，日天雎。白色大明。」此星占之說，疑與殷代鳴雎有關。疫，武丁時人名。右辭蓋記異徵。謂陰霾，庚申又有蒙氣及鳴雎；而疫遂有圉羌戎之役。考地鏡云：「鷄夜鳴，天子適有急令，戎馬興。」「衆鳥集木上，鳴而泣，兵且起，邑將虛。」（馬國翰輯本）則鳥鳴為兵起之兆，此古之鳥占也。【殷代貞卜人物通考卷一】

◉郭子直　霾「志是霾封」借「霾」為「埋」。霾本是自然界一種氣象，指空氣中混雜着烟、塵等的混濁天象。甲文有□字，如「貞：茲雨不隹霾？」《甲》二八四〇就是作氣象用的。《楚辭・九歌・國殤》「霾兩輪兮縶四馬」，已經借作「沈埋」、「淹没」用了，霾，秦簡又借同聲旁「貍」來表「埋」音。沈埋字，甲文原作□《存》下七三六，為沈牲于水的會意字，後來出現从艸貍聲的形聲字「薶」。《說文》：「薶，瘞也，从艸貍聲，莫皆切。」清代學者如段玉裁認為薶是本字，而以埋為俗體，則是迷信《說文》的偏見。我們認為「霾」、「貍」、「埋」通借，典籍用例較早，而「薶」、「霾」都是後起的形聲字。貍是獸名，見《說文》豸部，霾是一種氣象名稱，都可借用為掩埋字，必是古聲相同，可見古「來」母字「里」可作「明」母的諧聲偏旁，只有假定上古漢語存在〔ml-〕這一類複輔音，後才形成以「里」為聲符的「霾」、「貍」、「埋」等形聲字。【戰國秦封宗邑瓦書銘文新釋　古文字研究第十四輯】

◉李孝定　契文此字从雨。下象獸形。當即貍之象形字。在卜辭為天象字。辭云「☐有乍☐隹霾」前・六・四九・二。「癸卯卜☐王固曰其霾甲辰☐」前・七・十一・三。「貞茲雨不隹霾」甲編二八四〇。可證諸家釋霾可从。余氏釋霓誤。下非从兒也。它辭云。

霿 

「☐霾來☐」甲編・三七五四。此甲綸記事之辭。霾當為人。【甲骨文字集釋第十一】

 珠263 【續甲骨文編】

◉許　慎　霿天气下。地不應。曰霿。霿。晦也。从雨。瞀聲。莫弄切。【說文解字卷十一】

◉郭沫若　第六五〇片　雷疑霿字，从雨目聲，以雙聲為聲也。【卜辭通纂】

◉馬叙倫　鈕樹玉曰。釋天。天氣下。地不應。曰雺。雺即霚之籀文也。又云。地氣發。天不應。曰霿。說文霚霿二字與釋天相反。蓋形聲竝近易殽也。嚴章福曰。爾雅釋天。天氣下。地不應。曰雺。地氣發。天不應。曰霧。按雺重文霚。俗作霧。若然。皆言霚矣。必誤。或謂爾雅雺當作霿。此寫者不識雺即霧而以為霿。故誤雺。今說文不誤。句末但脱曰霚二字。據下文。天氣下地不應曰霿。語例當同。余謂爾雅雺字不誤。誤者霧字耳。釋天釋文。雺。或作霧。蓋言霧為雺之或體。據此。知爾雅原作雺。又云。霧。本亦作霿。蓋言別本作霿。據此知爾雅原作地氣發天不應曰霿。玉篇。霚。天氣下。地不應也。霿。地氣發。天不應也。亦其證。釋名。霧。冒也。此言自上而下為霚。霿作蒙。日光不明。蒙蒙然也。此言自下而上為霿。霚音務。霿音蒙。霚溼。霿乾。霚者。天氣下也。天氣下。地應之為雨。地不應為霚。霿者。地氣發也。霿即黃沙。凡下黃沙。必大風。沙土乘風而起。蒙蔽日色。天應即消。所謂霿也。議改霚下云。天氣下地不應曰霚。又改霿下云。地氣發天不應曰霿。並改爾雅云。地氣發天不應曰霿。倫按霚。亡遇切。此霧露字之音也。霿。莫弄切。此蒙气字之音也。此說解有霿晦也三字在天氣下地不應曰霿之下。倫謂本在上。傳寫誤乙於下也。此字蓋出字林。知者。爾雅釋天。地氣發天不應曰霧。霧謂之晦。釋文。字林作霿。音同。本亦作霿。據此。知本書霚下本訓務也。呂忱據雅文加天氣下地不應曰霚。此則作晦也。亦據雅文加地氣發天不應曰霿。其晦也之訓。即本爾雅霧謂之晦也。玉篇即本字林。故訓與爾雅合。今本蓋傳寫譌耳。【說文解字六書疏證卷二十二】

霓 

◉許　慎　霓屈虹。青赤或白色。陰气也。从雨。兒聲。五雞切。【說文解字卷十一】

◉余永梁　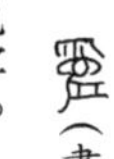(書契卷六四十九葉)(同上卷七十一葉)

此霓字。从雨。兒聲。卜辭文曰：「王固曰其霓。」與「王固曰其雨？」文例正同。【殷虛文字考　國學論叢一卷一期】

◉馬叙倫　鈕樹玉曰。韻會引無色字。沈濤曰。釋天釋文引作屈虹。青赤也。一曰。白色。陰气也。疑傳寫釋文者誤改。非許書本然。亦非釋文本然也。倫按釋文引青赤也者。也為色之譌字。本書説解中或字或又字。有為校者改為一曰者。有改之不盡者。有一本改而別本未改者。故釋文引如此耳。此字當出字林。【説文解字六書疏證卷二十二】

⿱雨執

◉許　慎　⿱雨執寒也。从雨。執聲。或曰早霜。讀若春秋傳墊阨。都念切。【説文解字卷十一】

◉馬叙倫　吳穎芳曰。凍之轉語。桂馥曰。寒當為塞。讀若句本作春秋傳曰⿱雨執阨。後人加讀若。又改⿱雨執為墊。陳瑑曰。土部引作墊隘。先子云。非許書原本前後互異。校者岐之也。倫按甲文有□字。其詞曰。丁丑卜尤貞賓不𠦪□燕亩享。王襄釋為風雨。葉玉森謂其同版上仍有一□字。從木。又謂卜詞尞一作✱。兩手舉尞。則觀火之向。即知風之向。故古風字從丮從尞。✱乃尞省。倫謂如葉説。則□即伯尞尊之□。即本書之爇。亦即燎之初文也。尞燎異字。□蓋從雨□聲。即此字。燎聲宵類。對轉談。故音都念切。土部墊字蓋亦從□得聲。轉寫譌為執耳。餘見風下。【説文解字六書疏證卷二十二】

雩

乙九七一　前五・三九・六　後二・一八・一六　後二・一三・九　佚一六〇　明藏七　珠四五八　京津二九〇【甲骨文編】

乙971　7895　珠328　458　續5・22・5　續5・23・9　徵8・37　佚161　徵2・38【續甲骨文編】

雩　雩　與于為一字　盂鼎　雩殷正百辟　小臣逋簋　静簋　芮伯簋　牆盤　善鼎　癲鐘　散盤

仲雩父甗　禹鼎　毛公厝鼎　雩參有嗣　又云雩四方毋動　作冊𩵦卣　中山王嚳鼎　吳人並雩　史籀作越【金文編】

雩 3·1369 獨字 雩 3·1368 獨字 雩 3·1370 同上 【古陶文字徵】

雩〔五〇〕雩〔七二〕雩〔一〕雩〔三六〕雩〔二二〕雩〔一九〕【先秦貨幣文編】

雩 布空大 典七八四 雩 布空大 典八〇四 【古幣文編】

雩 69 【包山楚簡文字編】

雩 3043 雩 0451 雩 1530 雩 1531 雩 2640 【古璽文編】

◉許 慎 雩夏祭樂于赤帝。以祈甘雨也。从雨。于聲。羽俱切。䨁或从羽。雩。羽舞也。【説文解字卷十一】

◉劉心源 雩即于。即於。亦即粵。曰越皆一聲之轉。鐘鼎家從未加察。多不得解。惟貞隱園浤帖釋叔弓鎛雩厥行師雩生叔弓云。二粵字於文義甚明。舊作雩。非。案此㠯从雨者為粵。與从雨之雩異。故斥博古圖釋文為非。然知有粵。仍未知雩即粵也。雨古文雨字。見説文。雩雩實一字。牧敢先王作明井。用雩乃兆庶。有嵒寅簋。有進退雩。邦人正人師氏人。與此銘在雩即事觑酒。皆用為于為於。爾雅釋詁。粵于也。又云。粵於也。是其義。毛公鼎。王曰父厝雩之庶。又云雩參有司。又云雩朕褻事。静敢雩八月初吉庚寅。善鼎余其用格我宗子雩百姓余用匄純嘏雩萬季。井矦尊雩若元矦見于宗周。又云䨩若謁璧雝。从雨从㠯舊釋雨刊二字不詞㠯即于詳珁鼎。與此銘下文雩我其遹省先王。皆粵字。尚書用曰用越。堯典曰。若稽古帝堯。盤庚。越其罔有黍稷。泰誓。越我御事庶士武成越翼日癸巳。皆是。説文。粵。于也。審慎之詞。从于从寀。漢書楊雄傳注。越曰也。詩園有桃箋曰。於也。是其義。古文止㠯雩為粵。亦从雨作雩。小篆仿雨變从寀。遂分為二。後人但知雩為旱祭。為地名。今㠯古刻證之。可悅然矣。【奇觚室吉金文述卷二】

◉王國維 復涉濡陟雩觑䨻

雩。地名。漢右扶風有鄠縣。在盩厔東。非此雩也。【毛公鼎銘考釋 王國維遺書第六册】

◉葉玉森 雩 羅振玉氏曰。説文解字。粵。亏也。寀慎之詞也。从亏从寀。古金文皆从于从雨作雩盂鼎。雩静敦。雩毛公鼎。卜辭中或从雨省从于。或从雨从于。與古金文同。增訂考釋中七十七。森按。雩之異體作雩。雩。乃古文雩字。卜辭屢言「雩示」。即祈雨之祭也。金文叚雩為粵。説契。【殷虛書契前編集釋卷五】

◉郭沫若　第八四八片　「于翌日丙、⿱雨無、又有大雨」。吉吉

以上四片及下第一五四七片均有⿱雨無字，諦案，乃動詞，且均為求雨之事，則⿱雨無當是雩之異，从雨無聲，無亦會意，無古文舞。說文「雩，夏祭樂于赤帝以祈甘雨也。⿱羽亏、雩，或从羽，雩舞羽也」。周禮鼓師「教皇舞，帥而舞旱暵之事」。月令「仲夏之月，大雩帝，用盛樂。乃命百縣雩祀百辟卿士有益于民者，以祈穀實」。鄭注云「雩，吁嗟求雨之祭也。雩帝，謂為壇南郊之旁，雩五精之帝，配以先帝也。自鞀鞞至柷敔皆作，曰盛樂。凡他雩，用歌舞而已」。此足見⿱雨無字从舞之意，亦足見雩之用舞乃自殷代以來。卜辭別有从于之雩字，亦作雩。于乃竽之初文，象形。二象竽管，亅其吹也。其从弓作者，乃管外之匏。以于亦形聲而兼會意，取其用樂也。【殷契粹編考釋】

◉郭沫若　雩之二字。舊無說。似均未甚注意。今案此二字於文脈上極關重要。乃與下文「厤自今」為對文。此下所述當係追遡以往之辭。意猶今言「迄於今」也。【毛公鼎之年代　金文叢考】

◉高田忠周　吳云。雩古粤字。其說未精。說文夏祭樂于赤帝。以祈甘雨也。从雨亏聲。又作。或从羽。雩羽舞也。周禮司巫則帥巫而舞雩。左傳龍見而雩。然義主于需雨。其音當用䨣。䨣水音也。宮商角徵羽之正字也。然⿱羽亏當从䨣省會意。雩字本義如此。又經傳粤字金文所無。當雩字譌文。稍近易誤耳。金文雩亏通用。經傳亏曰通用。然雩曰亦當通用。爾雅粤于爰曰也。粤元當作雩。其文謂雩亏爰三皆段借為曰也。然此銘義當讀為曰。此義或借聿借越為之。其音皆近故也。【古籀篇五】

◉馬叙倫　葉玉森曰。卜詞屢見雩示之文。蓋祈雨之祭也。倫按從雨于聲。無祭祀之義可得。此與粤一字。借為祭名耳。從于。雨聲。盂鼎作。毛公鼎作。甲文作。爾雅釋天釋文引字林。越俱反。此字蓋出字林。

　鈕樹玉曰。韻會引同繫傳。但無故字。廣韻引作羽舞也故從羽。倫按如鍇本。則⿱羽于是羽舞之名。或是周禮樂師羽舞本字。如鉉本雩為羽舞。不可通。蓋舞之用羽。不止夏祭。且亦無徵。夏祭用瘞。許懋已證之矣。故如鍇本。則從羽于聲。為舞之重文作⿱羽于者之轉注字。當入羽部。如鉉本則從于羽聲。為粤之音同喻紐三等轉注字。【說文解字六書疏證卷二十二】

◉陳夢家　卜辭舞作。或作。象人兩袖舞形。即「無」字。巫祝之巫乃「無」字所衍變中略。巫之所事乃舞號以降神求雨。名其舞者曰巫。名其動作曰舞。名其求雨之祭祀行為曰雩。說文。「雩夏祭樂於赤帝。以祈甘雨也」。月令。「大雩帝用盛樂」。鄭注云。「雩。吁嗟求雨之祭也」。爾雅釋訓。「舞號雩也」。郭注云「雩之祭舞者吁嗟而請雨」。釋文引孫炎云。「雩之

祭有舞有號」。周禮司巫。「若國大旱則帥巫而舞雩」。注云。「雩。旱祭也」。凡此所説祈甘雨求雨請雨旱祭等。皆是雩的行為。而吁嗟與號則舞時之歌。巫舞雩吁都是同音的。都是从求雨之祭而分衍出來的。燕報二十・五三六——五四三。武丁卜辭的「無」即舞。到了廩康卜辭加「雨」的形符而成「⿱雨無」。它是説文「雩」之所從來。郭沫若釋「⿱雨無」為「雩」是對的。但説文「雩」已是形聲字。卜辭作「無」作「⿱雨無」。乃是舞之象形。【殷墟卜辭綜述】

◉陳夢家　彥堂先生謂辭中「蚑、卯、疑皆祭名,所以祭鳥星者」。細玩卜辭,似祭鳥星與雨有關,故他辭用「雩」祭,則正為天旱可知也。

卜辭曰:

雩,庚子⿰坴凡鳥星。　七月　圖六　乙一八七七加七八九五加七九九一合

此與前兩版可能為同時所卜,因庚子距丙申六日,而同是祭鳥星。則前兩版之時間,當同是「七月」矣。公羊桓公五年傳曰:

大雩者何?旱祭也。

何休注曰:

雩,旱請雨祭名。不解大者,祭言大雩,大旱可知也。君親之南郊,以六事謝過自責曰:「政不一與,民失職與,宮室榮與,婦謁甚與,苞苴行與,讒夫倡與」。使童男女各八人,舞而呼雩,故謂之雩。

春秋之雩祭為求旱,且有舞,竹添鴻光左傳會箋曰:

雩有二。一是建巳之月,祭以祈膏雨,恐夏旱也。此限定四月之祭,所謂龍見而雩是也。一是呼旱之祭,時當旱吁則不問夏秋,隨時可祭。所謂大雩也。春秋恒禮不書,則四月之雩,未必書册。凡書大雩,專為旱祭,無可疑者。董仲舒云「雩,吁嗟以求雨也」。鄭氏禮注「雩之言吁也。言吁嗟哭泣以求雨也」。大抵古人釋文,或從類,或諧聲,雩字从雨,而聲近吁,故皆以吁嗟求雨解之。論語先進正義引杜注云:「雩之言遠也,遠為百穀祈膏雨也」。凡從于之字,有迂遠之義。故杜從賈服讀雩為迂,訓為遠,然於雩義不切。爾雅釋天「雩為號祭」,蓋雩與它祭不同,聲音之號,所以詔告於天地之間,以達神明也。周禮司巫曰「國大旱則帥巫而舞雩」。女巫曰「旱嘆則舞雩」。據是則舞雩是旱嘆之事,而非常雩也。魯南門為雩門,舞雩在城南。地官「舞師教皇舞,帥而舞旱嘆之事」。鄭謂「皇折五彩羽為之。形如帗」。蓋雩祭以舞為盛,故名壇曰舞雩。大雩猶大蒐之大,蓋遍及封内山川,故稱大也。

卜辭之雩祭,既為求雨,亦當有舞,是否有謝過自責之辭,則不可知也。晉書禮志曰:左氏傳「龍見而雩」,經典尚矣。漢儀,自

立春至立夏，盡立秋，郡國尚旱，郡縣各掃除社稷。其旱也，公卿官長以次行雩禮求雨，閉諸陽，衣皁，興土龍，立土人，舞重二佾，七日一變，如故事。武帝咸寧二年，春久旱。四月丁巳詔曰「諸旱處廣加祈請」五月庚午，始祈雨于社稷山川。六月戊子，獲澍雨。此雩之舊典也。【殷商天文志　中國文字新二期】

◉陳永正　為了與介詞「于」區別開來，在西周和春秋銅器銘文中，專用「于」的同音字「雩」為連詞。其義相當于後世的「與」。日本學者白川靜謂「雩」乃「于」之繁文」。(13)例：

隹殷邊侯田雩殷正百辟率肆于酒　盂鼎

令女叕嗣公族雩參有嗣　毛公鼎

余其用各我宗子雩百生，余用匄屯魯雩萬年　善鼎

用好宗廟亯夙夕，好倗友雩百者婚遘　芇白段　【西周春秋銅器銘文中的聯結詞　古文字研究第十五輯】

◉李孝定　契文一體作[字形]若[字形]。从雨从于與小篆同。當為雩字無疑。惟作雩者多見於骨臼刻辭。計後・下・八・十六・又十三・九・佚一六一・續・五・二二・五・又五・二三・九・珠・三二八・珠四五八・凡七見。其字均與「示」字連文作「雩示若干數屯」。或言「气自雩」。據郭沫若之考證。凡此皆為人名。見古代銘刻彙考續編八葉骨臼刻辭之一考察文長不具録。自與求雨之祭無關。惟有二辭云。「貞其亻舞侯乀雩□卯二牛」。前・五・三九・六。「貞雩礿其有貝甲申卜賓貞雩礿亡貝」。乙・九七一・及九九二掇合。在此雩為祭名。似與後世通詁相契合。惟乙・九七一片它辭云。「癸未卜賓貞茲霝隹降禍，癸未卜賓貞丝霝不隹降禍」。癸未甲申二日相連。又為同版貞文。則二辭當有關連。先一日貞霝之降禍。霝為久雨。説文雨三日以往為霝。似又與同版他辭之「雩」不能相應。此則疑未能明也。一體作雵从雨从無。無亦聲。郭謂即許書之雩。其説可从。「無」「于」音韻均同也。卜辭雵字均為求雨之祭。辭云。「翌日庚其秉乃雵即至來庚又有大雨翊日庚其秉乃雵即至來庚亡大雨來庚剢秉乃雵亡大雨」。粹・八四五。「于翌日丙雵有大雨」。粹・八四八。「王其乎戍雵盂又雨叀亥雵盂田又雨」。掇・一・三八五。「弜乎雵亡大雨」。粹・八四六。是其例也。金文作[字形]盂鼎[字形]毛公鼎[字形]善鼎。均用為語辭。即經典之粵。王國維氏之説是也。【甲骨文字集釋第十一】

需需　孟簋　朕文考眔毛公遣仲征無需　需孳乳為糯　伯公父⿷匚古　用盛糕稻糯粱　糯字重見【金文編】

◉許　慎　需頿也。遇雨不進。止頿也。从雨。而聲，易曰。雲上於天。需。臣鉉等案。李陽冰據易雲上於天云當从天。然諸本及前作所書皆从而。無有从天者。相俞切。【説文解字卷十一】

◉林義光　朱氏駿聲云。即今所用濡滯字。與䨞同意。按而下垂也。見而字條。物遇雨溼。則輭而下垂。故从雨而。人遇雨不進。猶物濡輭。此需之引伸義。而與出相反。之上出也。之為進。則而亦可為不進。【文源卷十】

◉馬叙倫　翟云升曰。韻會引作雨聲。案而聲。倫按頿也者。易需象文也。此字蓋出字林。吕忱據易象為釋。又加遇雨不進止頿也。或頿也許以聲訓。吕加遇雨之句。引經亦出吕忱或校者。此濡之初文。需從而得聲。而音日紐。與𩅦雙聲。轉注字也。【説文解字六書疏證卷二十二】

◉陳初生　一九七七年八月，陝西省扶風縣黄堆公社雲塘生産隊出土了一件西周晚期的伯公父簠，銘中「用成(盛)糕稻需粱」一句，其需字之隸定尚有不同意見；高明先生隸定作「雯」，無釋；周原考古隊隸定作「需」，亦無釋；《陝西出土商周青銅器》一書隸定作「需」，釋為「糯」；伍士謙先生亦隸定作「需」，釋為「稬」即「糯」，然以「需耎二字在古籍中每交互使用」為説，猶覺未達一間。稻即稻，隸定雖無異議，但在此銘中的用法與前人之説相悖。故對「稻」「需」二字仍有進一步討論的必要。同時，這兩個字的考定，對於研究我國的農業史、西周禮制以及上古音韻頗關重要。現根據有關材料，復加詮釋，請專家學者批評指正。

先説「需」。

「需」字隸定分歧在偏旁「而」上。

案古文字中，「而」與「夫」之形體判然有別：「夫」字在甲、金文中作夫(京津三八七〇)、夫(鐵七七·三)、夫(盂鼎)、夫(散盤)、夫(侯馬盟書)、夫(吴王夫差劍)諸形，金文「𢾱」(𢾱鐘)、「𠸎」(𠸎衍簋)、「扶」(扶卣)、「𥎸」(季公父簠)諸字所从之「夫」字均與之同構。偶有異者，如大鼎「膳夫」字作夫、攻吴王鑑「夫差」字作夫(弭仲⿷匚古中之⿷匚夫字，高明先生云「難以考訂音讀」，其實此字所从之夫即「大」也是「夫」字，楊樹達先生早已指出此字「从匸从大，大與夫同」，則該字的音讀當與𥎸同)。不論作「夫」或「大」，它們共同之處是都必須中畫出頭，均為人之象形。「而」字則不然，甲文作而(乙二九四八)，金文作而(㝬敖簋)、而(於賜鐘)、而(中山王方壺)、而(子禾字釜)等，中畫均不出頭。所以，需字所从是「而」，不是「夫」，周原考古隊等隸定為「需」是對的。陝西長安縣張家坡出土的孟簋，銘文有「朕文且(祖)考眔毛公遣中征無需」句，其中之需字，郭沫若先生説：「雯字从雨从大，字不識，或即雩之古字，大雨也。又或疑

為需，然亦僅在疑似之間。」郭老的隸定是對的，所取的態度是審慎的。李學勤先生將此字讀為忝，則認為字當从天，於字形亦通。徐中舒先生主編的《漢語古文字字形表》釋作「需」，則失之。□上為圓頭，是人之象形，應是「大」或「天」，而不是「而」。準此，該書同行所列甲文之□、□、□和父辛鼎之□字當均非「需」字。

那麽，「需」是什麽呢？

我們首先从這個字所在的語言環境來考察。

西周晚期及春秋銅器銘文中有一類表示銅器盛裝何種祭品的文句，如：

用盛□粆。（史免簠）

用盛稻粱。（曾伯簠）

用盛□□。（叔家父匡）

用鬻稻粆。（陳公子甗）

這些表示所盛之物的字儘管構形各異，但均為「稻粱」是没有問題的。這類文句出現在簠之類的陳設器和甗一類的蒸煑器銘中，都是屬于糧食之類。《周禮・舍人》：「凡祭祀共簠簋。」鄭注：「方曰簠、圓曰簋，盛黍稷稻粱器。」賈疏：「簠盛稻粱，簋盛黍稷。」何晏《論語集解》：「包（咸）曰：瑚璉黍稷之器，夏曰瑚，殷曰璉，周曰簠簋，宗廟之器貴者。」銘文與文獻的記載是基本一致的。質言之，簠匡是盛糧食之器，甗是蒸煮糧食之器。因此，伯公父簠銘中之「需」也應是糧食的名稱。

需，《説文》云：「頦也。遇而不進，止頦也。从雨而聲。《易》曰：『雲上于天，需。』」拿須待之義套入銘中，與文意不合。此字在銘中應是一個假借字。前面所引的幾條文例中，稻字有形符「米」或「禾」，可視為本字；但粱字除「粆」、「粱」有形符「米」外，其餘「□」、「沙」均無表糧食類屬的形符，也是假借字。本銘之「旝」，也無表糧食類屬的形符，亦當為假借。所以，「需」之為假借字是完全可以的。

从需得聲而又屬於糧食者有穤（糯）字。所以，我們也認為「需」即「穤」（糯）之假借。

同一類糧食作物中，往往有黏與不黏兩種，古代文獻多有記載。如：秫，《説文》云：「稷之黏者。」穄，《説文》云：「糜也。」段玉裁注：「此謂黍之不黏者也。」並引程瑶田《九穀考》：「據《説文》：『禾屬而黏者黍』，則禾屬而不黏者糜。」稴，《説文》：「稻不黏者。」但稻之黏者《説文》無明確記載，只有一個「稬」字釋為「沛國謂稻曰稬」。到桂馥注引《字林》：「稬，黏稻也」，又引趙宧光説：「稬誤作穤，又改作糯。」才明確指出《説文》中之「稬」即稻之黏者，稬、穤、糯是一個字的不同形體。

从諧聲系統來看，需與稬、糯、穤共一個主諧聲字「而」，其音互通是完全可以的。

需又可假為「懦」。《左傳・哀公六年》：「需，事之下也。」（十四年傳尚有「需，事之賊也。」）杜預注：「需，疑也……需音須，一音懦弱持疑也。」孔穎達疏：「需是懦弱之意，懦弱持疑，不能決斷，是為事之下者。」這個「懦弱持疑」很重要，卻被後來的注解家忽視了，他們多是採用《說文》「需，頦也」音訓的辦法作注。其實，將此需字解為懦字之假，便捷得多。《說文》所載，只是需字的一種用法罷了。文獻中還有逕將「懦弱」寫作「需弱」者：《戰國策・秦策・秦王謂甘茂》：「其需弱者來使，則王必聽之。然則需弱者用，而健者不用矣！」鮑彪注引《集韻》「需，音儒」，補曰：「需即濡。」其實，文中將「需弱者」與「健者」對言，將需字逕釋為懦可耳。懦、穤（糯）音同，需穤（糯）相假自無不可。

遠在《說文》成書之前，穤字早已存在了。睡虎地出土秦墓竹簡《秦律・倉律》第三六簡云：「已獲上數，別粲、穤、秙、稻，別粲、穤之襄（釀）。」字正作「穤」，从需得聲。李斯等人搞書同文時，只「罷其不與秦文合者」，穤字當在不廢之列。趙宧光謂「稬誤作穤」，現在看來並不可靠，耎與需同以「而」為聲符，所以，稬與穤應是異體字，甚至有可能穤字產生在稬字之前。【旛需考　古文字研究第十三輯】

乙一九九　乙一四四一　乙七三一一反　京津三一一五　後二・一一・一三　後二・四一・六　佚三八八　金一八九【甲骨文編】

◉許　慎　䨞水音也。从雨。羽聲。王矩切。【說文解字卷十一】

◉馬叙倫　朱駿聲曰。羽之俗字。俞樾曰。蓋本是雩下重文。葉玉森曰。疑許誤認雪之古文作　者也。倫按此字蓋出字林或新字林。故在部末。蓋合雩羽二字為之。【說文解字六書疏證卷二十二】

◉唐　蘭　後下一・十三片　後下四一・六片

甲辰卜丙午雨䨞

右䨞字，即小篆䨮字，於卜辭當為從雨羽聲。羅振玉謂從二又，雪為凝雨，得以手取之，亦不經談也。【釋羽䨞習䎀　殷虛文字記】

霞　霏　霎　䨴　靄　雲

◉徐　鉉　霞赤雲气也。从雨。叚聲。胡加切。【說文解字卷十一新附】

◉徐　鉉　霏雨雪皃。从雨。非聲。芳非切。【說文解字卷十一新附】

◉徐　鉉　霎小雨也。从雨。妾聲。山洽切。【說文解字卷十一新附】

◉徐　鉉　䨴黮䨴。雲黑皃。从雨。對聲。徒對切。【說文解字卷十一新附】

◉徐　鉉　靄雲皃。从雨。藹省聲。於蓋切。【說文解字卷十一新附】

甲二五六　卜辭雲从上勹與說文雲之古文同　乙二二　乙二〇八　乙三九〇　乙四四一　乙四七八　河八九〇　續二·四·一一　前一·三八七　前六·四三·四　前七·二六·四　前七·四三·二　後一·二二·三　菁四·一　燕二　粹八三八　各云　燕五五三　掇二·五五　掇二·四五五　庫九七二　與旬通用四云猶言四旬　存下九五六　旬其雨　【甲骨文編】

甲256　620　乙12　108　445　478　3294　4600　5317　6723　珠451

續2·4·11 4·18·8 古2·7 續存107 粹838 新2920 2921 4726 【續甲骨文編】

5·294 雲市 5·295 雲亭 【古陶文字徵】

〔三五〕〔五〇〕【先秦貨幣文編】

雲 日甲四四背 説文云古文省雨 法二〇 五例 封四〇 二例 【睡虎地秦簡文字編】

4876 4877 【古璽文編】

雲南令印 雲夢之印 朱雲私印 李雲之印 郭雲 王雲私印 故子雲 任云私印 【漢印文字徵】

開母廟石闕 興雲降雨 【石刻篆文編】

云 雲 回出義雲章 雲 【汗簡】

説文 雲臺碑 古孝經 汗簡 古孝經 王存乂切韻 【古文四聲韻】

◉許　慎　雲山川气也。从雨云。象雲回轉形。凡雲之屬皆从雲。王分切。云古文省雨。亦古文雲。【説文解字卷十一】

◉葉玉森　殷虚卜辭第一千七百七十九版之。正象雲回轉形。與古文第二體合。當即雲字。説文雲气也象形。殷契屢見貞之辭。孫籀高釋斤。謂祈之叚借字。森疑即許書之气。象雲气自天側下垂。／、表方向。如殷虚卜辭第一千七百二十二版。缺未卜缺其啓一辭。似占雲气驗雨殆也。【説契　學衡第三十一期】

◉瞿潤緡　　商承祚殷虚文字類編九箸於旬下。非是。卜辭旬字皆作。此作。非旬字。前編卷一·第三十八葉「貞茲其□」。本書五五三版「茲雨」。菁華第四版「王固曰八日庚戌各自東母昃日亦出自北于」。龜甲獸骨文字卷一第十四葉「貞尞缺于三」。後編卷上第二十二葉「癸酉卜尞于六六犬卯羊六」。又云「癸酉卜又尞于六六犬卯五羊」。可證。【殷墟卜辭考釋】

◉唐蘭　(字形)字商釋旬。非誤。卜辭或作(字形)。或作(字形)者。字形演變。時代有先後也。前編云「丝(字形)雨」者。並謂茲旬也。龜甲獸骨文字云「貞尞于三(字形)」。後編云「卜尞于六(字形)」者。謂三旬及六旬也。蓋商人以旬記日。卜辭多卜旬之事。而今所傳骨版上常有六旬表及三旬表。即昔人所謂干支表也。商人尚鬼則其於三旬六旬。必有神主之。故尞之矣。以字形言之。則(字形)當即云。在說文為雲之古文。而旬字卜辭多作(字形)。當即勻字。旬从勻聲。說文以為从勹者誤也。云勻聲類相近。蓋本一字。而後世誤歧之也。【殷墟卜辭考釋】

◉楊樹達　(字形)為最初古文，純象回轉形。云，段君云「从古文上，象自下回轉而上」，是也。雲則加義旁之後起字矣。云受形義於回轉，故詩小雅正月云：「昏姻孔云。」毛傳云：「云，旋也。」云孳乳為囩：六篇下口部云：「囩，回也。从口，云聲。」又孳乳為沄：十一篇上水部云：「沄，轉流也。从水，云聲。」又孳乳為澐：水部云：「江水大波謂之澐。从水，雲聲。」按水部淪下云：「小波為淪。」詩魏風伐檀云「河水清且淪猗」，毛傳云：「淪，小風水成文轉如輪也。」小波之淪以轉為義，知大波之澐亦以轉為義也。章君文始謂澐孳乳於沄，非是。云又孳乳為芸：一篇下艸部云：「芸，艸也，似目宿。从艸，云聲。淮南王說：芸艸可以死復生。」章君云「芸取回轉義」，是也。說文轉訓運，故云又孳乳為運：二篇下辵部云：「運，移徙也。从辵，軍聲。」呂氏春秋圜道篇高注釋名釋天並云「云，運也」，是其義也。運又孳乳為餫：五篇下食部云：「餫，野饋曰餫。」杜預注左傳謂「運食以為饋」，是也。此皆从云之回轉義孳乳者也。素問陰陽應象大論云：「地气上為雲。」虞翻注易小畜密雲不雨云：「坎升天為雲。」故云又孳乳為魂：說文九篇上鬼部云：「魂，陽气也。从鬼，云聲。」禮記郊特牲曰：「魂气歸于天，形魄歸于地。」蓋地气之上升者為云，人气之上升者為魂，其義一也。此从云之上升義孳乳者也。章君謂魂亦取回轉義，非矣。

回又有周回之義，故云又孳乳為軍：說文十四上車部云：「軍，圜圍也。从車，从包省。」軍又孳乳為暈：孟康漢書注云：「暈，日旁氣也。」以車為圜圍謂之軍，以气包日謂之暈，其義一也。或問曰：書微子曰：「我舊云刻子。」論語曰：「牢曰：子云：吾不試，故藝。」以云為言，其義何也？曰：云與曰同用。說文五篇上曰部云：「曰，詞也。从口，乙象口气出也。」曰以气上出為義，云以气上升為義，義同故用法亦同矣。【說云　增訂積微居小學金石論叢】

◉孫海波　(字形)　商師殷虛文字類編九釋旬。金初疑此與旬字不類。故于甲骨文編入附録。注云。疑云字。今就卜辭文義攷之。知此字當即云而假為旬字。前編一・三八・六云自丝云其口。後編上・二三・三云卜尞于六云。龜甲獸骨文字一・十四・十八、云貞尞于三云。殷契卜辭五五三云丝云雨。以上諸辭皆當為旬字。蓋云本象雲氣回環之形。旬之本字當从云作。說文旬从勹。勹疑云字之譌。云旬聲相近。故可通也。金祖同殷契遺珠發凡。謂殷人祭云猶言祭上帝。非也。【誠齋甲骨文字

考釋】

◉商承祚 □□ 秦策。燕楚之兵云翔。史記作雲翔。甲骨文作□。與第二文同。【說文中之古文考】

◉馬叙倫 鈕樹玉曰。韻會云下有聲字。沈濤曰。止觀輔行記引作象气在天回轉之形。御覽八引。雲。大澤之潤氣也。蓋注語。或御覽自引他書。後人傳寫譌耳。倫按山川气也非本訓。廣雅釋訓。雲。運也。古書亦多以運釋雲。許亦宜然。雲為云之後起字。從雨。云聲。此捝聲字。象雲五字蓋校者以釋云字者也。字見急就篇。

□ 段玉裁曰。□為最初古文。變則為云。王筠曰。□到之為云也。倫按當從鍇本作古文雲。古鉩作□。

□ 葉玉森曰。卜辭之□。正象雲回轉形。李杲曰。鈕樹玉以為後人據碧落碑妄增。是也。倫按象形。【說文解字六書疏證卷二十二】

◉高潛子 □與□皆象回轉之形,但□右於而外曳,□右旋而內向。說文於靁曰:「从雨,畾,象回轉形。」於雲曰:「从雨,云象回轉之形。」字體迥殊,至取象同者,象自古文來之。蓋□象雲氣回轉之形,後變為云,从二。古文上字,本乎天者,多从二,上帝龍等字从之。雲上于天,故然下象雲形,以□為之,比古文略整齊矣。引申以云為語詞,故篆加雨為形聲字。段氏以為半體會意半體象形者非也。从雨从二已具雨意,不得以上半雨為會意,下半云為象形也。許既以云為古文,而附於雲下,故不曰云聲,但以云為古文省雨,亦有東協。制字必先云後雲,非已有雲而省其雨也。依例當曰:「从雨,从古文雲」。而云下當曰:「古文雲,象回轉形」。經傳亦多假員字為云,故霣,「一曰雲轉起也」,當屬雲之別體,今人乃借為隕,轉失其誼,齊人謂雷為霣,相去益遠矣。【釋云 國學叢刊一卷二期】

◉高淞荃 易曰。突如其來如。焚如。死如。棄如。說文以云為易之突字。解曰。不順忽出也。不孝子突出。不容於內也。从到子。或从到古文子作㐬。不順為逆。曰不孝子者。猶曰逆子也。易鄭注以焚如為不孝之形。雖與許合而未盡云字之義。育亦从云而解曰養子使作善也。若云為逆子。則育何以从其屬乎。且古人仲突子突鄭伯突晉狐突。皆以突為名。突即云也。若為惡義命名何取乎爾。竊按云象生子時首向下之形。故从到子。生子以倒為順也。疑即育之古文或從到古文子作㐬。並象頂髮之形。毓流等字从之。疏有通義。亦从之。棄亦从㐬者。說文謂逆子為人所棄。義亦紆曲。竊以為生子不育者則載於苹而棄之。故后稷之名曰棄。蓋生子時或無動息。誤以為殀而棄之。或因有異徵。懼不敢舉。乃復取還遂名為棄也。若子字則象襁褓而露首與兩臂之形。是即生成之子矣。【說文別釋 古學叢刊第三期】

◉于省吾 栔文云作□□□□等形。商承祚釋旬。類編九·三。唐蘭云。商釋旬非誤。卜辭或作□或作□者。字形演變。

時代有先後也。前編云。貞兹〔云〕其□。本書云。兹〔云〕雨者。並謂兹旬也。龜甲獸骨文字云。貞尞于三〔云〕。後編云。卜尞于六〔旬〕者。謂三旬及六旬也。蓋商人以旬記日。卜辭多卜旬之事。而今所傳骨版上常有六旬表及三旬表。即昔人所謂干支表也。商人尚鬼。則其於三旬六旬必有神主之。故尞之矣。以字形言之。則〔云〕當即云。在説文為雲字之古文。而旬字卜辭多作〔旬〕。當即勻字。旬从勻聲。説文以為从勹者誤也。云勻聲類相近。蓋本一字。而後世誤歧之也。契釋文四。按契文云勻有別。唐以三云六云為三旬六旬誤矣。以云為説文雲之古文是也。云為雲之初文。加雨為形符。乃後起字。前七·二六·三。☐采絡云自北西單靁。六·四三·四。今兹云雨。契五五三。兹云雨。是均以云為雲之證。前七·四三·二。允㞢設。明㞢各云。菁四。王固曰。㞢𡆥。八日庚戌。㞢各云自東囸母。各即格。謂來至也。其言㞢設㞢𡆥謂云有吉凶之兆也。後上二二·三。又朿于六云五豕。卯五羊。庫九七二。朿豕四云。林一·一四·一八。朿于三云。珠四五一。朿于云。續二·四·一一。朿于帝云。六云四云三云謂雲之色也。帝云謂天上之雲也。國語周語。克厭帝心注。帝天也。契二。酚三嗇云。嗇即嗇。應讀為色。嗇與色為雙聲疊韻字。三嗇云謂三色之云也。於云言朿言酚。乃祀云之典禮。周禮保章氏。以五雲之物。辨吉凶水旱降豐荒之祲象。注。物色也。視日旁雲氣之色。降下也。知水旱所下之國。鄭司農云。以二至二分觀雲色。青為蟲。白為喪。赤為兵荒。黑為水。黄為豐。孫詒讓云。御覽咎徵部引三輔舊事云。漢作靈臺。以四孟之月登臺而觀。黄氣為疾病。赤氣為兵。黑氣為水也。其赤黑之占。與先鄭説同。惟云黄為疾病則異。又無青白二占。疑御覽所引文有挩誤也。又易緯通卦驗説冬至候雲術云。其雲青者饑。赤者旱。黑者水。白者為兵。黄者有土功。亦與先鄭異。按御覽引三輔舊事。列黄赤黑三氣。非有挩誤。此謂三雲之色也。御覽天部八引洞冥記曰。吉雲之國。俗常以雲占吉凶。又引漢書曰。宣帝祠甘泉。有頃。紫雲從西北來。散於殿前。是於五雲三雲之外。又有紫雲。雲之色不限於五。保章氏言五雲。就五色之成數言之耳。雲之見也。或一色。或數色並見。所謂采雲也。然則契文言三云三嗇云四云六云。謂三色之雲與四色六色之雲也。於雲有祀典。則雲氣之占。由來尚矣。【釋云　雙劍誃殷契駢枝三編】

◉姚孝遂　「云」字本作「〔云〕」，與「〔旬〕」(旬)字形體的主要區别在於其上部出頭與否。「〔云〕」復加「二」作「〔云〕」，其作用在於加强與「〔旬〕」字在形體上的差别。《説文》古文作「〔云〕」，篆文加「雨」作「雲」，以六書之説例之，「雲」當為「从雨从云，云亦聲」的形聲結構。許慎以為「云」「象雲回轉形」是正確的。根據意音文字説的觀點，「雲」字从「雨」乃表意的意符。實際上「雨」和「云」是兩個完全不同的概念，「霜」、「露」、「霧」、「雪」、「黔」、「霾」、「霽」、「霞」、「雷」、「電」、「霓」、「雹」都是从「雨」。僅僅憑藉「雨」這個形體是無法表達這麽衆多複雜的概念的。這些都是篆文孳生的形體，其初形多數本不從「雨」。「雲」字从「雨」是由於「雲」與「云」在

用法上產生分化而出現的一種區別形式。這和由「申」到「電」的變化在性質上是完全相同的。「雲」字由「[glyph]」加「一」作「[glyph]」和後來又加「雨」作「雲」，「一」和「雨」在這裏作為一種加强的區別形式，其性質也是完全相同的。所不同的是，「雨」同時也有表示義類的作用，「一」則没有。【說「一」 第二屆國際中國文字學研討會論文集】

◉戴家祥 [glyph] 吴太子姑發劍云用云隻 金文吴太子姑發劍作[glyph]，亦雲象形。「云用云隻」，云作虛詞用，義與「或」同。楊敬之華山賦：「古有封禪，今讀書者，云得其傳，云失其傳。」用法同此。【金文大字典上】

[glyph] 180【包山楚簡文字編】

◉許慎 霒雲覆日也。从雲。今聲。於今切。侌古文或省。[glyph]亦古文霒。【說文解字卷十一】

◉馬叙倫 沈濤曰。初學記引作霠。玉篇則分為二字。霠入雨部。訓沈雲皃。疑初學記所引屬誤字。翟云升曰。韻會引作從雨侌聲。非。倫按此字蓋出字林。不然。則雲覆日也非本訓。

侌 李杲曰。石鼓陰作[glyph]。從侌與此相似。倫按當如鍇本作古文霒。從云。今聲。

[glyph] 李杲曰。此更偽于[glyph]。非許舊也。倫按非許舊有。然字非偽。【說文解字六書疏證卷二十二】

◉商承祚 侌[glyph] 玉篇引作昙。乃合二字而寫誤。【說文中之古文考】

甲二七五 乙二八二 前一·二九·四 前四·五五·七 前四·五六·一 後一·三一·二 後二·六·一五 明藏五三四 明藏七二六 佚八一二 京津一五一〇 京津一五一二 京津一五一三 佚二六六 鄴二下·四一·一 掇一·五四 掇二·一九五 摭續一三一 戩四九·一 京都二一〇

○【甲骨文編】

甲275 乙282 3169 6751 7015 8895 8897 卜749 珠760 佚266 621

812 續6·26·14 徵12·44 京1·37·3 録542 續存390 摭續131 粹233 511

1275 新3325 【續甲骨文編】

伯魚鼎 犀伯鼎 伯旅魚父匜 鄦伯馭簋 伯魚父壺 毛公厝鼎 番生簋 穌告妊鼎

魚顛匕 魚 象形 鳳魚鼎 魚父乙卣 魚父乙鼎 魚父乙鼎 魚父乙爵 魚父丙

爵 魚父丁鼎 父丁魚尊 魚父丁爵 魚父己卣 魚作父己尊 魚作父庚尊 魚父癸鼎

魚父癸簋 魚父癸觶 魚父癸壺 父癸魚卣 魚鼎 魚鼎 魚鬲 魚盤 魚觚

魚爵 魚爵 魚羌鼎 魚女觚 魚從鼎 魚從卣 魚伯卣 戍嗣鼎 伯魚簋

伯魚卣 【金文編】

1·14 獨字 1·105 魚魚龜 1·105 同上 秦1141 獨字 3·318 蒦圖魚里人貣 3·319 蒦圖魚
里分步 【古陶文字徵】

〔六七〕 〔一九〕 〔一八〕 〔三九〕 〔一九〕 〔二二〕 【先秦貨幣文編】

刀弧背 冀滄 刀尖 亞五·二四 仝上 刀直 白人背 亞五·六六 【古幣文編】

256 257 259 【包山楚簡文字編】

魚 日乙一七四 三例 通漁 —邋 日乙五九 日甲七二 二例 日乙五九 秦五 【睡虎地秦簡文字編】

2727 【古璽文編】

魚復長印　魚始昌　魚平　魚㠯生印　魚㠯中公　聚魚　魚嬰齊　魚賢私印　【漢印文字徵】

石碣汧殹　其魚隹可　【石刻篆文編】

魚　魚　【汗簡】

汗簡　古孝經　古尚書　雲臺碑　汗簡　【古文四聲韻】

◉許　慎　水蟲也。象形。魚尾與燕尾相似。凡魚之屬皆从魚。語居切。　【說文解字卷十一】

◉劉心源　䲜不載字書。惟周禮天官有𩾚人。掌㠯時𩾚為梁。玉篇云。同魰。五經文字云同漁。𩾚為漁之古文。則䲜即魚矣。兮田盤亦有䲜字。【奇觚室吉金文述卷六】

◉羅振玉　卜辭魚與燕尾皆作形。不从火。然石鼓文魚字下已作火形。如許君蓋有所受之矣。卜辭中諸魚字皆假為捕魚之漁。【增訂殷虛書契考釋卷中】

◉孫詒讓　說文魚部「。水蟲也。象形。魚尾與燕尾相似」。又角部云。「角與刀魚相似」。許君竝據小篆為說。與古文實不相應。攷金文魚字象形致多。綜合參校。約有四變。其最完葡者如魚尊作。伯魚卣作。伯魚敢作。伯魚彝作。魚父癸壺作。又鼎作諸文皆首有喙目。身有鱗甲。又有脊鬐一。腹鬐二。尾如丙字。爾雅釋魚魚尾謂之丙。郭璞注「謂似篆書字」。金文魚父癸爵丙作。與古文魚字正同。蓋原始象形文與圖繢最近者也。又有魚父丁觶作。則省其鱗甲文。餘竝同。其次變略簡省。如魚爵作。父癸魚卣作。魚父己尊作。則變為左右各兩鬐。不辨脊腹。此省變象形文。又有犀白魚鼎作。則省其喙目與尾文。魚父丙爵作。則省其鬐。略存琢畫。餘亦與初文同。其三變則尤簡省。如毛公鼎作。則左右各為一鬐。與身鱗文正等。又變尾為火形。石鼓又作。則又省鱗文。此亦省變象形。與圖繢較遠矣。其四變則為今小篆作。鱗鬐不辨。首類角。尾類燕。皆以近佀之字。配合整齊。以就篆體。與初文判若天淵矣。甲文角作。與魚首迥異。古文燕尾亦不為火形。詳前。【名原卷上】

◉方濬益　此文有似魴魚之形。爾雅釋魚。魴魾郭注。江東呼魴魚為鯿。一名魾。說文鯾鯾魚也。或从扁作鯿。魴赤尾

魚也。籀文从旁作鰟。段若膺大令曰。周南曰魴魚頳尾傳曰。魚勞則尾赤。以魴勞尾赤興如燬。非謂魴魚必頳尾也。許以赤尾魚釋魴殆失之。魴即鯿魚也。濬益按。段説是也。此魚形頭小身博。正杜詩所云縮項鯿也。又石鼓文黄帛其鱮。鱮與鮮鯀音鯀為韻。當是籀文鰒。小篆从㑵之所本也。【綴遺彝器款識考釋卷十九】

◉林義光　魚　模韻音吴　説文云。象形。魚尾與燕尾相似。按古作伯魚尊彝。作毛公鼎。【文源卷一】

◉郭沫若　第一二七五片「不匕自魚」殆殷人成語。它辭有云「己酉王卜。貞余正征二丰方，盂方、夷方。叀蟦令邑弗每，不匕自魚，自魚二字稍漫漶、余舊誤為彝、今正。在大邑商。王𠧊，曰大吉。在九月，遘太甲𣏴，五牛」。通纂五九〇，後上一八・二。辭例與「亡它自眈」或「亡它在眈」者相同，但義未可知。【殷契粹編考釋】

◉强運開　鰖篆籀文作。段注云。从。據徐氏鉉。筆迹相承小異條云。史籀筆迹如此也。是則為籀文矣。又按毛公鼎魚作。穌妊鼎作。俱與鼓文近似。是本古文魚也。【石鼓釋文】

◉郭沫若　宋人書中有害毁舊稱「宰辟父敦」三具，銘有「易錫戈琱㦸彤沙，用鏷乃祖考事、官𤔲夷僕小射底□」語。底下一字今據宋刊嘯堂集古録本所録五例揭之如下：

此中有一二字稍稍詭變者舊均釋為敷。案乃分明魚字也。底魚者，底假為弤，孟子萬章上「琴朕弤朕」，趙注「弤彫弓也，天子曰彫弓」。魚蓋魚服之省稱，矢房也。【釋底魚　金文餘釋之餘】

◉馬叙倫　魚父乙鼎作。父乙鼎作。魚尊作。爵文作。魚父丁鼎作。皆各象所見之魚形。至毛公鼎作。番生敨作。石鼓文作。則漸失象形之意。此篆益非矣。下文鰖之籀文從。即之壞譌。小篆省改籀文。此亦其證矣。魚尾七字校語。字見急就篇。甲文作。【説文解字六書疏證卷二十二】

◉戴家祥　古文魚字，「周禮」天官「𩵋人」，「釋文」「本或作𢿌。」「𩵋」「𢿌」為一字之繁媘例，知「𪉾」「魚」亦一字矣。古魚吾同音，往往假「𪉾」「𩵋」為「吾」，齊子仲姜鎛「保𪉾兄弟」，「保𪉾子姓」，即「保吾兄弟」，「保吾子姓」也。沇兒鐘「𩵋以宴以喜」，即「吾以宴以喜」也。敦煌本「隸古定商書」「魚家旄孫于荒」，日本古寫本「周書」「魚有民有命」，亦假「魚」為「吾」。「史記」「河渠書」「功無已時兮吾山平」，「吾山」亦即「魚山」也。古𣪘「魚」為「吾」，故王國維先生以「𤔲𪉾」當春秋時之彭衙，彭衙一地，於漢為左馮翊衙縣(「鬼方昆夷玁狁考」)。古城在今陝西白水縣東北四十里彭衙堡。【兮伯吉父盤銘考釋　華東師範大學學報一九五五年第一期】

鰖 鰖

◉許　慎　鰖魚子已生者。从魚。憜省聲。徒果切。鰖籀文。【説文解字卷十一】

◉馬叙倫　鈕樹玉曰。韻會作魚子已生者也。段玉裁曰。隋聲。倫按魚子已生者也蓋字林文。或字出字林也。鰕聲元類。鰖聲歌類。歌元對轉。語原同也。或轉注字。

鰖　籀文下當有鰖字。鍇本省字校者增也。【説文解字六書疏證卷二十二】

鮞 鮞

◉許　慎　鮞魚子也。一曰魚之美者。東海之鮞。从魚。而聲。讀若而。如之切。【説文解字卷十一】

◉馬叙倫　嚴可均曰。讀若而疑校者所加。承培元曰。而疑肉之譌。廣韻五經文字竝有如六切音。倫按一曰十字校者記異本也。國語魯語。魚禁鯤鮞。韋注。鯤。魚子也。鮞。未成魚也。吕氏春秋本味高注。鮞。魚名。一曰。魚子也。鮞音日紐。古讀歸泥。定泥同為舌尖前音。鮞或鰖之轉注字。然倫疑魚子涉鰖下説解魚字已生者而譌衍。鮞是魚名也。本訓魚也。吕忱加魚名之美者東海之鮞。今亦有誤捝耳。亦或字出字林。餘詳鰫下。【説文解字六書疏證卷二十二】

魼 魼

◉許　慎　魼魚也。从魚。去聲。去魚切。【説文解字卷十一】

◉馬叙倫　韻會六魚引有一曰比目。蓋校語或字林文。此字或出字林。【説文解字六書疏證卷二十二】

魶 魶

◉許　慎　魶魚似鼈。無甲有尾。無足。口在腹下。从魚。納聲。奴荅切。【説文解字卷十一】

◉馬叙倫　吴穎芳曰。俗呼為箬帽魚。倫按許當訓魚也。似鼈以下十二字蓋字林文或校語。【説文解字六書疏證卷二十二】

鰨 鰨

◉許　慎　鰨虚鰨也。从魚。㣥聲。土盍切。【説文解字卷十一】

◉馬叙倫　本訓魚也。今捝。虚鰨也蓋字林文或校語。鰨即鰈也。本書無鰈字。【説文解字六書疏證卷二十二】

鱒 鱒

◉許　慎　鱒赤目魚。从魚。尊聲。慈損切。【説文解字卷十一】

◉馬叙倫　赤目魚者。字林同。然詩豳風毛傳。鱒。大魚也。爾雅釋魚。鮅。鱒。郭注。似鯶。赤眼。然則許止訓魚也。此乃字林義。或字出字林也。【説文解字六書疏證卷二十二】

⿱⿰朩犬魚 ⿱⿰朩犬魚

◉許　慎　⿱⿰朩犬魚魚也。从魚。⿰朩犬聲。力珍切。【説文解字卷十一】

◉馬叙倫　犬部。⿰朩犬。讀又若銀。然則此即今所謂銀魚也。【説文解字六書疏證卷二十二】

鰫 鰫

◉許　慎　鰫魚也。从魚。容聲。余封切。【説文解字卷十一】

◉馬叙倫　韻會二冬引魚名。似鰱。蓋本部諸文許率訓魚也。吕忱皆加魚名。似鰱亦字林文。【説文解字六書疏證卷二十二】

䱬 䱬

◉許　慎　䱬魚也。从魚。胥聲。相居切。【説文解字卷十一】

◉馬叙倫　鮥也疑本作魚也。或此字出字林。爾雅釋魚釋文引字林。于九反。【説文解字六書疏證卷二十二】

鮪 鮪

 高鮪之印信　 范鮪私印　【漢印文字徵】

◉許　慎　鮪鮥也。周禮春獻王鮪。从魚。有聲。榮美切。【説文解字卷十一】

◉蔡運章　甲骨文中的⿱㞢魚字，作

《乙》8892

《前》6・50・6

《後》2・21・11

諸形。葉玉森説：此字「似並為鰕之變體。」葉玉森：《殷墟書契前編集釋》卷六第46頁。《甲骨文編》卷十一説：「从魚从㞢，説文所無。」按葉説毫無根據，純屬臆測。新近出版的《殷墟甲骨刻辭類纂》仍將此字存疑，姚孝遂主編：《殷墟甲骨刻辭類纂》第677頁，中華書局，1979年版。可見其識讀仍未得到解決。我們認為此字當是鮪字的初文。

从此字的構形來看，它的上部从㞢，下部从魚。㞢，《甲骨文編》卷七説：「此字不知偏旁所从，以文義敷之，確與有無之有同義，今系於有字之下。」姚孝遂先生説：「實際上就是『有』字。」姚孝遂：《商代的俘虜》，《古文字研究》第十一輯382頁，中華書局，1979年。由他主編的《殷墟甲骨刻辭類纂》就將此字釋為有。島邦男《殷墟卜辭綜類》中也釋其為「有」字。通審卜辭文意，這些論斷

都是正確的。因此，我們把此字釋為从魚有聲的鮪字初文，似可確信。

《說文・魚部》謂：「鮪，鮥也。《周禮》春獻王鮪。从魚有聲。」《爾雅・釋魚》說：「鮥，鮛鮪。」邢昺疏：「陸機云：鮪魚，形似鱣而青黑，頭小而尖，似鐵兜鍪，口亦在頷下，其甲可以摩薑，大者不過七、八尺，益州人謂之鱣鮥。大者為王鮪，小者為鮛鮪。一名鮥，肉色白，味不如鱣也。」《禮記・月令》載：「季春之月，薦鮪於寢廟。」《周禮・天官・漁人》說：「春獻王鮪，辨魚物為鮮薨，以供王膳羞。」《經典釋文》曰：「鮪似鱣，大者名王鮪，小者名鮛鮪。沈云，江淮間曰鮛，伊洛間曰鮪，海濱曰鮥。」古書上的鮪魚，今天稱為鱘魚，它的身體呈紡槌形，一般長三米左右，背部青黃色，口小而尖，背部與腹部有大片硬鱗。鱘魚主要分布於亞洲、歐洲和北美洲，我國有东北鱘，中華鱘和長江鱘等，產於沿海各地及南北各大水域。《詩・衛風・考槃》有「鱣鮪發發」，毛傳曰：「鮪，鮥也。」說明商周之際殷都附近的水域中也生長有鱘魚。鱘魚生長快，體形大，故有「千斤臘子（中華鱘）萬斤象（白鱘）」之說。《我國首次發現白鱘產卵場》，《光明日報》1981年8月23日第二版。它的肉質細嫩肥美，營養豐富，畜卵尤佳，从古至今，都被譽為席上珍品。因此，古代貴族階級自然會把它作為膳食和祭祀的佳品。如此說來，在甲骨文中出現捕撈鮪魚的卜辭是不足為奇的。

現將甲骨文中有關「鮪」的卜辭，舉例說明如下：

1 乙未卜，貞豖隻鮪？十二月。《前》7・8・4

2 乙未□，貞，豖不□鮪？《存》1・135・7

3 癸酉卜，賓貞，乎雖戓𠂤鮪？《後》下21・11

4 □未卜，王貞，三卜，幸鮪？《鐵》186・3

5 貞，……克鮪，[illegible]多舌，亡猷？《乙》8892

6 □，貞……氏……鮪？《合集》9005

上引五條，均為有關漁的卜辭。第一、二兩條為對貞句。「豖」為武丁時的貞人名。「隻」，通作獲。「十二月」為占問的月數。《禮記・月令》說：「季冬之月，……是月也，命漁師始漁，天子親往，乃嘗魚，先薦寢廟。」鄭氏注：「天子必親往，視漁，明漁非常事重之也，此時魚潔美。」可見，此時正是捕魚的好季節。每一條卜辭的大意是說：十二月乙未這天占卜，問豖能捕獲到鮪魚嗎？第二條卜辭的大意是說，乙未這天占卜，問，豖不會獲得鮪魚嗎？

第三條中，「賓」，是武丁時的貞人名；「雖」，當為人名；「戓」，疑為「肇」字的異體，《說文》：「肇，擊也。」「𠂤」，通作師，《爾

雅・釋詁》「師，衆也」，可引申為衆多之意。因此，這條卜辭的大意是說，癸酉這天占卜，貞人賓問，王命雖去擊取衆多的鮪魚可以嗎？

第四條中的「幸鮪」，其辭例猶如《庫》271「幸鹿」和《前》5・13・5「幸舌方」一樣。「幸」，于省吾先生說：「幸的引伸義為鉗制、脅迫、夾擊或夾取。」于省吾：《甲骨文字釋林》第294頁，中華書局，1979年。甚是。因此，這條卜辭的大意是說：□未這天，經過三次占卜，問，漁獵時能否夾取鮪魚？

第五條中「克鮪」，《春秋・隱公元年》載「鄭伯克段於鄢」，《公羊傳》說：「克者何？殺之也。」可見，「克」可訓為殺。「叀」，未識，其義待考。因此，這條卜辭的大意是說，問，捕殺鮪魚的時候，叀多舌，沒有禍猒嗎？

甲骨文中有關漁的卜辭較少，如果我們對蕉字的釋讀不錯的話，這些占問捕獲鮪魚的記録，對於研究殷代的漁獵活動，無疑有着重要的意義。【甲骨金文與古史研究】

䱭

◉許　慎　䱭鯍也。周禮謂之䱭。从魚。恒聲。古恒切。【説文解字卷十一】

◉馬叙倫　鈕樹玉曰。周禮無䱭字。蓋涉上文鮪引周禮誤衍。姚文田曰。周禮謂之䱭疑當作周洛謂之鮪。嚴可均曰。司馬相如傳。䱭鰽。李奇曰。周洛曰鮪。倫按鮪從有得聲。有音喻紐三等。䱭從恒得聲。恒言匣紐。匣與喻三同為次濁摩擦音。是轉注字也。䱭音入見紐。見匣同為舌根音。是䱭鯍為轉注字也。【説文解字六書疏證卷二十二】

鯍

◉許　慎　鯍䱭鯍也。从魚。巟聲。武登切。【説文解字卷十一】

◉馬叙倫　鯍字蓋複舉字之譌於下者。【説文解字六書疏證卷二十二】

鮥

◉許　慎　鮥叔鮪也。从魚。各聲。盧各切。【説文解字卷十一】

◉馬叙倫　叔鮪也者。小鮪也。此蓋字林文。鮥音來紐。古讀歸泥。鯍從巟得聲。巟從亡得聲。亾音微紐。微泥同為邊音。蓋轉注字。或語原同也。【説文解字六書疏證卷二十二】

鯀 鯀還鼎 䵼盤 【金文編】

春録 13・2 右□鯀 【古陶文字徵】

開母廟石闕 柏鮌稱遂 【石刻篆文編】

◉許 慎 鯀魚也。从魚。系聲。臣鉉等曰。系非聲。疑从孫省。古本切。【説文解字卷十一】

◉林義光 鯀 古引切 説文云。鯀鯀魚也。从魚系聲。按系非聲。列子鮌治水土楊朱。離騷鮌婞直以亡身兮。皆作鮌。當以鮌為正。从魚玄聲。玄古作伯晨鼎。與系形近。孫字篆从系、叚敦師奎父鼎邾公釛鐘亦皆从玄。因譌从系也。【文源卷十一】

◉高田忠周 大徐云。系非聲。疑从孫省。今从之。叚借託名幖識字。書堯典。鯀哉。傳崇伯之名。馬注禹父。史記夏本紀索隱。鯀字熙。字亦作鮌。列子楊朱。鮌治水土。釋文。本又作骸。愚竊謂。鮌其正字。玄古文作。相近。古文。漢人誤為。遂有鯀字也。不敢肊定。俟來哲云。【古籀篇一】

◉馬叙倫 鈕樹玉曰。六書故作鮌。引説文。魚也。亦作鯀。則説文本從玄聲。垔下引書。鮌垔洪水。是也。王筠曰。篆蓋本作。從弦省聲。弜之與系之古文相似。再變則成系矣。苟從系聲。無由得古本切也。玉篇鯀字次弟略與説文同。注。古本切。大魚也。後文又出鮌字云。音鯀。魚名。廣韻。鯀。説文。魚也。亦作鮌。翟云升曰。當作孫省聲。承培元曰。當作弦省聲。故鯀今作鮌矣。系蓋隸之譌也。林義光曰。篆當作鮌。從魚。玄聲。玄。伯晨鼎作。與系形近。因譌系也。倫按弦從弓聲。即玄字。亦即幺字。絲系皆一字。鯀今音古本切。與丨同音。丨一讀若囟。囟音心紐。糸。絲一字。絲音亦心紐。幺轉為玄。音入匣紐。故弦音亦入匣紐。轉見紐。故鯀音入見紐為古本切也。如六書故引。則鮌為正鯀為重。如玉篇。則鮌字出字林。字林皆訓魚名也。或吕忱加魚名。【説文解字六書疏證卷二十二】

◉唐 蘭 鯀字象用繩索繫大魚,此从又,象用手牽。《説文》从魚系聲,古當讀如鶤,轉聲如滾,剛鯀當讀如綱系,與綱維同。《廣雅・釋詁二》:「維,系也。」《莊子・天運》「孰維綱是」,《史記・淮陰侯傳》「秦之綱絶而維弛」,和綱紀義略同。《詩・棫樸》:「綱紀四方。」【略論西周微史家族窖藏銅器群的重要意義 文物一九七八年第三期】

◉陳世輝 「𠂇(左)右綴(綬)同剛鯀」(第四行),左右指周公與召公。《書・君奭》的《書序》説:「召公為保,周公為師,相成王為左右。」綬縵一詞不詳。剛讀山岡的岡。散氏盤銘文中「剛」字兩見,一處説「州剛」,一處説「陵剛」,剛都要讀作岡,和本銘一樣。

鯀讀作縣。《説文》:「縣,大阜也。」《玉篇》:「縣,山也。」岡縣用來形容周、召二公的高大。《詩·小雅·天保》説:「天保定爾,以莫不興。如山如阜,如岡如陵。」用山阜、陵岡用來作比喻和盤銘是一樣的。【牆盤銘文解説　考古一九八〇年第五期】

◉戴家祥　林義光曰:説文云「鯀,鯀魚也。从魚系聲」。按系非聲。列子「鮌治水土」揚朱。離騷鮌婞直以亡身兮,皆作鮌,當以鮌為正。从魚玄聲。玄古作伯晨鼎。與系形近。孫字篆从系,叚敦、師奎父鼎邾公釛鐘亦皆从玄。因譌从系也文源。按史牆盤「剛鯀」疑即「剛果」,聲同字通。史記周本紀「成王少,周初定天下,周公恐諸侯畔周,公乃攝行政當國」。周書皇門解:「惟正月庚午,周公格左閎門,會群臣」,「左右綏禬剛果」,殆即周公及其與會者。【金文大字典下】

◉臧克和　有關文獻記載,鯀亦作為治水之「象」。我們可以將它視為與禹同類,即也是一種治水儀式的描摹:鯀字从魚,魚也是「水象」。《金文編》卷十一《鯀還鼎》作,从絲系魚;而《牆盤》作,又从又,皆是對魚施加控制,與禹字構形同象。唐蘭《略論西周微史家族窖藏銅器群的重要意義》中解釋説:「鯀字象用繩索系大魚。此从又,象用手牽。《説文》从魚系聲,古當讀如鷄,轉聲如滾。剛鯀當讀如綱系,與綱維同。《廣雅·釋詁二》:維,系也。《莊子·天運》:孰維綱是。」从手持繩索系束縛大魚,和从力施加於龍蛇,都是屬於對水神進行巫術控制的儀式類型,這與傳世文獻中二者都是作為治水之神的面貌出現是相契合的,因而有關鯀的文獻材料也是可以拿來作為釋禹的參照的。【釋「禹」　尚書文字校詁三】

鰥

鰥　父辛卣　勿㚤鰥寡　毛公厝鼎　迺敄鰥寡　【金文編】

鰥出石經　【汗簡】

◉許　慎　魚也。从魚。眔聲。李陽冰曰。當从罤省。古頑切。【説文解字卷十一】

◉林義光　鰥　音昆　説文云。鰥魚也。从魚眔聲。按眔非聲。朱氏駿聲云。罤省聲。古作父辛尊彝。作毛公鼎。【文源卷十一】

◉馬叙倫　鰥為大魚。詩。敝笱。其魚魴鰥。毛傳。鰥。大魚。孔叢抗志。衛人釣於河。得鰥魚焉。其大盈車。莊子逍遥遊。北溟有魚。其名為鯤。借鯤為鰥。猶罤弟作昆弟也。皆可證。段玉裁謂詩傳大字或加以駁鄭。朱士端據孔叢謂大字王肅所加以難鄭、此為訂古書言也。然字從魚眔聲。眔從昆得聲。見眔字下。昆音見紐。故鰥從眔得聲音亦見紐。毛公鼎作。父辛卣作。皆與此同。或譌已久。或昆音古讀入羣。眔音定紐。羣定同為濁破裂音。故罤亦從眔得聲也。倫疑鯀鰥為轉注字。【説文

◉戴家祥 　字从罘从魚，即鰥的偏旁移位字。說文十一篇：「鰥，魚也。从魚罘聲。」銘文「敄鰥寡」，與詩鴻鴈「哀此鰥寡」相同。毛傳：「老而無妻曰鰥。」【金文大字典下】

◉臧克和 《父辛卣》銘文鰥作，《毛公瘖鼎》作。从這兩器銘文辭例來看，「鰥寡」似乎已成為周人成語。从有關韻書和文獻用字來看，鰥字跟下列字發生聯係：鰥同鰄，《廣韻》讀為「古頑切」，上古音系見母；《本草綱目・鱗部・鰄魚》：「鰄，敢也。……其性獨行，故曰鰥。《詩》云『其魚魴鰥』是矣。」鰥同瘝，《廣韻》讀為「古頑切」，上古音系見母；《爾雅・釋詁下》：「鰥，病也。」按：鰥、瘝二字皆从罘得聲，故二字於例可通用，鄭樵注《爾雅》：鰥即瘝。鰥同瞟，《廣韻》讀為「古幻切」，上古音系見母；《集韻・襇韻》：「鰥，視貌或从目。」鰥同鯤，《集韻》讀作「公渾切」，上古音系見母；《集韻・魂韻》：「鯤，《爾雅》：『鯤，魚子。』或作鰥。」鰥同鯀，《集韻》讀作「古本切」，上古音系見母；《集韻・混韻》：「鰥，人名，禹父也。通作鯀。」按：鯀字从系得聲，與鰥字音同。而銘文鯀字从絲系魚，為事水神御洪患的儀式，與禹字从力施加於龍蛇，屬於同一巫術類型；不必牽合「父子關係」，說見拙著《尚書文字校詁》。又《書經》唐寫本，如敦煌石窟藏本，日藏寫本等文獻，鰥字又每寫作「矜」，實即系、今、罘聲皆相同或相近而通用；《集韻・山韻》：「矜，丈夫六十無妻曰矜。通作鰥。」

至於鰥字本義的解釋，从古至今，衆說紛紜，莫衷一是。漢人許慎在《説文解字・魚部》釋作「魚也，从魚罘聲」的結構，李陽冰就指出過「當从𦋐省」，其實𦋐字《廣韻》讀作「公渾切」，與「昆」同，這樣就回到了「鰥」與「鯤」作為同一語根字的關係上去了。後來的朱駿聲《説文通訓定聲》、林義光《名源》等也都以為「鰥」字是从𦋐省聲的結構。按上列銘文从魚从罘，實際不過鰥的偏旁位移的結果，我在校釋《尚書》文獻用字時注意到《魏石經》古文鰥作，據鄭珍的箋釋，其下部為魚符，上部為目，「石經省从同，猶𦋐之作𦋐也。」還有的研究者以「鰥」來比勘甲骨刻辭中的形（按該形見《殷虛卜辭》第六六五條），以為甲骨文該形可隸定楷化為䍡，而䍡又被看作是鰥的古字。按《集韻》裏確有「鰥，古作⿱罒魚」的記載，但我以為這個⿱罒魚與甲骨刻辭的形體不過是隸定楷化之後的「同形字」。因為即使上述甲骨文圖形不會是一種「合文」之類，像「⿱罒魚」這類結體上部的皿符，經過楷化之後，是將網符和目符合併為一類了。我們只要看前具銘文「鰥」字無一从網符結體，即可明了這一關係。總之鰥字結構有「目」符在，這是不成什麼問題的。由此我頗疑罘就是瞟字初文，而瞟字見於《玉篇・目部》，被解釋為「同鰥」，《廣韻》也收録了這個瞟字，被視為鰥字或體雪系文：「鰥，古幻切，音慣，視貌，或作瞟。」也許正由於罘符主體不過就是目，故得省作⿱罒魚。前人説明「罘」符在鰥字結構中並非充當聲符，這可能是正確的結論。日本語中「罘」聲訓讀「とう」，《廣韻》讀作「徒合切」，都和鰥的音值不類。

然則「鰥」字从魚从目或从眔會意表示什麼字義呢，从目或可理解為猶「魚眼常開」，而从眔則又有何說？我一向認為，从語音關聯上考慮，「鰥寡」，連綿語，上古傳世文獻如《詩》《書》，出土文獻如銘文，「鰥寡」很早就是古成語，都是表示「獨」的語義，北方方言稱上了年紀而仍未娶妻者為「光棍」（方言記音者以此為「古本字」），其實該詞形本字就應記作「鰥」，或者說，「光棍」不過是「鰥」音節的緩讀。

鰥字所从的眔形，甲、金文字材料均有反映，而且相承一貫：（《甲》853）、（《粹》143）、（《静簋》）、（《師晨鼎》）。銘文辭例眔用作遝，語義就是逮、及。《說文·目部》：「眔，目相及也，从目从隸省。」郭沫若首先釋眔為涕字古文，《金文叢考·臣辰盉銘文考釋》：「甲文、金文，皆作『隸』省。此當系涕之古字，象目垂涕之形。」我始終有個疑問，要是眔形果真為涕的初文的話，那麼上面舉出的罤字，見於《說文·弟部》，應該更現成地可以充當「涕」字，可是我們知道《廣韻》讀罤作「公渾切」，二者讀音不類，以致有的研究者早就揭出「鰥」字應是「从罤省聲」。【釋「鰥」　文學人類學論叢第二輯】

鯉

鯉 周鯉 【漢印文字徵】

汧殹　隹鱮隹鯉 【石刻篆文編】

◉許　慎　鯉鱣也。从魚。里聲。良止切。【說文解字卷十一】

◉郭沫若　詩小雅。魚麗于罶。鰋鯉。周頌鰷鱨鰋鯉。足見周人鰋鯉二字每多連用也。【石鼓釋文】

◉馬叙倫　翟云升曰。六書故引作一名鱒。一名鰊。案當作鱣也。一名鱒。一名鰊。倫按皆校語。然鯉蓋本訓魚也。鱣也非本訓。字見急就篇。石鼓文作。【說文解字六書疏證卷二十二】

鱣

說文　崔希裕纂古 【古文四聲韻】

◉許　慎　鱣鯉也。从魚。亶聲。張連切。籀文鱣。【說文解字卷十一】

◉馬叙倫　顏氏家訓書證引魏武四時食制。鱣魚。大如五斗。奩長一丈。郭璞爾雅注。鱣。二丈。古今注。鯉之大者曰鱣。玄應一切經音義引古文官書。鱣鱓同知連反。大黃魚也。口在頷下。大者長二三丈也。此豈今之鯉邪。官書鱓字蓋鱣之譌。

然則上文鯉當作鱣。故訓鱣也。宋書謝靈運傳音注引字林。竹亼反。字見急就篇。顏師古本作鱓。

鱓 承培元曰。此篆當為鱓古文。後漢書楊震傳荀子韓非子鱓皆作鱣。鱣即鱣之脱文也。以其魚而它形。故從魚虫二母。今鱓注已為後人改易。而其篆亦失其次。倫按若承説。則鱣當從虫鱣聲。即楊震傳之蛇鱓。今所謂黃鱔也。黃鱔字當為鱓。然顏氏家訓書證。孫卿云。魚鼈鰌鱣。及韓非説苑皆曰鱣似蛇。假鱣為鱓。其來久矣。可證。承謂從魚虫二母。六書固無此例。或曰。從魚。蟺聲。鍇本有如此二字。校語。【説文解字六書疏證卷二十二】

鱄 鱄

◉許　慎　鱄魚也。从魚。專聲。旨兖切。【説文解字卷十一】

◉馬叙倫　鱣音知紐。鱄音照紐三等。皆舌面前音。疑鱄鱣為轉注字。【説文解字六書疏證卷二十二】

鮦 鮦

◉許　慎　鮦魚名。从魚。同聲。一曰鱶也。讀若絝襱。直隴切。【説文解字卷十一】

◉馬叙倫　吴穎芳曰。俗呼黑鱶頭。桂馥曰。一曰鱶也者。韻會引作鱧。劉秀生曰。同聲龍聲古並在定紐東部。故鮦從同聲得讀若襱。衣部。襱。絝踦也。从衣。龍聲。或從賨聲作𧝓。方言四。袴。齊魯之間或謂之襱。注。今俗呼袴踦為襱。音鮦魚。是其證。倫按魚名鍇本作魚也。蓋唐人删本訓。鍇本則存本訓而删字林文耳。艸部凡許訓艸也者。字林作草名。故知魚名為字林文也。後同。一曰鱶也者。下文。鱶。鮦也。蓋校者所加。謂魚名者即是鱶也。【説文解字六書疏證卷二十二】

鱶 鱶

◉許　慎　鱶鮦也。从魚。蠡聲。盧啓切。【説文解字卷十一】

◉馬叙倫　鱶從蠡得聲。蠡從彖得聲。彖讀若弟。音在定紐。鮦從同得聲。同從凡得聲。凡音奉紐。古讀歸並。並定皆濁破裂音。是鮦鱶為轉注字也。今上海猶併偁曰鮦鱶魚。【説文解字六書疏證卷二十二】

鱋 鱋

◉許　慎　鱋魚名。一名鯉。一名鰜。从魚。婁聲。洛侯切。【説文解字卷十一】

◉馬叙倫　魚名者。字林文。鍇本作魚也。是本訓。一名鰜一名鯉皆校語。鱋鯉音同來紐。故或謂鯉為鱋。從兼得聲之廉音亦來紐。則鰜古或讀如廉。故鰜轉注為鱋。古鉩鱋字。丁佛言釋。【説文解字六書疏證卷二十二】

鰜 鯈 〔魚豆〕 鯾

◉許慎 鰜魚名。从魚。兼聲。古甜切。【說文解字卷十一】

◉馬叙倫 鈕樹玉曰。韻會作鰜也。倫按魚名字林文。本訓當如鍇本作鰜也。【說文解字六書疏證卷二十二】

◉許慎 鯈魚名。从魚。攸聲。直由切。【說文解字卷十一】

◉許慎 〔魚豆〕魚名。从魚。豆聲。天口切。【說文解字卷十一】

◉許慎 鯾魚名。从魚。便聲。房連切。鯿 鯾又从扁。【說文解字卷十一】

◉羅振玉 鰟音訓 鄭氏云。鰟即鯾字。卑連反。箋曰鄭說是也。鰟从㫄。乃□之變形。說文鞭古文作□。古金文作□。毛白彝馭作□。从鞭馬二字。會意。大蒐鼎作□。大鼎作□。鳳文尊作□。是古文之□一變而為□。再變為□。三變為□。此从□。又□之變。許書有鯾字。鰟蓋即鯾之籀文。【石鼓文考釋】

◉强運開 □ 薛尚功釋云鯿。鄭漁仲趙古則均釋作鰟。楊升庵釋作鯿。張德容云此當是籀文䱡字。羅振玉云。鰟从㫄乃□之變形。說文鞭古文作□。古金文作□。毛白彝馭作□。从鯾馬二字會意。大蒐鼎作□。大鼎作□。鳳文尊作□。是古文之□一變而為□。再變為□。三變為□。此从㫄又□之變。許書有鯾字。鰟蓋即鯾之籀文。運開按。羅說甚辨而有理。但鼓文徒駿字兩見。均作駿並不作□。是鰟當為別一字。張釋為䱡之籀文似為近之。按說文。䱡。蚌也。段云。蚌者。蜃屬。蜃為大蛤。蛤之類甚多。如海蛤魁蛤皆是。今俗於其色之黄者名曰黄蜆。白者名曰白蛤。是蛤本有黄白二色也。【石鼓釋文】

◉馬叙倫 扁便皆脣齒摩擦音。故相轉注。爾雅釋魚釋文。鯿。字又作鯾。字林云。魚也。然則此字出字林。陸引魚也者。字林先列許訓。【說文解字六書疏證卷二十二】

魴

 2729  2728 【古璽文編】

 吕魴印信  武魴 【漢印文字徵】

 石碣汧殹 又鰟又鯆 說文魴或作鰟 【石刻篆文編】

 崔希裕纂古 【古文四聲韻】

◉許慎 魴赤尾魚。从魚。方聲。符方切。鰟魴或从旁。【說文解字卷十一】

◉王國維 說文解字魚部。魴。赤尾魚。从魚。方聲。鰟籀文魴。从旁。案小徐本如是。大徐本作鰟或从旁。殆以籀文旁作雱。不應有从旁之字而改之。【史籀篇疏證】

◉馬叙倫 段玉裁曰。赤上挩魚也。魚勞則尾赤。非魴必赤尾也。鈕樹玉曰。韻會引尾作色。桂馥曰。曾在沅江得一魚。鱗白肉細而尾赤。真魴也。莊有可曰。魚之扁而闊者一名鯿。倫按鍇本作赤尾魚也。以本書大例言之。當作魚也。且上下文皆作魚也。明此是挩。赤尾魚者。字林文。見爾雅釋文引。石鼓有鰟。即魴也。蓋轉注字。從魚。專聲。古鉩作魴。

鰟 鈕樹玉曰。玉篇亦云籀文。倫按魴鰟轉注字也。【說文解字六書疏證卷二十二】

鱮

 石碣汧殹 隹鱮隹鯉 【石刻篆文編】

◉許慎 鱮魚名。从魚。與聲。徐吕切。【說文解字卷十一】

◉强運開 鱮 詩齊風。其魚魴鱮。傳曰。魴鱮大魚。箋云。鱮似魴而弱鱗。疏曰。鱮。似魴而頭大。其頭尤大而肥者。徐州人謂之鰱。廣雅曰。鱮。鰱也。【石鼓釋文】

鰱

◉許慎 鰱魚名。从魚。連聲。力延切。【說文解字卷十一】

◉楊樹達 說文魚部云：「鰱，鰱魚也。从魚，連聲。」陸璣詩草木蟲魚疏云：「鱮頭尤大而肥者，徐州人謂之鰱。」樹達按：今人通呼鰱子魚。

連與二字義近，故古人連用。漢書劉向傳云「羣臣連與成朋」，是也。連與義近，故鰱鱮同義矣。【字義同緣於語源同例證　增訂積微居小學金石論叢】

鮍

鮍 匹眉切【汗簡】

鮍 馬日磾集【古文四聲韻】

◉許　慎　鮍魚名。从魚。皮聲。敷羈切。【説文解字卷十一】

䱂

◉許　慎　䱂魚名。从魚。幼聲。讀若幽。於糾切。【説文解字卷十一】

◉馬叙倫　吴穎芳曰。即土坿魚。桂馥曰。玉篇。䱂。鱮也。王筠曰。廣雅。鮺。䱂。鱮。鰌也。倫按幽從丝得聲。幺丝一字。【説文解字六書疏證卷二十二】

鮒

◉許　慎　鮒魚名。从魚。付聲。符遇切。【説文解字卷十一】

䱍

◉許　慎　䱍魚名。从魚。巠聲。仇成切。【説文解字卷十一】

鰿

鰿 子弋切【汗簡】

◉許　慎　鰿魚名。从魚。脊聲。資昔切。【説文解字卷十一】

鱺

鰻

鱯

魾

鱺力兮切【汗簡】

馬日磾集並羣書古文【古文四聲韻】

◉許　慎　鱺魚名。从魚。麗聲。郎兮切。【説文解字卷十一】

◉許　慎　鰻魚名。从魚。曼聲。母官切。【説文解字卷十一】

◉馬叙倫　周雲青曰。唐寫本本玉篇注引魚名也。倫按本作魚也魚名。上文鱺字。吴穎芳段玉裁錢坫皆謂即今之鰻鱺。尋鱺音來紐。古讀歸泥。鰻音明紐。明泥皆邊音。蓋轉注字。【説文解字六書疏證卷二十二】

籀韻【古文四聲韻】

◉許　慎　鱯魚名。从魚。蒦聲。胡化切。【説文解字卷十一】

◉馬叙倫　劉秀生曰。繫傳有讀若瓠。蒦聲影紐模部。瓠從夸聲。夸從于聲。于聲古亦影紐模部。故鱯從蒦聲得讀若瓠。荀子王霸。如是。則雖臧獲不肯與天子易埶業。禮論臧獲作臧穀。莊子駢栂亦作臧穀。缶部。𦈪。從缶。㱿聲。讀若筩筟。竹部。筟。從竹。孚聲。讀若春秋魯公子彄。邑部。邘。從邑。于聲。讀若區。蒦聲如㱿。㱿聲如孚。孚聲如區。區聲如于。是其證。倫按爾雅釋文引字林。鱯。下號反。【説文解字六書疏證卷二十二】

◉許　慎　魾大鱯也。其小者名鮡。从魚。丕聲。敷悲切。【説文解字卷十一】

◉馬叙倫　鈕樹玉曰。韻會無其字。倫按魾從丕得聲。丕從不得聲。不音非紐。古讀歸封。鱯從蒦得聲。蒦音影紐。封影同為清破裂音。是轉注字也。大字蓋吕忱據爾雅釋魚加之。或字出字林也。其小者名鮡。亦見爾雅釋魚。【説文解字六書疏證卷二十二】

鱧 鱧

◉許　慎　鱧鱯也。从魚。豊聲。盧啓切。【説文解字卷十一】

◉馬叙倫　沈濤曰。毛詩艸木蟲魚疏云。鱧。鯇也。許慎以為鯉魚。是古本作鯉不作鱯。桂馥曰。字林。鱧。鯇也。錢坫曰。當作⿰魚果也。聲近亂之。倫按⿰魚果從果得聲。果音見紐。然裸從果得聲。為嬴之轉注字。疑古讀果如裸。故與鱧為轉注字。據陸機引。蓋有鯉也一訓。蓋字林文。鱧鯉音同來紐通假也。【説文解字六書疏證卷二十二】

⿰魚果 ⿰魚果

◉許　慎　⿰魚果鱧也。从魚。果聲。胡瓦切。【説文解字卷十一】

鱨 鱨

◉許　慎　鱨揚也。从魚。嘗聲。市羊切。【説文解字卷十一】

◉馬叙倫　揚也本詩魚麗毛傳。以聲訓也。以本部大例言之。當作魚也。今捝。或此字出字林。【説文解字六書疏證卷二十二】

鱏 鱏

◉許　慎　鱏魚名。从魚。覃聲。傳曰。伯牙鼓琴。鱏魚出聽。余箴切。【説文解字卷十一】

◉馬叙倫　本書引書無但偁傳曰之例。且此似引韓詩外傳。然荀子淮南大戴禮記竝有其文。爾雅釋文引字林。長鼻魚也。重千斤。則此字或出字林。本作魚名長鼻魚也。傳曰以下校語。【説文解字六書疏證卷二十二】

鯢 鯢

194【包山楚簡文字編】

◉許　慎　鯢刺魚也。从魚。兒聲。五雞切。【説文解字卷十一】

◉馬叙倫　段玉裁曰。刺為刺譌。王筠曰。刺魚也。汪本繫傳作⿱制魚也。按集韻有⿱制魚字。朱筠鈔本作□也二字。空白似當如汪本作⿱制魚。倫按依本部大例。刺字校者加之。或字出字林也。⿱制魚即下文之⿰魚賴。【説文解字六書疏證卷二十二】

鰼

◉許　慎　鰼鰌也。从魚。習聲。似入切。【説文解字卷十一】

鰌

◉許　慎　鰌鰼也。从魚。酋聲。七由切。【説文解字卷十一】

◉馬叙倫　鰼音邪紐。鰌音清紐。皆舌尖前音。轉注字也。爾雅釋文引字林。鰌。似鱣。短小也。【説文解字六書疏證卷二十二】

鯇

◉許　慎　鯇魚名。从魚。完聲。户版切。【説文解字卷十一】

◉馬叙倫　吴穎芳曰。今名鯶魚。倫按爾雅釋文引字林。下短反。【説文解字六書疏證卷二十二】

鮵

◉許　慎　鮵哆口魚也。从魚。乇聲。他各切。【説文解字卷十一】

◉馬叙倫　此字或出字林。【説文解字六書疏證卷二十二】

鮆

◉許　慎　鮆飲而不食。刀魚也。九江有之。从魚。此聲。徂禮切。【説文解字卷十一】

◉馬叙倫　鈕樹玉曰。韻會引作刀魚也飲而不食。無九江句。倫按。爾雅釋魚釋文引字林。才豉反。刀魚。飲而不食。然則此字出字林。【説文解字六書疏證卷二十二】

鮀

◉許　慎　鮀鮎也。从魚。它聲。徒何切。【説文解字卷十一】

鮎

◉許　慎　鮎鰋也。从魚。占聲。奴兼切。【説文解字卷十一】

◉馬叙倫　鈕樹玉曰。繫傳韻會作鰋也。【説文解字六書疏證卷二十二】

鰋

汧殹　鰋鯉處之【石刻篆文編】

◉許　慎　鮀也。从魚。晏聲。於幰切。鰋或从匽。【説文解字卷十一】

◉羅振玉　鰋音訓。鄭氏音鰋。箋曰。鰋鰋一字。説文鰋从魚。晏聲或从匽作鰋。【石鼓文考釋】

◉强運開　段注云。鮀也。乃鮎也之誤。運開按。鮎下云鰋也。是二字為轉注矣。今經典皆作鰋。本文僅於此一見。【石鼓釋文】

◉馬叙倫　鮀鰋歌元對轉轉注字。鮀音定紐。鮎音泥紐。同為舌尖前音轉注字。鰋從晏得聲。晏從女得聲。女音娘紐。娘泥同為舌尖前邊音。則鰋鮎亦轉注字。石鼓文作。

匽亦晏聲也。【説文解字六書疏證卷二十二】

◉趙烈文　鰋鯉處㞢君子漁。鰋鄭云音鰋。鮎也。烈按。鰋正字。鰋或體。實一字也。【石鼓文纂釋】

鮷

◉許　慎　大鮎也。从魚。弟聲。杜兮切。【説文解字卷十一】

◉馬叙倫　鮷為鮀之音同定紐轉注字。廣雅釋魚。鮷。鮎也。不當有大字。或此字出字林也。【説文解字六書疏證卷二十二】

鱱

◉許　慎　魚名。从魚。賴聲。洛帶切。【説文解字卷十一】

⿰魚朁

◉許　慎　魚名。从魚。朁聲。鉏箴切。【説文解字卷十一】

⿰魚翁

◉許　慎　魚名。从魚。翁聲。烏紅切。【説文解字卷十一】

鮥

◉許　慎　鮥魚名。从魚。㕣聲。户賺切。【説文解字卷十一】

◉馬叙倫　鮥鱏聲同侵類。疑轉注字。【説文解字六書疏證卷二十二】

鱖

◉許　慎　鱖魚名。从魚。厥聲。居衛切。【説文解字卷十一】

◉朱德熙　裘錫圭　「考釋」17號簡釋文作「鮮鮻禺鮑白羹」。從此簡照片看，第二字明明從「歲」。「鱥」乃「鱖」之或體（見《集韻》去聲祭韻姑衛切）。【馬王堆一號漢墓遺策考釋補正　文史第十輯】

鯫

◉許　慎　鯫白魚也。从魚。取聲。士垢切。【説文解字卷十一】

◉馬叙倫　吴穎芳曰。即白小。倫按此字蓋出字林。【説文解字六書疏證卷二十二】

鱓

◉許　慎　鱓魚名。皮可為鼓。从魚。單聲。常演切。【説文解字卷十一】

◉馬叙倫　段玉裁曰。鱓即今人所食之黄鱔也。皮可以為鼓者。鼉字義。古書如吕覽等皆借鱓為鼉。倫按今之黄鱓。桂馥即後漢書楊賜傳所謂蛇鱓。是也。玄應一切經音義引倉頡。訓纂。鱓蛇魚也。皮可為鼓蓋字林文或校語。【説文解字六書疏證卷二十二】

鮸

◉許　慎　鮸魚名。出薉邪頭國。从魚。免聲。亡辨切。【説文解字卷十一】

◉馬叙倫　鈕樹玉曰。免當是兔。王筠曰。凡古字必中國常有之物。不必遠徵外國之異物也。許君偶有是言。不過據所聞如是耳。豈限定他處無之乎。倫按篆當作鮸。免聲當作兔聲。出薉邪頭國者。校者所加。漢書地理志樂浪郡有邪頭眛。後漢書東夷傳。濊及沃沮句麗本朝鮮之地。下文。魵。魚名。爾雅釋魚郭注。出穢邪頭國。見吕氏字林。文選江賦注引字林曰。鮸魚出南海。頭中有石。一名石首。然則凡言出某某者。皆字林文也。此字徐鍇言。今人音敏。杜寶大業拾遺録。吴郡獻海鮸。乾膾。今江浙有敏魚鮝。即此魚乾膾。段玉裁謂即白鮝。非也。【説文解字六書疏證卷二十二】

魵 魵

◉許　愼　魵魚名。出薉邪頭國。从魚。分聲。符分切。【說文解字卷十一】

◉馬叙倫　鈕樹玉曰。韻會無名字。段玉裁曰。魏志及後漢書東夷傳皆曰。濊國出班魚皮。班魚即魵魚也。郭注爾雅云。出薉邪頭國。見吕忱字林。郭但偁字林。不偁說文。豈所謂逐末忌本者非邪。倫按此字蓋出字林。郭注引字林者。題為字林者也。故郭注不及說文。【說文解字六書疏證卷二十二】

⿰魚虜 ⿰魚虜

◉許　愼　⿰魚虜魚名。出樂浪潘國。从魚。虜聲。郎古切。【說文解字卷十一】

◉高田忠周　⿰魚虜周禮𠭯人字从之。說文無之。遺脱也。蓋𠭯為籀古文。攴為意。⿸虍魚為聲。⿸虍魚當从魚虍聲。而愚謂⿸虍魚古文⿰魚虜字也。說文⿰魚虜魚名。从魚虜聲。虜虍聲也。⿰魚虜古文當作⿸虍魚。不敢肊定。存疑云。【古籀篇一百】

◉馬叙倫　嚴可均曰。小徐潘作番。鯜⿰魚市鮈魦鱳下同。按番國疑即真番。地理志。玄菟郡。應劭曰。故真番朝鮮胡國。倫按出樂浪潘國字林文。鯜⿰魚市鮈魦鱳下同。【說文解字六書疏證卷二十二】

鰸 鰸

◉許　愼　鰸魚名。狀似蝦。無足。長寸。大如叉股。出遼東。从魚。區聲。豈俱切。【說文解字卷十一】

◉馬叙倫　段玉裁曰。蝦當作鰕。集韻類篇奪無字。非。王筠曰。當依集韻無無字。倫按魚名以下十六字皆字林文。【說文解字六書疏證卷二十二】

鯜 鯜

◉許　愼　鯜魚名。出樂浪潘國。从魚。妾聲。七接切。【說文解字卷十一】

⿰魚市 ⿰魚市

◉許　愼　⿰魚市魚名。出樂浪潘國。从魚。市聲。博蓋切。【說文解字卷十一】

⿰魚匊 ⿰魚匊　魦 魦　鱳 鱳　鮮 鮮

◉許　慎　⿰魚匊魚名。出樂浪潘國。从魚。匊聲。一曰。⿰魚匊魚出江東。有兩乳。居六切。【説文解字卷十一】

◉馬叙倫　鈕樹玉曰。晉書音義引作⿰魚匊魚出樂浪番國。一名江豚。多膏少肉。一曰。出江。有兩乳。沈濤曰。爾雅釋魚釋文引字林。魚有兩乳。出樂浪。一曰出江。説文同。朱文藻曰。溥浮。玉篇作鱄⿰魚孚。一名江豚。倫按字蓋出字林。陸言説文同者。一題説文也。鍇本一曰溥浮者。校者加之。【説文解字六書疏證卷二十二】

◉許　慎　魦魚名。出樂浪潘國。从魚。沙省聲。所加切。【説文解字卷十一】

◉馬叙倫　鼎之蓋即魦也。詩魚麗。鱨鯊。陸機疏。吹沙也。然詩以鱨鯊連文。疑是石鼓之。蓋河中小魚。非海所產之吹沙也。鼎文象魚吹沙自口出也。【説文解字六書疏證卷二十二】

◉許　慎　鱳魚名。出樂浪潘國。从魚。樂聲。盧谷切。【説文解字卷十一】

鮮　鮮父鼎　散盤　鮮鐘　伯鮮盨　畢鮮簋　伯鮮鼎　伯鮮甗　盗壺　以取鮮薹　周禮庖人作鱻薨淮南子泰族作鮮槁【金文編】

鮮　日乙一七四　三例　日甲七四【睡虎地秦簡文字編】

1305　3227　4019【古璽文編】

朝鮮右尉　鮮豐　鮮于滑　趙鮮之印　鮮于齒印　鮮于賢　鮮于當時　徐鮮【漢印文字徵】

汧殹　其籃氏鮮【石刻篆文編】

鮮出尚書 鮮顏黃門說文【汗簡】

古老子 顏黃門記 古尚書 崔希裕纂古 古老子 顏黃門說 古尚書 唐韻【古文四聲韻】

◉許慎 鮮 魚名。出貉國。从魚。羴省聲。相然切。【說文解字卷十一】

◉薛尚功

鮮鼎

右銘一字作魚形。博古云。按詩言。誰能亨魚。溉之釜鬵。與夫混元。所謂治大國若烹小鮮。蓋烹鮮之術止於嚴。水火之齊無所用力。是鼎主烹飪。奉薦亨則烹鮮有職於此。故曰其魚形而以鮮名之。且商之鼎彝多取象於物。此鼎周器款識簡古不加文鏤。為一魚形。【歷代鐘鼎彝器款識法帖卷九】

◉孫詒讓 散氏盤。舊釋為義。諦審篆文。實从羊从魚。前畢鮮敀字與此正同。實非義字也。【古籀餘論卷三】

◉丁佛言 同畢鮮敀。古鉥。鮑鮮。許氏說。魚名。出貉國。【說文古籀補補卷十一】

◉强運開 均散氏盤文。曰羞且敓武父。又曰羞且旅人名也。阮文達釋義。吳愙齋釋善。俱未塙。按畢鮮敀鮮字作。與此極相似。又叔氏鼎鱻字作。下不作火形。亦與此相近。弟二三篆字形不完。蓋有剥蝕處耳。【說文古籀三補卷十一】

◉强運開 段注云。此乃魚名。經傳叚為新鱻。字又叚為尟少字。而本義廢矣。張德容云。此蓋引申為鱻薨之義。運開按。張說是也。又按。畢鮮敀鮮作。易左形右聲為上下耳。【石鼓釋文】

◉馬叙倫 沈濤曰。止觀輔八傳引。鮮者。美色也。蓋一曰文。倫按從魚羊聲。羊音喻紐四等。故鮮音入心紐。同為次清摩擦音也。字見急就篇。散盤作。畢鮮敦作。古鉨作。輔行傳所引者玼字義。今言新鮮者當作生。鮮少者當作少。生少音同審紐。審亦次清摩擦音。得相借也。【說文解字六書疏證卷二十二】

◉徐中舒 伍仕謙 (14)鮮薨、《周禮・天官庖人》:「辨魚肉為鱻薨。」鄭司農注:「薨,乾肉。鱻,鱻肉。」鱻即鮮之古文。《周

鰅

禮・獸人》鄭注：「六畜、六獸、六禽，亦稱鱻薨。」【中山三器釋文及宮室圖説明　中國史研究一九七九年第四期】

◉黄錫全　[glyph]鮮　顔黄門説文　夏韻獮韻録《顔黄門記》作[glyph]，今本《説文》正篆作[glyph]。鄭珍云：「此鮮少正字，經典皆借鮮魚字。」【汗簡注釋卷一】

◉黄錫全　[glyph]鮮出尚書　鄭珍云：「薛本作[glyph]，亦不从[glyph]，皆郭氏意作。《説文》『少數』字作尟，『新味』字作鱻，『魚名』字作鮮，經典例借『鮮』作尟、鱻。偽本轉借鱻作鮮。《尚書》鮮字訓『少』亦訓『斯』，正應作尟。」按鱻蓋「新鮮」本字，後借「鮮」字為之。好蚉壺「以取鮮蒿」，即《周禮・庖人》「鮮薨之物」。鄭衆注「鮮」為生肉，「薨」謂乾肉。如依《説文》，壺銘之「鮮」應作「鱻」。郭見本作鱻，以隸作古。公貿鼎鱻作[glyph]。【汗簡注釋卷五】

◉戴家祥　説文十一篇：「鮮，魚名，出貉國。从魚羊省聲。」伯鮮盨等作羴，用作人名，無義可説。好蚉壺作鮮，「以取鮮藁，饗祀先王」，張政烺曰：藁，从艸稾聲，讀為槁，周禮作薨，周禮庖人「掌共六畜、六獸、六禽，辨其名物，凡其死生鮮薨之物，以共王之膳」，鄭衆注：「鮮謂生肉，薨為乾肉。」古文字研究第一輯第二四三葉。【金文大字典下】

◉許慎　鰅魚名。皮有文。出樂浪東暆。神爵四年。初捕收輸考工。周成王時。揚州獻鰅。从魚。禺聲。魚容切。【説文解字卷十一】

◉柯昌濟　⿱罒魚即鰅省文。字从魚从禺省。鰅字見逸周書。王會解魚名也。此為人名。【鰅鼎　韡華閣集古録跋尾】

◉馬叙倫　鈕樹玉曰。韻會樂浪下衍番國二字。挩四字。倫按字蓋出字林。神爵以下十八字。或校語。【説文解字六書疏證卷二十二】

鱅

[glyph] 鱅力恭切出郭顯卿字指【汗簡】

[glyph] 郭昭卿字指【古文四聲韻】

◉許慎　鱅魚名。从魚。庸聲。蜀容切。【説文解字卷十一】

◉馬叙倫　韻會二冬引作魚名似鮌牛。蓋字林文。【説文解字六書疏證卷二十二】

◉黄錫全　[glyph]鱅力恭切出郭顯卿字指　亯庸字通，説見自部庸。此字右旁乃石經庸字古文[glyph]寫譌，原當作[glyph]。前白部《義雲章》

鯽 鮐 鮊

庸作𠦝，譌與此同。[古文]又為[古文]（拍敦蓋）譌變。【汗簡注釋卷五】

[古文] 義雲章【古文四聲韻】

◉許　慎　鯽烏鰂。魚名。从魚。則聲。昨則切 鯽鰂或从即。【説文解字卷十一】

◉馬叙倫　鍇本及韻會十三職引作烏鰂也。蓋本訓魚也。魚名烏鰂也字林文。或字出字林也。

鯽　即則音同精紐。故鰂轉注為鯽。【説文解字六書疏證卷二十二】

◉許　慎　鮐海魚名。从魚。台聲。徒哀切。【説文解字卷十一】

◉馬叙倫　段玉裁曰。名當依史記貨殖傳正義漢書注文選注作也。倫按蓋本作魚名海魚也。字林文。許當止訓魚也。字見急就篇。【説文解字六書疏證卷二十二】

[古文] 石碣汧殹　又鰟又鮊白帛通用同石兩白字皆作帛【石刻篆文編】

◉許　慎　鮊海魚名。从魚。白聲。旁陌切。【説文解字卷十一】

◉强運開　[古文]　薛尚功趙古則均釋作鯿。音綿。鄭漁仲作鮊。音白。潘迪今按。叶韻音綿。張德容云。按此當即鮊。説文鮊。海魚也。讀若書白不黑。運開按。此字以白作帛例之。自係籀文鮊字。薛趙潘三氏叶韻音綿亦是也。【石鼓釋文】

◉馬叙倫　鈕樹玉曰。繫傳有讀若書白不黑。墨訓書墨。疑是讀書墨之墨。段玉裁曰。太玄。昆次三日。白不黑。不相親也。疑用此語。承培元曰。白不黑當是才生霸之譌。故集韻亦音步化切。倫按疑本作讀若揚雄書白不黑。然是校者所加。【説文解字六書疏證卷二十二】

◉朱歧祥　[古文]从魚自聲，隸作鮊，魚名，即《説文》鮊字：「海魚也。」卜辭習言「[古文]鮊」，作為祭品。

《乙8317》庚申卜，賓貞：勿唯[古文]。

《前5・39・7》癸丑卜貞，[古文][古文]、羊，唯牛。

鰒 鮫 鱷 鯁

《天24》☐㱿☐報甲☐黧[illegible]☐不雨。帝☐受我年。二月。【殷墟甲骨文字通釋稿】

鰒

◉許　慎　鰒海魚名。从魚。复聲。蒲角切。【説文解字卷十一】

◉馬叙倫　後漢書伏隆傳注引郭璞注三倉。鰒。似蛤。偏著石。太平御覽九百卌六引作三倉。【説文解字六書疏證卷二十二】

鮫

◉許　慎　鮫海魚。皮可飾刀。从魚。交聲。古肴切。【説文解字卷十一】

◉馬叙倫　鈕樹玉曰。韻會魚下有也字。倫按字或出字林也。【説文解字六書疏證卷二十二】

鱷

鯨竝出馬日磾集羣書古文【汗簡】

馬日磾集并羣書古文【古文四聲韻】

◉許　慎　鱷海大魚也。从魚。畺聲。春秋傳曰。取其鱷鯢。渠京切。鯨鱷或从京。【説文解字卷十一】

◉馬叙倫　鯨　宋保曰。京聲。猶麠重文作麖也。倫按鱷鯨聲同陽類轉注字。此二字疑並出字林也。【説文解字六書疏證卷二十二】

◉黄錫全　鯨並出馬日磾集羣書古文　《説文》鱷字或體作鯨，此从畕作，與彊字作(頌毁)、(秦公鎛)、(五祀衛鼎)，也作(後下4·7)、(盂鼎)、(不嬰毁)類同。【汗簡注釋卷五】

鯁

◉許　慎　鯁魚骨也。从魚。更聲。古杏切。【説文解字卷十一】

◉馬叙倫　禮記內則釋文引字林。魚骨也。則此字林文。或字出字林也。【説文解字六書疏證卷二十二】

鱗

白鱗【漢印文字徵】

華嶽碑【古文四聲韻】

◉許　慎　鱗魚甲也。从魚。粦聲。力珍切。【説文解字卷十一】

◉馬叙倫　魚甲也蓋字林文。許當以聲訓。【説文解字六書疏證卷二十二】

鮏

3·605　豆里鮏【古陶文字徵】

◉許　慎　鮏魚臭也。从魚。生聲。臣鉉等曰。今俗作鯹。桑經切。【説文解字卷十一】

◉馬叙倫　説文疑曰。鮏為魚臭。則從魚者義長。作腥者贅。桂馥曰。臭當為殠。王筠曰。此字當刪。通俗文。魚臭曰胜。則胜足以攝之。何須為魚專作一字。【説文解字六書疏證卷二十二】

鱢

◉許　慎　鱢鮏臭也。从魚。喿聲。周禮曰。膳膏鱢。穌遭切。【説文解字卷十一】

◉馬叙倫　説文疑曰。肉部有臊字。何得從魚作鱢。倫按鮏鱢音同心紐轉注字。鮏臭也衍臭字。或鮏為上文鮏下隸書複舉字。此捝魚字。鮏鱢二字疑並出字林。【説文解字六書疏證卷二十二】

鮨

◉許　慎　鮨魚胳醬也。出蜀中。从魚。旨聲。一曰。鮪魚名。旨夷切。【説文解字卷十一】

◉馬叙倫　段玉裁曰。鮪當作鮨。倫按唐寫本切韻殘卷六脂引作魚指醬。一曰魚名。倫謂胳訓豕肉醬。則訓魚醬不必有胳字。豈本訓胳也。校者加魚醬也。傳寫譌如今文邪。爾雅釋文引字林。鮨。止尸反。此字蓋出字林。【説文解字六書疏證卷二十二】

鮺

◉許　慎　鮺藏魚也。南方謂之魿。北方謂之鮺。从魚。差省聲。側下切。【説文解字卷十一】

◉馬叙倫　嚴章福曰。影宋書鈔百四十六引篆作鮺。白部魯下作鮺聲。疑此從魚差聲。衍省字。沈濤曰。玉篇。鱸。籀文鮺。

今本書奪此篆。倫按藏魚也者。今杭縣謂之鮺。音随字譌。然此字林文。南方以下十字校語。或亦字林文。本訓捝矣。玉篇之鱸。蓋從𧆞。苴聲。【說文解字六書疏證卷二十二】

魿

◉許慎　魿鮺也。一曰。大魚為鮺。小魚為魿。从魚。今聲。徂慘切。【說文解字卷十一】

◉馬叙倫　段玉裁曰。一曰十字當依廣韻移併於鮺下。倫按鮺音照紐。古讀歸端。魿音從紐。古讀從紐歸定。端定同為舌尖前破裂音。魿從今得聲。今音見紐。端見同為清破裂音。故鮺轉注為魿。一曰十字假說是。然亦校語。蓋謂藏魚之大者為鮺。小者為魿也。此字或出字林。【說文解字六書疏證卷二十二】

鮑

鮑　从革从陶　鞄鎛　鞄字重見【金文編】

鮑建之印　鮑賢　鮑賞　鮑涂　鮑果　鮑奮之印　鮑昌私印　鮑君功印　鮑印□□

鮑安成　鮑賞　鮑免孺印　鮑更【漢印文字徵】

◉許慎　鮑饐魚也。从魚。包聲。薄巧切。【說文解字卷十一】

◉馬叙倫　鈕樹玉曰。六書引唐本瘞魚也。孔昭孔曰。饐疑當作殪。倫按字見急就篇。殪魚也疑非本訓。【說文解字六書疏證卷二十二】

◉林潔明　齊鎛　容庚收為鮑字。無說。潘祖蔭釋為鞏。按字从㠯从匋从革。甚明晰。潘說非。字从革匋聲。匋从勹聲。容讀為鮑。可从。惟字不从魚作。不應收入魚部。【金文詁林卷十一】

魿

◉許慎　魿蟲連行紆行者。从魚。令聲。郎丁切。【說文解字卷十一】

◉馬叙倫　桂馥曰。者當作皃。廣韻。魿。連行皃。鄭注考工記。連行。魚屬。紆行。蛇屬。王筠曰。此字此說均可疑。鄭注考工記依經分為兩種。許不應合而為一。孫詒讓曰。魿之為蟲。經典無見。文連行紆行見考工記注。一蟲不得兼兩行。疑許意以魿為水蟲之通名。似當為鱗之別體。倫按蓋本作蟲也。連行魚屬。紆行蛇屬。此吕忱或校者據考工記鄭注加也。

孫說可從。聲同來紐。或轉注字。憐古書或作伶。其例證也。然本部鱷字以下頗多非許書本有。此或亦然。【說文解字六書疏證卷二十二】

鰕 [seal]

[oracle] 乙8892 [oracle] 前6·50·5 【續甲骨文編】

◉許 慎 [seal]魵也。从魚。叚聲。乎加切。【說文解字卷十一】

◉葉玉森 [oracle] 此字从魚身而前有二長足。疑即鰕字。爾雅。鰝。大鰕。楚辭。从蝦孑遊渚。注。蝦小魚也。古蓋認鰕為魚類。字當从魚。卜辭象形尤肖。又同葉之[oracle]。卷七第八葉之[oracle]。似竝為鰕之變體。殷契鉤沈。【殷墟書契前編集釋卷六】

◉馬叙倫 段玉裁曰。此字今作蝦。魵也當作鰕魚也。今作魵也者。由釋魚有魵鰕之名。郭注出穢邪頭國。與說文魵解同。淺人遂改鰕篆之解為魵也。錢坫曰。許以鰕與鰝類。則此鰕似非魵矣。此注或後人改之。葉玉森曰。甲文有[oracle]。疑即鰕字。倫按蓋本訓豭也魵也。魵也者。吕忱或校者據爾雅增。唐人删本訓耳。爾雅鰕魵也者。鰕音匣紐。魵音奉紐。叚鰕為魵。同為次濁摩擦音也。甲文之[oracle]。蓋由原始象形字而變。或從魚。[glyph]聲。[glyph]蓋[glyph]或[glyph]之變耳。字見急就篇。【說文解字六書疏證卷二十二】

鰝 [seal]

◉許 慎 [seal]大鰕也。从魚。高聲。胡到切。【說文解字卷十一】

◉馬叙倫 鰝鰕音同匣紐轉注字。大鰕也蓋字林文。字或出字林也。【說文解字六書疏證卷二十二】

鮥 [seal]

◉許 慎 [seal]當互也。从魚。咎聲。其久切。【說文解字卷十一】

◉馬叙倫 吴穎芳曰。郭璞說似鯁。而大。鱗肥。多鯁。似即鮒魚。鈕樹玉曰。釋魚作當魱。郭注。海魚也。玉篇無鮥有鯦。適當說文鮥字之次。音更白切。海魚也。蓋以鯦當鮥。廣韻入聲陌有鯦。注云。海魚。似鯁。肥美。亦不收鮥。釋魚。鮥。當魱。釋文云。鮥。字林作鮥。音格。云。當魱也。顧作鮥同。按說文鮥鮥二字與釋魚合。字林則互易。然字林雖有增字。其餘當本說文。今不同者。疑鮥字本出字林。故玉篇廣韻不收。說文鮥字疑本是鯦。字林亦當是鯦。故釋文音格也。倫按鈕謂說文本是鯦字林亦當是鯦。倫疑字本作鯦。出字林。傳寫省木。釋文引作鮥者。又省其人也。此作鮥者。由爾雅既誤

鰌為鰌。校者復依雅文改耳。當互者。鰌之俗名。蓋生海中。魚類而非魚也。疑即今所謂魧魚。似烏鰂者也。故次鰝下魧上。爾雅郭注以為海魚。不誤。而謂似鯾而大。鱗肥美多鯁。集韻以為時魚。則誤。時魚産江中。淡水魚也。王筠謂許説為何物不可知。而必與郭説異。是也。【説文解字六書疏證卷二十二】

◉許　慎　魧大貝也。一曰。魚膏。从魚。亢聲。讀若岡。古郎切。【説文解字卷十一】

◉馬叙倫　桂馥曰。釋魚。貝大者魧。釋文。字林作蚢。云。大貝也。一曰魚膏者。淮南萬畢術。取魧脂為燈。置水中。即見諸物。劉秀生曰。亢聲岡聲並在見紐唐部。故魧從亢聲得讀若岡。周禮夏官馬質。綱惡馬。注。鄭司農云。綱讀為以亢其讎之亢。書亦或為亢。是其證。倫按大水為沆。大貝為魧。語原同也。然大貝也蓋字林文。一曰魚膏校語。據釋文則當有重文作蚢。【説文解字六書疏證卷二十二】

鮩 鮩克用印【漢印文字徵】

汧殹　黄帛其鰟【石刻篆文編】

◉許　慎　鮩蚌也。从魚。丙聲。兵永切。【説文解字卷十一】

◉吴大澂　古鮩字。石鼓。【説文古籀補卷十一】

◉馬叙倫　吴穎芳曰。蚌之轉語。倫按蚌之轉注字也。【説文解字六書疏證卷二十二】

◉許　慎　鮚蚌也。从魚。吉聲。漢律會稽郡獻鮚䱡。巨乙切。【説文解字卷十一】

◉馬叙倫　嚴可均曰。御覽九百四十一廣韻五質引作會稽獻鮚醬二升。隸書斗為什。因譌為升。此捝二斗二字。周雲青曰。唐寫本玉篇及唐韻五質皆引作漢律會稽郡獻鮚醬二升。倫按漢律以下吕忱或校者所加也。鮚音見紐。鮩音封紐。封見同為清破裂音。蓋轉注字。【説文解字六書疏證卷二十二】

鮅

◉許　慎　鮅魚名。从魚。必聲。毗必切。【說文解字卷十一】

◉馬叙倫　段玉裁曰。自鮅至魼。十篆。蓋非許書本有。倫按爾雅釋文引字林。鮅。魴也。鮅音竝紐。魴音奉紐。古讀奉歸竝。是轉注字也。【說文解字六書疏證卷二十二】

鱹

◉許　慎　鱹魚名。从魚。瞿聲。九遇切。【說文解字卷十一】

◉馬叙倫　鈕樹玉曰。玉篇廣韻並無。按玉篇自鮅至魼十字疑盡挩去。為後人補。故散見俗字中。【說文解字六書疏證卷二十二】

鯸

◉許　慎　鯸魚名。从魚。侯聲。乎鉤切。【說文解字卷十一】

鯛

 165  190【包山楚簡文字編】

◉許　慎　鯛骨耑脃也。从魚。周聲。都僚切。【說文解字卷十一】

◉馬叙倫　承培元曰。小徐作魚骨耑脃。疑當作魚也一曰骨耑脃。故鍇曰。小魚。篇韻皆曰魚名。倫按承說是。蓋本作魚名。字出字林也。一曰五字校語。鯛蓋鯈之轉注字。故鍇以為小魚。【說文解字六書疏證卷二十二】

⿰魚卓

◉許　慎　⿰魚卓烝然⿰魚卓⿰魚卓。从魚。卓聲。都教切。【說文解字卷十一】

◉馬叙倫　鈕樹玉曰。玉篇廣韻並無。疑後人增。朱駿聲曰。疑即罩之或字。集韻魚名亦無依據。倫按以詩詞為訓。亦後增之證。以音求之。或鯛之轉注字。【說文解字六書疏證卷二十二】

鮁

◉許　慎　鮁鱣鮪鮁鮁。从魚。犮聲。北末切。【說文解字卷十一】

◉馬叙倫　段玉裁曰。按毛詩。鱣鮪發發。傳。發發。盛皃。音義云。補末反。韓詩作鱍。是作鮁者。非毛非韓。不可信。

又不言其義。篇韻皆無鮁字。其可疑如此。承培元曰。此篆為鱍之譌。王筠曰。荀子榮辱篇。鯈𩵦者。浮陽之魚也。注。今字書無𩵦。字當為鮁。説文云。即鱣鮪鮁鮁字。蓋儵魚一名儵鮁。據此知唐本説文已有鮁字。倫按承説是也。發字草書為犮。故傳寫為鮁。因改篆也。亦或鱍正鮁重。或鮁正鱍重。今失鱍字。鮁鱍為轉注字。鮁亦或鯙之轉注字。鮁音封紐。鯙音端紐。同為清破裂音也。今杭縣呼白棹魚。即鮁鯙魚也。【説文解字六書疏證卷二十二】

鮇

◉許　慎　鮇鯕魚。出東萊。从魚。夫聲。甫無切。【説文解字卷十一】

◉馬叙倫　蓋本作魚名出東萊。此字出字林。傳寫誤將鯕下隸書複舉字入於此下。轉捝名字。【説文解字六書疏證卷二十二】

◉朱歧祥　832.鮇　从魚从大，隸作鮇。由形構言，或即《説文》鮇字：「鯕魚出東萊。」；由字義言，或相當鱷，俗作鯨，海大魚也。卜辭僅一見，字形未能盡明。借用為附庸名，其酋封為伯。

《南明472》乙酉貞：王其令羽以从鮇伯☐叶王事。【殷墟甲骨文字通釋稿】

鯕

◉許　慎　鯕魚名。从魚。其聲。渠之切。【説文解字卷十一】

◉馬叙倫　鍇本作魚名也。豈此字許書本有。本訓魚也。吕忱加魚名。傳寫捝失。校者補於此邪。下文鮡同。【説文解字六書疏證卷二十二】

鮡

◉許　慎　鮡魚名。从魚。兆聲。治小切。【説文解字卷十一】

◉馬叙倫　王筠曰。鮡篆説解中有此字。而不類列。知此字許所本有。捝失之後。或拾補之。而不附鮡鱯立其説解。亦非許例矣。倫按鮡下説解中其小者名鮡。乃字林文或校語。【説文解字六書疏證卷二十二】

魤

◉許　慎　魤魚名。从魚。匕聲。呼跨切。【説文解字卷十一】

 鱻　汗簡釋鮮出尚書　公貿鼎　【金文編】

 3·915　獨字　【古陶文字徵】

◉許　慎　鱻新魚精也。从三魚。不變魚。徐鍇曰。三。衆也。衆而不變。是鱻也。相然切。【說文解字卷十一】

◉林義光　三魚非不變之意。鱻。色鮮明也。黨說文云不鮮也。从黑則鮮為色鮮明。魚者鮮物。鱻象魚多色鮮。經傳多以鮮為之。古作。公貿彝。【文源卷六】

◉丁佛言　　叔氏鼎。許氏說新魚精也。从三魚。不變魚。案。鮮明新鮮皆應作鱻。【說文古籀補補卷十一】

◉馬叙倫　王筠曰。不變魚下文義不完。似有挩字。倫按新字乃校者注以釋鱻字之音者也。魚精即魚鯖。然從三魚不見為魚鯖之義。蓋挩鯖篆。說解中亦挩從魚青聲。不變魚下亦如王說。蓋校語。此下挩本訓。鱻與焱麤同例。為魚之茂文。聲類。鱻。小魚。貿鼎作。【說文解字六書疏證卷二十二】

◉高鴻縉　說文鱻。新魚精美者也。从三魚。不變魚。相然切。段玉裁曰。周禮𩺰人。辨魚物為鱻薧。鄭司農曰。鮮。生也。薧。乾也。按此即新鮮之鮮之本字。狀詞。【中國字例四篇】

◉李孝定　鱻从三魚，所謂數多略不過三之意，三隹為雥，三虫為蟲，皆狀其多，三魚當亦此意，許君以新鮮解之，恐是後起之義。【金文詁林讀後記卷十一】

◉徐　鉉　鰈比目魚也。从魚。枼聲。土盍切。【說文解字卷十一新附】

◉徐　鉉　魮文魮。魚名。从魚。比聲。房脂切。【說文解字卷十一新附】

鰩　鱻　𤅩

◉徐　鉉　䱇文鰩。魚名。从魚。䍃聲。余招切。【説文解字卷十一新附】

◉許　慎　鱻二魚也。凡鱻之屬皆从鱻。語居切。【説文解字卷十一】

鱻牛於切【汗簡】

◉馬叙倫　吴穎芳曰。㷫之例也。同魚。鈕樹玉曰。繫傳二魚也下有闕字。玉篇廣韻引無。饒炯曰。説文疊體字。其音與所疊之字同者。蓋後世用字尚别。而分其重文以專一義。是也。如説鱻為二魚。而讀又與魚同。其為一字固無疑。以李氏摭古遺文所録魚作鱻及部中𤅩重文作漁證之。則鱻為魚之重文亦有據矣。倫按魚之茂體也。以有𤅩字屬之。故為部首。【説文解字六書疏證卷二十二】

甲一〇八五　鐵一八四·一　拾二·五　前一·二五·二　前五·四四·二　前五·四四·四　前七·九·一　前七·一三·三　後一·二七·二　後一·二八·一一　林一·七·五　粹八七七　粹一二六三　續三·四七·三　續三·四七·四　寧滬二·四八　簠人九〇　佚六五六　佚九〇二　佚九二六　前六·五〇·七　从四魚　京津一五一六　佚五二四　佚九〇二　鄴初下·四四·八　甲三六六〇　或从又持竿取魚　燕五二五　寧滬一·三三一　前五·四五·四　後二·一二·一八　甲三九一三　或从手持網網魚　後二·三五·一　粹一三〇九　粹一五六五【甲骨文編】

甲1085　3660　3913　乙7191　佚44　藏264·2　佚656　770　佚810　藏231·1　佚902　續3·47·4　戩43·7　佚926　續1·20·5　徵3·180　藏167·3　續1·28·6　佚52　續1·29·1　2·

74 續3·410 徵4·89 續3·47·7 續3·48·2 戩43·6 續3·48·3 續3·48·4 戩43·9 續3·49·5 6·10·9 徵4·90 京3·30·2 古2·7 凡20·2 鄴三42·2 六中57 續存294 1071 掇142 粹1263 1309 粹1565 新1515 新807 1516 3512 卜748

【續甲骨文編】

漁　从魚从廾以手捕魚也　簋文　卣文　通簋　乎漁于大池　井鼎　王漁于　从又从舟

【金文編】

【古陶文字徵】

漁　說文所無　日甲一三八　【睡虎地秦簡文字編】

讀為漁重文　毕田(?)—(乙1—17)　【長沙子彈庫帛書文字編】

漁陽右尉　漁陽長平候　漁陽太守章　【漢印文字徵】

汧殹　君子瀀之　說文瀀或省作漁此从又〃手也與甲骨文同　【石刻篆文編】

漁見說文　上同出李尚隱字略　【汗簡】

演說文　李商隱字略　古文　王存乂切韻　【古文四聲韻】

◉許　慎　捕魚也。从𩵋。从水。語居切。篆文瀀从魚。【說文解字卷十一】

◉吳大澂　古漁字。从魚从水从又。以手捕魚也。石鼓。君子漁之。小篆作。又作。【說文古籀補卷十一】

◉孫詒讓　龜文簡略，紀日以外，閒有及人名字者，多紀占卜之人，亦有為其人而卜，若大卜八命之與者，今并録之得廿餘人。有

曰「子漁」者，如云：「貝𠨧子𩵋于□」，百廿四之二，上又別有一「羊」字。「壬申卜完貝乎子𩵋之于□」，百八十四之一。「□子𩵋之象」，二百四十二之三。「貝于子𩵋□之从」，二百五十三之二。「□酉□貝子𩵋之㫚于女戊酒」，二百六十四之一，又二百卅一之一云：「□子𩵋之㫚于」，百八十五之二云：「之㫚于」，并與此同，而文有闕。「乙子酒子𩵋其」，二百六十五之三。攷《説文·𩺰部》云：「瀺，博魚也，从𩺰水。篆文作漁，从魚。」是古文瀺从二魚，小篆省从一魚，此文亦止一魚，或即小篆之濫觴與。但象形較緐，與秦篆不同。攷金文魚作伯魚敦，魚父癸鼎，與此略同。足證古文象形之精，小篆省變殊失其本意。【契文舉例】

●羅振玉　瀀。説文。瀺。捕魚也。从魚。从水。篆文从魚。作漁。又籀古文作魰。商人卜辭漁亦作。从又持釣綸以取魚。周禮漁人作𢿙人。亦从又。廣韻魰同漁。从攴。乃手持綸之誤。葢魰魰魰𢿙並是漁字。此从寸者。即又之變。古文从又从寸不別。【石鼓文考釋】

●林義光　石鼓作。象手在水中取魚形。【文源卷六】

●王　襄　　古籀字，説文籀或作魰，从又魚聲。【簠室殷契類纂正編卷五】

●王　襄　　説文解字：「瀺，搏魚也。从𩺰水，漁，篆文瀺，从魚。」段注云：「然則古文本作魚，作𩺰、瀺其籀文乎。」周禮𢿙人音義：「𢿙音魚，古又作魚，亦作魰，同。又音御。」契文之漁，最初為，蓋先民見水中有魚，搏而食之。始製此字，所謂魚獵時代。四魚者，言其多，其人之知識，知四為極數，故以四狀之，與三人為众立、三隹羣鳥、三馬為衆馬誼同。漸衍用為手搏魚之，漁鱓作，漁敦作，从从，與同誼。更衍為手持竿絲釣魚之，漁鼎作，漁還鼎作，為手舉網取之形，終則用，由所脱化為簡體，而許書之瀺亦之簡體。通敦作，从魚从水从収，石鼓作，从魚从水从、、與同為爪之省，即手、、亦訓手，均有搏誼。【古文流變肊説】

●高田忠周　説文。。捕魚也。从𩺰。从水。小篆作。朱氏駿聲云。按𩺰亦聲。此大篆也。小篆魚亦聲。按此説為是。然古文已有从一魚。小篆非初从省也。禮記月令。命漁師始漁。詩魚麗傳。獺祭魚然後漁。此皆字本義也。又漁與籀音義並相近。故經傳或作𢿙作魰。並皆魰字緐文。魰古文籀字也。又漁字轉義。管子法禁篇。漁利蘇功是也。漁魰亦通。【古籀篇一百】

●羅振玉

此从魚从水者。與許書篆文同。或从水。中四魚。其文曰王漁。知亦為漁字矣。或又作魰。从又持絲从魚。象漁釣形。石鼓文漁字作。周禮漁人作𢿙。人均从又。則魰為漁無疑。許君以魰為籀之古文。殆不然矣。其作魯者。文曰在圃漁。

故知亦為漁字。或又作手持綱或省水徑作魚。【增訂殷虛書契考釋卷中】

◉丁　山　𩺰之屬有□字。但在石鼓文作□。遹敢作□。皆象手入水中取魚形。卜辭或從网作□後編下第卅五葉。捕魚之意尤顯。漁皆非從二魚也。卜辭漁一作□殷契六第五十葉。雖從四魚。與一魚同誼。亦不得謂漁字古從衆魚也。則漁可歸諸魚部。其所從𩺰字。亦魚之古文奇字或籀文。猶水林泉𩺰之例矣。【説文闕義箋】

◉商承祚　□　説文𩺰。「捕魚也。从𩺰从水。篆文从魚作漁。」此又作四魚泳水中。文曰「王漁。」故知同字。金文遹敢作□。从廾。石鼓文作□。从寸(寸與又同義。)則象以手捕魚。【甲骨文字研究下編】

◉商承祚　□　□字。卜辭恒見。以文義繹之。亦是漁字。與魯同為變體。从八 ㅂ 皆象取魚之具。【殷契佚存】

◉孫海波　□,甲三六六〇。或从又持竿取魚。【甲骨文編】

◉葉玉森　孫詒讓氏誤録藏龜第二百二十三葉二版之□作□。因釋䱙。羅氏釋□為䱙即漁。是也。【殷虛書契前編集釋卷五】

◉强運開　□　薛尚功趙古則楊升庵均釋作漁。羅振玉云。説文。𩺰。捕魚也。从𩺰从水。篆文从魚作漁。又籞古文作䱙。商人卜辭漁亦作□。从又持釣綸以取魚。周禮。漁人作𩻭人。亦从又。廣韻。魰同漁。从攴乃手持綸之誤。蓋魰䱙魰𩻭並是漁字。此从寸者即从又之變。古文从又从寸不別。運開按説文長箋云。石鼓。君子漁之。从魚从水从又。三體會意亦象形。後人妄臆。誤以又字為二體之重文。遂改作𩺰。説雖近。是惟鼓文乃从寸非从又。長箋之説。亦未可信。又按遹敢漁字作□。从□與从又从寸同意。【石鼓釋文】

◉金祖同　䱙即捕魚之漁之本字。即周禮漁人之𩻭。【殷墟卜辭講話】

◉郭沫若　第一五六五片　「弜鮻……」鮻是漁之異。

「……其□……」□象兩手張網以捕魚之形,當即漁字之異。【殷契粹編考釋】

◉馬叙倫　王筠曰。玉篇漁在魚部。有𩻭魰漁三文。文選西京賦注引説文。魰。捕魚也。據此。謂今本捝魰篆固可。然注家依文訓義。以賦之魰即説文之𩺰。而引其注。亦時所有。徐灝曰。竹部籞之重文作䱙。從又。從魚。即捕魚之義。倫按周禮漁師字作𩻭。從攴。𧇯聲。甲文之□齊侯鎛之□即𧇯字。本書無𧇯字。𧇯蓋從魚。虍聲。為魚之轉注字。古讀魚如吾。齊侯鎛。保𧇯兄弟。即保吾兄弟。唐寫本尚書。魚家旄遜于荒。日本古寫本周書。魚有民有命。亦皆借魚為吾。可證也。故魚之轉注字可作𧇯。從虍得聲也。𩻭從攴者。猶今言打魚矣。或本從又。轉寫為攴。猶叙字金甲文皆從又作。數𩻭諸文

字皆當從又也。或如甲文作□。從又。從魚。□則釣魚繫也。指事。傳寫為魰。異文作□耳。甲文有□□□□詞皆為捕魚之義。其從网從又從魚為會意最明。石鼓文作□。遹敢作□。則從魚從水從又。或從兩手。亦會意。若此從水從𩺰甲文從林從四魚者。莊有可以為蓋以積魚水中會意。然實止見魚在水中。不明捕魚之意。或省文。或從水。魚聲。別有本義。今失之也。捕魚也亦非本訓。古書多言取魚。如選注引則有重文作魰。

𩺰　從魚校者加之。字蓋出石經。甲文作□□□□□。【說文解字六書疏證卷二十二】

◉丁　山　子漁之後。是為漁氏。由字面推尋。漁氏宋地。宜在今河北密雲縣境。由文字的聲音通假看。春秋時代的句吴。文獻裡一稱攻吴。吴王夫差一稱工□(者減鐘)。一稱攻敔(吴王元劍)。吾魚兩字。自古音近字通。我認為商代的漁民可能即戰國時代的齊國的梧邱。按世本齊國的大夫有虞邱氏。其舊地當即東阿縣西的魚山。亦即水經注之吾山。魚山名正。應於梧邱即商子漁氏所在矣。【(子)漁氏　甲骨文所見氏族及其制度】

◉饒宗頤　𩵋字為動詞，京津三七三〇：「貞不其𩵋。」前編四・二二・二方卜「貞不其魚。」文同而字異，魚之作𩵋，其上益八形者，為飾文，如貍之作□，屮之作□矣。葉氏商氏皆謂𩵋魚一字。是也。

「□寅卜，𡆥貞：羽丁卯。𩵋益鬯。之日……」(續編五・一九・四)按「𩵋益鬯」語亦見于大之卜辭(遺珠三九三)。𩵋或指宗廟薦嘉魚以享。他詞云：「戊寅卜貞：𩵋彡，歲。自母辛衣。」(前編一・三〇・四)𩵋亦祭名。

說文竹部：「篽，禁苑也。春秋傳曰：『澤之目篽。』魰，篽或从又，魚聲。」許君以魰為篽之或體，然其字已見于殷時。魰或為地名，他辭云：「貞：弗其𢀛，九月，在魰。」(前編五・四五・四)亦稱魰𩵦，辭云：「王受又又，……卜又戠，其□，在魰𩵦，隹中田。」(寧滬一・三三・一)魰亦可作禁苑解，西京賦：「洪池清籞。」漢書宣帝紀：「池籞，」亦稱「園籞。」(宋書禮志)蓋于池苑中，以竹緜聯之為禁篽也。元帝紀言：「嚴籞池田。」晉灼注：「射苑也。」此辭亦可解作王在射苑，當為漁獵時事。【殷墟貞卜人物通考卷十三】

◉屈萬里　張衡西京賦：「逞欲畋魰。」注：「魰，捕魚也。」按：字與周禮之□字同，亦即通用之漁字也。【殷墟文字甲編考釋】

◉石志廉　灥字从水从魚从舟从又。四字合成。似人乘舟于水中。以手捕魚之形。灥乃漁之繁體字。卜辭作□(殷墟書契前編卷貳二五)，□(殷墟書契前編卷伍・四四)，□(殷墟書契前編卷伍四五)，□(同上)，□(殷墟書契後編卷下三五)，有的从魚从水，有的从魚从又，有的从魚从网从又。遹毁作□，石鼓文作□，从水从魚从又，形均相近。周禮漁人作□人，亦从又。則魰即漁字。又古時魚漁往往不分，可互假通用，故漁又可作魚字解。【楚王孫灥(魚)銅戈　文物一九六三年第三期】

◉考古所 ：即漁字之異構。漁，从水从魚。此字之表示河，亦當為从魚从水。粹一二六三有子，為武乙卜辭，與武丁時之子漁殆都出自漁族。【小屯南地甲骨】

◉李孝定 漁訓捕魚，當从遹簋作「瀂」為正，象兩手於水中取魚，省作「𩵋」，猶存捕取之義，井鼎作「漁」，為篆、隸所自昉，而其義不完矣。【金文詁林讀後記卷十一】

◉姚孝遂 肖 丁 卜辭「魚」、「漁」、「瀂」、「鮻」諸字在形體及涵義上都有嚴格的區分。

「魚」通常為名詞，與後世之用法同。有時假作「魯」，訓作「嘉」，在卜辭其形體亦作「魯」。

卜辭的「漁」則但用作人名，與後世之漁有別。

前65007：「……王瀂，十月」。瀂，動詞，即後世之「漁」。

粹1309：「其鮻」；粹1565：「弜鮻」，郭沫若先生謂「鮻象兩手張網以捕魚之形」，這是對的；但又謂「當即漁字之異」，則不够確切。在卜辭「鮻」與「漁」的形體及用法均有別，不是一字之異。

屯南3060：「弜鮻」，其形體與辭例均與粹1565同，用作動詞，蓋張网以捕魚之專用字。【小屯南地甲骨考釋】

◉朱歧祥 从魚在水中，隸作漁。《說文》：「捕魚也。」卜辭借為武丁子名。

《續1·29·1》貞：翌乙未呼子出于父乙：宰。

《後上28·11》貞：叀子奠于大丁。

亦漁字象形。甲文作動詞用，謂捕魚。卜辭多言「王漁」。字畫味極濃，此為文字早期由繪圖過渡為結體方塊的痕迹。古人仰觀俯察，近取諸身，遠取諸物，繪圖以表事。圖畫結體由複雜因習用而趨於簡化綫條，漸因與語言發生關係，分別用一單個圖形代表語言中一個個獨立聲音單位，繼而圖形約定俗成為筆劃大致統一之結體文字。

《前6·50·7》☐王十月。

象人手持魚桿吊魚之皃，隸作魰。意即《說文》漁字。卜辭為地名，見第二期甲文《京3512》壬辰卜，出貞：今夕亡禍。十月。在。

象魚游水中，隸作漁。卜辭用作殷水名。

《前4·13·5》☐其來水☐五月。

字形與用作人名的、動詞捕魚的稍異。【殷墟甲骨文字通釋稿】

𣞤

◉黄錫全　漁見說文　漁字古作(粹877)、(前6·50·7)、(漁白毁)、(井鼎)。《說文》「篆文」作，正篆作。胡光煒認為「瀲兼古籀」(《說文古文考》)。夏韻魚韻注出《演說文》。鄭珍認為此形「移篆」。

上同出李尚隱字略　鄭珍云：「䱋見《周禮》，省作魰，見《西京賦》，皆漁別體。」古漁字或从作(卣文)、(適毁)、(石鼓文)，䱋作(沇兒鐘)。从一魚二魚不別。从與从攴同。如啟字作(番生毁)，也作(召卣)，扶字作(叔卣)，也作(說文古文)。《一切經音義六》漁，古文䱋。【汗簡注釋卷五】

◉高　明　子罡(考古學報1981·4)，同名禮器還有一尊。子後一字甲骨文寫作或，即漁字之古體，卜辭載有「貞叀子漁烝于大丁」(後上28·11)、「貞翌乙卯乎子漁㞢于父乙」(拾2·5)、「癸巳卜㱿貞子漁疾目福告于父乙」(佚524)，子漁與子的情況相同，都是商王族成員的名字，他們都可參與祭祀商王族的先公先王，而子畫、子、子韋，他們雖亦以子稱，但不是王族，而是外姓氏族，彼此的情況不同。【「圖形文字」即漢字古體說　第二屆國際中國文字學研討會論文集】

甲9　276　1083　1418　1471　1709　1738　2436　2764　3200　3388　3515　3528　乙5327　8852　珠156　322　福7　佚48　864　續3·26·2　4·12·6　4·14·7　續5·26·5　徵8·106　續5·27·2　徵1·11　1·27　1·81　1·82　8·107　8·108　8·110　京3·31·4　4·11·1　録387　續存746　1939　鄴46·5　新1710　粹212　538　新3160　4810　乙3099　續5·9·1　徵11·55　續6·11·2　凡29·4　外96　甲806　807　2307　2431　續5·27·7　徵8·109　續4·24·8　佚323　續5·4·4　録386　599　鄴三385　【續甲骨文編】

𣞤令之印　𣞤次翁　史𣞤　𣞤子光　王𣞤　𣞤安季印　𣞤勳　𣞤明友印　𣞤幸

燕青首 蔡燕 縣燕 燕龔 燕德之印 【漢印文字徵】

禪國山碑 白燕 【石刻篆文編】

燕 【汗簡】

汗簡 【古文四聲韻】

◉許　慎　燕玄鳥也。籋口。布翄。枝尾。象形。凡燕之屬皆从燕。於甸切。【說文解字卷十一】

◉馬　昂　燕地貨錢文字

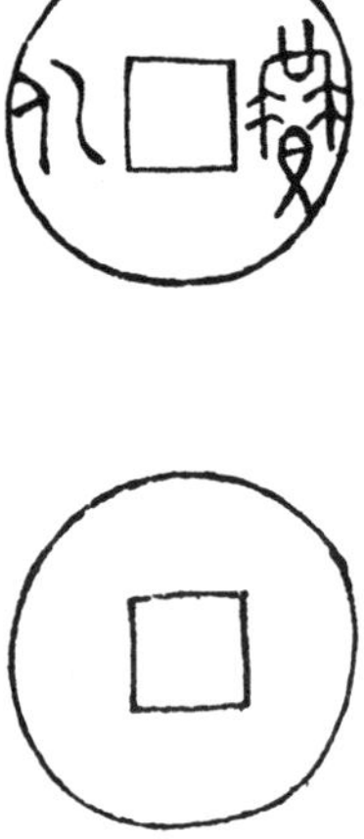

右面文二字曰燕貨。

按燕篆作。攈古遺文作。此作。从。即之省文。从。攈古遺文作。說文作。是為咽字之古文。燕因聲通咽。脂通作臙脂。會其聲意。顯然是燕字。即貨字。曰燕貨。明此貨為燕地所范也。其制形圜而函方。肉好有郭文。粗背平校筆迹多相類。為銅范所鑄。是為圜錢之剏。其剏時應在戰國之末秦始兼併之際。先開半兩圓錢之制。意必行此不久。故較他貨為少見。【貨布文字考】

◉吳大澂　古燕字。象燕處巢見其首。字从此。宴妟匽三字皆當从。許氏說妟安也。宴安也。匽匿也。皆燕安之義。小篆从日从女。形相近。而古義亡矣。經典通作燕。匽侯盉。匽侯鼎云。用作召伯父辛寶尊彝。匽召伯所封國。

匽侯旨鼎。【說文古籀補卷十一】

◉羅振玉

象燕籋口布翄枝尾之狀。篆書作。形稍失矣。卜辭借為燕享字。【增訂殷虛書契考釋卷中】

◉葉玉森　象飛燕逼肖。之異體作等形。準之文例類似同字。惟本辭二字在一辭內且為連

文。又似非一字。仍待商。【殷墟書契前編集釋六卷】

◉馬叙倫　沈濤曰。御覽九百廿二引象形下有齊魯謂之乞。作巢避戊巳五字。今奪。又引枝尾作岐尾。九十二引作枝尾。而亦有作巢避戊巳五字。廣韻卅二霰引亦有此五字。鈕樹玉曰。韻會𢻫作翅。丁福保曰。慧琳音義五十二引作玄鳥也籋口布𢻫枝尾象形也。二徐本𢻫譌為枝。章炳麟曰。乙泰部。對轉寒為燕。燕亦初文。倫按甲文作　　　　　　象燕飛之形。燕其變譌也。玄鳥以下九字及御覽所引皆校語。或字林文。許止訓鳥也。字見急就篇。【說文解字六書疏證卷二十二】

◉楊樹達　前編六卷四四葉之五云：「貞亩雨？」同片云：「貞亩吉燕？」又四五葉之一云：「貞亩燕？」按前辭以燕與雨對貞，後辭「貞亩燕」，與前辭「貞亩雨」語例同，蓋皆假燕為暳。說文日部云：「暳，星與今晴同。無雲也，从日，燕聲。」龜甲獸骨二卷十九葉十二版云：「亩燕。」同版亦有一雨字。吉燕蓋猶今言快晴。【燕　卜辭求義】

◉魯實先　燕於卜辭有二義。其一如羅振玉之說，借為燕享之燕。如云「丙寅卜㱿貞王往于福不冓雨　亩吉」續四·一四·七，「乙丑卜何貞王𡧊　　不冓雨　乙丑卜何貞王𡧊　　亩吉不冓□」佚·四八，是也。其云「□亥卜史貞王　　之日亩吉」前·六·四三·六，亦與佗辭所謂「翌乙未用羌用之日風」乙·一九四一同例。是不惟燕字相重，文義順適，且有文例相同者。此以文例證之，知　　胥為燕字也⊘。燕之第二義為方名。如云「己卯卜貞令　歸」前·五·二八·六，乃卜令燕方自歸其國也。如云「己巳卜㱿貞勿乎帚姘　　往　　」續三·二六·二者乎，猶佗辭之令帚姘。蓋井方之女酋　隸定為氏於，此辭讀如漢書司馬遷傳「李陵提步卒」之提。以氏提於古音同為益攝，故相通假。其全辭之義乃卜不令婦姘提燕方之師旅往殘𢦏方之吉凶也。⊘。燕方當為周之南燕，見左傳隱五年。即今河南延津縣。見詳通詮之四第六至十二葉釋燕。【釋燕　殷契新詮之四】

◉朱芳圃　　前四·一七·五　同上

上揭奇字，從王亥之亥作　證之，即燕字也。說文燕部：「燕，玄鳥也。籋口，布𢻫，枝尾。象形。」又乙部：「乙，玄鳥也。齊、魯謂之乙。取其鳴自呼。象形。鳦乙或从鳥。」章炳麟曰：「此二皆初文。語有陰陽，畫有疏密，遂若二文。」文始一·一〇。其說是也。燕乙肖其聲，玄鳥言其色。中加一横畫，與臭从大白，金文作　相同。

卜辭云：「己巳卜，貞帝　。貞帝　。三羊、三豕、三犬。」前四·一七·五。按此貞問祀高禖也。呂氏春秋仲春紀：「是月也，玄鳥至。至之日，以大牢祀于高禖。天子親往，后妃率九嬪御。乃禮天子所御。帶以弓韣，授以弓矢，于高禖之前。」禮記月令同。帝祀典之最隆者。燕高禖之神也。月令鄭注：「高辛氏之世，玄鳥遺卵，娀簡吞之而生契。後王以為媒官嘉祥而立其祠焉。」是其證。三羊、三豕、三犬，大牢也。高注：「三牲具曰大牢」。卜辭與傳記，恰相應合。【殷周文字釋叢卷中】

◉温少峰　袁庭棟　卜辭中有以「燕」字為氣象之詞者：

(35) 貞：叀(惟)雨？

貞：叀(惟)吉燕？(《前》六・四四・五)

(36) 貞：叀(惟)燕吉？(《陳》六)

(37) 貞：叀(惟)燕？(《前》六・四五・一)

(38) 貞：叀(惟)雨？燕？(《誠》九二)

楊樹達先生謂：上引(35)辭以「燕」與「雨」對貞，(37)辭與習見之「貞：叀雨」的語例相同，「蓋皆假燕為曣，《說文》日部云：『曣，星(此星為晴字義)無雲也。从日燕聲。』吉燕猶今言快晴。」(《卜辭求義》)楊說是。卜辭中用為氣象詞之「燕」，借作「曣」，表示「晴無雲」之義。【殷墟卜辭研究——科學技術篇】

◉張　標　□見《漢印文字徵》附録一，隸定為莪，闕釋。按燕字，小篆作□，許曰：「玄鳥也，籋口，布翅，枝尾，象形。」考此字不釋和不歸入燕之原因，殆為其中部較小篆有所省略也。但近年出土漢初古隸習見燕字，並皆有所省，如《戰國縱横家書》作□(3)、□(6)、□(32)；《老子甲本》作□(439)、□(143)；《孫臏兵法》作□(188)，故此字應歸入該書十一・十八燕字之下。【古文字劄記　考古與文物一九八八年第二期】

◉斯維至　先从天字的考釋談起。此字卜辭金文俱見，尤其是它與亞箕族徽合在一起，作「亞中箕天」或「亞中箕侯」，或「亞侯父乙」，或「亞天」合文。王獻唐氏認為箕不是杞，也不是紀，甚確，但他對箕天的關係，不能作出正確的解釋。又他釋天為矣字，不免千慮之失，我們認為，天吳大澂釋為燕字，要更正確，因為只有這樣才能說明它與殷的圖騰玄鳥的關係。近人鄒衡從吳大澂說，具有卓識，他描摹銅器所見「亞天」族徽及燕字如次：

□方彝(美帝R140)　□毁(三代6・5・11)　□卣(續殷上81・1)　□《說文》燕字

按方彝與毁為亞天合文，即所謂族徽。卣上之「□」即鳥喙形，下為鳥正面形，與篆文燕字，其翅其尾，視而可識。這樣天確為燕字，不過更象「鳥首人身」圖騰之形，蓋上古由巫覡扮演圖騰，故鳥首而人身也。傳世銅器中有一件商代晚期方罍，或稱「玄婦方罍」(《通考》788)，口内有「䲨婦」字樣。「䲨」乃「玄鳥」合文，兩耳内各銘「亞天」二字合文。據此不但可證「玄鳥」確為殷商之圖騰，且兩耳内各銘「亞天」合文，則「亞天」必為殷商之後裔，亦無可疑。

知亞天為殷代的後裔，則王獻唐所搜集的黄縣箕器，如亞中箕字，或亞外「箕天」，或亞中「箕侯」，或「亞天」合文，並可證明天

龍

者為箕族之庶支，換言之，都是殷商的後裔。由於子孫繁衍，同族之中又分化為支族，但是它們卻始終保存其玄鳥圖騰之遺迹，如天之為燕，及以干支為名等都無一不是殷商人的習慣。【由至箕天諸器銘文推論燕齊建國及文化　陝西歷史博物館館刊】

◉戴家祥　堇鼎　匽。从匚，妟聲。説文所無。以形聲求之，當即「燕朝」之「燕」本字，金文用為地名。加旁作郾，更旁作鄽，即召公奭所封地也。宴、燕、妟、醼聲同字通。加旁从匚，與廷建兩字，義亦相近。夏官太僕「王眂燕朝，則正位而退」，鄭玄云：「燕朝，朝於路寢之庭。」庭，廷同字。故「燕朝」亦得寫作「匽朝」。【金文大字典上】

甲一六三二　拾一・五　前四・五四・三　前五・三八・三　後二・六・一四　菁一一・三　戩五・一五　佚二三四　寧滬三・四三　河六二八　粹四八三　京都二三六三　乙七三八八反　乙七八一〇反　珠四六二　河六三〇　甲二四一八　鐵一〇五・三　鐵一六三・四　拾五五　前四・二九・四　前四・五三・四　前四・五四・一　前四・五四・二　後一・三〇・五　林二・七・八　戩四三・一　佚二一九　燕三四　燕五九〇　燕六四六　京津一二九三　京津二四七九　存四五〇　存六三二　甲三三六〇【甲骨文編】

甲2418　3360　乙43　1642　1747　2606　2962　3797　4507　4507　4516　4911　5340　6298　7388　7801　8859　8997　珠462　620　620　899　佚219　973　續1・31・5　1・38・7　續5・14・5　徵4・34　續5・20・2　徵11・94　錄626　628　629　630　六中4　續存450　631　632　2241　外453　摭續147　新2479　4889　甲2040　3483　乙108　745　768　960　964　1463　2000

2093　2158　2340　6412　6700　6743　6819　6945　7040　7142　7156

7163　7348　7911　8462　珠340　佚132　續1・39・4　5・22・9　5・28・10

5・33・6　6・25・6　掇219　444　徵11・120　12・41　12・43　12・67　録500

627　751　天88　誠468　六束77　摭續307　粹365　1231　【續甲骨文編】

龍　龍母尊　龍子觶　衵仲無龍鬲　衵仲無龍匕　樊夫人龍嬴匜　樊夫人龍嬴壺　邵鐘

孶乳為龏　王孫鐘　余畗龏㝵屖　楚王酓璋戈　嚴龏　【金文編】

1・104　獨字　5・117　咸少原竜　類篇龍古作竜　5・118　咸少原竜　【古陶文字徵】

18　48　86　138　171　【包山楚簡文字編】

龍　日乙三二　七例　日甲一二五背　日甲一八　四例　【睡虎地秦簡文字編】

☐—亓☐(丙4:2—3)　【長沙子彈庫帛書文字編】

0538　1822　2731　1050　3615　王孫鐘龍作𪚴，璽文省虫，楚王戈作𪚴，亦从兄。　0278　【古璽文編】

龍武之印　龍屋武印　臣龍　相里龍　趙龍　龍枯　韓龍　龍乘私印　龍當　龍肖

龍　和龍　馮龍之印　龍審印　甄龍之印　劉龍印信　劉龍　【漢印文字徵】

石經文公　龍龔通叚金文王孫鐘龏作𪚴此近似又通恭〃　龔重文　【石刻篆文編】

龍　【汗簡】

□□竝汗簡 □□□竝汗簡 □王存乂切韻【古文四聲韻】

◉許　慎　□鱗蟲之長。能幽能明。能細能巨。能短能長。春分而登天。秋分而潛淵。从肉。飛之形。童省聲。臣鉉等曰。象宛轉飛動之皃。凡龍之屬皆从龍。力鍾切。【説文解字卷十一】

◉薛尚功　□　銘一字象龍形。即龍字也。銘爵蓋取夫亢而有悔。以示其飲不可過。過則有悔之義。【龍爵　歷代鐘鼎彝器款識法帖】

◉丁佛言　□　古鉢。梁□□都司馬滄軍龍功之鉢。【説文古籀補補卷十一】

◉周慶雲　□或釋作章。非。即古龍字之古文。見玉篇。誤書竜。頌敦反入堇。□阮文達釋作覲。寵其字與此正類。【周周章鐃　夢坡室獲古叢編】

◉羅振玉　□　説文解字龍从肉飛之形。童省聲。卜辭或从□。即許君所謂童省。从□。象龍形。□其首。即許君誤以為从肉者。□其身矣。或省□。但為首角全身之形。或又增足。【增訂殷虚書契考釋卷中】

◉孫海波　龍之初形，象能飛，□其角，□其頭，□其身也。後譌□為辛，譌□為肉，譌乙形為□，故許君遂訓「从肉，飛之形童省聲」矣。【甲骨金文研究】

◉郭沫若　第一五四四片　「王令坚田寵」，寵殆龍之緐文，以亡為聲。金文龏字或作□，所从龍字以兄為聲，與此同。寵當假為隴。「坚田寵」者治場隴也。【殷契粹編考釋】

◉唐　蘭　□卜辭習見。或作□□□□等形。又或作□□□□等。則其繁形也。自羅氏誤釋為龍。學者咸承之。不知龍自作□□等形。虯曲而尾向外。此蟠結而尾向內。其形迥異。余謂此簡體作□明即□字。而前人莫悟。何也。□字王國維讀作旬。甚是。劉鶚謂□象虺形。以與鼎彝虺形相近。孫詒讓釋為它。雖不如王氏讀旬之精確。然由字形言之。解為蛇虺。固猶近之也。余考彝器之稱蟠虺文者。象兩蛇糾結之狀。節取其上半乃作□形。其全形當作□。與□形無關。余所見有文辛戊□盤。亞田盤。舟盤。腹內均有一爬蟲之圖。畧如□。當即□形。惟彼為正面。故有兩肉角。□為側面。故只一角耳。然則□或□象龍蛇之類。而非龍或蛇字。又變作□更變而為□。則為云字。雲之本字也。似古人以此為能興雲。則□當是龍類也。史記封禪書「黃帝得土德。黃龍地螾見。」集解以螾為邱蚓。殊誤。蚯蚓豈足為符瑞哉。余謂螾即□□之假借字。説文「螭若龍而黃。北方謂之地螻。」地螻當是地螾之誤。吕覽應同云「黃帝之時天先見大螻大螾。」大螻二字疑亦校者據誤本旁注而闌入正文者。然則黃龍地螾即螭。而□實象螭之形也。卜辭中同一

文字往往因用法不同書法亦有殊異。作□者多用為旬。作□者多用為雲。此作□或□者其用法又異此。辭云「貞㞢□」。別一辭云「㲋帚豸子于匕已允㞢□」戩・七十六。疑讀為愪或慇。詩正月「憂心愪愪。」說文「慇憂也。」」【天壤閣甲骨文存考釋】

◉金祖同　鼎堂師以為「殆龍字之異文，假為寵。『若丝不雨，帝隹丝邑寵』，乃求晴之卜。」◎予按：粹編弟一一一七片「甲戌卜争貞，我勿㣈自丝邑𣪘方已乍若」，𣪘方具卜人名，今都為地名，故「茲邑龍」，猶之它辭言「大邑商」，或「天邑商」，殆是地名。【殷契遺珠釋文】

◉馬叙倫　嚴可均曰。能細能巨。後漢書張衡傳注引作能小能巨。初學記卅白帖廿九御覽九百廿九引作能小能大。潛淵。藝文類聚九十六御覽廿五又九百廿九事類賦注引作入淵。張衡傳注初學記引作入川。白帖引作入地。川地皆避唐諱也。潛作入則唐本皆同。飛上當有象字。傳寫脱之。沈濤曰。六書故云。唐本從肉從飛及童省。倫按繫傳袪妄篇曰。龍。說文。象肉飛之形。則今本繫傳作從肉飛象形者譌。然象肉飛之形不可通。承培元謂飛象形疑當作𦙶象肉飛形。然肉飛二字不當連文。蓋本是從肉象飛之形。兩本皆有挩譌也。孔廣居謂龍疑本作□。象形。倫檢甲文作□□□□。金文嬴字。子叔嬴芮君盦作□。筍伯簋作□。從女。龍聲。□象首尾足及脊上䰻䰻。仲龏父甗龏字所從之龍作□。陳昉𣪘龏字所從之龍作□。邵鐘作□。龍伯戟作□。書舜典釋文。竜。本又作䖒。古龍字。由此觀之。轉變之蹟可尋也。從肉由□而譌。童省聲由□□而譌。其初文實象形。若其形多異者。以龍為爬蟲類。種類甚繁。其狀不一也。許本訓蟲也。吕忱加鱗蟲之長以下廿六字。或校語也。字見急就篇。【說文解字六書疏證卷二十二】

◉孫海波　龍字卜辭作□□□□□等形。唐蘭謂龍字自作□□等形，虬曲而尾向外，此蟠結而尾向內，其形迥異。此簡體作□，明即□字。□或□象龍蚰之類，而非龍或蚰字，又變作□，更變而為□，則為云字，雲之本字也。似古人以此為能興雲，則□當是龍類也。史記封禪書：「黄帝得土德，黄龍地螾見。」集釋以螾為蚯蚓，殊誤。蚯蚓豈足為符瑞哉。余謂螾即□之假借字。說文：「螭若龍而黄，北方謂之地螻。」地螻當是地螾之誤。吕覽應同篇云：「黄帝之時，天先見大螻、大螾。」大螻二字。疑亦校者據誤本旁注而闌入正文者。然則黄龍地螾即螭，而□實象螭也。□疑讀為愪或鈞，詩正月「憂心愪愪。」說文云：「鈞，憂也。」今按卜辭□字為人名或稱龍甲，與卜旬之字有別，訓為愪或鈞皆不可通。【誠齋甲骨文字考釋】

◉嚴一萍　□字與□□□諸形舊竝釋龍。唐蘭始析為二字。謂□□諸即□字。為地螾之象形。當讀愪或鈞。訓憂。案

唐說甚是。惟以讀為愕。訓憂。衡諸卜辭。未能盡通。疑當讀為眴。眴通瞚。說文「瞚開闔目數搖也。从目寅聲」。一切經音義引通俗文作眴。呂氏春秋安死篇「其視萬歲猶一瞚也」。高注「穎川人相視曰瞚」。史記項羽本紀「梁眴籍曰可行矣」。繫傳曰「謂動目私視之也」。眴又通眩。一切經音義卷十三「眩古文作眴」。又孟子滕文公云「若藥不瞑眩」。音義亦曰「瞑眩又作眠眴」。漢書楊雄傳「目冥眴而亡見」。方言「顛眴謂之賑眩」。皆眴即眩之證。說文曰「眩。目無常主也」。釋名釋疾病「眩。縣也。目視動亂如懸物搖搖不定也」。國語「觀美而眩」。賈注「惑也」。字林「眩亂也」。蒼頡篇「眩視不明也」。證知眴通瞚。即眩而以眴釋□□諸子。則卜辭繫□□之辭。無不涣然通順矣。【殷契徵醫】

◉張秉權　□，疑是龍字，古音與凶同部，假為凶，是問疾病的吉凶之詞。【殷虛文字丙編考釋】

◉饒宗頤　卜辭云：

貞虫犬于父庚。卯羊。祇視(祝)氏，虫疾齒。鼎(貞)龍(寵)。龍，不其龍？(屯乙六七〇〇)

乙巳卜，殸貞：虫(有)疒(疾)□(身)，不其□？乙巳卜，殸貞：虫疒□，□。(屯乙四〇七一，文對貞。)

按「鼎龍」，猶言「貞寵」。謂卜問疾齒，得良貞也。卜辭凡卜疾病之吉語每曰「龍」。詩酌：「我受龍之。」傳：「龍，和也。」玉篇：「龍，寵也。和也。」(詳說文詁林引潘鴻訓龍為和辭)辭每言：「疾龍。」即謂疾和。

按□即龍字，如龍甲，屯乙四五〇七作「□甲」，同書三二五二作「□甲」，拾遺三、七作「□(甲)」。「龐」字，鐵一一二、三作□，京津一九七七作□，并其明證。或釋眴，非也。□即「龍」而讀為「寵」，和也。【殷代貞卜人物通考卷三】

◉陳夢家　若「龍」字的詮釋不誤，則龍方可能與匈奴有關，匈奴傳「五月大會龍城，祭其先天地鬼神」，索隱云：「崔浩云西方胡皆事龍神，故名大會處為龍城。後漢書匈奴俗，歲有三龍祠，祭天神。」班固燕然山銘「乘燕然，至龍庭。」

左傳昭二十九記夏代有學擾龍於秦龍氏者：「以事孔甲，能飲食之，夏后嘉之，賜氏曰御龍。」

此種傳說，當有來源，但龍非後世想像的飛龍，當是一種較大的蛇類而已。【殷虛卜辭綜述】

◉朱芳圃　龍从□頭上戴辛。□象巨口長身之蟲，蓋即巴字。章炳麟曰：「說文『巴，蟲也。或曰，食象蛇也。象形』；山海經曰『巴蛇食象，三歲而出其骨』則巴蛇為本義。釋魚『蟒，王蛇』，說文無蟒，蓋本作莽。古音莽如姥，借為巴也。郭璞圖讚曰『惟蛇之君，是謂巨蟒。小則數尋，大或百丈。』惟百丈故能食象。小者或有數尋，故人得食之以治腹心之疾。蟒之即巴明矣。」文始五一七。其說是也。余謂龍，神化之巴也。頭上戴辛者，初民視巴為神物，故以燭薪之煇煌象徵其威靈也。從音言之，龍古讀複音miung Liung或miǎng Liǎng。易說卦傳「震為龍」，釋文：「龍，虞、干作駹」；考工記玉人「上公用龍」，鄭司農云：「龍當為尨」；春秋元

命苞「龍之言萌也」，皆其例證。是龍古音除讀來聲東韻外，又讀明聲陽韻，與蟒讀明聲魚韻，陰陽對轉。又巴與蟒，聲近韻同，例相通轉。詩大雅皇矣「貊其德音」，釋文：「貊，本又作貊，……左傳作莫」；呂氏春秋離俗篇「乃負石而沈於募水」，高注：「募，水名也，音千百之百」。巴之為蟒，猶貊之作莫，募之音百矣。形義既符，音亦切合，龍為神化之巴，可無疑矣。

聞一多曰：「按古書言龍，多謂東宮蒼龍之星。乾卦六言龍，內九四或躍在淵，雖未明言龍，而實亦指龍。亦皆謂龍星。史記天官書索隱引石氏曰『左角為天田』，封禪書正義引漢舊儀曰『龍星左角為天田』。九二『見龍在田』，田即天田也。蒼龍之星即心宿三星，當春夏之交，昏後升於東南，秋冬之交，昏後降於西南。後漢書張衡傳曰『夫玄龍迎夏則陵雲而奮鱗，樂時也，涉冬則淈泥而潛蟠，避害也』，玄龍即蒼龍之星，迎夏奮鱗，涉冬潛蟠，正合龍星見藏之候。說文曰『龍……春分而登天，秋分而潛淵』，亦謂龍星。九五『飛龍在天』，春分之龍也；初九『潛龍』，九四『或躍在淵』，秋分之龍也。天官書曰『東宮蒼龍——房，心。心為明堂，大星天王，前後星子屬。不欲直，直則天王失計』，是龍欲曲，曲則吉，直則凶也。上九『亢龍』，亢有直義，亢龍即直龍。用九『見群龍無首』，群讀為卷，群龍即卷龍。古王者衣飾有所謂卷龍者，詩九罭傳曰『衮衣，卷龍也』，周禮司服鄭衆注，詩采菽箋，釋名釋首飾說衮義並同。說文曰『衮，天子享先王，卷龍繡於下裳，幅一龍，蟠阿上鄉』，蟠阿即卷曲之狀。……海外西經曰『軒轅之國，……人面蛇身，尾交首上』，以天官書『權軒轅，軒轅黃龍體』證之，是蛇身而尾交首上者即卷龍。其星謂之權者，亦當讀為卷。蓋東方房心蒼龍之為卷龍，亦猶中央權黃龍之為卷龍也。卷龍如環無端，莫辨首尾，故曰『無首』，言不見首耳。龍欲卷曲，不欲亢直，故亢龍則有悔，見卷龍無首則吉也。」周易義證類纂四六。按聞說精確不移。古人察星之形，詳星之勢，與物彷彿，即以其物名之。東方七宿合為一象，因角為龍角，心為龍心，尾為龍尾，故曰蒼龍。後人不瞭龍為神化之巴，又混星宿取象之蒼龍為一談，因而徜彷迷離，成為神化莫測之物矣。

金文有作左列形者：

邵鐘　王孫鐘

从，从。即之省形。說文巳部：「巳，巳也。四月昜气巳出，侌气巳臧，萬物見，成彣彰，故巳為它。象形。」巳象它形，龍字从之，是龍實神化之巴，又得一確證矣。或又增，其義未詳。【殷周文字釋叢卷上】

◉李孝定　契文作上出諸形。羅氏釋龍。是也。說者或疑同是一字。何以形體迥異。按古文字形體多異。蓋文字演變所必經之階段。尤以象形文字為然。但取形似不拘於點畫之同異也。字在卜辭為地名或方國之名。作若者則均與疾病有關。辭云「貞有疾目龍　貞有疾目不其龍」乙・九六〇。疑當讀為矓。目不明也。然以讀它辭則不能洽適。如云「御婦子于

匕己允有[字形]」戩・七・一六。「戊子卜殻貞王[字形][字形]」乙・七六八。「今日疢□[字形]」乙・九六四。「貞疢身[字形]」乙・二三四〇。是唐氏釋蟥。謂即蟎之象形字。以與作[字形]者相區別。於卜辭辭例之解釋似較羅説為長。惟于字形則較遠。今姑仍羅説收為一字。存以俟考。

嚴氏謂瞋眴眩。音義並近。其説是也。以讀卜辭疾目其[字形]不其[字形]之文。固可怡然理順。然以讀它辭亦未盡渙然通順。嚴氏乃謂「風眩即外臺秘要之風頭眩頭風眩。其原因甚多。為多種疾病之一證候。」見同上。蓋將以解釋卜辭多種疾病均見「其[字形]不其[字形]」之一事實。其説實未免鄰於想像。然較之唐説則又進一境矣。【甲骨文字集釋第十一】

◉丁　驌　李氏集釋中所列龍字共有六形。其第一型(藏六二・三)與他文迥異。疑是虎(獅)字,已見前虎豹節。其餘五文,又可分為二類(引例一三五—一五五)。第一字為象形字(一三五—七),近乎龍形,其字彎身如角,頭上下均有二歧,如上者為角,其下者當為口也。然此形未必字字如斯。他文或有背刺,或具觸角,又似有多足,如謂此象龍,則與今日吾人所謂之龍實大不相同者也。此字如釋為虫,謂之為蜈蚣百足之類,較釋之為龍,更為神似。説文:「龍,鱗虫之長。」殆真龍从虫出也。此為第一類。

殷人迷信諸靈物,虫與它皆為祟之物,巫所用者,皆具不祥之意。它字狀蛇,龍字出之虫形,非無由也。其第二類字形(引例一四八—一六二・四文),又異於第一類,四文諸字一體,由[字形]簡化為[字形],訛為[字形],加文成[字形]。字形如鳳而無羽。

契文龍字之用法,似未見作動物意者。第一類象形之龍字,所見卜辭,含有不祥之意。如前四・五四・三,庚辰貞龍其……其中龍字或可為動物之稱,意則謂其作祟也。又後下六・一四,其邑龍茲用之龍意義便不甚明。龍可為人名,可為獸名,均為所用者。又可為其邑於龍,作地名用。又可為吉祥與否之貞。第二類龍字則表二辭例所列者,幾全部為有關疾病痊可與否之貞,所謂龍,乃吉祥之意。其中只有一二辭或可認為是作專名用。如藏一〇五・三,貞矣弗其戈羌龍(殆假為戎字)。前四・五三・四,貞龍其㞢(可為人名)。前七・二一・四,貞乎酒史(事)龍亩三邑(當是人名,其字漫漶可疑)。前四・五四・一,貞乎[字形](當係人名,惟非簡單之龍字,似應作且龍。引例一五四)。

卜辭之中既未見龍字用法之如吾人今日之傳説之龍,疑今日龍之觀念,殷人或尚未有。殷人之龍,意義與今日不同。今日之龍乃傳説動物,與世界各處類似龍、蛟之傳説,如出諸一轍。契文所謂之龍字,或本為他字也。

驌以為契文龍字,出於風字。此字象[字形]風原形。[字形]為旋風之本體,[字形]為揚起之塵柱,在海面即為水柱。風來有方,循一定之路綫,所過屋宇盡毁。或於水或於火,初民見此風形,視為神物,想像為龍,其下之[字形]乃噴水噴火之口也。此字可簡為[字形],便知本形只有[字形],口則可有可無者也。此簡字之形一方近似雲字([字形],雲字多正寫,此側寫,出後上二二・三,辭稱六雲,疑是六

龍)。一方則直由鳳字而來，去鳳之冠羽，即是龍字(豈龍即古皇字歟)。

龍本傳説動物。世界各國多有類似之故事，但所謂之怪獸，源出巨蛇。其具體之形，亦因人之經驗而異。人類想像，終難出現實。故所謂龍者，乃就各實物、取材，憑想像而構成之怪物也。中東歐西、埃及之龍，源出蛇，而加鷹翼。或如虫莽而具鱗甲，甚而有以墨魚為之，變其多足為人首，故具六、七、九首不等。且各首皆張口噴火焉。又龍爪有五指有六指，前後或異指數。亦其作女性而具雙乳。亦有身如鱷魚而有羚羊之角。可見吾人之龍亦復如是取材，雖國境之內，各地之龍亦並不一致。我國因龍為帝室之徽吉祥之徵，形較為統一，能飛而無翼，身上有鱗，口有虎牙，頭冠如獅，或具獨角，殆合併習知之猛獸毒蛇而為之狀者。衡諸契文龍字之形，殆無近似此狀者，故知吾人今日之龍乃後起之觀念，非復殷人之龍矣。【龍鳳　契文獸類及獸形字釋】

◉饒宗頤　「……龍其兄(祝)王受又。」龍為人名，習見。亦每見祀龍之文：「其兄龍兹用，壬戌……」(後編下六·一四)殷代文法，時或賓詞先行，故龍其兄與其兄龍同義，兄即祝也。「龍」(粹四八三，屯甲七五四)，猶言祈龍，蓋龍亦殷人祈祝之對象。左傳桓五年云：「龍見而雩。」又襄二十八年傳云：「龍，宋鄭之星也。」獨斷：「靈星，火星也，一曰龍星。」論衡明雩篇：「靈星之祀，歲雩祭也。」龍為宋鄭之星，正當殷之星虛(分野)。契文又見龍宗一名：宗(續存上二二四一)。「穷……王祝……(龍殘文)告于……」(拾掇二·一六一)。殷人祀龍，意者即雩祭，所以祈年也。【巴黎所見甲骨録】

◉裘錫圭　古代遇到旱災還往往作土龍以求雨。山海經大荒東經：「大荒東北隅中有山名曰凶犂土丘。應龍處南極，殺蚩尤與夸父，不得復上，故下數旱，旱而為應龍之狀，乃得大雨。」郭璞注：「今之土龍本此。」淮南子地形「土龍致雨」，高誘注：「湯遭旱，作土龍以像龍，雲從龍，故致雨也。」(或謂此是許慎注)同書説山、説林也都講到土龍求雨之事。春秋繁露求雨對作土龍的方法有較詳細的叙述。桓譚新論(後漢書禮儀志中劉昭注引)，論衡的亂龍等篇都討論了土龍求雨的問題。

從甲骨卜辭看，商代已經有作土龍求雨之事。安明一八二八：

叀(用法與「唯」相近)庚奠(焚尪?)，又(有)〔雨〕。

其乍(作)龍于凡田，又雨。

「作龍」卜辭與焚人求雨卜辭同見于一版，卜辭中並明言作龍的目的在為凡田求雨，可知所謂「龍」就是求雨的土龍。佚二一九：

十人又五☐

☐龍☐田，又(有)雨。

上引第二辭很可能是占卜「作龍于某田」之辭的殘文。看來，淮南子地形注説商湯遭旱作土龍以致雨，可能是確有根據的。

【説卜辭的焚巫尪與作土龍　甲骨文與殷商史】

◉羅福頤　曩歲予編《古鉨漢印文字徵》兼《三代吉金文存》時，見《頌鼎》、《頌殷》、《史頌殷》銘文中均有□字，與秦官印「□馬廄將」印首字相近。而考《説文古籀補》，則釋此字作章，容氏《金文編》同。若是，則印文為「章馬廄將」，似有未安，致未敢收入《文字徵》。數十年來，猶疑未決。審其印具田字格，由形制及印文考之，知是秦官印無疑。近讀《奇觚室吉金文述》，見所釋《頌鼎》及《史頌殷》之□字為龍字，説：《漢簡》古文龍作□即此，或釋作章非。並謂《頌鼎銘》中「反出入覲龍」，龍，通作寵，《詩》「荷天之龍」、「維龍維光」，龍即寵也。更讀《從古堂款識學》二見所釋《頌殷》與劉氏同，亦謂「覲寵」，猶云「覲光」，寵與光同意。于此頓悟秦「廄將」印首字乃龍字古文。考《周禮》、《夏官・司馬》有「馬八尺為龍，七尺以上為騋，六尺以上為馬」之説。又《文選》三張平子《東京賦》有「龍輅充庭，雲旗拂霓」句。薛綜《注》：「馬八尺曰龍。輅，天子之車也。」且《漢書》十九上《百官公卿表》「大僕秦官，掌輿馬」，屬官有龍馬、閑駒、橐泉、騊駼、承華五監丞。如淳《注》曰：「橐泉廄，在橐泉宮下。」於此知漢有龍馬廄，亦沿秦制也。則此印文應釋為「龍馬廄將」無疑。其旁證，更有故宮博物院藏漢私人套印一，母印作「田子孫印」，子印作「田□光印」。今可證光字上亦古文龍字，即《詩・小雅蓼蕭》「為龍為光」之意。如釋作「章光」，則不可通矣。或以秦官印何以用古文為疑，然古印中間亦有之。例如傳世之秦「灋丘左尉」印，《印舉》著録，今在故宮博物院。考之《漢書・高帝紀》説，項羽立章邯為雍王都廢丘。韋昭《注》曰：「即周時犬丘。懿王所都，秦欲廢之，更名廢丘云。」金文中《盂鼎》、《克鼎》、《師酉殷》、《師虎殷》等，均有「勿灋朕命」句，即《詩・小雅・韓奕》之「無廢朕命」。灋為廢之古文，學者業已公認。此外如秦「茝陽少内」（現藏天津藝術博物館）茝作茞。以此加「龍馬廄將」得三印矣，均秦官印用古文之證。至漢私印，除前所舉「田龍光印」外，尚有「王騎將印」將字作□从酉，亦古文也。此五印皆秦漢官私印用古文之例矣。

今更考前人金石家著作中，釋此字為龍者，有《積古齋鐘鼎款識》、《清儀閣古器物文》、《奇觚室吉金文述》、《從古堂款識學》，凡四家。其釋章字者，有《説文古籀補》、《愙齋集古録》、《筠青館金文》、《攈古録金文》，凡三家。此據予耳目所及者識之而已。竊以《史頌殷》之「藴賓龍、馬四匹」，與《𦉢殷》之「賓𦉢龍一、馬兩」，《師遽尊》之「錫師遽琱圭一，環，龍四」，又《小臣守殷》「賓馬兩、金十鈞」，諸文辭同意，如釋作章，似有所未安也。龍字之釋，殆始於劉氏。至民國以來，如强運開《文源》、高鴻慶《字例》、朱芳圃《釋叢》諸家，均反劉氏之説，認為是章字。故容氏《金文編》從之。今予以「龍馬廄將」印，及「田龍光印」證之，當仍以釋龍為得。今為前人得佐證矣。此「廄將」印，近陳氏《史記新證》又誤釋為「童馬將廄」，失之遠矣。見《史記新證》百十一葉。爰

識各家所釋，證以秦漢印文列後，用政大雅，乞有以教之也。

龍馬將廄　瀍丘左尉　莒陽少內　田子孫印　田龍光印　王騎將印　趙龍【龍字私議　古文字研究第十輯】

◉温少峰　袁庭棟　卜辭有龍字，作□、□、□、□諸形。有作為方國名者，「龍方」是也。有作為地名者，「龍囿」是也。有作為物神崇拜之神者，「龏司(祠)」是也。有作為人名者，如「貞：龍七囗」之類。可卜辭中還有這種記載：

(96) 癸卯卜，囗貞：㞢攴(啟)龍，王比(祉)，受㞢又(祐)？

貞：㞢攴(啟)龍，王弓(勿)比(祉)？(《外》四五三)

以上二辭見於一版，乃一事對貞，「㞢啟龍」之「龍」是何意呢？我們認為就是「東宮蒼龍」之「龍宿」，這可以由「啟」字之含義知之。「啟」，乃節氣之稱，即後世之「啟蟄」，西漢時因避景帝之諱，改稱「驚蟄」。「㞢啟龍」者，㞢讀有，謂「時届啟蟄，龍宿見於東方」也。《説文》：「龍，鱗蟲之長也，春分而登天，秋分而潛淵。」鄭文光同志敏鋭地指出：「這是説作為動物的龍嗎？不盡然。作為天象的蒼龍七宿不正是從春分到秋分這一段時間裏初昏時横亙過南中天？」(《中國天文學源流》第九十七頁)這是頗有見地的。今日農村尚有「二月二，龍抬頭」的農諺，即指此天象，此時為春天已到，將有農事之時，故殷王卜問，是否要舉行祉祭。《左傳・襄公七年》：「夫郊祀后稷，以祈農事也。是故啟蟄而郊，郊而後耕。」所記正與卜辭相合。

將「啟」釋為「啟蟄」，還可由下辭證之：

(97) 丁卯卜，貞：史𠂤(以)又(有)告攴(啟)……才(在)二月。(《南》上一四)

所謂「史以有告啟」者，即謂啟蟄已到，史官當報告殷王也。記月在二月，正與啟蟄之時節相合。

由于「㞢啟龍」作以上解釋，乃是殷代科技史上一件大事，作者曾專函向趙莊愚先生和張培瑜同志請教。趙莊愚先生回信説：「所問卜辭，確是指蒼龍。《左傳・桓公五年》：『凡祀，啟蟄而郊，龍見而雩，始殺而嘗，閉蟄而烝。』正同于卜辭所提的『啟龍』。是指蒼龍七宿之首部角亢二宿之初見于地平線上(約高出地平10°時)的節氣。……由歲差關係及各節氣之昏時關係、地緯的南北關係等，以推距今3200年(即約當武丁前後)之天象是：其驚蟄節晚六時半(初昏)時，角宿(西名室女2)升至地平線上約10°，是為龍始見。啟蟄即驚蟄，商周是以驚蟄節居雨水節之前，故先啟蟄，後龍見。『龍見』就是後稱的驚蟄節。此是指其節氣而言。《左傳》、《國語》和卜辭所稱是相合的。」張培瑜同志回信説：「關于『㞢啟龍』辭的解釋，頗有創見。……角宿初見，在殷商時代約當雨水時節(今之雨水當古之驚蟄)。你的分析：『㞢啟龍』是啟蟄而龍見。看來很有道理。」

我們的初步考釋，得到二位天文史專家的支持，使我們甚為鼓舞，故摘録他們的來信如上，以堅此說。

卜辭中以「龍」為「龍宿」者，還有下列各辭：

(98) 貞：告龍于……。《寧》三・四三

(99) 貞：叀(惟)告龍，令？《存》一・一七一四

(100) 辛亥，………告龍于父丁，一牛？《粹》三六五

「告龍」，即龍星見，春將至，將此事祭告于先王，或宣告于衆人，以備農事。故「告龍」與前引(85)辭之「告火」同類，皆觀天象而授時之事。【殷虚卜辭研究——科學技術篇】

◉曹錦炎　甲骨文有地名「龍」，早期是方國名：

(22) 貞，王叀龍方伐。

王弓唯龍方伐。（合6470）

武丁不僅親自討伐，還派婦姘去征伐：

(23) 貞，弓呼婦姘伐龍方。（合6585）

大概龍方很快就被征服，所以武丁時卜辭又說：

(24) 己酉卜，㱿☐令般取龍。（合6590）

(25) 乙未卜貞，黍在龍囿，來受有年。二月。（合9552）

能在龍地種莊稼，還卜問其年成情況，顯然版圖已入商王國。而且，在龍地還築有城邑：

(26) ☐取三十邑☐彭、龍。（合7073）

(27) 壬寅卜，賓貞，若兹不雨，帝唯兹邑龍不若。二月。（合94〈正、反〉）

因不雨而占卜上帝是否給龍邑帶來不順，並且由商王武丁親自視兆，可見其重視程度非同一般。商王常常將土地有限度地賞賜給貴族、大臣，如小臣缶鼎等所記，或許此時武丁已將龍邑賜屬婦姘，故而如此關心。

甲骨文又有地名「瀧」：

(28) ☐在瀧。

王，不雨，在瀧。

王，从龍東……。（合902）

(30)(28)同版二辭作瀧，一辭作龍，可以證明「瀧」、「龍」為一地。從(25)辭稱「龍囿」及(27)辭稱「邑龍」來看，「瀧」決不是水名。所以，从水傍的「瀧」只能是「龍」字的繁構，而仍應釋為「龍」。【甲骨文地名構形試析　殷都學刊一九九〇年第三期】

◉王人聰  古璽文龍字作或，此璽第一字與上揭璽文龍字之右旁相同，應係龍字之省。古璽文有省簡偏旁之例，如敬字原作，省作，悊字原作，省作，均是其例。【戰國璽印考釋　于省吾教授百年誕辰紀念文集】

◉何琳儀　江陵雨臺山楚墓出土一件銅戈，銘文：

鄘公戈　10977

「鄘」讀「龍」不成問題，不過楚境内似無單稱「龍」的地名。《左·成二》「二年春，齊侯伐我北鄙，圍龍。」注「龍，魯邑，在泰山博興縣西南。」魯雖滅於楚，但已在戰國晚期，與龍公戈器形的年代不合。該戈援短而寬，欄側三穿，内上有楔形穿，呈春戰之際特點。故「鄘」斷非山東之「龍」。

楚文字中有兩條「龍城」的材料：

龍城飤鉩　璽彙0278

鄘城莫嚣　包山174

檢《水經·獲水注》「獲水又東歷龍城，不知誰所創築也。」在今安徽蕭縣東，春秋戰國屬楚境。鄘公戈之「鄘」應即「龍城」。【古兵地名雜識　考古與文物一九九六年第六期】

◉彭邦炯　需要指出的是，舊多把甲骨文中、等身尾内曲的字形與之相混，則是欠妥的。這種身尾内曲形的字，學者亦多釋作龍，但它與前者身作飛騰外曲者顯然不同。内曲形的這個字，雖然釋作龍在卜辭中也能通讀某些卜辭；特別是有關占卜疾病的辭例中，也能言從字順，但絶不見用作國族之稱或地名。而前面所説的龍字，則普遍用作國族名或地名。【卜辭所見龍人及相關國族研究　殷都學刊一九九六年第四期】

龗 

【汗簡】

◉許　慎　龗龍也。从龍。霝聲。郎丁切。【説文解字卷十一】

龕 

◉馬叙倫　此龍之音同來紐轉注字。字蓋出字林。鍇本霝古文靈四字校語。【説文解字六書疏證卷二十二】

◉黄錫全　　叔夷鎛靈作，天星觀楚簡作、，此省作。《玉篇》靇同龗。《説文》「龗，龍也。从龍。霝聲。」此以靇為龗，與天星觀簡文同，來源有據。郭見本如此。龍形變化説見龍部。【汗簡注釋卷五】

　龕　説文各本作龕合聲段氏本據九經字樣改今聲與此正合逸周書祭公解周克龕紹成康之業亦誤作龕　眉壽鐘　龕事朕辟　𤔲盤　龕事𠂤辟　【金文編】

龕竝尚書　【汗簡】

古尚書　【古文四聲韻】

◉許　慎　龍皃。从龍。合聲。口含切。【説文解字卷十一】

◉馬叙倫　説文疑曰。合轉平聲是含音。正匣母之本音也。當作胡弓切。鈕樹玉曰。六書故引唐本今聲。所謂唐本蓋即九經字樣。倫按唐本作今聲。從今得聲之念音入泥紐。龍音來紐。古讀歸泥。然則龕亦龍之轉注字。龍皃蓋本作龍也。傳寫譌為皃。校者又注也字耳。字蓋出字林。【説文解字六書疏證卷二十二】

◉于省吾　𩰫壽編鐘共二器。有龕事朕辟皇王之語。龕一作。一作。金文編注云。説文所無。義與龔同。按容説非是。説文龕龍皃。从龍今聲。段玉裁云。叚借為𢦏。今人用戡堪字。古人多叚龕。各本作合聲。篆體亦誤。今依九經字樣正。按段説是也。龕字玉篇及戴侗引唐本説文並从今聲。此鐘既从龍今聲。尤可證今本説文从龍合聲之誤。龕與戡堪字通。爾雅釋詁。戡克也。太玄中。時不克也注。克堪也。然則龕事朕辟皇王者。謂克事朕辟皇王也。【釋龕　雙劍誃古文雜釋】

◉裘錫圭　龕事厥辟　「龕」即今「龕」字，當讀為「堪」。這句話也見于眉壽鐘(《三代》1・4)，意思是在服事君王方面能够勝任。【史牆盤銘解釋　文物一九七八年第三期】

◉唐　蘭　龕从龍今聲，《説文》誤作合聲，唐本不誤。年無疆編鐘説：「龕事厥辟君王。」讀如欽，欽从金聲，金今音同。《爾雅・釋詁》：「欽，敬也。」【略論西周微史家族窖藏銅器羣的重要意義　《文物》一九七八年第三期】

◉黄錫全　鄭珍云：「經典凡堪任、堪勝、堪定之義通作堪，間作戡、龕。如《書》『西伯戡黎』、《法言・重黎篇》『劉龕南陽』等文見

之，而《說文》三字皆無其說。攷以形義，戡，刺也；戔，殺也，兩文為近。《說文》戔下引《書》「戔黎」，似引以證「戔勝」義。薛本依采，即通以易他堪字，是也。《多方》、《康王之誥》堪定字別易以戡，亦合。唯郭氏釋龕，以它書假借字注之則非，當作「戡」，如上字。」鄭說當是。【汗簡注釋卷五】

䶬 □

□ □ 佚三八六 【甲骨文編】

□ 佚386 【續甲骨文編】

◉許　慎　□龍耆脊上䶬䶬。从龍。幵聲。古賢切。【說文解字卷十一】

◉唐　蘭　□佚三八六片

右䶬字，商承祚云「疑亦龍字」，今按非是。此字從龍幵聲，丅丅即幵也。金文弙𣪕云：「隹八月甲申，公中才宗周，易弙貝五朋」。攈古録二之三卷十葉。弙字作□，昔人不識，孫詒讓至附會丁為箕卝八之六，□為弓十二，古籀餘論廿二、名原上二。余謂當是從弓幵聲，即「帝嚳䠶宮」之弙字也。蓋古文字之垂筆，每易增一横畫，如□之為□，丨之為十，□之為□之類，比比皆是，則丅丅即是幵之初文，固無可疑也。【釋䶬　殷虚文字記】

◉馬叙倫　段玉裁曰。小徐耆作鬐。許書無鬐字。倫按䶬即□之譌。音轉為古賢切。猶從兼監得聲之字多入來紐也。後人謬增此義為異字。字蓋出字林。【說文解字六書疏證卷二十二】

◉李孝定　契文从龍从丅丅，唐氏謂丅丅即幵字，其說可从。本辭僅餘殘文，不詳其義。【甲骨文字集釋第十一】

龖 □

□ 崔希裕纂古 【古文四聲韻】

◉許　慎　□飛龍也。从二龍。讀若沓。徒合切。【說文解字卷十一】

◉郭沫若　彫下一字甚奇，然此亦非僅見，盄龢鐘有此字，文曰「□龢萬民」，摹刻雖已失真，然固是一字也。宋人釋協，不知何所本。齊侯鎛鐘「龢□爾有事」，似從此字之省，宋人亦釋為協。又此字之半亦見於王□攸田尊與卜辭。

尊銘云：「王□攸田□□二，作父丁尊。」另一器作□。卜辭凡三見，其二與田獵之辭同契於一片。

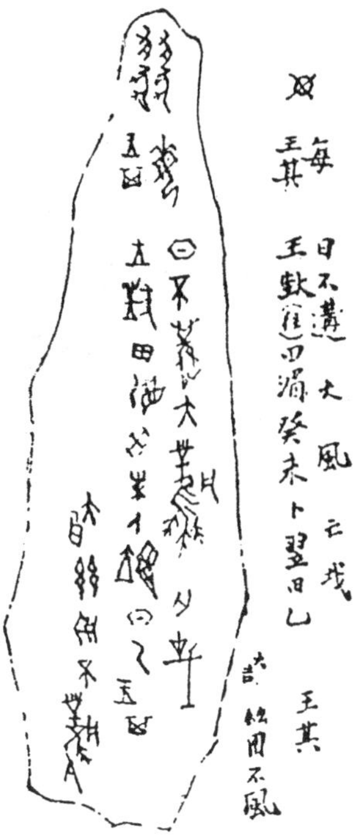

（後編上，十四葉八片）

（後編下，二十三葉十三片）

器文（積古卷一，二十葉）

觀此，可知此字與田獵饒有關係。尊文前人大率釋為龖虤二字，案其實本一字也。揆其字形，余以或即龖之初字。小篆作龖，余謂☐即☐之變，☐則虎形之變也。許雖訓龖為飛龍，然由尊銘按之乃動詞，當是襲擊字之本字。襲乃左衽袍，從衣龖省聲，籀文作襲不省，則襲之用為襲擊字，乃同音通假也。又讋字亦龖省聲，籀文作讋，不省。

知𢍰本𩅰之本字，為襲擊之義，則𢍰從三虎，再益之以刀，其為襲擊之意更明，蓋又𩅰之繁文也。龖讋襲與協聲均在緝部，同音可以通用，故盄龢鐘之「𢍰龢萬民」，乃假龖為協；齊侯鎛鐘之「龢𢍰爾有事」，乃假讋為協也。

此言「𢍰于□霝龠」，亦當是假龖為協。「協于」下一字揆其字形當是「我」之壞字。「霝龠」字每與鐘連言，如鄭井叔鐘銘云「鄭井叔作霝龠(龠)鐘，用妥(綏)賓」，克鼎銘云「錫汝使小臣霝龠鼓鐘」。古人謂鐘，似以龠為音媒。【者𣵀鐘韻讀 殷周青銅器銘文研究卷二】

◉郭沫若　第四〇四片後上・一四・八・

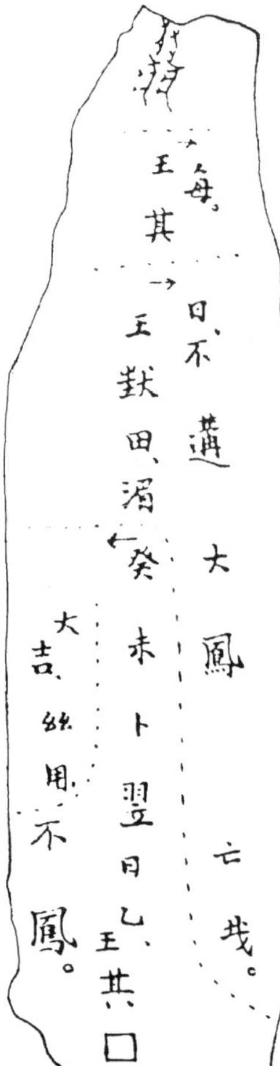

首一奇文亦見攸田尊，彼銘云「王占攸田、𢍰虎二，作父丁尊」，字與田獵有關，當是動詞。卜辭另有一例：後下・二三・一三・

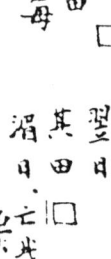

所言者亦係田獵之事。余釋為龖，小篆作𩅰，乃由此而譌變者也。說詳菁研下・二五。【卜辭通纂】

◉馬叙倫　桂馥曰。也當為皃。玉篇。龖。飛龍皃。王筠曰。說文從龖省聲者二。言部讋衣部襲是也。其籀文皆不省。國策趙左師觸讋。史記作龍。蓋初則省形存聲。後又併省二龍為一也。家語初見篇。王事若龍。注。龍宜為讋。前後相因也。案讋蓋襲之譌。本文同若。襲。重衣。乃可謂之若注言相因。亦沿樂襲禮之謂也。要之龖字緐重。故皆省而為龍。倫按

此龍之茂文。故作龖者可作龍也。龍音來紐。古讀歸泥。泥定同為舌尖前音。故龖讀若沓。音入定紐。亦由來轉談也。從二龍不見飛象。飛龍也蓋字林文。字或出字林。【説文解字六書疏證卷二十二】

飛

乙5328【續甲骨文編】

臨飛【漢印文字徵】

開母廟石闕 翩彼飛雉　禪國山碑 其餘飛行之類【石刻篆文編】

飛　飛出碧落文【汗簡】

碧落文　竝雲臺碑　汗簡　王存乂切韻【古文四聲韻】

●許　慎　鳥翥也。象形。凡飛之屬皆从飛。甫微切。【説文解字卷十一】

●馬叙倫　徐鍇曰。上旁飛者鳥頭頸長毛。桂馥曰。凡從飛而羽不見。是飛之左右皆象羽。王筠曰。全體指事。説云象形者。飛固有形也。上為鳥頭。三岐者翁。左右分布者羽。中一直為身。不作足者。此背面形。直刺上飛之狀。不見足也。龔橙曰。古文當為。倫按此篆變也。初文飛字本是鳥張其翍。當為指事。從鳥象形。餘詳卂下。字見急就篇。【説文解字六書疏證卷二十二】

●銀雀山漢墓竹簡整理小組　執鳥將執庳蔦翕翼　宋本作「鷙鳥將擊，卑飛斂翼」。《治要》「斂」作「翕」，與簡本合。「蔦」見《集韻》，鳥名。簡文「蔦」似為「飛」之異體。【銀雀山漢墓竹簡】

●黄錫全　飛出碧落文　碑文有兩飛字，今存之碑作、。鄭珍認為「此仍依篆文作之，中多一耳」。夏韻微韻録此文作（飛形寫誤），又録雲臺碑作，王存乂《切韻》作。漢印飛作（漢印徵11·19）。齊竇泰墓誌作。碧落碑原刻蓋如此。【汗簡注釋卷五】

⿱飛異 ⿱飛異

⿱飛異 不从飛篆文作翼 盂鼎 異字重見 秦公鎛 ⿱飛異受明德 中山王嚳壺 祗＝翼＝ 【金文編】

翼 説文所無 日甲九四 日乙九四 日甲八八背 日甲六背 日甲五六 五例 【睡虎地秦簡文字編】

李翼 翼讓 處君翼 張翼印信 【漢印文字徵】

翼出尚書 翼 翼出王庶子碑 【汗簡】

王庶子碑 【古文四聲韻】

◉許 慎 ⿱飛異 翄也。从飛。異聲。與職切。篆文⿱飛異。从羽。【説文解字卷十一】

◉吳大澂 古文以為翼字。盂鼎故天翼臨。謂臨之在上翼之在旁也。衛公叔敦。【説文古籀補卷十一】

◉劉心源 或釋戴。説文異作。即此字。此吕異為翼。邾公牼鐘余龏威忌。即翼龔也。邾公望鐘亦有此文。或皆釋畏非。逸書諡法解。剛克為伐曰翼。思慮深遠曰翼。是也。【奇觚室吉金文述卷二】

◉丁佛言 衛公叔敨蓋。陳子翼戈。【説文古籀補補卷十一】

◉葉玉森 王静安釋上揭諸字為昱。即今文翌。卜辭不定稱次日。或至數日以後。森按王氏説良信。惟昱翌均非本字。諦督三形。竝象蟲翼。上有網膜。當即古象形翼字。書武成金縢翼日之翼乃本字。昱翌竝後起。變作等形。遂無从索解。又變从日。始當為翼日合文。後漸沿譌為翼。即昱之所由孳。再變从立。似象一人立於翼側。其會意為輔翼。即翌之所由孳。吕覽本味篇注。翼羽飛也。是翼亦含飛越之意。故契文之翼亦多用如書召誥越三日越五日越七日之越。但卜辭例畧去幾日。惟言翼某某甲子耳。殷虚書契前編後畧稱前編卷七第三葉。有「乙亥卜貞翼乙亥酌系易日乙亥酌允易日」文。所云翼乙亥酌者。當與言來乙亥酌同。即越至下一乙亥日始舉行酌祭也。宰椃角翼作。亦象蟲翼。非角字。【説契】

◉丁 山 金文字从，象兩手端舉高與首齊形，當即翼敬翼戴之本字。論語鄉黨「孔子在宗廟揖所與立左右手衣前後襜如也趨進翼如也」，集解引孔注及皇疏皆曰：「翼如，端正也。」端正者，敬也。故詩文王有聲「以燕翼子」，行葦「以引以翼」，周書程典「慎下必翼上」，周語「翼其上也」，傳注皆曰「翼，敬也」。顧詩六月「有嚴有翼共武之服」，傳「翼，敬也」，虢叔旅鐘「嚴在上翼在

下艷艷熊熊降旅多福」。翼敬字則作，亦作。春秋左氏昭九年傳「翼戴天子而加之以共」，杜注「翼佐也」。盂鼎「天翼臨子法保先王」，翼佐字亦作。羌伯敦「乃祖克未先王翼自它邦」，翼戴字亦作之與，不過頭上微異耳。若以單父辛彝作，單伯鐘作、果卜辭作後下・二六・五，篆文作例之，字之在商从■或□後世易之為田者多矣，省作此何足異。翼古亦通翌昱，爾雅釋地「南方有比翼鳥焉」，釋文「翼本作翌」，書金縢「王翼日乃瘳」，爾雅釋言注引作「翌日」，武成「越翼日癸巳」，召誥「若翼日乙卯周公朝至於洛越翼日戊午乃杜于新邑」，漢書律曆志王莽傳皆引作「翌日」。凡今本尚書作翼者，古文率以翌字代之。凡古文尚書作翌者，其在金文則從立作盂鼎「雩若翌乙酉」，或省為宰椃角「在六月隹王廿祀翌有五」，其在卜辭則或从立作後上・十二「翌日辛王其徝于𩁹亡𢦔」，或从日作殷契八葉三十二「翌日酒隻□」，或省之作殷栔一葉九「□午卜貞王賓外壬翌日亡尤」、殷栔七葉四十四「乙卯卜翌丙雨」、後編上八葉「翌丁未不其易日」諸形，之為字與窓齋廿二第十六葉父乙爵下之無異也。之為字與窓齋十八第八葉父乙卣左之亦無異也。然則亦之省形之別體已。王國維謂「巤之初字，象毛髮巤巤之形」集林六釋昱。山謂即鳥翼之本字。說文「𩙪翄也從飛異聲籀文翼翼篆文𩙪從羽」，呂覽本味「其狀若鯉而有翼」注亦曰「翼羽翼也」，羽翼也當是之本義。鳥翼有左右，故金文一作，自周末文敝，以音近，巤通假為髮巤，復借敬為羽翼字，而之本義失。秦漢以還，借敬為異同字，復从羽於異上以為鳥翄之專名，假借之為翼敬、輔翼，而之本義失。昱日之昱，卜辭作，从日聲，其本字也。金文作，古文尚書作翌，衛包改訂尚書作翼，皆借字也。以古文尚書之互用證卜辭金文之通叚，以之通假證之為一字，謂即翼敬、翼戴之本字，此非臆必之辭，則卜辭字亦可斷即異之初形矣。辭曰「貞異不其乎來」，又曰「貞異乎舌方」，異非人名必是國名。【說冀 歷史語言研究所集刊一本二分】

◉商承祚

卜辭凡言明日或它日。其字多作以上諸形。王國維先生謂小盂鼎「雩若乙酉」之為昱字。復推之卜辭各體。其意皆合。葉玉森先生則謂「形並象蟲翼。上有網膜。當即古象形翼字。書武成金縢翼日之翼。乃本字。昱翌并後起。」其說是也。翼能飛越。故稱未來之日皆可叚用之。【甲骨文字研究下編】

◉唐蘭　當釋羽翼之形，翼之本字也，王先生釋巤非是。巤字上半與子字之古文，召伯毁作、宗周鐘作者正同，象人首之有毛髮，則二字不當相混也。羽古讀與異近。羽及異皆喻母字，聲得相轉，春秋隱五年經「初獻六羽」，左傳釋之曰：「初獻六羽，始用六佾也。」羽佾亦同為喻母字，可以為證。故羽之孳乳為翼，从羽从異聲矣。召誥「若翼日乙卯」，金縢「王

翼日乃瘳」，則用其孳乳字。羅振玉先生反謂作翼者為誤，失之矣。卜辭或作□者，當釋為翌，作□者，當釋為昱。小盂鼎之□則當釋為□，並从羽得聲。至漢時翼聲與立聲相近，故説文翌昱二字並从立聲。江有誥諧聲表云：「昱，余六切，説文誤作立聲。」其實許君所用乃當時之音耳。又按詩周頌小序云：「絲衣繹賓尸也。」毛傳云：「繹，又祭也，周曰繹，商謂之肜。」繹及肜亦均為喻母字也。魏君建功云：「翼字之轉从立聲者，喻母本从羣匣定三母轉來定母與來母同為舌頭音，故得相轉，如立為位之本字，可以為證，繹為入聲而肜為陽類字。翼為入聲而羽為陰類字，並為同母故得相轉，譽揚洋溢是其例也。」【殷虛卜辭考釋】

◉魏建功　今音喻母古初原分屬喉牙及舌頭之濁聲，聲變而後失其舊乃合歸為喻異韻，應屬之部之入。説文䎀从飛異聲讀入職韻。職即之之入，是異字本音今為陰入，兩類相轉蓋語言孳乳以對轉為之郵者也。从異聲之䎀説文重文作翼，為篆文與从羽立聲之翊同韻部立聲，收脣聲，隨與翼收舌根聲隨本殊翼聲喻母之源自定類者翊立聲自來類變而相同，疑定來遂初合為複輔音，翼翊皆為De之聲，來母變喻基於定母變喻之理。聲同。而韻類則以兩諧聲：母主音相同而通今音固有之，如此實始於許叔重時。翊翼形當自□□衍流，愚疑□者翼翊之初文也，音讀如繹，繹固定母，當讀與鐸澤諸字同聲，今亦變喻母。至於昱字又當晚在翊从立聲轉讀職韻時出者，且更轉為余六切，並變韻讀之主音。所謂職德轉屋沃也。再案文字之音義相關者往往得而説其語根，如□之為翊翼蓋有蟬聯似續之誼，文字結體是否寓其義不敢臆説，而凡蟬聯似續之詞皆與翊翼聲類相同則可知，故祭而又祭之謂繹若肜，皆由□之一義相生者也。【殷虛卜辭考釋】

◉馬叙倫　鈕樹玉曰。繫傳異聲下有籀文翼三字。玉篇亦同。然説文無此例。嚴可均曰。文選西都賦注引翼。屋榮也。亦奪。倫按皆校者所加也。甲文有□。為羽翼之初文。蓋本象形作□。變為篆文作□□。以疑於用字。乃作從羽異聲之翼。而初文僅存矣。此重文作翼。蓋□之轉注字。此與翼或非一字。飛音非紐。翼音喻紐四等。同為次清摩擦音。蓋䎀為飛之轉注字。廣雅釋訓。翼翼。飛也。特用此重文耳。同從異得聲也。或謂飛必以翼。故䎀從飛。然羽翼字是名詞。飛是動詞。以名詞之翼而從動詞之飛生義。亦疑不然。蓋飛之音即生於翼。故䎀翼皆從異得聲。況有初文象形之□。又有後起轉注字之翊。又有翊之轉注字翨翍。則不須借鳥翥字之飛而作䎀矣。蓋由飛之轉注字為䎀。音同於翊。故相傳以䎀為翊。許以飛訓翊。以翍訓䎀。適得其反。或曰。石鼓文之□即翰字。則從羽者亦可從飛。倫謂若然。則皆古俗字也。籀篇以䎀為翼。倉頡因之。許不得改也。

□　從羽二字校者加之。字蓋出石經。【説文解字六書疏證卷二十二】

◉李孝定　翼敬字古當以作「異」為正字，異象頭載物，兩手扶翼之之形，扶翼、翼蔽亦但當作「異」，及後字形沿譌，以「異」為从収从畀，而翼敬、翼蔽之誼遂晦，經典乃以羽翼字為之耳。盂鼎「故天異臨子」，異蔽之誼也；虢叔羽鐘「皇考嚴在上，異在下」，異敬之誼也，皆以異為本字，非作羽翼字用，此字當删。【金文詁林讀後記卷十一】

◉周名煇　角部辛椃角。陳介祺説。古角字。魯侯角。徐同柏説。古角字。吳氏定為角字。今考定弟一文為古文翼字。弟二文不可定。闕疑。郭鼎堂有説。見殷周青銅器銘文研究。待商。凡時賢未定之説不敢録以誤人。

殷虛卜辭有字。書契前編卷三弟二十八葉。及字。新獲卜辭寫本。羅振玉、王國維、董作賓並定為昱字。即古金文小盂鼎字之古文。葉玉森謂並象蟲翼上有網膜。當即古象形翼字。書武成金滕翼日之翼。乃本字。昱翌並後起。又謂辛椃角銘。翼字作。亦象蟲翼。非角字。其説並碻。尋辛椃角銘云。庚申王在東閒。王各格。宰椃从從。易錫貝五朋。用作父丁尊彝。在六月。隹唯王廿祀。又佑五吾。今案。其署年月日之法。與殷室及周初相同。故年繫文末。月在年前。日居文首。當屬殷器無疑。尋殷虛卜辭有云。癸未。王卜貞酌彡日。自上甲至于多后。衣。亡壱它。自畎。在三四月。隹唯王二祀。書契前編卷三弟二十七葉。正與此銘繫年月日之文例一律。可證也。然銘文云。翼又五之義。何謂邪。謹宗。又當即祐佑之古文。助也。翼又祐二字。聯緜同義。尋大龜七版弟一版弟九條云。⊘王受又又。弟十條云。壬戌卜貞弗受又又。田野考古報告弟一本侯家莊出土殷虛文字。董作賓讀又又為有祐。或有佑。甚當。説文示部云。祐。助也。从示右聲。詩卷阿篇云。有馮有翼。鄭箋翼助也。翼又二字。古音同在之部。其在周代。則翼臨保佑等語矣。五即吾字古文。説文心部。悟字从心吾聲。古文作悉。从心丞聲。可證。説文口部云，吾我自稱也。从口五聲。是銘文云。翼又五者。即翼祐吾。蓋作器者祈助于天神。謂天神其翼祐我也。夫能通此義。然後可與道古。前修如阮伯元孫仲容。恐尚未能達也。【新定説文古籀考卷上】

◉曾憲通　土身亡𩓣　乙七・一四　此字李學勤釋鬒，整句讀作「土身亡鬒」。選堂先生釋顯，謂「土允亡顯」即田畯亡昧，田夋為農官，言農官不可昏昧。今按此字左旁與本篇夏字所从頁旁作者異，而與丙篇、所从鳥旁實同，右旁从異。以形聲求之，當是𩙣即翼之異構。帛文此處講的是「孛」。「土身亡翼」殆指一種有光無芒的彗星。【長沙楚帛書文字編】

◉張政烺　翼下疑脱重文號，翼翼是重言形況字。毛詩大雅常武「緜緜翼翼」，傳：「翼翼，敬也。」按説文十一篇：「𩙣，溦也。从飛異聲。」翼，篆文𩙣从羽。」秦公鐘「𩙣受明德」，𩙣从飛。中山王譽方壺翼从非，隋縣戰國墓亦作。説文非，「从飛下兩翅」，羽象翮翅之形飛象鳥張翅之形，三字義近，故作為偏旁可通。【金文大字典下】

◉湖北省文物考古研究所・北京大學中文系〔九〇〕「罷」字亦見鄂君啟節。車節説「車五十乘，歲罷返」，舟節説「屯三舟為一

舿，五十舿，歲罷返」。各家或讀「罷」為「能」；或釋為「贏」，讀為「盈」。但無論讀為「歲能返」或「歲盈返」，文義都不順適。今案此字从「羽」「能」聲。「能」古蒸部字，但與之部字關係極為密切（之、蒸二部陰陽對轉），例如从「能」得聲的字有「態」，星名「三能」亦作「三台」。《説文》以為「能」从之部的「㠯」得聲。「㠯」和「異」古音極近。《説文》「异」下云「从収㠯聲」，而典籍多借為「異」字。同書「廙」下云「从广異聲，讀若枲」，「枲」从「台」聲，「台」又从「㠯」得聲。因此从「羽」「能」聲的「罷」很可能是「翼」的異體。銀雀山竹書《孫臏兵法·十問》有「延陣長（張）䍐」之文。「䍐」字从「羽」「巳」聲，從文義看也應是「翼」的異體，正與此同例。鄂君啟節的「歲翼返」似當讀為「歲代返」。「代」从「弋」聲，「弋」和「翼」音近相通。《書·多士》「敢弋殷命」，馬融、鄭玄、王肅各本「弋」皆作「翼」可證。【一號墓竹簡考釋　望山楚簡】

◉朱德熙　裘錫圭　 m　 n

m在舟節和車節銘文中各出現一次。舟節云：

大攻（工）尹脽台（以）王命……為鄂君啓之府商鑄金節。屯屯，義同皆。看朱德熙、裘錫圭《戰國文字研究（六種）》，《考古學報》1972年第1期（編按：已收入本集）。三舟為一舸。五十舸，歲m返。

車節云：

大攻（工）尹脽台（以）王命……為鄂君啓之府商鑄金節。車五十乘，歲m返。

m或釋為从「羽」从「能」聲，讀為「能」；或釋為「贏」，讀為「盈」。郭沫若《關於鄂君啓節的研究》，《文物參考資料》1958年第4期。于省吾《鄂君啓節考釋》，《考古》1963年第8期。無論讀「能」讀「盈」，于銘文文義都不貼切。

從字形上看，分析為从「羽」从「能」聲是不錯的。「能」古之部字，所以从「能」聲的字或讀入之部，如「態」、「𦟝（《廣韻》奴代切，又奴勒切）」；在先秦古籍裡，也經常與之部字押韻，如《詩·小雅·賓之初筵》叶「又、時」。《離騷》叶「佩」。《説文》認為「能」字从之部的「㠯」字得聲。我們懷疑从「羽」从「能」聲的m，其實就是「翼」字的異體（「㠯、異」聲近，「异」从「㠯」聲，經傳或假借為「異」）。改換形聲字聲旁造成異體，現代漢字裡常見，在古文字裡也不乏其例。仍拿「翼」字為例。臨沂銀雀山漢墓竹簡《十問》：

必將參（三）分我兵，練我死士。二者延陳（陣）長（張）n，一者財（才）士練兵，期其中極。此殺將擊衡之道也。

n从「羽」从「巳」（倒「㠯」）聲，就是「翼」字的異體。把「延陳長n」讀為「延陣張翼」，文義允洽。我們認為節銘的m很可能是「翼」字的另一種異體寫法。

從節銘文義看，「歲翼返」似當讀為「歲代返」。「代」从「弋」聲，「弋」「翼」古通。《書·多士》「敢弋殷命」的「弋」假借為「代」，

非 

而陸德明《釋文》及孔穎達《正義》引馬融、鄭玄、王肅各本「弋」皆作「翼」。《漢書・食貨志上》：

武帝末年，……以趙過為搜粟都尉。過能為代田。一畮三甽，歲代處，故曰代田。

顏師古注：「代，易也。」節銘「歲代返」與《漢書》「歲代處」文例正同。意思是説：一年之內分批輪流返回。

現在發現的鄂君啓節共五枚。1957年發現舟節一枚，車節三枚，1960年又發現舟節一枚。有人曾根據三枚車節的弧度推測原物形制，證明車節和舟節原來都是五枚一套，合成一套圓筒。殷滌非、羅長銘《壽縣出土的鄂君啓金節》，《文物參考資料》1958年第4期。《漢書・孝文帝紀》：「（二年）九月，初與郡守為銅虎節、竹使符。」顏師古注引應劭曰：「竹使符，皆以竹箭五枚，長五寸，鐫刻篆書第一至第五。」鄂君啓節正是五枚一套，可見漢代的竹使符承襲了戰國時的制度。容庚先生説：

節與符不同，符作伏虎形，面有文字，底有牝牡榫，用以發兵，必須雙方符合，方生效力。至於節，……祇作證明，不必合驗。鄂君啓節既無榫可合，當不是一在鄂君啓，其它四枚分發在四個税關，而是五節皆歸鄂君啓掌握，可在一年以内，水陸各行走五次，抵關時憑節放行，節銘的「庚郢」，指的是每批舟車回程必須抵郢都復命。引自商承祚《談鄂君啓節銘文中幾個文字和幾個地名等問題》，《中華文史論叢》第六輯155頁，1965。

容氏此説甚為精辟。鄂君啓節現定舟數和車數分別為五十舿與五十乘，正好是每一套節的枚數的十倍。「歲代返」之語分別緊接在「五十舿」與「五十乘」之後，意思是説，一年之內，舟五十舿、車五十乘分批輪流返回。每次每批都是舟十舿、車十乘，各持節一枚。一年之内輪流返回五次。總之，從鄂君啓節的形制來看，我們關於節銘「歲m返」的解釋是合理的。【鄂君啓節考釋（八篇）　朱德熙古文字論集】

非　説文作非乃唐人傳寫之譌魏三字石經尚不如是也　𢼸鼎　錫金一鈞非余古者金與馬每同賞錫非余當讀作騑駼

傳卣　師田父令小臣傳非余

班簋　班非敢覓

曶鼎

毛公𢉩鼎

蔡侯䜌鐘

中山王譻鼎

中山王譻壺　寡人非之

【金文編】

㫗録11・2　食是𩚀𦍌𩁹酒𦉜非□

㫗録11・2　□☐□非□　【古陶文字徵】

〔四〕 〔六八〕 〔四七〕 〔六八〕 〔六六〕 〔二〕 〔七〕 〔七〕 〔三八〕 〔二二〕

〔三六〕 〔三六〕 〔三六〕 〔一八〕 〔三七〕 【先秦貨幣文編】

布空大 豫伊 仝上 豫孟 刀弧背 冀滄 刀弧背 冀滄 布空大 亞二・一〇三 刀尖 魯博

布空大 典七一九 布空大 典七二〇 刀尖 尖首刀文多倒書 典一一四八 仝上 典一一四九 刀尖 倒書 典一一五〇 仝上 典一一五一 仝上 亞五・一二 刀尖倒書 亞五・一二 仝上 仝上 刀尖 倒書 亞五・一三 仝上 仝上 刀尖 倒書 展盦版叁伍一 【古幣文編】

一九五：一 二百九十九例 宗盟委質內室類麻臺非是 【侯馬盟書字表】

40 【包山楚簡文字編】

非 秦一〇三 七例 法一五 十九例 雜一二 【睡虎地秦簡文字編】

—九天之大鈦(乙6—12) 【長沙子彈庫帛書文字編】

3080 3080 【古璽文編】

楊非子印 編非 尹非 胡非 李非子印 孟類非 笞解非 徐章非 非當之印

檢非之印 吳非人 非猚 【漢印文字徵】

石經多士 非我一人奉德不康寧 【石刻篆文編】

非 【汗簡】

非 非 竝道德經【古文四聲韻】

◉許　慎　非違也。从飛下翄。取其相背。凡非之屬皆从非。甫微切。【說文解字卷十一】

◉林義光　說文云。非韋違也。从飛下翄。取其相背也。按鳥翅於相背義不顯。古作非毛公鼎。作非孟鼎。象張兩翅。周伯琦以為與飛同字。當從之。

說文云。勿州里所建旗。象其柄。有三游。按形頗不類。古作非毛公鼎。作非克𡍮彝。作非師嫠敦。皆象飛鳥之翅。當為非之或體。非勿古音近。說文菲芴也。芴菲實亦同字。【文源卷四】

◉高田忠周　說文。非違也。从飛下翄。取其相違也。然則篆文本當如此。作非為誤。下寅簋龍敦尤近解義。此為冣初古文。朱駿聲云。違背。故為不是之詞。禮記檀弓。非刀匕是共。皇氏注不也。禮運。非禮也。注猶失也。愚謂不然。凡用為不是之詞。亦當否義叚借。以不亦同。【古籀篇九十六】

◉馬叙倫　吴穎芳曰。飛省為非也。亦飛字。鈕樹玉曰。韻會引作遺也。誤。華嚴經音義廿一引作猶違也。韻會翄作翅。背下有也字。沈濤曰。許書説解中罕有猶字。惟珏部寒字注。珏猶齊也。據此。則此等字為後人所刊削者不少矣。莊有可曰。去飛之凡即非也。以其横下。故兩翅之張而相背。孔廣居曰。從飛下翄。自當如正譌作非。今作非。譌也。朱駿聲曰。篆當作非。周伯琦説文字原如此作。而伯琦以為飛之本字。則否。李登云。析朱為非。謂即緋字。異説不可從。違背故為不是之詞。章炳麟曰。三體石經作非。説文本形當如是。倫按繫傳祛妄曰。非。説文云。背違也。從飛下兩翅。取其相背。然則今鍇本篆及説解均為後人以鉉本改之矣。毛公鼎曶鼎皆作非。魏石經古文作非。篆文作非。然則許書亦定不作非也。且即如説解言從飛下兩翄。亦如莊説去飛之卂即非也。安得作非乎。蓋宋以來所改矣。然今説解非許本文。祛妄違也上有背字。華嚴音義引違上有猶字。則許蓋作背也。以聲訓。校者或吕忱增猶違背也。復改象形為從飛下兩翄取其相背也。非飛實一字。飛象頭尾兩翄並見之形。非則財見兩翄。蓋遠近之象不同也。以甲文中異體之字例之。斷然無疑。字見急就篇。皇象本作無。【説文解字六書疏證卷二十二】

◉楊樹達　拾遺十一葉之十八云：「非若。」于省吾云：栔文非字作非非，非字作非，亦作非非非非。爾雅釋詁：若，善也。古籀亦訓若為順，順與善義相因，非若即非順善也。殷栔七九四云：「非囚。」囚同周易之咎，非囚謂非咎災也。粹編五五云「日又戠，非囚，隹若」，囚猶易大有初九之言匪咎。非囚隹若者，非咎災而唯順善也。粹編一一六二片云「又祟，非囚」，言雖有祟而非咎災也。佚存三七四云：「日月又食，隹若；日月又食，非若。」非若與隹若對貞，非若即非若也。簠室天

象三八云「兹雨[非]囚」，言今雨非咎災也。粹編一一五八云：「[非]行，用戋。」非猶不也，言不行用戋也。續編六卷十三之十云「[非]㝵，隹疒」，㝵即辛，說文「辛，辠也」，言非辛辠而唯疒病也。余所藏明義士墨本有辭云「[非]乎歸，若」，言不乎歸而順善也。駢三之廿九。【非[非] 卜辭求義】

◉韓耀隆 二、與虛詞「隹」連用

1.貞：非隹？十一月 粹一一五七

2.貞：非隹？二月 粹一一五九

以上二例，均見粹編，郭某考釋云：「[非]字不識，以辭意推之，當是動詞，且于軍旅之事似有關，則『隹』殆即隹夷之隹也。」(粹考一四八頁)按郭說非是；「非隹」乃分段互卜，蒙他段之辭而為省語也。【甲骨卜辭中否定詞用法探究 中國文字第四十五冊】

◉于省吾 甲骨文非字作非形。王襄謂「非疑古北字」(簠考・地四)。又甲骨文[非]字作[非]或[非]、[非]、[非]等形，葉玉森「疑笄字」(鈎沈一)，陳邦懷同志謂「叕之初字」(殷拾一二)。按王葉陳之說並誤。非乃非之初文。金文非字傳卣作非，曶鼎作非，毛公鼎作非，蔡侯鐘作非，其演變之迹，與甲骨文相銜。[非]字，[非]鼎作[非]，古陶文作[非]，古化文作[非]或[非]。甲骨文[非]字所从之非，亦作非或非者，文之省也。甲骨文以非或[非]為地名，亦以為否定詞。爾雅釋言訓若為順，又釋詁訓若為善，順與善義相因。甲骨文之「非若」(拾一一・一八)，即非順善也。甲骨文之「非囚(咎)」(燕七九四)，說文訓咎為災，謂非咎災也。甲骨文之「非隹㚇(㚇)」(甲七九九)，隹即惟，讀為(詳經傳釋詞)。謂不為㚇祭也。甲骨文稱：「日又戠，[非]囚隹若。」(粹五五)，[非]囚之[非]應讀作匪，猶易大有初九之言「匪咎」。匪與非義同，古通用。[非]囚隹若者，非咎災而唯順善也。甲骨文稱：「日月又食，隹若〇日月又食，[非]若。」(佚三七四)[非]若與隹若對貞，[非]若即非若也。甲骨文之「兹雨[非]囚」(簠・天三八)，言今雨非咎災也。甲骨文稱：「[非]乎歸，若。」(南北明八三，[非]字誤摹為[非])言不乎歸而順善也。要之，非為非字初文，[非]為非之孳乳字。甲骨文言非或[非]，與經傳言非或匪(亦作棐)用法同。非與[非]均見于周代金文，晚周之陶文、化文猶存[非]字，自漢以來，匪行而[非]廢矣。【釋非、[非] 甲骨文字釋林】

◉高 明 「曰非九天則大𠂢」；非當假為排，列也，如《楚辭・天問》：「九天之際安放安屬？」王逸注：「九天：東方皞天，東南方陽天，南方赤天，西南方朱天，西方成天，西北方幽天，北方玄天，東北方變天，中央鈞天。」《太玄、玄數》云：「九天：一為中天，二為羡天，三為從天，四為更天，五為睟天，六為廓天，七為減天，八為沈天，九為成天。」【楚繒書研究】

◉朱德熙 裘錫圭 侯馬載書，張頷：《侯馬東周遺址發現晉國朱書文字》，《文物》1966年2期。並參看後注。誓辭結尾云：「𪉊（吾）君其明亟覘之，麻臺（夷）非是。」沁陽載書陳夢家：《東周盟誓與出土載書》，《考古》1966年5期。甲一亦有「麻夷非是」之語，又甲二背面有「□非氏」三字，當是同類語之殘文。《東周盟誓與出土載書》見前注。認為「麻夷即滅：《方言》十三曰『摩，滅也』，《莊子·徐無鬼》：「循古而不摩」，《釋文》引宋王穆夜注：「摩，消滅也」。《淮南子·精神》：「故形有摩而神未嘗化者」，高注：「摩，滅，猶死也。」其它从麻聲之字，如糜爛之糜，靡敝之靡，義並與滅近。《廣雅·釋詁》曰『夷，滅也』」，又指出古是、氏通用，載書是字當讀為姓氏之氏，凡此都是正確的。但文中釋非為我，則不可從。案載書此字形體與金文非字全同，決為非字無疑。

《公羊·襄公二十七年》記衛公子鱄以獻公殺寧喜為不義，挈其妻子去國，「將濟于河，攜其妻子而與之盟曰：『苟有履衛地食衛粟者，昧雉彼視。』」何休注：「昧，割也。時割雉以為盟，猶曰視彼割雉，負此盟則如彼矣。」今案何休割裂傳文句法，把「昧雉彼視」解釋為「視彼昧雉」，又讀雉如本字，望文生義，殊不可信。其實《公羊》的「昧雉彼視」和侯馬載書的「麻夷非是」，都是滅彼族氏的意思，只是文字寫得不同，用語小有出入。

傳文的「彼視」與載書的「非是（氏）」相當。載書非字當從傳文訓為彼，傳文視字當從載書讀為氏。非與匪通，匪、彼音近，典籍匪字訓彼之例極常見。視从示聲，屬脂部，是和氏是支部字，但在典籍和古文字中都可以看到示聲和氏、是相通的現象。《左傳·宣公二年》的提彌明，《史記·晉世家》作示眯明，《公羊·宣公六年》作祁彌明，从是聲之提與示字及从示聲之祁通用。《周禮》一書地祇之祇都作示。戰國文字中常見的眂字，就是視、眂的異體，關於這個字另有專文討論。可證傳文的視字是氏的音近譌字。

《公羊》「昧雉彼視」一語自來没有得到正確的解釋，有人甚至以此為古漢語倒裝句的例證。由於侯馬載書的出土，我們纔真正理解了這句話的意義。【戰國文字研究（六種） 朱德熙古文字論集】

◉趙 誠 非。其繁體或寫作排。構形不明。卜辭用作表示疑問的語氣詞，應為借音字：

癸未卜，旬亡𡆥非。（京四七五八）——亡用作無。𡆥，災禍之義。

這種用法的非，相當於後世文獻的否。【甲骨文虛詞探索 古文字研究第十五輯】

◉黃錫全 非 蔡侯𪓐鐘非作，中山王鼎作，三體石經《多士》作，此形同。鄭珍云：「小徐《祛妄篇》作『非』如此，較大徐作為是。《說文》云非『从飛下𢖱』，知作乃篆法之變。」【汗簡注釋卷五】

◉曾憲通 曰非九天 甲六·二二 選堂先生謂非九天之非讀為棐與妃，借為配，猶言「配天」。【長沙楚帛書文字編】

⿱非己

◉張玉金　非甲骨文作□形。

副詞　作否定副詞用，一般用來表示對判斷的否定，可譯為「不是」。

1. 庚辰貞：日有戠，非𡆥，唯若。（合33698）

在這個例子裏「非」跟「唯」對言。古文獻裏也有不少這類例子。例如「非先王不相我後人，惟王淫戲用自絶」（《尚書·西伯戡黎》）、「惟汝衆自作弗靖，非予有咎」（《尚書·盤庚》）、「匪舌是出，維躬是瘁」（《詩經·小雅·雨無正》）。古文獻裏與「惟（維）」對言的「非（匪）」是表示對判斷的否定的，甲骨文中與「唯」對言的「非」亦然。

2. 癸酉貞：日月有食，唯若。

癸酉貞：日月有食，非若。（合33694）

此例裏的「非」跟前一條卜辭裏的「唯」對言。這對卜辭貞問：發生了日食和月食，這是福佑呢，還是不是福佑呢？

3. 非水。

唯。（合28299）

此例最後一辭的「唯」後省去了「水」。「非」與下一句裏的「唯」對言。這對卜辭貞問：不會是水災呢，還是是（水災）呢？

4. 戊午不祀，示咎。

戊午非唯咎。（合21987）

這對卜辭貞問：戊午那天没有舉行祭祀，神主會降災殃呢，還是不會降下災殃呢？

在這個例子裏，「非」出現在「唯」字之前，兩者聯用。這種例子在古文獻裏也可以見到。例如「非唯舊怨乎？」（《國語·楚語下》）。【甲骨文虛詞詞典】

◉許　慎　⿱非己別也。从非。己聲。非尾切。【説文解字卷十一】

◉馬叙倫　朱士端曰。聞之王石臞先生曰。肥本作□。從肉。從⺄。⺄古文飛字。按許書肥妃配皆從⺄得聲。此古文飛字。與己迥異。朱駿聲曰。從己。非聲。己。絲別也。倫按朱士端説是也。⺄蓋本作乁。今畫山水者作鳥遠飛形猶然。此飛之最省形也。⿱非己則非己二字之誤合耳。或乁之後起字。或非之後起字。要之飛非乁為一字也。別也非本義。或此字出字林。【説文解字六書疏證卷二十二】

靡 

靠 

陛 

靡　秦一〇五　四例　秦八六　二例【睡虎地秦簡文字編】

浚靡邑丞　浚靡丞印　王靡間印　靡父中孺　靡得　靡盄　【漢印文字徵】

泰山刻石　靡不清浄　【石刻篆文編】

靡碧落文　【汗簡】

碧落文　【古文四聲韻】

◉許　慎　靡披靡也。从非。麻聲。文彼切。【説文解字卷十一】

◉馬叙倫　沈濤曰。文選吴都賦注。靡。碎也。蓋古本之一解。倫按靡為非之轉注字。非音非紐。靡音微紐。同為脣齒音也。古書言披靡者。雙聲形容詞。非本義。蓋字林文。碎也磨字義。校語。字見急就篇。【説文解字六書疏證卷二十二】

◉睡虎地秦墓竹簡整理小組　〔二〕靡，熄滅。【睡虎地秦墓竹簡】

汗簡【古文四聲韻】

◉許　慎　靠相違也。从非。告聲。苦到切。【説文解字卷十一】

◉馬叙倫　承培元曰。俗謂相依為靠。則相違上疑當有不字。王筠曰。朱筠本相違上空二格。玉篇。靠。理相違也。倫按此字傳記不見。疑至之轉注字。至聲轉為到。到靠古同幽類。字蓋出字林。【説文解字六書疏證卷二十二】

◉許　慎　陛牢也。所以拘非也。从非。陛省聲。邊兮切。【説文解字卷十一】

◉馬叙倫　鈕樹玉曰。韻會引作陛牢謂之獄。廣韻引非作罪。玉篇。陛。牢也。所以拘罪人也。與廣韻合。一切經音義十三引作所以拘非者也。倫按陛為牢止見王肅家語注。然法言。狴犴使人多禮。狴犴連文。字不作陛。家語陛字見玄應音義十三引。今本作狴。本書。陛。從𨸏。坒聲。實坒之後起字。詳坒字下。坒。從土。比聲。比非古音同在封紐。疑坒或作𩇯。陛陛亦一字。此字蓋出字林。【説文解字六書疏證卷二十二】

卂　卂伯簋【金文編】

卂【汗簡】

●許　慎　卂疾飛也。从飛而羽不見。凡卂之屬皆从卂。息晉切。【説文解字卷十一】

●馬叙倫　莊有可曰。象形。龔橙曰。古文當為□。倫按手執干鼎□中之□。即是卂字。象鳥飛之形。此政齊之耳。從鳥象形。與飛非乁皆一字。今音息晉切在心紐。飛音非紐。非心同為次清摩擦音。聲轉耳。疾飛也當作疾也飛也。疾也校語。此迅字義。【説文解字六書疏證卷二十二】

●高鴻縉　飛而羽不見。其卂可知也。故後世加意符辵作迅。副詞。【中國字例四篇】

●楊樹達　从飛字省去首毛及兩翅之形。吴承仕曰：「非象兩翅，卂象羽不見。雖从飛省，然皆有物可象。舊以為指事，失之。」【文字形義學】

煢巨營切見石經【汗簡】

汗簡【古文四聲韻】

●許　慎　煢回疾也。从卂。營省聲。渠營切。【説文解字卷十一】

●馬叙倫　嚴可均曰。小徐及韻會八庚引作回飛疾也。此脱疾字。翟云升曰。營當作熒。六書故引無回字。倫按當作回飛也。疾字蓋涉上文卂下説解而誤羡。然回飛也亦非本義本訓。蓋此字出字林也。煢從營得聲。營音喻紐四等。心與喻四同為次清摩擦音。則煢為卂之轉注字。亦飛之轉注字也。【説文解字六書疏證卷二十二】

●黄錫全　煢巨營切見石經　鄭珍云：「編中𤇾例省作□。今石經體果如此，則本自石經。」古璽營字省作□（璽彙3687），與此類同。夏韻清韻注出《汗簡》，蓋夏見本脱「見石經」三字。【汗簡注釋卷五】

乙見説文 乙於八切 乙鳥名鳦鳾字烏八切郭顯卿字指今於一切 【汗簡】

◉許 慎 ⺄玄鳥也。齊魯謂之乙。取其鳴自呼。象形。凡乙之屬皆从乙。徐鍇曰。此與甲乙之乙相類。其形舉首下曲。與甲乙字少異。烏轄切。鳦乙或从鳥。【説文解字卷十二】

◉陳邦福 白虎通五行篇:「乙者,物蕃屈有節欲出也。」史記律書云:「乙者言萬物生軋軋也。」又案殷契文幹枝人名乙字作⺄⺄⺄⺄諸形,惟報乙字增匚作[乙],匚為地象,蓋喻報乙德配如地者也。周金文幹枝人名乙字,如父乙鼎作⺄,亞若癸敦作⺄,父乙觚或作⺄,則為虛象,許引大一經謂乙象人頸,與殷周古籀文亦正相合也。又案爾雅釋魚云「魚腸謂之乙」,郭注引禮記云:「魚去乙。」邢疏引内則鄭注:「乙,魚體中害人者名也。今東海鰫魚有骨名乙,在目旁,狀如篆乙,食之鯁人,不可出。」是大一經乙屬人頸之説,疑从雅訓參以陰陽五行,遂引伸為人象也。【十榦形誼箋】

◉吴其昌 乙字且乙卣作⺄,冊冊乙觶作⺄,且乙尊作⺄,酋乙斝作⺄,商三句兵作⺄,作⺄,皆象刀形。禮記月令「其日甲乙」,鄭注「乙之言軋也」,又廣雅釋言「乙軋也」,後漢書公孫述傳章懷注同。釋名釋天亦云「乙軋也」,既知乙訓為軋,然則軋字究當作何解釋,史記匈奴傳漢書匈奴傳注記匈奴之刑典並云「其法有罪小者軋大者死」,顔籀注引服虔曰「軋刀刻其面也」,案服説是也。刀刻其面為軋,而軋又即為乙。以衣衣食食古代以名詞為動詞之公例律之,則乙之為刀至為顯白。惟乙義為刀,故乙即軋又為以刀刻面之稱也。【金文名象疏證】

◉唐 蘭 乙作⺄天·三,則玄鳥之乙所从出也。【天壤閣甲骨文存考釋】

◉馬叙倫 鈕樹玉曰。繫傳呼作嘑。韻會作謼。韻會玄鳥上有燕燕二字。廣韻引作燕乙玄鳥也。嚴可均曰。隹部。巂。周。燕也。則許讀釋鳥未嘗以燕燕為句。小徐依郭注本輒改耳。沈濤曰。廣韻五質。鳦。説文作乙。不云鳦同上。而云説文作乙。似陸孫所據本無重文。王筠曰。乙之象形也。它字甚少似此者。或倉頡作也。乙燕雙聲。蓋口語遞變。吴善述曰。古鳦字本作⺄。象玄鳥豎首舉尾之形。倫按乙為燕之異文。燕為正視而近之形。乙為遠而側視之形。燕為初文。乙則近於寫意畫矣。或篆變使然。廣韻引作燕乙玄鳥也者。燕乃異文相釋。或校者注以釋乙字之音者也。乙則隸書復舉字之誤乙於下也。隸書複舉字。昔人以為始於開元字統。倫疑許書本有。前各篇中有復舉一字。而廣韻引之已然者。唯唐以前説文。傳寫者已不止一本。故有一本有而他本無之者。開元字統殆從一本之例耳。況字林有隸字。江式請吏表可證也。玄鳥也者。蓋字林文。齊魯以下十字亦字林文或校語。

鳦 沈濤曰。汗簡引說文乙字作鳦。蓋古本尚有此重文。倫按此後起字。從鳥。乙聲。汗簡引褋字指乙作鳦。字指蓋本古文官書。本書古籀皆呂忱所加。大氏古文皆本石經及官書。官書蓋本石經及汲冢竹書。則此字或本如字指作。然亦小譌。汗簡引本書亦譌。但皆不作鳦也。【說文解字六書疏證卷二十三】

◉李孝定 陳氏於乙字，形無新說。許君謂象艸木之出乙乙然，又謂象人頸，二說並陳足證並無的解。且二說於字形並不相類，其誤至顯。

說文：「乙象春艸木冤曲而出陰氣尚彊，其出乙乙與丨同意。乙承甲象人頸。」說文所收篆體與乙字疑似者有十二卷之乚，解云「玄鳥也，象形烏軋切」；同卷乀，解云「流也，从反乚，讀若移弋支」；又乁，解云「抴也，明也，象抴引之形，虒字从此余制切」；十一卷𡿨「水小流也姑注切，甽古文𡿨，畎篆文」。吳氏說乙為刀乃自乙字訓軋立意。按軋讀烏轄切乃从燕乙字得聲，乙字亦讀烏軋切，可證非从甲乙字。段氏注謂「此从甲乙為聲非燕乙也」說非。軋既不从甲乙字，則吳說當有可商。郭引爾雅釋魚之說謂乙象魚腸。按此說除爾雅外別無他證，且乙之字形可象者甚多，不可必為魚腸，以備一說可也。竊謂乙之朔誼當於許書形體與乙疑似諸篆求之，或可得其端倪。按乚訓玄鳥，段氏謂字當橫看，象燕飛時自後視之之形，其說是也。然則字當作乚，與乙迥別。且字讀烏軋切與乙音余筆切亦異。又乁訓抴，讀余制切，與甲乙字形近音似。然他經籍中未見此字，卜辭中亦未見有訓抴之乁字，是不能謂乙乁抴也一字也。此外則有十一卷之乚及十二卷之乚，前者訓水小流，後者訓流，形誼並同。惟音讀各別，其始當為一字，訓水小流者專為畎澮一義遂別為音讀耳，其訓流者形體既與甲乙字全同，讀弋支切亦與乙音略近，且契文从水諸字類多从乁若乚，亦與甲乙字全同，因疑甲乙字與許書訓流之𡿨實為一字。以乙假為干名遂歧為二字，而別隸之乀乁部耳。余之此說亦無確證，姑録存之以俟高明。金文與契文同。吳氏所引特作肥筆，或作乙[illegible]父乙盉乙父乙觚。【甲骨文字集釋第十二】

◉姚孝遂 肖 丁 「乙丑，在八月，酌大乙牛三，且乙牛三，小乙牛三，父丁牛三」 此為于乙日酌祭大乙、祖乙、小乙、武丁均用三牛。可參見明續471：

「甲午貞，乙未酌高祖亥……大乙羌五牛三，且乙羌……小乙羌三牛二，父丁羌五牛三，亡壱」

很明顯，此為時王祭祀其「乙」系之先祖兼及其父王，此屬選祭之類。何以如此，我們在以後還要詳加論及。【小屯南地甲骨考釋】

◉李 零 乙，與甲乙之乙有別，《說文》：「乙，玄鳥也。齊魯謂之乙，取其鳴自呼，象形。」或體作鳦。乙就是燕子，《詩・邶風・

燕燕》「燕燕于飛」，傳：「燕燕，鳦也。」《釋文》：「鳦音乙，本又作乙。」《爾雅・釋鳥》：「巂周，燕燕，鳦。」《大戴禮・夏小正》：「二月……來降燕乃睇。燕，乙也。降者，下也。言來者何也？莫能見其始出也。故曰來降。言乃睇何也？睇者，眄也。眄者，視可為室者也。百鳥皆曰巢，突穴，又謂之室何也？操泥而就家，入，人内（納）也。」《禮記・月令》：「是月（仲春）也，玄鳥至。」皆記燕于二月始來，較帛書所記遲一個月。「殺」上一字殘，右半似是又旁或攴旁。【長沙子彈庫戰國楚帛書研究】

◉黃錫全 乙鳥名鳦鳾字烏八切郭顯卿字指令 於一切 此與乙部《說文》乙形同，說見前。「於一切」上脱「亦」字，見馮本。鄭珍云：「从古鳥，當原作，又寫誤。『鷾鴯』見《莊子・山木篇》，燕之別名，鷾蓋亦鳦之別字，『鳦鳾』當是《字指》本注，漢人無切音，『烏八切』乃後人為其書作音也。按徐鉉音《說文》，玄鳥之乙『烏轄切』，甲乙之乙『於筆切』，不同，知《唐韻》燕乙字在十五鎋，甲乙字在五質。今《廣韻》並燕鳦字入質韻，與甲乙字同音『於筆切』，注云『本烏轄切』以存《唐韻》之舊，而鎋韻刪乙鳦字，不免專輒。顯卿《字指》鳦音『烏八切』，則在黠韻，蓋唐以前韻書鳦有入黠韻者。十四黠與十五鎋本同用，無異也。郭云今『於一切』，即是『於筆切』。後周時《廣韻》未出，而鳦已入質韻，當是據它家韻書。」【汗簡注釋卷六】

◉曾憲通 乙 乙則至 丙一・二 此字與甲乙之乙有別，漢象牙七星盤甲乙字作乚，大乙字作乙，此殆即乙字，或體作鳦。《說文》：「乙，玄鳥也。齊魯謂之乙，取其鳴自呼，象形。」「乙則至」者，表示月令之物候，與《夏小正》云「鞠則見」、「參則伏」、「螢則鳴」、「鳩則鳴」等同類。《禮記・月令》有「仲春之月，玄鳥至。」今帛文言取（即陬＝正月）而鳦至，兩者相差一個月。鳦即燕子，《荊楚歲時紀》：「荊楚之俗，燕始來，睇有入屋者，以雙箸擲之，令有子。」可見楚人以燕請子之俗。【長沙楚帛書文字編】

孔 孔鼎　史孔盉　師𩛥鼎　伯公父匜 其金孔吉 蓋作子　虢季子白盤　曾伯霥匠　沇兒鐘

邾大宰匠　陳章壺　王孫鐘 元鳴孔皇 省作子　王孫弇鐘【金文編】

122　122【包山楚簡文字編】

孔 日甲六九背【睡虎地秦簡文字編】

2721　2722　0627【古璽文編】

孔利之印　孔霸　孔鼉　孔胡　孔張得　孔解　孔篤印信　孔尊　闞孔子　【漢印文字徵】

孔君墓碣　石碣汧殹　其朐孔庶　孔子廟碑領　孔宙碑領　孔彪碑領　鑾車□弓孔碩　【石刻篆文編】

古老子　籀韻　【古文四聲韻】

◉許　慎　通也。从乙。从子。乙。請子之候鳥也。乙至而得子。嘉美之也。古人名嘉字子孔。康董切。【說文解字卷十二】

◉張燕昌　青浦王述菴云。此是孔字。石本尚可追尋。薛氏。章氏皆作既。非。惟甲秀堂本作孔。與石本相符。【石鼓文釋存】

◉方濬益　說文部首。子。十一月陽气動。萬物滋入。以為偁。象形。古文子。从巛。象髮也。按象散髮形。此作。乃象束髮形……古文審以為孔。按說文。孔，从乙从子。乙，請子之候鳥也。乙至而得子。篆文作。象元鳥集於子首之形。與此殊異。釋孔非。【子父癸旅鼎　綴遺齋彝器款識考釋】

◉柯昌濟　孔字。象子戴髮形。象髦秀之狀。故古訓為嘉也。說文。孔。通也。从乙子。乙至而生子。嘉美之也。此小篆說也。【孔鼎　韡華閣集古録跋尾】

◉林義光　說文云。通也。从乙子。乙請子之候鳥也。乙至而得子，嘉美之也。故古人名嘉字子孔。按以乙至得子為嘉美。說已迂曲。且非孔字本義。孔。通也。古作曾伯霥匿。本義當為乳穴。引伸為凡穴之稱，象乳形見乳字條。就之。以明乳有孔也。【文源卷二】

◉丁佛言　古鉢。設孔信鉢。【說文古籀補補卷十二】

◉郭沫若　說文云：「孔，通也，从乙从子；乙請子之候鳥也。乙至而得子，嘉美之也。古人名嘉字子孔。」

然孔字之見于金文者，與許說有異。

虢季子白盤：「孔顯有光。」

沇兒鐘：「元鳴孔皇」又「孔嘉元成。」

□　邾大宰簠：「余讓龏孔惠。」

□　史孔盉：「史孔乍寶盉。」

案此乃指事字，與本末同例，乃指示小兒頭角上有孔也。故孔之本義當為囟，囟者象形文。説文「囟，頭會腦蓋額空也，象形。」孔則指事字。引伸之，則凡空皆曰孔。有空則可通，故有通義。通達宏大每相因，故有大義。通達宏大則含善意，故有善義。此古人所以名嘉字子孔也。

名嘉字子孔之例，王引之春秋名字解詁引楚成嘉字子孔，文十二年左傳。鄭公子嘉字子孔，襄九年傳。又桓二年傳之孔父嘉，王以孔父為字，嘉其名，已正杜注以嘉為字之非。王説嘉孔相應之意云：「嘉與孔俱有善意，亦俱有大意。」其説較許氏為備，具詳彼書。【釋孔　金文餘釋之餘】

◉強運開　□　段注云。凡言孔者皆所以嘉美之。毛傳云。孔甚也。是其義。此言孔庶。即甚多之謂也。【石鼓釋文】

◉馬叙倫　鈕樹玉曰。韻會引通也下有嘉美之也四字。非。朱駿聲曰。通也者。空字之義。古多借孔為空。孔從乙從孚省。越鳥孔雀也。林義光曰。以乙至得子為嘉美。説已迂曲。且非本義。孔。通也。本義當為乳孔。古字作□。乙象乳形。子就之也。倫按通也者。空字義。孔為乳之異文。或省文。孔聲東類。乳聲矦類。東矦對轉。故乳聲轉為孔。孔空音同溪紐。聲同東類。故古多借孔為空。乙請以下蓋字林文。或校語。餘詳乳下。字見急就篇。孔鼎作□。虢季子白盤作□。石鼓作□。【説文解字六書疏證卷二十三】

◉高鴻縉　字之本意應為甚。象小兒食乳形。小兒食乳往往過甚也。由文子生意。故託以寄過甚之意。副詞。如詩。其新孔嘉。父母孔邇等。是後人以同音通叚以代空。故有孔隙。孔穴之意。名詞。【中國字例二篇】

◉李孝定　孔字金文作□，象子就母哺乳之形，林義光氏説不可易，从「乙」燕之古文。之説殊迂曲，玄鳥集於子首之説，尤堪發噱。契文乳字作□，亦象哺乳形，特乳形微異耳。孔之為物無可象；古製字者特於此見意，具見精思。郭沫若氏謂「孔」象小兒腦未合，説非。至孔有善、甚、大之義，皆由通達一義所引申，似不能以哺乳過甚説之也。【金文詁林讀後記卷十二】

◉崔永東　孔，銘文作□□□□等。

副詞　常用來表示程度之深。《爾雅・釋言》：「孔，甚也。」可譯為「很」、「非常」、「多麽」等。

（一）曾白霥慼（悊）聖元武，元武孔□。（《曾伯霥簠》）

郭沫若曰：「□乃常之異文，《説文》：『常，下帬也，從巾尚聲。裳、常或從衣。』此從巾從黹省。蓋常若裳乃形聲字，此乃

會意字。此讀為堂皇之堂，高也，盛也。」（《兩周金文辭大系考釋》第一八頁）
（二）中旗戲㫃，元鳴孔皇。（《王孫𦎫鐘》）
「元鳴孔皇」，狀鐘聲之弘大。
（三）余諾（若）龏（恭）孔惠。（《邾大宰簠》）
郭沫若曰：「若，順也。」（《兩周金文辭大系考釋》第一九三頁）
（四）孔嘉元成，用盤歓（飲）酉（酒）。（《沇兒鐘》）
典籍中可資參證之例：
《尚書·禹貢》：「六府孔修。」案《史記》「孔」作「甚」。
又「九江孔殷。」案《史記·夏本紀》「孔殷」作「甚中」。
《詩·周南·汝墳》：「雖則如燬，父母孔邇。」
又《小雅·采薇》：「豈不日戒，玁狁孔棘。」
又《小旻》：「謀夫孔多，是用不集。」孔，銘文作等。
副詞　猶「甚」也。
王曰伯父，孔覭有光。（《虢季子白盤》）
覭，顯字異文。孔，《爾雅·釋言》：「甚也。」《書·禹貢》「九江孔殷」，《史記·夏本紀》「孔殷」作「甚中」，「孔覭有光」者謂十分光榮也。【東周金文集釋】
◉戴家祥　金文孔多用作副詞甚。也有借作人名的。【金文大字典中】

乳 

 乙8896【續甲骨文編】

 乳　日甲二九背【睡虎地秦簡文字編】

 乳出義雲章【汗簡】

乳 義雲章【古文四聲韻】

◉許　慎　人及鳥生子曰乳。獸曰産。从孚。从乙。乙者。玄鳥也。明堂月令。玄鳥至之日。祠于高禖以請子。故乳从乙。請子必以乙至之日者。乙春分來。秋分去。開生之候鳥。帝少昊司分之官也。而主切。【説文解字卷十二】

◉林義光　以孔字義推之。乳本義當為人乳。象撫子就乳形。【文源卷二】

◉馬叙倫　陳瑑曰。御覽引作玄鳥至。至之日以太牢祀於高禖。天子親往。初學記亦引此經無異文。惟祀作祠。與今月令同。倶無以請子之文。翟云升曰。從孚。孚亦聲。繫傳候下玄字衍。倫按乳為鳥生子之名。不得及人也。從乙。孚聲。孚聲幽類。幽矦近轉。故乳聲入矦類。竹部筟讀若彄。缶部㝅讀若筩筟。其例證也。乳為孚之孚本字。從乙者。非燕乙之乙。實鳥之異文。即上所從。咎作父癸卣集字作。集父癸爵作。所從之皆鳥也。是其例證。甲文有出。王襄以為與婦壺作者同字。釋為乩。倫謂甲文之乃雖字。金文則或從鳥聲。為之轉注字。可以互證。是鳥子未成者。伏而成雛。故此訓鳥生子。然非許文。玄應一切經音義引蒼頡篇。乳。字也。本書。字。乳也。然字實孕之譌文。孕又之譌文也。疑許訓孚也。以假借字釋本字。今説解竝為字林文。字當入鳥部。乳字見急就篇。【説文解字六書疏證卷二十三】

◉李孝定　契文象懷子哺乳之形，从子與篆文同，从母母字契文从女着二乳此但着一乳微異耳。篆譌為从爪與子形合故許云从孚从乙耳。金氏收為乳可從。辭云「辛丑卜乎𡟰乳」，乎下一字不識，然𡟰為女字正與哺乳之事相應也。篆譌為从乙，故以玄鳥䴏卵之義説之，於篆形雖覺優有可説，然鳥卵生與哺乳之事無與，乳字固當从人，不則从獸耳。今得契文此字，狀哺乳之事如繪。篆文形體雖有譌變，然遞嬗之迹猶可尋也。【甲骨文字集釋第十二】

◉徐中舒　合集二二二四六　從從，象母抱子以哺乳之形，為乳之初文。象母形，中著一點以表母乳；象子形，與子字通常作者略異，以示子面向母體就乳之意。《説文》：「乳，人及鳥生子曰乳，獸曰産。从孚从乙，乙者玄鳥也。《明堂月令》：『玄鳥至之日，祠于高禖以請子。』故乳从乙，請子必以乙至之日者，乙春分來秋分去，開生之候鳥，帝少昊司分之官也。」按《説文》乳字篆文乃形之譌，譌為而譌為。許氏據已譌之形為説，故不確。【甲骨文字典卷十二】

不

甲一五六五　甲二三六三　甲二三八二　乙三四〇〇　甲橋朱書　乙七六七二　乙八六八五反　乙九〇九四　京津三二〇九　鐵三・二　鐵七・一　鐵一〇・二　鐵一一・二　鐵一〇七・三　鐵一一九・二　拾五・一〇　前四・三五・三　前七・三八・一　後一・九・一〇　佚五四　福一一　京津四八二八　粹一〇〇四　存六三七　存一四八五　存一七四四　存下一六〇　後一・一六・一一　戩一五・二　戩一五・四　戩四八・一　佚二一五　佚二三〇　佚八九七　粹八九九　前二・三〇・六　後一・三一・一〇　佚二四七　佚二八〇　甲二四一六　燕五三五　掇二三三

不用見合文二五　乙四一一九　不𠨘見合文二五　【甲骨文編】

甲52　83　99　111　198　225　242　299　534　547　562　626

780　1965　2121　2274　2363　2373　2416　3014　3638　3643　乙461

947　1106　1438　4523　4860　5328　5803　6092　6275　6299　6310

6371　6375　6385　6396　6406　6408　6422　6669　6671　6707　6711

6727　6751　6752　6755　6774　6819　6877　6896　6909　6960　6966

7152　7153　7197　7246　7311　7312　7336　7401　7425　7430　7434

7577　7731　7773　7797　7808　7809　7811　7868　7909　7923　7964

7998　8000　8035　8072　8466　8669　8676　8685　8696　8703　8722

8898　8998　9074　9081　9094　珠115　152　165　172　192　193

304　308　318　439　443　522　525　674　691　692　772　1167

1196　1324　佚5　37　54　76　106　110　119　247　379　402

406　435　577　748　864　897　901　919　982　續1・17・1　1・27・8

1・36・5　1・47・2　1・47・3　2・20・1　3・3・2　3・25・1　3・26・1　3・28・7

3・42・6　4・7・1　4・11・2　4・11・4　4・13・3　4・14・7　4・20・9　4・33・5

4・34・2　5・2・1　5・6・1　5・9・2　5・19・15　5・34・4　掇394　426　徵1・7

1・11　1・46　1・65　1・66　1・68　1・73　1・74　1・75　1・80　1・82

1・85　2・56　3・177　3・182　4・11　4・17　4・46　4・54　4・55

4・111　5・9　5・10　5・24　8・10　8・31　8・35　8・94　8・99　8・104

8・116　8・120　9・15　9・16　9・17　9・19　9・20　9・23　9・52　10・127

10・132　11・29　11・53　11・57　11・62　11・69　11・79　11・80　11・85

11・90　11・92　11・97　11・101　11・123　京2・1・2　3・21・4　3・30・4

4・1・3　4・12・4　4・20・2　凡14・2　23・1　27・4　録99　106　555　602

622　629　639　646　687　824　鄴32・4　龜卜122　粹376　642　650

715 1021 新3110 【續甲骨文編】

不 孳乳為丕大也 天亡簋 丕顯考文王 史獸鼎 盂鼎 敔簋 師望鼎 師奎父鼎 師𩛥鼎 曶鼎 芇伯簋 休盤 師酉簋 咢侯鼎 㝬鐘 克鼎 頌鼎 番生簋 毛公厝鼎 虢季子白盤 虢弔鐘 元年師兑簋 不嬰簋二 秦公鎛 秦公簋 洹子孟姜壺 王孫鐘 者沪鐘 不昜戈 𨙸侯簋 沈子它簋 不敢不𢒼休同公 井侯簋 彔伯簋 牆盤 卯簋 師寰簋 兮甲盤 邵鐘 郘公華鐘 子禾 子釜 中山王譽鼎 中山王譽壺 盜壺 中山王譽兆域圖 王子午鼎 余不謸不差 蔡侯龖鐘 蔡侯龖殘鐘 蔡侯龖盤 齊陳曼匠 鄂君啟舟節 縣改簋 我不能不眔𪑹白萬年保 孳乳為邳國名 邳伯罍 【金文編】

3·740 不敢 考古1965：12 同上 3·145 蒦圆南里人丕占 3·24 平陵陳导丕𨙶王釜 5·477 獨字 5·478 同上 5·361 東武東閒居貲不更睢 5·364 博昌居貲□里不更余 5·394 秦詔版殘存「相狀綰灋度量則不壹」九字 5·398 秦詔版「廿六年皇帝盡并兼天下諸侯……」共四十字 5·384 瓦書「四年周天子使卿大夫……」共一百十八字 秦1594 秦詔版殘存「詔□相□綰灋度量則不」八字 秦413 獨字 秦416 同上 【古陶文字徵】

〔六七〕 〔三七〕 〔一八〕 〔一九〕 【先秦貨幣文編】

布空大 典五八九 刀弧背 冀滄 【古幣文編】

一：六 四百三十三例 宗盟類 余不敢 不帥從 敢不閛其腹心 敢不盡從嘉之盟 不守二宮 委質類 而敢不巫覡祝史 內室類 敢

不遂從此盟質之言　參盟人名不諱　詛咒類　韓子所不□奉　不利于　其它類　不盟于邯鄲　一：一三　十三例　九八：二〇　十二例　一：二九　二例　一：三〇　四百零五例　二〇三：四　四例　九二：四三　【侯馬盟書字表】

38　136　139　247　【包山楚簡文字編】

不　效一九　一百零三例　秦一七四　一百七十八例　封九二　三百七十六例　法一　三十一例　為三五　九例

日甲一三九背　【睡虎地秦簡文字編】

0243　4005　0864　0560　1264　2040　2735　2301　0266　【古璽文編】

趙不圍　閻不識印　王不識　不壽　諸不粱　田不虞　不廣之印　吳不疑　周不疑

【漢印文字徵】

泰山刻石　不稱成功盛德　禪國山碑　不可稱而數也　開母廟石闕　守一不歇　祀三公山碑　和氣不臻　石碣而師　逝水害不余□　蘭臺令史殘碑　石經無逸　不皇暇食汗簡引石經作　【石刻篆文編】

不石經如此　【汗簡】

古孝經　古孝經　汗簡　【古文四聲韻】

◉許　慎　鳥飛上翔不下來也。从一。一猶天也。象形。凡不之屬皆从不。方久切。　【說文解字卷十二】

◉吳大澂　。古文以為丕字。丕字重文。盂鼎。【說文古籀補卷十二】

◉劉心源　盄侯鼎　不讀丕。說文。鳥飛上翔不下來也。从一。一猶天也。象形。案頭岐丫不象鳥。據木部櫱。重文作櫱。古文作。即不字所从也。許云从木無頭。心源目櫱為萌櫱。象萌櫱初生未成木形。不字从一。為指事。

□箸於一。象花柎形。詩常棣。鄂不韡。不當作柎。柎。鄂足也。山海經西山經。崇吾之山有木焉。員葉而白柎。注今江東人呼艸木子房為柎。音府。一曰花下鄂俗作蕚。音丈夫。凡不肯字本是弗。不乃鄂柎字。自叚不為弗而鄂不之本義晦。許未得其原。故為肊解。俗非櫳之古文及鄭箋柎字。從何取證哉。又案許云弗矯也。从丿从乀从韋省。蓋㠯韋為違。其實韋从□。弗字不从韋。乃从弓也。丿乀者左右戾。所謂矯也。凡如此者矯之。則不如此故為弗。

□無叀鼎　不陵或釋帝降。案□非帝字。漢書匡衡傳注。後漢書耿秉傳注。竝云。丕或作平。靈帝光和四年魏元丕碑作□。說文駓下段注。丕字中直貫下。是㠯論曹魏者曰。丕之字不十也。宋公差戈丕陽作□。叔弓鎛女不家夙夜之不作□。此从亠从□。竝可取證。說文音作□。本从□。許不知而㠯為从丨从否。失之矣。不从亠。古文上字不字省从一。即許所謂古文諸亠字皆从一。篆文皆从二。二古文上字者也。而許於不字又復肊解。詳䚻㑃鼎。是㠯人知有不。不知有不。非有古刻。從誰糾正。陵从降乃古人別體。合隆字為之。不陵地名或㠯為杏陵。即涪陵也。【奇觚室吉金文述卷二】

◉林義光　說文云。□鳥飛上翔不下來也。从一。一猶天也。象形。按□與鳥形不類。周伯琦云。鄂蕚足也。蕚足謂之柎。補亡詩白華絳柎。不之韻柎遇韻雙聲旁轉。詩鄂不韡韡常棣。箋云。不當作柎。柎鄂足也。左傳三周華不注成二年。山名華不注。亦取義於華柎。古作□叔家父匡。作□邾公華鐘。象形。說文云□大也。从一不聲。按从一無大義。不字古或作□不隆矛。丕字隸亦作平。當即□字。變●為一或移置不下。丕不實同字也。凡丕顯字。經傳多作不顯。諸彝器亦皆以不為之。

【文源卷一】

◉王　襄　□不之始文。古與否通。見簠天象八葉上。

篆形一下。从□。亦未見鳥飛上翔之象。王國維氏取小雅鄭箋之說。謂不即柎。其說至塙。郭說尤精當。或作□者。但象殘蕊萎敗之狀。用作否定詞者。假借字也。金文作□毛公鼎。□盂鼎。□頌鼎。□師奎父鼎。□王孫鐘。□齊侯壺。□者沪鐘。□𨟻侯簋。□□縣妃簋。與契文略同。其上或增短橫畫。豎畫。或增圓點。為文字衍變通例。無義。縣妃簋一文。則譌變較甚矣。金文不。孳乳為丕。恐仍以假借說之為是。郭謂是子房盛大之引申義。可商。【甲骨文字集釋第十二】

◉王國維　帝者。蒂也。不者。柎也。古文或作□□。但象花蕚全形。未為審諦。故多於首加一作□□諸形以別之。

【釋天　觀堂集林卷六】

◉羅振玉　□□□□□

象花不形。花不為不之本誼。許君訓為鳥飛不下來。失其旨矣。【增訂殷虛書契考釋卷中】

◉徐協貞 □古不字。係方名。金文不多作丕。後又加邑為邳。不丕邳實為一字。禹貢至于大丕。史記河渠書作大邳。漢書地理志東海郡有下邳縣。注。在今徐州府邳州東三十里。應劭曰。邳在薛。後徙此。故曰下。臣瓚曰。有上邳。故曰下。元和郡縣志今縣治邳國城也。大邳上邳下邳必因不方領域或遷地而得名也。晉有邳鄭。史記作丕鄭。晉汲郡人盜發魏王冢得竹書者名不準。是皆為不方之後也。【殷契通釋】

◉郭沫若 分析而言之，其▽若▽象子房，工象蕚，□象花蕊之雄雌。以不為柎說始於鄭玄。小雅常棣「常棣之花，鄂不韡韡」，箋云：「承華者曰鄂。不當作柎，柎鄂足也。古音不柎同。」王謂不直是柎，較鄭玄更進一境，然謂與帝同象蕚之全形，事未盡然。余謂不者房也，象子房猶帶餘蕊，與帝之異在非全形。房熟則盛大，故不引申為丕，其用為不是字者乃假借也。【釋祖妣 甲骨文字研究】

◉強運開 □ 不之本義為鳥飛不下來。故引伸為凡不然之偁。【石鼓釋文】

◉強運開 □ 師遽敔。敢對揚天子不伓休。與彔伯敔對揚天子不顯休文句正同。昔人定為顯字。許瀚曰。書大誥弼我丕丕基立政以並受此丕丕基。傳並訓為大大基。爾雅釋訓丕丕大也。疑此不伓即丕丕。上丕借不。下丕作伓。以見重意。容庚說如此。運開按。吳書以為古顯字。不若容引許說較為精塙。【說文古籀三補卷十二】

◉馬叙倫 鄭樵曰。不象華蕚蒂之形。吳穎芳曰。□者。□之省。華不字也。俗作跗。鈕樹玉曰。廣韻引無猶字。程瑤田曰。小雅。常棣之華。鄂不韡韡。鄭箋。承華者曰鄂不。當作柎。鄂足也。古聲不柎同。不字義人鮮知者。鄭氏以柎曉人。非謂譌為不而欲改其字也。左傳三周華不注。水經注言。華不注山。單椒秀澤。不連陵以自高。而說者以為山如華跗之著於水。又爾雅釋山曰。山再成英。一成坏。蓋亦以華狀之。坏即不。一成者。如華之有鄂足。華英在不上。故山再成者。如鄂不之承華英也。不字上象鄂足。箸於枝莖。三垂象其承華之鄂蕤蕤也。陳詩庭曰。字凡從不。皆物始生未成之名。胚。婦孕一月也。爾雅。山一成曰坏。許作邸再成者也。一曰瓦未燒。是明有未成義也。不當從□從一。□。古文萌櫱字。王筠曰。使不字由不然不可而作。則是虛字也。然古人造字不為文詞而起。必無所用虛字。如之者。出也。焉者。鳥也。然者。火也。而者。毛也。皆實字也。後乃借為虛字耳。恐不字以常棣鄂不為本義。徐灝曰。不芣一字。劉心源曰。□頭岐丫不象鳥形。木部。櫱。古文作□。即不字所從也。□象萌櫱初生未成木形。不從□箸於一。象花柎形。章炳麟曰。不與飛古今音皆雙聲。惟韻有侈弇之隔耳。倫按花跗字即帝也。不音非紐。古讀歸封。帝音端紐。封端同為清破裂音。不聲之類。帝聲支類。之支近轉。故詩以不為帝。實通借也。不為至之県文。實一字異形。不音古在封紐。至音照紐三等。

古讀歸端。然則至之音轉為不。猶不之借為帝也。鳥飛上翔不下來也非許文。一猶天也橫梗從一象形之間。明是校語。夫鳥上翔不定不下來也。下文至下曰。不上去而至下來也。明是校語。則此亦然。及甲文作者。皆象鳥飛之形。即十篇之凡也。凡飛則一字也。程陳之說。皆若可成。然象花蕚。尚可附會。從一何說。或謂不篆本如師奎父鼎作。甲文作。譌為也。然甲文有作者。花不之形何在邪。從飛從初文地會意為至。此從天地之天本字。會意。飛而至天。飛而至地。無可再飛。故為到也。玄應一切經音義引倉頡有不啻。字亦見急就篇。餘詳至下。毛公鼎作。秦公敢作。王孫鐘作。【說文解字六書疏證卷二十三】

◉聞一多　丕有乃義。見經傳釋詞。丕克之丕當訓乃。書盤庚。予丕克羞爾用懷爾然。丕克連用。與此同。【大豐𣪘考釋　聞一多全集卷二】

◉楊樹達　殷契佚存叁貳捌片乙辭云：「貞乎吾方，其𢦏不？」商承祚云：「𢦏不即不𢦏，如不雨之曰雨不也。」攷釋肆陸。樹達按：「𢦏不」乃「𢦏不𢦏」之省略，不與否同。商説非。【雨不　卜辭瑣記】

◉楊樹達　通纂别一大龜一之五云：「辛未，卜，穷貞，王往不，亡巛？」郭沫若云：「字每與舟字連文，疑古汎字。不假為泭。楚辭惜往日：「乘氾泭以下流。」王注云：「編木竹曰泭。楚人曰泭，秦人曰撥也。」泭一作柎。小雅常棣：「鄂不韡韡。」鄭箋云：「不當作柎，古聲柎不同。」蓋古不泭柎音同，故相通用也。此與字連文，與舟同例，見前七四五、七四六片。假為泭字無疑。二葉。【不　卜辭求義】

◉張秉權　，是不字，這個字的形狀，與一般的「不」字書體，微有差異，但是根據

貞：羽辛丑，不其雨？（前五・二六・五）

中的「不」字，也和這個形狀一樣，所以這也應該是「不」字。在這裏，應該是人或地方之名，在以前，一般學者僅把當作否定詞的「不」字看待，譬如：

貞：勿乎从帚于不？（乙編五八〇三）

貞：吕〔方〕其（𢦏）不？（佚三二八）

商承祚氏的考釋說：「𢦏不即不𢦏，如不雨之曰雨不也。」那是因為他没有看出這是一個名詞，所以只能作這樣的解說了。其實，在卜辭中，有若干處曾見子不之名：

甾子不乎阱？

勿隹子不乎？

叀子[glyph]乎？（本編圖版貳）

貞：子不其㞢疾？（前四・三二・二）

□□〔卜〕，争貞：子不妾〼？（續五・一三・五）

這和畫與子畫，阱與子阱，𡆥與子𡆥，𠳋與子𠳋，宋與子宋的情形是一樣的，在這裏把不解釋成方國（地）或方國的領袖（人）之名，都可以講得通。

金文有子[glyph]爵，[glyph]字諸家皆不識。吴式芬釋亥（注一），形狀不像，是不對的，現在由於卜辭的證明，可以知道那是不字，子不爵上的子不與卜辭中的子不當時是一人，或一國之子爵（不同時者）。

[glyph]，从不从又，乃㕚字。疑即不字異構（注二），卜辭有作：

癸丑卜，□貞：貯□㕚？（拾九・一六）

那個㕚字，和本版上的一樣，是一個專門名詞。在其它的卜辭中，也有稱子㕚的：

子㕚出？（乙編九〇九一）

卜辭中又有稱㕚人的：

王其乎衆𡆥戎爰人，叀圖土人眔㕚人又𢦏？（鄴三下四三・六）

㕚人當是㕚地之人，子㕚當是諸子之封於㕚地者，也許這個子㕚，就是封於不地的子不，因為在另一些卜辭中，㕚字似乎是一個否定詞，和不字的用法一樣。如：

〔乙〕亥卜，貞：王宾㕚自上甲至于多后衣尤？（前二・二五・四）

辛巳卜，貞：王宾上甲㕚至于多后衣亡尤？（前二・二五・五）

葉玉森認為㕚是祭名，他雖則没有説出理由來，我想大概是因為同版上的另一條卜辭作：

乙未卜，貞：王宾武乙[glyph]伐亡尤？

以為「㕚」和「[glyph]」相當，遂認為是祭名，但是在那兩條卜辭中，相當於「[glyph]」的，是「衣」而非「㕚」，所以㕚字似乎仍是作為不字之用的。【殷虚文字丙編考釋】

◉饒宗頤　不字亦作㕚，為地名。不即邳，左昭元年傳「商有姺邳」，地在山東滕縣。【殷代貞卜人物通考卷十二】

◉白玉峥 ，當為丕之初文，，象花之苿；，乃其莖及葉也；故丕有大誼。自叚為否定詞後，遂為借義所專，乃另造丕字以還其原。其後，文明日進，而不、丕二字，不足以應付生生之諸種事物，遂再造苿字以盡其用。然苿字亦為苿苡字所專，遂又以柎字補之。文字演進之跡，於此見之矣。【中國文字第三十四册】

◉嚴一萍 契文不字，無慮數十百見，其形作，多用作否定詞。王襄曰：「，不之媎文，古與否通。」（見簠室殷契徵文考釋天象五九）則尚有通假之誼，今尋繹卜辭，更有作名詞用者，如：

一、貞：子不其☐ 冬九九（南無二六九）

二、貞：子不其㞢疾？ 續四・三二・二

三、□□（卜）争貞：子不 續五・一三・五

四、□寅卜，韋貞：卸子不？

□□（卜）□（貞）卸子不？ 續五・九・一（簠人十一同）

〔以上作人名〕

五、☐伐不三人于中俎宰 簠典九四

六、☐（伐）不三人于中☐ 京都七二三

〔以上以不人作犧牲〕

七、☐弗其弋不？ 摭九〇

八、□□卜殻貞：𢀛方衛率伐不，王告于且乙，其正？匄又。 七月

□□（卜）殻貞：𢀛方衛率伐不，王其正？告于且乙，匄又。 殷後B一六七六（卜上・六 南明七九同）

九、庚申卜，王貞：余伐不？

庚申卜，王貞：余勿伐不？

庚申卜，王貞：余伐不？

庚申卜，王貞：余勿伐不？ 丙一

〔以上作方國名〕

以不為人名者，亦見於彝銘，西清古鑑卷十六、六，有器曰「不叔卣」，器蓋同銘。

案不丕古一字，西清讀「丕叔」甚是。書大誥：「王曰，爾雅舊人，爾丕克遠省。」「丕克」莽誥作「不克」。石經尚書殘碑「予不□□□」，孔作「予丕克羞爾」，碑以「不」為「丕」。劉熊碑「相繼不顯」，「不顯」即書之「丕顯」。此例金文尤多，宗周鐘、寰盤、頌敦、師酉敦、頌壺等銘，「丕顯」皆作「不顯」。又國語周語「檮杌次於丕山」，韋昭注：「大邳山在河東。」尤可證丕邳亦為一字也。

邳國之名，始見於左傳昭公元年所述之亂國，謂「商有姺邳」。孔傳曰：「二國商諸侯，邳，今下邳縣。」案下邳即今江蘇徐州屬之邳縣，雖古來傳說如此，然丕叔卣無出土紀録，其地望實難以確證。民國四十三年，山東嶧縣發見「不白」銅罍二器，口緣有銘文曰：

隹正月初吉丁亥，不白夏子自乍障罍，用蘄眉壽無疆，子子孫孫永寶用之。

兩罍同銘今録其一，器為戰國初期作品。王獻唐氏以不為邳國，遺著有「邳伯罍考」，考辨邳與下邳上邳之沿革，至為詳審。⊘下邳沿革既明，則邳國之地望可定，而與殷商之關係亦可以勾稽得之。

武丁之世，初尚臣服于殷，故卜辭見「子不」之入事朝廷。而終又叛離，所以有「伐不」之卜；其叛當在武丁三十二年平服鬼方以後，故卜辭曰「鬼方衛率伐不」也。此後終殷之世，尚未見有關卜辭，更歷西周春秋，亦乏史料可尋，至楚襄王時，邳始再見於文獻。史記楚世家記弋人之對曰：「故秦、魏、燕、趙者，鶀雁也；齊、魯、韓、魏，青首也；鄒、費、郯、邳者，羅鷩也；外其餘則不足射者。見鳥六雙，以王何取？」至其滅國之時，據王獻唐氏推測，當在齊閔王三年封田嬰于薛之後，殆已入戰國後期。邳雖小國，上溯夏商，由部落建國而至楚頃襄王時尚存於世，綿歷一千五六百年，可謂享祀久遠矣。【不國解　中國文字第四九册】

◉嚴學宭　在古代文獻和字書裏，有很多形訓所解釋的不是原始字形，或者誤解了原始字形。如「不」字說文：「，鳥飛上翔不下來也，从一，一猶天也，象形。」段注：「凡云不然者，皆於此義引申假借。」其實從「不」字原始字形來看，可有三義：

(1) 甲骨文作、、，金文作、、、（這後因之作丕，古金銘文「不」「丕」通用，象土，非如說文所云从一不聲），與「帝」同，詩小雅常棣「常棣之華，鄂不韡韡」，鄭箋云：「承華者鄂也，不，當為柎。」柎，鄂足，這正用「不」字的本義，「鄂不」猶今說蕚蒂，故坏、胚从不，後或从丕，「蒂」是花果的胚胎，「不」是花果，種子一變而為蒂，這是種子的否定，蒂再變而為花果，這是否定的否定，故「否」从「不」。

(2) 甲骨文作、，象草木尚未出頭，不成形，淮南子所謂「萌兆牙蘗，未有形埒。」

(3) 甲骨文作□、□，説文櫱之古文作□（説文木部：「櫱，伐木餘也，或作蘖，不古文櫱，从木無頭」），伐木的餘幹，已不是木了。「杯」字从「不」（「杯」字説文篆文作桮，籀文作匲，隸作桮或杯，从籀文，从「不」義勝於从音，挖空餘幹以為飲器，古杯可分羹，非如現在酒杯那樣小），説文：「不，鳥飛上翔不下來也，从一，一，猶天也，象形。」此説迂曲，且「不」正同古文櫱，不象鳥形，隸小變為不，頗近古金文。【試論古訓的得失與取捨　中國語文研究第八期】

◉單周堯　然細察甲骨文「不」字字形，似不象花柎。郭（沫若）、李（孝定）二氏之説，皆有可商之處：（一）果如郭氏所言，个象花蕊之雌雄，何以「不」字中之花蕊皆倒懸而位於子房之下？（二）甲骨文中「不」字多作□、□之形。果如李氏所言，□象萎敗之殘蕊，則甲骨文中「不」字之花蕊，何以呈萎敗之狀者，竟較作壯盛之形者為多？（三）山海經西山經：「淵有木焉，圓葉而白柎。」郭璞注：「今江東人呼草木子房為柎，音府。一曰：柎，花下鄂。」郭沫若云：「余謂『不』者房也。」柎為草木子房抑鄂足，茲不具論；然甲骨文「不」字有但作□，全無子房或鄂足形者，似不可解。今考「耑」字甲骨文有作□（前四・四二・一）、□（前四・四二・二）、□（後二・七・三）、□（京津四三五九）者；説文解字七篇下云：「耑，物初生之題也。上象生形，下象其根也。」甲骨文「耑」字下半所象之根，與甲骨文「不」字下半頗相似，抑「不」字之本義為植物之根耶？説文解字六篇上木部「本」字下云：「木下曰本。」是「本」之本義為樹木之根。案「不」、「本」二字幫紐雙聲，物文對轉。據甲骨文之字形及古音，「不」字似皆與植物之根有關；然古籍中「不」字無作「根本」義者，姑存疑以待考可也。【「不」字本義為花柎説質疑　中國語文研究第五期】

◉李孝定　不字金文或作□，中垂加「・」，乃古文字通例，非蓓蕾之指事字，蓋三垂象花蕊，蓓蕾固當在象柎萼之「▽」處也，張説可從；惟謂「□」可作「□」，但不可作「□」，亦有可商，「□」「□」固一字，但筆勢小異耳。【金文詁林讀後記卷十二】

◉胡平生　□子不見於武丁卜辭：

(1) 續5・9・1：□寅卜，韋貞，钔子不？……钔子不？

(2) 丙3：叀子不乎匈，勿隹子不乎？

卜辭裏似有一個名「不」的國族：

(3) 丙1：庚申卜，王貞，余伐不，庚（申）卜，王貞，余勿伐不？庚申卜，王貞余□（伐）不？庚申卜，王貞，余勿□（伐）不？

還有一個叫「不」的地名：

(4) 文639：貞，其□，才（在）不异？

三者的關係，前面已經説過，我們認為「子不」之「不」為私名，與地名、族名之「不」無關。

子不的銅器僅見一爵：

□爵　怀16　【對部分殷商「記名銘文」銅器時代的考察　古文字論集（一）】

◉姚孝遂　說文訓「不」為「鳥飛上翔不下來」，說固非是。王國維、羅振玉以為象「花不」形，亦有未當。詩常棣箋謂「不當作柎。柎，鄂足也」，「不」為「柎」之借字，非「不」即「柎」之本字。契文「不」之最初形體作□，王襄以為「不之媘文」，乃顛倒本末，契文「不」之形體演化當如下：

謂象花柎形，實不類。自「不」用為否定詞，本義湮没，孳衍甚繁。其變化如下：

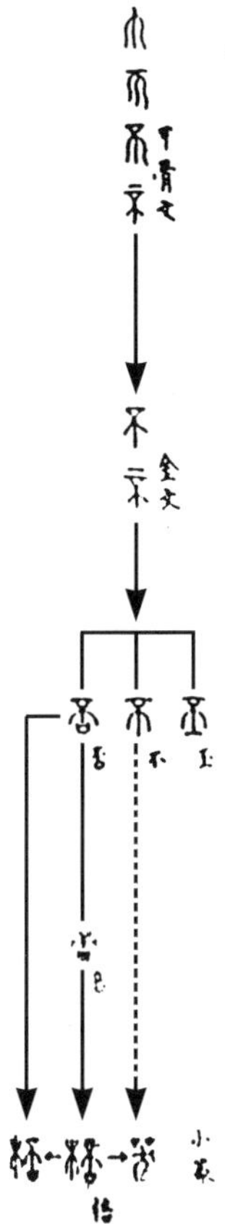

卜辭以「不」為否定詞，金文猶然。「不」亦用為「丕大」之義，但形體尚未分化。及至小篆，始區分為「不」、「丕」、「否」三形，音義亦有別。且「否」字分列於「口」、「不」二部。而「音」則為「否」之孳乳字。林義光文源云：「古不字或作□宋公戈、作□陳曼匠，則音與否同字。音即否，故棓即桮。海内北經：蛇巫之山上有人操杯而東向立。」操杯者，操棓也。孟子告子則「桮」、「杯」並見。从「不」、从「否」、从「音」一也。

契文□字本象草根形，自用為否定詞，久假不歸，本義久湮，遂別出「棓」字，說文訓為「棁」，今字則作「棒」。然廣雅釋草「棓、杜、蔽、茇、荄、株，根也」，王念孫疏證云：「棓茇聲之轉。根之名茇又名棓，猶杖之名柭又名棓也。」「根」當為「棓」之本訓，「不」則為「棓」之本形，其音則一。

字亦作「茇」，說文訓為「草根」。方言「茇、杜，根也。東齊曰杜，或曰茇」。廣雅疏證：「茇之言本也。本茇聲義相近。故槀本謂之槀茇。中山經云：青要之山有草焉，其本如槀本；西山經云：皋塗之山有草焉，其狀如槀茇，郭璞注上林賦云：槀本，槀茇也。草本之為茇，猶燭本之為跋。曲禮『燭不見跋』，鄭注云：跋，本也。淮南墬形訓云：『凡根茇草者，生於庶草。』字亦作菝。玉篇云：『菝葜，狗脊根也』。」

草之根曰茇，木之根曰本，而音義俱相同，可通。溯其原始，草根實作□，即「不」字。「茇」、「棓」乃其孳乳之形聲字也。典

籀以「棓」為「杯」，說文訓「棓」為「棁」，即今「棒」字，實本同源。「棓」本義為「根」又久湮，乃別出「茇」字以代之。

說文以木為「从屮，下象其根」，丁福保說文詁林後叙據希麟續音義引說文「下象其根，上象枝也」，謂「即上象其枝，即下象其根」。草根曰茇，木根曰本，實乃後世區別之文，其初形均作「不」。易言之，「不」即象一切草木之根形。

卜辭「不」又用為人名及方國名。【甲骨文字詁林第二册】

◉趙　誠　不，甲骨文寫作。或寫作、、，構形之意同，均象草根之形。卜辭用作副詞，表示否定，則為借音字。

【甲骨文虛詞探索　古文字研究第十五輯】

◉朱歧祥　1247.即不字，象花萼之形。《說文》：「鳥飛上翔不下來也。从一。一，猶天也。」卜辭習見借為否定詞，與弗、無、非等意同。古籍不輕弗重。段玉裁不字注引《公羊傳》曰：「弗者，不之深也。」

《後上32·10》辛酉卜貞：今日雨。

有用於旬末，作「否」解。

《前3·19·4》丙戌卜貞：自今日至庚寅雨。

《前3·20·4》辛未卜貞：自今至乙亥雨，雨。

由此二辭例相比核，可見「雨不」即「雨否」，即卜問「雨？不雨？」對貞的省文。

《丙1》庚申卜，王貞：余伐。

伐不，即伐否，相當「伐？不伐？」之省。言卜問我是否要出兵征伐之意。

不字有用作人名，曰：「子不」。

《前4·32·2》貞，子其㞢疾。

《丙3》叀子呼阱。

復用為地名。

《乙5803》勿呼从于。

1252.乃不字的異體。用作句末否定詞。釋作否。

《南門625》☑于父丁其奠？

1248.

从不从又，隸作𠬸。乃不字的繁體。多見於句末，作否字解。始見於第一期卜辭。

《拾9·15》癸丑卜貞：貯𠬸。

《丙1》丙寅卜，争，呼龍、光侯𢀛　𠬸　𠬸。

《存2·339》其執𠬸。

又用作人名：「子𠬸」，或即「子不」。

《乙9091》☐子𠬸出。

1249.抔

从不从手，亦隸作𠬸；與𠬸字同。由下二文例互較可證。

(1)《林1·21·7》庚戌卜，即貞：翌辛亥乞酢彡抔自上甲，衣至于多后，亡壱。十月。

《存1·1483》庚戌卜，洋貞：翌辛亥乞酢彡𠬸自上甲，衣至于☐后☐。

卜辭用為否定意，即否字。習見於第二期以後甲文的句末。下與「亡壱」、「亡災」、「亡尤」等辭連用。

《續2·6·8》庚子卜，王貞，辛丑酢抔，亡壱。

謂辛子日是否宜用酢祭。

《前2·25·5》辛巳卜貞：王賓上甲抔，至于多后，衣亡尤。【殷墟甲骨文字通釋稿】

◉陳煒湛　不弗非亡勿毋：這是一組表示否定意義的同義詞。根據王力先生的擬音，不、弗、非，古皆幫母字，亡、勿、毋，古皆明母字：

不 pǐrwə　　弗 pǐwət　　非 pǐwəi

亡、毋miwa　勿 miwət

聲音是很接近的。它們之為同義詞，是由於聲音的關係。王力先生説：「這絶對不會是偶合的。我們還可以仔細分析：用於禁止語的，一般只有明母字，如『勿』、『毋』、『無』；用於否定叙述和否定判斷的，一般只用幫母字，如『不』、『弗』、『非』、『匪』。」證明甲骨卜辭，王氏此説不盡相合。不與弗、弗與毋、不與毋、勿與毋在卜辭中皆有互易之例，綜類用例所舉文例可證。其中弗與毋、不與毋的同義通用説明王先生所謂的「一般」不大適用於甲骨文字。例如：

貞：我史弗其𢦏方？（丙七八）

癸亥卜，㱿貞：我史毋其𢦏缶？(丙一)

癸丑卜，争貞：自今至于丁巳我弗其𢦏𢀛？癸丑卜，争貞：自今至于丁巳我𢦏𢀛？王固曰：丁巳我毋其𢦏，于來甲子𢦏。(丙一)

祖丁弗它王？(乙一九一二)

☑韋貞：隹祖丁毋它？(鄴一二八・二)

☑雀弗其幸缶？(六中九一)

甲戌卜，内：翌丁丑雀毋其幸？(遺珠五五九)

翌丁巳尣不其至？(京都四五九反)

丙午卜，今二月毋至？(佚七六七)

皆為「弗」、「不」與「毋」同義之例，是綜類用例所已揭示者(京都四五九反摹録有誤，今據原書本文篇正)。值得討論的是丙一，兩辭對貞，尤有説服力。王占曰云云是占辭，是根據卜兆所作的推斷，「毋」不會是「禁止語」，依然是否定的推測，與「弗」同。這一組卜辭是問，從今(癸丑)到丁巳五日之内「我」大概不會打敗。(𢦏為動詞，説見前)𢀛方吧。王的判斷是：在丁巳這天恐怕還不會打敗𢀛方，到了甲子日就可以打敗了。

這組同義詞中，不字還可置於句末表示疑問，如習見的不雨可稱雨不(前三・一九・四，明二三三五)，不征可稱征不(京津二九八七，殷綴八六、三六八)，不至可稱至不(乙一四二、一七七)，此「不」猶如後世之「否」。又如：

钔子卽中子不？己未卜，钔子卽小王不？(京都三〇二八)

戊辰卜，己𢼄不？己巳卜，庚𢼄不？(摭續二〇五)

其它幾個否定詞都未見此類用法。但在征伐卜辭中，「乎(呼)」總是與「勿」結合為「勿乎」，而絶不稱「不乎」：

貞：勿乎塱𢀛方？(鐵二四一・二)

勿乎王族凡于□？(續三・七・九)

貞：勿乎伐𢀛方？(續存一・五五九)

至於非字，甲骨文作□□□等形，□乃非之初文，□為□之孳乳。除作地名外，也是否定詞，用法與經傳之非或匪同。辭例有「非禍」(續存二・四四四，契七九四)，「非若」(鐵遺一一・一八，明後二五二〇，佚三七四)，「非作」(京津四七五六，明後二五二八)等。

「亡」在卜辭中多用為有無之無，相當於現代漢語的「没有」，如亡禍、亡災、亡它、亡雨、亡風……其後均接名詞。作否定詞用的辭例較少見，如：

貞：聽隹其㞢出自之？聽亡其出（自）之？（乙一二六三）

亡與隹相對，義與不、弗同。【甲骨文同義詞研究　古文字學論集初編】

◉周國正　根據高嶋先生的研究（同上書），「勿」字所及的動詞代表一種商人能够控制的行動（例如祭祀征伐，商人可以決定進行與否），而「不／弗」所及的動詞則代表商人不能够控制的情況狀態（例如征伐方國時祖靈是否助佑是商人不能控制的），所以卜辭中只有「今春王勿从望乘伐下危，弗／其受我又」（丙二〇（二）），而没有「今春王不从望乘伐下危，勿其受我又」。祼禮以常理而論是商人可以決定進行與否的事，應該以「勿」為否定詞，事實上在九八（一〇）、（一三）、（一五）中用的亦確然是「勿」。何以在九八（一六）、（一七）中卻用「不」呢？這是否表示「可控制性」已經消失了呢？我們認為除了上面附於原文之後的語譯所表示出的分析方法之外，還有另一種可行的分析，下面是我們的推測：

當商人作出九八（一六）、（一七）的貞卜的時候，他們已經決定了不行祼禮，同時舉行祼禮的適當時候亦已經過去了（可能告禮已經進行或完成了）。為了某些我們現時無从猜度的原因，商人很擔心没有舉行祼禮的後果，於是去貞卜不行祼禮是否會引起祖靈的不滿（即制造麻煩）。如果這個推測是正確的話，那麼「王不祼」只是一件既成事實的陳述。既然已成過去，自然就缺乏了「可控制性」，於是用的否定詞是「不」而不是「勿」。基於這個假設，我們可以把九八（一六）、（一七）解釋為：

九八（一六）：「王没有舉行祼禮，祖靈會制造麻煩。」或：「對於王的不舉行祼禮，祖靈會制造麻煩。」

九八（一七）：「祖靈不會為王不舉行祼禮而制造麻煩。」

可惜類似九八（一六）、（一七）的句例很少，我們目前還不能作比較觀察去證明上述分析的正確性。【卜辭兩種祭祀動詞的語法特徵及有關句子的語法分析　古文字學論集初編】

◉楊聯陞　我所推測之鳥占，與若干文化（例如西藏）固有者，不甚相同。假定是以占吉否。卜辭中之隹（正面）與不勿（反面）的用法可以聯想，隹是鳥身，不、勿則是鳥尾。卜時所求，正為筊杯之正反，不勿皆鳥尾形，說文解不字說「鳥飛上，不下來也」，把不讀為bun，為名詞，似無不可。【古史劄記兩條　中國文字新十二期】

◉朱歧祥　不—[字形]、[字形]

[字形]，即不字，象花萼形。《說文》：「鳥飛上翔不下來也。从一。一，猶天也。」卜辭借用為否定詞。古籍不輕弗重，段玉裁

於不字注引《公羊傳》：「弗者，不之深也。」卜辭有用於句末，作「否」解，復有用為子名、地名。字有增手作[glyph]、[glyph]，由辭例互較得證。

(a)〈前4・32・2〉貞：子[glyph]其出疾？

〈乙9091〉☐子[glyph]出？

(b)〈丙1〉庚申卜，王貞：余伐不？

〈存2・339〉其執[glyph]？

(c)〈存1・1483〉庚戌卜，洋貞：翌辛亥乞酌彤[glyph]自上甲，衣至于☐后☐？

〈林1・21・7〉庚戌卜，即貞：翌辛亥乞酌彤[glyph]自上甲，衣至于多后，亡壱？十月。【甲骨文論叢】

◉崔永東 不(丕)，銘文作[glyph][glyph][glyph]等。

副詞 用於形容詞或動詞之前，表示程度之深，可譯作「很」、「非常」等，或根據上下文義靈活譯出。

(一)不(丕)顯穆公之孫，其配龔公之妣。(《叔夷鐘》)

「丕顯穆公之孫」意謂「非常顯赫的穆公之孫」。

(二)不(丕)顯皇祖，其乍(祚)福元孫。(同上)

「丕顯皇祖」者，言非常顯赫之皇祖也。

(三)不(丕)顯朕皇且(祖)，受天命，竈又(造佑)下國。(《秦公鐘》)

(四)誨(謀)猷不(丕)飤(飭)。(《王孫遺者鐘》)

郭沫若曰：「『誨猷不飤』當讀為『謀猷丕飭』，飭猶秩秩也。《小雅・巧言》：『秩秩大猷。』」(《兩周金文辭大系考釋》第一六二頁)

案《巧言》「秩秩大猷」之「秩秩」，程俊英訓為「宏偉的樣子」。本銘「誨猷不飤」猶言謀略宏大也。

典籍中可資參證之例：

《書・文侯之命》：「丕顯文武。」

又《康誥》：「惟乃丕顯考文王先明德慎罰。」

又《洛誥》：「公稱丕顯德。」

《孟子・滕文公下》：「丕顯哉，文王謨；丕承哉，武王烈！」

《左傳·僖公二十八年》：「重耳敢再拜稽首，奉揚天子之丕顯休命。」

不，銘文作不等。

一、否定副詞　與今語「不」字同。

（一）唯孚車不克㠯（以），衣焚。（《多友鼎》）

言只有所俘戰車不能帶回，故焚之也。

（二）望肈帥井（型）皇考，虔夙夜出納王命，不敢不分不妻（規）。（《師望鼎》）

郭沫若曰：「妻字當是規之古文……『不分不妻』，分當讀去聲，謂不敢不守本分不守規矩也。」（《兩周金文辭大系圖録考釋》八零頁）

（三）不盄（淑），取我家案，用喪。（《卯簋》）

郭沫若曰：「蓋謂不弔昊天取去我家柱石之臣，因以不禄也。」（《兩周金文辭大系圖録考釋》八六頁）

（四）師寰虔不㒸（墜）……（《師寰簋》）

《廣雅·釋詁》：「墜，失也。」「虔不㒸」者，言恭敬不敢有所失也。

（五）義（宜）敉（播）𪫑（諸）厥不從厥右征。（《師旅鼎》）

郭沫若曰：「宜宣布之於其不從其長上征者。」（《兩周金文辭大系圖録考釋》二六頁）

同銘又有：「師旅衆僕不從王征于方。」

（六）妄不敢弗師用文且（祖）皇考穆穆秉德。（《井人妄鐘》）

（七）十枻（世）不謹（忘）獻身才（在）畢公家，受天子休。（《獻彝》）

二、禁戒副詞　猶「勿」也（訓見《詞詮》卷一）。

圝（繆）夙夕敬念王畏（威），不賜。（《毛公鼎》）

郭沫若謂「圝」假為「繆」，敬也。案句意謂朝夕恭敬于王之威嚴，不要改變如此之態度。

三、副詞　「不」通「丕」，「丕」猶「乃」也（訓見《古書虚字集釋》卷十）。

不（丕）自乍（作）小子，夙夕尃古先且刺德，用臣皇辟。（《師𩛥鼎》）

自，《説文》：「始也。」小子，官職名。言乃作小子之官，朝夕宣揚先祖功業、效法先祖德行，以臣事先王。

典籍中可資參證之例：《書・禹貢》：「三苗丕叙。」又《召誥》：「厥既命庶殷，庶殷丕作。」又《康誥》：「至于旬時，丕蔽要囚。」諸「丕」字裴學海先生謂猶「乃」也(見《古書虛字集釋》第八七一頁)。【兩周金文虛詞集釋】

◉戴家祥　程瑤田曰：小雅「常棣之華，鄂不韡韡」，鄭箋云：「承華者曰鄂，不當作柎。柎，鄂足也。」古聲不柎同，不字義，人鮮知者。鄭氏以柎曉人，非謂柎譌為不而欲改其字也。左傳「三周華不注」，水經注言華不注山，單椒秀澤，不連陵以自高，而説者以為山如華跗之著于水。又爾雅釋山曰：「山再成英，一成坏。」蓋亦以華狀之坏，即不一成者，如華之有鄂足，華英在不上，故山再成者如鄂不之承華英也。不字上象鄂足箸於枝莖，三垂象其承華之鄂蕤蕤也。通藝録不字義説。按程説是也。管子地員篇「朱跗黄實」，尹知章注：「跗，花足也。」現代植物學家，名鄂曰萼片，跗曰苞片，苞片即花或花序外周下方之變態葉，字本象形。別體作丕，从一，一為指示性符號，則為指事。同聲通假，借為否定詞「不然」、「不可」。即勿、弗、非之同義語。廣雅釋詁四「弗，不也。」「勿，非也。」論語雍也「雖欲勿用」，皇侃疏：「勿，猶不也。」或體作卒即丕字。爾雅釋詁：「丕，大也。」不字被借已久，於是又創為跗柎諸形聲為苞片之專字，許氏昧其本義為不別作解語，蓋疏忽於字形與字義一貫性之塙詁也。

許君以否定詞之聲義，解「不」字之象形，故牽强附會，使天下學者疑。南宋鄭樵指其字象萼蒂，清儒程瑤田又申其義云：「小雅常棣『鄂不韡韡』鄭氏箋云『承華者曰鄂，不當作拊，拊，鄂足也。』一下∪。象鄂足著於枝莖，三垂象其承華之鄂蕤蕤也。」通藝録不字義説。晚近治小學者率宗之。考説文手部：「拊，揗也。」字亦通撫，高密鄂足之義乃「跗」字也。玉篇：「跗，足上也。」管子地員篇「朱跗黄實」，尹之章注：「跗，花足。」然其字不見於説文。玉篇四一九「不」音甫負切，唐韻「方九切」，並讀幫母之部。玉篇七十六跗音方俱切，幫母侯部。唐韻，集韻，去聲九麌「符遇切」均讀並母侯部。陸德明經典釋文拊讀「方于反」，幫母魚部，玉篇六十六音「芳武切」唐韻同滂母魚部。上古韻位之部第一，幽部第二，宵部第三，侯部第四，魚部第五。之與侯、魚韻位甚遠，安得以拊訓不？竊思小雅常棣「鄂不」當讀萼苞，不之上半象華蒂，下垂三筆象萼片形，植物學家謂蓓蕾待放之前，包在花序外圍之變態葉。商頌長發「苞有三蘖」，毛傳：「苞，本蘖，餘也。」蘖之古文作𣎵與不形同説文六篇木部。不亦作芣，加旁从艸，玉篇一六二音伏丘切，並母之部。在六書為形聲，聲符更旁，字又作苞，从艸从包，包亦聲，在六書為會意兼諧聲。「不」之為芣，再變而為苞，亦猶𣎵之為櫱。再變而為蘖也。玉篇一六二苞音博交切，唐韻布交切，均讀幫母幽部。「苞」「不」聲同且又韻近，集韻上平十虞罦罘同字是其證。許氏釋為否定詞，知其一不知其二。鄭箋釋為鄂足，亦未深入實際，甚矣！考文識字之不易也。【金文大字典中】

否

否 毛公𢈔鼎 否 晉公𥂴 否 中山王嚳鼎 智天若否【金文編】

◉許　慎　否 不也。从口。从不。不亦聲。徐鍇曰。不可之意見於言。故从口。方久切。【説文解字卷十二】

◉郭沫若　否鄙通。書堯典否德忝帝位。史記五帝紀作鄙。論語雍也。予所否者。論衡問孔作鄙。其證。【諫簋　兩周金文辭大系圖録考釋】

◉馬叙倫　嚴可均曰。口部已有。此重出。倫按本作從口不聲。校者以不字為鳥上翔不下來也。故移口部之否屬於此。而改從口不聲為從口不。以見從不之義。後之校者復增不亦聲。鍇本是也。此則更為校者增從口下之從字。皆不悟不可不然之不。即否之借也。毛公鼎作否。【説文解字六書疏證卷二十三】

至

甲八四一　甲一六二一　乙七七九五　乙八六五八　鐵一二五・四　鐵六五・三　前四・二五・八　前七・九・三　後二・一六・一一　戩一・一　林二・一五・九　佚二一　佚七六　佚九一一　福三六　甲一五六〇　燕二〇五　掇一・五一　掇二・一三一　寧滬一・六七　寧滬一・一一六　師友二・一三五　明藏五〇〇　明藏五三一　後一・二〇・七　後二・三・一八　佚七七七　燕六　二九　掇一・三九四　粹一〇〇三　粹一〇〇四　坊間二・一一　京津四八三四　無想二五三　甲二〇五四　至吉　見合文二四【甲骨文編】

8499　8579　8658　8713　8820　8855　8897　8951　9044　9074　珠16　327　355　407　603　819　1087　佚7　21　76　144　314　415　442　532　650　670　857　911　續1・2・6　1・44・6　3・1・3　3・14・2

4·11·3 4·16·9 4·30·8 4·32·1 4·32·5 5·10·4 5·14·7 5·18·7

6·10·5 徵2·45 2·46 3·171 3·210 4·95 4·111 8·103 1058

11·116 京2·1·4 2·23·2 3·12·4 3·13·4 古2·6 2·9 凡22·1 録129

178 643 687 天24 續存4 摭續2 粹132 241 667 715 新1233

2432 甲29 125 252 364 497 521 547 627 991 1239

1483 1543 1629 1945 2008 2681 2757 3035 3426 3550 3575

乙104 943 1010 6659 6692 6702 6723 6719 7288 7289 7402

7425 7758 7795 8079 【續甲骨文編】

至 盂鼎 矢方彝 矢尊 至鼎 令鼎 啟卣 鄘伯馭簋 同簋 茾伯簋 㝬鐘

克鐘 散盤 禹鼎 兮甲盤 召伯簋二 駒父盨 晉公𥁰 邾公牼鐘 𩍏鎛 郘

𦧝尹鉦 中山王譽鼎 中山王譽壺 中山王譽兆域圖 【金文編】

〔二二〕 〔一〕 〔六二〕 〔三六〕 〔四〕 〔九〕 【先秦貨幣文編】

204 224 【包山楚簡文字編】

至 秦一二〇 三例 秦一七五 三例 日甲一二九 三例 【睡虎地秦簡文字編】

是則鼠—(甲12—16)、四神乃(?)乍(?)—于𡕒(乙5—15)、乙則—(丙1:1—5) 【長沙子彈庫帛書文字編】

至 樂至之印 □ 至富 □ 左詡之印宜身至前迫事毋閒願君自發封完印信 【漢印文字徵】

□ □ 石經僖公 公至自圍許說文之古文同 □ 四時嘉至磬 【石刻篆文編】

□ 至 【汗簡】

□ □ 竝古孝經 □ 汗簡 □ 崔希裕纂古 【古文四聲韻】

◉許慎 □鳥飛从高下至地也。从一。一猶地也。象形。不上去而至下來也。凡至之屬皆从至。脂利切。□古文至。【說文解字卷十二】

◉林義光 與鳥形不類。古矢或作□。鵃侯尊彝乙医字偏旁。則□者矢之倒文。从矢射一。一象正鵠見正字條。矢著於鵠。有至之象。古作□克鐘。作□故鄦句鑃。說文云。□到也。从二至。按當作至之或體。古作□窒叔敦窒字偏旁。【文源卷六】

◉高田忠周 說文。□鳥飛從高下至地也。象形。从一。一猶地也。古文从土作□。蓋土即地也。又□字解曰。鳥飛上翔。不下來也。从一。一猶天也。此不至同意相受轉注字也。不字形。元當作□。而作□者。古今之變也。論語曰。鳳鳥不至。此至字本義。其不叚借為否字義。又至轉義。易臨。至臨無咎。虞注下也。禮記樂記。物至知知。注來也。樂至則無怨。注猶達也行也。楚語。至于神明。注通也。此類甚多矣。【古籀篇九】

◉徐協貞 □古至字。亦方名。後世加邑為郅。漢書地理志北地郡有郁郅縣。或因郁郅二方領域而留其名。史記正義曰。今宏化縣。風俗通云。殷有郅侯國因氏為姓。漢人不知屬部落之標識。故有是語。前漢濟南太守郅都。後漢長沙太守郅惲。其為至方後最著者。□為至方。从人字。□為至方。从女字。其辭如下。

(1)商賓再□□□ 甲骨文字二卷一五

(2)□方□□蔡賓仝上

(3)貞不□于商前編二卷二

(4)庚辰卜□貞昱日辛巳酒□不□□□于□止壱殷虛卜辭一九二

(5)丁卯帚□奴工前編四卷二六

(6)巳未卜王令弗其早帚□仝上 【殷契通釋卷二】

◉商承祚 說文至。「鳥飛從高下至地也。从一。一。猶地也。象形。不上去而下至來也。古文至。」林義光曰。「與鳥形不類。古矢或作。則者矢之倒文。从矢射一。二象正鵠。矢著于鵠。有至之象。」(文源卷六第五一頁)案林說是也。而以一為鵠則非。射無到鵠殆象遠矢至地之意也。【甲骨文字研究下編】

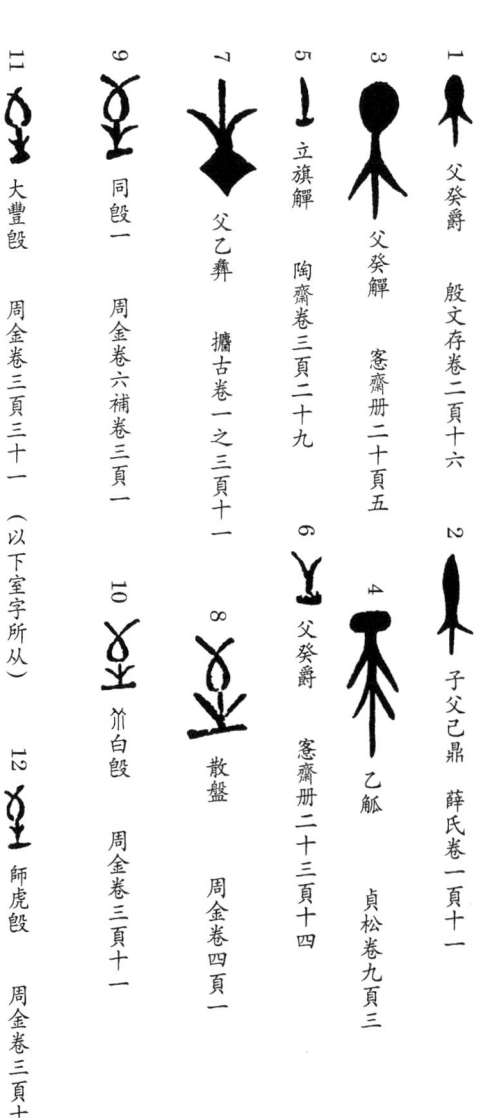

◉吳其昌

1  父癸爵 殷文存卷二頁十六
2  子父己鼎 薛氏卷一頁十一
3  父癸觶 愙齋册二十頁五
4  乙觚 貞松卷九頁三
5  立旗觶 陶齋卷三頁二十九
6  父癸爵 愙齋册二十三頁十四
7  父乙彝 擴古卷一之三頁十一
8  散盤 周金卷四頁一
9  同毁一 周金卷六補卷三頁一
10  𣲘白毁 周金卷三頁十一
11  大豐毁 周金卷三頁三十一（以下室字所从）
12  師虎毁 周金卷三頁十六
13  休盤 周金卷三頁二十七
14  君夫毁 周金卷三頁四十二
15  豆閉毁 周金卷三頁二十六
16  師𡘋毁 周金卷三頁十三

以上自第一字至第七字，為第一類。至八字至第十六字，為第二類。而第一類中，第一字至第四字為甲組。第五字至第七字為乙組。第一類之字，皆象一矢鏑之屬，已射入一物之狀，是「至」字之最初會意也。但甲組之字，象矢鏑上及于物；乙組之字，象矢鏑下及于物；鏑之上下向雖異，而其表示射及于物則一也。是故「至」字之最初之義為及。儀禮聘禮「及竟」，燕禮「賓人及庭」，禮記曲禮下「未及期……」，鄭注並云：「及，至也。」國語周禮「以及此難」，高誘注，同。廣雅釋詁一，同。其明證矣。

從射及于物而生「及」義，有上射而及于物者，如甲組所示之象是也。故「至」字之義，又可演轉為「上」。呂覽審時「先時者暑雨未至……」，高誘注：「至，或作上。」其明證也。亦有下射而及于物者，如乙組所示之象是也。故「至」字之義，又可演轉為「下」。周易臨六四爻辭「至臨无咎」，李鼎祚集解引虞翻注「至，下也。」其明證也。此「至」字初義之第一引伸也。

「至」義既為矢之射及于物，且上下射及均可，但習之既久，則覺上及如去，必下及為來；故説文于至字云：「一『不』上去；而『至』，下來也。」雖釋「不」未知諦否，而上如去，下如至之意，古今同感。故其後作「至」字者，恆作矢下及之形，而上及之象遂廢；于是而盡成為第二類「至」字；而其為矢所射及之物，亦由一大「◆」形，省减成二「▬」形，或「一」形矣。其訓，亦定為有矢射至之本義。此其形體變化之灼然可見者也。

更以甲骨文字證之：殷虛書契前編，其「至」字作作均卷二頁二。後編作卷一頁二十。卷一頁三十二。卷二頁三。卷二頁五。藏龜作冊二頁六十五。冊四頁一百四十九。冊六頁二百六十七。皆象有矢射至之狀，明碻無疑。其甚者，如後編卷一頁二十五片三文曰：「□□卜賓王至今……」，其「至」字作，又藏龜冊三頁一百片二文曰：「庚辰，至，貞于妣辛……暒受……」，其「至」字作亦作，皆但象一倒矢射至之形，并其下象所射及之物而亦省去；然則「至」字之本為「矢」「交」諸字之倒文，絶明白矣。

説文于「交」字既誤云：「交，交脛也。……象『交』形。……」而於「至」字又誤云：「至，鳥飛從高下至地也。从『一』；一，猶地也。象形。……」其他于「个」字「余」字，無一能得其義諦，蓋小篆漢隸時代，于「矢」形諸字，形差過遠，而祭酒復不能多見郡國彝器，故每字有求之過深之蔽也。【金文名象疏證續】

◉馬叙倫　李杲曰。書契作。皆象矢至地形。則至為從矢一。矢亦聲。倫按説解蓋本作到也。文選長笛賦注引字林。到也。此説文而題為字林者耳。鳥飛從高下至地也。蓋字林文。一猶地也及不上去而至下來也校語。如李説當為從一矢聲。為地之轉注字。然古無以至為地者。若從矢至地會意。則射以中為的。或平射走獸。或上射飛禽。何以獨向地射乎。倫謂從地之初文從飛之異文會意。然倫仍疑從地之初文。而以飛之異文為聲。實坙之初文。不則至之異文。或不為丕之初文。丕為坏之異文。亦從地之初文。而飛聲也。蓋到為行有所止。造字必依於止。夂部之致是到之本字。不得以地為義所從生也。借至為到義之字。而臻臺乃從之得義矣。盂鼎作。邾公牼鐘作。

　嚴章福曰。此字疑校者所加。李杲曰。石經作。與此同。倫按齊鎛作。蓋從土。【説文解字六書疏證卷二十三】

◉商承祚　甲骨文金文作□。同篆文。金文又作□□。同古文。其初形當从□。◆象矢族。後變為一横。失之。一者鵠也。矢中的。故曰至。許説非。石經古文與此同。【説文中之古文考】

◉蕭　璋　考卜辭金文皆有至字，其形作□（鐵雲藏龜五十五頁室字偏旁），□（殷墟書契前編卷二第二頁），□（同上），□（龜甲獸骨文字卷二第十五頁），□（散盤），□（克鐘），□（齊鎛）皆為矢箭倒插地上之形。卜辭矢字作□（殷墟書契前編卷一第三頁），□（同上卷四第五十一頁），□（同上卷二第二頁□字偏旁）。金文作□（同卣），□（作且乙簋□偏旁），□（匽侯旨鼎虔字偏旁）。此點林義光文源已言及。此从一象正鵠。矢箸於鵠，有至象，殊為不妥。卜辭又有□字（鐵雲藏龜二百三十三頁），則象倒矢插入地下之形，亦為至字。孫詒讓契文舉例文字編釋作屰之異文。不知卜辭自有屰字作□（殷墟書契後編下卷第十一頁），與金文逆之偏旁□合（宗周鐘逆作□），孫説未安）。而齊鎛之□，三體石經之古文□，下均从土，與説文古文合。蓋插地插土義相通也。古者置放兵器，如戈矛之屬，每以鐏鐓插入地中，以其法至簡而易為也。曲禮曰：「進戈者，前其鐏，後其刃。進矛戟者，前其鐓。」鄭注云：「鋭底曰鐏，取其鐏也。平底曰鐓，取其鐓也。」釋名釋兵曰：「矛，冒也。刃下冒矜也。下頭曰鐏，鐏入地也。」（按説文以鐏訓鐓。鐏鐓本一語之轉，皆取插地之意。詳第四篇上鐓字。）在簡箙未興以前，收檢弓矢，除置放地上一法外，弓弩尚可懸挂，矢箭則必須倒插，亦以其鏑鋭易入土地，與戈矛之鐏，功用相等耳。是則古之倒矢插地，雖無明文可徵，衡以戈矛以鐏插地之例，當非奇詭不經之事，可斷言也。

倒矢插地，為上古普遍之事實。至字之興，初亦不過為描摹此事實之圖畫。（自然不能謂□等之形體，即為原始描摹倒矢插地之圖畫。但確為此圖畫之整齊畫一而成者。）與至含插刺義之語言，本無關係。其後以至之語言，過形空虚，不易造為專符，以作代表。又以至之形體，暗合插刺之意，遂取以作其音符。於是「至」乃由純表倒矢插地之圖畫，進而演成形音義健全之文字矣。此乃我國文字未入音符階段以前之普遍現象，無足怪也。至之本意，既為倒矢插地。古又以其形體，用作插刺之音符。是以至有插刺之義（此點詳見第二篇）。而説文以其最初之實虚兩義，皆未箸録，誤以鳥飛至地之言釋之。不有卜辭金文及他書訓詁得反覆推證其原者，則至之初誼，恐終古無聞矣。

至義為刺插，又為來到，以刺插來到，皆二物相接觸之意也。

綜上各論，可知「至」由倒矢插地之形所成者。「臸」為至之後起之複體，義同而聲音稍變，但今亦可證其與至古本同音。至於「晉」字，則又由倒矢插架之形演變得來。與至雖不能謂同一形原。然二者之形體，卻有極密切之關係。且二字義訓互為回旋。聲音雖有小異，然亦得相互通轉，當為一語之變無疑。【釋至　浙江大學文學院集刊第三集】

◉楊樹達　甲編一五六〇版云：「册至，又有雨？」又一四八三片云：「貞△册至，又（有）大△？」粹編一二六五片云：「册至，王受

又？祐弜弗册？」又七八四片云：「甲申，卜，今日亥不雨，叀册至？」觀以上諸辭，至為殷人所崇祀之人甚明。按今本竹書紀年云：「太甲名至。」然則至為太甲也。

藏龜二三三葉之一云：「不至衆。」樹達按：至蓋假為失，失衆猶他辭云「喪衆」也。詩柏舟云：「胡迭而微。」迭釋文引韓詩作戴，此失聲至聲字相通之證也。【至　卜辭求義】

◉王獻唐　前引卜辭主字，體亦作[字形]，復筆寫之為[字形]，皆象木質火把之燭。燭有手執植地二制，若植於地，下从一，即成[字形]。卜辭至亦作[字形]（前三·二〇·四），作[字形]（同上二七·七），室亦作[字形]，正為此形。於燭光之上，再增火焰，便成[字形]，即契金以下至字通體也。[字形]形合下兩筆書之，復成[字形]，即卜辭肄彝，奭作[字形]形所从之二燭也。其不增光焰，依鬲羌鐘晉到移筆之例，可省為[字形]，即前引卜辭灼作[字形]（按即拾一三·一六）形所从偏旁。此一系也。【古文字中所見之火燭】

◉嚴一萍　[字形]16至　商釋「是」，誤。鑄客豆室作[字形]，所从至字之形與繒書同。【楚繒書新考】

◉沈之瑜　《殷契粹編》一五九〇片辭云：「貞[字形]三鬻。」[字形]字郭沫若同志隸定為矢，無釋。今得三證知是至字的倒書。一、《殷虚文字甲編》一七九〇片「貞至□鬻，吉」。此片至字的箭頭向下，下一横略殘，字作[字形]，是「至」字的正書，内容與《粹編》一五九〇片完全相同。二、卜辭習見「雉（[字形]）衆」或作「雉（[字形]）衆」，例如《殷契佚存》九二二「……其雉衆」，《殷虚書契前編》五·六·一作「……其雉衆吉……」，辭例相同。足見雉雉一字，从矢與从至相通。《殷墟卜辭綜類》、《甲骨文字集釋》收為二字，失之。三、《京都大學人文科學研究所藏甲骨文字》二一三八片「弜至二鬻·至」兩至字均正書，足證《粹編》一五九〇片的「[字形]」為至的倒書。這種倒書的結體，《甲骨文編》正編至字下未收，列入附録上，字號為三九二五。

「至」字篆文作[字形]。《説文》訓：「鳥飛從高下至地也。从一，一猶地也，象形，不上去而至下來也。」歷來許多文字學家都從許説，都把字的上部看成是一只往下飛的鳥，直到羅振玉方認出來是「矢的倒文」，他説：「……考古金文如散氏盤及同敦『至』並作[字形]，从[字形]，實象矢形，告田敦矦字作[字形]，匽侯鼎同，並从[字形]，量侯敦及盂鼎作[字形]，从[字形]（乃[字形]之變），矢伯卣矢字作[字形]。以此例之，知[字形]乃矢之倒文，一象地，[字形]象矢遠來降至地之形，非象鳥形也。」（《雪堂金石文字跋尾》）羅氏的意見是對的，矢可以倒書，則从矢的「至」字當然亦可倒書了。不論正書（[字形]）或倒書（[字形]），矢與的關係没有變，只是視覺的位置不同，都象一箭着地，因而至字是會意，不是象形字。

楊樹達先生在《卜辭求義》肩部第二十至字下，據《竹書紀年》「太甲名至」，將「册至」之「至」釋為「至太甲也」，這是非常錯誤的。考卜辭中許多册至某王之辭均用廟號。未見王名。《京都大學人文科學研究所藏甲骨文字》一八八三片「册至王受又」。

貝塚茂樹先生説：『冊至』，乍看上去似乎就是『冊至王』之意，但從『至祖丁☐王受又。冊至，王受又』(粹二六五)這句例句來看，應該理解為省略了冊至某祖這一目的格的祖名。」這是很對的。郭沫若同志在考釋《殷契粹編》第一片時説：「叀冊用與叀祝用為對貞，祝與冊之別，蓋祝以辭告，冊以策告也。」此説把「冊至」的辭義進一步説清楚了。貝塚氏引《粹編》二六五片的全文是：

「至祖丁☐王受又＝(祐)

冊至王受又＝(祐)

☐其用　王受又＝(祐)弜冊」

這裏很明顯「至祖丁」就是「冊至祖丁」的簡稱，「至」就是「冊至」的簡稱。這裏的「至」字可訓為通，例如《國語·楚語》「至於神明」與「辭告」「策告」之義相因。「貞至三鬻」的「鬻」，魯實先先生釋薦，謂「卜辭『鬻』義如《儀禮》『薦脯醢』、『薦歲事』之薦，謂進獻祭品與祭儀也。」這個見解很好。此外，《甲骨文零拾》八一片「貞，今壬寅，王步，不雨」，其寅字作至之倒書。寅字甲骨文或作，與至字倒書之形近似，疑是刻誤。【説至　文物一九七九年第十一期】

◉常正光　為了證明殷代已能測知日至，在殷歷譜日至譜中共舉出兩項卜辭材料：

第一項材料是由續一·四四·六和龜一·二一·二〇兩版殘骨拼合而成(見附圖)。

一(6)　六(5)　三(4)　四(3)　二(2)　五(1)

☐☐

貞

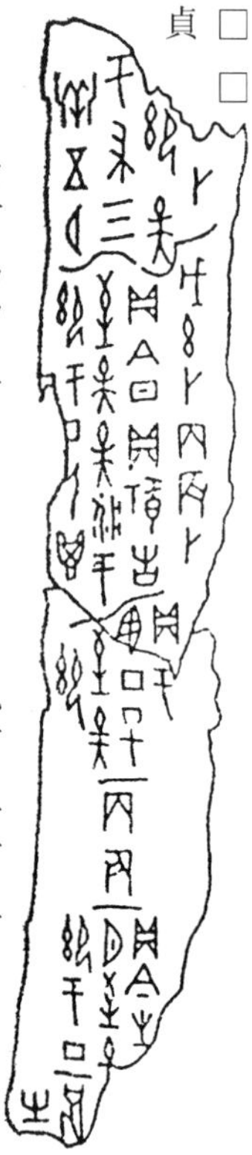

續一·四四·六　　龜一·二一·二〇

一、☐☐卜(貞)：御，吴于帚，三宰。五月。

二、丙辰

三、丙辰卜貞：福告吴疾于丁、新鬯。

四、貞：于翌丁巳至，吴御。

五、貞：今之夕，至，吴御于丁。

六、戊午卜貞：今日至，吴御于丁。

兩版共有六段卜辭，最上面一段雖記日殘缺，卻標明月份恰是其下各段卜辭所没有的；其餘五段記日與内容都比較完整，各段之間除了下數第四、五段間缺刻界劃綫外，各段都有長短不等的界劃線。如按一般卜骨刻用順序，是應自下而上排列的(見摹本卜辭旁所標阿拉伯數字)，可是在殷歷譜中作者卻强調「由上一殘辭有五月其辭先契(戊午辭在界劃下，且迴避之)，知戊午在其後」。於是各段的次序也就隨之顛倒改動，如摹本漢字數碼所示，其干支所係的月份，也有意安排為七月份。作者又根據「武丁年歷譜中儒歷月日，换算格歷」，推定只有武丁四十四年殷正七月八日是戊午日，又是恒氣夏至，七月七日丁巳九時二十三分是定氣夏至。在年、月、干支和節氣作了這樣安排之後，作者又就卜辭内容指出：卜辭中的「至」是「日至」，丙辰、丁巳、戊午的卜貞都是卜日至，經實測之後，決定於夏至之日「吴御于丁」，這也是僅存的殷禮。說明這兩版卜辭，「頗能表現當時夏至測影之遺蹟」。

但是如果仔細檢查一下這項卜辭，就會發現無論對夏至月日的推斷，或吴于夏至日御祭于丁，都是矛盾重重，難以説通。首先是戊午日究竟是在五月之前，還是在五月之後，作者根據最上一段殘辭的下邊有一條界劃綫，就斷定這段辭是先刻的，因而把緊接其下一段的紀日戊午日系于七月。如果這條界劃綫是具有這樣的作用，那末在這兩版中，還有其它五條界劃線，這又將如何解釋各段之先後順序呢？況且，各條界劃綫在區别兩段卜辭間隔的時間又表示多久，也是漫無標準。在這裏從上而下數第一條線是相差兩個月。第三、四條線則在同一天丙辰日；另外，在閏譜一，就所舉珠一九九兩條卜旬材料，又指出：「作一界線亦有區分兩年之意」，又説是相差壹年了。類似這樣的標準不一，又如何使人對其推定的月日能表示首肯呢？尤其是按慣例排列這兩版各段的順序，戊午本應在前，還很可能是在四月或五月，這又怎能説時間是在夏至呢？其次，對于卜辭内容的解釋，作者認為這幾段卜辭中的「至」，是表示「日至」，「吴御于丁」是夏至日祭祖之禮，而夏至日又是經過反復卜貞及實測才得判定的。是「初以丙辰，為丁巳當「至」，丁巳影或未至，又貞「至」在其夕，而終于戊午測得「日至」，故決定「今日至，吴御于丁也」。可是經過作者推算的實際，卻與這般說法完全不同。因為推算的定氣夏至恰恰是「武丁四十四年七月七日丁巳九時二十三分」。當日並不是「影或未至」，而是恰至；相反戊午日因是恒氣夏至，實際日影是已經超過夏至的，這又如何符合作者所説，『日至』須待觀測而定，故于丁巳、戊午兩貞之也」的情況？既然戊午日不能測得日至，又怎麼可以把卜辭的「今日至」，説是測得的日至呢？作者的推論與解釋豈不是全都落空了。至于把「今之夕，至」一條也釋為推算的日至，更與用測影來測定日至的

説法自相矛盾，殷代之「夕」指稱全夜，夜間又如何測得日影呢？根據這些實際情況，可見卜辭材料中的「至」絶不是「日至」，而應是「其人至」，根本不能證明殷代已用測影來定日至的。

第二項卜辭材料（見附圖），是被認為「關係殷代文化者綦鉅……直同瓌寶」的數據材料，可以證明殷代已經確知歲實為三百六十五又四分之一日。作者為了把卜辭中的「五百」與「四旬七日」連成一個能够説明問題的數字，有意把部位不同的兩段卜辭捏合一起，使「坚五百」一段裏的「坚」字，與前一段的「行」字接合，拼成「行坚」一辭，行字具有後世之「施行、推行」等語義，進而解釋為「所『行』者，蓋關于耕種墾殖農田之事」，于是「行坚」也就成為前一段卜辭的句子謂語部分了。但是這樣做，卻同前段卜辭的實際情況不合，因為這一段殘餘的四個字是位于最上部的，可以明顯看出每字下邊都有缺文。作者在隸定時也把前三個字，即「亡、若、在」下注有缺文，然而偏偏在第四個字即「行」字下卻不注缺文，反而硬把「行」與另一段的「坚」字捏合起來，這樣處理卜辭材料是説不過去的。

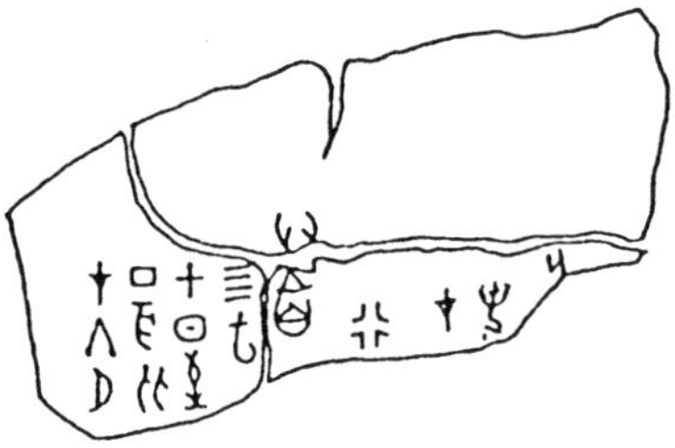

一三・〇一六、一三・〇・五三：

舊釋：上缺亡缺若缺在缺行坚，五百四旬七日，至，丁亥，从。在六月。

今釋：上缺亡缺若缺在缺行缺坚五百，四旬七日至丁亥，从。在冬月。

這項卜辭材料，理應分為兩段而隸定如下：

第一段為「亡缺若缺在缺行缺」；

第二段為「坚五百，四旬七日至丁亥，从。在冬（終）月」。

「坚」字據説文「謂致力于地」，當是動詞，甲骨文中許多「坚田」辭例足以證明。因此「坚五百」如不是説坚五百田，就應該是

指以五百人坠田，甲三五一〇：「癸巳卜，賓貞，令衆人□入羊方𤰔田」。就是命衆人坠田的例子，「五百」也可以是衆人的數字。「四旬七日至丁亥」是規定的期限，據摹本「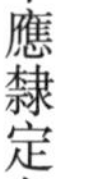」二字似不應隸定為「六月」，而應為「冬月」即終月。丁亥日屬于終月，即十二月結束坠田，這個時期也同甲二四二〇，「庚子卜貞：王其雚耤，叀往。十二月」是一致的。所以這段卜辭應是：坠田五百（或以五百之衆坠田），經四旬七日至丁亥日完成，是在冬（終）月。這樣的解釋，是客觀的如實反映歷史。若是「以意度之」把這段卜辭說成是「王室與方國的文約」，又將如何證明殷代土地制度已經有了租佃契約關係呢？在歷史事實並非如此的情況下，這個捏合的「五百四旬七日」的長周期，又將聯繫什麽具體事實呢？「坠田」作業也許不會有歷時一年半的工程吧？因此，這個數字毫不反映任何實際，只能説是把叙述兩件不同事物的數字誤合而一的數字。所以説這項卜辭材料是不足以説明殷代已認識到四分歲實的。【殷曆考辨　古文字研究第六輯】

◉温少峰　袁庭棟　口腔腫痛加劇，則使患者畏痛而不敢開口，此在卜辭中稱為「至口」：

(66) 癸巳卜，貞：帚（婦）妟亡至口？（《乙》八八五五）

(67) 癸巳卜，貞：妟至口，亡𢦏（災）？（《乙》八七一三）

「至」，當讀為「窒」，《説文》：「窒，塞也。」當是婦妟之口腔腫痛，故卜問是否會造成難以開口之「至口」病狀。而當病情惡化為「至口」之狀時，則再卜問是否有災而導致死亡也。【殷墟卜辭研究——科學技術篇】

◉銀雀山漢墓竹簡整理小組　古代「至」字與「實」字音近，故從「至」之字多以「實」為聲訓字。例如《説文》「室，實也」，《釋名》：「經，實也。」簡文「至」字疑當讀為「實」。兵之實，猶下文言「兵之情」。【孫臏兵法註釋　銀雀山漢墓竹簡（壹）】

◉饒宗頤　　勿𡊄可讀為勿致。説文：「致，送詣也。」致亦訓至（六韻六至），故𡊄殆即至的繁形。【由尚書余弗子論殷代為婦子卜命名之禮俗　古文字研究第十六輯】

◉徐中舒　一期佚九〇九一期佚九〇九

從弗上有點，下或從一横畫，所會意不明。字形近於至，疑為之異構。【甲骨文字典卷三】

◉張玉金　在殷墟卜辭中，「至日」一語習見。董作賓在《殷曆譜》中指出，卜辭中的「至日」即指「日至」。此説至今仍有一些學者信從。比如，在《小屯南地甲骨考釋》（1985年版）中，姚孝遂、肖丁兩先生還説：「『至日』有可能即『日至』，商代于日月之運行，已有較為詳細而深入之觀測，應已具有『日至』之觀念，並能加以預測。」（149至150頁）

把卜辭中的「至日」看成是文獻中的「日至」，值得懷疑，因為卜辭中的「至日」從不説成「日至」（例子見下文），而文獻中的「日

至」也不說成「至日」。

仔細考察有「至日」出現的卜辭及相關卜辭，當知「至日」並不是指「日至」。請看以下幾例：

(1A) 惠今夕酒。

(1B) 于翌日甲酒。

(1C) 其至戊酒。（合集27454）

(2) 其至日戊酒。（甲1520）

(3) 至日酒。（續6·10·5）

(4A) 夒尞，〔弜〕至日酒。

(4B) 其至日。（屯南4582）

(5A) 壬辰卜：弜至日。

(5B) 壬辰卜：至日。（乙5399）

(6A) 至日甲。

(6B) 弜至日。（屯南22711）

在(1A)中，「惠」把「今夕」介紹給「酒」；在(1B)中，「于」把「翌日甲」介紹給「酒」。從(1A)、(1B)來看，(1C)中的「至」應是把「日戊」介紹給「酒」的詞。在甲骨卜辭中，可見到「即日甲酒，王受又」（合集29705）一例，此例中的「即」是把「日甲」介紹給「酒」的。試將此例與(1C)進行比較，也可明白(1C)中「至」的性質。(1C)「日戊」中的「日」是大名，「戊」是小名，大名在先，小名在後，這與卜辭中「大延」、「吉喜」等語的結構相同。「日戊」同「即日甲酒」中的「日甲」一樣，應是表示日子的。在商代，有些先人以「日十天干」為名，例如：

大祖日己。

祖日丁。

祖日乙。

祖日庚。

祖日丁。

祖日己。

祖日己。(大祖日己戈)(《商周彝器通考》74至75頁)

從「日己」、「日丁」等先人的名字中，也可以看出(1C)中「日戊」的意思。「日戊」作「至」的賓語，「至日戊」表示「酒」的時間，這跟「即日甲酒」中的「日甲」作「即」的賓語而「即日甲」表示「酒」的時間相類。上引例(2)與(1C)為同文卜辭。上引例(3)、(4A)中的「日」後都没有説出小名，這就同卜辭中「匚某」的「某」可不説出來是一樣的。從(4A)來看，在(4B)的「日」後，不但省説了小名，也省説了「酒」。在卜辭中，「介詞或動詞＋時間詞語或VT＋VP」中的「VP」可以省去。例如：

(7) 貞：惠今夕。

貞：于來甲(甲2695)

(8) 其帚庸壴于既卯。

惠邲卯。(合集30693)

在上引(7)「于來甲」後省説了「VP」，在(8)中，「惠邲卯」(「邲」為介詞或動詞)後也省説了「VP」。前引(4B)「其至日」正是這種省略形式，(5A)、(5B)亦然。(5)中「至日」和「弜至日」正反相對，其中的「至日」難以解釋為「日至」。在前引(6A)中，「至日」後又出現了「甲」，更不能把「至日」解釋為「日至」。

總之，卜辭中「至日」的「至」，應是個表示時間關係的詞，「日」，指日子，「至日」應是到某個日子的意思，而不是指「日至」。

【説卜辭中的「至日」、「即日」、「戠日」　考古與文物一九九二年第四期】

◉朱歧祥　至，从倒矢，从一。象箭矢由此地射往彼地之形，隸作至。《説文》：「鳥飛從高下至地也。象形。」引申有到、來意。字復有从隹作雉，當為至的本字。《説文》篆文省隹形而説解仍保存本義。《論語》：「鳳鳥不至。」乃用至字的本意。卜辭已用引申義，稱召集衆人為「雉衆」、「至衆」。

〈鐵233・1〉　貞：多射不至衆？

〈前5・6・1〉　中不雉衆？王占曰：弘吉。　【甲骨學論叢】

到

到　人至為到會意説文从至刀聲非　伯到尊　芇伯簋　仲到人名　曶鼎　用到兹人　厲羌鐘　武到寺力　伯到簋

【金文編】

5·384　瓦書「四年周天子使卿大夫……」共一百十八字　5·384　同上　【古陶文字徵】

到　雜二八　四十二例　秦五　十例　【睡虎地秦簡文字編】

到告　闕里到　檀□到　尹到之印　【漢印文字徵】

祀三公山碑　到官承饑衰之後　【石刻篆文編】

碧落文　【古文四聲韻】

◉許　慎　至也。从至。刀聲。都悼切。【説文解字卷十二】

◉吳大澂　。古到字。从人不从刀。曶鼎。。歸夆敦。仲到。人名。【説文古籀補卷十二】

◉柯昌濟　到字从企从至會意。吳清卿先生釋致。非。説文从刀聲又後起誼矣。【伯到敔　韡華閣集古録跋尾】

◉林義光　説文云。至也。从至刀聲。按古作曶鼎　歸夆敦。从人至。【文源卷十】

◉郭沫若　侄乃到之異，古文到字其見於金文者均从人作，如伯到尊作，段作，芇伯段仲到作，曶鼎「用到兹人」作；人形與刀形相近，故後世誤从刀作而以為聲也。侄與到僅左右互易而已，此讀為擣。廣雅釋詁訓侄為擊，又訓擊為堅，於聲無説，世用侄為姪娣字，乃俗字也。【厲羌鐘銘考釋　金文叢考】

◉馬叙倫　從人。至聲。倫謂致到一字。金文伯到尊作。伯到敔作。則為之譌文。致為極至之至本字。至音照紐三等。古讀歸端。故到音轉入端紐。此字疑出字林。從到得聲者為菿。亦後加。可互證也。【説文解字六書疏證卷二十三】

◉睡虎地秦墓竹簡整理小組　〔七五〕到，疑讀為菿。《爾雅·釋詁》：「大也。」【睡虎地秦墓竹簡】

臻

祀三公山碑　和氣不臻　【石刻篆文編】

臻出石經　【汗簡】

石經　南嶽碑　【古文四聲韻】

◉許　慎　至也。从至。秦聲。側詵切。【説文解字卷十二】

◉馬叙倫　臻為借至為到之轉注字。臻至音同照紐。至聲脂類。臻聲真類。脂真對轉也。【説文解字六書疏證卷二十三】

◉黄錫全　臻出石經　秦公鎛秦字作，厵羌鐘作，無子匠作，《説文》籀文作，此秦形同。至形同石經（《多方》）。【汗簡注釋卷五】

𦤶

◉許　慎　忿戾也。从至。至而復遜。遜。遁也。周書曰。有夏氏之民叨𦤶。𦤶讀若摯。丑利切。【説文解字卷十二】

◉馬叙倫　王筠曰。讀上𦤶字緣上文而衍。劉秀生曰。𦤶從至從孫皆無急戾義。未詳。倫按𦤶為至之轉注字。從至。孫聲。至聲脂類。孫聲真類。脂真對轉也。孫從繩得聲。繩音牀紐三等。至音照紐三等。又同為舌面前音也。𦤶讀若摯。摯聲本在脂類。與孫聲為脂真對轉。摯從執得聲。執音亦在照三。故𦤶讀若摯而為至之轉注字。本書。墊。讀若至。其例證也。儀禮既夕禮。注。輖。摯也。釋文摯作墊。本書無墊。蓋𦤶之譌。或亦𦤶之轉注字也。亦可為證。孫秦同為舌尖前音。又聲同真類。則臻𦤶為轉注字。忿戾也即忿字義。孫分聲同真類。禮記大學。心有所忿懥。月令。民多鼽嚏。淮南時則訓嚏作窒。詩狼跋。載疐其尾。本書躓下引疐作躓。此引書叨𦤶。今書多方作叨懫。蓋大學以忿懥連文。猶以忿𦤶連文也。倫又疑忿懥字即本書之愻。今愻下曰。順也。以聲訓耳。愻順字即弜也。此訓急戾也。蓋字林文。實愻字義。説解從至孫聲。今孫聲二字脱失。或為校者刪改。亦或此字出字林。【説文解字六書疏證卷二十三】

◉睡虎地秦墓竹簡整理小組　𧧻，疑讀為駤，《淮南子·脩務》注：「忿戾，惡理不通達。」《説文》作𦤶，云「讀若摯」，與訊古音同部。訊，疑讀為誶，乖戾。【睡虎地秦墓竹簡】

臺 𡈼

[臺]5·38 咸鄙里臺 【古陶文字徵】

[臺] 安臺丞印　[臺] 臺鄉　[臺] 漢匈奴姑塗□臺者　[臺] □臺令印　[臺] 北海劇晉澄敬臺私印　[臺] 王安臺 【漢印文字徵】

[臺] 梧臺里石社碑領　[臺] 天璽紀功碑　蘭臺東觀令　[臺] 蘭臺令史殘碑　[臺] 石經莊公築臺于郎 【石刻篆文編】

[臺] 天台經幢　[臺] [臺] 竝雲臺碑　[臺] 王惟恭黃庭經 【古文四聲韻】

◉許　慎　[臺]觀四方而高者。从至。从之。从高省。與室屋同意。徒哀切。【說文解字卷十二】

◉林義光　說文云。[臺]觀四方而高者也。从至。从高省。與室屋同意。㞢聲。按[臺]象臺形。从至在其下兼指事。㞢聲。【文源卷一】

◉馬叙倫　鈕樹玉曰。繫傳作從至。高省。與室屋同意。之聲。是也。蓋大徐疑之聲不近而改。倫按古書多言臺觀。則觀字當句絶。以觀訓臺也。然觀之義為視。臺觀之觀。後世言閣。然閣所以止扉。臺閣字實當為高。高為樓之本字。廔之初文。然樓臺又不同制。未可相訓。慮非許文。詩靈臺傳。四方而高曰臺。釋名。臺。持也。築土堅高能自勝持也。則古之臺猶今之臺。築土四方而高無屋者也。今篆從高省。高為重屋。已與臺義不合。况以音求。則鍇本作之聲尚近。然從至何取邪。與室屋同意者。本是校語。而室屋字固皆從至得聲也。若謂至音照紐。古讀歸端。臺音定紐。端定皆舌尖前破裂音。臺從至得聲。則從之又何取焉。倫謂臺可象形造字。初文蓋本作[臺]。及為篆文。省變為[臺]。後增至聲為臺。猶齒之於𠙵矣。如今篆為從[臺]至聲。當自為部。此字疑出字林。四方而高者。本毛傳為說也。【說文解字六書疏證卷二十三】

臸 [臸]

[臸]臸 師湯父鼎 【金文編】

[臸]日 [臸]日竝出諸家碑 【汗簡】

◉許　慎　[臸]到也。从二至。人質切。【說文解字卷十二】

◉孫詒讓　[臸]臸 師湯父鼎　臸作𦤶。从重至。說文至部。臸。到也。从二至。辵部有𨕰字。从辵臸聲。是臸亦可作𦤶之證。此與矢連文。疑當為晉之省。說文日部。晉亦从臸聲也。古音晉箭相近。可通用。周禮職方氏。揚州其利金錫竹箭。注云。

故書箭為晉。杜子春云。晉當為箭。書亦或為箭。儀禮大射儀。綴諸箭。注云。古文箭為晉。吴越春秋晉竹十廋。晉竹即箭竹。是矢臸即矢箭。【師湯父鼎　古籀餘論】

◉林義光　説文云。𦤶到也。从二至。按當作至之或體。古作[glyph]（窒叔敦窒字偏旁）。【文源卷六】

◉高田忠周　説文𦤶。到也。从二至。人質切。與至音義皆近。晉从臸會意。然愚謂作臸作臺均皆至字重緐文。猶坴作[glyph][glyph]左作差之類。説文部首字有屾沝灥鱻。又東部有㯥。此等古文。亦皆从山水泉魚又从東。即與至臸其例正相合。許氏分別各立。未深攷也。如下見幣文作[glyph]。即从四至而又省略者。緐之又緐也。要从一至者。為正體也。【古籀篇九】

◉郭沫若　孫詒讓説俱確。唯臺字當叚為翦。爾雅釋器。金鏃翦羽謂之鍭。骨鏃不翦羽謂之志。此言矢臺者即謂金鏃翦羽。其栝則彤。翦箭同从前聲。臸可叚為箭。亦可叚為翦。知必為翦而非箭者。以矢箭一事。既言矢不得又言箭也。

臺从重至。説文至部：「臸，到也。从二至。」辵部有[辵臺]字从辵臸聲，是臸亦可作臺之證。此與矢連文，疑當為晉之省。説文日部晉亦从臸聲也。古音晉箭相近，可通用。周禮職方氏「揚州其利金錫竹箭」，注云：「故書箭為晉。杜子春云，晉當為箭，書亦或為箭。」儀禮大射儀「綴諸箭」，注云：「古文箭為晉。」吴越春秋「晉竹十廋」，晉竹即箭竹。是矢臸即矢箭，故與弓弭並錫矣。【師湯父鼎　兩周金文辭大系圖録考釋】

◉强運開　[glyph]師湯父鼎。按説文臸到也。从二至。段注云。不言至言到者。到者至之得地者也。辵部曰。[辵臺]近也。从辵臺聲。然則二至當重不當並。是臺實即臸之古文矣。【説文古籀三補第十二】

◉馬叙倫　吴穎芳曰。二至猶一至。[余余]𩺰例也。倫按臸為至之茂文。此字或出字林。師湯父鼎作[glyph]。【説文解字六書疏證卷二十三】

◉于省吾　古鉨有[glyph]字。舊不識。古璽文字徵入於附録。按[glyph]當即臸字。説文。臸到也。从二至。師湯父鼎作[glyph]。縱列横列一也。説文。晉从日从臸。屭羌鐘作[glyph]。从臸作[glyph]。偏旁中之省化也。二至合體作[glyph]。亦猶競字栔文作[glyph]。金文競卣作[glyph]。其横之連與不連一也。【釋臸　雙劍誃古文雜釋】

◉蕭　璋　説文：「臸，到也。从二至。」（人質切）金文作[glyph]（師湯父鼎）。許君與至分劃二文。實則臸即至之後起複體，本非二字。（古籀之文，一字每多複體：如𩺰即魚、[余余]即余，説文皆分二文，殊有未當。）故金文有[glyph]（楚王酓忎盤）、[glyph]（楚王酓忎鼎），从宀、臸聲，即从宀至聲之室也。

臸之訓到與至無異。古韻屬屑部，亦與至同。所不同者，厥在聲紐。臸聲古為泥紐，與至之古聲端紐，在發音上同為舌尖

中破裂音，僅鼻音與非鼻音之差，故二者古亦間有出入。推之匿之可讀若蟄（匿，唐韻：「女力切」，古聲與銍皆屬泥紐，而說文讀若羊箠蟄之蟄。原本作讀若羊騶箠，段氏本鈕樹玉之說，以為當作讀若羊箠蟄之蟄。此點段朱著明，見鈕氏說文段注訂），而嚴可均桂馥均主當讀若羊騶筃之筃（見說文校議及說文義證，今從鈕段）。說文：「蟄，讀若至。」又筃：唐韻：「陟衛切。」古聲屬端紐（二字均足證匿之古聲，亦可讀端紐也），昵之聲近樴（考工記弓人鄭司農注：「故書昵或作樴。」鄭玄注云：「樴讀為脂膏膱敗之膱」），从貳得聲之貳，而說文舊音作直二切（見廣雅釋詁：「貳，當也。」曹憲音引說文舊音），皆可證銍之古聲，亦得讀端紐也。【釋銍　浙江大學文學院集刊第三集】

甲二一二一　乙三一八八　乙六六七三反　乙三四七一　粹四〇七　粹八〇〇　續四・二四・五　續四・三二・二　京津四三二　京津一一二六　京津一一七七　京津一一七八　天五六　鐵二九・四　鐵五九・三　鐵八五・一　鐵一八二・三　前五・一三・二　前六・三七・三　前七・一七・一　前七・三七・一　前七・三八・二　後一・二四・五　後二・九・五　菁一　戩四〇・九　戩二六・七　佚一七五　佚三八二　佚七七三　燕五四　燕五六　京津一八八三　京津二〇九九　明藏八八　寧滬三・九二　掇二・三七〇　京都二三六三　王令多尹弄田于西　拾五・七　前四・六・一　後一・二三・四　後二・三八・三　林一・二三・一三　戩二六・四　佚二〇〇　甲六二二　甲八一・六　甲一六〇三　甲二〇二九　粹一九五　西母　見合文一五　甲七四〇　西對　粹九〇七　西土　前四・三六・四　前四・三六・五　前四・三六・六　後二・一〇・四　西言　後二・三八・五　京津三五六〇

【甲骨文編】

甲622　740　816　2239　3615　乙3409　3471　4536　4733　5225　5323

5395 6068 6378 6665 6738 7009 7042 7061 7135 7283 7308
7826 8503 珠175 614 615 616 707 799 1182 佚10 145
200 382 558 773 956 續1·35·9 1·36·4 1·46·4 1·53·4 2·
2·6 2·29·7 3·36·5 4·24·5 4·31·3 4·32·2 徵2·31 2·32 4·109
4·110 10·7 10·50 京3·10·4 3·27·4 4·8·3 古2·6 録520 834
天56 龜卜3 六雙1 續存500 外47 粹195 800 801 838 907 957
976 980， 1051 1166 1252 新648 2323 2920 3374 4604 4614

【續甲骨文編】

西 戍甬鼎 小臣逋鼎 散弔簋 幾父壺 禹鼎 伯戜簋 伯亘卣
師酉簋 散盤 訇簋 西門夷 不𡢁簋 陳伯元匜 多友鼎 國差𦉜 西替匜
酓章作曾侯乙鎛 秦公簋 右屖𦲷壺 【金文編】

1·114 西⊠單 3·489 衷子西里人馬 3·431 西酷里陳何 說文西古文作⊗籀文作⊗皆與此相近 3·433 西酷
里訇 3·302 西蔓圖王俦 秦1234 西道 【古陶文字徵】

〔二三〕 〔五三〕 〔三五〕 〔五三〕 〔四〇〕 〔五八〕 〔二八〕 〔二三〕 〔三六〕
〔四〕 〔二二〕 〔四六〕 〔三六〕 〔二二〕 〔三六〕 〔五五〕 〔三六〕 〔七八〕 【先秦

貨幣文編】

布尖 西都 晉原 仝上 仝上 布尖 西都 晉原 布尖 西都 晉高 仝上 布尖 西都 晉高 仝上 圓 西周 展肆壹 布尖 西都 典三九二 仝上 典三九三 布尖 西都 亞三・二四 仝上 布空大 典六四〇 布空大 典六四一 布空大 市西少匕反文 亞二・一一九 【古幣文編】

八五：三 宗盟類參盟人名 【侯馬盟書字表】

153 156 【包山楚簡文字編】

西 日乙一六三 九十五例 通洒 取白茅及黄土而—之 日甲五八背 日乙七五 棲 說文所無 雜三五 【睡虎地秦簡文字編】

—䧅又吝(甲4—20) 【長沙子彈庫帛書文字編】

3966 3965 3963 3964 3216 0316 0079 3997 3077 【古璽文編】

西安丞印 西鄉 遼西太守章 西安丞印 隴西太守章 新西河左佰長 西平令印 西郭昭印 西市 西平 西郭臨印 西方槫 西安處里 西郭定國 海西左尉 安西將軍司馬 【漢印文字徵】

惠安西表 石經多士 予惟時其遷居西爾 僖公 取濟西田 開母廟石闕 少室石闕 長西河圖陽馮寶 嶧山碑領 祀三公山碑 隴西馮君 天璽紀功碑 西部校尉姜□ 石碣吳人䌓西䌓北 【石刻篆文編】

□ 西 □ 棲出義雲章 【汗簡】

□ 義雲章 【古文四聲韻】

◉許 慎 □鳥在巢上。象形。日在西方而鳥棲。故因以為東西之西。凡西之屬皆从西。先稽切。□西或从木妻。□古文西。□。籀文西。 【說文解字卷十二】

◉吳大澂 □ 且子鼎。王命且子迨西方于相。 【說文古籀補卷十二】

◉孫詒讓 「盟帝□亢」八十九之三，「□」當為「卤」字。（一〇六）《說文・□部》：「□，鳥在巢上也，象形。古文作卤，籀文作卥。」金文散氏盤西作□、□二形，並與古文同。此作「□」亦與彼同。 【栔文舉例】

◉羅振玉 □ □ □ □ □ □ □

說文解字西古文作□。籀文作□。且子鼎亦作□。卜辭中有□□。與許書籀文及古金文同。而卜辭上下斷缺。不能知果為西否。其作□□等形。王國維謂即西字。驗之諸文。其說甚確。許君謂日在西方而鳥棲象鳥在巢上形。今諸文正象鳥巢狀。巢字篆文作□。从□。乃□傳寫之譌。亦正是巢形也。日既西落。鳥已入巢。故不復如篆文於巢上更作鳥形矣。 【增訂殷虛書契考釋卷中】

◉羅振玉 西 鄭作西。云見尹彝。箋曰。鄭釋是也。說文。日在西方而鳥棲。象鳥在巢上形。商人卜辭作□□。此作□。並鳥巢形。篆文巢字中从□。正象巢形。其字當从□在木上。古文西上。但為巢形。上無鳥者。日在西方。鳥在巢中也。 【石鼓文考釋】

◉王國維 卜辭屢見□□諸字。余謂此西字也。說文西字注云。日在西方而鳥棲。象鳥在巢上。□□二形正象鳥巢。王復齋鐘鼎款識有箕單卣。其文作□。象鳥在巢下而以畢掩取之。又箕單父丙爵有□字。則省鳥存巢。手執干鼎之□字。則省巢存鳥。可知□字實象鳥巢。即巢之古文。似當从□在木上。而巛則象鳥形。篆體失之。若說文訓缶之□字。則古作□。與□字有別矣。 【釋西 觀堂集林卷六】

◉强運開 □ 鄭漁仲釋作西。云見尹彝。羅振玉曰。鄭釋是也。⊘運開按。說文西或从木妻作棲。□古文。□籀文。此篆與籀文西相近。若弟十鼓□西□北作□。則是从古文矣。 【石鼓釋文】

◉唐 蘭 西字卜辭作□□□□□□等形。其作□□□等形者，孫詒讓釋甾，王國維釋西，以為鳥巢之形，丁山又據□

而以為網形。今按於卜辭用為西方之義，王説誠是，然逕釋為西，則非也。以字形言之，當依孫詒讓釋甾為是，卜辭𨸏字從，𤜲字從，㑟字從，皆其證，由即甾字也。三體石經古文迪從，王國維氏以篆作為正，不知卜辭甾字固或作也。近世學人之通病，在以後世材料，決定古文。如本弔字，古人用為伯弔，或不弔，後世音變，改用叔字，而學者多誤謂即叔字，或且謂説文弔字與從弔之字，均為叔字之誤，不知金文固自有叔字也。又如字，商及周時多用為辰子午未之稱，不知何時始改為辰巳午未，亦音變也；或者遂欲改卜辭子字及從子之字，盡以為巳，不知卜辭亦自有巳字也。如此之例甚多。卜辭以甾為西，亦猶此也。蓋卜辭時代，本或稱為東甾，即假甾字為之耳。後世巢字之形，上與甾字略相近，然不得附會甾為鳥巢也。

其作等形者，形與金文且子鼎敚弔𣪘合。凡古文字中，×與十形多亂，或為，猶或為也。由而變為，則即後來作等形所從出。變為，變為，則又説文籀文卤古文卥，所從出也。由形而變為（見漢印西市），更變而為（漢印西鄉），遂為説文所載小篆之𠧧，許氏以為鳥在巢上，意謂為鳥形，實為繆篆所誤。按卜辭之作諸形者，本即囟字，其後漸變作者，專為東西之稱，説文遂誤列為二字，不知囟西聲近，原止一字也。卜辭於一時期用甾字以代表西方，另一時期又用囟字以代表西方者，甾囟亦聲近。説文囟字古文作，實即甾字異文，此一證也。薛氏鐘鼎款識師酌𣪘「酌其邁年」，字舊不得其解，今謂即囟字而讀為斯，即「萬斯年」也。囟斯聲相近，斯從其聲，甾與其，聲義俱近，古每通用，是甾囟聲近之又一證也。【釋四方之名　考古學社社刊第四期】

◉馬叙倫　鈕樹玉曰。廣韻引巢上下有也字。棲作𠧧。韻會引巢上下亦有也字。棲作栖。倫按巢西一字也。西音心紐。而從巢得聲之字如璅藻樔音竝精紐。精心同為舌尖前音。而繅音亦在心紐。則古音巢亦心紐也。西巢之異。巢特多從一木耳。蓋初文為。象形。變為篆文。與囱形近。乃增於上為。或增三及木為巢。如今篆為鳥宿於巢。猶人在因上為。為會意。然知西巢皆為名詞者。以不為鳥棲造字也。文選班固述贊注引郭璞三倉解詁。西土謂長安也。知倉頡西土連文。俎子鼎作。散盤作。秦公敢作。甲文作。石鼓作。竝初文也。

段玉裁曰。從木。妻聲。倫按妻音清紐。西音心紐。皆舌尖前音。故西轉注為棲也。

李杲曰。石經作。與此微異。國差𦉜作。楚曾侯鐘作。與此皆同。【説文解字六書疏證卷二十三】

◉商承祚　甲骨文作。象鳥巢。鳥入巢。見巢不見鳥。日已西矣。又或作，金文作。已與巢形不類。石經古文作又所録籀文。亦古文。【説文中之古文考】

◉高鴻縉　原象鳥巢形。亦巢形。為架於枝柯之巢。為懸於枝下之巢。今人習動物學者皆能知之。是兩形均古巢字。名詞。商時兩形均借用為東西之西。周時分化。前者為西。後者為巢。小篆字之。即之變。下加者。加意符耳。至棲考非西字之或文。乃集之晚出字。應入會意篇集字下。此處誤沾。。當是籀文。見石鼓或是古文經中字。此處亦互譌。【中國字例二篇】

◉何琳儀　《璽彙》著録兩方燕私璽，印文各三字：

　　　　剸三三七一

　　　　騷三四一〇

釋文分別為「□□□」、「桌□鷹」，均有可商。

首字《璽文》七・六將其與、等均列於「桌」(栗)下。與「卣」(卣)迥別，不應混為一談。應是「西」之變異，參見：

　　貨系六〇　　籀文

「西」內斜筆相交演變為直筆相交，有可能是為與其下「木」之豎筆借用筆畫。類似變異參見「墨」字：

　　帛書　　古錢一〇一八

上揭璽文从「木」，从「西」，自應釋「栖」。《集韻》「棲，鳥棲。或从西。」「栖」為「棲」之異體，从「木」，「西」聲。「栗」則从「木」，从「卣」，「卣」亦聲。二字截然不同。

第二字應釋「帀」，即「師」，為典型燕系文字。參見《璽彙》〇一五八、〇五一九等。

「栖師」應讀「栖疏」，「師」與「疋」雙聲可通。《戰國策・趙策》「黃金師比」。《史記・匈奴列傳》作「黃金胥比。」「胥」、「疏」均从「疋」聲。此「師」可讀「疏」之佐證。「栖疏」，複姓，夏世侯伯，見《路史》。【古璽雜釋再續　中國文字新十七期】

◉李孝定　予舊從唐蘭氏説，謂古假甾為西，以其字形全同也；林潔明氏謂甾之與西，聲同韻異，惟囟、西則聲韻並同，考「異」字甲骨文作，象人首載物，上所从即假為「西」字者，倘謂是囟，則人首載囟，於義無取矣。異字上下二體多分離，以示人首載物之形，非連為一體也。【金文詁林讀後記卷十二】

◉黃奇逸　《霝雨》石中有「」字。鄭樵、羅振玉、王國維、馬叙倫、馬衡諸家均釋為西字，是對的。劉心源釋為囱，郭沫若、唐蘭二先生從之。郭沫若先生提出一理由：此字形與《吴人》石「䰍西䰍北」之作迥異。《石鼓文研究》。其實，同器而一字形體兩異者，在金文中屢有之，不得目為異事。

甲骨文中西字，正與本鼓之□字形體類同：

□《殷契佚存》七〇〇；《殷虛文字甲編》六二二一；《龜甲獸骨文字》一　二三　十三

□《戩壽堂所藏殷虛文字》二六　四

□《殷虛文字甲編》八一六

不僅甲骨文中西字與本鼓文同，金文中西字也有與本文同者：

□《矢人盤》

由上可見，本鼓文之□釋為西是正確的。反之，釋□為囱，卻不能舉出古文字相同的例證。再有，□釋為囱，鼓文便成「舫舟囱逮」，郭沫若先生説：「囱讀為悤遽之悤……即倉卒造次。」《石鼓文研究》。但我們從全鼓文細細推敲，全文是記秦王一次悠閑而盛壯之獵會，絕無一絲「悤遽、倉卒造次」之神色，僅這一點，已足破釋囱之説。【石鼓文年代及相關諸問題】

◉姚孝遂　「□」即説文訓為「鬼頭」之「甶」，「□」即説文訓為「頭會腦蓋」之「囟」。實際上「□」、「□」均由「□」這一形體所衍生。「□」或增一劃作「□」，或稍變换其形作「□」，以達到形體上區分的目的。

卜辭「□」用作敵方之「首領」義，亦借作「東西南北」之「西」。但是「□」和「□」只用作「西」，不得用作「甶」。【再論古漢字的性質　古文字研究第十七輯】

◉徐錫臺　關於商代卜辭及西周金文中所出現□、□、□等字形，⊘該字的釋文衆説紛紜，未有定論，於此，我經反復研討，認為過去將其釋成叀或迺字都是不確切的。因為周原H_{11}．一七四號卜甲有「王其一且用胄，叀乎胄，乎(呼)奉受，□不每王」。在這同一片卜甲中既有叀，又有□字，當然就不能釋□成叀字；周原H_{31}：四號卜甲中有「卲曰：女(汝)既弗克衣(殷)，安……通唯徂(過)，□亡咎，迺則鼻」，由於同一片卜辭中出現既有迺字，又有□字當然亦不能釋成迺字。從商周卜辭、西周金文及歷史文獻資料來分析，羅、王二氏釋「□」為「西」字是正確的。有關「□」釋成西字，論證如下：

一、卜辭及金文中已有西字，多為方位名、地名及宮室名：

1. 西方：如殷墟卜辭：「西方受禾。」(《佚》九五六)「……西，貞，王甶西方正。」(《拾》五·六)又如：「甶西眔南不每。」(《乙》八六八七)西周金文《矢人盤》「以西弄於敉𩓣桂木、弄於芻速、弄於芻衛内」(《三代吉金文存》十七·二〇)、新出土《多友鼎》「……多友西追」中的西字也作方位詞解。

2. 西土：如殷墟卜辭：「乙巳卜，㱿貞，於西土受年。三月。」(《後》下·三八·三)「西土受年。」(《粹》九〇七)

3. 西宮：如《矢人盤》：「迺卑西宮襄武父誓曰」、「西宮襄武父則誓」。

4. 西室：如殷墟卜辭：「……丁西室。」(《人》一七九四)

5. 西寢：如殷墟卜辭：「辛丑卜於西寢。」(《京》四六一四)

二、卜辭及金文中，又多有从「西」的字，如：

1. 迺字从西：如殷墟卜辭：「於庚申迺歸，亡戈？」(《甲》七六一)。又如《沈子簋》：「念自先王先公迺枚克衣。」《矢人盤》：「迺卑西宮襄武父誓曰。」

2. 洒字从西：如殷墟卜辭：「癸西卜，在洒貞，王旬亡畎。」(《菁》一〇・一四)

3. 西/凵字从西：如殷墟卜辭：「丙寅卜，又涉，其西/凵至自艮。」(《合》三八〇)

4. 覃字从西：如《覃父乙卣》銘文「亞」中有「覃父乙」，「覃」从西作[illegible]。

據上述論證，周原卜辭中「⊕」為西字，應是毫無問題的。不過在卜甲中「⊕」作西字解外，尚可作是或惟字解。

一、「西」假為「是」：

西，心母脂部；是，禪母支部。支部、脂部音近可通。禪母古雖多讀定母，然亦偶有通於心母者，如《詩・桑柔》「逝不以濯」，《墨子・尚賢》引作「鮮不用濯」(逝，禪母；鮮，心母)。是「西」可假作「是」。

1. 周原H_{11}:2號卜甲：「自三月至於三月〃，唯五月⊕尚。」「西尚」即「是尚」，又見《陳公子甗》(《三代》五・一二・二)「子子孫孫是尚」。「尚」當讀為「常」，「是尚」即「是常」。《詩・閟宮》：「萬舞洋洋，孝孫有慶。俾爾熾而昌，俾爾壽而臧。保爾東方，魯邦是常。不虧不崩，不震不騰。三壽作朋，如岡如陵。」是知「是常」乃古人吉語。

2. 周原H_{11}:20號和H_{11}:113號卜甲並有「……西亡眚」，當讀為「是無眚」。「無眚」二字屢見於《易》中，《釋文》：「眚，馬云：災也」。故「西無眚」，即「是無災」也。

3. 周原H_{11}:6號卜甲中有「𠬝曰，並，西克事」；H_{11}:32號卜甲中有「圉，西克事」；H_{11}:21號卜甲中有「曰客(友)西克事」。「西克事」，當讀為「是克事」，即是能克任此事之意。

4. 周原H_{11}:136號卜甲有「今秋王西克往宓」，當讀為「今秋，王是克往密」的。「是克」即文獻中的「是能」，如《左傳・昭公十二年》：「是能讀三墳五典八索九丘。」

5. 周原H_{11}:174號卜甲有「……西不每王」，當讀為「是不每王」。文獻中有關「是不」二字連在一起用法的，如《左傳・昭公

⿱西圭

二十年》：「是不有寡君也。」

6. 周原H_{11}:28號卜甲中有「一戠，西亡咎」；H_{11}:96號卜甲中有「小告於天，西亡咎」；H_{31}:3號卜甲中有「𢼄其五十人往(行)，西亡咎」；H_{31}:4號卜甲中有「卲曰：女(汝)既弗克衣(殷)安……通陮徆(過)，西亡咎……」。卜辭中的「西亡咎」皆當讀為「是無咎」。「無咎」常見於《易》中。《説文》：「咎，災也。」

7. 周原齊家H3{2}：1號卜甲中有「西钔於永冬」，「西钔於休令」即「是钔於永終」，「是钔於休命」。「永終」、「休命」皆金文常見吉語。

8. 周原齊家採集112號卜骨：「卜曰：其衣車馬，西又叜。」，「西有叜」當讀「是有叜」。

二、「西」假為「惟」：

西，心母脂部；惟，以母脂部。二者韻部相同。惟从隹得聲，从隹得聲的字如雖、睢，均讀心母，故「惟」也有可能讀為心母。所以，「西」有可能假用為「惟」。

卜甲H_{11}:84：「貞，王其𠦪又大甲，𣪕周方白，□西(惟)正，不左於受又又。」「惟正」一詞，見《尚書・無逸》：「文王不敢盤於遊田，以庶邦惟正之供。」「繼自今嗣王，則其無淫於觀於逸，於遊於田，以萬民惟正之供。」孔《傳》解為：「文王不敢樂於遊逸田獵，以衆國所取法則，當以正道供待之故。」和「所以無敢過於觀遊逸豫田獵者，用萬民當惟正身以供待之故。」則「惟正」當為「嚴肅對待，不敢荒嬉」之意。又見《尚書・立政》：「繼自今，文子文孫其勿誤於庶獄庶慎，惟正是乂之。」孔《傳》解此為：「文子文孫，文王之子孫，從今以往，惟以正是之道治衆獄衆慎，其勿誤。」「惟正」亦有「嚴肅認真」之意。上引卜甲H_{11}:84大意謂周王在「𠦪又大甲，𣪕周方白」時，嚴肅恭敬，故「受又又」。卜甲H_{11}:82、H_{11}:130中的「西(惟)正」其意義應與上述H_{11}:84同。卜甲H_{11}:1又有「西(惟)又正」一語。按本片卜甲為周王「卲祭成唐」時所卜問，「西(惟)又正」的含意當與上引H_{11}:84「惟正」相同，也是嚴肅祇敬之意。

【試釋周原卜辭中的⊕字　古文字研究第十三輯】

◉許　慎　⿱西圭姓也。从西。圭聲。户圭切。【説文解字卷十二】

◉馬叙倫　徐鍇曰。張説梁四公子記有⿱西圭閺。段玉裁曰。此妄人以許書無其姓而竄入此篆也。王筠曰。玉篇西部不收而收於襾部。蓋孫强輩所增。廣韻作罣。云姓。出説文。倫按字或出字林。【説文解字六書疏證卷二十三】

鹵 

鹵　免盤　錫免鹵百陵　【金文編】

蓮勺鹵鹹督印　【漢印文字徵】

鹵　【汗簡】

◉許　慎　西方鹹地也。从西省。象鹽形。安定有鹵縣。東方謂之㡿。西方謂之鹵。凡鹵之屬皆从鹵。郎古切。　【説文解字卷十二】

◉薛尚功　鹵字。許氏説文云。從西省。象鹽形。即魯字也。古之文字形聲假借。如無作許。咎作臯。繆作穆之類是也。　【歷代鐘鼎彝器款識法帖卷九】

◉阮　元　周魯文旁尊　鹵。古文魯。東方濱海地多㡿鹵。故以為名。字與魯通。路史國名紀。魯。鹵也。　【積古齋鐘鼎彝器款識卷四】

◉徐同柏　鹵古文魯。　【從古堂款識學卷十三】

◉方濬益　説文部首鹵。西方鹹地也。从西省。象鹽形。安定有鹵縣。東方謂之㡿。西方謂之鹵。此古文囷象田中生鹽形。从田不从西消。而魯之建國正以地㡿鹵得名。觀艸部蓾之或體。从鹵作𦵠。可知鹵魯以同音得相通叚。是不必在西方始曰鹵矣(綴遺卷三十九頁魯公鼎)。　【綴遺齋彝器款識考釋卷三】

◉林義光　東為斥，西為鹵，此後世異名。制字之始，不能為西方鹹地獨制一字，西者言其地之方，非即地，注四點於西中，理亦不愜。鹵當訓鹹味也，从，果實也。見迺字條。中四點象鹽形，蓋果實中有含鹽者，其味鹹，名之曰鹵。此上世知有鹹味之始，其後得鹹地，亦以鹵名之。及知煮海為鹽，始制鹽字。故曰天生為鹵，人生為鹽。　【文源卷二】

◉王　襄　囷古鹵字，象田中鹽結之形。公伐郤鼎叚為魯，又類纂正編十二弟五十三頁説同，並云「魯字重文」。　【簠室殷契徵文考釋】

◉丁佛言　　古鉢。□□鹵。玉篇鹵作㙾。此从丁疑下。義猶土也。　【説文古籀補補卷十二】

◉高田忠周　阮氏(元)云。按鹵古文魯。東方濱海地多㡿鹵。故以為名字。與魯通。路史國名紀。魯鹵也。曲阜少昊之虛。按阮説蓋是。卜辭金文。多皆作鹵。即本字也。説文。鹵西方鹹地也。从西省。象鹽形。安定有鹵縣。東方謂之㡿。西方謂

之鹵。凡鹵之屬皆从鹵。許氏說有誤。西籀文作卤。鹵从之。∴以象鹽。然卜辭金文最古者。皆从田不从西。∴以象其土地所有之鹽意。實指事也。然从卤字。後出古文籀文小篆皆从之耳。今定為田系也。朱駿聲云。春秋昭元年。晉荀吳帥師敗狄于大鹵。左傳作太原。穀梁傳。中國曰太原。夷狄曰大鹵。易說卦。兑為剛鹵。叚借為虜。方言鹵奪也。史記高帝紀。毋得鹵掠。又為櫓。中山策。血流漂鹵。又疊韻連語獨斷。天子出車駕次弟謂之鹵簿。封氏見聞記。謂甲盾有先後。部伍皆著之簿籍。又莊子則陽。勿鹵莽。按莽讀如莫。莫从茻。茻亦聲。茻莫一聲之轉也。〇又按中國曰大原。夷狄曰大鹵。原即邍字叚借。邍者高平之野也。人所登。所登者。謂其可以居也。人以居矣。田里有之。故邍从田。亦與囲字从田同意。果然。□字从田之意益顯矣。囲之从∷亦指席裂之意。不必指鹹鹽耶。存疑云。【古籀篇二十一】

◉陳獨秀　說文謂鹵从西省，象鹽形。按指中四點。甲文西有作□或□者，金文亦有作□，說文西字古文作□，籀文作□，均為編竹之篗，鹵即从此，非从西省。〇按說文茵訓重席，廣雅釋器西訓席，□、□、□、□、□、□皆此類也，象編竹平面之席，或立體竹器之一面；□、□、□、□、□、□則又為一類，象編竹立體之器，鹵、婁、百、曰皆屬此。鹵為盛鹽之篗，魯為盛魚之篗，故鹵與魯，樐與櫓，古皆通用。魯莽或作鹵莽，鹵簿或作櫓簿，說文櫓訓大盾，或作樐。【小學識字教本上篇】

◉松　井　第三卷金文餘釋，各篇以釋干鹵、釋黃二文為最精當。惟釋鹵字，郭君又云「緣古又用為鹹地之剛鹵」，則大誤。鹵者，大龜之甲，古代民族必有以此為禦身之物者。伯懋父段五鹵字從鹵，後來小篆之龜字亦從鹵，且金文中舊釋皀卣之圖形□，確象龜鼈之背殼，又犧形父乙爵亦有此形。今郭君知鹵即櫓盾字，而未究原始為何物，特申明之。【廿一年(五月至十二月)國內學術界消息　燕京學報第十二期】

◉郭沫若　鹵是干鹵字，象形。鹽鹵字乃出叚借。後干鹵字以櫓若樐為之，而鹵轉成為鹽鹵字之專字，鹽竟从之以會意矣。本銘所錫者殆係鹽鹵。【免盤　兩周金文辭大系圖録考釋】

◉馬叙倫　孫詒讓以囲為周省。倫檢令夨彝。王令□公子明儇尹三事。又曰。至于成□。吁敢。公中在宗□。免簠。王在囲。則孫說可從。周為用之轉注字。用聲東類。周從口得聲。詳疏證。口聲侯類。東侯對轉也。故周亦可作用。古或讀用周聲。同。未必省也。此作□者。用為墉之初文。本象垣壁之形。作□或作□也。然鹵字亦或作此形。說文櫓樐為正重文。左隱元年傳。有文在手為魯夫人。手文未必能為魯字。倫謂蓋作□□或□□形耳。□即者字。所從得聲之□為社之初文。而者實諸之初文。魯之聲同魚類轉注字也。魯夫人之魯若是□字。則魯國之名蓋本作鹵。而倫且疑姬旦所封本是鹵國

或作鹵國。鹵蓋魯之轉注字。見於甲文作□。□與周六敨王在□之□同。阮元孫詒讓竝釋□為魯。其實轉注字。而非即同文也。正以□之形近於□。故譌為周耳。【讀金器刻詞卷中】

◉馬叙倫　鈕樹玉曰。左襄廿五年傳釋文引脱地字。沈濤曰。一切經音義二引西方鹹地也。故字從西省。下象鹽形也。天生曰鹵。人生曰鹽。鹽在正東方。鹵在正西方。又九與十四所引。大略相同。廿四引天生上有確薄之地五字。皆與今本不同。蓋玄應所引乃一曰以下之奪文。或注中語也。孔廣居曰。鹵者。未成鹽之鹹水也。海邊潮退日暴。則沙土皚如霜雪。取鹵者抔而聚之。別坎地一方為鹵潭。潭之下流。穴地埋器以盛鹵。謂之鹵井。井與潭之交。通之以筩。潭中籍稾艸。上布所抔沙土。以水沃之。則鹵從筩中洩於井焉。口象潭。乂象稾與沙土。丿象筩。一象洩鹵形。翟云升曰。書禹貢疏爾雅釋地疏引鹹地上竝無西方二字。繫傳象鹽上有㐅字。㐅當作乂。乂象鹽形也。王筠曰。朱文藻本篆作□。它本改四點為四直。則乖象形之法。∴乃鹽形。卤自是籀文西字。鹹當作鹼。鹼地者。今之通語。龔橙曰。鹵即鹽字。徐灝曰。東南多鹹地。不當從西。鹵内象鹽。外象盛鹵器。與卣同。灝謂從西固近鑿。然以為盛鹵器。亦非。阮氏鐘鼎款識魯公鼎有□字。即鹵之古文。蓋象鹽地之形。從卤。後來之變體耳。林義光曰。注四點於西中。理不愜。亦不能為西方鹽地獨製一字。鹵當訓鹹味也。从□。□。果實也。中四點象鹽形。蓋果中有含鹽者。其味鹹。名之曰鹵。此上世知有鹽味之始。其後始得鹹地。亦以鹵名之。高田忠周曰。卜辭金文鹵字皆從田。不從西。∷以象其出地所有鹽意。實指事也。丁福保曰。慧琳音義廿五引。鬲方鹹地也。故從鬲省。下象鹽形也。天生曰鹵。人生曰鹽。鹽在正東方。鹵在正西方。似校今本為完。余永梁曰。卜辭有□字。集韻。□同鹽。免盤。錫免□百𠭯。□即鹵字。從□與從皿同。食鹽為日常所用。固宜有此字也。倫按王國維亦以免盤證甲文□字所從之□為鹵。然□乃魯之轉注字。從口。鹵聲。非即鹵字。魯文旁尊□字。徐桐柏釋鹵。晉姜鼎。易□責千兩。劉心源釋□為旅。倫謂古書有借鹵為旅。然鼎文當讀本字。易□責千兩與錫□百𠭯正同。一謂賜鹽漬。一謂賜鹽也。是□亦鹵字。鹵篆當以晉姜鼎作□，宂盉作□者為正。鹵為鹽之初文。鹽不可以象形造字。而鹽乃煮水所成。若造形聲字。惟有以水為主義之體。鹵所從之∷或∴即水字。□即□之束其口形者也。甲文鹵字有作□□者。□所從之□即□也。金器有□卣。又有□獸形父乙爵。其從用甚明。周棘生敨銘末有□字。葉玉森釋金。其實亦鹵字。□亦□也。乂或十綴痕耳。今□字省其綴痕。鹵從水宁聲。故聲入魚類。鹽從監得聲而音入定紐。鹽音喻紐四等。古讀歸定。宁音澄紐。古讀歸定。監音見紐。宁叕一字。叕音知紐。見知同為破裂清音。古讀知歸端。端定同為舌尖前破裂音。監從皿得聲。皿音微紐。鹵音來紐。古讀歸泥。微泥同為邊

音。而從監得聲之藍鑑音亦來紐。是皆可證鹵之轉注字為鹽。鹵為初文明矣。西方鹹地也蓋本作鹹也西方地也。西方地也蓋字林文或校語。西方地也者。春秋昭元年。晉荀吴率師敗狄于大鹵。公穀作大原。穀梁傳曰。中國作大原。夷狄作大鹵。安定以下十五字亦校語。東方謂之斥西方謂之鹵者。鹵從宁得聲。宁音澄紐。斥音穿紐三等。同為舌面前音。斥鹵又聲同魚類。故鹵聲轉如斥。玉篇有滷字。在鹺鹹之間。音昌石切。苦地也。書曰。海濱廣滷。本亦作斥。又音虜。今書禹貢作廣斥。史記夏本紀作廣瀉。徐廣曰。一作澤。一作斥。河渠書。溉澤鹵之地。澤鹵即斥鹵。以疊韻連文耳。是其證。【説文解字六書疏證卷二十三】

◉郭沫若　説文：「櫓，大盾也，从木魯聲，樐或从鹵。」古書中多用鹵為之，如史記秦始皇本紀「流血漂鹵」，集解引徐廣曰：「鹵，楯也。」漢書陳勝項籍傳讚同此作，顔注亦云：「鹵，盾也。」又天子出，車駕次第謂之鹵簿，封氏見聞記卷五鹵簿：「鹵，大楯也……甲楯有先後部任之次，皆著之簿籍，天子出入，則案次導從，故謂之鹵簿耳。」鹵字説者以為假借，緣鹵古又用為鹹地之剛鹵，説文云：「鹵，西方鹹地也，从𠧪省，象鹽形。安定有鹵縣。東方謂之㡿，西方謂之鹵。」

今案。大盾之櫓當以鹵為本字，象形。櫓樐均後起字，鹵之用為鹽鹵字者乃假借也。許以假借之義為鹵本義，又以字似从西，故以西方鹹地説之。實則鹽鹵多産於海，以中國之地理而言，海在東南，何以鹹地獨限於西方耶？

鹵字金文作，免盤云「王在周，命作册内史錫免。百陾」，陾殆障字之異，「錫鹵百障」者「錫櫓百鐏」也。字象圓楯之形而上有文飾。亦有作長方形而上下各有三出者，攈古録金文卷一之一有所謂「𠧪卣」者，其銘僅一字，作

舊釋為𠧪，案實鹵之象形也。菲律賓人所用之盾，其形與此極相似，上亦有三出，所異者唯下僅二出而已。集古遺文卷十第十六葉有「犧形父乙爵」者亦有此字：

首字舊未釋，案與上卣乃同族之物也。鹵為族徽，其次之獸形文乃作器者之名，形乃虎豹之類，非祭犧也。別有父丁斝者，余以為乃一人之器，其銘為：

即卣形，或作。宁未盉如是作。亦即小篆之字，説文以為貯積字，云「宁，辨積物也」，蓋因貯从宁聲，遂誤以宁為貯之初文耳。爾雅釋宫「門屏之閒曰宁」，齊風著篇「俟我於著乎而」作著。則又佇若竚之省，世以説文無佇竚字，視為俗作，未必然也。弟二字則从貝作，人作父戊卣亦有此字，器文作，蓋文作，集古遺文卷四弟三十六葉。有「作狽寶彝」，字作，亦即此文，蓋乃象形貝聲之字。以聲紐求之，疑古貔字也。説文「貔，豹屬，出貉國，从豸㿝聲。詩曰『獻其貔皮』，大雅韓奕。周書曰『如虎如貔』牧誓貔猛獸。貔或从比。」韓奕傳亦云「貔，猛獸也」，書某氏傳云「貔，執夷，虎屬也。」爾雅釋獸「貔，白狐。」狐疑字誤。方言云「貔陳楚江淮之閒謂之貅，北燕朝鮮之閒謂之貊，關西謂之狸」，蓋又沿爾雅之誤而再誤者矣。細審牧誓文，貔與虎為對文，而同為勇武之形頌，則貔自當為猛獸虎豹之屬，而不得為狐狸之類。豹有白色者，疑古人別以為一類而名之曰貔，釋獸之「白狐」殆白豹之譌矣。又古人有多父之習，至周初猶存，參看「臣辰盉銘攷釋」。故爵言父乙，而斝言父丁也。

知古卣形多作長方，而上下各三出，彝銘中所習見之「戈在櫝形」文，即可迎刃而解。其文有竪作者，有横作者。

集古遺文二
「戈在櫝形鼎」。

同上・四
「櫝戈父乙甗」。

殷文存・下・一三
「櫝戈父丁爵」。

右竪書之例。

殷文存上・卌六
「㴑作父乙尊」

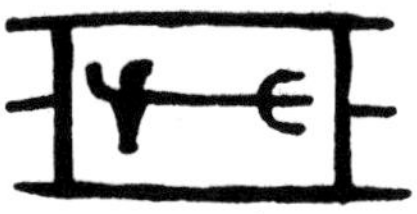

集古遺文八・卌九
「櫝戈形父丁盉」

右横書之例。

案此字亦當釋卤，或書為戔字，似亦無所不可。框中之戈形乃卤上之文飾也。卤上之文飾頗不一，有作新月形者，殷文存卷上第廿七葉之「季□父乙卣」是也。亦有横書作二工字形者，集古遺文卷八第六葉之「□卣」是也。

季□父
乙卣文

□卣文

又甲骨文中有□字，前編卷四葉二片三。原片折損僅餘三四字辭意不明。羅振玉釋貯，謂「象内貝于宁中形」。類編卷六葉七。然今知宁本卤之初字，貯若賓乃以宁為聲，則此□字直是卤字之異，卤上作貝文而已。

要之，干卤均盾之象形文，其制自殷代以來所舊有。殷制作方形，上下兩端均有出。面有文飾。周人圓之，干上以析羽為飾，以下出為蹲。卤以字形而言。上端似亦有飾，下則無蹲，左氏襄十年傳「門者狄虒彌建大車之輪而蒙之以甲以為櫓。」以車輪為櫓，其圓可知也。秦漢以後形制又變，古干卤之制乃幸得於古文字中保存其大畧，故備述之如此。【釋干卤　金文餘釋】

◉朱芳圃　免盤　說文卤部：「卤，西方鹹地也。故字从西省，下象鹽形也。天生曰卤，人生曰鹽。二句依音義二引補。安定有卤縣。東方謂之庐，西方謂之卤。」戴侗曰：「按潤下作鹹，東南多鹹地，不當从西。內象鹽，外象盛卤器，與卣同。」六書故七・一八。馬叙倫曰：「卤為鹽之初文。鹽不可以象形造字，而鹽乃煮水所成，若造形聲字，惟有以水為主義之體。卤所從之∴或∵，即水字。即之東其口形者也。……卤從水，宁聲。」六書疏證二三・九。按戴說是，馬說非也。字象∴盛中。，瓢也，金文迺字有作左列形者：

矢方彝　同上

是其證矣。鹽為細小顆粒，嫌與他物相混，故並其盛之之器象之。【殷周文字釋叢卷下】

◉石桂廉　楊桂榮　（八）商《卤卣》（圖八）

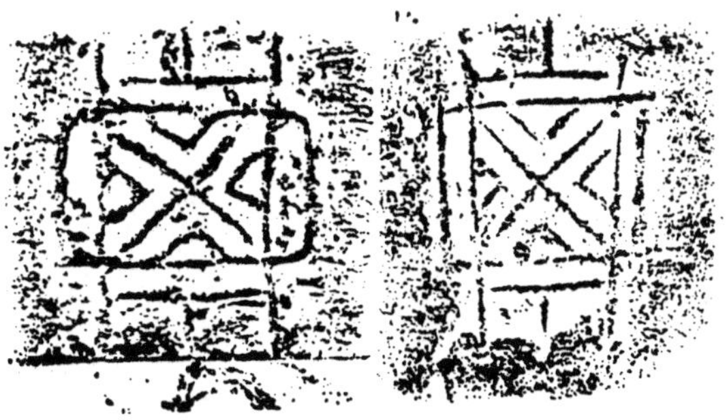

這件銅卣是1959年崔耀亭先生捐贈我館的。⊘口沿內壁一側有鑄銘陽文一字。此卣不見著録，與其同銘的商代銅器中尚有鼎、瓿、爵各一件，鼎銘書作微有不同。此外尚有《卤卣》、《卤父乙爵》、《卤戈》、《卤觚》各一件，分別書作，字形大同小異，實皆為一字。按字從其形象看，應是卤字。卤即楯，亦可書作櫓，即盾牌。其形物應是盛裝盾牌的

套筒或是懸掛盾牌的雙孔。此卤字不是人名，而是氏族的徽號。卤這個氏族可能是商代善於制作盾牌兵器的一個氏族，其□字體形，上為一盾牌，下為並列三矢鏃，用意更為明顯，故□確為卤字無疑。其器形花紋與商小子省卣極為近似，二者應是同時期的作品。【中國歷史博物館所藏部分商代青銅器　中國歷史博物館館刊一九八二年第四期】

◉陳連慶　易鹵責千兩。責讀為積。鹵，《説文》云：「西方鹹地也，从西省，□象鹽形。安定有鹵縣。東方謂之㡿，西方謂之鹵」。鹽字下云：「鹵也。天生曰鹵，人生曰鹽，从鹵監聲。古者夙沙初作鬻海鹽。」馬叙倫云：「鹵即鹽之初文。」于省吾先生亦有此説。今按：鹵在來紐，鹽在喻紐四等。二者古讀可以相通。古雙聲字由喻、來兩紐構成者，如曳婁（見《詩山有樞》）、楊柳（《詩・采薇》）；由來、喻兩紐構成者，如稂莠（《詩・大田》）留夷（《離騷》）。一字兩讀者，如昱从立聲（來紐）音余六切（喻紐）。律从聿聲（喻紐），音呂戌切（來紐），皆是其例。馬、于説確不可移。鹵積即指食鹽，宋人早有此説，惜不知鹵鹽一字，仍相差一間。【《晉姜鼎》銘新釋　古文字研究第十三輯】

◉李學勤　《五十二病方》的「□爛有方」是治療燒傷的，有一方云：「蒸囷土，裹以熨之。」「囷」字不識，注釋曾推測説：「應即圈字。」是錯誤的。最近由於江陵張家山竹簡及一些陶文的發現，才知道這個字乃是「卤」字。「卤土」當即《神農本草經》的卤鹹，《唐本草》注云：「卤鹹既生河東，河東鹽不釜煎，明非凝滓。此是鹹土，名卤鹹，今人熟皮用之，斯則於鹹地掘取之。」【《馬王堆漢墓醫書校釋》序　四川大學學報一九九〇年第二期】

◉陶　榮　陶器上的「卤市」、「卤」、「市」、「亭」等陽文或陰文戳記值得注意。卤寫作「□」、「□」、「□」，當為卤縣市井官署的代稱。【甘肅崇信出土的秦戳記陶器　文物一九九一年第五期】

鹺 □

◉許　慎　□鹹也。从鹵。差省聲。河内謂之鹺。沛人言若虘。昨何切。【説文解字卷十二】

◉馬叙倫　承培元曰。繫傳省下脱聲字。王筠曰。鹺當為鹽之别名。故曰河内謂之鹺。沛人言若虘者。謂沛人亦謂之鹺。特其言之也音如虘耳。倫按鹺從差得聲。差音穿紐二等。古讀歸透。鹵古讀歸泥。鹵從宁得聲。宁古讀歸定。同為舌尖前音。故鹵轉注為鹺。河内以下皆校語。【説文解字六書疏證卷二十三】

蓮勺鹵鹹督印 【漢印文字徵】

石經文公　敗狄于鹹 【石刻篆文編】

鹹竝出義雲章 【汗簡】

義雲章 【古文四聲韻】

◉許　慎　鹹銜也。北方味也。从鹵。咸聲。胡毚切。【説文解字卷十二】

◉馬叙倫　桂馥曰。銜也者。廣雅同。鹹銜聲相近。倫按鹹從咸得聲。咸從戌得聲。戌音心紐。鹽音喻紐四等。心與喻四同為摩擦次清音。咸監同舌根音。聲亦同侵類。是鹹為鹽之轉注字。戌戉一字。戉音喻紐三等。喻三與匣同為摩擦次濁音。故咸鹹音皆入匣紐也。北方味也校語。急就篇作醎。疑鹹之誤。【説文解字六書疏證卷二十三】

◉黃錫全　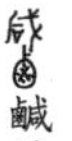鹹並出義雲章　《説文》鹹字正篆作鹹，三體石經《文公》古文作。此形同石經。【汗簡注釋卷五】

鹽　秦一八二 【睡虎地秦簡文字編】

琅邪鹽左

揵鹽左丞

海右鹽丞

海鹽丞印

鹽毋之印

鹽疵 【漢印文字徵】

鹽 【汗簡】

汗簡 【古文四聲韻】

◉許　慎　鹽鹹也。从鹵。監聲。古者宿沙初作煮海鹽。凡鹽之屬皆从鹽。余廉切。【説文解字卷十二】

◉馬叙倫　鈕樹玉曰。廣韻引煮海下有為字。韻會宿作夙。倫按鹽從監得聲。監臨音同見紐。是鹽為監之轉注字也。水經注。鹽池。許慎謂之監。吕忱曰。夙沙初作煮海鹽。河東鹽池謂之監。酈不引本書而引字林。知古者九字為吕忱加矣。凡似此者可推知也。字見急就篇戈文以。丁佛言釋。【説文解字六書疏證卷二十三】

◉林義光　古作亡鹽戈，象水在皿中可煮形，从鹵轉注。【文源卷六】

盬　盬

◉丁佛言　盬　古鉢。盬朔。从古从鹽省。

盬　戈文。从鹽𠤎。原書入附録。【說文古籀補補卷十二】

◉余永梁　鹵書契卷六四十葉。此鹽字。集韻鹵字同鹽是也。免盤「錫免鹵百罍。」鹵余謂即鹵字可證也。从凵與皿同。書契後編上二十三葉之鹵。殆亦鹵字。食鹽為日常所用。固宜有此字也。【殷虚文字續考　國學論叢一卷四號】

◉方濬益　（亡鹽戈）說文鹽鹹也。从鹵監聲。此文作盬。从鹵。鹵為古文西。說文鹵从西省。故可以卤為鹵。而从水在皿以象煮鹽之形。當是鹽之別體。【綴遺齋彝器款識考釋卷三十】

◉劉心源　盬作潭右戈　此从水从鹵从皿會意。【奇觚室吉金文述卷十】

盬 3558【古璽文編】

盬 盬【汗簡】

◉許慎　盬河東鹽池。袤五十一里。廣七里。周百十六里。从鹽省。古聲。公戶切。【說文解字卷十二】

◉馬叙倫　鈕樹玉曰。韻會河上有古字。十六上有一字。後漢書章帝紀注引百下有一字。沈濤曰。御覽八百六十五引作袤五十里。廣六十里。周一百十四里。水經注涑水篇引長五十一里。廣六里。周一百十四里。嚴章福曰。袤五十一里。自乘得百二里。廣七里。自乘得十四里。合之為百十六里。袤五十一里。廣六里。廣六里自乘得十二里。合之為百十四里。桂馥曰。鍇本河上有古字。古當為苦。下當有也字。周禮鹽人共其苦鹽。杜子春讀苦為盬。謂出鹽直用。不須涑治。倫按合有古也二字。古也以聲訓。河東鹽池以下字林文。水經注可證也。亦疑此字出字林。水經注引許慎謂之盬者。所據本題為說文者也。左成六年傳正義引亦作說文者同。其引吕忱曰河東鹽池謂之盬者。蓋字林附於說文。其說解中初固有識別耳。盬為鹵之聲同魚類轉注字。左成六年傳。晉人謀去故絳。諸大夫曰。必居郇瑕氏之地。沃饒而近盬。蓋晉謂鹽或鹵音如盬。其字直當作⿰鹵古。但古呼鹵如古而未製字。及有鹽字後轉造盬字。故從鹽耳。古鉩作盬。【說文解字六書疏證卷二十三】

◉黃錫全　盬盬　古璽盬作盬（璽彙3558），天星觀楚簡作盬、盬，《說文》正篆變作盬。此同正篆，古皿血同。【汗簡注釋卷五】

鹼

◉許　慎　鹼鹵也。从鹽省。僉聲。魚欠切。【説文解字卷十二】

◉馬叙倫　嚴章福曰。此可疑。字從鹵。訓鹵也。不入鹵部而入鹽部。云鹽省。所不解也。部首鹽亦從鹵。承培元曰。篆當入鹵部。後人移置也。王筠曰。此後世字也。幸附此字之人鹵莽。不知入之鹵部。吾得投間抵隙也。唐本注云。此是鹹土。今人孰使用之。玉篇有此字。廣韻分鹼𪉯為二。集韻韻會則合為一。然皆不引説文。亦一證。朱筠本文三作文二。且在魚欠切之下。是小徐本無鹼字。或據大徐本增。故擠寫之也。朱駿聲曰。疑本有正篆作鹽。此為重文。寫者挩之。倫按鍇本音魚欠切與鹼同。是鍇本舊無此字。【説文解字六書疏證卷二十三】

户

甲五八九　乙一一二八反　後二·三六·三　輔仁九二　明藏六七七　其啟宙西户祝于妣辛　【甲骨文編】

乙4810　乙861　【續甲骨文編】

〔四二〕【先秦貨幣文編】

户　秦一六八　三十三例　日甲一四三背　二例　日乙三三　二例　【睡虎地秦簡文字編】

郎中户將　文竹門掌户　東户政印　爰當户印　【漢印文字徵】

祀三公山碑　户曹史紀受　少室石闕　户曹史張詩　開母廟石闕　户曹史夏效　【石刻篆文編】

户見説文　户　户演説文　【汗簡】

古老子　竝汗簡　演説文　説文　【古文四聲韻】

◉許　慎　户護也。半門曰户。象形。凡户之屬皆从户。矦古切。古文户从木。【説文解字卷十二】

◉林義光　説文云。户。半門曰户。象形。按古作叔氏鐘啟字偏旁。作滕虎尊彝。作陳曼鼎肇字偏旁。【文源卷一】

◉柯昌濟　三户見史記項羽本紀孟康注「在鄴西三十里」。又水經丹水注「丹水又東南逕一故城名曰三户」。【殷墟卜辭綜類例證考釋　古文字研究第十六輯】

◉馬叙倫　鈕樹玉曰。韻會曰作為。段玉裁曰。護也以疊韻為訓。沈濤曰。汗簡引演説文户字作□。蓋庾氏書重文如此。倫按護也以聲訓。謂户所以保護人物也。然保護字當為卧。卧之轉注字為臨為監。臨音來紐。監從皿得聲。見監字下。皿音微紐。古讀來歸泥。微泥同為邊音。門户實一字。門音明紐。明微泥同為邊音。然則户卧之語原一也。戊辰彝作□。散盤門字作□。頌鼎頌敢曶鼎竝作□。則户篆當作□或□。乃合象形。半門曰户校語。玉篇一扉曰户。玄應一切經音義十四引字書。一扇曰户。無半門之説。半門亦不可通也。一扉一扇亦就字形為釋。户之與門。猶彳之與行耳。據汗簡則本書重文中字亦有出演説文者。如□字不存者。校者有據而刪之也。字見急就篇。

□　錢坫曰。通俗文。小户曰扂。廣韻苦減切。當别為一字。恐傳寫之誤。王筠曰。疑是許説捝失。後人見其在户下。遂以為户之古文也。衆經音義。扂。又作槏。同户減反。通俗文。小户曰扂。字書。扂。窗也。玄應唐初人也。其書恪遵説文。豈有説文以為古户字而不引之理。汗簡引之者。郭忠恕與二徐同時。所據本同也。玉篇以扂為户之古文。恐亦宋人增也。桂馥曰。汗簡引作□。廣韻。扂。牖也。一曰小户。王國維曰。户作扂。見於吴縣潘氏所藏六國時不知名銅器。倫按户有古文。蓋即汗簡所引演説文之□字。特篆譌耳。郭復引本書作扂者。蓋唐時本已無□字。而以扂當□。扂之説解亡矣。倫謂户下半門曰户本作一扇曰户。半門乃扂下説解中小户之譌。蓋猶存傳寫訛譌之迹矣。字蓋出字林。【説文解字六書疏證卷二十三】

◉朱歧祥　□隸作户。《説文》:「護也。半門曰户。象形。」古文作扂。卜辭用本義。殷人有於宗廟之户用人牲祭祀。

《庫977》于宗户□王羌。

並有奠祭鬼神於三户之習。唯其意未詳。

《後下36・3》☑岳于三户。

《鄴3・41・6》己巳卜,其啓□西户,祝于妣辛。

開啓某地西邊户以祈神問吉凶,文例又見《南明677》,此或屬殷人風尚。【殷墟甲骨文字通釋稿】

◉楊樹達　甲文作□,於形為肖。户有防護之用,故以護訓。此聲訓也。【文字形義學】

◉黄錫全　□户見説文　陳胎戈户作□,《説文》古文作扂,此形同。【汗簡注釋卷五】

◉黄盛璋　(六)扂(□),按此字為「户」字古文,見《説文》「户」下:「扂,古文户,從木。」此亦為秦所罷「不與秦文合者」之一。除《説文》外,漢末博學如應劭,已不知此字為「户」字古文。《一切經音義》引《通俗文》曰「小户曰扂」,此即應劭所著。又引字書曰:

「宎，窗也。」《篆隸萬象名義》户部：「宎，口減反，窗户字。」《廣韻》：「宎，苦減切，牖也。」牖即窗，應劭僅稱為小户，而顧野王《玉篇》已變為「窗」，音、義與户皆别，另為一字。漢以後除《汗簡》引《説文》宎為古文「户」字外，蓋無人能識此字為「户」，今此銘出，證明《説文》古文「宎」為「户」是確有根據的。【戰國祈室銅位銘文破譯與相關問題新探　第二屆國際中國文字學研討會論文集】

◉許　慎　扉户扇也。从户。非聲。甫微切。【説文解字卷十二】

◉馬叙倫　沈濤曰。初學記十引。扉。户也。乃傳寫奪一扇字。一切經音義十一引户扇謂之扉。可證。翟云升曰。集韻引作扇也。倫按依門户二字之形。則𠃜即象扉。户護也雖以疊韻為訓。然置扉正以為護。無扉安所謂門户乎。則户與扉非二物。扉當訓户也。尋扉音非紐。古讀歸封。古讀户蓋如蒦。蒦音影紐。封影同為清破裂音。故户轉注為扉。門户一字。門音明紐。封明同為雙脣音。則門扉亦轉注字。益明扉之即户矣。扉也蓋字林文。本如玄應所引。傳寫删并之耳。【説文解字六書疏證卷二十三】

扇　法一五〇【睡虎地秦簡文字編】

竝籀韻【古文四聲韻】

◉許　慎　扇扉也。从户。从翄聲。式戰切。【説文解字卷十二】

◉馬叙倫　鈕樹玉曰。宋本作從翄聲。韻會翄作翅。扉上有户字。又引無。户作從户羽。六書故云。扇。説文唐本從羽。徐本從翅省聲。桂馥曰。韻會引徐鍇本作户扉也。夏敬觀曰。當從翄之或體⿰羽氏省聲。⿰羽氏聲歌類。歌元對轉。故扇聲入元類。倫按翄音審紐。故扇從之得聲亦入審紐。非審同為次清摩擦音。扉音非紐。則扉扇為轉注字。又翄音審紐三等。翄之轉注字為⿰羽氏。從氏得聲。氏音禪紐。皆舌面前音也。禪匣同為次濁摩擦音。則扇亦户之轉注字。户音匣紐。或本從户羽聲。羽音喻紐三等。與户同為次濁摩擦音轉注。音轉則由禪而入審耳。今杭縣有一扇門兩扇門之語。韻會引作户扉也。當是户也扉也。一訓出字林。或校語，字見急就篇。【説文解字六書疏證卷二十三】

◉楊樹達　門有左右扉，如鳥有左右翼，故扇从户羽。户為本名。羽為喻名。【文字形義學】

房 房

149 266 【包山楚簡文字編】

房 封七四 五例 封七三 三例 日乙九二 【睡虎地秦簡文字編】

張房印 華房 遲房私印 張房 房勝 房仃 房成私印 房利 房中期 房里 唯印 房子長印 房梁 【漢印文字徵】

房出義雲章 房 【汗簡】

古尚書 雲臺碑 古文 【古文四聲韻】

◉許　慎　房室在旁也。从户。方聲。符方切。【説文解字卷十二】

◉郭沫若　「丁丑王卿(饗)大，王降。」

字金文多有之，自宋以來均釋宜，近人羅振玉始釋為俎，云「象置肉於且上之形」。見殷契考釋卷中三十八葉。又類編十四卷二葉。

案此字於卜辭中所可考見者，其義不限於俎。如云：

「癸亥卜，又土，尞羊一，小宰。」(戩壽堂一葉一片)

「庚戌貞辛亥又□方，尞大牢，大牢，茲用。」(後編上，二十二葉七片)

此與尞為對文，係用牲之法，自以俎義為適。然如：

「貞我一月酒，二月。」(前編卷一，三十九葉二片)

「翌乙未，易日。」(同，卷七，二十葉三片)

此第一例與「酒」字對文，酒在卜辭乃用為祭名，則字亦當是祭名。第二例亦顯然為祭名，於釋俎不適。

其在金文，則有子鼎、女彝、生卣，此器見西清古鑑卷十六，二十葉，原作「周宜卣」。則此字又為國族之名號。

時代較晚者如古璽「宜民和衆」作，漢封泥「宜春左園」作，字形與此全同。容庚金文編即引此二例以為宜與俎為一字，但又引王國維説：「俎宜不能合為一字，以聲絶不同也。」金文編一九二九年版卷十四，五葉。(後案：此字仍以釋宜為有據，秦泰山刻

石「諸產得宜」亦如此作。）

視此則知此字之釋俎釋宜，迄未成為定論。

秦公鐘薛氏款識卷六，原作「盄龢鐘」。及秦公毀銘末均有此字，鐘銘末尾數句云：

「其音銑銑，雝雝孔(煌)，以卲(昭)零(格)孝(享)，以受純魯多釐，眉壽無(疆)。畯疐在位，高弘有(慶)，匍有四(方)。永寶□。」

此數語用陽部韻，最末一語如不入韻，則未免突兀；如本入韻，則於釋宜釋俎均不能諧。且金文慣例凡與永寶字連用者，如「永寶享」「永寶尚」均可入韻。即作為「永寶用」，亦可以東陽通韻。三字均不用，而獨用此不入韻之奇文，殊為可異。余以為此字必有東陽部之音，乃假用為「享」、「尚」、「用」等之義。是則□字有俎義，有祭名之義，為古代之國名，而有東陽部之音，本此四者以求之，蓋即房俎之房之本字。

魯頌閟宮「毛炰胾羹，籩豆大房」，毛傳云：「大房，半體之俎也。」鄭箋云：「大房，玉飾俎也。其制：足間有橫，下有跗，似乎堂後有房。」

明堂位：「俎，有虞氏以梡，夏后氏以嶡，殷以椇，周以房俎。」鄭注：「梡，斷木為四足而已。嶡之言蹷也，謂中足為橫距之象，周禮謂之距。椇之言枳椇也，謂曲橈之也。房謂足下跗也，上下兩間，有似於堂房。」

由鄭玄之說，可知所謂房俎正如今人祭祀時所用之「牲架」。俎有四足，四足中央有橫木相連（「橫距」），四足下端復有相連之橫木（「跗」）。故由其額面視之，則恰成為□之形。中之一橫，橫距也（或為二橫，乃前後距之透視），下之一橫，足下跗也。半體之牲陳於俎上則恰為□之形。是則此乃象形字，後人假「房」字而為之，鄭君不識初字，故臆以堂房為說也。王國維說俎上（觀堂集林卷三）亦承羅氏之說以□若□為俎字，云：「具見兩房兩肉之形，而其中之橫畫，即所以隔之之物。……周用半體之俎，以其似宮室之有左右二房，故謂之房俎。……鄭君堂房之說殊為迂遠。」案王氏對於□字以平面形解釋殊未得其當。房本借字，鄭君堂房之說固迂遠；然王氏宮室二房之說亦等是迂遠。

字本讀「房」，其用為祭名者蓋假為「嘗」。嘗雖為秋祭，然迺東周以後之禮制，不足以限制殷文。如禮家說周用犧尊，然已有殷代之犧尊傳世。如小臣艅夔尊，其銘云：「丁巳，王相夔且（祖），王錫小臣艅夔貝。隹王來正尸方。隹王十祀又五，肜日。」文例與卜辭全同，此決為商器無疑。周金文存中亦收入此器，固執犧尊為周尊之說，疏甚。說周以房俎，而於卜辭中則已有房俎之象形文。知此則卜辭言「貞我一月酒，二月嘗」，於余說並不齟齬。

字本讀「房」，則知秦公鐘銘，即係假用為「享」為「尚」。其為國名者，則古之房國也。周語：「昔昭王娶于房，曰房后。」

至古璽與漢封泥之用為宜者乃誤用别字之例。許書宜字古文之一作者,亦當同係此誤。以許鄭之卓絶而猶有未審,則封泥古璽之誤亦正所宜然。

其在本銘,所謂「王饗大房」者,正詩之「籩豆大房」。且本銘為陽東冬通韻之文,讀房既與上文之豐方降王王上相唐相合,與下文降以下諸字亦復兩諧。【大豐毁韻讀　殷周青銅器銘文研究卷一】

◉郭沫若　字屢見,宫字從此作。雝亦从此作,若。蓋從宫省聲。字象連室之形,聲當與宫雝相近,蓋即古房字,字在此當是人或國族名。國語周語「昭王娶於房曰房后」,或即此。【卜辭通纂】

◉馬叙倫　王筠曰。户之制為房設。而房之制不以户而盡。是户之物由房生。而房之字反由户造也。似失其序。室在旁也似當作在旁室也。倫按房從户則是門屬而非室也。此訓室在旁也。必非許文。蓋許止作旁也。以聲訓耳。今捝而但存校語或字林文。房者。今北平凡夾室以似門者四或六或八為分閒。名曰隔扇。而闢其中二扇以出入。於外加一似今所謂牌坊者以為飾。冬夏以簾帷障之。即係縣其上。倫謂此所謂房也。今牌坊字正當作房。坊則防之異文。乃借字也。字見急就篇。【説文解字六書疏證卷二十三】

◉黄盛璋　銘文云「王饗大𡇒」。此「𡇒」字舊多不得其解。吴大澂、楊樹達釋為祖。謂大祖之廟。字形實不類。郭先生初釋為「房」。後又改釋為「宜」。亦未得其確解。銘文大饗大𡇒之後接着就是賞賜。「大𡇒」必為舉行大饗與賞賜的地點。案太廟、太室的得名當因其房屋特大。此大𡇒應亦此意。𡇒字又入韻。當為房字的初文。考工記「夏后氏世室。殷人重屋。周人明堂」。據漢儒所傳及隋牛弘所考。我們知道明堂中央有太室。太室之上為圜屋以覆之。而出于四屋之上。所謂重屋。是為祭天之所。漢人稱之為通天屋。此𡇒字正象重房與窗牖之形。禮記明堂位「周以房俎」。鄭注「房謂足下跗也。上下兩間。有似于堂房」。是房原為上下兩間。房俎得名正由于上下兩間其形似房。羅振玉反謂𡇒為房俎之初文。象上下兩間中為所置之肉。實倒本為末。「𡇒」字此處入韻。其為房字初文當無可疑。「𡇒」初意本象重屋。夏世室。殷重屋。周明堂。皆同一形制。雖略有損益演變。但重屋之制實為三代所同。此「𡇒」字上層即象天室。為祭天之所。周代并祀文王。下層則為太室。為行政、宴賞等典禮活動之所(金文記王賞賜册令多在太室可證)。因與天室即在一處。故王衣祀之後。又進行饗宴。封賞典禮于此。𡇒必與宗廟太室有關。最近出土的宜侯夨毁也可作證。銘文記王令夨侯于宜。首云。「王立于𡇒。宅土。南鄉」。此記王舉行授土的典禮。凡金文記王册令賞賜。王必南鄉。地點如不在宗廟。就是在大室(或稱某宫。當為某宫大室之略)。此云。「王立于𡇒。宅土南鄉」。「𡇒」必與宗廟太室有關。文獻記周初大封在廟。銘文記賞賜在大𡇒。兩者也是相符合的。(「立」就是

「位」。王設位于㘣。南向。此㘣應為宗廟之屬。與下文侯于㘣。字同義異)。【大豐𣪕銘制作的年代地點與史實 歷史研究一九六〇年第六期】

◉湖北省文物考古研究所 北京大學中文系 〔八四〕簡文「房」字作「防」,漢隸「房」字尚多如此作。《詩・魯頌・閟宮》「籩豆大房」,毛傳:「大房,半體之俎也。」此墓所出大「立板俎」(邊箱二八號),疑即大房。【二號墓竹簡考釋 望山楚簡】

戻 戻

𨗵 古史記【古文四聲韻】

◉許 慎 戻輜車旁推户也。从户。大聲。讀與釱同。徒蓋切。【說文解字卷十二】

◉郭沫若 兩庆字均當是戻之異。說文「戻輜車旁推户也,从户大聲,讀與釱同」。前字讀為汏,言恣縱也。後之「庆止」即釱趾。見史記平準書。「敢私鑄鐵器煮鹽者釱左趾。」【蔡𣪕 兩周金文辭大系圖録考釋】

◉馬叙倫 沈濤曰。玉篇引無户字。蓋傳寫偶奪。倫按車上户自旁開閉。故曰旁推户。然豈獨為車户而造此字乎。且今船中户亦有旁推者也。疑此乃校語耳。本訓捝矣。戻音定紐。闔音亦定紐。吴穎芳謂戻闔語之轉。蓋本是闔之轉注字。方言謂輜車旁推户謂戻耳。字蓋出字林。【說文解字六書疏證卷二十三】

戹 戹

戹 戹 象車戹形 孳乳為軶 彔伯簋 金戹畫轉 即詩韓奕之鞗革金戹傳戹烏噣也釋名槅枙也所以扼牛頸馬曰烏啄下向叉馬頸似烏開口向下啄物時也此字正象其形說文从户乙聲是誤象形為形聲矣詩作厄又與訓木節之厄混 戹 毛公𪓐鼎 戹 番生簋 戹 師兑簋 戹 𩊚鎛 余為大攻戹【金文編】

戹 戹並私印 戹 戹崇私印【漢印文字徵】

◉許 慎 戹隘也。从户。乙聲。於革切。【說文解字卷十二】

◉潘祖蔭 (齊子中姜鎛)吴清卿說……戹。古戹字。即暨省。【攀古樓彝器款識二册】

◉吴大澂 戹 古厄字。烏蠋也。賈侍中說。厄。裹也。一曰蓋也。詩曰。鞗革金厄。毛公鼎曰。右戹。畫轉。昜繫于金柅。

金柅當即金厄。【說文古籀補卷十三】

◉劉心源 （毛公鼎）厄即金厄。詩韓奕傳。厄烏蠋也。箋㠯金為小環往往纏搤之。疏㠯金接轡之端。如厄蟲然也。【奇觚室吉金文述卷二】

◉孫詒讓 □ 金文彔伯㦰敦説金車之飾有「金□」。金車即周禮巾車之金路，同姓以封者也。毛公鼎云「右□」亦同，□當為軶原始象形字，蓋古乘車兵車並以軥持衡，衡箸兩軶，以扼兩服馬頸，□上从一以象衡，中从卜以象軏，下从⋂以象軶，其義甚精。説文車部云：「軶，轅耑也。从車，戹聲。」則變為形聲字，而無古文□。蓋許君未見此字，故不免遺漏也。

説文車部「軏，車轅耑持衡者」，論語作軏，蓋軏為衡軶閒之關鍵，以直木上縛箸衡，下縛箸軶，相繫以為固，故為丨形。其中有穿者，蓋象繫繩之紐。古文象形車字，偏旁从□，即象一軥一衡，繫兩軏兩軶形。金文、龜甲文車字並如此。軶古文作□，可與彼互證。

金□，詩大雅韓奕作「金厄」，説文卪部「厄，科厄，木卪也。从卪，厂聲」，與車軶義異，以金文證之，詩文當亦作□，與厄形近而誤。學者不知古文自有□字，遂以厄為軶之借字矣。【名原卷上】

◉林義光 説文云。□隘也，从户乙聲。按古作□毛公鼎，以為軶字，實即軶之古文，詩韓奕篇鞗革金戹。象軸一轅丨軏⊃軥⋂之形。軶一名衡，本有二軥，狀如□，以扼兩馬之頸，⋂但象一軥，乃略形也。若象全形，當變為□。倒轉為□，即□字。篆作□，乃□之形譌。【文源卷二】

◉王國維 □ 吳閣學吳中丞釋為厄字。上象衡。下象厄。毛詩大雅傳。厄。烏噣也。釋名。烏啄向下叉馬頸既。夕禮。楔狀如軶上兩末。是厄有兩末。以叉馬頸。□字正象之。後譌作戹。失其形而存其音。小篆又添車作軶。遂為形聲字矣。【毛公鼎銘考釋 王國維遺書第六册】

◉張之綱 □ 徐同柏釋巨。云良弓名。曲禮。右手執簫。注簫弭頭也。簫即㢠。弭頭即弓末。國策距來。荀子鉅黍。此右巨乃當時良弓名。以簫右手所執而偁右巨也。巨距鉅並通轉字。攈古釋戹謂即衡閒之軶。愙齋同。云右□彔伯戎敦作金□。即詩梁山之鞗革金厄。毛傳。厄烏蠋也。説文。軶轅前也。厄與軶同。孫詒讓同。又釋為耴。云二吳説咸有根據。唯此文右戹則與車制微悟。凡乘車常制。咸有左右兩軶以扼兩服馬之頸。不得偏舉右軶而不及左。其小車駕一馬者或止有一軶。則又當居輈前正中不得左右。且一軶乃賤者所乘。亦非金路之制。是二吳説於此文有不可通者。疑右乃治鑄之誤也。又以篆形及車制參互校覈。頗疑此為耴之異文。説文耳部。耴耳垂也。从耳乚下垂。象形。春秋傳曰。秦公子耴者其耳垂

也。故以為名。又車部云。輒車兩輢也。𨊠車耳反出。攷𨊠即車耳。在輢較上反出以金為之飾。漢書應劭注。謂漢制二千石車耳。雙朱其次乃偏朱其左。竊疑此□字即𨊠字。录伯戎敢云。金耳者。以金飾車耳也。此云右𨊠者。疑周制車𨊠亦或左右異飾。如漢制偏朱左𨊠者未可定也。此於右字畧可通。姑存以備一義。綱案。攈古釋□為戹。甚塙。孫釋𨊠。别出一義。後譔名原。其象形原始篇説□字仍依吴釋戹。亦不持釋𨊠之説矣。若徐釋巨則沿阮氏款識巨末説以釋此。徒見形近比附之殊非。【毛公鼎斠釋】

◉强運開　□录伯敢。金戹畫轉。即詩韓奕之鞗革金厄。傳。厄烏噣也。釋名。烏啄下向叉馬頸似烏開口向下啄物時也。此字正象其形。説文从户乙聲。是誤象形為形聲矣。詩亾厄。又與訓木節之戹混。容庚説如此。甚精塙。可從。運開按。車部亾軶。則後起之字也。【説文古籀三補卷十二】

◉馬叙倫　孫詒讓曰。录白敢説金車之飾有金□。毛公鼎云。右□。亦同。□當為軶原始象形字。蓋古乘車兵車並以軥持衡。衡箸兩軶。以兩軶服馬頸。□上從一以象衡。中從卜以象軏。下從□以象軶。林義光曰。戹。毛公鼎作□。以為軶字。實即軶之古文。象軸一轅丨軏□軥□之形。軶一名衡。本有二軥。狀如□。以扼兩馬之頸。□但象一軥。乃略形也。若象全形。當變為□。倒之為□即□字。篆作戹。乃□之譌。容庚曰。戹。毛公鼎番生敢師兌敢作□。象車戹形。录伯敢。金戹畫轉。即詩韓奕之鞗革金厄。傳。厄。烏噣也。釋名。烏啄下向叉馬頸。似烏開口向下啄物時也。此字正象其形。説文。從户。乙聲。誤象形為形聲。倫按隘也者。阸字義。字見急就篇。以為軶字。玄應一切經音義引倉頡。戹。困也。【説文解字六書疏證卷二十三】

◉高鴻縉　字原為叉馬頸之具。象形。上一横為衡。中孔為轙。所以載轡。徐鍇曰爾雅。軶上環。轡所貫也。是也。兩邊下曲如叉狀者名曰軥。即所以叉馬頸者。戹字小篆形尚近古。隸楷竟譌變如从户从乙。説解就其譌形而言失之。秦時或加車旁為意符。作軛。其為叉馬頸之具之意。固不殊也。後世借戹為災戹困戹之戹。而專以軛為本字。遂分化為二。【中國字例二篇】

肁　孳乳為肇為肈　肁尊

師臾鐘

滕虎簋

寧簋

旁鼎

从口　叵尊　【金文編】

◉許慎　肁始開也。从户。从聿。治矯切。【説文解字卷十二】

扆　𢨴

◉吳大澂　肁肈古通。【説文古籀補卷十二】

◉徐同柏（周旁鼎）肈始。周禮大宗伯。四命受器。注。始得有祭器也。【從古堂款識學卷十三】

◉劉心源　肁。説文户部云。肁。始開也。肈始字本是肁。古亦通用肈。肈或㠯旁肁為人名。余謂肁作連文。猶春秌書初作也。井季魯彝云。肈作厥文。考寶尊彝然虎敢敢肈作厥皇考。公命中尊彝伯虔敢肈作皇考。剌公尊敢魯士商獻敢肈作皇考。叔猒父尊敢邿鼎肈作孟妊。寶鼎黃尊黃肈作文考。宋伯旅尊彝德基盤肈作盤。䄇伯匜肈作寶匜。皆其例也。【奇觚室吉金文述卷二】

◉林義光　古作肁尊彝巳。从又持𠂆在户側。𠂆象門歫。手持歫。啟門之象。或作遂尊彝。從攴。【文源卷六】

◉馬叙倫　章敦彝曰。聿聲。倫按肁尊作。旁鼎作。皆從聿。聿聿一字。聿音喻紐四等。古讀歸定。肁音澄紐。古亦歸定。是肁以聿為聲也。或謂晝省聲。晝音知紐。故肁音入澄紐。同為舌面前音也。始開也當作開也始也。始也者。校者據爾雅加之。或吕忱列異訓也。肁借為朕。引申有始義。此字疑出字林。【説文解字六書疏證卷二十三】

◉許慎　户牖之間謂之扆。从户。衣聲。於豈切。【説文解字卷十二】

◉馬叙倫　此以在户牖之間故從户。扆者。今人家聽事之室。前後皆門。在其間近後處為門四扇。而閉之不啟。出入經其兩旁。謂之屏門。不謂之扆者。以禮言天子負扆。故避之也。此字蓋出字林。【説文解字六書疏證卷二十三】

𢨴出義雲章　【汗簡】

義雲章　【古文四聲韻】

◉許慎　閉也。从户。劫省聲。口盍切。【説文解字卷十二】

◉馬叙倫　段玉裁曰。劫省聲疑當作去聲。儀禮音義。劉昌宗羌據反。可據也。玉篇亦有羌據一反。倫按今杭縣令人閉門曰。克上了。當作此字。與闔為同舌根音轉注字。禮記襍記釋文引字林。𢨴。户臘反。閉也。此字出字林。【説文解字六書疏證卷二十三】

◉黃錫全　𢨴出義雲章　《説文》𢨴字正篆作，夏韻御韻録作，令韻録作。乃形譌誤。木部柅作，誤與此形

同。【汗簡注釋卷二】

◉許　慎　扃外閉之關也。从户。冋聲。古熒切。【説文解字卷十二】

◉馬叙倫　沈濤曰。文選顔延年陽給事誄注任昉蕭公行狀注。引。扃。外閉門之關也。魏都賦注顔延年還至梁城作詩注引。扃。門之關也。南都賦注蕪城賦注孔德璋北山移文注引同今本。倫按扃為關之音同見紐轉注字。後乃别為外閉之關耳。字蓋出字林。【説文解字六書疏證卷二十三】

◉楊樹達　説文五篇下冂部云：「冂，邑外謂之郊，郊外謂之野，野外謂之林，林外謂之冂，象遠界也。」或作冋，云：「从口，象國邑。」又或作坰，云：「冋或从土。」古熒切。樹達按冋從口，坰從土，與郊坰之義相會，是也。謂冂亦郊坰：與冋坰為一字，説為象遠界，殊嫌牽附。余謂冂乃扃字之初文。説文十二篇上户部云：「扃，外閉之關也。从户，冋聲。」古熒切。冂左右二豎畫象户旁植柱，中一横畫象關，此以本字字形證之也。央字从冂，从古文大，象人首當户扃之中，故義為中，若冂為遠界，則無所取義矣。此以从冂之字證之也。然則冂訓為郊坰，乃許君誤説，其初義當為外閉之關。然此初形失其初義，其初義乃為後起之扃字據有之。【冂扃　積微居小學述林】

◉楊樹達　冂象户扃之形，即扃之初文，許誤分之耳。冋从冂聲，二字音同。説詳余釋冂篇。【文字形義學】

甲五二七　三門　甲八四〇　南門　甲一一八〇　乙七八八四　乙八七一四　前六·五七·四　粹七三　三門　佚四六八　佚五八二　甲八九六　王于宗門逆羌　掇一·二六三反　前四·一五·六　鄴三下·四〇·一〇　門示　前四一六·一　簠雜五〇　珠三四　京都九八一　【甲骨文編】

甲527　840　896　1180　1259　1342　1808　1928　2002　2229　2769　3588　3630　乙92　2530　7884　8714　8896　珠34　佚468　582　續5·8·5徵11·50　掇263　397　誠406　六中173　六束55　續存1967　粹1043　新1610

1612 4477 【續甲骨文編】

門 門且丁簋 門射甗 師𩛥簋 休盤 寰盤 格伯簋 舀鼎 𡐦簋 散盤

頌簋 頌鼎 頌壺 善夫山鼎 訇簋 西門夷 元年師兑簋 師酉簋 無叀鼎 内門二字合文

【金文編】

3·6 華門陳棱𠭯左里攴亳豆 3·11 華門陳棱𠭯左里攴亳□ 3·34 平門内□齎左里攴亳□ 3·336 楚𦤶衟蘆里

門 説文門篆作門从二户象形 古陶53 石門 【古陶文字徵】

〔七八〕 〔五二〕 【先秦貨幣文編】

19 37 48 55 【包山楚簡文字編】

門 為九 五十六例 日甲一四三背 日甲一三二 十二例 秦一九六 八例 日乙一九六 四例 【睡虎地秦簡文字編】

4000 2656 0168 0169 0333 0325 0171 0170 【古璽文編】

九門丞印 昭城門侯印 大師軍壘壁前私門丞 東門去疾 門非子印 北門賜 張門 牙門將印章 牙門將印 王門之印 西門譚印 【漢印文字徵】

魯王墓石人題字 進敏碑領 禪國山碑 出東門鄂 孔宙碑陰領 【石刻篆文編】

門 門出王存乂切韻 【汗簡】

汗簡　古孝經　古老子　同上　華嶽碑　王存乂切韻【古文四聲韻】

◉許　慎　門聞也。从二户。象形。凡門之屬皆从門。莫奔切。【説文解字卷十二】

◉羅振玉　象兩扉形。次象加鍵。三則上有楣也。【增訂殷虚書契考釋卷中】

◉劉心源　(師酉敨)　門上多二横筆。阮吴皆釋門。案即字。説文門部。登也。从門二。二古文下字。讀若軍敶之敶。六書故引唐本説文从二。二古文上字。則今本从二誤也。上門故訓登。【奇觚室吉金文述卷四】

◉郭沫若　第一〇四三片

「辛亥卜𣪊貞……

辛亥卜𣪊貞于乙門令。

辛亥卜𣪊貞勿于乙門令。

乙卯卜𣪊貞今日王往于臺。……之日大采。雨。王不步。」右行

「門令」者，門當作動詞解，謂榜之于門也。周禮冢宰職「縣治象之法于象魏，使萬民觀治象」，又秋官士師職「掌國之五禁之法以左右刑罰，……皆以木鐸徇之于朝，書而縣于門閭」，即此所謂「門令」事也。【殷契粹編考釋】

◉馬叙倫　饒炯曰。門户皆象形。而説解於户云半門曰户。於門云從二户。皆非許君書例。當是校閲旁注而誤入正解者。倫按既云象形。安得復曰從二户。明是校語。門户一字。户古音蓋或如卧。卧音疑紐。門音明紐。明疑同為邊音也。故户音轉為莫奔切。扉音非紐。古讀歸封。封明同為雙脣音。轉注字也。聞也以聲訓。字見急就篇。門射匜作。師酉敨作。甲文作。【説文解字六書疏證卷二十三】

◉陳夢家　卜辭「父甲門」、「且丁門」，當指祖甲、祖丁的廟祊。乙門、丁門的乙、丁似亦指廟主。南門、宗門、宗户、和門，當指宗室祖廟的門。西周金文羣臣入廟門立中庭北嚮，則所入當是南門。【殷墟卜辭綜述】

◉柯昌濟　三門即禹貢之砥柱。【殷墟卜辭綜類例證考釋　古文字研究第十六輯】

◉黄錫全　門　夏韻䰟韻門下録二形，注出《汗簡》，今本《汗簡》有(部首)無。夏韻又録「古老子」門作、王存乂切韻作、華嶽碑作等，並當由(前4·16·1)(師酉毁)或(璽彙0170)形譌誤。【汗簡注釋補遺】

◉嚴一萍　殷曆譜武丁日譜據粹編一〇四三(合集一二八四一)版之辭：

辛亥卜𣪊貞：「于乙門令」?

辛亥卜㱿貞：「勿于乙門令」？

以「乙門」列於武丁廿八年七月辛亥(廿八日)作為田游之地名，此版有同文者二，一為前編七・四〇二・一：

辛亥卜㱿貞：「于乙門(令)？」

辛亥卜㱿貞：「勿于乙門(令)？」

另一為金璋卜辭之四七八版，辭已殘。云：

(辛亥卜㱿貞)「于乙門令」？

去年我為武丁日譜作增補工作，發現「于乙門令」之卜辭甚多，而且有「甲門」和「丁門」之卜辭，如：

□貞：自丁門。二月(1)　合一三六〇二

貞：▨(2)　合一三六〇〇

貞：于乙門令。五月(2)

(貞：)勿(于)乙(門)令(2)

貞：于甲門令。(8)　合一三六〇三

貞：(于)乙(門)令。(9)　合一三五九九

貞：勿于乙門令。(9)

貞：勿于乙門令。(9)

貞：于甲令。(10)　合一三六〇一

貞：于乙門令。(10)

貞：于乙門令。(10)

貞：于乙門令。(10)

(貞：)勿(于)乙(門令。)(10)

貞：于甲令。(11)　合一三五九八

貞：于乙門令。(11)

貞：于乙門令。(11)

貞：勿于乙門令。(11)

貞：勿于乙門令。(11)

「甲門」「乙門」「丁門」，是不是地名，很值得懷疑，因此我推想可能是一座宗廟的四個門，正像王國維先生明堂廟寢通考所繪的宗廟圖一樣。

但是這推想並無任何根據，最近我讀到了小屯南地釋文，在摹本七八號南地的一〇五九號的卜辭中得到了解決，原來我推想為宗廟是想對了，有四個門是錯了。卜辭云：

乙亥貞：王其夕令□侯于且乙門？

王室明堂廟寢圖

宗廟圖

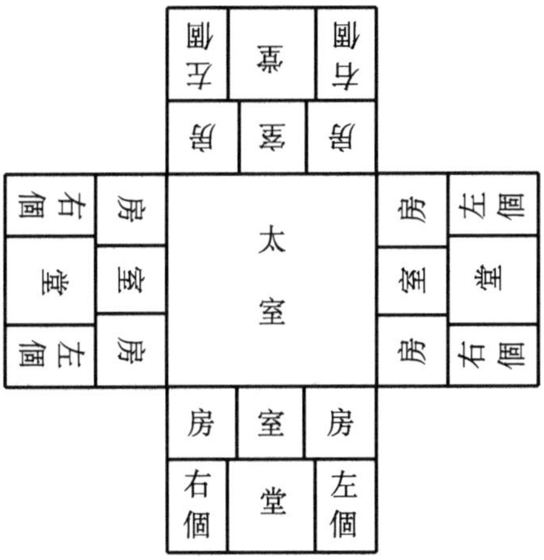

于父丁門令□侯商？

這塊胛骨是武乙時卜辭，父丁當指康丁，祖乙當指祖乙，那麼武丁時的甲門乙門丁門，當指武丁以前的先王了。卜辭有「父甲門」：

□□其祉□父甲門？　寧一·二〇一

又有「祖丁門」：

己丑卜彭貞：其為穷且丁門于砻衣钔彡？　甲二七六九

兩版都是三期卜辭。武丁以前的「甲」有陽甲、沃甲、河亶甲、小甲、大甲，五位先王。「乙」有小乙、祖乙、大乙，三位。「丁」有祖丁、仲丁、沃丁、太丁四位。不知所指是那一位先王，但不論是誰，總是在宗廟門内行册命之禮。【釋乙門　中國文字新十二期】

閶　閶

◉許　慎　閶天門也。从門。昌聲。楚人名門曰閶闔。尺量切。【説文解字卷十二】

◉馬叙倫　沈濤曰。初學記廿四御覽八十二引。閶闔。天門也。玉篇亦云。閶闔也。當本許書。朱駿聲曰。與闛同字。倫按徐鍇據楚詞。叫帝閽使開關兮。倚閶闔而望予。潘岳賦。夢良人兮來遊。若閶闔兮洞開。謂本為通名。今人或者但謂天門為閶闔。誤矣。朱駿聲亦謂字本訓門。自淮南原道。排閶闔。淪天門。用以為喻後。遂以為天門也。倫謂楚人名曰閶闔。明是通語。蓋方言轉注。倫疑扇之轉注字。扇音審紐三等。閶音穿紐三等。同為舌面音也。故楚人名門曰閶闔。天門也非本訓。或字出字林。【説文解字六書疏證卷二十三】

闈　闈

◉許　慎　闈宮中之門也。从門。韋聲。羽非切。【説文解字卷十二】

◉馬叙倫　自闈至閫似皆各以其所在而為之名。而仍由户門之音衍之。然亦疑後人分別之。其始皆門之轉注字。閶字以下凡為門義者。止當訓門也。今作天門也宮中之門也者。字林文。下文閭里門也為字林文可證也。闈音喻紐三等。聲入脂類。喻三與匣同為次濁摩擦音。户閉音同匣紐。閉聲又在脂類。蓋相為轉注字也。【説文解字六書疏證卷二十三】

⿵門詹　⿵門詹

◉許　慎　⿵門詹⿵門詹謂之樀。樀。廟門也。从門。詹聲。余廉切。【説文解字卷十二】

◉馬叙倫　徐灝曰。爾雅。檐謂之樀。承上文梁挩桴欀而言。則非門審矣。郭注不誤。此⿵門詹字乃檐之異體。因⿵門詹從門。遂又謂樀為門耳。廟門無摘之名也。倫按此字蓋出字林。吕忱不得⿵門詹字本義。況以檐義説之。或所見爾雅作⿵門詹。而以字從門。故以為廟門耳。【説文解字六書疏證卷二十三】

閎 閎 閨 閨 閤 閤 闒 闒

閎 萇閎之印 閎 任閎之印信 閎 公孫閎 閎 閎光之印 閎 閎仁印 閎 司馬閎印 【漢印文字徵】

◉許　慎　閎巷門也。从門。厷聲。户萌切。【説文解字卷十二】

◉馬叙倫　巷門也疑非本訓。閎户音同匣紐。疑本為户之轉注字。字見急就篇顔師古本。【説文解字六書疏證卷二十三】

閨 華閨苑監 【漢印文字徵】

◉許　慎　閨特立之户。上圜。下方。有似圭。从門。圭聲。古攜切。【説文解字卷十二】

◉馬叙倫　鈕樹玉曰。繫傳圜作員。韻會户下有也字。圜作圓。從門圭聲作從門圭圭亦聲。一切經音義十九引及玉篇注並作特立之門也。沈濤曰。御覽百八十四引作有似於圭。倫按特立之户義。不見於經記。上圜下方。古之門殆蓋然。蓋門户無上圜下方者。其孔然耳。今説解亦似指門孔言。益知非許原文。蓋本義挩失矣。此字或出字林。閨扇聲同支類。扇從羽得聲。羽閨又同為舌根音。蓋轉注字。禮記明堂位。崇圭。圭為閨省。詳經義則閨為門孔。或借閨為窒。豈或閨窒同字。訓門者借為闈閎等字邪。【説文解字六書疏證卷二十三】

◉楊樹達　門為本名，圭為喻名。【文字形義學】

◉許　慎　閤門旁户也。从門。合聲。古沓切。【説文解字卷十二】

◉馬叙倫　門旁户也非本訓。或字出字林邪。【説文解字六書疏證卷二十三】

◉許　慎　闒樓上户也。从門。𦐇聲。徒盍切。【説文解字卷十二】

◉馬叙倫　吴穎芳曰。戾闒語之轉。倫按樓上户也非本義。亦非本訓。閤闒聲同談類。闒戾音同定紐。轉注字。文選注引倉頡訓詁。闒。獮劣也。司馬子長報任少卿書注引字林。闒茸。不肖也。【説文解字六書疏證卷二十三】

閈 閈

閈 毛公厝鼎 亡不閈于文武耿光 中山王嚳鼎 閈於天下之物矣 【金文編】

周閈之印 【漢印文字徵】

◉許 慎 閈門也。从門。干聲。汝南平輿里門曰閈。侯旰切。【説文解字卷十二】

◉吴大澂 説文。閈。門也。文選蜀都賦注。閈。里門也。此非里閈之閈。當讀如捍衛之捍。一切經音義古文。𢧀戰捍仟四形今作扞。同閈。亦古扞字也。【愙齋集古録四册】

◉吴寶煒 閈。説文。門也。門所以限内外。閈猶限義。【毛公鼎文正】

◉于省吾 (毛公厝鼎)説文。閈。門也。此猶言域也。限也。言無不限於文武光明普及之内。【雙劍誃吉金文選卷上】

◉郭沫若 閈叚為㶣。㶣有二義。具見廣雅。一曰。爇也。説文以此為㶣之本義。云。小熱也。詩曰。憂心㶣㶣。一曰。明也。方言十二同。字誤作炗。此義則當于説文覝字。云。察視也。讀若鎌。覝以㶣為聲。自是字之後起者。本銘之閈即明義若察視義。【毛公鼎 兩周金文辭大系考釋】

◉張之綱 愙齋云。閈讀如捍衛之捍。一切經音義。古文𢧀戰捍仟四形。今作扞。同閈。亦古扞字也。綱案。此借閈為捍。吴云亦古捍字。非。【毛公鼎斠釋】

◉馬叙倫 沈濤曰。左襄卅一年傳釋文正義爾雅釋宫釋文文選蕪城賦注後漢書馬援傳注廣韻皆引作閭也。下文。閭。里門也。許言汝南平輿里門曰閈。則門當作閭。左傳釋文引輿下有縣字。倫按左襄卅一年傳。高其閈閎。閎閈音同匣紐轉注字。漢書叙傳。綰自同閈。應劭曰。楚名里門為閈。然則不僅汝南然也。汝南平輿里門曰閈。蓋校者汝南人所加也。文選西京賦注引倉頡。閈。垣也。疑閈本為門孔。或訓垣者。借閈為完。音同匣紐。聲同元類。毛公鼎作□。【説文解字六書疏證卷二十三】

◉高鴻縉 閂前人釋閈。讀為捍。或扞。但其字門内並非干字。其直筆右斜乃弋字也。閂字説文所無。其音當讀弋(應是從門。弋聲之字)。弋可通叚為懌。詩。悦懌汝美。懌為動詞。【毛公鼎集釋】

◉徐中舒 伍仕謙 (5)「閈於天下之勿矣」。閈,同幹,《易·乾卦》「貞固是以幹事」,謂堪任其事。勿即物,事也。閈於天下之物,謂堪任天下之事。【中山三器釋文及宫室圖説明 中國史研究第四期】

◉朱德熙 裘錫圭 閈,疑當讀為「閑」。《爾雅·釋詁》:「閑,習也。」【平山中山王墓銅器銘文的初步研究 朱德熙古文字

論集】

◉戴家祥 中山王𰯼鼎 閈於天下之勿矣 毛公鼎 亡不閈于文武耿光 吳大澂曰：說文「閈，門也。」文選蜀都賦注：「閈，里門也。」此非里閈之閈，當讀如捍衛之捍。一切經音義古文䩤戟捍仠四形，今作扞同閈，亦古扞字也。愙齋四册五葉毛公鼎。按吳大澂所釋可備一說。中山王𰯼鼎閈字，商承祚認為當用為捍禦字，古文字研究第七輯第四十八葉。張政烺疑讀為衎，爾雅釋詁：「衎，樂也。」兩說待考。【金文大字典下】

閭 閭

 閭 从膚王國維釋 閭丘戈 【金文編】

3·418 塙閭棋里曰淖 3·420 塙閭棋里曰臧 3·422 塙閭棋里曰臘 【古陶文字徵】

 閭虛長公  閭丘可  辟閭順印  閭丘少孺 【漢印文字徵】

◉許 慎 里門也。从門。呂聲。周禮五家為比。五比為閭。閭。侶也。二十五家相羣侶也。力居切。 【說文解字卷十二】

◉强運開  古鉥𩫖闕。蓋即古閭字。運開按。呂訓脊骨。篆文呂从肉从旅。此从旅。與从呂同意。 【說文古籀三補第十二】

◉楊樹達 閭从呂聲，呂聲字有連侶之義，說見前第十四條栟櫚椶下。按楣謂之槐，又謂之梠；五家謂之比，五比謂之閭，其義一也。【字義同緣於語源同例證 增訂積微居小學金石論叢】

◉馬叙倫 鈕樹玉曰。本書無侶。沈濤曰。一切經音義廿二引奪二十兩字。群作伴。書武成正義引。閭。族居里門也。倫按呂聲魚類。方昌聲同陽類。魚陽對轉。則閭或為闠或為房之轉注字。楚人名門曰閶闔。而吳王名闔閭。可證也。俗言街坊者。本書無坊。蓋當作房。言同街坊者。猶言同閭閈耳。亦可證也。里門也非本訓。周禮以下校語。後漢書班固傳注引字林。閭。里門也。字見急就篇。【說文解字六書疏證卷二十三】

◉吳振武 《文物》1984年第1期刊布了紹興坡塘所出徐王爐的器形照片及銘文拓本。銘文中的最後一字(圖左)，原簡報及《紹興

坡塘出土徐器銘文及其相關問題》一文皆釋為「叜(炙)胃(爐)」二字。今按：此字實從門從膚(臚)，即閭字異體(《金文編》601頁閭字條)。戰國陶文中與此相近的閭字習見(《季木藏匋》38頁)(圖右)，可資參校。闔、鑪皆從膚聲，故闔字在銘文中應讀作「鑪」。典籍中從膚得聲之字亦往往相通，例不勝舉。【談徐王爐銘文中的「閭」字　文物一九八四年第十一期】

◉濰坊市博物館　益都縣博物館　十二號印文在豆柄中部。印面長方，白文八字，亦有殘泐，曰：

「高閭里曰□□□□」(圖二・一二)

十二

《說文》：「塙，堅不可拔也。」塙即高，齊文字綴加「土」旁者恒見，如塦(陳)、墜(陵)、坊(市)、堲(阿)等。《說文》宅古文作宪、丘作坵。閚，古鉨有「閚丘郵」，丁佛言先生云：「(閚)，從門從足，屢見古鉥文而字書皆不載。審其下一字皆為丘字。古複姓有閭丘、將閭、閭癸，此閚丘疑即閭丘。然內從疋或從足不知何義。姑從闕疑。」(《說文古籀補補・附録》)鄭超同志謂：「閚閚即閭，從門疋聲，「疋」、「呂」古音同在魚部。」閚從門足聲，高閚即高閭亦即高闔。由此豆柄及文字形體判斷，知十一號最早，十二號次之，而齊城門之名當是先「高闔」而再「高閚」後「高閭」。【益都藏陶】

◉孫敬明等　「臺闔楨里朝」。「臺」从土，這是戰國文字的特點，如丘作坵、市作坊等。闔，从門，膚聲。膚、呂古音同，闔即閭。此外，闔還作「閚」、「閚」，如「高閚豆里曰□□□」(《益都》・12)、「臺閚蔓」(圖二・13)。

丁佛言先生說：「閚，从門从足，屢見古璽文而字書皆不載。審其下一字皆為丘字。古復姓有閭丘、將閭、閭癸，此閚丘疑

即閭丘。然内从⿵門辵或从⿵門足不知何義，姑从闕疑。」《説文古籀補補·附録》。鄭超先生謂：「⿵門辵⿵門足即閭，从門，辵聲，『辵』、『足』古音同在魚部。」鄭超：《戰國秦漢陶文研究概述》，《古文字研究》第十四輯。戰國後期，齊城門有稱「高閭」者。由陶文可知，齊城門春秋名「高⿵門膚」，戰國早中期稱「高⿵門辵」、「高⿵門足」，以後則叫「高閭」。【臨淄齊故城内外新發現的陶文 文物一九八八年第二期】

◉李孝定 王國維釋閭。从膚。閭丘戈〈3092〉「⿵門膚丘佳睢造」。【金文詁林卷十三】

閻 日乙八八 【睡虎地秦簡文字編】

閻不識印 閻憲私印 閻漢 閻良印 閻池 閻方始 閻延壽 閻青 閻王孫 閻張孺印 閻幼卿印 【漢印文字徵】

祀三公山碑 五官掾閻祐 【石刻篆文編】

◉許慎 閻里中門也。从門。臽聲。余廉切。壛閻或从土。【説文解字卷十二】

◉馬叙倫 沈濤曰。御覽百八十二引作里中之門也。倫按閻闠同音余廉切。臽詹侵談近轉。是轉注字也。據御覽引可知里中門也非本訓。亦非本義也。文選西都賦注後漢書班固傳注竝引字林。閻。里中門也。則此字林文。字見急就篇。

壛 此坎之轉注字。當入土部。【説文解字六書疏證卷二十三】

闠 秦一四七 【睡虎地秦簡文字編】

◉許慎 闠市外門也。从門。貴聲。胡對切。【説文解字卷十二】

◉馬叙倫 鈕樹玉曰。一切經音義廿二引作闤闠。市門也。非。説文無闤。倫按闤户閉闔閈音同匣紐。闠闈闤聲同脂類。轉注字也。門聲真類。脂真對轉。亦轉注字也。文選西京賦注引倉頡。闤。市門。胡關切。然則本書傳寫捝闤字。闤下曰。市門。闠下曰。闤闠也。今合併之耳。或此二字竝出三倉之滂喜中。呂忱據加也。闤闠音同匣紐連語。或為闠之緩言也。【説文解字六書疏證卷二十三】

闉

◉許　慎　闉城内重門也。从門。垔聲。詩曰。出其闉闍。於真切。【説文解字卷十二】

◉馬叙倫　沈濤曰。詩出其東門正義引作城曲重門。詩傳箋亦以曲為釋。文選謝宣遠集别詩注顔延年紹興郡詩注謝希逸宣貴妃誄注皆引作城曲重門也。是古本無作城内者。王筠曰。文選謝希逸宣貴妃誄注引。闉。城闕重門也。胡翻本闕作曲。蓋作闕為正。闕曲聲轉。曲内形似。屢譌成内也。倫按城闕重門非本義。闉音影紐。户古讀如蒦。音亦影紐。蓋轉注字。【説文解字六書疏證卷二十三】

◉銀雀山漢墓竹簡整理小組　□距⿵門印有三月然……，十一家本作「距闉又三月而後已」，緊接於「三月而後成」句後。簡文「闉」作「⿵門印」。「印」、「垔」音近，疑「⿵門印」即「闉」之異體。【銀雀山漢墓竹簡（壹）】

闍

◉許　慎　闍闉闍也。从門。者聲。當孤切。【説文解字卷十二】

◉馬叙倫　鈕樹玉曰。集韻引作因闍。城門臺也。因字非。玉篇亦訓城門臺。釋宮。闍謂之臺。毛傳鄭風云。闉。曲城也。闍。城臺也。桂馥曰。集韻引作闉闍。城門臺也。翟云升曰。集韻引作闍也。下有城門臺三字。王筠曰。集韻引云。因闍。城門臺也。因字雖誤。據知據本有此二字。雖有之。終是誤增。與詩正義同謬也。釋言。闍。臺也。釋宮。闍謂之臺。禮記。天子諸侯臺門。鄭注。闍者謂之臺。未有以闉闍為一事者。倫按以堵亦從者得聲證之。蓋闍即今城門上之可登者。故謂之城門臺。然城門臺非本訓。闉字蓋闉下隸字之複舉者。誤入此下。闍亦隸書複舉字也。或闉闍為校寫者以上文引詩出其闉闍因而誤增。字蓋出字林。【説文解字六書疏證卷二十三】

闕

 高闕  闕利私印  闕從之印  闕門到  闕安處印  闕中悄  闕買之  闕次夫 【漢印文字徵】

 少室石闕頟  開母廟石闕　興治神道闕  祀三公山碑　雙闕夾門 【石刻篆文編】

 闕華岳碑  闕  闕  闕  闕  闕  闕  闕  闕  闕  闕  闕 

闕　閞　⿵門介

闕　闕　闕出牧子文　闕　闕　闕並華岳碑文　闕　闕出義雲章　闕　闕　闕

【汗簡】

華嶽碑　義雲章　雲臺碑　【古文四聲韻】

◉許　慎　闕門觀也。从門。欮聲。去月切。【説文解字卷十二】

◉馬叙倫　翟云升曰。繫傳韻會作從門厥省聲。不必厥省也。厥亦欮聲。沈濤曰。史記高祖紀索隱引門觀也。高三十丈。今奪四字。倫按許當以聲訓。門觀也高三十丈或字林文。【説文解字六書疏證卷二十三】

◉黄錫全　闕華岳碑　氒字古作(盂鼎)、(邾公釛鐘)、(於賜鐘)、(攻吴王鑑)，此似由譌作，又寫誤。《説文》氒讀若厥。厥、闕均从欮聲，此假氒為闕。夏韻月韻録華嶽碑闕作，乃是三體石經厥字古文譌。夏韻闕下不見此形，因此，不排除此是字寫脱、又誤為的可能。也可能不識此字，注「闕」。【汗簡注釋卷一】

◉黄錫全　闕　三體石經厥字古文作，王國維云：「此字譌舛，殆古文屰之譌，則欠之譌也。」(魏石經殘石考)此脱注，下尸部重出，注《義雲章》，均為石經「厥」字，此改从部首。夏韻月韻所録「厥」字三形，或从，或从：「闕」字三形，並从或。鄭珍云：「『闕』宜作『厥』」。【汗簡注釋卷三】

◉許　慎　閞門欂櫨也。从門。弁聲。皮變切。【説文解字卷十二】

◉馬叙倫　此蓋枅之轉注字。聲同元類也。字蓋出字林。【説文解字六書疏證卷二十三】

◉許　慎　⿵門介門扇也。从門。介聲。胡介切。【説文解字卷十二】

◉馬叙倫　周雲青曰。唐寫本唐韻引作門扉也。倫按⿵門介扉聲同脂類轉注字。廣雅。⿵門介。扉也。字或出字林。【説文解字六書疏證卷二十三】

闔

古老子 王惟恭黃庭經 【古文四聲韻】

◉許　慎　闔門扇也。一曰閉也。从門。盇聲。胡臘切。【説文解字卷十二】

◉馬叙倫　吴穎芳曰。闔閉語轉。次説闔扂語轉。沈濤曰。御覽百八十二引門扉也門閉也。一切經音義四及七及十九引。閉也。十二引合也。與他卷不同。當是傳寫有譌。吴承仕曰。闔扂當是一文。倫按門扇也當作門也扇也。闔為閉之音同匣紐聲同脂類轉注字。一曰閉也者。扂字義。借闔為扂耳。此校語。玄應引合也者。本作合扇也。合乃校者注以釋闔字之音者也。或盇字義。或合也以聲訓。【説文解字六書疏證卷二十三】

闑

◉許　慎　闑門梱也。从門。臬聲。魚列切。【説文解字卷十二】

◉馬叙倫　闑在門中以別左右。梱在門下以別内外。非一事也。此訓門梱與梱訓門橜。橜借為闑。皆以通義言之。蓋闑立門中以限左右。梱置門下以限内外。故互言之。非闑即梱也。門梱也或非本訓。或字出字林。餘見梱下。【説文解字六書疏證卷二十三】

閾

◉許　慎　閾門榍也。从門。或聲。論語曰。行不履閾。于逼切。𨶹古文閾从洫。【説文解字卷十二】

◉馬叙倫　古文作𨶹。本書⿸疒戚讀若溝洫之洫。疑古讀閾音在曉紐。與榍為轉注字。榍音心紐。心曉同為次清摩擦音也。門榍也當無門字。此字或出字林。

𨶹　段玉裁曰。洫聲。此猶大雅毛詩築城伊淢。淢即洫之古文。韓詩正作洫。倫按閾從或得聲。或音喻紐三等。又音胡國切在匣紐。或國一字。國音見紐。𨶹從洫得聲。洫音曉紐。見與曉匣。同為舌根音。或聲之類。洫聲脂類。之脂通轉。故國轉注為𨶹。洫音曉紐。榍音心紐。心曉同為次清摩擦音。是轉注字也。從洫二字校者加之。玄應一切經音義引古文官書。閾𨶹同。則此字吕忱據古書加之。【説文解字六書疏證卷二十三】

◉商承祚　説文「閾。門榍也。从門。或聲。……𨶹。古文閾。从洫。」案詩文王有聲。「築城伊淢」。韓詩作洫。洫淢古同聲相叚。故𨶹閾同用。【説文中之古文考】

閬

閬 語一二 【睡虎地秦簡文字編】

閬中右尉 閬中丞印 閬護 閬詹 閬通 王閬之印 閬給私印 閬中令印 【漢印文字徵】

◉許　慎　閬門高也。从門。良聲。巴郡有閬中縣。來宕切。【說文解字卷十二】

◉馬叙倫　沈濤曰。文選甘泉賦注引作閬閬高大之皃也。疑高上奪門字。此古本也。許梿曰。疑本作閬。門高大之皃也。倫按上下文皆不言門狀。此訓蓋非許文。證以文選注引尤明。文選思玄賦注引字林。閬。高皃。蓋即引之。此字或出字林。故有巴郡六字。【說文解字六書疏證卷二十三】

闢

闢　說文闢虞書曰闢四門从門从𠬞　盂鼎　闢畁　伯闢簋　彔伯簋　中山王嚳鼎　闢啟封彊　中山王嚳壺　刱闢封彊　又假作辟　𤞷右𨸏辟　以明辟光　【金文編】

3·1220　獨字　3·1221　同上　2·1222　同上　【古陶文字徵】

〔一三〕　〔三九〕　〔六〕　【先秦貨幣文編】

刀大節鄵之厺化背闢封　魯益　刀大節鄵之厺化背闢封　典九八一　仝上　典九八二　仝上　典九八三　刀大節鄵之厺化背闢封　亞六·一五　仝上　仝上　展畬版貳陸　【古幣文編】

4091　【古璽文編】

闢　闢立說文　【汗簡】

夏書　說文　【古文四聲韻】

◉許　慎　闢開也。从門。辟聲。房益切。閞虞書曰。闢四門。从門。从𠬞。【説文解字卷十二】

◉吴大澂　閈古闢字。象兩手闢門形。盂鼎。【説文古籀補卷十二】

◉吴大澂　閈。古闢字。見盂鼎。説文閞下引虞書曰。闢四門。則壁經闢字如此。【愙齋集古録釋文賸稿】

◉林義光　説文云。閞古文闢。从門从𠬞。按象手闢門形。古作閈盂鼎。【文源卷六】

◉高田忠周　説文闢開也。从門辟聲。閞虞書曰。闢四門。从門从𠬞。按下文與金文合。即古文尚書如此作也。閞與開古文作開。相待而會意顯然。彼作𠬞兩手持横關。將啟户之象。此作𠬞兩手外向。已啟户畢之象。即是象形而會意也。後借辟為之。又从門作闢。變為形聲。此類極多。易繫辭傳闢户謂之乾。蓋謂其原本亦當作閞矣。【古籀篇七十四】

◉楊樹達　闢　門部又云：「闢，開也。从門，辟聲。」或作閞，象以兩手反向開門之形。

開古文作開，从収去門關，闢古文作閞，从𠬞，象以兩手反開門，字義同，故構造同也。【字義同緣於語源同　積微居小學述林】

◉馬叙倫　庫音澄紐。闢音奉紐。古讀歸竝。並澄同為濁破裂音。轉注字也。

閞　吴穎芳曰。兩手啟門。指事也。鈕樹玉曰。闢當作閞。蓋後人因今書改。桂馥曰。此古文尚書字。闢字當以古文書之。沈濤曰。匡謬正俗云。許氏説文解字及張揖古今字詁。開古開字。閞古闢字。則古本從門上當有古文闢三字。引書疑在從𠬞之下。嚴可均曰。此古文闢。故部末云。文五十七。重六。匡謬正俗玉篇皆云古文闢。承培元曰。虞書作闢。惟費誓書序作閞。王筠曰。此文似有誤。引書作闢。則當在小篆下矣。如果在此。則當云古文闢從𠬞虞書曰閞四門。玉篇固云閞古文也。若夫從門。則已見小篆下。不須復出。閞與開之重文作開者。皆不從引也之𠬞竦手也之𠬞。直是兩手而已。倫按虞書六字本在篆文開也下。傳寫又將從門二字誤入此下。轉捝古文闢三字。闢從辟得聲。辟音封紐。開從幵得聲。幵音見紐。封見同為清破裂音。是轉注字也。闢之古文作閞。開之古文作開。僅多一畫。王筠謂一象扃形。𠬞則以手開門之狀。則閞開直是一字耳。開從門。從兩手去一。為指事。一乃門楗也。閞則從門。從二手。向左右推開之形。亦指事。不得謂之從二手者。以𠬞是表兩手有所動作之象。非即ㄔㄡ也。蓋開門未有以右手開左方之門左手開右方之門者也。金文盂鼎作閈。彔伯㪤作閈。伯闢𣪘作閈。皆與此同。而無開字。此二字蓋吕忱據古今字詁加之。【説文解字六書疏證卷二十三】

◉陳夢家　閈　辟字。同于説文辟下所引虞書。此假作辟。説文辟法也。㽘治也。爾雅釋詁辟辠也。【大盂鼎　西周銅器

闢 𨷐 闡 䦎 開 𨴍

斷代】

◉張守中 □ 大鼎：—啟封疆。方壺：䢃—封疆。

□ 讀為闢。方壺二例：以猹右𠂤—；以明—光。【中山王𰯌器文字編】

◉楊樹達 □ 虞書曰：「□四門。」从門，从□。按：□象兩手，能形。門為兩手所開，所形。【文字形義學】

◉黃錫全 □闢 闢字古作□（盂鼎）、□（彔伯𣪘），象以手推啟左右門扇之形，从□，變作□（𠩫録12.1）、□（齊刀）、□（璽彙4091）、□（中山王鼎）等。「大武闢兵」銅戈闢作□，與齊刀幣闢作□形同，所从之□與此形類似。《説文》闢下引《虞書》曰「闢四門」，古文从門从□作□。夏韻昔韻録此文作□。【汗簡注釋卷五】

◉戴家祥 楊樹達曰：門部又云：「闢，開也，从門。辟聲。或作□。」云：「虞書曰：闢四門。从門从□。」按開闢義同，古文開从収，闢或作□，从□。形相反者，蓋門有關，兩手去其關則為開。門無關，第以二手推左右扉而啓之，則謂之闢也。小學述林八三葉釋開闢閉。按金文作開辟疆域義用，如彔伯𢦏𣪘即是。【金文大字典下】

◉許 慎 □闢門也。从門。為聲。國語曰。闖門而與之言。韋委切。【説文解字卷十二】

◉馬叙倫 鈕樹玉曰。廣韻韻會引無而字。倫按闢音奉紐。闖音喻紐三等。同為次濁摩擦音。是轉注字也。玄應一切經音義引字林作闚。開也闢也。玄應又引字詁。闖今作闚。同三倉。闚。小開門也。然則許書蓋正作闚。重作闖。闢門也本作闢也開也。開字傳寫捝失幵字。或爛文也。今本並失正文闚字及重文説解而以重當正矣。闚從毀得聲。毀聲脂類。闢聲支類。支脂近轉。亦轉注也。【説文解字六書疏證卷二十三】

◉許 慎 □開也。从門。單聲。易曰闡幽。昌善切。【説文解字卷十二】

◉馬叙倫 闖聲歌類。闡聲元類。歌元對轉。轉注字也。文選長笛賦注引倉頡。闡。開也。【説文解字六書疏證卷二十三】

開 日甲一四 八例 □ 日乙一三四 □ 日甲一二八【睡虎地秦簡文字編】

□ 開陵丞印 □ 開樂成 □ 李開疑印 □ 屈開之印【漢印文字徵】

閞開母廟石闕　開母廟　【石刻篆文編】

閞開　【汗簡】

閞天台經幢　閞說文　開籀韻　【古文四聲韻】

◉許　慎　開張也。从門。从幵。苦哀切。閞古文。【說文解字卷十二】

◉林義光　說文云。開張也。从門幵聲。閞古文。按閞象兩手啟關形。開形近閞。當即閞之變。非幵聲。【文源卷六】

◉顧廷龍　閞開。說文古文作閞。此省一。潘。【古匋文孴録卷十二】

◉楊樹達　說文十二篇上門部云：「開，張也，从門，从幵。」古文作閞。按古文从一从廾。一者，象門關之形。關下云：「以木橫持門戶」，是也。从廾者，以兩手取去門關，故為開也。小篆變古文之形，許君遂誤以為从幵爾。

門部又云：「闢，開也，从門，辟聲。」或作闢，云：「虞書曰：闢四門。从門，从𠬞。」按開闢義同，古文開从廾，闢或作闢，从𠬞，形相反者，蓋門有關，兩手去其關則為開；門無關，第以二手推左右扉而啟之，則謂之闢也。

門部又云：「闓，開也，从門，豈聲。」此開之形聲字也。又云：「閟，閉門也，从門，必聲。」此閉之形聲字也。閞闢皆象形字，閉為會意字，變為形聲，乃為闓闢閟矣。【釋開闢閉　積微居小學述林】

◉馬叙倫　鈕樹玉曰。韻會作從門幵聲。況祥麟曰。開不從幵。由閞而變。王筠曰。開即閞之小變。當與革象古文之形一例。大徐之從幵。小徐之幵聲。皆似望文為義。倫按如況王說。則開是譌字。然幵聲元類。開闓為疊韻轉注字。歌元對轉。則與闓為轉注字。則鍇本作幵聲或未譌。書禹貢。導岍及岐。釋文。岍。馬本作開。岍從幵得聲。而馬作開。開音同幵。其來久矣。蓋由閞字傳寫成開。讀者以其聲同幵。遂以為幵聲而篆徑作開矣。許言從幵。蓋原本篆當作閞。而幵亦本作廾也。鍇本無重文。豈原本然邪。

閞　吳穎芳曰。一。門關也。兩手啓關。開也。鈕樹玉曰。繫傳脫。玉篇有。孔廣居曰。從門象兩手去楗形。蕭道管曰。此字從一從収。閉門也。疑與閉互誤。閉從門才聲。必開之古文。閞為闢門。兩又向外。則閞兩又向內。必閉門矣。倫按甲文有閂。乃關之初文。從門。一象其楗。指事也。閞本作閞象兩手去其楗。會意。【說文解字六書疏證卷二十三】

◉商承祚　説文「開。張也。從門。幵聲。□。古文。」案□為闢。是門已開。門示門閉。□象兩手開門也。【説文中之古文考】

◉黄錫全　□開並説文　夏韻同。此形乃《説文》□形寫誤。鄭珍誤以為是《説文》閉字古文□。夏韻作□者，乃是羅本形，配鈔本作□。與此無別。下面録有古文閉。【汗簡注釋卷五】

闓

監闓私印【漢印文字徵】

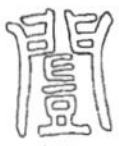
禪國山碑　闓石【石刻篆文編】

◉許　慎　闓開也。从門。豈聲。苦亥切。【説文解字卷十二】

◉馬叙倫　吴穎芳曰。開之轉語。倫按開闓音同溪紐轉注字。闡音穿紐。古讀歸透。透溪同為次清摩擦音。轉注字。闓闕聲同脂類轉注字。【説文解字六書疏證卷二十三】

閜

◉許　慎　閜大開也。从門。可聲。大杯亦為閜。火下切。【説文解字卷十二】

◉馬叙倫　吴穎芳曰。次説罡之轉語。嚴可均曰。説文無杯。當作桮。章炳麟曰。闊聲變為閜。倫按大開也當作開也。此闊之聲同歌類轉注字。亦闕之轉注字。闕從毀得聲。毀閜音皆曉紐也。大桮亦為閜者。校者據方言加之。字見急就篇。大開也大字涉下文大桮而衍。【説文解字六書疏證卷二十三】

閘

閘青【漢印文字徵】

◉許　慎　閘開閉門也。从門。甲聲。烏甲切。【説文解字卷十二】

◉吴大澂　□　从門从甲當即閘。或云从才。非。豆閘敦。【説文古籀補卷十二】

◉馬叙倫　段玉裁謂開閉門者。謂樞轉軋軋有聲。王筠朱駿聲皆以為今洩水蓄水時開時閉之門。倫謂今所謂閘水字當作柵。閘次闔上。蓋亦閉門也。説解因上文閜訓開也譌衍開字。今杭縣謂堵塞門户正曰閘。或此字出字林。吾時以畜水洩水時開

閟

閣

時閉之門為閘。故吕訓開閉門也。然如此訓。則閘非名詞矣。豆閘敢作□。【説文解字六書疏證卷二十三】

◉劉　釗　《文編》十二·二第6欄有字作「□」、「□」，《文編》釋作閘，列于門部。按字从門从甲，應釋為閘。帛書《老子》甲本閘字作「□」，與古璽「□」形同。古璽閘字見于《古璽匯編》5328、5329號璽，為方形單字璽。此兩璽疑為掌閘之官的官璽。

【璽印文字釋叢（一）　考古與文物一九九〇年第二期】

◉許　慎　閟閉門也。从門。必聲。春秋傳曰。閟門而與之言。兵媚切。【説文解字卷十二】

◉馬叙倫　吴穎芳曰。閉之轉語。鈕樹玉曰。閟門而與之言内外傳無此文。左莊三十二年傳初。公築臺。臨黨氏。見孟任。從之。閟。而以夫人言許之。或所引即此文。嚴可均曰。此校者所加。倫按閟為閉之轉注字。閘音影紐。封影同為清破裂音。是轉注字也。今杭縣謂閉門曰別上門。當作此字。閉門也蓋字林訓。或此字出字林。【説文解字六書疏證卷二十三】

薛邸閣督　渭閣陽督邸印　閣門漢印　閣音　【漢印文字徵】

◉許　慎　閣所以止扉也。从門。各聲。古洛切。【説文解字卷十二】

◉馬叙倫　鈕樹玉曰。玉篇引同。韻會也作者。徐灝曰。閣之本義疑為臺閣。文選古詩。阿閣三重階。李注引尚書中矦曰。昔者黄帝軒轅。鳳皇巢阿閣。是閣之名甚古。因之為架閣庋閣之偁。祕書省謂之秘閣。以藏書而名之。又為閣道之義。而止扉之木。因以謂之閣耳。倫按鳳皇巢於阿閣者。阿為闉之借字。莊子外物。被髮而窺阿門。亦借阿為闉也。闉閣者謂闉之閣。閣借為高。高即樓臺之樓本字。廔之初文也。鳳皇不止山林而來巢於闉閣。故以為瑞耳。所以止扉也者。爾疋釋宫。所以止扉謂之閣。郭注。門辟旁長橛也。此蓋字林文。鍇本也作者。蓋本作所以止扉者也。字見急就篇。顔師古本作閡。

【説文解字六書疏證卷二十三】

◉裘錫圭　王國維《觀堂别集》卷一有《邸閣考》一篇，謂「古代儲峙軍糧之所，謂之邸閣，其名始見于漢魏之間」，文中列舉古書和古印中關于邸閣的資料頗為詳備。勞干《居延漢簡考證》也有「邸閣」一條。他由于看到破城子出土的267.17號簡「言以卒守邸」，對邸閣的起源有所討論。他説：「邸與邸閣，文獻所見較晚，然據此簡則至晚東西漢間已有之，蓋邊塞之邸惟有邸閣，不得有邸舍之邸也。自三國以後，軍事頻仍，邸閣遂常見于内地。」又説：「閣之本義為樓閣，為閣道……儲糧之邸略同于閣，故亦曰

邸閣矣。」(《居延漢簡》考釋之部《考證》46頁)勞氏的這些意見是有問題的。

勞氏所引的267.17號簡在《居》的釋文裏編為4670號，全文如下(亦即《甲》1405)：

(1) 八月丁丑鄣卒十人　其一人守客　二人馬下　一人吏養
一人守邸　一人使
一人取狗湛　一人守園
一人治計　一人助

「一人守邸」之前一行的「客」字，其實應釋為「閣」。由于所从之「門」用簡體，看起來很象「客」。下文要引到的28.13、257.9、257.24等簡的「閣」字，寫法與此略同，都被勞氏誤釋為「客」。破城子所出139.39A，文例與上引267.17相同，簡文以「一人守邸」與「一人守閣」並列：

(2) ☑省卒三人　其一人守邸
一人守閣　(下略)
一人馬下
一人門(?)　(《居》3955)

這一簡的「閣」字寫得很清楚，勞氏自己也釋作「閣」。這是《居》4670釋文中的「客」字為「閣」之誤釋的確證。不知勞氏講邸閣的時候，為什麼竟把這一簡給忽略了。上引二簡都出土于甲渠候官治所，從字體看都是西漢簡。由此可見西漢時代在邊塞候官的治所同時設有邸和閣。

從有關簡文看，閣顯然是存放東西的地方。

破城子出土的28.13號簡記戍卒從守閣卒名積(?)者領取食鹽：

(3) 入鹽八斗七升給(?)鉼庭部卒卅人閏月食　陽朔五年正月辛亥第卅三卒夏奇第卅四卒范客子受守閣積(?)(《甲》214)

閣既然存放食鹽，當然也不會不存放糧食。「守閣」之稱也見于同地出土的3·24號簡：

(4) ☑鄣(?)卒十九人　鴻嘉二年十月丙辰守閣☑(《居》8267)

《漢書·朱買臣傳》有稱守邸者為「守邸」之例，與簡文稱守閣者為守閣如出一轍。

從居延簡看，戍卒的衣服錢物常常「閣官」，即存放在候官處。「閣」(擱)這些東西的具體地點，無疑就是候官治所的閣。

居延簡中屢見戍卒衣物名籍的散片。破城子出土的214.39(《居》7344)殘存三排衣物名,第二排末一行作「・右十一物閣官」。大灣出土的509.26(《甲》2049)記戍卒史國的衣物。在九種衣物裏,有兩種注明「不閣」(「縣官裘一領不閣」,「縣官革□二兩不閣」),其餘各種應該都是閣官的。此外提到閣衣物的還有以下二簡:

(5) ☑二、官裘一、絝一,閣☑(146.23,《居》1082)

(6) ☑組八兩,省殄北,未閣衣裘☑言之。(259・14《居》5702)

布肯托尼(漢代屬卅井候官)曾出土寫有下引文字的一塊簽牌:

(7) 驩喜燧車父車卒許勃所假具弩一,有幡,韓羌為閣。(83.5A,《居》7468)

可知有時戍卒把從公家借來的武器也存放在閣中。

下面所引的是與閣錢有關的幾條簡文:

(8) 第卅二卒宋善　五月辛酉自取卩(此數字潦草。「卩」為記號)畢(此字潦草)錢二千　卩　九月戊辰閣(206・8,《甲》1135)

(9) 鄣卒許鎮　畢(此字潦草)　□錢千六百　卩　五月丙寅自取(此數字潦草)□☑(285・21,《甲》1554)

(10) 臨桐卒王博士　畢(此字潦草)錢千　五月丙寅自取卩取(此數字潦草)九月己巳閣(326・21,《甲》1701)

(11) 第卅八卒纍忠絝一兩,直(值)七百,其五百閣　其二百☑(82・11,《甲》473)

這幾枚簡都出於破城子。前三簡从格式、字體和所記內容看,很可能本屬一冊,當是甲渠候官所屬戍卒在候官治所的閣中存錢的名籍。簡文中寫得比較潦草的那些字,大概是錢被取走時填寫的。

在與「閣」有關的各條簡中,下引264・11號簡最值得注意:

(12) 甲渠候官　吏奉錢十五萬七百　私橐二百廿二
卒閣錢六萬四千　八月見穀
卒吏錢已發(此行圖版不清,據勞釋)(《居》4062)

這一簡所記各物,應該都是存放在甲渠候官的閣中的。私橐當指戍卒的衣橐。甲渠候官治所破城子和肩水候官治所地灣等地,出了不少戍卒衣橐的封檢,如34・15(《居》7649)、326・8(《居》7429)、210・26(《居》4766)、100・1(《居》978)、179・2(《甲》1018)等,大概就是戍卒衣橐閣官時所用的。上引這一簡所記的戍卒所閣的錢和私橐的數字都相當大。可知戍卒把暫時用不着的錢和衣物存在候官治所的閣中,是一種普遍現象。從吏俸錢和八月見穀這兩項看,从倉庫裏領出來的糧食和俸錢等物,大概通常也

是存放在閣中的。我們在前面曾根據戍卒從守閣者領取食鹽的簡文，推斷閣也存放糧食，與此可以互證。

此外，與「閣」有關的簡文尚有以下數條：

(13) 雜予閣，謹以文理遇士卒，毋令寃失職（下略）(10·40，《甲》100)

(14) 新（？）始建國地皇☐卒閣名□☐(61·12，《居》9981)

(15) 正月乙酉之官受閣(257·9，《居》4381)

(16) 入閣　士吏千秋(257·24，《居》4387)

(13)似是告誡屬下官吏善待士卒的文書，「……雜予閣」這一句雖然文字殘缺，但可以看出意思大概是說，對士卒閣物的要求應該滿足。(14)所說的「……卒閣名……」當指戍卒閣物的名籍，如前舉戍卒閣錢名籍之類。

居延簡中關於邸的簡比較少。除了前面引過的(1)、(2)兩簡以外，只找到如下一簡：

(17) ☐　守邸　第十七(258·9，《居》4250)

這一簡也是出於破城子的。

見於居延簡的邸和閣是同時並設的。閣既然是存物之所，按理說邸就不大可能也是存物之所。《說文·邑部》：「邸，屬國舍。」《漢書》裏屢次提到設於京師的郡國邸和蠻夷邸，「邸」字正用此義。《水經·渠水注》說陳城內有東漢陳國相王君造四縣邸碑，可見郡國也可以為屬縣設邸。官邸、旅邸的「邸」，意義也與「邸」的本義相近。候官治所經常有下屬各部、各燧的吏卒來往，簡文提到的邸應該就是供這類人住宿的，其性質正與京師的郡國邸、郡國的縣邸相類。勞氏忽略了簡文裏屢次提到的閣，又主觀斷定邊塞不可能有邸舍，因此就得出了見於簡文的邸相當於後來的邸閣的錯誤結論。

在古代，存放東西的木板架子叫做閣。《禮記·內則》「大夫七十而有閣」，鄭注：「閣，以板為之，庋食物。」大規模的編木而成的棚棧也叫閣。《廣雅·釋宫》「棚、棼、栽、棧，閣也」（文字从《疏證》本），王念孫《疏證》：「《衆經音義》卷十四引《三倉》云：棚，棧，閣也，又引《通俗文》云：連閣曰棚。《九章算術·商功章》：負米往來七十步，其二十步上下棚除。劉徽注云：棚，閣也。除，邪道也。」指存物木架和棚棧的「閣」，引申為指儲存東西的建築的「閣」，是極其自然的。勞氏認為儲糧的邸閣由於建築與樓閣、閣道相似而得名，似嫌迂曲。

「邸」和「閣」這兩個名稱，本來是分別指一種供來往的人住宿的地方和一種專門存放東西的地方的。但是，住宿的人往往有隨身攜帶的東西需要存放。如果這個人是為公家運送東西的官吏，或帶着大量貨物的商人，存放東西就顯得比住宿更為重

閒

要。事實上一定有不少邸是同時起閣的作用的。「邸閣」這個名稱大概就是在這種背景下產生的。《文選》卷38任昉《為范尚書讓吏部封侯第一表》李善注引《東觀漢記》:「上(指劉秀)初學長安,南陽大人賢者往來長安,為之邸閣,稽疑。資用乏,與同舍生韓子合錢買驢,令从者僦,以給諸公費。」「閣」、「閤」二字古書往往相混。「邸閤」應即「邸閣」。「為之邸閣」,是說劉秀熱情招待到長安來的同鄉的「大人賢者」,給他們准備安頓的地方。看來,「邸閣」這個詞有可能在東西漢之交就已經出現。後來,「邸閣」又逐漸演變為與邸無關的、儲存糧食等物的閣的專稱。這一過程還有待研究。【漢簡零拾 文史第十二輯】

閒 䣄鐘 說文古文作閖 曾姬無卹壺 从夕 中山王嚳兆域圖 兩堂閒百乇【金文編】

5·361 東武東閒居貲不更睢 3·624 丘齊平里王閒【古陶文字徵】

布方中閒 典三三三 按集韻閒同闕字 又汗簡閖古文閒字【古幣文編】

閒 語二 十四例 通諫 聽—勿塞 為一七 秦一二六 四例 日甲七 二例 日甲一八背 五例【睡虎地秦簡文字編】

3050 0650 2063 2075 1756 2771 2947 3215 說文古文作閖曾姬無卹壺作閖與璽文形近【古璽文編】

河間王璽 河間和長朱宏 成紀間田宰 張君閒印 段閒 段閒 戎閒【漢印文字徵】

開母廟石闕 辛癸之閒【石刻篆文編】

古孝經 古老子【古文四聲韻】

◉許 慎 閒隟也。从門。从月。徐鍇曰。夫門夜閉。閉而見月光。是有閒隟也。古閑切。閖古文閒。【說文解字卷十二】

◉阮 元 宗周鐘 閒字月在門上。徐鍇所謂門夜閉而見月光。是有閒隟。非謂月在門內也。可見古文取象之妙。【積古

齋鐘鼎彝器款識卷三】

◉吴大澂　閒。隙也。从門見月。門有隙也。宗周鐘。【說文古籀補卷十二】

◉林義光　古作閒宗周鐘。作閒宰椃尊彝丁壽字偏旁。【文源卷六】

◉高田忠周　說文閒隙也。从門中見月。古文作閒。从外。並會意也。史記管晏傳。從門閒而窺其夫。字之本義也。【古籀篇七十四】

◉商承祚　說文閒。隟也。从門。从月。閒。古文閒。案鍇本同。段作閒。从外。是也。玉篇亦誤為閒。金文宗周鐘作閒。將月移置門上。偏旁與小篆同。鉢文作閒。疑有作閒。誤而為閒耳。【說文中之古文考】

◉馬叙倫　鈕樹玉曰。韻會及一切經音義廿三引作隙也。是。說文無隟。倫按隙也當作門隙也。今俗謂門縫是也。從門。月聲。月音疑紐。故閒音古閑切入見紐。皆舌根音也。字見急就篇。宗周鐘作閒。

閒　鈕樹玉曰。卝當是外字。嚴可均曰。汗簡引作閒。按從卝聲。倫按外聲。外即月弦字。故閒從之得聲。瞷從閒得聲。音入匣紐。可證也。唯篆當作閒。【說文解字六書疏證卷二十三】

◉楊樹達　閒疑當讀為榦。釋名釋兵云。矢。其體曰榦。言挺榦也。【曾姬無卹壺跋　積微居金文說】

◉劉　節　閒徐中舒氏釋閒。字从門从外會意。閒即閒之别體。【壽縣所出楚器考釋　古史考存】

◉徐中舒　伍仕謙　(12)閒，此字為閒之省。《說文》門部，閒，古文閒，此處省門。【中山三器釋文及宫室圖説明　中國史研究第四期】

◉鄭慧生　商代武丁卜辭中有「間」字，作間①、間②、間③……間⑧(見附字形圖)諸形。⊘間①、間②本是一字，這一點，商承祚是説對了。《乙》1277＋1905＋4071＋6879＋7834＋8063説：

乙丑卜，㱿貞：甲子間①乙丑，王夢牧石麋，不唯禍？唯又？貞：甲子間②乙丑，王夢牧石麋，不唯禍？唯又？三月。

從以上兩條對貞卜辭看，間①、間②通用，應視為一字多體。

間字在表示時間概念時，總連在兩個相鄰的干支之間。在這一點上，郭沫若也是説對了。

往者諸家釋間，皆因斷句不當，把「某日間其次日」斷為「某日間，其次日……」于是數度射覆，均未得中。今正其斷句，始得其解。

間，也有寫作夕間的，表示某日夕后與其次日之間。其例有：

七日，己巳夕閒〔庚午〕，有新大星并火。（《後》2.9.1）

己巳卜，賓貞：龜得妊？王稽曰：得。庚午夕閒辛未，允得。（《乙》5269）

此外，卜辭尚有「之夕閒」一詞，作「甲子……之夕閒乙丑……」的形式。因一詞叙兩事，「夕閒」前之某日干支省略，用「之」字代替。

「之」字，可以訓「其」。「之」、「其」互訓，王引之《經傳釋詞》言之甚詳，兹不贅述。「甲子……，之夕閒乙丑……」就是「甲子……，其夕閒乙丑……」，「其」代甲子，即「甲子……，甲子夕閒乙丑……」這是卜辭裏的一種省略形式，和《列子·湯問》中「北山愚公者……其妻獻疑曰……」中的「其」字用法是一樣的。

這一類的例子有：

〔庚午〕……雨，之夕閒辛未，允雨。（《合集》12925）

〔丙申卜〕，丁酉雨？之夕閒丁酉，允雨，少。（《續》4.6.1.）

總之，之夕閒一詞，也是恒用于兩個相鄰的干支日之間。

陳夢家說：閒字，「一為用牲之法」。卜辭祭祀用「閒」的例子有：

祖甲……我母閒……朁報（《林》1.22.3）

閒彭祖甲御（《合集》2068）

祖辛閒十牢伐（《京津》708）

御于高妣己閒二牡，朁報垂。（《前》1.34.6）

以上諸辭，都是貞祭卜辭。其所貞致祭者，計有帚好、帚閒、子窔、子宔、子节、子襍、子漁、子伐、畫……帚好等為王之貴婦，其他為王之子輩；貴婦、子輩均王之親屬。這裏值得注意的是，此中没有時王本人。受祭者計有祖甲、祖丁、高妣已、父乙、丁、妣己、妣庚、妣辛、母丙等，均為致祭者的近親，遠親很少，天神地祇更是絶無所見。其祭祀方式，大都用「御」。楊樹達說：「御為攘災之祭。」（《卜辭瑣記·御帚好》）這就是說，上述卜辭都是王之家屬向已故近親致祭以攘災的。

攘災之祭是一種臨時性的祭祀。它不在周祭計劃之内，致祭人又非時王，所以是處于正祭之外閒于周祭之間的一種閒祀。什麼叫做閒祀？《後漢書·章帝紀》說：「閒祀悉還更衣。」李賢等注説：「四時正祭外，有五月嘗麥，三伏立秋嘗粢盛酎，十月嘗稻等，謂之閒祀，即各于更衣之殿。更衣者，非正處也。園中有寢，有便殿。寢者，陵上正殿。便殿，寢側之别殿，即更

衣也。」

上述間祀雖是漢制，但可以用來推測商制。商人既有一定的周祭制度，那些排除于周祭之外的非王主持的攘災之祭當然就是舉行于別殿的間祀了。卜辭中貞間祀的例子還有：

甲子卜，争貞：祈年于丁，間十勿牛，晉一百勿牛？九〔月〕。（《續》1.44.4）

貞：祈年于丁，間三勿牛，晉卅勿牛？九月。（《續》1.45.4）

丙午卜，賓貞：間八羊眔酌卅牛八月用？（《京都》83）

以上各祭雖非攘災，但也是臨時之祭，不屬周祭祀譜之内，所以不在正殿上舉行，只在便殿上致以間祀。

間祀用牲，有「間羊」、「間牛」……但是，所謂「間」却不是什麼具體的用牲之法，而是間祀用牲、用羊、用牛。故而間祀之「間」可以間羊、間牛，也可以「間于父乙」，象侑祭之侑可以侑豕侑羊也可以「侑于父乙」一樣，因為間、侑都是做為祭名使用的。

間字也有用作地名的：

貞：乎黍于間，受年？（《存》1.178）

乎田于間。（《庫》1263）

在間。（《坊間》3.16）

間地在何處？既黍于間、田于間，説明它是個既有種植又可畋獵的區域。《春秋·昭二十二年》：「大蒐于昌間（間，《公羊》作奸）。」《戰國策》：「割河間以事秦。」卜辭之間相當于今日何地？史料缺乏，不敢妄為之臆測。

間字亦有用作帚名的。帚名之間，可能來自地名，即間地所來之帚，名間。

帚間示十品。（《戩》45.2）

帚間示十品。（《續》5.20.5）

乎帚間于父乙。（《乙》6732＋6830＋6933＋8462）

但也有並非帚名之人名間：

貞：用二小宰于間？貞：勿用二小宰于間？（《乙》4373＋4518）

唯間……唯黃……（《鐵》68.4）間者何人？他既獨立受祭，又曾與「黃」並列，可能是一個舊臣。可惜黃字下殘，不知其為黃尹擬或黃姆，所以也就無從考證了。

也有官名為間的：

貞：……多間出田。(《京津》9418)

多間參與畋獵，似官名，如多馬、多亞、多犬、多射之類。

最後再談一下間字的字形構造。《説文》：「間，隙也。」卜辭某日間其次日、間祀，其間字也都是二者中之空隙的意思。甲骨文間字象一面鼓，中為鼓面，下為鼓座(除間①外)，上面開口(間①上下開口)，表示出現了空隙。金文間字作月在門上(宗周鐘，見字形表間⑨)，象月光从門縫中來，也是這個意思。

然而甲骨文的間字與後來的間字字形相去甚遠，我們找不到它們之間的淵源關係。但這並不妨礙二者之間的同一。因為甲文與後代文字不盡相同，卜辭的稽、有(又)、死、禍與今字之間不也是没有一點字形上的關係嗎？文字改革變化，自然淘汰，从門月之「間」行，象鼓縫之「間」廢，這又有什麽奇怪的呢！

附：間字字形表

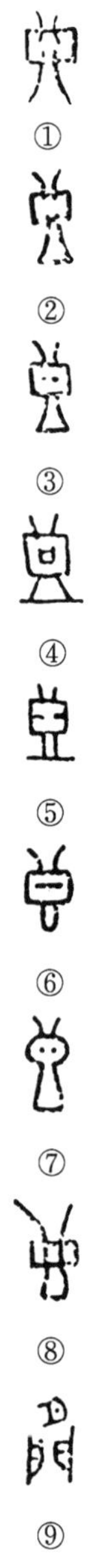

【從「間」字之釋説到商代的「間祀」 史學月刊一九八七年第三期】

◉睡虎地秦墓竹簡整理小組 閒，讀為閑，《漢書·百官公卿表》注：「閑，闌，養馬之所也。」【睡虎地秦墓竹簡】

◉劉彬徽等 刖，讀如間。【包山楚簡】

◉湖北省文物考古研究所 北京大學中文系 閒七〇號簡「閒」字從此，當是「閒」字的省體，與「官」字省變為「𠂤」同例(看《文物》一九七三年十二期朱德熙、裘錫圭《戰國銅器銘文中的食官》)。《左傳·昭公七年》「晉侯疾……韓子祀夏郊，晉侯有間」，杜注：「間，差(瘥)也。」《論語·子罕》「病間」，孔傳：「少差(瘥)曰間。」「閒」同「間」。【一號墓竹簡考釋 望山楚簡】

◉戴家祥 閒曾姬無卹壺 説文十二篇間，隙也。从門从月。閒，古文閒。段玉裁作閒。从門从外，示月在門外，與金文閒間同。字屬會意。説文古文作閖，蓋閒之訛變。玉篇从之。今由金文正之。【金文大字典下】

⿵門阿

◉許　慎　⿵門阿門傾也。从門。阿聲。烏可切。【說文解字卷十二】

◉馬敘倫　門傾為⿵門阿而字次此。未詳。玉篇引上林賦。坑衡⿵門阿砢。史記索隱引郭璞曰。抗衡⿵門阿砢者。揭蘖傾敧皃也。廣韻。⿵門阿阿。欲傾皃。倫謂郭說亦望文為詞。⿵門阿砢實以⿵門阿從砢。本書。砢。磊砢。砢為山石累積。有傾危之義。故得用以形容耳。⿵門阿蓋閜之異文。【說文解字六書疏證卷二十三】

閼

◉許　慎　閼遮攤也。从門。於聲。烏割切。【說文解字卷十二】

◉馬敘倫　鈕樹玉曰。韻會攤作壅。俗。倫按遮攤也蓋字林文。或當作遮也邕也。一訓乃校語。閼蓋閘之音同影紐轉注字。【說文解字六書疏證卷二十三】

⿵門繇

◉許　慎　⿵門繇開閉門利也。从門。繇聲。一曰。縷十紘也。臣鉉等曰。繇非聲。未詳。旨沇切。【說文解字卷十二】

◉馬敘倫　段玉裁曰。篆當作⿵門繇。繇聲當作繇聲。說文無繇。⿵門繇當音由。唐韻作旨沇切。未詳也。孔廣居曰。顧敏恒曰。此等字直是音切誤耳。旨沇安知非旨流切乎。翟云升曰。篇海。⿵門孫。開閉門利也。之充切。音義竝與⿵門繇同。⿵門繇蓋⿵門孫之譌。則當作孫聲。倫按弓部。⿰弓繇。弓便利也。是⿵門繇⿰弓繇語原同也。然開閉門利也。似校語耳。一曰縷十紘者。蓋綹字義。系部。綹。十縷為綹。紘蓋綹之譌。此校語。或此字出字林。【說文解字六書疏證卷二十三】

⿵門曷

⿵門曷 1206【古璽文編】

◉許　慎　⿵門曷門聲也。从門。曷聲。乙割切。【說文解字卷十二】

◉丁佛言　⿵門曷　古鉢。牛⿵門曷。【說文古籀補補卷十二】

◉馬敘倫　下文。⿵門鄉。門響也。唐韻引作門頭也。上下文皆不言門聲。則此疑譌。閼⿵門曷蓋音同影紐轉注。【說文解字六書疏證卷二十三】

闀 闀

◉許 慎 闀門響也。从門。鄉聲。許亮切。【說文解字卷十二】

◉馬叙倫 段玉裁曰。響疑作鄉。鄉者。今之向字。門鄉者。謂門所向。釋宮。兩階之閒謂之鄉。集韻四十一漾。引作謂之闀。沈濤曰。御覽百八十二引響作嚮。本書無嚮。嚮蓋向之俗。古本當作鄉字。後人用通俗字作嚮。轉寫為響。周雲青曰。唐寫本唐韻引作門頭也。玉篇引同。倫按鈕樹玉據本玉篇作門頭也。引說文門響也。門響也蓋宋人據今本說文加之。然門頭也亦不可通。且字亦不當次此。疑頭字亦譌。或本作鄉也。以聲訓。其義如雅文。字或出字林。【說文解字六書疏證卷二十三】

闌 闌

□ 闌 咢侯鼎 馭方休闌 □ 王孫鐘 闌＝龢鐘 □ 王孫巽鐘 闌＝獸＝ □ 王子午鼎 闌＝獸＝ □ 从月 闌卣 □ 監弘鼎 □ 宰椃角 王在闌 □ 王錫貝簋 王錫貝在闌 □ 戍嗣鼎 在闌室 又唯王饗闌 □ 利簋 王在闌𠂤 于省吾曰从柬从閒从官之字同屬見紐又系疊韻故知□□□或柬為管之初文管之稱管𠂤猶成周金文也稱成𠂤 【金文編】

□ 5·365 闌陵居貲便里不更牙 【古陶文字徵】

□ 闌 法四八 二例 □ 法一三九 【睡虎地秦簡文字編】

□ 吕闌多 □ 闌咸之印 □ 譚闌 【漢印文字徵】

◉許 慎 闌門遮也。从門。柬聲。洛干切。【說文解字卷十二】

◉阮 元 □庚申父丁角 釋柬門夕曰。案夕字舊釋合。上門字為閒字。非也。周明堂有四門。殷重屋之制當亦如之。東門。青陽門也。【積古齋鐘鼎彝器款識卷二】

◉高田忠周 劉[心源]云姤闌並地名非。姤與所通。姤說文作妒。妒所同聲也。又古闌閒通用字。讕譋蘭蕑同字可證。然此云休闌猶言能嫺。所謂容姿閑雅也。說文。闌門遮也。从門柬聲。後世所用欄干字是也。又女部嫺雅也。从女閒聲。所謂習嫺也。字或借閑。因亦作嫻為俗譌也。或謂此闌叚借為僩。說文。僩武皃。从人閒聲。馭方武而猛也。亦通。【古籒篇七十四】

◉于省吾　廣雅釋言闌閑也。易家人釋文引馬注閑闌也。是闌閑古通。莊子大知閑=注。閑=廣博貌。是闌=有大義。【王孫遺諸鐘　雙劍誃吉金文選】

◉馬叙倫　桂馥曰。字鑑引作門越也。沈濤曰。一切經音義一華嚴經音義八引。闌。檻也。蓋一曰以下之奪文。倫按蓋本訓閑也。或以聲訓。門遮也檻也皆字林文。闌檻蓋轉注字。檻古音當如濫。音同來紐。王孫作□。【説文解字六書疏證卷二十三】

◉楊樹達　闌當讀為簡。詩商頌那云。奏鼓簡簡。簡簡為贊美樂聲之辭。闌从柬聲。柬本見母字。與間聲同。説文言部讕或作譋。火部爛或作燗。知闌聲閒聲字可通用也。【王孫遺諸鐘跋　積微居金文説】

◉高鴻縉　柬為簡之初文。説文本有之。柬為象形字。簡為形聲字。一簡之形不可象。縱之則嫌於十。(甲文十字作｜)横之則嫌於一。故以橐中藏柬之形象之。作□變作□。戰國時又造簡字。簡字通行。而柬字漸少用矣。今甲文未見柬字。金文則取闌字偏旁為例。察其中信非从八。特象橐中有簡而已。又考闌字説文闌。門遮也。从門。柬聲。洛干切。竊以為門遮之字而取柬聲者。當亦謂柬為竹簡可編之以遮門也。【中國字例二篇】

◉于豪亮　1383簡：「……毋候蘭。……」蘭的一般意義作遮欄解。邊境上防備敵人及放置兵弩的藩籬也稱為蘭。《墨子·備城門》説：「下鑿城外堞内，深丈五，廣丈二，樓若令耳，皆令有力者主敵，善射者主發。……治裾諸，延堞，高六尺、部廣四尺，皆為兵弩簡格。……」畢沅云：「簡同闌。」《雜守篇》説：「不至城，矢石無休，左右趣時，蘭為柱后。」字正作蘭。《華陽國志》卷3《蜀志》説：「儀與若城成都，……而置觀樓射蘭。」可見「射蘭」是防御敵人的一項重大設施。又説：「僰道有故蜀王兵蘭。」則在秦滅巴蜀前，蜀人已知設置「兵蘭」防御敵人了。漢簡中所説的候蘭，大約和《墨子》上所説的蘭及《華陽國志》上所説的「射蘭」、「兵蘭」相同。都是防御敵人的藩籬。【《居延漢簡甲編》補釋　考古一九六一年第八期】

◉陳邦懷　闌卣之□，从閒，柬聲。當是閒之繁文(金文編三版列此字于一四九八號闌字下，注云闌卣，从月，此説可商)。【金文叢考三則柬鼎　文物一九六四年第二期】

◉徐中舒　「辛未，王在闌師」，辛未是甲子後的第八日。闌，屢見于殷商的銅器，其地必去殷都朝歌不遠。于氏以闌為管叔之管，以聲韻及地望言之，其説可信。武王戰勝後駐闌師，對鎮撫殷人作安排。《史記·周本紀》「武王為殷初定，未集，乃使其弟管叔鮮、蔡叔度相殷禄父(即紂子武庚)治殷」，可能即在此時。【關于利簋銘文考釋的討論　文物一九七八年第六期】

◉裘錫圭　居延簡提到「蘭車」、「闌輿車」：

（上略）　乘闌車

騂牝馬一匹(502.6,《甲》1913)

（上略）初亡時駕駟牡馬，乘闌轝車（下略）(183.13,《甲》1039)

「轝」為「輿」字異體，《居》1517誤釋為「輂」，《甲》誤釋為「輂」。

《續漢書·輿服志》：

近小使車，蘭輿，赤轂，白蓋，赤帷，从騶騎四十人，此謂追捕考案有所敕取者之所乘也。

「蘭」、「闌」字通，「蘭輿」即「闌輿」。《周禮·春官·巾車》「木車蒲蔽」，鄭玄注引鄭司農，提到「羸(裸)蘭車」：

蒲蔽為羸蘭車，以蒲為蔽，天子喪服之車，漢儀亦然。

孫詒讓《正義》：

羸，注疏本作羸。賈疏云：此舉漢時有羸長蘭，乘不善之車，故舉以說之也。丁晏云：《集韻·三十四果》：羸蘭，車名，喪服所乘。《續漢書·輿服志》：小使蘭輿赤轂，此謂追捕考案有所敕取者之所乘也。案丁說是也。……羸蘭疑謂車闌裸露無革繒之冢覆，惟以蒲蔽之而已。

據此，蘭車、闌輿車大概都是指車輿没有皮革或繒帛裹覆，木欄裸露在外的車子。這種車，統治者只在有喪事時使用，一般人大概不會有這種限制。【漢簡零拾　文史第十二輯】

◉徐中舒　宰椃角　咢侯鼎　《說文》：「闌，門遮也。从門，柬聲。」金文從門。柬聲，為《說文》闌字篆文所本。或增從月，同。【甲骨金文字典卷十二】

◉唐　蘭　闌字見宰椃角，作𨷲，一九五八年安陽後岡發現的宰鼎作𨷲，兩器都屬殷代後期，此銘作𨷲與之近似。闌是地名，據宰鼎，闌地有太室，應在殷都附近。此時，周王朝在掃蕩殷紂軍隊的殘部，武王不會離殷都太遠。【西周時代最早的一件銅器利簋銘文解釋　唐蘭先生金文論集】

閑 

閑　同簋　母女又閑　【金文編】

司馬閑印　楊閑　【漢印文字徵】

閑 閑 閑 【汗簡】

義雲章 同上 王惟恭黃庭經 【古文四聲韻】

◉許　慎　闌也。从門中有木。户閒切。【説文解字卷十二】

◉高田忠周　同簋　毋女又閑　此用為閒也。又有亦通用字。毋女有閑者。戒敕之語。言勿女怠惰而有閒隙也。説文。閑闌也。从門中有木。會意也。易家人。閑有家。注闌也。周禮虎賁氏。舍則守王閑。注梐枑也。又庾人。掌十有二閑之政教。此皆字本義也。【古籀篇七十四】

◉馬叙倫　閑篆鍇本在木部。説解曰。止也。從木門。今顧本亦有此篆。承培元以為後人依鉉本增。王筠以為木部自櫱至棐三十七字。朱筠朱文藻本汪刻本皆無。顧本則有閑字在其中。倫檢繫傳曰。易曰。閑邪存其誠。陶潛有閑情賦。謂闌止其情欲也。則鍇本自作止也從木門。今鍇本説解全與鉉同。蓋後人以鉉本改也。韻會引作以木歫門也。倫謂字從木門聲。門音明紐。以同為邊音轉入疑紐。又轉匣紐耳。或從木閒省聲。則當依鍇本入木部。若從門得聲。為闌之轉注字。明泥同為邊音。古讀來歸泥也。閑是以為闌門者。周禮虎賁氏。舍則守王閑。注。梐枑也。本書。牢。閑。養牛馬圈也。柤。木閑。同敨作。【説文解字六書疏證卷二十三】

◉黃錫全　閑　《玉篇》「嫺，今作閑」。長由盉姦作。鄭珍認為此是「後人別製以為《詩》『四馬既閑』、『閑之惟則』及《周禮》『天子之馬十有二閑』諸『閑』專字」。「从古馬，姦旁更為三古文女，即更奇罕」。【汗簡注釋卷四】

◉黃錫全　閑　閒字古本作（㝬鐘），（中山王墓兆域圖），古璽从外作（璽彙3215）。《説文》古文譌作。曾姬無卹壺閒作，此其譌變形，假為閑。夏韻山韻注出《義雲章》，此脱。同毁閑作。鄭珍認為「俗以『防閑』字為『閒暇』，蓋從俗釋之」。

閑　曾姬無卹壺閒作，此閒形乃其譌誤，《説文》古文作。此假嫺為閑，如同馬王堆漢墓帛書《六十四卦》假闌為閑。鄭珍認為「經典多借閑作『嫺雅』、『嫺習』字，故俗亦作嫺」。【汗簡注釋卷五】

閑　豆閉簋　子禾子釜　【金文編】

閑　秦一九六　四例　日甲七二背　日甲一四　二十八例　【睡虎地秦簡文字編】

閉 天台經幢 閉 古老子 閉 王維恭黄庭經 閉 古老子 閉 天台經幢 【古文四聲韻】

◉許　慎　閉闔門也。从門。才所以歫門也。博計切。【説文解字卷十二】

◉林義光　説文云。閉闔門也。从門才，才所以歫門也。按古作閉豆閉敦。【文源卷六】

◉馬叙倫　鈕樹玉曰。韻會歫作距。而重一才字。段玉裁曰。從門而又象撑歫門之形。非才字也。桂馥曰。才所以歫門也者。月令。修楗閉。正義引何氏曰。楗是門扇之後。樹兩木。穿上端為孔。閉者。謂將扃關門。以内孔中。龔橙曰。古文當作才。象木植上下入樞。後加門以為別。倫按鍇本作闔門也。易坤釋文引字林。闔也。然則閉字乃隸書複舉者也。闔門也乃字林訓。倫謂當作闔門之具也。或訓器也。據月令修楗閉。則閉與楗皆所以扃門之物。非動詞也。段謂才非才字。是也。月令注曰。楗牡。閉牝。然則閉者。有孔者也。如正義引何氏説。則正與甲文形合。甲文有閂。其一即扃。但字形中不復具所樹之兩木耳。然與此字形則不合。蓋楗有横有直。直者如甲文。在門之兩邊。今北平大門率有横扃。而杭縣大門則直扃。用直扃者。於門扇之上下。如置一木。横之。而居中為孔。門閟。則以所謂門栓者直當門縫。兩耑各内於孔中。此篆門中之才。正如上下各一木而中一木貫之也。倫以為楗即扃。故鄭玄以為楗牡。閉即或在兩邊或在上下有孔以内楗者。故鄭以為閉牡也。此字或如龔説初文為丰。象楗在閉之形。然似為閟之初文。故今皆以闔門訓閑。鄭所謂閉牝也者。自有其字而今失之。猶楗牡也者。亦得有象形之文。今亦無之也。閉閟音同封紐。轉注字也。【説文解字六書疏證卷二十三】

◉高鴻縉　閂　字倚門畫其已閉自内見其門横之形。由文門生意。故託以寄關閉之閉之意。動詞。十非文字。乃物形。後變為才。意不可説。閉後衍作閟。説文閟閉門也。从門必聲。音義皆同。構造變為形聲。【中國字例二篇】

◉楊樹達　門部又云。閉。闔門也。从門。才所以距門也。按才即材之初文。才訓艸木初生。引中之義為木材。材初止作才。後乃加形旁木為材耳。閉从才者。距門之關以木為之。猶閑之从木也。【釋開闢閉　積微居小學述林】

◉于豪亮　冃宔是閉塞

《武威漢代醫簡・第二類簡》圖版四上，釋文七上：「治心腹大積上下行如蟲狀大恿方　班毦十枚，地膽一枚，桂一寸，凡三物皆並冶合和，使病者宿毋食，旦飲藥一刀圭，以肥美冃宔，十日壹飲藥，如有徵，當出，從……」

又圖版四下，釋文八上：「去中令病後不復發冃宔方……」

這兩支簡上的冃宔二字乃是閉塞。冃字上部的冂乃是草書的門字，因此這是閉字。居延漢簡中「塞尉」的塞字草書作

空。這兩個字是閉塞無疑。【釋漢簡中的草書 于豪亮學術文存】

◉楊樹達　闔門也。从門，才，所以距門也。博計切。十二上門部。按：才與材同，謂木也，具名。門為賓名。【文字形義學】

閡

閡五代切竝義雲切韻【汗簡】

◉許　慎　閡外閉也。从門。亥聲。五溉切。【說文解字卷十二】

◉丁佛言　古鉢　閡左車之鉢。古文豕亥同。婦閡鯱。閡字繁文。【說文古籀補補卷十二】

◉馬叙倫　閡關為同舌根音轉注字。內外者後人別之。外閉也蓋字林文。此今言關礙之礙本字。【說文解字六書疏證卷二十三】

闇

闇出華岳碑【汗簡】

華嶽碑　雲臺碑【古文四聲韻】

◉許　慎　闇閉門也。从門。音聲。烏紺切。【說文解字卷十二】

◉馬叙倫　錢坫曰。今作掩字。倫按闇亦閒闔閡之音同影紐轉注字。閉門也蓋字林文。或字出字林也。【說文解字六書疏證卷二十三】

關

關　陳猷釜　子禾子釜　左關鈉　鄂君啟舟節　毋政于關【金文編】

3·376　關里疾　3·379　關里它　3·380　關里宔　3·382　同上　3·366　楚章衢關里臧　3·372　楚章衢關里艸　3·378　關里×　3·397　關里宔　3·384　關里宔　3·385　同上　3·388　同上　3·389　同上　3·392　同上　3·394　同上　3·391　同上　3·396　同上　3·399　關里馬柉　3·400　同上　3·402　同上　3·403　同上【古陶文字徵】

【先秦貨幣文編】

關 秦九七 法一四〇 三例 為九 為二九 二例【睡虎地秦簡文字編】

0175 與子禾子釜關字同 0172 0340 0177 0295 鄂君啟節關字與此同【古璽文編】

扞關尉印 關内侯印 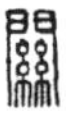關闌多 關復 關便 關中侯印【漢印文字徵】

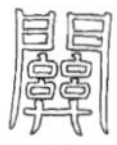蘇君神道闕 天璽紀功碑 關内侯【石刻篆文編】

古老子【古文四聲韻】

◉許　慎 以木横持門户也。从門。𢇍聲。古還切。【説文解字卷十二】

◉吳大澂 古關字。陳猷釜左關之釜。左關之鋘關字如此。古鉨文。關中幣。【説文古籀補卷十二】

◉高田忠周 説文關。以木横持門户也。从門𢇍聲。方言。關閉也。然所以閉之物。謂關也。其横曰關。其豎曰閉。而下牡曰闔。兼以得闔也。然則關閉兩字義近矣。又關轉為關門之偁。例見下。又按説文。絲部𢇍織絹。以糸貫杼也。从絲省。卝聲。丝實古文絲。非省也。杼機之持緯者。主動也。朱駿聲云。關字叚借為𢇍。今機關字。當取義于杼軸。葢𢇍與關義相似。關之从𢇍。形聲中有會意也。又𢇍字从卝聲。卝即古文卵字。卝字。今本説文在磺下云。古文磺字。段氏云。卝當為卵。説見卵下。朱氏以卝篆移于卵下云。據五經文字。九經字樣。汗簡。而今見此篆。从即卵字。省丝直从卝聲也。説文。凡物無乳者卵生。禮記内則。濡魚卵醬實蓼。注讀為鯤。朱氏云。説文無鯤魚字。亦卵也。昆卵雙聲。今見此篆即魚卵雙胞之形也。作者冣近真。葢知卵字。初以魚子為本訓。引伸為蟲卵為鳥卵。又為磺璞之偁。卵磺音亦轉通也。然此篆。從門卵聲也。朱氏又云周禮司關注。界上之門也。禮記王制關譏而不征。淮南覽冥城郭不關。⊘此銘云左關。葢當言門關之在左者。本義之轉。【古籀篇七十四】

◉顧廷龍 關。陳猷釜有開。與此同。潘。關里馬杙。潘。關里宔。【古匋文孴録卷十二】

◉馬叙倫 金文多作陳猷釜。從門。卝聲。為閉之轉注字。閉音封紐。關音見紐。同為清破裂音也。以木横持門户也非本訓。方言十二。關。閉也。【説文解字六書疏證卷二十三】

◉高鴻縉 閞 寄倚門畫其已關。自外見其門紐之形。由文門生意。故託以寄關門之意。動詞。後世亦借用為名詞。說文有𢇍字。卝變為𢇍。是為象意聲化。【中國字例二篇】

◉陳 直 一四二二條 一人注竹關

漢書薛宣傳，「壹关(即笑字)為樂」，應劭注解作「壹矢為樂」，可証关矢二字，形本相近：「注竹关」可作續竹矢解，釋作「注竹關」，是以目下之簡體关字與古关字相比傅，是不適合的。【《居延漢簡甲編》釋文校正】

◉朱芳圃 閞陳猷釜 閞子禾子釜 閞左關鉌

關，金文作閞，从卝，从門。卝即關之初文。象形。門，附加之形符也。關所以閉門，故引伸有閉義。方言十二：「關，閉也。」聲類：「關，所以閉也。」廣韻二十七刪關下引。【殷周文字釋叢卷中】

◉石志廉 此璽柯昌泗《謐齋印譜》、黃濬《續衡齋藏印》等書著録，後歸天津周叔弢先生，現為天津藝術博物館藏品。⊘陽文勿

圖三 "勿正關鉩"

正關鉩四字，可釋為「勿正(征)關鉩」，正即正，楚鄂君啓節作政，上海博物館藏楚「正(征)官之鉩」，其正(征)字書作正，正、政與征均為一字，可互通假。關乃關字，楚鄂君啓節關字作關，从門串聲，可為其證。戰國璽有行人關、𨏥關、句差關等。行人關的關字作關，𨏥關的關字作關，句差關的關字作關，此璽關字作關。勿正(征)關鉩乃戰國時關卡免除征收關稅所用之官印。用此印打在貨物上作為標記，運輸時路過關卡即可免征關稅，驗關者見此印則放行，不再征稅。楚鄂君啓節銘文中的「見其金節則勿征，不見其金節則征」可為其明證。戰國時關卡為征税，還制有專用的量器如釜、鉌等，銅釜、銅鉌山東膠縣曾有出土，即著名的子禾子釜及左關之鉌，過去人們將鉌釋為鋘，是錯誤的。戰國璽中尚有「迲訾(將)關和(鉌)」一紐，過去有人釋為訾(將)和(鉌)迲關，也是不對的。「左關之和(鉌)」和「迲訾(將)關和(鉌)」銅璽，都是關卡征税時所製之器。此璽从文字用途、銹色看，都是戰國時的楚器，為研究古代關卡征稅方面的重要文物。【戰國古璽考釋十種 中國歷史博物館館刊一九八〇年第

二期】

◉劉彬徽等　闗，關字，亦見於《鄂君啟節》。【包山楚簡】

◉王貴元　《老子》甲本145行："「蓋閉者無闗籥而不可啓也。」闗為關之異構字，从門，串聲。串即毌之變體，《說文》「患」下段注："「毌，貫古今字，古形橫直無一定，如目字偏旁皆作罒。患字上从毌，或橫之作串，而又析為二中之形，恐類于申也。」段說可信，甲骨文毌字有作申（乙5248）者，正豎毌之形。《說文》患字古文从關省聲，可見闗、患同从串聲。患字《說文》釋為从心上貫吅，誤。【馬王堆帛書文字考釋　古漢語研究一九九五年第三期】

◉戴家祥　闗鄂君啓節　闗，字書不載。于省吾釋為關而無說。闗象城門用門杠直插關閉。說文十二篇「關，以木橫持門戶」。闗義與此同。鄂君啟節「庚木闗」「女載馬牛羊以出內闗」。闗均用作關。足證闗為關的異文。【金文大字典下】

闟

◉許　慎　闟關下牡也。从門。龠聲。以灼切。【說文解字卷十二】

◉馬叙倫　王筠曰。關橫設之。闟直設之。而承關之下。關有孔以受闟。故曰。關下牡也。以木為之。蔡邕月令章句。鍵。關牡也。所以止扉。或謂之剡移。百里奚妻歌。炊扊扅。夫可炊則是木矣。倫按關下牡也蓋字林文。或字出字林也。闟蓋今楗上之睛籥。【說文解字六書疏證卷二十三】

闐

闐　闐綬【漢印文字徵】

◉許　慎　闐盛皃。从門。真聲。待季切。【說文解字卷十二】

◉馬叙倫　桂馥曰。當作闐闐盛皃。倫按從門不得盛義。本書。嗔。盛氣也。盛皃蓋嗔之引申義。下文闛亦訓盛皃。闐闛音同定紐。為轉注字。闐闛疑門高大之義。或闛為閶之轉注字。揚雄羽獵賦。西馳闛闔。闛闔即閶闔。周禮大司馬注。鼓聲不過昌。借昌為鼛。是其例證。【說文解字六書疏證卷二十三】

闛

◉許　慎　闛闛闛。盛皃。从門。堂聲。徒郎切。【說文解字卷十二】

◉馬叙倫　闐闛二字蓋出字林。【說文解字六書疏證卷二十三】

閹 閹

閹 程閹 【漢印文字徵】

◉許　慎　閹豎也。宮中奄閽閉門者。从門。奄聲。英廉切。【説文解字卷十二】

◉馬叙倫　鈕樹玉曰。繫傳韻會豎作竪。韻會奄閽作閹閽。嚴可均曰。奄閽當作閹昏。一切經音義一及十及廿引作宮中閹昏閉門者也。沈濤曰。御覽百八十二引作門豎也。倫按古言豎子。借豎為孺。閹從門無豎義。御覽引作門豎也。亦非本義。或非本訓。或字出字林也。閹豎本字。疑當為奄。閹蓋閼閹之轉注字。音同影紐也。【説文解字六書疏證卷二十三】

閽 閽

閽 閽見碧落文 【汗簡】

閽 碧落文　閽 王存乂切韻 【古文四聲韻】

◉許　慎　閽常以昏閉門隸也。从門。从昏。昏亦聲。呼昆切。【説文解字卷十二】

◉馬叙倫　沈濤曰。御覽百八十二引。閽。昏也。門常昏閉。故曰閽。即守門隸人也。倫按閽音曉紐。古讀曉歸影。是閽閹為轉注字。又疑閽為門之轉注字。門音微紐。閽從昏得聲。昏從民得聲。民萌一義轉注。民每一字。音亦微紐。今説解非原文。且經後人删改。觀御覽所引可知也。守門者豈專司閉而不司開邪。知非從昏會意明矣。鍇本作從門昏聲是也。篆當從民作閽。昏聲當作昬聲。【説文解字六書疏證卷二十三】

◉黄錫全　閽 閽見碧落文　今存碑文作閽，从《説文》閔字古文□而誤，□即惛(惽)字，原應作□。惛(惽)、閽古音同屬曉母文部，此碑當有所本。□應作□，説見心部。【汗簡注釋卷五】

闚 闚

闚 道德經 【古文四聲韻】

◉許　慎　闚閃也。从門。規聲。去隓切。【説文解字卷十二】

◉林義光　説文云。闚閃也。从門規聲。按从夫與大同意。象人形。从見猶从頁。顯古亦作覞。象在門中闚人形。説文云。規巨矩有法度也。从夫見。按夫見無規矩之意。或謂規矩皆从矢。見矩字條。然矩字古不从矢。規从矢亦非義。當為闚省。規矩之規。乃圭之引伸義。借規為之。【文源卷六】

◉馬叙倫 閃下曰。闚頭門中也。從人在門中。與閑下曰從門中有木。突下曰從犬在穴中。皆望文為訓。同非許詞。蓋此部說解傳寫捝譌殊多。闚字以下尤甚。閃字之本字不可得證。闚字之義亦亡。唐寫本切韻殘卷五支引說文。小視作此窺。似陸法言據本無闚字。闚蓋窺之異文。文選神女賦注引字林。闚。傾頭門內視也。又小視也。六臣本引闚作窺。檢穴部窺訓小視。則小視也乃窺字訓。傾頭門內視也為此訓。倫按從門無視義。窺從穴亦無視義。蓋皆規字之義也。餘詳閃下。【說文解字六書疏證卷二十三】

䦨 [古文字形]

◉許 慎 䦨妄入宮掖也。从門。䜌聲。讀若闌。洛干切。【說文解字卷十二】

◉劉心源 (矢人盤)𡫸或釋變。案从宀。當讀䦨。宀與門同意。說文。宀。交覆深屋也。說文。䦨。妄入宮掖也。讀若闌。漢書成帝紀。闌入尚方掖門。㠯闌為之。【奇觚室吉金文述卷八】

◉王國維 𡫸與䦨同。謂闌入也。兮甲盤云。毋敢或入𡫸宄貯則亦井。【毛公鼎銘考釋 王國維遺書第六册】

◉高田忠周 从宀從䜌。尤明晳者。䜌蓋其聲。字書無之。古逸文也。或云宀門同意。此當䦨字異文。亦似可矣。假令元皆別字。同聲當通用。【古籀篇七十二】

◉裘錫圭 《合》30456的一條三、四期卜辭說：

□其[古文字形]又于小山，又大雨。

「其」下一字似尚無人考釋。這個字應該是从「宀」「[古文字形]」聲的一個形聲字。「[古文字形]」即「[古文字形]」(以下隸定為「𢇍」)的省寫。卜辭中數見的「不𢇍」一語(見《合》22782、24769、26502)，有時也寫作「不[古文字形]」(《合》24982)，可證(參見《甲骨文編》501—504頁。504頁所收的《粹》376一例即《合》24982)。清代學者多認為「𢇍」跟《說文》收為「䜌」字古文的[古文字形]是一個字，可信(參看拙文《戰國璽印文字考釋三篇》，《古文字研究》第10輯89—91頁)。我們認為「𢆶」是系聯之聯的古字，「𢇍」象以手系聯絲，「𢆶」亦聲，可能是《說文》訓「係」的「攣」字的初文，與「䜌」本非一字，但音義相通。「𢇍」省作「𢇍」，字形仍能表示出以手系聯絲的意思，只是從會意兼形聲字變成了純粹的會意字。所以「[古文字形]」應該釋為从「攴」「䜌」聲的「變」字，「[古文字形]」應該釋作「𡫸」。散氏盤(《兩周金文辭大系》稱「矢人盤」)有「余又(有)爽𡫸」之語，一般都讀「𡫸」為「變」。「變」跟「𡫸」應該是一個字。這個字不見於字書，也許就是《說文》「䦨」的異體。

「變」與「辯」音近字通。《易·坤·文言》「由辯之不早辯也」，《釋文》謂「由辯」之「辯」「荀作辯」。《禮記·禮運》「大夫死宗廟謂之變」，鄭玄注：「變當為辯，聲之誤也。」《孟子·告子上》「萬鐘則不辯禮義而受之」，孫奭《音義》引丁本「辯」作「變」，謂

𨳇 𨳇

「於義當為辯」。《廣雅·釋言》：「辯，變也。」《楚辭·九辯》王逸序：「辯者，變也。」「辯」古通「遍」。郑玄《儀禮》注屢言今文「辯」作「徧」，如《鄉飲酒禮》「衆賓辯有脯醢」句注就説「今文辯皆作徧」。又《禮記·樂記》「其治辯者其禮具」，鄭玄注：「辯，遍也。」「辯」、「辨」同音通用。上引《樂記》文之「辯」，《釋文》所據本即作「辨」，謂「本又作辯，舊音遍」。《廣雅·釋詁·二》：「周、匝、辨……徧也。」《左傳·定公八年》「子言辨舍爵於季氏之廟而出」，杜注：「辨猶周徧也。」上引那條卜辭的「變」據文義正應該讀為「辯」(徧)。這一條是祭山求雨之辭。「又于」之「又」為祭名，殷墟卜辭中常見。「又大雨」當讀為「有大雨」。小山為數很多，所以説「遍又于小山」。【殷虚甲骨文字考釋　湖北大學學報一九九〇年第一期】

◉馬叙倫　劉秀生曰。䜌闌聲皆來紐。寒部。故闌從䜌聲得讀如闌。春秋決獄。兵所居此司馬。闌入者髡。賈誼書等齋。天子宫門曰司馬。闌入者為城旦。借闌為闌。木部欒木似欄。從木。䜌聲。欒欄以聲訓。是其證。倫按今杭縣謂行向人前曰闌上前去。其字當作羼。妄入宫掖亦不當入而欲入也。不受闌阻。則字僅從門不見義。倫謂闌入字亦當作羼。闌蓋闌之轉注字。字或出字林。【説文解字六書疏證卷二十三】

◉許　慎　𨳇登也。从門二。二古文下字。讀若軍敶之敶。直刃切。【説文解字卷十二】

◉劉心源　門上多二横筆。阮吴皆釋門。案即𨳇字。説文門部。𨳇。登也。从門二。二古文下字。讀若軍敶之敶。六書故引唐本説文从二。二古文上字。則今本从二誤也。上門故訓登西𨳇。【奇觚室吉金文述卷四】

◉林義光　説文云。𨳇登也。从門二。二古文下字。讀若軍敶之敶。按下門者其下為門。登高之象。【文源卷八】

◉馬叙倫　鈕樹玉曰。六書故曰。徐本從下。唐本從上。嚴可均曰。篆當依唐本作𨳇。隹部。閵。籀文作⿵𨳇隹。徐本當從二。則門部蟲部從𨳇者譌也。二古文下字校語也。劉秀生曰。依唐本則字從二門聲。虫部。閩。東南越蛇種。从虫。門聲。蟲部。⿵門蟲。蝨也。從蟲。𨳇聲。夏小正傳。白鳥也者。謂閩蚋也。閩即⿵門蟲之音借。是門𨳇聲近。門聲痕部。敶從陳聲在先部。痕先旁轉。故𨳇從門聲得讀若敶。火部。閃。從火。𨳇聲。讀若粦。艸部。蔆。從艸。淩聲。司馬相如説。從遴聲作⿱艹遴。禮記檀弓。工尹商陽與棄疾追吴師。注。陳或作陵。楚人聲。𨳇聲如粦。粦聲如麦。麦聲如陳。是其證。倫按此字以為會意則從門二為登。義不可通。如從二門為登。又與閑從門中有木閃從人在門中同矣。是知必是形聲。而以⿵𨳇隹⿵門蟲二字證之。門聲無疑。然從二門聲。義生於二。不得訓登。從二得義。則為二之轉注字。上音禪紐。𨳇音澄紐。同為舌面前音。古讀禪澄又同歸於定也。若然。亦不得訓登。豈以聲訓邪。倫謂此從十三篇部首之二。門聲。二為地之初文。𨳇為坤之轉注字。

故讀若軍敶之敶。此字或出字林。【説文解字六書疏證卷二十三】

 閃

 籀韻 【古文四聲韻】

◉許　慎　閃闚頭門中也。从人在門中。失冉切。【説文解字卷十二】

◉馬叙倫　沈濤曰。一切經音義一及十一及十七皆引作窺頭皃也。人在門中正窺視之皃。不必更言門中也。今本誤衍。倫按後漢書趙壹傳。榮納由於閃榆。注。閃榆。傾佞之皃。禮記禮運。故魚鮪不淰。注。淰之言閃也。以趙傳之義禮注之音證之。閃實佞之轉注字。從人。門聲。門音明紐。佞從仁得聲。仁音日紐。古讀歸泥。明泥同為邊音也。字誤入門部。或為吕忱所加者也。今音失冉切入審紐二等。音絶不近。疑本有從門炎聲之閻。閻譌省為閃。遂與從人門聲之字混矣。知有閻字者。本書覢亦音失冉切。字從炎得聲也。覢下引公羊傳。覢然公子陽生。今傳覢作闖。吴夌雲謂闖為閃譌。倫謂正是閻譌為闖耳。此訓闚頭門中也者。當作闚也傾頭門内視也。闚也即覢字義。借闚為規耳。傾頭門内視也蓋字林文或校語。字蓋出字林。【説文解字六書疏證卷二十三】

 閱

 閱 為二二  法一六四 【睡虎地秦簡文字編】

 古老子  汗簡  義雲章 【古文四聲韻】

◉許　慎　閱具數於門中也。从門。説省聲。弋雪切。【説文解字卷十二】

◉睡虎地秦墓竹簡整理小組　閱，讀為穴，參看《説文》段注。矢穴，當指城上射箭用的穴口。【睡虎地秦墓竹簡】

◉馬叙倫　鈕樹玉曰。韻會作具數於門中從門兑聲。翟云升曰。繫傳作兑聲。是。説亦兑聲。倫按具數於門中也義不可通。蓋説解譌捝後校者所改為也。蕭該漢書音義引字林。閱。具數也。則此字林文。小爾雅廣詁。閱。具也。廣雅釋詁。閱。數也。是具數也當作具也數也。閱數也者。數音審紐。閱音喻紐四等。同為次清摩擦音。借閱為數。荀子修身。良栗不為折閱不市。折閱即折數也。周禮大司馬。大閱。注。簡軍實也。左桓六年傳。大閱。注。簡車馬也。簡皆借為潄。潄為數之轉注字。潄即今言檢點之檢本字。大閱謂檢點軍實。閱亦數之借字也。皆其證。閱者。穴之轉注字。聲同脂類。莊子逸

文。空閱來風。宋玉風賦作空穴。詩蜉蝣。蜉蝣堀閱。傳。堀閱。容穴也。老子。塞其兑。閉其門。兑即閲省。閲即穴也。竝其證。説省聲當依鍇本作兑聲。具也未詳。於門中三字涉上文閃字説解而誤衍。字見急就篇。【説文解字六書疏證卷二十三】

闋 

 闋【汗簡】

 義雲章【古文四聲韻】

◉許　慎　闋事已。閉門也。从門。癸聲。傾雪切。【説文解字卷十二】

◉于豪亮《居延漢簡・圖版之部》第三二一頁，一六八・一二簡(《甲編》九六九)：

☑口迫秋月有徙民，事未闋。

「事未闋」三字勞榦釋為「齊來關」，《甲編》釋為「齊未閏」，均非是。

闋字亦見雲夢秦律《法律答問》：

公祠未闋，盜其具，當貲以下耐為隸臣。

可(何)謂公祠未闋？置豆俎鬼前未徹乃為未闋，未置及不置者不為具，必已置乃為具。

在為秦律作注釋時，我們以為闋為闕的異體字，但没有找到有力的證據。今按《隸續》卷二十《斥彰長田君斷碑》云：

遭家不造，三歲喪父，事母有柴潁之行。年廿，復失所口，口戀松柏，憔悴毁嵤，禮制闋除，乃始斿學。

我們把這一段同下面一段比較。《後漢書・劉平傳》：

(平)後舉孝廉，拜濟陰郡丞，太守劉育甚重之，任以郡職，上書薦平。會平遭父喪，去官。服闋，拜全椒長。

田君遭母喪，「禮制闋除，乃始斿學」；劉平遭父喪，「服闋，拜全椒長」。兩者完全相同，這就證明闋確是闕的異體字。

闋是闕的異體字，就闋字而言，與六書之義並不相合，不過闋字已見於秦簡，則是在戰國時期已在秦國流行這種寫法了。戰國時期六國字多詭異，與六書之義不合者甚多，比較起來，秦國詭異之字最少，但是不合六書之字也不是没有，此處的闋字即是一例。《編年記》中把伊闕的闕字寫作⿵門弱，⿵門弱字也與六書之義不合。

《斥彰長田君斷碑》的闋字，音義與秦簡漢簡相合。《集韻・薺韻》也有闋字，音馨幺切，云：「門大開貌。」顯然是後起的音

闞　闊

義，無法據以解釋秦律，漢簡和漢碑了。【居延漢簡釋叢】

◉馬叙倫　鈕樹玉曰。一切經音義六引作事已曰闋。沈濤曰。一切經音義七引。事已曰闋。闋亦止息也。終也。蓋古本作事已閉門曰闋。一曰。闋止息也終也。史記留矦世家索隱引。闋。事也。則更奪誤不可通矣。王筠曰。玄應引作事已曰闋。索隱引作事已也。然則閉門二字。後人以字從門增之也。詩節南山。俾民心闋。傳。闋。息。大射儀。樂闋。注。闋。止也。倫按從門癸聲而訓事已閉門。何以見事已之義。況閉門之説不見經記。玄應司馬所引亦無此二字。然從門而訓事已。終不可通。莊子人間世。瞻彼闋者。虛室生白。蓋是本義之僅存者。倫謂闋為突之轉注字。亦閲之轉注字。聲皆脂類。終止之義。字當作⿰足幾。吕氏春秋古樂。授足以歌八闋。八闋。⿰足幾旋之樂也。闋即⿰足幾之借字。⿰足幾闋聲皆脂類也。⿰足幾為訖事之樂。故引申有終止之義。或借為訖。言部。訖。止也。廣雅釋詁四。闋。訖也。闋訖聲亦同脂類也。玄應一切經音義引蒼頡。闋。訖也。又引三倉。闋。古文作闋。同苦穴反。【説文解字六書疏證卷二十三】

闞　闞樂印　闞　闞國印　闞　闞護私印【漢印文字徵】

◉許　慎　闞望也。从門。敢聲。苦濫切。【説文解字卷十二】

◉馬叙倫　朱駿聲曰。望或倚門或倚閭。故從門。倫按望也者。瞰字義。本書無瞰。看即瞰也。闞從門不得有望義。朱説坿會不可從。其義蓋亡矣。或謂此闞之聲同談類轉注字。字蓋出字林。【説文解字六書疏證卷二十三】

闊　闊　中山王譻兆域圖【金文編】

闊　臣闊【漢印文字徵】

◉許　慎　闊疏也。从門。活聲。苦括切。【説文解字卷十二】

◉馬叙倫　疏也疑當作疋也。廣闊字即借闊為廣。或曰。此⿱宀夬之聲同脂類轉注字。詩擊鼓。死生契闊。契闊以疊韻為連語。是其例證。玄應一切經音義引字林。闊。遠也。或此字出字林。今本捝遠也一訓。【説文解字六書疏證卷二十三】

閔 閔

閔　假借作門　中山王䰚兆域圖　【金文編】

2244　2563　3075　3498　1674　【古璽文編】

鄒閔之印　閔遂　閔訢私印　閔信尊印　閔賸之印　閔中之印　閔德印　閔買　【漢印文字徵】

閔　閔見石經　閔　閔出史書　【汗簡】

義雲章　石經　古史記　同上　說文　【古文四聲韻】

◉許　慎　弔者在門也。从門。文聲。臣鉉等曰。今別作憫。非是。眉殞切。古文閔。【說文解字卷十二】

◉林義光　說文云。弔者在門也。从門文聲。按閔。痛惜也。从門非義。門文皆聲也。門文古同音。【文源卷十二】

◉馬叙倫　此與閔訓具數於門中闋訓事已閉門同。皆坿會從門而不能得其義者也。或非本訓。閔惜字當作慜。此從門文聲。或為門之雙聲轉注字。或從文門聲。為文之轉注字。字或出字林。

鈕樹玉曰。繫傳篆作。注云。古文閔從思。韻會引亦作。玉篇思部作。注云。傷也。古文慜。嚴可均曰。疑當作。從古文民。王筠曰。汗簡作。許翰謂從心昏聲。非從思。朱文藻鈔小徐本作。似不應從小篆。魏三體石經作。民之古文作。小徐通論中作。但不詳為何字。玉篇以為古文慜。不云古文閔。集韻亦引於慜下。倫按古文經傳慜借字作。即慜之異文。從心。昏聲。當入心部。為慜之重文。以此益證閔為借字矣。【說文解字六書疏證卷二十三】

◉商承祚　說文閔。弔者在門也。从門文聲。[illegible]。古文閔。案汗簡作。从古文民。小徐本作。雖从篆文民。然知本从民。而後誤為也。玉篇入思部。作[illegible]。云「古文慜」。集韻亦引作慜。慜。痛也。與閔音義同。故借慜為閔。鉩文作。與篆文同。【說文中之古文考】

◉查瑞珍　闘翁主釭鍉的可貴處還在于它的銘文。銘文有三處，一在釭的肩部，共八字：「闘翁主銅釭鍉一具。」一在鍉的外壁，共五字：「闘主釭中鍉。」一在蓋的瓣紋上，共五字：「闘主釭鍉蓋。」銘文中有幾個詞試釋如下：「闘」，字書所無，應為翁主之

姓。「闘」即「閔」之異體。「皿」、「文」古音聲同韻近，一聲之轉，作為聲符可以互換。【闘翁主釭鋘　文物一九七九年第七期】
◉張守中　閔讀為門。朱德熙裘錫圭謂：戰國文字多借閔為門。兆域圖。二例。一。【中山王嚳器文字編】

闖 闖

◉許　慎　闖馬出門皃。从馬在門中。讀若郴。丑禁切。【説文解字卷十二】
◉馬叙倫　翟云升曰。當入馬部。倫按公羊哀六年傳。開之。則闖然公子陽生也。注。闖。出頭皃。釋文引字林。馬出馬門皃。陸引字林。字出字林也。闖蓋冟之俗字。冟為䫘之轉注字。見冟字下。䫘讀若郴。正與此同。而今人讀闖音如莫紅切。亦如亡沃切。亦可證也。今字又作驀。則知此字當從馬門聲矣。此字當删。或坿馬部。餘見冟下。【説文解字六書疏證卷二十三】
◉楊樹達　馬為主名，門為表所出之處名。【文字形義學】

闤 闤

◉徐　鉉　闤市垣也。从門。睘聲。户關切。【説文解字卷十二新附】

闥 闥

◉徐　鉉　闥門也。从門。達聲。他達切。【説文解字卷十二新附】

閌 閌

◉徐　鉉　閌閬。高門也。从門。亢聲。苦浪切。【説文解字卷十二新附】

閥 閥

◉徐　鉉　閥閲。自序也。从門。伐聲。義當通用伐。房越切。【説文解字卷十二新附】
◉劉彬徽等　(458)閥，讀作閥，《廣雅・釋詁一》：「伐，殺也。」【包山楚簡】

◉徐鉉 闃靜也。从門。狊聲。臣鉉等案。易。窺其戶。闃其無人。窺。小視也。狊。大張目也。言始小視之。雖大張目。亦不見人也。義當只用狊字。苦狊切。【説文解字卷十二新附】

鐵一三八・二 前八・五・三 後一・三〇・五 後二・一五・一〇 甲三八七七 續四・二六・五 存下七三【甲骨文編】

珠271 續4・26・5 京4・3・1 新1648【續甲骨文編】

耳 亞耳簋 耳卣 己耳卣 羽作北子簋【金文編】

3・76 繇衢吞匋里耳 3・405 鞄里匋耳【古陶文字徵】

34 265【包山楚簡文字編】

耳 日乙二五五 十四例 為三九 二例【睡虎地秦簡文字編】

2952 2917 2367 2797 3254 3515 金文耳尊耳字如此。0441 2953【古璽文編】

李高耳印 曹亭耳 耳僧 張耳之印 夏耳私印 齊耳 臣耳【漢印文字徵】

石經僖公 晉侯重耳卒【石刻篆文編】

耳【汗簡】

汗簡【古文四聲韻】

◉許慎 主聽也。象形。凡耳之屬皆从耳。而止切。【説文解字卷十二】

◉葉玉森 卣文之。敦文之。似竝此字。【殷虛書契前編集釋】

耴

◉林義光 古作弭仲匡弭字偏旁。象耳及耳竇之形。或作毛公鼎耿字偏旁。作井人鐘聖字偏旁。【文源卷一】

◉高田忠周 元釋作丙。妄甚。古籀補附録亦引云。聽字非是。此明耳字。下見聖字作。耳形正與此合可證矣。説文。主聽也。象形。然小篆非其形。如此篆而可偁象形也。【古籀篇五十三】

◉馬叙倫 桂馥曰。主聽下當補者字。急就篇顔注。耳。主聽者也。龔橙曰。古文當為。倫按目下不言主視者也。則此蓋字林文或校語。本訓挩矣。字見急就篇。耳卣作。【説文解字六書疏證卷二十三】

◉于省吾 金文早期耳字。耳卣作。亞耳𣪘作。耳卣作。耳𣪘作。金文編入於坿録。按此均係耳字。外象耳之外廓。内象耳之内廓。絜文作。䎽爵。䎽字从耳作。盂鼎。䎽字从耳作。聾鼎。聾字从耳作。大保𣪘。聑字从耳作。師望鼎。聖字从耳作。穆公鼎。聖字从耳作。毛公鼎。耿字從耳作。弭弔盨。弭字从耳作。又耳尊耳字作。古璽文字徵附録有字。舊均不識。較中閒多一圜孔。即耳孔之所在也。【雙劍誃古文雜釋】

◉李孝定 契文正象耳形。金文耿字偏旁作毛公鼎。聖字偏旁作齊鎛。曾伯簠。井人鐘。師望鼎。穆公鼎。與此並近可證。辭云「貞疾耳隹有壱」珠・二七一。此耳族之貞也。「帚井气龜七耳十五自□」續・四・二六・五。此骨臼紀事刻辭。疑古獻馘之事。「疋口耳隹有口」藏・一三八・二。此當與珠・二七一辭同意。疋。人名。「□子□夢□作□耳□大鳴□」前・八・五・三。此辭殘泐過甚。似亦言耳疾之事。「丁丑邑示四屯耳」後・下・十五・十。此亦骨臼刻辭。耳為人名。「甲子卜亞戈耳龍每晦啓其啓弗每有雨」後・上・三十・五。耳龍疑並為方國之名。【甲骨文字集釋第十二】

◉睡虎地秦墓竹簡整理小組 〔一〕耳，疑讀為佴，《廣雅・釋詁三》：「次也。」識佴當即標記次第。【睡虎地秦墓竹簡】

一：五二 宗盟類參盟人名 【侯馬盟書字表】

80【包山楚簡文字編】

3010【古璽文編】

◉許 慎 耳垂也。从耳下垂。象形。春秋傳曰。秦公子輒者。其耳下垂。故以為名。陟葉切。【説文解字卷十二】

◉馬叙倫　鈕樹玉曰。玉篇引作秦公子名耴者。其耳下垂。因以為名。陳瑑曰。錢大昕所謂並無秦公子耴。乃鄭公孫輒之譌。瑑案此亦春秋家説。非經文也。吳善述曰。本作。象耳大垂之形。龔橙曰。老子列傳。姓李氏。名耳。字聃。蓋名耴也。倫按耳本象形之文。初自作。小篆作。則不象矣。金文弭仲匡弭字偏傍作。毛公鼎耿字偏傍作。井人鐘聖字偏傍作。耳卣耳字作。皆校為近之。倫謂耴篆本象耳形。小篆簡省作。耴音如縶。故縶讀若輒。縶得聲於㚔。㚔讀若籋。籋從爾得聲。耳爾同為邊音。又聲同支類。蓋聲轉為陟葉切耳。若謂象耳形。增為耴。以象耳邊。乃指事定例。不悟增為。畫之成。亦仍象耳。若謂增者為。其形外向。則此乃後世傳寫如此。蓋寫為。則耴自成矣。取從耳得聲。而取他人鼎作。即從耴也。本書敢從耴省聲。蓋實從耳得聲。皆其證也。耳䎎謂耳邊。蓋䎎字義。占耴侵談聲類密近。又耴音知紐。䎎音端紐。古讀知亦歸端。故或借耴為䎎耳。下垂二字及春秋以下皆校語。文選左思吳都賦注引倉頡。聲耴。衆聲也。循其訓義。乃謺譶之借。本書無謺。【説文解字六書疏證卷二十三】

䎎

◉許　慎　䎎小垂耳也。从耳。占聲。丁廉切。【説文解字卷十二】

◉馬叙倫　沈濤曰。玉篇引作小耳垂。是也。其引俾蒼亦作小耳垂。下文。耽。耳大垂。疑亦當作大耳垂。王筠曰。廣雅。䎎。耳小垂。當從之。與下文耽耳大垂也為儷語。倫按耳小垂也是。蓋耳有大小兩邊也。然非本訓。或字出字林也。【説文解字六書疏證卷二十三】

耽

耽並出義雲章　耽　上同　耽丁含切【汗簡】

◉許　慎　耽耳大垂也。从耳。冘聲。詩曰。士之耽兮。丁含切。【説文解字卷十二】

◉馬叙倫　鈕樹玉曰。一切經音義十三及十五引作耳大也。蓋捝。倫按華嚴經音義引字林。耽。耳垂為耽。蓋捝大字。字林中凡為某曰某之句。唐人删改為某也。其例證多矣。此亦然也。字蓋出字林。【説文解字六書疏證卷二十三】

◉周名煇　火部来獸鼎。蓋王光宰甫貝五朋。上从火。下从。非女。蓋古字之省文。篆書更省為。許氏所謂古文奇字人也。光訓寵。亦訓錫。光宰甫貝。同寵或錫宰甫貝。丁氏定為光字。今考定為耽字古文。讀若媵同。名煇案。强運開定此文入女部。謂説文所無。今尋郭忠恕汗簡下之一女部。載耽字古文作。从火从女。與此文作。

从火从女者。形體相合。郭氏謂其文出義雲章。檢說文耳部云。耽耳大垂也。从耳冘聲。而經傳或用為耽樂字。詩氓篇、書無逸篇、禮記中庸篇等是。與此銘云王耽宰甫貝五朋者。義不相協。疑此耽當若媵同。說文人部云。倂送也。从人弅聲。呂不韋曰。有侁氏以伊尹倂女。今字作媵。古金文多作賸。或作塍。蓋古之言媵。即今贈予之意。銘云王姿宰甫貝五朋。猶言王贈宰甫貝五朋也。耽古音在侵部。媵贈二字古音在蒸部。侵蒸近旁轉。此可論定者也。惟深求之。姿之為耽。當為古文假借。其本名殆為弅之或體歟。今文媵字从婁。或即姿字之遺跡。惟未得實證。姑存疑于此。【新定說文古籀考卷中】

聃

聃子都印 聃翁孫印 聃孟 聃慎之印 【漢印文字徵】

◉許慎 聃耳曼也。从耳。冉聲。他甘切。⿰耳甘 聃或从甘。【說文解字卷十二】

◉馬叙倫 沈濤曰。史記老子傳索隱引曼作漫。乃傳寫之譌。廣韻廿二覃引說文。後云。又安樂也。詩曰。無與士耽。當是許書之一解。今奪一曰樂也四字。倫按耳曼也非本訓。字或出字林。樂也者。媅字義。此蓋校語。

⿰耳甘 甘冄聲同談類。故聃轉注為⿰耳甘。【說文解字六書疏證卷二十三】

聸

◉許慎 聸垂耳也。从耳。詹聲。南方聸耳之國。都甘切。【說文解字卷十二】

◉馬叙倫 沈濤曰。玉篇廣韻引同。一切經音義十五引作耳垂也。玉篇廣韻引方下有有字。嚴可均曰。韻會引作南方有聸耳國。倫按當作耳垂也。此耽⿰耳占之轉注字。音同端紐。聲亦侵談近轉也。古今韻會引顏師古云。儋耳。字林作聸耳。則此字出字林。垂耳當作耳垂。【說文解字六書疏證卷二十三】

耿

耿 毛公厝鼎 禹鼎 【金文編】

3625 【古璽文編】

耿眇 耿定私印 王耿孺 耿外人 耿土印 耿忘 耿武私印 【漢印文字徵】

聯

◉許　慎　耿耳箸頰也。从耳。烓省聲。杜林說。耿。光也。从光。聖省。凡字皆左形右聲。杜林非也。徐鍇曰。凡字多右形左聲。此說或後人所加。或傳寫之誤。古杏切。【說文解字卷十二】

◉吳式芬　史頌敦　顋字款識屢見。或釋顯。或釋頵。然虢盤頵鼎顯頵並見。文殊不類。疑从日見。尹聲。日見為晛。有光明義。周書耿命耿光皆訓光。或即耿之異文歟。尹耿古音近。【攈古録金文卷三之一】

◉林義光　火為烓省。耳為聖省。皆不顯。詩耿耿不寐。柏舟。傳云。猶儆儆也。耿儆古同音。當即儆之古文。从耳从火。耳聞火聲。儆儆然也。古作毛公鼎。即火之變。【文源卷六】

◉高田忠周　蓋二家所云。皆未得肎綮者也。要耳箸頰義耿字。即屬叚借。耿光義字固當从火。聖省聲。又或耳義之耿从耳烓省聲。兩字形同。而形聲之指迴殊。後人合以為一字。此例又見耴下。而耿炯兩字音義並近。故有借炯為耿者。詩柏舟。耿耿不寐。傳。猶儆儆也。楚辭遠游。夜耿耿而不寐兮。注引詩作炯可證。耿有覺醒之義。所以字从聖省聲。兼會意也。【古籀篇五十三】

◉馬叙倫　徐鍇曰。鳥部多右形左聲。不知此言後人加之邪。將傳寫失之邪。吳穎芳曰。亦可說從火聖省聲。從光字譌。又挩去聲字。凡字以下乃後人小注於行下。鈔誤續其後耳。鈕樹玉曰。繫傳韻會炯作烱。非。說文無烱。光也從光聖省韻會引作尚也從火聖省聲。嚴可均曰。烓省聲五音韻譜亦如此。毛本改烓為炯。與小徐韻會同。按火部。烓讀若冋。故耿從烓省聲。王筠曰。朱筠本耳下空二格。烓。形聲字也。從火何由知為烓省。許以其難通也。故又引杜說以為會意。然列此兩說。皆存疑也。倫按耿蓋頤之轉注字。然耳箸頰非本訓。蓋字林文。或耳箸頰為頤字義。光也是本義。字從火聖省聲。當入火部。為炯頴之轉注字。凡字以下校語。字見急就篇。毛公鼎作。古鉩作耿。【說文解字六書疏證卷二十三】

2389【古璽文編】

傳聯印信【漢印文字徵】

◉許　慎　聯連也。从耳。耳連於頰也。从絲。絲連不絕也。力延切。【說文解字卷十二】

◉林義光　从耳其連於頰之意不顯。凡器物如鼎爵盤壺之屬多有耳。欲聯綴之則以繩貫其耳。从絲从耳。【文源卷八】

◉馬叙倫　沈濤曰。一切經音義廿引聯即連也。即字乃玄應所是。王筠曰。絲可以連。耳何以連。合絲於耳。又何以連。字

形殊雖知也。張文虎曰。篆無頰形。何以云耳連於頰。恐非許文。倫按從耳。䜌省聲。今河北讀聯音如鑾也。其義亡矣。疑為聊之音同來紐轉注字。耳連五字絲連五字皆校語。或字出字林也。【説文解字六書疏證卷二十三】

◉葉保民 《殷契粹編》720片有這樣一條卜辭：「甲子卜不𢆶雨？」郭老在對這條卜辭的考釋中，將𢆶隸定為緝，並説：「緝疑聑之古字，象耳有充耳之形」、「不緝雨，雨不延綿也。」

聑是戴在耳垂上的玉，沒有「延綿」的意義，也很難引申出「延綿」的意義來，所以《甲骨文編》沒有采納郭老的釋義，把此𢆶字列于附録之中，並注「説文所無」，而未加考釋。

今按，字从耳从絲，應隸定為聠字，實即是「聯」字的古文(聯字今簡化作联)。聯字説文中有。説文耳部：「聯，連也，从耳，耳連于頰，从絲，絲連不絶也。」从甲骨文𢆶字的字形分析，乃是耳上連絲之形，許慎講「耳連于頰」，顯然不妥當，然而又講「从絲，絲連不絶也」，倒也講對了一點。看來説成「絲連于耳」才妥當些。或許古人耳飾以絲或以絲來系飾物，不過這只是推測了。

聯字从糸从絲是一樣的，這種情況在甲骨文金文中屢見不鮮，如繘也作繘，系也作𢇁甚至作𦃃，便是很明顯的例證。

《殷契粹編》720片的「甲子卜不𢆶雨」就是「甲子卜不聯雨」，這條卜辭是「甲子這天卜問不會連綿下雨嗎？」的意思。聯有連綿的意義，誰也不會對之有疑。稱雨的某種狀態為連綿，世所常用。郭老在文理上推想出𢆶有「延綿」的意思，但在分析字形上則似不妥。【商周文字考 復旦大學學報一九八〇年增刊】

◉裘錫圭 尤其值得注意的是，根據古印文字來看，「聯」字正好也是從「𢇁」的。古印裡有從「耳」從「𢇁」的一個字：

旂[illegible] 尊集一5・34

《三補》把這個字釋作「聯」，是正確的。但是强氏不知道「𢇁」和「絲」是兩個字，他根據小篆「聯」字的字形，把印文「聯」字説成「從絲省」，這卻是錯誤的。《説文・耳部》：「聯，連也。從耳，耳連於頰也。從絲，絲連不絶也。」「𢇁」跟「聯」在語音上的密切關係，是「絲」字所沒有的。「𢇁」跟「聯」在意義上的聯係，也比「絲」直接得多。從漢字構造的原則來看，「聯」字從「𢇁」很合理。從「絲」則有些勉强。《説文》小篆「聯」字從「絲」，無疑是字形訛變的結果。這跟「䜌」字所從的「𢇁」在小篆裡訛變為「絲」，是同類的情況。

根據「聯」字本來的字形分析，它的結構應該是：從耳，從𢇁，𢇁亦聲。形聲字的聲旁如果在意義上跟形聲字也有顯著的聯係，往往就是這個形聲字所從派生出來的詞根，或這個形聲字的初文。前者如「合」和「祫」(合祭曰祫)、「非」和「誹」(以言非人曰誹)，後者如「冓」和「遘」。「𢇁」跟「聯」的關係大概也不出這兩類。它可能是跟「聯」字聲義並近，並且為「聯」所從派生的一個字，也可能就是「聯」的初文。

不過以上的推論是以承認《説文》以「連」為「聯」之本義的説法為前提的。其實許慎所説的本義不見得一定可靠。許慎以「耳連於頰」來解釋「聯」字的從「耳」，顯然很牽强。因此他以「連」為「聯」之本義也可能有問題。説不定「聯」字另有已經佚失的本義，「䜌」才是聯接之「聯」的本字。「聯」(聯)字所以有聯接的意義，乃是由於假借為「䜌」，就跟本為草名的「蒙」假借為冡覆的「冡」，端直的「端」假借為開耑的「耑」一樣。【戰國璽印文字考釋三篇　古文字研究第八輯】

◉朱德熙　〔1〕「𨒌」字所从之「𢆶」象兩束絲相連，乃「聯」之初文(戰國印璽文字「聯」正作𦖏。又戰國文字「𢆶」聲與「䜌」聲相通，故「𦘝」即「𦘝」字，詳另文)。「𨒌」从「𢆶」得聲，銘文讀為「連」。【平山中山王墓銅器銘文的初步研究　朱德熙古文字論集】

聊幸私印　聊穉君印　聊臣　聊並印【漢印文字徵】

◉許慎　聊耳鳴也。从耳。卯聲。洛蕭切。【説文解字卷十二】

林二·二五·一四　乙六五三三　乙五一六一　明六六五　乙六二七三　从耳　从儿　説文所無疑聖字異文　明藏六一四　後二·七·一三　京津一五九九　存一三七六　乙八七二八　或从𦔻　乙八八一四　乙八九八一【甲骨文編】

聖　𤼈盤　害聖成王　師㝨鼎　用井乃聖且考　𤼈鐘　𤼈𧺆=　夙夕聖𧼮　師𡨦鼎　尹姞鼎　師𧽊鼎　克鼎　井人妄鐘　𨜒乎簋　用聖夙夜用亯孝皇且文考　曾伯霥匿　𩍂鎛　王孫鐘　曾姬無卹壺　中山王䜌壺　古之聖王　从中　匽伯匜　簷平鐘　聖智龔哴【金文編】

94【包山楚簡文字編】

聖　為四五　三例　語一　日乙二三八【睡虎地秦簡文字編】

0778　2151　1215　4511　長沙馬王堆帛書老子乙本聖字作耶，从耳从口，與璽文同。　5418　【古璽文編】

朱聖　臣聖　魏聖私印　趙聖之印　吳聖君印　黄聖之印　【漢印文字徵】

開母廟石闕　祀聖母虖山隅　【石刻篆文編】

聖華岳碑亦作聲　【汗簡】

古孝經　古老子　華嶽碑　【古文四聲韻】

◉許慎　通也。从耳。呈聲。式正切。【説文解字卷十二】

◉潘祖蔭　聖叔聖姜。即聲叔聲姜。聖本字。聲叚借字。聖字本從耳得義。説文。聖。通也。從耳。呈聲。風俗通。聖者。聲也。通也。言其聞聲知情通於天地。白虎通。聖者。通也。道也。聲也。聞聲知情。故聽字當從聖省聲。何以知之。據尚書此厥不聽。漢石經聽作聖知之也。春秋文十七年小君聲姜。左穀作聲。獨公羊作聖姜。此古文古義未盡淪没者。束晳孔晁不達其恉。遂於謚法解既標聖字。又增聲字。一謚從為之辭大謬矣。近儒趙坦作春秋異文箋。謂公羊聖是叚借字。亦傎到。公羊孤義得此鎛乃益明。【攀古樓彝器款識二册】

◉吳大澂　。聲也。通也。聞聲知情謂之聖。聖聲古通。曾伯霥簠。齊侯鎛聖叔聖姜。張之洞曰。聖即聲。春秋文十七年小君聲姜。公羊作聖姜。聖本字。聲叚借字。【説文古籀補卷十二】

◉林義光　古作太子聽彝。作太保彝。象聲出於口入於耳之形。或作聽尊彝丁。象聲入耳之形。實即聲之古文。或作曾伯霥匿。壬聲。左傳小君聲姜。文十七。公羊傳作聖姜。象聲入耳。亦聽之義。故聽字古亦作聖。洹子器聽命于天子。聽作。説文云聆也。从耳悳。壬聲。按即之變。从心。則本義當為聖哲之聖。出於口為聲。入於耳為聽。因而通於心者聖也。聖與聽相承互易其義。古但作聖。井人鐘憲聖爽惠。曾伯霥匿哲聖元武。師趛鬲聖姬。齊侯鎛聖叔聖姜。皆以聖為之。【文源卷六】

◉余永梁　（後編卷下三十葉）此字疑聖字，从耳口，會意。邾公華鐘字作。孳乳為聽字，魏三字石經聽字从耳口作。集韻聽字作耵。【殷虚文字考】

◉郭沫若　耶古聖字，亦即古聲字，從口耳會意。聖以壬為聲，字稍後起，聲字更屬後起。左氏聖姜，公穀作聲姜，字猶不別，入後二字始分化。耶當即彔子名。【旅鼎　兩周金文辭大系圖録考釋】

◉郭沫若　聖本古聲字，从口耳會意，壬聲，此言「聖人」猶言聞人，與後世所謂聖人之意有別。【師望鼎　兩周金文辭大系圖録考釋】

◉馬叙倫　王玉樹曰。周書無逸篇。此厥不聽。古文作耶。俗儒不識。遂誤作聽字。汗簡耳部有耶字。釋云。聽亦作聖。蓋郭見偽孔書作聽。石經作聖。故兩釋之。其實耶從耳呈省聲。高田忠周曰。聖聽轉注字。林義光曰。聖字。大子聽彝作。大保彝作。即聲之古文。曾伯霥匿作。壬聲。左傳。小君聲姜。公羊傳作聖姜。聖亦聽義。故洹子器。聽命于天子。聽作聖。倫按金文辛巳彝有字。甲文亦有字。蓋從耳從口。會口言而耳聽之之意。後乃增壬聲為轉注字。通也非本義。亦非本訓。風俗通。聖者。聲也。通也。蓋許亦訓聲也。吕忱加通也。唐人刪本訓。字見急就篇。齊矦鎛作。井人鐘作。師趛鼎作。齊矦壺作。古鉩作。【説文解字六書疏證卷二十三】

◉馬叙倫　天子乍父丁彝　倫按舊釋天子而於無釋。孫詒讓謂天疑王之變體。疑聽。邾公華聽元器聽作胥。似同。倫謂天為之變體。此當讀大子。舊釋諸女匜。者女大子尊彝。是其例證。或如孫説。聽即説文聖字所從之耶。為聖之初文。轉注從壬得聲為聖。聽復從聖省悳聲為聽。從口從耳會意。耶蓋大子之名。大子故不必為諸矦王之子也。【讀金器刻詞卷下】

◉李孝定　契文从。象人上着大耳。从口會意。聖之初誼為聽覺官能之敏鋭。故引申訓通。賢聖之義又其引申也。諸家論聽聲聖諸字之關係。詳見九卷庭下引。請參看。許君以形聲説之。非是。聽聲聖三字同源。其始當本一字。本書仍依許例分收之。聞之與聖亦當是一字。説詳九卷庭下。金文作齊鎛。王孫鐘。曾伯簠。井人鐘。師望鼎。穆公鼎。克鼎。師趛鼎。克鼎聖字與契文全同。餘均从壬。亦从人所衍化。【甲骨文字集釋第十二】

◉徐中舒　一期　從從口，，乃以耳形著於人首部位强調耳之功用；從口者，口有言咏，耳得感知者為聲；以耳知聲則為聽；耳具敏鋭之聽聞之功效是為聖。聲、聽、聖三字同源，其始本為一字，後世分化其形音義乃有別，然典籍中此三字亦互相通用。之會意為聖，既言其聽覺功能之精通，又謂其效果之明確。故其引伸義亦訓通、訓明、訓賢，乃至以精通者為聖。金文作克鼎，耳下從人與甲骨文同；或作齊鎛、王孫鐘，漸衍為耳下從壬，是為《説文》聖字篆文所本。《説文》：「聖，通也。从耳，呈聲。」壬本與耳為一體，而許慎以口壬結合為聲符呈，顯誤。【甲骨文字典卷十二】

◉吴振武　筆者認為，此字實際上應該釋為「聖」。分析起來，它是由「耳」（）和「呈」（）兩部份組成的，祇是這兩部份在書寫時，被書寫者用「借筆」法疊套在一起了；而且因為疊套的關係，「耳」旁還比正常的「耳」（）少了一筆。正因這一疊、一借、一省，導致這個字的面貌變得非常奇特。不過細究起來，還都有道理可說。疊套借筆書寫法，在古文字中本是不罕見的，筆者曾撰有《古文字中的借筆字》一文詳予討論，提交中國古文字研究會成立十週年學術研討會，一九八八年七月，長春。這裏無需再說。魏三體石經「聽」字古文「耶」用借筆法寫作，商承祚《石刻篆文編》一二·八下，科學出版社，一九五七年，北京。是個好例，（「聽」和「聖」原由一字分化。戰國時，「耶」既用作「聽」，也用作「聖」用作「聽」的例子如中山王譽鼎「耶（聽）命」（張守中《中山王譽器文字編》四六頁，中華書局，一九八一年，北京），用作「聖」的例子如古璽「耶（聖）人」（《古璽彙編》四一二·四五一一））。「耳」旁雖因受到書寫地位的限制而少了一筆，但從它的外廓看，尚不失「耳」形。齊國璽印中的「聞」字在寫得草率時，「耳」旁亦有省作形者（正常的寫法作，俱見《古璽文編》二八七頁）。儘管這兩個「耳」旁的省作原因容有不同，但簡省的情形卻是一致的。這倒使我們想起啟功先生在《碑別字新編序》中說過的幾句話：「文字孳乳，生生不息，欲求其一成不變，其勢實有不能者。但使輪廓可尋，縱或點畫增減，位置移易，亦不難推繹而識之。」秦公《碑別字新編》，文物出版社，一九八五年。看一個完整的字常常會有這種情形，看一個偏旁，又何嘗不是這樣呢？至于「呈」旁下部左右加有飾筆，這在戰國文字中也是常見的。古璽「或」字作（《古璽文編》四二二頁第二欄），此字釋讀，參《說文古籀補補》附録十七上。「芦（芐）」字作（同上三七一頁第五欄），古璽「户」字或作（《古璽文編》四八一頁第六欄），詳拙作《古璽姓氏考（複姓十五篇）》，待刊。即其例證。前面曾提到，有學者將此字隸釋為「虘（證）」，這個釋法雖然在釋、讀兩方面都有問題，但看出此字下部有「壬」旁，則是可取的。

這裏特別需要說明的是：「聖」字甲骨文作（孫海波《甲骨文編》四六六頁，中華書局，一九六五年，北京），西周金文作或（容庚《金文編》七七一—七七二頁，中華書局，一九八五年，北京），均不能看成从「呈」。《說文》將「聖」字分析為从「耳」「呈」聲，顯然是根據後起字形立說的。但是，從古璽中「聖」字多作、（《古璽文編》二八六頁）的情況看，《說文》立說的根據可以追溯到戰國。細察上面所考的燕璽「聖」字，當不難發現它也是从「呈」的。《說文》對許多字的解說不能反映造字初衷，卻往往跟戰國文字相吻合。「聖」字不過是其中的一個例子。

璽文曰「外司聖鍴」，「司聖」顯然即《管子》中所見的「司聲」。古「聖」、「聲」二字每相通。如：《史記·楚世家》中的楚「聲王」之「聲」，曾姬無卹壺和望山楚簡作「聖」；參李家浩《從曾姬無卹壺銘文談楚滅曾的年代》，《文史》第三十三輯，一四—一五頁，中華書局，一九九〇年，北京。《左傳·文公十七年經》「聲姜」之「聲」，《公羊傳》作「聖」；《史記·衛康叔世家》「聲公訓」之「聲」，索隱引《世

聰

本》作「聖」；今本《老子》「聖人」之「聖」，馬王堆帛書甲本多作「聲」。淅川新出𨯫鐘「厲(鬵)磬」之「磬」作𡔰或厪(河南省文物研究所等《淅川下寺春秋楚墓》二七六、二六一頁，文物出版社，一九九一年)，前者从「聲」(即磬之象形字)「聖」聲，後者从「厂」「聖」聲。又，《金文編》七七二頁「聖」字下收匽伯匜𦰩(人名)，從字形看，此字當與𨯫鐘「𦰩」為同一字(用借筆法寫成)。故「司聖」即「司聲」，從通假來說是沒有問題的。《管子・七臣七主》兩見「司聲」一官：

芒(荒)主：目伸五色，耳常五聲，四隣不計，司聲不聽，則臣下恣行而國權大傾。(尹注：「司聲之官，隨君所好，不為聽其理亂之音也。」)

諂臣：多造鐘鼓，衆飾婦女以惛上，故上惛則四隣不計，而司聲直祿。(尹注：「上既惛暗，雖有危亡之隣，不能計度而知之。其司聲之官，直得祿而已，不憂其職務也。」)

從《管子》本文和尹注看，「司聲」當是負責聽察國情、民情之官，是王之耳目。璽文稱「外司聖(聲)」，「外」似指外朝(國君處理朝政之所)，也可能指朝廷之外(即在地方上)，無論是哪種情況，此璽總是燕國掌聽「理亂之音」的官員遺留下來的。從古文字看，「司聖」或「司聲」也都可以讀作「司聽」。「聖」本來也是「聽」的初文(參裘錫圭《文字學概要》一三二頁，商務印書館，一九八八年，北京)。新出春秋子犯編鐘「聽命」之「聽」即作「聖」(《故宮文物月刊》第十三卷第一期八—九頁，一九九五年，台北)。而「聲」與「聽」，正是一件事的兩個方面，其關係亦密切(參于省吾《甲骨文字釋林・釋耶・宧》，中華書局，一九七九年，北京)。除了「聖」、「聲」互通透露出來的信息外，他如《周禮・秋官・小司寇》以五聲聽獄訟，求民情」之「五聲」，《荀子・成相》稱「五聽」之類，亦可資參校。這種官員的地位，顯然是不低的。【釋雙劍誃舊藏燕「外司聖鍴」璽　于省吾教授百年誕辰紀念文集】

南嶽碑【古文四聲韻】

◉許　慎　聰察也。从耳。悤聲。倉紅切。【說文解字卷十二】

◉馬叙倫　聰從悤得聲。悤從心得聲。心聖同為次清摩擦音。故聖轉注為聰。察也蓋字林文。【說文解字六書疏證卷二十三】

聽

甲3536 乙409 544 1263 3337 3396 5317 5347 7663 7828 8502 零27 珠279 佚82 續6·11·1 佚768 續6·15·8 續6·22·6 徵12·22 掇214 凡13·4 續存458 1193 【續甲骨文編】

大保簋 辛巳簋 聽 洹子孟姜壺 从耳从口 中山王嚳鼎 王子聖觚 【金文編】

聽 法一〇七 三例 為一八 五例 雜四 九例 秦一五九 七例 【睡虎地秦簡文字編】

奚聽私印 黃聽 沐新聽印 【漢印文字徵】

泰山刻石 皇帝躬聽 史記誤聖 石經無逸 此厥不聽 汗簡引義雲章聽亦作聖作 【石刻篆文編】

聽亦作聖 【汗簡】

義雲章 古老子 崔希裕纂古 古老子 【古文四聲韻】

◉許慎 聽聆也。从耳悳。壬聲。他定切。【說文解字卷十二】

◉劉心源 太保𣪕 聽。或釋班。或釋启。皆非。此字从耳从口。乃聖省。古文聖聽通用。樂記小人以聽過。釋文。聽。本作聖。廣川書跋泰山篆皇帝躬聽。史記作躬聖。齊侯壺。宗伯聖命于天子。以聖為聽。案邾公𨚕鐘。子孴為之。汗簡耳部注云。聖。實聽字也。凡古刻聖字从齊侯壺。聖命于天子。从曾伯𩵦簠。哲聖元武。說文云。聖从耳。呈聲。觀邾公𨚕鐘聽字。知聖字从王从耶。耶古文聽字。此云聽叡人反聽者。聽其自便。呂覽樂成。寡人盡聽子矣。注。聽從也。父丁觚天子。作父丁彝。亦此字此義。【奇觚室吉金文述卷三】

◉吳大澂 疑古聽字。从耳。从十。猶相字之從十目也。【愙齋積古録十三册】

◉吳大澂 古聽字。从聖。从十口。聖人能兼聽也。聽从十口。相从十目。視明聽聰也。齊侯壺。【說文古籀補卷十二】

◉馬叙倫　鈕樹玉曰。韻會作從悳從耳壬聲。張之洞曰。齊矦鎛聖叔聖姜即聲叔聲姜。風俗通。聖者。聲也。聽字當從聖省聲。尚書。此厥不聽。漢石經作聖。是其證。倫按如今篆當是從聖省悳聲。為聖之轉注字。聖音審紐三等。古讀歸透。聽音透紐也。又悳從直得聲。直音澄紐。澄與審三同為舌面前音。聖從呈或𡈼得聲。呈音亦澄紐。𡈼音則透紐也。當立聖部而屬之。【説文解字六書疏證卷二十三】

◉饒宗頤　□丑卜，㱿貞：王⿰耳吅隹不……(佚存八二)

「⿰耳吅」即「聽」字，或但作「𦔻」，與魏三體石經無逸古文，及古文四聲韻引義雲章，「聽」字形同。【殷代貞卜人物通考卷四】

◉李孝定　説文。「聽。聆也。从耳悳。壬聲」。篆文為會意兼聲字。契文作□。乃會意字。篆文从壬乃□所衍化。既已作壬。許君不得不以「壬聲」説之矣。許書又有聑字訓「聶語也」。聶訓「附耳私小語也」。聑與聽聲音讀雖殊。其始蓋亦由𦔻所衍化也。金氏釋聾乃望文之訓。契文⿱宀𦔻字从此為聲。如此釋聾則⿱宀𦔻字不可解矣。葉氏謂是昭明。是肊説耳。餘詳九卷庭⿱宀𦔻字條下。金文作□齊侯壺。鉩文作□。與此同。【甲骨文字集釋第十二】

◉于省吾　甲骨文𦔻字作□、□、□或□、□、□等形。⿱宀𦔻字作□、□或□、□等形。葉玉森頗疑𦔻⿱宀𦔻「即殷先公昭明，後人譌讀其字為昭或為明，又合稱為昭明耳。」(集釋六·五四)吴其昌謂：「□者蓋亦殷代一先公之名。」(解詁七二八)郭沫若同志謂：「⿱宀𦔻以他辭例之，當是貞字之異，从宀𦔻聲。𦔻魏石經尚書古文以為聽字。按古聽聲聖乃一字，其字即作𦔻，从口耳會意。言口有所言，耳得之而為聲，其得聲之動作則為聽。聖聲聽均後起之字也。聖从𦔻壬聲，僅於𦔻之初文附以聲符而已。左傳聖姜，公穀作聲姜，知聲聖為古今字。後乃引伸為賢聖字，三字遂分化矣。聽聖聲與貞同耕部，故知此从𦔻聲之⿱宀𦔻，當是貞字。」(通考六一五)按葉吴二氏説並誤。郭謂古聽聲聖乃一字是也，惟謂當是貞字之異亦誤。𦔻亦作⿰耳吅，从二口與从一口同，古文有繁省耳。古文四聲韻十七清，引華嶽碑聲作□，以⿰耳吅為聲。甲骨文聲字作□(後上七·一〇)，亦作□(粹一二二五)，上已殘，應補作□，从𦔻㱿聲。甲骨文𦔻與⿱宀𦔻用法有別，兹分述於下：

一，𦔻為聽聞或聽治之聽。甲骨文稱「方亡𦔻」(後下三〇·一八)，是説方國没有行動消息可聞。又「呂方亡𦖞(聞)」(續一·一三·五)，聽與聞同義。聽亦為聽治之聽。書洪範之「四曰聽」，孔疏：「聽者，受人言察是非也。」荀子王霸之「要百事之聽」，楊注：「聽，治也。」又王制之「聽之繩也」，楊注：「聽，聽政也。」是古謂聽為聽政。甲骨文稱「貞，王⿰耳吅不隹辥(孼)〇貞，王⿰耳吅隹辥」(乙四六〇四)，孼之通詁訓為患害，言王之聽治有無患害。「王⿰耳吅不隹𡆥」(戩四五·九)，𡆥應讀作咎，言王聽不唯咎也。「王𦔻隹㞢壱」(戩四五·一〇)，言有壱則不利于聽治也。「王⿰耳吅不隹于唐壱」(柏一九)，言王之聽治，唐不壱王也。

聆 聆

二，⿱宀耶為廷或庭之初文，有時亦省作耶。⿱宀耶从宀耶聲，耶古聽字，聽从壬聲，與廷庭之从壬聲聲符同。金文有廷無庭，庭為後起字。説文：「廷，朝中也。」又：「庭，宫中也。」乃後世分別之文。金文廷作㢟或匽，與⿱宀耶音近字通。古代太室中央謂之廷，説詳王國維明堂廟寢通考。商器切卣：「乙子，王曰隮文武帝乙俎，才𨜒大庿。」庿作，从广與从宀一也。甲骨文省稱為「𨜒⿱宀耶」（殹存一七）。大庿即大廷，亦見小盂鼎，大廷謂宗廟太室之廣廷。逸周書大匡之「朝于大庭」，謂明堂之大庭也。古者各封國皆有宗廟，宗廟皆有太室，周代金文言王才某地或某國而格于大室者習見。甲骨文稱「才⿱宀耶」（佚九九四），言在廷也。「奏于耶」（前六·一二·六），「兄（祝）于宫」（文録五五五），「于耶口（祊）令」（前一·二六·五），宫即⿱宀耶，耶者⿱宀耶之省，祊同閍，爾雅釋宫「閍謂之門」。于耶口令，言于廷之閍門施令也。甲骨文亦言「⿱宀耶門」（庫一〇〇二）。甲骨文稱「□小乙于⿱宀耶」（粹二八一），當謂祭小乙于廷也。又「弜鄉⿱宀耶，𩰫隮必」（粹五四一），廷與必為對文，必即宓。言弗饗于廷，而𩰫隮于宓也。廷謂太室中央，宓謂室内也。又「其啓⿱宀耶西户，兄（祝）于七辛」（南北明六七七），書金縢之「啟籥見書」，啟謂開也，言開太室之西户以祝于妣辛也。

綜之，耶古聽字，⿱宀耶古廷字。甲骨文以耶為聽聞聽治之聽；以⿱宀耶為廣廷之廷，有時亦省作耶。周人假匽為⿱宀耶，廷行而⿱宀耶廢矣。【釋耶⿱宀耶　甲骨文字釋林】

◉許　慎　聆聽也。从耳。令聲。郎丁切。【説文解字卷十二】

◉馬叙倫　聆音來紐。古讀歸泥。聽音透紐。泥透皆舌尖前音。是聆聽為轉注字也。玉篇引倉頡。聆。聽也。耳所聽曰聆。【説文解字六書疏證卷二十三】

◉白玉崢　聘：續編釋耶十二·五，無説。集釋釋聘：「从耶从卩，説文所無。當為耶之繁文。」三五五〇。或謂：「聘，當讀為牒，蓋切膾之意。」通考八四八頁。察字之契文構形，無切膾之意，所釋殊非。至定為耶之繁文，亦未必為當。就其構形察其字義，蓋象張大雙耳，屏息聽從之義焉。疑即今字聆之初文。説文：「聆，聽也。从耳令聲。」廣雅：「聆，從也。」是今字聆乃後起之形聲字也。【殷虚第十五次發掘所得甲骨校釋　中國文字新十三期】

職 職

[字形] 職　从首猶聝之或从首作馘也　曾姬無卹壺　[字形] 𨜒王職劍　【金文編】

九二：四二　宗盟類參盟人名　【侯馬盟書字表】

 職 效四三 三例 通識 —耳 效四三  為一九 【睡虎地秦簡文字編】

 不晏亓參—(甲3—13)【長沙子彈庫帛書文字編】

 張職之印  臣職之印  王不職印  趙職 【漢印文字徵】

 職出王庶子碑 【汗簡】

 古孝經  崔希裕纂古 【古文四聲韻】

◉許　慎 記微也。从耳。戠聲。之弋切。【説文解字卷十二】

◉高田忠周  古籀補。吴云疑職字之異文。按吴攷為是。實之省。以言為音。與下文同。説文。記散也。从耳戠聲。段氏云。散舊作微。今正。又記猶識也。纖微必識。是曰職。周禮太宰之職。大司徒之職。皆謂其所司。凡言司者謂其善伺也。凡言職者。謂其善聽也。釋詁曰。職主也。毛傳同。周禮職方亦作識方。朱氏駿聲云。按五官耳與心最貫。聲入心通。故聞讀者能記。从耳與聖同意。爾雅釋詁。職主也。職常也。廣雅釋詁。職事也。職業也。列子天瑞篇。天職生覆。注主也。詩蒸民。衮職有闕。箋王之職。孟子。諸侯朝於天子曰述職。述職者述所職也。周禮太宰。設官分職。周官。有職内職歲職幣職器職金職方氏。干寶曰。凡言職者。主其業也。【古籀篇五十三】

◉郭沫若 即職之異。劉體智云。从戠从百。百即首字。猶聝之或作馘。善齋四五五。是也。【曾姬無卹壺　兩周金文辭大系圖録考釋】

◉馬叙倫　廣韻引字林。職。記微也。則此字林訓。倫謂記微也當作記也微也。後人并之耳。微又為徽譌。或借為嶶。莊子天運。嶶之以人。釋文。嶶。本亦作微。記也乃識字義。嶶也乃幟字義。本書無幟。古書借識為幟。若官職字當作幟也。古今皆以職字為之。或以為耳官主聽。故職有主義。此曲説也。五官各有所主。何不作職而必作職邪。且如其説。識從言猶從口矣。官職字何以不作識邪。蓋古之官守。有幟以為號令之準。故為職守之義。又爾雅釋詁職主也者。職主皆借為爪。爪音照紐三等。職音照紐三等。古讀皆歸於端。爪或作。音轉為諸兩切。與掌同音。故亦借掌為之。掌從尚得聲。尚音禪紐。照三與禪。同為舌面前音。故亦借尚為之。今言主持即掌持。古官名主事即掌事。今又言職務者亦即掌事。猶古言

聒 聒

執事也。皆非職之本義。職蓋聀之轉注字。職音照三。聀音審三。同為舌面前音。古讀照歸端。端透同為舌尖前破裂音。則職亦聽之轉注字。聽從悳得聲。悳從直得聲。直音澄紐。澄與照三又皆舌面前音也。古鉨作[glyph]。鄦五戈作[glyph]。【說文解字六書疏證卷二十三】

◉楊樹達 職在王室。職與職同。職字从百,百與首同。蓋職字之或作从耳之字或亦从首,說文耳部聝或作馘,是其證也。爾雅釋詁云:「職常也。」【曾姬無卹壺跋 積微居金文說】

◉嚴一萍 [glyph] 13職 鄦王戈職作[glyph]。曾姬無卹壺職作[glyph]。古璽之耳作[glyph],即[glyph]下所从之[glyph],此為職字無疑。【楚繒書新考 中國文字第二十六册】

◉于豪亮 十三、[glyph]、[glyph]、[glyph]是職字

勞榦《居延漢簡》第一五五葉,(一二三·四七):

欲言[glyph]事

[glyph]事是職事,勞榦誤釋為變當。

又第三〇九葉,(四八六·四七)

[glyph]事數毋狀,當坐

勞榦誤釋此句為「勝早數毋狀賞。」

又

[glyph]事數毋狀

三個職字,寫法各不相同,但都是職字。【釋漢簡中的草書 于豪亮學術文存】

[glyph] 聒並尚書【汗簡】

[glyph]古尚書 [glyph] [glyph] [glyph] [glyph] [glyph] 並籀韻【古文四聲韻】

◉許慎 聒讙語也。从耳。𠯑聲。古活切。【說文解字卷十二】

◉馬叙倫 翟云升曰。書盤庚釋文。聒聒。馬及說文皆云拒善自用之意。倫按從耳安得為讙語。左襄六年傳。聒而與之語。

抱撲子。春蛙長譁。而醜音見患於聒耳。然則聒非讙語。正謂譁語擾耳耳。玄應一切經音義廿引倉頡。聒。擾亂耳孔也。字林。誼語也。誼為讙之轉注字。則讙語也乃字林文。玄應所據本作誼語耳。讙語與擾亂耳孔一義。然均非本義。書釋文引者。今見心部懖下。亦非本訓。【說文解字六書疏證卷二十三】

◉許　慎　聥張耳有所聞也。从耳。禹聲。王矩切。【說文解字卷十二】

◉馬叙倫　鈕樹玉曰。玉篇引無也字。倫按聒聥二字失次。張耳有所聞似校語。本訓捝矣。玉篇引倉頡。聥。驚也。【說文解字六書疏證卷二十三】

後一·七·一〇　粹一二二五【甲骨文編】

粹1225　新4778【續甲骨文編】

聲　法五二【睡虎地秦簡文字編】

司馬聲　吳聲　文聲　杜子聲　周子聲印【漢印文字徵】

華嶽碑【古文四聲韻】

◉許　慎　聲音也。从耳。殸聲。殸。籀文磬。書盈切。【說文解字卷十二】

◉郭沫若　第一二二六片磬當即聲字，惜上端略損而辭亦殘缺，未明其義。【殷契粹編考釋】

◉馬叙倫　嚴可均曰。殸籀文磬校語。小徐無。倫按音即聲音之聲本字。其轉注字為聲。聲則聖之音同審紐三等聲同耕類轉注字。故聖姜或作聲姜。餘見磬下。字見急就篇。【說文解字六書疏證卷二十三】

◉于省吾　甲骨文的「⿱声耳齋其褔兄辛」(後上七·一〇)，是康丁祭祀其兄廩辛的占卜。⿱声耳是聲的省體，繁體也作聲(粹一二二五)。聲字應讀作馨。說文聲馨都从殸聲。漢衡方碑的「耀此聲香」以聲為馨。詩文王的「無聲無臭」，文選嵇叔夜幽憤詩引作「無馨無臭」。可見聲與馨古字通。左傳僖五年引周書，謂「黍稷非馨，明德惟馨」。禮記郊特牲的「蕭合黍稷」，孔疏：「馨香謂黍稷。」馨

齋其登兄辛，是説康丁用馨香的齋祭祀其兄廪辛。甲骨文登齋的次數大大超過登黍，足見齋在祭品中占有比黍更重要的地位。

【釋黍、齋、來　甲骨文字釋林】

◉徐中舒　粹一二二五　從從聽，會叩擊懸磬之意。擊磬則空氣振動，傳之於耳而感之者為聲。或作，乃字之省。【甲骨文字典卷十二】

聞

餘九・一　餘九・三　前六・一七・一　前七・七・三　前七・三一・二　甲一二八九　月有食聞　乙三二五〇　續一・一三・五　明藏七六三　存一七五　簠帝三　京都四五三【甲骨文編】

甲1289　3250　3481　乙5161　6533　珠345　外35　續5・2・4　徵11・52　續5・10・7　續5・14・2　徵3・1　續5・23・6　徵3・3　續5・25・3　5・30・10　續存1146　新2029　2599【續甲骨文編】

聞　説文古文从昏作古文尚書作䎽與婚通　盂鼎　我聞殷墜命　利簋　歲鼎克聞夙又商　中山王譽鼎　寡人聞之　或从女　郘王子鐘　聞于四方　王孫𢍜鐘【金文編】

137【包山楚簡文字編】

聞　日甲一四八　七例　語五　二例【睡虎地秦簡文字編】

3975　0028　0031　0030　0029　0033　0312　0193【古璽文編】

聞人長公　聞意私印【漢印文字徵】

韓仁銘額　石經君奭　我聞在昔　説文古文作金文盂鼎作皆不从門汗簡引尚書作　引説文作　古文四聲韻作二者恐

有所誤玉篇之古文與此同【石刻篆文編】

□聞 □聞見說文 □聞出裴光遠集綴 【汗簡】

□古老子 □古尚書 □說文 □裴光遠集綴 □ □竝王存乂切韻 【古文四聲韻】

◉許　慎　䎽知聞也。从耳。門聲。無分切。䎽古文从昏。【說文解字卷十二】

◉高田忠周　□□　此二篆元用為婚姻之婚。然今細審。右明从耳。此聞字也。說文。聞知聲也。从耳門聲。古文从昏作䎽。蓋名字从夕口。其意謂冥不相見。故以口自名。聞字與名相似。昏冥不可辨皃。聞聲知之。故古文从耳昏會意。昏亦聲也。婚禮昏時。而古無華燭。亦當聞聲行之。故字或从耳从婚如此作耳。聞婚音義相近。故鐘鼎古文多借䎽為婚也。又或云如此者。从婚聲。即緐文耳。亦通。【古籀篇五十三】

◉唐　蘭　□當即□字。後變為□或為□。乃聞之本字。又云。冥於卜辭。蓋當作□。即𡚨字。余所得一骨。與唐並列。昔作古史新證序。據以為上甲微之別名。今知不然。𡚨冥一聲之轉。天問云。昏微遵迹。昏亦當是冥也。郊冥宗湯。故□唐並列。又簠室殷契徵文天象四四片。貞。烄□。出从雨。烄□當即郊冥也。考古社刊弟六期懷鉛隨録。【古文字學導論下】

◉馬叙倫　鈕樹玉曰。玉篇廣韻韻會一切經音義十四及十八引並作知聲也。倫按聆音來紐。古讀歸泥。聞音微紐。微泥同為鼻音次濁音。聞聆聲亦同真類。是轉注字也。字見急就篇。古鉨作□。

䎽　鈕樹玉曰。玉篇作䎽。段玉裁曰。昏聲。李杲曰。石經作□。蓋從耳采。采辨同。盂鼎作□。亦從耳昏。倫按篆當作䎽。說解當曰古文聞從昏。唐人避諱改之。然從昏二字校者加也。汗簡引作□。沈濤疑從舂聲。非也。蓋本作□。從古文昏耳。毛公鼎□字。蓋從耳婚省聲。或從女□聲。□即盂鼎之□。□從耳□省聲。蓋䎽之轉注字。門昏音同微紐。今音民入心紐。民每一字。每萌轉注萌音微紐。聲同真類。故同轉注為䎽。石經作□。蓋與盂鼎同字。【說文解字六書疏證卷二十三】

◉商承祚　昏不能察。聞而可知。桂氏說也。以昏為聲。段氏說也。玉篇作䎽又作𦖞。敦煌本尚書胤征及石經古文亦作𦖞。金文盂鼎。我聞殷墜命作□。似䎽𦖞由此孳乳。【說文中之古文考】

◉董作賓　□　唐蘭氏以為「當即□」,「乃聞之本字」,是也。容庚氏金文編第十二,收聞字,作□,注云:「盂鼎『我聞殷墜命。』」按,此字◎確為聞之本字,蓋會意也。「聞」,原為報告、奏事之專字,从□或□為耳字,从□,為報告者跽而以手掩口之狀,从ㄐ象口中液,或省之。掩口者,恐口液噴出,侮慢尊長,所以示敬也。金文分耳,伸足,縮手,加重口液置首上,去古誼已

遠。後世改作形聲，説文古文作，从耳昏聲，小篆作，从耳門聲。魏三體石經作，从采，从耳。玉篇作，从采，古辨字，後起會意字也。去古益遠，古誼益晦矣。聞之義，一為聞知，一為達聞。此二義，殷代已並用之。⊘此字最初之意義，當為奏聞上「達」之聞，猶淮南子主術「而臣情得上聞之」之「聞」。接受此奏報者必有所聞，故同時亦有「知」之義。卜辭一「余聞」，金文盂鼎「我聞」，當此義也。在殷代，聞之一字，似已成為公文中習用之語，如偁「有聞」，偁「有來聞」，「月有食」，之「聞」即「有聞」，「有來聞」之省語也。月食而方國奏報以「聞」，則日食亦必有奏報可知。蓋殷人視日月食為同樣重要之天變也。自詩人作十月之交刺幽王，以「日有食之」為「亦孔之醜」；以「彼月而微」為「則維其常」；故春秋以下，歷代史籍，乃僅載日食，不載月食，説者謂「日者太陽之精，人君之象，君道有虧，為陰所乘，故蝕，蝕者陽不克也。」（後漢書五行志引日蝕説）蓋籍以警惕時主，使之畏天威，懼天變，克己責躬，修政布德而已。史志中記載日食，常有「史官不見，郡國以聞」之語，與殷代記「月有食聞」之語酷似，事類既同屬交食，程式則皆為報告，而並用聞字，亦奇蹟也。⊘日食記「聞」者，十五次。殷代月食記「聞」者兩見，決非偶然，其文之繁簡雖異，而稱「聞」則一。上下千餘年，文書習用之專詞，乃能一脈相承，亦是見吾國文化源流之一斑矣。【殷曆譜下編卷三】

◉于省吾　卜辭䎽字作等形。⊘唐之釋䎽是也。以昏為冥。無由徵信。天問之昏微遵迹。昏讀為聽䎽之䎽。義亦可通。䎽字本象人之跪坐。以手掩面。傾耳以聽外警。可以想見古人造字之妙。上側特著其耳。亦猶見之从横目。望之从立目。臭之从自矣。説文憂字。係由䎽字所演變。栔文䎽字用法約分二類。一。續五・一四・二。貞。烄䎽。㞢从雨。貞。弓烄䎽。烄即烄。説文。烄交木然也。䎽婚音近字通。金文婚字作䎽。烄婚中閒無介詞。除烄䎽外。亦無特祭或具牲之祭。其非冥也可知矣。前五・三三・二。烄㚫。五・三三・三。㚸烄。六・二七・一。烄婞。辭例相同。㚫㚸婞均从女作。且下文均言雨。當係烄然女奴以气雨也。太平御覽天部十引莊子曰。宋景公時。大旱三年。卜云。以人祀乃雨。又地部二十引帝王世紀曰。湯時大旱。殷史卜曰。當以人禱。是气雨以人為牲之證。二。前六・十七・一。貞。方叀口㞢䎽。七・七・三。貞。㞢䎽曰口。七・三一・二。王固曰。其㞢來䎽。其隹甲不口。續一・一三・五。貞。呂方亡䎽。五・二・四。甲午。㞢䎽曰戉。五・二三・六。己亥卜。穷貞。㞢䎽。允其☒。五・二五・三。允隹我口㞢䎽。珠三四五。其㞢䎽。貞。呂方亡䎽。以上諸辭。所言㞢䎽其㞢來䎽亡䎽。語有正反。其㞢來䎽。與其㞢來媗語例同。如讀為其有來聞。以聞為聽聞。則不詞矣。䎽聞古今字。䎽應讀作閔。經傳聞閔與从昏之字每音近字通。説文婚之籀文作䎽。即金文婚字作者之譌變。毛公鼎。䡅字作。下从䎽。説文。䡅車伏兔下革也。从車䎽聲。䎽古昏字。讀若閔。淮南子脩務。鈍聞條達。文子精誠作屯閔條達。晏子春秋問上弟七。荆楚惛憂。惛應讀作䎽。詳諸子新證。左傳閔公。史記魯周公世家作湣公。荀子王霸。

齊滑宋獻是也注。滑與閔同。均其例證。詩柏舟。覯閔既多傳。閔病也。閔亦作痻。桑柔。多我覯痻箋。痻病也。左宣十二年傳。寡君少遭閔凶注。閔憂也。病與憂義相因。卜辭之㞢䎽亡䎽。即有憂亡憂也。其有來䎽。即其有來憂也。殷時四夷為患。故稱䎽之有亡。多就方國言之也。且閔既可言覯言遭。故亦可言來。然則卜辭作䎽。經傳作閔或痻。用字雖異。音義不殊矣。【釋䎽　雙劍誃殷栔駢枝續編】

◉郭沫若　大盂鼎「我□殷遂墜命」，容庚釋聞，謂「說文聞古文从昏作䎽金文編十二、三。其說至確。今案薛氏款識之蔡𣪕原題「□敦」亦有此字，云「嗣王家外內毋敢有不□」，舊釋為敬，非也。細案此字之結構乃从耳䎽聲，與許書古文之从耳昏聲，正同。許書車部「轗車伏兔下革也，從車䎽聲，䎽古文昏字」，又其女部婚下重文「□籀文婚如此」。䎽即金文□字之譌變。金文假□為昏，毛公鼎「余非庸又□」是也。又假為婚，芇伯𣪕婚媾字作□，克盨作□，殳季良父壺作□，是也。又假為轗，彔伯𣪕之「金甬畫□」，是也。轗字之見於它器者，毛公鼎作□，師兌𣪕作□，均从車□聲。番生𣪕作□，則从車䎽聲。余謂䎽乃昏庸之昏之本字，从䰜省，象形，象人首為酒所亂而手足無所措也。昏乃晨昏之昏，又別為一字。後人假昏為䎽，而䎽字廢。古亦假□為婚若䎽，故許以䎽為籀文婚，又為古文昏也。䎽之止為手形之譌，其□為□形之譌，寔亦从耳䎽聲之聞字也。故古聞字有三異，或从耳昏聲作䎽，或从耳䎽聲作□。新出魏石經君奭篇聞之古文作□，案此乃□之省而稍稍譌變者也，其正體疑本作□。此雖無徵，揆諸字例，理當如是。蔡𣪕文據近出石刻殘本，字形亦稍譌變，當作□。【釋□　金文餘釋】

◉高鴻縉　□前七·三一·二　甲文此字。人初不識。唐蘭以為即金文□。乃聞之本字。容庚金文編並引盂鼎我聞殷墜命為證。是也。但原文是殷述命述。通遂。遂終也。其初形當為倚耳畫人掩口屏息靜聽之狀。由文耳生意。故託以寄聽聞之聞意。動詞。晚周古文作䎽者。當是从耳昏聲。或作䎽者。見三體石經古文。玉篇亦存䎽應从耳。采聲。秦人改造聞字。从耳。門聲。聞行而古字俱廢。【中國字例二篇】

◉朱芳圃　□盂鼎　聞，金文作□，从耳，□聲。古文作䎽，从耳，昏聲。足證□，昏同音。由於文字由繁趨簡，故六國時之古文改从昏作。

汗簡米部：「□：問。」鄭珍曰：「問系聞之譌，正文亦誤。薛本尚書及玉篇古聞作䎽，集韻類篇作聋，知下當作□。」汗簡箋正三·二六。桉鄭說是也。米即□之省形，譌變為米。淮南子脩務訓「鈍聞條達」，高注「鈍聞，猶鈍惛也」，可證昏聞二字音同字通。【殷周文字釋叢卷下】

◉于省吾　甲骨文聞之古文作□，常見，有的也作□，隸定作䎽或𦖞。唐蘭同志謂：「冥於卜辭蓋當作䎽，即䎽字。」又謂：「䎽

冥一聲之轉。……貞，烄㜽㞢从雨，烄㜽當即烄冥也。」(考古社刊第六期懷鉛隨録)按唐謂㜽即𡟎字是對的，但以㜽為先公之冥則非是。甲骨文于㜽也从無用牲之祭。甲骨文乞雨每言烄妫或烄婞，則妫婞和㜽均當為女奴隸之名。㜽字左从[glyph]，即古欠字(詳釋次、盜)，㜽字右上从耳，與欠相連。㜽字的造字本義，象人之坐，用手掩其口，以表示静默，而聳耳以聽。這和甲骨文的聖字作㕯，象人舉目遠望，可資參驗。説文訓聞為知聞。吕氏春秋異寶和重言高注，並訓聞為知。甲骨文稱：「㞢疒齒，父乙隹㞢㜽」(南北師一·四三)，「匕己㜽〇匕己弗㜽」(綴合二二七)。以上三個聞字並應訓為知。甲骨文稱：「其㞢來㜽」(前七·三一·二)，「𢀛方亡㜽〇其㞢㜽」(珠三四五)。以上三個㜽字乃聞的引伸義，指消息言之。

甲骨文㫐昏之昏作[glyph]，與㜽字的用法截然不同。周初金文的㜽字，武王時的利鼎作[glyph]，康王時的盂鼎作[glyph]，已較契文有了譌變。成康以後，不僅㜽字又有譌變，而且用法也和昏或婚相通。例如：昏愚之昏，諫簋作[glyph]，毛公鼎作[glyph]；婚媾之婚，克盨作[glyph]，殳季良父壺作[glyph]。説文婚之籀文作[glyph](説文𩰬𩰬二字从之)，其譌變尤甚。周初以後金文的㜽字，上端變作[glyph]，下端止字或變作女，于是，王國維史籀篇疏證和林義光文源，均謂𡟎字古从爵女，未免荒謬。

總之，甲骨文㜽昏二字有别，㜽為聞字的初文。西周金文還未見昏字。周初金文㜽字雖有譌變，但仍作聞字用。西周中葉以來的金文，既以㜽為昏愚之昏，又以㜽為婚媾之婚。䎽䎺聞三字始見于晚周古文：䎽字見于詛楚文的「䋣以䎽𥿍」，䎺字見于説文繫傳的「古文聞」，聞字見于古鉩的「左司馬聞竘信鉩」。本文既尋出聞字本作㜽的構形和變化的源流，也尋出它和昏婚分合交錯的由來。【釋㜽　甲骨文字釋林】

◉商承祚　第一簡　☐【鄓客困芻】䎺王於【𢦏郢之歲，𦤎】层之月，癸亥之日，禱於☐

據二五簡文例，知於层兩字之間殘失𢦏郢之歲𦤎五字，又據第二六及四七簡文例，知此簡䎺前當有鄓客困芻四字，今皆為補入。

䎺，即聞。戰國前無从耳、門聲之聞，周至春秋，聞字結構複雜，戰國中山王𰯼鼎「寡人䎺之」作䎺，《説文》聞，引古文作䎺，與此同。此字於本組簡文凡五見。據《左傳》莊公四年、宣公十二年記載及湖北雲夢睡虎地出土的秦簡《日書》，以秦楚月名對照，知𦤎层之月為戰國時楚歷四月，癸亥之日是四月中的一日。【江陵望山一號楚墓竹簡疾病雜事札記考釋　戰國楚竹簡匯編】

◉李孝定　金文聞字，象人形着大「耳」會意，非形聲字，與[glyph]字着大「目」以會「望」意者同；金文或假為「昏庸」、「婚媾」，以其音近也，於是遂有説文古文之䎺，轉為从耳、昏聲之形聲字，篆文又改為从耳、門聲，其始非形聲字也。諸家説此多未的。【金文

詁林讀後記卷十二】

◉李　圃　，聞。甲骨文字當中之象人跽張口形，實乃形；右邊之乃耳之象形；象舉手之形。按字全係象形，突出一耳，表聽聞，人跽張口振臂舉手，表報告。⊘本義當為聞報。負責聞報之機關亦可稱聞，聞當為商代的政治制度，方國設此機構以通情報于殷商時王。後字義逐漸引申擴大，聞又具有聽到的消息，傳聞布達等義。【甲骨文選注】

石經僖公　齊矦使國歸父來聘　【石刻篆文編】

古老子　【古文四聲韻】

◉許　慎　訪也。从耳。甹聲。匹正切。【說文解字卷十二】

◉馬叙倫　訪也者。誀字義。本書無誀。而㛹從之得聲。見㛹字下。聘為聤之聲同耕類轉注字。聘音滂紐。聽音透紐。滂透同為次清破裂音。則亦聽之轉注字也。字見急就篇。【說文解字六書疏證卷二十三】

◉劉彬徽等　(208)蕁，簡文作，即甹，讀如聘。《爾雅·釋言》：「聘，問也。」《禮記·曲禮》：「諸侯使大夫問於諸侯曰聘。」【包山楚簡】

佚234　【續甲骨文編】

聾　聾鼎　【金文編】

聾張揖集古文　【汗簡】

道德經　張揖集　【古文四聲韻】

◉許　慎　無聞也。从耳。龍聲。盧紅切。【說文解字卷十二】

◉高田忠周　聾鼎字从耳甚明。左形似苟自異。試分析之。即辛。即勹。下又从口。嘗疑說文啇字。語相訶歫也。

从口叵辛。辛惡聲也。如此與从口辛聲之䛐即言字。形同無異。故口辛會意之啇。殊屈辛之末筆。以僅分別。然實非有別也。因謂此啇為啇本字。其勹與口。合以為咆字省文。咆吼怒號。所以訶叵之意可見焉。但字書無⿰耳啇。⿰耳啇疑聒異文。啇昏古音同部。故聒或作⿰耳啇。不敢肊定。存疑附之。【古籀篇五十三】

◉柯昌濟 聾 字當是从耳从龍省。即聾。古文耳字作耳。與卜詞取字所从耳字正同。【聾鼎 韡華閣集古録跋尾】

◉馬叙倫 沈濤曰。御覽七百四十引秦晉謂之𦗼五字。倫按蓋校語。或所引乃𦗼下文也。無聞也疑非本訓。聾之從龍得聲。蓋以聾是耳病。耳將聾者。其膜側而發聲龍龍然也。翟云升據本艸注龍耳虧聰。以為當從龍龍亦聲。然則轉注字作聳。將何説也。文選七命注引倉頡。聾。耳不聞也。字又見急就篇。聾鼎作聾。【説文解字六書疏證卷二十三】

◉金祖同 ⿰耳卩作⿰耳卩。為聾之初文。蓋以口就耳明白如畫。其為聾字無疑。今聾乃後起形聲字。【殷契遺珠釋文】

◉李孝定 辭云「辛丑卜殻□聾」。其義雖未詳。然於文从耳从龍當是聾字。金説可从。金文聾鼎作聾。與此同。【甲骨文字集釋第十二】

◉戴家祥 聾 聾鼎 金文作左右結構，左旁从龍不顯，故高田忠周謂从啇，細辨之，从龍為妥。鐘鼎刻銘作人名。【金文大字典下】

⿰彳省

南嶽碑【古文四聲韻】

◉許慎 ⿰彳省生而聾曰聳。从耳。從省聲。息拱切。【説文解字卷十二】

◉馬叙倫 鈕樹玉曰。廣韻作聳。引同。韻會作聳。引作生而耳聾曰聳。從耳。從聲。丁福保曰。慧琳音義七十九及八十八八十九九十一竝引作從耳從聲。倫按本訓聾也。今捝。但存字林文或字出字林也。聳為聾之聲同東類轉注字。【説文解字六書疏證卷二十三】

𦗼

◉許慎 𦗼益梁之州謂聾為𦗼。秦晉聽而不聞聞而不達謂之𦗼。从耳。宰聲。作亥切。【説文解字卷十二】

◉馬叙倫 鈕樹玉曰。玉篇引方言云。半聾也。梁益之間謂之𦗼。秦晉之間聽而不聽聞而不達謂之𦗼。此亦當作梁益之間。倫按廣韻引字林。𦗼。秦晉聽而不聰聞而不達曰𦗼。鍇本上聞字正作聰。然則此字蓋出字林。𦗼音精紐。然從宰得聲。宰

從辛得聲。辛音心紐。則與聳為轉注字。聳音心紐也。【説文解字六書疏證卷二十三】

◉許　慎　聵聾也。从耳。貴聲。五怪切。□聵或从叡。臣鉉等曰。當从蔽省。義見蔽字注。【説文解字卷十二】

◉馬叙倫　□聲真類。聵聲脂類。脂真對轉轉注字也。鍇本作生聾也者。本作生而聾曰聵也。蓋吕忱或校者據國語晉語注加之。唐人删之耳。字或出字林。

□　段玉裁曰。許書有叡聲之字而佚叡篆。倫按聵聲聲同脂類。轉注字也。

□　嚴可均曰。小徐聲後有□。或從豪作。大徐脱此重文。當補。倫按部末記重四。今止重三。自挩此篆也。廣韻玉篇無之。蓋所據本亦挩此篆者也。今補而依鉉本例去作字。豪從辛得聲。則□□實同字。□亦聵之聲同脂類轉注字。華嚴經音義引古文官書。顡聵二形。今作聵。又作聵。疑顡聵本作□聵。傳寫改之。此二字皆吕忱據官書加也。【説文解字六書疏證卷二十三】

□　聵出徐邈集古文【汗簡】

◉彭邦炯　癸巳卜，賓，貞令衆人□入羊方聖田。一，貞勿令衆人。六月。一。(《甲編》3501，《甲釋附圖》貳零捌，《合集》6)

从《甲釋》者始一直未有人釋讀。

□字上所從的□，甲骨文已有單字(參見《乙》3449)，常見為□形(參見《甲骨文編》3・19，第391號)，在複合字體中也有簡作□形的，則與甲骨文的尹字同形了。但尹字也偶有作前者的，《鄴》三下39・7有一字從上下文看顯然為尹字就寫作□形。□或□一般都釋為聿，聿字秦以後加「竹」頭作筆，聿、筆原本一字。筆在某種意義上也算是一種刷子。這樣，我們就可以確定□字上邊所從者實為手持筆或刷形，釋者只當此字為聿，實則還可釋為「□」。

《説文》無單獨的「□」，但草部收有「從草□聲」的「蔽」字。段注：「讀苦怪切，即聵字。」然又云：「□字左邊所从不知何物。」我以為此所從者就是□形，象綑扎的毛或草刷。考林義光《文源》卷六就説：□「即蔽之古文」，又説：㡀，「束芻形，又象手持之。」林説非常正確。我們不必拘泥于「束草」，事實上，草或毛髮均可束之作筆刷用，所以「㡀」與甲骨文□字上所从手持者應為同類之物。聿、□原本同形，後來才衍分為二字，其衍變之迹當如附圖二一：

聉

再説□下所从者，王襄曾釋為耳（《簠室殷契類纂》）。《説文・耳部》：「耳主聽也，象形。」甲骨文的這個字確為耳的象形，它與金文中所見耳字或从耳的字完全一致，如《聾鼎》（《三代》2・45・2）《耳卣》（《三代》13・36・6）等所見之耳字均與甲骨文的□字同形，足見釋此字為耳是正確的，亦為學者所公認。

附圖

由上，我們完全可將此字隸寫作「聲」字。這就是許慎講的聵字的或體。【釋卜辭「衆人聲……」及相關問題　殷都學刊一九八九年第二期】

◉許　慎　聉無知意也。从耳。出聲。讀若孽。主滑切。【説文解字卷十二】

◉馬叙倫　嚴可均曰。孽當作孼。劉秀生曰。出聲之字。如㽿在疑紐。孼聲亦在疑紐。故聉從出聲得讀若孼。孼從辥聲。辥

從省聲。省從中聲。欠部。歂。從欠。出聲。讀若中。是其證。倫按無知意也不可通。欠部歂下曰。無慙。一曰。無腸意。倫按無慙為無聽或無聰之譌。無腸亦無聞之譌。皆聉字之義。然亦皆有捝譌。此無知意亦有譌。廣韻作無所聞也。方言。聾之甚。秦晉之間謂之⿰耳闋。注曰。言聉無所聞知也。是聉為聵之聲同脂類轉注字。與⿰耳辛亦脂真對轉轉注字。此説解蓋捝譌後校者所改矣。字或出字林。【説文解字六書疏證卷二十三】

⿰耳闋

◉許　慎　⿰耳闋吴楚之外凡無耳者謂之⿰耳闋。言若斷耳為盟。从耳。闋聲。五滑切。【説文解字卷十二】

◉馬叙倫　吴穎芳曰。盟字譌。應作⿰耳月。凡器皿無耳者呼為⿰耳闋。猶杌也。鈕樹玉曰方言。聾之甚者。秦晉之間謂之⿰耳闋。若秦晉中謂墮耳者⿰耳月也。⿰耳月郭音五刮反。疑此盟字當是⿰耳月字之誤。⿰耳闋⿰耳月音相近。嚴可均曰。闋聲下疑有一曰耳不相聽也。廣韻十二齊引説文。聧耳不相聽。耳部無聧。當即⿰耳闋字。王筠曰。斷亦當依方言作墮。倫按此字以音求之。亦聵之聲同脂類轉注字。聉之音同疑紐聲同脂類轉注字。而説解所言乃無耳義。外字下方言有郊字。是也。方言六。聾之甚者。秦晉之間謂之⿰耳闋。吴楚之外郊。凡無耳者亦謂之⿰耳闋。其言⿰耳闋者。若秦晉中土言墮耳者⿰耳月也。是⿰耳闋一字而二義也。然必有一義是本義。一字是借聲。本書次於聉下聅上。則似當以方言之次義為本義。蓋方言之弟一義字可作聉或聵也。唯今説解明非許文。鍇本言字作讀。乃後之校者所改。蓋⿰耳月譌為明。校者未檢方言。專輒改墮為斷。改明為盟。以附會於古盟執牛耳之意。因此並誤會言若亦當為讀若。而改言為讀矣。此鍇本所以作讀若也。倫以聉⿰耳闋同音五滑切。而鍇本則作五滑反。是鍇本此字本無反切。張次立據鉉本補之。改切為反耳。因又疑許書⿰耳闋字或是聉之重文。本作聧。聉或從癸。故廣韻引本書。聧。耳不相聽也。玉篇亦作聧。耳不相聽但為宋人增入。耳不相聽即聾也。是聉字義也。今説解吴楚之外郊凡無耳者謂之⿰耳闋。言若墒耳為⿰耳月十八字。乃⿰耳月下説解墒耳也從耳月聲以下之文。蓋吕忱或校者據方言加之者也。後之校者以方言吴楚之外郊凡無耳者謂之⿰耳闋。故將⿰耳闋篆提為正文。而取⿰耳月字説解中吴楚以下十八字為之説解。遂成今本矣。然此蓋已在⿰耳月下吴楚云云中墒字⿰耳月字既譌之後也。或曰。此字出字林。吕忱據方言而不能辨其本字為⿰耳月耳。【説文解字六書疏證卷二十三】

聅

◉許　慎　聅軍法以矢貫耳也。从耳。从矢。司馬法曰。小罪聅。中罪刖。大罪剄。恥列切。【説文解字卷十二】

◉馬叙倫　鈕樹玉曰。繫傳韻會作從矢從耳。桂馥曰。刖當作刵。刀部。刵。斷耳也。錢坫曰。廣韻。書之切。的也。出聲類。倫按如説解則是從矢耳會意。然倫以為軍法以矢貫耳者。雖清代猶然。倫曾親見以小矢之鏃自耳上插入耳際。亦並不貫也。然

此或沿自舊說故然。以事實言之。如清代所為。直近兒嬉。若果以矢貫之。為射而貫之邪。必司射者皆羿與養由基也。若自上貫下。則耳亦不能存。矢復著於何處。以此知必無此法。左僖廿七年傳。子玉復治兵於蔿。鞭七人。貫三人耳。正義曰。耳助句也。是孔穎達所見說文聅下蓋不作軍法以矢貫耳。故孔以耳為助句。不然。豈有不明貫耳之為軍法而以耳為助句邪。王筠謂貫三人耳即聅。正義說誤。然細譯傳文。知王說非是。司馬法言。小罪聅。中罪刖。大罪剄。刖是斷足。剄是斷首。則聅當是斷耳。非以矢貫耳也。蓋軍法之聅乃借為刵。聅蓋從矢耳聲。耳聲而音恥列切入微紐者。正與恥從耳得聲而音亦在微紐同也。聅刵同從耳得聲。故得借聅為刵。軍法。小罪斷耳。中罪斷足。大罪斷首。刵刖剄皆刑罰之名。特司馬法以之處有罪者。分別之如此。則司馬法之聅為刵之借甚明。而聅之本義亡矣。廣韻引聲類作的也。或乃矢的之義邪。臬為射的。從自得聲。本書刵劓為轉注字。然則聅亦臬之轉注字也。而今說解之非本義尤明。此字蓋出字林。【說文解字六書疏證卷二十三】

聝 聝

 聝 从爪从或 盂鼎二  从或省 戜簋  多友鼎 多友廼獻孚聝嗾于公  从爪从戈 虢季子白盤 獻聝于王 【金文編】

◉許　慎　聝軍戰斷耳也。春秋傳曰。以為俘聝。从耳。或聲。古獲切。馘聝或从首。【說文解字卷十二】

◉吳式芬　虢季子白盤　呂堯僊說⊘當作聝。乃或之省文。乃首之省文倒書耳。或釋作戎。以巾為十之變體。於義亦通。

陳壽卿說⊘日照許印林孝廉瀚引字林。聝截耳則作耳。獻首則作首。以為从或省首耳。釋作聝。祺案。戒即俘之易人从戈。而孚又省子。亦以戈獲俘之意。左氏晉侯獻楚俘于王。是俘字也。【攈古録金文卷三之二】

◉吳大澂　从。當即俘字。非戎字。說文俘軍所獲也。【愙齋積古録十六冊】

◉吳大澂　　古俘字。从戈。从爪。【說文古籀補卷十二】

◉方濬益　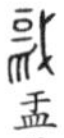盂鼎　从或从爪。疑聝之異文。【綴遺齋彝器款識考釋卷三】

◉方濬益　虢季子白盤　籀莊又釋獻戎為獻俘。謂戒乃古文俄。讀若俘。尤為臆說。【綴遺齋彝器款識考釋卷七】

◉劉心源　戒或釋聝。或釋戎。或釋俘。或吕為古文我。我為義省。皆非戈。下从爪。今作戒。集韻。戒同戩。說文。戩滅

也。詩曰實始戩商。今毛詩作翦。爾雅釋詁詩天保傳竝訓戩為福。此銘文意當兼二義。蓋戩滅玁狁即是福也。故云獻戩。【奇觚室吉金文述卷八】

◉孫詒讓 戜盂鼎 其字从或爪。當即馘之古文。說文耳部。聝軍職斷耳也。引春秋傳曰。以為俘聝。或从首作馘。此文从𢦏者。孚之省。猶前畀戈。〔攈古〕二之二。虢季子白盤俘字作𢦏作𢦏也。此與孚字連文。其為馘字無疑。【古籀餘論卷三】

◉明義士 戜从𦣻，象眼簾，古時戰勝，取人眼簾，與斷耳同。篆文或从首，殆即𦣻之譌變。聝在卜辭，為人名，為沚地重要人物，其人在武丁時與土方𢀛方之戰爭，幾無不與焉。【柏根氏舊藏甲骨文字考釋】

◉馬叙倫 鈕樹玉曰。玉篇引作戰而斷耳也。王筠曰。刀部。刵。斷耳也。是常刑。故此加軍戰以別之。倫按軍戰斷耳也不可通。戰而斷耳也亦不可通。且似疏釋之詞。以古書言聝者考之。詩皇矣毛傳謂不服者殺而獻其左耳。蓋戰時殺敵截其耳或首以為獻。詩釋文亦曰。殺而獻其耳也。字林云。截耳則作耳旁。獻首則作首旁。作首旁者。即此重文馘字。是古代軍法。殺敵必獲其耳或首以紀功。聝者。實所殺敵人截其耳或首之名。左僖廿八年傳。獻俘授馘。宣二年傳。俘二百五十人。馘百人。俘謂生者。馘謂死者也。然禮記王制。出征。執有罪。反釋奠於學以訊馘。注。訊馘。所生獲斷耳者。王筠據以為馘有生死兩說。倫疑古者於俘虜亦截其耳。防其逃也。此說解蓋本作軍法□□□戰而殺敵斷其耳也。今有捝誤。然是校語。本訓捝矣。或字出字林也。【說文解字六書疏證卷二十三】

◉于省吾 第一期甲骨文有「☐戜☐伐☐羌」（乙三一七六）之占，辭已殘缺。戜作戜，从戈从耳，戈字横劃左端已泐。甲骨文戜字僅此一見，但屢見于商代金文。金文編附録上只引鼎文作戜（録遺一一七）。按商器戜觚一和戜觚二（録遺三一九—三二〇）的戜字作戜、戜。甲骨文和商代金文的戜字，舊不識，其實戜即聝字的初文。其从戈从耳，取義于以戈斷耳，乃會意字。慧琳一切經音義（卷九九、廣弘明集卷二九）謂「馘古文又作戜」，和商代古文恰好相符。說文：「聝，軍戰斷耳也，春秋傳曰，以為俘聝，从耳或聲。馘，聝或从𩠐。」詩皇矣的「攸馘安安」，毛傳：「馘，獲也，不服者殺而獻其左耳曰馘。」戜字小盂鼎作戜，虢季子白盤作𢦏，均係後起之異構。說文作聝，則變為从耳或聲；典籍作馘，又變為从首或聲。上述的各種異構，都失去了初文以戈斷耳的形與義。總之，甲骨文的戜字，可與商代金文互證。前引商器的一鼎兩觚，每器只有一個戜字，乃是征伐獲聝而作器以銘功。舊釋戜為聝，毫無根據，没有辯駁的必要。又郭寶鈞同志謂「斷耳也是周人的新創」（中國青銅器時代二一九頁），未免失考。【釋戜 甲骨文字釋林】

◉李仲操 「多髮乃獻俘、衆、訊于公。」俘字《説文》謂「軍所獲也。」□即馘，《説文》謂：「軍戰斷首也。」當即前文之折首。【多友鼎銘文考釋 陝西省文博考古科研成果彙報會論文選集】

◉李孝定 □字从□，非「爪」字，乃契文□之形變，□形為戈纓，「□」所以代首，金文並首而省之，文字衍變，有不可以常理喻者多類此。【金文詁林讀後記卷十二】

◉伍仕謙 甲骨文中有二字，實際上是一個字的異形，一是□，二是□。例句如下：

一、貞王从□□。（前一・四七・五）

二、辛巳貞王从□□。（戩三三 一三）

三、甲午賓貞□□啟，王勿从弗其受又。（綴合一九二）

四、叀□□啟，我用若。（鄴三 三九・九）

五、貞令□□歸六月。（林二・五・六）

六、庚午卜令□歸，若。（外八五）

七、貞王叀□□从伐印方。（丙附二）

八、乙丑卜王叀□从。（鄴三・二八・一）

九、貞王叀□□从伐印方帝受我又。（乙三七八七）

十、乙丑卜貞亩以□□伐猷受又。（粹一一六四）

十一、戊午卜賓貞王从□□伐土方受有又。（後上一七・五）

十二、癸酉貞王从□□伐旨方……又大乙宗。（京四三九三）

從以上例句，可證□□二字通用。□應為方國名，此字王襄隸定為沚，可從。沚□聯用，□當為沚方之首領。此人在甲骨文中屢見。他曾帶兵从王及婦好伐過邑方、土方、印方、旨方、猷方。□，像戈下繫人首。而口則為□之簡化。以口作人首。本來應刻圓形，由于刻圓形不便。遂成方形。林泰輔釋馘，是也。此字在金文中，字形稍有變化，小盂鼎「獲□四千八百又二□。」虢季子白盤「獻□於王。」小盂鼎之□為□與口互相倒置，虢季子白盤，則省口，其實皆□之形訛。《説文》「聝，軍戰斷耳也，春秋傳曰，以為俘聝，从耳或聲。馘，或从首。」其實，□字已經是□字之訛變。从耳之説，乃後起之義。《詩・大雅》「攸馘安安」。《傳》「獲也，不服者，殺而獻其左耳曰馘。」《一切經音義》謂「獲斷耳

⿰耳月 □

曰馘。」今就金文銘辭考審。斷耳之説不可信。應為斷首。例：不嬰簋「女多折首執訊」，師袁簋「折首執訊」。兮甲盤「折首執訊」。虢季子白盤「折首五百」。翏生盨「折首孚戎器」。《左傳宣公十二年傳》「吾聞致師者，右入壘，折馘執俘而還。」《杜注》「折聝，斷耳」。所以甲骨文之□、□，即或，即馘，即聝。首、耳都是後加的。作首是正確的。本來□之口，已經是首，再加首，踵事增繁，意義重複。从耳則為後起之意，有了割耳的行動，乃有此字。應是錯誤的。□字與國字，没有任何聯係。國為後起字。殷商本來就没有國家或疆界的概念。所謂國即方，甲文中之□方、旨方、亘方、𢦏方、周方，都是一些部族。以後他們有了定居點，築土城防禦敵人。土城多為方形，故以口代表邑或國。有了這些方土城，國的概念才逐漸形成。西周金文，有邑、邦等名稱，用邦不用國。邦者封也。邦、封原為一字，□，象植樹木以為疆界。《説文》「□，爵諸侯之土，从之土，从寸。」其實从寸是錯誤的，應从手，以手封土植木為界。散氏盤作□，即封土植木之意，其音讀如丰，與方同屬邦母。邦之意義如此。故□的意義是戰爭中所獲之首級，而與國家之國毫不相涉。□、□，即馘之初字。以後音讀為國，這個音應為後起之音。【甲骨文考釋六則　古文字研究論文集】

◉戴家祥　□　前人多將□釋為爪。故吳大澂、吳式芬等釋俘之異文，劉心源直釋戒，引集韻證明同説文戫字。孫詒讓、陳夢家釋馘，从爪。吳式芬引吕堯僊説：「□當作馘。戈乃或之省文，□乃首之省文，倒書耳。」攈古録金文卷三之二四十四葉虢季子盤。按吕釋至確。從字形看□絶非爪字，為首省文倒書，象頭髮形狀，以代表首。戈為或之省，多友鼎馘字作□，从或不省，是其證也。【金文大字典中】

◉戴家祥　⿰耳戈，疑為聝之省體。説文十二篇：「聝，軍戰，斷耳也。春秋傳曰：以為俘聝，从耳或聲。馘，聝或从首」。按此篆省作从耳从戈，以戈擊殺後割耳，字屬會意。【金文大字典下】

◉許　慎　□墒耳也。从耳。月聲。魚厥切。【説文解字卷十二】

◉馬叙倫　鈕樹玉曰。篆當作□。王筠曰。蓋謂因病而墒也。故小徐本⿰耳月在⿰耳闕上。方言。墮耳者。⿰耳月也。刀部之刵則刑耳之名。大徐列此於馘下。則是與刵為異部重文矣。倫按此字疑出字林。【説文解字六書疏證卷二十三】

𦖭 睡虎地簡　四六・二六【睡虎地秦簡文字編】

◉許　慎　𦖭乘輿金飾馬耳也。从耳。麻聲。讀若渳水。一曰。若月令靡草之靡。亡彼切。【説文解字卷十二】

◉馬叙倫　吴穎芳曰。此等字漢以前所無。段玉裁曰。金馬耳俗本作金飾馬耳。皆非也。當依廣韻作乘輿金耳也。金耳者。金飾車耳也。西京賦。倚金較。辥注。金較。黄金以飾較也。崔豹古今注。車耳重較也。史記禮書。彌龍。徐廣曰。乘輿。車金薄繆龍為輿倚較。史記之彌即許之𦖭。𦖭者。本字。彌者。同音假借。淺人不得其解。乃妄改而不可通矣。𦖭非人耳。故以𦖭焉。小徐無此篆。張次立增之。劉秀生曰。禮記月令。孟夏。靡草死。靡亦從麻聲。麻聲在明紐。渳從弭聲。亦在明紐。故𦖭從麻聲得讀若渳。漢書西域傳。昆莫王號也。名獵驕靡。後書昆彌。師古曰。昆取昆莫。彌取驕靡。彌靡音有輕重耳。蓋本一也。荀子禮論。絲末彌龍。注。彌讀為弭。漢書王莽傳。彌躬執平。師古曰。彌讀與弭同。是其證。倫按此字蓋出字林。本義亡矣。使𦖭是以金飾車耳。安得從耳。後漢書始志輿服。然無此字。【説文解字六書疏證卷二十三】

◉許　慎　耹國語曰。回禄信於耹遂。闕。巨今切。【説文解字卷十二】

◉馬叙倫　段玉裁曰。國語今見周語。韋注。耹遂。地名。宋庠音禽。漢書楊賜傳引作黔遂。黔亦今聲。説苑引作亭遂。竹書帝癸三十年作耹遂。其字從今從令。今不可定。而許書此篆或後人所偶記注於此者。王筠曰。段説甚細。惟是小徐本聝𦖭耹四字皆在聶篆之下。明是後人坿益。其或自增之而注以闕邪。抑或據補之本失已斷爛。耹下但存所引國語而説義説形之詞皆亡。遂注以闕邪。且許必稱春秋國語而此不云春秋。是其上顯有闕文矣。倫按字蓋吕忱所加。傳寫又有捝耳。説苑引國語作亭遂。則字蓋從令聲。【説文解字六書疏證卷二十三】

聑 續三・三一・三【甲骨文編】

聑 乙8728　聑 8814　聑 8981【續甲骨文編】

◉許　慎　聑安也。从二耳。丁帖切。【説文解字卷十二】

◉林義光　二耳審聽。安静無聲之意。妥帖之帖。本字如此。廣雅。怗。静也。釋詁四。以怗為之。【文源卷六】

◉馬叙倫　莊有可曰。安也未詳。疑兩人耳語為聑。三人私語為聶。錢坫曰。此帖服字。俾蒼亦云耳垂。倫按安也者。人部㑇訓服也。即㑇之引申義。漢書嚴助傳。天下攝然。攝為㑇之借字。晉書謝鯤傳。羣情帖然。帖蓋㑇之後起轉注字。可證也。聑從耳亦無安義可得。蓋耳之異文。猶目之於䀠矣。聑音端紐。耳音日紐。古讀歸泥。同為舌尖前音也。耳垂者。朱駿聲謂借為耴。耳耴一字。耳垂者。借為聑。【説文解字六書疏證卷二十三】

◉李孝定　段注云。「會意。二耳之在人首。帖妥之至者也。凡帖妥當作此字。帖其假借字也。」張文虎舒藝室隨筆識為戲論。林義光文源云。「按二耳審聽。安静無聲之意。安帖之帖本字如此。廣雅『怗静也』釋詁四。以怗為之。」林氏以安為聑之引申義。於義為長。契文又有乙・八七二八字。當即此字之繁變。象屬耳諦聽之形。與咠同意。聑之為咠。猶䀠之為咠也。聑在卜辭為地名。辭言「在聑」可證。【甲骨文字集釋第十二】

◉徐中舒　以左右二耳并列之形會全神貫注而審聽之意。與《説文》：「聑，安也。從二耳。」雙耳審聽多出現於環境安静無聲狀態之中，訓安乃引伸義。【甲骨文字典卷十二】

聶　為二【睡虎地秦簡文字編】

京州韓聶　聶弘私印　聶安漢　聶少孺　聶過期　聶辟彊　聶廣君印　聶寬　聶平

【漢印文字徵】

聶裴光遠集字【汗簡】

裴光遠集綴【古文四聲韻】

◉許　慎　聶附耳私小語也。从三耳。尼輒切。【説文解字卷十二】

◉林義光　象衆耳有所附之形。【文源卷六】

◉馬叙倫　徐鍇曰。一耳就二耳也。史記曰。乃效兒女子呫聶耳語。沈濤曰。史記魏其矦傳索隱玉篇皆引無私字。附耳小語。即不必更言私矣。段玉裁曰。口部。咠。聶語也。以口就耳則為咠。已二耳在旁。彼一耳居間則為聶。桂馥曰。本書無附

字。倫按附耳私小語也者。私小音同心紐。一本作小。校者旁注於私下譌入者也。此聶字義。聶從三耳。止可謂私聽。不得小語之義也。倫謂聶為聝之初文耳。殺敵所獲之耳不止一也。故以三耳會意。聝從或得聲。或聲之類。聶聲談類。之類之籥。聲入談類。夏敬觀謂談類乃各類之短聲。然則聶聝聲可通也。周禮大祝。贊渳。注。故書渳為攝。攝從聶得聲。渳得聲於耳。然則聶之音即得於耳也。耳音日紐。聝從或得聲。或音喻紐三等。同為舌前音。尤可證也。字見急就篇。【說文解字六書疏證卷二十三】

●徐鉉 不聽也。从耳。敖聲。五交切。【說文解字卷十二新附】

聱 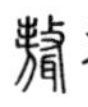 𦣝 

 𦣝 鑄子𦣝 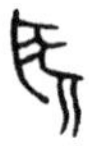 曩伯匜  曩伯盤 【金文編】

 𦣝  頤出古易 【汗簡】

 汗簡  汗簡  古周易 【古文四聲韻】

●許慎 𦣝顄也。象形。凡𦣝之屬皆从𦣝。與之切。篆文𦣝。籀文从首。【說文解字卷十二】

●孫詒讓 「」疑當為𦣝之省。《說文·𦣝部》：「𦣝，顄也，象形。」金文可侯彝熙字作，偏旁亦與此相似。【栔文舉例】

●林義光 古作伯壺姬字偏旁。作魯大司徒匜姬字偏旁。象形。中象腠理。或作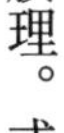鑄子叔𦣝。中加點者。猶或作見魯字曹字各條。女或作陳侯鼎云作□媯四母媵鼎以母為女字。非別有所象也。【文源卷一】

●郭沫若 鑄子鼎「鑄子叔黑𦣝肇作寶鼎，其萬年眉壽永寶用」。

鑄，國名。王國維云：「樂記：『武王克殷，封黃帝之後於祝』鄭注云：『祝或為鑄。』呂氏春秋慎大覽亦云封黃帝之後於鑄。」「觀堂集林」十八「鑄公簠跋」。此鑄國之君名𦣝字叔黑。𦣝者頤之初字，象形，古文作，象重頷而上有須也。須之色黑，故名𦣝而字叔黑。【名字解詁 金文叢考】

●郭沫若 𦣝，即頤初文，象形，象有重頷而上有鬚也。【鑄子簠 兩周金文辭大系圖録考釋】

◉馬叙倫　鈕樹玉曰。韻會作頷也。段玉裁曰。此文當橫視之。則口上口中口下之形具切矣。王筠曰。當依金文作。積古齋叔臣爵作。轉而向左耳。左之圓者。腮也。右之突者。頰旁之高起者也。中一筆則臣上之文。狀如新月。俗呼為酒窩。段氏乃欲橫視之乎。吳善述曰。本作。饒炯曰。當如段說。形為橫視。方與訓顄義合。篆之外廓。畫口輔上下全形。中一為口縫。倫按鍇本作頷也。當作顄也。頁部。顄。頤也。頤。頤也。此篆自當橫視。以用為偏旁而作此形。臣者。今杭縣謂之下巴。巴字本書作頏。曲頤也。實為頤之轉注字。見頏字下。金文臣字鑄子簠作。齊侯匜熙字所從作。皆不能得其象形。唯夆叔盤熙字所從作及王所引叔臣爵作者。可證其為象形。夆盤字當作。與叔臣爵之小異耳。上者下脣。中者脣臣之際。則連於頰者也。

此臣之後起字。當為形聲。字見急就篇。蓋急就本作臣。傳寫者易之。篆文者。蓋出石經。古鉩作。

鈕樹玉曰。繫傳存說解而脫篆文。倫按亦臣之後起字。從首二字校者加之。傳寫轉捝臣字。【說文解字六書疏證卷二十三】

◉于省吾　說文。臣顄也。象形。王筠句讀云。淮南子。靨輔在頰則好。在顙則醜。高注。靨輔頰上窐也。之外象顋。中一筆象窐。又釋例云。左之圓者顋也。右之突者。頰旁之高起者也。中一筆則臣上之紋。狀如新月。俗呼為酒窩。按許說及王氏之解釋。並非本義。契文無臣字。而有从臣之字。前一・三五・六。晦姬从臣作。金文季宮父簠姬从臣作形相仿。鄴三下三九・一。姬从臣作。按臣本象梳比之形。說文。筐取蟣比也。从竹臣聲。比今通作篦。廣雅釋器。筐。櫛也。說文。櫛。梳比之總名也。羅氏殷虛古器物圖録弟二十三圖。為骨製之梳比。作形。其弟二齒已折。羅氏坿說云。狀略如櫛髮之疏。上有四穿。不知何物。按此即古之梳比。為臣之初形。其有四穿者。貫繩以便懸佩也。晚期金文鑄子簠臣作。已與初形稍異。商器父丁卣。獄字从臣作。適象梳比形。洛陽金村古墓聚英。圖版弟八十有玉櫛二枚。其製作已較商器為精緻。要之。以古文字古器物證之。知臣字本象梳比之形。後世以竹為之。故說文作筐。許書說臣。雖有失其朔。而許書存筐之義訓。可謂中流失船。一壺千金。王氏說文釋例屢引金文為證。而緟貤紕繆。無當初形矣。自釋大采小采至釋臣六篇為脫稾後所追加。【釋臣　雙劍誃殷契駢枝三編】

◉高鴻縉　臣即俗所稱下巴。下巴動而向上。則嚼物以養人。故謂之頤養。下巴掀起可示意使人。故曰頤指。字之古形誠如段氏說。當橫視之作形。而以一符號指明其部位作。側之則為矣。故為指事字。名詞。籀文加旁。篆文加旁。俱意符。後世頤行而臣只於偏旁中見之矣。【中國字例三篇】

◉李孝定 于省吾氏謂叵象篦形，予纂編集釋時從其説，今細思之，仍未可遽定。曩伯器字，王獻唐氏釋須，於義為長。【金文詁林讀後記卷十二】

◉何金松 許説及諸家新解可商。⊘此字不象面頰，當象婦女兩乳形。以下列諸字證之。

母。⊘其表胸之部分突出兩乳，與此字的初期古文極相似。

乳。甲骨文⊘，象婦女抱小兒吃乳。金文有一字⊘，右為人，左即此字，當象小兒站着吃乳形，似可定為「頤」。

姬。由女字和此字構成。婦女的乳房有乳汁，可哺育嬰兒。故「姬」的本義是婦女。母系社會以婦女為中心，那時還沒有衆多的姓氏。相傳黃帝是中華民族的始祖，姓姬。《國語·晉語四》：「黃帝以姬水成，炎帝以姜水成。成而異德，故黃帝為姬，炎帝為姜。」《説文》沿用其説：「姬，黃帝居姬水，因水為姓。」應是先有姓姬的家族住在水邊，其水才名為姬水。黃帝姓姬，當是後人用義為「婦女」的姬字作為姓的。夏人姓「姒」，商人姓「好」，都是從女之字，與婦女有密切的聯系。

巸，《説文》訓為「廣叵」，即乳房長大；《方言》十二訓為「長」，郭璞注為「壯大」，也是這個意思。巳是胎兒的象形。婦女乳房「壯大」，最顯著的時期是懷孕之後。因此用此二字會意。婦女懷孕稱為「有喜」或「喜」，當即此字。或解「巳」為「子」，那麼這個字表示小兒吃乳，故有「和樂」義，亦通。後又在此字下加「女」，其義相同，更顯。

「叵」是婦女兩乳的象形。加「頁」（《説文》訓為「頭」）為「頤」，表示吃乳。在古籍中，「頤」也有作乳房解者。《新唐書·南蠻傳下》：「群蠻種類，多不可記。……有穿鼻種，以金環徑尺貫其鼻，下垂過頤。」金環直徑有一尺，下垂則是過乳房，而不是過面頰。

頤字從頁，表示吃乳，故有「養」義。《周易》中「頤卦」講養生：「頤，貞吉，觀頤，自求口食。」孔穎達疏：「頤，養也。」然而「頤」確有「頷」義。《莊子·漁父》：「左手據膝，右手持頤以聽。」《漢書·賈誼傳》：「今陛下力制天下，頤指如意。」蓋養身必須用口吃食物，故「頤」又引申「頷」義。許慎將「叵」作「頤」的異體處理，故解為「頷也。象形。」【漢字形義考釋 中南民族學院學報一九八七年第二期】

巸 

巸 孳乳為熙 齊侯敦 它＝熙＝ 荀子儒效注熙＝和樂之皃  齊侯匜  夆弔匜  郘王子鐘 【金文編】

3224 【古璽文編】

手

戺音俟竝尚書【汗簡】

古尚書【古文四聲韻】

◉許　慎　𦣞廣臣也。从臣。巳聲。與之切。古文𦣞从户。臣鉉等曰。今俗作牀史切。以為階戺之戺。【説文解字卷十二】

◉林義光　爾雅樞達北方謂之落時。落時謂之戺釋宮。戺从户。則本義當為落時。𦣞戺同字。不當有異義。臣巳皆聲。古作齊侯敦。作沇兒鐘趣字偏旁。【文源卷十二】

◉商承祚　金文齊侯𣪘作。此从户。即寫譌。【説文中之古文考】

◉馬叙倫　𦣞為臣之聲同之類轉注字。今音切與臣同。廣臣也非本訓。或字出字林也。齊侯匜作。

桂馥曰。九經字樣。戹。戺。上説文。下經典相承。馥謂唐本户在巳上。倫按戶為之譌。非門户字也。從户二字校者加之。【説文解字六書疏證卷二十三】

◉于省吾　古鉨有𦣞豊。𦣞字作。舊不識。古璽文字徵入於附録。按金文姬字从臣。禾𣪘作。蔡大師鼎作。曾姬無卹壺作。鉨文𦣞从臣作。巳稍譌變。其中間有點與無點一也。鉨文起作。从巳作。與𦣞从巳作同。𦣞古熙字也。【釋𦣞　雙劍誃古文雜釋】

手　曶壺　揚簋　伊簋　師嫠簋　甹侯鼎　卯簋　無異簋　不嬰簋　彔伯簋　柞鐘　㭊伯簋【金文編】

5·384　瓦書「四年周天子使卿大夫……」共一百十八字【古陶文字徵】

手　封七八　二例　日甲一五四　日甲六九背　三例【睡虎地秦簡文字編】

手【汗簡】

説文　汗簡【古文四聲韻】

手 

◉許　慎　𠂹拳也。象形。凡手之屬皆从手。書九切。𠂹古文手。【説文解字卷十二】

◉林義光　古作𠂹無㠯敦。象掌及五指之形。或作𠂹虢叔鐘𦥑字偏旁。與毛相混。或作𠂹井人鐘𦥑字偏旁。象覆手之形。【文源卷一】

◉高田忠周　朱駿聲云。象形者。謂象指掌擘也。今舒之為手。卷之為拳。易説卦傳。艮為手。素問陰陽別論三陰在手注。手謂氣口。詩賓之初筵。賓載手仇。傳取也。禮記少儀。則不手拜注。手拜手至地也。公羊宣六傳注云。頭至手曰拜手。叚借託名幖識字。古今人表。歍手。説文引作首。【古籀篇五十四】

◉馬叙倫　今言手與拳不同。張指為手。握指為拳。而許以手拳互訓。徐灝以為許渾言之。倫疑許本以聲訓。吕忱加口拳也。今捝一字。手之象形文當為。篆文省變為𠂹。字見急就篇。師嫠敢作𠂹。揚敢作𠂹。彔伯敢作𠂹。茀伯敢作𠂹。

𠂹嚴可均曰。疑校者所加。王筠曰。朱本作𠂹而駁之曰。今説文作𠂹。𠂹乃古懷切。按古文𠦬字。玉篇亦有。不足象形。且與背吕之𠦬相似。如非奇字。即籀文也。汗簡又以為拜之重文。以不可得其意。朱駿聲曰。疑象手文。倫按弄作媿氏敢弄字作𠂹。疑篆由此譌。【説文解字六書疏證卷二十三】

◉商承祚　𠂹品式石經拜之古文偏旁作𠂹。與此同。金文同篆文。【説文中之古文考】

◉高鴻縉　象手有五指之形。甲文必有此字。偶缺載之耳。楷書手字為合體字偏旁時。在下者常省作丰。在左者常省作扌。【中國字例二篇】

掌 

掌畜丞印 文竹門掌户 掌安漢 掌强之印 掌世 【漢印文字徵】

掌【汗簡】

古史記 王庶子碑 唐韻 同上【古文四聲韻】

◉許　慎　掌手中也。从手。尚聲。諸兩切。【説文解字卷十二】

◉馬叙倫　小爾雅廣言。掌。主也。以聲訓。釋名釋形體。掌。言可以排掌也。故不言手中為掌。倫謂許蓋以聲訓。手中也者。字林文。手音審紐三等。掌音照紐三等。掌從尚得聲。尚音禪紐。同為舌面前音。則音受於手。為采之轉注字。釆音竝紐。異文為番。音入奉紐。奉禪同為次濁摩擦音。古讀禪歸定。讀奉歸竝。竝定同濁破裂音也。【説文解字六書疏證卷

二十三】

◉嚴一萍 [seal]此字中間繒絲有剥蝕處，仔細觀察，則上半作[seal]，極為明顯。説文：「掌，手中也。从手尚聲。」段玉裁曰：「掌謂捧，凡周禮官名掌某者，皆捧持之義。」此字从雙手，捧持之義尤為明顯。當是掌字無疑。【楚繒書新考 中國文字第二十六册】

◉裘錫圭 (262)73·13掌 「掾並史金城丞南丰」

「丰」上一字非「南」字。此字亦見漢印（《漢印文字徵》附録7下），下从「手」，上从「尚」省「口」，即「掌」字異體（據彭静中《漢印文字新釋》）。古有掌姓，漢印有「掌安漢」印、「掌强之印」、「掌世」印（《漢印文字徵》12·7上）。【「居延漢簡甲乙編」釋文商榷 人文雜誌一九八三年第二期】

◉陳漢平 古璽文有字作[seal]（1824尚事），舊不識，《古璽文編》收入附録。

《説文》：「手，拳也。象形。凡手之屬皆从手。[seal]，古文手。」是知古璽文此字从手尚省聲，字當釋為掌。《説文》：「掌，手中也。从手尚聲。」核于此璽印文讀為「掌事」，于文義正合。【古文字釋叢 出土文獻研究】

◉黄錫全 [seal]掌 已見爪部，彼注勿，脱出處。鄭珍云：「此複載碑文『掌』字是也。《説文》爪『亦丮也，从反爪。闕』。蓋闕其音。據揚雄《河東賦》『河靈矍踼爪華蹈衰』，蘇林注曰『掌據之足蹈之也』。爪與蹈對文，子雲本以爪作掌用。故師古曰『爪古掌字』。而《水經注·河水篇》及《文選·西京賦》李注皆引賦文爪作掌。依形言之，覆手曰爪，反之為掌，指事甚協。子雲説字。尟不為許君所祖，此爪為掌有明文，疑《説文》『闕』字後人所加。」爪係掌之最初字，訓為丮者，就執掌之虚義言之耳。隸變成仉，為孟母仉氏，見《篇韻》諸書。説者謂即《左傳》魯莊公築臺臨黨氏之黨，古掌黨同音，亦足證爪為掌字。」鄭説當是。古璽有「[seal]正闈鉨」（璽彙0275），第一字與「勿」字有别，應釋爪即掌。【汗簡注釋卷六】

◉許 慎 [seal]將指也。从手。母聲。莫厚切。【説文解字卷十二】

◉馬叙倫 指有五而獨為將指造拇字。恐未然也。今杭縣偁將指為大米指。小指為小米指。紹興偁中指曰當門指。米與門皆拇之音譌。是凡指皆曰拇。拇從母得聲。母音明紐。指從旨得聲。旨從匕得聲。匕音封紐。同為雙脣音。拇聲之類。旨聲脂類。之脂通轉。則拇蓋指之轉注字。收指也字林文。或字出字林也。急就篇止作母。顔師古本作拇。傳寫者以字林字易急就故書。固多其證。【説文解字六書疏證卷二十三】

指

指 法八三 四例 法一四九 三例 為二九 封六四 封八八 【睡虎地秦簡文字編】

談指尉印 【漢印文字徵】

禪國山碑 神人指授 【石刻篆文編】

指 【汗簡】

碧落文 崔希裕纂古 【古文四聲韻】

◉許　慎　手指也。从手。旨聲。職雉切。【説文解字卷十二】

◉馬叙倫　手指也蓋字林文。許當以聲訓。指音亦照紐三等。是語原與手掌同也。或手掌指本是轉注字。後人以方俗語異而生分别。遂成定名。莊子釋文引三倉。枝指。手有六指也。字見急就篇。【説文解字六書疏證卷二十三】

◉李　羲　趙世超　有疒以小，邘于……。（13679正）

字以前無釋，當釋手指之指。甲文手形作或，以三歧象征整個手形，為寫意。字五歧，表示人手之五指，為寫實。不當釋手，上辭中「小」為之定語，現實中無「小手」之稱，稱手顯然不妥。如釋為手指之指，則辭意豁然：肘（或肱）和小指有了毛病，故舉行禦祓之祭于某神鬼。

《説文》手部：「指，手指也，从手，旨聲。」《孟子·告子上》「今有無名之指」，注：「無名之指，手之第四指也。」小指，即第五指，直至現在仍稱為小指。甲文指字是象形字，後起的指字是形聲字。【甲骨文字補釋四則　考古與文物一九九〇年第三期】

拳

拳 法九〇 【睡虎地秦簡文字編】

◉許　慎　手也。从手。𠔉聲。巨員切。【説文解字卷十二】

◉馬叙倫　許當訓卷也。手也者。玉篇。拳。屈手也。蓋本許書。然是字林文。今捝屈字。餘詳捲下。急就篇止作卷。則拳字或出字林。【説文解字六書疏證卷二十三】

掔

◉許　慎　掔手掔也。揚雄曰。掔。握也。从手。臤聲。烏貫切。【說文解字卷十二】

◉馬叙倫　鈕樹玉曰。韻會引從手臤聲在揚雄上。丁福保曰。慧琳音義卅六引作掌後節也。考士喪禮。設決。麗于掔。注。掔。手後節中也。此掔古訓掌後節之證。倫按手掔也蓋本作掔。手後節也。掔乃隸書復舉字。手後節也蓋字林文。為唐人刪改如今文耳。本部與耳部相連。耳部之末多譌。則本部之首亦或然也。揚雄曰掔握也者。蓋借為握。音同影紐。此校語。急就篇作捥。蓋傳寫易之。【說文解字六書疏證卷二十三】

攕

◉許　慎　攕好手皃。詩曰。攕攕女手。从手。韱聲。所咸切。【說文解字卷十二】

◉馬叙倫　沈濤曰。詩葛屨正義引作妙手。許書無妙字。蓋好之譌。一切經音義十二引同今本。釋文亦引作好手。倫按韻會引從手韱聲在詩曰上。好手疑附會詩義。非本義。或字出字林。【說文解字六書疏證卷二十三】

揱

◉許　慎　揱人臂皃。从手。削聲。周禮曰。輻欲其揱。徐鍇曰。人臂梢長纖好也。所角切。【說文解字卷十二】

◉馬叙倫　吳穎芳曰。攕之轉語。倫按攕揱音同審紐。蓋轉注字。人臂皃明非本訓。或字出字林。【說文解字六書疏證卷二十三】

摳

◉許　慎　摳繑也。一曰。摳衣升堂。从手。區聲。口矦切。【說文解字卷十二】

◉馬叙倫　段玉裁曰。繑為袴紐。義絶遠。疑是撟誤。升堂當依韻會刪。倫按繑疑撟之譌字。下文。撟。舉手也。喬區宵矦聲近。亦同舌根破裂音也。蓋古或借摳為撟。非本義亦非本訓。摳是攐之音同溪紐轉注字。一曰六字校語。又有挩也。或此字出字林。【說文解字六書疏證卷二十三】

攐

◉許　慎　攐摳衣也。从手。褰聲。去虔切。【說文解字卷十二】

◉馬叙倫　衣字蓋涉上文摳下説解而誤衍。或摳衣也字林文。【說文解字六書疏證卷二十三】

㩓

◉許　慎　㩓舉手下手也。从手。壹聲。於計切。【説文解字卷十二】

◉馬叙倫　沈濤曰。文選西征賦注引。㩓。拜。舉手下也。蓋古本如是。古之㩓即今之揖。古之揖乃今之拱手。周禮春官大祝。九拜。九曰肅拜。注引先鄭云。但俯下手。今時㩓。是也。即舉手下也。左傳成十六年三肅使者而退。杜注。肅。手至地。若今之㩓。是古時解㩓字無不如今之長揖。左成十六年正義引同今本。義亦得通。釋文引字林。舉首下手也。乃傳寫誤手為首。許呂本屬相同。段先生輒謂説文當作舉首。未敢從。嚴章福曰。㩓與揖義別。㩓即今拜手。亦謂之長揖。周禮所謂空首。先舉手。後下手。首亦隨而下。惟不用跪耳。揖則左右其手。但舉手而不下手。與拱同。論語。揖所與立。左右手。檀弓。拱而尚右。拱而尚左。皆謂揖。揖不下首。古文亦借揖為㩓。倫按選注引下字下捝手字。然此即字林訓。陸引字林作首。傳寫譌也。㩓是今所謂長揖。先舉手。後下手。首亦隨而下。嚴説是也。但嚴以為㩓即空首。非也。空首蓋今所謂鞠躬。疑此字出字林。不然。本訓捝矣。【説文解字六書疏證卷二十三】

揖

揖出孫强集字【汗簡】

孫彊集【古文四聲韻】

◉許　慎　揖攘也。从手。咠聲。一曰。手箸胷曰揖。伊入切。【説文解字卷十二】

◉馬叙倫　嚴可均曰。五音韻譜論語述而釋文御覽五百四十三玉篇廣韻集韻類篇引皆作攘也。小徐作讓也。沈濤曰。北堂書鈔引手上有以字。今奪。鈕樹玉曰。玉篇論語釋文引箸作著。段玉裁曰。禮經有揖有厭。推手曰揖。引手曰厭。推者。推之遠胷。引者。引之箸胷。如鄉飲酒。主人揖。先入。此用推手也。賓厭衆賓。此用引手也。今文厭皆作揖。王筠曰。許所以不從古文作厭者。揖厭總是手當心。但有小前小却之分。故不別其名也。倫按一曰以下蓋呂忱或校者所加也。【説文解字六書疏證卷二十三】

◉嚴一萍　卜辭有鐵九六・三菁二・一前五・二三・一戩三八・一粹八五・二諸字，孫詒讓初釋為謝，⊘　羅振玉推廣之，⊘　葉玉森从孫羅説以為諸字皆謝，惟別出為爰字。⊘卜辭通纂不同意羅氏之釋謝，以卜辭有「舟」，疑是汎之古文。⊘唐立厂對羅氏之釋謝，郭氏之釋汎，均非之。其天壤閣甲骨文存考釋四十二片曰：余謂若實尋之古文。⊘屈翼鵬於甲編六三九片考釋曰：⊘其字像平伸兩手度物之狀，疑是度之初文。卜辭中或假為渡⊘。李孝定於甲骨文字集釋中

總結諸家所論，以為唐氏釋尋說不可易。⊘于省吾釋帥。

按，諸家考釋於字形之剖析，均未達一間。其實席也，乃舒張兩臂也。儀禮燕禮有言：「公揖卿大夫乃升，就席。」鄭注曰：「揖之入之也。」乃恍然悟此字之形，實象有客臨門，主人出迎，躬身舒張兩臂邀客入席，蓋即揖字之初形也。今字作揖者，自演變而來，从耳者，之譌變耳。揖，說文訓攘也。攘，訓放也。以釋卜辭，則全部渙然通順矣。如曰「舟」者「放舟」也。

丁丑卜，行貞：王其舟于滴，亡巛。 後上一五・八

乙亥卜，行貞：王其舟于河，亡巛。 上二・二六・二

於諸先祖神祇之祭祀曰揖，如：

壬寅卜，揖又且辛，伐一卯一牢。 摭續八二

☑揖，㞢于匕己。 庫五一七

貞：揖𠨘于匕庚𠕋五。 合七七二四

戊午卜殻貞：勿揖𠨘于匕庚。 乙八二九二

壬戌卜㝊貞：揖賁于岳。 天四二

辛丑貞：揖賁于岳，雨。 粹三〇

貞：揖酒河，賁三牛，沈三牛，卯☑。 乙二四八九

貞：庚申揖，求禾于。 屯南七〇五

弜揖方，又雨。

其揖方，又雨。

□揖☑雨。 明藏六八六

於賓客亦曰揖。如：

壬戌卜，王其揖二方白。 寧一・四四二

弜揖。

于南門揖。

王其揖二方白于𠂤辟。　掇一・三九七
王于(南)門揖。
于𠂤辟揖。
于宧新揖。　懷一三九一
(甲)午卜，翌日乙，王其揖盧白[illegible]。　甲三六五二
貞：王其揖[illegible]方白[illegible]于止若。　甲一九七八

揖又相當於卜辭之逆字，如：

于南門揖。
于宗門揖王羌。　庫九七七
辛丑卜，𠂤氏羌，王于門揖。　後下九・四

諸揖字，即他辭之逆字。如：

王于南門逆羌。　明後二六二四
辛(丑卜)貞：王其逆。
王于宗門逆羌。
王戌貞：王逆𠂤氏羌。
于滴，王逆氏羌。　甲八九六

兩者當為同一事，而一用揖，一用逆，是揖與逆義相同也。揖又為地名如：

癸未卜貞：王其步自揖，亡巛。　京三四七六
辛未卜㝉貞：王往揖，不□亡巛。　甲二一二四
丁酉卜㝉貞：㞢來告，方圍于揖，福告于丁。　陳四七

其他殘辭斷句尚多，苟足之，當不出上述諸例也。其从言作者，謝字也，不能相混。【釋揖　中國文字新十期】

攘古老子　攘同上　𢼊崔希裕纂古【古文四聲韻】

◉許　慎　攘推也。从手。襄聲。汝羊切。【説文解字卷十二】

◉馬叙倫　推也疑當作推手也。然非本訓。疑本作揖也。推手曰揖。推手曰揖校語。揖攘蓋轉注字。攘音日紐。咠從耳得聲。耳音日紐。揖從咠得聲也。【説文解字六書疏證卷二十三】

◉馬王堆漢墓帛書整理小組　務　攘之異體字，取。【馬王堆漢墓帛書】

◉許　慎　拱斂手也。从手。共聲。居竦切。【説文解字卷十二】

◉馬叙倫　桂馥曰。斂當為撿。倫按本作撿也。斂手也蓋字林文。或字出字林也。王筠據鍇本作斂。説文無斂。【説文解字六書疏證卷二十三】

◉許　慎　撿拱也。从手。僉聲。良冉切。【説文解字卷十二】

◉馬叙倫　撿從僉得聲。僉從从得聲。从共聲同東類。是撿為拱之轉注字。撿即禮經賓厭衆賓之厭。撿厭聲同談類。故借厭為撿。今文厭作揖者。咠聲亦談類也。【説文解字六書疏證卷二十三】

拜　井侯簋　沈子它簋　尹姞鼎　休盤　農卣　㽙侯鼎　吴方彝　静卣　静簋

師遽方彝　師遽簋　史懋壺　舀壺　揚簋　大師虘簋　不㠱方鼎　令鼎　㦰鼎

彔卣　通簋　茍伯簋　趞曹鼎　𪓊簋　舀鼎　伯晨鼎　師虎簋

盠方彝　守鼎　師奎父鼎　諫簋　元年師兑簋　元年師旋簋　三年㾓壺　十三年㾓壺

寰盤　趩簋　趞簋　無㠱簋　永盂　大簋　大鼎　克盨　克鼎

師酉簋 不嬰簋 頌鼎 頌壺 頌簋 趞鼎 師𤸫簋 善夫山鼎 臣諫簋 大作大仲簋 師嫠簋 作鐘 彔伯簋 幾父壺 从頁 友簋 𢉉簋 【金文編】

𢷎 秦一五三 二例 日甲一六六 日甲四〇 【睡虎地秦簡文字編】

董拜 【漢印文字徵】

袁安碑 徵𢷎河南尹 袁敞殘碑 𢷎東郡大守 品式石經咎繇謨 禹𢷎曰都 汗簡引尚書作同篆文又引說文作同 古文今說文作者寫譌也 【石刻篆文編】

拜 拜 拜竝說文 拜 拜 拜 拜 【汗簡】

說文 同上 竝義雲章 竝籀韻 說文 竝崔希裕纂古 【古文四聲韻】

◉許　慎　𢷎首至地也。从手𠦪。𠦪音忽。徐鍇曰。𠦪。進趣之疾也。故拜从之。博怪切。楊雄說。拜从兩手下。古文拜。

【說文解字卷十二】

◉吳大澂　古拜字。从手从𠦪。古𠦪字。从艸从𠦪。彝器古文無𠦪字。而𠦪拜二字皆从𠦪。可相證也。石鼓文𠦪字作。毛公鼎𠦪字从。知古𠦪字當作。亦各有緐簡之不同。吳尊蓋𠦪字作。亦作。拜字作。知即𠦪之簡文也。彔伯戎敦𠦪字作。拜字作。知即𠦪之緐文也。拜字古文或作。或又作。皆象以手折𠦪形。詩甘棠「勿翦勿拜」。箋云:「拜之言拔也。」唐施士丏說:「拜。言人心之拜小低屈也。」究與翦伐二字義不相類。大澂謂勿拜之拜當訓以手折𠦪。蓋漢以後詁訓家不見古文。不知拜字从𠦪之義。轉以甘棠詩拜字為異解。廣韻引作「勿剪勿扒」。尤為可異。實則「勿翦勿拜」為拜字正義。拜手稽首為拜字引伸之義也。小篆拜从手从。許氏云音忽。義不可解。疑古文拜字有从者。𠦪忽一聲之轉。形亦相似。古姝字作。或作。亦从𠦪之字。後人省為，再省作。亦古今文之遞變而失其本義也。【字說】

◉劉心源 □毛公鼎 拜。或釋顛。案此从□。即頁。說文云。頁古文䭫首如此。說文䭫从𩠐。古刻𩑛从頁。是頁即𩠐也。从𠂤。即□。手也。書太甲傳。拜手。首至手。蓋屈首至於手謂之拜手。此从頁从又。即拜之會意字也。康鼎。康拜䭫首之拜作□。是其碻證。友敢作□友拜䭫首如此。則變又為手。說文皆未收。失之。呂覽分職明日不拜樂己者。高注。拜。謝也。此言女告我已先王順德之事。仰昭天命安國俗即先王意也。則我豈弗為先王而拜謝女乎。弗者豈弗也。反言見意。

【奇觚室吉金文述卷卷二】

◉林義光 說文云。𢷎首至手也。从手𠦪。按𠦪者文飾之意。古作□大敦。作□彔伯戎敦。作□頌鼎。作□守鼎。【文源卷十】

◉高田忠周 說文。𢷎。首至手也。从手𠦪聲。又作□。揚雄說。从兩手下。又□古文拜。然依此篆。从𠦪聲者亦古文也。此字古有兩體明矣。而从兩手者齊侯鍾。齊侯鐘。善鼎皆是也。又□。蓋轉寫之誤。元當如丕降戈。丕降矛。丕降槍文耳。朱駿聲云。周禮九拜之空首。即拜手。即拜也。九拜。無不用手。故以拜統之。書召誥。拜手稽首。傳。拜手首至手。禮記郊特牲。拜服也。荀子大畧。平衡曰拜。叚借為拔。詩甘棠。勿翦勿拜。【古籀篇五十四】

◉郭沫若 國風召南甘棠第三章「蔽芾甘棠，勿翦勿拜」，與首章「勿翦勿伐」、次章「勿翦勿敗」為對文。鄭玄「拜之言拔也」，蓋謂假拜為拔。今案拜實拔之初字，用為拜手頴首字者，乃其引伸之義也。金文拜字至多見，今畧舉數例如次：

□周公毁 □晉鼎 □師酉毁 □師嫠毁

凡此均示以手連根拔起草卉之意，解為拔之初字正適。拜手至地有類拔草卉然，故引伸為拜。引伸之義行而本義廢，故造拔字以尸之。拜手字有作□者友毁，其本字也。【釋𢷎 金文餘釋之餘】

◉馬叙倫 吴穎芳曰。𠦪音忽是後人小注。鈔者誤續入正說也。段玉裁曰。地當作手。首至地是䭫首。乃拜中之一。不可該九拜之名。桂馥曰。首當為手。增韻。拜。手至地。若首至地。是䭫首矣。重文從兩手下。可知首字之誤。倫按從手𠦪聲。鍇本是也。郭沫若以為拜即拔字。亦通。則與□異字。為拔之轉注字。古書借為九拜字。首當依桂說作手。頌鼎作□。周公敢作□。克鼎作□。大敢作□□。守鼎作□。師遽尊作□。師奎父鼎作□。師酉敦作□□。彔伯敢作□。友敢作□從頁。

□ 篆蓋本作□。從兩手。從初文地字。或是古文拜之譌也。玉篇無。餘見祝下。

□ 鈕樹玉曰。玉篇闕。沈濤曰。汗簡引作□。蓋古本篆體如此。與手部手字古文合。倫按沈說是也。古文拜當作

古文捧。鍇本下有從二手三字。校者加之。【說文解字六書疏證卷二十三】

◉商承祚 □汗簡引作□。證以品式石經古文作□。則汗簡是而此非。金文師虎段作□。大段作□。石經之□。即由□□師酉段誤出。友段又从頁作□。與拜首至地之說符。【說文中之古文考】

◉張光裕 兩周彝器銘文中，多述時王賞賜以及作器之由。而「拜𩒨首」及「拜手䭫首」兩辭，則往往見於賞賜之後。今據兩周金文辭大系及三代吉金文存所録器物，集其有關「拜䭫首」之辭者，計八十餘器，並以郭氏所斷諸器物之年代為準。凡穆王以前之銘文皆作「拜䭫首」，穆王以後始間有「拜手䭫首」之出現，且為數甚少。兹列舉如下：

遹段(穆王時器)「遹拜首(手)𩒨首，敢對揚穆王休。」

彔伯𢦏段(穆王時器)「彔伯𢦏敢拜手𩒨首，對揚天子不顯休。」

卯段(懿王時器)「卯拜手頁手(𩒨首)，敢對揚焚白休。」

噩侯鼎(夷王時器)「〔馭〕方拜手𩒨首，敢〔對揚〕天子不顯休贅，用作障鼎。」

揚段(厲王時器)「揚拜手𩒨首，敢對揚天子不顯休命。」

無𠬪段(厲王時器)「無𠬪拜手𩒨首曰，敢對揚天子魯休命。」

伊段(厲王時器)「伊拜手𩒨首，對揚天子休。」

𦎫伯段(宣王時器)「𦎫白拜手䭫(𩒨)首，天子休。」

師嫠段(宣王時器)「師嫠拜手𩒨首，敢對揚天子休。」

「拜手䭫首」一辭，在金文所有稽首禮中，僅佔十分之一，且自穆王以後始得見之，可知「拜手䭫首」實較「拜䭫首」為晚出，然則「拜䭫首」於䭫首禮中當為最早見之者矣。至若「再拜䭫首」、「䭫首再拜」，「拜」或「再拜」，甚而有所謂「九拜」者(周官太祝)乃時代愈後，禮變愈繁故也。

「拜」，金文作□(班段)□(師虎段)□(師奎父鼎)□(諫段)□(寰盤)□(令鼎)□(師晨鼎)□(友簋)□(𠭯簋)□(康鼎)諸形。

說文云：「□，首至手也(從段改)，从手𠦪。□，古文捧，從二手。□，楊雄說捧從兩手下。」

他本說文皆謂「捧，首至地也。」而段玉裁獨改「地」為「手」，最具卓識。蓋「首至地」者，「䭫首」禮之本義而已。金文中「拜稽首」、「拜手䭫首」者，乃既拜首至手復拜首至地之禮。故「首至手」、「首至地」二者，其義固有所分屬也。

詩經「勿翦勿拜」，鄭玄以為「拜之言拔也」。若然者，蓋拜、拔因聲近相假借而已，未可即遽言拜之本義為拔也。考「拜」之

音讀，説文校議：

「捧，小徐作𠦪聲。按𠦪，音忽，校語。」

説文句讀：

「捧，首至地也，从手，𠦪聲（博怪切）。」

諧聲補逸：

「捧，𠦪聲。𠦪字注云：从夲，卉聲，拜从此。𠦪，拜聲相近，故捧从𠦪聲。」

按廣韻去聲怪韻收捧、拜二字（博怪切），屬中古幫母。拜字於詩經既假借為拔（甘棠），其聲必相近，然考其本音，説者多因其偏旁从𠦪，而以為即𠦪聲，音忽，是皆據篆文字形説解，實難確信。然博怪切之音讀沿用既久，亦無復疑之者矣。

契文有（前一・二七・一）（後上五・二）（前六・四三・二）（後上二十・五）諸形，與金文拜字所從偏旁極相似，諸家遂據之釋為「𠦪」。李孝定甲骨文字集釋第十釋「𠦪」云：

「按説文『𠦪，疾也，从夲，卉聲。拜從此。』金文拜均从，與此同。或亦者，其譌變也。研契諸家即據金文拜有作者，遂逕釋契文之為，與此混為一談，非是。契文當釋求。」

契文之與拜既不相涉，拜字所從偏旁則亦無由據以論説矣。竊意以為金文中「拜」字偏旁之類禾草者，蓋取其下垂之象，而旁著手形，意味行拜禮之際，俯首下垂於手之意。如：

康鼎：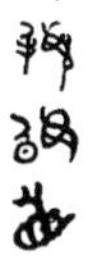

友毁：

㝬毁：

其「拜」字正似首至手之形，故「拜」義非「首至地」又顯而易見矣！古文捧字从二手，是又遺其作拜之際，兩手相拱之意乎？郭氏以為拜即拔之初字，然若拜有拔義，所從手旁容有向下之形，今其手皆朝上，雖云文字之演變，毋須固執偏旁所居之上下左右，然若此全無例外者，似與拔義無涉矣。再者金文中「拜」字所从手旁亦絶無省作或形者，是亦可注意者也。今姑毋論拜是否即拔之初字，然郭氏既知「拜手字有作（友毁）者，其本字也。」而仍言「拜手至地，有類拔草卉然，故引伸為拜。」其説則未敢苟同矣。

段玉裁釋拜（經韻樓集卷六）云：

「拜者何也，頭至手也。頭至手，故經謂之拜手，凡經或言拜手或單言拜，一也。」

段氏除引用後起之辭解説(若空首)稍嫌拘泥外，對「拜」之解釋最為明白。「拜」本為專名，而後始引申為通名。「拜」本身之動作只是「首至手也」(説文。從段注改)。友𣪘、𢉩𣪘、康鼎之「拜」字(見上引)，正示以首及手之形。故遹𣪘所謂「拜首頴首」(□□□)，「□□」或即「□」(𢉩𣪘)之孳乳，蓋又或因「首至手」之義而別出「□」字，然並無妨礙禮意，釋者則據金文中有「拜手稽首」一辭，及先秦文獻中亦多見之，故以「首」為「手」之誤字。惟竊意以為正之者固可，若仍作「首」之舊亦未為非也。至若從字形言之，「拜首」、「拜手」究為「頴」之分書，抑「頴」為「拜手」之合文？此語誠難論斷。今從銘文歸納排比之下，可見其辭出現之先後，及其分合演變之迹，本諸其義，固無由考定。要之，就「拜」字之本身實已具「首至手」之義，故金文中作「拜䭬首」者，其禮意至明。而「拜首䭬首」、「拜手䭬首」之作，乃欲更明其意而復造新辭耳。

段氏於釋拜中云：「拜者，拜手之省文。」則是未明「拜手」出於「拜」之後，其語固不待辯。【拜䭬首釋義　中國文字第二十八册】

◉周清海　三四年前，本人閲讀詩經召南裡的甘棠這一首詩，詩裡有一句是：「勿翦勿拜。」這個「拜」字，鄭箋説「拜之言拔也」；就是説「拜」是「拔」的假借。這樣的説法似乎文從字順，什麼問題都没有。但是，我們看到廣韻去聲十六怪「扒」字下引這句詩作「勿翦勿扒」，云「扒，拔也。本亦作拜。」馬瑞辰毛詩傳箋通釋説：「作扒者，蓋三家詩。鄭君知拜即扒之假借，故箋以拔釋之。」施士匄説：「毛註拜猶伐也。非也。」是毛傳有「拜猶伐也」四字，今本毛詩已脱。毛公的意思，大概是説「拜」的意思和「勿翦勿伐」的「伐」字相近。到底「拜」是「拔」的假借，還是「扒」的假借，還是和「伐」同義呢？我對於這一點發生了疑問，因而連想起金文編「拜稽首」的「拜」字，翻察了金文編，拜字作□□二形。作□的，左邊是一棵植物的象形，右邊從手會意，本意應該是「拔」的意思。而「拜稽首」的「拜」，説文説是「首至地也」，應以□為本字。從字形上來説，自覺比鄭馬二説來得合理，而毛傳「拜猶伐也」，「勿翦勿敗」，接着説「勿翦勿拜」，一層深入一層，正是詩經常用的表現手法。後來讀了郭某的金文叢考，他也把作□形的「拜」字，認為是拔的初文。把「勿翦勿拜」這麼解釋，是不是比説假為「拔」或「扒」好些呢？【古文字的考釋與經典的訓讀　中國文字第三十九册】

◉馬薇廎　□是拜字，祭時必拜，故拜亦祭義，俗語所謂拜拜是也。□或作□、□。□是華字，□象花，□象枝葉，□象根。從手從華，手持華而薦於神之意，故涵義為祭。或曰鄭玄云拜之言拔也，詩「勿翦勿拜」，應以訓拔為是，予曰訓拔非初義，且詩之義亦非拔也。詩召南甘棠第一章「蔽芾甘棠，勿翦勿伐，召伯所茇」，第二章「蔽芾甘棠，勿翦勿敗，召伯所憩」，案敗、損壞也；

第三章「蔽芾甘棠，勿翦勿拜，召伯所説」注「拜，屈也」。而鄭玄箋「拜之言拔」，本詩首言勿斫，次言勿損，三言勿屈，層次井然，愛護之心畢見。倘依鄭玄之説，訓拜為拔，則次言已為勿損，而三言反為勿拔，豈非次序顛倒乎？且拜訓屈甚是，蓋謂屈其枝，猶上下其手之拜也。若訓拔，則只假其音而非取其義。且甘棠大樹下可供人休憩，將如何拔之耶？故詩註不採鄭説也。説文解字注「□首至手也，从手𠦪」。訓首至手，應就□拜字而言，以之釋□亦屬不當。【彝銘中所加于器上的銘字 中國文字第四十三册】

◉白玉峥 □：佚存考釋隸定為祝，無説。校正文編釋兄，惟與契文祝同列八・一四。續文編列於祝後卷一頁六，無説。金文編列於兄後，共録四文肆兄癸卣、𠨍卣、保卣、矢令簋。分列為二行八・二五。察其所列，似以前列二文釋兄；故於次列之二文則謂「孳乳為貺」。檢吳闓生吉金文録，以矢令簋之文隸定為兄，訓為「貺也」卷三頁六。大系从之，並謂「兄與貺同」釋四。詳審本刻辭□及金文四文，除肆兄癸卣之文釋兄為不誤，餘均未必為當。就其構形審量，頗象屈躬掛拜之形，似為今字拜之初形。若然，以之釋二祀𠨍其卣、保卣、矢令簋等之□，則皆辭暢義達而理順。以之通讀本刻辭，亦辭暢義達理順。是□之釋拜，於形於義兩皆暢達。惟金文之拜作□井侯簋、□師遽簋、□友簋，似與□異；然若據友簋之文之構形審量，由本辭及二祀𠨍其卣等之作□，演進為友簋之□，則未嘗為非也。是以□釋拜，不僅暢達甲金文辭，即其構形演變之跡，亦瞭然如揭矣。【殷契佚存五一八號骨栔試釋 中國文字新十期】

◉睡虎地秦墓竹簡整理小組 〔一八〕捧，疑讀為撥，《説文》：「治也。」【睡虎地秦墓竹簡】

◉戴家祥 □康鼎 頪，當是拜之異文。篆文拜作捧。説文・十二篇云：「首至地也。从手𠦪。」，頪，則換𠦪旁為頁，「首至地」的義更明確。金文通語「拜頧首」，亦寫作頪。

□虘乍且考彝 頪，當是拜之異文。篆文拜作捧。説文・十二篇云：「首至地也，从手𠦪。」頪則換手旁為頁，更點明「首至地」的字義。「捧頧首」為金文恒語。【金文大字典中】

◉施謝捷 鄧伯氏鼎銘説：

唯𢍏(鄧)八月初吉，白(伯)氏始(姒)氏乍(作)𩰫(媾)嬢(?)臭□貞(鼎)，其永寶用。(《三代》3・47・1)

銘中「鼎」上一字(下文用「Δ」代替此字)。《金文編》未收，過去或不釋(羅福頤《三代吉金文存釋文》3・21照録原形)，或徑釋為「朕(賸)」(《兩周金文辭大系考釋》176頁，《金文編》1244頁443號，1255頁513號，1291頁722號諸字引文，《商周青銅器銘文選》497頁從郭沫若考釋)。實際上，金文裡的「朕」字(參《金文編》607—610頁)跟上揭「Δ」字形構全然不同，原釋為「朕」字，顯然没有依據。

我們認為，「Δ」當是「捧」字繁構。金文裡的「餴」、「捧」或作下揭諸形：

餴　[金文]伯康毀　[金文]齊陳曼(?)匿　(《金文編》357頁)

捧　[金文]元年師兑毀　[金文]師酉毀　[金文]趩鼎　[金文]彔伯毀　(《金文編》775—776頁)

這樣看來，「Δ」字左半所从很顯然是「𠦪」，如果將右半下部所从「収」去掉，則與「捧」的常見形相同。而「収」、「手」作為形符意義相類，《說文》「収」下引揚雄說或从兩手作「拜」，因此僅從「Δ」字形構特徵來看，把「Δ」釋為「捧」字繁構是很合適的，所从「収」當系疊加的意符。金文裡的「𢍜」字(散氏盤，《金文編》158頁)，《說文》作「𡴀」，隸變後作「奉」，沿用至今；甲骨文、金文裡的「弄」字(《甲骨文編》100頁、《金文編》160頁)，後世俗作「挵」(見《集韻》。這種寫法大槩始自北朝，參秦公輯《碑別字新編》37頁)，都是本从「収」，後來疊加意符「手」，與「捧」本从「手」，在鄧伯氏鼎銘中寫作「Δ」，疊加「収」這一意符，情形非常相似，可資參證。

據《說文》，「捧」从𠦪聲，「餴」亦从𠦪聲。金文裡「餴」數見，往往置於器名字前，標明器物的用途，如稱「餴鼎」、「餴盂」、「餴盂」、「餴盆」等。可見上揭鄧伯氏鼎銘的「Δ」釋為「捧」，稱「捧鼎」，則應讀為「餴鼎」，於意正合。【金文零釋　于省吾教授百年誕辰紀念文集】

捾 捾　　搯 搯

捾

捾　語二二　通腕　因恙瞋目扼—以視力　【睡虎地秦簡文字編】

◉許　慎　捾搯捾也。从手。官聲。一曰。援也。烏括切。【說文解字卷十二】

◉馬叙倫　段玉裁曰。捾乃複舉字。誤移搯下耳。錢坫曰。今謂取出物曰捾。讀如斡。即此。倫按一曰援也者。古或借捾為援。聲同元類也。此校語。【說文解字六書疏證卷二十三】

◉許　慎　搯搯捾也。从手。舀聲。周書曰。師乃搯。搯者。拔兵刃以習擊刺。詩曰。左旋右搯。土刀切。【說文解字卷十二】

◉馬叙倫　嚴可均曰。詩清人釋文引拔兵刃作抽刃。倫按鍇本作搯捾也者。搯乃隸書複舉字也。周書以下校者所加。或字出字林也。搯捾轉注字。捾從官得聲。搯從舀得聲。舀從臼得聲。官臼音同見紐。【說文解字六書疏證卷二十三】

⿱巩手

◉許　慎　⿱巩手擁也。从手。巩聲。居竦切。臣鉉等案。丮部有⿱巩手。與巩同。此重出。【說文解字卷十二】

◉吳大澂　不巩先王配命　說文。巩褢也。从丮。工聲。或加手作⿱巩手。大澂竊疑⿱巩手為奉之古文。己亥鼎[illegible]字正象兩手奉玉形。恐字从此。言心之恐懼如執玉如捧盈也。不巩猶言豈不恐也。【毛公鼎釋文】

◉馬叙倫　徐鉉曰。丮部有⿱巩手。與巩同。此重出。倫按丮部重出。說見丮部。⿱巩手為擁之聲同東類轉注字。【說文解字六書疏證卷二十三】

推

陽成推印　馮推【漢印文字徵】

禪國山碑　推步圖緯【石刻篆文編】

道德經【古文四聲韻】

◉許　慎　推排也。从手。隹聲。他回切。【說文解字卷十二】

◉高田忠周　𢼸。古籀補。吳云𢼸。說文所無。按吳考未精。或云夒之省。又云𢿢之省。皆恐非是。依揚作𢿢。擁作𢿢之例。此為推字甚顯矣。說文推排也。从手隹聲。蒼頡篇。𨋍也。前也。墨子小取。推也者。以其所不取之同於其所取者。予之也。【古籀篇五十四】

◉馬叙倫　玄應一切經音義引倉頡。推。𨋍也。前也。字見急就篇。【說文解字六書疏證卷二十三】

◉顧廷龍　𨋍𨋍。吳大澂云。𨋍說文所無。當从進省。或即推挽之推。與輓同意。【古匋文孴録卷十四】

◉于省吾　甲骨文𢼸字作[illegible]、[illegible]、[illegible]等形。孫詒讓謂「疑當為雖之省」(舉例下四五)。陳夢家謂「或是鶴字，假作潦」(綜述五六六)。楊樹達謂「𢼸疑當讀為罪」(求義四三)。陳邦懷釋為𢽿，謂「借𢽿為魋」(徵存下二六)。按各家之說均臆說無據。

古文字从攴與从殳往往互作，不煩舉例。西周金文有季𣪘簋。晚周古鉨文有「王𣪘」，西周金文的雖字，从隹與从𣪘互見，號季子白盤以⿰糸隻為經維之維。我認為，甲骨文的𢼸即古推字，也即古摧字。古文字从攴的字後世多變為从手。例如：說文扶字的古文作𢻹，揚字的古文作𢿢，播字的古文作𢽦，是其證。至于推摧相通，是由于摧从崔聲，崔从隹聲，和推从隹聲音符同。關于推之通摧，今列舉五個例子：一、說文：「陮，陮隗高也，从自隹聲。」段注：「陮隗猶崔巍。」二、莊子齊物論的「山林之畏

隹」，畏隹即詩卷耳「崔嵬」之倒文。三、廣雅釋詁：「摧，推也。」王氏疏證謂：「摧推聲相近。」四、集韻平聲六脂謂「崔同隹」，又上聲十四賄謂「隹同摧」(這也是下文所引第二條的隹字通摧之證)。五、甲骨文王亥之亥作隻(佚八八八)，也作隻(庫一〇六四，京都三〇四七)，其从隹與从崔互作。由此可見，推摧之通是没有疑問的。詩北門的「室人交徧摧我」，毛傳訓摧為沮。又雲漢的「先祖于摧」，摧與北門的摧字同義。總之，摧訓為沮，典籍中又每訓沮為毁為壞，一義相貫。又廣韻下平二十六咸：「鼔，士咸切(音鑱)，鳥鼔物也。」按鼔摧雙聲。鳥鼔物應解作鳥摧毁生物，和災害之義相因。這是古文字偶見于後世字書的一例。

今將甲骨文言鼔之例，擇其詞句較為完整者，分條録之于下：

一、貞，□帝隹降鼔〇貞，帝不隹降鼔(續五·二·一)。
二、貞，帝不降隹(續存下六八)。
三、帝其降鼔(乙五七五)。
四、今龜其㞢降鼔(林二·二六·一三)。
五、貞，其㞢降鼔(林二·二二·三)。
六、丙辰卜，㝉貞，毆，告鼔于□，一月(前四·四·六)。
七、茲雨氏鼔(粹七五五)。
八、貞，亡來鼔〇貞，其㞢來鼔(乙二五九五)。
九、其㞢入鼔(前五·二五·二)。
十、〼曰，其㞢降大鼔(乙二六五三)。
十一、翌乙酉，鼔至于河〼(外五一)。
十二、貞，鼔其大泉(前四·三三·七)。
十三、□□卜，㱿貞，王□粃隹鼔〇貞，王粃不隹鼔。(乙七一五〇)
十四、□申卜，貞，方帝𤰈鼔。九月(甲一一四八)。
十五、于𤰈鼔(拾二·一三)。
十六、貞，𤰈鼔于(粹六〇七)。

以上所列各條的鼔字，均應讀作摧，摧作名詞用，指摧毁性災害為言，于詞義無不可通。第十二條的鼔其大泉，泉即古洌

字，在此應讀為烈，説文訓烈為火猛。這是説，摧毁之災既大而又猛烈。第十四條的方帝𦉪敀，方為四方之省稱，方帝是帝方之倒文（詳釋方土）。𦉪應讀為寧，古籍每訓寧為息。這是説，用帝祭于四方，以寧息摧毁之災。

總之，敀即古推字，與摧字通。甲骨文除有時用作人名外，都指摧毁的災害言之。【釋敀 甲骨文字釋林】

捘

◉許　慎　捘推也。从手。夋聲。春秋傳曰。捘衛侯之手。子寸切。【説文解字卷十二】

◉馬叙倫　吴穎芳曰。擠之轉語。倫按推聲脂類。捘聲本在真類。脂真對轉。轉注字也。【説文解字六書疏證卷二十三】

排

◉許　慎　排擠也。从手。非聲。步皆切【説文解字卷十二】

◉馬叙倫　沈濤曰。一切經音義六引。排。盪也。當是古本之一訓。倫按蓋吕忱列異訓。【説文解字六書疏證卷二十三】

擠

◉許　慎　擠排也。从手。齊聲。子計切【説文解字卷十二】

◉馬叙倫　鄧廷楨曰。排擠疊韻。倫按推排擠抵聲同脂類轉注字。捘擠脂真對轉。亦音同精紐轉注字也。文選長門賦注引字林。擠。排也。子計反。蓋字出字林也。或許吕同訓。或説文而題為字林也。【説文解字六書疏證卷二十三】

抵

抵　封六九【睡虎地秦簡文字編】

◉許　慎　抵擠也。从手。氐聲。丁礼切。【説文解字卷十二】

◉馬叙倫　吴穎芳曰。擠之轉語。翟云升曰。文選風賦注引作觸也。別義。倫按此譌引牴字義也。字見急就篇。【説文解字六書疏證卷二十三】

摧

◉許　慎　摧擠也。从手。崔聲。一曰。挏也。一曰。折也。昨回切。【説文解字卷十二】

◉馬叙倫　吴穎芳曰。擠之語轉。倫按摧推蓋異文。皆得聲於隹也。一曰挏也未詳。此校語。一曰折也者。摧折聲同脂類。借為折也。亦校語。【説文解字六書疏證卷二十三】

拉 拉

□拉 □拉竝出尚書 【汗簡】

□義雲章 【古文四聲韻】

◉許 慎 拉摧也。从手。立聲。盧各切。【說文解字卷十二】

◉馬叙倫 沈濤曰。文選吴都賦注引頓折也。一切經音義七引。敗也。皆一曰以下之奪文。倫按拉從立得聲。立為位之初文。位聲亦脂類。故得借拉為折也。此校語。敗也者。蓋折之引申義。抵摧拉聲同脂類。亦與推排挨擠為轉注字。【說文解字六書疏證卷二十三】

◉黄錫全 砬拉 《說文》「砬，石聲也。从厂，立聲」。音「盧荅切」。金文有□(農卣)、□(長田盉)、□(揚段)等字，義與「居」同，而與此字形同義別。古从厂、从广、从宀每不别。如廣字从广作□(晉公盦)，又从厂作□(班段)，从宀作□(士父鐘)。夏韻合韻注出《義雲章》。【汗簡注釋卷四】

◉黄錫全 □拉並出尚書 《說文》「摺，敗也」。「拉，摧也」。「拹，摺也。一曰拉也」。是摺拉二字音義相近。《漢書·楊雄傳上》注引晉灼曰：「摺，古拉字。」《史記·范睢傳》「魏齊使舍人笞擊睢，折脇摺齒」，注「摺，力荅反。謂打折其脇而又拉折其齒也」。《春申君傳》「折頸摺頤」之義亦類似。鄭珍云：「後因通為一字，至《集韻》更以拉、摺、拹同字矣。注《尚書》非是，部首已出《尚書》字，此不應再列，且《尚書》無擸、摺。此諸文俱見史漢，《尚書》蓋『史書』之誤。」鄭説是。夏韻合韻注「古史記」。【汗簡注釋卷五】

挫 挫

□虎步挫鋒司馬 【漢印文字徵】

□ □ □竝古老子 【古文四聲韻】

◉許 慎 挫摧也。从手。垩聲。則卧切。【說文解字卷十二】

◉馬叙倫 沈濤曰。文選文賦注引折也。乃一曰以下之奪文。一切經音義廿三引摧也亦抑也折也。是古本尚有抑也一訓。王筠曰。文賦注引折也。蓋展轉引摧字説也。倫按挫為挨擠之音同精紐轉注字。亦摧之同舌尖前破裂摩擦音轉注字。抵從氏得聲。氏從氏得聲。氏垩聲同歌類。則抵挫亦轉注字也。折也者。剉字義。抑也者。莊子人間世。挫鍼治繲。釋文引李注。

挫。按也。按也即抑也。然未詳。此二訓皆校語。【説文解字六書疏證卷二十三】

□ 扶　从又説文古文作𢻵　□ 叔卣　□ 叔鼎　【金文編】

□ 扶　法二〇八【睡虎地秦簡文字編】

□ 扶安令印　□ 公孫扶如　□ 董扶　【漢印文字徵】

□ 扶王存乂切韻　□ 扶裴光遠集綴　【汗簡】

□ 王存乂切韻　□ 裴光遠集綴　□ 崔希裕纂古　【古文四聲韻】

◉許　慎　𢪛左也。从手。夫聲。防無切。𢻵古文扶。【説文解字卷十二】

◉高田忠周　説文。𢪛佐也。从手夫聲。古文作𢻵。从攴。攴手通用恒見。攴又亦通用多矣。此叔即㪨字明矣。又按佐即俗左字。見左下。此扶从手。猶左右字从𠂇从又也。以手有所助謂之扶。詩墓門。夫也不良。傳夫傅相也。夫亦有輔助義。當兼會意。故白虎通嫁娶篇。夫者扶也。扶以人道者也。釋名釋親屬。諸侯之妃曰夫人。夫扶也。扶助其君也。蓋其説皆當有所承。夫扶音義相近。禮記喪服四制。不言而事行者扶而起。宋策。若扶梁伐趙。注助也。淮南本經。扶撥以為正。注治也。皆本義也。【古籀篇五十四】

◉馬叙倫　鈕樹玉曰。五音韻譜及集韻類篇引皆作左也。繫傳作佐也。説文無佐字。倫按字見急就篇。扶蓋將之轉注字。扶聲魚類。將聲陽類。魚陽對轉也。

𢻵　嚴可均曰。古文攴旁皆作攴。汲古閣初印本作𢻵。不誤。李杲曰。扶鼎作𢻵。此𢻵字蓋由□譌。倫按此蓋改或敷之轉注字。古文經傳以為扶字。【説文解字六書疏證卷二十三】

◉商承祚　𢻵从攴不从手者。攴象手持半竹。老人扶笻意也。金文扶鼎作𢻵。與此同。玉篇入攴部。【説文中之古文考】

◉饒宗頤　□字或釋扶，（陳夢家説）其字異體頗多，有作□者，如：

……眔□氏。（乇乙六三一三）

……卜□……夕……言(即音，歆也。)(拾掇二・三三四)

乙……□……亩……(佚存六五二)

其字或从夫，則釋扶是也。又有作□者，(乇乙八六八六)則為「卜□」二字連書。□蓋武丁時人，其顯證為與卜人穷、內(見乇甲二三六一及二三四)及中(庫方一二四八)宁(續編五・一四・五)同版。【殷代貞卜人物通考卷十】

◉李孝定　□後・下・十九・四　契文象二人相扶幷之形。古文大天夫均象人形。偏旁中每得通用。篆文又省一人形而存其手。易「天」為「夫」。遂作扶耳。如契文般字通作□。然亦有作□者。象人操形。省去人形之□。存手執杖形。遂作□矣。說文訓左。左即今佐字。乃扶幷之引申義。又誤以會意為形聲。失初誼矣。辭云「戊子其酉冪叀扶用十月」。其義未詳。金文扶卣作□。扶鼎作□。均从又。鼎文从□。為又之形變。非从攴也。然為許書古文从攴所自昉。从又从手。於偏旁中亦得通也。【甲骨文字集釋第十二】

◉丁　驌　貞人扶(□)隸定出之陳夢家。前人隸為位，為夷，為弔。愚謂契文中有□，□二文从□，象人持戈，或一手持戈執盾，殆武士也。各持戈之手，有護手之物，狀如月牙者。故此字或可釋文，釋夫。釋犬。釋什。金文圖象續殷三十二・二十一之□或是犬字。說文攴从十从又即今之丈字。此以手上所持者為契之「十」字也。釋扶于字形無說。釋為丈、夫、什或可得其意。今扶已聞名國際，亦無改訂之必要。

卜貞一事王恆為問事之人。卜人貞人當各有所司。扶之卜辭鮮有貞字。與干支卜王辭類似，似自兼卜貞。時亦如王固，而有「扶占」扶「曰」之句。

扶之時代疑難最多。董先生初置之一期，繼移之四期。於小屯乙編序(十一—十六頁)中列舉其應為四期之理由。余初讀是編之時，幾疑董先生欲證扶為武丁時人也。蓋文武丁仿古，效法武丁，故先後之迹，如出一轍。海內外學者亦有新說，如日本學者之非王多子，陳之貞人組，不一而足。嚴一萍氏文武丁晚期之說乃最近者也。各家舊說嚴氏、金氏辨之甚詳。益之以島邦之武乙時期說，可謂扶之貞卜乃在武乙文丁之世，應無謬誤也。惟有一二點仍待討論。貝塚氏以扶與子代表二貞人系統。以方耳鼎形之貞字以別於平脚之貞，即以二者為二系之符記。扶之貞字，與衆不同。其耳雖方，其最下之横畫，向外近伸而向下折。扶辭凡百數十條，有貞字者得四五條而已。安知未見貞字之辭，如有貞字，則其型必如斯耶？

扶辭中之稱謂，前人分析頗詳。惟前人多在無意之中限貞人於某一期，甚或限貞人於某一王朝。此先入為主之觀念，乃于

不知不覺之中左右研究者之判斷。故扶有兩端之說：一為武丁晚期一為文武丁晚期，安知扶非由武丁晚期以降至於文武丁耶？又說者或以扶可在三期，惟尚未見有說扶為祖甲時之貞人者。如扶生於武丁四十年，武丁之末十九歲，至文武丁之末當九十歲。可能性甚小，但並非絕不可能。如扶生於祖庚之世至文武丁之末有七十一歲，其可能性大。如是則扶亦當歷事二期，四朝也（廩康武文）。故說扶為四期人則又失之過嚴矣。

扶辭稱謂之中有非一期之稱者，如示壬，匚乙。一期祀祭向稱二示三匚，無個別之祀。一期稱陽甲有父甲（争、亘）龍或眴，或和，或虎甲者如㱿辭，凡此皆隸定之歧。但不稱象甲。一期稱般庚為父庚。般庚為二期以還之稱。龔后亦然。故此扶未為武丁貞人可知。

扶辭文例，不類五期，亦無二期之周祭辭。二五兩期不祀岳河季。故只剩在三四兩期扶為貞人之可能。其餘父甲，父辛，乃三期之稱且甲，四期之稱廩辛。且庚亦可能為四期之稱祖庚。妣癸妣己先妣多人皆如是稱，未足以斷代。惟扶之妣癸指中丁妣癸，而中丁之祀首起祖甲。故亦可謂三期沿用耳。所餘之父乙，父戊兄丁，兄戊母丁，皆不可考。必持兄戊父戊為武丁之證則失之鑿。言諸父兄母皆王之諸父母兄輩，不過不了了之耳。

故由上述各點知扶為三四期貞人，可成定論。惟存下五十三二一版最滋疑竇。是版有上甲、父甲、卜丙、大戊、中丁、且乙。如與他版所見之父辛、父乙、母庚、父戊、兄戊合而視之，豈非十足之武丁時代稱謂？且是版文字體裁與武丁之契字，亦頗相似耶。故不但數貞人之稱謂不當合而視之，即個別貞人之稱謂，亦當一一分析之，方可避免此無心之誤也。

扶辭稱謂中有二「母庚」，為研究扶之時代之癥結。小乙而後各王更無庚配可見。如置之「非法定配偶」一筆帶過，未嘗不可，究非能盡如人意也。扶辭與母庚與象甲兄丁一版，有何幕二人之名。何之時代亦是問題。有武丁時代之說，亦有三期之說。武丁之世興為方國之名（丙四十二，綴合一五一）。後為武丁征服册封。此辭之「興」為祭事。㝐辭已有「歲不興亡匄」（甲二一二四，後下一一·一）之辭。三期亦然（後上二六·六）。受祭之人有且丁（甲二〇·三〇）且庚，妣戊，子庚（乙五三二七）。由此辭用巫（或戊）而言，興事以巫，或為巫史之方式。兄丁之丁字作圓形，亦非一期之例，故母庚斷非武丁之稱小乙配庚可知。文武丁時有帚貍子𠨷，亦求钟于母庚。扶辭亦見「貍」字（乙九六）惟辭殘，未知是否帚貍。統而觀之謂母庚為文武丁之母，豈不善哉！實則武乙未見配庚，謂之為文武丁諸母，亦是無可說而說者。人二二九七辭曰：「癸亥貞又于二母：母戊，象甲母庚。」此辭明指象甲之母為庚。象甲且丁之子，且丁二配其一即庚也。故此母庚之謎底如此。此辭字型風格與扶辭無異，當是同時一人之手筆。

故確知扶之時代在文武丁世。

如上所言由稱謂一端，大致知扶任貞人卜人之職，歷三四兩期，得侍四朝。以年而計只不過三十年而已。扶死於文丁之末，早於𠂤，勺。前八・一四・二「亥卜𠂤，勺……扶𢦏其喪」。似𠂤勺卜其喪也。

扶辭中涉及之事有「方」者，陳夢家之禦方也。讀有關諸辭，但稱方。除扶卜之外，尚有𠂤、勺、狄、医貞人之辭，及若干無貞卜人名之辭。其中述及之人名有侯𢦏，侯𢓊，缶，医，亞旅。今由下列四辭：

庚子卜貞乎侯𢓊出自方　庚子卜貞曰侯𢦏出自方　十一月（乙九四八）

庚子卜勺貞　辛丑方不其圍　十二月（拾五八）

壬寅卜医于……圍方𢦏　二月（文五九二）

辛亥卜方圍（　）十月（外二二六）

查十二月辛丑朔惟武丁四年，武丁三十五年及文武丁十一年有之。武丁四年有十三月，故次年二月無壬寅。其他二年皆可合。惟就參與此役諸人觀之，文武丁十二年最為適當，故扶之下限至少為四期之末。嚴之文武丁晚期是也。

總之扶之時代為二三四期人，在三四期中為貞人。【扶　中國文字新五期】

𢪊

◉許　慎　𢪊扶也。从手。爿聲。七良切。【説文解字卷十二】

◉高田忠周　𢪊陳侯簠　此篆右旁。以受币字為形。與將从寸从𤖨省自異。蓋受即受字。見虢季子白盤。彼受亦授字。詩樛木福履將之。箋扶助也。我將我享。箋猶奉也。此等將字皆𢪊字叚借義也。𢪊訓扶也奉也。奉。承也。承。受也。𢪊字从受。固為會意也。从受亦與从手同意耳。但𢪊將通用。故此篆形。與將相涉。金文間少見此例也。或云。𢪊亦與將元同字。故有如此者。古手又通用。又寸亦通用。作𢪊作𢪊均皆將字省。扶也進也行也。亦將帥扶行之轉義。【古籀篇五十四】

◉陳邦福　簠室殷契徵文地望篇第五葉云。「貞于南方𢪊斤宗十月。」又殷契類纂云。「貞𢪊于人」。邦福案。𢪊𢪊當釋𢪊。卜辭明與爿𡖊有別也。説文手部云。「𢪊。扶也。」段注。「古詩『好事相扶將』。當作扶𢪊字之叚借。」又卜辭作𢪊作𢪊。正象兩手扶𢪊之誼。許从一手。文婿誼不婿。考癸亥父己鼎云。「癸亥王𢓊𢦏作册𣜩新宗。」𣜩即𢪊。𣜩新宗者亦扶新宗也。蓋古文手與攴為一字。妻見卜辭。可證从一手之𢪊字始于晚周。即許君之所本也。【殷契辨疑】

持

◉陳邦懷 [古文字] 說文𢪉字。篆文但省兩手。為一从𠬝或从𠬜。象扶𢪉之形。爿聲也。與受从𠬪舟聲正同一例。从兄邦福亦釋𢪉。其說曰。「癸亥父己鼎云。『癸亥王攸犽作册妝新宗。』妝即將。妝新宗亦扶新宗之誼。古文从手之字。或从攴。卜辭屢見之也。」【鐵雲藏龜拾遺釋文】

◉葉玉森 他辭云。「貞[古文字]戈人。」卷六第三十一葉。戈人乃戈國之人。又云「己丑卜賓貞翼庚寅令入戈。」卷七第三十四葉。此辭三行共十一字。末字為戈。其下栔一夭斜之界線下似有一[古文字]字淡痕。諦察之。仍線痕微蝕者。如[古文字]。非人字也。郭氏誤釋為令入戈人。遂疑戈人為國名。乃讀[古文字]戈人為版。戈人謂猶春秋言城中丘隱七年築郿莊廿八年也。考經訓。版之一字竝不含築意。釋版似不可通。陳氏釋𢪉近矣。但卜辭[古文字]字似與他辭言𢦔戔相類。其誼為殺傷。循爿聲求之。或古戕字。或叚𢪉為戕。說文戕傷也。卜辭曰「勿戕茲邑」。即言勿屠此邑也。曰「戕戈人」。即言戕殺戈國之人也。【殷虛書契前編集釋卷四】

◉馬叙倫 今杭縣謂扶亦曰𢪉。甲文有[古文字]字。蓋即𢪉也。【說文解字六書疏證卷二十三】

◉朱歧祥 [古文字][古文字] 从双爿，隸作𢪉。从手，从双同。《說文》：「扶也。」有扶立意。卜辭言設置新宗入祭廟，以配祀先王。

《後上7・5》丙子卜，[古文字]兄丁于父乙宗。

《續1・38・3》☐貞：于南方[古文字]河宗。十月。

字又叚為戕，《說文》：「傷也」。說見葉玉森《前釋》卷四。卜辭習言「戕邑」、「戕人」，有勦伐意。

《戩37・13》☐貞：我[古文字]自茲邑。若。

《前6・31・5》☐貞：[古文字]弋人。

《遺458》癸亥卜，賓貞：勿[古文字]弋人，𡳿征暁。【殷墟甲骨文字通釋稿】

[古文字] 持 不从手 邾公牼鐘 寺字重見【金文編】

[古文字] 持傔里附城 [古文字] 郭持印 [古文字] 弓持之印【漢印文字徵】

[古文字] 避車 弓兹日寺古不从手【石刻篆文編】

[古文] 持【汗簡】

[古文]道德經 [古文]雲臺碑【古文四聲韻】

◉許　慎　[篆文]握也。从手。寺聲。直之切。【説文解字卷十二】

◉高田忠周　[金文]邾公牼鐘　阮氏云。分器者。分所當作之器。書序。武王班宗彝作分器。孔傳云。言諸侯尊卑各有分也。寺。持之省。按阮説為是。古字省文叚借之例。省形存聲。為恆見也。然愚謂寺即持本字。説文。[篆文]握也。从手寺聲。詩鳧鷖序。持盈守成。疏執而不釋謂之持。與此銘分器是寺正同義可證矣。寺字古文从又㞢聲。不从寸。寸與又通用耳。凡手部字。古文多从又。又者手也。然㞢已从又。又作持為重複。猶叜於挍也。又尹下曰。持事者也。持事者侍也。侍亦寺字轉義異文。又侍者官人也。故侍人所居亦曰寺。説文寺下曰。廷也是也。許氏云。寺有法度者。泥寸字而為説耳。三蒼。寺官舍也。實本義之轉。【古籀篇五十四】

◉强運開　[石鼓文]即持之媘。【石鼓釋文】

◉馬叙倫　王筠曰。下文十八字皆持之細目。故以持領之。説之曰握也者。蓋握本次撣下。故首以持終以握也。其實握是搹持也。倫按自挈至撣十八文。雖皆以二字為訓。然不盡是許書原文。亦有字出字林者。見當字下。【説文解字六書疏證卷二十三】

◉賀昌群　第六十七紙片「為世主當牛中　處而辶適　之申法俗不同」按原紙牛當釋持，辶當釋遠，申當釋中。【流沙墜簡校補　圖書季刊二卷一期】

挈 [篆文]

◉許　慎　[篆文]縣持也。从手。㓞聲。苦結切。【説文解字卷十二】

◉馬叙倫　縣為県之轉注字。県為顛倒之顛本字。見県字下。縣持謂県持也。縣持也蓋字林文。下文如此類蓋皆然。【説文解字六書疏證卷二十三】

拑　揲　摯

拑

◉許　慎　拑脅持也。从手。甘聲。巨淹切。【説文解字卷十二】

◉馬叙倫　脅肋一字。脅持不可通。倫謂脅持當作亦持。亦持謂以亦持之。今人以物置亦下以代手持。是也。然非本訓。字或出字林。【説文解字六書疏證卷二十三】

揲

◉許　慎　揲閱持也。从手。枼聲。食折切。【説文解字卷十二】

◉馬叙倫　桂馥曰。易繫辭揲之以四。釋文。揲。猶數也。説文云。閱持也。程瑶田謂匹。四丈也。八揲一匹。不有説文。則易繫辭揲之以四以象四時。不知揲為閱持兩手間容五尺矣。倫按閱為穴之轉注字。閱持也不可通。閱借為數。閱持也當作閱也持也。一訓是校語。揲蓋拑之聲同談類轉注字。揲音牀紐。古讀歸定。拑音羣紐。定羣同為濁破裂音。亦可證也。【説文解字六書疏證卷二十三】

摯

前六・二九・五　後二・二三・九　後二・三一・八　甲四二七　明藏六二一　京津四一四一　京都一八四九　京都一八六二　【甲骨文編】

甲427　新4141　【續甲骨文編】

摯　日甲一七　十例　通執　—未　日甲一四　通縶　奔—不如令　雜九　日甲一三九　【睡虎地秦簡文字編】

摯交便　摯隆　摯記印　【漢印文字徵】

摯王庶子碑　【汗簡】

◉許　慎　摯握持也。从手。从執。脂利切。【説文解字卷十二】

◉馬叙倫　陳瑑曰。執之俗字。倫按丮之轉注字也。丮音見紐。摯音照紐三等。古讀歸端。端見同為清破裂音。握持也者。當作握也持也。握也蓋校語。從執當依鍇本作執聲。廣韻引字林。摯。摘物。此字蓋出字林。【説文解字六書疏證卷二十三】

操 

◉李孝定　契文象𡴘人被桎梏以手執之之形。許訓握持乃引申誼。説詳十卷執字條下。【甲骨文字集釋第十二】

◉銀雀山漢墓竹簡整理小組　〔七〕摯以事啗以利餌　宋本作「設之以事，玩之以利」。武威所出《儀禮》漢簡借「執」（埶）為「設」。「埶」、「摯」古音相近，疑簡文「摯」亦當讀為「設」。【銀雀山漢墓竹簡(壹)】

◉劉樂賢　19. 釋漢印摯字：

《漢印文字徵》附録三「𢿱逢憙」，第一字當釋為摯。馬王堆帛書《戰國縱横家書》摯作𢪏（《秦漢魏晉篆隸字形表》860頁），與此形似。此字在印文中用作姓氏。【秦漢文字釋叢　考古與文物一九九一年第六期】

 操　秦五六　六例　 日甲二八背【睡虎地秦簡文字編】

 操武男印章　 操乘之印　 操郭之印【漢印文字徵】

 籀韻　 同上　 古老子【古文四聲韻】

◉許　慎　把持也。从手。喿聲。七刀切。【説文解字卷十二】

◉馬叙倫　王鳴盛曰。詩遵大路正義。説文摻字參聲。山音反。訓為斂也。操字喿聲。此遥反。訓為奉也。今説文無摻。河山音反及訓斂之有。操訓把持。何言訓奉。詩疏所引與今本全不合。沈濤曰。文選東京賦注及一切經音義十七及十九及二十引皆同。則今本亦不誤。倫按詩毛傳。摻。擥也。此下文。擥。持也。與此訓同。明詩之摻。本是操字。正義引作斂也者。方言。自關而西秦晉之間。凡斂物而細謂之揫。或曰摻。摻亦操之譌。揫聲幽類。操聲宵類。古讀宵歸幽。幽侵對轉。故操聲轉如參。參聲侵類也。隸書操字亦多譌作摻。遂有摻操兩字。廣雅釋言。摻。操也。猶明其義同也。本書無摻字者。摻字蓋出字林。校者塙知其為字林字去之耳。詩正義引説文者。字林附於説文而題為説文也。把持也當作把也持也。一訓校語。或把持也字林文。古鉨作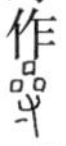。【説文解字六書疏證卷二十三】

◉劉彬徽等　(154)喿，讀如操，《説文》：「把持也。」【包山楚簡】

◉周寶宏　《西漢南越王墓》圖版二二有銅戈銘文照片，該書編者釋為：王四年相邦〔張〕義□□□[扌乘]牛陘㒺界㫙畺賤工卯。其中[扌乘]字原銘作形。按：此字當釋為操字。此戈銘文時代屬戰國秦國，而此字與秦代的乘字之形體不類，如睡虎地秦簡乘字作

□等形（見張世超先生、張玉春先生《秦簡文字編》）、秦代陶文作□等形（見高明先生《古陶文字徵》）。西周金文乘字作□（匽公匜）等形，以上乘字形未見省掉上部「大」形而留「止」形者。因此此字不應釋為乘字。睡虎地秦簡操字作□、□（見張守中先生《睡虎地秦簡文字編》）形，與戈銘之□字相近，戈銘之□，當睡虎地秦簡操字形體之省，因此可釋為操字。【讀古文字雜記九則　于省吾教授百年誕辰紀念文集】

◉許　慎　攫爪持也。从手。瞿聲。臣鉉等曰。今俗别作掬。非是。居玉切。【説文解字卷十二】

◉馬叙倫　鈕樹玉曰。玉篇廣韻並無。沈濤曰。一切經音義一及二及三及九及廿五皆引作攫。爪持也。其十一及十五及十九皆引攫。扟也。是玄應所據説文有攫無攫。且有扟也一訓。華嚴經音義十二引。攫。爪持也。且云。攫字本有從大邊作玃者甚謬。是慧苑所據亦有攫無攫。玉篇亦有攫無攫。攫或為攫之重文。或竟為二徐妄竄。錢坫曰。玉篇攫次操下。是也。此恐傳寫誤之。倫按爪持也當作爪也持也。一訓為校語。或爪持也為字林文。此字出字林也。爪為手自上持之。故引申有扟義。玄應引扟也者亦校語。【説文解字六書疏證卷二十三】

◉許　慎　捦急持衣裣也。从手。金聲。巨今切。襟捦或从禁。【説文解字卷十二】

◉郭沫若　金即捦之異，金金猶欽欽。【者減鐘　兩周金文辭大系圖録考釋】

◉馬叙倫　鈕樹玉曰。一切經音義一及十五引裣作襟。説文無襟。倫按段玉裁謂此解當作急持也一曰持衣裣也。傳寫有奪誤。倫謂此禽之轉注字。衣裣二字蓋校者所加。或急持衣襟也乃字林文。玄應一切經音義引三倉。捦。手提物也。然則許當以聲訓。

襟　段玉裁曰。禁聲。倫按金禁聲同侵類。故捦轉注為襟。【説文解字六書疏證卷二十三】

◉嚴一萍　□10.鈙　此即説文之「捦」，段氏注曰：「此篆古假借作禽，俗作擒，作捦。」三蒼：「捦，手捉物也。」埤蒼：「捦，捉也。」左僖三十三年傳「禽之以獻」，繒書从攴作，蓋古文多如此，此捦字無疑也。【楚繒書新考　中國文字第二十六册】

搏

甲二三四一　卜辭用専為搏重見専部　【甲骨文編】

搏　从干經典通作薄　虢季子白盤　搏伐厰執即詩六月薄伐玁狁又詩車攻搏獸于敖後漢書安帝紀注作薄狩　多友鼎　搏于郗

或从戈　不嬰簋　女及戎大敦戟　或从厂　臣諫簋　井侯搏戎　或从十　戜簋　博戎猒　【金文編】

虎步叏搏司馬　【漢印文字徵】

石碣鑾車　鄺□宣搏　【石刻篆文編】

竝古老子　【古文四聲韻】

◉許　慎　搏索持也。一曰。至也。从手。尃聲。補各切。【說文解字卷十二】

◉吳大澂　虢季子白盤　从干。說文訓博。為大通也。从十从専而从干之義廢矣。【愙齋積古録十六册】

◉吳大澂　迫也。搏伐迫而伐之也。从干尃聲。經典通用薄。虢季子白盤。搏伐嚴允。【說文古籀補卷一】

◉方濬益　虢季子白盤　詩六月薄伐玁狁。毛鄭均不言薄為何義。惟芣苢薄言采之。時邁薄言震之。毛傳韓詩皆曰。薄辭也。此文搏从干。與石鼓文同。而不嬰敢大臺戲戟从戈。即搏之異文。从干與从戈同意。至宗周鐘作戦伐兮。伯吉父盤作㺇伐。戦搏則一聲之轉。搏又通搏。詩車攻搏獸于敖。東京賦及後漢書安帝紀章懷注並作薄狩。初學記引同。是詩之薄伐。本字當作搏。而薄為叚借字。與薄采薄言之訓為辭者義別。此可補毛鄭之所略矣。【綴遺齋彝器款識考釋卷七】

◉劉心源　虢季子白盤　搏即博。从干取義。後人省从十。詩用薄為之。【奇觚室吉金文述卷八】

◉孫詒讓　不嬰敢蓋　竊疑此臺戟即詩之鋪敦臺敦。戟鋪聲類並同。又詩六月薄伐玁狁。虢季子白盤薄作搏。此戟疑與薄搏同。臺戟謂迫笮博伐之也。【古籀餘論卷三】

◉高田忠周　今經傳皆作薄伐。而薄即林薄之薄。非其義。故先儒薄伐之薄謂為迫。字音通叚借也。然今見此篆。古薄伐字作搏為正。从干。干犯之意。从尃為聲。猶搏从尃聲也。此明古字逸文。當補許書之遺逸者也。又按。干戈皆兵之事。或戟為原字。搏為異文。而戈攴古多通用。又攴手亦多通用。撲作數。又作戦。可證。然戟搏或亦搏敷之異文。叚借為迫。

用薄亦同。【古籀篇十六】

◉强運開 □ 薛尚功作搏。趙古則作搏。有重文。誤。楊升庵作博。運開按。安桂坡藏宋拓本似係从手。又似从牛。然字書無犗字。薛釋作搏是也。詩搏獸于敖可證。又按。虢季子白盤博伐厰執。从干作□。不嬰敢女及戎大辜戟从戈作□。師寰敢博乃衆从十作□。義俱相通而偏旁則各異也。【石鼓釋文】

◉馬叙倫 吴穎芳曰。應同捕。鈕樹玉曰。韻會一曰四字在尃聲下。段玉裁曰。索當作𡩡。周禮士師。司搏盜賊。小司徒注作司捕盜賊。古捕盜字作搏。音房布反。今捕訓取也。是與索持義別。倫按索持也當作索也持也。一訓是校者所加。或索持也為字林文。此字出字林也。𡩡也者。本書。𡩡。入家搜也。𡩡為安之轉注字。見𡩡字下。入家搜也者。以字從宀而附會之。其實即搏字義。𡩡搏聲同魚類。搏從尃得聲。尃音敷紐。𡩡音心紐。亦同摩擦次清音。故古書多借𡩡為搏。捕搏一字。左莊十一年傳。公右歂孫生搏之。杜注。搏。取也。正捕字義。一曰至也者。朱駿聲謂借為迫。然此是校語。【説文解字六書疏證卷二十三】

◉張政烺 𢦏在卜辭中常出現，不少于一百次。𢦏在金文中僅三見，即牆盤、瘐鐘及豐鼎（即周公東征鼎）。牆盤、瘐鐘都有下面引的這樣一句：

粵武王既𢦏殷，微史剌祖乃來見武王。《文物》一九七八年第三期一二及一四頁

這是講周武王伐紂的事，𢦏字這樣用法卜辭中常見，如：

……串弗𢦏周。十二月。集六八二五

□□卜，㱿，貞：缶其𢦏雀。集六九八九

串、周、缶、雀都是國或族名，互相攻伐，事正相類，説明𢦏字在金文中和在卜辭中是一致的。我近來想寫定瘐鐘釋文，需要解決𢦏字問題，因此首先攷查豐鼎，其銘文曰：

唯周公于征伐東尸（夷），豐白尃古咸𢦏。

舊金山亞細亞藝術博物館《古代中國青銅器》圖版三〇及拓本三九

「咸𢦏」在卜辭中曾見過（集六九〇二、六九〇三、七〇二〇、七〇二一片），這也説明甲骨文金文的一致性。豐白即豐伯，尃古即薄姑，亦作蒲姑，唐蘭、陳夢家都曾論證過（陳説見《考古學報》第九册，一六八至一六九頁）。這個尃字，以及金文中的一切尃字，寫作□（見《金文編》卷三，三二頁），上部作□，與《説文》稍有不同。《説文》：

尃，布也。從寸，甫聲。

甫，男子美稱也。從用父，父亦聲。

金文中的甫字（見《金文編》卷三，四〇頁）與《說文》合，又有許多從甫得聲的字，如匍、鋪、匬、輔（見《金文編》卷九，一一頁；卷一四、六和一一頁）、簠（微伯瘈豆，見《文物》一九七八年第三期九頁）、補（周齊侯鎛鐘，見《嘯古集古録》七七及八〇頁），也都和《說文》相合，這些字都以父字為聲音符號，非常明顯。金文尃字上部作甶，既不從用，也不從父，㬪鼎有尃字，又有𢦏字，兩個字上部相同，都從屮，當是聲符，因此推想𢦏和尃讀音相同，𢦏從戈屮聲，中的形義倉猝不易確定，按照《說文》的習慣假定為尃省聲。事有極巧的，那就是在周代中期以後的金文中竟有從戈尃聲不省的字。不嬰簋：

戎大同从追汝，汝及戎大臺戟。汝休，弗以我車函（陷）于艱。《兩周金文辭大系圖録考釋》録編八九頁

戟字從戈尃聲，疑即𢦏之繁體，關于臺戟的解釋，王國維曰：

臺、戟皆迫也、伐也。臺者敦之異文，《詩·魯頌》「敦商之旅」，……猶《商頌》云「裒荆之旅」，鄭君訓裒為俘，是也。宗周鐘云「王臺伐其至」，寡子卣云「（以）臺不淑」，皆臺之訓也。戟與虢季子白盤「博伐」之博，宗周鐘「戣伐」之戣，同義。《詩·常武》「鋪敦淮濆」，鋪敦即臺戟之倒文矣。《觀堂古金文考釋，不嬰敦蓋銘考釋》七頁

王氏這個講法有代表性，久為一般學者所公認。虢季子白盤銘文有：

博伐玁狁，于洛之陽。

博，從干，專聲。從干與從戈同意，博與戟當是一個字，容庚《金文編》（卷一二，七頁）以為二者皆是搏字異體。按《廣雅·釋詁

三》：「搏，擊也。」

一九七五年三月陝西扶風出土㦤簋，銘文記載：

戎伐馭，㦤率有司師氏奔追禦戎于棫林，博戎㝬(胡)。……卒博，無眈于㦤身。 《文物》一九七六年第六期五七頁

這裏的博字從十，即干之古體，宅簋「伯錫小臣宅畫干戈九」、趞曹鼎「錫弓矢戈盧甲胄干殳」的干字都這樣寫，在㦤簋這篇銘文中戎字(從戈干，又見盂鼎)豚干字(從干豚聲，即盾的形聲字)都有這個偏旁，所以它和虢季子白盤的博是一個字。十這個字形很不穩定，容易變成十，像戎字一樣也出現了博字，師寰簋：

淮尸(夷)繇(舊)我貟晦臣，今敢博氒(厥)衆，叚反工事，弗速我東馘。 《兩周金文辭大系圖録考釋》録編一三五至一三七頁

這個博字就是㦤簋、虢季子白盤的博字，並不從十，因為師寰簋是西周的銅器，當時的十字還沒有把橫畫寫成這樣寬的。但是到漢代博字却這樣定了形，《説文》把它歸入十部，說：

博，大通也。從十、尃；尃，布也，亦聲。

這便成了一個莫名其妙的字。㦤簋記事和不嬰簋相似，「博戎㝬(胡)」、「卒博」兩句博的字義和不嬰簋的載字相同，皆可訓為擊。師寰簋「今敢博氒(厥)衆」，郭沫若訓博為迫，音近通假自然是可以的。如果讀為鋪，《小爾雅·廣詁》「鋪，布也」，《廣雅·釋詁二》「鋪，陳也」，也可以講得通。看來這個博字用法和㦤簋、虢季子白盤不同，那也沒有關係，古代漢字常一字數義，還有同音通假問題，不能要求千篇一律。

征、伐、辜、𢦏都是動詞，其行為都和戰爭有關，而字的含義却不一樣。征伐都是大事，辜前有時加一大字，說明問題也不小。𢦏字在卜辭中常單用(集七六七〇至七七三片)，但是未見先言𢦏而後言征伐或辜者，蓋𢦏屬于戰爭的細節，行動比較具體。征伐辜是前題，𢦏見成果。

最後賸下的一個問題是，虢季子白盤的「博伐」在卜辭中找不到。《詩·出車》「赫赫南仲，薄伐西戎」，又《六月》「薄伐玁狁，以奏膚公」、「薄伐玁狁，至于太原」，可見博(薄)和伐兩個字已連結在一起成為一個詞。金文㝬鐘「𢦏伐氒(厥)都」，兮甲盤「則即井厥伐」，學者說𢦏伐、厥伐即博伐(見方濬益《綴遺齋彝器考釋》卷七，虢季子白盤)當是可信的。這些都是西周後半期的文獻，去卜辭已數百年。這六處博伐都是對異族侵略者講的，必然帶有狠毒的口氣，可能就是把卜辭的伐𢦏二字倒轉過來，以加重語意。正如學者們說的「《詩·常武》鋪敦淮濆，鋪敦即辜載之倒文」，這關係到語言文字的特點(像單音語、方塊字等)和習慣問題，古代漢語中也確實有些類似的例子，這裏就不想多扯了。

根據以上引用的許多材料，我們可以較多地理解甲骨金文中𢦏字的音義和用法，但是要找一個現代通行的字直接說𢦏是某字的初文却還有一定的困難，在這種情況下只好沿襲《金文編》把戟䡦當成搏字的辦法，也讀為搏。【釋𢦏　古文字研究第六輯】

◉黃盛璋　(四)戟()，此字从戈，尃聲，見于不嬰段「戎大同，逑永追汝，汝彶戎，大𦎫戟」，西周他器从干，尃聲，𢦚段「奔追御戎于棫林，䡦戎」，虢季子白盤「䡦伐玁狁」，師袁段「淮夷今敢䡦厥衆叚，「反厥工事」，从干與从戈同，故皆為同字。虢季子盤明確从，𢦚段、師袁段則从，皆為戈干之干，《說文》有「尃」，「大、通也，从十、尃，尃，布也，亦聲」，為廣博之博，形、義皆別，不是一字。《說文》與經傳皆無从戈或干之「戟、䡦」，僅有从手、尃聲之「搏」，《說文》「索持也」，此字在經傳中有捕執、搏擊等義，而「搏執」連文，尤為常見，如《孟子離婁》下「制君搏執之」，《禮記月令》「孟秋，務搏執」，《詩》「搏獸於敖」，《公羊傳》莊十二年「萬怒，搏莊公，絶其脰」，《孟子盡心》下「晉人有馮婦者，善搏虎」，《淮南子謬稱訓》「中行繆伯手搏虎」，都是執／縛，不是擊，金文最早从戈、干，顯為用武器攻擊，从手與从戈、干同，而縛執、捕獲、索持，又皆為同一義之引伸，原止一義，即本義，而後因應用，擴展而為多義，即引伸義，此語言學之一般規律，經傳之「搏」，搏擊，捕獲、索持之義皆有，其搏擊義又引伸為「拍」，表以手相拍，古無此字，至漢始有。《釋名·釋姿容》「搏，拍也，四指廣博，亦以手擊之也」，又《釋言語》「拍，搏也，以手拍其上也」，李斯《諫逐客令》「彈箏搏髀」，謂拍股為節，即今俗語之「拍大腿」，《史記馮唐傳》「上既聞廉頗、李牧事，說而搏髀曰：「嗚呼！……」云云，初皆用「搏」，後始造「拍」字。《後漢書張奐傳》「拍髀仰天而笑」，《考工記》「搏埴之工二」，鄭注「搏之言拍也」，《晏子内諫》「景公令兵搏治」，王引之《讀書雜志》「《廣雅》曰：治，磚也，搏治謂搏土為磚」，按「搏埴」鄭訓「埴，黏土也」，搏治即搏埴一語之轉。古用「搏」，而後皆用「拍」，《說文》始有「拍」字，但不見用，通行為「拍」。以上說明，「戟、䡦」與「搏」為一字，而捕、執、拍等義皆由攻擊義之擴展或引伸，段玉裁已指出：「古捕盜字作搏」，「今則捕行而搏廢」，但訓為搏擊。又按「搏擊與索取無二義，凡搏擊未有不乘其虚怯，扼其要害者，猶執盜賊必得其巢穴也」。段說深得語言引伸應用之理，「索持」謂搜索而執之(入室為索)，而縛執、捕獲，或用器械，武器，或用手，必皆和對象較量，對抗，从戈、干與手其義皆一，「搏」為「戟、䡦」之後起字，至秦統一文字，則皆統一于「搏」，而廣博字則另一來源。但本銘戟逺連文，合表一義。【戰國祈室銅位銘文破譯與相關問題新探　第二届國際中國文字學研討會論文集】

◉戴家祥　多友鼎　左傳僖公二十八年「晉侯夢與楚子搏」。杜預云：「搏，手搏。」由是而知䡦字从干者，以干搏也。戟字从戈者，以戈搏之也。䡦戟皆搏之更旁字。小雅車攻「搏獸于敖」，孟子告子上「今夫水搏而躍之，可使過顙」，搏字皆當訓擊。搏，讀

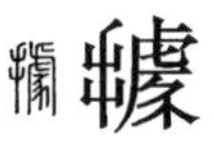

補各切。薄，讀迫各切。不但同部，而且同母。小雅六月「薄伐玁狁」，虢季子白盤作「博伐厰𤞤」，文例正同。知薄伐為搏伐之叚字也。周書酒誥「圻父薄違」，依宋人蔡氏集傳斷句。言司馬、王兵，搏擊回衺也。易說卦「雷風相薄」、「陰陽相薄」，薄亦當讀搏。若依傳箋讀迫，則與文義鉏鋙難通矣。

不嬰毁　此銘戟字虢季子白盤「博伐厰𤞤」作博，干戈同為兵器，作為偏旁可以更換，戟博為更旁異體字。經典通作薄，詩六月「薄伐玁狁」，薄訓迫伐，干犯之義。經典又通作搏。詩車攻「搏獸于敖」、東京賦及後漢書安帝紀章懷注並作「薄狩」。戟博通作薄搏，義為迫伐。說文無戟博而有搏敷，十篇「搏，索持也。从手尃聲。」三篇「敷，㩲也。从攴尃聲。」古文戈攴多通用，攴手亦多通用，如撲作數，又作𢾭等，故知搏敷皆為博戟之異體字。【金文大字典上】

9·79　滿據　【古陶文字徵】

劉據印信　李據男丞私印　陰𢮦私印　【漢印文字徵】

古老子　義雲章　【古文四聲韻】

◉許　慎　杖持也。从手。豦聲。居御切。【說文解字卷十二】

◉馬叙倫　杖持也當作杖也持也。一訓是校者所加。爾雅釋言。據。杖也。杖當為丈。丈音澄紐。據從豦得聲。豦音羣紐。羣澄同為濁破裂音。丈聲陽類。據聲魚類。魚陽對轉是據為丈之轉注字。方言六。據。定也。以定訓據者。定音定紐。丈音澄紐。古讀澄歸定。借定為丈也。【說文解字六書疏證卷二十三】

上谷府卿墳壇題字　【石刻篆文編】

古老子　【古文四聲韻】

◉許　慎　引持也。从手。聶聲。書涉切。【說文解字卷十二】

◉馬叙倫　下文。枏。并持也。枏攝聲同談類。蓋轉注字。論語。官事不攝。周禮大宗伯。若王不與祭則攝位。攝皆為并兼

之義。此引字疑當為并。或本作引也持也。引也以聲訓。引音喻紐四等。攝音審紐。同為摩擦次清音。或引持也為字林文。【說文解字六書疏證卷二十三】

抩

◉許　慎　抩并持也。从手。冄聲。他含切。【說文解字卷十二】

◉馬叙倫　吴穎芳曰。抱之轉語。倫按今杭縣謂持物曰抩。并持也或當為并也持也。一訓校者加之。吴謂抱之轉語者。當為佗之轉注字。或語原同也。本部。拕。曳也。義異。【說文解字六書疏證卷二十三】

抪

薌抪施印　【漢印文字徵】

◉許　慎　抪捫持也。从手。布聲。普胡切。【說文解字卷十二】

◉馬叙倫　吴穎芳曰。撫之轉語。沈濤曰。一切經音義十六引作布也。蓋一曰以下之奪文。韻會七虞引一曰舒也。是小徐本本有一解。倫按捫持也當作捫也持也。捫抪轉注字。皆雙脣音也。捫抪皆無持義。下文。捫。撫持也。撫音敷紐。古讀歸滂。與抪音同滂紐轉注。撫即今摸索之摸之本字。今杭縣謂摸亦曰捫。讀若婆。詩抑。莫捫朕舌。舌不可持。捫舌謂撫舌也。則持也者為校者所加。布也舒也亦校語。皆抪之引布義。此字或出字林。【說文解字六書疏證卷二十三】

挾

◉許　慎　挾俾持也。从手。夾聲。胡頰切。【說文解字卷十二】

◉馬叙倫　鈕樹玉曰。一切經音義十四及十六引無俾字。玉篇注。懷也。持也。沈濤曰。本部自挈至撣。無單訓持者。疑玄應節取持字之義。翟云升曰。俾疑當為傍。釋名釋姿容。挾。在旁也。倫按俾持也當作俾也持也。一訓乃校者加。俾挾聲同談類。蓋以聲訓。夾下云。俗謂蔽人俾夾。亦俾夾連文。翟說亦可從。蓋字林文。挾為拑之聲同談類轉注字。夾夾亦一字。見夾字下。拑下曰。脅持也。當作亦持也。【說文解字六書疏證卷二十三】

捫

◉許　慎　捫撫持也。从手。門聲。詩曰。莫捫朕舌。莫奔切。【說文解字卷十二】

◉馬叙倫　丁福保曰。慧琳音義八引。摸也。蓋古本一曰以下之奪文。倫按撫持也字林文。見玄應一切經音義引。倫謂當作

撫也持也。吕忱列二訓。傳寫并之。摸也或亦字林文。此字或出字林。【説文解字六書疏證卷二十三】

擥 擥

◉許　慎　擥撮持也。从手。監聲。盧敢切。【説文解字卷十二】

◉馬叙倫　鈕樹玉曰。玉篇作擥。持也。沈濤曰。一切經音義十二文選廿泉賦注引皆同。惟音義十一引。攬。持也。非節引。即奪文。倫按撮持也蓋亦當作撮也持也。撮為爪之轉注字。撮也則與攫為轉注字。攫音見紐。擥從監得聲。監音亦見紐也。或撮也是借擥為攫。持也是本義。一訓為校者所加。或吕忱列異訓。字亦或出字林也。【説文解字六書疏證卷二十三】

擸 擸

◉許　慎　擸理持也。从手。巤聲。良涉切。【説文解字卷十二】

◉馬叙倫　鈕樹玉曰。玉篇。擇持也。倫按理持也不可通。當作理也持也。理也乃下文撩字義。撩擸音同來紐。或借擸為撩也。擸為擥之音同來紐轉注字。故相次也。【説文解字六書疏證卷二十三】

握 握

握出朱育集字　握竝出華岳碑　握出義雲章　【汗簡】

義雲章　【古文四聲韻】

◉許　慎　握搤持也。从手。屋聲。於角切。𡉉古文握。【説文解字卷十二】

◉高潛子　握，古文作𡉉，从冈从古文屋省。兩宀相疊而省其一。按冈即古文握字也，凡兩手象形之字，從𠂇又相並而成者，竦手之拱為𠬞，引手之攀為𠬜，叉手之掬為𦥑，交手之友為㕛，上下相付之摽為𠬪，而合手之握缺焉，不應此字獨無象形。古文𡉉字所从之冈，正象𠂇又相合之形，是真象形握字，朱駿聲以為「从冂，束也，」誤矣。蓋象形之文體既簡，而相似者多，久則别出會意形聲之字以代之，而本文乃浸佚，此例至多，故古文握猶从冈，篆文則从手屋聲，握行而冈廢矣。古文屋从之，非从𠬞也。金石古刻作屋作屋叔單鼎夜居鼎。猶多从冈而無从屋者，知説文所引古文之形譌也。古泉文四字有作冈者，莒刀蓋亦從冈字而來，曰握手亦屈指計數之一法也。【釋冈　國學叢刊一卷二期】

◉馬叙倫　吳穎芳曰。握搤語轉。丁福保曰。慧琳音義卅一引。持也。考搤下云。一曰握也。是古本作搤也持也。倫按廣雅釋詁。握。持也。校者蓋據此加之。握搤音同影紐轉注字。

𡒽 鈕樹玉曰。玉篇廣韻並無。按屋下有古文𡒽。與此形相近。不應重出。疑古有借𡒽為握者。後人因增。桂馥曰。文選任昉出郡傳舍哭范僕射詩注引淮南子。𡒽無所鑒謂之狂生。高注。𡒽。持也。𡒽。古握字也。倫按此屋之異文。汗簡引朱育異字握字作𡒽。育吳人。與韋昭同時。隋書經籍志猶載其書。則此字呂忱據異字加邪。或據淮南加邪。或古文經傳有作此者邪。【說文解字六書疏證卷二十三】

◉商承祚 𡒽 淮南詮言訓。「𡒽無所鑒。」高注「𡒽。持也。𡒽。古文握字。」又此寫譌。【說文中之古文考】

◉高鴻縉 □字為說文所無見。叔向父毁銘曰。「□明德秉威儀」。□字與秉字對文。其為動詞無疑。金文學家釋為拱。但拱字甲文作□。金文偏旁習見俱作□。無作□者。則釋拱非也。考□字之形。實類古文父字之反正對比。而□字余定為把之初文。⊘較前人各說俱勝。後世借□(把)為父母之父。俗作爸。仍留其音。茲□為對把應為握之初文。握之意為搤持。周公一沐三握髮。又握手把臂。疑雙曰握。單曰把。說文握。古文作𡒽。應是□字加厔省聲作𡒽以後之譌變。故叔向父毁之原銘即「握明德。秉威儀」。伯戜毁及善鼎均有秉德□(握)純字樣。□。即握也。動詞。【中國字例四篇】

撣

□ 甲二四三三 □ 甲二七七二 【甲骨文編】

◉許慎 撣提持也。从手。單聲。讀若行遲驒驒。徒旱切。【說文解字卷十二】

◉馬敘倫 廣雅釋詁。撣。提也。提持也當作提也持也。呂忱列異訓或校語也。字亦或出字林。【說文解字六書疏證卷二十三】

把

□ 把 法五 三例 □ 封八五 三例 □ 日乙一七四 六例 【睡虎地秦簡文字編】

□ 把口 □ 王把 【漢印文字徵】

□ □ 竝籀韻 【古文四聲韻】

◉許慎 把握也。从手。巴聲。博下切。【說文解字卷十二】

◉馬敘倫 沈濤曰。一切經音義十二引。把。握也持也。十四引。亦把持也。是古本尚有持也一訓。倫按持也校語。把音封

紐。握音影紐。封影同為清破裂音。是轉注字也。字見急就篇。【說文解字六書疏證卷二十三】

搹 搹

◉許　慎　搹把也。从手。鬲聲。於革切。𢪔搹或从戹。【說文解字卷十二】

◉馬叙倫　吴穎芳曰。握之轉語。鈕樹玉曰。一切經音義廿二引作把持也。倫按廣雅釋詁。搹。持也。把持也當作把也持也。吕忱或校者列異訓也。搹為握搤之音同影紐轉注字。字或出字林。

𢪔　倫按戹音亦影紐。故搹轉注為扼。【說文解字六書疏證卷二十三】

拏 拏

◉許　慎　拏牽引也。从手。奴聲。女加切。【說文解字卷十二】

◉馬叙倫　鈕樹玉曰。繫傳奴聲下有一曰已也。韻會引已作巴。當是把字之爛脱。嚴可均曰。文選長笛賦注引作索持也。段玉裁曰。篆當與下文挐篆互易。奴聲當作如聲。玉篇有挐無拏。王筠曰。史記霍去病傳。漢匈奴相紛拏。注。相牽也。後漢書馮衍傳。禍拏未解。兵連不息。注云。拏謂相連引也。長笛賦。按拏捘臧。李善引蒼頡。拏。捽也。引也。通作挐。漢書嚴安傳。禍挐而不可解。顔注。挐。相連引也。楊雄解嘲。攫挐若存。注云。妄有搏執牽引也。長笛賦注引説文。拏。索持也。蓋即挐下之持也。而又誤用搏下之索持也。殆不可據。廣韻九魚挐下云。牽引。正與拏之説解同。而九麻。拏。亦牽也。韻會六魚挐下引説文。持也。又牽引也。且云。或作拏。又麻韻禮部韻舊出拏字。然其六麻仍出拏字。如今本。案拏挐一字。今互易其訓義。非。説文傳譌也。段氏乃互易其篆文。尤誤。徐灝曰。疑拏挐同字。因聲之輕重而别之。實一義相生耳。然就今本而論。自以段説為長。倫按下文挐次攎後。攎訓挐持。鍇本作拏持。挐訓持也。一曰誣也。一曰誣也者。即女部㛀下所云誣挐也。而鉉本作誣拏。廣雅。㛀。拏也。此本書拏挐相亂之證。古書奴聲如聲之字亦復相亂。蓋奴如竝從女得聲也。倫謂王謂篆不須改。但當易其訓義。是也。今蘇州謂持曰拏。牽引也當作牽也引也。一訓校者加之。史記霍去病傳正義引三蒼解詁。紛拏。相牽也。拏把聲同魚類。轉注字也。【說文解字六書疏證卷二十三】

攜 攜

攜 攜 竝王存乂切韻【古文四聲韻】

◉許　慎　攜提也。从手。巂聲。户圭切。【說文解字卷十二】

　提　法八二　二例【睡虎地秦簡文字編】

朱提长印　提奚丞印【漢印文字徵】

◉許　慎　提挈也。从手。是聲。杜兮切。【説文解字卷十二】

◉馬叙倫　提攜聲同支類轉注字。巂聲本在支類也。攜音匣紐。挈音溪紐。又同舌根音轉注字也。父庚甗有。蓋周禮夏官挈壺氏之圖語。然亦提攜之初文也。【説文解字六書疏證卷二十三】

◉陳偉武　包山簡95：「九月戊午之日，邵無戠之州人鼓鼗張恷訟妳之鳴⿰鼠瓜(狐)邑人某戇與其翁大市米⿰土思人杳，胃(謂)杳其弟⿰匆匆而，戇殺之。」整理者隸作⿺毛雜，未加説釋。劉釗先生云：「『雜』字應即『雑』字，俗寫作『雑』。字从『雑』、从『毛』，應為『雜』字贅加義符的異構……其義不詳。」李零先生謂：⿺毛雜「讀捽，《説文》釋為『持頭髮也』。」

今按，整理者隸定正確，劉、李二家之説可商。包山簡有「盡卒歲」語，「卒」，學者或釋衣，或釋卒，曾師經灋先生從王國維釋衣(裼)而讀為易，確不可易。⿺毛雜字當是从毛、雜聲的形聲字。雜从隹，卒聲，實為翟字異體。三體石經以衣為狄之古文，古書翟狄通作之例甚多，如《左傳・莊公二十八年》「狄之廣莫」，《國語・晉語四》狄作翟。《説文》：「翟，山雉尾長者。从羽，从隹。」翟本是雉鳥別名，引申指雉鳥之羽，《詩・邶風・簡兮》「左手執籥，右手秉翟」，毛傳：「翟，翟羽也。」因此，从毛、雜(翟)聲的⿺毛雜應相當於後世的⿺毛翟字，由翟字孳乳而來，專指雉鳥之羽。《集韻》將⿺毛翟字入於葉韻，音即涉切，以為眏字異構：「眏，《説文》：『目旁毛也。』或作睫、⿺毛翟。」疑此音義別有所受，非⿺毛翟字初朔用灋。

翟，古音為定紐錫部，依聲韻求之，⿺毛雜字似可讀為「提」(古音定紐支部)。《周禮・夏官・田僕》：「凡田，王提馬而走，諸侯晉，大夫馳。」鄭玄注：「提，舉也。」孫詒讓正義：「提猶控也，勒馬曰提。」「提」有「控持、執持」義，包山簡95是説張恷狀告杳執持其弟⿰匆匆而，某戇則將⿰匆匆而殺害。【戰國楚簡考釋斠議　第三屆國際中國古文字學研討會論文】

◉許　慎　⿰扌耴拈也。从手。耴聲。丁愜切。【説文解字卷十二】

汗簡【古文四聲韻】

◉許　慎　拈掫也。从手。占聲。奴兼切。【說文解字卷十二】

◉馬叙倫　掫音端紐。然從耴得聲。耴耳一字。耳音古在泥紐。是拈掫為轉注字。猶借耴為聑矣。【說文解字六書疏證卷二十三】

◉許　慎　摛舒也。从手。离聲。丑知切。【說文解字卷十二】

◉馬叙倫　舒也當作捨也。摛音徹紐。捨音審紐三等。同為舌面前音轉注字也。古書借摛為抒。故今皆用借字之義。宋祁漢書校本引字林。攡。舒也。則此下當有重文。或此篆本作攡。乃出字林。【說文解字六書疏證卷二十三】

古老子 雲臺碑【古文四聲韻】

◉許　慎　捨釋也。从手。舍聲。書冶切。【說文解字卷十二】

◉馬叙倫　釋也以聲訓。【說文解字六書疏證卷二十三】

◉許　慎　擪一指按也。从手。厭聲。於協切。【說文解字卷十二】

◉馬叙倫　吴穎芳曰。抑壓語轉。鈕樹玉曰。玉篇廣韻作指按也。莊子外物釋文引字林。擪。一指按也。倫按擪抑按竝音同影紐轉注字。說解蓋本作按也。一指按也字林文。或字出字林。【說文解字六書疏證卷二十三】

禪國山碑　率按典繇【石刻篆文編】

◉許　慎　按下也。从手。安聲。烏旰切。【說文解字卷十二】

◉高田忠周　㝃。人名。音義無可徵。然審篆形。从攴从安自明晳者。古文手攴通用。知是从攴安聲。古文按字也。或云㝃當闇字異文。敃敨昏三字通用。从宀猶从門。闇作𥨸可證。非是。【古籀篇五十四】

控　揗　掾

◉馬叙倫　下也上當有挩文。此字蓋出字林。【說文解字六書疏證卷二十三】

◉許　慎　控引也。从手。空聲。詩曰。控于大邦。匈奴名引弓控弦。苦貢切。【說文解字卷十二】

◉馬叙倫　嚴可均曰。文選西都賦注羽獵賦注一切經音義廿二引弓下有曰字。今挩。翟云升曰。一切經音義廿二引匈奴作突厥。倫按引也詩載馳毛傳文。疑非本訓。或字出字林。故引詩也。匈奴七字校語。【說文解字六書疏證卷二十三】

◉許　慎　揗摩也。从手。盾聲。食尹切。【說文解字卷十二】

掾 效五五　二例【睡虎地秦簡文字編】

五威將焦掾並印　隃麋焦掾田宏　左奉翊掾王訢印　覃掾私印【漢印文字徵】

昌陽刻石　開母廟石闕　廷掾趙穆　祀三公山碑　廷掾郭洪　趙寬碑額【石刻篆文編】

雲臺碑【古文四聲韻】

◉許　慎　掾緣也。从手。彖聲。以絹切。【說文解字卷十二】

◉馬叙倫　掾從彖得聲。彖讀若弛。音在審紐三等。揗音牀紐三等。同為舌面前音。是揗掾為轉注字也。緣也以聲訓。莊子大宗師。不緣道。借緣為掾也。【說文解字六書疏證卷二十三】

◉于省吾　第三、四期甲骨文「叙𣪊」之叙作□、□、□、□、□、□等形。王國維釋馭(戩考一四頁)，董作賓從之，訓馭釐為進福(安陽發掘報告第四册釋馭𣪊)。余永梁釋肄(殷考)。商承祚同志初釋祭(類編一・四)，繼釋肄(佚考二五五乙)。按以上各說，均屬臆測。

說文：「帬，脩豪獸。一曰河内名豕也。讀若弟。」又：「彖，豕也，从彑从豕省。」嚴可均說文校議，謂「彖即帬」，是也。又說文肄作𦘔，並謂：「肄，習也，从聿帬聲。」按周代金文作□，典籍譌肆或肄。□字从□从巾(余别有説)，□字亦作□，見商器

𢪍 𢪍

王生女觥。又商器亞形父丁角（擄一之三・一四），器文有𢻹字，蓋文作𢻹，即甲骨文𢻹字。亦即掾之初文，从又與从手同。掾从彖聲，即易「彖傳」之彖。說文割裂偏旁，誤為「从𠂤从豕省」。又說文繫傳地字籀文作墬，並謂：「從𨸏土彖聲」。按古韻墬屬歌部，彖屬元部，二部通諧（詳釋彖），故墬从彖聲。晚周行氣玉銘有墬字，其从彖作彖，晚周鉨文亦有墬字，其从彖作彖，均由甲骨文𢻹之从彖所演化。依據上述，可以說明𢻹字滋化之源流。掾彖疊韻，故掾从彖聲。

甲骨文「𢻹𠩺」習見，亦作「其𢻹𠩺」。𢻹即掾之初文。說文：「掾，緣也。」段注：「緣者衣純也。既夕禮注，飾衣領袂口曰純。」按緣與純皆沿循衣之領袂邊緣而飾之，故引伸為延長之義。延長之延，甲骨文本作㣈，說文譌作延、延。掾與㣈疊韻，義亦相涵。周代金文𠩺字亦作𧶜或釐，典籍多訓釐為福。總之，甲骨文之掾𠩺應讀作㣈釐，即延長福祉之義。第五期甲骨文之「其㣈𠩺」（前二・二八・三），以㣈為掾。然則掾𠩺之即㣈釐，已明確無疑。【釋「𢻹𠩺」　甲骨文字釋林】

◉許　慎　𢪍拊也。从手。百聲。普百切。【說文解字卷十二】

◉馬叙倫　鈕樹玉曰。玉篇作拍。注同。後又有拍訓擊者。蓋後人增。倫按金文拍盤作拍。【說文解字六書疏證卷二十三】

◉戴家祥　拍拍尊　拍字从手从白，說文所無，以形聲擬之，當即𢪍之異文。白百聲同，集韻上聲二十陌「𢪍，或从白」。尚書堯典「僉曰伯夷」。蔡邕姜淮碑作百夷。說文十二篇「𢪍，拊也」。玉篇六十六「拍，普洛切，拊也」。廣雅釋詁三「拍，擊也」。拊擊同義，是拍𢪍兩字不但聲同，韻同，而且義同，其為同字蓋昭昭然。聲符更旁，字亦同搏，拍从白聲，白讀「博陌切」，幫母，魚部，搏从專聲，專讀「補洛切」，不但同部而且同母。天官醢人「豚拍魚醢」，鄭大夫杜子春皆以拍為膊。釋名釋姿容「拍，搏也。以手搏其上也」。拊讀「芳武切」滂母魚部，韻同聲近。

戴家祥曰：拍當釋𢪍。說文十二篇「𢪍，拊也。从手，百聲」。百白古本一字。大盂鼎「錫女邦司四白人」。又曰「錫夷司王臣又三白人」，並以白為百。荀子王制篇「司馬知師旅甲兵，乘白之數」，楊倞注「或曰：白，當為百」。加旁作伯，虞書「簽曰伯夷」，蔡邕姜淮碑作百夷。孟子百里奚，韓非難言篇作伯里奚。漢書食貨志「亡農夫之苦，有仟伯之得」，顏師古謂「伯，百錢也」。集韻二十陌「𢪍或从白」。玉篇六十六拍音莫格切，附也。【金文大字典中】

拊

◉許　慎　揗也。从手。付聲。芳武切。【說文解字卷十二】

◉馬叙倫　鈕樹玉曰。一切經音義十引說文。拊手曰拚。拊。擊拍也。蓋誤。玉篇注。拍也。倫按拍音滂紐。拊音敷紐。古讀歸滂。是轉注字也。掾音喻紐四等。敷與喻四皆次清摩擦音。是掾拊為轉注字。莊子人間世。適有蚊虻僕緣。僕借為拊。拊緣即拊掾。是其證。字見急就篇。顏師古本作撫。【說文解字六書疏證卷二十三】

掊

古史記　 竝籀韻　【古文四聲韻】

◉許　慎　把也。今鹽官入水取鹽為掊。从手。咅聲。父溝切。【說文解字卷十二】

◉馬叙倫　鈕樹玉曰。韻會引同繫傳。唯曰作為。沈濤曰。六書故引唐本作捊也。本書。捊。引取也。重文作抱。史記孝武記封禪書索隱兩引。掊。抱也。此唐本作捊之證。一切經音義十六兩引皆同今本。疑皆抱字之譌。段玉裁曰。把當作杷。王筠曰。抱也義通。然刀部刮下。掊。把也。則知作把為正。把讀如杷。非把握字也。衆經音義十六引。掊。把也。四引。手把曰抱。皆是證。他卷中有作手把曰掊者。譌也。漢書郊祀志。掊視得鼎。注。手把土也。貢禹傳。農夫捽草把土。注。把手掊之也。倫按此今河北謂刨土之刨本字也。把也疑以聲訓。或抱字之譌。抱也亦以聲訓。此字蓋出字林。故有今鹽官九字。【說文解字六書疏證卷二十三】

捋

◉許　慎　取易也。从手。寽聲。郎括切。【說文解字卷十二】

◉馬叙倫　嚴可均曰。一切經音義十一。劣。古文捋同。小徐有一曰劣也。田吳炤曰。一曰劣也校語。尹桐陽曰。一曰劣也謂借為劣。倫按取易也當作取也易也。詩芣苢傳。捋。取也。四篇。寽。五指捋也。實是此字義。此易也是寽字義。易謂交易。寽受一字也。捋為采之轉注字。六篇。采。捋取也。采聲之類。捋聲脂類。之脂通轉也。【說文解字六書疏證卷二十三】

撩

◉許　慎　理也。从手。尞聲。洛蕭切。【說文解字卷十二】

◉馬叙倫　嚴章福曰。一切經音義十五引理下有之字。王筠曰。當依補。倫按理者。治玉也。非撩字本義。亦非本訓。今言

撩理者。撩理音同來紐連緜詞耳。廣雅釋詁。撩。取也。今杭縣謂於水中取物曰撈。亦曰撩。方言。撈。取也。通俗文。沈取曰撈。【說文解字六書疏證卷二十三】

◉許　慎　措置也。从手。昔聲。倉故切。【說文解字卷十二】

◉馬叙倫　置為罝之轉注字。見置字下。古書言措置者。置借為對。皆舌面前音也。措借為靖。同從昔得聲也。措為插之同次清破裂摩擦音轉注字也。措籀一字。下文。籀。刺也。乃後起字。此說解當作插也。玄應一切經音義引倉頡。措。置也。又引字林。同。則置也呂忱加之。【說文解字六書疏證卷二十三】

◉戴家祥　中山王嚳方壺　从攴昔聲，昔字，在鼎銘裏凡四見，皆用作「昔者」之昔。散字說文所無。从銘義看，賢與能並列，意義相近。散與進並列，意義亦當相近。進為薦舉，古文从手从攴通，知散當措置之措。論語為政孔氏本「舉直措諸枉則人服，舉枉指諸直則人不服」，舉措之意與銘文進散相同。【金文大字典中】

插

崔希裕纂古【古文四聲韻】

◉許　慎　插刺肉也。从手。从臿。楚洽切。【說文解字卷十二】

◉馬叙倫　鈕樹玉曰。繫傳韻會肉作内。玉篇廣韻竝作刺入也。從臿韻會作臿聲。嚴可均曰。入即内也。此作内。誤。翟云升曰。臿聲。丁福保曰。慧琳音義七十六引作刺内也。倫按刺入也蓋字林文。或刺入也當作刺也入也。一訓校者加之。鍤本作從手臿。挩聲字耳。字見急就篇顏師古本。皇象作臿。則故書作臿。傳寫以字林字易之。此字或出字林。【說文解字六書疏證卷二十三】

掄

陳掄私印【漢印文字徵】

◉許　慎　掄擇也。从手。侖聲。盧昆切。【說文解字卷十二】

◉馬叙倫　鈕樹玉曰。繫傳有一曰從手貫也六字。廣韻引作一曰貫也。則從手二字衍。倫按廣雅釋言。掄。貫也。是此一曰貫也乃校者據廣雅加之。倫謂貫也當作摜也。糸部。綸音古還切。則古或讀掄如綸。故得借為摜。或貫也是擐字義。古鉩

擇

作。【説文解字六書疏證卷二十三】

擇 从廾 沇兒鐘 睪字重見 【金文編】

擇 日甲六四背 四例 通釋 不可殺牛以結者不— 日甲七六 秦六八 日乙一〇六 二例 日乙一九四 【睡虎地秦簡文字編】

王擇之印 田擇諾 張擇 霍擇 【漢印文字徵】

祀三公山碑 卜擇吉土 【石刻篆文編】

擇 擇竝出王存乂切韻 【汗簡】

古孝經 竝籀韻 王存乂切韻 裴光遠集綴 【古文四聲韻】

◉許 慎 柬選也。从手。睪聲。丈伯切。 【説文解字卷十二】

◉馬叙倫 鈕樹玉曰。韻會引柬作揀。玉篇注作簡。倫按柬選也當作柬也選也。一訓乃校者所加。然柬為小鼓。選為送之轉注字。俱非本義。柬選皆借為湅。湅為柬擇之柬本字。本書。湅。汏也。上文。掄。擇也。是掄擇為轉注字。掄音來紐。古讀歸泥。定泥皆舌尖前音。擇音澄紐。古讀歸定也。字見急就篇。金器刻詞多用睪字。字急就故書作睪。而傳寫者易以通用字邪。【説文解字六書疏證卷二十三】

捉

◉許 慎 搤也。从手。足聲。一曰。握也。側角切。 【説文解字卷十二】

◉馬叙倫 捉為握之聲同矦類轉注字。一曰握也校語。此字蓋出字林。【説文解字六書疏證卷二十三】

搤 搤

◉許　慎　搤捉也。从手。益聲。於革切。【説文解字卷十二】

◉馬叙倫　搤為握之音同影紐轉注字。【説文解字六書疏證卷二十三】

挻 挻

◉許　慎　挻長也。从手。从延。延亦聲。式連切。【説文解字卷十二】

◉馬叙倫　鈕樹玉曰。老子。挻埴以為器。釋文。挻。聲類云。柔也。字林云。長也。君連反。倫按玄應一切經音義。引字林。柔也。字林每本聲類。則今説解尚捝柔也一訓。然皆非本義。長也者。乃延之引申義。柔也者未詳。以老子文證之。蓋摶之聲同元類轉注字。從延延亦聲當依鍇本作延聲。此字蓋出字林。【説文解字六書疏證卷二十三】

揃 揃

◉許　慎　揃搣也。从手。前聲。即淺切。【説文解字卷十二】

◉馬叙倫　翟云升曰。鍇本有一曰竊也。當作讀若竊。倫按蓋校語。古或借揃為竊也。莊子外物釋文引三倉。揃猶翦也。揃蓋俗寫。玄應一切經音義引字林。搣也。亦斷也。字見急就篇。【説文解字六書疏證卷二十三】

搣 搣

◉許　慎　搣批也。从手。威聲。亡刿切。【説文解字卷十二】

◉馬叙倫　鈕樹玉曰。繫傳韻會批作批。誤。倫按莊子外物釋文引字林。搣。批也。字見急就篇。【説文解字六書疏證卷二十三】

批 批

◉許　慎　批捽也。从手。此聲。側氏切。【説文解字卷十二】

◉馬叙倫　沈濤曰。一切經音義三及十八引作擮也。翟云升曰。擮當作戟。文選西京賦注。批謂戟撮之。倫按本書無擮字。此校語。【説文解字六書疏證卷二十三】

揤 揤

揤 揤裴國尉【漢印文字徵】

◉許　慎　揤捽也。从手。即聲。魏郡有揤裴侯國。子力切。【説文解字卷十二】

◉馬叙倫 吴穎芳曰。俗呼揤轉作揪。倫按魏郡以下字林文。或字出字林也。【說文解字六書疏證卷二十三】

捽

◉許 慎 捽持頭髮也。从手。卒聲。昨没切。【說文解字卷十二】

◉馬叙倫 吴穎芳曰。揤批捽皆語轉。徐灝曰。捽持為通義。持髮特其一端。倫按持頭髮也非本訓。揃揤音同精紐轉注字。捽音從紐。精從同為舌尖前破裂摩擦音。是捽亦揃之轉注字。批音照紐。精照同為清破裂摩擦音。是揃批為轉注字也。摵捽聲同脂類轉注字。摵從戌得聲。戌音心紐。揃音精紐。同為舌尖前音。亦轉注字也。【說文解字六書疏證卷二十三】

撮

◉許 慎 撮四圭也。一曰。兩指撮也。从手。最聲。倉括切。【說文解字卷十二】

◉馬叙倫 鈕樹玉曰。繫傳作亦二指撮也。二當是三之譌。玉篇注。三指撮也。漢書律曆志。量多少者不失圭撮。應劭曰。四圭曰撮。三指撮之也。倫按四圭也非本義。撮為爪之轉注字。一曰即爪字義。以鍇鉉二本互勘。則一曰是校者所加。玄應一切經音義引字林。撮。七活反。手小取也。此字蓋出字林。【說文解字六書疏證卷二十三】

掏

◉許 慎 掏撮也。从手。籀省聲。居六切。【說文解字卷十二】

◉馬叙倫 鈕樹玉曰。韻會引同繫傳。王筠曰。汪本朱筠本及韻會引篆皆作掏。大徐作掬。玉篇同。廣韻別出掏字。云。呼宏切。擊聲。倫按此臼之轉注字。撮也者通義。或撮為取譌。如此篆當為𥷚省聲。鍇本作掏。疑本是一正一重也。字蓋出字林。【說文解字六書疏證卷二十三】

摕

◉許 慎 摕撮取也。从手。帶聲。讀若詩曰螮蝀在東。都計切。㨖摕或从折。从示。兩手急持人也。【說文解字卷十二】

◉馬叙倫 鈕樹玉曰。文選文賦注引揥取也。恐非。揥說文作擿。繫傳作讀若詩螮蝀之螮。蝀字譌。沈濤曰。揥即摕之別體。古本無撮字。倫按撮字傳寫誤衍。摕蓋隶之轉注字。聲同脂類。

㨖 段玉裁曰。蓋從折而示聲。宋保曰。折聲。帶折同部聲相近。王筠曰。朱筠本篆作㨖。倫按從手祈聲。帶聲脂類。祈聲真類。脂真對轉。故摕轉注為㨖。兩手急持人也者校語。即隶字義也。鍇本此下又有𢓊篆。說解曰。古文摕從止辵。張次立曰。今說文並李丹切韻所載徙字如此。朱文藻曰。此字從止辵。與撮取之義何涉。蓋此即撫下重文。撫摕相似。

故傳寫誤衍於此。倫謂張次立亦疑此非㨮之異文也。徙從止得聲。止音照紐三等。古讀歸端。㨮音端紐。或古文經傳借徙為㨮。【說文解字六書疏證卷二十三】

抱 說文所無 日甲四五背 【睡虎地秦簡文字編】

抱罕護軍長史 【漢印文字徵】

古老子 同上 【古文四聲韻】

◉許 慎 引取也。从手。孚聲。步矦切。捊或从包。臣鉉等曰。今作薄報切。以為褱裒字。非是。【說文解字卷十二】

◉葉玉森 前七第二頁一版:「癸丑卜,戈貞𠬝(服)苦方。」辭中之象一大人抱子形,乃古捊字,卜辭𠬝作俘,商器屢見「」、「」形,舊釋子孫,實即卜辭字,當釋俘。予既釋為俘,因悟父丁爵之,舊釋八子,實即八俘。說文「八,別也。象分別相背之形」。八與分古聲誼並通。古即𠬝八為分,曰八俘即分俘,因分俘而鑄器,以彰榮典紀武功也。又悟商器之「」舊釋析子孫,考觶文作「」,「」,父癸斝則作「」从,再變為,為,省為,,之形誼乃全晦。諸家釋為析。為鬴形(孫詒讓説)為俎形几形(王國維説)為非,為斧扆形(丁山氏説)皆非。至丁山氏謂「」為古國名,即冀字。郭沫若氏亦謂為古代國族之名號,且謂抱子形為天黿,即古之軒轅氏,則更誤會矣。【殷虛書契前編集釋卷一】

◉葉玉森 十一 貞亡下缺右行

古捊字。卜辭𠬝作俘。說詳殷契鉤沈。【鐵雲藏龜拾遺考釋】

◉馬叙倫 沈濤曰。詩緜正義一切經音經二及十五及十九廣韻十九矦卅二皓引皆同。惟詩緜釋文引作取土也。土乃也字之譌。音義四無引字。十一引。抱持也。玉篇引取作聚。亦譌。桂馥曰。詩釋文引當是埾字。誤為取土。倫按抱持也校語。引取也當作引也取也。一訓校者加之。廣雅釋詁。捊。取也。易謙。君子以裒多益寡。釋文。裒。鄭荀董蜀才作捊。取也。或引取也為字林文。此字出字林。

段玉裁曰。古音孚包同在三部。宋保曰。包聲。猶罦重文作䍖矣。倫按捊抱轉注字也。【說文解字六書疏證卷二十三】

揜 [glyph]

◉嚴一萍 [glyph]説文从手之字或从[glyph]，如手部揚之古文作[glyph]，播之古文作[glyph]，扶之古文作[glyph]。古籀補補扶鼎之扶作[glyph]。皆易右旁之[glyph]為左旁之[glyph]，據此以例繒書从[glyph]之字，當可易以手旁，則[glyph]即捊字。説文曰：「捊，引取也。」段本作：「引堅也。」注云：「堅各本作取，今正。詩釋文作堅，今本譌為取土二字，非也。堅義同聚，引堅者引使聚也。玉篇正作引聚也。大雅捄之陑陑，傳曰：捄，虆也；陑陑，衆也。箋云：捄，捊也；度，投也。築牆者捊聚壤土。盛之以虆而投諸版中，此引聚之正義，箋與傳互相足。」【楚繒書新考　中國文字第二十六册】

◉許　慎　[glyph]自關以東謂取曰揜。一曰覆也。从手。弇聲。衣檢切。【説文解字卷十二】

◉馬叙倫　自關以東謂取曰揜。蓋字林文或校語。本訓挩矣。或字出字林也。一曰覆也者。弇字義。【説文解字六書疏證卷二十三】

◉湯餘惠　[glyph]159　興，⿱舁弇(揜)字下[glyph]即弇，上从合省，《古文四聲韻》引《華嶽碑》合作[glyph]，與簡文略同。簡文从臼與从手同意，字可釋揜，與掩通，《古文四聲韻》引《裴光遠集綴》掩作[glyph]。【包山楚簡讀後記　考古與文物一九九三年第二期】

授 [glyph]

[glyph] 袁安碑　授易孟氏學　[glyph] 禪國山碑　神人授書　【石刻篆文編】

[glyph] 籀韻　【古文四聲韻】

◉許　慎　[glyph]予也。从手。从受。受亦聲。殖酉切。【説文解字卷十二】

◉馬叙倫　鈕樹玉曰。韻會作從手受聲。倫按此受之後起字。當依鍇本作從手受聲。【説文解字六書疏證卷二十三】

◉朱歧祥　913.[glyph]从二得。象上位者賜貝朋於下，即今授字，予也，手付之令其受也。卜辭授受同辭，上者授，下者受。見第一期。字从一貝、二貝無别，如敗，籀文作[glyph]，是。

《菁7》己亥卜，㱿貞：王曰：侯虎，余其[glyph]女(汝)事，畓受囗。【字通釋稿殷墟甲骨文】

後下30・12 【續甲骨文編】

承 不从手 追承卣　小臣遽簋 伯懋父承王命錫自　命瓜君壺 承受屯德祈無疆　盜壺 恖祇承祀

【金文編】

承丞之印　承仁印　楊承　承騼　李承祿印　司馬承祿之印　甘承私印　曹丞仲承

傷承青印　馬承憙印　右承祿印　繆承意印　公不承印　承建　陽承　順承 【漢印文字徵】

祀三公山碑 到官承饑衰之後 【石刻篆文編】

華嶽碑　同上　竝崔希裕纂古 【古文四聲韻】

◉許　慎　奉也。受也。从手。从卩。从収。臣鉉等曰。謹節其事。承奉之義也。故从卩。署陵切。【說文解字卷十二】

◉林義光　說文云。奉也。受也。从手卩収。按从手丞省聲。【文源卷十一】

◉高田忠周　說文奉也。受也。从手从廾从卩。盍卩者法度也。有奉此者。又有受此者。此謂之承。奉之為主。故字从。者手也。小篆从。又从手為複。亦猶古今字。又亦同字之類也。然承字受授並偁。一為本義。一為轉義也。【古籀篇五十四】

◉徐中舒　(十四)承甲骨文作(見殷虛後編下30葉),乃承之本字,從収,從卩。凡甲骨銅器中卩字皆象人席地形,說文以為符節之節誤。從収正象奉承之意,說文又增手作承,乃後起緟繁之字。甲骨文又有字(見藏龜171葉)乃丞(拯)之本字。象人在陷中,上有人雙手拯之。與丞字形義各別。【遯敦考釋　歷史語言研究所集刊三册二分】

◉强運開　周承卣。說文。承奉也。受也。从手卩収。段注云。合三字會意。此省手但从収。収即手。意已足。【說文古籀三補卷十二】

◉馬叙倫　鈕樹玉曰。繫傳作從手卩取。韻會引同繫傳而取作収。沈濤曰。六書故云。唐本從手從丞。張參曰。從手。從丞。是古本從丞非從卩从収矣。本書。丞。翊也。從廾。從卩。從山。山高奉承之義,則承字宜從之。文選雪賦注引。承上也。

當是古本之一訓。王筠曰。說文一字數義者。正義在前。餘義在後。且加一曰。其襍陳者。或後人刪一曰。或義係後增。翟云升曰。九經字樣引從𠬞下有竦手也之字。朱駿聲曰。從手。從丞省。丞亦聲。倫按從手丞聲。為奉之轉注字。奉音奉紐。承音禪紐。奉禪同為次濁摩擦音也。受也者。校者加之。古書多以奉訓承。唯易歸妹虞翻注曰。自下受上稱承。字樣竦手也三字校語。字出蒼頡篇。見本書自叙引。又見急就篇。【說文解字六書疏證卷二十三】

◉孫海波　甲骨金文象兩手奉人之狀。說文云「从卩」。殆从人之誤也。【甲骨金文研究】

◉李孝定　契文象兩手捧一人之形。奉之義也。篆文又增之「手」形。於形已複矣。孫書收此作承可从。金文小臣遽簋作□。與此同。【甲骨文字集釋第十二】

◉周名煇　佚讀為承者。楊氏所舉之外。如釋名釋親屬篇云。姪娣曰媵。媵。承也。承事嫡也。而丁氏謂佚即賸。說文云。賸物相增加也。則與銘文義相牴牾矣。其別說雖未見。由此可知其無當。凡丁氏不達故訓。不通文例者。類此。【新定說文古籀考卷中】

挋 挋

◉許　慎　挋給也。从手。臣聲。一曰約也。章刃切。【說文解字卷十二】

◉馬叙倫　于鬯曰。約蓋券約之約。周禮士師職。正之以傳別約劑。鄭注。約劑各所持券也。券約謂之挋。引申之則凡計數者亦謂之挋。然則挋即俗之賬字矣。俗謂計簿曰賬。然賬字不體。當賑字之誤。儀禮士喪禮鄭注。古文挋皆作振。振與賑通。或作帳。漢書武帝紀顏註。若今之諸州計帳也。以說文定之。則當作此挋字。倫按禮記喪大記。挋用浴衣。鄭注。挋。拭也。此次⿰扌堇上。挋⿰扌堇同為清破裂音。挋音照紐三等。古讀歸端。⿰扌堇音見紐也。又聲同真類。是轉注字也。給也蓋賑字義。給借為足也。一曰約也未詳。此校語。此字或出字林。【說文解字六書疏證卷二十三】

⿰扌堇 ⿰扌堇

◉許　慎　⿰扌堇拭也。从手。堇聲。居焮切。【說文解字卷十二】

◉馬叙倫　鈕樹玉曰。說文無拭。嚴可均曰。當作㕞。桂馥曰。當作飾。字林。⿰扌堇。抆拭也。倫按此字蓋出字林。【說文解字六書疏證卷二十三】

◉許慎　攩朋群也。从手。黨聲。多朗切。【説文解字卷十二】

◉馬叙倫　攩從手而訓朋羣。疑非本義。方言十。挩。扰。推也。或曰攩。今北平杭縣語亦然。攩蓋推之同舌尖前破裂音轉注字。攩音端紐。推音透紐。推從隹得聲。隹音照紐。古讀亦歸端也。朋羣也未詳。王筠以為羣為斁之省。攴部。斁。朋侵也。字或出字林。【説文解字六書疏證卷二十三】

王接　張接　孫接之印【漢印文字徵】

接亦妾字【汗簡】

裴光遠集綴【古文四聲韻】

◉許慎　接交也。从手。妾聲。子葉切。【説文解字卷十二】

◉許慎　抪揰也。从手。朩聲。普活切。【説文解字卷十二】

◉馬叙倫　鈕樹玉曰。玉篇引作推也。桂馥曰。揰疑推之誤。徐鍇韻譜。抪。推也。段玉裁曰。今人用揚拭字當作抪拭。倫按諸家皆同桂説。惟朱駿聲從段。倫謂如段説。則今杭縣謂拭物曰抹即此字。抹揰轉注字。抹聲脂類。揰聲真類。脂真對轉也。此字蓋出字林。【説文解字六書疏證卷二十三】

◉蔡運章　甲骨文中的⿰米丮字，作形（《河》七二四），島邦男《殷墟卜辭綜類》釋為休，《甲骨文編》收入附録。按因其左旁所从的朩符與木字的構形有別，不容混淆，故釋休之説不可為據。我們認為，它當是抪字的初文。

此字的構形頗象一人站在樹木旁邊用手推摩擦拭的樣子。其左旁所從的朩，當是朩字；右旁所從的丮，應是丮字。古文字中从丮與從手的意義相仿，可以通用。如金文揚字，師虎簋、矢方彝等器所從的手旁均與此字相同，可以為證。因此，此字當是从手朩聲的會意兼形聲字。

《説文·手部》：「抪，揰也，从手，朩聲。」段玉裁注：「今人用拂拭字當作此抪。」《集韻》：「抪，推也。一曰抪搋自任無憚也。」《淮南子·説林訓》：「游者以足蹶，以手抪。」可見，抪字的本義也是以手輕推拂拭的意思。

甲骨文中的𢪊字僅見一例：

旬有希之日鬲沚(之)月有冢，在𢪊？八月。《河》七三四

這裏的「𢪊」字用作地名，通作沛，在今江蘇沛縣東。【甲骨金文與古文研究】

挏

挏馬農丞 【漢印文字徵】

◉許　慎　攡引也。漢有挏馬官。作馬酒。从手。同聲。徒總切。【說文解字卷十二】

◉馬敘倫　鈕樹玉曰。韻會引從手同聲在引也下。廣韻上聲注作推引也。漢省挏馬官作酒。桂馥曰。攡引也。字書。挏。擁也。引也。倫按引也蓋校語。未詳。挏為擁之轉注字。擁從雍得聲。雍從邕得聲。邕從宮得聲。挏從同得聲。同從凡得聲。凡官聲皆侵類也。下文。擁。抱也。抱當作裦。裦者。以衣包之。義與裹近。衣部。裹。纏也。今杭縣謂纏得緊曰挏得緊。【說文解字六書疏證卷二十三】

◉蕭　璋　說文：「摧，擠也。一曰挏也。」推擠同誼(說文均訓為排)，挏之訓為推，正如摧之訓為挏。且古之挏治馬酒，亦擣撞成之也(漢書禮樂志：「給大官挏馬酒」李奇曰：「以馬乳為酒，撞挏乃成也」)。【釋至　浙江大學文學院集刊第三集】

招

招　从廾从䰜　盂鼎　【金文編】

招　【汗簡】

裴光遠集綴　同上　【古文四聲韻】

◉許　慎　手呼也。从手。召聲。止搖切。【說文解字卷十二】

◉吳式芬　許印林說蓋招字之異文。薛書跋周召夫尊云。中鼎。先相南國。相字作。此尊言大相公族而相字作。字體亦同。蓋前人釋為相。然古書乃召六卿而召作。恐此音直笑切。召乃召命之召。非周召之召。如此則中鼎云先召南國。此尊言大召公族。文意稍通。是為召字。確有依據。後人釋見釋相皆非也。此字上形即召字。召加貝加即招字。【攈古録金文卷三之一】

◉馬叙倫　許蓋訓召也。手呼也或字林文。或字出字林也。招為召之後起字。【説文解字六書疏證卷二十三】

◉楊樹達　□盂鼎「□我」之□當讀為詔。爾雅釋詁云：「詔、亮、左右、相，導也。」詔相同訓導，周禮往往以詔相連文。春官卜師云：「凡卜，辨龜之上下左右陰陽，以授命龜者而詔相之。」秋官大行人云：「若有大喪，則詔相諸侯之禮。」鄭注云：「詔相，左右教告之也。」【全盂鼎跋　積微居金石説】

◉李孝定　□為召之本字，此為文字簡化之最佳例證，其義為置酒召賓，故从酉从口，□所以置酒，从𠬞臼以取之，省為从口、刀聲，於義已足，此形聲妙用也。招為召之偏旁累增字，从手義複。【金文詁林讀後記卷十二】

◉高　智　□3503　此印第二字作「□」形，舊均不釋。今按，根據印文風格可知為楚印無疑，上从「□」當與包山楚簡「□」(三二七)「□」(二二三)等形相同，可知同為「卲」。下从□與古璽「兵」作「□」(1225)「興」作「□」(3586)等所从相同，當為「□」(𠬞)(演變見下圖)。由於在古文字中从「□」(手)與从「□」(兩手)義同，均表動作，有拿、執等義，故可互通而用，如：「擇」作「□」(《沇兒鐘》)、「□」(《王孫誥鐘》)、「□」(侯馬盟書三：二三)，故此字可隸定為「[扌卲]」形。在楚簡文字中，从「召」之字往往繁構从「卲」，如包山楚簡「迢」作「□」(一六七)、「怊」作「□」(二二六)等(所釋詳見高智《〈包山楚簡文字編〉文字辨識》一九九六年十一月長春吉林大學「紀念于省吾教授百年誕辰中國古文字學研討會」論文)，這是楚文字的一個構形特點。故綜合以上論證可以得出此古璽文字當為「招」字。在古璽中用為人名。

□→□→□演變過程如下圖：

□(□《王孫誥鐘》)——□(□侯馬盟書一〇五：二)——□(□《陳侯因資錞》)——□(□包山楚簡一四五)——□(□古璽1225)——□(□古璽一五〇七)【古璽文徵十則　第三屆國際中國古文字學研討會論文集】

撫

□ 撫戎司馬　□ 孫撫【漢印文字徵】

□ 品式石經咎繇謨　撫于五辰　説文古文作□又攴部㢸撫也讀與撫同㢸撫古今字汗簡撫引尚書與此同【石刻篆文編】

□ 撫　□ 撫　□ 撫【汗簡】

□ 説文　□ 古尚書【古文四聲韻】

□　捪

◉許　慎　□安也。从手。無聲。一曰循也。芳武切。□古文从辵亡。【説文解字卷十二】

◉馬叙倫　鈕樹玉曰。繫傳有一曰掇也。玉篇引無。嚴可均曰。循當為揗。王筠曰。韻會引鍇本亦無掇也。朱駿聲曰安疑作按。倫按此捫拊之轉注字。揗也是本義。安也者。吕忱校廣雅加之。一曰掇也者。小爾雅廣詁。撫。捨也。此校語。字見急就篇顔師古本。

□　吴穎芳曰。亡聲。鈕樹玉曰。繫傳作□。古文撫從辵亡。倫按從辵。亡聲。余義鐘飲飤訶遷。遷辶蓋轉注字。為逃亡之亡本字。實與撫異字。古文經傳以為撫耳。古文下當有撫字。從辵亡校語。【説文解字六書疏證卷二十三】

◉商承祚　□　亡無古一字。今用無者。古多作亾。如甲骨金文敦煌尚書之例。今多改為無。而亾無分矣。此字玉篇入辵部。訓為「逃走」之亾。而不用為撫。品式石經古文作□。玉篇攴部。「⿰亾攴。安也。孚甫切」。即此字。疑⿰亾攴為撫之古文。亾為逃亾之專字。而亦可借為撫。敦煌尚書武成撫作攺。泰誓作汶。攺為⿰亾攴之譌。汶又攺之誤也。【説文中之古文考】

◉許　慎　□撫也。从手。昏聲。一曰。摹也。武巾切。【説文解字卷十二】

◉鮑　鼎　□。字説釋捪。不釋勞。【窓齋集古録校勘記】

◉馬叙倫　吴穎芳曰。撫之轉語。鈕樹玉曰。玉篇廣韻作捪。倫按當作捪。唐人避諱省也。此撫之同脣齒音轉注字。一曰摹也校語。謂借捪為摹也。【説文解字六書疏證卷二十三】

◉朱芳圃　□毛公鼎　□師望鼎　□兮甲盤　□虢弔鐘　□復公子毁

上揭奇字，象手持民形，當為捪之初文。説文手部：「捪，撫也。从手，昏聲。一曰，摹也」。段玉裁曰：「今人所用抆字，許土部墀下所用撋字，按土部墀下無撋字，巾部幔下云「墀地以巾撋之」，此誤。皆即捪字。」其説是也。凡从民从文得聲之字，音同用通，如左傳僖公二十三年「齊侯伐宋，圍緡」，穀梁傳作圍閔。淮南子氾論訓「湣王專用淖齒而死于東廟」，高注「湣讀汶水之汶」，是其證也。【殷周文字釋叢卷中】

◉睡虎地秦墓竹簡整理小組　〔三〕擎，應即捪（音珉），《説文》：「撫也。」這裏有撫慰的意思。擎以布，用作為貨幣的布來撫慰。【睡虎地秦墓竹簡】

揣

古老子【古文四聲韻】

◉許　慎　量也。从手。耑聲。度高曰揣。一曰捶之。徐鍇曰。此字與耑聲不相近。如喘遄之類皆當从瑞省。初委切。【説文解字卷十二】

◉林義光　説文云。量也。从手耑聲。度高曰揣。按耑非聲。象以手量物之端。【文源卷六】

◉馬叙倫　鈕樹玉曰。韻會作度高下曰揣。一曰捶之也。嚴可均曰。六書故引作一曰捶也。倫按量也非本訓。度高八字亦校語。捶也謂借揣為捶也。此字蓋出字林。古鉨。丁佛言據集韻釋揣。【説文解字六書疏證卷二十三】

抧

◉許　慎　開也。从手。只聲。讀若抵掌之抵。諸氏切。【説文解字卷十二】

◉馬叙倫　吴穎芳曰。今俗作扯。鈕樹玉曰。抵當作抵。劉秀生曰。只聲氏聲古同端紐。故抧从只聲得讀若抵。肉部。胑。從肉。只聲。或從支聲作肢。羽部。翄。從羽。支聲。或從氏聲作翐。是其證。倫按開也非本義。或此字出字林。【説文解字六書疏證卷二十三】

摜

◉許　慎　習也。从手。貫聲。春秋傳曰。摜瀆鬼神。古患切。【説文解字卷十二】

◉馬叙倫　習也爾雅釋詁文。彼作貫習也。本書。遦。習也。習也者。翫字義。今杭縣紹興謂持物而投棄之曰摜。此字或出字林。【説文解字六書疏證卷二十三】

投

投　法五三　十四例　通殳　以兵刃—挺拳指傷人　法九〇　日乙一〇六【睡虎地秦簡文字編】

投丘貴印　投丘子兄　投舉【漢印文字徵】

◉許　慎　擿也。从手。从殳。度矦切。【説文解字卷十二】

◉馬叙倫　翟云升曰。繫傳作殳聲。是也。倫按字見急就篇皇象本。顔師古本作籌。【説文解字六書疏證卷二十三】

◉李平心　辛未㞢(有)投新星。(《前》七·一四·一)

「有𣪘新星」，是記録一顆不祥的新星出現。𣪘我考定即「遺大投艱」之投，實為妖，與咎為同族字。字从辛殳聲。辛《説文》訓罪，與妖孽之孽聲義相通。殳最古音當在宵幽部，後變入侯部，侯、宵、幽三部往往相轉。殳為杖類，本讀如敲，讀殊是晚變之音。賈誼《過秦論》「執敲扑以鞭笞天下」，《漢書・項籍傳》注引鄧展説「敲，短杖也」，敲扑正相當于殳支二字。敲殳與妖同音。古書投或作摳，而从區从夭之字每每相假。金文簋或作殷，其字从食殳聲，與𣪘同聲。古音簋（殷）在幽部，妖在宵部，二部最近，有些古韻家謂宵幽實一部。故知𣪘即妖孽字。甲骨文有「𣪘門」，當即五門之一的皋門；有「鳳（風）曰𣪘」，𣪘風當即飂風，飂古讀膠不讀劉，皋、飂與妖同聲。妖古音亦當在見母，飫與飽通，宎與窔通，娱與姣通，可證。又早期契文有「貞𣪘司室」之文，司讀伺或覗，𣪘（妖）與鬼通訓；「𣪘司室」，猶《漢書・揚雄傳》云「高明之家，鬼瞰其室」，這是貞卜是否有妖厲魑魅窺伺王室。凡此均可證𣪘為古妖字無疑。在卜辭中，𣪘（妖）與出（祟）、𥚻（煞，與祟通）義近，當訓凶咎。它有時用作名詞，如「有𣪘」，即有妖厲或妖孽，猶《左傳》云「有妖」；有時又用作形容詞，如「有𣪘虹」，即有不祥之虹，與「有出（祟）虹」文法無殊。《書・大誥》：「予造天役，遺大投艱于朕身。」成王自謂，他遭受天戹，天降大咎重艱于他。（舊注家于投字皆曲為之説，而不可通。今得卜辭𣪘字比證，其義大明。）𣪘（投、妖）與咎聲義互通。古人稱彗為妖星。因此，「有𣪘新星」猶他辭言「有𣪘虹」，即是有新彗星見于夕空。【商代彗星的發見　李平心史論集】

 擲出義雲章【汗簡】

◉許　慎　搔也。从手。適聲。一曰。投也。直隻切。【説文解字卷十二】

◉馬叙倫　段玉裁曰。搔也者。字音剔。詩偕老。象之揥也。傳曰。揥所以摘髮也。許書無揥。一曰投也與上文投擿也為轉注。倫按投也是本義。擿音澄紐。古讀歸定。投音定紐也。搔也者。揥字義。疑擿下本有揥篆。而今失之。其訓誤入擿下。轉捝本訓。校者以一本未捝者注之也。一本當有揥篆。而校者以擿揥篆形相似。疑其誤出。不復收記耳。或此字出字林。玄應一切經音義引字林。他逖反。吕忱誤以擿揥為一字。故訓搔也。校者以他書訓投也。故記之。【説文解字六書疏證卷二十三】

搔　扴　摽　挑

◉許　慎　括也。从手。蚤聲。穌遭切。【説文解字卷十二】

◉馬叙倫　鈕樹玉曰。繫傳作栝也。譌。一切經音義十二引作刮也。與玉篇注合。十六又引作括也。段玉裁曰。當作搯也。倫按搯也是。然疑是扴字義。此字本訓亡矣。文選枚叔諫吴王書注引字林。先牢反。字見急就篇。【説文解字六書疏證卷二十三】

◉許　慎　刮也。从手。介聲。古點切。【説文解字卷十二】

◉馬叙倫　鈕樹玉曰。韻會作括也。倫按括扴聲同脂類。蓋轉注字。刮也當作搯也。【説文解字六書疏證卷二十三】

◉許　慎　擊也。从手。票聲。一曰。挈門壯也。符少切。【説文解字卷十二】

◉馬叙倫　鈕樹玉曰。五音韻譜作挈闟壯也。宋本闟作門。繫傳作挈鑰壯也。韻會引作絜鑰牡也。類篇引作挈闟牡也。當不誤。鑰即闟俗體。闟。關下牡。倫按一曰義未詳。淮南道應訓。孔子勁杓國門之關。列子作招。蓋皆借為摽。廣韻引字統。摽。擊也。宋祁漢書王莽傳校本引字林。摽。刀削末銅也。則今捝此訓。字蓋出字林。【説文解字六書疏證卷二十三】

◉許　慎　撓也。从手。兆聲。一曰。摷也。國語曰。郤至挑天。土凋切。【説文解字卷十二】

◉馬叙倫　鈕樹玉曰。一切經音義二及十七引竝作抉也。抉本訓挑。韻會摷下有爭字。沈濤曰。音義引又有以手抉挑出物六字。當是庾注。倫按玄應一切經音義引埤倉。挑。取也。今人言挑。謂以手於物中取出物也。抉為夬之後起字。史記吴世家。抉吾眼置之吴東門者。借為揠字。音同影紐也。玄應引作抉也者。蓋校語。一曰摷也者。亦校語。以聲借也。挑為撓之聲同宵類轉注字。列子楊朱釋文引倉頡。挑謂招呼也。【説文解字六書疏證卷二十三】

◉蕭　璋　挑，撓也。从手兆聲。一曰摷也。國語曰：「郤至挑天。」（土凋切）按挑斛皆有穿訓，古每相通。（廣雅釋詁：「斛、挑，穿也。」王氏疏證云：「斛與下挑字通。」説文：「斛，䆕也。」䆕與穿同義。爾雅：「斛謂之疀。」鄭注少牢下篇作：「挑謂之歃、疀、歃，竝與銛同，所以穿地者也。」）説文訓挑為撓攪，雖不明見穿刺之義，但以挑訓腏抉諸字，皆穿刺之義也。（腏見四篇上。説文从夬聲之字義，皆相近，如「抉，挑也」。「䆕，穿也」。「寏、探，抉也」。「鈌，刺也」。雖詁訓多歧，理則相通。）又挑與銚斛陘，雖訓分廣狹，聲義實亦相近。故挑亦謂之歃與斛謂之疀同名。蓋王氏所謂「二者不同，而同為插取之義，故其訓亦同也」。（廣雅疏證釋器：「軥，謂之輗。」云：「爾雅：斛，謂之疀。」

謂田器也。而鄭注少牢下篇以此釋挑匕云：「挑，謂之歃，有淺斗，狀如飯橾。」蓋挑匕所以插取食，𣂺所以插取土，二者不同，而同為插取之義，故其訓亦同也。）【釋𣂺　浙江大學文學院集刊第三集】

抉

抉　抉　法一四九　四例　抉　秦八四　抉　法三〇　七例【睡虎地秦簡文字編】

◉許　慎　抉挑也。从手。夬聲。於説切。【説文解字卷十二】

◉馬叙倫　抉為叏之後起字。叏從ㄓ得聲。見夬字下。ㄓ音知紐。挑從兆得聲。兆音澄紐。同為舌面前破裂音。轉注字也。宋祁漢書王莽傳校本引字林。抉。挑也。一穴反。或此字出字林。【説文解字六書疏證卷二十三】

撓

撓　籀韻【古文四聲韻】

◉許　慎　撓擾也。从手。堯聲。一曰。抹也。奴巧切。【説文解字卷十二】

◉馬叙倫　鈕樹玉曰。擾當作擾。抹。鍇本作捄。此譌。沈濤曰。一切經音義二及廿二引又曰。撓。亂也。是古本尚有一訓。其七引有謂撓擾也四字。則庾注。段玉裁曰。捄下一曰擾也。倫按此校語。古讀宵歸幽。借撓為捄也。玄應一切經音義引字林。撓。火刀反。擾也。【説文解字六書疏證卷二十三】

擾

擾　擾　从酉从頁　克鼎　擾遠能埶孫詒讓謂猶詩言柔遠能邇史記擾而毅徐廣云擾一作柔【金文編】

擾　閭擾　擾　周擾之印【漢印文字徵】

◉許　慎　擾煩也。从手。夒聲。而沼切。【説文解字卷十二】

◉郭沫若　「䭃遠能犾」。孫詒讓謂䭃即擾之異，卣乃聲。【大克鼎　兩周金文辭大系圖録考釋】

◉馬叙倫　吴穎芳曰。擾撓語之轉。倫按撓挑與擾古讀皆在幽類。轉注字也。撓擾又同邊音轉注字。煩也非本義。或非本訓。急就篇作擾。蓋傳寫之譌。顔師古本作柔。豈急就本作柔。傳寫者以其鄉音易字。字亦誤從憂作也。【説文解字六書疏證卷二十三】

挶

◉魯實先　卜辭之□，王國維釋㚇而以為殷人先祖帝嚳之名，斯則陳義未審也。其作□者，羅振玉釋伐，吴其昌釋戣，葉玉森始釋為頗，繼疑為鉏，郭沫若釋戮，唐蘭釋𩕳，于省吾釋㚇，金祥恒釋襲，饒宗頤釋擕，説並非是。惟高田忠周釋□為戮，疑為擾之異文，古籀篇卷二十六第三〇葉及卷五十四第四〇葉。雖無義證以明之，其説倖中矣。然高田並□□□亦釋為擾則未為審諦，且未悉其辭義也。以愚考之，□□皆㚇之異體。其從戉作□者，乃㚇之繁文，即擾之古文。是猶「月䀠」之月，其字或从戉作□，亦即抈之古文也。篆文之擾抈字並从手，而卜辭並从戉者，乃以兵器示征伐之義，例猶从手之搏於虢季子白盤從干作博，於不嬰簋从戈作𢧢，亦以干戈示征伐之義也。【殷契新詮之四】

◉許　慎　㦸持也。从手。局聲。居玉切。【説文解字卷十二】

◉馬叙倫　鈕樹玉曰。詩鴟鴞釋文引作持也。沈濤曰。詩鴟鴞正義引作撠持也。倫按字林文。見蕭該漢書音義引。晉書音義引作擊持也。几足反。倫謂㦸持也當作㦸也持也。㦸借為丮。或㦸字為校者注以釋挶字之音者也。挶拘一字。此字出字林。【説文解字六書疏證卷二十三】

据

◉許　慎　㦸挶也。从手。居聲。九魚切。【説文解字卷十二】

◉馬叙倫　鈕樹玉曰。繫傳韻會作戟物也。倫按詩鴟鴞予手拮据。傳。拮据。㦸挶也。是以戟釋拮挶釋据也。拮据雙聲連語。㦸挶亦雙聲連語。是㦸字不必有也。此蓋呂忱用毛傳文。或傳寫涉上文而譌羨。此字蓋出字林。挶据音同見紐轉注字。【説文解字六書疏證卷二十三】

擖

◉許　慎　刮也。从手。葛聲。一曰撻也。口八切。【説文解字卷十二】

◉馬叙倫　吴穎芳曰。扴擖語之轉。倫按刮也非本訓。擖為扴之同舌根音又聲同脂類轉注字也。一曰撻也者。聲同脂類。借擖為撻。然是校者所加。【説文解字六書疏證卷二十三】

擿

義雲章【古文四聲韻】

◉許　慎　拓果樹實也。从手。啻聲。一曰。指近之也。臣鉉等曰。當从適省乃得聲。他歷切。又竹歷切。【說文解字卷十二】

◉馬叙倫　桂馥曰。拓果樹實者。當作拓樹果實也。廣韻。摘。手取也。字林。摘。除也。蒼頡篇。以指摘取也。倫按果即樹實。說解有捝譌。一曰指近之也者。與擿下搔也同。皆揥字義。此校語。【說文解字六書疏證卷二十三】

◉張亞初　，字从収从帝，帝即啻，収與挑手可通，所以這應即擿字。釋名「揥，摘也」，揥、摘音義並通，或係繁簡字。

字據彳與走之可通的情況看，應即擿字，汗簡以為擲（以上均見綜類一五九頁）。【古文字分類考釋論稿　古文字研究第十七輯】

搳

◉許　慎　擖也。从手。害聲。胡秸切。【說文解字卷十二】

◉高田忠周　今依篆形論之。从夫从害。尤明顯者。害作。例甚多。詳見害下。但㚜字。今字書所不收。此即古字逸文也。然叚借為害。又為匃。匃害通用。經傳恒見。即此篆。以夫為形義。从害為聲可知矣。又按說文。擖也。从手害聲。又擖訓刮也。一曰撻也。又刮訓掊把也。轉為刮摩也。即知搳字義謂弄手。此从夫。夫與大同意。大與人同意。人手取害。此或為搳字異文乎。又按說文害从宀从丰。斷非。愚謂害字古文作又作疑絜字象形古文。害絜古音同部。故害从絜聲也。然則此篆或為契字乎。大夫固通。从絜聲與从扨聲元無異也。說文又有偰字。高辛氏之子。堯司徒殷之先也。从人契聲。左傳八元之一。銘意或當為此字。然偰亦元作契。虞書曰。讓於稷契暨臯陶。可證。大人均皆同意。契偰亦疑元同字。而稷契字。最古文作离。疑初借契為离。後又作偰以分別而又或作㚜。又或謂。右旁形。與害不同。此亦上文規字之變。作者為變形。又作者之合變。而又變作。與害稍混。規害古音轉通。故用為匃耳。【古籀篇三十九】

◉高田忠周　字形从夫从害顯然者。而字書不收。當謂古字逸文。已收夫部。然亦推字形。夫者丈夫也人也。人手取害。疑為搳異文耳。蓋其字从手者取于近。从夫者稍遠而實同意也。此字金文叚借為害為曷。其為害聲。尤顯然也。假令此為特字。固當叚借為搳字。今兩存耳。【古籀篇五十四】

◉馬叙倫　吴穎芳曰。擖之轉語。倫按搳扴擖皆同舌根音聲同脂類。相為轉注字也。【說文解字六書疏證卷二十三】

摲 摲

拹 拹

摺 摺

揫 揫

◉李旦丘  大𣪘銘云：「大賓豕章璋馬兩。賓嬰章帛束。」郭定字為䎽(兩周，第八十七頁)。今按䎽即搪字。古文字，可隸化為𠃨，亦可隸化為扌。我們在釋搆的時候，已經講過。說文云：「搪，攜也。」又云：「攜，刮也。一曰撻也。」所謂搪章，殆經過摩刮之璋。【釋搪 金文研究一冊】

◉許 慎 摲暫也。从手。斬聲。昨甘切。【說文解字卷十二】

◉馬叙倫 鈕樹玉曰。繫傳作摲。塹也。段玉裁曰。暫也廣韻作斬取也。當從之。斬者。截也。謂斷物也。禮記禮器。有摲而播也。鄭曰。摲之言芟也。倉頡篇。摲。拍取也。倫按廣韻上聲及玉篇皆作斬也。而廣韻平聲及玉篇竝引說文暫也。倫謂暫也以聲訓。或暫字乃校者注以釋蹔字之音者也。也上捝取字。篇韻之斬取也即本說文。斬亦釋音者也。其引說文者。蓋後人增。長楊賦。麾城摲邑。摲正謂取。【說文解字六書疏證卷二十三】

◉許 慎 拹摺也。从手。劦聲。一曰。拉也。虛業切。【說文解字卷十二】

◉馬叙倫 拉攦拹聲同談類。古或借拹為拉攦也。本書。𢷎。拹也。以聲訓。公羊莊元年傳。搚幹而殺之。釋文。搚本作拹。亦作拉。是其證。然是校語。字或出字林。【說文解字六書疏證卷二十三】

 古史記【古文四聲韻】

◉許 慎 摺敗也。从手。習聲。之涉切。【說文解字卷十二】

◉馬叙倫 摺拹聲同談類轉注字。然敗也非本義。廣雅釋詁四。摺。折也。字或出字林。【說文解字六書疏證卷二十三】

◉許 慎 揫束也。从手。秋聲。詩曰。百祿是揫。即由切。【說文解字卷十二】

◉馬叙倫 段玉裁曰。韋部。䪚。收束也。或從秋手作揫。揫即䪚。然則此實重出也。倫按束也者。䪚字義。揫從手者。今杭縣謂人以手拘人耳曰扭耳。或作揪耳。蓋丑之聲同幽類轉注字。字蓋出字林。【說文解字六書疏證卷二十三】

摟 □

◉許　慎　□曳聚也。从手。婁聲。洛侯切。【說文解字卷十二】

◉馬叙倫　鈕樹玉曰。韻會作曳也又聚也。段玉裁曰。當作曳也聚也。倫按聚也蓋校者據爾雅釋詁加之。摟聚聲同矦類通借耳。摟蓋挐之聲同幽類轉注字。今紹興謂摟住人曰挐牢你。【說文解字六書疏證卷二十三】

抎 □

◉許　慎　□有所失也。春秋傳曰。抎子辱矣。从手。云聲。于敏切。【說文解字卷十二】

◉馬叙倫　朱駿聲曰。抎損同字。倫按云員音同喻紐三等。員之轉注字作⿰貝云。則抎為損之轉注字也。説解當作損也。今訓乃校語也。或此字出字林。【説文解字六書疏證卷二十三】

◉施謝捷　甲骨文中有一字作「□」形，舊不識。《甲骨文編》曰：「疑𤔫字。」並將字歸入《附録上》四九頁，字號編為3791。今按「𤔫」字于後世字書及文獻中均不見被使用，亦為不可識之字。依其形構，字从云从二又，在甲骨文中也有與此結構相類似者，過去曾有學者將甲骨文字「□」、「□」釋為「㧖」，「□」釋為「抴」，「□」、「□」釋為「掫」，詳説見李孝定《甲骨文字集釋》卷十二「手部」有關諸字下所稱引。此等均可信從。然則「𤔫」形象以雙手抓云之形，可釋為从手从云之「抎」字，从字形，字音來看是可以説得通的。下面我們再从甲骨刻辭本身對其用法加以説明。

含有「抎」字的甲骨刻辭，過去曾有著録，辭曰：

……大抎……　《存》下95

僅殘存二字，其用難曉。後又有見，辭曰：

……云大抎，㫚(啓)。　《甲骨文合集》13404

諦審二書所録，實本為同一物。《合集》所載辭較詳，我們可以據此探討「抎」字在甲骨文中的用法。上引辭中「㫚」字，可讀為「啓」，《説文》：「啓，雨而晝晴也。从日，啟省聲。」

从上述甲骨文刻辭的有關記載可以看出這樣一些事實，天氣「不雨」則「啓」，反之亦是。「啓」則可「不見云」，且又有關于「各云」、「𠛯云」與「啓」關係的記録，因此辭中説「云大抎，啓」也無不可。

《説文》：「抎，有所失也。《春秋傳》曰：『抎子辱矣。』从手，云聲。」知「抎」字含有亡失、失去之義。《墨子・天志下》：「國家滅亡，抎失社稷。」《戰國策・齊策》：「寡人愚陋，守齊國，唯恐失抎之。」此抎失、失抎連言，並為同義複詞。《説文》引《春秋傳》「抎」，今本《左傳・成公二年》作「隕」，近年出土《中山王鼎》有言「恐隕社稷之光」，義與上引《墨子・天志下》「抎失社稷」同，

「隕」「抎」亦相通。「抎」字甲骨文作从二又(即手)从云形，象以雙手抓云，此二手決不是人手，人手無法抓住云盡人皆知，此二手或為殷商時人們心目中統御云氣之神人手也，最初可能是個會意兼聲字，後作「隕」者，形聲字。又《説文》：「損，減也。」《易·損》：「損有孚。」疏：「損者，減損之名。」陸德明《釋文》：「損，失也。」與「抎」義也相通。今本《老子》「損」字，馬王堆漢墓出土帛書甲本作「𢿱」，从攴員聲，攴、手作為義符可通。乙本則作云，或即「抎」之省減字。「抎」、「𢿱」、「隕」、「損」諸字聲義並可通，或省借「云」為之，均有亡失義。若依據甲骨文記載，則當先作「抎」，它則為後起分別字。我們再將「抎」字義訓放進甲骨刻辭中，無不可通之處。「云大抎，啓」與上引之「啓，不見云」相類似，一指云很快消失而天晴啓，一謂天晴啓而不見有云。此與自然天氣情況亦吻合無間。【釋甲骨文中的「抎」字　殷都學刊一九八九年第四期】

披

披見史書【汗簡】

披古史記【古文四聲韻】

◉許　慎　披从旁持曰披。从手。皮聲。敷羈切。【説文解字卷十二】

㨨

◉許　慎　㨨引縱曰㨨。从手。瘛省聲。尺制切。【説文解字卷十二】

◉馬叙倫　鈕樹玉曰。釋訓釋文引作引而縱之。文選海賦注引作引而縱也。翟云升曰。繫傳作瘛聲。説文無瘛。倫按今字作掣。玉篇。㨨。牽也。玄應一切經音義十二。掣又作㨨。挽也。爾雅釋訓。掣。曳也。蓋㨨本是牽義。七篇。瘛。小兒瘛瘲病也。亦謂牽掣病耳。此作引縱曰㨨。爾雅釋文作引而縱之。倫謂説解捝本義本訓。僅存字林文或校語。傳寫又改之也。字或出字林。【説文解字六書疏證卷二十三】

𢪹

◉許　慎　𢪹積也。詩曰。助我舉𢪹。搣頰旁也。从手。此聲。前智切。【説文解字卷十二】

◉馬叙倫　鈕樹玉曰。廣韻引搣上有一曰二字。而不引詩。玉篇亦引詩。嚴可均曰。一切經音義三及十八引。批。擮也。無頰旁二字。擮與搣相當。蓋舊本作一曰搣也。朱駿聲曰。𢪹批疑同字。倫按積也者。詩車攻毛傳文。借𢪹為積耳。𢪹從手不當訓積。𢪹批蓋一字。一曰搣頰旁也即批字義。此校語。【説文解字六書疏證卷二十三】

掉 掉

掉 籀韻【古文四聲韻】

◉許慎 掉搖也。从手。卓聲。春秋傳曰。尾大不掉。徒弔切。【說文解字卷十二】

◉馬叙倫 掉從卓得聲。卓從早得聲。早搖聲同幽類。掉為搖之轉注字。玄應一切經音義引字林。掉。搖也。此字蓋出字林。【說文解字六書疏證卷二十三】

搖 搖

搖 開母廟石闕 則文燿以消搖借搖為遥【石刻篆文編】

搖 籀韻 搖 籀韻【古文四聲韻】

◉許慎 搖動也。从手。䍃聲。余招切。【說文解字卷十二】

◉馬叙倫 翟云升曰。一切經音義六引作樹動也。倫按玄應誤引搖字義也。然動也亦非本訓。【說文解字六書疏證卷二十三】

◉嚴一萍  此字象一人披髮上揚，手舞足蹈之狀，有搖動之義，疑為搖之初文。身動搖而手舞之，是為此字的詁。古文之搖本作⿰扌䚻，當是加言字以示歌咏之意。故說文謂䍃从缶从肉得聲，皆足證搖若⿰扌䚻，其初文當作，形不當釋肉，實甲文之演變而來，字本會意，謂之形聲者，後起也。【卜辭四方風新義 甲骨古文字研究第一輯】

搈 搈

◉許慎 搈動搈也。从手。容聲。余隴切。【說文解字卷十二】

◉馬叙倫 吳穎芳曰。搖之轉語。倫按動搈也疑本作搈動也。搈為隸書複舉字也。動也非本訓。或字出字林也。搈為搖之音同喻紐四等轉注字。【說文解字六書疏證卷二十三】

⿰扌貳 ⿰扌貳

◉許慎 ⿰扌貳當也。从手。貳聲。直異切。【說文解字卷十二】

◉馬叙倫 鈕樹玉曰。玉篇云。亦作值。錢坫曰。此相值之值。倫按未詳。當也非本訓。字或出字林。【說文解字六書疏證卷二十三】

揂

◉許　慎　聚也。从手。酋聲。即由切。【説文解字卷十二】

◉馬叙倫　吴穎芳曰。同揫。倫按聚也者。麤字義。揂為揫之轉注字。故同音即由切也。揫下引詩百禄是揫。今詩作遒。是其證。酋揫聲同幽類。此字蓋出字林。【説文解字六書疏證卷二十三】

掔

拾八・五　象兩手引目之形　前二・二八・一　前五・二・三　後一・九・三　菁一一・一九　林一・二一・二　林一・二二・九　河一一九　河二二五　地名自掔　粹一五七三　前五・二七・一　前六・一八・一　前七・三・二　前七・二六・一　乙七三五七　寧滬三・一五二　从叉省　地名　在掔　京都四三四

【甲骨文編】

甲21　乙7357　7551　録119　638　新2215　甲1990　新4746　【續甲骨文編】

掔音堅又口閑切【汗簡】

◉許　慎　固也。从手。臤聲。讀若詩赤舄掔掔。臣鉉等曰。今别作慳。非是。苦閑切。【説文解字卷十二】

◉葉玉森　説文。掔。固也。从手臤聲。史記楚世家。肉袒掔羊。掔與牽同。卜辭从臣。臣。俘虜也。从二又。象兩手引臣。即牽之本誼。掔牽為古今文説契。本辭曰掔田。不詳其誼。【殷虚書契前編集釋卷二】

◉孫海波　葉釋為掔，説頗精塙，云兩手引臣，仍有未明。此字當从目从叉，以手引首，是為俘虜之人。

卜辭屢見字，東人林太輔釋馘甚是。藏龜七十二葉三版「口卜貞行从亾囚」，前編卷七弟四葉三版「壬辰卜貞王甶氐从」，又三十九葉一版「口貞氐再册口我又」，諸字並古文馘。説文「聝軍戰斷耳也，春秋傳曰，『以為俘聝』（成十三年左傳）」，从耳或聲。馘，聝或从首。」爾疋釋詁：「馘，獲也。」詩皇矣「攸馘安安」，傳「聝獲也，不服者殺而獻其左耳。」按載耳獻聝謂之聝，繫首亦得謂之聝。此从戈从，有繫首之誼，而俘虜之人，固當以手引首，牽之使歸。羈囚之身，非與人數，驅策馴服，若使牛馬然，恒存畏懼之心，故臣有屈服之誼。

菁華十一葉十九版「辛未余乎口从射若」，字从兩手引臣，疑亦掔字别構。古文緐簡之例，从與从無别。金文

捀 擧 揚

受作[glyph]，亦作[glyph](父乙卣)，可證也。【卜辭文字小記 考古學社社刊第三期】

◉馬叙倫 鈕樹玉曰。按吾下引詩作赤舄几几。不應又作掔掔。且既同是掔。不應又云讀若也。蓋後人改。嚴可均曰。掔掔當作几几。几掔聲之轉。吾義釋文引説文吾讀若赤舄几几。則許所據詩原無異文。今掔下吾下皆校者輒改耳。王筠曰。吕氏讀詩記引董氏云。崔靈恩集注几几作掔掔。案此或出三家詩。徐灝曰。讀若二字衍。蓋三家詩有作掔掔者。故許引之。劉秀生曰。此以經傳成語證讀。故以本字讀本字耳。倫按固也非本義。掔當是臤之後起字。史記楚世家。肉袒掔羊。是其證。甲文有[glyph]。郭沫若據楚詞哀郢。曼余目以流觀。曼龏父盤曼字作[glyph]。釋為曼。為象以手張目。倫謂蓋即掔字。葉玉森謂從兩手引臣。則臤之異文。玄應一切經音義引三倉。掔亦牽字。苦田反。引前也。此字或出字林。三倉字本作臤。傳寫以字林字易之耳。【説文解字六書疏證卷二十三】

◉許 慎 [glyph]奉也。从手。夆聲。扶容切。【説文解字卷十二】

◉馬叙倫 奉之異文耳。急就篇。襜褸補裋𢯷緣循。顔師古本作縫。本書無𢯷。蓋捀之異父。然急就故書或本作縫。傳寫為𢯷。此字蓋出字林。【説文解字六書疏證卷二十三】

◉許 慎 [glyph]對舉也。从手。輿聲。以諸切。【説文解字卷十二】

◉馬叙倫 鈕樹玉曰。玉篇廣韻並無。疑舉之別體。倫按此舁之後起字。此從輿得聲。輿從舁得聲也。音同以諸切亦可證。玄應一切經音義引倉頡。擧。舉也。對舉曰擧也。蓋倉頡本作舁。傳寫者以字林字易之。【説文解字六書疏證卷二十三】

◉劉彬徽等 [glyph]，擧字異體，借作舉，《説文》：「對舉也。」【包山楚簡】

[glyph] 昜之重文【續甲骨文編】

[glyph] 揚 不从手 貉子卣 昜字重見

[glyph] 令鼎 [glyph] 仲𠭯父盤 [glyph] 矢方彝 [glyph] 矢簋 [glyph] 令簋 [glyph] 段簋 [glyph] 宅簋

[glyph] 麵卣 [glyph] 大作大仲簋 [glyph] 效尊 [glyph] 友簋 [glyph] 𣪕簋 [glyph] 舍父鼎 [glyph] 次卣 [glyph] 君夫簋 [glyph] [glyph] 作册大鼎

害鼎　趞簋　㓜簋　揚作父辛簋　揚鼎　小子省卣省揚君賞　丁揚卣
封簋　對揚王休　盂卣　師遽方彝　頌簋　禹鼎　剌鼎　趩簋
睘卣　静簋　趞曹鼎　㝉鼎　康鼎　揚簋　毛公㬜鼎　伯晨鼎　師嫠簋
大師虘簋　芇伯簋　召伯簋　邾公釛鐘　免簋二　𡩀鐘　即簋　䚄方彝　孟簋
不𣅀方鼎　井鼎　彔簋　㦰鼎　吕鼎　静卣　鄘伯馭簋　師虎簋　師遽簋　同卣
休盤　豆閉簋　師奎父鼎　克鼎　𢓊尊　無㠱簋　趩鼎　史獸鼎　競卣
元年師旋簋　楚簋　保𠈘母壺　善鼎　𨒅盂　㫃尊　牆盤　四年𤼈盨　𦬊簋
師𤸫簋　三年𤼈壺　十三年𤼈壺　此簋　此鼎　吳方彝
頌鼎　頌壺　追簋　師兑簋　克盨　善夫山鼎　虢弔鐘　王大鼎　柞鐘
守簋　大簋　寰盤　守宮鳥尊　𪓿簋　師酉簋　陳侯因𬁀錞　多友
鼎　从宀　㪿尊　揚㪿仲休　㝠長鼎　㝠史甗　𠂤尊　縣改簋　永盂　柳鼎　幾父壺
𣪘簋　小子省卣　省揚君賞　【金文編】

揚昌里附□　京兆尹史石揚　【漢印文字徵】

揚　【汗簡】

◉許　慎　揚飛舉也。从手。昜聲。與章切。古文。【説文解字卷十二】

◉吳大澂　對揚也。从丮。从日。从玉。執玉以朝日。日為君象。毛公鼎。【説文古籀補卷十二】

◉劉心源　玐。人名。玉篇作玐。息進切。玉名。集韻。玐。古勇切。璧也。通作拱。案此字从□。即□。説文。持也。象手有所丮據也。讀若戟。古刻从丮之字作□□。即□。又从玉。象人執玉拱立形。集韻音拱是也。亦可讀琥。丁琥卣器作□。蓋作□。阮文達公云虎形旁加玉是也。亦可讀揚。封敔緐對□王。休。蓋古刻對揚字。作□頌鼎。□師奎父鼎。此省耳。【玐鼎　奇觚室吉金文述卷一】

◉高田忠周　玐與揚通。然則从玉。此為瑒字顯矣。説文。瑒圭尺二寸有瓚。以祠宗廟者也。从玉昜聲。是執以行祭禮也。故从玉从丮以會意。或亦作䰜者。為正文。䰜是揚字。玐从揚省聲亦通。【古籀篇七】

◉高田忠周　説文。𢿋飛舉也。从手昜聲。古文作□。按古文攴手通用。扶作㧞。播作敽。為同例也。金文亦多此例。又下文从丮作䰜。丮者手持之意。猶執字从丮。又丮變作𠭥者。疑籀文增繁耳。䰜即揚字顯然矣。【古籀篇五十五】

◉商承祚　□卷四第一二葉　□後編下第十七葉　貉子卣作□。與此同。其文曰。辛巳卜□。貞㽙揚白蔟从其。亦對揚之意與。【殷虛文字類編】

◉郭沫若　㫰當即揚字，此由令𣪘本銘可證。銘文上云「令敢揚皇王宔」，下言「令敢㫰皇王宔」，文例全同。且字從長，當是聲符，可知必讀陽部音也。一銘中同字異構往往有之，如令彝「三事令」事字作□，「卿事寮」事字作□；器文兩周公字一作□，一作□，均其例也。【令彝令𣪘與其它諸器物之綜合研究　殷周青銅器銘文研究卷一】

◉張之綱　説文。手部𢿋。古文揚。从攴。許書攴作□。是晚周變體。金文無如此作者。近年出土魏三體石經攴旁與許書同。均非真古文。顧彝器中鮮此形。僅㪟敔𢿋字从攴。同此字。金文習見人恒忽之。其變體頗多。不審正字究作何形。大較文㝡完葡者如大克鼎作䰜。頌鼎作𩰫。吴尊同。守敔作𩰫。他器省變不一。形㝡簡者如貉子卣作□。敔敔同。三家敔作㝵。是嘗綜諸器文參校之。當為从珥昜聲。字形佀㠯守敔為正。此鼎䫻字左省昜之下半。遂成日形。聲母不具與伯晨鼎字同。此吴愙齋説文古籀補䫻篆下注从丮从日从玉執玉朝日之説所由誤也。秦篆揚字省玉而變丮為手。古文原誼失矣。【毛公鼎斠釋】

◉吴闓生　□史頌敦　𢓊字中从羊。當即揚字。或釋為匡。顯命不必言匡也。又邢侯尊亦有𢓊明命及出𢓊命之文。【吉金文録卷三】

◉馬叙倫　鈕樹玉曰。玉篇。舉也。倫按毛公鼎奉揚字作□。頌敔作□。揚鼎作□。克鼎作□。令鼎作□。師酉敔作□。君夫敔作□。金刻率然。無作揚者。依揚鼎實即玐字。玐即奉之初文也。依頌敔則從丮昜聲。與此從手者同。依克鼎為從玐昜聲。為玐之轉注字。或玐䰜二字合文。而省一丮。毛公鼎則皇聲。倫謂本書玐音見紐。奉音奉紐。捀音敷紐。

奉桻今篆皆得聲於丰。丰音敷紐。揚音喻紐四等。敷與喻四同為摩擦次清音。則揚實奉之轉注字。故訓舉也。而經傳及金文每言對揚即對舉也。對封一字。封借為奉。飛舉也者。蓋本作飛也舉也。飛也者。蓋卂字或煢字義。卂音心紐。心與喻四同為摩擦次清音。煢從熒得聲。熒音匣紐。奉匣同為摩擦次濁音。營亦從熒得聲而音入喻四。故得借揚為卂或煢。亦或為颺字義。急就篇有柏杜楊。黄庭堅本作揚。又有箴揚字。

敡 李杲曰。邾公釛鐘作𩙯。與此稍近。倫按敡𢿱蓋一字。易亦從易得聲也。然不與揚為一字。古文經傳借為揚耳。甲文有𢿱。葉玉森釋𢿱。【說文解字六書疏證卷二十三】

◉商承祚 敡 金文頌毀作𩙯。克鼎作𩙯。同卣作𩙯。免𣪕作𩙯。从丮。邾公釛鐘大豐毀作𩙯𩙯。从攴。敦煌尚書說命下作敡。从易顧命誤。與此同。宋刻本作颺。借字也。【說文中之古文考】

◉朱芳圃 𩙯邾公釛鐘 𩙯杉鼎 吴大澂曰:「𩙯,對揚也。从丮,从日,从玉。執玉以朝日。日為君象。」說文古籀補一二、三。按吴說非也。金文揚字可分五類:一、象人坐而兩手舉鐙。二、象人坐而兩手舉⊖;⊖,鐙釭也。三、象人坐而兩手舉王;王即昜之省形。四、象人坐而兩手舉丂若昜。鐙已庋於丂上,毋煩人舉,古人作字,往往任意增省,而未顧及事理之不當也。五、作𩙯。𩙯即昜之異形,又象手持丁,與說文所載古文略同。

易象上傳「君子以遏惡揚善」,虞注:「揚,舉也。」儀禮鄉射禮「南揚弓」,鄭注「揚,猶舉也。」此本義也。引伸為越,易夬「夬揚于王庭」,鄭注:「揚,越也。」越者踰也,踰舉足,故為揚,為動,吕氏春秋必己篇「盡揚播入於河」,高注:「揚,動也。」為振,漢書五行志上「驕揚奢侈」,顔注:「揚謂振揚張大也。」為稱,春秋穀梁傳僖公元年「以其不足乎揚」,釋文:「揚,稱揚也。」為道,詩鄘風「牆有茨,不可詳也」,釋文:「詳,韓詩作揚,揚,猶道也。」為說,廣雅釋詁:「揚,說也。」【殷周文字釋叢卷上】

◉于省吾 甲骨文昜字習見,有的言「才昜牧」,以昜為地名。有的言「昜伯𡗗」,是說昜方的酋長名𡗗。此外,稱「兕方昜」者兩見,今録之于下:

一、己酉卜,穷貞,兕方昜,亡囚(咎)。五月(乙六六八四)。

二、己酉卜,内□貞,兕方昜,□亡囚。五月(甲三三四三)。

以上兩條都屬于第一期,語例相同。「兕方昜」為舊所不解。按昜與揚為古今字。周代金文的揚字通常作𩙯,从丮與从手古每通用。說文「揚,飛舉也,从手昜聲」。詩沔水稱「載飛載揚」。飛舉與飛揚義相仿。揚也通作颺,書盤庚的「優賢揚歷」,漢碑揚作颺。列子黄帝的「揚于地」,張湛注謂「猶颺物從風也」。兕方昜的昜字作動詞用,是說兕方飛揚而去,言其逃亡之速,故下句以

無咎為言。【釋皃方昜 甲骨文字釋林下卷】

◉李孝定 揚或作寡，从宀，無義，其例金文數見，高田氏以為宕字，未安。構成金文揚字之基本偏旁為丮及昜，或又增玉，揚為揭舉，故从丮為意符，昜為聲符，未必兼意，賀浦金斯氏謂揚為整體會意，雖有新意，究失之鑿。馬叙倫氏説玉、珏、套諸字殊附會，既謂玉為套，又謂套為瑴之俗字，而二玉為珏，已為定論，將謂二套為一套乎？【金文詁林讀後記卷十二】

◉戴家祥 □斮文考尊 斮亭中休 朱芳圃謂：「按上揭奇字象□在□中，結構與□相同，蓋昜之緐增字也。義與昜同。」殷周文字釋叢卷上五零葉。按斮文考尊「斮亭中休」，「揚某休」為金文恒語，亭當為揚字異體。【金文大字典中】

◉戴家祥 □王孫遺者鐘 字，方濬益從辥尚功釋縣，綴遺齋彝器款識卷二第十六葉邻王子沇兒鐘。丁佛言釋哲，説文古擢補補坿録，第四葉。强運開釋音，説文古籀三補，卷三第四葉。柯昌濟釋調，韡華閣集古録跋尾，第十七葉王孫鐘。郭沫若釋鶾，金文叢考第一八，六葉釋中鶾戲鴋。皆主觀肊説，背離形聲。徐中舒釋揚比較近實，而讀為「激揚之揚」，厲氏鐘圖釋第三葉。則非是。按□字从言从鴋，鴋又从昜。説文九篇勿部：「昜，開也。从日、一、勿，一曰飛揚，一曰長也，一曰彊者衆皃。」卜辭作早。「金文揚作□效尊揚，公休、作□斮尊揚，斮仲休、作□貉子卣貉，子揚王休，其偏旁與鴋之偏旁正同。説文十二篇手部「揚，飛舉也。从手，昜聲」，十三篇風部「颺，風所飛揚，从風昜聲」。颺揚俱讀「與章切」喻母陽部，不但聲同，韻同，而且義同，颺揚表義更旁字也。小雅·都人士「髮則有旟」毛傳「旟，揚也」。旟為州里所建旂，見夏官司常。从㫃與聲。㫃者旌旂之游，象隨風㫃蹇之皃，故云「旟，揚也」。由此而知金文鴋亦颺之更旁字也。經傳言「杜蕢洗而揚觶」，禮記檀弓下。舉觶必須用手，形聲相益，加旁从手。文選風賦「激颺熛怒」，颺，風力舉也，故表義更旁，字亦从風，或从㫃。偽古文尚書益稷「皋陶拜手稽首颺言曰」，史記夏本紀作「皋陶拜手稽首揚言曰」，偽孔傳云：「大言而疾曰颺。」穀梁傳僖公元年「其不言齊侯，何也，以其不足乎揚」，范甯注云：「救不及時，不足稱揚。」廣雅釋詁：「揚，稱也。」稱揚必有言，故表義更旁，字又作諹。集韻下平十陽：「諹，譽也。」稱譽同義。謪之从言，表義符號重複字也。鐘銘「中謪戲且鴋」為贊美鐘聲之詞，猶考工記矢人稱矢之善者「中强則揚」。梟氏為鐘：「鐘大而短，則其聲疾而短聞，鐘小而長，則其聲舒而遠聞。」淮南子説山訓云：「其聲舒揚。」舒，緩也；揚，長也。贊其聲和緩而又悠長也。【金文大字典下】

舉

□ 舉 从犬 中山王嚳壺 舉賢使能 獏字重見【金文編】

□ 5·63 咸鄙里舉【古陶文字徵】

舉 舉 語六 五例 為九 【睡虎地秦簡文字編】

舉武子家丞 投舉 【漢印文字徵】

舉出字畧 舉古論語 【汗簡】

古孝經 古老子 李商隱字略 古論語 竝崔希裕纂古 【古文四聲韻】

◉許　慎 對舉也。从手。與聲。居許切。【説文解字卷十二】

◉薛尚功　己舉彝　己舉

己者。在商八世君有雍己。疑謂是也。昔李公麟得古爵於壽陽紫金山。腹有二字曰己舉。王玠獲古爵於洛亦有二字。曰丁舉。字畫正與此同。【歷代鐘鼎彝器款識法帖卷二】

◉薛尚功　己舉爵一　己舉

己舉爵二　己舉

二銘皆曰己舉者。商之雍己也。舉者曰獻酬而舉之。故名其器曰舉。至於尊罍鼎彝通謂之彝者。蓋此類耳。【歷代鐘鼎彝器款識法帖卷四】

◉薛尚功　同前

右三銘。政和丙申歲。北海縣民道經臨朐見岸圮得之。銘曰父辛。後一器又曰舉父辛。殆一人所作。言舉則獻酬而舉之。

舉父己

舉字按集韻云。⿵門鬲音舉。支鬲也。乃舉省耳。或言父辛。或言父己。皆商器也。【歷代鐘鼎彝器款識法帖卷五】

◉薛尚功　子父舉鼎　子父舉

右銘曰。子父。按古者父為大夫。子為士。則葬以大夫。祭以士。父為士。子為大夫。則葬以士。祭以大夫。是祭父皆從其子。而鼎者。祭所用之器。又以銘表著其祖考之美。故祭統曰。鼎有銘自名者也。是鼎也銘雖無文。而特以子父識之。其下文為舉字。蓋取其以手致而與人之意。則知用之於父。盡力以致享。而不敢虛美其先者也。【歷代鐘鼎彝器款識

法帖卷九】

◉薛尚功　乙舉尊　乙舉

字書云。舉从手。从與。以手致而與人之意。獻酬之義也。記禮者言杜蕢洗而揚觶以飲晉平公。而公曰。毋廢斯爵。至于今謂之杜舉。然則觶亦謂之舉。是基於此者。蔡出龜而謂之蔡。冀出馬而謂之驥。皆相曰而得名也。是知舉之為器。其義亦爾。【歷代鐘鼎彝器款識法帖卷十一】

◉阮　元　商舉己卣二　舉　己

平湖朱右甫為弼云。舉飲酒也。訓見儀禮特牲饋食禮注。故古人爵觶卣等器每以舉字銘之。古文舉形象鬲。薛氏款識父己舉釋云。桉集韻鬲音舉。支鬲也。乃舉省耳。桉說文鬲所以枝鬲者。從爨省。鬲省。徐音渠容切。六書故引說文作支鬲。支訓為持。義與舉同。鬲舉二字形亦相近。考齊侯鎛鐘銘格字。正似鬲字。爾雅釋訓。格。格舉也。知丁度此言必有師說。古舉字正從鬲。但形有緐省耳。【積古齋鐘鼎款識卷五】

◉周慶雲　商器皆舉也。釋與丁舉爵同。言父乙者子為父乙作器耳。【商父乙爵　夢坡室獲古叢編】

◉馬叙倫　鈕樹玉曰。韻會與聲下有一曰輿也。嚴可均曰。輿疑舉之譌。王筠曰。疑一曰輿也本在舉下。捝譌在此。徐灝曰。後人加之耳。高田忠周曰。舉為與後起字。倫按高田說是也。一曰輿也者。輿蓋與之譌。此本訓。以先造字釋後起字也。對舉也蓋字林文。傳寫者刪本訓。校者據未刪本記之曰。一曰與也。字見急就篇。【說文解字六書疏證卷二十三】

◉于省吾　𢍏字甲骨文習見，作或形（中間省去人頭形，前引金文也有此例），或誤認為异。葉玉森誤釋為抱（集釋七・二）。甲骨文編入于附録，續甲骨文編附録于子部。

甲骨文稱：「貞，𢍏不其乎來」（前六・二一・六），「貞，𢍏氏（致）巫」（乙七六六一），「貞，叀𢍏今𪇰三百射」（乙二八〇三），均以𢍏為人名。𢍏字象人正立兩手向上舉子之形。字从𠔀，𠔀和𢍏均系古文舉字（詳下文）。甲骨文从𠔀者有巺、𩟄、等字。商器觚文有字商器觶文亞字中有字，都是古文獨體舉字之罕見者，金文編失摹。商器爵文有字（攗一一・三五），上部漏摹子字（參殷文存下十七）。這樣例子還有，不備列。

說文：「虡，鐘鼓之柎也，飾為猛獸，从虍，異象形，其下足。鐻，虡或從金豦聲，虡篆文虡省。」段注謂鐻「蓋小篆，李斯所作也」。又謂「虡為隸字不用小篆，而改省古文，後人所增也」。按說文既誤以虡為會意，又本末倒置，段注也不可據。其實，應以虡為正文，鐻為重文，虡為譌文。郘鐘的虡字下从𠔀作，壬午劍的虡字下从𠔀作，說文的虡字下从𠔀作，乃小篆的譌

變。為舉之古文，舉乃後起的代字。總之，虡字从虍，以示猛獸，从丵以示擎舉。這正與鍾鼓之柎、飾為猛獸之形相符。再就音讀來説，丵與舉雙聲(群紐古歸見紐)疊韻，故釋名釋樂器謂「虡，舉也，在旁舉簨也」，以音為訓。以六書為例，則應釋為：「虡，鐘鼓之柎也，飾為猛獸。从虍丵，丵亦聲」，系會意兼形聲字。

甲骨文未見獨體丵字，但从丵之字屢見。商代金文有丵字，乃古文舉字之罕見者。丵為凡舉之通稱。𢍏為丵的孳乳字，即舉子的專字。商代金文的𢍏字，从爿𢍏聲，自系𢍏的孳乳字。由于𢍏字往往省作𢍏，以形聲字省體的通例，省形符不省聲符為准，則𢍏字之應讀為舉，是可肯定的。【釋𢍏　考古一九七九年第四期】

◉裘錫圭　居延簡提到的各種文書中，有所謂「舉書」：

(1) 陽朔三年十二月壬辰朔癸巳，第十七候長慶敢言之：官移府舉書曰：十一月丙寅〼〔甲〕渠鉼庭燧以日出舉塢上一表一□，下餔五分通府。府去鉼庭燧百五十二里二百〼(28·1，《甲》211)

(2) 〼未朔丁丑，第十(?)候長忠敢言之：官移府舉書〼通，辛未夜食二分通府。府去鉼庭百五十二〼(73·29，《居》5806)

(3) 〼第十候長柏(?)敢言之：官移府舉書曰：六月乙丑甲渠〼(258·17，《甲》1360)

上引數簡都是候長對候官所移都尉府舉書作答復的文書。所録舉書，文字都已殘缺，因此不容易看清它們的性質。下引簡文顯然是這類舉書的後半段：

(4) 〼〔夜〕過半通府。府去降虜燧百五十九里，當行一時六分，定行五時，留遲三時四分，解何?(181·6B，《居》1350)

由此可知這類舉書是對屬下亭燧傳達烽火不及時的問題提出責問的文書。

「舉書」的「舉」字應該怎樣理解呢?《吕氏春秋·自知》「故天子立輔弼，設師保，所以舉過也」，高注：「舉，猶正也。」《論衡·累害》「鄉原之人，行全無闕，非之無舉，刺之無刺也」，「無舉」等于説無非可舉。敦煌出土的一條簡説：

(5)·甲、鞮瞀、蘭、服綻者，輒逢(縫)綻，為縲帶負牽，毋令有舉。(《流》器物類34)

「毋令有舉」就是别讓存在可以被舉出的問題的意思，「舉」字用法與上引《論衡》相同。舉書的「舉」也應如此理解。舉書就是舉出問題的文書。【漢簡零拾　文史第十二輯】

◉史樹青　無敄鼎銘最後的「」，多見于商末周初的金文。于省吾先生在《釋𢍏》一文中《考古》一九七九年第四期，把它釋為「舉」字，是很正確的。于先生生前曾對我説，它是商朝一個很大的部落(氏族)的族徽，後來這個氏族投降了周朝，到西周仍然是一個重要的、有一定地位的氏族。今从無敄鼎的銘文看，它應是人方氏族的族徽。推測其氏族首領被商朝殺掉後，大部成員歸服

掀　揭　抍

了商朝，商朝滅亡，他們又歸服了西周，在西周初仍是一個較大的氏族。故此氏族的銅器在山東、河南、陝西等地皆有出土。【無敄鼎的發現及其意義　文物一九八五年第一期】

◉劉彬徽等　(375)⿰犭與禱，⿰犭與也寫作⿱與土，讀作舉。《周禮・天官・膳夫》「王日一舉」，鄭注：「殺牲盛饌曰舉。」⿱與土禱即舉禱。舉禱的對象有先祖、父母、兄弟及山川、神祇。一般情況下，同時祭祀多個對象，個別情況下只祭祀一位先人或神祇。【包山楚簡】

◉許　慎　掀舉出也。从手。欣聲。春秋傳曰。掀公出於淖。虛言切。【說文解字卷十二】

◉馬叙倫　今杭縣讀此字如軒。又讀如酒醒之醒。舉出也者。左成十六年傳釋文引字林同。又火氣也。此字蓋出字林。【說文解字六書疏證卷二十三】

◉許　慎　揭高舉也。从手。曷聲。去例切。又基竭切。【說文解字卷十二】

◉馬叙倫　揭為掀之轉注字。同舌根音。揭聲脂類。掀聲真類。脂真對轉也。今杭縣謂揭起來曰軒起來。軒即掀也。莊子釋文引三倉。揭。舉也。高舉也蓋字林文。【說文解字六書疏證卷二十三】

◉許　慎　抍上舉也。从手。升聲。易曰。抍馬壯吉。蒸上聲。撜抍或从登。臣鉉等曰。今俗別作拯。非是。【說文解字卷十二】

◉馬叙倫　任大椿曰。廣雅抍字數見。曹憲俱云。蒸上聲。惟釋詁同二抍字。一作之烝切。鈕樹玉曰。一切經音義二及九引同。易明夷釋文拯引說文。舉也。子夏作抍。字林云。抍。上舉。音承。嚴可均曰。文選擬鄴中集詩注七啓注九錫文注傅季友頭陀寺碑注皆引說文出溺為拯。蓋一曰以下文。姚文田曰。一切經音義文選注所引字皆作拯。淮南齊俗訓。子路拯溺。高誘注。撜拯同。然則拯非俗字。疑抍是字林文。後人羼入。胡秉虔曰。據易釋文拯字說文本有。抍字校者以字林補之。沈濤曰。一切經音義二引。抍。上舉也。謂救助也。九引。抍。謂上舉也。救助也。出溺也。以救助釋上舉。當是庾注。而出溺之訓為一解無疑矣。孫濟世曰。今本釋文誤耳。非說文作拯字林作抍。說文訓舉。字林訓上舉也。倫按抍從升得聲。升音審紐三等。與掀音曉紐者同為次清摩擦音。是掀抍為轉注字。出溺為拯者校語。掀抍振皆丞之轉注字。丞升聲皆蒸類。故丞轉注為抍。抍又轉注為掀也。上舉乃丞字之引申義。據釋文及選注引。則許書別有拯篆。止訓舉也。吕忱加出溺為拯。

扟字自出字林。上舉也救助也皆字林文。

撜　扟登聲皆蒸類。故扟轉注為撜。【說文解字六書疏證卷二十三】

◉徐中舒　鐵一七一·三　甲骨文丞字，即扟之初文。【甲骨文字典卷十二】

振【汗簡】

裴光遠集綴　王庶子碑【古文四聲韻】

◉許　慎　振舉救也。从手。辰聲。一曰。奮也。章刃切。【說文解字卷十二】

◉高田忠周　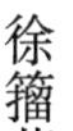　徐籀莊釋彝。非。吴大澂釋鼎。殊非。今依篆形。此明从𠬞从晨。蓋从𠬞晨聲。亦為振字異文也。銘云尊振。當云尊祳鼎之略文。與寅肇家鬲云鑄乍震。同一文例。彼借震為祳。此即借振為祳。並同音通用。或云此𦥑从𢍏以為晨。【古籀篇九】

◉馬叙倫　鈕樹玉曰。匡謬正俗引同。李注文選過秦論陸士衡演連珠。一切經音義四及七及十及十一廿二華嚴經音義廿五引竝作舉也。韻會引作舉救之也。沈濤曰。文選陸士龍大將軍讌會詩答賈謐詩顔延年和謝覽詩注亦皆引作舉也。陳詩庭曰。舉也救也。舉救當分讀。王筠曰。韻會引作舉救之也者。舉也蓋古本。救之也則庾注。倫按振掀聲同真類。是轉注字也。丞音禪紐。振音照紐三等。同為舌面前音。亦轉注字也。一曰舊也者。爾雅釋言。振。訊也。訊也當作卂也。振卂聲同真類。借振為卂也。本書。奮。翬也。翬。大飛也。奮翬聲皆真類。是亦借振為奮也。然是校者所加。【説文解字六書疏證卷二十三】

◉唐　蘭　㫃旅　㫃讀為振，古从収的字，小篆往往變為手，如睪作擇，𦥑作招之類。振旅見《詩·采芑》：「振旅闐闐。」振是整齊的意思，振旅是整齊隊伍，和治兵差不多。《周禮·大司馬》：「中春教振旅。」又：「中秋教治兵。」《春秋·莊公八年》：「甲午治兵。」《左傳·隱公五年》：「三年而治兵，入而振旅。」《穀梁傳·莊公八年》：「出曰治兵，習戰也。入曰振旅，習戰也。」《公羊傳》同年說：「出曰祠兵，入曰振旅，其禮一也，皆習戰也。」《爾雅·釋天》：「振旅闐闐。出為治兵，尚威武也。入為振旅，反尊卑也。」《國語·齊語》：「春以蒐振旅，秋以獮治兵。」《淮南子·泰族訓》：「時蒐振旅以習用兵也。」這都是講習戰。《國語·晉語五》：「治兵振旅鳴鐘鼓以至於宋。」《吴語》：「三軍皆譁釦以振旅。」這都是講將戰。【論周昭王時代的青銅器銘刻　唐蘭先

生金文論集】

◉徐中舒　伍仕謙　晨、篆文晨，此處借用為振。鐸、大鈴也。《周禮・天官小宰》「徇以木鐸」，注：「古者，將有新令，必奮鐸以警衆，使明聽也。文事奮木鐸，武事奮金鐸。」「擁桴振鐸」，乃主帥發號司令之事。【中山三器釋文及宮室圖說明　中國史研究一九七九年第四期】

◉黄錫全　舊稱召公尊，郭沫若認為即圓鼎之一。蓋、器同銘，五行三十六字：

王大省公族于庚屖(振)

旅。王易(錫)中馬，自隣

侯，四騳(騳)。南宫兄(貺)，王曰：

「用先。」中埶王休，用

乍(作)父乙寶障彝。

第一句，釋讀、斷句不一。或釋讀為「王大省公族，于庚振旅」，或釋讀為「王大省公族于唐，振旅」。「于庚」指在庚日，「于唐」指在隨州北唐國。「公族」，指公之同姓。《詩・麟之趾》「振振公族」，傳：「公族，公同祖也。」屖即振，如同金文擇字作睪。《書・大禹謨》「班師振旅」，孔傳：「兵入曰振旅。」《爾雅・釋天》「振旅闐闐，出為治兵，尚威武也；入為振旅，反尊卑也」，隣字從李學勤先生釋，即厲，在隨州北。騳字或釋騅，或釋騹，或釋駪等，為馬名。「埶」字與中方鼎二後二「埶」字義同。

銘文大意是：征虎方勝利後班師于唐，昭王巡視公族，賞賜給中來自厲地的四匹馬，由南宫親自贈送，王説是用以表彰其先行之功。中記述王的嘉美，作了祭祀父乙的寶器。【中觶　湖北出土商周文字輯證】

◉唐健垣　H.：振　振字於古籍釋為演奏，如「振萬」(《左莊》28)「振鐸」(《吴語》)《隋書志》八音樂上「振作鼓吹」，可見振字義為作樂，至後世不廢。

卜辭言及振鼓：

30.卜振壴　(屯南236)　【卜辭中有關樂舞文字考釋　第四届中國文字學全國學術研討會論文集】

◉黄錫全　振　《説文》「挋，給也。一曰約也」。「振，舉救也」。鄭珍云：挋「本非振字，《士喪禮》云『挋用巾』，鄭注『挋，晞也，清也』。古文挋皆作振』。《喪大記》『挋用俗衣』，注『挋，拭也』。《爾雅》『挋，拭刷清也』。挋于禮經義為拭而清之，古文通作振字，由挋振音同義近。」《一切經音義》屢云振古文㲀挋二形。鄭珍又認為是「漢以來字書因挋字不恒見轉以挋為古振，裴氏所

扛 扛　扮 扮　撟 撟　捎 捎

本」。振作拒，猶如振字古作□（乙4211）、□（佚787）、□（柩父乙壺）等。《類篇》振，或作柩。【汗簡注釋卷五】

◉許　慎　扛橫關對舉也。从手。工聲。古雙切。【説文解字卷十二】

◉馬叙倫　沈濤曰。後漢書虞延傳注引。扛鼎。橫關對舉也。鼎字蓋涉傳文而衍。費長房注引。兩人對舉曰扛。倫按本訓挩矣。存者字林文或校語。費傳注引亦然。扛為共之轉注字。古音同在見紐。聲同東類。亦舉之音同見紐轉注字。此字或出字林。【説文解字六書疏證卷二十三】

◉許　慎　扮握也。从手。分聲。讀若粉。房吻切。【説文解字卷十二】

◉馬叙倫　扮從分得聲。分音非紐。古讀歸封。握音影紐。封影同為清破裂音。扮握自得為轉注字。然玉篇訓握也動也。廣雅釋詁一。奮。扮。動也。朱駿聲謂借扮為奮。倫謂扮或振之聲同真類轉注字。【説文解字六書疏證卷二十三】

撟　撟　日甲六〇背【睡虎地秦簡文字編】

◉許　慎　撟舉手也。从手。喬聲。一曰。撟。擅也。居少切。【説文解字卷十二】

◉馬叙倫　沈濤曰。爾雅釋獸釋文文選江文通襍體詩注引皆無手字。翟云升曰。一切經音義十引作擅也假詐也亦舉手也。倫按本書。蹻。舉足也。是語原同也。舉手也蓋字林文。一曰擅也者。校語。玄應引擅也者。蓋就經為釋也。假詐也則史言矯詔。即借矯為詐。矯亦從喬得聲也。此亦校語。字或出字林。【説文解字六書疏證卷二十三】

◉許　慎　捎自關已西凡取物之上者為撟捎。从手。肖聲。所交切。【説文解字卷十二】

◉馬叙倫　鈕樹玉曰。韻會已作以。方言作自關而西秦晉之間。凡取物之上謂之撟捎。倫按方言。撟。捎。選也。捎音審紐。選音心紐。同為次清摩擦音。則古書選擇字皆借為捎。捎為本字。撟捎連文。聲同宵類。然今南北通言持物而舉於肩以行謂之捎。亦謂之撟。杭縣謂將物微舉謂之撟起來。則捎為撟之轉注字。方言借捎為擇。猶借選為擇也。今訓乃校語。或此字出字林。廣韻引字林。捎。撊。舁也。【説文解字六書疏證卷二十三】

擁

◉許　慎　擁抱也。从手。雝聲。於隴切。【説文解字卷十二】

◉馬叙倫　段玉裁曰。抱當作褏。倫按抱也非本訓。此挏之轉注字。見挏字下。【説文解字六書疏證卷二十三】

◉徐中舒　伍仕謙　□，當釋為擁。金文雍，盂鼎作□，此處从申，乃吕形之譌變。雍，通擁。【中山三器釋文及宫室圖説明　中國史研究一九七九年第四期】

擩

◉許　慎　擩染也。从手。需聲。周禮。六曰擩祭。而主切。【説文解字卷十二】

◉馬叙倫　鈕樹玉曰。繫傳周禮下有曰字。倫按染也者。需字義。見需字下。擩為揄之轉注字。擩從需得聲。需音心紐。揄音喻紐四等。同為次清摩擦音。需俞聲同矦類也。此字蓋出字林。【説文解字六書疏證卷二十三】

揄

揄　揄　編一〇【睡虎地秦簡文字編】

揄　贛揄令印【漢印文字徵】

◉許　慎　揄引也。从手。俞聲。羊朱切。【説文解字卷十二】

◉馬叙倫　引也以聲訓。或非本訓。或字出字林也。【説文解字六書疏證卷二十三】

搫

◉許　慎　搫搫擭。不正也。从手。般聲。薄官切。【説文解字卷十二】

◉馬叙倫　鈕樹玉曰。玉篇。手不正也。朱駿聲。今字作搬。訓遷運。倫按此般之後起字。遷運亦其引申義也。今説解有挩譌。義為撥治不正。亦般之引申也。此字蓋出字林。餘見般下。【説文解字六書疏證卷二十三】

擭

擭　王擭之印信【漢印文字徵】

◉許　慎　擭搫擭也。一曰。布擭也。一曰。握也。从手。蒦聲。一虢切。【説文解字卷十二】

◉馬叙倫　鈕樹玉曰。韻會從手蒦聲在搫擭下也。一曰握也下有一曰搤也四字。倫按擭為般之轉注字。般音封紐。擭音影紐。

皆清破裂音也。擊攫也蓋本作擊也。攫乃隸書復舉字。或擊攫也字林文。許以聲訓。今捝。一曰布攫也者。布音亦封紐。疑布攫即般攫。一曰握也者。鍇本又有一曰搤也。蓋呂忱列異訓。皆音同影紐假借字。字見急就篇。玉海本作穫。【説文解字六書疏證卷二十三】

拚 拚

◉許　慎　拚拊手也。从手。弁聲。皮變切。【説文解字卷十二】

◉馬叙倫　沈濤曰。文選長笛賦注引作撫手也。後漢書張衡傳注引作拚手也。撫乃拊之假。拚又拊之別體。一切經音義各卷引皆作拊手曰扌。倫按説解有捝文。字或出字林。【説文解字六書疏證卷二十三】

◉高田忠周　此劉心源考甚妙。然未為盡矣。説文覍从皃。八為象形。未詳其意。八蓋其聲。八覍古音轉通。今傳覍字音讀必有誤矣。而廾弁當拚古文。説文拚拊手也。从手弁聲。古冂部字。小篆更加手者。𣏟𣏟𣏟𣏟之例可證。後世俗字作抃。呂覽古樂。帝嚳令人抃。注兩手相擊為抃。冂可以象兩手相擊之義。而未足充意。故丨以為指事。丨無定義。故無定形。金文朕旁关字。作廾殊多。而亦作廾廾廾可證。又唯作廾無聲。故或从八作关。金文朕旁有关关关諸形可證。廾亦从八為聲。於是乎关覍可通。若夫籀文以囟為象形。鄦敦作冂可證。下从冂即从廾省也。然則弁拚古今字。覍弁通用字。劉云。廾弁从火。弁古文。非。又按。覍字。若不从八聲乎。八即冂省也。从冂與冠字同意。周禮弁師注。弁者古冠之大偁。委貌緇布曰冠。儀禮士冠禮。皮弁服注。以白鹿皮為冠。象上古也。字固當從冂也。或此字元在冂部為正。卜辭可證。今姑从許氏云。【古籀篇三十四】

擅 擅

擅 擅 雜三四　六例　擅 法六九　六例　擅 法七一【睡虎地秦簡文字編】

◉許　慎　擅專也。从手。亶聲。時戰切。【説文解字卷十二】

◉馬叙倫　專為摶之初文。擅音禪紐。專音照紐三等。同為舌面前音。又聲同元類。轉注字也。【説文解字六書疏證卷二十三】

揆 揆

揆出宓子賤碑【汗簡】

◉許　慎　揆葵也。从手。癸聲。求癸切。【說文解字卷十二】

◉鮑　鼎　釋文作楽。考釋作揆。【愙齋集古録校勘記】

◉王　襄　疑揆字。【簠室殷契類纂存疑第三】

◉柯昌濟　敹字又見卜詞。疑即揆字異文。堯典使宅百揆。則揆字訓甚。古从手从攴。於訓意亦相近。說文載扶字古文作敹。字亦从攴。知古文从手之字可通从攴也。【敹彝　韡華閣集古録跋尾】

◉陳邦福　當釋揆。據揆敦有敹字可證。通作葵。爾雅釋言云。「葵揆也」。左定公四年傳。「殷氏七族有終葵氏」。路史國名紀云。「終葵商時侯國」。【殷契辨疑】

◉馬叙倫　嚴可均曰。六書故引唐本度也。按下文。擬。度也。以類相聚。木部。楑。度也。癸部。冬時水土可揆度也。今此作葵。則須解釋。釋言。葵。揆也。揆。度也。倫按葵也以聲訓。揆音羣紐。擬音疑紐。皆舌根音。是揆擬為轉注字也。【說文解字六書疏證卷二十三】

◉李孝定　說文「揆葵段注本改葵作度也。从手癸聲」。許書手部諸文古籀从攴者多見。契文敹字陳氏釋揆。可从。字在卜辭為地名。或即終葵之國與。【甲骨文字集釋第十二】

擬 擬

◉許　慎　擬度也。从手。疑聲。魚己切。【說文解字卷十二】

◉馬叙倫　沈濤曰。一切經音義十七引擬比也度也。是古本尚有比也一訓。倫按蓋校語。字或出字林。【說文解字六書疏證卷二十三】

損 損

古老子　並同上【古文四聲韻】

◉許　慎　損減也。从手。員聲。穌本切。【說文解字卷十二】

◉馬叙倫　損音心紐。失音審紐三等。同為次清摩擦音。轉注字也。減也者。即減字義。減滅為轉注字。減從咸得聲。咸從戌得聲。戌損音同心紐。故古書借損為減。易益損相對。益為水滿。損借為減。減為水盡。爻詞。咸其拇。咸其腓。則用

咸字。【說文解字六書疏證卷二十三】

失　秦一一五　三十五例　通佚　虎—　雜二六　通泆　而長邪避淫—之民　語三　秦一九六　雜二六　秦一二六

【睡虎地秦簡文字編】

林巳奈夫(1366)釋失　四興—羊(甲9—7)　【長沙子彈庫帛書文字編】

詛楚文　【石刻篆文編】

並古孝經　並古老子　【古文四聲韻】

◉許　慎　縱也。从手。乙聲。式質切。【說文解字卷十二】

◉林義光　乙失不同音。乙。抽也。从手从乙。自手中抽去之也。古作諫敦。【文源卷七】

◉柯昌濟　卜詞常有亡丈字。案見金文梳伯彝作丈。文曰梳伯千邁王休亡丈。以文誼求之。疑即古失字。後訛从手从乙。然無確證。俟詳考之。【殷虛書契補釋】

◉馬叙倫　翟云升曰。玉篇引縱下有逸字。馮振心曰。失猶今所謂挩手。倫按縱也猶今語鬆也。鬆手為失。玉篇引作縱逸也。蓋本作縱手也逸也。縱手也蓋字林文。逸也者。或呂忱列異訓。或校者加也。本訓挩矣。字見急就篇。【說文解字六書疏證卷二十三】

◉嚴一萍　　此字商氏不釋，諸家皆釋「元」。案作「元」，形體結構不類。諫敦有內史佚，秦詛楚文淫泆甚亂作，並皆失字。古失佚泆通。史記韓非傳：「非吾敢橫失能盡之難也。」前漢五行志：「魯夫人淫失於齊。」並與佚同。案佚，樂也。孟子盡心：「以佚道使民。」此「失羊」疑即「樂祥」也。【楚繒書新考　中國文字第二十六册】

◉殷滌非　「不顯」二字，銘中兩見，一般認為皆係指文王而言，前句「不顯」下多一字，後句直言「不顯王」即此區別應係指兩人，故疑前句「不顯」贊美文王，後句「不顯王」當指武王，應該是可以肯定的。這裏又引起一個重要問題，即前句「不顯」下一字，釋為「考」字，以為是武王稱其父文王，故有「不顯考文王」之稱，今審視毁銘拓本，此「不顯」下一字，不似考字，其字形作「」，考字

甲文作「□」,金文多作「□」或「丁」。説文作「□」,「从老丂聲」,按考字是以「丁」得聲,𣪘銘「□」字之下部無「丁」形,釋考已失去聲符,故覺未妥。那麼「不顯」下一字為何字呢?檢視金文與此「不顯」下一字同形的字計有以下二器:

諫𣪘　王乎內史□册命諫。

揚𣪘　王乎內史□册命揚。

「□」字强運開氏釋為「失」,與説文失作「□」形相同,失从手乙聲,𣪘銘「□」也當从手乙聲,訓為失,失通佚,佚又可假為懿,美也,詩經大雅蒸民「民之秉彝,好是懿德」,毛傳説:「懿、美也。」字在本𣪘銘中應讀佚為懿,「不顯懿」與金文習見之「不顯休」同例,都是稱美之詞,故有「不顯懿文王」之銘,以稱美文王。後句「不顯王則相」之「不顯」,據「相」字意推之,當稱美武王,不是稱美文王了。如果「不顯王則相」仍指文王,則與上一句「文王監在上」連串起來,于文理難通。【試論大豐𣪘的年代　文物一九六〇年第五期】

捝　□

◉許　慎　□解捝也。从手。兑聲。他括切。【説文解字卷十二】

◉馬叙倫　鈕樹玉曰。玉篇引作解也。沈濤曰。易小畜釋文引。解也。蓋古本無捝字。倫按捝字隸書復舉譌在解下也。捝音透紐。古讀審歸透。則捝失為轉注字。然疑解也者脱字義。捝敓一字。穀梁宣十八年傳釋文引字林。捝。木枝。下云。或作樸。普木反。木枝疑為捝字作音。枝或牧之譌。【説文解字六書疏證卷二十三】

撥　□

◉許　慎　□治也。从手。發聲。北末切。【説文解字卷十二】

◉馬叙倫　此般之轉注字。治也非本義。字或出字林。餘見般下。【説文解字六書疏證卷二十三】

◉戴家祥　□中山王嚳鼎　語不竣绛　張政烺曰:竣,从立癹聲。癹即説文癹字。竣蓋即廢立之廢。中山王嚳壺及鼎銘考釋古文字研究第一輯第二二二葉。按金文無廢、有癹、發。工獻太子劍作□,中山王嚳鼎作□,象用手腳撥動弓弩發箭之形,當是撥的古文。周禮考工記「發當為撥」,釋名釋言語「發,撥也」。弦撥箭發,在動作的時間上僅瞬息之間,發為撥的初字可信。發引申為出發的意思後,才加手才符以存古意。禮記曲禮上「衣毋撥」,注「發揚貌,又為廢」。論語微子「廢中權」,鄭注「發動貌」。是發、廢同讀同義之徵。【金文大字典上】

6·147 獨字 6·148 同上 【古陶文字徵】

挹出華岳碑 【汗簡】

華嶽碑 雲臺碑 【古文四聲韻】

◉許　慎　挹抒也。从手。邑聲。於汲切。【説文解字卷十二】

◉馬叙倫　翟云升曰。一切經音義四引作斟酌也。又引作斟抒也。九引作酌也。韻會引作酌也抒也。倫按酌也校語。文選為幽州牧與彭寵書注引倉頡。損也。【説文解字六書疏證卷二十三】

◉牛濟普　挹字，是新出的陶文印樣，此字未見前人著録，我認為它是挹字。金文的逝字寫作，折寫作(用斤(斧)斷手臂一分為二之形)。即是挹的古文寫法，《説文解字》：「挹，抒也。从手，邑聲。」它也可能是工名。【鄭州、滎陽兩地新出戰國陶文介紹　中原文物一九八一年第一期】

◉張松林　隸定為挹。正方形、單字獨印，一件。印文右邊偏旁隸定為邑、左側偏旁與戰國文字中折的才寫法同，故將整個字隸定為挹。《説文解字》中曰「挹，抒也」。以偏旁从邑看，似作地名講。【鄭州商城内出土東周陶文簡釋　中原文物一九八六年第一期】

◉許　慎　抒挹也。从手。予聲。神與切。【説文解字卷十二】

◉馬叙倫　吴穎芳曰。倉頡篇。取出也。倫按挹下曰。抒也。此訓挹也。是轉注字。抒從予得聲。予音喻紐四等。喻四與影竝是喉音。又挹從邑得聲。邑為市集之集本字。集音從紐。抒音牀紐。同為濁破裂摩擦音。古讀竝歸定也。【説文解字六書疏證卷二十三】

◉許　慎　抯挹也。从手。且聲。讀若樝梨之樝。側加切。【説文解字卷十二】

◉馬叙倫　抒抯聲同魚類轉注字。抯與戲一字。亦爪之轉注字。【説文解字六書疏證卷二十三】

◉戴家祥　牆弗敢抯　牆弗敢抯(抯，取也)

第四字唐蘭、徐中舒釋「沮」，訓「坏也」。洪家義、裘錫圭同。《師虎𣪕》「令女(汝)更乃𠭯考」，郭沫若釋「𠭯」為「取」，云「从『又』，『且』聲，蓋『助』之異文，假借為『祖』」(《兩周金文辭圖録考釋》74頁)。按郭説非也。「𠭯」即「祖」字，「ナ」(左)坿加聲符也，「ナ」「祖」同母字，亦猶「齒」之从「止」，「鼻」之从「畀」，聲類重複字也。《宁史卣》「宁史錫□，□休弗敢且」，句法相同，字當讀「抯」。《集韻》「抯，取也」。《説文》「抯，挹也，从手且聲，讀若樝梨之樝」。「且」「虘」聲同，籀文「罝」作「䖑」；「退」作「遣」。《玉篇·66》「摣，取也」。从「又」與从「手」同義，《説文》「又，手也，象形。三指者，手之列多，略不過三也」。「手」易為「又」，「且」易為「虘」，字亦作「⿰虘又」。《玉篇·75》「⿰虘又，取也」。同聲通假，「且」或作「組」，《説文》「罝，兔網也，从網且聲」。或體作「䍦」。《師袁𣪕》「今余弗叚組」，「叚組」即「假抯」。郭沫若云「『弗叚組』，當讀為『拂遐組』，猶言解征轡也」(《兩周金文辭大系圖録考釋》146)，亦誤。同聲通假，「抯」，亦作「沮」。《大雅·雲漢》「旱既太甚，則不可沮」，謂不可收也，《毛傳》訓「沮」為「止」，大誤。「牆弗敢抯」，猶云「牆不敢取」。【牆盤銘文通釋　上海師範大學學報一九七九年第二期】

◉戴家祥　□史牆盤　牆弗敢取　从又从手同義。説文「又，手也，象形。三指者。手之列多，略不過三也」。故抯摣又通作⿰虘又，玉篇七五⿰虘又也訓「取也」。白觶與𨛫公諴簠之取字叚為祖考字。【金文大字典上】

攫 攫

攫古老子【古文四聲韻】

◉許　慎　攫扟也。从手。矍聲。居縛切。【説文解字卷十二】

◉馬叙倫　鈕樹玉曰。前擢字當作攫。此疑後人加。段玉裁曰。衆經音義五及十二引同而注之曰。扟。居逆切。是其所據説文作丮。轉寫誤為扟耳。丮者。持也。王筠曰。玃下曰。攫持人。掮下曰。掮持人。皆可為段説證。玉篇攫字在持抯操之間。而扟在部末。小徐抒攫抯扟為次。大徐又逐使相就。其錯乃成。倫按攫抯聲同魚類轉注字。玄應一切經音義引倉頡。攫。搏也。莊子釋文引三倉。攫。搏也。【説文解字六書疏證卷二十三】

扟 扟

◉許　慎　扟从上挹也。从手。卂聲。讀若莘。所臻切。【説文解字卷十二】

◉馬叙倫　鈕樹玉曰。一切經音義十五引作從上挹取也。莘疑薪之省。説文無莘。沈濤曰。古本當有取字。通俗文。從上取曰扟。錢坫曰。扟疑即爾雅東陵阠字。扟讀若莘。莘。地名也。劉秀生曰。卂辛聲竝心部。故扟從卂聲得讀若莘。言部。

訊。從言。卂聲。古文從西之古文卤聲作𢀁。文選神女賦。西施掩面。慎子作先施。詩皇皇者華。駪駪征夫。本書㮄下引作莘莘征夫。楚詞天問有莘氏。吕氏春秋本味作有侁氏。是其證。倫按抐字蓋出字林。故讀若莘。玉篇在部末。亦後人增也。【説文解字六書疏證卷二十三】

拓

拓 日甲四六背【睡虎地秦簡文字編】

昌拓　田拓【漢印文字徵】

◉許　慎　拓拾也。陳宋語。从手。石聲。之石切。摭拓或从庶。【説文解字卷十二】

◉馬叙倫　鈕樹玉曰。韻會語下有也字。倫按陳宋語校者加也。

摭　宋保曰。庶聲。猶席從庶省聲。古文作𠩻。從石省聲。倫按石庶聲同魚類。故相轉注。【説文解字六書疏證卷二十三】

攈

◉許　慎　攈拾也。从手。麇聲。居運切。【説文解字卷十二】

拾

夏侯拾　霍拾之印　臣拾　弓拾　曹拾信印【漢印文字徵】

拾【汗簡】

華嶽碑　雲臺碑【古文四聲韻】

◉許　慎　拾掇也。从手。合聲。是執切。【説文解字卷十二】

掇

掇 為七

□ 日甲六三背【睡虎地秦簡文字編】

◉許　慎　□拾取也。从手。叕聲。都括切。【説文解字卷十二】

◉馬叙倫　拾取也當作拾也取也。小爾雅廣詁。拾也。廣雅釋詁。取也。今言掇拾者。謂從上取也。拓音照紐三等。從石得聲。石音禪紐。拾音亦禪紐也。掇從叕得聲。叕音知紐。禪知皆舌面前音。摭從庶得聲。庶音審紐三等。亦舌面前音。故相為轉注字。攟音見紐。見知同為清破裂音。攟聲真類。掇聲脂類。脂真對轉。故掇攟亦為轉注字。【説文解字六書疏證卷二十三】

擐

◉許　慎　□貫也。从手。睘聲。春秋傳曰。擐甲執兵。胡慣切。【説文解字卷十二】

◉馬叙倫　丁福保曰。慧琳音義四十一希麟續音義一皆引作穿貫衣甲也。倫按擐貫以聲訓。音義所引校語耳。廣韻。擐。貫也。出文字指歸。倫謂此字林字。指歸本字林耳。瞏敨作□。伯瞏卣作□。【説文解字六書疏證卷二十三】

◉馬叙倫　白擐卣　舊作伯寰卣。伯寰作乃室。倫謂□是擐字。見説文。此蓋文也。器文作□。其□即手也。上□與□為衣字。非□獨為一字而為□之異文也。睘從袁得聲。袁從□得聲。此□亦當與○連而為□□□之省變也。金甲文作書。位置每易常軌。非審字之菁造不易扶定耳。【讀金器刻詞卷下】

揯

◉許　慎　□引急也。从手。恒聲。古恒切。【説文解字卷十二】

◉馬叙倫　引急也當作引也急也。廣雅釋詁。引也。急也。急也者。本書。弦。急也。此從恒得聲。恒即月弦之弦本字。故得借揯為弦。蓋校者加之。或呂忱列異訓也。引也亦非本訓。以下諸文凡訓引者。蓋皆通義。此字或出字林。【説文解字六書疏證卷二十三】

摍

◉許　慎　□蹴引也。从手。宿聲。所六切。【説文解字卷十二】

◉馬叙倫　蹴引也當作蹴也引也。本書。縮。蹴也。廣雅釋詁。摍。引也。蓋皆非本義本訓。或字出字林。【説文解字六書疏證卷二十三】

搋　援　㨨

◉許　慎　搋相援也。从手。虒聲。巨言切。【說文解字卷十二】

◉馬叙倫　相援也非本訓。經傳亦無搋字。書呂刑。奪攘矯虔。鄭玄注。矯虔謂撓擾。韋昭國語注。弦取為虔。故字從手。今杭縣謂以肩荷物曰搋。【說文解字六書疏證卷二十三】

援　法一〇一　二例　日甲六六【睡虎地秦簡文字編】

3105【古璽文編】

李援之印　李援　武援　杜援【漢印文字徵】

◉許　慎　援引也。从手。爰聲。雨元切。【說文解字卷十二】

◉葉玉森　爰疑與爰為同字。象兩手援一物。當竝釋爰。即古文援。【殷虛書契前編集釋卷七】

◉馬叙倫　朱駿聲曰。此爰之或體。倫按爰為換之轉注字。亦爰之轉注字。與援異字。援字見急就篇。顏師古本作遠。疑急就故書作爰。傳寫加手旁。【說文解字六書疏證卷二十三】

◉饒宗頤　甲子卜，犾貞：王其楥舟，叀丁。……舟叀乙，吉。（屯甲三九一五，侯家莊三）

丁卯卜，犾貞：王其楥舟，若。（屯甲一〇三二）

楥字从木从爰，可釋為楥，與援通（如植楥之援，乃集韻訓籬之楥）。說文：「援，引也。」故援舟即引舟（參摭續葉四七）。【殷代貞卜人物通考卷十七】

石碣田車　秀弓寺射　說文㨨引也或从由作抽籀文从秀作𢭏此省手馬叙倫說【石刻篆文編】

竝裴光遠集綴【古文四聲韻】

◉許　慎　㨨引也。从手。留聲。敕鳩切。抽籀或从由。𢭏籀或从秀。【說文解字卷十二】

◉馬叙倫　今言抽者。謂引出也。詩斯干釋文引字林。杖牛反。

抽　嚴可均曰。九經字様以抽為隸省。倫按續古逸叢書本作籒文從由。下文誘下作籒文從秀。丁福保以為此作籒或從由譌。丁所舉例如鷹下曰。籒文從鳥。祺下曰。籒文從基。然此似與所舉例不必同。蓋鍇本抽下誘下二籒字固作㨨。不作籒也。則彼本或㨨字譌作籒後校者所改。留由聲同幽類。故㨨轉注為抽。急就篇顔師古本超擢字作抽。疑本作超。傳寫者以其鄉音易字。籒當作㨨。

誘　宋保曰。留由秀竝同部聲相近。倫按誘亦㨨抽之轉注字也。秀從逌得聲。亦幽類也。籒當作㨨。【説文解字六書疏證卷二十三】

擢

◉許　慎　擢引也。从手。翟聲。直角切。【説文解字卷十二】

◉馬叙倫　今言擢拔謂引出也。擢音澄紐。㨨音徹紐。同為舌面前破裂音。擢㨨古聲亦竝幽類。轉注字也。文選注引倉頡。擢。抽也。字見急就篇。【説文解字六書疏證卷二十三】

◉高　明　「出自□霆，居于擢□」。自後一字殘剩「 」，饒宗頤疑為霝字之殘；下一字亦從雨並從夭加止，他疑為訞之異文，謂「霝霆」與「聽訞」音近，「聽訞」者炎帝之妻。《山海經·海内經》云：「炎帝之妻赤水之子聽訞生炎居，炎居生節並，節並生戲器，戲器生祝融。」，字過去釋爵、䟫、矍，皆不確，此字從羽，從隹，從又，實際上是從手翟聲，即擢字古體。《史記·三皇本紀》云：「庖犧氏風姓，繼天而王，母曰華胥，履大人跡於雷澤，而生庖犧於成紀。」《帝王世紀》謂庖犧「長於成紀」。按擢成古音相同，聲同在定紐，成韻古在耕部，擢在錫部，耕錫乃一聲之轉，成擢古屬雙聲疊韻。繒書中之「擢□」，即《史記》中之「成紀」，乃庖犧居處。【楚繒書研究　古文字研究第十二期輯】

拔

拔　法八一　四例【睡虎地秦簡文字編】

拔鄉之印【漢印文字徵】

古老子【古文四聲韻】

◉許　慎　拔擢也。从手。犮聲。蒲八切。【説文解字卷十二】

揠 㨶

◉馬叙倫 丁福保曰。慧琳音義四十引有引而出之也五字。蓋一曰以下文。倫按此校語。擢音澄紐。拔音竝紐。同為濁破裂音轉注字。文選與彭寵書注玄應一切經音義引倉頡有擢拔。拔。引也。又見急就篇。【説文解字六書疏證卷二十三】

◉于省吾 《前》八・五・六:「己卯卜,我貞,□月又史。」八・六・三:「癸子卜于□月又昬。」按□字从臬从示,舊不識。臬古拔字,象兩手拔木之形。《古文四聲韻》入聲十五黠引古《老子》拔字作□,是其證。𥛱當即祓之初文。祓、拔並諧犮聲。祓从示犮聲,與𥛱从示臬聲一也。《説文》「祓除惡祭也」,《擊傳》:「祓之為言拂也。」《周禮》女巫「掌歲時祓除釁浴」,鄭注:「歲時祓除,如今三月上巳如水上之類。」……然則契文稱「𥛱月有史」,謂祓祭之月有事,猶他辭言「今東(臘)月又史」矣。其言于「𥛱月又昬」,昬乃敗之古文,言于祓月有災敗也。夏正三月,當於殷之四月。《佚》二七七・三〇一,有□字,《粹》一五六一有□字,均从臬作,未能輒識。契文奏字作□,亦作□□。㲉字作□,《後》上七・十二有「□兄癸」之辭,□當亦㲉之異構。如讀為祓,於祭義不符。金文《我彝》叔作□可證。蓋契文偏旁之从又,每有前後上下無別者,然亦有迴不相混者,如𣪊與𤔲異,攸字作□,伊字作□,敏字作□,妻字从妻作□,此亦研究古文字不可不辨。要之,𥛱為祓之初文,从示臬聲,與从示犮聲一也。商人名四月為𥛱月,亦猶歲終有臘祭,因而名十二月為東月矣。因其稱𥛱月,而知後世祓除之祭,殷代因已行之矣。【釋𥛱 殷契駢枝續編】

◉許 慎 揠拔也。从手。匽聲。烏黠切。【説文解字卷十二】

◉馬叙倫 方言。揠。擢。拂。戎。拔也。自關而西或曰拔。東齊海岱之間曰揠。揠音影紐。聲在元類。與擢拔音聲並遠。然玉篇音烏拔切。廣韻烏黠切。則其聲轉入脂類。以此轉注邪。【説文解字六書疏證卷二十三】

㨶 擣越【漢印文字徵】

◉許 慎 㨶手推也。一曰。築也。从手。𠷎聲。都皓切。【説文解字卷十二】

◉馬叙倫 鈕樹玉曰。韻會作擣。手推也。從手壽聲。一曰築也。玉篇引作擣。倫按鍇本作手椎也是。椎本是名詞而借為動詞。此椎字作動詞用也。然此是校語。或字林文。或曰。手推也抵字義。抵㨶音同端紐。故得借擣為抵。一曰築也者。蓋一本作手推也而一本作築也。校者補注之。築擣同為清破裂音。倫謂手椎之義為築。築為擣具。今即以築為擣。然不得謂

桀是本義。擣毄一字。【說文解字六書疏證卷二十三】

◉蕭　璋　擣桀亦刺也(桀近刺見上文)。故刺擣可連用表義(釋名釋兵曰：「戈，過也。所刺擣則決過。」廣雅釋語「擣刺也」)。毄擣二字，段氏謂音義皆同(毄字注)。其說是也。【釋至　浙江大學文學院集刊第三集】

孿

[glyph] 孿出庾儼字書【汗簡】

[glyph] 庾儼字書并林罕集　[glyph] 汗簡【古文四聲韻】

◉許　慎　孿係也。从手。䜌聲。呂員切。【說文解字卷十二】

◉馬叙倫　係也非本義。孿蓋孌之異文。字蓋出字林。【說文解字六書疏證卷二十三】

◉裘錫圭　商代金文裏有一個寫作[glyph]、[glyph]等形的字，這個字也屢見于甲骨文，寫法大致相同。清代人多據說文「䜌」字古文[glyph]釋此字為「䜌」，近人多據「系」字籀文「𦃃」釋此字為「系」。甲骨文「鷄」字聲旁或作「系」，似即「系」字所从出，「𦃃」大概是「系」的繁文。我們討論的這個字顯然是从「𦃃」的。甲骨卜辭裏既有「不[glyph]」，也有「不[glyph]」。又子組卜辭數見「丁(方？)𦃃」之語，「𦃃」有時也寫作「𦃃」：可見「𦃃」一定是跟「𦃃」同音或音近的一個字。「䜌」字古文有可能就是這個字的變體，但是它跟「䜌」字大概只是由于同音或音近而通用的關係，並非真的是一個字。「爪」本象抓物的手。說文手部有从「手」「䜌」聲的「孿」字，訓為「係也」。丁山認為「𦃃」就是「孿」的古字，可能是正確的。但是他認為「孿」的本義應為「纂」，似乎缺乏根據。【戰國璽印文字考釋三篇　古文字研究第十輯】

挺

◉許　慎　挺拔也。从手。廷聲。徒鼎切。【說文解字卷十二】

◉馬叙倫　鈕樹玉曰。玉篇引同。文選雪賦注引作援也。蓋誤。倫按挺音定紐。與拔擢為同濁破裂音轉注字。【說文解字六書疏證卷二十三】

搴 探 撢 捼

◉許　慎　搴拔取也。南楚語。从手。寒聲。楚詞曰。朝搴批之木蘭。九輦切。【說文解字卷十二】

◉馬叙倫　鈕樹玉曰。批蓋[扌毘]之省。說文無批。今離騷作阰。沈濤曰。史記賈生傳索隱引。搴。取也。莊子釋文引司馬注。搴。拔也。廣雅亦云。搴。拔也。則不得無拔字。倫按拔取也當作拔也取也。一訓校者加之。搴揠聲同元類。轉注字也。南楚語及楚詞以下皆校語。或此字出字林。【說文解字六書疏證卷二十三】

◉許　慎　探遠取之也。从手。罙聲。他含切。【說文解字卷十二】

◉馬叙倫　沈濤曰。一切經音義七及廿引作遠取也。十三引遠取也亦試也。一引。手遠取曰探。探。試也。廿四引。手遠取曰探。四及八引。遠取曰探也。十一引。手遠取也。廿二引。遠取曰探。探。取也。倫按手遠取曰探及試也。校語。然遠取之也亦校語。論語。如探湯。固非遠取之也。或本訓取也。校者釋之如此。蕭該漢書音義引字林。探。遠取也。則此是字林訓。玄應所引手遠取曰探亦字林文。【說文解字六書疏證卷二十三】

◉劉　釗　卜辭「罙」字作「□」、「□」等形，象以手探取狀，應為「探」之本字。說文「探，遠取之也」。易系辭「探賾索隱」，疏「探謂窺探求取」。卜辭「罙」與「伐」組辭為「罙伐」，義為襲擊。【卜辭所見殷代的軍事活動　古文字研究第十六輯】

撢　戴撢私印【漢印文字徵】

◉許　慎　撢探也。从手。覃聲。他紺切。【說文解字卷十二】

◉馬叙倫　吳穎芳曰。探之轉語。沈濤曰。六書故十四引唐本作揬也。說文無揬。探之譌也。倫按撢探音同透紐。亦聲同侵類。轉注字也。玄應一切經音義引倉頡。撢音簟。持也。【說文解字六書疏證卷二十三】

◉許　慎　捼推也。从手。委聲。一曰。兩手相切摩也。臣鉉等曰。今俗作挼。非是。奴禾切。【說文解字卷十二】

◉馬叙倫　鈕樹玉曰。玉篇廣韻韻會一切經音義十二及十五十六廿二引竝作摧也。嚴可均曰。文選長笛賦注引作摧也。倫按推摧之義一也。捼摧猶魏崔。蓋轉注字。一曰以下校語。此妥字義。玄應一切經音義引三倉。捼。手按也。【說文解字六書疏證卷二十三】

撆 摵 搦 掎

◉許　慎　撆別也。一曰。擊也。从手。敝聲。芳滅切。【說文解字卷十二】

◉馬叙倫　鈕樹玉曰。韻會引作擊也。從手。敝聲。一曰。拂也。兩引並同。李注文選洞簫賦引作拭也。玉篇注。擊也。沈濤曰。拭即㕞之別。㕞或作刷。傳寫誤為別。桂馥曰。別當為引。廣韻。撆。引也。承培元曰。鍇本撆譌為繫。王筠曰。擊也。廣雅字林同。女部嫳讀若擊撆。倫按韻會引不誤。撆蓋𢯷之轉注字。撆音敷紐。古讀歸滂。𢯷音滂紐也。別為㕞誤。拂也拭也義同。蓋借撆為抹也。然校語。文選甘泉賦注引三倉。撇。拂也。【說文解字六書疏證卷二十三】

◉許　慎　摵搖也。从手。咸聲。臣鉉等曰。今別作撼。非是。胡感切。【說文解字卷十二】

◉馬叙倫　沈濤曰。一切經音義四引作撼。乃用別體字。丁福保曰。慧琳音義七十四九十四希麟續音義六引。撼。搖也。從手。感聲。韻會引小徐本亦作撼。今本作摵。乃後人據大徐本改。倫按搖也當依鍇本作搖也。此搖之轉注字。搖音喻紐四等。摵從咸得聲。咸從戌得聲。戌音心紐。心與喻四同為次清摩擦音也。【說文解字六書疏證卷二十三】

◉許　慎　搦按也。从手。弱聲。尼革切。【說文解字卷十二】

◉馬叙倫　沈濤曰。一切經音義八引按之也。桂馥曰。字林。捺。搦。捎也。倫按搦音娘紐。按從安得聲。安從女得聲。女音亦娘紐。是搦得為按轉注字也。然今杭縣謂持物堅固曰搦得牢。則與玉篇訓持也義合。似為擸之同邊音轉注字。或杭縣語為擸之音轉也。如字林訓。則為今之捺字。今言捺意與按同。又非捎義也。【說文解字六書疏證卷二十三】

◉許　慎　掎偏辟也。从手。奇聲。居綺切。【說文解字卷十二】

◉馬叙倫　鈕樹玉曰。廣韻韻會引皆作偏引也。沈濤曰。史記相如傳索隱引作偏引一脚也。後漢書馬融傳注引作偏引一足也。左襄十四年傳亦云。掎之。掎其足也。是古本有一足二字。文選陳琳為袁紹檄豫州注引。掎。戾足也。蓋一曰以下文。王筠曰。玉篇廣韻皆無一曰踦之說。蓋後人加之。謂掎踦通也。倫按偏辟也當依鍇本作偏引也。諸所引者。皆誤以踦掎為一字也。掎從手。安得曰偏引一足。一足即踦字義。故一本作一曰踦也。唯此偏引下或挩一手二字。然校語。本義亡矣。字或出字林。【說文解字六書疏證卷二十三】

◉許　慎　揮奮也。从手。軍聲。許歸切。【說文解字卷十二】

◉馬叙倫　段玉裁曰。玄應音義引有謂奮訊振去之也七字。蓋庾儼默注。倫按奮也者翬字義。疑此奮下挩臂字。上文掎下偏辟也辟字蓋即由此誤。奮臂也蓋字林文。【說文解字六書疏證卷二十三】

 摩【汗簡】

 裴光遠集綴  籀韻  崔希裕纂古  籀韻【古文四聲韻】

◉許　慎　摩研也。从手。麻聲。莫婆切。【說文解字卷十二】

◉馬叙倫　段玉裁曰。研當作揅。倫按此字或出字林。【說文解字六書疏證卷二十三】

◉許　慎　⿰扌毘反手擊也。从手。毘聲。匹齊切。【說文解字卷十二】

◉馬叙倫　翟云升曰。文選上林賦注引作批。擊也。一切經音義十五引作擺。反手擊為擺也。集韻引作手擊也。倫按本訓擊也。反手擊為⿰扌毘為後人校語。今文為唐人所刪耳。左莊十二年傳釋文。批。字林云。擊也。父節反。然則選注引者字林文。蓋字林而題為說文者也。然以膍肶貔豼䖩蚍之例推之。疑此本⿰扌毘正批重。後人刪批耳。然字蓋竝出字林也。【說文解字六書疏證卷二十三】

 攪竝王存乂切韻【汗簡】

 王存乂切韻【古文四聲韻】

◉許　慎　攪亂也。从手。覺聲。詩曰。祇攪我心。古巧切。【說文解字卷十二】

◉馬叙倫　鈕樹玉曰。玉篇引詩亦作祇。韻會引同鍇本。與毛傳合。嚴可均曰。韻會十八巧引作祇。與唐石經合。倫按亂也非本義。或非本訓。或此字出字林也。【說文解字六書疏證卷二十三】

搑　搑

◉許　慎　搑推擣也。从手。茸聲。而隴切。【説文解字卷十二】

◉馬叙倫　玉篇作推而擣也。不可通。廣韻作推擣皃也。亦非。本書皃也二字互譌。甚多其證。或一本也譌為皃。校者據作也字者注之。傳寫誤重之。廣韻本之耳。倫謂推擣也當作推也擣也。一訓校者加之。廣雅釋詁。搣。推也。朱駿聲謂搣即搑字。蓋搑之轉注字也。擣借為抵。【説文解字六書疏證卷二十三】

撞　撞

◉許　慎　撞卂擣也。从手。童聲。宅江切。【説文解字卷十二】

◉郭沫若　□與伐同例，字於卜辭屢見。他辭云「王□林方亡𡿧」前・二・十六・三。亦有用作人名或地名者，於古金中亦屢見，前人每釋為「八申」二字。□非申字羅氏已辨之。羅氏於申下注云：「吳中丞案乃吳式芬因篆文作□，遂謂子□且乙角之□盂□鼎之□均即申字。今案□象兩手持杵形，雖不能知其為何字，其義與舂字所从之□同，□字亦然，均非申字也。」余案舂亦可省作□，如毛公鼎二舂字均作□，則□固舂字之初字也。□與□之別在倒提杵，未有作勢前進之意，疑即撞之初字。説文云「撞卂擣也」，此正象卂擣之形，从八作者當是一字，八示分破之意。亦有从行作□者，殆即是衝。前・四・二一。撞衝古當為一字。左氏文十一年「富父終甥椿其喉」，杜注「椿猶衝也」。按椿即是撞。【釋挈　甲骨文字研究】

◉蕭　璋　撞亦刺也。（秦策「迫則杖戟相撞」，高誘注曰：「撞，刺也。」）故以矛刺殺謂之鏦，亦訓為撞。（鄭注考工記盧人：「刺兵矛屬。」史記南越傳：「欲鏦嘉以矛。」索隱引韋昭曰：「鏦，撞也。」）而説文以擣訓之義皆同也。【釋至　浙江大學文學院集刊第三集】

◉馬叙倫　鈕樹玉曰。韻會引無卂字。一切經音義五引作戟擣也。則卂當是丮。丮讀若戟也。倫按當作丮也擣也。一訓校語。或字林文也。擣借為抵。今言撞者。正謂抵擊。搑撞轉注字也。撞音澄紐。古讀歸定。耳音日紐。古讀歸泥。定泥同為舌尖前音。撞聲東類。茸從耳得聲。取亦從耳得聲。取聲之叢菆入東矦。東矦對轉。則搑撞為轉注字。此二字疑皆出字林。【説文解字六書疏證卷二十三】

𢭃　𢭃

◉許　慎　𢭃就也。从手。因聲。於真切。【説文解字卷十二】

◉馬叙倫　本書。因。就也。然因為茵之初文。無就義。𢭃從手亦無就義。蓋非本訓。或字出字林。【説文解字六書疏證卷二十三】

扔

（甲骨文字形）前8·6·1【續甲骨文編】

◉許　慎　扔因也。从手。乃聲。如乘切。【説文解字卷十二】

◉馬叙倫　嚴可均曰。因也當作捆也。辥傳均曰。扔即詩常武仍執醜虜之仍。倫按扔訓捆也。似為捆之轉注字。然音聲竝遠。扔聲之類。捆聲真類。豈扔轉脂而與捆為脂真對轉轉注字邪。或捆轉蒸而與扔為之蒸對轉轉注字邪。又疑扔為揖之音同日紐轉字。北平謂捐棄曰扔。甲文有（甲骨文字形）。朱芳圃釋扔。老子釋文引字林。扔。就也。數也原也。則字出字林。【説文解字六書疏證卷二十三】

◉饒宗頤　卜辭「若郰」成語習見，舊釋偁，審其偏旁，實从「乃」，當為扔字。廣雅釋詁「扔，引也」，从再从手同意。扔讀為仍。老子「攘臂而扔之」，本又作「仍」。仍，因也；見説文。漢書王莽傳「吉瑞累仍」，此言「有煞若仍。」語例同，謂禍害相仍也。【殷代貞卜人物通考卷三】

栝

◉許　慎　栝絜也。从手。昏聲。古活切。【説文解字卷十二】

◉馬叙倫　沈濤曰。六書故引蜀本作絜也結也。結與絜義近。當是李氏廣説文有此一訓。倫按絜結皆非本義。蓋髺字義也。餘見扴下。【説文解字六書疏證卷二十三】

◉朱歧祥　256.（甲骨文字形）　从収舌聲，隸作括。卜辭用為殷西戍兵地名，與土方相接。

《京4265》王其呼衆戍（甲骨文字形），受人，叀啚土人（甲骨文字形）（甲骨文字形）人，又𢦏。【殷墟甲骨文字通釋稿】

抲

◉許　慎　抲抲撝也。从手。可聲。周書曰。盡執抲。虎何切。【説文解字卷十二】

◉馬叙倫　吴穎芳曰。撝之轉語。鈕樹玉曰。類篇引無盡字。段玉裁曰。抲字複舉字之未删者。倫按抲撝音同曉紐轉注字。猶問闖之轉注矣。此作擔也者。形近而譌。或校者所改。以為抲即何也。【説文解字六書疏證卷二十三】

擘

◉許　慎　擘撝也。从手。辟聲。博戹切。【説文解字卷十二】

◉馬叙倫　王筠曰。孟子。吾必以仲子為巨擘。趙注。大指也。爾雅釋蟲。蝮。首大如擘。郭注。頭大如人擘指。則謂擘為

撝　捇　扐　技

拇也。虫部既用爾雅。則本字當釋以指。蓋撝下一曰手指也本在擘下。撝下則當出一曰指撝也。追彼文既譌。此文遂改耳。倫按。撝。裂也。此訓撝也。則與刀部之劈音義同矣。疑撝擘為轉注字。猶闟闢之轉注矣。或撝也者即撝字義。擘當為大指。爾雅釋魚疏引倉頡。足大指皆得名擘。又引三倉。大指也。然大指有特名邪。【說文解字六書疏證卷二十三】

◉許　慎　撝裂也。从手。為聲。一曰。手指也。許歸切。【說文解字卷十二】

◉馬叙倫　鈕樹玉曰。宋本五音韻譜及玉篇集韻類篇引竝作一曰手指也。毛本作手指撝也。翟云升曰。一切經音義十三引裂也作裂破也。倫按唐寫本切韻殘卷五支引裂也一曰手指撝。倫謂言指撝不必言手矣。王筠以為一曰手指是上文擘字義此當作指撝也。傳寫譌改。是也。玄應引多破字者。蓋多破也一訓。然裂也破也皆非本義。或非本訓。【說文解字六書疏證卷二十三】

◉許　慎　捇裂也。从手。赤聲。呼麥切。【說文解字卷十二】

◉馬叙倫　吳穎芳曰。撝之轉語。章炳麟曰。撝音轉魚為捇。倫按捇為抲撝之音同曉紐轉注字。【說文解字六書疏證卷二十三】

◉許　慎　扐易筮。再扐而後卦。从手。力聲。盧則切。【說文解字卷十二】

◉馬叙倫　王筠曰。此挩失説義之詞。但存引經也。易釋文馬云。扐。指間也。字既從手。則此為正義。倫按未詳。字蓋出字林。【說文解字六書疏證卷二十三】

技

技巧錢丞【漢印文字徵】

◉許　慎　技巧也。从手。支聲。渠綺切。【說文解字卷十二】

◉馬叙倫　巧也通訓。或非本義。【說文解字六書疏證卷二十三】

摹

◉許　慎　摹規也。从手。莫聲。莫胡切。【説文解字卷十二】

◉馬叙倫　鈕樹玉曰。繫傳無聲字。韻會引有。沈濤曰。一切經音義四引手拔為摸也。蓋一曰以下文。段玉裁曰。韻會規也下有謂所規放也五字。蓋庾儼默注語。倫按規也非本義。規摹字乃摸字也。蓋亦非本訓。方言十三。摸。撫也。或為撫之轉注字。宋祁漢書揚雄傳校本引字林。摹。廣求也。七具反。此字蓋出字林。廣求也者。今為募字義。【説文解字六書疏證卷二十三】

拙

拙出尚書　上同出王存乂切韻　拙出開元文字　【汗簡】

古老子　古尚書　王存乂切韻　開元文　竝籀韻　【古文四聲韻】

◉許　慎　拙不巧也。从手。出聲。職説切。【説文解字卷十二】

◉馬叙倫　古書無以不巧訓拙者。亦無引此文者。恐非本訓。【説文解字六書疏證卷二十三】

撘

◉許　慎　撘縫指撘也。一曰。韜也。从手。沓聲。讀若眔。徒合切。【説文解字卷十二】

◉馬叙倫　沈濤曰。一切經音義十四及十七引。指撘也。一曰韋撘。今之射韝是也。十五又引。指撘。以皮為之。今射韜是也。廿四引。指撘。韋撘也。今之射韝。三引不同。似皆有奪誤。縫指撘即今婦女所用之鍼箍。韋韜則射韝矣。繫傳作韋縚。玉篇作韋韜。古本當作一曰韋。一曰韋韜。玄應所引以皮為之。乃今之射韜也。皆説文注中語。王筠曰。一曰韜也此謂指撘之別名曰韜也。與韋部之韜無涉。劉秀生曰。沓眔聲並定紐。故撘從沓聲得讀若眔。言部。⿰言遝。語相反⿰言遝也。從言。遝聲。誻。⿰言遝誻也。從言。沓聲。⿰言遝誻轉注。是其證。革部。靸。從革。及聲。讀若沓。方言三。遝。及也。關之東西曰遝。或曰及。沓聲如及。及聲如遝。亦其證。倫按眔沓聲並談類。見⿺辶合字下。亦實皆從水聲。故撘讀若眔。韜也校語。古射韜與縫指韜蓋皆以皮為之。凡冒於物者皆謂之沓。金部。錔。以金有所冒也。撘從手豈以縫指撘冒於手邪。或非本義。字亦出字林邪。【説文解字六書疏證卷二十三】

摶 摶

◉許　慎　摶圜也。从手。專聲。度官切。【說文解字卷十二】

古老子【古文四聲韻】

◉郭沫若　叀即摶字。考工記鮑人「卷而摶之」，鄭司農謂「卷縛韋革」。【守宫尊　兩周金文辭大系考釋】

◉馬叙倫　鈕樹玉曰。廣韻及一切經音義十四引同。音義九引作團也。非。韻會引作以手圜之也。更非。倫按韻會所引蓋庾注或校語。摶為專之後起字。圜也以聲訓。玄應一切經音義引三倉。摶。飯也。【說文解字六書疏證卷二十三】

㨡 㨡

◉許　慎　㨡手推之也。从手。圂聲。戶骨切。【說文解字卷十二】

◉馬叙倫　吳穎芳曰。推令圜轉。今俗呼滾。錢坫曰。手推之則㨡矣。玉篇以此為倏本切。倫按手推之非本訓。玄應一切經音義引三倉。㨡。全物者也。【說文解字六書疏證卷二十三】

捄 捄

◉許　慎　捄盛土於梩中也。一曰擾也。詩曰。捄之陾陾。从手。求聲。舉朱切。【說文解字卷十二】

◉馬叙倫　鈕樹玉曰。繫傳無土字。韻會無於字。詩緐正義引作盛土於器也。擾當作擾。段玉裁曰。擾當依韻會引作捊。王筠曰。一曰句當在引詩下。引詩以證前義。不得以本句閒之。朱駿聲曰。捄但當訓捊。手引物使聚也。盛土於梩中專釋緐詩耳。倫按捄蓋捊之聲同幽類轉注字。本訓捊也。校者注盛土於梩中也。後校者又增一曰擾也。傳寫一本捝捊也。一本尚存。韻會引之而删擾也耳。擾當為擾。借捄為擾。詩釋文引字林。捄音俱。此字出字林。【說文解字六書疏證卷二十三】

拮 拮

◉許　慎　拮手口共有所作也。从手。吉聲。詩曰。予手拮据。古屑切。【說文解字卷十二】

◉馬叙倫　此義無徵。字從手而訓手口共有所作。似亦非。玄應一切經音義十二引。口手共有所作曰拮据。蓋字林文。或此字出字林。【說文解字六書疏證卷二十三】

搰 搰

◉許　慎　搰掘也。从手。骨聲。戶骨切。【說文解字卷十二】

□ 雲臺碑 □ 華嶽碑【古文四聲韻】

◉許　慎　□搰也。从手。屈聲。衢勿切。【說文解字卷十二】

◉馬叙倫　吳穎芳曰。搰掘方言之轉呼。倫按掘搰同舌根音。亦聲同脂類。轉注字也。【說文解字六書疏證卷二十三】

□ 掩【汗簡】

□ 裴光遠集綴【古文四聲韻】

◉許　慎　□斂也。小上曰掩。从手。奄聲。衣檢切。【說文解字卷十二】

◉馬叙倫　鈕樹玉曰。繫傳斂作歛。非。倫按掩蓋以手遮蔽之義。斂也以聲訓。小上曰掩者。徐灝謂後人所增。以例推之。亦字林文。掩弇蓋轉注字。【說文解字六書疏證卷二十三】

◉許　慎　□滌也。从手。既聲。詩曰。摡之釜鬵。古代切【說文解字卷十二】

◉馬叙倫　摡滌也者。詩匪風毛傳文。彼字作溉。故毛訓滌。此不得訓滌也。蓋非本訓。周禮世婦。帥女官而濯摡。注。摡。拭也。蓋摡之音同見紐。又脂真對轉轉注字。今杭縣謂拭曰揩。本書無揩。摡即揩也。【說文解字六書疏證卷二十三】

◉李平心　□當從旡從又，金石文既作□（「寶父鼎銘」）、□（「石鼓文」），右旁的□與□所從之□相同，或作□，則為繁體，從又與從手同，因此這字應隸定為抚，從又旡聲。《說文》「旡歠食氣屰不得息曰旡，古文作□，音居未切」，既從旡聲與抚同聲，因此，抚實際是摡字。⊘抚所從之旡實象人形，卜辭既作□，右旁之□象人跪形。蓋古人就食必跪坐。人立與人跪實際無別，如□或作□、□或作□，所以卜辭□所從之□與既所從之旡為一字無疑。宗周鐘銘「曁其萬年」，曁字害旡皆聲，與抚實是同文。以聲類推求，旡即介的象形字。介本義為庶民，後來引申為人。《詩·板》「价人惟藩」，毛傳訓价為善，這是由《爾雅·釋詁》的介字推定的。鄭箋「价，甲也，被甲之人，謂卿七掌軍事者」，段玉裁說：「鄭蓋以价易介也。」釋价人為善人或介甲之士，都不確。价介實一字，《廣雅·釋詁》「介，特也」，《方言》「獸無偶曰介」，是介與匹同義，故《秦誓》之「一介臣」、《左傳》之「一介行李」、《國語·吳語》之「一介嫡男」，介皆訓個。引申為特立不羣，《孟子》「不以三公易其介」，《思玄賦》「子不羣而介立」，均用此

義。所以介(价)人與匹夫、匹婦、匹士、匹庶(鹽鐵論)的義訓相同。《論語·憲問》「豈若匹夫匹婦之為諒也」，疏：「匹夫匹婦，謂庶人也，無別妾媵，唯夫婦相匹而已。」《禮·禮器》「匹士大牢而祭謂之攘」，疏：「匹士，士也，言其微賤，不得特使，為介乃行，故謂之匹也。」⊘草芥、土芥皆極言其卑賤。介與庶、匹皆有卑賤之義。

古代稱奴隸與賤民為鰥寡(有説別詳)，《詩》、《書》和金文屢言不侮鰥(矜)寡，是由於周人鑒於商的亡國種因於虐待奴隸與賤民。鰥寡與匹夫匹婦、匹庶、匹士和介(价)人的意思是差不多的。

介訓助，是由於奴隸與賤民引申出來的，正如胥與保訓助，是由胥靡與俘虜(保即俘)引申出來的。奴隸與賤民，在統治者看來，是處於輔助的地位的。

《板》以「价人維藩」與「大師維垣，大邦維屏，大宗維翰」並言，可見价人即是庶民。《書·洛誥》：「和恒四方民，居師，惇宗將禮，稱秩元祀。」四方民正相當於《板》的价人，師、宗與元祀則相當於大師、邦與大宗(宗與邦古同訓，元祀與大宗的意義相近)，詩言价人猶羣經言民人、庶人。价人之古義湮没已久，因附證之。

无與介(价)既為同文異構，故卜辭之抚，當與介同義。

《尚書·多方》云：「惟其大介賚爾。」《詩經》云：「是用大介，我龍(寵)受之」，「介爾景福」，「介爾昭明」，「介以繁祉」。《詩》言介，《書》言介賚，都是錫予之義，抚嫠當讀介釐，猶《詩》言「介以繁祉」，「介爾景福」。

抚實摡之初文，摡與介、匄、乞、割聲義俱同，實即後世給字所從出。《説文》「摡，滌也」，蓋讀為溉。《廣雅·釋詁》「摡，取也」，依古語施受同辭之例，摡可訓取，亦可訓予。《詩·摽有梅》「頃筐塈之」，《毛傳》訓取，《匪風》「溉之釜鬵」，溉《毛傳》訓滌。聞一多先生説塈與溉均當讀气，乞。《廣雅·釋詁》訓予，「頃筐塈之」，即「頃筐予之」；「溉之釜鬵」與「懷之好音」對文，溉、懷均有遺義，「溉之釜鬵」即是予之釜鬵，《毛傳》實望文生義。見「詩經通義」。按聞説甚確。「頃筐塈之」，塈《玉篇》引作摡，是塈與溉皆當作摡，摡與介、匄聲義相通，塈與溉都是假借字。【甲骨文金石文劄記(一)　華東師大學報一九五八年第一期】

揟

◉許　慎　揟取水沮也。从手。胥聲。武威有揟次縣。相居切。【説文解字卷十二】

◉馬叙倫　王筠曰。五音韻譜作取水具也。玉篇廣韻同。嚴可均謂以偏旁求之。稰。祭具也。則沮字誤。朱駿聲曰。當作取水抯也。取水滓而挹之。今謂濾水。如湑酒然。倫按篇韻作具。蓋字誤也。段玉裁已正之矣。揟者。今言疏濬之疏本字。亦即疏濬之濬本字。水部。溍。土得水沮也。溍即史言藪澤之澤本字。此言取水沮者。謂取水中之土而去之。然疑非本訓。

文亦或有捝也。武威六字蓋字林文。字亦或出字林也。【說文解字六書疏證卷二十三】

播 說文古文作𢿖此省番為采猶宷之篆文从番作審也 師旂鼎 今毋播 散盤 【金文編】

播 封七七 【睡虎地秦簡文字編】

播碧落文 播 播別本作此 【汗簡】

說文 碧落文 並同上 並籀韻 【古文四聲韻】

◉許慎 播種也。一曰布也。从手。番聲。補過切。古文播。【說文解字卷十二】

◉高田忠周 萃編引孔云𢿖是也。又引吴云敉樊云數江云黎皆非。說文播種也。从手番聲。古文作。但汗簡引作。从采省也。如此篆疑从番省。虞書播時百穀。又楚辭哀惜。播江離與滋菊兮。皆本訓也。【說文古籀篇五十五】

◉郭沫若 敉即播之異文。說文播古文作𢿖,此省从采,采番古本一字。播者布也。「義敉𢿧氒不從氒右征」謂宜宣布之於其不從其長上征者,古人尚右,故此以右為長上之稱。【師旅鼎 兩周金文辭大系圖録考釋】

◉强運開 散氏盤 阮釋作播是也。古鉩番白䊮與此左半形極相似。可證。【說文古籀三補卷十二】

◉容庚 播。說文古文作𢿖。此復省番為采。猶宷之篆文从番作審也。義如泰誓播棄犂老。國語吴語今王播棄黎老注。播放也。【師旅鼎 善齋彝器圖録】

◉馬叙倫 鈕樹玉曰。廣韻引作掩也。誤。韻會作種也從手番聲一曰布也。倫按種也非本義。或非本訓。或字出字林也。書舜典。播時百穀。時謂種也。播謂布分。此重文作𢿖。從攴與手義得通。本書從攴之字金文多從又。或𢿖亦本從又也。播蓋敷之轉注字。播從番得聲。番音奉紐。敷音敷紐。同為脣齒摩擦音也。一曰布也者。蓋本以聲訓。傳寫捝失。校者補之也。

鍇本從攴二字。校者加之。甲文有。王襄釋播。此與散盤字同從之異文。【說文解字六書疏證卷二十三】

◉商承祚 番之古文作。則此誤从篆文番。汗簡引作誤从古文采。敦煌尚書盤庚上「王告之。」楚辭九歌「芳

椒兮成堂」借古文番為之。【説文中之古文考】

◉郭沫若　「敹戲𢦏不從𢦏右征」：敹殆播字之異，説文播古文作𢿨，此省田耳。播者布也，戲讀為諸，語以今言譯之，則為「宣布之於其不從其右征者」。【師旅鼎　金文續考】

◉周法高　郭沫若云。「敹殆播字之異。説文播古文作𢿨。此省田耳。播者布也……」于省吾云。「……敹即散盤𢿨字。同播。謂播遷也……」吳其昌云。「□字與散氏盤之□字當為一字。但散盤之字為地名。而此□字則為動詞耳。此□字蓋即書大誥予翼以于敉寧(文)武圖功及洛誥亦未克敉公功之敉。爾雅釋言及説文並云。敉。撫也。洛誥鄭注及廣雅釋詁並云。敉。安也。……」(疏證)。

敹字。郭釋為播。可從。吳釋為敉。訓安。案左邊實不從米。在上下文的意義上也講不通。郭釋播為布也於文義不合。應該釋為播遷或播棄。【師旅鼎考釋　金文零釋】

◉高鴻縉　説文播字古文作𢿨。與此□同。蓋采與番同字。番與幡同音。釆應即幡字。从攴釆聲。與从手番聲。實不異也。孔廣森初釋𢿨為𢿨是也。【散盤集釋】

◉石志廉　商□(播)?父丁鼎　「□」字不見于著録，从字形來看，像一人在直立，以一手向地面撒擲東西(手下顆粒狀的兩個小圓點，象征米粒)，很像我們今天耕地以手播種的情況。故以其形象和字義釋之，「□」可能是「播」字的初文，就是後來金文中的「番」，亦同于「番」，實即播種的「播」字，含有蕃殖生長之義，金文番生𣪘，作「□」，从米，从田。《古籀匯編》「父甲鼎數字作□，姬□鼎蒸字作□，曾伯簠粱字作□，戰國鉨文「□□(潘)」，「□(鄱)□」等米字書作□可為之證。按播字，从手，从番，米上作采者，乃象征米粒衝破皮殼，生芽滋長之狀。故播字之起源，即本于人以手向田地撒擲米種，而使其滋長之意。中國歷史博物館，尚藏一觚，銘一字，作「□」，容庚《金文編》附録上，圖形文字(斝文)有二「□」字，與此字頗相類，均為「□」字之異體(「□」為側面，「□」為正面，米粒數量多少無定)。《説文》謂番字从采从田，獸足謂之番，今別作蹯。實則已不是番字的本義。从金文魯侯鬲，番匊生壺，番君鬲等，看不出番字有獸足之形。从銘文看，「□」應是一氏族徽號，作此器者的祖先，可能是从事農業生產的氏族。【介紹幾件商代青銅器　文物一九六四年第四期】

挃

◉許　慎　挃穫禾聲也。从手。至聲。詩曰。穫之挃挃。陟栗切。【說文解字卷十二】

◉馬叙倫　朱駿聲曰。爾雅釋訓。挃挃。穫也。挃挃形況字。本訓實與擳同。倫按從手至聲。安得為穫禾聲。朱說是也。此挩本訓。或字出字林也。廣雅釋詁。挃。刺也。玉篇。擳。挃也。【說文解字六書疏證卷二十三】

◉蕭　璋　挃，穫禾聲也。从手，至聲。詩曰「穫之挃挃」(陟栗切)，按淮南子兵略訓曰：「夫五指之更彈不若捲手之一挃。」高誘注云：「挃，擣也。」釋名釋兵云：「殳矛殳殊也。長丈二尺而無刃，有所撞挃於車上使殊離也。」又廣雅釋詁：「挃、擣，刺也。」訓義皆異於說文。【釋至　浙江大學文學院集刊第三集】

擳

◉許　慎　擳刺也。从手。致聲。一曰刺之財至也。陟利切。【說文解字卷十二】

◉馬叙倫　擳為挃之異文。敳之轉注字。一曰以下校語。【說文解字六書疏證卷二十三】

◉蕭　璋　擳，刺也。从手，致聲。一曰：「刺之財至也。」(陟利切)按說文致从夊从至。嚴可均王筠朱駿聲等均主从至，至亦聲(嚴說見說文聲類，王說見說文句讀，朱說見說文通訓定聲)。王念孫(以後簡稱王氏)章太炎(以後簡稱章氏)亦主與至古音同部(王說見經義述聞通說所載古音二字一部說中，章說見文始二夊字下)。諸說皆是，然則以致得聲之擳，與至亦同部耳。【釋至　浙江大學文學院集刊第三集】

扤

 籒韻【古文四聲韻】

◉許　慎　扤動也。从手。兀聲。五忽切。【說文解字卷十二】

◉馬叙倫　動也者。本詩正月毛傳文。非本義。或非本訓。或字出字林也。【說文解字六書疏證卷二十三】

抈

◉許　慎　抈折也。从手。月聲。魚厥切。【說文解字卷十二】

◉馬叙倫　篆當依鍇本作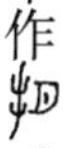。抈扤音同疑紐轉注字。莊子馬蹄之月題即軏題也。是其例證。【說文解字六書疏證卷二十三】

◉唐　蘭　肞　當即《說文》抈字，古代從手從攴的字常通用，如扶作𢻭，播作𢿱之類。此處當如仡，《說文》：「勇氣也。」抈仡均為疑母字，從乞聲的字，又往往讀入没韻。如：矹字即讀如兀，而同音的刖、軏、抈等字，都又音月，可以為證。【論周昭王時代】

的青銅器銘刻　唐蘭先生金文論集】

摎　摎

◉許　慎　摎縛殺也。从手。翏聲。居求切。【説文解字卷十二】

◉馬叙倫　沈濤曰。一切經音義廿引作縛殺之也。衍之字。瞿云升曰。類篇引作縛也。倫按摎從手無縛殺義。徐灝謂當作摶殺也。倫謂當作縛也自殺也。縛也蓋繞字義。或如徐説作摶。自殺也者。漢書趙皇后傳即自繆死。其實自繆即自絞。故晉灼曰。繆讀繆縛之繆。而後世有絞刑。借繆為絞耳。摎蓋鬮之異文。玄應一切經音義引倉頡。摎。束也。【説文解字六書疏證卷二十三】

撻　撻

𢶡 撻 【汗簡】

𢶡 説文　𢽯 𢽯 𢽯 竝崔希裕纂古　𢶡 説文　撻 達 竝崔希裕纂古 【古文四聲韻】

◉許　慎　撻鄉飲酒。罰不敬。撻其背。从手。達聲。他達切。𢶡古文撻。周書曰。𢶡以記之。【説文解字卷十二】

◉馬叙倫　鈕樹玉曰。韻會無罰字。王筠曰。鄉飲酒禮不言撻。鄉射記。射者有過則撻之。倫按此捝本訓。存校語耳。玉篇。撻。笞也。倫謂撻為攴之轉注字。攴音滂紐。撻音透紐。同為次清破裂音。亦抶之轉注字。抶音徹紐。亦次清破裂音也。字或出字林。

𢶡　鈕樹玉曰。周當作虞。或衍字。玉篇撻下引書撻以記之。與今書合。嚴可均曰。疑此校者所加。達非古文。從虍何義。且此皋陶謨文而言周書。亦謬。朱駿聲曰。從虍。達聲。倫按此字可疑。【説文解字六書疏證卷二十三】

◉張亞初　在甲骨文和金文中都有𢼸字,《甲骨文編》和《金文編》均入于附録。《古文四聲韻》卷五《崔希裕纂古》撻作𢽯、𢽯。在古文字中攴(攴)、扌往往互相通作。所以,𢽯,𢽯即𢫒、𢫒,後來加上表示行動的意符彳便演變成撻。在金文中,它是作為族氏名出現的。在甲骨文中,它也有作國族地名用的(《續存》一、七一九),但大多作動詞用。「戊午卜,賓貞,羽乙丑𢽯不?」(《前》六·一二·一),「𢽯不?」(吉大藏甲),「辛亥卜,貞,𢽯競」(《甲》二四三三)。上面這幾個𢽯字,都是動詞,即鞭撻、撻伐。从字形分析,也正是撻伐的會意字。幸為刑具,此代表奴隸罪人,攴為手持鞭杖作敲擊狀。《金文編》九〇五頁第一字从幸从攴从人,人作畏葸之形,為撻字的繁體字,不省人,很形象。又,史頌簋等器有盩字,《說文》訓「引擊也」,从𢽯从血,撻而見血,故有引擊意,這當

可作敎即撻之旁證。

敎字的考釋，當可為「㱿罰有倫」添一佐證。【甲骨金文零釋　古文字研究第六輯】

◉黃盛璋　戰國兵器銘末往往有「𢻱齋」二字，舊皆未解，于省吾先生第一次在《商周金文録遺》序言中隸定為「執齋」，並作為專題討論，謂「執齋」即「執齊」，「齋」、「齊」典籍通用，下文並詳舉《周禮・考工記》「冶金之工：築氏執下齊，冶氏執下齊」，「金有六齊」，以及有關注解，論證齊「應讀劑」，執齊「即今之調劑，調和」，「就冶金時參兑金與錫的成分言之，古兵器末每言某執齊者，是說某掌握兑劑之事」。

此字除釋「執」字外，還有釋為「㪉」與「報」，釋「報」是錯誤的，《貞松堂集古遺文》曾釋為「㪉𠦝」，所釋未誤，但並未得其解，有時缺而不釋，是其證明。要解決此字究為何字，必須形、音、義都能落實，並徹底弄清它的沿變。我們考此字就是「撻」字主要是有形、音、義方面的證明：

（一）玄應《一切經音義》卷二：「撻，古文敎同，他達反，箠也。」《玉篇》攴部有「敎」字：「他達反，古撻字，或作敎。」「敎」就是「𢻱」，从「攴」、从「殳」在戰國文字，並不固定，可以互用。

玄應《一切經音義》引古文多達二百餘條，清人馬國翰以為與衛宏詔定古文官書體例不異，「知皆出自一書，省字稱古文也」，因據以輯成《古文官書》一卷，上引之條亦收在輯本中，衛宏所詔定的古文官書，主要就是根據戰國書寫的經傳文字，此古文「敎」與兵器中「𢻱齋」第一字寫法相同，必為一字無疑。《玉篇》所收之「撻」字古文「𢻱」，《篆隸萬象名義》攴部亦收有，足證為顧野王《玉篇》原有，《集韻》也說「敎同撻」，也是來自《玉篇》，看來來源都是根據衛宏《古文官書》。

（二）《說文》「撻，鄉飲酒，罰不敬，撻其背。从手，達聲」，「達」从羍聲，而「羍从羊，大聲，讀若達同」，和羍部的「𡴘，所以驚人也，从大、从羊……讀若籋」，「一曰讀瓠」，本非一字，但由於「羍與𡴘」，相差甚微，兵器銘刻中的「𢻱」，多數已簡化寫成「𡴘」，少數作「羍」，則與「羍或省」之「羍」亦近。個別也還留有從羊的形跡，如三年㶣令劍。戰國文字草率，兵器簡易更甚，而「𢆉」與「羊」又相差甚微，簡寫為羊，毫無可異。衛宏詔定古文官書所見戰國古文之「撻」字古文「𢻱」，顯然也是从「羍」。明確从「羊」，而不是从「𢆉」，與兵器銘刻之「𢻱」一樣。至於此字不能是「執」，右邊从「攴、殳」，而絶不从「丮」，而「執」在銅器中則从「丮」而不从「攴、殳」，也是確證。「攴」為「小擊」，「殳」為「以杖殳人」（均據《說文》）皆為打擊意，而「丮」為「持」，象手有所持執，「𢻱」之與「執」，含義絶不一樣，最明確的證據就是《說文》「𣪠，引擊也，从𡴘、攴，見血也。」盡管此字與「執」皆从「𡴘」，但因有从「攴」與「丮」不同，含義全不一樣，只有打擊才能見血，如果是執持，就不能見血，「𢻱」字从「攴」至少此點與「𣪠」字同含擊意。甲骨文之

「執」，實象刑具手梏鎖着兩手，初文就象手梏形：

㚔　前五・一三・五，京一二四七，甲二八・〇七，前四・一七・三。

執　金，五二一；四七五，乙四六九三，粹九四一，掇二・四六八。

摯　前六・二九・五，甲四・二七，存一・二二四〇。

銅器變為从，刑具之意已漸訛變，小篆變為从「大、羊」，則甲文初文刑具之象完全違失，但从「丮」則始終不變，執持與捕執意亦始終未變。而兵器銘刻之「𢻱」从「攴」則義含打擊，而非執持意，因而與「執」字意不一樣，不是一字。

「𢻱」與「執」字區別及其沿變在北宋《古文四聲韻》中還能明顯看出：

撻，（《說文》）：𢻱𢻱皷（並崔希裕《纂古》）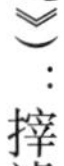（《說文》）：捽達（並崔希裕《纂古》）。

執（並《古老子》）（王庶子碑）

此「執」字皆从「㚔」从「𡜏」，表示女奴兩手被執，與銅器所見同。至於「撻」字變化則較為複雜，但其來源全可查出：

(1) 此書所收《說文》前後兩篆文，即《說文》「撻」字下之「古文撻，周書曰：攄以記之」，今本《尚書》作撻，段玉裁云：「从虎者言有威也」，許慎所見之古文必為戰國書寫《尚書》文字，所謂壁中古文，此書所收《說文》兩篆，雖然摹寫走樣，然不難看出从「虍」，从「達」的輪廓。

(2) 「𢻱、𢻱、皷」即古文「撻」之隸定，从二、三兩字看，明確皆从「㚔」，下不从「羊」，第三字與一、二兩字僅「㚔」隸定稍異，實是一字，從「皮」，顯然是「殳」之誤摹。這幾個字全是從兵器銘刻而來，只是隸定不同而已。其來源當是衛宏《古文官書》，從而可證衛宏所見古文「𢻱」从「㚔」，與兵器銘刻同。

(3) 捽、達，此兩字來自上引《說文》「撻」字古文之隸定，第一字从手，从虍从㚔，應該寫成𢷬字，第二字从虍从達，即《說文》撻字隸定之遽字。而此書所从皆為「㚔」，不是「羍」，下不从「羊」，則所收《說文》兩篆文「遽」，當也从「㚔」不从「羍」。

《說文》與《古文官書》所收兩古文「撻」，雖不是一系，但皆為戰國古文毫無可疑，它們的源流演變，基本清楚，並皆與兵器銘刻中之「𢻱」字符合，而與「執」字無關，特别是衛宏詔定古文官書，所録古文以及從它演變而出的諸「撻」字就是兵器銘刻中的「𢻱」字的隸寫，所以此字是「撻」而不是「執」字，形、音、義及其源流演變完全搞清楚。

此字在兵器中有時也寫作「㚔」，仍然讀「𢻱」而不讀「執」，由於「𢻱」所从之「㚔」，已簡寫為「㚔」，所以「㚔」即「羍」字，「讀若達同」，《詩・大雅・生民》「先生如達」，鄭箋「達，羊子也」，而《說文》正解「羍，小羊子也」，也是以「達」為「羍」。「㚔齋」就是「𢻱

齋」，形雖簡寫，音、義未變，「㚔」就是「𢻎」，不能異解。

總起來説，「𢻎、𣪠」都是「捷」字，漢代以「𢻎」為古文，則「捷」行而「𢻎、𣪠」廢，漢代已如此，其實它就是戰國文字，經秦始皇統一六國文字後，廢棄不用，方成為古文字。至於「捷齊」如何解釋，因和兵器鑄造有關，必須先掌握它在兵器中應用情況，在這個基礎上就可以進一步論述它的含義與鑄造關係問題。【「𢻎(捷)齋(齊)」及其和兵器鑄造關係新考　古文字研究第十五輯】

掕

◉許　慎　掕止馬也。从手。夌聲。里甑切。【説文解字卷十二】

◉馬叙倫　鈕樹玉曰。廣雅廣韻訓止也。玉篇闕。疑馬字為後人加。段玉裁曰。掕馬猶勒馬也。易。拯馬壯。拯為掕之假借。倫按今杭縣謂將物上提有掕起來。音在夌領之間。止馬也止也疑非本義。此字疑出字林。掕或拯之聲同蒸類轉注字。止也引申義。【説文解字六書疏證卷二十三】

抨

◉許　慎　抨撣也。从手。平聲。普耕切。【説文解字卷十二】

◉馬叙倫　嚴可均曰。一切經音義九韻會八庚引作彈也。疑撣字是。沈濤曰。廣雅。彈。拼也。玉篇拼與抨同。漢書杜周傳注。罪敗而後抨彈之。廣韻亦曰。抨。彈也。則今本作撣者誤。倫按從手而訓彈。不可通。蓋此抨擊字也。字或出字林。【説文解字六書疏證卷二十三】

捲

◉許　慎　捲气勢也。从手。卷聲。國語曰。有捲勇。一曰。捲。收也。臣鉉等曰。今俗作居轉切。以為捲舒之捲。巨員切。【説文解字卷十二】

◉馬叙倫　鈕樹玉曰。玉篇韻會引气作氣。勢當作埶。玉篇廣韻韻會引國語曰下有予字。繫傳亦有而國語上有春秋二字。今齊語於子之鄉有拳勇股肱之力秀出於衆者。則予當是子。吴楚曰。許合手拳為一。而捲别訓气勢。非也。手拳雖無異。然申則為手。曲則為拳。説文如韏絭桊鬈等字。凡從𢍏者。皆取曲義。又小雅。無拳無勇。今本齊語有拳勇股肱之力。漢書司馬遷傳。士張空拳。字皆作拳。不作捲。緣申手非所以用武。惟曲之為拳。乃有气勢。然則气勢之訓當屬諸拳。詩盧令箋。鬈當讀為權。吴都賦。覽將帥之權勇。李注。詩。無拳無勇。權與拳同。則權必拳之古文。捲自當訓收也。倫按五經

扱 扱 摷 摷

文字權下曰。從手作搉者。古拳握字。然則今權勢字蓋搉之譌或借也。搉字本書不録。而鄭箋詩用之。吴謂搉為拳之古文。气勢字當作拳。理許得成。然倫疑許以手拳互訓。非不知申手為手。曲手為拳也。手音審紐。拳從𠔉得聲。𠔉從米得聲。而宷釋竝從米得聲。亦皆審紐。悉亦從米得聲。音在心紐。心審同為次清摩擦音。則拳蓋手之轉注字。捲為曲手本字。搉其或體。气埶乃其引申義。或假借也。此不訓曲手而訓气埶者。譣之事理。手非作勢不曲也。或挩本訓。而今存者校語或字林文。本書無勢字也。然曲手字可象形作。蓋本有其字。後失之。而代以形聲字之捲或搉。一曰收也者。捲之引申義。或韏字義也。校語。或此字出字林。急就篇顔師古本雖有捲字。然皇象本作卷。蓋故書止作卷也。【説文解字六書疏證卷二十三】

◉許　慎　扱收也。从手。及聲。楚洽切。【説文解字卷十二】

◉馬叙倫　收也或非本義。或涉上文捲下一曰收也而譌衍。轉挩本訓。此字或出字林。【説文解字六書疏證卷二十三】

◉許　慎　摷拘擊也。从手。巢聲。子小切。【説文解字卷十二】

◉陳夢家　(3)罺　爾雅釋器「罺謂之汕」

金文有字作(博八廿、三復齋一八頁)者从西(即巢，見王國維釋西)从隹，从單，單即捕鳥之罕(郭沫若説)，其全體象以鳥網摷取巢中之鳥，以手取之之形，即罺字繁文也。从西从隹乃説文巢字，而單皆網也。説文巢之巛象鳥，臼則西(巢)之譌變也，而导字則由金文罺字省單省隹而成者也。金文又有作䍐者(嘯上十二)，亦罺字省隹省又而成者也。

金文之罺，亦即是摷字，説文「摷，拘擊也」；廣雅釋詁二「摷，取也」，即拘擊傾覆而取之義。金文罺多為民族之名(或省作單，見郭沫若釋叀卣所引)，疑為鄛，説文「鄛，南陽棗陽鄉」，又今安徽有巢湖巢縣，留待詳考。以上由鳥網之或从畢或从網或从單，則冡網之或从史或从畢，亦可涣然冰釋矣。【《史字新釋》補證　考古學社社刊第五期】

◉馬叙倫　沈濤曰。一切經音義一引作相擊。拘字無義。乃傳寫之譌。王筠曰。廣雅但云擊也。瞿云升曰。拘擊也見玉篇。倫按當作拘也擊也。一訓校者加之。亦疑拘也為扱字義。此字出字林。【説文解字六書疏證卷二十三】

挨

◉許　慎　挨擊背也。从手。矣聲。於駭切。【說文解字卷十二】

◉馬叙倫　擊背也非本義。廣雅釋詁。挨。擊也。玉篇推也。今杭縣謂挨義與玉篇同。蓋借為排。排從非得聲。非音非紐。挨從矣得聲。矣音喻紐四等。同為次清摩擦音也。【說文解字六書疏證卷二十三】

撲

◉許　慎　撲挨也。从手。菐聲。蒲角切。【說文解字卷十二】

◉劉心源　斷即撲。宗周鐘𢽾伐厥都。矢人盤用矢𢽾散邑。从戈與从斤同意。【奇觚室吉金文述卷八】

◉馬叙倫　丁福保曰。慧琳音義卅四引作擊也。蓋一曰以下文。倫按撲為⿰扌保之轉注字。撲音竝紐。⿰扌保從保得聲。保音封紐。皆雙脣破裂音也。挨音影紐。封影皆清破裂音。又⿰扌保音非紐。挨從矣得聲。矣音喻四。非與喻四同為次清摩擦音。是挨⿰扌保為轉注字。故撲訓挨也。玄應一切經音義引字林。手相搏曰撲。【說文解字六書疏證卷二十三】

撽

◉許　慎　撽旁擊也。从手。敫聲。苦弔切。【說文解字卷十二】

◉馬叙倫　撽鍇篆作撽。廣雅。撽。擊也。旁擊者後人別之。此蓋字林訓。【說文解字六書疏證卷二十三】

扚

◉許　慎　扚疾擊也。从手。勺聲。都了切。【說文解字卷十二】

◉馬叙倫　廣雅。扚擊也。疾擊者。後人別之。此蓋字林訓。撽扚擽皆轉注字。聲同宵類。今杭縣謂擊尚有呼扚者。音如斫。【說文解字六書疏證卷二十三】

抶

◉許　慎　抶笞擊也。从手。失聲。敕栗切。【說文解字卷十二】

◉馬叙倫　翟云升曰。文選甘泉賦注引作笞也。倫按廣雅。抶。擊也。莊子釋文引三蒼同。抶音徹紐。撽音溪紐。搉音亦溪紐。溪徹同為次清破裂音。是亦轉注字也。抶從失得聲。失音審紐。則與⿰扌保為同次清摩擦音轉注字。失從乙得聲。乙音影紐。則與挨抶為轉注字。笞擊也當作笞也擊也。一訓蓋埤蒼文。校者加之。或吕忱校埤蒼增異訓也。埤蒼文見文選羽獵賦注引。【說文解字六書疏證卷二十三】

扺

◉許 慎 扺側擊也。从手。氏聲。諸氏切。【説文解字卷十二】

◉馬叙倫 鈕樹玉曰。後漢書隗囂傳注引玉篇同。廣韻韻會引作側手擊也。桂馥曰。五音韻譜作側手擊也。倫按晉書音義引字林。扺。側擊也。則此乃字林義。倫謂側擊也或側手擊皆由抵掌而談附會之。抵止訓擊。音在照紐。則與操為同清破裂摩擦音轉注。古讀照歸端。則與扚轉注。【説文解字六書疏證卷二十三】

抰

◉許 慎 抰以車鞅擊也。从手。央聲。於兩切。【説文解字卷十二】

◉馬叙倫 廣雅釋詁。抶。擊也。以車鞅擊者。疑本訓捝失。但存校語或字林文。或字出字林也。【説文解字六書疏證卷二十三】

㨐

◉許 慎 㨐衣上擊也。从手。保聲。方苟切。【説文解字卷十二】

◉馬叙倫 桂馥曰。集韻引作衣上攴也。廣雅。㨐。擊也。錢坫曰。今俗擊衣被謂之㨐。讀如拍。倫按玉篇廣雅皆訓擊也。衣上擊也者。蓋校語或字林文。彼時方言然也。【説文解字六書疏證卷二十三】

捭

 96  97 【包山楚簡文字編】

 捭衆 【漢印文字徵】

◉許 慎 捭兩手擊也。从手。卑聲。北買切。【説文解字卷十二】

◉馬叙倫 翟云升曰。一切經音義十九引作兩手振擊也。倫按今杭縣以小兒不率教欲撻之曰捭你。本訓捝矣。兩手擊者。蓋字林文。字見急就篇。然顏師古本作俾。則此字或出字林。【説文解字六書疏證卷二十三】

捶

◉許 慎 捶以杖擊也。从手。垂聲。之壘切。【説文解字卷十二】

◉馬叙倫 鈕樹玉曰。玉篇注同。一切經音義六引作以杖擊之也。華嚴經音義六十九引作杖擊也。沈濤曰。文選魏都賦注。無以杖二字。司馬子長報任少卿書注引同今本。倫按廣雅。捶。擊也。捶為扺之音同照紐聲同歌類轉注字。以杖二字校者

搉　摬　拂

加之。如玄應引則或字林文也。竹部。箠。擊馬也。由語原故。謂擊馬之杖為箠也。鍇本一曰擿也校語。【説文解字六書疏證卷二十三】

◉蕭　璋　捶，以杖擊也。从手垂聲(之壘切)。或曰摘也(小徐本有此四字，摘疑擿之誤。詳四篇中投擿字)。揣，量也。一曰捶之，从手耑聲(初委切)。按箠捶雖名動各殊其為擊則同。古刺擊通言(見三篇扶撻條)，箠捶皆有刺義，而廣雅以舂訓捶，則擣刺之義更明(廣雅釋詁)，蓋擣亦刺也。段注揣字曰：「按方言常絹反，是此字古音也。又今人語言，用故敪字，上丁兼切，下丁括切，知輕重也。亦揣之或體，其音為耑之雙聲。」按段説甚是，而娞揣之古聲相同(説文：「娞，量也。」丁果切。昭三十二年左傳「揣高卑」。釋文音丁累反)，更足證揣之本為舌頭音也。揣之訓捶與椯之訓箠一意，二字與椯箠音義皆近，差在名動耳。【釋至　浙江大學文學院集刊第三集】

◉許　慎　搉敲擊也。从手。隺聲。苦角切。【説文解字卷十二】

◉馬叙倫　吴穎芳曰。敲之轉語。倫按廣雅釋詁。搉。擊也。莊子徐無鬼釋文引三蒼。搉。敲也。是敲擊也當為敲也擊也。一訓校語。或吕忱列異訓也。搉摷聲同幽類轉注字。搉擊音同溪紐。聲則古讀皆在幽類。亦轉注字也。亦敲之同舌根音聲同幽類轉注字。莊子釋文引三蒼。搉。敲也。【説文解字六書疏證卷二十三】

◉許　慎　摬中擊也。从手。竟聲。一敬切。【説文解字卷十二】

◉馬叙倫　吴穎芳曰。摬乃毆之轉語。段玉裁曰。擊之而中也。中字玉篇作傷。倫按中譌字耳。然玉篇作傷擊亦不可通。蓋當作傷也擊也。一訓校者加之。廣雅釋詁。摬。擊也。摬抰毆音同影紐。相為轉注字。然從竟得聲。竟音見紐。亦為擊之轉注字。【説文解字六書疏證卷二十三】

◉許　慎　拂過擊也。从手。弗聲。徐鍇曰。擊而過之也。敷物切。【説文解字卷十二】

◉馬叙倫　沈濤曰。文選思玄賦注引無過字。倫按刀部。刜。擊也。即拂字義。則此似不當有過字。廣雅釋詁。拂。去也。除也。釋言。拂。搏也。玉篇。去也。擊也。則過擊也當作過也擊也。一訓校語。或吕忱列異訓。拂為摷或搏之轉注字。【説文解字六書疏證卷二十三】

◉饒宗頤　丙申卜，𡆥貞：乎見冓⿻又弗芻，弗其隼。丙申卜，𡆥貞：乎見冓⿻又弗芻隼。（殷綴二二○——屯乙三○九一+四○五七+四二一八）

⿻又弗字从又从弗，疑拂之異構。爾雅釋詁：「弗，治也。」詩「茀厥豐草」，毛傳：「弗，治也。」又通「拂」。釋文：「茀，韓詩作拂。」拂，弗也。故⿻又弗芻即拂芻也。此卜呼見與前治芻事。【殷代貞卜人物通考卷八】

鏗 𢺳

◉許　慎　𢺳擣頭也。从手。堅聲。讀若鏗尔舍瑟而作。口莖切。【説文解字卷十二】

◉馬叙倫　玉篇廣韻並訓撞也。然字次拂抌之間。當是擊義。讀若句段玉裁以為誤衍讀若二字。並謂舊本鍇本瑟字作琴。又引論語先進釋文鏗投琴聲。玉篇𢺳下引論語亦作舍琴。以證瑟字之譌。然則此字蓋出字林。擣頭也蓋校語。【説文解字六書疏證卷二十三】

抌 𢪕

◉許　慎　𢪕深擊也。从手。冘聲。讀若言不正曰抌。竹甚切。【説文解字卷十二】

◉馬叙倫　鈕樹玉曰。讀若不應仍作抌。疑有譌。玉篇。擊也。承培元曰。告言不正之抌疑為詆譌。王筠曰。告言不正曰抌。不見經傳。則是俗語也。以俗語定讀若。鄭注周易三禮高注淮南多有之。殳部。㲌。下擊上也。廣韻。㲌。深擊。則是一字。深冘疊韻。朱駿聲曰。讀若譖也。倫按深字疑校者以釋抌字之音者也。㲌抌一字。抌聲侵類。搉聲幽類。幽侵對轉。是轉注字。抌音知紐。知端見影封同為清破裂音。則與搉擊抵撓等亦轉注也。【説文解字六書疏證卷二十三】

擊 𢷎

◉許　慎　𢷎傷擊也。从手毀。毀亦聲。許委切。【説文解字卷十二】

◉馬叙倫　傷擊也當作傷也擊也。傷也校語。擊音曉紐。擊音見紐。擊音溪紐。同為舌根音轉注字。毀拂手同脂類。亦轉注字。從手毀毀亦聲當從鍇本作從手毀聲。【説文解字六書疏證卷二十三】

擊 𢴌

𢴌 虎騎電擊司馬【漢印文字徵】

𢴌 擊見莊子【汗簡】

扞

□古莊子　□崔希裕纂古　【古文四聲韻】

◉許　慎　擊支也。从手。毄聲。古歷切。【説文解字卷十二】

◉馬叙倫　孔廣居曰。毄之後起字。倫按字見急就篇。【説文解字六書疏證卷二十三】

◉許　慎　扞忮也。从手。干聲。矦旰切。【説文解字卷十二】

◉馬叙倫　沈濤曰。莊子大宗師釋文引。捍。抵也。捍即扞之別。蓋古本作抵不作忮。一切經音義一引。扞。上也。亦蔽也。衛也。是古本尚有蔽衛二訓。上字義不可解。疑譌。段玉裁曰。忮當作枝。枝正當作搘。今作搘。支部。敔。止也。扞義當略同。王紹蘭曰。下文。抗。扞也。扞抗雙聲。且二文相厠。則忮當作抗。形近而誤。倫按忮也蓋悍字義。心部忮悍相次。忮訓很也。悍訓勇也。論語。好勇很鬥。是忮悍義近也。扞敔一字。止也謂止人之擊。即抵抗義。玄應音義引作上也。鈕樹玉謂鈔本作止也。正與敔義同。蔽也衛也止也皆校語。扞為抗之同舌根音轉注字。字或出字義。【説文解字六書疏證卷二十三】

◉張秉權　□當是扞字，説文十二上，手部：「扞，忮也，从手干聲。」段玉裁注曰：「忮，訓很，非其義。周南：『干城』，傳曰：『干，扞也。』左傳亦以『扞城其民』釋『干城』，孫炎以自蔽扞釋爾雅扞字，許盾下云『所以扞身蔽目』，然則扞字之訓，可定矣。廣韻扞下云：『以手扞，又衛也。』玉篇亦曰：『扞，衛也。』字亦作捍，祭法：『能禦大災，能捍大患，則祀之。』魯語作扞。」扞字在這一版上是地名，疑即詩邶風泉水的「出宿于干，飲餞于言」的干。⊘又鐵雲藏龜之餘十四葉第二片：

辛亥卜，㱿貞：亩□乎？

□，疑亦扞字，是人名。【殷虛文字丙編考釋】

◉李　零　攼敷，攼同扞，毛公鼎：「攼(扞)敔(御)王身。」【長沙子彈庫戰國楚帛書研究】

◉胡厚宣　宋鎮豪　扞是殷代古國，金文中有其踪迹，傳世青銅器有一「族徽」，寫作□(簋，《三代》6·1·7)□、(觶，《三代》14·32·3)、□(爵，《三代》15·3·8)、□(盤，《録遺》484)、□(鼎，《三代》2·52·6)，其字即甲骨文的□。金文好用繁形，字形較甲骨文要豐滿和圖形化得多，此字甲骨文从一人形，金文則从二人形，但均是背干而面向外，簡繁不同，其義一也。猶甲骨文婦好一名，好字寫作□(《丙》247)，金文則寫作□。兩人背向干朝外，寓意監視周圍而守衛干。此字又可寫作□(簋，《清乙》6·32)，从目，以人目代替人形，即以身體局部器官代替全身。在干的周圍置人目，更顯其監守之意。其所从的干，金文或寫作單，古干、單不

分，單象干上飾有幖識，應該是古人拜物心理的反映，用以增强保護神干的神秘色彩。或謂干是盾，實不然。盾，甲骨文作□（《安明》965）、□（《天理》161）、□（《甲》3113），金文作□（解，《三代》14·48·11）、□（罍，《文物資料叢刊》1978年2期23頁圖6）等，與干判然有别，盾以護身，是防守武器；干是神干，是宗教保護神。

扞字又寫作干、仠諸形，《一切經音義》卷九云：「古文斁、戦、捍、仠四形，今作扞。」《六書故·工事》云：「干，所以扞也，故扞御亦單作干，户旰切。詩云，公侯干城；傳曰，扞城其民。通作扞，又作斁。」《集韻》云：「戦通作干。」《詩·周南·兔罝》云：「赳赳武夫，公侯干城。」《左傳·成公十二年》云：「百官公侯之所以扞城其民也。」凡扞、斁、戦、捍、仠、干均是一字多形，其義皆有守御、護衛，今从甲骨文、金文可知，其源由來已久。

干國地望，據《詩·邶風·泉水》云「出宿于干，飲餞于言，……遄臻于衛」，鄭氏箋「干、言，所適國郊也」，孔穎達疏「干亦地名」；朱熹《詩集傳》卷二云：「干、言，地名，適衛所經之地也。」衛在今河南濮陽一帶，干當在其附近，今河南濮陽縣東北約25里處有古干城。這裏地近安陽殷墟，殷代的扞國大概也在這一帶。

扞國與殷王朝關係甚密，其君長可能在朝廷内有一定地位，金文中有「□□乍父辛隮彝」（簋，《懷米》上23），扞字从戈从二册，足以説明扞國君長的身份和職務。

值得注意的是，1950年4至6月，發掘安陽武官村殷代一座二墓道大墓，即著名的武官大墓，于墓内E9發現殉葬人一具，足部放置一組四件青銅器，簋銘是「□」，觚銘是「□」，爵銘是「□」，卣銘是「□」（原報告説，此銘「因鏽掩誤剔，微失真」。《窓齋》23·15著録二爵，銘一字，作「□」，可能是同一字，當亦屬殷扞國之器）。這位殉葬人有可能是扞國的君長。現在新增的這片甲骨文扞國材料，對于殷代社會的性質和有關的人殉制度的探討有着重要意義。同時這片廩辛時的甲骨文也為研究屬于殷墟文化第二期的武官大墓墓主，以及殷代的王陵制度，提供了重要依據。【蘇聯國立愛米塔什博物館所藏甲骨文字考釋　出土文獻研究續集】

□ 杭

□ 抗碧落文　□ 抗出王庶子碑　□ 杭碧落文【汗簡】

□ □ 碧落文　□ 王庶子碑【古文四聲韻】

◉許　慎　□扞也。从手。亢聲。苦浪切。□抗或从木。臣鉉等曰。今俗作胡郎切。【説文解字卷十二】

◉馬叙倫　抗杭非一字。從木不見扞義也。杭蓋航之或體。楚詞惜誦。魂中道而無杭。【説文解字六書疏證卷二十三】

捕□ 捕 法五三 十五例 □ 雜三八 四例 □ 秦六 二例 □ 封二二 【睡虎地秦簡文字編】

□ 張捕 【漢印文字徵】

◉許 慎 捕取也。从手。甫聲。薄故切。【説文解字卷十二】

◉馬叙倫 搏孚之後起字。取也當作收也。收取形近而譌。三篇。收。捕也。為轉注字。收音審紐三等。捕從甫得聲。甫音非紐。同為次清摩擦音也。字見急就篇。【説文解字六書疏證卷二十三】

◉許 慎 簎刺也。从手。籍省聲。周禮曰。簎魚鼈。士革切。【説文解字卷十二】

◉馬叙倫 鈕樹玉曰。繫傳作春秋國語。蓋後人改。玉篇引周禮鼈人掌以時簎魚鼈龜蜃。廣韻收陌。引國語。倫按措之異文。此字蓋出字林。【説文解字六書疏證卷二十三】

◉許 慎 撚執也。从手。然聲。一曰蹂也。乃殄切。【説文解字卷十二】

◉高田忠周 阮氏釋上篆為燕。又釋下篆為敢字。並非。劉氏心源釋上篆為揚。云。此字从丹即月即小篆□。古文揚皆从此。與手同意。吴彝對朕伯龢尊朔可證。上體作□即昜之變文。此説亦非。唯謂丹為丮者。得妥當矣。揚字所从。又有作□□者。夙字所从有□□諸形。亦當作□□耳。劉氏釋下篆亦作敢。襲阮氏之誤。非。愚謂此皆撚字。説文。肰从犬肉。古文作□□。其作□者與此□合。其□亦與揚字所从合。即與此丹同。又□形為犬異文。與此□稍近似。然則此篆為撚。當與許書相證也。而審其形。許書作□者。□為肰尤顯。又從火。此明然字古文。肰然通用也。又作□者。丮者手也。此為撚字。亦尤顯然。肰撚亦當通用。然則銘云。隸撚猶于彝曰者。隸與豕通今遂字。撚者執也。即其義也。與取同意。或亦與方言云撚續也同。猶與紐通。紐者繫也。又云毋撚望白休者。望為忘叚借。撚為愆叚借。詩假樂。不愆不忘是也。然衍古音同部通用也。説文撚執也。从手。然聲。一曰蹂也。或云蹂當作煣。煣即今揉字。通俗文手捏曰撚。其或訓續者。叚借為緐也。【古籀篇五十五】

◉馬叙倫 吴穎芳曰。今俗讀作捏。乃結切。段玉裁曰。執當作丮。王筠曰。玉篇止有蹂也一訓。然撚從手。蹂從足。義何由而生。倫按今言撚者。以指絞物也。一曰蹂也者。借撚為蹂。同為邊音也。淮南兵略訓。前後不相撚。注。蹂。蹈也。

此校語。此字或出字林。【說文解字六書疏證卷二十三】

挂

◉許　慎　挂畫也。从手。圭聲。古賣切。【說文解字卷十二】

◉馬叙倫　嚴可均曰。六書故十四引唐本作縣也。段玉裁曰。葉本畫作宣。字鑑同。倫按畫也者。以聲訓。或非本訓。【說文解字六書疏證卷二十三】

拕

□甲二二八四　□甲二九八五反　□前六・五一・四　□前六・六七・二【甲骨文編】

□前6・51・4　□珠704【續甲骨文編】

◉許　慎　拕曳也。从手。它聲。託何切。【說文解字卷十二】

◉馬叙倫　甲文有□字。朱芳圃釋拕。又有□字。蓋從攴沱聲。疑與此一字。【說文解字六書疏證卷二十三】

◉屈萬里　□象拖蛇之狀。隸定之則作𢼌。當是拕字。拕。說文「曳也」。按即後世之拖字。【殷虛文字甲編考釋】

◉王國維　又卜辭中□字，即《說文》拕字，非徒以它為聲，亦象形意字也，此一字偶然拾得，故以奉告。又證明《說文》部首之軌，即㫃，其說甚佳，惜函中不能詳寫之。【觀堂書札　中國歷史文獻研究集刊第一集】

◉陝西周原扶風文管所　□□，即拕，當是地名。【周原發現師同鼎　文物一九八二年第十二期】

捈

◉許　慎　捈卧引也。从手。余聲。同都切。【說文解字卷十二】

◉馬叙倫　吳穎芳曰。卧字可疑。應是擥引之譌。倫按捈音定紐。拕音透紐。同為舌尖前破裂音。是拕捈為轉注字。擥引也非本訓。或字出字林也。【說文解字六書疏證卷二十三】

◉嚴一萍　說文古文从□之字，皆可从手。此字疑即捈字。說文：「捈，臥引也；从手余聲。」讀「同都切」。段注：「臥引，謂橫而引之。」法言問神篇「捈中心之所欲」，注云：「捈，引也。」【楚繒書新考　中國文字第二十六冊】

抴 揙 撅 攎 挐

◉許　慎　抴捈也。从手。世聲。余制切。【説文解字卷十二】

◉馬叙倫　沈濤曰。一切經音經五引作引也。又申之謂牽引也。則古本不作捈也。廣雅釋詁曰。抴。引也。倫按抴引以聲訓。抴捈為轉注字。捈從余得聲。余抴音同喻紐四等也。捈自為牽引。故校者注以謂牽引也。【説文解字六書疏證卷二十三】

◉楊樹達　指事之字多變為形聲字，其故與象形變形聲同。有説文列為重文者，許君所知也。其分為二文者，今據其音義訂其當為一字，以補許君之闕云。

厂，抴也，明也。象抴引之形。余制切。十二下厂部。

抴，捈也。从手，世聲。余制切。十二下手部。

按：二文一字。許誤分之。【文字形義學】

◉許　慎　揙撫也。从手。扁聲。婢沔切。【説文解字卷十二】

◉馬叙倫　鈕樹玉曰。繫傳作摶也。譌。玉篇。摶也。擊也。王筠曰。揙。揙擊。倫按揙擊者。揙乃複舉字也。字蓋出字林。【説文解字六書疏證卷二十三】

◉許　慎　撅从手有所把也。从手。厥聲。居月切。【説文解字卷十二】

◉馬叙倫　鈕樹玉曰。玉篇引無从字。當非脱。倫按从當依鍇本作以。把當為掊。然此非許文。廣雅釋詁。撅。搔也。今杭縣謂搔癢亦曰把。然則本訓把也。校者以以手有所把釋之。【説文解字六書疏證卷二十三】

◉許　慎　攎挐持也。从手。盧聲。洛乎切。【説文解字卷十二】

◉馬叙倫　攎挐同為邊音。又聲同魚類。轉注字也。挐持也當作挐也持也。字蓋出字林。【説文解字六書疏證卷二十三】

◉許　慎　挐持也。从手。如聲。女加切。【説文解字卷十二】

◉馬叙倫　鈕樹玉曰。繫傳有一曰誣也。韻會引無。玉篇引亦無。倫按校語。詳婩字下。【説文解字六書疏證卷二十三】

搵

◉許 慎 搵没也。从手。𥁕聲。烏困切。【説文解字卷十二】

◉馬叙倫 搵從手不得訓没也。没當作𠬛。玄應一切經音義。曰。搵亦入也。謂以物入水中曰搵也。與𠬛義近。然疑𠬛也仍非本義。廣雅釋詁。抐。搵。搙。擩也。集韻引字林。搵。抐。没也。則此字出字林。【説文解字六書疏證卷二十三】

搒

◉許 慎 搒掩也。从手。旁聲。北孟切。【説文解字卷十二】

◉馬叙倫 吴穎芳曰。掩訓無證。恐是捶字之譌。王筠曰。玉篇廣韻引皆作掩也。然何不次掩之後而次挌之前。然則掩當是挌譌。搒挌即陳寵傳笞挌之專字。故挌下云擊也。廣韻。搒。笞打。是其正義。丁福保曰。慧琳音義七十五引作笞擊也。是笞擊是搒本義。倫按搒音封紐。挌音見紐。封見同為清破裂音。轉注字也。本訓挌也。字譌為掩。笞擊也校語。【説文解字六書疏證卷二十三】

挌

挌 法六六 通挌 罪人—殺求盜 【睡虎地秦簡文字編】

◉許 慎 挌擊也。从手。各聲。古覈切。【説文解字卷十二】

拲

甲624 641 975 1217 1411 1892 2274 2418 3069 3345 乙795 1946 2324 2327 3449 3486 4065 4502 5520 6708 6794 7233 7799 8878 9067 佚172 557 690 948 續1·32·4 續1·46·2 徵8·61 續5·14·1 6·20·10 徵8·31 11·69 12·19 誠77 摭續193 粹111 530 京4·1·4 4·8·4 新4020 【續甲骨文編】

◉許 慎 拲兩手同械也。从手。从共。共亦聲。周禮。上辠梏拲而桎。居竦切。𣝅拲或从木。【説文解字卷十二】

◉馬叙倫 鈕樹玉曰。韻會作兩手共同械也。羅振玉曰。兩手同械非本義。卜辭有□。象兩手械木形。當是拲字。孟子。拱

〼 掫

把之桐梓。拱字當作此。陳邦懷曰。書大傳。桑穀俱生於朝。七日而大拱。鄭注。兩手搤之曰拱。當為拱之本義。倫按此從手共聲。甲文從収木聲。共聲東類。木聲矦類。東矦對轉。為轉注字。甲文又有作〼字者。以周公敨㨘字作〼吳尊作〼證之。蓋從収桒聲。乃㨘之異文。非桒字。或釋桒。非也。兩手同械者。甲文有〼字。從〼。從〼。〼為梏之初文。正象兩手同械也。今本書無〼字。而譌存其義於桒下。桒或其轉注字也。此字疑出字林。

〼 桒桒異字。桒蓋梏之雙聲轉注字。【說文解字六書疏證卷二十三】

◉朱芳圃 〼藏三九・四 〼藏二四四・一 〼前六・二二・六 〼前六・六一・二 〼前七・一五・三 〼後下一二・一〇

上揭奇字，从〼，从収，當為桒之初文。說文手部：「桒，兩手同械也。从手，从共；共亦聲。周禮『上辠梏桒而桎』。桒，桒或从木。」按〼象其體，〼言其用。〼為械其兩手之刑具，因之用〼以械兩手為〼。古讀見紐雙聲，屋東對轉。【殷周文字釋叢卷下】

◉張亞初 劉 雨 〼字吳大澂釋鄉(愙齋22・22，甲鄉爵)，朱芳圃釋桒(釋叢155)，李孝定釋執(《金文詁林附録》1041頁)。此外還有釋乘、睾的。吳氏釋鄉於字形不類。李氏混同𢍝、執，以為是一字，亦誤。朱氏釋桒是對的。該字從㚔從収，収(拱)亦聲，是形聲兼會意字。《說文》：「桒，兩手同械也，從手從共，共亦聲。周禮上罪梏桒而桎。」與字形正相合，且音義皆同，故知𢍝當即桒之初文。𢍝為形聲兼會意，桒則變成單純的形聲字，本意就不大清楚了。

在甲骨文中𢍝一作動辭，為加手拷束縛之意。一作人名族氏名，「甲辰貞，𢍝㠯鬯用於父丁」(鄴三下40・6)，「令𢍝比𢀛，勿令𢍝比𢀛」(乙3290)，「丁酉、𢍝弗其氏娕」(續5・19・8)，「丁卯卜，勿令𢍝氏人田於𥂔，十一月」「丁卯卜，令𢍝氏人田於𥂔」(人268、269)。這都是人名族氏名的例證。甲骨文中有婦𡠧(甲38)，𡠧即𢍝族氏之女子。此族氏的存在至少可以追溯到武丁時期。但其所作銅器目前僅見於商末周初。【商周族氏銘文考釋舉例 古文字研究第七輯】

〼乙8642 〼佚65 續2・20・1 〼佚386 〼續5・32・1 徵2・27 〼續6・14・2 【續甲骨文編】

◉許 慎 〼夜戒守有所擊。从手。取聲。春秋傳曰。賓將掫。子侯切。【說文解字卷十二】

◉馬叙倫 沈濤曰。左襄廿五年傳釋文昭廿年傳正義引皆無守字。下有也字。襄廿五年傳正義廣韻十九矦引有守字。倫按左襄廿五年傳釋文引字林。掫。夜戒守有所擊也。從手。取聲。子侯反。然則此字出字林。五篇。鼜。夜戒守鼓也。則此訓

乃聶字義。廣雅釋詁。掫。持也。【說文解字六書疏證卷二十三】

◉于省吾　契文「大叏雈」習見。葉玉森釋雷。按乃肊測之詞。殊不可據。叏字中从耳。葉氏誤仞耳為斧鉞形。契文取字作从耳从又。可資互證。商代金文之斧形且乙卣作。上言父乙毁作。父癸鼎作。與耳字迥別。叏字象上下兩手持耳，當即掫字。說文「掫。夜戒守有所擊也。从手取聲。春秋傳曰。賓將掫」。按古文从手从又一也。叏字象兩手持耳。以後世六書之義求之當為會意字。說文以為从手取聲。易會意為形聲。有失其朔。【釋大叏雈　雙劍誃殷契駢枝三編】

◉李孝定　契文作叏。于氏釋掫讀為騶。極是。許訓夜戒有所擊。蓋後起義。卜辭諸掫字均假為騶。其初義疑與取同。古文从又从𠬪每無別。掫取古蓋衹是一字也。【甲骨文字集釋第十二】

捐

傳捐之印　橋捐印　張捐之印　秦捐【漢印文字徵】

◉許　慎　捐，棄也。从手。肙聲。與專切。【說文解字卷十二】

◉馬叙倫　翟云升曰。一切經音義廿四引作徒也。蓋與其上文唐指唐徒也之文相涉而譌。玄應又引倉頡。捐。棄也。爾雅釋器釋文引字林。捐。因絹反。倫按棄也蓋呂忱據倉頡加之。非本訓。【說文解字六書疏證卷二十三】

掤

乙二一三　乙三七二　乙三九二　乙四三九　金七四一【甲骨文編】

◉許　慎　掤，所以覆矢也。从手。朋聲。詩曰。抑釋掤忌。筆陵切。【說文解字卷十二】

◉馬叙倫　揩所以韜手故從手。此言所以覆矢。字安得從手。廣雅釋詁。掤。矢藏也。北堂書鈔引毛詩義問。掤所以覆矢也。謂箭筩。左昭廿六年傳。豈其伐人而說甲執冰以遊。廿五年傳。公徒釋甲執冰而踞。賈逵曰。冰。櫝丸蓋也。是所以覆矢者以服字義。掤之本義亡矣。此字或出字林也。【說文解字六書疏證卷二十三】

扜

後一・一五・四【甲骨文編】

後上15・4【續甲骨文編】

麾　麾

 扜闟長印　【漢印文字徵】

◉許　慎　扜指麾也。从手。亏聲。億俱切。【説文解字卷十二】

◉馬叙倫　鈕樹玉曰。集韻引麾作摩。是也。倫按甲文有。商承祚疑扜字。指麾也非本訓。字或出字林。【説文解字六書疏證卷二十三】

◉許　慎　摩旌旗。所以指麾也。从手。靡聲。許為切。【説文解字卷十二】

◉馬叙倫　鈕樹玉曰。廣韻類篇引麾作摩。是也。玉篇注。指摩也。嚴可均曰。集韻五支引作所以指摩。翟云升曰。韻會引無旌旗二字。倫按旌旗所以指摩者。旌字義。周禮巾車。建大麾。穀梁莊廿五年傳。置五麾。皆借摩為旌。而字譌作麾也。摩止訓指摩。書牧誓。左秉白旄以麾。詩無羊。麾之以肱。左隱十一年傳。周麾而呼。皆謂指麾也。説解蓋為校者所改矣。摩扜轉注字。摩音曉紐。古讀歸影。扜音影紐也。今挩本訓。或字出字林也。【説文解字六書疏證卷二十三】

捷　捷

 捷　三字石經古文作戠从木與从艸作戠同意　寁鼎　王令趞捷東反夷　【金文編】

 張捷私印　【漢印文字徵】

 石經僖公　鄭伯捷卒　古文叚戠為捷　【石刻篆文編】

 義雲章　【古文四聲韻】

◉許　慎　捷獵也。軍獲得也。从手。疌聲。春秋傳曰。齊人來獻戎捷。疾葉切。【説文解字卷十二】

◉郭沫若　戠當是古捷字。魏三字石經春秋殘石鄭伯捷捷字古文作戠，从木，此从艸，與彼同意。【寁鼎　兩周金文辭大系圖録考釋】

◉馬叙倫　段玉裁曰。獵也以疊韻為訓。倫按獵也軍所獲也。皆非本義。捷為疌之後起字。或從止為足捷。從手為手捷也。字蓋出字林。【説文解字六書疏證卷二十三】

扣 扣

掍 掍

◉管燮初　銅器銘文中有𢦏字,例如:

烏乎哀𢦏!用天降大喪于二或!亦唯噩侯馭方率南淮尸東尸廣伐南或東或!至于歷内(禹鼎,見商周金文録遺九九號)。

有𢦏字。例如:

隹周公于征伐東尸豐白尃古,咸𢦏(塱鼎,見金文歷朔疏證卷一·十)。

一九七六年冬陝西扶風莊白大隊新出土的西周青銅器中也有兩篇銘文用𢦏字。例如:

「雩武王既𢦏殷,微史剌且迺來見武王(史牆盤)。

上列史牆盤銘文中的𢦏字原文作𢦏,同𢦏(金文𢦏)字形近,容易混淆。唐蘭、裘錫圭、李仲操三位先生都把它釋作𢦏字。但是同窖出土的另一件銅器的銘文「雩武王既𢦏殷,微史剌且□來見武王」(痶鐘丙組),句形與史牆盤基本相同。𢦏字作𢦏,很清楚,這不可能是𢦏字。余擬𢦏是古捷字。西周𩁹鼎銘文「王令趞𢦏東反尸,𩁹肇从趞征,攻開無啻,省于人身,孚戈,用乍寶尊彝」,兩周金文辭大系考釋:「𢦏當是古捷字,魏三字石經春秋殘石鄭伯捷捷字古文作𢦏,从木,此从屮,與彼同意。」説文解字:「捷,獵也,軍獲得也,从手疌聲。春秋傳曰:齊人來獻戎捷。」又:「疌,疾也,从又,又手也,从止屮聲。」捷字从屮得聲,魏石經古文从戈。𢦏正是从戈中聲,概捷字初文。詩經小雅采薇「一月三捷」,傳曰:「捷,勝也。」甲骨文金文中的𢦏字用勝利或打勝來解釋,都能够怡然理順。【説𢦏　中國語文一九七八年第三期】

◉許　慎　扣牽馬也。从手。口聲。苦后切。【説文解字卷十二】

◉馬叙倫　吴穎芳曰。控之語轉。倫按牽馬也字林文。見史記趙世家集解引。附會伯夷叔齊扣馬而諫為義。或字出字林也。從手。口聲。扣控音同溪紐轉注字。【説文解字六書疏證卷二十三】

◉許　慎　掍同也。从手。昆聲。古本切。【説文解字卷十二】

◉馬叙倫　同也者。昆字義。掍從手不得有同義。方言。掍。同也。宋衛之間曰掍。此蓋吕忱用方言文耳。【説文解字六書疏證卷二十三】

搜竝郭顯卿集　搜先刀切【汗簡】

郘昭卿字指　⿰牛叟 ⿰山叟 ⿰𡭔叜 獀 竝崔希裕纂古【古文四聲韻】

◉許　慎　衆意也。一曰求也。从手。叜聲。詩曰。束矢其搜。所鳩切。【說文解字卷十二】

◉馬叙倫　衆意也本詩泮水毛傳文。疑校者所加。或字林文也。詩之搜字。蓋借為儔。搜从手不得有衆意之義也。一曰求也是本義。蓋校者據一本作求也者注之也。顔氏家訓引通俗文。入室求曰搜。然搜無入家之義。七篇。索。入室搜也。古書多以索為索。而索無搜義。蓋搜求字作搜。古書借雙聲之索為之。索則從索得聲。轉輾傳譌。而索以從宀。乃訓為入家搜。通俗文則以入室求為搜矣。搜求聲同幽類。搜即祈求之求本字。亦疑搜為取之轉注字。取音清紐。搜從叜得聲。叜音心紐。同為舌尖前音。聲亦幽侯通轉也。【說文解字六書疏證卷二十三】

◉饒宗頤　至畋獵之卜，有云：「己丑卜，㕟(叜)。兕、目、芈、羊。」(拾掇二、一五九，寧滬一一〇重，為巨牛胛骨。同版此辭數見。)㕟為叜之省形，乃搜字。祭義「狻狩」，鄭注：「春獵為狻。」爾雅釋天：「春獵為蒐。」蒐亦作搜，謂搜索取禽。【殷代貞卜人物通考卷三】

◉黃錫全　搜並郭顯卿集　鄭珍云：「此文《篇韻》諸書不録，未詳何字之誤。」按此形有兩種可能：一是左旁為或形譌誤，如夏韻尤韻録崔希裕《纂古》搜作⿰𡭔叜、⿰牛叟、⿰山叟、獀等；另一種可能是為言形譌誤，如同誓字譌作(說見前)。《玉篇》：「謏，蘇口切，小也。又思了切。亦作謏。」【汗簡注釋卷二】

◉黃錫全　搜先刀切　夏韻豪韻釋為「艘」。搜字从耑，不可强說。此形原蓋作⿰𡭔叜，誤認耑為从耑。【汗簡注釋卷四】

◉許　慎　易也。从手。奐聲。胡玩切。【說文解字卷十二】

◉馬叙倫　王筠曰。玄應引有謂更易也。蓋庾注。倫按奐之後起字。易也當作也。此字蓋出字林。【說文解字六書疏證卷二十三】

掖　日甲一五三　通腋　在—者愛【睡虎地秦簡文字編】

張掖尉印　張掖屬國左盧小長　掖憲之印　掖尚之印【漢印文字徵】

摦 攙 搢 掠

◉許慎 以手持人臂投地也。从手。夜聲。一曰臂下也。羊益切。【説文解字卷十二】

◉馬叙倫 鈕樹玉曰。左僖廿五年傳釋文引作从手持人臂曰掖。玉篇注。从手持人臂也。从即以之譌。竝無投地二字。倫按左僖廿五年傳正義引作持臂也。釋文引作以手持人臂曰掖。蓋本作以手持人臂曰掖也。傳寫掖也譌作投地。後衍一也字。以手持人臂曰掖即扶掖之義。則為扶之聲同魚類轉注字。扶從夫得聲。夫音非紐。掖音喻紐四等。亦同為摩擦次清音也。然倫疑扶掖者借掖為扶。掖為亦之後起字。一曰臂下也即本義也。今此五字則校者所加。急就篇有掖容調。然顏師古本作液。則此字蓋出字林。【説文解字六書疏證卷二十三】

◉楊樹達 以手持人臂投地也。从手，夜聲。一曰：臂下也。羊益切。十二下手部。按：臂下之義即臂亦也，二文當為一字，許誤分之。又按夜从亦省聲，與畺疆同例。【文字形義學卷上】

◉徐鉉 横大也。从手。瓠聲。胡化切。【説文解字卷十二新附】

◉徐鉉 刺也。从手。毚聲。楚銜切。【説文解字卷十二新附】

◉徐鉉 插也。从手。晉聲。搢紳。前史皆作薦紳。即刃切。【説文解字卷十二新附】

掠 上同竝出義雲切韻【汗簡】

竝義雲章【古文四聲韻】

◉徐鉉 奪取也。从手。京聲。本音亮。唐韻或作櫟。離灼切。【説文解字卷十二新附】

掐

◉徐　鉉　爪刺也。从手。臽聲。苦洽切。【説文解字卷十二新附】

捻

◉徐　鉉　指捻也。从手。念聲。奴協切。【説文解字卷十二新附】

拗

◉徐　鉉　手拉也。从手。幼聲。於絞切。【説文解字卷十二新附】

摵

◉徐　鉉　捎也。从手。戚聲。沙劃切。【説文解字卷十二新附】

捌

◉徐　鉉　方言云。無齒杷。从手。別聲。百轄切。【説文解字卷十二新附】

攤

◉徐　鉉　開也。从手。難聲。他干切。【説文解字卷十二新附】

抛

籀韻　籀韻【古文四聲韻】

◉徐　鉉　棄也。从手。从尤。从力。或从手。尥聲。案。左氏傳通用摽。詩摽有梅。摽。落也。義亦同。匹交切。【説文解字卷十二新附】

摴 摴　打 打　𠦬 𠦬　脊 脊

◉徐鉉 摴舒也。又摴蒲。戲也。从手。雩聲。丑居切。【説文解字卷十二新附】

◉徐鉉 打擊也。从手。丁聲。都挺切。【説文解字卷十二新附】

◉許慎 𠦬背呂也。象脅肋也。凡𠦬之屬皆从𠦬。古懷切。【説文解字卷十二】

◉馬叙倫 莊有可曰。本讀若積。象形。脊之本字。又讀若傀。沈濤曰。六書故引唐本作𡗕。從大。是古本篆與今本不同。大象人形。所以從大。𠦬蓋象人脊呂之形。翟云升曰。六書故引作象脅肋形。下有讀若乖三字。龔橙曰。李登集古文作彡彡。當作彡彡。徐灝曰。戴侗謂𠦬脊一字。是也。大徐音古懷切。殊誤。蓋由𠦬乖形近而致。小徐有讀若乖三字。亦後人所加。倫按字從大象形。特唐本作𡗕。亦譌。當作𡗕。從大。仌聲。仌即𠦬之異文。昔字從之得聲者也。此脊之初文。𠦬音精紐。故脊音亦精紐也。呂是脊之中骨。𡗕是呂旁之骨。今謂肋骨是也。肋聲之類。轉入支類。故讀若積。又轉脂類。讀若乖矣。今杭縣之西及紹興尚有𠦬脊連偁者。𠦬讀若乖也。説解非許原文。或呂為骨字之譌也。然亦非本訓。【説文解字六書疏證卷二十三】

◉楊樹達 𠦬背呂也。象脅肋形。讀若乖。古懷切十二上𠦬部。

段玉裁曰：「丨象背脊，一象人腰，仌象背左右脅肋之形。」樹達按：丨象背呂，為本物之形。一仌皆以欲示背呂之所在，連及之耳。【文字形義學】

脊 脊 法七五 脊 日甲八〇背【睡虎地秦簡文字編】

脊 脊出義雲章 脊 脊見説文【汗簡】

脊 義雲章【古文四聲韻】

◉許　慎　□背呂也。从巫。从肉。資昔切。【說文解字卷十二】

◉林義光　巫象脊肋之形。从肉。兼轉注。說文云。巫背呂也。象脅肋形。讀若乖。經傳未見。【文源卷二】

◉郭沫若　第三十四片　□乃人名，習見。金文圖形文字亦每見此字，酷肖魚脊骨之形，當是脊之初文。小篆譌為巫，後人復誤讀為乖。說文巫字下，小徐本有「讀若乖」三字，大徐本無之。故字失傳耳。【殷契粹編考釋】

◉馬叙倫　沙木曰。巫脅竝訓背呂。則脅為巫之重文甚明。龔橙曰。脊見漢隸。倫按此脊之後起字。從肉。巫聲。字見急就篇。疑急就本作巫。傳寫以字林字易之。此字出字林。或如沙説。本是重文。傳寫捝説解。校者加背呂也。【說文解字六書疏證卷二十三】

◉劉樂賢　《漢印文字徵》卷五·九青字下收□、□二形。按此字釋青是不對的。秦漢文字中青字上部有多種寫法，如□、主、□……但決不能寫成□形，故此字不得釋為青。據睡虎地秦簡脊字作□，馬王堆醫書《足臂灸經》作□，《戰國縱橫家書》作□，可知上引二字當釋為脊，與《漢印文字徵補遺》附録一之□為一字。（上引脊字形體，皆見于《秦漢魏晉篆隸字形表》脊字條。）

【秦漢文字釋叢　考古與文物一九九一年第六期】

◉黄德寬　《說文》：「□，背呂也。从巫从肉。」段注引《釋名》曰：「脊，積也。積續骨節脈絡上下也。」「巫，背呂也，象脅肋也。」《說文》研究諸家都以「脊」為會意字。《六書故》引唐本《說文》巫作□，王筠《釋例》認為：「岐其末者，殆象屑邪？」吴大澂《說文古籀補》收□（古陶器），丁佛言《補補》收□（古璽·公孫脊），以為是「脊」字。其實，這兩個字是否為古文「脊」字，並不能確認。

《睡虎地秦墓竹簡》「鬬折脊項骨」（法七五。）「脊」作□，「長脊」（日甲八〇背）「脊」作□，「勫（脊）為身刖」（日甲一五九背）「勫」作□。秦簡「脊」所从□、□是偏旁「朿」的典型寫法。如「責」，金文作□（旂作父戊鼎）、□（兮甲盤）、□（秦公簋）从貝朿聲。秦簡「責」字數十見，皆作□、□等形，「朿」聲寫法與「脊」所从完全相同，由此可知「脊」為从肉朿聲的形聲字。小篆所从巫，實際是「朿」的訛變之形。苗夔《說文聲訂》依唐本□將小篆改為□，指出「□亦聲」，在形體上更為近真。但是，他並不知道□就是「朿」的訛變。「跡」與「脊」古音相同，本亦以「朿」為聲符。《說文》籀文作□，金文作□（師寰簋）、□（師旋簋）皆可證。秦簡作□（封七一）、□（封七六），「朿」作□與「刺」作□（治五六）所从相同。《說文》謂「跡」从「亦聲」，實際是由「□（朿）」聲訛變。

確定了「脊」从「朿」聲，戰國文字的「脊」也就可以確認了。楚帛書□，李零先生釋「脨」，朱德熙先生指出就是「膌」字，驗之帛書，文意暢達可從。但是，考諸字形，此字从肉朿聲，應釋作「脊」，讀為「膌」。「肉」旁置，與包山楚簡「責」从「貝」旁置作□（九

八)、[glyph](一四六)相同。而包山楚簡[glyph](一六八)才是「膌」字。《古璽彙編》[glyph](二六五九)、[glyph](一二〇八)、[glyph](一七二〇)等字，林澐先生曾論定它們上部从「朿」省變，甚是。他認為此字與楚帛書[glyph]相同，因而從朱釋「膌」。現在看來此字即是「脊」。此外，《古璽彙編》「肖[glyph](五六二〇)、事悓[glyph](五六二二)」、「史[glyph](五五六九)」等舊所不識之字，均當釋為「脊」。《古陶文彙編》[glyph](三・八四七)、[glyph](三・八四八)等，疑也是「脊」字。

至于《説文古籀補》及《補補》之[glyph]、[glyph]，顯然不是「脊」，故學者不從。前者疑為「益」之變體；後者从肉从[glyph]，[glyph]與中山王圓壺[glyph]，古璽[glyph](二八〇五)、齊叔夷鎛[glyph]所从[glyph]、[glyph]、[glyph]相同，或釋「垂」，這樣，[glyph]可釋為「腄」。【古文字考釋二題　于省吾教授百年誕辰紀念文集】

◉鍾柏生　小篆中「[glyph]」字字形，既是像草木華葉下垂之形，又是像背呂脅肋之形，上面所舉例(1)至例(33)「[glyph]」「[glyph]」「[glyph]」「[glyph]」「[glyph]」「[glyph]」「[glyph]」字形，其中形體最簡省者為「[glyph]」形，即像牲品背呂脅肋之形，其字形雖有筆劃繁省之差異，但這是文字早期形體未完全固定的普遍現象。《釋名・釋形體》云：「脊，積也。積續骨節終上下也。」我們觀查「[glyph]」字形體，是牲體居宰後保留首(或指脊椎前端)、脊椎、肋脅之形，其中首(或指脊椎前端)可有可無(因為卜辭字形有作「[glyph]」者)，「[glyph]」在下可能是象牲體尾上首下倒掛之形，而「[glyph]」「[glyph]」字形中的「[glyph]」，可能像繩索綁繫之形，甲骨文中有下面這樣的例子：「[glyph]」(《續》四・四・五)，其字形像手持槌子敲磬，其中「[glyph]」像石磬之形，「[glyph]」則為掛磬之繩索，但甲骨文中有省「[glyph]」寫作「[glyph]」(《存》一・七四六)之磬字。因此就甲骨文字「[glyph]」而言，「[glyph]」可加可不加，這就如同「[glyph]」可寫作「[glyph]」、「[glyph]」寫作「[glyph]」，其道理是相同的。故宮所藏戰國銅壺花紋上有懸磬圖，類似甲骨文「[glyph]」的偏旁「[glyph]」。(附圖一)甲骨文「[glyph]」字的下端「○」，如同許多古文字演變的路子，到後世皆寫成「一」，此地列舉若干例證如下：

(1) [glyph](《金》四六六) —— [glyph](我鼎)　[glyph](守簋)　[glyph]↓(小篆)

(2) [glyph](《前》五・十・二)↓[glyph](盂鼎)↓土(小篆)　[glyph](《前》七・三六・一)

(3) [glyph](古匋文)↓[glyph](小篆)

(4) [glyph](本鼎)　本(楚帛書)　↓[glyph](小篆)

(5) 《前》三・一九・三)——→(宅簋)→(小篆)

(競簋)

(6) 《後》上二・一六)——→(康侯丰鼎)

(封孫宅盤)

(召伯簋)　(伊簋)

這類例子相當多，所以「」字後來演變成「」，是合乎古文字演變規則的。卜辭中的土字字形，大部分作「」「」「」「」（包括等字的偏旁）形，極少部份作「」（包括等字的偏旁）形，以上這些土形演變到後來小篆寫作「土」。本文所釋之「」「」「」諸形，其所從之「」，無一作「」「」「」「」者，可見「」「」「」下所從之「」形並非「土」字，是故到小篆變成「」而非「土」形了。這就是「」等字形，筆者不釋為「垂」的原因所在。至於「」「」形中「」是象徵甚麼？是否象牲體四肢處理後的形狀？今則不得而知。【釋「」　考古與歷史文化一九九一年第六期】

鐵一六四・一　餘一〇・一　拾三・六　前一・三九・一〇　前一・四一・一　前四・五一・五

前六・四七・二　前七・三六・一　前八・九・二　後一・六・七　後一・六・一一　菁七・一　林一・二三・七　戩六・一　甲一二六五　甲二三五六　甲二四一八　甲二四二六　甲二五〇四　乙八三

乙一三一　乙一三九　乙一四五　明藏一〇二　卜辭女母通用　母庚　掇一・一九五　母己　掇二・八九

粹一二〇　粹三八一　續一・一二・三　鄴初下・三七・七　佚一四〇　佚七六八　佚八〇七

燕九　乙二九八　【甲骨文編】

甲460　516　1265　乙934　3429　6691　6702　7151　7161　7289

7311　7426　7750　7795　7961　8728　8755　8888　珠341　529　657

899　1043　佚807　續1·35·1　1·40·8　1·41·5　1·41·7　1·42·3　録607

六中9　粹8　120　新2035　【續甲骨文編】

女　盉文　司母戊鼎　司母辛鼎　女亞方彝　女𢀜方彝　女子鼎　子卣　＊小集母乙觶

矢方彝　矢尊　龏鬲　史母癸簋　射女方監　寧女父丁鼎　藿女觶　女帚卣　彭女甗

女康丁簋　者女觥　者女甗　畲父盤　農卣　翏生盨　齊侯盤　齊侯匜　鄧公簋

子仲匜　陳子〓匜　蔡大師鼎　洹子孟姜壺　井人妄鐘　重文符在右上　孳乳為汝　令鼎　余其舍汝臣十

家　盂鼎　免簋　彔伯簋　豆閉簋　輔師嫠簋　師𩛥鼎　弔趯父卣　此簋　縣

改簋　𦵯伯簋　龖簋　曶鼎　曶壺　善鼎　伯晨鼎　克鼎　師克盨

師嫠簋　師酉簋　頌鼎　頌簋　頌壺　同簋　伯蔡父簋　元年師兑簋　不䝑

簋　師虎簋　夘簋　師寰簋　無叀鼎　伊簋　毛公𢉛鼎　善夫山鼎　洹子孟姜壺　南疆

鉦　者沪鐘　孳乳為如　㛸尊　㛸從王如南　鄂君啟舟節　如載馬牛羊　鄂君啟車節　如馬如牛如德　中山王譻

鼎　事少如長事愚如智　盗壺　其逾如林　【金文編】

1·76　戊母丁　3·317　易里女　9·66　☒女　【古陶文字徵】

〔二〕　〔二三〕　【先秦貨幣文編】

三：二一　九例　通汝　宗盟類序篇女嘉之　委質類永亟覘女　【侯馬盟書字表】

7　122　123　190　【包山楚簡文字編】

女　法八〇　八十例　封八六　三例　秦六二　九例　【睡虎地秦簡文字編】

僉☐☐☐女(乙1—21)、曰—䜌(乙2—8)、不可吕豢—取臣妾(丙2:2—5)、余取—(丙4:目3)、取—為邦芺(丙4:2—7)、取—(丙8:3—6)、又讀為如—月"既䵻(甲4—24)、—☐☐☐(甲5—15)、—此武(丙2:目1)、—(丙2:1—2)　【長沙子彈庫帛書文字編】

3338　3171　3580　3663　【古璽文編】

女不侵印　女季孺　魏小女　杜女私印　陳女子印　【漢印文字徵】

泰山刻石　男女體順　袁安碑　石經無逸　汝如相通叚汝如重文　【石刻篆文編】

女　【汗簡】

汗簡　古孝經　【古文四聲韻】

◉許　慎　婦人也。象形。王育說。凡女之屬皆从女。尼吕切。【説文解字卷十二】

◉劉心源　女。汝省。女南。汝水之南也。【奇觚室吉金文述卷五】

◉方濬益　盗女父丁鼎　女首一者。笄也。説文笄簪也。詩君子偕老。副笄六珈。毛傳曰。笄衡笄也。此文正象女首衡笄之形。禮記曲禮。女子許嫁笄而字。鄭注曰。以許嫁為成人。左傳杜注曰。婦人許嫁而笄。猶丈夫之冠是也。【綴遺齋彝器款識考釋卷三】

◉林義光　古作善尊彝。象頭身脛及兩臂之形。身夭矯。兩手交。此女之態。變作毛公鼎。作魯大司徒匜。作彭女彝。【文源卷一】

◉孫海波　甲骨金文作，象兩手交覆跽伏之形，與之垂手于膝者同意。【甲骨金文研究】

◉高田忠周　亦女字異文。上一即象簪笄也。公羊僖九年傳。字而笄之。鄭語。既笄而孕。注女十五而笄。女字固當作此

形矣。一說此篆。妻字最古文。亦通。要古文女妻婦三字有通用者。形義近而叚借。【古籀篇三十七】

◉李星可　女，甲骨文作□若□，象人環臂而跽之狀。⊘環臂，所以形容女人之臃腫。蓋古人繪女形輪廓，每以臃腫為其特徵。Helen Tongue女士Bushman Paintings一書中所載女性之圖形作此形，Spearing氏Childhood of Art一書中所載刻於卵形石上之Willendorf婦人，亦正如是作。或以為蔑視女性之意，余意則不然，且正相反。蓋古人之臃腫為女子之特徵，是象徵其生殖力。生殖觀念與蕃殖觀念關聯最密，故古人有生殖神崇拜之風（詳拙著中國古代的生殖器崇拜）。於繪女子圖形而賦以臃腫之特徵，是象徵其生產能力，非必為蔑視之意明甚。然則，中國女字古形，其上部環臂之狀，想亦必生殖力之象徵。故甲骨文「女」字與「母」常不分。「母」字亦通作□，或作□，則其本字，環臂之中多兩點，郭沫若謂：「人稱育己者為母，母字即生殖崇拜之象徵。母中有二點，廣韻引倉頡篇云：『象人乳形。』許書亦云：『一曰：象乳子也。』骨文及金文母字大抵作□，象人乳形之意明白如畫。」其說極諦，亦余說女字上部環臂之狀象臃腫——生殖力——之一佳證也。

女字上部象環臂之說之又一證，即□字與□字之比較。□即人字。此字之意，與法文之homme同，可作男子解，亦指不分性別泛稱之人。以代表男性之「人」作為不分性別之人之泛稱，或以不分性別泛稱之「人」以代表男性，是中國（法國亦然）造字之初，已由女性中心之社會進入男性中心之社會之明證也。□之為人字，蓋象跽而由側面視之之形，惟不辨其性別，故以臃腫益之，作環臂之狀，即為□——女。

惟於此有可注意者一事，即□字甲骨文中變體甚多，有作□若□者，則不作跽狀。女字則不然，殷虛文字類編所舉二女字形及從女之字，皆作跽狀而無一字例外。然則，「女」豈非跽不可？是必有說。余初不解其意，沈思再四，乃有所悟。蓋跽實即坐也。古人下衣無褌，坐則兩股開張，易露下體，跽則能免。故古人之跽，實即今人之坐也。今之日本，亦尚盛行跽坐，而不作兩股向前之坐式。亦正因下衣無褌之故；是其一證。

古人下衣無褌，於上說明甚。故古人之一切屈身動作，皆須力防暴露下體。坐則兩股向前，衣角開張，有暴露下體之嫌，故以跽代之。跽則衣隨膝屈折，股間有所遮護，無露下體之慮也。今之日本人之跽坐，亦正因下衣無褌之故，上已言之。中國古籍中亦有同樣例證。史記張釋之傳「在廷中跪為王生結韤」，留候世家「跪為老人納履」，夫結韤納履，奚必跪為？蓋蹲，俯，皆使衣縫高撅，難免暴露下身，有不敬之嫌也。

古人以跽當坐，甲骨之中證據亦多。甲骨之中無坐字，亦無坐形，凡作坐形者皆跽，如：□（即字，象人跽而就食之狀）□（既字，象食畢欲起而回顧之狀）□（鄉字，象兩人對跽而食之狀）。凡此跽形，釋成今語，實即坐也。

女字下身屈曲之狀，實即跽形。女字何必作跽形？蓋如前所言，中國造字之初，已由女性中心社會進入男性中心社會，是女性地位已在男性之下，而為社會上之寄生階級，不再從事生產勞動：跽者，袖手而坐，無所事事之意也。【釋女　中法大學月刊四卷三期】

◉馬叙倫　鈕樹玉曰。玉篇引無王育說。段玉裁曰。不得其居六書何等。而唯王育說是象形也。王筠曰。蓋許君亦有疑於心也。女字下半似。或取在人下故詰詘之意。而上半究不能知也。本部古文從。亦不可揣測也。孔廣居曰。古作。象側立俛首斂手曲厀形。柔順事人之象也。象其背之衣領與衣衽。倫按金文女字女子鼎作。寧女鼎作。女帚卣作。者女觥作。頌鼎作。甲文作。然皆無以象婦人之形。且男女之異。非純為具體之象形文。不能別也。男為借字。女亦當然。集韻謂吴人謂女為婼。牛居切。青州呼女曰婼。五故切。楚人謂女曰女。奴解切。倫謂女實奴之初文。從而縛其手。意大利人波尼兒於費斯圖斯保賽中所得中蜜奥時期之繪畫泥盤。其中虜形作。反縛其手。金文丙申角奚字與本書同。而甲文作。其字亦與本書同。而則從女。本書之媄。實奚之後起字。亦從女。而皆從人而反縛其手。若女帚卣之。亦從人而其手則前縛。女子鼎作。疑首更荷校。或變為。復變為也。借以為男女之女。今女部諸文。率從假借字之義。婦人也非本訓。王育說亦吕忱加之。字當屬指事。【說文解字六書疏證卷二十四】

◉田倩君　就歷代女字的形體可以看出甲骨文及金石文中的女字，十分象形。小篆以下漸離本體。女字乃是席地而坐的女子姿態，並非俘虜或卑賤事人之態，亦非馴服而成乃是女子自然之形象。女子坐立時自然而然兩手相交。日本女子席地而坐的形態，極象古文字中的女字。日本的席地而居猶保存我國的古風。甲骨文及金石文中的女字極象「身夭矯兩手交」如此始和「女」為象形字的定義相符合。【中國文字第十二期】

◉唐健垣　甲篇四行至五行　西域又日月既亂乃又東域又□□乃兵于其王

商氏讀作吝，讀作如，讀作每，又疑是鼠字。嚴先生讀作高，讀作女，讀作豸，則未釋。東字上殘一文，乃字上殘缺二文。

竊謂乃吝字，商釋可从；則是女字，借做悔字；讀作荒災（詳後乃有荒灾條），灾字已殘；東域句可補作東域有吝悔，歲乃兵，悔于其王。乃母字，象女子頭上有笄，乃已婚者（詳董彥堂先生遺著說笄，刊中國文字十八期），借作悔。甲骨文女母每三字形稍異而通用，卜辭成語弗每即易經之無悔，故知繒書即吝女，讀作吝悔。說文：「吝，恨惜也。」有貪心之意，似

與禍災無關，但廣韻：「吝，悔吝，又惜也，恨也。」在悔吝與惜恨之間加「又」字，蓋以悔吝與惜恨意有別也。卜辭之王弗悔，有人以後悔義解之，非是；公羊傳襄公廿九年「尚速有悔於予身」，注：「悔，咎。」咎字說文解作災，故王弗悔猶言王上無災禍，悔吝亦當解作禍災。法言修身「悔吝不至」，注：「悔吝，小疵也。」易繫辭：「悔吝者，憂虞之象也。」可證。余謂繒書西域有吝悔之「吝悔」，即古書之悔吝。禍災之意，與下文「日月既亂，乃有荒災」正可回應。亦可間接證明乃荒災二字。

補：此句我讀作「西域又（有）吝女（悔），日月既亂，乃又（有）荒災。東域又（有）吝女（悔），歲乃兵，母（侮）于其王。」（□形中之字原缺，以意補之）。饒師新釋讀作「西國又吝如日月飲亂乃又荒小八（殘文未釋）東國又吝□□乃兵每（侮）于其王」。⊘女字讀悔或讀如，似均可通。【楚繒書文字拾遺　中國文字第三十册】

◉丁　驌　契文用為字之偏旁則是女字。用於人名合文則作母字（人名雖多為合文，如母庚、母甲之例，有時亦寫成二單字）。母字亦寫作，胸多二點。或上多一橫劃，作女名偏旁之例甚多，凡稱帚某者，名多从女，如帚姘、帚嬗、帚好之例。但字亦可省去女旁作井、豊，故女旁不過示性別之意也。稱母者例亦不少，如東母、西母、多母、中母、小母、母甲、母丙之類，謂之為女固亦未嘗不可，其稱母則有配偶，婦人之意也。對貞卜之主人而言，凡稱母者皆係長輩。

母女二字字形上既無分別，於一辭中其為何字，端視辭義。如粹七二〇云「戊辰卜又司妣己一女，妣庚一女」二字釋女較釋母為通順。而存上三二一辭云「□未卜叀屮母庚，乎女一」，母庚之「母」與女一之女，契文一字耳。釋則分別為母為女也。母字意為配偶，故曰「且丁母」「示壬母……」者，指各該王之配，非王之母親也。

母字又叚為毋，胡小石已言之。契文作女形之字，亦假為母，非限於胸有二點之母字也。辭云：「王固曰余毋冓，若丝卜」（乙七三一一）「貞曰自毋在丝征」（前一・九・七）「王目毋……晌」（乙三〇一八）「王曰、医虘、贇（貢），毋史咎受」（前七・三六・一），皆是其用為母之例（最後一辭前人釋曰「医虎敗汝事」，以毋為汝。余意以為不然。贇釋為敗亦待商。余釋為貢）。【說女字　中國文字第三十七册】

◉李　零　女，即《爾雅・釋天》十二月名之如，春二月。此，舊不識，嚴一萍始疑為此字，今按此字與楚簡及漢代簡帛書籍中的「此」字寫法相似，釋為此是對的。女此武，似可借字連讀為如此武，謂此月可舉武事。所附神象作四首兩身連體鳥形。

【長沙子彈庫戰國楚帛書研究】

◉鄭家相　(2)貝文或釋「各一朱」，是錯誤的。因為此貝大的確有六朱重，小的也有二朱多，若以一朱紀重量與原物不符，而且「各」字不可解。應釋為「女六朱」，六朱是此貝規定的重量，女為汝字省水邊，汝地名，戰國楚地，此貝為汝地所鑄行，重

六朱。

這種銅貝多在河南固始縣出土，大小輕重不一，大的是初鑄，小的是後鑄，流傳下來的也很多，僅次于□字銅貝。【古代的貝化　文物一九五九年第三期】

◉陳偉湛　甲骨文女均作□或□形，像一個女人跪跽在地雙手交叉于胸前之狀，又有少數作□形，首部多一筆，象簪笄。甲骨文的母則多作□□，即在女字中加上兩點，象胸前雙乳之形，金文亦多如此作，這在六書中可謂「指事」。小篆演變為□，《說文》釋為「牧也。從女，象懷子形。一曰象乳子也」，確是越說越糊塗。但甲骨文中的母字有時又不加兩點，而一去掉這標誌，便與女字相混了。這樣，□是母非女，很清楚，但□卻是女也是母，變成異字同形，不可不辨了。

□或□作為「女」字的辭例，卜辭屢見不鮮，如武丁時的卜辭說：

甲申〔卜，㱿貞：帚(婦)〕好冥(娩)幼(嘉)？王固曰：其隹丁冥幼，其隹庚冥，弘吉。三旬㞢一日甲寅冥，不幼，隹女。《乙》七七三一(《續存》附圖八)

此辭謂婦好分娩，生了女孩，覺得掃興，認為是「不幼」。甲骨文還有來女、取女、氏(致也)女的記載，如：

帚(婦)妌來□。　《乙》七四二六

其氏角□。　《乙》三五〇七

貞□〔氏〕角□。　《乙》三〇〇五

乎取□于林。乎取□。　《乙》三一八六

辛卯卜，争：勿乎取奠□子？

辛卯卜，争：乎取奠□子？　《殷綴》二七六

這類「女」，姚孝遂同志認為是作為禮品或貢物進納給商王的女俘，是所謂「床上奴隸」。此說能否成立，當然還可討論，但上引諸辭中的「女」不讀為母，則是肯定的。

在很多場合，根據文義可以判斷，□或□卻是母字，不是女字，如《甲》二九〇二片，母庚、母壬、母癸並見，三母字一作□、二作□，中無兩點。《甲》二四二六片母己作□己，《乙》八六六一片母壬亦作□□，再如《掇》一、一九五片「母己」，母作□，《粹》三八一片「母戊」，母作□，均與女同形。而在合文形式中，母甲、母乙、母丙、母丁、母戊、母己、母庚、母辛、母壬、母癸等等稱謂，母字均可作□，與女同形(見《甲骨文編》合文卷，第十三至十五頁)。殷虛出土司母戊鼎母字亦作□，結構與甲骨文同，可

資參證。【甲骨文異字同形例 古文字研究第六輯】

◉劉彬徽等 (22)女,簡文作，地名。曾侯乙墓竹簡「安車」之安作，與簡文同。其它簡文中多次出現，疑是郊字。郊讀如安，地名，在今雲夢縣境(參閱譚其驤：《雲夢與雲夢澤》，《長水集》，人民出版社，1987年)。【包山楚簡】

◉徐中舒 乙一三七八 象屈膝交手之人形。婦女活動多在室内，屈膝交手為其於室内居處之常見姿態，故取以為女性之特徵，以別於力田之為男性特徵也。或於胸部加兩點以示女乳，或於頭部加一横畫以示其頭飾，則女性之特徵益顯。甲骨文、初為一字，後為《説文》女字篆文所本，為《説文》母字篆文所本，遂為女、母二字，意義各有所專。【甲骨文字典卷十二】

姓

前六・二八・二　前六・二八・三　佚四四五【甲骨文編】

姓 不从女 兮甲盤 生字重見　或从人 鎗鎛 保䲣子姓【金文編】

姓 效四九 三十四例 通眚 外鬼父葉為一 日乙一五八【睡虎地秦簡文字編】

2820　1337　4103 璽文从人，與齊侯鎛同。【古璽文編】

劉姓　臣朱姓　屠免姓【漢印文字徵】

石經君奭 百姓王人 古文下泐據集韻姓之古文作⿱生囧从囧為⿴囗◎譌此篆當同乃借眚為姓　詛楚文 伐威我百姓【石刻篆文編】

姓王存乂切韻【汗簡】

古孝經【古文四聲韻】

◉許　慎 人所生也。古之神聖母。感天而生子。故稱天子。从女。从生。生亦聲。春秋傳曰。天子因生以賜姓。息正切。【説文解字卷十二】

◉劉心源　百生即百姓。書汩作九共槀飫。傳生姓也。史頌敲。百生帥陴。兮田盤。諸侯百生。皆姓字。堯典平章百姓。傳百姓百官。此銘百姓朋友連文。亦是百官。【奇觚室吉金文述卷三】

◉王　襄　□□　古姓字。許說人所生也，从女从生，生亦聲。【簠室殷契類纂正編卷十二】

◉余永梁　□（書契卷六二十八葉）繆篆分韻録姓字作□。古金文眚字或省作□，則此姓字。金文以生為姓，或用借字矣。

【殷虛文字考　國學論叢一卷一期】

◉郭沫若　百生者百姓也，百官也。生字作□，與作册大鼎「既生霸」之作□者同。此字貞松堂集古遺文未釋。或說乃世一之合文，非也。【臣辰盉銘考釋　金文叢考】

◉馬叙倫　鈕樹玉曰。韻會引作人所生也。天子因生以賜姓。從女。生聲。古者神母感天而生子。故從女。蓋刪改。嚴可均曰。小徐御覽三百六十二引神聖下有人字。按母字屬下句。生民疏引韓詩說。聖人皆無父。感天而生。亦聖人連文。王筠曰。白虎通。姓。生也。人禀天氣所以生者也。左昭四年傳。問其姓。對曰。余子長矣。釋文。女生曰姓。姓謂子也。曲禮。内女於天子。曰備百姓。注。姓之言生也。徐灝曰。姓之本義為生。故古通作生。其後因生以賜姓。遂為姓氏字耳。倫按徐說是也。今言子息者。即子姓也。息姓音同心紐。借息為姓。草曰生。獸曰牲。人曰姓。說解本作生也。從女。生聲。人所生也以下十八字春秋以下十一字。蓋加自呂忱。從生生亦聲亦校者改之。從生得聲。語原然也。齊侯鎛。保盧子□。字從人。古鉩作□。字見急就篇。【說文解字六書疏證卷二十四】

◉孫作雲　原始社會圖騰之名或氏族之名，在階級社會中，就變成各族的「姓」，換言之，原始的姓本來是圖騰或氏族之名。此由「姓」字的原始意義及古姓多從女偏旁、又在古姓中多保存先妣生子的信仰，可以推知。

「說文·女部」說：「姓，人所生也（言人所從生）。古之神聖，母感天而生子，故稱天子。從女從生，生亦聲。」在這裏說「母感天而生子」，就無異說某一氏族的先妣因受外物（圖騰）的感應而懷孕，在這雅化的解釋背後，就暴露出原始圖騰信仰的陰影。又「姓」字，古時亦作「生」，可見這「姓」與生育有關，亦即與圖騰信仰有關。

說中國的姓有圖騰或氏族的意味，偉大的摩爾根已言之。他在「古代社會」第二編第十五章「人類種族其他部族中的氏族」第三節「亞細亞大陸的氏族制」中說：

「在中國人之間，則廣行一種特異的家族制度，這種制度似乎具有古代氏族組織之遺跡。……現今在這個國度中，大約有四百個姓，在這四百個姓之中，我發現了有好些是由于動物、植物、礦物、自然物等等而來的名稱；⊘這種姓能够經過半開化時代

很久以後，還能維持到現在，這卻是值得驚異的事實。……」摩爾根不懂中國文字、不明中國典籍，他所取得的材料全憑旅行家的遊記及朋友們的通信，因此，他所舉的例子不盡恰當，但他在幾乎一百年前就注意到這一點，不能不說是別具只眼。

就中國古書記載中所保存的原始傳說以及甲骨文與銅器銘文中所保存的較原始的字形來看，中國古姓確保存了許多圖騰的痕跡。如古「風姓」即以鳳皇為圖騰，甲骨文「風」字即鳳字。如殷人姓「子」，銅器銘文皆作「好」，這「子」字的得姓，即因其始妣吞玄鳥子(卵)而生契。中國人以龍為最大的神物，龍，即圖騰化、神秘化的蛇，因此，中國的龍姓、無疑地出自蛇圖騰。西北的羌族以羊為圖騰，「姜」姓即羌族之姓，(羌姜一字)，不用說姜姓之得姓由于羊圖騰。准斯例以推求，則最初姓「熊」的，不能不說是其最早的根源亦出於熊圖騰。

古書記載說夏、商、周三代的得姓，皆由「感生」的傳說。案此記載部分地保存了原始社會的圖騰信仰，顯示出原始的、古老的姓出于圖騰。「白虎通・姓名篇」云：

「禹姓「姒」氏，祖以薏生(案即芣苡、車前子，此說別有故，見注)；殷姓「子」氏，祖以玄鳥子生也；周姓「姬」氏，祖以履大人跡生也。」【周先祖以熊為圖騰考　開封師院學報一九五七年第二期】

◉黃盛璋　(1)：「慈愛百」，朱、裘釋「敄」，讀「僚」，李、于都釋「每」讀「服」，張釋「每」，《侯馬盟書》參盟者人有「每□」，下也從「女」，但中多一點，乃「母」字，此仍從「女」，不知是否為一字？釋「每」結構很近似，但講不通。按《侯馬盟書》「嘉」字上所從「屮」頭，多數作「」，而「姓」從「生」，此字下從「女」，上所從為「生」字頭部，如釋為「姓」字簡寫，文義正適。下文說：「大去刑罰，以憂厥民之隹(與)不辜」，正是「慈愛百姓」的具體說明，前後相應。姑提出此一說，以供討論。此字如非「姓」，亦必為「姓」字之假。【中山國銘刻在古文字、語言上若干研究　中華一九八二年第六期】

◉斯維至　甲骨文中諸字，何新同志釋為姓字，甚確。就字形看來，它象女子向生之神作禱告之形。我認為，這可能是古人的生殖崇拜的禮俗，德字从行，就是向四方(道路)舉行禱告生之神。【關於德字的形義問題　人文雜志一九八三年第五期】

◉戴家祥　齊侯鎛　保盧子性　方濬益曰：「性，即姓也。」綴遺齋彝器考釋二卷第三十葉。按說文十二篇：「姓，人所生也。古之神聖母，感天而生子，故稱天子。从女从生，生亦聲。春秋傳曰：天子因生以賜姓。」古字从人表義者，亦或更旁从女。例如俟或作娭，說文八篇人部。倠婎同字。廣韻上平六脂。从女表義者，亦或更旁从人。例如姷，或作侑，說文十二篇女部。嬯，或作儓，集韻上平十六咍。姚佻同字，嫖僄同字，集韻去聲三十五笑。金文郳始即郳伯。姓之作性，其例亦猶是也。

子姓，古之成語，或謂子，或謂孫，亦或汎指衆子孫。禮記玉藻「縞冠玄武，子姓之冠也」，鄭玄云：「謂父有喪服，子為之不

純吉也。」列子説符篇曰：「秦穆公謂伯樂曰：子之言長矣，子姓有可使求馬者乎。伯樂對曰：臣之子皆下才也。」淮南子道應訓同。按穆公問子姓，而伯樂以臣之子對，是子姓即人子也。儀禮特牲饋食禮「子姓兄弟如主人之服」，又曰「主人立于戶外門外，子姓兄弟立于主人之後，北面東上」。鄭玄云：「所祭者之子孫，言子姓者子之所生，小宗祭，而兄弟皆來與焉；宗子祭，則族人皆侍。」是子姓即孫之同義語。禮記喪大記「卿大夫父兄、子姓立于東方」。「内命婦、姑姊妹、子姓立于西方」。鄭玄曰：「子姓，謂衆子孫也，姓之言，生也。」國語楚語「帥其子姓，從其時享」，韋昭注「子，宗子。姓，同姓」。又越語「凡我父兄，昆弟及國子孫，有能助寡人謀而退吴者，吾與之共知越國之政」，韋注「國子姓，言在衆子同姓之列者」。則子姓又為親屬之汎指詞，猶後世之言子孫也。鐘銘「保吾子姓」，亦屬汎指詞之類，即後嗣之謂也。姓之語根為生，唐韻生讀「所庚切」審母陽部，姓讀「息正切」心母耕部，集韻下平十二庚姓讀「所庚切」，同生。唐韻孫讀「思魂切」心母文部，文陽韻近，故姓字義又同孫，从女从人皆生之加旁字。

【金文大字典上】

姜

河三〇三 姜與羌通用 帝于小乙三姜 三姜即三羌 甲一八二 乙五四〇五 乙三一三〇反 乙三三一三 珠八〇七 明藏二四七 乙二一一五 京津二〇一二 乙六五八五反 婦姘 明藏六一八 或从彳 【甲骨文編】

續5·13·5 徵11·79 新771 【續甲骨文編】

姜 鼎伯卣 姜林母簋 己侯簋 己侯貉子簋 魯侯尊 令簋 才盤 才盉 保攸母簋 畏卣 苘簋 從鼎 㝬父鼎 㦰鼎 師麻鼎 衛鼎 兮吉父簋 應侯簋 王伯姜鬲 同姜鬲 楸車父壺 周窐匜 遅盨 匽公匜 王婦匜 伯家父鬲 伯姜鬲 弔多父簋 齊巫姜簋 鄭姜伯鬲 陳侯匜 齊侯壺 齊侯盤 齊侯匜

齊侯敦　鈴鎛　㠱伯匜　無子匜　从母　敝氏車父壺　伯䣄父鬲　【金文編】

1293　1292　【古璽文編】

姜鳳　姜壽天印　【漢印文字徵】

天璽紀功碑　西部校尉姜□　【石刻篆文編】

雲臺碑　【古文四聲韻】

◉許　慎　神農居姜水。以為姓。从女。羊聲。居良切。【説文解字卷十二】

◉高田忠周　周語注。姜。四岳之先。炎帝之姓也。左莊二十二年傳。姜太岳之後也。詩生民。時維姜嫄。桑中。美孟姜矣。傳姓也。是也。【古籀篇三十七】

◉馬叙倫　嚴可均曰。韻會七陽引水下有因字。與姚篆下詞例同。倫按倉頡始制象形之文。其後乃有形聲之字。神農在黃帝以前。安得先有姜字而為其姓。蓋姜為神農之姓者。神農為牧羊之族。或以羊為其圖騰。生於牧羊之族或以羊為圖騰者。因以為姓。及制為文字後因作姜字也。姜羌一字。説解捝本訓。神農八字蓋字林文。【説文解字六書疏證卷二十四】

◉馬叙倫　井姬鬲　姜。説文作姜。從女。此從母者。母亦從女得聲也。詳疏證。姜羌一字。説文曰。神農居姜水以為姓。倫謂倉頡始制如今文字。其後乃有形聲之字。神農在黃帝之前。安得先有姜字而以為姓。蓋神農為始發明種植之人。其後因以為氏族。神農之先蓋亦事畜牧而以畜羊為業者也。故其族徽以羊。以羊為族徽。乃圖畫性之象形物。緯書言神農令白自圖地形。則彼時自己圖畫。即自得有畫羊之族徽。金文僅作一羊形。或作羑字者。蓋皆牧羊之族徽。實即姜姓也。説文。羌。西戎牧羊人也。劉師培謂羌字由姜而起。姜為神農後四岳之裔皆姓姜。史記齊世家索引譙周説。太公姓姜。炎帝之裔。伯炎之後。掌四岳。有切。封之於吕。而山海經海内經亦以氏姜為伯夷之後。是羌與姜同。左襄十四年傳。戎子駒支對晉人謂諸戎為四岳裔胄。證以下文禦秦事。知戎即姜戎。本居瓜州。則羌名實出於姜。倫謂劉説信是。但劉未悟姜羌之為一字耳。【讀金器刻詞卷下】

◉李孝定　簠徵・雜事・七九、續・五・一三・五重出　契文上从當是之未刻全者。王氏釋姜可从。辭云「☑争貞子不

姜」。其義未詳。又金氏續文編十二卷七葉下姜字條下。又收作𡜏者一文。新・七七一。上从羊下从一人面縛之形。非从女似非姜字，疑羌之異構。【甲骨文字集釋第十二】

◉劉彬徽等 (533)蘁，讀如姜。【包山楚簡】

◉徐中舒 𡜏京七七一 從𦍌從女，𦍌為𦍌羊之省。與《說文》姜字篆文略同。【甲骨文字典卷十二】

◉丁 驌 契文𡜏亦作𡜏姜也。辭有此字者罕見，辭簡義亦難知。

「爭貞子不姜」(續五・三・五)

「戊午卜姜又」(乙五四〇五)

「帚于小乙三姜」(文三〇三)此姜字之女形手在身後，故或是奚。

「其姜……于北𡆥?」(人一九二〇)

「自于又……姜若」(存上一七八四)

此字與帚姘之姘不同。姘只用為人名，疑姘本姜姓之女子，姘婞嬅或係同一人名。辭曰「烄婞亡其雨烄妁亡其雨」句法同，契辭言姣某者尚有「姣𡚬」(人三〇八二)「姣奴」「烄凡」「姣高」「姣婞」「烄母」，故知烄後一字仍是人名。有說為焚女以寮祭者，則焚其母矣，其必誤也。【說女字 中國文字第三十七冊】

姬

前一・三一・二 前一・三五・六 前六・五六・五 粹三八六 鄴初下四〇・七 續一・二五・二

京津五〇八〇 京津五一七七 京都二五八四【甲骨文編】

姬 㠱季遽父卣 商尊 伯壺 𤞷伯作井姬甗 𤞷伯匄井姬尊 姬芳母鬲 匽侯觶 作姬簋

𪒠王盉 旂姬鬲 姬鼎 寰盤 弔㽙父簋 𢦚弔匜 伯䫙父鼎 仲伐父甗 伯章父鬲

趞鼎 訇簋 仲𢿱父簋 弔姬匜 魯宰駟父鬲 鄭伯筍父鬲 陳侯作嘉姬簋 伯䫙父簋

【金文編】

176【包山楚簡文字編】

石經僖公　杞伯姬來【石刻篆文編】

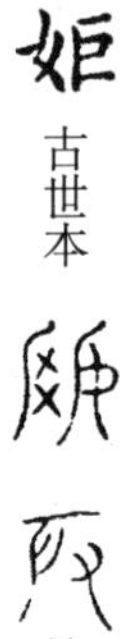
古世本　竝王存乂切韻【古文四聲韻】

◉許　慎　黃帝居姬水。以為姓。从女。𦣝聲。居之切。【說文解字卷十二】

◉高田忠周　說文。黃帝居姬水。以為姓。从女𦣝聲。此即託名幖識者。水名元唯當以𦣝為之。黃帝以為姓。而後字亦从女耳。姜姞嬴姚亦皆然矣。朱駿聲云。晉語。昔少典取於有蟜氏。生黃帝炎帝。黃帝以姬水成。炎帝以姜水成。成而異德。故黃帝為姬。炎帝為姜。按軒轅子。二十五人。惟青陽與倉林氏。得姬姓。史記三代世表。堯立后稷。以為大農。姓之曰姬氏。按姬姜為古大姓。稷本黃帝裔。故堯賜姓姬也。【古籀篇三十七】

◉馬叙倫　嚴可均曰。韻會四十又引作因水為姓。水為以譌。倫按姬為形聲之字。亦非黃帝時所當有。蓋黃帝之後有以黃帝居姬水而因以為姓者。然古者姓以表所生之族。氏以表所居之地。則姬宜為氏而非姓。蓋莫能詳矣。說解挩本訓。黃帝八字蓋字林文。不嬰敢作。魯伯鬲作。禾敢作。南姬鬲作。【說文解字六書疏證卷二十四】

◉馬叙倫　又疑姬姓蓋本為牧雞之族。史記六國年表。韓姬。索隱。姬。一本作跽。跽為己之後起字。以説文己部屬字證之。則己實金甲文之□字。然説文作己。而金甲文戊己字無一作□者。且己父辛卣作□□。紀侯鐘作□大鼎作□。鐘伯鼎作□。宴敵作□。甲文作□□□□。而無曩敵曩字作□。王婦匜作□。倫謂□□□□皆初文雞字之簡易者。與鎮蕃縣沙井所出石器時代彩匋其雞文作□□者同。衛聚賢謂由□□變為□□。其説是也。雞音亦見紐。故金甲文以為干支戊己字。然則説文蓋混□□為一耳。其屬字𢀛從□而曩從□。𢀛得義於□。曩得聲於□。蓋其之轉注字也。姬跽以同舌根音通假。則姬亦得借為雞矣。此器白㹞為井姬季姜作。則二人共有之物。姬姜蓋白㹞之妻妾。或白㹞井人姬姓者。井姬其女與。或謂姬為衆妾之稱。倫謂此秦漢以來之稱。未可以釋此也。【讀金器刻辭卷下】

◉孫海波　一六一甲姬叙𢼸。□字从臣从每。即姬字。説文。姬黄帝居姬水以為姓从女臣聲。此从每者。卜辭母每女三字無别。母丁或作女丁。前一二八五。母癸或作每癸。前一三一二,又二二五五。本書母戊作每戊。一六四,又一六七。皆其證。知姬字亦可从每作矣。【誠齋甲骨文字考釋】

◉朱歧祥　390.□　□　从每臣聲,隸作姬。《説文》:「黄帝居姬水,因水為姓。」金文姬作□。卜辭字與「婢」連用,均指賤役女子,用作人牲。

《粹386》其又□于妣辛。

《京5080》甲申卜貞:王賓祖辛奭妣甲:□婢二人。【殷墟甲骨文字通釋稿】

◉孫作雲　「論衡・奇怪篇」曰:

儒者稱聖人之生,不因人氣,更稟精于天:禹母吞薏苡而生禹,故夏姓曰「姒」;离(即契)母吞燕卵而生离,故殷姓曰「子」;后稷母履大人跡而生后稷,故周姓「姬」。

同類的記載又屢見而不一見。我們從「周姓姬氏,祖從履大人跡生也」云云,可知姬字的得姓必由于大人之跡。前言:姜嫄履大人之跡而生子,即履熊跡而生子,——此「大人」或熊即周族的圖騰,而此言姬姓之得姓由于姜嫄履大人之跡,則此姬姓之得姓出于圖騰信仰,殆無疑問。

不特此也,我更以為姬字所從得聲的「臣」,原象熊跡(大人之跡)之形。此意見曾請教于省吾先生,于先生贊同此説,並示手稿「釋姬」曰:

契文姬字,「編前」一・三一・二作□,一・三五・六作□。六・五六・五作□,舊不識,「甲骨文編」入于附録。按字從

每從㠯，古文從每、從母、從女一也。金文姬字，「姬殷」作，「伯壺」作，「季宮父簠」作，司寇良父壺作，從㠯中均無點，與契文符。

案金文中「姬尊」之姬字作，「姬鼎」作，女旁之「㠯」絕非頤形，因此「説文」説「㠯」為「頤」，王筠「説文釋例」説「㠯」字象臉腮與酒窩之形，皆不可信。又「金文編」附録上有「獄」字，作、，其中之「㠯」也甚像足跡。由此可知，姬字從女從㠯，即因姜嫄履大人之跡的信仰而制作者，姬字的得義得形，皆由于圖騰。【周先祖以熊為圖騰考　開封師院學報一九五七年第二期】

◉徐中舒　粹三八六　鄴三・三九・一　從每從㠯，或作女，甲骨文每、女可通；㠯于省吾謂即㠯字，㠯象梳比（比今通作篦）之形，即篦之初文《甲骨文字釋林・釋㠯》。按于説可從。甲骨文㠯字不單出，僅見於偏旁，故當釋姬。《説文》：「姬，黃帝居姬水以為姓。从女，㠯聲。」【甲骨文字典卷十二】

姞

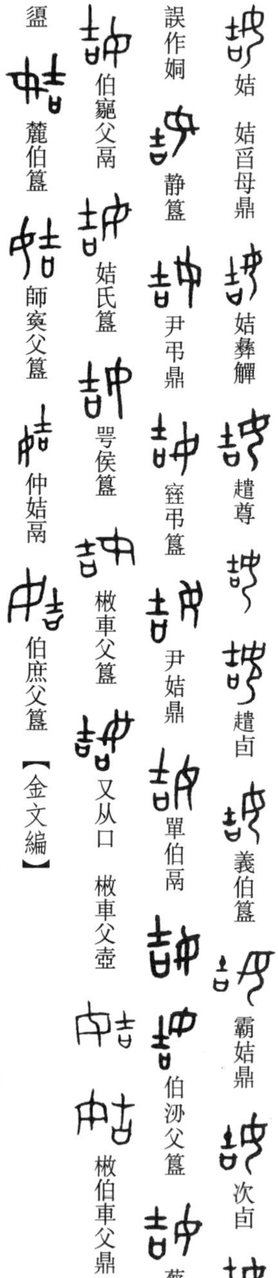

姞　姞㫚母鼎　姞彝觶　趞尊　趞卣　義伯簋　霸姞鼎　次卣　乎簋　器文　誤作姛　静簋　尹弔鼎　窒弔簋　尹姞鼎　單伯鬲　伯沙父簋　蔡姞簋　弔姞盨　伯窺父鬲　姞氏簋　咢侯簋　敉車父簋　又从口　敉車父壺　敉伯車父鼎　又誤作姑　趞弔盨　麓伯簋　師奐父簋　仲姞鬲　伯庶父簋【金文編】

◉許　慎　姞黃帝之後百鰷姓。后稷妃家也。从女。吉聲。巨乙切。【説文解字卷十二】

◉阮　元　（邑尊）左宣三年傳注。姞。南燕姓。又路史引陳留風俗傳云。敦氏姞姓後。引姓纂云。宋之雎氏本姞姓。【積古齋鐘鼎彝器款識卷五】

◉馬叙倫　鈕樹玉曰。韻會引作黃帝之後伯鰷姓。后稷之元妃。蓋本左宣三年傳改。倫按説解捝本訓。黃帝以下十二字校語。或字林文。【説文解字六書疏證卷二十四】

◉戴家祥　古金文有王姞、公姞、霸姞、陸姞、外姞、中姞、叔姞及姞氏諸名，族望不得而知。惟穆公鼎有伊姞一詞，蔡姞殷云「蔡姞作皇兄尹叔尊彝」云云，似即小雅都人士之「尹吉」。鄭玄箋「吉讀為姞，尹氏姞氏周室昏姻之姓也」。器銘之王姞、公姞等詞，雖

嬴

難確定其人為誰，然而姞姬兩姓世為昏姻，殆非虛語。大雅皇矣「密人不恭，敢距大邦」，正義引「王肅云：密須氏姞姓之國也」。又韓奕之詩云「韓侯取妻，汾王之甥，蹶父之子」；又曰「為韓姞相攸，莫如韓樂」。毛傳「姞，蹶父姓也」。左傳隱公五年「衛人以燕師伐鄭」，正義云「南燕，世本燕國姞姓。地理志東郡燕縣，南燕國姞姓，黃帝之後也」。又宣公三年「石癸曰：姞，吉人。后稷之元妃也」。又桓公十一年「宋雍氏女於鄭莊公曰雍姞」。賈逵云：「雍，黃帝之孫姞姓之後。」寰宇記言其地在雍邱縣境。終春秋之世，姞姓之見於經傳者止於此而已。唐韻姞讀「巨乙切」群母至部，吉讀「居質切」見母至部，吉姞同部諧聲字也。

【金文大字典上】

嬴 伯衛父盉　季嬴霝德盉　嬴霝德簋　嬴霝德壺　嬴霝德鼎　榮有司再鬲　榮有司再鼎

嚣伯盤　筍伯盨　鑄弔匜　京弔盤　楚嬴匜　成伯孫父鬲　樊夫人龍嬴鬲　樊夫人龍嬴匜

樊夫人龍嬴壺　杲同簋　鄦伯受匜　嬴氏鼎　鄦子匜　从卩　嬴季卣　嬴季簋　子弔嬴芮君盨

从貝　庚嬴卣　嬴字重見　【金文編】

33　41　269　【包山楚簡文字編】

贏　竝籀韻　【古文四聲韻】

◉許　慎　少昊氏之姓。从女。贏省聲。以成切。【說文解字卷十二】

◉王　筠　從羸之字。金刻罕見。惟筠清館無子簠字釋為嬴。中央之。似能字左半。凡作。皆與小篆不合。……羸字若依無子簠。似是從舟能省聲。然從舟之義難明。又上半之。與相似。或是小篆變錯。【說文釋例】

◉方濬益　庚嬴卣　此文从羸从貝。不从冈。乃贏字。古與嬴通。廣雅釋詁。贏餘也。荀子非相篇。與世偃仰緩急嬴絀。注嬴餘也。一切經音義引字林。嬴有餘也。太元經元瑩篇。或嬴或踦。注嬴有餘也。是二字通用。與西清古鑑丁子鼎銘之庚為一人。爾雅釋魚。蚹嬴螔蝓。郭注即蝸牛也。嬴小者蝸。注螺大者如斗。出日南漲海中。郝氏義疏曰。說文蝸。蝸嬴也。蝓虒蝓也。又嬴。蜾嬴也。一曰虒蝓。俱本爾雅。按蝸嬴與蜾嬴聲同。故蜾嬴名蒲盧。蝸嬴名蚹嬴。蚹嬴與蒲盧聲

相轉。濬益按詩小宛。螟蛉有子。蜾蠃負之。傳曰。螟蛉桑蟲也。蜾蠃蒲盧也。陸璣疏曰。蜾蠃土蜂也。一名蒲盧。是二物同名。本艸陶注蝸牛俗呼為瓜牛。生山中及人家。頭形如蛞蝓。但背負殼爾。埤雅引孫炎正義以為負螺而行。因以名之。此文偏旁从□。與黃君𣪘嬴作□。丁子鼎作□。又黃太子盤作□為消文。皆象嬴出首負殼其紋重疊之形。而嬴與熊亦以形近相通。左文公十八年傳敬嬴。公穀作頃熊。又宣公八年夫人嬴氏薨。公穀作熊氏。熊與能古又通用。左昭公七年傳。今夢黃熊入於寢門。國語晉語。作黃能。爾雅釋魚。鼈三足能。說文鼈甲蟲也。正以背有甲與嬴同形。篆文□亦與此□相近。故嬴熊亦相通也。【綴遺齋彝器款識考釋卷十二】

◉馬叙倫　鈕樹玉曰。韻會引作帝少昊之姓也。嬴省作嬴省。嚴可均曰。嬴省聲當作羸聲。本書凡言嬴省羸省。皆校者輒改。倫按嚴說是也。羸為龍之譌文。嬴卣之□即嬴字。而筍伯簋嬴字作□。其□與□中之□實同。亦即篆文龍字中之□所由來也。子叔嬴芮君盦嬴字作□。其□與甲文龍字作□者亦同。皆可證也。唯嬴卣之□實捉熊龍二字為一。熊為三足鼈。其字毛公鼎作□。見能字下。則□中之□。實即□中之□。所以然者。古音龍熊皆在泥紐。見熊字下。故春秋左宣八年。彝我小君敬嬴。公穀竝作敬熊。許子簠之□。杲同𣪘之□。並從女能聲。是知古有從女龍聲作□從女能聲作□之二體。而此則從女龍聲。是不當有省字更明矣。□□二字蓋本秦楚二國之姓。而各本於其族徽。秦以龍為其圖騰。楚以熊為其圖騰。後即增女以為姓。今存從龍之嬴。而從熊之𡣍失矣。傳鬻熊言為文王師。而史記楚世家言。陸終生子六人。六曰。季連。芈姓。楚其後也。索隱。芈音彌是反。芈。羊聲也。昔人謂鬻熊即芈熊。倫謂芈即熊之音借字也。芈音孫愐音緜婢反。則在微紐。熊為三足鼈。古音當在泥紐。微泥同為邊音。鬻熊猶陶唐。陶為垚之轉注字。陶唐即垚唐。而陶唐又以雙聲為連語。然史記言堯為唐侯。不知垚為帝堯之堯本字。而唐乃由堯轉為陶陶轉為唐也。古書譌迻。類此者多。楚世家言。鬻熊子熊麗。熊麗生熊狂。熊狂生熊繹。熊繹生熊艾。其後世多以熊冠其名。蓋熊實其姓也。楚世家言。封熊繹於楚蠻。以子男之田。姓芈氏。由古書或言楚芈姓。司馬遷不達詁。遂使楚有二姓。而後世亦不知熊為楚姓矣。或曰。嬴蓋嫷娥之聲同歌類轉注字。方言。㜲。好也。㜲即嬴之後起字。倫謂亦或方言借㜲為嫷娥。亦或嬴姓為嬴。㜲為嫷娥之轉注字也。說解挩本訓。少昊五字蓋字林文。【說文解字六書疏證卷二十四】

◉李孝定　□字釋嬴甚是，从女，嬴聲，方濬益氏謂象蜾蠃之形，其說可从。余初亦疑从「能」，與方氏所云：「嬴與熊亦以形近相通」，同其謬誤，方氏所引左傳作嬴者，公穀多作熊，實非嬴、熊得通，蓋以形近而譌耳。【金文詁林讀後記卷十二】

姚

◉殷滌非　青銅鼓座上、下沿銘文中均有「口公」，「公」上一字筆劃清晰，形體較奇異，不易識。今以《京弔盤》銘贏字較之（圖上），

（京弔盤）

（周壁下沿）

（周壁上沿）

頗似贏字，其上部象飛蟲之頭，下部象翅和足，展翅即如周壁上沿之字形（圖下），側視如周壁下沿之字形（圖中），疑即《詩・小雅》「螟蛉有子，蜾贏負之」之贏。或曰，同字不可異形；但金文中同字異形者卻不乏其例，如《孫林父殷》銘中兩個「孫」字亦是同字異作，殆不足為怪也。徐為贏姓之國，其王族稱贏公，亦如《晉公盞》銘稱「我皇祖唐公」，《郘鐘》稱「畢公之孫」者相類似。「唐公」是以康叔虞封於唐，其後人，即稱「唐公」；郘黛、郘伯皆魏氏，魏氏出於「畢公」，故《郘鐘》銘曰「余畢公之孫」也。以此類推，徐之王族亦可稱「贏公」是也。【九里墩墓的青銅鼓座　古文字研究第十四輯】

5・360　姚☐【古陶文字徵】

174【包山楚簡文字編】

姚　為四三【睡虎地秦簡文字編】

姚憙　姚馮　姚莽私印　姚通　姚嬌　姚廣世印　姚甫始印　姚登印　姚充國【漢印文字徵】

姚【汗簡】

裴光遠集綴　雲臺碑【古文四聲韻】

◉許　慎　虞舜居姚虛。因以為姓。从女。兆聲。或為姚嬈也。史篇以為姚易也。余招切。【說文解字卷十二】

嫣

◉王國維 □ 此字見史篇。許不云籀文者與篆文同。姚易蓋佻傷之假借。許云佻愉即偷字从段改也。愉薄也。傷輕也。離騷。余又惡其佻巧。王逸注。佻輕也。是佻傷二字同義。毛詩。佻佻公子。韓詩作嬥嬥。見釋文文選注廣韻等。古从兆从翟之字互通。如書顧命濯作洮。周禮守祧故書作濯。或濯之訛。以佻或作嬥。觀之知古佻字。當有从女作姚者。而史篇用之。此較姚嬈之義。去从女之本義更遠。故列之於最後。【史籀篇疏證】

◉馬叙倫 嚴可均曰。韻會二蕭引作一曰姚嬈也。荀子非相注引。姚。美好皃。蓋與嬈也相當。沈濤曰。荀注所引蓋一曰以下文。王國維曰。史篇借姚為佻也。不曰籀文者。與篆文同也。倫按本訓捝矣。虞舜九字及或為以下蓋皆字林文及校語。荀注所引亦校語。然姚之本義。似為美好。方言。姚。娧。好也。此下文。娧。好也。娧音定紐。姚音喻紐四等。古讀歸定。則姚娧蓋轉注字。史篇以為姚易也者。姚易音同喻四。易言冶容。冶借為姚。姚容為美容也。史籀篇以姚為美好義也。字見急就篇。壺文作□。【說文解字六書疏證卷二十四】

【金文編】

◉許　慎 □虞舜居嬀汭。因以爲氏。从女。爲聲。居為切。【說文解字卷十二】

◉徐同柏 □ 鄦伯鬲　鄦始遙母鑄其羞鬲　嫣，舜後氏。周初封虞幕裔孫閼父之子胡公滿於陳遂為陳姓。字从為从辵，嫣蔿並為聲。楚蔿姓亦作薳，知遙即嫣字也。【從古堂款識學卷十六】

◉孫詒讓 金文陳侯鼎云「𥈞侯作口□」，㘚母朕鼎□即「嫣」字，上从□即「為」之省，匽公匜為作□，與此相近。但此文尚有闕泐。下从女甚明，唯右从□與字例不合。徐同柏以為从午，非是。今諦審之，當即氏字。彊氏車戈氏作□，與此正同。此因嫣為陳女之姓，故以氏字標識其下，非苟為緐縟文也。【名原卷下】

◉强運開 □筍伯盨。此篆舊釋嬴。運開按右邊从爪从□蓋為字之異文。當釋嫣為是。【說文古籀三補卷十二】

◉馬叙倫 嚴可均曰。衆本及五音韻譜集韻類篇韻會引小徐本竝作因以為氏。今小徐本氏作姓。按上文姚舜姓。豈得有二姓乎。倫按古者姓以表所生之族。氏以表所居之地。舜居姚虛而曰姚。居嫣汭而曰嫣。則是氏而非姓也。且嫣汭字當為溈。今本書無溈字。而韻會四支引有之。蓋字林文。倉頡及訓纂無溈字。故許書不錄耳。然則姚嫣豈本皆為氏。而後世混氏於

姓。因增女旁，抑或姚嬀各有本義。以為姓氏乃借字邪。寰宇記。金州。禹貢梁州之域。昔虞舜嘗居之。謂之嬀墟。帝王世紀謂之姚墟。即此也。風土記。舜。東夷之人。生於姚邱嬀水之汭。然則姚嬀非異地。姚音喻紐四等。嬀從為得聲。為音喻紐三等。古皆歸定。然則嬀姚蓋轉注字。左莊二十二年傳。有嬀之後。將育於姜。哀元年傳。夏后少康奔虞。虞思妻之以二姚。蓋非舜有二姓。音轉字異。後人不審。因各為之説耳。然史記五帝本紀。黄帝二十五子。其得姓者十四人。國語。胥臣曰。黄帝之子二十五宗。其得姓者十四人。為十二姓。姬酉祁己滕箴任荀僖姞嬛依是也。唯青陽與夷鼓同己姓。又曰。青陽與蒼林為姬姓。司馬貞謂再稱青陽蓋文誤。其姬姓青陽當為玄囂。然則古同父之子。不妨異姓。倫謂黄帝之時。蓋已進入男性中心社會。而為掠奪婚姻時期。然女性中心社會之遺習猶有存者。此上文姓下曰。古之神聖人。女感天而生子。其實女性中心社會。一女而多夫。所生不知其父。羌俗至棄首子。後世因歷史上所謂神聖人者。每不得其父之姓氏。因而又不明其所由然。乃造為感生之説。女性中心社會。子姓屬於母系。故姓自母立。黄帝之子二十五宗。其得姓者十四人為十二姓。以青陽與夷鼓同己姓玄囂與蒼林同姬姓推之。蓋同母者為同姓。其十二姓者。即出於十二母。其餘十一人無姓者。蓋其母掠奪之所得迷其姓者邪。由此以言。舜非一妻。其子亦得異姓。史記陳世家。舜為庶人時。堯妻之二女。二女不必同族。則姚嬀之所以異姓與。説解捝本訓。或字出字林也。【説文解字六書疏證卷二十四】

◉林潔明　金文字或不从女。段注。虞舜既姓姚。則嬀當為舜後之氏。姓統於上。氏別於下。按古代氏族社會。姓為同一圖騰者所共有。氏則為其中分支。舜後居嬀汭。因以為氏。此即圖騰地域化之結果。參看李宗侗古代中國社會。【金文詁林卷十二】

◉戴家祥　説文「逶，逶迤衺去之皃。从辵，委聲。蟡或从虫為」。集韻委讀「於偽切」影母歌部，為讀「于嬀切」喻母歌部，影喻皆喉音，知嬀即逶之注音更旁字。同聲通假得讀為嬀，徐同柏説可通。【金文大字典下】

妘　説文籀文从員　函皇父簋
函皇父匜
季良父匜
琱生盨
琱生盨二
周棘生簋
仲皇父盉
輔伯鼎
弔上匜　【金文編】

妘【汗簡】

姺

◉許　慎　妘祝融之後姓也。从女。云聲。王分切。䵝籀文妘从員。【説文解字卷十二】

◉薛尚功　娟娟氏鼎　説文云娟通作妘。祝融之後姓也。富辰有曰叔妘。而韋昭以妘為妘姓之女。今微伯雖於經傳無所見。蓋亦祝融後姓而叔妘之族歟。【歷代鐘鼎彝器款識卷九】

◉阮　元　説文。妘。祝融之後姓也。又䵝籀文。國語祝融後分姓妘姓之國。鄔鄶路偪陽也。此季嬇者莫詳何國。【積古齋鐘鼎彝器款識卷十一】

◉王國維　古金文妘字皆作嬇。或作䵝。與籀文同。無从云者。【史籀篇疏證】

◉高田忠周　説文妘。祝融之後姓也。从女云聲。籀文作䵝。从員聲。按員下籀文作鼎云。从鼎。又鼎下曰。籀文以鼎為貞。段氏改貞為貝。是此篆可證也。但鼎字。最古作鼎鼎鼎。後省作鼎。其後更加析古文片作鼎。作鼎或省作鼎。而貝蟲字作貝貝。與鼎迥別。至小篆以貝為貝。鼎形遂隱矣。貝鼎通用。其原如此。而盛周早已以鼎為貝。【古籀篇三十七】

◉馬叙倫　説解捝本訓。祝融六字蓋字林文。

䵝員當作鼎。籀文女作女。與齊矦匜同。圅皇父敢作嬇。周棘生敢作嬇。輔伯鼎作嬇。嬇為妘之轉注字。員云音皆喻紐三等也。從鼎校者加之。【説文解字六書疏證卷二十四】

◉郭沫若　嬇即娟字，亦即妘字，古从鼎作之字後多誤為貝，而古从貝之字亦間有誤為鼎者。如具字本从貝从収，馭卣作具，𢍜鼎作具，即其明證。而本器作具，則从鼎。後出杕氏壺有䈞字，所从算下之具亦从鼎，凡此均形近而譌者。【圅皇父毁　兩周金文辭大系圖録考釋】

◉戴家祥　嬇翏生盨　唐韻云讀王權切，匣母元部，員讀王分切，匣母文部，元文隔部借韻。故四篇來部䵝或體作䔢。十二篇手部春秋傳曰「抎子辱矣」，今本左傳成公二年作「隕子辱矣」。妘嬇聲符更旁字也。【金文大字典上】

◉許　慎　姺殷諸侯為亂。疑姓也。从女。先聲。春秋傳曰。商有姺邳。所臻切。【説文解字卷十二】

◉馬叙倫　鈕樹玉曰。玉篇引邳作㚰。説文無㚰。桂馥曰。篇海引作凝姓也。嚴可均曰。疑字當作者。路史國名紀。引作商諸侯為亂者。按許無用疑字例。倫按路史引有者字。是也。此蓋字林文。疑姓也者校語。校者以為姺是國名。書有可徵。然字從女而次於妘下。似當為姓。故注疑姓也。【説文解字六書疏證卷二十四】

⿰女然　⿰丑女　娸　奼　媒

◉許　慎　⿰女然人姓也。从女。然聲。奴見切。【説文解字卷十二】

◉馬叙倫　疑⿰女然為□之譌文。音形並近也。左昭十二年傳楚大夫成熊。公羊作成然。是其例證。人姓也者。人字後人妄加。下同。此字或出字林。【説文解字六書疏證卷二十四】

□　齊魯 9·45【古陶文字徵】

◉許　慎　⿰丑女人姓也。从女。丑聲。商書曰。無有作⿰丑女。呼到切。【説文解字卷十二】

◉馬叙倫　⿰丑女蓋好之轉注字。故今書洪範作無有作好。好從孔得聲。孔音溪紐。⿰丑女從丑得聲。丑音徹紐。同為次清破裂音也。好⿰丑女又聲同幽類。亦搯之音同徹紐聲同幽類轉注字。人姓也者。桂馥謂高麗有此姓。此字蓋出字林。【説文解字六書疏證卷二十四】

◉許　慎　娸人姓也。从女。其聲。杜林曰。娸。醜也。去其切。【説文解字卷十二】

◉馬叙倫　段玉裁曰。頁部。䫏。醜也。杜林蓋以娸為䫏。錢坫曰。繫傳有讀若近。近當為迈。寫者誤也。倫按□父乙敢作□。不□敢□亦即娸字。彼從□者。奴之異文。倫謂娸蓋䫏之異文。借以為人之姓字。人姓也者。王筠引古今姓氏書辯證曰。娸氏見姓範。鍇本曰字作説。醜也下更有或曰讀若近。倫疑本作杜林説。或曰。娸。醜也。讀若近。蓋以人姓之義得之杜林也。或曰娸醜也者。校者加之。此字或出字林。讀若近者。錢説是也。餘見五篇丌下。【説文解字六書疏證卷二十四】

◉許　慎　奼少女也。从女。乇聲。坼下切。【説文解字卷十二】

◉馬叙倫　王筠曰。當與嫵媚類列。不當在此。倫按疑少女非本義。或此字出字林。【説文解字六書疏證卷二十四】

◉許　慎　媒謀也。謀合二姓。从女。某聲。莫桮切。【説文解字卷十二】

◉馬叙倫　鈕樹玉曰。玉篇韻會引姓下有也字。丁福保曰。慧琳音義六十三引作謀合二姓為婚姻也。倫按謀也以聲訓。謀合

八字校語。此類似箋注語。釋名之例如此。許書以聲訓者矣。無此例也。有之皆校者所加。或字林文。蓋以聲訓者。未必其義可通也。【説文解字六書疏證卷二十四】

妁

◉許　慎　酌也。斟酌二姓也。从女。勺聲。市勺切。【説文解字卷十二】

◉商承祚　第三四簡　妁為一種女奴之稱，用作媒妁之妁，為後起義。【長沙楊家灣六號楚墓竹簡遺策考釋　戰國楚竹簡匯編】

◉馬叙倫　酌也以聲訓。斟酌二姓也字林文或校語。妁即紹介之介本字。玉篇引姓下無也字。韻會引也上有者字。斟酌作媒妁。【説文解字六書疏證卷二十四】

嫁

嫁　嫁日乙五三　四例　嫁　日乙五七　【睡虎地秦簡文字編】

汗簡【古文四聲韻】

◉許　慎　女適人也。从女。家聲。古訝切。【説文解字卷十二】

◉楊樹達　説文十二篇下女部云：「嫁，女適人也。从女，家聲。」从家之義古有三説：白虎通嫁娶篇云：「嫁者，家也。婦人外成，以出適人為家。」此一説也。儀禮喪服傳云：「嫁者，其嫁于大夫者也。」又喪服云：「子嫁反在父之室。」注云，凡女行於大夫以上曰嫁，行於士庶人曰適人。此二説也。急就篇云：「妻婦聘嫁齎媵僮。」顔注云：「嫁謂自家而往適人也。」顔注義似本方言，然方言一云：嫁逝徂適，往也。自家而出謂之嫁，由女而出為嫁也。子雲主説嫁往之嫁，第以嫁娶之嫁為喻，非正説嫁娶之嫁，故與顔説不同。此三説也。愚按三説皆非也。左氏桓公十八年傳：「申繻曰：女有家，男有室，毋相瀆也，謂之有禮。」孟子滕文公下篇曰：「丈夫生而願為之有室，女子生而願為之有家。」此皆以家室對文，家指夫言，室指妻言者也。國語齊語曰：「罷女無家。」韋昭注云：「夫稱家。」此單舉家者也。禮記曲禮上篇曰：「三十曰壯，有室。」又内則篇曰：「三十而有室。」鄭注並云：「室猶妻也。」又繼妻稱繼室，左氏隱公元年傳「繼室以聲子」，是也。室義猶妻，故娶妻亦稱室。左氏昭公十九年傳曰：「建可室也。」國語魯語曰「公父文伯之母欲室文伯」，是也。此又單舉室，以室指妻，與夫之稱家相對者也。綜合諸證，夫稱家與妻稱室對文，則嫁字所从之家正指夫言。嫁从女从家，正謂女子往適其夫耳。

或問曰：子盡掃漢唐諸儒之陳説，據左氏國語孟子之文以説文字，義既堅卓不移矣。然夫之所以得稱家，其故何也？曰：左傳桓公十八年疏曰：「家者，内外之大名，户内曰室。男子一家之主，職主内外，故曰家；婦人主閨内之事，故為室。」其説亦既得之矣。更求諸造文之始，亦有足證明者。説文七篇下宀部曰：「家，居也。从宀，豭省聲。」豭省聲之説，自元周伯琦以來紛紛疑之而別為異説，以愚觀之，乃庸人自擾之甚者也。今按説文九篇下豕部曰：「豭，牡豬也。从豕，叚聲。」廣雅釋獸曰：「豭，雄也。」家从豭省聲者，乃以豬之牡擬人之男也。説有徵乎？曰：有。左傳定公十四年記衛太子蒯聵過宋野，野人歌之曰：既定爾婁豬，盍歸吾艾豭？婁豬謂衛靈公夫人南子，艾豭謂宋子朝，此以豭喻男子之證一也。史記秦始皇本紀云：始皇三十七年，遊會稽，刻石，文曰：「夫為寄豭，殺之無罪，男秉義程。」此以豭喻男子之證二也。經傳既恒以豭擬男子，家从豭省聲，則家有夫義甚明，而許君豭省聲之説含義至精，決非苟設，亦可見矣。或疑：古人制字，不當以獸擬人。不悟古人文字，近取諸身，遠取諸物，取諸身者由身引申以及於物，取諸物者由物引申以及於人，其義一也。苟如疑者之説，則狂狠默戾義取諸犬，善美羣羑義取諸羊，將何説乎？家既屬夫言，故古人謂嫁曰歸，則顔師古謂自家而往謂之嫁，以家屬母家言者。其謬不攻自破矣。左氏國語孟子言女子有家無家，則白虎通謂婦人以出適人為家者，其義殊嫌含混不明矣。惟喪服傳注適大夫稱嫁之説，緣古卿大夫稱家，故謂女子往適者為嫁，立義較為可據。然按諸文證，言嫁不必專屬大夫，則家與室對，家指謂夫，其義固確不可易也。

按：説文牛部牡字下段注云：「牡从土聲，求之疊韻雙聲，皆非是。或曰：土當作士。士者，夫也。之韻尤韻合音最近。」近日王君静安觀堂集林有釋牡一篇，亦持此説。按此義甚碻。牡以人之男擬畜，家以豕之牡擬人，正可互證也。【釋嫁　增訂積微居小學金石論叢】

◉馬叙倫　鈕樹玉曰。玉篇引作女適人曰嫁。倫按疑許本訓家也。吕忱注女適人曰嫁。唐人删如今文。字見急就篇。【説文解字六書疏證卷二十四】

娶 

 菁七·一 【甲骨文編】

 箐7·1 【續甲骨文編】

◉許　慎　取婦也。从女。从取。取亦聲。七句切。　【説文解字卷十二】

◉馬叙倫　本訓取也。從女。取聲。吕忱增取婦曰娶。唐人删如今文。從取取亦聲。校者因忱説改之。嫁娶實轉注字。嫁聲

婚

魚類。娶聲矦類。魚矦近轉也。左桓十八年傳。女有家。男有室。家室對言。實無别也。故杜注。女安夫之家。夫安妻之室。亦互言之。甲文字。高田忠周釋娶。【說文解字六書疏證卷二十四】

◉徐中舒 菁七 從女從取，與《說文》娶字篆文略同。【甲骨文字典卷十二】

婚 與昏為一字說文𡣍籀文婚即此之譌變經典多从昏為婚 諫簋 女某不又昏 毛公厝鼎 克盨 朋友婚遘 弔伯簋 雩百諸婚遘 弔多父盤 諸子婚冓 殳季良父壺 用亯孝于兄弟婚媾諸老 假借為聞 郘王子鐘 聞于四方 孳乳為𡣍 彔伯簋 金甬畫𡣍 【金文編】

六七：一 三例 通聞 内室類婚宗人兄弟内室者 六七：三八 六七：二 二例 六七：二九 二例 六七：二一 六七：四 二例 六七：二六 二例 【侯馬盟書字表】

1354 盂鼎婚作，與璽文近似，假借為聞。【古璽文編】

【石刻篆文編】

竝王存乂切韻 說文 【古文四聲韻】

◉許 慎 婦家也。禮。娶婦以昏時。婦人陰也。故曰婚。从女。从昏。昏亦聲。呼昆切。𡣍籀文婚。【說文解字卷十二】

◉孫詒讓 說文女部「婚，婦家也。禮娶婦以昏時，婦人陰也，故曰婚。从女昏，昏亦聲」。籀文作。又車部「，車伏兔下革也。从車𡣍聲，𡣍，古文婚字，讀若閔」。二文並與𡟰相類，其形義皆無可說。攷金文婚字甚多，如殳季良父壺「婚顜」字作，多父盤「婚冓」字作，顜冓並媾之借字。又毛公鼎云「余非章又有」，又云「無唯正」，字並略同。又有「畫𡣍」字作，彔伯敢「畫𡣍」字作，亦借用古文婚字。諸文並與說文籀篆不同，諦宷之，下从女甚明，上當是从省。說文部「，禮器也。象之形中有鬯酒。又，持之也。所以飲酒象雀者，取其鳴節節足足也」。古文作象形。金文婚上从即，所謂象雀形也。唯右咸从，當是耳字。下則咸从女，疑古文婚本从娶省，蓋取娶女醮酒之義，與小篆从昏取昏時之義絶異也。薛氏款識亦有

婚字，傳橅不精瑑畫迻異，今不復詳校。

古文婚从爵省，唯殳壺作[illegible]最完析，上从产，下从[illegible]，當為丮之省。毛公鼎䙴作[illegible]，丮亦作[illegible]，可證。說文丮部「丮，持也。象手有所丮據也」。古文𢛳从之，蓋與篆文又持鬯酒同意。後或省變作又，而小篆因之耳。

說文日部「昏，日冥也。从日氏省，氏者下也。一曰民聲。」金文陳侯因資敦云「淖朝[illegible]者諸侯」。[illegible]舊釋為昏，近是。朝昏，猶言朝朝莫夕也。諦宷篆形上从[illegible]即爵省，下从[illegible]則疑氏或民之省。金文氏作[illegible]詳前象形原始，民作[illegible]楚良臣鐘，形並略同。婚字則唯多父盤从[illegible]，與[illegible]相邇，餘則咸無是形。但其字从爵省氏省，與日冥之義無會，所未詳也。或疑[illegible]即爵之省[illegible]或又之變形，朝爵蓋謂朝見酌禮之事。存之，以備一義。

金文又有𢍏字，彔伯敢「王若曰『彔白戎，繇自乃且考又有[illegible]于周邦』」。[illegible]从収爵省聲，當即揖之變體，說文手部「揖，撫也」。古文从手从収，字多互通，故揖亦作𢍏矣。又毛公鼎云「[illegible]堇勤大命」，單伯鐘云「[illegible]堇大令命」。與彔敢文復散異，宷校[illegible]字，上即从产，中从𠙶者，古文从皿从豆字，下多作此形，爵為飲器，故亦从此。小篆變為产，即由於此。彔敢从[illegible]者，亦與从𠙶同意。金文皿字偏旁多作[illegible]，鬲字又或作[illegible]，皆其證也。唯據盂鼎[illegible][illegible]兩文，詳後𢍏字當从耳，乃得為婚省，此諸文或無耳，則直是从爵省，蓋瑑畫尤簡，但推校文義，知必讀為揖耳。

又魯侯角云「魯侯[illegible][illegible]鬯□用尊」，此似即彔敢𢍏字偏旁之變。上从[illegible]即[illegible]，下从[illegible]即[illegible]，形並略同，當亦爵之省。舊釋為鬱非或為婚亦未塙。說文古文上从[illegible]，蓋即[illegible]之變，下从[illegible]，則與鬲下半形相近，彔敢从[illegible]或皆一形之變與？

通校諸文，偏旁从爵，蓋有三體。一作[illegible]則从丮省，一作[illegible]則似从皿省，一作[illegible]則似从鬲省，三文迴異，而其从[illegible]則同。其聯合成字，亦有三體，一「昏」作[illegible]，則似从氏省，一「婚」作[illegible]則从耳从女，一𢍏作[illegible]，則从収，三文亦迴異，而其从[illegible]則亦同。小篆變亶為产，似涉鹿字篆文而誤。至婚之古文展轉譌變乃成𡣍字，以金文校之，上半尚不甚相遠，下半則涉㚢字而誤。說文巾部幔，亦譌从㚢，段氏已校正。即其證也。其耳變為「巳」，手形變為「止」，中从𠂉者，或即「且」之譌，下从攵者又「女」之譌，此皆傳寫者以近似之字改竄象形字，非金文固無从諟正之矣。

甲文又有[illegible]字，亦作[illegible]，疑亦「𠫤」象形字。上从[illegible]象其柱，亦與[illegible][illegible]上从[illegible]相近，下作[illegible]，似象其流及足，與[illegible][illegible]亦相近，金文亞爵有[illegible]字，形亦相類，但此與古文籀篆並異，姑識以竢攷。古文婚之从爵省，金文更有一塙證，晉公䀇云：「晉公曰『我皇且祖唐公，受大令，左右武王。』」唐字作[illegible]，从昜从爵省，蓋即籀文「觴」字叚為唐。說文角部觴，籀文作[illegible]，或从爵省，即此字也。唐昜古音近字通，故說文口部唐，古文作啺，从口昜，昜亦聲，聲例正同。此上从[illegible]即爵省，下有闕畫。與婚上同。

右敚有漫闕，僅存形，疑當為邑之壞字。彼盦邦字亦从，與此相近。古文凡國名，多注「邑」於旁，詳後轉注褐櫫。此觴字本不从婚，明非耳之壞字也。

又唐中多壺云「中多作醴壺」，亦叚籀文觴字，此據精拓本寀定，吴大澂橅从女，又釋為韓，並謬。與晉盦同。以此字證之，古文「䰟」塙是从㐭从𠬪省，並不从耳，足證盦文䰟字右旁亦必不从耳矣。

古文婚字又有變尒為小者，則與雀上从小同義，亦可通。如盂鼎云「我殷述令」。此即婚字从耳而省女，舊釋為𢧵誤。當亦讀為揞，「述」與隊通，婚殷述令，謂撫有亾殷失隊之天命也。又有从「㫃」者，如盂鼎别器字，則从「㞢」从「収」从「耳」，又伯□彝「白」字，則从「㞢」而省「小」，耳形敚變，與「舟」相近，亦从「𠬪」省。伯□尊「白」字，則从「㞢」从「𠬪」省从「火」，司土敔「司土」，字則从「㞢」省，从「火」。諸文遒異，要並與盂鼎婚字略同。舊或釋為旟，或釋為斿舟二字，並誤。尊敔字咸从火，或从爐省，然説文㫃部並未載，聲義莫能詳也。【名原卷下】

◉王國維　此字毛公鼎作作。殳季良父壺作。毛公鼎䰟字亦作。从。䰟皆从古文爵从女。古者女初至。爵以禮之。與勞字作毛公鼎。作彔伯敦蓋。同意。籀文作乃象爵形或之譌。則女之譌矣。【史籀篇疏證】

◉林義光　古作多父盤。从爵女。昏禮父醴女而送之。故从爵女。爵古酌字。魯侯作酌鬯用尊彝。借爵為酌。諸彝器多以克盨。為之。此古聞字。从耳䰟聲。聞婚古同音。【文源卷十】

◉朱芳圃　毛公鼎　殳季良父壺　克盨　𦎫伯𣪕　彔伯𣪕　婚，金文作上揭諸形。字之結構，與相同，惟增女旁為異。又按婚籀文作䰟。䰟即之形誤。【殷周文字釋叢卷下】

◉馬叙倫　沈濤曰。一切經音義二引作婦嫁也。禮記。取婦以昏時入。故曰婚。以下文姻壻家也例之。則家字是。倫按篆作从女。昏聲。鍇本捝聲字。此本則校者以吕忱説改。婦家也以下十六字皆字林文耳。許當止訓昬也。婚姻實轉注字。婚音曉紐。古讀歸影。姻音影紐。婚姻又聲同真類也。壻家婦家後世别之。廣韻引字林。婚。婦家也。

䰟　嚴可均曰。當從女作。孫詒讓曰。毛公鼎作。上從㐭。下從女。旁箸耳形者。耳部聞之古文從昬作䎽。疑此從䎽省。劉心源曰。季良父壺婚媾作。彔伯𢦔敢畫䡢作。爵之小篆作。則此從爵。其從巨者為鬯省。從女。會意。詩。有齊季女。疏云。女將行嫁。父醴女而俟迎者。婚從爵義蓋取此。王國維曰。此字毛公鼎作。殳季良父壺作。毛公鼎䡢字作。從。從古文爵。古者女初至。爵以禮之。與勞字從毛公鼎彔伯敔蓋同。此譌。倫按金

姻

文婚媾字常見。毛公鼎殳季良父壺二文之外。單癸酉。百婚遘作□。多父盤。兄弟諸子婚遘婚字作□。克盨。朋友婚遘。婚字作□。歸夆敢。雩百諸婚遘。作□。彔伯敢。金甬畫□。借□為鞻。檢此諸文。殳良父器克器歸夆器彔伯器為一類。小異而大同。率從女。從耳。從□。從□。毛公器作□。散泐耳。唯單癸器多父器為詭異。耳部聞之古文從昏作䎽。盂鼎。我聞殷墜命。聞字作□。其□旁與殳季良父諸器同。其□與□皆本書之㐬。劉王謂從爵。然父醴女而俟迎者。不過嫁女之一耑。而女初至爵以禮之。當在壻家。今婚為婦家。是謂於禮不合。且從女㐬爵。亦不定為婚。而□為古文爵亦未可信。□實耳字。從耳復何義邪。倫以聞之古文作䎽。盂鼎作□。證知籀文婚從女。□聲。□則從耳。□聲。□即毛公鼎□大命之□。從㐬猶從□也。□字吳大澂疑為勞。且引勞鼎作□為證。劉心源以毀敢有□于我家。證為𢡟字而借為烝。廣雅釋詁烝。美也。是其義。鄭業斅據尚書盤庚。不昏作勞。正義引鄭玄讀昏為敃。訓為勉。謂□當是敃字。强運開釋𢍏而借為劵。倫謂□實本書之□。而金文多作□。□則兼米與□耳。彔伯敢□字上作□者。即□之異文。而尒其省形。□中之□。遂有似於爵上之□矣。金文以□為烝嘗字。烝音照紐。古讀歸端。勳音曉紐。古讀歸影。端影同為清破裂音。或蒸真聲近通轉。如郇從旬得聲而讀若泓。則入蒸類也。毛公鼎借□為勳。力部。勳。能成王功也。毀敢。有□于我家。彔伯敢。有□于周邦。正其義矣。婚聞聲同真類。則聞之或作□從耳。□聲。正猶借□為勳矣。婚之籀文從女□聲。亦無可疑。由籀文證知婚亦但從昏得聲。不取昏義。□為婚之轉注字。鍇本有如此二字。校者加之。餘見𦗦下。【說文解字六書疏證卷二十四】

◉高鴻縉　□古婚字。从女□聲。□古聞字。从人掩口屏息張耳以静聽也。後改作䎽。从耳昏聲。又作𦗦从耳釆聲。又作聞。从耳門聲。後世聞字獨傳。餘字俱廢。此處□字以同音之故。通叚以代昏。【毛公鼎集釋】

 詛楚文　絆之㠯婚㱿　【石刻篆文編】

 說文　【古文四聲韻】

◉許　慎　□壻家也。女之所因。故曰姻。从女。从因。因亦聲。於真切。□籀文姻从𣶒。【說文解字卷十二】

◉馬叙倫　沈濤曰。一切經音義廿一引無所字。也字在故曰姻下。皆傳寫誤奪。倫按壻家也字林文。見廣韻引。女之所因故曰姻。蓋亦吕忱說也。因為茵之初文。姻自從女因聲。从因之亦聲者。校者改之。姻之語原與依同得於身。益明婚不從昏

得義矣。宗保曰。㠯聲。㠯因同部聲相近。倫按㠯因音同影紐聲同真類。故姻轉注為㛰。徐鍇通論曰。古文女㠯為㛰。蓋以異於小篆為古文耳。然廣韻十七真。㛰古文姻。出周禮。玄應一切經音義引古文官書。㛰姻二形。今作因。則籀文或古文之譌。吕忱依官書加之。從㠯二字校者加之。【說文解字六書疏證卷十二】

妻

妻 父丁方罍 說文古文妻古孝經作 弔皮父簋 其妻子用亯孝于弔皮父 从母 農卣 使氒吝妻農 【金文編】

91 【包山楚簡文字編】

妻 秦二〇一 七十四例 法一四 三十九例 【睡虎地秦簡文字編】

妻 【汗簡】

古孝經 古尚書 並王存乂切韻 古孝經 古尚書 【古文四聲韻】

◉許慎 婦與夫齊者也。从女。从屮。从又。又。持事。妻職也。臣鉉等曰。屮者。進也。齊之義也。故从屮。七稽切。古文妻。从肖女。肖。古文貴字。【說文解字卷十二】

◉劉心源 向釋婢。案古文𡠗字从此。是妻字也。从母與从女同意。古文母女通。詳甯母鼎。此讀去聲。言使厥友吕女妻。時人名農者也。𡠗詳叔鼎銘意。言王命伯㣇毋俾農弋。佃使厥友吕女妻農迺𩰫養。厥孥厥小子及其家屬之小大使。毋再事遊田也。【奇觚室吉金文述卷六】

◉王襄 疑妻字。【簠室殷契類纂存疑卷十二】

◉葉玉森 契文作 𡠗之偏旁。从女首戴髮。从又或二又。蓋手總女髮。即妻之初誼。總髮者,使成髻施笄也。揚鼎叔𡠗𡠗之偏旁作 作。石鼓陳之偏旁作。上从。疑即象古笄形。笄之初文當作幵。髻上飾耳。其數為三。幵象厥形。舉二以概三。直插於髻。非橫施如經師說也。吴愙齋謂鼓文从即。故訓齊。似仍誤會。【說契 學衡第三十一期】

◉强運開　□　農卣。舊釋嫞字。非是。劉心源云。此字从母从㚖。古文母女通。母字本从女也。知此為婢叚為裨。亦非。運開按説文古文妻从□即从甶之譌。甶乃甹之省。从甹从女。禮聘則為妻。古誼自見。又按𢍰鼎𥁕字从妻从皿作□。與此形近。可證。銘文言使乃友妻農廼稟乃𥺄。文義亦自明順。【説文古籀三補卷十二】

◉馬叙倫　鈕樹玉曰。玉篇韻會引夫作己。韻會妻職也下省中聲二字。王筠曰。當依小徐作中聲。而删從中二字。朱駿聲曰。從女從疌省。會意。或曰。疌省聲。疌妻一聲之轉。吴大澂曰。𢍰鼎妻字作□。石鼓文□字當從妻得聲。□從□。省文也。倫按叔𥁕鼎𥁕字作□。□即本書之𥁕。從皿。□聲。水部淒下引詩。有渰淒淒。今詩作萋萋。石鼓文有□字。從𦍌。淒聲。其妻旁作□。蓋即□字。或從㚢。𠬶聲。□為奴之異文。從又。□聲。□為每之異文。每從母得聲。母從女得聲。故每亦得從女為聲也。然則妻從奴𠬶聲也。今篆作□。從中即𠬶之譌。説解本作齊也。以聲訓。校者加婦與夫齊者也。或字林文。從女以下十二字蓋亦校者所改也。許蓋作從女從又中聲。字見急就篇。

□　段玉裁曰。古文貴不見於貝部。恐有遺奪。嚴可均曰。汗簡引作□。玉篇亦作㛖。此少一畫。疑誤。肖古文貴字。此亦重文之見於説解中者。宋保曰。妻貴古音同部相近。王筠曰。聯豐云。都察院爰書中有安徽人姓肖。强運開曰。農卣。使乃友□農廼稟乃𥺄。劉心源釋婢。運開謂此妻字。説文古文妻从肖。即甶之譌。甶乃甹之省。從甹從女。禮聘則為妻也。倫按□自從女戴缶。上既非甹省。下亦非從女。實從槕之初文而母聲。㚖從槕之初文而攴聲也。故轉注字從槕母聲作□。古讀母如牧。故下文母下曰。牧也。牧攴同為雙脣音也。農卣。母□農弋。與伯𠉣卣母□弋詞同。可證也。若從女從甹省即娉字矣。此從肖或從肖為古文貴字。本書既不復見。而古書及金甲文中亦不見此字。以為貴賤字。則形義亦不相顧。下文婁篆下鍇本有籀文作□。而謬楚文數字作□。其婁字偏傍上臾與貴字所從之臾同。下□與此篆所從之□之下部相同。然則婁蓋從女□聲。□即貴之異文。蓋本作□。誤為□。又誤為□耳。然則此與婁一字。或本婁下重文。誤入妻下邪。或據史言尚公主即妻公主。明自有此古文妻字。形誤為尚。然則先後造字。不嫌其同耶。從肖女以下校者加之。【説文解字六書疏證卷二十四】

◉商承祚　□　此女應作□。甲骨文妻作□。此从肖。殆未傳寫之誤。玉篇汗簡皆引作□。又多一筆。【説文中之古文考卷十】

◉楊樹達　□　劉心源釋其字為妻。謂从母與从女同意。是也。謂古文𡣍字从此。則殊誤。説文七篇上齊部。𡣍字不載古文。若妻字古文作㛖。形與此異也。余謂此字蓋从母西聲。亦古文妻字。知者。西字甲文作甶。與此字所从形相合。説文西字

為棲之古文。西與妻。古音無異。故古妻字以西為聲也。若其義。與論語公冶長篇以其子妻之之妻同。劉云使厥友以女妻農。是也。【農卣跋 積微居金文説】

◉張秉權 □,疑與□為一字,□,葉玉森釋妻,是也。卜辭妻與母有通用之例,例如:

㞢于示壬妻妣庚宰叀黎牡?(乙編一九一六+二三七三+三〇二一+六九二八;丙編待刊)

辛丑卜,王㞢于示壬母妣庚豖不用?(甲編四六〇)

所以㞢妻或者也就是㞢母,例如:

壬辰卜,殻貞:乎子窑钔㞢母于父乙□宰𠕋𠬝三舞五宰?

貞:乎子窑钔㞢母于父乙□小宰(𠕋)𠬝三舞五宰?(丙編一八二)

在上舉的那版龜甲上,還有「㞢祖」一辭:

乙巳卜,殻貞:乎子窑㞢于㞢祖宰:

貞:勿乎子窑㞢于㞢祖宰?

貞:乎子窑㞢于㞢祖宰?(丙編一八二)

所謂㞢祖㞢母(㞢妻)者,猶如後世所謂的列祖列宗,是泛稱所有的先祖和先妣。【殷虛文字丙編考釋】

◉朱歧祥 350.□ □ 从女,首配髮飾,隸作妻。參□字。《説文》:「婦與己齊者也。从女从屮从又。又,持事妻職也。屮聲。」卜辭省又,作為武丁期的婦姓。

《人91》壬戌婦□示三屯。賓。

《天72》庚寅婦□示三屯。㪤。

《佚997》庚寅婦□示三屯。小㪤。【殷墟甲骨文字通釋稿】

◉劉彬徽等 (153)妻,簡文寫作□,長沙子彈庫帛書的妻字與簡文相同。【包山楚簡】

◉徐中舒 □一期佚一八一 □一期人二九九五 從□又從□,□象婦女長髮形,□或作□奴,同。象(擄掠)婦女之形。上古有擄掠婦女以為配偶之俗,是為掠奪婚姻,甲骨文妻字即此掠奪婚姻之反映。後世以為女性配偶之稱。《説文》:「妻,婦與夫齊者也。从女从中从又:又,持事,妻職也,中聲。□古文妻,从肖女。肖。古文貴字。」按《説文》説形不確。【甲骨文字典卷十二】

婦

◉戴家祥　楊樹達釋農卣為妻，是也。父丁方罍妻又作，與甲骨刻辭「妻」的結構同。前五・十七・五續存一零四八从又从女，女上三筆象女人長髮手𠬞或握長髮，象徵父權社會丈夫對妻子的絕對權威。説文十二篇釋妻曰：「婦與夫齊者也。从女从屮从又，又持妻職也。」與古文字結構不合，蓋演變為小篆後的説解。經典往往採用許説，作為齊訓。【金文大字典上】

乙八七一三　京津二〇二七　王婦　燕七二三　甲六六八　卜辭用帚為婦重見帚下【甲骨文編】

續存1014　新2027【續甲骨文編】

婦　不从女　比作伯婦簋　帚字重見　觥文　簋文　婦鳥形觚　婦觚　杞婦卣　父乙簋　子卣　婦鼎　婦未于鼎　守婦簋　守婦觶　商婦甗　婦卣　婦鼎　婦爵　卣　母辛卣　令簋　義伯簋　縣改簋　仲叡父盤　卬君壺　弔妃簋　鄀燮簋　鄀燮盤　弔多父盤　晉公𥂴　君鼎　玄婦壺　玄婦二字合文【金文編】

177【包山楚簡文字編】

婦　日甲六　十四例　為一八　日乙六〇　六例【睡虎地秦簡文字編】

曹新婦白疏【漢印文字徵】

詛楚文　刑戮孕敽【石刻篆文編】

◉許　慎　服也。从女持帚。灑掃也。房九切。【説文解字卷十二】

◉馬叙倫　翟云升曰。從帚。帚亦聲。沈乾一曰。古婦音佩。倫按金文有帚女。諸家釋婦。倫謂在金文尚讀為埽奴。猶咸女即鹹女。帚為埽之初文。女為奴之初文也。婦或為帚女之合文。蓋古者初無夫婦之制。虜獲之敵人以為奴。而以其女者薦枕席。是為妻妾。埽奴或以女者為之。以其薦枕席。故有婦偁與。或金文自為埽奴。而婦為從女帚聲。為妻之轉注字。帚

彗一字。妻彗同為舌尖前音。聲亦同脂類也。帚聲則在幽類。幽侵對轉。古讀婦或同於凡。凡聲侵類也。聲轉則為佩。比敢婦字止從帚。明婦從帚得聲也。從女持帚。蓋吕忱或校者改之。灑埽也亦校語。此服務之服本字。字見急就篇。守婦觶作□。晉邦盦作□。義伯敢作□。邛君壺作□。【說文解字六書疏證卷二十四】

◉斯維至 □召伯簋二 余獻寢氏以壺 𡢃氏僅見於召伯虎段。其銘文云。𡢃氏以壺告曰以君氏命。𡢃。孫詒讓釋婦。謂蓋內官世婦之屬。古籀餘論卷三。案其說近是。君氏殆即女后也。【兩周金文所見職官考 中國文化研究彙刊第七卷】

◉李學勤 (八)婦：殷代的「婦」指男生子的配偶。前人多誤認婦是舉稱的配偶，其實在先秦文獻中婦都是子婦，訓詁如：

(1)「爾雅」「釋親」：「子之妻曰婦。」

(2)「穀梁傳」宣元年：「婦，緣姑言之詞也。」

(3)「詩」「氓」箋：「有舅姑為婦。」

再以殷及周初的銅器證之：

(1) 婦闟作文姑日癸蕁彝，□。 三代3·20·3鼎、5·8·6甗、13·33·1—2卣、13·53·5斝、18·21·1觥

(2) 覲作母辛蕁彝，覲錫婦娶，曰：用鬻于乃姑宓。 三代13·37·2卣

(3) 子作婦嫿彝，女(如)子母庚宓祀蕁彝，□其。 頤和園舊藏卣

第(1)器以婦姑對稱，最為明顯。(2)(3)器中「宓」即「逸周書」「嘗麥解」「少秘」的「秘」，意為宗廟。(2)器是覲為其母所作，娶是他的配偶，故覲的母即她的姑，對姑而稱婦。(3)器是子所作，「子母庚」即子的母庚，是子的配偶嫿的姑，故嫿稱婦。「婦」是子婦，所以殷王系各世子數和婦數大略相當。由此，我們可以免除所謂「武丁多妻」的疑難。

殷婦名在「婦」字下常附有一個从「女」的字，如婦好之類。這個的意義，陳夢家先生解釋為私名，我們則仍主張是女氏，因為這種字往往可以把女旁省去，如：

婦姘——婦井 萃879、福7

婦娘——婦良 乙972、乙2510

婦妏——婦女 乙496、燕156

婦㛊——婦羊 珠807、乙4058

婦婕——婦聿 乙5520、六中119

妃

但不能如陳氏所說，「娘」是「良母」的合文。殷代女性的子並不名「某母」，而且在有些例中並非單純地附加女旁。如原氏字含有「人」形，即將「女」代換「人」，這種變化可名為「女化」，如：

婦（掇1·336）　「允」字的女化

婦（天72）　「何」字的女化

妣辛（乙4677）　「弔」字的女化

這些字都不能分讀。卜辭中的「婦某」和「左傳」的「婦姜」同例，第二個字是她的族氏（女性）。

武丁、武乙時都有婦好，這個女氏似乎是「女」加「子」，但子是殷姓，違反同姓不婚的原則。我們認為「好」並不是「女」加「子」，而是「保」的女化，所以婦好最常見，但从不寫作「婦子」。殷代前期的「保」字作「仔」，沒有右下方的一點，如録272、合422。

婦也可系於子，如子商妾㚸（萃1239）、子𡠊妾盂（金548）。　【論殷代親族制度　文史哲一九五七年第十一期】

◉段紹嘉　字，不可識，為鑄器人，初釋婦字（婦、从帚，从女，此从帚，从如。以「說文」如、从隨也，義尚可通。疑即父權時代以後所謂女子从父之教，从夫之命之義），或釋嫞字。　【商鼎介紹　人文雜志一九五八年第二期】

◉唐　蘭　絜七二三片　婦不其㚶

右婦字，說文：「婦服也。從女持帚，灑掃也。」今按當作從女帚聲，帚之孳乳也。

卜辭且祖之配曰匕妣，父之配曰母，婦者殆今王之配與。　【釋帚婦㚾歸𡢃帰埽帚屢𢂆㠯　殷虛文字記】

◉戴家祥　許慎釋婦之初義是也。釋名釋親屬：「婦，服也。服家事也。」白虎通義嫁娶：「婦者，服也。服于家事，事人者也。」甲骨文多借帚為之，金文比㲄也作，足見婦與帚關係之緊密。字屬會意。金文均作人名。周禮酒人「以役世婦」注：「世婦謂宮卿之官，掌女宮之宿戒。」金文「婦好」「婦嫘」「婦姑」「婦巳」等疑均為女官。　【金文大字典上】

乙四五三　卜辭妃从巳不从己　拾三·七　前四·二四·一　前四·二四·三　前四·二四·四　後一·一六·一一　續五·三四·四　中大二二〇　無想二〇〇　福一一　【甲骨文編】

乙453 福11 六中120 續5·344 徵11·53 【續甲骨文編】

妃 說文妃匹也改女字也二字皆己聲一在左一在右妃匹之妃當是妃之譌 亞形中妃盤 陳侯午錞 作皇妣孝大妃祭器 鄦侯簋 妥作皇妣跗君中妃祭器八毁 【金文編】

王存乂切韻 【古文四聲韻】

◉許 慎 匹也。从女。己聲。芳非切。【說文解字卷十二】

◉劉心源 （穌甫人匜）妃匹字說文作。又有云。女字也。孜番改鬲作。穌衛改鼎作。己之在左在右古文不拘也。【奇觚室吉金文述卷八】

◉方濬益 （蘇甫人盤）蘇改姓國經傳作己。⊘得此器與蘇甫人匜證之。益信前人釋改為妃之誤。【綴遺齋彝器款識考釋卷七】

◉高田忠周 元用為后妃之妃。然字形明是改字。古字形似者互通用也。說文女字也。从女己聲。玉篇。妃。姐改。又按凡形聲字。形與聲或在右或在左。其實皆同。此為通例。果然。改亦妃字也。但疑妃之从己。聲以兼意。而改是純然形聲。如此者。形同而不同字也。學者不可不察而知。【古籀篇三十八】

◉羅振玉 說文解字妃从戊己之己。又有改字注。女字也。古金文中作妃作改者均从己。皆為女姓即己姓。許君以為女字。固非。金文家或釋作妃匹之妃。則更誤矣。此从作殆妃匹之本字與。【增訂殷虛書契考釋卷中】

◉馬叙倫 王念孫曰。從女。聲。古文飛字。江藩曰。己非自己之己。字當作。古轂字。倫按王說是也。匹也以聲訓。妃為妻之聲同脂類轉注字。餘見轂下呰下。【說文解字六書疏證卷二十四】

◉徐中舒 前四·二四·二 乙四五三 從女從巳。羅振玉謂此殆妃匹之本字《增訂殷虛書契考釋中》。按羅說可從。所從之乃祀之本字，非戊己之己。王國維謂古文己姓之己作妃，妃匹之字作妃，區別甚嚴《甲骨學文字編》。金文有虢文公鼎，蘇妃簋，從女從己，皆女姓而非妃匹字。此即《說文》中左己右女之改字（《說文》：「改，女字也。」不確，應是女姓）之所本。而《說文》復誤以妃匹字從己，為與改區別，乃定妃匹字為左女右己。【甲骨文字典卷十二】

◉許　慎　妃也。从女。毘聲。匹計切。【説文解字卷十二】

◉馬叙倫　婦音奉紐。古讀歸並。媲音滂紐。為同雙脣音轉注字。妃音非紐。古讀歸封。亦雙脣音。亦相為轉注字也。妻媲則聲同脂類。轉注字也。詩皇矣釋文引字林。媲。匹地反。集韻引字林。配也。此字蓋出字林。【説文解字六書疏證卷二十四】

乙一三三九　婦妊　乙五二六九　前八·一四·三　陳一〇一【甲骨文編】

前8·14·3【續甲骨文編】

妊　吹鼎　嫚妊壺　龔妊甗　王盉　格伯簋　鑄公匿　薛侯盤　薛侯匜　穌吿妊鼎　戲吾妊簋【金文編】

◉許　慎　孕也。从女。从壬。壬亦聲。如甚切。【説文解字卷十二】

◉阮　元　魚冶妊鼎　晉語云。黄帝之子得姓者十四人為十二姓。任其一也。其後為薛國。任字亦作妊。詩大明大任。潛夫論五德志作大妊。是任字古从與姬字同。此从女。从壬。是也。後世借為懷妊之妊。故以任字别之。【積古齋鐘鼎彝器款識卷四】

◉商承祚　書契卷八第十四葉　壬卜辭作工。則此為妊字無疑。文曰帚即歸字妊殆與媒娢姮同誼。許君訓孕非其初矣。【殷虚文字考　國學叢刊二卷四期】

◉高田忠周　此妊字形主于壬也。要工即叚初妊字。詳于壬字下。妊亦作倿。此為緐文。後漢章帝紀。今諸懷倿者。注引説文曰。倿孕也。説文恐寫誤。又漢書元后傳。奪親任政君在身。以任為之。任妊同聲。故通用而後妊亦作倿。从任聲也。又銘義叚借為任。詩大明摯仲氏任。傳任姓。周語。摯疇之國由太任。注二國奚仲仲虺之後。然妊任兩字互通用也。【古籀篇三十七】

◉馬叙倫　鈕樹玉曰。韻會作從女壬。倫按從女。壬聲。甲文有。即妊字。倫謂此任姓本字。孕也即孕字義【説文解字六書疏證卷二十四】

[seal] 娠

◉屈萬里　卜辭云：「☐妊☐」甲編一一。妊，從女，壬聲。當是妊字。說文訓妊為「身懷孕」。按：其於本辭，乃女子之姓；疑即太任之任。其前闕文，當有帚字，帚妊，乃武丁諸婦之一也。【殷虛文字甲編考釋】

◉李孝定　懷妊之妊，契文作[glyph]，篆變作孕，此為本字，作妊作姙，皆後起形聲字。妊之朔誼為姓氏，以聲同，遂用為懷妊字。【金文詁林讀後記卷十二】

◉饒宗頤　「妊[glyph](冉)入石」

此為石磬上刻銘，示此石為妊冉所貢者。妊即任姓。《世本·姓氏篇》：任姓之國有十。如薛、泉、畢、過……等。《左·隱十一年傳》：「寡人若朝於薛，不敢與諸任齒。」薛之封始於夏代，故任姓在先殷必已有之。冉婚於妊，故曰妊冉，此如邛嬭(曾侯簠)之即江芈(《左·文元年》)，楚女嫁於江，故稱「江芈」。女嫁從夫，故夫姓在前。【婦好墓銅器玉器所見氏姓方國小考　古文字研究第十二輯】

◉許　慎　[seal]女妊身動也。从女。辰聲。春秋傳曰。后緡方娠。一曰官婢女隸謂之娠。失人切。【說文解字卷十二】

◉馬叙倫　鈕樹玉曰。韻會平聲引同鉉本。去聲引同繫傳。段玉裁曰。方言三。燕齊之間養馬者謂之娠。官婢女廝謂之娠。翟云升曰。爾雅釋詁疏引身作娠。倫按娠音審紐。從辰得聲。則為身之音同審紐聲同真類轉注字。辰辱一字。而辱妊音同日紐。是妊娠亦轉注字也。本訓妊也。呂忱或校者加女身動也。及春秋以下十七字。或此字出字林。一曰官婢女隸謂之娠者。本方言文。易廝為隸耳。方言。燕齊之間養馬者謂之娠。周禮校人。秋祭馬社臧僕。僕聲脂類。脂真對轉。則借娠為僕。抑娠從辰得聲。辰音禪紐。古讀歸定。臧。從臣。戕聲。為臣之轉注字。臣音亦禪紐。戕或從牀之初文作爿者得聲。牀音古亦在定。則娠或為臧之借字。【說文解字六書疏證卷二十四】

◉屈萬里　[glyph]甲編·三七三七　啟當是从女辰聲。其上闕文。當是帚字。帚啟蓋武丁諸婦之一。【殷虛文字甲編考釋】

◉李孝定　契文正从女从辰。屈氏隸定作啟。殆偶未察耳。辭云「☐娠其㚤」。其上闕文。除干支貞卜外。娠上一文當為婦某之名。應非「婦」字。佚五八六辭云「乙亥卜𠂤貞王曰㞢孕㚤[glyph]曰㚤」。與此同例。知殷人不惟於諸婦免身卜其嘉否。即於方娠之時。亦貞其休咎也。【甲骨文字集釋第十二】

㛗

秦492　㛗上造☐【古陶文字徵】

◉許　慎　婦人妊身也。从女。芻聲。周書曰。至于㛗婦。側鳩切。【說文解字卷十二】

◉葉玉森「癸未卜在口貞王旬口亡𡆥」。此字似从女从芻省。即㛗。與鐸文略同。本辭為地名。【殷虛書契前編集釋卷二】

◉馬叙倫　鈕樹玉曰。廣韻引妊作娠。倫按廣雅釋詁。㛗。傷也。傷實身之後起字。則此止訓身也足矣。或此字出字林也。㛗音穿紐二等。聲在侯類。與身孕妊娠諸字音聲竝遠。似非轉注字。下文嬔即娩之異文。實俗字。娩訓生子免身也。倫疑㛗為娩之轉注字。㛗音穿二。娩當從子免聲。免音牀紐二等。同為舌尖後音。今杭縣呼免身之婦曰產婦娘。上海呼產婦音類䮼。【說文解字六書疏證卷二十四】

◉徐中舒　續六・一〇四　從女從，為芻之省。故此字當即《說文》之㛗字。《說文》：「㛗，婦人妊身也，从女，芻聲。《周書》曰：『至于㛗婦』。」【甲骨文字典卷十二】

嬔

◉許　慎　生子齊均也。从女。从生。免聲。芳萬切。【說文解字卷十二】

◉劉心源　娩。吳閣學云龔定盦釋民荷屋同。何予貞釋仲。朱建卿釋妻。許印林釋弟。皆未碻。心源案。說文兔作。从象兔首形。許云兔頭與㲋頭同。㲋作是也。古刻从㲋之字。如𥄎。石鼓文作。井季𥄎卣作。史𥄎簋作或釋燕非。又能字古刻亦从宗周鐘。虢叔旅鐘。合參篆形知即皆象獸頭。此銘女上从。蓋娩省也。字亦作嬔。嬔挽通。孿孌僆顱。說文。挽。生子。免身也。嬔生子均齊也。孿一乳兩子也。方言。嬔耦也。顱。雙也。凡人獸乳而雙產謂之孿生。秦晉之閒謂之僆子。廣雅釋詁。三僆顱孿也。此云娩子即雙生子。如周八士之類矣。【奇觚室吉金文述卷三】

◉馬叙倫　鈕樹玉曰。韻會作嬔。玉篇亦作嬔。為娩之重文。又引說文從女從生免聲。繫傳作從女從⿰生免聲。按免聲當作免聲。篆體本作免也。說文無⿰生免。釋獸。兔子嬔。釋文作娩。注云。本或作嬔。是嬔娩本同。故玉篇作重文也。沈濤曰。文選思玄賦舊注引。生子二人俱出為娩。娩即嬔之省。然則嬔指孿生而言。後凡生產皆謂之娩。生子齊均義不可曉。倫按選注引者。孿字義。子部。孿。一乳兩子也。孿音審紐。嬔音敷紐。同為次清摩擦音。故俗作嬔。從生。娩聲。兔部娩音芳萬切。可證也。若從女⿰生免聲。則無⿰生免字。若從女從生免聲。則既無會意兼聲之例。而生是屮木之生。不得與女會意。故知此是俗

字。字蓋出字林。鍇本有讀若幡者。免音轉為勉。在微紐。幡音非紐。同為脣齒音也。【說文解字六書疏證卷二十四】

◉楊潛齋　卜辭「⿰女力」字，从女，从力，言女子用力，謂生子也，於六書為合誼會意。《說文・丸部》：「奿，闕。」段玉裁《注》：「謂其義、其形、其音，說皆闕也。《廣韻》入二十五願，芳萬切，則與⿺兔去、娩二字同音。」今謂奿乃⿰女力之譌，⿺兔去與娩則皆從奿而變易者，始變易作嬔《方言・二》：「嬔，荆吴江湖之間曰嬎；宋潁之間或曰嬔。」按其字變易增从兔者，《論衡・奇怪》「兔吮毫而懷子，及其子生，從口而出」，⊘希冀女生子若兔而不用力也。又變易作嬎。《說文・女部》：「嬎，生子齊均也。」按嬎，从女、从生、从兔，謂女生子若兔也。許君云「齊均」，亦謂易産而不用力。又變易作㝃。《說文・子部》：「㝃，生子兔身也，从子，从兔。」按㝃亦謂女生子若兔。總而言之，嬔、嬎、與㝃，俱从奿增兔偏旁而變易。往後由嬔而變易，省力則作娩。朱駿聲《通訓定聲》謂㝃字亦作娩，引《纂要》云：「齊人謂生子曰娩。」按今言婦人分娩用此字。由嬔而省女則作勉。《說文・力部》：「勉，彊也，从力，免聲。」按勉訓彊，乃引申之義，非其朔也。又奿與嬔、嬎、㝃、娩諸字，今俱讀芳萬切。而古聲無輕脣，則當從勉讀美辨切為正。又嬔、嬎、㝃、娩、勉五字俱从兔而誤作从免。而《說文》無免字。

余縱言至此，則卜辭言冥奿之義，冥借作鼆或孕，謂懷子；奿謂生子。若然，其上文必言婦某者，正文義通貫，塙爾豁斯。而《詩》三百篇所言「黽勉」，與《爾雅》所言「蠠没」，曩皆昧其本義，今始得晰言之，可不謂稽古之一大快事歟。

卜辭中貞冥奿者，其例有二。此辭云：「口妒冥。王(固)曰：『育。』三(日)，帚妒冥奿。」他辭有云：「口卜曳，貞：帚姘冥奿。口其佳庚冥奿。旬，辛口，姘冥允奿。」(《續編》卷四葉二五)上舉兩辭，俱貞婦某懷子將分娩，視兆則言即分娩。此一例也。又有云：「丁亥卜巳，貞：子商妾冥，不其奿。」(《粹編》一二三九片)此貞子商妾懷子將分娩，視兆則言不分娩。此又一例也。

卜辭又有云：「己丑卜殻，貞：羽庚寅帚好冥；貞：羽庚寅帚好不其冥。」(《續編》卷四葉二九)此貞婦好分娩不分娩，然言冥而其義則為奿。此例罕見。【釋冥奿　華中師院學報一九八一年第三期】

嫛

嫛　从医　若⿰矣女作文嫛鼎【金文編】

◉許　慎　婗也。从女。殹聲。烏雞切。【說文解字卷十二】

◉高田忠周　若⿰矣女作父嫛鼎　說文有嫛無娎。娎必嫛字省文。嫛婗也。从女殹聲。殹亦从医聲也。葢許形下形上聲。此即左形右聲。為小異耳。銘意或借為姬音通。【古籀篇三十七】

娩

◉馬叙倫　嫛娩即嬰兒。嫛嬰或音同影紐轉注字。或嫛為本字也。餘詳嬰下。【說文解字六書疏證卷二十四】

◉許　慎　娩嫛娩也。从女。兒聲。一曰婦人惡兒。五雞切。【說文解字卷十二】

◉馬叙倫　桂馥曰。一曰六字當在嫛下。本書醫下云。㱾。惡姿也。翟云升曰。集韻引作㱾也。倫按嫛娩轉注字。㱾聲脂類。兒從囟得聲。見兒字下。囟聲真類。脂真對轉也。一曰婦人惡兒者。疑嫛字義。嫛音曉紐。古讀歸影。故得借嬰為嫛。嫛娩二字疑出字林。【說文解字六書疏證卷二十四】

母

甲二三〇　甲二二四〇　甲二三二六　甲二九〇二　乙九二　乙二八三　乙四八二　鐵一二七·一　鐵一二八·四　鐵二七二·二　拾一一·七　前一·二八·四　前一·二九·五　前一·三一·一　前一·三一·五　前五·四四·一　前八·四七　後一·二八·五　菁四·一　林一·三·一　林一·二一·一〇　佚一四三　佚三八三背　佚七六七　簠帝二三二　簠帝二三六　粹一一六〇　明藏二五五　京津二九四三　燕二七九　燕五七九　燕六〇七　坊間四·二〇三　無想三五七　佚三九〇　母甲　見合文一三　佚三八三背　母乙　見合文一三　師友一·四八　母丙　見合文一三　乙一〇八九　母丁　見合文一三　甲二二一五　母戊　見合文一三　前一·二八·八　母己　見合文一三　乙六〇六二　母庚　見合文一三　乙五三八四　母辛　見合文一三　前一·三〇八　母壬　見合文一四　前一·三一·三　母癸　見合文一四　庫一七一六　母哭　見合文一四　庫一七一六　母龔　見合文一四　佚七四七　母龍　見合文一四　乙六四　母黽　見合文一四　乙四六七七　母宅　見合文一四　粹八五〇　母虎　見合文一四　明藏四六一　母椃　見合文一四　甲三七三七　母辰　見合文一四

乙四六七七 母亞 見合文一四 乙四六七七 母 見合文一四 乙四六七七 母 見合文一四 乙四六七七 母

見合文一四 河二七一 母妣甲 見合文一二 乙八八九六 母妣辛 見合文一五 甲八九五 王母 見合文一五

乙五六四〇 多母 見合文一五 【甲骨文編】

甲230 397 1198 1555 1945 2240 2287 2353 2356 2426 2813

2902 3045 3688 乙92 105 162 767 2214 2353 2729 4521

4545 6273 6732 7130 7179 7210 7795 7839 7893 8512 珠311

343 351 福8 28 佚143 153 306 383 392 401 573 623

625 767 774 903 997 續1・3・1 1・34・3 續1・40・7 徵3・232 續1・

41・1 1・41・3 1・41・4 1・42・1 1・42・5 1・43・3 1・53・2 2・16・7 6・

13・4 掇388 徵3・234 3・235 3・236 3・237 3・238 8・20 8・49 10・

128 11・69 12・8 京4・21・3 凡10・3 録287 357 358 829 846 鄴

三50・8 天49 誠168 摭109 六中179 六清86 外233 六清120 外404 六束142 續存

1886 粹329 1160 【續甲骨文編】

母 與女為一字 司母戊鼎 女字重見 母戊觶 小子母己卣 母癸甗 郊邙甗 母父丁尊 子

卣 尊 方鼎 光作母辛觶 父己母癸卣 北子鼎 母辛卣 母卣 夫作母辛尊

杠觶 𠭯卣 小臣邑斝 頙卣 雍母乙鼎 𩰫母辛簋 田告作母辛鼎 我鼎 彝鬲

伯𩰫盉 姞冒母鼎 𪒠父鼎 師旂鼎 農卣 趩簋 毛公旅鼎 㦰方鼎 文母日庚 又讀作毋

毋又眈于氒身 靜簋 姬芀母鬲 弔趯父卣 臣諫簋 榮有司再鼎 榮有司再鬲 考母壺 考

母簋 五年師旋簋 攸毋敗跡 𩰫匜 𩰫簋 伯康簋 諶鼎 冒鼎 𧻓簋 師趛鼎 仲𩰫

父簋 穌吉妊鼎 縣改簋 夘簋 𡛥𡛴母簋 𣏚車父壺 𪓐母鬲 頌壺 頌鼎

頌簋 善夫山鼎 㬎弔多父盤 毛公厝鼎 兮甲盤 干氏弔子盤 鑄公𠤷 無𠀠鼎

江小仲鼎 鄧始鬲 陳伯元匜 陳侯鼎 國差𦉜 拍敦蓋 𪓐鎛 皇母 又作毋老毋死 禾

簋 蔡侯𪓐盤 □文王母 又作毋 𧙃受毋已 𠫑羌鐘 陳侯午錞 十年陳侯午錞 鄘侯𣪕簋 鄂君啟舟

節 見其金節則毋政 鄂君啟車節 中山王譽鼎 毋忘爾邦 𧊒壺 世=毋𡵂 又毋有不敬 【金文編】

3·733 其母 【古陶文字徵】

202 【包山楚簡文字編】

母 日乙一八〇 十五例 日乙二一七 三十三例 毋字重見 【睡虎地秦簡文字編】

0723 1060 0175 0271 1712 【古璽文編】

笵母私印 【漢印文字徵】

開母廟石闕 祀聖母虖山隅 開母廟 禪國山碑 靈母 石碣避水 母毋同字毋字重文 【石刻篆文編】

□母出石經　□母【汗簡】

□古老子　□石經　□義雲章　□古孝經　□古老子【古文四聲韻】

◉許　慎　□牧也。从女。象褱子形。一曰象乳子也。莫后切。【說文解字卷十二】

◉張燕昌　□章氏作汝。潘氏作如。顧氏本模作□。昌按舊搨本女中有二點。說文从女象褱子形。一曰象乳子也。莫后切。據此當是母字。又□字上闕三字。潘氏空四格。非。【石鼓文釋存】

◉劉心源　母通毋。【奇觚室吉金文述卷四】

◉羅振玉　母即毋。母不毋不也。古金文毋皆作母。趩尊毋敢家作母敢家。兮田敦毋敢亦作母敢。【石鼓文考釋】

◉林義光　中兩點象人乳。古作□頌敦。作□母甲尊彝。作□母父丁器。或省作□盂鼎敏字偏旁。與女字混。說文云。□止之也。从女有奸之者。按古作□兮田盤毋敢或入緣宄。與母同字。母之韻毋模韻雙聲旁轉。禮記淳母內則。注母讀為模。模毋古同音。【文源卷一】

◉高田忠周　廣韻引倉頡篇云。其中有兩點者象人乳形。今依此篆形。許氏後說及蒼篇說。是。易說卦。坤為母。禮記曲禮。生曰父曰母。死曰考曰妣。皆本義也。

□　此篆吳氏大澂釋為侫字。又陳介祺說。疑古妄接字。井人名也。然此器與上器銘語。不異一字。即知此為母字異文。＝是乳形二點。移在于上也。【古籀篇三十八】

◉羅振玉　卜辭中母字亦通作女。諸婦方尊作□。與此同。【增訂殷虛書契考釋卷中】

◉葉玉森　□　此本母字。本辭乃貞軍旅之事。曰師母不可解。殆古叚母作毋耶。【殷墟書契前編集釋卷一】

◉郭沫若　「妣戊」乃武乙之配。此言「妣戊，武乙奭」猶卜辭言「大戊奭妣壬」，「大甲奭妣辛」。奭字於卜辭極多見，其異形在十五種以上，參看商承祚編殷虛文字類編十卷十一葉。均於人形(即大字)之腋次各夾一物左右對稱，有□□□□□諸形。羅於卜辭釋「赫」，以為「從大從二火」，又以為「即召公名之奭」，「從皕乃二火之譌」，「奭乃爽之譌字」。字於卜辭除以祖妣相配外無它用，揆其義確有配比之意，故羅氏又謂召公一名「醜」，「醜」有比義，疑「名奭而字醜」，「意爽亦有妃誼」云云。同上十一至十二葉。又增訂考釋卷中五十一葉。

羅釋實有未安。卜辭此字固不從皕，然亦不從二火(雖偶爾有近似從火者，然僅一二例而已)。新出矢彝亦有此字，曰「爽左

（左）右于乃寮以（與）乃友事」，故羅以奭字釋之遂不得其解。羅振玉：矢彝考釋（見日本支那學雜誌五卷三號，又羅著：遼居雜箸）。余謂字固非「赫」，亦不是「奭」，乃古母字之異文也。左右所夾者乃二乳之象形，與母字之二點同意。此於卜辭可以證之。

卜辭，大乙之配為妣丙：

「丙寅卜貞王賓大乙奭妣丙翌日亡尤。」（前編卷一，三葉七片。）

「丙申卜貞王賓大乙夾妣丙[glyph]亡尤。」（後編上，一葉十二片。）

「丙午卜貞王賓大乙□妣丙……」（同，下，四十一葉八片。）

然新獲卜辭寫本有一片：

「乙巳卜[glyph][glyph]大乙母妣丙一牝。」（第三三六片。）

祖丁之配為妣己：

「己丑卜貞王賓四祖丁[glyph]妣己□日亡尤。」（前編卷一，十七葉二片。）

「□卯卜尹貞王賓祖丁[glyph]妣己□亡尤。」（同，三十四葉二片。）

而殷虛書契後編別有一片：

「□辰貞其桒生于祖丁母妣己。」（後編上，二十六葉六片。）

是則[glyph]與母同為一字之明證。字形從大，且專用於祖妣之相配，可知必含有尊大之意，蓋猶母權時代之遺文也，故終至母行而[glyph]廢。矢彝之「夾」乃假為「敏」字，「夾眉右于乃寮以乃友事」者，「敏左右于乃寮與乃友事」也。【戊辰彝考釋　殷周青銅器銘文研究卷一】

◉商承祚　金文作[glyph]（母卣）。[glyph]（父己母癸卣）。[glyph]（母父丁尊）。皆象女子委婉之狀。後作[glyph]（農卣）。[glyph]（毛公鼎）。[glyph]（魚匕）。[glyph]（干氏叔子盤）。[glyph]（静毁）。[glyph]（戏貍母毁）。則不甚類似矣。說文母「牧也。从女。象褱子形。一曰。『象乳子也』」。其作[glyph]。無乳形。上从一。即笄也。與夫誼同。【甲骨文研究下編】

◉陳夢家　說文林部「無，豐也，从林奭，奭或說規模字」。案奭即卜辭之夾，奭為模，則夾聲亦近模，其字或即母字段作保母，後漢書崔寔傳「阿保」注「謂傅母」，阿亦作娿，說文「娿，女師也，讀若阿」，墨子尚同下「伊尹為莘氏女師僕」，是伊尹亦曾為阿保，而殷本紀天問呂覽等書皆以伊為有莘氏之媵臣，媵臣亦女師僕之流也。伊黃皆曾為阿保，而卜辭稱之為夾，夾即保母之母，又為尹，故又稱之曰尹（禮記內則「保受，乃負之」注「保，保母也」）。【史字新釋坿尹夾　考古學社社刊第五期】

◉郭沫若　第九一六片叀乃母字，蓋叚為患。【殷契粹編考釋】

◉馬叙倫　鈕樹玉曰。集韻引作牝也。繫傳韻會褱作懷。非。韻會作一曰象乳形。則子字後人加。廣韻引蒼頡篇。其中兩點象人乳形。莊有可曰。以乳子為正義。倫按母為乳房之乳本字。從女。象形。指事也。然亦疑初文乳房字本畫兩乳。象形。後變為篆文則作□或□。非復象形。又疑於他字。乃增女為之聲。乳房固不僅女子有之。亦不僅人類有之也。金文每以母女通用。叔妣敢姒字作□。妣釐母敢則作□。民即每字而從女。甲文之□即每字。竝可證母從女得聲。故即以女為母。母音明紐。女音泥紐。同為邊音。廣韻引倉頡。母。其中兩點象人乳形。豎通者即音無。此郭璞解詁文。然可證倉頡有母字。亦見急就篇。説解象褱子形者。吕忱或校者所改。一曰象乳形者。後之校者據一本注之也。借為子呼其所生之名。今為借義所專。而轉借伏雞之乳為母矣。陳矦鼎作□。頌鼎作□。齊鎛作□。母父丁尊作□。甲文作□□。【説文解字六書疏證卷二十四】

◉楊樹達　甲文有□字，或作□，或作□，或作□，或作□，其他變體至夥。凡王賓之以妣配食者，於王賓與妣某之間必以此字間之。羅振玉釋其字為奭，謂由從□二火者誤為从皕。然説文奭訓盛，無由有配匹之義，羅氏欲改奭字之形以就甲文，義仍不可通也。葉玉森釋為夾。然甲文此字變體至多，絶無从二人者。形既不符，夾亦無配偶之義，是其説形義皆不相合，與羅説無異也。近日有文字學者據召公名奭而史篇名醜，毛詩賓之初筵篇「賓載手仇」，鄭箋讀仇為斢，欲釋此字為奭，而讀為仇匹之仇，音義頗為密合，殊見用心。然説文奭字从䀠，甲文此字絶無从二目者，於形又無當也。郭沫若云：「此字有與母字通用之例，如祖丁□妣己，有一例言祖丁母妣己，大乙□妣丙，一例言大乙母妣丙。説文林部□無注，从林□，□或説規模字，从大册。然以金文□字言，□當作□，不从大册，此與卜辭本字之作□者形同，是□古有用為規模字者，雖不必即是模字，其音必近於模。」通纂考釋壹之貳貳。樹達按：甲文此字為一最常見最重要之字，然自來甲文學者皆未説通。郭君根據説文無字下説解明此字之形與音，又用甲文□母同用之例以明其義，此種創造性之發明，可謂石破天驚，得未曾有。問題到此，再進一步研究，即有兩問題隨著發生。母字從來古韻學家皆定為咍部字，甲文何以與模部規模字之模通用，此字音問題也。母是父母字，甲文何以用為匹配之義，此字義問題也。此兩關不通，則問題似仍未能徹底解決也。請先談字音問題。或謂母模雙聲通用，此決非究極之説。余疑母字最古之音本在模部。何以言之？古文母字與女字同用，甲文毓字或从女，或从母。妻字説文謂从女，而金文農卣卻从母而不从女，女字乃模部字也，此一證也。金文母毋二字不分，毋字音韻學家皆定為模部字也。此二證也。詩經中母字雖多與咍部字為韻，然鄘風蝃蝀二章母與雨叶，雨固模部字也，此真古韻之殘餘也，此三證也。父字古音與巴同，今作爸

字，此數千年來流傳於嬰孩口中，始終未變之字音也。母字今小兒云媽，由流溯源，父字在模部，知母字亦當在模部，故其流變與父字如出一轍也。此四證也。然則母字真古音本在模部，故甲文以模部之模字與之相通用也。合觀甲文金文母字與模女毋三字同用之痕跡，則母字由模部演變入咍部之跡象甚明，如謂初本在咍部，後變入模部，則時代後先顛倒失次，為今人不可想像之事矣。此字音問題之說也。次談字義問題。今皆以父母之母為母字之初義，余謂殆非也。父者，男子也，母者，女子也，甫為父之後起字，說文訓為男子之美稱，猶得父字義之髣髴，許君訓父為家長率教者，非朔義也。金文男子之字，字皆作父，不作甫。古文母女通用，知母本謂女子也。王靜安著女字說，見觀堂集林卷三。歷舉金文中「號改魚母」之類凡十七事，謂皆女子之字，其說是也。此雖周代史實，然父為男子，母為女子之訓義，實受自殷人。惟靜安謂男女既冠笄，有為父母之道，故以某父某母字之，則說恐非是。余謂字男子曰父者，所以別於女子，明其為男子也；字女子曰母者，所以別於男子，明其為女子也。孟子稱五母雞二母彘，母雞母彘但謂牝雞牝豬，絕無父母字之義也。然則甲文稱大乙母及祖丁母者，猶今人言某某的女人耳，正不必以父母之義為嫌，而別求解說也。此字義問題之說也。兩說通，此字或可得終極之解決乎！

又按今人稱雄雞為公雞，牡豬為公豬，公者，廣雅釋詁云：「父也。」然則公雞即父雞，公豬即父豬，此與母雞母彘正相對，此父母二字皆只別性之陰陽，非與子相對之父母義也。又按說文牛部云：「牡，畜父也；特，朴特，牛父也；牝，畜母也。」諸父母字亦皆只示陰陽性之不同，非常言父母義也。【釋□ 積微居甲文說】

◉高鴻縉 字倚女畫其乳形。由文女生意。言女而乳子者為母親之母。名詞。不象裹子形。周時借用為否定助動詞。秦人妄造□字。以為區別說文解之。曰□止之也。从女有奸之者武扶切。其差誤可笑。坐不察周文也。【中國字例二篇】

◉李孝定 母女古得通，作□，象兩手操作形，與「男」从力田會意有別。作□，明象其兩乳，示乳子之意。乳字契文作□，則象乳子之形，馬叙倫氏謂乳从孚聲，孚母音同云云，其說未安，□字稍變作□，再變則為「乳」耳，非从孚聲也。張鳳氏謂每借為母，亦可商，作□，象母首着笄形，亦得解為文字增繁之象，無義，非「每」字也。高鴻縉氏說可从。【金文詁林讀後記卷十二】

◉陳偉湛 甲骨文女均作□或□形，像一個女人跪跽在地雙手交叉于胸前之狀，又有少數作□形，首部多一筆，象簪笄。甲骨文的母則多作□□，即在女字中加上兩點，象胸前雙乳之形，金文亦多如此作，這在六書中可謂「指事」。小篆演變為□，《說文》釋為「牧也。從女，象懷子形。一曰象乳子也」，確是越說越糊塗。但甲骨文中的母字有時又不加兩點，而一去掉這標誌，便與女字相混了。這樣，□是母非女，很清楚，但□卻是女也是母，變成異字同形。不可不辨了。

□或□作為「女」字的辭例，卜辭屢見不鮮，如武丁時的卜辭說：

甲申〔卜，㱿貞：帚（婦）〕好冥（娩）妫（嘉）？王固曰：其隹丁冥妫，其隹庚冥。弘吉。三旬㞢一日甲寅冥，不妫，隹女。

《乙》七七三一（《續存》附圖八）

此辭謂婦好分娩，生了女孩，覺得掃興，認為是「不妫」。甲骨文還有來女、取女、氏（致也）女的記載，如：

帚（婦）姘來□　《乙》七四二六

其氏角□。　《乙》三五〇七

貞□〔氏〕角□。　《乙》三〇〇五

乎取□于林。乎取□。　《乙》三一八六

辛卯卜，争：勿乎取奠□子？

辛卯卜，争：乎取奠□子？　《殷綴》二七六

這類「女」，姚孝遂同志認為是作為禮品或貢物進納給商王的女俘，是所謂「床上奴隸」。此說能否成立，當然還可討論，但上引諸辭中的「女」不讀為母，則是肯定的。

在很多場合，根據文義可以判斷，□或□卻是母字，不是女字，如《甲》二九〇二片，母庚、母壬、母癸並見，三母字一作□、二作□，中無兩點。《甲》二四二六片母己作□己，《乙》八六六一片母壬亦作□工，再如《掇》一・一九五片「母己」，母作□，《粹》三八一片「母戊」，母作□，均與女同形。而在合文形式中，母甲、母乙、母丙、母丁、母戊、母己、母庚、母辛、母壬、母癸等等稱謂，母字均可作□，與女同形（見《甲骨文編》合文卷，第十三至十五頁）。殷虚出土司母戊鼎母字亦作□，結構與甲骨文同，可資參證。　【甲骨文異字同形例】

◉姚孝遂　午組卜辭與其它諸貞人組之刻辭，在稱謂上的同異，諸家曾有所論及，應該肯定，午組卜辭在書法字體以及親屬稱謂諸方面，均有其特異的地方。

陳夢家先生在分析午組卜辭之特徵時，以為没有「母庚」之稱謂（《綜述》一六二——一七二頁）。作為王室體係而言，卜辭衹有武丁可稱小乙之配為「母庚」。小乙以後諸王，其配偶再無以「庚」為名者。

《屯南》二六七三：

「小子□母庚」

「□母庚宰」

嫗

媼

據其字體，當為午組卜辭，而兩見「母庚」之稱謂。「□」假作「卬」讀作「禦」，謂禦祭於母庚。

我們目前雖難以證明此「母庚」是小乙之配或不是小乙之配，但午組卜辭有「母庚」之稱謂則是確切無疑的。【讀小屯南地甲骨劄記　古文字研究第十二輯】

◉趙　誠　18.母。甲骨文寫作□，从女突出乳房，表示哺育過子女的女人。此即母字之本義。卜辭用作副詞，表示禁止或否定，近似於後代的毋，則為借音字：

母其戋缶。（丙一）——不要擊伐缶方。母表示禁止。戋，動詞，打擊、征伐之義。缶，方國名。

貞，百牛母其至。（乙三二一九）——一百條牛没有到來。母表示否定。

母，也可以寫作女（□）。【甲骨文虛詞探索　古文字研究第十五輯】

◉戴家祥　甲骨文金文均作□，女中多兩點，許説是也。郭沫若進而發説曰：人偁育己者為母。母字即生字崇拜之象徵，母中有二點，廣韻引倉頡篇云「象人乳形」。見甲骨文字研究釋祖妣。金文又有作□者，女上一橫，象插簪笄于髮。國語鄭語「既笄而乃子」，公羊僖公九年傳「字而笄之」。古代女子插簪笄即為母的象徵，故構字如此。金文母字或假作毋、如。【金文大字典上】

◉許　慎　□母也。从女。區聲。衣遇切。【説文解字卷十二】

◉馬叙倫　嫗姁轉注字。嫗音影紐。姁音曉紐。古讀曉為影。嫗姁聲皆侯類。漢書韓信傳。言語姁姁。史記作嘔嘔。其例證也。【説文解字六書疏證卷二十四】

◉許　慎　□女老偁也。从女。𥁕聲。讀若奧。烏皓切。【説文解字卷十二】

◉馬叙倫　鈕樹玉曰。韻會引及玉篇廣韻作女老稱。繫傳女作母。誤。段玉裁曰。小徐作母。是也。禮樂志。媼神蕃釐后土富媼。張晏曰。媼。老母稱也。坤為母。故稱媼。徐灝曰。戴侗謂媼即嫗之聲轉。是也。嫗讀如蓲。故聲轉為烏皓切。倫按嫗媼音同影紐轉注字。讀若奧者。劉秀生曰。𥁕奧聲皆影紐。故媼從𥁕聲得讀若奧。風俗通。菀。藴也。荀子哀公。富有天下而無怨財。注。怨讀為藴。富國。使民夏不宛暍。注。宛當為奧。𥁕聲如夗。夗聲如奧。是其證。鍇本讀若奧下有武威有媼闈縣六字。王鳴盛謂非許原文。蓋以地理志作圍不作闈也。倫謂此類本為吕忱據三倉訓詁等文所加。今本凡此類。

有去有未去。亦有一本去。而一本猶有去而未盡者。鍇本有此六字。蓋所校本漏删者也。此字亦或出字林。不然。則本訓母也。吕忱增女老稱也及讀若奧武威有媪闈縣。【説文解字六書疏證卷二十四】

姁 姁

 姁 㝨𢦏父鼎 【金文編】

 郭姁  王姁  田兒姁印 【漢印文字徵】

◉許 慎 姁 嫗也。从女。句聲。況羽切。【説文解字卷十二】

◉馬叙倫 媪讀若奧。音在影紐。聲在幽類。姁音曉紐。古讀歸影。聲亦幽類。是轉注字也。古鉩作。【説文解字六書疏證卷二十四】

◉戴家祥  㝨𢦏父鼎 金文用作人名。前漢書吕后紀「后名雉，字娥姁」。用作名字，「姁」當是好字眼，集韻「姁，匈于切，姁，媮美貌」，蓋為此意。【金文大字典上】

姐 姐

 孫彊集 【古文四聲韻】

◉許 慎 姐 蜀謂母曰姐。淮南謂之社。从女。且聲。兹也切。【説文解字卷十二】

◉馬叙倫 鈕樹玉曰。韻會蜀下有人字。玉篇引作蜀人呼母曰姐。無淮南謂之社句。劉盼遂曰。廣韻。姐。兹野切。按今山西河東尚呼母曰姐。長沙人謂祖母曰唉姐。劉秀生曰。且聲在清紐。左聲在精紐。精清皆齒音。故姐從且聲得讀若左。力部。助。左也。從力。且聲。屮部。左。手相左助也。從𠂇工。左助以聲互訓。是其證。倫按此字蓋出字林。今浙江江上縣呼母亦曰姐。淮南謂之社者。社姐聲同魚類。故淮南呼社也。此蓋校者淮南人故加之。不然。語似無根矣。晉書音義引字林。姐。子野反。【説文解字六書疏證卷二十四】

◉戴家祥 ，吴侃叔釋姪。積古齋鐘鼎彝器款識卷五第九葉𡟭妊壺。孫詒讓讀為西陵之女嫘祖之祖。名原下第廿三葉。郭沫若初釋熠，兩周金文辭大系考釋第二四三葉穌甫人盤。後改釋為房星之房，叚為煌殷周青銅器銘文研究第一三八葉晉邦盦韻讀。于省吾讀為秩秩。雙劍誃古文雜釋第四葉釋𡟭𡟭。陳直釋取。金文拾遺第九葉。衆説紛紜莫衷一是。竊疑从女从，从，古文俎，

姑 姑

則从且，且古文祖，以聲類求之，字當釋姐。且聲同䖍，説文二篇辵部：䢐籀文作䢐。七篇网部：罝，籀文作䍡。釋玄應一切經音義二十摣，古文相同。集韻下平九麻，樝，通作柤，齇，或作䶥。文選繁休伯與魏文帝牋「謇姐名倡」，李善注引「説文曰嫭字或作姐。古文叚借也，姐，子也切」。説文十篇心部「怚，嬌也」，又女部「嫭，嬌也」。怚嫭形聲更旁字也。集韻「嫭，女名」。字从䖍，䖍又从乍，於字仍當讀䖍。玉篇三八二䖍，一音昨何切，从母歌部。又音才都切，以母魚部。唐韻廣韻止收歌部。䖍乍不但同母而且同部，知䖍之从乍者，注音加旁字也。【金文大字典上】

姑 婦姑鼎　庚嬴卣　頌卣　遲盨　復公子簋　姑□句鑃　工𢽾大子劍　婦闟甗　婦闟卣【金文編】

姑　雜四〇　通嫴　令—堵一歲【睡虎地秦簡文字編】

—分長(丙11:目1)、—(丙11:1—2)【長沙子彈庫帛書文字編】

姑幕丞印　姑幕丞印　姑陶婉【漢印文字徵】

姑見石經　姑【汗簡】

義雲章　石經【古文四聲韻】

◉許　慎　姑夫母也。从女。古聲。古胡切。【説文解字卷十二】

◉徐同柏　周婦姑甗　姑讀若姑洗之姑。潔也。【從古堂款識學卷一】

◉徐同柏　商闟觥　姑君。姑古从十。此十更从○。四方之象。姑或釋為婤。【從古堂款識學卷十四】

◉吴式芬　婦闟觥　許印林説⊘義當是母。諦審搨本。實是女字。左畔加申ㄩ二形。其為一字二字三字不可定。若為一字則姑字也。又與四聲韻威下引道德經字意近。疑或之變體。威亦姑也。但古有文母。未聞有文威文姑。仍闕疑可也。【攈古録金文卷二之二】

◉劉心源 □闟觥 婎或釋姑。然从□決非古。孜宗周鐘割字从□。無叀鼎割字从□。召伯父辛敢介萬年之介。以害為之作□。知此从害也。集韻妎或作婎。説文妎妬也。此銘或是姓或是女字。古人無避忌。如痤醜亦可命名。何疑於婎。且楚語。弭其百苛。妎其讒慝。注妎覆也。其取義亦不惡矣。或釋婤亦可。【奇觚室吉金文述卷六】

◉方濬益 (婦闟卣)古於姑之稱有二。爾雅釋親。父之姊妹為姑。詩泉水。問我諸姑。左僖公十五年傳。姪其從姑是也。婦稱夫之母曰姑。禮記內則。婦事舅姑如事父母是也。又穀梁文公三年傳曰。婦者有姑之辭。左襄公二年傳曰。婦養姑者也。此正為姑作器。故稱婦以見義。【綴遺齋彝器款識考釋卷十二】

◉馬叙倫 蓋本訓母也。吕忱加夫母也。今失本訓。姑為姐之聲同魚類轉注字。婦姑鼎作□。庚嬴卣作□。婦闟卣作□。姑口句鑃作□。【説文解字六書疏證卷二十四】

◉馬叙倫 □為姑之異文。姑從古得聲。古從十口聲。十田一字。田者。象阡陌之横縱。詩。縱横其畒。畒。説文作晦。實即陌之次初文。十之轉注字也。從申為田之異文。田之阡陌固非必作田而不可作申也。從田猶從十矣。文姑猶文母。姑本嫗之聲同矦類轉注字。亦姑為夫之母之偁。蓋後别之。【讀金器刻詞卷下】

◉楊樹達 爾雅釋親云：「婦稱夫之父曰舅，稱夫之母曰姑，姑舅在則曰君舅君姑，没則曰先舅先姑。」此説文所本也。然釋親又云：「父之姊妹為姑。」是姑有二義，並是女子之稱，與字形从女者合。不知許君何由定姑之初義必為君姑之姑，而非父之姊妹之姑也。愚徵之人事，謂姑之稱當以父之姊妹稱姑者為先，而君姑之稱在後。蓋父之姊妹，往往人生而即有，人自咳笑能言，即當用此稱名，若君姑則女子嫁後始得相接為稱者也。釋親又云：「母之晜弟為舅。」此亦往往人生而即有者也。蓋人自初能言時，無問男女，稱其母之兄弟為舅，稱其父之姊妹為姑。及女子適人，則移其所以稱母之兄弟者稱其夫之父而曰舅，移其所以稱父之姊妹者稱其夫之母而曰姑。又不惟女子然也，男子娶妻以後，與妻之父母相接，不能無稱，則亦移其幼時所以稱母之兄弟者稱其妻之父而曰舅，又移其幼時所以稱父之姊妹者稱其妻之母而曰姑。禮記坊記云：「昏禮，壻親迎，見於舅姑，舅姑承子以授壻。」鄭注：舅姑，妻之父母也。此直稱舅姑者也。釋親云：「妻之父為外舅，妻之母為外姑。」此稱外舅外姑者也。壻之稱外舅外姑，猶婦之稱君舅君姑也，皆後起之詳稱，所以為别異也。君舅外舅，所以别於母舅也；君姑外姑，所以别於父之姊妹之姑也。以人事稱名之次第，推求文字義詁之次第，當先有父之姊妹之姑而後有君姑之姑，灼然甚明。然則父之姊妹稱姑，始義也，君姑則引申義也。許君以引申義為初義，違於理實矣。抑許君於舅字下云：「母之兄弟為舅，妻之父為外舅。」不以夫之父為專訓，又以母之兄弟居先，妻之父居次，可謂善於抉擇矣，乃於姑字則不然，抑何明於彼而暗於此乎！

【釋姑　積微居小學述林】

◉饒宗頤　姑十一月辜　繒書作姑。與辜為同部字。月令仲冬之月，命之曰暢月。據淮南子時則訓：「仲冬之月……命有司曰土事無作，無發民居，及起大衆。……命曰暢月。」高注：「陰氣在上民人空閒，故曰暢月。」按説文：「暘，不生也。」以作暘為是。【楚繒書十二月名覈論　大陸雜誌三十卷一期】

◉李　零　姑，即《爾雅·釋天》十二月名之辜，冬十一月。所附神象作牛首人身。　【釋文考證丙篇　長沙子彈庫戰國楚帛書研究】

◉高　明　十一　姑分長

曰姑，利戠(侵)伐，可以攻城，可以聚衆，會諸侯，型首事，殄不義。姑在此為月名，《爾雅·釋天》：「十月為辜。」姑辜古同音互用。【楚繒書研究　古文字研究第十二輯】

◉戴家祥　⿰夫古　姑衍𣪘　姑衍作寶𣪘　孫詒讓云：金文又有云「⿰夫古衍作寶𣪘」，其字从夫从古亦説文所無。竊疑亦即⿰夫古字之省。蓋古文害字，从丰據毛公鼎害字偏旁蓋丰字古文如是作多父盤作□，下半與古形尤近。斷取其下半為□，箸口則成古形，非从十口之古字也，名原下第二十五葉。按孫説可商，⿰夫古字左半从夫，右半从古明甚。字當釋姑。攷姑之訓義有二。爾雅釋親「父之姑姊妹為姑」，此一義也。姑姊妹祖父之女也，故表義从女。釋名釋親屬「婦稱夫之母曰姑」。説文十二篇「姑，夫母也」。舅姑之姑，名由夫來，必更旁从夫，乃足以示別異于姑姊妹之姑，此又一義也。【金文大字典上】

威

威　弔向簋　癲簋　癲鐘　虢弔鐘　邾公華鐘　王孫鐘　𢛫于威義　王子午鼎　𢛫于威義　【金文編】

威　為一二　【睡虎地秦簡文字編】

五威將焦掾並印　王威私印　鄭子威　杜威私印　顏威之印　賈長威印　【漢印文字徵】

郛休碑額　詛楚文　光烈威神　【石刻篆文編】

[glyph]道德經　[glyph]同上　[glyph]籀韻　[glyph]王存乂切韻　【古文四聲韻】

◉許　慎　威姑也。从女从戌。漢律曰。婦告威姑。徐鍇曰。土盛於戌。土。陰之主也。故从戌。於非切。【説文解字卷十二】

◉林義光　戌非聲。威當與畏同字。王孫鐘威儀作畏義。从[glyph]。象戈戮人。女見之。女畏懾之象。【文源卷六】

◉唐桂馨　許説此字未釋明从女之義。戌字有鎮壓義。女系於戌下。則女被鎮壓可知。故威儀威權等字由是而生。此字與威字意同。【説文識小録　古學叢刊第一期】

◉馬叙倫　鈕樹玉曰。韻會作戌聲。王煦曰。戌讀緩音如歲。故歲字注云。從步。戌聲。威當從女戌聲。倫按威為媼之音同影紐轉注字。媼聲真類。威聲脂類。則威又媼之音同影紐聲則脂真對轉轉注字。姑音見紐。見影同為清破裂音。則姑與媼媼威亦相轉注也。漢律七字呂忱或校者所加。引律證字形則可。證字義則不可。蓋律文婦告威姑者。威姑即爾雅釋親之君姑。本書。君。讀若威。故得借威為君。若此訓姑。則是婦告姑姑矣。然使引以證字形。則經記威字多矣。何必引律邪。明是無識者所加。字見急就篇。【説文解字六書疏證卷二十四】

◉李孝定　金文威字，或从「戌」，小篆从戌，威字从「戌」，於音於義，均無可説，竊疑从「戌」為聲，尚覺差近。林義光氏謂戈戮人，女見之畏懾之象，亦覺迂曲。威字古當以畏為之。【金文詁林讀後記十二卷】

◉戴家祥　林義光説是矣。金文威从戈从女，結構與[glyph]畏相通。卜戈都屬兵器；婦人為女，人死為鬼，女鬼也有聯係，可作形符交換。廣雅釋言「畏威也」；釋名釋言語「威畏也」。二字轉注互訓，字義一致。鐘鼎彝器銘文中，畏威二字也可通用。邾公鐘「余[glyph]龏恭畏忌」，畏作[glyph]。盂鼎「畏天威」，威作[glyph]。甲骨文不見威字，當以畏一字統之。小盂鼎「伐鬼方」，鬼作[glyph]，甲骨文也有[glyph]總類3793[glyph]同上諸家無釋，這三字从戈从由，由為鬼之省。形義與威畏通，當為畏之重文。梁伯戈「鬼方」的鬼作[glyph]，顯然也是畏字。静安先生在鬼方昆夷玁狁考一文中，已考證鬼畏二字可通。羅振玉藏一古璽，畏作[glyph]，兼畏威畝三形，為三字本屬重文增添又一證據。且畏威古音同，屬影母脂部，威畏古為一字無疑。【金文大字典上】

[glyph]妣

[glyph]甲三五五　卜辭用匕為妣重見匕下　[glyph]京都一八五二　卜辭用比為妣重見比下　【甲骨文編】

[glyph]匕之重文　【續甲骨文編】

妣 不从女 豙妣辛簋 匕字重見 𡨦作父丁爵 作義妣鬲 召仲作生妣鬲 戜方鼎 陳侯午錞 鄦侯簋 从示 𩐕鎛 祉字重見 【金文編】

◉許　慎　殁母也。从女。比聲。卑履切。 籀文妣省。【説文解字卷十二】

◉潘祖蔭　 張孝達説。尊鬲上是妣非姒。从女从比省。作匕。匕比同讀。生妣猶後代言所生母。經謂之妾母聲子成風之屬皆是。此作鬲者即禮所謂妾。祔於妾祖姑無。則中一以上而祔者。蓋其祔廟之祭時作。【攀古樓彝器款識第一册】

◉吴大澂　 疑古妣字。舊釋作乃。非也。父字作又持杖形。去杖為妣。即妣之省文。亦非又字。【愙齋集古録七册】

◉孫詒讓　「立完貝□ □」，二百六十五之二。《説文·女部》:「妣，殁母也。从女，比聲。」籀文省作处，金文召中作生妣鬲作 ，與此同。【契文舉例卷下】

◉羅振玉　説文解字妣籀文作 。卜辭多作 與古金文同。多不从女。惟義妣鬲召中鬲从女作处。與許書籀文合。吴中丞説古妣字。與父相比。右為 左為 。予案考妣之匕引申而為匕箸字。匕必有偶猶父之與母相匕矣。【增訂殷虚書契考釋卷中】

◉王國維　 説文解字女部妣殁母也。从女比聲。处籀文妣省。案齊子。仲姜鎛。義妣鬲。召仲鬲。妣字皆與籀文同。【史籀篇疏證】

◉高田忠周　要比匕音義皆近。比者並也。亦平等也。𡡾下曰。等也。妻下曰。婦與夫齊者也。妣與考相等而亦比次于考者也。从比形聲兼會意。故最古唯用比又用匕為之耳。愚謂妣媲本同字。其本訓妃也。亦生母之謂也。後世定為死母之偁。詳見媲下。易小過。遇其妣。虞書百姓如喪考妣。周禮大司樂。以享先妣。禮記曲禮。王母曰皇祖妣。皆謂死母。三代時用字之例已然矣。爾雅釋親。母為妣。蒼頡篇。考妣延年。朱駿聲云。古者通以考妣為生存之偁。其説相返。而正訓也。爾雅以下偶存古義者也。考本義亦生存耳。【古籀篇三十七】

◉郭沫若　男子皆得以祖名，女子皆得以妣名，從可知殷人之所謂祖妣亦有異於周人之所謂祖妣矣。

然則祖妣之朔為何耶？曰祖妣者牡牝之初字也。卜辭牡牝字無定形，牛羊犬豕馬鹿均隨類賦形，而不盡从牛作。其字之存者今表列之如次：

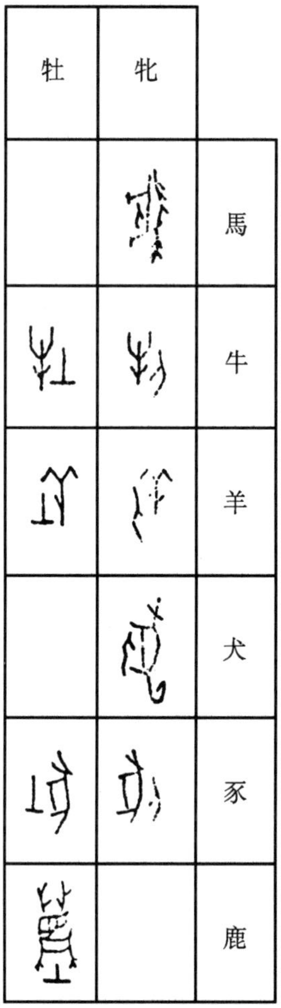

〔備攷〕鹿之牝為麀，石鼓文丙鼓有此字作，亦从匕，廼僅存之古字而卜辭適缺，則所缺之牡馬、牡犬字亦所應有者矣。統觀上表所列，均从丄匕象形。丄匕為何？丄匕即祖妣之省也。古文祖不从示，妣不从女。其在卜辭祖妣字有下列諸形：

祖 前一卷一葉。同九葉。同葉。同十一葉。

妣 前一卷卅七葉。同卅二葉。同葉。同卅八葉。

是則且實牡器之象形。故可省為丄；匕廼匕柶字之引伸，蓋以牝器似匕，故以匕為妣若牝也。

余案。「匕者比也」廼後起之說。其在母權時代，牡猶不足以比牝，遑論牝比於牡。⊘是故士女對言，實同牡牝、祖妣。而殷人之男名「祖某」，女名「妣某」，殆以表示性別而已。【釋祖妣　中國古代史研究】

◉方濬益　鳳鬲　說文妣殁母也。从女比聲。籀文渻作𡚱。此與召仲鬲銘均从匕。與籀文正合。禮記曲禮。鄭注妣之言媲也。媲於考也。【綴遺齋彝器款識考釋卷二十七】

◉馬叙倫　吴穎芳曰。母比於考故從比。即其稱謂。亦父轉為母。公轉為姑。爹轉為姐。桂馥曰。釋親。父為考。母為妣。郭注。禮記曰。生曰父母妻。死曰考妣嬪。今世學者從之。案尚書曰。大傷厥考之心。事厥考。厥長聰聽祖考之彝訓。如喪考妣。公羊傳曰。惠公者何。隱之考也。仲子者何。桓之母也。蒼頡篇曰。考妣延年。書曰。嬪于虞。詩曰。聿嬪于京。周禮有九嬪之官。明此非死生之異稱矣。馥案釋親又云。父之妣為王母。王父之妣為曾祖王母。曾祖王父之妣為高祖王母。妣者。母及諸祖母之通稱。廣雅。妣母也。易曰。過其祖。遇其妣。左傳。邑姜。晉之妣。冀州從事郭君碑。哀哀考妣。追惟實靈。卜商號咷。喪子。失明。明此則父母在亦稱考妣。倫按殁母為妣。蓋起於漢晉間。此或字林文。許當以聲訓。

妣為媲之異文。亦妃之轉注字。妣字出蒼頡篇。見郭璞爾雅注引。字自從女比聲。比聲猶匕聲。下文。妣。籀文妣省。然金甲文有以匕為妣者。實非省也。為也之省譌。也為女陰。子自陰出。即以為子呼所生之名。後乃增女為妣。轉注字作妣媲妃。假借字為母。及家庭制度碻定。尊卑親疏。偁謂緐異。於是母之名獨專於父之配耦。母古音如牧。音轉如媽。故今南俗之俗。率呼母為媽。聲轉為姐。亦轉為姑。妣音轉入封紐。封見影三紐同為清破裂音。故又轉為嫗媪姁威。女子生殖器今南北通呼。其音在非紐。非與喻紐四等同為次清摩擦音。也音在喻四。古讀喻四歸定。定並同為濁破裂音。而牝妣不過人畜異稱。語義無殊。牝音則入竝紐。甯波呼女陰音如匹。匹音滂紐。蓋其為雙脣音同。而或在封或在滂或在竝或在明。則以時地而異矣。若子呼所生之男者。其本字為伯。音亦封紐。假借字為父。音在奉紐。古讀歸竝。則其初蓋即以呼其母者呼其父。今俗通呼父曰爸。母曰媽。皆雙脣音。聲皆魚類。其或作爺作爹。亦隨時地而異。爺音玉篇以遮切。在喻紐四等。古讀歸定。廣韻。爹。屠可切。音亦定紐。然則父音實由母轉也。鄦侯敨作。

宋保曰。比省聲。倫按見妣下矣。作羲妣鬲作。陳侯午敨作。【說文解字六書疏證卷二十四】

◉李學勤　(三)妣：殷代的「妣」指祖的配偶。殷王系自王亥至武庚35王，有配偶可考者23王。其中王亥的配偶稱「王亥母」(乙6404)或「王亥妾」(鐵206・2)匚乙、匚丙、匚丁的配偶稱「三匚母」(萃120)，都没有日名可征，不知其人數。其餘，據衣祭祀譜，17王中二配者3王(仲丁、祖乙、祖丁)，三配者1王(武丁)。如參考其他材料，尚可增補：

外丙之配妣甲　　録271

祖辛之配妣壬　　契齋

羌甲之配妣甲　　後上4・1

羌甲之配妣庚　　佚878、哲厂

祖丁之配妣甲　　續1・35・1

則在19王中，二配者4王(仲丁、祖乙、羌甲、祖辛)，三配者2王(祖丁、武丁)。其比率甚小，不能解釋為一夫多妻制。人祭妣數與其繼世王數也没有關係。只有武丁三配，其次世適有一小王和二王，不過是一個偶合。

殷妣的地位可分為四等：

(1) 列入衣祭祀典的。

(2) 不列入衣祭祀典，但仍可系于祖的。

(3) 不系于祖，但仍有日名的。

(4) 無日名的。如妣丹(乙6451)。

以上(1)(2)兩等都可以系于所配的祖，稱「某祖Δ妣某」。中間作為聯系的一個字，在殷各朝習慣上有所不同：

武丁　妻、母(一見)

祖甲　奭、母(一見)

稟辛康丁　奭

武乙文武丁　妾、母

帝乙帝辛　奭

請注意「妻」「妾」在殷代只如此用。【論殷代親族制度　文史哲一九五七年第十一期】

◉李孝定　妣字古假「匕」為之，後乃增「女」，猶牝之增「牛」也。妣之本義為母，不别生死，虞書「百姓如喪考妣」，正言生父生母，如專指已死，寧得更言「喪」乎？後乃專為死母之稱，故字又增示作「礼」耳。【金文詁林讀後記卷十二】

姊

姊　季宮父匿　中姊媦姬　【金文編】

0331　【古璽文編】

譊姊　【漢印文字徵】

◉許　慎　姊女兄也。从女。𠂔聲。將几切。【說文解字卷十二】

◉楊樹達　說文十二篇下女部云：「姊，女兄也，从女，𠂔聲。」按六篇下木部云：「𠂔，止也，从木盛而一横止之也。」此與姊義不相涉。古書明姊之語源者，白虎通三綱六紀篇云：「姊者，咨也。」廣雅釋親同。釋名釋親屬云：「姊，積也，猶日始出，積時多而明也。」樹達按班劉二説皆皮傅無理，非其義也。今按：姊之為言次也。儀禮既夕禮云：「設牀笫。」鄭注云：「古文笫為茨。」易夬九四云：「臀無膚，其行次且。」釋文云：「次鄭作趑。」說文走部云：「趑，蒼卒也，从走，𠂔聲，讀若資。」古書凡云次舍者，次通訓為止，與𠂔訓止同。今龜甲文次字作師。論語云：「造次必於是。」鄭云「造次，倉卒也」，倉卒蒼卒同；知論語實假次為趑。第

或作茨，次或作趀；趀讀若資，次假作趀，次舍之次古文从朿作師，此皆古朿次同音之證也。按古次聲字多含次比之義。周禮追師云：「為副編次追衡笄。」鄭注云：「次，次第髮長短為之，所謂髲髢，服之以見王。」按說文髟部有髲，列於鬄髲二文之後，段氏謂即周禮之次，是也。釋名釋宮室云：「屋以草蓋曰茨，茨，次也，次比草為之也。」詩小雅車攻云：「決拾既佽。」箋云：「佽謂手指相次比也。」朿與次古音同，故朿聲字亦有含次比之義者。五篇上竹部云：「第，簣也，从竹，朿聲。」按第謂次比析竹於牀榦也，此造字時以朿為次之證也。釋名釋親屬云：「弟，弟也，相次弟而生也。」說文女部又云：「娣，女弟也，从女，从弟，弟亦聲。」按五篇下弟部云：「弟，韋束之次弟也。」姊為女兄，弟為兄弟，娣為女弟，姊受聲義於次，猶兄弟之弟女弟之娣受聲義於次弟之弟也。姊娣為對文，猶次弟為連文矣。【釋姊　積微居小學述林卷一】

◉馬叙倫　姊。從女。朿聲。姊妹實一義異文。許當以聲訓。女兄也及妹下娣下訓女弟也者。蓋皆字林文。餘詳娣下。古鉩作。【說文解字六書疏證卷二十四】

甲二〇九　甲二〇七三　地名　田妹　乙二五四〇　乙二七五〇　拾一一・一一　前二・三九・二　前二・四〇・七　前四・二五・五　前四・二五・六　後二・一〇・二　林一・二一・一三　林一・二三・二　戩・三五・八　戩三五・一〇　粹八三八　無想三三八　存二四六六　燕七六九　京都一八八四　京都二五八七　【甲骨文編】

甲209　乙1540　1750　續1・5・1　續3・28・1　徵4・54　續4・24・14　徵1・89　續4・32・4　續存2466　新2016　5556　5558　【續甲骨文編】

妹　盂鼎　沈子它簋　弔趯父卣　西替匜　寍桐盂　鄦伯受匜　【金文編】

段妹　【漢印文字徵】

◉許　慎　□女弟也。从女。未聲。莫佩切。【說文解字卷十二】

◉吴大澂　□盂鼎　妹古文以為昧字。釋名。妹。昧也。猶日始出歷時少尚昧也。盂鼎妹辰即昧晨。叚借字。【說文古籀補卷十二】

◉王國維　□□　卜辭此妹字作□，从女从□。卜辭十二辰之未亦多作□，知□即妹矣。【戩壽堂殷墟文字考釋】

◉葉玉森　契文作□□□之偏旁。上象木近女首。下象木在女旁。古以木為枕。女子雞鳴而起。時方枕卧。東方未明。故卜辭用如昧爽之昧。妹固昧之初文。契文休作□。从人从木。亦象枕。表休息意。宿作□□。从人从茵。表就宿意。造字之例竝同。至別構作□□。从□象木上有小枝。乃木末形。似為末之初文。古末未音同。當為一字。後人以未專紀時或作語詞。乃別制末字。訓女弟之妹。應从女从末。蓋末有小誼。呂覽精褕篇注。妹固女之小者。但契文每叚妹為妹。故盂鼎妹辰亦沿其譌。【說契　學衡第三十一期】

◉郭沫若　妹讀為敉，説文「敉撫也，讀若弭」。弭敉妹古本同音字。【沈子簋銘考釋　金文叢考】

◉馬叙倫　鈕樹玉曰。韻會引同。繫傳作夫之女弟也。非。戚學標曰。白虎通。妹者。末也。據義當從末。莊子。鼠壤有餘蔬而棄妹。郭注解為末學。本書有妹無妹。實則未聲當作末聲也。倫按甲文有□□□。羅振玉釋妹。未末本一字。盂鼎作□。□桐盂非□。【說文解字六書疏證卷二十四】

◉楊樹達　前編二卷三九葉之二云：「癸亥，卜，才∆餗貞，王才亳，妹其餿，坐正王。」葉玉森云：妹應訓昧爽。釋名：「妹，昧也。猶日始出，歷時少，尚昧也。」盂鼎「昧晨」亦作妹辰，古文蓋以妹為昧。他辭云：「妹其雨？」前三卷十九葉之五。「妹雨。」後上卅二葉之十。妹為昧爽，可為顯證。集釋二之六六下。又三卷十九葉之五云：「妹，征雪。」葉玉森云：妹言昧爽，非地名也。集釋三之廿下。

通纂別一新獲十七片云：「乙亥，卜，之四月，妹□史？」郭沫若云：□史當讀為有事，妹即沬。玖下。羅振玉云：卜辭中沬字為地名，殆即酒誥之妹邦矣。又借為昧爽字。書契考釋中廿三。【妹　卜辭求義】

◉陳夢家　女妹辰又大服。余隹即朕小學。女勿勉余乃辟一人。似說盂早年(昧晨)有服位。就事于王之小學。勿勉于王。故有下令余隹令女盂云。【大盂鼎　西周銅器斷代】

◉朱人瑞　「妹辰」釋「勉」，雖然上下文義都密合無間；但是，更先決的問題是「證據」。能不能從古籍裏找出「證據」來呢？應該說，在目前存在的古籍和出土的實物裏，除了大盂鼎銘文以外，「妹辰」二字聯用，我們還沒有第二次發現過。因此，只能從「妹」

字「辰」字兩方面分別去探討。

首先,我們來研究「妹」字。

由釋名音訓和易釋文:「昧,本作妹。」看來,妹和昧古字通用。昧字重言則為昧昧。尚書泰誓「俾君子易辭,我皇多有之,昧昧我思之,如有一介臣。」偽孔傳云:「我前多有之,以我昧昧思之不明故也。」江聲云:「秦本紀云『以申思不用蹇叔、百里奚之謀,故作此誓。』則昧昧我思者,自謂思此一介臣。」按:江說是。偽孔傳以「昧昧我思之」屬上讀,因而釋昧昧為不明,大誤。昧昧猶黽勉,昧昧我思之,猶云我黽勉思之。昧勉古同聲類,聲轉又為孟,為茂,為勔,為敃,為明,為蘉,為勱,為懋,為忞。長言之,則為旼旼,為勉勉,為昧昧,為沒沒,為勿勿,為懋懋,為慔慔,為亹亹,為穆穆,為密勿,為侔莫,為文莫,為黽勉,為蠠沒,……都含有勉義。妹跟昧既然古字通用,妹字當然也可以解釋為勉。這樣就解決了妹字方面的問題。

確定了「妹辰」的涵義,找出了它的源流演變,我們還注意到下列兩件事:

(一)「妹辰」是一個聯合式合成詞。在它先後同時的變形文字中,也可以拆開來用它的一部分為單音詞(例如「明」和「農」)。

(二)用為合成詞的時候,在我們所舉的「明農、妹辰、勉努、文農」諸例中,都是m音在前,n音在後,構成了mn的形式,毫無例外。【大盂鼎銘文妹辰的涵義及其源流演變　學術月刊一九五七年第八期】

◉李宗焜　見於下引黃組卜辭的「妹」,一般都以為是時稱,即「昧爽」之意:

(132a) 辛卯卜,貞:今日延霋。

(132b) 妹延霋。

(132c) 壬辰卜,貞:今日不雨。　38191

(133a) 戊午卜,貞:今日霋。

(133b) 妹霋。

(133c) ☐卜,貞:☐不雨。　38192

(134a) 辛巳☐,今日霋。

(134b) 妹霋。

(134c) 戊☐卜,貞:今日不雨。

(134d) 其雨。　38197

(135a) 乙巳卜，貞：今日霎。

(135b) 妹其霎。　38196＋38205

霎從于省吾釋，朱駿聲謂「霎」當為「霽之或體」。于氏解釋「妹延霎」為「天將明時繼續晴朗」。但「今日霎」、「妹霎」的格式，很像正反對貞之辭，同版或有「今日不雨」、「其雨」的正反對貞之辭，可作為旁證。尤其例(135)「今日霎」、「妹其霎」，與卜辭習見的「今日雨」、「不其雨」相彷彿。疑「妹霎」、「妹延霎」、「妹其霎」的「妹」是否定詞，當讀為蔑。《國語・越語上》「姑蔑」，《逸周書・王會》作「姑妹」，可證二字古通。《國語・晉語二》：「吾有死而已，吾蔑從之矣。」王引之《經傳釋詞》謂：「蔑，猶不也，言不從也。」《左傳・成公十六》「蔑從晉矣」、《國語・吴語》「天占既兆，人事又見，我蔑卜筮矣」俱同此用法。卜辭「妹霎」、「妹其霎」、「妹延霎」猶言「不霎」、「不其霎」、「不延霎」。【卜辭所見一日内時稱考　中國文字第十八期】

◉李平心　《大盂鼎銘》「女妹辰又大服」一語，金文學家説解紛紜，均可商。今考妹辰即古衛國的别名。《書・酒誥》「明大命于妹邦」，妹邦即衛國，亦即沬邑，亦即鼎銘之妹辰；妹與沬衛古相通假。辰即大辰，亦即《易・未濟》「震用伐鬼方」及《震卦》之震，《史記・殷本紀》之振。震、振、大辰並即商祖王亥的别名。王國維以振為核(王亥)之譌文，純是臆説。王亥稱大辰，猶帝俊稱大舜，高密稱大禹。大辰由人名變為星名，宋為商裔，故古稱大辰(王亥)之虚；衛國本為商都所在，名為妹辰，與史實相合。鼎當是衛器，作器者當是衛康叔之孫孝伯，盂殆即孝伯之名；王殆即周康王。鼎銘稱盂祖為南公，南公實是康叔封。疑封及其子牟均曾司康宫，康宫即南宫，在宗周成周均有，故封稱康叔，又稱南公；王孫牟亦稱康伯。《路史・後紀》云「衛有南公氏」，足以助證南公與康叔為一人。鼎銘云「女妹辰又(有)大服」，譯成今語，就是你衛邦有重大任務，與《酒誥》云「明大命于妹邦」正互相證發。【《大盂鼎銘》「女妹辰又大服」解　中華文史論叢第五輯】

◉徐中舒　前四・二五・五　從木從女，《説文》所無。疑為妹之異體。【甲骨文字典卷十一】

◉戴家祥　妹之初義有爭論，如上所列。段玉裁引白虎通「姊者，咨也。妹者，末也」，謂「又似从末」。説文解字段注第十二篇下。查金文妹字均从未沒有从末字例，段玉裁所疑不確。【金文大字典上】

◉彭裕商　渃字作為地名，陳夢家先生認為其字從水味聲，應即《書・酒誥》「明大命于妹邦」之妹，以下述幾點觀之，陳説應可信从。

1. 此字從木，妹字从未，古文字木未二字字形極為相近，讀音也相去不遠。

2. 《書・酒誥》是周王命康叔在其管轄區域内禁酒的文告，開首即云「明大命于妹邦」，説明妹地歸康叔管轄，與本銘所載

姨

相合。

3. 此器出於河南北部，正是妹地所在。【湇司徒逘簋考釋及相關問題　于省吾教授百年誕辰紀念文集】

◉許　慎　𡛷女弟也。从女。从弟。弟亦聲。徒禮切。【說文解字卷十二】

◉馬叙倫　鍇本作從女弟聲。是也。段玉裁謂形聲中會意。非也。弟非兄弟本字也。女弟也者。白虎通。娣者何。女弟也。爾雅釋親。女子同出。謂先生為姒。後生為娣。郭注。同出謂同事一夫。段玉裁桂馥竝據公羊傳。諸矦取一國。二國往媵之。以姪娣從。娣者何。弟也。以證郭說之義。徐灝則謂同出謂同一翁姑。非謂同事一夫。下文云。長婦謂稚婦為娣婦。娣婦謂長婦為姒婦。即其明證。倫謂徐說為長。左成十一年傳。穆姜曰。吾不以妾為姒。妾謂聲伯之母。不聘故也。夫之昆弟之婦不聘。且妾之而不姒。則同事一夫者。必皆妾也而後可娣姒。不得同事一夫者無適庶而皆娣姒可知矣。孔穎達據長婦謂稚婦為娣婦。稚婦謂長婦為姒婦。謂止言婦之長稚。不言夫之大小。長謂身之年長。非夫之年長也。又據穆姜謂聲伯之母為姒。昭二十八年傳。叔向之嫂謂叔向之妻為姒。二者皆呼夫弟之妻為姒。明以己之年非夫之年也。孔說極明。蓋姒娣即姊妹之異文。本書無姒。然姒從以得聲。以音喻紐四等。古讀歸定。娣音定紐也。妹娣則聲同脂類。固轉注字矣。下文。娟。楚人謂女弟曰娟。娟聲亦脂類。亦妹之轉注字。則吾同輩而稚於我之女性者。皆以妹偁。聲轉為娣為娟。初無別異。後乃分之。夫男曰昆弟。昆弟皆濁破裂音。其實初無先生為昆後生為弟之別。女曰姊妹。姊妹聲同脂類。初亦無先生為姊後生為妹之別。猶今西方英吉利國偁昆弟竝曰帛刺惹。偁姊妹竝曰息司脫。唯我國則後世以轉注字日多。乃別其呼。然昆已製仲字。姊妹各從女作字。而弟猶無本字。春秋隱元年左傳釋文引字林。娣。大計反。女弟也。則此字蓋出字林也。【說文解字六書疏證卷二十四】

媦

郭媦【漢印文字徵】

◉許　慎　𡞤楚人謂女弟曰媦。从女。胃聲。公羊傳曰。楚王之妻媦。云貴切。【說文解字卷十二】

◉馬叙倫　鈕樹玉曰。釋親釋文引曰作為。倫按妹娣竝訓女弟。而楚人謂女弟曰媦。公羊傳。楚王之妻媦。是亦可證初無別異矣。然此捝本訓。或字出字林也。爾雅釋親釋文引何承天纂文。河南人云。妹。媦也。媦為妹娣之聲同脂類轉注字。娣

音定紐。娟音喻紐三等。古亦歸定。亦其證也。【説文解字六書疏證卷二十四】

婈

◉許　慎　兄妻也。从女。叜聲。穌老切。【説文解字卷十二】

◉吳大澂　宗婦敦　兄所聘妻。當即小篆婈字。隸書甹叟相近。一變而从叜義。不可通矣。【説文古籀補卷十二】

◉高田忠周　古聘娉通用。然娉妻字。从女為正。此从兄娉。為婈會意明矣。【古籀篇三十七】

◉馬叙倫　段玉裁曰。形聲中有會意。吳大澂曰。宗婦敢有字。當即小篆之婈字。隸書甹叟相近。一變而從叜。義不可通矣。兄所聘妻。故從甹。倫按叜非叜老本字。則段説非也。嫂自從叟得聲。則吳説為無據。且字從兄。而兄實非本為兄弟義也。娉亦非聘問本字。詳娉字下。且即以兄為兄弟字。娉為聘問字。從兄從娉為嫂。義亦難通。若謂從女從兄從甹。甹亦非聘問字也。況弟之婦於禮亦聘乎。以此見不明六書大齊者。其説皆嚮壁虛造之倫也。倫謂從女。⿰甹兄聲。⿰甹兄即三篇之⿰甹兄。見⿰甹兄字下。⿰甹兄音曉紐。嫂音心紐。心曉同為次清摩擦音。或為嫂之轉注字。不得以此為⿰甹⿱兄女之譌也。兄妻也蓋字林文。或此字出字林。【説文解字六書疏證卷二十四】

娙

前一・二五・三　前四・二六・五　前四・二六・六　續四・二八・二【甲骨文編】

佚445　續4・28・2　前4・26・6【續甲骨文編】

嫚　説文所無汗簡以為娙字　穌甫人匜　穌甫人盤　齊縈姬盤　嫚妊壺　不从女　歸弔山父簋　娙　王子娙鼎【金文編】

170【包山楚簡文字編】

娙【汗簡】

義雲章【古文四聲韻】

◉許　慎　□兄之女也。从女。至聲。徒結切。【説文解字卷十二】

◉劉心源　嬞即姪。汗簡引義雲章姪作□。而説文不載。孜嬞妊壺作□。索姬盤作□索姬之姪。是嬞為姪古文也。【奇觚室吉金文述卷八】

◉高田忠周　朱氏駿聲云。儀禮喪服傳。謂吾姑者。吾謂之姪。轉義。周語。則我皇妣大姜之子姪。注女子謂昆弟之男女皆曰姪。按受姪偁者。男女皆可通。而偁人姪者。必婦人也。男子偁兄弟之子曰從子。此説至詳。【古籀篇三十七】

◉馬叙倫　甲文作□□。兄之女也當作兄弟之女也。詩鵲巢釋文引字林。姪。大一反。左隱元年傳釋文引字林。兄女也。則此是字林訓。【説文解字六書疏證卷二十四】

◉于省吾　晉邦盦。余惟今小子敢帥井先王秉德嬞=。按鮇甫人匜鮇甫人盤及嬞妊壺。均有嬞字。汗簡下一・六。以嬞為古文姪。秉德嬞=。嬞=應讀為秩秩。釋名釋親屬。姑謂兄弟之女為姪。姪迭也。共行事夫。更迭進御也。按秩迭並从失聲。姪可音訓為迭。亦可讀為秩矣。嬞从疊聲。迭疊並定母四等字。姪秩並澄母三等字。古讀澄歸定。故嬞姪秩字通也。詩小戎。秩秩德音。傳。秩秩有知也。巧言。秩秩大猷。傳。秩秩進知也。賓之初筵。左右秩秩。箋。秩秩知也。假樂。德音秩秩。傳。秩秩有常也。箋。秩秩清也。傳箋言知即古智字。有智进智及智義均相若。智者必有條理。故傳箋又訓秩秩為有常為清也。詩言秩秩德音。又言德音秩秩。均以秩秩形容德音。此言秉德秩秩。詞例語義並相仿也。【釋嬞=　雙劍誃古文雜釋】

◉徐中舒　□前四・二六・七　從女從□至，與《説文》姪字篆文形同。《説文》：「姪，兄之女也。从女、至聲。」【甲骨文字典】

◉李孝定　説文：「姪，兄之女也。」各本皆同。段注始援左傳、爾雅釋親文改為「女子謂兄弟之子也」。朱氏通訓定聲亦用此説，蓋侄之一義。字林姪下亦云兄女，漢晉之際已有此訓，與今不殊矣。【金文詁林讀後記卷十二】

◉劉彬徽等　(317)侄，簡文作□，從人從至。簡144桎字寫作□。□或釋作至。【包山楚簡】

□姨

◉許　慎　□妻之女弟。同出為姨。从女。夷聲。以脂切。【説文解字卷十二】

◉馬叙倫　翟云升曰。韻會引作妻之姊妹同出為姨。是也。是爾雅釋親。倫按夷弟一字。則姨娣亦一字也。況其義同乎。妻之姊妹同出為姨。後世分別之。此字蓋出字林。【説文解字六書疏證卷二十四】

妿

◉許　慎　妿女師也。从女。加聲。杜林說。加教於女也。讀若阿。烏何切。【說文解字卷十二】

◉郭沫若　第一二二三片　妫乃妿省，讀為嘉。此言帚好有孕，將分娩，卜其凶吉也。【殷契粹編考釋】

◉馬叙倫　鍇本曰字似羨。倫按本作杜林說一曰加教於女也。妿為女師杜林說也。一曰以下校者加之。此字或出字林。讀若阿者。劉秀生曰。加聲可聲並在歌部。故妿從加聲得讀若阿。詩陳風澤陂。有蒲與荷。爾雅釋草樊光注作有蒲與茄。左成十七年經。同盟於柯陵。淮南人間訓作嘉陵。風俗通引國語作加陵。是其證。【說文解字六書疏證卷二十四】

◉徐中舒　妫　前二・一一・三　從女從ㄨカ。郭沫若釋妿，謂讀為嘉，《殷契粹編考釋》。可從。蓋古文字繁變，往往增口無義，唐蘭說。故妫即妿之初文。【甲骨文字典卷十二】

娒

娒　說文女師也　中山王嚳鼎　隹俌㑄氏㢟俌㑄即傅娒　【金文編】

◉許　慎　娒女師也。从女。每聲。讀若母。莫后切。【說文解字卷十二】

◉馬叙倫　王筠曰。似當依玉篇作母師也。設與妿同訓。則此云妿也可矣。列女傳有魯母師。何注公羊傳曰。禮后夫人必有傅母。選老大夫為傅。老大夫妻為母。字或作姆。內則。姆教婉娩聽從。鄭注。婦人五十無子。出。不復嫁。以婦道教人。若今時乳母也。倫按班彪女昭為曹世叔妻。世叔亡後。教於宮中。謂之曹大家。大家即大妿。然則妿娒義自同矣。娒妿似為轉注字。然未明其音轉之故。女師也者。字林文。見詩釋文引。或此字出字林。【說文解字六書疏證卷二十四】

◉饒宗頤　……方貞：……拃㑄……　方貞：勿拃㑄(庫方三七二十七〇八)

按兩版俱在甲尾左右互為正反可綴合，㑄為娒之繁形，說文娒訓女師，字亦借作侮(漢書張良傳)，此疑通悔，詩「亦孔之㑄」，釋文本作悔。【殷代貞卜人物考卷五】

媾

媾　不从女　㾓弔多父盤　兄弟諸子婚冓無不喜　冓字重見

或从頁　𠬝季良父壺　用享孝于兄弟婚顜諸老

九年衛鼎

五祀衛鼎　【金文編】

◉許　慎　媾重婚也。从女。冓聲。易曰。匪寇。婚媾。古候切。【說文解字卷十二】

姼

◉馬叙倫　鈕樹玉曰。玉篇引婚作婚冦作寇。段玉裁曰。重婚者。重疊交互為婚姻也。倫按重婚也非本義。亦非本訓。字亦失次。疑出字林也。【説文解字六書疏證卷二十四】

◉方濬益　殳季良父壺　媾。重婚也。从女冓聲。易曰匪寇婚媾。此从頁作顜。説文無顜字。惟見史記曹參世家。百姓歌之曰。蕭何為法。顜若畫一。徐廣注曰。顜音古項反。一音較。以顜為媾。蓋通叚字。【綴遺齋彝器款識考釋卷十三】

◉李孝定　媾或从頁作「顜」，「頁」為人體，與「女」事類相近，故得通作。【金文詁林讀後記卷十二】

◉戴家祥　凡从冓字均含有兩方以上的事物交互結合的意思。冓，按許慎説為「交積材也，象對交之形」。遘，爾雅釋詁訓「遇也」。構，荀子勸學篇「怨之所構」，注謂「結也」。媾，謂男女兩方結為夫婦關係，故字當形聲兼會意。殳季良父壺「用亯孝于兄弟婚顜媾諸老」，媾又作顜。【金文大字典上】

乙八七九四　婦姼婦姓與多母文義有別　乙八八七七　乙八八九六　【甲骨文編】

◉許　慎　美女也。从女。多聲。尺氏切。㚸姼或从氏。【説文解字卷十二】

◉馬叙倫　錢坫曰。漢書。姼之公主。方言。南楚人稱婦妣曰母姼姼。或從氏。然則詩稱母氏之氏應作㚸矣。美女之訓不倫。疑後人改。倫按高祥麟謂漢書西域傳。姼姼公主。姼姼即爾雅之媞媞。是也。此美女也即媞字義。下文媞下一曰江淮之閒謂母曰媞。即此字義。亦即南楚人稱婦妣曰母姼姼之義也。本書緹或作衹。易。祇既平。釋文。京祇作禔。故姼媞之訓互譌矣。姼今作婆。倫謂此實與父之或呼爹同。廣雅釋親。妻之父謂之父姼。妻之母謂之母姼。

氏多聲同歌類。故姼轉注為㚸。【説文解字六書疏證卷二十四】

◉丁　驌　辭中之帚姼或省女旁作多，或只寫多字之一半，成帚⿰女夕。⿰女夕顯即姼之省。屯乙八八九三、八八九八、八九四六、八九四四各版片均有⿰女夕字，惟不與帚字連用。而此姼字寫為⿰女夕，作合文形等，決非口向上之吹(　)字，亦非「多女」「多母」兩字。各辭細讀之，仍是姼之省，人名也。殆即帚姼。乙八八五五之「帚嫈」，亦係帚多。屯乙八八九三、八八九八·二版上又有作上下二文。辭云「乙丑卜貞帚爵夕子疾亡□」(屯乙八八九三)，是非帚多可知，當是「多子」，因悟郭氏粹編三九七及一二二五二辭中之實即多子二字之合文寫法也，辭見附表一。【屯乙八八九六版辭釋　中國文字第三十八册】

◉陳偉湛　既是一個獨立的字，又是多母二字的合文形式，這是獨字與合文同形之例。作為一個獨立的字，，從女，多聲，

《説文》謂「美女也」。卜辭有婦姼之名，乃武丁諸婦之一，其辭例如：

癸亥卜，婦姼亡囚？　《乙》八八七七、八八九六

辛丑卜，乎□婦姼孕？　《乙》八八九六

婦姼亦可省稱婦多：

貞：婦多幼？　《乙》八七一一、八八九六

壬午貞：婦多亡囚？　《乙》八八八二

貞：婦多亡囚？　《乙》八八八四

癸丑卜，婦多在老。　《乙》八八九六

婦姼之姼省女而成婦多，猶婦⿰女羊（《乙》六七五八）之⿰女羊省女而作婦羊（《續》六·二四·一〇），《乙》八八九六版婦姼與婦多並見，繁簡共存，尤為明證。

但在下列各辭中，□卻是多母的合文形式：

貞：隹□（多妣）？隹□（多母）？　《乙》五六四〇

此版□與□（多妣）對文，可證此□非姼字，亦非多女合文，而是多母合文（母女異字同形，説見前）。

貞□亡囚？　《乙》八七一七、八八八八

其所以知□為合文，是因為甲骨文中同時也存在有多母析書之例，如：

庚戌□貞易多母㞢貝朋？　《後》下八·五

貞：隹多母壱？　《庫》六六三

乙酉卜，韋貞：㞢于多母？　《七集》T·一四

甲申卜，王：大衛于多母？　《前》八·四·七

于多母禦？　《鄴三》下三七·八

既然姼與多母的合文異字同形，則《甲骨文編》卷十二許多從女的字，特別是「妕」字以下「《説文》所無」者五十餘字，是否全是獨體字而沒有合文在內；該書合文卷內母哭以下至王母計二十條是否全屬合文，而無獨體字在內，也就有必要重新加以考慮，審慎地作出判斷了。　【甲骨文異字同形例　古文字研究第六輯】

妭 嫨 婢

◉許　慎　妭婦人美也。从女。犮聲。蒲撥切。【說文解字卷十二】

◉馬叙倫　鈕樹玉曰。廣韻引也作皃。玉篇引作美婦也。倫按婦人美皃或美婦也疑皆非本訓。或字出字林。【說文解字六書疏證卷二十四】

前一・三・四　後二・三三・九　乙一一八三　【甲骨文編】

乙1283　【續甲骨文編】

◉許　慎　嫨女隸也。从女。奚聲。胡雞切。【說文解字卷十二】

◉陳邦懷　前編卷二弟四十二葉　前編卷一弟三葉　卜辭第二字從女奚省聲。當是嫨之初字。羅參事隸奚於奚下。恐不然矣。【殷虛書契考釋小箋】

◉馬叙倫　周禮作奚。初文也。此今言役隸之隸本字。奚者不定為女。故或從大。或從女。見女字下。女為奴之初文也。女隸也非本義。或字出字林也。【說文解字六書疏證卷二十四】

寧滬一・二三一　从妾婢之別體　京津五〇八〇　己卯卜貞王賓祖乙奭妣己姬⿰妾卑二人⿰豆殳二人卯二牢亡尤　【甲骨文編】

翟婢　【漢印文字徵】

◉許　慎　婢女之卑者也。从女。从卑。卑亦聲。便俾切。【說文解字卷十二】

◉高田忠周　劉氏古文審云。舊釋作嬬。此字从母从畀。古文母女通。母字本从女也。知此為婢叚為禆。又文述改釋妻。謂為同。然知於篆形及文義前説為是。銘意云。使厥友禆補農以受諸賜也。【古籀篇三十七】

◉馬叙倫　鈕樹玉曰。玉篇韻會引無也字。嚴章福曰。韻會四紙引無卑亦聲。但作卑聲。翟云升曰。初學記引女人皐曰婢。倫按從奴之初文。卑聲。本作卑也。以聲訓。呂忱或校者加女之卑者也。初學記引者乃奴下校詞也。字見急就篇。古鉨。醬匠㛘。丁佛言釋為婢。【說文解字六書疏證卷二十四】

◉屈萬里　甲編・五四九　魏石經尚書無逸殘字。卑字古文作。段卑字作。均與此字偏旁若相近。然則

□字隸定之當作⿰妾卑。蓋古婢字也。【殷虛文字甲編考釋】

◉于省吾　晚期卜辭中有「⿰妾卑」字，系「婢」字的初文，為研契諸家所不識，今録之于下：

(1)「叀⿰妾卑王受又；又彀䍧，王受又。」(寧滬1・231)

(2)「己卯卜，貞，王賓且乙奭匕己，姬，⿰妾卑二人，彀二人，卯二牢，亡尤；甲申卜，貞，王賓且辛奭匕甲，姬，⿰妾卑二人，彀二人，卯二牢，亡尤。」(京津5080)以上所舉兩條的「⿰妾卑」字凡三見。第一條的「⿰妾卑」字作□，第二條的「⿰妾卑」字稍為簡化。「⿰妾卑」字所从的「卑」與卜辭「鞞」字所从的「卑」同形。「⿰妾卑」是「婢」的原始字，今則「婢」字行而「⿰妾卑」字廢。《説文》：「婢，女之卑者也，从女从卑，卑亦聲。」「婢」系形聲字，它的形符《説文》从「女」，卜辭从「妾」，含義是一樣的。但从「女」的含義太抽象，「妾」與「婢」的身分相比次，在商代都系家内奴隸，而从「妾」于字義更相適應。它的聲符从「卑」，金文作□，卜辭作□。《説文》：「□、賤也，執事者，从𠂇甲。」前人關于「卑」字約有四種不同的解説：

(一) 段玉裁《説文》注：「古者尊又而卑𠂇，故从𠂇在甲下，甲象人頭。」

(二)徐灝《説文段注箋》：「甲乙之次甲為尊，故𠂇在甲下也。」

(三)朱駿聲《説文通訓定聲》「卑」字注：「按許説形聲義俱誤。此字即椑之古文，圓榼也，酒器象形，𠂇持之，如今偏提一手可攜者。」

(四)林義光《文源》「卑」字説：「按𠂇甲非義，古作□，不从甲，□當為□之變形，擊缶也，手持之。」

按以上所引四家之説都不可據。古文「卑」字本不从甲乙之甲，則段、徐二家都系曲依許説加以傅會；卑字上部所从之「□」形與「椑」與「□」無涉，則朱、林二家之説已失其據。卜辭的「卑」字作□，象手持錘形以服勞役，當時的統治階級已經視勞役為卑賤之事，所以卑有賤意。金文以「卑」為「俾」，「俾使」與「卑賤」義本相因，从「人」作「俾」者為後起字。【釋奴婢　考古一九六二年第九期】

◉徐中舒　□三期　寧一・二三一　□五期　京五〇八〇　從□妾從□卑，與《説文》婢字篆文略同，偏旁中從女從妾可通。

【甲骨文字典卷十二】

新3013【續甲骨文編】

奴 𡚱奴甗 弗奴父鼎 从十農卣【金文編】

4·175 奴事 6·195 獨字 説文奴古文作伖【古陶文字徵】

〔三六〕〔五〇〕〔四七〕〔四〕〔三六〕〔二五〕〔二〇〕〔二五〕〔二〕【先秦貨幣文編】

布方 処奴 鈢文作 晉高 仝上 仝上 布方 処奴 晉高 布方 処奴 鈢文作 晉高 仝上 晉浮 布方 処奴 反書 晉高 布方 処奴 晉浮 布方 処奴 典九九 仝上 典一〇〇 仝上 典一〇一 布方 処奴 亞四·五【古幣文編】

20【包山楚簡文字編】

奴 法一四一 五例 通怒 有— 日甲一六〇 法七三 秦一三四 二例 日甲 一六四 五例【睡虎地秦簡文字編】

0094 2840 0069【古璽文編】

雝奴左尉 漢匈奴呼律居訾成羣 漢匈奴破虜長 陳奴 周奴 李奴 竇奴 吕奴 王奴 衛奴 高奴印 臣奴 薄戎奴 趙小奴 王奴之印 臣奴 趙奴 困陸奴 師奴之印 徐奴之印【漢印文字徵】

奴　奴竝孫强集字　【汗簡】

古尚書　古文　【古文四聲韻】

◉許　慎　奴奴婢。皆古之辠人也。周禮曰。其奴男子入于辠隸。女子入于舂藁。从女从又。臣鉉等曰。又。手也。持事者也。乃都切。古文奴从人。【説文解字卷十二】

◉孫詒讓　「□□中□□㞷□二日」、五之二。「乙亥卜歸匕」、九之一。「貝女羊一」、十九之四。「女□隹□月□□」、卅之一。「帚」、卅六之四。「十月」、五十三之二。〔八六〕「□羌妥之」、七十六之一。〔八七〕「貝□不其」、百廿四之一。「□□卜□曰且乙且丁豕」、百四十二之三。「之□□」、百六十三之二。「□□□不其匕」、二百卅二之四。「丙□乎□我于□□」、二百七十一之四。此疑即「奴」字。《説文·女部》:「奴,奴婢,皆古辠人,从女又,古文作。」〔八八〕此从又,即从又也。古辠人為奴任役,此云「奴二日」、「奴十月」似言役作期限,如《周禮·大司寇》説,嘉石罷民,役諸司空,有朞役至三日役等,以次而減。此「十月」與彼朞役相近,三日則至輕者與。「丙寅卜完貝羊酒父乙」,百廿七之二。〔八九〕此亦从人、从女,與古文奴字合,而右又增形,疑緐縟文也。【契文舉例卷下】

◉林義光　从又持女。與奚孚俘同意。古作。㝈帑器帑字偏旁。【文源卷六】

◉羅振玉　此从又與許書篆文合。【增訂殷虛書契考釋卷中】

◉葉玉森　卜辭之異體作卷二第十一葉。卷四第二十六葉之五。卷七第十四葉之四。後下第三十四葉之四。所从之竝為耒形。先哲造奴字。蓋取女持耒之誼。古代役女子為農奴。于茲可信。譌變作卷四第四十一葉之六。藏龜第二百七十一葉之四。乃似从又矣。【殷墟書契前編集釋卷一】

◉强運開　仲師父。乍季妓始寶尊鼎。按即古奴字。从攴與从又同意。【説文古籀三補卷十二】

◉馬叙倫　鈕樹玉曰。玉篇引辠作罪。無也字。藁作稾。藁稾説文竝無。司厲作稾。是也。繫傳上入字作人。韻會引從女從又作從女又。無曰字。初學記引作男入罪曰奴。女入罪曰婢。蓋刪改。翟云升曰。從又。又亦聲。朱駿聲曰。從又。手所以執事。女聲。葉玉森曰。卜辭奴字作。所從之竝為耒形。蓋古代役女子為農奴。取為持耒之義。倫按朱説是也。甲文有。葉玉森釋為母甲母辛合文。是也。實奴之異文。借為母字。以母亦從女得聲也。甲文又有作者。蓋皆從力。猶從又矣。或本從力。譌為又也。説解挩本訓。從女從又鍇本作從女又聲。或本作從又女聲。

校者改之。奴婢以下廿五字。蓋皆字林文或校語。字見急就篇。古鉥作。

朱駿聲曰。從人。女聲。倫按從人二字校者加之。【說文解字六書疏證卷二十四】

◉商承祚 甲骨文作，古鉢作，同篆文。敦煌本尚書甘誓與此同。作伖者皋人，不限男女意也。【說文中之古文考】

◉于省吾 小徐本《說文》謂「奴、婢皆古辠人，从女又聲。《周禮》曰，其奴、男入于辠隸，女入于舂稾」。朱駿聲《說文通訓定聲》以為「从又，手所以執事，女聲」。以上二說都以「奴」為形聲字。大徐本《說文》作「从女从又」，以為「又手也，持事者也」。林義光《文源》以為「從又持女」。以上二說都以「奴」為會意字。實則「奴」字本應作「从又持女，女亦聲」，乃會意兼形聲字，但不見于卜辭。

卜辭中的「女」字作，金文同，象交其兩手于前而著其臀于足以坐形。又卜辭有字，多習見于偏旁中，象反縛其兩手以跪形，舊也以為「女」字。其實，卜辭中字的構形和用法與字迥然有別。卜辭「奚奴」之「奚」習見繁出，頗多異構，但均从，無从者，詳拙著《殷代的奚奴》，無須再列。在「奚」字之外，也有从女形而反縛的，今略舉數例于下：

（一）「𦎫，受囚。」（摭續148）

（二）「寢于小乙三。」（京津771）

（三）「其，若。」（庫544）

（四）「王其。」（藏72·4）

第一條的「婁」（姑且隸定為从女，下同）字上與「𦎫」（𦎫即敦，系薄伐之義）字連文，可知其為商人敵國之名。因為商人奴役敵方，故其字从。第二條「寢于小乙三姜」，是說祭祀小乙用三個羌女為牲。一說系用三個俘虜的羌女為小乙娶冥婦。卜辭中每有為其先王娶冥婦的占卜。最引人注意的是：卜辭中占卜「婦某」生育而言「某㚤」者習見，「㚤」字郭沫若先生謂「當是妿之省，讀為嘉」（見《古代銘刻匯考續編·骨臼刻辭之一考察》），其說甚是。「某㚤」系指生子順利言之。卜辭「如」字多从反縛女形，含有俘虜之義，但「如」字作為婦名而稱「如㚤」（乙上92）者則作，不从反縛形；上舉第二條以「姜」為人牲作，从反縛形，但「姜」字作為婦名而稱「姜㚤」（乙中5405）者則作，不从反縛形。這是由于祭祀所用的俘虜與「婦某」身分不同的緣故。上舉第三、四條的「如」字均从反縛形，以其文詞過簡，不詳其用意所在。

由于商人往往用征伐手段以俘獲其他方國的人作為人牲，有時也用作奴隸，可見商人是一貫地屠殺和奴役外族人的。他

們在俘獲外族人時，為防其反抗，故加以反縛。《吕氏春秋・開春論》稱「叔嚮為之奴而朡」，高注謂「奴、戮也。」卜辭中□字作反縛形，與「女」字作□形不僅構形不同，同時在詞意用法上也劃然有别。因此，我才斷定□字系「奴」字的初文。施反縛于戰俘，是「奴」字的造字本義。並且，「奴」字的最初構形只象人之跪而反縛其兩手之形，本無男女之别。卜辭的反縛女形多見于文字偏旁中，已詳前文。其獨用者只一見，「貞□」（續存上1813），當系貞問俘虜奴役之事。戰敗投降，遂自動或被動地反縛其兩手，是古代社會的習慣作風。《左傳》僖六年稱「許男面縛銜璧」。《山海經・海内西經》叙「窫窳」被殺，「反縛兩手與發」，郭注謂「漢宣帝使人上郡發盤石，石室中得一人，跣裸、被發、反縛」。《史記・宋微子世家》叙微子降周，「肉袒面縛」，索隱謂「面縛者，縛手于背而面向前也」。按「面」應讀作「偭」，「偭」之通詁訓「背」，偭縛即背縛，謂反縛其兩手，非指面向前言之。近年來殷虚所發現的陶俑以及大型墓葬周圍的殺殉坑，有的也往往反縛其兩手。

早期和中期卜辭，祭祀時所用的人牲如「妾」或「郯」，没有一個从反縛女形的，但所用的人牲如「姜」與「奚」，尤其是所習用的「奚奴」，没有一個不从反縛女形的。因為前者系由戰俘轉為家内奴隸以後，再用作人牲；而後者系直接用戰俘以為人牲，所以兩者的構形从不混同。

在早期和中期卜辭文字偏旁中所从的反縛女形以及反縛女形的獨體字，到了卜辭晚期已經絶跡，商代晚期金文和周代金文則代以「从又持女，女亦聲」的「奴」字。「奴」字，商器「叒奴甗」作□，子奴鼎作□，西周器「農卣」的「𢍰」字从「奴」作□（左从反縛女形，猶系初文的殘遺），晚周器「懷石磬」作□，古鉨文作□。古文字中的「奴」字不過數見而已。但是，自商代末期以迄晚周，除上舉「農卣」的「𢍰」字外，凡古文字中的「女」字或「母」字，無論在偏旁或獨體字中，一直没有作反縛女形的例子，可見「奴」字通行之時而□字已廢。

《説文》謂「□，婦人也，象形，王育説」。是説文□字也作反縛之形，但不能與卜辭□字相提並論。《説文》「女」字本于小篆（秦刻石同），乃形體的訛變，因為它與晚周古文字中的「女」字不相符，不能認為它是越過兩周與卜辭晚期而直接承傳了卜辭早期和中期的反縛女形的「奴」字，這是可以肯定的。魏三體石經古文「怒」字作「恧」，其所从之「女」與説文同訛，从「女」乃「奴」字的省體，也可為「奴」从「女」聲之證，但與原始的「奴」字無涉。【釋奴婢　考古一九六二年第九期】

◉朱歧祥　157.□□　从卩而首繫物，垂手膝跪以待命，意亦為奴。首上一横或象枷鎖。意與羌、童、妾、僕諸字所配首飾類同。卜辭用□為人牲。

《人2307》己巳卜，來己卯酌王□。

「酘王奴」，即「酘祭殷王以奴」之省文。

《合281》庚午卜，我貞：呼□。獲。

□，从畢捕豕，即禽字；今作擒。卜辭卜問擒捕奴衆的結果。

158.□ 从手執人。人散髮跪以待命，疑亦為奴僕的奴字。或釋為妻，唯與□形稍異。孤證亦不能明。卜辭用為名詞。

《丙48》☐貞：令□歸。【殷墟甲骨文字通釋稿】

◉金祥恆 由是觀之，甲文之□，从□□，為首飾，非刑具剞劂。且甲文从□□之龍（□）鳳（□）象頭上之冠，蓋其比也。□象女子之有頭飾也，故□殆為从人从女，即說文奴之古文。

說文：「奴婢皆古辠人，周禮曰：其奴，男子入于辠隸，女子入於舂槀。□古文奴。」奴不獨為古之辠人，亦以俘虜為奴者。呂氏春秋開春「叔嚮為之奴而朡」，注：「奴，俘囚為奴。」史記貨殖傳：「齊俗賤奴虜。」古時之奴不獨没入為辠隸舂槀，且亦有為人牲者。

甲子夕卜，又且乙一羌，歲二牢？

戊寅卜，又匕庚五□，十牢，不用？ 佚存八九七

商錫永考釋□隸定為㚢，以為从二□，因拓片模糊，乃誤□為□也。

……大乙其冊□……叀歲？

其又妣辛□，叀歲？ 粹三八七 新四一四二

奴字之演變：甲文作□或□，說文古文作□，金文古鉨作□，為从又女聲。□奴甗作□（三代五・四・三），□殆又之訛。農卣「廼□厥孥厥小子」作□（三代一三・四二・四），十殆□跪坐腿足之離析。小篆作□隸書作奴，右軍草書作奴，開成石經楷書作奴。茲將其演變列表於後：

殷商甲骨文	周金文	秦漢文	唐宋以來之奴字
□鐵129・2	□說文古文		
□新4144	□三代5・4・3	□小篆	奴隸書　奴右軍　奴開成石經
□粹380			
□後上23・4・	□三代13・42・4・		

粹387

【釋佞—— 中國文字第十二期】

◉林清源 187 四年咎奴䜌令□罍戈（邱集8415、嚴集7541） 第四字从女、从寸，偏旁从寸、从又可通，此當釋為「奴」。【兩周青銅句兵銘文匯考】

◉劉信芳 「佞」字凡二見：

孑（節）收郙偒之佞。（一二二）

郙偒之佞既走於前，孑（節）弗返，（一二三）

其字簡文作「」，字从人从女，《說文》「奴」字古文作「」，據此似應隸定為「奴」。器簡文另有「奴」字：

不貞周傷之奴㠯至命。（二〇）

其字作「」，奴字無疑。可知「奴」、「佞」並非一字。

按「佞」應讀如「孥」，《國語・楚語下》：「昭王出奔，濟於成臼，見藍尹亹載其孥。」韋昭注：「妻、子曰孥。」《左傳》定公五年「孥」作「帑」。《禮記・中庸》：「樂爾妻帑。」鄭玄注：「古者謂子孫曰帑。」上引簡一二二、一二三之「郙偒」因犯殺人罪被官府鞫傳，官府又發節收沒「郙偒之佞」，知「佞」（孥）指依法受株連之妻妾及成年子女。

不過《說文》謂「佞」為「奴」之古文亦事出有因，「孥」、「奴」古有通用之例，《尚書・甘誓》：「予則孥戮汝。」《漢書・王莽傳》正作「奴」。《說文》不收「孥」字，是以「帑」字為正，此所以說「佞」為「奴」之古文。【包山楚簡近似之字辨析 考古與文物一九九六年第二期】

◉夏 渌 金文真正的「奴」字見於《㝬鐘》（又名宗周鐘）作，舊釋「𠬝」：鐘銘：「王肇遹省文武，勤疆土，南國𠬝（奴）子敢陷虐我土。王敦伐其至，𢦏伐氒都。奴子迺遣間來逆卲（昭）王，南夷東夷具見，廿又六邦。……」楊樹達等前輩大師寫《跋》和攷釋，大多釋「𠬝子」為「濮子」，以「𠬝」與「濮」通假，引《說文》「𠬝，治也。從又從卩。卩，事之節也」。根本無法講通「南國𠬝子」和「𠬝子」一詞，釋者不得不以「濮」作「𠬝」的通假字，以「濮子」為說。但歷史和銘文內容明明擺着的事實是周天子南征的死對頭是「南蠻霸主」的「問鼎輕重」十分無禮的楚子。楚王，怎麼鑽出一個氏族君長的濮人渠魁「濮子」來呢？他够份量麼？他敢陷虐宗周的疆土麼？他國不成國，能有首都供天子「𢦏伐」麼？他豈有能耐召集東夷、南夷「二十七國的邦君」覲見昭王作招募人和東道主？顯然曾經扮演了這個歷史角色的「𠬝子」非楚王莫屬。濮字另有其字作、、、。

昭王十六年南征荆楚，中了楚國佯敗的緩兵之計而不覺，自鳴得意地凱旋而歸，記功銘勛于鐘彝，孰料不過三年荆蠻又故意激怒昭王再亦南征，這回他就「喪六師於漢水之濱」，昭王隨敗軍溺死在漢水之中，「南征而不復」為最後一次征戰。從史册記載，《詩經》討伐荆楚的史詩，金文衆多討伐叛荆的記載，昭王的對手都是楚王而不是什麽「濮國」或「濮子」。傳文記「楚興師旬有五日而百濮罷，百濮為盧人所率。」杜預《春秋釋例》云「建寧郡南有濮夷，濮夷無君長，各以邑落自聚，故稱百濮。」這就是所謂「濮子」的真相。

出於天子之口「南國𠬝子」，是昭王出於敵愾對楚王表示蔑視的粗話，駡人的口氣寫在鐘銘上「南國奴子」「奴子」如何如何，是特殊歷史條件下的産物，猶如抗日戰争的歷史條件下中國老百姓稱入侵中國的日本人，日本兵為「鬼子」和「鬼子兵」一樣，不難理解。

問題就出在依《説文》把「從又抓卩，跪着側面人形」的「奴」字誤讀別字，當作「𠬝」音服了。它是「奴」的初文，動詞為提拿奴隸的「拏」字，名詞就是「奴隸」的「奴」，從字形到文例，都是「奴」而不是「𠬝」。《説文》「奴，奴婢皆古之辠人也。《周禮》『其奴男子入於辠隸，女子入於舂藁』，從女從又。□古文奴從人。」商周奴隸社會奴隸，生産以男性為主，「奴」當從人，概括男女，故從人從又是對的。甲骨文、金文作□、□，是「以手抓獲奴隸」的表意文字，小篆作「奴」是封建社會進一步輕視婦女觀念影響下産生的小篆形體的譌變字形，以之讀卜辭和金文必誤。附帶指出《説文》所謂「奴」古文，在金文《中山王䜌鼎》作□，銘文「隹傅姆氏（是）从（從）」為「姆」字（侮、母），亦非「奴」字。

四、甲骨文的「𠬝」字實為「奴」字攷。

「𠬝」字本為「奴」字，以抓奴隸跪着的人形表意，以上《𪔫鐘》銘文的「奴子」已可見一斑。卜辭文詞衆多文例的「𠬝」字，專家以「𠬝」讀「服」音，與「俘」音近，而讀為「俘」的通假字，因而讀了錯别字而不自知，以譌傳譌，遂信商代只用戰俘為祭祀人牲。而没有「奴」字的踪跡。事實是：（一）甲骨文，金文衆多的文例，戰俘的「俘」作□（貞：我用羅孚（俘）？乙六六九四）；□（克□二人，即克俘二人，合三三四）；□、□（方㞢（掠）于蚁，俘人十又五人。菁五；其曰□人𠂤？粹一一六〇），金文「驅孚（俘）士女牛羊」。「孚人萬三千八十一人」、「孚（俘）金」、「貝、戈」等等多例，以「孚」為「俘」字，與「𠬝」字涇渭分明，從無通假跡象。「俘」字從爪或又抓子表意，源於古代社會對成年男性戰俘，不殺即放，僅留婦女和小孩作俘虜，以便馴養的習俗。（二）甲骨文祇有「□」讀「𠬝」（俘）而無「奴」作人牲，是不合邏輯的。殷人故掠羌、夷異族為奴隸，但不可能年年打仗，没有和平時期。除戰俘外，就没有和平年代以奴隸為人牲的記載。卜辭記事刻詞有「己卯㚔子寅入（納）宜羌十」的文例（菁一），顯然有貴族「奴隸繁殖場」納貢來的「食用羌族

奴隸」供王室祭享之用，而非全為戰俘，把所有的「𠬝」字盡讀「俘」是講不通的。(三)戰俘主要是男性戰士，卜辭文例，貞：……𤉲，𠨘小牢又[字形](奴)女一于母丙？」(合四三七)讀「𠬝(俘)女」而不讀「奴女」可能性不大，殺殉女奴奉獻先妣，有提供奴婢伺侯女主人之意。(四)[字形]作祭名動詞的文例，如「貞：[字形]于董？」(卜七五三)「貞：其[字形]？十三月。」(後二七·一二)「……歸人呼[字形]于庚？」(乙六三九七)等，讀「𠬝」若「俘」是難於通讀的。讀「奴」為祭名，名詞作動詞用，相當于文獻「旅于泰山」「旅于上帝」的「旅」。甲骨文[字形]字有關係的文例數以百計，當讀「奴」，作人牲奴隸祭品的詞例最多，無一例有聯係戰爭行為[字形]作俘虜的「俘」用的，[字形]讀「𠬝」讀若「俘」是緣於許説的誤解。(五)卜辭「庚戌卜王貞：伯更允其[字形](虜)角？」(佚九一)[字形]讀「拏」或「虜」皆可通讀，雖然讀「𠬝」若「俘」亦通，但甲骨文、金文的戰俘、俘虜的已如前説，盡作孚、俘，俘，而無二例作「𠬝」的。因為本來「[字形]」是「奴」的本字，不得讀若「服」的字音。《説文》依小篆已不知「𠬝」為「奴」的形義來源，又誤解「服」為「用也。一曰車右騑所以舟旋，從舟𠬝聲。」從而推論臆説「𠬝」音「服」，其實甲骨文作[字形]，从舟從[字形](奴)的會字，《易·繫辭》「服牛乘馬」疏「服用其牛」。甲骨文以奴隸拉船，划船表示使用奴隸服役之意；又可理解為「蹲在欄棚後的奴隸，表懾服，服從之意」。《書·舜典》「四罪而天下咸服。」[字形]、[字形]、[字形]、[字形]皆[字形](奴)異體。【甲骨文奴隸二字尋踪與考辨　于省吾教授百年誕辰紀念文集】

㚤 [字形]

[字形] 㚤　弔㚤簋　[字形] 弔高父匜　[字形] 沙其簋　皇母惠㚤　[字形] 从母　㚤䵼母簋　【金文編】

◉許　慎　[字形]婦官也。从女。弋聲。與職切。【説文解字卷十二】

◉徐同柏　[字形] 㚤䵼母簋　毋。古文㚤。古女母同字。【從古堂款識學卷十一】

◉王　襄　[字形]　古㚤字，許説婦官也，从女弋聲。【簠室殷契類纂正編卷十二】

◉劉心源　[字形] 㚤䵼母敨　㚤从[字形]即説文[字形]，从母與从女同意。古文母女通用，詳甯母鼎。是㚤字也。叔㚤敨作[字形]，可互參。説文「㚤，婦官也」。或謂鉤弋夫人即㚤。余謂許不當據漢制解㚤字，㚤蓋姓氏。詩「美孟弋矣」，傳「弋，姓也。當即㚤」。【奇觚室吉金文述卷三】

◉馬叙倫　婦官也蓋非本訓。或字出字林也。【説文解字六書疏證卷二十四】

◉朱歧祥　411.[字形]　从女弋聲，隸作㚤。《説文》：「婦官也。」卜辭用為婦姓。《續4·27·8》婦[字形]☐。【殷墟甲骨文字通釋稿】

媊

●許　慎　媊甘氏星經曰。太白上公妻曰女媊。女媊居南斗。食厲。天下祭之曰明星。从女。前聲。昨先切。【説文解字卷十二】

●馬叙倫　吴穎芳曰。厲下似脱鬼字。鈕樹玉曰。廣韻五支引不重女媊二字。玉篇引甘氏星經曰。太白上公妻號女媊居南斗。倫按漢書藝文志有甘德長柳占夢廿卷。無甘氏星經。此字蓋出字林。【説文解字六書疏證卷二十四】

媧

●許　慎　媧古之神聖女。化萬物者也。从女。咼聲。古蛙切。𡠄籀文媧从㒼。【説文解字卷十二】

●馬叙倫　鈕樹玉曰。繫傳之作文。譌。倫按媧字當有本義。後漢書劉陶傳。於是剽輕劍客之徒。過晏等十餘人。注。過。姓。過國之後。倫疑媧或為姓名。或為嬴之聲同歌類轉注字。字蓋出字林。

𡠄　段玉裁曰。㒼聲。倫按咼㒼聲同歌類。故媧轉注為𡠄。與騧騙同。從㒼二字校者加之。【説文解字六書疏證卷二十四】

●朱歧祥　394.　从女咼聲，隸作媧。《説文》：「古之神聖女，化萬物者也。」卜辭用為武丁時婦姓。其人當屬武丁妃妾，有孕。

《陳102》戊午卜，争☐冥㚘☐曰：育☐婦冥㚘。

《乙6373》貞：婦冥㚘。【殷墟甲骨文字通釋稿】

●李　零　女，嚴一萍釋女皇，謂即女媧。按女媧，《藝文類聚》卷十一、《初學記》卷九引《帝王世紀》説是「一曰女希，是為女皇」。嚴説女即女媧，從帛書内容看是可信的，但字在文字學上應該怎樣分析還值得考慮。我想這個字恐怕就是媧之本字，《帝王世紀》所説女希、女皇，希和皇可能都是此字的誤寫。另外，我們還注意到《古文四聲韻》卷一第三八頁所收完字作、、，與此字有些類似，或許帛書就是借完字為媧，也有可能。伏羲和女媧傳説都是風姓，有些古書説兩人是兄妹，有些古書説兩人是夫婦，聞一多《伏羲考》據我國西南民族的神話傳説推證伏羲、女媧是以兄妹結為夫婦，這與帛書所描述的故事是一致的。帛書此篇是講日月四時形成的神話。一上來的兩個人物就是伏羲和女媧，這並不是偶然的。我們從漢畫象石和著名的高昌絹繪星圖都可見到伏羲和女媧是與日月星辰畫在一起，這説明伏羲和女媧與星曆家是有密切關系的。【長沙子彈庫戰國楚帛書研究】

娀

前二・一一・三 【甲骨文編】

前2・11・3 【續甲骨文編】

◉許 慎 娀帝高辛之妃偰母號也。从女。戎聲。詩曰。有娀方將。息弓切。【説文解字卷十二】

◉商承祚 書契卷二第十一葉 甲卜辭作。故知此為娀字。【殷虚文字考 國學叢刊二卷四期】

◉馬叙倫 鈕樹玉曰。韻會偰作禼。倫按世本。帝嚳次妃有娀氏之女。娀蓋與娍同。是姓也。廣韻引埤蒼。娽。顓頊妻名。疑此亦出埤蒼。呂忱據增也。甲文作。【説文解字六書疏證卷二十四】

◉朱歧祥 360. 从女从戎，隸作娀，《説文》：「帝高辛之妃，偰母號也。」字見晚期卜辭，為殷王婦姓。王嘗卜問其孕吉否，當是殷王寵妃。

《前2・11・3》☐辰王卜，在兮☐☐妨。☐占曰：吉。在三月。【殷墟甲骨文字通釋稿】

娥

鐵九八・四 鐵二六四・一 甲二一二三 乙一三七九 乙二七六二 林一・二一・一四 戩一七・一六 續三・四八三 掇一・三八〇 坊間二・一六 京津一一六一 乙八八九六 或从我在女旁 京都一一五 京都一五四二 【甲骨文編】

甲2123 乙986 1379 2762 3116 3727 5313 7683 8836 8896 珠790 卜360 卜358 佚44 藏264・1 佚389 597 811 890 續1・41・6 4・16・5 5・7・5 6・48・3 掇380 京1・22・1 六清68 外233 續存234 新2936 【續甲骨文編】

◉許 慎 娥帝堯之女。舜妻娥皇字也。秦晉謂好曰娙娥。从女。我聲。五何切。【説文解字卷十二】

◉王國維 古文我字。从女从我。即娥字也。亦人名。【戩壽堂所藏殷虚文字考釋】

◉羅振玉 □□□ 从女从□。□古文我。知即娥字矣。【增訂殷墟書契考釋卷中】

◉郭沫若 羅振玉氏以娥卯為人名。非也。案卯乃用牲之法。卯㲋猶他辭言卯牛卯羊。許書云娥帝堯之女。舜妻。娥皇字也。字于人名之外古無他誼。則此妣名之娥。非娥皇莫屬矣。【釋祖妣 甲骨文字研究】

◉葉玉森 娥為人名。良信。郭氏謂即娥皇。安知殷人無名娥者。他辭云「□卯卜㱿貞求季娥于妣乙」。甲骨文字一第二十一葉。季娥二字似連文。郭氏謂求季娥即求季于娥于妣乙之于。則訓與徵之辭例亦未能信。【殷虛書契前編集釋卷四】

◉馬叙倫 鈕樹玉曰。繫傳脱字字。玉篇韻會引有。韻會從女我聲在秦晉句上。方言。秦晉之間。凡好而輕者謂之娥。沈濤曰。史記外戚世家索隱引秦晉下有之間二字。倫按此字蓋出字林。故無本訓。娥嫦聲同歌類。蓋轉注字。甲文作□□。【說文解字六書疏證卷二十四】

◉朱歧祥 1214.□ 从女我聲，隸作娥。《說文》：「帝堯之女，舜妻娥皇字也。从女我聲。秦晉謂好曰娙娥。」《方言》：「娥，好也。」卜辭用為先世人名，能降禎祥。始見於第一期甲文。

《乙3429》貞，□壱王。

《續3·48·3》癸未卜，㱿貞：子漁㞢卸于□。

卜辭又見「求雨娥」、「求年娥」之詞。

《存2·132》甲子卜，賓貞：于岳求雨□。

《林1·21·14》☐卯卜，㱿貞：求年□于河。

《佚153》貞，于祊求年□。

娥，借為峨，多也。《詩·棫樸》傳：「峨，盛壯也。」凡从我字有盛大意，山盛曰峨，馬高大曰騀，語盛曰議，饑甚曰餓。由下列諸辭互較，娥，我與勺(無)對文，亦見娥字有用為豐盛，衆多意。

《人1542》庚子卜貞：求雨□。

《文367》貞，求雨□于岳。

《合347》貞：求雨勺于河。【殷墟甲骨文字通釋稿】

◉徐中舒 □續三·四八·三 從女從□我，與《說文》娥字篆文略同。【甲骨文字典卷十二】

嫄

◉許　慎　嫄台國之女。周棄母字也。从女。原聲。愚袁切。【説文解字卷十二】

◉馬叙倫　鈕樹玉曰。台當作邰。王筠曰。詩生民。時維姜嫄。傳。姜姓。后稷之母。配高辛氏。帝焉。韓詩章句曰。姜姓。原字。史記亦作原。許以毛傳未説嫄。故承用韓詩以為字也。鄭箋則以為名。倫按此字蓋出字林。媊字以下蓋皆訓女字也。校者據所知改之。或呂忱本文如此。【説文解字六書疏證卷二十四】

嬿

◉許　慎　嬿女字也。从女。燕聲。於甸切。【説文解字卷十二】

籀韻【古文四聲韻】

◉馬叙倫　鄧廷楨曰。詩新臺燕婉之求。韓詩作嬿。西京賦注。嬿婉。好皃。當是本義。倫按字蓋出字林。【説文解字六書疏證卷二十四】

妸

甲二六八五　簠典四九　京都一〇九二A　【甲骨文編】

◉許　慎　妸女字也。从女。可聲。讀若阿。烏何切。【説文解字卷十二】

◉唐　蘭　疑當釋妸。即妸字。説文女字也。商承祚釋娥。誤。【天壤閣甲骨文存考釋】

◉馬叙倫　鄧廷楨曰。妸讀若阿。詩隰桑。隰桑有阿。傳。阿然美皃。淇奥。菉竹猗猗。傳。猗猗。美盛皃。隰有萇楚。猗儺其枝。傳。柔順也。節南山。有實其猗。傳。長也。晉書。衛公之女有可美。白皙長賢而多子。是美有柔順皆女子之美偁。妸從可聲。與阿猗音同義亦同也。倫按疑妿之轉注字。猗可之轉注為哿也。妸即史記范睢傳不離阿保之手之阿本字。字或出字林。【説文解字六書疏證卷二十四】

◉屈萬里　，當是何字；第三期貞人名。天壤七十二片有「帚」。，唐氏釋妸，云：「即妸字。」其説甚諦。然則本辭蓋假妸為何也。【殷虛文字甲編考釋】

媭

韓媭之印 范翁媭 高媭【漢印文字徵】

◉許　慎　女字也。楚詞曰。女媭之嬋媛。賈侍中說。楚人謂姊為媭。从女。須聲。相俞切。【説文解字卷十二】

◉馬叙倫　鈕樹玉曰。集韻韻會引嬋作蟬。韻會無人字。倫按此字蓋出字林。賈侍中說。楚人謂姊為媭者。姊媭皆舌尖前音。故或借媭為姊。或姊媭為轉注字也。【説文解字六書疏證卷二十四】

婕

婕【汗簡】

華嶽碑【古文四聲韻】

◉許　慎　女字也。从女。疌聲。子葉切。【説文解字卷十二】

◉馬叙倫　劉秀生曰。疌聲在從紐。接從妾聲在精紐。精從皆齒音。故婕從疌聲得讀若接。左莊十二年。宋萬弒其君捷。公羊作接。文十六年。晉人納捷菑于邾。公羊作接菑。莊子人間世。必將乘人而鬭其捷。釋文。捷。本作接。皆其證。倫按疌妾聲亦同談類也。女字也非本義。或非本訓。【説文解字六書疏證卷二十四】

嬩

◉許　慎　女字也。从女。與聲。讀若余。以諸切。【説文解字卷十二】

◉馬叙倫　鄧廷楨曰。婕嬩連文。婦官之倢亦作婕。嬩讀若余。則嬩義容與伃同矣。劉秀生曰。與聲余聲古在影紐模部。故嬩從與聲得讀若余。爾雅釋草。藒車。乞輿。釋文。輿本作與。又作蒢。車部。輿。從車。舁聲。讀若余。是其證。倫按鍇本作讀若予。予嬩音皆喻紐四等也。此字或出字林。【説文解字六書疏證卷二十四】

孁

◉許　慎　女字也。从女。霝聲。郎丁切。【説文解字卷十二】

嫽

汗簡【古文四聲韻】

◉許　慎　嫽女字也。从女。尞聲。洛蕭切。【説文解字卷十二】

◉馬叙倫　鄧廷楨曰。人部。僚。好皃。詩月出。姣人嫽兮。傳。嫽。好皃。僚蓋即僚字。倫按方言。嫽。好也。青徐海岱之間或謂之嫽。然則嫽為好之聲同幽類轉注字。亦媌之轉注字。媌音明紐。嫽音來紐。古讀歸泥。明泥同為邊音。苗尞亦聲同幽類也。嫽⿱雨要音同來紐轉注字。此二字蓋並出字林。【説文解字六書疏證卷二十四】

娹

前三・二四・四【甲骨文編】

前3・24・4【續甲骨文編】

◉許　慎　娹女字也。从女。衣聲。讀若衣。於稀切。【説文解字卷十二】

◉王　襄　前・三・二四・四　古娹字。【簠室殷契類纂正編卷十二】

◉馬叙倫　甲文作。字或出字林。【説文解字六書疏證卷二十四】

婤

婤　陳伯元匜【金文編】

◉許　慎　婤女字也。从女。周聲。職流切。【説文解字卷十二】

◉馬叙倫　婤嫽媌好竝聲同幽類。相為轉注字也。婤始蓋亦轉注字。猶匑匔矣。字蓋出字林。【説文解字六書疏證卷二十四】

◉戴家祥　陳伯元匜　作匋孟嫣婤母媵匜　左傳昭公七年「衛襄公夫人姜氏無子，嬖人婤始生孟縶」。陸德明經典釋文婤音周，又直周反。玉篇三十五音職流切。【金文大字典上】

姶

◉許　慎　姶女字也。从女。合聲。春秋傳曰。嬖人婤姶。一曰無聲。烏合切。【說文解字卷十二】

◉馬叙倫　張文虎曰。一曰無聲乃校者之詞。謂一本止作從女合。無聲字也。倫按莊子齊物論。嗒然若喪其偶。嗒然是無聲之皃。本書。謦。鼓聲也。從鼓。合聲。鼞。鼓無聲也。咠合聲同談類。譣鼓聲以彭彭為盛。擊其中也。擊而向其邊。乃成謦謦鼞鼞而就於無聲矣。是謦鼞為轉注字。而冥聲為嗒。語原然也。此無聲之字或當為嗒。今本書無嗒字耳。或無聲即謦字義。此字蓋出字林。【說文解字六書疏證卷二十四】

改

【金文編】

◉許　慎　改女字也。从女。己聲。居擬切。【說文解字卷十二】

◉馬叙倫　鄧廷楨曰。殷商之君皆以十二辰命名。其嬪御亦然。故紂有妲己。妲為女官。己其字也。王筠曰。史記殷本紀。紂愛妲改。平安館有番改齋鬲。羅振玉曰。古金文中作妃作改者均從己。皆為女姓。許以為女字誤。金文家以為匹妃之妃。更誤。甲文從作。殆匹妃之妃本字與。容庚曰。說文。妃。匹也。改。女字也。二字皆己聲。一在左。一在右。改當是妃之譌。鄦侯敢。作皇妣君中妃祭器。字作。陳侯午敢。作皇妣孝大妃祭器。字作。倫按匹妃字從女。從飛之異文作者得聲。乃妣之轉注字也。甲文之。與鄦侯器陳侯器文同。從女。從辰巳之巳得聲。即夏后氏之姓。今字作姒者也。鄦侯器言中妃。陳侯器言大妃。猶中妊大妊矣。叔向父敢之亦姒字。己巳一字也。或謂商頌箋。顧昆吾皆巳姓。顧即有扈。有扈昆吾為夏同姓。則改即巳之本字。亦姒之本字。篆當如陳侯器作女旁辰巳之巳。改其譌也。倫檢玉篇。妲改。晉語。殷伐辛有蘇氏。有蘇氏以妲己女焉。集韻。己。姓也。金器有穌衛改作旅鼎。字正作女旁戊己之己。又有穌公卣王口敢。王改者。穌公女為王后者也。皆與番改齋鬲字同。而穌即蘇字之所從得聲者也。金文多作穌不作穌耳。其他若楕妃彝有。番生壺有。虢文公鼎有。皆此字。然則昆吾之姓為。從辰巳之巳。妲己之己為改。從戊己之己。而妃匹字作。從飛之異文。三字迥殊。隸楷則混焉。改是穌姓。鄧謂妲為婦官。本書無妲。亦猶未見於金甲文。疑婦字之譌。禮祀郊特姓。所以交於旦明之義。鄭注。旦當為神。汗簡引古文尚書作。古文四聲韻引崔希裕古神作。帚甶形近。婦譌為妯。又譌為妲邪。女字也非本義。或字出字林。【說文解字六書疏證卷二十四】

妵

◉許　慎　妵女字也。从女。主聲。天口切。【說文解字卷十二】

◉馬叙倫　徐鍇曰。案春秋左傳宋華妵。人名也。倫按字蓋出字林。【說文解字六書疏證卷二十四】

妏

◉許　慎　妏女字也。从女。久聲。舉友切。【說文解字卷十二】

◉馬叙倫　久己一字。則妏即改之譌文也。此字蓋出字林。【說文解字六書疏證卷二十四】

㚷

◉許　慎　㚷女號也。从女。耳聲。仍吏切。【說文解字卷十二】

◉馬叙倫　嚴可均曰。玉篇廣韻作女字。疑號字誤。鄧廷楨曰。佴㚷一字。倫按耳久聲同之類。㚷妏或轉注字。凡女字率以美訓之字為之。今習猶然。古亦或如此。則以上諸文訓女字也者。實皆有其本義。如娥與嫽。其明證也。故得有轉注字。此字蓋出字林。許書本於蒼頡訓纂二篇。二篇皆教學善書。不必廣徵女字也。【說文解字六書疏證卷二十四】

姒

珠84　佚466　録660　【續甲骨文編】

始　不从女經典之姒字說文所無金文作姒始姛姛釕　后母姒康鼎　以字重見　窦姒匜　衛姒鬲　弗奴父鼎　弔向父簋　弔簋　衛始簋　蓋文作姛　頌鼎　頌壺　頌簋　殳季良父壺　季良父盉　仲師父鼎　會始鬲　鄧伯氏鼎　者姛尊　者姛罍　者姛爵　者女觥　蓋文作女　彝姛鼎　姛簋　寡遺簋　保𠈇母壺　鼄姛鼎　鼄姛簋　弔姛尊　弔姛方彝　沓簋　班簋　衛始簋蓋　省口　乙未鼎　【金文編】

始　日甲四〇　八例　為四七　【睡虎地秦簡文字編】

0330　3599　省口與弔向父𣪘衛姒鬲始字同。【古璽文編】

張始　更始　姚甫始印　張始　任將始　臣將始　邵乃始　陽始昌　楊始　刑丘

能始　尹乃始　椋始昌　【漢印文字徵】

泰山刻石　始皇帝　少室石闕　廟佐向猛趙始　【石刻篆文編】

始出尚書　【汗簡】

古孝經　古老子　古尚書　崔希裕纂古　【古文四聲韻】

◉許　慎　女之初也。从女。台聲。詩止切。【説文解字卷十二】

◉吴大澂　頌壺　始。婦之長者。爾雅女子同出謂先生為姒。凡經典姒字皆當作始。古文台以為一字。許書無姒字。【説文古籀補卷十二】

◉吴式芬　(中師父鼎)説文無姒字。古通用似。隸續司農劉夫人碑跋云。其云德配古列任似者。以似為姒也。而隸釋郭輔碑云。行追太姒。是漢世固有姒字。古器銘則借始字為之。阮氏款識頌鼎壺敦銘。皇母龔姒。篆皆作始。釋皆作姒。吴氏金石録殳季良壺銘云。作敬姒尊壺。篆作敬始。誤釋效始。吴子苾改釋敬姒云。古台㠯字通用是也。【攈古録金文卷三之一】

◉劉心源　始即姒。説文無姒。而鄦下戚下説解有之。吴閣學云。古台㠯字通用。心源案古刻㠯作　。小篆作　。台从㠯聲。古刻作　。小篆作　。余儔兒鐘　鑄龢鐘。　追孝先祖。邾公牼鐘　卹其祭祀盟祀。　樂大夫。　安士庶。邾公望鐘　其屯于即湆于。　愷諸士。陳逆簠　亯　孝。陳侯𠂤資敦　蒸　嘗。皆㠯台通用也。㠯台同則姒始自同。頌鼎龔　。季良父壺　　。皆用始為姒。徐氏不知而收姒入新附。贅矣。又如毛伯彝王　。士告彝公　。則合司字為之。古文之繁也。又如鄦侯敲皇妣居君仲　。陳侯午錞皇妣孝大　。竝从辰巳字。案説文云巳从反㠯。反㠯者。倒㠯字也。許書言反字者。皆倒字。㫐字幻字可證。㠯篆作　。倒之則為　。是巳㠯篆體相同。故姒从巳也。【奇觚室吉金文述卷二】

◉商承祚　龜甲獸骨卷二第二十五葉　公似敦作　。吴中丞謂即　之緐文。卜辭作　。則又𣪘之省也。【殷虛文字類編卷十二】

◉楊樹達　説文十二篇下女部云：「始，女之初也。从女，台聲。」自來説者皆不能質言其義。夫兒在母胞，肇分男女，事在闇昧，無由識知，何緣特立一文以表其事？就謂可識，男亦有初，何故無文，以與始並？由此言之，始不謂胎孕之别明矣。按大戴禮記本命篇曰：「男以八月而生齒，八歲而齔。一陰一陽，然後成道；二八十六，然後情通，然後其施行。女七月生齒，七歲而齔齒。二七十四，然後其化成。」漢書王莽傳曰：「莽以皇后有子孫瑞，通子午道。」張晏曰：「時年十四，始有婦人之道也。」黄帝内經卷一上古天真論曰：「男子二八而天癸至，女子二七而天癸至。」然男子天癸之至，無特異之徵；女子則當十三四時，於不識不知之中忽如潮湧，往往令人不可思議。事象奇異，故制文者亦為之特立一文。精言之，女之初當云婦之初。然易屯六二曰：「女子貞不字，十年乃字。」虞翻訓字為妊娠。然則文稱女子，實謂婦人也。禮記王制曰：「道路，男子由右；婦人由左。」大戴禮記本命篇曰：「男子謂之丈夫，女子謂之婦人。」此知古人婦女往往通言，雖不别白，意固灼然可曉矣。【釋始　增訂積微居小學金石論叢】

◉强運開　始本訓女之初。引伸為凡始之偁。又按許書無姒字。吳愙齋云始婦之長者。爾雅女子同出謂先生為姒。凡經典姒字。皆當作始。古文台以為一字。金文中始字。頌壺作。頌敢作。叔向父敢作敢作。𠭯敢作。或从台或从㠯或从以。可證古始姒亦為一字也。按此下有闕文。【石鼓釋文】

◉方濬益　乙未鼎　姒。與公姒敢嫛字同。古姒即始字。此為始之異文。【綴遺齋彝器款識考釋卷四】

◉馬叙倫　俞樾曰。始之為初。固恒訓也。然以其字從女而云女之初。則近于附會。女之初為始。男之初為何字乎。今按始者生也。易象傳曰。大哉乾元。萬物資始。至哉乾元，。萬物資生。禮記樂記曰。樂。樂其所自生。禮。反其所自始。皆以生始竝言。蓋字異而義同。檀弓曰。君子念始之者也。鄭注。始猶生也。此其本義也。人之生謂始。故引申為最初者之稱。始之本義為生。故字從女。倫按始為胎之異文。人生莫先於胎。胎在母腹為未形。故易於乾言始也。老子。無。名天地之谷。義亦同也。始為之後起字。女之初也非本訓。且或女之口也初也二訓。校者删并之耳。字見急就篇。季良父盉作。頌敢作。【説文解字六書疏證卷二十四】

◉邵笠農　爾雅初哉首基肇祖元胎。始也。説者謂初者裁衣之始。基者築牆之始。肇者開户之始。哉者草木之始。祖者人之始。元首者身體之始。胎者生之始。郝懿行云每字皆有本義。但俱訓始。例得兼通。竊謂始字亦有本義。段借為發聲之詞。及為終始之訓云爾。本義云。始即胎也。人生之初肇也。胎。孕也。孕亦作𡜇媰。从子从肉。从女。皆可通胎。从肉。又作㚶。从子。廣韻胎始也。説文曰。婦孕三月也。㚶上同。是胎㚶同字。以媰字例之。始从女亦胎字也。或謂以始為胎字。

則胎始也。不啻云胎胎也。或始始也。以此為解釋恐訓詁亦無此法。不知同字相訓。爾雅固有此例。雖迺乃也。迺即迺字之省。不與乃同字。當在例外。而嗟咨瑳也。敖憮傲也。嗟瑳敖傲非同一字乎。自始字引伸為初始。而胎孕專寫从肉旁作胎。習久相沿。二字遂判乃謂始為女之初。而男之初無專字。不免滋生疑竇耳。若變言人之初字。則疑義昭然矣。【一圓閶字説卷二】

媚

乙五一九　乙三四四三　乙六四八一　前六・二八・六　後二・三二・七　菁三・一　佚七〇六

京津二七五九　存下三〇二　誠五〇〇　【甲骨文編】

甲152　乙519　3424　3443　4463　4623　5229　5689　6481　佚706　古2・8　誠500　【續甲骨文編】

媚　馬國權釋　子媚爵　子媚觚　【金文編】

媚　日甲一一九背　三例　日乙二四六　【睡虎地秦簡文字編】

李媚信印　【漢印文字徵】

媚　【汗簡】

古論語　孫彊集　【古文四聲韻】

◉許　慎　說也。从女。眉聲。美祕切。【説文解字卷十二】

◉余永梁　(後編卷下三十一葉)(書契菁華三葉)　此媚字，从女眉聲。説文：「媚，説也。从女，眉聲。」【殷虛文字考　國學論叢一卷一期】

◉馬叙倫　説也者。謂可説也。然非本義。或此字林文。吕忱據埤蒼加之。或字出字林也。【説文解字六書疏證卷二十四】

◉朱歧祥　282.　从眉，从人或女。隸作伵，媚。為眉字繁體，讀如彌，終也。

《合252》☐　冥(娩)，不其㚫。

「媚娩」，言婦人終於分娩成功，唯所生並非男嬰，故接言「不嘉」。此見殷人已有重男輕女之思想。

《乙519》己卯卜，㱿貞：　雨，我不其受又佑。

「媚雨」，即「湄日雨」，言終日下雨不停。卜辭有言「子伵」，即「子眉」；人名。

《存1・1069》☐貞：子　☐。

《京2087》☐子卜，㱿☐子　☐。

字復用為地名，通作　；乃殷西北田狩地名，有種芻。其地嘗為　方侵擾，始見第一期卜辭。

《卜749》☐卜貞：☐茲☐　☐田☐。

《乙7137》☐貞：雍芻于　。

《存2・297》☐唐告曰：　方☐于　亦𢦏☐。【殷墟甲骨文字通釋稿】

◉柯昌濟　　妛即媚子，卜辭有媚子之詞，即詩秦風「公之媚子」之媚子。【殷墟卜辭綜類例證考釋　古文字研究第十六輯】

◉徐中舒　　乙三四二四　從女從　眉，於女之頭部附著眉目，乃特加强調而以見意之故，與甲骨文之　見　聞等字構形方式相同，即媚之初文。又有從女從眉之　字，與《説文》媚字篆文形同，為形聲字。【甲骨文字典卷十二】

嬺

◉許　慎　嬺，媚也。从女。無聲。文甫切。【説文解字卷十二】

◉馬叙倫　鈕樹玉曰。玉篇引作嫵媚也。倫按嫵蓋隸書複舉字也。嫵媚音同微紐轉注字。亦美之音同微紐轉注字。【説文解字六書疏證卷二十四】

媄

◉許　慎　媄，色好也。从女。从美。美亦聲。無鄙切。【説文解字卷十二】

◉馬叙倫　從女美聲。此美之後起字。美之本義。初非止謂女子顔色之好。故美從大。從大猶從人也。此字蓋出字林。【説文解字六書疏證卷二十四】

嬆

◉許慎 嬆媚也。从女。畜聲。丑六切。【説文解字卷十二】

◉馬叙倫 于鬯曰。眉也與上文媄下曰色好也當互易。蓋傳寫之譌。媄媚疊韻。嬆好亦疊韻。雖説文不當以釋名為例。然以音近為訓者甚多。且上媚字下次嫵字。嫵下次媄字。亦訓為媚。是為類次。而嬆下次嫷字。嫷訓南楚之外謂好曰嫷。下次姝字。訓好也。姝下即次好字。則嬆訓色好。亦為類次。小爾雅廣詁。媚。媄也。廣雅釋詁。嬆。好也。是亦可證説文二字之訓。倫按太平御覽三百八十二引通俗文。不媚曰嬆。不字疑譌。以字次及音求之。嬆不得為不媚也。于説可從。然色好也字林文。字或出字林。【説文解字六書疏證卷二十四】

嫷

◉許慎 嫷南楚之外謂好曰嫷。从女。隋聲。臣鉉等曰。今俗省作婧。唐韻作妥。非是。徒果切。【説文解字卷十二】

◉馬叙倫 通俗文。形美曰嫷。嫷為嬽之歌元對轉轉注字。南楚八字校語。本訓捝矣。或字出字林也。【説文解字六書疏證卷二十四】

姝

◉許慎 姝好也。从女。朱聲。昌朱切。【説文解字卷十二】

◉吴大澂 古姝字。从从女。。飾之華者。與雩同意。杞伯敏父鼎。杞伯敏父敦蓋。杞伯敏父敦器。杞伯敏父壺。邾哲父鬲。杞伯敏父敦器。杞伯敏父敦蓋。【説文古籀補卷十二】

◉馬叙倫 鈕樹玉曰。華嚴經音義引作色美也。倫按姝音穿紐三等。婤音照紐三等。同為舌面前音轉注字。嬆音微紐。亦舌面前音。相為轉注字也。色美也蓋字林文。【説文解字六書疏證卷二十四】

好

鐵三二·一　鐵一一二·一　鐵一二三·二　鐵一五二·四　鐵一八一·三　前五·一二·三　前六·六·三　前七·二七·四　前七·三〇·四　林一·二三·六　林二·一〇·一七　戩三四·一六　存四八　存一〇一七　存下四五〇　甲三〇一　甲六六八　乙二五八六反　京津一九七八　京津一九八二　明藏二四一　寧滬一·四九一　寧滬二·三八　燕一八一　佚五〇六　佚五二七　佚五五

六　佚六四九　粹八六四　粹一二二七　粹一二二九　續四・二九・三　續四・三〇・七　甲一七

九三　或从止　【甲骨文編】

甲301　668　944　2040　3194　3239　3480　3485　3686　乙743　870

2214　2274　4551　5192　5456　5953　6170　6215　6273　6310　6425

6691　7142　7143　7151　7163　7731　7782　7799　珠7　168　523

524　620　佚92　506　527　556　649　續3・1・2　徵2・55　續4・29・1　徵8・114

續4・29・2　徵8・116　續4・29・3　4・30・1　4・30・2　續4・30・3　徵8・113　續4・30・4　徵8・

112　續4・30・5　5・12・3　掇269　444　徵8・111　8・115　12・5　12・12　京

3・13・1　3・14・2　3・15・1　凡25・4　録835　天88　89　鄴一43・8　六清49　外372

續存48　1021　粹864　新1979　1981　【續甲骨文編】

好　盧鐘　𣪘鐘　仲卣　仲自父簋　芇伯簋　杜伯盨　林氏壺　齊鞄氏鐘　蔡

侯𩵦盤　康諧龢好　【金文編】

3・709　南𩫏□好𥎦□　季木　3・72　【古陶文字徵】

好　日甲七六背　二十二例　語一　【睡虎地秦簡文字編】

好時丞印　好時丞印　東門好印　原好之印　【漢印文字徵】

石碣遊車　遊車既孜　【石刻篆文編】

好竝義雲章　好　好　好竝尚書　【汗簡】

古孝經　竝古老子　義雲章　竝古尚書　崔希裕纂古

竝籀韻　古老子　竝籀韻　【古文四聲韻】

◉許　慎　美也。从女子。徐鍇曰。子者。男子之美偁。會意。呼皓切。【説文解字卷十二】

◉羅振玉　石鼓文作。與此弟二文合。【增訂殷虚書契考釋卷中】

◉林義光　説文云。媄也。从女子。按古作盧鐘。作杜伯盨。【文源卷六】

◉王　襄　段氏改本注云。「好。本謂女子。引伸為凡美之稱。」「歸好」當為嫁女之禮。卜辭有「歸妹」之文。易歸妹。「帝乙歸妹」。可證四千年後殷世婚嫁之禮所僅存者。或曰从女从巳。巳與以通。即古姒字。爾雅釋親。「女子同出謂先生為似。」【典禮　簠室殷契徵文考釋】

◉容　庚　甲骨文甲子之子作。辰巳之巳作。金文亦然。子孫之子金文仍作。甲骨文亦有从之李字。則之釋好固無不可。若后妃之妃金文乃作。从。非从也。【殷契卜辭考釋】

◉郭沫若　兩「好」字均當讀為孝。孝者亯也、養也，于宗廟固可言孝，於朋友婚媾亦可言孝，殳季良父壺言「用亯孝于兄弟婚媾諸老」，正其明證。或於「好朋友」三字以今言解之，非是。【芇伯段　兩周金文辭大系考釋】

◉强運開　張德容云。説文作。此當是籀文。徐鉉所謂筆迹小異者也。運開按。杜伯壺于好朋友作。歸夆敢用好宗廟亯夙夕好朋友均作。與鼓文同。好字古音讀如朽。與攷相通叚。詩車攻與阜狩叶可證。【石鼓釋文】

◉馬叙倫　翟云升曰。韻會引作好者好也。唐蘭曰。卜辭以好字代表子姓。則好字本作子字。以代表姓而加女為好。以女為形子為聲。倫按廣韻三十七號引何承天纂文。好姓。火報切。蓋好從女孚省聲。爾雅釋器。好倍肉謂之瑗。本書。瑗。大孔璧。是爾雅之好即謂孔。孔從孚得聲。好孚聲同幽類。是其證也。孔乳一字。見孔字下。乳為鳥育子也。詩商頌言。天命玄鳥。降爾生商。蓋商之先以養鳥繁殖起其家。遂有簡狄吞玄鳥子而生契之神話。以養鳥為業者。即圖其事為族徽。而後世因以乳為姓。字變為好。孔子宋後。當為好姓。而今作孔者。蓋猶沿其初而未變者也。今書以商為子姓者。又好之省。

後人誤讀如字耳。子己一字。甲文甲子皆作甲己。金文亦多以己為子。可證也。己為夏姓。甲文作𡚲。金文作𡛜。夏商不同姓。益明商之姓為好矣。甲文有𡚸字。其詞曰。御帚好于妣乙。葉玉森校合諸詞。以帚好為歸俘。蓋借好為俘。同從孚得聲也。美也者。嬌字義。孟子。畜君者。好君也。此畜好聲通之證。字見急就篇。虘鐘作𡚸。杜伯簋作𡚸𡚸。甲文作𡚸𡚸。【說文解字六書疏證卷二十四】

◉唐　蘭　帚好者。婦子也。好為女姓。即商人子姓之本字。此武丁之婦。同姓不通婚姻。周之制也。好今讀呼皓切。字音之變。【天壤閣甲骨文存考釋】

◉周名煇　說文女部。妃从女从己。與此文从女从巳者異撰。巳即辰巳之巳。說文作巳。古金文作巳孟鼎銘祀字从此。或作巳鄦侯彝銘祀字从此。殷虚卜辭及金文子丑之子作𢀈。辰巳之巳作子。已然之已作巳。秩然不亂。近人容庚輩能明之矣。子巳聲同義通。故廣雅釋言云。子巳似也。金文中如史頌𣪘銘丁巳作丁子。格伯𣪘銘癸巳作癸子。㝈鼎銘乙巳作乙子。公㚶𣪘銘辛巳作辛子。是子巳之同用亦可明矣。是此文从女从巳。當即从女从子。乃好姓。好字之異文。亦即子姓之子之孳乳字也。通志氏族略云。子氏帝嚳之子契。受封於商。賜姓子。太史公殷本紀云。契為子姓。其後分封。以國為姓。有殷氏。來氏。宋氏。空桐氏。稚氏。北殷氏。目夷氏。吴子馨云。凡好姓。經典皆作子。宋為好姓。即子姓。見詩陳風衡門。及春秋隱公元年、僖公十七年、襄公十九年左氏傳。殷為好姓。見世本氏姓篇。乙為子姓。見通志氏族略宋人氏類。而金文乙公之後有曰改者。改字从巳。固可得而推也。孔子為宋後。故孔氏亦子姓之孳乳。

以上略論其文字。而未及銘文。案陳侯年錞銘云孝大妃。鄦侯𣪘銘云𡚸君中妃。妃為女姓。與男姓有別。同姓不婚。周室定制。陳乃嬀姓。與好姓之女為婚而生陳侯午。故稱皇妣。簫為嬴姓。娶好姓之女亦同。而吴氏金文世族譜別立妃姓譜。據世本之說。以簫為妃姓。則與時制相刺謬矣。又吴氏謂凡好經典皆作子。今考之金文。亦子好互見。如元和姓纂云。祖子姓殷後。而憙齋集古録弟六册五葉。載戍𡚸鼎。原題且子鼎。殷文存卷上弟八葉題丁卯作父乙鼎。銘云。丁卯。王令且子迨會西方于相。作祖子。貞松堂集古遺文卷十弟廿一葉。載吕中僕爵銘作毓子。簫鄦皆莒字古文。即莒國名之本字。作吕者古文省也。子即好字古文也。是子為契受封之姓。其後作好。作妃。作孔。皆子姓之孳乳。名異而實同也。【新定說文古籀考卷中】

◉楊樹達　𦤚數𡦹𣪘　數字苦不可識。按憙齋集古録第拾肆册廿肆葉上載父辛盉其銘文亞形中作𦤚字，下作父辛二字。按說文十四篇下子部孳或作𡥎，此銘作𦤚，即說文孳字或體之省形，亦孳字也。孳與子古音同，古蓋本一字，盉銘孳與父辛為對文，

乃用為子字也。此毁銘左旁之𢆶乃父辛盉□字之省作，然則𢆶字从子从女，殆好字也。【𢆶毁再跋　積微居金文説】

◉馬叙倫　中㠯父敦　見同上。倫按舊釋□為孜。倫謂即説文之好字。甲文有帚好。好為宋姓。此中□父作□旅敢其用萬年。好蓋中㠯父之女名。【讀金器刻詞卷下】

◉李平心　《説文》：「好，美也，从女子會意。」此字卜辭金文習見，子女二字左右部居不定，金文則以子左女右結體為多。許書訓美，殆非朔義。段玉裁《説文解字注》謂「好本謂女子，引伸為凡美之稱」，亦非達詁。好字从子女會意，子為丈夫之通稱，《白虎通》及兩漢經師多持此説，與古籍子女對舉義訓相合（婦女稱子，為此字廣義用法）。男女相配，實為好之本誼。《詩·關雎》「君子好逑」，聞一多《詩經新義》謂好逑為義近平列之二名詞，當訓仇匹、妃匹，君子好逑，與《兔罝》「公侯好仇」文法無殊。案聞説至碻。古人以事物稱配為好，竊謂即男女相配一義之引申。王引之《經義述聞》云：「《考工記·輪人》：『進而眡之，欲其肉稱也。』」鄭注曰『肉稱，宏殺好也』，是稱為好也。肉稱猶言肉好，《樂記》曰『寬裕肉好』是也。《荀子·禮論篇》曰『使死生終始，莫不稱宜而好善』，義亦同也。」考相稱有齊等義。《考工記·輿人》「參稱」，鄭注「稱，猶等也」，《説文》「爯，并舉也」，皆與好義相邁。古人審美，以勻稱為妙，故《爾雅·釋言》訓稱為好，與《論衡·逢遇》云「皮媚色稱」義正相近（此例為聞一多《爾雅新義》所舉）。《方言》《説文》均謂美為好，皆不出齊整和諧之意。美好義引申為善，故好與惡對稱。人情喜美而惡醜，故好義又引申為愛悦（參見《好之同族字》）。【釋好　中華文史論叢第一輯】

◉李孝定　説文。「好。美也。从女子。」契文同。契文子孫字均作□。武丁卜辭常見「子某」之文字正作□可證。作□者。非盡干支字之巳也。字从女子。正當釋好。卜辭好字均與帚婦字連文。為武丁諸婦之一。「好」竊謂當是女字。葉氏謬以俘字解之。並謂□子亦俘字。不知契文自有俘字作□。象以手執人于道中。乃會意字。後乃變為从人孚聲之俘耳。婦好為武丁諸婦之一。常專征伐與朝政。葉氏所舉前·四·三八·一之辭。即謂勿乎婦好从阯䤉征某方也。藏·一二七·一之辭當讀「婦好有子」。乃卜其有身否也。簠徵典禮一一五辭當讀「婦好娩妫其隹甲娩」。乃卜其產子之嘉否及卜產期也。殷虛卜辭二三六一辭所卜事類相同。藏·一一三·四辭乃言王疾婦好不隹禍否也。蓋其時婦好物故。而時王有疾。以為婦好祟之也。葉氏悉讀好為俘。其説遂覺支離少當矣。又葉氏謂：「其辭又多卜𣪘卜𢦏卜㠯師之貞。歸好下又多……。」桉𣪘應釋𣪊。𢦏應釋爭。與㠯並貞人名。與貞卜之事類無關。□應釋帚。讀為婦。卜辭自有歸字作□藏·八·一·三。若□前·四·六·八。葉氏固已知□當釋歸。見前釋卷四第十葉下。帚歸二字聲韻縣隔。卜辭安得假帚作歸乎。葉氏前編集釋成於民國廿一年。其

時於「貞人」問題雖尚無正確之解釋。然歸之不得省作帚。其理固昭然明白也。葉氏不察。乃以「歸俘」説「婦好。」此所謂大惑終身而不解者也。⊘虛鐘云「用濼樂好賓。」知當釋好。非如若妃也。【甲骨文字集釋第十二】

◉白玉峥 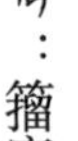：籀廎先生釋好。是也，後之學者皆从之。【中國文字第三十四册】

◉劉勝有　「好」字的構成，我以為，並不是「从女子」，其中的「女」本用作「母」，它實際是由「母」與「子」組合而成的。有如下幾點可證：

(1) 甲骨文中「女」用作「母」習見。如「母乙」、「母丙」、「母戊」、「母己」、「母庚」、「母辛」、「母壬」、「母癸」，亦寫作「女乙」、「女丙」、「女戊」、「女己」、「女庚」、「女辛」、「女壬」、「女癸」。有時「母」同「女」對貞(見《殷墟卜辭綜類》551頁—553頁)。又如，《殷虛文字乙編六四〇四》：「尞于王亥女。」《殷契粹編・一二〇》：「其又三匚女。」此二例中之「女」字，如于省吾先生與郭老所指，均用作「母」，「王亥女」即「王亥母」，系王亥的配偶，「三匚(報)女」即「三匚母」，系「三匚」的配偶。再如，商器《司母戊鼎》中之「」(母)字與「婦好」器「好」字中之「」更是別無二致。概上古「母」、「女」音近(母是明紐，女是泥紐，同為鼻音次濁音)，本共用一字，猶「毋」是「母」的分化字一樣，「母」乃是「女」的分化字。

(2) 古文字中，一些表姓氏的組合字，如「姜」、「姬」等字，其中的「女」字亦用作「母」。《伯狺父鬲銘文》：「伯狺父作井姬季毒尊鬲。」「毒」本「姜」字，此从「母」。《伯姬簋》中的「姬」字寫作「䀁」，从「母」。這也可做為「好」字中「女」本為「母」的一個佐證。

(3) 林泰輔《龜甲獸骨文字・二・十・十七》中，「好」字寫作「毌」。此例僅見，這可以直接證明「好」字是「母」「子」的組合。

(4) 金文中出現了「孝」字。《井伯簋》：「用好宗廟。」「好倗友雩(與)百者(諸)婚媾。」郭老云：「兩『好』字均當讀為『孝』。孝者，享也，養也。于宗廟固可言孝，于朋友婚媾亦可言孝。《殳季良父壺》言『用享孝于兄弟婚媾諸老』，正其明證。」(見《兩周金文辭大系圖录考釋》卷七第148頁)郭老的看法基本是對的。「好」字同「孝」字的關係，倘若从形音義諸方面去推求，就會看得更清楚。可以説，「好」是「孝」的古字。上古「好」、「孝」同音，同是曉母幽韻，「孝」字後出，乃是「好」的分化字。它別立門户，分去了「好」字的一部分詞義。「孝」字「从老省」與「好」字「从母」，其形體一脈相承。「孝」是「好」的分化，這不僅可作為「好」字「从母」的反證，而且也為追索「好」字的詞義提供了重要線索。

(5) 「好」字有人疑為「女」「子」合文，亦非是。甲金文中有合文，但寫「女子」不用合文。如，《殷虛文字綴合・二七六》：「辛卯卜，争弖乎取酉女子。」《殷虛文字乙編・七七五〇》：「……于女子。」《子卣》：「女子母庚宓祀尊彝。」《女子鼎》銘文中「女」「子」也是寫的單字。可證「好」字合文一説並不成立。

上述例證，可以説明「好」字既非「女子會意」，也不是「女子」合文，「好」字本是一個由「母」「子」組合的表意字。

「好」字的表意方法，如上所説，所謂的「女子貌美」的「并合為義」顯然是附會之説。那麼它是怎樣表意的呢？我以為，它是通過選取典型的「母」與「子」的親近關係來形象地表現詞義的。康殷先生在其所著《文字源流淺説》中，指出許慎誤釋「好」字，這一點是對的，但他説：「好，象攜抱幼兒的婦女形，原意概以多育為好。」也恐未確。從字形看，很難説「象攜抱幼兒的婦女形」。它不象甲骨文中「[glyph]」（或釋乳）、「[glyph]」（或釋保）等字那樣，「[glyph]」象抱子的樣子，「[glyph]」象背着小孩。而从「好」的字形中，我們既看不出攜也看不出抱。同時，也不單「象婦女形」，其中的兩個字都象形。值得注意的是，甲骨文及早期金文中，「好」字或作「[glyph]」，或作「[glyph]」，無例外地「母」與「子」都是面向的，只是到了晚金和小篆，「好」字才訛作「[glyph]」，變成了背向。「好」字早期的整體字形，我們看正象母子相互親愛的樣子。人與人之間的喜愛或互愛之情，本古已有之。用什麼圖形來表示這種感情呢？這種感情莫過于母子之間了，所以古人選用典型的母子相互親熱的字形以形象地表示親愛或相愛之意，人們則一目了然。我們把這種表意字可稱之為象意字。因此，「好」字的本義，既非「女子貌美」，也不大可能是「多育」，它的本義應該是動詞，親愛或互愛之意。

字形是具體的，典型的，而其表現的詞義卻是概括的。因此，我們説不僅母子之間，凡人與人之間的「親愛」或「互愛」，都是「好」的本義。如《楚辭・九章・惜誦》：「父信讒而不好。」《詩・小雅・彤弓》：「我有嘉賓，中心好之。」《論語・里仁》：「唯仁者能好人，能惡人。」這些「好」都是指對人的親愛。《詩・衛風・木瓜》：「匪報也，永以為好也。」這是彼此相愛。《左傳・文公十二年》：「藉先君之命，結二國之好。」國與國的親善也是一種互愛。上對下以及人與人之間的喜愛為「好」，而下對上、卑對尊的敬愛，這個意義後分化為「孝」。由人與人之間的親愛，又引申為對各種事物的喜好。如《尚書・皋陶謨》：「惟漫游是好。」這是喜好游樂。《論語・公冶長》：「敏而好學。」這是愛好學習。由愛好、喜歡又引申為喜愛的對象。《國語・晉語一》：「君子好好而惡惡。」《周禮・夏官》：「除其怨惡，同其好善。」這裏指好事或好的東西。人們喜愛的大都以為是善的美的，因此又引申為對各種美好事物的形容，如説「好面」、「好秋」、「好食」、「好書」、「好會」、「好語」、「好賜」等。勇健的男子可以叫「好漢」，當然品貌文雅端莊的女子可稱為「好女」，猶如現在所説的「好姑娘」。「好」有「貌美」義本在這裏。這裏還需指出，「好」、「美」雖在這一點同義，但二者仍有差別，「美」當多半指外表之美，而「好」多半指表裏皆美善。我想，以上恐怕就是「好」字詞義的大致發展脉絡，而段玉裁所説的「本謂女子，引申為凡美之稱。凡物之好惡，引申為人情之好惡」，看來是本末倒置的。【釋「好」 東北師大學報一九八六年第三期】

◉朱歧祥 367. 从女从子，隸作好，《説文》：「媄也。」色好也。卜辭用為殷武丁婦姓。由近年地下出土的婦好墓看，規模宏大，陪葬甚豐，其人或當為武丁正室。

《合405》戊辰卜，㱿貞：婦冥，不其妫。五月。

《鐵127・1》庚子卜，㱿貞，婦屮(有)子。三月。

婦好亦掌軍政大權，征伐諸方外族，顯見殷初女權並不低落。

《乙2948》辛未卜，争貞，婦其从沚伐印方。王自東伐戋，𪓐(阱)于婦立。

《庫237》貞，☐王勿☐婦☐伐土方。

《庫310》辛巳卜貞：登婦三千，登旅萬，呼伐☐。

《前5・12・3》甲申卜，㱿貞，呼婦先登人于龐。

婦好復代殷王主賁祭，可概見其地位之尊貴。

《鐵45・1》貞，勿呼婦往賁。

《乙6453》☐婦☐賁一牛。【殷墟甲骨文字通釋稿】

◉黄錫全 好 觀、内本好作㚷，嚴、雲本作玨。鄭珍云：「薛本作好㚷玨三形，《説文》有好㚷，無玨字。㚷，女字也，从女丑聲，引《商書》『無有作㚷』，知古文借㚷為好，偽書通作好㚷可也。玨則合二字別造，不知何出，亦有所本。」按，女旁古有作（好盗壺）、（鄂君啟車節）、（詛楚文婚旁）等形，與形近，疑玨本即好字譌誤。

好 齊鞄氏鐘作，蔡侯鸏盤作，此形類同。不當入丑部。【汗簡注釋卷六】

◉徐中舒 卜一八一 從女從子，與《説文》好字篆文形同。《説文》：「好，美也。从女子。」按訓美乃後起義。甲骨文好為女姓，即商人子姓之本字。【甲骨文字典卷十二】

◉戴家祥 段注：「好本謂女子，引伸為凡美之偁。」按此説是也。好字由女子會意。孟子告子「而摟其處子」，注：「處子，處女也。」好即由處子會意。處子，女子之妙齡美好時期，乃有「美」的意義。金文好字用作人名，如婦好甗等；又通假作孝，如芇伯𣪕「用好孝宗朝廟」，或用作美好義，如杕氏壺等。【金文大字典上】

◉姚孝遂 甲骨刻辭「」字的形體結構與篆文的「」完全相同；「」與篆文的「」完全相同；「」與篆文的「」完全相同；「」與篆文的「」完全相同。但是，這些字在甲骨刻辭中皆用為專有名詞，與訓為「美」的「好」、訓為「静」的「姘」、訓為

「兄之女」的「姪」、訓為「人所生」的「姓」很難説就是同字。其原因在于：我們在辭例上不能加以證明。【古文字的符號化問題　古文字學論集初編】

嬹 嬹

◉許　慎　嬹説也。从女。興聲。許應切。【説文解字卷十二】

◉馬叙倫　此今言高興之興本字。字或出字林。【説文解字六書疏證卷二十四】

嬮 嬮

◉許　慎　嬮好也。从女。厭聲。於鹽切。【説文解字卷十二】

◉馬叙倫　吴穎芳曰。懿之語轉。倫按。下文嫕。好也。音亦影紐。蓋轉注字。懿無美好義。蓋借為嫕。【説文解字六書疏證卷二十四】

㚰 㚰

◉許　慎　㚰好也。从女。殳聲。詩曰。静女其㚰。昌朱切。【説文解字卷十二】

◉吴式芬　㚰仲師父鼎　許印林説。⊘説文。㚰。好也。从女。殳聲。詩曰。静女其㚰。此从攴者。古从殳字或變從攴。殺从殳。古文作[illegible]。又作[illegible]。皆从攴。般盤从殳其見於古器銘者皆从攴。是其例。【攈古録金文卷三】

◉馬叙倫　翟云升曰。韻會引作好佳也。段玉裁曰。此與姝音義皆同。倫按詩静女作姝。然則㚰蓋姝之轉注字也。殳音禪紐。朱音照紐三等。皆舌面前音。又聲同矦類。㚰姝嬬亦相轉注。嬬音微紐。亦舌面前音。聲亦幽矦近轉也。韻會引作好佳也者。當作好也佳也。佳也校語。玄應一切經音義引字林。好貌也。或此字出字林。【説文解字六書疏證卷二十四】

姣 姣

◉許　慎　姣好也。从女。交聲。胡茅切。【説文解字卷十二】

◉馬叙倫　吴穎芳曰。嬌之轉語。沈濤曰。史記蘇秦傳。索隱引作美也。朱駿聲曰。此佼之或體。今作嬌。倫按美也蓋校語。姣為好惡之好本字。姣媌媄聲同宵類。轉注字也。【説文解字六書疏證卷二十四】

嬽

◉許　慎　好也。从女。䁈聲。讀若蜀郡布名。委員切。【説文解字卷十二】

◉馬叙倫　徐鍇曰。此今人所書娟字也。段玉裁曰。讀若蜀郡布名。謂讀若𦄼也。桂馥曰。蜀布有筩中黄潤。蓋讀若潤。王筠曰。段謂讀若𦄼。則何不云讀若𦄼乎。此乃口中有音筆下無字者也。如指實言之。當云讀若蜀郡嬽布耳。朱筠本篆作。劉秀生曰。段説是也。系部。𦄼。蜀細布也。從系。彗聲。䁈從䀠聲。讀若傿。在影紐。𦄼從彗聲。彗聲之字如⿱彗貝鏏。古在影紐。故嬽從䁈聲得讀若𦄼。眀部。䀠。讀若書卷之卷。齒部。齤。從齒。𢍏聲。讀若權。角部。觠。從角。雚聲。讀若𦄼。虫部。蠸。從虫。雚聲。讀若蜀郡布名。是其證。倫按嫛嬽音同影紐轉注字。【説文解字六書疏證卷二十四】

◉湯餘惠　174　姚・娼(嬽)　右从䀠，見《説文》，「目圍也」，居倦切，今言目圍為眼圈兒，古作。簡文娼，《説文》作嬽，「好也」，今字作媛。【包山楚簡讀後記　考古與文物一九九三年第二期】

娧

◉許　慎　好也。从女。兑聲。杜外切。【説文解字卷十二】

◉馬叙倫　吴穎芳曰。嫷娧語轉。王筠曰。神女賦。侻薄妝。李注引説文。侻。好也。與娧同。注中侻娧互譌。謂説文之娧與賦中之侻同也。方言。姚。娧。好也。倫按娧嫷音同定紐轉注字。【説文解字六書疏證卷二十四】

媌

◉許　慎　目裏好也。从女。苗聲。莫交切。【説文解字卷十二】

◉馬叙倫　從女而訓目裏好。疑非。且目裏好何指。段玉裁謂好在匡之内也。此曲説耳。倫謂目裏二字蓋後人加之。或此字林訓。字亦或出字林也。方言。娥。嬴。好也。自關而東河濟之間謂之媌。注。今關東呼好為媌。通俗文。容麗曰媌。倫謂此今所謂妙之本字。【説文解字六書疏證卷二十四】

嫿

◉許　慎　静好也。从女。畫聲。呼麥切。【説文解字卷十二】

◉馬叙倫　桂馥曰。静好也者。李善注魏都賦琴賦引同。又引作靖好皃。倫按静好也當作静也好也。静為采色之采本字。見静字下。此乃校者加之。廣雅。嫿。好也。【説文解字六書疏證卷二十四】

婠

◉許　慎　婠體德好也。从女。官聲。讀若楚卻宛。一完切。【說文解字卷十二】

◉馬叙倫　鈕樹玉曰。玉篇引同。韻會引德作態。非。嚴可均曰。廣韻八黠引作體態好也。劉秀生曰。官宛聲竝寒部。故婠從官聲得讀若宛。史記刺客傳。樊於期偏袒搤捥而進。徐廣曰。捥。一作揎。是其證。倫按德當作態。形音相近而譌。然體態二字乃校者所加。或此字林訓也。或字出字林。廣雅。婠。好也。通俗文。容美曰婠。婠為⿸厂要嬛之音同影紐轉注字。亦嬛之聲同元類嫷之歌元對轉轉注字。【說文解字六書疏證卷二十四】

娙

◉許　慎　娙長好也。从女。巠聲。五莖切。【說文解字卷十二】

◉馬叙倫　沈濤曰。史記外戚世家索隱引作長也好也。乃傳寫衍一也字。娙字從巠。故為體長之好。倫按索隱引是也。長也者。巠之引申義。蓋後人加之。廣雅。娙。好也。然史記外戚世家。衆人謂之娙何。服虔注。娙音近妍。倫檢本書。鈃。似鐘而頸長。莖頸字竝從巠得聲。經亦從巠得聲。然則從巠之字有長義。語原然也。玉篇。娙。身長好皃。則沈說亦可從。索隱又引許慎云。秦晉之間謂好為娙。蓋即本部娥下說解中秦晉謂好曰娙娥。是娙亦但謂好。娙娥音同疑紐。蓋轉注字。索隱引字林音五經反。則此字或出字林。其一引說文者。說文字林和合之本而題為說文者也。【說文解字六書疏證卷二十四】

⿰女贊

◉許　慎　⿰女贊白好也。从女。贊聲。則旰切。【說文解字卷十二】

◉馬叙倫　白好也當作皃好也。玉篇作好容皃可證。然皃字亦校者加之。或字林文。此字或出字林也。廣雅。⿰女贊。好也。蓋婠字以下諸文大率皆以面皃言。⿰女贊聲元類。與嬛婠蓋轉注字。【說文解字六書疏證卷二十四】

⿰女𤔔

◉許　慎　⿰女𤔔順也。从女。𤔔聲。詩曰。婉兮⿰女𤔔兮。力沇切。孌籀文⿰女𤔔。【說文解字卷十二】

◉王國維　孌　說文解字女部：⿰女𤔔，順也。从女，𤔔聲。詩曰：婉兮⿰女𤔔兮。孌，籀文⿰女𤔔。案：女部正篆又有孌字，云：慕也。从女，䜌聲。蓋籀篆同字。籀以為⿰女𤔔字，篆以為戀慕字也。【史籀篇疏證】

◉馬叙倫　嚴可均曰。今詩作孌。候人傳。好皃。泉水傳同。則此順也當作好也。上文⿸厂要⿱殳女至娙⿰女贊十一字皆好。明此亦好。又見部。覶。好視也。偏傍從𤔔。亦一證。引詩婉兮⿰女𤔔兮。而列篆先⿰女𤔔後婉。為⿰女𤔔在好類。婉。順也。若⿰女𤔔亦訓順。則順

妴

兮順兮為不詞。亦一證。倫按嚴謂順當作好。是也。謂婉嫋異義。非也。婉嫋疊韻連語。詩副以語聲。故曰婉兮嫋兮耳。然好也是本義。順也蓋吕忱或校者所加之一訓。或此字出字林。

鈕樹玉曰。下文有孌訓慕。不應重出。疑後人增。玉篇雖作重文而別加音義。竝不云籀文。嚴可均曰。文選陸機與士龍詩注贈從兄詩注引孌慕也。而順也之説。徧閲舊書。絶未見引。則此自不當出。段玉裁曰。心部無戀字。孌訓慕也。即戀字也。本籀文訓順之字。小篆以為訓慕之字。是古今字之説也。據説文全書之例。亦可於嫋下不重出。而於慕也之下。益之云。籀文以為嫋字。古籀與小篆同字而異義。是之謂古今字。漢人注經多云古今字。張揖作古今字詁。皆別之於義。非別之於形也。明此則不得謂孌為複見矣。王筠曰。校者據今詩齊風作孌增於此。唐初本固無此字也。知者。陸士衡於承明作與士龍詩言婉孌。而注不引此順也。乃引後文之慕也。足證所據本嫋下無此重文也。承培元曰。許書自有此例。蓋籀文借孌為嫋。故許兩存之。徐灝曰。䜌𢇍一字。此古文非籀文也。倫按承説於例合。然非許自加此重文。吕忱據籀篇以孌為嫋而增之也。王據選注為證。然李固承詩言婉孌。故引下文慕也之訓。倫謂二徐本竝有此篆。玉篇雖不云是籀文。而固以為嫋之重文也。倫以為此篆自為吕忱所增。下之慕也之孌。亦出吕忱。蓋忱據埤蒼聲類等增耳。知者。詩諸孌字。毛傳訓好或訓美。即車舝。思孌季女逝兮。亦以美訓孌。知古無孌為慕義。故廣雅亦止好也一訓。漢書外戚傳。孿孿顧念我。此思慕義。字止作孿。漢碑亦多作孿。易子夏傳。有孚戀如。戀固今之戀慕字。然子夏傳脱出。或謂漢人作。今易固作孿也。且自李注陸詩引此外。亦無見引慕也之訓者。或子夏傳戀字亦為後人所改。西漢時無戀字。而孌之訓慕亦晚出。吕忱所據有此訓。故增此文。嚴轉據此以謂古書無引順也之訓者。自忘其嫋當訓好不訓順之説矣。䜌𢇍聲同元類。故嫋孌為轉注字。嫋孌與嬻婠亦轉注字。【説文解字六書疏證卷二十四】

◉許　慎　𡜌婉也。从女。夗聲。於阮切。【説文解字卷十二】

◉馬叙倫　王筠曰。婉也者。此乃以隸解篆之法。謂篆書妴字於隸則作婉也。玉篇婉妴同。是也。古經中婉皆當作妴。惟燕婉當作暥娩。倫按詩。野有蔓草。毛傳。婉然美也。猗嗟毛傳。婉。好眉目。然則妴是好義。妴音影紐。為嫚之音同影紐聲同元類轉注字。婉也疑非本訓。或本作宛也以聲訓。傳寫謬增女旁。【説文解字六書疏證卷二十四】

婉 婉

姛 姛

嫣 嫣

姌 姌

◉許　慎　婉順也。从女。宛聲。春秋傳曰。太子痤婉。於阮切。【説文解字卷十二】

◉馬叙倫　錢坫曰。此字疑後人所加。王筠曰。此婉之隸書。順也之訓取之詩新臺毛傳。倫按蓋出字林。【説文解字六書疏證卷二十四】

◉許　慎　姛直項皃。从女。同聲。他孔切。【説文解字卷十二】

◉馬叙倫　嚴可均曰。小徐作項直皃。玉篇廣韻同。朱駿聲曰。字亦作侗。方言十二。侗。狀也。倫按此字不見經記。直項皃字不從頁。頁部直項有顓字。顓從善得聲。善音禪紐。古讀歸定。姛從同得聲。同音定紐。然則直項蓋顓字義。抑此上文廿字皆為好義。此下文十餘字亦竝非惡義。項本是直而言直項或項直者。乃惡姿病態。亦不當列此。姛蓋媠之音同定紐轉注字。或出字林。【説文解字六書疏證卷二十四】

◉許　慎　嫣長皃。从女。焉聲。於建切。【説文解字卷十二】

◉馬叙倫　玉篇作長美皃。則嫣自以美為義。蓋此亦如娙下本訓長也美也。一訓乃後人加之。今捝其一訓耳。或如玉篇作長美皃。蓋字林文。楊雄反騷。有周氏之嬋嫣。即本離騷有嬃之嬋媛。下文。媛。美也。媛嫣聲同元類。嬋媛古書又作嬋娟。娟即本書之嬽。嬽聲亦元類。然則嫣實嬽之音同影紐聲同元類轉注字。嫣偽蓋一字。【説文解字六書疏證卷二十四】

乙一〇五 乙五四〇五 前四·八·四 後二·三五·二 菁二·一 林一·二〇·一七 簠人五

坊間四·一四〇 粹一四九一 河七九八 佚八七三 京都一〇九三【甲骨文編】

乙105 5405 古2·9 徵4·5 粹1491【續甲骨文編】

◉許　慎　姌弱長皃。从女。冄聲。而琰切。【説文解字卷十二】

◉商承祚　卷四第八葉後編下第三十五葉　即之省。【殷虛文字類編卷十二】

◉王　襄　从女从冄，古姌字。【人名　簠室殷契徵文考釋】

◉馬叙倫　段玉裁曰。上林賦。娬媚姌嫋。郭璞曰。姌嫋。細弱也。按毛詩曰。荏染。即姌也。桂馥曰。廣韻。妠。長好皃。廣雅。姌姌。弱也。俗作娜。鄭知同曰。姌。弱長皃。嫋。姌也。非舊注。文選舞賦李注引説文。姌嫋。長皃。嘯賦注引井弱。改就賦文。知唐本姌下云。姌嫋。長皃也。嫋下云。姌。嫋也。凡連緜字許注例如此。倫按鄭謂此注非舊文。是也。謂當作姌嫋長皃也。非也。姌嫋雖上林賦連緜用之。然賦言娬媚姌嫋。娬媚即嫵媚。亦連緜用之。而此上文媚下不曰嫵媚説也。嫵下不曰嫵媚也。則此亦當然。姌嫋實同邊音轉注字。此姌下曰。弱長皃。下文嫋下曰。姌也。亦正符大例。特弱長之訓蓋字林文。以選注引廣雅廣韻及上林賦郭注知之。姌當以好為本義。廣韻長好皃之訓蓋本於本書。此下本作長也好也。又有弱也一義。此三訓中有二訓為校者所加。或吕忱列異訓。傳寫譌失好義。又為唐人習書學者所刪并。致如今文。弱也一訓。蓋據廣雅加之。廣雅姌姌嫋嫋竝訓弱也。此以聲訓者耳。長也之訓。亦或涉上文嫣字説解而誤增。嫋為姣之聲同宵類轉注字。姌則嫋之音同泥紐轉注字也。甲文作。【説文解字六書疏證卷二十四】

◉朱歧祥　361.　从女入聲，隸作妠。或即姌()之省畫。殷婦姓，見於第一期甲文。

《明2339》丙戌婦示☐亘自𠤳乞。

362.　从女冄聲，隸作姌。篆文作：「弱長皃。」為殷武丁時北方附庸族稱，卜辭見其族婦來貢，稱「婦姌」，見殷人有以族為姓之習。

《菁6》王固曰：㞢祟。其㞢來艱。乞至九月辛卯允㞢來艱自北：蚁、敏、告曰：土方侵我田十人。

《存1·65》乙丑婦示一屯。小㱿。中。

《後下27·10》甲子婦示二屯。小㱿。中。

《南坊4·140》☐卜☐☐禍。

1536.　从婦冬聲，當即姌()字繁體，比較下二文例亦可見。卜辭用為婦名，見第一期。

《後下27·10》甲子婦示三屯。小㱿。

《存1·65》乙丑婦示一屯。小㱿。【殷墟甲骨文字通釋稿】

◉徐中舒　南坊四·一四〇　存一·六五　後下二七·一〇　從女從冄，與《説文》姌字篆文略同，或從冄從婦，同。

《説文》：「姌，弱長貌。从女、冄聲。」【甲骨文字典卷十二】

◉許　慎　姌也。从女。从弱。奴鳥切。【説文解字卷十二】

◉馬叙倫　吴穎芳曰。姌嫋語之轉。鈕樹玉曰。韻會作從女弱聲。倫按當依鍇本作從女弱聲。【説文解字六書疏證卷二十四】

◉許　慎　兑細也。从女。韱聲。息廉切。【説文解字卷十二】

◉馬叙倫　沈濤曰。一切經音義九引作細鋭也。翟云升曰。類篇引作巧佞也别義。倫按鍇本兑作鋭。鋭細也當作鋭也細也。廣韻鋭也細也蓋本此。玉篇止訓細也。然皆非本義。亦非本訓。鋭也者。韱字義。細也者。纖字義。孅音心紐。纘音精紐。蓋同為舌尖前音轉注字。類篇或誤引他書。或校語也。【説文解字六書疏證卷二十四】

◉許　慎　嬰嫇也。从女。冥聲。一曰。嫇嫇。小人皃。莫經切。【説文解字卷十二】

◉王　襄　疑嫇字。【簠室殷契類纂存疑第十二】

◉馬叙倫　段玉裁曰。廣韻嫈下作嫈嫇。玄應引字林。嫈嫇。心態也。即本書嫈下之小心態也。九思作嫈嫇。疑今本説文有舛譌。王筠曰。當作一曰嫈嫇小心態也。玄應書出嫈嫇。而引字林曰。心態也。兩引同。蓋捝小字。本部。嫈。小心態也。嫈嫇疊韻。當是形容之詞。嫈下當曰。嫈嫇。小心態也。嫇下當曰。嫈嫇也。迨傳寫離析遠隔。而嫈又譌為嬰矣。有以完本校之者。記其下曰。一曰嫈嫇小心態也。此一曰乃校者之詞。謂一本如此也。然此譌蓋在唐以前。故玄應但引字林。倫按王説可從。然小心態疑非本義。嫈嫇義仍為好。蓋婙之聲同耕類轉注字。今捝本訓存字林文耳。或字出字林也。【説文解字六書疏證卷二十四】

◉唐　蘭　卜辭當釋嫇。冥或嫇之用為動詞者。並叚為娩。生子免身也。【天壤閣甲骨文存考釋】

◉李孝定　契文从，乃冥字。陳邦懷氏舊釋此為弇。遂釋从女作者為㛪，學者多从之。郭氏始釋為㝃，謂係女子免身之事，唐氏釋為冥，讀為娩，於此字形體及音假之由悉能貫通。舊之懸疑未决者乃得涣然冰釋矣。說詳七卷冥字條下。此从女从冥當即嫇字。本辭餘殘文云「□亥卜☐嫇☐」，其義不明，蓋亦假為娩也。【甲骨文字集釋第十二】

◉陳漢平　甲骨文有字作、，舊不識，甲骨文編收入附録。此字从女从㝉作。説文：「，飯剛柔不調相箸。从皀，冂聲。」「，穀之馨香也。象嘉穀在裹中之形，匕所以扱之。或説皀一粒也。」「冂，覆也。」而西周金文輿服賜物「虎冟熏裏」以冟字為

幎字，經籍或作褀、幭、蔑諸體。如冟字作為聲符可通作冥，故甲骨文此二字當釋為嫇。説文：「嫇，嬰褀也。从女冥聲。一曰嫇嫇，小人皃。」卜辭曰：

……易日…………其……　龜甲一·二三·五

叀　甲編三四一八

此二辭殘損不可卒讀，嫇字似為婦名。【古文字釋叢　考古與文物一九八五年第一期】

媱 

◉許　慎　曲肩行皃。从女。䍃聲。余招切。【説文解字卷十二】

◉馬叙倫　曲肩行皃不可通。廣韻訓美好。疑本此。媱聲幽類。或嬙之轉注字也。字蓋出字林。【説文解字六書疏證卷二十四】

嬛 

 1004【古璽文編】

 甯嬛【漢印文字徵】

◉許　慎　材緊也。从女。睘聲。春秋傳曰。嬛嬛在疚。許緣切。【説文解字卷十二】

◉馬叙倫　吴穎芳曰。材緊疑是行驚之譌。王廷鼎曰。本書無疚。即宊之或體。宊下引詩煢煢在宊。今本作疚。釋文云。本又作疚。宊疚古通。故許引左傳作疚。引詩作宊。凡許引經傳作兩體或一書兩引而異其體者。即可目為或體。非以經傳今字釋古文可比。不必正篆有其文也。倫按材緊者。徐鍇謂張衡賦所謂嬛材也。然嬛材可通。材緊不可通。錢坫謂當作嬛材者緊也。亦不可通。吴説亦無據。且材或行譌。驚似不得譌為緊也。此蓋校語而傳寫或有捝譌。其意或如今人言身材緊湊。然嬛從女睘聲。音在曉紐。聲在元類。明為嬽娟等字之轉注。引春秋傳文者。今作煢煢。則亦嫈之轉注字。嫈音影紐。古讀曉歸影也。字疑出字林。【説文解字六書疏證卷二十四】

尹毋媠印 【漢印文字徵】

◉許　慎　閑體行媠媠也。从女。危聲。過委切。【説文解字卷十二】

◉馬叙倫　吴穎芳曰。體疑禮誤。鈕樹玉曰。李注文選神女賦引作靖好皃。嚴可均曰。六臣本文選注引作閑體行也。與單李注本引不同。沈濤曰。李注引蓋一曰以下之奪文。王筠曰。神女賦。素質幹之醲實兮。志解泰而體閒既媠嫿於幽靜兮。又婆娑乎人間。許説即出自賦。意媠媠本作媠嫿。而媠嫿二篆本自相連。故李注引説文。媠。靜好皃。即嫿下之靜好也。倫按王謂媠嫿二篆本自相連。是也。蓋媠下本訓好也。嫿下本訓媠也。或媠下本訓嫿也。嫿下本訓好也。今二篆遠隔。正與婺媐同。傳寫所致也。此作閑體行媠媠也。而嫿下多靜也一訓。此訓體字如吴説為禮之譌。閑禮行似與靜義相附。則媠嫿實同舌根音亦聲同支類轉注字也。然字疑皆出字林。【説文解字六書疏證卷二十四】

乙四七七〇　乙四八六九　京津二七五一 【甲骨文編】

委　效四九　二例 【睡虎地秦簡文字編】

漢委奴國王　委來 【漢印文字徵】

委見史書 【汗簡】

古史記 【古文四聲韻】

◉許　慎　委隨也。从女。从禾。臣鉉等曰。委。曲也。取其禾穀垂穗委曲之皃。故从禾。於詭切。【説文解字卷十二】

◉馬叙倫　桂馥曰。顧炎武曰。委古音於戈反。説文從禾乃聲也。莊有可曰。當云從禾女聲。蓋女字古有委音。委為禾末即穗也。倫按段玉裁孔廣居王煦宋保竝主禾聲。朱駿聲謂本訓積也。從禾。威省聲。讀如阿者聲之轉。倫謂朱謂從禾而訓積。莊謂從禾而女聲。是也。委為禾及移之轉注字。禾移聲同歌類。女聲魚類。歌魚近轉。故禾移可轉注為委。周禮有委人。孔子嘗為委吏。皆主禾積之官。可證也。如為茹之初文。從口。女聲。見如字下。轉注字為萎。從艸。委聲。以委亦從女得聲也。女聲而音入影紐者。癭亦一例。可證也。此訓委隨也者。委字乃複舉字之未删者。隨也者。委移為轉注字。今移下

曰。禾相倚移也。而實旖施之義。旖施。旗過風而衺去。成委曲之形。故引申為阿隨之義。當入禾部。文選西征賦注引倉頡。委。任也。【說文解字六書疏證卷二十四】

◉黄盛璋　司馬成公權，現藏中國歷史博物館。⊘玆先就目前所知，將權銘隸定並解釋如下：

五年，司馬＝成公朗殹(委？)史(事)命校□□(尉？)與下庫工帀＝(工師合文)孟、關帀(師)四人＝□禾石＝半石甾平石

「司馬」是官職。「成公」是復姓，《吕覽・精諭》有成公賈，魏晉尚有成公英、成公綏等。「朗」是名。殹从「匧」从「殳」，平山新出戰國中山王鼎有「氏(是)以寡人匧賃之邦」，「匧」字與此字所从聲旁同，必為一字。《汗簡》禾部有「[illegible]」，注：「魏，出字略。」雲夢秦簡《編年紀》「魏」字作「鄈」，所以匧當為「委」字。同出中山王壺有「而䌛(專)賃之邦」，又嗣子壺「冢賃之邦」，匧賃與「專任」等意當相近。《蒼頡篇》：「委，任也。」《左傳・文六年》「委之常秩」，注：「委，任也。」「匧賃」連文，證明必為「委」字。司馬成公朗是監造者，「委史(事)」可能與「莅事」同義，也可能為委任吏之意。【司馬成公權的國別、年代與衡制問題　中國歷史博物館館刊一九八〇年第二期】

◉黄盛璋　(三)匧(委)「是以寡人匧任之邦」，朱、裘疑為「啚」字，未敢最後定奪，較為矜慎。李、張皆釋「匧」，但讀音不同，李讀「全」而張讀「京」，于釋「倚」，謂「禾」「倚」同歌部。我以為此字乃「委」字，《汗簡》禾部有：「[illegible]：魏，出《字略》。」雲夢秦簡《編年記》「魏」字作「鄈」，則《汗簡》所收「魏」字篆文顯為「委」字，假為國名之「魏」，故加「邑」旁，鼎銘此字與《汗簡》「魏」字篆文就是一字。「委」有任意，《蒼頡篇》「委，任也」，又《左傳》昭六年「委之常秩」，杜注亦用「任」為訓，銘文正是「委任」連文，又有「屬付」意，如《左傳》成二年「王使委之三吏」，注「委，屬也」，《戰國策・齊策》「願委之於子之」，注「委，付也」，後代尚「委託」連文，司馬成公權「五年司馬成公朗殹事」，「殹」字舊不能識，今據中山銅器解決了，此字也是「委」字，只是多加了「殳」旁，表示動作，兩銘讀「委」完全合適。【中山國銘刻在古文字、語言上若干研究　古文字研究第七輯】

◉趙　誠　[illegible]，匧。象置禾于器中之形，似即委即之委的古文，當為會意字。【甲骨文簡明辭典】

◉陳邦懷　甲骨文委字作[illegible]，《說文解字・女部》：「委，委隨也。从女，禾聲。」甲骨文[illegible]，从女，[illegible]聲。[illegible]與甲骨文禾作[illegible]形有別，其上端卷曲，象木杪萎而下垂形。《詩經・小雅・谷風》「無草不死，無木不萎」，毛傳云：「草木無不死葉萎枝者。」此木萎之說也。甲骨文委字所从之[illegible]，乃萎之初文。篆文委从禾，蓋由[illegible]形近而訛也。【釋委　一得集】

◉劉　桓　甲骨文匧字作[illegible]、[illegible]、[illegible]諸形。從其構形看，應從禾，從[illegible](ㄱ、亅等)、[illegible]等無疑象放置禾稼之地。從[illegible]形看，ㄱ實象山洞形。故此字為會意字，謂將禾稼或糧食貯藏於山洞中。匧當是委積之委的本字。戰國中山王譽鼎銘「氏(是)以寡(寡)

婐

人匧貭之邦」，匧即讀為委。《周禮·地官·遺人》「掌邦之委積」，鄭注：「少曰委，多曰積。」是「委」「積」具體言之猶有分別。委是少量貯藏，《周禮·天官·宰夫》「掌其牢禮委積膳獻飲食賓賜之飧牽」，注：「委積謂牢米薪芻給賓客道用也。」字義所指有所擴大。《孟子·萬章下》「孔子嘗為委吏矣」，趙注：「委吏，主委積倉廩之吏也。」委即委積，本指貯糧之所，再細區分之，甲骨文匧本象藏禾之所在，蓋秋收後將刈割的禾稼藏於其中，字與倉廩猶微有區別。委有積義，古有源委的說法，《禮記·學記》「或源也，或委也」，鄭注：「委，流所聚也。」為引申義。甲骨文還有㔯字，《甲骨文編》釋為匧字，我以為不確。此字當從乚從稟。甲骨文亩作亼，此加「禾」於其上仍是亩義，可隸定作稟。全字作匩，《說文》五篇下亩字又作廩，廩即由匩演變而來。亩是糧倉，在生產力較低的上古時候，人們常利用天然山洞作為貯藏禾稼、糧食之所，這兩個會意字便是明證。【殷契偶札　于省吾教授百年誕辰紀念文集】

【續甲骨文編】

◉許　慎　婐妮也。一曰。女侍曰婐。讀若騧。或若委。从女。果聲。孟軻曰。舜為天子。二女婐。烏果切。【說文解字卷十二】

◉羅振玉　从女从。殆為果字。象果實在樹之形。許君云。象果形在木上。世固無此碩果矣。卜辭或省女作。與孟子二女果同。說文婐。婐。妮也。一曰女侍曰婐。孟子。二女果。趙注。果。侍也。今卜辭曰。貞帚即歸之叚字婐之子。曰貞帚果。曰貞帚婐于母□。與許君一說及孟子趙注合。與許君弟一說異。然可知孟子之果與許君之婐固為一字矣。【增訂殷虛書契考釋卷中】

◉王　襄　古婐字。【簠室殷契類纂正編卷十二】

◉王　襄　歸婐亦嫁女之禮。【典禮　簠室殷契徵文考釋】

◉馬叙倫　鈕樹玉曰。鍇本作妮也。從女。果聲。一曰。果敢也。一曰。女侍曰婐。讀若騧。一曰若委。韻會引作妮也。從女。果聲。一曰。女侍曰婐。無餘文。嚴章福曰。一曰婐敢也者。說文果敢字作敤。經典借果為之。此恐誤。王筠曰。大徐無一曰果敢也。蓋疑而删之也。讀若騧或若委似當在果聲下。未必但為女侍一義作音。劉秀生曰。果聲讀若騧。詳八篇

騧下矣。果聲歌類。委從禾聲。亦在歌類。故婐從果聲得讀若騧。又得讀若委。釋名釋典藝。科。課也。科亦當從禾聲。淮南説山訓。咼氏之璧。咼古和字。是其證。倫按鍇本作娓也。娓為⿰女厄譌。説解當作⿰女厄也。從女。果聲。餘均校語。通俗文。肌骨柔弱曰婐娜。是婐亦美好之義。一曰女侍曰婐者。孟子盡心。舜為天子二女果。趙岐注曰。果。侍也。偽孫奭疏疑其為説文所惑。謂果是木實。云果者。取其實而言。倫檢孟子辭義。果亦不定謂侍。使是侍義。字蓋作卑。譌為果耳。卑即卑字。卑借為婢。婢為執事之偁。故趙訓侍也。然則此訓出趙岐所注孟子既譌之後。此引孟子作婐。似校者所改。本書引經頗與今本不同。亦與漢魏石經不同。復與本書偁古文諸書不同。倫謂此類皆校者引之。謂經此字説文作某字而徑改之也。甲文有貞帚婐。貞帚姘。帚為歸省。貞帚婐貞帚姘。謂卜嫁婐卜嫁姘。知婐非女侍。乃美偁。故以為名耳。鍇本有一曰果敢也者。玄應一切經音義九引蒼頡。惈。敢也。殺敵為惈。翟云升謂繫傳誤以惈為婐也。倫謂本書無惈。其訓敢心也者。當是憨之誤分為敢心二字。此字或出三蒼之滂喜中。六朝人引三蒼每偁蒼頡也。或倉頡有惈字而本書傳寫失之。殺敵為惈。蓋敢或敤之引申義。若然。則倉頡以惈為敤。無敤字也。此字疑出字林。【説文解字六書疏證卷二十四】

◉李孝定　婐　説文「婐，嬻也。从女，枼聲。」契文从枼乃枼字。説詳六卷采枼二字條下請參看。从女从枼乃婐字。類編文字編文編類纂續文編均从羅説，今正。字在卜辭為女字。【甲骨文字集釋第十二】

⿰女厄　　姑

◉許　慎　⿰女厄　婐⿰女厄也。一曰弱也。从女。厄聲。五果切。【説文解字卷十二】

◉許　慎　姑　小弱也。一曰女輕薄善走也。一曰多技藝也。从女。占聲。或讀若占。齒懾切。【説文解字卷十二】

◉馬叙倫　鈕樹玉曰。藝當作埶。嚴可均曰。或讀若占。疑占字譌。或校者所加。王筠曰。讀若占在一曰女輕薄善走也下尚可通。鉉本加或字。愈不可通。倫按姑婆當是一字。本為重文。集韻。婆妗。女輕薄皃。史記竇嬰傳。魏其沾沾自喜。注。沾沾。輕薄也。皆可為證。葉德輝謂姑者古之繩妓。蓋據此兩一曰之文也。然詳一曰多技藝也者。後之校者注以釋一曰女輕薄善走者也。即一藝字可知矣。本書凡校語所用字。每非本書所有。或本書自有其字。許原文用本字。而校者則用當時通用之字。如此藝字即其例也。若姑字如葉説。則為今戲劇中貼旦之貼本字矣。然倫謂魏其沾沾自喜。猶古書言顧影自憐顧盼自雄。蓋寫狀之詞。實美好之義也。婆妗為聲同侵類轉注字。妗即古書言自矜之矜本字。下文妗下一曰善笑皃。玉篇

婆 [篆文]　妗 [篆文]

作美笑皃也。廣韻。婆妗。喜皃。倫謂美笑皃當作美皃笑皃。美皃是妗字義。笑皃是欸字義也。廣韻作喜皃猶笑皃矣。然則婆妗者。亦嬸之轉注字。婆嬸音同徹紐。亦幽侵對轉聲也。字蓋出字林。【説文解字六書疏證卷二十四】

◉陳漢平　甲骨文有[glyph](乙編六三七三)、[glyph](遺珠三五一)字,字在卜辭為婦名。舊不識,甲骨文編收入附録。按甲骨文占字作[glyph]、[glyph]、[glyph]、[glyph]、[glyph]、[glyph]等諸體,知此二字从女占聲。説文:「姑,小弱也。一曰女輕薄善走也。一曰多技藝也。从女占聲。或讀若占。」【古文字釋叢　考古與文物一九八五年第一期】

◉許　慎　[篆文]妗也。从女。沾聲。丑廉切。【説文解字卷十二】

◉馬叙倫　王筠曰。集韻引一曰妗婆喜笑皃。蓋即妗下之一曰善笑皃。挩佚在彼也。玉篇。美笑皃也。美善喜三字未詳孰是。倫按妗也蓋本在姑字説解小弱也上。此本作姑或從女沾聲。傳寫誤也。此字自出字林。餘見姑下。【説文解字六書疏證卷二十四】

[篆文] 莊妗【漢印文字徵】

◉許　慎　[篆文]婆妗也。一曰善笑皃。从女。今聲。火占切。【説文解字卷十二】

◉馬叙倫　翟云升曰。類篇引作喜笑皃。倫按本訓婆也。妗蓋隸書複舉字之譌乙者也。一曰五字校語。餘見姑下。此字蓋出字林。【説文解字六書疏證卷二十四】

◉于省吾　甲骨文有「帚㚞」(明二三三九A),㚞字甲骨文編附録于女部,並謂:「从女从亼,説文所無。」按㚞即妗字。説文:「妗,婆妗也,从女今聲。一曰,善笑皃。」段注:「玉篇曰,婆妗美笑皃。按集韻,俗謂舅母曰妗,巨禁切。」按甲骨文稱帚㚞,則㚞為婦名。㚞字从女从亼,亼即今字的省文。今从亼聲(詳釋古文字中附劃因聲指事字的一例),今字在偏旁中往往省作亼,比如:甲骨文紟字从亼,衾(禽)字从亼,金文酓字每从亼。又甲骨文今日和今夕合文之今,均省作亼,是其例證。本諸上述,則㚞即⿱今女也即妗字。集韻去沁的「俗謂舅母曰妗」,乃後起之義。宋張文潛明道雜志謂「妗字乃舅母二字合呼」,臆測之説,不足為據。【釋㚞　甲骨文字釋林】

⿰女簋

◉許 慎 ⿰女簋竦身也。从女。簋聲。讀若詩糾糾葛屨。居夭切。【說文解字卷十二】

◉馬叙倫 鈕樹玉曰。繫傳屨作履。譌。段玉裁曰。讀若糾。簋字古音正如是。劉秀生曰。簋丩聲丩見紐。故⿰女簋從簋聲得讀若糾。竹部。簋。古文從匚軌聲作匭。或從木九聲作杋。言部。訄。從言。九聲。讀若求。詩桑扈。兕觥其觩。角部觓下引作兕觵其觓。是其證。倫按竦手也未詳。廣韻。⿰女簋。竦手皃。出玉篇。此字或出字林。【說文解字六書疏證卷二十四】

婧

大利巨婧【漢印文字徵】

◉許 慎 婧竦立也。从女。青聲。一曰有才也。讀若韭菁。七正切。【說文解字卷十二】

◉馬叙倫 鈕樹玉曰。廣韻上聲為姘之重文。沈濤曰。文選思玄賦引作姘婧也。蓋姘婧本好皃。非竦立之象也。列女傳有管仲妾婧。當亦取姘好之義。嚴可均曰。選注引者。一曰下捝文。王筠曰。竦立當是竫字義。或緣上文⿰女簋下竦身也而譌乎。婧與姘為類。鄭知同曰。選注引姘字即姘之譌。知唐本姘婧亦連緜詞。姘下當云。姘婧。竦立也。婧下當云。姘。婧也。倫按沈王二説是也。下文。姘。静也。静。當作婧。甲文有貞帚。謂卜嫁姘也。則姘為美偁。女子以為名字。婧姘為同舌尖前破裂摩擦音聲同耕類轉注字。故亦可以為連緜詞也。此本訓姘也。今捝。但存校語。或如王説也。一曰有才也者。㥠字義。周官序官鄭注。胥讀如諝。謂其有才知。東齊謂壻為倩。倩亦從青得聲。可證也。或謂即倩字義。見倩字下。然此校語。讀若韭菁。疑亦校者加之。或謂倩婧一字。此字或出字林。【說文解字六書疏證卷二十四】

姘

甲三〇〇一 甲三三八一 乙四七五二 乙四七八六 鐵七五·一 鐵一九八·四 餘一二·一 後一·三一·一〇 後二·三七·一 林一·三·四 林二·一三·一二 戩二五·一 戩二五·一一 戩三五·四 佚五一三 佚七六二 京津二〇〇一 誠明一四 明藏七九 柏九 續四·二五·一 續四·二六·四 續四·二七·一 燕一八四 甲二九一三 卜辭用井為姘重見井下【甲骨文編】

甲3001 乙1020 珠371 1324 佚531 續4·25·2 佚762 續1·53·1 徵8·118 續

3·4·2 3·26·2 續4·25·1 徵8·117 續4·25·3 4·25·4 4·26·1 4·26·2 4·26·3
4·27·2 4·27·3 續4·274 徵5·6 續4·27·5 徵8·108 8·109 京3·16·1
3·17·2 3·18·1 録613 誠338 六中118 六清48 外345 六束16 續存1038 書
1·5·D 外178 粹879 880 1235 【續甲骨文編】

◉許 慎 靜也。从女。井聲。疾正切。【説文解字卷十二】

◉孫詒讓 「妝之卯□庚酒」、七十一之二。「□鑁□丑帚□姘辛□壬□」、七十五之一。「□申卜□貝乎□妝□」、百四十七之三。「立□帚姘」、百九十八之四。「女丙旡帚姘」、二百五十一之三。「姘」皆作「」。《説文·女部》:「姘,靜也,从女,井聲。」即此字。【契文舉例卷下】

◉羅振玉 説文解字姘靜也。从女井聲。今卜辭中數見姘字。其文皆曰帚姘。殆與歸婐意相若矣。【增訂殷虛書契考釋卷中】

◉明義士 説文解字十二下四四三女部一一三字「靜也。从女井聲」。按亦作井,通邢。【柏根氏舊藏甲骨文字考釋】

◉馬叙倫 靜也當作婧也。廣韻。姘。婦人貞絜也。廣雅。姘。潔也。然則姘即貞絜之貞本字邪。字或出字林。【説文解字六書疏證卷二十四】

◉李孝定 説文:「姘,靜也,从女井聲。」契文同字,在卜辭均與婦字連文,乃女字。【甲骨文字集釋第十二】

◉考古所 本片之姘很可能也是女俘或女奴,並用以祭祀羌妣。【小屯南地甲骨】

◉姚孝遂 肖 丁 (1)「王其又匕戊汎……王受又」

(2)「汎小宰王受又」

(3)「叀匕戊小宰,王受又」

此片自下而上讀。第(1)辭可補足為「王其又匕戊汎(小宰),王受又」。此祭祀之辭例較特殊,值得注意。

可能有兩種讀法:一為「姘」,一為「母井」。

根據卜辭商王之祭祀母妣,皆以天干為名,从無稱「母」私名之例,我們以為當讀作「姘」,而不能是「母井」之合文。且以「婦

好」死後亦稱「好」例之，是「婦姘」死後亦可稱「姘」(參見姚孝遂吉林大學所藏甲骨選釋，見吉林大學學報1963年第4期)。

是否可以理解「姘」為「匕戊」之私名？

由于「婦好」墓的發掘，很多同志認為「好」是武丁配「妣辛」的私名。我們認為這是一個尚有待于進一步加以證明的問題。卜辭尚無加注先妣私名為先例，「姘」似乎難以解釋為妣戊之私名。【小屯南地甲骨考釋】

◉朱歧祥　366. 姘　从女井聲，隸作姘，《説文》：「静也。」卜辭中用為殷武丁時婦姓。

《續1・53・1》壬午卜，争貞：婦姘冥㚰。二月。

《粹1234》☐姘㞢(有)子。

婦姘為殷王妃妾，勤於務農。

《合56》☐丑卜貞：婦姘田雚。

《前2・45・1》☐貞：呼婦姘田于八。

《戩25・1》貞：婦姘黍雚。

卜辭見屢次卜問婦姘能否受黍年，並祈其豐收。關切之情，溢於詞表。

《粹879》甲寅卜，㱿貞：婦姘受黍年。

《續4・28・4》甲☐韋貞：婦姘受黍年。

婦姘雄才，殷王嘗卜問宜否令婦姘伐龍方，見其或已過問軍政。

《續4・26・3》貞：勿呼婦姘伐龍方。

《京1987》☐亘☐姘☐征☐。

並參予掌管國中祭祀。其地位足與婦好相當。

《戩10・1》貞，翌辛亥呼婦姘俎于敔京。

婦姘不見於武丁以後卜辭。【殷墟甲骨文字通釋稿】

◉許　慎　婦人皃。从女。乏聲。房法切。【説文解字卷十二】

◉薛尚功　⿰女出。字書無從出。恐是姂字。音乏。女好貌。【歷代鐘鼎彝器款識法帖卷七】

◉王　襄　藏・七二・一　餘・三・一　古姃字。从女从正。許書有字。从女从反。正訓乏。取左氏反正為乏之説。疑即此文也。【簠室殷契類纂存疑卷十二】

◉馬叙倫　桂馥曰。徐鍇韻譜。姂。好皃。廣雅。姂。好也。倫按乏聲侵類。則亦姑妗之轉注字也。此字蓋出字林。【説文解字六書疏證卷二十四】

◉李孝定　説文：「姂，婦人皃。从女乏聲。」又「乏，春秋傳曰反正為乏」。契文从女从正，古文反正無别。王氏疑即姂字，是也，字在卜辭為女字。【甲骨文字集釋第十二】

◉徐中舒　續四・三二・一　從女從正。《説文》：「乏《春秋傳》曰：『反正為乏』。」而甲骨文正反無别，故王襄疑此即姂字。簠室殷契類纂存疑。按釋姂可從。《説文》：「姂，婦人皃。从女、乏聲。」【甲骨文字典卷十二】

◉許　慎　好也。从女。旋聲。似沿切。【説文解字卷十二】

◉馬叙倫　嫙音邪紐。姂音奉紐。同為次濁摩擦音。嫙聲元類。則姂嫙嬛亦轉注字也。詩齊風。子之還兮。韓詩作嫙兮。則嫙嬛亦聲同元類轉注字。【説文解字六書疏證卷二十四】

◉許　慎　材也。从女。齊聲。祖雞切。【説文解字卷十二】

◉馬叙倫　材也以聲訓。或非本訓。廣雅。齌。好也。齊音從紐。則為姘之轉注字。今杭縣俑女子美好曰。齊正。或即齌姘也。又疑為妻之異文。好也者。借為姘。【説文解字六書疏證卷二十四】

◉許　慎　面醜也。从女。昏聲。古活切。【説文解字卷十二】

◉馬叙倫　鈕樹玉曰。詩何人斯釋文引同。正義引作面靦也。恐非。陳詩源謂詩有靦面目。無可醜之義。當以疏引為是。沈濤曰。毛傳及爾雅釋言皆云。靦。婚也。此作醜。乃傳寫之譌。倫按靦從面見聲。是婚皆見紐之音。則靦也即靦字之義。古或借婚為靦耳。如今説解面醜也蓋頤字義。此或字林文。或字出字林也。婚次齌嬥之間。義當相同。婚嬗音同見紐。疑

轉注字。【說文解字六書疏證卷二十四】

嬥

◉許　慎　嬥直好皃。一曰嬈也。从女。翟聲。徒了切。【說文解字卷十二】

◉馬叙倫　朱駿聲曰。當以廣雅嬥嬥好也為定詁。倫按直好皃蓋字林文。或字出字林也。此姣媌之轉注字。聲皆幽類也。一曰嬈也者。借嬥為嬈。堯聲古亦幽類。此校語。【說文解字六書疏證卷二十四】

嫢

◉許　慎　嫢媞也。从女。規聲。讀若癸。秦晉謂細為嫢。居隨切【說文解字卷十二】

◉馬叙倫　鈕樹玉曰。鍇本細下有要字。玉篇引作腰。為作曰。方言無要字。倫按秦晉以下校語也。嫢從規得聲。規從夫得聲。古讀夫如扶。扶音奉紐。則嫢與妋為轉注字。嫢音見紐。則與嫿婚亦轉注字。嫢媿音同見紐。聲同支類。亦轉注字。讀若癸者。劉秀生曰。規癸聲竝見紐。故嫢從規聲得讀若癸。隹部。巂。一曰。蜀王望帝婬其相妻。慙亡去為子巂鳥。子巂鳥即子規鳥也。禮記曲禮。立視五巂。注。巂猶規也。糸部。纗。從糸。巂聲。或讀若維。史記孝武紀。始立后土祠汾陰脽上。蘇林曰。脽音雎。索隱。漢書舊儀作葵上者。蓋河東人呼誰與葵同。規聲如巂。巂聲如隹。隹聲如癸。是其證。漢書息夫躬傳。未有能窺左足而先應者也。蘇林曰。窺音跬。易睽釋文。睽。字林音圭。爾雅釋水釋文。湀。字林音圭。莊子徐無鬼。奎蹄曲隈。釋文。奎。本作睽。規聲如圭。圭聲如癸。亦其證。【說文解字六書疏證卷二十四】

媞

媞　三代上 7·18【古陶文字徵】

◉許　慎　媞諦也。一曰妍黠也。一曰江淮之間謂母曰媞。从女。是聲。承旨切。【說文解字卷十二】

◉馬叙倫　鈕樹玉曰。繫傳妍作研。譌。玉篇引說文無一曰妍黠也句。廣韻引一曰妍黠。劉盼遂曰。爾雅釋言郭注。江東呼母為姼。方言。南楚謂婦妣為母姼。按媞音支部。姼音歌部。支歌古通。則姼媞初同語原矣。倫按朱駿聲以妍黠也為媞字本義。是也。然妍黠也當作姘也黠也。妍為姘譌。黠也蓋校者所加。方言。姣。媞。欺。謾也。即校者所本也。諦也者。蓋諟字義。一曰江淮之間謂母曰媞者。姼字義。此均校語。故鍇本在是聲下。嫢媞轉注字。嫢從規得聲。規從夫得聲。大古讀如扶。音在奉紐。媞音禪紐。同為次濁摩擦音。嫢媞聲亦同支類也。【說文解字六書疏證卷二十四】

◉曹錦炎　媞，金文初見。《説文》謂「諦也」，《廣雅》訓為安，均非本銘之義，此處當讀為寔。寔，經傳常以「實」字借之，《易·既濟》九五「實受其福」，《坊記》「實」作「寔」；《詩·韓奕》「實墉實壑，實畝實籍」，《鄭箋》：「當作寔，趙魏之東實、寔同聲。」均是其例。形容鐘鳴之美，金文習稱「中韓戲鴋」或「中鶾戲鴋」，如王孫鐘、沇兒鐘等，本銘作「中鳴媞好」，實為首見。【遷邟編鐘銘文釋議　文物一九八九年第四期】

婺

婺　日乙一〇五【睡虎地秦簡文字編】

◉許　慎　婺不繇也。从女。敄聲。亡遇切。【説文解字卷十二】

◉馬叙倫　鈕樹玉曰。繇當作繇。徐灝曰。不繇之訓未詳。玉篇但云婦人皃。倫按此捝本訓。但存校語。又有捝譌。玉篇訓婦人皃。蓋亦美好之義。婺音微紐。疑亦媚媄之轉注字。【説文解字六書疏證卷二十四】

嫺

◉許　慎　嫺雅也。从女。閒聲。户閒切。【説文解字卷十二】

◉馬叙倫　論衡逢遇。形佳骨嫺。皮媚色稱。是雅當作佳也。詩淇奧。瑟兮僩兮。韓訓美皃。僩義為大。見僩字下。則美皃者即嫺字義。故論衡以佳嫺為對文。而此訓佳也。然佳也恐非本訓。亦疑字出字林。嫺姣音同匣紐。蓋轉注字。奉匣同為次濁摩擦音。是嫺姣亦或為轉注字也。【説文解字六書疏證卷二十四】

◉陳漢平　甲骨文有⿵門女字，舊不識。甲骨文編附于女部之後隸定為⿵門女字，並云：「从女从門，説文所無。」按此字从門从女作。説文：「間，隙也。閒，古文間。」「閑，闌也。从門中有木。」准間、閑之造字方法。知从門中有女之⿵門女字，當釋為嫺。説文：「嫺，雅也。」卜辭曰：

貞其⿵門女㓞。十一月。後編下二一·八

此辭未能通讀。【古文字釋叢　考古與文物一九八五年第一期】

媐

◉許　慎　媐説樂也。从女。巸聲。許其切。【説文解字卷十二】

◉馬叙倫　鈕樹玉曰。廣韻引説作悦。翟云升曰。一切經音義引作熙怡和説。蓋以説文之義而以和説訓熙。怡訓樂也。倫按

唐寫本切韻殘卷引作悦樂也。玉篇。善也。倫按本作熙怡和説也樂也。熙為隸書複舉字之譌文。怡者。校者注以讀其音者也。然和説非本訓。或字出字林也。玉篇訓善也者。下文婜篆錢坫以為即此之譌。而婜下曰。美也。美善形義皆近。蓋此下尚有一曰美也。婜為嫈之音同曉紐轉注字。爾雅釋詁。廞。熙。與也。熙與即婜嫈。可證也。【説文解字六書疏證卷二十四】

婜

◉許慎　婜美也。从女。臤聲。苦閑切。【説文解字卷十二】

◉馬叙倫　錢坫曰。玉篇廣韻皆無此字。繫傳附於部末。疑張次立補之。並非鍇本之舊字。與嬰形相近而亂之。倫按錢説可從。蓋嬰字傳寫誤為婜。其美也之訓。亦本嬰字説解中本訓也。校者不敢删。故兩存之。【説文解字六書疏證卷二十四】

娱

◉許慎　娱樂也。从女。吴聲。噳俱切。【説文解字卷十二】

◉馬叙倫　沈濤曰。文選上林賦。娱遊往來。注引。娱。戲也。許其切。是賦文乃娭遊往來。注中亦是娭字。許其切當是説文舊音。其非娱可知。娱自訓樂。桂馥曰。樂也者。廣雅字林同。倫按此及下文媅竝訓樂也。人部僖倡亦訓樂也。此下文娭訓戲也。人部俳亦訓戲也。倫謂娱蓋嬉之轉注字。同為舌根音。吴喜又竝從口得聲也。僖。甲文作嬉。實戲劇之戲本字。從女。從壴。壴即鼓也。象形文字蓋本作一人擊鼓而唱形。會意。或指事。壴樂亦一字。古以擊鼓為樂。故即借樂為哀樂字。古哀樂字與音樂字竝不分讀。音樂字音亦疑紐。故娱僖皆訓樂也。選注音許其切。正僖字音。蓋古讀娱如僖也。字或出字林。【説文解字六書疏證卷二十四】

娭

66【包山楚簡文字編】

◉許慎　娭戲也。从女。矣聲。一曰卑賤名也。遏在切。【説文解字卷十二】

◉馬叙倫　鈕樹玉曰。廣韻注婦人賤稱。出蒼頡。桂馥曰。一曰卑賤名也者。本書。毒。人無行也。讀若娭。通俗文。醜稱曰娭。廣雅。娭。婢也。倫按戲也以聲訓。戲音曉紐。娭音影紐。古讀曉歸影也。實當訓僖也。僖即今謂優伶曰戲子之戲本字。娭蓋優之轉注字。音同影紐。亦僖之轉注字。僖音曉紐。古讀歸影也。漢書禮樂志。神來宴娭。庶幾是聽。宴娭謂

宴戲。即宴樂也。字故次娛媅之間。一曰以下如桂説。然則蒼頡無毒字。此校語。【説文解字六書疏證卷二十四】

[seal]媅 周棘生簋 【金文編】

◉許　慎　[seal]樂也。从女。甚聲。丁含切。【説文解字卷十二】

◉吴大澂　[seal]古媅字。周棘生敦。【説文古籀補卷十二】

◉高田忠周　[seal]周棘生簋　此字世即匹。説文[seal]樂也。从女甚聲。朱駿聲云。經傳多以耽為之。字亦作愖。韓詩抑。荒愖于酒。字又作妉。列子楊朱。妉于色。一本誤作媿。此説是。但媅者樂之深甚者。字兼會意。其實甚媅古今字。甚下曰。尤安樂也。从甘匹。匹耦也。匹耦即配也。女也。已从匹又从女。即為重複也。又或借湛為之。例多矣。【古籀篇三十八】

◉馬叙倫　沈濤曰。一切經音義四引。媅。樂也。嗜也。八引。媅。樂也。亦嗜也。是古本尚有嗜也一訓。其廿三亦引嗜也。倫按嗜也者。甚字義。此校語。媅音端紐。娭音影紐。皆清破裂音。蓋轉注字。亦或優之轉注字。優聲幽類。媅聲侵類。幽侵對轉也。玄應一切經音義引字林。嗜色為媅。周棘生敢作[seal]。【説文解字六書疏證卷二十四】

◉許　慎　[seal]順也。从女。尾聲。讀若媚。無匪切。【説文解字卷十二】

◉馬叙倫　錢大昕曰。周禮師氏掌以媺詔王。媺古美字。然不見説文。非漏落也。古文微與尾通。堯典孳尾。史記作字微。倫語微生畝。漢書作尾生畝。媺從敚當與尾通。詩。誰侜予美。韓詩美作娓。説文有娓字。則該乎媺矣。劉秀生曰。尾眉聲並微紐灰部。故娓從尾聲得讀若媚。書堯典。鳥獸孳尾。史記五帝紀作字微。莊子盜跖。尾生。釋文。尾。本作微。儀禮少牢饋食禮。眉壽萬年。注。古文眉為微。左莊廿八年。築郿。公穀皆作微。尾聲如微。眉聲亦如微。是其證。倫按順也非本義。或此字出字林。娓為媚娭之轉注字。【説文解字六書疏證卷二十四】

◉許　慎　[seal]孎也。从女。啻聲。都歷切。【説文解字卷十二】

◉馬叙倫　朱駿聲曰。嫡孎猶蹢躅。雙聲連語。倫按足部。蹢。住足也。躅。蹢躅也。然則嫡孎女子立皃。【説文解字六書疏證卷二十四】

孎

◉許　慎　孎謹也。从女。屬聲。讀若人不孫為孎。之欲切。【説文解字卷十二】

◉馬叙倫　嚴可均曰。讀若人不遜為孎。五音韻譜亦如此。毛本依小徐改為孎為為不孎。按皆有誤。考工記匠人。水屬不理遜謂之不行。鄭云。屬讀為注。當作讀若水不遜為屬。許亦讀如注。或云。當作人不遜為倨。人部。倨。不遜也。倨屬聲之轉。然屬聲不煩讀若屬。疑倨是。王筠曰。此以俗語明音也。倫按嚴前説是。人為水之譌字。水不遜為屬。謂水不行為注也。注屬聲同矦類。孎為住足之義。語原同也。錢坫謂讀若之孎當作屬。然亦無煩改字。蓋周禮之屬字本假借也。若讀若倨。則不必言人不遜矣。然此後人加之。或字出字林。嫡亦然也。【説文解字六書疏證卷二十四】

婏

姑陶婏【漢印文字徵】

◉許　慎　婏宴婏也。从女。冤聲。於願切。【説文解字卷十二】

◉馬叙倫　王筠謂宴為曣省。曣婏疊韻連語。説解已見目部。故此但出其名目也。倫謂目部。曣。目相戲也。引詩。曣婉之求。今詩作燕婉。韓作嬿婉。毛傳。宴。安。婉。順也。則毛字本作宴。今本依韓改而失女旁。韓訓嬿婉好皃。玉篇。婏婏。美也。廣韻。婏婏。媚也。此上文嫡嫛轉注字。婉嫛一字。皆訓順也。實皆美好之義。則詩自以宴婉雙聲疊韻連語。而義為美好也。不得謂婏是目相戲義。即曣下引詩作曣。亦止以證字。非證義也。段玉裁謂婉婏音義皆同。古宛冤通用。然則婏為嫛之轉注字。宴婏連語。連語字止取乎音聲之近。則宴婏之宴自不必有本字。然倫疑此宴婏也當作媕婏也。故下文即次媕字。媕婏亦雙聲也。蓋轉注字。字或出字林。【説文解字六書疏證卷二十四】

媕

前6・28・4【續甲骨文編】

◉許　慎　媕女有心媕媕也。从女。弇聲。衣檢切。【説文解字卷十二】

◉陳邦懷　卜辭又有前・六・二八・四字。則為説文媕之古文。許君説媕字曰「女有心媕媕也。从女弇聲。」按集韻二十二覃收媕字。亦足證弇及媕字古皆讀古南切。而大徐及段玉裁諸家於媕字注衣檢切。則未敢信。【殷墟書契考釋小箋】

◉馬叙倫　吴穎芳曰。嬒之轉語。倫按其義未詳。字或出字於。媕蓋嬒之音同影紐轉注字。甲文有。與此似。【説文解字六書疏證卷二十四】

媣

◉許　慎　諟也。从女。染聲。而琰切。【説文解字卷十二】

◉馬叙倫　吴穎芳曰。媞媣語轉。鈕樹玉曰。玉篇作媣。媞也。重文作媣。注云。見説文。則諟當是媞。倫按姌媣音同。蓋轉注字。【説文解字六書疏證卷二十四】

嫥

◉許　慎　壹也。从女。專聲。一曰嫥嫥。職緣切。【説文解字卷十二】

◉馬叙倫　嚴可均曰。一曰嫥嫥五音韻譜同。毛本刓補女字於嫥嫥之上。與小徐集韻類篇引同。王筠曰。嫥嫥下有捝文。玉篇廣韻皆云可愛之皃。倫按壹也猶懿也。嫥訓懿者。懿古訓美。五音集韻。嫥。嬍也。嬍亦美之轉注字。是嫥亦婉嬽等之轉注字。嫥音照紐三等。古讀歸端。端影同為清破裂音。婉嬽音皆影紐。聲則並在元類也。左昭廿年傳。若琴瑟之專壹者。專借為耑。壹借為一也。古書言專心亦借為耑。專權則借為擅。【説文解字六書疏證卷二十四】

如

鐵一三·一　鐵七二·四　鐵一六三·一　鐵一七九·四　前五·三〇·二　前五·三〇·三　後二·九·一一　乙九二　乙三五四九　乙七八七三　掇一·一三五　掇二·六四反　無想三〇七　佚一〇八　佚五〇四　七S一一六　庫五四四【甲骨文編】

乙92　779　1089　3549　珠811　佚504　續6·16·6　掇135　328　粹398【續甲骨文編】

如　不从口　㛸尊　㛸從王如南　女字重見【金文編】

5·136　咸如邑頃　3·135　咸如邑戊　5·268　左如　5·269　獨字　秦1162【古陶文字徵】

如　效五二　六十二例　通茹　東北鄉—之乃卧　日甲六四背　效五四【睡虎地秦簡文字編】

2041　1860　1861　1859　璽文「相如」如作女，魏三字石經如字古文亦作女。【古璽文編】

筥莫如印　吳如意印　樊莫如　虞如意　梁𠀉相如　蘇莫如印　【漢印文字徵】

石碣鑾車　獸鹿如□　□辻如章　石經文公　公孫敖如齊　古文不从口　【石刻篆文編】

如　如竝出王庶子碑　【汗簡】

古孝經　道德經　義雲章　王庶子碑　王存乂切韻　【古文四聲韻】

◉許　慎　从隨也。从女。从口。徐鍇曰。女子从父之教。从夫之命。故从口會意。人諸切。【説文解字卷十二】

◉孫詒讓　「□子貝今」、十三之一。「戊申中貝立其」、七十二之四。〔八四〕「貝㕘□」、百九十七之三。「辛未卜𣪊貝我隻十月」，百九十七之三。〔八五〕諸文皆「如」字，女形並同，唯从口有方員，篆勢小異也。【契文舉例卷下】

◉林義光　説文云。從隨也。从女从口。按口出令。女從之。【文源卷六】

◉王　襄　古如字。【簠室殷契類纂正編卷十二】

◉丁佛言　古鉢孟相如。古文女母通。母民通。此从女从口。當是如字。易橫豎。或謂為从母。或从民。非是。古鉢郕如。【説文古籀補補卷十二】

◉馬叙倫　嚴可均曰。韻會六魚引作隨從也。按隸。隨從也。繇。隨從也。此作从隨。譌。倫按從隨也非本義。亦非本訓。如為茹之初文。從口。女聲。心部恕之重文作忞。可證也。左隱五年傳。公將如棠觀魚。昭八年傳。御以如皋。如皆謂往。爾雅釋詁。如。往也。孟子盡心。涕泣而女於吴。女於吴即如於吴也。亦如得女聲之證。往也者。如從女得聲。女聲魚類。往聲陽類。魚陽對轉。故借如為往。此亦可證如之從女得聲也。從隨也者。當作從也隨也。隨也與委下訓同。委亦從女得聲。而其訓則旖施之義。或隸字。如隸同為舌尖前邊音也。甲文作。石鼓作。古鉨作。字見急就篇。當入口部。【説文解字六書疏證卷二十四】

◉楊樹達　佚存百〇八片乙云：「辛亥，卜，自貞：王曰丁：不如。十一月。」樹達按：丁為人名，如，往也。曰與謂同，詳月部曰字下。【如　卜辭求義】

◉李孝定　說文：「如，从隨也。从女从口。」契文作上出諸形，自羅釋[字形]為如，學者从之。王氏類纂、孫氏文編、商氏類編、朱氏文字編、金氏續文編，或兼收[字形][字形]二形作如，或單收[字形]作如，實則[字形]字象一人面縛而臨之，以口乃訊之，初字作[字形]者方是如字。【甲骨文字集釋第十二】

◉楊樹達　段氏云：「從隨即隨從也。从女者，女子從人者也。」樹達按：如从女口，謂女子言語善順隨人也。女為領名，口為屬名。【文字形義學】

◉何琳儀　信陽簡「□（相）迣（附）如盦（會），相保如芥（介）。母（無）偬（它）。補（輔）……」（《信陽》一·○四）

或讀「□（相）迣，如盦（虺）相保，如芥（骱）母偬。輔……」。中山大學古文字學研究室《戰國楚簡研究》（二）二四頁。句讀的歧異，除了對實詞的理解不同之外，關鍵在于對虛詞「如」如何理解。

按，「如」，猶「與」，連詞。王引之云「《史記·虞卿傳》趙王問樓緩曰，予秦地如毋予，孰吉？言予秦地與不予，二者孰吉也。《新序·善謀篇》如作與，是其證。如、與聲相近，故如訓為與，與亦訓為如。」王引之《經傳釋詞》卷七。

「附會」或作「傅會」，兩漢典籍習見。《文心雕龍·附會》「何謂附會，謂總文理統首尾，彌綸一篇使雜而不越者也……故善附者異旨如肝膽，拙會者同意如胡越……惟首尾相援，則附會之體固亦無以加於此矣。」由此可見，「附會」一詞可合可分。「附」、「會」字義相涵，均「傅著會合」之義（詳《漢書·爰盎傳》贊「亦善傅會」注）。引申則有協調和同之義，見《漢書·酈食其傳》贊「從容平、勃之間，附會將相。」簡文「相附如會」意謂「互相協調而會合」。

「保介」，見《詩·周頌·臣工》「嗟嗟保介」，箋「保介，車右也。」由「附會」可分；知「保介」亦可分。「保」有相輔之義。《禮記·文王世子》「保也者，慎其身以輔翼之而歸諸道者也。」是其證。「介」亦有相輔之義。《詩·豳風·七月》「以介眉壽」，箋「介，助也。」是其證。然則「保」與「介」義亦相涵，本為動詞，引申為名詞即《臣工》之「保介」，代表一種身份。

「補」，《汗簡》釋「輔」。其下殘文疑「道」。「輔道」見《漢書·史丹傳》贊「丹之輔道副主，掩惡揚善美，傅會善意，雖宿儒達士無以加焉。」與簡文可以互證。

總之，「如」字詞性的確定，是釋讀簡文文意的關鍵。【戰國文字通論】

◉朱歧祥　373.[字形][字形]　从女口，隸作如。《說文》：「隨从也。」卜辭用為殷婦姓。亦為殷附庸族名。

《甲92》☐[字形]☐又（有）冥（娩）☐二月。

《乙8898》婦[字形]子疾，不祉。

《乙8898》辛酉卜，禍，出。

字又重口作㚾。

《乙8877》癸亥卜，婦亡禍。

《乙8896》癸丑卜，婦在老。【殷墟甲骨文字通釋稿】

◉黃錫全 如 石鼓文如作，古璽「相如」之如作（璽彙2041）。（璽彙1861），夏韻魚韻録王庶子碑如作。此形横書，與前夕部名作、虞寅墓誌之「銘」作（文物1982.1）類似。

如並出王庶子碑 夏韻魚韻録作是，此寫誤。石鼓文如作，信陽楚簡作，此形類同。【汗簡注釋卷五】

◉徐中舒 遺五二三 從從口，疑為如之異體。【甲骨文字典卷十二】

◉戴家祥 曾侯乙鐘 如為坪皇 曾侯乙鐘妟字，下半从女。金文女康丁毁女作，曾侯乙鐘「妥賓」之「妥」作，下文與此相近。从口从女，上下結構與左右結構同，字應釋如。説文十二篇「如，从隨也。从女从口」。徐鍇曰：「女子从父之教，从夫之命，故从口會意。」初義尚有待再考。【金文大字典上】

◉陳偉武 15.《文字徵》第68頁「如」字下引5・136「咸如邑頃」，5・135（引文誤作3・135——武按）「咸如邑戊」，第263頁「頃」字下引作「咸邑如頃」，第107頁「戊」字下引作「咸邑如戊」。當以《陶彙》讀作「咸邑如頃」、「咸邑如戊」為是。【《古陶文字徵》訂補　中山大學學報一九九五年第一期】

◉許慎 嬇齊也。从女。責聲。側革切。【説文解字卷十二】

◉馬叙倫 齊也當作齌也。此齌之轉注字。齌音精紐。嬇從責得聲。責音照紐。精照同為清破裂摩擦音也。方言十。婩。嬇。鮮。好也。南楚之外通語也。【説文解字六書疏證卷二十四】

拾九・三 拾九・四 京津二〇一四 明二一一九 庫四一七 佚七五二 【甲骨文編】

佚752 六清33 續存1044 【續甲骨文編】

娕 娕賀私印 娕長孺 【漢印文字徵】

◉許　慎　謹也。从女。束聲。讀若謹敕數數。測角切。【説文解字卷十二】

◉孫海波　鐵雲藏龜拾遺九葉三版：「□申□貞帚弃」，四版：「□午卜□帚□子不囚」。葉玉森先生釋婐，余前亦謬承其説，今審當是娕字。説文：「娕，謹也，从女束聲，讀若謹敕數數。」卜辭从女从，即束字。莤字作，餗字作，所从束字偏旁，並與此同，可證也。葉氏謂即重果，父丁彝祼作，亦从重果，與卜辭正相近(殷契鉤沈)，殆不然矣。【卜辭文字小記　考古學社社刊第三期】

◉馬叙倫　錢大昕曰。史記張丞相傳。娖娖廉謹。索隱引小顏云。持整之皃。説文無娖。古書數有促音。爾雅釋草數節。數數即史記所謂娖娖也。倫按謹也似當作謹皃。或此字出字林也。此字葉德輝謂讀若敕。然支部之敕。實敕之譌。見敕字下。則葉説為無據矣。葉又謂束亦有數音。周禮考工記。不微至無以為戚速也。注。速或作數。禮記樂記。趨數煩志。注。趨數或讀為促速。倫謂然則讀若數也。娕蓋孎之聲同矦類轉注字。【説文解字六書疏證卷二十四】

◉李孝定　説文：「娕，謹也。从女束聲，讀若謹敕數數。」契文亦从女从束，不从果，葉釋婐，非是。孫釋可从，字在卜辭為女字。【甲骨文字集釋第十二】

◉朱歧祥　396.　从女束聲，隸作娕。《説文》：「謹也。」卜辭用為武丁婦姓，有孕。

《拾9·4》☒午卜，㱿☒婦子不囚(死)。

《京2014》貞：婦幼。【殷墟甲骨文字通釋稿】

嬐 李嬐 【漢印文字徵】

◉許　慎　敏疾也。一曰。莊敬皃。从女。僉聲。息廉切。【説文解字卷十二】

◉馬叙倫　倫按敏疾也當作敏也疾也。皆非本義本訓。或字出字林也。嬐蓋娕之轉注字。娕音穿紐二等。嬐從僉得聲。僉音清紐。同為次清摩擦音也。嬐音心紐。娕從束得聲。束音審紐二等。同為次清摩擦音也。然則莊敬皃者。嬐之本義。故廣韻訓嬐然齊也。敏也疾也蓋娕下一曰之文。傳寫誤入此下。轉捝本訓。娕從束得聲。或借為疾速字也。鍇本無敬字。則莊敬皃或本作莊皃敬皃。一訓亦校者所加。古書言莊敬。借莊為齊。【説文解字六書疏證卷二十四】

嬪

鐵二六一・一 或从人 拾一〇・一六 前七・二〇・二 前七・二七・四 前七・三〇・三 菁三・一 佚四二一 佚六〇四 乙六三二七 乙六六九〇 乙七五二〇 乙七五二一反 乙八二五六 鄴初下・四六・一八 京津一五四 掇一・二九六 乙三一〇八 乙三一〇九反 乙四一五一 乙九〇七二 【甲骨文編】

甲2799 乙3297 4677 5642 6327 7262 7520 掇296 徵5・23 古2・8 六清21 外318 摭續296 新1024 2302 佚476 前5・10・5 徵12・72 六中77 續存414 新2629 【續甲骨文編】

嬪 【汗簡】

古尚書 竝籀韻 【古文四聲韻】

◉許　慎　服也。从女。賓聲。符真切。【說文解字卷十二】

◉孫詒讓　「貝□」、十三之三。「貝立𠫓十月」,二百七十之二。此前一字从宂,後一字从似亦宂之省,而从女形甚明晰,前女形闕,當即「嬪」字,猶賓貞字作也。《曲禮》妻死曰嬪。「貞立𠫓嬪」言隸卜致告嬪婦之事。金文弫仲簠賓作,亦省為,可證。宂亦作。詳《釋禮篇》。【契文舉例卷下】

◉羅振玉　說文解字。嬪服也。从女賓聲。卜辭云。貞嬪歸好。與堯典嬪于虞。大雅曰嬪于京。誼同。又云王嬪。則又借嬪為賓矣。【增訂殷虛書契考釋卷中】

◉馬叙倫　服也以聲訓。古書之嬪。乃借為妣妃。書堯典嬪于虞。詩大雅曰嬪于京。是也。甲文有。羅振玉釋嬪。玉篇嬪下有妔字。甲文有字。王襄釋嬪。是也。從奴之初文。與儐一字。甲文又有諸文。亦即嬪字。從。從初文履字。從女。女即奴也。或省。或增。皆會意。字或出字林。【說文解字六書疏證卷二十四】

𡠗　㛰　妟

◉李孝定　說文：「嬪，服也。从女賓聲。」契文同，或从卩，偏旁得通也。羅說可从。【甲骨文字集釋第十二】

◉黃錫全　嬪　薛本作嫆，敦釋作嫆，此同。甲骨文嬪作、，也作、（《甲骨文編》12·9）。郭見本當作嫆，以隸作古。【汗簡注釋卷五】

◉徐中舒　存一·四二　前七·二〇·二　甲骨文賓、儐、嬪一字。【甲骨文字典卷十二】

◉戴家祥　孟姬嬪壺　即嬪字。齊鞄氏鐘「用樂嘉賓」，賓作，與此右旁相近。集韻嬪古作嬪。皆是其證。說文十二篇「嬪，服也」。爾雅釋親「嬪，婦也」。嬪的本義當指賓服之女子，如書堯典「嬪于周」，詩大雅「來嫁于周，曰嬪于京」。金文作人名。【金文大字典上】

◉許　慎　至也。从女。執聲。周書曰。大命不𡠗。讀若摯同。一曰。虞書雉𡠗。脂利切。【說文解字卷十二】

◉馬叙倫　鈕樹玉曰。繫傳摯作執。譌。周當作商。繫傳虞書下有曰字。今書竝無其文。或是五玉三帛二生一死贄之傳說。段玉裁曰。至也以雙聲疊韻釋之。徐養原曰。摯省聲。倫按摯亦從執得聲也。至也以聲訓。𡠗蓋嫥之音同照紐三等轉注字也。一曰虞書雉𡠗者。𡠗疑贄之譌字。謂讀若二生一死贄之贄也。此校語。廣韻引字統。𡠗。至也。而不引本書。疑此字出字林。【說文解字六書疏證卷二十四】

◉李孝定　甲編·三八　从女从𡙇執之異構。說文所無。疑𡠗之古文。【甲骨文字集釋第十二】

◉許　慎　俛伏也。从女。沓聲。一曰。伏意。他合切。【說文解字卷十二】

◉馬叙倫　吳穎芳曰。一曰伏意者。他書引此作伏意也。鈕樹玉曰。廣韻引作一曰意伏也。恐誤。王筠曰。一曰伏意校文。倫按俛伏也當作俛也伏也。伏也校語。亦疑本作伏意。此亦校者以釋俛字也。俛為頫之異文。頫者下首。此今杭縣所謂羞答答之答本字。本書無俛字。此字當出字林。【說文解字六書疏證卷二十四】

乙三三〇一　前八·二·一　【甲骨文編】

前2·18·4　【續甲骨文編】

[妟] 0789 【古璽文編】

◉許 慎 [妟]安也。从女日。詩曰。以妟父母。烏諫切。【説文解字卷十二】

◉林義光 日近也。古作[妟]宴敦宴字偏旁。作[妟]。省作[妟]並匽侯尊彝乙匽字偏旁。【文源卷十】

◉董作賓 妟即匽，亦即郾國，卜辭中有「妟來」之語，知當為國族名。金文匽侯旨鼎作[匽]，子璋鐘作[匽]，郾王戈又加邑旁作[郾]，皆見金文編。所从之[妟]即妟。郾亦作燕，即後之燕國，左傳昭九年：「肅慎燕亳吾土地也。」燕地在今河北易州一帶，帚妟記載凡八省，去帚字者五。【帚方説 安陽發掘報告第六期】

◉馬叙倫 鈕樹玉曰。繫傳作晏省聲。非。宴從妟聲。則妟不應轉從晏省。又詩下有經字。亦非。今詩有歸寧父母。無以妟父母。嚴可均曰。從日無以見義。王筠曰。妟字從女日不成意。小徐本從女晏省聲。則更亂道矣。引詩又無此語。嚴可均謂以妟父母即吉日之以妟天子。彼文作天子。乃涉上天子之所而譌。説尚可從。實當從闕。大約此字許固收之。以有宴匽二字從之得聲也。其説解則恐後人增之。故玉篇妟烏諫切。竝無訓釋。以不常見之字。而説文幸有説解。顧乃不引之乎。朱筠本詩下有經字。漢人安得此語。不知何人所加。朱駿聲曰。此字疑即安之古文。倫按鍇本作晏省聲。本書。晏。從日。安聲。則此從女晏省聲有何不可。特謂省去安字何以知為晏省。則本書省聲之字。如此例者多矣。何獨致疑於此邪。然倫所疑者。則王據玉篇謂有音無義也。然無訓釋。音何自來。但存從來相傳之音邪。抑所據書為脱簡者邪。倫謂晏從安得聲。安從女得聲。女音娘紐。日音日紐。古讀歸泥。泥娘同為邊音。則妟從女日聲。妟入影紐。猶安音入影紐矣。鉉本挩聲字。鍇本乃校者度其音而改邪。若從女日聲。音在泥紐。婚音透紐。同為古尖前音。豈妟婚為轉注字邪。又疑從日女聲為晏之異文。晏安字借晏為安。此訓安也亦借為安。或安也以聲訓。字蓋出字林。【説文解字六書疏證卷二十四】

◉李孝定 説文：「妟，安也。从女日。」詩曰：「以妟父母。」訓安从日無義，契文象女子妟坐之形，上从[○]象頭篆變，从日者，古文於空廓中每加小點為彡飾，遂似从日矣。字在卜辭為女字，金氏續文編十二卷十四葉下收此入女部之末，以為説文所無字，而別於同卷十一葉下收[要]作妟。按[要]乃要字，見三卷。字上从[⊖]，與此从[○]僅小點有無之別，亦非从日也。【甲骨文字集釋第十二】

◉朱歧祥 349.[妟] 从女，隸作妟。《説文》：「安也。」疑即晏字，卜辭用為殷武丁時附庸族名。其婦來貢，稱「婦妟」。

《前6・28・1》☐[妟]來。

《南誠6》己巳[妟]示一屯。敝。

《綴229》戊戌婦妟示一屯。岳。【殷墟甲骨文字通釋稿】

◉徐中舒 妟乙五三〇五 妟續五·二〇·七 從女上從◇，董作賓釋妟，謂即匽，亦即郾國。《帚方說》載《安陽發掘報告》六五七頁。按董說可從。金文匽字匽侯旨鼎作匽，子璋鐘作匽，郾王戈又加邑旁作郾，所從之妟與甲骨文妟同。李孝定謂妟象女子妟坐之形，所從之◇象頭，篆變從日者，古文於空廓中每加小點為彡飾，遂似從日矣。《甲骨文字集釋》卷十二。可參。《說文》：「妟，安也。从女日。《詩》曰：『以妟父母。』」【甲骨文字典卷十二】

嬗 嬗

◉許　慎 嬗緩也。从女。亶聲。一曰傳也。時戰切。【說文解字卷十二】

◉馬叙倫 段玉裁曰。今人言嬋。字亦作此。朱駿聲曰。一曰。傳也。假借為傳。倫按緩也者嬋字義。嬗音禪紐。嫥音照紐三等。同為舌面前音。蓋轉注字。亦或即嬋媛字。緩也為媛也之譌。字蓋出字林。【說文解字六書疏證卷二十四】

嫴 嫴

◉許　慎 嫴保任也。从女。辜聲。古胡切。【說文解字卷十二】

◉馬叙倫 桂馥曰。一切經音義六引。保。富也。任。保也。言可保信也。通作辜。急就篇。疻痏保辜謕呼號。公羊襄七年。鄭伯髡原如會。未見諸侯。卒於操。傳云。傷而返。未至乎舍而卒也。注云。古者保辜。諸侯卒名。故於如會名之。明如會時為大夫所傷。以傷辜死也。君親無將。見辜者。辜內當以弒君論之。辜外當以傷君論之。疏云。知古者保辜者。亦依漢律。段玉裁曰。保辜。唐律今律皆有之。辜者。嫴之省。嫴與保同義。然許君之義。實不專謂罪人。保嫴謂凡事之估計豫圖耳。廣雅。嫴。榷。都。凡也。是其理也。王筠曰。保字句。倫按段謂嫴為估計豫圖而引廣雅為證。朱駿聲謂此義借為賈也。公羊注及急就所言皆漢律。王筠以為保辜複語。倫謂何注言。古者保辜。又言以傷辜死也。保辜自如急就顏注謂毆人皮膚腫起曰疻。毆傷曰痏。保辜者。隨其狀輕重。令毆者以日數保之。保辜蓋令毆者自保傷害輕重以定其辜。非複語。而彼文作辜。如字讀。非嫴省。此從女非其義。本義亦不可復證。此訓保任也當作保也任也。此字蓋出字林。吕忱亦據保辜為說耳。【說文解字六書疏證卷二十四】

媻

◉許　慎　奢也。从女。般聲。臣鉉等曰。今俗作婆。非是。薄波切。【説文解字卷十二】

◉馬叙倫　徐鉉曰。今俗作婆。鈕樹玉曰。韻會引作一曰老女稱。嚴可均曰。小妻即老女之譌。倫按媻從般得聲。般音封紐。讀脣齒音入非紐。此下文。娑。舞也。詩曰。市也媻娑。娑音心紐。非心同為次清摩擦音。是連緜詞也。此訓奢也者。媻娑謂舞皃。詩言市也媻娑。謂舞時其市奢張媻娑然也。自毛傳以市為市井。正義從之。然詳詞義非是。此訓奢也非本義。當作媻娑也。一曰小妻也者。嚴説可從。然疑姼字義。姼媻聲為歌元對轉。故或借媻為姼。【説文解字六書疏證卷二十四】

娑

◉許　慎　舞也。从女。沙聲。詩曰。市也媻娑。素何切。【説文解字卷十二】

◉馬叙倫　鈕樹玉曰。韻會媻作婆。王筠曰。舞也上當依釋訓媻娑二字。翟云升曰。繫傳作婆娑。婆今字也。朱駿聲曰。媻娑舞皃。倫按當作媻娑舞皃。媻娑二字或出字林。【説文解字六書疏證卷二十四】

姷

甲三九六　卜辭用又為姷重見又下【甲骨文編】

一：四〇　三例　宗盟類敢不侑闢其腹心以事其宗【侯馬盟書字表】

◉許　慎　耦也。从女。有聲。讀若祐。于救切。姷或从人。【説文解字卷十二】

◉高田忠周　弔伖父簋　舊釋叔若父非。此从人从二又。二又亦友字。但伖字説文所無。伖亦當為侑字。有友同聲也。古字有友通用。論語有朋自遠方來。有即友字叚借可證。説文。耦也。从女有聲。讀若祐。或从人作。又周禮太宰友以任得民之友字。注為姷字義。亦可證伖即侑字矣。【古籀篇三十八】

◉孫海波　或从人。作侑祭也。詩楚茨。「以妥以侑」。猶言祭也。卜辭以又為之。又字重文。【甲骨文編卷十二】

◉馬叙倫　鈕樹玉曰。繫傳祐作佑。説文無佑。桂馥曰。廣雅。姷。耦也。俗作酭。相酬報故曰耦也。倫按爾雅釋詁。酬。侑。報也。倫謂此是酬之轉注字。酬音禪紐。侑音喻紐三等。同為次濁摩擦音也。又為之轉注字。本書。配。酒色也。從酉。己聲。王念孫謂從古文飛字作者得聲。是也。此非配耦字。毛公鼎。配我有周。其字作。宗周鐘配字亦作。從從酉。酉即秬鬯一卣之卣本字。盛酒器也。即金文亞形中作者之省。實僕之異文。聲亦相轉也。即今酬酢時

執壺之侍者也。此從女。即奴之初文。古固以奴為役也。[酉卩]配形聲竝近。故今經典皆作酒色之配字。而[酉卩]字僅存於金文。[酉卩]即陪臣之陪本字。陪媘聲同之類。故[酉卩]轉注為媘。媘從有得聲。有從肉得聲。見有字下。肉州聲同幽類。故媘酬亦為轉注。[酉卩]之聲疑即得於酉。酉聲亦幽類也。酉部。酬。主人進客也。主人進客。今俗謂之勸酒。故詩楚茨。以妥以侑。毛傳。侑。勸也。周禮膳夫。以樂侑食。注。侑猶勸也。從人言故作[酉卩]作媘。或作侑。從酒言故作酬。此訓耦也者。乃主人進客之引申義。爾雅訓報也者。酬醋實轉注字。本書。醋。客酌主人也。亦引申義。讀若祐者。祐聲亦之類。此校語。字或出字林。【說文解字六書疏證卷二十四】

◉饒宗頤 「㞢，」王國維讀為詩「以妥以侑」之「侑。」卜辭習見。「㞢」之用法，除作語助詞之「有」及「又」與福祐外，「㞢」之為「侑」，蓋有二義：一對鬼神言，祭祀之事也；一對生人言，酬酢之事也。兩者之間，宜加釐別。爾雅釋詁：「酬、酢、侑，報也。」說文侑為媘之或體，云：讀若祐。易繫辭云：「可與祐神。」詩雝：「既右烈考。」以右為之。左右之右，本作「又」。故契文㞢神之「㞢」，間亦作「又」，實當讀為右或祐也。爾雅侑訓報。卜辭祀于先公先王輒曰㞢于某。則「㞢」亦可訓報。魯語上：「上甲微能帥契者也，商人報焉。」孔叢子論書篇：「書曰惟高宗報上甲微。」是報當即侑矣。至于生人之酬酢，如云：「貞：帚好㞢(侑)𡆥，于多妣介。」(遺珠七)「……妥氏，㞢取。……妥弗其氏，㞢取。」(屯乙二九〇三)妥為子妥，取為子取。辭意謂子妥侑子取。周禮：「膳夫以樂侑食。」注：「猶勸也。」凡燕饗之禮，已飲食而後勸之曰侑。字亦作宥，左僖二十五年：「王饗醴命之宥。」謂饗賓時，別有幣饋贈。聘禮云：「若不親食，使大夫各以其爵朝服致之，以侑幣致饗。」公食大夫禮：「宰夫束帛以侑。」是也。【殷代貞卜人物通考卷三】

◉李孝定 說文。「媘，耦也。从女，有聲。讀若祐。[篆]，媘或从人。」詩楚茨傳以勸釋侑，段氏說文注以助詁之，二者義近。侑謂助祭也，卜辭助祭之義，字作又，或作㞢，又字重文。孫氏直以「祭也」解之，似有未安。【甲骨文字集釋第十二】

◉陳全方 「𠬝」即友(侑)。羅振玉說：「《說文》友，古文作[篆]，乃从双，傳寫之譌，從[篆]又為[篆]之偽也。《師遽方尊》友作𠬝。」(見《殷墟書契考釋》第30頁)。在此應作侑。【陝西岐山鳳雛村西周甲骨文概論　古文字研究論文集】

◉温少峰　袁庭棟　卜辭又有「侑心」之載：

(92) 貞：王㞢(侑)心，不隹……

貞：王㞢(侑)心，……(《乙》三二〇四)

(93) 丙戌卜，争貞：王㞢(侑)心，正……(《乙》五三二三)

姰

(94) 貞：不隹之(玆)屮(侑)心？(《乙》二三一一)

上述三辭之「心」，甲文作「ʊ」。「屮」為祭名，即「侑祭」。「心」作為殷王「侑祭」之對象，亦當為「心宿」無疑。【殷墟卜辭研究——科學技術篇】

◉許　慎　姰鈞適也。男女併也。从女。旬聲。居匀切。【說文解字卷十二】

◉馬叙倫　鈕樹玉曰。玉篇廣韻竝訓狂也。王筠曰。謂男女併也蓋庾注。倫按鈞適也當作鈞也適也。鈞也以聲訓。或鈞字乃校者注以釋姰字之音者也。適借為敵。然非本義。姰從旬得聲。旬音邪紐。邪與喻紐三等。或為次濁摩擦音。是姰為婣之假借字。此從奴之初文。與人部侚一字。【說文解字六書疏證卷二十四】

妛

樊妛【漢印文字徵】

◉許　慎　妛婦人小物也。从女。此聲。詩曰。屢舞妛妛。即移切。【說文解字卷十二】

◉馬叙倫　鈕樹玉曰。詩止言屢舞傞傞。與妛聲相近。然傞下已引詩。不應又作妛。當是讀若詩屢舞傞傞。屢當作婁。洪頤煊曰。物當作弱。形近而譌。上文。姑。小弱也。一曰。女輕薄善走也。一曰。技藝也。皆與妛妓義近。古妓取其歌舞。故以俏弱為能。妓下同。夏敬觀曰。詩賓之初筵。屢舞傞傞。此引作妛妛。按人部引作傲傲。則妛即傞之異文。倫按姕傞為音同心紐轉注字。妛姕傞為同舌尖前音轉注字。妛音精紐也。陳詩庭曰。釋名衣服類。屐搘為兩足搘以踐泥也。帛屐以帛作之如屩也。此亦可以步泥而浣之。故謂之屐也。履複其下曰舃。舃。腊也。行禮久立。地或泥溼。故複下使乾腊也。妓從支。屐亦從支。妓為婦人履下複著之物。即釋名之帛屐。故妓訓婦人小物。屐者。搘也。搘妛字皆從匕得聲。故妛亦訓婦人小物。倫謂婦人小物。人與物為二而重在物也。不應從女。蓋別有從某此聲或從某支聲之字而今失之。故呂忱或校者以其義入妛與妓下。古已借妛妓為之也。此二字蓋出字林。洪說亦通。但無取證。引詩柳榮忠以為出三家。【說文解字六書疏證卷二十四】

妓

◉許　慎　婦人小物也。从女。支聲。讀若跂行。渠綺切。【說文解字卷十二】

◉馬叙倫　鈕樹玉曰。跂行恐是蚑行。然淮南原道訓漢書禮樂志竝作跂行。則跂字自通。朱駿聲曰。與奘同訓。其義未詳。疑物為巧譌。倫按奘妓聲同支類轉注字。妓傲同舌根破裂音轉注字。引申則舞者謂之妓。餘見奘下。【說文解字六書疏證卷二十四】

◉陳　直　㚰字見㕟膚盤，文云：「㕟膚子商鑄盤，用賸之麗㚰，子子孫孫永寶用。」案㚰即妓字，麗妓為人名。說文。「胑或作肢」，山海經「枝首蛇」作「枳首蛇」，以此例之故知㚰為妓字無疑。說文云：「妓，婦人小物也。」埤蒼云：「妓，美女也。」在周時僅作美女解，故婦人取以為名。【金文拾遺】

嬰

乙八七二一　从賏　乙八八九六　【甲骨文編】

嬰　从貝　嬰次盧　【金文編】

5·125　咸少原嬰　秦864　寺嬰　【古陶文字徵】

嬰　秦六九　四例　封八六　二例　【睡虎地秦簡文字編】

3640　【古璽文編】

趙嬰隋　瘳嬰家印　焦嬰齊　張嬰齊　楊嬰　魚嬰齊　粱嬰　嬰涂人　單嬰　陳嬰齋印　王嬰　任嬰私印　【漢印文字徵】

嬰竝義雲章　嬰見石經　嬰　【汗簡】

古老子　同上　石經　義雲章　同上　【古文四聲韻】

◉許　慎　頸飾也。从女賏。賏。其連也。於盈切。【說文解字卷十二】

◉林義光　説文云。嬰。頸飾也。从女賏。賏。貝連也。頸飾。按。象女繫貝連形。荀子是猶使處女嬰寶珠富國。【文源卷六】

◉王國維　新鄭所出銅器數百事。皆無文字。獨有一器長方而挫角者。有銘七字。曰王子晏次之□盧。余謂晏次即嬰齊。乃楚令尹子重之遺器也。説文貝部。賏。頸飾也。从二貝。又女部。嬰。頸飾也。从女。賏其連也。是賏嬰一字。案男子頸無飾。賏蓋專施於女子。故字亦从女作嬰。此器又省作晏。从一貝與从二貝意無以異也。又次齊古同聲。故齊聲之字亦从次聲。徵之説文。則資餈同字。鳖齏同字。粢穧同字。經典資斧亦作齊斧。牆茨亦作牆薺。采茨亦作采齊。粢盛亦作齍盛。蠐螬亦作螬蠐。又齊威王之名。史記六國表田敬仲完世家魯仲連傳並作因齊。戰國策作嬰齊。而傳世陳侯因資敦陳侯因資戈并作因資。資亦齎之異文也。則晏次二字即嬰齊無疑。古人以嬰齊名者。不止一人。獨楚令尹子重為莊王弟。故春秋書公子嬰齊。自楚人言之。則為王子嬰齊矣。子重之器何以出於新鄭。蓋鄢陵之役。楚師宵遁。故遺是器於鄭地。此器品質制作。與同時所出他器不類。亦其一證。然則新鄭之墓。當葬於魯成十六年鄢陵戰役後。乃成公以下之墳墓矣。【王子嬰次盧跋　觀堂集林卷十八】

◉高田忠周　説文。嬰頸飾也。从女賏。賏連貝也。但古唯用賏為嬰。説見賏下。而字變从女。當謂女子飾貝。荀子富國是猶使處女嬰寶珠。注。繫于頸也。是也。【古籀篇三十八】

◉强運開　[古文字]　嬰次盧。从貝。【説文古籀三補卷十二】

◉馬叙倫　嚴可均曰。當作繞也。從女賏。賏。連也。亦聲。今此作頸飾。乃賏篆之説解。文選天台山賦注曹子建責躬詩注謝惠連秋懷詩注盧子諒贈劉琨詩注潘正叔赴洛道中詩注陸士衡豫章行注五等論注皆引作繞也。韻會八庚引作從女賏。賏。貝連也。段玉裁曰。説解當作繞也。從女賏。賏貝連。頸飾也。翟云升曰。當訓繞也。從賏。賏亦聲。文選秋懷詩注引作少也。俞樾曰。嬰為嫈之重文。猶鶯之為鸎也。嫇下曰。嬰。嫇也。廣韻嫈下作嫈嫇也。一切經音義引字林。亦作嫈嫇也。此其證。言部。譻。聲也。謍。小聲也。缶部。罌。缶也。罃。備火長頸瓶也。亦其例證。馮振心曰。賏嬰一字。倫按繞也之義。字亦不得從女。如馮説則從賏女聲。猶安亦從女聲而音入影紐也。然倫謂俞先生説長。從女。賏聲。或與倗一字。從奴之初文。古代交易使奴為之。猶今日巨室不親買賣也。選注引少也者。蓋以音同影紐借為嫛。繞也者。纓之引申義。沈濤謂一曰以下文。是也。餘見賏下倗下。玉篇及玄應一切經音義引倉頡。女曰嬰。玄應一引作三蒼。廣韻同。字見急頡篇。嬰次盧作[古文字]。【説文解字六書疏證卷二十四】

⿰歺女

◉李孝定 嬰次盧 金文嬰之古字作，舊釋子荷貝形者是也，此从一貝，字之艸率急就者也。【金文詁林讀後記卷十二】

◉黄錫全 嬰並義雲章 漢印嬰字或作、、等（漢印徵12·14），此形當是賏字省變，賏嬰二字音義同。子賏戈之賏作，即省賏為。

嬰見石經 夏韻清韻録石經嬰作，《隸續》誤作。古文字中的見往往省變作目，如賢作䁂、賞作𧶠、賫作賫等。目與羽字書作形近似，易混。此形所从之羽實為賏省譌，非从羽。當是由嬰次爐字所从之形變。此形原應作，作者乃誤認，从古糸。【汗簡注釋卷二】

◉黄錫全 嬰 形與石經類同，説見前幺部。【汗簡注釋卷五】

◉徐中舒 後下二五·一五 從火從，所會意不明。從賏從女，當為嬰字。【甲骨文字典卷十】

◉戴家祥 嬰次盧 林義光曰：説文云：「，頸飾也。从女賏。賏，貝連也。頸飾。」按象女繫貝連形，荀子「是猶使處女嬰寶珠」文源。按晏即嬰之省，金文用作人名，晏次即嬰齊。静安先生因銘文中有「王子」字，説是楚子重嬰齊。郭沫若認為器出新鄭，故「王子晏次即鄭子嬰齊也。」兩周金文辭大系考釋卷八一八二葉。按此器銘文字體完全是楚國風格，與鄭國的截然不同，静安先生認為此器可能是鄢陵之役，楚師宵遁所遺，故出土於新鄭。郭説恐不確。【金文大字典上】

◉許　慎 三女為⿰歺女。⿰歺女。美也。从女。𣦼省聲。倉案切。【説文解字卷十二】

◉馬叙倫 鈕樹玉曰。韻會作從女歺聲。據繫傳𣦼本從歺聲。嚴可均曰。𣦼亦歺聲。倫按國語周語。密康公游於涇。有三女奔之。其母曰。必致之王。夫獸三為羣。人三為衆。女三為粲。尋獸三為羣即犇字。人三為衆即㐺字。則女三為粲即姦字。周語借粲為姦。聲同元類也。此言三女為⿰歺女。與篆不相應。倫謂密母所言為姦義。而史以粲字記之。詩綢繆。見此粲者。蓋無⿰歺女字也。然詩釋文引字林作妴。從女𣦼聲不省。此其省者。蓋字林有重文。正作妴。重作⿰歺女。傳寫捝妴字而以⿰歺女當之。校者因改𣦼聲為𣦼省聲。三女為⿰歺女非本義。美也或其本義也。⿰歺女蓋嬻之同舌尖前破裂摩擦音聲同元類轉注字。字出字林也。餘詳姦下。【説文解字六書疏證卷二十四】

媛

[篆] 籀韻 【古文四聲韻】

◉許 慎 [篆]美女也。人所援也。从女。从爰。爰。於也。詩曰。邦之媛兮。玉眷切。【説文解字卷十二】

◉馬叙倫 鈕樹玉曰。韻會所下有欲字。從爰作爰聲。無爰於也三字。嚴可均曰。一宋本作爰引也。按叉部。爰。引也。釋詁。爰。於也。爰。于也。王筠曰。爰於也此校者妄增。以為從爰之證。翟云升曰。當作美女也。從女。從爰。人所欲爰也。爰引也。倫按本作援也。從女。爰聲。美女人所欲援也。爰引十字也蓋字林文。及校語。【説文解字六書疏證卷二十四】

娉

◉許 慎 [篆]問也。从女。甹聲。匹正切。【説文解字卷十二】

◉强運開 [篆] 宗婦彝吴書云「兄所聘妻」，當即小篆嫂字。甹叜相近，一變而从叜，義不可通矣。運開按，吴説雖新，實無佐證。説文：「娉，問也。从女甹聲。」此篆从甹兄，當即古文娉字，鄦嬰，人名也。又按説文只部甹，篆下云：「聲也。从只甹聲，讀若馨。」林義光文源云：「从只非義，古作甹兄，宗婦彝娉字偏旁从兄，與祝同意。」是林亦以嬰為古娉字也。【説文古籀三補卷十二】

◉馬叙倫 倫按問也者。誇字義。今本書無誇字。而偏傍有之。娉為姘婧之聲同耕類轉注字。娉姘今作娉婷。字見空海本急就篇。顔師古本皇象本竝作聘。倫謂急就故書自作聘。空海本出於晉人。彼時字林已行。傳寫者喜用字林字。多有其證。則此亦傳寫者易之。娉字蓋出字林。【説文解字六書疏證卷二十四】

娽

◉許 慎 [篆]隨從也。从女。彔聲。力玉切。【説文解字卷十二】

◉馬叙倫 嚴章福曰。史記平原君傳。公等録録。王邵云。録録借字。説文。娽娽。隨從之皃也。據此似説解脱四字。倫按隨從也當作隨從也從也。疑皆非本義。字亦或出字林。【説文解字六書疏證卷二十四】

妝

[甲] 鄴初下三八六 [甲] 京津一六八二 【甲骨文編】

妝 鄦子妝匿 【金文編】

224 225 【包山楚簡文字編】

◉許　慎　飾也。从女。牀省聲。側羊切。【説文解字卷十二】

◉吴榮光　周許子簠　汗簡妝字。筆畫近似。或曰許子名妝非臧也。【筠清館金文卷三】

◉吴大澂　鄦子妝簠。妝或通臧。【説文古籀補卷十二】

◉徐同柏　周許子莊簠　妝从丂。上林賦所謂靚糚也。此當讀為莊敬之莊。【從古堂款識學卷十六】

◉方濬益　鄦子安簠　筠清館録此器釋𢁒為臧。徐籀莊釋妝。謂當讀為莊敬之莊。按二説皆非也。此為鄦子之名。字从爿从𢁒。𢁒與安之篆文作同。當是安之異文。何以言之。薛氏款識無子𥁕二鐘字从爿从皿。皿即晉公盦鎣之湝文。而阮録有伯壺其銘曰伯作𩛠。𣪊。以其器有蓋故曰𩛠壺。又𡢁妊壺銘曰𡢁妊作宄。壺字又作宄。是盦宄通用。據此知無子𢁒即薛書之鄦子𥁕。説文酉部以為醬之籀文。春秋襄公二十六年八月。許男甯卒于楚。古甯盜字同。左傳孔盜。公羊作孔甯。詩葛覃歸盜父母。書無逸不敢荒盜。毛傳馬注皆曰盜安也。盜安同義。是鄦子妝即許靈公名甯。而字曰𢁒。與齊景公之稱齊矦𥁕同例。【綴遺齋彝器款識考釋卷八】

◉高田忠周　舊釋為臧斷非。吴氏榮光曰。汗簡妝字。筆畫近似。或曰。許子名妝非臧也。此説真然。説文。飾也。从女爿聲。或从壯聲作妝。廣雅釋詁妝飾也。是也。登徒子好色賦。不待飾裝。上林賦。靚莊刻飾。莊裝皆妝字叚借。此篆已作妝。又从。蓋反丂。亦丂字。許氏丂下曰。古文以為巧字。妝字从丂。當為會意。是古異體耳。【古籀篇三十八】

◉孫海波　廠估焦振青君收集甲金拓本甚夥，其中不乏佳品，予猶記其一版文云：

不□　貞翌

乙亥

貞　之于

父乙

一牛□

𫞩字从爿从女，殆即妝字。說文云：「妝，飾也。从女，床省聲。」此段文義死闕，不能成讀，然以卜辭「凡从女之字皆女姓」之例推之，妝亦當訓女姓也。此字已箸録者之卜辭中尚未見。【卜辭文字小記續　考古學社社刊第五期】

◉馬叙倫　嚴可均曰。當作爿聲。段玉裁曰。飾也者。此飾字引申之義也。倫按疑與壯一字。甲文有𫞩。亦一字。妝飾字蓋借為䊀。無子妝簠𫞩字。從女。爿聲。【說文解字六書疏證卷二十四】

◉李孝定　方濬益氏釋㛲為「安」之異文，説殊牽傅。方氏引嫚妊壺銘「盦」字作「宊」，今未見此銘，而金文編安下諸文，所从「女」字之旁，多着一短畫，公貿鼎銘安字作「[字形]」，當與方氏所引嫚妊壺安字相近，按壺銘蓋以「安」為「盦」之假字。「盦」字説文烏合切，小徐作思甘反，段注改為烏含切，王筠説文釋例云：「皿部盦與网部罯蓋同，大徐以罯為俗盦字，謬也；段氏欲改烏合切為烏含切，亦不須也。盦小徐思甘反，玉篇於含切，廣韻烏含切，皆段氏所據也。然罯烏感切，廣韻亦收合韻，烏合切，集韻則乙盍切，烏含、烏感、烏合，乃一聲之轉，不須改也。」據此「盦」實有「安」之一讀，嫚妊壺銘乃以同音假安為盦耳。而方氏則謂此字所从「女」旁為「安」，實不可曉；進而謂許子名妝，當讀為安，即春秋襄公之許男甯，牽傅之迹顯然。此字旁增一畫作「𠃌」，無義，亦猶安字之作「[字形]」也。【金文詁林讀後記卷十二】

孌

[字形]孌　不从女　中伯壺　䜌字重見　[字形]　[字形]中伯作孌姬盨　【金文編】

[字形]　孌□之印　【漢印文字徵】

[字形]　汗簡　【古文四聲韻】

◉許　慎　孌，慕也。从女。䜌聲。力沇切。【説文解字卷十二】

◉吴大澂　[字形]　古孌字。中伯作孌姬簠。【説文古籀補第十二】

◉方濬益　[字形][字形]中伯作孌姬盨　𡢾即孌。詩泉水。孌彼諸姬。傳云好貌。車舝。思孌季女逝兮。傳云美貌。説文以為嫋之籀文。云嫋順也。从女𤔔聲。詩曰。婉兮嫋兮。孌籀文嫋。本部又有孌字。云慕也。音同戀。與此義別。【綴遺齋彝器款識考釋卷九】

◉馬叙倫　詳嫋之重文變字下矣。中伯作孌姬簋作。【説文解字六書疏證卷二十四】

前三・三三・八　前四・二七・一　前七・一七・二　後一・六・九　後一・二七・一　佚六七　簠典一二〇　乙二九七　乙五八六　乙一二二二　乙一二七七　乙一六七六　掇一・三三二　簠地二三七　簠典一二一　鄴二下・三七・一　天八七　雙三　【甲骨文編】

媟先列切【汗簡】

◉許　慎　媟嬻也。从女。枼聲。私列切。【説文解字卷十二】

◉馬叙倫　今借褻字。【説文解字六書疏證卷二十四】

◉李孝定　契文从，乃枼字，説詳六卷采枼二字，條下請參看。从女从枼乃媟字，類編、文字編、文編、類纂、續文編均从羅説，今正，字在卜辭為女字。【甲骨文字集釋第十二】

◉白玉峥　：疑為字之殘。：羅振玉氏釋婐，曰：「从女从，，殆為果字；象果實在樹之形。許君云：『象果形、在木上』；世固無此碩果矣。卜辭或省女作，與孟子『二女果』同；説文：『婐，婐妬也，一曰女侍曰婐。』孟子『二女果』，趙注：『果，侍也。』今卜辭曰『貞帚即歸之叚字婐之子』，曰『貞帚果』，曰『貞帚果于母口』，與許君一説，及孟子趙注合；與許君第一説異。然可知孟子之果，與許君之婐，固為一字矣。」考釋中二三頁。峥按：字从女从，，羅氏釋果，並謂：與婐為一字；立説無據，自不能采信。今考金文陳侯午鐘有字，其文曰：「永勿忘。」，金文編釋枼，為葉之本字。枼字於金文中屢見，是字至戰國末期之田齊，仍在通用。説文解字：「葉，艸木之葉也，从艸枼聲。」又曰：「枼，楄也，枼薄也，从木世聲。」小篆作，形失，許氏據以為説，故有「从木世聲」之説，「楄也」之訓。然非字之初義，故又以「枼薄也」之詁，搪塞之，而以後起之形聲字「葉」説解之，遂誤以本字為孳乳字之音。非是。字蓋象枝葉繁茂，層疊舒發之狀。本字，當从女从枼，隸書為媟。媟，説文解字「嬻也，从女枼聲」，典籍中皆以嬻嫚為訓；然就字之構形觀之，典籍之訓，非其初義；字蓋象女於樹下采枼之形。故甲文中之从之，當以采枼為字之初義。史記五帝本紀：「黄帝居軒轅之丘，而娶於西陵氏之女，是為嫘祖。」路史注：「西陵氏始養蠶。」相傳嫘祖教民育蠶繅絲，以供衣服，後世祀為蠶神。緣斯之故，天子親耕，皇后親蠶，成了歷代的故事。且也，民國十

五年曾於山西省夏縣之西蔭村，於新石器之遺址中，發現蠶繭。甲骨文字中之蠶、桑、絲三字，及从絲之字，所在多有；確證殷世育蠶、繅絲之發達，農業之興盛矣。斯時女必育蠶繅絲，男必力田耕作，故造字取象於采桒也。甲文，固為殷世王室之貞卜文字，然文字之肇造，並非殷王及其臣僚；造字之取象，亦必於羣衆之生活中，取其形，記其事，模其意，而為之圖以紀録。媟字，更未必肇造於殷世，即或如此，亦必前有所因；績之漸久，約定俗成，始有其字之作。詩曰：「女執懿筐，爰求柔桑。」山海經亦有：「歐絲之野有一女子，跪樹而歐絲。」媟字，正其象也。是媟字之初義，蓋乃跪樹歐絲也。經典諸訓，乃後世引申、叚借之義也。【契文舉例校讀(九)　中國文字第四十三册】

◉朱歧祥　370.媟媟　从女枼聲，郭沫若《卜通》頁八十九：「枼，葉之初文也。象木之枝頭著葉。」隸作媟。《説文》：「嬻也。」《方言》：「狎也。」卜辭用為武丁時婦姓，有孕。

《續4·28·4》甲子卜，𣪊貞，婦媟冥，妫。四月。

《前3·33·8》☐貞：婦媟㞢(有)子。【殷墟甲骨文字通釋稿】

嬻

◉許　慎　嬻媟嬻也。从女。賣聲。徒谷切。【説文解字卷十二】

◉馬叙倫　媟聲談類。嬻聲幽類。幽侵對轉。侵談兩類每相出入。媟音心紐。嬻從賣得聲。賣音喻紐四等。心與喻四同為次清摩擦音。故媟嬻為轉注字。亦得相連緜用之。【説文解字六書疏證卷二十四】

㜸

◉許　慎　㜸短面也。从女。窡聲。丁滑切。【説文解字卷十二】

◉馬叙倫　短面也與上下文皆不倫。蓋此乃頣字義。叕昏聲同脂類。故得借㜸為頣。㜸之本義亡矣。字或出字林。【説文解字六書疏證卷二十四】

嬖

嬖粹380　嬖387　嬖新2454【續甲骨文編】

◉許　慎　嬖便嬖愛也。从女。辟聲。博計切。【説文解字卷十二】

◉商承祚　嬖後編上第二十三葉　从辛从妾。疑即嬖字。卜辭辟作𨐨㠯。此得其半。【殷虚文字考　國學叢刊二卷四期】

◉馬叙倫　鈕樹玉曰。玉篇引作便僻也。又引春秋傳曰。賤而獲幸曰嬖。桂馥曰。凡引左傳皆稱左氏。今稱春秋傳。乃説文原文。倫按孟子。便嬖不足使令於前與。是便嬖即婢嬖。嬖實婢之轉注字。皆雙脣音也。便嬖愛也當依鍇本作便嬖也愛也。便嬖以連緜詞為訓。愛也校語。或此字出字林。禮記緇衣釋文及左宣十二年傳釋文引字林。嬖。方跂反。故呂忱列異訓。其本字未詳。甲文有。商承祚釋嬖。【説文解字六書疏證卷二十四】

◉李孝定　　契文从卩从妾。童妾諸字上从丫。若即辛字。此郭沫若説。篆文乃變為从女从辟。王商兩氏釋此為嬖。可从。卜辭言嬖與用牲之事有關。【甲骨文字集釋第十二】

嫛

◉許　慎　難也。从女。毄聲。苦賣切。【説文解字卷十二】

◉馬叙倫　段玉裁曰。廣韻。嫛。音契。王筠曰。廣韻。嫛。意難。倫按廣韻訓意難。蓋本本書。而本書本作難意。本書此例甚多。蓋本訓挩失後校者加之。據相傳此字有難意。故云然。傳寫譌乙為意難。此更挩意字。然難非此字本義。倫疑為奚之轉注字。奚從得聲。為系之籀文。而系之後起字作繫。是其例證也。此從奴之初文。即盂鼎白人鬲之鬲本字。字蓋出字林。【説文解字六書疏證卷二十四】

妎

◉許　慎　如也。从女。介聲。胡蓋切。【説文解字卷十二】

◉馬叙倫　鈕樹玉曰。如也譌。各本作妒。倫按廣韻引字林。妎。疾害。妒也。而不引本書。此字出字林也。【説文解字六書疏證卷二十四】

妒

布圜(三孔)妬邑　亞四・七三　【古幣文編】

妬　日乙九六　二例　【睡虎地秦簡文字編】

◉許　慎　婦妒夫也。从女。户聲。當故切。【説文解字卷十二】

◉馬叙倫　嚴可均曰。五經文字作妬。云。作妒者非。按户石形聲皆近。未知孰是。鈕樹玉曰。篇韻皆以妬為妒之重文。史記漢書竝作妒。則妬為後出之字。倫按婦妒夫也蓋字林文。本訓挩矣。或字出字林也。【説文解字六書疏證卷二十四】

媢

汗簡【古文四聲韻】

◉許　慎　媢夫妒婦也。从女。冒聲。一曰相視也。莫報切。【説文解字卷十二】

◉馬叙倫　鈕樹玉曰。韻會引作一曰不相視也。倫按妎妒媢皆轉注字也。妎音匣紐。妒從户得聲。户音亦匣紐。妎從介得聲。介從八得聲。見介字下。八音封紐。媢音明紐。封明同為雙脣音也。門户一字。門音亦明紐也。婦妒夫夫妒婦者。古無此別。禮記大學曰。媢嫉以惡之。鄭玄曰。媢。妒也。史記五宗世家漢書外戚傳皆以妒媢連文。論衡。妬夫媢婦。適與此反。顏氏家訓書證引三倉。媢亦妒也。皆可證也。史記五宗世家索隱引郭璞三倉解詁。媢。丈夫妒也。則此説蓋起魏晉間。相視也上當依鍇本有梅目二字。梅目相視者。錢坫以為即禮記玉藻視容梅梅之梅。桂馥以為即瞐字義。目部。瞐。低目視也。洪頤煊以為玉藻鄭注。不審視也。正義梅梅猶微微。謂微昧也。梅目相視謂微目相視。繆楷據字林。晦。微視美目皃。謂梅即晦之借字。晦之為言微也。故訓為微視。梅目相視猶言微目相視也。倫謂桂説是也。低目視者。如今所謂近視眼者。不依眼鏡。則視不審。須作半閉目狀而後見也。繆説亦通。晦蓋瞐之轉注字。鍇本有讀若胞者。劉秀生曰。冒包聲同蕭部。故媢從冒聲得讀若胞。釋名釋天。卯。冒也。載冒土而出也。卯部。卯。冒也。二月萬物冒地而出。食部。飽。從食。包聲。古文從卯聲作餥。冒聲包聲竝如卯。是其證。【説文解字六書疏證卷二十四】

⿰女芺

◉許　慎　⿰女芺巧也。一曰女子笑皃。詩曰。桃之⿰女芺⿰女芺。从女。芺聲。於喬切。【説文解字卷十二】

◉馬叙倫　鈕樹玉曰。韻會引作巧也一曰女子笑皃。不引詩。玉篇為妖之重文。妖訓媚。亦不引詩。木部枖下引詩桃之枖枖。不應又引作⿰女芺⿰女芺。疑後人增。王筠曰。小徐本詩曰。桃之⿰女芺⿰女芺。女子笑皃。則兩句止是一義。大徐則先出訓義而後以詩證也。惟是木部枖下引詩桃之枖枖。廣韻引之。此所引詩。廣韻不引。疑此引乃後人加也。且衆經音義十五引云。巧也。又女子壯皃。淑好也。壯當作狀。疑笑亦狀之譌。又捝淑好也三字。承培元曰。注譌。當作巧笑也。從女。芺聲。一曰。女子好皃。讀若詩曰桃之枖枖。桃夭作枖。已見木部。鍇説而少而連壯。即借枖説⿰女芺。可知女好之非女笑矣。張行孚曰。巧借為丂。丂者。气欲出。勹上礙於一也。今試微笑則似之。女子笑皃乃申明上句。非別一義。與姁下男女併也媛下人所援也同。非別一義。一曰二字後人所加。汪本繫傳無此二字。得之。倫按如承説。則女子好皃當作女子壯皃。乃符鍇説而合玄應所引矣。然鍇説自是説文妖。非借枖説⿰女芺也。玄應引女子壯皃。沈濤謂壯為笑譌。王以為壯當作狀。然狀皃一義。女

子狀皃為不可通矣。張謂巧當為丂。尋丂從丂而上礙之。於笑無涉。倫謂巧也以聲訓。一曰以下十二字蓋校語。或女子壯皃本是娱字説解。乃字林文。今本作巧也者。乃涉下文佞字説解而誤羨。上林賦。妖冶嫺都。李注不引本書而引字書。可證也。賦言妖冶嫺都。妖嫺對文。而娱姣聲同宵類。娱為美好之義。蓋無疑也。倫謂娱為姣之轉注字。玄應一切經音義引三倉。妖。妍也。王筠校録繫傳本作[seal]。【説文解字六書疏證卷二十四】

[seal] 犁佞私印　[seal] 焦佞之印　【漢印文字徵】

[seal] 佞　【汗簡】

[seal] 朱育集字　【古文四聲韻】

◉許　慎　佞巧讇高材也。从女。信省。臣鉉等曰。女子之信近於佞也。乃定切。【説文解字卷十二】

◉馬叙倫　鈕樹玉曰。一切經音義一。佞字從女仁。三引本書佞字從女從仁。繫傳韻會作從女仁聲當不誤。晉書佞田為韻。沈濤曰。一切經音義三引。佞。口材也。亦德之稱也。論語。惡夫佞者。此即從女之義。左傳。寡人不佞。不能事父兄。即從仁之義。十七引云。巧諂高材曰佞。為善曰佞。是也。廿四引巧媚高材曰佞。又偽善曰佞。字從女從仁。論語。惡夫佞者。此則從女之義。左傳。寡人不佞。不能事父兄。此則從仁之意也。論語云云當是説文注中語。偽善曰佞當是一曰以下文。惟所引口材及德之稱云云。與今本不同。與他卷所引亦不同。小徐本作仁聲。玄應作從仁。五經文字亦曰從仁。蓋古本作從仁仁亦聲。倫按巧讇高材與玄應書十七引同。而玄應書三引作口材也。廿四引作巧媚高材曰佞。倫謂本作巧也讇也口材也。廣雅釋詁。佞。巧也。韓詩外傳。佞。諂也。小爾雅廣言。佞。才也。玉篇。佞。口才也。論語皇疏。佞。口才也。可證。巧也諂也與口才義近。口才即論語友便佞之佞義。然乃咨字義也。佞從女仁聲。仁音日紐。古讀歸泥。咨從文得聲。文音微紐。微泥同為邊音。故古皆借佞為咨。今咨下訓恨也惜也。恨也以聲訓。惜也乃憐字義。見咨字下。而咨之本訓乃誤為佞義。佞之本義今不可考矣。高字疑為娱下説解中字。媢者。蓋娱下本訓媢也。此皆傳寫之譌。今娱佞二字説解各有捝誤。餘詳婞下。【説文解字六書疏證卷二十四】

◉戴家祥　[seal] 井人妄鐘　劉心源釋為奻，曰：説文「奻，訟也。从二女，女還切。」奇觚室吉金文述卷九十八葉井尸奻鐘。高田忠周曰：

此篆吴氏大澂釋為佞字。又陳介祺説，疑古妾接字，井人名也。然此器與上器，銘語不異一字，即知此為母字異文。二是乳形二點，移在于上也。古籀篇三十八第四四葉。按上列諸説均無確證。相比之下，以釋佞為妥。説文八篇「佞，巧讇高材也。从女信省」。許釋于字形亦難合。而从二女與佞之右旁相似。妄从女，女亦人，佞字加人旁，从人从女為形符重複。【金文大字典上】

嫈

◉許　慎　小心態也。从女。熒省聲。烏莖切。【説文解字卷十二】

◉馬叙倫　小心態也者。玄應一切經音義引字林。嫈。心態也。亦細視也。然則小為心之譌而重者也。此字林文。或字出字林也。嫈嬰婧姘聲同耕類。或為轉注字。戰國策。聶政之姊嫈。蓋以美詞為名。【説文解字六書疏證卷二十四】

嫪

◉許　慎　婟也。从女。翏聲。郎到切。【説文解字卷十二】

◉馬叙倫　吴穎芳曰。變之轉語。王筠曰。一切經音義十三出戀嫪而説之曰。説文。嫪。婟也。聲類。嫪。惜也。謂戀不能去也。廣韻。嫪。悋物。玉篇。嫪。難也。朱駿聲曰。廣雅釋詁一。嫪。妬也。今諺謂女所私人為婟嫪。俗作孤老。倫按未詳。惜悋之義。字當為憐。吴謂戀變之轉語。變嫪音同來紐。或轉注字。【説文解字六書疏證卷二十四】

婟

◉許　慎　嫪也。从女。固聲。胡誤切。【説文解字卷十二】

◉馬叙倫　桂馥曰。玉篇。婟。嫪也。戀也。廣韻。婟。婟嫪。戀惜也。出聲類。釋鳥疏云。説文。婟。嫪也。聲類。婟嫪。戀惜也。王筠曰。衆經音義引聲類。嫪婟。戀惜不能去也。爾雅邢疏釋文皆引聲類。婟嫪。戀惜也。釋文云。廣雅。婟。妒也。字書作嫭。同。今廣雅作嫭。朱駿聲曰。漢書楊雄傳。知衆嫭之嫉妒兮。注。嫭。美皃。楚辭大招。嫭以姱只。廣雅釋言。嫮。嫪也。嫮即姱字。爾雅釋鳥注。婟澤鳥。釋文。婟本作嫮。又作誸。誸則誇之譌。姱即嫵字。倫按未詳。【説文解字六書疏證卷二十四】

姿

姿【汗簡】

義雲章【古文四聲韻】

◉許　慎　態也。从女。次聲。即夷切。【説文解字卷十二】

◉馬叙倫　釋名釋姿容。姿。資也。資。取也。形皃之稟。取為資本也。然此以聲訓。疑姿非即態也。態上蓋有捝字。餘詳嫭下。【説文解字六書疏證卷二十四】

◉黄錫全　姿　部末録王庶子碑次作，同三體石經(齋旁)，此形上部誤省。即古㳄字譌變，假為次，説見小部次。季宮父匜姊作，此形原當从石經㳄形作。《廣雅·釋親》姊訓「咨也」。此假姊為姿。【汗簡注釋卷五】

嫭

◉許　慎　嬌也。从女。虘聲。將預切。【説文解字卷十二】

◉馬叙倫　鈕樹玉曰。繫傳及韻會引嬌作驕。是也。説文無嬌。嚴可均曰。心部。怚。驕也。怚嫭音義同。沈濤曰。文選琴賦注引。嫭。嬌也。子庶切。或作姐。古字通。假借也。姐。子也切。稽叔夜幽憤詩注引。姐。嬌也。繁伯休與魏文牋注引。嫭。字或作姐。古字假借也。似古説文姐嫭同字矣。然李明言。嫭。子庶切。姐。子也切。則非一字。蓋或作姐者。謂賦文或通假作姐耳。桂馥曰。廣韻嫭與怚同。憍也。廣雅。嫭。妒也。朱駿聲曰。疑即怚之或體。倫按姿嫭蓋為恣怚之異文。古書恣睢字當作恣怚或姿嫭。姿嫭為音同精紐轉注字。猶易其行次且之連文矣。【説文解字六書疏證卷二十四】

妨

杜妨之印　魯妨【漢印文字徵】

古老子【古文四聲韻】

◉許　慎　害也。从女。方聲。敷方切。【説文解字卷十二】

◉馬叙倫　鈕樹玉曰。繫傳捝聲字。倫按。妨為妄之同脣齒音又聲同陽類轉注字。楚詞招魂。敬而無妨些。即敬而無妄也。害也非本義。亦非本訓。害也者。蓋傷字義。字見急就篇。古鉩作。【説文解字六書疏證卷二十四】

◉李孝定　乙·七四三〇　説文「妨，害也。从女，方聲」。此字从女，从。契文方字習見者作諸形，然亦有作甲

妟　婾

編・六〇一、甲編・八〇七、甲編・一九七八、甲編・二九一七、甲編・三一一五諸形者，足徵其異體甚多。此从，與小篆同，當是方字。辭云「貞今日妨不其娩」，乃女字。【甲骨文字集釋第十二】

妄　毛公㢋鼎　女毋敢妄寧孫詒讓曰妄寧當讀作荒寧書無逸不敢荒寧文侯之命毋荒寧【金文編】

叀妄私印　牟妄【漢印文字徵】

◉許　慎　亂也。从女。亡聲。巫放切。【説文解字卷十二】

◉孫海波　易無妄注：「虛無也。」左傳「彼好利而妄」，注：「不法也。」孟子「此亦妄人也已矣」，注：「妄作之人無知者。」浸假為荒，毛公鼎「女母敢妄寧」，孫詒讓曰：「妄寧當讀作荒寧，書無逸『不敢荒寧』。」【甲骨金文研究】

◉馬叙倫　賈誼書道術。以人自觀謂之度。反度為妄。蓋其意謂以人自觀則有標準。故謂之度。反則無標準謂之妄也。管子山至。不通于輕重謂之妄言。義亦同也。然倫謂今言虛妄者。謂無其實也。欲質言其字。或當作唐。毛公鼎。毋敢妄寧。即尚書無逸之無敢荒寧也。莊子天下。荒唐之言。荒唐以疊韻連緜。實即唐義。本書。唐。大言也。大言謂言過其實也。然則此訓亂也。上文妨訓害也。明非本義。毛公鼎作。【説文解字六書疏證卷二十四】

◉戴家祥　毛公鼎　汝毋敢妄寍　説文「妄，亂也。从女，亡聲」。鼎銘借為荒。一篇「荒，蕪也。从艸巟聲」。孫詒讓曰：「妄當讀為荒，妄荒亦同聲孳生字。『不叚妄寧』，言不暇荒寧也。」書無逸「不敢荒寧」，説文「寧，願詞也」。「寍安也」。經典通叚寧為寍，此鼎亦然。古籀拾遺上第二十葉晉姜鼎。按孟子梁惠王下引晏子對景公曰「從獸無厭謂之荒」，趙岐注「若羿之好田獵。無有厭極，以亡其身，故謂之荒亂也」。唐韻荒讀呼光切，曉母，陽部。妄讀巫放切，明母陽部。上古音喉音曉母，每與脣音明母混諧。昏讀呼昆切，錉从昏聲，而讀武巾切，是其例也。孫讀郅確。【金文大字典上】

三代下7・19　【古陶文字徵】

◉許　慎　巧黠也。从女。俞聲。託侯切。【説文解字卷十二】

◉馬叙倫　廣雅釋詁三。婾。巧也。此巧黠也當作巧也黠也。皆非本訓。此即苟且之苟本字。聲同矦類。故古書或借苟為婾。

經記亦多用偷字。本書無偷。婾即偷也。偷生偷安即苟生苟安也。邵瑛謂轉為苟且義。非也。巧黠蓋引申義。【說文解字六書疏證卷二十四】

嫴

◉許　慎　嫴貪也。从女。污聲。胡古切【說文解字卷十二】

◉馬叙倫　嫴為隸書複舉字。卤為校者注以釋嫴字之音者也。或古語也。此字蓋出字林。貪也非本義。【說文解字六書疏證卷二十四】

娋

◉許　慎　娋小小侵也。从女。肖聲。息約切。【說文解字卷十二】

婕伃妾娋【漢印文字徵】

◉馬叙倫　嚴可均曰。玉篇廣韻作小娋侵也。倫按篇韻蓋本本書。而誤乙小字於娋字上。娋乃隸書複舉字。亦疑小字亦校者所注以釋娋字之音者也。廣雅。娋。侵也。然侵也疑以聲訓。娋聲宵類。古讀宵歸幽。幽侵對轉也。朱駿聲據方言十二。娋。姊也。謂此為本訓。倫疑姊為婡譌。婡從朿得聲。朿音審紐。娋音心紐。心審同為次清摩擦音。或婡之轉注字。或廣雅所記。借娋為婡。或廣雅姊字不誤。姊音精紐。娋音心紐。同為舌尖前音轉注字，今杭縣謂女子故作煩惱狀為娋。【說文解字六書疏證卷二十四】

婐

◉許　慎　婐量也。从女。朵聲。丁果切。【說文解字卷十二】

◉馬叙倫　錢坫曰。揣字同。易朵頤。釋文。本亦作揣。是其證。倫按。量也乃揣字義也。婐之本義亡矣。字或出字林。【說文解字六書疏證卷二十四】

妯

◉許　慎　妯動也。从女。由聲。徐鍇曰。當从胄省。徒歷切。【說文解字卷十二】

◉馬叙倫　動也爾雅釋詁文。非本義。廣雅釋親。妯娌娣姒先後也。字或出字林。【說文解字六書疏證卷二十四】

◉戴家祥　宗婦盤　嫛从甹得聲，當釋妯。爾雅釋親「男子先生為兄」，漢書郊祀志上「長陵女子以乳死，見神于先後宛若」。顏

師古曰：「古謂之娣姒，今關中俗呼為先後。吳楚俗呼之為妯娌。」从女从兄，會合兩文以見意，妯之涵義蓋盡于此矣。从甹，蓋聲符也。一九七九年上海師範大學學報第二期牆盤銘文通釋。吳大澂釋嫂，愙齋集古録十四册第十八葉宗婦壺。臆説不可據。【金文大字典上】

嫌

175【包山楚簡文字編】

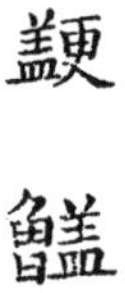
竝崔希裕纂古【古文四聲韻】

◉許　慎　嫌不平於心也。一曰疑也。从女。兼聲。户兼切。【説文解字卷十二】

◉馬叙倫　鈕樹玉曰。韻會從女兼聲在一曰上。桂馥曰。一曰疑也者。本書。慊。疑也。倫按不平於心當從心。蓋此乃慊字義。或慊嫌一字。慊下疑也及此一曰疑也皆僭字義。僭聲侵類。嫌聲談類。侵談近轉。故古書多借嫌為僭。然不平於心也非本訓。疑本作疑也。校者加此。轉寫捝本訓。後校者復依一本記之也。字或出字林。【説文解字六書疏證卷二十四】

媘

◉許　慎　媘減也。从女。省聲。所景切。【説文解字卷十二】

◉馬叙倫　俞樾曰。減也者。渻字義。媘當訓瘦。畢沅校正釋名釋言語曰。省。瘦也。後漢書袁宏傳注引謝承書曰。面皃省瘦。字亦作眚。周禮大司馬注。眚猶眚瘦也。蓋古有省瘦之語。倫按俞先生謂減也是渻字義。是也。此從女。不得有減義。然俞先生謂省當訓瘦。則或未然。釋名固以聲訓。謝承書之省瘦即減瘦。周禮注亦然。媘音審紐。疑今呼叔父之妻曰嬸者。此其字也。或媘為婎之同次清摩擦音轉注字。字或出字林。【説文解字六書疏證卷二十四】

婼

婼　高景成釋　婼鉦【金文編】

◉許　慎　婼不順也。从女。若聲。春秋傳曰叔孫婼。丑略切。【説文解字卷十二】

◉高田忠周　婼婼鐸　舊釋作若母二字。非。婼為女尤明皙。右从又。从艸。石鼓文艸冠作艹可證。若即訓擇菜若字。此明婼字也。説文婼。不順也。从女。若聲。春秋傳曰。叔孫婼。此引以證字之例也。【古籀篇三十八】

◉馬叙倫　段玉裁曰。毛詩傳曰。若。順也。此字從若。則當訓順。而云不順也。此猶祀從巳而訓祭無巳也。錢坫曰。不字衍。徐灝曰。叔孫婼豈以不順命名。疑説解有誤。倫按以音求之。婼或親匿之匿本字。不順也玉篇作不從也。下文。婞。很也。很為不肯從行。見很字下。然則不順豈婞字義。而傳寫有捝譌邪。要非本義。或字出字林也。春秋七字或校者加之。【説文解字六書疏證卷二十四】

 籀韻【古文四聲韻】

◉許　慎　很也。从女。幸聲。楚詞曰。鯀婞直。胡頂切。【説文解字卷十二】

◉馬叙倫　鈕樹玉曰。繫傳很作狠。俗字。翟云升曰。繫傳很也下有一曰見親婞五字。錢坫曰。廣雅。婞。親也。蓋即親婞字。倫按。很也或以聲訓。錢謂此親幸字。是也。幸聲當入真類。佞從仁得聲。仁聲亦在真類。古偁佞婞。蓋轉注字。亦或連緜用之。鍇本有一曰見親。或本訓親也。見親婞也。一曰。很也。今有捝譌。楚詞六字校者加之。字或出字林。【説文解字六書疏證卷二十四】

 嫳切列切【汗簡】

 義雲章【古文四聲韻】

◉許　慎　易使怒也。从女。敝聲。讀若擊撆。匹滅切。【説文解字卷十二】

◉馬叙倫　易使怒也似校語。廣雅釋詁二。嫳。怒也。然未詳。字亦或出字林。【説文解字六書疏證卷二十四】

◉許　慎　好枝格人語也。一曰靳也。从女。善聲。旨善切。【説文解字卷十二】

◉馬叙倫　惲敬曰。今吴人以支格人語為纏話。字當作嬗。倫按。好枝格人語似校語。亦非本義。然未詳也。一曰四字校語。【説文解字六書疏證卷二十四】

娺 娺

◉許　慎　娺疾悍也。从女。叕聲。讀若唾。丁滑切。【説文解字卷十二】

◉馬叙倫　吳穎芳曰。唾字疑譌。或為啜字。劉秀生曰。叕聲端紐。唾從垂得聲。在透紐。端透同為舌音。故娺從叕聲得讀若唾。倫按似吳説長。朱駿聲亦謂唾為啜譌也。疾悍也當作疾也悍也。廣韻止作疾也。蓋本此。悍也或校語。然此二義書均未見。廣雅釋詁二。娺。怒也。廣韻。婠娺。好皃。此字或出字林。【説文解字六書疏證卷二十四】

嬒 嬒

◉許　慎　嬒含怒也。一曰難知也。从女。會聲。詩曰碩大且嬒。五感切。【説文解字卷十二】

◉馬叙倫　段玉裁曰。詩澤陂。碩大且嬒。傳曰。矜莊皃。太平御覽引韓詩作嬒。嬒。重頤也。廣雅釋詁。嬒。美也。許引韓詩以證字形而已。不謂詩義同含怒難知二解也。朱駿聲曰。嬒當訓重頤。倫按未詳。要之含怒非本訓。亦疑含怒也當作頷也或重頷也怒也二訓。頷嬒聲同舌根音。亦聲同侵類。蓋嬒之本義為美。其美在重頤。語原即出於頷。怒也者。本娺下一訓。傳寫譌入此下也。一曰難知也。説解既誤之後。校者以不知嬒之何以為含怒義。故注之也。字或出字林。【説文解字六書疏證卷二十四】

娿 娿

◉許　慎　娿陰娿也。从女。阿聲。烏何切。【説文解字卷十二】

◉馬叙倫　鈕樹玉曰。玉篇注作媕娿也。韻會引作陰阿也。五音韻譜作陰娿。嚴可均曰。娿承嬒。則陰媕皆嬒之誤。倫按陰蓋嬒下校者所注以釋嬒字之音者。傳寫誤入此下。或為嬒字之譌。傳寫者以音近誤易也。媕字亦然。本書弇盦竝訓蓋覆。而皆借為盇字。則知古音同矣。嬒娿轉注字。嬒從會得聲。會娿音同影紐也。故亦得連緜為詞。【説文解字六書疏證卷二十四】

妍 妍

幵 籀韻　幵 王堅切汗簡　 義雲章　【古文四聲韻】

◉許　慎　妍技也。一曰不省録事。一曰難侵也。一曰惠也。一曰安也。从女。幵聲。讀若研。五堅切。【説文解字卷十二】

◉馬叙倫　鈕樹玉曰。韻會引無讀若研三字。餘同繫傳。李注文選文賦引惠亦作慧。段玉裁曰。技者。巧也。釋名。妍。研

娃 娃

𡡙 𡡙

也。研精於事宜則無蚩繆也。蚩。癡也。按此為今用妍媸字所本。方言。自關而西秦晉之故都。謂好曰妍。一曰不省録事也者。魏書。劉祥言事。蒙遜曰。劉裕入關敢妍妍然也。斬之。此正謂其曉事也。朱駿聲曰。不省録事者。借妍為愿。一曰難侵也者。借為訮。一曰安也者。借為閒。倫按一字止具一義。餘則借為同音之某字。此字凡五訓而義咸異。技也者。或當為妓。妓為舞皃。得有美義。且妓音羣紐。妍音疑紐。皆舌根音。則妍或為妓之轉注字。又妍聲元類。亦得與婠嫷嬛嫛諸文為轉注字。則秦晉之故都謂好曰妍。妍之本義也。一曰不省録事者。朱説亦通。然亦可借為愚。音同疑紐也。亦疑即訮字義。一曰難侵也者。或即訮之引申義。一曰惠也者。惠從叀得聲。叀聲亦元類。故古或借妍為惠。鍇本作慧。本書。儇。慧也。儇聲亦元類。則或借妍為儇。一曰安也者。或借為宴。宴聲亦元類也。然凡一曰以下之文皆校者所加。或字出字林。吕忱列異訓也。【説文解字六書疏證卷二十四】

娃 2120 【古璽文編】

娃 賤子娃印 娃 趙娃 【漢印文字徵】

◉許 慎 娃圜深目皃。或曰。吴楚之間謂好曰娃。从女。圭聲。於佳切。【説文解字卷十二】

◉馬叙倫 圜深目皃者。蓋肙字義。音同影紐也。此或非本訓。或曰以下十字校者依方言加。然是本義。史記趙世家。吴廣内其女娃嬴。方言。吴謂館娃之宫。娃自以美為義。當是嫛嬛嫣嫛之轉注字。音同影紐。娃聲支類。則亦婧姘之支耕對轉轉注字。或與佳一字。顔氏家訓引倉頡。於乖反。韻會從女圭聲在或曰上。【説文解字六書疏證卷二十四】

◉許 慎 𡡙不媚。前卻𡡙𡡙也。从女。陜聲。失冉切。【説文解字卷十二】

◉馬叙倫 鈕樹玉曰。玉篇媚下有也字。是二義。倫按鈕説是也。然桂馥引廣韻作陜。前卻陜媚也。則陜是媚義。又未詳也。要有校語羼譌。或字出字林。【説文解字六書疏證卷二十四】

妜

◉許　慎　妜鼻目閒皃。讀若煙火炔炔。从女。決省聲。於說切。【說文解字卷十二】

◉馬叙倫　鈕樹玉曰。說文無炔。段玉裁謂即焆之或體。焆焆。煙皃。桂馥曰。鼻目閒皃者。廣韻。鼻目閒輕薄曰妜也。王煦曰。玉篇。炔。同炅。姓也。漢書儒林傳有炔欽。倫按鼻目閒皃有捝文。廣韻作鼻目閒輕薄曰妜也。則似字林文。此有捝耳。妜之本義亡矣。桂馥引廣韻。妜。娟也。本書無娟字。此讀若煙人焆焆。則炔即娟字。蓋嬋娟字當作嬛也。妜讀若焆者。焆從肙得聲。肙音影紐。故妜音於悅切也。此校者加也。此字或出字林。【說文解字六書疏證卷二十四】

孈

◉許　慎　孈愚戇多態也。从女。巂聲。讀若隓。式吹切。【說文解字卷十二】

◉馬叙倫　吳穎芳曰。娷之轉語。王筠曰。廣韻。移爾切。多態。胡卦切。愚戇。又多態也。劉秀生曰。巂聲在匣紐。隓從差聲。在曉紐。曉匣皆喉音。故孈從巂聲得讀若隓。御覽一九五引風俗通。街者。攜也。離也。四出之路。攜離而別也。艸部。蘳。從艸。鮭聲。讀若墮壞。墮即隓之篆文。巂聲如圭。隓聲亦如圭。是其證。倫按如廣韻則愚戇與多態為二義也。然皆不似本義。或此字出字林。【說文解字六書疏證卷二十四】

娡

◉許　慎　娡不說也。从女。恚聲。於避切。【說文解字卷十二】

◉馬叙倫　娡蓋孈之聲同支類轉注字。不說也蓋恚字義。或娡恚一字。【說文解字六書疏證卷二十四】

嫼

嫼　觴姬作嬭嫼簋

嬭嫼簋

[illegible]弔多父盤　【金文編】

◉許　慎　嫼怒皃。从女。黑聲。呼北切。【說文解字卷十二】

◉高田忠周　廣韻呼北切。集韻密北切。音墨。故俗亦作嫼。非。【古籀篇三十八】

◉戴家祥　說文「嫼，怒皃，从女黑聲」。玉篇三十五「奴也」，讀莫勒切。繫傳亨勒切，大徐音呼北切。桂馥謂通作赫。詩「王赫斯怒」，鄭箋：「赫怒皃。」說文義證。按古音明匣兩紐每多互諧，如每之與悔，亡之與巟，昬之為婚，並其例證。赫讀呼格切，聲雖相同，而韻在魚部。魚之兩部相隔甚遠，桂說未確。【金文大字典上】

娍

◉許　慎　娍輕也。从女。戉聲。王伐切。【説文解字卷十二】

◉馬叙倫　本書。𨒅。輕行也。則古謂輕曰戉。語原同也。戉戌一字。戌音心紐。下文。嫖。輕也。從票得聲。熛票一字。熛音非紐。非心同為次清摩擦音。是嫖娍為轉注字。票為火飛。是輕義之語原為票也。【説文解字六書疏證卷二十四】

嫖

◉許　慎　嫖輕也。从女。票聲。匹招切。【説文解字卷十二】

◉馬叙倫　本書。𧽢。輕行也。僄。輕也。是語原同也。然僄嫖一字。俞先生説。【説文解字六書疏證卷二十四】

嫖 樂子嫖印　嫖 高嫖　嫖 吕嫖容印【漢印文字徵】

㛗

◉許　慎　㛗訬疾也。从女。坐聲。昨禾切。【説文解字卷十二】

◉馬叙倫　鈕樹玉曰。玉篇作主也。廣韻訓女字。引穆天子傳云。盛姬喪。天子三女叔㛗為主也。段玉裁曰。漢書述曰。江都輕訬。謂輕薄為訬也。㛗與訬雙聲。倫按訬疾也當作訬也疾也。皆不似本義。倫謂㛗蓋亦好義。故穆天子傳以為女字。㛗娥聲同歌類。或轉注字也。【説文解字六書疏證卷二十四】

姎

◉許　慎　姎女人自偁。我也。从女。央聲。烏浪切。【説文解字卷十二】

◉馬叙倫　鈕樹玉曰。玉篇引偁作稱。繫傳作女人稱姎我也。沈濤曰。後漢書西夷傳注通典一百八十七廣韻卅七蕩御覽七百八十五皆引作女人自稱姎我也。姎字絶句。段先生謂姎我猶吴人自稱阿儂。恐未然。爾雅釋文引女人稱我曰姎。可證。桂馥曰。釋詁。卬。我也。郭云。卬猶姎也。語之轉耳。詩匏有苦葉。人涉卬否。白華。卬烘于煁。生民。卬盛于豆。傳竝云。卬。我也。又通作婸陽。楊慎曰。漢書西南夷傳。西南之夷人自稱曰婸徒。方言。巴濮之人。自呼曰阿陽。爾雅引魯詩。有美一人。陽如之何。言我奈之何也。錢坫曰。後漢書長沙武陵蠻相呼為姎徒。姎徒猶我徒。今伊犁烏魯木齊等回民稱女曰姎哥。王煦曰。詩大雅卬卬。韓詩作盎盎。是古卬盎音近。詩借卬作姎。曰。人涉卬否。後漢書南蠻傳。蠻人相呼為姎徒。猶言吾徒耳。是又不獨婦人自稱矣。倫按自稱之詞。爾雅釋詁。卬。吾。台。予。朕。身。甫。余。言。我也。吾卬我言皆音同疑紐。吾予余甫皆聲同魚類。朕從灷得聲。灷音當在心紐。甫音非紐。身音審紐。身孕一字。孕音與予余

音皆喻紐四等。心審非喻四同為次清摩擦音。古讀喻四歸定。朕音澄紐。古亦歸定。是其由時間或空間變移之迹顯然。蓋爾我他皆無本字。隨音假用。本書吾下曰。我自偁也。我下曰。施身自謂也。皆是校語。非其本義也。則姎訓女人自稱姎我。本止借央字以自呼。俗增女旁耳。央陽聲同陽類。與吾為魚陽對轉。陽音喻四。亦與予余同紐。古書媵或作楊。亦其可證者也。今陝西人自偁。其音其卬央之間。浙江紹興自偁之音。近於上海言牙。吳縣自呼又近於怒。蓋方言隨其水土。轉變不窮。要之莫不範於條律耳。此字蓋出字林。【說文解字六書疏證卷二十四】

媁

◉許　慎　不說皃。从女。韋聲。羽非切。【說文解字卷十二】

◉馬叙倫　嚴可均曰。小徐有恣也。乃下文婎字說解誤入。王筠曰。玉篇。美也。廣韻。醜也。說各乖異。而是部韙之籀文愇。玉篇作怨恨也。廣韻引字書。恨也。反與媁相近。錢坫曰。此詩中心有違字。左傳。且其違者不過數人。爾雅同。幽通賦。愇世業之可懷。曹大家注。愇。恨也。不悦即恨意。倫按。鍇本恣也及廣韻醜也皆婎字下說解也。玉篇已有自恣也之訓。其譌久矣。然不說也亦非本訓。字或出字林。是部之愇。俞先生以為當為此重文。【說文解字六書疏證卷二十四】

婎

◉許　慎　姿婎。姿也。从女。隹聲。一曰醜也。許惟切。【說文解字卷十二】

◉高田忠周　嗽鉦　銘一字。音義無可徵者。然字形从女从唯顯然。唯隹古文互通。此必婎之異文。說文。姿婎。恣也。从女。隹聲。一曰醜也。蓋亦與倠同字。倠訓仳倠。醜面也。从人隹聲。古文人女兩部通用。其例不遑枚舉。此單言曰婎。疊韻連語曰仳倠。姿婎恣者。亦醜面之一轉耳。【古籀篇三十八】

◉馬叙倫　鈕樹玉曰。繫傳作如婎。恐譌。玉篇止訓醜也。廣韻收脂。為倠之重文。嚴可均曰。疑衍下姿字。段玉裁曰。姿也當作恣也。諸書言恣睢當作姿婎。倫按。古書恣睢字當作姿⿰女虘。已見⿰女虘下。婎為倠之異文。亦或與顀一字。頁部。顀。出額也。蓋醜也是本義。鍇本此四字在恣也下。蓋校者據一本注之也。故玉篇止訓醜也。是據未改本也。姿婎姿也。校者或吕忱列異訓。字或出字林。甲文作。【說文解字六書疏證卷二十四】

◉馬叙倫　舊釋嗽為母錫二字。孫詒讓曰。從口。似唯字。倫謂唯從隹得聲。說文有婎字。訓婎姿。一曰醜也。醜也乃顀字義。婎姿亦非許慎本訓。詳疏證。疑此即說文之婎字。彼傳寫省口旁耳。【嗽鐸　讀金器刻詞卷中】

◉戴家祥　革嫣鏡　周書洪範「惟十有三祀」，康誥「惟三月哉生霸」，發語辭作惟，金文鼄毁「唯六月初吉丁巳」，豆閉毁「唯王

二月既眚霸」，惟作唯。虢季白盤「隹十又二年正月初吉」，大𣪘「隹十又二年三月既望」，唯又作隹。唐韻隹讀「職追切」，照母脂部，惟唯皆从隹聲，俱讀「以水切」，喻母脂部，婎倠皆从隹聲，俱讀「許惟切」，曉母脂部。集韻上平六脂婎或作隻。高田忠周釋婎為婎，形聲有據。【金文大字典上】

娹

妶　于省吾釋說文有娹無妶　集韻娹同妶　妶父乙簋　【金文編】

◉許　慎　娹有守也。从女。弦聲。胡田切。【說文解字卷十二】

◉高田忠周　此从女明晳。从幺。疑弦之省。說文娹。有守也。从女弦聲。蓋弦之幺即古文糸字。糸。古文亦作幺。此幺亦即弦省。故謂此篆為娹字省文。愚初謂。幺少同意。玅猶妙也。妙亦同玅。然玅紗妙皆古書所不見。後知其非。今再訂收于此云。【古籀篇三十八】

◉馬叙倫　娹伭一字。人部。伭。很也。很者。不肯從行也。故此訓有守。字蓋出字林。【說文解字六書疏證卷二十四】

◉于省吾　弜妶父乙𣪘。妶作。吳榮光釋為幺女二字合文筠二·九。金文編入於坿彔。按从女从玄。即妶。字亦作娹。說文。娹有守也。集韻一先。娹同妶。玉篇女部作㛰。廣韻一先亦作㛰。云婦人守志。【釋妶　雙劍誃古文雜釋】

◉馬叙倫　或為奚之異文。或為娹之異文。說文娹。有守也。或非本訓。疑娹本姓也。【讀金器刻詞卷上】

媥

◉許　慎　媥輕皃。从女。扁聲。芳連切。【說文解字卷十二】

◉馬叙倫　媥音敷紐。古讀歸滂。是媥嫖為轉注字也。【說文解字六書疏證卷二十四】

嫚

◉許　慎　嫚侮易也。从女。曼聲。謀患切。【說文解字卷十二】

◉馬叙倫　嚴可均曰。人部。侮。傷也。攴部。敄。侮也。此作易。借。周雲青曰。唐寫本唐韻卅諫引作侮也易也。是。倫按。嫚為侮之轉注字。皆鼻音也。易也呂忱列異訓。或校語。【說文解字六書疏證卷二十四】

◉戴家祥　鄧伯氏鼎即嫚之別構。說文三篇「曼，引也。从又冒聲」。冒，篆文作冃，从目从冃。冃乃帽之初文，象帽形。，上部冂乃冕象形。金文免字作，强運開等釋為冕之初文，是也。象人戴冕形。冂，冃均為人戴在頭上用以御寒或裝

飾的物品，可作形符交换。[glyph]，下部[glyph]，乃手正視形，與側視之手[glyph]，同為一義。故[glyph]即曼字。説文十二篇「嫚，侮易也。从女曼聲」。許説仍待商榷。金文嫚字用作人名。【金文大字典上】

㛼 [seal]

◉許　慎　[seal]疾言失次也。从女。臿聲。讀若懾。丑聶切。【説文解字卷十二】

◉馬叙倫　劉秀生曰。臿聲合部。聶聲帖部。合帖旁轉。故㛼從臿聲得讀若懾。禮記内則注。猶扱也。釋文。扱。本又作插。廣雅釋詁。扱。插也。革部。鞁。從革。及聲。讀若沓。龖部。龖。讀若沓。言部。讋。從言。龖省聲。傅毅讀若慴。臿聲如及。及聲如沓。沓聲如龖。龖聲如習。習聲如聶。是其證。倫按。疾言失次。疑當作疾言也失气也。次气形聲相近而譌。疾言也為諸字義。㛼諸聲同談類。失气也為懾字義。懾聲亦談類也。廣雅。㛼。怯也。字或出字林。餘見讋下。【説文解字六書疏證卷二十四】

嬬 [seal]

◉許　慎　[seal]弱也。一曰下妻也。从女。需聲。相俞切。【説文解字卷十二】

◉馬叙倫　惠棟曰。荀爽易。歸妹以嬬。陸績云。嬬。妾也。周有杜嬬。鋪劉公作。嚴可均曰。小徐作不妻。不疑小之譌。小妻見漢書枚乘傳。後漢書趙孝王傳。下妻見光武七年詔。桂馥曰。廣雅。妻謂之嬬。倫按。妻妾嬬皆舌尖前音。妻妾為轉注字。故嬬可借為妾。亦可借為妻。然一曰以下校語。嬬為儒之異文。此字蓋出字林。【説文解字六書疏證卷二十四】

娝 [seal]

◉許　慎　[seal]不肖也。从女。否聲。讀若竹皮箁。匹才切。【説文解字卷十二】

◉馬叙倫　鈕樹玉曰。玉篇。婄字適當説文娝字之次。音妨走蒲回二切。訓婦人皃。蓋以婄當娝。與讀若竹箁甚合。後又有娝在俗字中。布美切。引纂文。人姓也。又引説文。匹才切。不肖也。蓋後人增。廣韻灰止收婄。上聲旨收娝。注云。姓。出何承天纂文。王筠曰。此篆當作[seal]。隸作婄。玉篇之婄。正在嬬下媅上。與説文次序合。惟朱筠本顧廣圻本説文韻譜厚部不誤。否聲當作咅聲。以讀竹箁之箁。愈知其當作婄。倫按。婄從咅得聲。咅。從丨。否聲。則篆固當依玉篇作婄。然義或仍為不肖也。不肖非本訓。或字出字林耳。今通言不肖人曰痞子。婄蓋其本字也。故次嬯上。字蓋奴之初文。【説文解字六書疏證卷二十四】

◉周名煇　[glyph]秦詛楚文　張矜㤓怒。説文所無。集韻作㤗。布亥切。悖也。强氏定為㤗字。説文無。今考定為説文女部娝字

之或體。

說文女部。娝。不肖也。从女否聲。古文心女偏旁互通。徵之說文。如媿或作愧。惰或作媠。姦古文作悬之類。是也。廣雅釋詁云。娝醜也。是忞怒即醜怒。蓋敵國相仇。互詆為醜。陳孔璋為袁紹檄豫州文。亦詆曹公為贅閹遺醜。用意正同。長沙楊先生。以忞為意字省中。似猶未諦。敢為拾其賸義。楊說見積微居小學金石論叢卷五讀容庚古石刻零拾篇。【新定說文古籀考卷下】

嬯

嬯　陳夢家釋或作臺左傳昭七年記十等人中有僕臣臺　弔德簋　王錫弔德臣嬯十人　【金文編】

◉許　慎　嬯遲鈍也。从女。臺聲。闒嬯亦如之。徒哀切。【說文解字卷十二】

◉馬叙倫　遲鈍也當作遲也鈍也。遲音澄紐。嬯音定紐。同為濁破裂音。遲嬯聲並脂類。蓋轉注字。此以聲訓。故校者注以鈍也。謂此遲謂鈍也。蓋據方言注也。然此乃鈍字義。嬯鈍音同定紐也。嬯者。廣雅釋詁一。臣也。方言三。南楚凡罵庸賤謂之田儓。嬯即左傳臺僕之臺本字。從奴之初文。闒嬯五字校語。字或出字林。【說文解字六書疏證卷二十四】

◉黃然偉　嬯，經傳作儓或臺。廣雅釋詁一云：「儓，臣。」又釋詁二：「儓，醜也。」是嬯(儓、臺)之義為臣，亦為降服之人(醜)。嬯之另一義為農夫；方言三：「儓，農夫之醜稱也。南楚凡罵庸賤謂之田儓。」是銘文之臣嬯，其來源蓋自戰爭之俘虜，其身份或為農夫之力役者。【殷周青銅器賞賜銘文研究】

嬻

◉許　慎　嬻下志貪頑也。从女。覃聲。讀若深。乃忝切。【說文解字卷十二】

◉馬叙倫　承培元曰。深疑探之譌。猶探之可為撢也。劉秀生曰。覃聲定紐覃部。深聲透紐覃部。故嬻從覃聲得讀若深。儀禮士喪禮。中月而禫。注。古文禫或為導。穴部。突讀若三年導服之導。是其證。周禮撢人。釋文。撢與探同。亦其證。倫按嬻從覃得聲。覃嬯音同定紐。蓋轉注字。下志貪頑也集韻作貪頑也一曰志下。則是二訓。倫疑本作貪也以聲訓。或本止作頑也。貪字涉下文婪字說解而誤衍。一曰志下校語。此從奴之初文。字或出字林。【說文解字六書疏證卷二十四】

嫪

◉許　慎　嫪婪也。从女。翏聲。七感切。【説文解字卷十二】

◉馬叙倫　廣韻引玉篇。嫪。婪也。不引本書。此從奴之初文。【説文解字六書疏證卷二十四】

婪

佚七〇七　【甲骨文編】

乙6716　佚707　【續甲骨文編】

◉許　慎　貪也。从女。林聲。杜林説。卜者黨相詐驗為婪。讀若潭。盧含切。【説文解字卷十二】

◉馬叙倫　鈕樹玉曰。繫傳潭作譚。説文無譚。翟云升曰。文選馬汧督誄注引。杜林作杜陵。卜作上。無者字。劉秀生曰。林聲覃聲竝在覃部。故婪從林聲得讀若潭。邑部。郴。從邑。林聲。見部。覢。從見。彡聲。讀若郴。舟部。彤。從舟。彡聲。寸部。潯。從工。從口。從又。從寸。彡聲。淮南道應訓。故雖遊於江潯海裔。注。潯讀葛覃之覃。釋名釋兵。鐔。潯也。林聲如彡。覃聲亦如彡。是其證。倫按。貪也者。惏字義。或非本訓。婪讀若潭。婪音來紐。古讀歸泥。⿰女覃音亦泥紐。蓋⿰女覃之轉注字也。嫪婪亦轉注字。嫪從翏得聲。翏聲當在侵類。故糂或作糝。此從林得聲。林聲侵類也。此從奴之初文。杜林説者。疑當屬上讀。卜者八字校語。或杜林以下皆吕忱或校者所加。甲文作。【説文解字六書疏證卷二十四】

◉李孝定　佚七〇七　乙・六七一六　説文：「婪，貪也。从女，林聲。杜林説『卜者黨相詐驗為婪』。讀若潭。」上出第一文正从女从林，與小篆同。商氏釋婪可从，是片僅殘餘「☐婪隹鹿」三文，不詳其義。第二文从妟从艸，偏旁中艸林相通之例多見。妟本象女安坐形，於用作偏旁時蓋亦得與女相通，金氏續文編十二卷十二葉上收此作婪，玆从之，辭云「帚婪萛來」，乃女字。【甲骨文字集釋第十二】

嬾

◉許　慎　懈也。怠也。一曰卧也。从女。賴聲。洛旱切。【説文解字卷十二】

◉馬叙倫　鈕樹玉曰。韻會作懈怠也。一曰。卧食也。從女。賴聲。按卧食也當是饕也。倫按。一訓校者加之。一曰饕也亦校語。嬾懈為支脂近轉轉注字。疑字從奴之初文。【説文解字六書疏證卷二十四】

婁

5 19 37 75 161 162 【包山楚簡文字編】

婁 日甲五八 五例 日甲六背 二例 日乙八三 【睡虎地秦簡文字編】

虖婁丞印 婁羈 【漢印文字徵】

婁壽碑額 今本婁上有凿字 説文古文作 籀文作 汗簡引義雲章作 各有挩誤 石經僖公 公伐邾取婁 【石刻篆文編】

婁 婁 【汗簡】

古尚書 義雲章 竝崔希裕纂古 同上 【古文四聲韻】

◉許 慎 空也。从毋中女。空之意也。一曰。婁。務也。洛矦切。 古文。 【説文解字卷十二】

◉王國維 秦會稽刻石數字从。與籀文為近。 【史籀篇疏證】

◉林義光 毋中女無婁空之義。婁即摟之古文。曳也。秦繹山碑作數字偏旁。漢婁壽碑額作。从从从女。即玄之變。象繫形。見玄字條。女罪人為奴婢者。臼象兩手繫而曳之也。此與奚同意。見奚字條。詩弗曳弗婁。山有樞。婁亦訓牽。 【文源卷六】

◉商承祚 此字當有挩譌。石經古文作。可據補。汗簡引作。从自。乃囟之寫失。 【説文中之古文考】

◉馬叙倫 鈕樹玉曰。繫傳女上有婁字。韻會作從毋從中從女婁空之義。務下有愚字。王筠曰。小徐篆作。而曰母一作毋。然皆文不成義。繹山碑數字從婁作。似臾字。似肉字。然亦不可解。顧本篆依大徐竝注釋中兩母字竝作毋。遂不可解。倫按。徐鍇曰。母一作毋。皆無也。口中空也。女心無事者也。其説曲鑿難通。然足證篆有兩本不同。一自作。一自作。然毋實母之譌文。詳毋字下。則從母者為正。諸家説此文。均無安帖之義。倫謂論語回也婁空者。惠棟謂字當作窶。本書作窶。席世昌以為舊解婁空為數空。漢書宣紀。婁蒙嘉瑞。食貨志。婁飭有司以農為務。皆不得作空解。倫謂莊子逍遥遊。非數數然也。猶今言屢屢如此。自是古音屢數婁音同。數從婁聲。故得以婁為數。若婁字本義。本書言麗婁。雙聲連語。麗借為叕。或婁讀為樓。則空也是叕或樓之引申義。婁蓋從女貴聲。為嬾之音同來紐轉注字。今説解曰。從毋從中從女。由不明是貴之譌耳。蓋貴或作。或作也。空之意也。據譌文為曲説。此字蓋出字林。吕忱識字不

審。多此類也。一曰。婁務愚也者。婁務即荀子之溝瞀。疊韻連語。此亦吕忱或校者列異訓也。□　鈕樹玉曰。繫傳古文上有籀文作□。説解曰。籀文婁從人中女臼聲。玉篇婁字引説文。下但有古文嫛。則説文本無此字矣。疑宋人本繹山碑數字采入。桂馥曰。汗簡引作□。王筠曰。此字玉篇不收。篆形恐失其傳。從母中女從毋中女從人中女。皆不成文義。朱駿聲曰。籀文疑從中女臾聲。李杲曰。石經作□。與此異。倫按。□為□譌。蓋貴省也。或即從貝得聲。貴貝聲同脂類也。鍇本有籀文作□者。實□之譌。漢婁壽碑額作□。可證也。餘見古文妻字下矣。【説文解字六書疏證卷二十四】

◉戴家祥　□蓋　□器　□伯□段　字从女从□，字當釋婁。說文十二篇：「婁，空也。从毋、中、女，空之意也。一曰婁，務也。□，古文。」金壇段玉裁校改為：「婁，空也，从毋、从中女，婁空之意也。一曰婁，務也，愚也。□籀文婁，从人、中、女，臼聲。□，古文婁如此。」漢婁壽碑額作□。曹魏正始石經僖公三十三年殘石「公伐邾，取訾婁」。篆作□，古文作□。郭忠恕汗簡引義雲章婁作□，雖然繁簡不同，而从女从□，大體不殊。段銘云「白□□乍寶段」，□字从人从府，字極明晰。集韻上聲九麌頫、俛、俯同字，是作器者名俯字伯婁。古者名字相應，以聲義推合之，婁當讀僂，唐韻僂讀「力主切」來母侯部，婁讀「洛侯切」，不但同母而且同部。許書分隸八篇人部者，經傳或不从人。易蒙卦「匪我求童蒙，童蒙求我」。釋文「字書作僮，鄭云：未冠之稱」，說文「僮，未冠也。从人，童聲」。說文「偰，高辛氏之子、堯司徒，殷之先。从人，契聲」。今尚書堯典、孟子滕文公上偰作契。周官地官大司徒「五曰以儀辨等」。鄭玄注「故書儀或為義」。說文「儀，度也。从人，義聲」。儀禮士喪禮「男女奉尸夷于堂」，釋文夷，「本或作侇」。禮記王制「輕任并，重任分」。釋文并「本又作併」。說文「併，並也。从人，并聲」。說文「偭，鄉也。从人，面聲」。少儀曰：尊壺者偭其鼻」。今本禮記少儀偭作面。左傳僖公四年「王祭不共」，釋文共，「本亦作供」。說文「供，設也。从人，共聲」。說文「伉，人名。从人，亢聲。論語有陳伉」。今本論語季氏篇作陳亢。婁之為僂，其例亦猶是也。漢書蔡義傳「行步俛僂」，師古曰：「俛即俯字也。僂，曲背也」。左傳昭公七年引正考父宋公孫考字正之鼎銘曰：「一命而僂，再命而傴，三命而俯。」史記孔子世家裴駰集解引服虔左傳注：「僂、傴、俯，皆恭敬之皃也。」古人往往名字並稱，且皆先字而後名，例如宋公孫嘉，字孔父，左傳桓公二年稱孔父嘉。宋公孫願繹字碩父，孔穎達檀弓正義引世本稱石甫願繹。宋南萬字長，左傳莊公十一年稱南宮長萬。秦百里奚之子名視字孟明，左傳僖公三十三年稱百里孟明視。若然，段銘作者名俯字伯婁，即取恭敬之義，婁為僂之省。吳大澂愙齋集古録八册第四十八頁釋要，孫詒讓籀廎述林卷七第三十一頁要君盂考從之；日本高田忠周古籀篇六册第八頁釋□，皆臆說不足據。【金文大字典上】

◉曾憲通　是月呂婁　乙六・二七　此字筆畫較為模糊，諸家釋文頗不一致，或釋亂、或釋寅、或釋遷，或疑是遣字，李零辨認作嚚即婁而讀為數，於形義較勝。按《說文》婁之古文作，疑有脱畫。三體石經古文作，信陽楚簡作，與帛書最近。惟帛文右下益以口旁，亦楚文字常見通例。選堂先生疑讀為遷，謂「是月以遷」，應指正曆之事。【長沙楚帛書文字編】

娎

◉許　慎　娎婡也。从女。折聲。許列切。【說文解字卷十二】

◉馬叙倫　娎字蓋隸書複舉者也。娎婡音同曉紐轉注字。【說文解字六書疏證卷二十四】

婡

◉許　慎　得志婡婡。一曰婡息也。一曰少气也。从女。夾聲。呼帖切。【說文解字卷十二】

◉馬叙倫　段玉裁曰。篇韻皆言此義邱協切。是與愜音義皆同也。桂馥曰。一曰婡息者。本書。㾀。病息也。王筠曰。一曰少气者。篇韻皆云此義呼牒切。廣韻也作㰼。倫按。今此音呼帖切。則當以少气㰼為本義。或一曰少气也者。乃校者據未改之本注之。今本作得志婡婡者。非許文。然夾聶聲皆談類。少气即失气。乃懾字義。又或少气與病息義近。即㾀字義。此乃校者注以釋先校者所記息也者也。則婡愜是一字。猶媁或作愇矣。娎婡二字蓋竝出字林。【說文解字六書疏證卷二十四】

嬈

◉許　慎　苛也。一曰。擾。戲弄也。一曰。嬥也。从女。堯聲。奴鳥切。【說文解字卷十二】

◉馬叙倫　沈濤曰。一切經音義六及廿二廿三引。嬈。擾戲也。是古本無弄字。其十四引同今本。疑後人據今本改。二十引並無戲字。桂馥曰。一切經音義三引。嬈。弄也。說文。嬈。苛也。苛。煩也。擾也。謂煩擾戲弄也。纂文。嫽嬈。戲弄也。字林。嬈。擾也。廣雅。嬈。戲也。王筠曰。苛煩也謂煩擾戲弄也。皆庾注。翟云升曰。一切經音義二十一引作擾也。倫按。玄應引三倉。嬈。弄也。慧苑華嚴經音義引三倉。嬈。擾也。段玉裁據玄應引三蒼。嬲乃了切。弄也。謂嬲即嬈之俗字。然則蓋以擾也為本訓。擾當作擾。擾嬈以聲訓。呂忱復列煩也戲也弄也三訓。校者謬合而釋之曰。謂煩擾戲弄也。苛也者。校者注以釋煩也者也。一曰嬥也者。亦校語。謂借嬈為嬥也。煩擾為嬈。今有此語。【說文解字六書疏證卷二十四】

嫛 [seal]

◉許　慎　[seal]惡也。一曰人皃。从女。毀聲。許委切。【說文解字卷十二】

◉馬叙倫　嚴可均曰。集韻四紙引一曰女字。倫按。一曰人皃者。校者注之以釋惡也者也。謂此惡謂婦人皃惡也。集韻引者亦校語。【說文解字六書疏證卷二十四】

姍 [seal]

◉許　慎　[seal]誹也。一曰翼便也。从女。删省聲。所晏切。【說文解字卷十二】

◉馬叙倫　鈕樹玉曰。删。繫傳作姍。譌。段玉裁曰。漢書。姍笑三代。説者謂即訕字也。王煦曰。册聲。今北音猶讀如訕。翟云升曰。繫傳。女臭也。臭當作美。倫按。翟説似是。然承培元疑臭當作醜。謂黑部黨注。黨姍。下色。下色即醜意。姍為女醜。故姍笑亦為醜詆。倫謂廣雅釋詁。姍。好也。是女美之證。然字次嫛媨之間。則承説亦可從。疑本訓媨也。媨字誤分為女酋。酋又譌為臭耳。酋臭聲近也。姍從册得聲。册音穿紐二等。媨音清紐。清穿同為次清摩擦破裂音也。則姍媨為轉注字。姍音轉入審紐二等。嫛音曉紐。曉審同為次清摩擦音。亦轉注字。廣雅訓好也者。蓋以聲同元類借為妧嫣媛婠等字。誹也者。訕字義。一曰翼便也者。承培元疑當作衣便姍也。見上林賦。倫按。子虛賦。便姍嫳屑。倫謂便姍即莊子之邊鮮。或作跰𨇤。便跰邊皆壁之借也。便姍邊鮮跰𨇤則疊韻連語。【說文解字六書疏證卷二十四】

媨 [seal]

◉許　慎　[seal]醜也。一曰老嫗也。从女。酋聲。讀若蹴。七宿切。【說文解字卷十二】

◉馬叙倫　王筠曰。集韻引嫗作女。劉秀生曰。酋就聲並蕭部。故媨從酋聲得讀若蹴。史記魯世家考公酋。索隱引世本作就。爾雅釋詁。求。酋。在。卒。就。終也。釋文。酋。或作蹴。又作䣯。竝其證。倫按媨或醜之異文。或語原同也。廣雅訓好者。借為好。聲同幽類。一曰老嫗或老女者。校語。蓋借媨為嫗。【說文解字六書疏證卷二十四】

嫫 [seal]

◉許　慎　[seal]嫫母。都醜也。从女。莫聲。莫胡切。【說文解字卷十二】

◉馬叙倫　鈕樹玉曰。玉篇引都作鄙。當不誤。繫傳作嫫母古帝妃。無都醜也句。韻會引有古帝妃三字在都醜也下。沈濤曰。玉篇引都作鄙。乃傳寫之譌。桂馥謂都醜即新序所謂極醜無雙者也。一切經音義十二引嫫醜者也非全文。倫按今説解為校者所改。本作醜也嫫母古帝妃。鄙也校者加之。【說文解字六書疏證卷二十四】

婓 [篆]

◉許　慎　[篆]往來婓婓也。一曰。醜皃。从女。非聲。芳非切。【説文解字卷十二】

◉馬叙倫　朱駿聲以醜皃為本義。是也。婓音非紐。古讀歸封。嫚音明紐。同為雙脣音。轉注字也。婓音今在非紐。嫛音曉紐。姍音審紐。同為次清摩擦音。婓嫛又聲同脂類。亦轉注字。往來婓婓者。今作徘字。然或即复字義。此校語。又疑婓俳一字。猶僖之於嬉也。醜皃即姍嫛二字義。字從奴之初文。【説文解字六書疏證卷二十四】

孃 [篆]

◉許　慎　[篆]煩擾也。一曰。肥大也。从女。襄聲。女良切。【説文解字卷十二】

◉馬叙倫　鈕樹玉曰。擾當作擾。倫按。今言擾攘即嬈孃也。孃音娘紐。嬈音泥紐。同為舌尖前邊音。是轉注字。亦得為連語也。煩擾也當作煩也擾也。一訓校者加之。一曰肥大也者。膿字義。此亦校語。字從奴之初文。【説文解字六書疏證卷二十四】

◉徐中舒　[甲骨]合一二六　從女從[甲骨]良，《説文》所無。見於《唐韻》：「娘，同孃，少女之號。」【甲骨文字典卷十二】

嬒 [篆]

◉許　慎　[篆]女黑色也。从女。會聲。詩曰。嬒兮蔚兮。古外切。【説文解字卷十二】

◉馬叙倫　鈕樹玉曰。按薈下引詩作薈兮蔚兮。與今詩候人合。不應又作嬒。疑後人增。玉篇止引作女黑色也。段玉裁曰。黑部。黵。沃黑色也。音同義近。桂馥曰。通俗文。女黑曰嬒。倫按。從女不見黑義。非本義。或語原然也。嬒嫛同為舌根音。又聲同脂類。蓋轉注字。又疑嬒為儈之異文。【説文解字六書疏證卷二十四】

媆 [篆]

◉許　慎　[篆]好皃。从女。耎聲。而沇切。臣鉉等案。切韻又音奴困切。今俗作嫩。非是。【説文解字卷十二】

◉馬叙倫　徐鉉曰。切韻又音奴困切。今俗作嫩。倫按。此偄之異文。亦今之嫩字。今言嫩者。謂柔輭也。北户録引字林。媆。女饋也。音管乃反。則此字出字林。字失次。【説文解字六書疏證卷二十四】

媕 [篆]

◉許　慎　[篆]誣挐也。从女。奄聲。依劒切。【説文解字卷十二】

◉馬叙倫　嚴可均曰。小徐挐下有一曰誣也。挐下有一曰巳也。則此當作誣挐也。段玉裁引李仁甫本亦作挐。段玉裁曰。方言。挐。揚州會稽之語也。或謂之惹。或謂之媕。注。言誣媕也。又曰。誣。媕。與也。吴越曰誣。荆齊曰媕與。猶秦晉

言阿與也。按婩諳同字。拏當作挐。李仁甫本如是。廣韻同。倫按。方言十。嘳咩。謰謱。拏也。拏。揚州會稽之語也。或謂之惹。或謂之諳。方言六。誣。諳。與也。吴越曰誣。荆齊曰諳與。二義不同。語原自異。此言誣拏也。當作誣也拏也。誣也是方言六之義。拏也是方言十之義。拏也之訓。本書有譇。是其本字。奄奢義皆為大。蓋由奄轉為奆。音同影紐。奆轉為奢。聲同魚類。然則拏也蓋譇字義。誣也者。本字未詳。要非婩字本義。疑婩俺一字也。【説文解字六書疏證卷二十四】

嚂

◉許　慎　嚂過差也。从女。監聲。論語曰。小人窮斯嚂矣。盧瞰切。【説文解字卷十二】

◉馬叙倫　過差也當作過也差也。過差皆濫之引申義。論語作濫。詳義為貪。吕氏春秋權勳。虞公濫於寶與馬而欲許之。注。濫。貪也。蓋借濫為貪。此上文婪。貪也。貪也者。亦或濫字之義。然則此或婪之音同來紐。聲同侵類轉注字。婩聲談類。侵談近轉。亦或相為轉注字也。【説文解字六書疏證卷二十四】

嫯

◉許　慎　嫯侮易也。从女。敖聲。五到切。【説文解字卷十二】

◉馬叙倫　段玉裁曰。易當作傷。倫按。侮傷也當作侮也易也。一訓校語。或字出字林也。此傲之異文。【説文解字六書疏證卷二十四】

嫯 趙嫯 【漢印文字徵】

婬

◉許　慎　婬私逸也。从女。㸒聲。余箴切。【説文解字卷十二】

◉馬叙倫　段玉裁曰。私當作厶。倫按。公私字借□為之。隸變為厶。私逸也當作私也逸也。一訓校語。或字出字林。然皆非本義。【説文解字六書疏證卷二十四】

姘

姘 李姘　姘 趙姘 【漢印文字徵】

奸 姅 娗

◉許 慎 姘除也。漢律。齊人予妻婢姦曰姘。从女。并聲。普耕切。【說文解字卷十二】

◉馬叙倫 鈕樹玉曰。玉篇引予作與。錢坫曰。玉篇引人作民。唐人避諱改。朱駿聲曰。除也實即屏之引申義。倫按。姘為婬之轉注字。姘從并得聲。并從幵得聲。見并字下。幵巠聲同耕類也。巠從𡈼得聲。見巠字下。漢律十字呂忱或校者所加。故鍇本在并聲下。廣韻引倉頡。男女私合曰姘。【說文解字六書疏證卷二十四】

奸

奸 奸 法六一 五例 奸 法六五 三例【睡虎地秦簡文字編】

◉許 慎 奸犯婬也。从女。从干。干亦聲。古寒切。【說文解字卷十二】

◉馬叙倫 鈕樹玉曰。韻會作犯淫也從女干干亦聲。桂馥曰。後人加婬字。五經文字。奸。犯也。小爾雅廣言。奸。犯也。諸書多訓奸為犯。王筠曰。集韻引無婬字。倫按。莊子天運釋文引三倉。奸。犯也。犯也以聲訓。從女從干干亦聲當作從女干聲。奸自為奸婬義。諸書奸字訓犯者，率借為干。干屰一字。干之謂屰之也。此犯婬也當作犯也婬也。奸從干得聲。干羊亦一字。羊音如飪。在日紐。婬從巠得聲。巠。從爪。𡈼聲。𡈼從人得聲。見𡈼字下。人音亦日紐。婬音喻紐四等。𡈼古讀歸定。日紐古讀歸泥。泥定皆舌尖前音。古多通轉也。【說文解字六書疏證卷二十四】

◉戴家祥 ⿰干女 ⿱宀襄鼎 ⿱宀襄⿰干女 ⿰干女即奸字，金文偏旁可作左右位移。說文十二篇「奸，犯淫也。从女从干，干亦聲」。按奸初義為「犯淫」不妥。鐘鼎用字多褒揚義，有待再考。【金文大字典上】

姅

◉許 慎 姅婦人污也。从女。半聲。漢律曰。見姅變不得侍祠。博慢切。【說文解字卷十二】

◉馬叙倫 嚴可均曰。史記五宗世家索隱引作女污也。倫按。當如鍇本作婦人污見也。然非本訓。或字出字林。【說文解字六書疏證卷二十四】

娗

◉許 慎 娗女出病也。从女。廷聲。徒鼎切。【說文解字卷十二】

◉馬叙倫 桂馥曰。女出病也者。趙宧光曰。方書女婦下疾陰娗。又云。婦人帶下有出病。當即⿸疒廷字。王筠曰。蓋謂女子下部病也。俗名下⿸疒番。音翻。亦謂之陰娗茄。倫按。字不從疒而訓出病。況⿸疒廷下曰。病也。蓋即謂陰娗茄也。娗得聲於人。人音日紐。⿸疒廷音疑紐。古讀日歸泥。泥疑同為邊音。或古借娗為⿸疒廷。方言十。婚。娗也。十二。娗。僡也。本書無僡。不審

其義。廣雅釋訓。娗娗。容也。朱駿聲疑謂醜皃。廣韻訓長好皃者。宋謂借為侹或婬。倫謂侹娗蓋一字。【説文解字六書疏證卷二十四】

婥

◉許　慎　婥女病也。从女。卓聲。奴教切。【説文解字卷十二】

◉馬叙倫　桂馥曰。女病也者。俗作痺。傷也。倫按。廣雅釋詁。婥約。好也。蓋借婥為嬥。或女病者。痺字義。古借婥為之。本書無痺。婥音娘紐。娗音定紐。同為舌尖前音。或轉注字。【説文解字六書疏證卷二十四】

娷

◉許　慎　娷諉也。从女。垂聲。竹恚切。【説文解字卷十二】

◉吴式芬　杞伯敦　許印林説∅娷偏旁作。似是古文䅺字。然字書無从女从䅺之字。釋為娷字當是也。説文娷。諉也。與言部諈義同。不見从女意。故金壇段氏説文注輒欲移附言部。集韻五支五寘娷五見。惟竹恚切與諈合為一字。同説文義。其是為切樹偽切馳偽切女恚切皆訓女字。从女之意乃顯。【攈古録金文卷二之二】

◉馬叙倫　鈕樹玉曰。玉篇廣韻竝訓飢聲。則諉當是餧之譌。訓諉者乃諈字。倫按。從女或從奴之初文而訓飢聲。不可通。娷音知紐。婥從卓得聲。卓音亦知紐。蓋轉注字。又疑與倬一字。【説文解字六書疏證卷二十四】

嫍

◉許　慎　嫍有所恨也。从女。𡿺聲。今汝南人有所恨曰嫍。臣鉉等曰。𡿺古囟字。非聲。當从𡿺省。奴皓切。【説文解字卷十二】

◉馬叙倫　鈕樹玉曰。玉篇廣韻韻會一切經音義十三引竝作有所痛恨也。𡿺聲繫傳作𡿺省聲。是也。韻會亦有省字。而嫍作𡿺。非。倫按。嫍訓有所痛恨。而玉篇以前。此字似無箸録。晉書樂志。隆安初。有懊惱之歌。古樂府作懊憹。惱憹二字本書竝無。而聲俱在真類。則與恨聲同類。或借嫍為恨。今字作惱。嫍音與婥同在娘紐。而𡿺聲轉入宵類。卓聲亦宵類。然則婥嫍轉注字。有所恨痛也非本訓。或字出字林。今汝南九字校者加之。校者蓋汝南人也。【説文解字六書疏證卷二十四】

乙四二四　乙八〇〇〇　明二一四二 【甲骨文編】

媿　姓也左傳狄人伐廧咎氏獲其二女叔隗季隗昭王奔齊王復之又通於隗氏隗與媿通後世借為慙媿字而媿之本義廢吴大澂說　鄭同媿鼎

倗仲鼎　毳簋　毳匜　毳盤　伯㚇簋　復公子簋　芮子鼎　君盉　說文或从恥省作愧詩抑尚不愧于屋漏　陳肪簋　□龏愧忌義與畏同 【金文編】

◉許　慎　慙也。从女。鬼聲。俱位切。媿或从恥省。【說文解字卷十二】

◉劉心源　鄭同媿鼎　媿。說文女部云。慙也。重文作愧云。媿或从恥省。案。愧从心無緣定為恥省。玉篇耳部聭下云。說文與媿同。慙也。乃知今本所謂从恥省者為聭也。此銘同媿猶鬲文云同姜。媿。姓也。如叔隗季隗皆當从女。又集韻醜古作媿。則人名同媿。正如虢公醜耳。吴子苾釋此媿為⿰女畏。攷芮太子鼎云叔。伯舍敢云鄧孟。彼皆釋⿰女畏。集韻⿰女畏女字也。是也。【奇觚室吉金文述卷一】

◉高田忠周　說文。慙也。从女。鬼聲。或作。从恥省。又鬼部曰。人所歸為鬼。从古文人由象鬼也。鬼陰氣賊害。故从厶。古文从示作。今攷鐘鼎古文。凡从鬼字作。从人从由。不从厶。然則此篆為媿字無疑。畏字亦从鬼者。音亦相通。故媿亦作愧。說文字。或亦愄之譌文。亦或愧為畏之異文。叚借為媿。未可知矣。如鄧公子敦媿字从畏作⿰女畏。後人云⿰女畏即威字異文。非。但鬼畏威音皆通。故包君鼎媿字正用為威字義。可證也。【古籀篇三十八】

◉周名煇　禾部子禾子釜右从畟。畟从田从人从夊。此下从、為之譌。金文屢見。或謂女誤。風俗通義，稷五穀之長。五穀衆多。不可偏祭。故立稷為祀。左傳襄二十九年、蔡墨曰。稷田正也。有烈山氏之子曰。柱為稷。自夏以上祀之。周棄亦為稷。自商以來祀之。然則稷為祭名。許氏說齋也。故古稷字从示。丁氏定為稷字。今考定為媿字古文。

釜銘云。□□立事歲。月。丙午。是為月名。非祭名也。與國差佐甔銘云、國差佐立事歲咸丁亥。陳猷區云、陳猷立事歲㪤月戊寅。同為齊記月法之異于周室者。此文作。从从女。而即鬼字古文。說文鬼部云、鬼古文从示作。殷虛卜辭字作書契前編卷四第十八葉。則與此文从字合。从女从鬼。當即媿字。說文女部云。媿。慙也。从女鬼聲。或从心作愧。惟此銘言月。不知為何月之假名。今以聲類及禮制推之。當是夏正三月。周正五月也。何以證之。廣雅釋天云、鬼祭先祖也。爾雅釋天云、禘大祭也。禮記祭義云、春禘秋嘗。名煇詳考禘祭。祭天大合祭群祖。而其時在周五月。故刺

鼎云。唯五月。王在□長丁卯。王啻禘用牡于大室。可證。周正建子。夏正建寅。是以祭義曰春禘。金文五月王禘。而其時同也。是禩月者。猶言鬼祭先祖用禘之月。此一事矣。而槐木之槐。从木鬼聲。莊子曰。槐之生也。入季春五日而兔目。十日而鼠耳。是槐木名槐。字从鬼。亦有取于季春夏正三月生長之時。季春鬼祭之期。其木發萌。故名曰槐。可以比證。此二事矣。齊負東海。晚周方士之所出。其好為異名如此。是以長沙楊先生謂意者禩為鬽魅字之或體。假為月建之未字者。余再三思之。而不敢從也。【新定説文古籀考卷中】

◉周名煇　女部媿媿庚姬匿叔娘尊鬲。説文所無。集韻。胡典切。音峴，女字也。强氏定為集韻娊字。今考定為媿字古文。

窓齋集古録第十七册九葉、載此銘云，庚吴清卿識為庚字。不塙。余考定為南字。見周金文研究壬集。姬作叔媿此第一器銘文第二器銘作媿障鬲。永寶用。此篆，吴清卿闕識。今人吴子馨定為媿字。甚當。其文从女从鬼。或作从鬼。皆鬼字古文。甶即説文之囟字。所謂鬼頭象形。其作甶形，尤與説文甶篆所謂頭也象形之文相合。與目字篆文作目，古文作𡆧、囧形者。有别。即以强書所録。如芮子鼎銘，媿字作媿。復公子𣪘銘，媿字作媿。皆从女从鬼。而鬼字从囟，从人。與此篆合。説文鬼从厶。銘云。南姬作叔媿障鬲者。南為姬姓。余于跋中伯壺銘論之矣。周金文研究壬集。叔媿為媿姓之女。姬媿之通婚。與春秋僖公二十三年傳，狄人伐廧咎如。獲其二女叔媿季媿。納諸公子。晉文公重耳。姬姓。公子取季媿之事相類。南姬蓋叔媿之女。為其母作器也。【新定説文古籀考卷下】

◉馬叙倫　段玉裁曰。慙下曰媿也。二篆為轉注。吴大澂曰。媿。姓也。左傳。狄人伐廧臯氏。獲其二女叔隗季隗。昭王奔齊。王復之。又通於隗氏。媿與隗通。後世借為慙愧字。而媿之本義廢矣。倫按。凡為姓者。以後造之字。譯其初有之音。固可特造。而亦有以固有之字譯之者。則其字自有本義。金文鄭同媿有媿字。倗仲鼎作媿。芮子鼎作媿。君盉作媿。蓋皆著其姓也。且慙愧不限於女子。則慙愧字蓋以重文從心鬼聲為本字。或借媿為愧耳。

愧　段玉裁曰。即謂從心可也。沈濤曰。玉篇。聭。説文與媿同。慙也。是古本重文作聭。省心非省耳也。王筠曰。愧明愧字屢見經典。不應不收。其為愧挩説解。聭挩篆文。合二為一邪。抑本不收愧。後人以聭少見而改之邪。鄭珍曰。愧是從心鬼聲。不合從恥省。以玉篇推之。蓋原是愧聭兩重文。傳寫挩或從心聭四字。倫按。莊子駢栂。余愧乎道德。釋文。崔本作聭。聭殆聭之譌邪。然恥字從心耳聲。為恧愢之轉注字。聭從恥得義邪。所從得義之字而省其形旁。本書無此例。或聭為聵之轉注字。借為慙愧字。後人不解。謬加恥省之説。或聭為愧之譌。篆文心耳有相譌之可能也。篆譌之後。校者乃改從心為從恥省矣。王鄭二説雖亦可從。然玉篇止收聭字。言説文與媿同。是本書無二重文也。惟篆譌已在玉篇以前。

故崔譔本莊子已作䰟字。此字吕忱所增。字林行後。寫書者多喜用字林中字。故郭象本莊子作愧。而崔本作䰟。是郭據本未譌也。此篆作愧。而説解言從恥省。豈校者據篆文未譌之本以正已譌之本。而忌改其注邪。或上當有媿字。蓋傳寫捝之。故鍇本有也。【説文解字六書疏證卷二十四】

◉馬叙倫　舊釋為娘。倫謂此説文之媿字。此從乃鬼怪之怪本字。鬼字從之得聲者也。【讀金器刻詞卷下】

◉徐中舒　乙八〇〇〇　乙四二四　從女上從田，田為鬼頭。田下從從無別，故此字釋鬼，見卷九鬼部鬼字説解。而此字之構形復與《説文》媿字篆文略同，故亦可釋媿。《説文》：「媿，慙也。从女、鬼聲。」【甲骨文字典卷十二】

◉戴家祥　吳大澂云：媿，姓也。左傳「狄人伐廧咎氏，獲其二女叔隗季隗。昭王奔齊，王復之，又通於隗氏」。隗與媿通，後世借為慙媿字，而媿之本義廢。說文古籀補卷十二第六葉。按鬼貴聲同，集韻十五灰瑰或作璝，六至餽通饋，一切經音義七饋古文餽同。史記楚世家索隱引世本曰，陸終娶鬼方氏妹曰女嬇。路史後紀引同。大戴禮帝繫篇及水經注洧水條所引作女隤，漢書古今人表作女潰，廧咎如，鬼方，本上古部落名，諸夏文獻以名其國。其後被戰爭掠奪，婚媾諸夏，遂以族屬名其婦女。女隤之為女隗，女媿之為女嬇，皆一聲之轉。吳説可通。【金文大字典上】

奻

乙四九六　乙四四六五反　乙四七〇二反　【甲骨文編】

乙4465　【續甲骨文編】

奻　奻作乙公甗　亞奻[illegible]甗　【金文編】

◉許慎　訟也。从二女。女還切。【説文解字卷十二】

◉高田忠周　説文。訟也。从二女。女還切。朱氏駿聲云。易睽曰。二女同居。其志不同行。革曰。二女同居。其志不相得。此其義也。此説真然。銘為人名。義不可知。从二女會意。如獄从二犬。【古籀篇三十八】

◉馬叙倫　段玉裁據易睽傳。二女同居。其志不同行。革傳。二女同居。其志不相得。以為從二女之意。然何以訟卦獨無此義。此音女還切。則與女音同屬娘紐。似為女之茂文。又與姦聲同在元類。或此乃姦之異文。從二女不得訟義。訟也者。蓋後人附會易傳之意為之與。字蓋出字林。【説文解字六書疏證卷二十四】

 姦

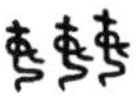 姦 户姦罍  長由盉 【金文編】

 183 【包山楚簡文字編】

 中壘左執姦  破姦軍馬丞  鄷睦子則執姦  南執姦印  李姦  梃縣左執姦 【漢印文字徵】

 姦竝說文 【汗簡】

 說文 思 悬 悬 竝籀韻   竝王存乂切韻 【古文四聲韻】

◉許　慎 私也。从三女。古顏切。古文姦。从心。旱聲。【說文解字卷十二】

◉高田忠周　說文。私也。从三女。朱駿聲說。从女。从奻。奻亦聲。極佳。⊘又說文古文作。以悍為之也。解云。从心。旱聲。旱干同聲通用也。又玉篇姦俗作姧。姧即奸異文。其實姦奸亦元當同字。奸下云。犯淫也。與私盜一義之轉耳。【古籀篇三十八】

◉馬叙倫　段玉裁曰。私當作厶。朱駿聲曰。從女從奻會意。奻亦聲。周語云。三女為姦。豈㚻姦古同字與。倫按。國語周語。密康公遊於涇。有三女奔之。其母曰。必致之主。夫獸三為羣。人三為衆。女三為粲。夫粲。美物也。衆以美物歸女。而何德以堪之。據其言則女三為粲者。字當作姦。又言粲每物。則與詩綢繆見此粲者義合。粲無三女及美之義。明是借字。然姦從三女。止有衆義。不能謂衆必美也。其曰衆以美物歸女者。當作以衆美物歸女。則是密母乃捉姦歼之義言之。且女三為姦。字形固有衆義。字義果有衆義邪。書舜典。寇賊姦宄。史記五帝紀亦作姦字。是古文作姦無疑也。偽孔傳。在外曰姦。在内曰宄。史記集解引鄭云。由内為姦。起外為軌。二說適反。左成十七年傳。亂。在外為姦。在内為宄。與偽孔同。玄應一切經音義引三蒼。在内曰姦。在外曰宄。與鄭玄同。是各有所本也。尋書言寇賊姦宄。左文七年傳。兵作於内為亂。於外為寇。然則寇賊姦宄者。猶寇姦賊宄耳。是姦屬外。其義為古。且宄從宀。明其在内。見宄字下。則姦自在外矣。然本書。宄。姦也。姦宄音同見紐。則内外之分。非其必然。論謂姦從三女。女為奴之初文。實從三奴也。奴本孚獲之敵人。聚而謀亂。故為姦也。不可以語人。故訓厶耳。莊子徐無鬼。夫神者好和而惡姦。姦謂亂也。會意。字見急就篇。

　嚴可均曰。此疑校者加也。心部。悍。勇也。古或借為姦。其實悬即悍字。非姦也。俞樾曰。悬非姦之古文。乃

忓之重文也。猶玕之或作琾稈之或作秆矣。倫按二説均通。古文經傳借為姦私字耳。【説文解字六書疏證卷二十四】

◉李孝定　説文姦之古文作悬，乃用假借字。許君謂姦从三女，是以會意説姦，朱駿聲氏謂是从女从奻，奻亦聲，則是會意兼聲，奸姦元當同字，高田忠周氏之説是也；奸為姦之後起形聲字。【金文詁林讀後記卷十二】

嬙

◉徐　鉉　嬙婦官也。从女。牆省聲。才良切。【説文解字卷十二新附】

姐

◉徐　鉉　妲女字。妲己。紂妃。从女。旦聲。當割切。【説文解字卷十二新附】

嬌

嬌【汗簡】

義雲章【古文四聲韻】

◉徐　鉉　嬌姿也。从女。喬聲。舉喬切。【説文解字卷十二新附】

嬋

◉徐　鉉　嬋嬋娟。態也。从女。單聲。市連切。【説文解字卷十二新附】

娟

◉徐　鉉　娟嬋娟也。从女。肙聲。於緣切。【説文解字卷十二新附】

嫠

◉徐　鉉　嫠無夫也。从女。孷聲。里之切。【説文解字卷十二新附】

◉戴家祥　集韻咍部：「婡，女字。」金文用同。婡中𠭯父盤字左从來，右从女，當即説文十二篇女部新坿字「女無夫也」之嫠。左傳昭公十九年「莒子殺其夫，已為嫠婦」。又廿四年「抑人有言曰：嫠不恤其緯」。又廿五年「崔子曰：嫠也何害」。杜預云「寡婦曰嫠」。陸德明經典釋文「嫠，本作釐，力之反」。集韻上平十六咍，釐通作萊。是敕、嫠聲符更旁字也。吴大澂云：「婡古麥字，象手打麥形，後人改从夂，失古義矣。」説文古籀補。卷五第九葉。臆説不可據。【金文大字典上】

◉戴家祥　孷史牆盤　𩰲猶多孷　孷从子孷聲，當即嫠之古文。从子與从女義同。大雅大明「長子維行」，毛傳「長子，長女也」。儀禮喪服傳「故子生三月則父名之」，鄭玄云：「凡言子者，可以兼男女。」左傳莊公廿八年「小戎子生夷吾」，又成公二年「必以蕭同叔子為質」，杜預注：「子，女也。」禮記・曲禮下「子於父母則自名」，鄭注：「言子者，通男女。」嫠聲同釐。經傳多借用釐，左傳襄公廿五年「嫠也何害」，杜注：「寡婦曰嫠。」釋文：「嫠，力之反，本又作釐。」又昭公廿四年「嫠不恤其緯」，釋文：「嫠，本作釐。」釐从里聲，里讀良已切，子讀即里切，韻位都在之部。知孷之从子，亦注音加旁字也。其在器銘皆禧之借字。叔向毁「降余多福緐孷」，牆盤「𩰲猶多孷」，秦公毁「以受屯魯多釐」，文例正同。蓋皆古人頌福之詞也。【金文大字典下】

姤

姤　韓姤　【漢印文字徵】

◉徐　鉉　姤偶也。从女。后聲。古候切。【説文解字卷十二新附】

毋

毋　與母為一字　戜方鼎　母字重見　【金文編】

毋 221　毋 245　【包山楚簡文字編】

毋　雜一八　一百七十九例　通無　嬰兒之—母者各半石　秦五〇　毋　日乙四四　三十九例　毋　法一二九　二例　【睡虎地秦簡文字編】

毋　與母無別　曆㠯為則—童（甲8—19）—弗或敬（甲10—1）敬之—戈（甲11—5）、則—敢𢽎天霝（乙6—28）、—思百神（乙7—20）　【長沙子彈庫

帛書文字編】

 4887  4886 【古璽文編】

 睦毋故印  鹽毋之印  田毋方  粱毋澤  周毋放  行毋咎  毋憂  尹毋媿印  長毋傷

 綦毋孫印  綦毋從印  宋毋何  綦毋勝  王毋智  綦毋隆印  毋傷  胡毋通印  徐毋思

【漢印文字徵】

 詛楚文　毋相為不利  石碣遊水　毋不□□　【石刻篆文編】

 毋　【汗簡】

 汗簡　【古文四聲韻】

◉許慎　止之也。从女。有奸之者。凡毋之屬皆从毋。武扶切。【說文解字卷十二】

◉孫海波　藏一·三甲二·三·十六二·二四·六　說文云：「穿物持之也，从一橫貫，象寶貨之形，讀若貫。」按此即貫之本字，作□，中口象孔，丨以穿之。今俗以貫以串為之。串即毋之俗字。【甲骨金文研究】

◉强運開　　薛尚功趙古則作女。潘迪作如。楊升庵作汝。張德容云。按此字右旁尚有筆跡。似作如為是。運開按。安本作母。甚為明晰。潘迪作如。張氏和之。非也。又按。古金文母與毋為一字。毛公鼎毋折緘女毋敢妄寍毋又敢惷毋敢龔橐。各毋字皆作。齊侯鐪毋痻毋癘均作。可以為證。此篆與下不字相連屬。亦應讀作毋字也。【石鼓釋文】

◉郭沫若　第三二九片「貞母又」，母字讀為毋，古本一字，後乃分化。【殷契粹編考釋】

◉馬叙倫　吳穎芳曰。有奸之者。一以識止之。說似脫略。沈濤曰。禮曲禮釋文。毋音無。說文云。止之詞。其字從女。內有一畫。象有姦之形。禁令止之。勿令姦。古人言無。猶今人言莫也。書大禹謨正義引。毋。止之也。其字從女。內有一畫。象有姦之者。禁止令勿姦也。古人言毋猶莫。陸孔所引大致相同。詩谷風正義引。毋從女。象有姦之者。禁令勿姦。角弓正義引。毋。止之也。從女。象有姦之者。言止其姦而稱毋。檀弓正義引。毋從女。有人從中欲干犯。故禁約之。皆

節引。王筠曰。古人言毋猶今人言莫也二句似是庾注。張文虎曰。篆從女一。如許說似為一奸之者。而止之義不可見。其果許原文乎。竊謂女者。在室之稱。從一者。閑之从禮。詩所謂其儀一兮。是也。倫按。日本本尚書正義引禁止作禁之。餘同今書正義引。經記言毋。或言毋若。金文有毋敢。其字作[glyph]趩尊。[glyph]兮甲盤。毛公鼎。雩四方死母童。母童即毋動。孫詒讓謂毋母一字。是也。[glyph]變為[glyph]。又譌連之耳。語詞字率借他字為之。無本形者多。此字說解如諸引。則有校語譌入。或字林文。或字統文。或此部亦呂忱加也。【說文解字六書疏證卷二十四】

◉李孝定　[glyph]前・一・九・七　胡小石先生曰。「古毋多假母為之。」見文例下二七葉。

契文假母為毋。本辭云。「貞曰𠂤師母毋在茲延。」即貞師毋在此羈延也。母字重文。金文毛公旅鼎毋作[glyph]。亦叚母為之。【甲骨文字集釋第十二】

◉金祥恆　甲骨文常借母為毋，如京都帝大所藏甲骨文字B七三七：

甲骨文叚借字續說—比毋

□□卜，亘貞：裸(福)，曰母㽙？

京B七三七

毐

母㒳者，毋㒳也。㒳說文訓：「刈艸也。」即毋刈草也。殷虛書契前編一・九・七：

貞：曰𠂤（師）母（毋）在丝徃？

前一・九・七

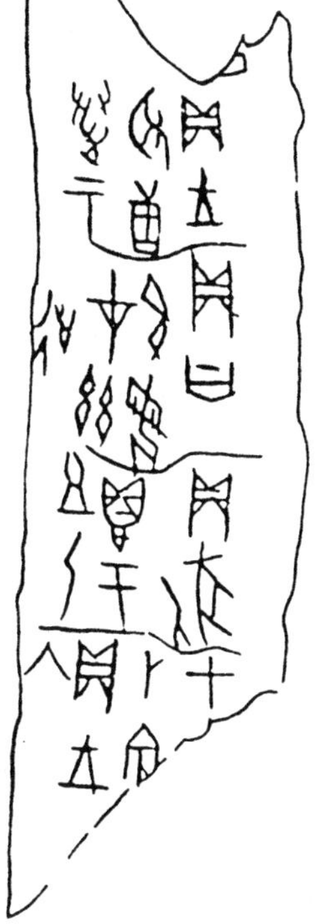

𠂤（師）母在丝徃者，師毋在此久淹也。猶成公二年左傳齊晉搴之戰：「毋令輿師淹於君地。」說文毋訓「止之也，从女，有奸之者，一禁止之令勿奸也。」沈濤說文古本考：「禮曲禮釋文毋音無。」張文虎曰：「毋篆从女一，如許說，似為一姦之者，而止之義不可見，其果許原文乎？」張氏疑說文毋之非，而又委曲解之云：「竊謂女者，在室之稱，從一者，閑之从禮，詩所謂其儀一兮是也。」案古無毋字。考之甲骨文字，借母為毋，金文石鼓文亦然。金文如兮甲盤「母（毋）敢不即帥」，國差𦉜「母（毋）瘠母（毋）疧（荒）」，叔夷鐘「母（毋）或丞（脅）頪」，「母（毋）疾母（毋）亡」，𩐁鎛「用□壽老母（毋）死」，毛公鼎「女（汝）母（毋）敢妄」等等，不勝枚舉。石鼓文避水石「母不」，亦借母為毋，黃生字詁云：「古本無毋字，但借母字轉聲，鐘鼎文凡禁止之毋，并从二注作□，或止作□，可見古無其字，但从假借也。自小篆誤連中畫作毋，許氏遂為之說云，从女有奸之者。」孫詒讓古籀拾遺亦云：「母、毋一字。」蓋古本無毋字，借母為之。許氏所云「本無其字，依聲託事」者也。【甲骨文叚借字續說——比毋　中國文字第十六冊】

◉許　慎　毐人無行也。从士。从毋。賈侍中說。秦始皇母與嫪毐淫。坐誅。故世罵淫曰嫪毐。讀若娭。遏在切。【說文解字卷十二】

◉馬叙倫　鈕樹玉曰，繫傳作從毋從士。脫世字。玉篇。於改切。人無行也。古娭字。秦始皇母與嫪毐淫坐誅。故世罵淫曰嫪毐。嚴可均曰。淫當作婬。沈濤曰。漢書五行志注引許慎。以為嫪毐士之無行者。是所據本人字作士。毐字從士。則今本人字譌。段玉裁曰。賈侍中說。當屬上讀。苗夔曰。當補士亦聲。徐灝曰。似當從士毋聲。古音毋讀若弭。故每用為聲。

毐從毋聲。故古音讀若娭。毐轉為代。又轉為到而毐用為聲。林義光曰。以士毋為士無行。不詞。此後出俗字。倫按。毐字從之得聲。則非後出矣。惟字實從士毋聲。為娭之轉注字。毋矣聲同之類也。又毋從女得聲。見毋字下。從女得聲之安委寠音皆入於影紐。則毐所以讀若娭也。亦可為毐娭轉注之證。士大人一字。則從士猶從人矣。上文娭下一曰卑賤名也。是校語。然即謂嫪毐為世所罵之名也。當入士部。【說文解字六書疏證卷二十四】

民

民 何尊 自牲皓民　盂鼎　班簋　牆盤　㝬簋　克鼎 叀于萬民　秦公簋　曾子斿鼎

鎓鎛　魚顛匕　中山王嚳壺　洹子孟姜壺　王孫鐘　王子午鼎　𠑇兒鐘　蚉壺【金文編】

民 語一 十二例　日乙五七 五例　為四 四例　法一五七 六例　為七 十三例【睡虎地秦簡文字編】

卉木—人(甲5—28)、恭—未智(甲8—12)、羣—㠯▢(甲8—22)、建𡖊襄—(甲9—12)、下—之戒(甲10—34)、—勿用𧖴𧖴百神(甲11—8)、—祀不㫖(甲11—23)、—則又穀(甲12—1)、—人弗智歲(甲12—17)、▢則𧖴—(甲12—29)【長沙子彈庫帛書文字編】

安民正印　綏民長印【漢印文字徵】

開母廟石闕 寔勤斯民 下民震驚　漢安殘碑　祀三公山碑 民無疾苦 民流道荒　品式石經咎繇謨 予欲左右有民　石經無逸 乃非民所訓 說文作𢏷汗簡引書史同小徐同此段民作𢏷非【石刻篆文編】

民【汗簡】

古孝經　汗簡　古老子　同上【古文四聲韻】

◉許　慎　民眾萌也。从古文之象。凡民之屬皆从民。彌鄰切。𢏷古文民。【說文解字卷十二】

◉林義光　古作民齊侯鎛。作民洹子器。象草芽之形。當為萌之古文。音轉如甿。故復制萌字。草芽蕃生。引伸為人民之民。其轉音則別為氓字。萌氓古同音。然亦假萌為氓。史記姦巧邊萌。三王世家。上林賦以贍萌隸。皆是。【文源卷一】

◉高田忠周　説文。衆萌也。从古文之象。古文民。一本古文作。蓋疑古文元有二。一从女。一从母。而與。皆指事也。小篆从古文形而變出者。亦女也。依下見龜版文。元當為正形。筆不上貫者省略耳。夫民萌生。出於母體。字从母為至當。而母亦女也。故或从女。同意。即萌生之意存焉。作作皆同意。【古籀篇三十八】

◉商承祚　説文「民。衆萌也。从古文之象。古文民」。案金文克鼎作。洹子孟姜壺作。秦公𣪘作。則同篆文。品式石經古文作。與此同。段氏省作。失之。夏小正。「納祘」隸譌作卵。經師求其説。不可得。于祘加艸作蒜。遂讀為「納卵蒜。」此原文之可貴。而傳譌之可笑矣。又敦煌尚書盤庚中。民作。則由古鉨而來。【説文中之古文考】

◉馬叙倫　鈕樹玉曰。玉篇引衆氓也。徐灝曰。古文疑象草木萌芽之形。林義光曰。古文象草芽之形。當為萌之古文。倫按。篆由古文之象而變。衆萌也當作衆也萌也。衆也校者所加。從古文之字。疑亦校者所改。許本作象形。鍇本作從古文之象形。可證也。字見急就篇。

鍇篆作、。⊘吴穎芳曰。從母。母民聲相近。鈕樹玉曰。玉篇廣篇竝無。隸續載三體石經有。李杲曰。石經古文作。此或由而譌。䄠祀敢作。古匋作。蓋皆借母為民。倫按。變為盂鼎齊子仲姜鎛齊矦壺。又變為秦公敦。遂如此篆矣。書康誥。今民將在祗遹乃文考。章炳麟謂民乃女之誤。石經古文民作。惟蘇望所摹大誥。民獻字正作。蓋省略書之。此字壁中古文蓋亦作。當讀為汝。論謂民為譌。每一字。每從中從母得聲。母從女得聲。故書即以民為汝。尚書古文本作也。屯民亦一字。遲簋屯魯字作。可證。餘見屯下。【説文解字六書疏證卷二十四】

◉郭沫若　「庶民」二字半泐，徐釋「庶人」，視殘筆之斜偏右，以釋民為當。【毛公鼎之年代　金文叢考】

◉馬承源　「」字象目中有刺，即民字的異體。【陳喜壺　文物一九六一年第二期】

◉商承祚　「卉木民□」(五‘25—28)：

民為萌之本字，金文作、、，象種子冒地而出，上肖子葉，下為其根，引申為凡草木萌芽皆謂之民，民人之民乃借義。統治階級有種種侮辱民人的釋義，如「民，盲也」，「民，冥也」，「民，氓也」，置民人于「冥頑無知」之列，盡管説「民為邦本」和「民，國之根」，而事實並不這樣。有以為左目形而有刃物以刺之，乃盲其左目以為奴隸之總稱。民為萌直接產生的文字，當

氓

丿

無可疑，後義不能先于初形初義。民下缺去的當為「生」或「動」一類的字。此言草木民生（動），與前「草木無常」對言。以下八個民字則用為「民人」之民。【戰國楚帛書述略 文物一九六四年第九期】

◉林潔明 說文「民，衆萌也。从古文之象。𢒼古文民」。按許君云，民从古文之象而不知古文之象究為何義？林義光謂民為萌之古文。高田忠周謂民萌生出於母體，即萌生之意。皆就許書「民，衆萌也」而强為說解，都不足信。高鴻縉謂民即盲字，字象眸子出眶之形。其說畧近，然於字形仍未切當。字在金文作𢒼𢒼，郭沫若謂字作一左目形而有刃物以刺之。古人民盲每通訓，今觀民之古文，則民盲殆是一字，然其字均作左目，而以之為奴隸之總稱。見甲研上册釋臣宰。按甲骨文亦有民，字作𢒼乙·一一八。𢒼乙·四四五。足證郭氏言之非謬。惟郭氏以民人之制始於周人，則非是。按之金文銘意，民字在周金文中蓋已引申為庶人人民之稱，非單指被刺一目之奴隸也。【金文詁林卷十二】

◉許　慎　氓民也。从民。亡聲。讀若盲。武庚切。【說文解字卷十二】

◉馬叙倫　吴穎芳曰。民之語轉。林義光曰。民音轉則別製氓字。倫按。民音心紐。蓋非古音。賈誼書大政。夫民之為萌也。萌之為言盲也。是古讀民萌竝如盲。故民轉注為氓。玄應一切經音義引古文官書。萌。古文氓。麥耕反。萌芽也。倫謂此字吕忱加之。【說文解字六書疏證卷二十四】

丿　丿於小切【汗簡】

◉許　慎　丿右戾也。象左引之形。凡丿之屬皆从丿。徐鍇曰。其為文舉首而申體也。房密切。【說文解字卷十二】

◉馬叙倫　吴穎芳曰。此字但有文形。無義訓。無音讀。但說其文。不解其字。諸字外別一例也。是以大徐音於小切。五音韻譜作匹蔑切。無定音。無定義。次於民字之後。蓋民之丿從之。齊民勢屈。有不申之象。段玉裁曰。宋本毛氏初印本葉本作房密切。趙鈔及五音韻譜作房密切。又匹蔑切。今毛本改為於小切。以少字從丿聲言之。似於小切為是。鈕樹玉曰。繫傳音依必反。玉篇普析切。廣韻普蔑切。竝無於小切者。後人妄改也。少字雖從丿聲。恐有譌。即非譌。斷不應因此而輒改一音也。龔橙曰。無其形。于鬯曰。右戾也當作左戾也。乀下左戾也當作右戾也。左戾右戾皆說字形。非說字義也。蓋此二字義已失傳。徐灝曰。此與下文余制切之乁實同一字。系從丿聲。即其明證。因作楷而讀如撆耳。左

戾之乀與弋支切之乀。疑亦一字。其讀若弗者。蓋蒙弗字之音為之。馮振心曰。乂為象形字。弗為合體象形字。俱不從丿乀。則丿不特不當立為部首。且亦絶無標識之意也。倫按徐説是也。疑丿部為吕忱加也。【説文解字六書疏證卷二十四】

前一・四四・七 後一・二二・一 乙二八六〇反 乙三六八一 庫一七四五 七七一三 【甲骨文編】

後上22・1 【續甲骨文編】

石經君奭 巫咸乂王家 【石刻篆文編】

乂 乂出演説文 【汗簡】

華嶽碑 碧落文 【古文四聲韻】

◉許 慎 乂芟艸也。从丿从乀相交。魚廢切。刈乂或从刀。【説文解字卷十二】

◉郭沫若 弟四行咢字舊或釋咢，或釋克若剋。吴式芬釋襄。孫詒讓初疑是器字，後以吴釋為近是，云「説文吅部咢籀文作[glyph]，與此相近，咢襄聲同，此疑借為贊襄之襄。克鼎有[glyph]字，或亦釋襄。」案此當即刈字，亦即是乂。管子小匡「挾其槍刈耨鎛」，蓋本翦草之器。[glyph]即象翦形，吅象柄端有耳以容手。乂之引伸有治理、保養、扶植諸義，此言「乂辪厥辟」，猶克鼎言「保辪周邦」，詩南山有臺「保艾爾後」。又克鼎「悤[glyph]厥心」，其字下體从㲋，當亦乂之繁文。蓋乂之為器，可用以翦除草卉，亦可用以翦除蟲害也。説文咢字譌變甚烈，不从此作，説詳釋嫞。【毛公鼎之年代 金文叢考】

◉馬叙倫 徐鍇曰。象刈艸之刀形。鈕樹玉曰。韻會作從丿乀相交。沙木曰。乂之形相交似剪。倫按當訓器也象形。管子小匡。挾其槍刈耨鎛。是乂為田器之證。今猶有此器。正象形。刈後起字。故從刀。芟艸也蓋本作芟艸之器也。甲文有[glyph]。羅振玉釋。

刈 沈濤曰。汗簡乂乂出演説文。其篆體雖不同。而從乂從刀則一。疑許書無此重文。後人據庾氏書竄入耳。倫按從

刀乂聲。乂之後起字也。【說文解字六書疏證卷二十四】

◉方繼成

圖二　該印之正視

第二字隸定應作乂乂，說文有乂字而無乂乂字，乂字小篆作□，與印文相同，疑是乂之複體字，古文字單體與複體無別，如像王與玨，辛與辡，糸與絲，魚與𩺰，炎與火，至與臸，意義都是差不多的。釋詁：乂，治也。經典中又常借艾作乂。釋詁：艾，相也，養也。書君奭之「用乂厥辟」，康誥之「用保乂民」，多士君沙奭之「保乂有殷」，康王之誥之「保乂王家」，詩小雅之「保艾爾後」，都含有治義和養義，可知乂字是古代政治上的常用字，「往乂長沙」即「往治長沙」的意思。【長沙俟家塘M018號墓的年代問題　考古通訊一九五七年第六期】

◉唐　蘭　《詩經・臣工》篇說：「庤乃錢、鎛，奄觀銍、艾。」錢、鎛和銍在前面都已經討論過了。「艾」也是農器，《國語・齊語》「挾其槍刈耨鎛」，韋昭注：「刈，鐮也。」《說文》：「乂，芟草也。刈或从刀。」但是刈這樣的農器是什麼樣子呢？要照《說文》寫做乂，倒有些像漢代以後的剪刀，但從文字的發展來說，「乂」只是「五」字的古文，當作芟草或治理等意義，只是假借它的聲音罷了。

銅器裡的□簋和尊，在銘文末，都有一個氏族名稱，作𠂤，手裡拿了一件工具，是帶着齒形的。故宮博物院收藏着這樣的工具，由於形狀很像古文字裡的𠂤字，所以就叫它做𠂤形器。有人認為它是兵器，但從形制來看作為兵器是不適宜的。現在知道這就是古代農器裡用為芟草工具的「刈」。

這裡首先要說到王國維先生的發現，他在《觀堂集林》卷六的《釋辥》篇裡提出了毛公鼎、克鼎、宗婦簋、晉邦盦等銅器裡的「辥」字就是古書裡的「乂」字，說：《尚書・君奭》篇的「用乂厥辟」，說是毛公鼎裡的「□辥厥辟」，《康誥》篇的「用保民」，《多士》篇和《君奭》篇裡的「保乂有殷」，《康王之誥》篇裡的「保乂王家」以及《詩經・小雅・南山有臺》裡的「保艾爾後」，就是克鼎、宗婦簋、晉邦盦等器銘裡的「保辥」。又說明了古文《尚書》和《說文》裡的「㦰」字就是由辥字弄錯了的。王先生的意見，已經為學者

們公認為正確的。

但是他没有注意到「薛」字所从的「𠂤」，或「岜」有什麽意義。他説：「𠂤者衆也，金文或加从止，蓋謂人有辛，𠂤以止之。」又説：「或變止為屮，與小篆同，屮者止之譌。」這都給舊的訓詁學蒙蔽了，説得很迂曲，講不通。

其實「辥」字从「岜」，《説文》「岜，危高也，从𠂤屮聲，讀若臬」的解釋不一定對，但寫法是對的。金文裡另外有一個常見的氏族名叫做「𨟎」，它的偏旁作　，也作　。那末，有些金文裡辥字的偏旁上面从止，是寫法上的變譌，王先生就根據它來附會起來了。我們現在所藏的古代的「刈」，上面有一個三角形的刺，當然也可以作兩個或三個刺，可以看見「岜」字原來是芟草工具「刈」的象形文字。《説文》讀作「魚列切」也跟「刈」的讀「魚廢切」相去不遠。「岜」字是「刈」，那末，用「辥」字來代表「乂」或「芟」的意思，是很自然的。「辥」字有巘辥的意思，跟齾齺、嵯峨等意義差不多，是與它的齒形的高高低低分不開的。

由此我們可以看見商、周時代不但有一般的青銅農器，並且還有一些特殊的工具，為我們現在所想不到的。用「刈」這樣的工具，需要裝上長柄，所以《國語》説「挾」，在草高及人的荒地裡，這樣的工具是很需要的。【中國古代社會使用青銅農器問題的初步研究　唐蘭先生金文論集】

鐵二八·二　鐵一〇三·二　鐵一三〇·四　鐵二一九·三　拾一〇·一三　前二·二三·一　前四·二七·三　前五·三四·一　前七·二·一　前七·三三·三　前八·一二·一　前八·一一·三　後一·二二·三　林二·二五·六　戩一一·一三　戩一二·一　戩一三·四　戩四七·五　佚一八　佚一九〇　佚二〇四　佚五八八　佚七三二　福二五　燕七三二　燕七四〇　燕八九　甲六六〇　甲一二八六　甲三九一三　甲三九一九　乙二六七二　乙七七九五　乙九〇三一　乙九〇六七　坊間二·一九六　坊間三·一一八　粹九五二　粹一〇一八　簠征一二　摭續一【甲骨文編】

甲126　206　354　419　1333　3636　3913　3919　乙2347　5825　6273

6370 6396 6691 6692 6700 6702 6735 6964 7150 7301 7348

7385 7764 7793 7795 9031 9067 珠171 193 393 482 1426

佚5 18 116 190 519 588 900 921 951 續1·36·5 3·3·2

3·28·6 4·28·4 徵2·28 2·60 4·100 4·101 4·102 9·9 9·15

9·16 9·26 9·28 9·49 10·30 10·124 11·58 11·63 11·76

京3·21·4 4·3·3 4·25·2 凡18·1 天94 摭續1 141 粹366 664 988

1082 1581 新3002 【續甲骨文編】

弗 旅作父戊鼎 且甲罍 毛公旅鼎 師旂鼎 𧆞簋 執馭觥 召卣 芇伯簋 牆盤

師𩛥鼎 尹姞鼎 師寰簋 師望鼎 㽙鼎 癲鐘 癲簋 亟弗生甗 鬲攸比鼎

大簋 番生簋 毛公厝鼎 召伯簋二 不嬰簋 筥小子簋 盠駒尊 昜鼎 哀成弔鼎

新弨戈 蛮壺 孳乳為費 隱公元年傳費伯魯大夫史記晉世家穆侯費生世本作弗 弗奴父鼎 【金文編】

六七：一 二十七例 委質類弗殺 內室類弗執弗獻 六七：三〇 六七：五 十四例 六七：五八 六七：二一

六七：二一 二例 【侯馬盟書字表】

123 130 【包山楚簡文字編】

弗 秦六八 三十例 效二〇 二十例 雜四 三十三例 日甲一一九 十一例 為二四 日甲一五二背

秦　一三五　【睡虎地秦簡文字編】

毋—或敬(甲10—2)、民人—智戠(甲12—19)　【長沙子彈庫帛書文字編】

3126　2786　易鼎弗亦作，與璽文略同。【古璽文編】

弗成　弗閎　弗福私印　弗讐　弗等　【漢印文字徵】

石經多士　惟天弗畀　【石刻篆文編】

弗　弗　【汗簡】

古孝經　古尚書　義雲章　竝崔希裕纂古　【古文四聲韻】

◉許　慎　弗撟也。从丿。从乀。从韋省。分勿切。臣鉉等曰。韋所以束枉戾也。【說文解字卷十二】

◉劉心源　弗字不从韋。乃从弓也。丿乀者。左右戾。所謂撟也。凡如此者。撟之則不如此。故為弗。【噩侯鼎　奇觚室吉金文存卷二】

◉林義光　古作旂尊彝戊。||象物之直。己拂戾之。或作不嬰敦。說文云。丿右戾也。象左引之形。乀左戾也。从反丿。讀與弗同。按丿乀經傳未見。當即弗之偏旁。不為字。【文源卷三】

◉陳獨秀　弗　古者土器之初興，乃由於偶然以黏土塗於樹皮或蘆竹所編之籃，使之耐火，今南太平洋土人猶如此。後始發現去籃而純用成型粘土，亦可為耐火之容器，此即一切土器之起源，後世匋器之花紋，猶前世用籃之遺跡；弗字即象編籃之樹皮或蘆竹縱橫往復之形。【小學識字教本】

◉郭沫若　第一五八一片　弗作，至特異。案此可徵弗字之本義，字與弔同意，弔者惟之繳也，契文作若，象其形。準此，則弗當是茀矢之茀。周禮司弓矢「矰矢茀矢用諸弋射。」考工記「矢人為矢，鍭矢參分，茀矢參分。」鄭玄於司弓矢注云「結繳於矢謂之矰，矰，高也，茀矢象焉。茀之言刜也。二者皆可以弋飛鳥，刜羅之也。」今得此弗字，不啻為鄭說作圖繪矣。故茀矢當以弗為本字，茀實借字。字又作第，廣雅釋器云「第，箭也。」但本片弗字乃卜人名。【殷契粹編

【考釋】

◉吳其昌

以上皆「弗」字也。「弗」字之義，與「夷」字正同，所異者「夷」單矢，「弗」雙矢；「夷」矢上向，「弗」矢下注而已。故「弗」之本義，乃象矰矢相並，一韋繞縛之形。請斁其説：

以形體象狀轉變之迹言之：殷虛書契前編卷七頁二十一有□字，即為「弗」字最初之本字，象雙矢下向，繳帶繞附之狀，至為明白。羅振玉釋叔，已謂「其字象矢帶繳之形」是也。由此□形幾經省變，將其鏃鏑、羽形以次汰落，但存矢之搭榦，下繞繳帶，於是遂成叔皮父殷之□字。與此叔皮父殷之□字相同者，尚有魏正始三體石經「弗」之古文作□。正與金文之□字處於同一地位，而為自□字至□字之過渡字。由□字而更省之，則盡成為□字矣。此形體演變之大略也。自□字而觀之，固猝不能知其何誼，然從石經、金文、甲骨文，一溯究其原委，而本意了然矣。此其一。

羅振玉釋叔曰：「□，當為矰之本字？廣雅釋器：『矰，第箭也。』『第』，周宫作『茀』。司弓矢：『矰矢茀矢，用諸弋射。』第，茀，殆由□之譌變。古文矢形，或象下向，或象上向；……繳之形，亦或左或右，均無殊異。知□必有時作□者，於是隸變而成第，又由第而成茀矣。」按羅氏此説，言其原則大體，甚是甚碻。而其小處謬誤，亦頗可修正。周禮明以矰矢茀矢為二，而羅誤以□為矰之本字，謬一。後又以為□變成第，自相矛盾，謬二。由□而□而□，省變之迹顯然。上下向亦未嘗傎倒，而肊説有□過度，舍實有之字而自造虛象，謬三。然羅氏能知□字即周禮之「茀矢」，後世第茀必從□字衍生，則固百世不易也。此其二。

周禮夏官司馬司弓矢：「掌六弓、四弩、八矢之灋。……矰矢茀矢，用諸弋射。」孫詒讓正義曰：「墨子備高臨篇説『連弩矢端以繩如弋射』，即此茀矢之類。」黄以周禮書通故曰：「『廣雅』：『第，矢箭也。』『茀』作『第』。古从『竹』之字，多作『卄』。……」按孫、黄之説皆是也。茀矢，正亦矰矢之類。但「茀」即□，象兩矢並連之形，孫以墨子之「連弩矢」解之，得其實矣。此其三。

説文云：「弗，撟也。從段玉裁校正本。从丿从乀从韋省。」按説文又云：「撟，揉箭箝也。」知撟與箭有密切關係。矰繳之「繳」，又讀若「繳繞」之「繳」。史記自序「苛察繳繞」，集解云：「繳，音近叫呼。」其明證也。矰繳之繳，而讀成繳繞時，則與「撟」

乀 乁

字紐部俱同，又係一音。故知「矯」字與「繳」字，亦有若干之關係。「弗」字之乙象繳帶而説文以「矯也」訓之，不能謂為絶無故也。又説文以為「弗」字之乙，以韋為之，故云「從韋省」，雖似與字林「生絲為繳」之説不合，而尚不離其類。阮氏乃妄駁之云：「弗字明是從弓；若從韋則不知所省。」又妄述證云：「鐘鼎古文弜字，即兩弓相背之形。」以誤説改古人不誤之説，直有似毛奇齡之流矣。此其四。

既知「弗」字所從之乙為束矢繳帶之形。此繳帶者，亦可以韋為之，説文所述是也。亦可以生絲為之，字林等所述是也。亦必有馬鬣為之者，故「弗」誼又引轉為馬鬃。易既濟「婦喪其茀」，釋文引干寶注：「茀，馬茀也。」然則果何為馬茀耶？爾雅釋畜曰「馬回毛在幹曰茀方」是也。後更又以「弗」與「不」同聲，而通借以為否定之辭。以「弗」為否定辭之用顯，而「弗」之本名之義隱矣。【論著　金文名象疏證】

◉馬叙倫　鈕樹玉曰。韻會作從韋省從丿乀。阮元曰。明是從弓。若從韋。則不知所省。從丿從乀。左右相戾之義。王筠曰。弗當入弓部。訓為弓檠。説為從弓。八象形。讀若弼。弼之古文作㢸。從弗。而弼之所以從弜者。蓋亦與弗同意。秦風之閉。蓋弗之借字。釋文引鄭注周禮曰。弓檠曰柲。弛則縛於弓隅。備損傷也。以竹為之。筠案今日臧弓。事正如此。而弗字之形。正與之合。弓檠所以備弓之枉撓。是撟拂之義。是即輔弼之義也。知其當讀若弼者。大部。奔。從大。弗聲。讀若予違汝弼。馮振心曰。茀即弼之初文。其本義當為正弓之器。倫按此弜之轉注字。從弓。八聲。當入弓部。【説文解字六書疏證卷二十四】

◉商承祚　　「弗」，即《郾侯脮戈》的「鉑」字，不从金，同為戈之别名，還有稱為「鍨」、「鋸」、「鍨鋸」、「钕鋸」的，見其它《郾侯戈》。【新弨戈釋文　文物一九六二年第十一期】

◉許　慎　乀左戾也。从反丿。讀與弗同。分勿切。【説文解字卷十二】

◉馬叙倫　龔橙曰。無其形。倫按丿音奉紐。乀音非紐。同為脣齒摩擦音。明是一音而轉為二耳。【説文解字六書疏證卷二十四】

𠂆 

 𠂆以制切【汗簡】

◉許　慎　𠂆抴也。明也。象抴引之形。凡厂之屬皆从厂。虒字从此。徐鍇曰。象厂而不舉首。余制切。【説文解字卷十二】

◉林義光　説文云。乀流也。从反厂。讀若移。按即厂之反文。與厂同字。厎説文从次厂聲。亦云讀若移。是厂乀同音也。【文源卷三】

◉馬叙倫　錢坫曰。蒼頡篇。怈。明也。即此字。嚴可均曰。虒字從此校語。王筠曰。厂蓋抴之古文。故以抴説之。抴。捈也。捈。臥引也。争從𠂆。引也。犮從犬而𠂆之。曳其足則剌犮也。弟曳亦從𠂆。曳亦𠂆之絫增字。張文虎曰。玉篇。𠂆。拕身皃。廣韻。𠂆。施明也。又身皃。疑此及廣韻皆有誤衍之字。當以玉篇正之。此抴下衍也字。明乃身之譌。廣韻衍也又二字。明亦身之譌衍。此之抴身也即廣韻之施身皃。亦即玉篇之拕身也。施者。斜也。龔橙曰。無其形。高田忠周曰。此部所屬有弋字。則𠂆非抴義。亦非明義。且金文弋字作。斷不從𠂆。又許謂系從𠂆聲。而卜辭金文亦不從𠂆。其多作作。乀乁即聯系之意。自非字之例也。又虒字金文作。與𠂆形不合。此𠂆乀二篆甚可疑。倫按𠂆為象形之文。以其獨體也。然象形必有所象之形。𠂆象何物邪。可以象繩形。亦止象繩之垂耳。然今言拖下之拖。實即𠂆之轉音。如為捈拽之義。必有捈抴之者。争字所從。非此𠂆字。以金文證之。乃從三手。實不從𠂆。見争字下。弟字亦不從𠂆。見弟字下。惟犮卒虒三字從之得聲。𠂆乀一字。金甲文中左右反正每無分别。此與乀音同在喻紐四等。亦可證也。【説文解字六書疏證卷二十四】

弋 

 弋　農卣　毋俾農弋　 戜鼎　弋休則尚安　 牆盤　 儹匜　 瘐鐘　 召伯簋二　【金文編】

 5·454　獨字　【古陶文字徵】

 弋　日甲四〇　【睡虎地秦簡文字編】

 3124　【古璽文編】

 弋居丞印　 白水弋丞　 弋猷　【漢印文字徵】

弋竝義雲章【汗簡】

義雲章【古文四聲韻】

◉許慎 橜也。象折木衺鋭著形。从厂。象物挂之也。與職切。【説文解字卷十二】

◉林義光 古作寰盤必字偏旁。从干而曲之。杙與干同類。一象中有節形。非物挂之也。變作使曾鼎宓字偏旁。【文源卷一】

◉高田忠周 説文。橜也。象折木衺鋭箸形。从丿象物掛之也。然即折木形。即屬於木字之系可識矣。下形元有二意。其近下作丿者。象別副一木以使不拔。亦有物挂之之象也。其近上作一者。指事。有物縣之之意也。朱駿聲云。凡用橜。有所表識者。如酒旗之類。有所維繫者。如弜弐之類。爾雅。雞棲於弋為榤。李注。橜也。在牆者謂之㮶。在地謂之臬。大者謂之栱。長者謂之閣。周禮牛人注。樴謂之杙。可以繫牛。詩兔罝傳。丁丁。椓杙聲。又左襄十七傳。以杙抉其傷。皆以杙為之。知凡衺鋭之木皆得謂之弋矣。此説亦甚詳。【古籀篇八十七】

◉郭沫若 兕當是弋之緐文。【杕氏壺 兩周金文辭大系圖録考釋】

◉郭沫若 舀鼎「尚卑俾處氒邑」。此字第一象限上之短横畫稍泐，或謂乃在字，非也。「唯朕□□賞。」闕文當是「禾是」二字。賞讀為償。

農卣「女汝卑俾䢅農事氒昏友妻」。妻乃妯之異。用為胄裔字。召伯虎毁「白伯氏從誥」。末二字余讀為縱許。

此中一異文，舊均未得其讀。余謂乃弋字。亦即古必字。金文戈柲之柲均作必。

無惠鼎「戈琱㦸彤沙」。

寰盤銘「戈琱㦸彤沙」。

休盤銘「戈琱㦸彤沙」。

師毁毁「戈戜㦸□彤屖」。此器據「宋刊嘯堂集古録」。

凡此諸必字均是柲義，必即柲也，弋象柲形，八聲。然形聲之字後于象形，則弋又古必字，必，其後起者矣。弋即上舉諸文之若。説文以弋為木杙字，柲離戈言，固是木杙。又謂必从弋聲，此則弋之古音。後用為畢雖字，古典籍中多見。遂轉入之部而失其本音本義矣。

故弋為柲之最初文，金文中用為必然字，後轉為畢雉字。必字次之，金文中用為柲，後乃轉為必然字而失其古義。柲字又次之，金文中所未見，今亦已成廢語矣。【釋弋　金文叢考】

◉馬叙倫　鈕樹玉曰。韻會衺鋭作鋭衺而折作析。嚴可均曰。説文無著。段玉裁曰。著當作者。莊有可曰。弋非橜也。乃以丿繫挂所刻以為識者也。乀乃折木橜。説文失之耳。龔橙曰。無其形。倫按篆當作□。象形。變為□。又變為□耳。弋為考工記冶氏鄭注内謂胡以内接柲之柲本字。柲從必得聲。八從弋得聲。故古借柲為弋也。説解本作器也。或以聲訓。橜也蓋字林文。象折木衺鋭形者。本作象形。校者改之。并增從丿以下七字。亦或此字出字林也。弋自為物而吕訓橜也者。本書橜為門中所植以限左右者。轉注字作闑。見橜字下。而楬櫫字作楬。其轉注字作桀。爾雅釋宫。雞棲於弋為榤。又曰。樴謂之杙。在地謂之臬。凡弋橜皆斷木為之。本書。櫱。伐木餘。柮。斷木。凡臬橜楬桀櫱柮聲皆脂類。弋樴聲皆之類。之脂通轉。是其語原同也。吕蓋以弋為杙即以為橜邪。可知王筠謂橜弋轉注之非矣。農卣作□。【説文解字六書疏證卷二十四】

◉李平心　卜辭常見亡□一辭，金文亦間或出現。二字孫詒讓先生釋亡它，王襄先生釋亡厭，王國維先生説□字不可識，亡□之義「猶言亡咎、亡它」，後來丁山先生發表專論《殷契亡尤説》，二十餘年來甲骨文學者多從其説。⊘

今謂□即弋字，與金文必字所從之弋相似，與小篆弋結體亦近，甲骨文金文反正無别，而卜辭弋字亦有作□者，不過為數極少。卜辭弋多作□，但亦有少數作□，上横畫不穿出，與金文必字所從之弋及小篆弋基本相似，「麥尊銘」亡□字則又即□之繁變。又「壴卣銘」有□字，當是從水弋聲之字，所從之弋即卜辭常見的弋之反文。古弋與奺通，汏當即弋之繁文，實即奺姓（説詳「沈子𣪘銘試釋」）。⊘

弋古音如忒，卜辭與金文之亡弋，當讀亡忒，忒又作貣，貣、忒皆從弋得聲。貣古書多訛作貳，《詩·氓》「士貳其行」，《國語·周語》「成事不貳」，「平民無貳」，《管子·勢篇》「動作不貳」，王念孫父子謂貳皆貣之譌。貣又作貸，如《月令》「宿離不貸」，不貸即不貣、不忒。《詩·大明》「無貳爾心」，《閟宫》「無貳無虞」，馬瑞辰亦以為貳皆貣之訛，貳當讀忒。按王、馬之説極確。《周語》「正之以度量，民以心力，從之不倦，成事不貳」，韋注曰：「貳，變也。」王引之説：「古無訓貳為變者，貳當為貣，貣者忒之假借字也。《大雅·瞻卬》篇『鞫人忮忒』，毛傳曰『忒，變也』，《洪範·衍忒》、《史記·宋微子世家》作『衍貣』，《集解》引鄭注曰『卦象多變，故言衍貣』，是貣正訓變，故韋注曰『貳，變也』，貣音他得切，與力為韻，若作貳，則失其韻矣。」從聲義雙方考索，貳為忒之訛字無疑。《管子·勢篇》：「正静不争，動作不貳，素質不留。與地同極，未得天極，則隱於德。已得天極，則致其力。既

成其功，順守其從，人不能代。」貳本作貮，故與極、德、力、代為韻，若作貳，則韻不相協；動作不貮(忒)，意即行為無差忒，文從字順，若作貳，則義不可通。【甲骨文金石文劄記(二)　華東師範大學學報一九五八年第三期】

◉朱芳圃　□農卣　□召伯殷二　説文厂部：「弋，橛也。象折木衺鋭著形。从厂，象物挂之也。」林義光曰：「按古作□，从干而曲之。杙與干同類。丿象中有節形，非物挂之也。」文源一・二五。按林説非也。字象橛形，今呼木樁。上象槎枒，丿所以固之。椓於地上，或以繫牲，或以縣物，用途甚廣。【殷周文字釋叢卷中】

◉裘錫圭　「必」、「弋」古音不相近，《説文》以為「必」字从「弋」聲，不可信。用作虛詞的「弋」應該讀為《詩經》中常見的虛詞「式」。丁聲樹先生認為「『式』者勸令之詞，殆若今言『應』言『當』」(史語所集刊6本4分487頁)。【史牆盤銘解釋　文物一九七八年第三期】

◉于省吾　説文弋作□，并謂：「弋，橛也，象析木鋭衺著形，从厂，象物挂之也。」按許氏訓弋為橛是對的，但據已譌的小篆以為之解，迂妄不通。自來説文學家均曲加附會，不煩列舉。

甲骨文第二期弋字作□(前四・三四・一)、□(乙三〇六九)，舊不識，甲骨文編入于附録。又「弋侯」(續存上一〇七五)之弋作□。甲骨文从弋之字習見，例如：□字从弋作□、□、□，宅字从弋作□或□，切字从弋作□或□。又妣字有的从弋作□，甲骨文編誤釋為妣。按金文妣字屢見，其所从之弋中間皆作直劃。沙其簋「皇母惠妣」之妣从弋作□，與卜辭从弋之省體相合。又卜辭□甲之□作□或□，从兩弋相背，舊誤釋為戔，詳釋□。

甲骨文弋字作□或□，象豎立有杈之木于地上之形，與説文訓弋為橛之義相符。説文又訓橛為弋。朱駿聲説文通訓定聲謂「凡豎木而短者皆得曰橛」。弋字典籍也通作杙或樴。周禮牛人鄭注，謂「樴謂之杙，可以繫牛」。尚書大傳的「椓杙者有數」，鄭注謂「杙者繫牲者也」。

甲骨文中的「令弋刀」(林二・一九・一七)，弋刀當為人名。又「王其弋」(乙三〇六九)、「大事弋彭」(前四・三四・一)，上下文均已殘缺，義訓未詳，存以待考。

第一期甲骨文的子𤕩世譜(據影印拓本，摹本見庫一五〇六)，有「壺弟曰攸」和「𤰈弟曰𡚱」的記載。兩個弟字均作□，摹本誤作□。□字从□从□，□即弋之初文，正象豎橛于地上之形。其从□，象纏之以繩。説文誤以為「从古文韋省」。第三期甲骨文的「多母弟」(金三六一)之弟作□(原誤摹作□)，上部多一横劃，中間直劃已變為邪劃。據以上所引，可以看出甲骨文弟字前後演變之迹。

説文弟作，並謂「弟，韋束之次弟也，从古文之象。古文弟，从古文韋省，丿聲。」王筠文字蒙求謂弟字「上象丱角，下象足，從弟之狀也。説文以為形聲字，似非」。按王説完全出于臆測。林義光文源謂弟字「古作，从弋，己束之，束杙亦有次弟也」。按林説謂弟字从弋，已較舊解為優，但還不知弟字本从弋聲。弋為喻母四等字，古隸舌頭定母（詳曾運乾喻母古讀考）。兄弟之弟無形可象，故借用束弋字以為之。

本諸上述，由于甲骨文弋字的初形作或，本象豎木橜于地上之形，這就糾正了説文弋从丿象物挂之的誤解；甲骨文弟字的初形作，本為从己弋聲的形聲字，這就糾正了説文謂弟為从古文韋省丿聲的誤解。又甲骨文从弋之字，如㚤本女姓，舊誤釋為妭，𢦏甲之𢦏本作或，象兩弋相背，舊誤釋為戔，也均得到新的辨認。至于甲骨文的盄、宅以及其它一些从弋之字，雖然不盡可識，但既知其从弋，也有利于將來作進一步的探索。【釋弋、弟 甲骨文字釋林】

◉裘錫圭 甲骨文第一期卜辭裏有等字：

令章以多射衛示乎（呼）。六月。 後下25·8

甶（惠，用法與「唯」相近）索乎。 乙807

辛子（巳）卜鼎（貞）：令小吳旃，甫疢族。五月。

□□［卜］𡧊鼎：令龏敎。 前7·31·4

甲申卜𡧊鼎：令家保弜。 掇二10，京津2178

□□卜𡧊［貞］：□𣪘□役。 前4·13·7

這些字的字形和用法都很相近，應該是一字的異體。

甲骨文第一期的（柲）字多寫作。從上引等形來看，這個字所象的當是一種尖頭的柲狀物。第五期「迖」字所从的有時寫作。和的關係，跟和的關係相似。又變作等形。⊘《説文·厂部》「（弋），橜（橛）也，象折木衺鋭著形」，所録篆形是訛變的形體。《説文》還把「弋」跟「柲」的象形初文混為一字，我們在《釋柲》一文裏已經指出了這個錯誤，這裏就不多説了。

古書多以「杙」為「弋」。《詩·周南·兔罝》毛傳「丁丁，椓杙聲」，所説的是植在地上的較大的木杙。《左傳·襄公十七年》「以杙抉其傷」，所説的是用來抉物的較小的木杙。無論是植在地上的或是用來抉物的杙，其下端都必須是比較尖鋭的。《説文》説「弋」字「象折木衺鋭者形」，雖然有些遷就「弋」字譌變的字形，但並不是毫無根據的。前面已經説過，甲

骨文等字象一種尖頭的柲狀物，而「柲離戈言，固是木杙」。所以從木杙的特點來看，把這些字釋為「弋」也是很合理的。

本文開頭所引的那些卜辭裏的「弋」字都是動詞，並且往往放在兩個人名或國族名之間。它們似乎都應該讀為替代的「代」。《書・立政》「帝欲罰之，乃伻我有夏，式商受命，奄甸萬姓」，曾運乾《尚書正讀》讀「式」為「代」(二五一頁)。「式」「代」都从「弋」聲，如果「式」可以借為「代」，「弋」當然也可以借為「代」。《書・多士》「非我小國敢弋殷命」，這個「弋」字很可能就應該讀為「代」，可以與卜辭互證。【釋柲 古文字研究第三輯】

◉許慎 乁流也。从反厂。讀若移。凡乁之屬皆从乁。弋支切。【説文解字卷十二】

◉馬叙倫 龔橙曰。此强出以屬也。無其形。倫按此與十一篇之乁實一字。彼訓小流而音姑泫切者。實涓之義與音也。見乁字下。乁巜水一字。水音審紐。審與喻紐四等同為次清摩擦音。故乁音轉為弋支切。入喻四。甲文淮字所從之水作乁。而洹字所從之水作乁。散盤淮字所從之水作巛。而曾伯簠淮夷字作。是不惟可證乁即十一篇之乁。亦可知乁乁之為一字。下文。也。繫傳作乁聲。左襄廿二年傳。而何敢差池。上林賦作差虒。則又乁乁一字之證矣。此訓流也者。乁即流之初文。以轉注字為釋也。水不能象形造字。故以水之動態為象。而造乁巜巛巛諸形。故水即流也。流從㐬得聲。㐬為育之初文。水音審紐。㐬音喻四。可證流水之音為相轉矣。後以水為静詞。流為動詞。遂異其讀。高田忠周以乁部所屬止一也字。而凡也字皆它字。欲削此文。則未明乎也字亦未明乎此字矣。夫無所屬與為部首。固不相妨也。特此與十二篇之乁為一字。則自當以也字代此為部首矣。【説文解字六書疏證卷二十四】

也 與它為一字 子仲匜 它字重見【金文編】

204 231【包山楚簡文字編】

也 為二九 八十五例 秦一〇六 八例 日甲一一〇背 秦一〇三 日乙四〇 日甲七二背【睡虎地秦簡文字編】

郎邪刻石　盡始皇帝所為也　石碣霝雨　秦銅權多以殹為也字　東安漢里禺石　【石刻篆文編】

也　也出説文秦刻石文　【汗簡】

古孝經　説文　王庶子碑　崔希裕纂古　【古文四聲韻】

◉許　慎　女陰也。象形。羊者切。秦刻石也字。【説文解字卷十二】

◉林義光　也為女陰。無所據。當為首施之施本字。施从也得聲。古與也同音。後漢書鄧訓傳。首施兩端。施。尾也。通志氏族略。魯公子尾字施父。又曳謂之拕。馬尾鞄謂之鞄。皆與施同音而有尾義。古作歸夆敦。象獸尻後着尾形。象尻。與諆田鼎馭字。从同意。象手持鞭。亦馬後也。或作郘也人鼎。作齊侯匜。【文源卷二】

◉郭沫若　也，沈子名。字乃古文匜，象匜之平視形，説文以為「象女陰」，非也。又字與它即蛇字古亦有別，因古音相同，世多混為一字，學者不可不辨。彝銘中屢見「也也熙熙」之連語，熙熙，和樂貌，習見，也也即孟子離婁下「施施从外來」之施施，趙注云「施施猶扁扁，喜悦之貌」，是也。沈子以也為名，義蓋取此。【沈子毁　兩周金文辭大系圖録考釋】

◉李孝定　唐蘭氏謂鼎之稱「也」，以其洿下深中，與稱「于」同。按古「匜」字或假「也」為之，或从「也」聲，鼎之稱「也」，即以匜名鼎，蓋方言殊語，非關洿下，非然者，則酒器、水器皆可以盛水，豈得通謂之匜乎?且説文訓「也」為女陰固不誤，卜辭「育」字或作「」，下半所从即「也」字，實為象形，非關其洿下也。【金文詁林讀後記卷十二】

◉馬叙倫　吴穎芳曰。也同它而小變。一字也。鈕樹玉曰。韻會象形下有乁聲二字。王筠曰。女陰之説。他無所見。姑置無論。凡在某部。必從其義。乁者。流也。流者。器之嘴也。於女陰無涉。而也字乃從之乎。且謂之象形。即必通體象形。何以抽其乁為義。而以為象形。它部無此詭異之形也。小徐以乁為聲。未有徒聲無義而在其部中者也。反復求之。無一是處。謂是許君原文。吾不信也。周伯琦以為古匜字。其説甚據。許誤解為女陰。而入之乁部。非也。博古圖周義母匜作。正與也字相似。此字象形。當自為部。倫按孔廣居朱駿聲王玉樹吴錦章亦主古匜字之説。于鬯則謂男女之陰當是尾字。女陰當是物名。動物而有角尾者。而陶方琦吴善述吴楚林義光别立一説。皆不合六書大齊。牽合繳繞。無資取列。女陰之訓。獨惠棟段玉裁以為必有所受。夫因物制名。本無顧忌。妄分尊褻。小儒之見。苟無其字。許不得增。如有其字。許不得棄。脽可制名。也亦何妨。惟男陰之名許無明文。是啟疑竇。上古社會崇拜生殖器。至有造為模型者。今猶發見其遺物。郭沫若乃以甲文之字説之。且謂且一字。固當糾其誤解。然當有其字。固可必也。徒象形之字。本為圖畫。

及就方卦為篆文。已失故形。更經變譌。至今不易識者。具見上文。已非一二數矣。況有許前挩失。不見録於倉訓之二篇。或許書本有而見遺亡邪。故拘守成見。無可與議也。也為女陰象形者。字本作□。形與圃加匜作□者為最近。故諸家以為即匜字。至匜之初文又變省為□。有似於它。故高田忠周容庚皆以為它也一字。鍇本作乀聲者。校者輒加。蓋以為從乀得聲也。尋也音喻紐四等。而施從也得聲。音入審紐。固同為次清摩擦音也。施殺音同審紐。神異經。男露其勢。女彰其殺。是其音必有所受。今通呼女陰聲在皮祕之間。皮聲在歌類。與乀聲同類。祕聲脂類。則與殺同類。由此亦可證知也之訓女陰。非後人所得附加。老子。未知牝牡之合而朘作。朘聲真類。脂真對轉。則其字後作。而音之由來。亦可得其故矣。

ㄝ 鈕樹玉曰。玉篇引作秦時刻石也字如此。嚴可均曰。小徐作秦刻石文。汗簡引ㄝ字。是唐本為古文也。秦刻石三字蓋校者加之。嚴章福曰。此校者據秦刻石補。倫按顏氏家訓載開皇二年長安掘地得秦鐵稱權。有其於久遠也文。與史記秦始皇本紀載二世元年詔書合。其也字正作ㄝ。平安君鼎亦有ㄝ字。倫謂此乃匜之初文所變。與女陰之也異字。秦刻石亦以為語詞耳。秦廢古文。此自是秦篆。特倉頡中無ㄝ字。【説文解字六書疏證卷二十四】

氏

鐵一四〇・一 于省吾釋氏云卜辭氏字應讀作厎厎致也卜辭氏字皆有致義 不其氏十朋 鐵一八八・三 允氏三百 鐵二六四・三 鐵二七二・三 拾一二・三 前一・二九・四 前二・二一・四 前四・三六・五 前四・四八・八 令氏麋于□ 前五・四六・一 氏其十牛 前七・三・一 亞气氏衆人 後二・三・一五 後二・九・四 林一・二・一五 林一・二五・一一 氏麑于上甲 林二・八・九 甲一三五一 乙一二 乙五一三 乙七四三 乙七六六一 粹二二一 粹七五五 茲雨氏鼓 鄴三下三四・八 京津二八 京津五八 燕一七三背 燕四九一 燕六八四 坊間三・七五 存一二四七 前七・三九・二 後二・二一・六【甲骨文編】

甲50　123　956　1167　1351　1793　2083　3018　3230　3332　3539
3656　乙2285　4693　6313　6373　6393　6400　6433　6446　6670
6686　6691　6700　6711　6883　6896　6966　7012　7042　7284　7299
7312　7338　7385　7488　7661　7661　7676　7955　8057　珠187　453
1136　1430　1431　乇530　福4　零2　佚57　512　續1·37·2　1·38·5
1·47·3　1·48·7　2·1·5　2·19·1　2·28·4　3·26·2　3·46·6　4·15·1
4·25·4　4·28·4　5·1·4　5·4·5　5·12·7　6·11·2　掇97　354　徵2·40
2·44　4·51　4·67　8·87　8·105　8·109　11·49　11·63　11·81
11·82　京1·36·3　凡29·4　録337　630　638　804　天36　75　94　摭21
59　龜乇124　外21　粹221　755　1082　【續甲骨文編】

氏　令鼎　羸氏鼎　弔妃簋　長由盉　瘐鐘　衛鼎　公貿鼎　伯庶父簋　㡪弔多父盤
頌簋　散盤　彔卣　任氏簋　乎簋　毳簋　毳盤　䜌季鼎　師遽簋　師
嫠簋　姞氏簋　尹氏匡　頌鼎　頌壺　毛弔盤　克鼎　不嬰簋　召伯簋　毛公㫃鼎
虢季氏簋　鄧伯氏鼎　干氏弔子盤　國差𦉜　𡀚鎛　齊鞄氏鐘　厚氏圃　厡氏會
弔孫氏戈　格氏矛　林氏壺　屬氏鐘　氏樊尹鼎　芮公鬲　鑄弔匜　㝬壺　以憂氏民

通是 中山王嚳鼎 隹傅姆氏从 中山王嚳壺 【金文編】

3·686 跎公士之會器 3·685 同上 6·42 格氏 6·43 同上 6·44 格氏 6·45 格氏左司工

6·46 格氏右司工 5·185 鳥氏工昌 5·366 楊氏居貲 5·372 西園王氏缶容十斗 5·371 北園呂氏缶

容十斗 5·368 隱成呂氏缶容十斗 5·369 同上 5·370 同上 5·376 楊氏缶容十斗 【古陶文字徵】

〔四七〕 〔三六〕 〔三五〕 〔七四〕 〔七〕 〔二〇〕 〔一九〕 〔二〇〕 〔三六〕

〔三八〕 〔五〇〕 〔三六〕 〔五〇〕 〔一九〕 〔二一〕 〔一三〕 〔四七〕 〔三七〕 〔三

二〕 〔三九〕 〔一九〕 〔三六〕 〔四七〕 〔六八〕 〔七〕 〔二五〕 〔七四〕 〔一三〕

〔一〕 〔二〕 〔一八〕 〔一八〕 〔一九〕 〔一〕 〔二〇〕 〔一〕 〔三六〕 〔五〇〕

〔二〇〕 〔二〕 〔四〕 〔三六〕 〔四二〕 〔四七〕 〔二五〕 〔三六〕 〔一三〕

〔二八〕 〔五〇〕 〔四六〕 〔七三〕 〔二〇〕 〔一三〕 〔一九〕 〔五〇〕 〔一三〕 〔七〕

〔四七〕 〔六八〕 〔三六〕 〔三九〕 〔五二〕 〔六二〕 〔二五〕 〔四〕 〔五四〕

〔二五〕 〔七〕 〔四二〕 〔三九〕 〔二五〕 〔三六〕 〔二〕 〔二〇〕 〔六二〕 〔二〇〕

〔二〕 〔三五〕 〔二〕 〔二〇〕 〔一九〕 〔三五〕 〔三五〕 〔七〕 〔七八〕 〔二〕

〔一三〕 〔一九〕 〔三六〕 〔三六〕 〔六九〕 〔四〇〕 〔一九〕 【先秦貨幣文編】

布方 皮氏 晉高 仝上 仝上 布方 皮氏 晉襄 仝上 布方 鄠氏 晉浮 布方 鄠氏 晉

芮　仝上　布尖　兹氏　晉太　布尖　兹氏半　晉盂　仝上　布方　鄠氏　晉襄　布尖大　兹氏　晉原

布方　兹氏半　反書　晉原　仝上　布方　王氏　京朝　布方　王氏　晉芮　布尖　兹氏半　晉原　布尖

兹氏半　晉高　仝上　仝上　布方　兹氏半　反書　晉高　布方　王氏　晉高　仝上　反書　布方　鄠氏

晉高　仝上　布方　奇氏　晉高　仝上　布方　奇氏　晉祁　仝上　布方　鄠氏　晉祁　仝上

仝上　仝上　仝上　仝上　仝上　布方　王氏王作‡　晉浮　布空大　盧氏　豫洛　布空大

盧氏　反書　豫洛　仝上　豫宜　布空大　盧氏　展版玖　布空大　典五八二　布空大　盧氏　典八一八　仝上

典八一九　仝上　典八二二　布空大　盧氏涅　典二四　布空大　盧氏　典八二三　布尖　兹氏半　典四六三

布尖　兹氏半　反書　典四六七　布尖大　兹氏　典四六九　布方　奇氏　典一七三　布方　鄠氏　典三一六　仝上

典三一七　仝上　典三一八　布方　鄠氏半釿　典三一九　仝上　典三二〇　布方　氏主　反書　典三三七　布方

王氏　典三六　【古幣文編】

13　261　【包山楚簡文字編】

氏　編二五　【睡虎地秦簡文字編】

2543　1864　3335　1194　1906　【古璽文編】

漢氏成園丞印　李氏大利　帶氏　蔡氏　丁氏長幸唯印　吕氏之印　泫氏令印　燔氏唯印

【漢印文字徵】

祀三公山碑　元氏令茅厓　鄭季宣碑陰領　【石刻篆文編】

氏見石經　【汗簡】

汗簡　【古文四聲韻】

◉許　慎　巴蜀山名岸脅之旁箸欲落墒者曰氏。氏崩。聞數百里。象形。乀聲。凡氏之屬皆从氏。楊雄賦。響若氏隤。承旨切。　【説文解字卷十二】

◉林義光　古作不㭉敦作公貿彝。不象山岸脅之形。本義當為根柢。氏蟹韻柢微韻雙聲旁轉。象根。•其種也，姓氏之氏。亦由根柢之義引伸。説文云。至也。本也。从氏下著一。一地也。按氏古作。當與氏同字。氏氏音稍變。故加一以別之。一實非地。氏象根。根在地下。非根之下復有地也。石鼓作。　【文源卷一】

◉郭沫若　氏者余謂乃匙之初文。説文「匙，匕也，从匕是聲。」段注云「方言曰『匕謂之匙』，蘇林注，漢書曰『北方人名匕曰匙』，玄應曰『匕或謂之匙』，今江蘇人所謂搽匙湯匙也，亦謂之調羹。實則古人取飯載牲之具，其首蓋鋭而薄，故左傳矢族曰匕，昭廿六年傳是也。劍曰匕首，周禮桃氏注是也。亦作鍉。玄應曰方言作提。」今案段説古匕，首鋭而薄，甚合實際。陶齋吉金録卷三五十葉及五十一葉圖二銅匕，原誤為勺。均犀鋭如戎器，貞松堂有脉仲無龍匕，其首亦鋭，足為段説之證。

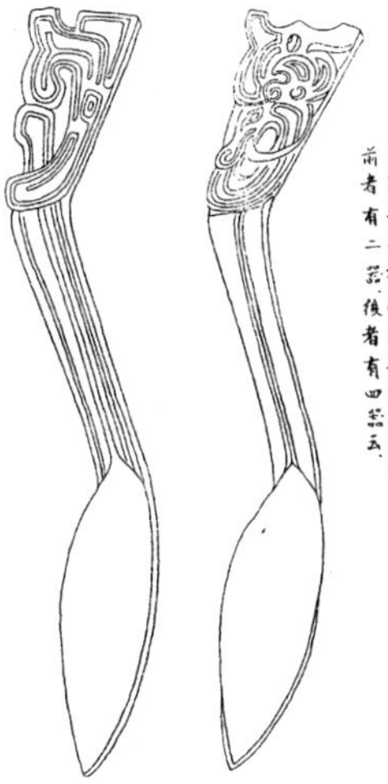

古銅匕二種　原見陶齋吉金彔，誤為銅勺。
二器大小相同，均長一尺三分。前者有二器，後者有四器云。

眂仲無龍匕（原注「此匕上端已折去」）

凡此均古匕形。匕之古文作☐妣辛毁若☐木工鼎妣戊即其形象也。匕之上端有枝者乃以挂於鼎脣以防其墜。試觀下列二文，其插于鼎中之匕，有枝之端均在上，可以為證也。

☐鼎（愙三、一三）：「☐作文父丁☐段☐」。

龏鬲（攈二之二、卅二）：「☐龏入☐，☐每子用作右母辛障彝」。

古氏字形與匕近似，以聲而言則氏匙相同，是氏乃匙之初文矣。【釋氒氏　金文叢考】

◉陳獨秀　氏、氒之形與義皆出于丨，即木之幹，今曰木棍，古曰木橛，或用為耕地之杖，或用為擒鳥之弋，或用為鍵門之梱，說文之氏亦即此。說文云：氒，木本，从氏，大於木，讀若厥，此為厥、橛、掘、撅之初字。說文云：厥，發石也；撅，以手有所把也。（集韻撅掘同。）橛，弋也，一曰門梱也；梱，門橛也。莊子：若厥株拘，列子作若橜株駒，殷敬順列子釋文云：橜，說文作氒，廣韻謂氏為古文

厥，汗簡亦謂□即厥，出尚書，今敦煌本尚書厥正皆作氏，此皆氏、厥、橛一字之證。史記引尚書，厥多改用同音之其。由耕橛選地擇種之義引伸為別事詞，後以厥專為發厥字，別事詞遂借用同音之其為厥，是為氏，底為氏，今語北方用這，吴越用地，即氏氒也，粵語用渠，金華寧波用其，即厥也。古金器文指事詞之厥字作□、□、□諸形，皆象掘地之木橛，例如大盂鼎「畯正□民」，即畯正厥民。氏氏皆氏之小變，皆象木橛箸地形，自專以氏為姓氏字，氏亦廢，乃別作厥，象在厂下使氣力用屰(屰即干)發掘之形，此撅字之初形。又以厥與同音借用之其相亂，乃加手作撅，或別作掘以為發掘字，加木作橜以為木橛字。知氏之為厥亦即撅與橛，則氏字象以木橛掘地之形，益無疑義矣。【小學識字教本】

◉馬叙倫　鈕樹玉曰。玉篇。巴蜀謂山岸欲墮者曰氏。崩聲也。嚴可均曰。衆本及集韻六書故引皆作蜀山名。毛本刓改作名山。依小徐本也。御覽六書故引聞上皆有聲字。説文有陮無堆。沈濤曰。御覽引無名字墮字。乃傳寫偶奪。氏作坻。乃古今字。段玉裁曰。堆當作自。王筠曰。巴蜀名山岸脅之堆旁箸欲落墮者氏十六字為句。大徐誤倒名山作山名。孫詒讓曰。氏亦𠂤自之類。但小篆作□。則∈為象形。□為□聲。然古文實不如是。金文毛公鼎散氏盤作□。頌鼎作□。竝與説文不甚相應。甲文有□□。亦象山𠂤衺側之形。從□即𠂤之變。□似有楮柱之。使欲落不落者。倫按甲文之□乃取字。孫誤釋耳。此字説解蓋皆字林文。亦非本義也。揚雄賦。功若泰山。響若氏隤。泰山比功之高。氏隤比聲之遠。氏隤謂氏之隤。則氏是名詞。非動詞也。揚雄傳氏作阺。注。阺音氏。巴蜀人名山旁堆欲墮落者曰阺。應劭以為天水隴底。失之矣。宋祁曰。蕭林阺音邐迤之迤。弋爾反。何承天亦云。巴蜀謂山岸旁欲墮者為阺。阺崩。聲聞數百里。龔疇曰。按説文。巴蜀名岸脅之傍箸落欲墮者曰氏。氏崩聞數百里。引揚雄賦。嚮若氏隤。注云。承旨切。然則阺當作氏。倫謂顔師古不引本書。而自為説。豈以賦字作阺不作氏邪。文選解嘲阺字作坻。注引韋昭曰。坻音是即吴都賦之坻積也。氏為阪之轉注字。即阺之初文。本書。阺。秦謂陵阪曰阺。從自。氏聲。氏從氏得聲。詳氏字下。故後起字從氏得聲也。阪陂亦轉注字。詳陂字下。陂從皮得聲。氏皮聲同歌類。皮音竝紐。氏音禪紐。古讀歸定。竝定同為次濁破裂音也。本書陂下一曰。山脅也。與此説解中山脅字同。山脅謂阪在山如人脅也。今論陵阪皆山邊勢似欲墒者。故此説解有欲落墒者之詞也。且漢制。凡有氏者曰道。道率以上郡北地天水隴西武都越巂蜀犍為廣漢為多。是知秦謂陵阪曰阺。巴蜀名山旁堆欲墒落者曰氏。其實同矣。段玉裁謂秦蜀語異。氏阺非一。由不明此也。道以氏名者。氏為氏之借。氏為陵阪可行者。如所謂隴坻。是也。初以自然之阪為道。後乃以人力為之。倫謂漢志安定郡之烏氏代郡之班氏河東之皮氏上黨之泫氏涅氏弘農之盧氏。酒泉之表是。則借是為氏。氏字之音義既定。而其形乃可説矣。徐鍇謂∈象堆之形。然鍇亦姑為之説。而非實知其為堆也。蓋就

∈形觀之。何象堆之有。倫以金文氏字率作毛公鼎，散盤，頌鼎，令鼎，齊䨵氏鐘，伯度父敦，芮公鬲，甲文則作。證知從𠂤或自十聲。𠂤自一字。自之象形當作。故訓大陸無石。而陵為大𠂤也。省變則為。此篆即之變也。十音禪紐。故氏音亦在禪紐矣。然則氏亦𠂤之轉注字。今字作阜。從𠂤十聲。自音奉紐。奉禪同為次濁摩擦音也。說解當作𠂤也。從𠂤。十聲。蓋許或以聲訓。而呂忱不知氏字本義。亦不解其形。謬為之說耳。或此部呂忱所加也。【說文解字六書疏證卷二十四】

◉于省吾　卜辭習見字。亦作。孫詒讓釋侶。讀為㠯。見舉例下三三葉。郭沫若釋挈。見甲骨文字研究釋挈。華石斧釋氏。見文字系象人弟七。按孫郭說殊誤。華說是也。依字形言之。即氏字。卜辭𥁕字作。从从一也。與金文氏字作正同。氐較氏下多一橫畫。是氐本从氏。以聲言之。氏照紐。氐端紐。古讀照歸端。卜辭氏字應讀作氐。氐亦照紐字。說文。厎。柔石也。从厂氐聲。又底。山居也。一曰下也。从广氐聲。段注云。底訓止。與厂部厎訓柔石引伸之訓致也至也迥別。又云。顧亭林分別厎底不同義。不知古無从氐之底。厎與底爭首筆之有無。按古文从厂从广無別。且氏氐聲通。說文强分厎底為二字。失之。惟經傳相沿訓致者通作厎。爾雅釋言。厎。致也。書堯典。乃言厎可績。釋文引王云。厎。致也。顧命。敷重厎席。鄭注。厎。致也。此訓經傳習見。【釋氏　雙劍誃殷契駢枝】

◉戴家祥　林義光所釋可從。甲骨氏作。金文作巤季鼎厚氏匩，蜷曲的一筆象樹的老根，右旁分出的一筆為支根，支根上的一點或一短橫為指事符號，表示支根之所在，為象形兼指事字。後漢書郡國志涼州安定郡「烏枝」，漢書作「烏氏」，師古讀氏為支，梁統傳亦作「烏支」。支氏一聲之轉，史籍通叚，而氏的初義正與支密切相關。廣韻寘部、玉篇四零九、說文羽部均收翍的重文翄，以鳥的身軀為主體，鳥翼分在兩旁，因而稱作翍翄，玉篇二八二軝的重文為軙。詩・小雅・采芑「約軝錯衡」，詩詁訓軝為「轂之旁出者也」。考工記正軝之名曰：「凡在輪中者通名為轂，轂之旁出者為軝。」可見，氏、支作為聲符互換，並非單純音通的緣故，進一步說明了氏的初義是支根。氏在周代引申為貴族宗法系統的稱號，表示父權制成立之後的血緣關係，由母權氏族社會的女姓分化而來。左傳隱公八年「天子建德，因生以賜姓，胙之土而命之氏」，氏又與土密切關聯，借支根的氏表示受土的姓氏，順之成理。巤季鼎「巤季作嬴氏行鼎」，龏盤「媿氏其眉壽萬年用」，氏都是姓氏的意思。【金文大字典中】

甲二九〇八 甲三二四九 乙九九四 乙二一一七 乙二三三四 乙二一五〇 乙二一五八 菁三・一 乙八五一四 京津二五一二 鄴二下・三六・九 鄴二下・三五・一二 存一二八五 存下七二九 【甲骨文編】

氒 說文木本从氏大於末讀若厥莊子若厥株拘列子作若橛株駒殷敬順曰橛說文作氒是知氒為橛之古文亦為厥之古文敦煌本隸古定尚書厥皆作氒史記引尚書多改作其 盂鼎 吮正氒民 畧作氒卣 大保簋 天君鼎 美爵 㝬鼎 向卣 伯𡨦卣 庚贏卣 矢尊 矢簋 𧻚鼎 師旂鼎 能匋尊 趩簋 迭盤 欮簋 無仲卣 農卣 小臣謎簋 司土司簋 井侯簋 辛鼎 班簋 彧鼎 彧簋 獻伯簋 周窓鼎 趞鼎 師袁簋 倗尊 衛盉 五祀衛鼎 牆盤 師𩛥鼎 曶鼎 𤼷鐘 彔作乙公簋二 女尊 友簋 昜𠭯簋 封簋 伯中父簋 追簋 師望鼎 芮伯簋 蔡姞簋 㝬鐘 大鼎 井人妄鐘 散盤 克鼎 格伯簋 師害簋 番生簋 毛公𢉩鼎 兮甲盤 虢弔鐘 都公簋 秦公簋 邾公牼鐘 邾公釛鐘 邾公華鐘 攻吳王監 姞□句鑃 中山王嚳鼎 中山王嚳壺 中山侯鉞 以敬氒衆 王孫真鐘 䍙作北子簋 義仲鼎 都公鼎 攻敔臧孫鐘 邾弔鐘 䍃氒吉金 从口 蔡侯𩐼鐘 延中哷譓 王子午鼎 敬氒盟祀 【金文編】

刀直背 右氒 晉原 刀弧背 冀滄 刀弧背 冀靈 刀弧背 反書 冀滄 仝上 刀弧背 左氒 反書

典一〇九五 【古幣文編】

乁 又泉—洄(甲2—25)—田(?)魚(乙1—15) 【長沙子彈庫帛書文字編】

乁 詛楚文 大沈氒湫 【石刻篆文編】

氒 袁安碑

◉許 慎 氒木本。从氏。大於末。讀若厥。居月切。【説文解字卷十二】

◉劉心源 乁自宋人釋乃釋及。至今相承。余向亦沿譌。攷説文古籀補乃下引邾公鐘乁字云。江聲古文尚書從汗簡改厥為氒。汗簡氏部氒下注云。厥出尚書。許氏説氒讀若厥。疑壁經乃字本作乁。漢人讀厥。遂改作厥。今彝器無厥字。心源案。厥乃二字彝器中叓見。後人不能辨。概認作乃。非漢人改乃為厥也。説文乃作𠄎。亦篆作𠄎。云曳䛐之難也。象气之出難。𠄎古文乃多一曲筆。又部及古文作乁𠄎。與乃近。故鐘鼎家謂乃及同字。氏部氒。木本。从氏。大於末。讀若厥。案列子若橜株駒。殷敬順曰。橜説文作氒。即氒字。許於木部橜明云弋也。弋下云。橜也。象折木衺鋭。箸形。从厂。象物挂之也。案亦作杙。今之木樁也。殷氏不引而目氒當之。蓋知氒為橜之古文矣。許所謂木本大於末。正指乁而言。乁之丨益肖。凡括适活聒等字皆从氒。小篆如此。隸書从千而氒乃無人識矣。經傳厥字作其字解者。乃偕字。厥。説文云。發石也。古文用氒亦偕字。即橜。亦作橛。吾楚船户泊船下樁謂之打橛。即木本大於末者也。器刻氏字作乁克鼎尹氏乁矢人盤師氏。氒作乁見上。故許云氒从氏。陳矦因資敦荅揚乁德。多父盤乁事利于辟王。或釋丂。非。邾公牼鐘罤乁吉金。姑馮句鑃罤乁吉金。静敢洎小臣洎乁僕。余向釋作人。非。目及此鼎之乁。莫不从氏。是氒字也。即厥。古刻厥乁乃𠄎二字文義皆通。惟篆形不可混。氏象岸堆落墮形。故从乚。氒字从此象折木衺鋭形。𠄎弓。一筆左右曲之。象出气之難。今略舉二字同出一銘者證之。如牧敢云。乁紹庶有咠。舊釋及。又云伺匐乁辠召故。舊釋久。又云先王作明荆用于乁紹庶有咠。又云𠄎申政事。又云今余惟緟㝌𠄎命。二厥三乃不同。叔弓鎛云。余經𠄎先祖。余既専𠄎心。又云余圂猷𠄎心。又云虔卹𠄎死事。又云粤乁行師春中𠄎即説文古文乃罰。又云𠄎敢用拜䭫首。又云女康能𠄎九事。率𠄎敵寮。又云𠄎命女弓。又云余弗敢廢𠄎命。又云乁令師乁人名小臣惟輔。二厥十乃不同。目上舊皆釋乃。毛公鼎云圂猷乁德。又云庸集乁命。又云毀𡚱乁辟。又云圂唯𠄎智。又云乁非先告父厝。又云善效𠄎友正。又云在𠄎服𠄎。又云女弗目𠄎辟臽于囏。又云目𠄎族扞敔王身。四厥五乃不同。厥鼎云闢乁匿。又云畯正乁民。又云女勿剋余𠄎辟一人。又云荆𠄎嗣祖南公。又云錫𠄎祖南公旂。又云若敬𠄎正。二厥四乃不同。寅簋云。俾復虐逐乁君乁師。舊釋故。又云敬明𠄎心。又云善效𠄎友納入辟。又云乁非正命。又云𠄎斧市赤

㫖。此了為及。三厥三乃不同。互𩓅篆形。豈得概認作乃。向見趙明誠古器物銘釋楚公鐘[glyph]反了字名曰為故銘曰。寅簋釋文本此。近人釋復齋鐘鼎款識楚公鐘本之。又引盄龢鐘為證。不知盄龢鐘云[glyph]名曰仍是厥銘曰。猶今碑文用其詞曰也。厥者。其也。薛承趙譌。所當糾正。而反引之。何歟。趙之釋故於篆法無稽。亦不過望文生義。所謂想當然耳。[glyph]敔云。[glyph]作[glyph]。亦是厥字。近人吕作厥二字語未畢。釋[glyph]為匕。謂是妣省。不知古人言簡意賅。此即歇後語。蓋就器言之。乃是作厥敔也。史邑彝云作寶。器文止此二字。蓋文為史㠯作三字。又鼎文云作孟姬。亦是此意。何勞釋[glyph]為妣吕求通乎。作匕語亦未畢。

【奇觚室吉金文述卷一】

◉林義光　古作[glyph]孟鼎。作[glyph]司徒司尊彝。作[glyph]邾公釛鐘。象木始生根形。●亦象穜。【文源卷一】

◉郭沫若　余謂氒乃矢桰字之初文也。説文：「桰，檃也，从木𠯑聲。一曰矢桰檃弦處。」桰从𠯑聲，𠯑又从氒省聲，故桰氒同音。矢桰，檃弦處之桰，此氒字也。古矢桰之形近，始為羅振玉所發現，其貞松堂集古遺文卷十二二十七箸録矢括三器，均有左字，今撫其第二器如次：甲為原圖，乙示其無字之面而横置之。

矢在弦上乃横置，故氒取其横。釳鐘之[glyph]、吳盤之[glyph]、首括處均含一點，蓋弦之斷面。

羅氏云：「形如戈鐓而小，旁有小鉤下俯。予初不能定其名。嗣讀釋名釋兵言：『矢末曰括，括，會也，與弦會也。括旁曰義，形似義也。』乃知此物確為矢括。」此攷至確。知此，請圖前器無字之面而横置之，非即古氒字所象之形耶？【釋氒氏　金文叢考】

◉馬叙倫　鈕樹玉曰。繫傳作木本也从氏而大於末也。沈濤曰。六書故云。蜀本作大於本。大於末大於本皆不可通。小徐作從氏而大於末也亦不可解。段玉裁以為當從氏丅。本大於末也。亦無所據。孔廣居曰。氏訓山岸之欲隊落者。與木本之義無涉。當從一。一者。地也。達於地下者。木本也。氏聲。王筠曰。氒氏之從氏也。從其義也。乃氒之義曰木本。氏之義亦曰本。而氏之義則隴氏。其義不相比附。不言從一。知闕誤多矣。翟云升曰。當作木本從氏下貫一一地也。朱駿聲曰。一指事。林義光曰。氒古作[glyph]孟鼎[glyph]司徒司尊彝[glyph]邾公釛鐘。象木始生根形。容庚曰。莊子。若厥株枸。列子作若橛株駒。

氏

殷敬順曰。橜。說文作氒。是知氒為橜之古文。亦為厥之古文。敦煌本隸古定尚書厥皆作氒。史記引尚書多改作其。盂鼎。畯正民。倫按孔謂氏為山岸之欲隊落者。與木本義無涉。是也。其說則非也。如其說則與氏何殊。林說實不得其象。容說未能釋其形義。但謂氒為橜之古文。其實古文尚書以氒為厥。氒非即厥橜之初文也。尋莊子之厥。實橛之省。氒厥聲同脂類。故得通用。木本也者。借為柢。木部。柢。木根也。柢從氏得聲。氏從氏得聲。氒實氏之後起字。蓋以氏為姓氏之氏專偁。復增十聲耳。金文氏字有作盂鼎向卣器作氒卣克鼎大保敦毛公鼎遣叔敦格伯敦彔伯敦諸形。而邾公釛鐘之。攻吴盤之。直皆從十得聲。與氏字同。即克鼎之亦然。其作者。或象形。即以𠂤為厥。或亦從十而變也。十音禪紐。古讀歸定。羣定皆濁破裂音。故史記氒字作其。其音羣紐也。古讀羣亦歸見。故氒讀若厥。凡此皆足證明氏氒實一字。𠂤音今在端紐。氒讀若厥。音入見紐。端見同為清破裂音。亦𠂤氒為轉注之證。字蓋出字林。故說解如此。【說文解字六書疏證卷二十四】

氏 虢金氏孫盤 【金文編】

4·128 余氏 【古陶文字徵】

氏 日甲一 二例 日乙九八 【睡虎地秦簡文字編】

漢歸義氏司馬 魏率善氏邑長 魏率善氏佰長 【漢印文字徵】

石碣汧殹 其𦹢氏鮮 【石刻篆文編】

氏丁兮切 【汗簡】

汗簡 【古文四聲韻】

◉許 慎 至也。从氏下箸一。一。地也。凡氏之屬皆从氏。丁礼切。【說文解字卷十二】

◉商承祚 乃氏羌之氏。小篆作乃其從出。卜辭有合稱氏羌或單稱氏或羌者。【福氏所藏甲骨文字釋文】

◉馬叙倫　鈕樹玉曰。韻會引作本也至也。朱琦曰。小徐本有本也二字。是氏與柢通矣。饒炯曰。氐即底之古文。王襄曰。殷契有□字。華石斧先生釋氐。通作地。倫按甲文有□□。父丁盉亦有□字。皆氐字也。甲文又有□字。從□亦氐字。若□則非也。□或□之異文。氐為地之轉注字。氐從氏得聲。氐音禪紐。古讀歸定。地音定紐也。從一。氏聲。一者。地之初文也。說解非許文。或此部出字林也。石鼓作□。鍇本本也。或傳寫涉氒字說解而誤衍。或古以氐為柢。呂忱列異訓。【說文解字六書疏證卷二十四】

◉唐　蘭　□舊多不釋。孫詒讓釋侶讀為呂。契文舉例下三三。王襄引華石斧說釋氐謂通作地。類纂正編五六。郭沫若釋挈。甲骨文字研究。余按以字形言，王、華之說較近。卜辭別有□字或作□，郭釋盄甚是。金文餘釋之餘三六。盄當即說文菹重文之盄，蓋氐本從氏也。□既盄字則□當釋氐無疑。□畧變為□為□，則為氏，於其下作地形則為氐字矣。此云氐牧，疑讀為眂。他辭云氐衆及氐王族之類疑當讀為提，提者挈也，郭釋挈，義雖是而字則非矣。【天壤閣甲骨文存考釋】

◉魯實先　□與□□並象土石旁箸欲墒之形。作□者乃□之譌變。隸定俱宜為氐。自□衍而為氏。猶自□衍而為□。此卜辭所以作□。小篆所以作氐也。凡物之墒者必下至於地。故氐下从一以象地。而孳乳為氐。是氏為氐之初文。此以文字演化之序言可證。先民當以氏氐為一字也。⊘攷之廣韻。凡从氏支只聲之字竝入五支。凡从氐耆二聲之字竝入六脂。然以楷列之五支。以歧泜疷歸於六脂。此可證支脂二韻可以互通也。凡从是虒二聲之字言古音者。竝以與氐為疊韻。或兼雙聲。與从氐聲之字音部乖隔。然廣韻乃以醍緹䞁堤𪎋媞遞與从氐聲諸字竝入於十一薺。以只及从氐聲之坻砥與氐紙抵泜竝入於四紙。此可證氏氐二聲固相混用也。以漢人之說考之。則劉熙釋名以砥訓紙。楊君作頌石門頌借詆為氐。是知氏氐本自無殊。此以聲音言可證氏氐為一字也。【卜辭姓氏通釋之一　東海學報一卷一期】

◉李孝定　契文作□若□。象人側立。手有所提挈之形。其初義當為提。以形近於氏之古文。至篆文遂譌為「氏下箸一」之□耳。氒本象矢栝形。以與氏形相近。故篆文之氒亦譌為「从氏下」。其故與此畧同。【甲骨文字集釋第十二】

◉許　慎　⿰氏垔卧也。从氏。垔聲。於進切。【說文解字卷十二】

◉馬叙倫　桂馥曰。玉篇。⿸厂垔。仆也。廣韻。⿸厂垔。赴也。疑赴字譌。王筠曰。廣韻。⿸厂垔。趺。疑卧字誤。朱駿聲曰。玉篇音致。仆也。則謂從垔氏聲。倫按疑從卥坻聲。為西之轉注字。西坻聲同脂類。故訓卧也。當入西部。今譌為從氏垔聲。而音亦誤矣。字當出字林。【說文解字六書疏證卷二十四】

⿰氐失

◉許　慎　觸也。从氐。失聲。徒結切。【説文解字卷十二】

◉馬叙倫　錢坫曰。此左傳迭我殺地字。倫按觸也者。牛部。牴。觸也。此從氐不得有觸義。蓋氐之轉注字。氐音禪紐。⿰氐失從失得聲。失音審紐三等。同為舌面前音。字蓋出字林。【説文解字六書疏證卷二十四】

⿱臼氏

◉許　慎　闕。臣鉉等案。今篇韻音皓。又音效。注云。誤也。【説文解字卷十二】

◉馬叙倫　徐鉉曰。案今篇韻音皓。又音效。注云。誤也。徐鍇曰。按一本云。許氏無此字。此云家本無注。疑許慎子許沖所言也。鈕樹玉曰。博雅訓誤。玉篇音乎孝切。引聲類云。誤也。嚴可均曰。云闕。云家本無注。云許氏無此字。三本不同。皆校語。王筠曰。許沖上説文時。許君故在。安得作此言。此皆校者詞也。⿱臼氏字蓋後增。從氐不能得誤義。倫按此字自出字林。字林多據聲類也。【説文解字六書疏證卷二十四】

戈

甲六二二　方國名　東戈　西戈　南戈　北戈　乙六六九〇　乙七一〇八　戈人　鐵二八・三　前六・三八・三　後一・一〇・一一　後二・八・一〇　存下四七　粹二二一　存一〇七五　戈侯　珠四五八　戈人【甲骨文編】

乙4718　珠458　1430　1431　續5・10・1　徵2・31　11・60　龜卜121　124【續甲骨文編】

戈　象形　罍文　簋文　卣文　尊文　鼎文　戈网卣　觶文　戈卬盉　戈辛觶　戈父丁簋　戈妣辛鼎　蘇作且己罍　𠀉戈爵　𪒠戈盤　戈父戊盉　家戈父庚卣　㝢簋　宅簋　𢦏簋　師奎父鼎　休盤　寰盤　五年師旋簋　伯晨鼎

無叀鼎 不𣪘簋 虢大子元戈 不昜戈 高密戈 蔡侯𩛥戈 單䳔戠戈 郯竝果戈 曹公子戈 楚公豪戈 宋公欒戈 吳王光逌戈 □之用戈 楚王酓章戈 王子孜戈 子䀠戈 自作用戈 从金 成陽戈 陳𠂤鍇戈 陳𦥑子戈 【金文編】

1·3 獨字 1·34 同上 1·35 同上 1·62 同上 【古陶文字徵】

〔七四〕 〔二〇〕 〔三六〕 〔二〕 〔二〕 〔三九〕 〔二八〕 〔四〇〕 〔三六〕 〔三六〕 〔三八〕 〔四七〕 〔四二〕 〔四二〕 〔三九〕 〔二〕 〔六八〕 〔二〇〕 〔三七〕 〔三六〕 〔四〕 〔二五〕 〔三九〕 〔五〇〕 〔二〕 〔二〇〕 〔七二〕 【先秦貨幣文編】

布空大 典五七一 仝上 典五七二 仝上 亞二·九七 布方 典四九 金文宅簋作甗父鼎作空首布有武字所从戈字作者見武字 【古幣文編】

戈 日甲五八 二例 日甲四七 十一例 【睡虎地秦簡文字編】

李家浩《戰國𨚕布考》讀弋 敬之毋—(甲11—6) 又讀為隔 李家浩《戰國𨚕布考》讀代亦通 四神相—(乙4—2) 【長沙子彈庫帛書文字編】

3237 成陽戈亦从金。 【古璽文編】

戈船候印 【漢印文字徵】

戈 【汗簡】

戈 汗簡 【古文四聲韻】

◉許　慎　戈平頭戟也。从弋。一橫之。象形。凡戈之屬皆从戈。古禾切。　【說文解字卷十二】

◉孫詒讓　「□□卜貝立自[glyph]」，四之三。[glyph]即「戈」字。《說文・戈部》：「戈，平頭戟也。从戈，一衡之，象形。」此形略省。凡偏旁从戈之字如戈詳《釋貞篇》、𢦏、戛詳前之屬亦皆从[glyph]，戊、戌二字本非从戈，然形亦同。是也。　【契文舉例卷下】

◉羅振玉　[glyph][glyph][glyph][glyph][glyph]　戈。全為象形。丨象柲。一象戈。非从弋也。古金文或作[glyph]。形已失矣。許君於象形諸字多云从某者。因字形失而誤會也。　【增訂殷虛書契考釋卷中】

◉林義光　古作[glyph]立戈父丁器。象戈在柎上形。∩象柎。所以立戈。變作[glyph]師奎父鼎。　【文源卷二】

◉馬叙倫　鈕樹玉曰。繫傳戟作較譌。韻會象形下有也字。王筠曰。從弋一橫之。後人增也。龔橙曰。[glyph]見器名。篆誤戈。誤說從弋一橫之。馬衡曰。考工記。冶氏為戈。廣二寸。內倍之。胡三之。援四之。重三鋝。戟。廣寸有半寸。內三之。胡四之。援五之。與刺重三鋝。鄭玄曰。戈。今句孑戟也。內謂胡以內接柲者也。長四寸。胡六寸。援八寸。鄭司農曰。援。直刃也。胡其孑。戟。今三鋒戟也。內長四寸半。胡長六寸。援長七寸半。三鋒者。胡直中矩。言方正也。鄭司農曰。刺謂援也。玄謂刺者。着柲直前如鐏者也。戟胡橫貫之。胡中矩。則援之外句磬折歟。鄭以句孑戟釋戈。以三鋒戟釋戟。皆以漢制為釋。漢雖有戈戟之名。已變其形制。東漢畫象中所圖兵器。直刃如矛。而旁有枝作[glyph]形者。殆即鄭所謂句孑戟歟。宋黃伯思東觀餘論銅戈辨。謂戈為擊兵。可句可啄而非用以刺。是以橫而勿縱。兩旁有刃橫置而末銳若鋒劍者。所謂援也。援之下如磬折稍剄而漸直若牛頸之垂胡者。所謂胡也。胡之旁有可接柲之迹者。所謂內也。以其說證之今所見實物。可悟鄭說之失。清程瑤田考工創物小記取黃說反復引申。而據所見之戈之內末有刃者。定名為戟。謂冶氏言戈戟皆有援胡內。所不同者。戟有刺而戈無之。今見古戟。其內末之刃即所謂刺也。程說稽之經文。考之實物。殆無一不合。倫按戈訓平頭戟。而戟訓有枝兵。皆非許文。蓋呂忱或校者見實物而據以為釋也。漢之戈戟。制或異古。亦自可能。然漢畫象之作荷戈形者。其戈作[glyph]。金文戈字師奎父鼎作[glyph]。宅敦作[glyph]。蔡侯戈作[glyph]。甲文作[glyph][glyph][glyph]。金器如戈鼎之文作[glyph]。戈五甗之文作[glyph]。荷戈父癸鼎文中所荷之戈作[glyph]。荷戈形父乙卣之文作[glyph]。而執戈盾形且丁尊文中所執之戈作[glyph]。要皆安柲之戈。非戈之本形矣。去其柲之部分。則唯荷戈父癸鼎文略與實物形近。戈五獻之文亦尚可辨。　【說文解字六書疏證卷二十四】

◉郭寶鈞　出土戈制，與諸家所考略同，惟有二事，為舊説所未詳者，即柲之兩端是已。柲之首端，馬衡氏據古象形字，定為曲首，謂「曲其首以向後，則重心不偏，即記文所謂欲無彈」（戈戟之研究）。此自得一部之真實。然古象形字有□形（書契前編六卷三十八頁）□形（八卷三頁）□形（師全父鼎）□形（休盤）□形（葵侯戈）……者，則曲首一式，實不足以盡之。辛村發掘得□形物十餘，與戈同出，皆角質，半面削平，半面歧出有穿可縛，歧出面與戈内同向，用縛柲首，恰為適合，因悟契文金文戈作歧首，正柲首之寫實也。蓋旌旗竿首，古皆有飾，「孑孑干旄」，以牛尾為飾；「崇牙樹羽」，以牙羽為飾，故軍前大旗，謂之牙旗，「祈父予王之爪牙」，封氏聞見録謂「象猛獸以爪牙為衛」，朱熹謂「鳥獸所用以為威者也」。㫃旗古篆，竿首上見者，皆作歧首，即爪牙形。戈柲之首，亦若竿旗，則於柲上飾獸角以為威，正復同類。不然，戈之古篆，「從一衡之」，既象戈形矣，上復歧出，何為者？

戈文歧首，設果為角所演化，則柲下著横，當亦有因。程瑶田謂：「其下作□或作□，明著木根椓去不全之形，其作□者，則木根之全者也。」木根削治之全否，乃偶然之事，與制度本身無關，不當著為定例，形成文字。徐同柏曰：「戈柄下垂，所以植也。」但古之鐏錞，從無作三垂狀者。馬衡氏謂：「戈字之下作為巾字形者，謂以革或繩縛錞鐏於柲末，而以其餘系垂於左右也。巾為佩巾，亦下垂之象。」然契文戈下皆著一横，並不為巾，是此説亦未可盡信。余頗疑柲下之横當為木製之鍵，用以增加挽力者，蓋戈觸敵人，必竭力内勾，始成其殺敵之功，勾之之時，若僅憑手腕，握力有限，柲有時或滑手而脱，倘加鍵於柲末，横穿若十字，則一手運柲，一手扣鍵，勾之之時，縱援可脱折，而柲求無滑手之慮矣。【戈戟餘論　歷史語言研究所集刊五本三分】

◉陸懋德　所謂戈者，前有援，後有内，下有胡（見後附圖二），已詳于周禮考工記。但其裝置之法，自漢人武梁祠畫像誤作其刃向上（見畫内夏桀圖），遂引起許多問題。由是自漢人鄭康成，至清人戴東原，皆不能確定其形。自宋人之三禮圖，至清人之圖書集成，皆不免誤繪其狀。余考説文曰：「戈，平頭戟也。」此解最為簡明正確。自其為平頭，則其刃必當向前，而其體必當横縛于柲上（即柄上）。宋人黄伯思作銅戈辨（見黄氏東觀餘論卷上），首先主張此説，與説文所言正合。惜乎後人于此多不注意，而竟誤其裝置之法。由是戈雖為古人習用之兵器，而被後人誤解久矣。自此以來，直至清人阮文達揅經室一集卷五，及程易疇考工創物小記卷七，始有横裝于柲上之戈圖。阮程二氏皆是根據實物，重繪戈圖，而後説文「平頭戟」之説，由此復明于世。其後陳蘭甫作戈戟圖説（見陳氏東塾集卷一），其所繪之戈圖，即本于阮程二氏之書，故其説亦不誤。甲骨文之戈字作□（見羅氏殷虚書契前編卷六第三一葉），正象横刃裝置于柲上之形，此即説文所謂「平頭」也。余所藏有金字戈，其内上之銘文戈字，即作平頭形，尤為明確之

證。然而顧命篇謂之「執戈上刃」,於此又引起許多誤會。大約漢人武梁祠畫像作戈刃向上,其誤即由于此。然劉申受謂「上刃」刃向前也(見劉氏今文尚書集解卷二五)。此解甚為精確,足以補前人書注之缺,而正武梁祠圖像之誤。劉氏所謂「刃向前」者,仍是指戈平頭橫裝于柲上,故其刃不向上而向前也。所謂「執戈上刃」,本意正是如此。近世出土之周公戈(見鄒氏周金文存卷六第八葉),與余之金字戈同,其形式最為正確。如後第二圖。

第二圖　戈

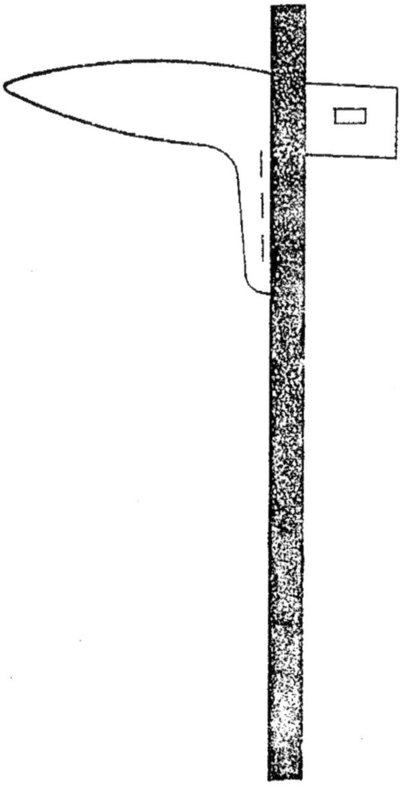

【書經顧命篇侍廷所執兵器考　燕京學報第三十八期】

◉張日昇　戈字金文有二形。一作□。間或內無垂飾。有援與內。柲身直。柲首曲。與內同向。柲末作□。所以植也。此最古象形字。一作□。柲身彎。柲首旁有斜枝。郭寶鈞謂戈首岐出乃獸角以為威。斜枝下有橫畫。象援與內。柲末橫畫蓋□之變。郭氏謂乃木鍵。以增挽力者。竊以為實所以植戈者。亦即如□戈盤□一戈爵□兩戈字。柲末之鐏同一作用。特其形制不同而已。甲骨文戈字亦有二形。一作□。一作□。柲身直則柲首曲。柲身彎則柲首旁有斜枝。此兩形適與金文相應。凡以戈為偏旁者亦莫不如此。疑以木為柲者其縱畫直。以積竹為柲者其縱畫彎。竹柔韌。可揉直。聚竹為柲。更勝於木。縱畫彎直以見柲之為竹為木。非謂竹柲彎也。金文必作□。从□八聲。□乃柲之象形。而必乃後起形聲字。柲上加援內。遂為戈矣。【金文詁林卷十二】

◉李孝定　戈或作□,內端有垂飾,甲骨文戠字作□,垂飾下着「目」形,古文字往往以目代首,軍戰斬獲,或即以敵首懸之內

端，以供獻誠也。【金文詁林讀後記卷十二】

肇 不从戈 滕虎簋 肁字重見 服尊 季魯簋 㦰鼎 長甶盉 曆鼎 彔伯簋 師朢鼎

弔向簋 師𩛥鼎 㝬鐘 毛公厝鼎 不䵼簋 不䵼簋二 多友鼎 商䣙簋 交君匜

鑄子鼎 鑄子匜 伯梡虘簋 魯司徒仲齊簋 禾簋 齊陳曼匜 諆鼎 伯吴盨

單伯鐘 㝨肇家鬲 善鼎 本鼎 魯司徒仲齊盤 師寰簋 蔡侯𨭉尊 衛鼎

从章 𤖺盤 【金文編】

◉許　慎　戭上諱。臣鉉等曰。後漢和帝名也。案李舟切韻云。擊也。从戈。肁聲。直小切。【説文解字卷十二】

◉方濬益　聿為肇之省文。【甚諆臧鼎　綴遺齋彝器款識考釋卷四】

◉高田忠周　攴者。繫也。肇字會意顯然。又戈戟者所以擊之物也。戈攴當通用。又金文攴又通用。故肇亦作肈。見攴部。又古攴力通用。故肇亦作勅。見肇下。攴手亦古通用字。而金文撲字作㩯。如此則肈肇同字。不足異矣。肈經傳多見。金文少見。肇金文多見。經傳少見。【古籀篇二十六】

◉吴闓生　肇之省文每作戍。訴鼎訴戍作旅鼎。斐鼎斐戍作寶旅鼎。説者以訴戍斐戍為人名。不知其云戍者皆肇也。勅鼎勅作丁侯尊彝。易户為自。移攴于下而加口焉。仍肇之變體。蓋合啟肇為一字也。甚諆臧鼎云。甚諆臧聿作父丁尊彝。吴以臧為臧。以甚諆臧為人名。不知臧聿合為肇字。諆即其也。遂啟諆鼎云。遂戍諆作廟叔寶尊彝。説者以遂啟諆為宣王功臣。題詠歌頌者不絶。實則啟諆即肇其耳。初無遂啟諆其人也。寧敦寧肇諆作乙考尊敦。其確據矣。【衛鼎　吉金文録卷一】

◉馬叙倫　徐鉉曰。後漢和帝名也。按李舟切韻云。擊也。从戈。肁聲。倫按以上諱次於前也。繫傳擊也校語。【説文解字六書疏證卷二十四】

◉楊樹達　余頃重理周金文，見文中多用肇字，位於語首，往往無義可求。如陳𡝩簠云：「齊陳𡝩不敢逸康，肇堇經德。」按堇假為

勤。經德者，書酒誥云：「經德秉哲。」肇字無義可説，其一事也。他如彔伯𢦚𣪕云：「王若曰：彔伯𢦚！繇！自乃祖考有捪于周邦，右闢四方，惠弘天命，女肇不㒸墜。」師寰𣪕云：「今余肇命女率齊𠂤帀釐僰及左右虎臣征淮夷。」善鼎云：「余惟肇𤔲先王命，命女左世𠫑侯。」𨗇鼎云：「𨗇肇從𨔏征。」叔向父𣪕云：「余小子司嗣朕皇考，肇帥井型先文祖共明德。」師望鼎云：「望肇帥井皇考，虔夙夕，出内王命。」魯士商𠭯𣪕云：「魯士商𠭯肇作朕皇考叔猒父𨸑𣪕。」交君簠云：「交君子△肇作寶簠。」鑄子鼎云：「鑄子叔黑頤肇作寶鼎。」諶鼎云：「諶肇作其皇考皇母者比君𪔅。」諸肇字皆無義。或有釋肇為始為敏者，非也。余更求之於詩書，則亦有然。書酒誥曰：「肇牽車牛，遠服賈，用孝養厥父母。」肇字無義，偽孔傳釋肇為始，非也。文侯之命曰：「汝肇刑文武，用會紹乃辟，追孝于前文人。」汝肇刑文武，謂汝法文武，此猶叔向父𣪕云肇帥井先文祖，師望鼎云望肇帥井皇考也。詩周頌小毖曰：「肇允彼桃蟲，拚飛維鳥。」肇字亦無義，鄭箋釋肇為始，非也。【肇為語首詞證　積微居小學述林卷六】

◉丁山　庚申卜，勿⿰申戈受。文録·570

丙申卜，貞，⿰申戈馬，左右中人三百，六月。前·3·31·2

⿰申戈字从戈，从户，當是肇之初文。肇，在金文中常見之，云：

汝肇不墜。彔伯𢦚𣪕

王肇遹眚文武，勤疆土。宗周鐘

不𡢁：汝小子，肇誨于戎工。不𡢁𣪕

父厝，今余唯肇巠先王命。毛公鼎

肇之言始也，謀也，今本詩書多譌為肇字。説文：「肇，擊也。」此就从攴為説也。實則肇上所从之⿰户戈，猶是甲骨文⿰申戈字正寫，象以戈破户形；使户為國門之象徵，則戉之本誼，應為攻城以戰之朕兆，卜辭曰：「百人戉。」曰：「戉馬，左右中人三百。」皆謂戰爭之先鋒；曰：「戉受。」蓋謂始受矣。【殷商氏族方國志　甲骨文所見氏族及其制度】

 前八·一一·三  京津四〇〇〇【甲骨文編】

 摭續124  前8·11·3【續甲骨文編】

戎 戎 盂鼎 班簋 㦰鼎 臣諫簋 師同鼎 不𡢁簋 翏生盨 虢季子白盤 多友鼎 眉敖簋 事戎鼎 邾伯御戎鼎 秦王鐘 𠭯簠鐘 嘉賓鐘 【金文編】

3·117 繇衢東匋里戎 5·111 咸戎里旗 5·112 咸卜里戎 5·270 左戎 5·271 獨字 【古陶文字徵】

戎 布空大 豫伊 【古幣文編】

戎 法一一三 【睡虎地秦簡文字編】

撫戎司馬 戎能私印 戎處私印 高戎奴印 𢦏戎私印 瘳皮戎印 戎當時 臣戎 戎冬□ 張戎私印 薄戎奴 戎閒 戎拾 李戎私印 左戎私印 戎賢之印 戎充國印 【漢印文字徵】

石碣田車 避戎止阹 【石刻篆文編】

戎 戎張揖古文 【汗簡】

道德經 竝張揖集 【古文四聲韻】

◉許 慎 戎兵也。从戈。从甲。如融切。【説文解字卷十二】

◉孫詒讓 白下𢦒字與後彔伯戎敢𢦒字正同。後吳釋為戎。此無釋。考説文収部云。戒。警也。从収持戈以戒不虞。此从𠔿。與収不類。吳大澂引舊釋為戎。近是。蓋當為从戈𠔿聲。説文夊部。𠔿古文終字。後井人鐘三之一頌鼎頌敢一二之一二終字並作𠔿。疑即戎之異文。説文戎从甲。此以聲類變从𠔿。於字例亦得通也。【古籀餘論】

◉羅振玉 説文解字。戎。兵也。从戈从甲。卜辭與古金文从戈从十。十。古文甲字。今隸戎字尚从古文甲。亦古文

多存於今隸之一證矣。【增訂殷虛書契考釋卷下】

◉郭沫若　戫葢戎字之異，从戈用聲，句父之氏也。舊釋為勇，不確。【鄭戫句父鼎　兩周金文辭大系圖録考釋】

◉馬叙倫　鈕樹玉曰。繫傳作從戈甲。甲古文甲字乃後人說。承培元曰。甲當作十。徐灝曰。甲乃十之譌。古文甲作十。戎之隸變從十。故云。此後人記注之語。倫按戎從戈十聲。甲從十得聲。詳甲字下。故盂鼎作𢦦。虢季子白盤作戎。甲文作甲。皆從十。戎訓兵也。兵為防備之防本字。防音奉紐。十音禪紐。因為次濁摩擦音。是轉注字。字見急就篇。【說文解字六書疏證卷二十四】

◉饒宗頤　丁卯卜，㱿貞：賁（方）其戠（戎。）（拾遺四・一七）　按戠即戎，戎，興兵也。說詳卜辭義證。【殷代貞卜人物通考卷四】

◉徐中舒　乙八一四四　象左持盾而右執戈之形。或釋戫金祥恆《續甲骨文編》，不確。此字與金文且丁尊形同，當會威武之義，疑即戎之初文。戎字甲骨文作，金文作𢦦盂鼎，皆象戈盾之形，惟省人形耳。【甲骨文字典卷十】

◉徐中舒　京二二一四　從戈從中，中象盾形。舊釋戦，不確。商代金文有父辛甗，象人一手持盾、一手持戈形，即此形省文。後金文作𢦦盂鼎，仍不失盾形。至戎不㽙簋、戎虢季子白盤乃譌從十，十與金文甲字形同，後世遂誤以戎字從甲。古戎族善用戈盾，故稱之為戎。《說文》：「戎，兵也。从戈从甲。」

續五・八・二　字形近戎，疑為戎之異體。疑為國族名。

乙四六九二　甲一六七四　從戈從中，中疑象盾形，故疑此字為戎之異體。

後下一四・一二　從我從中，中象盾形。與戎之構形類似，疑為之異體。【甲骨文字典卷十二】

戣

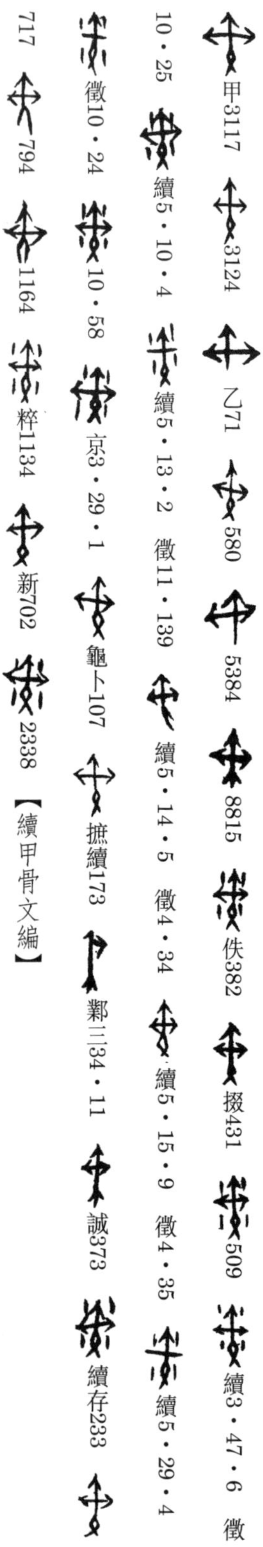

【續甲骨文編】

□ 戰

◉許　慎　□周禮。侍臣執戣立于東垂。兵也。从戈。癸聲。渠追切。【說文解字卷十二】

◉周慶雲　兩罍軒所藏周戣戣作□。此作□。均戣之變體也。【周冀鑄戣　夢坡室獲古叢編】

◉馬叙倫　鈕樹玉曰。繫傳禮作制。制當是書。今見顧命。桂馥曰。周禮以下十字韻會引在癸聲之下。王筠曰。當依韻會。莊有可曰。本止作癸。癸本作□。古𣗥字。即戟也。倫按集韻引字林。兵也。蓋本作兵也。從戈。癸聲。校者加周制侍臣執戣立于東垂。兵也者。謂兵器也。字或出字林。【說文解字六書疏證卷二十四】

◉馬叙倫　癸父乙卣　□為戣之初文。戴侗以為即書一人冕執戣之戣。是。鄭玄書注。戣。三鋒矛也。此正象三鋒而下有鐏。說文作□者。由金甲文變作□。其體衺者。器卧於地與立於地之異也。【讀金器刻詞卷上】

【續甲骨文編】

□古尚書　□　戰　竝籀韻【古文四聲韻】

◉許　慎　□盾也。从戈。旱聲。矦旰切。【說文解字卷十二】

◉劉心源　□即戰。說文。戰。盾也。乃干戈本字。此用為扞。詩干城左傳解作扞城是也。【古文審卷一】

◉于省吾　卜辭習見□字。孫詒讓釋或。謂古人以或為國。見舉例下二十葉。羅振玉疑亦戈字。見商氏待問編。按孫羅說並非。□當即後世戰字。說文。戰。盾也。从戈旱聲。□字从戈从□。其省中畫者。借戈柲之豎畫為之也。□即毌字。象方盾形。卜辭作□□□□□等形。金文作□□□□□□等形。郭沫若謂毌實古干字。又謂盾上飾以析羽。而以下出為蹲。遂演化成為干字之形。見金文餘釋釋干鹵。按郭說非是。毌形無由變作干。毌干以音近相通。前五·三九·二有□字。商氏類編孫氏文編均列入毌字。誤矣。佚存六〇四亦有□字。□即□。二書拓本已殘。下端應有横畫。粹編九一六作

申。从申从中一也。申形象縛盾於戈柲之中部。兩器而並用之。以戈句物。以盾自扞。當係从戈毌聲。戰从旱聲。旱从干聲。聲符異耳。然毌干固一聲之轉也。卜辭習見申申字。象兩𢦏一倒一正形。葉玉森以辭例證之。謂與申當為一字。見集釋四·二八葉。按葉説未知然否。商器父年鼎有申字。即申申。其形微異者。一為盾之中部縛於戈之柲。一為盾之側部縛於戈之柲。其為同字。視而可識。戒卣有丮字。戈盾二器不相屬。當亦戰字。説文訓戰為盾。按經傳以干為之。爾雅釋言。干。扞也。孫注。干盾自蔽扞。書文侯之命。女多修。扞我于艱。説文扞作戰。云止也。詩兔罝。公侯干城傳。干。扞也。正義。言以武夫自固為扞蔽如盾。是戰干扞斁音訓並相通。要之。卜辭𢦏字即説文戰字。依文義言之。除用為國名者。並應讀為扞。謂扞禦也。前六·二六·一。弜其隻獲正征𢦏。才東。後下三四·四。見弗隻正𢦏。後下三七·二。三日乙酉。㞢來自東。妻乎毋告旁𢦏。𢦏疑係東方國名。藏八一·三。貞。𤞷歸其乍𢦏。言𤞷歸其作扞禦也。藏十八·一。沚其𢦏𢀛。沚。人名。𢀛。國名。言沚其扞禦𢀛方也。前四·三五·三。𢀛不𢦏。言對於𢀛無須扞禦也。後下四十·十。庚辰卜。貞。宁𢦏𩵋。帚不卣才丝。卜辭𩵋字習見。商承祚謂以文義觀之。疑亦魚字。按商説可從。魚吾古音近字通。金文自稱之吾。均以麆麆為之。書微子。吾家耄遜于荒。偽泰誓。吾有民有命。隸古定本吾並作魚。水經濟水注。逕魚山南山。即吾山也。列子黃帝。姬魚語汝注。魚當作吾。是其例證。毛公鼎。師訇殷。扞敔並省作干吾。卜辭之宁𢦏𩵋。宁係人名。即宁扞敔也。前四·二二·一。庚午卜。曳貞。叀王卿𢦏。言惟扞衛王卿也。後上十八·四。甲辰卜。㱿貞。屰方其爯。隹𢦏。言屰方其有所舉動。惟扞禦之也。甲二·七·九。貞。予見𢦏。佚存七二六。貞。㪤人。叀王自𨓚𢦏。貞。勿王自𨓚𢦏。前四·四五·五。癸巳卜。㱿貞。多馬爯𢦏。拾九·十二。庚子卜。𣪊貞。我勿𢦏衛。續五·三·三。□申卜。𣪊貞。亘𢦏。隹我隹其冬終于之。續六·十二·三。戊戌卜。其𢦏。遺珠一八七。戊其𢦏。凡𢦏字讀為扞。於義均可通也。【釋𢦏　雙劍誃殷栔駢枝】

◉馬叙倫　方言。盾。自關而東或謂之瞂。或謂之干。干為戰之借字。戰音匣紐。瞂音奉紐。同為次濁摩擦音。是盾轉注為瞂。見瞂字下。由瞂轉注為戰也。然盾為自蔽之器。戈乃擊人之兵。何以訓盾之戰而從戈邪。倫謂經記皆作干而無戰字。干讀如扞。戰扞音同。干者音借。不必有其字也。詩小戎。蒙伐有苑。毛傳。伐。中干也。朱珔謂伐蓋瞂之借字。是也。猶王伐之借為坺矣。然中干也不可通。疑中為金甲文中字所從之中。乃櫓之初文。木部。櫓。大盾也。傳本作中也干也。猶王風傳。翿。纛也翳也。亦二訓也。傳寫誤為上下通之中。或校者以中為干之譌。旁注干字於中下。又誤入正文。故今作中干也。小戎釋文。伐。本亦作㦸。倫謂㦸即戰字。然皆即執戈盾形且丁尊之丮。亦即父乙觶之丮。此本周禮夏官司戈盾

戟

者之徽識。實圖語之遺蹟。六書中之會意字往往即用之。此文中之屮。即大之県譌。而日即盾也。金文有作者。可證也。大譌為屮。又迻日於屮上。遂為旱字矣。後人妄讀為從戈旱聲以當經記中之干盾字。不悟其不可也。字蓋出字林。

【說文解字六書疏證卷二十四】

戟 師奎父鼎　五年師旋簋　袁盤　無叀鼎　弭伯簋　休盤　从各 汗簡𢦏釋格　滕侯昊戟　商鞅戟　弔子戟　元阿左戟　新弨戟　㪿戟 【金文編】

〔二二〕〔二二〕〔四二〕〔三七〕〔三六〕〔三六〕〔三七〕〔三七〕【先秦貨幣文編】

刀弧背 亞五・四一　仝上　刀折背 典一〇七四 【古幣文編】

戟 法八五 二例 【睡虎地秦簡文字編】

2373　2374　2372 【古璽文編】

戟 【汗簡】

義雲章　崔希裕纂古 【古文四聲韻】

◉許　慎　𢧢有枝兵也。从戈𠦝。周禮。戟長丈六尺。讀若棘。臣鉉等曰。𠦝非聲義。當从幹省。幹。枝也。紀逆切。【說文解字卷十二】

◉劉心源　戟。舊釋為立戈穿貝形。此實戟字。害敢琱戟作。寰盤琱戟作。無叀鼎琱戟作。伯戟父鼎作。龍伯戟文作。蓋篆形本戛字。用為戟。說文。戛。戟也。是也。此尊文移日于戈字之横筆為異耳。父戊鼎之亦戛字。古者武事最重。故戈戟刀矛弓矢皆箸之器吕銘功也。復齋款識父癸鼎。據嘯堂集古録亦釋為戈穿貝形。【古文審卷三】

◉馬叙倫　鈕樹玉曰。韻會作從戈𠦝聲。蓋大徐疑聲不近而去之。繫傳無讀若棘三字。非脫。此蓋涉下文戛字而誤衍。錢坫曰。寫者誤加也。沈濤曰。一切經音義十引作有枝兵器也。嚴可均曰。周禮云云考工記注文。宋保曰。戟古讀據。不讀若

棘也。詩無衣三章與澤作韻。古音在魚虞模部內。史記呂后紀。見物如蒼犬據高后掖。徐廣曰。據音戟。說文。丮。持也。象手有所丮據也。讀若戟。是其證。古書戟棘亦通假。但轉音非本音也。翟云升曰。徐鉉曰。丮非聲。是所見本有聲字。劉秀生曰。丮棘聲並見紐。故戟從丮聲得讀若棘。周禮掌舍。為壇壝宮棘門。注。鄭司農云。以戟為門。詩斯干。如矢斯棘。禮記明堂位。越棘大弓。箋注竝曰。棘。戟也。左隱十一年傳。子都拔棘以逐之。注。棘。戟也。並其證。倫按戈戟之異。見戈下矣。有枝兵也者字林文。見玄應一切經音義引。許當止訓器也。字見急就篇顏師古本。皇象本作鍛。疑傳寫者以其鄉音易字。故書自作戟也。戟聲元類。戈聲歌類。歌元對轉。轉注字也。【說文解字六書疏證卷二十四】

◉史樹青　山西長治出土的銅器中，有銅戟數件，有的銘文作「宜乘之戟(□)戟」，有的銘文作「虞之戟」，宜乘和虞，應是人名，惟最末一字均作□，與「敌之造戟」寫法相同，當是戟字。關于銅戟的問題，郭沫若、郭寶鈞兩先生在殷周青銅器銘文研究中，講的都很清楚，長治出土的銅戟，都是「柲」端有「刺」，一器而兼刺兵、擊兵、勾兵、割兵之用，這次發現，有力的補充了兩位郭先生說法的正確，并給郭沫若先生所說的「戟字于金文僅一見」的說法，提供了新的文字資料。【對五省出土文物展覽中幾件銅器的看法　文物一九五六年第八期】

◉郝本性　新鄭兵器銘文中有一部分銘文屬於器名，其字體變體約有五種：

Ⅰ　□20號、21號、117號、136號、137號、145號六器均如此

Ⅱ　□119號、□144號；

Ⅲ　□123號、□122號、□113號；

Ⅳ　□揀選殘銅戈內刻銘，見摹本

Ⅴ　□82號、□112號、□149號、□153號。

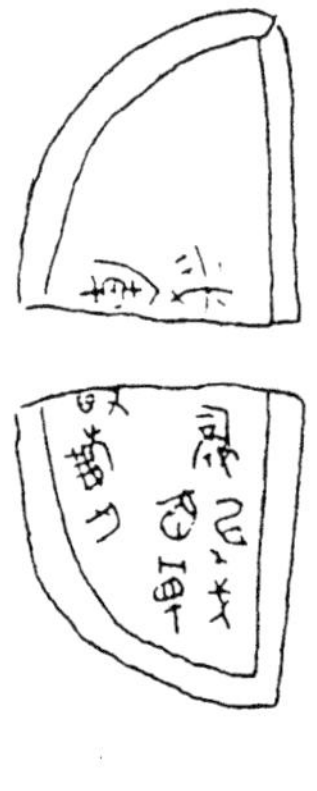

第一種為戟，敌戟、大良造鞅戟和宜此戟的戟字均作旓，此旓乃其簡體。第二種僅將戈刻成丰，仍是戟字。第三種，與第一種大同小異，為鐫刻便利，將戈旁的兩筆連刻或加簡化。第四種可隸定為旓，乃是戟字的繁體，該戈內背有「武庫」二字刻銘，也為韓國兵器，因有司寇督造，也是戰國晚期的兵器。第五種乃是第四種的簡化，省去所从的㫃，僅保留戕，此字如按第二種刻法，戈刻成丰，則可寫作戟或𢦏，戰國時代齊國戈銘常見戟或鈛，從前頗疑該字為戚，讀為戟，後見新鄭兵器戟字，遂定為戟字變體，裘錫圭同志根據曾侯乙墓的新資料，進一步確定了曾侯乙墓竹簡和戈銘裏的「𢦏」、「𢦔」、「𨦫」等字也應該釋「戟」。可與此互證。

〓 戛

戈、戟之辨是長期争論的問題之一，這次發現的兵器銘文中既有「戈刃」，又有「戟刃」、「戟朿」。彙總這些器名，參照實物，可以看到在13件記有「戟刃」器名的戈(有2件已殘)的内部均有刃，屬乙型戈，115號、138號兩件記有「戈刃」器名的戈，其内部均為平頭，無刃，屬甲型戈。可見只有甲型戈才可稱戈刃，乙型戈在戰國時叫戟刃(如116號等)。因此，戈與戟的區別有二：一是該器的内部是否有刃，内部無刃為戈，内部有刃為戟，内頭平齊者為戈，内頭不平齊者為戟；二是其上是否需要再安裝一刺，戈無刺，戟有刺，銘文自稱為「戟朿」，現已有8件矛上，自銘為「戟朿」。105號矛與106號戈，刻銘兩行，銘文相同(戈鑄有「大官」二字)，雖然不記器名，這兩種兵器應結合為戟。戟朿形狀像矛，但兩者有區别，矛大，單獨使用，戟朿較小，與戟刃結合成戟再使用。朿為戟的組成部分，不能與戟並列。文獻中矛戟可以並列，如《孫子兵法・作戰》、《國語・齊語》、《司馬法・定爵》、《吴子・治兵》、《尉繚子・制談》、《荀子・榮辱》及《雲夢秦簡・法律答問》諸篇均如此。【新鄭出土戰國銅兵器部分銘文考釋　古文字研究第十九輯】

◉許　慎　〓戟也。从戈。从百。讀若棘。古黠切。【説文解字卷十二】

◉孫詒讓　「卜㱿貝□从□〓□父因」七十二之三。「辛酉卜㱿貝立从止〓□且」百廿二之二。「□貝今日□〓于□」百四十八之三。「戊卜〓」百七十一之一。「甲寅氏〓□□」百七十一之二。「□□〓其」二百六十八之三。此从戈、从百，當為「戛字」。《説文・戈部》：「戛，戟也，从戈百。讀若棘」。是也。【栔文舉例卷下】

◉林義光　説文云。〓戟也。从戈首。按从戈从首者。所以㦰人首。古作〓無叀鼎。〓亦百之變。或作〓師奎父鼎。从肉。戛與戟古同音。即戟之或體。【文源卷六】

◉于省吾　卜辭〓字習見。亦作〓〓〓等形。羅振玉釋伐。見增訂考釋中六八葉。葉玉森先釋頗。繼釋鉏。見集釋六・十九葉。唐蘭釋䤋。謂䤋即顣字。戛即頁。戌即咸。當讀如咸劉厥敵之咸。克減侯宣多之減。見天壤閣考釋五三葉。按羅葉唐三説並非。然唐所釋已較羅葉為進一步之追索。其謂戛即頁是也。䤋當即戛字。从戛从頁从百一也。説文首百同古文首也。文字演化。由繁趨簡耳。至戌字倒書。古文字倒正每無别。戌係斧鉞類之戉器。小篆从百為戛之省。从戈為倒戌之譌。書皋陶謨。戛擊鳴球。文選長楊賦作拮隔鳴球。隔即鬲羌鐘敔字。乃鐘之别名。敔與球皆名詞。戛與鳴皆動詞。書馬鄭注均云。戛。櫟也。文選射雉賦。櫟雌妬異。徐注。櫟。擊搏也。説文段注謂戛同扴。錢大昕説文答問謂扴即介于石之介。薛氏疏證。釋文曰。馬作扴。云觸小石聲。桉鄭依古文作硈。讀為戛。按戛有擊訓。戛介扴字通。粹編十五。其𠦪雨于戛。後上二

四·九。其奉禾于戛。戛當為殷先公名或神名。未知所指。前六·十八·五。貞。乎戛呂方。又六·十八·六。乎戛㞢。戛訓擊。義相符。又戛通介。可讀為匃。詩言以介眉壽。金文介通作匃。後上十七·三及十七·四。均有匃呂方之語。匃通害通割。經傳曷害字通。以曷从匃聲也。書湯誓。率割夏邑。多士。有命曰割殷。多方。劓割夏邑。然則卜辭之言匃言戛。猶書之言割也。【釋戛　雙劍誃殷契駢枝】

◉于省吾　孔廣居説文疑疑。謂戛从百无義。疑是頁省聲。按孔説頗具卓識。惟戛之初文。象人倒持斧鉞。小篆譌省从百。乃會意。非形聲。原文云。戛當為殷先公名或神名。未知所指。按戛字用法有二。一為伐擊之義。卜辭言戛呂方戛㞢。戛字與介匃害割字通。已詳原文。一為先公名。當即殷之玄王契也。戛亦稱戛宗。嘗見墨本。于戛宗酌。又雨。戛作□。戛宗謂戛之宗廟。説文作㝬亦作偰。經傳通作契。説文。契从大㓞聲。㓞从丯聲。丯讀若介。又説文。忦。忽也。从心介聲。孟子曰。孝子之心不若是忦。按今孟子忦作恝。朱氏説文通訓定聲契字下云。契假借為割。爾雅釋詁。契。絶也。按戛割契古韻並隸脂部。音近字通。例證至顯。戛之讀割讀契。一字兩用。音義咸符。益可知戛之當為契矣。【釋戛　雙劍誃殷契駢枝校補】

◉馬叙倫　鈕樹玉曰。韻會作從戈百。莊有可曰。百亦聲。孔昭孔曰。從百無義。疑是頁省聲。林義光曰。無叀鼎作□。□即百之變。師奎父鼎作□。從肉。戛與戟古同音。即戟之或體。劉秀生曰。戛戟音義同。疑即一字。書益稷。戛擊鳴球。漢書楊雄傳作拮隔鳴球。□部。□。從□。吉聲。讀若孑。方言九。戟。楚謂之釨。戛聲如吉。吉聲如孑。孑聲如戟。戟聲如棘。是其證。倫按金文師奎父鼎袁盤休盤龍伯戟均有□字。吴大澂釋戛。無叀鼎作□。吴謂與小篆之戛從百者近。倫謂戛從戈百聲。□。從戈。肉聲。百肉聲同幽類。蓋轉注字。九篇脜為百之轉注字。是其證也。然則戛或是戟之重文。校者二之。故皆有讀若棘邪。戛音見紐。戟從倝得聲。倝從㫃得聲。㫃音影紐。見影同為清破裂音。故戛戟轉注。

【説文解字六書疏證卷二十四】

◉張政烺　戜，吴大澂、劉心源、林義光釋戛，《説文》：「戛，戟也，从戈从百，讀若棘。」在「戈琱戛厚必彤沙」句中戛柲沙同是戈之附件，非完整的兵器。據《濬縣辛村》報告，西周衛國墓曾經出土過許多「角質戈柲枝」，是「戈柲上的飾物，于墓八四二·六中每每與銅戈頭同出，可以證明其關係」。【王臣簋釋文　古文字研究論文集（四川大學）】

賊 从戈从則反書王國維説 散盤 賊則爰千罰千 【金文編】

賊 法八六 八例 通則 從而—之 為一九 法四三 三例 法七六 三例 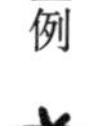封五五 【睡虎地秦簡文字編】

並古老子 【古文四聲韻】

◉許慎 賊敗也。从戈。則聲。昨則切。【説文解字卷十二】

◉王國維 賊 賊。阮文達釋葳。吴中丞釋貸。皆失之。實則从戈从則之字。第則字反書耳。【散氏盤考釋 王國維遺書第六册】

◉馬叙倫 敗從貝得聲。則亦從貝得聲。是賊敗一字也。此以異文為訓。敗下曰。毁也。左文十八年傳。毁則為賊。字見急就篇。散盤。賊則爰千罰千。王國維釋。【説文解字六書疏證卷二十四】

◉王獻唐 戈文第三字作賊，左則右戈。説文，賊「从戈則聲」。正為賊字。兩周金文及説文籀文、汗簡尚書古文，則字貝皆作鼎，今戈文亦然。金文鼎，類書鼎、鼎象鼎，上器下足，旁作><，象薪火形。説文鼎下，易卦巽木于下者為鼎，象析木以炊鼎也。此變><為∧∧，離足分向，意亦相通。金文又作鼎須□生鼎，作鼎夜君鼎，形義均可證也。説文，則「等畫物也。从刀从貝」，貝，古之物貨也。刀古作刀，為刀形之變。今傳貨幣，齊刀明刀皆作刀形。其他古刀，亦多如是。向左斜出二畫，首端本應聯寫，行久趨簡，開而弗合，以古刀證之，尚可推尋也。則既从刀，許訓畫物之畫，當為劃割。等畫者，等分而割之也。段茂堂等訓介畫，義稍隱晦。金文古文籀文，左皆从鼎，不从貝，知所劃割之物，與貝無涉。契文金文鼎或不从薪火，如祖仲鬲之鼎，番君鬲之鼎，叔單鼎之鼎，形與古貝字作貝相類，小篆因譌為貝，許君遂以从貝説之，實失本義。然漢孔宙碑則尚作則，從鼎不誤。小篆先于隸書，反譌為貝者，以隸楷二體，間采古文，不盡出于小篆也。説詳周曹這錄考。至説文所引古文，則又作則，左方亦非二貝，乃為二鼎，與㪅敵則字作則相同。古人可以小鼎置入大鼎之内，温爇食品，略同鬲制，因从二鼎。非以二鼎為繁文，更不从雙貝也。

則字形義既明，進而探討賊，方能洞其音訓。説文，賊「从戈則聲」，字本訓殺。晋語「使鉏麑賊之」，注：殺也。殺為傷害，因又訓傷害。論語先進「賊夫人之子」，皇疏：猶害也。左僖九年傳「不僭不賊」，注：傷害也。殺既曰賊，凡殺人者亦曰賊。尚書舜典「寇賊姦宄」，鄭注：殺人曰賊。左昭十四年傳「殺人不忌曰賊」，是也。賊為傷害，凡傷害他人，或敗壞法紀之人，亦因曰賊。春秋繁露仁義法，稱人之惡謂之賊。左文十八年傳，毁則為賊是也。賊訓殺害，音義本从則出。則有割刺殺傷之意，初呼

殺傷為則，因加戈會意造賊。戈所以殺傷者也，故賊義亦為殺害，从朔讀則。則之割刺為肉，賊之殺傷為人，所施不同，所用各異，因造為兩字。而割殺音義，則肉人無別，施諸他物，并可以此呼之。如前引裁字，本為裁衣，等字本為齊簡，皆與則音相同。戔訓賊，戩訓滅，均見説文。及殘殲諸字，聲義亦都通貫。然不先明賊从得聲之則，將無由會解。而則如小篆誤貝，不就鼎旁推索，从刀劃割之義亦無由闡發也。此戈文賊字从則，則又从鼎，與金文古文籀文俱合。兩周彝器，祇見散盤作，刀旁反書，吳氏説文古籀補誤釋貣。今再見之戈文，因為備論如上。若今賊字，从戎从貝，貝自小篆已誤。戎則左下之𠂇本為刀，刀初作，變為亻，因之漢隸作賊李孟初神祠碑。後以左斜之畫，平書為一，漢隸因又作賊禮器碑陰。迨後末筆上通為十，漢隸遂更作賊，與戎無別，成為後日賊字。要皆無足深論者也。【周虎段賊戈考記　那羅延稽古文字】

戍

後二·一三·五　人名　後二·四二·六　五族戍羌　後二·四三·九　戍二千六百五十六人　粹一一四九　五族戍

粹一一四七　粹一一五三　粹一一五五　寧滬一·五〇七　京都二一四二　【甲骨文編】

甲1553　續1·27·3　徵9·38　粹1147　1149　1153　1155　1198　【續甲骨文編】

戍　戍孠鼎　戍甬鼎　令簋　貞簋　史戍卣　遇甗　彔卣　競卣　善鼎

陳章壺　孚尊　【金文編】

陶文編　12·80　【古陶文字徵】

36　42　175　【包山楚簡文字編】

戍　雜三　雜三九　六例　秦一〇一　四例　【睡虎地秦簡文字編】

石經僖公　不卒戍刺之　【石刻篆文編】

◉許　慎　戍守邊也。从人持戈。傷遇切。【説文解字卷十二】

戰

◉高田忠周　蓋人在戈側。未執曰戍。已執擊人此曰伐。故伐字最古文作。象人荷戈也。詩揚之水。不與我戍申。韓傳。戍。舍也。【古籀篇二十六】

◉郭沫若　第一一五五片　殷周古文伐字與戍字頗相亂，然亦有區別之處。伐象以戈伐人，戈必及人身。戍示人以戈守戍，人立在戈下。此其大較也。【殷契粹編考釋】

◉馬叙倫　惠棟曰。當云從人何戈。王筠曰。繫傳作從人持戈聲。朱文藻無説。蓋所據本無聲字。持當為何。廣韻云。從人荷戈也。蓋據説文古本。伐下云。從人持戈。持戈者。刺擊之事。荷戈者。備不虞耳。王宗涑曰。陳聘侯説。伐從人持戈。則此持字為何之誤也。詩。彼候人兮。何戈與殳。候人。戍守候望之人。戍篆人短戈長。象戈在肩之形。伐字人與戈竝。象人持戈之形。王襄曰。伐戍二字許皆訓從人持戈。甚難辨別。殷契戍字作。從人在戈下。戊彝戍字作。與同。倫按守邊也或非本訓。戍戒役一字。戍役聲同矦類。又戍音審紐。役音喻紐四等。同為次清摩擦音也。役聲轉入支類。戒聲脂類。支脂近轉也。或從人何戈。或從持戈。或從人何殳。惟役本從投之初文作者。金文有從持投。是其初文耳。【説文解字六書疏證卷二十四】

◉張秉權　象人執戈之形，乃戍字。【殷虛文字丙編考釋】

◉鍾鳳年　其最關重要者，為在「唯甲子朝」下的兩個字：上者就字形結構説，應為戍字無疑。下者結合戍字的釋義説，應為地名，依其上半作「曰」不作「目」斷之，當是晁而非「鼎」。戍晁，言駐征商之師于此。【關于利簋銘文考釋的討論　文物一九七八年第六期】

◉戴家祥　疑戍伐古本一字，美惡不嫌同名，兼有守與擊兩種相反的含義。後稍變形體，分別表示兩種含義，伐為攻擊，戍為防守。這種分別金文已很明顯，金文戍作，為荷戈形；伐作，象戈刃加人頸擊之義，形義皆截然不同。金文戍還用作人名或地名。【金文大字典中】

戰　不从戈　壴鼎　攻戰無敵　單字重見　盜壺　三字石經戰作　酓忎鼎　戰獲兵銅　酓忎盤　【金文編】

戰　雜三六　五例　日甲三四　二例　日甲三二　【睡虎地秦簡文字編】

戰 0071 【古璽文編】

傳戰司馬印　戰也里　戰欣之印　戰禁　戰護　【漢印文字徵】

石經文公　戰于彭衙　與楚王酓志鼎同　【石刻篆文編】

竝籀韻　古老子　【古文四聲韻】

◉許　慎　戰　鬭也。从戈。單聲。之扇切。【說文解字卷十二】

◉劉心源　戰或釋單。非。鏞戈伐截大戰作。蓋并戈字於單也。或釋樿。亦可。并木字於單。【矢人盤　奇觚室吉金文述卷八】

◉商承祚　卷五第十九葉　同上　同上　後編上第四葉　說文解字。戰。鬭也。从戈單聲。䡗鼎作。與此同。象兵器。象架。所以置兵者。象形。許君从戈。于誼已複。謂為形聲。殆未然與。【殷虛文字類編第十二】

◉郭沫若　戰，戰之異文，古文旁从戈攴每互易，叔夷鐘「戮龢三軍」，即戮和。知彼戮為戮，故知此戰為戰矣。【沈子簋銘考釋　金文叢考】

◉馬叙倫　莊有可曰。戈者車右所用於車上以戰者也。故戰從戈。鈕樹玉曰。韻會引鬭作鬬。是也。吳大澂曰。魯公伐郐鼎。攻無敵。與阮氏積古齋欵識所載䡗鼎正同。倫按公伐郐鐘戰字亦作。甲文作。商承祚以為象兵器。象架所以置兵者。象形。許云從戈。於誼已複。謂為形聲。殆為未然。倫謂如商說。則直是矢服之類。非戰鬥之義矣。經史戰字如何解釋邪。倫謂車卣之即戰字。單即車也。見單字下。從戈單聲。為戔之轉注字。古鉨左。丁佛言釋左車。謂之變也。倫謂乃戰字而用為車。戰從車得聲故也。公伐郐鼎之。甲文之。蓋皆以車為戰。亦或皆箙之次初文作者之變形。攻箙即攻服也。車中鐘。無啻。則是單非箙矣。【說文解字六書疏證卷二十四】

◉劉　節　戰字从嘼从戈。即戰字。甲骨文字戰从作。見殷虛書契前編卷一頁二十九。或从作。見殷虛書契前編卷六頁四十九。或作。見鐵雲藏龜卷上頁三十九。獸字則从作。見殷虛書契前編卷六頁四十九。皆从單从犬。未有从嘼作者。其在金文師寰𣪘嘼作。邵鐘作。散盤作。王母鬲作。古匋文字中嘼作。見丁佛言說文古籀補補卷十四。古文四聲韻引王存乂切韻作。可見小篆之嘼字實從極簡單之字而來。是以六國文字皆以从嘼从戈。為戰古文。四聲均

戲　䖒

引籀韻戰字作戳。三體石經戰字亦作戳。說文以戰字从戈單聲。獸字从嘼从犬會意。蓋就小篆之立場而言也。【壽縣所出楚器考釋　古史考存】

◉李孝定　戰字金文从「嘼」，實仍「單」之繁變，單者盾也，戰、戲、戎均合戈盾為字，其事類雖近，然已衍為數字矣。【金文詁林讀後記卷十二】

 戲　戲伯鬲　 豆閉簋　王各于師戲大室　 仲夏父鬲　右戲仲夏父作豊鬲　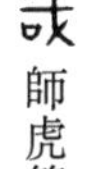 師虎簋　左右戲緐荊　 戲甗　作戲尊彝

 戲卣　【金文編】

 秦1243　戲☐　【古陶文字徵】

〔二三〕【先秦貨幣文編】

 戲　日甲四七背　二例　 封三二　二例　【睡虎地秦簡文字編】

 2961　 1368　 2023　 1765　 1157　 1441　 2996　 3154　 0487　 0486　【古璽文編】

 王存乂切韻　 王存乂切韻　【古文四聲韻】

◉許　慎　䖒三軍之偏也。一曰兵也。从戈。䖒聲。香義切。【說文解字卷十二】

◉劉心源　戲讀麾。見漢書高帝紀。麾太室者。開太室也。與鬲比鼎稺太室一例。或㠯師戲為人名。則是師戲之太室。王者明堂恐不得屬之人臣。且册命亦不得在人臣之室也。【豆閉敦　奇觚室吉金文述卷四】

◉郭沫若　「左右戲緐荊」，許瀚云：「說文云：『戲，三軍之偏也。』戲之本義惟此銘足以當之。」〔攈古〕三之二引。案與師毀毁「精𤔲我西偏東偏僕駿百工牧臣妾」辭例相同。東西偏即左右戲，緐荊則當與僕馭等相當，緐當即馬飾緐纓之緐，荊蓋叚為旌。左傳哀廿三年「有不腆先人之產馬，使求薦諸夫人之宰，其可以稱旌緐乎？」緐荊與旌緐殆是一事。「官𤔲左右戲緐荊」謂管理兩偏

戠 [glyph]

卒之馬政也。【師虎毁　兩周金文辭大系圖録考釋】

◉馬叙倫　沈濤曰。御覽四百六十六引。戲。弄也。蓋古本有此一解。倫按朱駿聲以為戲是兵器。三軍之偏者。借為麾。俞先生樾則據國語晉語。請與之戲。韋昭謂戲角力也。是戲本義為角力。引申為戲弄。故御覽引有一曰弄也。倫謂朱説長。戲弄乃僖娱字義。三軍之偏者。段玉裁謂軍所駐之一面。桂馥據左襄三年傳。舉其偏。帥偏師以修封疆。司馬。令尹之偏。桓五年傳。先偏後伍。杜注引司馬法車戰二十五乘為偏。以為此證。然偏自為軍法之名。而戲字從戈。不得偏義。且傳亦未當及戲字。倫疑偏為旗之譌字。故廣雅釋詁三。戲。施也。然自借為麾。音同曉紐也。静敔。左右[glyph]。吴大澂謂當即左右軍。倫謂左右麾也。三軍之偏也非本訓。一曰兵也者。校者記異本。或字林列異訓。字見急就篇。戲伯鬲作[glyph]。右戲仲鬲作[glyph]。【説文解字六書疏證卷二十四】

◉高鴻縉　説文：「[glyph]三軍之偏也，一曰兵也。从戈，䖒聲。香義切。」按此字本意當為戈緌，倚戈畫其内垂緌形，由物形[glyph]生意，故為戈緌。象形，名詞。周時變為戲，形聲，从戈，䖒聲。史漢項羽紀、高帝紀皆曰「諸侯罷戲下各就國」，謂諸侯罷離戈緌下，各往就國也，用戲字本義。師古注：「戲，軍之旌旗也。」略誤。戲字又以同音通叚代嬉，故有戲弄、游戲等義，動詞。甲文亦通用為動詞戲弄意。如後上二十二頁一片「其[glyph]汩方」（某方者，某國也），粹一一七七片「王[glyph]西師十月」是也。戲又叚借用為三軍之偏。許瀚攈古録謂師虎簋左右戲「戲即三軍之偏」是也。今按説文誤以借意為本意而又不自信，乃以戲字从戈，故亦録「或説兵也」以明之也。又按，先期銅器之銘亦有單文[glyph]字或[glyph]字，或連祖若父之名稱之如[glyph][glyph][glyph]或[glyph][glyph]此等字，或即與甲文同時，或在甲文以前，不得而知。阮元曰，戈之内末每作三垂，疑古制，必有物下垂以為飾，是即戈緌矣。【中國字例二篇】

◉戴家祥　[glyph]申毁　⿱戲皿字書不載。疑為戲之繁飾。用於器物銘文，故加皿，如鄦之作⿱無皿，游之作⿱斿皿。【金文大字典中】

◉許　慎　[glyph]利也。一曰剔也。从戈。呈聲。徒結切。【説文解字卷十二】

◉馬叙倫　吴穎芳曰。一曰剔也。剔之轉語。呈聲轉為直質切。又轉為徒結切。嚴可均曰。説文無剔。未詳。鈕樹玉曰。剔當作鬄。錢坫曰。詩。胡迭而微。韓詩作戜。或即此字。王筠曰。一曰剔也蓋校異文。玉篇有利也而無剔也。蓋所見者未譌之本也。廣韻有剔也而無利也。蓋所見者已譌之本也。集韻則竝引之矣。蓋校者掇拾於一處耳。孔廣居曰。呈聲未詳。徐灝曰。呈聲無徒結切之理。從至則正諧。戴侗亦引漢書。車轔四臷。謂至譌為呈。倫按呈音澄紐。古讀歸定。然則戜自以呈為聲。大部臷從戜得聲。音直質切。在澄紐。禾部程從呈得聲。音亦在澄紐。而金部鐵從臷得聲。亦從戜得聲作鐵。

或從夷得聲作銕。夷音喻紐四等。古讀亦歸於定。夷弟一字。弟音亦在定紐。皆可證也。徐固泥於韻部。孔則忘其同母諧聲之例矣。利也似非本義。一曰剔也者。王說是也。蓋借為剔。字或出字林。宮伯鼎作。【說文解字六書疏證卷二十四】

鐵一一七・三　前二六・五　後二・三八・六　後二・三九・六　戩三三・一三　鄴三下・三八・一　鄴三下・四三・四　叀戲方乍或　京津二〇〇四　京津四三九五　王从沚或伐　粹一一六四　啚㠯沚或伐䍃　寧滬一・五一九　師友一・一七四　坊間二・一九二　存二二一〇　存下七六四　京都二五二七　【甲骨文編】

鄴三381　徵4・15　外85　續存2210　粹1164　新2004　【續甲骨文編】

或　呂仲爵　衛盉　諫簋　𠑇匜　曶鼎　兮甲盤　召伯簋二　多友鼎　𩰫鎛　勿或逾改　盗壺　或得賢猛司馬貫　孳乳為國　毛公厝鼎　康能四國　保卣　東國五㐆　何尊　余其宅茲中國　班簋　明公簋　㝬鐘　禹鼎　毛公厝鼎　迺唯是喪我國　秦公鎛　从邑　師寰簋　弗速我東國　【金文編】

3・280　杏蔓圖匋者或　文字　5・86　【古陶文字徵】

一：七　二百七十例　宗盟類而敢或𢦏改助及奐卑不守二宮者　委質類或復入之于晉邦之地者　內室類而尚敢或內室者或婚宗人兄弟內室者　一六：一一　一六：三八　十三例　九二：二　二例　【侯馬盟書字表】

120　135反　【包山楚簡文字編】

或　秦一〇四　二十六例　日甲一五二背　七例　法七　日乙一一三　日乙四九　【睡虎地秦簡文字編】

或 毋弗—敬(甲10—3)　【長沙子彈庫帛書文字編】

或 高或私印　【漢印文字徵】

或 或 石碣霝雨　或陰或陽　域 開母廟石闕　九域尐其脩治　說文或或从土作域　【石刻篆文編】

域 域出碧落文　或 或亦作域　域 域並裴光遠集綴　域 域　【汗簡】

或 或 或 並古老子　域 裴光遠集綴　域 域 並碧落文　或 義雲章　【古文四聲韻】

◉許　慎　或邦也。从口。从戈。又从一。一。地也。于逼切。臣鉉等曰。今俗作胡國切。以為疑或不定之意。域或又从土。臣鉉等曰。今無復或音。【說文解字卷十二】

◉劉心源　子或即子國。說文。或邦也。从口从戈。吕守一。一。地也。域或又从土。案或即國之古文。後人加口於外。不知本字已从口也。域於或旁加土。不知或下从一即土也。今或國域分用。【子國盤　奇觚室吉金文述卷八】

◉孫詒讓　「□服才或乎正酉」五之四。「及或弗二」十四之一。「□其或彝」十八之一。「庚申卜□其不斤或」廿九之三。「貝訪歸其乍或」八十一之三。「戊戌卜其或□」九十一之一。「東或兟」百十九之三。「參或」百四十三之三。又百六十四之一亦有「或」字，上文闕。「貝大自服才或乎自正酉」百六十八之三，同版又有「才或」二字。此文从戈者即从戈，其作弋者皆文之省。「或」當即「或」字，古文以或為國。《說文·戈部》：「或，邦也。从口、戈，以守其一。」又《口部》：「國，邦也。从口，从或。」此以口箸于戈中，與或字微異，實一字也。【栔文舉例卷上】

◉商承祚　或 書契卷二第六葉。或 後編下第三十八葉。

宗周鐘作或。毛公鼎作或。與此畧同。从戈守口。象有衛也。作或稍失其旨矣。【殷虛文字考　國學叢刊第二卷】

◉强運開　或或為國之本字。宗周鐘銘畯保四國作或。毛公鼎康能四國俗作或。皆可證。其作疑或訓有者。皆其引申之義。鼓言或陰或陽。正作有字訓。蓋謂維舟以行。有在水陰。有在水陽也。【石鼓釋文】

◉孫海波　說文：「或，邦也，从口从戈，又从一，一，地也。」海波按，从口从戈，國誼不顯，加一則更晦，許說殊迂迴。卜辭或作或(前二·六·五)或(後下·三八·六)或(下·三九·六)，并从戈口，蓋口象都邑之形，从戈以守，國之義也。知口象城形者，國古皆

訓城：周禮士師：「三曰國禁。」禮記曲禮：「入國而問俗」，注「國，城中也。」又周禮司士：「掌國中之士治」，注「國中，城中也。」考工記匠人：「國中九經九緯」，注「國中，城郭中也。」荀子致仕：「惠此中國」，注「中國，京師也。」孟子萬章上：「蚤起施從良人之所之，徧國中無與立談者」，國中，即城中也。城門亦稱國門，周禮充人：「繫于國門」，注「國門謂城門，司門之官。」孟子萬章下：「今有禦人于國門之外者」，國門亦城門也。由是言之，則國即城也。卜辭从口，象城郭之形，从戈有戍守之義。金文作[glyph](宗周鐘)[glyph](毛公鼎)，加一者，緐縟文也。小篆仍之，遂成今體。吳大澂古籀補云「从戈守口，象城外垣」，於義頗近。繫傳臣鍇曰：「口音圍」，失之。【卜辭文字小記　考古學社社刊第三期】

◉馬叙倫　徐鍇曰。此會意。鈕樹玉曰。繫傳韻會作從口戈以守一。嚴章福曰。華嚴經序音義引作封也。許槤曰。從口。疑即鐘鼎文國字。倫按周禮太宰鄭注。大曰邦。小曰國。封邦一義。蓋古之所謂國。不過有封樹以為界立城郭以自固而已。口為垣之初文。亦即國之初文。口音喻紐三等。或音亦然。國音匣紐。皆次濁摩擦音也。初即以垣之初文為國。後乃作或字。從口在一上。戈以守之。會意。而國之義愈明。及以或為疆域之域。後造從口或聲之國。其實疆域之義。與國不殊。謂某地至某地為某國也。此從口從戈又從一者。涉重文説解而衍又字。鍇本作從口戈以守一。亦通。然非許文。依義當入口部。以或為正。國為重。一地也者校語。左隱元年傳正義引。或者。天子之城。方十二里。亦校語。

域　倫按又當依鍇本作或。蓋原文作或或從土也。此與國皆謂之俗作字。可也。師寰敢作[glyph]。亦然。【説文解字六書疏證卷二十四】

◉沈建華　《周禮·地官》「封人掌詔王之社壝，為畿封而樹之」，又《左傳·隱公元年》曰：「潁考叔為潁谷封人。」史書之所以將封人列為封畿之官，可知從商代確立，由來已久，《小屯南地甲骨》提供了三條極寶貴的例證。如：

(18)　……叀……封人　屯南2964

(19)　[glyph]封人　屯南3398

(20)　[glyph]封[人]　屯南3121

「[glyph]」字又可作「[glyph]、[glyph]」形，从8，从[glyph]形，下半部與「[glyph]」字形相近，羅振玉先生釋為「囿」字，《説文》曰：「囿，苑有垣也，从口有聲，一曰禽獸曰囿」，即飼養動物的園子。[glyph]字當釋「囿」，从8可知从幽聲，卜辭「幽」和「幼」均從幺聲，從其它文例上來讀也能解通，例如：

(21)　王[glyph](囿)馬在丝廌……母戊王受　合29415

（22）……[glyph]（囿）馬在丝寓……　合29416

姚孝遂先生主編《殷虚甲骨刻辭類纂》中將其字釋為「畜」，用上述二例當然可以講通，但是如按其釋為「畜封人」則似乎難以理解。《詩經·靈臺》曰：「王在靈囿」，鄭玄注：「所以域養鳥獸也。」「囿」與「域」字互通，段玉裁注《說文》囿字云：「又引伸之凡分別區域曰囿，常道將引《洛書》曰：『人皇始出，分理九州為九囿』，九囿即毛詩之九有，韓詩之九域也。」域同或，古或與有與囿通用。」《孟子·公孫丑》曰「域民不以疆之界」，注：「域，國也。」卜辭「[glyph]封人」應釋為「域封人」我認為才顯得合理，符合以標志地域的封人職官身份，與《周禮》所記也相吻合。

卜辭又見：

（23）丁酉卜在[glyph]　餗貞……王今過……無災　合36938

「在[glyph]」疑「在域封」即「[glyph]封」的簡寫。卜辭多見方國地名，字形上四周角附增「[glyph]」形，表示已「樹封」方國，如没有封樹的「虘方」合27997、「在虘」合7908、7910，被封國的「[glyph]方」合36965、36966、36967，將虘字四周增「[glyph]」以示四疆封樹，這種會意以最簡練的手法表達最多的意思，乃是甲骨文的特點，也有省去「方」直接用「[glyph]」字表示「方域」，卜辭多見「龍方」合8605、8606、10187，又作龍[glyph]，如：

（24）乙未卜貞禾在龍[glyph]（域）沓受祐年　合9552

「在龍[glyph]」的[glyph]字，即係「域」，在這裏顯然指方域的意思，殷人在方域種禾祈祐豐年，要比解釋在「囿」「圃」來得更近情理。

【商代册封制度初探　第二屆國際中國文字學研討會論文集】

𢧵 [glyph]

[glyph] 𢧵　【汗簡】

◉許　慎　𢧵斷也。从戈。雀聲。昨結切。　【説文解字卷十二】

◉李孝定　[glyph]字明明从鳥从戈，于氏乃引王念孫廣雅疏證鳶字為言，且謂古文偏旁戈弋每互作，以證成王説，説有可商。按説文弋篆作[glyph]，解云：「橛也，象折木衺鋭者（者字從段注改）形，从厂，象物挂之也。」此篆未見於金甲文，不知古作何狀，徒以篆形類「戈」，隸體更易相混，故于氏有互作之說。惟于氏所引武肇兩字从「戈」字偏旁，僅缺「[glyph]」下短畫，乃篆體之艸率急就者，非謂戈弋可以互作也。且戈之與弋，字義懸遠，不能以字形偶然相類，混為一談，此字从鳥从戈，疑即小篆「𢧵」字，从鳥从雀，猶有相

通之道也。

㦰，用戈伐木，取象至為普通常見，古代必為常用之字，後代亦當通行。第一，《說文》中應該收有；第二，後代亦必有其相當之字。㦰字的解決，首先必須滿足這兩個條件；其次，在形，音，義上還必須落實和獲得合理的解釋。我們認為㦰就是後來「截」字的初文，不僅能滿足上述兩個條件，同時形、音、義也都有着落，證明如下：（一）從字形分析，㦰象以戈斬木而取象的重點顯然可以看出，是在斬掉中頭而斷其下部，意雖含有斬伐，但更重在斷，因而和「截」字造形取象最為符合。（二）截義為斷，古訓一直如此。《詩·商頌》「九有有截」，箋「九州齊乙截然」。又《長發》「海外有截」，箋「截，整齊也」，疏「截者，斬斷之意」。最後一解，最為扼要，足以代表截字本義。《說文》和《廣雅》都說「截，斷也」。《說文》還以截、斷互為轉注，其義至今未變，從字義上考察，截字正合㦰字所表達之意。（三）㦰即截字初文，後來在㦰下加「隹」，乃所以加强表達截斷之意。隹為鳥形加于中之下，以示戈斬伐乃樹木之枝。鳥棲木上，而中與鳥分，則斬斷之意更為明確。如此看來，截當為「从隹，㦰聲」，㦰為會意字，並非從中聲。截在脂部，作為截初文之㦰，其音讀必與截全同。過去對於「截」字形、音、義之來源一直沒有搞清楚，特別是經典作「截」而《說文》作「截，斷也，从戈雀聲。」雀聲在宵部，與脂部之截不能相合，段玉裁《說文解字注》已經指出，截「昨結切，十五部，按雀聲在二部，于古音不合，蓋當於雙聲合韻求之。」段氏不明截字得聲，祇得以合韻為解，求合於《說文》。現在攷明截得聲於㦰，如此《說文》原本當作「𢧢」，「从雀，㦰聲」。雀與隹同意，皆象鳥形，加雀于㦰下，亦在加强截斷之意。今本之截乃屬傳抄譌失，戈旁脫去了中，僅剩下雀，所以後人誤讀為雀聲，而截字之形、音就無法交代。

四、兩周金文關於㦰（截）字異體與用法諸證。

兩周金文除牆盤「武王既㦰殷」外，至少有四器皆有㦰字異體，寫法稍有不同，但用法全同，皆為㦰字後起字，為截字前身，說明西周寫法尚未固定，分論如下。（一）壴鼎「王令趞戬（截）東反尸（夷），壴肇從趞征，攻開無啻（敵），眚（省）于人身，孚（俘）戈，用乍（作）寶尊彝，子子孫孫其永寶。」戬，唐先生認為「當從艸戜聲，戜即《說文》戬字，等於金文『𢦔』就是載字，通𢦏。《說文》『𢦏，傷也。』此作誅伐意。」唐先生一直不分㦰、𢦏為二，認為同字，故釋此字為「𢦏」，但𢦏从才聲，不从邑，合二而一，非是。郭老謂「戬當是古捷字，魏三體石經《春秋》殘石『鄭伯捷』，捷字古文作𢧢，從木，此從艸，與彼同意。」我以為仍當從㦰從邑，㦰表用戈斬伐草木，僅留上部以示截斷意，故三體石經亦從木。此字顯為從邑從㦰，㦰為截之本字，下加邑為會意，表取城邑。人名常用通假之字，古音截為dzeat，捷為dzjiap，聲母相同，主元音亦相近似，僅收 -t與 -p不同，方言或不分。由捷古文作𢧢，證實㦰音讀

為捷，但義為截斷，而非表捷，捷僅以音近借為人名。（二）此字還見於呂行[古文字]孚（俘）馬，用作寶尊彝。」（《大系》二十五頁）郭老隸定為戳，仍讀「捷」，唐釋為「從㭊，或聲，㭊與𦦧同，𢦔即𢧢字。《說文》『故國，在陳留』」，仍合𢦏𢦔為一，故讀為𢦔，而解為國名，即春秋之載，從《漢書·地理志》梁國留縣下之「故載國」。我以為從邑，𢦏聲，讀截，不能讀𢦔。「截俘馬」即呂行從伯懋北征，於歸途中截獲敵人的馬，祇能為截分意。此字上下從竹，與上器上從艸，中從或，必為一字，無可置疑。唐先生卻分為二讀，解為載國，又釋孚為爰字，解為「呂去載國換馬，而做寶器」。按載國在東方不在北方，與北征無涉，換馬沒有必要記在禮器上，為換馬而作寶器，更為不通。馬為北征還時所俘，並非於作戰中所獲，祇能於途中將敵方馬匹截斷而俘為己有，不論讀捷讀載，皆不通。（三）𤔲鼎「隹王伐東尸（夷），溓公令𤔲眔史旟曰，以氏眔有司後，或𢧢（截）鳴，孚（俘）貝，𤔲用乍（作）寶公尊鼎。」𢧢字郭老隸定為「𢦟」，唐先生隸定為「𢦟」，注釋說「當從𠕁，孑聲，卜辭有𢦒字，當是兵器之孑……此疑讀繫，孑、繫音近。」今按此字結構明顯以戈將屮（草）截斷，故上下皆從屮，分為二處，表明截斷意。中從孑，字象人持戈，使截為二，會意。唐氏釋[古文字]為孑，解為兵器釨專字，引《方言》「戟，楚謂之孑，凡戟而無刃，秦晉之間謂之釨」。但釨是名詞，而此字則用為動詞，所以又假為繫，但繫與伐亦不能連為一詞，愈通假愈不可信。其字實是從𢦏從孑，與從𢦏从邑皆為𢦏字的後起字，和從𢦏從隹之截皆為一字異作。（四）敔毀「……王令敔追御于上洛㥁谷，至于伊、班，長榜，𢧢首百，執訊卌，奪孚（俘）人四百……」此器北宋出土，著於《宣和博古圖》卷十六，三十九頁，《嘯堂集古録》上十二頁，薛氏《款識法帖》卷十四，一百五十頁，皆為摹本，原器與拓本久已失傳，郭氏《大系攷釋》「𢧢當讀為載，其字從艸，𢦏聲，𢦏古哉字。」讀「長榜」為「長枋」，徐中舒則讀為地名。𢧢摹本皆作[古文字]，我以為實從艸從𢦏，下多出 [古文字] 乃蝕花誤摹，故和上器「𢧢」為同字，從𢦏不從𢦔，故讀𢦏不讀哉、載。「𢧢首百」即截首百，小盂鼎「獲[古文字]（聝）四千八百□二[古文字]……折嘼（首）□……」，㺇毀「隻（獲）[古文字]（聝）百，執訊二夫」，不㠱毀、師寰毀皆稱「折首執訊」，虢季子白盤「折首五百，執訊五十……獻[古文字]于王。」多友鼎三處追伐玁狁皆稱「折首」多少人，與「執訊」多少人對列。《史記》《漢書》則常稱「斬首虜」多少人，「𢧢首」即折首、斬首，至於[古文字]，即《說文》「聝，軍戰斷耳也，……馘，或從首。」此𢧢字為截字確證。（五）傳世春秋齊器庚壺「庚𢧢其兵䡖（械）車馬，獻之于莊公之所。」張政烺釋「捷」，云「見𨟭鼎及呂行壺銘，郭沫若釋捷。」按此字就是「截」，此為齊文字寫法，上引三體石經之𢧢，亦必為齊文字。《古陶文彙編》收有四個𢧢：(1)3·706「丘里人曰𢧢」，(2)3·50、(3)3·51皆為「陳𢧢」，(4)3·1231「𢧢」，(1)(2)(3)皆出臨淄，(4)亦當出同地，更為齊文字提供地下物證。諸字皆上從「𢦏」，不從「𢦔」，所以都是𢦏的後起孳乳字，初文就是「𢦏」即「截」，討論至此，可以定論。

【「𢦏」為「截」字初文形音義證 于省吾教授百年誕辰紀念文集】

𢦟

◉許　慎　𢦟殺也。从戈。今聲。商書曰。西伯既𢦟黎。口含切。【說文解字卷十二】

◉馬叙倫　鈕樹玉曰。玉篇注同。韻會引作刺也。丁福保曰。慧琳音義八十三引亦勝也。蓋一曰以下文慧琳足亦字耳。倫按亦勝也校者據偽孔傳加之。此字蓋出字林。【說文解字六書疏證卷二十四】

戕

戕　粹一二一九【甲骨文編】

戕　戕慈羊切竝見說文【汗簡】

戕　說文【古文四聲韻】

◉許　慎　戕槍也。他國臣來弑君曰戕。从戈。爿聲。士良切。【說文解字卷十二】

◉孫海波　劉氏藏契有一版文云：「□其遺壯。」壯字卜辭未見，字从爿从戈，即說文之戕字。說文：「戕，槍也，他國臣來弑君曰戕」，此引左氏傳之言為説，非本誼。（春秋宜十八年：邾人戕鄫子于鄫。左氏傳曰：凡自虐其君曰弑，自外曰戕。）卜辭云「其遺戕」，與遺伐同例，知戕字不必如說文之訓。按小爾雅廣言：「戕，殘也。」易豐：「自藏也。」馬鄭皆作戕，注：「戕，傷也。」小過：「從或戕之」，虞注：「殺也。」知戕之訓殘訓殺，較許説為近古。【卜辭文字小記續　考古學社社刊第五期】

◉馬叙倫　段玉裁曰。槍者。歫也。小雅曰。予不戕。傳曰。戕。殘也。是本義。高田忠周曰。父丁爵方銎斧義字作爿。戕與斧甚似。惟銎孔方者為戕。橢者為斧。倫按今本書戕斨為二字。金文且辛父庚鼎作爿。子璋鐘作斨。文考鼎作戕。倫疑戕斨實一字。皆爿之後起字。爿自象形。後以形與爿近。聲復相似。乃從戈作戕。為形聲字。及戕為戕賊之義所專。又作斨字矣。其實戕賊字借為殘。殘音從紐。戕音牀紐。皆濁破裂摩擦音也。他國臣來弑君曰戕。亦借為殘。殘為戔之轉注字。戔為戰鬥之戰本字。見殘字戰字下。若兩國相鬥而死然也。然此校語。此字疑出字林。【說文解字六書疏證卷二十四】

戮

戮　从歹　中山王譽鼎　為天下殍【金文編】

同戮　—不義(丙11:3—2)【長沙子彈庫帛書文字編】

詛楚文　刑戮孕婦　【石刻篆文編】

戮【汗簡】

古尚書　古史記　竝籀韻　【古文四聲韻】

◉許　慎　戮殺也。从戈。翏聲。力六切。【說文解字卷十二】

◉馬叙倫　左成十三年傳釋文。戮。相承音六。稽康力幽反。吕静字韻與飂同。字林音遼。疑此字出字林。【說文解字六書疏證卷二十四】

◉商承祚　秦詛楚文「刑戮孕婦」。《說文》「戮,殺也,从戈,翏聲」。「勠,并力也,从力,翏聲」。此从戈。案戮勠一字,于《說文》訓并力也之勠,經典多用戮。《國語·晉語》「戮力一心」,《吴語》「戮力同德」,《戰國策·中山策》「戮力同德」,《漢書·高祖本紀》「戮力攻秦」,《書·湯誥》「與之戮力」,是也。又與僇同。《史記·夏本紀》「不用命僇于社」,《大學》「辟則為天下僇矣」。又或从刀作剹,《列子·力命》「子産執而戮之」,釋文「戮或作剹」。敦煌本《尚書》「予則奴戮汝」,作勠。《匡謬正俗二》引同,即剹字也。是戮、勠、剹、僇一字而寫法不同耳。【石刻篆文編字説　古文字研究第五輯】

◉戴家祥　解　作彝　子禾子釜　關人築桿釜　字从戈从,按卜辭尞作,象燃木形。尞聲同翏,在諧聲字中每有通諧。廣雅釋詁四:「飂飉風也。」王念孫疏證云:「飉亦飂也,語之轉耳。」集韻下半三蕭,尞翏俱讀「憐蕭切」,寮嵺同字,鐐鏐同字,是尞為戮之别體,昭昭然也。說文「戮,殺也。从戈,翏聲」。周禮秋官有掌戮之官。器銘「尞作彝」,尞為作器者之姓氏或官名。古者女生為姓,男為氏,居官者以官為氏,其例並不少見。徐同柏從古堂款識學卷八第廿七頁、吴子苾攈古録金文一之二第十四頁、方濬益綴遺齋彝器考釋卷十八第十一六頁皆釋戚,意説不足據。

中山王嚳鼎　為天下⿰歺翏　張政烺曰:⿰歺翏,从歺,翏聲。疑見僇之異體,在此讀為戮。廣雅釋詁:「戮,罪也」。古文字研究第一輯第二二四葉。按⿰歺翏字説文不載,然戮之俗字有作⿰歺翏者。説文訓戮「殺也」。國語晉語「殺其生者而戮其死者」,注「陳尸為戮」。故戮改戈旁為歺旁,與殺尸等義相關,⿰歺翏實戮之俗體,不必作為僇之異體再轉讀為戮。【金文大字典中】

戡 戡【汗簡】

戡 古尚書【古文四聲韻】

◉許　慎　戡刺也。从戈。甚聲。竹甚口含二切。【説文解字卷十二】

◉馬叙倫　嚴可均曰。甚聲下當有一曰勝也。文選李少卿書。功難堪矣。注引説文作戡。勝也。翟云升曰。集韻引刺也下有一曰勝也。王筠曰。疑刺也本作勝也。後人改之。釋詁。堪。勝也。戡。克也。釋文。堪。字又作戡。知古人用戡者。後人率改為堪。倫按戡音竹甚切者在知紐。從甚得聲。甚音禪紐。勝音審紐三等。皆舌面前音。故得借戡為勝。此校者記異本也。又音口含切。與𢦟同音。戡𢦟聲同侵類。為𢦟之聲同侵類轉注字。【説文解字六書疏證卷二十四】

◉夏　渌　甲骨文[glyph]字，和𢦏字作[glyph]是有區别的。[glyph]用於戰争卜辭，[glyph]用於田獵卜辭，也井然區分。從上舉甲骨文字形看，它的形義來源是用戈砍斷人頭或砍斷樹木之形，它和砍是有音義聯繫的，用於戰争卜辭中表示「克敵制勝」的含義，疑當讀《商書·西伯戡黎》的「西伯既戡黎」的「戡」。古人把敵人腦袋砍下，或者砍下掛在戈上表示勝利是可能的。

戡、𢦟原是一字，聲符不同，異體。《説文》：「戡，刺也。」「𢦟，殺也。」似分為二字。古籍中「西伯既戡黎」一語兩種寫法都有。《漢書·五行志》孟康注和《淮南子》許注並云：「𢦟，古戡字。」《爾雅·釋詁》：「戡，克也，殺也。」《廣韻》：「戡，勝也，克也。」古漢語中也假龕、堪為之。《楊子·重黎篇》：「劉龕南陽。」注：「龕，取也。與戡同。」郭璞《爾雅注》引《商書》作「西伯既堪黎」。【學習古文字散記　古文字研究第四輯】

◉許　慎　戭長槍也。从戈。寅聲。春秋傳有擣戭。弋刃以淺二切。【説文解字卷十二】

◉馬叙倫　承培元曰。擣戭各本同。顧本繫傳作檮戭。蓋據春秋傳改之。倫按此字蓋出字林。故訓長槍也。方言。凡戟而無刃。秦晉之間謂之釨。或謂之鏔。戭即鏔也。孑為戟之初文。孑聲脂類。戭聲真類。脂真對轉。蓋轉注字。【説文解字六書疏證卷二十四】

◉蕭　璋　戭，長槍也。从戈寅聲。春秋傳有擣戭(弋刃以淺二切)。段氏以通俗文「剡木傷盜曰槍」，及説文以其廁於戡𢦏之間，不與器物為伍，定為戭非器名，而為長物相刺之義(本字注)。其説是也。按左傳八愷之名除仲容、叔達之外，皆二字為名。且二字義多相應(如大臨、尨降，皆取大義。本王氏説，見廣雅疏證釋詁：「臨大也」)，擣戭皆取撞刺義(擣宋本左傳作檮，誤，見阮元校勘記)，是以玉

篇攴部又出敹字訓為擣也。敹字不見於説文，或與戴為同字也（漢書古今人表擣戴作檮敹）。然則戴之訓本為擣刺，許釋為長槍者，或以字从寅聲，取其引長之義歟。【釋至 浙江大學文學院集刊第三集】

戋 戋

寧滬一・四九 寧滬一・一〇五 寧滬一・三六一 粹三九 甲三五七 甲三五八 甲三九三 甲五〇一 續三・三二・一二 後一・一四・一二 後二・三六・八 後一・一四・五 後二・三九・一 四 後二・四一・一三 後一・一二・三 戩四〇・七 戩三八・四 佚一八三 粹六六一 明藏七三六 明藏七四七 京津四四一九 掇一・四六〇 存一九五五 存一九六六 存一九六九 存一九七二 簠地六二 珠六七三 鄴三下・四四・八 鄴三下・四五・一 京都二〇〇二 甲二九四八反

戋或从中聲 乙四五二六 乙四五二九 前四・三七・四 佚三四一 燕六四六 粹一四四 京津一三七七 乙三五二六 乙七七九五 鐵二五・三 鐵二五五・一 鐵二五七・二 拾一一・三 鐵二六・一 前七・一七・一 前七・四二・一 後二・二七・四 菁二・一 林二・一三・四 佚二六 福一 燕一八九 京津一九三九 存五五二 存六一〇 簠地三三 甲一九五一 前八・九・四 戩一一・六 林二・一三・九 林二・二五・六 戩一一・七 佚五 佚六七四 燕六六七 明藏六三二 京津四三九九 前四・一八・一 佚六〇四 此戋之異文將戋之聲符中字倒書舊釋戈非是

甲辰卜雀戋𢦏侯 後一・二二・一 其戋𢀛方 後二・八・九 允戋 後二・四三・九 甲六二二 王从東戈𢀛侯戋 後二・四二・四 鄴三下・四〇・九 粹三六六 粹一一七七 師友一・六六 寧

滬一・四三〇 庫一〇九四 庫一〇九五 【甲骨文編】

甲36 67 114 168 508 1105 1219 1387 2164 2447 2907

2947 3710 乙768 3196 4062 4069 6533 6671 6692 6702 6777

7042 7150 7204 7509 7673 7751 7764 7795 7846 7981 珠193

463 482 670 673 677 692 佚5 205 234 604 815 988

續3・7・9 3・15・3 3・32・11 4・29・1 6・7・6 徵2・33 2・60 2・62

9・22 9・39 11・62 11・125 12・77 京2・18・3 4・9・2 4・12・4 4・20・4

凡27・2 古2・9 外47 天98 摭續141 粹366 962 1029 1158 1174

1177 新4398 甲2 30 357 1163 1252 1359 1364 1508 1536

1782 珠412 413 416 1122 佚197 291 434 547 971 987

995 續1・4・4 1・24・8 1・24・10 3・15・6 3・22・1 徵3・92 10・8

10・41 10・43 10・45 10・46 録734 天78 京4・16・3 粹965 970 1024

1033 【續甲骨文編】

𢦏 牆盤 雩武王既𢦏殷 㾓鐘 𡌦鼎 鬲比𥁕 孳乳為哉 何尊 敬亯哉 弔趯父卣 烏虖倓敬哉

禹鼎 烏虖哀哉 魚顛匕 欽哉 孳乳為截經典作戴 𢦏弔鬲 𢦏弔鼎 【金文編】

𢦏 翁𢦏 𢦏 宿𢦏 𢦏 李𢦏 𢦏 董樂𢦏 𢦏 臣可𢦏 𢦏 顔𢦏 𢦏 臣𢦏 【漢印文字徵】

◉許 慎 𢦏傷也。从戈。才聲。祖才切。【説文解字卷十二】

◉羅振玉 𢦏 𢦏 𢦏 𢦏 説文解字。𢦏。傷也。从戈。才聲。此从屮从才。乃古文在字。博古圖所載穆公鼎有𢦏字。鼎文假為哉字。从屮。與此同。卜辭多云亾𢦏。猶言無害矣。【增訂殷虚書契考釋卷中】

◉孫海波 余譜古文形聲，見古文偏旁所从，變化實緐，而聲母則不變。亦有變易聲母，而借同聲之字為之者，此其變例，若麓之或从彔、次之或从朿、簠之或从古夫皆是也。説文「𢦏，傷也，从戈才聲」，卜辭作𢦏𢦏𢦏二體，弟一字从戈才聲，與説文同；二三兩字皆從屮(博古圖所載穆公鼎𢦏字作𢦏，與此同)，疑即説文訓草木初生也之屮。屮古音在祭部，才在之部，聲近可通。屮本義與才同，才者，草木之初也，與草木之生無別。才孳乳為𢦏采材，支亦孳乳為支，去竹之枝也。再變為斯為析，與𢦏采同意，故𢦏亦可从屮作。知屮屮為屮者，殷契佚存八四版「貞咎屮」，屮即草木之初之屮，與𢦏所从之屮正同。作屮者，其散變也。【卜辭文字小記 考古學社社刊第三期】

◉董作賓 𢦏字从戈从屮。戈乃兵刃。足以傷人。又加屮聲為之。當為巛之後起字。【新獲卜辭寫本後記 安陽發掘報告】

◉馬叙倫 𢦏蓋剌之轉注字。剌音清紐。𢦏音精紐。皆舌尖前破裂摩擦音也。【説文解字六書疏證卷二十四】

◉陳 槃 卜辭有「𢦏」(簠室九·四：貞，甾囚方，爯伐𢦏)，有「𢦏方」(同上二·八：貞，射矢𢦏方)，古器有𢦏叔鼎、𢦏叔鬲。鮑鼎氏曰：「按𢦏國，即戴國也。𢦏聲、甾聲在六書音韻表第一部。商、周之𢦏，至漢(案當云秦、漢。説詳上)時轉為甾。戴从𢦏聲，𢦏其朔，戴後起字也。公羊、穀梁作載，説文作𢧵，足知初文為𢦏，加車加異，後世隨意增寫。説文以其國名，遂增邑字以解之。……」(春秋國名考釋中之上戴)【春秋大事表譔異三五】

◉單周堯 管燮初先生在《中國語文》1978年第3期發表了一篇《説𢦒》，認為甲骨文中的𢦒與𢦏是兩個不同的字，理由是乙4069的「王固曰吉，𢦒。之日允𢦒𢦏方，十二月」和乙4701的「王固曰亩既。三日戊子允既，𢦒𢦏方」兩條，𢦒、𢦏兩字用在一起，而不用重文符號「〓」，跟甲骨刻辭一般體例凡重文用重文符號「〓」者不合。

其實，早于1953年，管先生已在《殷虚甲骨刻辭的語法研究》中提出這個問題，當時管先生把𢦒釋作「𢦏」字(見頁13)。在《説𢦒》一文中，管先生則把𢦒釋作「捷」字，原因是魏三字石經《春秋》殘石鄭伯捷的捷字古文作𢦔，从戈；另一方面，捷从手疌聲，疌从止屮聲，因此，捷字可説是从屮得聲。而𢦒正是从戈屮聲，義符跟魏石經捷字的古文相同，聲符也跟捷字有密切關係。于

是管先生認為𢦔是捷字的初文。

問題是魏石經捷字的古文並不是真正的捷字，只不過是𢧢字的假借，這一點王國維、孫海波、商承祚諸先生都曾經説過，可説已成定論。因此，管先生整個看法的根據就不大可靠了。

再看看甲骨文的𢦔字，在大多數情形下，用法跟征、伐等字很接近。例如：

囗卜，㱿貞：呂方允𢦔戉？(粹1071)

己巳卜，㱿貞：呂方弗允𢦔戉？(前7・8・1)

戊戌卜，㱿貞：戊𢦔湔方？(續4・29・1)

壬午卜，㱿貞：亘弗𢦔鼓？(乙4684)

在這些句子中，似乎都可以把𢦔解作「侵害」，那就是𢦏傷的引申。當然，所謂「侵害」，不一定含有貶義。倘若把𢦔釋作「捷」，讀來反覺不大通順，在古籍中實在找不到把「捷」用作及物動詞的例子。

而且，在某些情形下，𢦔字很明顯不宜釋作「捷」。例如：

癸巳卜，㱿貞：旬亡囚，王固曰：㞢(有)祟(祟)，其㞢(有)來艱(艱)？三(迄)至五日丁酉，允㞢(有)來艱(艱)自西，沚𢦔告曰：土方正于我東啚(鄙)，𢦔二邑；呂方亦㣉(侵)我西啚(鄙)田。(《菁》2)

這裏的「𢦔二邑」，如果解釋為「侵害二邑」，便文義暢順；如果釋作「捷二邑」，便詰屈難通了。又如：

甲辰卜，王：丂弗𢦔朕史(使)？二月。(前4・4・7)

這個「𢦔」也只宜解作「傷害」，而不宜釋作「捷」。

「亡𢦔」一辭，卜辭屢見，絕大多數作𢦏，但也有一些作𢦔。在戩11・6、粹1153、甲506中，尚可以找到作𢦔的例子。這反映出𢦔與𢦏本來是一個字，不過到了商代，已開始各有特定的意義與用法，𢦔多用作動詞，𢦏則用作名詞，已分化為兩個字了。但無論「侵害」、「傷害」、「災害」，都跟𢦏傷的意思有關。這跟亯字分化為享、亨、烹三字有點相似。

總之，在絕大多數情況下，甲骨文中的𢦔與𢦏用法截然不相混。但若追溯其字源，則是同一字的分化。甲骨文的𢦔字仍當讀作「𢦏」，不應讀作「捷」。【甲骨文中的𢦔與𢦏　中國語文一九八〇年第二期】

◉于省吾　唐蘭同志謂「𢦏讀為斬」、「斬，伐也」。徐中舒同志謂「𢦏同災，傷也」。李學勤同志引正始石經捷字古文作𢧢為證，釋𢦏為捷，「捷殷，意即克商」。按以上三説，均無當于本義。

甲骨文在征伐時言𢦏者習見繁出，今擇録數條于下，并畧加詮釋。

(一)乙卯卜，争貞，召𢦏翟○王固曰，吉，𢦏(乙五三九五)。

(二)其乎戍，御(禦)羌方于義𠁁，𢦏羌方，不喪衆(京都二一四二)。

(三)貞，𤞞伐棘(曹)，其𢦏(後上一五・一五)。

(四)壬戌卜，伐𢀛，𢦏。□月(京津一三二五)。

(五)𡆥𠁩弗𢦏周。十二月(鐵二六・一)。

甲骨文于征伐言𢦏，舊均不得其解。《説文》：「𢦏，傷也。从戈才聲。」按𢦏訓傷，傷與「失敗」之「敗」義訓相因。《吕氏春秋・君守》的「事耳目，深思慮之務敗矣」，高注訓敗為傷。《順民》的「内量吾國，不足以傷吴」(越王句踐語)，《分職》的「此功名之所以傷」，高注并訓傷為敗。《淮南子・主術》的「故一舉而不當，終身傷」，高注訓傷為病為敗。以上是敗與傷互訓之證。前文所引第一條的「召𢦏翟」，是説召打敗了翟方。其稱「王固曰，吉，𢦏」，在王占視卜兆之後言「吉」又言「𢦏」，是説吉祥，能够打敗翟方。第二條的「𢦏羌方，不喪衆」，是説打敗羌方，并没有喪失衆人。以下三條之言𢦏，也同前例。總之，甲骨文在貞卜征伐時而言𢦏，𢦏之訓為敗者常見。如果訓𢦏為斬、為災、為捷，無一可通。然則銘文的「雩(發語詞)武王既𢦏殷」，是説武王已經打敗了殷人。【牆盤銘文十二解　古文字研究第五輯】

◉許　慎　𢧐滅也。从戈。晉聲。詩曰。實始戩商。即淺切。【説文解字卷十二】

◉劉心源　戒　戒或釋䤃。或釋戎。或釋俘。或㠯為古文我。我為義省。皆非。戈下从爪。今作戒。集韻戒同戩。説文。戩。滅也。詩曰。實始戩商。今毛詩作翦。爾雅釋詁詩天保傳竝訓戩為福。此銘文意當兼二義，蓋戩滅玁狁即是福也。故云獻戩。【虢季子白盤　奇觚室吉金文述卷八】

◉柯昌濟　卜詞曰。丁酉卜。行貞。王賓丁𣅀三牢。又。庚子卜。喜貞。𣅀叀王祝。又一貞卜文曰。升𣅀母庚。可證此字从爪从戈。案虢季子盤。文獻戒于王。戒从爪與此正同。翁氏祖庚引郭忠恕汗簡引古文戩字作戒為説。則此字亦戩字無疑矣。内二點繁文。【殷虛書契補釋】

◉馬叙倫　戩為𢦏之音同精紐轉注字。亦㦰之轉注字。此引詩戩商。今詩作翦。翦從㦰得聲也。滅也承培元謂當作搣也。【説文解字六書疏證卷二十四】

甲八六八　人名　乙二二六〇　乙二三六八　乙七二九九　乙七三一二　乙八一五〇　前一・三二・七　前四・一〇・三　前五・三七・三　前五・三七・四　林二・一五・一二　燕六二六　明藏二〇四　明藏四六八　明藏四九八　掇一・四一〇　摭續一八四　京都四二九　【甲骨文編】

甲8685　乙178　2260　2368　掇410　徵10121　摭續183　【續甲骨文編】

◉許　慎　𢦏絕也。一曰田器。从从持戈。古文讀若咸。讀若詩云攕攕女手。臣鉉等曰。𢦏。鋭意也。故从从。子廉切。【説文解字卷十二】

◉吴大澂　𢦏卣　𢦏古字从从从戈从犬。【𢦏卣　愙齋集古録十九册】

◉林義光　从戈戮从。从人多之象。經傳以殲為之。古作𢦏彝𢦏字偏旁。【文源卷六】

◉商承祚　此象多刃之兵易于斷物。當為殲之初字。「田器」疑兵器之寫譌也。【甲骨文字研究下編】

◉唐桂馨　𢦏即殲本字。非雙人持戈也。乃以戈殲兩人也。从不必為兩人。示衆多之意耳。春秋。齊人殲于遂。言齊人全數皆被殺。應用此𢦏字。【説文識小録卷一】

◉馬叙倫　吴穎芳曰。古文五字衍文。他字説誤入於此。鈕樹玉曰。繫傳作絕也。从持戈。一曰。田器。古文讀若咸。一曰。讀若詩攕攕女手。嚴可均曰。古文下有脱文。段玉裁曰。古文二字屬上讀。一説謂田器字之古文如此作也。田器字如銛鈂鈐鎌皆與𢦏同音部。王筠曰。段説誤。大徐本一曰田器在從从持戈上。即如小徐在下。亦不得連古文為句也。蓋從从持戈即不可通。説解有譌。嚴謂古文下有脱文。蓋是。嚴章福曰。全書讀若皆不言古文。則此古文二字疑衍。或謂今文作𢦏。與咸義別。古無𢦏字。借咸為之。許所見當有以咸為𢦏者。故云古文讀若咸。猶言古書通用咸也。承培元曰。古文下當有以為銛字四字。李杲曰。書契作𢦏。全書無古文讀若之例。疑本作古文以為咸字。咸上古文下讀若二字涉下讀若而譌也。倫按王謂説解有譌。是也。此本作絕也。從戈。从聲。古文以為咸字。讀若詩云攕攕女手。此即書咸劉厥敵之咸也。𢦏從从得聲。从音從紐。咸從戌得聲。戌音心紐。從心同為舌尖前音。故得借咸為𢦏。從从持戈者。校者不明从聲之理謬改也。字或出字林。𢦏亦𢦓戩之轉注字。【説文解字六書疏證卷二十四】

武

甲三三三九 甲三九四六 鹿頭刻辭 乙二九九八 鐵六七・四 前一・一〇・三 前一・一七・三 前一・二一・一 前三・二三・一 後一・四・一五 後一・二〇・六 林一・一〇・一四 佚四二七 佚八一六 佚九八四 燕二五二 燕二八九 坊間四・四四七 掇二・二一八 鄴初下・四〇・七 鄴三下・五〇・一四 粹三五六 粹三五九 粹三六〇A 乙四三二三 金七四〇 前二・二五・五 武乙見合文六 甲八 武丁 見合文六 【甲骨文編】

甲3739 乙7746 珠84 392 397 佚427 續1・7・6 1・24・5 1・26・5 2・5・4 2・7・1 2・26・8 徵3・98 3・127 3・134 3・137 新3729 【續甲骨文編】

武 肆簋 作册大鼎 武生鼎 牆盤 𤼈鐘 師𩛥鼎 茻伯簋 㝬鐘 格伯簋 散盤 毛公㫋鼎 虢季子白盤 禹鼎 柳鼎 多友鼎 曾伯霥匠 秦公簋 王孫鐘 邵鐘 晉公𥂴 屬羌鐘 陳侯因資錞 郾王職劍 中山王譽壺 嘉賓鐘 卲卣二 楚王酓章戈 利簋 珷征商 武王之武从武从王 何尊 德方鼎 盂鼎 矢簋 茻伯簋 【金文編】

3・1081 獨字 3・362 楚章衜武里昔 5・384 瓦書「四年周天子使卿大夫……」共一百十八字 秦478 東武𥎦贛榆 㠪 秦487 楊氏居貲武德公士契𢓆 5・367 東武羅 5・361 東武東閒居貲不更雎 考文1981:1 文存6・14 武陽司徒之鉩 文存6・15 武平都晉圖各匋里弄泃人鉩 【古陶文字徵】

〔六八〕〔二二〕〔三六〕〔五〇〕〔四〕〔三六〕〔一八〕〔二五〕〔一九〕
〔五〇〕〔一九〕〔一九〕〔七四〕〔三七〕〔二〕〔五〇〕〔二〕〔五〇〕〔二五〕
〔一九〕〔六八〕〔三六〕〔二〇〕〔二六〕〔二〕〔二〕〔四七〕〔二二〕
〔三六〕〔四〕〔二〕〔二〇〕〔二〇〕〔三七〕〔七六〕〔二〇〕〔二五〕
〔六八〕〔六八〕〔三六〕〔三六〕〔五〇〕〔六八〕〔五〇〕〔二〕〔六〕〔二〇〕
〔四〕〔二〇〕〔三六〕〔二〇〕〔三七〕〔六二〕〔二二〕〔六八〕〔三六〕
〔二〕〔二〇〕〔二〇〕〔二〕〔六八〕〔六八〕〔二〕【先秦貨幣文編】

布空大　豫伊　仝上　仝上　布空大　豫伊　仝上　仝上　布空大　豫伊　仝上　豫宜
布空小　武安　豫洛　布尖　武平　京朝　仝上　仝上　布尖　武平　晉高　仝上　仝上　布尖　武平　晉高　布尖　武安　晉孟　仝上　晉朔　布尖　武安　晉高　仝上　仝上　布尖　武安　晉高
仝上　布尖　武安　京朝　布空大　豫孟　布空小　武　豫洛　布空小　武[口木]　豫洛　布空小　武[工木]　豫洛　布空小　武安　武字省體　豫洛　布空小　歷博　仝上　仝上　布空大　亞二・九七　仝上　反書
布空大　典七〇五　布空大　典七〇六　仝上　典七〇七　布空大　典七〇八　仝上　典七〇九　布空大　典七一〇　仝上　典七一一　布空大　典七一二　布空小　武安　典六九三　布尖　武平　典四〇〇　布方　武邑　典二七八　布空大　亞二・一二三　布空大　亞二・一二三　仝上　布空小　武安　展圖版拾伍　【古幣文編】

169 246 【包山楚簡文字編】

武 日甲一四六 六例 日乙二四一 五例 【睡虎地秦簡文字編】

—㝵☐亓畝(丙1:3—7)、女此—(丙2:目3) 【長沙子彈庫帛書文字編】

2107 0447 0446 0121 1809 0302 1326 1758 1757 2851 3120

3445 2959 1320 1321 1322 1323 1325 0150 0336 0174 0176

【古璽文編】

武陵尉印 脩武丞印 武徒府 康武男家丞 務武男印章 奮武中士印 武猛中郎將 王武光印

王武之印 張武之印 竇武印 徐武之印 武猛都尉 黃武之印 侯武之印 黃武强印

靁武 武季來 符武 諸葛武 孫武私印 栗武聚 王武 武丘 臣廣武 靡武

【漢印文字徵】

天璽紀功碑 石經君奭 在⿱耂止丁 【石刻篆文編】

武 【汗簡】

古老子 王庶子碑 【古文四聲韻】

◉許 慎 楚莊王曰。夫武。定功戢兵。故止戈為武。文甫切。 【說文解字卷十二】

◉羅振玉 卷六第二十三葉 同上 从行从武。此步武之本字。後世經典借武字為之而專字亾矣。 【增訂殷虛書契考釋卷中】

◉商承祚　說文解字「武」，云「楚莊王曰，夫武定功戢兵，故止戈為武。」（案左氏春秋宣公十二年傳，楚莊王曰，於文止戈為武。……夫武，禁暴戢兵，保大定功，安民和衆豐財者也。）段玉裁曰「於文止戈為武，是倉頡所造古文也。祇取定功戢兵者，以合於止戈之義。」語意矛盾，莫可名言。既云定功戢兵，何得再言威武。若云用武，安可戢兵。後漢書武帝紀「退功臣而進文吏，戢弓矢而散牛馬，雖道未方古，斯亦戢兵之武焉。」戢散二字，與武意格格不入，且毫不相涉，其誤與段說同。

廣雅釋詁二「武，健也」，又「威也」。是健威等乃武之本誼。嘗攷殷虚甲骨文字武作「[illegible]」「[illegible]」。從戈，從[illegible]。[illegible]，即止，即趾，象人足跡之形。古文每用以代表人之全身。非停止之止。止，足也。故又引申為跡（詩下武傳）。為步（爾雅釋詁）。

武之形誼既明，則許氏之說解自分。「止戈為武」言字形誼，「夫武定功戢兵」謂以武力戡亂既平，而櫜干戈弓矢，決不能與下「止戈為武」連訓。先儒之誤，在誤以止戈二字解作戢兵。知此二者，則武之誼一說自明矣。【釋武　中山大學語言歷史研究所周刊二集二十期】

◉余永梁　[illegible] 書契卷六二十三葉　案此武氏初文。从行从止从戈。操戈行於道上。趄趄武也。觚文[illegible]。敦文[illegible]。為斿字初文。象人持㫃以行也。下从止。與此同例。是踵武伐武之武乃武之本義。後省行作𢦏。猶道字散盤从行作[illegible]。曾伯簠字作[illegible]。从又與从止通。篆文省作[illegible]。而說文古文遂省行作䟫矣。宣十二年左傳「楚子曰。夫文止戈為𢦏」。謂止兵為武。以象形為會意。乃望文之訓。非朔義也。【殷虛文字續考　國學論叢一卷四號】

◉馬叙倫　王筠曰。門聞户護雖不須說之字。亦必說之。此獨無說。乃闕佚也。釋名。武。舞也。征伐動行如物鼓舞也。俞樾曰。引楚莊王說。非造字之本義也。武舞同字。周禮鄉大夫。以鄉射之禮五物詢衆庶。五曰。興舞。論語八佾引作興武。詩序。維清。奏象舞也。獨斷作象武。左莊十年經。以蔡侯獻舞歸。穀梁作獻武。皆其證。舛部。舞。樂也。用足相背。從舛。𣞤聲。重文翌下曰。古文從羽。亡聲。然則舞字從止者。止即足也。猶舞從舛也。從戈象執干戚也。猶翌從羽也。翌其文舞武其武舞乎。因而引申之以為武勇字。倫按鄭樵始疑止戈為武之說。以為止乃亡之譌。從亡得聲也。然俞先生說長。蓋古之舞起於戰勝驩旋。圖畫性之武字。蓋為一人持戈作舞蹈形。後乃省為從止從戈。從止猶從人也。特武以足故重於足。而武所以從止舞所以從舛也。今說解捝失。但存校語耳。或如王筠說唐人習明字科者所刪改也。許書大例實無但引經傳為說解之例。當入止部。如今文為會意。餘見舞下。甲文作[illegible]。又作[illegible]。正明驩旋也。字見急就篇。【說文解字六書疏證卷二十四】

◉于省吾　說文。武。楚莊王曰。夫武定功戢兵。故止戈為武。按左宣十二年傳。楚子曰。夫文止戈為武。漢書武五子傳。

戢

是以倉頡作書。止戈為武。按止戈為武之説。自來學者多無異議。惟俞樾兒笘録云。在倉頡造字時。則但以為足止字。而無此展轉相生之義也。乃謂武字从止為取止戈之意。豈得其本義哉。然則武字本義謂何。曰武舞古同字。武即舞字也。按俞氏不從止戈之訓。至具卓識。惟謂武即舞。以借字為本字誤矣。古文無即初文舞字。金文亦作䍐。古文从止之字。就狹義言之。限於足之止。就廣義言之。則表示人類行動之義。故徐行為步作。由卑而升曰陟作。由高而卑為降作。行所經為歷作。象人行田中或林中。行在前為。却行為復。自他至為各。均詳羅振玉釋止。貞松遺稿一至四。又按徙為移動。金文作。衛字作。象衆人之圍守城邑。古文从止从彳从辵每互作無别。均有行動之意。武从止从戈。本義為征伐示威。征伐者必有行。止即示行也。征伐者必以武器。戈即武器也。許氏以楚莊王説武之斷章取義為武之本義。豈其然乎。【釋武　雙劍誃古文雜釋】

◉戴家祥　㦰祖丁鼎　㦰作祖丁尊彝永寶　字从彳从武，字書所無，疑即武字異體，金文用作人名。【金文大字典上】

◉許　慎　藏兵也。从戈。咠聲。詩曰。載戢干戈。阻立切。【説文解字卷十二】

◉馬叙倫　鈕樹玉曰。一切經音義四及十七及二十引作藏兵器也。八及十一引作藏也。翟云升曰。一切經音義十一及十八引作藏也斂也亦聚也。斂也聚也皆别義。斂也見詩鴛鴦箋。聚也見詩桑扈傳。倫按從戈咠聲不得為藏兵也或藏兵器也。倫謂玄應引作藏兵器也者。當作臧也兵器也。臧也非本義。蓋借聲字也。此引詩載戢干戈。時邁傳曰。戢。聚也。實借為集。集音從紐。戢從咠得聲。咠音清紐。同為舌尖前破裂摩擦音假借也。左隱四年傳。夫兵。猶火也。不戢將自焚。則借戢為戚。戚從戌得聲。戌音心紐。亦舌尖前音也。本書。韇。所以戢弓矢。蓋借為斂。故詩鴛鴦白華。戢其左翼。箋訓戢為斂。本書。斂。收也。小爾雅廣言。戢。斂也。斂從僉得聲。僉音亦清紐也。以藏訓戢。始見左傳杜注。實斂之引申義。則藏也校者加之。惟戢之為兵器無考。下文戠從戈音聲。而其義闕。然戠戢音皆照紐。咠聲談類。音聲侵類。又最近也。倫以為轉注字。易豫。朋盍簪。釋文。虞作戠。戠。叢合也。叢合即聚合。蓋戢可借為集。戠亦然也。是其例證。其義則王筠據周敔敔以為殺也。然殺也亦或非本義。玄應一切經音義引倉頡。戢。聚也。【説文解字六書疏證卷二十四】

◉牛濟普　「京戢」印陶與「十一年私來」印陶同出一地，為同一時代遺物。商志馨在《説商亳及其它》一文中，對「京戢」印陶釋為「亭觪」。⊘關於「戢」字，陶文作「」，商文據以證為觪字的字形均不完整，故難以正確。此字並不是「从角从尹或简化」，現將這方印陶的殘字與完整印陶公布加以比較。除京字已談過外，戢字是从角从戈。為戈字的一種形體，其寫法為鄭

韓所特有。新鄭縣所出陶文「系戭」戭字右邊戈字形與鄭州的戠字右邊戈形相類。蔡全法在《近年來新鄭鄭韓故城出土陶文簡釋》中，誤釋戭為陽。戭字，《集韻·韻會》「音陽，戈也」，陶文「系戭」，為工名。「京戠」之戠字古璽文从角从戈。「京戠」印陶與「京戻」同例，京為姓，戠為名。【五方印陶新釋　中原文物一九八七年第一期】

前四·四·四　後一·二九·六　京津四三〇一　京津四三〇二　寧滬一·三三二　京都二三三六　【甲骨文編】

甲240　475　705　747　755　872　1246　1416　2123　2881　3631　乙3025　5305　6715　珠19　21　58　94　397　637　651　零3　佚173　564　佚194　253　390　518　續1·27·1　2·12·2　2·12·6　5·12·2　6·13·2　徵4·93　11·96　11·99　12·37　録307　433　436　546　誠220　續存473　1497　1554　1555　摭續299　337　粹55　213　214　513　515　626　新3027　4302　4319　【續甲骨文編】

戠　孳乳為識　何尊　爾有唯小子亡識　格伯簋　㠱書史戠武　劉心源云戠識省記也　孳乳為織　趩簋　錫趩織衣　免簋二　豆閉簋　胸簋　【金文編】

3·1102　獨字　徐鍇說文繫傳云戠古職字古之職役皆執干戈梫此又从矢疑亦職字　【古陶文字徵】

18　203　206　224　【包山楚簡文字編】

◉許　慎　[字形]闕。从戈。从音。之弋切。【説文解字卷十二】

◉劉心源　[字形]　戠或釋戎。非。趩尊戠衣𦈡市。許印林云未詳其制。心源案。戠。織省。小爾雅廣服治絲曰織。織繒也。玉藻。士不衣織。注。織。染絲織之。是則織衣為染繒衣也。或曰易朋盍簪。虞翻作合戠。是戠即簪字。敔敵[字形]首百用為斬。簪斬一聲之轉。説文戈部戠。大徐本云。闕。从戈从音。闕者謂闕其義也。小徐本云古職字。古之職役皆執干戈。此因職从戠而肊為之説。其於从音仍無箸也。今㠯虞氏易及敔敵互勘。乃知从戈音聲。本義為斬。叚為簪臂。音皆侵覃部中字。職从戠葢取雙聲也。則戠衣為簪。與衣二物。或又曰戠即識。説文。識。常也。常者。旗常畫日月者。知識即幟字。説文無幟。从巾者俗字也。段氏未悟及旗常義。改識下常也為意也。失之。是幟與衣亦二物矣。【穴敦　奇觚室吉金文述卷四】

◉孫詒讓　「□卜𣪊方[字形]𤰇立□丁□」二百六十二之三，「[字形]」从戈，从辛省，當即「戠」字。《説文・戈部》：「戠，闕，从戈从音。」此上从[字形]即从音省。金文趩尊織衣織作[字形]即此字，疑當為「職」之叚字，《周禮・夏官》有職方氏，此云「方職」，義或與彼同。【栔文舉例卷上】

◉羅振玉　[字形][字形][字形]　此从言。古金文識幟諸字皆如此作。趩尊錫趩戠衣文作[字形]。格伯敢作[字形]。吴中丞以為識字。一从音。與許書同。一从言。與卜辭同。古从言从音殆通用不別。【增訂殷虚書契考釋卷中】

◉王國維　[字形]未詳。卜辭有[字形]日亦作[字形]日(前四・四・四)，羅參事釋為戠日，殆與肜日、翌日等同為祭名。案戎都鼎有此字作[字形]，戎都敦作[字形]，與説文熾之古文[字形]相似。今此字作[字形]，或即戠字。説文戠之音義闕，古文尚書假為厥土赤埴墳之埴，虞氏易以為朋盍簪之簪。【戩壽堂所藏殷墟文字考釋】

◉郭沫若　「戠衣」亦見趩觶與免簠，吴大澂釋為「織衣」。或謂戠當是色，尚書禹貢「厥土赤埴墳」，釋文云「鄭作戠」。釋名釋地「土黄而細密曰埴。埴，職也。黏脂如脂之職也」。「戠衣」疑即謂色如埴土之衣。卜辭屢見「叀犨」之文，與「叀羊」同例。羅振玉亦疑犨為牛色。二者相為互證。今案或説非是。𢦏毁云「戠玄衣，赤𢆶市」，玄著衣色，戠非色也。戠仍當釋為織。曲禮云「士不衣織」，足證織衣乃貴者之服，故天子以為賜，而受賜者以為榮焉。【豆閉毁　兩周金文辭大系圖録考釋】

◉馬叙倫　鈕樹玉曰。闕者。闕其義。疑戠當從戈音聲。水部。湆。從水。音聲。與戠聲相近也。嚴可均曰。廣韻廿四職引闕下有職識從此。按皆校語。嚴章福曰。繫傳闕下十四字非許語。然因此可知戠字音義。説文缺職役一訓。蓋即此字義也。戠從戈。與役從殳同意。從音聲也。王筠曰。博古圖周敔敢[字形]字。釋為戠。其文曰。戠首百。執俘曰雒孚人三百。下文又

曰。敔告禽馘百。傒曰。然則戠首百謂殺百人也。故曰馘。倫按戠字不見經記。金文趩尊。易趩[字形]衣。吳大澂釋[字形]為織。謂[字形]古戠字。倫謂免簠之[字形]豆閉敢之[字形]格伯敢之[字形]與趩尊之[字形]。皆本書之𢦏字。石鼓文作[字形]亦𢦏字。甲文之[字形][字形]乃此字。從戈。音聲。或曰。戠。從音。弋聲。【說文解字六書疏證卷二十四】

◉于省吾　甲骨文戠字作[字形]、[字形]、[字形]等形，其用法較為複雜。其于祭祀言戠者最為習見，乃舊所不解。本文僅就此加以闡述。

甲骨文于祭祀言戠，乃膱字的初文，周代金文識與織的初文也均作戠。戠字在周代典籍中多孳乳作膱。儀禮鄉射禮記：「薦脯用籩五膱，祭半膱，横于上。……膱長尺二寸。」鄭注：「膱猶脡也。」又聘禮記：「薦脯五膱。」鄭注：「膱脯如版然者，或謂之脡，皆取直貌焉。」公羊傳昭二十五年：「與四脡脯」，何注：「屈曲曰朐，申曰脡。」說文：「朐，脯挺也。」又：「脯，乾肉也。」脯也通膊，說文：「膊，薄脯，膊之屋上。」方言七：「膊，暴也。燕之外郊，朝鮮洌水之間，凡暴肉，發人之私，披牛羊五藏，謂之膊。」總之，膱即脯脡，指曝曬的乾肉言之。今將甲骨文于祭祀言戠之例，擇引數條于下，并加以解說。

一、辛酉貞，大乙戠一牢○弜又戠(甲七四七)。

二、其牢又戠(珠三九七)。

三、弜戠夕，其酌皁(粹四六〇)。

四、辛子卜，貞，王宂且辛，戠一牛，亡尤(佚五六四)。

五、□庚辰卜，王□貞，翌辛子，□戠于且辛物(粹二五二)。

六、〼百牛，其用于毓且乙，戠(文録三〇七)。

七、戊寅卜，旅貞，王宂大戊戠，亡囚(粹二一一)。

八、貞，弓攺戠(續存下二五一)。

以上各條的戠字應讀作膱，均就祭祀時所用的乾肉為言。第一條的大乙膱一牢，膱作動詞用。是說用一牢的乾肉以祭大乙。第二條的其牢又膱，是說祭祀不只用牢而又用乾肉。第三條的弜(讀弗)膱夕，其酌皁，膱與夕二字平列。夕通昔，說文訓昔為乾肉，典籍也通作腊。甲骨文言膱，指大牲的牛或牢言之，而昔則指小牲的羊豕言之(詳釋夕)。陳邦懷同志引漢人說訓夕為展牲(徵存下一四)，是講不通的。本條是說，不用膱或夕之乾肉，而用牝牛以祭。第四條的王宂且辛膱一牛，是說用一牛的乾肉以祭祖辛。第五條的膱于且辛物(勿牛二字合文)，是說用一雜色牛的乾肉以祭祖辛。第六條的百牛其用于毓且乙膱，即膱百牛其用于毓且乙的倒文。毓且乙即小乙。這是說，用百牛的乾肉以祭祀后祖乙。第七條的王宂大戊膱，是說王用乾肉以宂祭大戊。

第八條的弓攺膱，攺與膱二字平列，攺是支解牲體，膱是乾肉，弓攺膱即勿攺膱。本條的對貞辭文殘缺。總之，甲骨文言戠一牢、戠一牛和戠于且辛勿牛，戠均作動詞用。戠讀為膱，其為曝曬牛牲的乾肉以為祭品，是顯而易見的。【甲骨文字釋林卷中】

◉商承祚　第五四簡

☑□王各戠牛饋之，罷禱先君東邸公，戠牛饋□☑

戠，即戠，甲骨文作，金文作，可見其發展變化之跡。甲骨文的戠牛及此之戠牛，指牲體黃色，如「其戠牛，玆用」(見《殷虛書契》卷一第二一頁第四片)、「其戠牛」(見《簠室殷契徵文》第八五頁)、「戠冢」(見《殷契佚存》第五一八片)即黃色之牛、冢。

【江陵望山一號楚墓竹簡疾病雜事劄記考釋　戰國楚竹簡彙編】

◉裘錫圭　「戠」是殷墟甲骨卜辭裏的一個常用字。這個字在卜辭裏有好幾種不同用法。例如：「賓戠」的「戠」一般認為是祭名。「戠牛」的「戠」一般讀為「特」或「埴」。「日有戠」的「戠」，有人讀為日食的「食」，有人讀為「識」或「痣」，認為是指日中黑子。我們要討論的是「戠」字的另一種用法。

卜辭裏有一種「戠」字經常出現在用否定詞「勿」或「弜」的句子的末尾：

(1) 丁丑卜，王貞：余勿卒占，余戠。三月。　合20333

(2) 己卯卜，賓貞：勿步戠。十一月。　合16230正

(3) □申卜，𠦪貞：≋勿步戠。　合20178

(4) □□卜，㱿貞：王勿出戠。二月。　合5068

(5) ☑王勿出戠。　合5067

(6) 乙亥卜，争貞：生七月王勿卒入戠。　合5165

(7) 貞：王勿卒入戠。　合1535

(8) 貞：王勿卒入戠。　合16105

(9) 庚寅卜：王勿入戠。　合32956

(10) 貞：勿卒歸戠。　合16101

(11) 貞：勿卒歸戠。　合16102

(12) 貞：勿卒歸戠。　合16103正

(13) 貞：勿卒歸戠。 合16104正

(14) □寅卜，王貞：勿卒值戎戠。 合7266

(15) 貞：勿卒值戎戠。 合7265

(16) 乙卯卜，王貞：余勿比沚酨戠。 合3950

(17) 貞：勿酒戠。九月。在鯀。 合8105

(18) 癸亥卜，王貞：勿酒翌酨于黃尹戠。三月。 合19771

(19) 貞：酒黃尹。勿卒黃尹戠。 合945正

(20) 翌甲申㞢(侑？)伐自圃。〔勿〕卒㞢戠。 合945正(「勿」字本不清，據辭例補。本片卜甲反面，即《合》945反，亦即《乙》5306，有「勿㞢戠」一辭。或釋「勿」為「雀」，非是。)

(21) 貞：翌丁卯呼子㞢于丁三牢。貞：翌丁卯勿㞢戠。 合14375

(22) 貞：勿𢻫戠。 零拾109

(23) 勿𢻫戠。 合16172

(24) 貞：勿用戠。 合15236

(25) 其其退彡日丁弗乍。弜退戠。 合34445

(26) 貞：勿𠂇(伐？)戠。十一月。 合15524

(27) 弜𠂇戠。 人文2326(同版尚有「□巳□日戠□酉□囚」一辭，與上引之辭似不一定有關係)

(28) 庚申卜☑勿卒☑戠。十三月。 合16106

(29) 步戠勿步 甲475

(30) 丙申卜：戠弜用虎□衴。 合15401

(31) 辛丑卜：𠬪人：戠，弜史(使)人沚。 合20346正

(32) 辛巳□貞：余戠，勿□人。 人文3050

在以上所引的那些卜辭裏，「戠」跟否定詞後面的動詞顯然表示對立的兩件事。

此外，還可以看到把某個動詞跟加「勿」或「弜」的「戠」字並用的卜辭，例如：

(33) 貞：⿰彳乚，勿祉戠。合15508(《合》15509有「勿祉戠」殘辭，可參閱)

(34) 弜戠，夕其酒匕牛。粹460

(35) □丑卜貞：弜戠桒辛步。合33706

(33)以「⿰彳乚」與「勿祉戠」並提，跟(26)(27)以「勿⿰彳乚」或「弜⿰彳乚」與「戠」並提正好相反。(34)以「弜戠」與「酒」並提，跟(17)等辭以「勿酒」與「戠」並提正好相反。(35)如可讀為「弜戠桒，辛步」，跟(2)(3)以「勿步」與「戠」並提也是相反的。

還有一條卜辭說：

(36) 辛巳卜王：勿呼甫即□叜，令戠。十月。合20235

這條卜辭裏，「勿呼」和「令戠」是屬於同一主動者的行為，「勿呼」和「戠」的主動者則不是一個人，情況與上引諸辭不同。但是這條卜辭的意思可以理解為：「令甫勿即□叜，戠」，所以「戠」字的用法仍應與上引諸辭相同。

在前面引過的那些卜辭裏，跟「戠」相對的動詞，有「占」「步」「出」「入」「歸」「徝」「比」「酒」「㞢」(侑?)「畋」「用」「退」「⿰彳乚」(伐?)「使」「即」等字。我們的任務就是要根據「戠」的字音，在古漢語裏找出一個在語義上可以跟上列這些詞處在正反相對的地位的動詞。看來這個動詞只能是須待的「待」。

從語音上看，讀「戠」為「待」是沒有問題的。「待」从「寺」聲。古代「寺」聲與「直」聲相通，「戠」聲也與「直」聲相通。《周官・春官・小胥》「士特縣」，《釋文》本「特」作「犆」，注曰：「音特，本亦作特。」《穀梁傳・隱公十一年》「犆言」，《釋文》：「(犆)音特，獨也。本或作特。」這是「寺」聲「直」聲相通之證。《尚書・禹貢》「厥土赤埴墳」，《釋文》引鄭玄本「埴」作「戠」。《考工記・弓人》鄭注讀「樴」為「脂膏⿰月直敗之⿰月直」。《儀禮・鄉射禮》鄭注謂「膱」字今文或作「⿰月直」。這是「戠」聲「直」聲相通之證。所以「戠」和「待」的古音一定很相近。卜辭的「戠牛」，學者或讀為「特牛」，其說可信。(江陵望山一號戰國楚墓所出竹簡，記祭祀用牲之事也提到「戠牛」。《國語・楚語》有「諸侯舉以特牛」之語。卜辭和楚簡的「戠牛」——卜辭有時省稱為「戠」，都應該讀為「特牛」。特牛是相對於牢而言的。參看《卜辭通纂》53片考釋。)「戠」既可讀為「特」，當然也可讀為「待」。

從語義上看，把上引各辭裏的「戠」字讀為「待」，也是很合適的。例如：(4)(5)的「王勿出，待」就是王不要馬上出去而先等待一下的意思。(17)的「勿酒，待」就是不要馬上舉行酒祭而先等待一下的意思。其餘各辭可以類推。與「戠」相對的動詞前面往往加「勿卒(猝)」，意思就是不要急於幹某件事，正與後面的「戠」(待)字緊相照應。

卜辭裏曾一見「織」字：

(37) ☐識用☐受☐　合30721

這似乎是為「戠」字讀為「待」這一假借義而造的專字，可以看作「待」的古體。上引這條卜辭「識」上一字尚存下半，頗似「弜」字殘文。如果確是這樣，「識」的用法正與上面討論的「戠」字相同，讀「識」為「待」就無可懷疑了。【說甲骨卜辭中「戠」字的一種用法　語言文字學術研究論文集】

[glyph]乙三七七四反　[glyph]珠一三七三　[glyph]京津一二一七　[glyph]京津一二一八　[glyph]京津二一七七　[glyph]前六・三八・四　[glyph]林二・五・一四　[glyph]前四・三七・五　[glyph]前四・二一・三　戔甲　見合文五【甲骨文編】

[glyph]乙2221　[glyph]2774【續甲骨文編】

◉許慎　戔賊也。从二戈。周書曰。戔戔巧言。徐鍇曰。兵多則殘也。故从二戈。昨千切。【說文解字卷十二】

◉羅振玉　[glyph]　卜辭从二戈相向。當為戰爭之戰。乃戰之初字。兵刃相接。戰之意昭然可見。訓賊者乃由戰誼引申之。黷武無厭斯為戔矣。【增訂殷虛書契考釋卷下】

◉郭沫若　[glyph]甲，羅未釋。別有[glyph]字，見下第五九一片，則釋為戔，云「說文解字『戔，賊也，从二戈。周書曰：戔戔巧言』。案卜辭从二戈相向，當為戰爭之戰，乃戰之初字。」殷釋中・六九。今案[glyph]亦从二戈相向，亦戔字也。戔甲當即河亶甲，河亶者戔之緩言也。又殷王之名甲者有大甲、小甲、河亶甲、沃甲芍甲、羕甲、陽甲象甲、喙甲、祖甲。其於甲日卜祭某甲而合祭某甲者，二甲必相次，所祭者在後，所合祭者在前。今舉其例如次：

「甲申，祭祖甲咎喙甲」。見前第六九片。

「甲午，[glyph]喙甲咎羕甲」。見前第一一五片。

「甲□，[glyph]小甲〔咎〕大甲」。見下第二一三片。

所祭二甲均後先相次。今言「□戔甲咎小甲」，又下第一七八片「祭戔甲㱃曰小甲」，戔甲與小甲為次，亦正當於河亶甲也。又與卜壬每同見於一片，卜壬即外壬，外壬之次為河亶甲，世亦相次也。【卜辭通纂】

◉吳其昌　更以聲音推之，則「戔」與「亶」古無舌上音，當皆讀若「旦」？此可以經典異文校勘之術瞼之：禮記曲禮上「日而行事則

必踐之」，鄭注：「踐，讀若曰善，字之誤也。」而禮儀既夕禮鄭注則云：「古文旜作膳。」又聘禮鄭注則云：「古文旜，皆為膳。」可證古文从「戔」、从「善」、从「亶」者之實為一字一聲矣。又揚雄方言三：「廛，或曰踐」，而一切經音義十一乃云「鱣，古文鱓同」；又漢書人表「安陵纏」，顏師古注云「纏即鱓字也」，可證古文以从「戔」、从「廛」、从「亶」者之實為一字一聲矣。又管子參患「甲不堅密，與俴者同實」，注：「俴，單也。」按注語是也。謂所披之甲而不堅實，則其實同單衣也。而詩昊天有成命「單厥心」，國語周語引作「亶厥心」。又詩桑柔「逢天僤怒」，釋文云：「僤，本作亶。」可證古文从「戔」、从「單」、从「亶」者之實為一字一聲矣。更以誼詮求之，易賁有「束帛戔戔」之語，以「戔戔」狀「束」，而廣雅釋詁三乃明有「襢，束也」之訓。由上四道以推驗之，皆足以為「戔」「亶」古文實係一字一聲一義之佳證。則「戔甲」之即為「亶甲」，即從經典上之史料證之，亦致明楚無惑也。【殷虚書契解詁】

◉馬叙倫　羅振玉曰。卜辭作□。從二戈相向。當為戰爭之戰。乃戰之初文。訓賊者乃引申義。倫按卜詞□□殘文人三千乎□□。則羅說是也。亦殘之初文。故音義皆同。周禮庖人釋文引字林。昨善反。賊也或字林訓。【說文解字六書疏證卷二十四】

戔

乙四六九二　前二·一六·二　前四·三七·四　甲三一八一　後一·三一·七　林二·一三·四　戩二六·一〇　佚一六　佚二六　鄴初下·三三·五　鐵三二·二　存六一一　京津一一九九　京津一二三〇一　京津一三〇三　粹一二二〇　陳九二　【甲骨文編】

甲2239　2258　3338　3342　乙726　4692　珠979　1201　1432　佚1　續5·31·3　佚7　16　佚26　續5·14·7　續1·17·1　徵4·46　續3·42·5　續3·43·1　徵10·133　續4·29·1　徵2·60　續5·2·4　徵11·52　續5·3·2　續5·35·7　徵11·78　續6·7·5　掇382　徵4·70　8·48　京4·8·2　4·12·4　錄568　鄴33·5　新2220　六中92　續存609

610 611 612 614 615 620 621 622 外86 粹1096 1121

1122 1123 1237 新1300 2220 【續甲骨文編】

戉 象形 戉父癸甗 戉箙卣 師克盨 素戉 虢季子白盤 錫用戉用政蠻方 字形與戌同與戊為一字

孳乳為越 者沪鐘 隹越十有九年 越王之子 勾踐劍 越王劍 越王者旨於睗矛 越王州句矛

越王州句劍 【金文編】

1·63 獨字 1·64 同上 【古陶文字徵】

〔三六〕【先秦貨幣文編】

戉于月切 【汗簡】

汗簡 【古文四聲韻】

◉許 慎 戉斧也。从戈。㇄聲。司馬法曰。夏執玄戉。殷執白戚。周左杖黃戉。右秉白髦。凡戉之屬皆从戉。臣鉉等曰。今俗別作鉞。非是。王伐切。【說文解字卷十二】

◉羅振玉 戉字象形。非形聲。古金文或作戉尊。與此同。【增訂殷虛書契考釋下】

◉林義光 古作唬陀尊彝丁。作傳尊彝戊。與戊同形。即戉字聲轉為戊也。戊與戉亦雙聲。左傳曹劌。史記作曹沫。劌戉同音。歲从戉得聲。見歲字條。沬戊雙聲。是戉紐音可如戊也。【文源卷二】

◉周慶雲 趙叔孺按。戉反文。說文。戉。大斧也。从戈。㇄聲。蓋祖受王錫而銘功也。

慶雲按。古戊戌戉三字皆从戈得義。故皆可相通。此器銘文正象戈繫鉞之形。本古戉字。假借作戊者。商器祖戊二字至多。當亦祖廟弟五器也。【商祖戊彝 夢坡室獲古叢編禮器一】

◉馬叙倫 楊桓曰。戉。斧首戈柄之兵也。鈕樹玉曰。廣韻韻會一切經音義引竝作大斧也。書顧命釋文引亦有大字而誤作鉞。繫傳秉作記。誤。韻會引作把。髦。韻會作旄。桂馥曰。蒼頡篇廣雅開元文字竝作大斧也。字林。戉。王斧也。沈濤曰。

戚 

御覽六百八十續漢書輿服志注引亦作大斧也。大唐類要百三十五引黃戉作黃戲。一切經音義二云。鉞斧古文戉同。說文。戉。大斧也。一云。鉞。鑕也。音横。大鈠也。今說文以鉞為詩鸞聲鉞鉞字。初無鑕與大鈠之訓。據玄應書以鉞為戉之重文。鉞從戉聲。與呼會切不合。經文從歲則得聲矣。疑二徐本奪去鑕字。遂將戉字重文移改于金部耳。王筠曰。後漢書輿服志注引作殷執白戉。況祥麟曰。當作。象形。龔橙曰。見器名。誤說從戈乚聲。吳大澂曰。古戉字作。徐灝曰。戉鉞古今字。書牧誓。左杖黃鉞。釋文。鉞。本又作戉。許引司馬法。今本無此文。阮氏鐘鼎款識立鉞尊有字。蓋古文從弋。象斧刃之形。與戈同例。今從乚者。小篆之變體耳。林義光曰。虢陀尊彝作。戊戉一字。戉聲轉為戊也。容庚曰。虢季子白盤。錫用。用征蠻方。字形與戊同。殆與戊一字。商承祚曰。戉字象形。非形聲也。倫按甲文作。象形。戊戉戌一字。歲從戌得聲。以金文證之。即從戉得聲也。見歲字下。大斧也非本訓。斧非戉也。從戈乚聲疑校者改之。司馬法以下十七字亦校語。亦疑此部為吕忱增也。或曰。甲文字從戈月聲。倫謂或此為甲文作者之省。從月。戌聲。此歲月之月本字。【說文解字六書疏證卷二十四】

◉徐中舒 摭佚一九〇 字形近，疑為戉之異體。

鄴三・三四・一一 字形近，疑為戉之異體。

屯南二一九四 疑為戉之異體。【甲骨文字典卷十二】

 歲之重文 【續甲骨文編】

 戚 从戈 戚姬簋 【金文編】

 戚戎私印  徐戚  戚穰  戚意私印  公孫戚  戚子國印 【漢印文字徵】

 詛楚文 幽刺親戚   石經文公 公孫敖會晉侯于戚 王國維曰書盤庚保后胥戚漢石經作高疑古本作遷今文家讀為高古文家讀為戚耳汗簡作古文四聲韻引古孝經作引義雲章作皆此字譌誤 【石刻篆文編】

 戚  上同 【汗簡】

□ □ 竝古孝經 □ □ 竝義雲章 【古文四聲韻】

◉許　慎　戚戉也。从戉。尗聲。倉歷切。【説文解字卷十二】

◉葉玉森　□　余疑戚之古文。容君庚釋歲。引子禾子釜陳猷釜國差𦉜為證。按卜辭歲作□□。祭名之□或作□□。無作上形者。又殷祭名有月□。若釋月歲似不可通。子禾子釜之□只能認為歲之譌變。不能持以證契文也。【鐵雲藏龜拾遺考釋】

◉馬叙倫　戚為戉之轉注字。戚音清紐。戉戌一字。戌音心紐。同為舌尖前音也。戚從尗得聲。尗音審紐。心審同為次清摩擦音也。吕氏春秋甯戚。淮南作甯越。越從戉得聲。可證戉戚為一物矣。甲文有□。葉玉森謂象戚形。∴即二小穿之識。尋詩公劉。干戈戚揚。傳。戚。斧也。揚。鉞也。昭十五年左傳。鏚鉞秬鬯。亦戚戉竝舉。段玉裁據以為戚小於戉。王紹蘭亦謂戚刃蹙縮。異於戉刃開張。故戉大而戚小。嘗得一玉戚。其色玄。以周尺度之。通長六寸。弱二分。端廣三寸。至近末處。兩旁稍廣。可四寸而弱。及末。則漸殺。其刃遂為橢圓形。與戉之兩角外張鋒刃齊平者不同。以其末蹙而不揚。故目驗而知其是戚非戉也。倫謂此亦猶戈之與戟耳。秦詛楚文。幽刺敍□。强運開釋。【説文解字六書疏證卷二十四】

◉林　澐　林巳奈夫在中國殷周時代的武器一書中，舉出了安陽侯家庄一〇〇一號墓出土的一種商代玉器——兩側有齒牙形扉棱的鉞形器（見圖一），與□、□的字形加以比較，認為這兩個甲骨文的字形正是這種鉞形器裝柄後的形象（見該書一五三—一五四頁）。這個意見無疑是很正確的。小屯南地新出的一版卜辭中該字作□，象形性最强。从象鉞形的戌字有□、□、□等不同寫法的存在，可證實□、□、□是同一個字，確象一種有長柄的特殊鉞形器。

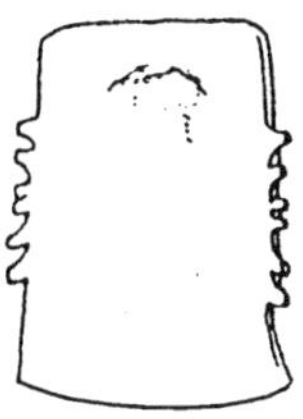

圖一

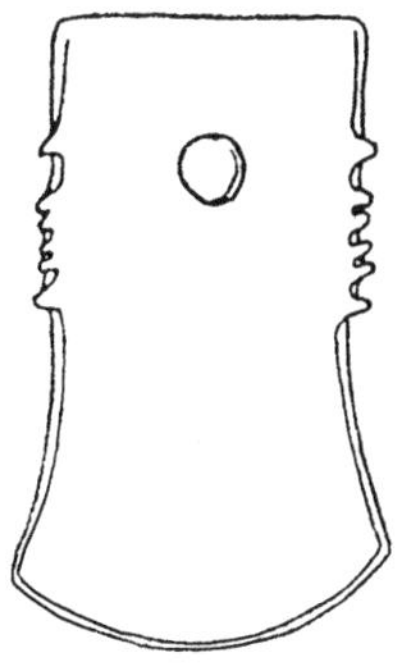

圖二

取象于器物的象形字，如果器物名是已知的，這個字也就可以識讀了。這種兩側有齒牙形扉棱的鉞形器，吴大澂古玉圖考著録過（見圖二），被吴大澂定名為「玉戚」（見該書九五頁）。這倒是和郭沫若把□字釋戚暗合的。然而，吴大澂把這種玉器定名為戚，並没有很堅强的證據。他所談的理由只是「朱子玉戚，見明堂位，祭統。大樂正舞干戚，見文王世子。干戚羽旄謂之樂。干

戚旄狄以舞，見樂記。干戚並稱，皆言舞器也。説文戚，戉也。詩公劉戚，斧也。是玉形制與斧相似。」如果根據這些理由，我們也可以把兩側不帶齒飾的鉞形玉器以及任何玉質斧形器都稱為玉戚。但吳大澂的定名在古器物研究者中産生了一定影響。近時的考古報告中往往把兩側有齒的鉞形器定名為戚，且不限于玉制品。這雖然似乎已經成了「約定俗成」的一種慣例，夏鼐先生在近時發表的商代玉器的分類、定名和用途一文中却批評説：「兩側射出齒牙狀扉棱的鉞，吳大澂稱它為戚，實際上這並没有根據。」（考古一九八三年五期，四六二頁）

林巳奈夫在中國殷周時代的武器中把兩側有齒狀飾的鉞形器稱為「鉏戚」。然而他對戚的理解是一種小型的鉞（見該書一三三頁），凡尺寸較小的鉞均定為戚，與有無齒狀飾無關。所以才在「戚」上加形容詞「鉏」來專稱有齒狀飾者。當然，鉞大戚小是段玉裁注説文時就采用的説法，歷來頗有影響。但這種見解只能説和古籍中有關戚鉞的記述和訓釋没有直接矛盾之處，也是缺乏任何積極證據的。

既然在商周時代究竟什麽樣的器物叫做戚尚無定論，單靠[glyph]字的形體和兩側有齒狀飾的鉞形器作對比，並不能最後解決該字的識讀問題。

但是，在比甲骨文晚的文字中，我們發現了字形上和[glyph]字有承襲關係的字。東周時代的詛楚文中有「幽葯敘[glyph]」一語，元代周伯琦詛楚文音釋讀為「幽刺親戚」。按葯字又見于詛楚文「變輸盟葯」一語，顯然是約字的異構。郭沫若詛楚文考釋認為「敘字从女，與上文親仰之親迹迥然有別」。又認為[glyph]應是戓字，「或假為馘，字本作聝，虢季子白盤折首三百，執訊五十，是以先行。桓桓子白，獻或子王，作[glyph]，與此形近」，「此之『幽約敘馘』即暗中縊殺敘地之被俘者」。實際上，親仰之親與親戚之親義本有別，在區別字很發達的戰國時代，是完全可以有不同寫法的。在馬王堆漢墓帛書老子甲文後古佚書中，「不戚不親」之戚作[glyph]，「遷于兄弟，戚也」之戚作[glyph]。所以，詛楚文之「幽葯敘[glyph]」當讀為「幽約親戚」而無疑。故下文接言「拘圉其叔父置者（諸）冥室櫝棺之中」，即幽約親戚的具體事例之一。在文字逐漸由圖象向符號轉變的過程中，不少圖形部分都被簡化為單線條。例如，原象鉞首形的[glyph]、[glyph]之簡化為[glyph]、[glyph]。又如原象刃部有齒之斧鉞的[glyph]、[glyph]，在丙種子卜辭（即「子組卜辭」）和歷組卜辭中均簡化為[glyph]。由此類推，則[glyph]、[glyph]、[glyph]演化為[glyph]是完全合理的，故由已知[glyph]之為戚，可反推[glyph]、[glyph]、[glyph]確是戚字。【説戚、我　古文字研究第十七輯】

甲九四九　甲二二六七　乙四五二四　乙四五七七　乙四六〇四　鐵二二九・三　前四・四五・四
前五・四六・七　後二・五・三　菁二・一　後一・一六・九　佚五四　燕一二七　乙七七九五
京津一四一　京津二二四　甲四〇三　鐵二四八・一　拾三・一二　前四・四・三　前五・三三・
一　前八・四・五　後一・八・七　林一・六・一四　佚四〇〇　燕一七九　京津二九八九　京津
三〇〇二　鄴初下・三九・三　鄴二下・四一・一　鄴三下・三九・九　粹八七四　粹八七八　甲二四一
八　後一・一三・四　後二・二〇・三　後二・四二・三　林二・七・八　林二・二五・一　林二・二
九・九　佚三八三　粹一二四七　粹一二九八　明藏二二八　明藏六二四　存一七一六　存二二二
六　掇一・四三一　掇二・四四九　甲二七五二　京津四三八三　【甲骨文編】
甲149　949　2916　2957　2999　3445　3710　乙519　2716　5386
6111　6241　6275　6298　6370　6389　6403　6693　6694　6702　6719
6725　6728　6776　6781　6794　6895　7246　7741　7750　7751　7764
7793　7795　7796　7826　7889　7939　8505　8526　珠8　163　171
172　186　272　377　456　463　481　807　936　1190　1329　卜
564　零1　佚18　54　119　148　380　400　512　647　764　783
續1・36・5　1・46・3　1・49・2　1・52・6　2・6・7　2・7・3　2・28・6　3・3・2

3·10·2　3·12·4　4·9·1　4·27·3　4·32·2　4·34·1　4·34·5　4·44·3
5·3·1　5·3·3　5·4·3　5·10·1　5·13·2　5·17·1　6·9·5　徵1·26
2·31　2·33　2·35　2·41　4·51　4·55　4·110　5·1　5·2　5·10
5·13　5·14　5·16　8·34　9·1　9·15　9·16　9·18　9·19　9·74
10·123　10·124　11·74　11·123　11·139　京3·12·5　3·18·1　3·29·2
3·32·4　4·1·2　4·21·4　4·27·3　古2·6　2·9　凡12·1　19·4　録250
580　824　877　龜卜6　東方2183　六清113　六清155　外326　外24　粹878　1064
1117　1152　1166　1213　1247　【續甲骨文編】

我　我鼎　毓且丁卣　矢方彝　沈子它簋　盂鼎　毛公旅鼎　盠駒尊　盠方彝
茀伯簋　舀鼎　師寰簋　卯簋　縣改簋　善鼎　㝬鐘　㝬簋　散盤　鬲
攸比鼎　鬲比簋　弔向簋　兮甲盤　毛公㾓鼎　不嬰簋　不嬰簋二　召伯簋
駒父盨　伯公父匜　曾伯霥匜　秦公鎛　齊鞄氏鐘　王孫鐘　沇兒鐘　邵鐘
弔我鼎　命瓜君壺　邾公釛鐘　欒書缶　王子午鼎　姑□句鑃　【金文編】

北大學報1975:7　【古陶文字徵】

〔七四〕　〔六八〕　〔六八〕　〔二〇〕　【先秦貨幣文編】

布空大 豫孟 仝上 【古幣文編】

我 日甲 二九背 二例 日甲七六背 日甲六二背 【睡虎地秦簡文字編】

開母廟石闕 釐格我后以萬祺 石碣而師 古我來□ 乍遼 衛追我嗣 詛楚文 㠯臨加我 石經多士

非我一人奉德不康寧 說文之古文同 【石刻篆文編】

我 【汗簡】

汗簡 古老子 籀韻 【古文四聲韻】

◉許　慎　施身自謂也。或說。我。頃頓也。从戈。从手。手。或說古垂字。一曰古殺字。凡我之屬皆从我。徐鍇曰。从戈者。取戈自持也。五可切。古文我。【說文解字卷十二】

◉劉心源　我。舊釋作戎。失篆形。說文古文我字正如此。說解云。我从戈从手。手或說古文垂字。今案垂古文作。从。我古文从。多少止爭一筆。勿者旌旆勿勿也。象垂形。蓋省。古人㠯我為字者。辛子我。闞子我。又壺文云明我也。【古文審卷二】

◉孫詒讓　「我」皆作「」，如云：「□貝彡氏」六十一之三。「甲□卜□□」七十一之三。是也。《說文·我部》：「我，施身自謂也。从戈手。手，古文垂也。一曰古文殺字。古文作。」此即之變體。金文散氏盤我作、盂鼎作。此與彼略同。【栔文舉例卷上】

◉羅振玉　說文解字。我从戈从手。手或說古垂字。一曰古殺字。古文作。盂鼎作。與此同。知許書古文作者。乃由傳寫之譌矣。【增訂殷虛書契考釋卷中】

◉葉玉森　我之契文作。从戈从。疑象足形。甲骨文字卷二第十五葉之。殷虛卜辭第四百三十一版之征。其足形亦為。竝與商尊空白足形之相似。塤實之則成。足形尤顯。變作已譌。復變作則誤為手形。與許書我下所出古文从相近。又變作則愈譌矣。予既斷定我之戈上為足形。乃妄推其誼。疑足形物乃戈上附着之兵。如戉戌類。而有銛鋒五若趾。【說契　學衡第三十一期】

◉林義光　𠂹為古文垂無考。我古作□師寰敦。作□毛公敦。作□毛公鼎。作□禹敦。本義當為施。廣雅。羲。施也。釋詁三。以羲為之。羲從我得聲。與我同音。施猶加也。廣雅箋謂之㮇。是施加同義。象交加之形。戈聲。加與戈古亦同音。加為口語相加。我為凡物相交加。因我為借義所專。故通用加字耳。【文源卷三】

◉商承祚　葉玉森謂我之本字為兵。是也。謂其兵似足形則未當。王孫鐘作□。當是我兵之初形。後乃齊之而成三也。【甲骨文字研究下編】

◉馬叙倫　吳穎芳曰。從𠂹。戈聲。𠂹。古殺字。借為吾我。鈕樹玉曰。繫傳作從𠂹。𠂹。古文垂也。一曰。古文殺字。說文垂下殺下竝無此古文。古文垂作□。與□合。然則當注於古文□下。蓋從□省也。嚴可均曰。𠂹下或說二字涉上或說輒加耳。當言從戈𠂹聲。𠂹古垂字。陳鱣云。行艸身字作□。疑許當言一曰古身字。余謂非也。許言我古殺字。非謂𠂹古殺字。我從戈必取義於戈。猶朕從舟必取義於舟。今二字皆失本訓。則我為古殺字必有所承。孫星海曰。陳以□為身字。說可兼取。矢身為䠶。戈身為殺。皆會意。足以互明。孔廣居曰。古文□是從戈從重刀之省文。小篆即古文之小變也。蓋我者。私己也。一執我見。則戈矛自生。從戈從重刀。垂戒之至也。說文謂𠂹古垂字古杀字。皆誤也。鄭樵訓我為殺。周伯琦作□。以為戈名。吳元滿以為從戈從身。皆非。宋保曰。從戈。𠂹聲。𠂹古文垂字。古文作□。□聲。𠂹古文作□。𠂹□皆古文𠂹字。古音在歌戈韻內。故我字從其聲。苗夔曰。𠂹古𠂹殺字。當補𠂹亦聲。以𠂹殺皆支齊部中字也。嚴章福曰。我從𠂹戈者。以戈自衛也。陳鱣孫星海說皆非。王筠曰。我須為句。謂俄者我之絫增字也。俄頃是複語。從𠂹者。𠂹竝割戈之半畫。殊為鹵莽。五經文字云。從戈。從千。千。古垂字。所據說文。善於今本矣。然其所以然者。我即□字。以戈毌于□中而又小變以為姿媚耳。一曰古文殺字者。一曰下當有我字。非謂𠂹是古殺字。泰誓。我伐用張。孟子引作殺。我字凡三說。施身自謂也。經典皆此義。而左𠂹右戈不能得此義也。我頃又一義。亦於𠂹戈無干。一曰古殺字。則有戈義矣。然𠂹非義非聲。終不可說也。況祥麟曰。從戈。禾省聲。陳立曰。垂當作𠂹。𠂹我古韻同在戈部。則我從𠂹聲。古文作□。與楚良臣余義鉦先祖樂我之□同。□為下垂之象。與示之古文□為天垂象之義正相似。我之左旁為𠂹明矣。或曰。古文殺字。然不相似。我從戈得義。宜為克伐之義。與余台等字皆雙聲。故亦得假為我身之我。翟云升曰。從戈戈亦聲。朱駿聲曰。吕覽重言。齊東郭牙。說苑權謀牙作垂。疑牙當為此𠂹字也。一曰古文殺字者。古文從戈從□。□從古文𠂹省聲。小篆亦從古文𠂹聲。兵也。其器今失傳。或曰。戈亦聲。俞樾曰。我字本義當為頃頓。從戈從古文𠂹。今𠂹下有古文□。無古文𠂹。然我字古文作□。即從古文□而省。則𠂹亦𠂹之古文明矣。許收□而不收□。是其小失也。書

曰。稱爾戈。立爾矛。矛長故言立。戈稍短故言稱。稱者。舉也。舉戈於手。其勢不能不俄頓。故我字從戈從𠂹會意。宋育仁曰。我古俄字。頃頓為本義。當從手戈聲。手古文垂。當作𠂹。𠂹者。頃頓之義也。其用為吾我者。乃假借也。一曰古文殺字者。無徵。下文。義。己之威儀也。育仁謂義即儀。儀即俄。皆謂武舞。舞者。頃頓其身。執干戈而象克敵。故從戈從𠂹。據鐘鼎朋我壺字作□。右當從羽之□。戮字從之。蓋象翌舞。義儀俄古一字。故相傳古文說一曰□為殺字。謂即古文戮與。吴錦章曰。從戈。禾聲。一曰手古文殺字必非原文。不獨殺下無此篆。且古人制我字何取於殺邪。吴楚曰。俞說不然。我之為言儀也。從手戈。古者入學。必習干戈。文王世子。春夏學干戈。籥師。學戈。是也。此以戈為嫺習禮樂之務。又以戈為儀衛。書顧命。以二干戈逆子釗於南門之外。又曰。四人執戈上刃。曹風。彼候人兮。何戈與殳。左傳序令尹子圍之威儀也。曰。二執戈者前矣。此類皆以戈為儀衛之證。林義光曰。手為古文𠂹無考。我字師寰敦作□。毛公鼎作□。本義當為施。廣雅。義。施也。以義為之。施猶加也。廣雅箴謂之㮨。象交加之形。戈聲。加與戈古亦同音。加為口語相加。我為凡物相交加。因我為借義所專。故通用加字耳。王國維曰。我字疑象兵器形。訓余為借義。羅振玉曰。古文作□。盂鼎作□。卜辭作□□□□□□。知許書古文作□者。乃由□傳寫之譌矣。倫按金文我字。盂鼎作□。毛公鼎作□□。曶鼎作□。宗周鐘作□。師寰敦作□□。召伯敦作□。毛公肇鼎作□。芉伯敦作□。不䁖敦作□。善鼎作□。鬲攸比鼎作□。散盤作□。曾伯簠作□。齊𩏂氏鐘作□。叔向敦作□。邾公鐘作□。王孫鐘作□。叔我鼎作□。其明白可據者如此。更證以甲文。則於此字可發見其有二原則。一為左旁有三鋒。一為此三鋒與戈之本身不可分析。是也。朱以我為兵器。檢金文有□立戈尊□立戈彝。倫謂此即我也。其形乃戟而有□。豈鄭玄所謂三鋒戟邪。則仍是象形之文也。考工記。戈廣二寸。内倍之。胡三之。援四之。已據則不入。已句則不決。長内則折前。短内則不疾。是故倨句外博。重三鋝。戟廣寸有半寸。内三之。胡四之。援五之。倨句中矩。與刺重三鋝。鄭玄注。戈。今句子戟。戟。今三鋒戟也。三鋒者。胡直中矩。言正方也。疏。鄭知此戟三鋒者。見此經言胡。又言刺。又按上文戈廣二寸。援及接柲長一尺二寸。胡長六寸。重三鋝。此戟廣寸半。援及接柲亦長尺二寸。胡長六寸。狹於戈半寸。亦重三鋝。明知刺與援別為三鋒矣。必知三鋒胡向下者。三鋒皆向上者無用。故盧人注。句兵。戈戟屬也。倫謂鄭釋三鋒未明。疏亦就經為說。其實經所言乃戟之制。而非三鋒戟也。以甲文我字作□證之。知三鋒即□矣。說解曰施身自謂也者。施下捝也字。身自謂曰也蓋字林文。從戈不得自偁之義。且自謂身。固見爾雅。然吾宋間頗行此偁。范曄為漢書率以身代我。可證也。或說我頃頓也手古垂字一曰古殺字皆校語。然古殺字當依鍇本作古文殺字。謂古文經傳以我為殺。即泰誓之我伐孟子引作殺伐者也。

我古音如垂。入禪紐。殺音審紐三等。同為舌面前音。故得相借耳。

龔橙曰。見正始石經。李杲曰。書契作。變而為及召伯敢之。又變而為叔我鼎之。則與此同矣。【說文解字六書疏證卷二十四】

義 義

甲三四四五 後二・一三・五 掇二・四五 人頭骨刻辭 掇二・一三一 京都二一四二【甲骨文編】

新5282 後下12・5 13・5【續甲骨文編】

義 師旂鼎 義伯簋 義仲鼎 䵼盤 饙匜 仲義父盨 仲義父鼎 仲義父鐳 仲義昃匜 虢季子白盤 中義鐘 鄭義伯盨 鄭義羌父盨 鈴鎛 秦公鎛 蔡公子義工匜 孳乳為儀周禮大司徒注故書儀為義 弔向簋 秉威儀 𤼈鐘 足尹𠂔攸威儀 𤼈簋 嗣威儀 虢弔鐘 沇兒鐘 王孫鐘 王子午鼎 蔡侯䡅盤 者沪鐘 郗王儀楚耑 郗王儀楚盤【金文編】

3・919 獨字 5・182 新城義☐ 9・86 義㾓 秦1208 新城義渠【古陶文字徵】

49 250【包山楚簡文字編】

義 日甲七二背 秦二七 為一一【睡虎地秦簡文字編】

《說文》義字別體作羛 故不—于四……(丙10:2—5)、𣨛不—(丙11:3—4)【長沙子彈庫帛書文字編】

2119 1115 2838 0601 2281 2840 2839【古璽文編】

義溝道宰印　後將明義司馬　歸義長印　漢歸義夷仟長　鄭義　濁義　賈義　義子仲　張義　魏義　劉義之印　義充之印　徐義　韓義　李義之印　周義　傅義【漢印文字徵】

泰山刻石　大義箸明【石刻篆文編】

義出墨翟書　義出石經【汗簡】

◉許　慎　義己之威儀也。从我羊。臣鉉等曰：此與善同意。故从羊。宜寄切。墨翟書義从弗。魏郡有羛陽鄉。讀若錡。今屬鄴。本内黄北二十里。【説文解字卷十二】

◉劉心源　或釋𦏴。今釋義。説文義引墨翟書作羛。云从弗。魏郡有羛陽鄉。攷晉姜鼎我字作。形佀弗。墨翟書蓋从古文我寫者。整齊書之。故成弗。此説本之王念孫。此二義字亦是从古文我。義且。人名。且或讀祖。然古人如蒲且豫且皆讀如本字。不必讀祖也。【矢人盤　奇觚室吉金文述卷八】

◉楊樹達　説文十二篇下我部云：「義，己之威儀也。从我羊。」按此為今言威儀之儀本字，鄭司農注周禮肆師所謂古者書儀但為義，今時所謂義為誼者也。文从我，故訓説言己，立誼顯然。然文何以从羊，頗難索解。二徐及段氏謂與善美同意，殊嫌膚泛。今按羊蓋假為像。説文八篇上人部云：「像，象也。从人，从象，象亦聲。讀若養。」易繫辭曰：「在天成象。」此言天象也。僖公十五年左傳曰：「物生而後有象」，此言物象也。然人亦有象，故像字从人象。以其字讀若養，故字變為様，今通言人之様子是也。像讀若養，養从羊聲，故制義字者假羊為像。然則文从我羊，實言我像，我像即今言我様，故以己之威儀立訓矣。【釋義　增訂積微居小學金石論叢】

◉馬叙倫　桂馥曰。韻會引作從我美省。孔廣居曰。羊。祥也。故義從羊我聲。朱駿聲曰。從祥省。我聲。宋保曰。我聲。義我古同聲。林義光曰。從美省。我聲。倫按義從我得聲。則從羊何取。朱説從祥省。林説從美省。皆欲曲附威儀之義耳。倫疑從我羊聲。下文羛墨翟書義字從弗。然證之散盤。實從魚羊聲。魚字傳寫誤為弗耳。易繫詞以義韻陽剛。亦可證也。禽獸之名。往往如其自呼。羊之聲。實象其呼。而本書芈為羊鳴。芈音微紐。義我音皆疑紐。同為邊音。故我從羊聲轉注

為義。説解本作宜也或儀也。以聲訓。吕忱或校者加己之威儀也。今轉挩本訓耳。字見急就篇。

羛　鈕樹玉曰。玉篇注義下有字字。羛陽鄉郡國志作羛陽聚。段玉裁曰。今屬以下十二字後人箋記之語。漢晉羛陽皆在内黄北。屬魏郡。魏地形志無内黄縣。當是并於鄴。則羛陽亦在鄴矣。故知必後人箋記語也。嚴可均曰。鼎彝銘我作□。羛作□。知此下體仍是我字。錢坫曰。今墨子無羛字。劉秀生曰。嚴説是。義從我聲。詩小雅蓼莪。衡方碑孔耽神祠碑竝作蓼儀。爾雅釋蟲。小者蛾。釋文。本亦作蛾。今作蟻。禮記學記。蛾子時術之。釋文。本或作蟻。是其證。我聲疑紐歌部。奇從可聲亦在疑紐歌部。故義得讀若錡。詩周頌。維天之命。假以溢我。言部誐下引作誐以溢我。左襄廿六年傳作何以恤我。是其證。倫按據晉書地理志。魏郡統鄴、長樂、魏、斥丘、安陽、蕩陰、内黄、黎陽。而續漢書郡國志以羛陽聚屬魏郡内黄。此言今屬鄴。又言本内黄北二十里鄉。然則此皆吕忱字林文也。字實當如散盤作□。孫詒讓謂從魚是也。羛音同戲。許宜反。是從羊得聲也。羊音喻紐四等。故轉曉紐為許宜反。曉與喻四同為次清摩擦音也。古讀喻四歸定。定羣同為濁破裂音。錡從奇得聲。奇音羣紐。故羛得讀若錡。羛義異字而同得聲於羊。故墨子以羛為義。【説文解字六書疏證卷二十四】

●曾憲通　□ 敍敁不義　丙一〇・三　□ 𡚁不義　丙一一・四　許慎分析「義」字的結構為「从我羊。」帛文上體从「羊」固無疑問，下體是否从「我」則需加以考索。「我」字甲骨文作□、□，象鋸形的武器；金文作□、□，象多刺兵。從曾侯乙墓出土的多戈戟作□形來看，古文字裏的我字，可能就是多戈戟一類的象形文。裘錫圭謂同墓出土的竹簡和戈銘上有𢦏、䢃、鈛等字，都應釋為戟。這是正確的。丰或丯可能是戟字的聲符，亦可能是多戈戟的象形文。如果將這些字同甲骨文、金文中的「我」字比較，便可以看出它們有着一脈相承的聯繫。「我」字的本義原應指鋸形或多戈戟一類的兵器，既是「我」，亦是「戟」，二字應屬同一語源。借為第一人稱代詞後，本義已失，形音亦變，遂分化為不同的字。在曾侯乙戈銘文中「戟」字或寫作□。與新鄭所出二年鄭令銅矛作□者甚近，而帛文所从之□則又是以上二種寫法的變體，即由□訛變作□，又省變為□。由此可見，帛文義字下體所从的「我」是由「戟」演化而來的。《説文》「義」之或體作「羛」，所从之「弗」顯然就是上揭的□字，與帛文从□作□同意，則□、羛決為一字無疑。許氏謂羛見於墨翟書，可知帛文一類的寫法在戰國時相當流行。又古音戈、戟、我乃一聲之轉，亦三字同源之一證。【長沙楚帛書文字編丙篇】

亅 ⺂ 亅 ⺂ 珡

亅巨月切【汗簡】

◉許　慎　亅鉤逆者謂之亅。象形。凡亅之屬皆从亅。讀若橜。衢月切。【説文解字卷十二】

◉馬叙倫　龔橙曰。亅當為𠄌。倫按鉤下挩也字。以今釋古也。逆者謂之亅校語。此鉤之初文。象形。逆者謂之橜者。橜當為弋。言在上者為亅。在下者為亅也。逆猶言県也。漢有鉤弋宮。鉤弋連文可證也。讀若橜。則以弋之音為音矣。蓋古音鉤與章句之句同。故拘局音在見羣。橜音亦見紐也。【説文解字六書疏證卷二十四】

◉許　慎　𠄌鉤識也。从反亅。讀若捕鳥罬。居月切。【説文解字卷十二】

◉馬叙倫　鈕樹玉曰。廣韻引從反亅下有象形二字。龔橙曰。𠄌當為𠄌。倫按鉤下挩也字。識當為幟。幟也校者加之。或以鉤幟釋𠄌。墨子備梯。四步一鉤幟。是也。此與亅一字。金甲文反正不別也。讀若罬者。罬音知紐。鉤音見紐。同為清破裂音也。【説文解字六書疏證卷二十四】

珡 琴 琴 琴【汗簡】

汗簡 説文 同上 竝崔希裕纂古【古文四聲韻】

◉許　慎　珡禁也。神農所作。洞越。練朱五弦。周加二弦。象形。凡珡之屬皆从珡。巨今切。古文珡从金。【説文解字卷十二】

◉孫詒讓　説文琴部「珡，禁也。神農所作，洞越練朱五弦，周時加二弦，象形。」古文作，从金。「琴，庖羲所作弦樂也。从珡，必聲。」古文作。諦案古文小篆，珡瑟二字葢象首尾及弦柱形，然篆勢糾屈緐縟，莫能質説也。金文瑟中狂卣「瑟」字作，上半與珡字相邇，下似从皿，則疑是血之省。金文从血與皿字多同。詩大雅旱麓「瑟彼玉瓚」，周禮典瑞鄭衆注引瑟作邺，邺从血聲，與必聲古音同部也。卣文瑟从血，與聲例正合。又櫝改彝云：「哭服」，當讀為服珡瑟，詳後古籀撰異。謂房中樂有珡瑟也。珡作从，與卣文从玨相類；从與卣文从相類，此象形，與雙玉之玨及矢字並異。亦古文之省變。瑟則正借用邺字，與詩「邺彼玉瓚」字例亦正同。彼彝為伯辟父以女妻櫝伯，作器媵之，故其上文云：「白辟父休于櫝改曰，𪚹祖乃任男櫝白

室。」下又云：「服玨邮瑟櫝白室。」皆慶成嘉禮之語也。詳古籀餘論，近人多誤釋，茲不詳箸。合校卣、敢兩文，古文玨字與秦篆小異，而較為近古，其从金之古文則未見。龜甲文又云：「丙戌，卜完賓貝貞子𤣩其家卜」，𤣩字奇詭難識，細宷亦玨之古文，子玨，蓋卜人字也。上从𤣩，與从玨略同。古文从玉字或變作王，召伯敢璧作璧，格中尊作璽，並以王為玉，可證。玨瑟字上半與玨形近，故亦省變作𤣩。或原始古文本如是，象弦柱聯繫形，後變而成玨，未可定也。下作𠂆則與櫝改彝从𠂆亦相近。諸文互證，其字例尚略可推校也。【名原卷上】

◉馬叙倫　王筠曰。𤣩之象形。思而未得。姑妄言之。此背面形也。𠂆以象首及仙人肩。玨下之二畫。蓋雁柱也。直者二則七弦分繫於雁柱也。上之横者四。蓋兼正面之臨岳象之。孫詒讓曰。玨瑟二字。蓋象首尾及弦柱形。饒炯曰。外象琴體。中象琴柱。上四横象弦軸。下二横象弦軫。左右直下象弦。倫按禁也以聲訓。琴有器可象。此乃省變耳。大氏此象置琴而首向外。此由外直視之形。見其體之前耑與夫其柱與弦軸之上下也。神農以下十四字蓋字林文。爾雅釋樂釋文引字林。神農作琴。蓋節引之。字見急就篇。櫝妃彝𢎪字。孫詒讓釋琴。

鑋　鈕樹玉曰。玉篇作鑋。集韻韻會作鑋。中竝從玨。沈濤曰。汗簡引琴字作鑋作鑋。是今本古文尚奪其一。玉篇古文亦有二體。朱駿聲曰。古文從古文瑟金省聲。倫按篆蓋本作鑋。如集韻韻會所引也。此如齒從止得聲之例。皆轉注字。玨蓋本作𤣩。後加金聲耳。【說文解字六書疏證卷二十四】

瑟 瑟

𤣩 瑟　𦉥 瑟竝見說文【汗簡】

𤣩 𤣩 竝說文　𤣩 籀韻【古文四聲韻】

◉許　慎　瑟庖犧所作弦樂也。从玨。必聲。所櫛切。𤣩古文瑟。【說文解字卷十二】

◉馬叙倫　王筠曰。朱文藻本繫傳篆作瑟。倫按爾雅釋樂釋文引字林。庖犧作瑟。蓋節引之。此庖犧以下七字乃其本文。然疑尚有挩文。許止訓器也。或以聲訓。今為唐人刪矣。字見急就篇。

𤣩　鈕樹玉曰。玉篇廣韻竝無。蓋玨之別體。疑後人增。沈濤曰。汗簡引尚有𦉥篆。是今本古文亦奪其一。段玉裁曰。玩古文琴瑟二字。似先造瑟字而玨從之。徐灝曰。庖犧造瑟在神農造琴之前。故古文琴從古文瑟。今瑟之小篆從玨者。後製之字耳。倫按如徐說則不當有玨字矣。豈玨𤣩本是一字邪。然琴瑟體製不異。即圖畫之。亦不易遽别。則玨與𤣩必有

一誤。以形論之。𢍰校象矣。□蓋□之譌也。中狂卣□字。孫詒讓釋瑟。謂上半與𢍰字相近。下似從血。金文從血與皿字多同。詩旱麓。瑟彼玉瓚。周禮典瑞鄭衆注。引瑟作卹。卹從血聲。與必古音同部也。此□字與□字所從之□蓋同。則□與𢍰一字無疑。【説文解字六書疏證卷二十四】

◉劉國勝　漆文有相連的二字作「□□」,上一字左旁從金,右旁與其下一字「□」同形,「□」當從金從「□」。琴,《説文》古文作「□」,從金。瑟,《説文》古文作「□」。段注:「玩古文琴、瑟二字,似先造瑟而琴從之。」依段玉裁説,「□」所從「□」即是「□」,從金得聲。

我們以為漆文「□」即古文瑟,□、□皆取三「辛」,從辛從辡,辡亦聲。瑟所從必,係附加的聲符。

包山楚簡有字作「□」(包·164),上部從二□並置。《包山楚墓》報告據《汗簡》麗作□,釋此字為纚。下列是麗的幾種寫法,為行文簡便,字形出處從略:

□(周原甲骨)　□(周原甲骨)

□(師旋毁)　□(師旋毁)

□(郘盧匜)　□(三體石經)

□(曾侯乙墓竹簡164)

以上麗之諸形,上部「丽」異形頗多,所從兩個並置的相同字符,我們以為是辛。

辛,郭沫若先生在《甲骨文字研究》一著中認為:辛象古之剞剧形,剞剧即曲刀,乃施黥之刑具,其形如今之圓鑿而鋒其末,刀身作六十度之弧形,辛字金文之作□若□,即其正面之圖形,作□若□者則縱斷之側面也,知此則知辛、㚔、辛何以為一字之故。應該説,辛、㚔皆為帶幹柄的刀類工具恐怕没有什麼疑問,兩者實際用途可能因刀刃形制差異而有區別。在文字上,由于兩者屬性接近,作為表意符號是可以通用的,不便嚴格。辛之字形上部示柄,下部示刃,寫法不僅有正、側之分,且多省變,並注重突出刃部。

如是,則包山楚簡中的「□」當釋為辮。而前舉楚簡及璽印諸字所從□、□、□及漆文「□」所從□,皆為辛的省變形,字形取三辛,從辛從辡。

古文瑟作□,段本改作□以合琴之古文□,此大可不必。《古文四聲韻》録古文瑟作□、□等形。□、□應是辛的省變形,與上述辛作□、□、□等字形接近。□、□、□亦是辛的省變形,前二字形突出刃部,後一字形突出辛之柄(又古字辛、

王兩字形近，秦以辠似皇字改作罪。王本象斧戉工具，故古文瑟從王也有可能是表意符號通用）。𠀤、非、玨應視作辡的省變形。古文瑟可能從辡得聲，辡、必古音相近，瑟所從必當係附加的聲符。

綜上所述，前舉楚簡及璽印諸字和漆文「亓」當釋為瑟。則漆文「鈙」應即是琴。

最後，我們結合墓葬考古資料來檢驗一下遣策簡中的瑟字。

包山二號楚墓共出土了三種樂器，即一件銅鐃，一件漆鼓和一件木瑟。鼓、鐃皆出自南室，與記南室隨葬器物的遣策簡中所記「一敀（雕）梪（橐）、一鐃」相合。瑟出自北室，合於記北室及西室隨葬物遣策簡所記「一瑟，又（有）栿。」栿，疑指墓葬中與瑟疊壓放置的一張髹黑漆、凹面板長案几，用作彈瑟時承架瑟體。在信陽、望山遣策簡中，瑟、栿（又作㚘）之間不點逗，蓋因是相附之具。但包山遣策簡明記「一瑟，有栿」，瑟、栿當為二類器物。【曾侯乙墓E61號漆箱書文字研究——附「瑟」考　第三屆國際中國古文字學研討會論文集】

琵　琶　乚

◉徐　鉉　琵琶。樂器。从玨。比聲。房脂切。【説文解字卷十二新附】

◉徐　鉉　琶琵琶也。从玨。巴聲。義當用枇杷。蒲巴切。【説文解字卷十二新附】

乚於近切　乚弋之切【汗簡】

汗簡【古文四聲韻】

◉許　慎　乚匿也。象迟曲隱蔽形。凡乚之屬皆从乚。讀若隱。於謹切。【説文解字卷十二】

◉馬叙倫　孔廣居曰。乚即隱之古文。王宗涑曰。乚古隱字。案説文。隱。蔽也。與乚音義竝同。然乚隱誼雖近而意殊。玉篇合為一。非也。隱者。依據大陸以自障蔽。字故從𨸏。乚者。即今影字。丨象測乚之表。一象表之影。物皆有乚。乚各肖形。而表則為測影設。故造文獨取其象耳。必兼象表者。乚不離形。無形即無乚也。徐灝曰。乚疑為𠃊之省。𠃊古文

曲字。乚蓋矩形。故直字從之。曲形可以蔽物。故為隱蔽義。而亾匸等字從之。因隱蔽之義而讀若隱耳。林義光曰。廴。長行也。從彳引之。説文從廴之字如廷建。古皆從乚。廴乚臻文雙聲旁轉。是廴乚同字。劉秀生曰。疑乚本象土木工所用曲尺形。所以正曲直者。故直字從之。而古文作㮓。從木。以木製者也。匿也乃隱字義耳。倫按王説可從而古無證。且與所屬字不相應。如徐劉説。乚即規矩之矩本字。亦通。然以所屬字證之。林説為長。廴為長行。長行即長街。廴即街之初文。今名街者。率為直長之道。【説文解字六書疏證卷二十四】

直

乙四六七八　乙六三九〇　前六·七·三　戩一一·八　清暉二　存二二一〇　續五·六·二　佚五七　掇一·五四九　京都三二四五【甲骨文編】

徝之重文【續甲骨文編】

直　恆簋【金文編】

5·83　咸直里章　5·79　咸直里繚【古陶文字徵】

直　法九　三十三例　通值　甲盜臧—千錢　法九　通置　及盜不—者以律論　法二六　秦八〇　十九例【睡虎地秦簡文字編】

執法直二十二　霍君直印　所直　直長兄　閔可直【漢印文字徵】

禪國山碑　尚書昏直晃昌【石刻篆文編】

直竝説文　直演説文【汗簡】

古老子　説文　演説文【古文四聲韻】

◉許　慎　[字形]正見也。从乚。从十。从目。徐鍇曰。乚。隱也。今十目所見是直也。除力切。[字形]古文直。【說文解字卷十二】

◉孫詒讓　《說文・目部》:「目,人眼也,象形。重瞳子也。」金文从目字多作[字形],與小篆从橫不同,中為瞳子形,亦較緐。龜文凡从「目」字如「䜌」作「[字形]」,詳《釋人篇》。「䀢」从目作「[字形]」,「盟」从目作「[字形]」,詳《釋禮篇》。類此者甚多作[字形],衡目與金文同,而中略省。如云:「□立壴[字形]从南□」,二百六十八之一。此「[字形]」似是「直」字之省。又云:「貝人不其[字形]」,五十五之四。「申卜□立[字形]」,百八十之一。「貝□中□不其[字形]伐昌方」,百九十二之三。又二百六十之二。亦有「[字形]」字,上下文闕。「[字形]」字右从彳,左亦从[字形],當即「德」之省文。《說文》德、悳皆以直為聲母。《乚部》:「直,正見也,从十目乚。」此[字形]从十目而省乚,即「直」字也。金文家德氏壺德作[字形],亦从直省乚,與此同。【栔文舉例卷下】

◉林義光　从直乚。直。古循字。見直字條。乚。踦區之處有循而直也。【文源卷十】

◉商承祚　[字形]　此象視綫平直之形。段氏謂「从十目視乚。乚者無所逃也。」其說附會。【甲骨文字研究下編】

◉郭沫若　第五〇八片林一・二七・一一

「庚申卜𣪕,貞今[字形]王[字形]伐土方。

庚申卜□,貞今[字形]□[字形]……」

[字形]字羅釋德,謂「曆鼎與此同。德,得也。故卜辭中皆借為得失字。」然曆鼎德字仍从心作,僅稍鏽蝕耳,與此並不同。曩余釋為徝,緣𣪕鼎「師雝父[字形]衛至于䠶」,衛即春秋時道國。字與此近似。然彼乃从彳眚聲之字,自是省視字之緐文,與此从直者有異。卜辭十均作丨,故知字从十目。今案此蓋直之緐文也。古金文德字均从此作。曩余謂「於文以省心為德」,省當作直。陳侯因資錞「合揚氒悳」字作[字形],省彳,是知徝與直古乃一字矣。說文以悳為道德字,說德為「升也。从彳悳聲」,然金文道德字僅陳侯因資錞一例作悳,餘均作德。陳侯錞乃晚周之器,斷無古均用假字,而晚世用本字之理,足知許說不足信。又由金文德若悳字觀之,則古文直字僅作直若徝,無作直者。小篆从乚蓋[字形]形之譌矣。直者正也,「徝伐」殆猶言征伐。又直音古與時同,則由雙聲讀為「撻伐」,亦可通。【卜辭通纂】

◉馬叙倫　王筠曰。繫傳作從十目乚。袪妄篇同。商承祚曰。卜辭有[字形]字。以德字作[字形]例之。則此殆為直字。又德字金文虢叔鐘作[字形]。曆鼎作[字形]。吳大澂說。直古相字。然相字盂鼎作[字形]。且子鼎作[字形]。從木省。此所從之丨乃十字。判然不同。倫按石鼓文有一直字。然不在正文中。倫謂直從目十聲。今本書無直字。義亦不可得證。而直實從乚直聲也。直蓋廷之轉注字。直音澄紐。古讀歸定。廷音定紐也。字見急就篇。古鉩作[字形]。正見也當作正也見也。正也以聲訓。或引申義。

亾

見也或直字義。

鈕樹玉曰。繫傳作。沈濤曰。汗簡引演説文直字作。是庾氏書古文如此。嚴可均曰。此當是植字。而以為直。後人所加。倫按此植之異文。古文經傳以為直耳。【説文解字六書疏證卷二十四】

乙七八一七 佚二九 佚三八六 福一七 燕一一五 鐵二四七・二 拾一二・一七 前四・六・七 京津五八五 鄴初下・四六・一 寧滬一・四九 明藏一四六 誠明一二 佚一〇四 粹七四〇 存一七三三 存一七五六 珠一〇 甲二六九五 甲二六九九 甲二八七一 乙七九〇〇 鐵二六〇・二 前八・一・七 後一・五・五 後二・三九・一三 後二・二九・一六 戩三〇・三 戩三〇・五 乙八七四五 佚四四二 燕四五五 燕四八一 燕五一 京津四二九七 粹一三 前一・一・八 前二・一五・五 前四・三三・三 佚五三 佚四三四 燕一〇八 燕四六 京都一五三八 亡風 見合文三〇 甲五四五 亡壱 見合文二三 甲三五七 亡戋 見合文二三 甲八三八 亡囚 見合文二四 甲一五七二 亡災 見合文二四 明藏三五六 亡尤 見合文二四 【甲骨文編】

甲12 16 17 26 28 37 40 185 202 359 385 398 436 乙461 6319 6382 6390 6400 6533 6728 6740 6798 6988 7190 7233 7773 7900 7985 8406 8459 8711 8713 8816 8819 8854 8855 8860 8862 8877 8889 8898 8965 珠175 197 198

201 204 207 212 217 345 408 413 488 670 673 695

696 697 700 701 739 872 1074 1177 1211 1218 1226

1375 1432 佚5 113 377 385 401 434 547 572 890

971 980 987 988 995 續1·22·9 2·1·3 2·3·3 2·27·3 3·15·6

3·40·2 4·12·1 4·22·7 4·29·1 4·31·3 4·33·2 4·33·5 4·39·5

5·29·16 5·34·4 徵1·4 1·8 1·9 1·10 1·15 1·29 1·43

2·40 2·51 3·35 3·141 4·14 4·106 4·107 8·99 9·8 9·51

10·41 10·43 10·45 10·47 10·49 10·51 10·52 11·1 11·29

11·33 11·53 11·85 11·92 11·94 12·42 京2·31·3 3·5·3 3·11·2

3·15·1 3·20·2 3·31·3 4·5·5 4·8·2 古2·8 凡2·1 3·3 27·4

録64 天9 粹13 511 680 785 961 965 1135 1201 新4693

5361 【續甲骨文編】

亡 天亡簋 棈伯簋 師遽方彝 適簋 辛鼎 班簋 牆盤 臣諫簋 師望鼎

㝬鐘 㝬簋 毛公厝鼎 兮甲盤 虢弔鐘 弔家父匡 士父鐘 杞伯鼎

杞伯簋 杞伯壺 大保簋 卯簋 錫于亡一田 克鼎 𦸗屯亡敃 中山王譽鼎 亡不逹仁

又亡不巡道 中山王礜壺 盗壺 竹𦍒亡疆 中山王礜兆域圖 死亡若 从辵 中山王礜鼎 而𨑒其邦

中山王礜壺 邦𨑒身死 【金文編】

4·85 匋攻亡 4·110 𡈼亡匋𡇒 【古陶文字徵】

171 【包山楚簡文字編】

亡 秦一五七 八十三例 通無 —己 日甲五九背 秦一〇一 五例 法五 二例 日甲三背 日甲八一背

封一七 三例 雜二二 【睡虎地秦簡文字編】

是胃遊終—(甲3—34)、是胃𥈡絽—(甲4—14)、又通無 卉木—尚(甲1—34)、土夂—𩦎(甲7—13)、—又尚歾(甲8—7)、—又相䨺(甲12—5)、—章弼"(乙1—24) 【長沙子彈庫帛書文字編】

2370 1695 4525 4527 4528 4768 4770 4766 4776 4773 4784

4779 4765 4782 4786 4785 4791 4790 2163 4763 1064 4881

1385 2506 2674 0360 【古璽文編】

長毋相亡 【漢印文字徵】

石經無逸 【石刻篆文編】

亡石經如此作 【汗簡】

汗簡 【古文四聲韻】

亾

◉許　慎　亾逃也。从入。从乚。凡亡之屬皆从亡。武方切。【說文解字卷十二】

◉郭沫若　說文：「亾逃也，从入，从乚。」考卜辭多亡字，無一類从入作者。金文雖有類似从入作者，然僅一二例外而已。⊘

此當是原義已失之象形文，無旁从可言，用為逃亡、死亡及有無字者，均當是叚借之義。本其形與聲以求之，余謂亡者肓之初文也。左傳成十年「居肓之上、膏之下」，杜注：「肓，鬲也，心下為膏。」正義云：「此賈逵之言，杜依用之。」釋文云：「肓，徐音荒。說文云『心下鬲上也』。」說文各本均作「心上鬲下」，段注本即據此校改。鬲者膈之叚借。今人稱為橫隔膜，學名為DIAPHRAGMA。在胸腔與腹腔之間，上為心與肺，下為肝脾胃腸之等。今人屠牛豚，每對剖其腹而懸之，古亦當如是。故橫隔膜亦被對剖，亾即其象形也。乚象橫隔膜之切面，人者示與心囊相連，左傳所謂膏也。故亡即是肓，膈其後起之稱也。說文謂「心下鬲上」，亦稍失。【金文餘釋　金文叢考】

◉馬叙倫　翟云升曰。九經字樣引無也。別義。倫按金文亡字。毛公鼎宗周鐘竝作。辛鼎作。兮甲盤作。叔氏鐘作。大保敢作。甲文作。而下文匃字。師奎父鼎作。頌壺有字。似為一字。亾亦為一字。且亡聲陽類。亾聲魚類。魚陽對轉也。故亾下亦有一曰亾。然金文率作。甲文率作。則與亾又非一字。倫疑篆當如兮甲盤大保敢作。甲文作。此為街巷之巷本字。從乚。象形。故聲入陽類。當入乚部。逃也非本義。亦非本訓。無也者校語。字見急就篇。【說文解字六書疏證卷二十四】

甲一〇一三　甲二五四六　甲三〇七九　乙四六六　乙五七〇　鐵八三・二　餘七・二　拾一四・一　拾一四・二　前四・三三・六　前七・三八・一　前八・一・四　後二・三・一〇　後二・八・四　後二・一〇・五　後二・三八・一　林二・八・七　燕二二一　佚六七　京津七〇三　乍册　京津一〇三三　京津一一七五　不乍囙　續五・六・四　明藏二八八　明藏四八一　寧滬二・一一三　粹二三六　掇二・三四六反　摭續二七六　【甲骨文編】

甲427　993　2546　3079　3115　3659　乙466　570　806　906　1148

1155 1673 1873 2044 3212 4526 4531 4861 5760 6172 6263

6622 6692 6750 6895 7237 7310 7981 8812 8896 珠107 佚

966 續3·10·2 徵9·19 續4·28·4 徵2·47 續6·13·2 徵11·96 續6·17·1 徵2·53 4·

4 録631 790 鄴三37·7 六清111 外235 續存628 摭續276 粹62 172 236

282 401 487 540 597 663 1113 1117 1245 新1181 1609

【續甲骨文編】

乍 孳乳為作 乃孫作祖己鼎 伯矩簋 矩尊 曆盤 小子𠭓簋 䜴鼎 戩簋 衛父卣

矢伯卣 鼎 伯卣 伯魚鼎 伯魚簋 伯盂 旂鼎 家卣 子卣 宰峀簋

小臣鼎 天亡簋 子尊 霸姞鼎 盂鼎 辨簋 沈子它簋 剌鼎

𪊟盤 伯晨鼎 舀鼎 頌簋 善夫克鼎 毛公厝鼎 不𡢁簋 伯𩏠父鬲 楚公鐘

秦公簋 魯伯愈父鬲 杞伯壺 齊侯敦 夆弔匜 申鼎 沇兒鐘 禾簋 褱鼎

邾公華鐘 邵鐘 𠫑羌鐘 鄦侯簋 陳侯午錞 陳侯因資錞 吉日壬午劍 曾姬無卹壺

末距悍 乙亥鼎 𨘻伯簋 君鼎 白者君鼎 袓伯匜 伯𡫹簋 弔上匜

曆季卣 西替匜 曾仲斿父壺 中山侯鉞 曾侯乙鐘 伯吉父鼎 善夫吉父鬲 𩰫

鎛 姑□句鑃 郾王職劍 作父庚觶 烏壬侜鼎 叨孳簋 王子申盞盂 王子午鼎 殷穀盤

郤鮨尹鉦　攻吳王監　公子土斧壺　者旨𦧢盤　郘子宿車鼎　禽章作曾侯乙鎛　敓戟

吳王夫差矛　小子母己卣　父丁斝　若𣪘鼎　光伯簋　番君鬲　郘子宿車盆　辛巳簋

𨑐盤　見甗　盩司土尊　㚔卣　車卣　𥃝伯卣　師害簋　郜公鼎　齊陳曼簠　𢑚作北

子簋　樊君夔盆　樊夫人龍嬴壺　樊夫人龍嬴匜　攻敔臧孫鐘　倒書　伯𥃝卣　𠩺父丁觶

鼎　番伯酓匜　量侯簋　量侯𣪘作寶尊簋　从攴　郙王劍　从言　中山王䫝鼎　中山王䫝作鼎　从又

欒書缶　中山王䫝壺　𠭯斂中　酓肯鼎　𠭯盥鉈鼎　酓肯鼎　𠭯盥𩰫鼎　酓肯盤　酓肯簠　吳王

光逗戈　楚王酓章戈　越王句踐劍　越王州句劍　越王州句矛　蔡侯產劍　自作用戈　【金文編】

2·3　令乍爾墳　此用為作　2·4　令辭樂乍太室墳　2·5　𠭯乍爾墳　【古陶文字徵】

乍　日甲四二　二例　【睡虎地秦簡文字編】

竝王存乂切韻　【古文四聲韻】

◉許　慎　乍止也。一曰亡也。从亡。从一。徐鍇曰。出亡得一則止。暫止也。鉏駕切。【說文解字卷十二】

◉郭沫若　說文謂「乍从亡一」，亦沿譌字以為說。金文乍字至多，決不从亡一。即以大豐𣪘而言，銘中有二乍字，一作，一作。又有二作字，一作，一作。二者竝不相襲，余謂乃象人伸脚而坐有所操作之形，即作之初字，量侯𣪘文作，从木，其形尤箸。【釋亡乍　金文叢考】

◉郭沫若　卜辭有字亦作，羅氏收入待問編中，案此實即乍字古文作，金文與卜辭同。卜辭用乍之例余意當㠯左例為最顯豁，而語亦饒有精彩，「隹我㞢囚，受㞢又。不隹我㞢囚，貞，弗其受㞢又」。前三·二七·四。又「作」之作若，余意迺形之變，即丮之初字。說文云「丮，持也，象手有所丮據，讀若戟。」戟音與作同部，秦風亡衣正㠯澤戟作三字為韻，是之與丮形音義俱相若也。作字量侯𣪘作，正象人有所丮據，姞氏𣪘作从攴，此與後世通行之作字同為形之複矣。作或假

為則，「我其巳賓彡帝降若，我勿巳賓彡帝降若」前・七・三八・一。胡光煒讀巳為祀。又云「以文誼推之，乍當為則」文例・二一。案其説是也，讀作為則之例經籍中饒有之，尚書皋陶謨「烝民乃粒萬邦作乂」，作與乃對文，與洪範「鯀則殛死禹乃嗣興」同例。禹貢「萊夷作牧」，又「沱潛既通雲土夢作乂」，梓材「庶邦享作兄弟方來」，多方「惟聖罔念作狂惟狂克念作聖」，讀為則字義均暢適。又詩大雅文王「儀型文王禹邦作孚」，下武「王配于京世德作求」，作孚猶言則服，作求猶言則就。金文亦有假作為則之一例，見濰縣陳氏器之大豐段，此器迺周武王禋祀文王時其助亨之臣工所作，中有語云「文王監在上不丕顯王作相不丕緒王作則唐」，言文王丕顯武王，則儀型之文王於穆武王則發皇之也。【釋作 甲骨文字研究上册】

◉馬叙倫 鈕樹玉曰。韻會作從亾一 一有所礙也。段玉裁曰。止也一曰亡也當作止亡詞也。乍無亡義。淺人離析所改耳。吴夌雲曰。乍從亾從一。亾者欲入於乚。忽有一物禦之而不得入。故許遂以為止也。王筠曰。以繫傳一有所礙也句推之。則一曰亾也當作一止亡也。一字安能止物。故以有所礙説之。謂其非一字也。如毋之從一。非字也。林義光曰。乍為止亡。其義未聞。乍即作之古文。象興冓之形。倫按金文乍字。無如此作者。盂鼎作[glyph]。頌鼎作[glyph]。齊侯敢作[glyph]。秦公敢作[glyph]。矩盤作[glyph]。曆盤作[glyph]。末距悍作[glyph]。實皆象足形。與足一字。且皆破裂摩擦音也。止即足也。一曰亡也者。蓋一本止也作亡也。傳寫之譌。校者記之耳。從亡從一當作象形。鍇本有一有所礙也者。蓋校者改象形為從亾從一。因加此以釋之。玄應一切經音義引倉頡。乍。兩辭也。【説文解字六書疏證卷二十四】

◉戴家祥 金文乍字很多，都不从亡一。大豐段中有二亾字作[glyph]，二乍字作[glyph]、[glyph]，亡乍並不相襲。金文乍字之後都有彝段鼎等器名作賓語，知乍字當為製作的本字。古文動詞多加又旁，乍為動詞，故戰國器乍字常作[glyph]。金文乍字作[glyph]，或作[glyph]，从木，疑為興構之形。説文訓乍「止也」，古籍中有用作初義的例子。終止與初始的意義正好相反，此為古文美惡不嫌同名之例。故蒼頡篇曰「乍，兩辭也。」【金文大字典上】

望 [seal]

[seal] 望 通望 無叀鼎 既望 [seal] 休盤 【金文編】

[seal] 望山亭侯 [seal] 高望君印 【漢印文字徵】

[seal] [seal] 僖公 猶三望 【石刻篆文編】

□望見尚書【汗簡】

□古老子　□古尚書【古文四聲韻】

◉許　慎　□出亡在外。望其還也。从亡。朢省聲。巫放切。【説文解字卷十二】

◉吴其昌　「望」者，其字作□，從「臣」，從「月」，從「□」，「□」即「廷」字，亦即「立中庭」之「□」字也；「臣」者即「目」也。曶鼎庚贏卣𧆞敢之「望」，所從之「臣」皆作「□」，象立目形。甲骨文作□（前編卷二頁三十二），似目更肖。又從「目」之「眔」作□（前編卷二頁四十五），從「目」之「省」作□（前編卷一頁四十六），作□（卷三頁二十三），作□（卷七頁三十七），並與從「臣」無别，知「臣」義即為「目」矣。從「臣」從「壬」從「月」，即在廷中，以目仰而眎月也，是「望」也。月之可望，是十四五日也。【矢彝考釋　燕京學報第九期】

◉商承祚　□即望字。象人舉目之形。與□為一字。立于土上也。【殷契卜辭釋文】

◉馬叙倫　徐灝曰。玉篇有𦣠字。從𡈼。亡聲。𡈼者。跂而望之之義。望從月𦣠聲。蓋即朔望本字。後以望為跂望。又别作朢耳。倫按蓋本訓亡也。吕忱或校者加出亡在外望其還也。此亡之音同微紐轉注字。或望為朢之轉注字。從朢省。亡聲。望見字蓋借為相。無叀鼎作□。【説文解字六書疏證卷二十四】

◉林　澐　所謂「望」，推溯其本，應源于望而祭之。《釋名·釋姿容》：「望，茫也，遠視茫茫也。」强調望是遠視。從古文字字形分析，望字作□，其目形和見字作□有别，而與專表俯視的監、臨等字的目形相同，則望的原始意義是俯眺。遠古祭天既于山頂，而山頂又是最適于俯眺遠近山川之處，所以祭天和望祭山川自然相屬。太遠之處望不到，便不在被祭之列，這應是所謂「祭不越望」（《左傳·哀公六年》楚昭王語）的本來涵義。後來祭天于郊，雖因傳統習慣，祭山川仍和祭天相屬，但在人工「圜丘」上根本望不遠，望祭就變成不在望的遥祭，而望祭的範圍也就没有具體的限制了。【天亡簋「王祀于天室」新解　史學集刊一九九三年第三期】

𣞤

□𣞤　不从亡　盂鼎　無字重見【金文編】

□一〇五：二　詛咒類被盟詛人名無卹【侯馬盟書字表】

16 138【包山楚簡文字編】

無 秦八 通舞 歌一 日甲七六背 日乙四〇 三例 段注說文无奇字無也 為四三 為四二【睡虎地秦簡文字編】

則一 緐祭(甲12—23)【長沙子彈庫帛書文字編】

無當司馬 建明德子千億保萬年治無極 司馬則無【漢印文字徵】

泰山刻石 化及無窮 開母廟石闕 □□𣞤文 祀三公山碑 民無疾苦 詛楚文 康回無道 無逸

殺𣞤辜【石刻篆文編】

無見貝丘長碑【汗簡】

古孝經 貝丘長碑 竝王存乂切韻 竝道德經【古文四聲韻】

◉許　慎　𣞤亡也。从亡。無聲。武扶切。无奇字无。通於元者。王育說。天屈西北為无。【說文解字卷十二】

◉林義光　无通元屈天。其說皆鑿。无當與丂丙同意。从人。二者厚之象。見丂字條。擁蔽之使無所見也。無所見則謂之無矣。【文源卷五】

◉柯昌濟　古無字或从王宜人甗。是字亦見卜詞作等形。當即古舞字。象人以手舞形。父癸敦有字。象人舞干戚形。亦舞字也。卜詞曰。貞其升舞侯氏雩又舞侯。舞侯疑即許侯。許金文作鄦鄦子鐘。又鄦子妝盤。可證。以卜詞所云曩侯廚侯例推之。亦一證。【殷虛書契補釋】

◉李孝定　𣞤蓋漢世為有無之「無」所製專字，商世假「亡」為有無字，周金則假舞之本字「無」為有無字，𣞤則合二假借字而為有無之無之本字，蓋予所謂聲聲字也。【金文詁林讀後記卷十二】

◉馬叙倫　說文疑曰。此為有亡之亡。但經典多以亡字通用。易經止用无字。可知𣞤字之作必屬後起。王筠曰。汪本繫傳作

匃

舞聲。繫傳曰。舞音武。又若恐人誤認而鄭重分明之者。然則鍇所據本作𣜩也。俞樾曰。撫從𣞤聲而古文作辷。則亡聲也。𣞤亡聲同。而𣠮從亡𣞤聲。不合六書之恉。蓋有亡字止作亡。經典多以𣞤為亡。古之經師遇𣞤字或注亡字於下。而傳寫誤合之耳。鄭注禮記祭義合見間為覸字。即其例也。許書有從𣞤得聲之字。無從𣠮得聲之字。𣠮非古文明矣。倫按俞先生以本書無從𣠮得聲之字。證𣠮字為晚出。於理可成。然從亡𣞤聲為亡之轉注字。則於六書未為不合。

无　鈕樹玉曰。韻會引作虛无道也。易釋文引作通於无者虛无道也。竝有譌。六書故引作通於元者虛无道也。王育。易釋文引作王述。蓋誤。為禿女下竝作王育。嚴可均曰。雅雨堂本易釋文引作奇字無也。通於元者虛無道也。六書故韻會亦引作通於元。禮運疏引孝經緯。上通元莫。與許語合。王育。易釋文引作王述。據通釋云。如王述說。則小徐亦是述字。王育王述當是兩人。惠棟曰。奇字。古文奇字衛宏譔。王育。章帝時人。注史篇。王述未詳。桂馥曰。奇字無者。本書敘。及亡新居攝。時有六書。二曰奇字。即古文而異者也。孔廣居曰。二象地也。人死而葬。則无矣。故從人在地下。戚學標曰。經典釋文云。通於元者。虛無道也。下接王育說。不云本説文。衆經音義。無或作无。說文奇字無也。聲類。虛無道也。無王育說。蓋說文只有奇字無三字。後人據聲類增。王育說。又一解亦後增。傳録竝有譌。徐灝曰。无字周易用之。未詳其旨。王育謬說。不足辨也。林義光曰。通元屈天。其說皆鑿。无從人二者厚之象。擁蔽之。使無所見也。無所見則謂之無矣。李杲曰。禮運正義云。上通元莫者。孝經緯文。疑此為緯家肊造之字。而後人據以改易及說文。又偽王育之說。非許舊也。石經作亡。漢書多以亡為無。皆足證也。倫按周易唯王弼本用此无字。荀子淮南風俗通羣書治要引易皆作無。他經記無作无字者。則无字晚出矣。【說文解字六書疏證卷二十四】

 前三・二九・三  前四・九・七  前五・二七・一  前七・二〇・三  後二・二八・七  林一・三〇・一  佚一〇  佚三七九  明藏四八一  甲六二四  甲二二二四  乙七七六七  乙七八〇九  鄴二下・三九・九  粹一二六〇  乙二二八八反 【甲骨文編】

 甲2949  3421  乙131  2288  4387  4687  6794  7257  7763  7809 

8711　8896　珠454　707　佚10　續1·46·4　佚379　續1·42·4　續3·12·1　徵2·55

京2·20·2　2·31·4　4·8·3　凡5·1　録738　天84　續存856　粹401　【續甲骨文編】

匄　師奎父鼎　用匄釁壽　經典皆假介為之詩七月以介眉壽　師遽方彝　己侯貉子簋　啓卣　臣諫簋

𦸗鼎　或者鼎　㠱仲壺　伯陶鼎　吕壺　麓伯簋　𤔲盤　對罍　易𡗜簋　封仲簋

蔡姞簋　善夫克鼎　克鐘　頌鼎　頌簋　頌壺　姬鼎　㝬簋

此簋　師臾鐘　伯沙其盨　召弔山父匿　杜伯盨　曼龏父盨二　善夫山鼎　追簋

不嬰簋　殳季良父壺　強伯匄井姬尊　【金文編】

秦1108　獨字　【古陶文字徵】

◉許　慎　气也。逯安說。亡人為匄。古代切。【説文解字卷十二】

◉羅振玉　古金文亦作師奎父鼎及師遽方尊等。追敢。與卜辭同。與逯安説亦合。【增訂殷虛書契考釋卷中】

◉馬叙倫　鈕樹玉曰。韻會作亾人為匄逯安說。玉篇收勹部。行請也。取也。段玉裁曰。气。用其聲。借為气求气與字。逯安者。亦通人之一也。從亡人者。人有所亡。必求諸人。故字從亾從人。錢坫曰。倉頡篇。匄。乞行謂匄也。字體從人從亡。言人無財物。則行求气也。王筠曰。周大司工簋匄作。頌壺作。頌敢作。皆不從勹。倫按金文師奎父鼎作。頌鼎作。頌敢作。頌壺作。不嬰敢作。杜伯簋作。麓伯敢作。追敢作。或者鼎作。殳季良父壺作。甲文作。竝似從人從亡。然亡人為匄。猶反正為乏止戈為武。附會字形為說。無叀鼎。用眉壽。與師奎父鼎用釁壽詞同。而以割為之。蓋實從刀非從人也。。從刀。亾聲。為割之轉注字。故曷從匄得聲。而書之時日曷傷。孟子引作害傷。割從害得聲。害為舍之異文。見害字下。舍聲魚類。亡聲陽類。魚陽對轉。故割轉注為刉。又舍音審紐。喪從亡得聲而入心紐。心審同為次清摩擦音。則刉為割之轉注字無疑。聲轉入脂類為古代切。割聲亦入脂類也。气也非本訓。逯安説七字亦或吕忱所加。【説文解字六書疏證卷二十四】

匸

匸胡米切【汗簡】

◉許　慎　匸衺徯。有所俠藏也。从乚。上有一覆之。凡匸之屬皆从匸。讀與徯同。胡礼切。【説文解字卷十二】

◉林義光　匸　象藏物之器。古作匸孟鼎匿字偏旁。與篆匸字無別。【文源卷一】

◉馬叙倫　鈕樹玉曰。説文無徯。當作徯。嚴章福曰。月令塞徯徑。孟子。山徑之蹊間。説文皆作匸。故曰。讀與徯同。倫按衺徯謂衺街也。徯。本書訓待。月令孟子皆借徯蹊為街。【説文解字六書疏證卷二十四】

區

甲584　1054　乙6404　摭117　新4348【續甲骨文編】

區　子禾子釜【金文編】

3·12　王孫陳棱再左里敀亳區　3·27　昌櫅陳圖南左里敀亳區　3·647　杏坤區罂　3·35　閭陳齎叁立事左里敀亳區　3·40　陳☑□邦淮□正區□　3·13　王孫陳棱立事歲左里敀亳區　3·655　杏坤區罂　3·726　王區　3·723　坤區【古陶文字徵】

一：四六　宗盟類參盟人名區牛【侯馬盟書字表】

3【包山楚簡文字編】

5312　0239【古璽文編】

區安世　任區雌　虞區人【漢印文字徵】

區出王庶子碑【汗簡】

王庶子碑【古文四聲韻】

匿 

◉許　慎　區踦區。藏匿也。从品在匸中。品。衆也。豈俱切。【説文解字卷十二】

◉馬叙倫　鈕樹玉曰。繫傳匿作隱。韻會亦作隱而無踦區二字。當是踦區也藏匿也為二義。翟云升曰。當作陝區藏隱也。倫按踦區者。傴字義。然與藏匿也竝為字林文或校語。區為匸之轉注字。從匸。品聲。品音敷紐。古讀歸滂。區音溪紐。滂溪同為次清破裂音也。匸音匣紐。溪匣同為舌根音也。從品在匸中品衆也蓋呂忱或校者改增也。【説文解字六書疏證卷二十四】

◉朱芳圃　子禾子釜　説文匸部：「區，踦區，藏匿也。从品在匸中。品，衆也。」按區當為甌之初文。説文瓦部：「甌，小盆也。从瓦，區聲。」方言五：「甂，陳楚宋魏之間謂之題，自關而西謂之甂，其大者謂之甌。」蓋甌為小盆，而甂又小於甌，故云其大者謂之甌也。淮南子説林訓：「狗彘不擇甂甌而食」，楚辭東方朔七諫：「甂甌登於明堂兮，周鼎潛乎深淵」，可證古代用以盛食。象其形，匸所以藏之。又按與區，形制全同。由於用途之異，分化為二，大者為，用以貯物，小者為區，用以盛食。從音理言之，古讀見紐或影紐雙聲，侯東對轉。【殷周文字釋叢卷中】

◉陳邦懷　《説文解字・匸部》：「區，踦區，臧(藏)隱也。从品在匸中，品，衆也。」甲骨文區字作。品从乚，非省文也。《説文解字・乚部》：「乚，匿也，象迟曲隱蔽形，讀若隱。」區字之義為藏隱，而乚字之義為匿，其音讀若隱，品从乚之義於是顯矣。

【釋品、匽　一得集】

◉戴家祥　爾雅釋器「玉十謂之區」，郭璞注：「雙玉曰瑴，五瑴曰區。」初學記引逸論語曰：「玉十謂之區。」與爾雅同。所引蓋論語問玉篇文。静安先生謂區瑴雙聲，且同在侯部，知區即瑴矣。知區之即瑴，則知區之即為珏矣。觀堂集林卷三第二十葉説珏朋。按子和子釜區作，象三玉在一系形，三為數之大者也，可為舊説進一解。【金文大字典上】

匿　䍐文　匿廣雅藏也孳乳為慝説文所無　盂鼎　闢氒匿　【金文編】

138反　【包山楚簡文字編】

匿　語六　十一例　效三四　【睡虎地秦簡文字編】

戲衜☐旻㠯——(丙5:1——8)　又讀為慝　凡戢慝——(甲5——14)、隹慝——之戢(甲——6——12)、隹孛慝——(甲7——6)、是謂慝——(甲9——24)

【長沙子彈庫帛書文字編】

匿　崔匿　【漢印文字徵】

◉許　慎　匿亡也。从匸。若聲。讀如羊騶箠。女力切。　【說文解字卷十二】

◉林義光　古作匿盂鼎。桑桑之省。象采桑藏筐中形。匿藏也。　【文源卷六】

◉高田忠周　匿盂鼎　字从匸。未可訓亡也。匸所以藏之器也。从匸若聲亦應訓藏義也。廣韻曰。藏也。微也。亡也。陰姦也。藏為本義不誤。荀子天論匿則大惑。注。謂隱匿其情也。轉義為姦惡。而字變作慝。作慝。僖十五年左傳。於是展氏有隱慝焉。詩。民勞無俾作慝。傳。惡也。又通為㥾字義。廣韻。慝。愧也。葢原方言也。又按叒即古文叒字。若亦古文作叒。然則此篆从叒聲。非若聲也。叒下二點為羨文。疑古已有結冓增減之法乎。　【古籀篇二十一】

◉馬叙倫　亾當讀如街巷之巷。亦或非本訓。吕忱增此訓。以為逃匿字也。此匧之轉注字。匿從若得聲。若音日紐。匧從丙得聲。丙兩一字。見网字下。网音來紐。古讀來日竝歸於泥也。讀若羊騶箠者。劉秀生曰。段玉裁曰。此有譌奪。當云讀如羊箠蟄之蟄。金部。蟄。羊箠耑鐵也。蟄讀若至。至古音同質。匿讀若蟄。即讀若質也。嚴可均曰。竹部。笍。羊車騶箠也。許蓋言讀若笍。桂馥曰。當讀若羊騶箠之笍。按嚴說較長。若聲内聲古竝在泥紐。故匿從若聲得讀若笍。字見急就篇。盂鼎作匿。　【說文解字六書疏證卷二十四】

匧

匧　日甲二〇背　七例　【睡虎地秦簡文字編】

◉許　慎　匧側逃也。从匸。丙聲。一曰箕屬。臣鉉等曰。丙非聲。義當从内會意。疑傳寫之誤。盧侯切。　【說文解字卷十二】

◉馬叙倫　徐鉉曰。丙非聲非義。當作從内。會意。疑傳寫之誤。鈕樹玉曰。内聲亦相近。漢隸多有作陋者。則從内也。嚴可均曰。微子攘竊。史記宋世家作陋注。是丙聲也。段玉裁曰。疑從㕯部之㐫聲。王筠曰。側字句。倫按鈕說可從。或上文匿下讀若羊騶箠者乃此下讀若也。然丙网一字。网音來紐。故匧音亦在來紐也。書微子。乃竊攘神祇之犧牲。史記宋世家攘竊作陋淫。徐廣曰。一作陋淫侵神祇。夏敬觀謂淫侵即竊之緩言。則陋借為攘。攘丙兩聲同陽類。可證也。匧匿聲同矦類。是轉注字也。側逃也當作側也逃也。皆非本訓。一曰箕屬者。籓字或簸字義。籓簸古皆封紐。丙音亦封紐也。此校語。　【說文解字六書疏證卷二十四】

◉林義光　丙非聲。丙者。旁之本字。見丙字條。从丙匸。匸。衺徯有所夾藏也。【文源卷十】

匽　孳乳為郾經典作燕國名姬姓伯爵武王封召公奭于薊為北燕　匽侯鼎　害鼎　亞盉　圉方鼎　匽侯旨鼎　伯矩鬲　莫鼎　匽侯盂　復尊　小臣豐鼎　匽侯觶　匽伯匜　克鼎　匽侯舞昜　陳章壺　通宴詩六月吉甫燕喜漢書陳湯傳引作吉甫宴喜　子璋鐘　用匽以喜　王孫鐘　齊鞄氏鐘　秦公鎛　沇兒鐘　林氏壺【金文編】

5・384　瓦書「四年周天子使卿大夫……」共一百十八字【古陶文字徵】

匽　日甲八一背【睡虎地秦簡文字編】

匽長安　地匽　匽忠之印　臣匽　匽輔之印　王匽【漢印文字徵】

◉許　慎　匽匿也。从匸。妟聲。於蹇切。【說文解字卷十二】

◉馬　昂　齊地貨刀匽昜貨類　从即匸。从女。為匽字之省。見薛氏款識許子鐘銘。其一作。从匸从日。其二省作。校貨刀之文乃文同而結異。皆為匽字也。鐘銘曰用匽以喜。用樂嘉賓。據命詞之義。通晏。蓋匽即晏之本字也。【貨布文字考】

◉馬叙倫　妟從日或從女得聲。日女古皆在泥紐。則匽為匿丙之轉注字。亦區之轉注字。猶褗⿰衤區矣。【說文解字六書疏證卷二十四】

◉朱　活　燕幣面文「」字的書體，仍可找得到猶存古形的幾種，如：（《古錢大辭典》一〇六八）、（同上一一〇一）、（同上一一二三）、（《古泉匯》亨四）。此四種燕刀面文，一望可知不是由日月組成的字，猶存妟、匽的原始形狀，「o」是燕鳥頭部，「」是燕鳥軀翼所省訛，可見「」乃玄鳥象形字的省變，只因燕幣的字多半已經圖案化，所以容易使人發生錯覺，認識不出是玄鳥的象形字。把字釋為妟，即匽字，也就是燕字，雖有望形生訓之嫌，但較釋明為合理，較釋易更近情。【釋篇——兼

医 医

談刀背文字　古文字研究第十輯】

前二・二三・一　河九　天九六　【甲骨文編】

録7　天96　前2・23・1　【續甲骨文編】

0323　【古璽文編】

◉許　慎　医盛弓弩矢器也。从匸。从矢。國語曰。兵不解医。於計切。【説文解字卷十二】

◉羅振玉　齊語兵不解医作解翳。韋注。翳所以蔽兵也。翳為医假借字。蓋医乃蔽矢之器。猶禦兵之盾然。乚象其形。韋注誼較明白。段君以為隱藏兵器者尚未當也。【增訂殷虚書契考釋下】

◉馬叙倫　鈕樹玉曰。韻會引作盛矢器。從匸矢。矢亦聲。春秋國語曰。今齊語作翳。韋注。翳。所以蔽兵也。嚴可均曰。從匸。矢聲。倫按臧弓矢器有函有箙有韊。亦不當從匸。而當從下文受物之器之匚矣。倫謂此説解出説會。自非許文。医音影紐。蓋匽之轉注字。從匸。矢聲。知從矢得聲。音入知紐。知影同為清破裂音。蓋從知入影也。又為區之轉注字。猶殹毆矣。【説文解字六書疏證卷二十四】

匹 匹

匹　蔽繇鼎　馬匹　敔簋　馬匹　衛簋　馬匹　舀鼎　匹馬束絲　兮甲盤　馬四匹　𤔲盤　逨匹氒辟

師克盨　馬四匹　無㠱簋　馬四匹　單伯鐘　逨匹之王　大鼎　取𧾩騶卅匹　尹姞鼎　玉五品

馬三匹與左莊十八年傳虢公晉侯朝王王饗醴命之宥同　三匹二字合文　吳方彝　四匹二字合文　彔伯簋　咢侯鼎　王親錫馭方

玉五瑴馬四匹　師兑簋　史頌鼎　史頌簋　毛公𤼈鼎　卯簋　錫女馬十匹　十匹二字合文　【金文編】

匹　雜二八　二例　法一五八　二例　【睡虎地秦簡文字編】

匸

巨侯萬匹　巨高万匹　【漢印文字徵】

袁安碑　【石刻篆文編】

◉許　慎　四丈也。从八匸。八揲一匹。八亦聲。普吉切。【説文解字卷十二】

◉吴大澂　單佰畀生鐘　古匹字。即馬匹之匹。釋名釋親屬。匹。辟也。往相匹偶也。詩文王有聲作豐伊匹。傳。匹。配也。禮記三年問注。匹。偶也。【愙齋集古録上册】

◉郭沫若　𩧢即馬匹之匹之專字，猶駢驂駟之即并參四也。「無匹」言鰥寡孤獨而無告者。【曾姬無卹壺　兩周金文辭大系圖録考釋】

◉馬叙倫　鈕樹玉曰。韻會作從匸八八牒一匹。牒字恐非。莊有可曰。四丈非本義。此謂男女居室之事。八象二人。匸即匧牀也。王筠曰。匹字曶鼎作。吴彝作。史頌敢作。皆不可解。小篆改之。仍不可解。毋怪許説之支拙也。倫按四丈曰匹之匹。與此疑為二字。或四丈也非本訓。觀金文毛公鼎。馬。彔伯敢。。兮田盤。。史頌敢。。蓋其象形文本作。象布之一匹也。實與巾一字。此從匸八聲。為丙之轉注字。八丙音同封紐也。亦即僻陋之僻本字。又為匽區之轉注字。封影同為清破裂音也。區音溪紐。匹音滂紐。同為次清破裂音也。從匸八。八亦聲。校者因八揲一匹而妄加八亦二字。鉉本又譌從匸八為從八匸耳。八揲一匹亦校語。字見急就篇。【説文解字六書疏證卷二十四】

◉黄盛璋　(匹)：「曾亡(無)夫之救」，朱、裘、李、于皆釋「一」，此字何以是「一」則未解，張釋「鼠」，僅據形似，而文義不通。諸家於此字之形、音、義實皆未明，從結構分析，此字實為從「㲋」從「一」，「㲋、一、匹」皆在脂部，而「㲋、匹」又為雙聲，這當是中山一個新造之字，㲋表聲符，一表意符，與「匹」音義皆合。【中山國銘刻在古文字語言上若干研究　古文字研究第七輯】

◉徐中舒　三期　林二・二六・七　三期　後下一八・八　從一從，所會意不明。按金文匹作昌鼎、衛簋，所從之與所從之形同，且自卜辭辭例觀之，與馬有關，故疑為匹之初文。【甲骨文字典卷十四】

甲二一二三　甲二六六七　粹三六八　明藏四七六　明藏四七八　無想四七五　鄴初下四〇・一一　珠二七七　珠六二八　粹一二〇三　匸　京津二三二三　鐵九六・四　前

三　匸即三報即⿷匚乙⿷匚丙⿷匚丁之合稱

四・三四・一　前五・二・六　存一七七〇　河匚　佚一七五　佚五九五　後一・六・七　林二・一〇・二二　福一四　後一・八・一〇　匚乙　見合文二　甲二六九三　見合文二　戩一・八・一一　匚丁　見合文二　【甲骨文編】

甲2123　2127　2667　3510　3542　乙965　2101　2728　3153　4983　5408　6409　6488　7799　珠628　633　634　佚50　佚4・13　續2・19・3　佚595　846　續1・44・5　徵3・201　續2・6・7　徵2・41　録379　517　天33　六中250　六清100　六清172　外365　續存200　1770　外228　書1・5・F　摭續44　粹368　399　1535

新2323　【續甲骨文編】

匚　乃孫作且己鼎　匚㫄鼎　【金文編】

匚甫亡切　【汗簡】

◉許　慎　匚受物之器。象形。凡匚之屬皆从匚。讀若方。府良切。籀文匚。【説文解字卷十二】

◉王國維　古金文从匚之字往往从作。殷虚卜辭有字。【史籀篇疏證】

◉唐　蘭　為祭名。即祊祭也。説文匚受物之器。象形。讀若方。籀文。亦象形。即字。又説文。鬃。門内祭。先祖所以徬徨。从示彭聲。祊或从方聲。匚即祊。亦即鬃矣。魯語上甲微能帥契者也。商人報焉。韋昭注。報。報德之祭也。卜辭載殷先世有田匚乙匚丙匚丁四人。羅叔言及王静安先生謂即史記之上甲報丁報丙報乙是也。王先生又謂報乙報丙報丁稱報者。殆亦取報上甲微之類以為義。自是後世追號。非殷人本稱。當時但稱匚乙匚丙匚丁而已。上甲之甲字在口中。報乙報丙報丁之乙丙丁三字在匚中。自是一例。意壇墠或郊宗石室之制。殷人已有行之者與。蘭謂王説報乙報丙報丁即取報上甲微之意是也。謂報為後世追號。當時稱匚乙匚丙匚丁非也。報即鬃祊二字之雙聲。報祭即祊祭。鐵雲藏龜拾遺一葉七版云。貞其㞢

𠤎于田家。其口當讀為貞。其㞢祊于上甲牢其口。即報于上甲也。報乙報丙報丁即匚乙匚丙匚丁也。蓋殷人祊祭上甲於門内。故甲字从口而乙丙丁三人配兩旁焉。故从匚或コ以象之也。口匚皆象方形。金文國或作國可證。則於門内為藏王方函以祭也。故爾雅即以閍為門矣。後世讀祊如報則謂之報。【殷契卜辭釋文】

◉吴其昌　口或コ匚或㔾匸為方石函形，故淮南子齊俗訓云：「殷人社用石。」此形當讀為方，經典或作「方」(周禮大司馬鄭注等)，或作「祊」(詩小雅楚茨等)，或作「閍」(爾雅釋宫等)，或作「鬃」(説文等)，或作𧗱(廣雅釋天等)，或作「報」(國語魯語等)，皆一聲之轉，此「報」字之由來矣(方、祊、閍、鬃四例吾友唐蘭先生所舉，不敢掠美，特此聲明)。【卜辭所見殷先公先王三續考　燕京學報第十四期】

◉馬叙倫　王筠曰。匚訓受物之器。而如是以象其形。是惟匱字之為器。必當空其前面者從之。匣屬之蓋開於前面者從之而已。匡匪即不得如此。而匜贕以受酒水。如是則泄矣。蓋以避凵作如此形。凵已以避口犯切之凵。而弇上以別之。匚字更無避法。側之而已。徐灝曰。匚與㔾一字。凵與𠙴亦一字。此字本當作仰體。因別於曲之為凵。故側之。古彝器或作𠥓。與皿篆相似。故從皿之字或從匚。如簠作医。簋作匭。是也。饒炯曰。匚即匡之古文。但部屬從匚者。不皆匡義。遂置匚不用。别製從匚加㞷聲之匡。倫按初以凵形之具為受物之用而已。後以用異而製亦殊。或啓口於上。則作凵。或啓口於前。則作匚。凵者。𠙴之省變。匚者。匚之省變。皆以便於用而然。匚音與缶同在非紐。而缶為凵之轉注字。凵由一字，凵匡音同溪紐。然則語原固無殊也。此匡之初文。管子乘馬。民之不移也。如廢方於地。謂置匚於地也。方匚疊韻。故匚讀若方。尹桐陽説。受物之器蓋字林文。

㔾　王筠曰。積古齋鐘鼎欵識留君簠作匚。案其文似竹絲柳條所為。是惟匡医匱匪之類宜從之。匵匱即不宜從之。医更不宜矣。蓋以其均為器也。相因而為之耳。倫按甲文作㔾𠥓。可通木竹。形聲之字。只須以象形之文為其體以生義。他固不暇擇矣。即本部所屬有宜從凵不宜從匚者。蓋亦書者利其便然耳。【説文解字六書疏證卷二十四】

匠

匠 5·321　大匠　匠 5·319　同上　匠 5·318　同上　匠 秦783　同上　匠 5·320　大匠　匠 秦785　同上　【古陶文字徵】

匠　秦一二四　匠 秦一二三　【睡虎地秦簡文字編】

匧

3180 0234【古璽文編】

齊大匠丞 將匠澤 將匠宮印 將匠亮印 匠脩孝印【漢印文字徵】

袁敞碑 摔將作大匠【石刻篆文編】

古老子【古文四聲韻】

◉許 慎 匠木工也。从匚。从斤。斤所以作器也。疾亮切。【說文解字卷十二】

◉林義光 象斤在藏中。【文源卷六】

◉馬叙倫 鈕樹玉曰。韻會作從匚斤斤所作器也。倫按似從斤匚聲。為斮之轉注字耳。當入斤部。木工也非本義。亦非本訓。斤所以作器也校語。字見急就篇。【說文解字六書疏證卷二十四】

匧

匧 法二〇四 三例【睡虎地秦簡文字編】

雲臺碑【古文四聲韻】

◉許 慎 匧藏也。从匚。夾聲。苦叶切。篋匧或从竹。【說文解字卷十二】

◉馬叙倫 嚴可均曰。韻會作槭臧也。當但言槭也。木部。槭。篋也。轉相訓。文選應休璉百一詩注任彥昇哭范僕射詩注謝惠連擣衣詩注引作笥也。丁福保曰。慧琳音義廿九卅九八十五引皆作槭也。今大徐本作臧也。小徐作槭藏也。蓋古本作槭也藏也。倫按疑許或訓器也。或以聲訓。今捝。槭也笥也藏也皆吕忱列異訓。或校語也。篋槭同舌根音。又侵談近轉轉注字。以木為之。故槭從木。

篋 此後起字。以竹為之。故加竹字。後筐字同。字見急就篇。疑急就本作匧。傳寫者依字林作也。【說文解字六書疏證卷二十四】

匡 尹氏匡 師麻匡 史免匡 弔家父匡 匡匡 尹氏弔緐匡 陳公子仲慶匡 㠯鼎 禹鼎 㝬弔匡 【金文編】

4·96 匋攻匡 【古陶文字徵】

0868 3856 0602 2800 【古璽文編】

徐匡私印 匡賈之印 匡安主 史匡之印 襄匡 筐將巨印 筐當之印 筐定 筐光私印 【漢印文字徵】

匡 【汗簡】

◉許慎 匩飲器。筥也。从匚。㞷聲。去王切。筐匩或从竹。【説文解字卷十二】

◉孫詒讓 金文史頌敢云:「日𨗨天子。」𨗨字以形聲求之,當為从辵,匩聲。然匩𨗨兩字,説文並未收,尋文討義,或為匡之異文。匡从㞷聲與羊聲同部也。龜甲文亦有云「甲申,巨人名今羌」,又云「□□立□叀」,即字。説文匚部匚,籀文作。即之省。與敢文可以互證。「匩羌」,似亦匡正之義,爾雅釋詁「匡,正也」。謂正其罪而伐之也。但以金文甲文合校之,疑古本有从匚羊聲之字,又或加辵為之。小篆無此二字,故許書失收耳。金文曶鼎史宂簠尹氏簠並有匩字,从㞷。與匩字異。【名原卷下】

◉郭沫若 第五一一八片前四·四四·六 字孫詒讓、王國維均疑為庸,同以虢季子白盤字、毛公鼎字為説。王國維更舉召伯虎𣪘字亦説為庸。案乃據吳大澂説。案若乃⿰爿酉字之異,盤假為壯,鼎假為將。乃祇之古文,均非庸字也。説詳金文叢考毛公鼎之年代及追記。字與此等字亦不類。考金文簠字鑄公簠作,旅虎簠作,交君簠作,乃象下器上蓋,而中从五聲。簠亦銘匡,即筐之古文。足證筐簠同器,亦為同字,乃陰陽對轉。則此字蓋匡之古文,亦象下器上蓋而從爿聲也。匡地在春秋時有三:論語子罕「子畏于匡」,乃衛地,在今河北長垣縣西南(現屬河南省)。左傳定六年「公侵鄭,取匡」,乃鄭地,在今河南扶溝縣東北。春秋僖十五年「盟于牡丘,遂次于匡」,乃宋地,在今河南睢縣西三十里。此从江永説,杜注誤為長垣之匡。三匡雖

分隸三國，然均相隔不遠，蓋古匡國地，入後被分割者也。□字別録二桃山獸骨作□，从午聲，魚陽對轉也。□侯，當即它辭所習見之□侯，中所从者乃午字，午聲與爿聲陰陽對轉也，此足證□之必為匡字。【卜辭通纂】

◉馬叙倫　鈕樹玉曰。玉篇注及韻會引竝作飯器也筥也。沈濤曰。御覽七百六十引。筐。飯器也。翟云升曰。文選百一詩注引作篋笥也。集韻引飯作飤。丁福保曰。飯器筥也即飯器也筥也。倫按本作器也。或以聲訓。飯器也筥也校語或字林文。文選引者匧下訓。匡筥轉注字。見筥字下矣。匡為匚之聲同陽類轉注字。然尹氏簠□字。叔家父簠□字。史免簠□字。□叔簠□字。皆以匡為簠。豈以魚陽對轉借為簠邪。或匡為盧之轉注字邪。甲文有□。王襄釋匡。又有□字。葉玉森以為之匚合文。倫謂匡字。

筐　倫按字見急就篇。疑急就本作匡。傳寫者以字林字易之。【説文解字六書疏證卷二十四】

◉孫稚雛　《考古》一九七七年第二期報導了陝西藍田發現的兩件仲其父的銅器，器形見同刊圖版陸：4。銘文拓本見同刊一二零頁圖五：12。兩器銘同：其銘為「仲其父作旅匧」。旅下一字，為彝銘所罕見，原考釋者隸定作匧，以為即簠字，因而把這兩件銅器命名為「仲其父簠」。

按自宋代以來，金石學家命名為「簠」的這種侈口長方形的銅器，其本身的自名，常見的有如下兩種：

一種自名為「⿷匚古」，例子很多，字形可參看《金文編》卷五第四頁所收各例。外面的框框，是形符，《説文》解釋説：「匚，受物之器，象形，讀若方。」所引籀文之形，與銅器銘文相同。「古」是聲符，表示音讀，所以這是一個形聲字。「古」有時也寫作故、害、㝬等，同樣是表聲。由於器物是青銅鑄造的，所以字也可以從金，例如徐州地區劉林遺址出土的西啉鈷（《考古》一九六〇年第三期二七頁圖二），器名作鈷，從金，古聲。又如蛕公旅鐱（《三代》十·二一），鐱字金旁雖然寫作□，但仍然是金字，几父壺（《扶風齊家村青銅器群》四）「金十鈞」之鈞作□，可以為證。它不是與「百」同音的省去口的「害」。另外，還有寫作祜的，如白其父旅祜（《三代》十·一八）則從示，古聲。這是一類。

另一類自名為「匡」。傳世銅器自名為「匡」的就管見所及有如下十器：

1. 吳王御士旅匡　（《文物參考資料》一九五八年第五期七二頁）
2. 白□父匡　（《三代》十·七）
3. 窦妣旅匡　（《文物》一九七八年第十一期九頁圖一七）
4. 㝬叔作吳姬匩　（《三代》十·十，匡從金，倒書）

5. 尹氏貯良旅匡 （《三代》十・一三）

6. 師麻孝叔旅匡 （《三代》十・一三）

7. 史免旅匡 （《三代》十・一九）

8. 叔家父作仲姬匡 （《三代》十・二二）

9. □□乍寶匵 （《扶風齊家村青銅器群》圖二十）

10. 𠻯公子中慶匡匠 （《文物》一九八〇年第一期三五頁圖三・四）

匡從匚、㞷聲（「王」是後來的譌變），字也有從黃聲的，如齊家村所出之器，這是匡字的一種異體。此外還有自名「行器」（曾子尾行器、白彊行器見《三代》十・六，十・七）或者其它的，因與本文關係不大，這裏就不詳述了。

從上述兩類不同的命名來看，不管是從古、從故、從鈷聲，或者是自名為匡，它們都有比較明確的聲符，而仲其父所作之器，自名為⿷匚金，音讀之跡，頗難追尋，究竟是匠字呢，還是應釋作匡？個人以為應以釋匡為是，因為匚、匡聲近，從造字條例來說，即從金、從匚，匚亦聲，它是匡字的又一新的異體。據此這兩件銅器應定名為仲其父匡，而不是仲其父簠。【金文釋讀中一些問題的探討（續） 古文字研究第九輯】

甲3337 乙2266 録768 784 新2449 2841 【續甲骨文編】

匜 不从匚 子仲匜 它字重見 从皿 弔上匜 匽公匜 大師子大孟姜匜 楚嬴匜 鄭季寬車匜 从

公孫𧦝父匜 曾子伯父匜 白者君匜 𧙗伯匜 穌甫人匜 貯子己父匜 宗仲匜 筍侯匜

金 中友父匜 史頌匜 陳伯元匜 禽肯鉈鼎 从金从皿 蔡侯𩰫匜 陳子＝匜 【金文編】

◉許 慎 匜似羹魁。柄中有道。可以注水。从匚。也聲。移尒切。【說文解字卷十二】

◉馬叙倫 鈕樹玉曰。左僖廿三年傳釋文引水下有酒字。無以字。韻會上聲引亦有酒字。平聲引無。翟云升曰。韻會引似羹魁上有盥器二字。倫按許蓋本訓器也。呂忱加盥器也似羹魁柄中有道可以注水。儀禮既夕。槃匜。匜實於盤中。南流。注。槃匜。盥器也。傳世器如叔男父匜。其形似羹魁。。然其柄中似無注水之道。周器文有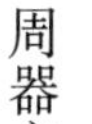者。高田忠周釋籭。然與匜

形極近。聊虎匜之[glyph]。周窐匜之[glyph]。似皆由器形之文變省者也。柄中有道之柄字疑譌。蓋謂其流。流。匜口也。水可自此而注於盤也。然倫又疑古有盥匜。則與今西方諸國所用盥時盛水之具相同。亦有柄有流而體高。梁正三禮圖匜受水一斗者也。有食匜。則似羹魁。禮記内則。敦牟卮匜。非餕莫敢用。注。卮匜。酒漿器。此可以注水下。鍇本有酒字。蓋混二器而言之。此為[glyph]之後起字。因篆形與[glyph][glyph]相疑。故加匚以别之。由此可明[glyph][glyph][glyph]之各為象形。而非一字矣。叔姬匜作[glyph]。史頌匜作[glyph]。皆形誤類於[glyph]而增皿或金。袓伯匜作[glyph]。蓋從皿羊聲。羊也音皆喻紐四等。則為轉注字矣。字見急就篇皇象本。顔師古本作鉇。空海本作鉈。【説文解字六書疏證卷二十四】

◉商承祚　鉈，即匜，在後室有銅陶匜各一，又於擾土中發現木匜一，見《信圖》六三及一二九圖。鉈字亦見金文，當指銅匜，此字亦見第二四簡。【信陽長臺關一號楚墓竹簡第二組遣策考釋　戰國楚竹簡彙編】

◉商承祚　也，即匜，器名。金文多作[glyph][glyph]，[glyph]為[glyph]之省，春秋戰國時代金文之匜又可寫作鉇、鉈、盄，馬王堆一號漢墓竹簡，匜則寫作杝，見《長沙馬王堆一號漢墓》上集第一九〇、一九一簡。《説文》匜是後起字，《長沙發掘報告》未提及此墓有匜。也一禺，即匜一偶。【長沙五里牌四〇六號楚墓竹簡遣策考釋　戰國楚竹簡彙編】

◉戴家祥　[glyph]師同鼎　浩王盉于舁　由銘文意義推斷，舁為匜之異稱。金文它、匜基本同形，故舁即卑。匜下加廾，示雙手相拱，于字義無礙，如壺之為𡕫。【金文大字典中】

匴

[glyph] 匴　日甲六二背【睡虎地秦簡文字編】

◉許慎　匴淥米籔也。从匚。算聲。穌管切。【説文解字卷十二】

◉馬叙倫　翟云升曰。六書故引淥作盝。籔作器。王筠曰。鍇本淥作盝。玉篇作盪。説文無盝盪。倫按蓋本作籔也。校者注以淥米器也。今并之耳。匴為籔之音同心紐轉注字。以竹為之。故籔從竹。或曰。淥米器者。籅字義。此栝棬之棬初文。儀禮喪大記。食於篹。釋文。本又作匴。是篹棬皆即匴也。卷算聲同元類。故匴或從木卷聲作棬。此字或出字林。【説文解字六書疏證卷二十四】

⿷匚贛

◉許　慎　⿷匚贛小桮也。从匚。贛聲。古送切。⿰木贛⿷匚贛或从木。【説文解字卷十二】

◉馬叙倫　桂馥曰。釋器。小罍謂之坎。坎⿷匚贛聲相近。錢坫曰。方言。棫。桮也。是此字。倫按小桮也蓋字林文。⿰木贛吴穎芳曰。贛省聲。【説文解字六書疏證卷二十四】

◉商承祚　鐀，字書未見，或即贛，从貝與从金同意。《説文》：「⿷匚贛，小桮也。」或从木作⿰木贛。段注：《方言》卷五有棫，「即許之⿷匚贛，音同字異」。王念孫《廣雅疏證》卷七：棫「蓋即⿷匚贛之假借字也」。此杯為金屬器，故从金。【江陵望山二號楚墓竹簡遣策考釋　戰國楚竹簡彙編】

匪

◉許　慎　匪器。似竹篋。从匚。非聲。逸周書曰。實玄黄于匪。非尾切。【説文解字卷十二】

古孝經【古文四聲韻】

◉馬叙倫　鈕樹玉曰。廣韻引似作如。韻會引作如篋。無器字。逸周書以下蓋後人增。此文見孟子。自有攸不為臣至惟臣附于大邑周。是書。其君子从下。朱熹云。孟子文釋其意。則非書矣。趙岐云。從有攸以下道文武伐紂時。皆尚書逸篇之文也。倫按器似竹篋者。當為器也似竹篋。似竹篋字林文或校語。匪為篚之初文。亦匚之轉注字。音同非紐也。【説文解字六書疏證卷二十四】

⿷匚倉

◉許　慎　⿷匚倉古器也。从匚。倉聲。七岡切。【説文解字卷十二】

◉馬叙倫　此倉之後起字。彼文象形。此增匚為複。古器也亦非許文。字蓋出字林。【説文解字六書疏證卷二十四】

⿷匚攸

◉許　慎　⿷匚攸田器也。从匚。攸聲。徒聊切。【説文解字卷十二】

◉馬叙倫　嚴可均曰。此與艸部莜字音義同。倫按田器也非本訓。莜⿷匚攸二字。當有其一出字林也。【説文解字六書疏證卷二十四】

𠥫 

◉許　慎　𠥫田器也。从匸。異聲。與職切。【說文解字卷十二】

◉馬叙倫　吳穎芳曰。似同⿰耒異。耕田之器。倫按此蓋匵之轉注字。匵音定紐。𠥫音喻紐四等。古讀歸定也。田器也蓋字林文。或字出字林也。【說文解字六書疏證卷二十四】

匫 

◉許　慎　匫古器也。从匸。曶聲。呼骨切。【說文解字卷十二】

◉馬叙倫　古器也非本訓。或字出字林也。【說文解字六書疏證卷二十四】

匬 

 前六・三五・四　从余　匬字古文　 菁九・八　 京津一五三二　【甲骨文編】

◉許　慎　匬甌。器也。从匸。俞聲。度侯切。【說文解字卷十二】

◉馬叙倫　鈕樹玉曰。玉篇作器受十六斗。段玉裁曰。鍇本作甌匬器也。是也。甌者。小盆也。甌匬二字為名。則非甌也。玉篇云。受十六斗者。蓋以匬為即論語與之庾之庾。然禮經作籔。今文籔作逾。錢坫曰。荀子。流丸止于甌臾。是此字。倫按受十六斗者。斗部之斞。論語禮經皆借字也。此為臾之轉注字。甌匬二字疑校者加之。或此字出字林。【說文解字六書疏證卷二十四】

匱 

 13【包山楚簡文字編】

 禪國山碑　甄匱啟緘【石刻篆文編】

◉許　慎　匱匣也。从匸。貴聲。求位切。【說文解字卷十二】

◉馬叙倫　沈濤曰。御覽七百十三引。匱。櫝也。匣也。是古本尚有櫝也一訓。席世昌曰。匱即古簣字。漢書律曆志引論語。未成一匱。師古曰。匱者。織竹為器。倫按匱音羣紐。匬音定紐。同為濁破裂音。蓋轉注字。御覽引多一訓。蓋校語。【說文解字六書疏證卷二十四】

匵

◉許　慎　匵匱也。从匚。賣聲。徒谷切。【說文解字卷十二】

◉馬叙倫　段玉裁曰。與櫝一字。倫按匬匵音同定紐。是轉注字也。匵匱亦同濁破裂音轉注字。【說文解字六書疏證卷二十四】

◉馬叙倫　父辛尊　舊釋匵。孫詒讓謂屮是牛非木。疑匵異文。倫謂此即說文之匵。從匚。賣聲。屮非牛非木。乃走之省而直畫少長耳。走為走。奔走之走初文。說文賣字從𡴀。此從走耳。【讀金器刻詞卷下】

匣

◉許　慎　匣匱也。从匚。甲聲。胡甲切。【說文解字卷十二】

◉馬叙倫　桂馥曰。一切經音義十五引同。又云。今謂盛刀劍者也。御覽引作匵也。王筠曰。今謂盛刀劍者也庾注。倫按御覽引者校語。匣匱同舌根音轉注字。字疑出字林。【說文解字六書疏證卷二十四】

匯

◉許　慎　匯器也。从匚。淮聲。胡罪切。【說文解字卷十二】

◉馬叙倫　匯蓋匣之音同匣紐轉注字。玄應一切經音義引倉頡。匯。水迴也。【說文解字六書疏證卷二十四】

柩

柩出孫強集字　柩　柩竝出郭顯卿字指【汗簡】

孫彊集　籀韻【古文四聲韻】

◉許　慎　柩棺也。从匚。从木。久聲。巨救切。匶籀文柩。【說文解字卷十二】

◉馬叙倫　鈕樹玉曰。韻會作從匚木。玉篇作匛。疑本說文。又注。亦作柩。段玉裁曰。宜依玉篇以匛為正。柩為重。顧在梁時所見說文如是。而郭忠恕列匛為古文。夏竦說匛為孫強集。夏疑玉篇作匛不出顧也。匛蓋古文。而小篆從之者。檀弓曰。有虞氏瓦官。夏后氏堲。周殷人棺槨。瓦棺堲皆以土不以木。則造字之始斷不從木矣。翟云升曰。當入木部。倫按夏竦謂玉篇匛字是孫強集。必有據也。倫謂柩或從匚杞聲。久己一字也。詳久字下。傳寫木字在匚外。棺音見紐。柩音羣紐。古讀歸見。則是轉注字。

匶　宋保曰。舊聲。久古讀如己。舊古讀如忌。聲同。倫按杞從己得聲。己音見紐。舊音羣紐。古讀歸見。故柩轉注

匰  𠙹 

為匶。書無逸。舊勞於外。舊為小人。史記舊皆作久。是其例證。此字自為呂忱所加。汗簡引𧝹字指柩作匛。即此篆之小譌耳。然則本書柩字或本作匛。字指即據本書邪。【說文解字六書疏證卷二十四】

◉戴家祥 中山王嚳方壺 不匶諸侯 商承祚曰：匶字从二，疑是匚之誤。說文以匶為柩之籀文，金史卷一百二十五文藝上蔡珪傳：「及啟壙，其東墓之柩題其耑曰：燕靈王舊。」張政烺曰：此處讀為忌。中山王嚳壺及鼎銘考釋，古文字研究第一輯。唐韻匶讀「巨救切」，群母之部，忌讀「渠記切」，不但同母，而且同部，張說可信。【金文大字典上】

◉許慎 匰宗廟盛主器也。周禮曰。祭祀共匰主。从匚。單聲。都寒切。【說文解字卷十二】

◉馬叙倫 錢坫曰。祭祀共匰主。司巫文。注。匰。器名。廣韻以為出字書。此亦後人加也。倫按字蓋出字林。【說文解字六書疏證卷二十四】

2624

乙7385【續甲骨文編】

曲 曲父丁爵

曾子斿鼎 惠于剌曲【金文編】

260【包山楚簡文字編】

曲 編四二

日甲一二五

日甲一二一【睡虎地秦簡文字編】

曲成侯尉

曲昭私印【漢印文字徵】

蘇君神道闕 說文之古文及汗簡同【石刻篆文編】

曲

曲

曲竝出裴光遠集綴【汗簡】

義雲章

竝裴光遠集綴

古老子

汗簡

竝籀韻【古文四聲韻】

●許　慎　𠚕象器曲受物之形。或説曲。蠶薄也。凡曲之屬皆从曲。丘玉切。𠃧古文曲。【説文解字卷十二】

●孫海波　盧江劉善齋先生臧卜辭有二版文云「癸亥貞□𠃧凹叀□辛未酢」，又云「酢凹于甲」，諸凹字並為祭名，葢即許書之曲。説文：「𠚕象器曲受物之形也，或説曲蠶薄也。𠃧古文曲。」按呂氏春秋季春紀「具挾曲蒙筐」，注云：「曲，薄也，青徐謂之曲，受桑器也。」【卜辭文字小記　考古學社社刊第四期】

●馬叙倫　鈕樹玉曰。初學記引作受物之形也。繫傳薄作簿。非。説文無簿。王筠曰。句首本有説義之句。既經捝失。遂不知為何器矣。倫按説解本作曲。器也。象形。曲乃隸書複舉字也。器下也字鍇本猶存。但誤乙於形字下耳。象受物之形。校者改之。凵曲一字。或説六字校語。所説即苗字義。史記司馬相如傳索隱引字林。曲音邱欲反。字見急就篇。

𠃧　鈕樹玉曰。玉篇作𠃊。繫傳韻會廣韻竝無。倫按此猶子斯簠簠字作[glyph]所從之[glyph]也。公伐郤鼎。錫公寶鼎大曲彤矢。曲字作[glyph]。甲文有[glyph]。王襄釋曲。【説文解字六書疏證卷二十四】

●楊樹達　[glyph]與𠚕本一字，骫曲之義即器曲之引伸。曲玉同在古音屋部，[glyph]从玉聲，純形外加聲旁玉耳。許以為二字，非也。【文字形義學】

●饒宗頤　屯甲二八七八甲子表上刻[glyph]字，亦人名。

[glyph]字，舊無釋。按説文曲古文作𠃧，此字从止从𠃊，隸定應作𣥺。莊子人間世「我行郤曲。」郤，釋文引字書作迡，迡説文云：「曲行也。」𣥺疑即郤曲之曲本字。康熙字典有𨂮，謂俗拜字，𨂮當是[glyph]之後起字。楊樹達釋[glyph]為𡎜(甲文説)。以形揣之，殊無據。【殷代貞卜人物通考卷九】

●于省吾　甲骨文有[glyph]字(京都二六八)，辭已殘，甲骨文編入于附録。按[glyph]即曲字的古文，商器曲父丁鼎作[glyph]，其框内文飾之劃有繁有簡。漢無極山碑的「窮窕𠃊隈」，以𠃊為曲，而框内已省去文飾。説文：「𠚕，象器曲受物之形也。或説曲，蠶薄也。𠃧古文曲。」按𠚕乃後起字，𠃧乃𠃊形之譌。説文段注：「匚象方器受物之形，側視之；𠚕象圜其中受物之形，正視之。引申之為凡委曲之稱。不直曰曲，詩曰，予髮曲局。又曰，亂我心曲，箋云，心曲，心之委曲也。又樂章為曲，謂音宛曲而成章也。周語曰，士獻詩，瞽獻曲，韋云，曲，樂曲也。毛詩傳曰，曲合樂曰歌，徒歌曰謡。韓詩曰，有章曲曰歌，無章曲曰謡。按曲合樂者，合於樂器也。行葦傳曰，歌者比於琴瑟也，即曲合樂曰歌也。」按段氏依據匚和𠚕形，而為側視正視之解，實屬妄加附會。自不直曰曲以下，闡明了曲字展轉引伸之義，則頗有道理。【釋曲　甲骨文字釋林】

●李　零　𠃊，與下文直相對，可以肯定是曲字。這個字的釋出也很重要，因為它可以糾正過去人們對趙幣「上邙陽」「下邙陽」

「邙」字的誤釋，證明釋邸或釋和（讀匕為化，借讀為和）都是不對的，唯一正確的釋法應當是把它讀為「上曲陽」「下曲陽」。曲作匕，這是很奇怪的。《說文》曲字的小篆作，與繁體的匚即（《說文》以匚為小篆，𠃊為籀文，按之金文只是繁簡不同）寫法相同，只是橫置與豎置的不同。【戰國鳥書箴銘帶鉤考釋　古文字研究第八輯】

 宣曲喪吏　 騎部曲將　 曲周丞印　 軍曲候丞印　 曲鐃　【漢印文字徵】

◉許　慎　骫曲也。从曲。玉聲。丘玉切。【說文解字卷十二】

◉馬叙倫　徐灝曰。骫曲非古也。此承而增玉為聲。倫按骫曲也當作骫也曲也。骫。有曲意也。此校者加之。曲也者。謂此亦曲字。蓋之轉注字。故同音也。或本是曲之重文。【說文解字六書疏證卷二十四】

◉彭静中　　此字見《三代吉金文存》十三・三十一。周法高隸作。今謂此乃豊字是也。《說文解字》第十二篇下：「，骫曲也，从曲玉聲。」按从與不殊。H即I，亦即玉字之橫置。古文字中，此不別義，故知此字為豊字。【金文新釋　四川大學學報一九八三年第一期】

◉許　慎　古器也。从曲。𠚒聲。土刀切。【說文解字卷十二】

◉馬叙倫　王筠曰。汪本繫傳篆同此。朱鈔同顧本。承培元曰。朱鈔顧本篆作疑誤。桂馥曰。古器也者。纂文。趙代以笸為笸。玉篇。笸。牛筐也。徐灝曰。方言。笸。篆也。趙代之間謂之笸。鄭珍曰。集韻類篇竝云。籀作。知鉉本原有此文。顧本繫傳作。與部首不合。當是繫傳亦有兩篆。倫按古器也非本訓。【說文解字六書疏證卷二十四】

 前二・三八・一　 前二・三八・二　 甲三六九〇　 粹一一九〇　 河一二〇　 河六〇二　 陳九二　【甲骨文編】

 録602　 粹1190　【續甲骨文編】

甾 子陝鼎 行甾乃鼎之別名 訇簋 【金文編】

〔十〕〔四〇〕〔二三〕〔四〕〔二三〕【先秦貨幣文編】

圓兩甾 按即甾，為錙字省體 典上編二五三頁 仝上 圓兩甾 典上編二五三頁 仝上 典上編二五四頁 仝上

亞七・一二 【古幣文編】

李由之印 汝由之印 時由 【漢印文字徵】

甾壯而切 【汗簡】

古孝經 竝崔希裕纂古 【古文四聲韻】

◉許 慎 東楚名缶曰甾。象形。凡甾之屬皆从甾。側詞切。古文。【說文解字卷十二】

◉劉心源 即省。說文。東楚名缶曰甶。今作甾。【奇觚室吉金文述卷六】

◉王國維 說文从由之字二十有餘。而獨無由字。自李少温以後。說之者近十家。顧皆不足厭人意。甚或有可閔笑者。余讀敦煌所出漢人書急就殘簡。而知說文甶字即由字也。急就第二章由廣國。顔本宋太宗本趙文敏真草二本皆作由。惟葉石林本作田。漢簡由作由。其三直皆上出。與說文甶字正同。今案說文甶字注曰。東楚名缶曰甾。象形。凡甾之屬皆从甾。原本玉篇引說文舊音。音側字反。大徐音側詞切。皆甾之音。則以甾甶為一字。自六朝已來然矣。然甾甶決非一字。甾為艸部菑字重文。从田巛聲。故讀側字反或側詞反。若甾之與甶。於今隸形雖相似。其音義又有何涉乎。考此字古文本作。篆文亦或如之。其變而為隸書也。乃屈曲其三直。遂成甾字。後人不知其為古文字之變。以其形似甾。遂以甾之音讀之。實則此音毫無根據也。然則甶之為由。亦有證乎。曰。有。說文甹字注云。从丂从由。番生敦蓋有此字。作。毛公鼎加口作。卜辭有字。殷虛書契後編卷上第十四葉。爵文有字。皆从。若甹。是篆文从由作者。古文从甶作。是甶由為一之證一也。盧字。說文从𥁕。𥁕又从由。而盧氏涅金之盧作。盧氏幣作。是篆文从由之字。晚周古文亦从甶作。是甶由為一之證二也。又盧字篆文从由。晚周古文从甶。更溯之春秋以前之古文。則乃从卣作。取盧子商盤盧作。弘尊有

虘字作□。从□。簷鼎之簷字从□。鄘侯敦之鄘字从□。其所从之虘。皆从□作。□者。古文卣字也。卣字古文作□盂鼎。作□毛公鼎。作□伯晨鼎。作□彔伯敦及吴尊蓋。石鼓文逌字亦作□。而殷虚卜辭盛鬯之卣則作□殷虚書契前編卷一第十八葉。作□同上卷六第四十一葉。戩壽堂所藏殷虚文字第二十五葉同。其辭曰。鬯五□。知確為卣字矣。知□所从之乚　乚即□之省。又知說文虘盧二字。一从由。一从盅。即□與□之變。實一字而繁簡異也。卣為尊屬。惟缶亦然。易坎九二樽酒簋貳用缶。禮器五獻之尊門外缶。許君云。東楚名缶曰由。與卣同音。蓋猶三代遺語也。本義既爾。假借之義亦然。釋詁。由。自也。而逌亦訓自。新序雜事篇。國君驕士曰。君非我無逌富貴。士驕君曰。國非士無逌安强。君臣不合。國是無逌定矣。此三逌字。義皆與由同。廣雅。由。用也。而古書逌迪二字亦皆訓用。經傳逌多作攸。爾雅。攸。所也。迪。道也。漢人釋經多本此訓。近高郵王氏經義述聞與經傳釋詞。始歷舉詩書以明攸迪二字古皆訓用。其論篤矣。余意逌迪本是一字。古卣由同音同義。故逌或从由作曲。轉譌為迪。亦猶逌之譌為逌也。書多方。不克終日。勸于帝之迪。迪。馬融本作攸。是逌迪一字之證。然則卣由二字。其音同。其義同。其引申假借之義亦無不同。卣之變化當為由。不當為甾。是由由為一之證三也。更以聲音證之。由缶二字本同部。故東楚名缶為由。方言五。䍃。甖也。淮汝之間謂之䍃。䍃。郭璞音由。曹憲廣雅音同。淮汝之間。地隣東楚。史記貨殖列傳以淮北沛陳汝南南郡為西楚。彭城以東東海吴廣陵為東楚。然項羽都彭城。其分地亦半在東楚。而稱西楚霸王。是東西楚之稱漢人本無定界也。恐許君所云東楚名缶曰由。即本方言為說。蓋由䍃古今字。楊子雲用今字。許用古字耳。許於缶部亦出䍃字。云瓦器也。許書同音同義之字。分見二部者甚多。此亦其一也。以形言之則如彼。以音言之則如此。由之為由。更無他疑。況漢人所書由字正如此。足以解千載之惑乎。【釋由上　觀堂集林卷六】

◉王國維　戊午秋。余作釋由一篇。論說文甴字即由字。由冬徂春。復得五證焉。上虞羅氏所藏漢鉩印。有甴罷軍印。考古今姓氏書無甾姓。而急就篇姓名有由廣國。廣韻由字注亦云又姓。史記有由余。是甴罷軍即由罷軍。其證一。涇陽端氏藏漢元始四年銅鈁主吏姓名。有守令史由。考古人多名由。罕名甾。是守令史甴即守令史由。其證二。玉篇原本用部末有甴字。作甴。注云。餘同反。乃餘周反之譌。又云。說文以由從為䚻字。在言部。今為由字。當云說文以由從為繇字。在系部。繇訛為䚻。又訛為䚻。寫書者因改系部為言部耳。說文以由東楚謂缶也。音側字反。在由部。二由並當作甴。案顧氏此注。則由甴二字形本無別。不過因說文甴字之訓及其舊音與由字迥異。又由與繇分置二部。故著其事。然其所以收甴字於用部末者。正以其字作由。為今隸用字之倒書。如說文附下字於上部末。附□字於止部末。□字於正部末之例。玉篇全書皆用此例也。然則顧書由字本當作甴。今傳世古寫本作由。尚存甴字遺意。其證三。詩齊風。衡從其畝。釋文引韓詩從作由。云南北耕曰

由。今本釋文並為由字。然宋本附釋音毛詩注疏所載釋文並為甴字。甴者。由之譌也。其證四。李陽冰云。由即缶字。夢瑛書説文部目。亦釋甾為由。當本六朝舊説。其證五。得此五證。知六朝以前。音説文者雖音由為甾。然由之字形尚未全失。雖微古文字學及漢人手書。亦足以定此説矣。癸亥雒陽新出魏三字石經尚書君奭殘石迪字兩見。其篆文皆作𨑒。於前五證外又得一佳證。【釋由下　觀堂集林卷六】

◉馬叙倫　鈕樹玉曰。韻會象形下有也字。嚴可均曰。説解中甾字九見。與艸部或菑字相亂。皆當依篆作甾。段玉裁曰。太史公曰。彭城以東東海吴廣陵。此東楚也。缶下曰。瓦器。象形。然則缶既象形矣。甾復象形。實一物而語言不同。且實一字而書法小異耳。丁福保曰。唐寫本玉篇用部。甴。今為由字。説文以甾為東楚謂缶也。倫按唐寫本切韻殘卷七之引東楚名也正曰甾。又不耕田也。或作此甾字。此引傳寫有譌。本作東楚名缶曰甾也。其曰又不耕田也或作此甾字者。蓋陸或長孫訥言語也。以甾寫作甾。譌為菑之重文作甾者也。篆當依石鼓文𤰞字所從作甾。蓋是有邊之器。初文作□。象形。今上海杭縣紹興之瓦鉢頭是也。此凵之象形文而校為具體者也。缶其轉注之形聲字矣。缶音非紐。古讀歸封。由音照紐二等。古讀歸端。封端同為清破裂音也。故東楚謂缶曰由也。王國維丁福保皆證由即由字。是也。由缶一物。缶音非紐。由音喻紐四等。同為次清摩擦音。本書䍃為缶之轉注字。音在喻四。方言譌為垩。然郭璞音由。是也。可證。東楚六字蓋字林文。本訓挩矣。急就篇有由廣國。

甾　李杲曰。此甾之譌。倫按古文下當依鍇本有甾字。【説文解字六書疏證卷二十四】

◉于省吾　卜辭甴字習見。亦作甴甴甾甴等形。孫詒讓疑當為由字。舉例下三四。郭沫若云。甴即古字。説文云。古。故也。从十口。此正从十口。古王事者。當即勤勞王事之意。乃卜辭成語。詩亦屢言王事靡盬。古必盬之初字。甲研釋寇。按孫説近是。郭説殊誤。卜辭弟一期貞人名有甴字。唐蘭釋古。並引亞古父己盉古字作古孟鼎古字作古婦闒鼎姑字作姑為證。謂古字本從毌聲。導論下四十。按唐釋是也。古字不从十。自周初以前。十字無作十十中者。古玉銘為晚周器。固字从古猶作古。可資佐證。然則釋甴為古。於初文遞嬗之迹不相銜也。甴即今甾字。栔文由字作由。與甾有別。卜辭𢦏字。即嬴霝悳毁之𢦏字。从甴从甾一也。詳駢枝釋𢦏。栔文㚤字从甾作甾。猷字从甾作甾。𢍰字从甾作甾。甹爵。甹字从甾作甾。番生毁。甹字从甾作甾。毛公鼎。畾字从甾作甾。頌齋吉金續録有子陝行甾。甾作甾。弓鎛淄濬之淄作淄。从水从二甾。一倒一正。前四・十三・五有𢦏字。疑即淄之初文。要之。甾字由甴孳演為甾為甾為甾。説文。甾東楚名缶曰甾。甴字既為甾之初文。栔文甾王事之甾。應讀為載。載从才聲。从才从甾之字。古每音近通用。

如截之通𣄴。紂之通緇。已詳駢枝釋𢦏。詩大田。俶載南畝。箋。載讀為菑栗之菑。漢書地理志。梁國甾縣。故戴國。按左氏公穀隱十年經。戴均作載。是甾即載也。書皋陶謨。載采采。偽傳。載行采事也。荀子榮辱。使人載其事而各得其宜。注。載。行也。任之也。然則契文之甾王事。即載王事。言行王事也。前八・十四・二。甾朕事。即載朕事。言行我之事也。師訇毁。鄉女彶純卹周邦。妥。立余小子。𢦏乃事。𢦏應讀作載。吳大澂字說。謂石鼓文𢦏西𢦏北。假𢦏為載。夜君鼎文之載鼎。假載為𢦏。是也。說文。𢦏讀若載。乃汝之也。載乃事。謂行女之事也。是金文之載乃事。與書之載采采。荀子之載其事。契文之載王事載朕事。語例正同。續五・三一・三。行甾王事。行人名。言行行王事也。甲二・十一・十七。行弗其甾王事。言行弗其行王事也。前八・十一・四。甾若。言行則順也。粹一五四五。甾亡囚。言行亡囚也。殷契卜辭六。不其甾。即不其行也。續三・二八・七。王其令㝌不每。克甾王令。言克行王令也。嘗見墨本。臭𠬝甾王事。謂臭始行王事也。言𠬝猶言肇。乃古人語例。金文習見。大龜四版弟二版。乃令甶事。甶即甾。言乃令行事也。續三・十三・一。甾戔四丰方。即載踐四封方也。載為語詞。此文缺刻横畫。甾字原作ㄩ。郭沫若誤釋為占。續一・一。甾朿于夒。即載衰于夒。載亦係語詞。菁三。小臣甾車馬。說文。載。乘也。廣雅釋詁。載。乘也。小臣載車馬者。言小臣乘車馬也。郭沫若古代銘刻彙攷釋畐面。引張丹斧所贈卜辭拓本。戊戌貞。又䢅牧于片。攸厌甶畐。𠧢䢅于義。攸厌ㄩ畐。郭謂張釋古畐為故鄙至當。按釋故鄙誤矣。ㄩ乃甾字。為攸侯之名。攸侯甾。猶𠷎侯虎攸侯喜杞侯𣐰之比矣。片與義係地名。言在攸侯甾之邊鄙也。攸侯喜見於晚期卜辭。則喜當為甾之子孫。明二九九五。王來正人方。在攸侯喜畐。永。見集刊六本三分五等爵在殷商文內所引。此言在攸侯喜畐。尤可證成攸侯甾畐之甾為攸侯之名矣。前二・三八・一及二・三八・二係晚期卜辭。均有田甾之語。甾作ㄩ。為地名。要之ㄩ甶甶甶為甾之初文。自地名人名外。甾讀為載。訓行訓乘訓語詞。均胸合無閒矣。【釋甾　雙劍誃殷契駢枝續編】

疀

◉許　慎　疀𣂁也。古田器也。从甾。疌聲。楚洽切。【說文解字卷十二】

◉馬叙倫　吴穎芳曰。𣂁之語轉。本用臿。俗作鍤。惠棟曰。疀。古文臿。方言。江淮南楚之間謂之疀。沅湘之間謂之畚。段玉裁曰。古田器上當有一曰二字。𣂁下亦引爾雅。𣂁謂之疀。古田器也。此別一義。叚𣂁疀為銚臿也。許書金部作銚臿。乃其正字。今之𨮁也。江沅說。桂馥曰。左文十四年傳。晉姬生捷菑。按即疀甴。朱駿聲曰。儀禮有司徹。注。挑謂之歃。少牢禮注。二匕皆有淺斗。狀如飯橾。以歃為之。古田器者。假借為臿。徐灝曰。斛旁有庣。謂斛内兩旁有窪陷處。與𨮁

⿱弁甾　⿰甾并　⿸虍甾

臿起土之形相似。故謂之庛。爾雅。斛謂之疀。江沅以為銚臿之假借。是也。疀從由蓋本竹器。因假為臿而訓為斛。實非其本義。胡元玉曰。田器無古今之分。古字蓋一曰之譌。倫按疀從由必是由類。由音照紐二等。疀音穿紐二等。同為舌尖後破裂摩擦音。是轉注字。故人以捷甾為名也。今訓為斛。斛是斗屬。雖同是器。而義實殊。曰器者。字當為錢。錢音從紐。疀從疌得聲。疌音亦從紐。故得相借也。斛也非本訓。亦或字出字林也。【說文解字六書疏證卷二十四】

◉許　慎　⿱弁甾⿰甾并屬。蒲器也。所以盛種。从甾。弁聲。布忖切。【說文解字卷十二】

◉馬叙倫　鈕樹玉曰。韻會引同繫傳。但無也字。詩卷耳釋文。畚。何休云。草器也。說文同。孔疏引說文亦云草器。蓋承釋文之譌。沈濤曰。左宣二年襄八年傳正義引作蒲器。而所字作可。種字作糧。倫按字林每言屬。蓋此字出字林也。【說文解字六書疏證卷二十四】

◉許　慎　⿰甾并⿰巾及也。从甾。并聲。杜林以為竹筥。楊雄以為蒲器。讀若軿。薄經切。【說文解字卷十二】

◉馬叙倫　吴穎芳曰。⿰甾并畚語之轉。錢坫曰。廣雅。⿰甾并。畚也。倫按⿰甾并畚同雙脣破裂音轉注字。此字或出字林。不然。杜林以下吕忱或校者加之。【說文解字六書疏證卷二十四】

⿸虍甾 取⿸虍甾盤　孶孔為盧　趞曹鼎　王射于射盧【金文編】

◉許　慎　⿸虍甾𤮐也。从甾。虍聲。讀若盧同。洛乎切。罏篆文⿸虍甾。⿰金盧籀文⿸虍甾。【說文解字卷十二】

◉馬叙倫　鈕樹玉曰。韻會作甑也。廣韻引作瓴也。沈濤曰。廣韻十一模引。⿸虍甾。瓶也。與韻會引小徐本同。徐灝曰。皿部。盧。飯器也。⿸虍甾盧蓋古今字。倫按徐說是也。此即漢書食貨志率開一盧以賣司馬相如傳乃令文君當盧之盧。𤮐也疑非本訓。讀若亦校者所加。

罏　鈕樹玉曰。繫傳在籀文下。無⿸虍甾字。玉篇作籀文。廣韻無。徐灝曰。⿸虍甾既從由。罏復從由。重複無義。繫傳在籀文下。蓋後人增。倫按疑與籀文實一字。從缶不從由。故玉篇以此為籀文。而廣韻無罏。傳寫譌為由旁。校者據一本補籀文罏字。而誤以為籀乃篆譌。改籀為篆耳。【說文解字六書疏證卷二十四】

瓦

5·304　左司涓瓦　5·305　左司高瓦　5·384　瓦書「四年周天子使卿大夫……」共一百十八字　秦156　瓦四　考文　1980:3　【古陶文字徵】

瓦　日甲七四背　二例　日甲五七背　二例　【睡虎地秦簡文字編】

瓦閭安印　瓦閭遂印　瓦閭吉　瓦閭釿印　【漢印文字徵】

瓦　【汗簡】

雲臺碑　汗簡　【古文四聲韻】

◉許　慎　土器已燒之緫名。象形。凡瓦之屬皆从瓦。五寡切。　【説文解字卷十二】

◉林義光　象鱗次之形。本義當為屋瓦。【文源卷一】

◉馬叙倫　徐灝曰。瓦象疊瓦形。丁福保曰。慧琳音義六引作土器也。象形。用以蓋屋。牡曰瓪。牝曰甂。倫按許本訓器也。或以聲訓。土器已燒之總名及慧琳所引用以蓋屋十字皆字林文。字林每言總名也。瓦為象形之文。初本作　或作　。篆變為　。瓦為器名。非已燒之緫名也。字見急就篇。　【説文解字六書疏證卷二十四】

瓬

◉許　慎　周家搏埴之工也。从瓦。方聲。讀若抵破之抵。臣鉉等曰。抵音瓦。非聲。未詳。分兩切。　【説文解字卷十二】

◉馬叙倫　吴穎芳曰。抵破恐放效傳寫之譌。鈕樹玉曰。繫傳作讀若抸破之抸。説文抵抸皆無。疑傳寫譌。大鄭注考工記。瓬讀為甫始之甫。後鄭讀如放于此乎之放。嚴可均曰。搏埴。唐石經作摶埴。釋文。李音團。劉音博。蓋周禮古本用隸體作搏。故李劉異讀。鄭注。搏之言拍也。搏拍以同聲為義。則摶字譌也。許引考工記廿條皆偁周禮。此作周家。亦譌。説文無抸。疑當讀若趽跛之趽。錢大昕謂當作瓬破之瓬。則瓬讀若瓬。疑非。沙木曰。抵乃瓬之譌。何治運曰。抵破為瓪之譌。王廷鼎曰。抵即瓬之俗譌。　與　易混也。倫按考工記。搏埴之工陶瓬。謂搏埴之工所事者陶瓬耳。此訓周家搏埴之工不可通。蓋本訓捝失。校者為之詞耳。以考工記陶瓬連文。而此次甄上。度知瓬亦陶義。大鄭讀甫。後鄭讀放。皆脣齒音。是音亦與陶近。陶當作匋。匋為窯之轉注字也。下文甄。匋也。甄從垔得聲。垔從西得聲。西音心紐。瓬亦非紐。

則甄瓬為同次清摩擦音轉注字。匋從缶得聲。缶瓬音同非紐。是瓬亦匋之轉注字。【說文解字六書疏證卷二十四】

甄段儒 甄遺 甄魁 甄封 甄龍之印 甄莫如【漢印文字徵】

開母廟石闕 九山甄旅 禪國山碑 甄匱啟緘 天璽紀功碑 湥甄歷□【石刻篆文編】

◉許 慎 匋也。从瓦。垔聲。居延切。【說文解字卷十二】

◉馬叙倫 甄音見紐。匋從缶得聲。缶音非紐。古讀歸封。封見皆清破裂音。轉注字也。玄應一切經音義引字林。甄。己仙反。【說文解字六書疏證卷二十四】

段甍【漢印文字徵】

◉許 慎 屋棟也。从瓦。夢省聲。徐鍇曰。所以承瓦。故从瓦。莫耕切。【說文解字卷十二】

◉馬叙倫 嚴可均曰。左襄廿八年傳疏引作屋棟梁也。又申說云。是又名為梁。則梁非衍文。段玉裁曰。棟者。極也。屋之高處也。方言。瓴謂之甒。廣雅作甍謂之甒。每甍之蒸合韻。棟自屋中言之。甍自屋表言之。故從瓦。倫按甍為屋脊所覆瓦。適在棟梁之上。故曰屋棟梁。然疑梁下尚捝瓦字。瓦音疑紐。甍音明紐。同為邊音。疑轉注字。或語原然邪。左襄廿八年傳釋文引字林亡成反。此字或出字林。【說文解字六書疏證卷二十四】

並籒韻【古文四聲韻】

◉許 慎 甗也。从瓦。曾聲。子孕切。籒文甑从弻。【說文解字卷十二】

◉馬叙倫 錢坫曰。與䰝同。倫按玄應一切經音義引字林。甑。炊器也。字見急就篇。疑急就本作䰝。傳寫者以字林字易之。此字出字林也。餘見䰝下。

倫按從鬵二字蓋校者增之。【說文解字六書疏證卷二十四】

甗　甗

乙4743　5225　珠1182　掇430　録724　805　誠453　續存1067　摭續201　新1063　2675　2977　【續甲骨文編】

甗　不从瓦其為器上若甑足以炊物下若鬲足以飪物　見甗　鬳字重見　又从犬通獻　子邦父甗　獻字重見　【金文編】

孫彊集　孫彊集　竝籀韻　【古文四聲韻】

◉許　慎　甗甑也。一曰穿也。从瓦。鬳聲。讀若言。魚蹇切。【説文解字卷十二】

◉羅振玉　卷五第三葉　第四葉　上形如鼎。下形如鬲。是甗也。古金文加犬于旁。已失其形。許君从瓦。益為晚出。【增訂殷虚書契考釋下】

◉容　庚　説文鬲部：「鬳，鬲屬。」犬部：「獻，宗廟犬名羹獻，犬肥者以獻之。」瓦部：「甗，甑也；一曰，穿也。」金文皆作獻，从犬；或从鼎从犬。甲骨文有字，羅振玉先生謂：「上形如鼎，下形如鬲，是甗也。」(殷虚文字類編十二)

其狀，上體似甑無底，下體款足如鬲(圖十五，攀古卷上第五五葉父癸甗)，分之則為二器，亦有不可分者。有箄在上下格之間，所以蔽甑底，可以開闔(各書皆不圖箄形，惟考古及長樂有之)。有方而四足者(圖十六，陶續卷下第三葉叔稽甗)。有上為方甑，下為方鼎，其箄即甑底，不可開闔者(圖十七，鑑古卷十二第十五葉周蟠夔甗)。近新鄭所出，其形略同，上體中有豎闌，隔為兩半。其附耳者，僅考古圖箸録一器，偃底疏通不設隔(圖十八，卷二第十九葉圜篆甗)。博古圖及西清古鑑續鑑箸録數器，皆無下體。此器未見有蓋者，而夢郼草堂吉金圖續編有父辛甗蓋，未審何據。

其為用，博古圖謂：「上若甑而足以炊物，下若鬲而足以飪物，蓋兼二器而有之。」然陳公子甗云：「用征用行，用羹稻粱。」則甗不第炊飪而已。

大者高二尺餘，小者僅四寸餘。

其稱本名者，有甗、寶甗、旅甗、媵甗、寶尊甗。其稱共名者，有彝、寶彝、尊彝、寶尊彝、䵼彝。【殷周禮樂器考略　燕京學報第一期】

◉郭沫若　第二十七行⊘鬳乃古甗字，象形。甗之為物，上下二層，下層為鬲，今之鼎鍋即其孑遺。上層為甑。故此鬳字即於鬲上再著一層以象之。小盂鼎銘每見「鬳賓」或「鬳王邦賓」等字樣，均假為獻納之獻(金文甗鬲之甗復多叚獻為之)。「鬳寶」，余謂當讀為

「瓚寶」。師訇𣪘「錫汝秬鬯一卣圭鬲」(鬲字原刊稍損，但猶可辨)，敔𣪘「贅敔圭鬲」，均與圭字連文，即圭瓚也。本銘之「鄭圭」，當讀為「祼圭」。瓚有圭瓚璋瓚之別。祭統云「君執圭瓚祼尸，大宗執璋瓚亞祼」，璋為半圭，故亞於圭。此銘「鬲寶」亞於「鄭圭」，殆即璋瓚也。【毛公鼎之年代　金文叢考】

◉馬叙倫　鈕樹玉曰。讀若言者。考工記。五分其轂之長去一以為賢。鄭司農云。賢。大穿也。甗訓穿而讀若賢者。豈古讀賢言相近與。段玉裁曰。一曰穿也者。衍曰字也字。陶人為甗。實二鬴。厚半寸。脣寸。鄭司農云。甗。無底甑。無底即所謂一穿。蓋甑七穿而小。甗一穿而大。一穿而大。則無底矣。甑訓甗也。渾言之。此曰甑也一穿。析言之。小徐在虍聲下。誤。錢坫曰。與甗同。王筠曰。曰字也字衍。但考工圖引説文曰。無底甑也。則不必言一穿矣。韻會不引一曰句。羅振玉曰。卜辭作。上形如鼎。下形如鬲。是也。金文加犬。已失其形。許書從瓦。益為晚出。劉秀生曰。虍聲言聲竝在疑紐。故甗從虍聲得讀若言。木部。櫱。從木。獻聲。或從辥聲作櫱。詩碩人。庶姜孽孽。釋文韓詩作巘巘。吕氏春秋過理。宋五築為櫱帝。高注。櫱當為巘。詩皇矣。崇墉言言。箋。言言猶孽孽。禮記内則。其一獻之州史。注。獻猶言也。虍聲如辥。言聲亦如辥。亦其證。倫按甑甗之制。非具體象形為圖不易明。羅舉二文未必然也。羅蓋據亞形父丁甗及父癸甗。其形與甲文之相似耳。然鼎鬲本非異器。金文獻字或從虍或從鬳。可證也。今北方日用之瓦器。有一穿有多穿者。但形已不似鼎鬲。則時異而殊也。一穿二字校者加之。鬲部鬶虍下皆不言及穿。此上文甑下亦不言。可證也。讀若言。巘或作櫱。而言從辛得聲。咅亦從辛得聲。咅讀若孽。亦其證也。左成二年傳釋文引字林。甗。牛建反。土甑也。字蓋出字林。【説文解字六書疏證卷二十四】

◉湯餘惠　燕國的兵器、璽印常見如下構形的一個字：

a (燕下都23號墓107號戈)

(燕下都23號墓95號戈)

b (2747)

(2746)

(2749)

例a原報告據戈銘照摹，例b《璽》書隸為「虘」，未釋何字，按此字上從虍，右方曲劃中斷，與燕明刀背文「外虘(鑪)」字所从相同，是燕文字特有寫法；字下从貝，當是鼎(或甗、鬲)形的省訛，此字似應釋作「鬳」，亦即「甗」字。【略論戰國文字形體研究中的

幾個問題　古文字研究第十五輯】

瓵

◉許　慎　瓵甌瓿謂之瓵。从瓦。台聲。與之切。【説文解字卷十二】

◉孫詒讓　辭云「貝酒方于盒室父象」藏・五十・一。又云「貝𪔑辛未其之于盒室三大牢七月。」藏・一七六・四。盒字从台从皿。前作㠯。當从㠯。筆畫微闕。説文口部。台。説也。从口。㠯聲。金文諸女彝㠯作㠯。此似从㠯。即从台省也。字書所無。唯金文有杞伯每父盒。其字作盒。余定為盒字。蓋即説文瓦部瓵之變體。許解云。「甌瓿謂之瓵。从瓦台聲。」此从皿台聲。于䰂聲字例同也。與彼器正可互證。盒室疑宗廟之室。故祭得用三大牢。但其義不可知。或當與臺通。考工記「夏后氏世室。殷人重屋。周人明堂。」或即重屋與。【契文舉例】

◉馬叙倫　嚴可均曰。史記貨殖傳索隱引作瓦器受升八六合。疑此有捝文。沈濤曰。索隱引受斗六合。與今本不同。集解引叔孫然説亦如是。索隱或本引叔然爾雅注。誤為説文。王筠曰。甌瓿謂之瓵。謂甌也瓿也通謂之瓵也。然此為統名。若其異者。則受斗六升。是瓵之制也。下文。甌。小盆也。考工記。盆實三鬴。是大器也。此云小盆。或與受斗六升者近。要皆盛物之器也。甂下云。用食。則瓿亦當然。是食器也。此言其別也。倫按甌瓿謂之瓵。爾雅釋器文。然許書例不得然。以下文甌訓小盆。瓿訓甂。甂似小瓿大口而卑。是甌瓿不同。尤不得言甌瓿謂之瓵也。蓋本訓捝失矣。疑本作器也。瓦器受八升六合。瓦器七字蓋字林文。嚴引升八六合不可通。王筠引作斤八。謂蓋八升之譌。然八升六合。與孫説相差以倍。或本作斗八升六合邪。亦疑此字出字林。【説文解字六書疏證卷二十四】

甞

◉許　慎　甞大盆也。从瓦。尚聲。丁浪切。【説文解字卷十二】

甌

◉許　慎　甌小盆也。从瓦。區聲。烏侯切。【説文解字卷十二】

◉馬叙倫　五篇。盎。盆也。盎甌音同影紐。蓋轉注字。方言。罃甄謂之盎。自關而西或謂之盆。或謂之盎。小者謂之升甌。玄應一切經音義引倉頡。甌。瓦盂也。馬國翰引作三倉。又引字林。小盆也。然則此字林文。本訓捝矣。字見急就篇。【説文解字六書疏證卷二十四】

瓮

◉許　慎　罌也。从瓦。公聲。烏貢切。【説文解字卷十二】

◉馬叙倫　鈕樹玉曰。繫傳韻會引作甖也。説文無甖。倫按瓮罌音同影紐轉注字。【説文解字六書疏證卷二十四】

瓨

㼦竝出説文【汗簡】

説文【古文四聲韻】

◉許　慎　似罌。長頸。受十升。讀若洪。从瓦。工聲。古雙切。【説文解字卷十二】

◉馬叙倫　吳穎芳曰。呼洪則器必大。升疑斗之譌。鈕樹玉曰。繫傳作從瓦工讀若翁。沈濤曰。汗簡引㼦作。今説文無㼦。疑古本正作㼦。重作瓨。王筠曰。字與缶部缸同。倫按王説是也。此缸之異文。本訓器也。似罌以下十字蓋字林文。字見急就篇。然則缸字出字林矣。抑急就本作缸。傳寫者以字林字易之邪。讀若洪者。劉秀生曰。工聲共聲竝在東部。故瓨從工聲得讀若洪。書益稷。洪水滔天。史記夏本紀作澒水。洪範。史記宋世家作鴻範。是其例證。鍇本作讀若翁者。公聲亦東類也。倫疑瓮下有讀若翁。瓨下作讀若洪。二徐本各挩其一。鍇本瓮下讀若譌入瓨下耳。【説文解字六書疏證卷二十四】

㼝

◉許　慎　小盂也。从瓦。夗聲。臣鉉等曰。今俗别作椀。非是。烏管切。【説文解字卷十二】

◉吳大澂　古㼝字。不从瓦。右攺里銅㼝。【説文古籀補卷十二】

◉馬叙倫　錢坫曰。與盌同。倫按盌之異文。字蓋出字林也。【説文解字六書疏證卷二十四】

瓴

瓴合成【漢印文字徵】

◉許　慎　瓮。似瓶也。从瓦。令聲。郎丁切。【説文解字卷十二】

◉馬叙倫　鈕樹玉曰。宋本瓮字譌。繫傳韻會作甕。按甕説文作罋。恐亦非。毛本作瓮。是。又繫傳似作以。譌。沈濤曰。史記高祖紀集解晉灼曰。許慎云。瓴。甕似瓶者。甕即瓮之俗。御覽七百五十八引瓴似缾。徐灝曰。高屋建瓴。似非謂挈

瓶水於屋上幡之也。戴侗云。瓴。牝瓦仰蓋者也。仰受覆瓦之流所謂瓦溝也。說文釋甓為瓴。甓則非瓮矣。灝按戴說是也。玉篇瓴下亦曰。瓴甋。甓也。然不必專為牝瓦之名。蓋屋瓦通謂之瓴。指其自上而下。則曰建瓴水也。倫按瓴蓋鐳之音同來紐轉注字。缶部。鐳。瓦器也。彼言瓦器以瓦質為之也。此言甕者。甕當作罋。缶部。罋。汲缾也。今北平宮殿及宗教寺宇其屋上建有似今所謂胡盧式之瓶者。蓋即瓴也。此言甕非即罋也。段玉裁謂同物而非罌瓮。是也。又疑高屋建瓴者。瓴即今屋簷之格漏。瓴為漏之借字。甕似瓶者。蓋字林文。或此字出字林。【說文解字六書疏證卷二十四】

㼰

◉許　慎　罌謂之㼰。从瓦。卑聲。部迷切。【說文解字卷十二】

◉馬叙倫　吴穎芳曰。瓿㼰語轉。桂馥曰。罌謂之㼰者。方言文。彼作甈。倫按廣雅釋器。㼰。瓶也。廣韻止訓瓦器。本書。甈。備火長頸瓶也。然則廣雅說與方言合。瓶㼰音同竝紐。或轉注字。然亦得為瓿之轉注字。瓿音亦竝紐也。字或出字林。【說文解字六書疏證卷二十四】

◉徐無聞　頃讀《文物》今年第8期《太原檢選到土勻錍》，作者在銘文解釋中，獨於「錍」字無說。這個字在秦以前器物上實為首次出現。尚未見前人著録。《說文》以下諸字書上的錍字，義或為斧，或為箭鏃，或為農器，都與土勻錍字義不合。這個戰國時的「錍」字，即「㼰」字的異體。《說文·瓦部》：「罌謂之㼰。」徐灝《說文注箋》：「《方言》：『甈謂之㼰。』《廣雅》：『㼰，甈瓶也。』按（《說文》）『甂』云：『大口而卑。』是卑謂其體扁。而甈為長頸，缾則非其類，罌、甈同聲相混，當从許說『罌謂之㼰』為是。」此義正與敞口、短頸、鼓腹扁圓的錍相當。【釋「錍」字　文物一九八一年第十一期】

甂

◉許　慎　似小瓿。大口而卑。用食。从瓦。扁聲。芳連切。【說文解字卷十二】

◉馬叙倫　鈕樹玉曰。繫傳無用食二字。當非脱。玉篇注。小盆。大口而卑下。段玉裁曰。似字衍文。下文。瓿。甂也。此言小以別之。是矣。若言似。則瓿亦不知何物矣。卑當作庳。顏師古遵說文者也。其注急就曰。甂。瓦杅也。其形大口而庳。王筠曰。當云。似瓿而小。蓋甂即是小瓿。不得又云似也。倫按字見急就篇。本訓挩矣。今存者。字林文。【說文解字六書疏證卷二十四】

◉許慎　甂也。从瓦。音聲。蒲口切。【說文解字卷十二】

◉馬叙倫　吴穎芳曰。甂瓿與楄部語同。尹桐陽曰。瓿為䍌之或體。倫按疑字出字林也。甂音非紐。古讀非歸封。故轉注字作瓿。入並紐。同為雙脣音也。【說文解字六書疏證卷二十四】

◉許慎　器也。从瓦。容聲。與封切。【說文解字卷十二】

◉馬叙倫　鈕樹玉曰。博雅。瓶也。玉篇。罌也。倫按𤮐音喻紐四等。或為缶之轉注字。【說文解字六書疏證卷二十四】

甓　甓出古毛詩【汗簡】

古毛詩【古文四聲韻】

◉許慎　瓴甓也。从瓦。辟聲。詩曰。中唐有甓。扶歷切。【說文解字卷十二】

◉馬叙倫　鈕樹玉曰。韻會作瓴甋也。說文無甋。詩。中唐有甓。毛傳。甓。瓴甋也。宋本作令適也。釋文亦作令適。注云。字書作瓴甋。王筠曰。瓴當作令。不得藉口本部有瓴也。倫按土部。墼。瓴適也。墼甓聲同支類轉注字。則此當作瓴適也。惟瓴字當如王説作令。令適之合音為甓為墼耳。此字或出字林。【說文解字六書疏證卷二十四】

◉黄錫全　甓　鄭珍云：「此正辟字，誤釋為甓，夏又誤為壁。左旁宜作，上形誤與召相似。夏此字亦注《義雲章》，上注宜移此。」鄭説是。前井部已録，此重出，參見前。【汗簡注釋卷四】

甓出古毛詩　鄭珍云：「《説文》引《詩》『中唐有甓』，此本之，今《詩》亦是此字。」三體石經辟字古文作，屬羌鐘作，此形原當作，參見人部辟。【汗簡注釋卷五】

◉黄金貴　考古發掘的材料充分表明：「我國最早使用的建築陶器是陶水管。」其後是瓦，再後是磚。然而奇怪的是：後來的瓦（屋瓦）、磚均有其稱，而最先大量出現的陶水管卻無。今所見考古發掘材料、建築史等專著，記述其物唯稱「陶水管」。此是今語，非古文獻所用。這就意味着文獻材料與出土實物又成極大的反差。今按，陶水管在文獻中當有其名，其名即「甓」。其理有三：

其一，符合名與物的對應規律。

有其物必有其名。凡是大量出現的事物，詞彙中更有其名：即便短期内未立專名，但必借用他名，旋而必立專名。物先名早，物後名遲。今陶水管有物無名，而磚卻有名無物，這是明顯的名物錯位。陶水管既出現最早，「甓」稱也在屋瓦之先，則「甓」理當為陶水管之稱。

其二，符合陶器稱名的規律。

今所見最早的陶器都是新石器時代的生活陶器，用泥條盤築法螺旋式盤築，或用泥條圈築法作成圓圈逐層疊築，製成器坯。後逐漸使用慢輪旋轉修整，始見于仰韶文化中期。然後發展為輪制法，即用快輪，將泥料置于陶鈞之上，通過陶鈞的快速旋轉，以提拉方式使泥料成形，此始見于大汶口文化晚期。將泥坯入窑燒製即為陶器。可見陶器之成形始終離不開旋轉，所成器坯一般也是圓形、近圓形。陶器，古代通稱為「瓦」。「瓦」的本義是紡錘，紡錘是利用其自重而連續旋轉的原始紡具。紡錘的主要部分是紡輪，紡輪是用陶片(或石片)打磨成中開小孔的小圓片，孔插細木棒(捻桿)即成紡錘。「瓦」即其象形。原始紡輪最早出于河北磁山遺址(距今七千年前)，據考古報告，全國三十個省市的較早而規模較大的居邑遺址中，幾乎都有各種形式的紡輪出土，這表明至少舊石器時代晚期已出現紡錘。文獻中也見此本義。《詩·小雅·斯干》：「載衣之裼，載弄之瓦。」毛傳：「瓦，紡磚也。」唯「瓦」是最早的圓旋陶制品之稱，故自然成了「土器已燒之總名」(《説文》)，即圓旋成坯的陶製品總稱。而「建築陶器是在燒製日常生活陶器的基礎上發展起來的」，作為最早的建築陶器自然也應是圓形物(事物有繼承性)，故陶水管成為最早的建築陶器實是情理必然。而作為此陶質圓形物的稱名亦當與物相應，「甓」遂應運而生。蓋字从瓦，示為陶製品。專稱特點則存乎聲。辟聲有圓旋意。「璧」，環形端玉。《禮記·投壺》：「主人般(盤)還曰辟。」鄭玄注：「還音旋。」此示通假。「盤」也有圓轉意。《孟子·滕文公下》：「妻辟纑。」趙岐注：「緝績其麻曰辟。」(纑，練麻。)緝績者，即是旋轉紡錘以併合麻纖維。《莊子·田子方》：「口辟焉而不能言。」成玄英疏：「辟者，口開不合也。」口開則圓狀。「辟雍」，四周環水、建于圓形臺基的禮儀性建築。辟者，表似圓壁形。「甓」也屬此圓旋義系。故合形聲可知，「甓」本義決不可能指稱方形、矩形物，只能指稱陶質圓器。然則「甓」之為陶水管之稱，完全符合陶器的稱名規律。

其三，符合文獻用例。

今以「甓」為磚稱的上古文例無一可證(見上)，但訓為陶水管，卻于詞與文獻相得益彰。《詩·防有鵲巢》全詩二章：「防有鵲巢，邛有旨苕。誰侜予美？心焉忉忉。中唐有甓，邛有旨鷊。誰侜予美？心焉惕惕。」由于對「甓」未得正詁，使此詩至今不得恰解。按，毛傳以章首句起興，誠是。既為興，當是實事。蓋古者封界、堤塘之上或植林木以固，林茂鳥聚斯為美，則首章以高

物、明物興。庭院道塗之下鋪有陶質排水管，如前引偃師二里頭早商宮殿、岐山鳳雛村西周宮室的庭院之例，庭塗排污見潔美，故次章以下物、暗物興。全詩：首句以實美起興，次句以虛美見其侜誑，下半章乃指斥「哪個譏人誑騙我所尊美之人？使我心憂不已。」(從鄭箋)《毛序》云：「憂讒賊也，宣公多信讒，君子憂懼焉。」若去「宣公」句，大致不誤，此詩確乎刺讒誑、虛美之人，一字義正而全詩意通。《莊子·知北游》「在瓦甓」，乃言「在陶質排水管」(「瓦」取總稱義，非指屋瓦)。它既在地下，又是排泄污水，當然卑下，故莊子表自己道之所在，以螻蟻、稊稗、瓦甓、屎溺為序，是名副其實的「每下愈況」。從中也可窺知：莊子既以甓為喻況之物，可見至戰國時地下鋪設排水管已屬較為普遍之事了。

然則上古之「甓」為陶水管之稱，當無疑焉。

但是，毛傳、《爾雅》皆訓「甓」為「瓴甋」，今所有大型辭書皆以二者為等義磚稱，今「甓」為陶水管，則「瓴甋」為何義？

按，從字形看，還有「令適」、「瓴甓」、「令辟」、「令甓」等，均非連綿詞，而是同義複用。其詞最早見于上引《詩·防有鵲巢》毛傳，則當遲于「甓」，早于秦漢。「瓴」，《說文·瓦部》訓「瓮似瓶也」，為別一義。《廣韻·平耕》：「瓴，瓴甋。一曰似甖，有耳。」戴侗《六書故·工事四》：「瓴，牝瓦仰蓋者也，仰瓦受覆瓦之流，所謂瓦溝也。」即指屋上凹面圓弧形受水的仰瓦。《墨子·三辯》：「農夫春耕夏耘，秋斂冬藏，息于聆缶之樂。」「聆」通「瓴」，「聆缶」，瓦(屋瓦)、缶。早期的屋瓦較大，從製作看，就是剖分的陶水管，故「瓴」也可稱剖開的圓弧形陶水管。《管子·度地》：「夫水之性，以高走下則疾。……故高其上領(瓴)之尺有十分之三，里滿四十九者，水可走也。」戴望《校正》曰：「瓴，謂瓴甋也。言欲令水上高，必大為瓴甋，私空其中，使前後相受。」即謂以平均十分之三尺(約合今6釐米)的斜度逐漸上高的圓弧形陶管相連接，引水上流至四十九里，則水可疾下。至西漢仍有其用。《史記·高祖本紀》：「秦形勝之國，帶河山之險，……其以下兵於諸侯，譬猶居高屋之上建瓴水也。」裴駰集解引如淳曰：「瓴，盛水瓶也，居高屋之上而幡(翻)瓶水，言其向下之勢易也。」為今辭書所取。按，登高屋倒瓶水，作為譬喻忒不合情理。其實，此即謂在高屋上設半圓形陶管為檐盛水，水勢向下必盛。「甋」，从瓦啇聲。《說文·木部》：「樀，户樀也，……讀若滴。」此「讀若」示通假。《水部》：「滴，水注也。」《爾雅·釋宮》：「檐謂之樀。」「樀」即「滴」，後世稱檐瓦有當者為「滴水」。則檐瓦即位于屋檐處的圓弧形牝瓦。「甋」即是樀瓦、滴瓦。然則「瓴(令)、甋(適)」本皆是圓弧形流水管，置於屋上則成種種牝瓦，原為一物，用異而別為二義。圓弧形管相合即為圓管，故「瓴甋」也可泛指陶水管，毛傳遂以「瓴甋」訓「甓」。有的學者指出：「陶管本身體積較大，運輸比較不方便，所以漢代進一步改成幾塊管瓦相拼就方便多了。」因此，毛傳、《爾雅》以「甓，瓴甋」相訓並不誤，他們並不將二者作為磚稱；而且从中還透露了秦漢時陶水管製作改革的信息。

【「甓」義考　考古一九九三年第五期】

甃

甈

𤮊

㼱

甃出銀牀頌　【汗簡】

銀牀頌　同上　【古文四聲韻】

◉許　慎　井壁也。从瓦。秋聲。側救切。【説文解字卷十二】

◉馬叙倫　嚴可均曰。韻會引作井甓也。此以字林改。井釋文莊子秋水釋文引字林云。井壁也。王筠曰。井壁也説似不完。易井。甃。無咎。修井也。虞翻曰。修。治也。以瓦甓壘井偁甃。知甃為以甓作井壁之名。非井壁謂之甃也。吾鄉至今言甃井矣。倫按莊子秋水。缺甃之涯。則甃謂井壁也。且甃字從瓦。亦以訓井壁為長。但壁宜從韻會作甓。或本井壁瓦也。今捝一字。治井之瓦謂之甃。因而名治井曰甃。今字作砌。此字或出字林。【説文解字六書疏證卷二十四】

◉黄錫全　甃出銀牀頌　夏韻宥韻録《銀牀頌》甃作、二形。此形鄭珍「疑是，从秋省」。【汗簡注釋卷五】

◉許　慎　康瓠。破罌。从瓦。臬聲。魚例切。甈或从埶。【説文解字卷十二】

◉馬叙倫　鈕樹玉曰。玉篇注。瓠。壺也。破罌也。王筠曰。瓹下但有釋器文而捝許訓。知此但存許説。而捝釋器文也。倫按康瓠謂之甈。爾雅釋器文。此吕忱或校者所加。今有捝耳。然此字或出字林。甈蓋瓶之聲同脂類轉注字。廣雅釋詁。甈。裂也。

　倫按。埶甈音同。疑紐聲同脂類轉注字。【説文解字六書疏證卷二十四】

◉許　慎　瑳垢瓦石。从瓦。爽聲。初兩切。【説文解字卷十二】

◉馬叙倫　吴穎芳曰。俗呼擦。嚴可均曰。小徐瑳作磋。説文無磋。倫按似當作瑳瓦石垢也。此字蓋出字林。【説文解字六書疏證卷二十四】

◉許　慎　蹈瓦聲。从瓦。耎聲。零帖切。【説文解字卷十二】

◉馬叙倫　嚴章福曰。一切經音義十一引作蹈瓦聲躐躐也。玉篇。㼱㼱。蹋瓦聲。則此當言蹈瓦聲㼱㼱也。沈濤曰。繫傳作蹈瓦㼱也。蓋捝聲㼱二字。倫按未詳。此字蓋出字林。【説文解字六書疏證卷二十四】

㼨　𤭢　瓪　瓷　瓻

◉許　慎　治橐榦也。从瓦。今聲。胡男切。【說文解字卷十二】

◉馬叙倫　吴穎芳曰。治或冶之譌。肩冶之橐龠。有木榦於橐口。手所持者。鈕樹玉曰。繫傳榦作斡。譌。玉篇。似瓶有耳。段玉裁曰。治當作冶。冶橐謂排囊。排讀普拜切。其字或作韛。或作韝。冶者以韋囊鼓火。老子之所謂橐也。其所執之柄曰㼨。榦猶柄也。㼨或譌作肣。而廣韻以排囊柄釋之。玉篇以似瓶有耳釋㼨。引許者冶譌為治。而其義湛薶終古矣。排囊之柄。古用瓦為之。故字從瓦。後乃以木為之。故集韻作檶從木。桂馥曰。五音集韻引治作冶。倫按從瓦不得為冶橐柄。段謂古以瓦為之。不獨無據。抑且瓦亦不可為排囊柄也。蓋冶橐榦自有從今得聲之字。而古或尚無其字。借㼨為之。㼨之本義亡矣。耳部之聆無義。而篆形相似。或一字也。字亦非許書原有。【說文解字六書疏證卷二十四】

◉許　慎　破也。从瓦。卒聲。穌對切。【說文解字卷十二】

◉馬叙倫　王筠曰。碎礔當是一字。倫按字或出字林。【說文解字六書疏證卷二十四】

◉許　慎　敗也。从瓦。反聲。布綰切。【說文解字卷十二】

◉馬叙倫　鈕樹玉曰。玉篇。牝瓦也。嚴可均曰。廣韻。牡瓦也。瓪從反。疑玉篇是。段玉裁曰。此今所謂瓦瓪之字也。今人語如瓣之平聲耳。倫按敗字蓋校者注以釋瓪字之音者也。瓪為瓦之轉注字。瓪聲元類。瓦聲歌類。歌元對轉也。【說文解字六書疏證卷二十四】

◉徐　鉉　瓦器。从瓦。次聲。疾資切。【說文解字卷十二新附】

◉徐　鉉　酒器。从瓦。稀省聲。丑脂切。【說文解字卷十二新附】

弓

前五・七・二 後二・一三・一五 菁一一・二 菁一一・一九 林二・二六・四 前五・七・三

前五・八・三 後二・三〇四 林一・七・四 甲二五〇一 乙一三七 乙一九四五 乙二一三九

乙二二六六 乙三四二二 乙六四〇四 摭續九一 京都四六九 【甲骨文編】

甲2501 乙33 1945 2266 3422 6404 摭續90 【續甲骨文編】

弓 象形 弓父庚卣 弓衛父庚爵 弓衛且己爵 父癸觶 戜簋 静卣 趞曹鼎 同卣

伯晨鼎 師湯父鼎 敔簋 豆閉簋 虢季子白盤 【金文編】

9・21 弓回 【古陶文字徵】

260 【包山楚簡文字編】

弓 日甲二七背 【睡虎地秦簡文字編】

3139 【古璽文編】

弓咸 弓長君 弓加之印 盧弄弓 【漢印文字徵】

石碣遊車 騂＝角弓 田車 秀弓寺射 【石刻篆文編】

弓 【汗簡】

石經 汗簡 王存乂切韻 【古文四聲韻】

◉許　慎　弓以近窮遠。象形。古者揮作弓。周禮。六弓。王弓弧弓以射甲革甚質。夾弓庾弓以射干矦鳥獸。唐弓大弓以授學射者。凡弓之屬皆从弓。居戎切。【説文解字卷十二】

◉吳大澂　古弓字。虢季子白盤。伯晨鼎。趞曹鼎。【說文古籀補卷十二】

◉方濬益　弓父庚卣　說文部首。弓。以近窮遠。象形。古者揮作弓。按古籀文弓字多作弛弓形。此文象弦在弓上為張弓之形。分之則為引字。說文。引。開弓也。从弓丨。按丨即弦之象形。段氏謂此為引而上行之丨是也。以為亦象矢形則非。文末直畫斜出者為簫。禮記曲禮。右手執簫。注。簫。弭頭也。謂之簫。簫。邪也。儀禮鄉射禮及大射儀。司馬右執簫。注皆曰。簫。弓末也。釋名釋兵弓其末曰。簫言簫梢也。末即頭也。是古時弓制皆有頭以別上下。非如後世之弓兩端如一。無復上下之辨矣。又按唐時弓式尚沿古法。王昌齡塞下曲曰。射殺空營兩騰虎。迴身却月佩弓弰。弰與簫為古今字。據此知弓之有弰。所以便於縣佩。而其變更古制。必在有唐之後也。【綴遺齋彝器款識考釋卷十】

◉孫詒讓　「癸卯卜□于䰜□似「或」字。癸酉□□」四十之二。「貝□乎各羊」百六十二之二。「」、「」疑皆象形「弓」字。古文躲字从此弟二字，本連屬左畫摩滅中斷，而篆勢猶可推仞也。金文父丙鼎作、子父已爵作、弓父庚鼎作，並與此略同。【契文舉例下卷】

◉羅振玉　弓父庚卣作，與同。【殷虛書契考釋卷中】

◉高田忠周　銘父庚三字。其式甚古。此篆亦最古象形文也。前哲多釋為弓。或謂為張弓形。皆非。按說文。窮也。以近窮遠者。象形。蓋未施弦之形。又施弓弦也。从弓長聲。形聲中兼會意。又弓弩耑弦所居也。从弓區聲。由此觀之。此篆似可為張字者。然凡鐘鼎古文張字皆作。象已插矢形。射字从此作。此唯作。斷非張字也。因謂說文。弓弦也。从弓象絲軫之形。段氏注云。謂也。象古文絲而系於軫。軫者系弦之處。此說是也。作弦者。實从弓系以會意也。如此篆形。弓形而耑象彄。彄與弦相連引。此象形弦字也。作與均同意。此亦古文象形後變為會意之一例也。【古籀篇二十八】

◉强運開　父庚卣。弓象形。【說文古籀三補卷十二】

◉商承祚　說文弓。「以近窮遠象形。」象張弓。金文父庚卣作。象弛弓。師湯父鼎作。虢季子白盤作。皆與此同。【甲骨文字研究下編】

◉强運開　薛尚功釋作及。誤。按石本有重文。說文。弓。窮也。以近窮遠者。象形。古者揮作弓。【石鼓釋文】

◉唐　蘭　字从弓从丨，應是引字，而釋做「弓」。【古文字學導論下】

◉馬叙倫　段玉裁曰。當作窮也以近窮遠者。王筠曰。當依玄應引作以近窮遠故曰弓也。倫按本訓窮也。以近窮遠故曰弓也

及周禮以下三十八字蓋字林文。或校語。王筠謂古音弓在今蒸部。窮在今東部。段謂窮也以疊韻為訓。語最感人。倫謂以雙聲訓也。艸部芎藭為重文矣。金文虢季子白盤作。静卣作。不𡢁敦作。䡅侯鼎作。豆閉敢作。甲文作。亦有作者。與父庚卣作者同。皆已安弦者也。石鼓作。字見急就篇。【説文解字六書疏證卷二十四】

●高鴻縉　弓字象形，上一横為弓柄弭也。兩甲文皆象弓張之形，有弦，金文漸變去其弦。有弦作。無弦作。小篆隸楷俱從無弦之弓。【中國字例二篇】

●馬叙倫　弓父庚卣　此實為説文之弦字。然弦坿於弓。故金文以為弓字。【讀金器刻詞卷上】

●李孝定　契文亦象形。唐氏謂作者乃引字。以偏旁分析法衡之。其説亦是。蓋象弓弦之弛。與小篆合。則象弦之張。許訓開弓。其引申義也。卜辭均為人名。辭云「丁酉卜争貞子長□有古」後・下・三十・四。「歸」甲・二・二六・四。「貞芻勿□于誩」乙・一九四五。「乙巳卜㞢貞芻于誩」乙・二二六六。「貞芻于誩。貞芻勿于誩」乙・三四二二。是也。或又為方國之名。「争貞□勿取十一月。」前・五七・六。不能證其為弓。抑為引字作者。以其辭殘泐。辭云「戊寅卜貞斿□弓二十月。」前五・八・三。似為弓矢字。今仍从舊説並收作弓。【甲骨文字集釋第十二】

●黄錫全　弓　目録作，馮本作，夏韻微韻録《汗簡》作。此形寫誤，「弓」乃「马」誤。《説文》圅字「从马，马亦聲」，古作(後下22・6)、(不𡢁毁)、(毛公鼎)等形。王國維説：「象倒矢在函中，小篆字由此譌變(觀堂集林・不𡢁毁蓋考釋)。」【汗簡注釋卷三】

●李亞農　今隸弓字，一般的是弓矢之弓，但䰞、鬻、鬻等所从之弓，皆非弓字，而是水蒸氣裊裊上昇之形，弜並不音弼，而是音斯。【殷契雜釋　中國考古學報第五册】

●李孝定　象弓系弦之形，高田忠周、馬叙倫兩氏並釋為「弦」，其意固可通，而於字形無徵；方濬益氏以為「引」字，較釋弦為優，衡之銘意為人名，他銘弓矢字皆作，象弛弓形，方氏説或可从也。【金文詁林讀後記卷十二】

●夏　渌　(一)弓弩、弓弦的弓：甲骨文。古文字「弓」，有的帶弦，有的無弦，或張或弛，基本上可以看出是武器的形狀。《説文》：「弓，以近窮遠，象形。」這一來源自古以來没有異議。

(二)象人體鞠躬，躬身，躬背之形：象人體躬曲彎腰之形，後加身旁代替本字。它在古文字結構中也有所保留。穹，《説文》：「窮也，从穴弓聲。」實際是會意兼形聲的字。「弓」原為「躬」之初文，象人在穴室挺不起腰，抬不起頭的潦倒樣子。《詩・邶風》：「穹室熏鼠。」傳：「穹，窮也。」借用為高、大意的「穹倉」以後，加「身」旁作「窮」以代本義。其實高、大意，也是

從天空的「空蕩無際」引申的。

《我鼎》：「咸承遺福」，「承」字如，于省吾釋「承」，從兩手持弓身之人，兩手承之，篆文「承」從手從卩從収，卩為人體蹲居形。篆文「射」誤從身不從弓，也是「弓」原有「人弓身」的另一形體容易相混造成的訛誤。【造字形義來源非一說　武漢大學學報（社科版）一九八七年第二期】

◉楊樹達　以窮訓弓，以雙聲為聲訓也。弓古音在登部，窮在冬部。【文字形義學】

◉戴家祥　孫詒讓曰：伯晨鼎二字龔釋為弓三矢二，而亦未聞其義。案此矢字旁當為彡，作ミ者，文有剥落耳。ミ非三字，乃彡字。弜矤，即彤弓彤矢也。説文。彡部云：「彡，毛飾畫文也。」又丹部云：「彤，弓飾也。从丹从彡，彡其畫也。」此本云彤弓彤矢，偶省其文，遂識彡于弓矢之旁，以別于下之旅弓旅矢也。按孫説郅確，卜辭有彡日，或作彡彡諸形，殆為肜日之本字。尚書文侯之命：「用賚爾秬鬯一卣，彤弓一，彤矢百；盧弓一，盧矢百。」偽孔傳云：「彤，赤；盧，黑也。諸侯有大功，賜弓矢，然後專征伐。彤弓以講德習射，藏示子孫。」是平王錫晉文侯弓矢之事。左傳僖公二十八年晉楚戰于城濮，楚師敗績，獻楚俘于王，王錫之「彤弓一，彤矢百，玈弓矢千。」是襄王賜晉文公弓矢之事。詩小雅彤弓毛公傳云：「彤弓，朱弓也。以講德習射。」【金文大字典上】

◉許　慎　弴畫弓也。从弓。𦎫聲。都昆切。【説文解字卷十二】

◉馬叙倫　弓形父丁方鼎之即弴字。然鼎棨義非畫弓。詩行葦。敦弓既堅。毛傳。敦弓。畫弓也。天子畫弓。然荀子大略。天子彫弓。弴彫音同端紐。而敦亦從𦎫得聲。則借弴敦為彫。弴之本義。或非即畫弓。荀書。天子彫弓。諸侯彤弓。大夫黑弓。皆从畫色言。明畫弓本無專字。然則弴本是圖語。傳寫為弴。後借為彫弓字。畫弓也亦非本訓。或字出字林也。【説文解字六書疏證卷二十四】

◉馬叙倫　父丁鼎。倫按舊釋弓形中屋形羊。王國維謂弓内之文即𦎫字。即説文之弴字。畫弓也。福山王氏藏一鼎。銘曰。實與此同。亦弴字也。倫謂弴即彤弓。弴從𦎫得聲。𦎫音禪紐。古讀歸定。彤音定紐。蓋弴為以丹青畫弓。丹青者。顔色之本字。古代庶人用弓蓋皆不加丹青。故有功則賜彤弓彤矢。此作器者殆受彤弓之賜者也。金文或作弜。猶彤為丹之轉注字。從丹彡聲。彡音審紐。古讀歸透。透定同為舌尖前破裂音也。此作器者殆受彤丹之賜者與。或以畫弓為業者與。【讀金器刻詞卷中】

弭 㢶

弭弔盨 弭弔簋 弭伯簋 詩采薇象弭魚服毛傳象弭弓反末也所以解紒也 師湯父鼎 錫□弓象弭 【金文編】

◉許 慎 弓無緣。可以解轡紛者。从弓。耳聲。緜婢切。㢶弭或从兒。【説文解字卷十二】

◉吳大澂 古弭字。師湯父鼎。【説文古籀補卷十二】

◉方濬益 弡字見集古録及薛王兩款識。劉原父所藏弡仲簠。原父釋為張。歐陽公薛氏從之。呂氏考古圖釋為弡。阮文達公從之。謂象張弓之形。弡乃古張字。合兩説而一之。今按此字从𦣝不从巨。𦣝為耳之象形。彝器銘如聖聽等字其偏旁从耳者皆作𦣝。是為古文耳。則此字應釋弭。與師湯父鼎之㢶為一字。釋張釋弡皆非也。春秋昭公二十一年八月叔輒卒。杜注叔弓之子伯張。又叔孫輒字子張。見哀公八年吳伐魯傳。按此二張字亦弡字之譌。説文。耳部。耴。耳𠂹也。从耳下𠂹。象形。春秋傳曰。秦公子耴者。其耳𠂹也。故以為名。按。秦公子乃鄭公孫之誤。謂鄭公孫輒子耳也。輒與耴為通叚字。耳與弭為同音字。傳文之輒即説文之耴。彝器文之弡即傳文之耳。是叔輒叔孫輒二人與子耳名字並同。古書耳作弡。後人因形似而譌為張也。【弭叔簋 綴遺齋彝器款識考釋卷九】

◉孫詒讓 師湯父鼎 吳大澂釋為弭，説文古籀補。則甚塙。上字當為象字。詩小雅采薇云。象弭魚服。毛傳云。象弭。弓反末也。所以解結也。鄭箋云。弭。弓反末彆者。以象骨為之。是其義也。【古籀餘論卷三】

◉高田忠周 呂張黄諸氏云。弡其尒反。劉歐薛皆為張字。薛殊為説云。銘曰張仲。見于小雅。宣王臣也。所謂張仲孝友者矣。而吳侃叔朱右甫阮元輩亦皆從薛氏。何不察篆文之甚哉。此右作。似巨非巨。況與長字全異。凡鐘鼎古文耳字。作為緐文。而或省作。例見聖字。此篆為弭字明矣。説文弓無緣。可以解轡紛者。从弓耳聲。或从兒作。葢亦从兒聲也。【古籀篇二十八】

◉强運開 弭叔盨 中盤 中。臣人名也。舊釋兒。未塙。按弭之古文从弓从兒。此其省文。【説文古籀三補】

◉馬叙倫 翟云升曰。御覽引轡紛作驂觚。倫按弓無緣可以解轡紛者非本訓。吕忱或校者據詩象弭魚服傳增也。或字出字林。弭叔簋作。師湯父鼎作。

㢶 段玉裁曰。兒聲。倫按耳兒音皆日紐。故弭轉注為㢶。爾雅釋獸。鹿子。麛。釋文。字亦作麑。是其例證。

【説文解字六書疏證卷二十四】

◉陳　直　弡字見弡仲簠及弡叔簋。阮氏欵識釋為張字。説文古籀補疑為郰字。案。弡即鉅字。荀子性惡篇云。繁弱鉅黍。古之良弓。因鉅黍為弓名。故易金作弓也。玉篇弡字作强勇解。恐為後起之訓。【金文拾遺】

◉李孝定　弭字从耳，殆亦會意兼聲之例，弓末斜出，正如人之有耳也。【金文詁林讀後記卷十二】

◉于豪亮　第39簡的弭字，釋文誤釋為弦；第1796及1203兩簡的弭字，釋文誤釋為張，均非是。古人常把弭字誤釋為張字。在傳世的金文及古籍中，此例常見。方濬益始確定為弭字。説詳《綴遺齋彝器考釋》卷九。近來出土的弭叔簋的弭字亦如此作（見《文物》1960年2期）。漢簡的弭字與金文的弭字相似，尤與最近出土的弭叔簋的弭字相近，故不得釋為張字。【居延漢簡甲編補釋　考古一九六一年第八期】

◉戴家祥　孫詒讓曰：「□□舊釋為馬卤弓三字，今攷□與馬既不相似，而卤弓吳大澂釋為弭，説文古籀補十二篇。則甚塙。上□字當為象字。詩小雅采薇云：『象弭魚服。』毛傳云：『象弭，弓反末也。所以解結也。』鄭箋云：『弭，弓反末彆者，以象骨為之，是其義也。』」古籀餘論卷三第九葉。按儀禮既夕記「弓矢之新沽功，有弭飾焉」，鄭玄注「弭，以骨角為飾」。國語楚語下「龜、珠、角、齒、皮、革、羽、毛所以備賦」，韋昭注「齒，象齒，所以為弭」。孔穎達毛詩正義謂「弭者，弓弰之名，以象骨為之」。孫釋精確不可易也。容庚金文編卷十二、高田忠周古籀篇二十八第廿七葉亦均釋弭。【金文大字典上】

◉孫桂恩　煙墩大坑和附坑二出土的兩件「銅鐏」的中部都有一個旋渦形的開口環，而且附坑二出土的一件「鐏」的頂端微上翹，從口部可以很明顯看出是三角形，這和「銅角狀器」的形式有相同之處，所以不能説它是戈矛木桿末端的鑲冒器，因為三角形的木桿拿在手裏極不方便。並且「鐏」的末端上翹和附加的一個旋渦形開口環都是礙手的，這個旋渦形的開口環顯然是預備套繩索用的，對于戈矛無作用，所以不可能是鐏。

我認為「銅角狀器」和「銅鐏」都是弓末端的鑲冒器，它的正確名稱應當是弭。左傳「左執鞭弭」，爾雅：「弓無緣者謂之弭。又弓末曰簫，亦謂之弭。」禮記曲禮「凡遺人弓者，張弓尚筋，弛弓尚角，右手執簫，左手承弣」，鄭注：「簫，弭頭也。」唐陸德明音義説：「弭，弓末也。」孔穎達疏：「簫弓頭，頭稍剡（鋭利之意），差邪似簫，故謂為簫也。謂弓頭為韒，韒簫之言亦相似也。」由此可知「弭」、「簫」、「韒」都是一個意思。孔穎達又説：「然執簫謂捉下頭，執弓下頭也，……下頭拄地不浄，不可與人，故自執之。」我們又從爾雅釋器中知道弓的兩頭是另有飾件的，如「以金者謂之銑，以蜃者謂之珧，以玉者謂之珪」（原注：用金、蚌、玉飾弓兩頭，因取其類以為名）。又詩經有「象弭魚服」，可見也有用象牙飾弓頭的（從前有人誤骨觿以為弓弭，實在並未發現過真正的骨弭）。宋王應麟所著的宋兵制（見玉海卷一百五十）記載宋弓箭及弩頗多，其中有「插弰弓」、「烏弰弓」、「檀為弰」等名稱，弰和韒、簫音義相同，應當

弲

也是一個意思。弓頭的弭還有檀木做的，蓋取其堅硬之意。「插销弓」顧名思意，可知簫頭的弭是可以插上去的。這就説明中空的「角狀器」和「鐏」都有可能是弓頭上的弭。而且從弓的製作上來看，當中叫弣，是手拿的地方；兩邊彎曲的部分叫隈，是扁平的；近弭處叫作峻，三角形，背面有脊，下面是平的。「角狀器」和「鐏」都有三角形的口，正符合於弓的製作，插上去正合適。

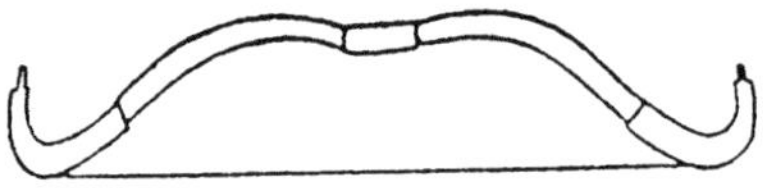

圖一　煙墩山出土的弓弭(原名角型器)想象复原圖

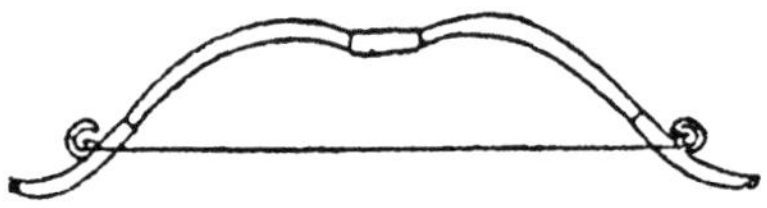

圖二　煙墩山附葬坑出土的弓弭(原名鐏)想象复原圖

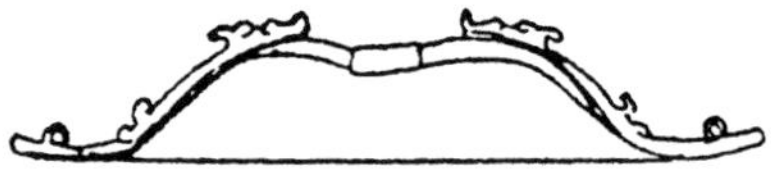

圖三　上海博物館藏戰國弓弭想象复原圖

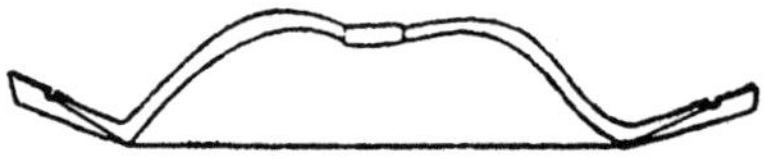

圖四　考工記所載的弓

關於弭字不但見於詩經，更重要的是也見於西周時代「師湯父鼎」(見愙齋集古録)的銘文中：「王呼宰雁錫□弓象弭，矢臺彤欮……」這裏的弭字作　形，弓在下，耳在弓頭上。證明了弭是弓頭上的飾件，而且「師湯父鼎」和「矢毁」的時代是相同的，更可為角狀器找到了證據。【試説煙墩山出土的「銅角狀器」和「銅鐏」的名稱與用途　文物一九五八年第一期】

◉許　慎　角弓也。洛陽名弩曰弲。从弓。肙聲。烏玄切。【説文解字卷十二】

◉馬叙倫　鈕樹玉曰。繫傳洛作雒。是。錢坫曰。此詩騂騂角弓字。桂馥曰。也當為皃。廣韻。角弓皃。倫按角弓也非本訓。亦非本義。弲音影紐。弓音見紐。同為清破裂音。蓋轉注字。此字或出字林。【説文解字六書疏證卷二十四】

弧

◉許　慎　弧木弓也。从弓。瓜聲。一曰往體寡來體多曰弧。户吴切。【説文解字卷十二】

◉馬叙倫　弓率以木為之。而此曰木弓。必有捝譌。蓋本訓弓也。弓瓜音同見紐。故弓轉注為弧。易繫詞。弦木為弧。即弦木為弓也。吕忱或校者據鄭注考工記加木弓也。一曰以下亦校語。【説文解字六書疏證卷二十四】

弨

弨　新弨戟【金文編】

◉許　慎　弨弓反也。从弓。召聲。詩曰。彤弓弨兮。尺招切。【説文解字卷十二】

◉馬叙倫　段玉裁曰。詩彤弓正義引有謂弛之而弓反六字。蓋出庾注。倫按玉篇。弨。弓弛皃。弨音穿紐三等。弛音審紐三等。同為舌面前音。是轉注字也。詩彤弓毛傳。弨。弛。蓋本訓弛也。弓反也謂弛之。而弓反九字字林文或校語。字亦或出字林。詩彤弓釋文引字林。弨。充小反。【説文解字六書疏證卷二十四】

⿰弓雚

◉許　慎　⿰弓雚弓曲也。从弓。雚聲。九院切。【説文解字卷十二】

◉馬叙倫　今言彎曲者。當作此字。然弓無不曲者。則弓曲也非本訓。漢書司馬遷傳。張空弮。李奇曰。弮。弓也。弮為⿰弓雚之轉注字。猶⿰角雚觠之轉注矣。然則弓曲也蓋弓也曲也二訓。曲也⿰角雚字義。⿰弓雚弮⿰角雚觠語原同也。【説文解字六書疏證卷二十四】

彄

◉許　慎　彄弓弩耑。弦所居也。从弓。區聲。恪矦切。【説文解字卷十二】

◉馬叙倫　鈕樹玉曰。韻會耑作端。倫按弓弩耑弦所居也明是字林文或校語也。【説文解字六書疏證卷二十四】

⿰弓繇

◉許　慎　⿰弓繇弓便利也。从弓。繇聲。讀若燒。弋招切。【説文解字卷十二】

◉馬叙倫　弓便利也非本訓。字亦或出字林也。繇聲幽類。燒聲宵類。古讀宵歸幽。又⿰弓繇得聲於肉。肉音泥紐。燒得聲於堯。堯音疑紐。同為邊音。故⿰弓繇讀若燒。【説文解字六書疏證卷二十四】

張

張　汗簡張从糸　中山王譽壺　隹宜可張　【金文編】

95　【包山楚簡文字編】

張　雜八　四例　日甲一〇四背　日甲五八　二例　日甲一　日甲一〇二背　三例　【睡虎地秦簡文字編】

2787　2811　2830　3861　3267　0622　3422　0885　【古璽文編】

張掖尉印　張隆私印　張捐之印　張震　張弘　張隆　張梁　張勝之　張少君

張賀　張勝　張廣　張護私印　張芯　張述之印　張周子印　張延壽印　張丑印　張欽

張異方　張博犆　張長卿　張子路印　張節私印　張延壽印　張幼公　張冬古　【漢印文字徵】

少室石闕　户曹史張詩　張表碑領　陽識　張遷碑額　詛楚文　張矜意怒　開母廟石闕　户曹史張詩　【石刻篆文編】

張竝出華岳碑　張出義雲章　【汗簡】

古老子　義雲章　華嶽碑　【古文四聲韻】

◉許　慎　施弓弦也。从弓。長聲。陟良切。【説文解字卷十二】

◉吴大澂　古張字。古鉩文似齊陳時文字。亦古鉩文。【説文古籀補卷十二】

◉馬叙倫　段玉裁曰。施當作敂。倫按施當為弛。張音知紐。弛音審紐三等。同為舌面前音。轉注字也。本訓弛也。吕忱加弛弓弦也。廣雅釋詁。張。施也。借施為弛。段及錢坫諸家皆以引弓之義説張。以張對弛而言。蓋據禮記曲禮張弓尚筋。弛弓尚角。及雜記張而不弛。文武弗能也。弛而不張。文武弗為也。其實張弛對言者。字當作彊。張彊聲同陽類。故古率

借張為彊。左昭十四年傳。臣欲張公室。杜注。張。彊也。是也。彊為弸之轉注字。下文。弸。弓彊皃。弸為開弓。今俗言弸開。崩為山裂。語原然也。弸音奉紐。古讀歸竝。竝為濁破裂音。彊音羣紐。引為開弓。引音喻紐四等。古讀歸定。羣定亦濁破裂音。明為轉注字。發為射時開弓發矢。發音非紐。非與喻四同為次清摩擦音。古讀非歸封。封竝同為雙脣音。然則發亦或弸之轉注字。或語原然也。【說文解字六書疏證卷二十四】

◉黃錫全 張出義雲章 鄭珍云：「自碧落書張作䋑，義雲收之，華岳沿之，字書皆不載。」按，中山王壺「隹宜可䋑」之䋑作，諸家均讀為張，義為「張大」，與此形義均合。字書失收。由此可見，《碧落文》、《義雲章》等資料多有根據，字形來源甚古。

張並出華岳碑 此糸形寫譌，右从古文長。以䋑為張。【汗簡注釋卷四】

◉張守中 張頜謂：䋑，應讀為張。義為張大。銘文中長作䋑與此有別。方壺：隹宜可—。【中山王嚳器文字編】

◉徐寶貴 此字見於《古璽彙編》編號為2556、2560、3756諸方璽印。其字作如下等形體：

2556 2560 3756

此字形旁「」、「」、「」與「人」字很相似，但決非「人」字，而是「弓」字。古璽文从「弓」的字作如下等形體：

彊：2254 2544、0078、1310 0079

弩：0115 2752

弼：5671

諸例字偏旁「弓」字與此古璽文所从的形旁形體完全相同，可以證明其為「弓」字。

此字聲旁「」、「」、「」與戰國楚系文字的「長」字相同。在此將包山楚簡及曾侯乙墓竹簡「長」字及从「長」之字録之於下，以資參證：

長：包簡五四 包簡七八

張：包簡九五

韔：曾簡一 曾簡一六 曾簡二三

上舉「長」字及「張」、「韔」二字所从的「」、「」均與古璽文此字所从的「」、「」、「」相同，可證其為「長」字。「」之上所加的一橫畫當是裝飾筆畫，無其它用意。

以上的論證，可以證明此字是从「弓」、「長」聲的「張」字。字在璽文中為姓氏。【戰國璽印文字考釋七篇 考古與文物一

九九四年第三期】

彏

◉許　慎　彏弓急張也。从弓。矍聲。許縛切。【説文解字卷十二】

◉馬叙倫　此字蓋出字林。此矍鑠之矍本字。亦彊之轉注字。彊音羣紐。彏音曉紐。同為舌根音也。【説文解字六書疏證卷二十四】

弸

◉許　慎　弸弓彊皃。从弓。朋聲。父耕切。【説文解字卷十二】

◉馬叙倫　此字蓋出字林。不然。則本訓彊也。吕忱加弓彊皃。【説文解字六書疏證卷二十四】

彊

後二・四・七【甲骨文編】

後下4・7【續甲骨文編】

彊　孳乳為疆説文附畺字下　頌簋　畺字重見【金文編】

5・207　宮彊　3・1356　獨字　5・55　咸鄙里彊【古陶文字徵】

〔五二〕【先秦貨幣文編】

彊　為三七【睡虎地秦簡文字編】

2254　2544　0079　0078　1310【古璽文編】

彊侯邑丞　郭彊　韓比彊　彊郎寶印　音彊之印　魏彊　賈彊　任彊　臣彊　王彊私印　耿彊【漢印文字徵】

彊 彊出義雲章　彊 彊出王存乂切韻　畺 彊出演説文　【汗簡】

彊 古老子　彊 王庶子碑　彊 王存乂切韻　彊 崔希裕纂古　【古文四聲韻】

◉許　慎　彊弓有力也。从弓。畺聲。巨良切。【説文解字卷十二】

◉吳大澂　彊古文以為疆字。頌敦疆字重文。彊鐘。【説文古籀補卷十二】

◉羅振玉　畕　説文解字。畕。比田也。畺界也。从畕。三其界畫也。或从彊土作疆。案此从弓从畕。吳中丞曰。儀禮鄉射禮。侯道五十弓。疏云。六尺為步。弓之古制。六尺與步相應。此古者以弓紀步之證。古金文亦均从弓。知許書从彊土之或作非也。又此从畕象二田相比界畫之義已明。知畕與畺為一字矣。【增訂殷虛書契考釋卷中】

◉馬叙倫　張行孚曰。弜之今字。倫按弓有力也非本義。亦非本訓。餘見張下弜下。字見急就篇。顏師古本作强。【説文解字六書疏證卷二十四】

◉强運開　彊姬鼎。金文多叚為疆土字。彊古鉢。彊[illegible]。【説文古籀三補卷十二】

◉馬叙倫　盄卣　弓字舊釋為弘。孫詒讓謂弘不從口。可疑。疑弨之省。倫謂此彊字。亦𣈅字也。金文寡兒鼎弓字即𣈅。説文𣈅之古文。弓字從之得聲者也。甲文作[illegible]。金文番君鬲之[illegible]曼龔父簋之[illegible]皆疆字也。𣈅音澄紐。疆為畺之後起字。從土。彊聲。彊音則在羣紐。羣澄同為濁破音。蓋音轉耳。金文彊字率從弓不嬰敦弓散盤弓辛鼎弓師遽尊弓封仲敦弓陳公子獻弓齊侯敦弓宗周鐘弓曾伯簠弓邾公華鐘弓叔單鼎弓湯叔尊弓頌敦。蓋有似於弓。而實為水之異文。番君鬲曼龔父簋之弓即説文之巛字。緣田以水道為界。故從水也。以番君鬲之[illegible]。證知田亦可作口。而[illegible]所從之口非口舌字。口之變形耳。此從巛。與辛鼎師遽尊小異。從口則僅以一田表之。【讀金器刻詞卷中】

◉黃錫全　彊 疆並見石經　《隸續》録石經疆字古文作彊。《説文》「彊，弓有力也，从弓，畺聲」，與「畺界」之疆義别，而金文疆字多作彊。如彊（頌段）、彊（陳侯匜）、彊（令瓜君壺）、彊（中山王鼎）、彊（湯弔盤）、彊（邾公華鐘）等。弓乃弓譌，非从人。【汗簡注釋卷三】

◉黃錫全　彊 彊出義雲章　鄭珍認為「夏以為僵是，从重人，右當作畺，古鐘鼎文畺有此形」。按金文彊疆通用，作彊（盂鼎）、彊（湯弔盤）、彊（虢文公鼎）、彊（中山王嚳鼎）、疆（於賜鐘）等，此形弓蓋弓形譌，右旁當是畺形譌。【汗簡注釋卷六】

◉李孝定　彊為弓有力專字，金銘以為「疆」字，今則假「强」為弓有力字。【金文詁林讀後記卷十二】

彎

彎出貝丘長碑 【汗簡】

貝丘長碑 【古文四聲韻】

◉許慎 彎持弓關矢也。从弓。䜌聲。烏關切。【說文解字卷十二】

◉馬叙倫 蓋本作關也。持弓關矢也。關借為毌。此以聲訓。持弓關矢也蓋字林文。【說文解字六書疏證卷二十四】

◉黃錫全 彎出貝丘長碑 《說文》彎字正篆作彎，䜌字古文作。鄭珍云：「从古䜌。此碑漢人書，宜有所本，似不同後來諸家臆取古文偏旁更篆。」【汗簡注釋卷五】

引

引 賁引觥 賁引觥 引尊 毛公旅鼎 師旂鼎 守簋 師𩛥鼎 頌鼎 頌簋 毛公厝鼎 秦公簋 頌壺 【金文編】

引 雜八 【睡虎地秦簡文字編】

引竝裴光遠集綴 【汗簡】

王惟恭黃庭經 南嶽碑 王惟恭黃庭經 【古文四聲韻】

◉許慎 引開弓也。从弓丨。臣鉉等曰。象引弓之形。余忍切。【說文解字卷十二】

◉馬叙倫 嚴可均曰。小徐韻會引作從弓丨聲。是。丁福保曰。慧琳音義三引古文從人作弘。或從手作扚。六引古文從手從弓作扚。考韻會有古作扚。廣韻有弘字。蓋古本有重文。倫按玉篇。弘。挽弓也。弘即弦之異。弦當從大或夫。傳寫譌為矢也。弦為引之初文。引字見急就篇。【說文解字六書疏證卷二十四】

◉林義光 說文云。引開弓也。从弓丨。按丨。引之象。說文云。丨。下上通也。引而上行。讀若囟。引而下行。讀若退。按經傳未見。當即引之偏旁。不為字。【文源卷七】

◉馬叙倫 尊 倫按舊釋亞形中子執弛弓形。倫謂從人執弓。即說文之弦字。弦乃弫之譌。說文巨之或體作

棨。從矢。而毛公鼎彔伯戎敦䜌字皆從夫。周禮樂師注。故書射矢為射夫。此夫矢交互之證也。□為引之初文。□音審紐。引音喻四。同為次清摩擦音也。亦射之異文。射古讀如亦。穀梁桓九年。世子射姑來朝。釋文。麋射作亦。文六年夜姑。左夜作射。史之僕射即僕掖。夜亦從亦得聲也。亦音亦喻四。喻四與非同為次清摩擦音。發音非紐。即射之轉注字。蓋此以善射名而以此為族徽者也。作此器者。則此族之以造戈為業者與。且戊卣之□與此□同。【讀金器刻詞卷上】

◉饒宗頤　癸亥卜，穷貞：羽丁卯，酌。□牛百于丁。(粹編五二八)

按引字舊釋彈或弦。汗簡□為彈字，固與此形近。郭氏謂假為禪。廣雅釋天：「禪，祭也。」余謂此字从弓安。不如釋為引，爾雅：「矢、雉、引、延，……陳也。」此云引牛百，即陳牛百。他辭如：「癸卯卜貞：□㽙百牛百用。」(前編五・八・四)又每與征連言。如：「戊寅卜貞：□征尸，七月。」(前五・八・三)「己卯卜貞：□，勿征于丁示，熹。」(前五・八・五)征即延，亦訓陳，與引義同。【殷代貞卜人物通考卷五】

◉李孝定　□□□　从弓从大，説文所無。疑夷之古文。【甲骨文字集釋第二】

◉于豪亮　雲夢睡虎地秦簡辛81簡「輕車、趀張、引强」，引字寫作□。長沙馬王堆帛書《周易・萃》「引吉」，引字寫作□；帛書《經法》「法者，引得失以繩」的引字和《導引圖》中的引字則與《周易》中的引字寫法完全相同。把秦簡同帛書的引字相比較，不難看出兩者寫法大體相同，不同的是帛書引字所从的弓字末一筆向上延伸，字形稍有變化而已。

這個引字，常見於金文和甲骨文之中。秦簡的寫法同甲骨文、金文的寫法相同，帛書的寫法也同甲骨文、金文的寫法極相近。在甲骨文和金文中，以前都將這個字釋為弘，根據秦簡和帛書，可以肯定這個字是引字，不是弘字。因為「引强」不可釋為「弘强」；《周易・萃》的「引吉」，又有今本對照；《導引圖》中引字多次出現，更不可釋為弘字。

我們知道這個字不是弘字而是引字以後，就可以對與這個字有關的甲骨文、金文的詞句作進一步的考察。

甲骨文常見「引吉」一詞，以前釋為「弘吉」。釋為「弘吉」，對於這樣一種情況無法作出合理的解釋：《爾雅・釋詁》：「弘，大也。」「弘吉」就是「大吉」，兩者的含義完全相同。但是，在甲骨文中，在同一時期、同一字體的卜辭中，我們既看到了使用「□吉」這個詞，又看到了使用「大吉」這個詞。例如：

乙巳卜，貞王田稌，往來亡(無)巛(災)？王卟曰□吉。在三月。(《前》二・三六・七)

戊戌王卜，貞田弋，往來亡(無)巛(災)？王卟曰大吉。兹御。獲犺十又三。(《前》二・二七・五)

這兩條是帝乙時的卜辭；筆迹相同，是同一人的手筆；所卜也同是田獵的事。然而在卜辭中却既有「□吉」又有「大吉」。如

果象前人那樣，釋「𠃌吉」為「弘吉」，而「弘吉」又是「大吉」，為什麼不乾脆統統寫成「大吉」，而要有的寫成「𠃌吉」，有的寫成「大吉」？

把「𠃌吉」釋為「引吉」，問題就可以迎刃而解了。《爾雅·釋詁》：「引，長也。」《釋訓》：「子子孫孫，引無極也。」「引吉」就是「長吉」，和「大吉」的含義並不相同。因此，對於同一時期，同一卜人所卜的事也相同，而用詞有「引吉」和「大吉」之分，也就容易理解了。

卜辭有「引吉」，又有「大吉」，同《周易》頗為一致。《周易·萃》之六二「引吉，無咎」；《萃》之九四「大吉，無咎」，也是既有「引吉」，又有「大吉」。這樣看來，《周易》實在是殷代占卜的繼承和發展。如果釋為「弘吉」就與《周易》不合，因為《周易》並沒有「弘吉」一詞。所以，從《周易》我們也可以推知，此字必然是「引」，不是「弘」。

釋此字為「引」，也有助於對金文字句的理解。

毛公鼎「不顯文武，皇天引厭厥德」，叔夷鎛「余引厭乃心」，這兩句話同《書·洛誥》「萬年厭乃德」的句子相同。「萬年」是長久之意，「引」也是長久之意。如果釋為「弘」，就與《洛誥》的「萬年」含義不合。這也可以證明此字當釋為「引」。

毛公鼎：「令女(汝)辪(乂)我邦我家內外……死(尸)母(毋)童余一人在立(位)，引唯乃𣉻(智)。」童讀為動，《左傳·宣公十一年》：「冬，楚子為陳夏氏亂故，伐陳，謂陳人無動，當討於少西氏。」動，義為動搖。毛公鼎的「母(毋)童」同《左傳》的「無動」含義相同。「引唯乃𣉻」的引也是長久之意。銘文記述周宣王任命毛公主持內外一切事務，希望他鞏固王位，並表示自己永遠依靠毛公的才智。釋此字為引，文義就比較通順易懂，釋為弘就不可通。

毛公鼎：「無唯正𦖞(昏)，引其唯王𣉻(智)，迺為是喪我國。」文義是：無論王正確與否，老是認為王有才智，這樣就會亡國，釋此字為引就可以通讀，釋為弘就不可通。

秦公毀和秦公鐘都有「高引有慶」一語。《廣雅·釋詁一》：「高，遠也。」《國語·周語三》「有慶未賞不怡」，注：「慶，福也。」因此「高引有慶」即「長久有福」的意思，舊釋引為弘，也不可通。

毛公肇鼎：「其用昚，亦引唯考。」昚讀為侑，《爾雅·釋詁》：「侑，報也。」字亦作右，《詩·雝》：「既右烈考，又右文母。」考，《國語·周語三》：「所以脩潔百物，考神納賓也。」注：「考，合也。……用之宗廟，合致神人。」唯讀作為。意思是，鑄作此鼎，既用之於侑祭，又永為合祭之用。

這裡需要指出的是，金文中有冋字。吳彝的「𠦪冋、朱虢、靳、虎冟」，牧毀的「朱虢、冋、靳、虎冟」，正好與《詩·韓奕》的「鞹

鞃淺幭」相當。虢與鞹通，𢎘與幭通，虎皮即淺毛，因此𢎘就是鞃字。𢎘既是鞃，當然可以讀為弘。毛公鼎「𢎘我邦我家」，彔伯㦰毀「惠𢎘天令(命)」，這個𢎘正讀為弘，作弘大解。毛公鼎中引字凡三見，𢎘(弘)字一見，前人將引字釋為弘字，不但不能正確解釋此字的含義，也不能説明為什麼在同一篇銘文中，同一個字會有兩種截然不同的寫法。

因此，甲骨文和金文中的字，應釋為「引」。　【説引字　考古一九七七年第五期】

◉李　瑾　又弜、余同版與共貞

[7]丁酉余卜：尊？

八月。(左行)

丁卯卜，弜：

五月。(左行)

——《屯乙》8686(15·2·4)

[8]丁亥卜，弜：

方至？(右行)

丁亥卜，弜、

余：今日方其

至？(右行)

——《南北·坊間》23片，

弜，羅振玉釋「夷」，王襄釋「弔」，陳夢家隸定作「扶」，均難以為據。今按，字原作，簡化作若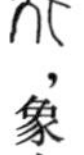，象人持弓之形，即許書「欠」部之「弞」字：「笑不顔壞曰弞，从欠，引省聲。」筆者以為此字實象人持弓，乃「引」之本字，後本義為「引」字所專，而本字形體又音借為「哂」，更後又為哂字所代，于是弜字遂廢。許君據假借義説本字，故不免郢書而燕説。

弜為貞人名，也是方國名：

庚申……

又(有)帣(祟)……

弜伐……(右行)

——《新》150(1·2·111)：《屯,甲》361。　【論《非王卜辭》與中國古代社會之差異　華中師範學院學報一九八四年第六期】

◉黃錫全　引並裴光遠集綴　甲骨㠯組卜辭貞人或，省作，金文(𣪘文)，象人挽弓形，思泊師釋為弜，即引字初文(古研15·158)。夏韻軫韻録王惟恭《黃庭經》「引」作，似从弓从人，與从弓从大同。夏又録南嶽碑作，从手从弓。此形當是弓譌。古璽有(璽彙3314)字，吳振武同志釋為㢸(引)，與此形類同。【汗簡注釋卷五】

◉周名煇　水部中子㠱泓匜原書入附録。丁氏定為泓字。今考定為引字古文。

泓从水弘聲。弘从弓聲。此文从弓从。與泓字从聲者不合。銘云。中子㠱。㠱為氏姓。為人名。窓齋集古録弟三冊十三葉載文父丁鼎銘云。乍作文父丁□□□。以上三字不可碻識。吳氏釋文未諦。不敢從。待考。當為一人所作器。可證也。字从弓从。而象水之滴滴下降。故雨字殷虛卜辭作書契前編卷二弟三十四葉。古金文原字作散氏盤銘。說文永字作。而大保𣪘銘王永大保字作。葢水字本作。亦作。亦即古文雨字。整而齊之則為。即說文川字。竪而署之則為。簡而齊之則為丨。說文作𡿨。云水小也。周禮。匠人為溝洫。枱廣五寸。二枱為耦。一耦為伐。廣尺深尺。謂之𡿨。倍𡿨謂之遂。倍遂曰溝。倍溝曰洫。倍洫曰巜。篆文𡿨作畎。从田犬聲。即其字矣。然細審之。說文中亦有以丨為水。與古文合。不作𡿨形者。如攴部。。行水也。从攴从人水省。秦刻石嶧山文作。此說文中以丨為水省者。一事也。殷虛卜辭泉字作。書契後編卷下弟三十九葉。从从。或作。同上前編卷四弟十七葉。从从丁。說文泉字作。云。水原也。象水流出成川形。是說文以丨為水者。二事也。綜上所述。明此二事則當是引字之古文。亦即引演之專字。从弓丨聲。引丨古音同在真部。然與說文弓部引開弓也之義異。固易知也。又窓齋集古録弟二冊十五葉載者沪鐘銘云。隹唯戊越十有九季。王曰。者。女亦□秉不𣸈。云云。者沪為人名。與此正同。惟字从弓从水。為後出之孳乳字。从水之形見。而从丨之聲符遂失矣。【新定說文古籀考卷中】

◉于省吾　馬叙倫謂「字即《說文》之弦字，弦乃弜之譌」(《金器刻詞》五十頁)。李孝定謂：「从弓从大，《說文》所無，疑夷之古文」(《甲骨文字集釋》第十二卷三八四頁)。按馬、李二氏之說均未免舛誤。甲骨文㠯組卜辭的卜人名作或，也省作。商器簋文作，父癸觶(近年甘肅靈臺白草坡出土)作。據古文字从大和从人之有時互作，則弜即《玉篇·弓部》訓弜為「挽弓」的弜字(羊忍切)。但《玉篇》不知弜即引之初文，而又誤訓引為「開引」。《廣韻·軫部》謂「引同弜」，甚是。因此可知，引乃後起的省化字。【釋从天从大从人的一些古文字　古文字研究第十五期】

◉楊樹達　徐鉉曰：「象引弓之形。」樹達按：弓為基字，丨指弓之被引，為所事。【文字形義學】

◉裘錫圭　周代銅器銘文中的「引」字，除用作氏名、人名者（如小臣守簋銘的「引中」、頌器銘文中的「宰引」等）外，有如下諸例：

(1) 師𩛥鼎：用乃孔德，□純乃用心，引正厥辟安德。（《文物》1975年8期61頁圖3）

(2) 毛公鼎：丕顯文武，皇天引厭厥德……

(3) 叔弓（《大系》釋「夷」）鐘：公曰：……余引厭乃心。

(4) 秦公簋：高引有慶（？）（秦公鍾亦有此文）。

(5) 毛公旅鼎：其用友（銘文本作上从「友」下从「甘」之字），亦引唯考。（《三代吉金文存》4·12上）

(6) 毛公鼎：令汝乂我邦我家内外……尸毋動余一人在位。引唯乃智（知）余非，墉又聞（銘文本作「聞」之表意初文，下例同。

(7) 毛公鼎：雩之，庶出入吏于外敷命敷政，藝小大胥賦，無唯正聞，引其唯王智（知），乃唯是喪我國。

《金文編》誤釋為「婚」）。

《説「引」字》未引例(1)，後來豪亮同志在《陝西省扶風縣强家村出土虢季家族銅器銘文考釋》中，釋此例「引」字之義為「引導」（《于豪亮學術文存》9頁）。其他諸例的「引」字，《説「引」字》都用「長久」之義來解釋。我們認為這種解釋至少對(5)(6)(7)三例是不合適的。

李零同志在《為〈説「引」字〉釋疑》一文中，指出(6)(7)兩例的「引」「是個虚詞，應讀為《尚書》中的矧，意義同況」（《考古與文物叢刊》第2號《古文字論集（一）》117頁）。陳初生同志《金文常用字典》也讀此二「引」字為「矧」，認為其意義「猶今言『也』、『又』」（1063頁）。他們把「引」讀為「矧」是正確的。但是毛公鼎銘用「矧」字的那兩句話的意義，前人理解多誤，需要重新解釋，僅僅指出「矧」義同「況」或同「又」，還不能解決問題。此外，例(5)的「引」也應讀為虚詞「矧」，李、陳二位同志都没有指出。下面先談一下古書裏「矧」字的用法，然後對(5)(6)(7)三例的文義分别加以解釋。

《説文·五下·矢部》：「矤，況也，詞也。从矢，引省聲。」典籍中此字皆作「矧」。《爾雅·釋言》訓「矧」為「況」，《説文》的解釋大概就是根據《爾雅》的。《尚書》中屢用「矧」字。有的可以訓為「況」，例如：

今不承于古，罔知天之斷命，矧曰其克从先王之烈？（《盤庚上》）

若考作室，既底法，厥子乃弗肯堂，矧肯構？厥父菑，厥子乃弗肯播，矧肯獲？（《大誥》）

但有的「矧」字卻不能訓為「況」（《尚書》孔傳一律訓為「況」，不確），例如：

元惡大憝，矧惟不孝不友。(《康誥》)

不率大戛，矧惟外庶子訓人，惟厥正人。越小臣諸節，乃別播敷，造民大譽，弗念弗庸，瘝厥君；時乃引惡，惟朕憝。(同上)

天休于寧王，興我小邦周，寧王惟卜用，克綏受茲命。今天其相民，矧亦惟卜用。(《大誥》)

王引之《經傳釋詞》認為這種「矧」字的意義近於「亦」或「又」。《書·大誥》正義引定本，「矧肯構」「矧肯獲」的「矧」字下都有「弗」字。段玉裁《古文尚書撰異》解釋說：「按『矧弗肯構』『矧弗肯獲』猶言『益弗肯構』『益弗肯獲』也。矧，況也。況，益也。」楊筠如《尚書覈詁》引段說後加按語曰：「蓋矧可訓況，亦可訓益，惟語有反正之別耳。」(陝西人民出版社1959年版166頁)楊說很有啟發性。王引之認為與「亦」或「又」義近的「矧」，跟訓「況」的「矧」原來可能是一個詞，表示進一層說的語氣，只不過前者用于陳述句，後者用于反詰句而已。

上引例(5)的毛公旅鼎銘文，顯然是陳述句，「亦矧」連言，使進一層說的語氣加强。句末「考」字，近人多讀為「孝」，可从。時代略早于毛公旅鼎的曆鼎銘文有「考友(本亦作从「友」从「甘」之字)唯刑」之語(《三代》3·45上)，亦以「考友」為「孝友」，彼此可以互證(金文以「考」為「孝」之例尚多，不具引)。「其用友，亦矧唯孝」，意謂用所作之鼎行孝友之道。唐蘭先生譯此句為：「這用來友兄弟，也大大地來孝父母。」(《西周青銅器銘文分代史徵》344頁)在「也」字後加上「大大地」，是上了釋「引」為「弘」的舊說的當。撇開這一點不說，譯文大體是正確的。「亦矧惟」的用法跟前面引過的《大誥》的「矧亦惟」相近。

上引例(6)的毛公鼎銘文，近人多讀為「……弘唯乃知，余非庸又昏」。這正如楊樹達在《毛公鼎三跋》中所批評的，「所說既皆牽强，尤失古人君立言之體」。楊氏認為此文當以「弘唯乃知余非」六字為句，「庸有聞」三字為句，「此言：我居王位，惟汝能知余之過失，當以聞于余也。《書·康誥》云『朕心朕德，惟乃知』，語意正與此同。」(《積微居金文說》增訂本32頁)楊氏襲舊說釋「引」為「弘」，當糾正；把「余一人在位」(楊氏譯為「我居王位」)跟「矧唯乃知余非，庸有聞」連為一句，是否妥當，也有待研究。其他意見則都是可取的。

《尚書》中「乃知」二字用法與鼎銘相合之例，除楊氏所舉《康誥》之文外，尚有《君奭》「惟乃知民德」一例。《淮南子·原道》說「故蘧伯玉年五十而知四十九年非」，可知「知非」的說法在古代也是確實存在的。所以把鼎銘的「矧唯乃知余非」讀為一句，是很合理的。「矧唯」之語也屢見於《尚書》，除前面講古書「矧」字之義時引過的《康誥》二例之外，《酒誥》中也有二例(「矧惟爾事服休服采。矧惟若疇圻父薄違農父若保宏父定辟，矧汝剛制于酒。」)。其義當與「亦惟」或「又惟」相近。

楊氏讀「墉又聞」為「庸有聞」，也是正確的。《左傳·襄公二十五年》：「昔虞閼父為周陶正，以服事我先王。我先王賴其利

器用也，與其神明之後也，庸以元女大姬配胡公而封諸陳。」杜預注：「庸，用也。」鼎銘「庸」的用法與此相似。帥唯鼎銘有：「墉又(有)忘」之語，借「墉」表虛詞「庸」，與毛公鼎同。所不同的是帥唯鼎文是反詰句，「庸」當訓「詎」(看唐蘭《西周青銅器銘文分代史徵》341頁)。「庸有聞」之「聞」指聞于君上而言。《左傳·昭公七年》「不敢以聞于君」，《淮南子·主術》「而臣情得上聞」，《史記·吳王濞傳》「王苟以錯為不善，何以不聞」，「聞」字之義皆與此同。鼎銘下文緊接着說：「汝毋敢妄寧，虔夙夕惠我一人，雍我邦小大猷，毋折緘，告余先王若德。」語意與「矧唯乃知余非，庸有聞」正相承接。

上引例(7)的毛公鼎銘文中的「無唯正聞，引其唯王智」，近人多讀為「無唯正昏，弘其唯王智」。《兩周金文辭大系考釋》解釋這兩句的意義說：「謂不問青紅皂白，一唯王意是從。」這可以代表一般人的意見。其實這兩小句是以「聞」與「智」為對文，「正」與「王」為對文的。「智」「知」古同字，「聞」應即聞知之「聞」，並非「昏」的借字。「正」應即正長之「正」。吳闓生《吉金文録》認為「正」「謂執政在位之人」(1·2下)，已經看到了這一點。「弘」是「引」的誤釋，在此也應讀為「矧」。

周代統治者要求臣下對所管轄的事無不聞知，下引西周銅器銘文都是例證：

逆鐘：用□于公室僕庸臣妾、小子室家，毋有不聞智(知)。(《考古與文物》1981年1期11頁)

蔡簋：令汝……尸司王家外內，毋敢有不聞(按：其意似謂王家外內之事皆須聞于蔡)。厥有見，有即命，厥非先告蔡，毋敢□有入告。

諫簋：先王既令汝□司王宥(囿)，汝某否有聞，毋敢不善。

諫簋的「某否」，楊樹達《諫簋跋》讀為「無不」(《積微居金文説》增訂本140頁)，可从。偽古文尚書《胤征》：「羲和尸厥官，罔聞知，昏迷于天象，以干先王之誅。」「聞知」二字用法與逆鐘等相合，疑有所據。上引毛公鼎銘文中的「雩之」，《大系考釋》認為意近「前此或往者」，可从。「……無唯正聞」，意謂「庶出入吏于外敷命敷政，藝小大胥賦」等事，沒有一件是正長知道的。「矧其唯王知」當是反詰句，意謂連正長都不知道，王還能知道嗎。「矧」字用法與古書中訓「況」之「矧」相同。官吏于外敷命敷政等事，正長、君王都無所聞知，當然是很不正常的情況，所以導致了「喪我國」的後果。鼎銘下文緊接着說：「歷自今，出入敷命于外，厥非先告父厝(按：父厝即指毛公)，父厝舍命，毋敢有惷敷命于外。」這正是針對過去「無唯正聞」的不正常情況而發的。

《書·大誥》「洪惟我幼沖人」、《多方》「洪惟圖天之命」二句裏的「洪」字，《經傳釋詞》認為是「發聲」，但古書中未見相同用例。于省吾先生說：「凡《尚書》洪字，金文皆作弘。毛公鼎『弘唯乃智』『弘其唯王智』二弘字與此洪字用法同，皆語詞。」(《雙劍誃尚書新證》)現在既已知道毛公鼎「弘」字是「引」之誤釋，應讀為「矧」，《大誥》和《多方》的「洪惟」恐怕也就可以推定為「引(矧)

惟」之誤了。蓋「引」先訛為「弘」，又改作「洪」。《大誥》說：「弗弔天降割于我家，不少延。洪惟我幼沖人，嗣無疆大歷服，弗造哲迪民康，矧曰其有能格知天命？」「洪惟」句中「矧曰」之「矧」不誤。這當是由于這個「矧」字訓「況」，用法為一般人所熟悉的緣故，似乎不能用作「洪惟」之「洪」為「引」之誤字的反證。【說金文「引」字的虛詞用法　古漢語研究一九八八年第一期】

◉李亞農　　弬即古引字。蟥字後來書作蚓是其證也。說文云。引。開弓也。【長由盉銘釋文注解　考古學報第九册】

弙

◉許　慎　滿弓有所鄉也。从弓。于聲。哀都切。【說文解字卷十二】

◉馬叙倫　翟云升曰。御覽類篇引滿下有挽字。倫按滿字乃璽字說解中一訓。以璽為灑也。傳寫誤入此下。弓上當依御覽引補挽字。然倫謂此彎之音同影紐轉注字。淮南鴻烈解。扜烏号之弓。言彎烏号之弓也。扜借字耳。扜從于得聲。于音喻紐三等。則與弸音奉紐弘音匣紐者為同次濁摩擦音轉注字。【說文解字六書疏證卷二十四】

弘

甲2375　乙8809　885·8　珠393　録348　乙1002　5678　佚915　續3·31·1【續甲骨文編】

弘睦子則相　呂弘之印　瀆弘之印　潘弘　徐弘私印　侯弘信印　成弘私印　弓弘之印　王弘　胡私弘印　痒弘　高弘　視弘之印【漢印文字徵】

◉許　慎　弓聲也。从弓。厶聲。厶。古文肱字。胡肱切。【說文解字卷十二】

◉吳大澂　古弘字。毛公鼎。【說文古籀補】

◉劉心源　即弦。即弘。毛詩作鞃。說文。鞃。車軾也。从革。弘聲。詩曰。鞹鞃淺幭。讀若穹。案。㠯革固軾中謂之鞹鞃。【毛公鼎　奇觚室吉金文述卷二】

◉孫詒讓　「𡧍其□見」百五十九之一。《說文·弓部》「弘，弓聲也。从弓，厶聲」，此即「弘」字。金文毛公鼎作，與此正同。【栔文舉例下卷】

◉羅振玉　　說文解字。弘。弓聲也。从弓。厶聲。厶。古文肱字。卜辭从弓。从丿。與毛公鼎同。【增訂殷虛

書契考釋卷中】

◉王　襄　，疑弘字。【簠室殷契類纂存疑第十二】

◉商承祚　金文毛公鼎頌鼎作。弘毀作。責弘觥作。皆與此同。乃指事。非形聲也。【甲骨文字研究下編】

◉徐中舒　甲骨文及銅器又有弘字。象弛弓有臂形。

前五·六　前五·一五　前五·一五　前五·一五

毛公鼎　秦公毀　頌壺　頌毀　毛公旅鼎　守毀　責弘匜

當為弩之本字。弘之偏旁厶。篆書多從又作厷。說文。厷。臂上也。厷為臂上。當由象弩臂之弘引申得義。王引之春秋名字解詁下云。

楚鬬彊字子弓。弓讀為肱。古字弓與弦通。鄉射禮侯道五十弓。鄭注云。今文弓為肱。昭三十一年春秋邾黑肱以濫來奔。公羊作黑弓。（又鄭公孫黑肱字白張。肱亦謂弓。）【弋射與弩之溯原及關於此類名物之考釋　歷史語言研究所集刊四本四分】

◉馬叙倫　鈕樹玉曰。繫傳無厶古文肱字五字。有臣鍇曰。ㄥ。肱字也。則非許說。莊有可曰。弓無聲。謂曳弓使滿也。以厶曳弓。會意。倫按此弸之同次濁摩擦音又聲同蒸類轉注字。ㄥ聲。非會意也。弓聲也非本訓。字見急就篇。毛公鼎作。秦公敢作。頌壺作。甲文作。【說文解字六書疏證卷二十四】

◉董作賓　弘。發語詞。從王國維說。王氏以弘與洪通。據書大誥。洪惟我幼沖之人。多方。洪惟圖天之命。兩洪字皆發語詞。【毛公鼎考年注譯】

◉楊樹達　前編二卷廿二葉之二云：「戊寅，卜貞，王戉于召，㞢來亾？王卟曰：弘吉。」樹達按：弘吉謂大吉也。前編五卷十五葉之五云「王卟曰：大吉」，可證。遺珠三九三片云：「辛卯，卜，大貞，洹弘，弗辜邑？七月。」按弘亦當訓大，此問：洹水大，弗至辜迫城邑否也。【弘　卜辭求義】

◉饒宗頤　「己亥卜，喜貞：羽庚子，妣庚歲，其弘罕。」（綴合編一八）按罕上一字作，孫氏釋弘，弘罕應即大罕。卜辭「洹弘」句，弘，大也，蓋卜問洹水大，弗傷邑否？【殷代貞卜人物通考卷十三】

◉高鴻縉　字从弓而以丿象弓聲。聲不可象。姑以假象表之。故為指事字。名詞。後世聲化。故亦釋為聲（古肱字）。

【中國字例三篇】

◉李孝定　說文：「弘，弓聲也。从弓，厶聲。厶，古文肱字。」金文作□毛公鼎、□頌鼎、□頌簋、□秦公簋、□毛公旅鼎、□責弘觚、□責弘觥，與此並同。羅釋弘是也。字在卜辭為人名。此字小篆為形聲，而金文契文似並為象形，疑丿實象弓上之一附件，所以固定矢之位置，猶矢之有栝也。【甲骨文字集釋第十二】

◉白玉崢　□，籀廎先生釋弘。羅振玉氏曰：「卜辭从弓从丿，與毛公鼎同」（考釋中四四）。崢按：說文解字：「弘，弓聲也，从弓□聲。□，古文肱字」。與甲骨文合。惟謂為形聲，疑非。高笏之先生謂為指事（中國文例三·三四），是也。【契文舉例校讀十六　中國文字第五十二册】

◉于省吾　弘字甲骨文作□或□，商代金文作□或□，西周金文作□，小篆作□。說文：「弘，弓聲也，从弓□聲，□古文肱字。」按許氏本小篆為說，既誤以厶為古文肱，又誤以弘為形聲字。自來文字學家既不解弘字的初文為什麼作□，也不解小篆為什麼作□。我認為，甲骨文弘字作□，在弓背隆起處加一邪劃以為標志，于六書為指事，而說文誤認以為聲符。弓背隆起處是弓之强有力的部分，故弘之本義為高為大，高與大義相因。這是就弘字的初形來說明弘字的本義。這樣解釋難免有人以為臆測，所以有進一步加以闡釋的必要。釋名釋兵：「弓，穹也，張之穹隆然也。」章炳麟文始：「古者揮作弓，孳乳為穹，窮也。詩以念穹蒼，則穹有隆高義，猶竆躳也。弓形穹，故孳乳為穹，聲轉亦與竆躳相應。名以弓者，又象其聲，孳乳為弘，弓聲也。弘又變易為彇，弓彊皃也，弓强則聲高，弘亦本有彊義。」按釋名和章氏是以聲訓來說明弓有穹隆或高强之義。其實，弘字的本義，其邪劃專指弓背穹隆處言之，而仍以弓為聲符。而其本義則專指弓背的穹隆處言之。

第一期甲骨文多以弘為人名。第三期甲骨文的「其弘卯」（零拾四五），典籍中多訓弘為大，大與高强之義本相涵。弘卯猶他辭之言大卯。第五期甲骨文多以弘吉為合文，弘吉猶言大吉。

總之，□字，甲骨文和商代金文均加一邪劃于弓背的隆起處，以標志高大，于六書為指事。其所从的邪劃，本非獨體字，周代金文弘字多作□，其所附加的彎劃，是由邪劃所演變。後來彎劃又與弓形分化，因而譌變為小篆的□字。這就是弘字演化的原委。【釋弘　甲骨文字釋林】

◉張忠松　《引》文《說引字》釋甲金文之□（□）為引字，其根據是：（一）甲金文之□字，與雲夢秦簡、馬王堆帛書之□或□字形體「相同」或「極相近」，後者釋為引字，則前者也當釋為引字，而不應釋為弘字；（二）釋□（□）為弘字，與甲金文中所用該字的文義不合，而釋為引字，則均可「作出合理的解釋」。

但《引》文的論述，卻有不可彌縫的闕失：（一）甲金文之□（□）字，異體有□、□、□、□等，都與秦簡、帛書之□或□字有一筆之區別，具有明顯不同的特徵，不當視為一字；（二）僅據《爾雅・釋詁》所謂「弘，大也」以求通釋甲金文中與此字有關的語義，本來就是以偏概全，難免方枘圓鑿。

且不談弘字的本義，茲略舉古書中有關的語句，即可見其疏略：

《論語》：「士不可以不弘毅。」弘毅即强毅，意如章太炎所謂「肩重任赴遠道」。這裏的「弘」字，就不可釋為「大也」。

《爾雅・釋詁》疏「痡」字條下説：「郭云皆人病之通名，而説者便謂之馬病，失其義也。蓋指孫炎不能弘通，故云失其義也。」顯然，「弘通」不可釋為「大通」，而應釋為「深通」，意如「深究」。

揚雄《法言・序》：「幽弘横廣絶于邇言」。同樣，「幽弘」應理解為「幽深」，而不應解作「幽大」。

《今本竹書紀年疏證》：「明明上天，爛然星陳，日月光華，弘于一人。」不難理解，句中之「弘」，是借為「休」（美）或「惠」字，決不是作「大也」解釋。

即以《爾雅》釋「弘，大也」而論，其含義也不一定限于「大小」之意。如：《書・吕刑》中之「元命」，鄭康成釋為「大命」，並「謂延期長久也」。至今，口語中還有「距離大」的説法。可見，釋「弘」為「大」，也可引申作「長遠」解。《引》文忽視了漢字具有一字多義及相互通假的特點。就以「引」字來説，《説文》：「傿，引為賈也。」段注云：「引」為「張大」，與《引》文所釋「長遠」之義不合，是否應將這二「引」字改為「弘」字呢？顯然不能。

再看，《引》文對甲金文中用有□字的語意是怎樣「作進一步的考察」的？

《引》文提出這樣的反問：「在卜辭中既有『□吉』，又有『大吉』」，如釋「□吉」為「弘吉」，而「弘吉」又是「大吉」，「為什麽不乾脆統統寫成『大吉』」？

那麽，我們也可提出這樣的疑問：《周易》中既有「大吉」，又有「元吉」，而「元吉」也是注釋為「大吉」，為什麽不乾脆統統寫成「大吉」？

再如，《引》文中以《書・洛誥》「萬年厭于乃德」對照毛公鼎銘文「丕顯文武，皇天□厭厥德」，从而斷定釋□為弘，「就與《洛誥》的『萬年』含義不合」，由此即「可以證明此字當釋為『引』」，因「『引』也是長久之意」。

《洛誥》和毛公鼎銘文這樣相似的兩句注釋意義本不相合，不得一一據此釋彼。毛公鼎銘文所謂「丕顯文武，皇天□厭厥德，配我有周，膺受大命」是針對「帝遷明德」以「革殷」而言，其基本意思是，皇天不滿于「受德」（言外之意），而對文武之明德大為

滿意，故授命「有周」；《洛誥》所謂「萬年厭于乃德」，是針對臣服殷民而言，其基本意思是，讓殷民永遠悅服周王之德而不叛亂，以鞏固周王的統治。因此，解釋鼎銘而套襲《洛誥》就不免失于牽强附會。《引》文未深究上下文句的內在意義，為字面雷同所惑，从而作出了似是而非的解釋，實不可从。此字還是以舊釋「弘」為是。

又如《引》文釋毛公鼎銘文「□其唯王智」，雖能自圓其說，以見「釋此字為引就可以讀通」，但不免有郢書燕說之嫌。何以見得呢？

請看鼎銘引周王的話説：「雩之，庶出入事于外，敷命敷政，蓺小大楚（胥）賦。無唯正（政）昏（勉），□（弘）其唯王智，迺唯是喪我國。厤自今，出入敷命于外，厥非先告父㕟，父㕟舍命：『毋有敢憃敷命于外！』」這一段話的中心意思，是周王授予毛公㕟以執政大權。文義分為三層：其一，明確毛公的職責；其二，告誡毛公勤于政事，不可玩忽職守；其三，給予毛公以決斷的權力。其中，「□其唯王智」之□，釋為弘，借為「好」。「好其唯王智」，則必然「先意承旨」，「欲順人主之心」，而不能「予違，女弼，女無面从，退有後言」，以致「一辭同軌，以移主心」，造成「好以智矯法」、「號令數下者可亡也」之徵。實際上，「好其唯王智」，不過是「阿上亂法」的一種委婉的説法，也就是《商君書》的「曲主」（曲意逢迎國君）之意。如是，則必不能「克勤乃事」，不能做到「政事懋（勉）哉懋哉」，那麼，其結果也只能是「教汝于棐（輔）民彝（法則），汝乃時不蘉（勉），乃時唯不永哉」。這就是「無唯正昏（不唯政是勉），弘其唯王智，迺唯是喪我國」的本意。《引》文所謂「無論王正確與否，老是認為王有才智，這樣就會亡國」，怕算不得「合理的解釋」吧。

又如《引》文釋秦公𣪘和秦公鐘銘文「高□有慶」為「高引有慶」，意為「長久有福」，从而斷定「舊釋引為弘，也不可通」。按《孟子》所謂「俊傑在位，則有慶，慶以地」，正與銘文「俊疐在位，高□有慶」的政治主張相同。不難理解，這就是説，「俊傑在位」，則「賢者」必有如「表商容之閭」，「高其閈閎」。知此，釋「□」為「弘」，借為「閎」，就可理解到「高弘有慶」的意思，與《周易・文言》所謂「積善之家，必有餘慶」類似，也與《詩・既醉》高朗（借為閬）令終」相近。明確地説，「高弘（閎）」或「高朗（閬）」，都是指高門大第的達官貴族之家。他們的居室堂皇，因此也可徑稱「高明」，如《淮南子・時則訓》：「可以居高明，遠眺望。」即是。《引》文釋「高」為「遠」，釋「□」為「引」，也是「長遠」，何以不用對于「弘吉」與「大吉」同義的設難而反己自問呢？

此外，《引》文又釋金文之㘥字為「作弘大解」之弘字，其根據是：（一）金文中之㘥字，有的與《詩・韓奕》之鞃字相當；（二）金文中之㘥字，有的與「作弘大解」的意義相合。

誠然，《引》文持論有據，但論證卻不太充分：其一，㘥是鞃的借字，鞃「不作弘大」解，其論據之一與論據之二沒有明顯的直

接聯繫；其二，冋作「大」解，不必以「弘大」連文作解釋。根據《爾雅·釋詁》「弘、宏、穹、洪」皆是「大也」，則冋既可作「弘大解」，也可作「宏大解」，等等。既然如此，冋可釋為「弘」，何以不可釋為「宏」或「穹」？其實，冋本當釋為宏或穹。从字形來看，冋與金文囷、[glyph]字結構相似，囷釋為家（見毛公鼎），[glyph]釋為宜，則冋本應隸定為穹。因宀與穴用于字體結構，多有混淆（如竄與竄，宏與宖），故譌變為穹隆之穹，其本義為屋頂穹隆然，當不从穴，後穹為常用字，而穹反廢棄了。又因弓與厷音同，作為字體偏旁，也往往相通，如鞃的異體，就有靷、鞃等，故穹又變為宏大之宏。實則，宏、宖與穹穹，皆是由冋字隸定而成的異體（穹字早廢，不見于古籍）。再從字音來說，鞃（鞃）讀如弘，也「讀若穹」，弘與宏同音，則弘、宏、穹古音本相同。若以古書常見的「宏大」詞義為據，舊釋冋為宏，應是可取的。這樣，毛公鼎銘文中三見之[glyph]（弘）與二見之冋（宏），也就義有所安，各得其所了。

至于《引》文所舉其他兩條金文中的[glyph]字，仍應釋為弘。按前文所舉例證，弘可引申為「深遠」，也能讀通，不必改釋為「引」。【《説「引」字》質疑　考古一九八一年第六期】

◉李孝定　弘字作[glyph]，徐中舒氏謂象弛弓有臂之形，即弩之本字，徐氏説字形固不誤，然謂臂上為厷，以傅會其音讀，似涉牽强，此字音讀如「洪」，弘从厶聲，蓋後起形聲字，與弓有臂之象形字非一事也。高鴻縉氏以指事字説之，亦未安。【金文詁林讀後記第十二卷】

◉戴家祥　説文十二篇「弘，弓聲也，从弓厶聲。」弘字甲骨文作[glyph]，金文作[glyph]，从弓，丿為指事符號，指示由弓上所發出的聲響。毛公旅鼎「亦弘唯孝肆，毋有弗競」，静安先生根據書大誥「洪惟我幼沖之人」，多方「洪惟圖天之命」，認為弘即洪的假字，也作發語詞解。又爾雅釋詁「弘，大也。」用作動詞。論語「人能弘道」，金文「弘猷其德」、「弘又慶」，弘皆用作動詞，大之也。【金文大字典上】

彌

彌　長由盉　井伯氏彌不姦

蠿盤　黄耈彌生

禹鼎

蔡姞簋　彌𡰥生

𪎭鎛　用求考命彌生　【金文編】

渾彌長印

彌武之印　【漢印文字徵】

禪國山碑　彌被原野　【石刻篆文編】

道德經　【古文四聲韻】

◉許　慎　瓕弛弓也。从弓。璽聲。斯氏切。【説文解字卷十二】

◉吴大澂　彌古彌字。龙姞敦。小篆作瓕。彌齊子仲姜鎛。【説文古籀補卷十二】

◉高田忠周　彌齊鎛　説文。瓕。弛弓也。从弓璽聲。經傳皆省从爾聲作彌。彌轉義為安息也。定止也。周禮小祝。彌烖兵。又銘意是也。但此篆从日彌聲。⿰弓⿱日爾與彌別字。⿰弓⿱日爾盞昵異文。昵同暱。暱與瓕通。詳見暱下。又或謂⿰弓⿱日爾別一字。周禮眡祲七曰彌。注。氣貫日也。此其本字而⿰弓⿱日爾瓕通用。並見日部。又金文有⿰弓夒⿰弓⿱日爾字。為镾異文。又有⿰弓夒字。為鬫異文。與镾通用。舊皆釋為瓕。非。又此銘上文曰。用求于命。⿰弓⿱日爾生籲籲。此以⿰弓⿱日爾為镾也。並皆為音通之例。【古籀篇二十八】

◉徐中舒　金文言彌生者計三器。

用旂匄眉壽綽綰。永命彌氒生。霝冬。——蔡姞毁

綰綽眉壽。永命彌氒生萬年無疆。——叔便孫父毁

用旂侯氏永命萬年紷保其身。用亯用孝。于皇祖聖叔。皇妣(妣)聖姜。于皇祖有成惠叔。皇妣(妣)有成惠姜。皇考遵仲。皇母。用旂壽老母死。保盧兄弟。用求考命彌生。肅肅義政。保盧子佳(姓)。——齊紷鎛

此彌生據孫詒讓古籀拾遺中綰綽眉壽毁(即叔倲孫父毁)釋云。

詩大雅卷阿俾爾彌爾性。毛傳云。彌終也。鄭箋云。乃使女終女之性命。無困病之憂(原注周書謚法篇彌年壽考曰胡。又釋其義曰。彌。久也。與毛傳略同)。此彌生即詩之彌性。性生二字古通用。白虎通義情性篇性者生也。

孫氏以詩之彌性釋彌生。所引鄭箋彌如釋終。則彌氒生。僅為終其生之意。所謂無困病之憂者。乃出增字解經。實非原文之意。林義光詩經通解卷阿篇不取此説而更釋之云。

性讀為生。俾爾彌爾性。謂使汝長生也(原注彌借為镾。説文。镾。久長也)。蔡姞毁用旂匄眉壽綽綰。永命彌氒生。霝終。齊侯鎛(案即夷鎛)用求考命彌生。皆以彌生為長生。

此以長生釋彌生。其説之當否須就同書同器之文證之。詩生民誕彌厥月。閟宫彌月不遲。彌厥月。彌月。與彌氒生。彌生。語例正同。毛傳釋彌為終。言后稷終月誕生。終月即滿月。今俗語仍如此。紷鎛於彌生之外。又云余彌心畏忌。彌心畏忌即滿心畏忌(漢書司馬相如傳彌山跨谷。注。彌。滿也)。凡此同書同器之彌。若釋為長久。則均不可通。且金文兩言彌氒生。皆與永命連文。言永命終其生也。紷鎛彌生亦與考命連文。言考命終生也。詩卷阿言俾爾彌爾性。亦貫下文而言。言俾爾終爾生似先公酋矣。百神爾主矣。純嘏爾常矣。如釋彌為久。則久其生。久爾生。亦不辭也。【金文嘏辭釋例　歷史

語言研究所集刊六本一分】

◉馬叙倫　弛弓也蓋字林文。或字出字林也。彃音心紐。弛音審紐。同為次清摩擦音。轉注字也。【説文解字六書疏證卷二十四】

◉李孝定　彌字當从徐中舒氏説釋滿。高田忠周氏讀齊鎛銘，句讀有誤，原銘「肅肅義政」為可，高田氏讀肅肅為簫簫，屬上讀為「用求丁原銘為『丂』字，高田氏誤讀命，彌生簫簫」，實覺不辭。【金文詁林讀後記第十二卷】

◉戴家祥　蔡姞簋　彌㚔生霝冬　前人釋彌為彃，非是。釋名釋兵「弓末曰簫，又謂之弭。以骨為之。滑弭弭也」。唐韻弭讀緜婢切，明母支部。古文弭作⿰弓兒，从弓，兒聲。兒讀汝移切，疑母支部。弭為會意兼形聲字。廣韻五支彌，古文作⿰弓粟，讀武移切，不但同母，而且同部。弭彌聲符更旁字也。荀子禮論「蛟韅、絲末、彌龍，所以養威也」，楊倞注「彌讀為弭」。漢書王莽傳「彌射執平」，顔師古集注「彌又讀為弭」。文選羽獵賦「望舒彌轡」，李善注「彌與弭古字通」。春官男巫「春招弭以除病疾」，杜子春「讀弭如彌兵之彌」。按左傳襄公廿五年「兵其少弭矣」，杜預注「弭，止也」。是弭亦得訓止。弭之本義為弓簫，訓止者聲借字也。

字之訓止者，應作敉。説文三篇攴部：「敉，撫也。从攴，米聲。周書曰亦未克敉公功。讀若弭。侎，敉或从人。」春官小祝「寧風旱，彌裁兵」，鄭玄曰：「彌，讀曰敉。」國語周語「吾能弭謗矣」，韋昭注：「弭，止也。」弭亦當讀敉。

同聲通假，彌亦讀镾。説文九篇長部：「镾，久也。从長，爾聲。」集韻五支：「镾，通彌。」音武移切。蔡姞毁「彌厥生靈終」，齊鎛「用求丂命彌生」，牆盤「懷眉祿黄耇彌生」，彌生者，長生也。大雅卷阿「俾爾彌爾性」。生性二字古通，白虎通情性篇云「性者，生也」。

同聲通叚，彌亦讀滿。大雅生民「誕彌厥月」，魯頌閟宫「彌月不遲」，毛公訓彌為終，終月者，滿月也。漢書司馬相如傳「彌山跨谷」，顔注「彌，滿也」。

至許書訓弛弓也之彃字，即弛之聲符更旁字。弛亦作㢮，唐韻音施氏切。儀禮大射「遂命勝者執張弓，不勝者執弛弓」，禮記雜記「一張一弛，文武之道也」，鄭玄注：「張弛，以弓喻人也。弓弩久張之，則絶其力。久弛之，則失其體。」孔穎達正義云：「張謂張弦，弛謂落弦。」彃弛古音皆在支部，聲同則義同，許氏未達聲符更旁之理，誤分為二，蓋亦千慮之一失耳。【金文大字典上】

弛

3·690 □墨弛里即心 鐵雲 126·4 獨字 考藏 1·58 同上 【古陶文字徵】

演說文 【古文四聲韻】

◉許 慎 弓解也。从弓。从也。施氏切。弛或从虒。【說文解字卷十二】

◉吳大澂 古陶器文。當即弛字之變體。亦古陶器文。【說文古籀補卷十二】

◉顧廷龍 弛。吳大澂云。細審字。从弓。或即弛字。當即也。說文。弛。弓解也。潘。潘。【古匋文孴録卷十二】

◉馬叙倫 鈕樹玉曰。韻會作從弓也聲。翟云升曰。鍇本作也聲。是。倫按文選月賦注引字林。弛。解也。則弓解也字林文。本訓挩矣。

宋保曰。虒聲。猶褫䞈從虒聲而讀若池也。倫按彃音心紐。弛音審紐。虒從虒得聲。虒音亦心紐。心審同為次清摩擦音。轉注字也。【說文解字六書疏證卷二十四】

◉黃錫全 施式爾切並說文 《說文》弛字或體从虒作。鄭珍認為「此『更篆』从古文虎，上當原有厂，誤。云『施』亦誤。夏以為《演說文》，是。」鄭說是。夏韻紙韻注文為「弛」。古陶弛作、(類編357頁)。【汗簡注釋卷五】

弢

◉許 慎 弓衣也。从弓。从𢆉。𢆉。垂飾。與鼓同意。土刀切。【說文解字卷十二】

◉馬叙倫 鈕樹玉曰。韻會作從弓𢆉。與鼓同意。疑後人加。孔廣居曰。𢆉聲。非會意。倫按孔說是也。鍇本作弓𢆉者。傳寫挩聲字。𢆉垂飾與鼓同意校語。莊子知北遊釋文引字林。弢。弓衣也。疑字出字林也。【說文解字六書疏證卷二十四】

弩

弩 雜二 四例 通怒 人毋故而一也 日甲五六背 雜二 【睡虎地秦簡文字編】

0115 0116 0113 0114 2752 0096 【古璽文編】

强弩司馬 南發郡弩 御弩 弩足印 發弩 【漢印文字徵】

◉許　慎　弩弓有臂者。周禮。四弩。夾弩。庾弩。唐弩。大弩。从弓。奴聲。奴古切。【説文解字卷十二】

◉馬叙倫　鈕樹玉曰。韻會從弓奴聲在周禮上。倫按字見急就篇。弓有臂者十六字蓋字林文。本訓捝矣。【説文解字六書疏證卷二十四】

彀 汗簡【古文四聲韻】

◉許　慎　彀張弩也。从弓。𣪊聲。古候切。【説文解字卷十二】

◉馬叙倫　沈濤曰。一切經音義十六文選射雉賦及七命注皆引作張弓弩也。詩行葦正義引作張弓也。釋文引作張弓曰彀。倫按據諸引知此字林文。亦或字出字林也。倫謂彀音見紐。彎弙音同影紐。見影同為清破裂音。相為轉注字也。新序。梁君出獵。見白雁羣。彀弓欲射之。又曰。楚熊渠夜行。見寢石以為伏虎。關弓射之。孟子。越人關弓而射之。詞例皆同。關則彎之借字。是其證。【説文解字六書疏證卷二十四】

◉許　慎　彉弩滿也。从弓。黄聲。讀若郭。苦郭切。【説文解字卷十二】

◉馬叙倫　鈕樹玉曰。玉篇韻會引皆作滿弩也。嚴可均曰。御覽三百八十四引作滿弓也。段玉裁曰。當作滿弩也。劉秀生曰。讀若郭者。黄部。黄。從田。從光。光亦聲。光聲見紐唐部。郭從𩫏聲。在見紐鐸部。唐鐸對轉。故彉從黄聲得讀若郭。左成十四年傳。故詩曰。兕觥其球。疏引異義韓詩説。觵。廓也。漢書吾丘壽王傳。十賊彍弩。注。張晏曰。彍音郭。彍即彉或體。是其證。倫按彀彉同舌根破裂音實轉注字。彀訓張弩。即滿弩也。故孟子。射必至於彀。趙注。彀。張弩付的者。莊子德充符。遊於羿之彀中。此廓張之廓本字。亦彊之聲同陽類轉注字。字蓋出字林。【説文解字六書疏證卷二十四】

◉許　慎　彃䠶也。从弓。畢聲。楚詞曰。芎焉彃日。卑吉切。【説文解字卷十二】

◉馬叙倫　彃為發之轉注字。猶熚燢滭泼矣。彃音封紐。發音非紐。古讀歸封也。字或出字林。引楚詞蓋出校者。【説文解字六書疏證卷二十四】

彈 彈

前五・八・三 前五・八・四 前五・八・五 燕二三一 鐵一六二・二 前五・八・二 林二・三・一七 林二・二二・一五 甲二四七一 甲二六九五 乙四〇六五 乙五二七〇反 後二・六・七

彈父見合文二一 【甲骨文編】

甲2471 2695 2795 2896 3915 乙700 1876 2374 4065 4695 6809 7425 續4・16・11 續存1445 新3030 粹528 新2218 2344 【續甲骨文編】

宗彈親印 【漢印文字徵】

彈 【汗簡】

說文 【古文四聲韻】

◉許　慎　彈行丸也。从弓。單聲。徒案切。彈或从弓持丸。【說文解字卷十二】

◉王　襄　說文解字:「彈,行丸也,从弓彈聲。」或體作,从弓持丸(依段氏本)。契文之彈象丸在弦之上,與矢在弦上為射之誼相同,契文射作、,射盤作,射爵作,可證。契文彈字與許說合。第一彈字作形。第五、六字變為、。仍是丸在弦上之形,因丸為實質,與弦易混,故斷為三畫以明之,許書或體之,从弓从丸,不見丸在弦上之形,殆形之譌。【古文流變肊說】

◉王　襄　古彈字。許說行丸也,或从弓持丸。此象丸在弦上,將發之形。與射字在弦上誼同。【簠室殷契類纂正編卷十二】

◉羅振玉　說文解字。彈。行丸也。从弓。單聲。或从弓持丸作。段先生從佩觿集韻改[弓丸]為。改注文作或說彈从弓持丸。今卜辭字形正為弓持丸。與許書或說同。許君兼存衆說之功亦鉅矣。【增訂殷虛書契考釋卷中】

◉陳　直　卜辭有云:「貞於彈用百牢。」案書序云:「咎單作明居篇亡。」史記殷本紀引馬融注云:「咎單湯司空。」卜辭之彈,疑為單之繁文。【殷契賸義】

◉商承祚　□□□□說文彈。「行丸也。从弓。單聲。或从弓持丸作□」。段玉裁據汗簡佩觿集韻改弜為□。注云。「或說彈。从弓持丸如此。」此字正象之。知弜為弓之或體。彈為後起字。由象形變為會意。再轉而為聲。非也。金文有□字。疑即□之寫析。【甲骨文字研究下篇】

◉吳其昌　□者，亦或作□□□……諸形，乃至有作□者，凡皆以象撥弓弦以激彈丸之狀已耳。考郭忠恕汗簡卷下之一弓部有□字，蓋即此□字之小篆寫法也。郭氏自注其下云：「彈，出說文。」蓋郭氏所見唐以前寫本之說文，尚保存此□字為「彈」字之重文也。故羅振玉即釋此字為「彈」，其言曰：「說文解字：『彈，行丸也。从弓單聲。或从弓持丸作□。』段先生從佩觿集韻，改『弜』作□，改注文作『或說彈，从弓持丸』。今卜辭字形，正為弓持丸，與許書或說同。」是也。但此字在卜辭中，苟籀繹其詞意，則實皆為人名。或作「彈」，或作「工彈」，或作「示彈」，或作「虎侯彈」。其人當為文丁之子？而與別有一人名「弓」者，殷人祭之，常相征及。其可容吾人推測者僅此。【殷虛書契解詁】

◉馬叙倫　桂馥曰。開元文字引云。彈之謂行丸者也。倫按御覽三百五十引字林。彈。行丸者。又抨也。抨使戰動掉彈也。又諸葛穎桂苑談叢。彈。行丸弓也。疑本此書。則行丸下當有弓字。或本訓弓也。行丸者也校語。行丸弓為名詞。行丸也為動詞。據開元文字及御覽引作行丸者也。亦名詞。今所謂彈弓固與射弓殊製。則彈是名詞。

□　鈕樹玉曰。繫傳作或說彈從弓打丸如此。說文無打。段玉裁曰。篆當作□。汗簡云□。彈字也。出說文。又佩觿集韻皆有弓字。蓋古本說文從弓而丸形。承培元曰。汗簡有□字為彈古文。云。出說文。疑即郭用鉉說所造字也。集韻從之。韻會則引集韻。不云說文。王筠曰。朱本繫傳無如此二字。鄭知同曰。通志六書略象形篇弓下引說文。行丸也。會意篇弜下引說文。行丸也。彈或作弜。從弓持丸。或從弓。集韻類篇亦有弜弓二體。則鉉本原弜弓竝有。且以繫傳弜注作或說彈從丸弓持丸如此推之。當是上列弓字。云。古文彈從弓持丸。復用或說從弓持丸而收弜字。羅振玉曰。段玉裁從佩觿集韻改弜為弓。今卜辭作□□□□。形正為弓持丸。倫按苗夔據詩鄭風。方渙渙兮。釋文。韓詩作洹。音丸。說文作汍。汍音父弓反。謂汍應是氿之誤。父弓應是户弓二字之誤。户弓即切氿字。以證集韻彈下之弓字為古彈字也。今檢甲文則弓即□□之變。而□乃彈之初文。正象彈弓之形。後以形與弓近。傳寫易譌。增丸字以為聲。玉篇有二重文。其作弓者。蓋本作□。後人改之耳。疑本書亦兩重文。一作□。說解作古文彈。一作弜。說解作彈或從弓丸。彈本弓之轉注字。古書借丸為•。丸彈聲同元類。則弜亦可為彈之轉注字。【說文解字六書疏證卷二十四】

◉孫海波　𡧍又雨。□十牛。左□疑為父彈合文。前編卷六六一四示彈合文作□。與此同。可證。卜辭□。羅振玉釋

彈。象彈丸之形。唐蘭以為弦字。余遊殷虚見與甲骨同坑所出之彈丸甚多。知殷時之已有彈弓也。【誠齋甲骨文字考釋】

◉楊樹達　今本紀年云：「祖辛名旦。」按書契前編伍卷捌頁玖版云：「Δ王賓示彈。Δ隹王Δ。八月。」按甲文未見旦字，然有彈，又稱示彈，確為殷人所稱之神名，而彈與旦音同，疑甲文之彈即竹書之旦矣。【竹書紀年所見殷王名疏證　積微居甲文説】

◉白玉峥　□、□二字，雖均从弓，然非一字。蓋□者，實為彈射之彈之初文；象弓絃因受外力之撥動，將彈丸射離弓絃後之瞬間，弓絃所生之絃波之形。絃波，為一連續不斷之震動，肉眼看去，為狀怳惚，此瞬間怳惚之絃波，乃無狀之狀；故□狀之，字為動詞，以表彈動之義，為彈動之本字。□，則狀彈丸在絃，將發而未發之狀，所描述之重點在□，故其字為名詞，為彈丸之彈之本字。是□□乃二字二義，而非一也。降及後世，□、□合而為一，皆隸作彈，為形聲字，以讀音分之，故羅（振玉）、吴（其昌）諸氏亦以之為一，實則二字有别也。其在甲文，為用亦異。作□者，散見于各期之卜辭，多為人名之專字；見于第一、四期者，單名曰「彈」；見于第二期者，有「丘彈」；見于第五期者，有「虎侯彈」。□，則只見于第一期之卜辭，而為被殷王祭祀之對象，如：

癸亥卜，方貞：翌丁卯，酒□牛百，于祊？粹五二八　【契文舉例校讀　中國文字八卷三十四册】

◉黄錫全　□彈　夏韻寒韻録作□。段玉裁《説文解字注》已據此增補，但不宜去掉⿰弓丸。□是古文，□是或體。鄭珍列入《説文逸字》。鄭知同按：「《通志·六書略》象形篇弓下引《説文》『行丸也』。會意篇⿰弓丸下引《説文》『行丸也。彈或作⿰弓丸，从弓持丸。或作弓』。又《集韻》二十九換、《類篇》弓部亦有⿰弓丸、弓二或體，則鉉本原⿰弓丸、弓竝有。」甲骨文有字作□、□，或釋彈（甲骨文編12·21），此其變。【汗簡注釋卷五】

◉楊樹達　用弓行丸，弓為具名，丸為賓名。【文字形義學】

◉姚孝遂　説文：「彈，行丸也。从弓單聲。□或从弓持丸」（大徐本）。契文□、□、□並當釋「彈」，从又，从攴偏旁可通。廣雅釋言：「彈，拼也」。「拼」，説文作「抨」。御覽引字林：「彈，拼也，拼使戰動掉彈也」，契文从弓从又，或从攴。「使戰動掉彈」當為「彈」之本義。从弓單聲，乃後起之形聲字。字亦作「弫」。玉篇：「青州謂彈曰弫」；廣雅釋器：「弫，彈也」。

卜辭「彈」為用牲之法，辭云：

「其彈卄人」　綴一·三九二

「𢀛彈五十」　後下六·七

發

「彈」有擊義，蓋謂擊殺之。引申之為祭名：

「彈，王受又」　粹五九三

「其彈」　粹一五四二

粹五九三同版有「羌十人又五王受又」，粹一五四二同版有「三牢，五牢」，卜辭祭名與用牲之法實無所區分。

菁一之「子彈」為人名。【甲骨文字詁林第三冊】

發　工獻大子劍　【金文編】

172　【包山楚簡文字編】

發　秦一二　秦六五　四例　雜二　三例　為一三　十二例　日乙四五　【睡虎地秦簡文字編】

0702　璽文借為發，癹字重見。【古璽文編】

南發郡弩　發弩　王猛友印封完發之　願君自發　雍元君印願君自發封完言信　公孫發　封完請發

【漢印文字徵】

天璽紀功碑　天發神讖　禪國山碑　文采明發　【石刻篆文編】

發見石經　【汗簡】

竝古老子　石經　崔希裕纂古　【古文四聲韻】

◉許　慎　發䠶發也。从弓。癹聲。方伐切。【説文解字卷十二】

◉吴大澂　古發字。陳猷釜平發敕成。【説文古籀補卷十二】

◉趙烈文　□□□䒗霝雨。第四字孫作萋萋重文。薛作天烈。按。薛尚見搨本少半。孫妄臆。阮橅本上已泐。僅見中下。蓋

發字也。發與下滛涉為韻。【石鼓文纂釋】

●林義光 古作𤼽陳猷釜。不从登。从弓矢韋。韋者。違之古文。見韋字條。相離也。韋古亦作楚公鎛。與形近。說文云。癹。以足蹋夷艸。从癶从殳。春秋傳曰。癹夷蘊崇之。按。說文以為發从此。發古作𤼽。不从癹。當無癹字。癹夷。左傳作芟夷。【文源卷十】

●馬叙倫 發字蓋隸書複舉之誤乙於射下者也。發為射之轉注字。發音非紐。射音牀紐。古讀歸定。然古音射如夜。夜音入喻紐四等。喻四與非同為次清摩擦音也。禮記射義。循聲而發。發而不失正鵠者。注皆曰。發或為射。是其證也。急就篇。賈友倉。顏師古本友作友。黄庭堅曰。一作發。倫謂草書發字似友。友字是。發倉義長。陳猷釜。平敕成。吳大澂釋。古鉨作。【說文解字六書疏證卷二十四】

●賀昌群 簡文妄字，漢簡中或作麥，或作發，此當為發。【流沙墜簡校補 圖書季刊二卷一期】

●楊樹達 癸發同从癶聲。疑即紀年外壬名之發。【竹書紀年所見殷王名疏證 積微居甲文説】

●饒宗頤 「𤼲」與「𤼺」異字，𤼲从址，說文讀若撥，詩谷風引韓詩云：「發，亂也。」他辭亦言「方𤼲于蚁，俘人。」𤼲均即發字，謂方為亂也。【殷代貞卜人物通考卷十二】

●商承祚 工𠭯大子姑發睊反，自乍(作)元用。

「姑發()睊反」係人名，為吴王壽夢長子諸樊，在鑄劍時尚未即王位，故稱「大子」。于其時，他負責管轄臨近楚、越邊境重要軍事基地——今之淮南市一帶地區。

「姑發睊反」何以為諸樊？當从名字的音訓與文獻進行考覈。《史記·吴世家》：「二十五年，吴王壽夢卒。」《索引》：「《系本》曰：『吴孰姑徙句吴。』宋衷曰：『孰姑，壽夢也，代謂祝夢，乘諸也。』壽、孰音相近，姑之言諸也；《毛詩·傳》讀姑為諸，知孰姑、壽夢是一人，又名乘也。」姑、諸同部，則此銘姑之為諸當可肯定。

字見甲骨文，我釋之為《說文》「以足蹋夷草的癹字(《殷墟文字類編》卷二)」。「以足蹋夷草」義屬後起。从甲骨文的形體結構看，象人以手投鏢槍，飛出所站的位置是一個會意字，亦即「發」字初文。古鉨「壇城發弩」的發作，「左發弩」的發作，字形和甲骨文没多大的區別，「癹」的初義就是這樣的，再後增加了「弓」旁，發射的形意更易令人體會。金文《陳猶釜》的𤼽(發)从「䠶」(射)。易為「射矦」形，意義更加完整，篆文是融會幾種不同的發字結體而成的。

字从耴从，與《伯侯父盤》的字相類似。耴讀蝶音，為此兩字的聲符，頗疑睊𦔻同字，為之省訛。

「反」與樊同部，中原人用樊來記「反」音。何以肯定「姑發𦙶反」之為「諸樊」？考《左傳・襄公》十年，「會於柤，會吳子壽夢也」，注：「壽夢，吳子乘。」又十二年經：「吳子乘卒。」疏引服虔云：「壽夢，發聲。吳蠻夷言多發聲，數語共成一言，壽夢，一言也，經言乘，傳言壽夢，欲使者知之也。」長孫訥言引而申之：「吳楚則傷輕淺，惟輕淺，故多發音，數語合為一言，猶今之三合聲四合聲。吳為句吳，謁為諸樊，皆其徵也。壽夢一言也者，言長言之為壽夢，疾呼之為乘，壽夢於文為二，吳人言之如乘之一言而已。」顧炎武根據服虔說法，謂「壽夢之『夢』，古音莫登反，壽夢二字合為『乘』字。」（《音學五書》卷下，《反切之始》。）壽夢二字是否為反切之始，我不談這問題，而問題在于顧氏據以為說者乃譯音字，而非吳國方言的原來的名字，則壽夢之為「乘」，只可說譯成「雅言」後的一種巧合，是不足為訓的。壽夢之不得為乘，等于諸樊之不得為「遏」或「謁」，州于之不得為「僚」，闔廬（或闔閭）之不得為「光」，這些都是現實的例證，通于一而不能通于其餘。南北方音區別很大，特別是人名，用這種的方式方法來說明問題，徒滋紛擾，是不妥當的。

周制規定，人各一名一號，名用一字，號用二字，若其人用二字為名，就要鄭重其事的筆之于書加以指摘。晉魏襄子名「曼多」，《公羊・哀公》十三年：「晉魏多帥師侵衛，此言晉魏曼多也。（按：哀七年又作「魏曼多帥師侵衛。」《穀梁》及《左傳・經》皆作晉魏曼多。）曷為謂之晉魏多？譏二名，二名，非禮也。」于春秋時，二名不止魏曼多一人，《公羊》不過舉一以概其餘。正因「二名非禮」，于是他們硬把魏曼多的「曼」字去掉，而稱之為「魏多」，以示大義譴責，那就難怪吳越等國的人，凡是用兩字為名，或兩字以上的號，可以任由己意刪用一名及刪用二字為號的了。郭沫若同志釋《姑馮昏同之子句鑃》銘文的「姑馮昏同」，謂即越王勾踐時之大夫「馮同」，而它書又或將「馮」字寫為逢、扶，其說至為精當。姑馮之為「逢」，昏同之為「同」，不可能為發聲或合音，而是一種偶合的現象，中原人任擇其二字中之一字作為譯音，捨「姑」而取「馮」以符其聲，故又可作逢與扶而于「昏同」則用其本字之「同」。衡之此劍之「姑發𦙶反」擬姑為「諸」，擬反為「樊」而作「諸樊」，以是知其對四字的取捨本無一定的標準，只考慮采用哪兩字之音較近，不管其原來的字形如何，是很明顯的。【「姑發𦙶反」即吳王「諸樊」別議　中山大學學報一九六三年第三期】

◉徐中舒　伍仕謙　𤼷，同發。《侯馬盟書》作⿱癶立。此字从立，仍當讀發。《禮記・禮器》「君子樂其發也」。《論語》「亦足以發」。《廣雅・釋詁》：「發，明也。」《皇疏》：「發明義理也。」【中山三器釋文及宮室圖說明　中國史研究一九七九年第四期】

◉于豪亮　「發弩」亦見于璽印及古籍之中，除「⿰目垔城發弩」外，《古璽文字徵》尚有古璽「左發弩」。「發弩」亦見《睡虎地秦墓竹簡・秦律雜抄》：

「除士吏，發弩嗇夫不如律，及發弩射不中，尉貲二甲。發弩嗇夫射不中，貲二甲，免。嗇夫任之。」

在戰國時期，弩已成為射程較遠殺傷力較强之武器，軍隊中遂有專司發弩者，率領發弩者之軍官則名為發弩嗇夫。《封泥彙編》六十四頁有「南郡發弩」印，一二八頁有「發弩」半通印，《齊魯封泥印存》亦有「發弩」半通印，均漢印也。《漢書・地理志》南郡下本注云「有發弩官」，師古曰：「主教放弩也。」又《卜式傳》云：「臣願與子男及臨菑習弩、博昌習船者請行，死之，以盡臣節。」則是臨菑亦有習弩者。戰國、秦、漢之時，弩之使用已極普遍，發弩官必不止南郡一處，可斷言也。而漢代之發弩官乃因襲戰國而來者也。【古璽考釋 古文字研究第五輯】

◉黃錫全 □發見石經 發字古作□(佚613)、□(鐵226・1)、□(侯盟)、□(璽彙0114)，从□从攴。此从□形同聿，如肇作□(長甶盉)、□(鑄子鼎)，也作□(瘐鐘)、□(齊陳曼簠)，蓋發字古有从聿作者。另一種可能是石經誤□(攴)為□、□(及)，石經及字古文作□，□乃□譌。工歔太子劍發作□。【汗簡注釋卷一】

◉戴家祥 □吴太子姑發劍 發發，金文象手脚並用撥弓發箭之形，當是撥的古文。周禮考工記「發當為撥」，釋名釋言語「發，撥也」。弦撥箭發，在動作上僅瞬息之差，發為撥的初字可信。發引伸為出發的意思後，才加「手」扌符以存古意。詩商頌長發「武王載旆」，荀子「旆為發」，説文為坺；大雅蕩「本實先撥」，列女傳引撥作敗。禮記檀弓「衛公叔發亦名拔」。禮記曲禮上「衣毋撥」，注：發揚貌，又為廢。論語微子「廢中權」，鄭注「發動貌」。是發、廢、撥音同義通之證。吴太子姑發劍。用作人名。【金文大字典上】

◉裘錫圭 「弓」應該是「發」的初文。

「弓」字比較原始的寫法(□、□)顯然象弓弦被撥後不斷顫動之形，「弢」，應該是「弓」的繁體。加「攴」旁，大概是為了使撥動弓弦之意表示得更明白些。古文字中「乍」字也可以寫作「钕」，與此同例。上引乙一七四五、明後二二〇四二片的「弢」字从「又」，正象以手發弓之形。可能是先有這種寫法，然後才演化出从「攴」的寫法來的。古文字中「射」字有□□二體(注釋：甲骨文編二四二頁，金文編二九三——二九四頁。甲骨文中也有从「又」的「射」字，見甲二五三三、後上五・一一等，甲骨文編失收)，與「弓」或作□同例。「弓」字加上「攴」旁以後，就是不再畫出弓弦顫動之形，發射之意也已經能够表明，因此就出現了把「弓」旁簡化為「弓」旁的「弢」字。後來，「弢」所从的「攴」又被加上「□」旁而改造成聲旁「癹」(發)。這樣，表意字「弢」就轉化成形聲字「發」。最後這一步至遲在春秋時代已經完成，因為在春秋後期的工歔太子劍上，「發」字就已經寫作□了。

説文弓部：「□，射發也。从弓，癹聲。」「癹」字从「殳」的寫法晚于从「攴」的寫法。上引甲骨文「癹」字和工歔太子劍「發」字的「發」旁都不从「殳」。六國官印「發弩」之「發」通常假借「癹」字，字作□□等形，也不从「殳」。漢印「發」字或作□，魯峻、

衡方等碑「發」字皆从「攴」，尚存古意。

把「弓」和「弜」釋作「發」，从它們在卜辭中的用法來看，也是合理的。

卜辭中的「弓」字大都用為否定詞，用法與「勿」字極為相似。从上古音看，「發」和「勿」都是唇音字（這也是古代全部否定詞的共同特徵）。「發」的韻母屬祭部，「勿」的韻母屬物部，這兩部的關係非常密切。所謂上古音，實際上就是周秦音。在商代，「發」「勿」二字的讀音可能比周秦時代更為接近。卜辭中用作否定詞的「弓」和「勿」，很可能是語言裏同一個詞的不同假借字，就象「余」和「予」、「女」和「汝」一樣；也可能是音、義皆近的一對詞，就象「叀」（惠）和「隹」（唯）、「于」和「於」一樣。

在第一期卜辭中，「弜」是人名，「弓」有時也用作人名。但是弜又稱子弜，「弓」上則从不加「子」稱。大概弜和弓不是一個人，所以分別用「發」字的不同寫法來記他們的名字，以便于互相區別。

在三、四期卜辭中，弜是祭祀用牲的一種方法。「發」字古訓「射」。禮記射義「發彼有的」，鄭注：「發猶射也」。據古籍記載，祭祀時有射牲之禮。在甲骨文中也可以看到「癸丑□又升□于大乙乎（呼）射」、「叀伊其射二宰」等卜辭。釋「弜」為「發」，對于三、四期卜辭的「弜」字顯然是合適的。在上古漢語裏，「發」字與「射」字一樣，也可以讓表示被射對象的那個詞直接跟在後面當賓語。詩小雅吉日「發彼小豝，殪此大兕」，是最清楚的例證。所以上引的「其發廿人」、「羌，發五十」等卜辭，在語法上也完全講得通。

「廢」字當讀為「發」。「廢」从「發」聲，二字古書通用。王念孫讀書雜志史記平原君虞卿列傳「發」字條，舉出了很多「發」、「廢」相通的的例子。此外，還可以找到不少這樣的例子。例如：韓非子守道「羿巧於不失發」，乾道本「發」作「廢」。楚辭招魂「娛酒不廢」，王注「或曰娛酒不發」。論語微子「廢中權」，釋文引鄭本「廢」作「發」。發于紂大亞臣百人，與卜辭所說的「發廿人」、「羌發五十」，是同類的事情。【釋「勿」「發」　中國語文研究第二期】

 𢏚

 羿竝尚書　【汗簡】

◉許　慎　𢏚帝嚳䠶官。夏少康滅之。从弓。开聲。論語曰。𢏚善䠶。五計切。【說文解字卷十二】

◉馬叙倫　翟云升曰。羿𢏚一字。倫按帝嚳射官非本義。此字蓋出字林。故引論語。𢏚為彈發之聲同脂類轉注字。餘見羿下。【說文解字六書疏證卷二十四】

弜

粹二三 粹一三〇 粹一六〇 粹二一八 零一七 甲六四四 甲八四三 甲一二〇六

甲二四五一 甲一九六九 京津一九〇 京津四〇三〇 寧滬一・二二七 拾一・一〇 鐵一〇

四・一 拾一〇・六 後一・五・九 後二・二二・一四 後二・三三・五 後二・三九・二 戩九・七

戩二五・三 戩二一・九 燕二一九 戩三七・九 佚三 佚三三 佚一八六 佚二〇一

佚二二〇 佚二二五 佚三九二 佚五三五 佚八九二 摭續九三 鄴三下・四四・一〇 鄴

三下・四五・二 存下七四九 摭續三三五 【甲骨文編】

甲190 376 427 450 523 528 562 571 573 627 1042

1179 1206 1209 1260 1496 1630 1809 1933 1962 2136 2451

2466 2697 2902 3587 乙766 4521 8896 8896 9074 珠632 637

644 655 665 674 714 859 863 904 915 零2 17 佚73

81 201 217 222 306 535 637 656 892 908 910 955

續1・14・1 1・30・6 1・32・2 2・2・5 2・4・9 2・25・2 掇415 456 録94

364 443 507 誠343 六清11 外310 六中266 六束1 佚640 摭70 117

摭續10 216 續存264 粹4 366 433 482 626 654 771 996

1186 1198 乙8859 佚383 836 續1・50・1 續2・5・1 2・23・6 續2・7・2 録784

徵11·129 凡21·1 鄴42·8 東方107 六中33 215 六清165 外360 續存1122

粹504 890 1167 新2997 3227 【續甲骨文編】

弜 弜父丁觶 父乙爵 肆簋 【金文編】

弜巨悵切 【汗簡】

汗簡 【古文四聲韻】

◉許慎 彊也。从二弓。凡弜之屬皆从弜。其兩切。【說文解字卷十二】

◉薛尚功 周角 雙弓角

弜
冊 冊
作
乙祖

右銘中作雙弓者。弜字也。玉篇音渠良切。彊也。作器者之名也。蓋弜為祖乙作此器耳。旁作兩冊亦著人君冊命之意。【歷代鐘鼎彝器款識法帖卷十二】

◉羅振玉 說文解字。弜。弓彊也。卜辭兩見此字。其文皆曰弜改。疑弜乃弼之古文。許君云弓彊。殆後起之誼矣。【增訂殷虛書契考釋卷中】

◉王襄 古弜字。【簠室殷契類纂正編第十二】

◉高田忠周 說文。彊也。重也。从二弓。段氏云。重當作緟。重弓者。彊之意也。詩曰。交韔二弓。傳。交二弓於韔中也。按此篆正此弜字。舊釋為雙弓形未矣。許氏云重弓非妥當。雙弓即弜也。兼二弓之力。即彊也。彊則重矣。又古有字。與弜自別。合二弓為形。此榜字也。【古籀篇二十八】

◉王國維　說文。弜。彊也。从二弓。又弻。輔也。重也。从弜。丙聲。案。說文此二字說解皆誤。弜乃柲之本字。既夕禮有柲注。柲。弓檠弛則縛之於弓裏。備損傷。以竹為之。詩云。竹柲緄縢。今文柲作柴。案。今毛詩又作閉。柲。所以輔弓形。略如弓。故从二弓。其音當讀如弻。或作柲。作柴。作閉。作榜。皆同。音假借也。弜之本誼為弓檠。引申之則為輔。為重。又引申之則為彊。許君以弜之弟三誼繫於弜下。又以其弟二誼繫於弻下。胥失之矣。【毛公鼎銘考釋　王國維遺書第六冊】

◉丁　山　王國維君之說較苗夔尤精。則弜為柲檠初字可無復疑。何以故。弜之作[字形]。其變形也。其初當如亞父癸敢作[字形]。父丁斝作[字形]。外有亞形。另詳。或反之為[字形]爵文。更離析之為[字形]戊辰彝。輔弓之義不可見。篆文更整齊之為[字形]。則從二弓矣。二弓比併。本弓內有弓之形誤。弓內之弓非柲檠而何。詩竹柲緄縢。鄭云今文柲作柴。卩部𠨍輔信也。玉篇云𠨍今作弻。虞書𠨍成五服。今本𠨍亦作弻。弻諧弜聲。柴𠨍俱諧比聲。考比金文作[字形]鬲攸比鼎。卜辭作[字形]殷契二第八葉。弜金文一作[字形]。卜辭一作[字形]殷契五第十七葉。若律以古文形體不拘向背。則[字形][字形]二形有何顯別。由古籀而篆隸形變不慎。弜即誤比。比柴古今字。柴下之木漢人所加。柴上之比疑即弜之隸誤。是柲檠之柲。周時尚有作弜者也。【說文闕義箋】

◉吳其昌　[字形]即弜字也，今人分[字形]弜為二文，殆未必然。考卜辭中「弜」字，固多作[字形]，然如[字形]前・五・二一・五、[字形]續・一・一・四四・二、[字形]續・二・五・六、[字形]後・二・一一・四諸文，固即為[字形]。本片[字形]林・二・三・一三、[字形]後・二・二一・一三諸文之所从出，同象兩弓相重之形，第作[字形]者刀筆畧从省簡耳。至「弜」字之訓，則在卜辭中賦義匪一，隨類別異，時則為人名，時則為地名，此均詳後。時則為祀典之名。為祀典之名者，若上列三片是。

他辭又云：「弜田……」佚・四四四，又、四九四等、「其弜田」前・六・四一・七、「癸卯𡆥貞，弜□高且王亥，酒，叀，𡚒。」後・二・二一・一三、「弜物酒，眔且乙。」續・一・一四・五、「其亍小乙，弜[字形]又侑。王受又祐。」續・二・三〇・八、「貞弜□妣辛。」續・一・一四〇・四，凡此皆記述弜祭于先公先王之史文。又或云：「弜彳茲用。」續・二・三五・二、「弜，求，受禾。」後・二・三三・五、「其征于宗弜。」佚・五三五，凡此皆足為「弜」義為祀典之顯據。惟因「弜」義為祀典之故，斯卜辭中有「御弜」連文。上列三片外，又後・一・二六・六，亦有「御弜」連文。亦有「弜御」連文，佚・六四〇。御即禦，禦亦祀也。亦有「弜鄉」連文，佚・二二〇。鄉即饗，饗亦祀也。亦有「弜又」連文，燕・二一九、後・二・一九・六、續・二・二〇・一一。又即侑，侑亦祀也。亦有「弜酒」戩・四〇・三、續・二・七・三、「弜物」後・一・一九・九、續・一・三〇七連文。酒與物皆所以祀也。又或作「弜又戉」續・一・五〇・一、「弜又𡚒」續・二・四・九者，戉與𡚒，皆所以實言祀儀之容狀也。是故「御弜」為有殷祀典之一種，較然甚明；惟本片于「御弜大乙」「御弜大甲」二文，於

「宰」字之上，並闕一字。其字蓋為牢數，闕而不栔者，度當為卜數未定，故空位以待矣。【殷虛書栔解詁】

◉葉玉森　弜。即古文柲。从二弓。彊與輔重之誼竝顯。卜辭則叚弜為必。亦含彊意。故每以其與弜為對文。其為疑詞。弜為決辭。如本辭曰「其𢦏日。弜祀𢦏日」。他辭曰「其冓翼日。弜冓翼日」後上第二十六葉之二。「其𣪕鼎。弜𣪕鼎」後下第十一葉之四。「己丑卜。其弜昆告于父丁。弜弜」又第三十八葉之九。「王其又侑于小乙。羊羌五人。王受又祐。弜又侑羊羌」寫本第百九十八版。「其作𠌞于㫖杏。弜作」又第二百六十版。「其摯執。弜摯」執同上，寫本後記誤弜為弜，乃以為奇字。郭沫若因誤釋為允。見甲骨文字研究釋作篇。竝其與弜為對文。可證卜辭中固未見必字也。【殷虛書契前編集釋卷四】

◉馬叙倫　錢坫曰。廣韻以為奇字彊也。嚴可均曰。小徐皆從弜下有闕字。或舊本闕反切。段玉裁曰。闕謂其讀若不聞也。其兩切之音。後人以意為之也。鈕樹玉曰。玉篇。渠良切。又巨兩切。廣韻收上聲。又收平聲支。渠羈切。王筠曰。華陽國志有其兩移翹渠羈渠良四切。此或本有讀若彊。捝佚之後。校者自加闕字。故大徐無之。羅振玉曰。弜乃弼之古文。王國維曰。弜者。柲之本字。既夕禮。有柲。注。柲。弓檠。弛則縛之於弓裏。備損傷。蓋柲所以輔弓。形略如弓。故從二弓。其音當讀如弼。引申之義為輔為重。又引申之則為彊。許以弟三義為弜字義。弟二義為弼字義。失之。丁山曰。王説甚精。然初文當如亞父癸敢作弜。倫按王丁二説是也。彊也非本義。亦非本訓。弜音如弼。音在奉紐。古讀歸竝。竝羣同為濁破裂音。故聲轉如彊。王筠疑本有讀若彊。蓋傳寫捝本訓。而讀若彊轉乙於上。又捝讀若二字。亦或彊為校者注以讀弜字之音者也。弜為檠之初文。其兩切即檠之音轉。【説文解字六書疏證卷二十四】

◉馬叙倫　亞尊　亞弓　倫按舊釋亞弓。然金文弓字無如此作者。説文有弜字。王國維謂即儀禮既夕禮有柲之柲本字。鄭注。柲弓檠。弛則縛之於弓裏。備損傷。蓋柲所以輔弓。形略如弓。故從二弓。其音當讀如弼。丁山謂初文當如亞父癸敢作弜。倫謂此即弜之初文也。今説文音其兩切在羣紐。弼音奉紐。古讀歸竝。竝羣同為濁破裂音。聲轉耳。其轉注字為檠。其兩切即檠之音轉。尊文作此。蓋置器者以造弜為業也。【讀金器刻詞卷上】

◉張宗騫　竊謂卜辭弜字蓋與弗相通叚。其證有三：

一　弜弗同聲

弜之音讀有二：大徐其兩反，小徐其繈反；廣韻渠羈切，類篇翹移切。王國維謂弜當讀如弼，蓋從廣韻所切，孫海波古文聲系弜入陽部，蓋從二徐所反。孰為本音？苗夔云：

夔案其繈反，望彊之訓而為音，其實非也。類篇弜音翹移切，廣韻集韻五支併收弜，渠移切，敎重文作弜，亦音翹移切，本部

弼，輔也，重也，从弜丙聲，夒案丙非聲……弼重文作𢐀，弗聲，知弼當從弜聲，不得从丙為聲也，當從本部建首字聲例，作从弜丙，弜亦聲（說文聲訂弜字下）。

案苗氏謂弼當從本部建首字聲例，訂弼當從弜聲，而以弼古文𢐀弗聲為證甚有見。弜為建首字，則弼所從之聲，即弜之本音也，弜之本音與弼同，亦即與弼古文𢐀所從之弗聲同也。弜弗同聲，毛公鼎番生敦「簟弼魚葡」，毛詩采芑韓奕弼皆作茀，說文「㚕，大也，从大弗聲，讀若『予違汝弼』」，㚕佛一字，周頌「佛時仔肩」，韓詩外傳佛作弗，皆其證。弜弗同聲，故可通用。

二　弜與弗勿不毋亡同用

卜辭弗勿不毋亡等字互相通用，如弗正，勿正，不正；弗又，不又，毋又；不凬，亡凬，勿凬；數見不尠。而弜字用法又每與弗勿不毋亡等字相同，如：

弜正前2・38・1	弗正藏194・2	勿正藏244・2	不正佚97
弜爯前5・21・5	不爯佚139		
弜又前5・47・6	弗又藏8・3	不又前7・30・3	毋又佚401
弜夕後上24・8	勿夕戩7・2		
弜冓後上26・6	不冓前3・16・1	亡冓拾14・10	⊘

上舉五十條，多為習見之辭，由此可見弜與弗勿不毋亡互用之普遍。然不足為吾說之力證也。卜辭有對貞例，考弜字對貞，與弗勿不毋亡等字對貞之辭，文例相同，亦數數覯，此確可為其同用之明證。玆分舉於下，以辭例兩字別之。

辭例

王宊祭。弜宊[祭]。新259

戊午卜，狄貞，王弜宊。戊午卜貞，王宊。佚19・20

癸酉卜貞，其𠛱于沈，王宊。貞弜宊。佚59・60

子癸歲，王宊祭。弜宊祭。粹381

貞小丁歲，其宊。貞弜宊。珠850

乙巳卜，王宊日。弗宊日。佚872

丙寅貞，其宊。貞勿宊。粹424

乙丑卜，即貞，王宊唐，翌，亡尤，三月。乙丑卜，即貞，毋王宊唐，𣪘，亡尤。鄴二下38・1

辭　貞于父御。貞弜御。粹484

貞御于母。弜御于母。誠168

例　貞于母己御。貞勿于母己御。藏106・1

貞御于羌甲。勿御。藏70・3⊘

上揭對貞辭例，計宑、御、桒、奭、蒿、鄉、酓、又、用、令、正、从、乎、乍、涉、田、勺十七類，參例䛐辭，弜與弗勿不毋亡用法相同，可無疑矣。

三　對貞

弜字對貞之辭，上舉者外，尚復多有。夫有例可援，義自無忒，但辭為對貞，義亦可曉，蓋一正一反，最為顯然。茲分次於下，一以為吾說之佐證，一以供讀者之參考。

(甲)同辭對貞

其歷异。弜歷异。後下11・4

辛酉貞，在大六，𢀛其𠃬。辛酉貞，𢀛弜𠃬，䢃年。後下20・13

戊辰□，烄于□。弜烄雨。後下22・14

(乙)異辭對貞

王弜漁，其獸。佚656

弜巳祀。其桒于上甲，其兄。粹330

弜酓。己未卜，其又于子亳。粹410

(丙)省辭對貞

(子)弜下因對貞之辭已具而省者。

弜。其又祖丁家。前5・16・1

弜。其又亳土社。粹22

弜。于父庚告。粹321

(丑)弜下不省而對貞之辭有省者。

［庚］子卜，弜又。庚子卜，甲辰大甲。庫1016

弜食。癸酉于丁。粹919

弜告。壬寅卜，王于商。粹1069

此類卜辭，如不知其因對貞之辭已具而有省文，則詞意費解。今將辭一「甲辰」下補又字，辭二「癸酉于丁」下補食字，辭三「王于商」下補告字，則語意完足。

（丁）多辭對貞

弜。叀多生姓鄉。叀多子［鄉］。新197

弜。叀小丁。叀小乙。叀妣庚。叀子。其又小丁叀羊。粹287

弜。叀豚。叀犬。叀犬又豚，用。犬三豚三。叀今日丁酌。于戊酌。粹592

弜田其每。叀盂田省，亡𢦏。叀宮田省，亡𢦏。粹966

弜田其每。王叀宮田省，亡𢦏。叀𤲞田省，征至于之亡𢦏。粹1013

辭一「弜」與「叀多生鄉，叀多子鄉」對貞，弜下省鄉字。辭二「弜」與「叀小丁，叀小乙，叀妣庚，叀子」對貞，弜下省又字，蒙卜驗「其又小丁叀羊」之辭而省。辭三郭沫若云：「弜字在此不明何義。但其下諸卜，步驟甚明。先卜用牲之種類，用豚乎？用犬乎。抑豚犬兼用乎？結果乃豚犬兼用。其次卜豚犬之數。再次卜祭之日。」按郭説是也。弜，弗也，與「叀豚，叀犬，叀犬又豚用」對貞，弜下省用字。辭四「弜田」與「叀盂田省，叀宮田省」對貞。辭五「弜田」與「叀宮田省，叀𤲞田省」對貞。

由上弜弗同聲，弜弗同用，與弜字對貞諸辭觀之，弜弗通用，已足徵信。試將卜辭弜字，除作方國人名者外，以弗解之，意無不適，則益信矣。【卜辭弜弗通用考　燕京學報第二十八期】

◉李亞農　我們曾經釋[字形]、[字形]、[字形]、[字形]（一般的隸定為弜）為斯，所根據的理由是：

凡用其字的地方，可用弜字來代替：

王其田。弜田

凡用茲字的地方，可用弜字來代替：

茲用。弜用。

凡用是字的地方，可用弜字來代替：

今(高郵王氏謂今、是相通)曰辛，王其田。弜壬(即壬日之意)田，其若。

凡用之的地方，可用弜字來代替：

之一月其雨。弜九月。

弜字可代替其、兹、之、是等字，而這四個字都是虛字，則弜字亦必為虛字無疑。王氏撰經傳釋詞所收之字凡一百六十，古籍中之虛詞略盡於此。而此百六十字之中，以一字而能兼賅其、兹、之、是諸誼的，僅一斯字，所以釋弜為斯。我們在前節研究劦字的時候，又發現了一個辭例：

祖丁𠣾(即劦。祭名。)在弜。

𠣾于之。

在、于皆為介詞，在、于之後必是地點或指事詞。顯然的，弜字在此是當作指事詞用的。得此新的辭例，大大的加强了釋弜為斯的根據。【殷契雜釋　中國考古學報第五册】

◉李孝定　說文。「弜。彊也。从二弓。」契文正从二弓。羅振玉王國維二氏之説是也。王襄氏釋从。魯氏釋比。並有可商。蓋「从」「比」均從二人相从比取義。契文之匕為匕柶字。與比字無涉。而此字明从二弓。不从二人也。葉氏謂字當讀為必。亦非。張氏讀為弗。於諸辭並可通讀。「其」與「弗」連。文義亦順適。其説是也。李氏釋斯於字形懸遠。其誤甚明。可毋置辯也。卜辭弜字多見。隨舉數例以見一斑。辭云「弜又于大戊[illegible]」庫方·一〇二二。「弜又彐祊父丁」佚·一七五。「弜兄祭名妣辛」拾·二六。「癸卯卜狄貞弜巳祀兄□」甲編·三九一五。「壬弜田其雨　其雨弜田」簠徵天象·五一。「伊宔弜射」戩·四三·四。「弜乎射」射。官名。粹·一三〇。「弜衮雨」後·下·二二·一四。「弜戠日其又歲于中己兹用」甲編·三六三一。「弜一乙叀牛」後·上·二七·十。弜與叀對文。言弗用羌。惟用牛也。「弜用牝」外·六一七。「王弜往田其每」京都·二〇四九。「弜田其每兹用」續存·上·一九九七。「戊弜田其每　王弜田其每」甲編·三五九三。「弜田其每亡𢦏」佚·四四七。每當讀為晦。與其雨意近。蓋風雨晦明之日。不便於田獵。故卜之也。魯氏讀每為痗。訓災(新詮之一弟九葉十四行)。此辭上言「其每」。下言「亡𢦏」。知魯氏説有未安也。「壬弜田其雨」粹·九九九。以上魯氏均釋比讀為庀者。又云「庚戌卜王貞弜其獲句絶征戰方國名在東一月」前·六·二六·一。「乙丑卜弜獲句絶征羌」藏·三一三。「庚申卜王弜獲羌」外·三六〇。「王貞弜𠤎羌」京都·三一四七。𠤎即匕字。魯氏以釋弜為比。則比匕連文為不辭。遂謂「𠤎乃从之省。釋隨釋逐義均可通。」新詮之一弟十三葉。按。卜辭从字無省作𠤎者。魯説似有可商也。「弜再衆不出」續存·下·七五五。「□未卜弜其攺」明氏·一七二二。「乙亥卜弜受黍□年二月」粹·八九〇。以上魯氏釋比解為方名者。如釋為弜。讀

為弗。莫不允當。卜辭弜有確為方名者。如云「□亥卜王貞弜弗其氏宮眔奠四月」續存下四五八。「勿取弜」鄴弼初集下・四二・九。「己卯卜王貞余乎弜𦎫先余弗𢎪弜」續存・下・三一九。「弗𦎫弜」金璋・七三九。均是。然亦無害于他辭。弜之讀為弗也。實則弗之初義為矯矢。弜之初誼為輔弓。其事類相近。其音讀適亦相同。从王氏說讀如弼。其用為否定詞者。同為叚借。以後世否定之詞多叚弗為之。故謂弜讀為弗。究言之。實仍有語病也。金文弜作𢎪戊辰簋。𢎪父乙爵。𢎪弜父丁觶。

丁山氏从王氏之說。又从而敷陳之。其說是也。弜比二文。古文形近易譌。聲韻復不相遠。弜之為柴自有可能。後世經傳作柲。則後起形聲字也。【甲骨文字集釋第十二】

◉高鴻縉　字原从二弓。弓以用久而力弱。茲以簟茀輔之。使弱者轉强。故弜有輔意。動詞。或引申而有彊意。狀詞。故許君云。「弜。彊也。弼。輔也。重也。𢎪。周人加㐁(古席字)為聲作弼。後變作𢐀作弻。故弜與弼實古今字。𢎪。甲文亦叚以代不。【中國字例四篇】

◉魯實先　比於卜辭作𢎪𢎪𢎪𢎪。孫詒讓釋斤。謂當為祈之借字。羅振玉釋弜。疑為弼之古文。王襄釋从。葉玉森始釋气。說契。後則推本羅說而謂卜辭假弜為必。與其為對文。其為疑詞。弜為決詞。張宗騫推本羅說而謂弜弗同聲。與弗勿不毋亡同用。說並非是。李某釋斯則尤形體乖遠。說益妄甚。王國維疑為比而謂「貞𢎪勿」即小雅「比物四驪」之比。即所謂宗廟齊毫。見戩考十葉。其釋文雖倖中矣而其陳義亦誤。以愚攷之。比於卜辭有二義。其一為庀之初文。⊘比之第二義為方名。

【殷契新詮之一】

◉丁　山　商族起於易水,溯着滴水東南進,到了成湯時代,定居汶水流域;到了河亶甲時代又發展到睢淮流域。淮水地方菹澤,多雨水,適於漁獵,不大宜於游牧的。紀年說:「祖乙即位,居庇」,似乎又回到洙泗的上游。庇,殷本紀作邢,書序作耿。王國維說耿謂邢即左氏宣公六年傳與戰國魏策所見的邢邱,指其地在河内懷城。邢耿可以說音近字通,耿庇則音形俱遠,似乎不能併為一談,果如今本紀年云「祖乙即位,自相遷於耿,二年,圮於耿,自耿遷庇」嗎?我認為,庇即甲骨文所常見的:

弜入。(甲編三〇七〇,尾甲)

弜來。(甲編二八〇,尾甲)

辛未,王令弜伐羌,咸□。(佚三八三)

且丁召,在弜,王受又。(通別一・何四)

乙巳卜,丁未,弜不其入不(邳)。(後下三四・四)

壬申卜貞，弜其㞢囚？不其囚。（林二・三・十三）

凡此弜氏，即金文中所數見的：

亞弜。（爵，彝。三代十五・三十三。三代六・九）

亞弜，父癸。（彝三代六・十七；毁 小枝七・五九）

亞弜，父丁。（角 小枝六・八一）

由於卜辭曰「弜其隻𤰔戎」（前六・二六・一）有時作「弗其獲𤰔戎」（後下三四・四），曰「弜𢦏羌」（拾五・十二）有時作「弗其𢦏羌」（燕大六四六）。徐中舒先生嘗告訴弜弗古文通用（此在成都時口談的），這更證實了我舊說了。一九三四年冬天，我寫由三代都邑論其民族文化篇時曾說祖乙所居的庇，即春秋魯國的費縣道：

祖乙居庇。庇地何在？舊亦鮮徵。今自南庚自庇遷奄考之，蓋即魯國之毗與比蒲。春秋屢言，大蒐於比蒲。杜氏注，魯地，闕。按昭十一年經云「五月，大蒐於比蒲。仲孫貜會邾子，盟於祲祥」，定十四年經云「大蒐於比蒲，邾子來會公」，魯蒐比蒲，即會邾子，比蒲必在魯之南疆，與邾為近。哀五年經「春，城毗。」杜注「無傳，備晉也。」江永春秋地理考實由備晉說推之，謂在魯之西境。比蒲在魯南，毗在魯西，合而審之，宜即魯國西南之費邑。左氏隱公元年傳，費伯帥師城郎。高士奇春秋地名考略曰，今魯大夫費庈父之食邑，讀如字；與季氏費邑讀曰秘有別。今兖州府魚臺縣西南有費亭。費亭正在魯之西南疆，毗與比蒲應在比。且費、比一聲之轉，古文常通用，如今本尚書「費誓」，說文引古文尚書作「粊誓」，粊、庇俱諧比聲，則謂祖乙所遷之庇，即魯西南疆之粊或費，絕非意必之辭也。

此文尚有未盡之意，在此碻應加以補充者，漢志東海費郡費縣下云：「故魯季氏邑。」自來說經者皆據以論定季氏的費邑，在流入沂水的治水中游。水經沂水注所謂「治水又東南逕費縣故城南。說文云，沂水出費縣東，西入泗，字林亦言是矣。」此費縣故城，在今山東費縣城北，與魚臺縣西南的費亭相去將三百里，當然不能指為一地。可是，僖公元年左傳言「公賜季友汶陽之田及費」，費又似在汶水之北。我很懷疑，季氏的費邑，初不在治水流域，因為齊國屢侵汶陽之田，季氏之費被侵，乃自汶水遷到治水北岸。現在的費縣城因春秋中葉，季氏自汶陽遷來；比較起來，不如魯臺、費亭的名字老。費亭約當泗荷交會的地點。祖乙自遷庇，顯然是溯着泗水北上的。費亭正與大坰相近，所以書序又有「圯耿」的傳說。

殷本紀，「湯歸，至泰卷陶，中壘作誥。」集解「徐廣曰，一無此陶字。」索隱，「鄒誕生卷作坰，又作泂。則卷當為坰，與尚書同，非衍字也。」那麼，大坰，必然是魯頌駉所謂「駉之牡馬，在坰之野」了。坰，說文作冂云「林外謂之冂，象遠界也。」冂，孳乳為絅。

禮記中庸「衣錦尚絅」，詩衛風碩人作「衣錦褧衣」。褧，諧耿聲。説文則謂「耿，从耳，炯省聲。」由是言之：坰耿古文音同字通。「祖乙圯于耿」，耿即大坰，在定陶，正與庇相接，我認為「祖乙圯于耿」，實與「遷庇」一事。若殷本紀云「遷邢」，當是「遷耿」的音譌。蓋邢隸古作郱，與郱相似。并，篆書作□，甲骨文作□（後下三四・三），形又近弜之篆形□。要而言之，邢亦庇字的形譌，不獨并庇二字聲紐相同也。【商周史料考證】

◉朱芳圃 □藏一四 □藏一一六・一 □餘二・一 □拾一・六 □前一・二七・三 □後上九・八 □後下七・七 按上揭奇字，从□，从□。□象弛弓之形，□，重弓之標識也。字之結構，與卜辭習見之又又作□相同，當為弜之別構。説文弜部：「弜，彊也。从二弓。」王先生曰：「弜者柲之本字。既夕禮『有柲』，注：『柲弓檠，弛則縛之於弓裏，備損傷。』……柲所以輔弓，形略如弓，故从二弓。其音當讀如弼。」觀堂集林六・一三。 桉先生説是也。弜與弓在卜辭中皆借為否定詞，義與不弗相同，其為弜之別構審矣。【殷周文字釋叢卷下】

◉韓耀隆 「弜」為柲之初文，讀若弼，諸家所考略同。卜辭中則借為否定詞，以否定動詞，如：

1. 乙酉卜，弜⿱雨無，及夕雨？ 京都二三七〇
2. 弜祀，祝于之，若？ 京都一八八五
3. 癸卯卜，狄貞：弜祀，祝？ 甲三九一五
4. 乙卯卜，弜□，丁卯酒品？ 粹四三二
5. 弜田，王其每？ 甲一二二一

以上諸例，「弜」否定動詞，動詞之後均不帶止詞；但帶止詞之例，亦頗習見，如：

1. 弜用牝？ 外六七
2. 弜用一牛？王受又？ 粹四八二
3. 弜用兹豊？ 佚二四一
4. 弜祝妣辛？ 拾二・六
5. 弜祝母戊？ 寧一・二二五

按：「弜用牝」、「弜祝妣辛」、「弜又大庚」、「弜征旨方」、「弜受禾」，「弜」是否定限制詞，「用」、「祝」、「又」、「征」、「受」是動詞，「牝」、「大庚」、「旨方」、「禾」是止詞；但止詞亦可提動詞之前，如：

1. 弜小宰用？　外四二

按：「弜小宰用」即「弜用小宰」。此外，尚有一種頗特殊之現象，即卜辭中，正面貞問往往命辭文句完整，而反面對貞若用「弜」為否定副詞，則往往摘取命辭之動詞或主要字句，以賅命辭之意。如：

叀黔令？　粹一一六一
弜令？　粹一一六一

貞：羽丁亥父丁歲，其犂牛？　粹三〇一
貞：弜犂？　粹三〇一

貞：羽辛丑且辛歲，犂牛？　佚四〇一
貞：弜犂？　佚四〇一

其又□，眔伊尹？　甲八八三
弜眔？　甲八八三

按：以上各組均為同版正反對貞之卜辭，第一組「弜令」即「弜令黔」之省，第二組「弜犂」即「羽丁亥父丁歲，弜犂牛」之省，第四組「弜眔」即「其又□，弜眔伊尹」之省。此蓋「弜」字之特殊用法也。【甲骨卜辭中否定詞用法探究　中國文字第四十五冊】

◉裘錫圭　甲骨卜辭裏常見「弜」字，前人不得其解。一九四〇年張宗騫發表《卜辭弜弗通用考》（《燕京學報》二十八期），指出卜辭「弜」字多用為否定詞。這是很重要的發現。但是他因為「弜」、「弗」音近就斷定二字通用，事實上這兩個字的用法卻是有區別的。「弗」與「不」相近，「弜」則與「勿」相近。陳夢家在《殷虛卜辭綜述》裏曾指出「弜弗通用」有問題，不過他認為「弜」在卜辭的否定詞裏應該「屬於『不』『弗』一組」（一二八頁），仍然與事實不符。

卜辭裏的副詞性否定詞有「不」、「弗」、「弓」、「弜」、「勿」、「母（毋）」等字。前四字是主要的，後二字出現的次數比它們少得多。「弓」是發射之「發」的初文，卜辭多用作否定詞。從文例看，「弓」和「勿」有可能是假借來表示同一個詞的。但是二者本來並非一字，所以不能把「弓」直接釋作「勿」。在四個主要的否定詞裏，「弓」和「弜」的用法很相似，「不」和「弗」的用法也比較接近，而「弓」、「弜」和「不」、「弗」的用法則有明顯的區別。粗略地說，「不」、「弗」是表示可能性和事實的，「弓」、「弜」是表示意願的。如果用現代的話來翻譯，「不……」、「弗……」往往可以翻成「不會……」，「弓……」、「弜……」則跟「勿……」一樣，往往可以

翻成「不要……」。

殷人常卜問是否能得到好年成。這類卜辭有時説「不受年」，有時説「弗受年」，但是從來不説「弜受年」、「弜受年」。因為他們卜問的是會不會有好年成，而不是要不要好年成。同樣，在卜問田獵或戰爭中能否有所捕獲的時候，也總是説「不獲」、「弗獲」而不説「弜獲」、「弜獲」。同類的例子可以舉出很多，例如只説「弗擒」、「不擒」而不説「弜擒」、「弜擒」，只説「不受祐」、「弗受祐」而不説「弜受祐」、「弜受祐」等等。另一方面，在卜問要不要做某件事的時候，通常就只用「弜」、「弜」一類否定詞而不用「不」、「弗」。例如卜辭常説「弜狩(本作「獸」)」、「弜狩」而不説「不狩」、「弗狩」，常説「弜侑(一種祭名，本作「㞢」或「又」)」、「弜侑」而不説「不侑」、「弗侑」等等。不過這并不是説每個動詞都只能跟一組否定詞配合。例如「令」字，在卜問殷王要不要發出某種命令的卜辭裏跟「弜」、「弜」配合，在卜問上帝會不會「令雨」的卜辭裏則跟「不」字配合。

「不」、「弗」和「弜」、「弜」的區別，在下引的兩條卜辭裏可以看得更加清楚：

庚申卜，㱿，鼎(貞)：王弜正(征)𢀛方，下上弗若，不我其受(授)又(祐)。前編五・二二・二

征不征𢀛方是要不要這樣做的問題，否定詞用「弜」。上下神祇高興不高興，保佑不保佑殷人，是會不會這樣的問題，否定詞用「不」、「弗」。

弜𦤎，弗受又(有)年。後編下四一・一五

𦤎是農業生産上的一種工作，他辭或言「𦤎田」可證。𦤎不𦤎田是要不要這樣做的問題，所以否定詞用「弜」。「弗受有年」跟前面講過的「弗受年」是一個意思。這一條卜辭「弜」、「弗」並用，是「弜弗通用」説的有力反證。

卜辭裏「不」、「弗」之後常常加「其」字，如「不其獲」、「弗其獲」、「不其擒」、「弗其擒」等等。「弜」、「弜」之後加「其」字之例則極為少見。這也是「不」、「弗」和「弜」、「弜」用法上的一個明顯區別。

「弜」和「弜」不但用法很相似，字音也很接近。「弜」是「發」的初文。「弜」從二「弜」，王國維認為是訓弓檠的「柲」的本字，其音當讀如「弼」(《觀堂集林》卷六《釋弼》)。「發」和「弼」都是脣音字(古輕重脣不分)。「發」屬祭部入聲，「弼」屬微部入聲，這兩個古韻部也是很接近的。如果按照通常的説法把「弜」讀為「勿」，那就跟「弼」一樣，也是微部入聲字了。

「弜」、「弜」二字在各期卜辭裏出現的情況，也非常值得我們注意。「不」和「弗」在各期卜辭裏都很常見，「弜」和「弜」卻不一樣。用作否定詞的「弜」絶大多數見於第一期和第二期前期的卜辭，第二期後期以後，大概只有廩辛卜辭裏出現過一些，在其他各時期的卜辭裏很難找到。用作否定詞的「弜」，情況正好相反。它從不見於作為第一期卜辭的主體的賓組卜辭以及第二期前

期的卜辭，而大量見於第二期後期以後的卜辭。這種現象使我們想起了卜辭的「㞢」字。在第一期和第二期前期的卜辭裏，祭名「侑」和有無的「有」通常都是寫作「㞢」的（左右的「右」、保祐的「祐」則作「又」）。第二期後期以後，廢棄「㞢」字，用「又」字代替了它。所以表示「侑」、「有」等義的「㞢」和「又」在各期卜辭裏出現的情況，跟「弓」和「弜」是平行的。在殷虛卜辭裏還有一批時代約當第一期而作風跟賓組卜辭有顯著區別的卜辭。在這批卜辭裏，用作否定詞的「弓」和「弜」同時並存，表示「侑」、「有」等義的「㞢」和「又」也同時並存，兩方面的情況也是平行的。

「弓」和「弜」的關係會不會跟「㞢」和「又」的關係相同呢？也就是說，它們是不是表示同一個詞的呢？「弓」、「弜」二字字音接近，用法相似，二者是同一個詞的不同假借字的可能性顯然是非常大的。我們知道，語言裏詞的變化，特別是象否定詞這樣常用的詞的變化，通常比較遲緩。如果把「弓」和「弜」看成兩個不同的詞，那倒反而不好理解了。

在廩辛時代的甲骨裏，「弓」、「弜」二字有時同見於一版之上。例如《甲編》三九一五號有貞人狄之名的大龜上，就有「弓巳田」、「弜巳兄（祝）」等條卜辭。從表面上看，「弓」和「弜」好象是對立的。但是它們在用法上没有絲毫區別，我們仍然應該把它們看作同一個詞的不同寫法。廩辛時代的人，有時不寫「弜」字而寫「弓」字，可能出自一種復古的心理。【說「弜」　古文字研究第一輯】

◉李孝定　弜字說文云：「彊也，重也，从二弓，闕。」段氏注於其兩切一讀，謂是後人以意為之，又於闕下注云：「謂其讀若不聞也。」按段說是也。卜辭多以弜為弗，是其初讀必與「弗」近，始得通用，王國維氏謂即柲之本字，其說甚是，弼則从㐁、弜聲，為車輔，亦猶弜之為弓輔也。【金文詁林讀後記卷十二】

◉趙　誠　弜。甲骨文寫作[字形]，从二弓，表示保護調正弓的工具。或寫作[字形]，表意性更强。本義當為弓檠。卜辭用作副詞，表示否定，則為借音字：

庚寅卜，王弜入戠。（粹六二六）——入：動詞，進入。戠，地名。

王弜正召方。（寧一·四二三）——正用作征伐之征。召方，方國名。

丁亥卜，弜又大庚。（京三九九四）——又用作侑祭之侑。大庚，商王某先祖之名。

弜。本象護弓的工具。卜辭用作表示疑問的語氣詞，則是借音字：

其𢦏弜？（南南一·四一）——𢦏，動詞，有征伐打擊之義。

這種用法的弜，相當於後世文獻的否。【甲骨文虛詞探索　古文字研究第十五輯】

◉戴家祥　説文。十二篇「弜，彊也。从二弓。」按造字上並重的方法有疊加本字意義的作用。如説文十一篇「水，準也」、「沝，二水也」、「淼，大水也」、「く，水小流也」、「巜，水流澮澮也」、「巛，貫穿通流水也」；十篇「奰，壯大也。从三大三目，二目為䀠，三目為奰，益大也」。疊加本字意義的結果就是孳乳出對本字的修飾意義，如七篇「𢎘，草木马盛也」、三篇「㗊，衆口也」、「誩，競言也」；四篇「羽，鳥長毛也」。後來，人們又拋棄了並重的本義，把它們用作專門的形容詞。如十一篇「炎，光上也」，炎字，從重火，孳乳出「上」義。莊子齊物論「大言炎炎」，簡文注「炎炎，美盛皃」，炎已不再專門形容火光，成為獨立的形容詞了。再如八篇「比，密也」，七篇「多，重也」，皆是這樣發展來的。由此可知弜的本義為彊弓，彊是後生義。【金文大字典下】

◉朱歧祥　勿、弜分見於《説文》不同部屬中，一直被視為二字。今嘗試就甲骨中二者的形體和用法，考釋弜為勿的重文，二字本屬同字異構。《説文》中宜合併為一字。

勿，早期卜辭字形作□，或倒作□，左右向無別，或增繁作□。自胡小石、孫海波等隸作勿，用為否定副詞，諸家皆無異説。及唐蘭改隸作弜。今仍從衆説作「勿」字。勿字本義並無定説，《甲骨文編》卷9·9：「字形不可識。」趙誠《甲骨文簡明字典》292頁釋勿：「構形不明。」早年郭沫若曾推論「勿」字本義，謂：「勿乃笏之初文。古人於笏上書事以備忘，字正象其形。」李孝定先生亦以為郭説為長。唯據《禮記·玉藻》言：「笏，天子以球玉，諸侯以象，大夫以魚須文竹，士竹，本象可也。」執笏之禮，實始於周。且殷商考古迄今並未見笏，更無論據笏形以制二「勿」字。今疑「勿」字本取象弓之側形。字从彡，象文飾；或示區別意，以別於弓字的□、□諸形。

殷墟卜辭「勿」、「弜」、「不」、「弗」四個否定詞之間的關係，其中以「勿」和「弜」、「不」和「弗」的用法是比較接近的，而「勿」「弜」和「不」「弗」兩組之間則有明顯的差別。這方面近人陳夢家、裘錫圭諸先生都已經論及。然而，陳夢家先生提出「弜在卜辭的否定詞裡應該屬於不、弗一組」，裘錫圭先生又以為「勿」「弜」二字是「同一個詞的不同假借字」，二者恐未為定論。今就「勿」「弜」的形構、斷代、古音、對貞文例和句型等方面分析，詳細審定「勿」「弜」二字本屬同一字的前後期書體。其論證如下：

（一）就形構分析言

「勿」象弓形。細審〈集30757〉、〈集30588〉二辭的「勿」字作□，正象弓具弦的全貌；與弓字作□〈林2·26·4〉、作□〈甲2501〉相同。

「弜」象重弓形，⊘王國維認為「弜」字取象弓檠之形，正與「勿」字本義相類。裘錫圭先生復謂「弜是發射之發的初文」，趙誠先生釋弜「本象護弓的工具」，二説皆由弓形引伸。我認為「弜」字本純象二弓並列，字形由「勿」的單弓重疊而成。甲骨重文每

多簡繁互見之例，如：年作〈前7·15·3〉，作〈坊間3·19〉，皆用作黍年；卤作〈甲2040〉，作〈乙1121〉，又作〈乙3290〉，疊體與《說文》籀文相同；妣作〈甲3557〉，又作〈京都1822〉，同屬於妣某意；卩作〈甲2451〉，作〈甲1034〉，皆用為奴字；力作〈甲211〉，作〈甲395〉，俱屬祭名；木作〈甲600〉，又作〈庫1672〉，同用為方國和師旅屯駐地名。由此，可見若干甲骨文字一體、二體無別，足證「勿」、「弜」二否定詞分从一弓、二弓，取象亦同。

(二)就卜辭斷代言

排比否定詞「勿」字字形的演變，大致是由第一、二期卜辭中常見的，過渡至第二、三期的、，以迄第二期末始出現的。

第二期的字，日人島邦男氏的《殷虛卜辭綜類》誤收入字下，然為尿字初文，與「」字用法相異，宜分作二字。由以下辭例的用法證「」實為「勿」字的異構。

〈明2324〉　丙戌☒隹我乞出，不若？

〈前1·36·3〉　庚辰卜，大貞：來丁亥其叙，祊于大室？祊西，饗？

以上第一辭的「隹」之後緊接代名詞「我」+動詞，用法全同於早期卜辭常見的否定句式「隹+我+動詞」，當同隸作「勿唯」。第二辭的「大」為第二期卜辭貞人名，末辭「祊西，饗？」疑即「勿祊于西，饗？」之省文，與前辭的「祊于大室」正反對貞。這與對貞中的「動詞？—勿+動詞？」常態句型相合。此「」字當是「」的反書，即否定詞「勿」的異體。

第三期卜辭有「」字，像弓具弦。例見〈粹424〉、〈燕234〉、〈甲2501〉、〈前4·42·2〉等。如：

〈粹424〉　丙辰卜，□貞：其賓☒？

貞：賓？

就此辭與「勿」字常用的對貞句式：「其+動詞—勿+動詞」互較，可知辭中的「」字當是「勿」字無疑。

綜合而言，、二形的主要結體皆从弓，由而，或同為區別意的文飾；或視為弓的重文符號，此正可作為「勿」字由弓形過渡至重弓的「弜」字的證據。故根據、、諸形的演變過程，亦可以說明「勿」、「弜」的先後關係。

(三)就古音言

勿、、、弜諸形都用作否定詞。在古音方面，「勿」、「弜」的聲母同屬雙脣鼻音。董同龢先生的《上古音韻表稿》分別擬測「勿」之古音為miwǎt，「弜」之古音為b'iwət，二字皆同屬入聲微韻，具通用的條件。

(四)就對貞文例言

第一期「勿」和第二期「弜」的用例多一致，句型亦相當，可見二字前後相承的關係。互較下列的「勿㞢」與「弜㞢」、「勿率」與「弜率」、「勿用」與「弜用」等文例，可見第一期的「勿」和第二期的「弜」用法全同。例：

(1)〈集945〉　貞：㞢于河？

勿㞢于河？

〈集24644〉　貞：弜㞢河？九月。

(2)〈集555〉　貞：衛致寇，勿率，用？

〈集25172〉　庚▨貞：歲▨叙？九月。

貞：弜率叙？

(3)〈集1115〉　貞：王㞢𢀛于唐：百長，勿用？

〈集25911〉　貞：弜用？七月。

「弜」修飾的字例主要上承「勿」，例外的只有征、致二字，而此二字可解釋為第二期以後「弜」所新修飾的字例。下表諸字例在第一期卜辭的否定詞均配用「勿」，至第二期後則改用「弜」。於此可見「勿」「弜」用法上前後相承的關係。

	勿(第一期)	弜(第二期)
1. 又	+	+
2. 㞢	+	+
3. 征	+	+
4. 率	+	+
5. 用	+	+
6. 酌	+	+
7. 尞	+	+
8. 先	+	+
9. 賓	+	+
10. 宰	+	+
11. 舞	+	+
12. 取	+	+
13. 執	+	+
14. 令	+	+
15. 伐	+	+
16. 𢦔	+	+
17. 从	+	+
18. 入	+	+
19. 钾	+	+
20. 祀	+	+

同時，第一期獨用「勿」，至第三期則完全轉用「弜」的字例亦不少，如：[glyph]、[glyph]、祝、𣎵、立、彡、𡧊、狩、先、涉、省、戌、呼等字在否定句中分別先後獨用「勿」和「弜」，而沒有使用「不」「弗」「亡」等其他否定詞。這是「勿」「弜」屬於同一否定詞縱線發展的鐵證。

(五)由疊否定詞言

在第二期卜辭中，「勿」、「弜」同時與否定義的「苜」構成疊否定詞的用法：「勿苜」、「弜苜」，二者共同修飾祭祀類的字例。「勿苜」出現於第一、二期卜辭，「弜苜」則始見於第二期，而盛行於第三期卜辭，於此可見「勿」「弜」二字的關係密切。如：

〈集25020〉 甲戌卜，大貞：勿苜用三？

〈集25232〉 辛丑卜，大貞：歲弜苜☐牢、一牛？

(六)由對貞句型言

對貞卜辭多數是屬於正反句式，正辭每以「叀」作發語詞，而反辭則對應之以「勿隹」或「弜隹」。「勿隹」和「弜隹」之後多緊接前置賓語，二者的用法完全相同。對貞的關係分別是：

叀n—勿隹n

叀n—弜隹n

在時限上言，「勿隹」始見於第一期卜辭，而「弜隹」則主要出現於第三期卜辭。二者用法有上下相承的關係。由「勿」「弜」分別與虛字「隹」連用，與「叀」對應，亦可見二者關係的密切。

(七)就勿、弜同版通用言

動詞「祀」在第一期卜辭的否定式用「勿」，至第三期卜辭則有兼用「勿」「弜」。如：

〈甲3915〉 甲子卜，狄貞：王異其田，亡災？

甲子卜，狄貞：王[glyph]祀田？

甲卯卜，狄貞：其祀？

甲卯卜，狄貞：弜祀祝？

此辭是屬於第三期的龜版，二組正反對貞中的否定句[glyph]、弜同版並出，用法無異，此可作為「勿」字字形演變由[glyph]而[glyph]而[glyph]的實證。

（八）由複合句的用法言

卜辭的複合句式中，主句的否定詞絶多用「勿」或「弜」；副句的否定詞則多用「弗」「不」。互較下列諸辭例，可證「勿」「弜」的用法完全相同。

複合句中主句否定詞用「勿」例，如：

〈丙300〉 貞：勿佊，不若？

〈丙500〉 己巳卜，争貞：王往，若？

貞：王勿往，不若？

複合句中主句否定詞用「弜」例，如：

〈甲2608〉 弜往田，不禽？

〈南1022〉 庚申卜，歲其庸？

弜庸？不。

〈六束32〉 弜舞，今日不其雨？

〈後下41.15〉 弜墾，弗受有年？

〈人2061〉 弜往，弗每？

（九）就修飾義類言

第三期卜辭中「弜」所修飾的義類甚廣，與第一期卜辭「勿」的用法相當，包括有：祭祀類的钔、用、𡗜、饗、刞、𠦪、𠳋、祀、祝、告、𠴱、又、執、卯、賓、即、𡩜、𠃊、𢆶、㐁等；田狩類的狩、漁、网、戋、射、田、逐、涉等；王事類的令、呼、立、宿等；氣象類的雨、凤、日等；農事類的墾、省、萑等；出入類的征、至、从、入等；攻伐類的執、先、戍等。由此，足見「勿」「弜」二字用法的相承。

【釋勿、弜同字 甲骨學論叢】

 弻

 弻 毛公厝鼎 簟弻魚葡 詩采芑簟茀魚服韓奕簟茀錯衡箋云簟茀漆簟以為車蔽今之藩也茀當作𢐓古文弼字弼以蔽車有輔弼之義吴大澂説

 番生簋  者沪鐘 哉弻王宅 【金文編】

35【包山楚簡文字編】

重文　亡章一（乙1—26）【長沙子彈庫帛書文字編】

品式石經咎繇謨　予違女弼　說文古文作汗簡引第二文出尚書又引云見尚書說文敦煌本尚書胤征作弜此从幾與弜形不類矣【石刻篆文編】

弼弼弼竝見尚書說文亦有之弼【汗簡】

古尚書竝古尚書說文唐韻竝崔希裕纂古【古文四聲韻】

◉許　慎　輔也。重也。从弜。西聲。徐鍇曰。西。舌也。非聲。舌柔而弜剛。以柔从剛。輔弼之意。房密切。弼或如此。並古文弼。【說文解字卷十二】

◉吳大澂　古弼字。毛公鼎簋弼魚葡。詩采芑簟茀魚服。韓奕簟茀錯衡。箋云。簟茀。漆簟以為車蔽。今之藩也。茀當作㢸。古文弼字。弻以蔽車。有輔弻之義。【說文古籀補卷十二】

◉徐同柏　周毛公鼎　茀作弻者。古文弻。或作㢸。又輔弼之弼亦作佛。【從古堂款識學卷十六】

◉吳大澂　金簟弻魚葡。簋即簟。詩梁山。簟茀錯衡。箋。簟茀。漆簟以為車蔽。今之藩也。載馳。簟茀朱鞹。傳。車之蔽曰茀。大澂謂車蔽本作弻。弻為車之輔。故曰輔車相依。本不指輔頰而言也。後人因弻之古文為㢸。或以為茀字。或以為佛字。詩之簟茀佛時是也。漢書又以拂為弼。皆㢸之孳生字。此云金簟弻。錯金于簟。弻以為飾也。葡。古服字。亦作犕。盛矢之器也。詩采薇。象弭魚服。傳。魚服。魚皮也。又陸疏。魚服。魚獸之皮也。【毛公鼎釋文】

◉孫詒讓　毛公鼎　此弻之異文。說文。弻。輔也。重也。㐁弜丙聲。此㐁因者。因之省。說文夕部。㐁。古文夙。㐁人丙。宿㐁此。阮款識豐姞敨用宿夕享孝于䜴公于窒叔宿作。亦㐁因省。是其證也。簋弻疑即簟笰之異文。【古籀拾遺下】

◉劉心源　毛公鼎　簋弻即簟茀。魚葡即魚服。詩采芑箋。茀之言蔽也。車之蔽飾。象席文也。魚服。矢服也。案。孝經注左輔右弼。釋文弼本又作拂。知弻茀通也。服本作箙。說文。箙。弩矢箙也。又易。服牛乘馬。說文引作犕牛乘馬。知葡

服通也。【奇觚室吉金文述卷十二】

◉林義光　从弜之義無考。丙亦非聲。古作弻毛公鼎。簟弼魚葡。簟弻魚葡即詩之簟茀魚服。弻。車蔽也。因即茵字。見因字條。象茵覆二人之形。或作弻番生敦。與从弓形近。【文源卷六】

◉王國維　毛公鼎番生敦均有簟茀魚服語。茀字二器皆作弻。余謂此茀之本字也。說文。弜。彊也。从二弓。又弼。輔也。重也。从弜。丙聲。案。說文說此二字皆誤。弜者。柲之本字。既夕禮有柲注。柲。弓檠。弛則縛之於弓裏。備損傷。詩云。竹柲緄縢。今文柲作枈。案。今毛詩作閉。柲所以輔弓。形畧如弓。故从二弓。其音當讀如弼。或作柲作枈作閉。皆同音假借也。弜之本義為弓檠。引申之則為輔為重。又引申之則為彊。許君以弜之第三義系於弜下。又以其第二義系於弼下。胥失之矣。弼乃茀之本字。當如毛公鼎及番生敦作弻。从因。弜聲。因者古文席字。說文。席之古文作㘿。豐姞敦宿字作㝛。从人在宀下因上。人在席上。其義為宿。是因即席也。廣雅釋器。丙。席也。意謂因席古今字。說文。丙。一曰竹上皮。蓋席以竹皮為之。因謂竹上皮為丙。亦其引申之一義矣。因象席形。自是席字。由因而譌為丙。又省為丙。宿弻二字同也。弻與席皆以簟為之。故弻字从因。詩衛風齊風小雅作茀。周禮巾車既夕禮作蔽。亦同音假借也。弻既從因。則弜當是聲。上所說弜字之義。亦於此得其證矣。【釋弻　觀堂集林卷六】

◉張之綱　說文大部。奞。大也。讀若予違汝弼。是又古弗弼音通之證。此簟茀為車蔽。亦即車笭。以竹為之。故曰簟茀。唯車笭與車覆笭為二物。車覆笭即周禮巾車之䄙。詩韓奕之幭也。【毛公鼎斠釋】

◉馬叙倫　王國維曰。弻乃簟茀魚服之茀本字。當如毛公鼎作弻。從因。弜聲。因。古文席字。倫按輔也者。弼字義。或弜之引申義。重也者。校者加之。弻字自如王說。當立因為部首而屬之。番生敢作弻。

弻　鈕樹玉曰。玉篇注同上。廣韻無。倫按疑篆本作弻。傳寫誤之也。此或出字林。

㢸　倫按鉉本無說解。以篆校之。此本是古文弻。古文經傳以為弻字。傳寫誤多一弻篆。而校者謬增弻或如此。鍇本則經校者改為古文弻如此。由說解本作古文弻也。此篆下鍇本校者增亦字。而鉉本竟闕說解矣。弻蓋從攴弜聲。為摽之雙聲轉注字。本書。摽。擊也。廣雅釋詁。弻。擊也。

甹　王筠曰。玉篇無甹而力部有㔹。云。古弼字。倫按以上文弻篆無注。故此增竝字。然乃校者所為。倫謂原本蓋止弻甹二篆。弻下曰。古文弻。此下曰。弻或從弓弗。今本誤多彌篆。說解皆經增改矣。此從弓弗聲。為弜之轉注字。亦弗之後起字也。【說文解字六書疏證卷二十四】

◉商承祚 弼弻 弼。小徐以為古文。大徐以為篆文或體。弻。小徐以為篆文或體。大徐以為古文。彌弢弻段氏皆以為古文。玉篇同大徐。而不收古文弻。此又一異也。品式石經古文作弼。與第一文同。敦煌尚書胤征亦作弢。【說文中之古文考】

◉饒宗頤 丁未卜，争貞：𣪊柬于旅，毋𢼄二月。（屯甲二〇二九，亦見殷綴三四〇。）按辭云：「將柬（人）于旅，毋𢼄。」𢼄字从攴丙聲。考弼字篆作弼，从弜丙聲，古文亦作弢，別从攴，則𢼄殆弼字。（因本席字，「宿」字从此。廣雅釋器：「丙，席也。」古文席作㕛。即詩之茀字。）弼通弗及拂，漢書五行志：「君臣故弼茲謂悖。」註：「猶相戾也。」故知「毋𢼄」猶言「毋弼」、「毋拂」，即「毋相戾」之意。【殷代貞卜人物通考卷六】

◉唐　蘭　弼字从囟，囟就是簟的本字。《說文》：「簟，竹席也。」因，《說文》作丙和囪，解為「舌皃」是錯的，但「讀若三年導服之導」是對的。導服就是禫服，可見它本來讀禫。《廣雅・釋器》：「丙，席也。」證明丙即是簟。因象斜文的竹席，毛萇說簟是方紋席，這是編織藝術有所發展了。羅振玉、王國維等都解釋甲骨文的因為席形，是古文席字。不知席本作㡪，从巾石聲。《說文》席古文作㕛，則是从因石聲，石作𠂆，可省作厂。从因的字可變為从巾，守宮尊銘的𧸘字即幎字可證。弼字从弜聲，《說文》从丙聲是錯的。苗先夔《說文聲訂》和王國維的說法基本上是對的。《說文》：「弜，彊也，从二弓，闕。」是許慎已不知它應讀什麼音，後世讀如强是錯的。卜辭常見弜字，用為否定詞，與弗的意思一樣（張宗騫說），可證弜讀為弼。但是王國維說弜是柲的本字，解為弓檠也是錯的。銅器銘文裡也常見弜字，除緐卣的弜師是人名或官名外，都是氏族名，尤其常見的是亞弜的一族，有好幾件銅器，都是殷代的圖畫文字，都畫兩張弓，有的是很清楚的弛弓的樣子，根本看不到弓柲弓檠的形象。《爾雅・釋詁》「從申神加弼崇重也」，郭璞注：「隨從，弼輔，增崇，皆所以為重疊。」《說文》：「弼，輔也，重也。」段玉裁《說文注》把弼字注的「重也」挪到弜字注的「彊也」下面，雖然受到一些人的指摘，這種不提出理由而隨意挪改的態度是不嚴肅的。但是他的意思，顯然是由於弜字从兩弓，所以說「重當作緟，重弓者彊之意也，緟疊之意也。」那末，弜應是訓作重也的弼的本字。兩弓相重為弜，兩弓相反為亞，《玉篇》以為古文弗字，《漢書・韋賢傳》顏師古注：「紱畫為亞文，亞古弗字也。」《三代吉金文存》有亞父乙卣（卷十二第四十九頁）作亞，象兩個弛弓相反形。這和兩個人相隨為从，兩個人相背為北，是一個道理，可見弜不是柲或弓檠。

只有弼字纔是簟茀、竹閉和柲的本字。本來是用竹席捆綁兩張弓，又作㢸，是用雙重竹席捆一張弓。在象意字演化為形聲字時，就成為从因弜聲，而古文弢和弻，則分別為从攴弜聲或从弓弗聲，《詩經》就索性借用茀字了。王國維把弼作車蔽的茀的本字，是又一個錯誤。弼字从因，即簟字，而還叫做簟弼，這是由於中國文字和語言的差別。文字裡从因，說明它是用簟做的，

但在語言裡和弜聲同音的字很多，單説弻容易混淆，所以還叫簟弻。(好像鯉字在文字裡已經从魚里聲，表明是一種魚，但在語言裡仍然叫鯉魚。)而發展到用銅來做弻時，也還叫金簟弻。當然，這只是暫時的狀態，有的人還只叫弻，音轉而為閉、為柲、為枈，柲字又寫作□、□，更後叫做枈，又叫做榜。【弓形器(銅弓柲)用途考　考古一九七三年第三期】

◉黃錫全　□弼　弼字古作□(番生殷)、□(毛公厝鼎)、□(者沪鐘)、□(楚帛書)，三體石經古文作□，《説文》古文作□、□。此形从力，蓋弼字另一古文。《玉篇》「㢸，古弼字」。鄭珍認為此形「改古□从力，非」。【汗簡注釋卷六】

◉高　智　包山楚簡有字作「□」(51)形，原《包山楚簡》釋為「㔹」字。劉釗先生在《包山楚簡文字考釋》一文中釋為「㔹」字。按此字上從「弗」下從「力」當是「㢸」字，為「弼」之古文，《汗簡》「弼」作「□」形，故此字當釋為「㢸」。【《包山楚簡》文字校釋十四則　于省吾教授百年誕辰紀念文集】

◉林平和　弼字之形構，敦煌寫卷隸字作□弻，當本於《説文解字》弼之古文，《説文解字》弜部：「弻，輔也。从弜丙聲。……□亦古文弻。」【敦煌《隸古定尚書》寫卷中源自《説文解字》古文之隸字研究　第四屆中國文字學全國學術研討會論文集】

□ 弦

□ 弦　日甲二七【睡虎地秦簡文字編】

□ 弦少公　□ 弦豐私印　□ 弦貴魏　□ 弦武　□ 弦熙【漢印文字徵】

◉許　慎　□弓弦也。从弓。象絲軫之形。凡弦之屬皆从弦。臣鉉等曰。今別作絃。非是。胡田切。【説文解字卷十二】

◉林義光　説文云。□。弓弦也。从弓。象絲軫之形。按。从弓。玄聲。玄古作□。見玄字條。【文源卷十一】

◉馬叙倫　段玉裁曰。軫當作紾。王筠曰。象絲紾之形者。為其似古文玄也。案糸之古文作□。此□當如之。然糸細絲也。不與弦意合。故亦不言從□。此以會意定象形字也。朱駿聲曰。或曰。古文玄省聲。林義光曰。從弓。玄聲。倫按弓弦也非本訓。蓋許本以聲訓也。從弓。玄聲。象絲紾之形者。呂忱或校者所改也。不悟蠶所吐絲不可為象。而弦之實。亦以獸腸為之。謂弦形與□同。即以□象弦。然□不當在弓之背也。其為玄聲無疑。玄弦音同匣紐。可證也。甲文恒字作□。從□。□聲。倫謂□為弦之初文。從弓象弦形。為指事字。後以與弓難別。故製形聲之弦耳。【説文解字六書疏證卷二十四】

◉李孝定　説文。「□。弓弦也。从弓。象絲軫之形。」契文作□若□。羅氏據段氏所改彈篆或體作□者釋此為彈。似未安。

蓋ᛒ猶可謂彈在弦上之形。作ʒ則不得謂為形象矣。蓋从ᛜ丨者均指事字。以示弦之所在。後變為ᛜ丨。許君遂以象絲軫說之耳。或謂象弓弦。則从丨作ᛒ已足。不煩作ʒ若ᛒ。然作ᛒ則又嫌於弓。若引字單作丨不从弓。則又不足以明其為弓弦。故不得不以指事出之也。字在卜辭為人名。【甲骨文字集釋第十二】

◉銀雀山漢墓竹簡整理小組　〔一〇〕今孔丘盛為容飭以蛊世紖歌……衆博學不【□□□】□思不可補民　「紖」、「弦」之異體。此數句明本作「今孔丘盛聲樂以侈世，飾弦歌鼓舞以聚徒，繁登降之禮趨翔之節以觀衆，傳〈博〉學不可以儀世，勞思不可以補民」。《墨子・非儒下》作「孔某盛容脩飾以蠱世，弦歌鼓舞以聚徒，繁登降之禮以示儀，務趨翔之節以觀衆，博學不可使議世，勞思不可以補民」。【銀雀山漢墓竹簡(壹)】

盭　說文从弦省从盩讀若戾　瘨鐘　盭龢于政　秦公鎛　牆盤　𢿧龢于政　【金文編】

盭力結切竝从弦省見說文　【汗簡】

◉許　慎　盭弼戾也。从弦省。从盩。讀若戾。臣鉉等曰。盩者。盩皋人見血也。弼戾之意。郎計切。【說文解字卷十二】

◉郭沫若　盭，盩省，字讀如戾，在此當讀為厲。勵與蹫通。「盭勵」猶言「發揚蹈厲」史記樂書也。盭讀如戾，見說文。【師訇毀兩周金文辭大系圖録考釋】

◉馬叙倫　鈕樹玉曰。繫傳從盩作從盭。誤。王筠曰。二朱本篆皆作盭。弦部所統三字。皆與弦無涉。皆但取絲紾之義。倫按廣雅釋詁。盭。俏也。盭。曲也。似從弦得義。此訓弼戾也。當為弼也戾也二訓。弼也猶背也。戾也以聲訓。盭從弦省。蓋為弓弦背曲之義。此背戾之戾本字。然倫亦疑為紾之轉注字。從幺從糸一也。從盩當作盩聲。鍇本有盭引戾之也者。傳寫挩聲字後校者所加。讀若戾者。見盩字下矣。此字疑出字林。【說文解字六書疏證卷二十四】

◉徐中舒　𢿧、盭並是盭字的簡體。《說文》弦部有盭字，「讀若戾」；幸部有盩字，「盩厔」漢縣名，今為陝西周至縣，盩音周。盩厔照紐雙聲，古複疊語。《元和郡縣志》「山曲曰盩，水曲曰厔」，蓋其地在渭水南岸，以山環水復得名。盩厔二字皆有曲意，史頌簋「里君百姓帥䀏盩于成周」，䀏為東夷，《尚書・堯典》作堣，此言「里君百姓帥堣夷至于成周」，則是讀盩為厔為戾，而不讀周。盩厔為古複疊語，音義相通。盩既可讀為厔，則「讀若戾」之盭亦可讀為周。龢同和，「周和于政」言周之臣民普遍擁護文王之政。金文盭盩二字皆從皿，不從血，《說文》盭盩二字皆譌從血，蓋後人展轉傳抄相沿之誤。【西周牆盤銘文箋釋　考古學報一九

七八年第二期】

◉李學勤　𣪕,即盭字,與戾通,《廣雅·釋詁一》:「善也」。𣪕龢于政,意為善和于政。師詢簋作盭屚雩政,與本銘比較,可知屚是龢字的壞文。【論史牆盤及其意義　考古學報一九七八年第二期】

◉孫常叙　(二)「盭龢」即利龢

這兩個字也見於新出的瘐鐘、牆盤和宋人著録的師訇簋。三器都是「盭龢于政」。它們的「盭」字有繁簡,而師訇簋「于」字作「雩」。在以「于政」作補語的語法條件下,知這兩字連用在句中是作動詞的。

《説文》「盭」,「讀若戾。」而「戾」與「利」雙聲,古音又同在脂部,是同音詞。同音詞書寫形往往通假。古籍「戾」「利」有時通用。《荀子·君道》:「如是,則德厚者進,而佞説者止;貪利者退,而廉節者起。」《韓詩外傳·六》使用了這一段文字。可是它把「貪利者退」寫作「貪戾者退」。《禮記·大學》「一人貪戾,一國作亂」,鄭氏注:「戾之言利也。」可見「戾」和「利」是相通假的。《易·乾·文言》:「利者,義之和也。」李鼎祚《周易集解》引荀爽曰:「陰陽相和,各得其宜,然後利矣。」它説明「利」有「和宜」之義。

「利」與「戾」同音通假,而「戾」以及與之同音之「盭」都可以用來寫「和利」之「利」。

「盭」有和義。這一點,吴闓生《吉金文録》解師訇簋「盭龢雩政」句,也曾提出。不過,他是以反訓作解的。他説:「『盭』(按:依銘文應寫作『盭』。依繁文全形應寫作『盭』)即『戾』字。戾之與和,反正同訓,猶亂亦訓治也。《詩》『優哉游哉,亦是戾矣』,言其和也。」

無論從通假或反訓來説,這句銘文的語言對立統一關係,説明這個「盭」字其音同「戾」,其義為「和」。它是用作「龢利」之「利」的。

「龢利」見於《國語》。《周語下》:「陰陽序次,風雨時至,嘉生繁祉,人民龢利。」在這四句話裏,次、至、利三字古音同在脂部,它們是一段韻語。由於「利龢」這一詞組是用兩個同義詞合成的,它可以倒用而不失其語義。因此,為趁韻之故,作者把它們顛倒使用説成「龢利」。這一語例證明:「盭龢」就是「利龢」,而「龢利」又是為叶韻之故而倒用的。秦公及王姬鐘、鎛以及牆盤等銘文證明「盭龢」是它的基本形式,而《周語》這段韻文則説明「利龢」是一個修辭上的變例:

這種變例,在《詩》中是自有其例的。

《齊風·東方未明》

第一章　東方未明，顛倒衣裳。
顛之倒之，自公召之。
第二章　東方未晞，顛倒裳衣。
倒之顛之，自公令之。

「衣裳」是常用的基本形式，而「裳衣」則是為了和「晞」相叶，而「倒之顛之」的。「盭龢」和「龢利」也是這種道理。【秦公及王姬鐘、鎛銘文考釋　吉林師範大學學報一九七八年第四期】

◉黄錫全　盭盭力結切並从弦省見說文　此與盭(癲鐘)、盭(秦公鎛)等形類同，从皿。今本《說文》正篆作盭，从血。「盭」當作盭。【汗簡注釋卷五】

◉于豪亮　曰古文王，初𢼸龢于政　𢼸為盭之省文。「盭龢」見于師訇𣪕「用夾紹氒(厥)辟奠大命，盭龢于政」，又見於一九七八年陝西寶雞太公廟村出土的秦公鐘「盭龢胤士」。《說文·弦部》云：「盭，弼戾也。……讀若戾。」此字在古籍中多以戾為之，在本銘文中則讀為利。《禮記·大學》鄭注：「戾之言利也」。是戾讀為利之證。龢，古籍多作和。于讀為為。故「𢼸龢于政」即利和為政，謂以利人和惠為政。《管子·君臣下》：「君以利和，臣以節信，則上下無邪矣。故曰：君人者制仁，臣人者守信，此言上下之禮也。」「君以利和」即「𢼸龢于政」之「𢼸龢」。古人常以利與和並言，《周易·乾·文言》：「利者，義之和也。」又云：「利物是以和義。」《國語·周語下》：「於是乎氣無滯陰，亦無散陽，陰陽序次，風雨時至，嘉生繁祉，人民龢利。」均以利與和並言，這是因為古人以為利與和是一件事物不可分割的兩個方面的緣故。在古籍中有關於文王利人和惠的記載甚多。《周書·文政解》：「關夷市平，財無鬱廢，商不乏資，百工不失其時，無里不教，則無貧乏。此謂和德。」又云：「王若欲求天下民，先設其利，而民自至，譬之若冬日之陽，夏日之陰，不召而民自來。此謂歸德。」均以利與和並言。《左傳·昭公四年》云：「紂作淫虐，文王惠和，殷是以隕，周是以興。」《史記·周本紀》亦謂文王「篤仁，敬老，慈少，禮下賢者，日中不暇食以待士，士多以此歸之。」古籍中像這一類關於文王的記載很多，這裡不一一備舉，這些記載都足以證明「𢼸龢於政」應該讀為「利和為政」。【牆盤銘文考釋　于豪亮學術文存】

◉戴家祥　𢼸史牆盤　牆盤「𢼸龢于政」，宋時出土之師訇𣪕作「盭龢雩政」，癲鐘丙組𢼸作盭，𢼸盭同字。說文十二篇弦部「盭，弼戾也。从弦省，从盭。讀若戾」。玉篇二七〇𢼸，「別音力綜切」，誤。戾有正反兩義，漢書董仲舒傳「上下不和，則陰陽繆盭，而妖孽生矣」。顏師古注「盭，古戾字」。荀子榮辱篇「猛貪而戾」，小雅節南山「降此犬戾」，義皆為乖、背，為違，此反義也。小雅雨

無正「宗周既滅，靡所止戾」。大雅桑柔「民之未戾，職盜為寇」。周書康誥「今惟民未靜，未戾厥心」，義皆為定。定之與乖，亦猶亂之訓治、臭之訓香。

瘐鐘　廣韻十六屑部「盭，綬色也」，集韻十六屑部「盭，引戾也」，韻會亦同戾。金文秦公鐘「盭龢胤士」、瘐鐘「盭龢于政」，盭用法同盭，作動詞，意為整飭。【金文大字典中】

紗 

妙義雲章　紗一宵切　【汗簡】

古老子　義雲章　同上　　古孝經　【古文四聲韻】

◉許　慎　急戾也。从弦省。少聲。於霄切。【說文解字卷十二】

◉林義光　說文云。。急戾也。从弦省。少聲。按。妙為急戾。未詳。妙。微妙也。从玄。少聲。玄。古作。見玄字條。【文源卷十二】

◉馬叙倫　桂馥曰。五音集韻引有又曰小意四字。倫按急戾也疑非本義。或當作弦急也。今人所謂操切之操當作此字。然玉篇又訓尫小皃。五音集韻引有又曰小意。則字從少幺聲。或曰。此綃之聲同宵類轉注字。從幺猶從糸也。今字作紗。急就篇。秦眇房。顏師古本作妙。妙蓋之譌。胡文焕校本正作紗。但未知所據。然似仍從少得聲。陸機文賦。弦幺徽急。弦幺似即弦急。則幺即紗省。又當從幺得聲矣。從少又不得急義也。終未能詳也。【說文解字六書疏證卷二十四】

◉黃錫全　妙義雲章　《說文》「紗，从弦省，少聲」。「弦，从弓，象絲軫之形」。鄭珍認為妙字非从玄，是，然以為此形是「改从古玄」則非。《說文》糸字古文作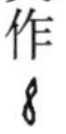，䌛梁劍䌛字作，古璽絲作，紖作(璽文13・1)等，此形應有根據。夏韻笑韻録《古老子》亦作、録《義雲章》一作、一作。【汗簡注釋卷二】

⿰糸曷 

◉許　慎　不成。遂急戾也。从弦省。曷聲。讀若瘞葬。於罽切。【說文解字卷十二】

◉馬叙倫　王筠曰。廣韻。急也。一曰。不成也。徐灝曰。文義疑有譌奪。倫按錢坫謂此違戾字。辥傳均謂即公羊隱三年傳渴葬之渴。倫疑渴葬字借為及。及之引申義為急。故急從之得聲。此與紗音同影紐。或轉注字。亦或盭之聲同脂類轉注字。讀若瘞葬者。謂讀若瘞。劉秀生曰。曷聲在匣紐。瘞從㾜得聲在影紐。影匣皆喉音。故⿰糸曷從曷聲得讀瘞。夏敬觀曰。⿰糸曷聲

脂類。瘞聲談類。脂談通轉。故𢧵讀若瘞。倫謂瘞從疾得聲。疾從夾得聲。夾音見紐。見影皆清破裂音。夾亦一字。亦音喻紐四等。喻四與影皆喉音也。故𢧵讀若瘞。此校語。【說文解字六書疏證卷二十四】

鐵二·二 鐵九二·三 前五·三六·六 後一·八·一四 前七·四·一 林二·一二·一〇 甲一三〇〇 甲三五一〇 乙八·三〇 乙一五九八 乙三六八三 粹三七六 粹三九八 粹四四六 粹四九五 京津二二八六 存一四六八 鄴三下·四三·四 【甲骨文編】

甲1300 2260 3510 乙830 830 1313 1598 2592 3526 6089 6708 珠93 279 585 續1·3·2 録77 續6·7·9 徵4·69 鄴三43·4 續存79 457 458 1468 1475 粹112 376 398 446 495 新2286 【續甲骨文編】

系 說文𢇁籀文系从爪絲 小臣系卣 𢦏系爵 【金文編】

6·79 系駴 【古陶文字徵】

𢇁毁銘范母 小臣𢇁 說文系籀文作𢇁甲骨文與此近 【石刻篆文編】

系下弟切 【汗簡】

汗簡 【古文四聲韻】

◉許　慎　系繫也。从系。丿聲。凡系之屬皆从系。胡計切。𣪠系或从毄處。𢇁籀文系。从爪絲。【說文解字卷十二】

◉孫詒讓　「㝷馬□𢇁」二之二。「貝今月𢇁米□衆」七十二之三。《說文·系部》系籀文作𢇁，从爪，此即「𢇁」之省。【絜文

舉例】

◉林義光　說文云。系縣也。从糸丿聲。籀文从爪絲，按古作錫奚尊彝丁以為奚字。从爪持。【文源卷六】

◉王　襄　古系字。【簠室殷契類纂正編卷十二】

◉丁佛言　古鉢。許氏說。系。繫也。博雅。系。相連繫也。此上（即象連繫之形。【說文古籀補補卷十二】

◉高田忠周　說文。系。縣也。从糸。从丿。丿。蓋系屬之意。或作。从毄處。籀文作。从爪从絲。絲糸同意。爪疑總括之意。𦃃亦作。同。並皆古文。籀文擇古文之緐者从之耳。繫亦元同字。朱駿聲云。按垂統於上而連屬於下。謂之系。猶聯綴也。經傳多以繫為之。【古籀篇七十】

◉羅振玉　。說文解字。系。繫也。从糸。丿聲。籀文作。卜辭作手持絲。形與許書籀文合。【增訂殷虛書契考釋卷中】

◉商承祚　　說文系。「繫也。从糸丿聲。系或从毄處。籀文系。从爪絲。」此作以手持二絲或三絲而繫聯之。故曰系。【甲骨文字研究下編】

◉楊樹達　𦃃字吳式芬吳大澂方濬益並釋為緣。余按說文十二篇下系部系字籀文作。則銘文之𦃃亦系字。釋緣非也。【小臣系卣跋　積微居金文說】

◉孫海波　，師友一·一九〇。疑系字之殘。【甲骨文編附録上】

◉葉玉森　之異體作等形。孫氏釋系是也。惟卜辭系字數見。其誼均不可知。【殷虛書契前編集釋卷五】

◉强運開　且乙尊。與籀文系从爪絲相同。【說文古籀三補卷十二】

◉馬叙倫　金甲文不見系字。唯無叀鼎字寰盤字偏傍有之。古書亦唯世本有帝系篇。然周禮小史。奠繫世。字亦止作繫。倫謂金甲文絲字或作。此籀文作。而錫奚尊以為奚字。林義光說。而祖乙卣作。本書大部。奚。從大。𦃃省聲。不曰系聲者。以不見有系字也。甲文有。自即字。亦即此籀文系。其非從丿得聲甚明。蓋系糸絲一字。皆之省。從爪。象理絲而之。指事也。即繫。故系部之字多繫義也。餘詳糸下。

鈕樹玉曰。玉篇系引說文而無此字。廣韻亦無。疑後人增。葉玉森曰。卜辭有諸文。當為鬣之或體。從叀即之譌。從處即之譌。後易為殳。倫按甲文之字。蓋從。奚聲。即戍字。其義無證。鬣為

其譌體無疑。不然。亦不得為系之重文矣。

𦀾 從爪絲校者加之。餘見系下。【說文解字六書疏證卷二十四】

◉于省吾 前七·四·一。翌乙亥酌[字形]易日。乙亥酌。允易日。叕存五四。乙未酌[字形]品。藏七二·三。[字形]米。拾二·十四。叀𢼀乎[字形]。粹三九八。之夕乙亥酌[字形]立[字形]。四四六。酌[字形]。續一·三·二。令□征[字形]。六·七·九。貞。乎犬[字形]于京。孫詒讓云。說文系部。系籀文作𦀾。从爪。此即𦀾之省。舉例下十三。羅振玉云。說文解字。系。繫也。从糸丿聲。籀文作𦀾。卜辭作手持絲形。與許書籀文合。增考中六一。葉玉森謂卜辭系字數見。其誼均不可知。集釋五·四十。按孫羅說是也。小臣系卣系作[字形]。余所藏系句兵系作[字形]。孫仲毁。孫从系作[字形]。均象以手提絲之形。而系之意自顯。栔文言系。言酌系。言酌系品。言系米。系之意義。舊所不解。系經傳通作繫。儀禮士喪禮。著組繫注。組繫為可結也。左氏春秋序。以事繫日疏。繫者以下綴上以末連本之辭。鬼谷子中經。綴去者謂綴已之繫言注。繫屬也。禮記郊特牲云。籩豆之實。水土之品也。不敢用褻味而貴多品。所以交於神明之義也。周禮內饔。辨百品味之物注。百品味庶羞之屬。栔文祀典曰系。謂以品物繫屬以交接於神明也。言系者簡語耳。言酌系。酌為酒祭。系謂系品物。言酌系品。語有不省。言系米。猶他辭言登黍登米。不言登而言系者。謂以米繫屬於鬼神。文雖有別。義則無殊也。【釋系 雙劍誃殷栔駢枝三編】

◉饒宗頤 丁巳卜，㱿貞：[字形]𢆶于東。貞：勿[字形]𢆶于東。（屯乙六七〇八）

按「𢆶」即「系」，謂繫玉帛為祭。左襄十八年傳：中行獻子以朱絲繫二玉二瑴禱于河，是其例。【殷代貞卜人物通考卷十二】

◉高鴻縉 系字初文俱象手持絲形，與許書籀文合。原倚[字形]畫絲相聯系之形，由文字[字形]生意，故託以寄聯系之意，動詞。金文[字形]字見顯字、溼字偏旁，亦象二絲聯系形。小篆作[字形]，殆又省之耳，非必以丿為聲也。後世多通叚繫字以代之，其實系與繫不同意。說文繫，繫繻也。一曰惡絮。从糸毄聲。古詣切。【中國字例二篇】

◉屈萬里 卜辭以系為祭儀之一種，其詳則莫可得而說。【殷墟文字甲編考釋】

◉李孝定 說文。「系。繫也。从糸。丿聲。𣪠系或从毄處。𦀾籀文系。从爪絲。」契文正从爪絲。或从𢆶。古文偏旁繁簡每不拘也。陳丁諸氏从王國維氏。一說釋䜌。按說文言部。「䜌，亂也。一曰治也。一曰不絕也。从言絲。[字形]。古文䜌。」徐灝說文段注箋䜌下曰。「錢云『字與𤔔連屬。應即𤔔亂之亂。治絲而紊之所謂亂也』。灝按錢說是也。𤔔即古文[字形]之變體。」又受部𤔔下徐氏箋云。「幺子相亂。其義難通。戴氏侗曰。『𤔔與𤔔同』是也。灝按。䜌之古文作[字形]。象手治亂絲。其兩旁8

省為二垂。則成。中加橫畫者。系聯之也。復加乙為亂絲。亂而以手治之。有亂義。亦有治義。就其體言則亂也。言其用則治也。故亂亦訓治。書盤庚疏云。『壁内之書治皆作亂。』」今按。徐氏説䜌之古文𤔔及𤔲字之義是也。𤔔之與𢆶𢆶。其形雖僅从爪从㕛之殊而意則有別。古文偏旁从爪从㕛固每得通。然於此二字則不容淆混。蓋系象手持絲乃懸持之象。故从一手而義已顯。𤔔𤔲象絲棼而手治之。必从二手而義始顯。倘但从一手。將治絲而益棼矣。古人製字之妙。其意常別於幾微之間。此其例也。偏旁爪㕛每得通。而此獨不能者。亦猶古文正反無別。而 獨不得混也。契文此字未見从㕛者。故仍以羅説釋系為長。金文作小臣系卣。【甲骨文字集釋第十二】

◉李裕民　《侯馬盟書》宗盟類四之九二：四五。

《侯馬盟書・字表》釋系。按：即系字。《説文》：「系，繫也。从系，丿聲，……，籀文从爪、絲。」小臣系卣作，戕系爵作，此則省从爪、絲，爪形作，與浮公父宅匜之浮字的爪形同。廿三年戈有系字作（見《考古學報》一九七四年一期三六頁），與此形同而稍簡（是糸的簡體，《兮仲鐘》孫字作可證），黄盛璋先生釋奚，非。金文奚作（《丙申角》），與此字迥異。由以系字諸形，大致可以看出从商到漢由繁到簡的變化過程，即：

【侯馬盟書疑難字考　古文字研究第五輯】

◉李孝定　系字从爪、从絲，象手持絲形；𤔔則象一手持絲，而一手治之，當釋𤔲，故𤔲字訓亂亦訓治也。【金文詁林讀後記第十二卷】

◉温少峰　袁庭棟　甲文之糸字作、、等形，絲字作。《説文》：「糸，細絲也，象束絲之形。」徐鍇曰：「一蠶所吐為忽，十忽為絲。糸，五忽也。」由糸、絲之字形可見其為已經繅繹成束之狀，馬叙倫先生指出：「糸象糾絲之形，而非蠶所吐之物之形」（《説文解字六書疏證》）。

如何由蠶繭中繅絲？可從甲文、字見之。此字象以手索緒，從繭中引出幾根絲再拈在一起之形。《春秋繁露》：「繭待繅，以涫（即沸）湯而後成絲。」《釋名・釋采帛》：「煮繭曰莫，……或謂之牽離，煮熟爛，牽引使離散如綿然也。」甲文之、

字正象以手指牽出絲緒，再將幾股離散之絲并在一起，這就是最初的繅絲。孫詒讓、羅振玉據《説文》「系」字下籀文作𦃃而釋此字為「系」。將繭的幾根絲拈在一起地繅絲，故「系」有「連系」、「系屬」之義。王國維又據《説文》「𤔔」字古文作𤔔而釋此字為𤔔（見朱芳圃《甲骨學·文字篇》）。《説文》：「𤔔，亂也，一曰治也。」此字本為以手引絲而繅之，故出「治也」義。而未繅之繭絲緒紛亂，尚待治理，故又訓「亂也」。所以，系、系既是「系」字初文，又是「𤔔」字初文，而其本義是以手引蠶繭絲緒而繅之。根據對出土的殷代絲織物的實物的研究：「三種織物的絲線，都是未加絞拈的或拈度極輕，這表示當時已經知道繅絲利用蠶絲長纖絲和絲膠本身的黏附力，不加絞拈便可制成絲線，以供織造絲綢之用」（夏鼐《考古學和科技史》第一〇一頁）。上述分析與出土實物的研究是符合的。【殷墟卜辭研究——科學技術篇】

◉楊樹達　系系為基字，丿指系所繫之物，指事。非从丿聲。𦃃爪為能名，絲為所名，繫物必手持絲也。【文字形義學】

前七·一五·二　後二·一四·七　後二·二二·七　甲二〇〇一　燕七三一　京津四七六八【甲骨文編】

甲2001　京2·14·4　新4768【續甲骨文編】

孫　乃孫作且己鼎　亘尊　己侯簋　豚卣　師㝨鼎　戜鼎　㝐鼎　師遽簋　啻簋

宅簋　女尊　姑氏簋　無㠱簋　縣改簋　㽙鼎　克鼎　克盨　頌鼎　弔

向簋　仲殷父簋　大鼎　格伯簋　仲師父鼎　師嫠簋　𠚩皇父簋　伯吉父鼎

不嬰簋　虢季子白盤　䢅仲鬲　鑄公匿　國差罎　子仲匜　弔上匜　曾伯陭壺　子璋鐘

王孫鐘　邾公孫班鎛　𠭯兒鼎　徽兒鐘　楚子匿　杞伯簋　申鼎　邵鐘　厚氏

匜　𩒨鎛　邾公華鐘　姑□句鑃　王子午鼎　㺃簋　伯作蔡姬尊　中友父盤　楚王孫漁戈

咢壺 卯簋 伯晨鼎 遅盨 兮仲鐘 篽孱鼎 伯吉父簋 郜伯祀鼎 喬君鉦 仲夏父鬲 彔作乙公簋二 伯庶父盨 敔簋 㲃父甗 陳侯因資錞 欒書缶 妊𪐴母簋 段簋 虢簋 伯𩛥簋 舍父鼎 格伯作晉姬簋 𢼸季鼎 命瓜君壺 邾公釛鐘 中山王礜鼎 中山王礜壺 螸壺 中山王礜兆域圖 寧簋 即簋 仲殷父鼎 旅虎匠 㴱伯友鼎 楚公鐘 都公鼎 番仲𢦏匜 其次句鑃 晉人簋 子𢀛盆 弔單鼎 番君鬲 白者君盤 䄞伯𩒨盤 □者生鼎 白者君鼎 且甲罍 郳討鼎 倒書 右盤 周窐匜 孫= 永寶用子孫二字合文 孚尊 子= 孫= 合文 鄦侯簋 析𠂤㒸不巨 吳式芬釋 孝孫二字合文 【金文編】

3·12 王孫陳棱再左里敀亳區 3·13 王孫陳棱立事歲左里敀亳區 3·15 王孫□逧左里敀亳釜 3·296 東蒦𨞡里公孫黔 3·473 □土孫□里宝 3·621 丘齊辛里公孫逋 3·623 丘齊辛里公孫𦀚 3·702 □孫□ 3·1134 獨字 4·160 孫𨛭 4·161 京孫 5·384 瓦書「四年周天子使卿大夫……」共一百十八字 瓦篚10·9 獨字 【古陶文字徵】

布空小 □□□孫□釿 按古鉩文孫字多作□者 典八一三 【古幣文編】

一五六：二 三百五十五例 宗盟委質類子孫 九二：二八例 一九八：一五 一九八：五十九例 【侯馬盟書字表】

45 【包山楚簡文字編】

孫 法一八五 二例 為二一 【睡虎地秦簡文字編】

3911 3868 3926 3906 3909 1554 1541 3933 3852 3859 3847
3883 3848 3854 3898 3935 3678 3940 3920 3931 1534 3927
1543 1550 1546 3897 3893 3894 3853 3928 3882 3858 3900
3899 3478 3930 3929 3880 3905 3886 3872 3869 3863 3888
3890 3857 3842 3843 3876 1540 3901 1562 3937 1556 1560
1535 1514 1544 1516 1520 1510 1513 1529 1524 1511 1519
1531 1545 1547 1548 1526 1551 1555 3855 1536 1522 1537
1521 1538 1523 1528 1558 1539 【古璽文編】

孫子夫 屈少孫 上官翁孫 樊少孫 公孫少孺 孫韓 公孫慶印 長孫横印 上官翁
孫 郭子孫印 翁孫 賁長孫 【漢印文字徵】

孫大壽碑額 石經文公 公孫敖會晉侯于戚 君奭 在我後世子孫 汗簡引石經作 開母
廟石闕 子子孫孫 【石刻篆文編】

孫並石經 【汗簡】

古老子 汗簡 並王存乂切韻 【古文四聲韻】

◉許慎 孫子之子曰孫。从子。从系。系。續也。思魂切。 【説文解字卷十二】

◉薛尚功 子孫父己彝

盖

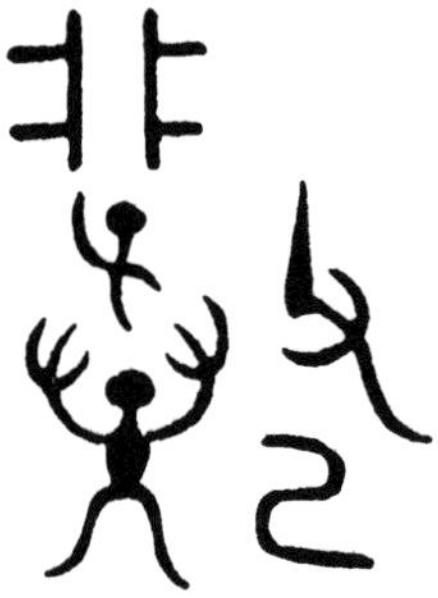

析孫子　父己

器

同上

其文有若大小人形者。蓋謂孫與子也。小者孫。大者子。

子孫拱日彝

子孫

是器銘曰子孫而孫作兩手拱戴日之狀。蓋取日以象君道也。

子孫父丁鼎一

孫　刀子　執父丁

子孫父丁鼎二

析孫子父丁

右二銘前一器上一字作持刀之狀者。孫也。蓋子與孫同為父丁作此祭享之器耳。後一器上一字曰析。有貽厥子孫之意。

孫觚

銘一字曰孫。而字形小異。蓋商書類取形似。而偏旁不拘於上下左右。此銘孫者。謂其為王父尸者也。故有象於尸焉。

周卣　孫卣

孫

右銘一字曰孫。狀尸形。蓋孫可以為王父尸。而神依人。而行託物。而見則其視聽食息有足以形容。此古人所以事死如事生。事亡如事存。其尸而祝之者。

子孫父癸卣

蓋

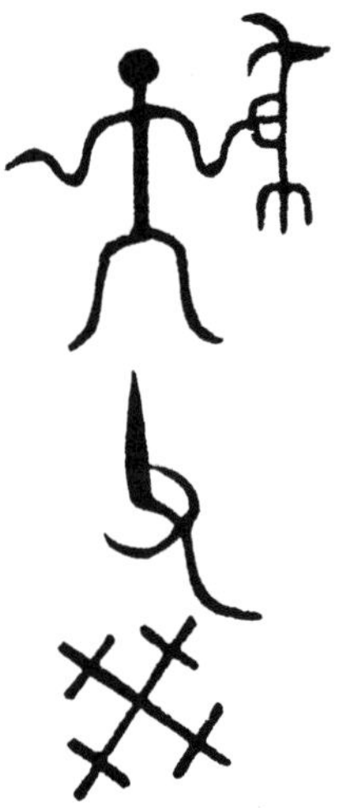

子孫 立戈

父癸

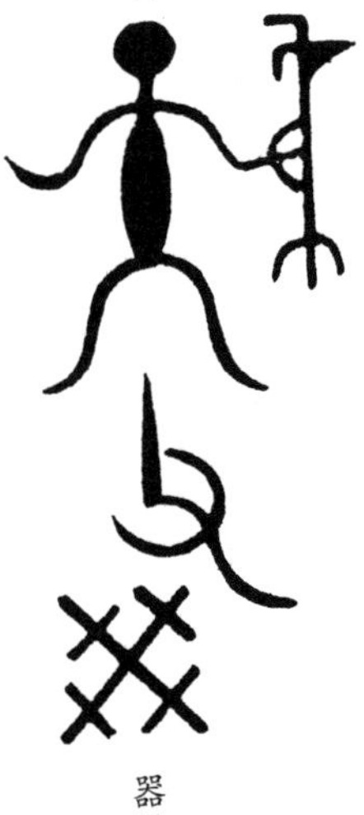

器同上

按王楚集韻以立戈橫戈並釋為子孫字。呂氏攷古又云大者為子。小者為孫。欲其承之非一世也。

祖辛卣

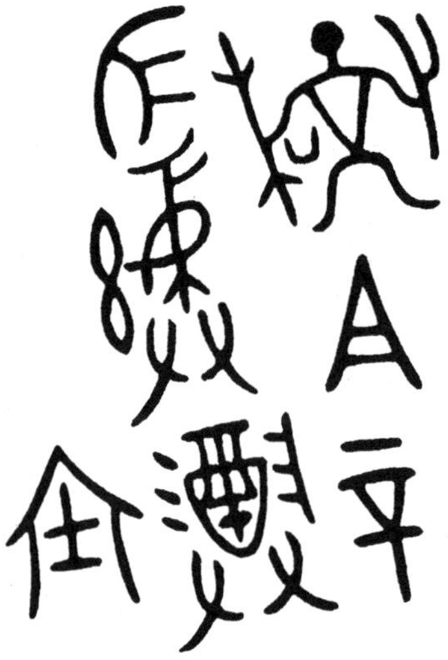

孫 左執戟 右執木 祖辛 作彝 尊寶

博古録云銘七字曰祖辛作寶尊彝。又象人形。右執木。左執戟者。孫也。按商十四代君曰祖辛。蓋祖乙之子。沃甲之兄。祖丁之父也。孫執木執戟者。殆是其武舞也。木當是朱干。戟當是兵舞。【歷代鐘鼎彝器款識法帖卷三】

◉吳大澂 古孫字。子孫父癸卣。父辛孫卣。于孫角。孫且乙觚。亦古孫字。北子孫。父丁卣。北子孫。父丁敦。【說文古籀補卷十二】

◉林義光 古作叔家父匡。作邾公華鐘。从子糸。糸亦系屬之意。或作段敦。【文源卷十】

◉王　襄　後・下・十四・七　後・下・二二・七　古孫字畢仲敢孫作。古鉨文公孫之孫作。均與此同。【簠室殷契類纂正編卷十二】

◉高田忠周　說文。子之子曰孫。从子。从系。系。續也。爾雅釋訓。子子孫孫。引無極也。此為本義。【古籀篇七十】

◉郭沫若　孨字作，舊或釋孕，或釋仔，或釋卓，均不確。余意當是孫字之異，象小兒頭上有總角之形，邾討鼎子孫字作，與此同意。又金文每有同字異作之例，本銘兩孫字亦同字異作，不足為異。【孫林父殷　兩周金文辭大系圖録考釋】

◉郭沫若　孚自孫之異，象小兒頭上有總角之形。【邾討鼎　兩周金文辭大系圖録考釋】

◉馬叙倫　鈕樹玉曰。繫傳韻會作子之子也。從子系。系。續也。翟云升曰。當屬子部。倫按本訓繩也。今捝耳。子之子曰孫。爾雅釋親文。吕忱所加也。系續也。或字林文。或校語。孫從子。繩省聲。繩從黽得聲。黽聲真類。故孫聲亦入真類。本書繩從蠅省聲。蠅音牀紐三等。古讀歸定。喻紐四等古讀亦歸於定。疑黽音古在喻四。故孫音入心紐。心與喻四同為次清摩擦音也。孫實子之轉注字。子聲之類。繩聲蒸類。之蒸對轉也。後分別之。金文叔向敦作。楕妃敢作。格伯敢作。兮仲鐘作。叚敢作。𤎯父甗作。甲文作。字見急就篇。【說文解字六書疏證卷二十四】

◉馬叙倫　子孫角　倫按孫從繩省得聲。故此作。今說文作孫。從系。金甲文無系字。乃之省耳。器作此文。或作者之族徽。或以得孫為慶而造器耶。貞松堂集古遺文十有吕仲僕作子爵。亦殆以育子而作器也。【讀金器刻詞卷上】

◉李孝定　後下十四・七　說文。「孫。子之子曰孫。从子。从系。系。續也。」金文孫字多見。均从子从糸。與此同。王氏及商氏初說是也。契文干支字子巳雖有別，然實假子為巳。子丑之子辰巳之巳均叚子孫之子為之。而一作一作，均象幼兒形。所以故示別異也。今此所从之固子孫字，不得以巳字解之也。辭云：「☐多子孫☐田。」後・下・十四・七。固明為子孫字也。【甲骨文字集釋第十二】

◉黄錫全　孫並石經　三體石經孫字古文作，此形與《隸續》所録石經同，當正作，乃由(𩰬殷)、(命瓜君壺)等形而變，中之為之右筆。【汗簡注釋卷六】

◉戴家祥　邾討鼎　邾討鼎「子=孚=永寶用」孚，當為孫字異體。从屮與从系同義，皆本系屬之義。【金文大字典上】

緜

275【包山楚簡文字編】

緜竹長印　程緜【漢印文字徵】

少室石闕【石刻篆文編】

緜出王存乂切韻【汗簡】

古老子　裴光遠集綴　王存乂切韻【古文四聲韻】

◉許　慎　緜聯微也。从系。从帛。武延切。【説文解字卷十二】

◉馬叙倫　鈕樹玉曰。韻會作從系帛。周雲青曰。唐寫本玉篇引作聯衛微也。倫按王筠以聯字為句。倫謂唐本玉篇引作聯衛微也者。衛為徵之譌字。未删除也。徵亦微之譌。聯微也當作聯也微也。皆以聲訓。其一校者加之。緜從系。帛聲。詩載芟。緜緜其麃。韓詩緜緜作民民。民為每之異文。每緜音同微紐也。古讀微紐歸明。並明同為雙脣音。帛音並紐也。緜為緜連字。故從系。鍇本作從系帛。傳寫挩聲字耳。鉉本作從帛。由不明音者所改也。字見急就篇。【説文解字六書疏證卷二十四】

◉黄錫全　緜緜出王存乂切韻　鄭珍云:「更篆,从籀文系,从本書帛。」按信陽楚簡緜作[字形]、[字形],隋王世琛墓誌作緜。白形作[字形],與[字形](摭續64)、[字形](《説文》古文)同。古蓋有如此作者,為王氏所本。【汗簡注釋卷五】

繇

繇　發語辭大誥王若曰猷馬本作繇繇説文所無説文通訓定聲據偏旁及韻會補為繇之重文　彔伯簋　王若曰彔伯戜繇自乓且考有捪于周邦

懋史鼎　師寰簋　散盤　師克盨　則繇隹乃先且考【金文編】

3·63　繇衢杏匋里癸　曾憲通釋　3·76　繇衢杏匋里耳　3·89　繇衢杏匋里☐　3·92　繇衢杏匋里迖　3·95　繇衢杏匋里莫　3·114　繇衢東匋里人徃　3·322　繇衢戜里王工　3·323　繇衢戜里□□　3·327　繇衢迲里圖齎

3·329 繇衙上𠧪里郘吉 3·729 右繇 【古陶文字徵】

70 146 149 172 180 【包山楚簡文字編】

繇 法一九九 九例 通徭 邦中之—及公事官舍 秦一〇一 秦一一七 二例 法七 秦一一八 五例 【睡虎地秦簡文字編】

从言从一被縛之豸，豸足作𠙵與缶相近，後世繇䌛二字皆從其省變—(甲9—31)、帝𨢿— 㠯䌛遊(?)之行(甲11—29) 【長沙子彈庫帛書文字編】

張繇余 侍其繇 【漢印文字徵】

品式石經 咎繇謨 咎繇曰 石經多士 王曰繇 借遙為繇 【石刻篆文編】

汗簡 【古文四聲韻】

◉許 慎 䌛隨從也。从系。䍃聲。臣鉉等曰。今俗从䍃。余招切。【説文解字卷十二】

◉吳大澂 。古譌字。譌言也。許氏説讀若譌。或从繇作。古文為一字。繇之轉為謡詠。散氏盤。【説文古籀補卷十二】

◉吳大澂 散氏盤。師寰敢盞。器文作。彔白戎敢。三字相近。疑古文譌繇為一字。説文解字。繇。隨從也。从系。䍃聲。孫愐音余招切。繇役之繇。謡詠之謡。古皆作繇。詩正月。民之訛言。許書引作譌言。爾雅釋詁注。世以妖言為訛。山海經譌火注。譌亦妖。訛字蓋為字。古文作。亦作。此从。後人遂釋為譌。又因字似从系而轉為繇。此漢儒之異釋。一字孳為兩字也。離騷。謡詠謂余以善淫。注。謡謂毀也。後漢書劉陶傳注。謡言謂聽百姓風謡善惡而黜陟之也。古謂之譌言。今謂之謡言。實一字之轉也。許書。䍃。徒歌。从言肉。疑䍃即譌繇之省。古文之變。小篆有由簡而繇之字。有由繇而簡之字。省為。先繇而後簡也。許書譯也。从口化。率鳥者繫生鳥以來之名曰囮。讀若譌。若从繇作。又音由。王氏句讀謂繇聲不能讀譌。不知譌繇為一字耳。

【譌繇字說 字說】

◉劉心源 彔伯戎敦 繇即謠。即繇。即譌。亦即猷。韓勑碑復顏氏幵官氏邑中繇發謂繇役也。謠言即譌言。譌一作訛。說文囮。或字作𡇈。潘岳射雉賦。良游呃喔。徐爰注。雉媒。江淮閒謂之游。即也。故繇譌同字。此銘从从言。即繇省。又从。即古文為省。為作。蓋合繇譌二字為之。猷者。發語辭。大誥王。若曰猷。馬本作繇。爾雅釋詁。猷。言也。注。猷者。道。道亦言也。幽通賦。謨先聖之大繇兮。注。猷。或作繇。是也。【奇觚室吉金文述卷四】

◉高田忠周 此〔吴大澂〕說稍似有據。而未為得真矣。愚謂繇𧦝譌三字皆別。而彔白戎敦字當為繇。囮之从化取聲也。𡇈之从繇。蓋取于義也。繇即由字。鳥所由來也。故从繇為會意。不可以為繇譌同字之證。若夫師寰敦字。當為譎字。說詳譎下。吴氏說多失於穿。唯此篆釋譌為得矣。說文。。偽言也。从言爲聲。詩沔水正月皆云民之譌言。毛本作訛。訛即吪字。吪譌古音在同部也。又僞訓詐也。从人爲聲。詐偽即作爲也。後人此義唯用爲不用僞字。而作爲者。實合古意。說文。爲訓母猴。誤之甚者。爲。古文从爪从象。叚借而會意也。爪者手之意。所以執事。象。古像字。像。似也。所以摹仿也。故爲者。作也。行事之義。而行事者。有善有惡。古皆謂之爲也。後世善意用爲字。又隨作从人爲聲之僞。以專為惡意義。最古無此分別。詳見爲字下。然人行動。不真正者曰僞。言語不真正者曰譌。譌僞亦轉注之類也。然則詐譌元同作僞。實同乍爲。古今文字之變易。此類至多矣。朱駿聲云。叚借為化。爾雅釋言。訛。化也。方言。譌。化也。詩節南山。式訛爾心。又為吪。爾雅釋詁。訛。動也。韓詩無羊。或寢或譌。傳。覺也。又為爲。實為僞。書堯典。平秩南訛。史記作便程南譌。漢書王莽傳。以勸南僞。正作僞。此說至詳。而亦當察爲僞譌三字元同音同義。實是同字。又或譌訛吪與譁謣誇訏吁同。雩字或作蘤。又作花。亦可為旁證。而僞言義。唯爲為其正字。未可知矣。說見上注。譌字亦或作嗚。猶吪訛同。而嗚亦叚借為咼。淮南修務訓。啳脬哆嗚。是也。古音咼爲同部。○後又按。說文。囮。異文作𡇈。从繇。繇。即譌之誤。古文繇譌二字稍似。故隸釋者改𡇈為𡇈。【古籀篇五十三】

◉郭沫若 繇字原作，以𦬇伯段字例之，殆即繇字，讀為鷂，爾雅釋畜「驪白雜毛鷂」。【大鼎 兩周金文辭大系圖録考釋】

◉强運開 彔伯𣪘。彔伯𡇈自乃祖考有□于周邦。容庚云。繇。發語辭。運開按。繇譌古相通叚。以篆體求之。實為譌之重文。說詳言部譌下。散氏盤。小門人譌。人名也。師寰敦。𢦏淮人繇我晦臣。繇。蓋讀若猶也。【說文古籀三補卷十二】

◉高淞荃　由字不見於説文。而从由者廿有二字。是説文之脱佚。前人論之詳矣。小徐謂由為古文甹之省。段氏謂由為䌛之或體。補由於䌛下。鄭氏以由入用部。云。由有用義。其説各異。按。由字之義自以小徐之説為長。而由字之形何所取義未之詳也。段以為从田有路可入者固謬。朱以為从果省亦未盡合。疑从到甲之形而少變之。⊘古文作由蘖。是其本字。禹貢。厥草惟䌛。厥木惟條。䌛即由也。草木初生。析言之則木為條。草為由。渾言之皆可為由。爾雅。苗蓨。又曰蓧蓨。是由與條可通用也。説文引書作䌛。即後出形聲之由字。古人仲由。字子路。顔路亦名無䌛。是由與䌛可通假也。引申其義則為自為用為道。而胄嗣之胄从之。取萌生之義也。甲胄之胄从之。取向上之義也。疑由字即古文胄。與甲為對待之文。後乃加月為形聲字。故與兜鍪音相近。特緩急之別耳。【説文別釋　古學叢刊一九三九年第三期】

◉馬叙倫　嚴可均曰。韻會二蕭引作䌛。隨從也。從系。䍃聲。或作繇。蓋小徐真本如此。木部櫾從䌛聲。圝從䌛。䌛從䍃省。則許書不得無䌛篆。倫按隨從也當作隨也從也。一訓校者加之。此僭字義。䌛為譌之誤文。散盤有□。吳大澂釋譌。是也。餘見圝下。【説文解字六書疏證卷第二十四】

◉楊樹達　䌛為歎詞。爾雅釋詁云。䌛。於也。郭注云。䌛。辭。䌛與銘文之䌛同。爾雅訓䌛為於者。於乃書堯典僉曰於䌛哉之於。亦歎辭也。猷與䌛古同音。故今本尚書多作猷。大誥曰。王若曰。猷。大誥。爾多邦越爾御事。多士曰。王曰。猷。告爾多士。多方曰。王曰。猷。告爾四國多方。惟爾殷侯尹民。又曰。王曰。嗚乎。猷。告爾有方多士暨殷多士。皆其事也。【彔伯㦰𣪘跋　積微居金文説】

◉高鴻縉　□散盤　劉幼丹釋譌，王静安從之。大系考釋定為䌛。按釋䌛非，周時系字只作□(見溼字、顯字偏旁)，不作□，且□亦與□字偏旁不類。【散盤集釋】

◉聞一多　説文口部曰。𠮛。譯也。從口化聲。率鳥者繫生鳥以來之名曰𠮛。讀若譌。圝。𠮛或從口從䌛。又音由。

案又音由三字似後人所沾。然其音不誤。北户録一引字林。曹憲廣雅音。龍龕手鑑並音由。譌由一聲之轉。譌訓詐。由之為言誘也。説文籀之重文作抽。又作𢭏。誘亦詐也。然則因聲求義。率鳥之説當較近古。顧亦非其朔。何以明之。古為字本作叙若彖。□前五・三〇・四。□後下一〇・二。□獵碣。從手從象。金文又有𧦝□彔伯㦰𣪘。𧦝□塱盨。譺□師寰𣪘。豫□矢盤諸字。吳大澂或釋譌。云通作䌛。舉説文𠮛讀若譌。重文作圝為證。案吳説甚精。而未達一閒。譌䌛本係一字。無取通假也。師寰𣪘淮尸夷𧦝我貟晦臣。王國維釋䌛。云與兮甲盤淮尸舊我貟晦人語同。䌛舊聲近字通。案䌛舊不祇聲近。説詳下。彔伯㦰𣪘王若曰。彔伯㦰𧦝……容庚亦釋䌛。云與馬本書大誥王若曰䌛……語同。案之文義。王容釋䌛良是。然必謂非譌字

則拘。蓋字本作𠌶。隸定當作𦃇。𦃇省系則為䌛譌。省象則為䌛。論其本根。䌛譌仍係一字。故䌛變作䌛。説文䌛字從之。而讀若譌也。正字通有䌛字。云同囮。從䌛與金文合。當即䌛之正體。䌛從口從䌛。䌛為𦃇之省。已如上説。然則此字當何所取義乎。通鑑□桂馥説文義證引。不詳何紀。行篋無通鑑。容後補檢。紀注曰。

安南出象處曰象山。歲一捕之。縛欄道旁。中為大穽。以雌象行前為媒。遺甘蔗於地。傅藥蔗上。雄象來食蔗。漸引入欄。閉其中。就穽中教習馴擾之。始甚咆哮。穽深不可出。牧者以言語諭之。久則漸解人意。

口象欄形。䌛則手牽象而以言語教諭之。制字之意。與殊方土俗捕象之法悉合。然則䌛之本義為象䌛明矣。蓋依字形所示䌛之中心意義。本指既捕後教習馴擾之事。擴大言之。凡誘致生象之事。及其所用之媒並欄穽之屬諸邊緣意亦俱謂之䌛也。【釋䌛 聞一多全集二】

◉朱芳圃 彔伯簋 散盤 師寰簋 説文系部:「䌛,隨從也。从系,䍃聲。䌛,䌛或从晉。」今本䌛誤作䌛,並脱重文䌛,兹依韻會二蕭引補。聞一多謂䌛與譌係一字,義為誘致生象而以言語教諭之。古典新義五四五。並引公伐郐鼎及鐘兩偽銘為字為證。同上五四七。桉聞説非也。字从言,聲。象獸形。從篆文改為䍃聲證之,當即鼬之初文。爾雅釋獸:「鼬鼠」,郭注:「今鼬似鼦,赤黄色,大尾,啖鼠。」説文鼠部:「鼬如鼠,赤黄而大。食鼠者。从鼠,由聲。」廣雅釋獸:「鼠狼,鼬」,王念孫曰:「今俗通呼黄鼠狼。」頭上之,與金文孫字所从之系作相同。説文系部:「系,繫也。从糸,丿聲。」又県部:「縣,繫也。从系持県。」蓋獵獲此物時,用繩索繫其頸而縣之,詩魏風伐檀「胡瞻爾庭有縣貆兮」,此即其形象,惟所縣之物略異耳。若皆其變形。從音言之,䌛與由,音同字通,荀子禮論:「先王恐其不文也,是以䌛其期足之日也」,楊注:「䌛讀如由」;漢書元帝紀:「不知所䌛」,顔注:「䌛與由同」,是其證。形義既符,音亦切合,之為鼬,可無疑矣。【殷周文字釋叢卷上】

◉嚴一萍 懋史鼎作,與此相近。繒書結體較繁。正始石經:「王曰䌛。」大誥作猷。案猷䌛古字通。釋詁:「䌛,道也。」方言:「猷,道也。」詩巧言:「秩秩大猷。」漢書班固傳作䌛,可證也。【楚繒書新考 中國文字第二十六册】

◉陳邦懷 「䌛」,巴氏摹本作「䌛」,筆劃均有缺損。疑此為「䌛」字之别體。䌛、由通用。「歲則無由祭」,於辭義順適。【戰國楚帛書文字考證 古文字研究第五輯】

◉商承祚 魏品式石經咎䌛謨「咎䌛曰」,三體石經多士「王曰䌛」,一作䌛,一作䌛,二字同。《説文》「䌛,隨从也」,大徐云:「今俗从䍃」。案徐説非。《説文》木部櫾,从木,从䌛;䌛从䍃。敦煌本《尚書·盤庚下》及品式石經、漢校官碑、魏上尊號皆作䌛从䍃,《玉篇》䌛同䌛,是異文,非俗體,亦如遥亦作遥也。漢禮器碑及漢西狹頌之䌛从音則是誤字。古隸多用為徭役和猶字,經典

同。又用為由，《漢書・武帝紀》「厥路亡繇」，《爰盎傳》「盎繇此名重朝廷」，注：「繇，讀與由同。」又《史記・仲尼弟子列傳》「顏無繇」，《家語》作「無由」；《漢書・古今人表》「繇餘」，《韓非子・十過》作「由餘」；《玉篇》亦謂由與繇、䌛同。繇、由同音，古字通也，後趨簡易，遂用由字。【《石刻篆文編》字說(二十七則)　古文字研究第五輯】

◉李孝定　諸家謂䌛、譌同字者是也，右旁原當从「象」，象首或作「□」，與「系」字誤混；「爲」字从「爪」，篆誤作□，「譌」遂誤為「䌛」字矣。字原為从「言」、「為」聲，未有縣獸之象，朱芳圃氏之言，似有可商。【金文詁林讀後記第十二卷】

◉曾憲通　□實為繇之初文，字乃象形文鼬之省變，上體□象鼬鼠之頭部，非幺非白，亦非从糸，下體□象鼬鼠之足及尾，絕非夲聲。將□與象形文□作一比較，便可了然。因此□乃从虎□聲或繇省聲，可隸定為虩，與从虎報省聲之虩字古音同在幽部。小盂鼎之虩字最古，必為以虎皮包甲之專字，「畫虩」即於虎皮之上施以文飾之甲。伯晨鼎之虩字稍後，乃虩字之異構，「□冑」即甲冑也。皋古音亦在幽部，讀□為皋，則為假借字也。總之，□之釋虩，無論從字形字音看，都要合理得多。⊘

先秦繇字或作象形文□，或作形聲字□，但無論象形或形聲，均無「从系䍃聲」之形迹。繇字偏旁之䍃，是由象形文之獸頭與聲符缶訛變而成的，與肉聲毫不相干；而从缶肉聲的䍃字，則是由另一系統演變、發展而來。章太炎《文始》云：「《說文》缶『瓦器，所以盛酒漿，象形』。變易為匋，『瓦器也，从勹聲』，故《史籀》讀與缶同。作喉音，則變易為䍃，『瓦器也』。䍃旁轉為宵，又孳乳為窯，『燒瓦窯竈也』。」可見偏旁之䍃與瓦器之䍃來源不同，意義各別。免盤有□字，即䍃之繁文，朱芳圃曰：「按上揭奇字(指□字)，从㚇从自，結構與篆文尊，金文作𨺅相同。㚇象手持㽕，㽕从由肉聲，當即『䍃』之異文。《說文・缶部》：『䍃，瓦器也。从缶肉聲。』考《由部》：『由，東楚名缶曰由，象形。』是『由』與『缶』異名同實，从由猶从缶矣。自，象徵尊奉之意。免盤云：『錫免鹵百隉。』玩其辭意，蓋『䍃』之繁文也」。朱說□字所从之㽕即䍃之異文，甚是。□為肉字，金文亦有例證，如胤字秦公簋作□，逦鼎作□，从□亦可从□，均是肉字。《說文・缶部》：「䍃，瓦器也，从缶肉聲。」徐鉉曰：「當从䍃省乃得聲。」大徐以䍃為繇之俗體，故有此說。言部「䍃，徒歌(按《爾雅・釋樂》徒歌曰謠，䍃即謠之古字)，从言肉。」段玉裁云：「各本無聲字，缶部䍃从缶肉聲，然則此亦當曰肉聲，則在第三部，故繇即由字音轉入第二部，故䍃、瑤、繇、傜皆讀為遥」。段氏謂䍃瑤繇傜皆讀如遥，正是諧聲偏旁二、三部合用(即幽、宵合用)之證。由此，我們找到了由象形缶聲的□訛變為从系䍃聲的繇的一條綫索，這就是讀音上的轉移，引起形體上的變易。具體言之，□字从缶得聲，原在三部(幽部)，變易為繇，轉入二部(宵部)；瓦器象形之缶，原在三部(幽部)，變易為从缶肉聲之䍃，亦轉入二部(宵部)。兩者在語音上的轉移變化正好相同，因而在讀音上也就趨於一致。由於□與䍃語音上的巧合，加之□與䍃形體上的近似，後人因昧於□字所象之形，遂改形附聲，將象形文□割裂而為系

肉二形，肉又與音符之缶結合為䍃，遂與从缶肉聲之䍃完全同形同音。於是，兩個來源不同，意義各別的䍃形，便靠着音讀巧合這根中軸七轉八轉終於轉合在一起了。這便是由不具䍃聲的□變為从系䍃聲的繇的訛變過程，也就是偏旁之䍃與瓦器之䍃同化在一起的同化過程。這種象形文聲化的複雜現象在文字發展史上是屢見不鮮的。從睡虎地秦簡與鳳凰山漢簡徭役字均作□□看來，這過程早在許慎以前就已經完成了，所以《説文》只能據訛變後之形體立説，自然會引起後人對其形聲的諸多爭論，這是我們今天必須加以辨明的。【説繇　古文字研究第十輯】

◉李　零　䌛，同由，用也，《論語·泰伯》「民可使由之」，注：「由，用也。」《廣雅·釋詁四》《小爾雅·廣詁》訓同。「亂」，下字殘，應為「逆」字。

金文䌛字作□（懋史䌛鼎）、□（散氏盤）、□（師寰𣪘）等形，其基本結構是從言從一被縛之豸，下有與𦥑字所從相同的□。此字值得注意的地方是，它同時包含了今繇、䌛二體，二體都是從同一個字省體而成；䌛是省豸為爪，與言相合作左旁，以縛豸的「系」作右旁；繇是省豸為爪，與訛變為缶的□相合作左旁，以縛豸的「系」作右旁。這裏的䌛或繇是嘆詞或發語詞，《爾雅·釋詁》：「爰、粵、于、那、都、䌛，於也。」《書·大誥》：「大誥䌛爾多邦」（《釋文》引馬融本）。過去，王引之《經傳釋詞》（卷一）曾否認䌛是個嘆詞或發語詞，楊樹達《詞詮》（卷七）從其説，把這個詞定成介詞，這是不對的。後來楊氏本人在《積微居金文説》（卷一）「彔伯𢦏𣪘跋」中又恢復了䌛是個嘆詞的説法，其所據即該𣪘銘文：「王若曰：䌛，自乒祖考有勳于周邦。」楊氏的後説才是正確的。

【長沙子彈庫戰國楚帛書研究】

◉黄錫全　□䌛　見夏韻宵韻。　䌛字古本作□（彔伯𣪘）、□（懋史鼎）、□（師克盨），《説文》正篆變作□。此形左下□當是□形譌誤。䍃字从言變从缶，如謠作□（夏韻宵韻）、搖作□（同上）等。魏上尊號奏繇作□（篆隸12·41）。缶乃言形譌變。【汗簡注釋補遺】

◉戴家祥　□彔伯𢦏𣪘字从言从□，□之下文从夲，與𧿊侯伯晨鼎「□戈□冑」□字左半、𦬔伯𣪘「歸讀饋𦬔伯□裘」□字右半形同。孫詒讓謂即禮記樂記「名之曰建皋」之皋。古籀餘論卷三第五十六葉。按𦬔伯𣪘□从匕，殆即皋比兩字合文。左傳莊公十年「蒙皋比而先犯之。」杜注「皋比，虎皮。」朱芳圃𣪘周文字釋叢卷上第十葉。□釋母䶂之皮。然則。□字从言皋聲，其為嘷字，殆無疑義。説文二篇口部：「嘷，咆也，从口，皋聲。獆，譚長説嘷，从犬。」集韻下平六豪獆嘷同字，或作𤝞，皆表義更旁字也。其在𣪘銘，字當讀䌛，嘷讀「乎刀切」，匣母宵部。集韻䌛讀「餘招切」，喻母宵部。匣喻皆在喉音，故嘷得假為䌛。集韻䌛又音「夷周切」，喻母幽部，幽宵韻近，故字又通由。荀子禮論「先王恐其不文也，是以繇其期足之日也」，楊注「繇讀如由」。漢書元帝紀

「不知所繇」，顏注「繇與由同」。商書盤庚上「由乃在位」，由，發語詞，爾雅釋詁「繇，喜也」。與𣪘銘文例相近。【金文大字典下】

◉劉　桓　甲骨文𡆥字，作𡆥、𡆥、𡆥、𡆥、𡆥、𡆥諸形，晚期卜辭加犬旁作犭𡆥，仍是同一字。舊釋多讀此為咎、禍字，其實並不正確。從前郭沫若先生曾指出𡆥即繇之古文，讀為憂，于省吾先生亦曾利用金文、漢簡等資料，考證𡆥之音讀。近年裘錫圭先生釋讀𡆥字，肯定郭氏舊説，認為𡆥應釋繇而讀為憂，並就𡆥與囟、昌二字關係有所闡述。

從𡆥字構形分析，𡆥、𡆥乃象骨版之形，即常見的獸骨（主要是牛骨）肩胛骨之形，而卜則象其上占卜時的卜兆，即經鑽鑿後的骨版用火烤後出現的裂紋。這一會意字，由殷而周，在文字的演變中，其本義逐漸晦而不彰，𡆥犭𡆥二字常被猶、繇（繇）所取代。

𡆥字本義是指占卜時骨版的卜兆，連類而及也指龜甲的卜兆，犭𡆥字形聲字意同。此意在猶字中尚有存留，《詩・小雅・小旻》：「我龜既厭，不我告猶」，毛傳「猶，圖謀也」，釋次句為「不肯告其吉凶之道也」。鄭箋：「龜靈厭之，不復告其所圖之吉凶。」此猶字正指用龜甲占卜時卜兆之吉凶。由於卜筮均有占問性質，卜兆又通於筮兆，故字又通繇，指筮兆之繇辭，如《左傳・閔公二年》「成風聞成季之繇」，服虔注：「繇，抽也，抽出吉凶也。」《左傳・僖公十五年》：「初晉獻公筮嫁伯姬於秦，遇歸妹之睽（卦略），史蘇占之，曰：不吉，其繇曰：士刲羊，亦無衁也；女承筐，亦無貺也。」皆其例。在古書中繇、猶相通，不煩舉例。

由於占卜者可以從卜兆判斷吉凶，而供卜者決定行事；故猶（猷）又由卜兆義引申為猷謀，蓋卜以決疑，卜兆在一定程度上決定着大小事情的打算或計劃。《書・盤庚上》「聽予一人之作猷」，《盤庚中》「汝萬民乃不生生，暨予一人猷同心」，文中的「予一人」為殷王自稱，而猷字均當依《爾雅・釋詁》訓為「謀也」，義為謀劃。《書・康誥》「用康乃心，顧乃德，遠乃猷」，此「猷」亦作謀劃解。《詩・大雅・板》「出話不然，為猶不遠」，「猶」字義同。典籍中「猶」的這種用法很多，都從「猶」有表示卜兆吉凶之義引申而來，顯然與《説文》所訓「猷，玃屬……一曰隴西謂犬子為猷」其義無涉，並非用其本義。

𡆥在卜辭中多讀為憂，可成定論，在卜辭中亦有辭例供體會：

庚午卜，王曰，貞：翌辛未其田，𡉚（往）來亡𢦏，不冓𡆥，兹用。（京三四五四）

貞：甲子皿乙丑牧石麋，不隹𡆥，隹又（祐）。（乙一二七七）

皿字在此應從裘錫圭先生説，釋為皿而讀為《詩》「夜鄉（嚮）晨」的鄉。「不冓（遘）𡆥」、「不隹𡆥」，就是「亡災」、「隹又（祐）」，故讀𡆥為憂，其義正合。若讀為咎、禍，則未免與災字重複，殊無必要。

至於犭𡆥字，多見於晚期卜辭「亡𧊒（害）自犭𡆥」、「亡𧊒才（在）犭𡆥」之中，如：

癸未卜，王卜貞：酉（酒）彡日自上甲至于多毓（后），衣（卒）亡𧊒自畎，才（在）四月，隹王二祀。（合集三七八三六）

☒戌，王卜〔貞〕……䢅三邦〔方〕……不苜(蔑)戋……亡蚩才猒。(合集三六五二九)

其例甚多，不備舉。我們知道早期卜辭常見卜「㞢蚩」(又蚩)或者「亡蚩」，蚩即害字，這一習語至晚期才出現較完整的表述，作「亡蚩自㓜」或「亡蚩才㓜」。這兩個辭語中㓜均當讀猶或繇，乃指龜甲或卜骨上卜兆所呈現的吉凶。故「亡蚩自㓜」、「亡蚩才㓜」，意即從卜兆的吉凶上看顯示出無害，簡言之即「亡蚩」。【殷契偶札　于省吾教授百年誕辰紀念文集】

糸

粹八一六　乙六七三三　京津四四八七　存八〇　簠典一〇〇　乙五三九七　人名　燕四四六

乙一〇五　乙一二四【甲骨文編】

甲3576　乙105　124　6733　徵8·100　續存80　新4487【續甲骨文編】

糸　子糸爵　糸父壬爵　子▲父癸鼎【金文編】

刀弧　背右糸　冀靈【古幣文編】

陳糸　郝糸【漢印文字徵】

弥户田切　糸亡狄切【汗簡】

汗簡【古文四聲韻】

◉許　慎　細絲也。象束絲之形。凡糸之屬皆从糸。讀若硯。徐鍇曰。一蠶所吐為忽。十忽為絲。糸。五忽也。莫狄切。古文糸。【說文解字卷十三】

◉高田忠周　說文。細絲也。象束絲之形。古文作。今依此篆及下爵文。糸字元當作。司寇匜絇字所从作組字所从作可證。然則後人省略是也。又省作。遂與少字混矣。幺从玄省。玄即从糸省。舊說誤。今正云。【古籀篇六十八】

◉馬叙倫　王筠曰。糸象束絲之形。絲從二糸。是許以糸為象形字。以絲為會意字。殆非也。絲則象形。糸則絲省也。絲為

物與麻同。苟無說文玉篇。誰復知𣏟為古麻字乎。𣏟之為字。以種必密比故兩之。絲之為字。以其物必絜束故兩之。凡以象其多也。且其字為已經湅治之絲。非蠶初吐之絲。何也。糸之古文為𢆯。即知絲之古文為𢆶。業已成綫。兩股相糾也。小篆作糸。下作三岐者。非三合繩也。上端屈絲而為綫。故不散。下端則散矣。故三以象之。實則細絲甚多。不止三也。糸則省文絲字耳。絲字業已緐重。用為偏傍。不便書寫。故省之。從糸者既多。即別立音義耳。試觀糸絲素三部中字。其義竝同。而絕之古文從兩絲。繘之籀文𢑴之古文系之籀文皆作絲。則其無異義概可見矣。恒言皆曰絲。不曰糸。知糸即絲矣。徐灝曰。孫子算經。蠶吐絲為忽。十忽為一絲。按忽即糸也。古重脣音忽讀如没。斂之則為蔑矣。古文𢆯象形。蓋一忽不可以為形。故象其糾結。篆文左右垂。象束絲之餘。戴侗讀糸為絲。謂絲非一覛之緒。故象其兩以立義。其有偏傍者則從絲省。非有二字也。宋育仁曰。細絲者。蠶所吐未治成絲也。張揖說。蠶所吐為忽。十忽為絲。蠶所吐者甚細微。須繅之乃成。故糸象束絲之形。繅。繹繭也。繹。抽絲也。抽絲者必總其端。引緒而散之。手捋。故系象束絲之形。上象束之。下散析之。讀若覓。然糸之言蔑也。正與張揖說忽同。饒炯曰。糸絲同字。後人好為分別。說解離而二之。馮振心曰。幺糸丝絲同字。倫按蠶吐絲成繭。繭如雞卵而小。可畫成其物也。一絲之微。可畫而不可畫也。然繹繭所成糾而為𢆯者。則隨體詰詘而象其形矣。以其為蠶所吐之物所成。故即借以為蠶所吐之物之名。此部屬字。有從束絲得義。有從蠶所吐之物得義。從蠶所吐之物得義者。從假借之義也。字形秦篆作糸。古文經傳中作𢆯。然亦即初文也。甲文糸字偏傍作𢆯。是糸為象糾絲之形。而非蠶所吐之物之形。乃繅繹而成之絲矣。倫目諗農家繹成之絲。聚而丩之。正如此形。讀若覓者。今杭縣謂以兩手各持一股以上之絲麻丩之為綫。亦正曰覓。是則糸者。謂聚絲而覓之。故文即象其形。此下作𠆢象三股所糾之餘。䜌鼎䜌字所從之絲作𢆶下作∧。象二股所糾之餘。此古文作𢆯。則下亦覓之餘而緊糾不散者也。然則以形定義。糸是動詞。非静詞也。糸絲一字。而籀文糸作𢆶。即金文𢆶之異形。從爪。𢆶象所覓之絲。於六書為指事。蓋𢆶糸實一字。緐簡異耳。由此益明糸非細絲之名。且所以讀若覓矣。說解當作丩絲也象形。此作細絲也者蓋本作細也。象束絲之形。傳寫誤羨一絲字於細下。細也者。細為借糸為蠶所吐而可以為帛者之名之轉注字。即絲字義也。象束絲之形者。吕忱或校者改之。讀若覓者。覓音明紐。聲轉為忽。忽從勿得聲。勿音微紐。明微古為一紐。而忽音轉入曉紐。絲音心紐。心曉則同為次清摩擦音。故今謂蠶所吐之物為絲。蓋由時空之故而變移也。

𢆯　玉篇引作絲。蓋丝之譌。【說文解字六書疏證卷二十五】

◉靳青萬　𢆯字，也就是今天的「糸」、「纟」字，《殷墟文字甲編》「三五七六作𢆯，《甲骨續存》八〇作𢆯，《戰後京津新獲甲骨集》

四四八七作，《續甲骨文編》一二二四作，《說文解字》作、作。該字我們一直讀其音為si（絲），釋其義為「細絲也」。然而，我認為，該字最早的原始義應為「繩」。理由是：第一，從上引各書所録之形狀看，該字係二絲紐纏，為「繩」之狀而絶非「絲」之狀，顯然系「繩」之象形。尤其如《甲骨續存》八〇所録之，更為「繩」狀無疑；第二，上古原本無「繩」字，較之「糸」字，「繩」字只能是後起的，因為它從屬於「糸」，只能是在原讀音為「莫狄切」的「糸」字的音義發生變化（音義皆變為「絲」）之後，才又在「糸」字的右邊加了一個聲旁「黽」（音為meng，義為蛙，或古時一種昆蟲），而形成并表達「糸」字本義「繩」的；第三，因下述三字（、、）與本字的互證。所以我認為，「」字原始的形、音、義均應為「繩」，即結繩記事所用之材料、繩結符號之載體也。【論甲骨文字、、、與結繩記事之關係　殷都學刊一九九六年第三期】

繭

繭　繭　日甲一一三背【睡虎地秦簡文字編】

繭【汗簡】

說文　並崔希裕纂古　並同上【古文四聲韻】

◉許　慎　繭蠶衣也。从糸。从虫。黹省。古典切。古文繭。从糸見。【說文解字卷十三】

◉林義光　說文云。繭蠶衣也。从糸从虫。从芇。按芇聲。【文源卷十】

◉馬叙倫　鈕樹玉曰。繫傳作。韻會引亦同。而省下有聲字。集韻引作從糸芇聲。當不誤。五經文字繭注云。從虫。從芇。芇音綿。一切經音義十七引蒼頡解詁云。繭。未繰也。字從虫。從糸。芇聲。芇音眠。六書故云。唐本說文從芇。翟云升曰。文選勸進今上牋注引作黑皺也。王筠曰。字鑑引作芇聲。倫按此字如從糸從虫芇聲。為會意兼聲。六書無兼聲。此篆鍇本作者。桂馥引干禄字書蒼頡解詁並左虫右糸。又引魏受禪碑作爾。形與鍇篆一本同。而亦左虫右糸。知此作黹省有由來矣。倫謂繭蓋有象形之文。後以疑於他象形之文。而造從糸芇聲之形聲字。又以緜形近絺。乃復增虫。而易其形為繭。以便書也。禮記玉藻。言容繭繭。鄭注。繭繭猶緜緜。此古讀繭如緜之證。亦即繭從芇得聲之證也。此實當訓蠶所吐也。今以為絲字之訓。遂以蠶衣為繭字義。仍疑非本訓也。糸古音如覓。而繭得聲於芇。音同明紐。然則糸聲即得於繭。繭音今轉入見紐耳。

繅

繹

鈕樹玉曰。繫傳作覞。韻會引及玉篇作覞。桂馥曰。一切經音義十四藺古文覞同。倫按吴穎芳謂見聲。是也。芇見聲同元類。故藺轉注為覞。從糸見三字校者加之。【説文解字六書疏證卷二十五】

◉商承祚 覞从見者。藺之為物。雖未見絲。而糸形已見。會意兼聲字也。【説文中之古文考】

崔希裕纂古 【古文四聲韻】

◉許 慎 繅繹藺為絲也。从糸。巢聲。穌遭切。【説文解字卷十三】

◉馬叙倫 鈕樹玉曰。玉篇為作出。禮記祭義釋文引作抽藺出絲也。韻會引作繅藺為絲。倫按本作繅繹藺也。抽藺出絲也。繅為隸書複舉字也。抽藺出絲也蓋字林文。爾雅釋草釋文引字林。繅。繹藺也。或字出字林也。繅音心紐。繹音喻紐四等。同為次清摩擦音轉注字也。【説文解字六書疏證卷二十五】

一五六：二四 十例 宗盟類參盟人名 委質類獻説繹之皇君之所 一八五：二 三：二三 五例 一五六：一九 五例 三：二三 二例 擇 一五六：二一 睪 【侯馬盟書字表】

246 【包山楚簡文字編】

繹 日甲一三背 二例 通釋 乃— 髮西北面坐 日甲一三背 【睡虎地秦簡文字編】

繹罙 王繹若 【漢印文字徵】

◉許 慎 繹抽絲也。从糸。睪聲。羊益切。【説文解字卷十三】

◉馬叙倫 玄應一切經音義引三倉。繹。抽也。解也。此抽絲也蓋字林文。許當以聲訓。【説文解字六書疏證卷二十五】

緒

263【包山楚簡文字編】

朱緒中印　王緒　田緒　緒黑私印【漢印文字徵】

◉許　慎　緒絲耑也。从糸。者聲。徐吕切。【説文解字卷十三】

◉吴大澂　古緒字省文。古陶器。【説文古籀補卷十三】

◉丁佛言　古鉨。番陵緒左稟鉨。古匋。【説文古籀補補卷十三】

◉馬叙倫　鈕樹玉曰。韻會引及玉篇注耑作端。倫按廣雅釋詁。耑。緒。末也。方言。緤。末。紀。緒也。南楚曰緤。或曰端。或曰紀。或曰末。皆楚語也。倫謂耑為長短之短本字。音在端紐。緒從者得聲。者音照紐三等。古讀歸端。是緒耑同語原也。絲耑蓋即繭滓。緒音邪紐。絓音匣紐。同為次濁摩擦音轉注字。【説文解字六書疏證卷二十五】

緬

◉許　慎　緬微絲也。从糸。面聲。弭沇切。【説文解字卷十三】

◉馬叙倫　鈕樹玉曰。玉篇重文作絤。廣韻上聲引説文。入聲八屑有絤。注云。細也。出蒼頡篇。桂馥曰。廣雅。絤。微也。倫按疑絤為正篆。緬為重文。今失正篆。六朝字林盛行。故緬行而絤廢。亦或蒼頡本作緬。傳寫以字林字易之。故廣韻引蒼頡作絤。絤為緬之重文。今本無絤者。㥄正説文者玄之耳。微絲猶糸下作細絲。合為微也絲也二訓。微也以聲訓。緬從面得聲。面音心紐。緬蓋絲之轉注字。亦細之轉注字。絲也蓋字林文。【説文解字六書疏證卷二十五】

純

純　不从糸　頌簋　屯字重見　陳猷釜　从束　中山王譽壺　是有𥟩德遺巡【金文編】

263　267【包山楚簡文字編】

梁純印信【漢印文字徵】

石經君奭　天惟純右命【石刻篆文編】

純【汗簡】

石經【古文四聲韻】

◉許　慎　絲也。从糸。屯聲。論語曰。今也純儉。常倫切。【説文解字卷十三】

◉吴大澂　古純字。頌敦。康虔屯右。當讀作純佑。屯字重文。共純赤金圜幣。【説文古籀補卷十三】

◉丁佛言　鄦惠鼎。寰槃。二字皆見原書。引錢宮詹説釋作縞。案字左半从亯。非从高。當是綧。集韻。綧同純。純。絲也。以組約圭謂之緷。即純緷。義猶絲組絲綬用以約圭也。【説文古籀補補卷十三】

◉馬叙倫　段玉裁曰。禮之純借為緣。純與醇同音。醇者。不澆酒也。純當為絲不襍義。錢坫曰。禮皆以純為緣。此作絲也乃俗訓。後人所改。引論語亦後人加。其所以改加之由。本孔安國説也。應同鄭注。倫按段以語原推知純是絲之不襍者。理得成也。則絲字下有挩字。然當是字林文。或字出字林。吕忱治偽古文尚書者。因並用論語孔注而引論語為證也。急就篇。錦繡縵紝離雲爵。宋太宗本紝作純。陳猷箚作。【説文解字六書疏證卷二十五】

◉張政烺　中山王礨方壺　盹，从束屯聲。从束與从糸同義，如詛楚文約作𣏌，盹即純之異體。詩周頌維天之命「文王之德之純」。傳：「純，大」。國語晉語「德不純」，注「純，壹也。」【中山王礨壺及鼎銘考釋　古文字研究第一輯】

◉商承祚　純，用不同質地和不同顔色的布料包鑲衣服邊沿古謂純。《儀禮·既夕禮》：「緇純」。注「緇，黑色也。飾衣曰純，謂領與袂」。《禮記·深衣》：「純袂、緣、純邊，廣各寸半。」今觀楚簡，則器物邊沿亦謂純。結芒，草名。結芒之純，謂仿芒草花紋衣料以緣邊。以錦緣邊謂綕純。【信陽長臺關一號楚墓竹簡第二組遣策考釋　戰國楚竹簡彙編】

綃

◉許　慎　生絲也。从糸。肖聲。相幺切。【説文解字卷十三】

◉馬叙倫　嚴可均曰。韻會二蕭引作生絲繒。桉繒。綺類。尚隔七十餘篆。後漢獨行向栩傳注引與大徐同。一切經音義卷十五引通俗文。生絲繒曰綃。或韻會以他書改也。桂馥曰。顔注漢書。綃。今之輕紗。禮記玉藻。元綃衣以裼之。注。綃。綺屬也。洛神賦。曳霧綃之輕裾。李善注。綃。輕縠也。晉令第六品已下不得服羅綃。士昏禮。姆纚笄宵衣。注。宵讀為詩素衣朱綃之綃。魯詩以綃為綺屬也。郊特牲。繡黼丹朱中衣。注。繡讀為綃。綃。繒名也。馥案廣雅綃謂之絹。此與生絲繒義合。又云。䌙。絡。綃也。案絡。粗緒。䌙。未練治纑。此與生絲義合。段玉裁曰。言繒名則非其次。依鄭君則實

繒名。當作生絲也一曰繒名。徐灝曰。生絲下奪繒字也。魯詩以綃為綺屬。顏注漢書以輕綃為輕縠。李注洛神賦以綃為輕縠。所釋雖異。而為織成之繒則同。蓋綃縠輕綃之屬皆生絲所為也。倫按綃即今紡織所用之紗。故字次於此。生絲則俗名。蓋呂忱所加。今捝本訓。今夏時所衣有所謂生絲者。則以生絲織成。而所謂官紗者。則已湅之絲所成耳。下文。繒。帛也。呂忱以為帛之總名。則此韻會引有繒字者。如通俗文說。即今夏日服用之生絲。而非紡織之原料矣。玉篇引倉頡。綃。素也。【說文解字六書疏證卷二十五】

䋦

◉許　慎　䋦大絲也。从糸。皆聲。口皆切。【說文解字卷十三】

◉馬敘倫　大絲也蓋字林文。或字即出字林。【說文解字六書疏證卷二十五】

䋶

◉許　慎　䋶絲曼延也。从糸。巟聲。呼光切。【說文解字卷十三】

◉馬敘倫　段玉裁曰。巾部有㡃。㡃氏湅絲。㡃䋶古蓋一字。倫按未詳。以字次求之。當是絲之粗惡義。【說文解字六書疏證卷二十五】

紇

◉許　慎　紇絲下也。从糸。气聲。春秋傳有臧孫紇。下沒切。【說文解字卷十三】

◉馬敘倫　下字疑為滓之爛文。漢書陳平傳。亦食糠覈耳。晉灼曰。京師人謂麤屑為紇頭。則借紇為麧。疑麧紇同語原。故紇為絲滓。紇紙蓋聲同脂類轉注字。絲滓也非本訓。或此字出字林。【說文解字六書疏證卷二十五】

紙

◉許　慎　紙絲滓也。从糸。氏聲。都兮切。【說文解字卷十三】

◉馬敘倫　絲滓也非本訓。或字出字林也。【說文解字六書疏證卷二十五】

絓

◉許　慎　絓繭滓絓頭也。一曰以囊絮練也。从糸。圭聲。胡卦切。【說文解字卷十三】

◉馬敘倫　嚴可均曰。御覽八百十九引一曰牽縭。按釋名。幕。絡絮也。或謂之牽離。煮孰爛。牽引使離散如緜然也。此脫牽縭二字。錢坫曰。釋名。煮繭曰莫。莫。幕也。貧者著衣可以幕絡絮也。又謂之袿。袿。挂也。挂於枝端振舉也。或謂

之牽離。煮孰爛。牽引使離散如緜然也。江聲曰。此所謂繭滓絓頭。似即煮繭曰莫也。此所云以囊絮練。似即以幕絮絡也。段玉裁曰。練當作湅。此別一義。謂以囊盛絲緜於其中於水湅之也。莊子所謂洴澼絖。史記所謂漂。考工記注所謂湖漂絮。翟云升曰。御覽集韻類篇竝引作繭滓也。一曰絓頭。王筠曰。絓與後文繫褫大同。但絓謂絲之粗者。繫褫謂絮之粗者。故分列兩處。玉篇。褫。絓褫也。案絓褫即繫褫也。廣韻。繫。牽褫。惡絮縴褫與牽縭牽離亦非異語。其物相似。故其名通也。倫按絓頭蓋絓之古俗名也。繭滓其實也。繭滓下捝也及一曰三字。一曰以囊絮練也者。未詳。或尚有捝譌。兩一曰以下文皆校者所加。繭滓也亦非本訓。字見急就篇顔師古本。皇象本作纚。【說文解字六書疏證卷二十五】

◉許　慎　纅絲色也。从糸。樂聲。以灼切。【說文解字卷十三】

◉馬叙倫　絲色也此義無徵。而次亦失羣。疑色字譌。字或出字林。【說文解字六書疏證卷二十五】

◉許　慎　繀著絲於筟車也。从糸。崔聲。穌對切。【說文解字卷十三】

◉馬叙倫　鈕樹玉曰。著當作箸。廣韻引亦作著。無也字。倫按著絲於筟車蓋字林文。或字出字林也。【說文解字六書疏證卷二十五】

 經　不从糸　毛公𢈈鼎　余唯肇經先王命　巠字重見  虢季子白盤  齊陳曼𠤳 【金文編】

 3·71　繇衢夻匋里經　顧廷龍釋【古陶文字徵】

 經　封六三　二例  為四一【睡虎地秦簡文字編】

 梗經君印  楊經私印【漢印文字徵】

 泰山刻石　訓經宣達【石刻篆文編】

 經【汗簡】

古孝經　古莊子　古老子　巠 竝籀韻　林罕集【古文四聲韻】

◉許　慎　經織也。从糸。巠聲。九丁切。【説文解字卷十三】

◉吴大澂　古經字。號季子白盤。經維四方。齊陳曼簠。【説文古籀補卷十三】

◉顧廷龍　經。周紹遷去匋里經。【古匋文孴録卷十三】

◉馬叙倫　嚴可均曰。御覽八百廿六引作織從絲也。此捝從絲二字。倫按此非本訓。字見急就篇。【説文解字六書疏證卷二十五】

織

織　不从糸　免簋二　戠字重見【金文編】

織　法一六二　日甲一五五　日甲三背【睡虎地秦簡文字編】

織室令印【漢印文字徵】

素下殘石【石刻篆文編】

織　織【汗簡】

古尚書　王存乂切韻　竝崔希裕纂古【古文四聲韻】

◉許　慎　作布帛之總名也。从糸。戠聲。之弋切。【説文解字卷十三】

◉强運開　趩尊。錫趩織衣。不从糸。【説文古籀三補卷十三】

◉郭沫若　裁字孫謂「當為織字之省，織，古尚書作見夏竦古文四聲韻汗簡戈部作。與此相似。織與職通。左文十八年傳閻職説苑复恩作織，是其證。」【叔夷鐘　兩周金文辭大系圖録考釋】

◉馬叙倫　鈕樹玉曰。廣韻引無之字。沈濤曰。御覽八百廿六引無布之二字。王筠曰。自繒以下皆言帛。自纑以下皆言布。而各以絲麻所為之物附其後。然如總布乃在絲類。蓋後人倒亂之。布之質用麻。而諸字皆從糸。猶荅芑皆穀名而從艸。相

似之物。古人不甚別其貴賤也。倫按布帛為轉字。實織成之物之總名。後世乃以絲麻別之。作布帛之總名也字林文。字林每言總名也。【說文解字六書疏證卷二十五】

◉許學仁 𢧵鄂君啓舟節3·5；3·8；鄂君啓車節3·9；3·12。

裁从糸戈聲。戈作[glyph]，與魚鼎匕「欽哉」之哉作[glyph]形近。夏竦古文四聲韻引古尚書織作[glyph]，又引崔希裕纂古作䊵(卷五·頁三十五)，皆从糸，戠省聲。戈聲，戠聲，並段氏之部字，故裁即織字也。【楚文字考釋 中國文字新七期】

◉黃錫全 [glyph]織 古璽絨作[glyph]、[glyph]、[glyph](璽文13·3)，此形類同。《玉篇》殘卷「絨，古文織字也。」甲骨文有字作[glyph]、[glyph]、[glyph]、[glyph]等形(《甲骨文編》58、670、686頁)，从糸，止或止聲。乃織之最初形，下从[glyph]者，以手治絲之義尤為鮮明。後來又出現[glyph](齊鎛)、[glyph](鄂君舟節)。【汗簡注釋卷五】

[glyph] 上同並王存乂切韻 【汗簡】

◉許　慎 絨樂浪挈令織。从糸。从式。臣鉉等曰。挈令蓋律令之書也。【說文解字卷十三】

◉馬叙倫 吳穎芳曰。式聲。鈕樹玉曰。漢書張湯傳。箸讞法廷尉挈令。王筠曰。挈即契券之契。倫按漢書燕王旦傳。布光祿挈令。然則漢時各官署條教栔之板者概曰挈令。故韋昭曰。在板挈也。後漢書應劭傳作廷尉板令。此不引廷尉光祿之挈令。而引樂浪挈令。以廷尉光祿挈令無絨字耶。重又出呂忱。此蓋忱據樂浪挈令加之。然許書既經表上。蓋即頒行。故應劭鄭玄皆引援之。倫且疑許弟子如孟生李閏曹喜等給事内廷。多見典籍。附箸異文。呂忱因廣録或體也。絨從式得聲。式音審紐三等。織音照紐三等。同為舌面前音。故織轉注為絨。樂浪挈令作此字。是樂浪讀織如式。因從式作絨。此亦依方音造字之明證也。高山寺玉篇引挈作栔。【說文解字六書疏證卷二十五】

◉黃錫全 [glyph]上同並王存乂切韻 《說文》：「絨，樂浪挈令織，从糸，从式。」戠、式音近，馬王堆漢墓帛書《戰國縱橫家書》識作試，與此類似。【汗簡注釋卷五】

[glyph] 香録13·1 鹹⿴囗昜紝 【古陶文字徵】

2610 【古璽文編】

王紝之印 【漢印文字徵】

◉許　慎　紝機縷也。从糸。壬聲。如甚切。【説文解字卷十三】

◉吴大澂　古紝字。機縷也。从糸。从妊。象治絲之器。古陶器。【説文古籀補卷十三】

◉丁佛言　古匋蔓陽匋里人𦄂。紝或从妊。【説文古籀補補卷十三】

◉顧廷龍　紝。周城圖紝。或從妊。周中蔓圖里人紝。周蔓圖匋里人紝。【古匋文舂録卷十三】

◉馬叙倫　嚴可均曰。韻會廿七沁引作絡縷也。别引廣韻織縷。增韻機縷。則絡字非誤。徐灝曰。機縷持經者謂之紝。倫按高山寺玉篇引作機上縷也。然似字林文。本書。木部。縢。機持經者。如徐説。紝豈縢之轉注字邪。倫謂古或借紝為縢。猶戴勝之作戴紝耳。紝非縢也。禮記内則。織紝組紃。左成二年傳。賂之以執斲執鍼織紝皆百人。服虔曰。織紝。治繒帛者。通俗文。單展曰紝。高士傳。接輿負釜甑。妻戴紝具。然則紝是織名。織紝聲同侵類。蓋轉注字。古匋作。【説文解字六書疏證卷二十五】

◉商承祚　紝,《禮記·内則》:「織紝組紃」。疏:「紝為繒帛」。《説文》:「紝,機縷也。从糸,壬聲。絍,紝或从任。」又「壬,位北方也。」壬,篆書作壬,為天干第九位,讀仁聲。壬作𡈼,讀挺聲,《説文》:「𡈼,善也。从人士。士,事也。一曰象物出地挺生也。」,正象植物破土挺生之形。廷、聽皆从其聲。徵、朢(望)、巠亦从之。此紝寫从壬,其誤由來已久。壬,亦見第一七簡。緹,《説文》:「帛丹黄色。」《急就篇》卷二:「絳緹絓紬絲絮綿。」顔師古注:「緹,黄赤色也。」《後漢書·應劭傳》:「緹緗十重。」李賢注:「緹,赤色繒也。」【信陽長臺關一號楚墓竹簡第一組文章考釋　戰國楚竹簡彙編】

綜

◉許　慎　機縷也。从糸。宗聲。子宋切。【説文解字卷十三】

◉馬叙倫　段玉裁曰。玄應書一引。機縷也。謂機縷持絲交者也。下八字蓋庾儼默注。又引三蒼。綜。理經也。謂機縷持絲交者也。屈繩制經令得開合也。倫按高山寺玉篇引作機縷持絲交者也。上文紝訓機縷。蓋傳寫涉此文而譌衍。轉挩本訓耳。然此訓機縷。王筠謂語不了。蓋有挩文。故庾注補之。倫謂如三蒼説。屈繩制經令得開合。則是本書夌下所謂機下足所履者。馬鈞别傳所謂躡也。然鈞傳曰。舊綾機五十六綜者五十躡。六十綜者六十躡。鈞乃易以十二躡。然則綜以持經之具。

綹 □

即滕矣。綜從宗得聲。宗從示得聲。見宗字下。示音牀紐三等。滕音審紐三等。同為舌面前音。滕聲蒸類。綜聲侵類。蒸侵亦得通轉。得通假也。列女傳魯敬姜傳。推而往引而來者。綜也。則綜是今所謂梭也。本書作杼。木部。杼。機之持緯者。杼音澄紐。綜得聲於示。示音禪紐。古讀禪牀皆歸於定。是於音亦可通假也。倫謂綜蓋亦織之聲同侵類轉注字。織本使散者而理之使縱橫成布帛也。故綜有綜核綜理之義。【說文解字六書疏證卷二十五】

◉許　慎　□緯十縷為綹。从糸。咎聲。讀若柳。力久切。【說文解字卷十三】

◉馬叙倫　吴穎芳曰。縷之轉語。王筠曰。集韻絲十為綸。綸倍為綹。以絲計非以緯計。即玉篇緯十絲曰綹。絲固與縷不異矣。然緯上下宛轉縈繞而成。納入梭中。一枚只一絲也。豈十枚曰綹邪。今諺絲麻一束為一綹。緯一枚曰一穗。劉秀生曰。咎聲丣聲並在宵部。故綹從咎得聲讀若柳。倫按高山寺玉篇引綹作絡。絡為譌字。然亦作十絲也。倫謂說解本作縷也。十絲為綹。傳寫挩譌耳。戴侗謂縷綹一聲實一字。甌人以繅餘粗絲為綹。戴說是也。綹縷音同來紐轉注字。今杭縣謂髮若干根曰一綹髮。【說文解字六書疏證卷二十五】

緯 □

□259 □263 【包山楚簡文字編】

□ 禪國山碑　推步圖緯　【石刻篆文編】

◉許　慎　□織横絲也。从糸。韋聲。云貴切。【說文解字卷十三】

◉劉心源　□ 緯。張石匏引敔敨。從薛尚功釋傒。而目說文系及淮南注傒與繫同為解。陳壽卿泥詩執訊獲醜一語。釋作訊。引訊古文為證。皆謬。案。敔敨云執□冊。薛釋傒。除□之外。有何一筆佀傒乎。說文訊古文作□。汗簡引古史記訊作□。皆與此不合。今攷兮田盤折首執□。師寰敨有工折首執□。一从□。乃□之變。非女字。一省口。皆一字也。□□即韋。□即㚔。說文韋作□。从㚔从□。即此。伯晨鼎韡字从□。幃字从□。竝可證也。此將□施于旁。故難識耳。緯者。束也。見小正農緯厥耒傳。【虢季子白盤　奇觚室吉金文述卷八】

◉馬叙倫　段玉裁曰。横當作衡。凡漢人用字皆作從衡。許曰。横。闌木也。不對植者言也。倫按高山寺玉篇引作横織絲也。此蓋字林文。凡本書說解中如罝從横目毌從一横貫鼎以木横貫鼎耳而舉之扛横關對舉也。皆字林文。蓋晉人從衡字用横也。

緷

許當以聲訓。今捝。【説文解字六書疏證卷二十五】

◉許　慎　緷緯也。从糸。軍聲。王問切。【説文解字卷十三】

◉馬叙倫　吴穎芳曰。緯之轉呼。王筠曰。雙聲語轉也。字林。緷。大束也。則爾雅百羽謂之緷之訓。錢坫曰。太卜。經運。注。運或為緷。此亦經緯字同。倫按緷為緯之音同喻紐三等轉注字。字見急就篇。【説文解字六書疏證卷二十五】

繢

275【包山楚簡文字編】

司馬繢印【漢印文字徵】

◉許　慎　繢織餘也。从糸。貴聲。胡對切。【説文解字卷十三】

◉馬叙倫　鈕樹玉曰。韻會引織餘也下有一曰畫也。段玉裁曰。今本繫傳此卷全闕。黄氏作韻會時所見尚全。知小徐本有一曰畫也四字。王筠曰。御覽引作績餘也。案織之所餘。今呼為機頭。若績之所餘。可以別績。若不可績。則是亂麻。當名為緼紼矣。徐灝曰。曲禮。飾羔雁者以繢。謂以織餘繫之。顏注急就篇。繢。絛組之屬。是也。鄭注周禮誤以繢為畫文。黄公紹因以羼亂許書。倫按急就篇。承塵户簾絛潰縱。顏師古本潰作繢。文選神女賦注引倉頡。繢似纂。色赤。倫謂織餘猶緄下之言織成。蓋繢之俗名。未必是今所謂機頭也。以似織餘而名之。急就以與絛縱並列。可知周禮司几筵。蒲筵繢純。巾車。勒面繢總。皆以此物為純與總。而非專聚機頭以為此用也。唯字失次。一曰畫也繪字義。蓋吕忱列異訓。【説文解字六書疏證卷二十五】

統

裴統印信【漢印文字徵】

南嶽碑【古文四聲韻】

◉許　慎　統紀也。从糸。充聲。他總切。【説文解字卷十三】

◉馬叙倫　惠棟曰。易。乃統天。鄭注。統。本也。公羊傳。大一統也。何休云。始也。此訓紀也俗訓。後人所加。段玉裁

紀

曰。淮南泰族訓。繭之性為絲。然非得女工煮以熱湯。而抽其統紀。則不能成絲。按此其本義也。桂馥曰。紀也者。廣雅同。齊語。班序顛毛以為民紀統。倫按統紀音聲俱遠。似非轉注字。然如齊語淮南之言。則統紀實是一義。禮記禮器。紀散而衆亂。説苑。袁氏之婦。終而失其紀。亦明紀即統義。統從充得聲。充為之轉注字。或其後起字。或為之譌文。育一字。紀或從得聲。今譌為己。一字。子亦一字。而音轉入喻紐四等。子亦一字。育音亦喻四也。又或紀從得聲而譌為己。為飛之初文。飛音非紐。非與喻四同為次清摩擦音也。則統紀得為轉注字矣。文選甘泉賦。拓迹開統。注。統。緒也。方言十。紀。緒也。白虎通三綱六紀。紀者。理也。廣雅釋詁。統。理也。理蓋引申之義。而統紀為絲耑。故方言以緒訓紀。緒為繭滓。絲之所由出。故淮南言繭之性為絲。非得女工煮以熱湯而抽其統紀則不能成絲。統之音得於育。音在喻四。緒音邪紐。古讀邪與喻四蓋同在定紐。定透同為舌尖前破裂音。故統音轉入透紐。然則統緒轉注字也。【説文解字六書疏證卷二十五】

紀　不从糸　紀侯貉子簋　己字重見【金文編】

秦1346　咸鄙里紀【古陶文字徵】

紀　為四九　二例【睡虎地秦簡文字編】

成紀閒田宰　成紀子典祠令　趙紀之印　紀於次　紀翁兒　紀忌　紀勇之印　紀賈之印

紀句舍　陳萬紀　紀鳳　紀延私印【漢印文字徵】

祀三公山碑　户曹史紀受　禪國山碑　紀號天璽【石刻篆文編】

古老子【古文四聲韻】

◉許　慎　絲別也。从糸。己聲。居擬切。【説文解字卷十三】

◉吳大澂　古紀字。紀侯鐘。紀侯敦蓋。紀侯敦器。【説文古籀補卷十三】

◉馬叙倫　沈濤曰。詩棫樸正義引作別絲也。又引云。紀者。別理絲縷。當是注中語。鈕樹玉曰。玉篇。紀。絲別名也。惠棟曰。方言。紀。緒也。王筠曰。絲別也與𠂢為水之衺流別也同意。禮器。紀散而衆亂。説苑。袁氏之婦。終而失其紀。然則紀者。端緒之謂也。倫按玉篇作絲別名。蓋本許書。然此字林文。字林每言名也。玉篇引説文亦每是字林也。絲別名當作別絲名。別絲即理絲。此引申義。紀為緒之轉注字。紀從己得聲。己己一字。己緒音同邪紐也。字見急就篇顔師古本。【説文解字六書疏證卷二十五】

◉曾憲通　是胃亂絽　乙四・一三　此字錫永先生釋作紀，字从紀益以口旁為繁形，帛文多見之，如丙作㔷，單作嘼，青作青，嬰作𡢁，䌛作䌛，皆其例。《禮記・月令》：「毋失經紀」，鄭注謂天文進退度數為經紀。是進退失度謂之亂紀，乃占星家習慣用語，見《漢書・天文志》。【長沙楚帛書文字編乙編】

繈

◉許　慎　繈　觕類也。从糸。强聲。居兩切。【説文解字卷十三】

◉馬叙倫　鈕樹玉曰。觕當為觕之俗體。韻會引作搉。倫按此字蓋出字林。【説文解字六書疏證卷二十五】

纇

古老子【古文四聲韻】

◉許　慎　纇　絲節也。从糸。頪聲。盧對切。【説文解字卷十三】

◉丁佛言　古鉢纇。許氏説。纇。絲節也。【説文古籀補補卷十三】

◉馬叙倫　字蓋出字林。古鉩作。【説文解字六書疏證卷二十五】

紿

3094　1998【古璽文編】

◉許　慎　紿　絲勞即紿。从糸。台聲。徒亥切。【説文解字卷十三】

◉丁佛言　古鉢飳紿。許氏説。絲勞即紿。古鉢長紿。【説文古籀補補卷十三】

◉馬叙倫　桂馥曰。本書。繎。絲勞也。王筠曰。勞字增韻作縈。似是。此作勞與繎同義而不類列。殊可疑也。即字亦疑譌。絲勞即紿。許書無此語例。倫按增韻勞字作縈。則與廣雅釋詁訓纏者合。倫疑本作絲節也縈也。節譌為即。縈譌為勞。紿

則隸書複舉字而誤乙於下者也。給蓋纇之轉注字。纇音來紐。古讀歸泥。給音定紐。同為舌尖前音。纇聲脂類。給聲之類。亦通轉也。【說文解字六書疏證卷二十五】

◉湯餘惠 278反 絧、⿰糸⿹勹台(紿)字從⿹勹台聲，⿹勹台字兩部分均表音，故此字既可能是《說文》訓為「絲勞」之「紿」，也可能是後世字書上的「絧」。絧字晚出，茲不取。【包山楚簡讀後記 考古與文物一九九三年第二期】

納 不从糸 師虎簋 内字重見【金文編】

有秩獄史富納 郭納弓印【漢印文字徵】

開母廟石闕 爰納塗山 祀三公山碑 蔓牲納醴 禪國山碑 三表納貢 品式石經咎繇謨 工以内言 今本作納古納不从糸【石刻篆文編】

◉許 慎 絲溼納納也。从糸。内聲。奴荅切。【說文解字卷十三】

◉吳大澂 古納字。師虎敦。井伯内右師虎。内當讀作納。克鼎。出内王令。【說文古籀補卷十三】

◉馬叙倫 戚學標曰。繫傳溼作濕。桂馥曰。老子。夷道若纇。王弼注。纇。納也。吳善述曰。絲溼納納別是一義。倫按今杭縣謂布帛受水曰溼荅荅。然疑吳説是。然仍有譌。絲下有捝字。溼納納亦非完文。溼納納蓋溽字義。古或以雙聲借納為溽。納為纇之轉注字。納音日紐。古讀歸泥。纇音來紐。古亦歸泥。纇納則聲同脂類也。【說文解字六書疏證卷二十五】

◉唐 蘭 ⿸厂𤔔字從𤔔(𤔔)仄聲，仄从入，是内的異體，與安作厈，空作应同，不是从人的仄字。𤔔即糸，此是納字。【略論西周微史家族窖藏銅器群的重要意義 文物一九七八年第三期】

268【包山楚簡文字編】

紡 日甲一一二 四例 日甲六六【睡虎地秦簡文字編】

 絶

 紡【汗簡】

 義雲章【古文四聲韻】

◉許慎 紡網絲也。从糸。方聲。妃兩切。【説文解字卷十三】

◉馬叙倫 鈕樹玉曰。玉篇注。紡絲也。廣韻注。紡。績。六書故引作網絲也。又引蜀本作拗絲。説文無拗。倫按今農家以已繹之絲置於一輪車上。使類者去之。斷者續之。名曰紡絲。本書。軖。紡車也。然則當依玉篇作紡絲。沈濤謂以紡釋紡。許無此例。不悟以紡絲釋紡。乃以俗語為訓。非僅以紡釋紡也。然此字林文。字林之訓多此類。抑或紡為隸書複舉字。網為譌字。網下捝也字。網也以聲訓。絲上捝一字。□絲也為字林文。高山寺玉篇引作忉絲也。忉字亦譌。字見急就篇。【説文解字六書疏證卷二十五】

◉商承祚 紡，在古籍中有幾種不同的解釋，《急就篇》卷三：「纍繘繩索絞紡纑。」顔師古注：「紡，謂紡切麻絲之屬。」《國語·晉語》「獻子執而紡於庭之槐」，注：「紡，懸也。」《左傳·昭公十九年》「紡焉以度而去之」，正義曰：「紡謂紡麻作纑也。……以麻纑度城高下，令長與城等而去藏之。」與紡織意近似。從簡文可知紡是絲織品。據《儀禮·聘禮》「束紡」注：「今之縛也。」《周禮·天官·内司服》「素沙(紗)」注同。一作縛，《説文》：「縛，白鮮色。」色是卮字寫誤，不少文字學家曾予更正。卮，又作支，鮮卮是絹，《急就篇》卷二：「烝栗絹紺縉紅燃。」顔師古注：「絹，生白繒，似縑而疏者也。一名鮮支。」從上面所舉的紡字部分義例看，有的用為動詞，有的用為名詞，並用類似的絲織品如縠縛、鮮支、繒、縑、絹來加以説明，而這些都是生絲的織品，因為用料有粗細、織孔有疏密和厚薄之不同，所以定名也就不一樣。紡衣緑緾，意為這件白色的紡衣料子類似絹，但比絹細，孔亦較密，襯上了緑裏，顔色隱約外現，屬於一件鮮艷的衣服。【長沙仰天湖二五號楚墓竹簡遣策考釋 戰國楚竹簡彙編】

 甲2124  乙4568  4879【續甲骨文編】

 絶 説文古文作㡭 中山王譽壺 内絶邵公之業【金文編】

 9·12 絶書 説文絶斷絲也从刀糸卩聲㡭古文絶象不連體絶二絲按此陶文从刀从二絲構形如班繇諸字皆从刀會意【古陶文字徵】

絕 絕日甲一七背　二例　絕 封五三　五例　【睡虎地秦簡文字編】

𢇍絕林罕集字　【汗簡】

絕 古老子　𢇍 林罕集　𢇍 𢇍 竝籀韻　𢇍 古文　𢇍 說文　𢇍 𢇍 𢇍 𢇍 竝崔希裕纂古　𢇍 古孝經

絕 裴光遠集綴　【古文四聲韻】

◉許　慎　絕斷絲也。从糸。从刀。从卩。情雪切。𢇍古文絕。象不連體。絕二絲。【說文解字卷十三】

◉葉玉森　九　貞□　□余釋𢇍。說詳殷契鉤沈。【鐵雲藏龜拾遺考釋】

◉聞　宥　□前一·二四·二　羅氏以□為象繩約束之形。語本未諦。傳世格伯敦凡數器其字亦有作□者。兩體離析。尤與約束之意不合。龔孝珙積古齋款識批本陳乃乾氏藏謂从糸从刀。當是絕字。其說是也。說文。「絕。斷絲也。从刀从糸从卩。」从卩無所取義。故段氏強改為卩聲。林藥園文源又以其與古文紹形近。疑其與紹同字。而相承誤用為斷𢇍之𢇍。不知除𢇍而外。古文自有正字也。類編又收一□字。从刎。从糸。當別為一文。【殷虛文字孳乳研究】

◉馬叙倫　翟云升曰。六書故引作卩聲。倫按玉篇引無絲字。字似從糸色聲。色音審紐二等。聲在之類。故蠿從𢇍得聲。音入照紐二等。審二照二同為舌尖後音。之脂通轉。故絕聲入脂類。然如玉篇引。則絕義止是斷。孟子。絕長補短。王制作斷長補短。廣雅釋詁。絕。斷也。此古文作𢇍。則𢇍及絕蓋皆不從𢆶或糸得義。𢇍當從刀𢆶聲。其作𢇍者。蓋本作□。𢆶𢆶一字異文耳。𢆶絲亦一字。絲音心紐。故𢇍音轉入從紐。同為舌尖前音也。此當從刀紀聲。紀從己得聲。己音喻紐四等。心與喻四同為次清摩擦音。紀絲又聲同之類。是𢇍絕為轉注字。篆作絕者。傳寫譌紀為紀。由刀作⺈。連入己中。此類蓋不自倉頡始然。當入刀部。訓斷也。字見急就篇。

𢇍　孔昭孔曰。當作𢇍。從刀也。朱士端曰。漢書路温舒傳。𢇍者不可復屬。師古曰。𢇍古絕字。此字僅見於漢書。王廷鼎曰。吳敬如曰。𢇍從𢇍從⺈。⺈即卩字。卩有截誼。兩絲中截為絕。𢇍從𢆶從㇄。㇄即湊字。湊有合誼。故為繼。李杲曰。書契之□疑絕字。倫按孔說是也。柏格敢有□字。與甲文之□蓋一字。皆即𢇍也。此斷之初文。甲文又有□□。葉玉森釋斷。斷他物與斷絲固一也。必不為斷絲造專字。故知字實從刀絲聲。象不七字校語。又有誤乙。蓋本作絕象二絲體不連。絕為涉上古文絕而衍。柏舟作□。以為繼字。【說文解字六書疏證卷二十五】

繼 𢇍

◉商承祚 𢇍 漢袁良碑「至王莽而𢇍」。漢書路温舒傳。𢇍者不可復屬。用古文絶也。敦煌尚書甘誓作𢇍。盤庚中作𢇍。日本本作𢇍。高宗肜日作𢇍。吕刑作𢇍。戡黎作𢇍。愈變而愈遠矣。【説文中之古文考】

𢇍 繼 不从糸 拍敦蓋 【金文編】

𢇍 繼 【汗簡】

◉許 慎 繼續也。从糸㡭。一曰反㡭為繼。古詣切。【説文解字卷十三】

◉吴大澂 𢇍古繼字。拍盤文𢇍母𠃯。阮氏釋作繼繼母吐。= 重文。【説文古籀補卷十三】

◉丁佛言 𢇍古鉨吴繼。反㡭為繼。或从一糸。陳文會曰。𢇍象連續之形。【説文古籀補補卷十三】

◉高田忠周 𢇍 阮氏釋繼繼母吐云。謂常歆禋祀也。非是。此繼一字。繼母。讀若字。吐。其名。説文。繼續也。从糸㡭。一曰。反㡭為繼。此明識繼古文作㡭。又絶下出𢇍云。古文絶。象不連體。絶二絲。然㡭㡭轉注文字。後㡭變作絶。㡭亦加糸作繼。古今文字變化多此類矣。又按此篆从絲从糸从一。糸者絲之省。一為指事。已為㡭字義也。如此作則雖反形。其義遂不可更。故又从二。以為形義。二者偶也。非一耑也。即次續之意也。二繼古音同部。从二者會意兼形聲也。漢隸有作𢇍者。亦从絲从系从匹。匹者。偶也。與二同意。其有所原可識耳。【古籀篇六十八】

◉馬叙倫 鈕樹玉曰。當是反㡭為㡭。韻會引作從糸㡭聲。或作㡭。反㡭為㡭。或作非許書。嚴可均曰。㡭聲。列子天瑞。得水為㡭。即古繼字。如裘麗等字。皆以古文為聲也。桂馥曰。當有古文作㡭。訓云。古文反㡭為㡭。倫按繼㡭聲同之類。明繼從㡭得聲也。漢荆州從事范鎮碑作繼。正從糸㡭聲也。金甲文反正每不別。一曰反㡭為㡭。韻會作或作㡭反㡭為㡭。皆校詞。校者見篆或作𢇍。從糸㡭作從糸㡭。故注此文也。【説文解字六書疏證卷二十五】

◉饒宗頤 甲寅卜，貞：羽乙卯，𦅻十牛，羌十，用。貞：勿亩牛。乙卯卜，貞：𦅻十牛，羌十人，用。八月。（屯甲二一二四即大龜四版，據董、郭二氏釋文，參下卜人㞢條。）

又按「𦅻」字从「舟」从「㡭」，乃「繼」字。金文拍盤「繼母」字作「𢇍」，與此偏旁略同。考爾雅釋詁「係，繼也」，「係」即「繫」，古與「繼」通用。易坎上六「係用徽纆」，穀梁宣二年注引作「繼用」。詩「何彼穠矣」序：「不繫其夫」，釋文：「繫本或作繼。」右辭言𦅻十牛即繫十牛。【殷代貞卜人物通考卷五】

後二・二一・一五　从庚从貝　與續字古文同　【甲骨文編】

後下21・15　【續甲骨文編】

3・930　獨字　3・1175　同上　鄒滕2・15　同上　鐵雲142・2　獨字　【古陶文字徵】

續　秦二〇一　三例　日乙一九七　三例　【睡虎地秦簡文字編】

王續私印　楊續世　續平　臣續　【漢印文字徵】

續義雲章　續見尚書説文音古衡字　【汗簡】

義雲章　説文　【古文四聲韻】

◉許　慎　續連也。从糸。賣聲。似足切。𧶠古文續。从庚貝。臣鉉等曰。今俗作古行切。【説文解字卷十三】

◉羅振玉　説文解字。續。古文作賡。从庚貝。案。爾雅釋詁。賡。續也。詩大東。西有長庚。傳。庚。續也。庚訓更。亦訓續。猶亂亦訓治矣。庚賡同義。賡與續殆非一字也。【增訂殷虛書契考釋卷中】

◉郭沫若　儥字。周禮以為鬻字。説文訓見。段玉裁謂即覿字。此儥求連文。當讀為續述。續述乃友猶師奎父鼎言用嗣乃父官友。【君夫殷　兩周金文辭大系圖録考釋】

◉馬叙倫　續音邪紐。繼從㡭得聲。㡭音從紐。從邪皆舌尖前音。是轉注字也。玉篇作繼也連也。連也蓋字林文。繼也為許訓。唐人删一訓耳。字見急就篇。

𧶠　徐鉉曰。今俗作古行切。鈕樹玉曰。書益稷及釋詁釋文竝引為古文續。晉書音義五十八引亦同。玉篇闕。廣韻收庚韻。訓續也。蓋本釋詁。賡。揚。續也。賡當同庚。詩大東。西有長庚。毛傳。庚。續也。説文以賡為續者。疑古讀聲或相近。如論語申棖。釋文引鄭云。蓋孔子弟子申續。史記云。申棠。字周。家語云。申續字周也。棖棠庚聲並相近。王筠曰。檀弓。請庚之。鄭注。庚。償也。案償當用貝。庚或賡之省。爾雅。賡。續也。為尚書賡歌作注耳。許以為一字。蓋誤。字當從貝庚聲。李杲曰。賡從貝。即從金作贖刑之贖。庚之本義為吏。故從庚會意。而非形聲也。不然。使庚為賡

之聲。則何以從貝哉。倫按如李說。賡義當為變貝耳。仍不得贖義也。況庚之本義非吏也。賡自為形聲字。故詩以庚為續。然倫謂古文經傳借賡為續。賡續非一字。賡蓋賞之聲同陽類轉注字。古讀賡蓋如償。故檀弓以庚為償。償從賞得聲。而賞音審紐三等。續從賣得聲。賣音喻紐四等。同為次清摩擦音。賞從尚得聲。尚音禪紐。禪邪同為次濁摩擦音。續音則邪紐。此賡所以得借為續也。論語申續或作申棖者。棖音澄紐。古讀歸定。邪紐之音多自喻四轉變。而喻四古亦歸定。字當入貝部。甲文有□。王襄釋賡。【説文解字六書疏證卷二十五】

◉李　零　「賡」，讀為「賡續」之「賡」或「經營」之「經」(下文「庚」字皆讀為「經」)。【楚國銅器銘文編年彙釋　古文字研究第十三輯】

◉劉　釗　《文編》附録十一第10欄有字作「□」，字从庚从貝，應釋作「賡」。金文庚字作「□」「□」，古璽作「□」、「□」。「□」所从之「□」即「庚」字。因賡字為上下結構，所从之庚可省去中間一豎筆。這如脣字作「□」，可省去中間一豎筆作「□」、「□」一樣。「□」所从的六點為飾筆。賡字《説文》謂即續字古文。【璽印文字釋叢(一)　考古與文物一九九〇年第二期】

◉劉信芳　鄂君啓節：「逾沽，让灘，□芑昜；逾灘，□郢……」

□字的意思是明確的，是云从某地連續到某地，但其字之隸定却殊非易事。最初學者多釋為「庚」，但楚簡另有庚字作「□」，隨着楚系文字研究的深入，已知「□」、「□」不可能是一字(二字各有豐富的句例)。於是有朱德熙、李家浩先生改釋為「帝」，讀為適。此説一出，信之者衆。不過釋「□」為「帝」亦不可信，因楚系文字另有「帝」字作「□」(楚帛書)，从帝之啻作「□」(包一五四)。

包山楚簡「□」之典型句例有：

自劏层之月吕□劏层之月(一九七)

自酓鹿吕□武王(二四六)

上例「□」的意義也是明確的，簡一九七謂从某月持續至某月，簡二四六謂祭祀自酓鹿以至武王之各代先王。

从「□」的字形看，其下部與「庚」之下部同形，二字既同以「□」作為構形符，其間亦必然有某種聯繫，再結合「□」的全部辭例看，可以斷定「□」即「賡」。《尚書·益稷》：「乃賡載歌。」傳云：「賡，續。」《説文》以「賡」為「續」之古文，其實字正應从楚簡、銅器銘文作「□」。《詩·小雅·大東》：「西有長庚。」毛傳：「庚，續也。」其字亦應作「□」，因□與□形相近；讀音亦近，後世文獻則僅見「賡」、「庚」，而釋「續」之「□」則失傳。

綜上，「𢊁」即「賡」，釋為「續」，隸定為「庚」亦不算誤，因已有《詩》「西有長庚」為例。只是必須明確，「𢊁」(庚)是用為干支之庚，而「𢊁」(賡、庚)是用為「續」之庚，鄂君啓節之「𢊁某地」即續至某地，包簡之「自某月𢊁某月」即从某月續至某月。【包山楚簡近似之字辨析　考古與文物一九九六年第二期】

纘

高堂纘印　樊纘　【漢印文字徵】

◉許　慎　纘繼也。从糸。贊聲。作管切。【説文解字卷十三】

◉吳大澂　纘造大命。許瀚釋作纘。陳侯因資敦作。大澂竊疑古纘字。从練得聲。或古文纘練本一字。【毛公鼎釋文】

◉吳大澂　許瀚説。古文纘字。毛公鼎。今余唯纘先王命。又云。纘造大命。叔向父敦。或从糸。省田。陳侯因資敦。師𩵦父敦。克鼎。【説文古籀補卷十三】

◉丁佛言　師兑敢。石鼓。古鉨。纘。古鉨。纘。【説文古籀補補卷十三】

紹

甲1779　佚344　前1・24・3　【續甲骨文編】

紹　説文古文紹从邵作　會忎盤　【金文編】

香録13・1　説文古文紹从邵作綤　【古陶文字徵】

1188　1835　2391　2387　2660　【古璽文編】

石經無逸　不寬紹厥心　今本作綽　説文古文作　汗簡引説文作　小徐本作　段氏本作　與此同　【石刻篆文編】

紹並説文　【汗簡】

◉許　慎　紹繼也。从糸。召聲。一曰。紹。緊糾也。市沼切。古文紹从邵。【説文解字卷十三】

◉吳大澂 □古紹字。與招詔二字並通。盂鼎。招字重文。□許氏說。古文紹从邵。古陶器。□陳侯因資敦。□古陶器。【說文古籀補卷十三】

◉林義光 說文云。□古文紹。按从糸邵聲。說文云。□斷絲也。从糸从刀从卩。按與□形近。刀聲猶召聲也。□蓋與紹同字。相承誤用為斷絕之絕。【文源卷十一】

◉丁佛言 □古鉢。鍾紹鉢。□古匋。紹遷□匋里迢。□古匋。紹遷□匋里□。紹譌作絡。【說文古籀補補卷十三】

◉强運開 □古鉢。紹昜。【說文古籀三補卷十三】

◉顧廷龍 □紹。說文古文。从邵。潘。□潘。紹遷中匋里□。□潘。紹去匋里□疾。□周。紹遷上□里郤吉。□周。紹遷膂里□。【古匋文香録卷十三】

◉郭沫若 紉疑紹省，說文「紹，一曰緊糾也。」【格伯毁 兩周金文辭大系圖録考釋】

◉馬叙倫 鈕樹玉曰。繫傳糾作絲。倫按高山寺玉篇但引一曰緊糾也。倫謂緊絲也或絞字義。或糾字義。此作緊糾也。蓋本作緊絲也糾也二訓。糾也者即以紹為糾也。紹音禪紐。為續之同次濁摩擦音轉注字。古匋作□。

□ 鈕樹玉曰。繫傳作□。嚴可均曰。篆當作□。說解當云從邵。沈濤曰。汗簡廣韻皆引作綤。玉篇亦云。綤古文紹。蓋古本篆作□。故說解云。古文紹從邵。若如今本。則從邵省矣。李杲曰。古鉩作□。從糸。倫按從邵校者所加。玄應一切經音義引古文官書。紹綤同市繞反。則字本作綤。吕忱依官書增此文。傳寫力譌為□。移□於力下。形又譌為□耳。或古文經傳中有作此形者。古匋作□。則從糸。邵聲。【說文解字六書疏證卷二十五】

◉商承祚 □ 既云从邵，則不應省口，知字說皆有誤。當作□，曰「古文紹。从糸。邵聲」。石經古文作□，乃借卲為紹，小徐玉篇廣韻皆引作綤，是原本不誤也。【說文中之古文考】

◉李孝定 契文作紉。象以刀斷絲之形。其本義當為絕。與絕古當為一字。林氏之說是也。初誼為絕。而許訓繼者。亦猶治之訓亂也。其始為一字。繼絕兩訓。其後始分衍為二耳。契文作紉。而篆文作紹者。古文衍變往往增口。許書古文遂又以為从邵聲矣。羅氏从吳氏說釋約。聞氏已辨其非。葉氏釋斷。於誼雖近。於形則遠。終以林說為長也。辭云「貞蔑于丘紹」前・一・二・四・三。其義未詳。餘二辭亦殘泐過甚。未知是用其本義否也。金文作□楚王酓忎盤。與許書古文同。又擴古録金文三之一第七十九葉下格伯敦銘有□字。吳式芬釋斷。而愙齋九册十五葉下箸録同器拓本。此字殘泐。未知擴古録所摹有誤否。吳大澂古籀補則收此字作約。按□與契文□同。仍當釋紹。从糸从刀。刀亦聲。其一義訓絕者。後增卩為聲符。

而紉亦增口作紹。於是紹絶遂截然衍為二字。然許書猶以𦀚為紹之古文。𦀚亦從卩。猶可見其衍化之迹也。【甲骨文字集釋第十三】

◉許　慎　繺偏緩也。从糸。羨聲。昌善切。【說文解字卷十三】

◉馬叙倫　王筠曰。小徐作繕。從延。蓋李陽冰之説。未盡改也。翟云升曰。類篇引作編緩也。倫按高山寺玉篇引偏作編。偏緩也當作編也緩也。廣雅釋訓。繺。緩也。繺緩聲同元類轉注字。編也者。蓋借為編。【說文解字六書疏證卷二十五】

 縕　郭沫若云纲乃縕之省　沈子它簋　作纲于周公　【金文編】

 126  141  218 【包山楚簡文字編】

 《說文》縕或體作綎、綎紬古書作贏紬　則—紬不昱亓祟(甲1—7)、—紬遊𨇨(?)(甲1—28)【長沙子彈庫帛書文字編】

 5485【古璽文編】

◉許　慎　縕緩也。从糸。盈聲。讀與聽同。他丁切。綎縕或从呈。【說文解字卷十三】

◉郭沫若　乍纲于周公，宗陟二公，不敢不纲休同公。

乍疑讀為昨。兩纲字余曩釋御，以卜辭御字多作絲，與此形近也。今案字實从糸从夃，當是縕之省文。説文云「縕，緩也，从糸盈聲，讀與聽同。綎，縕或从呈。」字在此無義可説，疑即叚為呈字也。【沈子簋銘考釋　金文叢考】

◉郭沫若　「乍纲于周公宗，陟二公」者，言昨聽于周公旦之廟並感德魯公伯禽及考公酋也。纲乃縕之省，説文「縕，緩也，讀與聽同」。此即讀為「聽於神」之聽。「左傳」莊卅二年。【沈子段　兩周金文辭大系圖録考釋】

◉馬叙倫　劉秀生曰。縕或從呈聲作綎。呈聽竝從𡈼聲。此以與或體原同得聲之字讀本字也。左昭廿三年傳沈子逞公羊逞作楹。穀梁作盈。襄廿三年傳。晉欒盈。史記晉世家作欒氏宗逞。竝其證。倫按縕音透紐。繺音穿紐。古讀歸透。是轉注字也。

綎　倫按縕轉注為綎。宋保謂同部聲相近。是也。楹桯亦轉注字。是其例證也。【說文解字六書疏證卷二十五】

◉嚴一萍　綎即綎字。説文：「縕，緩也。从糸盈聲，讀與聽同。綎或从呈。」案縕通作盈。禮祭義「樂主其盈」，注：「盈猶溢也。」史記蔡澤傳：「進退盈縮。」又通作嬴。班固幽通賦：「故遭罹而嬴縮。」【楚繒書新考　中國文字第二十六册】

◉李學勤　翻圉武王　翻，應即縕字，《説文》此字或體作綎，在本銘中讀為梃，《考工記・弓人》注「直也」。《逸周書・謚法》「威德剛武曰圉」，「剛强理直曰武」，挺圉與武意義呼應。【論史牆盤及其意義　考古學報一九七八年第二期】

◉于豪亮　翻圉武王，遹征四方，達殷畯民，永丕巩狄虘，峕伐尸童。

翻即縕字，古從糸之字或從索作，從皿與從口無别，故翻字即縕字。字當讀為勁，縕、勁同為耕部字，兩者可以相通假。《説文・力部》：「勁，彊也。」《周書・謚法》：「威德剛武曰圉。」【牆盤銘文考釋　古文字研究第七輯】

縱

縱　法六三　三例　秦五　【睡虎地秦簡文字編】

郭縱之印　唐縱私印　龐縱　吳縱私印　【漢印文字徵】

縱亦縻字　【汗簡】

汗簡　林罕集　【古文四聲韻】

◉許　慎　縱緩也。一曰舍也。从糸。從聲。足用切。【説文解字卷十三】

◉馬叙倫　縱從從得聲。從音從紐。綫從羨得聲。羨音邪紐。同為舌尖前音。轉注字也。一曰舍也者。高山寺玉篇不引。今本玉篇有恣也放也緩也置也四訓。亦無舍也之訓。此蓋梁後校者所加矣。字見急就篇。【説文解字六書疏證卷二十五】

◉李家浩　六號木牘所記的服飾中，有一種叫作「縱」的。原文説：

紫縱一，素裏。

綈襌縱一。

位於這兩條文字前後還分别記有「帛小傅（縛）襦一」和「緹襌便常（裳）一」。根據這一情況，「縱」是跟「襦」、「裳」同類的衣服。「縱」字無此義。木牘「縱」字原文作「縱」，陳文認為是「縱」的繁文，根據《説文》等的訓釋，謂牘文「縱」是「飾緣絛帶」。這一意見跟牘文文義也不相合。看來牘文「縱」應該是一個假借字。

紓

在可能是牘文「縱」的被假借字中，使人們首先想到的一個字，是跟「縱」同樣从「從」得聲的「䙕」。《廣韻》腫韻：「䙕，襌衣。」不過這裏有一個問題，即䙕是單衣，而牘文「紫縱」是夾衣，因其有「素裏」可知。看來牘文「縱」不可能是「䙕」。

此外，在跟牘文「縱」音義有關的字中，還有一個「衳」字。字或寫作「⿰衤松」、「⿰衤悤」、「⿰巾松」、「幒」等。《說文》巾部：「幒，幝也。从巾，怱聲。」又「幝，幒也。」段玉裁注：「《方言》[卷四]：『褌，陳楚江淮之間謂之⿰衤松』。《釋名·釋衣服》：『褌，貫也，貫兩脚上系腰中也。』按今之套褲，古之絝也；今之滿襠褲，古之褌也。自其渾合近身言曰幝，自其兩襱孔穴言曰幒。《方言》[卷四]『無祠之絝謂之襣，郭云：『即犢鼻褌。』』」古代「從」、「怱」、「松」音近可通。例如：《禮記·檀弓上》「喪事欲其縱縱爾」，鄭玄注「縱，讀如揔領之揔」；又《學記》「待其從容，然後盡其聲」，鄭玄注「從或為松」。疑牘文「縱」應當讀為「衳」，牘文在「緹襌便裳一」之後，有「緒絝一，素裏」，「紫縱一，素裏」與其文例相同。從這一點來說，也可以證明把「縱」讀為「衳」是合理的。【毋尊、縱及其他　文物一九九六年第七期】

◉許　慎　紓緩也。从糸。予聲。傷魚切。【說文解字卷十三】

◉丁佛言　古鉥。諍⿰糸余。集韻。紓或⿰糸余通作舒。古鉥。堅中⿰糸余。【說文古籀補補卷十三】

◉馬叙倫　紓音審紐。從予得聲。予音喻紐四等。繿從盈得聲。盈音亦在喻四。轉注字也。緂音穿紐三等。紓音審紐三等。同為舌面前音。亦轉注字也。【說文解字六書疏證卷二十五】

◉李旦丘　免毀銘云：「錫女汝赤市」。舊釋環，釋帢，並非。因為此字的正規的寫法，並不是兩個圓形，或橢圓形，而是兩個方形。制(舊釋利)鼎銘云：「易錫女汝赤市緣旂」。字作，與甲骨文之作(録，第六百零八片)、(藏，第二百十頁，第三片)、(後下，第四十一頁，第三片)形者，完全相同，當同為一字。⊘

卜貞在豕告日从叀戊申制亡(録第六。八片)　這分明是「予告日」而非幻告日。

于多子奠(藏第二百十頁，第三片)

字在這句是主格，自以釋予為是。

王來𠂔呼(後上，第四十一頁，第三片)

這句是王來呼予的意思。上舉三例，均足證之應釋為予，而金文的字，又是最好的傍證。

舀鼎銘云：「易錫女汝赤市緣旂」。

繎

𢦏𣪘銘云：「易錫女汝𢦏玄衣赤□市䜌旂」。

豆閉𣪘銘云：「易錫女汝戠衣□市䜌旂」。

查金文絅字作同，納字作内，純字作屯，而上引豆閉𣪘之戠衣，正是織衣之意。以此例之，則予市當然是紓市了。⊘

揚𣪘銘云：「賜錫女汝赤⿰8市市䜌旂」。

師嫠𣪘銘云：「易錫女汝叔市金黃」。

克鼎銘云：「易錫女汝叔市參冋」。

⿰8市即紓之或體。从市與从糸同意，故紓亦得从市作⿰市予。

自來金文家對於叔市二字，均不得其解，其實叔即紓之借字。紓叔同聲，例可通假。【金文研究一冊】

◉許慎　繎絲勞也。从糸。然聲。如延切。【說文解字卷十三】

◉馬叙倫　鈕樹玉曰。廣韻注。絲勞皃。玉篇。絲縈也。疑本說文。下文紆亦訓縈。嚴可均曰。給下云。絲勞即給。相隔十餘篆。未必一物也。倫按急就篇。烝栗絹紺縉紅繎。烝栗為絹色。紺為縉色。紅為繎色。則繎非絲勞義。玉篇作絲縈。亦疑非是。蓋縈也即不必增絲字。或是絲勞也縈也二訓。或勞為縈譌。絲下有捝字。亦或縈為勞譌。絲勞為繎方語耳。杭縣以紙邪卷曰紙繎。繎從然得聲。然從火從肰得聲。肰從犬得聲。犬聲元類。疑繎即今所謂緞。故急就言紅繎。【說文解字六書疏證卷二十五】

紆

【古璽文編】

◉許慎　紆詘也。从糸。于聲。一曰縈也。億俱切。【說文解字卷十三】

◉馬叙倫　鈕樹玉曰。韻會引及玉篇注同。一切經音義廿一引作屈也。沈濤曰。文選北征賦注謝玄暉敬亭山詩注皆引作屈也。王筠曰。玉篇。紆。曲也。詘也。無縈義。又曰。縈。旋也。知紆與縈異。上文。繎。絲勞也。玉篇作絲縈也。然則一曰縈也蓋本在繎下。乃縈既譌為勞之後。校者見不譌之本而添注於下。後又迻入紆下耳。徐灝曰。縈非紆之別義。一曰句疑後人所增。倫按高山寺玉篇引一曰縈也。是其誤迻久矣。文選西都賦注引縈紆猶回曲也。倫謂縈紆音同影紐。得為轉注字。

一曰縈也蓋本訓。校者紀異本。傳寫轉譌入紲下。或借紆為縈。紆為絲回曲之義。故次緈上。詘也則非本訓。【說文解字六書疏證卷二十五】

◉許　慎　緈直也。从糸。幸聲。讀若陘。胡頂切。【說文解字卷十三】

◉馬叙倫　嚴章福曰。陘疑當作徑。檀弓。有直情而徑行者。即此緈字。王筠曰。似與婞同義。然不應廁此。廣韻云。絓緈。亦不可解。劉秀生曰。幸聲巠聲竝在匣紐青部。故緈從幸聲得讀若陘。論語子路。硜硜然小人哉。孟子公孫丑。悻悻然見於其面。悻悻即硜硜。巛部。巠。一曰。水冥巠也。莊子在宥。大同乎涬溟。涬溟即巠冥。竝其證。倫按緈疑即今言挺直之挺本字。上文紆訓詘。故次以緈。直也非本訓。【說文解字六書疏證卷二十五】

䊹 纖【汗簡】

[illegible] 竝崔希裕纂古【古文四聲韻】

◉許　慎　纖細也。从糸。韱聲。息廉切。【說文解字卷十三】

◉黄錫全　䊹纖　內藤本纖作纎，九、嚴本作䊹。从𢦏。薛本作韱。《說文》：「韱，山韭也。从韭，𢦏聲」，「纖，細也。从糸，韱聲」。此假韱為纖，與雲夢秦簡纖作[illegible]、馬王堆漢墓帛書纖作[illegible]類同。韭形誤作[illegible]，與韭部《古莊子》韱作[illegible]類似。「纖」宜作纖。【汗簡注釋卷五】

◉劉彬徽等　戠，讀作纖。《禮記・襍記》注：「縿冠」，釋文：「禫而纖」，注：「黑經白緯曰纖」。纖羽，指戟柄上裝飾的黑白相雜的羽毛，與出土實物相符。【包山楚簡】

[illegible] 細　日乙五七　二例【睡虎地秦簡文字編】

[illegible] 韓細君　[illegible] 朱細夫印　[illegible] 焦細卿印　[illegible] 石細卿【漢印文字徵】

緢　縒　繙

 延光殘碑　【石刻篆文編】

 古老子　恖 崔希裕纂古　【古文四聲韻】

◉許　慎　細微也。从糸。囟聲。穌計切。【說文解字卷十三】

◉馬叙倫　段玉裁曰。微當作散。沈乾一曰。唐寫本玉篇引微也。恖。古文細字也。是古本細下有重文。今奪。末記重三十一。今不足一。亦其證也。倫按纖細音同心紐轉注字。微也或非本訓。字見急就篇。重文蓋作。譌為恖耳。【說文解字六書疏證卷二十五】

◉許　慎　緢旄絲也。从糸。苗聲。周書曰。惟緢有稽。武儦切。【說文解字卷十三】

◉馬叙倫　王筠曰。廣韻四宵引同。卅一巧。緢。旄也。又絲也。則分旄絲為二訓。卅六效。緢。旄雜絲也。說文音苗。則又謂旄中襍以絲也。倫按高山寺玉篇引作耗絲也。旄絲也當依廣韻作旄雜絲也。一本捝襍字耳。旄字乃校以注釋緢字之音者也。雜絲謂絲之不純者。今人言毛糙字當作此。雜絲也非本訓。字或出字林。【說文解字六書疏證卷二十五】

◉許　慎　縒參縒也。从糸。差聲。楚宜切。【說文解字卷十三】

◉馬叙倫　俞樾曰。參縒也當作絲參差也。與齒部䶢。齒參差。義正一律。倫按字蓋出字林。【說文解字六書疏證卷二十五】

◉許　慎　繙冕也。从糸。番聲。附袁切。【說文解字卷十三】

◉馬叙倫　鈕樹玉曰。集韻引冕作冤。當不譌。玉篇注亦作冤也。嚴可均曰。當作冤也。莊子天道釋文引司馬彪曰。繙。煩冤也。段玉裁曰。當作繙冤也。繙冤為疊韻古語。集韻類篇皆曰。繙絻。亂也。是冤俗作絻也。巾部有幡帋二篆。亦是疊韻。此謂亂也。當補亂字。下文二篆皆訓亂。倫按繙冤繙冤皆以聲訓。繙蓋縒之歌元對轉轉注字。亦或緢之同脣齒音轉注字。【說文解字六書疏證卷二十五】

縮 紊 級

縮【汗簡】

古尚書 崔希裕纂古【古文四聲韻】

◉許　慎　亂也。从糸。宿聲。一曰蹴也。所六切。【說文解字卷十三】

◉馬叙倫　高山寺玉篇不引亂也。止引蹴也。倫謂蹴也即蹴字義。或此以聲訓也。亂也蓋字林文。縮為縒之轉注字。縒音穿紐二等。縮音審紐二等。同為舌尖後音也。【說文解字六書疏證卷二十五】

◉許　慎　亂也。从糸。文聲。商書曰。有條而不紊。亡運切。【說文解字卷十三】

◉馬叙倫　紊緢音同微紐轉注字。紊繙同脣齒音轉注字。亂也。非本訓。或字出字林也。【說文解字六書疏證卷二十五】

級　秦一五五　二例　為七【睡虎地秦簡文字編】

李級私印　陳級私印【漢印文字徵】

級王庶子碑【汗簡】

王庶子碑【古文四聲韻】

◉許　慎　絲次弟也。从糸。及聲。居立切。【說文解字卷十三】

◉余永梁　書契卷二八葉　此級字。毛公鼎及字作。伯庶父敦作。與此同。說文。級。絲次弟也。从糸。及聲。【殷虛文字考】

◉馬叙倫　鈕樹玉曰。廣韻引弟作序。倫按絲次弟也非本訓。或本作絲□也次弟也。傳寫譌并耳。文選陶徵士誄注引。級。次弟也。蓋用其一訓。次弟也疑階字義。禮記曲禮。拾級聚足。聲類。級。階次也。階級音同見紐。故得通借也。級或為給之轉注字。聲同談類也。本書。⿰巾及。讀若蛤。其例證也。【說文解字六書疏證卷二十五】

◉于省吾　第一期早期的𠂤組卜辭，有「⿰阝及征二人」(乙四〇七)之貞。⿰阝及字兩見，均作。甲骨文編謂「从𠂤从及，說文所無」。按

阪乃級的本字。説文：「級，絲次弟也，从糸及聲。」段注：「本謂絲之次弟，故其字从糸，引申為凡次弟之偁。階之次弟，曲禮云，拾級聚足，連步以上是也。」按段注謂階之次弟是由絲之次弟所引申，難以令人置信。集韻入緝：「阪，階等也，通作級。」這是訓阪為階的等次，而以級為阪的通假字，頗有道理。但是，集韻是宋代學者所輯，阪字如果不見於古文字，人們難免以阪為級的後起字。現在既然發現甲骨文有了阪字，則級之本作阪已經得到驗證。阪為階之等次，二字意義相因，故均从𠂤（阜，今楷偏旁在左作阝）。説文：「𠂤，大陸也，山無石者，象形。」段注：「釋名曰，土山曰阜。象形者，象土山高大而上平，可層絫而上，首象其高，下象其三成也。」甲骨文𠂤和从𠂤的字習見，作𠂤也作𠂤。其从三疊，正象𠂤之層次形。甲骨文陟降字作陟降，一象足趾歷阪而上，一象足趾歷阪而下。一切經音義卷二一引聲類，謂「級，階次也」。階次是指台階的等次言之。階字古文字未見，始見於詩大雅「維厲之階」。總起來説，甲骨文阜字作𠂤，象山阜之有層次形，台階之有等次與之相仿，故古人造字阪與階均从𠂤。由於古代典籍皆假級為阪，久假不歸，于是級行而阪廢。前引甲骨文的「阪征二人」，阪字用法雖然還須待考，但就阪字从𠂤及聲來看，它為階次之阪是没有疑問的。本文論證的結果，是闡明了我們現在所説的社會階級之級初文本作阪。再進一步追究階阪二字的原始意義，則是由台階的等阪引伸而來。【釋阪　甲骨文字釋林】

總

 總　秦五四　 秦五四　【睡虎地秦簡文字編】

◉許　慎　總聚束也。从糸。悤聲。臣鉉等曰。今俗作揔。非是。作孔切。【説文解字卷十三】

◉馬叙倫　沈濤曰。史記夏本紀索隱引作聚束草也。總字從糸。不應訓束草。草字誤衍。倫按聚束也當作聚也束也。一訓校者加之。詩甫田。總角丱兮。傳。聚兩髦也。氓。總角之宴。傳。結也。禮記内則。櫛縰笄總。注。束髮也。玄應一切經音義引通俗文。輕絲絹曰總。字見急就篇。【説文解字六書疏證卷二十五】

䋷

◉許　慎　䋷約也。从糸。具聲。居玉切。【説文解字卷十三】

◉馬叙倫　高山寺玉篇引約作絢。䋷訓約也。蓋與丩拘同語原。【説文解字六書疏證卷二十五】

268 271【包山楚簡文字編】

約 法一三九【睡虎地秦簡文字編】

天璽紀功碑 尉番約等十二人【石刻篆文編】

籀韻【古文四聲韻】

◉許 慎 纏束也。从糸。勺聲。於畧切。【説文解字卷十三】

◉吴大澂 古約字。象繩約束形。格伯敦。【説文古籀補卷十三】

◉商承祚 卷一第二十四葉 卷五第三十六葉 後編下第二十三葉 説文解字。約。纏束也。格伯敨作。吴中丞釋約。謂象繩約束之形。今卜辭有字。疑亦約字。【殷虚文字類編卷十三】

◉馬叙倫 高山寺玉篇引無束字。今本玉篇作纏也束也。此亦當然。一訓校者所加。或皆非本訓也。約音影紐。纍音見紐。同為清破裂音。轉注字也。字見急就篇。【説文解字六書疏證卷二十五】

◉郭沫若 𫞩當是古約字,從束勺聲。舊多不識而任意改變字形,不具論。又此字亦見毛公鼎,鼎銘中言車上飾物有「」二字。下字孫詒讓釋為考工記匠人「白盛」之盛,塗飾也。甚是。楚辭九歌湘夫人「播芳椒兮成堂」,成一本作盛,即此字。「成堂」言塗堊之堂。上字舊未識,案亦約字。「約盛」者即約革而加塗飾。車上飾物如「約軝」(小雅采芑「約軝錯衡」,軝者轂上飾,轂上置輻,前後均以朱革約之),如「五楘」(秦風小戎「五楘梁輈」,毛傳云:「楘,歷録也,梁輈,輈上句衡也。一輈五束,束有歷録」)。又如車衡三束之欙(説文「曲轅欙縛」),均須約革而盛之。【詛楚文 郭沫若全集考古編卷九】

◉陳世輝 「變輸盟𫞩」𫞩字兩見。郭老説:「𫞩當是古約字。」按𫞩字从束勺聲,確和約字相同。偏旁从糸或作从束,是有一定原因的。《守宫尊》説:「易守宫絲束。」《曶鼎》説:「用匹馬束絲。」絲、糸同義,束是糸的數量單位。因此,約字可以从束作𫞩。一九七七年河北平山出土的《中山王方壺》,「純德遺訓」的純字作𫞭,从束屯聲,與𫞩字可以互證。【《詛楚文》補釋 古文字研究第十二輯】

繚

3·1272 獨字 5·79 咸直里繚 【古陶文字徵】

吕繚私印 葉繚 繚赦 繚毋害印 幾繚 譚繚 張繚 【漢印文字徵】

◉許 慎 繚纏也。从糸。尞聲。盧鳥切。【説文解字卷十三】

◉馬叙倫 吴穎芳曰。繞之轉語。鈕樹玉曰。一切經音義六引。繞也。纏也。沈濤曰。玄應引又有謂相纏繞也。蓋注語。華嚴經音義引。纏也。謂周帀纏繞也。翟云升曰。文選琴賦注引作纚也。倫按繚約聲同宵類轉注字。繞也蓋校語。纚疑為纏之譌字。廣韻引字林。繚。綾經絲。【説文解字六書疏證卷二十五】

纏

纏 秦一三二【睡虎地秦簡文字編】

錡纏私印 王纏 【漢印文字徵】

◉許 慎 纏繞也。从糸。廛聲。直連切。【説文解字卷十三】

◉馬叙倫 丁福保曰。慧琳音義一及五及三十二及五十一希麟續音義三引。約也。倫按纏音澄紐。纂從具得聲。具音羣紐。羣澄同為濁破裂音。蓋轉注字也。高山寺玉篇引作約也。字見急就篇。【説文解字六書疏證卷二十五】

繞

3·576 豆里繞 疑為繞字古體 3·578 同上 3·577 同上 3·581 豆里繞 3·580 同上

3·579 同上 3·582 同上 【古陶文字徵】

◉許 慎 繞纏也。从糸。堯聲。而沼切。【説文解字卷十三】

◉馬叙倫 繞音日紐。繚音來紐。古竝歸泥。轉注字也。繚繞約聲同宵類。亦相為轉注字也。【説文解字六書疏證卷二十五】

紾

◉許　慎　紾轉也。从糸。㐱聲。之忍切。【說文解字卷十三】

◉馬叙倫　桂馥曰。轉也者。文選七發注引同。廣韻。紾轉繩也。淮南精神訓。千變萬紾。高注。紾。轉也。考工記。老牛之角紾而昔。鄭司農云。紾讀為紾縛之紾。鄧廷楨曰。紾轉雙聲也。倫按轉也非本訓。高山寺玉篇引作縛也。與鄭讀應。然此下文縛為白鮮支。亦非此義。疑縛借為轉。紾轉者。繚繞之義。紾音照紐三等。纏音澄紐。同為舌面前音。轉注字也。【說文解字六書疏證卷二十五】

繯

6·92　吕繯【古陶文字徵】

四九：二　宗盟類參盟人名鄁繯【侯馬盟書字表】

1288　2603　2225　2164　3180【古璽文編】

◉許　慎　繯落也。从糸。瞏聲。胡畎切。【說文解字卷十三】

◉馬叙倫　鈕樹玉曰。玉篇及後漢書馬融傳注引同。韻會引作絡也。非。徐灝曰。网部羉與此音義近。彼謂以繩絡之為网也。倫按繯羉語原同也。落也者。羉字義。繯為辮之同次濁摩擦音及聲同元類轉注字。高山寺玉篇引蒼頡。環。縴也。環蓋繯譌。蕭該漢書音義引三倉。繯。絡也。又引字林同。然則落當作絡。此字林文。本訓捝矣。【說文解字六書疏證卷二十五】

辮

◉許　慎　辮交也。从糸。辡聲。頻犬切。【說文解字卷十三】

◉馬叙倫　翟云升曰。後漢書張衡傳注一切經音義十八竝引作交織也。音義十五又引作交辮也。王筠曰。玄應音義一引作交織之也。一引作交也織也。倫按交織也見玄應引蒼頡。玄應又引三倉。辮亦編字。倫謂交織也蓋如今所謂辮帶。其語原即出於糸。【說文解字六書疏證卷二十五】

 3·111 繇衜東匋里結  𠭁録 13·1 【古陶文字徵】

 一五六：一九 三十二例 宗盟委質類被誅討人名司寇結  二〇三：四  一九四：五 【侯馬盟書字表】

 272 【包山楚簡文字編】

 結 法八四 二例  日乙二 十九例 【睡虎地秦簡文字編】

 結比慶印  木結山 【漢印文字徵】

 結  結 【汗簡】

  竝古老子又王存乂切韻 【古文四聲韻】

◉許　慎　結締也。从糸。吉聲。古屑切。【説文解字卷十三】

◉馬叙倫　字見急就篇。【説文解字六書疏證卷二十五】

◉商承祚　第三八簡　一結衣。

結，派生為袺、襭、纈。《爾雅·釋器》：「執衽謂之袺。」注：「持衣上衽。」又「扱衽謂之襭。」注：「扱衣上衽於帶。」用為動詞，皆非此義。馬王堆一號墓的各式衣服，衽上皆無結帶，只以帶束腰，以是知漢初時之衣，仍無結子。此處之結應作纈，《玉篇》卷二十七：「纈，綵纈也。」結衣即纈衣，是用有花紋絲織品作的上衣。【長沙仰天湖二五號楚墓竹簡遺策考釋　戰國楚竹簡彙編】

◉許　慎　縎結也。从糸。骨聲。古忽切。【説文解字卷十三】

◉馬叙倫　結縎音同見紐聲同脂類轉注字。【説文解字六書疏證卷二十五】

締　縛　繃　絿　絧

◉許　慎　締結不解也。从糸。帝聲。特計切。【説文解字卷十三】

◉馬叙倫　周雲青曰。唐寫本玉篇引王逸楚詞注。締。結也。説文。不解也。倫按當作結也不解也。不解也蓋字林文或校語。玉篇引説文者。字林而題説文者也。彼據本無結字。故引王注。廣雅釋詁。締。結也。又玉篇緭訓結不解。廣雅釋訓。結緭。不解也。則不解二字或是緭下説解中字林文。締從帝得聲。帝音端紐。端見同為清破裂音。結緭音竝見紐。締聲支類。結緭聲竝脂類。支脂近轉。是相為轉注字也。【説文解字六書疏證卷二十五】

縛　法八一　二例　封一七　二例　【睡虎地秦簡文字編】

◉許　慎　縛束也。从糸。尃聲。符钁切。【説文解字卷十三】

◉馬叙倫　字見急就篇。束也或非本訓。【説文解字六書疏證卷二十五】

◉許　慎　繃束也。从糸。崩聲。墨子曰。禹葬會稽。桐棺三寸。葛以繃之。補盲切。【説文解字卷十三】

◉馬叙倫　桂馥曰。墨子云云者。節葬篇文。今作緘。御覽引作繃。帝王世紀亦作繃。倫按縛音奉紐。古讀歸竝。竝澄同為濁破裂音。纏音澄紐。是縛纏為轉注字。繃音封紐。邦竝皆雙脣音。則繃縛亦轉注字。此字疑出字林。【説文解字六書疏證卷二十五】

◉許　慎　絿急也。从糸。求聲。詩曰。不競不絿。巨鳩切。【説文解字卷十三】

◉馬叙倫　吳穎芳曰。糾之語轉。倫按急也以聲訓。絿音羣紐。古讀歸見。糾音見紐。絞音亦見紐。相為轉注字也。辮音奉紐。古讀歸竝。竝羣同為濁破裂音。則亦轉注字也。【説文解字六書疏證卷二十五】

絧　不从糸　師奎父鼎　同字重見　或从絲　師酉簋　中絧攸勒　【金文編】

◉許　慎　絧急引也。从糸。同聲。古熒切。【説文解字卷十三】

◉强運開　師奎父鼎。錫載市同黃。不从糸。同字重文。師酉敨。中㬎攸勒。从絲。吳書以為轡字。容庚釋為絧。今

𥿭　𦆝　給

从之。【説文古籀三補卷十三】

◉馬叙倫　吳穎芳曰。緪之語轉。倫按高山寺玉篇引作引急也。倫謂引急也疑當作引也急也。皆非本義。或非本訓。絅蓋綠之轉注字。古音同在見紐也。故次綠下。師酉敢作𢇍。從絲。【説文解字六書疏證卷二十五】

◉許　慎　𥿭散絲也。从糸。𠂢聲。匹卦切。【説文解字卷十三】

◉馬叙倫　桂馥曰。散當為㪔。廣韻。𥿭。未緝麻也。倫按此字蓋出字林。【説文解字六書疏證卷二十五】

◉許　慎　𦆝不均也。从糸。羸聲。力臥切。【説文解字卷十三】

◉馬叙倫　桂馥曰。集韻。𦆝。絲有結。廣韻。𦆝。不細也。段玉裁曰。此與纇雙聲。其義亦相近。王筠曰。集韻引篆從立部之𣎆。引此不均也。又云。一曰絲節也。與纇絲節也同意。倫按吳穎芳謂纇之轉語。是也。𦆝纇音同來紐。故相轉注。高山寺玉篇引作不釧也。又引倉頡。不勾也。勾為句譌。不均也非本訓。【説文解字六書疏證卷二十五】

給　秦三五　四例

雜一八【睡虎地秦簡文字編】

焦給私印

徐給私印

田給私印【漢印文字徵】

袁安碑　除給事謁者【石刻篆文編】

給【汗簡】

朱育集字【古文四聲韻】

◉許　慎　給相足也。从糸。合聲。居立切。【説文解字卷十三】

◉丁佛言　給古鉢。十四年十一月平給。給古鉢。䊸昜料昔給廩之鉢。給廩當為掌廩穀之官。供給粢盛頒賜。其職如周禮地官廩人。糸是糸省。或謂从邑。非是。給古鉢。秬□給鉢。【説文古籀補補卷十三】

◉馬叙倫　朱駿聲曰。此字當訓相續也。故從糸。丁福保曰。慧琳音義四十一引作相供足也。希麟續音義一引同。倫按蓋本訓足也。古書多借給為足。相足也蓋吕忱釋也。然足也非本義。徐灝謂煮繭者引其絲箸於莩車。旋轉以纏之。斷則續之。其續甚捷。此給之本義也。然未詳也。字見急就篇。古鉢十四年十一月平給匊昜料昔倉廩。丁佛言釋。【說文解字六書疏證卷二十五】

綝　爰綝印信【漢印文字徵】

◉許　慎　綝止也。从糸。林聲。讀若郴。丑林切。【說文解字卷十三】

◉馬叙倫　嚴可均曰。韻會十二侵引林聲下有一曰善也。錢坫曰。爾雅釋詁。綝。善也。廣雅釋詁。綝。止也。倫按善也者。吕忱或校者據雅文加之。善為令之引申義。綝從林得聲。林令音同來紐。故或借綝為令。抑或善也當為繕也。繕音禪紐。綝音徹紐。同為舌面前音。轉注字也。下文。繕。補也。今上海謂衣脱壞縫之曰綝一綝。然則善也是本義或本訓。校者記異本也。止也者。傳寫涉下文縪字説解而譌入。轉捝本訓耳。或如段玉裁説。蓋古以綝為禁字。【說文解字六書疏證卷二十五】

◉許　慎　縪止也。从糸。畢聲。卑吉切。【說文解字卷十三】

◉馬叙倫　止也蓋趩字義。廣雅釋詁。縪。縫也。倫謂今杭縣謂縫有繚有緶之不同。緶音如弁。疑當作此。下文。緶。交枲也。一曰。緁衣也。緁衣即縪字義。【說文解字六書疏證卷二十五】

◉許　慎　紈素也。从糸。丸聲。胡官切。【說文解字卷十三】

◉馬叙倫　段玉裁曰。玉篇紈與繒為伍。必仍許也。此次終前非也。錢坫曰。玉篇以此為紌。臣周切。云。引急也。當是紈素字。當與縹緑等為類。不應在此處。疑傳本之譌。俗人多見紈。少見紌。而删一字耳。既與玉篇不合。又非許君之次。謬誤顯然。倫按素從乑得聲。乑音禪紐。紈音匣紐。同為次濁摩擦音。是轉注字也。然不當次此。高山寺玉篇亦引作紌。引也。然則自如錢説本作紌。後人删紌而改此為紈耳。紌訓引急。則為絿之音同羣紐聲同幽類轉注字。字亦失次。急就篇。

綅

縹綅緑丸皁紫蜓。顔師古本丸作紈。疑急就故書作丸。傳寫者以字林字易之。此字出字林也。【説文解字六書疏證卷二十五】

乙三六八 此終字不从糸與説文古文同 乙三三四〇 拾七·八 前四·三二·七 前五·二八·二 隹王冬八月 林一·一四·一三 隹冬一八月 燕四九四背 鄴三下·四一·三 兹允雨冬夕 寧滬一·五〇四 京津二五九七 存一一八三 貞不冬夕 存下七六 壬申攺壬冬日雈 庫一八〇七 乙其雨冬夕 菁二·一 冬夕 【甲骨文編】

冬之重文 【續甲骨文編】

終 説文古文作㚇碧落碑作𠔽不从糸 井侯簋 帝無終命于有周 遣簋 瘐鐘 此鼎 追簋 對罍 用匄眉壽敬終 蔡姞簋 井人妄鐘 善夫克鼎 不䀠簋 頌鼎 頌簋 頌壺 殳季良父壺 善夫山鼎 攻敔臧孫鐘 曾侯乙鐘 妥賓之冬 又曾侯乙乍寺用冬 曾侯乙鼎 曾侯乙匜 【金文編】

3·1149 獨字 【古陶文字徵】

終 秦一七一 十二例 日乙二三九 十四例 【睡虎地秦簡文字編】

嚴一萍釋終 是胃遊—亡(甲3—33) 【長沙子彈庫帛書文字編】

陽成終印 彭終根 終元之印 肥終 李終私印 段合終 【漢印文字徵】

蘭臺令史殘碑 【石刻篆文編】

𠔬 終【汗簡】

𠔬古孝經 𠔬道德經 𠔬古尚書 皐 隱 悲 皐 夅 𠔬並王存乂切韻 𠔬 𠔬 𠔬並崔希裕纂古【古文四聲韻】

◉許　慎　䋎絿絲也。从糸。冬聲。職戎切。𠔬古文終。【說文解字卷十三】

◉馬叙倫　段玉裁曰。絿恐為緤字之譌。王筠曰。鮑本絿作練。高田忠周曰。絿與逑通。逑下云。聚斂也。詩民勞傳。逑。合也。蓋束絲絿斂謂之終也。𠔬實其象形也。倫按絿為糾之轉注字。絿絲即糾絲。字不誤。然絿絲或非本訓。倫疑終為總之轉注字。總音精紐。終音照紐三等。同為清破裂摩擦音也。終之語原為𠔬。而文終非一字。餘見𠔬下。字見急就篇。

𠔬　席世昌曰。惠棟引陸德明云。本無此字。疑後人所增。按龜部𪚧字仌部冬字注皆云。𠔬古文終字。陸氏未之考耳。王筠曰。彝器文皆作𠔬。此或傳譌。徐灝曰。絿絲之器本作𠔬。象形。古文借為終始之終。而冬從𠔬聲。其後復於冬旁增糸。倫按古文經傳借此為終始之終。然終始之終本字為冬。從仌𠔬聲耳。𠔬當依金文作𠔬。徐謂絿絲之器象形。是也。今造繩者猶用之。唐寫本尚書釋文。皐。本又作𠔬。皆古終字。說文作兵。今釋文無之。高山寺玉篇。皐亦古文終字也。古文尚書如此。蓋皐即唐寫釋文之皐。實即本書之臬。古文經傳借為終始字。玉篇不載𠔬字。而有效字。曰。說文古文終字也。然則唐寫釋文所引本書之兵即效之譌。而效本作𠔬𠔬也。陸言本無此字。蓋即作𠔬𠔬之本。有𠔬𠔬無𠔬。然言本無此字。則或本有之。重文為吕忱所增。倫以為吕治古文尚書者。若然。則吕據尚書增此字。篆當作𠔬𠔬或𠔬𠔬。傳寫省之邪。或吕所據尚書自作𠔬邪。金文頌鼎作𠔬。追敢作𠔬。【說文解字六書疏證卷二十五】

◉林義光　說文云。𠔬古文終。按古作𠔬頌鼎。象兩端有結形。【文源卷三】

◉高田忠周　絿絲也原文當不誤也。絿訓急也。絿蓋與逑相近。逑下云。斂聚也。詩民勞傳。逑。合也。箋。合聚也。蓋束絲絿斂謂之終也。𠔬𠔬𠔬實其象形也。猶與絲字作𢆶造意相同。絿斂緊縮。故形簡於絲矣。論語。天祿永終。包注。天祿所以長終。易象下傳。君子以永終知敝。虞注坤為永終。此皆與銘相合。【古籀篇六十八】

◉曾憲通　𦃃是冑遊終乙三·三三　此字或釋作索，非是。字从夂而益以糸旁，夂乃古文終字，此是後起的終字。曾侯乙編鐘銘終字作𦃃，與帛文同。【長沙楚帛書文字編乙編】

緁 緁

◉許　慎　緁合也。从糸。从集。讀若捷。姊入切。【説文解字卷十三】

◉陳邦懷　A8鐵雲藏龜弟三十三葉　箋曰。此字從糸。從亼。當即説文解字緁之古文。許君説緁曰。合也。從糸集。讀若捷。卜辭⿰糸亼字不從雧鳥在木上之集。而從三合之亼。與許訓合也。誼尤切已。【殷虚書契考釋小箋】

◉馬叙倫　鈕樹玉曰。宋本作從糸從集。汲古本作從糸集聲。翟云升曰。當作從集集亦聲。承培元曰。宋本捷作揵。非是。劉秀生曰。緁從集得聲。捷從疌得聲。集疌聲同心紐合部。故緁得讀若捷。金部。鏶。從金。集聲。或從金咠聲作鍓。詩小雅鴛鴦。戢其左翼。釋文。戢。韓詩云。捷也。捷其噣於左也。釋名釋船。揖。捷也。撥水使舟捷疾也。集聲如咠。疌聲亦如咠。是其證。倫按父辛卣蓋有⿵亼絲。高田忠周釋緁。倫檢本書亼讀若集。則⿵亼絲蓋從絲亼聲。是緁從糸集聲。為⿵亼絲之轉注字。合也非本訓。或此字出字林。緁音精紐。終音清紐。同為舌尖前破裂摩擦音。蓋轉注字也。終聲侵類。緁聲談類。侵談近轉。亦轉注字也。【説文解字六書疏證卷二十五】

繒 繒

繒 9·90 䁞繒　繒 9·91 沓繒【古陶文字徵】

繒 繒　封八二【睡虎地秦簡文字編】

繒 繒昌　繒 牟繒之印　繒 繒子卿印【漢印文字徵】

繒 開母廟石闕【石刻篆文編】

繒 崔希裕纂古【古文四聲韻】

◉許　慎　繒帛也。从糸。曾聲。疾陵切。綷籀文繒。从宰省。揚雄以為漢律祠宗廟丹書告。【説文解字卷十三】

◉王國維　綷　如揚雄説。則此恐非繒之重文。其字亦疑當作緈。殷虛卜辭騂犧之騂作羊。説文土部赤剛土之垶作垟。此字从糸羊聲。後譌為綷。緈。帛赤色。與綠縹以下諸字同例。故揚雄以為祠宗廟之丹書。語當出雄所撰倉頡訓纂。倉頡之字。多取諸史籀篇。應有此字也。又揚雄甘泉賦。上天之縡。字从宰不省。蓋又是一字。【史籀篇疏證】

◉馬叙倫　沈濤曰。一切經音義二引。繒。帛也。謂帛之總名曰繒也。華嚴經音義引。繒。帛也。又引繒謂帛之總名也。謂

帛之總名云云。當是庾氏注中語。沈乾一曰。唐寫本玉篇注引。帛總名也。倫按高山寺玉篇引帛總名也。繒從曾得聲。曾從囮得聲。囮音穿紐。古讀歸透。帛音滂紐。滂透皆次清破裂音。是帛繒實轉注字。或麻所成謂之帛。絲所成謂之繒。各為專名而語原同。繒綾聲同蒸類轉注字。玄應一切經音義引三倉。襍帛曰繒。文選雪賦注引字林。繒。帛總名也。玉篇引者即字林文。然亦謂帛之總名之節文也。字見急就篇。古匋作□。

綷 吴穎芳曰。宰以雙聲諧。鈕樹玉曰。玉篇作縡。事也。載也。不作重文。廣韻亦作縡。注云。事也。出字林。段玉裁曰。宰省聲。不曰辛聲者。辛與曾有真蒸之别。宰與曾為之蒸之相合也。告下當依韻會補也字。鄭文焯曰。以為云云者。謂見於漢律者字如此作。自彼言之也。糸部絩縵下兩引漢律為訓。竝在繒字下。蓋亦從訓纂之例也。楊雄甘泉賦曰。上天之縡。當即謂郊祀丹書告神者。與宗廟之禮一也。則從宰而不省者。王國維曰。如揚雄說。則此恐非繒之重文。其字亦疑從羍作[糸羍]。⊘沈乾一曰。唐寫本玉篇引作綷籀文繒字。揚雄以為漢律宗廟祠丹書告日也。倫按繒聲蒸類。綷從宰得聲。宰聲之類。之蒸對轉。故繒轉注為縡。省為綷。籀篇作縡或綷。倉頡易以繒字。故本書有繒無綷。吕忱據籀篇補此文。揚雄當作楊雄。楊雄以為漢律宗廟祠丹書告日者。此語不明。意蓋謂宗廟祠祭告日之書用赤帛也。則或如王說本有二字。繒之轉注字作縡。别有赤繒字為綷。校者見此字作綷。因刪彼正文之綷字而以楊雄說迻於此下。高山寺玉篇引告下有日也二字。【說文解字六書疏證卷二十五】

◉湯餘惠　齊陶銘文有「豆裏□」，第三個字也是一個舊所未識的字。我們認為這個字隸寫應作「[糸䇂]」，應釋為「綷」，亦即「繒」字。

這個字左旁從糸，右旁即「䇂」字，商、西周古文字中，「辛」、「䇂」二字構形有相近之處，但並不相混。「辛」字多作□、□，「䇂」字多作□、□（脖、辟等字之所從），王國維認為這兩個字的差别，不在劃之多寡，而在直之曲直，殆是。除此之外，我們認為還有一點是值得注意的，即「䇂」字有時寫作□，下方斜出一筆呈刀字形，而「辛」字卻從來未見有這樣寫的。這一點很重要，我們探討陶文「[糸䇂]」字正是由此為出發點。按照這種觀點，陶文此篆的右旁就衹能是「䇂」而不會是「辛」。

不過，在晚周文字中，「辛」和「䇂」的界限已經不很分明，由於它們的形、義比較接近，因而常常混用，「辟」字就是其中一例。我們知道，商代和西周金文中的「辟」字都是從「䇂」的，但戰國銅器驫羌鐘銘文的「辟」字却變而從「辛」了，古璽文中也有這種情况，並被後來的小篆所接受。再如秦詛楚文中有「辠」字，字下從「辛」十分清楚，而三體石經《尚書・無逸》中的古文「辠」却寫作□，顯然下方從「䇂」而不從「辛」了。此外，《古文四聲韻》一書中的「辛」字（或偏旁）有些就寫作□，也都是用「䇂」為「辛」，可見在晚周文字中，這是一種普遍的現象。基於這種認識，我們認為陶文上的人名「[糸䇂]」很可能就是「綷」，即《說文》的籀文「繒」。

現在我們再來探討「⿰糸辛」字的構形原理。《說文》:「繒,帛也。從糸,曾聲。⿰糸辛,籀文繒,從宰省。」段玉裁附和許氏說解,「從宰省」解為「從宰省聲」,清代學者亦盡從許說而不疑,其實,「⿰糸辛」從「宰」省聲之說是缺乏根據的,因為在古文字資料中至今我們還没有發現從「宰」不省的「縡」字,許說蓋來源於楊雄《甘泉賦》的「上天之縡」一句,但就時代先後來講,這個「縡」字無疑要晚於戰國陶文上的「⿰糸辛」字,因此《甘泉賦》裏的「縡」應是「⿰糸辛」的後起轉注字。

我們認為,「辛」、「曾」二字古音比較接近,「⿰糸辛」字應是從辛得聲。辛,息鄰切,古屬心紐、真部;曾,昨稜切,古屬從紐、蒸部。心、從二紐同屬齒音,而真、蒸二部又均屬陽聲韻旁轉可通。《詩·鄭風·溱洧》,《說文》及《水經注》引文「溱」俱作「潧」,可證從曾得聲的字可與真部字通轉。「繒」之作「⿰糸辛」正如同「潧」之作「溱」。「⿰糸辛」和「繒」的區別祇是更換了一個音近的字作為聲符而已,這種現象實際上是比較常見的:《說文》「鸇」字從鳥、亶聲,籀文作「⿰廛鳥」,從廛得聲,與此正是同種情況;又如「愆」字,從心、衍聲,《古尚書》作「諐」,不僅義符心、言互易,而且聲符也變為音近的「侃」了。如此看來,《說文》所謂「⿰糸辛」字從宰省聲的說法是不足為據的,應以「⿰糸辛」從辛聲為是。【戰國文字考釋　古文字研究第十輯】

◉許　慎　緭繒也。从糸。胃聲。云貴切。【說文解字卷十三】

◉馬叙倫　緭之轉注字作⿰糸辛。⿰糸辛從辛得聲。辛聲真類。緭聲脂類。脂真對轉。則緭為⿰糸辛之轉注字。【說文解字六書疏證卷二十五】

◉許　慎　絩綺絲之數也。漢律曰。綺絲數謂之絩。布謂之總。綬組謂之首。从糸。兆聲。治小切。【說文解字卷十三】

◉馬叙倫　高山寺玉篇引絩布作純希。總作稯。綺絲之數也蓋非本義。疑本作綺也。綺從奇得聲。奇音羣紐。絩音澄紐。同為濁破裂音。轉注字也。故次綺上。吕忱或校者以漢律有此字。引以證之。傳寫誤衍絲之數三字。綺絲數謂之絩。乃織事之名。蓋假借也。【說文解字六書疏證卷二十五】

 商綺【漢印文字徵】

◉許　慎　綺文繒也。从糸。奇聲。祛彼切。【說文解字卷十三】

◉馬叙倫　沈濤曰。華嚴經音義上引帛有邪文曰綺也。此庾氏注語。一切經音義廿一引有文曰綺。沈乾一曰。唐寫本玉篇引有文繒也。倫按高山寺玉篇引亦有有字。有文繒也疑本作繒也帛有邪文曰綺也。帛有邪文曰綺也蓋字林文。字見急就篇。

【説文解字六書疏證卷二十五】

縠

縠 古春秋 【古文四聲韻】

◉許　慎　縠細縛也。从糸。𣪊聲。胡谷切。【説文解字卷十三】

◉馬叙倫　鈕樹玉曰。韻會引作細縛也。玉篇訓細纑。則縛字亦近。嚴可均曰。御覽八百十六引作細繒也。此作縛。譌。上文皆言繒。縛縞亦繒也。王筠曰。聲類。縛。今作絹字。廣雅。縠。絹也。天官内司服注。素沙者。今之白縛也。今世有沙縠者名出於此。衆經音義。縠。似羅而疏。似紗而密者也。朱駿聲曰。今之縐紗也。不縐者。周禮之素沙。漢書江充傳。充衣紗縠。襌衣。注。輕者為紗。縐者為縠。周雲青曰。唐寫本玉篇引作細練也。本書。練。繒也。此據唐寫本玉篇引。倫按字見急就篇。細縛也蓋本作細繒也。一曰。縛也。傳寫譌并之。細繒也亦非本訓。練則繒之譌也。縠蓋縐之聲同矦類轉注字。

【説文解字六書疏證卷二十五】

◉朱德熙　「考釋」251號簡釋文作：「郭(椁)中綁印繫帷一，纘掾(緣)，素校，衷二丈二尺，廣五尺，青綺⿱令巾，素裡、掾(緣)。」(標點為引者所加。)第三字的隸定不可靠。第五字釋「繫」是錯誤的。從照片看，此字左下側分明从「子」，左上部與篆文「殻」字(𡉚)相近，應為从糸穀聲之字。漢人書「殳」、「攴」多混，「㲄」即「穀」字。《居延漢簡甲編》1713簡「冣凡吏卒廿人，用㲄(穀)卌石」，亦將「㲄」字所从之「殳」寫作「攴」(《甲編》及勞幹釋文皆逕釋此字為「穀」)。「㲄」、「縠」皆从「㱿」聲，遣策「繫」字當即「縠」之繁體。又此簡釋文「衷」字為「袤」之誤釋，「校」疑為「捽」之誤釋。【馬王堆一號漢墓遣策考釋補正　文史第十輯】

縛

◉許　慎　縛白鮮色也。从糸。專聲。持沇切。【説文解字卷十三】

◉馬叙倫　鈕樹玉曰。周禮内司服注釋文引無白字。段玉裁曰。色當作巵。桂馥曰。鮮色當為鮮支。急就篇注。絹。一名鮮支。廣雅。鮮支。絹也。聲類。縛。今絹字。倫按高山寺玉篇引作一曰鮮支也。此上下文皆言不及色。則白字或一曰之譌。本訓挩矣。一曰鮮支也者。蓋字林文。鮮支俗名也。然俗名類以方言譯雅名。疑鮮支為纏之緩言。餘詳纏下。【説文解字

六書疏證卷二十五】

縑　綈　練

縑

 張文孟縑　【漢印文字徵】

◉許　慎　并絲繒也。从糸。兼聲。古甜切。【説文解字卷十三】

◉馬叙倫　鈕樹玉曰。廣韻引同。玉篇注無并字。蓋捝。沈濤曰。龍龕手鑑引無并字。乃傳寫偶奪。沈乾一曰。唐寫本玉篇引作兼絲繒也。又引釋名。縑。兼也。其絲細緻。數兼於布絹也。足以證兼絲繒之義。今作并者。乃形近之譌。倫按高山寺玉篇引作兼絲繒也。蓋本作兼也。以聲訓。并絲繒也字林文耳。字見急就篇。【説文解字六書疏證卷二十五】

綈

◉許　慎　厚繒也。从糸。弟聲。杜兮切。【説文解字卷十三】

◉吴大澂　古綈字。从糸。从弟。與叔小異。古弟字也。古陶器。【説文古籀補卷十三】

◉馬叙倫　沈濤曰。御覽八百十六引。綈。赤黃色也。蓋一曰以下之奪文。倫按此字林文或校語。厚繒也亦非許語。綈音定紐。絩音澄紐。同為濁破裂音。古讀澄歸定。或轉注字。或語原同也。字見急就篇。古匋作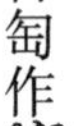。【説文解字六書疏證卷二十五】

練

 9·75　練薺　 9·92　練印　 9·80　練更　【古陶文字徵】

 3714　【古璽文編】

◉許　慎　湅繒也。从糸。柬聲。郎甸切。【説文解字卷十三】

◉馬叙倫　鈕樹玉曰。韻會引湅作練。周雲青曰。唐寫本玉篇引作繒也。韻會引小徐本複一練字。既重一練字。傳寫又誤為水旁。倫按高山寺玉篇引亦作練。倫謂湅字乃校者注以釋練字之音者也。或本是隸書複舉字傳寫譌為湅。或以聲訓。段玉裁謂即考工記所謂湅帛。然彼自謂湅帛。若以練當湅帛。則為動詞而字失其次矣。且漢書王莽傳以繒練連文。鹽鐵論散不足以縑練連文。顔氏家訓風操。梁武帝小名阿練。子孫皆呼練為絹。明練亦繒縑之類。段又謂已湅之帛曰練。不知今之為

綈縑者。因皆已湅之絲也。淮南説林。墨子見練絲而泣之。釋名。練。爛也。煮使委爛也。皆謂湅絲。考工記湅帛。晝暴諸日。夜宿諸井。此謂漱染。非如華嚴經音義引珠叢煮絲令熟曰練也。顔師古急就篇注。練者。煮縑而熟之。然已織成之縑而後煮之使熟。今無是事。豈古然邪。字見急就篇。古鉩作。【説文解字六書疏證卷二十五】

◉戴家祥 説文十三篇「練，湅繒也。从糸柬聲」。按練乃絲的一種。華嚴音義引珠叢云「煮絲令熟曰練」，周禮染人「春暴練」，淮南説林「墨子見練絲而泣之」，皆為練原意。【金文大字典中】

縞 

261 263 273【包山楚簡文字編】

 籀韻【古文四聲韻】

◉許　慎　縞鮮色也。从糸。高聲。古老切。【説文解字卷十三】

◉吴大澂 古縞字。無惠鼎。縞必彤沙。錢宫詹釋作縞縪。許氏説。縞。鮮色也。袁盤縞字如此。【説文古籀補卷十三】

◉馬叙倫　段玉裁曰。色當為巵。周雲青曰。唐寫本玉篇引作鮮支也。倫按高山寺玉篇引作綖鮮支也。本書無綖字。左桓二年傳釋文引字林。綖。弋善反。冠上覆。玄應一切經音義三引三倉。綖。以旃反。使字出三倉中之倉頡訓纂兩篇。則本書當有其字。吕忱增冠上覆之訓耳。綖鮮支也者。謂冠上覆所用之鮮支邪。然古書言縞衣。亦言縞冠。則縞可為衣。亦可為冠。不僅為冠覆也。急就篇。縹綟緑紈皁紫硟。顔師古曰。硟。以石輾繒色尤光澤也。集韻引武玄之説。帛已湅研者曰縞。然則硟即研也。此作綖。或硟之譌。硟鮮支即武説帛已湅研者。然急就。縹綟緑紈皁紫硟。烝栗絹紺縉紅繎。謂以縹綟緑染紈。以皁紫染硟。烝栗染絹。紺縉紅染繎。蓋皆舉時尚而言。則硟似不如顔説。顔但依字為訓耳。綖當是繒名。綖鮮支也。蓋綖也鮮支也二訓。綖也或本訓。鮮支也字林文。今失綖字本義。遂不可證矣。【説文解字六書疏證卷二十五】

纚 

◉許　慎　纚粗緒也。从糸。璽聲。臣鉉等曰。今俗別作絁。非是。式支切。【説文解字卷十三】

◉丁佛言 古鉩。纚喜。許氏説。粗緒也。从糸。璽聲。徐鉉曰。今俗別作絁。非是。案玉篇𦅿與纚同。【説文古籀補補卷十三】

◉馬叙倫　或本訓紬也。吕忱作繒屬。粗細經緯不同者。細曰鈴。粗曰紵。纏總大者也。玉篇引倉頡。細曰鈴。粗曰紵。纏。總大者也。又綳。蒼頡篇。經緯不同也。亦生紬也。字書亦纏字也。此兩引倉頡不同者。蓋一引張揖。一引郭璞。其作綳者。傳寫者易之。急就皆倉頡中正字。而綳紬字不作纏。亦傳寫者易之。可互證也。然則吕忱本張揖説。而郭璞又本吕忱説。今説解則為唐人删存如此。紵又譌作緒耳。廣雅釋器。纏。紬也。纏為纏之異文或譌體。朱駿聲曰。纏略如今之棉紬。倫謂今有繭綢。蓋即纏也。故與紬類。纏從壐得聲。壐音心紐。疑古讀纏鮮支切。鮮支即纏之俗名。緩言之也。【説文解字六書疏證卷二十五】

紬

122【包山楚簡文字編】

◉許　慎　紬大絲繒也。从糸。由聲。直由切。【説文解字卷十三】

◉馬叙倫　王筠曰。任大椿曰。唐六典。織染署凡織紝之作有十。一曰布。二曰絹。三曰絁。四曰紗。五曰綾。六曰羅。七曰錦。八曰綺。九曰綢。十曰褐。紬線之作有四。一曰紬。二曰線。三曰弦。四曰綱。别紬於織紝之作。而紬與線為類。考急就篇注。抽引纑繭緒。紡而織之曰紬。紬既先紡而後織。則質近於線。今時有線綢。或其遺制焉。倫按文選高唐賦注引字林。紬。引也。音抽。然大絲繒也亦字林文。蓋引也為字林中許訓。紬引以聲訓也。大絲繒吕忱明其類也。如顔師古説。紬是今之棉紬。紬音澄紐。纏音審紐三等。同為舌面前音。蓋皆以經緯不同者為之。故語相衍也。字見急就篇。【説文解字六書疏證卷二十五】

綮

◉許　慎　緻繒也。一曰徽幟信也。有齒。从糸。𢼄聲。康礼切。【説文解字卷十三】

◉馬叙倫　鈕樹玉曰。緻當作撴。説文無緻。玉篇。緻繒也。戟衣也。韻會引。一曰。徽幟信也。從糸。啟省聲。按説文無𢼄。幟當作識。説文無幟。段玉裁曰。致繒曰綮。未聞其證。桂馥曰。一曰徽幟信也有齒者。本書。棨。傳信也。漢書文帝紀注。棨者。刻木為合符也。王筠曰。小徐緻作撴。撴。刺也。則綮當與縫紩類次矣。或既譌為緻。乃迻於此。如絀篆之比也。倫按緻繒又見素字説解。蓋字林文。緻繒承培元以為細密之意。倫謂綮蓋綺之音同谿紐轉注字。此字或出字林。一曰八字校語。玉篇引齒作綮。【説文解字六書疏證卷二十五】

◉李學勤　1973年，甘肅居延考古隊在居延肩水金關遺址發現棨信一件，是非常珍貴的文物。這件棨信紅色織物，長21、寬16釐米，上邊有系，正面墨書「張掖都尉棨信」六字。原件保存良好，字迹清晰，據簡報應為西漢晚期遺物。「棨信」這一名稱見於《後漢書・竇武傳》、《宋書・謝莊傳》等史書。張掖都尉棨信實物的發現，對理解古代有關制度，有着很大的幫助。

什麼是棨信，這個問題在漢晉古籍中本來是有明確記述的。但古時稱為棨的器物不止一種，其形制、用途互有區別。唐宋以後的學者，可能由於没有見過實物，每每把彼此不同的幾種叫做棨的東西牽扯在一起了。現在，我們要弄清楚棨信的制度和意義，必須對這些人為的混淆作一澄清。

首先，應該把棨信和刻木而成的棨區分開來。

東漢許慎在《説文》中解釋「棨」字説：「傳信也。」小徐本作「傳書也」。《漢書・文帝紀》載，文帝十二年「三月，除關無用傳」，注引李奇云：「傳，棨也。」顏師古也認為：「古者或用棨，或用繒帛。棨者，刻木為合符也。」這裏所講的棨，都是一種傳信，即通行憑證。古時用木做成的傳信叫作棨，用繒帛做成的叫作繻，上面都要寫上文字。《周禮・掌節》鄭玄注：「傳説所齎操及所適。」也就是説，傳信上面應寫明持傳者攜帶的物品和規定到達的地點。顯然，作為木質傳信的棨，同肩水金關出土的棨信不是一種東西。

其次，要把棨信和棨戟區分開來。

《漢書・韓延壽傳》：「延壽衣黄紈方領，駕四馬傅總，建幢棨，植羽葆，鼓車、歌車，功曹引車，皆駕四馬，載棨戟。」顏師古注：「棨，有衣之戟也，其衣以赤黑繒為之。」這裏所講的棨，是有繒衣的戟，係一種儀仗。據《古今注》，它是由古代的殳演變而來的：「棨戟，殳之遺像，前驅之器，以木為之。後世滋偽，無復典刑，以赤油韜之，亦謂之油戟，王公以下通用之，以前驅。」在不少漢唐壁畫（如和林格爾漢壁畫墓的《使持節護烏桓校尉車馬出行圖》）中，都可以看到棨戟的形象，和肩水金關發現的棨信也没有關係。附帶説一下，棨還有「戟衣」的意思，這又是從棨戟引申出來的。

上面提到過，「棨信」一詞見於《後漢書・竇武傳》，原文是：「取棨信，閉諸禁門。」注：「棨，有衣戟也。《漢官儀》曰：凡居宮中，皆施籍于掖門，案姓名當入者，本官為封棨傳，審印信，然後受之。」《漢官儀》所記通行宮掖的棨傳，須加印封緘，推想是木製的傳信。所以，李賢的這條注文，實際是把棨信和棨戟、傳信三種東西混為一談了。

那麼，究竟什麼叫棨信呢？

棨信，《説文》稱為綮，説：「綮，……一曰徽（徽）幟信也。」「綮」、「棨」通用字，因棨信用帛製，所以也寫做从「系」的「綮」。

徽幟，古語，有些書中叫徽號，據《周禮・司常》注，是「旌旗之細也」。徽幟，也就是旛（幡）。魏張揖的《廣雅》把徽、幟都釋為幡。因此，作為徽幟信的棨信，也就是幡信，或者叫信幡。《古今注》：「信幡，古之徽號也，所以題表官號，以為符信，故謂為信幡也。」據此，第一，棨信即信幡，是古之徽號，即一種旌旗。第二，信幡上題有官號。第三，信幡的作用是作為符信。這三點，都與張掖都尉棨信相合。

幡，是一種特定形制的旗類，它的特點是旗幅的下垂。《説文》：「旛，幅胡也。」北宋徐鉉等解釋説：「胡，幅之下垂者也。」清代段玉裁《説文解字注》指出徽幟應以絳帛製成：「《周禮》九旗之帛皆用絳，則其細亦皆用絳可知也。」肩水金關遺址所出棨信，正是紅色帛質，從上邊的系看，懸在竿上是下垂的。這更可證明，棨信就是信幡或幡信。【談「張掖都尉棨信」文物一九七八年第一期】

綾

◉許　慎　綫東齊謂布帛之細曰綾。从糸。夌聲。力膺切。【説文解字卷十三】

◉馬叙倫　鈕樹玉曰。韻會引布作皮。誤。細下有者字。方言。東齊言布帛之細者曰綾。丁福保曰。慧琳音義六十六引細下有者字。倫按東齊謂布帛之細者曰綾。此吕忱或校者依方言加也。本訓捝矣。史言綾皆是繒。非今所謂布類。今尚通行此物。在綢緞之閒。字見急就篇。皇象本作羅。或故書作羅。傳寫易之。或皇本為傳寫者改也。【説文解字六書疏證卷二十五】

縵

縵　法一六二【睡虎地秦簡文字編】

吕縵□印【漢印文字徵】

◉許　慎　縵繒無文也。从糸。曼聲。漢律曰。賜衣者縵表白裏。莫半切。【説文解字卷十三】

◉丁佛言　古鉨。公孫縵愓。許氏説。縵。繒無文也。漢律曰。賜衣者縵表白裏。【説文古籀補補卷十三】

◉馬叙倫　鈕樹玉曰。一切經音義六引作繒帛無文者也。倫按字見急就篇。繒帛無文者也及漢律以下皆字林文。本訓捝矣。凡繒以下十五文。皆以絲所織之物。疑初止有繒名。其後則以已湅或未湅之絲及綫所為者各異其名。而此十五文不必為十五物。今以音求之。如縵音明紐。練綾音同來紐。古讀來歸泥。同為邊音也。縵聲元類。而綺為有文繒。聲在歌類。歌元

則對轉也。綺從奇得聲。奇音羣紐。銚音澄紐。紬縳音亦澄紐。澄羣同為濁破裂音也。纏音審紐三等。審三與澄同為舌面前音。綈音定紐。定亦濁破裂音。定為舌尖前音。泥紐亦然。緅聲幽類。銚聲宵類。古讀宵歸幽。縠聲矦類。幽矦則近轉也。縐縠綺縩縑縞則皆舌根音。縞兆則聲同宵類。然則或為轉注字。古今名遂。今不得證。而皆衍於一原。則可見矣。古鉨字。丁佛言釋緅。【說文解字六書疏證卷二十五】

 262【包山楚簡文字編】

 繡 秦一一〇【睡虎地秦簡文字編】

 妾繡【漢印文字徵】

 品式石經 咎繇謨 絺繡【石刻篆文編】

 汗簡【古文四聲韻】

◉許 慎 繡五采備也。从糸。肅聲。息救切。【說文解字卷十三】

◉强運開 張德容云。此光武諱。說文不釋。按。此當即古文綉字。穀梁傳曰。弓綉質。運開按。說文云上諱。許不言其義與形聲。段注云。从禾人。人者。米也。出於稃謂之米。結於稃內謂之人。凡果實中有人。本艸本皆作人。明刻皆改作仁。殊謬。禾稃內有人是曰秀。玉篇集韻類篇皆有秃字。欲結米也。而鄰切。本秀字也。隸書秀从乃。而秃別讀矣。今按。鼓文塙係从乃不从人。非隸書始改从乃也。乃象气之難出。禾下有气。正狀其發榮之象。故論語曰。苗而不秀。秀而不實。玉篇等書之秃。當即秀字之誤。蓋篆文乃作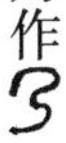。人作。形近致譌。段氏乃據以改說文。未免武斷矣。又按說文。弴。畫弓也。段注云。大雅敦弓既堅。傳曰。敦弓。畫弓也。天子畫弓。按荀卿子。天子彫弓。諸矦彤弓。大夫黑弓。禮也。諸矦彤弓。則天子當五采。石鼓詩有秀弓。秀即繡。五采備謂之繡。據此詩之敦弓即弴之叚借字。而弴弓即彫弓。亦即秀弓。秀繡同音叚借字也。【石鼓釋文】

◉馬叙倫 沈濤曰。文選文賦注引作五采色備也。翟云升曰。五采備也見玉篇。倫按詩終南傳。五色備謂之繡。初學記引周

官。五色備謂之繡。淮南主術高注。五采具曰繡。呂氏春秋仲秋高注。五色備謂之繡。然則言五采不必有色字。言五色不必有采也。疑傳寫二本不同。校者旁注一字。譌如選注所引也。然此蓋字林文。許當以聲訓。繡者。加絲刺於帛。故字從糸。字見急就篇。【說文解字六書疏證卷二十五】

絢　絢

 臣絢【漢印文字徵】

◉許　慎　絢詩云。素以為絢兮。从糸。旬聲。臣鉉等案。論語注。絢。文貌。許掾切。【說文解字卷十三】

◉馬叙倫　吳穎芳曰。從繡繪轉。鈕樹玉曰。論語。子夏問曰。巧笑倩兮。美目盼兮。素以為絢兮。何晏引馬曰。絢。文貌。此二句在衛風碩人之二章。其下一句逸也。然則此引詩。恐後人增改。說文引詩多作曰。不作云。篇韻亦並不引詩。嚴可均曰。九經字樣引作⿰糸筍。從筍聲。以絢為隸省。疑此轉寫譌。詩上有挩文。聘禮注。采成文曰絢。一切經音義廿二引字林。文成曰絢。段玉裁曰。⿰糸筍字不見於他書。疑唐所據未可信。惟儀禮注云。絢。今文作約。然則絢出禮古文。王筠曰。引詩當在厶聲下。此說解挩失。後人迻之也。倫按絢音曉紐。繡音心紐。同為次清摩擦音。轉注字也。字出字林。【說文解字六書疏證卷二十五】

繪　繪

 繪出孫强集【汗簡】

 孫彊集【古文四聲韻】

◉許　慎　繪會五采繡也。虞書曰。山龍華蟲作繪。論語曰。繪事後素。从糸。會聲。黄外切。【說文解字卷十三】

◉馬叙倫　沈濤曰。一切經音義引。五采曰繪。倫按此字蓋出字林。會五采下當補曰字。呂忱本偽孔傳為訓也。繪為辭之聲同脂類轉注字。亦繡之轉注字。繡從肅得聲。肅從聿得聲。見肅字下。聿會聲同脂類也。繪音匣紐。絢音曉紐。同為舌根摩擦音。亦轉注字。韻會引有又畫也三字。乃饋字義。校語。【說文解字六書疏證卷二十五】

緀

◉許　慎　緀白文皃。詩曰。緀兮斐兮。成是貝錦。从糸。妻聲。七稽切。【説文解字卷十三】

◉郭沫若　「冋䙳黄」䙳字當即緀之異。説文「緀，帛文皃。詩曰『緀兮斐兮，成是貝錦』。」今詩作萋，叚借字也。毛傳云「萋菲，文章相錯也。貝錦，錦文也」。鄭箋云「錦文者如餘泉，餘蚔之貝文也」。爾雅釋魚「餘貾，黄、白文；餘泉，白、黄文」。是則所謂「冋䙳黄」者，謂佩玉之呈絅色而有文者也。【鄦毁　兩周金文辭大系圖録考釋】

◉馬叙倫　鈕樹玉曰。韻會平上二聲引竝作帛文皃。是也。詩巷伯字作萋。毛傳。萋萋。文章相錯也。亦無白義。倫按緀音清紐。繡音心紐。同為舌尖前音。轉注字也。亦繪之聲同脂類轉注字。黼音穿紐。清穿同為舌尖前破裂摩擦音。緀黼亦轉注字。此字蓋出字林。【説文解字六書疏證卷二十五】

綝

品式石經　咎繇謨　米字重文【石刻篆文編】

◉許　慎　綝繡文如聚細米也。从糸。从米。米亦聲。莫礼切。【説文解字卷十三】

◉馬叙倫　鈕樹玉曰。廣韻引作繡文如聚米。玉篇注。畫文如聚米。竝無細字。嚴可均曰。此脱一或體。益稷釋文引作黺綝。韻會八薺引或作黺。書。藻火黺綝。倫按此字蓋出字林。以字從米而説曰如聚米。因以為從糸米米亦聲。書藻火粉米皆繡文之狀。亦舉似耳。璪火不作繰⿰糸火⿰黹喿⿰黹火。而粉米獨作黺綝。無是理也。此皆後人妄作之字。米猶可言如聚米。粉不可象。乃黺下言畫粉也。知其詞蔽。【説文解字六書疏證卷二十五】

絹

絹李尚隱字指【汗簡】

李商隱字略　汗簡【古文四聲韻】

◉許　慎　絹繒如麥䅌。从糸。肙聲。吉掾切。【説文解字卷十三】

◉馬叙倫　嚴可均曰。御覽八百十六引作絹似霜。疑彼有脱譌。倫按高山寺玉篇引作生霜如陵稍也。語亦不可解。今玉篇作生繒也。疑霜為繒譌。下文。繰。或曰深繒。高山寺玉篇引繒亦作霜。是其證。陵稍當作綾綃。此作麥䅌亦綾綃之譌。綾挩糸旁。行草書之。與麥之行草書近。因譌為麥。後人因改稍為䅌耳。絹正生絲所為。生繒如綾綃也蓋字林文。絹為縳之

聲同元類轉注字。字失次。絹見急就篇。或急就故書作縛。傳寫者以字林字易之。此字出字林也。【說文解字六書疏證卷二十五】

綠 

 河八〇〇【甲骨文編】

 録 800【續甲骨文編】

 262  269【包山楚簡文字編】

◉許　慎　綠帛青黃色也。从糸。彔聲。力玉切。【說文解字卷十三】

◉馬叙倫　高山寺玉篇引黃作皂。此下諸文言色者。字皆宜從丹或青。今皆從糸者。以糸染為色故也。帛青黃色也者。蓋字林文。字見急就篇。【說文解字六書疏證卷二十五】

◉楊樹達　甲骨文録捌〇〇片云：「」原書無釋。樹達按：此字左从糸，右从彔，乃緑字也。【卜辭瑣記】

縹 

◉許　慎　縹帛青白色也。从糸。票聲。敷沼切。【說文解字卷十三】

◉馬叙倫　翟云升曰。文選笙賦注引無帛字。脱。倫按許當訓青。廣雅釋器。縹。青也。或以聲訓。爾雅釋草釋文引字林。縹。青白色。文選西京賦注引字林。緹。帛丹黃色。明此皆字林文。字見急就篇。【說文解字六書疏證卷二十五】

緕 

◉許　慎　緕帛青經縹緯。一曰育陽染也。从糸。育聲。余六切。【說文解字卷十三】

◉馬叙倫　朱駿聲曰。一説謂淯水所染也。沈乾一曰。唐寫本玉篇引作帛青經縹緯也。一曰。緕陽染也。倫按高山寺玉篇引緯下有也字。育作緕。漢書地理志。南陽郡育陽。此字蓋出字林。【說文解字六書疏證卷二十五】

絑 

 絑　不从糸說文絑純赤也段玉裁云凡經傳言朱皆當作絑　番生簋　絑市纁黃　朱字重見【金文編】

秦下表44【古陶文字徵】

170　269【包山楚簡文字編】

1568　1567　1573　1574【古璽文編】

◉許　慎　絑純赤也。虞書丹朱如此。从糸。朱聲。章俱切。【説文解字卷十三】

◉丁佛言　絑古鉢。絑綀。許氏説。純赤也。虞書丹朱如此。【説文古籀補補卷十三】

◉强運開　番生敢。朱市黄。不从糸。説文。絑。純赤也。虞書丹朱如此。段注云。凡經傳言朱。皆當作絑。朱其叚借字。朱者。赤心木也。師酉敢。赤市朱黄。【説文古籀三補卷十三】

◉馬叙倫　嚴可均曰。虞書六字校語。鼎下引若丹朱鼎。朱駿聲曰。此字後出。易。朱紱方來。詩。我朱孔陽。只作朱。王筠曰。上下文説解皆言帛。而絳絑纁縉介乎其中獨不言帛。未詳何故。倫按高山寺玉篇引作純赤繒也。倫謂蓋本作帛純赤也繒也二訓。此蓋皆字林文。經傳及金器文皆作朱。絑唯見此引虞書丹朱字如此。字或出字林。絑為純赤是乃今所謂大紅。株為赤心木。語原同也。【説文解字六書疏證卷二十五】

纁　不从糸　毛公㾓鼎　熏字重見　【金文編】

◉許　慎　纁淺絳也。从糸。熏聲。許云切。【説文解字卷十三】

◉劉心源　吕上文朱字較之。知此決非朱也。案。牧敢寅簋皆云虎冟熏裏。熏即纁省。考工記鍾氏染羽吕朱湛丹秫。三月而熾之。淳而漬之。三入為纁。爾雅。三染謂之纁。注。染纁者三入而成。爾雅郭注。纁。絳也。儀禮士冠禮纁裳注。吕朱為四入。疏引詩毛傳。朱。深纁也。知朱深於纁矣。此从非穴。乃之變而涉於穴者古文變體。如此者甚多。此字蓋从内从朱。内即内。古文内入通用。詳無叀鼎。是合入朱二字會意。纁三入。朱四入。朱必由纁而入。故入朱者必纁。然則即纁之古文矣。牧敢作。从。乃古文火字。詳太保鼎。即説文之。寅簋作亦同。而吕辪皆吕為柬。釋作練。非也。【奇觚室吉金文述卷四】

◉吴大澂　淺絳也。小篆从糸作纁。毛公鼎。熏字重見。吴尊。【説文古籀補卷十三】

絀 絀

◉丁佛言 熏番生敢。虎圅熏裏。古纁字。不从糸。【說文古籀補補卷十三】

◉馬叙倫 嚴可均曰。釋器釋文引作淺絳色。倫按淺絳也字林文。見爾雅釋器釋文引。淺上當有帛字。捝耳。或本是淺絑也絳也。傳寫并譌。詩七月。我朱孔陽。傳。朱。深纁也。明纁是淺絑。【說文解字六書疏證卷二十五】

◉高田忠周 熏毛公鼎 虎冟熏裏 吴大澂云。小篆从糸作纁。孫詒讓云。牧敦寅簋吴彝並有此字。與裏字連文。薛釋為綀。阮釋為東。攷古牧敦下釋作㶲。按吕釋是也。寅簋吴彝下半泐。故似東字。㶲讀為纁。此説為是。但吴彝即省文。非下形泐者也。説文。熏火煙上出也。从中從黑。中。黑熏象也。朱駿聲云。按炎上出囧為煙。其色黑。中亦象煙上出形。俗字作燻。爾雅。炎炎熏也。詩雲漢。憂心如熏。傳。灼也。愚謂許氏收于中部非。今改。夫⿱罒炎者熏之色也。罒即窗。下有火炎。故煙上出而為黑也。其上出謂之熏。故借中字形為其上出之意。此為象形叚借也。夫熏而後有黑。未熏則無黑也。然黑字先出。而受意于後出熏字。熏亦黑矣。熏固受意于黑。黑熏建類一首。同意相受。是轉注之正例也。彼老考之考。所注為形聲且會意。此熏所注。為象形叚借。其意即同。唯與豈从敳省聲。敳从豈省聲。均皆以聲建首。而以豆與人支相為注者稍異。而其實亦歸于一理焉。轉注之妙可見矣。【古籀篇十四】

絀 則⿰糸呈 — 不旻亓棠(甲1—8)、⿰糸呈 — 遊䙴(?)(甲1—29)【長沙子彈庫帛書文字編】

◉許　慎 絀絳也。从糸。出聲。丑律切。【説文解字卷十三】

◉馬叙倫 鈕樹玉曰。韻會引作縫也。王筠曰。當依韻會作縫也。玉篇。絀。紩也。廣韻。絀。縫也。史記趙世家。卻冠秫絀。徐廣曰。戰國策作秫縫。亦縫紩之別名。此蓋言其女工箴縷之粗拙也。章炳麟曰。絑絀一聲之轉。倫按章説為長。絀為絑之轉注字。絑音照紐三等。絀從出得聲。出音穿紐三等。同為舌面前破裂摩擦音也。絳也當作絑也。絀訓紩者。借為紩字。紩音澄紐。亦舌面音。又聲同脂類也。玉篇引倉頡。紩也。【説文解字六書疏證卷二十五】

◉曾憲通 絀月則⿰糸呈絀　乙一・八　絀⿰糸呈絀遊□　乙一・二九　絀讀為屈，與⿰糸呈讀為贏相對，組成反正結構的名詞，是古天文學常見之用語，古籍多寫作「贏縮」（見《國語・越語》、《史記・天官書》、班固《幽通賦》、《漢書・天文志》、《易通卦驗》等），亦有作「贏絀」（《荀子・非相》）、「盈縮」（《史記・蔡澤傳》）者，皆指天體運行過緩或過急的反常現象。【長沙楚帛書文字編卷十三】

絳

絳邑冶庫督印　絳昌私印　絳譚私印　絳肆唯印【漢印文字徵】

古老子　義雲章【古文四聲韻】

◉許　慎　絳大赤也。从糸。夅聲。古巷切。【説文解字卷十三】

◉馬叙倫　大赤也當作帛大赤也。蓋字林文。高山寺玉篇引作大赤繒也。并引倉頡。絳縣在河東。以以上各篇中吕忱每引地名於當字之下。而所引為倉頡舊注。則此下亦當有絳縣在河東五字。即大赤繒之訓。亦或忱據倉頡注加。許當以聲訓。餘詳綟下。字見急就篇。【説文解字六書疏證卷二十五】

綰

綰　蔡姞簋　用祈匄釁壽綽綰綽綰即説文之䋏緩爾雅之綽綽爰爰詩之寬兮綽兮也　𤔲盤　綰令厚福　瘨鐘　匄永令綽綰髮彔屯　魯　善夫山鼎【金文編】

5·394　秦詔版殘存「相狀綰灋度量則不壹」九字　5·398　秦詔版「廿六年皇帝盡并兼天下諸矦……」共四十字　秦1586　秦詔版殘存「詔丞相□綰」四字【古陶文字徵】

綰　秦五　通棺　唯不幸死而伐—享者【睡虎地秦簡文字編】

張綰私印　魏綰　翟綰　張綰　趙綰之印【漢印文字徵】

詔權　狀綰灋度量【石刻篆文編】

◉許　慎　綰惡也。絳也。从糸。官聲。一曰綃也。讀若雞卵。烏版切。【説文解字卷十三】

◉吴大澂　古綰字。从官从緩省。古文綰緩為一字。小篆从素。許氏説。䋏。緩也。緩。䋏也。薛氏款識伯碩父鼎。晉姜鼎。孟姜敦。綽綰眉壽。古語延年也。【説文古籀補卷十三】

◉馬叙倫　吴穎芳曰。惡當是患之譌。鈕樹玉曰。玉篇注。貫也。羂也。段玉裁謂絹同羂。网部羂下一曰絹也。是二字相轉

注也。周禮注亦用絹為繯字。繫傳雞作鷄。桂馥曰。惡當為毋。淮南子。綰枹而鼓。許注。綰。毋也。一曰絹也者。絹當為繯。本書。繯。綰也。王筠曰。當依段玉裁説刪惡下也字。此或即今之木紅也。田吳炤曰。高山寺玉篇引作一曰綃也。可證大徐本不誤。段説蓋由未見此也。王説亦通。高山寺玉篇又引作惡色絳也。今本惡下也字譌。倫按桂説是。毋串一字。本或作串。傳寫誤增心為患。又譌為惡。毋也以聲訓。惡上當有帛字。帛惡色絳也蓋字林文。一曰綃也者。綃自當如段説。然是校語。讀若雞卵者。劉秀生曰。官聲卵聲竝在寒部。故綰從官聲得讀若卵。書金縢管叔。墨子作關叔。禮記内則。濡魚卵醬實蓼。注。卵或作擲也。官聲如關。卵聲亦如關。是其證。倫謂此校者加之。亦疑此字出字林。【説文解字六書疏證卷二十五】

◉徐中舒　金文言綰綽者二。言綽綰者二。

用旂匃百彔眉壽。綰綽永命。萬年無疆。——史伯碩父鼎

綰綽眉壽。永命彌氒生。萬年無疆。——叔倲孫父𣪘

旂匃眉壽綽綰。永命彌氒生。霝冬。其萬年無疆。——蔡姞𣪘

用旂𩛥綰眉壽。作疐為亟。萬年無疆——晉姜鼎

綰綽書詩並作寬綽。書無逸云。不永念厥辟。不寬綽厥心。詩淇澳云。寬兮綽兮。綰寬古音同在元部。從官從萈。諸字古聲又同在影紐或見溪紐。故綰綽通作寬綽。寬綽有寬緩之意。爾雅釋訓。寬。綽也。説文。䋞。緩也。緩。綽也。綽緩互訓。是寬綽即寬緩也。寬綽又有寬裕意。詩角弓云。綽綽有裕。孟子公孫丑下云。豈不綽綽然有餘裕哉。綽綽即有裕之副詞。故寬綽又作寬裕。荀子君道云。其於人也寡怨寬裕而無阿。臣道云。寬裕而多容。管子五輔云。為人兄者寬裕以誨。内業云。人能正静。皮膚寬裕。耳目聰明。此寬裕即金文之綰綽也。寬緩寬裕引伸之又有延長之意。漢書安世房中歌。克綽永福。師古注。綽。緩也。亦謂延長也。克綽即綰綽。寬綽之異文。克寬古同在見溪紐。克綽為永之副詞。與綰綽永命綰綽眉壽語例正同。【金文嘏辭釋例　歷史語言研究所集刊第六本一分】

◉馬王堆漢墓帛書整理小組　繒當是綰字的異體，此處借作管。管子似指管仲。《説苑・尊賢》：「齊桓公使管仲治國，管仲對曰：『賤不能臨貴。』桓公以為上卿。」蘇秦借用管仲故事是要齊閔王重用他。【馬王堆漢墓帛書】

◉裘錫圭　綰命　金文的求福之辭屢以「綰綽」或「綽綰」與「永命」或「眉壽」連言。綰綽與寬緩意近，綰命大概就是長命的意思。【史牆盤銘解釋　文物一九七八年第三期】

繒　繒

◉許　慎　繒帛赤色也。春秋傳。縉雲氏。禮有縉緣。从糸。晉聲。即刃切。【説文解字卷十三】

◉馬叙倫　嚴可均曰。後漢書蔡邕傳注引作赤白色。此奪白字。玉篇亦云帛赤白。鈕樹玉曰。毛本傳下有曰字。王筠曰。曰字當作有。倫按高山寺玉篇引傳下有有字。禮下有記字。緣下有也字。倫謂左昭十七年傳。黄帝氏雲師雲名。則黄帝官也。服虔曰。夏官為縉雲氏。夏火令赤色。故曰縉雲。如今以秋官為白雲司是也。正義引字書。縉。赤繒也。則縉是帛赤色也。後漢書注引者。蓋帛字譌捝巾字。轉乙在赤字下也。高山寺玉篇引帛赤色也。與此同。此字林文。春秋傳以下十一字或校語。或亦字林文也。集韻韻會皆不引禮有縉緣。縉為絑之同破裂摩擦音轉注字。縉音精紐。絑音照紐三等也。字見急就篇。【説文解字六書疏證卷二十五】

綪　綪

綪　綪君遷印【漢印文字徵】

◉許　慎　綪赤繒也。以茜染故謂之綪。从糸。青聲。倉絢切。【説文解字卷十三】

◉馬叙倫　吴穎芳曰。縉綪語轉。倫按綪縉同舌尖前破裂摩擦音轉注字。綪音清紐。縉音精紐也。赤繒以下蓋字林文。急就篇。青綺羅縠靡潤鮮。字但作青。則此字或出字林。【説文解字六書疏證卷二十五】

緹　緹

259【包山楚簡文字編】

緹　緹　封二一【睡虎地秦簡文字編】

◉許　慎　緹帛丹黄色。从糸。是聲。他礼切。紙緹或从氏。【説文解字卷十三】

◉馬叙倫　鈕樹玉曰。後漢書張酺竇憲傳引同。一切經音義三及八引作帛赤黄色。沈濤曰。御覽二百五十二引作帛黄色。傳寫奪丹字。沈乾一曰。唐寫本玉篇引作帛赤黄色也。倫按文選西京賦注引字林。緹。帛丹黄色。他迷切。然則此字林文。赤字或涉縓下説解而譌。然前後文無作丹字者。丹字或校者改之。選注引同者。其譌蓋在梁後。字見急就篇。

紙　吴穎芳曰。从下似脱衣字。鈕樹玉曰。繫傳及韻會引作紙。非。王筠曰。説文有紙。不應重出。然説解曰。緹或从氏。不言從衣。疑不能明也。篇韻皆無此重文。宋保曰。氏聲。是氏古同聲而通用。倫按緹之或從氏。猶踶𧿒之轉注

矣。是氏音皆禪紐也。然疑祇為褆之重文。或借以為緹字。高山寺玉篇亦不引此字。【説文解字六書疏證卷二十五】

縓

貴縓私印【漢印文字徵】

朱育集字【古文四聲韻】

◉許　慎　縓帛赤黃色。一染謂之縓。再染謂之䞓。三染謂之纁。从糸。原聲。七絹切。【説文解字卷十三】

◉馬叙倫　鈕樹玉曰。釋宮釋文引作帛黃赤色。玉篇。紅也。赤黃也。嚴可均曰。釋器疏引作黃白色。六書故引無帛字。倫按帛赤黃色者。蓋字林文。一染以下或亦字林文。或校者據爾雅釋器加也。廣雅釋器。縓謂之紅。儀禮喪記。麻衣縓緣。注。縓。淺絳也。一染謂之縓。既夕記。縓綼緆。注。一染謂之縓。今紅也。禮記檀弓注。縓。纁之類。葛洪喪服變除。縓者。紅之多黃者也。倫謂紅為赤白色。今杭縣謂之桃紅。或曰淡紅。與黃赤色者異。葛洪謂縓為紅之多黃者也。似長。廣雅及鄭注皆直以縓為紅。蓋漢魏時方言縓紅相通假。縓從原得聲。原音疑紐。原從厂得聲。厂音曉紐。紅音匣紐。同為舌根摩擦音也。倫謂以染言。一染為赤白色。再染為䞓色。䞓者。今杭縣謂人有愧心而面赤者曰紅䞓䞓。實深於紅。三染為纁。上文。纁。淺絳也。然廣雅釋器。纁謂之絳。爾雅釋天。纁帛。郭注。纁帛。絳也。釋器。三染謂之纁。李巡曰。三染其色已成為絳。皆謂纁為絳。鄭注周易。黃而兼赤為纁。與此訓赤黃色者同。纁絳同舌根音。或得通假。或本轉注字也。今杭縣謂深於紅者曰棗紅。深於棗紅者為絳色。俗偁醬色。正與釋器文合。然則爾雅之縓實當為紅。而此縓為赤黃色。倫疑縓為六入為玄之玄本字。書禹貢正義謂在緅緇之閒者是也。今杭縣謂之天青。北方謂之青。若今杭縣所謂玄色。實七入之緇也。上文。緹。帛赤黃色。緹從是得聲。是音禪紐。泉原一字。泉驫亦一字。驫音邪紐。邪禪同為次濁摩擦音。蓋轉注字。或亦有別而語原同也。【説文解字六書疏證卷二十五】

紫

紫　蔡侯䡅殘鐘【金文編】

267　271【包山楚簡文字編】

紫裴光遠集綴 【汗簡】

裴光遠集綴 【古文四聲韻】

◉許　慎　帛青赤色。从糸。此聲。將此切。 【說文解字卷十三】

◉馬叙倫　帛青赤色蓋字林文。字見急就篇。 【說文解字六書疏證卷二十五】

◉許學仁　信陽206號簡　戰國信陽簡　戰國望山M2

信陽二〇六號簡云：「紪紫緊緅之幅冪。」紪从糸此聲，即紫字。說文（十二上）「紫，帛青赤色也」，段茂堂、朱豐芑皆訂其譌，謂紫乃黑赤色。朱氏並稱：「紫即緅，爵頭色也。」簡文紫緅連文，足徵「紫」、「緅」色近。 【楚文字考釋】

◉張　標　馬王堆帛書《五十二病方》「痈」條下368行云：

痈首，取茈半斗。

整理者謂「茈，即柴胡」。

謹案，柴胡見於《流沙墜簡》作茈胡，見於《武威漢代醫簡》第3簡，79牘亦作此，未見省作「茈」者。又《神農本草經》稱柴胡「味苦平，主心腹，去腸胃中結氣，飲食積聚，寒熱邪氣，推陳致新」，似與痈症不甚相合。

竊以為茈殆紫之假。段玉裁在茈篆下注「茈紫同音」；《廣雅疏證》「茈與紫同」；《山海經・南山經》「其中多茈羸」，郭注「紫色羸也」，郝懿行曰「古字通以茈為紫」；《史記・司馬相如列傳》「茈薑蘘荷」，索隱引《四人月令》云：「生薑謂之茈薑，音紫。」武威醫櫝80甲有「茈宛七束」，整理認為即紫苑。《說文》：「茈，茈草也」，「藐，茈草也」。《山海經・西山經》「北五十里日勞山，多茈草」，吴任臣《山海經廣注》云「即紫草」。紫草又名紫荑，《廣雅・釋草》「紫荑，茈草也」。《神農本草經》又稱其為紫丹、紫夫。 【漢簡帛筆記三則　考古與文物一九八七年五期】

◉莊淑慧　124號簡：「三真楚甲，⿰市此（紫）敉之縢。」

「⿰市此」字从市从此，簡文僅一見，124號簡之「⿰市此敉之縢」，122、130號簡作「紫敉之縢」。故「⿰市此」字應是「紫」字之異體無疑。簡文「純」字異體作「⿰市屯」形，與「紫」字作「⿰市此」形然，均是以「市」代「糸」之例。 【曾侯乙墓出土竹簡考　臺灣師範大學國文研究所集刊第四十號】

紅 紅

紅 秦八九 八例 通功 新工初工事一歲半— 秦一一 【睡虎地秦簡文字編】

紅廷私印 【漢印文字徵】

◉許 慎 紅帛赤白色。从糸。工聲。户公切。【説文解字卷十三】

◉高田忠周 紅 無叀鼎 官嗣紅王退側虎臣 元釋司空。是。然字明為「紅」異體。古文糸字有諸形。糸為正形。𢆶為變形。而亦省作糸。此紅及紅字是也。古音紅工同部。故借紅為司工之工。與古音空工同部。故借空為工同例。説文「紅，帛赤白色也。从糸工聲」。案此乃紅字。古與工通。見漢書酈食其傳董仲舒傳兩注。嗣紅者。治工也。一説司空也。稍得其冐縈。而未能定也。【古籀篇六十八】

◉馬叙倫 帛赤白色字林文。字見急就篇。【説文解字六書疏證卷二十五】

繱 繱

悤 繱 不从糸从艸 克鼎 悤字重見 【金文編】

◉許 慎 繱帛青色。从糸。悤聲。倉紅切。【説文解字卷十三】

◉强運開 悤。番生敢朱市悤黃。説文。繱。青白色也。段注云。爾雅。青謂之蔥。蔥即繱也。謂其色蔥蔥淺青也。市部曰。大夫赤市蔥衡。金文凡言蔥衡。多作悤黃。是悤黃即蔥衡之藉字也。【説文古籀三補卷十三】

◉馬叙倫 王筠曰。説文韻譜作帛青白色。是也。倫按帛青白色蓋字林文。【説文解字六書疏證卷二十五】

紺 紺

[glyph] 涫于子紺 [glyph] 謝紺 【漢印文字徵】

[glyph] 籀韻 【古文四聲韻】

◉許 慎 紺帛深青揚赤色。从糸。甘聲。古暗切。【説文解字卷十三】

◉馬叙倫 鈕樹玉曰。李注文選鸚鵡賦引色作也。七命引作深青而赤色也。籍田賦引作染青而揚赤色也。一切經音義六引作染青而揚赤色也。十四引。帛深青而揚赤色也。三引字林。帛染青而揚赤色。然則作染者乃字林文。非許文。倫按此字林

文。高山寺玉篇引作帛染青而揚赤色也。然諸以色言者皆染。何獨此言染邪。上文纁下言淺絳。則此言深青似不誤。深染形近而誤。玄應一切經音義引字林。紺。古暗反。青赤色也。然則本作帛青赤色也。深青而揚赤色也。帛青赤色也吕訓。深上蓋挩謂字。此或亦吕文。或庾儼默注。本訓挩矣。字見急就篇。【説文解字六書疏證卷二十五】

綦君□

綦毋傴

綦毋次仲

綦毋信印

綦毋然

綦毋少公

綦毋初印

綦毋勝

綦毋佗

綦常樂

綦毋大

綦毋從印

綦毋孫印【漢印文字徵】

綦【汗簡】

古尚書【古文四聲韻】

◉許慎　綥帛蒼艾色。从糸。畀聲。詩。縞衣綥巾。未嫁女所服。一曰不借綥。渠之切。綦綥或从其。【説文解字卷十三】

◉薛尚功　綦父乙鼎

綦父乙

銘曰。綦父乙。蓋綦。國名也。歷考商書。雖不聞有國之名綦者。然帚亳之際諸侯所會者至于三千。安知其無綦耶。大抵為史者非㠯事以見之。則亦不能具載矣。【歷代鐘鼎彝器款識法帖卷一】

◉丁佛言　古鉢綦。廢綦字。易上下。从丌。丌古其字。案。古文尚書幾皆作丌。是二字古通。【説文古籀補補卷十三】

◉馬叙倫　翟云升曰。詩。出其東門。疏。引無帛字。禮玉藻疏引作蒼艾。是褀色也。倫按戚學標謂字從糸。古文其作者

為聲。檢唐寫本切韻殘卷字作綥。白蒼色。但不引説文。高山寺玉篇引字亦作綥。不引帛蒼艾色。而引未嫁女所服作女所帤也。不借綥作不借綦。倫謂從其得聲。故音在羣紐。此傳寫之譌。帛蒼艾色似當作帛艾色或帛蒼色。乃字林文。詩縞以下十五字或亦字林文。或校語。一曰不借綥者。段玉裁謂士喪禮組綦之綦即此字。屨係也。則本字即下文之綼矣。鉉本此下有綦篆。説解曰。綥或从其。嚴可均謂此徐鉉新修十九文。玉部璂艸部藄皆從綦聲。綦即綥字。特糸旁在畀下耳。古畀與其通。故杜林以畀為麒麟字。倫檢高山寺玉篇以綥為正。綦為重。綦下引字亦綥字也。唐寫本切韻殘卷。綦。履飾。説文未嫁女所服之。師蓋係之譌。是則古以綼為綦。故校者注以詩縞衣云云於綼下。長孫訥言以切韻收綦字訓履係。乃以綼下校語所偁未嫁女所服者注之。【説文解字六書疏證卷二十五】

繰　繰

◉許　慎　繰帛如紺色。或曰深繒。从糸。喿聲。讀若喿。親小切。【説文解字卷十三】

◉馬叙倫　嚴可均曰。讀若喿疑校者所加。段玉裁曰。深繒疑有譌。繒不得言深也。承培元曰。深繒疑當作深紺。錢坫曰。此論語紺緅之緅字。倫按字蓋出字林。或曰深繒校語。高山寺玉篇引作深霜。深繒深霜皆不可通。似承説是。然深紺當作帛深紺色。深誤為染。又譌作如也。【説文解字六書疏證卷二十五】

緇　緇

◉許　慎　緇帛黑色也。从糸。甾聲。側持切。【説文解字卷十三】

◉馬叙倫　帛黑色也蓋字林文。本訓亡矣。【説文解字六書疏證卷二十五】

◉湖北省文物考古研究所　北京大學中文系　「肙緂聯縢」之語簡文屢見，似是一種織物的名稱。「緂」字也見於信陽二〇二號、二〇七號等簡，「秋」旁作□，此墓簡文多簡化作□，仰天湖一〇號簡亦有此字，「秋」旁作□。緂是此墓簡文中最常見的織物名，疑當讀為「紬」，即後代的「綢」。戰國文字「甾」、「由」、「占」等偏旁往往相混，疑「肙」為从「肉」「甾」聲之字，「肙緂」當讀為「緇紬」，即黑色之紬。【望山楚簡】

纔　纔

◉許　慎　纔帛雀頭色。一曰微黑色。如紺。纔。淺也。讀若讒。从糸。毚聲。士咸切。【説文解字卷十三】

◉孫詒讓　□□　説文無纔字，而金文恒見，如宂卣云：「易錫宂□市同黃。」據拓本。阮吴橅本並譌闕。又趩尊、師奎父鼎、遣曹鼎並有「纔市同黃」之文。尊文作□，鼎文作□作□，皆即此字。師奎父鼎正从韋，宂卣趩尊皆从市者，蓋與韍从市相類。衞

子簠「衛」作□，與尊文偏旁正同。趞曹鼎則又有省變，依字「韍」从韋，𢦔聲。以聲類推之，音義當與纔字相近，舊釋為韋或為韎並誤。說文糸部「纔，帛雀頭色」。从糸，毚聲。「𢦔」从才聲，與「纔」从毚聲古音同部，義亦略同。其與禮經爵字，亦聲近義通。士冠禮「玄端爵韠」，鄭注云：「士皆爵韋為韠。」引玉藻曰：「韠，君朱，大夫素，士爵韋。」金文「韍市」，即禮經之爵韠也。自經典通叚「爵」字為之，而其正字遂廢。纔字唯箸於說文，而韍則字書悉無之，不讀金文，幾不知古有此字矣。

金文又有「𦃃」字，薛氏款識齊侯鎛鐘作□，說文亦無其字，音義無攷。以韍字例之，𦃃从糸𢦔聲，與纔字形同聲近，當為一字。但齊鎛云：「余命女𦃃𨑚卿。」別器卿上有正字。宋校文義，葢讀𦃃為爵，與禮經借爵為韍，義異而例同，謂命以官爵𨑚次於正卿也。因其借讀，可推定其本義必為爵色絲帛，亦即禮經「爵弁」之正字。詩絲衣「載弁俅俅」，汪容父謂載弁當為爵弁，聲之誤，與此亦可互證。葢市制韋為之，爵色韋，則謂之韍，其字从「韋」。帛織絲為之，爵色帛，則謂之𦃃，其字从「糸」。古文形義致為精析，經典則不分韋絲，通叚「爵」為之，字書遂闕此兩字。唯彝器文「韍市」尚用正字，而「𦃃」字則以齊鎛叚為「爵」僅存，攷釋家亦咸瞢然莫辨，葢古文之放失久矣。

依許君說，爵色帛字作纔，而爵色韋則無正字，依金文「𦃃」「韍」為爵色「帛」「韋」之正字，則纔當為𦃃之變體矣。其字，攷工記鍾氏又作「緅」，鄭注云：緅，「今禮俗文作爵，言如爵頭色也。」依鄭說則爵色帛又當以「緅」為正字，而說文復不載，則許與鄭義又舛異。今參互攷定，知爵色韋、帛，各自有𩨨𢦔聲之正字，爵為借字，乃韋、帛之通名。緅、纔為𦃃之變體，則專屬「爵帛」。諸文較然不同，亦治小學者所當知也。韍𦃃皆从「𢦔」得聲，即同為「才」聲孳生字，然古文又有「紂」字，鄭康成以為即古緇字，故玉藻注云：「古文緇字或作糸旁才。」鍾氏注亦云：「古緇以才為聲」，是也。然以字例推之，𢦔才同屬一聲母，則紂實當為𦃃之省，猶纔亦借作才也。依鍾氏「五入為緅，七入為緇」。「緅」「纔」同字，與「緇」不同。若然，𦃃省為紂，自當與纔緅同，不得為緇之古文。鄭不知緅正字本作𦃃，故以「紂」為古文緇字，許書緇下亦不載「紂」字，葢與鄭義不同，知禮注說未足馮也。【名原卷下】

◉馬叙倫　沈乾一曰。唐寫本玉篇引。帛雀頭色也。一曰。微黑色也。一曰。如紺也。一曰。淺也。倫按玄應一切經音義引三倉。纔。微見也。又引。微也。劣也。僅也。帛雀頭色葢字林文。一曰以下校語。【說文解字六書疏證卷二十五】

䌖 綟 紑 緂

◉許　慎　䌖帛騅色也。从糸。剡聲。詩曰。毳衣如䌖。臣鉉等曰。今俗別作毯。非是。土敢切。【説文解字卷十三】

◉馬叙倫　高山寺玉篇引騅作雖。此字林文。【説文解字六書疏證卷二十五】

◉許　慎　綟帛戾艸染色。从糸。戾聲。郎計切。【説文解字卷十三】

◉馬叙倫　鈕樹玉曰。繫傳戾作文。韻會引作艾。則文乃艾之譌。嚴可均曰。戾當作䓞。艸部。䓞。艸也。可以染留黃。韻會引作艾者。艾即䓞之譌。倫按高山寺玉篇引作帛䓞染也。此字林文。本訓捝矣。字見急就篇。【説文解字六書疏證卷二十五】

◉許　慎　紑白鮮衣皃。从糸。不聲。詩曰。素衣其紑。匹丘切。【説文解字卷十三】

◉馬叙倫　白鮮衣皃非本義。詩絲衣傳亦止訓絜鮮皃。此字或出字林。【説文解字六書疏證卷二十五】

 2639【古璽文編】

◉許　慎　緂白鮮衣皃。从糸。炎聲。謂衣采色鮮也。充三切。【説文解字卷十三】

◉馬叙倫　鈕樹玉曰。廣韻止引白鮮衣皃。則下句恐後人增。王筠曰。此蓋庾注之存者。言采色則非白明矣。倫按高山寺玉篇引穴謂之緂。謂衣采色鮮也。蒼頡篇。緂如。衣皃也。倫謂上文紑及此同訓白鮮衣皃而皆非本義。高山寺玉篇於此二字訓義皆不引。蓋彼時説解已捝失矣。此蓋後人補之。謂衣采色鮮也上自有捝文。然如玉篇所引穴謂之緂一句亦不可解。此二字似轉注。緂音穿紐。古讀歸透。紑音滂紐。滂透同為次清破裂音。緂從炎得聲。炎焱火一字。焱音喻紐四等。火音曉紐。紑從不得聲。不音非紐。同為次清摩擦音也。其義蓋謂帛色。二白字皆帛之殘存者也。衣字亦皆涉下文而譌衍。字或出字林。【説文解字六書疏證卷二十五】

◉商承祚　緂，《説文》：「白鮮衣皃。从糸，炎聲。謂衣采色鮮也。」《廣韻》卷二談部亦釋緂為「色鮮」。【信陽長臺關一號楚墓竹簡第二組遣策考釋　戰國楚竹簡彙編】

繻 繻

繻 妄繻【漢印文字徵】

◉許　慎　繻繒采色。从糸。需聲。讀若易繻有衣。臣鉉等曰。漢書傳。符帛也。相俞切。【說文解字卷十三】

◉馬叙倫　鈕樹玉曰。絮下引易繻有衣絮。此疑脱絮字。蓋讀若絮也。徐灝曰。易既濟。繻有衣袽。釋文云。繻。子夏作襦。王廣同。虞本亦作襦。此蓋衍讀若二字。易下當有曰字。倫按高山寺玉篇引作繒采色也。字疑出字林。衣下蓋捝絮字。校者見絮下引作絮字。不敢定。遂闕之耳。【說文解字六書疏證卷二十五】

縟 縟

◉許　慎　縟繁采色也。从糸。辱聲。而蜀切。【說文解字卷十三】

◉馬叙倫　沈濤曰。文選西京賦月賦劉越石答盧諶詩七啟等注後漢書延篤傳注引色皆作飾。景福殿賦長笛賦注引奪繁字。而色亦作飾。唯文賦注及王文憲集序注引作色。翟云升曰。文選王文憲集序注引作繁也彩色也。倫按高山寺玉篇引色作餝。餝即飭之別體。然以上文皆言色。不當此獨作飾。且縟實繻之轉注字。繻從需得聲。需縟音同日紐也。則義當同。繁采色也當如選注引作繁也采色也。繁也校語。本書作緐。此字或出字林。【說文解字六書疏證卷二十五】

纚 纚

纚 164【包山楚簡文字編】

◉許　慎　纚冠織也。从糸。麗聲。所綺切。【說文解字卷十三】

◉孫詒讓　纚為古首服之一。周時男女長幼通箸之。漢時男子冠亦有纚。其材同。其箸以承冠亦同。而其形法則迥異。周時之纚用以韜髮。士冠經云。緇纚廣終幅。長六尺。鄭注云。纚。今之幘梁也。終。充也。纚一幅長六尺。足以韜髮而結之矣。案。結即紒之借字。鄭言此者。明先用纚收髮而韜之。而後屈曲繞之成紒。故賈疏云。韜髮結之。韜訖乃為紒是也。内則。子事父母。亦先櫛縰笄總而後冠。縰纚字同。孔疏引盧植云。縰所以裹髻承冠。以全幅疊而用之。孔又云。箸縰既畢。以笄插之。櫛訖加縰。縰訖加笄。笄訖加總。作紒既成。横施笄以為固。又裂繒圍繞紒本而垂其餘。以為飾。是為總。然後箸冠。孔説尤析。葢古人不露髮。而冠梁止廣二寸。不足以覆之。故必先用緇繒韜髮。而後箸冠。士冠禮。贊者奠纚而後設纚。賓正纚乃加冠。三加皆然。是每冠皆更設纚也。唯喪禮男子括髮女子髽。乃不箸纚而露紒。吉時無露髮。明無不箸纚矣。漢時冠梁變而漸廣。有屋有裙。既盡蒙其首。則不慮其露髮。故不必用繒韜髮。而别以幘冒髮承冠以代纚。其材亦以緇繒為

之。故幘梁得冒稱纚。士冠鄭注即舉漢時語以相比況。其後因幘梁稱纚。又通之於冠梁。故冠幘梁通有纚稱。周禮弁師注亦云。冠縰即指冠梁也。漢書元帝紀顔注引李斐云。齊國舊有三服之官。春獻冠幘纚為首服。冠幘纚即謂織成冠幘梁之材。故説文云。纚。冠織也。織者。凡繒帛不須翦裁而成者之名。所謂織成也。宋書引徐爰云。古者有冠無幘。冠下有纚。以繒為之。後世施幘於冠。因裁纚為帽。徐説纚幘流變最為詳析。顔師古急就篇注謂幘常在冠下。或單箸之。以此推之。知古以纚承冠。必先箸纚。而後加冠。不冠者則唯箸笄纚。漢以後以幘承冠。亦先箸幘。而後加冠。不冠者則唯箸幘。其用略同。然周纚用整幅之繒韜髮為紒。而不屬於冠。其廣二尺四寸。依周禮内宰賈疏引鄭志及禮記王制孔疏。説帛幅廣如是。漢書食貨志説布帛幅曰廣二尺二寸。與鄭義異。長六尺而不冒首。漢纚用織成繒材為冠幘梁。梁即屬於冠幘。其廣袤不過數寸而全冒首。其物既別。又古先設纚而後為紒。漢時則先成紒而後箸幘。其事亦不同。但以語言嬗易合并不別。故鄭以幘梁況士冠之纚。實非禮經纚字之本義也。至於古繒帛一端長二丈。纚之長止六尺。則必翦裁乃成。漢纚為冠幘梁。廣袤止數寸。即就此度織成繒材。許君所謂冠織。亦專就漢制言之。古纚不屬於冠。又非織成。許詁與禮經之纚尤絶不相當也。周漢首服名制遷易。各有原流。賈孔義疏訓釋纚制大致不誤。而未能深究。周漢名實異同之詳。學者易滋牽掍。謹綜緝經詁箸其流變。俾治襍服者有所考焉。【籀廎述林卷三】

◉馬叙倫　段玉裁曰。冠織者。為冠而設之織成也。王筠曰。集韻韻會引有謂以緇帛韜髮。蓋庾注也。倫按冠織也蓋本作冠織成也。傳寫挩成字。字或出字林。【説文解字六書疏證卷二十五】

紘

紘 紘【汗簡】

紘 義雲章【古文四聲韻】

◉許　慎　紘 冠卷也。从糸。厷聲。戸萌切。紘 紘或从弘。【説文解字卷十三】

◉馬叙倫　吴穎芳曰。玉篇。冠卷維也。許注淮南云。紘。維也。則玉篇為長。此脱維字矣。王筠曰。李注歐陽建詩引作維也。倫按冠卷也維也二訓。疑皆字林文也。【説文解字六書疏證卷二十五】

紞

◉許　慎　紞冕冠塞耳者。从糸。冘聲。臣鉉等曰。今俗别作髧。非是。都感切。【説文解字卷十三】

◉馬叙倫　王筠曰。塞耳即充耳。大戴禮黈絖塞耳是也。龔士珍曰。冕冠塞耳四字不詞。沈乾一曰。唐寫本玉篇引冠下有垂字。倫按冕冠塞耳者明非許語。左桓二年傳釋文引字林。紞。丁坎反。冠之垂者。則此即字林文。尚有挩譌也。【説文解字六書疏證卷二十五】

纓

纓出朱育集字【汗簡】

朱育集字【古文四聲韻】

◉許　慎　纓冠系也。从糸。嬰聲。於盈切。【説文解字卷十三】

◉馬叙倫　翟云升曰。後漢書楊震傳注引作冠索也。系字是。見玉篇。倫按或非本訓。或字出字林也。【説文解字六書疏證卷二十五】

◉湖北省文物考古研究所　北京大學中文系　緓，饒宗頤在《戰國楚簡箋證》中據《汗簡》「纓」字古文作釋作「纓」（《金匱論古綜合刊》第一期）。其説可信。緓字从「糸」「妟」聲。古音「妟」在元部，「嬰」在耕部，元耕二部音近。如《詩·周頌·閔予小子》「嬛嬛在疚」，陸德明《釋文》説「嬛」崔本作「煢」。「嬛」本屬元部，「煢」屬耕部。《書·吕刑》「苗民弗用靈」，《墨子》引「靈」作「練」，「靈」屬耕部，「練」屬元部。金文「嬰」字或作（《金文編》六二八頁），亦从「妟」聲。六二號簡以「二組緓」與「二鮭冠」相配，組緓即冠纓，可證釋「緓」為「纓」之確。仰天湖二四號簡有「緓組之緫」，信陽二一五號有「緓組」，此簡「緓繏」疑當讀為「纓纂」。纂、組為同類物。「繏」从「巽」聲，「纂」从「算」聲，古音極近（古「選」、「算」二字通）。「項」可能即上引仰天湖簡「緫」字的借字，其義待考。古音「項」屬東部，「行」屬陽部，東陽相通是楚方言的特徵之一。【二號墓竹簡考釋　望山楚簡】

紻

67【包山楚簡文字編】

◉許　慎　紻纓卷也。从糸。央聲。於兩切。【説文解字卷十三】

綏

◉許　慎　綏系冠纓也。从糸。委聲。儒隹切。【説文解字卷十三】

◉郭沫若　綏字本器作屡，乃本字，从尾沙省聲，戈綏以氂牛尾為之，故从尾，它器多叚沙字為之。【師毀𣪕　兩周金文辭大系圖録考釋】

◉馬叙倫　桂馥曰。五音集韻引同。又云。散而下垂者謂之綏也。徐鍇韻譜刻本作繼冠纓。玉篇同。段玉裁曰。韻會無也字。徐灝曰。鄭玄云。綏者。纓之飾也。則綏自為一物。而箸之於纓以為飾。倫按高山寺玉篇引作繼冠纓也。此冠纓之兩端既結而下垂者。今謂之須頭。連於纓而非即纓也。釋詁。綏。繼也。則繼也冠纓也二訓。系又繼之爛文。然疑皆非本訓。字亦或出字林。【説文解字六書疏證卷二十五】

◉湯餘惠　59　尾、屡(綏)，字下从少，不得徑釋為「尾」。西周金文「戈琱戭彤沙」之沙字，師毀簋作「屡」，日人高田宗周謂「亦沙異文」，郭沫若釋之為「綏」，謂「綏字本器作屡，乃本字。从尾，沙省聲。戈綏以氂牛尾為之，故从尾，它器多假沙字為之。」(參見《金文詁林》卷十一，1425沙字條)今按郭説可从。屡字簡文凡三見：59簡「長屡正」，61簡「長屡公」，78簡「長屡之旦」，「長屡」皆當讀為「長沙」。「綏」假借為「沙」與金文用法相同。戰國時長沙屬楚地，又名青陽，始皇二十六年「荆王獻青陽以西」(《秦始皇本紀》)，始歸于秦。秦併六國，分天下為三十六郡，立為長沙郡。【包山楚簡讀後記】

緄

◉許　慎　緄織帶也。从糸。昆聲。古本切。【説文解字卷十三】

◉馬叙倫　嚴可均曰。後漢書南匈奴傳注文選七啟注引作織成帶也。鈕樹玉曰。玉篇注。織成章也。疑本説文。戰國策三十二。東組三百緄。高誘注。十首為一緄。是緄亦組屬。桂馥曰。漢律。綬組謂之首。後漢書輿服志。五扶為首。東觀漢記。鄧遵破匈奴。上賜金剛鮮卑緄帶一具。錢坫曰。後漢書。遺單于佩刀緄帶。東觀漢記。賜鄧遵金剛鮮卑緄帶。此即國策之師比帶也。史記作胥紕。緄紕字形相近。疑古已溷緄於紕矣。然云師比者。即鮮卑耳。沈乾一曰。唐寫本玉篇引作織成帶也。倫按緄之為帶。蓋如今勳章有綬。綬有帶。其帶與佩刀之帶同。皆有綏者。故字次綏下。錢謂緄帶即師比帶。史記作胥紕。即鮮卑。然則此帶傳自鮮卑。緄為譯名邪。緄從昆得聲。昆從比得聲。故字或作紕邪。或錢説非邪。顔師古急就篇注。緎。織采為之。一名車馬飾。即今之織成也。然則織成帶也當作織成也帶也二訓。字或出字林。【説文解字六書疏證卷二十五】

150 159 271【包山楚簡文字編】

◉許　慎　紳大帶也。从糸。申聲。失人切。【説文解字卷十三】

◉强運開　薛尚功趙古則均作旃。楊升庵作迪。誤。唐蕉庵云。鄭作紳。詩匪伊垂之帶則有餘。紳有乑義。㫃从屮而下乑。以从㫃从㠯為紳之籀文。與㚇下从妻。妻有齊義同一例。羅振玉云。旃字不見許書。以形與聲觀之。當為旌旂之下乑者。與紳音義皆略同。運開按。羅説與唐合。是也。【石鼓釋文】

◉戴家祥　𣂋从𦉼　其邑旃丝𣪘　疑為旃字。㫃下增筆，為旗游飄帶。石鼓文「其䢱又旃」，釋音「鄭作紳」。説文十三篇「紳，大帶也」。論語「子張書諸紳」，疏「以帶束腰，垂其餘以為飾，謂之紳」。旃，或紳之異體。从㫃，以表示紳帶用在旗游上，位于斿之中間，故金文作，以象其形。𣂋从𦉼作地名。【金文大字典下】

◉湖北省文物考古研究所　北京大學中文系　曾侯乙墓竹簡所記車馬器中屢見「鞁縵」之語。「縵」从「糸」「㬅」聲。「㬅」《説文》訓為「引」，从「又」「㠯」聲。㠯古文「申」。《説文》「鞙」字籀文作，王國維疑右旁即㬅字之譌（見《史籀篇疏證》），其説可信。簡文「紳」及曾侯乙墓竹簡之「縵」並當讀為「鞙」。《説文·革部》：「鞙，引軸也。」【二號墓竹簡考釋　望山楚簡】

◉商承祚　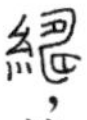，隸定為紳，雖金文中壽字皆从，然《説文》言申古文作㠯，金文之楚子匿、曾仲大父𧻚簋、毛臾簋皆作。《説文》：「紳，大帶也。」段注：「大帶用素，用練，故从糸。」即《禮記·玉藻》「大夫素帶」，與孔疏「紳謂紳帶」同義。又《説文》：「鞶，大帶也。」段注：「鞶，革帶也。故字从革。」《禮記·内則》：「男鞶革，女鞶絲。」《説文》則作「男子帶鞶，婦人帶絲。」《説文通訓定聲·乾部》：「帶有二：大帶以束衣用，素若絲；革帶以佩玉用，韋字从革，當以革帶為正。」此簡云革繟紳，即有皮革與繟絲的兩種大帶，可與文獻互證。【江陵望山二號楚墓竹簡遣策考釋　戰國楚竹簡彙編】

◉許　慎　繟帶緩也。从糸。單聲。昌善切。【説文解字卷十三】

◉馬叙倫　王筠曰。繫傳作帶綏也。玉篇。繟。帶也。寬綏也。倫按帶緩也不可通。且亦不當廁此。蓋本是帶也寬也緩也三訓。寬緩皆緩字義。韓詩。檀車緩緩。毛作嘽嘽。是其證也。帶也者本義。故次紳下。繟音穿紐三等。紳音審紐三等。同為舌面前音。蓋轉注字也。【説文解字六書疏證卷二十五】

綬

 綬　从索　牆盤　【金文編】

 5·69　咸鄙里綬　【古陶文字徵】

 趙護綬　【漢印文字徵】

◉許　慎　綬韍維也。从糸。受聲。殖酉切。【説文解字卷十三】

◉劉心源　纆　纆字無攷。或曰古刻受作𠬪。从舟。此从田。非田字。乃舟篆之變。詳亞鼎。則此仍綬字也。【纆父盤　奇觚室吉金文述卷八】

◉馬叙倫　文選西都賦注引倉頡。綬。紱也。初學記二十六引字林同。王筠讀韍字句。然則韍也維也二訓。韍也字林文。小爾雅廣服。紱謂之綬。然紱為韍之異文而市之轉注字。市所以蔽前。綬所以貫佩。實非一服。續漢書輿服志。古者君臣佩玉。尊卑有度。上下有韍。貴賤有殊。佩所以章德。服之衷也。韍所以執事。禮之共也。故禮有其度。威儀之制。三代同之。五伯迭興。戰兵不息。佩非戰器。韍非兵旗。於是解去韍佩。留其系璲。以為章表。故詩曰。鞙鞙佩璲。此之謂也。韍佩既廢。秦乃以采組連結於璲。光明章表。轉相結受。故謂之綬。然則以綬代韍。因謂紱為綬。今制動章繫於綬以佩於服。亦異古以蔽前之市也。維也上疑挩佩玉二字。然亦非本訓。字見急就篇。【説文解字六書疏證卷二十五】

◉徐中舒　縠從索受聲，從索與從糸同意，當讀為綬。綬，組也，組是絲製的繩子，有各種不同的顏色，用以繫佩玉，作為官吏級別的標記。【西周牆盤銘文箋釋　考古學報一九七八年第二期】

◉李學勤　ナ右縠緐剛鯀

縠，即綬，讀為糾，《後漢書·荀彧傳》注：「合也」。緐，左半是會的變體(《金文編》289頁)，右從友。友，義為親愛，故從會作為義符。縠緐一詞大意應為團結親附。【論史牆盤及其意義　考古學報一九七八年第二期】

組

 組　師寰簋　 且从又與師虎簋同　虢季氏子組壺　  虢季氏子組簋　【金文編】

 秦1373　咸鄙里緺　【古陶文字徵】

𥿄259 組277【包山楚簡文字編】

組 雜一八 四例 通詛 明— 日甲一一 【睡虎地秦簡文字編】

𦁸 組【汗簡】

䋎 義雲章【古文四聲韻】

◉許　慎　組綬屬。其小者以為冕纓。从糸。且聲。則古切。【說文解字卷十三】

◉吳大澂　𥿄古組字。號季氏子組敦。陳介祺說。組之从又。猶維之从攴也。【說文古籀補卷十三】

◉馬叙倫　沈濤曰。文選七啟注引云。組。綬屬也。小者以為冠纓。薦禰衡表注引。組。綦。小者為冠纓。御覽八百十九引無冕字。謝玄暉敬亭山詩注引。組。綬也。倫按言屬者字林文。綬屬以下九字蓋皆字林文。若薦禰衡表注引。疑本訓纂也。此下文。纂。似組而赤。組纂音同精紐。蓋轉注字。纂譌為綦。又省為其耳。校者因删也字。纂也本在綬屬上。故七啟注不引纂也。薦禰衡表注不引綬屬。然則今之説解蓋為後人妄乙矣。此冕字原作冕。疑本作冠也。高山寺玉篇引亦作冠。字見急就篇。【說文解字六書疏證卷二十五】

◉許　慎　緺綬紫青也。从糸。咼聲。古蛙切。【說文解字卷十三】

◉馬叙倫　嚴可均曰。後漢書南匈奴傳注引作紫青色也。御覽六百八十二韻會六麻引作青紫色。沈乾一曰。唐寫本玉篇引作綬紫青色也。倫按高山寺玉篇引亦有色字。漢舊儀。丞相列侯將軍金印紫緺綬。漢書百官公卿表。丞相金印紫綬。高帝十一年更名相國。綟綬。徐廣曰。似紫。紫綬名緺綬。其色青紫。何承天云。緺。青紫色綬。倫謂緺蓋繒之青紫色者。緺綬謂青紫色綬。此訓綬青紫。疑後人據何承天説改。【說文解字六書疏證卷二十五】

◉許　慎　縌綬維也。从糸。逆聲。宜戟切。【說文解字卷十三】

◉馬叙倫　玉篇引作紱維也。蒼頡篇。綬紘也。字亦見急就篇。然綬維也或非本訓。【說文解字六書疏證卷二十五】

纂

崔希裕纂古　【古文四聲韻】

◉許　慎　似組而赤。从糸。算聲。作管切。【說文解字卷十三】

◉馬叙倫　沈濤曰。後漢書景帝紀注臣瓚引許慎。纂。赤組也。翟云升曰。類篇作文組而赤。當作文似組而赤。沈乾一曰。唐寫本玉篇引作似組而赤黑也。倫按似組而赤黑蓋字林文。本訓捝矣。玄應一切經音義引三倉撰作纂。【說文解字六書疏證卷二十五】

紐

樊紐私印　【漢印文字徵】

◉許　慎　系也。一曰結而可解。从糸。丑聲。女久切。【說文解字卷十三】

◉馬叙倫　系上疑有捝字。然非本訓。一曰六字校語。字見急就篇。【說文解字六書疏證卷二十五】

綸

王綸私印　即綸　司馬綸印　徐綸　臣綸　吴綸私印　頓綸　徐綸之印　【漢印文字徵】

◉許　慎　青絲綬也。从糸。侖聲。古還切。【說文解字卷十三】

◉馬叙倫　沈濤曰。文選西都賦注顔師古急就篇注漢書景帝紀注後漢書班彪傳注御覽八百十九引皆作綸糾青絲綬也。倫按高山寺玉篇引作糾青絲綬也。非本訓。徐灝謂綸本絲繩之名。故緇衣云。王言如絲。其出如綸。用青絲為綸以佩印。乃其一耑耳。綸非專為綬帶也。倫謂徐説是也。綸蓋繩緡之聲同真類轉注字。詩。之子于釣。言綸之繩。若綸非即繩者。蓋以綸為絲所為。綸之繩猶絲之繩矣。字見急就篇。【說文解字六書疏證卷二十五】

綎

◉許　慎　系綬也。从糸。廷聲。他丁切。【說文解字卷十三】

◉馬叙倫　錢坫曰。方言。佩巾謂之裎。注。所以系玉佩帶也。裎即綎字。承培元曰。系按篇韻當作絲。倫按高山寺玉篇引系作絲。然系綬也非本訓。【說文解字六書疏證卷二十五】

縆 縆

縆 孴録13・1 獨字 顧廷龍釋 【古陶文字徵】

◉許　慎 縆緩也。从糸。亘聲。胡官切。【説文解字卷十三】

◉顧廷龍 縆縆。説文。緩也。从糸亘聲。潘。【古匋文孴録卷十三】

◉馬叙倫 嚴章福曰。緩疑當作綏。形近而譌。上文皆言綏。玉篇。縆。綏也。或本説文。倫按晉書音義引字林。縆。大索也。倫謂縆蓋繟之聲同元類轉注字。大索或引申義。或絙字義。縆絙形音竝近也。綏也尚有挩字。字或出字林。【説文解字六書疏證卷二十五】

繐 繐

◉許　慎 繐細疏布也。从糸。惠聲。私鋭切。【説文解字卷十三】

◉馬叙倫 嚴可均曰。當作蜀細布也。以縳為重文。大徐縳篆誤跳在後耳。一切經音義八引。繐。蜀白細布也。御覽八百廿引。繐。蜀布也。皆與縳之説解相當。明是縳即繐字。繐從叀即有叀音。故嬽蠸皆讀若蜀郡布名也。玉篇廣韻竝以縳為繐之重文。孫星衍曰。一切經音義引乃縳字解。嚴章福曰。布類字不當次此。宜改下文縳作繐。彗聲作惠聲。又補説解云。或從彗。而删此篆。倫按高山寺玉篇引説文或以為今白越布者也。古佚叢書本作説文或以為今有如白越布者也。蓋庾儼默注或校語。又引。縳。説文。蜀細布也。聲類亦繐字。然則本書縳繐非一字。縳非繐之或體也。禮記喪服傳注。凡布細而疏者謂之繐。今南陽有鄧繐。然則繐字廁此固失次。而與縳亦不必為重文。同是布之細而疏者。但南陽謂之繐。蜀謂之縳。轉注字耳。彗音邪紐。惠音匣紐。同為次濁摩擦音。論語。好行小慧。鄭注。魯讀慧為惠。漢書昌邑王傳。清狂不惠。後漢書孔融傳。將不早惠乎。此二惠字今語皆當作慧。是其證。此字蓋出字林。【説文解字六書疏證卷二十五】

⿱㬥糸 ⿱㬥糸

◉許　慎 ⿱㬥糸頸連也。从糸。暴省聲。補各切。【説文解字卷十三】

◉馬叙倫 段玉裁曰。頸當依玉篇作領。錢坫曰。同襮。沈乾一曰。唐寫本玉篇引作領連也。倫按高山寺玉篇亦作領。此襮之異文。疑出字林也。【説文解字六書疏證卷二十五】

紟

前6·33·2【續甲骨文編】

254　262　263【包山楚簡文字編】

絵孝印【漢印文字徵】

◉許　慎　紟衣系也。从糸。今聲。居音切。絵籀文从金。【説文解字卷十三】

◉余永梁　(書契卷六三十三葉)　案此紟字，俗作衿，説文：「紟，衣系也。从糸，今聲。」【殷墟文字考】

◉馬叙倫　高山寺玉篇引作衣絲也。甲文有。葉玉森釋紟。然疑為[糸集]之轉注字。與一字。

絵　王筠曰。小徐作絵。孫鮑二本作絵。倫按高山寺玉篇曰。絵。字書籀文紟字也。字書蓋即謂字林。然隋書經籍志别有字書。豈此字不出字林而校者以字書補入。字書取於籀篇邪。【説文解字六書疏證卷二十五】

緣

緣　封二二

封八二　二例【睡虎地秦簡文字編】

裴光遠集綴【古文四聲韻】

◉許　慎　緣衣純也。从糸。彖聲。以絹切。【説文解字卷十三】

◉馬叙倫　疑本作純也。以聲訓。或以假借字釋本字也。衣純也字林文。字見急就篇。【説文解字六書疏證卷二十五】

纀

◉許　慎　纀裳削幅謂之纀。从糸。僕聲。博木切。【説文解字卷十三】

◉馬叙倫　裳削幅謂之纀。爾雅釋器文。此字或出字林。【説文解字六書疏證卷二十五】

絝

袴【汗簡】

◉許　慎　絝脛衣也。从糸。夸聲。苦故切。【説文解字卷十三】

◉馬叙倫　段玉裁曰。今所謂套褲。字見急就篇。【説文解字六書疏證卷二十五】

繑　緥　縳

◉許　慎　繑絝紐也。从糸。喬聲。牽搖切。【説文解字卷十三】

◉馬叙倫　段玉裁曰。紐者。系也。脛衣上有系。系於幝帶曰繑。倫按古之紐皆以兩帶相紐結。不別衣袴。豈為絝而特作繑字乎。蓋非本訓。字或出字林。古鉥作。【説文解字六書疏證卷二十五】

◉許　慎　緥小兒衣也。从糸。保聲。臣鉉等曰。今俗作褓。非是。博抱切。【説文解字卷十三】

◉馬叙倫　小兒衣也疑非本訓。或字出字林。【説文解字六書疏證卷二十五】

◉許　慎　縳薉貉中女子無絝。以帛為脛空。用絮補核。名曰縳衣。狀如襜褕。从糸。尊聲。子昆切。【説文解字卷十三】

◉馬叙倫　急就篇。襌衣蔽膝布毋縳。顔師古本。是縳為當時通行之物。不必薉貉獨用也。疑存者為校語。本訓捝矣。高山寺玉篇引中作民。用作同。絮補核作補絮核。又引蒼頡。毋縳布名也。然急就皇象本作尊。疑蒼頡急就故書字皆作尊。傳寫者以字林字易之。此字出字林也。【説文解字六書疏證卷二十五】

◉王國維　當是縳字。【觀堂書札　中國歷史文獻研究集刊第一集】

◉李家浩　長沙馬王堆三號漢墓出土木牘共7枚，陳松長《馬王堆三號漢墓木牘散記》（以下簡稱「陳文」）對其中兩枚木牘的個別詞語進行了考釋，讀後有一些不同意見，寫出來供大家參考。

六號木牘記有「毋尊襌衣二」。陳文指出，「毋尊」與見於《急就篇》的「毋縳」，是同一個詞。這一意見十分正確。《急就篇》原文説「襌衣蔽膝布毋縳」，顔師古注：「布毋縳者，薉貉女子以布為脛空，用絮補核，狀如襜褕。薉貉者，東北之夷也。説者或云：『毋縳，布名』。非也。」據顔注，古人對「毋縳」有兩種不同的説法。一種是顔師古自己的説法，認為毋縳是薉貉女子之衣名；一種是他人的説法，認為毋縳是布名。在這兩種説法中，到底哪一種説法是正確的呢？要回答這個問題，先得看看原本《玉篇》對「縳」字是怎樣解釋的。

原本《玉篇》糸部説：「縳，子昆反。《説文》：『薉貉民女子無絝，以帛為脛空，同補絮核，名曰縳衣，狀如襜褕也。』《蒼頡篇》：『毋縳，布名也。』」

此處所引《説文》文字，與傳本略有出入。傳本「民」作「中」，「同補絮核」作「用絮補核」，「襜褕」後無「也」字。按原本《玉篇》的「同」，當是「用」字之誤；「補絮」二字，當從傳本乙正。

顧野王在這裏分別引《説文》和《蒼頡篇》來解釋「縛衣」和「毋縛」這兩個詞：縛衣是蕺貉女子之衣名，毋縛是布名。可見縛衣和毋縛是兩種不同的東西。把上引《急就篇》顔注與原本《玉篇》「縛」字注對照起來看，可以發現顔注「蕺貉」至「襜褕」一段文字是襲用《説文》對「縛衣」的説解。顔氏張冠李戴，用來解釋「毋縛」，顯然是錯誤的。不過顔氏所批評的「説者或云」的説法與《蒼頡篇》相同，反而倒是正確的。

關於毋縛是布名這一點，我們還可以從居延漢簡得到證明：

毋尊布一匹至□▨

欒得廄嗇夫欒子恩所貰買甲渠餅庭燧卒究科毋尊布一匹。

此二簡都以「毋尊」與「布」連言，構成一個複合詞，並且以「匹」作為它的量詞。毫無疑問，「毋尊(縛)」是布名。

説到這裏，讓我們再回過頭去看看前面所引的《急就篇》原文。《急就篇》以「布」與「毋縛」連言，跟居延簡以「毋尊」與「布」連言的詞序相反，其意思是説布有叫作毋縛的。由此可見，《急就篇》文字本身也説明了毋縛是布名，而不是蕺貉女子之衣名。

綜上所説，六號木牘的「毋尊襌衣」是用毋尊(縛)布縫制的單衣。【毋尊、縱及其他　文物一九九六年第七期】

紴　絛

◉許　慎　紴絛屬。从糸。皮聲。讀若被。或讀若水波之波。博禾切。【説文解字卷十三】

◉馬叙倫　高山寺玉篇引作扁諸屬也。蒼頡篇。錦類也。絛屬者字林文。或本訓絛也扁諸屬也。扁諸屬也字林文。唐人删并之。紴音封紐。讀脣齒音入非紐。絛從攸得聲。攸音喻紐四等。非與喻四同為次清摩擦音也。是紴絛為轉注字。急就篇。履舄沓裦越緞紃。緞疑紴之譌。【説文解字六書疏證卷二十五】

◉許　慎　絛扁緒也。从糸。攸聲。土刀切。【説文解字卷十三】

◉馬叙倫　高山寺玉篇引作扁諸也。錢坫曰。此今時所謂縚也。倫謂扁諸者。今杭縣所謂辮帶。以緣衣履者也。扁緒也字林文。本訓捝矣。字見急就篇。【説文解字六書疏證卷二十五】

絨

◉許　慎　絨采彰也。一曰車馬飾。从糸。戉聲。王伐切。【說文解字卷十三】

◉馬叙倫　段玉裁曰。一曰謂一名也。飾當作帬。師古漢書注。偏諸。若今之織成。以為要襻及褾領者也。古謂車馬帬。其上為乘輿及騎從之象。急就篇注。絨。織采為之。一名車馬飾。即今之織成也。倫按高山寺玉篇引作采也一名車馬君也。蒼頡篇。希總類也。倫按采彰也疑有挩譌。以下文紃訓圜采。則此采彰也當作采也彰也。采下挩一字耳。急就篇。履舄沓褒越緞紃。顔師古本越作絨。蓋傳寫以字林字易之。此字出字林也。絨從戉得聲。戉戌一字。戌音心紐。絛從攸得聲。攸音喻紐四等。同為次清摩擦音。則絛絨為轉注字。或同語原也。一曰車馬帬者。此校者據一本記之。車馬帬蓋俗名。【說文解字六書疏證卷二十五】

縱

 馬縱之印　 任縱之印　 張縱【漢印文字徵】

◉許　慎　縱絨屬。从糸。从從省聲。足容切。【說文解字卷十三】

◉馬叙倫　鈕樹玉曰。玉篇廣韻竝無。席世昌曰。縱從從聲。此又從從省聲。恐有譌。王筠曰。它字既省之後仍成字。惟𤴓及琁之𤴔不成字。且何如從从作纵之為愈哉。然玉篇無從而有纵。為縱之重文。倫按高山寺玉篇引作絨屬也。則原本玉篇有縱字。或本作纵。後人迻之為縱重文耳。此言從從省聲。蓋本作從糸从聲。傳寫誤增從字。或本校者注以釋从字而誤入正文。後人因增省字。復改篆為縱矣。絨屬也字林文。急就篇。承塵户簾絛繢縱。尋其義實當為從。本部有縱字。訓緩也。疑縱纵一字。緩也非其本義。然顔師古本急就作總。則借總為之。或故書作總。傳寫者以字林字易之。此字出字林。今皇象本急就作縱不作纵者。後人少見纵字。改為縱也。【說文解字六書疏證卷二十五】

紃

 268　 271【包山楚簡文字編】

 遲紃私印【漢印文字徵】

◉許　慎　紃圜采也。从糸。川聲。詳遵切。【說文解字卷十三】

◉馬叙倫　桂馥曰。廣韻。紃。環綵絛也。字林。圜緣縚也。廣雅。紃。絛也。倫按圜采也蓋本是采也圜緣縚也二訓。唐人

緟

刪并之。圜緣縚也字林文。采上或有挩字。或亦字林文。本訓挩矣。字見急就篇。今杭縣有織成之圜形辮帶。以之緣衣被之物。其細而色黯黄者。名鱔魚骨。以其形似故也。即紃。【説文解字六書疏證卷二十五】

◉劉彬徽等　(614)紃,《禮記·内則》「織紝組紃」,注「絛也」,疏「薄闊為組,似繩者為紃」。據考古發現,紃即以彩色絲綫織成的絛帶。《左傳·哀公十一年》「人尋約吴髪短」,杜注:「約,繩也。」紃約,是以絛為繩。【包山楚簡】

緟 从索　𪓐盤　緟盨天子　師𤸫簋　師兑簋　師嫠簋　克鼎　㝬簋　師克盨　伊簋　弔向簋　番生簋　毛公𤸫鼎　陳侯因資錞　其唯因資揚皇考𦅫練【金文編】

石碣吴人【石刻篆文編】

◉許　慎　增益也。从糸。重聲。直容切。【説文解字卷十三】

◉劉心源　𦅫即緟。説文。緟。增益也。即重疊字。古刻从東者。重从東聲也。又从田為畽。从𤔔乃亂字。𤔔从幺即糸。是𦅫即緟矣。此𦅫季為人名。下文𦅫章義為重疊。𨾴敔今余惟𦅫乃命。牧敔今余惟殘乃命。龙敔今余惟乃命。皆與此同文。毛公鼎大命。又云。余唯先王命女亟一方。近人謂是纘字。案説文。疃从田童聲。即畽字。徐音土短切。詩東山釋文。畽。本又作疃。他短反。蓋㠯東短雙聲。故从東得聲之字亦可讀纘。重童皆从東聲。又案。緟亦可讀踵。離騷。及前王之踵武。注。踵。繼也。是也。陳矦因資敔紹高祖。从糸从東。重省。明是緟字。而文義必讀纘。亦可讀踵。蓋音義通也。【克鼎　奇觚室吉金文述卷二】

◉劉心源　克鼎　緟从𤔔。乃𤔔省。即嗣字。與糸同意。从𤳳即畽字。𤳳原从東聲也。合之為緟。説文緟為重疊本字。自叚重字為之而緟廢。攷石鼓文彊里。龙敔作。毛公鼎余惟先王命。又造大命。皆緟字。陳矦因資敔作。尤明顯。京字舊不作解。案牧敔緟京作。龙敔緟京作。知此字从重京。此从京高亦䯫字。説文無。而就下籀文作。从䯫。是為籀文京字無疑矣。此用為原。晉語檀弓九京皆是九原。可證。莊子天道注。原。陳也。此云緟京乃命。謂緟原乃命也。猶言緟陳乃命。【古文審卷六】

◉王國維　𦅫𤔲大命

䌛爾未詳。䌛字金文中屢見。其字从𤰈从𢍏。𢍏疑古叀字。古从土之字亦或从田作。如封邦一字。而或从土作𡉚。或从田作𤰔。此二字上从屮皆丰之譌。則叀亦可作𢍏。䌛从𤰈从𢍏。殆即説文緟字。陳侯因資敦卲練高且即祖字。已从糸作。蓋由䌛變練。由練變緟。説文糸部。緟。增益也。增益之誼。正與諸彝器䌛字誼合。【毛公鼎銘考釋　王國維遺書第六册】

◉郭沫若　䌹，作器者名，字當是䌛字之省文，大克鼎與伊𣪘均有䌛季，蓋即此作册䌹之後。孫詒讓釋䌛為緟，近是；石鼓吴人有䌛字，正與𩏂逢為韻。又毛公鼎番生𣪘叔向父𣪘均有䌛𤔔字，即是綢繆。紐同而音近對轉，均其佳證。【䌹卣　兩周金文辭大系圖録考釋】

◉馬叙倫　唐寫本切韻殘卷引作曾益也。倫謂當作增也益也。然緟字次此。則增益俱非本義。或非本訓。疑緟為纵之聲同東類轉注字。增益乃引申之義。玉篇引倉頡。緟。疊也。【説文解字六書疏證卷二十五】

◉張政烺　䌛𤔔是一個聯緜詞，銅器銘文中常見，其二字分別使用時文義比較清楚。䌛，孫詒讓釋緟（《古籀餘論》卷中，《叔向簋》條。按《説文》「緟，增益也」，朱駿聲謂「凡重疊、重複字，經傳皆以重為之」（《説文通訓定聲》卷一）。《毛公鼎》「今余唯䌛先王命」，《克鼎》「今余隹䌛𩫖乃命」（𩫖，王國維《克鼎銘考釋》釋京。《爾雅·釋詁》「京，大也」），而《輔師嫠簋》言「今余曾乃命」，《衛簋》言「王曾令衛，賜赤市攸勒」（《考古學報》一九五八年第二期一——三頁。又《考古》一九七四年第一期三頁），此皆曾與䌛義相當，知䌛釋為緟絶無可疑。𤔔，从口，𦐇聲；𦐇，从㣇，舟聲。此字説者不一，《説文》：「貈，似狐，善睡獸。从豸，舟聲。《論語》曰：狐貈之厚以居。」段玉裁注：「凡狐貉連文者，皆當作此貈字。今字乃皆假貉為貈，造貊為貉矣。」楊樹達據以説𤔔謂「今《論語》假貉為𦐇，知𤔔亦可假為貉。」（《毛公鼎跋》，見《積微居金文説》三〇頁）。《九年衛鼎》「𤔔裘」，唐蘭同志據《説文》謂「貈就是貉」，𤔔裘是「貉皮袍子」（《文物》一九七六年第五期五七頁）。《牆盤》有𤔔字，唐蘭同志又謂「古書讀貈為貉，貉是貊，是錯的」，而謂「𤔔即金文㝢字，《説文》作匌，古書多借用周字」（《文物》一九七八年第三期二三頁）。按後一説是也，惜語焉不詳，試略申之。金文有貉字（《金文編》五三一頁，凡五見），从豸，字形明確，知𤔔所从之𦐇非即貉也。貉是黄河流域極常見之動物，到處有之，價賤，舊中國的地主階級恥以為裘，僅作坐墊、車斗篷之類。《九年衛鼎》之𤔔裘，鄭重賜人，決非「貉皮袍子」，按字音求之，當是貂裘，《乖伯簋》「賜汝貂裘」（《大系》一四七頁），事正相類。《史記·貨殖傳》：「狐貂裘千皮，比千乘之家。」《論語·子罕》「衣敝緼袍，與衣狐貉者立，而不恥者，其由也與」，貉，陸德明云「依字當作貈」（《經典釋文》卷二四，《論語音義》），也是貂裘（《考工記》：「貉踰汶則死」，或亦是貂，貉則必不死也）。𤔔字假借為周，有周還即「周流無不遍」之義。《毛公鼎》「𤔔夙夕敬念王畏（威），不賜（賜）」，𤔔是周還，故下言不賜。《文選·西征賦》「若循環之無賜」，李善注：「方言曰：賜，盡也」（參考盧文弨《鍾山札記》卷四，《賜有盡義》）。周夙夕即本銘亾康晝夜之意。䌛、𤔔二

字同見於《牆盤》：「祇顯穆王，井帥宇誨，𩁹寧天子。天子䝞𢆶文武長剌（烈）……」（《考古學報》一九七八年第二期一四〇頁）。上句評價周穆王，言其行動遵循大謀，重新安定王位。天子指周恭王。𢆶見《原本玉篇·系部》，云「字書古文纘字」，而《集韻·上聲廿四緩》有「纘，《說文》：繼也。古作𢆶」。《禮記·中庸》「武王纘大王、王季、文王之緒」，鄭玄注：「纘，繼也。緒，業也。」䝞𢆶文武長剌（烈）猶言全面繼承文王、武王的長遠的功業。𩁹䝞構成一個詞，又見於《番生簋》：「用𩁹䝞大命，甹（屏）王位。」（《大系》一三三頁。）《毛公鼎》：「用印卲皇天，𩁹䝞大命，康能四或（域），俗（欲）我弗乍先王憂。」文義皆與本銘相似。分析這些辭句，𩁹義是重，是繼續；䝞義是周，是旋轉匝偏。本銘這一句翻譯成普通話便是繼續貫徹上帝的旨意。【周厲王胡簋釋文　古文字研究第三輯】

纕

 布方小　纕坪　遼凌　 仝上　 仝上　 布方小　纕坪　典三四六　 布方　坪纕　反書　典補一二一七　 布方　纕坪　展圖版貳拾1　 布方小　坪纕　亞四·一四　 布方小　纕坪　亞四·一五　 仝上　 布方　纕坪　亞四·一五

 布方小　纕坪　仝上【古幣文編】

◉許　慎　纕援臂也。从糸。襄聲。汝羊切。【說文解字卷十三】

◉馬叙倫　錢坫曰。玉篇收衣袖絭也。廣雅。絭謂之纕。此應與絭為一類。知書為後人所亂多矣。王筠曰。絭下云。攘臂繩也。玉篇。纕。帶也。援臂也。收衣袖絭。廣雅。絭謂之纕。則援臂是纕之別名。亦曰攘臂。與絭一物。玉篇帶也釋其形。援臂謂其一名。收衣袖絭表其用。然則孟子言馮婦攘臂。乃是束縛其臂以便於搏耳。倫按高山寺玉篇引作紆臂也。上文。紆。一曰。縈也。雖是校語。然古或借紆為縈。則紆臂謂縈臂。下文。縈。收韏也。故玉篇又以收衣袖絭釋之。或曰。援從爰得聲。爰從于得聲。古音紆緩相近。故譌為紆耳。援臂也蓋字林文。今歐羅巴亞美利加兩洲諸國有以有彈性之織成為圈以束袖使手便於作事者。豈即纕邪。【說文解字六書疏證卷二十五】

◉唐桂馨　。此字說文無。治許書亦不補。但云从爻工。竊謂此字全象瓜内纕形。。瓜内之隔别也。。瓜内纖維之交亂也。今俗呼為瓜纕。應以此字當之。由是而韰襄等字得解矣。【說文識小録】

◉戴家祥　 衛鼎　韝囟　韝从韋襄聲，唐蘭認為：韝字當與纕字通，是皮做的帶子，所以从韋。文物一九七六年第五期五八葉。例

同玉篇轞或作繶，鞧或作緧，韁或作繮，鞙或作紳等。玉篇：「纕，帶也。」【金文大字典下】

纗

◉許　慎　纗維綱中繩。从糸。巂聲。讀若畫。或讀若維。戶圭切。【説文解字卷十三】

◉馬叙倫　吳穎芳曰。張衡賦云。纗幽蘭之秋華。李善注。説文曰。系幃曰纗。所引説文。乃並收字林者也。沈濤曰。文選思玄賦注引無維字。又引繫幃曰纗。蓋一曰以下文。嚴可均曰。維字涉下綱字説解而誤。翟云升曰。文選思玄賦注引綱作網。非。王筠曰。維字為句。謂其通用也。纗維之用本同。又云。或讀若維。則聲亦同。綱中繩者。縛綱中之小繩也。歷歷束之。為數至多。所以合綱與押于綱者。恃此纗也。劉秀生曰。讀若畫詳三篇譴下。又讀若維者。巂聲在匣紐。維聲古在影紐。影匣皆喉音。故纗從巂聲得讀若維。隹部。巂。一曰蜀王望帝婬其相妻。慙。亡去為子巂鳥。子巂鳥今作子規鳥。曲禮。立視五巂。注。巂猶規也。謂輪轉之度。女部。嫢。從女。規聲。讀若癸。漢書武帝紀。立后土祠於汾陰脽上。蘇林曰。脽音誰。師古曰。一説本作鄈。音與癸同。彼鄉人呼葵音如誰。故轉而為脽字耳。巂聲如規。規聲如癸。癸聲如隹。是其證。倫按高山寺玉篇引作維紘中繩也。倫謂維下曰。車蓋維也。則纗自不得訓維綱中繩。且維綱中繩亦不似許文。王謂維字絶句。與維通用。是也。巂古音如規。規聲支類。隹聲脂類。相近通轉。故纗又讀若維。而與維通用。然倫以選注引無維字。疑維字涉讀若維而譌羨。【説文解字六書疏證卷二十五】

綱

宣綱之印【漢印文字徵】

綱【汗簡】

説文　同上　籒韻【古文四聲韻】

◉許　慎　綱維紘繩也。从糸。岡聲。古郎切。古文綱。【説文解字卷十三】

◉馬叙倫　沈濤曰。詩樸棫正義引作綱紘也。孔穎達云。紘。箸網之大繩。則言紘不必更言繩矣。段玉裁曰。當依正義引作网紘也。紘。冠維也。引申為凡維系之偁。王筠曰。詩正義引作網紘也。按之物情皆合。网紘也者。謂網上之綱也。紘止一條。綱亦一條。故以名之。書盤庚。若網在綱。有條而不紊。謂上綱也。手所提也。樸棫箋云。張之為綱。謂底綱也。

若上綱則不能張也。倫按維繩二字蓋傳寫涉繃下説解而誤衍。轉挩綱字。然綱紘也非本訓。

鈕樹玉曰。玉篇無。廣韻綱引説文。亦無古文。疑後人增。古文四聲韻雖有不足據。王筠曰。今之網有上綱。有底綱。大綱以木為押。故此從木從古文糸。倫按高山寺玉篇不引此字。疑從木幺聲。幺玄一字。玄音匣紐。綱音見紐。同為舌根音。故綱轉注為杦。然字不當從木。或從幺從梗椋等聲音相近之字得聲。今文省耳。【説文解字六書疏證卷二十五】

◉商承祚　綱之下綱。或用木押。故从木也。【説文中之古文考】

縜

◉許　慎　縜持綱紐也。从糸。員聲。周禮曰縜寸。臣鉉等曰。縜，長寸也。為贇切。【説文解字卷十三】

◉馬叙倫　鈕樹玉曰。玉篇。維持繩紐細者。韻會引作周禮考工記梓人為侯縜寸。蓋本周禮增。王筠曰。此謂侯綱。若網綱則無所用縜矣。沈乾一曰。唐寫本玉篇引作維持維繩紐者。倫按高山寺玉篇引作維持維繩紐者也。不可通。以其繃下引作維紘中繩也不引綱字説解及其重文。疑所據本有譌挩。然此非本訓。或此字出字林也。【説文解字六書疏證卷二十五】

綅

◉許　慎　綅絳綫也。从糸。侵省聲。詩曰。貝冑朱綅。子林切。【説文解字卷十三】

◉馬叙倫　鈕樹玉曰。廣韻引同。詩閟宫釋文引無絳字。當非脱。或絳為縫之譌。玉篇注。綫也。縫綫也。黑經白緯也。王筠曰。小徐韻譜作縫綫也。是也。倫按高山寺玉篇引作縫線也。線蓋綫之譌。疑本訓綫也。縫綫也字林文。或字出字林也。【説文解字六書疏證卷二十五】

縷

259【包山楚簡文字編】

◉許　慎　縷綫也。从糸。婁聲。力主切。【説文解字卷十三】

◉戴家祥　矢人盤　乎左執縷史正仲農　字从糸从，古文婁，伯婁俯毁婁作，齊侯壺婁作，與此偏旁近似。説文十三篇糸部「縷，綫也。从糸，婁聲」。又金部「鏤，剛鐵可以刻鏤。从金，婁聲」。縷鏤聲同，荀子富國篇「故為之雕琢刻鏤」，楊倞注「金謂之鏤」，淮南子本經訓「金器不鏤」，俶真訓「雖鏤金石」。高誘注鏤「讀為婁數之婁」。唐韻婁讀「洛侯切」來母侯部，鏤讀

「盧侯切」,縷讀「力主切」,不但同母,而且同部。墨子明鬼下:「又恐後世不能知也,故書之竹帛傳遺後世,子孫咸恐其腐蠹絶滅,後世子孫不得而記,故琢之盤盂,鏤之金石以重之。」盤銘記散氏與矢王田官勘劃疆界,當衆盟誓,且又鑄器紀之,即秋官司約所謂「凡大約劑書于宗彝,小約劑書于丹圖」之事也。鄭玄注「大約劑邦國約也。書于宗廟之六彝,欲神監焉。小約劑萬民約也。丹圖未詳」。清儒惠士奇、江永皆以鄭注為非,宗彝者謂宗廟之常器,鐘鼎皆是,不限於六彝。孫籀公周禮正義伸惠江之説云:「大約劑事重文繁,故銘勒彝器藏於宗廟,若鐘鼎盤盂諸重器,通謂之宗彝,欲其歷久不磨滅也。小約劑事輕文約,則書於竹帛,取足檢考而已,不必鏤之金石也。」盤銘「厥左執縷史」,亦指此大約劑而言。阮元釋𦅫,積古齋鐘鼎彝器款識卷八第八頁。吳式芬從之,攈古録三之三第四十一頁。劉心源釋朕,奇觚室吉金文述卷八第二十八頁。孫籀公釋縷,讀為要,古籀餘論卷三第五十三頁。郭沫若從之,兩周金文辭大系考釋一三一頁金文叢考一七七至一七八頁。皆非確詁。【金文大字典中】

綫【汗簡】

籀韻  竝説文【古文四聲韻】

◉許慎 綫縷也。从糸。戔聲。私箭切。古文綫。【説文解字卷十三】

◉商承祚 段氏云。「周禮縫人作線。鮑人同。注曰。『故書。線作綜。當為糸旁泉。讀為絤。』案線作綜。字之誤也。絤。則鄭時行此字。漢功臣表。『不絶如綫』。晉灼曰。『綫今線縷字。』蓋晉時通行線字故云爾。許時古線今綫。晉時則為古綫今線。蓋文字古今轉移無定如此。」玉篇以線為綫之或體。而不以為古文。【説文中之古文考】

◉馬叙倫 錢坫曰。廣韻。綫。細絲。出文字指歸。是分線綫為二。倫按綫音心紐。綅音精紐。同為舌尖前音。蓋轉注字。綫訓縷也。縷音來紐。然數從婁得聲而音入審紐三等。是古讀縷或如數。審心同為次清摩擦音。則綫縷亦為轉注字矣。

 鈕樹玉曰。繫傳韻會作。玉篇作線。不云古文。倫按高山寺玉篇引古文糸字也。糸絲一字。絲綫音同心紐。蓋傳寫者以音同誤省戔旁耳。線綫聲同元類轉注字。【説文解字六書疏證卷二十五】

紎 紎

◉許 慎 紎緀一枚也。从糸。穴聲。乎決切。【説文解字卷十三】

◉馬叙倫 此訓可疑。或此字出字林。紎音匣紐。縫音奉紐。同為次濁摩擦音而字相次。蓋轉注字。若然。則與緁縚紩亦轉注字。聲皆脂類也。【説文解字六書疏證卷二十五】

縫 縫

 縫陵□丞  三縫尉印  縫博  縫閎印信 【漢印文字徵】

◉許 慎 縫以鍼紩衣也。从糸。逢聲。符容切。【説文解字卷十三】

◉馬叙倫 沈濤曰。御覽八百卌四引。縫。綴也。蓋一曰以下之文。倫按校語。然以鍼紩衣也亦非本訓。急就篇。箴縷補袒摓緣循。顏師古本摓作縫。【説文解字六書疏證卷二十五】

◉劉彬徽等 綘，讀如縫。紃縫，即以縧帶鑲嵌於鞎上。【包山楚簡】

緁 緁

 緁仔妾綃 【漢印文字徵】

◉許 慎 緁緶衣也。从糸。疌聲。七接切。縚緁或从習。【説文解字卷十三】

◉馬叙倫 高山寺玉篇引作緶縚緁也。疑有譌。緶衣也非本訓。

縚 倫按疌習聲同談類。又習音邪紐。疌音從紐。同為舌尖前音。故相為轉注字。【説文解字六書疏證卷二十五】

紩 紩

◉許 慎 紩縫也。从糸。失聲。直質切。【説文解字卷十三】

◉馬叙倫 吳穎芳曰。黹紩語之轉。嚴可均曰。一切經音義十一引作縫衣也。倫按高山寺玉篇引作緁衣也。蓋字林文。紩音澄紐。縫音奉紐。古讀章歸並。並澄同為濁破裂音。轉注字也。紩緁則聲同脂類轉注字。黹音知紐。知澄同為舌面前音。語原同也。字見急就篇顏師古本。【説文解字六書疏證卷二十五】

緛 緛

◉許　慎　緛衣戚也。从糸。耎聲。而沇切。【説文解字卷十三】

◉馬叙倫　翟云升曰。類篇引作衣縬也。六書故引作衣蹙也。王筠曰。集韻引戚作縬。徐鍇韻譜作褫。本字在此不次。倫按高山寺玉篇引作衣蹙也。廣雅釋詁三。緛。縮也。即今言衣縮縐也。然衣蹙非本義。亦非本訓。朱駿聲謂韋之縐曰韏。衣帛之縐曰緛。説是。此字疑出字林。【説文解字六書疏證卷二十五】

組 組

◉許　慎　組補縫也。从糸。旦聲。丈莧切。【説文解字卷十三】

◉馬叙倫　高山寺玉篇引同。倫謂當作補也縫也。廣雅釋詁二。組。縫也。組音澄紐。縫音奉紐。古讀歸竝。竝澄同為濁破裂音。是轉注字也。急就篇。箴縷補袒摓緣循。字作袒。則此字蓋出字林。【説文解字六書疏證卷二十五】

繕 繕

繕　秦八六　十例　雜四一【睡虎地秦簡文字編】

籀韻【古文四聲韻】

◉許　慎　繕補也。从糸。善聲。時戰切。【説文解字卷十三】

◉馬叙倫　繕組同舌面前音又聲同元類轉注字。玄應一切經音義引三倉。繕。治也。此訓補也蓋字林文。【説文解字六書疏證卷二十五】

紲 紲

3·1171　獨字　孴録　13·1　同上【古陶文字徵】

◉許　慎　紲論語曰。紲衣長。短右袂。从糸。舌聲。私列切。【説文解字卷十三】

◉顧廷龍　紲。説文引論語曰。紲衣長。短右袂。今本作褻裘長。潘。同上。【古匋文孴録卷十三】

◉馬叙倫　今論語鄉黨作褻裘長。此説解捝失本訓。但存校語也。高山寺玉篇引論語云云而不言説文。玉篇引蒼頡。堅也。【説文解字六書疏證卷二十五】

纍

纍匚鄉印 纍良印 【漢印文字徵】

開母廟石闕 胙日新而累𧟨 【石刻篆文編】

累力水切見石經 【汗簡】

古老子 説文 石經 古老子 石經 籀韻 崔希裕纂古 【古文四聲韻】

◉許 慎 纍綴得理也。一曰大索也。从糸。畾聲。力追切。【説文解字卷十三】

◉馬叙倫 諸書言纍字或變作縲作累者。皆與一曰義合。惟禮記樂記纍纍如貫珠。與此綴得理義合。倫謂綴得理者非本訓。亦非本義。蓋厽字義。此與絫一字。急就篇。絫繘繩索紡絞纑。顔師古本絫作纍。今本書絫字誤入厽部。蓋絫字出字林。急就作絫者。傳寫者以字林字易之。纍綴聲同脂類。蓋轉注字。本訓綴也。吕忱或校者加綴得理也。蕭該漢書音義引字林。纍。文索也。文蓋大之譌。字林每列異訓。此謂縲絏字也。此吕忱本易大壯羝羊觸藩纍其角馬融説。【説文解字六書疏證卷二十五】

◉銀雀山漢墓竹簡整理小組 「纍」指天平所用的權(古代的權有自銘為「纍」者),「再」當讀為「載」,「忠」讀為「中」。「正衡載纍既中」,謂校正天平,使砝碼與所稱之物平衡。【銀雀山漢墓竹簡(壹)】

縭

◉許 慎 縭以絲介履也。从糸。离聲。力知切。【説文解字卷十三】

◉馬叙倫 爾雅釋言。縭。介也。蓋此本訓介也。校者或吕忱加以絲介履也。或此字出字林。疑纍縭為音同來紐轉注字。【説文解字六書疏證卷二十五】

緱

緱氏令印 緱右夫 【漢印文字徵】

◉許 慎 緱刀劍緱也。从糸。侯聲。古侯切。【説文解字卷十三】

◉馬叙倫 高山寺玉篇引作劍維也。又引倉頡。刀劍首青絲扁纏也。刀劍緱也明非本訓。字見急就篇。顔師古本作鍭。【説

文解字六書疏證卷二十五】

繄

◉許　慎　繄戟衣也。从糸。殹聲。一曰。赤黑色繒。烏雞切。【說文解字卷十三】

◉馬叙倫　段玉裁曰。赤。當依玉篇作青。巾車。王后安車彫面繄總。注。繄總者。青黑色。以繒為之。戟衣所以韜戟者。猶盛弓矢曰医也。桂馥曰。集韻引無色字。玉篇作青黑繒。倫按高山寺玉篇引作戟徽也。一曰。赤黑色繒。此字蓋出字林。一曰六字或校者據周禮注增之。然禮注言青黑色以繒為之。非青黑色繒名繄也。或尚有捝譌。【說文解字六書疏證卷二十五】

縿

◉許　慎　縿旌旗之游也。从糸。參聲。所銜切。【說文解字卷十三】

◉馬叙倫　王筠曰。縿游非一物。倫按玉篇引作旍旗之斿也。周禮巾車正義曰。正幅為縿。爾雅文。此下文徽。衺幅也。似此當訓正幅。然仍非本義。旌旗之游明非本訓。【說文解字六書疏證卷二十五】

徽

石經無逸　徽柔懿恭【石刻篆文編】

◉許　慎　徽衺幅也。一曰。三糾繩也。从糸。微省聲。許歸切。【說文解字卷十三】

䋎

◉許　慎　䋎扁緒也。一曰。弩署鉤帶。从糸。折聲。并列切。【說文解字卷十三】

◉馬叙倫　鈕樹玉曰。繫傳作䋎。玉篇有縏。方結切。編繩也。劍帶也。與說文䋎次相近。蓋以縏當䋎。後又有䋎。訓結。廣韻。縏。繩編。劍帶。方結切。䋎。一注輓。一注引韻略云。馭右迴。署當作要。沈乾一曰。唐寫本玉篇引編繩也。一曰弩要鉤帶也。倫按高山寺玉篇引折聲作斳聲。倫謂扁緒即扁諸。字不當次此。當依玉篇作編繩。然亦不似本訓。一曰弩要鉤帶者。蓋䋎之一名。校者所加。玉篇引蒼頡。射莫也。䋎聲脂類。紉聲真類。脂真對轉。疑轉注字。【說文解字六書疏證卷二十五】

◉唐　蘭　䋎疑是䋎的本字。【古文字學導論下】

紉

3·1186 獨子　3·1187 同上　香録 13·1 同上【古陶文字徵】

◉許　慎　紉繟繩也。从糸。刃聲。女鄰切。【説文解字卷十三】

◉馬叙倫　王筠曰。繟。字鑑引作繹。案紉有續麻之義而無抽絲之説。方言。續。楚謂之紉。玉篇。紉。繩縷也。展而續之。是也。繟當作襌。字林。單繩曰紉。丁福保曰。唐寫本玉篇引作襌繩也。倫按高山寺玉篇引作襌繩也。此字林訓。蓋字出字林也。倫謂紉蓋繩之轉注字。紉音娘紐。繩從黽得聲。黽音明紐。明娘同為邊音也。紉黽又聲同真類。【説文解字六書疏證卷二十五】

◉劉信芳　包山簡二七一：「紛約」，同例又見竹牘。「紛」字作「」，或釋作「紛」，是誤釋。簡二六〇「一紛飭」，字作「」。紛紛明顯是二字。「紛」即「紉」字。

《説文》：「紉，單繩也，从糸刃聲。」朱駿聲云：「凡單展曰紉，合繩曰糾，大繩曰絙，織繩曰辮。」「紉」用為動詞謂以紉維系，《離騷》：「紉秋蘭以為佩。」所謂「紉約」其實就是用絲條編織成的引車之繩。《儀禮·既夕禮》：「約綏約轡。」鄭玄注：「約，繩綏，所以引升車。」

包山竹牘：「一⿰車分正車。」簡二七一作「一⿰車乘正車」，「⿰車分」从刃聲，讀與「乘」近，簡二七一是復記牘文之遺策，可知「⿰車分」即「乘」之假。

包山簡二七一：「多輦」，「多」牘文作「栘」，字並讀如「⿰車多」，《説文》：「⿰車多，礙也，从車多聲。」礙車之物又稱「軔」，《説文》：「軔，礙車也。」《離騷》：「朝發軔於蒼梧兮。」王逸章句：「搘輪木也。」洪興祖補注：「軔，止車之木。」「輦」即「軔」之繁形。簡文稱「多輦」，是偏正詞，所指為礙車之木甚明。【包山楚簡近似之字辨析二期】

繩

並古老子【古文四聲韻】

◉許　慎　繩索也。从糸。蠅省聲。食陵切。【説文解字卷十三】

◉馬叙倫　徐灝曰。蠅繩皆用黽為聲。倫按黽聲。索也或非本訓。字見急就篇。【説文解字六書疏證卷二十五】

◉饒宗頤　庚子卜，大貞：王其又⿰黽戈且，甶今辛，⿰酉彡又（屯甲二〇三一）。按⿰黽戈字从从（黽）从戈，舊無釋。黽即繩，此又益戈形，如易之作⿰易戈也。卜辭成語，每言「甶⿰黽戈」（粹三四二），「其又⿰黽戈」（佚存六二五，京津四一一五，屯甲一五六九），他辭云：「癸亥卜：其⿰酉彡⿰黽戈

于河。」（後編下三・三七）「于彡衣，酒又戠，王受又（祐）。」（南北坊五・五九）戠當與繩同義。詩下武「繩其祖武」，傳訓「繩」為「戒」。三家詩作「慎其祖武」，繩讀為慎。爾雅釋訓：「兢兢繩繩，戒也。」釋文「繩」本或作「憴」。詩抑「子孫繩繩」，箋：「戒也。」韓詩作「承承」。又螽斯「繩繩兮」傳：「戒慎也。」契文繩字益戈旁，與戒之从廾持戈同意。其云「惟繩」「又繩」即「惟慎」「又慎」，皆指祭時，敬懼戒慎將事之義。此辭云「其又繩且」，與詩「繩其祖武」語例亦合。【殷代貞卜人物通考卷十三】

䋊

◉許　慎　紆未縈繩。一曰急弦之聲。从糸。争聲。讀若旌。側莖切。【説文解字卷十三】

◉馬叙倫　吴穎芳曰。首句應作紆縈朱繩。鄭康成云。江沔之間謂縈取繩索為䋊。鈕樹玉曰。集韻韻會引未作朱。六書故引蜀本。紆木縈索也。恐並有譌。士喪禮釋文及一切經音義十五引作縈繩也。嚴可均曰。未當作末。類篇引作朱。六書故引蜀本作紆木縈索也。皆誤。凡縈繩者。先紆其末而後縈之。當言紆末縈繩。韻會六書故引無之字。沈濤曰。六書故引紆字譌。木字不譌。士喪禮。不綪。注。綪讀為䋊。江沔之間謂縈收繩索為䋊。則不得謂未縈繩。釋文及一切經音義引作縈繩也。雖皆節取。可見今本未縈之解為謬矣。王筠曰。當作紆木縈繩也。紆字句絶。紆下云。一曰縈也。此謂紆與䋊同義也。木縈繩者。以曲木縈收其繩也。廣雅。䋊。紆索也。史記楚世家。王綪繳蘭臺。徐廣曰。綪。縈也。音争。朱駿聲曰。小爾雅廣器。詘而戾之為䋊。按謂縈收繩束才紆之也。徐灝曰。為繩。引其縷自下而上。又引而上。復引而下。分三股。或二股。然後糾合之謂之縈。絚而未糾合謂之䋊。故曰。紆未縈繩。紆者。盤旋曲折也。劉秀生曰。争聲生聲竝在精紐青部。故䋊從争聲得讀若旌。釋名釋兵。折羽為旌。旌。精也。漢修堯廟碑。師工旌密。旌密即精密。是其證。倫按高山寺玉篇引無未字。兩句之末竝有也字。倫謂以諸引互校。蓋本作紆木也縈繩也二訓。木字當依六書故作索。索字挩去糸字。因譌為木也。紆索與縈繩實一義。蓋一訓出校者也。一曰急弦之聲者。亦校語。此字蓋出字林。縈䋊為聲同耕類轉注字。【説文解字六書疏證卷二十五】

縈

縈　縈伯簋　以縈為滎國名　熒字重見　齊縈姬盤　申簋　赤市縈黄【金文編】

2338　0926　4046　0927【古璽文編】

絇

◉許　慎　縈收韏也。从糸。熒省聲。於營切。【説文解字卷十三】

◉馬叙倫　鈕樹玉曰。韻會引及玉篇注作收卷也。段玉裁曰。韏當作卷。倫按收卷也當作收也卷也。一訓校者加之。或吕忱列異訓也。通俗文。收績曰縈。桂苑珠叢。縈。卷之也。倫謂縈從𤇾得聲。實與繚同字。特後所作。縈之為卷。猶繚之為纏矣。【説文解字六書疏證卷二十五】

◉楊樹達　縈　彝器有𤇾白鬲，知古文别有𤇾字。然則此字从糸从𤇾，説文熒省聲之説殆未是也。【縈白𣪘跋　積微居金文説】

◉高田忠周　説文。縈收韏也。从糸。熒省聲。通俗文收績曰縈。桂苑珠叢。縈。卷之也。蓋韏亦當為卷曲義。然此篆从糸从⿰。⿰或作⿰。卷曲而層疊之意。即象形也。炏即熒省。猶褮字。金文作褮也。下文从⿰。亦收卷之手也。或云縈字古義與索同。故此从⿰从⿰。與索作⿰或作⿰同意。朱駿聲云。説文。藥。艸旋皃。从艸榮聲。詩曰。葛藟藥之。按毛詩作縈。藥此後出字。其義叚借為營。愚謂縈藥古今字是。然旋訓即縈字轉義。謂為營字轉義。迂矣。【古籀篇六十九】

◉許　慎　絇纑繩絇也。从糸。句聲。讀若鳩。其俱切。【説文解字卷十三】

◉馬叙倫　王筠曰。段玉裁謂絇者。糾合之謂。以讀若鳩知之。謂若纑若繩之合少為多也。桂馥曰。玉篇絞下云。絇。絞。繩索也。司空圖云。鄰女自嬉。補袖而舞。色絲屨空。續以麻絇。筠謂纑繩之用不同。連之似不成語。且從句之字皆有曲義。士冠禮鄭注。絇狀如刀衣鼻。在屨頭。敖氏曰。絇。取曲中之義而名之。綴於屨頭以為飾也。案是篇有青絇繶絇黑絇。玉藻曰。童子不屨絇。釋器曰。絇謂之救。郭注。救絲以為絇。以婁見於經之義而許不用。用此僻義。殊不可解。劉秀生曰。句九聲竝見紐。故絇從句聲得讀若鳩。葉德輝曰。九句古音同。淮南墬形訓。句嬰氏。高注。句嬰讀為九嬰。北方之國也。是其證。倫按説解疑有捝譌。絇蓋糾之異文。字或出字林。【説文解字六書疏證卷二十五】

◉孫詒讓　攷近代陝西新出虢子白盤。有執⿰五十之文。據拓本。⿰即此⿰字而形校萷。其字，徐氏同柏釋為𠹑。云古文馘。从口系。虢省聲。劉氏喜海釋為繫。陳氏介祺釋為訊。竝不塙。諦宷其形。實當為絇之異文。右从糸。左从句。形甚明晳。下增夊者。説文夊部云。夊。行遲曳夊夊也。經典通用絇為屨。絇字故又从行遲之夊。説文糸部。絇。纑繩絇也。是其本義。古籀文字或增或省形義。則無不相毌也。執絇者。絇拘聲類同。儀禮士冠禮注。絇之言拘也。㠯為行戒。書酒誥曰：「厥或誥曰：『羣飲』。汝勿佚。盡執拘㠯歸于周。」此云執絇，與書執拘義正同。【敌敨　古籀拾遺上】

◉孫詒讓 (不嬰敢簋)𤅭[glyph]與虢季子白盤執[glyph]同。前卷。其字當為䡚。當即絇之䌘縟文。金文叚借為拘。詳拾遺敔敢。舊並釋為訊。案説文卂部篆文作[glyph]。云从飛而羽不見。訊从卂得聲。舊釋蓋以从[glyph]為卂。于形亦不類。至从口。从夊。从系。則於形尤遠。説文从卂聲字凡五。皆無从此諸形者。其非明矣。【古籀餘論卷三】

◉周萼生 絇字原文左為句聲，右象一足，脛上系有結。《爾雅釋器》:「絇謂之救。(注)救絲以為絇。或曰亦罥名。(疏)絇，屨頭飾，亦罥罟之別名。」《儀禮士冠禮》:「青絇繶純。(注)絇之言拘也。」王絇駒庡謂王拘駒于庡。此因蓋底地位狹小，故語有略字。【郿縣周代銅器銘文初釋 文物一九五七年第八期】

◉戴家祥 [glyph]王 絇圉武王

第一字徐中舒釋「貂」，李學勤釋「貈」，于形不類。按字从「索」从「句」，「索」「糸」古通用。《玉篇·431》「綷」或作「繂」，「絡」亦作「貉」，是其證。鄭玄注《儀禮·士冠禮》:「絇之言拘也。」《詛楚文》「拘圉其叔父」，字正作「拘」。「拘」聲同「强」，《離騷》「澆身被强圉兮」，王逸注:「强圉多力也。」亦作彊禦，《大雅·蕩》:「咨汝殷商，曾是彊禦。」《左傳·昭公元年》:「且夫以千乘去其國，彊禦已甚。」「禦」又通「御」，《左傳·昭公十二年》:吾軍帥「彊御」。「彊圉」，古成語，或作「敦圉」，《漢書·揚雄傳》「白虎敦圉虖昆侖」，顔師古注:「敦圉」，盛怒也。《吕氏春秋·首時篇》:「武王不忘王門之辱，立十二年，而成甲子之事。」《孟子·梁惠王下》:「一人(指殷紂)衡行于天下，武王耻之，此武王之勇也，而武王亦一怒，而安天下之民。」「絇圉」，謂武王之盛怒也。【牆盤銘文通釋 上海師範大學學報一九七九年第二期】

◉許慎 縋以繩有所縣也。春秋傳曰。夜縋納師。从糸。追聲。持偽切。【説文解字卷十三】

◉馬叙倫 沈濤曰。一切經音義十八引縣下有鎮字。蓋縣而鎮之謂之縋。此字必不可奪。丁福保曰。慧琳音義七十三引作以縋有所縣鎮也。通俗文。縣鎮曰縋。今奪鎮字。倫按説解似挩本訓。或此字出字林。今杭縣以長繩繫物於其一耑。自高下垂至地。乃解其繫。謂之縋下去。然疑非縋字本義。【説文解字六書疏證卷二十五】

[glyph] 5·7 咸亭郿里繠器【古陶文字徵】

[glyph] 胡繠 [glyph] 繠張兒 [glyph] 繠大【漢印文字徵】

◉許 慎 竝籀韻【古文四聲韻】

◉許 慎 攘臂繩也。从糸。𢍏聲。居願切。【說文解字卷十三】

◉馬叙倫 段玉裁曰。攘當作纕。錢坫曰。此應云絭纕者。臂繩也。淮南子。短袂攘秦以便刺舟。攘纕通借耳。倫按廣雅。絭謂之纕。纕當為纕。然則纕絭一物。合是轉注字。纕從襄得聲。襄從㲻得聲。㲻從桑得聲。桑音心紐。絭從𢍏得聲。𢍏從釆得聲。釆音奉紐。然龚從釆得聲音入非紐。宷從釆得聲音入審紐。悉從釆得聲音入心紐。心非與審同為次清摩擦音。則或古讀釆在非紐。絭纕之轉注。猶悉之從釆得聲矣。纕臂繩也當作纕也臂繩也。此字或出字林。文選閒居賦注引字林。絭。音卷。【說文解字六書疏證卷二十五】

◉商承祚 絣，即絭，小篆作，《說文》：「絭，攘臂繩也。」段注：「纕，各本作攘，今正。纕者，援臂也。臂袖易流，以繩約之。是繩謂之絭。」又引《說文》：「稛，絭束也。」、「冠，絭也。」《國語・齊語》「垂橐而來，稛載而歸」。韋注：「稛，絭也。」《廣雅・釋詁》：稛，「束也」。絭引申為束縛、束物之稱。【江陵望山二號楚墓竹簡遺策考釋 戰國楚竹簡彙編】

緘

緘 从糸从咸省 毛公㾓鼎 毋折緘 【金文編】

3751 从糸从咸省，與毛公鼎緘字同。【古璽文編】

◉許 慎 緘束篋也。从糸。咸聲。古咸切。【說文解字卷十三】

◉孫詒讓 王楚釋為緘。薛釋及王録孫苑竝迻之。非也。此當為織字之省。織古尚書作。見夏竦古文四聲韻汗簡戈部作。與此相似。織與職通。左文十八年傳。閻職。說苑復恩作織。是其證。【齊侯鎛鐘 古籀拾遺上】

◉孫詒讓 歗堂集古録。公緘鼎緘字作。此即諴字之省。緘迻言者。古文言口二形多互通。【毛公鼎 古籀拾遺下】

◉馬叙倫 玄應一切經音義引字林。緘。束篋也。則此字林文。本訓捝矣。或此字出字林也。【說文解字六書疏證卷二十五】

◉李孝定 字釋「緘」，於字形為近，孫詒讓、吴闓生兩氏謂是織字，考織字从「戠」為聲，金文有戠字，見十二卷，與此絶遠。毛公鼎銘「毋折緘」，其義未詳。【金文詁林讀後記卷十三】

[glyph] 縢 康壺 【金文編】

◉許 慎 縢緘也。从糸。朕聲。徒登切。【說文解字卷十三】

◉高田忠周 說文。縢緘也。从糸。朕聲。朕者。縫也。兼會意矣。書金縢。鄭注。束也。詩小戎。竹閟緄縢。傳。約也。儀禮士喪禮。無縢。注。緣也。禮記少儀。甲不組縢。注。以組飾之。及紟帶也。又秦策。行縢履蹻。皆一義之轉用也。朱駿聲云。轉義。爾雅釋木。山櫐。注。今江東呼櫐為縢。按凡草之藟木之櫐皆曰縢。今變作藤。此攷極佳。愚謂艸名曰縢。所以引曼縢束之意也。後世字亦變作藤。猶見有意。又譌作藤。作藤从滕聲。从滕聲俗字耳。【古籀篇六十九】

◉馬叙倫 緘從咸得聲。咸從戌得聲。縢從朕得聲。朕從灷得聲。戌灷音同心紐。轉注字也。【說文解字六書疏證卷二十五】

◉吴振武 下面我們討論齊璽和東周兵器中的幾個从「朕」之字。

(36) 司馬[glyph] 《璽彙》三八二七

此字舊不識，《古璽文編》列于附録(四〇七頁第四欄)。

我們認為，此字从「糸」从「朕」，應釋為「縢」。楚姓名私璽中有「縢」字：

(37) [glyph]疋 《書法》一九八四年四期四六頁

二者顯係一字之異。隨縣曾侯乙墓編鐘「槃」字作[glyph]（《音樂研究》一九八一年一期），所从「舟」旁和(36)[glyph]旁同；二十八年、三十二年平安君鼎「叜」（受）字作[glyph]（《文物》一九八〇年九期、一九七二年六期），所从「舟」旁和(37)[glyph]旁同。(37)中的「縢」字是姓氏，《汗簡》卷中之一和《古文四聲韻》卷二登韻下引《石經》「滕」字作「縢」，可知此「縢」字應讀作典籍和漢印中習見的滕氏之「滕」（看《漢徵》一一·七）。《通志·氏族略》「以國為氏」條下謂：「滕氏，文王第十四子叔繡後也。武王封之於滕。」「滕」字見于《說文·糸部》。認識了「縢」字，下列兩方齊璽中的一個比較難認的从「朕」之字也就可以迎刃而解了。【釋戰國文字中从「虘」和从「朕」之字 古文字研究第十九輯】

[glyph] 粹496 【續甲骨文編】

 編非  編横 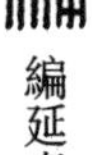 編延壽印 【漢印文字徵】

◉許　慎　編次簡也。从糸。扁聲。布玄切。【說文解字卷十三】

◉郭沫若　第四九六片　𦁌疑編之古字,从册从系。【殷契粹編考釋】

◉馬叙倫　沈濤曰。後漢書蘇竟傳注引無簡字。倫按編不專次簡之名。猶緘非專為束匧之偁也。玄應一切經音義引倉頡。編。文織也。古文辯字。又引字林。細織也。以繩次物曰編也。玉篇引倉頡。編。織也。疑許以聲訓。字林作以繩次物曰編也。校者又加簡也一訓。倉頡訓文織也者。文為交譌。乃辮字義。或編為辮之同雙脣音又聲同元類轉注字。簡也則篇字義。【說文解字六書疏證卷二十五】

◉李孝定　　說文:「編,次簡也。從糸,扁聲。」編之本義為次簡,是與册義同。契文從册從糸會意,册則為象形,𦁌編當為册之後起字,至從糸扁聲之編則又為𦁌之後起字也。【甲骨文字集釋卷十三】

維 維

 維　不从糸　通唯　宰椃角　維王廿祀　隹字重見   蔡侯𪒠殘鐘  从隻　虢季子白盤　經維四方　【金文編】

 季木16:2　【古陶文字徵】

 0225　【古璽文編】

 祀三公山碑　偏雨四維  延光殘碑　【石刻篆文編】

◉許　慎　維車蓋維也。从糸。隹聲。以追切。【說文解字卷十三】

◉徐同柏　虢季子白盤　䌯。古文維。【從古堂款識學卷十】

◉馬叙倫　莊有可曰。車蓋維非本義。當是以繩繫鳥也。王筠曰。考工記。輪人為蓋。未嘗言維。而曰。良蓋弗冒弗紘。蓋紘即維也。紘下曰。冠卷維也。則維紘同意。倫按維未必專為車蓋之紘。此非本義。亦或非本訓。或字出字林也。文選長笛賦注引字林。維。持也。倫謂維蓋繫之轉注字。維從隹得聲。隹音照紐。古讀歸端。繫音見紐。端見同為清破裂音。聲亦支脂近轉也。【說文解字六書疏證卷二十五】

紱 紱

絙 絙

綊 綊

◉李孝定 維訓維繫，維繫之必以手，故增「攴」為義符，楊樹達氏謂从隹得聲之字，皆不从攴，何獨於維从攴，說有可商，雙字从糸、从攴皆義，隹聲也。【金文詁林讀後記第十三卷】

◉許 慎 紱車紱也。从糸。伏聲。平祕切。茯紱或从艸。鞴紱或从革。葡聲。【說文解字卷十三】

◉馬叙倫 急就篇。鞇靯鞴鞍鑣鍚。顏注。靯。韋囊在車中人所凴伏也。今謂之隱囊。倫按靯字見釋名。急就故書蓋止作伏。史記酷吏傳。同車未嘗敢均茵伏。尚止作伏字。然則靯紱皆後出字。傳寫急就者。於因伏皆謬加革旁。皇象本作茵茯。則依字林改也。

茯 桂馥曰。此與茵從艸同。倫按字見急就篇皇象本。顏師古本作鞇靯。則急就故書止作因伏耳。

鞴 桂馥曰。此與茵或從革作鞇同。倫按紱鞴轉注字。伏音奉紐。古讀歸並。葡音竝紐也。玉篇曰。或為靯字在革部。而無鞴字。【說文解字六書疏證卷二十五】

◉湯餘惠 紼115 紼、緰 219簡璠字從葡作𦯞，而紼字寫作紼，帶下從巾，此應是緰字。葡、伏上古皆讀重脣，音近可通，故《玉篇》「鞴」與「靯」同。簡文依例應釋為「紱」。《說文》：「紱，車紱也。」簡文「大帀(師)子紼」用為人名。【包山楚簡讀後記 考古與文物一九九三年第二期】

◉許 慎 絙乘輿馬飾也。从糸。正聲。諸盈切。【說文解字卷十三】

◉馬叙倫 鈕樹玉曰。韻會引馬下有頭字。嚴章福曰。乘輿上疑捝絙綊二字。下即綊篆。云。絙綊也。沈乾一曰。唐寫本玉篇注引作絙綊乘輿馬飾也。倫按高山寺玉篇引亦有綊字。此蓋字林文或校語。【說文解字六書疏證卷二十五】

◉許 慎 綊絙綊也。从糸。夾聲。胡頰切。【說文解字卷十三】

◉馬叙倫 絙綊為連緜字。或轉注字。絙音照紐三等。古讀歸端。綊從夾得聲。夾音見紐。端見同為清破裂音。【說文解字六書疏證卷二十五】

緐

緐 經典作繁 班簋 弔向簋 師虎簋 緐湯劍 緐湯之金 緐湯曾伯霥匠作鹽陽地名 鄂君啟車節 緐易

从女 尹氏弔緐匜 孳乳為[金緐] 庚兒鼎 自作飤緐 【金文編】

4·36 左宮緐 【古陶文字徵】

90 【包山楚簡文字編】

2326 弔向毁緐作，鄂君啟節作。與璽文形近， 3871 3053 4132 3908 【古璽文編】

繁㻓 【漢印文字徵】

楊馥碑領 【石刻篆文編】

◉許　慎　緐馬髦飾也。从糸。每聲。春秋傳曰。可以稱旌緐乎。附袁切。緐或从㝅。㝅。籀文弁。【説文解字卷十三】

◉劉心源　繁舊釋綏邑二字。非。案此从。亦不是妥。乃委毐二字。象禾形。委从之。又象屮形。毐即每从之。古文母女通用。詳甯母鼎。器刻中綏字繁字同形。當隨文義讀之。如叔向父敢。降余多福釐是繁字。説文作者也。天錫簋。用于神祇是綏字。用為綏。説文作者是也。綏説文作綏。此銘文義乃鱉湯二地。故繁加邑。晉姜鼎。征繁湯員冥乃繁陽湯陰鄍鄭四邑而王黼。釋綏其誤。當訂正也。古文於地名多加邑旁。如鄀宗婦盤邵邵鐘鄀僕兒鐘鄹大梁鼎郾長子幣鄤即墨刀等篆竝可取證。左襄四年傳。繁陽。注。在汝南鮦陽縣南。漢書地理志。魏郡繁陽。應劭曰。在繁水之陽。又河内郡蕩陰。師古曰。蕩音湯。路史國名紀今之湯陰。漢蕩陰也。銘蓋云。曾伯克淮尸按循和燮繁湯二地。案淮尸内侵見于經傳者。在徐揚荆兖之間。後漢書東夷傳。徐夷率九夷吕伐宗周。西至河上。徐夷即淮夷。據此則繁湯所必擾也。【曾伯霥簠　奇觚室吉金文述卷五】

◉馬叙倫　高山寺玉篇引馬下有髮字。緐音奉紐。綊音匣紐。同為次濁摩擦音。蓋轉注字。馬髦飾也或非本訓。叔向敢作。師虎敢作。

嚴可均曰。㝅籀文弁校語也。宋保曰。㝅聲。㝅緐同部聲相近。倫按緐音奉紐。古讀歸竝。弁音滂紐。同為雙脣

破裂音。故緐轉注為緐。高山寺玉篇引緐作絣。【説文解字六書疏證卷二十五】

◉嚴一萍　諸家未釋，疑即緐字。叔向父敦「降余多福緐釐」作，形頗相近。俗作繁。小爾雅廣詁：「繁，多也。」廣雅釋詁三：「繁，衆也。」【楚繒書新考　中國文字第二十六册】

◉湯餘惠　私名璽又有(3276)字，疑應釋「緐」，字中宀為繁飾。其演變源流是：

（乙簋銘字所从）—（仲義昱簋銘字所从）—（降勿銘簋銘字所从）—

此形和同一時期寫作（《璽》1963𦅾字所从）的一體相比，基本構形簡化了，但從飾筆的角度上説，又可稱之為繁文。【略論戰國文字形體研究中的幾個問題　古文字研究第十五期】

◉陳公柔　銘文所記的繁湯，繁字从緐从邑。《奇觚》以為繁、湯應是兩地。《吉金文録》云：「謂開發深弘之道路，繁湯皆淮夷地。」吴氏似亦認為所指為兩個地名。陳夢家《西周銅器斷代》(二)《班殷》云：「毛公之服地在鄭、虢之地。可以監臨其南的淮水的巢（新野）、繁（新蔡），猶春秋時曾伯在鄭地之曾監臨繁、淮夷一樣。」劉節認為繁湯即繁陽。

屈萬里《曾伯霥簠考釋》（《歷史語言研究所集刊》33本，1951年）文中，也訂為繁陽，並舉左襄四年傳「楚師為陳叛故，猶在繁陽」。杜注「繁陽，楚地，在汝南鮦陽縣南」。屈文考訂：「此地在今河南新蔡東北約70公里的地方，在淮水以北……就地勢説，它當是齊、魯、鄫、杞、滕、邾、宋、陳等國通往淮南的要道，也就是輸入南金的重地。……這次伐淮夷，似乎把這要道打通了。」此地在當時很重要。1974年洛陽中州路東周王城遺址附近的一座戰國墓中出土了一柄「錯紅銅蚊脚書」銘為「繁湯之金」的劍（《集成》18・1582），出土時裝在象牙鞘內。據型制，此劍當為戰國早期的。學者們多考訂此繁湯即繁陽，在今河南省新蔡縣北三里淮水支流汝河北岸。説明繁陽乃汝、漢一帶的交通樞紐或亦為運金的重要地點。

(20世紀)50年代後期，安徽壽縣所出《鄂君啟節》四件。一件為舟行水程之節；另外三件為車行陸程之節。（《集成》18・12110—12112）此三件銘文相同，各150字。此車節銘值得注意之處凡二點：

1. 銘云：「毋載金、革、黽、箭……」所禁載者將金(銅)列為首位。而舟節無此條款。可見當時楚地是禁止銅資源外流的。

2. 銘云：「庚西焚、庚繁陽、庚高丘、庚下郗、庚居巢、庚郢。」此處的繁陽，郭沫若考訂即《左傳》襄公四年、定公六年的繁陽。其後，譚其驤、黃盛璋等皆從其說，以為其故址在今河南新蔡縣北，自西焚東行。地在淮河之北，下蔡以西。

黃盛璋關於車節行程的研究，有不少很好的見解。例如：(1)車路僅有一線，用於不通舟路之處，兩者並可會合。車節首尾皆為水路，說明以舟路水運為主而車路陸運為輔，車運起聯繫作用。(2)車路經江淮之間，自下蔡至居巢，接巢湖水系沿流至江與舟路會合。(3)舟車兩節路線終點都是郢，此郢同為江陵之郢。因為這樣才可以周而復始，成為整體運行的路線，不能有來無往。

劉和惠在《鄂君啟節新探》中認為：「車節自繁東行抵下蔡，下蔡是楚東境最大的邑聚，位于淮河中游北岸，當為江淮之間商品集散地。由下蔡東南行達居巢。」文中引《春秋》文公十二年「有巢」之巢，杜注：「廬江六縣有居巢城。」並據顧棟高《春秋大事表》等以為居巢城在巢縣東北五里。在合肥東南距江不遠處。按，此處的繁陽，在《曾伯霥簠》的年代，從北方來講，是最近南方水陸通運的樞紐，因而「印燮繁陽」為一件大事。到了《鄂君啟節》的年代，繁陽在交通主幹線上已居于次要的地位。從車節所記，也可以反映出來。【《曾伯霥簠》銘中的「金道錫行」及其相關問題　中國考古學論叢】

繮 

3·182　蒦圆匋里繮　【古陶文字徵】

◉許　慎　馬紲也。从糸。畺聲。居良切。【說文解字卷十三】

◉馬叙倫　鈕樹玉曰。韻會引無馬字。非。倫按馬紲也或非本訓。急就篇顏師古本作韁。皇象本作繮。倫謂急就故書止作彊。後人誤讀為强弱字。因易為繮。顏本以鞇靬字皆增革旁。此亦易之也。然則此字出字林。【說文解字六書疏證卷二十五】

紛 

268　271　【包山楚簡文字編】

霜紛私印　【漢印文字徵】

紛　上同並出義雲章　【汗簡】

古老子　同上　義雲章　竝同上　王存乂切韻　【古文四聲韻】

◉許　慎　紛馬尾韜也。从糸。分聲。撫文切。【説文解字卷十三】

◉馬叙倫　錢大昕謂古讀紛為豳。倫謂紛當讀如美目盼兮之盼。今杭縣謂韜住曰盼牢。當作紛牢也。史記霍去病傳正義引三倉解詁。紛拏相牽也。玉篇引倉頡馬尾飾也。馬尾韜也或非本訓。【説文解字六書疏證卷二十五】

◉莊淑慧　006繽＝紛

1. 簡文詞例

32號簡：「繽軞，屯璑(纁)組之綏。」

43號簡：「革綏、繽秳、顯……。」

53號簡：「豻常，紫綏，繽韌……。」

54號簡：「紫裣(錦)之裏，繽笴，革𩋘……。」

64號簡：「鞎敗，繽經……。」

67號簡：「紫裣(錦)之純，繽隊……。」

75號簡：「繽扆，紫篃(席)。」

2. 考釋

上引簡文「繽軞」「繽韌」等詞中之「繽」，於其它簡文中或寫作「敓」、「貧」、「紛」等形。「湖北江陵天星觀M1」竹簡有「紛紉」一詞，當與簡文中之「繽韌」同。「紛」之本義，本為「馬尾韜」，見於《説文》，即紮束馬尾之絲麻織物。又《周禮・春官・司几筵》云：

「設莞筵紛純」

《鄭注》：「紛如綬有文而狹者。」

《賈疏》：「玄謂紛如綬有文而狹者，此見漢世。綬是薄帔有文章，而狹以為席之緣，故言之也。」

簡文「紛」字，其義似與《鄭注》所言相近，即指一種狹長狀之絲麻織物，而可作為裝飾之用途者。【曾侯乙墓出土竹簡考　臺灣師範大學國文研究所集刊四十號】

紂

 陳一五四 从又 【甲骨文編】

 陳紂私印 【漢印文字徵】

◉許 慎 紂馬緧也。从糸。肘省聲。除柳切。【説文解字卷十三】

◉馬叙倫 寸聲。寸肘一字也。紂緧轉注字。而此訓馬緧緧訓馬紂。蓋皆非本訓。【説文解字六書疏證卷二十五】

緧

◉許 慎 緧馬紂也。从糸。酋聲。七由切。【説文解字卷十三】

◉馬叙倫 吴穎芳曰。紂緧轉語。倫按玉篇作牛馬緧也。可證緧紂不專為馬。而今訓皆非許文矣。緧從酋得聲。酋酉一字。肘酉聲同幽類也。【説文解字六書疏證卷二十五】

絆

 詛楚文 絆之吕婚姻 【石刻篆文編】

◉許 慎 絆馬縶也。从糸。半聲。博慢切。【説文解字卷十三】

◉馬叙倫 鈕樹玉曰。繫傳馬作亟。譌。倫按玉篇引作馬馽也。然非本訓。字見急就篇。【説文解字六書疏證卷二十五】

◉郭沫若 「絆以婚姻，袗以齋盟」：絆作⿰糸丰，从系丰聲，與小篆異。古音丰讀重脣，以雙聲為聲也。絆與袗為對文，絆蓋假為袢，袢，近身衣也。袗乃盛服，外衣也。此視吕相絶秦書「申之以盟誓，重之以昏姻」較為藻飾，意即内則以婚姻結其親誼，外則復重之以盟約。【詛楚文 郭沫若全集考古編第九卷】

⿰糸頁

 秦1063 獨字 説文⿰糸頁集韻作𦈡或須 【古陶文字徵】

◉許 慎 ⿰糸頁絆前兩足也。从糸。須聲。漢令。蠻夷卒有⿰糸頁。相主切。【説文解字卷十三】

◉馬叙倫 段玉裁曰。漢令句有奪字。當作蠻夷卒有罪當⿰糸頁之。王筠曰。小徐韻譜作絆牛馬前足。倫按絆前兩足及絆牛馬前足非本義。此字林文或校語。莊子馬蹄連之以羈⿰糸頁。⿰糸頁絆蓋轉注字。⿰糸頁音心紐。絆從半得聲。古書半分通用。見半字下。蓋古音讀半如分。分音非紐。非心同為次清摩擦音也。【説文解字六書疏證卷二十五】

紖

◉許　慎　紖牛系也。从糸。引聲。讀若矤。直引切。【説文解字卷十三】

◉馬叙倫　鈕樹玉曰。一切經音義十五引作牛索也。翟云升曰。牛系也是。見晉書音義帝紀三引字林。倫按紖從引直聲。引音喻紐四等。喻四與非心同為次清摩擦音。是紖與絆縜皆轉注字。牛系也字林文。或字出字林也。【説文解字六書疏證卷二十五】

縼

◉許　慎　縼以長繩繫牛也。从糸。旋聲。辝戀切。【説文解字卷十三】

◉馬叙倫　玉篇以長繩繫牛馬放之。知凡此皆通牛馬言也。説解疑當作繫牛長繩也。此非動詞。乃名詞也。縼音邪紐。邪紐之音多從喻紐四等分。喻四古讀歸定。紖音本在喻四。今入澄紐。古讀澄亦歸定也。然則縼紖為轉注字。縼絆則聲同元類轉注字也。此字或出字林。【説文解字六書疏證卷二十五】

縻

縻 汗簡【古文四聲韻】

◉許　慎　縻牛轡也。从糸。麻聲。靡為切。䋷縻或从多。【説文解字卷十三】

◉馬叙倫　牛轡也蓋字林文。縻聲歌類。縼聲元類。歌元對轉轉注字也。玉篇及後漢書魯恭傳注引倉頡。縻。牛繮也。王筠曰。朱筠本轡字空白。案牛不用轡。韻會引説文有一曰繫也。

䋷　宋保曰。麻聲多聲同部相近。倫按多聲。多麻聲同歌類。轉注字也。唐寫本切韻五支引牛轡或作此䋷。【説文解字六書疏證卷二十五】

緤

緤 孔緤私印　緤 商緤　緤 許緤　緤 丙緤【漢印文字徵】

◉許　慎　紲系也。从糸。世聲。春秋傳曰。臣負羈紲。私列切。緤紲或从枼。【説文解字卷十三】

◉馬叙倫　沈濤曰。左僖廿四年傳釋文詩小戎正義引系作繫。僖廿四年正義引作係。倫按高山寺玉篇引作係。紲縜音同心紐轉注字。莊子馬蹄。連之以羈縜。即羈紲也。春秋以下校語。或字出字林也。【説文解字六書疏證卷二十五】

纆 纆

◉許 慎 纆索也。从糸。黑聲。莫北切。【説文解字卷十三】

◉馬叙倫 經典皆作纆。與徽轉注。纆音明紐。徽從微得聲。微音微紐。古讀歸明。或古借徽為纆。【説文解字六書疏證卷二十五】

緪 緪

◉許 慎 緪大索也。一曰急也。从糸。恆聲。古恆切。【説文解字卷十三】

◉馬叙倫 桂馥曰。大索也字林同。尹桐陽曰。一曰急也者。謂借為揯。高山寺玉篇引無大字。一曰急也者。弦字義。恆為月弦之弦本字也。此校語。或亦字林文。此字蓋出字林。【説文解字六書疏證卷二十五】

繘 繘

繘 繘余橘切見石經【汗簡】

繘 石經 繘 説文【古文四聲韻】

◉許 慎 繘綆也。从糸。矞聲。余聿切。繘古文从絲。繘籀文繘。【説文解字卷十三】

◉商承祚 繘 玉篇入絲部。不以為古文。此糸之古文當作糸。【説文中之古文考】

◉馬叙倫 字見急就篇。方言。繘。自關而東周洛韓魏之間謂之綆。或謂之絡。關西謂之繘。繘從矞得聲。矞從矛得聲。綆從更得聲。更從丙得聲。矛音明紐。丙音封紐。同為雙脣音。丙兩一字。兩音來紐。古讀歸泥。明泥同為邊音。故相轉注。

繘 倫按徽繼諸文皆從糸而此從絲。明糸絲一字矣。高山寺玉篇繘下不引本書。而曰古文為繘字。在絲部。古文下捝繘字。從絲校者加之。【説文解字六書疏證卷二十五】

綆 綆

綆 金綆孺【漢印文字徵】

綆 綆【汗簡】

綆 古史記【古文四聲韻】

絠　[小篆]

◉許　慎　綆汲井綆也。从糸。更聲。古杏切。【說文解字卷十三】

◉馬叙倫　鈕樹玉曰。一切經音義二引作汲井繩也。丁福保曰。慧琳音義廿六引汲井繩也。倫按綆為緪之音同見紐轉注字。汲井繩也蓋字林文。此作汲井綆也者。綆為隸書複舉字。誤乙於下。轉捝繩字。【說文解字六書疏證卷二十五】

一五六：一九　二例　宗盟委質類參盟人名【侯馬盟書字表】

◉許　慎　絠彈彄也。从糸。有聲。弋宰切。又古亥切。【說文解字卷十三】

◉馬叙倫　說解有捝譌。廣雅釋器。彄謂之絠。則此彈彄也蓋本二訓。而彈字上下有捝文。然非本訓。以字次及音求之。蓋繘之音同喻紐四等轉注字。又音古亥切。則綆之音同見紐轉注字。或曰。繡之轉注字。詩。揚子水。素衣朱繡。禮記大學作朱絠。是其證。繡音心紐。絠音喻四。同為次清摩擦音也。玉篇引倉頡。絠。紘也。【說文解字六書疏證卷二十五】

◉尤仁德　　宋絠

戰國璽。銅質，鼻鈕。長、寬各1・1釐米。

第二字見《古璽文編》8・7，隸定作⿴衣絠，至確，但無考釋。按字形分析，⿴衣絠字當从糸从衣有聲。⿴衣絠字不見于字書。查《說文解字・糸部》：「絠，彈彄也。从糸有聲。弋宰切。」據此可知，⿴衣絠字是絠字復从衣，即絠字繁文。在古文字由簡單向繁複的發展變化過程中，有一種增加意義相同或相近並有時可以通用的偏旁為義符的現象。如《說文解字・丘部》：「丘，土之高也。……𡊣，古文从土。」又《土部》：「圭，瑞玉也。……珪，古文圭从玉。」又《貝部》：「貯，積也。从貝宁聲。」史牆盤作[⿴宀貝玉]，復加玉為義符(貝玉古代同為寶貨義)，李學勤先生釋為貯字繁文(見《考古學報》1978年2期)；古文從糸者或可从衣，如《說文解字》緹字，或文作衹，即是一例。所以，絠字增加與糸字意義相近的衣旁為義符，即成為⿴衣絠。與此相同的字例還有：《侯馬盟書・宗盟類》4・198・3有[⿰糸袤]字，从糸从衣从寸矛聲，李裕民先生隸定為[⿰糸袤]，釋為袤字繁文(見《古文字研究》第五輯299頁)。《說文解字・衣部》：「袤，衣帶以上。从衣矛聲。」

《說文解字》絠字徐灝箋曰：「此彈疑是彈丸之彈。彈彄者，丸所居耳。俟考。」彈丸置于弓弦之上，故絠字从糸，弓弦包裹彈丸，猶如彈丸之衣褓，故絠字復从衣作⿴衣絠。由該璽文可證，徐氏之說是可信的。【春秋戰國八璽考釋　考古與文物一九八二年第三期】

繫

繫古弔切【汗簡】

古莊子【古文四聲韻】

◉許　慎　生絲縷也。从糸。毄聲。之若切。【說文解字卷十三】

◉馬叙倫　鈕樹玉曰。詩采緑正義引。繫。生絲縷也。謂以生絲為繩也。女曰雞鳴正義引。謂生絲為繩也。文選文賦注引。繳。生絲縷也。謂縷繫矰矢而以弋射。謂字以下皆庾注。左哀七年正義引無縷字。王筠曰。李注西京賦引作生絲繒也。繒蓋矰之誤。且知說文有兩本不同。詩正義云。說文。繳。謂生絲為繩也。此所據之本作生絲縷也。故如此注之。李注文賦引云。謂縷繫矰矢而以弋射。此所據之本作生絲矰也。故如此注之。倫按下文。緍。釣魚繫也。然則此乃與繩為類也。故次繘綆之下。說解本作生絲縷也。謂以生絲為繩繫矰矢而以弋射也。傳寫有簡緐挩譌之不同。而非原有異文也。易正義引字林。繳。生絲縷也。此字蓋出字林。【說文解字六書疏證卷二十五】

繴

繴　毛公厝鼎　番生簋【金文編】

◉許　慎　繴謂之罿。罿謂之罬。罬謂之罦。捕鳥覆車也。从糸。辟聲。博戹切。【說文解字卷十三】

◉劉心源　毛公鼎　繴即幦。說文。幦。髤布也。周禮曰。駹車犬幦。巾車云。木車犬複。素車犬複。駹車龍複。許偶誤耳。幦即幎幔也。繴者。施網于車上㠯捕鳥。非此銘所用義。故讀幦。【毛公鼎　奇觚室吉金文述卷二】

◉王國維　繴。詩大雅作幭。周禮巾車作複。既夕禮古文作幂。今文作幦。玉藻少儀亦作幦。此从糸作繴。或从巾。或从糸。其誼一也。毛傳。幭。覆軾也。鄭於二禮複幦注皆云覆笭也。【毛公鼎銘考釋　王國維遺書第六冊】

◉郭沫若　「𠦪繴較」：𠦪同賁，飾也。繴，孫云「說文糸部繴為捕鳥覆車，此當為幩飾之義，與說文義異。吳式芬釋為幦亦非」。王國維以大雅之幭字當之，云「繴，詩大雅作幭，周禮巾車作複，既夕禮古文作幂，今文作幦。玉藻少儀亦作幦，此从糸作繴，或从巾，或从糸，其誼一也。毛傳『幭，覆式也。』鄭於二禮複幦注，皆云覆笭也。較，詩與考工記皆作較，說文作較，鄭云『車輢上出軾者』是也。繴為覆軾，此較亦當為覆較之物。」是王於繴擴充吳說，於較乃別出異義。今案當以孫說為是，詩之幭與禮之複若幦，究為何物，尚是問題。而此之繴則絕非覆軾。此與番生𣪘之「𠦪繴較」，與彔伯𢦏𣪘之「𠦪幩較」同例，言較上有繴若幩以賁飾之

緍

也。故省之則為「𠦝較」或「幬較」。續漢書輿服志上「乘輿：金薄繆龍為輿倚較，文虎伏軾」，又「公列侯安車：倚鹿較，伏熊軾」，史記禮書集解引徐廣曰「乘輿車，金薄璆龍為輿倚較，文虎伏軾」，索隱引劉氏曰「薄猶飾也」。薄緐一聲之轉，蓋天子之較以金色之緐飾之，繢以盤龍。諸侯之緐則繢以鹿。鹿較與繆龍較同例，故知必出於畫繢或刺繡。漢志之「金薄繆龍較」與「鹿較」，即彝銘之「賁緐較」、「賁較」，彝銘渾言之，未詳所賁者為何物而已。【毛公鼎之年代　金文叢考】

◉馬叙倫　緐謂之罿云云者。爾雅釋器文。郭注。今之翻車也。有兩轅中施罥以捕鳥。此説解捝本訓。緐蓋罦之轉注字。緐音封紐。罦從孚得聲。孚從禾得聲。禾音亦封紐也。以糸為网故從糸。此字蓋出字林。【説文解字六書疏證卷二十五】

◉高田忠周　説文緐訓捕鳥覆車也。此恐非銘意。説文。幦鬆布也。从巾辟聲。周禮曰。駹車犬幦。廣雅。覆笭謂之幦。公羊昭二十五年傳。以幦為席。注。車覆笭。此即銘義也。【古籀篇十七】

◉高田忠周　吴大澂云。許氏説捕鳥覆車也。孫詒讓云。寅簋吴彝並云。𠦝駁。與𠦝緐較同物。按緐別是一物。而捕鳥覆車。非銘義也。此緐實幦之叚借。説文緐緐謂之罿。罿謂之罬。罬謂之罦。捕鳥覆車也。从糸辟聲。而幦亦从巾辟聲。兩字同聲。故通用也。【古籀篇六十九】

◉許　慎　緍釣魚繁也。从糸。昏聲。吴人解衣相被謂之緍。武巾切。【説文解字卷十三】

◉馬叙倫　釣魚繁也蓋字林文。或字出字林也。吴人以下校者據方言加之。緍當作緡。昏聲當作昬聲。高山寺玉篇引作絽。餘見綸下。【説文解字六書疏證卷二十五】

絮

絮　絮　封八二　絮　日甲一四背　二例　【睡虎地秦簡文字編】

◉許　慎　絮敝緜也。从糸。如聲。息據切。【説文解字卷十三】

◉馬叙倫　高山寺玉篇引作幣帛也。蓋敝帛也誤合敝帛為一字。又增一帛字。此作敝緜也者。敝下捝帛也二字。緜也者。吕忱列異訓也。顔師古急就篇注。漬繭擘之。精者為緜。麤者為絮。顔注漢書文帝紀絮三斤曰。絮。緜也。然皆非本訓。許當以聲訓。字見急就篇。【説文解字六書疏證卷二十五】

絡

絡 雜一八 四例 【睡虎地秦簡文字編】

右絡之印 窮絡之印 【漢印文字徵】

天璽紀功碑 【石刻篆文編】

絡出碧落文 【汗簡】

汗簡 【古文四聲韻】

◉許 慎 絮也。一曰麻未漚也。从糸。各聲。盧各切。【說文解字卷十三】

◉馬叙倫 錢坫曰。一曰麻未漚也者。急就篇。綈絡。是生麻也。王筠曰。刈麻之後。芟其枝葉。即漚之。漚孰而析其皮。仍謂之麻。未漚之時。既不可用。且旋刈旋漚。未漚時無幾。不知何以有專名也。朱駿聲曰。絮也當作絜也。此纏縛之義。廣雅釋詁四。絡。纏也。釋器。綆也。倫按楊花謂之絮者。以其似緜也。絮從如得聲。如音日紐。絡音來紐。古讀並歸於泥。蓋轉注字。一曰麻未漚也者。未詳。或曰。此絮字義。絮訓縕也。縕訓紼也。紼訓亂枲。亂枲蓋未漚者也。然此蓋校語。玉篇引倉頡。未練也。絡布也。字亦見急就篇顏師古本。皇象本作雒。然則顏本蓋傳寫者以字林字易之。此字蓋出字林矣。【說文解字六書疏證卷二十五】

纊

◉許 慎 絮也。从糸。廣聲。春秋傳曰。皆如挾纊。苦謗切。纊或从光。【說文解字卷十三】

◉余永梁 (後編卷上四葉) 此殆是纊字。从糸，㞷聲。說文：「纊，絮也。从糸，廣聲。春秋傳曰『皆如挾纊』。絖，或从光。」案从㞷聲，與廣聲光聲同。【殷虚文字考 國學論叢一卷一號】

◉馬叙倫 沈濤曰。一切經音義一華嚴經音義皆引作緜也。他卷皆同今本。御覽八百十九引作纊。絮縕也。一切經音義一尚有絮之細者曰纊六字。倫按纊聲陽類。絮聲魚類。魚陽對轉。蓋轉注字。然玄應一切經音義又引三倉。纊。緜也。絮之細者曰纊。水經注。房子城西出白土。細滑如膏。可用濯緜。霜鮮雪曜。異於常緜。世俗言房子之纊也。顏師古急就篇注。漬繭擘之。精者為緜。麤者為絮。精猶細矣。則纊即緜。倫謂古謂之絮。今謂之緜。因別精粗耳。御覽引作絮縕也者。當

作絮也緼也。禮記玉藻鄭注。緼。謂今纊及舊絮也。緜也緼也皆呂忱列異訓。引經亦忱或校者所加。

纊　宋保曰。猶觵作觥也。【説文解字六書疏證卷二十五】

◉温少峰　袁庭棟　卜辭中又有「纊史」之文：

(84) 丙辰卜，殻：立(莅)□史(事)？　(《鐵》八八・四)

此辭之□，應隸定為纖，當即「纊」之初文。《説文》：「纊，絮也」，即絲綿，乃由蠶繭所成，故又訓「繭也」(《淮南子・繆稱訓》注)。以繭製絲綿或以繅絲後之副產品製絲棉，亦為古代紡績業之一部分。此辭之「纊事」，即為製絲棉之事。「立」讀為「莅」，謂莅臨視察纊事也。《周禮・天官・典絲》：「喪紀，共其絲纊組文之物」，即有如殷代之「纊事」也。【殷墟卜辭研究——科學技術篇】

紙

紙

紙　日甲六一背　通抵　乃纛綦屨以—　【睡虎地秦簡文字編】

◉許　慎　紙絮一苫也。从糸。氏聲。諸氏切。【説文解字卷十三】

◉馬叙倫　桂馥曰。王隱晉書。魏太和六年。博士河間張揖上古今字詁。其巾部云。紙。今帋也。其字從巾。古以縑帛依書長短。隨事截絹。數枚重沓。即名幡紙。字從糸。此形聲也。後漢和帝元興中。中常侍蔡倫以故布擣剉作紙。故字從巾。是其聲雖同。糸巾為殊。不得言古之紙為今紙。承培元曰。當作絮笘也。笘所以寫器。以竹為之。紙則以絮為之。王筠曰。朱筠本苫作笘。乃箈之壞字。翟云升曰。苫笘竝箈之譌。箈。敝絮簀也。倫按高山寺玉篇引作箸也。一曰。絮也。箸蓋笘之譌。則此當作笘也一曰絮也。傳寫譌挩如今文。笘也者。本書笘下曰。潁川人名小兒所書寫為笘。蓋謂今所用作書之紙也。此蓋呂忱所加。知非許文者。今所用作書之紙始作於蔡倫。倉頡及訓纂中自無此義。且小兒所書寫為笘。本字為箑。笘乃借也。蓋晉時已有用笘字者。故呂忱作笘也。此字亦或出字林。蓋古今字詁實本説文。而字林又襲字詁與。一曰絮也者。通俗文。方絮曰紙。蓋校者據一本注之。呂忱列異訓。亦或校者據通俗文增也。【説文解字六書疏證卷二十五】

◉張亞初　《集成》18・12107著録了一件辟大夫虎符，全銘11字，是没有發表過的新資料。銘文為：「辟大夫信節，堳丘為塿紙唯。」倒數第二字从糸、从氏。後者形同戰國早期者沕鐘銘文之祇字(參《金文編》10頁)，《説文》示部：「祇，地祇，提出萬物者也。从示，氏聲。」系部：「紙，絮一苫也。从糸，氏聲。」紙字从糸、从祇省聲，故即紙字初文(祇、祇古本一字)。

紙是中國的四大發明之一，目前所見最早的實物是出土的西漢時期的紙。1990至1991年，在甘肅敦煌市與安西縣之間發現的漢代郵驛懸泉置遺址，被評為1991年十大考古新發現之一。這裏出土了大量西漢宣帝、元帝時期（公元前73年—公元前34年）的麻纖維紙。尤其是4件有墨書文字的紙的出土，不僅大大提前了紙的發明時間，而且證明，早在西漢時期紙就開始成為書寫工具，并在西北邊郡廣泛使用，足證當時造紙數量已較多，紙的使用傳播已相當普及（據《中國文物報》1992年2月2日第5期《甘肅漢懸泉置遺址》、1992年1月5日第1期第1版《漢懸泉置遺址發掘重大收獲》等報道）。紙的實際發明時間當早于此。

紙最初是指平滑如砥石的方絮（廣義講，用于書寫的縑帛亦可稱紙）。兩漢時期用植物纖維造出來的嚴格意義上所説的紙張，與這種平滑的方絮，是有一定的淵源關係的，二者名稱相同，便可見其端倪。方絮之紙應可看作是紙的前身。這種紙的製取是這樣的，先用絲緜在水中拍打，然後用竹箔去撈取分散游離的絲緜，待這些絲緜涼乾後，從箔上便可揭下一張平滑的絮紙。戰國文字中的紙，當即指此。

在戰國晚期的雲夢秦簡中，已發現過从糸、从氏的紙字。這表明，戰國晚期已經有紙。辟大夫虎符的年代較雲夢秦簡要早，時間可能不晚于戰國早中期之交。紙字从糸、从祇這一點，就説明文字形體較簡文為早。銘文中出現的原始紙字，表明我國原始紙的歷史已經可以上溯到戰國早中期了，這一點，對探討我國造紙術的起源，是很有意義的。

《説文》中另有紙字，訓絲滓。紙、紙二字音義皆同，原本為一字。在古文字中，氏、氏同源，故在偏旁中常可通作。例如，西周早期何尊中的覗即覗，西周中期九年衛鼎的瓶字从氏，春秋早期居簋之貾即賬，春秋戰國之際的《侯馬盟書》之覗即何尊之覗。這都是氏、氏古本一字因而在古文字偏旁中相通的例證。紙从氏聲，聲亦包義，故有底着、附着的字義。紙即附着于箔上的絲滓，也就是原始的絮紙。分化為凡物滓之稱的字，應該是較晚的事。許慎不明白這種孳乳分化關係，所以不能齊其本而只齊其末。

過去因受資料的局限，有的學者曾斷言，先秦時期没有紙字（潘吉星《中國造紙技術史稿》4頁）。現在，戰國時期的紙字已經不止一次地出現。如果説雲夢秦簡的紙字保存得比較模糊的話，那麽，書寫清晰、年代更早的銘文中的紙字的發現與考定，一定會受到科技史學界應有重視的。【金文新釋　第二屆國際中國文字學研討會論文集】

綍

◉許　慎　治敝絮也。从糸。音聲。芳武切。【説文解字卷十三】

◉馬叙倫　桂馥曰。廣韻。綍。綍緜。朱駿聲曰。如今弦彈故棉。倫按高山寺玉篇引同。今本無敝字。倫謂本作𢿥也治絮也。校者見上文絮下言敝緜下文絮下一曰敝絮。鍇本作絮。因改之。或傳寫挩譌。綍蓋𢿥之轉注字。𢿥音滂紐。綍音敷紐。古讀敷歸滂也。以在水中擊絮。故從水作𢿥。以其為絮。故從糸作綍。【説文解字六書疏證卷二十五】

絮

◉許　慎　絮緼也。一曰敝絮。从糸。奴聲。易曰。需有衣絮。女余切。【説文解字卷十三】

◉馬叙倫　鈕樹玉曰。易既濟。及公羊昭廿年傳釋文引竝作絮緼也。絮字蓋傳寫誤。玉篇無絮字。繫傳二絮字並作絮。譌。韻會作絮。易既濟作繻有衣袽。則需字譌。五經文字袽注云。説文作絮。京氏作絮。蓋沿釋文之譌。絮絮形本相近。義亦可通。嚴可均曰。御覽八百十九引作緼也。無絮字。徐灝曰。絮即絮之異文。聲轉分讀平仄耳。倫按高山寺玉篇引無絮字。蓋本是絮字。乃複舉隸字也。譌為絮或絮耳。絮蓋緼之轉注字。緼音影紐。而安㝯委竝從女得聲。音皆入影紐。絮從奴得聲。奴亦從女得聲也。一曰敝絮者。鍇本作敝絮。玉篇亦引作敝絮也。故朱駿聲謂此謂借為絮也。然絮為敝緜。不得謂敝絮。若以緜絮一物。則敝絮為絮。復無塙證。倫疑本作敝衣。乃絮字義。知者。易既濟。繻有衣袽。虞翻曰。敗衣也。周禮考工記注引鄭司農云。帤讀為襦有衣絮之絮。蓋即易釋文所謂京氏本。阮元校勘記引釋文。袽。子夏作茹。京作絮。易作袽或作茹或作絮者。如亦從女得聲。故得借為袈。其作袽者。或袈之譌。或其轉注字也。此字或出字林。【説文解字六書疏證卷二十五】

繫

王惟恭黃庭經【古文四聲韻】

◉許　慎　繫繯也。一曰惡絮。从糸。毄聲。古詣切。【説文解字卷十三】

◉葉玉森　商承祚氏疑奚之異體。類編第十第十三葉。王襄氏疑奚戊合文。徵文考釋人名第十葉。森桉之異體作。象索繫子或女之首反攣其手臨以斧鉞之形。疑即古文繫字。許書作繫。从或之譌變。从即。復易為。卜辭有云「摯執寇繫」者即言執寇而繫于獄也。本辭云「三牢又繫二」者。疑三牢而外又繫二牲備用。或二繫即所俘之寇與牢竝用。戮人以祭也。古文系繫殆通用。許書系之或體𦃇亦譌變。【殷墟書契前編集釋卷一】

䌤　緝　絘

◉馬叙倫　段玉裁曰。一曰猶一名也。繫䌤讀如谿黎。音轉為繂䌤。廣韻。繂䌤。惡絮。是也。釋名謂之牽離。翟云升曰。韻會引繫䌤也下有一曰維也。王筠曰。原本蓋作繫䌤惡絮也。删者各存之。校者掇拾而誤分為二。吾鄉於布帛之不堅緻者。謂之谿流解去聲網。谿流即繫䌤。䌤流雙聲語轉耳。解網者。如網之鬆解也。集韻引繫䌤也今惡絮。亦不云一曰也。尹桐陽曰。趙策。人有置係蹄者而得虎。係蹄即繫䌤。謂罬類。倫按王念孫謂繫䌤即廣雅幱㡗謂之帊之幱㡗。亦即漢書外戚傳赫蹏書之赫蹏。蓋於音皆可通。於書皆有證。然古書率以繫為系縛字。系音匣紐。繫音見紐。同為舌根音。蓋繫為系縛系縣之系本字。其語原即系也。繫䌤則以聲同支類連語。而惡絮者乃䌤字義。玉篇引倉頡。絮也。蓋借繫為䌤。字見急就篇。【説文解字六書疏證卷二十五】

◉嚴一萍　繫，省殳作。【楚繒書新考　中國文字第二十六册】

◉高　明　「隹德匿之歲，三時□□，𦃇之以𣎆降」：𦃇乃繫字之省，讀如繼。繒書所云，猶謂德慝之歲，三時已亂，繼之而大雨滂沱而降。【楚繒書研究　古文字研究第十二輯】

◉許　慎　䌤繫䌤也。一曰維也。从糸。虒聲。郎兮切。【説文解字卷十三】

◉馬叙倫　王筠曰。玉篇。一曰。絓䌤也。然則絓譌為維。而又捝䌤字也。一曰猶一名。沈乾一曰。唐寫本玉篇引作一曰絓也。倫按高山寺玉篇引作一曰絓也。倫謂本訓絓也。䌤為絓之聲同支類轉注字。繫䌤也者。繫下説解傳寫誤入。轉捝本訓。校者據别本記之也。【説文解字六書疏證卷二十五】

◉許　慎　緝績也。从糸。咠聲。七入切。【説文解字卷十三】

◉許　慎　絘績所緝也。从糸。次聲。七四切。【説文解字卷十三】

◉馬叙倫　吴穎芳曰。績之語轉。鈕樹玉曰。玉篇。績也。所以緝也。廣韻。績所未緝者。蓋今義。倫按高山寺玉篇引作績之所緝也。倫按當如今本玉篇作績也所以緝也。據高山寺玉篇知即引本書也。所以緝也字林文。字林每言所以也。或字亦出字林。緝絘音同清紐轉注字。猶葺茨矣。【説文解字六書疏證卷二十五】

績　不从糸　秦公簋　責字重見　【金文編】

季木2:16　【古陶文字徵】

 石經僖公　楚師敗績　借速為績　品式石經　咎繇謨　庶績其凝　【石刻篆文編】

績　績　【汗簡】

義雲章　  並籀韻　【古文四聲韻】

◉許　慎　績緝也。从糸。責聲。則歷切。【說文解字卷十三】

◉馬叙倫　吴穎芳曰。績緝語轉語。倫按績音精紐。緝欵音皆清紐。精清同為舌尖前破裂摩擦音轉注字。禾部稽積為轉注字。績欵猶積稽矣。其語原同也。玄應一切經音義引字林。績。緝也。古鉩作。【說文解字六書疏證卷二十五】

◉李平心　《兮甲盤銘》云：「王令甲政嗣成周四方責，至于南淮尸」，又云：「毋敢不出其負，其責」。金文家讀責為委積之積，與原義不相切合。或謂「政嗣成周四方責」與《頌鼎銘》「官司成周貯」語義相同，不知「貯」下尚有「廿家」二字，貯二十家乃以人言，不以物言，不能把二語看成同一文例。如果政嗣成周四方責是指管理委積，「至于南淮尸」一語就頗費解；何況下文「其責」與「其負」連文，無論讀負為帛或讀負為賦，都與委積之義參差。《召伯毁銘》甲器云：「余考止公僕庸土田多諫弋」，乙器云：「公賸用獄諫為白」，諫與責并從朿聲，統觀有關文句，可知二字為同文異作。古代以罪隸從事勞役，獄諫正屬此類勞役。廣義地說，凡力役布縷之徵，統稱為諫；更廣義地說，諸侯與四裔對周天子的貢獻亦得稱諫。責或諫即古籍中的責或績。《左傳》昭公二十年：「使有司寬政，毀關去禁，薄斂已責。」杜注「除逋責」，除逋責實即豁免積欠租稅，而不是如後世經師所解免除欠債。《後漢書・光武帝紀》載建武二十二年九月地震，詔制曰「賜郡中居人壓死者棺錢人三千，其口賦逋稅而廬宅尤破壞者勿收責」，正可與《左傳》已責之文互證。《兮甲盤銘》云「淮尸舊我負晦人，毋敢不出其負、其責」，顯然是指淮夷有貢獻賦役的義務，這種義務是用暴力強制執行的。銘文前云：「政嗣成周四方責，至于南淮尸。」是指王命兮伯吉父主治成周與四方的賦貢，遠至于淮夷的賦貢，也歸他職掌。《師寰毁銘》云：「淮尸繇我負晦臣，今敢博厥衆叚，反厥工吏，弗速（迹）我東域。」是說淮夷本來是周室的賦貢之臣，如今竟敢犯上作亂，對我東國不納賦貢。速即迹字，亦即是績，當動詞用，訓獻賦進貢。《書・臯陶謨》（僞《古文尚

書》入《益稷》)「苗頑勿即工」,偽《孔傳》「三苗頑兇,不得就官」,不知即古訓予(金文例證甚多)、訓獻,工讀功或貢,原義是説三苗不納賦貢,故下文云:「帝其念哉!」念讀戕,即《爾雅·釋詁》訓克的戡,明明是禹請堯征討不納賦貢的三苗。這一節書文同《師寰毁銘》合讀,不難明瞭古代宗主國强制被征服民族納貢,是與國家的暴力密切相聯的。

《書·禹貢》屢言「底績」,偽《孔傳》均訓致功,函胡不通。其實,績即是金文之賚或諫,底績即致職貢。「覃懷底績,至于衡漳」,是説陶唐及鬼方(懷姓九宗)致貢,直到衡漳二流域為止;「和夷底績」,是説居住梁州的和夷致貢;「原隰底績,至于豬野」,是説雍州平原隰地的居民致貢,直到豬野澤為止。同篇又云「三邦底貢」,底貢正是底績。績古訓功,又訓業。就賦貢來説,功就是《禹貢》底貢之貢,業就是《魯語》「職業」之業。《魯語》記孔子之言:「昔武王克商,通道于九夷百蠻,使各以其方賄來貢,使無忘職業。」職業正相當于《召伯虎毁銘》之諫弋,古弋職二字同屬之母定紐,例得相通,諫正是訓業之績。《周語》記祭公謀父之言:「今自大畢伯士之終也,犬戎氏以其職來王。」所謂職即《史記·劉敬傳》所説的「八夷大國之民,效其貢職」之貢職,而貢職亦就是諫弋。

《召伯虎毁銘》「以王命:『余考止公僕庸土田多諫弋』」,考當讀好,即《左傳》昭七年「好以大屈」之好,止當讀詒,即《詩·天保》「詒爾多福」之詒,并訓賜予;銘文是説,奉天子命,以公家之附庸、土田及租税多項賞賜召伯。下文又云「白氏从許:公宕其參,女則宕其貳,公宕其貳,女則宕其一」,白氏之白讀貟(賦)或賨,宕从石聲,當讀藉(後變入陽韻)。銘文是説,職掌財賦之有司規定:田賦與職責公家取三分,召虎取二分;公家取二分,召虎取一分。所規定的正是諫弋(績與職)的主要内容。這與齊桓公賞給管仲以三歸很相仿佛。不同的是,桓公賞給管仲的是市租,而宣王賜給召虎的是田租與職績。

《兮甲盤銘》《師寰簋銘》所説的賚與《召伯簋》所説的諫,雖屬同文,性質卻不同,後者是天子賜予臣屬的租税,而前者卻是淮夷對周室所獻的職貢,與《穀梁傳》僖三十年「貢職不至,山戎為之伐矣」之貢職及《魯語》「處大國之閒,繕貢賦以共從者」之貢賦意義相同。《詩·泮水》云:「憬彼淮夷,來獻其琛,元龜象齒,大賂南金。」可知淮夷對周魯的職貢,是以各種實物獻納。讀貟為帛,讀晦如字,皆不得其解。周人征服淮夷,主要是强制後者貢納財賄,提供勞役。淮人不斷掀起武裝反叛,正是為了要擺脱姬周的奴役剥削。東夷反抗殷紂,其目的大致相同。他們與周人夾攻殷紂,加速了殷紂的滅亡。淮夷正是東南夷的一個主要組成部分。但在周人克殷商之後,他們又被迫隸屬周魯。卜辭和金文都在這些方面反映了很多史實。【甲骨文及金石文考釋(初稿) 李平心史論集】

◉銀雀山漢墓竹簡整理小組 〔二九〕「故績之而知動□……死生之地計之【□□】得失之□□之【□□】餘不足之□」。十一家本

纑

作「故策之而知得失之計，作之而知動静之理，形之而知死生之地，角之而知有餘不足之處」，「得失之計」句在「動静之理」句之前，用字亦與簡本有異。「績」從「責」聲，「責」從「朿」聲。「策」亦從「朿」聲。「績」、「策」二字古音相近。簡本「績」字疑當讀為「迹」。【銀雀山漢墓竹簡（壹）】

◉劉春生　《實虚》「故績之而知動……死生之地，計之□□得失之□，□之□□餘不足之□」

校注：「績」「策」二字古音相近。簡本「績」字疑當讀為「蹟」。

案：十一家本、武經本均作「故策之而知得失之計，作之而知動静之理，形之而知死生之地，角之而知有餘不足之處」。簡本「動□□□」在前與「績之」為句，宋本在「得失之計」後與「作之」為句，「績」校注讀為「蹟」極是，與「動静之理」義合。「得失之□」簡本在「死生之地」後與「計之」為句，「得失之」下一殘字當為「策」字，作「計之而知得失之策」，宋本「策之而知得失之計」是「計」「策」二字相誤易，校注以為宋本「策」字與簡本「績」字相當，非是。宋本「作之而知動静之理」句「作之」簡本作「績之」，績讀為蹟義長。簡本此文當作「故績（蹟）之而知動静之理，形之而知死生之地，計之而知得失之策，角之而知餘不足之處。」【簡本《孫子》校注辨正　文史第二十八輯】

3·1048　獨字　3·1049　同上【古陶文字徵】

◉許　慎　纑布縷也。从糸。盧聲。洛乎切。【説文解字卷十三】

◉馬叙倫　纑縷蓋音同來紐轉注字。廣雅。纑。縷也。玉篇引倉頡。未練者也。字亦見急就篇。玄應一切經音義引字林。纑。布縷也。則此字林文。本訓捝矣。字見急就篇。【説文解字六書疏證卷二十五】

◉商承祚　第一簡　☐□□□□一纑聚衣，絵緅之夾純悳╴組緣╴專繢╴一索緯綈，又釦鉤。黄金與白金之𧇾╴六璃

纑，即纑，《史記·貨殖傳》：「夫山西饒材，竹、穀、纑、旄、玉石。」集解引徐廣曰：纑，「紵屬，可以為布。」《説文》段注：「績之而成縷，可以為布，是曰纑。」【信陽長臺關一號楚墓竹簡第二組遣策考釋　戰國楚竹簡彙編】

◉湯餘惠　（《璽》3921）

可隸定為「纑」，應是纑字古文。《説文》糸部：「纑，布縷也。从糸，盧聲。」丁佛言《補補》13·2釋「縵」，殊誤。【古文字研究第十五輯】

紨　紨

◉許　慎　紨布也。一曰粗紬。从糸。付聲。防無切。【說文解字卷十三】

◉馬叙倫　鈕樹玉曰。繫傳紬作絨。譌。韻會引作麤紬。倫按紨音奉紐。古讀歸並。紬音澄紐。竝澄同為濁破裂音。紨从付得聲。付从寸得聲。寸由聲同幽類。蓋轉注字。一曰粗紬者。紨即今言府綢。是。實非異義。抑布也非本義。或本訓粗紬也。傳寫捝失。校者據別本注之也。字蓋出字林。【說文解字六書疏證卷二十五】

䌥　䌥

◉許　慎　䌥蜀細布也。从糸。彗聲。祥歲切。【說文解字卷十三】

◉馬叙倫　鈕樹玉曰。一切經音義八引作蜀白細布也。翟云升曰。御覽引作蜀布也。倫按高山寺玉篇引同此。又引聲類亦繐字也。蜀細布也蓋字林文。或字出字林也。【說文解字六書疏證卷二十五】

絺　絺

絺宗私印

絺臨私印

高絺　【漢印文字徵】

品式石經　咎繇謨　絺繡　【石刻篆文編】

◉許　慎　絺細葛也。从糸。希聲。丑脂切。【說文解字卷十三】

◉馬叙倫　細葛也蓋字林文。綌下同。急就篇綌字玉海引作絺。疑由綌譌為紘。又譌為絺也。【說文解字六書疏證卷二十五】

◉楊樹達　今本說文無希字，而從希得聲之字凡十一文，見於各篇，其為遺脱甚明。段注謂是黹字重文佚去，余謂當是絺字之初文也。十三篇上糸部云：「絺，細葛也。从糸，希聲。」丑脂切。義為細葛，故字从巾，此猶綌訓粗葛，或从巾作㠷也。从爻，象葛縷交織稀疏之形。書皋陶謨絺繡，絺鄭本作希；周禮春官司服希冕，釋文希本作絺：皆希絺一字之證也。綌字从糸，或作㠷从巾，糸與巾義近也。希字已从巾，復加从糸，於文為複贅，此可知絺為希之加旁字，而希為絺之初文益得其證矣。今細葛之義為絺所據，初形之希只有後起希少之義矣。【希絺　積微居小學述林】

綌

綌義雲章 綌碧落文 綌出義雲章 【汗簡】

並義雲章 【古文四聲韻】

◉許　慎　綌粗葛也。从糸。谷聲。綺戟切。㠽綌或从巾。【説文解字卷十三】

◉馬叙倫　急就篇。絡紵枲緼裹約纏。顔師古本絡作綌。是也。

㠽　鈕樹玉曰。玉篇廣韻並無。倫按高山寺玉篇不引此而有綌字。字書亦綌字也。疑綌為㠽譌。字書蓋謂字林。【説文解字六書疏證卷二十五】

緅

◉許　慎　緅絺之細也。詩曰。蒙彼緅絺。一曰蹴也。从糸。芻聲。側救切。【説文解字卷十三】

◉馬叙倫　段玉裁曰。細下當依御覽引補者字。承培元曰。也當作者。蹴當作蹙。見偕老詩箋。沈乾一曰。唐寫本玉篇引作絺之細也。一曰纖也。倫按高山寺玉篇引亦作纖也。倫疑蹴之譌也。蹴也猶蹴也。上文緀。衣戚也。謂衣縮緅也。緅聲矦類。緀從㝡得聲。㝡從而得聲。需亦從而得聲。而聲當在矦類。是緀緅語原同也。緅者。今杭縣有包頭紗。是絺綌之類也。此字蓋出字林。王筠據鍇本作緅聲。【説文解字六書疏證卷二十五】

絟

◉許　慎　絟細布也。从糸。全聲。此緣切。【説文解字卷十三】

◉馬叙倫　桂馥曰。一切經音義十四引作細葛布也。漢書景十三王傳注引同此。倫按疑本作葛也細布也。此字或出字林。【説文解字六書疏證卷二十五】

紵

3·923　獨字　顧廷龍云説文𦄵屬細者為絟粗者為紵或从緒省作𦃇按紵與𦃇似　【古陶文字徵】

紵　【汗簡】

説文　【古文四聲韻】

緦

◉許　慎　紵絲屬。細者為絟。粗者為紵。从糸。宁聲。直吕切。𦃇紵或从緒省。【説文解字卷十三】

◉馬叙倫　嚴可均曰。絲當作緜。粗者為紵。一切經音義十四引作白而細曰紵。鈕樹玉曰。李注文選南都賦引及玉篇注作麻屬。一切經音義所引。蓋誤以鄭注周禮為許書。沈濤曰。如玄應引絟為細布。紵則尤白而細者。古樂府有白紵歌。紵不得為粗布也。今本乃淺人妄改。承培元曰。鍇本宁聲上有從字。衍。翟云升曰。一切經音義十一引緜屬也亦艸名也。作布細而白者也。倫按高山寺玉篇引作緜屬細者也。無為絟以下六字。倫謂細者為絟粗者為紵。則紵是布名。而非今所謂苧麻也。故字次絟緦之閒。緜屬以下十字蓋皆字林文。本訓捝矣。字見急就篇。

𦃇　鈕樹玉曰。玉篇作古文。倫按高山寺玉篇引同此。又引字書籀文紵字也。倫謂紵或從緒省。則當作𦃇。不當作𦃇。疑傳寫之譌。觀高山寺玉篇引。蓋所據題為説文者已譌如今本。而題為字林者。則篆譌而説解猶作籀文紵也。【説文解字六書疏證卷二十五】

⿱囟糸 王存乂切韻　⿱囟糸 古文【古文四聲韻】

◉許　慎　緦十五升布也。一曰兩麻一絲布也。从糸。思聲。息兹切。⿱囟糸古文緦。从糸省。【説文解字卷十三】

◉馬叙倫　段玉裁曰。當依喪服傳作十五升抽其半布也。一曰兩麻一絲布也者。此説非也。鄭注喪服也。或曰。有絲。朝服用布。何衰用絲乎。倫按高山寺玉篇引兩麻絲布也。而不引十五升。十五升以下十三字蓋皆字林文。或先後校語。本訓捝矣。古匋作⿰囟糸。

⿱囟糸　鈕樹玉曰。玉篇廣韻並無。當云從思省。嚴可均曰。從糸省蓋校者誤加也。宋保曰。從幺囟聲也。倫按似即細之異文。古文經傳以為緦耳。【説文解字六書疏證卷二十五】

緆

◉許　慎　緆細布也。从糸。易聲。先擊切。⿸麻易緆或从麻。【説文解字卷十三】

◉馬叙倫　緆為緦之音同心紐轉注字。細布也蓋字林文。

⿸麻易　糸部有從糸而為布之字者。明糸本非蠶所吐之物之名也。故緆亦或從麻矣。【説文解字六書疏證卷二十五】

緰 緰

緰 語一〇 通偷 —隨疾事【睡虎地秦簡文字編】

◉許 慎 緰緰貲。布也。从糸。俞聲。度侯切。【説文解字卷十三】

◉馬叙倫 鈕樹玉曰。舊鈔繫傳同。近刻本改貲為紫。周雲青曰。唐寫本玉篇引作緰帓布也。倫按説解本作布也。吕忱或校者注緰貲布也。或本以聲訓。今挩。急就篇。服瑣緰帓與繒連。顔師古注。緰帓。緆布之尤精者也。緰音定紐。然從俞得聲。俞音喻紐四等。緆音心紐。心與喻四同為次清摩擦音也。是轉注字也。然急就皇象本作俞。則傳寫者以字林作緰而加心旁。此字出字林矣。【説文解字六書疏證卷二十五】

縗 縗

◉許 慎 縗服衣。長六寸。博四寸。直心。从糸。衰聲。倉回切。【説文解字卷十三】

◉馬叙倫 段玉裁曰。服上當有喪字。鈕樹玉曰。服字連篆讀。衣字屬下。王筠曰。服衣者。殘闕文也。倫按高山寺玉篇不引本書。而引喪服傳縗長六寸博四寸。此蓋本訓殘挩。僅存校語。以縗瘉為轉注字。而此亦次緰下。則縗蓋為緰緆之轉注字。縗音清紐。緆音心紐。同為舌尖前音。縗緰則猶縗瘉矣。喪服為縗。非本義。【説文解字六書疏證卷二十五】

絰 絰

◉許 慎 絰喪首戴也。从糸。至聲。臣鉉等曰。當从姪省。乃得聲。徒結切。【説文解字卷十三】

◉馬叙倫 翟云升曰。韻會引作姪省聲。然姪亦至聲。不必姪省。倫按喪下疑挩服字。然喪服首戴亦疑非本義。【説文解字六書疏證卷二十五】

緶 緶

◉許 慎 緶交枲也。一曰。緁衣也。从糸。便聲。房連切。【説文解字卷十三】

◉馬叙倫 沈乾一曰。唐寫本玉篇緁作縫。倫按交集也蓋字林文。緶為辮之音同奉紐聲同元類轉注字。一曰緁衣者。緝字義。此校語。玉篇引倉頡。齋衣也。齋蓋齊之譌。齊衣即緁衣。【説文解字六書疏證卷二十五】

⿸户糸 ⿸户糸

◉許 慎 ⿸户糸履也。一曰青絲頭履也。讀若阡陌之陌。从糸。户聲。亡百切。【説文解字卷十三】

◉馬叙倫 鈕樹玉曰。玉篇。乎瓦切。扉屜也。郭注方言。下瓦反。一音畫。博雅作⿸户糸。曹音乎馬反。廣韻亦作⿸户糸。收上聲

三十五馬。嚴可均曰。說文無阡陌。疑當作汗洦之洦。承培元曰。履上當有麻字。方言。絲作者謂之履。麻作者或謂之不借。或謂之屨。或謂之㡒。王筠曰。說文無阡陌。且讀若句當在某聲之下。此乃在從糸之上。蓋後人所增。劉秀生曰。㡒蓋與尸部屝屟二字同例。户者尸之譌。當作從尸糸聲。糸讀若覓。覓從𠂢得聲。𠂢讀若稗。稗從卑得聲。卑在邦紐。陌從百得聲。亦在邦紐。故㡒從糸聲得讀若陌。倫按門户一字。門音明紐。㡒讀若陌。音亡百切。在微紐。古讀微歸明也。且方言。履。西南梁益之閒謂之㡒。是㡒為履之轉注字。履音來紐。古讀歸泥。明泥同為邊音。是讀若即或為後人所增。而其音必有所受。郭注方言玉篇。曹憲音廣雅。皆望文立音耳。下文紨。枲履也。亦從糸。而紨實㡒之轉注字。紨音封紐。封明同為雙脣音也。然則㡒自從糸户聲。或門省聲。從糸者。蓋麻繩所為也。一曰青絲頭履也者。沈乾一謂唐寫本玉篇引作素絲繩履也。此校語。【說文解字六書疏證卷二十五】

紨

□ 3·161　蒦圆南里人紨　說文封古文作𡉚康矦鼎作□與此所从相同　【古陶文字徵】

□ 紨　秦七五　【睡虎地秦簡文字編】

◉許　慎　□枲履也。从糸。封聲。博蠓切。【說文解字卷十三】

◉顧廷龍　□紨。說文枲履也。周蒦圆南里人紨。【古匋文孴録十三卷】

◉馬叙倫　枲履也非本訓。玉篇引倉頡。小兒履也。字亦見急就篇。【說文解字六書疏證卷二十五】

◉于省吾　第五期甲骨文的「才□師貞」(摭續一七五),以綘為地名。綘字也作□(南北坊四·五一九),原辭已殘。綘字舊不識,甲骨文編入于附録,續甲骨文編附録于糸部。綘字右从疊丰,古文字偏旁往往單複無別,不煩舉例。綘即紨字的初文。晚周陶文「蒦陽南里人紨」之紨作□或□。紨字右从□,即由丰字所演化。金文邦字左从丰,也从□,是其證。説文:「紨,枲履也,从糸封聲。」段注:「今俗語履之判合為幫。」封即丰的孳乳字,甲骨文以「丰方」為封方。周初器康侯丰鼎之丰作□,書康誥作封。總之,甲骨文綘即紨的初文,説文作紨,源流十分明顯。【釋綘　甲骨文字釋林】

◉陳世輝　「絆以婚姻」:絆字,郭沫若先生說是从糸丰聲。按此字在《絳帖》中作□,从糸半聲;而在《中國歷史參考圖譜》的《詛楚文》影本中作□,从糸丰聲。元代學者吾衍的《周秦刻石釋音》中,在注釋這個字時,是在「絆」下標一個「縫」字。可見在他看到的拓本中,是有作从糸丰聲的,所以他讀為「縫」字。據《中國歷史參考圖譜》本,這個字確是从糸丰聲。絆當是紨的異體

字。金文康侯丰，《尚書》作康侯封。丰字後世作封，絆字也當為後世紨字。古匋文有絆字，作，从糸丰聲，丁佛言已釋為紨。《説文》：「紨，枲履也。从糸封聲。」段氏玉裁注：「今俗語履之判合為幫，讀如邦。」是紨、幫一字。戴侗《六書故》：「幫，裨帖也。」現在説相助為相幫或幫助，即是此義。然則「絆以婚姻」，即助以婚姻。紨訓助，它的語義和傍字是同一個來源。《正韻》：「幫或作縍，治履邊也。」《集韻》：「傍，左右也。」《説文》：「傍，近也。」「左右」、「近」，引申就有幫助之義。【《詛楚文》補釋 古文字研究第十二輯】

緉

◉許　慎　履兩枚也。一曰絞也。从糸。从兩。兩亦聲。力讓切。【説文解字卷十三】

◉馬叙倫　王筠曰。此説解蓋經改易矣。履之兩猶車之兩。詩。百兩將之。葛屨五兩。若作緉輛。反不足以見意。車部輩下曰。車百兩。初不作輛。何以獨收緉乎。釋文百兩無音。五兩下云。王肅如字。沈音亮。不言説文作緉。竝不言字書作緉也。玉篇。緉。絞也。履緉頭也。云兩頭不云兩枚。且與説文一曰絞也在下不同。恐本是一義。而顧氏所據者説文真本也。方言。緉。縔。絞也。關之東西或謂之縔。絞通語也。案子雲別其異語而語之所指為何字尚不明了。故許申之曰履緉頭也。謂作履者絞其履之兩頭也。吾鄉謂合履之幫為一。正謂之絞。許瀚云。郭注方言謂履中絞也。玉篇。縔。履中絞。廣韻。縔。履中絞繩。皆足證緉之非雙履。然所謂絞曰履中。則非合履幫也。與履兩頭之意亦別。倫按履兩枚必非本訓。一曰絞者。校者據方言加之。方言固多假借。或履中絞非緉之本義。緉從兩得聲。兩丙一字。紨丙音同封紐。豈緉紨為轉注字乎。惜所謂履中絞者。今不明其制也。字從糸兩聲。此字或出字林。【説文解字六書疏證卷二十五】

絜

絜 語一〇 通潔 廉— 語九　秦一四 三例【睡虎地秦簡文字編】

禪國山碑　清絜光脮【石刻篆文編】

義雲章【古文四聲韻】

◉許　慎　麻一耑也。从糸。㓞聲。古屑切。【説文解字卷十三】

◉馬叙倫　桂馥曰。麻一耑也字林同。倫按麻一耑為絜。義無可證。下文。繆。枲之十絜也。然則是麻十耑矣。麻十耑為繆。

義亦無證。人部。係。絜也。莊子人間世。絜之百圍。通俗文。束縛謂之㩍。廣雅釋詁。㩍。束也。倫謂㩍即絜之後起字。絜當訓約也。今其義譌在契下。約麻而成一束謂之麻一耑。猶今俗約稻葉一束謂之一箇。麻一耑者蓋字林文。本訓挩矣。字見急就篇。【說文解字六書疏證卷二十五】

繆

3·267 杏蒦圆里匋者繆　3·113 繇衢東匋里繆【古陶文字徵】

繆 效五六 通謬 計校相一殹　封八二 二例【睡虎地秦簡文字編】

繆少孺　繆夫人　繆謬　繆承意印　繆長君印【漢印文字徵】

詛楚文【石刻篆文編】

◉許　慎　繆枲之十絜也。一曰綢繆。从糸。翏聲。武彪切。【說文解字卷十三】

◉顧廷龍　繆。周去蒦圆里匋。尚繆。周紹遷匋。里繆。【古匋文孴録十三卷】

◉馬叙倫　鈕樹玉曰。廣韻引無之字。繫傳十作一。譌。倫按枲之十絜也不似本訓。義亦無徵。蓋字林文。廣雅釋詁。繆。纏也。繆蓋繚繞之轉注字。同為邊音。又聲同宵類也。一曰綢繆者。以詩綢繆束薪證之。則非別義。此校者記異本也。【說文解字六書疏證卷二十五】

綢

6·20 此叐綢[片酉]【古陶文字徵】

5478　0773　3786【古璽文編】

◉許　慎　綢繆也。从糸。周聲。直由切。【說文解字卷十三】

◉馬叙倫　鈕樹玉曰。韻會引及玉篇注繆上有綢字。倫按爾雅釋天。素錦綢杠。廣雅釋詁四。綢。纏也。則綢繆為聲同幽類轉注字。故亦得連緜用之。亦纏之音同澄紐轉注字。古鉨作。【說文解字六書疏證卷二十五】

縕

◉許　慎　縕紼也。从糸。𥁕聲。於云切。【説文解字卷十三】

◉馬叙倫　鈕樹玉曰。一切經音義十二引。緼。紼。亂麻也。蓋即紼注。倫按詳紼字下。玉篇引倉頡。緼。枲也。字亦見急就篇。【説文解字六書疏證卷二十五】

紼

◉許　慎　紼亂系也。从糸。弗聲。分勿切。【説文解字卷十三】

◉馬叙倫　鈕樹玉曰。一切經音義十二引作亂麻也。桂馥曰。集韻引作亂絲也。沈濤曰。韻會引一曰亂麻也。王筠曰。小徐韻譜作亂絲也。然當作亂麻也。衣部説曰。以絮曰𧝝。以緼曰袍。既別緼于絮。則當為麻矣。列子曰。田夫衣緼黂。尤可證。承培元曰。系疑索之譌。徐灝曰。承説是。紼又作綍。大索之名。故引車引棺之索皆曰紼。周雲青曰。唐寫本玉篇引作亂麻也。倫按本作索也亂麻也。索譌為系。校者因改為絲。由不知系絲本一字也。亂麻也者。蓋字林文。此緼字義。倉頡篇。緼。枲也。玉篇緼下有枲也亂也二訓。又有舊絮也。舊絮與亂枲義近。漢書東方朔傳。衣緼無文。顔師古注。緼。亂絮也。可證。傳寫以紼下隸書複舉字誤入緼下。而緼下字林文之亂麻也則轉誤入紼下。韻會引有一曰亂麻也者。校者記異本。玄應一切經音義十二引緼紼亂麻也者。紼下隸書複舉字雖誤入緼下。而緼下之亂麻也猶存也。或曰。緼字説解不誤。紼下則本作索也亂麻也。亂麻是本義。然字林文。索也者。蓋借為索。索音心紐。紼音非紐。同為次清摩擦音也。緼聲真類。紼聲脂類。脂真對轉轉注字也。字或出字林。【説文解字六書疏證卷二十五】

絣

◉許　慎　絣氐人殊縷布也。从糸。并聲。北萌切。【説文解字卷十三】

◉馬叙倫　玄應一切經音義十四引字林。絣。無文綺也。宋祁漢書楊雄傳校本引字林。絣。布莖反。縷布也。玉篇引本書。氐人疏縷布也。字書。無文綺也。則字書即字林。然氐人疏縷布亦字林文。而玉篇引本書者。字林而題為説文者也。然此本無無文綺也。故又別引字林。其實此字出字林耳。【説文解字六書疏證卷二十五】

紕

◉許　慎　紕氐人𦆀也。讀若禹貢玭珠。从糸。比聲。卑履切。【説文解字卷十三】

◉馬叙倫　王筠曰。讀若句當在比聲下。周雲青曰。唐寫本玉篇引作燕人罽也。倫按絣紕音同封紐。疑同一物。乃轉注字也。又或皆布字之轉注。中土依蠻夷方音譯其名然耳。此字蓋出字林。【説文解字六書疏證卷二十五】

繝

◉許　慎　繝西胡毳布也。从糸。罽聲。居例切。【説文解字卷十三】

◉馬叙倫　桂馥曰。字林。繝之方文者曰紕。倫按今西藏之氆氇以毛織成之。即繝也。然疑此字出字林。【説文解字六書疏證卷二十五】

縊

縊【汗簡】

王存乂切韻【古文四聲韻】

◉許　慎　縊經也。从糸。益聲。春秋傳曰。夷姜縊。於賜切。【説文解字卷十三】

◉馬叙倫　段玉裁曰。交部。絞。縊也。則此當作絞也。鈕樹玉曰。玉篇。自經也。當本説文。廣韻亦云。自經死也。則此當有自字。倫按荀子强國。救經而引其足也。則古自即以經為縊。經絞音同見紐。蓋借為絞。縊音影紐。見影同為清破裂音。則縊蓋絞之轉注字。字或出字林也。【説文解字六書疏證卷二十五】

◉楊樹達　説文十三篇上糸部云：「縊，經也。从糸，益聲。」引春秋傳曰：「夷姜縊。」按二篇上口部云：「嗌，咽也。从口，益聲。[illegible]，籀文嗌，上象口，下象頸脈理也。」按縊字所从之益，即假為嗌，縊所以从糸益者，謂以糸繫其咽也。十二篇上手部云：「搤，捉也。从手，益聲。」此益亦假為嗌，以手捉嗌，史記婁敬所謂搤其亢也。【字義同緣於語源同例證　增訂積微居小學金石論叢】

綏

前五・一九・一　卜辭用妥為綏　重見妥下【甲骨文編】

妥之重文【續甲骨文編】

綏　不从糸　蔡姞簋　妥字重見【金文編】

277【包山楚簡文字編】

1414【古璽文編】

綏仁國尉　綏平集卿　綏民長印【漢印文字徵】

綏　綏【汗簡】

竝古尚書又石經　古文【古文四聲韻】

◉許　慎　綏車中把也。从糸。从妥。徐鍇曰。禮。升車必正立執綏。所以安也。當从爪从安省。説文無妥字。息遺切。【説文解字卷十三】

◉羅振玉　古綏字作妥，古金文與卜辭並同。説文解字有綏無妥，而今隸反有之。雖古今殊釋，然可見古文之存於今隸者，為不少也。【殷虚書契考釋中】

◉予　向　古印文四字。

其中輔化邦三字。前人均有訓釋。茲不具詳。綏之一字。文廼作彛。从卑从服。説文與古今字書。皆所不載。惟古印文有之。説文。綏。車中把也。玉篇把作靶。徐鍇曰。禮升車必正立執綏。所以安也。金文晉公盦。鄭邢叔用綏賓鐘。戎都鼎。蔡姞敢。綏作妥。均不从糸。殷契文同。説文無妥字。段懋堂補女部。謂本有此字。而許君遺之。妥見禮經詩小雅。本有此字。爾雅釋詁。妥。安止也。又曰。妥。安坐也。儀禮士相見。妥而後傳言。檀弓。退然如不勝衣。退或為妥。則二字雙聲。他果切。十七部綏以為聲。由漢以來。咸知妥為綏之原字。而不知妥字之先尚有古文。今於周秦印中得以識真面目。蓋古今字異。幾經變易。連類而觀。猶可想見文字蜕化之迹。讀古書者。未可以忽矣。

古印文亦曰鈢文。彛係左敀。見含薰印雋。彛字从卑从䍐。鈢文妥字。近於古文服字。而媘首上所戴。誼至明瞭。又馬叙彛。又頴生彛。易攴為糸。文似略異。丁氏佛言説文古籀補補。析彛為思敀二字。又析彛為思紋二字。均有未安。妓字見仲師父作季妓始寶尊鼎。説文所無。或釋為古文奴字。从攴與从又同意。紋古今字書無。是全無左證。而肞斷之。別

𢇍一紋字。附註丁氏補補思字之下。强為離析。固可異已。又鉢文䛐綷王綷䏜縌禮縌䍙縌公孫縌㝬紅。俱从糸。又嵩䛐詳肖䛐詳飧詳。俱从言。从女又變為从羊。殆拓本如此。或釋為古文諄字。亦有所未安。又𡆧𡈼从區从古服字。古今字書亦無此。皆六國文字。著於古印者。要為當時官名人名。均所習見。後廢不用。經籍失據。唯有魏三體石經書無逸。文王卑服。古文卑作𤰔。服作𠬝。千金一字。碩果猶存。滿志躊躇。可認為綏之初字。成其碻證。卑从甲从攴。攴亦作又。服从苟婿。𠬝與𠬝同。為古敬字。似女子拱手形。鉢文□▽○均从田婿。合體成字。漸變而與今之妥字相近。又似女子戴器作拱手形。亦與魏石經古文服字同。其決非思字與姣字紋字。不宜析為二。可知也。【釋綏　中和月刊三卷四期】

◉吴其昌　……𡚱字，从㔾从女乃「妥」字也，按卜辭及金文俘虜之「孚」作𡥈，从㔾从子，象手爪捕一男子之狀，則此𡚱字乃象手爪捕一女子之狀，當亦為俘虜之屬矣。孚之屬有男子，亦有女子，故師寰𣪕云「孚士女羊牛」矣。後世「俘」字通男女而言之，而在卜辭則「男曰孚，女曰妥」矣，此則「妥」字最初之朔義；稍後則假「妥」為「綏」矣。羅振玉曰：「古綏字作妥，古金文與卜辭並同。……」按羅説是也。而未嘗舉證。今按：𠬝古䴢所藏鄭井叔鐘(窓一・一七)「用綏賓」作「用妥賓」。又海甯鄒氏藏鄭井叔鍾(周金一・七一)于右鼓有「妥賓」二字。「妥賓」即「綏賓」，亦即後世十二律之「蕤賓」也。此皆古「妥」「綏」一字之明證，本為女性之俘虜，俘虜必以索，而引申為升車之索矣(詩韓奕正義「綏是升車之索。」左傳哀公二年正義「綏者，挽以上車之索」)。儀禮士昏禮：「壻授綏，姆辭。」此新婦車上所執之索也。又説文亦云：「綏，車中把也。」可證。車上執綏，則身可以自安，故綏字之義，又得引申為安。如詩樛木：「福履綏之。」鴛鴦：「福禄綏之。」南有嘉魚：「嘉賓式燕綏之。」民勞：「以綏四方。」桓：「綏萬邦。」……等。傳箋並皆訓綏為安，可證。自「綏，安也」之訓立，而綏之本義長埋矣。然此片契文所詔示于我儕者甚明。此節誼確未達(指前一・三・四片：「貞小母矢妥」等辭)，而記鍥笴矢狀之𠂤。復記俘虜狀之𡚱，則其與上節記𠂤方之出而為寇之事，故當有相通之關鍵耳。【殷虚書契解詁】

◉馬叙倫　徐鍇曰。禮。升車必正立執綏。所以安也。當從爪從安省。説文無妥字。鈕樹玉曰。玉篇廣韻韻會引。把竝作靶。博雅。靶謂之綏。此字疑非説文所有。或漢時已有。許從俗采入。妥蓋委之譌體。如餧俗作餒。挼説文作捼。詩韓奕。淑旂綏章。鄭箋。綏所以登車。釋文云。綏本亦作緌。道藏本淮南繆稱訓。登車授緌。亦作緌。而鄭玄注𧜟記以其綏復云。綏當為緌。是當時有作綏矣。釋詁。妥。安坐也。據鄭注士冠禮委貌云。委猶安也。是委有安義。故許不收妥字。嚴可均曰。當作妥聲。妥即娞字。莊有可曰妥疑古媣字。本讀若綏。説文脱耳。段玉裁曰。妥字見禮經小雅。許偶遺之。王筠曰。

自維以下十一正文三重文。皆車馬之飾。綏字不與類列。明是後人所補。徐鼒曰。妥即綏之或體。爾雅釋詁妥綏同訓安。儀禮士相見禮。妥而後傳言。注。古文妥為綏。漢書燕王旦傳注。妥古綏字。是其證。妥當從女諧聲。檀弓。退然如不勝衣。鄭注。退或為妥。爾雅釋詁釋文引字林。妥他罪反。是妥與退音近也。今人執唐韻讀綏如墮。非古音也。羅振玉曰。古綏字作妥。古金文與卜辭並同。說文有綏無妥。而今隸反有之。雖古今殊釋。可見古文之存於今隸者為不少也。倫按徐鼒謂妥從女諧聲是也。妥從爪女聲。即挼之初文。女為奴之初文。安委竝從女得聲。故得借妥或綏為安也。而綏緌亦得通用。手部挼下一曰兩手相切摩也。即妥字義。此字蓋出字林。白綏父敨作。【說文解字六書疏證卷二十五】

◉于省吾　二月「綏多士女」，《傳》：「綏，安也。冠子取婦之時也。」《通典》卷五九「嫁娶時月議」：「冠以二十為限，而無春秋之期；筓以嫁而設，不以日月為斷，何獨嫁娶當繫於時月乎？王肅云，婚姻始於季秋，止於仲春，不言春不可以嫁也。」金履祥《夏小正注》：「周禮會合男女，即此也。男有室，女有家，所以安之也。」孔廣森《大戴禮記補注》：「士禮，霜降而婦功成，嫁娶之事始焉，故自十月初昏，至二月其盛也，過是則晚矣，《周禮》亦以仲春會男女。《士冠禮》云，夏葛屨，冬皮屨，則周冠無常月。」莊述祖《夏小正經傳考釋》：「……至媒氏仲春之令，專指男女之無夫家者而言，蓋嫁娶失時無主之者，則媒氏於是司而會之，司猶主也，豈謂萬民之判必會以仲春邪？傳言嫁子取婦之時者，固非謂嫁取必以二月也。以三月蠶事起，故嫁取之期盡於是月。言時以急之，父母之心也。」按古禮，無論冠子或娶婦，均不以二月為限，則《傳》說是無法講得通的。今先將「綏多士女」的「綏」字和「士女」二字加以說明，然後再解釋全句的意義。

宋傅崧卿引關澮本「綏」作「縘」，此外，《詩·摽有梅》疏、《禮記·雜記》疏、《儀禮·士冠禮》疏、《周禮·媒氏》疏、《通典》卷五十九、王肅《聖證論》並引作「綏」。按作「綏」或「縘」含義相同，作「縘」並非誤字。以古文字證之，卜辭、金文均有「妥」無「綏」，「綏」為後起字。妥，象以爪擒女之形，猶之乎古文字「俘」本作「孚」，象以爪擒子之形，引申之則為「俘掠」之「俘」。「妥」之本義為俘女，乃古義之已湮者。再以典籍中「綏」通「緌」證之，《儀禮·士昏禮》「授綏」鄭注：「綏，所以引升車者。」左哀二年傳：「子良授太子綏。」孔疏：「綏者挽以上車之索。」又《說文》：「緌，系冠纓也。」「綏」訓為「索」，「緌」訓為「纓」，均屬繩類，作動詞用，則訓為「系結」之「系」或「縛係」之「係」，字亦通作「繫」。卜辭「係」作，象以繩索係人之頸。

關澮本「綏」作「縘」者，《集韻》平聲十二齊「繫」同「縘」。又去聲十二霽「⿰扌奚」之重文作「⿰扌系」，「⿰衤奚」之重文作「⿰衤系」，是從奚從系互作之證。縘、係疊韻，故相通假。「縘」亦通作「傒」，《淮南子·本經》「傒人之子女」，高注：「傒，繫囚之繫。」由此可見「綏」或作「縘」，字異而義同。

「士女」乃古代青年或壯年男女的通稱，無階級貴賤之别。《詩·氓》「女也不爽，士貳其行」，《國語·齊語》「罷士無伍，罷女無家」，這裏所說的士與女指未婚者言之；《詩·女曰雞鳴》「女曰雞鳴，士曰昧旦」，這裏所說的士與女指夫婦言之；《師寰簋》「徒馭毆(驅)俘，士女羊牛」，以士女與羊牛並列，則士女指被俘的壯年男女言之，無已婚未婚之别；《詩·甫田》的「以穀我士女」，《既醉》的「釐爾女士」(女士即士女，倒文以諧韻)，士女均指奴隸言之(詳拙著《詩既醉篇舊説的批判和新的解釋》)。王引之《經義述聞》《詩·載芟》「有依其士」條説：「書傳無稱子女為士者。」此説甚是。然則《傳》訓「綏多士女」為「冠子取婦之時」，顯然站不住腳。

綜上所述，則「綏」字古文作「妥」者，取義于俘女。「綏」字也作「緌」或「傒」者，均為縛係之義，訓同而字異。至于「士女」的訓解，或為未婚的男女，或為夫婦，或為被俘掠的壯年男女，或為壯年的男女奴隸。此文之「綏多士女」，則專就壯年男女之為奴隸者言之。「綏」字訓為縛係，與《孟子·梁惠王》「係累其子弟」的「係累」以及《淮南子·本經》「傒人之子女」的「傒」字義訓相同。

在古代社會，奴隸往往是帶着手銬腳鐐，在奴隸主的皮鞭監視之下，被强迫地從事勞動，其原因就在于為了防止奴隸的逃亡和反抗。馬克思曾經指出：「羅馬的奴隸是由鎖鍊，……被繫在他的所有者手裏。」(《資本論》卷一，人民出版社1957年版，第717頁)《墨子·尚賢中》：「傅説被褐帶索，庸築乎傅巖。」《吕氏春秋·求人》：「傅説殷之胥靡。」按靡與縻古字通，《廣雅·釋詁》訓靡為係，《小爾雅·廣言》訓縻為縛。《荀子·儒效》「胥靡之人」，楊注：「胥靡，刑徒人也。胥，相；靡，繫也，謂鎖相聯相繫。」《漢書·楚元王傳》「胥靡之，衣之赭衣，使杵臼雅舂於市」，顔師古注：「聯繫使相隨而服役之，故謂之胥靡，猶今之役囚徒以鎖聯綴耳。」直至解放前，尚屬于奴隸制社會的我國西南大小涼山的彝族，對于奴隸也均施以縲絏。

通過以上的論證，我們可以知道，奴隸們在其被迫從事勞役的時候，通常都是身上帶着鎖鍊或被繩索縛係着的。由此以推，則《小正》之「綏多士女」，亦正同此意。《小正》二月先言「往耰黍」，又言「初俊羔」，均係敍記農田畜牧之事，下接以「綏多士女」，是説用被索係的許多壯年男女奴隸，以從事于農業和牧業的勞動，這是容易理解的。

武王東征之「綏厥士女」，與前文引用的《師寰簋》敍征伐淮夷所説的「徒馭毆俘，士女羊牛」為同樣的事例，只是戰事的規模有大小，俘虜有多少罷了。如果不然，則左定四年傳所説的分魯公、康叔、唐叔以殷民的族和宗，又于分魯公下言「將其類醜」，這些種族奴隸，能够説不是來源于武王或者周公東征所縛係的戰俘嗎？

總起來説，舊訓綏為安，則「安厥士女」與「安多士女」，與本文所解釋的縛係戰俘或奴隸之義恰恰相反。我們分析史料和考

證史料的目的，是為歷史認識提供根據。因之，本文對于「綏厥士女」和「綏多士女」的解釋，可以說為研究周代社會性質者提供了具體的例證。【《夏小正》五事質疑　文史一九六五年第四輯】

◉聶新民　秦陵二號銅車馬車輿內（即車後室）出土了幾件文物，對其名稱及作用《秦始皇陵二號銅車馬清理簡報》（載《文物》1983年7期，以下簡稱《簡報》）和《秦陵二號銅車馬》一書均未作出明確的解釋。

銅車輿內還出土一件鞭狀物，《簡報》和《秦陵二號銅車馬》均未予介紹。原件現在秦俑博物館的銅車馬展廳陳列。標以「長方形框」。

從外表看，此物全係細軟的革條編結而成，全長約30多釐米，真實長度應為60多釐米（原因同上）。大體分為三段：上段係先編成辮狀細絛，再以絛編結成粗約2釐米的麥穗狀；中段與上段順接，不編絛而直接編結成斷面呈正方形的鞭狀。這一段作成以活鉸鏈接的形式，使該物有皮鞭的柔韌效果，下段由中段順沿漸細，斷面略呈圓形。整體上端有一個環，內穿一條長5釐米許的鏈條，其作法是用銅絲環環相扣紐結的，與上文介紹的鴟夷頂孔的鏈環相同。再接連一個棗大的圓球；再以2釐米的鏈條接一個半球形物。在鞭體的中、下段處亦有一小環，內穿長約與整體相等的鏈條，另一端接在上端的環內。

此物不具有框架的形式，標名「長方形框」顯屬莫名其妙的應付。我們認為它就是文獻上所說的綏。《說文》云：「綏，車中把也。」徐鍇注云：「禮，升車以正立執綏，所以安也。」它的用法到底是車主人上車時由僕從垂下，車主人持握後引而上車呢，還是車主人上車後持握而保持身體的平衡呢？就秦陵二號銅車的情況而論，似乎是前者。《禮記·典禮》云：「僕人之禮，必授人綏。」講到扶持主人上車的僕人，把綏伸給車主人。《說文》「綏，車中把也」確切的意思是「綏是車裏供人持握之物」。把，是動詞，與持握同意。當名詞來用必須理解成「持握的東西」義才通順。綏字从糸，正與文物所見的編結之狀相符，而不會是一個圓柱桩。在車主人的後室，我們根本找不到「把」這個物件。有一段史事很可以幫助我們明白綏的用法。秦相張儀以商于之地六百里欺騙楚懷王後，驅車回到咸陽。他要了一個花招，假裝「失綏墮車，三月不朝」（《史記·張儀列傳》）。我們不能想象張儀好端端地坐在車上而會「失綏墮車」，而很有可能是在下車時假裝沒有握緊綏而滑脱，身子一閃，翻落車下。看來綏的作用是由僕人抓緊一端，另一端遞給主人，方便其上下車的。它的頂端與尾部之間之所以要用細鏈相接，是為了在車主人登車後，僕人輕輕扯動細鏈收回綏的。否則，大模大樣地一甩，綏可能傷及主人。【秦陵銅車輿內出土文物釋名　考古與文物一九八九年第三期】

◉劉彬徽等　綏，系於銅鉦上端圓孔中的組系，便於懸掛。【包山楚簡】

彝

前五・一・三　象兩手捧鷄之形　非从糸米　前二・六・六　後一・一〇・一六　後二・七・四　河七九九
甲三五八八　甲三九三二　鄴三下・四五・五　掇二・一五八　西方曰𣶒鳳曰彝　簠帝四七　乙四五四八
西方曰彝風　佚七一四　京都一八四一　【甲骨文編】

甲143　3588　3932　乙4548　佚714　續1・12・6　徵3・47　録799　新520　【續甲骨文編】

彝　禮器之總名　堇𩰫鼎　小夫作父丁卣　作且乙尊　作父乙卣　作父戊簋　魚作父庚尊　楊作父辛簋　宰豕簋　旂鼎　向卣　向簋　伯魚鼎　卣　龠伯卣　輦卣　卣　簋　伯矩簋　員父尊　曆鼎　曆盤　我鼎　鼎甗　家尊　猷卣　門射甗　伯䛐爵　眀鼎　䍙簋　能匋尊　窰卣　𠭯壺　戚尊　𡐨卣　索諆爵　𦕂大爵　作父丁尊　小臣父乙簋　隹父己尊　高鱓　集僣簋　𠂤鼎　彭女甗　亘尊　子𨸏簋　𨺅伯簋　保卣　弔䚄方彝　仲卣　㶇伯卣　鄂季奞父簋　榮子鼎　宅簋　農卣　臣辰卣　䵼卣　辨簋　井侯簋　卲簋　小臣𨒚簋　免卣　應公鼎　伯𡧍盉　作册大鼎　商尊　賢觥　□作𡆥父爵　師遽方彝　夨王尊　效父簋　此盉　戒鬲　揚鼎　亞耳尊　或者鼎　鼎　黄簋　咸㪟鼎　元作父戊卣　延角　文甗　猷盉　丞卣　者姛爵　者姛尊　者姛罍　簋　乙亥鼎　小臣邑斝　壺　父乙鼎　母卣　剛

爵　葬卣　子卣　冓兄癸卣　宵簋　窺蠱卣　卯卲甗　東尊　戈卬盉　公史簋　伯卣　大保簋　鼣尊　易戈簋　夾壺　魯侯爵　司土司簋　㲃方尊　龏姛鼎　韋鼎　師旂鼎　伯害盉　尹伯甗　徘榭尊　作羲妣鬲　傳尊　倗尊　剌卣　縣改簋　仲追父簋　日己方彝　日己尊　易司尊　寵尊　畜尊　服尊　甚鼎　匽方彝　敕𣪕鼎　史㮚簋　仲簋　豚卣　䣄鼎　或者尊　庚嬴卣　應公尊　𢦏鼎　同卣　弔宿簋　剌鼎　君夫簋　且辛爵　矢方彝　史見卣　𢼄𤔲鼎　衛父卣　𡖊尊　卯簋　作父丁卣　𩁹母鬲　牆爵　牆盤　㾓爵　蔡姞簋　史頌簋　𤔲簋　曾子仲斿父鼎　趞小子簋　史頌鼎　芮伯壺　封仲簋　秦公簋　鄀媵盤　禾簋　姬鼎　曾子斿鼎　曾子仲謱鼎　酓章作曾侯乙鎛　中山王譽壺　匽侯觶　善夫克鼎　曾姬無卹壺　王子午鼎　寤卣　朋逘盤　㓝壺　冀簋　登尊　父丁尊　父丁斝　旨卣　堇伯鼎　伯睘卣　者女觥　者女甗　鈇卣　敔簋　烏壬侜鼎　家卣　不从廾　員尊　作父丁尊　卣　進𢧢尊　作從彝盤　蔡侯𪒠盤　【金文編】

1321　【古璽文編】

彝王存乂切韻　彝見說文　彝融知切見說文　彝出王存乂切韻　【汗簡】

㕪說文　王存乂切韻　說文　王存乂切韻　【古文四聲韻】

◉許　慎　□宗廟常器也。从糸。糸。綦也。廾。持。米。器中寶也。彑聲。此與爵相似。周禮六彝。雞彝。鳥彝。黄彝。虎彝。蜼彝。斝彝。以待祼將之禮。以脂切。□□皆古文彝。【説文解字卷十三】

◉薛尚功　言父癸彝　□　彝字極古。王楚云。彝以虎蜼為文。□象虎首。此彝□如此。正虎首耳。【歷代鐘鼎彝器款識法帖卷二】

◉薛尚功　父辛槃

下一字曰彝。甄豐校文字部一曰古文。二曰奇字。此真是也。【歷代鐘鼎彝器款識法帖卷五】

◉孫詒讓　□□　説文糸部「彝，宗廟常器也。从糸。糸，綦也。収，持之。米，器中實也，彑聲。段校改从彑象形。誤。此與爵相佀」。此謂収持米，與爵又持鬯同意。古文作□□。金文「尊彝」字甚多，互有遊異，然皆與説文不合，攷釋家多不能説其形聲。今據其瑑畫明析者推勘之，如史頌鼎敢作□、□、□，受爵作□，然虎敢作□，遣小子敢作□，大保敢作□，宗婦盤作□，窔甗作□，形聲尚略可尋繹。大氐从糸从収，與小篆同。或作□者。糸之省也。而所謂从彑聲者，實當為从「希」聲，即易希字，詳前。从彑从豕省，故作□、□，又或作□、□諸形。奄公孪鐘豪字作□，彔伯敢作□，希與豪形亦相近，可互證也。「彝」「希」古音同部，於聲例亦通。至希旁多箸兩點，或作彡者，吴彖父敦彖作□，右箸□，亦似象豕髦鬣形，是其例也。小篆省變，希為彑聲通，而形實與古文迥異，許書兩古文，其一亦从彑，而變从糸為从素，金文未見。其次則似从絲而散異，左形不可識。曾侯鐘有□字，拍舟有□字，與古文弟二字略相近，然其形聲究莫能詳也。

金文「尊彝」字皆不从米，唯曶鼎有人名彝字作□，从米與小篆正同。上从□，與金文今字相類，小篆从彑，恐即此形之譌變。而變収為□，又从□，不知何形。它金文與小篆亦咸不如是，所未㝹也。【名原下卷】

◉王國維　尊彝皆禮器之總名也。古人作器。皆云作寶尊彝。或云作寶尊。或云作寶彝。然尊有大共名之尊。禮器全部。有小共名之尊。壺卣罍等總稱。又有專名之尊。盛酒器之侈口者。彝則為共名而非專名。吕與叔考古圖雖列彝目。其中諸器。有無足方鼎。有甗。有尊。有卣。有博古圖以降所謂彝。則吕氏亦未嘗以彝為一專名也。博古圖始以似敦而小者為彝。謂為古代盛明水及鬱鬯之器。即以周禮司尊彝之六彝當之。嗣後金文家及圖録家均從其説。曩竊疑諸家所謂彝之形制。與尊壺卣

等絶不類。當為盛黍稷之器而非盛酒之器。苦不得其證。後見濰縣陳氏所藏陳侯彝，銘曰用作孝武桓公祭器錞即敦字異文。洹陽端氏所藏玔彝。陶齋吉金録作□彝。其銘曰玔作厥敦。兩其萬年用鄉賓。上虞羅氏所藏一彝。其銘曰白作寶敦。其器皆世之所謂彝。而其銘皆作敦。可知凡彝皆敦也。第世所謂彝。以商器為多。而敦則大半周器。蓋商敦恆小。周敦恆大。世以其大小不同。加以異名耳。此説亦非余始發之。陳氏簠齋藏器目有敦無彝。其所藏陳侯彝。著録家名之為彝。而陳目作敦。吴縣潘文勤攀古樓彝器款識中有伯矩彝等四器。然其家拓本流傳者亦有敦無彝。伯矩彝四器。拓本上皆有敦字朱記。蓋簠齋晚年已確知彝之為敦。故毅然去彝目。文勤聞其説而從之。然陳潘皆無説。故特記之。以正博古圖以來千載之誤耳。

【説彝　觀堂集林卷三】

◉林義光　古作□取彝。从□。□雞古文聲。雞从奚得聲。與彝同音。或作□冎尊彝己。作□封仲敦。□皆彡字。文飾也。从彡亦轉注。【文源卷十一】

◉羅振玉　□□□□卜辭中彝字象兩手持雞。與古金文同。其誼則不可知矣。【增訂殷虚書契考釋中】

◉商承祚　□□□金文彝形最夥。大都作□□（白毀禾毀）。□（秦公毀）。與此皆象兩手奉雞形。説文彝「宗廟常器也。从糸，糸，綦也。廾，持之。米，器中實也。彑聲。此與爵相似。□□皆古文彝」。雞祭謂之彝。故引申之凡祭器皆謂之彝矣。【甲骨文字研究下編】

◉商承祚　□□甲骨文作□□。金文鑰伯尊作□。史桒毀作□。兄癸斝作□。皆象以手持雞與米而祭。後被以祭器之名。其字整齊之而為□□秦公毀。卽毀盤。即小篆所本。玉篇作彝。入素部。汗簡引第二文作□。下从□。則與姬鼎之□近似。【説文中之古文考】

◉汪榮寶　古宗廟祼將之器謂之彝。其字從彑。从糸。从米。从廾。説文隸之糸部。云。糸。綦也。廾。持。米。器中實也。彑聲。此與爵相似。今按彝之从糸。義無所取。許君釋糸為綦。未喻厥指。段注以為綦乃幂之形訛。據周禮疏布巾幎八尊。畫布巾幎六彝。謂彝尊必以布覆之。故从糸也。此亦皮傅之説。遠於事理。器有幎者衆矣。何獨於彝而从糸以象之。余觀鐘鼎彝器。古文彝多作□。或省：作□。或反書作□作□。初不得其形義之所在。反覆審之。乃悟其字从□。象器有刻雞之形。□象其首。□象身尾。□象足。从：。象秬黍。□以持之。此與尊字制作之理全同。古文尊作□。从酉。象器。从八。為水半見。象酒。从□。象刻山之形。从□。與彝同。或省八作□。猶彝之省：。或書□在右。猶彝之反書也。古人酒醴之器為類至繁。無以名之。則取其畫刻或所象之物之名以為名。畫山者謂之尊。畫雞者謂之彝。猶畫

雲雷者謂之罍。畫禾稼者謂之斝。象雀形者謂之爵。並因聲見義。古音尊與山同。彝與雞同也。明堂位云山罍。夏后氏之尊也。灌尊。夏后氏以雞夷。明山尊雞彝。為尊彝瑑飾之始。並是中古簡質之作。周監二代。禮器大備。乃有六尊六彝之辨。尊字之从阜。彝字之从雞。皆從其朔。制器造文事相表裏矣。小篆作。乃由古文之象遞嬗而來。蓋形之。絶類古文豕字。作小篆者務以齊整為工。因遂變為。豕頭也。其變為。亦有所本。蓋此字中形作者。書體之常。而或書作史頌敦。則變而从矣。又或書作遣小子𣪘敦。則變而从矣。小篆彝之从。即承形而省改之。至易：為米。則以文字代畫象。令字體左右疏密相稱耳。雞者。知時之畜。彝之訓常訓法。蓋取諸此。向嘗疑六畜之字多屬象形。雞从隹。奚聲。斯惟異例。依許君説。奚以籀文𦃃省為聲。明其字當出於史籀作大篆以後。雞字更从奚聲。則是益為晚出。夫以先民日用飲食狎見之禽。世更三古。不聞依類象形。直須周史增改古文。始有其字。得毋乖於人文之通義。今以古文彝字證之。乃知奚之與𥿋。實為同物。按夏有車正奚仲。皋陶謨稱徯志以昭受上帝。孟子引書徯我后。是奚字所起甚遠。必非从籀文𦃃省聲也。古彝字或上形作董尊。横書之即成形。古象形字横書之例甚多。如犬馬等字。非横視不能得其形也。稍變作。小篆遂改為矣。然則奚即雞之正文。乃象形而非形聲。其从隹作雞者。猶它之或从虫。朋之或从鳥。俗書增益。取便識别耳。故奚斯或作雞斯。奚毒亦為雞毒。非直聲近。抑實字同。若其訓為大腹。則𪂺字之假借。或豯義之引伸與。

【釋彝　華國月刊一卷七期】

◉劉　節　説文：彝，宗廟常器也。王國維師謂：彝為禮器之總名，所以盛黍稷。而於彝字的原本意義卻未説明。楊沂孫説：古彝字从雞，从収。象冠翼尾距形。手執雞者，守時而動，有常道也。故宗廟常器謂之彝。他們説宗廟常器謂之彝，又説彝是禮器之總名，都對的。但是把形説作雞形，真是天差地遠了。周禮春官司尊彝：

春祠，夏禴，祼用雞彝、鳥彝；秋嘗，冬烝，祼用斝彝、黄彝；四時之間祀，追享、朝享，祼用虎彝、蜼彝，皆有舟。

周禮這一段話，當與禮記明堂位同看。明堂位云：灌尊：夏后氏以雞彝，殷以斝，周以黄目。斝即是斝彝。鄭康成讀斝為稼。稼彝，畫禾稼也。黄彝，鄭氏以為即黄目尊。六彝中五樣，已不離動植物之名，這黄目，鄭康成便説以黄金為目。我以為黄彝既可以稱黄目，必非佩璜之璜。此黄目，必定為獸類之俗名，而黄彝之黄，也必定是借字。犧尊，雀尊，在泉屋清賞中都有實物。因此知六彝也必定是象形之器。由是發生另一問題了，尊彝之屬自有特制，何以又都可以象形呢？我以為周禮所記，自必有所本。而六彝之屬所象者，頗有為古代氏族圖騰之可能，戰國以後的人，已經不大很明白這種制度之本意，所以發生兩種假設：一説以為夏用雞彝，殷用稼彝，周用黄彝；另一説，則以為春夏用雞彝、鳥彝；秋冬用稼彝、黄彝；而四時之間的追享、朝

享,則用虎彝、蜼彝。二說不止不一致,且有矛盾。正可以反映出秦漢間的學者,對於這件事的不了解心理。

「彝」本是古代氏族社會中的大典,所以古書上凡用到彝字的地方,都有點兒「常」字的意義。因此爾雅及其他傳注裏,都以常字訓彝。試舉先秦古籍中比較早一點的,凡是說到彝字的地方,都不是抽象的意義。尚書召誥上說:其惟王勿以小民淫用非彝;又吕刑上說:故乃於刑之中,率乂於民棐彝;洛誥上說:厥若彝,及撫事;又說:聽朕告汝於非民彝,國語周語上也說:故凡我造國,無從非彝;又說,棄袞冕而南冠以出,不亦簡彝乎?古書上匪棐二字常作非字用。照此說來,「非彝」、「非民彝」都是同「民彝」相對的反面意義。因而知道「民之秉彝」也是从「民彝」上出來的。「民彝」是我先民一成語。我們再把洛誥上有一段拿「物」同「彝」相關聯的話寫出來。周公同成王說:

汝其敬識百辟享,亦識其有不享。享多儀,儀不及物,惟日不享,惟不役志於享。凡民,惟曰不享,惟事其爽侮,乃惟孺子頒朕不暇,聽朕教汝於棐「民彝。」汝乃是不䜿,乃時惟不永哉。

這段話裏的「享」,即是「貢享方物」。在各國貢享的東西裏,必定要有他們作氏族圖騰的「物」。這即是「方物」。方物二字的解釋是很簡單的。「方」,即鬼方,人方,土方,多方的方;「物」即是有物有則的物。没有「物」,即是「非民彝」。因為没有「方」還能成為氏族圖騰嗎?所以國語楚語上說:「民神雜糅,不可方物。」如果民與神雜而不分,那還能辨别出方物來嗎?這正是君奭上所謂:「茲迪彝教」了。

從上面兩段裏看來,知道「彝」字頗有點圖騰的意味。你看洛誥上把「彝」同「撫事」一樣看待。國語上并且說:「凡我造國,無從非彝。」這是何等的重要!再從字形上來看,這彝字見於甲骨文的,有下列諸體:

(一) (二) (三) (四)

在這裏有共通之點,即下體同是從屮。其上部,歷來古文字家都是說雞形。其實既非雞字,也非鳥字,衹能說象鳥形之字。因為甲骨文裏雞字鳥字作:

彝字所從的都不與牠們相同。而且第三體上左旁的丫正是卜字的形狀。卜旁一鳥形,下承以𠬞,這是甲骨文中組織較為特異的彝字,而通常都省卜,如一二四諸體。照大體上說來,甲骨文中的彝字是从鳥,从𠬞,這是什麼意義呢?商頌上說:「天命玄鳥,降而生商。」殷人稱王的一支氏族,本是以鳥為圖騰,从𠬞即是兩手舉起來,所舉的正是一隻鳥,何等相稱呢!并且甲骨文上所用的「彝」字,都是區域名詞。如同前編二卷六頁文云:「癸亥,卜貞王旬亡𡆥。在九月,正人方,在雇彝。」後編

上卷十頁十六片文曰：一月，「在□彝」。以及前編五卷一頁三片，同後編下卷七頁四片，有兩句「王彝」。可見這四個彝字，說他是區域名詞，還有錯嗎？在這裏我們可以知道，商代人說「在某彝」、「在某彝」，很有一點兒像清代的滿蒙人說「在某旗」、「在某旗」了。再就金文裏的彝字來看，更加可以看出這彝字同旁的古文字大不相同。其字形中有相差很遠的異體。先來說最普通的，如同：

下體仍同甲骨文作□上體則並非鳥形，乃一飄揚欲動的標幟。但是再來看下面三體：

（一）□師趛鼎　（二）□進用鼎　（三）段按：原文脫字形。

這三個都是彝字，其結構簡直大不相同。可見彝字的來源有好幾個。各氏族都以其特有的圖騰來作字形的構造。不過最普通的，是商人以从鳥、从□作彝字，周人以从□、从□作彝而已。雖然有上述三異體，但三體之中也有一共通點，即是都有架子。□同□固然是架子，如果把□形倒轉來看，作□也未始不是如同舟狀的架子。周禮司尊彝說：「六彝皆有舟。」正是如同盤形的架子。所以彝字上體之下作□形，正是走的時候可用兩手舉起牠來，這真是「民之秉彝」的好標本了。停止或居住下來的時候，可以把牠插在架子上擱在帳蓬外面。至於其上體之上呢？的確是飄揚的徽幟。如同克鼎的□字，秦公段的□字，已經用□字來形容飄帶了。這樣看來，彝本是實物，民之秉彝也很明白簡切，並無多少抽象的意義在裏面。

最初的「彝」是拿實物來作的，所以甲骨文裏是从兩手執玄鳥形。後來到了周朝，是成為飄揚欲動的徽幟了。在幟的上面，畫一亞形，也有不用亞形的，在亞形之中，則繪一作該族圖騰的「物」。再後來，花樣更多了。把該氏的圖騰刻在宗廟所用的禮器上，則名之曰「尊彝」。所以左傳襄公十九年，臧武仲同季孫說：且夫大伐小，取其所得，以作彝器；銘其功烈，以示子孫。國語周語，太子晉也說：人夷其宗廟，火焚其彝器。這所謂「彝器」，都是宗廟禮器，即是「尊彝」。如果用之於旅行的，叫做「旅彝」；用之於婚嫁的，也可名之為「媵彝」。其最重要的，是要刻一圖騰中的「物」在上面，纔能合「尊彝」的條件。而現在的大批周器中，通常祇刻了一個「物」在上面，也有不刻「物」，而祇有一篇「則」的。「有物」并且「有則」的彝器，卻不是很多的。不過我們也沒有作成統計，求出比率確數來。現在總結一句。「彝」是我們古代氏族的徽幟，可以用之為區域名詞。若用西洋社會學、人類學上的名詞來說，可以名之曰「圖騰」。而「物」，是指圖騰上所繪的形象。【說彝　圖書季刊新三卷三、四期】

◉馬叙倫　王筠曰。自絜至紼皆麻枲之屬。已非糸矣。紕繝則毛織布矣。彝乃金器。故附於末。金刻彝字朱仲子尊作□。下從□。三點蓋米形。餘皆鳥形也。未見從彑者。殆小篆仿佛古文而變之。楊沂孫曰。古彝字從雞。從□。林義光曰。從

収。雞聲。羅振玉曰。卜辭作□□□□。象兩手持雞。其誼則不可知矣。倫按林説是也。然本義不可知矣。古書釋彝為常者。彝音喻紐四等。古讀歸定。常音禪紐。古亦歸定。得通假耳。金器言彝者。借為器。實借為凵。古讀凵如器。彝器聲同脂類也。宗廟常器也非本義。金文每言尊彝。然其器非尊。有鐘鼎而曰尊彝者。尊字亦或作隮。尊奠一字。或謂奠器也。倫謂尊彝即書舜典之宗彝。故曾侯鐘文曰宗彝。宗尊雙聲。左成五年傳伯尊。穀梁作伯宗。是宗尊通假之證。尊借字。宗正字。宗彝即宗器。故此釋以宗廟常器也。然宗廟常器也蓋本作常也宗廟器也乃二訓。傳寫誤并之。爾雅釋器。彝。器也。釋詁。彝。常也。吕忱或校者不得彝字本義。而據雅文為釋。又增宗廟器以釋器耳。金文彝字賢觥作□。同卣作□。史頌鼎作□。封仲敢作□。秦公敢作□。姬鼎作□。此篆變譌為□。倫以癸鼎止作□。公史敢丁未角人作父戊卣者女爵玧鼎仲追父敢等器文皆不從：或□。知有□太保敢□嫜卣二文。一從収。從雞之初文得聲。一從□。從溪之異文作□。從水從雞之初文得聲者為聲。疑或為奚之異文。或異之轉注字。當入収部。此字蓋出字林。吕忱不得其所從。遂為曲説。

□　吴穎芳曰。□即素字。李杲曰。秦公敢作□。右似素而非素也。今彝器出世者多矣。從未見如許書作者。則此三字之為漢人肊造無疑。玉篇彝下不引本書而曰或為□。字在素部。古文為䌊。字在弁部。䌊即下文之□也。倫按傳寫譌耳。

□　沈濤曰。汗簡引作□。則古本篆不作□也。朱士端曰。高祖辛酉作□。周師望敢作□。師望簋作□。許書篆文彝同。周楚曾侯鐘作□。拍盤作□。許書古文同。倫按本書例重文下皆各為説解。獨弼下堇下及此為殊。蓋傳寫之誤省。此篆亦無可證。朱引多膴寫之譌。孫詒讓引與朱異。【説文解字六書疏證卷二十五】

◉馬薇廎　古人凡主上有所賞賜，必制彝器，刻銘於上，記其事實，以示不忘，並以光宗耀祖，是即所謂銘文也。故讀銘文，可知片斷之歷史，為史學家研究之資料。茲文乃見於銘文上之彝器名稱，與世所傳，或許有些少出入，故特述之，以請教於同道。

一、彝　銘文上所稱之彝有二義，一為廣義：除兵器外，凡祭祀所用之禮器，均可稱之為彝，舉例於下：

鐘　「楚王酓章作曾侯乙宗彝」楚王酓章鐘（兩周一七九頁）

尊　「麥揚用作寶隮彝」麥尊（兩周二〇）

「用作姑寶彝」趞尊（兩周五）

觶　「用作寶隮彝」小臣單觶（兩周一）

「高作父乙彝」高父乙觶(三代一五四〇)

觚

「[illegible]作祖己隮彝」[illegible]且己觚(三代一四九八)

「鄉作父乙寶隮彝」鄉父乙觚(三代一四九六)

觥

「用作寶彝」賢兕觥(兩周二六一)

「[illegible]父辛寶隮彝」[illegible]父辛觥(三代一八六四)

爵

「用作父丁寶隮彝」盂爵(三代一七二二)

「立作寶隮彝」立爵(三代一七一三)

斝

「用作母癸隮彝」小臣邑斝(三代一四二六)

「般作兄癸隮彝」般兄癸斝(三代一四二五)

角

「周作父丁隮彝」宰椃角(三代一七三五)

「用作父癸彝」服亞角(三代一七三三)

卣

「用作宗彝」静卣(兩周二八)

「用作寶隮彝」貉子卣(兩周二三四)

罍

「爯作日父丁隮彝」爯父丁罍(三代一一八四)

「諸后與太子隮彝」者姛罍(三代一一八五)

壺

「雁公作寶隮彝」雁公壺(三代一二〇八)

「作鳌公隮彝」内白攸壺(三代一二一一)

盉

「用作父癸寶隮彝」辰盉(三代一四五九)

「此作寶彝」此盉(三代一四四九)

鼎

「用作父庚永寶隮彝」史獸鼎(三代四一四)

「克作朕皇祖鳌季寶宗彝」克鼎(三代四二三)

鬲

「用作右母辛隮彝」䢅母辛鬲(三代五三〇)

「林𡚬作父辛寶隮彝」林𡚬鬲(三代五一七)

甗　「用作父乙寶彝」中甗（三代四七九）
「尹白作且辛寶隮彝」尹白且辛甗（善齊禮器二・卅四）

毁　「用作寶隮彝」小臣謎毁（兩周二三）
「用作𩰫彝」史頌毁（三代九〇九）

簠　「用作旅𩰫彝」免簠（兩周九〇）
「曾侯作叔姬邛孀賸器𩰫彝」叔姬簠（兩周一六五）

盤　「用作寶尊彝」陵子盤（三代一七五三）
「曆作寶隮彝」曆盤（三代一七四五）

匜　「作司寇彝」司寇匜（薛氏十二・七）
「作父乙寶隮彝」𢦏父乙匜（三代一七九五）

由以上可知不論是樂器、烹器、食器、酒器、盥洗器、盛器，凡用於祭祀者均可稱之為彝，故彝為祭器之通稱。左傳「官司彝器」注「彝器，常用器」，又注「謂鐘鼎為宗廟之常器」，疏「常用之器，蓋罇罍俎豆之屬」。此與銘文相符合。

另一為狹義：凡飲酒、温酒、盛酒之器，亦稱之為彝，銘文上不見尊、觶、觚、觥、爵、斝、角、卣等個別名詞者，皆以彝稱之故也。惟壺罍仍見其名者，以壺罍有時又為盛水器也。例如：

「𠭰公作為子叔蓋□盥壺」𠭰公壺（兩周一九九）

廣韻彝「酒尊也」，爾雅釋器「彝，卣罍器也」，注「皆盛酒尊，彝其總名」，此與彝之狹義相符。

彝既為酒器尊觶卣罍等之通稱，或為一切祭器之通稱，自無一定之形制，然世之研究金文者，立彝為一項目，以為是另一種祭器，誤也。惟原器已失，不知其形制者，已無法改正其名稱矣。

二、彝之文字意義：彝，契文作[glyph]，金文作[glyph]。[glyph]象雞形，縛其兩翼，[glyph]為喙，⋮為米，雞之所食，[glyph]為足，蓋活雞也，从[glyph]，捧雞以祭也，故契文彝之本義為祭享，引申之凡祭享之器皆稱為彝。字之變形甚多，作[glyph]、[glyph]、[glyph]、[glyph]、[glyph]等，大都失去原形，故難以瞭解造字之原意。說文解字「[glyph]宗廟常器也，从糸，糸，綦也，[glyph]持之，米，器中實，从彑象形，此與爵相似。[glyph][glyph]皆古文彝。」許氏之彝，亦屬變形者，故其所釋不確。

三、[glyph]為[glyph]之譌變。[glyph]（乙簋）[glyph]（寘兒鼎）[glyph]（乙彝）从[glyph]从[glyph]，[glyph]確為緐字，緐、繁古今字，其義：一、多也，二、雜也，雞彝、鳥彝、黃彝、虎彝、蜼彝、斝彝，以待祼將之禮。

三、馬髦飾，四、馬腹帶；其音：一、讀煩，二、讀盤，三、讀婆，均不能適合□之意義，且其偏旁□為金文所罕見，不知為何物。釋𢍰非是。或以此字為鼎之異名，無據。且銘文中鼎毁彝均稱為𢍰，不合。故疑此為彝之譌變，因□為□之譌，□為入之譌，而省□。阮元亦釋此為彝，但無説。

「自作飤□」寶兒鼎(兩周二四四)

「乙自作飤□」乙簋(三代六五九)

「自作飤□」乙彝(三代六五九)

「余鑄此□兒」居趨彝(攈古録卷二之三·八五)

或加金作□

「賸鄦叔姬可母飤□」蔡大師鼎(兩周一七八)

四、⊘彝器之另一名稱為器，惟其用不若彝之普遍耳，其義與彝之廣義相同。【從彝銘所見彝器之名稱　中國文字第四十二册】

◉陳全方　卜辭中彝字象兩手持雞，與古金文同。《周書》：「武王既勝殷邦，諸侯班宗彝，作分器。」【陝西岐山鳳雛村西周甲骨文概論　古文字研究論文集】

◉李孝定　彝字古文皆象兩手捧鳥形，諸家無異辭，惟兩手捧鳥何以為彝，則説者頗不一致，劉節謂鳥為玄鳥，乃殷之圖騰，林潔明氏从之，果如其言，則周人不當用此字矣。蓋先民祭祀有以鳥類獻享者，故造字象之，後世彌文，祭器或取象犧牲，如周禮司尊彝所言，雞鳥虎蜼，並得以彝名之，其時彝已為宗廟常器之通名矣。【金文詁林讀後記卷十三】

◉于省吾　「西方曰彝，雚曰□」……甲骨文的彝字應讀作夷，國語周語的「是以人夷其宗廟」，賈注訓夷為毁，易明夷虞注訓夷為傷，左傳隱六年的「芟夷蘊崇之」，杜注訓夷為殺。夷訓為毁為傷為殺，意義相因，係典籍的常詁，白虎通五行謂「西方殺傷成物」。然則西方殺傷萬物，是指萬物收縮之時言之。這就是甲骨文稱西方曰夷的本來意義。【釋四方和四方雚的兩個問題　甲骨文字釋林】

◉連劭名　《H一一·一》：「癸巳彝文武帝乙宗。貞：王其卲吼成唐鬳梁，𠬝二女，其彝，血羊三，豚三，囟又正？」

上版卜辭在全部周代甲骨中是很重要的一版。「彝」，李學勤、王宇信兩先生在《周原卜辭選釋》一文中曾指出，此字與殷墟卜辭中的用法相近。「彝」字似不當指居住之意，《禮記·表記》：「天子不卜處太廟。」今按「彝」字在古漢語中與「典」字同訓，例

如：《爾雅・釋詁》：「彝，常也。」《詩經・烝民》：「民之秉彝。」毛傳：「彝，常也。」《周禮・春官・序官》「司尊彝」，鄭玄注：「彝，法也。」《詩經・我將》「儀式刑文王之典」，毛傳：「典，常也。」《儀禮・士昏禮》「吾子順先典」，鄭玄注：「典，常也，法也。」因此，卜辭中的「彝」當指祭祀的典禮。《尚書・高宗肜日》：「典祀無豐於昵。」周原〔H〕一一・一一版中的「彝文武帝乙宗」，是説將要在文武帝乙的宗廟中舉行祭祀的儀式。

殷墟卜辭有：

「庚午卜，大貞：王其彝，亡尤？九月」《續》二・一六・一

「□□卜：王其彝？」(《京都》一八四一)。

「癸丑(卜)：來乙王其彝于且乙……？」《佚》七一四

「癸巳卜：彝在[宀耳]，在𠭯門兄，乙卯耏品屯自且乙至毓？」《甲》三五八八

「[宀耳]」即「庭」，《荀子・儒效》：「是君子之所以騁志意於壇宇宮庭也。」楊注：「庭，門屏之内也。」該辭是説祭祀的典禮在庭院内開始，在𠭯門祝辭。

除此外，殷墟卜辭還有：

「……彝在仲丁宗，在三月。」《續》一・一二・六

「……彝在祖辛(宗)。」《甲》三九三二

「王在𠂤[glyph]彝。

王在𠂤糟彝。」《録》七一六

「王在𠂤非彝。」《録》七一七

這些卜辭所記載的都是舉行祭祀的地點。【讀周原出土的甲骨刻辭　古文字研究第十三輯】

◉戴家祥　吳大澂曰：「[glyph]楊沂孫説古彝字，从雞从廾，[glyph]象冠翼尾距形，手執雞者守時而動，有常道也，故宗廟常器謂之彝。禮『夏后氏以雞彝』，鄭司農説『宗伯主雞堇㲃鼎』。」説文古籀補七十七葉。按吳釋可備一説。雞古韻隸支部，彝隸脂部，為合韻；雞聲隸見母。彝聲隸喻母，古深淺喉往往混用，故彝雞古音近，彝或由鷄獲形得音。

[glyph]師趛鼎　字从艸晨聲，為彝字別構。大雅瞻卬「靡有夷屆」、「靡有夷瘳」，毛傳「夷，常也」。爾雅釋詁「彝，常也」。禮記明堂位「夏后氏以雞夷」，鄭玄注：「夷讀為彝」。夷、彝俱音以脂切，韻在脂部，陰陽對轉，則在文部。彝之从辰，亦猶夷陵之作辰

陵也。

□王子午鼎 字从辵从□，字當釋彝。金文彝字變化甚多，師趛鼎作□，从□从□，與此偏旁形近。金文以「□彝」連稱者不下十數器，□字說文失收，玉篇二四二「煮也，音式羊切。亦作鬺」。以聲類審之，當讀如小雅楚茨「或肆或將」，周頌清廟「我將我享」之將。將，奉也。唐韻彝讀「以脂切」喻母脂部。作□者，周末繁縟字也。

□□作厥祖彝 隮，字書不載。由金文辭例看，「□作厥祖彝」，「□作皁祖寶隮隮」，「寶隮彝」乃金文習語，隮即彝無疑，彝加自旁，則受隮為自旁的類化影響。【金文大字典中】

緻 □

◉許慎 □密也。从糸。致聲。直利切。【說文解字卷十三】

◉蕭璋 紩，縫也。从糸失聲(直質切)。黹，箴縷所紩衣。从㡀丵省，象刺文也(陟几切。大徐本無最後四字，兹从小徐本)。襧，紩衣也。从衣黹，黹亦聲(豬几切)。說文：「縫以鍼紩衣也。」急就篇：「鍼縷補縫綻紩緣。」顔師古注曰：「納刺謂之紩。」段注紩字曰：「黹下曰：『鍼縷所以紩衣也』。凡鍼功曰紩。」又注襧字曰：「方言曰：『襜褕其敝者謂之緻。』注云：『緻，縫納敝故之名也。丁履反。』按緻即襧字，黹為鍼刺，襧為縫敝衣。與補組二字義畧同。」按段說甚是。唯尚有未盡者，即黹襧當為古今字，黹襧與紩聲近而義同，亦一語之轉，其例正若夂讀若黹而又以至致之聲義通之(見說文)。𨯂讀若至而又與笍相轉耳(見後𨯂笍字)。【釋至 浙江大學文學院集刊第三集】

緗 □

◉徐鉉 □帛淺黃色也。从糸。相聲。息良切。【說文解字卷十三新附】

緋 □

◉徐鉉 □帛赤色也。从糸。非聲。甫微切。【說文解字卷十三新附】

270【包山楚簡文字編】

◉徐　鉉　緅帛青赤色也。从糸。取聲。子侯切。【説文解字卷十三新附】

◉商承祚　緅，即緅，《説文・新附》：「緅，帛青赤色也。」《周禮・冬官・考工記》謂鍾氏染羽：「三入為纁，五入為緅，七入為緇。」注：「染纁者，三入而成。又再染以黑則為緅。緅，今禮俗文作爵，言如爵頭色也。」一纑緅衣，是指苧麻織成衣料後，將之染為青赤色而製成的一件上衣。【信陽長臺關一號楚墓竹簡第二組遺策考釋　戰國楚竹簡彙編】

◉楊樹達　説文十三篇上糸部云：「纔，帛雀頭色，赤而微黑，色如紺纔淺也。从糸，毚聲。」按此字經傳通作緅。考工記鍾氏云：「三入為纁，五入為緅，七入為緇。」鄭注云：「染纁者三入而成，又再染以黑則為緅。緅今禮俗文作爵，言如爵頭色也。又復再染以黑，乃成緇矣。」論語鄉黨篇云：「君子不以紺緅飾。」皇疏云：「緅，淺絳色。」今按許君説文言雀頭色，鄭注考工記言爵頭色，不同者，爵雀古音近，字相通也。此纔緅同義之説也。漢書佞幸傳云：「二人之寵取過庸，不篤。」顔注云：「纔過於常人耳，不大厚也。」又西域烏孫傳云：「故服匈奴，後盛大，取羈屬，不肯往朝會。」顔注云：「言纔羈縻屬之而已。」按顔再以纔釋取，知取纔同義也。而緅字實从取聲，緅纔同義，取纔亦同義，古訓詁之互相聯貫如此。【釋緅　積微居小學述林】

◉徐　鉉　繖蓋也。从糸。散聲。穌旱切。【説文解字卷十三新附】

3・786　練貽　説文新附【古陶文字徵】

◉徐　鉉　練布屬。从糸。束聲。所葅切。【説文解字卷十三新附】

◉徐　鉉　綷事也。从糸。宰聲。子代切。【説文解字卷十三新附】

繾 𦄷

◉徐　鉉　𦄷繾綣。不相離也。从糸。遣聲。去演切。【說文解字卷十三新附】

綣 𦃄

◉徐　鉉　𦃄繾綣也。从糸。卷聲。去阮切。【說文解字卷十三新附】